ISBN 978-1-5283-9759-9
PIBN 10967278

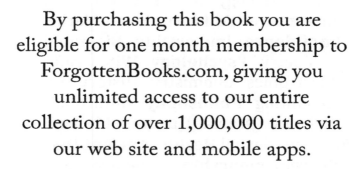

English
Français
Deutsche
Italiano
Español
Português

# www.forgottenbooks.com

**Mythology** Photography **Fiction**
Fishing Christianity **Art** Cooking
Essays Buddhism Freemasonry
Medicine **Biology** Music **Ancient
Egypt** Evolution Carpentry Physics
Dance Geology **Mathematics** Fitness
Shakespeare **Folklore** Yoga Marketing
**Confidence** Immortality Biographies
Poetry **Psychology** Witchcraft
Electronics Chemistry History **Law**
Accounting **Philosophy** Anthropology
Alchemy Drama Quantum Mechanics
Atheism Sexual Health **Ancient History**
**Entrepreneurship** Languages Sport
Paleontology Needlework Islam
**Metaphysics** Investment Archaeology
Parenting Statistics Criminology
**Motivational**

# ENCYCLOPÉDIE

## MÉTHODIQUE,

*OU*

## PAR ORDRE DE MATIÈRES;

### PAR UNE SOCIÉTÉ DE GENS DE LETTRES, DE SAVANS ET D'ARTISTES;

*Précédée d'un* Vocabulaire universel, *servant de Table pour tout* l'Ouvrage, *ornée des Portraits de MM.* DIDEROT & D'ALEMBERT, *premiers Éditeurs de l'*Encyclopédie.

# ENCYCLOPÉDIE
## *MÉTHODIQUE.*

## HISTOIRE.

## TOME TROISIEME.

*A PARIS,*

Chez **PANCKOUCKE**, Libraire, hôtel de Thou, rue des Poitevins.

*A LIÈGE,*

Chez PLOMTEUX, Imprimeur des Etats.

M. DCC. LXXXVIII.

*AVEC APPROBATION, ET PRIVILÈGE DU ROI.*

**GRAIN**, ( Jean le ) ( *Hist. Litt. Mod.* ) conseiller & maître des requêtes de Marie de Medicis, auteur des deux *Décades*, l'une contenant l'histoire de Henri IV, l'autre celle de Louis XIII, jusqu'à la mort du maréchal d'Ancre. Il étoit fort contraire aux jésuites, qui tâchèrent de le persécuter, & l'accusèrent de toutes choses dont on feroit gloire aujourd'hui ; d'avoir parlé avec estime du docteur Richer & de ses ouvrages, d'avoir défendu les libertés de l'église gallicane, d'avoir parlé contre la multiplication des ordres monastiques, sur-tout d'avoir insinué qu'il n'étoit pas nécessaire de brûler les hérétiques pour les convertir ; il fut dénoncé à la sorbonne, comme coupable de tous ces crimes ; & la sorbonne eut le bon esprit de ne vouloir pas, dit un écrivain moderne, se déshonorer en censurant de telles propositions. *Le Grain*, de son côté, défendit par son testament, à tous ses descendants, de confier aux jésuites l'éducation de leurs enfants ; substitution de haine & de vengeance qui n'étoit pas trop raisonnable ; car, si les jésuites, du temps de *Le Grain*, élevoient mal les enfants, & s'ils avoient de mauvais principes, ne pouvoient-ils pas dans la suite abandonner ces principes, & perfectionner le système de l'éducation ?

On a encore, de *Le Grain*, un *Recueil des plus signalées batailles, journées & rencontres depuis Meroüée jusqu'à Louis XIII*, ouvrage beaucoup moins connu que ses *Décades*. Né en 1565, mort en 1642, dans sa maison de Montgeron.

**GRAINVILLE**, ( Charles-Joseph de Lespine de ) ( *Hist. Litt. Mod.* ), conseiller au parlement de Paris, auteur de *Mémoires sur la vie de Pibrac* & d'un *Recueil d'Arrêts* de la 4ᵉ chambre des enquêtes.

**GRAM**, ( *Hist. de Dannemarck.* ) roi de Danne-marck : plein de reconnoissance pour le sage Danois, qui l'avoit instruit dans l'art de régner, il épousa sa fille ; mais bientôt il la répudia, demanda celle du roi de Suède, essuya un refus, leva une armée pour venger cet affront ; conquit la Suède, fit périr le roi, & présenta à la jeune Groa une main souillée du sang de son père : mais bientôt il fut infidèle. Il pénétra dans la Finlande les armes à la main, vit Signé, fille de Sumblus, & en devint amoureux, & le père acheta la paix en promettant sa fille. Tandis que *Gram* étoit allé porter le ravage dans les états de Suibdager, roi de Norwege, qui avoit enlevé sa fille & violé sa sœur, le beau-père oubliant sa foi, qu'il avoit jurée, promit sa fille à Henri, prince des Saxons. Les préparatifs de la noce se firent avec tant de pompe, que *Gram* en fut instruit ; il se fait suivre de quelques danois ; déguisés comme lui, arrive en Finlande, apprend que le mariage va se célébrer, précipite sa marche, arrive au milieu du festin, égorge son rival,

fait massacrer le reste de l'assemblée & enlève sa maî-tresse. Delà il repassa en Suède pour continuer la guerre ; mais les Saxons impatients de venger la mort de leur chef, unirent leurs armes à celles des Norwégiens. *Gram* attaqué en tête, en flanc & en queue, accablé par la multitude, périt la lance à la main, l'an 88a. Les passions de ce prince & celles de ses voisins firent les malheurs du nord, & des milliers d'hommes furent massacrés pour satisfaire des caprices amoureux. ( *M. de Sacy.* )

**GRAMAYE**, ( Jean-Baptiste ) d'Anvers, voya-geur, en passant par mer d'Italie en Espagne, tomba entre les mains de corsaires, qui l'emmenèrent captif à Alger. Il mourut à Lubeck en 1635. On a de lui : *Africæ illustratæ libri 10. Diarium Algericnse*. Ces ouvrages sont le fruit heureux de sa captivité. *Peregri-natio Belgica. Antiquitates Flandriæ. Historia Namur-censis.* Tous ouvrages estimés.

**GRAMOND** ou **GRAMMOND**, ( Gabriel, seigneur de ) ( *Hist. Litt. Mod.* ) président au parle-ment de Toulouse, prétendu continuateur de notre grand historien de Thou, & qui n'a de commun avec lui que d'avoir écrit l'*Histoire de France* en latin. Historien flatteur & fanatique. Il fit l'*Histoire de Louis XIII.* depuis la mort de Henri IV jusqu'en 1629. Il fit aussi une histoire particulière des guerres de Louis XIII. contre ses sujets protestants, guerres civiles & de religion, c'est-à-dire, les plus horribles de toutes les guerres, & qui ne manquent pas de lui paroître les évènements les plus heureux & les plus glorieux du règne de Louis XIII. Il intitule cet ouvrage : *Historia prostata à Ludovico XIII. Sectariorum in Gallia Religionis.* C'est de ces beaux mots & de ces beaux titres que le fanatisme se nourrit.

Le président de *Gramond* mourut en 1654. Son nom de famille étoit Barthélemi.

**GRAMONT** ou **GRAMMONT**, ( *Hist. Mod.* ) ancienne & illustre maison dans la Navarre. Les ac-tions des *Gramont* & des *Beaumont*, deux des plus puissantes maisons de ce pays, jouent un grand rôle dans l'histoire en divers temps, mais sur-tout dans les contestations qui s'élevèrent au quinzième siècle pour la succession de la couronne de Navarre. Dans le sei-zième, Claire de *Gramont*, fille de François de *Gramont* & de Catherine d'Andouins, héritière de la maison de *Gramont*, par la mort de *Jean* son frère, épousa ( le 23 novembre 1525 ), Menaud d'Aure, vicomte d'Aster, d'une noble & ancienne maison de la Navarre. C'est de Menaud d'Aure & de Claire de *Gramont*, que descendent les *Gramonts* d'aujourd'hui ; Antoine d'Aure, leur fils, par la substitué au nom & aux armes de *Gramont*. Philibert de *Gramont*, son fils, fut le mari de *Diane*, si célèbre sous le nom de *la belle Corisande d'Andouins*, vicomtesse de *Louvigny*, qui fut aimée de Henri IV.

« Tu t'imagines donc, dit le comte de Gramont à son ami
» Matta, que je ne connois pas les Meriodores (Menaud
» d'Aure) ni les Corifandes ; moi ! je ne sçais peut-être
» pas qu'il n'a tenu qu'à mon père d'être fils d'Henri
» IV. Le Roi vouloit, à toute force, le reconnoître,
» & jamais ce traître d'homme ( ce n'est que de son
père qu'il parle ), n'y voulut consentir. Vois un peu
» ce que ce seroit que les Gramont , sans ce beau
» travers ! ils auroient le pas devant les Césars de
» Vendôme ».

C'est à ce même comte de Gramont , petit-fils de
Corifande d'Andouins , ainsi que le premier maréchal
de Gramont , que le comte Antoine Hamilton adresse
les fameux mémoires dont il est le héros , par une
épître qui commence ainsi :

Honneur des rives éloignées ;
Où Corifande vit le jour,
De Menodore ( Menaud d'Aure ) heureux séjour ,
D'où vos errantes destinées
Semblent vous bannir sans retour , &c.

Le comte Hamilton étoit beau-frère du comte de
Gramont ; celui-ci avoit épousé Elizabeth Hamilton ,
sa sœur , dame du palais de la reine Marie-Thérèse.
Le père du maréchal & du comte de Gramont avoit
été fait duc à brevet le 13 décembre 1643.

Le maréchal de Gramont , son fils aîné , fut le
premier pair de sa maison. Il fut fait maréchal de
France le 22 septembre 1641. Il essuya un échec au
combat d'Honnecourt, le 26 mai 1642. Il servit avec
gloire en 1644 & 1645 , sous Turenne & Condé ;
& en 1646 , sous le duc d'Orléans Gaston ; il avoit été
fait prisonnier à la bataille de Nordlingue en 1645. Il
contribua, en 1648 , à la victoire de Lens. Il fut fait
duc & pair en 1663 ; accompagna le Roi à la conquête
de Flandre en 1667 , & mourut à Bayonne le 12
juillet 1678, ayant perdu , le 29 novembre 1673 , le
comte de Guiche son fils aîné, célèbre par plusieurs
faits de guerre mémorables , & par ses intrigues galantes , réelles ou supposées , à la cour du Palais-Royal.

Le second maréchal de Gramont étoit petit-fils du
premier , & neveu du comte de Guiche ; il se signala
au combat d'Ekeren , le 30 juin 1703 ; à la bataille
de Ramillies , le 23 mai 1706, il fut blessé dangereusement la veille de la bataille de Malplaquet ; il
contribua, en 1713 , à la prise de Fribourg ; il fut
fait maréchal de France , en 1724 , le 2 Février ,
& mourut le 16 septembre 1725. Il fut le premier
colonel des Gardes-Françoises de sa maison. Le dernier
a été le duc de Gramont , tué à la bataille de Fontenoy
en 1745.

Le cardinal de Gramont , Gabriel , évêque de Tarbes,
puis archevêque de Bordeaux , puis de Toulouse , qui
servit utilement François Ier dans les négociations relatives à sa délivrance , & qui mourut en 1534. frère
de la première maison de Gramont , frère de Claire ,
qui porta le nom & les biens de la maison de Gramont
à Menaud d'Aure.

GRANCEY, ( Rouxel de Medavi de ) Hist. de Fr. )
ancienne maison de Bretagne , dont étoient ;

1°. George Rouxel , seigneur de Medavi , tué à
la bataille de Guinegaste , en 1479.

2°. Fleuri Rouxel , tué à la bataille de St. Quentin ,
en 1557.

3°. George son frère , seigneur de Pierrefite , tué à
Gravelines , en 1558.

4°. Denis , leur frère , seigneur de Crocq , qui
ayant été mis hors d'état de servir , au siège de
Domfront, se fit ecclésiastique.

5°. Pierre Rouxel , baron de Medavi , comte de
Grancey , homme d'une force extraordinaire & d'une
grande valeur. On raconte qu'ayant tué dans un combat
un sieur de Trepigny , il le porta tout armé & enferré
de son épée , plus de quatre pas en l'air. Il avoit
épousé , en 1585, Charlotte de Hautemer , comtesse
de Grancey. Il mourut le dernier décembre 1617.

6°. Il fut père du premier maréchal de Grancey ,
Jacques Rouxel , comte de Medavi , mort le 20 novembre 1680.

7°. Le second maréchal de Grancey , ( Jacques
Léonor Rouxel , comte de Medavi ) étoit le petit-fils
du premier ; il fut fait maréchal de France en 1724 ,
& mourut le 6 novembre 1725.

8°. François , marquis de Grancey , son frère , maréchal-de-camp , fut blessé dangereusement à la bataille
de Luzzara , en 1702.

9°. Dans la branche des comtes de Marei , Guillaume Rouxel de Medavi , troisième fils de Pierre
Rouxel ( article 5 ) & de Charlotte de Hautemer ,
comtesse de Grancey , mourut en 1652 des blessures
qu'il avoit reçues au combat de Bleneau. Il étoit maréchal-de-camp.

10°. Joseph Rouxel , comte de Marei , son fils ,
fut tué en 1668 , au secours de Candie.

GRANCOLAS , ( Jean ) ( Hist. Litt. Mod. )
docteur de Sorbonne , fort redouté des étudiants en
Théologie , qui vouloient prendre des grades en
Sorbonne ; peut-être son nom contribuoit-il à inspirer
cette terreur ; c'étoit d'ailleurs un homme très-sçavant
dans les antiquités ecclésiastiques , & un des plus grands
liturgistes de France. On a de lui un Traité des Li-
turgies , où il décrit la manière dont on dit la messe
dans chaque siècle , tant en Orient qu'en Occident.
L'ancien Sacramentaire de l'Eglise, où on trouve toutes
les anciennes pratiques observées dans l'administration
des sacremens , tant chez les Grecs que chez les Latins.
Un Commentaire historique sur le Breviaire Romain.
Un Traité de l'antiquité des cérémonies des Sacremens.
Une Histoire abrégée de l'Eglise de Paris. Des traductions de quelques Pères , &c. Mort en 1732.

GRAND, (le) Nom célèbre dans plus d'un
genre :

1°. Pierre-le-Grand , fameux armateur de Dieppe ,
homme d'une intrépidité extrême , prit avec un petit
vaisseau de quatre pièces de canon , & monté de vingt-
huit hommes seulement , un gros navire espagnol , de
cinquante-quatre pièces de canon , abondamment pourvu
de vivres & chargé de richesses. Il se trouva que
c'étoit le vice-amiral des galions d'Espagne , qui avoit
été séparé de sa flotte par un coup de vent. Le Grand

fans daigner employer aucun stratagême ; aborde
fièrement ce navire qu'il auroit dû éviter , faute dedans
avec ses vingt-huit hommes , armés de deux pistolets
& d'un coutelas ; il court à la chambre du capitaine ,
lui met le pistolet sur la gorge , le force de se rendre ;
il conduisit sa prise en Europe , & fut riche pour toujours. Cet évènement arriva vers l'an 1640.

2°. Joachim *Le Grand* , connu sous le nom de
l'Abbé *Le Grand* , d'abord oratorien , disciple du P.
Le Cointe , puis secrétaire de diverses ambassades ,
auteur de plusieurs écrits historiques & politiques sur
la succession à la couronne de France & à la couronne
d'Espagne & autres sujets semblables. Il a fait aussi
l'*Histoire du divorce de Henri VIII*, *& des traductions
des voyageurs Portugais*. C'est cet abbé le Grand qui
a rassemblé les matériaux d'une Histoire de Louis XI.
Mort en 1733.

3°. Marc-Antoine *Le Grand* , acteur & poëte françois. Comme acteur , il étoit sifflé , parce qu'il étoit
laid ; il parvint à se faire tolérer , en haranguant le
parterre , & en lui disant un mot qui parut sans réplique : *Messieurs , il vous est plus aisé de vous accoutumer à ma figure , qu'à moi d'en changer*. Son talent
fit le reste ; & il parvint , dit-on , à jouer fort bien
les rôles de rois dans la tragédie , & de paysans
dans la comédie. Comme auteur comique , il eut encore
plus de succès. On joue plusieurs de ses pièces : *Le
Roi de Cocagne* ; *l'Amour Diable* ; *la Famille extravagante* ; *la Métamorphose amoureuse* ; *l'Usurier gentilhomme* ; *l'Aveugle clairvoyant* ; *la Nouveauté*, &c.
Il avoit fa t une comédie de *Cartouche*, qui fut jouée
le jour même où ce malheureux fut rompu , ce qui
rappelle les mots de Rousseau :

Est-il permis de braver sur l'échelle ,
Un patient jugé par la Tournelle ;
Laissons-le pendre au moins sans l'insulter.

*Le Grand* avoit fait encore une comédie du *Luxurieux* , dont on disoit dans le temps , qu'un des commandements de Dieu étoit :

*Luxurieux point ne* FERAS.

On a remarqué que *Le Grand* étoit né le jour de la
mort de Molière , comme pour le remplacer , mais
il ne le remplaça point. Il mourut en 1728.

GRANDIER , ( Urbain ) ( *Hist. de Fr.* ) L'exemple
de cet infortuné est un des plus décisifs qu'on puisse
opposer à ceux qui voulant excuser le cardinal de
Richelieu , disent que s'il fut cruel , il ne fut pas formellement injuste ; comme s'il n'étoit pas injuste d'être
cruel ! Mais enfin , ne considérons que l'injustice proprement dite ; le cardinal de Richelieu a fait condamner
par Laubardemont , *Urbain Grandier* comme sorcier,
Richelieu & Laubardemont l'ont-ils cru , ont-ils pu le
croire sorcier ?

*Urbain Grandier* étoit curé de Saint-Pierre & chanoine de Sainte-Croix de Loudun ; il avoit contesté
au cardinal de Richelieu , quelques droits honorifiques
que celui-ci réclamoit dans cette dernière église , en
vertu de son prieuré de Coursu , peu distant de Loudun ;
de plus , comme *Grandier* étoit fort caustique , on lui

attribuoit une satyre contre le cardinal , intitulée : *la
Corçonnière de Loudun.* Vers le même temps , les
Ursulines de Loudun prétendirent être possédées du
démon. Le cardinal attentif à tout , envoya , dit-on ,
à Loudun , le P. Joseph , pour juger si c'étoit quelque
chose dont ses ennemis pussent abuser contre lui , ou
dont il pût abuser contr'eux. Le P. Joseph n'y vit que
des sottises monachales , dont il n'y avoit aucun
parti à tirer ; mais le fameux Laubardemont passant
à Loudun pour d'autres affaires , vit tout d'un coup
le mal qu'on pouvoit faire avec ces sottises , & proposa au cardinal de se donner le plaisir d'une vengeance bien facile & bien atroce. La causticité de
*Grandier* lui avoit fait une foule d'ennemis dans Loudun,
& il étoit actuellement en procès avec presque toute
la ville. Les possédées, instruites par leurs parents &
leurs amis , s'en prirent à *Grandier* , de leur possession.
Diable lui-même , il leur avoit envoyé des d'ables ;
sorcier ; il leur avoit jetté des sorts ; & pour preuves,
on indiquoit des marques sur la peau , des paquets
d'os & de cheveux cachés dans des trous ; on établit ,
pour juger de cette affaire , une commission composée
de juges pris dans le voisinage de Loudun , & pré-
sidée par Laubardemont. C'étoit annoncer déjà qu'on
vouloit rendre les choses bien criminelles ; *Grandier*
rioit d'abord & des possessions & des exorcismes , & des
allégations des possédées , ne pouvant pas imaginer
que des gens raisonnables donnassent la moindre attention à de pareilles folies ; mais un de ces exorcistes ,
son ennemi , ne manqua pas d'observer que cette affaire
ressembloit beaucoup à celle du curé de Marseille ,
Gofridy , brûlé comme sorcier en 1611. Laubardemont & les casuistes établirent pour principe , *que le
diable duement exorcisé , étoit contraint de dire la vérité* ;
aussi tout ce que dirent les possédées , fut vrai. On
sent toutes les conséquences d'un pareil principe &
toute son efficacité pour perdre un innocent. Des Médecins & quelques honnêtes gens s'expliquèrent avec
franchise sur cette indigne farce , & l'attribuèrent chez
les uns à fourberie , chez d'autres à maladie. Laubardemont leur fit dire secrètement , qu'ils eussent à cesser
leurs plaisanteries & leurs remarques ; on commença
même bientôt à dire publiquement , que de semblables
discours ne pouvoient être tenus que par des complices
du criminel, ou par des hérétiques, sans foi aux exorcismes
& ennemis de l'église ; on afficha une défense , sous
des peines graves , de parler mal des juges , de la procédure , des exorcistes & des possédées. La précaution
manifestoit le dol. On auroit peine en effet à imaginer
les prévarications monstrueuses de tous les ministres
employés dans cette procédure , juges , exorcistes , chirurgiens. On cherchoit ce qu'on appelloit des signes
des pactes faits par *Grandier* avec le démon , & on
étoit convenu que l'insensibilité de certaines parties du
corps , étoit un des plus infaillibles de ces signes. Des
chirurgiens nommés par les juges , lui enfonçoient des
aiguilles dans la chair en cherchant ces parties insensibles ; le malheureux poussoit des cris aigus ; cependant
on vouloit trouver des preuves d'insensibilité , on s'en
procura. Un de ces chirurgiens employa une sonde à

reſſort ; en preſſant un bouton , il faiſoit entrer la pointe dans le manche ; il paroiſſoit piquer , & ne piquoit point , & *Grandier* ne crioit point ; d'autres fois , ce chirurgien laiſſoit agir la pointe , & *Grandier* crioit. L'inégalité parut alors manifeſte. Il y avoit des parties ſenſibles & d'autres inſenſibles ; cette différence ne paroiſſoit provenir que des paẟes qui avoient ôté la ſenſibilité à de certaines parties , en la laiſſant aux autres. On propoſa même de lui arracher les ongles , pour voir ſi les ſignes qu'on cherchoit , ne ſeroient pas cachés deſſous ; & il eſt étonnant qu'un tel avis n'ait pas été ſuivi. Un autre ſigne de ſorcellerie étoit l'horreur du Crucifix , comme la marque de la rage eſt l'horreur de l'eau. Un des exorciſtes , le P. Laẟance , dont le nom doit être auſſi déteſté que celui de Laẟance , père de l'égliſe , eſt révéré , faiſoit chauffer un Crucifix de fer , & l'appliquoit brûlant ſur les lèvres du patient , la douleur faiſoit reculer celui-ci : vous le voyez , Meſſieurs , s'écrioit l'exorciſte , un prêtre , un curé , un chanoine a horreur du Crucifix , l'œuvre du diable eſt-elle aſſez marquée ? Ainſi , l'inſtruẟion du procès & la prétendue recherche des preuves ne fut qu'une torture continuelle. Des témoins qui s'étoient prêtés à ces manœuvres , jugeant qu'on pouſſoit les choſes trop loin , voulurent expliquer , après coup , leurs dépoſitions , on les menaça de les punir comme témoins qui avoient varié. On combla enfin tous ces crimes, en condamnant *Grandier* au feu. Cependant , par un reſte d'humanité on ordonna qu'il ſeroit étranglé , après qu'on auroit commencé à lui faire ſentir l'aẟion des flammes ; les exorciſtes empêchèrent l'effet de cette indulgence. Par une méchancheté vraiment inconcevable , quand le bourreau alla pour ferrer la corde , il la trouva arrêtée par un nœud. Cependant le feu gagnoit , le bourreau fut obligé de ſe ſauver & de laiſſer brûler vif le malheureux *Grandier*. C'eſt ainſi que des hommes traitent des hommes qu'ils ſçavent être innocens : l'enfer ſeul peut expier cette infernale atrocité. *Urbain Grandier* ſubit cet horrible ſupplice , le 18 août 1634.

GRANDS-JOURS, (*Hiſt. de France*) eſpèces d'aſſiſes ſolemnelles ; c'étoient des ſéances que les ſeigneurs ou nos rois tenoient ou faiſoient tenir de temps en temps en certaines villes de leur dépendance , pour juger des affaires civiles & criminelles. Les *grands-jours* ont été appellés au lieu de *grands-plaids* , dit Loiſeau.

Les comtes de Champagne tenoient les *grands-jours* à Troyes deux fois l'année , comme les ducs de Bourgogne leur échiquier , & les rois leur parlement. Les *grands-jours* de Troyes étoient la juſtice de Champagne , tant que cette province fut gouvernée par ſes propres comtes , & les ſept pairs de Champagne aſſiſtoient leurs comtes à la tenue des *grands-jours*. Dans les lettres-patentes de Charles VI. du 4 mars 1405 , il eſt porté que le comte de Joigny , comme doyen des ſept pairs de Champagne , ſeroit toujours aſſis auprès du comte , quand il tiendroit ſon état & *grands-jours*. C'eſt vraiſemblablement de Troyes, que tous les autres *grands-jours* ont pris leur nom ; car Philippe-l.-Bel ordonna en 1302 , que les *grands-jours*

de Troyes ſe tiendroient deux fois l'an , & qu'ils s'y trouveroit des commiſſaires eccléſiaſtiques & gentils-hommes. Le duc de Berri avoit auſſi le droit de faire tenir les *grands-jours* pour le pays de ſon obéiſſance.

Dans la ſuite , le nom de *grands-jours* a été ſpécialement appliqué à des tribunaux extraordinaires , mais ſouverains , que nos rois ont quelquefois établis dans les provinces éloignées des parlemens dont elles reſſortiſſent , pour réformer les abus qui s'y introduiſoient dans l'adminiſtration de la juſtice, pour juger les affaires qui y naiſſoient , & pour affranchir les peuples des droits que les ſeigneurs uſurpoient ſur eux par autorité. ( *A. R.* )

**GRAND-MAITRE DES ARBALÉTRIERS DE FRANCE** , ( *Hiſt. mod.* ) c'étoit anciennement un des grands officiers de la couronne , qui avoit la ſurintendance ſur tous les officiers des machines de guerre , avant l'invention de l'artillerie ; on en trouve dans notre hiſtoire une ſuite depuis St. Louis juſques ſous François premier ( *G.* ).

**GRAND-MAITRE DE FRANCE** , ( *Hiſt. mod.* ) officier de la couronne , appellé autrefois *ſouverain maître d'hôtel du roi* ; il a le commandement ſur tous les officiers de la maiſon & de la bouche du roi , qui lui prêtent tous ſerment de fidélité , & des charges deſquelles il diſpoſe : depuis Arnould de Weſemale , qualifié de *ſouverain maître d'hôtel du roi* Philippe-le-Bel , vers l'an 1290 , on compte quarante-deux *grands-maîtres de France* , juſqu'à M. le prince de Condé , aujourd'hui revêtu de cette charge , qui pendant ſa minorité , a été exercée par M. le comte de Charolois , ſon oncle.

**GRAND-MAITRE DES CÉRÉMONIES DE FRANCE** , ( *Hiſt. mod.* ) officier du roi dont la charge étoit autrefois annexée à celle du grand-maître de la maiſon du roi ; elle en fut ſéparée par Henri III , en 1585. le *grand-maître des cérémonies* a ſoin du rang & de la ſéance que chacun doit avoir dans les aẟions ſolemnelles , comme aux ſacres des rois , aux réceptions des ambaſſadeurs , aux obſéques & pompes funèbres des rois , des reines , des princes & des princeſſes ; il a ſous lui un maître des cérémonies & un aide des cérémonies. La marque de ſa charge eſt un bâton couvert de velours noir , dont le bout & le pommeau ſont d'ivoire. Quand le *grand-maître* , le maître , ou l'aide des cérémonies , vont porter l'ordre & avertir les cours ſouveraines , ils prennent place au rang des conſeillers ; avec cette différence , que ſi c'eſt le *grand-maître* , il a toujours un conſeiller après lui ; ſi c'eſt le maître où l'aide des cérémonies , il ſe met après le dernier conſeiller , puis il parle aſſis & couvert , l'épée au côté & le bâton de cérémonie en main.

**GRANDVAL** , (Nicolas Racot) (*Hiſt. Litt. Mod.*) auteur moderne de *Cartouche* , dont le mérite conſiſte dans une application quelquefois ingénieuſe des plus beaux vers de *la Henriade* & de nos meilleures tragédies. L'entrevue de Cartouche & de ſa maitreſſe , avant le ſupplice, eſt la parodie d'une ſcène de Rodrigue & de Chimène , dans *Le Cid*. Cartouche apprenant que l'homme qui l'avoit vendu , & qui étoit le plus grand scélérat de sa troupe, avoit obtenu sa grace, s'écrie, comme Hippolyte, au sujet de Phèdre :

Dieux, qui le connoissez
Est-ce donc sa vertu que vous récompensez !

*Grandval* a fait aussi quelques comédies. Mort en 1753.

GRANET, (François) (*Hist. Lit. Mod.*) associé de l'Abbé Desfontaines, lequel nous assure que c'étoit un homme de probité & d'honneur, qui aimoit la vérité en toutes choses ; & il faut avouer que la voix publique ne s'est pas élevée contre lui comme contre l'abbé Desfontaines. L'abbé *Granet* a d'ailleurs donné des *Remarques* sur les tragédies de Corneille & de Racine, la traduction de la *Chronologie* de Newvton & l'édition des *Œuvres* du docteur Launoi. Mort en 1741.

GRANGE, (de la) Plusieurs hommes de ce nom ont été diversement célèbres :

1°. Jean *de la Grange*, cardinal - ministre sous Charles V. Il étoit surintendant des finances ; il fut accusé de déprédations. A la mort de Charles V, Charles VI, qui n'aimoit pas le cardinal *de la Grange*, se permit de dire : *Dieu merci ! nous voilà délivrés de la tyrannie de ce capellan*, mot qu'n'étoit ni assez respectueux pour la mémoire de Charles V, ni d'un fils qui regrettât assez un tel père. Le cardinal *de la Grange* connoissant les dispositions du jeune roi à son égard, prit le parti de se retirer à Avignon, où il mourut en 1402. Il étoit évêque d'Amiens, & Charles V lui avoit procuré le cardinalat en 1375.

2°. Joseph de Chancel *de la Grange* ou *de la Grange* Chancel, comme on le dit communément, est reconnu pour l'auteur des fameuses *Philippiques* :

Chacun lès lit ces archives d'horreur,
Ces vers impurs, appellés *Philippiques*,
De l'imposture effroyables chroniques.

Leur atrocité a beaucoup contribué à leur succès, & leur réputation a été fort au-dessus de leur valeur réelle. Sur la conduite du régent à l'égard de leur auteur, *Voyez* l'article FRANCHI (Nicolas) ou NICOLO FRANCO ; *la Grange* s'étoit sauvé à Avignon ; on employa, dit-on, un assez vil stratagême pour le tirer de son asyle. Il y avoit dans la même ville d'Avignon un officier françois qui s'y étoit refugié pour un meurtre. On lui promit sa grace, s'il pouvoit livrer *la Grange*. Il le livra, en l'attirant hors des limites du Comtat, sous prétexte d'une partie de plaisir ; des gens apostés le saisirent, il fut conduit aux isles de Sainte Marguerite, & il y fut étroitement renfermé. Son fort eut beaucoup de vicissitudes, qui toutes furent le produit de son caractère. Il paroît que *la Grange* étoit un enragé, que le démon de la satyre avoit possédé de bonne heure ; dès l'enfance il s'étoit rendu redoutable à ses parents & à ses amis, par ses chansons & ses épigrammes ; dans la suite, il s'étoit joué aux princes & aux puissances ; mais cette ardeur satyrique lui laissoit apparemment des talents aimables & des moyens de plaire, le gouverneur de sa prison le prit en amitié, & malgré les ordres rigoureux de la cour, il lui donna toute la liberté qui dépendoit de lui. *La Grange*, pour l'en

récompenser, fit une épigramme contre lui ; le gouverneur le remit au cachot. *La Grange* trouva le moyen de faire parvenir au régent, une ode, où il demandoit grace. Ce prince naturellement indulgent, lui accorda quelque adoucissement. *La Grange* eut la liberté de se promener quelquefois, mais bien accompagné. Il gagna les gardes qui l'accompagnoient, dans ses promenades ; ils lui procurèrent une barque, & il se sauva. Il alla d'abord à Madrid ; mais l'ambassadeur de France lui enleva la protection du roi d'Espagne : il passa en Hollande, & fut reçu bourgeois d'Amsterdam. Le roi de Pologne, Frédéric-Auguste, électeur de Saxe, lui envoya une montre de prix, en l'invitant de passer auprès de lui. Pourquoi des souverains étrangers faisoient-ils ainsi des avances à un méchant homme, justement puni dans son pays pour ses libelles calomnieux ? c'est que ce méchant homme étoit un homme célèbre par des talents faits pour être accueillis ; c'est que depuis que Corneille & Racine avoient disparu, & avant que M. de Voltaire parût, *la Grange* étoit de ceux qui remplissoient avec le plus d'éclat la scène tragique ; c'est qu'*Amasis* passoit pour une des meilleures pièces qui fussent au théâtre, avant que *Mérope* eût prouvé qu'on pouvoit traiter beaucoup mieux le même sujet ; c'est que dans la pièce intitulée *Oreste & Pylade*, une partie de l'intérêt du sujet perçoit à travers la langueur du style, & tous les défauts de l'exécution ; c'est qu'*Ino & Mélicerte* faisoit un grand effet au théâtre, & avoit une grande réputation ; c'est que la méchanceté de l'auteur paroissoit problématique, que sa gloire ne l'étoit pas : il étoit, au milieu des erreurs du temps & des préjugés populaires, on doutoit si les *Philippiques* étoient l'accent de la calomnie ou le cri de la vertu indignée, si c'étoit un attentat criminel ou un dévouement héroïque. Ceux même qui rendoient plus de justice à M. le Régent, & qui sçavoient combien il étoit incapable des crimes que cette violente satyre lui imputoit, pouvoient croire l'auteur persuadé, & juger que cette erreur l'excusoit. Quoi qu'il en soit, la mort de M. le Régent lui rouvrit les portes de la France. Il y revint, mais pour y vivre dans le silence & dans la retraite ; ce qui parut ne lui coûter aucun effort, & ce qui peut encore faire penser favorablement de lui. Il mourut le 27 décembre 1758, au château d'Antoniat, près de Périgueux, où il étoit né. Il est auteur aussi de plusieurs opéras & de quelques cantates, qui sont aux opéras de Quinault, aux cantates de Rousseau, ce que ses tragédies sont à celles de Racine & de Voltaire.

Un autre *la Grange*, plus moderne, né en 1738, mort en 1775, est avantageusement connu par ses traductions de *Lucrèce* & de *Sénèque*.

GRANVELLE. *Voyez* PERRENOT.

GRAS, (Louise de Marillac, veuve de M. le ) (*Hist. Mod.*) bienfaitrice généreuse de l'humanité, eut la gloire d'être associée à S. Vincent-de-Paul dans divers établissements de charité, sur-tout dans celui de la communauté des Sœurs Grises. « Peut-être « n'est-il rien de plus grand sur la terre, dit M. de « Voltaire ; d'un ton pénétré, que le sacrifice que fait

» un fexe délicat , de la beauté & de la jeuneſſe , &
» ſouvent de la haute naiſſance , pour ſoulager dans
» les hôpitaux , ce ramas de toutes les miſeres humaines,
» dont la vue eſt ſi humiliante pour notre orgueil &
» ſi révoltante pour notre délicateſſe ». Réflexion admirable & en elle-même & par le mérite de l'expreſſion ,
qui eſt par-tout celle du ſentiment ! Madame la Marquiſe de Sillery a fait auſſi un juſte & bel éloge de ce
ſaint inſtitut. « Si on trouvoit , dit-elle , dans l'hiſtoire
» grecque ou romaine , quelques exemples de ces ſaintes
» aſſociations formées parmi nous , en faveur de l'hu-
» manité ſouffrante , quels éloges ne prodigueroit - on
» pas à cette bienfaiſance ſurnaturelle ! combien on ſeroit
» ſurpris qu'un ſexe foible & délicat pût avoir la
» force de ſurmonter des dégoûts qui ſemblent invinci-
» bles , de ſupporter la vue d'objets qui révoltent les
» ſens , de triompher de la compaſſion même qui les
» conduit & les anime , ou pour mieux dire , de
» n'éprouver ce ſentiment qu'avec une mâle énergie ,
» ſans aucun mélange de crainte ou de foibleſſe , & de
» ne connoître enfin de la piété , que ce qu'elle peut
» inſpirer d'utile & de ſublime...... Nous voyons les
» Sœurs de la Charité , exercer continuellement parmi
» nous ces fonctions ſacrées ; nous les voyons chercher ,
» recueillir , ſecourir , veiller l'infortuné , panſer les
» playes du pauvre , le conſoler , le ſoigner avec une
» adreſſe ingénieuſe , un courage héroïque , une dou-
» ceur , une patience que rien ne rebute ; errantes ,
» actives , infatigables , elles vont où l'humanité les appelle , elles ſont
» fixe , elles vont où l'humanité les appelle , elles ſont
» où la maladie & la douleur implorent leurs ſecours ,
» tantôt dans les priſons & les hôpitaux , tantôt ſous
» les toits couverts de chaume ; ſouvent elles ſont ap-
» pellées dans les palais ; vouées volontairement à la
» pauvreté , elles mépriſent les richeſſes , mais elles
» donnent au riche ſouffrant des ſoins purs & déſin-
» téreſſés , elles ſe refuſent à tous les témoignages de
» la reconnoiſſance qu'elles inſpirent ; leur offrir le plus
» léger ſalaire , ſeroit à leurs yeux un outrage ». Madame le Gras étendit ſes ſoins charitables ſur les enfans
trouvés & ſur toutes les diverſes claſſes d'infortunés,
Elle étoit nièce du garde des ſceaux de Marillac & de
ce malheureux maréchal de Marillac , ſous les victimes
innocentes immolées par Richelieu. Antoine le Gras ,
mari de Louiſe de Marillac , étoit ſecrétaire des
Commandemens de la reine Marie de Medicis. Née
à Paris le 12 août 1591, mariée en 1613 , veuve en
1625 , morte en 1661. Sa vie a été écrite par un
auteur nommé Gobillon.

GRATIAN. Voyez GRACIAN.

GRATIEN, ( Hiſtoire des empereurs.) fils de l'empereur Valentinien , lui ſuccéda & n'avoit il n'avoit
qu'huit ans lorſque ſon père lui conféra le titre de
Céſar. Dès qu'il eut pris les rênes de l'état , il fit
aſſeoir la philoſophie ſur le trône avec lui. Tous les
arts & ceux qui les cultivent, furent protégés. Gratien ,
riche des dons du génie , eut tous les talents qui
font les grands princes , & toutes les vertus qu'on
exige d'un homme privé. Sa piété envers ſes parents
fit l'éloge de ſon cœur. Sans jalouſie contre ſon frère ,

né d'un autre lit , il le nomma Auguſte ; quoiqu'il fût
encore enfant ; à l'exemple de Nerva qu'il choiſit pour
ſon modèle ; il adopta Théodoſe , qui , comme Trajan ,
étoit eſpagnol. Il ſe défia modeſtement de ſes forces , &
crut devoir choiſir un collègue pour partager avec
lui le poids des affaires. Il réprima les courſes des
Germains dans les Gaules , il leur livra pluſieurs
combats , & en fit paſſer plus de trente mille par le
fil de l'épée : il envoya ſon collègue dans l'Orient pour
s'oppoſer aux invaſions des Goths & des Huns qui
regardoient la Thrace & la Dacie comme leur domaine.
Ses ſuccès & ſon mérite ne purent lui concilier les
cœurs , il témoigna quelque prédilection pour un corps
d'Alains qu'il avoit pris à ſa ſolde. Cette préférence fit
murmurer l'ancienne milice , & il reſſentit bientôt les
effets de ce mécontentement. Son zèle pour le chriſtianiſme acheva d'aigrir les eſprits ; tandis qu'il détruiſoit
les temples des idoles , une cruelle famine déſola Rome
& l'Italie. Les peuples ſuperſtitieux imputèrent leur
malheur à ſon infidélité envers les dieux du capitole
qu'il avoit abandonnés. Sourd aux plaintes & aux invectives de la ſuperſtition , il fit détruire un autel de la
Victoire , que Conſtance avoit démoli , & que Julien
avoit fait rétablir. La deſtruction des autels excita les clameurs des prêtres. Sourd aux plaintes & aux penſions pour
les appliquer aux beſoins de l'état. Ces miniſtres mercé-
naires menacèrent l'empire des vengeances céleſtes. Il
ne fut plus permis de léguer par teſtament des terres
aux veſtales. C'étoit frapper le paganiſme dans ſes
fondemens. Gratien fut traité de profanateur & de
ſacrilège ; le feu de la ſédition ſe répandit dans toutes
les parties de l'empire. Maxime s'étoit déjà fait reconnoître empereur dans la Bretagne , par ſon armée;
il profita de la diſpoſition des eſprits pour exécuter ſes
projets ambitieux , proteſtant qu'il n'aſpiroit à l'empire
que pour vénger les dieux & leurs miniſtres. Gratien
entra dans les Gaules , & ſe joignit à Paris. Il ſe
prépara à le combattre , lorſqu'il ſe vit abandonné
de ſon armée. Il n'eut d'autre reſſource que la fuite ;
il fut découvert & arrêté à Lyon , lorſqu'il ſe diſpoſoit à partir pour l'Italie. Maxime le fit maſſacrer pour
ſe débarraſſer d'un concurrent à qui il étoit facile de
ſe relever de ſa chûte. Ce prince dont ſaint Ambroiſe a
fort exalté le mérite , & dont les payens n'ont point
conteſté les vertus , paroît avoir eu plus de zèle que
de prudence. Il périt à l'âge de vingt-quatre ans. Il
en avoit réſné huit. Sa mort arriva l'an 383 de l'ère
chrétienne ( T—N ).

GRATIFICATION, ( Hiſt. du gouv. d'Anglet.) la
gratification eſt une récompenſe que le parlement accorde
ſur l'exportation de quelques articles de commerce,
pour mettre les négocians en état de ſoutenir la concurrence avec les autres nations dans les marchés
étrangers. Le remède eſt très-ſage , & ne ſçauroit
s'étendre à trop de branches de négoce , à meſure que
l'induſtrie des autres peuples & le ſuccès de leurs manufactures y augmente doit donner lieu.

La gratification inſtituée en particulier en 1689 ,
pour l'exportation des grains ſur les vaiſſeaux anglois,
afin d'encourager la culture des terres , a preſque

changé la face de la Grande-Bretagne ; les communes ou incultes ou mal cultivées, des pâturages ar des ou déserts, sont devenus , au moyen des haies dont on les a fermées & séparées, des champs fertiles, ou des prairies très - riches.

Les cinq schelings de *gratification* par quartier de grain, c'est-à-dire, environ vingt-quatre boisseaux de Paris, sont employés par le laboureur au défrichement & à l'amélioration de ses champs , qui étant ainsi portés en valeur, ont doublé de revenu. L'effet de cette *gratification* est de mettre le royaume en état de vendre son bled dans les marchés étrangers, au même prix que la Pologne, le Dannemarck, Hambourg, l'Afrique, la Sicile, &c. c'est en d'autres termes, donner au laboureur une *gratification* de 200 mille liv. sterling par an, pour que l'Angleterre gagne 1500 mille liv. sterling, qu'elle n'auroit pas sans ce secours. Généralement parlant, la voie de la *gratification* est la seule qui puisse être employée en Angleterre, pour lui conserver la concurrence de tous les commerces avec l'étranger. C'est une belle chose dans un état, que de l'enrichir en faisant prospérer les mains qui y travaillent davantage. ( *D—J* ).

GRATIUS FALISCUS , ( *Hist. Lit. anc.* ) poète latin, contemporain d'Ovide ; auteur d'un poème connu des sçavants, & plusieurs fois imprimé ; sur la manière de chasser avec les chiens.

S'GRAVESANDE , (Guillaume-Jacques de ) ( *Hist. Litt. mod.* )

Le profond s'Gravesande & le subtil Mairan:

Nous suivons l'usage des dictionnaires ordinaires, qui rapportent ce nom à la lettre G, & non à la lettre S ; comme si cette *s* qu'on met en petit caractère, étoit en quelque sorte, étrangère au nom. *s'Gravesande* fut un des plus illustres disciples de Newton. On a de lui *Physices elementa Mathematica*, *experimentis confirmata* , *sive Introductio ad Philosophiam Newtonianam*. *Philosophiæ Newtonianæ Institutiones*. On a de plus, un *Essai sur la Perspective* , avec un traité sur l'usage de la Chambre obscure pour le dessin. *Mathesos universalis Elementa. Introductio ad Philosophiam* , *Metaphysicam & Logicam continens*. *s'Gravesande* étoit professeur de Philosophie à Leyde. Ses ouvrages étendirent à tout l'univers , ses utiles leçons. Il mourut en 1742 , d'un excès de travail, maladie mortelle pour les gens de lettres & les sçavans. Plusieurs de ses ouvrages sont traduits en François.

GRAVINA , (Jean-Vincent )( *Hit. Lit. mod.*) créateur & Législateur de la société des Arcades de Rome. Ses loix furent promulguées le premier juin 1716. Le pape Innocent XII. lui donna une chaire de droit ; il abolit au moins dans cette chaire, l'usage de l'argumentation scholastique. Né à Bois-le-Duc en 1688. Il mourut en 1742. *Originum juris libri tres. De Romano Imperio liber singularis. Della Regione Poetica*, ouvrage traduit en françois, sous ce titre : *Raison ou idée de la Poësie. Institutiones Canonica*. Un discours sur les fables anciennes , un sur la tragédie. Plusieurs tragédies. M. Serrey , prêtre hyéronymite , a donné la vie de *Gravina* , sous ce titre : *De vitâ & scriptis Vincentii Gravinæ Commentarius. Gravina*, né en 1664, dans la Calabre ultérieure, est mort en 1718.

Un autre *Gravina* ( Pierre ) , ainsi nommé , parce qu'il étoit de Gravina , ville du royaume de Naples , a eu de la réputation comme poëte ; mort en 1528.

GRAY , (Jeanne) *Hist. d'Anglet.*) L'histoire de l'infortunée *Jeanne Gray* tient à l'ordre légitime de la succession en Angleterre, après la mort de Henri VIII & d'Edouard VI , son fils.

Après Edouard , venoit Marie ; puis Elisabeth , l'une & l'autre déclarées , par acte du parlement , inhabiles à succéder.

La postérité de Henri VIII ainsi épuisée , il falloit remonter à celle de Henri VII.

D'abord venoit Marie Stuart , petite-fille de Marguerite , sœur aînée de Henri VIII ; puis , Jeanne Gray , petite-fille de Marie , sœur cadette , & de Charles Brandon. C'étoit dans cet ordre que Henri VIII avoit appellé toute sa famille par son testament.

Il appelloit d'abord Marie sa fille , puis Elisabeth , disposition contraire aux actes qu'il avoit lui-même fait faire par le parlement ; mais le parlement avoit donné à Henri VIII un pouvoir illimité de disposer à son gré, de la succession.

Henri n'appelloit point Marie Stuart à son rang, parce qu'il avoit réglé qu'elle épouseroit Edouard VI son fils. Il est vrai que dans le cas où le mariage ne se feroit pas fait , & dans le cas où , en le supposant fait , il n'en seroit point né ou resté d'enfans , Marie Stuart ne seroit point appellée après Elisabeth , sans doute , parce que Henri la jugeoit écartée par sa qualité d'étrangère.

Marie d'Angleterre étoit en pleine disgrace sous le règne d'Edouard VI , son frère , par son attachement à la religion catholique & par son refus constant de reconnoître la suprématie d'Edouard ; Dudley , duc de Northumberland , qui gouvernoit sous Edouard VI , forma sur cette disgrace de grands projets & de grandes espérances. Il avoit marié son quatrième fils , le lord Guilford Dudley avec Jeanne Gray. Il vouloit faire exclure de nouveau la princesse Marie ; & dans cette idée , les Dudley avoient grand soin d'entretenir la colère & la haine d'Edouard VI contr'elle.

Le duc de Northumberland avoit aussi formé le projet de marier Elisabeth en pays étranger , pour qu'elle fût écartée du trône par la même raison que Marie Stuart.

Si le mariage d'Elisabeth hors de l'Angleterre ne pouvoit avoir lieu , en fondant l'exclusion de Marie sur les actes du parlement qui l'avoient prononcé , la même raison en excluoit aussi Elisabeth.

Marie Stuart étoit écartée par sa qualité d'étrangère , & le trône restoit à Jeanne Gray.

Cette jeune princesse étoit aimable ; Edouard avoit pour elle la plus tendre amitié : entraîné par ce sentiment , par son aversion pour Marie & par les insinuations de Northumberland , il consentit à transporter la couronne à Jeanne Gray ; mais le parlement ne lui avoit pas donné , comme à Henri VIII , le pouvoir de régler ou d'intervertir l'ordre successif ; Jeanne Gray fut pourtant proclamée à Londres, après la mort d'Edouard. Quand son beau-père & son mari lui annoncèrent qu'il falloit qu'elle fût reine, l'infortunée versa un torrent de larmes; elle sentit que le trône n'étoit pour elle qu'un dégré vers l'échafaud, & qu'elle alloit mourir victime de l'ambition d'autrui : en effet, Marie régna; elle fit trancher la tête au duc de Northumberland, & ne pardonna pas à *Jeanne Gray*, qu'on avoit rendue coupable malgré elle. Il est vrai qu'une conspiration nouvelle, dans laquelle trempa le père de *Jeanne Gray*, & dont l'objet étoit de déposer Marie, & de couronner *Jeanne*, peut excuser cette sévérité, d'autant plus que cette conspiration, mieux concertée que la première, & plus constamment suivie, causa plus d'embarras, coûta plus de sang, & mit la reine en danger; mais *Jeanne Gray* en étoit encore moins coupable que de la première, puisqu'elle étoit alors en prison.

Lorsque le doyen de St. Paul vint lui annoncer de se préparer à la mort, ainsi que son mari, elle parut recevoir cette nouvelle, non seulement sans peine, mais avec la satisfaction d'un voyageur arrivé au terme de sa course : le doyen lui proposa d'embrasser la religion catholique : « il me reste, lui dit-elle, trop peu » de momens pour les donner à la controverse. » Le doyen prenant mal sa pensée, ou voulant avoir le temps de la convertir, crut ou feignit de croire qu'elle désiroit un délai, & il en obtint un de trois jours, qu'elle trouva fort long & fort désagréable, son sacrifice étant fait. On obtint aussi pour son mari, la permission de lui dire un dernier adieu. » Cette entrevue, dit-» elle, ne serviroit qu'à nous ôter le peu de courage » qui nous reste, & dont nous avons besoin. » Elle la refusa, mais elle ne put se refuser d'aller à la fenêtre jetter un triste regard sur ce malheureux, lorsqu'on le tira de la prison pour le conduire deux heures avant elle, au lieu de l'exécution; elle vit même ensuite son corps décapité, qu'on portoit sur un chariot pour l'enterrer. Elle marcha au supplice en saluant les spectateurs d'un air affable & tranquille; & tenant le doyen de St. Paul par la main, elle le remercia de l'humanité qu'il lui avoit témoignée; le lieutenant de la Tour lui ayant montré le desir de conserver quelque chose d'elle, elle lui donna des tablettes, où elle avoit écrit des sentences grecques & latines, relatives à son malheur & à son innocence. Elle parla, au sujet; elle dit que cette innocence n'étoit pas une excuse suffisante dans des évènemens où, comme ceux dont il s'agissoit, intéressoient l'ordre public; que l'intérêt de la nation demandoit sa mort, & qu'elle l'acceptoit sans regret : ensuite ayant les yeux bandés & la tête posée sur le billot, elle crut s'appercevoir que l'exécuteur balançoit, elle prit elle-même la peine de l'encourager. Le peuple fondoit en larmes, & tous les cœurs s'éloignèrent de Marie. La mort de *Jeanne Gray* est de 1554.

*Jeanne Gray* avoit deux sœurs : 1°. Catherine Gray, qu'Elisabeth, qui remplit le trône après Marie, se contenta d'abord de condamner au célibat, mais qu'elle fit enfermer dans la suite, pour avoir contracté un mariage secret avec le comte d'Herford, & en avoir

eu des enfans; Catherine Gray mourut dans sa prison en 1562.

2°. Marie Gray, de qui l'histoire ne dit rien, sinon qu'elle étoit bossue, & qu'elle épousa Martin Kejes.

## GRE

GREATERICK ou GREATERACK, (Valentin) ( *Hist. d'Anglet.* ) irlandois, imposteur célèbre, du genre des *Abaris* & des *Jacques Aymar* ( Voyez ces articles. ) Celui-ci guérissoit toutes les maladies, par le seul attouchement, sur-tout chez les femmes; il séduisit presque toute l'Angleterre du temps du Roi Charles II. Il y fit schisme du moins. Saint Evremont a consacré cet évènement par sa pièce intitulée : *le Prophète Irlandois*; & des Maizeaux, dans sa vie de St. Evremont a détaillé le fait. Ses grands succès étoient en 1664. & 1665.

GREAVES, GRAVIUS, ( Jean ) ( *Hist. Litt. mod.* ) sçavant anglois, dont nous avons une *Description des Pyramides d'Egypte*, traduite en françois par Thevenot; un *Traité de la manière de faire éclorre les poulets dans les fours, selon la méthode des Egyptiens*. *Elementa linguæ Persicæ*, & divers ouvrages sçavans sur l'Astronomie & la Chronologie des Arabes & des Persans. Mort en 1652, à 50 ans.

GREBAN, ( Arnoul & Simon ) ( *Hist. Litt. mod.* ) poëtes françois du quinzième siècle, ont composé, vers l'an 1450, *les Mystères des Actes des Apôtres à personnages*. Ils étoient de Compiegne.

GRECOURT, ( Jean-Baptiste-Joseph Villart de ) ( *Hist. Litt. mod.* ) chanoine de l'église de St. Martin de Tours, auteur du *Philotanus*, si connu, de divers contes licencieux & de poësies légères qu'on ne lit plus guères. Né l'an 1683. Mort en 1743.

GREGOIRE, ( *Hist. Eccl.* ) Il y a eu quinze papes du nom de *Grégoire*; les plus célèbres sont *St. Grégoire*, dit le grand, le premier des papes, qui siégea depuis l'an 590 jusqu'en l'an 604. Ce fut lui qui, par ses missionnaires, convertit à la foi les anglo-saxons. Nous avons de lui des lettres curieuses pour l'histoire du temps.

2°. GRÉGOIRE VII. (Hildebrand) fils d'un charpentier ou d'un menuisier, avant de tous les papes, qui avant Boniface VIII, avoir porté le plus haut les prétentions pontificales : élu en 1073, il mourut le 25 mai 1085. Il excommunia & déposa l'empereur Henri IV, au concile de Rome en 1080. Dans le *Dictatus Papa*, qu'on lui attribue, il établit que le pape a le droit de déposer l'empereur, & de délier les sujets du serment de fidélité. Quelques auteurs croyent, à la vérité, que cet ouvrage n'est pas de lui; mais c'est une question très-indifférente; car la même doctrine est enseignée dans ses lettres, & elle fut constamment la règle de sa conduite. Ses liaisons avec la comtesse de Toscane Mathilde, & les libéralités de cette princesse envers le Saint-Siège, ont donné lieu à des bruits injurieux pour lui & pour elle; mais il paroit que l'orgueilleux & inflexible Hildebrand avoit cette pureté & cette austérité de mœurs qui semble distinguer les caractères disputeurs & les esprits turbulents. Environ

soixante

soixante & dix ans après la mort du pape Anastase IV, se fit peindre avec l'auréole & le titre de saint ; le pape *Grégoire XIII*, en 1584, fit insérer le nom de *Grégoire VII* dans le martyrologe romain : c'étoit une insulte faite à tous les souverains ; une légende de *Grégoire VII*, où il étoit loué aux dépens de l'empereur Henri IV, & où la déposition de ce prince étoit approuvée, excita beaucoup de trouble en France, parmi les évêques & dans les divers parlements pendant les années 1729, 1730, 1731.

3°. Ce même *Grégoire XIII*, (Buoncompagno) élu le 13 mai 1572, mort le 10 avril 1585, est l'auteur de la *Réforme du Calendrier*, qui depuis cette époque (1582), s'appelle *le Calendrier Grégorien*. Le peuple romain lui fit élever une statue de marbre.

Parmi les autres personnages illustres du nom de *Grégoire*, nous distinguerons :

1°. Les deux *Grégoire* de Nazianze, père & fils, lumières & ornements de l'église grecque au quatrième siècle, sur-tout le fils, qui est au rang des pères grecs les plus éloquents. Le père étoit évêque de Nazianze, & mourut centenaire, vers l'an 374. Le fils fut son coadjuteur à Nazianze. Dans la suite il fut évêque ou patriarche de Constantinople ; il se démit de cet évêché pour vivre dans la retraite & dans l'étude ; il mourut le 9 mai 389. Saint Cézaire étoit son frère, sainte Gorgonne sa sœur, saint Basile son ami. (*Voyez* ce dernier article).

2°. Saint *Grégoire* de Nysse, autre père de l'église, du même siècle, & qu'on nommoit même, à cause de son grand âge, *le Père des Pères*. Il étoit évêque de Nysse en Cappadoce, vers l'an 330, & mourut en 396. Il étoit frère de saint Basile, de saint Pierre, évêque de Sébaste en Arménie, & de sainte Marine, vierge & abbesse. Il combattit les Ariens.

3°. Saint *Grégoire* de Tours, nommé plus communément *Grégoire* de Tours, père de notre histoire ; né en Auvergne le 30 novembre 544, mort à Tours le 17 novembre 595. La meilleure édition de ses œuvres est celle qu'en a donnée dom Thierry Ruinart, bénédiction de la congrégation de saint Maur, en 1699.

Son histoire finit vers l'an 591. La rivalité de Frédégonde & de Brunehaut, & l'activité impétueuse de ces deux femmes divisoient toute la France en deux partis ; elles ne laissoient à personne la liberté de rester neutre. La Touraine avoit été du partage de Sigebert ; ce prince & Brunehaut sa femme, avoient contribué à mettre *Grégoire* sur le siège de Tours ; il leur étoit attaché par la reconnoissance ; il étoit visiblement dans les intérêts de Brunehaut ; il paroît même avoir été consulté pour le mariage de cette reine avec le jeune Mérouée, son neveu, fils de Chilpéric ; vraisemblablement il n'approuva pas le projet de ce mariage ; mais dans la persécution que Prétextat souffrit pour cette affaire, *Grégoire* fut le seul évêque qui osa prendre sa défense : il donna des éloges au jeune Mérouée, qu'il trouva caché dans St. Martin de Tours, & fuyant la colère de son père ; ce qui, dans les circonstances, annonçoit de la part de *Grégoire*, une indulgence marquée pour ce mariage incestueux, qui avoit attiré sur Mérouée

*Histoire,* Tome III.

la colère de Chilpéric. Il fut persécuté lui-même par Chilpéric & par Frédégonde ; il fut obligé de se justifier dans l'assemblée de Braine sur quelques discours injurieux à Frédégonde qu'on l'accusoit d'avoir tenus, & il se justifia en disant qu'il ne les avoit pas tenus, mais qu'il les avoit entendu tenir ; enfin, son histoire prouve assez qu'il étoit ennemi personnel de Chilpéric & de Frédégonde, & il ne tint peut-être pas la balance assez droite entr'eux & Brunehaut, dont il ne dissimule pourtant pas les torts, mais qui n'avoit pas encore commis tous ses crimes dans le temps où *Grégoire* de Tours écrivoit.

GRENADE, (Louis de) (*Hist. Litt. mod.*) dominicain espagnol, écrivain ascétique, très-connu, auteur de *la Guide des Pécheurs*, du *Mémorial de la Vie Chrétienne*, d'un *Catéchisme*, d'un *Traité de l'Oraison*, &c. Né en 1504, mort en 1588.

GRENAN, (Bénigne) (*Hist. Litt. mod.*) professeur de rhétorique au collège d'Harcourt, poète latin. Son ode à la louange du vin de Bourgogne, à laquelle M. Coffin répondit par une fort belle ode à la louange du vin de Champagne, est connue & estimée. *Voyez* à l'article COFFIN, les strophes de l'ode de M. Grenan, qui firent naître ce combat de poésie. En général, Horace a été le modèle des deux poètes pour les tours & quelquefois pour les expressions. M. Grenan est mort à Paris en 1723.

GRESHAM, (Thomas) (*Hist. d'Anglet.*) citoyen bienfaisant & magnifique, fit bâtir, à ses dépens, la bourse de Londres en 1565. Brûlée au bout d'un siècle, elle a été rebâtie aux dépens du public. *Gresham* fonda aussi un collège, qui porte son nom, & cinq hôpitaux.

GRESSET, (Jean-Baptiste-Louis) (*Hist. Litt. mod.*) *Voyez* sur ce qui le concerne, les articles CHAPELAIN & DANCHET. Il étoit né en 1709, à Amiens ; il aima toujours sa patrie, sentiment naturel à l'homme de bien. Il la regrette dans une ode, à laquelle il manque du mouvement & de la poésie, mais où quiconque s'est vu séparé pour long-temps d'une patrie qu'il aimoit, reconnoîtra ses vrais sentiments dans la douce mélancolie du poète :

L'amour de ma chère patrie  
Rappelle mon ame attendrie  
Sur des bords plus beaux à mes yeux.  
Loin du séjour que je regrette,  
J'ai déjà vu quatre printemps,  
Une inquiétude secrète  
En a marqué tous les instants. . . . .  
Souvent la fortune, un caprice,  
Ou l'amour de la nouveauté  
Entraîne au loin notre avarice  
Ou notre curiosité ;  
Mais sous quelque beau ciel qu'on erre,  
Il est toujours une autre terre  
D'où le ciel nous paroît plus beau.  
S'il succombe au dernier sommeil,  
Sans revoir la douce contrée  
Où brilla son premier soleil,  
Là, son dernier soupir s'adresse ;

B

Là, fon expirante tendreffe,
Veut que fes os foient ramenés. : : : :
Heureux qui des mers Atlantiques
Au toit paternel revenu,
Confacre à fes dieux domeftiques
Un repos enfin obtenu !
Plus heureux le mortel fenfible
Qui refte citoyen paifible,
Où la nature l'a placé......
Il ne faudroit qu'un an d'abfence
Pour leur apprendre la puiffance
Que la patrie a fur le cœurs.....
Bords de la Somme, aimables plaines,
Dont m'éloigne un deftin jaloux :
Que ne puis-je brifer les chaînes
Qui me retiennent loin de vous ! &c.

On fent règner dans toute cette ode, quoique foible, le même efprit qui a fait dire à Virgile :

*Et dulces moriens reminifcitur Argos.*

M. *Greffet*, après avoir connu, goûté, peint dans fes écrits, ce que Paris a de féduifant & de brillant, a eu la fageffe de mettre à ces agrémens leur valeur véritable, & le bonheur de retourner dans fa patrie, & d'y refter, jouiffant parmi fes concitoyens, des douceurs de la confidération perfonnelle ; après avoir joui de tout l'éclat de fa réputation. Il ne revenoit plus à Paris que quand il y étoit appellé par quelques affaires ou par quelques devoirs ; tout lui devint étranger dans cette capitale, & fur-tout le jargon du jour, qu'il avoit fi bien peint dans le *Méchant*, il voulut le peindre encore, mais il ne le connoiffoit plus, qu'affez peut-être pour le méprifer juftement, & non pas affez pour le peindre. ( *Voyez* l'article CHAPELAIN. )

Un autre fentiment vrai qui fe montre partout dans les ouvrages de M. *Greffet*, c'eft l'amour de la campagne, & la préférence toujours donnée à la retraite fur le tumulte & l'éclat de Paris ; non feulement il aime la campagne, mais il la fait aimer. *Voyez* dans LA CHARTREUSE, le parallèle de Paris & de la campagne :

Dans ces folitudes riantes,
Quand me verrai-je de retour ! &c.

Dans l'épître au P. Bougeant, la tirade :

Sortez du fein des violettes, &c.

Et la tirade :

Feuillage antique & vénérable, &c.

Et dans l'épître *à ma Sœur*, la tirade :

Tout nous rappelle aux champs ; le printemps va
renaître, &c.

*Voyez* l'ode à Virgile, intitulée : *Euterpe* ou *la Poëfie champêtre* ; & l'idylle intitulée : *le Siècle paftoral*. *Greffet* étoit le poëte le plus original de ce fiècle ; c'eft le feul peut-être qui ne foit abfolument d'aucune école, & qui, poftérieur à M. de Voltaire, n'en ait pas imité, en tout ou en partie, ou la manière générale ou au moins quelques détails. Voilà pour les petits

poëmes & les pièces fugitives. *Greffet* n'a fait qu'une comédie, & il eft au rang des premiers auteurs comiques. Nous difons qu'il n'a fait qu'une comédie ; car nous ne regardons pas comme une comédie, le drame éloquent, touchant & moral de Sidney, contre le fuïcide, où il n'y a de comique que le rôle de Dumont, qui même eft médiocrement comique, mais où les perfonnages intéreffans ne le font pas médiocrement. *Greffet* n'a fait auffi qu'une tragédie, & nous ofons dire qu'elle ne nous paroît pas être à fa véritable place dans l'eftime publique ; c'eft la tragédie d'Edouard III ; elle n'eft pas fort connue, & elle mérite fort de l'être. Nous ne la donnons cependant pas pour une excellente tragédie : l'intérêt n'y eft pas au degré qu'on pourroit défirer ; la pièce à quelque froideur ; la marche quelque lenteur ; on pourroit faire contre le plan plus d'une objection fondée ; mais, pour ne parler que des auteurs morts actuellement, cette pièce eft, après les excellentes pièces de Racine &de Voltaire, la tragédie la mieux écrite qui exifte : elle eft remplie de beautés & des plus grandes beautés dans tous les genres. Eugénie à la tendreffe & la délicateffe des Monimes & des Bérénices ; elle joint une douce teinte de mélancolie angloife, à la tendreffe profonde des héroïnes de Racine.

Un caractère irréprochable ennobliffoit les rares talens de M. *Greffet*. Quand il fut reçu à l'Académie Françoife, en 1748, il loua M. Danchet fon prédéceffeur, de n'avoir jamais fouillé fa plume par la fatyre, & de n'avoir eu jamais à rougir d'aucun de fes écrits ; tout le monde lui fit à lui-même l'application de cet éloge. On fçait comment M. de Voltaire a traité M. *Greffet* dans le *Pauvre Diable.* ( *Voyez* l'article CHAPELAIN.) On cherche en vain dans les œuvres de M. *Greffet*, ce qui a pu irriter contre lui ce lion terrible ; on y trouve un jufte éloge d'*Alzire*, & M. de Voltaire défendu contre fes cenfeurs ; on y trouve :

Que là mufe guerrière
Qui chante aux dieux les faftes des combats,
La foudre en main enfeigna fes myftères
Aux Camoëns, aux Miltons, aux Voltaires.

Et ailleurs :

Voltaire du tendre Elifée
Peindra les mânes généreux.

M. *Greffet* s'étoit fait jéfuite à feize ans ; c'étoit trop tôt fe faire jéfuite :

Porté du berceau fur l'autel,
Je m'entendois à peine encore,
Quand j'y vins bégayer l'engagement cruel....

Il fortit de cet ordre à vingt-fix ans ( en 1735) ; parce que, d'après le charmant poëme de *Ververt*, les jéfuites l'avoient trouvé au collège un bel efprit mondain, & l'avoient en conféquence exilé à la Flèche, & parce qu'il-même il fentit qu'un tel talent n'étoit pas fait pour refter enfermé dans l'ombre d'un cloître ; fes adieux aux Jéfuites font d'un difciple reconnoiffant, qui les aime, les refpecte, & regrette & les venge de la calomnie :

Oui, j'ai vu des mortels, j'en dois ici l'aveu,
Trop combattus, connus trop peu ;

J'ai vu des efprits vrais, des cœurs incorruptibles,
Voués à leur patrie, à leurs rois, à leur Dieu,
. A leurs propres maux infenfibles,
Prodigues de leurs jours, tendres, parfaits amis,
Et fouvent bienfaiteurs paifibles
De leurs plus fougueux ennemis.

Si ce portrait eft flatté, on ne peut du moins
l'attribuer à aucun motif d'intérêt :

Qu'il m'eft doux de pouvoir leur rendre un témoignage,
Dont l'intérêt, la crainte & l'efpoir font exclus !

Croiroit-on que M. *Greffet* fut regardé à la cour
prefque comme un impie, pour avoir dit dans l'éloge
de M. de Surian, évêque de Vence, en recevant à
l'Académie Françoife M. d'Alembert, fon fucceffeur,
les paroles fuivantes :

« M. l'évêque de Vence ne fortit jamais de fon
» diocèfe, que quand il fut appellé par fon devoir,
» à l'affemblée du Clergé. Bien différent de ces pontifes
» agréables & profanes, crayonnés autrefois par Def-
» préaux, & qui regardant leur devoir comme un
» ennui, l'oifiveté comme un droit, leur réfidence
» naturelle comme un exil, venoient promener leur
» inutilité parmi les écueils, le luxe & la molleffe de
» la capitale, ou venoient ramper à la cour, & y
» traîner de l'ambition fans talens, de l'intrigue fans
» affaires, & de l'importance fans crédit ».
C'étoit *aux prélats de leur prêcher la réfidence* ; &
cela parut une hardieffe en 1754.

On a lieu de croire que M. *Greffet* a fupprimé un
nouveau chant du *Ververt*, connu fous le nom de
*l'Ouvroir*, dont il peignoit les occupations des
religieufes. Plufieurs perfonnes en ont entendu la lecture, & en ont retenu quelques vers.

M. *Greffet* nommé en 1750, préfident perpétuel
de l'académie d'Amiens, à l'établiffement de laquelle
il avoit beaucoup contribué, fit, à l'inftallation de
cette compagnie, un difcours, où il réclamoit la liberté néceffaire aux gens de lettres, & qu'il termina
par une abdication folemnelle de cette diftinction
de *préfident perpétuel*. Cette action rappelle le mot de
M. de Fontenelle à M. le Régent, qui vouloit lui
accorder une femblable diftinction ; *Monfeigneur, ne
me privez pas du plaifir de vivre avec mes égaux.*
M. *Greffet* époufa en 1751, Mlle. Galand, fille d'un
maire d'Amiens, de la famille de M. Galand, traducteur des *Mille & une Nuits*. Le roi donna en 1775,
de lettres de nobleffe à M. *Greffet*, & quelque temps
après, le nomma, en furvivance, hiftoriographe de
l'ordre de St. Lazare. M. *Greffet* mourut à Amiens le
16 Juin 1777.

GRETSER, (Jacques) (*Hift. Litt. mod.*) jéfuite
allemand, dont les œuvres ou polémiques contre les hérétiques, ou apologétiques pour les jéfuites, ou fimplement d'érudition, ont été recueillies en 7 vol. *in-folio.*
Mort à Ingolftadt en 1625.

GREVIL, (Foulques) (*Hift. Litt. mod.*) anglois,
auteur d'une hiftoire du règne de Jacques Ier, & de
deux tragédies eftimées, *Alaham* & *Muftapha*. Né en

1554, affaffiné en 1628, par un domeftique, qui fe
tua lui-même fur le champ.

GREVIN, (Jacques) (*Hift. Litt. mod.*) poëte
françois & latin, qu'il faut plutôt mettre au rang des
enfants célèbres qu'au rang des poëtes. Robert Etienne
a imprimé, fous le titre de *Théâtre de Jacques Grevin*,
une tragédie, deux comédies & une paftorale, que
*Grevin* avoit compofées dans un âge fort tendre, mais
on ne les lit point. Né à Clermont en Beauvoifis en
1538, mort à Turin en 1570.

# G R I

GRIFFET, (Henri) (*Hift. Litt. mod.*) jéfuite, a
donné une bonne édition de l'hiftoire de France du
P. Daniel, avec des differtations fçavantes ; l'hiftoire du
règne de Louis XIII qui la termine, eft du P. *Griffet* ;
une bonne édition auffi des Mémoires du P. d'Avrigny
pour l'Hiftoire profane ; un *Traité des différentes
fortes de preuves qui fervent à établir la vérité de
l'Hiftoire* ; des ouvrages de piété ; des poéfies latines.
C'étoit par la prédication qu'il s'étoit d'abord fait
connoître. Né à Moulins en Bourbonnois en 1698,
mort en 1775, à Bruxelles, où il s'étoit retiré après
la deftruction des jéfuites en France.

GRIGNAN, (Françoife - Marguerite de Sevigné,
comteffe de) (*Hift. mod.*) Qui ne connoît madame de
*Grignan* & Pauline fa fille, depuis marquife de
Simiane, par les lettres de madame de Sévigné ? Madame
de *Grignan* mourut en 1705. Pauline, en 1737.

GRIMANI, (Antoine & Dominique) (*Hift. de
Venife*). La piété filiale du cardinal Dominique *Grimani*
mérite d'être citée pour modèle. Antoine fon père,
général des troupes de Venife, ayant été battu par
les Turcs, tomba dans la difgrace de la République,
qui le mit en prifon, & lui fit fon procès. Le cardinal
demanda d'être mis en prifon à fa place ; & n'ayant
pu l'obtenir, il courut du moins le foulager & le
fervir. Antoine *Grimani* fut banni ; fon fils le reçut à
Rome, & lui procura toute forte de confolations. Il
eut lui-même celle de le voir rentrer en grace avec la
République, qui le nomma doge à quatre-vingt-dix
ans, comme pour réparer fes torts envers lui. Il jouit
encore pendant vingt mois de cette dignité. Le père &
le fils moururent dans la même année (1523), le cardinal ayant déja foixante-trois ans.

GRIMAREST, (Léonor le Gallois, fieur de)
(*Hift. Litt. mod.*) auteur d'une *Hiftoire de Charles XII*,
fort ignorée ; d'une *Vie de Molière*, plus connue ;
d'*éclairciffements fur la langue Françoife*. Il étoit, dit-
on, d'une vanité infupportable. Quand il vantoit un
livre, il ajoutoit : *Ce n'eft pourtant pas Grimareft qui
l'a fait.*. Il difoit qu'il avoit donné de l'efprit à tout
le nord, parce qu'il étoit maître de langues, & que
les Suédois, les Danois, les Allemands s'adreffoient à
lui pour apprendre à écrire des lettres en françois.
Mort en 1720.

GRIMOALD, (*Hift. de Fr.*) fils indigne de Pepin de
Landen, ou le vieux, homme vertueux. Il fut comme
lui, maire d'Auftrafie ; il eut quelque temps un concur-

rent redoutable & plus agréable que lui aux grands, dans la perfonne d'Othon, feigneur auftrafien ; il le fit affaffiner.

Sigebert, roi d'Auftrafie, laiffa un fils prefque au berceau, nommé Dagobert II. Il en donna la tutelle à fon maire *Grimoald*; celui-ci voulut mettre la royauté dans fa maifon ; il n'ofa pas prendre pour lui la couronne d'Auftrafie, mais il crut pouvoir la mettre fur la tête de Childebert fon fils, en publiant qu'il avoit été adopté par Sigebert. Comment concevoir cependant que Sigebert, au préjudice de fon fils, eût appellé au trône, un étranger à la race de Clovis ? L'invraifemblance de cette chimérique adoption n'arrêta point *Grimoald* ; & quand il crut avoir tout préparé, il fit tondre Dagobert II, par un autre traître, nommé Didon, évêque de Poitiers, & le fit tranfporter en Irlande, où cet enfant fut long-temps oublié. En même temps, il répandit le bruit que Dagobert II étoit mort, & il fit proclamer fon propre fils Childebert, comme ayant été adopté par Sigebert. Quelques auteurs prétendent même que *Grimoald*, pour affûrer l'exécution de fon projet, avoit empoifonné Sigebert, & fa conduite ne démentit point ce foupçon.

Quoi qu'il en foit, *Grimoald* ne recueillit point le fruit de fon crime : les Auftrafiens foulevés, le firent prifonnier avec fon fils, & les envoyèrent l'un & l'autre à Clovis, roi de Neuftrie, frère de Sigebert : depuis ce temps (653), ils ne reparurent plus.

Un autre *Grimoald* étoit fils de Pepin de Hériftal & de Pleftrude ; il fut affaffiné dans une églife en 714, par un homme nommé Rangaire, fans qu'on ait jamais fçu à quelle occafion.

Il y a auffi un *Grimoald*, roi des Lombards, ufurpateur célèbre, qui a exercé, quoique fans fuccès, le génie de Corneille dans *Pertharite*; & ce *Grimoald*, mort en 671, fit alliance fur des armes auparavant, avec ce même Dagobert II, que *Grimoald*, fils de Pepin le vieux, avoit fait tranfporter en Irlande, & revint dans la fuite en France, où il régna fur une partie de l'Auftrafie.

**GRIS**, (Jacques le) (*Hift. de Fr.*) L'hiftoire trop certaine du fameux duel de *le Gris* & de Carrouge en 1386, offre dans fes circonftances des difficultés que quelques auteurs paroiffent avoir voulu éluder, & que la plûpart femblent n'avoir pas apperçues. La femme de Carrouge accufe *le Gris* de lui avoir fait violence ; Carrouge & *le Gris* combattent ; *le Gris* fuccombe, il eft pendu. Un malfaiteur arrêté quelque temps après pour d'autres crimes, avoue celui-la. On ne peut cependant prefque douter de la bonne foi de la femme : 1°. il règne dans fon accufation & dans toutes les circonftances un ton de naïveté perfuafif. 2°. L'accufatrice s'expofoit au plus grand péril; elle devoit fe douter, fi Carrouge fuccomboit. 3°. La ferveur même de fes prières pendant le combat, femble annoncer une ame innocente. Une calomniatrice auroit-elle ofé demander à Dieu que fa calomnie triomphât ? 4°. Son défefpoir, lorfqu'elle reconnoît qu'elle s'eft trompée, le courage avec lequel elle fe dévoue à une pénitence rigoureufe, & fe renferme

pour le refte de fes jours dans une cellule murée ; tout femble dépofer en faveur de fa fincérité.

Mais d'un autre côté, comment pouvoit-elle avoir été fincère ? Il paroit que le faux *le Gris* avoit été long-temps avec elle avant de demander à être conduit au donjon, où il avoit exercé fa violence ; il avoit enfuite fait des déclarations & des inftances, il avoit prié, il avoit menacé, il avoit épuifé tous les moyens de féduction avant de recourir à la force : y avoit-il donc entre le vrai & le faux *le Gris*, une reffemblance affez parfaite & affez univerfelle, pour que la dame de Carrouge pût les confondre, malgré tant d'occafions de les diftinguer ? Et fi cette reffemblance exiftoit, les hiftoriens n'en auroient-ils pas fait mention ?

M. Duclos, dans un mémoire fur les épreuves ou jugements de Dieu, inféré dans le recueil de l'académie des infcriptions & belles-lettres, femble lever ces difficultés d'un feul mot ; il dit que la dame de Carrouge fut violée par un homme mafqué ; mais peut-être prend-il fur lui de le dire, & d'ailleurs ce n'eft que changer de difficultés ; car il paroit impoffible de concilier ce fait avec certaines circonftances de cette aventure : par exemple, avec le bon accueil que la dame de Carrouge fait d'abord à cet homme, avec la complaifance qu'elle a de le conduire feule au donjon, avec l'accufation même qu'elle intente contre *le Gris* nommément & fans jamais montrer le moindre doute fur la perfonne ; accufation qu'elle renouvelle & qu'elle foutient au moment du vifage, à la vue du péril, & lorfque fon mari, tandis qu'il en eft temps encore, lui offre une occafion de fe rétracter, ou du moins de modifier fon accufation. Quoi ! la dame de Carrouge n'a pas vu le coupable au vifage, & elle affûre que c'eft *le Gris*; & fur cette affûrance, elle expofe fon mari à être pendu, elle s'expofe elle-même à être brûlée ! Telles font les difficultés que préfente cette aventure ; on ne peut pas peut-être les réfoudre, mais il ne faut pas les diffimuler.

**GRIVE**, (Jean de la) (*Hift. Litt. mod*.) l'abbé de la Grive, géographe de la ville de Paris, mort en 1757. On a de lui un *Plan de Paris* ; les *Environs de Paris* ; le *Plan de Verfailles* ; les *Jardins de Marly* ; le *Terrier du Domaine du Roi aux environs de Paris* ; un *Manuel de Trigonométrie fphérique*.

## G R O

**GRONOVIUS**, (Jean-Frédéric & Jacques) (*Hift. Litt. mod.*) père & fils, ont donné de fçavantes éditions de plufieurs auteurs latins, & le fils, de quelques auteurs grecs. Le fils eft le plus célèbre, fur-tout par fon *Thefaurus antiquitatum Græcarum*. Il avoit toute la rudeffe d'un fçavant. On lui appliquoit ce paffage de Sénéque, pour exprimer fon incompatibilité, & le caprice & l'injuft de la plûpart de fes jugements : *hic fibi indulget, ex libidine judicat, & auaire non vult & eripi judicium fuum, etiamfi pravum eft, non finit*. Le père mourut en 1672, le fils en 1716. Tous deux étoient profeffeurs de belles-lettres à Leyde.

**GROS TOURNOIS**, (*Hift. des monn.*) ancienne

monnoie de France en argent, qui fut d'abord faite à bordure de fleurs-de-lis.

Les *gros tournois* succédèrent aux sous d'argent ; ils sont quelquefois nommés *gros deniers d'argent*; *gros deniers blancs*, & même *sous d'argent* ; il n'est rien de si célèbre que cette monnoie depuis Saint Louis jusqu'à Philippe-de-Valois, dans les titres & dans les auteurs anciens, où tantôt elle est appellée *argenteus Turonensis*, tantôt *denarius grossus*, & souvent *grossus Turonensis*. Le nom de *gros* fut donné à cette espèce, parce qu'elle étoit alors la plus grosse monnoie d'argent qu'il y eût en France ; & on l'appella *tournois*, parce qu'elle étoit fabriquée à Tours, comme le marque la légende de *Turonus civis* pour *Turonus civitas*.

Quoique Philippe d'Alsace, comte de Flandres, qui succéda à son père en 1185, eût fait fabriquer avant Saint Louis des *gros d'argent* avec la bordure de fleurs-de-lis, Saint Louis passe pour l'auteur des *gros tournois* de France avec pareille bordure ; c'est pourquoi dans toutes les ordonnances de Philippe-le-Bel & de ses successeurs, où il est parlé de *gros tournois*, on commence toujours par ceux de Saint Louis : cette monnoie de son temps étoit à onze deniers douze grains de loi, & pesoit un *gros* sept grains $\frac{26}{17}$ : il y en avoit par conséquent cinquante-huit dans un marc. Chaque *gros tournois* valoit douze deniers tournois ; de sorte qu'en ce temps-là le *gros tournois* étoit le sou tournois. Il ne faut pourtant pas confondre ces deux espèces ; la dernière a été invariable.& vaut encore douze deniers, au lieu que le *gros tournois* a souvent changé de prix.

Remarquez d'abord, si vous le jugez à propos, la différence de l'argent de nos jours à celui du temps de Saint Louis ; alors le marc d'argent valoit 54 sous 7 deniers, il vaut aujourd'hui 52 livres ; ainsi le *gros tournois* de Saint Louis, qui valoit 12 deniers tournois, vaudroit environ 18 fols de notre monnoie actuelle.

Remarquez encore que les *gros tournois*, qui du temps de Saint Louis étoient à 11 deniers 12 grains de loi, ne diminuèrent jamais de ce côté-là ; qu'au contraire ils furent quelquefois d'argent fin, comme sous Philippe de Valois, & souvent sous ses successeurs, à 11 deniers, 15, 16, 17 grains : mais il n'en fut pas de même pour le poids & pour la valeur ; car depuis 1343 sous Philippe de Valois, leur poids diminua toujours, & au contraire leur valeur augmenta ; ce qui montre que depuis Saint Louis jusqu'à Louis XI, la bonté de la monnoie a toujours diminué, puisqu'un *gros tournois* d'argent de même loi, qui pesoit sous Louis XI 3 deniers 7 grains, ne valoit sous Saint Louis que 12 deniers tournois, & que ce même *gros* sous Louis XI ne pesant que 2 deniers 18 grains & demi, valoit 54 deniers.

En un mot, observez que le nom de *gros* s'est appliqué à diverses autres monnoies qu'il faut bien distinguer des *gros tournois* : ainsi l'on nomma les *testons grossi capitones* ; les *gros* de Nesle ou *négulfeuds*, étoient des pièces de six blancs. Les *gros* de Lorraine étoient des *carolus*, &c. mais ce nom de *gros tournois d'argent* étoit une petite monnoie qui valoit la moitié du *petit tournois* : on les appelloit autrement *mailles* ou *oboles d'argent* ; quelquefois *mailles* ou *oboles blanches*.

M. le Blanc, dans son *Traité des Monnoies*, vous donnera les représentations des *gros tournois* pendant tout le temps qu'ils ont eu cours. Au reste, cette monnoie eut différents surnoms selon les différentes figures dont elle étoit marquée ; on les appella *gros à la bordure de lis*, *gros à la fleur-de-lis*, *gros royaux*, *gros à l'O*, *gros à la queue*, parce que la croix qui s'y voyoit avoit une queue ; *gros à la couronne*, parce qu'ils avoient une couronne, &c. ( *D. J.* ).

GROS ou GROAT, ( *Hist. Mon.* ) en Angleterre signifie une monnoie de compte valant quatre sous.

Les autres nations, sçavoir les Hollandois, Polonois, Saxons, Bohémiens, François, &c. ont aussi leurs *gros*. *Voyez* MONNOIE, COIN, &c.

Du temps des Saxons, il n'y avoit point de plus forte monnoie en Angleterre que le sou, ni même depuis la conquête qu'en firent les Normands jusqu'au règne d'Edouard III, qui en 1350 fit fabriquer des *gros*, c'est-à-dire, de grosses pièces, ayant cours pour quatre deniers-pièce : la monnoie resta sur ce pied-là jusqu'au règne d'Henri VIII, qui en 1504 fit fabriquer les premiers schelings.

GROS, est aussi une monnoie étrangère qui répond au gros d'Angleterre. En Hollande & en Flandre on compte par livres de *gros*, valant six florins. *Voyez* LIVRES. *Chambers*. ( G. ).

GROTIUS, (Hugues) ( *Hist. Litt. mod.* ) Ce sçavant & sage hollandois, ami du fameux Barneveldt & favorable comme lui au parti des Arminiens, parce que c'étoit le plus modéré, fut enveloppé dans la disgrace de Barneveldt ; celui-ci eut la tête tranchée, & par le même arrêt *Grotius* fut condamné à une prison perpétuelle, & en conséquence enfermé dans le château de Louvestein, d'où il se sauva en 1621, par l'adresse de Marie Regesberg sa femme, qui, sous prétexte de lui envoyer des livres, lui fit parvenir un grand coffre, dans lequel on l'emporta hors de sa prison. Il vint en France, où il composa son fameux *Traité de la Guerre & de la Paix* ; mais comme il n'y flattoit pas le cardinal de Richelieu, il en fut négligé : il éprouva même des dégoûts qui l'obligèrent de quitter la France ; & il revint avec le caractère d'ambassadeur, que lui donna la reine de Suéde, Christine. C'est un problème parmi les sçavants, si *Grotius* est mort protestant ou Catholique. Le P. Petau, après la mort de *Grotius*, disoit la messe pour lui. Outre le traité *de Jure belli & pacis*, traduit par Barbeyrac, on a de *Grotius* un traité presque aussi connu, *de la vérité de la Religion Chrétienne*, traduit par M. l'abbé Goujet, & que Saint-Evremont appelloit le *Vade mecum* des chrétiens ; des *Œuvres théologiques* ; des *Poésies* ; *de imperio summarum potestatum circà sacra*, ouvrage traduit en françois, sous ce titre : *Traité du pouvoir du Magistrat politique sur les choses sacrées* ; *Annales & historia de rebus Belgicis*, un traité *de obitu regis Philippi*, *usque ad inducias anni 1609* ; *de antiquitate reipublicæ Batavicæ* ; *Historia Gothorum*, une multitude d'autres ouvrages. Tous ces fruits de l'érudition & d'un grand sens, il n'a pas tenu à l'intolérance qu'ils n'ayent été séchés dans leur fleur ; c'est à quoi l'intolérance sera toujours bonne.

*Grotius* mourut à Roftock en 1645. Le P. Oudin a écrit fa vie, mais elle eft bien plus complette dans l'ouvrage de M. de Burigny.

GRUET, (Jacques) (*Hift. du Calvinifme*) genevois, eut la tête tranchée à Genève en 1549, bien moins pour quelques traits d'impiété, qu'on prétendit après coup avoir trouvés dans fes papiers, que pour avoir ofé démafquer aux yeux des Génevois, leur patriarche & leur prophète Calvin.

GRUTER, (Jean) *Hift. Litt. mod.*) fçavant illuftre) profeffeur d'hiftoire à Vittemberg, puis à Heidelberg, où il avoit la direction de cette magnifique bibliothèque, tranfportée à Rome quelque temps après. On a de lui une *Recueil d'Infcriptions* ; les *Delicia Poetarum Gallorum, Italorum, Belgarum, Germanorum, Hungaricorum, Scotorum, Danorum* ; *Hiftoriæ Augufta fcriptores* ; *Chronicon Chronicorum*, &c. *Gruter* fut marié quatre fois ; c'eft beaucoup pour un fçavant. Il étoit né à Anvers en 1560. Il mourut en 1627.

# G R Y

GRYNE'E, (Simon) (*Hift. Litt. mod.*) ami de Luther & de Melanchton, a publié le premier l'Almagefte de Ptolomée en grec. Né en Souabe en 1493, mort à Bâle en 1541.

GRYPHIUS, (André) (*Hift. Litt. mod.*) né à Glogau en 1616, mort en 1664, paffe pour le Corneille de l'Allemagne.

Chrétien, fon fils, a donné des poëfies allemandes ; un *Traité fur l'origine & les progrès de la Langue Allemande* ; une hiftoire des ordres de chevalerie, & d'autres ouvrages. Mort en 1706.

# G U A

GUARINI (Jean-Baptifte) (*Hift. Litt. mod.*) célèbre auteur du *Paftor Fido*. Ses œuvres font recueillies en 4 vol. *in-4°.* ; mais fa gloire tient à cette paftorale illuftre. Né à Ferrare en 1537, mort à Venife en 1612.

GUAST, (du) *Voyez AVALOS & PESCAIRE.* (*Hift. d'Efp.*) dom Alphonfe d'Avalos, marquis du *Guaft*, digne parent, difciple illuftre du marquis de Pefcaire, fut comme lui, un des plus habiles généraux de Charles-Quint : ce fut le marquis du *Guaft* qui, à la bataille de Pavie, força le Parc de Mirabel. Il fut l'héritier des biens comme des talents du marquis de Pefcaire, mort en 1525. Il fut fait prifonnier en 1528, dans un combat naval devant Naples par Philippin Doria, neveu du célèbre André Dor'a. Du *Guaft* fut auffi utile à fon maître dans la prifon, qu'à la tête des armées ; ce fut lui qui négocia le plus fortement & le plus heureufement auprès d'André Doria, pour l'attirer au parti de l'Empereur. Il étoit au fiège de Florence en 1530 ; mais quelque méfintelligence furvenue entre lui & le prince d'Orange, l'obligea de fuivre l'Empereur en 1535 ; il fuivit l'Empereur à l'expédition de Tunis. Ce fut lui qui, en 1536, commanda les bandes efpagnoles dans la fameufe expédition du même Charles-Quint, en Provence ; il fit fur Arles une tentative, qui ne réuffit

pas mieux que celle que Charles-Quint faifoit dans le même temps fur Marfeille. En 1537, il fecourut Cafal, & tailla en pièces les François, qui, fous la conduite de Burie, alloient furprendre cette place. Il fit cette même année, beaucoup de conquêtes dans le Piémont, entr'autres, celle du château de Carmagnole, devant lequel fut tué le marquis de Saluces, qui l'année précédente avoit trahi la France, & embraffé le parti de l'Empereur. Il n'y avoit dans le château de Carmagnole, que deux cents fantaffins italiens au fervice de la France ; ils fe défendirent avec plus de conftance que leur petit nombre ne fembloit en permettre ; ils fe rendirent enfin. Le marquis du *Guaft* loua leur courage & leur talent pour défendre une place ; il admiroit fur-tout la vivacité & la continuité du feu qu'il avoit vu partir d'une certaine fenêtre du château, qu'il indiquoit ; il parut défirer de connoître ceux qui tiroient à cette fenêtre. Un foldat dit qu'il y avoit toujours été, & que pour fa part, il avoit tiré bien des coups de moufquet. *Malheureux*, lui dit du *Guaft*, changeant tout-à-coup de ton & de langage, *c'eft donc toi qui nous a privés de ce brave marquis de Saluces !* en même temps il fit pendre ce foldat à cette même fenêtre d'où étoit parti le coup qui avoit tué un foldat fidèle, bien plus que de reconnoiffance envers la mémoire de l'infidèle Saluces. Des auteurs ont dit que le marquis du *Guaft* avoit fait pendre le commandant du château de Carmagnole, nommé Stephe de la Balia, & qu'il avoit envoyé toute la garnifon aux galères ; ce qui a bien l'air d'une exagération, à laquelle aura donné lieu l'indigne traitement fait au foldat trompé par les queftions perfides du marquis du *Guaft*. Les François accourant en forces dans le Piémont fur la fin de cette même campagne, réduifirent du *Guaft* à une guerre défenfive, dans laquelle il eut peu d'avantage.

Pendant l'intervalle de paix qui fuivit, du *Guaft* ne fervit pas moins bien l'Empereur par fes négociations dans les différentes cours. En 1541, il fit affaffiner fur le Pô, les ambaffadeurs Rincon & Fregofe, que François Ier envoyoit, l'un à Venife & l'autre à la Porte. Du Bellay Langei parvint à convaincre du *Guaft* de ce crime. *Voyez* l'article *BELLAY* (du) & l'article *FREGOSE*. Ce fut la caufe de la dernière guerre entre Charles-Quint & François Ier. En 1542, du *Guaft* & Langei, rivaux dignes l'un de l'autre, commandèrent l'un contre l'autre, en Piémont. En 1544, du *Guaft* commanda encore dans le Piémont, & ce fut contre Boutières, fur lequel il eut beaucoup d'avantage. Mais en 1544, il perdit la bataille de Cerifole le 13 avril, contre le comte d'Enguien. Avant la bataille, il avoit dit aux bourgeois d'Aft : « Si je ne reviens pas vainqueur, » fermez-moi les portes de votre ville ». Il avoit dit avant la campagne, aux femmes de Milan : « Voyez-» vous ces chaînes ? elles vous ramèneront lié ce petit » fou de comte d'Enguien & tous ces jeunes & jolis » volontaires françois ». Les femmes avoient demandé grace pour le comte d'Enguien, dont on leur avoit vanté la bonne mine. On affure que le marquis avoit réellement fait une provifion de chaînes pour lier les

prifonniers françois qu'il efpéroit faire, & qu'il fe propofoit, dit-on, d'envoyer aux galères. On affure que
les françois trouvèrent parmi les bagages des impériaux,
plufieurs chariots chargés de chaines ; mais il faut fe
fouvenir qu'on trouve ces fortes de traits dans l'hiftoire
ancienne, & que les hiftoriens modernes ont fouvent
pris plaifir à les adapter aux évènemens de leur temps.
: Quoi qu'il en foit , les habitans d'Aft obéirent
ponctuellement au marquis vaincu , & lui fermèrent
leurs portes ; il fut obligé de fuir jufqu'à Milan, où
il étoit réduit à fe cacher, n'ofant paroître devant les
femmes, qui le cherchoient pour lui demander l'emploi de fes chaines & les jolis prifonniers qu'il leur
avoit promis. Le comte d'Enguien envoya au Roi une
montre de grand prix , trouvée parmi les bagages du
marquis du Guaft. La duchefle de Nevers , fœur
du comte d'Enguien, dit au Roi, en la lui préfentant :
« Pour cette fois , Sire , nous ne vous préfenterons
» point le marquis du Guaft, il s'eft fauvé très-lefte-
» ment fur un beau cheval d'Efpagne ; mais voici fa
» montre, qui n'étoit pas apparemment *fi bien montée*
» *que lui.* »
Le marquis du Guaft mourut le 31 mars 1546. Il
étoit né le 25 mai 1502, & déjà vieux capitaine , il
n'avoit cependant que quarante-trois ans accomplis.
GUE' ou GUAY-TROUIN, ( René du ) *Hift. de
Fr.*) Marin illuftre , fi connu par fes mémoires , plus
encore par l'éloge qu'en a fait M. Thomas, & qui
a été couronné en 1761 , à l'Académie Françoife,
naquit à Saint Malo le 10 juin 1673 , d'une famille
de négocians. Il fit fa première campagne en 1689,
il y fut continuellement incommodé du mal de mer ;
il effuya une tempête : dans un abordage, un de fes
compagnons, placé à côté de lui, voulut fauter dans
le vaiffeau ennemi, tomba entre les deux vaiffeaux
qui , venant à fe joindre, écrasèrent ce malheureux;
une partie de fa cervelle rejaillit fur du Gué-Trouin.
Dans le même temps le feu prit au vaiffeau ennemi.
Tel fut l'apprentiffage de du Gué-Trouin. Dans cette
même campagne, il contribua beaucoup à la prife de
trois vaiffeaux ; il tomba dans la mer, il fut bleffé, il
fut vainqueur.
· En 1691 , à dix-huit ans, chargé du commandement d'une frégate , il eft jetté fur les côtes d'Irlande,
après la perte des batailles de la Boine & de Kilconnel ;
il y prend un château, & y brûle deux navires.
En 1692, dans le temps même de la perte de la
bataille de la Hogue, réparateur hardi & heureux de
nos défaftres , avec une frégate il en prend deux qui
efcortoient trente vaiffeaux marchands ; avec une autre
frégate , il prend fix vaiffeaux.
· En 1694 , avec une feule frégate , il combat une
efcadre entière : après les prodiges de valeur & beaucoup de défaftres , un boulet de canon le renverfe, il
perd connoiffance ; il eft pris. Une jeune angloife, à
laquelle il fçut plaire, lui procura la liberté.
En 1695 , il prend fur les côtes d'Irlande, trois
vaiffeaux anglois, chargés de richeffes.
En 1696 , monté fur un vaiffeau anglois qu'il avoit
pris, il prend deux vaiffeaux hollandois , & paffe avec

fa prife au travers de la flotte ennemie , qu'il trompe
par une manœuvre habile ; il defcend fur les côtes
d'Efpagne , force près de Vigo , des retranchemens ,
à l'attaque defquels fon jeune frère, qui déjà égaloit fa
valeur , eft bleffé, à mort, au moment où , d'un autre
côté , il forçoit auffi ces mêmes retranchemens ; il
meurt dans les bras de du Gué-Trouin , qui accablé
de douleur , voulut tout quitter & renoncer à la gloire
même , mais qui jugea bientôt que c'étoit s'interdire
la feule confolation qu'il pût recevoir ; il combattit donc
de nouveau les ennemis , & en homme qui avoit un
frère à venger.
En 1697, après un combat terrible contre un homme
fon égal en valeur & en talens, (le fameux baron de
Waffenaër, qui fut depuis vice-amiral de Hollande) ,
après quatre abordages fanglans il fe rend maître du
vaiffeau & de la perfonne de Waffenaër , qui étoit
tombé dans fon fang, chargé de quatre bleffures dangereufes. Après la victoire , il lui prodigua les fecours ;
les foins, les égards, & le préfenta lui-même à Louis
XIV , en célébrant fa valeur. Il avoit été préfenté lui-
même en 1695 , à Louis XIV , par M. de Pontchartrain, alors miniftre de la marine. Jamais Louis XIV
ne vit du Gué-Trouin fans donner les marques
d'eftime les plus flatteufes ; jamais du Gué-Trouin ne
fortit de la préfence de Louis XIV , fans fe fentir
enflammé du defir de fervir l'état. Un jour du Gué-
Trouin faifant à Louis XIV , le récit d'un combat où
il avoit fous fes ordres un vaiffeau nommé la *Gloire* :
j'ordonnai, dit-il , à *la Gloire* de me fuivre. *Elle vous
fut fidelle*, reprit Louis XIV.
Jufqu'en 1697 , du Gué-Trouin n'avoit encore
fervi que dans la marine marchande ; il paffa cette
année dans la marine royale, & y fervit dans la guerre
de la fucceffion d'Efpagne.
En 1702 , avec un vaiffeau défemparé, il fe jette
dans un vaiffeau de guerre hollandois : un jeune
capitaine Hollandois eft tué, le vaiffeau pris.
En 1703 , le 7 juillet, jetté par une brume épaiffe ,
avec trois vaiffeaux & deux frégates, dans une efcadre
hollandoife, qu'on pourroit appeller une flotte, il échappa
fans aucune perte par des manœuvres fi habiles , que
c'étoit de toutes fes aventures, celle dont il étoit le plus
flatté. C'étoit le cas de dire :

> *Quos opimus*
> *Fallere & effugere eft triumphus.*

La même année il porta un notable préjudice à la
pêche que les hollandois font de la baleine fur les côtes
du Spitzberg ; mais il penfa y périr, des courans l'ayant
porté, à quatre-vingt-un degrés de latitude nord , contre
un banc de glaces qui s'étendoit à perte de vue. « Peu
» s'en fallut, dit M. Thomas, que le tombeau de du
» Gué-Trouin ne fût caché dans les déferts qui bornent
» le monde ».
En 1704 , il défole les côtes de l'Angleterre , &
fait des prifes nombreufes & confidérables. Dans une
action vive & périlleufe , il eft trahi , & ne peut
échapper qu'à force de talens & de bonheur ; la trahifon

resta impunie ; le traitre fut protégé ; du *Gué-Trouin* voulut encore quitter le service ; mais il aimoit trop la patrie & la gloire.

En 1705, toujours des prises & des succès ; mais il perd encore un second frère. « Famille de héros ! » s'écrie M. Thomas : de trois frères, deux ont donné » l'exemple de mourir pour la patrie ; *du Gué-Trouin*, » celui de ne vivre que pour elle ».

En 1706, avec trois vaisseaux, il soutient pendant deux jours le plus rude combat contre six vaisseaux de guerre portugais ; trois boulets lui passent l'un après l'autre, entre les jambes ; son habit & son chapeau font percés de coups de fusil ; il est blessé, mais légèrement, & il remporte la victoire. Il va défendre Cadix ; & le gouverneur de cette place, le marquis de Valdécagnas fait insulter ses chaloupes ; il demande justice, il est mis aux fers. *Louis XIV* le vengea pour cette fois ; il fit ôter le gouvernement de Cadix au marquis de Valdécagnas, & celui de l'Andaloufie, au marquis de Villadarias son beau-frère ; il augmenta les honneurs de du *Gué-Trouin*.

En 1707, le 21 octobre, joint avec le comté ou le chevalier de Forbin, il livra un grand combat contre une flotte angloise. Forbin & du *Gué-Trouin* crurent dans cette occasion avoir à le plaindre l'un de l'autre, mais ils vainquirent ; la nation les abfout & se loue de tous deux. (*Voyez l'article* FORBIN.) C'est dans ce combat que le vaisseau anglois *le Devonshire* fut brûlé avec plus de mille hommes qui le montoient, défaftre dont M. Thomas a fait une peinture terrible, qu'il termine par ce vœu : « puisse le génie de l'humanité, mettre » souvent de pareils tableaux devant les yeux des Rois » qui ordonnent les guerres !

Mais de toutes les expéditions de du *Gué-Trouin*, la plus brillante à la fois & la plus importante, est celle de Rio-Janéiro dans le Bréfil en 1711. Elle valut, dit-on, plus de sept millions à nos armateurs ; mais elle causa un dommage de plus de vingt-cinq millions aux portugais. Du *Gué-Trouin* penfa périr à son retour par une tempête ; il n'en fut que plus précieux à la nation ; il devint pour la France entière, un grand objet de curiofité : on s'attroupoit autour de lui, une femme de qualité perça la foule pour pénétrer jusqu'à lui, *voulant*, difoit-elle, *voir un héros en vie*. Les mères le montroient à leurs enfants ; le Roi l'ennoblit. Ses lettres de nobleffe rapportent ses services ; elles font datées de 1709. Ses armoiries avoient pour devise : *dedit hæc insigna virtus*. Il fut nommé chef d'escadre en 1715, commandeur de l'ordre de St. Louis, le premier mars 1728, lieutenant-général le 27 du même mois. En 1731, M. le comte de Maurepas lui procura le commandement d'une escadre destinée à foutenir l'éclat de la nation françoise dans la Méditerranée.

En 1733, au renouvellement de la guerre, il fut destiné à commander des armées navales auxquelles une prompte paix ne donna pas le temps de se mettre en mer. Du *Gué-Trouin* mourut le 27 septembre 1736, & fes ennemis, dit M. Thomas, convinrent alors qu'il étoit un grand homme.

**GUEBRES**, f. m. pl. (*Hist. anc. & mod.*) peuple errant & répandu dans plufieurs contrées de la Perfe & des Indes. C'est le trifte refte de l'ancienne monarchie perfane que les caliphes arabes, armés par la religion, ont détruite dans le 7e fiècle, pour faire règner le dieu de Mahomet à la place du dieu de Zoroaftre. Cette fanglante miffion força le plus grand nombre des Perfes à renoncer à la religion de leurs pères : les autres prirent la fuite, & fe difpersèrent en différents lieux de l'Afie, où fans patrie & fans roi, méprifés & haïs des autres nations, & invinciblement attachés à leurs ufages, ils ont jufqu'à préfent confervé la loi de Zoroaftre, la doctrine des Mages, & le culte du feu, comme pour fervir de monument à l'une des plus anciennes religions du monde.

Quoiqu'il y ait beaucoup de fuperftition & encore plus d'ignorance parmi les *Guebres*, les voyageurs font affez d'accord pour nous en donner une idée qui nous intéreffe à leur fort. Pauvres & fimples dans leurs habits, doux & humbles dans leurs manières, tolérants, charitables & laborieux, ils n'ont point de mendiants parmi eux, mais ils font tous artifants ; ouvriers & grands agriculteurs. Il femble même qu'un des dogmes de leur ancienne religion ait été que l'homme eft fur la terre pour la cultiver, & pour l'embellir, ainfi que pour la peupler. Car ils eftiment que l'agriculture eft non feulement une profeffion belle & innocente, mais noble dans la fociété & méritante devant Dieu. C'eft le prier, difent-ils, que de labourer & leur créance met au nombre des actions vertueufes de planter un arbre, de défricher un champ, & d'engendrer des enfants. Par une fuite de ces principes, fi antiques qu'ils font prefque oubliés par-tout ailleurs, ils ne mangent point le bœuf, parce qu'il fert au labourage, ni la vache qui leur donne du lait ; ils épargnent de même le coq, animal domeftique, qui les avertit du lever du foleil ; & ils eftiment particulièrement le chien qui veille aux troupeaux, & qui garde la maifon. Ils fe font un religieux devoir de tuer les infectes & tous les animaux malfaifants ; & c'eft par l'exercice de ce dernier précepte, qu'ils croyent expier leurs péchés ; pénitence fingulière, mais utile. Leur morale pratique de cette rare efpèce, les *Guebres* ne font nulle part des hôtes incommodes ; on connoit par-tout leurs habitations au coup-d'œil, tandis que leur ancienne patrie, dont l'hiftoire nous a vanté la fertilité, n'eft plus qu'un défert & une terre inculte fous la loi de Mahomet, qui joint la contemplation au defpotifme.

Ils font prévenants envers les étrangers, de quelque nation qu'ils foient ; ils ne palent point devant eux de leur religion, mais ils ne condamnent perfonne, leur maxime étant de bien vivre avec tout le monde, & de ne l'offenfer que par le foir. Ils haïffent en général tous les conquérants ; ils méprifent & déteftent fingulièrement Alexandre, comme un des plus grands ennemis qu'ait eu le genre humain. Quoiqu'ils aient lieu de haïr particulièrement les Mahométans, ils fe font toujours repofés fur la providence du foin de punir ces cruels ufurpateurs ; & ils fe confolent par une

très-ancienne

très-ancienne tradition dont ils entretiennent leurs enfants, que leur religion reprendra un jour le deſſus,
& qu'elle ſera profeſſée de tous les peuples du monde :
à cet article de leur croyance, ils joignent auſſi cette
attente vague & indéterminée, qu'on retrouve chez tant
d'autres peuples, de perſonnages illuſtres & fameux
qui doivent venir à la fin des temps pour rendre les
hommes heureux & les préparer au grand renouvellement.

Une diſcipline ſévère & des mœurs ſages règnent
dans l'intérieur de leurs maiſons ; ils n'épouſent que
des femmes de leur religion & de leur nation ; ils
ne ſouffrent point la bigamie ni le divorce ; mais en
cas de ſtérilité, il leur eſt permis de prendre une ſeconde
femme au bout de neuf années, en gardant cependant
la première. Par-tout où ils ſont tolérés, ils reçoivent
le joug de prince, & vivent entr'eux ſous la conduite
de leurs anciens qui leur ſervent de magiſtrats.

Ils ont auſſi des prêtres, qui ſe diſant iſſus des anciens mages, & qui dépendent d'un ſouverain pontife,
& que les *Guebres* appellent *deſtour*, *deſtouran*, la
règle des règles ou *la loi des loix*. Ce prêtres n'ont
aucun habit particulier, & leur ignorance les diſtingue
à peine du peuple. Ce ſont eux qui ont le ſoin du feu
ſacré, qui impoſent les pénitences, qui donnent des
abſolutions, & qui, pour le l'argent, diſtribuent
chaque mois dans les maiſons le feu ſacré, & l'urine
de vache qui ſert aux purifications.

Ils prétendent poſſéder encore les livres, que Zoroaſtre a reçus du ciel ; mais ils ne peuvent plus les
lire, ils n'en ont que des commentaires qui ſont eux-
mêmes très-anciens. Ces livres contiennent des révélations ſur ce qui doit arriver juſqu'à la fin des temps,
des traités d'aſtrologie & de divination. Du reſte,
leurs traditions ſur leurs prophètes & ſur tout ce qui
concerne l'origine de leur culte, ne forment qu'un
tiſſu mal aſſorti de fables merveilleuſes & de graves
puérilités. Il en eſt à cet égard de la religion des
*Guebres* comme de toutes les autres religions d'Aſie ; la
morale en eſt toujours bonne, mais l'hiſtorique, où
pour mieux dire le roman, n'en vaut jamais rien. Ces
hiſtoires, il eſt vrai, devroient être fort indifférentes
pour le culte en général ; mais le mal eſt que les
hommes n'ont fait que trop conſiſter l'eſſentiel de la
religion dans un nom. Si les nations aſiatiques vouloient
cependan s'entendre entr'elles, & oublier ces noms
divers de Confucius, de Brahma, de Zoroaſtre &
de Mahomet, il arriveroit qu'elles n'auroient preſque
toutes qu'une même créance, & qu'elles ſeroient par
là d'autant plus proches de la véritable.

Pluſieurs ſçavants ont cru reconnoître dans les fables
que les *Guebres* débitent de Zoroaſtre, quelques traits
de reſſemblance avec Cham, Abraham & Moyſe ; on
pourroit y ajouter auſſi avec Oſiris, Minos & Romulus :
mais il y a bien plus d'apparence que leurs fables ſont
tirées d'une formule générale que les anciens s'étoient
faite pour écrire l'hiſtoire de leurs grands hommes, en
abuſant des ſombres veſtiges de l'hiſtoire ancienne de la
nature.

Plus l'on remonte dans l'antiquité, & plus l'on

remarque que l'hiſtorique & l'appareil des premières
religions ont été puiſés dans de pareilles ſources. Toutes
les fêtes des mages étoient appellées des *mémoriaux*
( Selden, *de diis Syris* ) ; & à en juger aujourd'hui par
les uſages de leurs deſcendants, on ne peut douter que
leur culte n'ait effectivement été un reſte des anciennes
commémorations de la ruine & du renouvellement
du monde, qui a dû être un des principaux objets de
la morale & de la religion ſous la loi de nature. Nous
ſçavons que ſous la loi écrite & ſous la loi de grace, les
fêtes ont ſucceſſivement eu pour motif la célébration
des évènements qui ont donné & produit ces loix :
nous pouvons donc penſer que ſous la loi de nature
qui les a précédées, les fêtes ont dû avoir & ont eu
pour objet les grands évènements de l'hiſtoire de la
nature, entre leſquels il n'y en a pas eu ſans doute de plus
grands & de plus mémorables que les révolutions qui
ont détruit le genre humain, & changé la face de la
terre.

C'eſt après avoir profondément étudié les différents
âges du monde ſous ces trois points de vue, que
nous oſons haſarder de dire que telle a été l'origine
de la religion des *Guebres* & des anciens mages. Si
nous les conſidérons dans leurs dogmes ſur l'Agriculture, ſur la population, & dans leur diſcipline domeſtique, tout nous y retracera les premiers beſoins &
les vrais devoirs de l'homme, qui n'ont jamais été ſi
bien connus qu'après la ruine du genre humain devenu
ſage par ſes malheurs. Si nous les enviſageons dans les
terreurs qu'ils ont des éclipſes, des comètes, & de
tous les écarts de la nature, & dans leurs traditions
apocalyptiques, nous y reconnoîtrons les triſtes reſtes
de l'eſpèce humaine long-temps épouvantée & effrayée
par le ſeul ſouvenir des phénomènes de leurs anciens
déſaſtres. Si nous analyſons leur dogme des deux principes, & leurs fables ſur les anciens combats de la
lumière contre les ténèbres, & que nous en rappro-
chions tant d'autres traditions analogues répandues chez
divers peuples ; nous y reverrons auſſi ce même fait que
quelques-uns ont appelé *chaos*, *débrouillement*, & d'autres *création* & *renouvellement*. En étudiant leur culte
du feu, & leurs preſſentiments ſur les incendies
futurs, nous n'y retrouverons que le reſſentiment des
incendies paſſés, & que des uſages qui en devoient
perpétuer le ſouvenir : enfin, ſi nous les ſuivons dans
ces fêtes qu'ils célèbrent pour le ſoleil & pour tous les
éléments, tout nous y retracera de même des inſti-
tutions relatives à cet ancien objet qui a été perdu,
oublié, corrompu par les *Guebres*, par les Perſes eux-
mêmes, & par tous les autres peuples du monde qui
n'ont préſentement que des traces plus ou moins ſombres de ces religieuſes commémorations, qui dans un
certain âge ont été générales par toute la terre.

C'eſt une grande queſtion de ſçavoir ſi les *Guebres*
d'aujourd'hui ſont idolàtres, & ſi le feu ſacré eſt
l'objet réel de leur adoration préſente. Les Turcs, les
Perſans, & les Indiens les regardent comme tels ; mais
ſelon les voyageurs européens, les *Guebres* prétendent n'honorer le feu qu'en mémoire de leur légiſlateur
qui ſe ſauva miraculeuſement du milieu des flammes ;

                                                     C

& pour fe diftinguer des idolâtres de l'Inde, ils fe ceignent tous d'un cordon de laine ou de poil de chameau. Ils affûrent reconnoître un Dieu fuprême, créateur & confervateur de la lumière ; ils lui donnent fept miniftres, & ces miniftres eux-mêmes en font d'autres qu'ils invoquent auffi comme génies interceffeurs : l'être fuprême eft fupérieur aux principes & aux caufes ; mais il eft vrai que leur théologie ou leur fuperftition attribue tant de pouvoir à ces principes fubalternes, qu'ils n'en laiffent guère au fouverain, ou qu'il en fait peu d'ufage ; ils admettent auffi des intelligences qui réfident dans les aftres & gouvernent les hommes, & des anges ou créatures inférieures qui gouvernent les corps inanimés ; & chaque arbre, comme chaque homme, a fon patron & fon gardien.

Ils ont perfifté dans le dogme du bon & du mauvais principe : cette antique héréfie, & peut-être la première de toutes, n'a été vraifemblablement qu'une fuite de l'impreffion que fit fur les hommes le fpectacle affreux des anciens malheurs du monde, & la conféquence des premiers raifonnemens qu'on a cru religieufement devoir faire pour ne point en accufer un dieu créateur & confervateur. Les anciens théologiens s'embrouilloient autrefois fort aifément dans les chofes qu'ils ne pouvoient comprendre ; & l'on peut juger combien cette queftion doit être épineufe pour de pauvres gens, tels que les *Guebres*, puifque tant & de fi grands génies ont effayé en vain de la réfoudre avec toutes les lumieres de la raifon.

Au refte les *Guebres* n'ont aucune idole & aucune image, & ils font vraifemblablement les feuls peuples de la terre qui n'en ont jamais eu ; tout l'appareil de leur religion confifte à entretenir le feu facré, à refpecter en général cet élément, n'y mettre jamais rien de fale ni qui puiffe faire de la fumée, & à ne point l'infecter même avec leur haleine en voulant le fouffler ; c'eft devant le feu qu'ils prient dans leurs maifons, qu'ils font lés actes & les fermens ; & nul d'entr'eux n'oferoit fe parjurer quand il a pris à témoin cet élément terrible & vengeur : par une fuite de ce refpect, ils n'entretiennent en tout tems le feu de leur foyer, ils n'éteignent pas même leurs lampes, & ne fe fervent jamais d'eau dans les incendies, qu'ils s'efforcent d'étouffer avec la terre. Ils ont auffi diverfes cérémonies légales pour les hommes & pour les femmes, une efpèce de baptême à leur naiffance, & une forte de confeffion à la mort ; ils prient cinq fois le jour en fe tournant vers le foleil, lorfqu'ils font hors de chez eux ; ils ont des jeûnes réglés, quatre fêtes par mois, & fur-tout beaucoup de vénération pour le vendredi, & pour le premier & le 20 de chaque lune : dans leurs jours de dévotion, ils ont entr'eux des repas communs où l'on partage également ce que chacun y apporte fuivant fes facultés.

Ils ont horreur de l'attouchement des cadavres, n'enterrent point leurs morts ni ne les brûlent ; ils fe contentent de les dépofer à l'abri des enceintes murées, en mettant auprès d'eux divers uftenfiles de ménage. L'air & la féchereffe du pays, permettent fans doute cet ufage qui feroit dangereux & défagréable

pour les vivans dans tout autre climat ; mais il eft forti chez les *Guebres* cette fuperftition finguliere, d'aller obferver de quelle façon les oifeaux du ciel viennent attaquer ces corps ; fi le corbeau prend l'œil droit, c'eft un figne de falut, & l'on fe réjouit ; s'il prend l'œil gauche, c'eft une marque de réprobation, & l'on pleure fur le fort du défunt : cette efpece de cruauté envers les morts, fe trouve réparée par un autre dogme qui étend l'humanité des *Guebres* jufque dans l'autre vie ; ils prétendent que le mauvais principe & l'enfer feront détruits avec le monde ; que les démons feront anéantis avec leur empire, et que les réprouvés, après leurs fouffrances, retrouveront à la fin un dieu clément & miféricordieux dont la contemplation fera leurs délices. Malgré l'ignorance des *Guebres*, il femble qu'ils ayent voulu prendre un milieu entre le paradis extravagant de Mahomet & le redoutable enfer du Chriftianifme.

Des peuples qui ont un culte fi fimple & des dogmes fi pacifiques, n'auroient point dû fans doute être l'objet de la haine & du mépris des Mahométans ; mais non-feulement ceux-ci les déteftent, ils les ont encore accufés dans tous les temps d'idolâtrie, d'impiété, d'athéifme, & des crimes les plus infames. Toutes les religions perfécutées & obligées de tenir leurs affemblées fecrettes, ont effuyé de la part des autres fectes des calomnies & des injures de ce genre. Les payens ont accufé les premiers chrétiens de manger des enfants, & de fe mêler fans diftinction d'âge & de fexe : quelques-uns de nos hérétiques à leur tour ont effuyé un pareil traitement ; & c'eft de même le venin calomnieux que répandent les difputes de religion, qui a donné aux reftes des anciens Perfes le nom de *guebre*, qui dans la bouche des Perfans, défigne en général un *payen*, un *infidèle*, un *homme adonné au crime contre nature*.

Quelques-uns les ont auffi nommés *Parfis*, *Pharfis*, & *Farfis*, comme defcendants des Perfes, & d'autres *Magious*, parce qu'ils defcendent des anciens mages ; mais leur nom le plus connu & le plus ufité eft l'infame nom de *Guebre*.

Ce qu'il y a de fingulier dans ce nom, c'eft qu'il eft d'ufage chez plufieurs nations d'Europe & d'Afie, il eft par-tout l'expreffion d'une injure groffiere, il eft par-tout l'expreffion d'une injure groffiere.

Le changement du *b* en *u* donne *geur*, autre nom des *Guebres* ; une inflexion légère dans les voyelles donne *giaour* chez les Turcs, qui ont fréquemment ce mot à la bouche, & qui le prodiguent particulièrement en faveur des Juifs, des Chrétiens, des Infidèles, & de tous ceux qu'ils veulent outrager & infulter : le changement du *g* en *k*, donne *kebre*, qui eft auffi d'ufage ; & celui du *b* en *ph*, produit *kaphie* & *kafre*, nom que plufieurs peuples d'Afrique ont reçu des Arabés leurs voifins, parce qu'ils ne fuivent point la loi de Mahomet.

L'inverfe & la méthathèfe des radicaux de ce nom de *gabr*, qui dans l'hébreu font *gabar*, *gibor*, *gib-r*, & *geber*, ont p é dans l'Europe par le canal des Phéniciens ou des Arabes efpagnols, les expreffions populaires de *bogri*, *borgi*, *bougari*, & *bougeri*, qui

**conservent** encore l'idée du crime abominable dont les *Guebres* font accusés par les Perfans modernes ; nos ayeux n'ont pas manqué de même d'en décorer les hérétiques du douzième fiécle , & nos étymologiftes ont fçavamment dérivé ces mots des *Bulgares* , *à Bulgaris.*

Les racines primitives de ces noms divers ne portent cependant point avec elles le mauvais fens que le préjugé leur attribue ; *gabar* dans l'hébreu , fignifie *être fort* , *être puiffant, être valureux* , *dominer* : *gibor* & *giber* y font des épithètes qui indiquent la *force* , le *courage*, la *puiffance* , & *l'empire. Geber* défigne le *maître* , le *dominateur* ; & *gebereth* , la *maitreffe* : d'où nos ancêtres ont formé *berger* & *bergereth.* Les Chaldéens dérivent auffi de cette fource *guberin* , en latin *gubernatores* , & en françois *gouverneurs.* Les Orientaux anciens & modernes, en ont tiré *Gabriel* , *Kébrail* , *Kabîr* , *Giaber* , & *Giafar* , noms illuftres d'archanges & de grands hommes.

Les dérivés de *gibor* , de *bogri* , & de *borgi*, défignent encore chez les Flamans, *un bel homme*, *un homme puiffant* & de taille avantageufe ; & nous exprimons le contraire par le diminutif *rabougri* : ce qui prouve que nos anciens ont connu le fens naturel & véritable de ces dénominations.

Si cependant elles font devenües injurieufes pour la plûpart , c'eft par une allufion dont il faut ici chercher la fource dans les légendes des premiers âges du monde ; elles nous difent qu'il y eut autrefois des hommes qui ont rendu leur nom célèbre par leur puiffance & leur grandeur ; que ces hommes couvrirent la terre de leurs crimes & de leurs forfaits , & qu'ils furent à la fin exterminés par le feu du ciel : cette race fuperbe eft la même que celle des géants , que les Arabes nomment encore *giabat* ; & au pluriel *giabaroum* , *potentes* ; & que les anciens ont appellé *gibor* & *gibborim* , ainfi qu'on le voit en plufieurs endroits de la bible. Nous devons donc préfumer que c'eft fous cet afpect particulier que le nom de *gibor* avec fes dialectes *gobri*, *bogri* , *borgi* , & leurs dérivés font devenus chez tant de peuples differents des termes infultants ; & que c'eft delà qu'eft fortie l'application prefque générale qu'on en a faite à tous ceux que la juftice ou le fanatifme calomnieux ont accufés de ce même crime qui a fait tomber le feu du ciel fur la tête des puiffants , mais abominables *gibborim.* *Article de M. Boulanger.*

GUEBRIANT , (Jean-Baptifte Budes ) maréchal de) ( *Hift. de Fr.*) Weimar & Banier lui léguèrent leurs armes ; il fit avec eux & fans eux de grandes chofes en Allemagne depuis 1638 jufqu'en 1643. En 1641, commandant feul , il fut vainqueur à Wolfembutel & à Clopenftal. En 1642 , il battit à Kempen, le 17 janvier, les généraux Lamboi & Merci, & les fit prifonniers. Cette victoire lui valut le bâton de maréchal de France. L'année fuivante , au commencement du règne de Louis XIV , il fut bleffé mortellement au fiège de Rotweil en Suabe ; & voyant qu'on s'empreffoit pour trouver un chirurgien , il dit avec le fang froid d'un Général qui ne fonge qu'à fa feule affaire,

c'eft-à-dire , à vaincre : *allez plus doucement , il ne faut jamais effrayer le foldat.* Il entra mourant dans la place ; il y expira vainqueur le 19 , ou felon d'autres, le 7 novembre. La reine mère , Anne d'Autriche , le fit enterrer folemnellement dans l'églife de Notre-Dame de Paris , & voulut que les cours fouveraines affiftaffent à cette cérémonie. La vie du maréchal de *Guébriant* a été écrite par Le Laboureur.

La maréchale de *Guébriant* , Rénée du Bec Crefpin , fille du Marquis de Vardes Réné , & tante de François Réné , fi fameux fous Louis XIV , par fon efprit , fes galanteries , fes intrigues & fa difgrace , fut chargée de conduire , avec le titre *d'ambaffadrice* en Pologne , la princeffe Marie de Gonzague , qui avoit époufé par procureur, le 6 novembre 1645, Ladiflas IV , roi de Pologne. Ladiflas fit rendre à la maréchale de *Guébriant* , les mêmes honneurs qu'avoit eus l'archiducheffe d'Infpruck , Claude de Médicis , lorfqu'en 1637 , elle avoit amené à Varfovie la reine Cécile , fille de l'empereur Ferdinand II , première femme de Ladiflas. La maréchale de *Guébriant* mourut en 1659. C'étoit une femme d'un grand caractère & d'un grand courage. Le Laboureur , dans la relation qu'il a faite du voyage de la maréchale de *Guébriant* en Pologne , donne de grands éloges à cette ambaffadrice. Gui-Patin & d'autres auteurs en difent affez de mal. Bayle prend le milieu eutre ces différents avis : elle étoit défignée pour être dame d'honneur de la reine.

GUELPHES ou GUELFES. *Voyez GIBELINS.* (*Hift. mod.*) nom de la faction oppofée à celles des Gibelins.

Les étymologies différentes , auffi puériles qu'incertaines du nom de ces deux factions , recueillies dans les Bollandiftes , le dictionnaire de Trévoux & autres lexicographes , ne fe retrouveront pas ici.

Nous nous contenterons de rappeller à la mémoire , que les *Guelfes* tenoient pour le pape & les Gibelins pour l'empereur ; qu'après des diffenfions qui fembloient paffagères , la querelle de la couronne impériale & de la tiare s'échauffa violemment, divifa l'Italie au commencement du 13e fiècle , la remplit de carnage, de meurtres , d'affaffinats , & produifit d'autres malheurs qui ont troublé le monde : mais il faut tâcher de les oublier & porter fes yeux fur la naiffance des beaux-arts qui fuccédèrent à ces cruelles défolations. (*D. J.*)

GUENOIS, (Pierre) (*Hift. Litt. mod.*) lieutenant particulier à Iffoudun, au 16e fiècle , auteur d'une conférence des ordonnances & d'une conférence des coutumes.

GUERIKE ou GUERICKE , (Othon de) (*Hift. des Sciences*) bourguemeftre de Magdebourg , inventeur de la machine pneumatique , & auteur de plufieurs autres découvertes en Phyfique qui ont été perfectionnées depuis. Né en 1602 , mort en 1686 , à Hambourg.

GUERIN , (Guillaume) ( *Hift. de Fr.*) avocat général au parlement d'Aix , pendu en 1554. *Voyez* l'article GARDE ( la ).

GUERIN, (François) (*Hift. Litt. mod.*) profeffeur

C 2

au collège de Beauvais , auteur d'une mauvaise traduction de Tacite , & d'une médiocre traduction de
Tite-Live. Mort le 29 mai 1751.

GUERINIERE, (François Robichon de la ( *Hist.
Litt. mod.* ) écuyer du roi , auteur de deux ouvrages
estimés sur son art : *Eléments de Cavalerie ; Ecole de
Cavalerie.* Mort en 1751.

GUERRY , ( *Hist. de Fr.* ) capitaine françois , du
parti catholique , réduisit , après la bataille de St.Denis
en 1567 , toute l'armée protestante à échouer devant
un simple moulin qu'il défendoit , & qui de son nom
s'est appellé le *Moulin Guerry.*

GUESCLIN , (Bertrand du) (*Hist. de Fr.*) Enfant ,
il n'eut aucune des graces de l'enfance. Désagréable à
ses parents même , par sa difformité , par une humeur
dure & sauvage , son éducation fut abandonnée aux
soins ou plutôt aux mépris & aux insultes des domestiques. Indigné d'un tel avilissement , il en devint plus
indocile & plus farouche. Il ne sçavoit ni lire ni écrire ;
on ne pouvoit lui rien apprendre ; il vouloit battre ses
maîtres ; il ne respiroit dès-lors que les combats ; il
s'enflammoit au récit que lui faisoit son père des exploits
des héros ; il rassembloit les enfants du voisinage , il
en formoit des espèces de compagnies militaires
qu'il dressoit à toutes sortes d'exercices ; souvent il les
menoit à des combats réels & à des périls certains ; son
père , brave gentilhomme breton , fut obligé de lui
défendre ces amusements dangereux , & les défenses
étant inutiles , il prit le parti de l'enfermer dans sa
chambre. Du *Guesclin* trouve le moyen de se sauver ,
& va chercher un asyle à Rennes , chez un de ses
oncles. Il y apprend qu'il doit y avoir dans la grande
place de Rennes , un combat à la lutte ; il y court
malgré tout le monde , revient vainqueur , mais estropié
pour un temps. Sa mère disoit de lui : *il n'y a pas de
plus mauvais garçon au monde , il est toujours blessé ,
le visage rompu , toujours battant ou battu ; son père &
moi nous le voudrions voir sous terre.* Ils changèrent bien
de sentiment après ce fameux tournoi , où un chevalier
inconnu , ayant désarçonné ou désarmé jusqu'à quinze
des plus braves champions , & ayant eu enfin la visière
de son casque enlevée , fut reconnu pour Bertrand
du *Guesclin.* Son père ne lui avoit point permis d'entrer dans la lice , à cause de sa jeunesse & de son
inexpérience. Bertrand du *Guesclin* resté parmi les
spectateurs , ayant vu un chevalier qui se retiroit après
avoir fourni ses courses , l'avoit suivi , s'étoit jetté à
ses pieds pour obtenir ses armes & son cheval , & en
avoit fait ce digne usage.

Devenu illustre par cette aventure , il s'empressa de
chercher au service militaire , des occasions de gloire
plus utiles. Il fit ses premières armes sous le comte de
Blois , au siège de Rennes en 1342. Avec vingt soldats ,
il repoussa devant Vannes , un corps considérable
d'anglois. On trouve ensuite un vuide de huit années
dans son histoire ; il ne reparoit qu'en 1351. mais
déjà redoutable aux anglois , pour qui son cri de guerre
*Notre - Dame Guesclin* sembloit être un coup de
foudre , ce qui prouve qu'il n'étoit pas resté dans
l'inaction pendant ces huit années , où la bretagne sa

patrie , avoit toujours été le théâtre de la guerre.

En 1351 , du *Guesclin* fut du nombre des ambassadeurs bretons chargés de mener à Londres les deux
fils du comte de Blois , qui venoient servir d'ôtages
à leur père , pris au combat de la Roche-de-Rien ,
le 20 juin 1347. Du *Guesclin* se distingua dans cette
ambassade par la fermeté avec laquelle il osa parler à
Edouard III , qui demandoit d'un ton menaçant aux
ambassadeurs , si les françois n'observeroient pas la
trève : *Sire ,* dit du Guesclin , *nous l'observerons comme
vous l'observerez : si vous la rompez , nous la romprons.*

De retour en Bretagne , il battit & fit prisonnier
un capitaine du parti anglois , nommé La Toigne ,
qui , peu de temps après , le fit prisonnier à son tour.
La même chose lui arriva encore avec un anglois ,
nommé Adas ; & peut-être le silence des historiens sur
les huit années précédentes , vient-il de la même cause.

Pendant que le duc de Lancastre assiégeoit Rennes , en
1356 & 1357 , du *Guesclin* , qui n'avoit pu s'enfermer
dans la place , fatiguoit l'armée angloise par des courses
& des escarmouches continuelles ; il fit prisonnier le
baron de la Poole , & lui offrit sa liberté sans rançon ,
à condition d'obtenir pour lui du duc de Lancastre ,
la permission d'entrer dans Rennes. Lancastre la refusa ,
en disant : *j'aimerois mieux qu'il y entrât cinq cens
gendarmes que le seul du Guesclin.* Celui-ci justifia le
mot du duc de Lancastre , en trouvant le moyen de
pénétrer dans la place & d'en faire lever le siège , après
avoir battu plusieurs fois les anglois.

On est forcé de ne pas trouver le nom du du
*Guesclin* parmi les champions du fameux combat des
trente en 1350. Ce guerrier , non moins redoutable dans
les combats singuliers que dans les sièges & les batailles ,
remporta constamment la victoire contre Troussel ,
contre Kantorbie , contre Brembro , parent de celui
qui , au combat des trente , étoit le chef du parti
anglois.

Du *Guesclin* ne combattit d'abord les anglois qu'en
servant contre la maison de Monfort , le comte de Blois ,
qu'il regardoit comme le vrai duc de Bretagne ; il
s'engagea dans la suite au service du roi Jean , qui lui
donna une compagnie de cent homme d'armes : il redoubla de valeur & de zèle contre les anglois. A la
prise du château d'Essé en Poitou , une poutre manque
sous lui , il tombe de dix-huit à vingt pieds de haut ,
dans la cour du château , & se casse une jambe ; il
combat en s'appuyant sur l'autre , contre cinq anglois
qui viennent pour l'achever ; il en tue un , il en met deux
autres hors de combat : il se défend assez long-temps
contre les deux derniers , & tombe enfin sans connoissance entre les bras d'un chevalier breton qui vient à
son secours.

Au siège de Melun que faisoit en 1359 , Charles V ,
alors dauphin , tandis qu'on sappoit la muraille &
qu'on faisoit une brèche , on voit un chevalier y appliquer une échelle & monter avec une audace qui étonna
tout le monde. *Ah !* s'écria le dauphin , *ce ne peut être
que du Guesclin* ; c'étoit lui-même. On roule sur lui
une grosse pierre qui fracasse l'échelle , & le fait tomber
presque écrasé ; dans le fossé ; il perd connoissance ; on

le met dans le fumier chaud; il revient de son éva-
nouiſſement au bout d'une heure , & demande auſſi-
tôt ſi la place étoit priſe. On lui dit que non; il s'habille
malgré tout le monde, & court à l'aſſaut ; mais comme
on vit que l'eſcalade ne pourroit réuſſir ce jour là, du
*Gueſclin* avec vingt bretons, va pour forcer une des
portes; il renverſe quelques-uns des gardes, & il alloit
entrer dans la place, ſi l'on n'eût levé le pont avec la
plus grande précipitation.

De ſoldat le voilà général : il ouvre le règne pâci-
fique de Charles V, par la victoire de Cocherel, le
23 mai 1364. (*Voyez* l'article GRAILLY). Il ſoumet
la Normandie. L'impétueuſe indocilité du comte de
Blois lui fait perdre, le 29 ſeptembre de la même
année, la bataille d'Auray, qui décida du ſort de la
Bretagne & de la querelle des maiſons de Monfort &
de Penthièvre. Le comte de Blois y eſt tué, du *Gueſclin*
y eſt fait priſonnier par Chandos, & n'en eſt pas
moins regardé d'après cette bataille même, comme le
maître de ſes vainqueurs dans l'art de la guerre &
comme le plus grand général de l'Europe.

Grace aux exploits de du *Gueſclin* & à la ſageſſe
de Charles V, la France eſt en paix avec ſes voiſins;
mais les *Grandes Compagnies*, fléau né de la guerre,
la ravagent au ſein de la paix. Du *Gueſclin*, ſorti
des fers de Chandos, entreprend d'en purger la France;
il va les trouver, & leur propoſe une entrepriſe digne
des héros de la fable. Un monſtre règne en Caſtille,
il faut le détroner. Ce monſtre, c'eſt Pierre-le-Cruel.
(*Voyez* ſon article.) Henri de Tranſtamare, ſon frère,
vient en France implorer contre lui l'appui de Charles V
& celui du pape, qui ſiégeoit alors dans Avignon; il
offre de prendre à ſon ſervice les *Grandes Compagnies*.
Du *Gueſclin* leur repréſente cette expédition comme
une digne expiation de tous leurs crimes, ſur-tout de
celui d'avoir plus d'une fois rançonné Avignon : *mes
amis*, leur dit-il, *nous avons aſſez fait, vous & moi, pour
damner nos amos ; ſi vous pouvez même vous vanter
d'avoir fait pis que moi ; faiſons honneur à Dieu, &
le diable laiſſons.* On leur donne quelque argent, on
leur en promet davantage ; ils partent. Pluſieurs chevaliers de toutes nations ſe joignent à eux. Du *Gueſclin*
ne put empêcher ſes indociles ſoldats d'aller encore une
fois rançonner Avignon ; il paroît que du *Gueſclin* ſe
prêta trop à leur avidité ; il envoya demander l'abſolution & deux cents mille francs. Un cardinal vint
négocier. Soyez le bien venu, lui dit bruſquement un
ſoldat des Grandes Compagnies : *apportez-vous
de l'argent ?* Le cardinal apportoit l'abſolution. *Vous
ne connoiſſez pas ces gens-ci*, lui dit du Gueſclin,
*ce ſont tous des garnemens, nous les faiſons prud'hommes
malgré eux ; ce n'eſt que par reſpect qu'ils vous demandent l'abſolution, c'eſt par beſoin qu'ils vous demandent
de l'argent.* Le pape tardant un peu à les ſatisfaire,
vit bientôt les environs d'Avignon tout en feu; il ſe
hâta de lever ſur le menu francs ſur ſes ſujets, & de
les offrir à du *Gueſclin* : « ce n'eſt pas là ce que nous
» voulons, dit du *Gueſclin*, rendez au peuple & aux
» pauvres ce que vous venez de leur extorquer ; je
» viendrois de l'autre côté des Pyrénées pour vous

» forcer à cette reſtitution ; c'eſt du coffre de l'égliſe,
» c'eſt de la bourſe du pape & des cardinaux que nous
» voulons être payés. » Diſtinction frivole & impoſſible !
Comment ne ſentoit-il pas que ces extorſions finiroient
par retomber tôt ou tard ſur le peuple ?

Du *Gueſclin* entre en Eſpagne : la nature eſt vengée,
le tyran eſt détruit; ſon frère règne. Mais le prince
Noir, le plus vertueux des anglois ; le plus humain des
princes, s'arme pour Pierre-le-Cruel, ſoit par jalouſie
de la gloire de du *Gueſclin*, ſoit qu'il croie défendre la
cauſe des rois. Là bataille s'engage contre l'avis de du
*Gueſclin*, entre Najare & Navarette, le ſamedi 3
avril 1367. Le comte de Tello, frère de Henri de
Tranſtamare, qui avoit montré le plus d'ardeur pour
combatre, qui avoit même inſulté du *Gueſclin*, parce
que ce général n'étoit pas d'avis de livrer bataille,
s'enfuit dès le commencement de l'affaire, avec le corps
qu'il commandoit, ſoit par lâcheté, ſoit par trahiſon.
Du *Gueſclin* fut fait priſonnier. Pierre-le-Cruel remonte
ſur le trône, & paye de la plus noire ingratitude les
ſervices du prince Noir; celui-ci l'abandonne, & met du
*Gueſclin* en liberté, ſçachant qu'on l'accuſoit de le craindre : « on dit que je n'oſe vous délivrer, dit-il lui-
» même à du *Gueſclin*. On me l'a dit, répond du *Gueſclin*,
» & cette idée me conſole de reſter priſonnier.—Eh !
» bien, du *Gueſclin*, vous êtes libre, réglez vous-même
» votre rançon. —Je la taxe à cent mille florins.— Eh !
où prendrez-vous cet argent? depuis quand du *Gueſclin*
théſauriſe-t-il ? depuis quand les malheureux lui laiſſent-
ils quelque choſe ?—Ce ſeront ces malheureux même
qui m'aideront à leur tour ; il n'y a point dans mon
pays de bonne femme qui ne ſe cotiſât pour ma
rançon. D'ailleurs, de grands rois ne m'abandon-
neront pas, ou tel qui ne s'y attend point, payera pour
moi.—Oh ! moi, dit la princeſſe de Galles, femme du
prince Noir, je veux être de ces bonnes femmes qui
ſe cotiſent pour la rançon de du *Gueſclin*, & je me
cotiſe pour vingt mille francs.— Je me croyois, s'écria
gaîment du *Gueſclin*, le plus laid de tous les chevaliers, mais après cette faveur d'une telle princeſſe,
je ne me donnerois pas pour le plus beau & le plus
vaillant. Chandos & d'autres capitaines anglois offrirent
leur bourſe à du *Gueſclin*, qui accepta leurs offres
pour en faire ſon uſage ordinaire. Il part pour aller
chercher ſa rançon; & ſur ſa route, il diſtribue tout
ce qu'il avoit d'argent aux malheureux que la guerre
avoit ruinés ; il comptoit ſur cent mille francs qu'il
avoit laiſſés à ſa femme en partant pour l'Eſpagne ;
mais cette femme, digne de lui, n'eut à lui remettre
que la liſte des priſonniers qu'elle avoit délivrés & des
gens de guerre démontés ou ruinés qu'elle avoit remis
en état de ſervir. Du *Gueſclin* approuve cet emploi,
dût-il reſter priſonnier. Le pape lui donne vingt mille
francs, le duc d'Anjou autant. Du *Gueſclin* croit
porter cette ſomme à Bordeaux; avant d'y arriver,
tout eſt donné; les beſoins d'autrui lui paroiſſoient
toujours plus preſſants que les ſiens. « Eh ! bien, lui
» dit le prince de Galles, apportez-vous votre rançon ?
Du *Gueſclin* avoua qu'il ne lui reſtoit rien. Ah ! vous
voilà, dit le prince de Galles, vous faites le magnifique,

vous rachetez tout le monde, & vous ne pouvez pas vous racheter vous-même. Dans l'inftant un gentilhomme, envoyé par Charles V, apporte la rançon de du *Guefclin*.

Du *Guefclin*, en prenant congé du prince, lui dit: « à préfent que vous nous laifferez faire, foyez fûr » que Henri de Tranftamare eft roi de Caftille. » Il tint parole ; il gagna la bataille de Montiel, le 14 mars 1369 ; & le 23 du même mois, les deux frères s'étant rencontrés dans la tente de du *Guefclin*, fe jettèrent l'un fur l'autre, fans qu'on pût les féparer, & dans un combat dont frémit la nature, dont peut-être l'honneur rougit, ce fut du moins le tyran qui fuccomba. Henri régna. Du *Guefclin* fut fait connétable de Caftille ; & la guerre ayant recommencé entre la France & l'Angleterre, il fut fait connétable de France le 2 octobre 1370. Robert Knolles, digne compagnon de Chandos, defcend à Calais avec une puiffante armée, traverfe plufieurs provinces de France en les ravageant, & fe préfente en bataille entre Villejuif & Paris ; on ne répondit rien à fes bravades, rien ne fortit de Paris ; mais quand il fut temps, quand les efcarmouches fréquentes & heureufes eurent affoibli l'armée angloife, du *Guefclin* part, n'ayant d'abord que cinq cents hommes d'armes ; il vend fes meubles, fa vaiffelle, les bagues de fa femme, pour lever jufqu'à quatre mille hommes d'armes ; la nobleffe fe joint à lui : avec une troupe peu nombreufe, mais choifie, il va chercher les ennemis dans le Maine & dans l'Anjou ; il les furprend, il enlève leurs quartiers, & la formidable armée de Knolles eft diffipée ; il détruit encore une armée angloife au combat de Chizai en Poitou : aucun anglois n'échappa, tous furent tués ou pris. Du *Guefclin*, dans le cours de cette guerre, reprit prefque toute la Guyenne, le Poitou, la Saintonge, le Rouergue, le Perigord, une partie du Limoufin, nommément Limoges, le Ponthieu, &c. Ce ne fut qu'une fuite de conquêtes & de victoires.

Le roi de Navarre, Charles-le-Mauvais, foulève la Normandie, Le Connétable du *Guefclin* foumet la Normandie. Le duc de Bretagne appelle les anglois ; du *Guefclin*, breton, foumet la Bretagne. Mais lorfque Charles V fait prononcer folemnellement en fa préfence, la confifcation de ce duché ; & par cette faute, la feule peut-être de cette force qu'il ait jamais faite, réunit contre lui tous les bretons & même les deux partis rivaux de Montfort & de Penthièvre, du *Guefclin* redevient breton ; fon filence & fon inaction condamnent la rigueur du Roi ; le roi, à qui on perfuada même que du *Guefclin* favorifoit fous main le duc de Bretagne, écrivit au connétable lui-même une lettre, dictée par la prévention & la colère, Du *Guefclin* fier & fenfible, comme tous les héros irréprochables, lui renvoya l'épée de connétable ; le cri public s'éleva, & rendit témoignage à du *Guefclin*. Charles l'entendit ; il étoit homme, il étoit roi, il falloit bien qu'il fût trempé : mais il étoit Charles-le-Sage, il ne pouvoit refter long-temps dans l'erreur ; le tort lui avoit été fuggéré, fon cœur lui infpira la réparation. Les ducs d'Anjou & de Bourbon allèrent de fa part, reporter l'épée de connétable à du *Guefclin*, qui la reprit, Le

monarque a fléchi fon fujet, dit à cette occafion M. de la Harpe, dans fon éloge de Charles V : nous ne devons cependant pas diffimuler qu'il y a du partage entre les hiftoriens, fur ce fait ; mais enfin il faut que du *Guefclin* eût ga de l'épée de connétable ou qu'il l'ait reprife, puifque dans fon teftament & dans fon codicille, datés des 6 & 10 juillet 1380, trois jours avant fa mort, il prend expreffément le titre de *connétable de France* ; & alors même il fervoit la France avec plus de zèle & de fuccès que jamais ; il pourfuivoit fes conquêtes fur les confins de l'Auvergne & du Gevaudan. Il mourut le 13 juillet 1380, devant Châteauneuf-de-Randan, qu'il affiégeoit, & dont les défenfeurs, par refpect pour la mémoire de ce grand homme, autant que pour leur parole, dépoferent les clefs fur fon tombeau. Il eut pour fon fucceffeur, Cliffon, qu'il fembloit avoir défigné en le faifant fon frère d'armes. On fcait que Charles V fit élever à du *Guefclin*, dans l'églife de St. Denis, un maufolée placé au pied de la fépulture que ce prince avoit choifie pour lui-même. La pompe funèbre de ce grand homme, en traverfant une grande partie du royaume, reçut par-tout en tribut, les larmes de la France. On voulut épargner à la capitale, ce fpectacle de douleur. On fit paffer le convoi par St. Cloud, pour aller à St. Denis. Le zèle & la reconnoiffance rendirent cette précaution inutile, Les citoyens coururent en foule au devant des triftes reftes de leur défenfeur, & les accompagnèrent avec des fanglots jufqu'au lieu de la fépulture. Le chemin de St. Cloud à St. Denis étoit rempli de fpectateurs éplorés, & Paris ce jour-là ne fut qu'un défert.

On fit à du *Guefclin* une oraifon funèbre, & c'eft la première qui ait été faite. Sa plus belle oraifon funèbre eft dans ces mots qu'il dit en mourant, à fes foldats : » mes amis, en quelque lieu que vous faffiez la guerre, » fouvenez-vous que les femmes, les enfants, les vieil- » lards, les eccléfiaftiques, le pauvre peuple, foible » & défarmé, ne font point vos ennemis ».

Les fuccès prefque continuels de du *Guefclin* furent toujours dus à fa bonne conduite, & fes malheurs furent produits par des fautes aux quelles il n'eut aucune part, qu'il prévit & qu'il voulut empêcher, L'art de la guerre lui doit toute forte de progrès ; il avoit fait conftruire à la Rochelle & à Poitiers, de grands engins, & fondre des canons beaucoup plus forts que ceux qu'on avoit connus jufques là. Le fiège de Thouars, par lequel il acheva en 1372, la conquête du Poitou, fut remarquable par l'ufage & par le grand effet de l'artillerie. Les autres guerriers de ce temps n'étoient que des chevaliers : le prince noir lui-même ce héros brillant & heureux, qui n'a jamais livré de bataille qu'il n'ait gagnée, ni formé d'entreprife qui n'ait réuffi, n'apporta aucun changement confidérable dans l'art de la guerre, & fit feulement avec plus d'éclat l'efpèce de guerre que l'on connoiffoit de fon temps. Du *Guefclin* au contraire paroît avoir employé une méthode nouvelle, moins brillante, mais plus fçavante & plus fûre. On a comparé le prince Noir au grand Condé, & le connétable du *Guefclin*, au vicomte de Turenne.

Du *Guefclin* avoit une fœur religieufe, digne de lui par fon courage & fa valeur. Dans le temps qu'il faifoit encore, pour ainfi dire, fes premières armes, on lui avoit confié la garde du château de Pontorfon en baffe Normandie : delà il avoit battu plufieurs fois les anglois; il avoit fait prifonnier le chevalier Felleton leur chef. La dame du *Guefclin* habitoit auffi ce château de Pontorfon, & la religieufe fa belle-fœur, y étoit alors. Felleton, pendant fa prifon, avoit mis dans fes intérêts deux femmes attachées à la dame du *Guefclin*. Il continua d'entretenir avec elles une correfpondance fecrette depuis qu'il eut été mis en liberté. Averti par elles d'une nuit où du *Guefclin* étoit abfent, il vint pendant cette nuit efcalader le château; mais Julienne du *Guefclin* y étoit : cette intrépide religieufe s'éveillant aux cris que faifoit fa belle-fœur, fe jette hors du lit, faifit une efpèce de cafaque militaire, qu'on nommoit un jâque, s'arme, monte au haut de la tour, voit quinze échelles toutes dreffées & chargées d'anglois, qui parvenoient déjà aux derniers échelons. Elle lès renverfe, donne l'alarme, appelle la Garnifon. Felleton s'enfuit; mais il rencontre du *Guefclin* qui revenoit au château, & qui le fait fon prifonnier une feconde fois. On apprit par Felleton même, la trahifon des deux femmes qui avoient voulu l'introduire dans la place, & elles furent noyées dans la rivière qui paffe au pied du château.

GUESLE, (Jacques de la) (*Hift. de Fr.*) Procureur général du parlement de Paris, trompé par les lettres de recommandation dont le jacobin Jacques Clément s'étoit pourvu, introduifit cet affaffin dans la chambre du roi Henri III, à St. Cloud; & emporté par fon zèle & fon indignation; quand il vit l'attentat du moine, il fe jetta fur lui & aida à le venger, faute encore plus grande que la première, & qui auroit pu faire foupçonner ce magiftrat de complicité, s'il n'avoit été trop au-deffus d'un pareil foupçon. Quoique zélé catholique, il fervit bien Henri IV. On a de lui une *Relation curieufe du procès fait au maréchal de Biron*. Il mourut en 1612.

Jean de la *Guefle* fon père, auffi procureur général & enfuite préfident à mortier, étoit auffi un magiftrat d'un mérite diftingué. Mort en 1588, dans la retraite & loin des troubles.

GUEVARA, (Louis Velez de Duegnas & de) (*Hift. Litt. mod.*) romancier efpagnol, connu principalement par l'ouvrage intitulé : *el Diablo cojuelo, novella de la otra vida*; modèle du *Diable boiteux* de le Sage. Mort en 1646.

Un autre *Guevara*, (Antoine de) prédicateur ordinaire & hiftoriographe de l'empereur Charles-Quint, hiftorien emphatique, a donné des vies des empereurs romains, une entr'autres de Marc-Aurèle & de Fauftine fa femme, &c.

GUEUDEVILLE, (Nicolas) (*Hift. Lit. mod.*) bénédictin apoftat, alla fe marier en Hollande. On a de lui des traductions françoifes de l'*Utopie* de Thomas Morus, de l'*Eloge de la Folie* d'Erafme, *de la vanité des Sciences* d'Agrippa, des *Comédies* de Plaute, une

erftique de *Télémaque*, efprit des cours de l'Europe, nouvelles des cours de l'Europe. Efprit déréglé, mauvais écrivain.

GUEULLETTE, (Thomas Simon) (*Hift. Lit. mod.*) fubftitut du procureur du roi au Châtelet, auteur de plufieurs bagatelles, comme les *Mille & un Quart d'Heure*, les *Sultanes du Gazarate*, & autres contes prétendus orientaux; des *Mémoires de Mademoifelle de Bon-temps*, de quelques pièces données au théâtre italien, a fait beaucoup mieux que les livres; il a fait une action généreufe. Son contrat de mariage lui donnoit la propriété des biens de fa femme, il remit ces biens à ceux qui en auroient hérité fans la donation portée au contrat de mariage. Né en 1683, mort en 1766.

GUEUX, (LES) (*Hift. mod.*) fobriquet qui fut donné aux confédérés des Pays-Bas en 1566; la ducheffe de Parme ayant reçu l'ordre de Philippe II, roi d'Efpagne, d'introduire dans les Pays-Bas de nouvelles taxes, le concile de Trente & l'inquifition; les états de Brabant s'y oppofèrent vivement, & plufieurs feigneurs du pays fe liguèrent enfemble pour la confervation de leurs droits & de leurs franchifes; alors le comte de Barlemont, qui haïffoit ceux qui étoient entrés dans cette confédération, dit à la ducheffe de Parme, gouvernante, qu'il ne falloit pas s'en mettre en peine, & que ce n'étoient que des *gueux*. Le prince d'Orange, Guillaume de Naffau, furnommé le *taciturne*, & Bréderode, chef de ces prétendus *gueux*, furent effectivement chaffés d'Anvers fuivante; mais ils équipèrent des vaiffeaux, firent des courfes fur la côte, fe rendirent maîtres d'Enckhuyfen, puis de la Brille, & s'y établirent en 1572, malgré tous les efforts du duc d'Albe. Tel fut le commencement de la république de Hollande, qui d'un pays ftérile & méprifé, devint une puiffance refpectable. (*D. J.*)

GUGLIELMINI, (Dominique) *Hift. des Sciences* de l'académie des fciences de Paris, né à Bologne en Italie, le 7 feptembre 1655; difciple en mathématiques, de Geminiano Montari, modénois; & eu Médecine, du célèbre Malpighi, fut & un grand mathématicien & un grand Médecin : il s'occupa de différentes fciences, fur-tout de l'aftronomie; & on a de lui une differtation *de Cometarum naturâ & ortu*. Mais c'eft par fes connoiffances en hydroftatique, qu'il eft fur-tout célèbre, & fes deux plus importants ouvrages, dont M. de Fontenelle, dans fon éloge, a donné une analyfe fi lumineufe, font *Aquarum fluentium menfura*, & *della Natura de fiumi*. Bologne fonda pour lui en 1694, une chaire de profeffeur en *hydrometrie*. Le nom, dit M. de Fontenelle, étoit nouveau auffi bien que la place, & l'un & l'autre rappelleront toujours la mémoire de celui qui en a rendu l'établiffement néceffaire. Guglielmini devint l'arbitre de toutes les conteftations qui avoient les eaux pour objet, & le réparateur de tous les défordres que les eaux pouvoient caufer. Voilà le mathématicien.

Ses principaux ouvrages fur la médecine & fur les

sciences qui s'y rapportent, font une differtation *de Sanguinis naturâ & conftitutione ; de Salibus, Differtatio Epiftolaris Phyfico-Medico-Mechanica.* A propos de ce dernier ouvrage, M. de Fontenelle obferve que les raifonnements de la chimie avoient été long-temps des efpèces de fictions poëtiques, agréables à l'imagination, infupportables à la raifon; c'étoient des *défunions volontaires*, des combats fondés fur des inimitiés, &c. M. Guglielmini rapporte tout aux règles d'une phyfique exacte & claire; & pour épurer la chimie encore plus parfaitement, & *en entraîner*, dit M. de Fontenelle, *toutes les faletés*, il y fait paffer la géométrie. On a encore de M. Guglielmini, un traité *de Principiis Sulphureo's*, & un autre intitulé : *Exercitatio de Ideæarum vitiis, correctione & ufu, ad ftatuendam & inquirendam morborum naturam.* Il fut reçu à l'académie des fciences èn 1696. En 1698, il fut fait profeffeur de mathématiques à Padoue ; mais Bologne fa patrie, lui conferva le titre de la chaire qu'il quittoit, & lui en continua les appointements. En 1702, il quitta la chaire de mathématiques de Padoue, pour la chaire de médecine. Il mourut en 1710.

## G U I

**GUI** ou **GUY**, ( *Hift. mod.* ) duc de Spolete, & Berenger, duc de Frioul, étoient tous deux iffus de Charlemagne, par des femmes; après la mort de Charles-le-Gros, *ou* le Gras, arrivée en 888, voyant la maifon Carlovingienne réduite, en apparence, à deux feuls princes, Arnoul, notoirement bâtard, & Charles-le-Simple, que plufieurs affectoient de regarder auffi comme bâtard, ils leur difputèrent, & fe difputèrent l'Italie & l'empire & même la France. Guy, duc de Spolete, étant venu à Rome, à main armée, s'y fit couronner à la fois empereur & roi de France.

**GUI DE CRÊME**, ( *Hift. de l'églife* ) antipape, élu en 1164, par la protection de l'empereur Frédéric Ier. Mort en 1168.

**GUI-PAPE**, ( *Hift. Litt. mod.* ) confeiller au parlement de Grenoble, jurifconfulte célèbre. On a de lui : *Decifiones Grationopolitanæ.* Chorier en a donné un abrégé en françois, fous le titre de *Jurifprudence de Guy-Pape.* Mort en 1475.

**GUIBERT**, ( *Hift. de l'églife.* ) antipape, chancelier de l'empereur Henri IV, élu en 1080, mort en 1100. Ses os furent déterrés après le fchifme, & jettés dans la rivière.

Un autre *Guibert*, mort en 1224, abbé de Nogent-fous-Coucy, eft auteur d'une hiftoire des premières Croifades, connue fous le titre de *Gefta Dei per Francos,* & de quelques autres ouvrages.

**GUICHARDIN**, Guicciardini en italien (François (*Hift. Litt. mod.* ) c'eft le célèbre auteur de l'hiftoire des guerres d'Italie, qui fera toujours dans la poftérité, fon plus beau titre de gloire, quoiqu'il ait d'ailleurs été employé dans les plus importantes affaires & comme homme d'état & comme homme de guerre. Il étoit gouverneur pour le Pape Léon X, de Regge & de Modène en 1521, lorfque la guerre s'allumoit

entre François Ier & Charles-Quint, & que Léon X, qui inclinoit déjà pour ce dernier, paroiffoit encore neutre. Les françois étoient alors maîtres du Milanès ; le maréchal de Lautrec en étoit gouverneur ; & en fon abfence, le maréchal de Foix, fon frère, y commandoit. Regge étoit fans défenfe ; le maréchal de Foix crut qu'en fe préfentant à main armée devant cette place, il intimideroit le gouverneur, qu'il ne croyoit rien moins que guerrier, & l'obligeroit à lui remettre les bannis du Milanès, auxquels *Guichardin* donnoit un afyle, & que la politique févère du maréchal de Foix pourfuivoit par-tout avec acharnement. Le maréchal ne confidéra peut-être pas affez combien cette démarche reffembloit à une hoftilité formelle. *Guichardin* qui l'avoir prévu, d'après les difpofitions refpectives, avoit fait venir des troupes. Le maréchal de Foix s'avance vers Regge du côté de Parme ; il envoie demander une entrevue au gouverneur ; & craignant que les bannis ne fe fauvaffent par la porte dite de Modène, qui étoit du côté oppofé, il fit paffer un corps de troupe vers cette porte : le gouverneur indiqua pour le lieu du rendez-vous, la poterne du Ravelin de la porte dite de Parme. Le maréchal, fur la foi de l'alliance qui fubfiftoit encore entre le pape & le roi, ofa s'y engager, fuivi de quelques gentilshommes. Tandis qu'il fe plaint de ce qu'on accorde un afyle aux ennemis de fon maître, & que le gouverneur fe plaint de ce qu'il fait entrer des troupes fur les terres du pape, la porte de Modène s'ouvre pour recevoir une voiture de farine ; les troupes que le maréchal avoit placées du côté de cette porte, ne purent voir une fi belle occafion de s'emparer-de la place & la laiffer échapper ; elles effaient d'entrer ; on les repouffa avec vigueur ; la porte fe referme, l'alarme fe répand en un inftant dans toute la place ; on tire fur la fuite du maréchal de Foix : on eût tiré fur le maréchal lui-même, fans la crainte de bleffer où de tuer le gouverneur. Alexandre Trivulce, neveu du maréchal de ce nom, qui avoit fortement combattu le projet que le maréchal de Foix avoit formé, de pourfuivre les bannis jufques dans Regge, fut bleffé dans cette occafion, d'un coup d'arquebufe, dont il mourut deux jours après; les autres s'enfuyent : le maréchal, inquiet, ne fçait s'il doit refter ou fuir. Cependant *Guichardin*, fage & tranquille au milieu du tumulte, fait ceffer les décharges, prend le maréchal par la main, & le fait entrer dans le Ravelin, fuivi d'un feul gentilhomme françois, afin qu'il réponde de la conduite de fes troupes. Le bruit court auffi-tôt parmi les françois, que le maréchal eft retenu prifonnier. A cette nouvelle, l'effroi s'empare des uns, la rage des autres ; ceux-là fuyent en défordre vers Parme, ceux-ci veulent donner l'affaut aux murs de Regge. Enfin le maréchal leur eft rendu ; mais les bannis font confervés.

L'année fuivante tout étoit changé : Léon X devenu l'ennemi déclaré des François, étoit mort ; le faint fiège étoit vacant ; les françois avoient perdu le Milanès & Parme, & affiégeoient cette dernière ville, regardant la vacance du faint fiège comme une occafion favorable de reprendre cette place. Pendant ces interrègnes, les peuples

peuples fe piquent. peu d'un zèle dont l'objet est encore incertain ; les gouverneurs fongent plus à leurs intérêts qu'à la fûreté des places. *Guichardin*, alors gouverneur de Parme, penfa plus noblement ; il mit la gloire à mériter la confiance dont on l'avoit honoré. Chargé par les Médicis, fes amis, de la garde de cette place au nom du St. Siège, il crut devoir la conferver au St. Siège, dût-il être occupé par un ennemi des Médicis. Rien n'est plus beau que le récit de cette défenfe dans l'hiftoire des guerres d'Italie ; on voit dans la conduite de *Guichardin*, tout ce que peut l'intrépidité dirigée par la prudence ; on voit ce q u e rien, feul exactement inftruit des forces des affiégeans que la crainte exagéroit aux affiégés, animer des foldats qu'il ne pouvoit payer, raffûrer le peuple épouvanté, réfifter jufqu'à trois fois aux remontrances, aux inftances, aux menaces du confeil de ville, impatient de fe rendre. Le confeil enfin lui déclare que puifqu'il s'obftine à vouloir périr, les habitants ont réfolu de capituler fans lui. Pendant qu'on lui fignifie cette délibération, il s'élève de grands cris des remparts & de tous les corps-de-garde des portes ; on entend fonner les cloches de la haute tour ; c'étoit le fignal de l'affaut, on apperçoit les François qui s'avançoient avec leurs échelles vers le corps de la place. *Guichardin*, pour toute réponfe aux députés du confeil de ville, vole à la défenfe des remparts : tout le monde le fuit. Tout s'anime par fon exemple ; la garnifon eft inébranlable, les habitants fidèles, tout combat jufqu'aux moines, les femmes portent à leurs défenfeurs des rafraîchiffements fur les murailles ; les François font repouffés, & lèvent le fiège. *Guichardin* feul eut la gloire de ce fuccès, du moins fi on l'en croit ; car un auteur d'une *Hiftoire de Parme*, nommé Angeli, lui reproche au contraire, toute la lâcheté dont il accufe les habitants ; il dit que *Guichardin* tenoit toujours des chevaux tout prêts pour s'enfuir, & que les habitants fe défendirent malgré lui. C'eft ainfi qu'on peut prefque toujours difputer à un général, une partie ou même la totalité de fa gloire ; mais on ne difpute point à *Guichardin* l'hiftoire des guerres d'Italie. Voilà fa véritable gloire. Des grands de la cour de Charles-Quint fe plaignoient de ne pouvoir obtenir de longues audiences, qu'il prodiguoit à *Guichardin*. Je puis, leur dit Charles-Quint, faire d'un mot, des grands comme vous, je ne puis pas faire un *Guichardin*. Cet auteur eft traduit en françois.

Un neveu de *Guichardin* (Louis), a donné une defcription des Pays-Bas, écrite en françois, par Belleforêt, & des mémoires fur ce qui s'eft paffé en Europe depuis 1530 jufqu'en 1560. Le duc d'Albe, blâmé dans quelques endroits de fon hiftoire, le fit mettre en prifon. Né à Florence, vers l'an 1523. Mort à Anvers en 1589.

GUICHE. *Voyez* GRAMMONT.

GUICHENON, (Samuel) (*Hift. Litt. mod.*) auteur de l'Hiftoire généalogique de la maifon de Savoye ; de l'Hiftoire de Breffe & du Bugey ; d'un Recueil d'actes & de titres concernant ces deux pays, fous le nom de *Bibliotheca Sebufiana*. Guichenon étoit avocat

à Bourg-en-Breffe ; il fut hiftoriographe du duc de Savoye. Mort en 1664.

GUIDOTTI, (Paul) (*Hift. mod.*) peintre, fculpteur, architecte, muficien, poëte, mathématicien, aftrologue, jurifconfulte, anatomifte ; on peut dire de lui :

*Augur, fchænobates, medicus, magus, omnia novit :*
*Græculus efuriens ; in cælum, jufferis, ibit.*

Il voulut en effet monter au ciel ; il fe fit des ailes de baleine, récouvertes de plumes, & attachées par-deffous les bras ; il prit fon vol d'un lieu élevé dans la ville de Luques, fa patrie, fe foutint quelque temps en l'air, tomba fur une maifon dont il enfonça le toit, tomba delà dans une chambre, & fe caffa la cuiffe. Né en 1669. Mort en 1629.

GUIGNARD, (Jean) (*Hift. de Fr.*) jéfuite, pendu, puis brûlé le 7 janvier 1595, par une fuite de l'attentat de Jean Châtel, & pour la doctrine régicide dont on trouva de fortes traces dans fes papiers.

GUILLAUME, (*Hift. d'Allemagne*) comte de Hollande, fut élu empereur par la faction eccléfiaftique pour fuccéder à Henri de Thuringe, dit *le roi des prêtres* ; il naquit l'an 1227, de Florent IV, &. de Mathilde de Brabant ; il fut élu en 1247, & régna jufqu'en 1256, fans autorité, &. par conféquent fans gloire : peu de temps après fon facre il fe retira en Hollande, où il eut de fréquents démêlés avec les Frifons, qui l'ayant furpris feul dans un marais glacé, le tuèrent à coups de lance ; les rebelles l'enterrèrent dans une maifon de particulier, pour cacher les traces de leur crime : fon corps ayant été découvert en 1282, fut tranfporté à Middelbourg dans un monaftère de Prémontrés. (M—Y.)

GUILLAUME I, dit *le conquérant*, (*Hift. d'Angleterre.*) fils naturel de Robert, duc de Normandie, & de la fille d'un pelletier de Falaife, naquit dans cette ville en 1027 ; étant duc de Normandie, il vint en Angleterre à la cour d'Edouard III, dont il reçut les marques les plus diftinguées de confidération & d'amitié. On affure qu'il y venoit pour reconnoître un pays qu'il vouloir ufurper ; d'autres prétendent qu'Edouard le nomma fon fucceffeur par fon teftament ; quoi qu'il en foit, Harald ayant réuni les fuffrages des grands & les vœux de la nation ; étoit monté fur le trône d'Angleterre, lorfque *Guillaume* paffa dans cette île en 1066 avec une flotte nombreufe, & une armée aguerrie ; les Anglois furent défaits ; Harald expira fur le champ de bataille, avec fes deux frères ; & le vainqueur fut couronné folennellement à Londres. Quelques hiftoriens regardent ce conquérant ou cet ufurpateur, comme le fondateur du royaume de la Grande-Bretagne, fans doute parce qu'il donna beaucoup de luftre à la monarchie Angloife, qui commença dès-lors à jouer un plus grand rôle en Europe par fa puiffance, fon commerce, la gloire de fes armes, & la réputation que les Anglois s'acquièrent par la culture des fciences ; mais ce monarque, qui, dans le commencement de fon règne, parût s'appliquer à rendre la nation heureufe,

D

à affermir fa puiffance, par l'équité, la douceur, la clémence, ne foutint pas long-tems ce caractère qui n'étoit qu'emprunté. Si le mafque de la modération couvrit fon naturel cruel & avide jufqu'à ce qu'il eût étouffé toute étincelle de division & de révolte, l'énergie de fon ame féroce fe déploya dans la fuite avec d'autant plus de violence qu'elle avoit été contrainte. *Guillaume* devint le fléau des peuples qu'il avoit juré de protéger ; il traita les Anglois, non en fujets, mais en efclaves ; il les accabla d'impôts, les dépouilla des charges, des titres, des fiefs dépendans de la couronne, pour les diftribuer aux Normands ; il leur ôta leurs loix, & leur en fubftitua d'autres ; il ne vouloit pas même leur laiffer l'ufage de leur langue naturelle : il ordonna qu'on plaidât en Normand ; & depuis, tous les actes furent expédiés en cette langue, jufqu'à Edouard III ; il régna par la crainte, mourut peu regretté de fa famille, & détefté de fes fujets. ( *A. R.* )

**Guillaume II**, dit *le Roux*, fils du précédent, lui fuccéda en 1087, & fe montra encore plus dur, plus cruel que fon père. En recevant le fceptre il fit de belles promeffes à la nation, & les oublia dès qu'il les eut faites. Rien ne pouvoit affourir fa férocité ; rien ne pouvoit fatisfaire fon avarice infatiable. Il foula aux pieds les loix divines & humaines ; infolent dans la profpérité, lâche dans l'adverfité, il fut attaqué d'une maladie dangereufe, il fembla reconnoître la juftice divine qui le puniffoit de fa tyrannie ; il promit de régner avec plus de modération, s'il recouvroit la fanté ; il la recouvra pour le malheur de fes peuples, qu'il traita auffi inhumainement qu'auparavant. Ses fuccès à la guerre enflèrent fon orgueil, & il s'en fervit pour appefantir le joug fous lequel il les tenoit afervis. Un flèche lancée au hazard par un de fes courtifans dans une partie de chaffe, frappa *Guillaume* au cœur ; il mourut de cette bleffure en 1100, avec la réputation d'un tyran ; car tel eft le titre que tous les hiftoriens lui donnent. ( *A. R.* )

**Guillaume III**, prince d'Orange, né à la Haye en 1650, élu ftadhouder de Hollande en 1672, avoit époufé une fille de Jacques II, roi d'Angleterre. L'attachement de ce monarque pour la religion catholique, avoit indifpofé contre lui le parlement & la nation entière ; peut-être eût-il éprouvé le fort du malheureux Charles I, s'il eût exifté alors un fecond Cromwel. Les Anglois moins implacables dans leur reffentiment, fe contentèrent d'inviter *Guillaume*, gendre de Jacques II, à venir prendre le fceptre qui s'échappoit des mains de fon beau-père. On fait avec quelle promptitude, avec quelle habileté le prince d'Orange, profitant de ces circonftances, paffa en Angleterre en 1688, & obligea le roi à renoncer à la couronne, & à fortir de la Grande-Bretagne. On conferva encore le ftadhouderat ; mais les Anglois qui l'avoient appellé, ceffèrent de l'aimer dès qu'il devint leur maître ; ils ne pouvoient fe faire à fes manières fières, auftères & flegmatiques qui cachoient une ame ambitieufe, avide de gloire & de puiffance ; ils lui firent effuyer des défagrémens, & il alloit fe

confoler à la Haye des mortifications qu'on lui donnoit à Londres : on difoit qu'il n'étoit que ftadhouder en Angleterre, & qu'il étoit roi en Hollande. Il paroît même que fa haine contre la France faifoit tout fon mérite auprès des Anglois, comme elle fit toute fa célébrité. Il mourut le 16 de mars de l'année 1702. ( *A. R.* )

( On réduit ici à trop peu de chofe le mérite de *Guillaume* III, grand prince, grand général, plus grand politique, qui, dans fa rivalité avec Louis XIV parut le défenfeur de la liberté de l'Europe, et qui dans fa rivalité avec Jacques II, parut le fauveur de l'Angleterre. Tempérament foible, ame forte, efprit étendu, pénétrant & fage, caractère froid, mélancolique & févère ; ambition démefurée fous les apparences de la modération, activité fourde & couverte qui s'annonçoit par de grands effets, machiavellifme fecret, qu'il ne s'avouoit peut-être pas à lui-même, mais qu'il pratiquoit fans fcrupule dans l'occafion ; plus de talens que de fuccès, plus de fuccès que d'éclat, plus de gl i e que de vertu : voilà *Guillaume*. )

**Guillemeau**, (Jacques) (*Hift. Litt. mod.*) difciple d'Ambroife Paré, a donné au public la *Chirurgie* de fon maître, des *Tables Anatomiques* & un *Traité des Opérations*. Il étoit chirurgien ordinaire des rois Charles IX & Henri IV. Il poffédoit les langues fçavantes, & connoiffoit l'antiquité. Mort en 1612.

**Guimpe**, f. f. (*Hift. mod.*) partie du vêtement des religieufes ; c'eft une efpèce de bande ou de mouchoir dont elles fe couvrent le cou & la poitrine. ( *A—R.* )

**Guiscard ou Guischard**, (Robert) (*Hift. de Fr. & d'Italie.*) un des conquérans Normands, fondateurs du royaume de Naples & de Sicile ; il fut duc de la Pouille & de la Calabre. L'Italie étoit alors partagée entre les empereurs d'Orient & d'Occident. La partie méridionale étoit remplie de petits princes Grecs, Lombards & Italiens ; les Sarrafins s'étoient emparés de la Sicile, d'où ils inquiétoient fans ceffe toutes les autres puiffances de l'Italie. Robert *Guifcard* contint les Sarrafins, refferra les empereurs d'Orient & d'Occident, & porta le trouble & fes orages jufqu'à la cour de Conftantinople. Il enleva Salerne à fes princes particuliers. Le pape Grégoire VII, fous la protection duquel fe mirent les vaincus, & qui aimoit à protéger & à humilier les fouverains & les conquérans, excommunia Robert *Guifcard* ; celui-ci, après la mort du dernier duc de Bénévent, de la race Lombarde, conquit le Bénéventin, & fit préfent de Bénévent au St. Siège. Grégoire VII alors donna l'abfolution à Robert *Guifcard*. Ce conquérant, qui fçavoit fi bien irriter & appaifer les papes, mourut en 1085, âgé de 80 ans.

**Guiscard.** (*Voyez* Bourlie.)

**Guischard**, (Charles) (*Hift. mod.*) colonel au fervice du roi de Pruffe, auteur de *Mémoires Militaires fur les Grecs & fur les Romains*, où le célèbre chevalier Follard eft un peu déprimé. Il faut entendre tout le monde.

**Guise.** *Voyez* Lorraine.

GUITON, (Jean) (*Hist. de Fr.*) Les Rochelois, dans le temps où ils étoient assiégés par le cardinal de Richelieu, (en 1628) forcèrent Jean Guiton d'accepter la place de maire de leur ville ; vaincu par l'importunité, cet homme prend un poignard, & dit à ses concitoyens : « je serai maire, puisque vous le » voulez, mais je ne le serai qu'à condition que vous m'au-» toriserez tous à  nger ce poignard dans le sein du » premier qui parlera de se rendre ; je demande qu'on » en use de même à mon égard, si jamais je propose » de capituler, & j'exige que ce poignard reste pour » cet usage sur la table du lieu où nous nous assem-» blons ». Tout le monde entra pour lors dans ses sentimens ; mais lorsque la famine eut presque entiè-rement dépeuplé la ville, il fallut bien céder au sort & parler de se rendre : Guiton seul étoit inflexible, & rappelloit les engagemens qu'il avoit fait prendre : la Rochelle, lui disoit-on, n'a plus de défenseurs : *Eh! ne suffit-il pas*, répondit Guiton, *qu'il y reste un seul habi-tant pour en fermer la porte à nos tyrans ?* C'étoit de cet enthousiasme de religion & de liberté, ainsi que des élé-mens qu'il avoit fallu triompher pour prendre la Rochelle.

GUNDEMAR, roi des Visigoths, (*Hist. d'Es-pagne.*) aimé de ses sujets, qu'il ne cherchoit qu'à rendre heureux, respecté des nations voisines, & redoutable aux ennemis, Gundemar mérita d'être élevé sur le trône, où les suffrages réunis de ses concitoyens le placèrent après la mort de l'usurpateur Witeric, lâche assassin qui avoit poignardé son maître, le fils de son bienfaiteur, & qui, devenu par ses crimes, l'objet de l'exécration publique, périt lui-même sous le fer des conspirateurs. A peine Gundemar fut proclamé, en 610, qu'il s'appliqua à rétablir la bonne intelli-gence entre sa nation & les François. Quelques histo-riens assûrent cependant qu'il acheta la paix au prix d'un tribut annuel qu'il s'obligea de payer à la France ; si ce fait est exact, il ternit la gloire de Gundemar, & il la ternit d'autant plus, qu'alors les Visigoths recevoient des tributs, & n'étoient point accoutumés à en payer ; mais leur roi étoit pressé de terminer cette guerre pour aller réduire les Gascons, qui avoient recommencé les hostilités ; il se jetta dans leur pays, suivi d'une armée nombreuse, le ravagea, y mit tout à feu & à sang, les contraignit d'abandonner leurs villes, leurs villages, & d'aller se cacher derrière les montagnes. Après cette expédition, Gundemar, de retour à Tolède, assembla les évêques, respecté de faire une incursion sur les concernant la discipline ecclésiastique, & le plus grand nombre relativement à l'administration civile ; le roi approuva ces canons & les signa. Gundemar s'occupoit de ces règlemens utiles, quand il apprit que les troupes de l'empereur venoient de faire une incursion sur les terres de son royaume ; il se mit aussi-tôt à la tête des Goths, & marcha contre les Impériaux : ceux-ci ne se croyant point assez forts pour combattre une telle armée, se retirèrent dans leur camp, qu'ils fortifièrent ; mais Gundemar rendit cette précaution inutile : il atta-qua les Impériaux dans leurs retranchemens, les força, les battit, les contraignit de se retirer en désordre, & dans leur fuite en massacra la plus grande partie. Cette

victoire assûra pour plusieurs années la paix aux Visi-goths, que la valeur de Gundemar rendoit trop redou-tables, pour qu'aucune puissance étrangère entreprît de leur déclarer la guerre. Le souverain victorieux rentra dans ses états, & convoqua un concile, où fu-rent faits encore de nouveaux règlemens sur différentes parties du gouvernement civil. Peu de jours après la dernière séance de ce concile, Gundemar tomba malade & mourut, quelques secours qu'on eût pu lui donner, en 612, après un règne glorieux & très-court, puisqu'il n'occupa le trône qu'environ deux années ; les grandes espérances qu'il avoit données, les talens qu'il montra, sa piété sans fanatisme, sa valeur & sa justice, le firent regretter amèrement : les Visigoths perdoient en lui leur bienfaiteur, l'appui, le père de l'état. (*L. C.*)

GUNTHER, (*Hist. Litt. mod.*) Gunther, poëte allemand célèbre, & notre Rousseau étoient contem-porains ; l'un & l'autre adressa une ode au prince Eugène, l'un & l'autre fut malheureux. Gunther vécut méprisé de sa nation qu'il illustroit, persécuté de sa famille, qui révère aujourd'hui sa mémoire, aban-donné de son père, qui n'apprit à le connoître qu'après sa mort. Il sçut conserver de la grandeur d'ame dans l'opprobre & dans la misère. Gunther mourut à vingt-huit ans ; peut-être ne put-il soutenir la confusion que lui causa une aventure assez bizarre. Il devoit être pré-senté au roi de Pologne, Auguste II. Un poëte de la cour, jaloux de sa réputation naissante, mêla ce jour-là même dans la boisson quelques drogues qui l'enivrè-rent ; il parut devant Auguste dans cet état ridicule & indécent, il tomba en sa présence, & se couvrit de honte aux yeux de toute la cour.

GUSTAVE ERICSON VASA ; (*Hist. de Sued.*) roi de Suede, né au milieu des troubles qu'avoit fait naître l'union de Calmar, comptoit des rois de Suede parmi ses aïeux, entr'autres ce Charles Canuton dé-trôné tant de fois, & tant de fois rappellé. Marguerite avoit seule joui paisiblement de la triple couronne, le traité de Calmar qui réunissoit les trois royaumes sous un même chef, étoit son ouvrage. La Suède ne tarda pas à réclamer contre ce traité, & les fréquentes infractions que les successeurs de Marguerite avoient faites, furent le prétexte de la révolte : cet état occupé sans cesse à lutter contre toutes les forces de la mo-narchie Danoise, n'osoit encore se donner un roi ; mais il choisissoit un chef assez semblable aux dicta-teurs de Rome, &, sous le titre modeste d'ad-ministrateur, étoit plus puissant que les rois mêmes. Gustave avoit eu sous les yeux pendant sa jeunesse le spectacle des malheurs de sa patrie. L'administrateur Steensture, son parent, l'admettoit à son conseil ; il en étoit l'oracle. La haine du nom Danois, le mépris des plaisirs, l'amour de la patrie, l'ambition de l'affran-chir pour régner sur elle, un génie capable de tout, la pru-dence de l'âge mûr jointe au feu du bel âge, des graces sans apprêts, une éloquence naturelle, carac-térisoient le jeune Gustave ; il étoit difficile de le voir & de l'entendre, sans soupçonner qu'il seroit un jour le reſtaurateur de la monarchie Suédoiſe ; c'étoit par ſon conſeil que Steenſture avoit donné des armes à feu aux payſans qui, pour la plûpart, ſe ſervoient encore d'arcs & de flèches. L'uſage de la poudre étoit connu depuis long-temps dans le reſte de l'Europe ; mais les pays du nord ont toujours été les derniers à adopter les arts, & plût au ciel que celui de détruire les hommes ne s'y fût jamais introduit ! Mais dans l'état d'oppreſſion où ſe trouvoit la Suede, cet art fatal devenoit un fléau néceſſaire. Déjà Guſtave avoit taillé en pièces quelques partis Danois. Chriſtiern II l'honora de ſa haine. Ce prince vouloit rétablir l'union de Calmar, régner ſur les trois royaumes, & pour y parvenir il n'étoit point de traité qu'il ne violât, de crime qu'il ne commît, de ſang qu'il ne fît couler. Réſolu de s'aſſûrer de la perſonne de Guſtave, dont il preſſentoit la haute deſtinée, il propoſa, l'an 1518, une entrevue à l'adminiſtrateur dans la capitale même de la Suéde ; & feignant une défiance que lui ſeul méritoit, il exigea qu'on livrât Guſtave en ôtage à ſes ſujets ; tandis qu'il négocieroit avec Steenſture ; Guſtave accepta cette propoſition avec la confiance d'un jeune héros ; qui ne peut concevoir une trahiſon ; l'amiral Danois l'invite à venir ſaluer le roi avant que ſa majeſté mette pied à terre ; Guſtave ſaute dans la chaloupe, on le préſente à Chriſtiern qui le fait déſarmer, ainſi que ſix autres ſeigneurs que Chriſtiern avoit demandés pour ôtages, ou plutôt pour victimes. Il tenta d'abord de le corrompre ; mais n'ayant pu y réuſſir, il réſolut de lui ôter la vie ; l'ordre fut donné, & ce qui fait honneur à la nobleſſe danoiſe, Chriſtiern ne fut point obéi. On l'enferma dans le château de Coppenhague ; il fut bientôt transféré dans celui de Calo, dont Eric Banner, ſon parent, étoit gouverneur. Il ſe faiſoit garant de ſon priſonnier, & devoit payer au roi ſix mille écus d'or, s'il le laiſſoit échapper. Cependant l'adminiſtrateur étoit mort, les malheurs de la Suéde augmentoient chaque jour ; Guſtave ſe déguiſe en payſan, ſe met au ſervice d'un marchand de bœufs, & joue ſi bien ſon rôle qu'il arrive à Lubec, confondu parmi les autres ruſtres, ſans être reconnu. Il ſe découvrit alors, & Banner vint le réclamer. Guſtave lui promit de lui rendre la ſomme que Chriſtiern devoit exiger ; & ſatisfait de cette promeſſe, le danois s'en alla. Guſtave demanda des ſecours à la régence de Lubec ; cette république étoit naturellement ennemie de la domination Danoiſe ; mais intimidée par la préſence d'une flotte nombreuſe, elle n'oſoit embraſſer la défenſe d'un malheureux. On lui promit cependant d'armer en ſa faveur, s'il pouvoit raſſembler aſſez d'amis pour donner au moins quelque vraiſemblance à la révolution qu'il méditoit. Cette promeſſe, quoique foiblement énoncée, ranima ſes eſpérances ; il part, débarque à Calmar, ſe préſente aux officiers, aux ſoldats qui, preſque tous, avoient ſervi ſous ſes drapeaux. Le ſpectacle de ſa miſere glaça leur courage ; ils furent aſſez lâches pour n'oſer le ſervir ; mais ils ne furent point aſſez perfides pour le livrer à Chriſtiern : Guſtave, forcé de ſe retirer, ſe déguiſe encore ſous la livrée de l'indigence, ſe gliſſe dans un chariot chargé de pailles,

& dans cet équipage traverſe les quartiers de l'armée Danoiſe, où ſa tête étoit miſe à prix. Ce prince n'avoit plus d'autre reſſource que lui-même ; parents, amis, domeſtiques, tout l'abandonnoit ; on craignoit de s'aſſocier à ſes malheurs, & de périr avec lui : peu s'en fallut qu'il ne tombât entre les mains des Dánois ; des Chartreux, que ſes ancêtres avoient fondés, lui refuſèrent un aſyle dans ſon patrimoine ; il alla en chercher un autre en Sudermanie, & tandis que des hommes qui lui étoient attachés par les liens du ſang, de l'amitié, de la reconnoiſſance, le rejettoient avec dureté, un payſan le reçut avec tendreſſe. Ce fut dans ſa cabane que Guſtave médita ſa révolution ; ce prince logeoit ſous le chaume, ſon hôte portoit ſes lettres ; & cet ambaſſadeur, couvert de haillons, alloit exciter les ſeigneurs Suédois à détrôner Chriſtiern. Forcé bientôt de quitter cette retraite, Guſtave paſſe en Dalécarlie ſous la conduite d'un guide infidèle, qui le vole & l'abandonne au milieu des montagnes & des forêts. Preſſé par la faim, il ſe loue pour travailler aux mines de cuivre. Un ſeigneur le reconnoît, lui offre de ſoulever la province en ſa faveur, & n'oſe exécuter cette offre indiſcrette. Un autre gentilhomme le reçoit, l'accable de careſſes, & le trahit ; ſa fortune perdue ſi ſa bonne mine n'eût inſpiré de la compaſſion à l'épouſe du traître, qui le fit conduire chez un ſûr voiſin. Celui-ci fut fidèle, aida Guſtave de ſa bourſe & de ſes conſeils ; les payſans s'aſſemblent à Mora. Guſtave paroît au milieu d'eux. Son air noble, ſes graces, ſes malheurs, l'horreur qu'inſpiroit le nom de Chriſtiern, & le maſſacre récent des ſénateurs de Stockholm, tout prête à l'éloquence du prince une force nouvelle. On s'écrie, on court aux armes ; le château du gouverneur eſt eſcaladé ; au bruit de ſes exploits, les payſans ſe raſſemblent en foule ſous les drapeaux du vainqueur ; il ſe voit bientôt ſuivi par une armée de quinze mille combattants ; il ſe met en marche, paſſe la rivière de Brunébec, défait un corps de Danois, prend Veſteras, marche à de nouvelles conquêtes, emporte d'aſſaut la ville d'Upſal ; Guſtave défendit contre ſes propres ſoldats les biens de Trolle, archevêque de cette ville, qui l'avoit perſécuté avec tant de fureur : devenu puiſſant, heureux, & vainqueur, il trouva plus d'amis dans ſa proſpérité, qu'il n'avoit trouvé d'ennemis dans ſa diſgrace ; toutes les provinces l'appelloient, & il étoit plus embarraſſé ſur le choix de ſes conquêtes, que ſur les moyens de les conſerver. La nobleſſe qui avoit ſi long-temps attendu pour ſe déclarer, accouroit dans ſon camp : ſon armée groſſiſſoit chaque jour ; & ſi Guſtave avoit eû autant d'ambition que de génie, il lui eût été poſſible de conquérir le Danemarck & la Norwège après avoir ſoumis ſa patrie ; ainſi il auroit rétabli pour lui-même cette union de Calmar qu'il vouloit détruire.

Cependant, au milieu de tant de triomphes, le fougueux prélat paroît à la tête d'une armée ; une terreur panique ſe répand dans les rangs des Suédois ; l'intrépide Guſtave eſt renverſé dans l'eau, remonte à cheval, ſoutient à la tête de ſes gardes, tout le choc des Danois, protège la retraite de ſon armée, & peu de jours après ſe venge d'un inſtant de ſurpriſe que Trolle lui avoit caufée. La régence de Lubec lui envoya quel-, ques fecours , la plûpart des villes fe foumirent avant même qu'il parût. Mais la nouvelle de la mort de fa mère & de fa fœur , que Chriftiern avoit fait précipiter dans la mer, égara fa raifon : dans le délire de fa fureur , il ordonna à fes foldats de maffacrer fans pitié tous les Danois qui tombèroient entre leurs mains , comme fi ce peuple honnête & fenfible avoit été coupable des crimes de fon maitre. Déjà *Guftave* difpofoit des Gouvernemens ; & diftribuoit les garnifons dans les provinces qu'il avoit conquifes ; il inveftit le château où étoit renfermé l'évêque de Linkopink, & ce prélat va au-devant de lui, & lui rend hommage ; *Guftave* convoqua à Vadeftene une affemblée des états généraux , il s'y montra , on voulut le couronner ; il refufa le titre de roi ; mais on lui déféra ceux de gouverneur-général & d'adminiftrateur de la Suéde , l'an 1521.

Ce fut alors que *Guftave* voyant qu'on ne pouvoit plus donner à un autre la couronne qu'il avoit refufée , engagea toutes les terres de fa famille pour faire de nouvelles levées. La régence de Lubec lui envoya dix-huit vaiffeaux , & quatre mille hommes : mais elle lui vendit cher ce foible fecours, & profita de ces circonftances pour s'affranchir de quelques droits onéreux pour fon commerce, que les rois de Suede lui avoient anciennement impofés. *Guftave* enfin forma le fiege , ou du moins le blocus de Stockholm , tandis que fon efcadre croifoit devant le port , & en défendoit l'approche aux vaiffeaux Danois. Ceux-ci fe trouverent refferrés entre des glaces dont ils ne purent fe dégager. *Guftave* partit à la tête des troupes Lubecoifes, s'avança fur la glace au milieu de la nuit, nuit le feu à la flotte, & n'en eût pas laiffé échapper un feul vaiffeau , fi Jean Flammel , général des troupes auxiliaires n'eût donné malgré lui le fignal de la retraite ; Stockholm étoit toujours bloqué, la garnifon demandoit à capituler , *Guftave* étoit difpofé à lui accorder des conditions honorables; mais il ne vouloit entrer dans Stockholm que la couronne fur la tête, afin de donner à la révolution qu'il avoit faite , une forme plus impofante & plus ftable. Il convoqua les états généraux à Stregner l'an 1523 ; il y fut proclamé roi : le cri fut unanime. Lui feul affecta de fe refufer fon fuffrage, & joua le rôle d'un fage ennemi des grandeurs. On le preffa, il fe laiffa vaincre , & reçut le ferment de fidélité de fes nouveaux fujets; mais il differa la cérémonie de fon couronnement, parce qu'il auroit été forcé de jurer qu'il maintiendroit la religion catholique qu'il avoit fecrétement réfolu de détruire ; Stockholm fe rendit, les magiftrats vinrent dépofer, les clefs aux pieds de *Guftave* ; il fit dans fa capitale, une entrée pompeufe , & toute la ville retentit d'acclamations. *Guftave* avoit fait des ingrats, mais il ne le fut point; il fit chercher ce curé qui lui avoit donné un afyle, voulut de lui témoigner une reconnoiffance vraiment royale : ce bon prêtre n'étoit plus ; ma's *Guftave* voulut que fes bienfaits le fuiviffent fur fa tombe , & il fit placer une couronne de cuivre doré au haut de l'églife, que ce pafteur avoit deffervie,

& dans l'enceinte de laquelle il étoit inhumé. Quelques places tenoient encore pour les Danois dans la Finlande ; elles furent conquifes , les prifonniers furent traités avec douceur ; le tems de la vengeance étoit paffé ; *Guftave* abolit la plûpart des impôts, dont Chriftiern avoit chargé le peuple. Ce prince malheureux, mais plus coupable encore , venoit d'être détrôné ; Frédéric avoit été couronné à fa place ; mais tant que fon concurrent vivoit dans fa prifon, il pouvoir craindre une révolution nouvelle. *Guftave*, en habile politique , fe fervit de ce fantôme pour effrayer Frédéric , & obtenir de lui les conditions qu'il voulut. Le Gothland fut conquis par les Suédois : c'étoit encore un fujet de difcorde : les deux rois eurent une entrevue , & fe témoignerent une amitié qui n'étoit pas dans leurs cœurs ; ils conclurent une ligue offenfive & défenfive contre Chriftiern, ou plutôt contre fes partifans ; car dans l'état où ce prince étoit réduit, il n'étoit plus redoutable par lui-même. Enfin l'inftant étoit venu , où après avoir changé la face de la Suede, *Guftave* devoir malheureufement en changer auffi la religion ; déjà il avoit difpofé de l'archevêché d'Upfal , & l'avoit donné à Jean Magnus, homme fans ambition , mais non pas fans talens. Le clergé comptoit prefque autant de vaffaux que le roi ; les évêques habitoient des forterefles, où ils donnoient un afyle aux rebelles dans les tems de troubles ; fouvent même, ils faifoient des excurfions à leur tête. Le clergé formoit , au fein de la monarchie, une efpèce de république indépendante, redoutable, & ennemie du roi , de la nobleffe & du peuple ; *Guftave* réfolut de renverfer ce coloffe qui , même dans un fiecle affez éclairé, menaçoit encore l'autorité fuprême. Le chancelier Anderfon fut le confident & le miniftre de ce projet *Guftave* commença par favorifer fecrétement les docteurs luthériens ; il abolit la coutume finguliere qui rendoit les évêques héritiers des eccléfiaftiques qui mouroient dans leur diocèfe. Les quartiers d'hiver des troupes furent diftribués fur les terres du clergé. Les deux tiers des dixmes furent deftinés à l'entretien de l'armée , qui devoit veiller , même en tems de paix, à la fûreté des frontieres ; on cria au blafphême, à l'héréfie ; les prêtres & les moines armèrent les payfans ; un homme du peuple , nommé *Hans* , fe mit à la tête des mécontens , s'empara des forterefles des évêques , & convoqua à Vefteras une affemblée des états généraux. Ce fut-là que fut faite cette ordonnance célèbre, qui fape tous les fondemens de la puiffance & de la richeffe du clergé ; le lutheranifme fut prêché dans les églifes catholiques, en préfence même des évêques & des prêtres.

*Guftave* ne tarda pas à déclarer d'une maniere authentique fon attachement à la doctrine de Luther. La révolte des Dalécarliens l'avoit occupé quelque tems , & avoit fufpendu les foins qu'il apportoit aux progrès du luthéranifme en Suede ; mais le fupplice du chef ayant fait rentrer les autres rebelles dans le devoir , il reprit cette entreprife, donna l'archevêché d'Upfal à Laurent Petri, à qui il donna en mariage une de fes parentes ; pour lui, il époufa la fille aînée du duc de Saxe Lawembourg, l'an 1530. Il ne lui manquoit plus, pour mettre le comble à tant de profpérités, que d'affurer à fa poftérité le fruit de fes travaux. Ce fut dans ce deffein qu'il convoqua une affemblée des états-généraux à Vefteras. Guftave fit fentir que, fi la couronne demeuroit élective, un roi de Danemarck pouvoit briguer les fuffrages, fe faire proclamer, ou du moins faire naître des guerres civiles, & renouveller tous les maux dont il les avoit délivrés. Le fouvenir des cruautés de Chriftiern II, & des malheurs de la Suede, prêtoit à ce difcours une force irréfiftible. La nation déclara qu'elle renonçoit pour jamais au droit d'élire fes fouverains, & que la couronne feroit héréditaire dans la famille de Guftave. On appella cet acte *l'union héréditaire.* Guftave, toujours occupé, & de la grandeur de l'état, & de celle de fa maifon, avoit réfolu d'unir la main d'Eric, fon fils, à celle d'Elifabeth, reine d'Angleterre ; mais cette princeffe habile fut éluder ces propofitions, fans une rupture décifive avec la cour de Suède. Cependant le roi defcendoit lentement dans le tombeau ; fes forces s'éteignoient par dégrés ; fes yeux n'avoient plus le même feu, mais fon ame avoit toujours la même vigueur ; il fit fon teftament avec autant de fang froid qu'il eût fait un traité de paix. Un inftant avant fa mort il dicta à un fecrétaire d'état des ordres touchant des affaires très-épineufes, & donna à fes enfans les leçons les plus fages. Il mourut le 27 feptembre 1546. Toute la Suede le pleura, & le regne de fon fils ne fit pas ceffer ces regrets. On ne peut mieux louer ce prince qu'en difant qu'il fut le Henri IV de la Suede. Malheureux comme lui dans fa jeuneffe, comme lui grand dans fon malheur, il fut forcé de conquérir fes états, pardonna à fes ennemis, & fit le bonheur de fes fujets après les avoir vaincus. ( *M. DE SACY* )

GUSTAVE ADOLPHE, furnommé *le Grand*, roi de Suede. Les hautes qualités de ce prince ne furent point les fruits tardifs de l'éducation & de l'expérience. La nature avoit tout fait pour lui. Au milieu des malheurs dont la Suede fut accablée pendant les dernieres années du regne de Charles IX, fon pere, tandis que fon efprit égaré fuccomboit fous le fardeau du gouvernement, Guftave, âgé de feize ans, paroiffoit dans les confeils, & à la tête des armées, obéiffoit en foldat, négocioit en miniftre, & commandoit en roi. Sa modeftie prêtoit un nouveau charme à fes talens. Il fe défioit de fes forces. Un jour fes courtifans le virent plongé dans une profonde rêverie, les yeux mouillés de larmes, ils le queftionnerent fur le fujet de fa douleur. « Hélas, difoit-il, » mon pere eft prêt à defcendre dans le tombeau, » & moi à monter fur le trône : quelle reffource pour » la patrie, qu'un prince jeune, imprudent & novice » dans l'art de régner ! comment pourrai-je la dé- » fendre contre tant de puiffances armées contre elle ! » Ah ! fi du moins le facrifice de ma vie pouvoit » fauver l'état ». Sigifmond, roi de Pologne, chaffé par les Suédois, avoit affocié la Ruffie & le Dane-

marck à fa vengeance. Les Suédois effuyerent d'abord quelques échecs ; mais dès que le jeune Guftave fe mit à leur tête, ils triompherent. Charles étant mort le 30 octobre 1611, Guftave fut proclamé avec enthoufiafme par toute la nation. Il avoit tous les talens néceffaires pour gouverner, mais il n'avoit point l'âge fixé par les loix du royaume. Le roi Charles avoit nommé un confeil de régence, compofé de fénateurs : la reine Chriftine & le duc Jean y préfidoient. Mais on fentit bientôt que Guftave étoit au-deffus d'une loi faite pour les princes vulgaires ; on remit les rênes du gouvernement entre fes mains ; dans l'état déplorable où fe trouvoit la Suede, prête à être envahie par trois puiffances rivales, un roi guerrier étoit un fléau néceffaire. Guftave part, porte le ravage dans la Scanie, entre dans la Gothie occidentale, force les Danois à la retraite, taille en pieces un parti près d'Ynnewaldbroo, en écrafe un autre près d'Eckefio, délivre Joënekoping affiégé par le roi de Danemarck. Chriftiern qui avoit méprifé la jeuneffe de Guftave, ne voulut pas lui demander honteufement la paix ; mais il fe fit offrir la médiation de la cour d'Angleterre, & s'engagea à reftituer, moyennant un million d'écus, Calmar, l'ifle d'Oëland, le fort Risby & Elfsbourg. Ainfi la guerre fut terminée au mois de janvier de l'année 1613. Les Mofcovites voyant que les Danois n'agiffoient plus de concert avec eux, expofés feuls à la vengeance de Guftave, prirent un parti près qu'il étonna toute l'Europe. Le Czar étoit mort. Ils élurent pour fon fucceffeur le prince Charles-Philippe, frère de Guftave. Cette élection étoit l'ouvrage de Jacques de la Gardie. Guftave fut piqué de ce qu'on ne l'avoit pas proclamé lui-même ; il dévora cet affront, confentit en apparence au départ de fon frère ; mais il y mit tant d'obftacles, que les Mofcovites prirent ces délais pour un refus. Ils élurent Michel Féodorovitz ; Guftave parut alors ou parut vouloir placer le prince Charles-Philippe fur ce trône ; il n'étoit plus tems : le roi ne parut pas fort chagrin du peu de fuccès de cette démarche. Il donna fa fœur Catherine en mariage au comte Palatin prince de deux Ponts. C'étoit un premier fruit de cette union que Guftave deftinoit fa couronne, s'il mouroit fans enfans. La cérémonie du couronnement de Guftave ne fe fit qu'en 1617 ; trois ans après il époufa Marie-Eléonore, fille de Jean-Sigifmond, électeur de Brandebourg, & s'arracha auffi-tôt des bras de la reine pour voler aux combats ; Riga fut emporté, Mittaw fe foumit ; une treve de deux ans avec la Pologne, fut la fuite de ces conquêtes. A peine cette fufpenfion d'armes étoit-elle expirée, que Guftave entra en Livonie, pénétra dans la Lithuanie, courut de conquêtes en conquêtes, & offrit en vain la paix à Sigifmond, qui favoit bien que le premier de tous les articles feroit de fa part une rénonciation formelle au trône de Suede qu'il regrettoit. (

Ce prince fe ligua avec l'empereur, dont l'ambition efpéroit compter un vaffal de plus dans Sigifmond, s'il pouvoit le replacer fur le trône de Suede;

Mais *Guſtave* qui étoit rentré en Pologne par la Pruſſe, l'an 1626, avant qu'on fût informé de ſa deſcente, avoit déja conquis Fräwenberg, Brawnsberg, Elbing, Marienbourg, Mewe, Dirſchaw, Stum, Chriſtbourg, Werden; ſon armée triomphante échoua devant Dantzick : dans tous ces combats, *Guſtave*, placé aux premiers rangs, commandoit, combattoit, échauffoit la mêlée, dirigeoit les grands mouvemens, & conſervoit toujours cette préſence d'eſprit qui décide du gain des batailles. Dans deux de ces rencontres il fut bleſſé; le ſoldat Suédois en voyant couler le ſang de ſon roi, n'en devint que plus furieux. Le célèbre Wrangel remporta en 1629 une victoire ſur les Polonois, près de Gorzno; *Guſtave* jaloux de la gloire de ce général, livra bataille aux ennemis, près de Stum. La victoire fut complette, quoique les Suédois fuſſent inférieurs en nombre; Sigiſmond déſeſpéra enfin de remonter ſur le trône de Suède. Il accepta une trève de ſix ans. On devoit profiter de ce calme pour travailler à une paix ſolide; cependant *Guſtave* conſerva ſes conquêtes en Livonie, & quelques autres places.

*Guſtave* n'avoit point oublié que l'empereur avoit donné de puiſſans ſecours à Sigiſmond; il avoit ſaiſi la politique de cette cour ambitieuſe qui vouloit ranger tout le Nord ſous ſes loix : il preſſentoit le but des démarches qu'elle ne ceſſoit de faire pour brouiller le Danemarck avec la Suède, & ſubjuguer ces deux royaumes à la faveur des diviſions qu'elle faiſoit naître; il cherchoit l'occaſion de rompre de nouveau avec elle; un affront fait à ſes ambaſſadeurs par les impériaux, la lui offrit, & la guerre fut déclarée. *Guſtave*, fortifié de l'alliance du roi de France, du duc de Poméranie, de l'archevêque de Brême, & du landgrave de Heſſe-Caſſel, s'avança contre les Impériaux, remporta deux victoires près de Greiffenhagen & de Gartz, chaſſa les ennemis de la baſſe Poméranie & du Neumarck, parut vainqueur ſur les bords de l'Oder, & compta peu s'en faut, ſes jours par ſes conquêtes; après diverſes opérations militaires, *Guſtave* ſe montra ſur les bords de l'Elbe, s'empara près de Werben d'un poſte avantageux, & de-là obſerva les mouvemens du comte de Tilly. Cet illuſtre Bavarois commandoit les impériaux; tous deux s'eſtimoient, s'épioient, ſe devinoient l'un & l'autre; on ſe ſépara ſans combattre, mais on ſe rejoignit près de Leipſick. La bataille s'engagea, dès le premier choc les Impériaux crièrent victoire; le comte de Tilly fit partir des couriers pour l'annoncer à la cour impériale; l'électeur de Saxe abandonna *Guſtave*, & s'enfuit; le roi de Suède rétablit le combat, culbuta la cavalerie impériale, diſſipa l'infanterie, & eut ſeul avec ſes ſoldats toute la gloire de cette journée. Les ſuites de cette victoire furent plus importantes que cette victoire même; une partie de la Franconie ſe ſoumit à l'armée victorieuſe. Ceux des princes proteſtans que la crainte avoit juſqu'alors retenus dans le parti de l'empereur, ſe déclarèrent pour la Suède; enfin la terreur étoit

ſi générale, qu'on ne laiſſoit plus à *Guſtave* le plaiſir de former des ſièges, & de livrer des aſſauts. Si-tôt qu'il ſe montroit, les villes les mieux fortifiées ouvroient leurs portes; tandis que *Guſtave* ſe rendoit maître de toutes les côtes de la mer Baltique, les Saxons pénétroient dans la Bohême, & le nom du héros qu'on croyoit voir à leur tête, ſoumettoit une partie de ce royaume. Au milieu des rigueurs de l'hiver, *Guſtave* couroit de conquêtes en conquêtes, ſon armée ne campoit plus, elle étoit logée dans les villes; la mort du brave & malheureux Tilly, acheva la déroute des Impériaux; leur armée ſe diſperſa plus de ravages dans ſon retour, que les Suédois, auſſi diſciplinés qu'intrépides, n'en avoient fait dans tout le cours de la guerre.

Vallenſtein raſſembla ces débris, y ajouta de nouvelles forces recueillies dans les cercles fidèles à l'empereur, marcha contre *Guſtave*, & crut réparer tous les malheurs du comte de Tilly. Enfin, après diverſes expéditions que les bornes de ce Dictionnaire ne nous permettent pas de rappeller, les deux armées ſe trouvèrent en préſence près de Lutzen, le 16 novembre 1632; la bataille ſe donna, les Suédois montrèrent une ardeur nouvelle; l'infanterie impériale fut taillée en pièces, le canon fut enlevé; *Guſtave*, impatient d'achever la défaite des ennemis, ſe précipita au milieu d'un régiment de cuiraſſiers qui tenoit tête aux Suédois. Il y périt; les circonſtances de ſa mort paroiſſent incertaines, ſa mort n'empêcha pas la victoire de ſon armée.

C'étoit un prince auſſi accompli qu'un homme peut l'être. Il avoit peu de défauts, & n'avoit point de vices. Il fut contraint à faire la guerre, & ce n'eſt pas à nous à examiner ſi dans un tems de paix, il auroit cherché l'occaſion de la faire. On ſait que la lecture du traité de la guerre & de la paix de Grotius, lui étoit familière. Il n'avoit pas moins de talens pour le gouvernement que pour la guerre. Rien de ce qui peut contribuer au bonheur ou à la gloire d'un empire, ne lui étoit étranger. Dicter des loix, donner des batailles, préſider aux travaux du laboureur, comme à ceux du ſoldat, deſcendre dans tous les détails politiques & militaires, ſe montrer équitable ſur un tribunal, grand ſur un champ de bataille, il ſavoit tout, excepté retenir ſon courage dans la mêlée. Un excès de bravoure lui coûta la vie. ( *M. de Sacy.* )

**GUTTEMBERG**; (Jean). *Voyez* FAUST (Jean).

**GUYARD**, (Bernard) ( *Hiſt. Lit. mod.* ) dominicain. Entr'autres ouvrages qui méritent moins de nous occuper, il eſt l'auteur de celui qui a pour titre : *la Fatalité de Saint-Cloud*, où il tâche de prouver que ce n'eſt pas un dominicain qui a tué Henri III. Il a été réfuté par un autre ouvrage intitulé : *là véritable Fatalité de Saint-Cloud*, qui ſe trouve dans le journal de Henri III, avec l'ouvrage du P. Guyard. Né en 1601. Mort à Paris, le 19 juillet 1674.

**GUYARD DE BERVILLE**; ( *Hiſt. Litt. mod.* ) auteur de deux mauvaiſes Hiſtoires, dont les ſujets étoient bien choifis; c'étoient le connétable du Guef-clin & le chevalier Bayard. Né à Paris en 1697. Il mourut, dit-on, en 1770, à Bicêtre, où la mifère le força de fe retirer; ce qu'il y a de certain, c'eft que cette même mifère avoit été jufqu'à la mendicité.

GUYMOND *ou* GUIMOND. (*Voyez* TOUCHE). Claude Guimond de la).

GUYON, (Symphorien) *Hift. Litt.-mod.* ) curé de St. Victor d'Orléans fa patrie, a donné l'*Hiftoire de l'églife & diocèfe, ville & univerfité d'Orléans.* Mort en 1637.

Jacques *Guyon* fon frère, eft auteur d'un petit ouvrage intitulé: *Entréefolemnelle des Evêques d'Orléans.*

L'Abbé *Guyon,* (Claude-Marie) qui ne paroit point avoir été de la famille des précédents, fut un écrivain fécond; il continua l'Hiftoire Romaine de Laurent Echard, depuis Conftantin jufqu'à la prife de Conftan-tinople par Mahomet II. Il compofa une *Hiftoire des Empires & des Républiques;* une *Hiftoire des Amazones;* une *Hiftoire des Indes;* une *Bibliothèque Eccléfiaftique;* un *Effai critique fur l'établiffement de l'empire d'Occident;* quelques écrits polémiques contre M. de Voltaire & fes amis. Il avoit été affocié de l'abbé Desfontaines. Il mourut en 1771. Il étoit de Lons-le-Saunier en Franche-Comté.

Ce nom de *Guyon* a été rendu beaucoup plus cé-lèbre par une femme: Jeanne-Marie Bouviéres de la Mothe, née à Montargis en 1648, & qui avoit épousé le fils de l'entrepreneur du canal de Briare, nommé *Guyon.* Devenue veuve, dit M. de Voltaire, dans une affez grande jeuneffe, avec du bien, de la beauté & un efprit fait pour le monde, elle s'entêta de ce qu'on appelle la fpiritualité. Un barnabite, du pays d'Annecy, près de Genève, nommé la Combe, fut fon directeur. Cet homme, connu par un mélange affez ordinaire de paffions de religion, & qui eft mort fou, fit de fa pénitente une vifionnaire; il la conduifit en Savoye dans fon petit pays d'Annecy, où l'évêque titulaire de Genève fait fa réfidence; elle y acquit d'abord quelque autorité par fa profufion en aumônes. Elle y tint des conférences. Les imagina-tions tendres & flexibles de quelques jeunes religieux qui aimoient plus qu'ils ne croyoient la parole de Dieu dans la bouche d'une belle femme, furent aifément touchés de cette éloquence; mais l'évêque d'Annecy obtint qu'on la fit fortir du pays elle & fon directeur. Ils allèrent à Grenoble. Elle répandit deux livres myftiques, *le Moyen court & yles Torrents;* il fut encore obligée de fortir de Grenoble. Elle vint à Paris, prophétifa, dogmatifa; l'archevêque de Paris, Harlay de Chanvalon, obtint en 1687, un ordre pour faire enfermer la Combe, comme féducteur; & pour mettre madame *Guyon* dans un couvent. Le crédit de madame de Maintenon impofa filence à l'archevêque de Paris, & rendit la liberté à madame *Guyon:* celle-ci vint à Verfailles, s'introduifit dans Saint-Cyr, affifta plufieurs fois à des conférences dévotes que faifoit l'abbé de Fénelon. Cet abbé, dans la piété duquel il entroit quelque chofe de romanefque, ne vit dans

madame *Guyon,* qu'une ame pure, éprife du même goût que lui, & fe lia fans fcrupule avec elle. « Il étoit » étrange, ajoute M. de Voltaire, qu'il fût féduit par » une femme à révélations, à prophéties & à galima-» thias, qui fuffoquoit de la grace intérieure, qu'on » étoit obligé de délacer; & qui fe vuidoit (à ce » qu'elle difoit) de la furabondance de grace, pour en » faire enfler le corps de l'élu qui étoit affis auprès d'ellen». M. de Voltaire explique cet excès d'indulgence par le caractère charmant de M. de Fénelon, qui étoit dans l'amitié, ce que les autres font dans l'amour.

Madame *Guyon,* fière d'un tel difciple, qu'elle appelloit fon fils, & de la protection de madame de Maintenon, répandit fes idées dans Saint-Cyr; l'évêque de Chartres, Godet des Marais, dans le diocèfe duquel eft Saint-Cyr, s'en alarma; l'archevêque de Paris mé-naça de nouveau; madame de Maintenon rompit tout commerce avec madame *Guyon,* & lui défendit le féjour de Saint-Cyr. L'abbé de Fénelon lui-même lui confeilla de fe mettre fous la direction de l'évêque de Meaux, Boffuet, & de lui foumettre fes écrits. L'évêque de Meaux s'affocia, pour cet examen, l'évêque de Châlons, qui fut depuis le cardinal de Noailles, & l'abbé Tronfon, fupérieur de S. Sulpice. Les confé-rences fe tenoient à Iffy. L'archevêque de Paris, jaloux que d'autres fe portaffent pour juges dans fon diocèfe, fit afficher une cenfure publique des livres qu'on exa-minoit. Madame *Guyon* fe retira dans la ville de Meaux, foufcrivit à tout ce que Boffuet voulut, & promit de ne plus dogmatifer.

On l'accufa en 1695 d'avoir manqué à fa promeffe; elle fut enlevée par ordre du roi, & fut enfermée à Vincennes; elle y compofa un gros volume de vers myftiques; elle parodioit les vers des 'opéra'; elle chantoit fouvent:

L'Amour pur & parfait va plus loin qu'on ne penfe:
    On ne fçait pas, lorfqu'il commence,
    Tout ce qu'il doit coûter un jour.
Mon cœur n'auroit connu Vincennes, ni fouffrance,
    S'il n'eût connu le pur amour.

« Madame *Guyon* avoit pouffé Jéfus-Chrift dans » une fes extafes; & depuis ce temps-là elle ne » prioit plus fes faints, difant que la maîtreffe de la » maifon ne devoit pas s'adreffer aux domeftiques.

Boffuet exigea que Fénelon, devenu archevêque de Cambrai, cette même année 1695, condamnât madame *Guyon* avec lui, & foufcrivit à fes inftructions pafto-rales; Fénelon ne voulut lui facrifier ni fes fentiments ni fon amie. Peu de temps après, parut le livre des *Maximes des Saints.* L'affaire du quiétifme devint alors l'affaire perfonnelle de l'archevêque de Cambrai. Madame *Guyon* fortit de prifon en 1702, ayant été transférée de Vincennes à Vaugirard, & de Vaugirard à la Baftille; & pourquoi? Elle mourut à Blois en 1717. Il y a des lettres affez rares de l'abbé la Bletterie en faveur de madame *Gruyon;* mais il ne la juftifie que fur les mœurs, & fon efprit, difant que le M. de Voltaire dit que madame *Guyon* faifoit des vers comme Cotin, & de la profe comme Polichinel'e.

                      GUYOT,

GUYOT, (Germain-Antoine) (*Hift. Litt. mod.*) avocat, nommé *Guyot des Fiefs*, à caufe de fon *Traité fur les Matières Féodales*, auquel on a joint des *Obfervations fur le droit des Patrons & des Seigneurs de Paroiffe, aux honneurs dans l'Eglife*, &c. Né en 1694, mort en 1750.

GUYOT DE MERVILLE. *Voyez* MERVILLE.

GUYOT DES FONTAINES. *Voyez* DESFONTAINES.

GUZMAN, (Alphonfe Perez de) (*Hift. d'Efp.*) On peut voir à l'article *CAPEL*, l'hiftoire de ce gouverneur de Colcheftcr & de fon fils dans les guerres du parlement d'Angleterre contre Charles Ier. La même aventure étoit arrivée près de quatre fiècles auparavant avec une iffue beaucoup plus tragique à Alphonfe Perez de *Gufman*, de qui defcend la maifon des ducs de Medina Sidonia en Efpagne. Il avoit commandé les armées des Princes de Maroc. Il étoit gouverneur de Tarif, lorfque cette ville fut affiégée par dom Juan, infant de Caftille. L'infant avoit en fa puiffance un fils de *Guzman*, il menaça *Guzman* d'immoler ce fils à fes yeux, s'il ne lui rendoit la place. « Plutôt que de » commettre une telle trahifon, je te donnerois moi-» même un poignard pour l'égorger » ; en difant ces mots, & comme s'il eût voulu exécuter ce qu'il difoit, il lui jetta un poignard du haut des remparts, & rentra fans vouloir être témoin de ce qui pouvoit arriver ; il alla fe mettre tranquillement à table avec Marie Coronel fa femme, qui ne fçavoit rien de ce qui fe paffoit. L'infant étoit un barbare, il fit périr le jeune *Guzman* aux yeux des affiégés, placés fur les remparts, qui, à ce fpectacle, pouffèrent des cris affreux de compaffion & de douleur. Le gouverneur les entendit ; & fe doutant de ce qui les excitoit, ou craignant quelque affaut, il courut aux remparts, inftruit du malheur de fon fils, il fe contenta de dire aux foldats : *mes enfants, n'en veillez que mieux à la garde de la place*, & retourna fe mettre à table, pour ne pas inquiéter fa femme. Lopez de Vega a célébré en vers cette fermeté de *Guzman*. Les defcendants de ce capitaine ont confacré cet évènement ; ils ont pris pour cimier de

leur armes, une tour, au haut de laquelle paroît un cavalier armé, qui jette un poignard, avec ces mots pour devife : *mas pefa el rei que la fangre. Je préfère l'intérêt du roi à celui du fang.*

GUZMAN. *Voyez* (OLIVARÈS).

GYÉ ou GIÉ, (le maréchal de.) *Voyez* ROHAN.

GYGÈS, l'anneau de *Gygès* eft bien conftamment au rang des fables, même ce grand dépit qu'on veut que la femme de Candaule ait eu d'avoir été expofée toute nue comme un modèle de perfection aux regards de *Gygès*, par Candaule fon mari, ce dépit qui la porta, dit-on, à confpirer contre Candaule avec *Gygès*, & à offrir à celui-ci fon lit & fon trône, pourvu qu'il la défît de fon indifcret mari : tout cela pourroit bien n'être digne que d'un conte de La Fontaine ; auffi cette hiftoire en a-t-elle fourni le fujet.

GYLIPPE. (*Hift. Grecque*). Pendant la dix-neuvième année de la guerre du Péloponèfe, ce général lacédémonien s'étoit mortalifé par la délivrance de Syracufe. (*Voyez* l'article NICIAS.) Il flétrit à jamais fa gloire par un trait d'avarice pouffé jufqu'à la honte du vol. Lyfandre ayant réduit Athènes la vingt-feptième & dernière année de la guerre du Péloponèfe, l'avoit envoyé porter à Sparte, les riches dépouilles, fruits de fes glorieufes campagnes. Outre les couronnes d'or fans nombre que les villes lui avoient données, l'argent montoit à quinze cents talents, c'eft-à-dire, à quinze cents mille écus. *Gylippe* ne put réfifter à la tentation de prendre une partie de cet argent ; mais les facs étoient cachetés ; il les découfit par le fond, prit trois cents talents (trois cents mille écus), recoufit les facs, & fe crut en fûreté. Il efpéroit donc que jamais Lyfandre ne s'expliqueroit avec la république fur la fomme qu'il avoit envoyée, & que l'argent une fois remis au tréfor public, il n'en feroit plus parlé ; c'étoit être bien aveuglé par la cupidité. Lyfandre en effet ne fut point dans le cas de parler, mais les bordereaux qu'il avoit mis dans chaque fac, parlèrent pour lui, & décélèrent *Gylippe*. Il fe bannit lui-même de Sparte, pour éviter le fupplice ; mais un déshonneur éternel le fuivit dans fon exil. Cette dernière année de la guerre du Péloponèfe tombe à l'an 405 avant J. C.

# HAB

**HABACUC**, (*Hist. Sacr.*) le huitième des *douze petits prophétes*. Ses prophéties ne contiennent que trois chapitres. On ne sçait si c'est le même prophéte *Habacuc* qu'un ange emporta par les cheveux, à Babylone, pour donner à manger à Daniel dans la fosse aux lions. Daniel, chap. 14.

**HABAZE**, s. m. (*Hist. mod.*) c'est le douzième mois de l'année éthiopienne ; il a trente jours comme les autres mois : & l'année de cette contrée commençant au 19e d'août, le premier jour d'*Habase*, est le 18e de notre mois de juillet. (*A. R.*)

**HABDALA**, s. f. (*Hist. mod.*) cérémonie en usage chez les juifs pour finir le jour du sabbat, & qui consiste en ce que chacun étant de retour de la prière, ce qui arrive à l'entrée de la nuit, lorsqu'on a pu découvrir quelques étoiles, on allume un flambeau ou une lampe ; le chef de famille prend du vin, des épiceries odoriférantes, les bénit, les flaire, pour commencer sa semaine par une sensation agréable, & souhaite que tout réussisse heureusement dans la nouvelle semaine où l'on vient d'entrer ; ensuite il bénit la clarté du feu dont on ne s'est pas encore servi, & songe à commencer à travailler. Le mot *habdala* signifie *distinction*, & on l'applique à cette cérémonie, pour marquer que le jour du sabbat est fini, & que celui du travail commence. Les juifs, en se saluant ce soir-là, ne se disent pas *bon soir*, mais *Dieu vous donne bonne semaine*. *Dictionnaire des Arts.* (*G.*)

**HABE**, s. f. (*Hist. mod.*) vêtement des Arabes. C'est ou une casaque toute d'une venue, d'un gros camelot rayé de blanc ; ou une grande veste blanche d'une étoffe tissue de poil de chèvre & de lin, qui leur descend jusqu'aux talons, & dont les manches tombent sur leurs bras, comme celles de nos moines bernardins & bénédictins. La *habe* avec le capuchon est sur-tout à l'usage des arabes de Barbarie qui demeurent dans les campagnes, où ils vivent sous des tentes, loin des villes dont ils méprisent le séjour & les habitants. (*A. R.*)

**HABERT**, (*Hist. Litt. mod.*) trois hommes de ce nom ont été de l'Académie Françoise.

1°. Germain *Habert*, dit de Cérisi, parce qu'il étoit abbé de St. Vigor-de-Cérisi, au diocèse de Bayeux, est l'auteur d'un poëme intitulé : *La Métamorphose des yeux de Philis en astres*, poëme qui eut de la réputation dans son temps, & que le P. Bouhours a daigné critiquer. Il a fait aussi une *vie du cardinal de Bérulle*. Mort en 1653.

2°. Philippe *Habert*, frère du précédent, est auteur d'un autre poëme non moins célèbre dans le temps, intitulé : *le Temple de la Mort*. Il se rendit de bonne heure dans ce temple, ayant été enseveli en 1637, à trente-deux ans, au siège du château d'Emery, entre Mons & Valenciennes, sous les ruines d'une muraille

# HAD

qu'un tonneau de poudre fit sauter par la négligence d'un soldat, qui y laissa tomber sa mêche.

3°. Henry-Louis *Habert*, seigneur de Montmort, conseiller au parlement, & depuis doyen des maîtres des requêtes. Ami & bienfaiteur de Gassendi, il a publié les œuvres de ce philosophe, & lui a fait ériger un mausolée dans l'église de St. Nicolas-des-Champs. Mort en 1667.

**HABINGTON**, (Guillaume) (*Hist. Litt. mod.*) anglois, auteur d'une histoire d'Edouard Ier & d'Edouard IV, en anglois. Mort en 1554.

**HACHE'E**, s. f. (*Hist. mod.*) punition qu'on imposoit autrefois aux gens de guerre & même aux seigneurs ; elle consistoit à porter une selle ou un chien pendant un espace de chemin désigné ; elle deshonoroit. On indiquoit une procession solemnelle, toutes les fois qu'un coupable la subissoit. Les mots du latin de ces temps *harmiscari*, *harmiscare*, signifient la *hachée*, être puni de la *hachée*. (*A. R.*)

**HACHETTE**, (Jeanne) *Hist. de Fr.*) Monsieur, frère de Louis XI, étant mort en 1472, & étant mort empoisonné ( du moins on le crut & on le croit ainsi ), le duc de Bourgogne, Charles-le-Téméraire, chargea hautement Louis XI de ce crime, dans un manifeste insolent, suivi d'hostilités cruelles. L'incendie fut joint au carnage ; la Picardie ravagée, ses habitants massacrés parurent encore au duc de Bourgogne une trop foible vengeance de cet attentat, dont ils étoient innocents. Cependant Beauvais arrêta & confondit sa fureur. Un assaut général avoit répandu la terreur parmi les assiégés, ils fuyoient de toutes parts ; les Bourguignons avoient déjà planté leur étendard sur la brèche ; une femme intrépide, nommée Jeanne *Hachette*, osa l'arracher, & le jetter dans le fossé avec l'officier qui l'avoit planté. Les autres femmes imitèrent son courage, & repoussèrent l'ennemi en l'accablant de pierres, de poix-résine & de plomb fondu. Le siège fut levé ; & ce succès, dû principalement aux femmes de Beauvais, est encore aujourd'hui célébré par une cérémonie annuelle, où les femmes précèdent les hommes, en mémoire de ce glorieux évènement. Quelque temps après la levée du siège de Beauvais, Charles-le-Téméraire montroit son arsenal à un ambassadeur de France : *u vous allez voir*, lui dit-il, *les clefs des principales villes du royaume n*. Son fou qui l'accompagnoit, &, qui, suivant l'usage du temps, avoit seul le droit de tout dire, demanda où étoient celles de Beauvais ?

**HADDING**, (*Hist. de Danemarck*), roi de Danemarck, étoit fils de Gram. Ce prince ayant péri dans une bataille contre Suibdager, roi de Danemarck, le vainqueur s'empara de sa couronne vers l'an 856 avant J. C. Le jeune *Hadding* élevé à l'école qui malheur, devint généreux, brave, audacieux & capable d'une grande entreprise. Il rassembla quelques amis; son parti grossit par degrés; plus le joug de Suibdagar devenoit odieux, plus l'armée de *Habding* devenoit nombreuse. Il eut enfin une flotte capable de balancer les forces de son ennemi; il lui présenta le combat près de l'isle de Gothland : Suibdager l'accepta pour son malheur; il fut vaincu, & ne survécut point à sa défaite. *Hadding* fut reconnu par tout le Danemarck; mais Asmund, fils du vaincu, prétendit conserver la Suéde & la Norwege. La guerre se ralluma, on en vint aux mains; Asmund périt avec son fils; mais *Habding* fut blessé. Uffond, second fils d'Asmund, parut alors sur la scène; il descendit dans le Danemarck, força par cette manœuvre *Hadding* à y rentrer : pendant ces troubles, le trésor royal avoit été enlevé. *Hadding* promit aux coupables les premières dignités du royaume, s'ils le lui rapportoient; ils le firent. *Hadding* leur tint parole. Il les éleva aux plus grands honneurs, & les combla de bienfaits; mais peu de jours après, il les fit pendre. *Hadding* n'avoit point perdu la Suéde de vue, il y fit la guerre pendant cinq ans sans succès: forcé par la disette à se retirer, il voulut terminer la guerre par une bataille décisive; mais ses troupes furent taillées en piéces. Il ne perdit point courage; il rassembla de nouvelles forces, conquit la Suéde, fit périr Uffond; mais satisfait de régner en Danemarck, il laissa ses conquêtes à Hûnding, frère d'Uffond, à condition qu'il lui payeroit tribut. Celui-ci pénétré de reconnoissance pour son bienfaiteur, fit un serment que la raison désavoue, mais qu'on ne peut s'empêcher d'admirer : il jura de ne pas survivre à son ami. *Hadding* ne songeoit qu'à gouverner ses états en paix, lorsque son repos fut troublé par un certain Toston; c'étoit un brigand devenu général d'une bande de voleurs; il avoit fait une armée; il avoit forcé l.s Saxons de s'unir à lui; il débuta contre *Hadding* par une victoire, il fut vaincu ensuite, envoya un défi au Roi, & mourut de sa main. *Hadding* revint triomphant; mais au fond de son palais, on tramoit un complot affreux contre ses jours; Ulvide, sa fille, en étoit l'auteur : tout fut découvert. *Hadding* pardonna à sa fille; mais ses complices furent égorgés. Le bruit courut en Suéde que le roi de Danemarck venoit d'être assassiné; Hunding assembla aussi-tôt toute sa cour dans une salle lugubrement ornée; il célébra les funérailles de son ami, anima pendant le repas la gaieté des convives; il avoit fait mettre au milieu de la salle une grande cuve de biere, où il se noya. *Hadding* ne voulut pas lui céder en générosité; dès qu'il eut reçu la nouvelle de la mort de son ami, il se pendit lui-même, ou, selon d'autres, il se fit tuer par ses gardes. ( M. DE SACY. )

HADRAS, ( *Hist. mod.* ) nom donné par les Arabes errants & vagabonds à ceux de leur nation qui habitent les villes, qui contractent des mariages avec les autres, qu'ils haïssent mortellement. (*A. R.*)

HAFIZI, ou HAFIZAN, ou HAFIZLER, s. m. ( *Hist. mod.* ) ce sont en Turquie ceux qui apprennent tout l'alcoran par cœur, le peuple les regarde comme des personnes sacrées à qui Dieu a confié sa loi, & qu'il en fait dépositaires. Il ne faut qu'une mémoire heureuse pour parvenir à ce titre sublime. Ce nom est dérivé de l'arabe, *Hafizi*, qui signifie en général *celui qui garde quelque chose.* Ricaut, *de l'empire Ottoman.* ( G )

HAGADA, s. f. ( *Hist. mod.* ) sorte d'oraison que les Juifs récitent le soir de la veille de leur pâque; au retour de la prière, ils se mettent à une table, sur laquelle il doit y avoir quelque morceau d'agneau tout préparé, avec des azymes, des herbes ameres, comme de la chicorée, des laitues, &c. & tenant des tasses de vin, ils prononcent cette *Hagada*, qui n'est qu'un narré de miseres que leurs peres endurerent en Egypte, & des merveilles que Dieu opéra pour les en délivrer. *Dict. des Arts.* ( G )

HAGEDORN, ( *Hist. Litt. mod.* ) poëte allemand de ce siécle, auteur de Contes & de Fables, dont plusieurs sont imités de La Fontaine.

HAGENSTELZEN, *célibataires* ( *Hist. mod.*) nom que l'on donne en Allemagne, dans le bas Palatinat, aux garçons qui ont laissé passer l'âge de vingt-cinq ans sans se marier; après leur mort, leurs biens sont confisqués au profit du prince, s'ils ne laissent ni pères ni mères, ni frères ni sœurs. Il y a aussi en quelques endroits un droit que les vieux garçons sont obligés de payer, au souverain, lorsqu'ils se marient. Ce droit se nomme en allemand *Hagenstolzenrecht. Voyez* Hubner, *Dict. Géog.* ( *A. R.* )

HAGI ou HAJI, ( *Hist. mod.* ) les Mahométans nomment *Haj* le péleringe qu'ils font à la Mecque, Medine & Jérusalem; celui qui s'est acquitté de ce, péleringe se nomme, *Haji* ou *Hagi.* Chaque Musulman est obligé de remplir ce devoir une fois en sa, vie; il doit, suivant la loi, choisir le temps où ses moyens lui permettent d'employer la moitié de son bien à la dépense du pélerinage; l'autre moitié doit rester en arriere, afin qu'il la puisse retrouver à son retour. Ceux qui ont fait plusieurs fois ce pélerinage font très-estimés par leurs concitoyens. Le voyage se fait par caravanes très-nombreuses; &, comme on passe par des déserts arides, le sultan envoye des ordres au bacha de Damas de faire accompagner les caravanes de porteurs d'eau, & d'une escorte qui doit être forte au moins de 14000 hommes, pour garantir les pélerins des brigandages des Arabes du desert. *Voyez hist. Ottomane du prince* Cantimir. ( *A. R.* )

HAÏCTITES, s. m. ( *Hist. mod.* ) secte de la religion des Turcs. Ceux qui y sont attachés croient, comme les Chrétiens, que Jesus-Christ a pris un corps, réel, & qu'il s'est incarné dans le temps quoiqu'il fût éternel. Ils ont même inséré dans leur profession de foi, que *le Christ viendra juger le monde au dernier jour*, parce qu'il est écrit dans l'alcoran : ô Mahomet, tu verras ton Seigneur qui viendra dans les nues. Or ce mot de Seigneur, ils l'appliquent au Messie, & ils avouent que ce Messie est Jesus-Christ, qui, dist-ils, reviendra au monde avec le même corps dont il étoit revêtu sur la terre, pour y régner quarante ans,

E 2

& détruire l'empire de l'ante-christ, après quoi la fin du monde arrivera. Cette dernière opinion, selon Pocok, n'est pas particulière à la secte des *Haicites*, mais généralement répandue parmi tous les Turcs. Ricaut, *de l'empire Ottoman.* (G):

HAILLAN, (Bernard de Girard, seigneur du) (*Hist. Litt. mod.*) Son Histoire de France, depuis Pharamond jusqu'à la mort de Charles VIII, le seul de ses ouvrages un peu connu, fut le premier corps d'Histoire de France composé en françois. Du *Haillan* se montre peu favorable à la loi salique; il s'exprime au sujet de cette loi, d'une manière peu convenable pour un françois. Peut-être, vivant sous les règnes de Charles IX & de Henri III, étoit-il dans des intérêts contraires à ceux de la maison de Bourbon, qu'on avoit l'air de favoriser, quand on réclamoit la loi salique. Quoi qu'il en soit, du *Haillan* se contredit lui-même, lorsqu'il prétend, d'un côté, que l'article 6 du titre 62 du code salique, ne peut être appliqué à la couronne, & de l'autre, que Philippe-le-Long a fabriqué cet article pour exclure sa nièce de la couronne.

Il se trompe d'ailleurs, sur les deux points: 1°. cet article, à la vérité, exclut seulement les filles de la succession aux terres saliques, mais il s'applique par une conséquence très-naturelle, à la succession au trône; 2°. quant à l'interpolation imputée à Philippe-le-Long, ce prince fit prononcer solemnellement dans une assemblée de prélats, de seigneurs & de bourgeois notables de la capitale, *qu'au royaume de France les femmes ne succèdent point.* Cet acte rédigé en forme authentique, & publié comme un règlement inviolable, donna enfin à la loi salique, concernant la succession au trône, le caractère de loi écrite qui lui manquoit encore, & c'est peut-être là le fondement de l'erreur de du *Haillan* sur la prétendue interpolation faite à la loi salique; mais il n'existe aucun manuscrit de cette loi sans cet article 6 du titre 62, qui exclut les filles de la succession à la terre salique. On a de ces manuscrits qui sont du huitième siècle, & cet article s'y trouve. Marculphe, qui vivoit dans le septième, puis de six siècles avant Philippe-le-Long, cite expressément cette loi. Non seulement cette interpolation n'a point été faite; mais si l'on eût voulu la faire, on l'auroit mieux faite pour l'objet qu'on se proposoit; on l'auroit fait porter expressément sur la succession au trône, afin de ne laisser ni équivoque ni incertitude à cet égard. Charles IX fit du *Haillan* son historiographe, & Henri III le nomma généalogiste de l'ordre du St. Esprit. Né à Bordeaux en 1535. Mort à Paris en 1610.

HAIRE, s. f. petit vêtement tissu de crin, à l'usage des personnes penitentes qui le portent sur leur chair, & qui en sont affectées d'une manière perpétuellement incommode, sinon douloureuse. Heureux ceux qui peuvent conserver la tranquillité de l'ame, la sérénité, l'affabilité, la douceur, la patience, & toutes les vertus qui nous rendent agréables dans la société, & cela sous une sensation toujours importune! Il y a quelquefois plus à perdre pour la bonté

à un moment d'humeur déplacée, qu'à gagner par dix ans de *Haire*, de discipline & de cilice. (*A. R.*)

HAIRETTES, s. m. (*Hist. mod.* secte de Mahométans dont le nom vient de *Hairet*, en turc *étonnement*, *incertitude*, parce que, à l'exemple des Pyrrhoniens, ils doutent de tout, & n'affirment jamais rien dans la dispute. Ils disent que le mensonge peut être si bien paré par l'esprit humain, qu'il est impossible de le distinguer de la vérité; comme aussi qu'on peut obscurcir la vérité par tant de sophismes, qu'elle en devient méconnoissable. Sur ce principe, ils concluent que toutes les questions sont probables & nullement susceptibles de démonstration; & sur tout ce qu'on leur propose, ils se contentent de répondre, *cela nous est inconnu, mais Dieu le sait.* Cette manière de penser, qui sembleroit devoir les exclure des dignités de la religion, qui demande ordinairement des hommes décidés, ne les empêche pourtant pas de parvenir à celle de muphti; & alors, comme ils sont obligés de répondre aux consultations, ils mettent au bas leur sesta ou sentence, qui contient à la vérité une décision bien articulée; mais ils ont soin d'y ajouter cette formule: *Dieu sait bien ce qui est meilleur.*

Quoiqu'exacts observateurs des pratiques de la religion & des loix civiles, les *Hairetites* n'affichent point une morale sévère; ils boivent du vin en compagnie, pour ne point paroître de mauvaise humeur; mais entr'eux ils usent de liqueurs dans lesquelles il entre de l'opium; & l'on prétend que cette drogue contribue beaucoup à les entretenir dans un état d'engourdissement, qui s'accorde très-bien avec leur pyrrhonisme d'esprit, qu'on peut regarder comme une yvresse d'esprit. Ricaut, *de l'empire Ottom.* (G)

HAITERBACHI, s. m. (*Hist. mod.*) c'est le nom qu'on donne en Perse au premier médecin du roi, de qui dépendent tous les autres médecins du royaume, il est chargé de les examiner, & de juger s'ils ont la capacité requise pour exercer la médecine dans toute l'étendue de la monarchie. (*A. R.*)

HALDAN 1, (*Hist. de Suède*) roi de Suède & de Gothland, attaqué par les Norwégiens qui s'étoient révoltés, les Russes accoururent à son secours, & lui aidèrent à reconquérir les états qu'il avoit perdus. Fridlef avoit, par ses conseils & par son courage, assuré le succès de cette guerre. Quoique prince & barbare, *Haldan* ne fut point ingrat: il lui aida à conquérir le Danemarck, sur lequel il avoit d'autres droits que celui du plus fort; il le seconda aussi dans ses projets amoureux; une victoire assura à Fridlef la possession de Flogerte, princesse Norwégienne. *Haldan*, enfin, alloit régner par lui-même, lorsque des rebelles conspirèrent contre lui & l'assassinèrent. (*M. DE SACY*).

HALDAN II, roi de Suède; sa vie n'est qu'une suite de meurtres; c'est un objet dévoué à l'indignation de la postérité, & dont la vue ne peut être utile que dans un siècle où un système aussi dangereux que sublime, a consacré tout ce que les arts ont de plus exquis, à rappeler la barbarie. L'Histoire des premiers rois du Nord peut servir du moins à prouver que dans les siècles d'ignorance chaque jour a été marqué par des assassinats. Dans les siècles éclairés, on se tue aussi, mais avec plus d'art : la méthode est plus lente, les meurtres moins fréquents ; & le temps que les rois employent à chercher des prétextes pour se déclarer la guerre, est autant de gagné pour l'humanité. *Haldan* étoit fils de Harald, qui fut assassiné par Frothon, son frère ; un crime fut puni par un crime ; & Frothon (*Voyez* ce mot) fut brûlé dans son palais par son neveu ; Ulvide, sa femme, fut lapidée, & Sivard, son beau-père, expira, comme elle, sous les coups de *Haldan* & de son frère Harald : le premier ajouta encore Eric à tant de victimes de sa vengeance : il avoit été vaincu dans plusieurs combats, mais enfin le plaisir de tremper ses mains dans le sang de son ennemi, le dédommagea de la honte de tant de défaites. Devenu roi de Suède par la mort de l'usurpateur, *Haldan* fit la guerre aux pirates, parce qu'il ne sçavoit plus à qui la faire. Un rebelle l'appelle en duel, c'étoit Sivald : *Haldan*, qui devoit le châtier, alla hazarder contre lui sa couronne, sa vie, & compromettre l'autorité des loix : Siva'd amena avec lui ses sept enfans, & les huit champions demeurèrent sur la place : Hartbéen veut mesurér sa force avec le vainqueur ; il vient accompagné de six spadassins, & *Haldan*, soit adresse, soit bravoure, sçait encore se délivrer de ces sept ennemis. Il n'étoit point marié, mais il étoit amoureux, & cette passion qui adoucit les mœurs des autres hommes, ne fit que donner à son caractère plus de férocité. Thorilde, fille de Grimo, étoit l'objet de son amour : il massacra le père pour obtenir la fille ; où peut-être n'aspiroit-il à la main de Thorilde que pour avoir la gloire d'étendre Grimo à ses pieds. Le meurtre d'un corsaire nommé *Ebbo*, fut le dernier de ses exploits. (*M. DE SACY.*)

HALDE, (Jean-Baptiste du) (*Hist. Litt. mod.*) jésuite, est principalement connu par sa *Description historique, géographique & physique de l'empire de la Chine & de la Tartarie Chinoise*, & par la part qu'il eut au *Recueil des Lettres édifiantes & curieuses*. Né en 1674, mort en 1743.

HALE, (Mathieu) (*Hist. Litt. mod.*) chef de justice du banc du roi sous Charles II en Angleterre. On a de lui une *Histoire des Ordonnances royales*, des œuvres morales & théologiques ; des œuvres de physique, telles que des *Observations sur les expériences de Torricelli* ; un *Essai sur la gravitation des corps fluides* ; des *Observations sur les principes des mouvements naturels*. Burnet, évêque de Salisbury, a écrit sa vie. Né en 1609, mort en 1676.

HALES. (*Voyez* ALEXANDRE) (DE HALES).

HALL, (Joseph) (*Hist. Litt. mod.*) évêque d'Exceſter, puis de Norwick, a été surnommé *le Sénéque de l'Angleterre*. Il souffrit pour la cause de Charles Ier, sous la tyrannie de Cromwel. Ses œuvres religieuses & morales pour la plûpart, ont été recueillies *in-fol.* Quelques-unes ont été traduites en françois par un écrivain nommé Jacquemot. Né en 1574, mort en 1656.

HALLER, (Albert) (*Hist. Litt. mod.*) Médecin de

Berne, appartenant à la littérature entière par la vaſte étendue de ses talents & de ses connoissances. Il a passé long-temps pour le premier poëte de l'Allemagne & de la Suisse ; & si depuis, plusieurs poëtes heureux se sont associés à sa gloire, ils ne l'ont ni effacée ni abolie. Ses poësies ont été traduites en françois. On y distingue sur-tout l'ode intitulée : *les Alpes*, ouvrage vraiment digne de la majesté du sujet, & une pièce très-touchante sur la mort d'une de ses femmes ; car il en eut trois, il les rendit toutes les trois fort heureuses, & fut très-heureux avec elles ; car l'un est une suite de l'autre. Le désir de se rendre plus utile, tourna ses vues & ses études du côté de la médecine & de l'histoire naturelle. Son Traité *de l'irritabilité des Nerfs* a paru rempli des découvertes les plus heureuses, il a été traduit en françois ; ainsi que la *formation du Poulet*, autre ouvrage de M. de *Haller* ; sa *Physique* offre aussi beaucoup d'idées neuves sur la génération de l'homme & sur la formation des os. Ses autres ouvrages de médecine embrassent toutes les parties de l'art, & tendent à ses perfectionner. Il a été utile jusques dans ses délassements ; on a de lui quelques romans moraux, pleins de vérité, dont une politique saine pourroit faire un grand usage. *Usong*, un de ces romans, a été traduit en françois. Il fut de l'Académie des Sciences de Paris & président de l'Académie de Gottingue ; mais content de sa gloire littéraire, il refusa le titre de baron de l'Empire, qu'on lui offrit. On a remarqué que dans un incendie, il avoit eu le courage de se jetter au milieu des flammes pour sauver quelques-unes de ses poësies, & que l'année suivante il eut le courage plus grand de jetter, au feu ces mêmes productions qu'il en avoit tirées.

Le travail devenu si nécessaire à M. de *Haller* & l'idée d'en être privé lui étoit si insupportable, qu'ayant eu le bras droit cassé, il apprit en une nuit à écrire assez bien de la main gauche. Il fut observateur, & il se fut lui-même jusqu'au dernier moment de sa vie ; il se tâtoit le pouls de temps en temps, & jugeoit des progrès de la maladie, comme s'il eut été question d'un malade étranger & indifférent. *Mon ami, l'artere ne bat plus*, dit-il tranquillement à son médecin, & il expira en prononçant ces mots. Il a laissé un fils digne de lui, & homme de lettres distingué. Mort en 1777.

HALLES, (Etienne) (*Hist. Litt. mod.*) Ecclésiastique anglois, grand & utile naturaliste, membre de la société royale de Londres, auteur de plusieurs découvertes heureuses en physique. Son *Ventilateur*, sa *Statique des animaux*, sa *Statique des-végétaux*, honorée du traducteur le plus illustre, M. de Buffon, sont de grands titres de gloire dans un genre utile. Il fit des expériences sur la manière de dissoudre la pierre dans la vessie, & remporta un prix en 1739 sur ce sujet ; il enseigna l'art de rendre potable l'eau de la mer ; cet ouvrage a encore été traduit en françois. On a de lui plusieurs dissertations sur l'eau de goudron ; sur les injections utiles aux hydropiques ; sur les tremblements de terre ; sur l'électricité ; sur la manière de faire paſſer de l'air à-travers une liqueur qu'on diſtille; ſur le moyen de conſerver les approviſionnemènts dans les vaiſſeaux, &c. *Halles* né en 1677, eſt mort en 1761; ſes concitoyens lui ont érigé un tombeau à Weſtminſter.

**HALLEY, (Edmond)** (*Hiſt. Litt. mod.*) de l'académie des ſciences de Paris, ſecrétaire de la ſociété royale de Londres, un des plus grands noms qu'on puiſſe citer en aſtronomie, ſucceſſeur de Wallis dans la place de profeſſeur de géométrie à Oxford, & de Flamſtéed dans celle d'aſtronome du roi, ami & ſectateur de Newton, juſte envers Deſcartes, connu, aimé, conſidéré de Pierre-le-Grand; ardent en amitié, indifférent ſur la fortune, connoiſſant le prix de la médiocrité, & n'ayant jamais voulu en ſortir: tel fut le célèbre *Halley*. Pluſieurs de ſes ouvrages ont été traduits en françois; tels que ſon Catalogue des Etoiles de l'hémiſphère auſtral, dreſſé d'après les obſervations faites par l'auteur en 1677, à l'Iſle Sainte-Hélène, pays le plus méridional qui fût alors ſous la domination des Anglois. Ses Tables aſtronomiques ont été traduites par l'abbé Chappe d'Auteroche, & depuis encore, par M. de La Lande. On a encore de *Halley*, une édition & traduction d'œuvres géométriques d'Apolloniüs de Perge; (*Voyez* cet article à APOLLONIUS;) une édition des ſphériques de Menelaus; un abrégé de l'aſtronomie des Comètes; un mémoire ſur un Téleſcope de ſon invention, qui fit beaucoup de bruit dans le temps; & pluſieurs autres excellents Traités de géométrie, d'aſtronomie, de phyſique. Né à Londres en 1656. Mort à l'Obſervatoire de Greenwich en 1642.

**HALLUIN.** (*Voyez* SCHOMBERG.)

**HALWARD**, (*Hiſt. de Suéde*) roi de Suéde: après avoir ſoumis la Ruſſie, l'Eſthonie, la Finlande, la Courlande, il raſſembla toutes ſes forces pour conquérir le Danemarck; Roë, ſouverain de cette contrée, fut vaincu dans trois combats, & ne ſurvécut pas à ſa dernière défaite. Mais Helgon, ſon fils, vengea ſa mort; & ôta, d'un même coup, à *Halward*, la couronne & la vie, vers la fin du 11ᵉ ſiècle. (*M. DE SANCY.*)

**HALYATES.** *Voyez* ALYATES.

**HAMAC**, ſ. m. lit ſuſpendu, dont les Caraïbes, ainſi que pluſieurs autres nations ſauvages de l'Amérique équinoxiale, font uſage. Quoique la forme des *Hamacs* ſoit à-peu-près la même, il s'en voit cependant de pluſieurs ſortes, qui différent ſoit par la matière dont ils ſont faits, ſoit par la variété du travail, ou par les ornemens dont ils ſont ſuſceptibles.

Les *Hamacs* caraïbes ſont eſtimés les meilleurs & les plus commodes; ils ſont compoſés d'un morceau d'étoffe de coton, épaiſſe comme du drap, d'un tiſſu très-égal & fort ſerré, ayant la figure d'un quarré long, portant environ huit à neuf pieds de longueur ſur cinq à ſix de largeur: il faut obſerver que cette largeur ſe trouve toujours diſpoſée ſuivant la longueur du *hamac*. Tous les fils de l'étoffe ſur les bords des deux longs côtés excédent la liſière d'environ ſept à huit pouces, & ſont diſpoſés par écheveaux formant des

eſpèces de boucles, dans leſquelles ſont paſſées de petites cordes de quatorze à dix-huit pouces de long, qu'on nomme *filet*, ſervant à faciliter l'extenſion & le développement du *hamac*. Toutes ces petites cordes ſont réunies enſemble par l'une de leurs extrêmités, & forment une groſſe boucle à chaque bout du *hamac*: c'eſt dans ces boucles qu'on paſſe les rubans ou groſſes cordes qui ſervent à ſuſpendre la machine au haut de la caſe ou aux branches d'un arbre. Les plus grands-*hamacs* ſont nommés par les Caraïbes, *hamacs de mariage*; deux perſonnages de différent ſexe pouvant y coucher aiſément. Les plus petits étant moins embarraſſants, ſe portent à la guerre & dans les voyages. Quelques ſauvages des bords de la rivière d'Orinoco font des *hamacs* d'écorce d'arbre, travaillés en réſeau comme des filets de pêcheur.

Les créoles blancs & les Européens habitants d'Amérique, préférent les *hamacs* aux meilleurs lits: ils y ſont au frais, ne craignant point la vermine, & n'ont beſoin ni de matelas ni d'oreillers, non plus que de couvertures, les bords du *hamac* ſe recroiſant l'un ſur l'autre.

Dans les Iſles Françoiſes il eſt fort ordinaire de voir au milieu des ſalles de compagnie un bel *hamac* de coton blanc ou chamarré de diverſes couleurs, orné de réſeaux, de franges & de glands. Là nonchalamment couchée, & proprement vêtue, une très-jolie femme paſſe les journées entières, & reçoit ſes viſites ſans autre émotion que celle que peut cauſer un léger balancement qu'une jeune négreſſe entretient d'une main; ſoit occupée de l'autre à chaſſer les mouches qui pourroient incommoder ſa maîtreſſe.

Les femmes de diſtinction, allant par la ville, ſe font ordinairement porter dans des *hamacs* ſuſpendus par les bouts à un long bambou ou roſeau creux & léger que deux nègres portent ſur les épaules; mais dans les voyages, au lieu d'un ſeul bambou, on fait uſage d'un brancard porté par quatre forts eſclaves.

Les Portugais du Bréſil ajoutent au-deſſus du *hamac* une petite impériale, avec les rideaux qui les garantiſſent de la pluie.

Sur les vaiſſeaux les matelots couchent dans des *hamacs* de groſſe toile, communément nommés *branles*, qui différent des précédents en ce qu'ils ſont moins grands & garnis à leurs extrêmités de morceaux de bois un peu courbes, percés de pluſieurs trous, au travers deſquels paſſent les filets, de façon qu'ils ſont un peu écartés les uns des autres, & par conſéquent le *hamac* reſte toujours ſuffiſamment ouvert pour y recevoir une eſpèce de Matelas. (*A. R.*)

**HAMBELIENS**, (ſ. m. pl. (*Hiſt. mod.*) une des quatre ſectes anciennes du mahométiſme. *Hambel* ou *Hambeli*, dont elle a priſ ſon nom, en a été le chef. Mais les opinions des hommes ont leur période, court ordinairement, à moins que la perſécution ne ſe charge de le prolonger. Il ne reſte à la ſecte *Hambelienne* que quelques arabes entêtés, dont le nombre ne tarderoit pas à s'accroître, ſi par quelque travers d'eſprit, un muphti déterminoit le grand-ſeigneur à preſcrire l'*hambélianiſme* ſous peine de la vie. (*A. R.*)

**HAMEL**; (du) nom illuſtré principalement par deux membres diſtingués de l'Académie des Sciences.

1°. Jean-Baptiſte du *Hamel*, né en 1624, à Vire en Normandie, fils d'un avocat, conciliateur au point, dit M. de Fontenelle, d'en être quelquefois mal avec les juges, porta dans les ſciences le même eſprit de conciliation & de paix. Après avoir été oratorien, puis curé de Neuilly-ſur-Marne, & avoir quitté cette cure pour ſe livrer tout entier aux ſciences, il entra dans l'Académie des Sciences au moment où elle fut inſtituée, & il en fut le premier ſecrétaire. « Il falloit à cette compa-
» gnie, dit M. de Fontenelle, un ſecrétaire qui entendît
» & parlât bien toutes les différentes langues de ces
» ſçavants; celle d'un chymiſte, par exemple, & celle
» d'un aſtronome; qui fût auprès du public leur inter-
» prète commun; qui pût donner à tant de matières
» épineuſes & abſtraites, des éclairciſſements & un cer-
» tain tour &, même un agrément que les auteurs né-
» gligent quelquefois de leur donner, & que cependant
» la plûpart des lecteurs demandent; enfin qui, par ſon
» caractère, fût exempt de partialité, & propre à ren-
» dre un compte déſintéreſſé des conteſtations académi-
» ques.... le choix ne pouvoit mieux tomber que
» ſur M. du *Hamel*. » On ſent quel ſuccès dut avoir ce portrait d'un ſecrétaire de l'Académie des Sciences, fait par M. de Fontenelle, & dont il étoit le modèle ſecret, tandis que M. du *Hamel* en étoit le modèle apparent.

M. du *Hamel* paſſoit pour écrire très-bien en latin, & ce talent le fit employer dans diverſes affaires publiques; car il y a des circonſtances qui font ſentir le beſoin qu'on a des ſçavants & des gens d'eſprit. En 1667, il fut choiſi pour mettre en latin le traité des droits prétendus au nom de la reine Marie-Théreſe ſur divers états de la monarchie d'Eſpagne, principalement dans les Bays-Bas; Louis XIV vouloit que ce traité pût être lu de toute l'Europe, où le françois n'étoit pas encore auſſi familier qu'il l'eſt devenu depuis.

En 1668, M. Colbert de Croiſſy, plénipotentiaire pour la paix d'Aix-la-Chapelle, y mena M. du *Hamel*, & c'étoit lui qu'on employoit pour tout ce qu'on avoit à traiter en latin avec les miniſtres étrangers.

Vers le même temps, il parut un ouvrage latin de M. du *Hamel*, pour ſoutenir les droits de l'archevêque de Paris, (Péréfixe) contre les exemptions que prétendoit l'abbaye St. Germain-des-Prés. « L'archevêque, dit M. de Fontenelle, crut que le nom d'un auteur ſi
» éloigné d'attaquer ſans juſtice & même d'attaquer,
» ſeroit un fort préjugé pour le ſiège archiépiſcopal.
» En effet, c'eſt la ſeule fois que M. du *Hamel* ait forcé
» ſon caractère juſqu'à prendre le perſonnage d'aggreſ-
» ſeur; & il eſt bon qu'il ait pris une fois pour laiſſer
» un modèle de la modération & de l'honnêteté avec
» laquelle ces ſortes de conteſtations devroient être
» conduites. »

Un ordre ſupérieur & glorieux pour lui, l'engagea, dit M. de Fontenelle, à compoſer un cours de philoſophie, ſelon la forme uſitée dans les collèges; cet ouvrage, qui parut en 1678, a pour titre: *Philoſophia vetus & nova ad uſum ſcholæ accommodata*. « L'école

» y eſt ménagée, mais l'académie y domine..... &
» peut-être le vrai y a-t-il eu moins d'oppoſitions à
» eſſuyer, parce qu'il a eu le ſecours de quelques
» erreurs. »

Ce fut en 1698, que parut en latin une Hiſtoire de l'Académie des Sciences; & il y en eut en 1701, une édition beaucoup plus ample.

M. du *Hamel* n'étoit pas moins un eccléſiaſtique pieux qu'un ſçavant conſommé; ſi ſon goût l'entraînoit vers les ſciences profanes, ſon devoir le ramenoit à l'écriture ſainte & à la théologie; il a beaucoup écrit ſur ces matières, & toujours dans ſon eſprit de modé-ration & de paix. Il fit pour la théologie ce qu'il avoit fait pour la philoſophie, il l'accommoda juſqu'à un certain point, à l'uſage des collèges, en corrigeant cependant la ſcholaſtique par la théologie poſitive, trop négligée alors dans l'école.

On a encore de M. du *Hamel*, dans divers autres genres, des ouvrages utiles, & qui atteſtent l'étendue de ſes connoiſſances, tels ſont, l'*Aſtronomia Phyſica*, le traité de *Meteoris & Foſſilibus*; de *Corporum affectionibus*; de *Mente humaná*; de *Corpore animali*. Il avoit été aumônier du roi. « Il fut pendant toute ſa
» vie dans une extrême conſidération auprès de nos
» grands prélats. Cependant il n'a jamais poſſédé que trois
» petits bénéfices, ce qui ſert encore à peindre ſon
» caractère; & pour dernier trait, il n'en a point poſſédé
» dont il ne ſe ſoit dépouillé en faveur de quelqu'un. » Il mourut le 6 août 1706, d'une mort douce & paiſible comme ſon caractère, &, dit M. de Fontenelle, par la néceſſité de mourir.

2°. Henri-Louis du *Hamel* du Monceau, de l'Académie des Sciences de Paris, de la Société royale de Londres, &c. inſpecteur de la Marine. Pour bien faire connoître cet homme utile, ſi diſtingué parmi les ſçavants précieux:

*Inventas aut qui vitam excoluere per artes,*
*Quique ſui memores alios fecere merendo.*

Il faut, comme M. de Fontenelle l'a dit de Leibnitz, le décompoſer, il faut dire ſéparément tout ce qu'il a fait: 1°. en général pour l'agriculture, & en particulier pour les jardins, pour les champs, pour la conſervation des grains, pour les arbres & les forêts; *Eléments d'Agriculture*; *Traité de la culture des terres*, ſuivant les principes de M. Tull; *Traité des arbres & arbuſtes qui ſe cultivent en France, en pleine terre*; *la Phyſique des arbres*; *des ſemis & plantations des arbres à fruits*; *de l'exploitation des bois*; *du tranſport, de la conſervation & de la force des bois*; *Traité complet des arbres à fruits*; *Traité de la conſervation des grains, & en particulier du froment*. *Traité de la garance & de ſa culture*; *Hiſtoire d'un inſecte qui dévore les grains de l'Angoumois*; & les moyens de le détruire. 2°. Pour la phyſique, & en ſubdiviſant encore cet objet, pour la phyſique générale, la chimie, l'anatomie, la médecine, l'hiſtoire des arts, &c. des obſervations & des expériences ſur tous les objets, pluſieurs des ouvrages déjà énoncés qui roulent auſſi en grande partie ſur les objets de cette feconde claffe, ainfi que d'autres ou-vrages que nous énoncerons dans la troifiéme claffe ; nous énoncerons dans celle-ci, parmi les defcriptions des arts données par l'Académie des Sciences, les arts du charbonnier, du cirier, du cartier, de la forge, d s enclumes, du drapier, du couvreur, du tailleur, du briquetier, du ferrurier, de raffiner le fucre, de fabriquer les tapis façon de Turquie ; de frifer ou de ratiner les étoffes de laine, de la forge des an-cres, &c. 3°. Pour la marine, & en particulier pour l'art de la corderie, l'art de la conftruction des vaif-feaux ; l'art de conferver la fanté des gens de mer, l'art de la pêche, &c. *Traité de la fabrique des ma-nœuvres pour les vaiffeaux*, ou *l'art de la corderie per-fectionné ; Eléments de l'architecture navale*, ou *Traité pratique de la conftruction des vaiffeaux ; moyens de conferver la fanté aux équipages des vaiffeaux*, avec la *manière de purifier l'air des falles des hôpitaux ; Traité général des pêches maritimes, des rivières & des étangs.*

M. du *Hamel* avoit un frère (M. de Denainvilliers ), qui mérite de vivre auffi dans la mémoire des hommes, quoiqu'il fe foit dérobé à leurs regards pendant fa vie :

*Benè qui latuit, benè vixit.*

Un bon écrivain a fait de ces deux frères un pa-rallèle plein d'intérêt & de vérité. « Ces deux hommes, » quoique d'un caractère très-différent, étoient néceffai-» res à l'exiftence l'un de l'autre : le premier parta-» geoit fon temps & fon activité entre fes travaux & » fes voyages. M. de Denainvilliers concentroit dans fa » terre, fon nom & fes plaifirs ; s'il travailloit, ce » n'étoit que pour fon frère, qu'il préféroit à tout, » même à la gloire, puifqu'il a fait pour lui ce qu'il » n'a jamais voulu entreprendre pour elle. M. du » *Hamel* apprenoit que fes travaux étoient » heureux ; il s'appliquoit, fans fe diftraire de fes » travaux, à tout ce qui pouvoit accroître leur félicité ; » mais M. de Denainvilliers en étoit l'inftrument ; ils étoit » réfervé le plaifir & les détails de la bienfaifance, » dont les réfultats fuffifoient à M. du *Hamel.* C'étoit » M. de Denainvilliers, qui diftribuoit les vêtements » aux pauvres au commencement de l'hiver & qui les » nourriffoit dans la faifon la plus rigoureufe, leur » donnoit quelques emplois pour leur faire croire qu'ils » fe tenoient de fa juftice ce qu'ils ne tenoient que de fa » générofité. M. du *Hamel* étoit affligé lorfqu'il voyoit » les cultivateurs divifés par la difcorde, conformer » le produit de leurs moiffons dans des procédures » difpendieufes ; mais c'étoit M. de Denainvilliers qui ju-» geoit leurs querelles, & chacun d'eux avoit en lui un » ami commun qui rendoit leur accommodement fa-» cile. M. du *Hamel* joignoit fans doute les qualités du » cœur à celles de l'efprit ; mais le dernier étoit en » lui le plus exercé ; dans M. de Denainvilliers, le cœur » l'étoit davantage. L'un fera célébré dans les faftes des » fciences ; l'autre a été chanté par un poète fenfible, & » fon nom vivra dans les faftes de l'humanité. C'eft » de lui que M. Colardeau a dit dans une épître qui » lui étoit adreffée :

Nouveau Titus, affis fur un trône de fleurs, Citoyen couronné, tu règnes fur les cœurs. Déjà n'entends-tu pas au fein de tes domaines, Ce peuple qui cultive & féconde tes plaines, Tranquille fous les toits que tu viens d'achever : Bénir le bienfaiteur qui les fit élever ?

M. du *Hamel* n'étoit point un homme qui fe pi-quât de bons mots ni de reparties heureufes ; mais les étourdis donnent quelquefois fi beau jeu aux fages, que ceux-ci ont de la peine à fe refufer à l'occafion. M. du *Hamel* ayant été nommé infpecteur de la Ma-rine, rencontra un jeune officier qui tâchoit d'expli-quer un phénomène dont M. du *Hamel* avoua ingé-nuement qu'il ignoroit la caufe. Le jeune homme lui demanda ironiquement, à quoi fervoit donc d'être de l'Académie ? On y apprend, repartit M. du Hamel, à ne parler que de ce que l'on fçait. M. du *Hamel* mourut le 23 août 1782, dans fa quatre-vingt-deuxième année.

**HAMILTON**, (*Hift. d'Ecoffe*) nom d'une grande maifon d'Ecoffe, dont l'aîné porte le titre de duc. Marie, fille de Jacques II, roi d'Ecoffe, avoit époufé Jacques Hamilton. Leur petit-fils le comte d'Arran ( *Hamilton*) eut la régence d'Ecoffe pendant la mino-rité & l'abfence de Marie Stuart, fille de Jacques V, femme de notre roi François II., comme étant le plus proche héritier après Marie Stuart ; mais les Guifes voulant faire paffer la régence à Marie de Lorraine leur fœur, veuve de Jacques V, mère de Marie Stuart, engagèrent le comte d'Arran à dépofer fon titre entre les mains de cette princeffe, moyennant des penfions, & le château de Châtelleraud qu'on lui donna en France, & dont il prit le nom. Il fut le bifayeul paternel du comte Antoine *Hamilton*, l'au-teur de ces *mémoires de Grammont* fi célèbres, & de divers contes & de pièces fugitives qu'on goûtoit avant que la Voltaire, les Greffet, les Saint-Lambert & quelques autres euffent perfectionné ce genre. Quant aux mémoires de Gram-mont, rien ne les a effacés ; ce qu'on appelle pro-prement l'efprit françois, n'a jamais rien produit de plus léger ni de plus brillant ; il eft vrai qu'Antoine Hamilton avoit été amené en France dès le berceau, par fes parents, lorfqu'ils y avoient paffé à la fuite du roi d'Angleterre, Charles II, & du duc d'Yorck fon frère, pendant les révolutions qui firent règner Crom-wel ; ainfi Antoine Hamilton fut élevé en France ; & même après la reftauration, Antoine Hamilton étant catholique, ne put obtenir d'emploi en Angleterre : mais le roi Jacques, catholique lui-même, étant monté fur le trône, lui donna un régiment d'infanterie en Ir-lande, & le gouvernement de Limmerick. Quand ce prince fut obligé de quitter fes états, le comte Hamilton y repaffa auffi à fa fuite. Elifabeth Hamilton fa fœur, avoit époufé le fameux comte de Grammont, fujet des mémoires, avoit été dame du Palais de la reine Marie-Thérèfe, femme de Louis XIV. On raconte une aecdote fur la publication des mémoires de Grammont. Le comte de Grammont dans ces mémoires eft brillant & féduifant,

féduifant; aimable, mais fa morale eſt légère comme ſon caractère, & il avoue des actions qu'un homme jaloux de fa renommée n'avoueroit pas aujourd'hui. Ces mémoires étoient comme un fecret de famille entre les Hamilton & les Grammont; la comteſſe de Grammont en avoit feule une copie de fon mari, ſon frère n'avoit que fa minute, & avoit donné fa parole de ne la pas communiquer. Cependant les mémoires parurent imprimés; la comteſſe de Grammont fit des reproches ſur cette infidélité, à ſon frère, qui proteſta de ſon innocence : en effet, elle ne trouva plus fa copie, & après l'éclairciſſement, il fut, dit-on, avéré que c'étoit le comte de Grammont lui-même, qui, plus flatté du rôle brillant qu'il joue dans ces mémoires, que bleſſé des traits qui attaquent fa délicateſſe, avoit forcé le fecrétaire de madame la comteſſe de Grammont, ou lui en avoit emprunté la clef, en avoit tiré le manufcrit, & dans un befoin d'argent, l'avoit vendu à un libraire. Le comte Antoine Hamilton mourut à St. Germain-en-Laye le 21 avril 1720.

HAMON, (Jean) (Hiſt. Litt. mod.) docteur en médécine de la faculté de Paris, paſſa les trente dernières années de fa vie dans la retraite de Port-Royaldes-Champs, & y mourut en 1687. Il eſt au nombre des écrivains de Port-Royal; on a de lui divers ouvrages afcétiques. C'eſt de lui que Boileau a dit :

Tout brillant de ſçavoir, d'efprit & d'éloquence,
Il courut au défert chercher l'obfcurité;
Aux pauvres confacra ſon bien & fa ſcience;
Et, trente ans dans le jeûne & dans l'obfcurité,
    Fit ſon unique volupté
    Des travaux de la pénitence.

HANBALITE, f. m. (Hiſt. mod.) nom d'une des quatre fectes reconnues pour orthodoxes dans le mufulmanifme; Ahmed Ebn Anhal qui naquit à Badget l'an 164 de l'égire &785 de la naiſſance de J. C. & qui y mourut l'an 241 de l'égire ou 862 de la naiſſance de J. C. en a été le chef: il prétendoit que le grand prophète monteroit un jour ſur le trône de Dieu. Je ne crois pas que la vénération ait jamais été portée plus loin dans aucun ſyſtême de religion : voilà Dieu déplacé. Le reſte des mufulmans fe récria contre cette idée, & la regarda comme une impiété. On ne fera pas furpris que cette héréſie ait fait grand bruit. Il ne paroît pas que cette fecte foit la même que celle des Hambeliens, malgré la reſſemblance des noms. Voyez HAMBELIENS. (A. R.)

HANGIAR, (Milice des Turcs.) Les Turcs appellent ainſi une efpèce de poignard à la façon des rôtres, que les janiſſaires & les blignons portent à Conſtantinople & qu'ils paſſent à travers leur écharpe. (A. N.)

HANIFITT, f. m. & f. (Hiſt. mod.) nom d'une fecte mahométane; les Turcs s'en fervent pour défigner l'orthodoxie. (A. R.)

HANLU, f. m. (Hiſt. mod.) nom du dix-feptième mois des Chinois; il répond à notre mois de novembre.

*Hiſtoire. Tome III.*

Le mot hanlu ſignifie froide roſée : c'en eſt la ſaiſon. (A. R.)

HANNON, (Hiſt. Sacr.) fils de Naas, roi des Ammonites, prenant les ambaſſadeurs de David pour des efpions, leur fit couper la barbe & les habits. David venga ſes ambaſſadeurs ſur les Ammonites, liv. 2 des Rois, chap. 10.

HANNON, (Hiſt. de Carthage.) On trouve dans l'Hiſtoire des Carthaginois plus d'un perſonnage célèbre de ce nom.

1°. Juſtin, liv. 21, chap. 4, parle d'un Hannon qu'il appelle Princeps Carthaginienſium, & dont les richeſſes furpaſſoient les forces de la république, opes ſuas quibus vires reipublicæ ſuperabat ; auſſi voulut-il être tyran dans ſon pays, & pour y parvenir, il ne fe propoſoit pas moins que d'empoiſonner tout le Sénat qu'il avoit invité aux noces de fa fille. Le ſénat averti, n'oſa le punir, tant étoit grande la puiſſance de cet homme. Il fe contenta de prévenir le coup en défendant le luxe des tables d'une manière générale & ſans défigner perſonne, ne perſona deſignata, ſed vitia correcta viderentur. Hannon alors lève le maſque, fe retire dans une place forte avec vingt mille efclaves armés, & cherche à foulever les Africains & le roi des Maures contre les Carthaginois ; il eſt pris & puni d'un fupplice cruel, felon l'uſage de cette nation : il eſt d'abord battu de verges, on lui crève les yeux, on lui briſe les bras & les jambes, velût à ſingulis membris pænæ exigerentur ; enfin, on l'attache en croix. Juſques-là on n'étoit que cruel, on n'étoit point injuſte. Hannon avoit mérité ſon ſort ; mais toute fa famille, reconnue innocente, fut traînée au fupplice, afin qu'il ne reſtât perſonne pour imiter ſon crime ou pour venger fa mort. Par cette déteſtable raiſon, il ne devoit point y avoir de bornes aux fupplices ; car il pouvoit même fe trouver hors de cette famille, quelque ami d'Hannon, qui voulût le venger ou quelque ambitieux qui voulût l'imiter. Cet évènement arriva environ trois ſiècles & demi avant J. C., vers le temps où Denys le jeune, tyran de Syracuſe, fut détrôné par Dion.

2°. Un autre Hannon fut tué dans un combat livré fous les murs de Carthage, contre le fameux Agathocle, roi ou tyran de Sicile, plus de trois ſiècles avant J. C.

3°. Mais le plus célèbre de tous les chefs du nom d'Hannon, c'eſt celui qui donna ſon nom à la faction ennemie de la faction Barcine, c'eſt-à-dire, ennemie d'Amilcar, d'Annibal & d'Aſdrubal. Dans la première guerre punique, il avoit été battu par les Romains, dans un combat naval près des iſles Egates ſur les côtes de Sicile ; dans la guerre de Lybie ou contre les Mercenaires, c'eſt-à-dire, dans la guerre que les Carthaginois eurent à ſoûtenir contre les ſoldats mercenaires qui avoient ſervi ſous eux en Sicile, il eut d'abord quelques avantages, ſuivis de revers qui lui firent ôter le commandement ; il s'oppoſa de tout ſon pouvoir à la ſeconde guerre punique, où Annibal & Aſdrubal acquirent tant de gloire, & même après la bataille de Cannes,

F

il déclaroit encore dans le Sénat contre cette guerre qui finit en effet par être plus funeste à Annibal & aux Carthaginois, qu'elle ne l'avoit été aux Romains.

4° Nous avons de M. de Bougainville deux célèbres mémoires sur les découvertes & les établissements faits le long des côtes d'Afrique par *Hannon*, amiral de Carthage. On ne sçait certainement ni qui étoit ce *Hannon*, ni dans quel temps il a vécu. On n'a pour monument de ce voyage qu'un extrait abrégé, ou peut-être même la traduction grecque d'une inscription punique, placée dans un temple de Carthage; on n'a pour caractère chronologique de cette même expédition, que ces termes vagues & généraux de Pline: *Carthaginis potentiâ florente; florentissimis partorium rebus.* Strabon, Athénée, & d'après eux, Dodwel, Cellarius, La Martiniere rejettent la relation de ce voyage d'*Hannon* comme fabuleux. Pomponius Mela, Pline &c Arrien croient à la réalité de cette entreprise, leur sentiment a prévalu; mais les sçavants ne s'accordent ni sur l'époque ni sur le terme de cette expédition. Florian d'Occampo fait faire à *Hannon*, le tour entier de l'Afrique. Isaac Vossius fait remonter cette navigation jusqu'au temps d'Hercule & de Persée, c'est-à-dire, jusqu'aux temps fabuleux: exagération de part & d'autre, sur la géographie, sur la chronologie. M. de Bréquigny fixe le tour de la route d'*Hannon*, aux montagnes de Sierra-Liona sur la côte de Guinée, & l'époque vers le commencement du cinquième siécle avant J. C. Dom Pedro Rodriguez Campomanez qui examinoit dans le même temps que M. de Bréquigny, la même question à Madrid, datoit cette même expédition de cent années plus tard; mais il faisoit aller *Hannon* plus loin, & jusqu'à l'isle de St. Thomas, sous la ligne. M. de Bougainville, qui dans ce même temps aussi, lisoit à l'Académie ses deux sçavants mémoires, inférés, l'un dans le 26ᵉ volume, pages 10 & suivantes; l'autre, dans le 28ᵉ, pages 260 & suivantes, fixe le terme du voyage d'*Hannon* au Cap des Trois Pointes & aux isles placées dans le fond du golphe qui s'ouvre précisément à ce Cap; & quant à l'époque, il la place au sixiéme siècle avant J. C.

M. de Bougainville croit que *Hannon* le voyageur est le même *Hannon*, qui, suivant Pline, liv. 8, chap. 21, sçut le premier apprivoiser un lion, & qui par cette raison, fut exilé par les Carthaginois, comme redoutable à la liberté publique; & comme ayant des moyens surnaturels de se faire obéir: *quoniam nihil non persuasurus vir tàm artificis ingenii videbatur; & malè credi libertas ei, cui in tantùm cessisset etiam feritas.*

M. de Bougainville reconnoît aussi dans le même *Hannon*, celui qui, au rapport d'Elien, avoit instruit secrètement des oiseaux à dire en langue punique, qu'il étoit un Dieu; & il faut avouer que ce trait rapproché du précédent, justifie la défiance & la précaution des Carthaginois.

Il y avoit un *Hannon*, père de cet Amilcar, vaincu par Gelon dans les plaines d'Himère, l'an 480 avant J. C.

Cicéron nous a conservé une lettre écrite par Ana-

charsis à un autre *Hannon*, contemporain comme lui, de Solon, près de six siècles avant J. C. Le nom d'*Hannon* signifioit en langue punique, *gracieux, bienfaisant*.

* HANSCRIT, s. m. ( *Hist. mod.* ) langue sçavante chez les Indiens, où elle n'est entendue que des pendets & autres lettrés. On l'apprend dans l'Indostan, comme nous apprenons le latin & l'hébreu en Europe. Le P. Kircher en a donné l'alphabet. On est dans l'opinion que ce fut en *hanscrit* que Brama reçut de Dieu ses préceptes; & c'est là ce qui la fait regarder comme la langue par excellence, la langue sainte. *Dict. de Trév.* ( *A. R.* )

HANSGRAVE, s. m. ( *Hist. mod.* ) nom que l'on donne à Ratisbonne à un magistrat qui juge les différends qui peuvent s'élever entre les marchands, & les affaires relatives aux foires. ( *A. R.* )

HAPHTAN, s. m. ( *Hist. mod.* ) leçon que font les Juifs au jour du sabbat, d'un endroit des prophètes, après celle d'un morceau de la loi ou du pentateuque. Ils appellent celle-ci *barasese* & l'autre *haphtan*; elles finissent l'office. Cet usage est ancien, & subsiste encore aujourd'hui. Ce fut la défense ridicule qu'Antiochus fit aux Juifs de lire publiquement la loi, qui y donna lieu; & il continua après que les Juifs eurent recouvré le libre exercice de leur religion. ( *A. R.* )

HAQUEME, s. m. ( *Hist. mod.* ) nom d'un juge chez les Maures de Barbarie, où il connoît du civil & du criminel, mais du criminel sans appel; il siège les jeudis. Il est assisté à son tribunal, d'un lieutenant, appellé *almocade*. *Haqueme* vient de *ghacham*, sçavant, lettré. C'est ainsi qu'autrefois nos magistrats & nos juges étoient appellés *clercs*. ( *A. R.* )

HAQUIN, ( *Hist. de Norwege* ) roi de Norwege, fut couronné vers l'an 1250. Il se ligua avec la Suède, contre Christophe I, roi de Danemarck: il mit en mer une flotte de trois cents voiles, força le passage de Munster-Sund, & ravagea les côtes de la Hallande; mais l'an 1257, ces rois, las de verser sans fruit le sang des peuples, entrèrent en négociation. *Haquin* se rendit à Coppenhague; les deux ennemis s'embrassèrent, renoncèrent à leurs prétentions respectives, & jurèrent une alliance éternelle. *Haquin* demeura tranquille dans ses états jusqu'à l'année 1287; mais ayant donné un asyle aux rebelles qui avoient massacré Eric VII, roi de Danemarck, on vit se rallumer entre les Danois & les Norwegiens, une guerre cruelle. Elle dura neuf ans; des milliers d'hommes périrent, des villes entières furent livrées aux flammes, de riches provinces furent changées en déserts; les deux partis furent également cruels, également malheureux, & Eric ne fut point vengé. *Haquin* mourut dans un âge très-avancé. On connoît plus ce qu'il fit pour nuire à ses ennemis que ce qu'il fit pour rendre ses sujets heureux. Il y a eu en Norwege plusieurs rois de ce nom, mais l'histoire des premiers paroît un peu fabuleuse, & celle des derniers peu intéressante. ( *M. DE SACY.* )

HAR, f. m. (*Hift. mod.*) c'eft, chez les Indiens, le nom de la feconde perfonne divine à fa dixième & dernière incarnation : elle s'eft incarnée plufieurs fois, & chaque incarnation a fon nom ; elle n'en eft pas encore à la dernière. Quand une idée fuperftitieufe a commencé chez les hommes, on ne fçait plus où elle s'arrêtera. Au dernier avènement, tous les fectateurs de la loi de Mahomet feront détruits. *Har* eft le nom de cette incarnation finale, à laquelle la feconde perfonne de la trinité indienne paroîtra fous la forme d'un paon, enfuite fous celle d'un cheval ailé. *Voyez le Diction. de Trév. & les Cérémon. religieufes.* ( M. DE SACY. )

HARACH, (*Hift. mod.*) nom de la capitation impofée fur les Juifs & les Chrétiens en Egypte ; le produit en appartenoit autrefois aux janiffaires : mais depuis plus de cent ans, cet impôt fe perçoit par un officier exprès qu'on envoie de Conftantinople fur les lieux, & qu'on appelle pour cette raifon *harrach aga*. Les Chrétiens ci-devant ne payoient que deux dollars & trois quarts, par une efpèce de traité fait avec Sélim ; préfentement ils doivent payer de capitation, depuis l'âge de feize ans, les uns cinq dollars & demi ; & les autres onze, fuivant leur bien. Le dollar vaut trois livres de notre monnoie, ou deux fhellings d'Angleterre. (*D. J.*)

HARAI, f. m. (*Hift. mod.*) c'eft ainfi que les Turcs nomment un tribut réglé que doivent payer au grand feigneur tous ceux qui ne font point mahométants ; cet impôt eft fondé fur l'alcoran, qui veut que chaque perfonne parvenue à l'âge de maturité, paye chaque année treize drachmes d'argent pur, fi en demeurant fous la domination mahométane elle veut conferver fa religion. Mais les fultans & les vifirs, fans avoir égard au texte de l'alcoran, ont fouvent hauffé cette capitation ; elle eft affermée, & celui qui eft prépofé à la recette de ce tribut fe nomme *haraj-bachi*.

Pour s'affurer fi un homme eft parvenu à l'âge où l'on doit payer le *haraj*, on lui mefure le tour du cou avec un fil, qu'on lui porte enfuite fur le vifage ; fi le fil ne couvre pas l'efpace qui eft entre le bout du menton & le fommet de la tête, c'eft un figne que la perfonne n'a point l'âge requis, & elle eft exempte du tribut pour cette année ; fans quoi elle eft obligée de payer. *Voyez* Cantemir, *Hift. ottomane.* (*A. R.*)

HARALD, (*Hift. du Nord.*) prince de Norwege, voyagea d'abord dans l'Orient, & fe fixa à la cour de l'empereur de Conftantinople ; mais ayant appris que Magnus fon neveu & fon perfécuteur, déja roi de Norwege, difputoit encore à Suénon la couronne de Danemarch, l'efpoir de la vengeance le ramena dans le Nord, vers l'an 1046 : il fe ligua d'abord avec Suénon ; mais ayant étudié le caractère de ce prince, & comptant peu fur fa reconnoiffance, il quitta fon parti pour embraffer celui de Magnus, qui lui céda une partie de la Norwege. Magnus régna donc en Danemarck ; mais après fa mort Suénon remonta fur le trône ; *Harald* prétendit l'en chaffer. Les deux princes fe firent une guerre cruelle ; Suénon manqua

plufieurs fois au rendez-vous qu'il avoit marqué pour un combat décifif ; enfin on en vint aux mains, la flotte de *Harald* remporta une victoire fignalée ; *Harald*, quoique triomphant, entra en négociation, & termina tant de débats par un traité qui lui affuroit de grands avantages, mais qui ne lui donnoit pas la couronne. (*M. DE SACY.*)

HARALD, (*Hift. de Danemarck*) Plufieurs rois de Danemarck ont porté ce nom ; mais la plûpart, ou n'ont rien fait de grand, ou ont manqué d'hiftoriens pour faire paffer leurs actions à la poftérité. Nous ne parlerons que de *Harald VI* & *Harald VII*, plus connus que les autres. (*M. DE SACY.*)

HARALD VI fut proclamé roi de Danemarck vers l'an 814, par une faction puiffante, tandis qu'un autre parti couronnoit Regner, fils de Sivard : on vouloit d'abord que les deux fouverains partageaffent entr'eux l'autorité fuprême & leurs états ; & le moyen dont on fe fervit pour prévenir la guerre civile, fut précifément ce qui l'alluma. *Harald* fut vainqueur ; & tandis que fon rival, de roi devenu brigand, alloit porter le ravage vers le midi, il fit alliance avec l'empereur Louis-le-Débonnaire. Regner reparut bientôt ; *Harald* fut vaincu, s'enfuit à la cour de Louis, & y trouva des fecours puiffants, avec lefquels il rentra chez fon rival, chaffé bientôt de cette contrée, il fit de nouveaux efforts, remonta fur le trône, & en tomba auffi-tôt ; il fe retira en Frife, où il vécut dans l'obfcurité. Telles étoient les révolutions qui agitoient un état où l'ordre de la fucceffion à la couronne, n'étoit réglé que par les caprices du peuple, & les intérêts des grands. (*M. DE SACY.*)

HARALD VII, roi de Danemarck ; on prétend qu'il fut affaffin avant d'être roi, & que le meurtre de fon frère lui ouvrit le chemin du trône, vers l'an 920 ; à peine y fut-il monté qu'il fit poignarder un feigneur danois, nommé Ach, dont la puiffance lui donnoit de l'ombrage. Ce prince fit élever deux maî-folées, l'un à fon père, l'autre à fa mère ; monuments de fa fafte, & non de fon refpect pour la mémoire de fes parents. Il eut avec une coûturière, nommée *Efa*, un commerce illégitime ; Suénon qui lui fuccéda, fut le fruit de fes amours. Richard, duc de Normandie, avoit dépouillé de fes états par le roi de France, *Harald* partit auffi-tôt pour le venger, remporta une victoire fur les François, prit le roi, & le força à rétablir Richard dans fon duché ; enfin *Harald* fe convertit à la foi chrétienne, & n'en fut ni plus doux, ni plus jufte ; il fit la guerre à tous fes voifins ; fon ambition ne cherchoit point de prétexte, il ne connoiffoit d'autre droit que celui de la guerre. Il reconnut Suénon pour fon fils ; & pour prix de ce bienfait, le jeune prince leva contre fon père l'étendart de la révolte. *Harald* mourut vers l'an 980, après un règne très-long. (*M. DE SACY.*)

HARAM, f. m. ( *Hift. mod.* ) à la cour du roi de Perfe, c'eft la maifon où font renfermées fes femmes & concubines ; comme en Turquie l'on nomme *ferrail* le palais ou les appartemens qu'occupent les fultanes. (*A. R.*)

HARANNES, (*Hist. mod.*) espèce de milice hongroise dont une partie fert à pied & l'autre à cheval. (*A. R.*)

HARCOURT. *Voyez* LORRAINE.

HARCOURT BEUVRON. Nous avons une hiftoire particuliere de la maifon *d'Harcourt*, compofée par La Roque. Cette maifon connue & diftinguée dès le 10ᵉ fiecle, tire fon nom du bourg *d'Harcourt* dans la Normandie.

De cette maifon étoient Robert I, qui fit bâtir le château d'Harcourt, & qui vivoit encore l'an 1100.

Guillaume fon fils, qui embraffa contre la France, le parti de Henri I, roi d'Angleterre, dont il étoit né fujet.

Robert I, fils de Guillaume, étoit furnommé le *Vaillant* ou le *Fort*.

Jean, un de fes fils, étoit à la bataille de Bovines, dans le parti du Roi d'Angleterre, ne croyant pas que la réunion alors récente de la Normandie à la France, l'empêchât d'être fujet du roi d'Angleterre.

Amaury, neveu de ce dernier, fut tué en 1285, au fiege de Perpignan, où il fervoit la France.

Jean I, fire *d'Harcourt*, frere aîné d'Amaury, fuivit St. Louis, en 1248, à fa premiere croifade. On le furnommoit le *Prud'homme*.

Jean II, fon fils, mort le 21 décembre 1302, étoit maréchal de France & amiral.

Raoul *d'Harcourt*, chanoine de Paris, fon frere, fonda en 1280, le college *d'Harcourt* à Paris.

Godefroy *d'Harcourt*, feigneur de St. Sauveur-le-Vicomte, petit-fils de Jean II, prit le parti d'Edouard III contre Philippe-de-Valois, qu'il fervoit d'abord. Voici à quelle occafion. *Harcourt* avoit pour voifin dans fes terres, le maréchal de Briquebec, & pour rival en amour, le fils de ce maréchal; *Harcourt* & le jeune Briquebec étoient amoureux de la fille du feigneur du Moley. Aigri par cette rivalité, *Harcourt* eut avec le maréchal une querelle, dans laquelle ils s'oublierent tous les deux, au point de mettre l'épée à la main en préfence du roi. *Harcourt* cité au parlement, craignit de fuccomber fous le crédit de fon ennemi, & refufa de comparoître : il fut banni du royaume; fes biens furent confifqués; fes amis attirés à Paris par des tournois & des fêtes, y furent arrêtés & envoyés à l'échafaud. *Harcourt* réduit au perfonnage du comte d'Artois, porta chez Edouard un reffentiment plus jufte & des talents fupérieurs. Edouard fe laiffa conduire par fes confeils, & réfolut d'entamer la France du côté de la Normandie, dont *Harcourt* lui ouvrit l'entrée par fes domaines du Côtentin. On a des lettres d'Edouard III du 13 juin 1345, par lefquelles il s'engage à ne faire aucun traité de treve ou de paix avec Philippe-de-Valois, qu'il appelle *notre adverfaire de France*, qu'en ftipulant les intérêts de Godefroy de *Harcourt*, & qu'en lui faifant recouvrer tout ce qu'il a perdu ou qu'il perdra par fa rébellion. L'avis de *Harcourt* étoit qu'Edouard formât un établiffement en Normandie, & non pas qu'il s'avançât au hazard jufques fur les bords de la Somme, où il alloit périr par fon imprudence, & fi

par une imprudence plus grande les François ne lui euffent livré la bataille de Crécy : *Harcourt* y dirigea la valeur naiffante du prince Noir, qui fçavoit tout prévoir & tout prévenir.

Jean IV, comte *d'Harcourt* (quelques-uns difent Louis) fon frere, fut tué à la bataille de Crécy en défendant fon roi; il y eut alors entre les deux freres, le même rapport qui fe trouva dans la fuite entre le chevalier Bayard & le connétable de Bourbon, à la retraite de Romagnano; le fujet fidele avoit été tué, le rebelle avoit triomphé. Harcourt avoit été érigé en comté par Jean IV, en 1338.

Jean V, comte *d'Harcourt*, fils de Jean IV, avoit été bleffé dangereufement à cette même bataille de Crécy, en fervant la France, ainfi que fon pere. Les poffeffions des feigneurs *d'Harcourt* en Normandie, étoient voifines de celles du roi de Navarre Charles-le-Mauvais; dans les démêlés de ce prince avec le roi Jean, ils s'attacherent aux intérêts de Charles : celui-ci traitoit avec les Anglois; fes partifans tinrent à Vaudreuil, une affemblée, où les principaux d'entr'eux, & nommément les feigneurs *d'Harcourt*, éclaterent en propos féditieux contre Jean; le comte *d'Harcourt* étoit un des plus furieux; il avoit conçu contre le roi une haine mortelle : « par le fang-Dieu, le fang-Dieu, crioit-il, ce roi eft un mauvais homme, & n'eft pas bon roi, & vraiment je me gardetai de lui. » Il ne s'en garda pas affez. Le dauphin, qui fut depuis Charles V, étant à Rouen, invita le roi de Navarre à dîner; il y vint avec fes plus zélés partifans. Au milieu du feftin, on traitoit avec les Anglois, qu'on croyoit à Paris « Que chacun refte à fa place, dit-il d'un ton & d'un air terribles, il y va de la vie. » Il marche droit au roi de Navarre, qu'il faifit de fa propre main; le comte *d'Harcourt* veut prendre la fuite, il eft arrêté, ainfi que les autres amis du roi de Navarre : on les charge de chaînes; on les mene hors de la ville; là, le roi leur fait trancher la tête en fa préfence fans les avoir convaincus de rien : le roi de Navarre, peut-être feul coupable, eft feul épargné. Ce célebre Godefroy *d'Harcourt* dont nous avons parlé fous les deux articles précédents, vivoit encore alors, & vivoit paifiblement en France. En reconnoiffant fon frere parmi les françois tués à la bataille de Crécy, Godefroy avoit été faifi d'horreur, & le repentir l'avoit ramené au devoir. Ses lettres d'abolition font du 27 décembre 1346, dans l'intervalle de la bataille de Crécy à la prife de Calais; depuis ce temps il étoit refté fidele à fes maîtres. Quand il eut vu immoler ainfi fans forme de procès, fon neveu, le chef de fa maifon, bleffé au fervice du roi, fils d'un pere mort pour le roi, il fe crut libre de tout ferment par l'affront fait à fon nom; il appella de nouveau les Anglois; la guerre fe rallume avec plus de fureur; de-là la bataille de Poitiers, la prifon du roi Jean & les malheurs de la France. Godefroy fut tué en 1356, dans un combat près de Coutances, quelques mois après la bataille de Poitiers; il fit fon héritier le roi d'Angleterre. On fçait quel parti M. de Belloy a tiré de Godefroy *d'Harcourt* dans fa tragédie du *Siege de Calais*.

Jean VI , comte d'*Harcourt*, fils de Jean V , fut donné au roi d'Angleterre, pour ôtage du traité de Brétigny en 1360 , & mourut le dernier février. 1388.

Jean VII , comte d'*Harcourt* , fils de Jean VI , fut fait prisonnier à la bataille d'Azincourt. Marie d'*Harcourt*, sa fille , époufa en 1417 , Antoine de Lorraine , comte de Vaudemont; delà les *Harcourt-Lorraine* Cette Marie d'*Harcourt* fut une héroïne , qui eut autant de part que fon mari aux expéditions militaires de fon temps. On l'appelloit auffi *la mère des pauvres* , titre pour le moins auffi refpectable que l'autre. Morte le 19 avril 1476.

Jean VIII , comte d'*Harcourt* , fils de Jean VII , fut tué à la bataille de Verneuil le 17 août 1424.

Dans la branche d'*Harcourt-Montgommeri* , Jacques d'*Harcourt* , fecond du nom , fut fait deux fois prifonnier des Anglois ; l'une à la bataille d'Azincourt , en 1415 ; l'autre en voulant fecourir Rouen , en 1419. En 1423 , il défendit Le Crotoi contre les Anglois. En 1428 , il fut tué devant le château de Parthenay.

Guillaume d'*Harcourt*, comte de Tancarville , fon fils , fervit très-utilement Charles VII contre ces mêmes Anglois.

La branche de Beaumefnil offre Robert d'*Harcourt*, cinquième du nom , tué en 1396 , à la bataille de Nicopolis.

Et Robert , fon fils , tué en 1415 , à la bataille d'Azincourt.

La branche de Beuvron , la feule qui fubfifte aujourd'hui , a fourni entr'autres fujets utiles , Pierre d'*Harcourt*, feigneur de Bailleul , tué au fiège d'Amiens en 1597.

Un autre Pierre d'*Harcourt*, qui fe fignala aux batailles de. St. Denys , de Jarnac , de Montcontour , d'Ivry , au fiège de la Rochelle en 1573 , à la défaite des Reiftres à Auneau en 1587. Il eut part à tous les exploits de Henri IV , qui érigea pour lui Beuvron en marquifat. Mort en 1617 , âgé de foixante-fept ans feulement , il avoit vu fix rois , & fervi fous quatre.

Jacques d'*Harcourt*, fon fils , fut tué au fiège de Montpellier en. 1622.

Gui d'*Harcourt*, dit le marquis d'*Harcourt* , puis le marquis de Beuvron , fe diftingua en 1627 , dans le fameux duel qui fit trancher la tête au comte de Bouteville & au comte des Chapelles ; il fut tué à Cazal , dans une fortie, le 3 novembre 1628 , en cherchant à mériter fa grace par des fervices contre les ennemis de l'état.

Louis-François d'*Harcourt*, comte de Sezanne, eut le bras percé à la bataille de Luzara, le 15 août 1702, & mourut lieutenant - général le 20 octobre 1714, après s'être diftingué dans plufieurs expéditions importantes.

De cette même branche de Beuvron étoient les deux maréchaux d'*Harcourt*, père & fils ; Henri & François, tous deux capitaines des Gardes-du-Corps; Henri , né le 2 avril 1654 , cornette en 1673 , colonel en 1675 , brigadier des armées en 1683 , maréchal-de-camp en 1688 , lieutenant-général en 1693 , ne fut fait chevalier de St. Louis qu'en 1694, cet ordre n'ayant été inftitué que l'année précédente. Il s'étoit trouvé prefque à toutes les expéditions de fon temps, avoit été bleffé au fiège de Cambrai en 1677, avoit contribué au gain

de la bataille de Nerwinde en 1693. Il commanda fur la Mofelle en 1695 & 1696. Il fut envoyé ambaffadeur extraordinaire, en Efpagne en 1697. On a cru long-temps , fur la foi des ennemis de la France , que le teftament de Charles II avoit été fait à Verfailles , & que le marquis d'*Harcourt* l'avoit fait fignet à Madrid , après avoir gagné le confeil d'Efpagne , à prix d'argent. C'eft une erreur que les mémoires de Torcy ont abfolument détruite. Le marquis d'*Harcourt* n'eut d'autre part à cette affaire, que d'avoir difpofé favorablement les efprits pour la France , en fe faifant autant aimer des Efpagnols , que les miniftres de Vienne , par leurs imprudentes hauteurs , fe faifoient haïr des partifans même de la maifon d'Autriche. Le marquis d'*Harcourt* eut la gloire d'opérer la plus heureufe révolution , de changer entièrement les cœurs des Efpagnols à l'égard de la France , & d'éteindre cette haine que des guerres continuelles entretenoient depuis fi long-temps entre les deux nations ; par-là il rendit à fon prince , un des plus grands fervices qu'un fujet puiffe. rendre. On veut , avec raifon , des ambaffadeurs qui faffent refpecter leur nation : ayons-en fur-tout qui la faffent aimer ; c'eft lui donner l'empire du monde fans guerre & fans conquête.

Le marquifat de Beuvron fut érigé en Duché fous le titre d'*Harcourt* par des lettres du mois de novembre 1700 , en faveur du marquis d'*Harcourt* à fon retour d'Efpagne. Il fut fait maréchal de France le 14 janvier 1703 , capitaine des Gardes le 10 février fuivant , chevalier des ordres. du roi le 2 février 1705 , pair de France en 1710. Il mourut le 19 octobre 1718.

François fon fils , né le 4 novembre 1690 , fut fait lieutenant -général le 1er août 1734, & maréchal de France en 1746. C'étoit lui qui inveftiffoit Tournay , lorfque la bataille de Fontenoy fut livrée ; c'eft lui qui eft défigné par ce vers du poëme de Fontenoy :

Déjà de la tranchée *Harcourt* eft accouru.

Il mourut le 10 juillet 1750.

HARDION , ( *Hift. Litt. mod.* ) de l'Académie des Belles-Lettres & de l'Académie Françoife : chargé d'enfeigner à mefdames de France , filles de Louis XV, la fable , la géographie , l'hiftoire , les belles- lettres , il a fait relativement à cet objet , fon *Hiftoire poëtique*, fon *Traité de la poëfie françoife & de la rhétorique*, fon *Hiftoire univerfelle*. Né à Tours en 1686 , mort à Paris en 1776. M. Thomas fut fon fucceffeur à l'Académie Françoife.

HARDOUIN, ( Jean ) ( *Hift. Litt. mod.* ) jéfuite , homme très-étrange, prodige d'érudition, en détruifant tous les objets de l'érudition &. tous les monuments de l'antiquité ; ce qui a fait dire au favant M. Huet : *le P. Hardouin a travaillé pendant quarante ans à ruiner fa réputation , fans en pouvoir venir à bout.* Plein de foi & de piété fur les matières de religion , & d'une incrédulité extravagante fur les objets de la raifon &. fur les faits ordinaires. Auffi difoit-il *que Dieu lui avoit ôté la foi humaine pour donner plus de force à la foi divine.* Selon lui , les odes d'Horace , l'Enéïde de Virçile étoient des ouvrages de bénédictins du treiziéme fiécle. Si Horace a dit :

*Dulce ridentem Lalagen amabo ;*
*Dulce loquentem.*

Lalage n'est autre chose que la religion chrétienne, & le poëte galant n'est qu'un bénédictin dévot', qui célèbre la religion. Il est difficile de décider si le P. *Hardouin* étoit de bonne foi dans tous ces paradoxes ; on pourroit même en douter, d'après quelques mots qui lui échappoient de temps en temps. Un de ses confrères lui faisant un jour des remontrances sur le tort qu'il se faisoit par la bizarrerie de ses paradoxes, *croyez-vous donc*, lui dit le P. Hardouin, *que je me ferai levé toute ma vie à quatre heures du matin, pour ne dire que ce que d'autres avoient dit avant moi ?* S'il ne croyoit point aux ouvrages des anciens, il n'avoit pas grande foi non plus aux conciles tenus avant celui de Trente : *Pourquoi donc*, lui dit un jour le P. le Brun de l'Oratoire, *avez-vous donné une édition des Conciles ?* Le P. Hardouin sentit la force de l'objection, il répondit : *il n'y a que Dieu & moi qui le sçachions.* Au reste, cette édition des conciles du P. Hardouin fut arrêtée par le parlement sur le rapport de plusieurs docteurs en théologie, comme contraire aux libertés de l'église gallicane ; l'auteur fut obligé de faire beaucoup de changements, ce qui ne lui coûtoit jamais rien. Ses supérieurs exigèrent de lui une rétractation de tous ses paradoxes ; il la donna, & conserva & reproduisit ses paradoxes. On peut d'après ces divers traits, juger s'il étoit la dupe de ses opinions apparentes. Croyoit-il aussi que Jansénius, Arnauld, Pascal, Quesnel, Thomassin, Malebranche, Descartes, Régis & tous les cartésiens fussent athées, comme il prétendoit l'avoir découvert, & comme il le publioit ? Quoi qu'il en soit, l'auteur de son épitaphe l'a supposé de bonne foi, & cette épitaphe le peint avec beaucoup de vérité d'après cette supposition :

*In expectatione judicii,*
*Hic jacet.*
*Hominum paradoxotatos*
*Natione gallus, religione romanus,*
*Orbis litterati portentum ;*
*Venerandæ antiquitatis cultor &*
*Doct. febricitans,*
*Somnia & inaudita commenta vigilans edidit,*
*Scepticum piè egit,*
*Credulitate puer, audaciâ juvenis, deliriis senex.*
*Uno verbo dicam :*
*Hic jacet Harduinus.*

L'abbé Desfontaines l'a traduite ainsi :

« Dans l'attente du jugement ; ci-gît un homme très-
» amoureux du paradoxe ; françois du nation, romain
» de religion, prodige du monde littéraire ; il cultiva
» la vénérable antiquité & voulut la détruire : il fut
» pendant toute sa vie travaillé d'une douce fièvre,
» qui lui fit faire en pleine veille, les rêves les plus
» inquis. Pieux sceptique ; enfant par sa crédulité ; jeune

» homme par son audace, vieillard par ses délires, &c. »
Le P. *Hardouin* a donné une fort belle édition de Pline le naturaliste, auquel il permettoit d'être ancien, aussi bien qu'à Cicéron.
Un antiquaire trouva un moyen assez plaisant de réfuter le systême du P. *Hardouin*, sur les médailles, en paroissant l'adopter, & même le prouver. Selon le P. *Hardouin*, presqu'aucune médaille ancienne n'est authentique, elles ont toutes été fabriquées par les bénédictins. De plus sa manière d'expliquer les légendes des médailles, est de prendre chaque lettre pour un mot entier. L'antiquaire dont nous parlons, en expliquant ainsi les lettres con. ob. qui se trouvent sur plusieurs médailles, & que les antiquaires expliquent par ces mots *Constantinopoli obsignatum*, y trouvoit la phrase suivante, qui étoit la proposition du P. *Hardouin* : *Cusi Omnes Nummi Officinâ Benedictinâ.*

Le P. *Hardouin* a écrit contre la validité des ordinations anglicanes du P. Le Courayer, & sur plusieurs autres sujets étrangers ou indifférens à ses paradoxes favoris, mais qui sous sa plume devenoient de nouvelles sources de paradoxes. Il faisoit schifme dans sa société, il y comptoit des disciples, parmi lesquels on nomme le P. Berruyer. C'est l'ambition naturelle d'un état qui semble avoir renoncé à toute ambition ; mais cette ambition n'étoit pas pleinement satisfaite chez le P. *Hardouin*, trop de gens dans son collége de Louis-le-Grand, se refusoient à ses leçons ; & c'est sans doute le sens de cette plainte qui paroissoit si injuste dans un temps où la société offroit tant de personnages distingués dans les lettres : *dans cette maison je trouve à qui parler, mais je ne trouve pas avec qui parler.* Le P. *Hardouin*, né à Quimper, mourut à Paris en 1729, à quatre-vingt-trois ans.

HARDY, ( Alexandre ) ( *Hist. Litt. mod.* ) mort vers 1630, auteur de 600 pièces de théâtre en France, avant que la France eût un théâtre. M. de Fontenelle dans l'histoire du théâtre françois, explique fort bien cette fécondité, par le degré de mérite des pièces. Au reste, l'espagnol Lopez de Vega étoit bien plus fécond encore. On lui attribue deux mille pièces ; mais ce qui pourroit étonner bien davantage, c'est la fécondité qu'on attribue aux bons poëtes dramatiques grecs.

HARIOT ou HARRIOT, ( Thomas ) ( *Hist. Litt. mod.* ) célèbre mathématicien anglois. Sa *Pratique de l'art analytique pour réduire les équations algébriques,* a fait naître sur *Hariot* & sur Descartes au sujet de l'algèbre, une dispute semblable à celle qu'on a vu naître depuis sur Newton & sur Leibnitz, au sujet du calcul différentiel & intégral ; les anglois prétendent que Descartes a copié dans l'ouvrage de *Hariot* ce qu'il a écrit sur l'algèbre. Cet ouvrage de *Hariot*, plein de découvertes intéressantes, fut publié en latin, à Londres, en 1631.

HARLAY ou HARLAI, ( *Hist. de Fr.* ) ancienne maison venue d'Angleterre, selon les uns ; & qui, selon d'autres, tire son nom de la ville de Harlai en Franche-Comté, a produit plusieurs hommes célèbres dans l'église, dans l'épée & dans la robe,

Dans l'église, quelques évêques & archevêques, dont le plus connu, est François de *Harlay*, archevêque de Paris, duc & pair de France, commandeur de l'ordre du St. Esprit, l'un des quarante de l'Académie Françoise ; il étoit désigné pour être cardinal, mais il mourut avant la promotion ( en 1695). C'est pour lui que St. Cloud a été érigé en duché-pairie en 1690. C'étoit un prélat homme d'esprit, de mœurs peu austères, dit-on, & d'une très-belle figure. Quand il fut nommé à l'archevêché de Paris, on disoit de lui :

*Formosi pecoris custos formosior ipse.*

Il étoit de la branche de Chanvalon ou Champvalon. Dans l'épée, on trouve dans la branche de Sanci, le fameux Sanci, Nicolas de *Harlay*, sur-intendant des finances & des bâtimens, premier colonel général des Suisses. M. de Sully en dit beaucoup de mal, parce qu'il étoit son ennemi ; mais Sanci rendit à Henri IV, le service le plus essentiel, lorsqu'à son avènement, il retint à son service les Suisses, qu'il avoit engagés au service de Henri III. Il avoit été employé dans des ambassades importantes en Allemagne & en Angleterre. Mort le 17 octobre 1629.

Il avoit eu un fils nommé comme lui, Nicolas de *Harlay* de Sanci, tué en 1601, au siège d'Ostende.

Dans la branche de *Harlay*, tué en Italie le 23 septembre 1647. Il étoit fils de Philippe de *Harlay*, comte de Cesi, mort en 1652, qui avoit été vingt-quatre ans ambassadeur à Constantinople ; c'est celui dont parle Racine dans la préface de *Bajazet*.

Dans la branche de Champvalon, François-Bonaventure de *Harlay*, lieutenant-général, frère de l'archevêque de Paris, blessé au siège d'Alexandrie. Mort le 16 mars 1682.

Louis de *Harlay* tué au combat de Senef en 1674. François de *Harlay*, son fils, tué à la bataille de Nertwinde le 29 juillet 1693.

Dans la robe, c'est sur-tout dans cet état que la maison de *Harlay* a produit les hommes les plus distingués.

1°. Christophe de *Harlay*, seigneur de Beaumont, président à mortier au parlement de Paris. Mort le 2 juillet 1572.

2°. Son fils, Achille de *Harlay*, premier président du même parlement de Paris, dans des temps difficiles, homme vertueux & d'un grand courage. Quand le duc de Guise, peu de jours après les barricades, alla le voir pour le sonder sur ce qu'il devoit attendre du parlement, ce digne magistrat, du plus loin qu'il l'apperçut, s'écria : *c'est grande pitié, quand le valet chasse le maître ; au reste, mon âme est entre les mains de Dieu, mon corps est en la puissance des méchans ; qu'ils en fassent ce qu'ils voudront. Voyez* à l'article CLERC (Bussi-le), quelle fut la conduite de ce magistrat, quand les Seize voulurent forcer le parlement à condamner Henri III, après la mort des Guises. *Voyez* les beaux vers par lesquels M. de Voltaire a immortalisé M. de *Harlay*, dans la Henriade. C'est en faveur d'Achille de *Harlay*, que la terre de Beau-

mont a été érigée en comté par Henri IV. Cette terre étoit entrée dans la maison de *Harlay*, par le mariage de Germaine Cœur, petite-fille du fameux Jacques Cœur, avec Louis de *Harlay*, ayeul d'Achille.

3°. Christophe II de *Harlay*, fils d'Achille, ambassadeur en Angleterre, sous Elisabeth & Jacques I. (*Voyez* l'article ESSEX.)

4°. Achille II de *Harlay*, procureur général du parlement de Paris.

5°. Achille III, procureur général, puis premier président du parlement de Paris en 1689, sur la démission de M. de Novion, magistrat connu par sa sévérité & par plusieurs mots piquants, se retira en 1707, & mourut le 23 juillet 1712.

6°. Achilles IV, fils d'Achilles III, avocat général, puis conseiller d'état, mort le 23 juillet 1717, eut une fille unique, qui, par son mariage avec Christian-Louis de Montmorency-Luxembourg, prince de Tingry, du 7 décembre 1711, porta la terre de Beaumont dans cette branche de Montmorency-Luxembourg.

7°. Nicolas-Auguste de *Harlay* de Cesi, conseiller d'état, plénipotentiaire à Francfort en 1681, & à Riswick en 1697. Il fut justement chansonné dans cette dernière occasion, non pour avoir négocié une paix nécessaire, que la nation, accoutumée à l'éclat des conquêtes & à l'insolence des injustices, trouvoit honteuse, parce qu'on rendoit quelques places qu'on avoit eu tort de prendre, mais pour s'être arrêté en chemin lorsqu'il apportoit au roi la nouvelle de la paix, & s'être trouvé prévenu lorsqu'il arriva. Depuis ce temps, la diligence de M. de Cesi étoit passée en proverbe. « Vraisemblablement vous avez pris des mémoires de » M. de Cesi, pour avoir fait une course aussi extra- » ordinaire que celle que vous avez faite, écrivoit Racine à son fils aîné, qui étant chargé l'année suivante, de porter des dépêches à M. de Bonrepeaux, ambassadeur de France en Hollande, s'étoit arrêté à Bruxelles ; mais la tendresse paternelle s'étoit alarmée trop tôt. M. de Torci approuva ce séjour, qu'apparemment il avoit ordonné. Racine fait réparation à son fils dans les lettres suivantes.

M. de Cesi mourut le 1er avril 1704.

8°. Il eut pour fils Louis-Achilles-Auguste de *Harlay*, comte de Cesi, intendant de Pau, puis de Metz, puis de Paris, & conseiller d'état, mort le 27 décembre 1730. C'est dans ce magistrat plaisant, caustique, d'un esprit très-françois & de mœurs très-légères, qu'a fini cette maison de graves sénateurs, qui retraçoit l'esprit antique & les mœurs de la république romaine, au milieu de la monarchie.

HARO, (dom Louis de) (*Hist. d'Esp.*) héritier & successeur dans les ministères, du comte-duc d'Olivarès son oncle maternel. Les vicissitudes de la guerre, la perte de la Catalogne du Portugal, firent chasser ce fameux Olivarès, le Richelieu d'Espagne ; au contraire, dom Louis de *Haro* rendit son crédit inébranlable, en le soutenant par la paix, & en méritant que son maître le distinguât des autres ministres, par ce surnom de *la Paix*, dont il lui fit un titre d'honneur, en mémoire de la paix des Pyrénées, conclue en 1659. Dom Louis de *Haro* avoit traité cette grande affaire avec le cardinal Mazarin : il difoit de lui : *ce grand miniftre a un grand défaut en politique , il veut toujours tromper ;* excellent mo', auquel les politiques machiavelliftes devroient bien faire attention. Dom Louis de *Haro* mourut en 1661. Ce fut un de fes ancêtres , dom Lopez de *Haro*, prince de Bifcaye , qui bâtit en 1300 , la ville de Bilbao.

HARPAGE. ( *Voyez* ASTYAGE ) ( *Hift. anc.* ) ou Harpagus , étoit , felon Hérodote & Juftin , un des principaux officiers d'Aftyage , qui ayant été chargé par lui de faire mourir Cyrus fon petit-fils , dont un longe l'avoit averti de fe défier , le fit expofer dans une forêt par un des bergers du roi ; l'enfant ayant été fauvé & nourri en fecret par la femme du berger, Aftyage , pour fe venger de l'infidélité d'*Harpage*, fit fervir à ce malheureux pere les membres de fon fils, & lui en préfenta enfuite la tête. Tout cela reffemble bien aux fables d'Œdipe , d'Atrée & Thyefte , de Procné & de Térée. *Harpage* , pour fe venger à fon tour d'Aftyage , aida Cyrus à le détrôner.

HARPOCRATION , (Valèrius) (*Hift. Litt. anc.*) rhéteur d'Alexandrie , dont on a un Lexicon curieux , commenté par plufieurs fçavants.

HARRINGTON , (Jean) (*Hift. Litt. mod.*) poëte anglois du temps d'Elifabeth & de Jacques I , connu fur-tout par fa traduction angloife d'Ariofte.

Jacques *Harrington* , écrivain politique , auteur de l'ouvrage intitulé , *Oceana* , plan de république , affez femblable à l'Utopie de Thomas Morus , mais qui ne plut nullement à Cromwel , du temps duquel il parut. Cromwel qui avoit tant parlé de liberté , lorfqu'il n'étoit qu'un fimple particulier , ne fe foucioit plus qu'on en parlât , depuis qu'il étoit parvenu à la tyrannie. *Harrington* examine quel eft le plus haut point de liberté où la conftitution d'un état puiffe être portée ; mais on peut dire de lui , dit M. de Montefquieu, » qu'il n'a cherché cette liberté qu'après l'avoir mé- » connue , & qu'il a bâti Chalcédoine , ayant le rivage » de Byfance devant les yeux. » Ce jugement de M. de Montefquieu auroit pu être un peu plus clair , au hafard même d'être moins ingénieux.

*Harrington* avoit voyagé dans prefque toute l'Europe ; en Italie. il ne voulut jamais baifer les pieds du pape. Le roi d'Angleterre, Charles I , auquel il racontoit cette particularité de fes voyages , lui demanda quel motif avoit eu fon refus ; il lui répondit : qu'un homme qui avoit eu l'honneur de baifer la main de fa majefté , ne devoit baifer les pieds de perfonne. Il fe diftingua par fon attachement à la caufe & à la perfonne de Charles I. Après le fupplice de ce prince, il print en horreur les hommes qui avoient été capables d'un tel forfait , & s'enferma loin d'eux avec fes livres , au fond de fon cabinet :

> *Pofiquam fuperis conceffit ab oris
> Afflictus vitam in tenebris luctuque trahebam ,
> Et cafum infontis mecum indignabar amici.*

La folitude où il vivoit , devoit raffurer fur fon compte ; elle le rendit fufpect , on l'enferma dans di-

verfes prifons. L'ufage du gayac mêlé avec le café , lui fit , dit-on , perdre l'efprit. Il mourut en 1667.

HARRISON , ( *Hift. d'Anglet.* ) un des juges de Charles I , fut pendu en 1760.

HARTSOEKER , ( Nicolas) (*Hift. Litt. mod.*) fçavant hollandois , affocié étranger de l'Académie des Sciences , fils d'un miniftre remontrant , fut deftiné par fes parents , au miniftère ; mais il n'aima que les mathématiques : la plûpart de ceux qui s'y font appliqués , dit M. de Fontenelle, ont été des rebelles à l'autorité de leurs parents ; *Hartfoëker* confacroit la nuit à cette étude ; & pour n'être pas trahi par la lumière qu'on auroit pu appercevoir dans fa chambre, il étendoit devant fa fenêtre les couvertures de fon lit, qui ne lui fervoient plus , dit encore M. de Fontenelle, qu'à cacher qu'il ne dormoit pas. Il s'occupa beaucoup de microfcopes , & il eft fur - tout fameux par fon fyftême des animalcules qu'il crut appercevoir dans la liqueur fpermatique. Il s'attacha en 1704, à l'électeur palatin, Jean-Guillaume , qui mourut en 1716. Après la mort de ce prince, il retourna en Hollande. On a de lui un *Effai de dioptrique* ; des *Principes de phyfique* ; des *Conjectures phyfiques* ; des *Eclairciffements fur ces conjectures* , où en répondant à diverfes objections , il critique lui-même avec beaucoup de févérité & un peu d'humeur , plufieurs de fes plus illuftres confrères de l'Académie des Sciences ; un *Recueil de pièces de phy- fique* , où il attaque des differtations de M. de Mairan, qui , en trois années confécutives , avoient remporté le prix à l'académie de Bordeaux : on peut voir la ré- ponfe pleine de politeffe & de raifon que lui fit M. de Mairan ; elle eft inférée dans le journal des fçavants , année 1722, pages 568 & fuivantes ; les Bernoulli , les Huguens , les Leibnitz , les Newton font auffi atta- qués par M. *Hartfoëker*; on fent dans fes critiques , dit M. de Fontenelle , plus de plaifir que de befoin de critiquer. Il mourut le 10 décembre 1725. Il étoit né le 26 mars 1656.

HARVE'E ou HARVEI ou HERVE', (Guillaume) ( *Hift. Litt. mod.* ) médecin des rois Jacques I & Charles I , auteur de la découverte de la circulation du fang. Le premier de fes envieux fut de la traiter de chimère ; le fecond , de dire que c'étoit une vérité anciennement connue. *Hervée* eft auteur de quelques autres ouvrages de médecine. Né en 1578 , mort en 1657.

Un autre *Hervée* , ( Gedéon ) auffi médecin , eft auteur de deux traités curieux ; l'un *Ars curandi morbos expectatione* , l'autre , *de vanitatibus , dolis & mendaciis Medicorum.*

HASEKI , f. m. ( *Hift. mod.* ) c'eft ainfi que les Turcs nomment celles des concubines du fultan qui ont reçu ce prince dans leurs bras ; elles font diftinguées des autres qui n'ont pas eu le même honneur ; on leur donne un appartement féparé dans le ferrail , avec un train d'eunuques & de domeftiques. Quand elles ont eu le bonheur de plaire au fultan, pour preuve de fon amour , il leur met une couronne fur la tête , & leur donne le titre d'*afeki* ; & alors elles peuvent aller. le trouver

trouver auffi fouvent qu'il leur plaît , privilège dont ne jouiffent point les autres concubines. On leur accorde ordinairement cinq cens bourfes de penfions. *Voyez hift. ottomane du prince Cantimir.* ( *A. R.* )

HASTINGS, (Guillaume) (*Hift. d'Anglet.*) chambellan du roi Edouard IV, qu'il avoit aidé à monter fur le trône , l'étoit auffi de fon jeune fils Edouard V, dans le temps où Richard , duc de Gloceftre , oncle d'Edouard V , & protecteur du royaume pendant la minorité du prince , cherchoit les moyens d'envahir la couronne ; *Haftings* s'obftinoit , malgré plufieurs avis , à ne rien croire des deffeins du protecteur, tant ils lui paroiffoient hors de vraifemblance. Les confidents du protecteur travaillèrent à engager *Haftings* dans le parti de leur maître , d'abord par des infinuations éloignées , enfuite par des propofitions plus directes ; il fut fourd & inflexible , & fa perte fut réfolue. Richard affemble le confeil : ce jour-là il montre à tous les membres de ce confeil , & nommément au lord *Haftings* , une affabilité qui n'étoit pas dans fon caractère ; il entame de longues délibérations concernant la cérémonie du couronnement d'Edouard V , qu'il affectoit de préparer ; & fortant tout-à-coup de l'affemblée fur quelque prétexte , il demande que ces délibérations foient continuées pendant fon abfence ; il revient une heure après , la pâleur fur le front , la fureur dans les yeux : « milords , s'écrie-t-il d'une voix tremblante de colère , quelle peine méritent ceux qui » confpirent contre la vie d'un protecteur du royaume » ? Son air , fon ton , fes crimes paffés qui reviennent à la mémoire , fes projets qui commencent à fe manifefter , glacent le confeil ; on fe regarde , on fe tait : *Haftings* feul , toujours éloigné de toute défiance , répond au nom de l'affemblée , que ces confpirateurs , quels qu'ils foient , & s'ils exiftent , méritent d'être traités comme des traîtres. « Eh bien , réplique Richard , toujours du même ton , c'eft ma belle - fœur , & elle a des » complices. — Qui dites-vous , milord ? La reine » douairière ? — Oui , & Jeanne Shore fon agente. » Cette Jeanne Shore, bien loin d'être l'agente de la reine douairière ; veuve d'Edouard IV & mère d'Edouard V, étoit fon ennemie , parce qu'elle avoit été la maîtreffe d'Edouard IV , mais elle étoit alors la maîtreffe du lord *Haftings* ; le filence continuoit : « voyez , dit Richard , en découvrant fon bras gauche qui prenoit moins de nourriture que l'autre , mais qu'on fçavoit avoir toujours été dans cet état , « voyez l'effet. des enchantements de ces deux femmes. » La groffièreté de cet artifice révoltoit & faifoit trembler. « Si elles font cou- « pables , dit enfin le lord *Haftings* , il faut les punir. « « Si ? repliqua Richard avec une feinte indignation , » tu ofes douter de cet attefte , tu es leur complice ». Tandis que *Haftings* s'étonne , fe juftifie , commence à s'alarmer , Richard frappe fur une table , & la falle eft remplie de foldats , *Haftings* & tous les feigneurs oppofés aux deffeins de Richard , font arrêtés. Celui-ci feignant toujours la même colère , jure de ne point manger qu'il n'ait vu tomber à fes pieds la tête du lord *Haftings* ; il ne lui donne que le temps de fe confeffer , & le fait décapiter à fa vue. (1483.) Jeanne Shore

n'ayant pu être convaincue fur l'article de la magie , malgré la fuperftition du temps & du pays , peu philofophe alors , le fut aifément fur les défordres de fa vie , dont il ne s'agiffoit pas dans fon affaire , & fubit la pénitence publique.

HATENURAS, f. m. ( *Hift. mod.* ) c'eft ainfi que l'on nomme dans la nouvelle Efpagne , un droit que l'on acquiert fur les Indiens , par lequel ils font chaffés de leurs poffeffions qui font confifquées, ils font obligés de fervir à gages & de travailler tout à tour aux mines du roi. ( *A. R.* )

HATEUR , f. m. ( *Hift. mod.* ) officier chez le roi , qui veilloit dans les cuifines à l'apprêt & au fervice des viandes rôties. ( *A. R.* )

HATRATSCH , (*Hift. mod.*) efpèce d'amende pécuniaire que les Turcs font payer en Croatie & en Bofnie , à ceux qui ont manqué de fe trouver en armes au rendez - vous qui leur a été indiqué par ordre du grand-feigneur. ( *A. R.* )

HATTON , ou HETTON , (*Hift. mod.*) Lorfque l'impératrice d'orient , Irène , fut renverfée du trône en 802 , par Nicéphore , elle traitoit de fon mariage avec Charlemagne , & de l'union de l'empire d'orient avec l'empire d'occident ; les ambaffadeurs françois , à la tête defquels étoit l'évêque de Bâle Hatton , furent témoins de la révolution qui confondoit tous ces projets ; à tout ce que cet événement avoit de défagréable pour la France , la nation grecque ajouta des marques choquantes d'éloignement pour la France. Les ambaffadeurs prirent d'abord le ton de la menace , ils proteftèrent que Charlemagne ne laifferoit pas impuni le traitement fait à fon alliée , & ils partirent mécontents. Cependant l'affaire tourna en négociation. Nicéphore fentit l'intérêt qu'il avoit de ne pas s'attirer un ennemi tel que Charlemagne , il fe hâta de lui envoyer des ambaffadeurs pour demander la paix.

Charlemagne , ordinairement le plus fimple de tous les hommes dans fon extérieur, prit plaifir à étonner les ambaffadeurs grecs par une magnificence inattendue , & étala un fafte plus qu'afiatique aux yeux de cette nation vaine & frivole , qui n'eftimoit que l'éclat. Le moine de St. Gal a pris plus de plaifir encore à décrire ce fafte, dans fes moindres détails; nous ne prendrons de fon récit que ce qui concerne l'évêque *Hatton* : lorfque les ambaffadeurs parvinrent, de merveilles en merveilles & d'étonnement en étonnement jufqu'à l'empereur , ce prince avoit la main appuyée fur l'épaule de l'évêque *Hatton* , auquel il affectoit de prodiguer des marques de confidération , comme pour le venger des dégoûts qu'il avoit effuyés à la cour de Conftantinople ; les ambaffadeurs fe profternèrent devant Charlemagne avec une efpèce de vénération religieufe , non fans quelque confufion de retrouver dans la plus haute faveur auprès d'un tel fouverain & dans une telle cour , ce même évêque Hatton , pour lequel ils fçavoient qu'on avoit eu à Conftantinople fort peu d'égards. L'empereur les releva , les raffura & leur dit avec un mélange impofant de févérité & de fierté « Hatton vous par- » donne , & je vous pardonne à fa prière ; mais

G

» déformais refpectons la perfonne des évêques & des
» ambaffadeurs ».

HAUDICQUER DE BLANCOURT, (François)
( *Hift: Litt. mod.* ) généalogifte ; auteur de *Recherches
fur l'ordre du St. Efprit* & du *Nobiliaire de Picardie.*
Il fut condamné aux galères pour avoir fuppofé de
faux titres contre l'honneur de quelques maifons.

HAVERCAMP, (Sigebert ) ( *Hift. Litt. mod.* )
éditeur de divers auteurs grecs & latins. On a de lui
les *Médailles de grand & de moyen bronze du cabinet
de la reine Chriftine de Suède* ; les *Médailles du duc de
Croy* , l'ouvrage intitulé : *Sylloge fcriptorum qui de
græcæ linguæ rectâ prononciatione fcripferunt.* Il étoit
profeffeur d'éloquence & d'éloquence grecque à Leyde.
Mort en 1742.

HAUTEFORT, (Marie de ) ( *Hift de Fr.*) dame
d'atour de la reine Anne d'Autriche, fut aimée de
Louis XIII. Anne d'Autriche n'en fut pas jaloufe ; mais
le cardinal de Richelieu en fut jaloux & la fit renvoyer ,
parce qu'elle étoit dans les intérêts d'Anne d'Autriche ,
& qu'elle auroit pu au moins empêcher le cardinal de
perfécuter cette reine. Lorfque la reine devint régente ,
elle rappella madame de *Hautefort* ; mais fa faveur ne
dura pas, elle fut même exilée. Le maréchal de Schomberg l'époufa en 1646. Elle mourut en 1691. Elle étoit
née en 1616.

HAUTEMER. *Voyez* GRANCEY.

HAUTEROCHE. (Noël Lebreton fieur de ) (*Hift.
Litt. mod.*) acteur & poëte comique françois. On joue
plufieurs de fes pièces, telle que *le Deuil ; Crifpin
médecin ; le Cocher fuppofé ; l'Efprit follet. Hauteroche*
jouoit encore la comédie à quatre-vingt-dix ans. Mort
en 1707.

HAY, (le ) *Voyez* CHÉRON.

HAY DU CHATELET. *Voyez* CHATELET (du).

HAY , ( Alexandre ) (*Hift. de Fr.*) jéfuite , ligueur ,
fanatique & féditieux , difoit publiquement après la
réduction de Paris fous l'obéïffance de Henri IV , qu'il
efpéroit que ce prince pafferoit devant le collège des jéfuites , & qu'il défiroit alors tomber de la fenêtre fur
lui là tête la première , pour lui rompre le cou. Il fut
banni par arrêt du 10 janvier 1595 , avec défenfe
expreffe de rentrer dans le royaume , fous peine d'être
pendu.

HAYS , ( Jean de ) (*Hift. Litt. mod.*) poëte françois
du feizième fiècle, auteur d'une pièce en fept actes ,
intitulée : *Cammate.*

HAZAEL , ( *Hift. facr.* ) ufurpateur du royaume
de Syrie , & ennemi du peuple Juif. On trouve fon
hiftoire dans le quatrième livre des Rois , chap. 8.

HEBER , ( *Hift. facr.* ) fils de Salé , père de Phaleg ,
Génèfe , ch. 11.

HEDELIN. *Voyez* AUBIGNAC ( l'abbé de ) né à
Paris le 4 août 1604. Mort à Nemours le 25 juillet
1676.

HEEMSKERK , ( Martin de ) (*Hift. mod.*) peintre
hollandois , furnommé le *Raphaël de la Hollande.* Nous

n'en parlerons ici que pour obferver qu'il légua une
fomme confidérable pour marier chaque année un certain nombre de filles , leur impofant pour toute condition , de venir danfer à un jour marqué autour de la
croix qui feroit mife fur fon tombeau. Cette croix
eft reftée dans le lieu de fa fépulture , pour fervir de
titre à fa fondation ; & on remarque que c'eft la feule
croix qui ait été confervée par les proteftants. Né en
1498 , au village de *Héemskerk* , dont il prit le nom.
Mort à Harlem en 1574.

HEGESIPPE , ( *Hift. eccléfiaft.* ) juif converti au
chriftianifme. Mort en 181. Premier auteur qui ait
laiffé un corps d'*Hiftoire eccléfiaftique.* Eufebe nous en
a confervé quelques fragments.

HEIN , ( Pierre ) ( *Hift. mod.* ) célèbre amiral de
Hollande , parvenu , à force de mérite , au commandement des armées navales. Il défit en 1626 , la flotte
d'Efpagne , fur les côtes du Bréfil. En 1628 , il attaqua
une autre flotte efpagnole qui venoit du Pérou au
Mexique , & lui enleva pour plus de feize millions
d'argent ou de marchandifes. Il fut tué fur mer dans
un autre combat contre quelques vaiffeaux efpagnols ,
vers l'an 1629.

HEINECKEN , (Chrétien-Henri) (*Hift. Litt. mod.*)
C'eft le plus étonnant de tous les enfants précoces &
célèbres. Né à Lubeck en 1721 , il eft mort en 1725.
D'après ces deux époques , il fembleroit qu'on ne pût
avoir rien à dire de lui. Voici ce qu'on en fçait ; à
dix mois il parloit ; à un an il fçavoit les principaux
évènements du pentateuque ; à treize mois , l'hiftoire de
l'ancien teftament ; à quatorze , celle du nouveau ; à
deux ans & demi , il répondoit aux principales queftions
de la géographie & de l'hiftoire ancienne & moderne ;
à trois ans , il parloit latin & françois ; il connoiffoit
les généalogies des principales maifons de l'europe ; il
fut un objet de curiofité & d'admiration pour la cour
d'Allemagne : au retour de ce voyage , il tomba malade
& mourut. Il avoit toujours été infirme , il n'atteignit
point l'âge de quatre ans.

HEINSIUS , ( Daniel & Nicolas ) ( *Hift. Litt.
mod.*) père & fils , fçavants célèbres ; le premier , par
fa traduction de la poétique d'Ariftote , à laquelle il a
joint un traité de la tragédie , & par des éditions &
traductions de divers auteurs grecs , tels que Théocrite , Mofchus , Bion ; il a quelquefois égayé fon fçavoir par des bagatelles telles que *Laus afini* , & par
des vers grecs & latins ; le fecond a donné une bonne
édition de Virgile , de fçavantes notes fur Ovide &
fur d'autres auteurs latins ; il a auffi laiffé des poéfies
latines.

Daniel étoit né à Gand en 1580. Il étoit difciple de
Scaliger ; il mourut en 1665. Nicolas , né à Leyde en
1620 , mourut à la Haye en 1681.

Un autre *Heinfius* joua un rôle dans la politique
au temps des fameufes conférences de Moërdick , de
Voërden , de Boëdgrave , de Gertruydemberg en
1709 & 1710. Les véritables rivaux de Louis XIV ,
dans la guerre malheureufe qui fe faifoit alors , n'étoient
ni la reine Anne , ni les empereurs Léopold , Jofeph &

Chârles ; c'étoit Eugéne , gouvernant l'empire qu'il rén-
doit victorieux ; c'étoit Marlborong , gouvernant l'Angleterre par fa renommée , & la reine Anne , par la
ducheſſe de Marlborong, ſa femme , favorite de cette
princeſſe ; c'étoit Heinſius , penſionnaire de Hollande ;
ces trois hommes , dit le marquis de Torcy, étoient
comme les Triumvirs de la ligue contre la France.
Marlbourong gouvernoit Heinſius. Celui-ci , qui avoit
été créature de Guillaume III , & qui lui devoit ſa
place de penſionnaire de Hollande , avoit autrefois
été envoyé. en France par ce prince , après la paix
de Nimègue , pour traiter d'affaires concernant la
principauté d'Orange. Son zèle pour les intérêts de
Guillaume , avoit déplu à Louvois , qui regardant tous
les Européens comme des ſujets de ſon maître , s'étoit
emporté juſqu'à menacer Heinſius de la Baſtille.
Guillaume & Louvois n'étoient plus dans le temps
de la guerre de la ſucceſſion d'Eſpagne & des conférences pour la paix ; mais Heinſius n'avoit oublié ni
les bienfaits de l'un ni les menaces de l'autre ; &
quoiqu'il fût naturellement doux & modéré, Torcy,
dans les conférences, eut quelquefcis à expier les violences de Louvois.

HEISS, ( Hiſt. Litt. mod. ) connu par une Hiſtoire
de l'Empire d'Allemagne.

HEKIM EFFENDI , ſ. m. ( Hiſt. mod. ) nom que
les Turcs donnent au premier médecin du grand-
ſeigneur & de ſon ſerrail. Lorſqu'une ſultane tombe
malade , ce médecin ne peut lui parler qu'au travers
d'un voile dont le lit eſt entouré ; s'il eſt beſoin de
lui tâter le pouls , c'eſt au travers d'un linge fin qu'on
jette ſur le bras de la ſultane. Voyez Cantemir, Hiſt.
ottomane. ( A. R. )

HELE, ( Thomas d' ) Hiſt. Lit. mod. gentilhomme
anglois, auteur de trois pièces très-connues, jouées à
Paris , à la Comédie Italienne : le Jugement de Midas ;
l'Amant jaloux ; les Evènemens imprévus. Né vers
l'an 1740, mort le 27 décembre 1780.

HELENE, (Sainte) ( Hiſt. Rom. ) née dans l'obſcurité , au bourg de Drépane en Bithynie, fut aimée
de Conſtance Chlore , qui l'épouſa , & fut la mère
de Conſtantin. Vers l'an 326 , elle viſita les lieux ſaints,
& découvrit la vraie croix & les inſtrumens de la
paſſion. Elle mourut en 328 à quatre-vingts ans.

HÉLÉNE, ( Flavia - Julia Helena ) ſa petite fille , &
fille de Conſtantin, fut femme de l'empereur Julien,
Morte l'an 320.

HELGON, ( Hiſt. de Danemark) roi de Danemark,
conquit la Suéde ſur Halvard. Il y régna avec un
ſceptre de fer ; le mépris qu'il avoit pour ſes ſujets
n'éclata que trop dans la loi qu'il publia , par laquelle
un aſſaſſin payoit une amende moins forte pour le
meurtre d'un ſuédois que pour celui d'un danois. Enfin ,
il céda à Attſius cette couronne indigne de lui ; mais
le royaume de Suéde demeura tributaire du Danemark.
Ce fut vers la fin du deuxième ſiècle que ce prince
mourut. ( M. DE SACY. )

HELINAN, Voyez ELINAN.

HELIODORE , ( Hiſt. ſacr. ) battu de verges par
des anges , & chaſſé par eux du temple de Jéruſalem,
qu'il alloit piller. Son hiſtoire eſt rapportée au ſecond
livre chap. 3 des Machabées.

HELIODORE , d'Emèſe en Phénicie , auteur du fameux roman grec des Amours de Théagène & de
Chariclée, vivoit ſous l'empereur Théodoſe-le-Grand.

HELIOGABALE ou HELAGABALE , (MARCUS-
AURELIUS-ANTONIUS BASSIANUS) ( Hiſt. de l'Emp Romain) étoit fils de l'empereur Marcus-Antonius Baſſianus,
plus connu ſous le nom de Caracalla. Macrin , qui
avoit envahi l'empire , fut maſſacré par ſon armée ,
qui proclama le jeune Héliogabale. Il avoit été ainſi
ſurnommé , parce que pendant ſa jeuneſſe, les Phéniciens l'avoient conſacré prêtre du ſoleil. Quoiqu'il
n'eût que ſeize ans , le ſénat, par une baſſe adulation ,
lui déféra le titre d'Auguſte ; ſon caractère impétueux
loix que ſes caprices. Sa mère & ſon ayeule avoient
reçu le titre d'Auguſte avec lui : cet honneur ne
lui parut pas ſuffiſant ; il voulut qu'elles aſſiſtaſſent
aux délibérations du ſénat, & qu'elles donnaſſent leur
voix après les conſuls. Il établit ſur le mont Quirinal
une eſpèce de ſénat compoſé de femmes , dont ſa mère
eut la préſidence. Cette femme , ſans décence dans ſes
mœurs, y donnoit des leçons & des exemples de
proſtitution : elle prononçoit des arrêts ſur les ajuſte-
mens & les modes. Les femmes les plus honnêtes ,
dans la crainte de lui déplaire, renonçoient à la ſimplicité innocente de leur parure , pour ſe vêtir en
courtiſannes. L'empereur abruti dans la plus ſale débauche, ſommeilloit dans ſon palais , où il n'admettoit
que ce que Rome avoit de plus abject & de plus corrompu. Quiconque avoit un reſte de pudeur , un homme
de la naiſſance , en étoit exclu. Les cochers, les comédiens, les pantomimes & les hiſtrions compoſoient ſa
cour, & tous pour lui plaire, chterchoient à ſe diſtinguer par leurs raffinemens dans les voluptés & par
leurs excès de débauche. Ce fut ce qui lui mérita le
ſurnom de Sardanapale des Romains. Gannis qui avoit
élevé ſon enfance , crut avoir droit de lui faire des
remontrances ſur ſes déſordres. Héliogabale , pour ſe
délivrer de l'importunité de ſa cenſure ; lui plongea ſon
épée dans le ſein. Quoiqu'il n'eût aucun ſentiment de
religion , il prenoit un ſingulier plaiſir à la pompe des
cérémonies ſacrées. Son extravagance s'étendoit juſque
ſur le culte religieux : plein d'indifférence pour les
anciennes divinités du Capitole, il fit venir de Phénicie le ſimulacre du dieu Elagabal , & il exigea qu'on
lui rendît un culte excluſif. C'étoit une pierre brute
qui avoit la forme d'un cône , avec des figures tracées
par le caprice , & qui paroiſſoient myſtérieuſes à force
d'être ridicules. Les anciens temples furent dépouillés
de leurs plus riches ornemens , pour embellir celui
qui fut conſacré à ce nouveau dieu. Son délire religieux
fut encore pouſſé plus loin : il y avoit à Carthage , une
ſtatue de la Lune qui attiroit des adorateurs de toutes
les contrées de l'Aſie & de l'Afrique ; il la fit tranſporter pour la placer dans le temple qu'il venoit de
conſtruire : il ne garda aucune retenue dans ſon extra

G 2

vagance ; & pour mieux honorer fon dieu ; il le maria' avec la Lune. Ces noces furent célébrées avec magnificence dans Rome & les provinces : ceux qui refuferent de prendre part à cette fête , expirèrent dans les tortures. Tandis qu'il fignaloit fon zèle pour une divinité bizarre , il violoit fans pudeur ce que lancienne religion avoit de plus refpectable. Il époufa publiquement une veftale : cette union facrilège excitâ un fcandale général. Il crut impofer filence, en difant qu'il n'y avoit point d'union plus fûinte que célle d'un prêtre du Soleil avec une prêtreffe de Vefta. Sa vie fut un perpétuel délire. Comme il étoit régulièrement beau , il eut la manie de paffer pour femme. Il annonça publiquement fon nouveau fexe ; & en cette qualité , il époufa un de fes officiers, qu'il répudia pour paffer dans le lit d'un de fes efclaves. De forte qu'on lui appliqua le reproche fait à Jules-Céfar , qu'il étoit la femme de tous les maris & le mari de toutes les femmes. Son inconftance le promenoit d'objets en objets. Chaque année il répudioit une femme en prendre une nouvelle. Ses organes émouffés par une continuelle jouiffance , lui infpirèrent le dégoût & la fatiété. Sans frein dans fes paffions , tout ce qui étoit outré lui paroiffoit digne d'un empereur : il ne fe déroboit à l'ennui qu'en fortant de l'ordre. Quelquefois il invitoit à fa table huit boiteux , huit chauves , huit borgnes & huit vieillards caffés : cet affemblage lui faifoit plaifir , parce qu'il étoit bizarre. Quelquefois il préparoit un fomptueux feftin , où il invitoit les hommes les plus vils ; & après les avoir bien enivrés, il les expofoit pour être la pâture des bêtes féroces. Ses prodigalités épuifèrent le tréfor public : il fallut multiplier les impôts pour remplir le vuide caufé par fes profufions. Rome & les provinces obéiffoient en tremblant , à un monftre qui les gouvernoit avec un fceptre de fer. Les efprits étoient fans énergie & fans courage ; le fénat n'étoit rempli que d'efclaves fournis aux caprices d'un defpote impitoyable. L'armée qui l'avoit autrefois proclamé empereur , fe repentit de fon choix ; elle appella à l'empire Alexandre Sévère , & tout le peuple applaudit à cette nomination. Heliogabale auffi bas dans l'adverfité qu'il avoit été infolent dans la fortune, defcendit aux plus humbles prières pour fléchir les foldats. N'ayant pu les vaincre par fes promeffes , il vit ce qu'il avoit à craindre de leurs menaces. Cet empereur voluptueux, qui n'avoit dormi que fur des fleurs , alla fe cacher dans des latrines, où il fut découvert par des foldats , avec fa mère qui tâchoit de le confoler en mêlant fes larmes aux fiennes. Ils s'embraffoient l'un l'autre , lorfqu'on leur trancha la tête. La mère étoit la plus coupable , puifqu'elle lui avoit donné l'exemple de la diffolution. Les débauches du fils étoient moins criminelles , & pouvoient être rejettées fur fa jeuneffe & fon inexpérience : il n'avoit que dix-huit ans , lorfqu'il perdit la vie & l'empire ; il avoit régné trois ans , neuf mois & quatre jours. Leurs cadavres , après avoir été traînés ignominieufement dans le cirque, furent jettés dans le Tibre.
(*J. N.*)

*HELLOT, (Jean) (*Hift. Litt. mod.*) de l'Académie des Sciences de Paris , & de la Société Royale de Londres. Habile chimifte. On a de lui , outre des differtations dans le recueil des mémoires de l'Académie des Sciences, un ouvrage intitulé : *l'Art de la teinture des laines & étoffes de laine*. Il a retouché & enrichi de remarques la traduction faite , par ordre du miniftère , du *Traité de la fonte des mines & des fonderies* , écrit en allemand par Schlutter. Mort en 1766 , âgé de quatre vingt ans.

HELMON. *Voyez* VANHELMONT.

HELOISE. *Voyez* ABAILARD.

HELVETIQUE , adj. ( *Hift. mod.* ) ce qui a rapport aux Suiffes , ou habitants des treize cantons Suiffes , qu'on appelloit autrefois *Helvétiens*.

Le corps *Helvétique* comprend la république de la Suiffe , confiftant en treize cantons qui font autant de républiques particulières.

Suivant les loix & coutumes du corps *Helvétique* , tous les différends qui furviennent entre les différents états , doivent être décidés dans le pays fans l'intervention d'aucune puiffance étrangère. Il femble pourtant que les cantons catholiques ayent dérogé à cette coutume par leur renouvellement d'alliance avec la France en 1715 , puifqu'il y eft ftipulé entr'autres chofes , « que fi le corps *Helvétique* ou quelque canton » eft troublé intérieurement ...... fa majefté ou les » rois fes fucceffeurs employeront d'abord les bons » offices pour pacifier ces troubles , & que fi cette » voie n'avoit pas tout l'effet défiré , fa majefté em- » ployera à fes propres dépens , les forces que Dieu » lui a mifes en main pour obliger l'aggreffeur de ren- » trer dans les règles prefcrites par les alliances que les » cantons & les alliés ont entr'eux ». Précaution qui , à la vérité , ne porte aucune atteinte à la liberté du corps *Helvétique* ; mais qui prouve que les Suiffes même ont cru l'intervention des puiffances étrangères néceffaire en cas de divifion parmi eux , contre ce qu'avance M. Chambers.

Le gouvernement du corps *Helvétique* eft principalement démocratique ; mais il ne l'eft pas purement , il eft mêlé d'ariftocratie. Quand il s'agit d'une affaire qui concerne le bien commun de tous les cantons , on convoque des affemblées générales , où fe rendent leurs députés qui ont voix délibérative. Depuis que la religion a partagé cette république comme en deux portions , les catholiques tiennent leurs affemblées à Lucerne , & quelquefois ailleurs , & les proteftants s'affemblent à Arau.

HELVETIUS. Trois perfonnages célèbres , père , fils & petit-fils , ont illuftré ce nom.

1. Le père, (Adrien) médecin hollandois, fit fortune à Paris par l'ufage de l'*ipécacuana* dans des dyffenteries épidémiques ; il devint infpecteur général des hôpitaux de Flandre , & médecin de M. le régent. Il mourut en 1721 , à foixante-cinq ans. On a de lui un *Traité des maladies les plus fréquentes , & des remèdes fpécifiques pour les guérir.*

Le fils , (Jean-Claude) premier médecin de la reine , étoit de l'Académie des Sciences , & des Académies les plus illuftres de l'europe. Il guérit Louis XV d'une maladie dangereufe que ce prince eut à l'âge de fept ans; il fut un excellent médecin & un beaucoup plus excellent homme. On a de lui une *Idée générale de l'économie animale*, & un ouvrage intitulé : *Principia phyſico-medica, in tyronum medicinæ gratiam conſcripta.* Né en 1685, mort en 1755.

Le petit-fils, (Claude-Adrien) eft célèbre par le livre de l'*Eſprit*, & par les traverfes que ce livre lui attira, plus célèbre encore. par fes vertus, par fes bienfaits envers les malheureux & les gens de mérite : « peu » d'hommes, dit l'auteur de fon éloge, ont été traités par » la nature auffi bien que M. *Helvétius.* Il en avoit reçu » la beauté, la fanté & le génie ». Ajoutons à ces dons la bonté raifonnée qui étoit à la fois chez lui l'ouvrage de la nature & de la philofophie. On lui reprochoit d'étendre quelquefois fes libéralités fur d'affez mauvais fujets. *Si j'étois roi*, répondit-il, *je les corrigerois. Mais je ne fuis que riche, & ils font pauvres ; je dois les fecourir.* Il nous femble qu'on ne peut pas mieux rapporter fes devoirs à leurs véritables principes. On a encore de M. *Helvétius*, l'ouvrage intitulé : *de l'Homme,* & le poëme du *Bonheur.* Il étoit maître-d'hôtel de la reine, & avoit quitté une place de fermier-général, pour fe livrer fans diftraction à la bienfaifance & à la philofophie.

HELYOT, (Pierre) (*Hiſt. Lit. mod.*) religieux picpus, connu par fon *Hiſtoire des ordres monaſtiques*, &c. Il y a auffi de lui quelques livres de dévotion, entr'autres, *le Chrétien mourant*, Né à Paris en 1620, mort à Picpus en 1716.

HEMMING, (*Hiſt. de Danemark*), roi de Danemarck, vivoit vers l'an 811 : ce prince n'eft guère connu que par le traité qu'il conclut avec Charlémagne; on régla que le Weifer ferviroit de féparation à l'empire François & au royaume de Danemark. Ce traité ne mit pas un frein à l'ambition des Danois. Leurs flottes parurent fur les côtes de France ; mais l'afpect de l'empereur qui s'avançoit à la tête de fes troupes empêcha la defcente. Ces vaiffeaux, dit Charlemagne, contiennent plus d'ennemis que de marchandifes ; on furprit quelques larmes qui couloient de fes yeux ; les courtifans empreffés & curieux lui demandèrent le fujet de fa douleur : hélas, dit-il, fi les habitans du nord ofent attaquer la France de mon vivant, que feront-ils après ma mort ? (*M. DE SACY.* )

HENAULT, ou HESNAULT, (Jean) (*Hiſt. Litt. mod.*) poëte connu par deux fonnets affez fameux ; l'un contre Colbert, en faveur de Fouquet ; l'autre, qui a fait beaucoup de bruit, & qui eft encore très-connu, fous le nom du fonnet de l'*Avorton* :

Toi qui meurs avant que de naître, &c.

Il a traduit ou imité en vers, des morceaux de *la Troade* de Sénèque & le commencement du poëme de Lucrèce. Il fut, dit-on, le premier maître en poëfie de Madame des Houlières. Mort en 1682. I

Le préfident *Hénaut*, (Charles-Jean-François) de

l'Académie Françoife, honoraire de l'Académie des Infcriptions & Belles-Lettres, préfident honoraire des enquêtes, furintendant de la maifon de la reine, eft avantageufement connu par fon Abrégé chonologique de l'hiftoire de France, qui en contient toute la fubftance, & où une méthode heureufe & des portraits vrais, des anecdotes piquantes, des rapprochements pleins d'intelligence, des vûes fines, des réflexions profondes font fouvent difparoître la fécherefle chronologique. Cet ouvrage eft devenu un modèle dans fon genre.

Dans fon *François II*, la forme dramatique ne fait qu'ajouter à l'élégance & à l'intérêt, fans rien ôter à la vérité.

On a encore de M. le préfident *Hénaut*, le *Réveil d'Epiménide*, comédie agréable. On lui en attribue quelques autres. Il eft auffi auteur de chanfons dignes d'Anacréon. Il avoit remporté en 1707 un prix de poëfie à l'Académie Françoife. On connoît les deux épitres de M. de Voltaire à M. le préfident *Hénaut*; l'une qui commence ainfi :

Vous qui de la chronologie
Avez réformé les erreurs,
Vous dont la main cueillit les fleurs
De la plus belle poëfie, &c.

Et l'autre, qui eft une efpèce d'hymne à la fanté, en faveur de M. le préfident *Hénaut.*

O déeffe de la fanté ! &c.

Indépendamment de tous fes talents, M. le préfident *Hénaut* a joui dans le monde, d'une réputation bien méritée, d'homme aimable. Né en 1685, mort en 1770.

HENNUYER, (Jean) (*Hiſt. de Fr.*) « Pronon- » çons avec des larmes de vénération, le nom de ce » faint évêque de Lifieux, Jean *Hennuyer*, qui, en » fauvant du carnage de la St. Barthelemy, les pro- » teftants, en les recueillant dans fon palais, en leur » prodiguant les fecours de la charité, en ramena plus » à l'églife qu'on n'en égorgeoit ailleurs. Mort en 1577.

HENOTIQUE, f. m. (*Hiſt. mod.*) henoticon, on donna ce nom dans le Ve fiècle, à un édit de l'empereur Zénon, par lequel il prétendoit réunir les Eutychiens avec les Catholiques.

C'eft Acace, patriarche de Conftantinople, qui, avec le fecours des amis de Pierre Magus, perfuada à l'empereur de publier cet édit.

Le venin de l'*hénotique* de Zénon confifte à ne pas recevoir le concile de Chalcedoine, comme les trois autres, il femble au contraire lui attribuer des erreurs. Cet *hénotique* eft une lettre adreffée aux évêques, aux clercs, aux moines, & aux peuples de la Lybie ; mais il ne parle qu'à ceux qui étoient féparés de l'églife. Il fut condamné par le pape Felix III, & détefté des Catholiques. *Voyez le Dict. de Trévoux. (G).*

HENRI I, furnommé l'*Oiſeleur*, ( *Hiſtoire d'Allemagne.*) IIe roi de Germanie, fuccéda à Conrad I, l'an 919. Ce prince étoit fils d'Othon de Saxe, ce duc qui par un fentiment de générofité dont les temps héroïques même nous offrent peu d'exemples, avoit refufé de monter fur le trône, dans la crainte de n'en pouvoir remplir les devoirs. *Henri I*, auffi ambitieux que fon père étoit modéré, n'avoit pu voir fans une jaloufie fecrète, l'élévation de Conrad I, & l'on ne tarda pas à reffentir les funeftes effets de la paffion qui le confumoit. Naturellement factieux, les prétextes de révolte ne lui manquèrent pas. Peu fatisfait du duché de Saxe que fon père lui avoit tranfmis, il voulut y joindre la Thuringe & la Weftphalie. Indigné d'un refus qui cependant étoit juftifié par la plus fage politique, il affocia à fon reffentiment les ducs de Bavière & de Saxe, & donna naiffance à une guerre civile dont Conrad ne put voir la fin. Ce prince pour convaincre *Henri* que ce n'étoit pas par un motif de haine qu'il lui avoit refufé l'inveftiture des provinces qu'il follicitoit, le nomma fon fucceffeur, & lui envoya les ornemens impériaux ; facrifiant ainfi fon reffentiment au bien du royaume, & rendant au fils, dit un moderne, une générofité pareille à celle que le père avoit fait paroître en fa faveur. *Henri* reçut les marques de fa nouvelle dignité, des mains du propre frère de Conrad ; mais comme ces gages ne fuffifoient pas, il fe fit reconnoître dans une affemblée qui fe tint à Fridzlard. Les états étoient alors en poffeffion de fe choifir des rois. La volonté du prince défunt étoit regardée comme un confeil, & non pas comme une loi. Les feigneurs Germains, ( l'on nommoit d'*Allemands* n'étoit encore en ufage que pour fignifier les Suabes ) ratifièrent le teftament de Conrad, & tous les fuffrages fe réunirent pour *Henri*. On ne fait pourquoi ce prince refufa de fe faire facrer. Comment put-il renoncer à une cérémonie qui à la vérité ne décidoit pas la royauté, mais qui rendoit la perfonne des rois plus vénérable ? Ce fut en vain qu'Heriger ou Hérirté, archevêque de Mayence, l'en follicita, rien ne fut capable de vaincre fon obftination fur ce point.

Le premier foin de *Henri* fut d'affermir le trône que lui-même avoit ébranlé. Arnoul, duc de Bavière, & Burchard, duc de Suabe, qu'il avoit engagés dans fa révolte, étoient devenus fes ennemis, dès qu'il avoit ceffé d'être leur égal. Il les fit fommer de venir lui rendre hommage ; & fur leur refus il marcha contre eux, & les foumit après les avoir battus. Mais comme le duc de Bavière lui offroit encore une puiffance redoutable, il fe crut obligé à quelques facrifices. Jaloux de fe l'attacher, il lui donna les bénéfices qui viendroient à vaquer dans fa province. Ce droit précieux étoit au nombre des droits regaliens ; & les princes François ( empereurs ou rois ) en avoient toujours joui.

Le calme qui fuccéda à la guerre civile, fut employé à réparer les défordres de l'anarchie qui avoit fuivi le règne glorieux de Louis le Germanique. *Henri* porta un œil obferva eur dans toutes les provinces de fon royaume ; & lorfque d'une main habile il les déracinoit les vices intérieurs, il fe fervoit de l'autre pour étendre les frontières. Les grandes routes étoient in-

feftées de brigands ; il en compofa une milice ; & les retenant fous une févère difcipline, il les employa contre les ennemis du dehors. On peut regarder cette milice comme le premier corps de troupes reglées qui ait été en Allemagne. C'étoit encore un moyen d'affermir fon autorité contre cette multitude de vaffaux, devenus rivaux des rois. *Henri* cherchant fes modèles dans les plus grands princes, fe montra fidèle aux anciennes inftitutions de Charlemagne. Des marquis furent établis fur toutes les frontières ; il en mit dans le Brandebourg, la Luface & la Mifnie ; il en plaça même dans la haute Autriche, lorfqu'il eut reconquis cette province fur les Hongrois. Ses différentes victoires fur ces peuples affranchirent la Germanie du tribut honteux qui la deshonoroit depuis Louis l'Enfant. Les Hongrois avoient des armées fort nombreufes ; on prétend même que dans une feule bataille qui fe donna dans les plaines de Mersbourg, *Henri* leur tua plus de quatre-vingt mille hommes. Ses troupes, pour récompenfer des fuccès auffi prodigieux, lui offrirent le titre d'empereur, mais il le refufa, fans doute parce qu'à l'exemple de Charlemagne, il vouloit fe le faire déférer dans Rome. On prétend qu'il fe difpofoit à en prendre la route, lorfqu'il fut attaqué de la maladie dont il mourut. Il ne fongea plus qu'à affurer la couronne à Othon fon fils. La gloire de fon règne captivant les fuffrages de fes grands vaffaux, il eut la confolation de voir ce fils s'affeoir fur le trône à l'inftant qu'il en defcendoit. Il mourut l'an 936, dans la foixantième année de fon âge, la dix-feptième de fon règne. Ses cendres repofent dans l'abbaye de Quedlembourg, dont fa fille Mathilde étoit alors abbeffe. L'hiftoire ne lui reproche que la révolte contre Conrad ; au refte il fut bon fils, bon père & bon mari. Il jouit d'un bonheur que goûtent rarement les rois, il eut des amis, il aima la vérité, & détefta la flatterie. Une douleur univerfelle préfida à fes funérailles : toutes les voix fe réunirent à dire que le plus habile homme du monde & le plus grand roi de l'Europe étoit mort. On auroit pu ajouter le plus grand capitaine ; toutes les guerres qu'il entreprit eurent un fuccès heureux. Les Bohêmes furent forcés de payer les anciens tributs dont ils s'étoient affranchis fous les règnes précédents. Les différentes nations Slaves furent réprimées ; & les Danois vaincus fe virent contraints de lui abandonner tout le pays que renferment la Slie & l'Eder. On prétend qu'il força Charles-le-fimple à lui céder la Lorraine par un traité, mais cette circonftance de fon règne fe trouve démentie par plufieurs chartres dont on ne peut méconnoître l'authenticité. Il eft certain qu'il régna dans cette province ; mais feulement après la cataftrophe de l'infortuné Charles-le-fimple. Avant lui, les villes n'étoient encore que des bourgades défendues par quelques foffés. Il les fit environner de murs garnis de tours & de baftions ; & comme les grands en abhorroient le féjour, il attacha aux charges municipales des privilèges capables d'exciter leur ambition. On y établit des magafins où les habitants de la campagne dépofoient pour le tiers de leurs récoltes. Une partie de ces biens étoit deftinée à faire fubfifter les armées en temps de guerre. Outre un nombre

considérable de villes qu'il fit fortifier, il en fonda une
infinité d'autres parmi lesquelles on compte Misne ou
Meissen sur l'Elbe, Quedlembourg, Gotta, Herfort,
Goslard, Brandebourg & Sleswick. Toutes ces villes
eurent des garnisons, & pour les entretenir, il força
chaque canton, chaque province à lui fournir la neuvième partie des hommes en état de servir. On admire
sur-tout dans ce prince la manière dont il s'y prit pour
réformer la haute noblesse assez puissante alors pour
braver le glaive des loix. Il institua des jeux militaires
d'où furent exclus tous ceux qui étoient soupçonnés de
quelque crime soit envers la religion, soit envers le
prince ou les particuliers. Les nobles devenus leurs
propres juges, bannissoient eux-mêmes les prévaricateurs; & le prince pouvoit frapper impunément ceux
qu'ils avoient une fois condamnés à cette espèce d'opprobre. Ce fut sur ces jeux que se formèrent les tournois environ un siècle après. Le surnom d'*Oiseleur*
fut donné à *Henri*, non qu'il n'en mérite de plus honorables, mais parce qu'il chassoit à l'oiseau, lorsqu'Evrard lui présentoit le diadême de la part de
Conrad. On lui attribue l'érection des gouvernements
en fiefs; mais ce sentiment nous paroît peu vraisemblable. *Henri* fit tout pour conserver l'autorité, & rien
pour la diminuer. Cette révolution convient mieux au
règne de Conrad, le premier qui soit venu au trône
par droit d'élection. Les Germains ne manquèrent pas
probablement de lui faire des conditions, en mettant
entre ses mains un sceptre auquel il n'avoit d'autre
droit que leur suffrage. ( *M. Y.* )

HENRI II, *dit le Boiteux*, ( *Histoire d'Allemagne.* )
duc de Bavière, VIe ou XIe empereur de Germanie depuis Conrad I, XIe empereur d'Occident depuis Charlemagne, naquit l'an de J. C. 978, de
Henri le jeune, arrière-fils de Henri le Quereleur,
& arrière-petit-fils de Henri, premier empereur de
la maison de Saxe.

L'élection de Henri II fut menacée de plusieurs
orages; une infinité de seigneurs dont les principaux
étoient Ezon ou Erinfroi, comte palatin du Rhin, &
mari de Mathilde, sœur d'Othon III; Ekkart, marquis
de Thuringe, Hercimane ou Herman, comte d'Allemagne, c'est-à-dire duc de Suabe, second fils d'Henri I,
duc de Bavière, & oncle du duc Henri III. Ces
deux derniers, en l'admettant le droit héréditaire,
avoient un titre égal à celui de *Henri-le-Boiteux*,
comme descendant en ligne masculine de Henri l'Oiseleur; *Henri*, pour terminer une contestation dont
l'événement pouvoit lui être contraire, s'empara de
force des ornemens impériaux, & l'on prétend même
qu'il fit assassiner Ekkart, le plus opiniâtre des prétendans. Il est certain qu'après la mort de ce marquis, *Henri II* ne rencontra que de légers obstacles.
Il se rendit à Mayence à la tête d'une armée, &
reçut l'hommage de la plupart des seigneurs de Germanie. Herman fut aussitôt mis au ban de l'empire,
& déclaré déchu de son duché. La première année de
son règne se passa à pacifier les troubles excités par ses
rivaux. Il songea ensuite à maintenir sa puissance en
Italie. Un nommé Ardouin, comte d'Ivrée, arrière-

fils de Bérenger le jeune, paré des titres pompeux d'Auguste & de César, s'en faisoit appeller le
monarque, bien sûr d'être soutenu par les Romains
dont la politique constante étoit de se donner plusieurs maîtres pour n'obéir à aucun. Arnolfe, archevêque de Milan, excité par un motif d'ambition, se
déclara contre ce nouveau souverain, prétendant
que lui seul avoit droit de donner des rois à la Lombardie, ou au moins de les sacrer. Ardouin avoit
négligé de mettre ce prélat dans ses intérêts, &
c'étoit une faute irréparable. *Henri* déterminé par les
prières d'Arnolfe, se rendit en Lombardie, après
avoir forcé le roi de Pologne qui venoit d'envahir la
Bohême, à lui rendre hommage, & avoir fait un
duc de Bavière. Une remarque importante, c'est que
le duc fut nommé d'abord par les Bavarois, le roi
ne s'étant réservé que le droit de le confirmer. *Henri*
avoit déjà envoyé des troupes en Italie; mais
Ardouin les avoit taillées en pièces aux environs
du Tirol. Sa présence fit changer la fortune; vainqueur d'Ardouin au passage de la Brente, il marche
aussitôt vers la Lombardie dont la plupart des villes
consentirent à le reconnoître. Son entrée dans Pavie
fut une espèce de triomphe. Il marchoit accompagné
d'une multitude élevée & de seigneurs qui se fé-
luèrent pour leur roi avec tous les transports de la
plus vive allégresse [ 15 mai 1004 ]; l'archevêque de
Mayence fit la cérémonie du sacre qui fut suivie de
réjouissances publiques. Les Allemands se livroient
à toute l'ivresse de la joie, lorsque les Lombards
excités par les pratiques d'Ardouin, coururent
aux armes, & changèrent les salles du festin en autant
de théâtres de carnage. *Henri*, sur le point de périr, se
jetta du haut d'un mur, & se cassa une jambe dans sa
chûte. Ce fut pour se venger de cette noire trahison,
qu'il ordonna le sac de Pavie : cette ville fut réduite
en cendres. Les troubles de Germanie dont les Slaves, les Polonois, les Bohêmes & un seigneur de
Lorraine étoient les auteurs, ne lui permirent pas
d'aller à Rome recevoir la couronne impériale. Il ne
s'y rendit qu'en 1014, c'est-à-dire lorsqu'il eut
rétabli le calme dans ses états par la défaite des Polonois, & par l'entière soumission des Slaves & des
Bohêmes. Ces derniers furent privés de Boleslas leur
duc, que l'empereur déposa pour lui substituer Jaromir, fils de ce factieux; Baudouin, auteur des troubles de la Lorraine, lui fit hommage de Valenciennes
qu'il avoit usurpée, sur le comte Arnoul. Baudouin
n'en eût pas été quitte à ce prix, s'il n'eut eu l'adresse
de mettre Robert, duc de France, dans ses intérêts.
Cependant Ardouin avoit reparu en Lombardie; il
s'apprêtoit même à soutenir la guerre; mais, au premier bruit de l'approche du roi de Germanie, il prit
la fuite, & s'enferma quelque tems après dans un
monastère où il mourut, non sans avoir fait des
efforts pour remonter sur le trône. *Henri*, maître des
passages, & ne voyant autour de lui ni ennemis, ni
rivaux, se fit une seconde fois proclamer roi de Lombardie dans Milan, l'an 1013. Ardouin lui fit proposer de renoncer au royaume d'Italie, à condition

qui par un sentiment de générosité dont les temps héroïques même nous offrent peu d'exemples, avoit refusé de monter sur le trône, dans la crainte de n'en pouvoir remplir les devoirs. *Henri I,* aussi ambitieux que son père étoit modéré, n'avoit pu voir sans une jalousie secrète, l'élévation de Conrad I, & l'on ne tarda pas à ressentir les funestes effets de la passion qui le consumoit. Naturellement factieux, les prétextes de révolte ne lui manquèrent pas. Peu satisfait du duché de Saxe que son père lui avoit transmis, il voulut y joindre la Thuringe & la Westphalie. Indigné d'un refus qui cependant étoit justifié par la plus sage politique, il associa à son ressentiment les ducs de Bavière & de Saxe, & donna naissance à une guerre civile dont Conrad ne put voir la fin. Ce prince pour convaincre *Henri* que ce n'étoit pas par un motif de haine qu'il lui avoit refusé l'investiture des provinces qu'il sollicitoit, le nomma son successeur, & lui envoya les ornemens impériaux; sacrifiant ainsi son ressentiment au bien du royaume, & rendant au fils, dit un moderne, une générosité pareille à celle que le père avoit fait paroître en sa faveur. *Henri* reçut les marques de sa nouvelle dignité, des mains du propre frère de Conrad; mais comme ces gages ne suffisoient pas, il se fit reconnoître dans une assemblée qui se tint à Fridzlard. Les états étoient alors en possession de se choisir des rois. La volonté du prince défunt étoit regardée comme un conseil, & non pas comme une loi. Les seigneurs Germains, ( le nom d'*Allemands* n'étoit encore en usage que pour signifier les Suabes ) ratifièrent le testament de Conrad; & tous les suffrages se réunirent pour *Henri.* On ne sait pourquoi ce prince refusa de se faire sacrer. Comment put-il renoncer à une cérémonie qui à la vérité ne décidoit pas de la royauté, mais qui tendoit la personne des rois plus vénérable? Ce fut en vain qu'Heriger ou Hériree, archevêque de Mayence, l'en sollicita, rien ne fut capable de vaincre son obstination sur ce point.

Le premier soin de *Henri* fut d'affermir le trône que lui-même avoit ébranlé. Arnoul, duc de Bavière, & Burchard, duc de Suabe, qu'il avoit engagés dans sa révolte, étoient devenus ses ennemis, dès qu'il avoit cessé d'être leur égal. Il les fit sommer de venir lui rendre hommage; & sur leur refus il marcha contre eux, & les soumit après les avoir battus. Mais comme le duc de Bavière lui offrit encore une puissance redoutable, il se crut obligé à quelques sacrifices. Jaloux de se l'attacher, il lui donna la nomination des bénéfices qui viendroient à vaquer dans sa province. Ce droit précieux étoit au nombre des droits regaliens; & les princes François, empereurs ou rois, en avoient toujours joui.

Le calme qui succéda à la guerre civile, fut employé à réparer les désordres de l'anarchie qui avoit suivi le règne glorieux de Louis le Germanique. *Henri* porta un œil observateur dans les provinces de son royaume; & lorsque d'une main habile il en déracinoit les vices intérieurs, il se servoit de l'autre pour étendre les frontières. Les grandes routes étoient in-

festées de brigands; il en composa une milice; & les retenant sous une sévère discipline, il les employa contre les ennemis du dehors. On peut regarder cette milice comme le premier corps de troupes reglées qui ait été en Allemagne. C'étoit encore un moyen d'affermir son autorité contre cette multitude de vassaux, devenus rivaux des rois. *Henri* cherchant ses modèles dans les plus grands princes, se montra fidèle aux anciennes institutions de Charlemagne. Des marquis furent établis sur toutes les frontières; il en mit dans le Brandebourg, la Lusace & la Misnie: il en plaça même dans la haute Autriche, lorsqu'il eut reconquis cette province sur les Hongrois. Ses différentes victoires sur ces peuples affranchirent la Germanie du tribut honteux qui la deshonoroit depuis Louis l'Enfant. Les Hongrois avoient des armées fort nombreuses; on prétend même que dans une seule bataille qui se donna dans les plaines de Mersbourg, *Henri* leur tua plus de quatre-vingt mille hommes. Ses troupes, pour récompenser des succès aussi prodigieux, lui offrirent le titre d'empereur, mais il le refusa, sans doute parce qu'à l'exemple de Charlemagne, il vouloit se le faire déférer dans Rome. On prétend qu'il se disposoit à en prendre la route, lorsqu'il fut attaqué de la maladie dont il mourut. Il ne songea plus qu'à assurer la couronne à Othon son fils. La gloire de son règne captivant les suffrages de ses grands vassaux, il eut la consolation de voir ce fils s'asseoir sur le trône à l'instant qu'il en descendoit. Il mourut l'an 936, dans la soixantième année de son âge, la dix-septième de son règne. Ses cendres reposent dans l'abbaye de Quedlembourg, dont sa fille Mathilde étoit alors abbesse. L'histoire ne lui reproche que sa révolte contre Conrad; au reste il fut bon fils, bon père & bon mari. Il jouit d'un bonheur que goûtent rarement les rois, *Henri* eut des amis, il aima la vérité, & détesta la flatterie. Une douleur universelle présida à ses funérailles: toutes les voix se réunirent à dire que le plus habile homme du monde & le plus grand roi de l'Europe étoit mort. On auroit pu ajouter le plus grand capitaine; toutes les guerres qu'il entreprit eurent un succès heureux. Les Bohêmes furent forcés de payer les anciens tributs dont ils s'étoient affranchis sous les règnes précédens. Les différentes nations Slaves furent réprimées; & les Danois vaincus se virent contraints de lui abandonner tout le pays que renferment la Slie & l'Eder. On prétend qu'il força Charles-le-simple à lui céder la Lorraine par un traité, mais cette circonstance de son règne se trouve démentie par plusieurs chartres dont on ne peut méconnoître l'authenticité. Il est certain qu'il régna dans cette province; mais seulement après la catastrophe de l'infortuné Charles-le-simple. Avant lui, les villes n'étoient encore que des bourgades défendues par quelques fossés. Il les fit environner de murs garnis de tours & de bastions; & comme les grands en abhorroient le séjour, il les attacha aux charges municipales des privilèges capables d'exciter leur ambition. On y établit des magasins où les habitants de la campagne devoient porter le tiers de leurs récoltes. Une partie de ces biens étoit destinée à faire subsister les armées en temps de guerre. Outre un nombre, considérable de villes qu'il fit fortifier, il en fonda une infinité d'autres parmi lesquelles on compte Misne ou Meissen sur l'Elbe, Quedlembourg, Gotta, Herfort, Goslard, Brandebourg & Sleswick. Toutes ces villes eurent des garnisons, & pour les entretenir, il força chaque canton, chaque province à lui fournir la neuvième partie des hommes en état de servir. On admire sur-tout dans ce prince la manière dont il s'y prit pour réformer la haute noblesse assez puissante alors pour braver le glaive des loix. Il institua des jeux militaires d'où furent exclus tous ceux qui étoient soupçonnés de quelque crime soit envers la religion, soit envers le prince ou les particuliers. Les nobles devenus leurs propres juges, bannissoient eux-mêmes les prévaricateurs ; & le prince pouvoit frapper impunément ceux qu'ils avoient une fois condamnés à cette espèce d'opprobre. Ce fut sur ces jeux que se formèrent les tournois environ un siècle après. Le surnom d'*Oiseleur* fut donné à *Henri*, non qu'il n'en mérite de plus honorables, mais parce qu'il chassoit à l'oiseau, lorsqu'Evrard lui présentoit le diadème de la part de Conrad. On lui attribue l'érection des gouvernements en fiefs ; mais ce sentiment nous paroît peu vraisemblable. *Henri* fit tout pour conserver l'autorité, & rien pour la diminuer. Cette révolution convient mieux au règne de Conrad, le premier qui soit venu au trône par droit d'élection. Les Germains ne manquèrent pas probablement de lui faire des conditions, en mettant entre ses mains un sceptre auquel il n'avoit d'autre droit que leur suffrage. ( *M. Y.* )

HENRI II, *dit le Boiteux*, ( *Histoire d'Allemagne.* ) duc de Bavière, VIe roi ou empereur de Germanie depuis Conrad I, XIe empereur d'Occident depuis Charlemagne, naquit l'an de J. C. 978, de Henri le jeune, arrière-fils de Henri le Quereleur, & arrière-petit-fils de Henri, premier empereur de la maison de Saxe.

L'élection de *Henri II* fut menacée de plusieurs orages ; une infinité de seigneurs dont les principaux étoient Ezon ou Erinfroi, comte palatin du Rhin, & mari de Mathilde, sœur d'Othon III ; Ekkart, marquis de Thuringe, Hercimane ou Herman, comte d'Allemagne, c'est-à-dire de Suabe, second fils d'Henri I, duc de Bavière, & oncle du duc Henri III. Ces deux derniers, en admettant le droit héréditaire, avoient un titre égal à celui de *Henri-le-Boiteux*, comme descendant en ligne masculine de Henri l'Oiseleur. *Henri*, pour terminer une contestation dont l'événement pouvoit lui être contraire, s'empara de force des ornemens impériaux, & l'on prétend même qu'il fit assassiner Ekkart, le plus opiniâtre des prétendans. Il est certain qu'après la mort de ce marquis, *Henri II* ne rencontra que de légers obstacles. Il se rendit à Mayence à la tête d'une armée, & reçut l'hommage de la plupart des seigneurs de Germanie. Herman fut aussitôt mis au ban de l'empire, & déclaré déchu de son duché. La première année de son règne se passa à pacifier les troubles excités par ses rivaux. Il songea ensuite à maintenir sa puissance en Italie. Un nommé Ardouin, comte d'Ivrée, arrière-

fils de Berenger le jeune, paré des titres pompeux d'Auguste & de César, s'en faisoit appeler le monarque, bien sûr d'être soutenu par les Romains dont la politique constante étoit de se donner plusieurs maîtres pour n'obéir à aucun. Arnolfe, archevêque de Milan, excité par un motif d'ambition, se déclara contre ce nouveau souverain, prétendant que lui seul avoit droit de donner des rois à la Lombardie, ou au moins de les sacrer. Ardouin avoit négligé de mettre ce prélat dans ses intérêts, & c'étoit une faute irréparable. *Henri* déterminé par les prières d'Arnolfe, se rendit en Lombardie, après avoir forcé le roi de Pologne qui venoit d'envahir la Bohême, à lui rendre hommage, & avoir fait un duc de Bavière. Une remarque importante, c'est que le duc fut nommé d'abord par les Bavarois, le roi ne s'étant réservé que le droit de le confirmer. *Henri* avoit déja envoyé des troupes en Italie ; mais Ardouin les avoit taillées en pièces aux environs du Tirol. Sa présence fit changer la fortune ; vainqueur d'Ardouin au passage de la Brente, il marche aussitôt vers la Lombardie dont la plupart des villes consentirent à le reconnoître. Son entrée dans Pavie fut une espèce de triomphe. Il marchoit accompagné d'une multitude d'évêques & de seigneurs qui le saluèrent pour leur roi avec tous les transports de la plus vive allégresse [ 15 mai 1004 ] ; l'archevêque de Mayence fit la cérémonie du sacre qui fut suivie de réjouissances publiques. Les Allemands se livroient à toute l'ivresse de la joie, lorsque les Lombards excités par les pratiques d'Ardouin, coururent aux armes, & changèrent les salles du festin en autant de théâtres de carnage. *Henri*, sur le point de périr, se jetta du haut d'un mur, & se cassa une jambe dans sa chûte. Ce fut pour se venger de cette noire trahison, qu'il ordonna le sac de Pavie : cette ville fut réduite en cendres. Les troubles de Germanie dont les Slaves, les Polonois, les Bohêmes & un seigneur de Lorraine étoient les auteurs, ne lui permirent pas d'aller à Rome recevoir la couronne impériale. Il ne put s'y rendre qu'en 1014, c'est-à-dire lorsqu'il eut rétabli le calme dans ses états par la défaite des Polonois, & par l'entière soumission des Slaves & des Bohêmes. Ces derniers furent privés de Boleslas leur duc, que l'empereur déposa pour lui substituer Jaromir, fils de ce factieux ; Baudouin, auteur des troubles de la Lorraine, lui fit hommage de Valenciennes qu'il avoit usurpée sur le comte, Arnoul. Baudouin n'en eût pas été quitte à ce prix, s'il n'eut eu l'adresse de mettre Robert, roi de France, dans ses intérêts. Cependant Ardouin avoit reparu en Lombardie ; il s'apprêtoit même à soutenir la guerre ; mais au premier bruit de l'approche du roi de Germanie, il prit la fuite, & s'enferma quelque tems après, dans un monastère où il mourut, non sans avoir fait des efforts pour remonter sur le trône. *Henri*, maître des passages, & ne voyant autour de lui ni ennemis, ni rivaux, se fit une seconde fois proclamer roi de Lombardie dans Milan, l'an 1013. Ardouin lui fit proposer de renoncer au royaume d'Italie, à condition qu'on lui donneroit un comté ; mais le roi continua de le regarder comme un rebelle, & rejetta toute négociation. Quelques écrivains l'ont accusé d'avoir affecté cette hauteur ; mais elle est justifiée par une sage politique. On ne pouvoit user d'une sévérité trop grande envers les Italiens toujours prêts à la révolte ; & c'est toujours une faute de la part d'un souverain de traiter avec un sujet : c'eût été en quelque sorte reconnoître les droits d'Ardouin qui se disoit fils de Berenger II, l'un des tyrans d'Italie pendant l'anarchie qui suivit la déposition de Charles-le-Gros ; cependant l'empereur, après un court séjour dans Milan, se rendit à Rome, où Benoît III le sacra, & lui donna la couronne impériale ( 14 février 1014 ). La reine Cunegonde reçut les mêmes honneurs de la part du pontife romain. Si l'on en croit quelques historiens, *Henri II* se reconnut le vassal des papes, en jurant fidélité à Benoît, & à ses successeurs. Mais cette particularité de la vie de cet empereur est rejettée comme fausse par les meilleurs critiques, & ne peut se concilier avec plusieurs autres faits généralement reconnus. Est-il croyable que Benoît qui depuis son avénement au siège pontifical avoit été en butte à toutes les persécutions des Romains, eût voulu avilir un prince dont le secours lui étoit nécessaire pour contenir ses ennemis ? Le pontificat de Benoît avoit été jusqu'alors agité que ce pape avoir été obligé de s'enfuir de Rome, où il n'étoit rentré qu'à la faveur des préparatifs que *Henri II* faisoit pour s'y rendre lui-même. Il ne pouvoit être solidement rétabli qu'autant que la terreur de ses armes contiendroit les Romains. « Etoit-il en situation, dit de Saint-Marc, de s'entêter des vaines prétentions de quelques-uns de ses prédécesseurs, & d'imposer des loix à un prince qui par la réception de la couronne impériale, deveroit son souverain ? C'est tout ce qu'auroit pu faire, continue ce critique, un pape jouissant tranquillement de son siège ; & bien sûr de voir tous les Romains seconder ses vues d'un concert unanime ». Ce qui manque le plus ordinairement aux fausfaires, c'est le sens commun. Il seroit cependant possible qu'une piété peu éclairée lui eût fait compromettre ainsi son autorité. Il est certain qu'au retour de ce voyage, il se fit associer à l'abbaye de Clugny à laquelle il donna sa couronne, son sceptre, & un superbe crucifix, le tout d'or, & du poids de cent livres. *Henri* porta la dévotion plus loin ; ce prince, par une contradiction assez ordinaire dans la vie de l'homme, avoit soutenu une guerre civile pour monter sur le trône, & voulut en descendre, & consacrer ses jours à la retraite. Il auroit exécuté ce projet, sans Richard, abbé de Saint Vannes, qui préféra les intérêts de l'état à la vanité de voir un empereur soumis à sa règle. Il l'invita à conserver sa couronne. Les religieux doivent obéissance en tout à leur supérieur, lui dit ce sage abbé, je vous ordonne donc de rester empereur.

*Henri II* eut de nouveaux démêlés avec les Polonois & les Bohèmes, & ils tournèrent toujours à sa gloire. Après qu'il eut pacifié ces nations, Ro-

dolfe ou Raoul III, roi des deux Bourgognes, l'institua son héritier, à condition qu'il rangeroit à leur devoir les états rebelles de ce royaume. L'empereur les ayant soumis, fit approuver le traité, qui resta sans exécution par la mort de *Henri* arrivée avant celle de Raoul.

Les Grecs tantôt ennemis, tantôt amis secrets des papes, faisoient des vœux continuels pour recouvrer quelques débris de l'empire d'Occident qui leur étoit échappé. L'empereur Bazile crut les conjonctures favorables pour mettre à découvert les prétentions de son trône, & commença par exiger un tribut des Bénéventins. Benoît VIII opposa d'abord avec succès aux Grecs, un nommé *Raoul*, gentilhomme Normand, qui s'étoit exilé pour se soustraire au ressentiment du duc Richard II. Raoul épuisé par ses propres victoires, se rendit en Germanie, où le pape l'avoit devancé, & sollicita des secours de l'empereur. *Henri II* se hâta d'arriver en Italie où il reprit Benevent sur les Grecs, reçut Troye en pouillé à composition, & pour récompenser le gentilhomme Normand, qui l'avoit secondé dans cette guerre, il lui donna des terres considérables en Italie. Raoul profita de l'autorité que lui donna l'empereur pour jetter les fondemens de la monarchie des deux Siciles sur les ruines de l'empire grec.

L'entrevue de *Henri II* & de Robert, roi de France, fut le dernier événement mémorable de ce règne. Cette entrevue devoit se faire sur la Meuse qui séparoit les états de ce prince. On étoit convenu d'un cérémonial ; chaque roi devoit avoir ses gardes. *Henri II*, trop généreux pour soupçonner Robert d'une perfidie, rejetta toutes les précautions, & se rendit à sa tente sans gardes. Une paix de plusieurs siècles entre la France & l'empire, fut le résultat de cette conférence. Les deux rois mangèrent ensemble, & se firent des présens réciproques. Ils avoient formé la résolution d'aller à Pavie, pour engager Grégoire à se accorder sur certains droits litigieux ; mais ce voyage fut rompu par la mort du pape arrivée peu de tems après. L'amitié n'en fut pas moins sincère entre ces princes. *Henri* s'occupa de tous les moyens qui pouvoient faire naître la félicité dans ses états. Il en parcourut toutes les provinces, où y répandre ses bienfaits. Il n'y en eut aucune qui ne ressentit les effets de sa justice & de sa générosité. Toutes les voix se réunissoient pour bénir son règne qui finit avec sa vie le 14 juillet 1024. Il ne laissa aucun héritier de sa puissance, ni de son nom. On prétend qu'avant d'expirer il dit, en montrant l'impératrice Cunegonde à ses parens : Vous me l'avez donnée vierge ; & je vous la rends vierge ; cette étrange dévotion dans un prince souverain, qui doit desirer d'avoir des descendans ! Cette particularité de la vie de *Henri* est démentie par une diète tenue à Francfort, où l'empereur se plaignit de la stérilité de Cunegonde. Elle ne s'accorde guères d'ailleurs avec les préventions qu'il eut contre la vertu de cette princesse. Ce n'est pas qu'on veuille jetter des doutes sur sa piété ; elle fut sincère, & le clergé en tira de grands avantages. Jamais

               prince

prince ne fit' de plus grandes largeſſes aux monaſtères & aux égliſes : tout eſt plein de ſes éloges dans
les annales compoſées par les moines. Tous les détails de ſa vie montrent un prince religieux, bien-
faiſant, ami de l'ordre, & plein de valeur. Mais
c'eſt en vain que l'on y cherche l'homme d'état. Il
détruiſit la plupart des avoueries établies par Othon I,
pour tenir le clergé dans la dépendance des empereurs.
Il confia même ſes avoueries aux évêques, réuniſſant
ainſi des titres incompatibles. L'évêché de Bamberg où
repoſent ſes cendres, lui eſt redevable de ſa fondation ;
& l'on prétend que ce ne fut qu'en ſe jettant aux pieds de
l'évêque Vursbourg, qu'il l'engagea à conſentir à ſon
érection, Henri fournit le nouvel évêché immédiatement
au Saint-Siege, & céda au pape la ſuzeraineté de la
ville de Bamberg pour le récompenſer de ce qu'il le
prenoit ſous ſa protection. On aſſure même qu'il conſentit à lui envoyer tous les ans un cheval blanc enharnaché,
& cent marcs d'argent. ( M-Y. )

HENRI III, dit le Noir, ( Hiſt. d'Allemagne. ) né
le 28 octobre 1017, élu roi de Germanie en 1026,
ſacré le jour de Pâques 1028, proclamé en 1039,
mort en octobre 1056.

Les premières années du règne de ce prince furent
ſignalées par des victoires ſur les Polonois, les Bohêmes & les Hongrois ; de grands ravages & de légers tributs levés ſur les vaincus, en furent tout le
fruit. Henri III étoit d'autant plus jaloux de terminer la guerre avec ces peuples, que tout étoit en
confuſion en Italie ſous trois papes ennemis, & ſous
une infinité de ducs rivaux les uns des autres, &
partagés entre les pontifes & les empereurs. Il y
avoit pluſieurs factions qui en compoſoient deux
principales, celles des Ptolémées & des comtes de
Toſcanelle, ou de Tuſcule. Chacune avoit ſon
pape qui lui prêtoit les ſecours de ſes anathêmes.
La populace de Rome en avoit fait un troiſième.
Chacun d'eux étoit retiré dans un fort, & diſſipoit
les tréſors du Saint-Siège dans les volupés. L'empereur ſentit combien ſa préſence étoit néceſſaire pour
arrêter ces déſordres, & fit ſes préparatifs pour entrer en Italie. Arrivé à Milan, il ſe conforma aux
uſages de ſes prédéceſſeurs, & s'y fit couronner
roi des Lombards, ( 1046. ) Les cérémonies de ce
nouveau ſacre furent à peine finies, que l'empereur
ſe rendit à Sutri. Ce fut là qu'il aſſembla un concile
où les trois papes furent dépoſés. Singer, évêque
de Bamberg, monta ſur le Saint Siège, qu'il honora
par ſes vertus. L'empereur, après avoir reçu la
couronne impériale des mains du nouveau pontife,
& avoir fait rendre les mêmes honneurs à l'impératrice, exigea des Romains le ſerment de fidélité.
Ce ſerment n'étoit plus qu'une vaine cérémonie, ou
plutôt qu'un parjure. Les Romains dégradés n'offroient plus qu'une populace mercenaire, & ſans
foi. Prodigues de leur ſerment, ils le prêtoient ſans
ſcrupule à celui qui étoit aſſez riche pour les corrompre, ou aſſez puiſſant pour les faire trembler.
Ils promirent, comme il étoit d'uſage, de n'élire &
de ne conſacrer aucun pape, ſans ſon agrément ; &

ſans celui de ſes ſucceſſeurs. On verra ſous le grand
& l'infortuné Henri IV quelle confiance on devoit
avoir en leur parole. Avant de repaſſer en Allemagne, où ſa préſence n'étoit pas moins néceſſaire
qu'en Italie, Henri III donna l'inveſtiture de la
Pouille & de la Calabre au brave Normand, conquérant de ces provinces ſur l'empire Grec. Il en
excepta Bénevent, dont les comtes de Toſcanelle
étoient les maîtres ou plutôt les tyrans. On ne tarda
pas à s'appercevoir combien la loi concernant les
fiefs, étoit contraire à la tranquillité de l'état. Conrad II qui la porta, eût dû en prévoir les funeſtes
conſéquences. C'eſt peut-être à cette loi qu'on doit
rapporter tous les malheurs qui affligèrent ſa race.
L'hérédité avoit été en uſage ſous les règnes précédens, mais les empereurs avoient ſouvent partagé
les grands fiefs entre pluſieurs prétendans. Ainſi l'on
avoit ſouvent vu la Saxe, la Suabe, la Bavière
poſſédées chacune par pluſieurs ducs, au lieu que la
loi ſembloit avoir ôté aux empereurs cette liberté
qui, en diviſant les grands vaſſaux, devoit affermir
le trône. Henri, trop gêné par cette loi, crut pouvoir s'exempter de la ſuivre, & lorſque le duché
des deux Lorraines vint à vaquer par la mort de
Gotelon I, que Conrad II en avoit inveſti, il ne
donna que la baſſe à Godefroy, fils de ce duc, &
la haute ſucceſſivement à Gotelon II, à Albert iſſu
d'une illuſtre maiſon d'Alſace, & à Gérard de la
même famille, tige des princes de la maiſon de Lorraine d'aujourd'hui. L'ambitieux Godefroi ne pouvant ſouffrir de ſecond au duché de Lorraine, chercha tous les moyens de ſecouer le joug. L'empereur
lui avoit pardonné pluſieurs fois après l'avoir fait
tomber à ſes pieds. Le duc, toujours enivré de ſes
projets de vengeance, paſſe en Italie à deſſein
d'engager les Normands à ſeconder ſon reſſentiment, & à partager ce royaume lorſqu'ils l'auroient affranchi de la domination Allemande. L'empereur ayant tout à craindre des intrigues du rebelle, paſſe les Alpes, ſe ſaiſit de la ducheſſe
Béatrix, veuve de Boniface, marquis de Toſcane,
que le rebelle avoit épouſée depuis ſa fuite en
Italie, & l'amena avec lui en Allemagne, après
avoir forcé ſon perfide époux d'y rentrer. Ce rebelle conſerva la baſſe Lorraine malgré ſes intrigues & ſes révoltes. Conrad I, duc de Bavière,
implora vainement la même clémence. Cité à la
diète de Mersbourg, il fut dépoſé, & ne put être
rétabli. Une guerre malheureuſe termina le règne
de Henri III. Le chagrin qu'il en conçut, cauſa ſa
mort. Victor II, qui pour-lors étoit auprès de lui,
reçut ſes derniers ſoupirs, & ſacra ſon fils Henri IV,
âgé pour lors d'environ ſix ans. L'empereur avant
ſa mort, avoit eu une entrevue avec Henry I, dans
laquelle ils renouvellèrent l'alliance entre l'Allemagne & la France. On prétend que ces princes
ſe ſéparèrent ennemis. La fierté de Henri III rend
ce ſentiment probable. A l'entendre, il n'y avoit
point de prince en Europe qui ne dût lui rendre
hommage ; on le vit ſur le point de déclarer la

guerre à l'Efpagne qu'il prétendoit être fief de l'empire. Tout-puiffant dans Rome, il difpofa de la papauté comme d'un fimple bénéfice. Il nomma fucceffivement Clément I I, Damafe I I, Léon IX, Victor I I ; mais fi ce prince difpofa à fon gré du Saint-Siège, les pontifes, à leur tour prétendirent difpofer de l'empire. Telles font les prétentions que nous allons voir éclater fous le règne fuivant. *Henri III* eut de fon premier mariage avec l'impératrice Cunelinde, fille de Canut, roi de Danemarck, Béatrix qui mourut abbeffe de Gandersheim ; & de fon fecond avec l'impératrice Agnès, fille de Guillaume, comte de Poitou, Mathilde, qui fut femme de Rodolphe de Reinfelden, duc de Suabe, & depuis élu empereur contre Henri IV; Judith, mariée à Boleflas, duc de Pologne; Sophie, femme de Salomon, roi d'Hongrie ; Henri IV fon fucceffeur ; Conrad, duc de Bavière ; Gifelle morte religieufe, & Adélaïde, abbeffe de Quedlimbourg. Son corps fut tranfporté de Benfelt en Saxe, à Spire en Alface, où l'on célébra fes funérailles. ( *M-Y.* )

HENRI IV, ( *Hifl. d'Allemagne.* ) fils du précédent, & d'Agnès de Poitou, IX roi ou empereur de Germanie depuis Conrad I, XIV° empereur d'Occident depuis Charlemagne.

La vie de ce prince n'offre qu'un tiffu de malheurs : il avoit à peine fix ans lorfqu'il fut appellé au trône par la mort de Henri III. L'impératrice Agnès, fa mère, s'empara de la régence où elle fe maintint avec autant de fageffe que de fermeté, jufqu'à ce que la calomnie des grands qui l'accufoient de fe proftituer à l'évêque d'Aushourg, fon principal miniftre, la força de fe retirer dans un monaftère à Rome ( 1063. ). L'empereur, après fon départ, eût bien voulu gouverner par lui-même, mais les archevêques de Mayence, de Cologne & de Bremen, fe rendirent maîtres des affaires, & prolongèrent fa tutelle. On accufe ces prélats d'avoir abufé de fa jeuneffe, en le plongeant dans les voluptés : mais on doit être bien circonfpect en lifant l'hiftoire de ce prince. Ceux qui armèrent fes fujets, & fes propres fils pour le précipiter du trône, ne fe feront point fait un fcrupule de noircir fa mémoire. Ce fut pendant le miniftère de l'évêque de Mayence & de fes collègues, que fe formèrent les orages qu'il ne put diffiper. Les Saxons voyoient avec peine fur le trône, des ducs de Franconie, & défiroient avec la plus vive ardeur d'y rétablir leur fouverain. Ils fe rappelloient fans ceffe le fouvenir du règne glorieux des Othons, & prenoient toutes les mefures qui pouvoient opérer une révolution favorable à leur defir. Ils avoient même formé une confpiration pendant la régence d'Agnès, contre le jeune monarque. Les états qui vouloient que la couronne fût élective, fouffroient difficilement qu'elle fe perpétuât dans la race de Conrad. Les papes n'ignoroient pas le mécontentement & les complots des Allemands contre leur prince; & ils s'apprêtoient à en profiter, non-feulement pour fe fouftraire à la domination de ces étrangers, mais encore pour foumettre l'empire au facerdoce. Leur premier atten-

tat contre l'autorité des empereurs, fut de priver *Henri* du droit de confirmer l'élection des pontifes. Nicolas II en fit une loi, & décida dans une affemblée d'évêques Italiens, que déformais les cardinaux feuls éliroient les papes, qui feroient enfuite préfentés au peuple pour être confirmés. Ce fut d'après ce coupable décret qu'Alexandre II s'affit fur le S, Siège, fans confulter la cour impériale. Alexandre fe prévalut encore de la minorité de *Henri*, pour augmenter fa puiffance temporelle. Il fe lia d'intérêt & d'amitié avec les princes Normands, & les engagea à fecouer le joug de l'empire dont ils étoient feudataires. C'eft ainfi que ces princes, dont les fuccès auroient été moins brillans fans le fecours des papes, ternirent la gloire de leurs armes. On les excuferoit peut-être, fi facrifiant à la gloire de leur nation, ils euffent brifé leurs liens pour fe rendre vaffaux des papes, déjà maîtres abfolus dans le fpirituel. Tel étoit l'état des chofes, lorfqu'*Henri IV*, devenu majeur, fort de la captivité où le retenoient fes prétendus tuteurs. Ses premiers foins furent de rétablir la fûreté publique, & d'arrêter les brigandages des officiers fubalternes, que les grands favorifoient pour caufer une révolution. Lorfqu'il eut vifité l'Allemagne, il alla à Goflard en Saxe, & y fixa fa réfidence. Les anciennes fortereffes négligées dans cette province, fous le précédent règne, furent rétablies, & l'on en conftruifit de nouvelles. *Henri* les garnit d'un nombre fuffifant de troupes. Tout en lui montroit un prince qui vouloit faire le bien de fes peuples, & régner avec autorité. Les Saxons s'apperçurent bientôt que ces fortereffes s'élévoient au milieu d'eux, autant pour les contenir dans le devoir, que pour les défendre contre l'étranger. Leurs députés vers l'empereur lui traçoient les loix les plus dures, & cenfuroient fes mœurs avec une extrême licence. *Henri*, naturellement enclin aux plaifirs, avoit que les femmes un penchant exceffif. Il s'en confeffa à Gregoire VII, qui, au lieu de l'abfoudre, fe fervit de ce pieux aveu pour le perfécuter. Les députés de Saxe lui déclaroient la guerre, s'il refufoit d'abattre fes fortereffes, de retirer fes garnifons, & de congédier fes miniftres. L'empereur reçut cette députation avec froideur : il n'étoit pas d'un caractère à recevoir la loi de fes fujets. Son efprit étoit calme, & fa fermeté n'étoit pas abattue : il répondit aux députés qu'il confulteroit les états. Les Saxons, mécontents de ces rebelles étoient fecondés par Alexandre II qui, conduit par le fameux Hildebrand, mieux connu fous le nom de Grégoire VII, leur montroit de loin les foudres dont il devoit bientôt frapper l'empereur. Sans être foutenus par le pontife, les ducs de Saxe & de Bavière, l'archevêque de Magdebourg, & huit évêques paroiffent à la tête des rebelles. L'empereur voyant quel fang précieux alloit inonder l'Allemagne, les exhorte en vain à rentrer dans le devoir; ses délais ne font que groffir l'orage. Les ducs de Suabe, de Carinthie & de Bavière l'abandonnent, & pour donner un prétexte à leur révolte, ils gagnent un de ses domestiques qui l'accuse d'avoir voulu le corrompre pour les affaffiner. L'empereur offrit de se laver de cette odieuse imputation; mais on avoit trop d'intérêt à le trouver coupable pour lui permettre de se justifier. On se prévaut de la calomnie, on lui refuse les taxes, on fait languir ses troupes, on rase, on démolit ses forts & ses châteaux. Contraint d'employer la force, il marche en Saxe contre les rebelles que sa préfence diffipe, & il leur donne la paix, content de les avoir fait trembler : mais bientôt infidèles à leurs ferments; ils le forcent de voler à de nouvelles victoires, Henri, vainqueur par la force de ses armes, perfiste à vouloir les désarmer par sa clémence. Il reçoit en grace l'archevêque de Magdebourg, les ducs & les évêques ses complices, & leur conferve leur dignité. Il n'exige que leur parole pour gage de leur foumiffion. Cette guerre ainfi affoupie, il se retire en Alface pour être plus à portée de veiller sur ce qui se paffoit en Italie. Alexandre II étoit mort pendant la guerre civile; les entreprises de ce pape qui avoit ofé le citer à son tribunal, lui faifoient craindre quelque révolution. Hildebrand, né de parents obfcurs, fucceffivement moine de l'abbaye de Cluny, & membre du facré collège, s'étoit fait élire par les Romains fans confulter les cardinaux. Chancelant fur le Saint Siège, il feint de reconnoître les droits des empereurs, & députe vers Henri IV pour s'excufer de ce qu'il avoit été élu fans l'agrément de ce prince. Il protefte qu'il eft prêt d'abdiquer, s'il le juge à propos. L'empereur, trompé par cette foumiffion apparente, envoie son chancelier qui le confirme, & le maintient dans sa dignité. Mais Hildebrand n'eft pas plutôt affermi, qu'il fait éclater les deffeins qu'il avoit conçus depuis long-tems, & qu'il avoit infpirés à Alexandre fon prédéceffeur. C'étoit un génie vafte & opiniâtre dans fes projets, ardent, impétueux, mais trop artificieux pour que la chaleur de fon génie nuisît à fes deffeins. Nourri dans les difputes, il poffédoit toutes les fubtilités de l'école; ami & confident de plufieurs papes; il étoit verfé dans toutes les intrigues des cours, à ces dangereufes qualités Hildebrand joignoit une grande auftérité de mœurs qui tenoit moins à fes vertus qu'à fa politique; la dureté de fon caractère étoit conforme à fes principes, & fon ambition ne connoiffoit aucune borne. Tel étoit l'hydre que Henri avoit à combattre, hydre qu'il fut vaincre; mais dont le fouffle en produifoit d'autres, fous lefquels il devoit fuccomber, ainfi que fes fucceffeurs. Hildebrand qui vient de reconnoître les deffeins de Henri pour la confirmation de fon fiège, lui contefte celui de difpofer des prélatures. Il attaque ce droit inconteftable comme un abus, & il prétend qu'il n'appartient qu'à lui feul. On fent aifément quel étoit fon but; une fois devenu maître de la nomination aux bénéfices, dont plufieurs donnoient rang de prince, il n'y auroit placé que des personnes

dévouées à fes intérêts, & fe feroit acquis un pouvoir abfolu dans l'empire. Henri s'oppofe à ces prétentions, & menace le pape : mais celui-ci fe fait un appui des Saxons, & accufant l'empereur de plufieurs crimes; il veut l'obliger de fe rendre à Rome, & de fe justifier. Henri bat les Saxons, relève les fortereffes qu'ils avoient détruites, & ufant des droits de fes prédéceffeurs, il dépofe le pape dans un concile compofé de vingt-quatre évêques, & de tous les princes de l'empire. Grégoire VII étoit perdu, fi l'empereur eût pu conduire fon armée à Rome; mais il étoit toujours retenu par les mouvements des Saxons. Le pape qui connoît la raifon qui le retient, toujours affuré d'ailleurs de la protection des princes Normands, excommunie l'empereur, & le dépofe à fon tour : Je lui défends, dit cet audacieux pontife, de gouverner le royaume Téutonique & l'Italie, & je délie fes fujets du ferment de fidélité. Telle eft la première entreprife des papes fur le temporel des rois. Des légats fe répandent auffi-tôt dans toutes les cours d'Allemagne, appuient par des promeffes les excommunications du pontife, & fouffient dans tous les cœurs l'efprit de révolte qui les anime. Henri fe voit tout-à-coup abandonné : ceux qu'il croit les plus fidèles s'arment contre lui, de fes propres bienfaits; & ces mêmes évêques qui venoient de dépofer le pape, l'établiffent juge de leur fouverain. Ils l'invitent à venir à Ausbourg jouir des droits qu'il s'arroge. L'empereur voyant qu'il avoit tout à craindre de cette affemblée, fonge à en prévenir les fuites. Il paffe en Italie non pas en appareil de triomphe comme fes prédéceffeurs, mais avec un petit nombre d'amis qui l'engagent à craindre, la feule que l'hiftoire lui reproche. Arrivé à Canoffe, fortereffe de la dépendance de la comteffe Mathilde, fa coufine, qui le perfécutoit, perfuadée que la caufe du pontife étoit celle de Dieu, il demande à parler à Grégoire, qui le fait attendre pieds nuds trois jours entiers dans une cour; pendant un froid rigoureux, n'ayant qu'un feul habit de laine, & ne prenant que le foir quelques aliments groffiers. L'orgueilleux pontife paroît enfin, & l'empereur lui demande à genoux pardon de fon courage qu'il ternit par cette démarche. Il le prie de l'abfoudre de l'excommunication, & promet de fe trouver à Ausbourg où il fe foumettroit à fon jugement; cependant une lueur de fortune lui fait auffi-tôt révoquer fes ferments, que la néceffité lui arrache. Les familiarités du pape & de la comteffe Mathilde fcandalifoient les efprits; leur intimité étoit fi grande, que bien des gens croyoient que l'amour y avoit quelque part. Les feigneurs d'Italie étoient bien moins alarmés de la proftitution de la comteffe, que de l'exceffive puiffance du pape auquel elle venoit de faire une donation de tous des biens qui étoient immenfes. Tous fe rendent auprès de Henri, qui les conduifit auffi-tôt au fiège de Canoffe. On vit alors, qu'on n'avoit point encore vu, un empereur Allemand fecouru par l'Italie, & abandonné par l'Allemagne. Mais tandis que les Italiens fe font affiégés dans Canoffe, les légats répandus en Allemagne continuent leurs brigues contre l'empereur. Ils renouvellent les anathèmes lancés contre lui, & tiennent toutes les consciences dans de continuelles alarmes. *Henri* est déposé par les états dont il défend les droits, & le perfide Rodolphe qu'l avoit fait duc de Suabe, monte sur le trône. C'est alors que Grégoire déploie toute sa politique. Alarmé des progrès de *Henri* qui le tient bloqué, il ratifie sa déposition; mais il déclare qu'il peut lui pardonner, & refuse d'approuver l'élection dé Rodolphe. Il promet sa protection à celui qui montrera le plus d'égards pour son siège. *Henri* qui voit les consciences un peu plus libres, se décharge du siège de Canosse sur les Lombards, & vole en Allemagne où il espère trouver des sujets. Tout est en feu depuis le Tibre jusqu'à l'Oder; tous les ordres de l'état sont en armes, les évêques sont eux-mêmes à la tête des troupes, & donnent le signal du meurtre & du pillage. Des conciles réitérés leur avoient en vain défendu de faire la guerre ( c'étoit avec aussi peu de succès qu'on leur avoit interdit le mariage. ) Le pape, échappé aux Lombards, soulève la Bourgogne qui lui rend hommage. Il renouvelle son alliance avec les Normands, excommunie de nouveau *Henri*, & envoie à Rodolphe une couronne, qu'il lui annonce par une pensée pitoyable exprimée dans un vers latin plus pitoyable encore; & pour relever son courage abattu par trois défaites consécutives, il lui prédisoit la mort de *Henri* qui devoit arriver dans l'année. Sa prédiction fut fausse & prouva qu'il étoit aussi mauvais prophète que poëte médiocre. *Henri IV* fut vainqueur pour la quatrième fois à Mersbourg, où Rodolphe périt de la main de Godefroi de Bouillon, le même qui, sous ce règne, fit la conquête de Jérusalem. Gregoire VII déposé, tremble à son tour. L'empereur conduisit en Italie un pape solemnellement élu, & confirmé sous le nom de Clément III. Après deux ans de siège, Rome fut prise d'assaut; & l'empereur, qui pardonna à cette ville si souvent rebelle, installa le pape, & fut couronné. Grégoire VII, assiégé dans le château Saint-Ange, profite d'une diversion de l'empereur en Lombardie, pour se faire enlever par Robert Guiscard, qui l'emmène à Salerne, où son ambition trompée termine sa vie laborieuse & coupable. La mort de ce turbulent pontife sembloit devoir permettre à l'empereur de respirer. La Saxe humiliée de ses précédentes défaites, ne pouvoit se résoudre à obéir : les états de cette séditieuse province nomment Herman pour succéder à Rodolphe. L'empereur qui craint les suites de cette nouvelle révolte, passe en Allemagne, remporte plusieurs victoires sur Herman qui demande grace, l'obtient; jamais prince ne pardonna plus souvent, & ne fut plus souvent outragé. Ecbert, qui succède à Herman, est également vaincu. L'un & l'autre périrent d'une mort misérable.

*Henri*, au milieu de ces troubles, songe à assurer à sa famille une couronne qu'elle va bientôt lui disputer elle-même, & fait proclamer roi des Romains, Conrad son fils, qu'il mène en Italie pour s'opposer à Victor III, successeur de Grégoire VII; & héritier de ses dangereuses maximes. Ce Victor meurt;

& est remplacé par Urbain II. La duchesse Mathilde; toujours fidelle à sa haine contre l'empereur, appuie de tout son crédit ce nouveau pape qui corrompt par argent les gardes de Clément III, & l'oblige de sortir de Rome : le roi des Romains lui-même cède aux artifices du pontife qui lui donne le titre de roi d'Italie, & lui fait épouser la fille de Robert Guiscard de Calabre, le plus cruel ennemi de son père. L'impératrice Adélaïde que *Henri* venoit d'épouser, reçoit les funestes présents de Mathilde, & on la voit dans la liste des rebelles. C'est avec bien de la vérité qu'on a dit que jamais empereur, ni père, ni mari ne fut plus malheureux : il étoit cependant réservé à de plus grandes infortunes. *Henri*, contraint de se défendre contre sa propre famille ; assemble une diète dans Cologne, & met au ban impérial ce fils ingrat qu'il venoit de couronner roi des Romains, & qui se liguoit avec ses ennemis. Henri, son second fils, monstre plus cruel que ceux que nous venons de peindre, est couronné dans Aix-la-Chapelle, & reconnu pour succéder à son père. La ville de Ratisbonne lui est assignée pour tenir sa cour. Il sembloit que le calme alloit renaître en Allemagne; & l'empereur ne s'occupoit que de la guerre d'Italie; mais avant que de s'y rendre, il crut devoir détruire quelques abus introduits pendant la guerre civile, & punir les auteurs de certains désordres qu'il ne pouvoit se dissimuler. Il n'eut pas plutôt fait ses premières recherches, qu'il s'en repentit. L'archevêque de Mayence étoit au nombre des coupables. Ce prélat s'enfuit aussi-tôt dans la Thuringe, rallume l'incendie qui étoit près à s'éteindre. Pascal II, élu par la faction de Mathilde, pour successeur d'Urbain II, profite de ces mouvemens, & renouvelle les anathèmes lancés par Hildebrand. L'empereur retenoit peu de secours de Clément III. Ce pape avoit des vertus, mais il eût mieux valu qu'il eût eu des talens. Ce pape étant mort pendant ces nouveaux troubles, il nomma successivement trois papes, qui tous étoient plus dignes du saint Siège, que capables de s'y maintenir. Deux furent enfermés dans le cloître, & le troisième mourut subitement; genre de mort assez ordinaire alors en Italie. Conrad meurt, & son frère Henri songe aussi-tôt à l'imiter dans sa révolte. Il s'apprête à s'emparer, par le plus noir des crimes, d'un sceptre qu'il eût bientôt tenu de la nature. En vain l'empereur qui n'a plus que ce fils, lui fait les plus justes remontrances dans le style le plus tendre; le tigre lui répond qu'il ne peut reconnoître un excommunié, ni pour son roi, ni pour son père. Il se rend à Spire, & commence par se saisir du trésor. Enflé de ce succès il convoque à Mayence tous les seigneurs & les prélats de son parti. L'empereur met aussi-tôt une armée sur pied, mais ce fils aussi lâche qu'ambitieux, oppose la ruse à la valeur. Il va trouver ce père, dont tant de fois il avoit éprouvé la tendresse; il condamne sa révolte, lui jure fidélité, & lui demande pour grace de le choisir pour médiateur & de lui permettre de se réconcilier avec ses ennemis. L'empereur trompé par des larmes feintes, consent à le suivre à Mayence, seulement avec cent cinquante chevaux : mais comme il entroit dans Bingen, il est arrêté prisonnier par ce fils qui va faire part à la diète de sa perfidie. Les légats du pape renouvellens aussi-tôt les anathèmes lancés contre ce prince ; & les états corrompus par des vues d'intérêt, déclarent Henri V légitime possesseur du trône. L'archevêque de Mayence court aussi-tôt à Bingen, où il lit à l'empereur la sentence de déposition prononcée contre lui, & le somme de lui rendre sur le champ les ornemens impériaux. Henri passe sans rien répondre dans un appartement voisin, & revenant couvert de toutes les marques de sa dignité, « les voilà, dit-il, ces »fatals ornemens, si vous ne craignez plus Dieu »vengeur du parjure, vous pouvez les reprendre ». Comme on lui reprochoit la simonie, il demanda à l'archevêque de Mayence, ainsi qu'à celui de Cologne & de Worms qu'il avoit investis, s'il avoit violé les canons dans leur élection, & sur leur réponse : « mon crime, leur répliqua-t-il, n'est donc pas d'avoir » vendu des prélatures, c'est de n'avoir appellé que des » ingrats & des traîtres au gouvernement de l'état & de » l'église ». L'archevêque de Mayence qui, dans cette commission, satisfaisoit son propre ressentiment, ne montra aucune sensibilité : il s'approche du prince, & lui ôte la couronne ; ensuite le tirant de sa chaise, il aide à le dépouiller de ses vêtemens royaux. Jamais patience ne fut mise à une plus dure épreuve : l'empereur voit un instant après arriver son fils qui le presse de signer l'acte de sa déposition ; ce fut alors que Henri se regardant comme mourant, se jetta aux pieds d'un légat, le conjurant de l'absoudre. Ce secours qui s'accorde même aux plus criminels, lui fut refusé. Ce prince infortuné, abandonné à lui-même, manquant de tout, ne pouvant fournir à ses premiers besoins, forcé de supporter le poids de sa vie que lui impose sa religion, demande un bénéfice laïc à l'évêque de Spire qui le lui refuse. L'empereur succombant à cet excès d'ingratitude, se tourne vers ses amis, & fait un cri de douleur. Les ancêtres de Henri avoient fondé l'église cathédrale de Spire, & lui-même l'avoit enrichie. L'inflexible & hypocrite dureté du fils rend quelques partisans au père malheureux. Henri IV en profite, & trompant la vigilance de ses gardes, il descend le Rhin jusqu'à Cologne, dont les habitants lui jurent fidélité. Il se rend ensuite à Liège, d'où il envoie des lettres circulaires à tous les princes de la chrétienté. Il écrit aussi au pape, lui offre de se réconcilier avec lui, pourvu cependant qu'il n'exige aucune condition contraire aux intérêts de son trône. Ses amis assembloient une armée dans les Pays-Bas, & fait un n'eut pas la consolation de la voir. Il ne put résister à tant d'épreuves, & sur-tout à l'idée d'avoir pour ennemi un fils qu'il avoit couronné lui-même. Il mourut à Liège le 7 août 1106, dans la cinquante-sixième année de son âge, & la cinquantième de son règne.

Dans Henri IV les dons du héros étoient relevés par toutes les graces extérieures, son port étoit noble, sa marche grave & assurée ; il avoit le visage beau, la taille haute, les années & les malheurs ne lui firent rien perdre de sa majesté. Il avoit l'esprit vif, la conver-

sation agréable, beaucoup d'élévation dans l'ame ; peut-être un peu trop de roideur ; sa liberalité cherchoit tous les malheureux ; sa clémence ne se lassa jamais de pardonner. Plusieurs fois il se contenta de désarmer des scélérats surpris dans l'instant même qu'ils s'approchoient pour l'assassiner : sa valeur fut éprouvée dans soixante-deux batailles, d'où il sortit toujours vainqueur. Presque toutes furent livrées le mardi ; les païens auroient dit que c'étoit une espèce d'hommage qu'il rendoit au dieu de la guerre. On peut lui reprocher de n'avoir pas toujours su placer sa confiance dans le choix de ses créatures. Henri IV céda plus souvent au penchant d'un cœur généreux, qu'aux conseils d'une politique sagement intéressée ; au reste, on ne réfutera point des fables grossières, inventées par des moines esclaves ou mercenaires : dans tous les fastes dictés par l'amour de la vérité, ce prince sera toujours placé au rang des plus grands rois.

Il eut de son mariage avec Berthe, deux fils, Conrad & Henri dont nous avons déjà parlé : & trois filles, Agnès, Berthe & Sophie. Ses cendres reposent à Spire, où son corps resta sept ans. Le pape qui le persécuta pendant sa vie, défendit de lui rendre les honneurs de la sépulture après sa mort. (M. Y.)

HENRI V, dit le jeune, (Hist. d'Allemagne) IX roi ou empereur de Germanie depuis Conrad I, roi des Romains, XVe empereur d'Occident depuis Charlemagne, fils du précédent, & de l'impératrice Berthe, né l'an 1181 : on ne tarda pas à connoître les véritables motifs qui l'avoient porté à détrôner son père ; cette crainte de déplaire aux pontifes & d'encourir leurs censures, n'étoit qu'une pure hypocrisie. Elevé sur le trône par les intrigues de Rome, ce prince artificieux cessa de la ménager, quand il l'eut pour rivale de son pouvoir ; fâché d'avoir nourri l'orgueil de cette cour par de feintes soumissions, il songea à tous les moyens de l'abaisser ; ainsi, l'investiture des bénéfices qui, quand il étoit sujet, lui sembloit devoir appartenir au Saint-Siège, devint un droit incontestable de l'empire, lorsqu'il y fut parvenu. Henri V joignoit à la dureté d'un tyran, tous les vices que son âge rendoit fameux ; sombre, dissimulé, il alloit à son but par toutes les routes qui sembloient l'en éloigner. La manière dont il s'y prit pour engager Pascal II à renoncer aux investitures, prouve toute la dextérité & la fausseté de son caractère. Tant qu'il eut sur les bras la Pologne & la Hongrie, dont il exigeoit les anciens tributs, il eut pour ce pape les plus grands égards ; lorsqu'il eut terminé cette guerre, dont le succès lui fut contraire, il se remit à Rome, où il conclut avec Pascal un traité qui devoit armer tous les évêques de l'empire contre ce pontife ; il consentoit à le faire jouir du droit d'investiture, mais à condition qu'il déclareroit tous les ecclésiastiques inhabiles à posséder des fiefs, lesquels seroient aussi-tôt rendus à la couronne. Pascal II qui ne considéroit que ses intérêts, & ne voyoit point le piège qu'on lui tendoit, signa cet accord avec des transports de joie, & consentit à couronner l'empereur à cette condition. Henri, plus modéré, déclara expressément que ce traité seroit nul, fi les évêques refufoient de l'approuver ; en vain Pafcal entreprit de les perfuader, en vain il les exhorta par cette maxime, qu'il faut rendre à Céfar ce qui appartient à Céfar, ils lui répondirent par le même argument, & l'invitèrent à donner l'exemple, & à remettre tous les biens qu'il tenoit de la libéralité des empereurs. Cette conteftation éclata dans l'églife de St. Pierre ; comme on procédoit aux cérémonies du facre, l'empereur prenant le parti des évêques, caffe le traité, déclare qu'il retient les inveftitures ; & fur le refus que fait le pape de le facrer, il ordonne auffi-tôt de le conduire en prifon. L'empereur avoit une armée de quatre-vingt mille hommes ; ceux qui voulurent s'oppofer à fes ordres furent maffacrés ou chargés de chaînes, fuivant la barbare coutume d'alors de traiter ainfi les prifonniers de guerre. Pafcal fut traité d'abord avec affez de déférence ; mais Henri voyant qu'il s'obftinoit à vouloir retenir le droit d'inveftiture, fit conduire devant lui les prifonniers, du nombre defquels étoient plufieurs cardinaux, avec ordre de leur trancher la tête en fa préfence ; Pafcal, pour empêcher cette exécution fanglante, confentit à tout ce qu'on voulut exiger de fon miniftère. L'empereur le reconduifit à la tête de fes troupes, & reçut de lui la couronne impériale avec la bulle qui lui confirmoit le droit des inveftitures par la croffe & par l'anneau. Les papes, pour juftifier leurs prétentions, tâchojent de faire regarder cette croffe comme un objet facré ; mais ce n'eft qu'une marque de diftinction purement humaine, qui n'eft rien aux yeux de la religion. Le pape, en confirmant cette bulle, jura fur l'Évangile avec feize cardinaux, de ne jamais excommunier l'empereur, qui, de fon côté, confirma toutes les donations & les préfents que fes prédéceffeurs avoient faits au St. Siège ; il en ajouta même de nouveaux, moins par politique que par générofité. Henri V fut admis à la communion ; que celui, ( dit le pape, en rompant une partie de l'hoftie avant de la confacrer ) qui rompra la paix, foit féparé du royaume de Jefus-Chrift, ainfi que cette partie de l'hoftie eft féparée de l'autre. Si des ferments euffent pu lier ce pontife, cette fameufe querelle concernant les inveftitures étoit terminée ; mais Henri ne fut pas plutôt rentré dans fes états, que les légats de Pafcal déclamèrent dans tous les royaumes, contre cet accord ; le pape même tient un concile, où il s'accufe d'avoir trahi, par condefcendance & par foibleffe, les intérêts du St. Siège, & confent à fe démettre de fa dignité : c'eft ainfi que ce traité, fait, il eft vrai, dans un état de crainte, mais ratifié dans une entière liberté, fut rompu. Une circonftance embarraffoit le pape ; c'eft fur l'hoftie de ne jamais excommunier l'empereur : il eut recours à un expédient qui montre combien il étoit peu délicat en fait de ferment ; il dit qu'il n'avoit pas renoncé au droit de faire excommunier. L'empereur choqué des procédés du pape, l'attaqua d'une manière ouverte ; il paffe d'abord en Italie, où il s'empare de la fucceffion de la comteffe Mathilde, fa coufine, fondé fur ce qu'elle n'avoit pu en difpofer fans fon agrément, étant fa vaffale ; il envoie enfuite des ambaffadeurs à Rome, prier Pafcal II de l'abfoudre des

excommunications lancées par les légats ; le pape ; pour réponfe, les ratifie, & s'enfuit dans la Calabre avec les cardinaux de fon parti ; ils jugeoient par la conduite de Henri, dans fon premier voyage, de ce qu'ils avoient à craindre de fes vengeances. Henri s'avance auffi-tôt vers Rome ; des préfents fait à propos applaniffent tous les obftacles ; il gagna les comteffes de Tofcanelle, dont les brigues engagèrent les Romains à lui décerner une efpèce de triomphe. L'empereur fut reçu avec la plus grande pompe ; Bourdin, archevêque de Brague, en Portugal, le facra & le couronna une feconde fois ; Henri exigea cette cérémonie, proteftant de nullité contre tout ce qui avoit été fait par un rebelle & un parjure. Les chaleurs exceffives l'ayant déterminé à faire un voyage dans la Tofcane, le pape profita de fon éloignement & revint à Rome, où il mourut deux jours après fon arrivée. L'empereur fit procéder à l'élection d'un nouveau pontife ; & l'archevêque de Brague, après avoir été préfenté au peuple, & confirmé par l'empereur, fut inftallé fous le nom de Grégoire VIII ; mais la faction contraire l'avoit déjà prévenu, & avoit nommé Gelafe II : ces deux papes oppofés l'un à l'autre, fe chargèrent réciproquement du poids de leurs anathèmes. Gelafe II eut d'abord à craindre pour fa vie ; Cenfio Frangipani, animé par un excès de zèle pour l'empereur, étoit entré l'épée nue à la main dans le conclave, & l'avoit frappé de plufieurs coups ; mais cette brutale férocité nuifit au parti de l'empereur : l'outrage fait à Gelafe fouleva tous les Romains. La France intéreffée à entretenir des troubles en Germanie, prit le parti de ce pape contre Grégoire : ces défordres fcandaleux ne finirent qu'en 1122 ; & Califte II, fucceffeur de Gelafe II, eut la gloire de terminer à l'avantage du St. Siège, ce différend qui, depuis fi long-temps agitoit le trône & l'autel. Henri V renonça au droit d'inveftiture par la croffe & par l'anneau ; le fceptre fut fubftitué à ces fymboles. La nomination des bénéfices fut remife aux églifes. Le pape lui accorda feulement le droit de mettre la paix entre deux compétiteurs, & de les forcer de s'en remettre à la décifion des métropolitains & des provinciaux. On fent quel coup un femblable traité portoit à l'autorité impériale, & l'on peut bien dire que le fceptre alors paffa des empereurs aux pontifes, Califte II, dans ce traité, parle vraiment en maître : « Je vous donnerai des » leçons, dit-il, fuivant les devoirs de mon miniftère, » lorfque vous m'aurez porté vos plaintes ; je vous » donne la véritable paix ». On croit entendre un Céfar plutôt qu'un fucceffeur de Pierre ; cet accommodement étoit fans doute une tache au règne de Henri V ; mais les troubles de Germanie le rendoient excufable, même néceffaire. L'empereur connoiffoit les intrigues de la cour de Rome, qui l'avoit porté fur le trône & en avoit précipité fon père. Les ducs Conrad & Frédéric, fes neveux, s'étoient déclarés contre lui ; & s'étant unis avec les légats & les Saxons, ils avoient placé fur le fiège de Wuizbourg, Rugger, fon ennemi ; il voyoit dans ces princes factieux des inftruments prêts à mettre tout en œuvre par Califte, pour le réduire aux mêmes infortunes que *Henri IV* avoit éprouvées. L'empereur cédoit à la nécessité : d'ailleurs, le défaut d'héritiers rendoit son ambition moins active : son intérêt étoit d'achever paisiblement un règne trop agité, & de laisser à une nouvelle famille le soin de profiter des conjonctures qui pouvoient s'offrir pour remettre les papes sous le joug qu'ils venoient de secouer. Caliste lui écrivit une lettre remplie de compliments qui ne dévoient nullement flatter son ambition : à en juger par ce qui venoit de se passer, on la prendroit plutôt pour une sanglante ironie que pour une lettre de félicitation. « Nous louons, disoit ce pontife, le Seigneur tout- » puissant, de ce qu'il a éclairé votre cœur du souffle » de son esprit, nous vous chérirons d'autant plus à » l'avenir, que vous nous obéissez avec plus de dévoue- » ment que vos prédécesseurs ». Grégoire VIII paya bien cher l'honneur de s'être assis sur le trône pontifical ; après avoir été pris dans. Sutri, il parut dans Rome, précédant l'entrée solemnelle qu'y fit Caliste, qui montoit un cheval blanc, suivant l'usage des souverains ; il étoit sur un chameau, dont la queue lui servoit de bride, on l'avoit couvert de peaux de bêtes, après l'avoir dépouillé de la pourpre : cette pompe indécente & barbare accusé l'orgueil de Caliste, elle étoit, dit un homme d'esprit, plus digne d'un triomphateur de l'ancienne Rome, que d'un évêque de la nouvelle. Grégoire fut ensuite traîné de prison en prison ; il y mourut plusieurs années après, dans une grande vieillesse, toujours attaché à ses maximes qui lui faisoient reconnoître l'autorité des empereurs. Tel fut le sort d'un prélat, qui eût été universellement reconnu pour pape, si le parti de *Henri V*, qui sans contredit étoit le plus légitime, eût prévalu.

Ces outrages accumulés retomboient sur l'empereur ; réduit à dissimuler avec la cour de Rome, il méditoit sa réconciliation avec celle de France. Philippe I lui avoir donné de justes motifs de plaintes pendant la querelle des investitures ; ce prince avoit même fourni des secours aux papes : *Henri* fut retenu par la révolte de la Hollande & de quelques villes d'Alsace, & par sa mort, arrivée en 1125. Il avoit épousé en 1114, Mathilde, fille de *Henri I*, roi d'Angleterre : cette princesse lui donna deux filles ; l'une appellée *Christine*, fut mariée à Ladislas, roi de Pologne ; l'autre, nommée *Berthe*, fut mariée à Ptolomée, fils d'un consul de Rome de ce nom ; on doute de la légitimité de cette dernière.

Outre cette ambition effrénée qui porta *Henri V* à détrôner son père, on lui reproche une avarice sordide ; son repos fut sacrifié à cette avilissante passion : on a dit de ce prince qu'il avoit vécu pauvre pour mourir riche. Il avoit plus de finesse dans l'esprit que d'élévation dans l'ame ; plus de talent pour gouverner, que de génie & de vertus pour se faire admirer & estimer ; au reste, les plus éminentes qualités n'auroient jamais effacé les taches qu'impriment sur son nom les malheurs de son père, qui furent son ouvrage. Son corps fut transféré d'Utrecht à Spire, & enterré dans le tombeau de ses ancêtres. ( M, Y. )

HENRI VI, dit le sévère, (Hist. d'Allemagne.) XVe roi ou empereur de Germanie depuis Conrad I, XVIIIe empereur d'Occident depuis Charlemagne ; né en 1165, de Frédéric I, & de Béatrice, élu roi des Romains, succède à son père en 1190, meurt en 1197 ou 1198, en septembre.

La constitution Germanique manqua de changer entièrement sous ce prince ; & s'il avoit eu un successeur qui lui eût ressemblé, la nation la plus libre seroit tombée sous le joug le plus despotique. Nommé vicaire général de l'empire, depuis le départ de Frédéric I pour la Palestine, il n'avoit rien négligé pour s'affermir sur le trône : aussi la mort de cet empereur ne causa aucun mouvement : *Henri* ne daigna pas même assembler les états pour faire ratifier son élection, suivant l'usage constant de ceux de ses prédécesseurs qui avoient été reconnus rois pendant la vie de leurs pères. La violation de cette coutume, la plus chère pour une nation qui vouloit que la couronne fût élective, n'excita aucun murmure ; sans doute que l'on craignoit déjà ce caractère féroce & sanguinaire qu'il déploya vers le milieu de son règne ; né avec toutes les dispositions qui pouvoient faire un grand roi, *Henri VI* ne s'occupa qu'à se rendre terrible : ce n'est que l'on frémissant d'horreur, que l'on se représente les cruautés qui deshonorent son règne : on n'a cependant rien à lui reprocher sur sa conduite envers Henri-le-lion, qui, toujours proscrit & toujours armé, réclamoit l'héritage de ses pères, dont les empereurs précédents l'avoient privé, autant pour abaisser sa maison que pour le punir de son indocilité. Après l'avoir vaincu & privé de toute ressource, il lui laissa Brunswick, qu'il lui démanteler, & lui permit de partager la seigneurie de Lubec avec l'évêque de ce diocèse. Si Henri-le-lion eût sçu lire dans l'avenir, il eût regardé ce traitement comme le bienfait le plus signalé de la part d'un prince que l'on n'offensa jamais sans s'exposer aux plus cruelles vengeances ; cependant *Henri VI* faisoit ses préparatifs pour entrer en Italie ; il y alloit revendiquer les droits de Constance sa femme, fille de Roger II, & son héritière aux royaumes de Naples & de Sicile. Tancrède-le-bâtard, fils naturel du prince Roger, prenoit des mesures pour le lui disputer ; l'empereur se rendit à Rome, où Célestin III fit les cérémonies de son sacre & de son couronnement. Si l'on en croit un anglois, le seul qui rapporte ce trait, le pape fit tomber d'un coup de pied la couronne, à l'instant qu'il venoit de la lui poser sur la tête ; mais ce fait, qui décèleroit un orgueil aussi brutal que ridicule, est sans vraisemblance ; *Henri* n'eût pas manqué de s'en venger ; ce prince étoit capable de le faire périr sur l'heure ; mais au lieu de punir le pontife d'un outrage, qu'il n'eût plu dissimuler, il punit dans l'ancien Tusculum, aujourd'hui Frescati, ville qui s'étoit distinguée par son attachement à la domination Allemande, & dont les Romains se vengèrent d'une manière vraiment barbare ; s'il est vrai qu'après avoir pris & rasé la ville, ils coupèrent les pieds & les mains à tous ceux des habitants qui survécurent à la ruine de leur patrie : une peste qui détruisit l'armée impériale, l'empêcha d'exécuter dans ce voyage ; ses projets sur la Sicile & sur Naples : il entreprit une seconde campagne, où tout réuffit au gré de ses désirs ; aidé des Pisans & des Génois, & de l'or qu'il avoit exigé du roi d'Angleterre Richard, qu'il avoit, contre tous les droits divins & humains, fait languir dans une longue captivité, il alla mettre le siège devant Naples ; cette ville fut forcée de le recevoir. Tancrède étoit mort avant ce siège, qu'il eût rendu plus difficile ; la veuve de ce prince, alarmée des progrès des Allemands, demande à capituler, & se contente de la principauté de Tarente, pour elle, & pour son fils Guillaume, que les Siciliens avoient nommé pour succéder à Tancrède. L'empereur devoit se contenter d'un traité qui mettoit dans sa famille deux royaumes puissants ; mais ce prince barbare & sans foi, n'eut pas plutôt en son pouvoir le jeune roi, qu'il le fit mutiler, & l'envoya à Coire, où on lui brûla la vue. La reine mère de Guillaume & les princesses ses sœurs, furent réléguées dans des monastères en Alsace. La rage du tyran cherchant de nouveaux aliments, il fit exhumer Tancrède, & ordonna qu'on tranchât la tête à ce cadavre infecté. Les Siciliens voulurent en vain venger ces cruautés accumulées ; leur fidélité pour leurs anciens rois ne servit qu'à leur attirer de nouveaux malheurs ; Henri passa dans leur île, & se surpassa dans la recherche des supplices. Un nommé Jourdain, qu'ils avoient choisi pour roi, périt sur un trône de fer ardent, ayant sur la tête une couronne également ardente : la plûpart des principaux du pays périrent dans des tourments non moins affreux ; & tous les ôtages que lui avoit donnés la veuve de Tancrède, eurent les yeux crevés. Ce fut au milieu de ces exécutions que Henri fit vœu de se croiser pour la Terre-Sainte ; ce monstre de cruauté vouloit passer pour un prodige de dévotion : il n'accomplit cependant pas ce vœu, il se contenta d'envoyer dans la Palestine une armée ; dont il ne put voir le retour ; son inhumanité souleva tous les esprits : Constance ne pouvant soutenir la présence d'un mari semblable, conspira contre lui, & le fit empoisonner : crime, dit un moderne, excusable peut-être dans une femme, qui vengeoit sa famille & sa patrie, si l'empoisonnement, & sur-tout l'empoisonnement d'un mari, pouvoit être justifié. Des auteurs prétendent qu'il mourut d'une dyssenterie ou d'une fièvre qu'il eut, pour s'être endormi la nuit, fatigué d'une longue chasse, dans un lieu marécageux ; son corps fut porté à Panorme, où l'impératrice le fit mettre dans un tombeau de porphyre. L'histoire, en accusant sa cruauté, rend justice à ses talents relevés par les graces extérieures : Henri VI étoit d'une taille médiocre, mais parfaitement proportionnée ; il avoit le visage beau, quoiqu'un peu maigre, la peau fort blanche, & la tête un peu petite ; son agilité, l'extrême souplesse de ses membres le rendoient propre à tous les exercices de pied & de cheval ; il étoit économe, sans cependant rien épargner dans les cérémonies d'éclat ; son esprit étoit orné des plus belles connoissances, il avoit une éloquence naturelle & beaucoup d'élévation dans l'ame : on peut dire qu'il eût pu être compté parmi les grands princes, si au talent qui maintient les empires, il eût sçu joindre

les vertus qui font régner sur les cœurs : il n'eut de son mariage avec Constance, qu'un fils, qui régna dans la suite, sous le nom de Frédéric II. (M. Y.)

HENRI de Luxembourg, VII<sup>e</sup> du nom, ( Histoire d'Allemagne. ) XXII<sup>e</sup> roi ou empereur depuis Conrad I, né vers l'an 1313, de Henri, comte de Luxembourg, & de Béatrix de Hainaut, élu empereur en 1308, en novembre, mort en 1313, le 24 août.

Dès que la mort d'Albert fut divulguée, Frédéric-le-Bel se présenta aux états pour lui succéder ; sa qualité de fils de cet empereur étoit un titre auprès du peuple, mais non pas auprès des électeurs : Charles-de-Valois, frère de Philippe-le-Bel, prince si connu par son extrême passion de régner, se mit sur les rangs ; on prétend que Philippe-le-Bel s'y mit lui-même ; mais les Allemands avoient de puissants motifs pour rejetter ce monarque, ainsi que sa race : il est probable que si la couronne d'Allemagne eût été une fois sur la tête d'un roi de France, & sur-tout d'un Philippe-le-Bel, il n'eût pas manqué de reprendre les privilèges qui y étoient attachés sous Charlemagne. Philippe sçavoit qu'il ne parviendroit jamais à faire illusion aux électeurs : aussi fit-il jouer tous les ressorts possibles auprès de Clément V ; mais si d'un côté ce pape devoit être flatté de pouvoir forcer l'Allemagne à recevoir de sa main un empereur, il devoit être retenu de l'autre par la crainte de se donner un maître ; il en avoit trop coûté de soins & de sang à ses prédécesseurs pour diviser la monarchie, pour que Clément pût consentir à la réunir. Dans une entrevue que ce pontife eut avec le roi, il lui promit d'employer tout son crédit à faire réussir ses desseins, soit qu'il voulût la couronne pour lui ou pour Charles son fils : il lui donna une bulle aussi favorable qu'il pût la désirer ; mais dans le même temps qu'il la lui remettoit entre les mains, il en expédioit une autre, où il faisoit voir aux électeurs les dangers auxquels l'Allemagne s'exposoit ; & comme il connoissoit leur peu d'inclination pour Frédéric-le-Bel, il leur recommandoit Henri de Luxembourg, prince qui avoit des vertus & des talents, & connu par son zèle pour la constitution Germanique. Six mois s'étoient passés dans diverses intrigues, & l'on commençoit à murmurer de cette espèce d'anarchie ; cette considération pressa la nomination de Henri : il fut couronné à Aix-la-Chapelle ; Marguerite de Brabant, sa femme, fut admise au même honneur. Son premier soin, lorsqu'il fut sur le trône, fut de poursuivre les assassins d'Albert ; ces complices du duc Jean & lui-même furent mis au ban impérial ; Rodolphe de Vaart, seigneur qui jouissoit d'une haute réputation, fut puni par la roue ; ce supplice jusqu'alors inusité en Allemagne, assûra, dit-on, la vie des empereurs, & rendit les assassins moins fréquents. Cependant Henri méditoit un projet bien grand, & dont l'exécution eût pu illustrer son règne, sans le rendre plus heureux ; c'étoit de relever l'empire d'Occident ; au moins de le mettre dans l'état où il étoit sous Frédéric II, en qui l'on peut dire qu'il finit. Plusieurs villes, comme Florence, Gênes, Luques & Bologne, avoient acheté
leur

leur liberté de l'empereur Rodolphe ; les autres avoient cru pouvoir s'en dispenser, espérant que le temps effaceroit les traces de la domination des empereurs ; elles étoient dans la plus grande sécurité, & ne soupçonnoient pas qu'un empereur pût jamais s'exposer à renouveller les sanglantes tragédies des Henri IV, des Frédéric II, & des Conrad IV, sa fermeté lui fit mépriser ces exemples : il assura la paix en Allemagne, en donnant le vicariat de l'empire à Jean son fils, qu'il avoit placé sur le trône de Bohême, & partit pour l'Italie ; c tte contrée étoit toujours divisée par les Guelphes & les Gibelins : ces derniers étoient toujours favorables aux empereurs, & combattoient pour la domination Allemande ; mais outre que les Guelphes attaquoient ouvertement Henri VI, ce prince avoit pour ennemi caché Clément V ; ce pontife qui avoir favorisé son élection, & l'avoit appuyée de tout son pouvoir, le traversoit par tous les moyens possibles, depuis qu'il le voyoit marcher sur les traces des Charlemagne & des Othon I. Clément députe vers Robert, roi de Naples, & lui donne le gouvernement de Rome ; il fait en même temps une ligue, mais toujours secrètement, avec les villes de Florence, de Bologne, de Sienne, de Luques, de Brixene, & de plusieurs autres moins considérables. L'empereur eut à chaque pas de nouveaux combats à soutenir ; il assiégea la plûpart des villes que nous venons de nommer, & en reçut quelques-unes à composition ; la terreur de ses armes réduisit les Milanois à dissimuler leurs anciens projets de domination sur la Lombardie, ils lui apportèrent les anciens tributs, & le couronnèrent roi des Lombards. Padoue eut un gouverneur Allemand, & paya mille écus par forme de tribut ou d'amende ; la modicité de cette somme atteste l'indigence des habitants de cette ville : les Vénitiens plus riches & plus magnifiques, se distinguèrent par des présents considérables : Henri reçut de leurs ambassadeurs une somme prodigieuse, avec une couronne toute d'or, ornée de diamants, & d'une chaine de vermeil d'un travail exquis : ces républicains suivirent leur politique ordinaire, d'écarter par des présents, les empereurs assez puissants pour les asservir ; telle fut la sagesse de Venise pendant les révolutions qui suivirent l'extinction des Césars, que l'on a douté long-temps, si depuis cette époque elle n'avoit pas toujours été libre : Gênes montra le plus vif empressement à le recevoir ; elle déploya tout le luxe d'une nation industrieuse & commerçante ; & comme Venise, elle lui témoigna tant d'affection, que Henri put regarder comme superflu d'examiner ses droits sur cette ville : Verone, Parme & Mantoue reçurent des gouverneurs impériaux. Le monarque étoit à Pise, lorsque des couriers de la faction des Colonnes l'exhortèrent à user de célérité pour se rendre à Rome : il s'y fit couronner dans le palais de Latran par trois cardinaux, & revint à Pise, où il tint une assemblée d'états ; il ordonna la levée des anciens tributs, & cita le roi de Naples, pour qu'il eût à se justifier sur les motifs qui avoient porté ce prince à lui désobéir ; & sur son refus de comparoître, il confisqua son

*Histoire, Tome III,*

royaume, & en donna l'investiture à Frédéric, roi de Sicile. Robert étoit perdu, & toute l'Italie alloit passer une seconde fois sous le joug des empereurs, sans un dominicain de Montepulciano, qui, dit-on, n'eut point horreur de mêler du poison à l'hostie dont Henri communia : Henri ; des écrivains prétendent justifier ce moine de cette atrocité sacrilége ; sur des lettres de Jean de Bohême, qui déclarent les dominicains innocents de cet attentat : ces lettres ne furent expédiées que trente ans après ; & comme le remarque un moderne, il eût mieux valu qu'elles eussent été accordées dès qu'ils en furent accusés. On reproche aux successeurs de Henri VII, d'avoir négligé sa pompe funèbre, & d'avoir laissé son corps à Pise, au lieu de l'avoir fait transférer à Spire dans le tombeau des empereurs. Outre Jean, roi de Bohême, dont nous avons parlé dans cet article, ce prince eut quatre filles : la première fut mariée à Charles, roi d'Hongrie ; Marie, la seconde, à Charles-le-Bel, roi de France ; Agnès, la troisième, à Rodolphe, électeur palatin ; Catherine, la quatrième épousa Léopold d'Autriche. (M.-Y.)

HENRI, dit le roi des prêtres, (*Hist. d'Allemagne.*) landgrave de Thuringe & de Hesse, fils d'Herman, comte de Raspenberg, & de Sophie de Bavière, fut élu empereur en 1245, pendant les troubles excités par l'excommunication de Frédéric II, par Innocent IV ; Henri gagna la bataille de Francfort sur Conrad IV, qui fut lors étoit roi des Romains, il périt au siège d'Ulm, l'an 1246, & fut inhumé dans l'église de Sainte-Catherine d'Isenac : on prétend qu'il étoit du sang de Charlemagne ; on ne le met point au nombre des empereurs, n'ayant été reconnu que par les ecclésiastiques, qui furent cause qu'on l'appella par dérision, le roi des prêtres. (M.-Y.)

HENRI I, (*Hist. d'Angleterre.*) duc de Normandie, couronné roi d'Angleterre en 1100, au préjudice de Robert Courte-cuisse, son frère aîné, & tous deux frères de Guillaume le Roux & fils de Guillaume le Conquérant. L'avénement de Henri I au trône, est une époque mémorable. Il n'obtint la préférence sur son frère qu'en accordant aux Anglois des privilèges qui pussent les mettre à jamais à l'abri des vexations de la puissance arbitraire : privilèges qu'aucun roi n'a violés depuis impunément, & qui font encore aujourd'hui la base de la liberté britannique. Il jura pour lui & pour ses successeurs, qui n'ont pu annuller son serment, de ne jamais lever de taxes ou de subsides sans le consentement exprès de la nation : il jura qu'aucun citoyen ne pourroit, en aucun cas, être condamné par le roi ou par ses officiers, soit en matière civile, soit en matière criminelle, qu'il accusation ne fût vérifiée devant douze de ses pairs ou concitoyens qu'on seroit obligé d'assembler pour cet effet. Henri monté sur le trône, soutint cette démarche pendant un règne de vingt-cinq ans, & mérita les titres de guerrier courageux, de politique habile & de roi juste. Il mourut en 1135. (A. R.)

HENRI II, fils de Geoffroi, comte d'Anjou, & de Mathilde, fils de Henri I, dont on vient de parler,

I

fut applan'r les obstacles qui sembloient devoir l'éloigner du trône d'Angleterre du vivant de sa mère.
Les premières années de son règne furent fort agitées. Il ajouta à ses états la Guienne & le comté de
Poitou, par son mariage avec Eléonore, héritière
de ces provinces. Il en conquit d'autres sur Conan IV,
& se rendit maître de l'Irlande. Mais ces exploits,
qui annoncent un héros, sont moins dignes d'éloge
que sa prudence, sa générosité, & son habileté pour
le gouvernement. C'est dommage que ces bonnes
qualités aient été ternies par un orgueil excessif, une
ambition démesurée & un luxe sans bornes. Il mourut en 1186, du chagrin que lui causerent les révoltes multipliées de ses enfans. ( *A. R.* )

HENRI III, fils & successeur de Jean Sans-terre,
monta sur le trône d'Angleterre en 1216. Ce prince,
peu capable de gouverner, esclave de ses ministres.
& de ses favoris qu'il enrichit aux dépens de la nation, régna cinquante-cinq ans dans des orages continuels, excités par sa mauvaise administration, son
peu de fermeté, sa hauteur hors de saison, en un
mot par son imbécillité. Les barons révoltés le firent
prisonnier à la bataille de Lewes, en 1264, & lui
firent signer un nouveau plan de gouvernement,
que quelques historiens regardent comme l'origine des
communes, & de la puissance du parlement de la
Grande-Bretagne. ( *A, R.* )

HENRI IV, fils du duc de Lancastre, troisième fils
d'Edouard III, succéda à Richard II, qu'il fit déposer juridiquement. Mais, comme la couronne sembloit appartenir à plus juste titre à Edmond de Mortimer, qui descendoit du duc de Clarence, second fils du même Édouard III,
l'Angleterre se vit en proie à une guerre civile causée par
la haine, l'ambition & la jalousie réciproque des deux
maisons de Lancastre & d'Yorck, celle-ci étant aux droits
des Mortimer. L'usurpateur s'efforça en vain de gagner
l'amitié des Anglois : en vain il jura de défendre leurs
droits, de protéger leurs privilèges, d'y ajouter de nouvelles prérogatives. Jamais il ne put effacer à leurs yeux,
le crime de son usurpation, & ceux qui en firent la
suite. Il finit par se haïr lui-même, ne pouvant étouffer
les remords qui le tourmentoient. Il mourut de la
lèpre en 1413, âgé de quarante-six ans et il en avoit.
régné quatorze. ( *A.R.* )

HENRI V, fils du précédent, porta sur le trône
des talents exercés pendant les dernières années du
règne de son père, & l'utile connoissance des droits
de la nation qu'il gouvernoit. Il respecta les privilèges
des Anglois, & ses Anglois oublièrent qu'il étoit fils.
de Henri IV. Il eut encore la politique de leur présenter le projet séduisant de conquérir la France, projet
qu'il exécuta à la faveur des factions auxquelles cet
état étoit en proie. Le traité de Troyes, conclu en
1420, remettoit aux mains de Henri les rênes du
gouvernement, & ne laissoit à Charles VI que le titre
& les honneurs de roi. Henri reconnu pour héritier
de la couronne, devoit à jamais réunir la France à
l'Angleterre sous un même monarque. Il est vrai que
ce traité n'eût point son exécution : mais il l'auroit eue
sans la valeur du dauphin qui rétablit ses affaires, &

sans la mort de Henri V, arrivée en 1422, dans la
trente sixième année de son âge. Il laissa son sceptre à
Henri, son fils, qui fuit. ( *A. R.* )

HENRI VI. Le duc de Betford, protecteur ou gardien
du royaume pendant la minorité du jeune prince,
vouloit le faire règner sur la France & l'Angleterre,
suivant les clauses du traité de Troyes. Mais, tandis
que pour y parvenir, il portoit ses armes victorieuses
dans les provinces françoises qu'il défoloit, la mésintelligence qui divisoit les ministres de Henri VI,
l'obligea de repasser la mer, & son séjour en Angleterre ruina ses affaires en France. Charles VII repoussa
les Anglois, réunit les suffrages de ses sujets, & se fit
couronner à Reims. Depuis cette époque, Bedford
n'éprouva que des revers & des défaites en France ;
& en Angleterre, des dégoûts & des contradictions.
Richard, duc d'Yorck, parent d'Edouard III par sa
mère, déclara la guerre à Henri VI, que sa grande
jeunesse & son esprit foible mettoient hors d'état de se
soutenir sur le trône. Cependant le parlement décide.
que le possesseur actuel gardera la couronne, & que
Richard sera reconnu pour héritier naturel & légitime
de la monarchie. Cette décision pouvoit tout pacifier,
si Henri n'eût point eu d'enfants. Il avoit un fils dont.
Marguerite d'Anjou, sa mère, fit valoir les droits à la.
tête d'une armée. Cette femme, bien supérieure à son.
époux, livre au duc d'Yorck, la bataille de Vaken-
field, en 1461, où ce duc perd la vie. Edouard, son
fils, venge son père, se fait un parti considérable,
assemble le parlement, & est couronné roi. Henri,
enfermé dans la tour de Londres, y languissoit pasi-
blement, trop méprisé de son rival pour en être craint.
Cependant Warvick, mécontent d'Edouard, cause une
nouvelle révolution dans l'état. Edouard fuit devant
lui ; & Henri VI passe de l'obscurité de la prison à
l'éclat du trône. Du fond de son exil, Edouard
conçoit le projet de reparoître en Angleterre, & de
reprendre une couronne que la fortune vient de lui
ravir. Il est secondé par l'archevêque d'Yorck, frère
du comte de Warvick. Il se montre fièrement devant
les murs de Londres. Warvick n'y étoit pas. Les portes
lui sont ouvertes. L'armée de la reine est défaite. Elle-
même est prisonnière. Henri retourne à la tour, où il
est bientôt poignardé avec son fils. Telle fut la fin
malheureuse de ce prince. ( *A. R.* )

HENRI VII, comte de Richemond, parvint à la.
couronne d'Angleterre par la défaite & la mort de
Richard III. Il fut reconnu en 1485. Il étoit de la
maison de Lancastre, & il réunit en sa personne les
droits de la maison d'Yorck, par son mariage avec.
Elisabeth, fille d'Edouard IV. Cela n'empêcha pas ses.
ennemis de faire bien des tentatives pour le détrôner.
Henri VII sçut triompher de toutes les conspirations,
& de toutes les factions. Il ménagea le parlement, il
respecta les droits de la nation, fit de sages loix, réforma la justice, protégea les sciences, rétablit le
commerce qui avoit beaucoup souffert pendant les
guerres civiles, & il mérité le titre glorieux de
*Salomon de l'Angleterre*, si une lésine honteuse &
des rapines fiscales n'eussent pas terni l'éclat de ses

excellentes qualités. Il mourut en 1509. ( *A. R.* )

HENRI VIII. Les amours grossiers & sanguinaires de ce monarque, ses divorces successifs qui firent passer plusieurs de ses femmes de son lit sur l'échafaud, l'orgueil despotique avec lequel il fit adopter ses caprices & des loix aussi bizarres que tyranniques, le changement qu'il introduisit dans l'église de son royaume, & qui n'eut pas de plus noble motif que ses passions effrénées, ses démêlés avec la France, son inconstance dans ses alliances politiques comme dans ses amours ; tels font, en peu de mots, les traits qui caractérisent le règne & la personne de *Henri VIII.* Que penser d'un prince qui ose avouer de sang froid en mourant, *qu'il n'a jamais refusé la vie d'un homme à sa haine, ni l'honneur d'une femme à ses desirs* ? Il mourut en 1547, âgé de cinquante-sept ans, après en avoir régné trente-huit. ( *A R.* )

HENRI I, roi de Castille, ( *Hist. d'Espagne* ). On ne peut rien dire de ce prince, & l'on ignore s'il eût été bon ou méchant. Elevé par le plus vicieux des hommes, il est très-vraisemblable qu'il en eût à la fin adopté les principes ; & en ce cas, ce fut un bonheur pour la Castille & pour Léon, que la mort terminât de bonne heure ses jours, & avant qu'il eût pu abuser du pouvoir de la royauté. Sa minorité fut courte, mais violemment orageuse : s'il eût gouverné, peut-être son règne eût-été plus orageux encore. Il n'avoit pas onze ans, lorsque le roi Alphonse X, son père, mourut en 1214, après l'avoir déclaré son successeur sous la régence de la reine Eléonore sa mère : mais celle-ci n'ayant survécu que deux mois à son époux, *Henri I* demeura sous la régence de dona Berengere, sa sœur, épouse répudiée du roi de Léon. La sagesse & les talents de dona Berengere donnèrent aux Castillans les plus grandes espérances ; & de tous les citoyens, il n'y eut que les comtes de Lara, don Ferdinand, don Alvar, & don Gonçale qui virent avec chagrin la régence du royaume entre les mains de cette princesse. Ambitieux, entreprenants, & très-peu délicats sur le choix des moyens, ces trois frères formèrent le complot de se rendre maîtres de la personne du roi, afin de pouvoir ensuite gouverner plus facilement le royaume. Dans cette vue, ils cabalèrent avec quelques seigneurs, qu'ils s'attachèrent par l'espoir des bienfaits, ou à force d'argent : ils parvinrent aussi à corrompre celui des domestiques de la reine, en qui elle avoit le plus de confiance, & qui, d'après leurs suggestions, la croire à la reine que les grands étoient très-mécontents qu'une femme fût chargée de l'éducation du roi, & qu'il importoit à sa sûreté d'assembler les états, & de se démettre de la régence. La crédule Berengere, docile à ce conseil, assembla les grands du royaume, & nomma pour tuteur du prince & régent du royaume, don Alvar de Lara, mais après avoir exigé de lui des conditions qu'il accepta, & qu'il jura d'observer religieusement. A peine. cependant il se vit élevé au rang qu'il tant ambitionné, qu'infidèle à ses promesses, il gouverna de la manière la plus tyrannique, ne s'occupa que des moyens d'assouvir son avidité, foula le peuple, offensa

la noblesse, attenta tyranniquement à la liberté des citoyens, ravit impunément leurs biens, & viola sans égards les droits & les immunités du clergé. Afin de s'assurer des volontés du jeune souverain, sur lequel il avoit déjà pris l'ascendant le plus irrésistible, il forma le projet de le marier avec dona Mafalde, infante de Portugal, & ne voulant confier à personne l'exécution de ce dessein, il alla lui-même en Portugal, & négocia avec tant de succès, que, ses propositions acceptées, il emmena la jeune infante en Castille, où ce mariage eût été célébré, si le pape ne s'y fût opposé de toute sa puissance, à cause de la parenté qu'il y avoit entre les deux fiancés ; ensorte que dona Mafalde s'en retourna en Portugal, & se fit religieuse, dédaignant de se marier avec don Alvar, qui vouloit l'épouser, ne pouvant l'unir avec son maître. Le régent, soit pour se venger des obstacles que le pape lui avoit opposés, soit pour assouvir sa dévorante avidité, continua de vexer les ecclésiastiques ; mais ceux-ci, peu accoutumés à souffrir l'oppression, arrêtèrent le cours de cette tyrannie, & le doyen de Tolède, indigné contre don Alvar, qui n'avoit pas craint de s'emparer d'une partie des revenus de son église, l'excommunia solemnellement ; & par ce coup inattendu, accabla le régent, qui, effrayé des suites qu'avoit alors l'excommunication, se hâta d'appaiser le doyen, restitua tout ce qu'il avoit usurpé sur les biens du clergé, & lui donna la plus éclatante satisfaction : mais afin de se dédommager de cet acte forcé d'humiliation, il convoqua les états à Valladolid, & y parla avec tant de hauteur, donna des ordres si tyranniques, agit avec tant d'insolence, que la reine Berengere, vivement offensée, s'éloigna brusquement de Valladolid, & suivie d'une partie de la noblesse également blessée du ton impérieux de don Alvar, alla se renfermer dans le fort d'Autillo. Cette démarche n'eût point inquiété le régent, s'il n'eût vu en même temps que le jeune *Henri* vouloit se retirer aussi au château d'Autillo, près de sa sœur. Le seul moyen de détourner le danger auquel cette réunion eût exposé le régent, étoit d'enlever le jeune prince, & il l'entraîna loin de Valladolid, sous prétexte de lui faire voir l'état de ses provinces ; il le mena rapidement à Ségovie, à Avila, d'où il le fit passer dans le royaume de Tolède. Là, don Alvar, loin de ses ennemis, fit un séjour de plusieurs mois, & commit tant de vexations, foula les citoyens d'une manière si cruelle, que le peuple étoit prêt à se soulever, lorsque le régent, peu ému des plaintes qu'on formoit contre son despotisme, imagina de faire oublier ses attentats & sa dernières injustices, par des entreprises nouvelles, & beaucoup plus hardies. La reine Berengere avoit envoyé secrètement un émissaire pour s'informer de la manière dont on traitoit son jeune frère. D'on Alvar ne fut pas plutôt instruit de ce message, qu'il fit saisir l'agent de dona Berengere, le fit pendre, accusa la reine d'avoir envoyé un homme chargé d'empoisonner le roi, & montra même, pour appuyer cette odieuse accusation, une lettre supposée. Cette fourberie atroce ne lui réussit point ; elle ne servit au contraire qu'à le faire encore plus détester,

& l'archevêque de Tolède le traita si hautement d'imposteur & de scélérat, qu'obligé de sortir des terres de cet archevêché, il alla, suivi du jeune roi, s'enfermer dans Huete. Il n'y resta que peu de jours ; & déterminé à périr ou à perdre ses ennemis, & bouleverser l'état, il se rendit à Valladolid, assembla une armée, & fit sommer la reine Berengere, avec ses adhérans, de remettre à l'instant même de la sommation, toutes les places qu'elle tenoit. Don Alvar ; à la tête des troupes, étoit le plus fort ; d'ailleurs, accompagné perpétuellement du jeune roi, il eût été dangereux de le combattre, parce que c'eût été exposer la vie de *Henri*. Dans cette situation critique, dona Berengere demanda du secours au roi de Léon ; mais le régent, qui avoit prévu cette démarche, afin de lui ôter cet appui, s'étoit adressé lui-même au roi de Léon, & lui avoit fait demander, pour le roi de Castille, l'infante dona Sanche, en mariage ; cette proposition avoit été acceptée, en sorte que dona Berengere ne put point obtenir de secours du roi de Léon ; cependant la plus grande partie des citoyens, opprimés eux-mêmes, s'intéressoient à sa cause ; on murmuroit par-tout contre le régent, on se plaignoit hautement de ses violences & de sa tyrannie ; il étoit détesté, & la guerre civile alloit éclater, quand le plus imprévu des accidens vint dissiper ce menaçant orage, & arracher des mains de l'oppresseur les rênes du gouvernement. Don Alvar étoit à Palence avec le roi, logé dans le palais épiscopal ; & cherchant tous les moyens de se rendre agréable à ce prince, il lui procuroit tous les amusemens qu'il croyoit pouvoir lui plaire. Un jour que *Henri* jouoit avec plusieurs jeunes seigneurs de son âge, l'un d'eux jetta en l'air une tuile qui tomba sur la tête du roi, & le blessa si cruellement qu'il mourut très-peu de temps après, le 6 juin 1217, dans la troisième année de son règne, & dans la quatorzième de son âge. Qu'eût été, s'il fût parvenu à un âge plus avancé, ce roi formé par les leçons & sous les yeux de don Alvar ? ( *L. C.* )

HENRI II, roi de Léon & de Castille. Opprimé par la haine du plus cruel des frères, persécuté, proscrit par le plus féroce des tyrans, *Henri II* vit sa jeunesse s'écouler au milieu des orages & des dangers. Formé à la vertu par l'horreur que lui inspirèrent les crimes & les vices de don Pedre, le plus pervers & le plus sanguinaire des hommes, *Henri* ne dut peut-être les talens supérieurs qu'il montra sur le trône, les actions qui l'illustrèrent, & sa célébrité, qu'aux efforts continuels que la nécessité de dérober sa tête à la plus atroce des persécutions, l'avoit obligé de faire pendant plusieurs années ; tant il est vrai que la meilleure des écoles est celle de l'adversité, & que les plus grands rois ont été dans tous les temps ceux qui ont eu, avant que de gouverner les peuples, le plus d'obstacles à surmonter. *Henri II*, connu avant de parvenir à la couronne sous le nom de *comte de Transtamare*, étoit fils naturel d'Alphonse XI, roi de Castille, qui, en mourant, laissa ses états à son fils Pierre, si justement surnommé *le Cruel*. Pierre fut à peine monté sur le trône, qu'il exerça les fureurs d'un bourreau, plutôt

que les fonctions d'un souverain : il prit plaisir à se baigner dans le sang de ses sujets. On sçait avec quel farouche plaisir ce barbare se jouoit de la vie des hommes ; on sçait avec quelle infernale satisfaction il aimoit à égorger les victimes qu'il avoit désignées ( *Voyez* PIERRE-LE-CRUEL ). Sa cruauté menaçant la vie de tous ceux qui l'entouroient ; & ses parens les plus proches étant ceux contre lesquels il tournoit le plus volontiers sa brutalité meurtrière, le comte de Transtamare se souleva avec la plus grande partie des seigneurs ; on sçait avec quelle infernale satisfaction il combattre, la cette confédération n'eut point le succès qu'on en attendoit ; la fourberie & la cruauté de don Pedre prévalurent ; la plûpart des seigneurs ligués expirèrent par les ordres & sous les coups du souverain lui-même ; & le comte de Transtamare, réservé par son frère à un genre de mort plus atroce & plus douloureux, eut toutes les peines du monde à éviter le sort qui lui étoit destiné ; il s'évada & passa en France. Il n'y resta que peu de temps, & les besoins pressans de sa patrie, le rappellèrent en Espagne : il alla à la cour du roi d'Aragon, qui étoit en guerre alors avec celui de Castille : mais *Henri* n'osoit se mettre encore à la tête des troupes aragonoises, dans la crainte très-fondée, que don Pedre, pour se venger, ne fit assassiner dona Jeanne-Emmanuel, sa belle-sœur, épouse de *Henri*, qui, à Toro, étoit tombée au pouvoir du tyran. Le comte de Transtamare fut délivré de ses alarmes par les soins de Pierre Carillo, qui trouva moyen de tromper la vigilance du roi de Castille, & d'enlever dona Jeanne-Emmanuel, qu'il conduisit à son époux. Don Pedre, furieux de voir s'échapper l'une de ses victimes, tourna sa rage contre don Frédéric, son propre frère, & contre don Juan d'Aragon, son cousin, qu'il fit poignarder l'un & l'autre sous ses yeux : souillé du sang de ses frères, de celui de sa tante & de sa belle-sœur qu'il avoit fait également périr, avec ceux qu'il soupçonnoit d'être attachés à son frère, il marcha contre celui-ci, il fut complètement battu ; il se dédommagea de ce revers par les nombreux assassinats qu'il ordonna, & par ceux qu'il commit lui-même : la reine Blanche, son épouse, la plus belle & la plus vertueuse des femmes, mourut aussi empoisonnée. par son farouche époux. Le comte de Transtamare, résolu de mettre fin à cette horrible suite de crimes. & de proscriptions, alla en France, où l'on se disposoit déjà à venger la mort de cette reine, sœur du duc de Bourbon. *Henri* revint bientôt en Espagne, & tous les Castillans exilés ou menacés d'être proscrits, se joignirent à lui, ainsi que les rois d'Aragon & de Navarre. Ces illustres confédérés s'assemblèrent, & il fut convenu qu'on détrôneroit don Pedre, & qu'on mettroit don *Henri* à sa place. Cependant les deux rois, celui d'Aragon du moins, ne traitoit de bonne foi avec le comte de Transtamare, à la vie duquel il attenta plus d'une fois ; mais la fortune veilloit sur les jours de ce prince, qui avoit évité déjà plusieurs trahisons de ce genre, lorsque le célèbre du Guesclin, suivi d'une armée françoise, & chargé de venger la mort de Blanche, vint en Espagne, & &c

joignit au comte de Tranſtamare ; ils allèrent à Burgos dans le deſſein d'y aſſiéger le roi de Caſtille, qui y étoit, & de ſe rendre maîtres de ſa perſonne. Mais don Pedre. s'enfuit à Séville, & les confédérés s'emparèrent de Burgos, où une foule de ſeigneurs Caſtillans s'étoit rendue. Le comte de Tranſtamare fut reconnu & proclamé roi de Caſtille en 1366, ſous le nom de *Henri II.* Le nouveau roi ſignala ſa reconnoiſſance par les bienfaits dont il combla les principaux confédérés, & alla, ſans perdre de temps, ſe préſenter devant Tolède, qui lui ouvrit ſes portes. Don Pedre tenta de ſe retirer en Portugal, mais il n'y fut point reçu ; il voulut ſe retirer à Albuquerque, qui lui ferma ſes portes ; on l'eût également rejetté en Galice, ſi l'archevêque de St. Jacques n'eût, à force d'inſtances, déterminé les Galiciens à le recevoir. Don Pedre récompenſa le zèle de l'archevêque en le faiſant aſſaſſiner, & en s'emparant de tous ſes biens. Après ce meurtre, il s'embarqua pour Bayonne, & alla implorer le ſecours du prince de Galles. Cependant *Henri II* ſoumettoit les provinces Caſtillanes, où, au lieu de trouver de la réſiſtance, il ne voyoit que de l'empreſſement à quitter le joug de don Pedre. Celui-ci, ſoutenu par le prince de Galles, & par le roi de Navarre, qui trahit lâchement *Henri*, ſon allié, vint fièrement préſenter bataille à ſon concurrent. *Henri*, malgré la défection du roi de Navarre, accepta le combat, fut malheureuſement défait, & obligé de ſe ſauver précipitamment en Aragon, d'où il paſſa en France. Don Pedre ne goûta d'autre plaiſir dans cette victoire, que celui de ſe baigner dans le ſang des partiſans de ſon frère ; il fit périr dans les tourments tous ceux qui eurent le malheur de tomber dans ſa puiſſance ; les femmes & même les enfants n'échappèrent point à ſa barbarie. Mais pendant qu'il s'abandonnoit à toute ſa férocité, *Henri II* obtenoit de puiſſants ſecours de la France, & intéreſſoit à ſa cauſe le pape Urbain V, qui lui accorda le droit de ſuccéder, quoique fils illégitime d'Alphonſe, aux états de Caſtille, & qui même lui fit remettre une ſomme très-conſidérable d'argent : avec ce ſecours, *Henri II*, à la tête d'une forte armée, revint en Eſpagne, & entra en Caſtille, dont il ſe rendit bientôt le maître, ainſi que du royaume de Tolède ; la ville de Tolède, la plus grande partie de ce royaume, & les Aſturies ſe ſoumirent à lui. Tolède ſeule refuſoit ſon obéiſſance, & ſoutenoit le ſiège : don Pedre ; ligué avec le roi de Grenade, entreprit pour ſon malheur, de délivrer cette ville ; il ſe mit en marche ; & *Henri*, averti de ſon entrepriſe, alla à ſa rencontre ſuivi de toutes ſes troupes. Bientôt les deux armées ſe rencontrèrent ; & à peine le ſignal eut-il été donné, que les troupes de Pierre-le-Cruel prirent la fuite, & abandonnèrent leur chef. Celui-ci ſe retira avec quelques-uns de ſes gens, au château de Montvel, tandis que don Lopez de Cordoue ſe retiroit à Carmone, où étoient les enfants du roi vaincu, & s'y enfermoit avec huit cens chevaux, & mille arbalêtriers. Don Pedre, ſe voyant prêt à tomber entre les mains du vainqueur, envoya pro-

poſer à Bertrand du Gueſclin, l'homme de ſon ſiécle le plus incorruptible, une groſſe ſomme d'argent, s'il vouloit lui procurer le moyen de s'évader. Du Gueſclin alla rendre compte de cette propoſition à *Henri*, qui lui dit de donner à ce prince un rendez-vous dans ſa tente: Don Pedre y vint ; *Henri II*, bien accompagné, s'y rendit au même inſtant, & ſe jettant ſur don Pedre, lui donna un coup de poignard au viſage, & le laiſſa achever par les gens de ſa ſuite, qui le percèrent de mille coups. Ainſi périt le plus cruel des hommes, & le plus affreux des tyrans. Sa mort ne laiſſa cependant point *Henri II* paiſible poſſeſſeur du trône de Caſtille ; il lui fut, mais inutilement, diſputé par l'inconſéquent Ferdinand I, roi de Portugal, qui prit le titre de roi de Caſtille & de Léon. La couronne lui fut également conteſtée par le duc de Lancaſtre, qui y ayant auſſi des prétentions, ſe ligua avec les rois de Grenade & d'Aragon, qui vouloient l'un & l'autre ſe rendre plus aiſées les conquêtes qu'ils s'étoient propoſé de faire en Caſtille. *Henri II* défendit avec ſuccès ſes droits, & ſes états, oppoſa la plus ferme réſiſtance à ſes ennemis, força le roi de Grenade & les Maures à lui demander une trève, battit les Portugais, s'empara des places les plus importantes, & contraignit le roi de Portugal à demander la paix, qu'il n'obtint qu'aux conditions les plus déſavantageuſes. Ces orages diſſipés, & ſes états tranquilles, le roi *Henri* ne ſongeoit plus qu'à s'occuper des ſoins du gouvernement, lorſque le roi de Portugal lui ſuſcita de nouveaux troubles. Le capricieux Ferdinand, qui avoit déjà fait la guerre pour ſoutenir les droits qu'il prétendoit avoir au ſceptre de Caſtille, ſe ligua tout-à-coup avec le duc de Lancaſtre, récemment uni à dona Conſtance, fille de Pierre-le-Cruel, & du chef de laquelle il avoit pris le titre de roi de Caſtille. Cette ligue eut à peine été conclue, que Ferdinand ſe jetta ſur la Galice, ſurprit Tuy & quelques autres places qu'il fut obligé de rendre preſqu'auſſi-tôt qu'il s'en fut rendu maître. *Henri II*, réſolu d'ôter pour jamais au roi Ferdinand l'envie de remuer, fit une irruption en Portugal, pouſſa ſes conquêtes juſques ſous les murs de Lisbonne, & contraignit ce ſouverain à accepter la paix humiliante qu'il voulut bien lui offrir, aux plus dures conditions. Leroi de Caſtille ne deſirant que de jouir de quelques années de tranquillité, afin de rétablir dans l'état le bon ordre que le règne précédent & les derniers troubles en avoient banni, entra en négociation avec le roi d'Aragon ; & après quelques débats, on conclut une paix perpétuelle entre les deux ſouverains & leurs ſucceſſeurs ; & pour mieux cimenter ce traité, il fut convenu que l'infant don Juan de Caſtille épouſeroit dona Eléanore, infante d'Aragon. Quelque temps après, le roi *Henri*, pénétré de reconnoiſſance pour les ſervices que la France lui avoit rendus, alla lui-même conduire au ſecours de cette puiſſance, une armée en Guienne, & envoya ſa flotte en France au ſecours des François contre l'Angleterre. De retour dans ſes états, *Henri*, pour aſſurer la puiſſance de ſa maiſon, fit demander pour don Frédéric, ſon fils, dona Béatrix, infante de Portugal, & héritière préſomptive de ce royaume : Frédéric , à la vérité , n'étoit que le fils naturel de *Henri II* , fils naturel lui - même du roi Alphonse XI. Ce mariage fut approuvé par Ferdinand & par les états de Portugal ; mais par des circonstances qu'on ne prévoyoit point alors, il ne s'accomplit pas. Le roi de Navarre , en apparence ami de celui de Castille , mais en effet le plus turbulent & le plus irréconciliable de ses ennemis , prévoyant que l'échange qu'il vouloir faire avec l'Angleterre , des états qu'il avoit en Normandie , pour quelques autres équivalents en Gascogne , causeroit tôt ou tard la guerre entre la Castille & la Navarre , crut que la possession de Logrogno , ville forte & importante sur le bord de l'Ebre , lui donneroit dans cette guerre les plus grands avantages , & d'après cette idée, il projetta de se rendre maître de cette ville Castillane. Dans cette vue , il tenta d'en corrompre le gouverneur , don Pedre Manrique , auquel il fit offrir vingt mille florins. Don Pedre, qui étoit le plus intègre & le plus incorruptible des hommes , avertit le roi son maitre, de cette proposition ; & d'après les ordres de *Henri* , feignit de se laisser gagner , reçut les vingt mille florins , & au jour convenu , laissa entrer dans Logrogno deux cens cavaliers Navarrois : mais ceux-ci ne furent pas plutôt dans la place , qu'ils furent désarmés & faits prisonniers : dans le même temps , don Juan , infant de Castille , se jetta , suivi d'une armée, dans la Navarre , y eut de grands succès , s'empara de beaucoup de places, & s'avança jusqu'à Pampelune. L'Italie étoit encore plus agitée que la Navarre, par les troubles qu'y causa la double élection d'Urbain VI & de Clément VII, au pontificat. L'Europe chrétienne presqu'entière, prit part aux dissensions suscitées par ce schisme ; la France soutenoit les intérêts de Clément, l'Angleterre défendoit la cause d'Urbain. Les rois de Castille & d'Aragon , plus sages , & vraisemblablement plus éclairés que le reste des souverains Européens, refusèrent de reconnoitre l'un & l'autre pontife, s'inquiétant fort peu que le conclave divisé eût élu deux papes au lieu d'un. Tout ce que fit *Henri* au sujet de ce schisme , fut de convoquer à Illescas , une assemblée d'évêques & de prélats ; & dans cette assemblée , il fut statué qu'on mettroit en réserve tous les revenus qui appartenoient au pape , afin de les remettre à celui des deux contendants qui resteroit seul possesseur de la papauté. La même délibération fut prise à Burgos, par les évêques & les prélats qui s'y assemblèrent encore. Pendant que, secondé par le clergé, *Henri II* écartoit ainsi de ses états le trouble & la division, l'infant don Juan prenoit des villes, & continuoit de faire des conquêtes. Le roi de Navarre épuisé , & craignant de voir à la fin son royaume passer sous la domination du roi de Castille, demanda la paix à *Henri*, qui , quelques avantages qu'il eût , & quelques brillantes que fussent les espérances que lui donnoient les succès d : don Juan, se prêta volontiers aux propositions du roi de Navarre , & conclut avec lui un traité de paix, dont les conditions furent que les Navarrois congédieroit les troupes Angloises & Gasconnes , que le roi de Castille prêteroit les fonds nécessaires pour le paiement

de ces troupes , & que toutes les places que don Juan avoit prises , seroient rendues. Quelques jours après la conclusion de cette paix , *Henri II* tomba dans un état de foiblesse & de langueur qui épuisa ses forces, au point que , malgré tous les secours & tous les remèdes qu'on lui donna, il mourut le 29 mai 1379, après un règne de dix ans depuis la mort de Pierre-le-Cruel , & de treize ans, à compter du jour où il fut proclamé roi de Castille à Calahorra. Quelques historiens, mais non les mieux instruits , ni les plus sensés , ont dit sans preuve ni vraisemblance , qu'il mourut par les effets d'un poison très-subtil que Mahomet , roi de Grenade , lui avoit fait donner par un seigneur mahométan. Mais les meilleurs historiens & les plus judicieux regardent ce récit comme très-fabuleux , & fondé tout-au-plus sur quelque mauvais bruit populaire , produit par la haine des Chrétiens contre les Maures , & par cet absurde penchant que le vulgaire a eu dans tous les temps de rapporter la mort des souverains à des causes extraordinaires. Les éditeurs du dictionnaire de Moreri n'ont pas manqué d'assurer fort gravement aussi , que le roi *Henri II* mourut de poison; car ces éditeurs aiment beaucoup les traditions vulgaires , & ne croient pas non plus que les rois puissent mourir comme le reste des hommes. C'est avoir un goût bien décidé pour le merveilleux ! ( *L. C.* )

HENRI III, roi de Léon & de Castille , n'avoit pas onze ans accomplis , lorsque la mort du roi don Juan son père , le fit monter sur le trône en 1390 : sa minorité fut très-orageuse ; l'état fut en proie aux concussions & aux rapines des régents , & des autres grands du royaume. *Henri*, dont la prudence étoit fort au-dessus de son âge & de la foiblesse de sa complexion , sensible aux maux de tout espèce que causoit la mauvaise administration des régents pendant sa minorité, résolut d'en arrêter le cours, en déclarant qu'il vouloit gouverner lui-même, quoiqu'il n'eût pas encore quatorze ans accomplis; il convoqua l'assemblée des grands , & leur déclara ses intentions ; ils applaudirent à sa résolution. *Henri* trouva les finances dans un état plus déplorable qu'il ne l'avoit cru : on assûre que le roi, dans ce moment , étoit si pauvre, qu'au retour d'une chasse où il se trouva point à dîner ; il en demanda la raison ; on lui répondit qu'il étoit sans argent & sans crédit : vendez mon manteau, dit *Henri* , & achetez-moi de quoi dîner. Pendant qu'il mangeoit un morceau de belier qu'on lui servit avec quelques cailles qu'il avoit tuées à la chasse , il apprit qu'il y avoit un souper splendide chez l'archevêque de Tolède , que les grands y étoient conviés , & que les jours ils se donnoient les uns aux autres , de magnifiques festins. Dès que la nuit fut venue , le jeune monarque déguisé , alla vérifier, par ses propres yeux , ce qu'on venoit de lui dire ; le lendemain il fit venir dans son palais , tous les convives , & l'archevêque à leur tête ; il demanda au prélat combien il avoit vu de rois en Castille ? j'en ai vu trois, répondit l'archevêque : votre aïeul , votre père & vous : & moi qui suis plus jeune que vous, replique *Henri*, j'en ai vu vingt sans vous compter ; car c'est vous qui êtes rois, & je suis le plus pauvre de vos sujets : je n'avois pas hier de quoi souper ; il est témps que je règne seul, vous mourrez tous : je dois à ma conservation & à mon peuple le sacrifice de tant de tyrans qui l'ont opprimé. Le palais étoit entouré de soldats prêts à exécuter les ordres du roi ; les grands, effrayés de cette terrible sentence, implorèrent sa clémence : je ne suis pas aussi inhumain que vous, leur dit *Henri*, vous méritez la mort, & je consens à vous laisser la vie & vos biens ; mais vous me restituerez tout ce qui m'appartient, & je saurai mettre mon peuple à l'abri de vos vexations. En effet, ils n'obtinrent la liberté que lorsque chacun d'eux eut rendu au trésor royal toutes les sommes dont il fut jugé redevable : cette action, pleine de vigueur & de justice, annonçoit un règne heureux ; *Henri* eut néanmoins des factieux à contenir, des cabales à dissiper, des guerres à soutenir contre des puissances étrangères ; sa prudence suffit à tout, malgré sa grande jeunesse. Il eut une attention particulière à se rendre agréable au peuple, évitant avec un soin extrême tout ce qui pouvoit altérer l'amour que ses sujets avoient pour lui. Je redoute plus, disoit-il, la haine de mes sujets, & les malédictions du peuple, que les intrigues & les armes de mes ennemis. Ce prince fit punir quelques juifs usuriers, défendit rigoureusement le prêt à usure, & enjoignit à tous les Juifs de ses états de porter sur l'épaule un morceau d'étoffe large de trois doigts : cette distinction flétrissante le fit haïr de cette nation, & l'on a prétendu qu'un médecin juif lui avoit donné un poison lent qui le conduisit au tombeau, à l'âge de vingt-sept ans, en 1406 ; mais il étoit si valétudinaire, que sa mort, quoique précoce, a pu être naturelle. ( *L. C.* )

HENRI IV, surnommé *l'impuissant*, roi de Léon & de Castille, fils de Jean II & de Marie, infante d'Aragon, naquit en 1424, & succéda à son père, en 1454. Un monarque reconnu impuissant, entouré de maîtresses, & introduisant dans le lit de son épouse un jeune seigneur, qui étoit à la fois, & le mignon du roi, & l'amant de la reine ; des ministres regardant l'équité, la décence & la religion comme de vains noms ; des grands révoltés, portant le mépris des loix & de l'autorité royale au dernier excès ; une nation en t'ère avilie & corrompue par l'exemple de ses chefs, se livrant sans honte à toutes sortes de débauches, de perfidies, de trahisons, d'assassinats : tel est l'affreux spectacle que nous offre le règne de *Henri IV*. Il dura vingt ans, ce règne qui plongea la Castille dans un abyme de maux : nous ne nous arrêterons point à détailler des scènes scandaleuses qui révolteroient les esprits. ( *L. C.* )

HENRI, comte de Portugal, ( *Hist. de Portugal.* ) Le plus sacré des droits qui élèvent les hommes à la souveraineté, est sans doute celui de la naissance ; mais ce droit, quelque illustre qu'il soit, n'est pourtant ni le plus flatteur, ni le plus beau, ni le plus respectable. Que peut avoir en effet de flatteur & de précieux un droit donné par le hazard ? le plus grand, le plus illustre des souverains est celui qui, s'élevant par son propre mérite, parvient au rang suprême par ses vertus & par l'éclat de ses actions. Tel fut, suivant

quelques auteurs, *Henri*, que ses vertus firent seuls créer comte de Portugal, quoiqu'il ne fût d'ailleurs qu'un étranger, disent-ils, dont on ignoroit la naissance. Si ce fait étoit vrai, *Henri* n'en seroit, à mes yeux, que plus estimable encore ; mais ils se trompent, & il est très-prouvé que, par sa naissance illustre, ainsi que par ses talents, il étoit fait pour commander aux hommes. Alphonse VI, roi de Castille & de Léon, quelque terreur qu'il eût répandue parmi les Maures, craignant lui-même que la conquête de Tolède ne réunît contre lui tous ces ennemis, & ceux même d'Afrique, demanda du secours au roi de France ; Philippe I, & au comte de Bourgogne : ces deux souverains invitèrent la noblesse de leurs états à aller en Espagne se signaler sous les drapeaux du roi de Castille ; & bientôt il passa dans ce royaume une nombreuse armée, conduite par Raymond, comte de Bourgogne, *Henri*, frère puîné de Hugues, comte de Bourgogne, & Raymond, comte de Toulouse ; ces trois chefs se distinguèrent par les plus brillantes actions, & Alphonse VI, pénétré d'estime pour la valeur de *Henri*, & de reconnoissance pour les services qu'il lui avoit rendus, lui donna le gouvernement des frontières & des contrées méridionales de la Galice, avec le pouvoir de réparer les anciennes villes, d'en construire de nouvelles, de reculer, aux dépens des possessions des Maures, les frontières de ce pays autant qu'il le pourroit, de les défendre & d'attaquer les Maures toutes les fois qu'il le jugeroit convenable : *Henri* répondit en grand homme à la confiance d'Alphonse, & en très-peu d'années, ce pays fut très-florissant : sous sa protection, une foule de chrétiens, jadis chassés de leurs possessions & retirés dans les montagnes, vinrent s'établir dans les campagnes soumises à la domination de *Henri*, qui, par degré, peupla, enrichit & fertilisa les provinces situées entre le Minho & le Douro, ainsi que la province de Tralos-Montes & celle de Beira, jusqu'alors soumise au roi Maure de Lamego, auquel il l'enleva, & qu'il obligea de lui payer tribut. Alphonse VI, rempli de la plus haute estime pour *Henri*, & voulant lui donner des marques de la considération qu'il avoit pour ses talens & ses rares qualités, lui accorda en mariage, dona Thérèse, sa fille naturelle ; & en 1094, lui été jusqu'alors que gouverneur, lui donnant le titre de comte, & la permission de conquérir tout ce qu'il pourroit sur les Maures jusqu'à la rivière de Guadiana. *Henri* & son épouse allèrent alors fixer leur résidence à Guimaraens, ville agréablement située dans une plaine très-fertile, sur le bord de la rivière d'Ave. La permission donnée au comte de faire des conquêtes sur les Maures, étoit si analogue au caractère guerrier, & conquérant de *Henri*, qui inspirant ses goûts aux Portugais, fondit sur les Maures établis au-delà du Douro, & eut les plus brillants succès : on ignore le détail de cette guerre, on sçait seulement une ville fut très-funeste aux Maures, & que Hecha, roi de Lamego, & vassal du comte, s'étant révolté contre lui, & ayant même ravagé les frontières du nouvel état,

*Henri* marcha contre ce souverain, le joign't, lui livra bataille, remporta la victoire, & fit Hecha & son épouse prisonniers. Les deux captifs embrassèrent le christianisme, & *Henri* leur rendit Lamego; mais les Maures irrités de la conversion de leur roi, se révoltèrent, & furent punis par *Henri*, qui s'empara de Lamego & rétablit Hecha; mais celui-ci craignant une nouvelle révolte, garda auprès de lui quelques Portugais. Quelques années après, (car on n'a pas une suite fort exacte des faits qui se sont passés dans ces siècles en Portugal) Alphonse VI mourut, & Aben-Joseph, roi de Maroc, ayant fait quelques tentatives inutiles sur Tolède & sur Madrid, fit une incursion en Portugal, battit les troupes Portugaises qui gardoient les frontières, s'empara de Santaren & de quelques autres places. *Henri* ne put alors aller défendre ses états: il étoit en Galice, occupé à mettre fin aux divisions qui étoient survenues au sujet de la tutelle du prince Alphonse-Raymond, proclamé roi par les Galiciens; & d'ailleurs, il combattoit comme allié dans la guerre qui s'étoit élevée entre dona Urraque, reine de Léon & de Castille, & don Alphonse, roi d'Aragon & de Navarre: il servit si puissamment & avec tant de zèle la reine dona Urraque, que son époux vouloit dépouiller de tous ses états, que son monarque fut contraint d'abandonner le siège d'Astorga, prête à tomber entre ses mains, lorsqu'elle fut secourue & délivrée par le comte *Henri*: il entra dans cette place au milieu des acclamations du peuple; mais il ne jouit pas long temps de son triomphe, il y tomba malade & mourut, aussi regretté de ses alliés, qu'il avoit si vaillamment secourus, qu'il le fut de ses sujets, qui voyoient moins en lui leur maître que leur bienfaiteur: il mourut en 1112, âgé d'environ cinquante ans, après avoir gardé la souveraineté pendant 18 ans. (*L. C.*)

**HENRI**, roi de Portugal, (*Hist. de Portug.*) La piété, le zèle, la régularité des mœurs, la pureté des intentions, la charité, les connoissances théologiques suffisent à un archevêque; mais les vertus, les talents, les qualités nécessaires à un prélat ne sont rien moins que les talents, les qualités & les vertus qui forment les bons rois. Le meilleur & le plus respectable des archevêques pourroit n'être, & ne seroit très-vraisemblablement qu'un souverain fort médiocre, ou même un assez méchant prince. Il y a fort loin de la pourpre Romaine à la pourpre royale; & le gouvernement spirituel d'un diocèse ne ressemble point du tout au gouvernement civil & suprême des peuples; c'est ce que les Portugais éprouvèrent sous le foible & malheureux règne de *Henri*, cinquième fils d'Emmanuel & de Marie de Castille. Ce prince, né le 31 janvier 1512, fut dès sa plus tendre enfance, destiné à l'Eglise: il reçut une éducation analogue à l'état qu'il devoit embrasser, devint l'un des meilleurs théologiens de son temps, fit quelques progrès même dans les mathématiques, & fut successivement archevêque de Brague, de Lisbonne, d'Evora, & créé cardinal, en 1546, par le pape Paul III. Le roi don Sébastien, son petit-neveu, ayant eu la folle & téméraire ambition de passer en Afrique, pour y combattre les Maures, & l'imprudence encore

plus téméraire de livrer bataille, contre l'avis de tous les officiers, à une armée infiniment supérieure à la sienne, fut battu complettement; ses troupes furent massacrées, il périt, ou plutôt, car on ignore le genre de sa mort, il se perdit dans le feu du combat ou après la victoire, & laissa le trône vacant. Sébastien n'ayant point de postérité, sa couronne appartenoit de droit à son plus proche parent; & par malheur, ce parent le plus proche étoit le cardinal *Henri*, son grand-oncle, qui ne s'étant jamais préparé à régner, ne s'étoit jusqu'alors occupé que des devoirs de son état, à édifier le peuple par une conduite exemplaire, à nourrir & faire élever les enfants des pauvres, à procurer des soulagements aux infirmes, aux malades & aux vieillards; à fonder & faire construire des hôpitaux, à doter les jeunes filles qui se marioient, & à s'intéresser pour les gens de lettres qu'il protégeoit & qu'il encourageoit de toute sa puissance. Il étoit dans son abbaye d'Alcobaça, lorsqu'il reçut la triste nouvelle de la défaite des Portugais en Afrique, & de la mort du roi, son petit-neveu: cet évènement imprévu opéra un changement subit dans la manière de penser du cardinal, qui, auparavant, avant cette révolution, des grandeurs & des pompes humaines, ne songea plus qu'aux droits de sa naissance, & se rendit fort rapidement à Lisbonne, où il prit le titre de protecteur du royaume; mais il falloit un roi, & non un protecteur. Huit jours après, la nouvelle de la mort de Sébastien s'étant confirmée, le cardinal alla célébrer la Messe dans l'église de l'hôpital de tous les Saints, & monta sur le trône, sans penser qu'il n'avoit jamais régné, qu'il étoit dans sa soixanteseptième année, & que c'est âge il est bien difficile de s'instruire dans l'art de gouverner les hommes : aussi gouverna-t-il fort mal: on s'aperçut pourtant du changement que la fortune opéroit dans sa conduite; prêt à pardonner les torts qu'on avoit avec lui, le sceptre le rendit fort différent de lui-même. On raconte qu'un roi de France, ayant cherché, n'étant encore que duc d'Orléans, à se venger de quelque injure, ne fut pas plutôt monté sur le trône, qu'oubliant ses démêlés particuliers, il dit que ce n'étoit point au roi de France à se souvenir des torts qu'avoit reçus le duc d'Orléans. *Henri* pensa tout autrement : à peine il eut reçu le sceptre, qu'il fit sentir le poids de son ressentiment à tous ceux dont il croyoit avoir eu à se plaindre pendant qu'il n'étoit qu'archevêque ou cardinal: il dépouilla les uns de leurs charges, les priva de leurs dignités, & exila les autres, non qu'ils eussent, ou mal servi l'état, ou prévariqué dans leurs fonctions, mais par cela seul qu'ils n'en avoient pas bien usé avec lui sous le règne de Sébastien; du reste, à cette vengeance près, le nouveau souverain ne se montra ni dur, ni injuste; il est vrai que tous les Portugais lui avoient témoigné la plus haute considération pendant sa vie ecclésiastique. Philippe, roi d'Espagne, qui avoit de grandes prétentions au trône Portugais, envoya des ambassadeurs à *Henri*, chargés de le complimenter, & connoître ses intentions au sujet de la succession de la couronne; le roi parut porté pour la duchesse de

Bragance ;

Bragance; Philippe n'infifta point, & fe contenta de confeiller à *Henri* de paffer auffi agréablement qu'il le pourroit, le refte de fes jours; mais ce confeil, très-facile à donner, étoit fort difficile à fuivre ; & le bon cardinal ne trouva fur le trône que des chagrins & de l'amertume. Don Antoine, prieur de Crato, fils, à la vérité naturel, de l'infant don Louis, duc de Bejar, fils du roi Emmanuel, arriva en Afrique, où il avoit fuivi Sébaftien, & vint cabaler à Lisbonne contre le roi, dont il ambitionnoit la couronne, à laquelle il cherchoit à perfuader qu'il avoit les plus légitimes droits. Les intrigues de don Antoine n'étoient pas le feul embarras du fouverain, qui ne fçavoit comment répondre aux vœux, ou pour mieux dire, aux cris des Portugais, qui vouloient abfolument qu'il fe mariât, & qu'il fe donnât un héritier : il l'eût bien voulu auffi; mais vieux prêtre, vieux cardinal, il y avoit de grands obftacles à furmonter : pour tâcher d'applanir celui qu'il ne regardoit pas peut-être comme le plus infurmontable, il chargea fecrètement fes agents à Rome, de folliciter du pape une difpenfe qui lui permît de fe marier. Philippe de fon côté, inftruit de cette tentative, envoya ordre à fon ambaffadeur d'empêcher, par tous les moyens poffibles, le pape d'accorder cette difpenfe ; cependant Grégoire XIII, vivement preffé par les agents Portugais, établit une congrégation de cardinaux pour examiner cette grande affaire ; & la décifion des cardinaux fut tout-à-fait contraire aux defirs de leur confrère, qui ne fe rebuta point, & fit demander avec tant de vivacité cette difpenfe, que bien des perfonnes penfèrent qu'il avoit quelque bâtard, dont fa confcience le preffoit d'époufer la mère : ce n'étoit cependant point-là le motif de *Henri*, il ne cherchoit qu'à fe mettre à l'abri de l'importune & odieufe queftion qu'on ne ceffoit de lui répéter depuis le premier moment de fon règne, fçavoir, quel feroit fon fucceffeur ? il étoit tout auffi fatigué de cette demande perpétuellement ré tétée, qu'il l'étoit des follicitations & des intrigues des prétendants à la fucceffion. Le nombre de ces prétendants étoit fort confidérable, mais il y en avoit cinq qui, plus que tous les autres, tracaffoient le foible *Henri* ; Ranuce, prince de Parme, fils de la princeffe dona Marie, morte il y avoit deux ans, & fille aînée de l'infant Edouard; la ducheffe de Bragance, feconde fille du même infant ; Philippe II, roi d'Efpagne, fils de l'infante dona Ifabelle, & fœur de l'infant Edouard ; le duc de Savoie, fils de l'infante Béatrix, fœur cadette d'Ifabelle; enfin don Antoine, fils de l'infant don Louis, duc de Bejar, fils du roi Emmanuel, & qui eût eu fans contredit au trône, le droit le plus inconteftable, fi fa naiffance eût été légitime, & s'il eût pu prouver, ce qu'il tenta vainement, que l'infant don Louis avoit époufé fecrètement fa mère. Parmi les autres prétendants, fe diftinguèrent fur-tout Catherine de Médicis, qui fe prétendoit iffue de Robert, fils d'Alphonfe III, & de Mathilde, fa prémière femme ; & le pape, qui prétendoit avoir des droits facrés à la même couronne : en premier lieu, parce que le St. Siège avoit confirmé le titre de roi à don Alphonfe Henriquez; en fécond lieu ; parce

*Hiftoire.* Tome III.

que *Henri* venant à mourir, fon trône devoit être regardé comme la dépouille d'un cardinal, qui de droit appartient au fouverain pontife : ces raifons étoient abfurdes, elles étoient très-ridicules, mais c'étoit par cela même que le pape s'obftinoit à les faire valoir : avec la même obftination, fes prédéceffeurs avoient bien fait valoir des prétentions encore plus mal fondées. Au milieu des tracafferies de tous ces prétendants, le bon *Henri* ne fçavoit auquel d'entr'eux donner la préférence, & d'ailleurs tout ce qu'il faifoit fe fentoit de fa foibleffe : il s'étoit choifi les miniftres les plus pufillanimes ; il vouloit bien, mais il n'avoit pas la force de le faire, & fon miniftère étoit tout auffi irréfolu que lui : il eût bien défiré de nommer la ducheffe de Bragance, mais il n'en eut point la fermeté ; d'ailleurs, il craignoit trop le prieur de Crato, qui avoit pour lui le peuple dont il étoit aimé, & le bon roi ne prévoyoit que malheurs & guerres civiles. Accablé de fa propre irréfolution, le roi affembla les états, leur demanda avis, & fuivant le ridicule plan qu'il avoit formé, il fut décidé que tous les prétendants feroient cités, qu'il entendroit leurs raifons, qu'il décideroit, mais que fa décifion ne feroit rendue publique qu'après fa mort; mais comme ce procès paroiffoit devoir être fort long, & que le roi étoit fort vieux, il fut ftatué que s'il venoit à mourir avant que d'avoir décidé, cette affaire feroit jugée par onze perfonnes choifies par le roi, fur vingt-quatre que les états lui propoferoient; & que pendant l'interrègne, le royaume feroit gouverné par cinq régents, nommés par le roi, fur quinze qui lui feroient propofées auffi par les états. D'après cette délibération, *Henri* fe mit à citer les états, à écouter leurs raifons, & il ne put rien décider ; la difpute s'échauffa entre ces prétendants, & il ofa moins encore donner la préférence à l'un d'entr'eux ; il n'eut que la fermeté d'ordonner au duc de Bragance, qui foutenoit avec trop de chaleur les droits de fon époufe, de fe retirer dans fon duché, à don Antoine de s'en aller dans fon prieuré ; le duc de Bragance laiffa en s'en allant, des gens tout auffi animés que lui; & don Antoine, au lieu de prendre le chemin de fon prieuré, parcourut le royaume, où il ne ceffa d'intriguer pour lui-même & contre le roi. *Henri*, livré à la plus vive crainte & aux confeils de Léon Henriquez, jéfuite efpagnol, fon confeffeur, traita fecrètement avec Philippe II, & affembla les états, qui, rejettant tout accommodement avec les Caftillans, prièrent le roi de nommer pour fon fucceffeur un portugais, quel qu'il fût, lui déclarant fans détour que, s'il ne faifoit pas ce choix lui-même, ils fe croyoient feuls en droit d'élire un roi auffitôt que le trône feroit vacant ; il ne tarda point à l'être, car au milieu des difputes qui s'élevèrent à ce fujet, *Henri* mourut, le 31 janvier 1580, dans le dix-huitième mois de fon règne ; âgé de foixante-huit ans, peu eftimé, moins regretté encore, & à la vérité ne méritant point de l'être. Il avoit fon archevêque, cardinal très-pieux ; il fut le plus foible des rois. ( L. C. )

HENRI I, ( *Hift. de France.* ) avoit 27 ans lorfqu'il monta fur le trône de France, en 1031, après la mort

K

d Robert, fon père ; fa mère prétendoit couronner R ert, fon frère puîné : c'étoit un fantôme qu'elle au ir voulu préfenter à la nation, pour envahir elle-mêm.e toute l'autorité. Eudes, comte de Champagne, & Baudouin, comte de Flandres, fe liguèrent avec cette princeffe ; mais *Henri*, fecondé par Robert-le-Diable, duc de Normandie, remporta trois victoires fur les rebelles ; dès qu'ils eurent mis bas les armes, tout fut oublié : *Henri* céda le duché de Bourgogne à ce même Robert qui avoit voulu lui ravir la couronne ; & telle eft la tige des ducs de Bourgogne, de la premiè:e race. En 1040, *Henri* fut contraint de raffembler fes forces pour diffiper une nouvelle révolte ; il en triompha : il fut tour à tour l'allié & l'ennemi de ce Guillaume - le - Conquérant, qui fut, comme tous fes femblables, l'admiration & le fléau du genre humain. *Henri* mourut en 1060 ; par refpect pour les cérémonies religieufes, il avoit défendu de fe battre en duel pendant quelques jours de la femaine ; par refpect pour l'humanité, il auroit dû profcrire auffi cet ufage atroce pendant les autres jours. (*M. DE SACY.*)

HENRI II, (*Hift. de France*) étoit âgé de vingt-neuf ans lorfqu'il fuccéda, en 1547, à François Ier fon père. La bravoure, la franchife le rendoient recommandable ; mais il ne fçavoit ni gouverner, ni choifir des hommes pour gouverner à fa place. Dans les camps, il n'étoit que foldat ; à la cour, il n'étoit qu'efclave : tandis que le connétable de Montmorency, les Guifes, & le maréchal de Saint-André s'emparoient de fon efprit, la ducheffe de Valentinois s'emparoit de fon cœur ; elle avoit quarante-fept ans ; ce qui prouve affez que l'empire des graces eft plus durable que celui de la beauté. Si les calviniftes avoient fçu captiver les premiers *Henri II*, il eût perfécuté les catholiques ; mais ceux-ci les avoient prévenus, & les hérétiques furent perfécutés. On dreffa des gibets de toutes parts, & on chargea des bourreaux de la converfion de ces malheureux, en attendant qu'on confiât le même emploi à des affaffins. La gabelle excita de nouveaux troubles en Guyenne ; & on traita les rebelles comme les hérétiques. Ainfi, les premières années de ce règne furent marquées par des meurtres, préludes des maffacres horribles dont la France devoit être le théâtre fous Charles IX. Les cantons de Zurich & de Berne, indignés de ces violences, refufèrent de figner l'alliance renouvellée entre la France & les Suiffes. *Henri II* s'empara du marquifat de Saluces, comme fief relevant du Dauphiné. Cette révolution n'excita point de troubles alors, l'Europe étoit occupée de plus grands objets. La guerre étoit déclarée entre la France & l'Angleterre. Les François perdirent Boulogne ; mais la paix fignée en 1550, le leur rendit. *Henri* attaché à des foins plus pacifiques, renouvella les fages ordonnances de Charles VIII & de Louis XII, par lefquelles ces princes établiffoient dans la robe une difcipline févère. Les gens du roi, à certains jours, reprochoient aux magiftrats les fautes qu'ils avoient pu commettre contre la fainteté de leurs fonctions, & telle eft l'origine des mercuriales. La paix ne fut pas de longue durée : la guerre fe rallima bientôt en Italie, entre la France &

l'Empire ; il s'ag:ffoit des duchés de Parme & de Plaifance. *Henri II*, ou plus fage, ou mieux confeillé que fes prédéceffeurs, tandis que l'empereur épuifoit fes forces en Italie, s'emparoit du pays des Trois Évêchés : il étoit entré dans la ligue formée pour la défenfe du corps germanique : mais bientôt fes alliés l'abandonnèrent ; Charles-Quint pénétra jufqu'à Metz, la fortune de fes armes échoua devant cette place ; il s'en vengea fur Thérouanne, fit rafer cette ville & la punit des fautes qu'il avoit faites au fiège de Metz. On ne fçait comment allier tant de petiteffe avec tant de grandeur d'ame. Le maréchal de Briffac foutenoit au-delà des monts, l'honneur du nom François ; abandonné de la cour, enveloppé par les Impériaux, il faifoit des prodiges avec de foibles moyens. Dans le même temps, de Termes foumettoit une partie de ces Corfes, fi jaloux de leur liberté, qu'ils ont défendue fucceffivement contre les Romains, les Carthaginois, les Sarrafins, les Génois & les François. *Henri* s'avançoit en perfonne vers les Pays-Bas, par-tout il laiffa des traces de fa fureur ; & ces provinces défolées par les deux partis, maudirent également & ceux qui les attaquoient & ceux qui les défendoient.

On fit le fiège de Renty pour attirer les ennemis au combat ; on y réuffit : le duc de Guife difpofa tout avec fageffe, & le roi combattit avec intrépidité ; ce prince brûloit de s'illuftrer avec l'empereur, & de triompher par fes armes de ce monarque, qui avoit triomphé de lui par fa politique ; il le cherchoit des yeux, il l'appelloit des geftes & de la voix ; Charles-Quint, ou méprifa la gloire d'un combat fingulier, ou en craignit l'iffue : peu de temps après cet empereur abdiqua pour goûter un nouveau genre de gloire. Quelques mois avant cette démarche, dont il fe repentit le lendemain, il avoit conclu, à Vaucelles, une treve de cinq ans avec *Henri II* ; mais bientôt la guerre fe rallume avec l'Angleterre ; d'un autre côté, Emmanuel-Philbert, duc de Savoie, inveftit Saint-Quentin ; les François marchent au fecours de cette place, la bataille fe donne, ils font vaincus, & leurs généraux font faits prifonniers. *Henri II* frappé de terreur, incapable par lui même de réparer un fi grand défaftre, nomme le duc de Guife lieutenant-général du royaume : celui-ci enlève aux Anglois la ville de Calais, dont ils étoient maitres depuis qu'Edouard III y étoit entré après ce fiège fi fameux. Le duc chaffa les Anglois de toute la France, & depuis cette époque ils abandonnèrent leurs vaines prétentions fur quelques - unes de nos provinces. Le mariage de François & de Marie Stuart, donna au dauphin des droits fur l'Ecoffe ; & comme fi on eût voulu rendre aux Anglois ufurpation pour ufurpation, ce prince, aux titres de roi d'Ecoffe, ajouta celui de roi d'Angleterre & d'Irlande, comme autrefois les fouverains d'Angleterre prétendoient l'être de la France: Enfin la paix fe fit à Cateau-Cambrefis en 1559 ; paix honteufe & funefte, où quelques particuliers facrifièrent l'intérêt de l'état à l'intérêt perfonnel. Le roi ne devoit avoir Calais en fa puiffance que pendant huit ans ; la Breffe & toutes les conquêtes d'Italie furent rendues au duc de Savoie ; *Henri* ne conferva que Toul, Metz & Verdun : le maréchal de Vieille-ville ofa faire au roi des remontrances affez vigou-reufes contre un traité fi ignominieux. « Je fens toute » la fageffe de vos confeils , dit le roi , mais je fuis » trop avancé pour reculer ; au refte, fi le duc de » Savoie fe fa't de mes bienfaits des armes contre » moi-même , je fçais comme on punit des ingrats ». On conclut le mariage d'Ifabelle , fille du roi, avec Philippe II, roi d'Efpagne , & de fa fœur Marguerite avec le duc de Savoie ; cette double alliance donna li'u à cette fête fatale où *Henri II* voulant rompre une lance avec le comte de Montgommery , fut bleffé mortellement : il expira le 10 juillet 1559. *Henri* étoit né doux, humain , équitable ; fes favoris, ou plutôt fes maîtres, le rendirent cruel en foufflant le fanatifme dans fon ame ; il donna, ou plutôt les Guifes lui dictèrent le fanguinaire édit qui condamnoit tous les hérétiques à mort, & portoit des peines févères contre tous les juges qui , par humanité , oferoient s'écarter de la rigueur de l'ordonnance. Cinq confeillers au parlement perdirent leur liberté pour avoir voulu la rendre à un lothérien. ( *M. DE SACY.* )

*Henri* III , roi de France & de Pologne ; tant qu'il fut duc d'Anjou, il ne fit rien d'indigne de fon rang. La France étoit alors déchirée des troubles les plus funeftes : les catholiques & les proteftants fe faifoient la guerre la plus cruelle. Le peuple défendoit la reli-gion, les grands leurs intérêts. Au milieu de ces divi-fions, *Henri* fut nommé lieutenant-général du royaume en 1567 ; il eut la gloire de vaincre deux fois le célèbre Coligny. Il commandoit au fiège de la Ro-chelle en 1573, lorfqu'il apprit qu'il venoit d'être élu roi de Pologne , prefque fans intrigue : un nain , élo-quent & adroit , avoit réuni les fuffrages en fa faveur. Avant de partir, il demanda au parlement des lettres de naturalité ; précaution fage qui lui confervoit fes droits fur la couronne de France ; il ne fit rien de mémorable en Pologne ; & lorfqu'en 1574 ; il apprit la mort de Charles IX fon frère, il craignit que le Sénat ne s'oppofât à fon départ ; il s'échappa comme un prifonnier fe feroit évadé de fon cachot : on le déclara déchu du trône, & il parut s'en inquiéter peu. Le trône où il montoit fe dédommageoit affez de celui dont il étoit defcendu. Etienne Battori lui fuccéda.

*Henri III* ne trouva pas en France la paix qu'il avoit laiffée en Pologne ; les deux partis fe heurtoient avec plas de violence que jamais ; fon retour fut marqué par le fupplice du comte de Montgommery qui eut la tête tranchée , parce qu'il avoit été pris les armes à la main , contre les royaliftes. Catherine de Médicis d'ailleurs , n'étoit pas fâchée de paroître venger la mort de fon époux , tué dans un tournoi par ce fei-gneur. Montbrun, chef des huguenots en Dauphiné ; eut le même fort peu de temps après. Le prince de Condé , fils de celui qui avoit été tué à Jarnac , & le maréchal d'Anville , à la tête des huguenots ; *Henri* , roi de Navarre , échappé de fa prifon, vint bientôt fe joindre à eux. Cette faction parut trop puiffante : on fit la paix, & on lui accorda des condi-

tions auffi favorables que fi elle les eût dictées elle-même : l'article. effentiel. étoit le libre exercice de la religion prétendue réformée. *Henri* , peu occupé de ces grands objets, donnoit à la France indignée, le fpectacle ridicule de fes fuperftitions , & croyoit effacer la honte de fes débauches par des proceffions. Nou-velle guerre , & nouvelle paix en 1577. On ne fignoit des traités que pour fe donner le temps de refpirer & de raffembler fes forces. *Henri* inftitua l'ordre du Saint-Efprit, en mémoire de ce que le jour de la Pentecôte avoit été l'époque de fes deux avénements à la cou-ronne de Pologne & à celle de France : fi la caufe de cette inftitution a été légère , les effets en ont été importants , & cet ordre eft devenu le premier du royaume.

La ligue projetée par le cardinal de Lorraine , fufpendue par la mort de François duc de Guife , exécutée par *Henri* fon fils , avoit pris naiffance en 1576. La guerre continuoit malgré les trèves ; fou-vent dans le même jour , un officier fignoit un traité & commandoit une attaque ; le duc d'Anjou, qui vou-loit s'ériger en fouverain dans les Pays-Bas, & qui prétendoit à la main d'Elifabeth , reine d'Angleterre , s'efforçoit de calmer les efprits afin de fuivre fans in-quiétude , les projets de fon ambition & ceux de fon amour ; mais tout échoua, il ne rapporta en France que la honte d'une entreprife infructueufe.

Sa mort, arrivée en 1584, laiffoit le roi Henri de Navarre, héritier préfomptif de la couronne. Ce fut alors que le duc de Guife fit entendre que la religion étoit perdue en France , fi un prince hérétique montoit fur le trône, qu'il falloit que la ligue lui portât les coups les plus terribles , & que tout étoit légitime lorfqu'on vengeoit Dieu ; il travailloit pour lui-même ; Cathe-rine de Médicis , pour le duc de Lorraine fon petit-fils ; & le cardinal de Bourbon fe laiffoit perfuader que c'étoit lui qu'on vouloit couronner. *Henri III* vivoit encore , fon fucceffeur légitime étoit connu , & cependant le trône faifoit autant d'envieux que s'il eût été vacant. *Henri III* favorifoit la ligue , & ne fentoit pas qu'elle lui feroit auffi funefte qu'à fes ennemis. Sixte-Quint déclaroit le roi de Navarre & le prince de Condé incapables de fuccéder à la couronne. Le confeil des feize fe formoit au fein de Paris.

La bataille de Coutras , où périt le duc de Joyeuse, le 20 octobre 1587 , ne changea rien à la fituation de la France. Le duc de Guife entre dans Paris malgré le roi , qui eft forcé d'en fortir , après avoir montré , à la journée des barricades , toute la foibleffe de fon parti. L'édit de réunion figné à Rouen en 1588, ne fit qu'aigrir les efprits ; on fe contint quelque temps , mais on fe tint toujours prêt pour l'attaque & pour la défenfe : au lieu de batailles , on vit des affaffinats , & c'étoit *Henri III* qui les avoit ordonnés. Le duc de Guife , & le cardinal de Lorraine , fon frère, furent égorgés ; le cardinal de Bourbon fut arrêté ; Catherine mourut de fa mort naturelle , fans autre fupplice que fes remords. Cette révolution ne rétablit point l'auto-rité du Roi ; elle donna un prétexte aux ligueurs pour s'élever contre lui : la Sorbonne déclara le trône vacant, dégagea les fujets du ferment de fidélité, & la Sorbonne ne fut point abolie ; un fpadaffin traîna le parlement à la Baftille. Tous ces attentats demeurèrent impunis, il n'y avoit de fupplice alors que pour l'innocence. *Henri III* fentit enfin la néceffité de s'unir au roi de Navarre ; tous deux s'avancèrent vers la capitale, dont le duc de Mayenne s'étoit fait le gouverneur ; le blocus étoit formé, lorfque *Henri III* fut affaffiné à Saint-Cloud le premier d'août 1589, par Jacques Clément, jacobin fanatique ; qu'on eft forcé de plaindre, en le déteftant, & qui croyoit fervir Dieu en égorgeant un roi : on accufa la maifon de Lorraine d'avoir armé ce miférable dans ces temps affreux, où les loix étoient fans vigueur ; cette famille penfa fans doute fe rendre, juftice en vengeant des meurtres par un affaffinat. Si *Henri III* étoit mort au fiège de la Rochelle, on l'aurcit placé parmi les hommes illuftres ; il falloit du génie pour vaincre, deux fois Coligny : mais les dernières années de fa vie ont fait oublier les premières. On ne fe fouvient que de fes débauches, de fes foibleffes & de fes cruautés. ( *M. DE SACY.* )

**HENRI IV**, ( *Hift. de France.* ) roi de Navarre, naquit à Pau le 13 décembre 1553 ; quoiqu'il ne fût parent de Henri III que du dix à l'onzième dégré, fes droits à la couronne ne lui furent point conteftés, puifqu'il defcendoit de Robert, comte de Clermont, fils de faint Louis, qui époufa l'héritière de Bourbon ; fon enfance fut expofée à tous les périls, fon éducation toute guerrière le familiarifa avec les fatigues & le mépris de la mort qu'il eut à effuyer pour foutenir fes droits, & pour faire le bonheur de la France. Elevé dans le camp de Condé & de Coligny, ce fut fous de tels maîtres qu'il fe forma dans l'art de la guerre ; il fut profiter des leçons & des exemples de ces deux grands hommes, dont il fit revivre le courage & les vertus. L'hiftoire de fa vie depuis fa naiffance jufqu'à fon avénement au trône feroit fans doute plus intéreffante que tout ce qu'il fit lorfqu'il fut paifible poffeffeur d'un royaume conquis par fes armes : on aime à fuivre les hommes extraordinaires dans leur marche, à développer leurs moyens, à les étudier dans leur vie privée ; mais le plan de cet ouvrage nous prefcrit de le repréfenter ici comme roi.

*Henri*, avec le titre de roi de Navarre, où il n'avoit prefque aucunes poffeffions, fe vit à la tête d'un parti qui partageoit la France fous prétexte de venger la religion ; il fut attiré à Paris par les promeffes de Charles IX. Son mariage avec la princeffe Marguerite, fœur du monarque y attira dans la capitale tous les feigneurs de fon parti ; la cérémonie en fit fur un échafaud dreffé devant la porte de l'églife de Notre-Dame. Plufieurs jours fe pafferent en feftins, en tournois & en ballet. Mais au milieu de ces fêtes on méditoit le maffacre de tous les huguenots. Avant de donner le fignal du carnage, le roi fit appeller le roi de Navarre & le prince de Condé dans fon cabinet & leur dit, *mort, meffe ou baftille* ; cette menace eut fon effet, ils firent abjuration, & ce fut à ce prix qu'ils achetèrent leur vie à la journée de la faint-Barthelemi, les deux princes fe couvrirent d'un mafque hypocrite

jufqu'au tems de leur évafion. Le roi de Navarre, las de vivre dans une efpèce de captivité à Senlis, forma une partie de chaffe qui facilita fon évafion ; il fe retira à Alençon où il fit abjuration de la religion catholique. Deux cents gentilshommes fe rangèrent autour de lui & l'accompagnèrent en Guyenne dont il étoit gouverneur. La nobleffe vint en foule fe ranger fous fes enfeignes, & la plupart des villes lui ouvrirent leurs portes. Son parti dominoit alors dans la France : Condé & le duc d'Alençon à la tête de trente mille hommes pouvoient y donner la loi, lorfque la paix fut conclue à Moulins en 1576.

Cette paix fimulée n'avoit d'autre but que de défarmer les huguenots pour mieux les accabler ; leur défiance fit leur fûreté. *Henri* ne fe laiffa point féduire par l'éclat des promeffes de l'artificieufe Médicis ; mais la puiffance de fon parti replongea la France dans de nouvelles calamités. La politique fe couvrant du voile de la religion donne naiffance à la confédération des grands & des villes ; ce fut l'origine de la fainte union, ou de la ligue, dont le but étoit d'exterminer les proteftants, & d'exclure le roi de Navarre du trône : cette tige foible en fa naiffance pouffa tant de rameaux, que fon ombre obfcurcit l'autorité royale. Ce fut pour prévenir de plus grands ravages que les huguenots demandèrent l'affemblée des états de Blois ; mais au lieu d'y trouver un remède à leurs maux, ils reconnurent trop tard qu'ils s'étoient rendus les complices de leur ruine : le duc de Guife qui dirigeoit tous les refforts de la ligue, régla auffi toutes les délibérations des états : les huguenots oppoferent une contre-ligue, dont le roi de Navarre fut déclaré le chef, le prince de Condé fut fon lieutenant : ce fut alors qu'il publia un manifefte fier & menaçant dont le ftyle militaire décéloit la franchife de fon caractère & l'intrépidité de fon courage ; il leva une armée pour donner plus de poids à fes menaces. La méfintelligence qui divifoit les feigneurs de fon parti, oppofant un obftacle à fes deffeins, la paix parut néceffaire. Le cinquième édit de pacification conclu à Bergerac & dreffé à Poitiers, fut vérifié au parlement en 1577 ; mais les deux partis n'attendoient que des circonftances favorables pour les violer impunément les conditions. La reine-mère, fous prétexte de mener au roi de Navarre fa femme, qui lui étoit fort indifférente & dont il n'étoit point aimé, fe rendit en Guyenne pour conférer avec lui ; mais il ne fe laiffa point furprendre par fes artifices ; elle ne fut point rebutée par ce mauvais fuccès : elle indiqua une autre conférence à Nérac, où elle fe rendit accompagnée de toutes les beautés de la cour, bien perfuadée que c'étoit un écueil où le roi de Navarre feroit naufrage : quoique fenfible aux charmes de l'amour, il ne voulut rien conclure fans avoir confulté tout fon parti, dont les députés s'affemblèrent à Montauban. Sa paffion fut toujours fubordonnée aux intérêts de fa gloire.

Les proteftants étoient divifés en deux factions ; le peuple ardent pour la défenfe de fon culte, n'avoit de confiance que dans le prince de Condé, véritable ment homme de bien, & le seul des grands qui fût persuadé de sa religion; ses mœurs rigides; son caractère grave & sérieux étoient propres à en imposer à une secte naissante qui confond les austérités avec les vertus. L'autre faction, qu'on nommoit les politiques, étoit composée de tous les seigneurs qui se servoient du prétexte de la religion pour élever leur fortune. Le roi de Navarre qui regardoit d'un œil indifférent toutes les questions agitées, aimoit les protestants qui pouvoient le servir, sans haïr les catholiques dont il prévoyoit qu'il auroit un jour besoin. Au milieu de l'agitation des intrigues, il se livroit aux plaisirs de l'amour, & captivé par les charmes de la belle Fosseuse, il entreprit une nouvelle guerre que l'on nomma *la guerre des amoureux*, parce qu'elle fut excitée par les intrigues des beautés qui composoient sa cour; ce qui donna naissance à de nouveaux troubles. *Henri* fut mal secondé, parce que plusieurs provinces, qui croyoient cette guerre injuste, restèrent dans la neutralité; il n'eut d'autre ressource que de faire entrer en France une armée de Reitres dont le nom inspiroit de la crainte & de l'horreur à tous les François; le souvenir de leurs brigandages inspira des desirs pacifiques. L'édit accordé aux hugenots fut religieusement observé pendant cinq ans.

Le roi de Navarre offrit au roi cinq cens mille écus pour faire la guerre à l'Espagne & une armée de Reitres & de Suisses. Cette proposition qui faisoit connoître sa puissance, fut rejettée. Le scandale excité par la reine Marguerite, les traitemens ignominieux qu'elle reçut à la cour du roi son frère, donnèrent naissance à de nouvelles tracasseries: le roi son époux fut obligé de la reprendre chargée d'opprobres, pour prévenir une nouvelle rupture. La mort du duc d'Anjou le fit asseoir sur les degrés du trône; alors le parti de la ligue se réveilla pour l'en précipiter. Un fanatisme épidémique saisit tous les esprits, chaque province eut des chefs qui convoquèrent des assemblées & levèrent des soldats: l'Espagne ouvrit ses trésors, & le pape prodigua ses bénédictions à ces dévots insensés; leurs émissaires, de ces deux cours, réglerent le destin de la France; le duc de Nevers, le cardinal de Pellevé, le jésuite Mathieu furent les principaux agents dont l'ambitieuse politique des Guises se servit pour l'exécution de leurs desseins. Henri III, flottant, eut recours à la négociation quand il étoit encore assez puissant pour punir; ce fut en temporisant qu'il favorisa les accroissemens de la ligue. Le roi de Navarre, après avoir publié des manifestes pour établir la justice de sa cause, offrit au duc de Guise de terminer cette querelle par un combat particulier; ce défi ne fut point accepté; le duc protesta qu'il n'avoit rien à démêler avec le roi de Navarre dont il respectoit la naissance & le mérite. Les ligueurs trop puissans pour ne pas tout se promettre d'un gouvernement foible & voluptueux, obtinrent des villes de sûreté, & l'on vit s'élever dans la France une nouvelle puissance rivale de l'autorité royale. Les hugenots mécontents

associèrent à leur ressentiment les seigneurs qui ne vouloient point ployer sous la tyrannie des Guises. Il se forma un tiers-parti, dont les Montmorencis furent les chefs; ils se joignirent au roi de Navarre dont la puissance s'affermit dans plusieurs provinces, tandis qu'elle s'affoiblissoit dans d'autres: ses ennemis s'autorisoient du nom du roi qui le protégeoit en secret, mais qui étoit trop foible pour oser manifester son penchant.

Sixte-Quint occupoit alors le siège de Rome: ce pontife altier & superbe, affectoit de fouler sous ses pieds les diadêmes; & se croyant le dispensateur des sceptres & des couronnes, il lança les foudres de l'église sur le roi de Navarre & le prince de Condé, qu'il déclara hérétiques, relaps, fauteurs & protecteurs de l'hérésie, & comme tels, privés de toutes seigneuries, terres & dignités, incapables de succéder à aucune principauté, nommément à la couronne de France, délioit leurs sujets du serment de fidélité & leur défendoit de leur rendre aucune obéissance, sous peine d'être enveloppés dans la même excommunication; cette bulle qui qualifioit d'ante-christ, la bâtarde & abominable de la maison de Bourbon. Ce style, qui n'avoit rien d'apostolique, révolta tous les gens sensés, qui n'en trouvèrent le modèle ni dans les canons ni dans les conciles. Les deux princes firent afficher un placard dans les places publiques de Rome, où ils soutenoient que le pape en avoit menti; ils le qualifièrent d'ante-chrit, & citèrent au parlement pour le temporel, & au futur concile pour le crime d'hérésie. Sixte qui, malgré son orgueil, aimoit tout ce qui avoit l'empreinte du grand, en conçut plus d'estime pour les princes. Elisabeth, reine d'Angleterre, leur prêta quarante mille écus & dix vaisseaux, dont ils se servirent pour délivrer la Rochelle & surprendre Royan, qui paya deux cents mille écus de contribution par an. *Henri* rendoit de fréquentes visites à la comtesse de Guiche, dont il étoit éperdument amoureux; il fut sur le point d'être arrêté par le duc de Mayenne qui lui tendoit des embûches au passage de la Loire. Henri III prêtoit son nom aux ennemis des princes, qui, par la voix des prédicateurs fanatiques, le décrioient dans l'esprit du peuple comme fauteur d'hérésie. La guerre se faisoit avec une fureur barbare; deux régiments, qui s'étoient rendus à discrétion, furent massacrés par l'ordre de Joyeuse.

Henri III, forcé de faire la guerre à ses sujets, leva trois armées, dont l'une sous les ordres du duc de Joyeuse, qui avoit plus de présomption que de capacité, marcha contre le roi de Navarre, qu'il rencontra dans la plaine de Coutras; l'action ne fut pas vivement disputée; toute la cavalerie de Joyeuse plia dès le premier choc, & l'infanterie suivit son lâche exemple: la victoire fut complette, tout fut passé au fil de l'épée; Joyeuse se retira auprès de son canon pour y attendre la mort; il y fut tué par deux capitaines qui vengèrent les deux régiments massacrés par ses ordres. Cette victoire ne coûta que trente hommes. Henri III ne parut point affligé d'une perte qui le délivroit des plus ardents ligueurs. La mort du prince de Condé affoiblit le parti proteſtant dont il étoit le conſeil, comme *Henri* en étoit le héros. La défaite des Reîtres à Auneau, & celle des Lanſquenets au pont de Gien, rendirent les ligueurs plus inſolents. *Henri III* revenu de ſon aſſoupiſſement, reconnut qu'il n'étoit qu'un fantôme de roi, & que Guiſe avoit toute la réalité du pouvoir ſouverain ; il réſolut enfin de diſſiper la ligue par la punition exemplaire des chefs. Guiſe prévint ſes vengeances en entrant dans Paris, où il donna la loi ; les Pariſiens enhardis par ſa préſence, obligèrent le roi de ſortir de ſa capitale : il ne vit d'autre remède à tant de maux, que d'indiquer les états généraux & de donner un édit, par lequel il jura d'extirper les ſchiſmes & les héréſies, de ne faire aucune paix avec les huguenots, & de ne reconnoître pour ſucceſſeur aucun prince hérétique. Le roi de Navarre étoit à la Rochelle lorſqu'il apprit que cet édit avoit été enregiſtré par le parlement, & reçu avec acclamation dans les principales villes du royaume ; il en fut conſolé par l'aſſurance que le roi, qui l'avoit juré, étoit dans la diſpoſition de l'enfreindre.

L'ouverture des états ſe fit à Blois en 1588. *Henri*, trop offenſé par les plaintes des ligueurs qui décrioient ſon gouvernement, réſolut de s'en venger ſur les Guiſes qui nourriſſoient l'orgueil de leurs députés inſolents : les ames fières & généreuſes lui conſeilloient de ſe ſoumettre à la ſévérité de la loi ; l'avis le plus honteux parut le plus ſûr : il fut réſolu de les aſſaſſiner. Le duc, en ſe rendant au conſeil, fut frappé de quinze coups de poignard, & tomba en s'écriant ; Ah ! le traître ! le cardinal, ſon frère, eut ſi ambitieux que lui, eut la même deſtinée. Cet attentat ſouleva tous les eſprits. Le roi de Navarre délivré de ſes deux plus implacables ennemis, étoit trop généreux pour ne pas déſapprouver de tels moyens, & trop ſage pour en témoigner de la joie ; il plaignit Henri III d'avoir été dans la cruelle néceſſité de ſe déshonorer pour conſerver ſon pouvoir ; & voyant qu'il étoit devenu plus odieux par l'eſpoir de devenir plus puiſſant, il lui tendit une main ſecourable, & l'écouta dès qu'il s'en vit recherché ; il bannit même toute défiance qu'on ne l'immolât aux ligueurs pour ſatisfaire au reſſentiment qu'ils témoignoient de la perte de leur chef : il fit un traité ſecret, par lequel il s'engagea de l'aider de toutes ſes forces pour faire rentrer les ligueurs dans l'obéiſſance. Les deux rois, dans une conférence qu'ils eurent dans le parc du Fleſſis - les - Tours, réſolurent d'aſſiéger Paris, dont l'exemple entraînoit les autres villes dans la rébellion. La nobleſſe ſe rangea en foule ſous leurs enſeignes ; leur armée fortifiée de dix mille Suiſſes, de deux mille Lanſquenets & de quelque cavalerie légère, ſe préſenta devant Paris ; le roi de Navarre avec ſon armée, s'étendoit depuis Vanvre juſqu'au port de Charenton ; Henri III ; campé à Saint - Cloud, s'étendoit juſqu'à Neuilli. La capitale étoit vivement preſſée, quand la main du fanatiſme détourna le coup prêt à la frapper. Frère Jacques Clément, moine jacobin, ſe fit un devoir religieux de porter ſa main parricide ſur ſon roi : il ſe fit introduire dans ſon appartement, ſous prétexte

d'affaires importantes qu'il avoit à lui révéler ; c'étoit pour l'aſſaſſiner : ce moine furieux lui donne deux coups de couteau, le lendemain ce prince mourut de ſa bleſſure ; la branche de Valois s'éteignit avec lui, & la couronne paſſa dans la branche des Bourbons.

Les avenues du trône ſembloient être fermées à *Henri IV*, par l'édit d'union juré par ſon prédéceſſeur & par les états généraux. Dès que Henri III eut les yeux fermés, les ſeigneurs catholiques & proteſtants qui ſe trouvoient dans les deux armées, lui prêtèrent ſerment d'obéiſſance : Vitri & d'Eperaon furent les ſeuls qui ſe retirèrent avec les troupes qu'ils commandoient. Cette défection, en l'affoibliſſant, n'abattit point ſon courage : Bordeaux fut contenu dans le devoir par la ſageſſe de Matignon ; mais *Henri IV* ne ſe ſentant point aſſez fort pour forcer Paris, défendu par une multitude de fanatiques, leva le ſiège, & ſe retira en Normandie pour y recevoir le ſecours qu'il attendoit d'Angleterre ; il y fut ſuivi par le duc de Mayenne, qui s'étoit fait déclarer lieutenant-général du royaume, & qui avoit fait proclamer roi le vieux cardinal de Bourbon, que *Henri IV* retenoit priſonnier. Comme il étoit ſupérieur en forces, & que le roi s'étoit retiré ſous les murs de Dieppe, il ſe flatta de voir bientôt le Béarnois priſonnier. Le danger même en Eſpagne, que le Béarnois ne pouvoit lui échapper, à moins de ſauter dans la mer. *Henri*, long-temps incertain s'il paſſeroit en Angleterre, ſe détermina à tenter le ſort d'une bataille ; il choiſit ſa poſition à Arques, bourg diſtant de Dieppe d'une lieue & demie : il y fut attaqué par une armée trois fois plus forte que la ſienne, & remporta une victoire, qui, ſans être déciſive, donna beaucoup de réputation à ſes armes ; le ſecours d'Angleterre arriva trop tard pour participer à l'honneur de cette journée, mais il fournit les moyens d'en retirer de grands avantages. Les Pariſiens, qui s'étoient flattés de voir bientôt le Béarnois priſonnier, furent ſurpris de le voir quelques jours après inſulter en vainqueur leurs remparts : il attaqua avec tant de vivacité les retranchements des fauxbourgs ſaint Jacques & ſaint Germain, qu'il fut entré dans la ville, s'il eût eu du canon pour en rompre les portes. Bourgouin, prieur des jacobins, fut pris dans les retranchements, combattant comme un forcené : le parlement ſéant à Tours, le condamna à être écartelé pour avoir incité Jacques Clément à un parricide. Le danger où ſe trouvoit la capitale, y rappella les ducs de Mayenne & de Nemours avec leurs troupes. Le roi, trop foible pour attaquer avec une poignée de monde, une ville immenſe, défendue par une armée nombreuſe, s'en éloigna pour faire des conquêtes : Etampes, Joinville, Vendôme rentrèrent dans l'obéiſſance ; le Mans, après avoir fait de grands préparatifs pour une vigoureuſe défenſe, ſe rendit à la première ſommation ; l'Anjou, le Maine & la Touraine n'oppoſèrent qu'une foible réſiſtance. La réduction de la Normandie étoit plus importante, il ne s'en rendit maître que de Dieppe, du Pont de l'Arche & de Caën : il alla mettre le ſiège devant Dreux ; & ſur la nouvelle que Mayenne s'avançoit pour le ſecourir, il fut l'attendre ſur les bords de la rivière d'Eure dans la plaine d'Yvry ; l'ennemi, qui s'étoit flatté de vaincre fans combattre, parut furpris de la fierté de fa contenance. A peine l'action fut engagée, que l'armée de la ligue fut difperfée ; les Efpagnols ayant vu tomber d'Egmont leur chef, percé de coups, prirent l'épouvante & la fuite ; les Suiffes parurent vouloir faire quelque réfistance, mais voyant pointer le canon pour rompre leurs bataillons, ils baisèrent leurs piques & rendirent leurs enseignes : le roi, qui vouloit ménager les cantons, leur accorda une capitulation honorable. Le duc de Mayenne, après avoir fait le devoir d'un grand capitaine, fe retira en fugitif à Mantes, & les débris de fon armée fe refugièrent dans les murs de Chartres. Le roi, après fa victoire, n'avoit qu'à fe préfenter devant Paris pour en être le maître ; la journée d'Yvry avoit fait paffer les Parifiens de l'infolence dans l'abattement : c'étoit le fentiment du brave la Noue ; mais il en fut diffuadé par le maréchal de Biron, qui craignoit la fin de la paix, & par d'O, intendant des finances, qui aimoit mieux qu'on prît la capitale d'affaut que par capitulation ; dans l'efpoir que le pillage de cette ville immenfe rempliroit le vuide du tréfor public. Le roi, trop docile à ces perfides confeils, s'occupa de la conquête de quelques villes, qui lui firent perdre le fruit de fa victoire ; il reconnut fa faute & réfolut de la réparer. Paris fut bloqué par quinze mille hommes de pied & quatre mille chevaux, le 15 avril 1590. Les habitants, fans chef & fans difcipline, défiant les périls, parce qu'ils ne les connoiffoient pas, fans prévoyance de l'avenir, parce qu'ils n'avoient aucuns befoins préfents, fe fioient dans leur nombre & ne preffentoient pas que leur multitude feroit la fource de leurs maux : leur fanatifme leur infpira un courage féroce, & ils fçurent mieux mourir que fe défendre ; le facrifice du brave la Noue n'eut rien de pénible, ils livrèrent à l'envi leur batterie de cuifine pour fondre du canon ; ils s'offroient à l'envi pour travailler aux fortifications, ils payoient largement les mercenaires qui vouloient contribuer à l'ouvrage ; ils s'exerçoient trois fois la femaine dans toutes les évolutions militaires : tous les étrangers & ceux qui avoient un afyle au-dehors, s'étoient retirés de la ville ; mais malgré cette émigration, l'on comptoit encore cent vingt mille habitants qui n'avoient de provifions que pour un mois. Le duc de Nemours, prince courageux jufqu'à la témérité, avoit le commandement des troupes, qui confiftoient en douze cents Lanfquenets, autant de Suiffes & de François : on lui avoit affocié le chevalier d'Aumale, à la valeur farouche & brutale étoit plus propre à briller dans un combat particulier, qu'à diriger les mouvements d'une milice bourgeoife.

Dès que le roi fe fut rendu maître des ponts de Charenton & de Saint-Cloud, & que tous les paffages furent bouchés, la ville commença à reffentir les horreurs de la famine. Mayenne s'étoit éloigné pour folliciter le fecours des Efpagnols, dont il lui falloit effuyer les hauteurs. Le cardinal de Bourbon, fantôme de roi, fous le nom de Charles X, mourut de la gravelle dans fa prifon de Fontenay en Poitou ; les ligueurs oppofés

dans le choix de fon fucceffeur, vouloient déférer la couronne, les uns à l'infante d'Efpagne, & les autres au fils du duc de Lorraine. Le duc de Mayenne déchu de l'efpérance de règner, ne fongea qu'à perpétuer les troubles pour perpétuer fon autorité. Il fit parler la Sorbonne, qui décida que Henri de Bourbon étant relaps, étoit déchu de tout droit à la couronne, quand bien même il feroit abfous, & que ceux qui mouroient en combattant pour la fainte union, étoient affurés de la palme du martyre & d'être couronnés dans le ciel comme défenfeurs de la foi.

L'armée affiégeante recevoit tous les jours de nouveaux renforts ; les uns s'y rendoient dans l'efpoir d'avoir part au pillage ; les autres, pour donner un témoignage de leur fidélité. Le roi, qui defiroit s'en rendre maître par capitulation, ne preffoit pas le fiège de peur de prendre d'affaut une ville dont il vouloit ménager les habitants. Tous étoient mécontents ; les catholiques fe plaignoient de ce qu'il différoit fa converfion ; les huguenots le preffoient de révoquer l'édit lancé contr'eux par Henri II. La famine commença fes ravages ; le peuple fi fier, fit fuccéder les gémiffements aux vaudevilles : on fit du pain de fon, & le vin manqua tout-à-coup. La néceffité devenue plus urgente, on fit la vifite dans les couvents, qui tous fe trouvèrent bien pourvus ; les capucins avoient des provifions pour plus d'une année : le fepier de bled fut vendu fix cents écus, un mouton cent francs, ceux qui avoient de l'argent avoient peine à en avoir, & ceux qui en manquoient étoient réduits à manger les chiens, les chats & les fouris ; on faifoit bouillir les herbes & les feuilles qu'on affaifonnoit avec du vieuxoing & du fuif : les prêtres & moines plus fortunés montroient le ciel ouvert à ces cadavres ambulants, qui fe faifoient porter dans les églifes pour y rendre le dernier foupir. Les politiques & les royaliftes qui étoient enfermés dans la ville, excitoient fourdement des féditions ; mais ils étoient veillés de fi près, qu'ils ne tentoient rien avec fuccès. Dans une de ces émeutes, où l'on entendit crier, la paix ou du pain, on faifit le père & le fils, qui furent étranglés à la même potence.

Les murmures du peuple difposèrent les chefs des ligueurs à la paix. Tandis qu'ils délibéroient, le roi dans une feule attaque, fe rendit maître des fauxbourgs : il eût peut-être pris la ville d'affaut, fi la crainte que les foldats n'euffent vengé le maffacre de la St. Barthelemy, n'eût enchaîné fon courage. Le duc de Parme fortit de Valenciennes avec une armée qui fe joignit, à Meaux, aux troupes de Mayenne. Henri ne crut pas devoir l'attendre dans fes retranchements ; il leva le fiège pour aller défier les Efpagnols au combat. Le duc de Parme, content d'avoir délivré Paris, reprit la route de Flandre. La guerre fe faifoit avec la même vivacité dans les provinces ; les deux partis étoient également agités de factions. Mayenne, jaloux de fon frère utérin, le duc de Nemours, lui avoit ôté toute fa confiance. Les royaliftes formoient auffi des cabales. Les catholiques, & les huguenots avoient des intérêts différents de religion qui les divifoient : le jeune cardinal de Bourbon forma un tiers-parti pour se faire déclarer roi; mais il se repentit de son orgueil imprudent & rentra dans le devoir. On entama des négociations qui n'eurent aucun succès. Le roi d'Espagne offrit de répandre sur la France tous les trésors du Méxique & de fournir de nombreuses armées, à condition qu'on déféreroit la couronne au prince qui épouseroit sa fille Isabelle; ses promesses étoient appuyées par les Seize, les moines mendians, & sur-tout les jésuites: le pape, qui faisoit mouvoir cette troupe séditieuse, publia deux monitoires par lesquels il déclaroit *Henri* de Bourbon excommunié, relaps, & comme tel, déchu de tous les droits de sa naissance: ses foudres s'évanouirent dans les airs; il employa un moyen plus efficace, son neveu entra en France avec huit mille hommes de pied & mille chevaux. Le parlement séant à Châlons déclara le pape Grégoire ennemi de la paix, fauteur des rebelles & coupable du parricide de Henri III; pour mieux le punir il fut défendu de porter ni or ni argent à Rome: le clergé assemblé à Mantes déclara que les bulles étoient nulles & suggérées par les ennemis de la patrie. Renauld de Beaune, archevêque de Bourges, primat d'Aquitaine, fut d'avis de créer un patriarche; d'autres proposèrent de convoquer un concile national pour limiter la puissance papale. On peut juger par-là combien la raison avoit fait de progrès. Le jeune duc de Guise, fils du balafré, se sauva de sa prison de Tours; le roi s'en consola par l'espoir qu'étant ambitieux il prétendroit à la couronne, & que par-là il mettroit la division parmi les ligueurs. Le roi croyoit n'avoir rien fait tant qu'il ne seroit pas maître de sa capitale & de la Normandie: il assiégea Rouen; il éprouva par la résistance des habitans, que si les Parisiens sçavoient mieux jeûner que combattre, les Normands craignoient moins les périls de la guerre que les horreurs de la famine. La ville bien fortifiée & bien approvisionnée fit une vigoureuse résistance: le roi fut obligé de se siége pour aller au devant du duc de Parme qui marchoit à lui; ce duc qui ne vouloit que délivrer Rouen comme il avoit délivré Paris, s'en retourna en Flandre sans combattre, après avoir jetté quinze cens hommes dans Paris. Le roi acheta, avec de l'or, Rouen qu'il n'avoit pu subjuguer par ses armes.

Le duc de Mayenne fatigué d'une vicissitude de prospérités & de revers, prit le parti de convoquer les états en 1593; c'est ce qui prépara la ruine de son parti. Les Espagnols eurent l'audace de proposer l'abolition de la loi salique & de ne point reconnoître pour légitime souverain *Henri IV*, quand bien même il se feroit catholique, & de déclarer l'infante d'Espagne reine de France. Le Maître, premier président de la portion du parlement résidante à Paris, parla avec une fermeté héroïque pour faire connoître l'indécence de cette proposition; le parlement rendit un arrêt qui ordonnoit de maintenir les anciennes loix, qui déclaroit nuls & illicites tous traités qui appelloient un étranger à la couronne & qui dérogeoient à la loi salique. Le roi, enfin, se détermina à faire son abjuration dans l'église de saint Denis, le 15 juillet 1593;

il en fit part à tous les parlemens; l'allégresse publique se manifesta par des danses & des festins; les Parisiens qui lui donnoient le nom de *Béarnois*, s'accoutumerent à l'appeller leur roi; il y eut une trève de trois mois qu'on employa à traiter avec le pape; dès qu'elle eut été publiée, beaucoup d'évêques & de magistrats firent assurer le roi de leur obéissance. Ce fut dans cet intervalle que Barriere fut condamné à être tenaillé & rompu vif pour avoir formé le dessein d'attenter sur la personne du roi; sa vie fut souvent exposée à de pareils dangers par les insinuations des moines & de quelques prêtres fanatiques: c'est ce qui le disposoit à faire des propositions de paix à Mayenne qui, prétextant l'intérêt de la religion, ne vouloit rien conclure sans l'aveu du pape. La ligue fut sur son déclin, tous les chefs se firent acheter & ce fut Vitri qui donna l'exemple de cette vénalité: d'Alincourt remit Pontoise; la Châtre, Orléans & Bourges; Ornano, la ville de Lyon: la présence du duc de Mayenne retenoir Paris dont il fut obligé de s'éloigner avec sa femme & ses enfans; il s'y voyoit entouré de fanatiques dont il ne pouvoit tempérer les saillies, ou d'ambitieux prêts à tout sacrifier à la fortune. Brissac à qui il en avoit confié le gouvernement, négocioit secrétement avec le roi; mais il avoit de dangereux surveillans dans les seize & dans la garnison Espagnole secondée par quatre mille hommes de la lie du peuple que l'ambassadeur d'Espagne soudoyoit: cette milice de brigands à qui il étoit devenu suspect, résolut de l'assassiner & d'envelopper dans sa ruine le président le Maître; Luillier, prévôt des marchands, du Vair, conseiller au parlement, & Langlois, échevin. Ce furent en effet ces généreux citoyens qui ouvrirent les portes de Paris au meilleur des rois; Brissac qui lui en remit les clefs, reçut le bâton de maréchal de France. Toutes les villes rentrerent successivement dans l'obéissance en 1594. Le retour du calme fut troublé par l'attentat de Jean Chatel sur la personne du roi, qui ne fut blessé qu'à la lèvre; ce jeune homme qu'un faux zèle avoit séduit, fut condamné à la mort; les jésuites furent bannis de France & enveloppés dans sa condamnation. Tandis que Biron dissipoit les débris de la ligue, le roi qui venoit de déclarer la guerre à l'Espagne, engagea une action extrêmement vive à Fontaine-Françoise; sa témérité fut justifiée par son obéissance; quoiqu'il n'eût avec lui qu'un petit corps de cavalerie, il mit en déroute dix-huit mille hommes, commandés par le duc de Mayenne & don Velasco. Cette victoire & l'absolution du pape déterminerent Mayenne à le reconnoître: quoique ce duc eût toutes les qualités qui forment les grands hommes, on a dit qu'il ne sçut faire ni la guerre ni la paix, parce qu'il ne saisit point le moment où il pouvoit obtenir des conditions avantageuses.

Le roi attentif à réparer les pertes de la guerre, convoqua l'assemblée des notables à Rouen; il s'y rendit, & y parla moins en roi qu'en père & en citoyen: je ne vous ai point appellés, leur dit-il, pour vous assujettir aveuglément à mes volontés, mais pour recevoir vos conseils, mais pour les croire & les suivre;

enfin

enfin pour me mettre sous votre tutèle. On fit de sages réglemens qui resterent sans exécution. Le roi se délassoit de ses fatigues de la guerre dans les bras de l'amour, lorsqu'il apprit que la ville d'Amiens avoit été surprise par les Espagnols. Partons, s'écria-t-il, c'est assez faire le roi de France, il est temps de faire le roi de Navarre. Il partit en effet, & la ville fut reprise. La paix fut conclue par la médiation du pape. Les huguenots avoient trop bien servi Henri IV pour qu'il pût les abandonner. Il leur accorda l'édit de Nantes, contenant 92 articles, qui n'étoient que le renouvellement des édits précédens: il y eut 56 autres articles secrets, dont le principal leur accordoit plusieurs nouvelles places de sûreté. Le premier fruit de la paix fut la réforme de plusieurs abus. La discipline ecclésiastique étoit tombée dans le relâchement; il permit au clergé de s'assembler pour la remettre en vigueur. Il dit aux députés: Messieurs, vous vous plaignez justement de plusieurs abus; je n'en suis pas l'auteur, je les ai trouvés établis, je vous seconderai dans la réforme. Jusqu'ici l'on vous a donné de belles paroles; pour moi, je réaliserai mes promesses; vous éprouverez qu'avec ma casaque grise & poudreuse, je suis tout d'or au-dedans.

Silleri fut chargé de poursuivre à Rome la dissolution de son mariage avec Marguerite de Valois; la négociation eût été facile, si la reine n'eût refusé d'y consentir, par le dépit d'être remplacée par la duchesse de Beaufort sa rivale. Cet obstacle fut levé par la mort inopinée de la duchesse. Dès que la reine fut informée de cette mort, elle concourut avec le roi à la dissolution de son mariage. Alors le monarque libre de son choix, épousa à Lyon, Marie de Medicis. La découverte d'une conspiration tramée par les ducs de Biron, de Bouillon & le comte d'Auvergne, lui causa de nouveaux chagrins. Le maréchal duc de Biron eut la tête tranchée, le comte d'Auvergne, fils naturel de Charles IX, obtint sa grace, ainsi que le duc de Bouillon, qui sortit du royaume. La paie du soldat avoit épuisé le trésor public; ce fut pour le remplir qu'on licencia les troupes. Cette réforme occasionna de grands désordres sur les routes, mais ils furent bientôt reprimés par la vigilance du gouvernement; l'économie de Sulli répara les profusions ruineuses du règne précédent, & à un règne de calamités succéda un règne d'abondance. Le roi, qui s'étoit souvent attendri sur la misère de ses sujets, disoit qu'avant de mourir, il vouloit que les paysans fussent assez aisés pour mettre une poule dans leur pot; expression bourgeoise, qui exprime la bonté compatissante de son ame. Quoique roi, son cœur fut capable d'amitié: Sulli en fut un glorieux témoignage; il le combla de biens & en reçut de plus grands services. Quand cet intègre ministre fut nommé sur-intendant de finances, l'état étoit chargé de trois cents trente millions de dettes, somme immense dans un temps où les mines du Mexique & du Pérou à peine connues, n'avoient pas encore fait circuler l'or en Europe. Une sage économie, une juste répartition des impôts, firent renaître l'abondance & réprimèrent la cupidité des

exacteurs. Des manufactures de soie, de fayance, de verre, furent établies & perfectionnées. L'étranger vint acheter en France, ce qu'il avoit accoutumé d'y vendre. De nouveaux édifices furent construits, le pont-neuf fut achevé; les maisons royales furent embellies de jardins délicieux. Et, après toutes ces dépenses, ne devant rien, il avoit encore soixante millions gardés dans la Bastille. La charge de grand-maître de l'artillerie fut donnée à Sulli, qui la remplit avec autant d'intégrité que d'intelligence: elle étoit alors peu importante, parce que ses fonctions étoient partagées. L'extinction de plusieurs charges, & sur-tout de celle de grand-maître des arbalêtriers, qui lui furent réunies, la rendit considérable; elle devint même une charge de la couronne.

Une ordonnance de police rendue en 1609 sur la police des spectacles, montre combien nos mœurs ont éprouvé de révolutions. Il fut ordonné que depuis la S. Martin jusqu'au quinze de février les comédiens ouvriroient leur porte à une heure après midi, & donneroient leurs représentations à deux heures précises, afin que le spectacle finît avant la nuit. Ce réglement, qui paroîtroit aujourd'hui fort incommode, étoit fort sage dans un temps où Paris n'étoit point éclairé, où il n'y avoit point de guet pour veiller à la sûreté publique; les rues sales & remplies de boue rendoient la marche lente & pénible. C'étoient autant de cavernes de voleurs, qui attentoient à la vie & à la bourse du citoyen qui avoit encore à essuyer les outrages de l'ivrognerie insolente & brutale.

Quoique le roi fût réconcilié avec le chef de l'église, les théologiens turbulens continuerent à enseigner les maximes contraires à son indépendance. Ce fut pour réfuter leurs paradoxes audacieux, que le sçavant Pithou publia son ouvrage sur les libertés de l'église Gallicane. Ses assertions, sans avoir force de loi, sont d'une grande autorité dans les matieres contentieuses. L'indiscrétion de quelques jésuites fut la cause de bien des troubles. Leurs démêlés avec l'université & les curés de Paris, partagerent tous les esprits. Après avoir été chassés de France en 1594, ils y furent rétablis en 1603; on leur imposa la condition de tenir deux jésuites à la cour pour être les garans de la modération qu'on exigeoit d'eux. Cette condition humiliante dans son principe devint le fondement de leur crédit: ils eurent la politique de ne donner pour ôtages que des hommes d'une dextérité éprouvée dans les affaires & d'une grande souplesse dans le caractère.

Les privilèges de la noblesse trop multipliés en rendirent la réforme nécessaire. Henri IV, en donnant un édit sur les tailles, déclara que la profession des armes n'annobliroit plus tous ceux qui l'exerçoient. Dans ces temps de troubles, tous les citoyens étoient soldats, & à la faveur des anciens usages tous se paroient du titre de nobles. Les hommes d'armes avoient été réputés gentilshommes, & quiconque endossoit la cuirasse, étoit homme d'armes. Cet abus s'étendoit encore plus loin: celui qui étoit né dans la plus vile roture, prenoit le titre de gentilhomme dès qu'il étoit assez riche pour acheter un fief qui l'obligeo-

L

suivre son seigneur à la guerre. Henri III fut le premier qui entreprit de restreindre cet abus. Il déclara que la noblesse n'étoit point attachée à la possession d'un fief. *Henri IV* étendit plus loin cette réforme, en supprimant la noblesse qu'on s'attribuoit en suivant la profession des armes ; on n'eut plus la faculté de s'annoblir soi-même. Depuis ce temps, le titre de gentilhomme n'est que l'attribut d'un citoyen issu-de race noble, ou de celui qui a reçu du prince des lettres d'annobliffement, ou enfin de celui qui est revêtu d'une dignité à laquelle la noblesse est attachée. S'il corrigea cet abus, il en introduisit un autre qui donna un faux éclat à bien des familles puissantes par leurs richesses. Ce prince environné d'ennemis étrangers & de sujets rebelles, trouva le secret de caresser la vanité des riches pour les attirer sous des enseignes : il leur écrivoit des lettres, où il les qualifioit de comte, ou de baron, ou de marquis, & comme tous ces titres ne lui coûtoient rien, il en fut extrêmement prodigue. Les descendans de ces hommes nouveaux ont fait de ces lettres des monumens de leur noblesse.

Depuis l'introduction de la vénalité des charges, le possesseur pouvoit les résigner, mais il falloit qu'il vécût quarante jours après sa démission, pour que sa résignation fût légale, de sorte que des charges achetées bien cher retournoient au roi, qui étoit obligé de les accorder gratuitement à l'importunité des courtisans. Il parut plus juste & plus avantageux de les assurer aux héritiers des possesseurs décédés, moyennant qu'ils payassent tous les ans le soixantième denier de la finance à laquelle ces offices avoient été taxés. On connoît le droit annuel la *paulette*, du nom d'un certain Paulet, qui en avoit donné l'idée & qui en fut le fermier. Cet établissement qui avoit ses abus, trouva des flagorneurs & des panégyristes. Le roi avoit érigé une chambre royale en 1601, pour faire rendre gorge aux financiers. Ce tribunal jetta plus de troubles dans les familles, qu'il ne versa d'argent dans le trésor public ; trois ans après en renouvella cette recherche, qui fut aussi infructueuse ; enfin en 1606, la noblesse indignée d'être obscurcie par le luxe insultant de ces hommes nouveaux, fit rétablir une chambre de justice pour faire le procès aux exacteurs. Cette chambre, pour semer la terreur, remplit les places publiques de potences & de carcans. Cet appareil de supplices détermina les coupables à s'expatrier avec leurs richesses ; & du lieu de leur retraite, ils sacrifièrent une portion de leur fortune pour acheter des protecteurs à leur cour ; de sorte que de tant de millions envahis, il ne rentra que deux cens mille écus dans les coffres du roi. L'expérience déposé que ces sortes de recherches ont toujours aggravé les maux qu'on se proposoit de guérir. L'édit lancé contre les banqueroutiers parut plus nécessaire, les troubles de l'état les avoit fort multipliés, en les laissant impunis. On décerna peine de mort contr'eux, comme voleurs publics. Tout transport, vente, cession faite par eux furent annullés, & il fut défendu à leurs créanciers de leur faire aucune remise & de leur accorder aucun délai. Cette sévérité ne produisit pas le bien qu'on s'en étoit promis. Les banquerou-

tiers, avant de déclarer leur faillite, se réfugièrent avec leurs richesses chez l'étranger où ils jouissoient impunément de leurs larcins.

La fureur des duels privoit la France de ses plus braves défenseurs. On lança un édit sévere contre ceux qui se battoient & contre ceux qui leur servoient de seconds. On fit plusieurs beaux réglemens pour la réparation des offenses, il y fut prescrit aux offensés de s'adresser au roi ou aux maréchaux de France, pour obtenir la permission de se battre. Les François étoient encore trop barbares pour observer cet édit.

Les conspirations fréquentes formées contre le roi & l'état, dont la plupart étoient fomentées par l'Espagne, réveillerent les anciennes inimitiés. La succession de Cleves & de Juliers fournit un prétexte aux deux puissances de faire de grands armemens pour protéger leurs alliés. Une armée de trente mille François & de six mille chevaux se rendit sur les frontieres de la Champagne. Le maréchal de Lesdiguieres en avoit une autre de douze mille hommes de pied & de deux mille chevaux. Les Vénitiens & le duc de Savoie devoient le joindre avec trente mille hommes. Les princes d'Allemagne & les Hollandois ses alliés devoient attaquer la maison d'Autriche avec des forces aussi nombreuses. Les frais de cette guerre avoient été calculés avant l'entreprise, & quoiqu'il en dût coûter, à la France trente millions par an, le roi avoit des fonds suffisans pour le soutenir quatre ou cinq ans sans charger son peuple de nouvelles impositions. Ce fut au milieu de cet appareil de guerre que Ravaillac forma le dessein de l'assassiner. Ce monstre, né à Angoulême, étoit âgé de trente-trois ans. Il avoir pris l'habit de Feuillant dont il fut dépouillé, parce que prétendant avoir des révélations, on s'apperçut qu'il avoit la tête mal organisée : les libelles des ligueurs, les invectives lancées contre le roi dans la tribune sacrée, allumerent son fanatisme. Il se trouva de faux docteurs qui, par des visions supposées & d'autres pieux artifices, égarerent son imagination. Il épia le moment où le roi alloit à l'arsénal sans gardes, pour exécuter son parricide. Un embarras de charrettes, dans la rue de la Ferronnerie, en facilita l'exécution : il frappa le roi de deux coups de couteau dans la poitrine. Le sang coula avec tant d'impétuosité, qu'il ne put proférer une seule parole. Il mourut dans la cinquante-septieme année de son âge, & dans la vingt-deuxieme de son regne.

Ce prince, après avoir été pendant sa vie l'arbitre de l'Europe, reçut de la postérité le nom de *Grand* qu'il mérita par ses qualités bienfaisantes, plus encore que par sa valeur héroïque. Il eut toujours des rebelles à punir, & sa gloire à leur pardonner ; la clémence, qui lui étoit naturelle, fut quelquefois contrainte aux intérêts de la politique qui exigeoit de la sévérité. Il témoigna de grands égards pour la noblesse qui en effet avoit prodigué son sang pour cimenter sa puissance : quoiqu'il fût roi, il se glorifioit du titre de gentilhomme : il réunit aux vertus de l'homme privé tous les talens qui font les grands rois. Elevé sous la tente, il eut la franchise d'un soldat ; ennemi du luxe & de la parure, il eh pouffa le dédain jufqu'à tomber dans uné malpropreté rebutante. Son nom ne peut encore être prononcé qu'avec attendriffement par tous les François. Ce prince fi grand dans les combats , fi bienfaifant dans la paix, fi affable dans la fociété , ne fut point exempt des foibleffes attachées à l'humanité. Son cœur fait pour aimer , éprouva la plus douce & la plus impérieufe des paffions; mais l'amour ne préfida jamais dans fon confeil: auffi brave, auffi clément que Céfar, il fut tendre & galant comme ce Romain. La belle Foffeufe & la comteffe de Guiche lui infpirerent tour-à-tour une vive paffion. Gabrielle d'Eftrée fut celle qui régna le plus long-temps fur fon cœur : on prétend même qu'il l'eût époufée, s'il eût pu obtenir alors la diffolution de fon mariage avec Marguerite de Valois. La mort de fon amiante laiffa dans fon cœur un vuide qui fut rempli par la célebre marquife de Verneuil , femme fpirituelle , qui réuniffoit tous les artifices d'une courtifanne & tous les talens qui font les charmes de la fociété. Le roi qui fans ceffe avoit à s'en plaindre, & qui ne pouvoit vivre fans elle , eut la foibleffe de lui faire une promeffe de mariage , dont elle eut l'audace de foutenir la validité. L'auftère Sulli rougit de la foibleffe de fon maître, & préférant fa gloire à la fortune, il déchira cette indigne promeffe fans craindre de perdre fa faveur. *Henri* fe confola des caprices & des dédains de fon impérieufe maîtreffe dans les bras de la comteffe de Moret & de la belle des Effarts. Il eut de toutes ces maîtreffes onze enfans naturels, fix de Gabrielle d'Eftrée , deux de Henriette de Balzac d'Entragues, marquife de Verneuil , une de Jacqueline du Beuil, comteffe de Moret , & deux de Charlotte des Effarts : il en eut beaucoup d'autres qu'il ne voulut point reconnoître.

Quoiqu'il fût roi , & magnifique envers fes maîtreffes , il trouva des femmes incorruptibles & rebelles. Il aima fans fuccès madame de Guercheville. Son amour dédaigné ne lui infpira point un injufte défir de vengeance. Au lieu de la punir de fes refus, il fe fit un devoir de récompenfer fa vertu, en la plaçant auprès de Marie Médicis qu'il venoit d'époufer. Il lui dit obligeamment , que puifqu'elle étoit véritablement dame d'honneur, il vouloit qu'elle le fût de la reine fa femme. La ducheffe de Mantoue qui étoit intéreffée à le ménager , hazarda fa fortune pour conferver fa vertu en réfiftant à fes pourfuites. La princeffe de Condé, qui étoit auffi belle que vertueufe, lui infpira une paffion qui auroit pu devenir funefte à l'état , fi elle n'avoit été avec fon mari chercher un afyle chez l'étranger pour affurer fa vertu. Catherine de Rohan, fœur du vicomte , que le roi venoit de faire duc & pair , eut la fierté de rejetter fes vœux & fes promeffes : elle lui dit qu'elle étoit trop pauvre pour être fa femme, & de trop bonne maifon pour être fa maîtreffe.

La paffion de l'amour caufoit beaucoup de ravages dans ces fiecles orageux , où les fciences & les arts dédaignés laiffoient dans tous les cœurs un vuide qui n'étoit rempli que par l'amour. Ce fut fous fon regne qu'un bourgeois de Middelbourg inventa les lu-

nettés d'approche. Il en préfenta une au prince Maurice qui fembloit expofer à deux cens pas les objets éloignés de deux lieues. On ne fait honneur de cette invention à Galilée que parce qu'il la perfectionna : le tumulte des guerres civiles n'étouffa point tout-à-fait le génie , dont les productions nous font confervées dans la fatyre *Ménippée* & dans d'autres ouvrages où l'efprit naturel fupplée à l'étude & à l'art. ( *T. N.* )

HENRIETTE , ( *Hift. de Fr.* ) Le nom d'*Henriette* a été illuftré par deux femmes, fille & petite-fille de notre Henri IV , toutes deux célébrées par le grand Boffuet.

*Henriette - Marie* de France, fille de Henri IV & de Marie de Medicis , née le 25 novembre 1609 , mariée le 11 mai 1625 , à Charles I , roi d'Angleterre. Rien de plus connu que fes vertus & fes malheurs; elle fe donna elle-même le titre de *Reine malheureufe.* Nulle ne mérita mieux ce titre & n'avoit mieux mérité d'être heureufe. L'intérêt de la religion rendit la nation Angloife injufte à fon égard. Au commencement des troubles , on confeilloit à cette princeffe de faire un exemple fur les plus féditieux. *Eh ! ne faut-il pas*, dit-elle *, que je ferve moi-même d'exemple ? eh ! quel m.illeur exemple puis-je donner que celui de la clémence & du pardon ?* On vouloit lui nommer ceux qui s'emportoient le plus violemment contr'elle : *n'en faites rien* , dit-elle *, ne m'expofez point au danger de les haïr.*

Je leur pardonnerois, que fert de les connoître ?

« Dans la plus grande fureur des guerres civiles, » dit Boffuet, » jamais on n'a douté de fa parole , ni défef- » péré de fa clémence. ... fidèle dépofitaire des plaintes » & des fecrets , elle difoit que les princes devoient » garder le même filence que les confeffeurs , à avoir la » même difcrétion. . . . . Ni les maux qu'elle a prévus , » ni ceux qui l'ont furprife, n'ont abattu fon courage.... » Une main fi habile eût fauvé l'état , fi l'état eut pu » être fauvé ! . . . . Que de pauvres, que de malheureux » que de familles ruinées pour la caufe de la foi , ont » fubfifté pendant tout le cours de fa vie , par l'immenfe » profufion de fes aumônes ! . . . . Le roi fon mari , lui » a donné jufqu'à la mort ce bel exemple, qu'il n'y avoit » que le feul point de la religion où leurs cœurs fuffent » défunis ».

En effet, leur mariage avoit été une union célefte ; jamais troublée par aucun orage , jamais altérée par l'inconftance : Charles, en mourant, chargea la princeffe Elifabeth d'affurer fa mère qu'il ne l'avoit jamais eu même la penfée d'une infidélité. Ce parfait accord entre deux époux de religion différente, & zélés chacun pour la fienne , amenèrent des vertus bien oppofées & bien aimables , un efprit de tolérance & de paix bien exemplaire, la connoiffance & l'obfervation des devoirs les plus délicats de la fociété conjugale ! Charles ne craignoit que pour *Henriette* les foulevements de fon peuple : il éloigna d'elle & fe détermina à quitter l'Angleterre, fous prétexte de mener en Hollande la princeffe Marie fa fille ; à Guillaume II, prince d'Orange , fon époux, il fe crut en fûreté ; mais *Henriette-Marie* ne pouvoit

L 2

fuivre fon feigneur à la guerre. Henri III fut le premier qui entreprit de reftreindre cet abus. Il déclara que la nobleffe n'étoit point attachée à la poff.ffion d'un fief. *Henri IV* étendit plus loin cette réforme, en fupprimant la nobleffe qu'on s'attribuoit en fuivant la profeffion des armes ; on n'eut plus la faculté de s'annoblir foi-même. Depuis ce temps, le titre de gentilhomme n'eft que l'attribut d'un citoyen iffu-de race noble, ou de celui qui a reçu du prince des lettres d'annobliffement, ou enfin de celui qui eft revêtu d'une dignité à laquelle la nobleffe eft attachée. S'il corrigea cet abus, il en introduifit un autre qui donna un faux éclat à bien des familles puiffantes par leurs richeffes. Ce prince environné d'ennemis étrangers & de fujets rebelles, trouva le fecret de careffer la vanité des riches pour les attirer fous fes enfeignes : il leur écrivoit des lettres, où il les qualifioit de comte, ou de baron, ou de marquis, & comme tous ces titres ne lui coûtoient rien, il en fut extrêmement prodigue. Les defcendans de ces hommes nouveaux ont fait de ces lettres des monumens de leur nobleffe.

Depuis l'introduction de la vénalité des charges, le poffeffeur pouvoit les réfigner, mais il falloit qu'il vécût quarante jours après fa démiffion, pour que fa réfignation fût légale, de forte que des charges achetées bien cher retournoient au roi, qui étoit obligé de les accorder gratuitement à l'importunité des courtifans. Il parut plus jufte & plus avantageux de les affurer aux héritiers des poffeffeurs décédés, moyennant qu'ils payaffent tous les ans le foixantieme denier de la finance à laquelle ces offices avoient été taxés. On nomma ce droit annuel la *paulette*, du nom d'un certain Paulet, qui en avoit donné l'idée & qui en fut le fermier. Cet établiffement qui avoit fes défenfeurs, trouva des cenfeurs & des panégyriftes. Le roi avoit érigé une chambre royale en 1601, pour faire rendre gorge aux financiers. Ce tribunal jetta plus de troubles dans les familles, qu'il ne verfa d'argent dans le tréfor public : trois ans après on renouvella cette recherche, qui fut auffi infructueufe ; enfin en 1606, la nobleffe indignée d'être obfcurcie par le luxe infultant de ces hommes nouveaux, fit rétablir une chambre de juftice pour faire le procès aux exacteurs. Cette chambre, pour femer la terreur, remplit les places publiques de potences & de carcans. Cet appareil de fupplices détermina les coupables à s'expatrier avec leurs richeffes ; & du lieu de leur retraite, ils facrifierent une portion de leur fortune pour acheter des protecteurs à la cour ; de forte que de tant de millions envahis, il ne rentra que deux cens mille écus dans les coffres du roi. L'expérience dépofe que ces fortes de recherches ont toujours aggravé les maux qu'on fe propofoit de guérir. L'édit lancé contre les banqueroutiers parut plus néceffaire, les troubles de l'état les avoit fort multipliés, en les laiffant impunis. On décerna peine de mort contre'eux, comme voleurs publics. Tout tranfport, vente, ceffion faite par eux furent annullés, & il fut défendu à leurs créanciers de leur faire aucune remife & de leur accorder aucun délai. Cette févérité ne produifit pas le bien qu'on s'en étoit promis. Les banquerou-

tiers ; avant de déclarer leur faillite, fe réfugièrent avec leurs richeffes chez l'étranger où ils jouiffoient impunément de leurs larcins.

La fureur des duels privoit la France de fes plus braves défenfeurs. On lança un édit févere contre ceux qui fe battoient & contre ceux qui leur fervoient de féconds. On fit plufieurs beaux réglemens pour la réparation des offenfes, il y fut prefcrit aux offenfés de s'adreffer au roi ou aux maréchaux de France, pour obtenir la permiffion de fe battre. Les François étoient encore trop barbares pour obferver cet édit.

Les confpirations fréquentes formées contre le roi & l'état, dont la plupart étoient fomentées par l'Efpagne, réveillerent les anciennes inimitiés. La fucceffion de Cleves & de Juliers fournit un prétexte aux deux puiffances de faire de grands armemens. pour protéger leurs alliés. Une armée de trente mille François & de fix mille chevaux fe rendit fur les frontieres de la Champagne. Le maréchal de Lefdiguieres en avoit une autre de douze mille hommes de pied & de deux mille chevaux. Les Vénitiens & le duc de Savoie devoient le joindre avec trente mille hommes. Les princes d'Allemagne & les Hollandois fes alliés devoient attaquer la maifon d'Autriche avec des forces auffi nombreufes. Les frais de cette guerre avoient été calculés avant l'entreprife, & quoiqu'il en dût coûter, à la France trente millions par an, le roi avoit des fonds fuffifans pour foutenir quatre ou cinq ans fans charger fon peuple de nouvelles impofitions. Ce fut au milieu de cet appareil de guerre que Ravaillac forma le deffein de l'affaffiner. Ce monftre, né à Angoulême, étoit âgé de trente-trois ans. Il avoit pris l'habit de Feuillant dont il fut dépouillé, parce que prétendant avoir des révélations, on s'apperçut qu'il avoit la tête mal organifée : les libelles des ligueurs, les invectives lancées contre le roi dans la tribune facrée, allumerent fon fanatifme. Il fe trouva de faux docteurs qui, par des vifions fuppofées & d'autres pieux artifices, égarerent fon imagination. Il épia le moment où le roi alloit à l'arfénal fans gardes, pour exécuter fon parricide. Un embarras de charrettes, dans la rue de la Ferronerie, en facilita l'exécution : il frappa le roi de deux coups de couteau dans la poitrine. Le fang coula avec tant d'impétuofité, qu'il ne put proférer une feule parole. Il mourut dans la cinquante-feptieme année de fon âge, & dans la vingt-deuxieme de fon regne.

Ce prince, après avoir été pendant fa vie l'arbitre de l'Europe, reçut de la poftérité le nom de *Grand* qu'il mérita par fes qualités bienfaifantes, plus encore que par fa valeur héroïque. Il eut toujours des rebelles à punir, & fon goût gloire à leur pardonner ; la clémence, qui lui étoit naturelle, fut quelquefois contraire aux intérêts de la politique qui exigeoit de la févérité. Il témoigna de grands égards pour la nobleffe qui en effet avoit prodigué fon fang pour cimenter fa puiffance : quoiqu'il fût, il fe glorifioit du titre de gentilhomme : il réunit aux vertus de l'homme privé tous les talens qui font les grands rois. Elevé fous la tente, il eut la franchife d'un foldat ; ennemi du luxe & de la parure, il en poussa le dédain jusqu'à tomber dans une mal-propreté rebutante. Son nom ne peut encore être pro-noncé qu'avec attendrissement par tous les François. Ce prince si grand dans les combats, si bienfaisant dans la paix, si affable dans la société, ne fut point exempt des foiblesses attachées à l'humanité. Son cœur fait pour aimer, éprouva la plus douce & la plus im-périeuse des passions; mais l'amour ne présida jamais dans son conseil: aussi brave, aussi clément que César, il fut tendre & galant comme ce Romain. La belle Fosseuse & la comtesse de Guiche lui inspirerent tour-à-tour une vive passion. Gabrielle d'Estrée fut celle qui régna le plus long-temps sur son cœur: on prétend même qu'il l'eût épousée, s'il eût pu obtenir alors la dissolution de son mariage avec Marguerite de Valois. La mort de son amante laissa dans son cœur un vuide qui fut rempli par la célebre marquise de Verneuil, femme spirituelle, qui réunissoit tous les artifices d'une courtisanne & tous les talens qui font les charmes de la société. Le roi qui sans cesse avoit à s'en plaindre, & qui ne pouvoit vivre sans elle, eut la foiblesse de lui faire une promesse de mariage, dont elle eut l'audace de soutenir la validité. L'austere Sulli rougit de la foi-blesse de son maitre, & préférant sa gloire à la fortune, il déchira cette indigne promesse sans craindre de per-dre sa faveur. Henri se consola des caprices & des dédains de son impérieuse maitresse dans les bras de la comtesse de Moret & de la belle des Essarts. Il eut de toutes ces maitresses onze enfans naturels, six de Ga-brielle d'Estrée, deux de Henriette de Balzac d'Entra-gues, marquise de Verneuil, une de Jacqueline de Beuil, comtesse de Moret, & deux de Charlotte des Essarts: il en eut beaucoup d'autres qu'il ne voulut point re-connoître.

Quoiqu'il fût roi, & magnifique envers ses mai-tresses, il trouva des femmes incorruptibles & re-belles. Il aima sans succès madame de Guercheville. Son amour dédaigné ne lui inspira point une injuste désir de vengeance. Au lieu de la punir de ses refus, il se fit un devoir de récompenser sa vertu, en la plaçant auprès de Marie Médicis qu'il venoit d'épouser. Il lui dit obligeamment, que puisqu'elle étoit véritablement dame d'honneur, il vouloit qu'elle le fût de la reine sa femme. La duchesse de Mantoue qui étoit intéressée à le ménager, hazarda sa fortune pour conserver sa vertu en résistant à ses poursuites. La princesse de Condé, qui étoit aussi belle que vertueuse, lui inspira une passion, qui auroit pu devenir funeste à l'état, si elle n'avoit été avec son mari chercher un asyle chez l'étranger pour assurer sa pudicité. Catherine de Rohan, sœur du vicomte, que le roi venoit de faire duc & pair, eut la fierté de rejetter ses vœux & ses promesses: elle lui dit qu'elle étoit trop pauvre pour être sa femme, & de trop bonne maison pour être sa mai-tresse.

La passion de l'amour causoit beaucoup de ravages dans ces siecles orageux, où les sciences & les arts dédaignés laissoient dans tous les cœurs un vuide qui n'étoit rempli que par l'amour. Ce fut sous son regne qu'un bourgeois de Middelbourg inventa les lu-

nettes d'approche. Il en présenta une au prince Mau-rice qui sembloit exposer à deux cens pas les objets éloignés de deux lieues. On ne fait honneur de cette in-vention à Galilée que parce qu'il la perfectionna: le tumulte des guerres civiles n'étouffa point tout-à-fait le génie, dont les productions nous font conservées dans la satyre Ménippée & dans d'autres ouvrages où l'esprit naturel supplée à l'étude & à l'art. ( T. N. )

HENRIETTE, ( Hist. de Fr. ) Le nom d'Hen-riette a été illustré par deux femmes, fille & petite-fille de notre Henri IV, toutes deux célébrées par le grand Bossuet.

Henriette - Marie de France, fille de Henri IV & de Marie de Medicis, née le 25 novembre 1609, mariée le 11 mai 1625, à Charles I, roi d'Angleterre. Rien de plus connu que ses vertus & ses malheurs; elle se donna elle-même le titre de Reine malheureuse. Nulle ne mérita mieux ce titre & n'avoit mieux mérité d'être heureuse. L'intérêt de la religion rendit la nation Angloise injuste à son égard. Au commencement des troubles, on conseilloit à cette princesse de faire un exemple sur les plus séditieux. Eh! ne faut-il pas, dit-elle, que je serve moi-même d'exemple? eh! quel m.illeur exemple puis-je donner que celui de la clémence & du pardon? On vouloit lui nommer ceux qui s'emportoient le plus violemment contr'elle; n'en faites rien, dit-elle, ne m'exposez point au danger de les haïr:

Je leur pardonnerois, que sert de les connoître?

« Dans la plus grande fureur des guerres civiles, » dit Bossuet, » jamais on n'a douté de sa parole, ni déses-» péré de sa clémence. ... fidelle dépositaire des plaintes » & des secrets, elle disoit que les princes devoient » garder le même silence que les confesseurs, & avoir la » même discrétion. ... Ni les maux qu'elle a prévus, » ni ceux qui l'ont surprise, n'ont abattu son courage.... » Une main si habile eût sauvé l'état, si l'état eut pu » être sauvé!.... Que de pauvres, que de malheureux, » que de familles ruinées pour la cause de la foi, ont » subsisté pendant tout le cours de sa vie, par l'immense » profusion de ses aumônes!.... Le roi son mari, lui » rendit jusqu'à la mort ce bel éloge, qu'il n'y avoit » que le seul point de la religion où leurs cœurs fussent » désunis »,

En effet, leur mariage avoit été une union céleste; jamais troublée par aucun orage, jamais altérée par l'inconstance: Charles, en mourant, chargea la prin-cesse Elisabeth d'assurer sa mere qu'il n'avoit jamais eu même la pensée d'une infidélité. Ce parfait accord entre deux époux de religion différente, & zélés chacun pour la sienne, annonce des vertus bien douces & bien aimables, un esprit de tolérance & de paix bien exemplaire, la connoissance & l'observation des devoirs les plus délicats de la société conjugale! Charles ne crai-gnoit que pour Henriete les soulevemens de son peuple: aussi-tôt qu'il l'eût déterminée à quitter l'Angleterre, sous prétexte de mener en Hollande la princesse Marie sa fille, à Guillaume II, prince d'Orange, son époux, il se crut en sûreté; mais Henriette-Marie ne pouvoit abandonner Charles dans de pareils dangers; elle lui amena de Hollande quelques foibles fecours : ce fut en paffant avec ces fecours en Angleterre, qu'elle effuya cette violente tempête, où les matelots, felon l'expreffion de Boffuet, alarmés jufqu'à perdre l'efprit, fe précipitoient dans les ondes, & où elle feule raffuroit tout le monde, en difant avec un air ferein, que les reines ne fe noyoient pas. Le parlement anglois eut la criminelle infolence de déclarer coupable de haute trahifon, une femme, une reine qui fecouroit fon mari; les rebelles la pourfuivirent & fur la mer & fur la terre; à peine put-elle trouver dans toute l'Angleterre, un lieu fûr pour accoucher de la princeffe Henriette-Anne : on fe rappelle tout ce que Boffuet a dit de fublime & d'attendriffant fur cette fuite de la reine & fur cette naiffance de fa fille. Affiégée dans Exeter, elle part peu de jours après fon accouchement, à la vue d'une efcadre angloife, pour fe réfugier en France : le vice-amiral Batti pourfuit fon vaiff. au jufqu'auprès des côtes de la Bretagne; & n'ayant pu l'atteindre, il fait tirer fur elle pour la fubmerger tout le canon de fon efcadre. La reine échappée prefque miraculeufement à ce danger, trouva du moins un afyle en France pour elle & pour fes enfants; c'eft prefque tout ce que fit cette couronne pour la fille & les petits-fils de Henri-le-Grand. « Henriette d'un fi grand cœur, dit Boffuet, eft contrainte de demander du fecours. Anne d'un fi grand cœur, ne put en donner affez ». On fçait ce que rapporte le cardinal de Retz qu'étant allé au mois de janvier, faire une vifite à la reine d'Angleterre, il la trouva au chevet du lit de la princeffe Henriette-Anne fa fille, qui étoit malade, & qui ne pouvoit fe lever, parce qu'elle n'avoit point de feu. Ce fut lui qui fe chargea de leur fournir du bois. Cette reine fut réduite à l'humiliation d'implorer la pitié du meurtrier de fon mari. Elle pria Mazarin de demander à Cromwel qu'on lui payât fon douaire, & elle effuya un refus. Mazarin lui annonça qu'il n'avoit rien obtenu, & qu'il ne pouvoit rien faire pour elle.

*Henriette-Marie*, après tant de douleurs, ent la confolation de voir Charles II fon fils aîné, folidement affermi fur ce trône d'où elle avoit été précipitée; elle refferra fes nœuds avec la France, en mariant avec Monfieur, duc d'Orléans, fecond fils de Louis XIII, la dernière de fes filles; cette célèbre Henriette-Anne, le plus bel ornement de la cour de Louis XIV, la plus parfaite image de fa bifayeule Marie Stuart, par les graces de la figure & de l'efprit, par fes vertus tendres & touchantes, par fon defir & fon art de plaire, & même par fa fin défaftreufe. Son fouvenir eft encore préfent à tous les cœurs, dans la relation attendriffante que madame de La Fayette a donnée de la mort de cette princeffe, & dans ce grand monument d'éloquence que Boffuet a confacré à fa gloire. Elle fut, tant qu'elle vécut, le lien de la France & de l'Angleterre. ( *Voyez* fon article particulier dans l'article général de la maifon Stuart. )

*Henriette-Marie* mourut fubitement le 10 septembre 1669. « La mort n'a pu la furprendre, dit Boffuet, & encore qu'elle foit venue fous l'apparence du fommeil.

Le cœur de la reine d'Angleterre eft à Sainte Marie de Chaillot, & c'eft là que Boffuet a prononcé fa magnifique oraifon funèbre.

HENRION, ( Nicolas ) ( *Hift. Litt. mod.* ) de l'Académie des Infcriptions & Belles-Lettres, d'abord à titre d'élève, enfuite d'affocié - véséran, étoit né à Troyes en Champagne le 6 décembre 1663. On n'a de lui que très-peu de mémoires, & encore par extrait, dans l'Hiftoire de l'Académie. Il apporta en 1718, à l'Académie, une efpèce de table ou d'échelle chronologique de la différence des tailles humaines, depuis la création du monde jufqu'à la naiffance de J. C. Sur cela, nous ne pouvons que tranfcrire les propres paroles de l'hiftorien de l'Académie.

« Dans cette table, M. *Henrion* affigne à Adam 123 pieds 9 pouces de haut, & à Eve 118 pieds 9 pouces trois quarts, d'où il établit une règle de proportion entre les tailles mafculines & les tailles féminines, en raifon de 25 à 24. Mais il ravit bientôt à la nature cette majeftueufe grandeur : felon lui, Noé avoit déjà 20 pieds de moins qu'Adam. Abraham n'en avoit plus que 27 à 28. Moyfe fut réduit à 13, Hercule à 10, Alexandre-le-Grand n'en avoit guère que 6, Jules-Céfar n'en avoit pas 5. . . . . . Si la providence n'avoit daigné fufpendre les fuites d'un fi prodigieux abaiffement, à peine ferions-nous aujourd'hui nous compter, au moins à cet égard, entre les plus confidérables infectes de la terre.

» La géographie tient effentiellement à la taille des hommes; leurs pas ont toujours été comme ils font, & feront toujours la première mefure des efpaces de longueur que fe trouvent fous leurs pieds : ainfi M. *Henrion* joignit une nouvelle table des dimenfions géographiques des premiers arpenteurs de l'univers, à celle des tailles humaines dont nous venons de parler; & ces deux tables qui ont un merveilleux rapport entr'elles, font probablement tout ce qu'on verra jamais des 3 ou 4 vol. *in-folio* dont il nous flattoit ».

M. *Henrion* fut nommé en 1705, profeffeur en langue fyriaque, au Collège Royal; on en fut furpris, & on mit dans les Nouvelles Littéraires, qu'il avoit été choifi pour *apprendre* le fyriaque au Collège Royal, « abufant malignement du terme d'*apprendre*, qui, dans notre langue, eft quelquefois fynonyme avec celui d'*enfeigner*; mais la manière dont il s'en acquitta, » leva bientôt *tout l'équivoque* de cette expreffion ».

Nous remarquons ici deux chofes; l'une, que l'hiftorien laiffe fubfifter l'équivoque en difant qu'elle fut levée, & en ne difant pas comment elle fut levée; & l'autre, que le mot *équivoque*, fur le genre duquel le doute de Boileau nous étonne aujourd'hui : *équivoque maudite ou maudit*, étoit ou pouvoit être encore mafculin en 1720, temps où écrivoit l'auteur de l'éloge de M. *Henrion*.

M. *Henrion* difputa & obtint en 1710, une place d'aggrégé en droit. Cet homme, qui a fi peu produit, mourut, dit-on, d'un épuifement caufé par un excès de travail, le 24 juin 1720.

HENRYS , ( Claude ) ( *Hift. Litt. mod.* ) avocat du Roi au bailliage de Forez , arrêtifte connu , & grand Jurifconfulte. Mort en 1662. .

HENSCHENIUS , ( Godefroy ) jéfuite Flamand , un des Bollandiftes.

HEPTARCHIE , f. f. ( *Hift. mod.* ) gouvernement des fept royaumes des Anglo-Saxons , confidérés comme ne faifant qu'un feul corps & un feul état.

Les Anglo-Saxons établirent en Angleterre un gouvernement à-peu-près femblable à celui fous lequel ils avoient vécu en Allemagne , c'eft-à-dire , que fe confidérant comme frères & compatriotes , & ayant un égal intérêt à fe maintenir dans leurs conquêtes , ils conçurent qu'il leur étoit néceffaire de fe fecourir mutuellement , & d'agir en commun pour le bien de tous. Ce fut dans cette vue qu'ils jugèrent à propos de fe nommer en général un chef , ou , fi l'on veut , un monarque , auquel ils accordèrent certaines prérogatives dont nous ne fommes pas bien informés. Après la mort de ce général ou monarque , on en élifoit un autre du confentement unanime des fept royaumes ; mais il y avoit quelquefois d'affez longs interrègnes caufés par les guerres & par les divifions entre les fouverains , qui ne pouvoient s'affembler ou s'accorder fur un choix.

Outre ce monarque , qui lioit enfemble les Anglo-Saxons , ils avoient encore une affemblée générale compofée des principaux membres des fept royaumes ou de leurs députés. Cette affemblée étoit comme le centre du gouvernement heptarchique ; on l'appelloit le *Wittenat-gémot* , ou le *parlement général* , & on n'y délibéroit que fur les chofes auxquelles toute la nation prenoit intérêt.

Chaque royaume avoit d'ailleurs un parlement particulier , formé à-peu-près de la même manière qu'on le voit pratiqué dans les fept Provinces-Unies des Pays-Bas. Chaque royaume étoit fouverain & néanmoins ils délibéroient en commun fur les affaires qui regardoient l'intérêt commun de l'*heptarchie*. Ce qui étoit ordonné dans l'affemblée générale devoit être exactement obfervé , puifque chaque roi & chaque royaume y avoit donné fon confentement. C'étoit-là la forme du gouvernement heptarchique en général.

L'*heptarchie* dura 378 ans. Si l'on vouloit rechercher les caufes de fa diffolution , il ne feroit pas difficile de les trouver dans l'inégalité qu'il y avoit entre les fept royaumes , dans le manque de princes du fang royal , dans l'ambition des fouverains , & dans le concours de certaines circonftances qui ne fe rencontrèrent qu'au temps d'Ecbert en 828. ( *D. J.* )

HEQUET ou HECQUET , (Philippe) ( *Hift. Litt. mod.* ) médecin célèbre. Il faifoit toujours maigre , & ne buvoit que de l'eau : auffi est-il célébré dans un livre exprès des *Vertus de l'eau commune*. C'eft le docteur Sangrado de Gilblas. Il étoit contraire aux médecines , & on a de lui un Traité de l'abus des purgatifs. On a de lui encore le *Tombeau de la Médecine* , un ouvrage intitulé : *de l'indécence aux Hommes d'accoucher les Femmes* , & *de l'obligation aux Femmes de nourrir leurs enfans* ; la feconde partie de ce titre eft reconnue aujourd'hui , la première eft plus éloignée que jamais de l'être , du moins dans la pratique. M. H*e*quet cherchoit à unir en tout la dévotion avec la médecine ; en conféquence , il a fait la *Medecine Théologique*. On a encore de lui *le brigandage de la Médecine* ; *la Médecine* , *la Chirurgie & la Pharmacie des Pauvres*. Il difoit qu'un médecin qui voyoit beaucoup de malades , *voyoit peu de maladies*. On dit que quand il étoit appellé chez des malades riches , il faifoit la facétie de rendre vifite aux cuifiniers & chefs d'office , comme aux bienfaiteurs de la médecine & aux pères nourriciers de la faculté. Il avoit été médecin de Port-Royal , & confervoit des relations avec cette maifon. Cet homme n'étoit pas fans bizarrerie , & on pouvoit lui reprocher d'être un peu fyftématique , mais c'étoit un fçavant médecin & un homme vertueux. Né à Abbeville en 1661. Mort en 1737.

HÉRACLION ou HÉRACLIONAS étoit fils du premier empereur Héraclius & de Martine , fa feconde époufe. Cette femme ambitieufe ne put confentir à vivre fous l'obéiffance du jeune Heraclius qui , par le droit de fa naiffance , excluoit *Héraclion* du trône. Elle applanit cet obftacle , en empoifonnant ce prince infortuné. L'empire qu'elle envahit , fous le nom de fon fils , fut gouverné par elle pendant deux ans. Le fénat humilié de recevoir les ordres d'une femme , fouleva fes efprits. Les Romains femblèrent reprendre leur première fierté. Elle fut dégradée & condamnée avec fon fils à vivre dans l'exil. Comme elle étoit naturellement éloquente , le fénat lui fit couper la langue pour prévenir les féditions qu'elle auroit pu exciter par fon éloquence. *Héraclion* eut le nez coupé. On crut devoir le défigurer , afin que les graces touchantes de fa figure ne puffent plus intéreffer à fon malheur. Le fénat , après leur dégradation , proclama Conftant empereur fans le concours de l'armée , qui applaudit à cette nomination. On avoit peu vu d'empereurs élus par ces magiftrats avant & depuis Tacite. (T-N.)

HÉRACLITE , ( *Hift. ancienne.* ) célèbre philofophe grec , natif d'Éphèse , vivoit environ cinq fiècles avant J. C. Il étoit en tout l'oppofé de Démocrite ; celui-ci rioit de la nature humaine ; l'autre pleuroit fur elle : l'un étoit frappé de fes ridicules ; l'autre , affligé de fes malheurs.

Qui des deux eut raifon ? je n'oferois le dire ;
Mais je fçais que l'homme ou doit pleurer & rire.

Il refte quelques fragments d'*Héraclite* , qu'Henri Etienne imprima avec ceux de Démocrite , de Timon & de plufieurs autres , fous le titre de *Poefis philofophica*.

HERACLIUS , ( *Hiftoire Romaine.* ) fils du gouverneur d'Afrique , fut élevé dans fon camp où il fe forma dans le métier de la guerre. L'empereur Phocas s'étant rendu odieux par fon avarice & fes débauches , les armées proclamèrent Héraclius l'an 610. Ce choix fut confirmé par les applaudiffemens du peuple & du fénat. Phocas détrôné fut condamné à la mort. *Hera-*

*clius*, avant de lui faire trancher la tête, lui dit : Croyois-tu n'être armé du pouvoir que pour faire le malheur des hommes ? Phocas lui répondit froidement : Apprends, par mon exemple, à les mieux gouverner. Sergius, patriarche de Constantinople, lui ceignit le front du diadême, & il partit pour la Perse où le fameux Cofroès II. se préparoit à porter la guerre dans les provinces de l'empire. *Heraclius* trop foible pour détourner ce fléau, entama des négociations infructueuses. Cofroès se répandit comme un torrent dans la Paleftine. Jérufalem fut prife & faccagée, les miniftres de l'autel furent maffacrés dans les temples. Les chrétiens furent vendus aux juifs, leurs implacables ennemis. Les vafes facrés furent profanés, on les fit fervir aux plus fales ufages. Cofroès annonça qu'il n'accorderoit la paix aux Romains qu'après qu'ils auroient abjuré le chriftianifme pour adorer le foleil. *Heraclius* contraint de tenter la fortune des combats, remporta plufieurs victoires fur ce monarque redoutable. Mais l'ennemi prompt à réparer fes pertes, reparoiffoit plus puiffant après fes défaites, que les Romains après leur victoire. La fortune fauva l'empire. Siroès, fils aîné de Cofroès, qui l'avoit voulu deshériter, profita de l'éloignement de fon père, pour fe placer fur le trône. Cofroès, au premier bruit de cette révolte, s'en retourna dans fes états, où fon fils le condamna à languir dans une prifon éternelle. Le nouveau roi pour s'affermir dans fon ufurpation, conclut la paix avec *Heraclius* qui retourna couvert de gloire à Conftantinople. On lui rendit le bois de la vraie croix qui avoit été enlevé du temple de Jérufalem, lorfque cette ville avoit été prife par Cofroès. Cette reftitution fut célébrée dans tout l'empire, par une fête qu'on nomme encore aujourd'hui l'*exaltation de la croix*. *Heraclius* qui n'avoit jufqu'alors été qu'homme de guerre, voulut fe mêler de queftions théologiques. Il fe laiffa féduire par les Monothélites, & donna en leur faveur un édit qui fut frappé des anathêmes de Rome. Pendant qu'*Heraclius* s'érigeoit en théologien, les Sarrazins lui enlevoient l'Egypte, la Syrie & les plus riches provinces de l'empire. *Heraclius* affoibli par fes fatigues & fes maladies, ne put oppofer une digue à cette inondation ; devenu circonfpect jufqu'à la timidité, il perdoit à négocier le temps qu'il auroit dû employer à combattre ; les dernières années obfcurcirent l'éclat de fes anciennes victoires. Il mourut d'une maladie dont les médecins ne purent le guérir, parce qu'ils en ignoroient la caufe : il gouverna l'empire pendant trente ans. Ce fut fous fon règne que Mahomet publia fes menfonges. Cet impofteur envoya une armée dans la Syrie, où fes lieutenants, miffionnaires guerriers, firent des profélites & des conquêtes. Il mourut en 641 âgé de foixante-fix ans. Sa poftérité occupa le trône d'Orient pendant plus de quatre-vingt ans. C'eft la feule famille qui puiffe fe glorifier d'avoir donné tant d'empereurs, dans ces temps féconds en révolutions. ( *T.-N.* )

HÉRACLIUS, fils de l'empereur de ce nom, & d'Eudoxie, fut furnommé *Conftantin le jeune* ou le *nouveau Conftantin*. Il étoit encore enfant lorfque fon père lui ceignit le diadême. Il ne gouverna l'empire que pendant

un an, fa marâtre l'empoifonna pour élever fon propre fils fur le trône. Il fut plus recommandable par fa piété que par fes talens pour gouverner. Il périt en 642. ( *T.-N.* )

HERBELOT , (Barthélemi d') ( *Hift. Lit. mod:*) auteur de la Bibliothèque Orientale. Mort à Paris en 1695.

HERBERT. *Voyez* VERMANDOIS.

HÉRI, ( Thierri de ) chirurgien célèbre du temps de François I<sup>er</sup> & de fes fucceffeurs, pour le traitement des maladies vénériennes. Il y employoit la méthode des frictions qu'il a ou inventée ou du moins perfectionnée. On a de lui un Traité fur fon art, intitulé : *Méthode curatoire de la maladie vénérienne, vulgairement appellée groffe vairole*. Mort en 1599, dans un âge très-avancé.

HÉRICOURT, ( Louis de ) ( *Hift. Litt. mod.*) avocat au parlement de Paris, grand canonifte, auteur des *Loix Eccléfiaftiques de France, mifes dans leur ordre naturel ;* d'un Traité de la vente des immeubles par décret, & de quelques autres ouvrages moins célèbres que le premier. Il travailla long-temps au Journal des Sçavans. Il étoit né à Soiffons en 1687. Julien de *Héricourt*, fon ayeul, mort en 1704, avoit donné lieu à l'établiffement de l'Académie de Soiffons par les conférences qui fe tenoient chez lui. Il a publié l'hiftoire de cette fociété. Louis de *Héricourt* mourut en 1753.

HÉRISSANT, ( François-David) ( *Hift. Litt. mod.*) médecin, & de l'Académie des Sciences. On trouve plufieurs mémoires de lui dans le recueil de cette Académie. Mort en 1773.

HÉRITIER, ( Nicolas l' ) ( *Hift. Litt. mod.*) auteur de quelques mauvaifes tragédies, eut un brevet d'hiftoriographe de France. Mort en 1680.

Marie - Jeanne l'*Héritier* de Villandon, fa fille, a eu plus de réputation que lui ; elle fut affociée en 1676 à l'Académie des jeux floraux à Touloufe, & en 1697, à l'Académie des Ricovrati de Padoue. Ses ouvrages, pour la plûpart mêlés de profe & de vers, font peu lus aujourd'hui. C'eft le *tombeau de M. le duc de Bourgogne* ; le *triomphe de Madame Deshoulières*, reçue dixième *Mufe au Parnaffe* ; la *Pompe Dauphine*.g. quelques contes & nouvelles. Une traduction des épitres amoureufes d'Ovide, dont feize en vers, &c, Née en 1664. Morte en 1734.

HERMAN, dit *Hermannus Contractus*, ( *Hift. Litt. mod.*) dont les membres s'étoient rétrécis & refferrés dès l'enfance, étoit un moine de Richenou en Souabe, mort en 1054. On a de lui une chronique, & on lui attribue le *Salve Regina*, l'*Alma Redemptoris Mater*, &c.

HERMANN ( Jacques) ( *Hift. Litt. mod.* ) de Bâle ; de l'Académie des fciences de Paris, ami de Leibnitz, fut appellé à Pétersbourg en 1724, par le Czar Pierre I, pour y former une Académie des fciences : il a beaucoup écrit fur la dynamique & fur diverfes parties des mathématiques. Mort en 1733 à 55 ans,

HERMANT, (Godefroi) (*Hift. Litt. mod.*) docteur, exclu de Sorbonne pour Janféniíme, auteur de vies de plufieurs pères de l'églife, tels que St. Athanafe, St. Bafile, St. Grégoire de Nazianze, St. Chryfoftôme, St. Ambroife. Il a traduit auffi quelques-uns de leurs ouvrages. Il eft encore l'auteur de divers écrits polémiques contre les jéfuites. Il avoit été recteur de l'Univerfité de Paris en 1646. Né à Beauvais en 1617. Mort en 1690.

HERMENFROY, BALDERIC & BERTHIER ( Frères ) (*Hift. mod.*) (*Voyez* l'article CHILDEBERT). rois de Thuringe, vers le commencement du fixième fiècle, étoient divifés comme l'étoient alors tous ces rois & tous ces frères barbares ; *Hermenfroy*, après avoir fait périr *Berthier*, fit avec Thierry, roi de Metz ou d'Auftrafie, fils aîné de Clovis, un traité de partage ou de brigandage, pour dépouiller *Baldéric*, fon autre frère. Baldéric fut tué dans une bataille, & *Hermenfroy* manqua de parole à Thierry : celui-ci emporte par force, plus qu'on ne lui avoit promis par le traité ; il foumet toute la Thuringe. *Hermenfroy* réduit à demander grace, vient le trouver à Tolbiac ; fur fa parole. Un jour *Hermenfroy* fe promenant avec Thierry, fur les remparts de la ville, un homme de la fuite de Thierry pouffe *Hermenfroy*, le fait tomber dans un foffé, où on le laiffe mourir faute de fecours; la Thuringe refte à Thierry (531.) *Voy.* l'article RADEGONDE.

HERMENEGILDE ou HERMENIGILDE (*Voy.* LEUVIGILDE.)

HERMILLY, (N.... d') (*Hift. Litt. mod.*) cenfeur royal, traducteur de l'Hiftoire d'Efpagne de Ferreras. M. d'*Hermilly* eft auffi l'auteur d'une hiftoire de Majorque & de Minorque & de la *Bibliographie Parifienne*.

HERMOGENES : 1°. c'eft d'abord le nom d'un célèbre muficien d'Augufte, dont Horace parle en plus d'un endroit :

*Ut quamvis tacet Hermogenes, cantor tamen atque Optimus eft modulator.*

Lib. 1, Satyr. 3.

*Invideat quod & Hermogenes ego canto.*

Ibid. Sat. 9.

*Quos neque pulcher Hermogenes unquam legit.*

Sat. 10.

2°. C'eft auffi le nom d'un célèbre rhéteur grec, qui écrivoit dans le fecond fiècle de l'églife, & dont on a des livres en grec fur la rhétorique. On a dit de lui qu'il avoit été un vieillard dans fa jeuneffe & un enfant dans fa vieilleffe ; en effet, il enfeignoit dès l'âge de quinze ans ; & à vingt-quatre, à la fuite apparemment d'une maladie, il oublia tout ce qu'il fcavoit. On dit qu'ayant été ouvert après fa mort, on lui trouva le cœur tout velu & d'une grandeur extraordinaire. Ce phénomène avoit-il quelque rapport avec l'accident de la perte de fa mémoire ?

3°. *Hermogene* eft auffi le nom d'un hérétique du fecond fiècle, qui difoit que la matière étoit coéternelle à Dieu ; & que le Créateur en avoit tiré toutes les créatures. Il fut réfuté par Tertullien & Origène.

HERMOGENIEN, (*Hift. Rom.*) jurifconfulte du 4e fiècle, auteur d'un recueil des loix de l'Empire, fous Honorius & Théodofe.

HERMOLAUS BARBARUS. *Voyez* BARBARO.

HERODE, (*Hift. des Juifs.*) Sur ce qui concerne *Herode-le-Grand*, *Voyez* l'article MARIANNE ; & ajoutez-y ce qui eft dit d'*Hérode* dans St. Mathieu, chap. 2.

Et fur *Hérode Antipas*, Tetrarque de Galilée, & fur Hérodias ou Hérodiade fa femme à la fois & fa belle-fœur, qui demanda & obtint la tête de St. Jean-Baptifte. *Voyez* St. Matthieu, chap. 14 ; St. Marc, chap. 6 ; St. Luc, chap. 9, 13 & 23.

HERODIEN ( *Hift. d'Orient* ) fils aîné d'Odénat, fouverain de Palmyre, mourut victime de la haine de Zénobie fa marâtre. Son père l'avoit affocié au Gouvernement & lui avoit donné le titre de Roi.

HERODIEN eft auffi le nom d'un hiftorien grec, qui n'eft peut-être pas affez connu ; il a été traduit par ce même abbé Mongault ( *Voyez* fon article ) de qui nous avons une excellente traduction des épitres de Cicéron. Hérodien eft parmi les Hiftoriens un des plus recommandables par la première qualité d'un hiftorien, la fidélité ; il l'eft beaucoup auffi par l'intérêt continu qu'il fait repandre fur fon récit, par le talent de ne dire que ce qui eft néceffaire, de fupprimer les détails froids ou minutieux, & mettre fous les yeux les perfonnages avec leurs paffions, leurs vertus & leurs vices prouvés par les faits & non pas fimplement allegués, comme on le voit fouvent chez beaucoup d'hiftoriens mal-adroits, qui ne favent point mettre d'accord & de convenance entre ce qu'ils difent & ce qu'ils montrent, entre leurs jugemens & leurs récits, entre les portraits & l'hiftoire de leurs perfonnages : en rapportant des faits même vrais, ils leur ôtent, pour ainfi dire, leur vraifemblance faute d'obferver les gradations & les nuances progreffives des caractères ; ils font agir ces caractères comme par refforts & par fecouffes, ils les font marcher par bonds & par fauts, ils oublient que dans l'ordre moral comme dans l'ordre phyfique, tout a une marche régulière & graduelle, tout a un commencement, un progrès & une fin. Hérodien marque avec foin & rend fenfibles toutes les gradations du paffage de la vertu au vice, & du retour du vice à la vertu. Le premier eft malheureufement le plus commun. On voit ici comment l'empereur Commode, comment le fils & l'élève du philofophe Marc-Aurèle, formé fous fes yeux & par fes mains, guidé par fes leçons & par fes exemples, a pu dégénérer à tel point de la vertu d'un tel père. Commode étoit affez bien né, il portoit fur le trône d'heureufes difpofitions, il regrettoit fincèrement fon père, il en chériffoit & en révéroit la mémoire. Il voulut prendre fa conduite pour modèle ; il eftimoit, il aimoit, il confultoit les amis de Marc-Aurèle, il le prioit de guider fes pas fur les traces de ce héros. On voit ici le flatteur Perennis s'infinuer infenfiblement dans la confiance de Commode, le corrompre par le charme des voluptés;

l'éloigner peu-à-peu de ses devoirs & des affaires, l'aguerrir contre les remontrances, lui rendre les gens de bien & les amis de son père d'abord incommodes, puis importuns, puis odieux, & enfin suspects; ce qui devient pour eux un arrêt de mort; des conjurations nées pour la plûpart, de ses fautes & de ses crimes, achèvent d'aigrir son caractère & de l'accoutumer à la cruauté.

Le portrait de Sévère est encore parfaitement dessiné, on y voit le conquérant rapide, le soldat robuste, endurci à la fatigue, aux rigueurs des saisons, aux injures de l'air, aux exercices militaires; le politique fourbe, cruel, sanguinaire, qui jamais ne sçut pardonner à un ennemi, & dans qui le langage & l'apparence de la vertu ne furent qu'un moyen de tromper les hommes & de perdre ses rivaux.

La haine implacable des deux frères Caracalla & Géta, fils de Sévère, haine qui rend vraisemblable tout ce que la fable nous raconte des fureurs d'Etéocle & de Polynice; Géta, le plus aimable des deux frères, égorgé par Caracalla, presque dans les bras de leur mère, l'impératrice Julie, que l'on nommoit *Jocaste*, à cause de sa tendresse pour ces deux frères ennemis, qu'elle ne put jamais réconcilier; les fureurs de cet cd eux Caracalla, qui ne prit le surnom sacré d'Antonin, que pour le profaner; la mollesse, les folies & les sacriléges d'*Héliogabale* ou *Hélagabale*; les cruautés du terrible Maximin; la relation du siège d'Aquilée, où ce Maximin fut tué par ses propres soldats, forment ici des tableaux imposans & assez variés, quoique le fond soit essentiellement uniforme; mais le talent de l'auteur ne se borne point à peindre avec des couleurs effrayantes, les monstres qui ont désolé l'humanité; il sçait aussi peindre avec des couleurs douces & riantes, l'ame céleste de Marc-Aurèle, la vertu constante & courageuse de Pertinax & sa mort désastreuse, soutenue avec fermeté; la douceur inaltérable, mais un peu pusillanime & trop méflée de foiblesse, d'Aléxandre, fils de Mammée. Le moment où cet enfant malheureux détrôné par les vices & l'avarice de sa mère, qu'il n'avoit jamais osé réprimer, se jette entre ses bras, en lui reprochant sa mort qu'il attend, & à laquelle il se résigne, est un mouvement pathétique.

L'avènement du vieux Gordien à l'empire, bientôt suivi de sa mort, semble être, par toutes ces circonstances, la répétition de l'histoire de Pertinax; ce seroit un défaut choquant dans une fiction, c'est une chose inévitable dans l'histoire; c'est la fortune qui s'est répétée, & qui a ramené deux fois les mêmes évènemens.

Il y a plusieurs harangues dans *Hérodien*, comme dans la plûpart des historiens anciens & même chez quelques modernes. « Ceux qui les aiment, dit le » traducteur, auront de quoi se contenter. Ceux qui, » élevés dans notre goût, voudroient les bannir de » l'histoire, sçauront du moins bon gré à l'auteur de » ne les avoir pas faites trop longues ». Il est vrai qu'elles n'ont point la longueur qui, chez plusieurs autres historiens, nuit à la vraisemblance, détruit l'illusion, & annonce le travail; elles sont d'une étendue proportionnée à celle du récit; elles sont d'ailleurs

adaptées à la personne, à la situation; aux circonstances; plusieurs ont l'éloquence & le pathétique que l'occasion fournissoit.

Cette histoire finit à la mort de Maxime & de Balbin, successeurs de Maximin; elle montre dans l'espace de soixante ans, douze ou quatorze empereurs & même davantage, si on veut compter tous ceux à qui ce titre dangereux, gage d'une mort violente, a été donné par quelque armée révoltée, & qui tous avoient le même droit, auquel le succès seul donnoit de la valeur.

De tous ces empereurs, un seul meurt dans son lit; c'est Sévère; encore Caracalla, son fils, engagea-t-il ses Médecins à terminer ses jours, & les fit-il périr parce qu'il n'avoit pu les corrompre. Aussi *Hérodien* dit-il que Sévère mourut plutôt de mélancolie que du mal dont il étoit attaqué.

*Hérodien* a été accusé d'avoir été trop favorable au barbare Maximin, & cela par aversion pour Aléxandre Mammée, son prédécesseur: nous ne concevons pas qu'un pareil reproche ait pu être fait par quelqu'un qui ait pris la peine de lire *Hérodien*. Il est impossible de dire plus de bien d'Alexandre, & plus de mal de Maximin. Il ne peint pas à la vérité Aléxandre comme un guerrier, parce qu'Aléxandre ne l'étoit pas, & que son règne fut un règne de paix; il ne peint point Maximin comme un lâche, parce que Maximin étoit très-brave & très-redoutable dans les combats; mais la douceur & du caractère & du règne d'Aléxandre est par-tout mise en opposition avec la férocité de Maximin & les horreurs de sa tyrannie.

« Je ne comprends pas Jule-Capitolin, dit avec raison M. l'abbé Mongault; après avoir avancé qu'*Hérodien* a été trop favorable à Maximin, il copie tout ce » qu'il a de plus fort sur le courage & l'intrépidité » de cet empereur, sans rien ajouter à l'affreuse des- » cription qu'il nous fait de sa tyrannie. C'est néan- » moins sur ce témoignage qu'est fondé principalement » le reproche qu'on a voulu faire à *Hérodien* ».

Et voilà comment les opinions s'établissent quelquefois; mais pour détruire celle-ci, il suffit de lire *Hérodien*.

Cet auteur étoit contemporain de tous les empereurs dont il a écrit l'histoire; il nous apprend qu'il a exercé différentes charges, & qu'il a été employé en différentes affaires. « Il me semble, dit le traducteur, qu'il » devoit se montrer quelquefois sur la scène, cela au- » roit donné plus de dignité à sa personne & plus » d'autorité à son histoire ».

On sçait d'ailleurs qu'il étoit d'Alexandrie, fils d'un rhéteur, nommé *Apollonius le Dyscole ou le difficile*, & qu'il suivit, au moins quelque temps, la profession de son père.

HÉRODOTE, ( *Hist. Litt. anc.* ) le père de l'histoire, né à Halicarnasse dans la Carie, près de cinq siècles avant J. C. On a donné le nom des neuf Muses aux neuf livres qui composent son ouvrage, & qu'il lut aux jeux olympiques. Il avoit beaucoup voyagé à Samos, en Egypte, en Italie, dans toute la Grèce,

Grèce ; oû qui ne peut qu'être utile à un historien. Du Ryer l'a traduit ; M. Larcher , de l'Académie des Inscriptions & Belles-Lettres, en a donné une traduction d'un tout autre prix.

HÉROPHILE, (*Hist. anc.*) célèbre médecin & grand anatomiste , qui vivoit vers l'an 570 avant J. C. obtint, dit-on , la permission de disséquer les corps encore vivans des criminels condamnés à mort. Cicéron, Pline & Plutarque parlent de ce médecin avec éloge, Tertullien l'appelle plutôt bourreau que médecin. *Herophilus ille medicus aut lanius , qui sexcentos exsecuit , ut naturam scrutaretur , qui homines odit ut nosset.*

HERRERA-TORDESILLAS (Antoine) (*Hist. Litt. mod.*) historiographe des Indes , sous Philippe II. est auteur d'une histoire générale des Indes depuis 1492 jusqu'en 1554, & d'une histoire générale de son temps depuis 1554, jusqu'en 1598. Ces deux ouvrages sont en espagnol. Mort en 1625.

Un autre *Herrera* (Ferdinand de) étoit un poëte de Séville assez célèbre dont on a aussi des ouvrages en prose , comme la vie de Thomas Morus , & une relation de la bataille de Lepante.

HERSAN ; (Marc-Antoine) (*Hist. Litt. mod.*) Il fut le maître de M. Rollin , & M. Rollin par reconnoissance a rendu sa mémoire respectable ; il a inséré dans le *traité des études* , son explication du cantique de Moyse : *Cantemus Domino.* « À la qualité de maître, dit M. Rollin , il avoit joint à mon égard celle de » père , m'ayant toujours aimé comme son enfant. Il » avoit pris dans les classes un soin particulier de me » former , me destinant dès lors pour son successeur : & » je l'ai été en effet en seconde , en rhétorique ( au col- » lège du Plessis ) & au collège Royal ( dans la chaire » d'éloquence.) Jamais personne n'a eu plus de talent » que lui , pour faire sentir les beaux endroits des auteurs, » & pour donner de l'éducation aux jeunes gens. L'orai- » son funèbre de M. le chancelier le Tellier , qu'il pro- » nonça en Sorbonne , & qui est la seule pièce de prose » qu'il ait permis qu'on imprimât (elle a été traduite » en françois , par M. l'abbé Bosquillon de l'académie de » Soissons ) suffit pour montrer jusqu'où il avoit porté » la délicatesse du goût ; & les vers qu'on a de lui peuvent » passer pour un modèle en ce genre. Mais il étoit en- » core plus estimable par les qualités du cœur que par » celles de l'esprit. Bonté , simplicité , modestie , désin- » téressement , mépris des richesses, générosité portée » presque jusqu'à l'excès, c'étoit là son caractère. Il ne pro- » fita de la confiance entière que M. de Louvois avoit » en lui , que pour faire plaisir aux autres. Quand il » me vit principal au collège de beauvais , il sacrifia par » bonté pour moi , & par amour du bien public, deux » mille écus pour y faire des réparations & des em- » bellissements nécessaires. Mais les dernières années de » sa vie quoique passées dans la retraite & l'obscurité, » ont effacé tout le reste. Il s'étoit retiré à Compiègne » lieu de sa naissance. Là .,.... il se consacra entièrement » au service des pauvres enfans de la ville. Il leur fit » bâtir une école, dont il fut la plus belle qui soit dans » le royaume, & fonda un maître pour leur instruction. »

*Histoire.* Tome III.

» Il leur en tenoit lieu lui-même ; il assistoit très-souvent » à leurs leçons , en avoit presque toujours quelques-uns ; » à sa table : il en habilloit plusieurs : il leur distribuoit à » tous , dans des temps marqués, diverses récompenses » pour les animer. Il a eu le bonheur de mourir pauvre en » quelque sorte au milieu des pauvres , ce qui lui restoit » de bien ayant à peine suffi pour une dernière fon- » dation qu'il avoit faite des sœurs de la charité, pour » instruire les filles, & pour prendre soin des malades. » Il mourut à Compiègne en 1724.

HERSENT , ou HERSAN (Charles ) (*Hist. Litt. mod.*) docteur de sorbonne, traducteur du *Mars Gallicus* de Jansénius , & auteur de l'ouvrage intitulé : *Optatus Gallus de cavendo schismate* , deux écrits qui déplurent beaucoup au cardinal de Richelieu & qui n'étoient pas faits pour lui plaire. Mort en 1660.

Il avoit été oratorien , & avoit depuis écrit contre l'oratoire. Persécuté en France pour avoir pris avec trop de hauteur, le parti du saint siège , il alla chercher un asyle à Rome ; il n'y réussit pas mieux ; un panégy- rique de Saint Louis , qui fut peut-être trouvé trop françois , le fit décréter d'ajournement personnel par l'in- quisition ; n'ayant pas jugé à propos de comparoître , il ne fut du moins qu'excommunié.

HERVART , (Barthelemi ) (*Hist. de Fr.*) créa- ture du cardinal Mazarin , dont il étoit le banquier. Il fut contrôleur-général, quoique protestant. Mort en 1676.

HERVEY , (James) (*Hist. Litt. mod,*) poëte anglois , si connu par son *tombeau* , & ses *méditations*, mort en 1759. On trouve à la tête de la traduction fran- çoise de ces deux poëmes , une vie assez détaillée de l'auteur , fils d'un curé & curé lui-même dans la pro- vince de Northampton.

HESBURN , ( Jacques, ) *Voyez* BOTHWEL ; *Elisabeth* & *Marie* STUART.

HÉSIODE , (*Hist. Litt. anc.*) poëte grec , qu'on croit , mais sans certitude ,. avoir été contemporain d'Homère : son poëme *des ouvrages* & *des jours* est un traité d'agriculture , qui a donné à Virgile l'idée de ses georgiques ;

*Ascraeumque cano Romana per oppida carmen.*
Georg.

*Hos tibi dant calamos , en accipe , musae ,*
*Ascrao quos ante seni,*

On appelloit Hésiode *senex ascraeus* parce qu'il avoit été élevé à Ascra en Béotie. Il étoit né à Cumes en Éolide. On a encore de lui sa *théogonie* ou généalogie des Dieux & le *bouclier d'Hercule.*

HESSUS (Eobanus, ) (ELIUS ou HELIUS dit) (*Hist. Litt. mod.*) Eobanus avoit pris ce nom de *Hessus* parce qu'il étoit de la Hesse. C'étoit un poëte latin assez célèbre , contemporain d'Erasme & de Mélanchton, ami du second. Joachim *Camerarius* a écrit sa vie : il n'y a rien de remarquable , sinon que dans ce temps où les allemands sur-tout se piquoient *de bien boire*, il se piquoit de boire mieux que tous les allemands &

M

de les vaincre tous à table. On lui fit un jour le défi suivant ; on remplit de bière de Dantzick, un seau immense au fond duquel on mit un diamant d'un grand prix qui devoit être pour lui s'il vuidoit le seau ; il le vuida, rendit le diamant, & demanda seulement que celui qui l'avoit provoqué, vuidât à son tour le seau ; celui-ci n'en put boire qu'une partie, & tomba sous la table, cédant la victoire.

Parmi une multitude d'ouvrages en vers latins, *Hessus* a fait des héroïdes chrétiennes ; il a traduit aussi en vers latins, les Idylles de Théocrite, il en a fait de son chef ; il a fait une multitude d'élégies, de complaintes, déplorations, &c. sur les troubles, tant civils qu'ecclésiastiques de son temps & de son pays. Il étoit né le 6 Janvier 1488. Il mourut le 5 Octobre 1540.

HESYCHIUS (*Hist. Litt. anc.*) grammairien grec dont on a un dictionnaire grec fort connu. On ne sçait pas d'ailleurs certainement qui le étoit, ni dans quel temps il vivoit.

HETMANN, f. m. (*Hist. mod.*) dignité qui en Pologne répond à celle de grand général de la couronne ; & dans l'Ukraine, c'est le chef des cosaques, il est vassal de l'empire russien. (*A. R.*)

HEVELKE, (Jean) HEVELIUS (*Hist. Litt. mod.*) échevin & sénateur de Dantzick, astronome célèbre du 17e siècle, observa certaines particularités du mouvement de la lune ; il découvrit plusieurs étoiles fixes qu'il nomma *le firmament de Sobieski*, en l'honneur de ce grand roi de Pologne. La plupart de ses ouvrages sont astronomiques, & ont pour objets, la lune, Saturne, les comètes, &c. Il est un des sçavans étrangers que les bienfaits de Louis XIV allèrent chercher. Né à Dantzick en 1611, mort en 1688.

HEVIN (Pierre) (*Hist. Litt. mod.*) avocat au parlement de Rennes, connu par ses travaux sur la coutume de Bretagne, & qui a réfuté l'histoire romanesque & tragique de la mort de la comtesse de Château-briant, rapportée par Varillas, histoire flétrissante & pour le nom de Foix, si Lautrec son frère l'avoit ainsi laissée périr sans vengeance, & pour le nom de Laval, si le comté de Laval Château-briant avoit été capable de ce lâche & cruel assassinat, & sur-tout pour le nom de Montmorenci, si le connétable Anne avoit été capable de vendre le pardon d'un tel crime, en exigeant des sacrifices utiles à sa fortune. Heureusement cette histoire est absolument fausse, *Hévin* le prouve très-bien ; mais il va trop loin, lorsqu'il se fait le défenseur de la vertu de la comtesse de Château-briant, & qu'il ne veut pas qu'elle ait été la maîtresse de François I. C'est nier un fait trop notoire & trop prouvé. Né à Rennes en 1621, mort en 1692.

HEURNIUS, (Jean) (*Hist. Litt. mod.*) médecin & professeur célèbre de médecine à Leyde, est le premier qui ait fait dans cette ville, des démonstrations d'anatomie sur les cadavres. On a de lui un *traité des maladies de la tête*, qui selon le jugement de Jules Scaliger, est autant au dessus de ses autres livres que la tête est au dessus des autres parties du corps. Né à Utrecht en 1543, mort en 1601.

Son fils (Othon, ) aussi professeur en médecine à Leyde, & beaucoup moins célèbre, avoit pris pour devise, comme avoient fait avant lui quelques autres medecins : *citò, tutò, jucundè*, *morbi curandi*. Guérir *promptement, sûrement, agréablement*. Le *tutò* est encore beaucoup, a-t-on dit, & on a bien de la peine à l'obtenir ; quant au *jucundè, agréablement*, c'est une promesse de charlatan. Le sçavant Astrue, si connu par son Traité *de morbis venereis*, entendant parler des méthodes nouvelles, si faciles & presque agréables de traiter ces maladies, disoit en riant de tous ces prestiges : *nous sommes en train de trouver une manière de guerir ces maladies aussi agréable que la manière de les gagner.*

HEXAMILLON, f. m. (*Hist. mod.*) nom d'une muraille célèbre que l'empereur Emanuel fit bâtir sur l'isthme de Corinthe en 1413, pour mettre le Péloponese à couvert des incursions des Barbares. Elle a pris son nom de εξ, *six*, & μιλιον qui en grec vulgaire signifie *mille*, à cause qu'elle avoit six milles de longueur.

Amurat II. ayant levé le siège de Constantinople en 1424, démolit l'*hexamillon*, quoiqu'il eût auparavant conclu la paix avec l'empereur grec.

Les Vénitiens le rétablirent en 1463, au moyen de 30,000 ouvriers qu'ils y employèrent pendant quinze jours, & le couvrirent d'une armée commandée par Bertold d'Est, général de l'armée de terre, & Louis Lorédan, général de celle de mer. Les infidèles furent repoussés après avoir fait plusieurs tentatives, & obligés de se retirer de son voisinage. Mais Bertold ayant été tué peu de temps après au siège de Corinthe, Bertino Calcinato qui prit le commandement de l'armée, abandonna à l'approche du Beglerbey la défense de la muraille, qui avoit coûté des sommes immenses aux Vénitiens, ce qui donna la facilité aux Turcs de s'en rendre maîtres, & de la démolir entièrement. (*G.*)

HHATIB, f. m. (*Hist. mod.*) nom que les Mahométans donnent à un des officiers de leurs mosquées, qui tient parmi eux le rang qu'occupe parmi nous un curé. Ce *hhatib* se place en un lieu élevé, & lit tel chapitre de l'alcoran qu'il lui plait, en observant néanmoins de garder le plus long pour le vendredi, jour est parmi les musulmans le jour où ils donnent plus de temps à la prière publique. Dandini, *voyage du mont Liban.* (*G.*)

HICETAS, (*Hist. anc.*) philosophe de Syracuse, croyoit la soleil immobile, & attribuoit à la terre le mouvement que nos sens attribuent au soleil. C'est Cicéron qui nous l'apprend, & son récit peut avoir donné à Copernic l'idée de son systême.

HIDALGO, f. m. (*Hist. d'Espagne*) c'est le titre qu'on donne en Espagne à tous ceux qui sont de familles nobles ; à tous les gentilshommes qui ne sont pas grands d'Espagne.

Quelques-uns croyent que *hidalgo* veut dire *hijo de Godo*, fils de Goth, parce que les meilleures familles d'Espagne prétendent descendre des Goths ; mais le plus grand nombre dérivent *hidalgo*, de *hijo d'algo*, *fils de quelque chose* ; & même il s'écrit souvent *hijo d'algo* ; c'est ainsi que pour désigner une personne qui manque de qualité, les François disent un *homme de néant.*

Quoi qu'il en soit, les *hidalgos* ne sont soumis qu'aux collectes provinciales, & ne payent aucuns impôts généraux, c'est pourquoi le nom de *hidalgos de vengar quinientos sueldos*, c'est-à-dire *nobles vengés des cinq cent sols*, leur est donné, parce qu'après la défaite des Maures à la bataille de Clavijo, les gentilshommes vassaux du roi don Bermudo, se déchargèrent du tribut de cinq cent sols qu'ils leur payoient précédemment pour les cinquante demoiselles.

Au reste, les *fildalgos* portugais répondent aux *hidalgos* espagnols, & même ces derniers prétendent le pas sur tous les ambassadeurs des cours étrangères auprès du roi de Portugal, quand ils lui font des visites. ( *D. J.* )

HIDE, *ou* HYDE, s. f. ( *Hist. mod.* ) la quantité de terres qu'une charrue peut labourer par an. Ce mot a passé du saxon dans l'anglois. Les Anglois mesurent leurs terres par *hides*. Nous disons une ferme à deux, à trois, à quatre charrues, & ils disent une ferme à deux, à trois, à quatre *hides*. Toutes les terres d'Angleterre furent mesurées par *hides*, sous Guillaume le conquérant. ( *A. R.* )

HIEMPSAL. *Voyez* ADHERBAL.

HIEROCLÈS, ( *Hist. anc.* ) philosophe platonicien célèbre au 5ᵉ siècle. Il est connu sur-tout par son Commentaire sur Pythagore. Photius nous a conservé des extraits de l'ouvrage d'*Hieroclès sur la Providence & le Destin.*

HIÉRON I, ( *Histoire ancienne.* ) frère de Gélon, fut successivement tyran de Gênes & de Syracuse. Les premiers jours de son règne en firent concevoir les plus hautes espérances. Ce prince, né avec le goût des arts & des sciences, appella dans sa cour les savants & les artistes de la Grèce & de l'Italie. Ami de la vérité, il disoit que sa maison & ses oreilles étoient toujours ouvertes pour l'entrée. Des infirmités naturelles lui donnèrent le temps de faire des réflexions sur les amertumes attachées au pouvoir suprême, & sur-tout sur le malheur qui prive les rois des plaisirs de l'amitié. Il se consoloit de l'ennui de sa grandeur dans la conversation d'Epicharme, de Bachilide, de Pindare & de Simonide : ce fut ce dernier qui eut le plus d'ascendant sur son esprit. Un jour le prince l'interrogea sur la nature & les attributs de la divinité. Simonide lui demanda un jour pour y réfléchir ; le lendemain il en demanda deux, & allant toujours en augmentant, il eut enfin la modestie d'avouer que plus il approfondissoit ce mystère, plus il trouvoit de difficulté à l'expliquer.

*Hiéron*, mécontent des villes d'Ecatanne & de Naxe, en chassa les anciens habitans, qui furent remplacés par une colonie de cinq mille Syracufains & d'un pareil nombre de Péloponésiens. Ces nouveaux habitans, le regardant comme leur fondateur, lui rendirent après sa mort, les mêmes honneurs qu'on décernoit aux demi-

dieux. Anaxilaus, tyran de Zancle, avoit entretenu une amitié constante avec Gélon. Après sa mort, *Hiéron* se déclara le protecteur de ses enfans. Il se chargea de régir lui-même leur bien ; & il le fit avec tant d'économie, qu'à leur majorité ils se trouvèrent plus riches qu'ils ne l'étoient à la mort de leur père. Les dernières années de sa vie obscurcirent la splendeur des premiers jours de son règne. Dominé par l'avarice, il accabla son peuple d'exactions ; il commit les injustices les plus criantes, & il usa souvent de violence pour assouvir sa cupidité. Les Syracufains, naturellement indociles, ne virent plus qu'un tyran dans celui qu'ils avoient chéri & respecté comme leur roi : & s'ils ne passèrent point du tumulte à la révolte, c'est qu'ils furent contenus dans l'obéissance par le respect religieux qu'ils conservoient encore pour la mémoire de son frère Gélon : ce prince bienfaisant, de l'ombre du tombeau, sembloit encore exercer sa domination au milieu de Syracuse, reconnoissante de ses bienfaits. *Hiéron* mourut après un règne de douze ans. ( *T. N.* )

HIÉRON II, ( *Histoire ancienne.* ) descendoit de Gélon, qui avoit régné autrefois avec gloire à Syracuse. Son père, qui l'avoit eu d'une femme esclave, craignit que le vice de sa naissance n'imprimât une tache à l'honneur de sa race : il le fit exposer dans une forêt pour être la pâture des bêtes. Mais l'oracle instruit de ce trait dénaturé, annonça la vengeance des dieux, & prophétisa la grandeur future de l'enfant délaissé. Le père attendri, ou peut-être intimidé par les menaces du prêtre, le fit rapporter à sa maison, où il fut instruit par les plus grands maîtres. Le disciple profita de leurs leçons, & le fit bientôt distinguer par son adresse & son courage Pyrrhus, juge & témoin de sa valeur naissante, découvrit en lui le germe d'un grand homme. Son suffrage le mit dans une si grande vénération, qu'il eut dans Syracuse tout le pouvoir d'un roi, sans en avoir le titre. Les dissensions qui s'allumèrent entre les magistrats & l'armée, préparèrent sa grandeur : les troupes mutinées, l'élevèrent au commandement ; & il ne se servit de son pouvoir, que pour pacifier les troubles domestiques. Les Syracufains charmés de sa modération, confirmèrent son élection illégale.

Les Mamertins portoient depuis long-temps la désolation dans le territoire de Syracuse. Il marcha contr'eux, les vainquit, & se trône fut la récompense de sa victoire. Son alliance avec les Carthaginois lui devint funeste. Il éprouva quelques revers qui lui firent rechercher & obtenir l'amitié des Romains ; ceux-ci ne furent pas long-temps à ressentir les avantages de cette nouvelle alliance Ils avoient éprouvé plusieurs fois les horreurs de la famine ; mais dès que *Hiéron* fut leur ami, ils virent régner l'abondance au milieu de leur camp. Tandis que tout étoit agité autour de lui, le calme régnoit chez lui. Ce fut dans ces temps pacifiques qu'il développa son ame bienfaisante. Il n'imita point la sombre politique de ses prédécesseurs qui, regardant leurs sujets comme leurs ennemis, confioient la garde de leur personne à des étrangers mercenaires : il ne voulut avoir autour de lui que des citoyens ; il paroissoit si assuré de leur fidélité, qu'au lieu de les désarmer,

M 2

il voulut que tous fussent formés dans les exercices de la guerre. Les peuples se crurent libres par le soin qu'il prit de respecter leurs privilèges & le droit de propriété. Dépositaire & ministre de la loi, il se reposa sur elle du soin de commander & de punir. Les citoyens & l'armée avoient jusqu'alors divisé l'état; il étouffa la semence de cette rivalité dangereuse, & dès que chacun fut resserré dans ses limites, un calme durable fit renaître les prospérités publiques. Ce fut en bannissant l'oisiveté, qu'il extirpa la racine de tous les vices. L'agriculture fut honorée: la terre mieux cultivée fournit avec usure le prix du travail. *Hiéron* étudia lui-même l'art de la rendre plus fertile. L'on regrette encore aujourd'hui la perte de ses expériences & de ses découvertes sur une matière aussi intéressante. Ses réglemens sur le commerce du bled, parurent avoir été dictés par un cœur sensible & compatissant. Ils furent observés comme une loi sacrée sous son règne, & long-temps après sa mort.

Ce fut dans la seconde guerre Punique qu'il se montra véritablement l'ami des Romains. Il fournit gratuitement du bled & des habits aux légions, qui manquoient de tout. Lorsque Rome, après trois défaites, sembloit pancher vers la ruine, il en releva les espérances par un présent de trois cens mille boisseaux de froment, & de deux cens mille d'orge, avec mille frondeurs pour les opposer à ceux des Baléares & aux frondeurs de l'armée d'Annibal. Il ne fut pas moins magnifique envers les Rhodiens, dont l'île avoit été bouleversée par un tremblement de terre: il leur envoya cent talens, sans en être sollicité. C'étoit en prévenant les demandes des infortunés, qu'il donnoit un nouveau prix à ses bienfaits. Il eut le bonheur de posséder le premier géomètre du l'univers, & d'en connoître tout le mérite. C'étoit Archimède, qui fit servir son art à la construction de plusieurs machines pour l'attaque & la défense des places. Ce fut à ce sçavant géomètre qu'on fut redevable de l'invention de cette fameuse galère, qu'on regarda comme une des merveilles de l'antiquité. Comme il n'y avoit point de port dans toute la Sicile assez vaste pour la contenir, *Hiéron*, à qui elle devenoit inutile, en fit présent à Ptolomée Philadelphe. L'Egypte venoit d'être frappée du fléau de la stérilité, il y envoya soixante mille muids de bled, dix mille grands vases de terre, pleins de poisson salé, vingt mille quintaux pesant de chair salée. C'est ainsi qu'en répandant ses bienfaits sur les étrangers, il trouvoit par-tout des admirateurs & des amis. Après le carnage de Canne, les Carthaginois victorieux descendirent dans la Sicile, où ils portèrent le fer & la flamme. *Hiéron*, inébranlable dans sa fidélité pour les Romains, fut le plus exposé à leurs ravages. Les alliés de Syracuse murmurèrent de son attachement pour un peuple que les dieux sembloient avoir abandonné. Son fils Gélon, séduit par les promesses des Carthaginois, se mit à la tête des mécontens. La Sicile étoit sur le point de voir allumer le feu des dissensions civiles, lorsque la mort imprévue de ce fils dénatura, la délivra de ce fléau. Son père fut soupçonné d'avoir abrégé ses jours: il le suivit de près au tombeau, où il emporta les regrets de toute la Sicile. Il mourut âgé de quatre-

vingt-dix ans: il en avoit régné cinquante-quatre, sans avoir jamais éprouvé l'inconstance d'un peuple indocile, qui ne vouloit point de maître. ( *T. N.* )

HIEROPHILE. *Voyez* l'article AGNODICE.

HIGMORE, ( *Hist. Litt. mod.* ) anatomiste anglois du 17e siècle, connu par des découvertes dans son art, qui ont fait donner son nom à quelques parties du corps humain: on appelle *antre d'Higmore*, le sinus maxillaire. On a de lui un ouvrage estimé, qui a pour titre: *Disquisitio anatomica.*

HILAIRE, ( *Hist. Ecclés.* ) nom célèbre dans l'église, par trois Saints, dont un fut pape, & les deux autres évêques. Le pape St. *Hilaire* fut élu le 10 novembre 461, & mourut le 21 février 468. Il condamna les hérésies de son temps, le nestorianisme & l'eutichianisme.

St. *Hilaire*, évêque de Poitiers, est au nombre des docteurs de l'église. Il combattit les Ariens, & souffrit l'exil pour la foi. Dom Constant & le Marquis Maffei ont donné des éditions de ses œuvres. Mort en 367.

St. *Hilaire* d'Arles, avoit été élevé dans le monastère de Lérins, par le fameux abbé St. Honorat, dont il a écrit la vie, & il fut son successeur sur le siège d'Arles. St. *Hilaire* avoit ce qu'on a long-temps appellé le caractère apostolique, & qui n'est plus d'usage aujourd'hui; mais qu'on ne s'y méprenne pas, ce c'est pas du tout une critique de ce siècle que nous prétendons faire. On raconte qu'un des premiers officiers de justice ayant à se reprocher quelques injustices, St. *Hilaire*, qui l'avoit inutilement repris plusieurs fois en secret, le voyant entrer dans l'église pendant qu'il prêchoit, cessa aussi-tôt de parler, & tous ses auditeurs cherchant la raison de son silence: *est-il juste,* dit-il, *que celui, qui a si souvent méprisé mes avertissemens, participe à la nourriture spirituelle que je vous distribue?* Mais étoit-il juste que les fidèles fussent privés de cette nourriture, parce qu'un seul n'en profitoit pas? Etoit-il juste & charitable de faire à cet homme public, un affront public & scandaleux? (car il fut obligé de sortir de l'église) Eh! pourquoi désespérer de son amandement! pourquoi lui refuser à lui-même une nouvelle instruction qui ne fut pas une injure? Disposer ainsi par la prédication, de la réputation & de l'état d'un homme, c'est exercer une jurisdiction qu'il ne peut être prudent de laisser exercer même aux plus grands saints; il suffit qu'ils soient susceptibles de préventions & d'erreurs. La théorie actuelle de la prédication est qu'il ne peut être permis en chaire de prendre personne à partie, de nommer ni de désigner personne, pour quelque faute que ce soit; & toute cette théorie est renfermée dans ce mot de Louis XIV, à un prédicateur qui avoit osé le désigner en chaire: *je consens de prendre ma part d'un sermon, mais je ne veux pas qu'on me la fasse.*

St. *Hilaire* d'Arles mourut en l'an 449.

HILARION, ( Saint ) ( *Hist. Ecclés.* ) fut dans la Palestine, ce que St. Antoine, dont il se fit le disciple, étoit en Egypte, c'est-à-dire, l'instituteur de la vie monastique. Né vers l'an 291, près de Gaza; mort en

371 ; dans l'isle de Chypre, où il s'étoit retiré.

HILDEBRAND. C'est le nom du pape Grégoire VII. ( *Voyez* GRÉGIRE VII. )

HILDEGARDE, ( Sainte. ) ( *Hist. Ecclés.* ) sainte à révélations, & dont les révélations ont été imprimées en 1566. Le pape Eugène III, dans un concile tenu à Trèves en 1146, lui avoit permis de les publier. Sainte *Hildegarde* étoit abbesse du Mont-Saint-Rupert, près de Binghen sur le Rhin. Elle mourut en 1180.

HIMFOU, ( *Hist. mod.* ) juge criminel à la Chine, son tribunal est un des tribunaux souverains. L'*himpou* réside à Pekin, capitale de l'empire. ( *A. R.* )

HINCMAR, ( *Hist. de Fr.* ) archevêque de Reims, & *Hincmar*, évêque de Laon, son neveu, opposés l'un à l'autre, partagèrent, mais très-inégalement, le clergé de France dans une contestation qui s'éleva entre le pape Adrien II & Charles-le-Chauve. Ce dernier ayant enlevé la Lorraine à l'empereur Louis son neveu, Adrien II lui ordonna, sous peine d'excommunication, de la restituer. Les rois de ce temps redoutoient beaucoup l'excommunication ; mais ils avoient plus d'éloignement encore pour la restitution ; d'ailleurs, le despotisme d'Adrien, qui, content d'avoir raison dans le fond, dédaigna volontairement de l'avoir dans la forme, révolta une partie du clergé de France. Le célèbre *Hincmar*, archevêque de Reims, à qui son éloquence, sa doctrine, son caractère ferme & austère avoient donné dans ce clergé la plus haute considération, écrivit avec beaucoup de véhémence au pape Adrien II, en faveur des libertés de l'église Gallicane. Aussi est-il cité avantageusement parmi les premiers défenseurs de ces libertés attaquées par les papes ; mais l'Evêque de Laon, son neveu, aussi soumis à toutes les décisions de Rome, que l'archevêque de Reims vouloit qu'on le fût aux siennes, incapable d'ailleurs de se soumettre à toute autre autorité, & révolté surtout contre celle de son oncle, devint le chef du parti papiste. Ces deux prélats se firent une guerre violente. Tous deux inflexibles, l'oncle impérieux, le neveu insolent : *homo insolentiæ singularis*, disent les annales de S. Bertin, le choc fut rude entr'eux. L'archevêque, par son autorité de métropolitain, cassa une sentence d'excommunication rendue par l'évêque, contre des particuliers ; l'évêque de Laon appella sur le champ à Rome, & le pape se prétendant saisi par cet appel, révendiqua l'affaire par *puissance apostolique*. Cette réclamation du pape fut pour l'archevêque de Reims une nouvelle occasion de défendre les libertés de l'église Gallicane, en défendant sa propre autorité : il cita son neveu à un concile qui devoit se tenir à Attigny, & prononcer sur la validité de son appel. L'évêque de Laon y vint, soit qu'il ne crût pas pouvoir s'en dispenser, soit qu'il espérât y triompher. L'archevêque commença par le faire attaquer sur les chemins, & par faire piller ses équipages, correction peu ecclésiastique, & on ne voit pas trop quel pouvoit être le but ; il le fit ensuite condamner & déposer par le concile ; & la querelle s'échauffant toujours de plus en plus, parce que le pape prenoit

la défense de l'évêque de Laon, comme Charles-le-Chauve celle de l'archevêque de Reims, celui-ci joignant à l'autorité d'un oncle & d'un métropolitain, la cruauté d'un ennemi, poussa la violence jusqu'à faire crever les yeux à l'évêque de Laon. Il ne se montra guère moins sévère à l'égard du moine *Gothescalc*. *Voyez* l'article GOTHESCALC.

Sous le règne de Louis III & Carloman, les Normands désoloient plus que jamais la France ; le vieil *Hincmar*, chassé de son siège de Reims par l'effroi qu'inspiroient ces barbares, mourut dans sa fuite, à Epernay, en 882, chargé d'années, accablé de douleur ; il fut le flambeau de l'église Gallicane ; mais la sévérité & la violence ont terni sa gloire, & privé sa mémoire de l'intérêt attaché au malheur. Le P. Sirmond a donné une édition de ses œuvres. *Hincmar* avoit été moine de St. Denis. Son neveu étoit mort avant lui, en 878. Celui-ci avoit été déposé en 871, & avoit été réhabilité peu de temps avant sa mort.

HING-PU, s. m. ( *Hist. mod.* ) c'est le nom qu'on donne à la Chine à un tribunal supérieur qui réside auprès de l'empereur. Il est chargé de la révision de tous les procès criminels de l'empire, dont il juge en dernier ressort. Il a sous lui quatorze tribunaux subalternes, qui résident dans chaque province. Nul Chinois ne peut être mis à mort sans que sa sentence ait été signée par l'empereur même, ce qui prouve le cas que l'on fait à la Chine de la vie d'un homme. ( *A. R.* )

HIPACIE. *Voyez* HYPACIE.

HIPPARCHIE, femme de Cratès. *Voyez* CRATÈS.

HIPPARQUE, ou HYPPARQUE, ( *Hist. anc. Hist. de la Grèce.* ) fils de Pisistrate, fut son successeur dans la tyrannie d'Athènes. Il associa au gouvernement son frère Hyppias, & le partage du pouvoir n'affoiblit point leur tendresse fraternelle. *Hipparque* ne avec la passion des arts & des sciences, appella dans sa cour Simonide & Anacréon. Ces deux poètes aimables firent naître l'émulation & le goût de la poésie chez les Athéniens, dont les mœurs encore agrestes commencèrent à s'adoucir. Au goût de la débauche succéda une volupté délicate qui fit revivre, dit Platon, les beaux jours de Saturne & de Rhée. Tandis qu'*Hipparque* étoit le bienfaiteur de son peuple dont il faisoit les délices, son frère Hippias le rendoit odieux par ses cruautés & par son caractère insolent. Les Alcméonides formèrent une conjuration pour affranchir Athènes de la tyrannie. Deux frères appellés *Harmodius* & *Aristogiton* se mirent à la tête des conjurés : ils choisirent pour l'exécution de leur dessein la fête des Panathénées, où tous les citoyens avoient droit d'assister avec leurs armes. *Hipparque* fut massacré, mais les deux chefs des conjurés périrent à leur tour. Hyppias qui avoit à son coups des assassins, fit expirer dans les tourmens tous les conjurés. Les Alcméonides, chassés d'Athènes avec leurs partisans, se réfugièrent à Sparte qui leur offrit un asyle. Les Lacédémoniens consultèrent la prêtresse de Delphes qui leur répondit : *affranchissez Athènes du joug des Pisistratides*. Ils équipèrent une flotte & firent une descente dans l'Attique ; ils furent

battus par Hyppias, mais ils eurent bientôt leur revanche : le tyran afliégé dans Athènes y auroit défié
s s vainqueurs, mais ayant appris que fes enfans avoient
été enlevés par les Spartiates, il crut devoir facrifier
fa puiffance pour racheter leur liberté & leur vie. Il
fortit de l'Attique & fe retira à Sigée en Phrygie d'où
il fut bientôt rappellé par les Spartiates qui, jaloux
des profpérités naiffantes des Athéniens, voulurent rétablir la tyrannie qu'ils avoient détruite; ils, convoquèrent une affemblée où Hyppias & leurs alliés furent
appellés. Sociele, ambaffadeur de Corinthe, leur repréfenta que c'étoit une ignominie à des peuples ennemis des tyrans, de vouloir en donner à leurs voifins, Son difcours fit une vive impreffion fur les efprits.
Les Spartiates retournèrent à leur générofité naturelle.
Hyppias obligé de fortir de la Laconie, fe réfugia à
Sardes, auprès de Tifapherne, qu'il excita à faire une
invafion dans la Grèce; il fut écouté favorablement.
Darius fomma les Athéniens de le rétablir fur le trône,
& leur refus cccafionna cette guerre célèbre des Grecs
& des Perfes, que les hiftoriens ont décrite peut-être
avec plus de fafte que de vérité. Ainfi l'on peut regarder
Hyppias comme le flambeau qui embrafa fa patrie qu'il
fembloit vouloir détruire par le défefpoir de n'avoir pu
l'affervir. ( *T. N.* )

HIPPARQUE, ( *Hift. anc.* ) mathématicien & aftronome célèbre, natif de Nicée, felon Strabon, de
Rhodes felon Ptolémée, vivoit à Alexandrie fous les
règnes de Ptolémée ou Ptolomée Philometor & Ever-
gétes, depuis l'an 168 avant J. C. jufqu'à l'an 129. Il
a laiffé diverfes obfervations fur les aftres, & un
commentaire fur Aratus, qui a été traduit en latin par
le P. Pétau. Pline dit qu'*Hipparque* fit, après Thalès
& Sulpicius Gallus, le p em e qui trouva le moyen
de prédire jufte les éclipfes; il lui attribue l'invention
de l'aftrolabe; le même Pline regarde comme une entreprife fur les droits de la divinité, qu'il ait voulu
faire connoître à la poftérité le nombre des étoiles, &
& leur affigner à chacune un nom. *Idemque aufus rem
etiam Deo improbam annumerare pofteris ftellas, ac fidera
ad nomen expungere.* Strabon parle d'*Hipparque* avec
moins d'admiration. Il y a une période lunaire qui
porte le nom d'*Hipparque*. Il fit monter le nombre des
étoiles fixes connues de fon temps, à mille vingt-deux;
enfin il fut le premier qui jetta les fondemens d'une
aftronomie méthodique.

HIPPOCRATE, ( *Hift. anc.* ) ( *Voyez* les articles
ARTAXERCÈS *ou* ARTAXERCE LONGUEMAIN, ABDÈRE
& DÉMOCRITE.) Nous ne dirons ici fur *Hippocrate*,
que ce qui ne fe trouve point dans ces trois articles.

*Hippocrate*, le plus célèbre médecin de l'antiquité,
naquit dans l'ifle de Cos, l'an 460 avant J. C. Il defcendoit, dit-on, d'Efculape par fon père Héraclide, &
d'Hercule par fa mère Praxitée; l'ifle de Cos, où il
naquit, étoit confacrée au Dieu Efculape, ainfi que ce
appremment un grand médecin dans les temps fabuleux. Il eut pour maîtres fon père & un médecin,
nommé Hérodique. Il a laiffé un grand nombre d'écrits,
refpectés & confultés encore aujourd'hui. Il y fait noble.

ment l'aveu de fes fautes, de peur que d'autres après
lui, & à fon exemple, ne tombent dans les mêmes
erreurs. Il avoue qu'en panfant une bleffure à la tête, il
s'é oit fort trompé. *De futuris fe deceptum effe Hippocrates
memoriæ prodidit, more magnorum virorum & fiduciam
magnarum' rerum habentium. Nam levia ingenia quia
nihil habent, nihil fibi detrahunt :* Celfe, liv. 8, chap. 4.
De quarante-deux malades qu'il avoit traités dans une
épidémie qu'il décrit, il avoue qu'il n'en a guéri que
dix-fept, & que tous les autres font morts entre fes
mains; au contraire, en parlant d'une efquinancie
accompagnée de grands accidents, il dit que tous en
rechappèrent: *S'ils étoient morts*, ajoute-t-il, *je le dirois
de même*. Son ferment placé à la tête de fes ouvrages,
contient toute la morale-pratique de la médecine, &
étoit bien propre à lui attirer la confiance des malades,
tant par le défintéreffement dont il fait profeffion, que
par le zèle qu'il montre pour les progrès de l'art & la
guérifon des maladies. On réuniffoit alors l'exercice de
toutes les parties de la médecine; un même homme
étoit médecin, chirurgien & pharmacien. *Hippocrate*
dit qu'il n'entreprendra jamais de tailler ceux qui feront
malades de la pierre, & qu'il laiffera ce foin aux perfonnes qui fe font rendus habiles dans cette opération,
par une longue expérience. Il protefte que fi fon art ou
fa confiance des malades lui découvrent quelque infir-
mité, quelque chofe en général qui doive refter caché,
il ne le révélera jamais & fera religieufement fidèle à
la loi facrée du fecret,

On ne fçait aucune particularité fur fa mort. On
croit feulement qu'il mourut dans un âge fort avancé.
Il laiffa deux fils, Theffalus & Dracon, qui furent
auffi des médecins diftingués, ainfi que Polybe, fon
gendre & fon fucceffeur.

HIPPOCRATE eft auffi le nom d'un carthaginois,
originaire de Syracufe, & qui, avec Epycide fon
frère, parvint à s'emparer de l'autorité dans cette ville,
par des moyens ou violens ou perfides; ils combattirent
Marcellus pendant le fameux fiège de Syracufe, &
furent toujours battus par ce général ou per fes lieutenants. La pefte s'étant mis dans le camp des Carthaginois, ils périrent tous deux vers l'an 212 avant J. C.

HIPPONAX. ( *Voyez* BUPALE, BUPALUS. )

HIRAM, ( *Hift. facr.* ) L'écriture parle de deux
perfonnages de ce nom; l'un, roi de Tyr, allié de
David & de Salomon, 3e livre des rois, chap. 5;
l'autre, ouvrier habile, employé fon pays contre le
ornements du temple de Jérufalem, 3e livre des rois,
chap. 7.

HIRCAN *ou* HYRCAN, ( *Hift. facr.* ) nom de deux
fouverains pontifes des Juifs, dont l'un, fils de Siméon
Machabée, défendit vaillamment fon pays contre le
roi de Syrie, Antiochus Sidetès. Il fe nommoit Jean.
Il en eft parlé au premier livre des Machabées, chap.
13, verf. 54.

L'autre fut l'ayeul de Mariamne, femme d'Hérode-le-
Grand, qui le fit mourir, ainfi que fa petite-fille :

Hircan, manes facrés! fureurs que je détefte !...
Eh bien ! j'ai fait perir & ton père & mon roi,

. HIRE, (Etienne de la ) ( *Hift. de Fr.* ) ( *Voyez*
VIGNOLES.)

HIRE, (Philippe de la ) ( *Hift. Litt. mod.* ) de
l'Académie des Sciences, fils de Laurent de la *Hire*,
peintre célèbre, naquit à Paris le 18 mars 1640. Il
entra dans l'Académie des Sciences en 1678. « Un
» roi d'Arménie, dit M. de Fontenelle, demanda à
» Néron, un acteur excellent & propre à toute forte
» de personnages, pour avoir, difoit-il, en lui feul,
» une troupe entière. On eût pu de même avoir en
» M. de la *Hire* feul, une Académie entière des
» Sciences, on eût eu de plus un habile profeffeur d'ar-
» chitecture, un grand deffinateur, un bon peintre
» de payfage ». Comme géomètre fpéculateur, M. de
la *Hire* donna, en 1685, fon grand ouvrage intitulé :
*Sectiones conicæ in novem libros diftributæ*, qui contient
toute la théorie des fections coniques ; comme géomètre praticien, on a de lui l'*Ecole des Arpenteurs*,
ouvrage utile, & un *Traité de Gnomonique* ; comme
aftronome, il publia en 1702, fes tables aftronomiques ; *Tabulæ aftronomicæ Ludovici magni juffu & muni-
ficentiâ exaratæ* ; comme méchanicien, il avoit donné
en 1695, un Traité de méchanique ; comme opticien,
un Traité *fur les différents accidents de la vue* ; comme
phyficien, une *explication des principaux effets de la
glace & du froid* ; comme éditeur des ouvrages d'autrui, on a le *Traité du nivellement de M. Picard*, mis
en lumière par M. de la Hire, *avec des additions* (1684),
& le Traité *du mouvement des eaux & des autres corps
fluides*, ouvrage pofthume de M. Mariotte (1686).

M. de la *Hire* avoit été envoyé avec M. Picard,
en 1679, en Bretagne, & en 1680, en Guienne,
pour faire fur les côtes, des obfervations dont il devoit
réfulter, dans les vues de M. Colbert, une carte générale du royaume plus exacte que les précédentes. Ils
firent une correction très-importante à la côte de
Gafcogne, en la rendant droite, de courbe qu'elle
étoit auparavant, & en la faifant rentrer dans les terres ;
le roi dit à ce fujet, en plaifantant, que leur voyage
ne lui avoit caufé que de la perte ; c'étoit, dit M. de
Fontenelle, une perte qui enrichiffoit la géographie &
& affûroit la navigation.

En 1681, M. de la *Hire* feul, & toujours par
ordre du roi, alla déterminer la pofition de Calais &
de Dunkerque. Il mefura auffi la largeur du pas de
Calais, & la trouva de 21,360 toifes.

Pour finir fa carte générale, il alla en 1682, à la
côte de Provence.

En 1673, il avoit continué du côté du nord de
Paris, la fameufe méridienne commencée par M. Picard en 1669, tandis que M. Caffini la continuoit
auffi du côté du fud.

M. de Louvois appliqua les géomètres de l'Académie, à de grands nivellements néceffaires pour les
aqueducs & les conduites d'eaux que le roi vouloit
faite ; & on a, dit M. de Fontenelle, aux eaux de
Verfailles, l'obligation d'avoir porté à un haut point la
fcience du nivellement & l'hydraulique. M. de la Hire,
en 1684, fit le nivellement de la rivière d'Eure, &
trouva qu'en la prenant à dix lieues environ au-delà de

Chartres, elle étoit de quatre-vingt-un pieds plus
haute que le réfervoir de la grotte de Verfailles, « Cette
» nouvelle fut très-agréablement reçue & du miniftre
» & du roi. On voyoit déjà les eaux de l'Eure arriver
» à Verfailles, de vingt-cinq lieues ; mais M. de la
» *Hire* repréfenta qu'avant que l'on entreprît des tra-
» vaux auffi confidérables, il étoit bon qu'il recommen-
» çât le nivellement, parce qu'il pouvoir s'être trompé
» dans quelque opération ou dans quelque calcul ; fin-
» cérité hardie, puifqu'elle étoit capable de jetter dans
» l'efprit du miniftre des défiances de fon fçavoir.
» M. de Louvois, impatient de fervir le roi felon fes
» goûts, foutenoit à M. de la *Hire* qu'il ne s'étoit point
» trompé ; mais celui-ci s'obftinant dans fa dange-
» reufe modeftie, obtint enfin la grace de n'être pas
» cru infaillible. Il fe trouva qu'il ne la méritoit pas ; il
» recommença en 1685, le nivellement, qui ne différa
» du premier que d'un pied ou deux ».

Il fit plufieurs autres nivellements par les ordres du
même miniftre.

M. de la *Hire* mourut le 21 avril 1718. Il avoit été
marié deux fois. « Chacun de fes deux mariages, dit
» M. de Fontenelle, nous a fourni un académicien ».

HIZREVITES ou HEREVITES, fub. mafc. pl.
( *Hift. mod.* ) forte de religieux mahométans, ainfi
nommés de leur fondateur *Hifyr* ou *Herevi*, qu'on dit
avoir été un fameux chimifte qui poffédoit le grand
œuvre. Il pratiquoit auffi des abftinences & autres auftérités que fes fectateurs ne fe piquent pas d'imiter. Ils
ont un monaftère à Conftantinople. Ricaut, *de l'empire
ottoman* ( *G.* )

HOBBES, (Thomas.) ( *Hift. Litt. mod.* ) philofophe
anglois très-connu, & dont les principes paffent pour
dangereux, auteur du *Leviathan*, du Traité *de Cive*,
& de divers autres écrits de philofophie, de politique
& même de phyfique ; il a auffi traduit avant Pope,
Homère en vers anglois ; & il y a de lui, des vers
tant anglois que latins. C'étoit un grand penfeur ; il
n'eftimoit que la penfée, & ne faifoit aucun cas de
l'érudition ; il difoit que s'il avoit donné à la lecture
autant de temps que les fçavants ; il auroit été auffi
ignorant qu'ils le font tous. Né à Malmesbury en 1588,
mort à Hardwick en 1679, chez le comte de Devonf-
hire, fon afyle, qui fut fouvent obligé de lui donner
un afyle, lorfqu'il étoit réduit à fe cacher pour fes
opinions & fes ouvrages : il étoit dans le parti des rois
contre les parlementaires.

HOBLERS ou HOBILERS, f. m. pl. ( *Hift. mod.* )
étoient autrefois des gens demeurant fur les côtes, qui
étoient obligés de tenir un cheval prêt, en cas de quelque
invafion, afin d'en donner avis.

C'étoit auffi le nom qu'on donnoit à certains chevaliers irlandois, qui fervoient dans la cavalerie légère. ( *G.* )

HOCHSTRAT. *Voyez* HOSTRATEN.

HOCQUINCOURT. *Voyez* MONCHY.

HODMAN, f. m. ( *Hift. mod.* ) c'eft ainfi qu'on appelle, dans le collège de Chrift à Oxford, les écoliers
qu'on y reçoit de l'école royale de Weftminfter. ( *G.* )

HOEKEN, f. m. ( *Hift. mod.* ) nom de la faction oppofée en Hollande à celle des *kabeljaws* ; cette dernière tira fon nom du po ffon qu'on appelle en flamand kabeljaw , *merlus* , & qui mange les autres ; ils vouloient défigner par ce nom de guerre , qu'ils *devoroient* de même leurs ennemis. Les *hoëkens* , ou *hoëkiens* à leur tour s'appellèrent ainfi du mot hollandois *hoëk* , qui veut dire un *hameçon* , pour marquer qu'ils prendroient leurs ennemis , comme on prend avec l'hameçon le poiffon dont ils avoient emprunté le nom. *Quidam fe cabilliavios , ( fic belgicè vocant afellum pifcem) appellabant , quod ut ille pifces alios vorat , fic ipfi adverfarios domarent ; alii fe hoecklos dicebant ( hoek hollandis hamum fignificat ) quafi fefe jactarent cab.lliavlis futuros , quod eft hamus pifci,* Bolland. Januar, tom. I. p. 352.

Ces deux partis oppofés ( dont les noms , pour le dire en paffant , font eftropiés dans tous nos auteurs ) s'élevèrent en Hollande vers l'an 1350 , lorfque Marguerite , comteffe de Hollande , vint à fe brouiller avec fon fils Guillaume V. à l'occafion de la régence. Les *kabeljaws* étoient pour le fils , & portoient des bonnets gris : les *hoëks* tenoient pour la mère , & portoient des bonnets rouges. Les villes & les grands feigneurs entrant dans l'un ou dans l'autre des deux partis , fe firent la guerre avec une animofité furieufe , qui fubfifta plus de 140 ans ; car elle commença en 1350 , & ne finit qu'en 1492.

L'hiftoire dit que les *kabeljaws* étoient les plus forts en nombre , & les plus cruels , & que les *hoëks* étoient les plus braves & les moins barbares. La bravoure eft communément accompagnée de générofité ; la cruauté & la lâcheté fe donnent toujours la main. ( *D. J.* )

HOFFMAN , ( *Hift. Litt. mod.* ) C'eft le nom de plufieurs fçavants médecins allemands , dont nous avons des ouvrages fur leur art, Tels que Gafpard , mort en 1648 ; Maurice , en 1698 ; Jean-Maurice , fon fils , en 1727 ; & fur-tout Frédéric , en 1742.

Jean - Jacques *Hoffman* , auteur du dictionnaire hiftorique latin , connu fous le nom de dictionnaire d'*Hoffman* , étoit profeffeur en langue grecque , à Bâle , dans le fiècle dernier.

HOKEL-DAY, HOCK-DAY, ou HOCK-LUES-DAY, f m, ( *Hift. mod.* ) le fecond mardi après la femaine de Pâques , jour où l'on célébroit autrefois en Angleterre une fête en mémoire de l'expulfion des Danois hors de ce royaume. (*A. R.*)

HOLBERG , (Louis de) ( *Hift. Litt. mod.* ) auteur d'une *Hiftoire de Dannemarck* , eftimée ; de *Penfées morales* , qui ont été traduites en François ; de quelques comédies & autres ouvrages ; auteur fur-tout d'établiffements utiles dans fa patrie , pour l'éducation de la jeune nobleffe & la dotation des pauvres filles. Il avoit été pauvre lui-même ;

Comme eux vous fûtes pauvre & comme eux orphelin,

Il étoit né en 1684 , à Bergue en Norvège ; il mourut en 1754. Ses établiffements lui méritèrent le titre de baron.

HOLOFERNE ou HOLOPHERNE. *Voy.* ACTION & JUDITH.

HOLSTENIUS , ( Lucas ou Luc) ( *Hift. Litt. mod.* ) fçavant né à Hambourg , & devenu garde de la bibliothèque du vatican à Rome. On a de lui des notes & des corrections confidérables fur la géographie d'Etienne de Byfance ; il a auffi donné en grec , avec une traduction latine, la vie de Pythagore , écrite par Porphyre , avec une differtation curieufe fur la vie & les écrits de ce dernier.

HOMBERG , ( Guillaume ) ( *Hift. Litt. mod.* ) de l'Académie des Sciences :

Homberg peut feul évoquer le chimifte ,
Et du Verney citer l'anatomifte.

a dit Rouffeau. Guillaume *Homberg* naquit le 3 janvier 1652 , à Batavia , dans l'ifle de Java. Il étoit fils d'un gentilhomme Saxon , originaire de Quedlimbourg , ruiné par les guerres , & qui s'étant mis au fervice de la compagnie hollandoife des Indes Orientales, eut le commandement de l'arfenal de Batavia. Les chaleurs exceffives de ce climat ne permettent guère l'application ni aux enfants ni aux hommes faits ; le corps , dit M. de Fontenelle , profite à fon ordinaire de ce que perd l'efprit , & il en cite un exemple remarquable ; M. *Homberg* eut une fœur qui fut mariée à huit ans , & mère à neuf. Son père repaffa en Europe , & M. *Homberg* parut être dans fon véritable air natal , dès qu'il fut dans un pays où l'on pouvoit étudier. En effet toute fa vie fut une étude continuelle ; car fes voyages prefque continuels auffi , n'avoyent que l'étude pour objet & pour terme ; il alloit par-tout où il y avoit quelques connoiffances à acquérir. Il fut à Magdebourg , Otto Guericke, fameux par fes expériences du vuide , qu'on appelloit *les miracles de Magdebourg* , & par l'invention de la machine pneumatique. Il travailla en Angleterre avec le célèbre Boyle , & perfectionna leurs inventions ; en Hollande , il fit de grands progrès dans l'anatomie fous l'illuftre Graff. Il travailla auffi dans le laboratoire de chimie de Stockolm , avec M. Hierna , premier médecin du roi de Suède. Il aimoit fur-tout à raffembler en phyfique , les faits finguliers , peu connus , qui femblent fortir de l'ordre & fe refufer aux fyftèmes , & qui font , comme dit M. de Fontenelle , les anecdotes de la nature. M. Colbert le fixa en France ; il y abjura en 1682 , la religion proteftante , & fut déshérité par fon père ; les bienfaits de M. le duc d'Orléans , depuis régent , auquel il s'attacha en 1702 , l'en dédommagèrent. On fçait quels horribles foupçons fur la mort des princes , enfants de Louis XIV , fit naître contre le duc d'Orléans , & l'évènement a fait voir combien ils étoient injuftes. « Son chimifte *Homberg* , dit M. de Voltaire , » court fe rendre à la Baftille pour fe conftituer » prifonnier ; mais on n'avoit point d'ordre de le rece- » voir ; on le refufe. Le prince, (qui le croiroit) de- » mande lui-même dans l'excès de fa douleur , à être » mis en prifon ; il veut que des formes juridiques » éclairciffent fon innocence ; fa mère demande avec » lui cette juftification cruelle ». Les cris publics qui
furent

**urent affreux alors**, n'avoient pas d'autre fondement que le goût de M. le duc d'Orléans pour la chimie, science alors peu répandue, & que fes bontés pour M. *Homberg*. La vie entière du prince & du chimiste, prouve affez qu'ils n'étoient pas des empoifonneurs.

M. *Homberg* vit ce prince régent du royaume, mais il ne le vit pas long-temps, étant mort le 24 feptembre 1715. Il avoit époufé en 1708, Marguerite-Angélique Dodart, fille du fameux M. Dodart. ( *Voyez* fon article. ) M. *Homberg* avoit beaucoup travaillé pour l'Académie des Sciences ; mais il n'a point publié de corps d'ouvrages.

HOMERE, ( *Hift. Litt. mod.* ) On ne fçait rien de lui, finon qu'il eft le père de la poëfie grecque , l'auteur de l'Iliade & de l'Odyffée , & qu'il eft depuis près de trois mille ans l'objet de l'admiration des amateurs de la poéfie. De faux admirateurs lui ont nui ; j'entends par de faux admirateurs, des gens qui n'ont pas en eux-mêmes de quoi fentir ce qu'ils prétendent admirer : on les reconnoit à leur froid enthoufiafme, à leurs hyperboles glacées, fur-tout au refus, conftant de convenir d'un feul défaut en particulier. ; car pour montrer de l'impartialité, ils conviendront bien en général qu'*Homere* n'eft pas fans défaut, mais n'en défignez, pas un nommément, ils foutiendront toujours que vous attaquez le plus bel endroit.

Ah ! Monfieur , pas un mot ne s'en peut retrancher.

Madame Dacier elle-même a fait plus de tort à *Homere* dans l'opinion publique par fa fuperfti·····, qu'elle ne lui a procuré d'avantage par fa traduction. Elle a fort mal choifi ce qu'on attaquoit fort bien. Nul homme avant de l'efprit & de la raifon , ne peut dédaigner les réflexions de M. de la Motte fur *Homere* ; il faut au contraire , s'en défier , à caufe du charme qu'elles ont pour l'efprit ; c'eft à la fenfibilité plus qu'à la raifon , à juger des beautés poëtiques , & les beautés de langue font entièrement perdues pour qui ne peut lire l'original. M. de la Motte étoit dans le cas , il avoue qu'il ne fçavoit pas le grec : mais il ne paroît pas fentir toute la force de cet aveu , & combien cette ignorance du grec rend incompétent pour juger *Homere* ; il croit fes objections indépendantes de la connoiffance de cette langue, & il a raifon jufqu'à un certain point ; mais s'il avoit employé fa philofophie enchantereffe à développer en général toute la magie du ftyle , à nous montrer comment ce ftyle embellit , colore, dénature les objets, comment il efface les défauts , comme il les transforme en beautés, comme il émeut, comme il pénètre , comme il attendrit, comme il transporte ; comment en parlant au cœur & aux fens, il les entraîne, tandis que la raifon ne parlant qu'à l'efprit , n'en obtient qu'un froid affentiment ; il eût compris & fait comprendre comment *Homere* avec tous fes défauts , qu'une jufte critique releveit en lui , pouvoit encore être un poëte divin ; Fénélon voyoit tous ces défauts , mais il lifoit *Homère* , il le fentoit , & la Motte ne faifoit que le raifonner.

HONDREOUS, f. m. ( *Hift. mod.* ) c'eft le nom

Hiftoire. Tome III.

que l'on donne dans l'ifle de Ceylan aux nobles , qui ainfi que par-tout ailleurs , fe diftinguent du peuple par beaucoup de hauteur & d'arrogance. Ils ont le droit de porter une robe qui defcend jufqu'à la moitié de leurs jambes , de laiffer tomber leurs cheveux fur leurs épaules, de porter l'épée au côté, & une canne à la main ; enfin d'avoir la tête couverte d'un bonnet en forme de mitre. Les plus qualifiés d'entre les *hondreous* font ceux dont le roi a ceint le front d'un ruban d'or & d'argent ; on le nomme *mandiana*. Il n'eft point permis aux nobles de contracter des. alliances avec des perfonnes d'une tribu inférieure à la leur ; & le fupplice le plus affreux que le roi inflige aux filles des nobles qui lui déplaifent , eft de les faire proftituer à des gens de la lie du peuple , qui font regardés comme abominables , & que l'on exclut du droit d'habiter dans les villes. ( *A. R.* )

HONORAT , (Saint ) ( *Hift. Eccléfiaft.* ) fondateur du monaftère de Lérins , puis archevêque d'Arles , étoit d'une famille illuftre dans les Gaules. ; mort en 429.

Un autre *Honorat* , évêque de Marfeille à la fin du fixième fiècle , a écrit la vie de St. Hilaire d'Arles. ( *Voyez* HILAIRE ).

HONORÉ , ( *Hift. Litt. mod.* ) de Cannes , ainfi nommé , parce qu'il étoit de la petite ville de Cannes en Provence , étoit un capucin & un prédicateur célèbre du dernier fiècle. Le P. Bourdaloue lui rendit un témoignage fort honorable à tous deux. *On rend , difoit-il , après fes fermons , les bourfes qu'on a volées aux miens.*

HONORIUS. ( *Voyez* ARCADIUS. )

Il y a eu quatre papes du nom d'*Honorius* , & un antipape. Le premier de ces papes fut accufé de monothélifme. Il fut fait pape en 626 , &. mourut en 638.

Le fecond , nommé Lambert, élu en 1124 , mourut le 14 février 1130.

Les deux autres étoient l'un & l'autre du nom de Savelli. L'un fut fucceffeur d'Innocent III , & mourut en 1227. L'autre , élu en 1285 , mourut en 1287.

HONTAN , ( le baron de la ) ( *Hift. Litt. mod.* ) gentilhomme gafcon du 17e fiècle , connu par fes *Voyages de l'Amérique méridionale.*

HOOFT , ( Pierre Corneille Van ) hiftorien & poëte hollandois , eftimé de fes compatriotes , auteur d'une hiftoire des Pays - Bas , depuis l'abdication de Charles - Quint jufqu'en 1578 , d'une hiftoire de Hen. IV , & de poëfies de divers genres. Né à Amfterdam en 1581 ; mort à la haye en 1647. Louis XIII lui avoit donné le cordon de St. Michel.

HOOK qu HOOKE , ( Robert ) ( *Hift. Litt. mod.* ) mathématicien anglois , célèbre par plufieurs découvertes dans la phyfique , l'hiftoire naturelle & les mathématiques , fut un des membres les plus diftingués de la Société Royale de Londres. Il perfectionna les microfcopes, inventa les montres de poche. Il difputa au fameux Huyghens, l'invention du reffort fpiral. Il

N

s'attacha à prouver qu'il avoit fait fa découverte dès l'an 1660, & Huyghens n'avoit publié la fienne qu'en 1674. C'est en grande partie fur le plan préfenté par Robert *Kooke* que Londres fut rebâtie, après le grand incendie du 13 feptembre 1666. On a de lui des *Effais de Méchanique*, & *la Microfcopie*, ou *la Defcription des Corpufcules obfervés avec le microfcopé*. Outre ces ouvrages imprimés de fon vivant, on a imprimé après fa .mort, un volume *in-folio* d'autres œuvres du même auteur, avec fa vie à la tête. Il étoit né en 1635, dans l'ifle de Wight. Il mourut en 1703.

On a d'un autre M. *Kooke*, père du bibliothécaire actuel des Quatre Nations (en 1788), une Hiftoire Romaine en anglois, fort eftimée.

HOPITAL ou HOSPITAL, ( *Hift. de Fr.* ). La maifon de l'*Hôpital*-Choify & Vitry, fort, à ce qu'on croit, de la maifon de Galluci, déjà confidérable dans le royaume de Naples, au douzième fiècle; Jean de l'*Hôpital* fut le premier de cette maifon qui s'établit en France au quatorzième fiècle. Son arrière - petit - fils, Adrien de l'*Hôpital*, chambellan du roi Charles VIII, commanda l'avant-garde de l'armée royale à la bataille de faint Aubin-du-Cormier en 1488. Cette maifon a produit deux maréchaux de France, frères. Le premier, Nicolas de l'*Hôpital - Vitry*, capitaine des Gardes-du-Corps, quoique par fa naiffance & par fes fervices, il fût en droit d'afpirer à tout, fut fait maréchal de France pour avoir tué, ou, fi l'on veut, après avoir tué le maréchal d'Ancre; il fut fait auffi, deux ans après, chevalier des Ordres. Il tomba dans la difgrace; voici à quelle occafion. Les Efpagnols en 1635, s'étoient emparés des ifles de Sainte Marguerite & de Saint Honorat; l'archevêque de Bordeaux, Sourdis, qui fe croyoit & que le cardinal de Richelieu croyoit un grand homme de mer, & le comte d'Harcourt-Lorraine, qui alloit être un des grands capitaines de l'Europe, chargés en 1636, de reprendre ces Ifles, ne réuffirent pas; ils accuferent de ce mauvais fuccès, le maréchal de Vitry, gouverneur de Provence depuis 1632, qui, chargé de leur fournir tous les fecours néceffaires, les avoit mal fecondés. L'archevêque ofa le lui reprocher en face. Vitry, non moins emporté que l'archevêque, lui donna vingt coups de canne, & voulut fe battre contre le comte d'Harcourt. A ces procédés, fe joignirent quelques exactions & quelques violences dans fon gouvernement. Il fut arrêté le 27 octobre 1637, & mis à la Baftille, d'où il ne fortit qu'après la mort du cardinal de Richelieu, le 19 janvier 1643. Il rentra en grace, & l'année fuivante, le roi érigea pour lui en duché-pairie, fous le règne de Vitry, la terre de Château-Vilain en Champagne. Il mourut le 28 feptembre 1644.

Du Hallier fon frère, fecond maréchal de France de cette maifon, deftiné d'abord à l'état eccléfiaftique, avoit été abbé de Ste. Geneviève, & nommé à l'évêché de Meaux. Son inclination pour les armes l'emporta fur les difpofitions de fa famille. Il fe fignala dans la guerre contre les huguenots ; fous le règne de Louis XIII, fur-tout au fiège de la Rochelle en 1627 & 1628; dans la guerre de Savoye, en 1631; dans la guerre

de Lorraine en 1630. Il fut bleffé au fiège de St. Omer, en 1638. La même année il reprit le Catelet. Il contribua, en 1640, à la prife d'Arras. En 1641, il fit encore plufieurs conquêtes en Lorraine; en 1643, après s'être oppofé à la bataille de Rocroy, par des raifons de prudence, il contribua beaucoup par fa bonne conduite, au gain de cette bataille. Il reprit le canon dont les ennemis s'étoient emparés; il y fut dangereufement bleffé. Il, eut fucceffivement les gouvernements de Lorraine, de Champagne, de Paris; il fut capitaine des Gardes & chevalier des Ordres du roi, ainfi que fon frère; il fut fait maréchal de France en 1643, & prit alors le nom de maréchal de l'*Hôpital*. Il mourut à Paris le 20 avril 1660.

Le fameux marquis de l'*Hôpital* ( Guillaume François ) étoit de la branche de Sainte - Mefme. Il eft affez connu par fon *Analyfe des infiniment petits* qu'il publia en 1696; fils d'un lieutenant-général des armées du roi, il fervit comme tous ceux de fonnom. Il fut capitaine de cavalerie; mais la foibleffe de fa vue qui étoit fi courte qu'il ne voyoit pas à dix pas, l'obligea de quitter le fervice; alors il fe livra tout entier à la géométrie, & devint un des plus grands géomètres de l'Europe. Son goût & fon talent pour cette fcience, qu'il communiqua même à Marie-Charlotte de Romilley de la Chefnelaye, fa femme, s'annoncèrent en lui dès l'enfance; à quinze ans les problèmes les plus difficiles, n'étoient déjà qu'un jeu pour lui. Il mourut le 2 février 1704, à quarante-trois ans.

HÔPITAL, ( Michel de l' ) ( *Hift. de Fr.* ) Qui croiroit que ce règne affreux de Charles IX & de Catherine de Medicis fa mère, règne fouillé par le crime de la St. Barthelemy, ait été l'âge d'or de la législation ? La gloire en eft due à ce Chancelier de l'*Hôpital*, le plus grand magiftrat dont la France s'enorgueilliffe ? Il oppofoit la puiffance des loix à la décadence des mœurs, & luttoit feul contre fon fiècle. « Le chancelier de l'*Hôpital* veilloit pour la patrie, dit le préfident Hénault; il penfoit que la fainte ma- » jefté des loix avoit des droits imprefcriptibles fur » le cœur des hommes. » L'ordonnance d'Orléans ( 1560) fut en grande partie, l'ouvrage du chancelier de l'*Hôpital*, ainfi que l'édit des conteftations nôces (1560), l'édit pour l'établiffement des confignations (1563), l'ordonnance de Rouffillon (1564), l'édit pour l'établiffement de la jurifdiction des confuls (1564), l'ordonnance de Moulins (1566), l'édit des mères (1567), & plufieurs autres loix, monuments éternels de fa fageffe & de fon amour pour l'état. Pendant tout le cours du règne de Charles IX, on voit le chancelier de l'*Hôpital* occupé à prévenir, à éteindre l'incendie que des furieux allumoient dans le royaume ; il fut l'auteur de tous les édits de pacification, & ce fut toujours l'inobfervation de ces mêmes édits, qui fit renaître les troubles; toujours contredit, toujours traverfé, il ne fe rebuta jamais ; les différens intérêts, les querelles de religion, les divifions des grands, les fureurs de parti, le partage & l'affoibliffement de l'autorité royale étoient des obftacles prefque infurmontables au bien que le chancelier vouloit faire; lui feul fut confi

[sou]mment occupé de l'intérêt public, tandis qu'autour de lui, tout étoit emporté par le tourbillon des intérêts particuliers.

La cour de Rome persécuta ouvertement l'*Hôpital*, elle vouloit détruire les protestants; l'*Hôpital* vouloit sauver des citoyens. Le pape Pie IV, irrité de la condamnation de la thèse de Tanquerel, (thèse qui lui accordoit le droit de déposer les rois & les empereurs hérétiques), irrité encore de l'opposition qu'apportoit le chancelier à la publication du concile de Trente, & de son indulgence envers les protestants, offrit au roi une bulle qui permettoit l'aliénation des biens ecclésiastiques jusqu'à la concurrence de cent mille écus, à condition que le roi feroit enfermer le chancelier de l'*Hôpital* & son ami Montluc, évêque de Valence.

La calomnie venoit à l'appui de cette persécution. Raynaldi & d'autres auteurs ultramontains, soit de naissance, soit seulement de doctrine, comme Beaucaire, ont accusé d'irreligion & d'athéisme le pieux & vertueux l'*Hôpital*. Ce ne sont là que des déclamations qui ne méritent pas d'être réfutées. Mais on a plus généralement accusé l'*Hôpital* d'un calvinisme secret, & le soupçon sur cet article a été assez répandu pour avoir fait passer en proverbe à la cour cette phrase: *Dieu nous garde de la mess. de M. le chancelier.* Le même Raynaldi accuse encore l'*Hôpital* d'avoir conspiré avec le président du Ferrier, ambassadeur de France au concile de Trente, pour rompre les liens de l'unité. Il faut sçavoir gré au chancelier de s'être attiré toutes ces calomnies par son zèle à défendre nos libertés & à combattre le fanatisme. Le chancelier de l'*Hôpital* se voyant suspect à la reine Mère, & traité avec froideur par le roi, prit le parti en 1568, de quitter une cour qui n'avoit jamais été digne de lui. Quatre ans après, la St. Barthelemi éclata. La rage du fanatisme alla chercher le chancelier jusques dans la solitude où il vivoit dans sa terre de Vigny en Beauce, entre Etampes & Malesherbes. On vint lui dire qu'une troupe de gens armés s'avançoit vers sa maison. *Si la petite porte ne suffit par pour qu'ils entrent*, dit l'Hôpital, *qu'on leur ouvre la grande.* C'étoient des furieux qui, sans ordre de la cour, venoient pour le tuer; mais ils furent atteints dans l'avenue & presqu'à la porte, par des personnes chargées des ordres du roi. Ces ordres exceptoient l'*Hôpital* de la proscription; les auteurs de la St. Barthelemi vouloient bien lui pardonner de s'être autrefois si souvent opposé à leurs desseins. Cette modération le fit sourire. *J'avois donc mérité la mort*, dit-il, *& l'on m'accorde ma grace!* Cette grace fut vaine, l'*Hôpital* ne put survivre long-temps à de pareilles horreurs; il mourut le 15 mars 1573, laissant une mémoire plus respectée que sa vertu ne l'avoit été pendant sa vie. Il étoit né à Aigueperse, d'un médecin qui avoit suivi le connétable de Bourbon dans sa révolte, & qui avoit été enveloppé dans sa disgrace.

Considéré simplement comme un homme de lettres, le chancelier de l'*Hôpital* eût encore été un des personnages les plus illustres de son siècle. On a de lui des harangues & des mémoires sur divers points de droit public: il parle dans son testament, d'un travail qu'il avoit fait sur le droit civil; mais ses véritables titres littéraires sont ses poësies latines; on voit qu'il a pris pour modèle, Horace dans ses satyres & dans ses épîtres, & qu'il imite tout en lui, jusqu'à ses négligences. Scévole de Sainte Marthe le met au-dessus d'Horace, Jose, li Scaliger le met trop au-dessous. Il nous paroît que la ressemblance entre ces deux poëtes est marquée, & que c'est celle qui se trouve entre un disciple estimable & un excellent maître. Si le chancelier de l'*Hôpital* a moins de nerf & de précision qu'Horace, c'est que tout auteur qui écrit dans une langue étrangère, s'occupe principalement de la clarté, & emploie presque toujours un peu plus de mots qu'il ne faut.

M. de Foully, lieutenant général de Reims, associé-libre-régnicole de l'Académie des Inscriptions & Belles-Lettres, fils & neveu de deux membres distingués de cette Académie, a donné la vie du chancelier de l'*Hôpital*, en un volume *in*-12.

HORACE, (Quintus-Horatius-Flaccus) (*Hist. Rom.*)

Horace, l'ami du bon sens,
Philosophe sans verbiage,
Et poëte sans fade encens.

C'est de tous les poëtes du siècle d'Auguste, celui qui est le plus à l'usage de tout le monde & où l'ame trouve le plus de remède à ses maux & de consolation dans ses peines. Les occasions d'en parler & de citer ou d'appliquer quelques traits de lui, sont si fréquentes dans ce Dictionnaire, qu'il reste peu de choses à en dire à son article. Toute son histoire est dans ses œuvres, non seulement parce qu'en général la vie d'un homme de lettres n'a guère d'autres évènements que ses productions, mais parce qu'en effet, c'est d'*Horace* lui-même qu'on apprend toute son histoire; sa patrie (Venuse), sa fuite à la bataille de Philippes, ce qui a fait dire qu'après le courage, il n'y avoit rien de plus courageux que l'aveu de la lâcheté; sa tendresse, sa reconnoissance respectueuse & respectable pour un père affranchi & sergent ou crieur public, qui avoit tout sacrifié pour lui procurer une bonne éducation; tout ce qu'*Horace* dit à ce sujet, lui fait infiniment d'honneur, & fait chérir également le père & le fils. C'est aussi par *Horace* qu'on apprend la naissance & quelques détails de l'amitié qui régna entre Mécène & lui; on voit dans ses œuvres combien il étoit fier & flatté des succès que ses talents lui avoient procurés dans le monde & auprès des grands; on y voit combien il aimoit la campagne, combien il aimoit Varius & Virgile, combien il en étoit aimé; sur cela nous sommes tentés de croire que les poëtes & les beaux-esprits de l'antiquité, n'avoient point les foiblesses jalouses des auteurs modernes; mais si Virgile & *Horace* s'aimoient, peut-être parce qu'ils ne travailloient pas dans le même genre, comme parmi nous Racine & Boileau, ils en haïssoient & en maltraitoient d'autres. (*Voyez* l'article MŒVIUS.) Il y a beaucoup à rabattre de la critique que fait d'*Horace* le sénateur *Poco-curante* dans *Candide*; mais tout n'en est pas injuste. On se passeroit fort bien en effet, des injures grossières & dégoûtantes qu'*Ho*-

*race* vomit contre des vieilles encore amoureuſes qu'il n'étoit plus en état de ſervir ; la querelle de Perſius & de Rupilius dans la ſeptième ſatyre du premier livre, & ſur-tout celle des deux bouffons Sarmentus & Cicerrus, dans la ſatyre du voyage, cette querelle qui amuſa tant Mécène, *Horace*, *Virgile* & *Varius* :

*Prorsùs jucundè cœnam* ( ou *ſcenam*) *produximus illam,*

& dont par cette raiſon, Dacier a cru être amuſé, ne fait pas plus de plaiſir à un lecteur françois, que n'en feroit une batterie de deux forts de la Halle ou de deux charbonniers ſur le Port, qui ſe reproche-roient groſſièrement les ſuites honteuſes de leurs débau-ches : de plus, *Horace* emploie ſérieuſement au milieu d'un diſcours ſenſé & d'un raiſonnement philoſophique, des expreſſions ſi obſcènes ; qu'on croiroit que les Romains n'avoient pas ſur l'obſcénité du langage, les mêmes principes que nous, ſi cette idée n'étoit pas détruite par un paſſage formel de Cicéron, qui dit ( *offic. lib. i, cap. 35*), qu'il y a des objets & des actions légitimes & conformes à la nature, dont le nom eſt une obſcénité, qu'on ne peut pas ſe permettre, tandis qu'on nomme tous les jours, ſans aucune ombre d'obſcénité, les actions les plus deshonnêtes & les plus criminelles, le vol, l'aſſaſſinat, l'adultère, &c. *Horace* mourut âgé de cinquante-ſept ans, peu d'années avant l'ère chrétienne.

Rien de plus connu dans l'Hiſtoire Romaine & parmi nous, par la tragédie de Corneille, que le combat des *Horaces* & des *Curiaces*, qui décida du ſort de Rome & d'Albe ; mais ce qui peut étonner, c'eſt que Tite-Live obſerve qu'on ne ſçait pas bien qui des *Horaces* ou des *Curiaces*, étoient les Romains ou les Albains, mais qu'il ſuit l'opinion commune, ſuivant laquelle les *Horaces* étoient les Romains : *tamen in re tam clarâ nominum error manet, utrius populi Horatii, utrius Curiatii fuerint. Auctores utrique trahunt : plures tamen invenio, qui Romanos Horatios vocent. Hos ut ſequar inclinat animus.* Une telle incertitude paroît bien propre à confirmer le ſyſtème de M. de Pouilly, ſur l'incertitude générale de l'Hiſtoire des premiers ſiècles de Rome.

HORATIUS COCLES, de la même famille que les vainqueurs des Curiaces, perdit dans un combat un œil, ce qui lui fit donner le ſurnom de *Coclès*. Il ſignala ſon intrépidité dans la guerre contre Porſenna, qui après avoir chaſſé les Romains du janſicule, les pour-ſuivit juſqu'à un pont qu'*Horatius* eut l'audace de dé-fendre avec deux Romains auſſi intrépides que lui. Ils rompirent le pont derrière eux pour n'être point ac-cablés par le nombre : & tandis qu'il en défendoit ſeul la tête, il conſeilla à ſes compagnons de ſe ſervir des planches pour deſcendre du fleuve & ſe ſauver. Dès qu'il les vit en ſûreté, il s'y jetta lui-même tout armé. Le poids de ſes armes & un coup de pique qu'il reçut, ne l'empêchèrent point de gagner le rivage. Pu-blic o'a lui érigea une ſtatue dans le temple de Vulcain. Cette hiſtoire eſt ſans doute exagérée ou fabuleuſe, mais à force d'être répétée, on ne peut lui refuſer

une place parmi les menſonges hiſtoriques. ( *T. N.* )

HORMISDAS eſt le nom :

1°. D'un pape, élu en 514. Mort en 523.

2°. De trois rois de Perſe, dont le dernier, mort en 590, n'a de remarquable que d'avoir été tué à coups de bâton, par ordre de ſon fils. ( *Voyez* CHOSROES SECOND.

HORN ou HORNES ; ( le comte de ) ( *Voyez* EGMONT.) Le comte de *Hornes*, qui eut la tête tranchée avec le comte d'Egmont pour avoir plaidé la cauſe des Flamands opprimés, & Floris ſon frère, qui eut le même ſort deux ans après, étoient de la maiſon de Montmorenci. Cette maiſon & la maiſon de *Hornes* de Flandre, avoient ou enſemble pluſieurs alliances. La maiſon de *Hornes* tire ſon nom d'une pe-tite ville du Brabant ; elle étoit autrefois ſouveraine, & rendoit des édits dès le douzième ſiècle ; il ne reſte plus d'autre marque de ſon ancienne ſouveraineté, que quelques pièces de monnoie frappée à ſon coin, mon-noie qui a cours dans le pays de Liège. On croit que les de *Hornes* deſcendoient des premiers ducs de Lothier & de Brabant. De cette maiſon étoient :

1°. Jean I, tué dans le 12e ſiècle, en combattant pour les intérêts des ducs de Brabant.

2°. Gérard, tué au 14e ſiècle, dans une bataille en Flandre, entre le comte de Hollande & les Friſons.

3°. Guillaume VIII, tué à la bataille d'Azincourt, en 1415.

4°. Jean II, qui au 16e ſiècle, donna le comte de *Hornes* à Philippe & à Floris de Montmorenci ( ces deux frères, qui eurent la tête tranchée dans les trou-bles de Flandre étoient de la branche de Nivelle ).

*Branche des Comtes de Houtequerque.*

5°. Jean, tué au ſervice du duc de Bourgogne Philippe-le-Bon, dans une bataille près d'Oſtende, en 1436.

6°. Philippe, ſon fils, général des armées du même duc de Bourgogne, vainqueur des Liégeois au combat de Montenaquen en 1452.

*Branche des Comtes de Beauſſignies.*

7°. Philippe-Emmanuel, gouverneur de Gueldres, lieutenant-général dans les armées eſpagnoles, grand d'Eſpagne héréditaire de la première claſſe, ſe diſ-tingua au combat de Gran, contre les Turcs 1685, & à la priſe de Neuhauſel ; dans la guerre de la ſuc-ceſſion, il ſervit la France & l'Eſpagne au ſiège de Briſac en 1703 ; au ſiège de Landau & à la bataille de Spire dans la même année ; à la bataille de Ramillies en 1706, où il reçut ſept bleſſures & fut fait priſonnier.

On ſçait trop comment a péri, en 1720, à Paris, un jeune comte de *Hornes*, trop indigne d'un ſi beau nom, & dont on peut dire :

Ta honte eſt à toi ſeul. . . . . . . . . .
Te voilà retranché d'une race immortelle
Que tu pouvois couvrir d'une ſplendeur nouvelle.

HORREBOW, (Pierre) (*Hiſt. Litt. mod.*) célèbre

aftronome danois, eft, dit-on, le premier qui ait obfervé l'aberration de la lumière dans les étoiles fixes ; M. Bradley l'a depuis expliquée par la propagation fucceffive de la lumière. Mort en 1764.

HORSTIUS, (*Hift. Lit. mod.*) eft le nom de trois célèbres Médecins allemands ; 1°. Jacques, mort en 1600 ; 2°. Grégoire fon neveu, qu'on appelloit l'*Efculape de l'Allemagne*, mort en 1636 ; 3°. Daniel, fils de Grégoire, mort en 1685. Tous trois ont écrit fur leur art, fur-tout les deux premiers. Cette famille a encore produit d'autres fçavants médecins.

HORTAGILIER, f. f. ( *Hift. mod.* ) terme de relation, tapiffier du grand Seigneur.

Il n'y a point de ville mieux réglée que le camp du grand feigneur ; & pour connoître la grandeur de ce prince, il faut le voir campé ; car il y eft bien mieux logé qu'à Conftantinople, & qu'en aucune autre ville de fon empire.

Il a toujours deux garnitures de tentes, afin que pendant qu'il eft dans l'une, l'on aille tendre l'autre au lieu où il doit aller.

Il a pour cet effet plus de quatre cens tapiffiers, appellés *hortagiliers*, qui vont toujours une journée devant, afin de choifir un lieu propre pour la dreffer. Ils tendent premièrement celle du fultan, & puis celles des officiers & des foldats de la Porte, felon leur rang. *Dict. de Trévoux.* (G).

HORTENSIUS, (Quintus.) ( *Hift. Rom.* ) rival de Cicéron, qui parle de fon éloquence avec éloge, & de fa vafte mémoire avec admiration. Mais les œuvres de Cicéron nous font reftées, & nous n'avons pas les plaidoyers d'*Hortenfius*, ce qui peut faire croire que, comme le dit Quintilien, ils ne foutenoient pas leur réputation. Il fut conful l'an 70 avant J. C.

HOSPODAR, f. m. ( *Hift. mod.* ) c'eft ainfi qu'on nomme les fouverains de la Valachie & de la Moldavie ; c'eft le grand feigneur qui les établit, & ils font obligés de lui payer tribut. Le feul moyen de parvenir à cette dignité, c'eft de donner beaucoup d'argent aux grands de la Porte ; c'eft ordinairement fur le plus offrant que le choix tombe, fans qu'on ait égard ni à la naiffance, ni à la capacité. Cependant cette dignité a été poffédée dans ce fiècle par le prince Démétrius Cantemir, qui avoit fuccédé au célèbre Maurocordato. ( A. R. )

HOSTE, ( Nicolas l' ) ( *Hift. de Fr.* ) commis ou fecrétaire du miniftre Villeroy, Nicolas de Neuville : cet homme trahiffoit la France, & révéloit aux Efpagnols les fecrets de l'état ; il fut découvert, & prit la fuite ; mais il fut atteint au paffage de la Marne, & s'y noya. Cette aventure eft de 1604. M. de Sully fait à ce fujet, des reproches de négligence à M. de Villeroy. M. de Thou dit que ce miniftre ne fut pas exempt de foupçon ; mais il accuse que Henri IV, loin d'en concevoir aucun, prit foin de confoler M. de Villeroy de ce malheur.

HOSTRATEN, (Jacques) (*Hift. du Luthéranifme*)

dominicain fougueux, qui, écrivant contre Luther, commença par conjurer le pape d'employer le fer & le feu contre cet héréfiarque, dont les opinions n'étoient pas même encore condamnées. On fit à ce moine, encore vivant, l'épitaphe fuivante, qui prouve qu'il avoit quelque réputation d'homme méchant & violent :

*Hic jacet Hoftratus, viventem ferre patiquæ*
*Quem potuere mali, non potuere boni.*
*Crefcite ab hoc taxi, crefcant aconita fepulchro ;*
*Aufus erat, fub eo qui jacet, omne nefas.*

Ou bien au lieu des deux derniers vers, les deux fuivants :

*Ipfe quoque excedens vitâ, indignatus ab illâ,*
*Mæftus ob hoc quod non plus nocuiffet, erat.*

HOTEL-DIEU, (*Hift. mod.*) c'eft le plus étendu, le plus nombreux, le plus riche, & le plus effrayant de tous nos hôpitaux.

Voici le tableau que les adminiftrateurs eux-mêmes en ont tracé à la tête des comptes, qu'ils rendoient au public dans le fiècle paffé.

Qu'on fe repréfente une longue enfilade de falles contiguës, où l'on raffemble des malades de toute efpèce, & où l'on en entaffe fouvent trois, quatre, cinq & fix dans un même lit ; les vivants à côté des moribonds & des morts ; l'air infecté des exhalaifons de cette multitude de corps mal-fains, portant des uns aux autres les germes peftilentiels de leurs infirmités ; & le fpectacle de la douleur & de l'agonie de tous côtés offert & reçu. Voilà *l'hôtel-Dieu*.

Auffi de ces miférables, les uns fortent avec des maux qu'ils n'avoient point apportés dans cet hôpital, & que fouvent ils vont communiquer au-dehors à ceux avec lefquels ils vivent. D'autres guéris imparfaitement, paffent le refte de leurs jours dans une convalefcence auffi cruelle que la maladie ; & le refte périt, à l'exception d'un petit nombre qu'un tempérament robufte foutient.

L'*hôtel-Dieu* eft fort ancien. Il eft fitué dans la maifon même d'Ercembalus, préfet ou gouverneur de Paris fous Clotaire III, en 665. Il s'eft fucceffivement accru & enrichi. On a propofé en différents temps des projets de réforme qui n'ont jamais pu s'exécuter, & il eft refté comme un gouffre toujours ouvert, où des uns hommes avec les aumônes des particuliers vont fe perdre. ( A. R. )

( C'eft dans le rapport des commiffaires chargés par l'Académie des Sciences, de l'examen du projet d'un nouvel hôtel-Dieu, rapport imprimé par ordre du roi & daté du 22 novembre 1786, qu'il faut chercher la defcription la plus exacte de l'état de l'hôtel-Dieu, & les raifons de le transférer dans des endroits plus fains, & de le partager en quatre hôpitaux différents ).

HOTELLERIE de Turquie, ( *Hift. mod.* ) édifice public où l'on reçoit les voyageurs & les paffants, pour les loger gratuitement. Il y en a quantité de fondations fur les grands chemins & dans les villes d'Afie.

Les *hôtelleries* qu'on trouve sur les grands chemins, dit M. de Tournefort, sont de vastes édifices longs ou quarrés, qui ont l'apparence d'une grange. On ne voit en dedans qu'une banquette attachée aux murailles, & relevée d'environ trois pieds, sur six de large; le reste de la place est destiné pour les mulets & pour les chameaux; la banquette sert de lit, de table & de cuisine aux hommes. On y trouve de petites cheminées à sept ou huit pieds les unes des autres, ou chacun fait bouillir sa marmite. Quand la soupe est prête, on met la nape, & l'on se place autour de la banquette les pieds croisés comme les tailleurs. Le lit est bientôt dressé après le souper, il n'y a qu'à étendre son tapis à côté de la cheminée, & ranger ses hardes tout autour; la selle du cheval tient lieu d'oreiller, & le capot suppléé aux draps & à la couverture.

On trouve à acheter à la porte de ces *hôtelleries*, du pain, de la volaille, des œufs, des fruits, & quelquefois du vin, le tout à fort bon compte. On va se pourvoir au village prochain, si l'on manque de quelque chose. On ne paie rien pour le gîte: ces retraits publiques ont conservé en quelque manière le droit d'hospitalité, si recommandable chez les anciens.

Les *hôtelleries* des villes font plus propres & mieux bâties; elles ressemblent à des monastères, car il y en a beaucoup avec de petites mosquées; la fontaine est ordinairement au milieu de la cour, les cabinets pour les nécessités sont aux environs; les chambres sont disposées le long d'une grande galerie, ou dans des dortoirs bien éclairés.

Dans les *hôtelleries* de fondation, on ne donne pour tout paiement qu'une petite étrenne au concierge, & l'on vit à très-vil prix dans les autres. Si l'on veut y être à son aise, il suffit d'y avoir une chambre servant de cuisine; l'on vend à la porte de l'*hôtellerie* viande, poisson, pain, fruits, beurre, huile, pipes, tabac, café, chandelle, jusqu'à du bois. Il faut s'adresser à des Juifs ou à des Chrétiens pour du vin, & pour peu de chose ils vous en fournissent en cachette.

Il y a de ces *hôtelleries* si bien rentées, que l'on vous donne aux dépens du fondateur, la paille, l'orge, le pain & le riz. Voilà les fruits de la charité qui fait un point essentiel de la religion mahométane; & cet esprit de charité est si généralement répandu parmi les Turcs, qu'on voit de bons Musulmans qui se logent dans des espèces de huttes sur les grands chemins, où ils ne s'occupent pendant les chaleurs qu'à faire reposer & rafraîchir les passants qui sont fatigués. Nous louons ces sortes de sentiments d'humanité, mais nous ne les avons pas beaucoup dans le cœur; nous sommes très-polis & très-durs. (*D. J.*)

HOTHER, (*Hist. de Suède*) roi de Suède, régnoit vers le troisième siècle. Né aimable & sensible, il plut à Nanna, princesse de Norwège, & l'aima: Hacho, roi de Danemarck, lui disputa sa main: les feux de l'amour allumèrent ceux de la guerre; Hacho fut chassé de ses états, y rentra, fut vaincu encore, & périt de la main de son heureux rival; Fridlef eut le même fort; l'usurpateur demeura long-temps tran-

quille sur le trône. Mais bientôt ses sujets indignés d'un joug étranger, quoiqu'assez doux, levèrent contre lui l'étendard de la révolte; il marcha contr'eux, leur livra bataille, & périt les armes à la main. (*M. DE SACY*).

HOTMAN, (*Hist. de Fr.*) (François & Antoine) deux frères célèbres dans les temps malheureux de la St. Barthelemi & de la Ligue. François fut un jurisconsulte très-fameux, professeur de droit à Bourges, où ses écoliers le sauvèrent du massacre de la Saint-Barthelemi. Ses œuvres ont été recueillies en trois volumes *in-fol*. On trouve à la tête de ce recueil, la vie de l'auteur, composée par Nevelet. Le plus connu des ouvrages de François *Hotman*, est son *Franco-Gallia* où il prétend que la monarchie françoise est élective & non héréditaire. Il a aussi un ouvrage intitulé: *de furoribus Gallicis & cæde admiralis*. On lui attribue le *Vindiciæ contra tyrannos* de Junius Brutus. Il mourut en 1590.

Antoine *Hotman* son frère, avocat général au parlement de Paris du temps de la ligue, mort en 1596, est auteur de quelques livres de droit.

Son fils, Jean *Hotman*, sieur de Villiers, est auteur entr'autres ouvrages, d'une *vie de Gaspard de Coligny de Châtillon*, amiral de France, composée en latin, & qui a été traduite en françois.

Un autre *Hotman* fut du nombre des commissaires qui rédigèrent la fameuse ordonnance civile de 1667.

HOUAME ou HOUAINE, s. m. (*Hist. mod.*) fils de Mahométane. Les *Houames* courent l'Arabie; ils n'ont de logements que leurs tentes. Ils se font fait une loi particulière, ils n'entrent point dans les mosquées; ils font leurs prières & leurs cérémonies sous leurs pavillons, & finissent leurs exercices pieux par s'occuper de la propagation de l'espèce qu'ils regardent comme le premier devoir de l'homme; en conséquence l'objet lui est indifférent. Ils se précipitent sur le premier qui se présente. Il ne s'agit pas de se procurer un plaisir recherché, ou de satisfaire une passion qui tourmente, mais de remplir un acte religieux: belle ou laide, jeune ou vieille, fille ou femme, un *houame* ferme les yeux & accomplit sa loi. Il y a quelques *houames* à Alexandrie, où le culte n'est pas toléré; on y brûle tous ceux qu'on y découvre. (*A. R.*)

HOUDAR, (*Voyez* MOTTE) (de la)

HOUDRY, (Vincent) (*Hist. Litt. mod.*) jésuite, auteur de la *Bibliothèque des Prédicateurs*, Mort à Paris en 1729, à 99 ans & trois mois.

HOUSSAIE, (AMILOT DE LA) (Abraham-Nicolas) (*Hist. Litt. mod.*) auteur qui a beaucoup écrit sur la politique & traduit beaucoup d'écrivains du même genre. On a de lui: *la morale de Tacite*, avec un *discours critique des traducteurs ou commentateurs modernes de Tacite*; une *Histoire du gouvernement de Venise*, avec un supplément, contenant l'histoire & quelques pièces du différend de la république avec Paul V; une *relation du conclave de Clément X*, en 1670. Il a traduit l'histoire du concile de Trente, de Fra-Paolo; l'*Homme de Cour* de Balthasar Gracian, jésuite espagnol; le *Squitinio della libertà Veneta*, examen de la *liberté originaire de Venise*, attribuée au jurisconsulte Marc Velserus ; plusieurs livres des annales de Tacite, avec des notes & des remarques. On a sous son nom , 2 volumes *in*-12. de *mémoires historiques , politiques , critiques & littéraires* , par ordre alphabétique , mais l'alphabet n'est pas complet. Né à Orléans en 1634, mort à Paris le 8 décembre 1706.

HOUPPON , f. m. ( *Hist. mod. & Comm.* ) on nomme ainsi à la Chine un mandarin établi commissaire pour la perception des droits d'entrée & de sortie : c'est une espèce de directeur général des douanes.

Les *houppons* y sont aussi des fermiers ou receveurs des droits d'entrée & de sortie qu'on paie pour les marchandises dans les douanes de cet empire. *Diction. de Commerce.* ( *A. R.* )

HOURIS, f. f.-pl. ( *Hist. mod.* ) les Mahométans appellent ainsi les femmes destinées aux plaisirs des fideles croyans , dans le paradis que le grand prophète leur a promis. Ces femmes ne sont point celles avec lesquelles ils auroient vécu dans ce monde ; mais d'autres d'une création toute nouvelle, d'une beauté singulière , dont les charmes seront inaltérables , qui iront au-devant de leurs embrassements , & que la jouissance ne flétrira jamais. Pour celles qui ils rassemblent dans leurs serrails, le paradis leur est fermé ; aussi n'entrent-elles point dans les mosquées ; à peine leur apprend-on à prier Dieu , & le bonheur qu'on trouve dans leurs caresses les plus voluptueuses. n'est qu'une ombre légère de celles qu'on éprouvera avec les *houris*. ( *A. R.* )

HOUSBUL-HOOKUM, ( *Hist. mod.* ) c'est le nom que l'on donne dans l'Indostan, ou dans l'empire du grand-mogol, à une patente ou expédition signée par le visir ou premier ministre. ( *A. R.* )

HOUSTALAR, f. m. ( *Hist. mod.* ) chef d'un jardin du grand-seigneur. Tous les vendredis les *houstalars* viennent rendre compte aux boftangis bachis de leurs charges, & de la vente qu'ils ont faite de ce qui croît dans les jardins du grand-seigneur. L'argent qui provient de cette vente est employé à la dépense de bouche. ( *A. R.* )

HOUTTEVILLE, ( Claude-François ) ( *Hist. Litt. mod.* ) L'Abbé *Houteville*, de l'Académie Françoise, dont il fut même nommé secrétaire perpétuel en 1742, est connu par son livre intitulé : *de la vérité de la Religion Chrétienne , prouvée par les faits.* Mort en cette même année 1742.

HOWARD , ( *Hist. d'Anglet.* ) Grande maison d'Angleterre , qui a produit plusieurs personnages illustres & intéressants.

HOZIER, ( *Hist. de Fr.* ) Pierre d'*Hozier*, Charles-René son fils, Louis-Pierre, neveu du dernier, & M. d'*Hozier* de Sérigny, fils de Louis-Pierre, tous juges d'armes de la noblesse de France depuis 1641 & sont toujours acquittés avec beaucoup d'honneur des fonctions de cet emploi; mais la satyre suppose toujours bien légèrement que ceux qui sont bien traités dans les

armoriaux & les livres généalogiques, ont payé pour cela. Boileau a dit :

> D'Hozier lui trouvera cent ayeux dans l'histoire.

Et l'abbé de Boisrobert, parlant du crédit qu'il avoit auprès du cardinal de Richelieu, dit:

> On m'honoroit, & les plus apparents
> Payoient d'Hozier pour être mes parents.

On a de Pierre d'*Hozier* ; mort le 30 septembre 1660, plusieurs généalogies. Boileau , dit-on , fit ces vers pour être mis au bas de son portrait:

> Des illustres maisons il publia la gloire ;
> Ses talents surprendront tous les âges suivants :
> Il rendit tous les morts vivants dans la mémoire ;
> Il ne mourra jamais dans celle des vivants.

De Charles-René , mort le 13 février 1732, on a le *Nobiliaire de Champagne.*

De Louis-Pierre, mort en 1767, & de M. de Sérigny, l'*Armorial général.*

HU , f. m. ( *Hist. mod.* ) nom du troisième mois des Tartares du Catai. Il signifie aussi dans la langue *tigre* ou *léopard.* ( *A. R.* ).

HUBERT, ( Saint ) ( *Hist. de Fr.* ) *Voyez* l'article ARIBERT. Cet *Aribert* , outre Chilperic , eut deux fils, Boggis & Bertrand. Bertrand fut le père de St. *Hubert*, évêque de Maëstrich & de Liège , qui fut l'apôtre des Ardennes, & qui mourut en 727.

HUBERT, ( Matthieu ) ( *Hist. Litt. mod.* ) oratorien célèbre; on a son *Sermonaire.* Il disoit que le P. Massillon, devoit prêcher devant les maîtres , & lui devant les domestiques. Un homme considérable lui rappellant, dans le temps de sa plus grande réputation , qu'ils avoient fait leurs études ensemble. *Pourrois - je l'avoir oublié*, dit-il , *vous me fourniffiez des livres & quelquefois des habits.* Mort en 1717.

HUBNER, ( Jean ) ( *Hist. Litt. mod.* ) géographe allemand , dont la *Géographie universelle* est assez connue. Mort en 1732.

HUDSON, ( Henri ) ( *Hist. d'Anglet.* ) pilote anglois , dont le nom a été donné par les Anglois , à un détroit & à une baie, situés au nord du Canada. Son expédition est de 1610.

Un autre *Hudson* ( Jean ) est un savant, auquel on doit plusieurs bonnes éditions d'anciens auteurs. Mort en 1719.

HUEIPACHTLI, f. m. ( *Hist. mod.* ) douzième mois des Mexicains ; il répond à un jour de notre mois d'Octobre, leur année commençant au 26 Février, & ayant dix-huit mois de chacun vingt jours. On l'appelle quelquefois seulement *pachtli.* ( *A. R.* )

HUET, ( Pierre-Daniel ) ( *Hist. Litt. mod.* ) L'article qu'on va lire a été composé dans une occasion où on demandoit l'éloge de M. *Huet*; il tient donc peu plus du panégyrique que de l'histoire ; sur-tout dans la forme ; mais tous les faits s'y trouvent, & ils sont tirés des écrits mêmes de M. *Huet* : c'est-ce qui nous a déterminés à laisser le morceau tel qu'il est.

M. *Huet* n'aura point ici d'autre historien que lui-même. En voulant, comme St. Augustin, se rappeller les prétendues erreurs de sa vie, il s'est peint avec cette vérité qui sied au sage, & sa reconnoissance envers l'Etré-suprême, n'a pas permis à sa modestie de dissimuler les bienfaits qu'il en avoit reçus. Le premier de ces bienfaits à ses yeux, fut de naître d'une mère catholique, & d'un père qui étant rentré dans le sein de l'église, y avoit ramené sa propre mère mourante, dont les premières leçons l'en avoient écarté. Quant à l'avantage d'être né de parents nobles, M. *Huet* sçut l'estimer assez, sinon pour en tirer vanité, du moins pour le défendre avec zèle, lorsque la recherche de la noblesse, confiée à l'avidité des traitants, ne dépouilloit quelques faux nobles que pour enrichir des délateurs ; les titres les plus légitimes étoient attaqués, ceux des *Huet* le furent, & ils triomphèrent, ( *Comm. de reb. ad eum pert. l. 3.* ) M. *Huet* le père s'étoit fait un nom dans les lettres, lorsque la réputation du fils parvint aux étrangers ; trompés par une érudition qui excluoit toute idée de jeunesse, ils crurent entendre parler du père, & ce père n'étoit plus, il n'est plus même connu aujourd'hui, grace à un fils trop célèbre ; ainsi Marot, ainsi Pascal ont fait oublier leurs pères ; M. *Huet* le père n'a pas même pour titre de recommandation auprès de la postérité, l'honneur d'avoir formé son fils. Prévenu par une mort prompte, il ne put lui donner que la naissance. Il restoit du moins au jeune *Huet*, les soins & la tendresse d'une mère ; ils ne lui restèrent que long-temps. Mais la providence sembla veiller sur cet enfant d'une manière sensible dans le plus grand danger qui pût menacer sa foiblesse. Sa mère le menoit souvent chez une tante qui vivoit à la campagne : une pauvre femme du voisinage, entraînée par cet intérêt que l'enfance inspire à quiconque n'a pas un cœur féroce, se faisoit un plaisir d'attirer dans sa chaumière, le jeune *Huet*, par ses caresses & de légers présents. La tendresse & la reconnoissance sont dans la nature. Ces deux êtres si différents d'âge & de fortune, s'étoient liés d'une amitié assez intime. Un jour l'enfant, à peine arrivé chez sa tante, court chez sa bienfaitrice, & se jettant dans ses bras, il la reconnoît à peine ; pâle, défigurée, renversée auprès de son feu, dans les convulsions de l'agonie ; elle se ranime à la vue pour lui crier d'une voix éteinte : *fuis, malheureux enfant, je ne peux te donner que la mort.* L'enfant obéit par instinct à cet ordre, ou plutôt il cède à son effroi. La peste consumoit cette infortunée, elle expira quelques heures après. O providence ! veillez plus que jamais sur cet enfant que vos soins sauvent, c'en est fait ; il a perdu les bienfaits & les douceurs de la nature ; son père ne l'instruira point, sa mère ne lui fournira plus, ses biens sont abandonnés à l'administration peu fidelle de tuteurs indifférents, son ame est livrée aux froides leçons de l'éducation commune. Si j'avois à prouver que cette éducation a un vice intérieur qui la cor-

rompt ; que ce vice est dans la contrainte, toujours ennemie de notre nature, qui révolte les enfants sans dispositions, qui rebute jusqu'aux enfants les plus heureusement disposés ; que le vrai secret de l'éducation, soit publique, soit particulière, seroit d'écarter toute idée de devoir, & de tourner toujours l'instruction en plaisir, je ne citerois que l'exemple du jeune *Huet*. Ses yeux en s'ouvrant, cherchèrent des connoissances. Il vit un livre, & il s'écria : *heureux ceux pour qui ce livre est sans mystère !* Dès qu'il sçut lire, il envia ceux qui recevoient des lettres & qui en écrivoient. Cette ardeur de connoître ne le quitta plus ; apprendre, lui parut le seul soin digne de l'homme ; sçavoir, lui parut la félicité suprême ; tous ses maîtres lui furent chers ; il n'en accuse aucun d'avoir, par des injustices ou des duretés, affoibli en lui cet amour de l'étude qui annonçoit ce qu'il devoit être un jour ; & cependant il nous avoue que, même dans l'âge mûr, il frémissoit encore au seul son de la cloche qui l'appelloit autrefois au travail ; par le souvenir de l'horreur qu'elle lui avoit inspirée dans l'enfance. Mais il est un moyen d'échapper aux contraintes de l'éducation, c'est d'aller au-delà de ce qu'elles exigent. Ce n'étoit point de ses maîtres que le jeune *Huet* avoit à craindre des contradictions & des reproches, c'étoit de ses compagnons d'étude, qui, surpris & jaloux qu'il ne se contentât point du travail ordinaire & de la supériorité qu'il avoit sur eux, ne pouvant s'élever jusqu'à lui, vouloient le rabaisser jusqu'à eux. Ils brûloient les papiers, déchiroient ses livres ; le chassoient de sa chambre, le poursuivoient jusqu'au fond des bois & des antres solitaires où il se cachoit pour jouir de l'étude & de lui-même. C'est à cet âge, incapable du moins de déguisement, qu'on peut connoître sans efforts, les vices naturels de l'homme. « Nous ne souffrirons pas, lui disoient-ils, que tu vailles mieux que nous, que ta conduite soit la censure perpétuelle de la nôtre ». Que diroient autre chose tant de courtisans à l'aspect d'un homme vertueux, tant de beaux-esprits à l'aspect d'un homme de génie, si la réflexion ne leur avoit appris à se masquer ? malgré tant d'obstacles, le jeune *Huet* avançoit dans la carrière des humanités ; son talent pour la poësie se déclaroit, quoique le mauvais goût de son maître lui arrachât des mains Virgile, Ovide & Horace, pour l'entourer des poëtes affectés d'Italie ou des poëtes barbares des Pays-Bas ; mais aucun genre ne pouvoit avoir le droit de fixer M. *Huet*. La Littérature entière, tout le domaine des connoissances suffisoit à peine à son ame avide. Il s'élance dans les profondeurs de la Physique & des mathématiques, la géographie l'entraîne, la géométrie l'attache, il jouit & veut jouir encore ; tantôt en secret, tantôt avec éclat ; son maître le suit à peine dans ses progrès ; il donne à la ville de Caën le spectacle jusqu'alors inconnu, d'un exercice public sur les mathématiques. Il saisit les principes généraux de la jurisprudence, & il en effleure les détails ; & c'est peut-être tout ce qu'un bon esprit doit à cette science, dans l'état de confusion, d'incertitude & de barbarie où elle est restée parmi nous. Le génie & le goût ont leurs caprices, leurs prédilections ;

prédilections, leurs antipathies. M. *Huet* eut d'abord, comme St. Augustin, de l'aversion pour le grec, & il négligea encore plus l'hébreu; il fut corrigé par l'érudition de Bochart & par les forfanteries de Scaliger. La *Géographie sacrée* de Samuël Bochart parut; M. *Huet* voulant la dévorer, se vit arrêté à chaque pas par l'ignorance de l'hébreu & du grec; il rougit alors de lui-même, & ayant lu dans Joseph Scaliger, qu'à dix-neuf ans il avoit appris l'hébreu sans maître, & que quatre mois lui avoient suffi pour épuiser la littérature grecque, il ferma tous ses autres livres, & jura de ne les rouvrir qu'après s'être mis en état d'entendre avec Bochart, tous les auteurs hébreux & grecs. Il se tint parole; il n'eut point pour l'hébreu d'autre maître que lui-même; il se fit pour son usage, un grammaire hébraïque, qu'il eut dans la suite plus d'une occasion de consulter; & quant au Grec, il consulta seulement le P. Pétau pour l'intelligence parfaite des auteurs les plus difficiles. Ce fut alors qu'admis dans le sanctuaire des Muses, initié dans tous les mystères de l'érudition, présent à tous les temps & à tous les lieux, planant sur tout l'empire des lettres, embrassant la chaîne des connoissances humaines, il vit de quels trésors un dégoût peu réfléchi avoit pensé le priver. Nouvelle preuve qu'il ne faut pas commander aux hommes d'apprendre, mais leur en faire naître le désir, & sentir la nécessité. Instruit par cet exemple, M. *Huet* ne négligea plus rien. Ce qu'il aime sur-tout à considérer en lui, ce qui distingue le vrai sçavant; c'est cette estime éclairée qu'il eut pour tout ce qui peut étendre & nourrir l'ame. J'aime l'opprobre, des lettrés & comme la source de toute pédanterie, ce mépris barbare qu'affecte pour tous les genres qu'il ignore, pour tous les talents qu'il n'a pas, un homme qui croit exceller dans un genre particulier. Les hommes gâtent leurs portent par-tout le despotisme & l'intolérance; le bel-esprit dédaigne l'érudition; l'érudition feint de mépriser le bel-esprit, & de confondre avec lui le génie même: eh! malheureux, secourez-vous, éclairez-vous mutuellement; vous êtes tous estimables, & il n'y a rien à mépriser en vous que ce mépris imprudent & injuste que vous affectez les uns pour les autres. Ecoutez cette belle maxime de M. *Huet*; il n'y a point de *science qui ne soit un digne objet de l'esprit humain*. Sa conduite répondit à cette maxime; il cultiva tous les genres selon le degré d'estime dûs à chacun; s'il traduisit Origène, & s'il fit la démonstration évangélique, il se permit quelques vers tendres, il composa des romans, il en rechercha l'origine, & remplit des ouvrages ou utiles ou agréables, tout l'intervalle qui sépare des genres si différents. Ce n'est pas qu'il conseillât aux gens de lettres de s'égarer dans la multitude infinie des genres; ce seroit le moyen d'effleurer tout & de ne rien approfondir; les sciences seroient très-répandues, mais elles seroient aussi très-bornées. Tout le monde sçauroit tout ce qu'on sçait, mais ce qu'on sçait n'est rien, s'il ne s'augmente tous les jours. M. *Huet* vouloit donc qu'on n'estimât toutes les sciences, mais qu'on en choisît une particulière, à laquelle on

rapportât toutes les autres. Il remettoit aux gens de lettres la chaîne des connoissances, & il leur disoit: faites-la commencer où vous voudrez, choisissez à votre gré l'anneau principal; mais songez que tous les autres en dépendent, & qu'il dépend de tous les autres. Pour M. *Huet*, son choix avoit sans doute été le meilleur; l'étude de l'écriture-sainte, la science de la religion. Voilà l'emploi de son esprit, voilà les délices de son cœur; tout le reste n'est pour lui qu'un amusement; car il ne connut ni ceux de l'enfance ni ceux de la jeunesse; les sciences seules eurent le droit & de l'occuper & de l'amuser; les passions ne purent approcher de cette ame, dont l'étude exerçoit toutes les facultés.

Tout ce que ses tuteurs ont bien voulu lui laisser de son patrimoine, les livres vont l'emporter, les amis vont succéder aux maîtres; mais les maîtres seront toujours les premiers de ces amis. Ils aimeront aussi toujours leur illustre fils. L'un, le sçachant malade & le croyant en danger, sera saisi d'effroi, & la douleur le mettra en danger lui-même; l'autre, mourant loin de ses yeux, le prononcera que son nom dans les bras de la mort, & ne voudra d'autre consolation que le souvenir de leur amitié. Quel éloge que d'être aimé ainsi! M. *Huet* eut le bonheur de devenir le bienfaiteur de ses maîtres, & le ton seul dont il en parle, suffit pour faire juger s'il y fut sensible. Quelles douceurs peuvent être comparées à la bienfaisance & à la reconnoissance! M. *Huet* n'a plus d'autre guide que son cœur & son amour pour les lettres, les voyages vont étendre son ame & féconder ses lectures; il va saluer tous les sçavants étrangers & nationaux; il va mériter & obtenir leur amitié; il vient à Paris; il va en Hollande, en Allemagne, au fond du Nord, par-tout où son siècle lui promet le plus abondante moisson d'amis & de connoissances. Ardent & communicatif, agréable à tous, utile à tous & à lui-même, il sçait également interroger & répondre, gagner tous les cœurs en épanchant le sien, éclairer son esprit en portant par-tout la lumière. J'aime à le voir distinguer les années heureuses ou malheureuses, par l'acquisition ou par la perte de ses amis. L'histoire de ses liaisons est l'histoire littéraire la plus complette de son temps, & comme tous les genres lui étoient familiers & précieux, comme tous les arts lui étoient chers, le siècle de Louis XIV n'a pas eu un savant, pas un homme connu par l'esprit ou par les talents, pas une femme distinguée par le mérite, soit acquis, soit naturel, qui n'ait profité de ses lumières, & qui ne se soit honoré de son amitié. Je n'en excepte le seul Boileau, dont il craignoit encore plus le talent qu'il ne l'estimoit; & dont, à l'exemple du vertueux Montausier, il étoit presque l'ennemi, sans pourtant cesser de lui-rendre justice. Ce n'étoit que la satyre personnelle qu'il condamnoit; car pour cette satyre générale, la comédie qui, dans leur rougir les hommes d'un reproche direct & d'une injure publique, peut les corriger par la crainte du ridicule, il l'estimoit, & il a célébré Moliere; il trouvoit inconséquent que le même principe qui avoit enlevé à la comédie le droit de nommer &

l'usage des masques ressemblants ; ne s'étendît pas jusqu'à la satyre.

M. *Huet* dans ses liaisons ; rapportoit tout aux lettres & à la culture de l'esprit. Les grands même n'étoient grands à ses yeux , que par cet avantage. Le rang de Montausier n'étoit rien pour lui ; il aimoit en lui ses vertus, ses lumières & le souvenir de l'hôtel de Rambouillet ; il laissoit la politique des princes admirer dans R chelieu ', les projets vastes, & la lâcheté des courtisans applaudir ses coups d'autorité si terribles ; il ne voyoit en lui que le restaurateur des lettres & le fondateur de l'Académie Françoise ; dans Gaston d'Orléans ', dans l'illustre Montpensier sa fille , le sang de France attiroit tous ses respects ; mais c'étoit l'esprit, c'étoient les connoissances qui obtenoient son estime & ses éloges.

Notre siècle qui voit les rangs aujourd'hui réglés entre les auteurs du siècle précédent, ou plutôt , qui voit que la foule a disparu & que cinq ou six hommes choisis ont surnagé à la faveur de quelques chefs-d'œuvres ; ce siècle qui n'entend plus de réclamation contre une plaisanterie de Boileau , ou contre un portrait de Moliere , attache aisément sur leur parole , une idée de ridicule à des noms autrefois chers & respectés , tels que Chapelain , Menage & tant d'autres : il trouvera M. *Huet* bien indulgent à leur égard , & peut-être en prendra-t-il droit d'accuser le goût de ce juge équitable. Mais il faut qu'il sçache qu'au-dessous de ces hommes rares qui se recommandent seuls à la postérité par des ouvrages immortels , il est des hommes très-estimables & souvent très-utiles aux premiers ; des hommes d'une littérature exquise , d'un goût sûr , mauvais juges peut-être de leurs propres productions , arbitres éclairés de celles d'autrui. Tel fut Chapelain ; il fit la Pucelle , il est vrai , mais il fit , au nom de l'Académie Françoise , la critique du Cid ; & cette Pucelle même , M. *Huet*, qui pouvoit en juger le plan, ayant lu l'ouvrage entier, demandoit grace au moins pour ce plan , il demandoit en tout plus de justice & d'indulgence pour un homme que l'estime générale avoit placé à la tête de la littérature, avant que le mauvais style de la Pucelle & de trop bonnes plaisanteries de Boileau , l'eussent précipité de ce rang qui ne lui étoit pas dû , mais au-dessous duquel il devoit lui rester une place honorable.

C'est dans ce juste milieu que consiste l'équité des jugements. Mais souvent la postérité semble rabaisser trop des auteurs que leur siècle semble avoir trop élevés , sans qu'il y ait d'injustice de part ni d'autre. La postérité ne juge que les ouvrages , les contemporains jugent l'homme. Tel ouvrage vaut mieux que son auteur ; tel auteur aussi vaut mieux que ses ouvrages. C'est ce qui arrive à ceux dont le principal talent est d'instruire ou de plaire par la conversation , ce mérite meurt avec eux , & la postérité ne peut en tenir compte. Peut-être par leurs conseils , ont-ils plus contribué qu'on ne croit , aux chefs-d'œuvres que la postérité admire ; mais la postérité n'en sçait rien.

Qui oseroit aujourd'hui comparer le génie de Boileau à celui de Racine ? Ce dernier gagne tous les jours dans l'estime publique ; le premier a déjà reçu quelque atteinte : cependant c'est Racine , qui , de son aveu , fut toujours le disciple de Boileau. C'est donc aux contemporains à juger les hommes , c'est à la postérité seule à juger les ouvrages. M. *Huet* ayant survécu long-temps à tous les gens de lettres qu'il juge dans ses mémoires , réunit à leur égard les droits des contemporains & ceux de la postérité. Contemporain , il fut leur ami , il en a l'indulgence. Postérité , il est impartial , & je ne sçais si après tout , l'indulgence n'est pas toujours plus près de l'équité que la rigueur ; je suis bien plus édifié en voir Quinault vanté par l'évêque d'Avranches , que de le voir décrié par le législateur de notre poësie.

Un homme tel que M. *Huet* , devoit un hommage à Christine. Cette reine n'avoit point encore sacrifié aux lettres le trône qu'elle sut remplir après Gustave-Adolphe son père ; ses bienfaits appelloient les sçavans de toutes les contré s de l'Europe , & son exemple peut-être apprit à Louis XIV à les récompenser. M. *Huet*, trop jeune & trop peu connu dans le Nord , suivit auprès d'elle , Bochart son maître & son ami ; il vit Christine , il l'admira , il obtint son estime & celle des sçavants de sa cour ; son voyage fut donc heureux : on jugea cependant qu'il étoit arrivé dans des conjonctures peu favorables. Christine étoit sçavante , courageuse & sublime ; mais elle étoit femme & ses goûts la gouvernoient ; livrée tour-à-tour aux littérateurs & aux philosophes , sa santé altérée par les travaux , la livroit alors aux médecins. Bourdelot avoit conçu l'espérance de la détacher de tout pour régner seul sur elle ; Bochart fut négligé ; Huet revint en France , emportant les regrets de Christine & de la Suède. Christine établie à Rome après son abdication , se souvint de lui , & l'appella auprès d'elle. Mais M. *Huet* se souvint de son inconstance ; la Suède lui marqua son estime d'une manière encore plus flatteuse , en lui proposant l'institution du jeune prince , fils de Charles-Gustave , successeur de Christine ; mais M. *Huet* sembla prévoir que sa patrie lui défèreroit le même honneur , ou plutôt il craint qu'il ne devoit le sacrifice de sa liberté qu'à sa patrie.

Le temps amène insensiblement les honneurs qui lui sont dus , & l'amitié de Montausier ne sçauroit être stérile ; il avoit désiré que les soins de l'institution du dauphin furent partagés entre le président de Périgny , homme d'esprit , mais d'un mérite ordinaire , & M. *Huet*, sçavant d'un mérite rare ; mais Périgny , foible & jaloux , comme tous les hommes médiocres , avoit pris ou feint de prendre pour un affront , l'honneur de cette association ; il mourut , & les François ont oublié qu'il fut le premier instituteur du fils de Louis XIV & le prédécesseur de Bossuet.

Il importe peut-être à l'instruction des rois & au bonheur des hommes , qu'on sçache comment fut fait ce dernier choix. Montausier , chargé de le préparer , présenta au roi une liste de près de cent personnes , qui toutes se jugeoient dignes de cet honneur , & une autre liste moins nombreuse de ceux qui en jugeoient dignes , sans qu'ils l'eussent demandé. Parmi ces derniers , il en distinguoit trois , Ménage , Bossuet & *Huet* ;

le roi connoiſſoit à peine Ménage de nom ; ce fut ſon titre d'excluſion ; Boſſuet étoit l'oracle de la théologie & de l'éloquence , mais *Huet* l'étoit de l'érudition & de la littérature ; Montauſier eſpéra que ſon ami pourroit être préféré. Il ſe trompa : le grand nom de Boſſuet emporta la balance , & Louis XIV voulut ſeulement que M. *Huet* lui fût aſſocié , mais dans un digré inférieur. M. *Huet* ſentit tout le prix d'une telle aſſociation. L'honneur de contribuer à l'éducation de l'héritier du trône , combla tous ſes vœux & attira tous ſes ſoins ; la cour même ne fut pas pour lui un objet de diſtraction : les lettres l'ont porté aux pieds du trône ; objet de tout ſon amour , elles le deviennent de ſa reconnoiſſance : le voilà chargé de leurs intérêts ; il voudra les faire aimer au prince ſon élève, autant qu'il les aime lui-même ; & s'il ne peut y réuſſir, ce ſera ſa douleur la plus amère.

Pour rendre la ſcience aimable aux princes , il faut la leur rendre facile ; delà ces excellents commentaires à l'uſage de M. le dauphin , où une interprétation exacte , claire , miſe à la portée de la plus foible intelligence , fait diſparoître toute obſcurité grammaticale , & où des notes courtes & ſuffiſantes , diſſipent toute obſcurité hiſtorique ; entrepriſe dont la littérature entière a recueilli les fruits. *Huet* donne à Montauſier la gloire de l'invention , & Montauſier publie que *Huet* étoit ſeul capable de l'exécuter. Ce fut lui qui choiſit & raſſembla tous les coopérateurs , qui leur diſtribua les textes , qui dirigea leurs travaux , il les partagea même ; il quitta la bible & Origène pour éclaircir Manilius & relever les erreurs de Scaliger. On le voyoit courir ſans ceſſe pour ce travail & pour d'autres affaires toujours littéraires , de la cour à Paris , & de Paris à la cour ; & qui eût obſervé ſes démarches ſans en ſçavoir l'objet , eût cru voir en lui l'agitation ordinaire d'un courtiſan ; il veilloit pour l'étude , comme on veilloit autour de lui pour l'intrigue ; il prenoit ſur ſon ſommeil pour ſatisfaire ſes goûts ſans négliger ſes devoirs ; ſouvent il venoit à Paris paſſer les nuits dans les bibliothèques , ſans ſe perdre pendant le jour , & ſon aſſiduité auprès de ſon auguſte élève. C'eſt du ſein de ces occupations , c'eſt parmi tant de ſoins , c'eſt à la cour enfin que parut la *Démonſtration évangélique*.

Les lettres ſont rarement ingrates : il eſt peut-être injuſte de leur demander la fortune , qu'elles procurèrent cependant à M. *Huet* ; mais elles ont des honneurs qui leur ſont propres , & qu'elles lui procurèrent auſſi : pendant ſon voyage de Suède , l'Académie de Caën s'étoit formée , & à ſon retour , il vit ſon nom & celui de Bochart inſcrits parmi les noms illuſtres qui ornèrent cette liſte. Il ſentit avec volupté ce que valoit ce ſuffrage de la patrie. Aux travaux littéraires dont l'Académie s'occupoit ; il fut joindre les expériences de la phyſique , les ſpéculations des mathématiques ; & bientôt les faveurs de Louis XIV ſe répandirent par les mains de Colbert ſur ce corps qui les méritoit. Colbert avoit auſſi fait diſtinguer *Huet* par ces graces que Louis XIV voulut répandre ſur les ſçavants qui décoroient ſon règne ; tant d'honneurs

flattoient d'autant plus M. *Huet*, qu'il ne les avoit pas brigués. On lui ouvrit preſque malgré lui, les portes de l'Académie Françoiſe ; il déſiroit & il redoutoit ce degré ſuprême des honneurs littéraires ; il le regardoit comme un engagement à des devoirs dont il ne voudroit jamais ſe diſpenſer , & qui ne pourroit pas toujours remplir.

Mais le voilà qui contracte des engagements plus redoutables , & qui s'oblige à des devoirs plus ſaints ; ſon reſpect pour la religion ; le genre de ſes études, ſon goût pour la vie ſolitaire & contemplative , un penchant qu'il avoit plutôt négligé que combattu juſqu'alors , tout ſembloit l'appeller à l'état eccléſiaſtique ; le ſilence & la paix du cloître l'avoient même plus d'une fois tenté ; il eut au jéſuite Mambrun l'obligation de n'être point jéſuite. Ce maître éclairé liſant mieux que lui dans ſon ame , lui fit appercevoir que ſon amour pour la retraite tenoit à un eſprit d'indépendance , incompatible avec les loix de cet inſtitut. M. *Huet* le crut , & en ſe conſacrant au miniſtère des autels , il reſta dans le monde , il reſta même à la cour. Ce fut à quarante-ſix ans qu'on le vit embraſſer ce nouvel état dont il avoit bien peſé toutes les obligations ; il n'y cherchoit que l'épurement des mœurs , la ſanctification de l'ame & un plus grand éloignement du ſiècle : ſes amis en firent l'inſtrument de ſa fortune & la ſource de ſon bonheur. Le roi lui conféra l'abbaye d'Aunay , retraite délicieuſe , où il a philoſophé comme Cicéron , chanté comme Horace , & dont il a célébré les charmes de ce ton enchanteur qui caractériſe les ames ſenſibles.

Louis XIV ne borna pas à ce bienfait les marques de ſon eſtime & les monuments de ſa reconnoiſſance , je dis reconnoiſſance , tout père en doit tant à l'inſtituteur de ſon fils ! Cette carrière illuſtre étoit remplie ; M. *Huet* recueilli dans le port , ſe partageoit entre ſes compatriotes à Caën & quelques amis à Aunay ; cultivant toujours les Muſes ſans partage , ne demandant rien, ne déſirant rien ; lorſqu'il fut mommé à l'évêché de Soiſſons , que des raiſons de convenance lui firent permuter pour l'évêché d'Avranches. Alors cette ardeur infatigable avec laquelle il avoit enſeigné à M. le dauphin les éléments des ſciences , il ſçut la retrouver toute entière pour inſtruire à ſes diocéſains la ſeule ſcience néceſſaire ; ſes études , dont le cours ne s'étoit jamais ralenti , ſemblèrent ſe ranimer pour ce ſaint objet. Le tableau qu'il trace dans ſes mémoires , des devoirs de l'épiſcopat , prouve qu'il les a connus ; la diſcipline eccléſiaſtique rétablie , les aſſemblées ſynodales renouvellées , les anciens ſtatuts remis en vigueur , & de nouveaux publiés , atteſtent tout ce qu'il les remplir.

Il a fait plus ; il a ſçu quitter & dépoſer ce fardeau ſacré , quand il l'a jugé trop peſant pour ſon âge. Le roi approuvant le motif pieux de cette abdication , lui donna par forme de dédommagement , l'abbaye de Fontenay , qui , par ſa ſituation aux portes de Caën , devenoit un lien de plus pour l'attacher à ſa patrie.

Après tant de travaux , il fut donné à M. *Huet* de s'endormir dans une longue & paiſible vieilleſſe , toujours occupée. Quand les infirmités & l'affoibliſment des fens ne lui permirent plus les grands ouvrages & les profondes recherches, il voulut au moins revivre par le souvenir dans ses travaux passés : il composa ses mémoires dont l'élégante simplicité , la grace atta-chante & l'intérêt naturel suffiroient à la réputation d'un autre écrivain.

Demandez-vous s'il fut heureux ? Il vous répondra lui-même qu'il n'a jamais connu l'ennui que de nom : reconnoissez dans ce seul mot quatre-vingt-dix ans de sa-gesse & de bonheur. De plus ; il n'a point fait de mal , & il a fait du bien. Quelle source de bonheur encore ! Je vois le sien à peine interrompu par quelques procès , qui embarrassèrent un moment sa fortune , & qui pa-roissent avoir agité son ame , mais le calme y rentruit aisément. Les lettres , l'amitié , la gloire , la vertu , a fortune même concouroient à l'y fixer.

Cette fortune , ces bienfaits d'un roi reconnoissant , ces titres académiques , ces décorations littéraires passent à des successeurs dignes ou indignes, & ne font qu'un bien particulier ; mais une bibliothèque peut être un bienfait éternel & public. L'illustre de Thou avoit voulu assûrer la sienne à sa famille ; ses voeux avoient été trompés. M. Huet avoit eu douleur dissiper ce grand monument de goût & de magnificence, quoi-qu'il en eût recueilli les débris. La bibliothèque de M. Huet avoit été formée avec un goût non moins magnifique , non moins éclairé ; c'étoit son unique objet de dépense ; chaque année , chaque jour , l'avoit vu s'accroître. O prévoyance humaine ! M. Huet crut que le seul moyen d'en empêcher la dissipation , étoit de charger de ce dépôt une société stable ; ce sont ses termes ; & cette société , c'étoient les Jésuites. Elevé chez eux , il les avoit toujours aimés , quoiqu'il jugeât d'eux sans partialité , comme il jugeoit tout & qu'il se plaignît de plusieurs d'entr'eux. Ce fut à la maison professe de Paris qu'il confia ce trésor , & Ménage son ami, suivit son exemple. A peine cette disposition étoit faite , qu'un accident funeste en accélera l'exécution ; la bibliothèque de M. Huet étoit restée dans la maison qu'il louoit à Paris ; cette maison tomba inopinément , & entraîna dans sa ruine une partie de la bibliothèque ; de prompts secours en sauvèrent les restes , qui furent à l'instant transportés chez les Jésuites. M. Huet y suivit un bien dont il ne pouvoit se séparer. C'est dans ce dernier asyle qu'il rassembla long-temps cette foule d'amis sçavants & illustres qui formoient autour de lui une académie perpétuelle , nombreuse & choisie ; c'est là qu'il est mort, âgé de 91 ans, en 1721, content d'eux & de lui-même , plein d'espérance dans la bonté d'un Dieu qui l'avoit toujours , disoit-il , visi-blement protégé , laissant à la postérité ses vertus pour exemple & ses écrits pour instruction.

### Ouvrages de M. Huet.

L'art de rendre l'érudition utile paroît consister en deux points : dire tout ce qu'il faut & ne dire que ce qu'il faut. De ces deux points, c'est toujours le dernier qui est le plus difficile à un sçavant ; il lui en coûte autant pour contenir sa science , qu'à un homme ordi-naire pour réprimer ses passions ; c'est que sa passion est

l'ambition d'enseigner & de régner sur les esprits. M. Huet , toujours maître de lui , sçut régler sa plume comme son ame ; il sentit qu'il devoit y avoir une proportion entre le besoin qu'un auteur a d'instruire, & le besoin que le lecteur a d'être instruit ; que tout ce qui excède cette mesure, fatigue , rebute, fait taire le besoin & cesser le desir d'apprendre : aussi ne le voit-on jamais s'abandonner à ce luxe d'érudition qui a tant décrié la science ; jamais ses livres n'épouvantent l'igno-rance par cet amas de citations dont s'énorgueillit un sçavant vulgaire , & dans lequel on peut toujours soupçonner quelque exagération. Se peut-il , disoit Henri IV , à Duplessis Mornay , que vous ayez lu tous les livres que vous citez ? & M. Huet prétendoit s'être assûré que Mornay n'en avoit lu aucun. Pour lui , quand il cite des auteurs , il prouve qu'il les a lus en les faisant connoître , en les faisant aimer , en les jugeant finement & justement , en tirant un miel doux de leurs moindres fleurs , & souvent l'or pur de leur fumier ; il remplit tout son objet ; s'il ne donne rien à l'étalage , il ne refuse rien à l'instruction, & certainement Colbert , après avoir lu le traité du commerce & de la navigation des anciens , sçavoit tout ce qu'un grand ministre doit sçavoir sur cet objet important. Quelle mine de connoissances utiles que cet ouvrage ! quels regards jettés sur l'univers ! que de peuples connus & jugés ! comme on voit les Empires se former , s'élever , décliner & tomber ! comme toutes ces révolutions sont la suite du commerce ou cultivé ou négligé ! Mais quel exemple & du parti qu'un homme d'état sçait tirer des lumières des sçavants, & des services que les gens de lettres peuvent rendre à l'état qui sçait les employer ! Deman-dera-t-on à quoi servent la science & les monuments des travaux antiques, s'il est vrai , comme le prétend M. Huet, que le Cap de Bonne-Espérance ait été doublé par les plus anciens peuples , & que les Por-tugais aient été guidés dans la découverte qu'ils en firent , par les vestiges qu'ils en avoient trouvés dans l'histoire ? Rien n'échappe à la pénétration de M. Huet, il a saisi tous les traits de ressemblance entre les Egyp-tiens & les Chinois ; il est le premier auteur de cette grande idée , il développe depuis , & qui pourroit être la clef générale des moeurs de l'Asie , que les Chi-nois & d'autres peuples orientaux ne sont que des colo-nies de l'Egypte. Sa pénétration alla jusqu'à prédire en quelque sorte & annoncer au monde le czar Pierre I , avant qu'il fût sur le trône.

Les termes de M. Huet sont remarquables. « Les » Moscovites tireroient des profits immenses d'une » situation ( qui leur donne le commmerce de la Mer » Baltique , de la Mer Blanche , de la Mer du Nord, de » la Mer Noire , de la Mer Caspienne ), » s'ils ne se man-» quoient à eux-mêmes par leur négligence & par leur » grossièreté , qui les empêche de cultiver les arts, » & par l'esprit défiant & soupçonneux de leurs » princes , qui ne leur permettent pas de sortir de leur » pays , & qui leur font éviter le commerce des » étrangers. Que s'il s'élevoit parmi eux quelque jour , » un prince avisé qui reconnoîssant les défauts de cette

» baſſe & barbare politique de ſon état, prît ſoin d'y
» remédier, en façonnant l'eſprit féroce & les mœurs
» âpres & inſociables des Moſcovites, & qu'il ſe
» ſervît auſſi utilement qu'il pourroit le faire, de la
» multitude infinie de ſujets qui ſont dans la vaſte
» étendue de cette domination, qui approche des fron-
» tières de la Chine, & dont il pourroit-former des
» armées nombreuſes, & des richeſſes qu'il pourroit
» amaſſer par le commerce; cette nation deviendroit
» formidable à tous ſes voiſins ».

Le traité des navigations de Salomon doit être
conſidéré comme la ſuite & l'extenſion de celui-ci.
Peut- être n'eſt-il pas certain qu'Ophir ſoit le Zan-
guebar & Sofala, que la terre de Tharſis ſoit la côte
occidentale de l'Afrique & de l'Eſpagne. Peut - être
importe-t-il peu aujourd'hui de ſçavoir bien préciſément quelles étoient ces régions & la ſituation du
Paradis terreſtre, ſi ſoigneuſement recherchée par
M. Huet, ainſi que par Bochart; mais ſi nous voulons
ôter aux ſçavants ces recherches de curioſité qui les
amuſent, craignons de les refroidir bientôt ſur les recherches d'utilité.

Quand M. Huet, entreprenoit un ouvrage, il en
ſaiſiſſoit tous les entours, il remontoit aux principes
de chacun des genres qu'il vouloir traiter. Le ſeul
projet de traduire-Origène lui fit diſcuter les principes
de l'art de traduire, & le mérite de tous les traducteurs
connus ou même inconnus, de quelque langue & dans
quelque langue qu'ils euſſent traduit. Cet ouvrage d'un
jeune homme, étonna les ſçavants conſommés. Segrais
ne pouvoit ſe laſſer d'y admirer la profondeur du raiſonnement, l'immenſité des connoiſſances & l'agrément
du ſtyle: M. Huet examine cette queſtion ſi rebattue
depuis, ſi l'uſage des traductions eſt utile ou pernicieux, il décide en faveur de cet uſage: en effet, un
mot ſemble décider la queſtion. Peut-on comparer le
petit-nombre de ceux qui, ſans les traductions, euſſent
étudié les originaux, & que les traductions ſeules en
ont empêché, avec le très-grand nombre de ceux qui,
ſans ces traductions, n'euſſent jamais connu ces mêmes
originaux?

L'écueil où ſe ſont briſés la plûpart de ceux qui ont
écrit ſur Origène, c'eſt la partialité. On a, pour ainſi
dire, moins écrit ſur Origène que pour ou contre lui.
Condamnation ou apologie, on n'eſt guère forti de
cette alternative. M. Huet apporte à l'examen de cet
auteur des diſpoſitions plus pures; il ne veut être ni
ſévère ni indulgent, il ne veut être que juſte; il
l'examine en lui-même, indépendamment de tout examen
précédent, le ſoin qu'il prend d'en écrire la vie, d'en
traduire &-d'en juger les ouvrages, annonce au moins
de ſa part une liberté qu'il ſeroit difficile de refuſer à
Origène; mais s'il l'abſout quelquefois où d'autres l'ont
condamné, il le condamne auſſi quelquefois où les
cenſeurs les plus auſtères l'ont abſous, du moins par
leur ſilence.

Quand à côté de cet ouvrage, nous placerons le
traité de l'origine des romans, compoſé à-peu-près
dans le même temps, nous ne ferons que ſuivre en
quelque ſorte l'eſprit de-M. Huet, & donner une
preuve de cette eſtime philoſophique-qu'il eut pour
tous les genres de littérature. Ce traité ſage & ſçavant,
mis à la tête de la Zaïde de Mme de la Fayette,
contient tout ce qu'on peut dire de raiſonnable pour ou
contre les romans.

Le plus grand titre de gloire de M. Huet, c'eſt
ſa Démonſtration évangélique. L'étude profonde qu'il
avoit faite de la religion, lui avoit perſuadé que la
vérité de cette religion ſainte, & l'authenticité des livres
ſacrés, étoient ſuſceptibles de démonſtrations géométriques. Il procède en effet, à la manière des géomètres, par définitions, par demandes, par axiomes,
par théorêmes. M. Huet ne voit dans les Dieux adorés
par les divers peuples, que Moïſe déguiſé ſous différents noms, il ne voit dans la Mythologie de toutes
les nations que le Pentateuque défiguré. Cette idée qui
eût pu paſſer comme conjecture, fut attaquée comme
démonſtration; M. Huet eut des cenſeurs, & il leur
répondit; mais ceux qui ſe montrèrent les moins
favorables à l'auteur, à l'ouvrage & au ſujet, dirent
qu'il n'y avoit de démontré que le grand ſçavoir de
l'auteur.

Au reſte cette méthode mathématique, outre qu'elle
devenoit piquante & nouvelle par l'application, avoit
encore un autre avantage bien conforme à la modération
naturelle de M. Huet. Ce ſang-froid de la géométrie, ce
calme de la vérité excluoit l'âcreté théologique & ce
torrent d'injures dont tant d'indignes défenſeurs de la
religion ont déshonoré ſa cauſe & ſouillé leurs écrits.
Eh! pourquoi injurier l'incrédule? il s'agit de le convaincre. Nos emportements rendront-ils ſon eſprit plus
éclairé ou ſon cœur plus docile? Le médecin commence-
t-il par outrager le malade qu'il veut guérir? Périſſe
ce zèle amer & aveugle qui croit ſervir la foi en
violant la charité. Nous voudrions n'avoir ſur cet
article aucun reproche à faire à M. Huet. Il faut avouer
qu'irrité par les contradictions de Toland, M. Huet ſe
permet des tranſports où nous ne reconnoiſſons plus ſa
douceur reſpectable; après avoir chargé d'opprobres
ſon adverſaire : je laiſſe, dit-il, à Dieu le ſoin de ſa
vengeance, & je remets ma cauſe entre ſes mains; c'eſt
à ce mot qu'il eût fallu s'arrêter, mais il vient trop tard.

J'aime bien mieux M. Huet, lorſque donnant à ſa
démonſtration évangélique un complément peut -être
néceſſaire, il ménage en philoſophe chrétien, l'accord
de la raiſon & de la foi. C'eſt dans ſa retraite d'Aunay
qu'il compoſoit ces Tuſculanes ſacrées, dont le début
ſeul ſuffit pour faire voir combien il avoit l'eſprit philoſophique, l'imagination douce & riante, combien il
aimoit la campagne & les lettres, combien il étoit
nourri de la bonne latinité. C'eſt par cette latinité
cicéronienne, par ce ſtyle plein d'harmonie & de ſens,
plein d'idées & d'images, qui flatte l'oreille, & qui
parle à l'ame; c'eſt par l'atticiſme & par l'urbanité
que M. Huet ſe diſtingue des ſavants, comme il ſe
diſtingue des beaux-eſprits par une variété de connoiſſances inouie parmi les ſavants même. Jettez les yeux
ſur ſes diſſertations recueillies par l'abbé de Tilladet,
& ſur cette foule de matières de tout genre, appro-
fondies, pour ainſi dire, d'un ſeul trait dans le Huetiana,

& vous ferez tenté de lui demander comme Henri IV à Mornay : se peut-il que vous ayez étudié tous les sujets que vous traitez ? Mais vous ne ferez plus cette question après avoir lu ; vous reconnoîtrez a'ors ce que c'eft qu'une carrière prefque centénaire , où il n'y pas eu un feul moment perdu.

Si de fes ouvrages favants , nous paffons à fes ouvrages de littérature légère , à fes poëfies , c'eft alors que l'atticifme & l'urbanité trouvant un fol plus favorable , & refpirant , pour ainfi dire , leur air natal , brilleront de tout leur éclat. Nous nous arrêterons peu fur ces productions agréables qui enchantoient Ménage , qui plaifoient à tous les favants , & que M. Huet feul traitoit de bagatelles ; mais nous dirons , d'après de bons juges , qu'Horace fe feroit trouvé bien imité dans les odes de M. Huet , que Lucrèce eût pu s'imaginer avoir fait le poëme intitulé , Epiphora , & qu'Ovide cût regretté de n'avoir pas fait l'ingénieufe & touchante métamorphofe de Vitis & Ulmus.

M. Huet ne pouvoit refter indifférent dans la fameufe difpute fur les anciens & les modernes ; les deux partis recherchèrent fon fuffrage ; on peut croire qu'il fut pour les anciens : mais on peut voir auffi que ce fut par des raifons dont le gcût s'honore , que la philofophie avoue , & où il n'entre pas même une ombre de fuperftition. Il combattit hautement M. Perrault, & ils reftèrent amis. Il n'en étoit pas ainfi de Boileau ; il devenoit l'ennemi de ceux qu'il combattoit ; il s'indigna de ce que M. Huet refufoit de trouver fublime le fameux paffage de la Genèfe fur la création de la lumière, la fureur des controverfes ; il fembla même à ce fujet ( telle eft la fureur des controverfes ) vouloir rendre fufpecte la foi de ce prélat. Boileau pouvoit favoir auffi bien que M. Huet , ce qui étoit fublime en général ; mais M. Huet connoiffoit mieux que Boileau ce qui étoit fublime en hébreu. Tout le monde fait combien le fublime & toutes les qualités du ftyle tiennent au génie des langues ; & ce qui pourroit fur-tout faire juger que M. Huet avoit raifon , c'eft le ton modéré , quoique ferme, de fa réponfe.

Si nous paffons enfin à un troifiéme ordre d'ouvrages de M. Huet , à fes écrits purement philofophiques , nous entendrons d'abord les Cartéfiens lui reprocher à leur égard, des variations, & les injuftices de l'humeur, Gardons-nous de prononcer témérairement entre des noms tels que ceux de M. Huet & de Defcartes. M. Huet , né avec le cartéfianifme , en avoit d'abord été féduit ; dans la fuite , il mit cette admiration au nombre des erreurs de fa jeuneffe , & il n'entreprit pas moins que de renverfer tous les principes du cartéfianifme. Nos goûts décident fouvent de nos opinions ; il étoit impoffible qu'un homme qui avoit autant étudié, qui vouloit encore autant étudier que M. Huet, reftât fidèle à une philofophie qui comptoit l'efpoir pour rien , aux yeux de laquelle les plus grands noms n'étoient rien , & la fcience qu'un amas d'erreurs. Quoi ! s'écrioit-il , parce que nous avons beaucoup étudié, nous ferons un objet de mépris pour ces nouveaux philofophes ! Ceux - ci répondirent avec aigreur , du moins M. Huet s'en plaint : pour moi , dit-il ,

( mot admirable ) je crus qu'il y avoit un autre fruit à tirer de la philofophie , que l'efprit de contention & de fatyre. Sans doute , & le démonftrateur de l'évangile , le conciliateur de la raifon & de la foi , le favant qui a le plus penfé , le philofophe qui a le plus réuni de connoiffances , eft encore le chrétien qui a le plus douté , mais qui a fçu le mieux douter , qui a le mieux marqué l'étendue & les bornes de cet art néceffaire & dangereux : il a mis dans tout fon jour la foibleffe de l'efprit humain ; il a ôté à la raifon tous les avantages de la certitude & de l'évidence , pour les affûrer à la foi feulement. L'homme qui aime à raifonner & à difcourir , voudroit affujettir à la raifon , même les chofes divines. M. Huet veut que même les chofes humaines doivent toute leur certitude à la révélation qui les confacre ; il épuife toutes fes connoiffances à prouver le néant des connoiffances. Il falloit toute la philofophie de M. Huet & pour compofer un tel livre & pour ne le pas publier ; non que ce livre , objet de toute fa prédilection , qui a pris la peine de compofer deux fois dans deux langues différentes , fût indigne des regards du public ; mais , ofons le dire , les regards de tout le public pouvoient n'en être pas tout-à-fait, dignes encore. Tant de juges qui n'ont pas voulu croire que cet ouvrage fût de M. Huet ; tant d'autres qui , forcés de reconnoître l'auteur, ont regardé l'ouvrage comme un tort de fon efprit ; d'autres qui , plus injuftes encore , ont voulu le trouver dangereux & contraire à la foi , n'ont fait que fournir une nouvelle preuve de la foibleffe de l'efprit humain. Des juges plus équitables , ont regardé ce livre comme un des meilleurs ouvrages de M. Huet , & n'y ont vu que le triomphe de l'érudition , de la philofophie & de la religion.

HUGHES , (Jean) (Hift. Litt. mod.) poëte anglois dont on fait cas en Angleterre. Ses œuvres ont été imprimées en 1739 , en deux volumes in-12. On y remarque fur-tout une ode au Créateur de l'univers , une tragédie intitulée : le fiège de Damas. Hughes étoit ami d'Addiffon , & eut part au Spectateur. Mort en 1719.

HUGUENOT, fubft. & adj. (Hift. mod.) nom que les Catholiques ont donné par fobriquet aux Proteftants Calviniftes ; mais ils n'ont pas appliqué à ce mot le vrai fens qu'il avoit dans fon origine , & ni Pafquier , ni Ménage , ni le P. Daniel , n'ont fu le deviner. Le voici:

L'évêque de Genève qui , fuivant la remarque de M. de Voltaire, difputoit le droit de fouveraineté fur cette ville au duc de Savoie , & au peuple , à l'exemple de tant de prélats d'Allemagne, fut obligé de fuir au commencement du feizième fiècle , & d'abandonner le gouvernement aux citoyens , qui recouvrèrent alors leur liberté. Il y avoit déja depuis affez long-temps deux partis dans Genève , celui des Proteftants , & celui des Catholiques Romains. Les Proteftants s'appelloient entr'eux Egnots , du mot eid-gnoffen , alliés par ferment ; les Egnots qui triomphèrent , attirèrent à eux une a te de la faction oppofée , & chaffèrent le refte. De là vint que les Proteftants de France eurent le nom d'*Egnots*, & par corruption de *Huguenots*; dont la plupart des écrivains françois inventèrent depuis de vaines ou d'odieuses origines. Telle est l'étymologie de ceux qui tirent ce mot du roi *Hugon*, dont on faisoit peur aux enfans en Touraine : telle est encore l'opinion de Castelnau Mauvissière, qui derive ce terme d'une petite monnoie, qu'on a supposé valoir une maille du temps de Hugues-Capet, par où l'on a voulu signifier que les Protestans ne valoient pas une maille, & qu'ils étoient une monnoie de mauvais aloi. Ces insinuations ont fait couler des torrents de sang. ( *D. J.* )

HUGUES CAPET, ( *Histoire de France.* ) Louis V, roi de France, mourut sans enfans ; le droit de la naissance appelloit au trône Charles, duc de la Basse-Lorraine, oncle de ce prince. Mais *Hugues Capet*, arrière-petit-fils de Robert le Fort, sçut l'exclure, & fit couronner Robert son fils, pour régner sous son nom. L'année 987 fut l'époque de cette révolution. Charles prit les armes, & s'empara de Laon, mais il fut fait prisonnier dans sa conquête. *Hugues* fit déposer Arnould, atchevêque de Reims, qui l'avoit trahi. Il étoit plus aisé alors d'ôter la couronne à un roi, que la mitre à un évêque. Paisible possesseur du royaume, *Hugues* fit d'Abbeville un boulevard contre les Normands, soumit la Guienne, fit rentrer dans le devoir les comtes de Flandre & de Vermandois, & mourut l'an 996. Il est le chef de la troisième race des rois de France. ( *M. DE SACY* ).

HUISSIERS DE LA CHAMBRE DU ROI, ( *Histoire de France* ) ce corps composé de seize officiers est un des plus anciens de la maison du roi, dont il formoit autrefois la garde intérieure. Ils étoient alors armés de massues, & couchoient dans les appartemens qui servoient d'avenues à la chambre du roi.

A présent ils servent l'épée au côté sous les ordres de MM. les premiers gentilshommes de la chambre, auxquels ils répondent de ceux qui approchent la personne du roi lorsqu'il est dans son intérieur. C'est eritre leurs mains qu'ils prêtent le serment de fidélité ; c'est d'eux qu'ils reçoivent leurs certificats de service.

Aussi-tôt que la *chambre* est appellée pour le lever du roi, ils prennent la garde des portes, & ne laissent entrer en ce moment que ceux qui par le droit de charge ou grace de sa majesté ont l'entrée de la *chambre*. Ils distinguent ensuite les plus qualifiés des seigneurs qui se font nommés à la porte, les annoncent au premier gentilhomme, & les introduisent au petit lever. Au moment où le roi a pris sa chemise, que l'on appelle *le grand lever*, ainsi que dans le cours de la journée, ils laissent entrer dans la *chambre* toutes les personnes dont ils peuvent répondre.

Le soir, quand le roi doit tenir conseil ou travailler dans sa *chambre*, l'*huissier* en avertit les ministres de la part de sa majesté, & tient les portes fermées jusqu'à ce que le conseil ou travail soit levé.

Au moment où le roi prend ses pantoufles, que l'on appelle *le petit coucher*, l'*huissier* fait passer les courtisans qui n'ont ni la familière, ni la grande, ni la première entrée.

Aux fêtes annuelles, dévotions, *te Deum*, lits de justice, baptêmes & mariages, ainsi qu'à toutes les cérémonies de l'ordre du Saint-Esprit, deux *huissiers* portent chacun une masse immédiatement devant sa majesté ; de même qu'au sacre des rois, où ils marchent aux deux côtés du connétable, habillés de satin blanc avec pourpoint, haut-de-chausse, manches tailladées, manteau & toque de velours. Ils ont part aux sermens prêtés entre les mains du roi ; & aux premières entrées que sa majesté fait dans les villes de son royaume de nouvelle conquête, il leur est dû un marc d'or ou sa valeur en argent payable par les officiers de ville.

Lorsqu'il y a des fêtes à la cour, ou que le roi honore l'hôtel-de-ville de sa présence, les *huissiers* tiennent les portes de la pièce qu'occupe sa majesté, & y placent les personnes connues conjointement avec les intendans des menus-plaisirs sous les ordres du premier gentilhomme de la *chambre*.

Ils ont l'honneur de servir les enfans de France dès le berceau. Dans l'intérieur, ils répondent à madame la gouvernante, & lui annoncent les personnes qu'ils introduisent ; & soit aux promenades, soit dans les appartemens extérieurs, en qualité d'écuyers ils donnent la main aux princes jusqu'à sept ans ; & aux princesses de France jusqu'à douze. Ils ont bouche en cour à la table des maîtres pendant leur quartier auprès du roi.

Les prérogatives attachées aux *huissiers de la chambre*, le titre d'écuyer, qui leur est accordé depuis près de 200 ans, ainsi que l'honneur d'être, comme dans l'intérieur à la garde de sa majesté, ont fait que cette charge a été exercée sous Louis XIV, par des colonels & capitaines de vaisseaux de roi.

Les anciens états de la France certifient ce dernier article, & font foi des droits dont jouissent les *huissiers de la chambre* : on y trouvera la date des ordonnances de nos rois, qui leur ont accordé des privilèges. ( *A. R.* )

HUMBERT II, ( Dauphin de Viennois. ) ( *Voyez* BEAUMONT. On allègue deux principaux motifs de la cession que *Humbert II* fit du Dauphiné à la France ; l'un, qu'il vouloit susciter à la maison de Savoie, un ennemi capable de le venger de tous les affronts qu'il en avoit reçus ; l'autre, que jouant avec son fils unique, il eut le malheur de le laisser tomber d'une fenêtre dans le rhône, où il se noya. La douleur qu'il ressentit d'un si funeste accident, l'engagea, dit-on, à renoncer au monde : en effet, après la cession faite à la France, il entra dans l'ordre des Dominicains. En 1351, il reçut le sousdiaconat, le diaconat & la prêtrise aux trois messes de Noël, des mains du pape Clément VI. Il mourut à Clermont en Auvergne en 1353.

HUME, ( David. ) ( *Hist. Litt. mod.* ) écrivain écossois, à jamais célèbre par son histoire d'Angleterre, un des plus beaux morceaux d'histoire & de philosophie qu'il y ait dans aucune langue, & l'ouvrage le plus impartial & le plus raisonnable peut-être qui soit sorti de la main d'un homme. On a de lui aussi plusieurs

Traités de morale & de politique. Il a lui-même écrit sa vie en un petit volume *in-12*. C'est l'histoire très-naïve de ses succès littéraires, heureux & malheureux.

HUMIERES, ( d' ) ( *Hist. de Fr.* ) Il y a eu deux maisons *d'Humieres* ou *de Humieres* ; l'une de Picardie, l'autre de Touraine ; celle-ci distinguée par le nom de Crevant.

De la première étoient les trois frères, Philippe, Matthieu & Jean *de Humieres* ; le premier fut fait prisonnier, les deux autres tués à la bataille d'Azincourt.

Mathieu II, tué en 1442, au service du duc de Bourgogne.

Charles, Chevalier des ordres du roi, lieutenant général en Picardie, tué en 1595, à la prise de Ham. C'étoit, dit M. de Sully, le plus brave & le plus habile officier, employé dans la Picardie, alors le théâtre de la guerre : il fut pleuré de M. de Thou, du roi & du royaume.

Jacqueline *d'Humieres* sa sœur, héritière de sa maison, épousa Louis de Crevant, gouverneur de Ham, & porta dans cette maison de Crevant, les biens & le nom de la, maison *d'Humieres* : leur fils aîné, Charles-Hercule de Crevant d'*Humieres*, premier gentilhomme de la chambre du Roi, fut tué au siège de Royan le 12 mai 1622. Louis de Crevant d'*Humieres*, leur petit-fi's, est le maréchal d'*Humieres*. Il fut fait maréchal de France en 1668. Ses envieux disoient qu'il en avoit principalement l'obligation à Louise de la Châtre, sa femme, & par elle au vicomte de Turenne, sur qui ses charmes & son esprit lui donnoient, dit-on, beaucoup d'empire ; Louis XIV ayant demandé en cette occasion, au comte de Gramont, s'il sçavoit quels étoient les maréchaux de France de la nouvelle promotion : oui, Sire, répondit-il, M. de Créquy, M. de Bellefonds & Madame d'*Humieres*. Les trois nouveaux maréchaux refusèrent en 1672, de servir sous M. de Turenne, & y consentirent en 1675. En 1676, le maréchal *d'Humieres* prit la ville d'Aire ; en 1677, il commandoit sous monsieur avec le maréchal de Luxembourg, à la bataille de Cassel, & prit St. Guillain. En 1678, il prit Gand ; en 1683, Courtrai. Il fut battu à Valcourt le 27 août, par le prince de Valdec. Il avoit été fait grand-maître de l'artillerie en 1685, chevalier des ordres du roi en 1688 ; & malgré l'échec de 1689, sa terre de Mouchy fut érigée en duché-pairie en 1690. Il mourut le 30 août 1694.

Le marquis d'*Humieres*, Louis de Crevant, son fils aîné, avoit été tué au siège de Luxembourg en 1684. Le duché *d'Humieres* passa, par alliance, dans la maison d'Aumont, puis dans celle de Grammont.

La maison de Crevant, avant d'être substituée au nom & armes d'*Humieres*, avoit produit une foule de guerriers distingués, entr'autres Claude de Crevant, blessé à la bataille de Pavie, & François de Crevant, tué à la bataille de St. Quentin.

HUNIADE, ( Jean Corvin ) ( *Hist. de Hongrie* ) vaivode de Transylvanie, & général des armées de Ladislas, roi de Hongrie, fut un des plus grands

capitaines du quinzième siècle ; il fit la guerre avec éclat contre les Turcs, qui avoient alors pour chefs deux conquérants, Amurat II & Mahomet 2<sup>d</sup> ; il leur fit deux fois lever le siège de Belgrade, remporta d'autres avantages sur les généraux d'Amurat, & acquit beaucoup de gloire dans cette malheureuse bataille de Varnes, où Ladislas fut tué en 1444. *Huniade* étoit la terreur des Turcs. Mahomet II disoit que c'étoit *le plus grand homme qui eût porté les armes* ; *Huniade* mourut le 10 septembre 1456. Le pape Calixte III & toute la chrétienté le pleurèrent comme leur seul appui & leur seul espoir.

HUNNERIC, ( *Hist. mod.* ) roi des Vandales en Afrique, fils & successeur de Genseric, est diffamé dans l'histoire ecclésiastique par la persécution qu'il fit souffrir aux catholiques à l'instigation des Ariens. On a fait en conséquence beaucoup de contes sur sa maladie & sur sa mort arrivées en 484, suivant l'usage superstitieux de voir toujours dans la mort d'un ennemi, des marques de la vengeance divine.

HU-PU ou HOU-PNU, s. m. ( *Hist. mod.* ) c'est le nom qu'on donne à la Chine à un conseil ou tribunal chargé de l'administration des finances de l'empire, de la perception des revenus, du paiement des gages & appointements des mandarins & vice-rois ; il tient aussi les registres publics, contenant le dénombrement des familles, ou le cadastre qui se fait tous les ans des sujets de l'empereur, des terres de l'empire & des impôts que chacun est obligé de payer. ( *A. R.* )

HUR, ( *Hist. sacr.* ) fils de Caleb ; pendant la bataille où Josué défit les Amalécites, il soutint avec Aaron les bras de Moyse élevés vers le ciel pour demander la victoire.

HURAULT, ( *Hist. de Fr.* ) famille distinguée, dont étoit le chancelier de Chiverni ou Cheverni, de qui nous avons des mémoires ; attaché à Henri III, il l'avoit suivi en Pologne ; il eut les sceaux en 1578 ; il fut fait chancelier en 1583, à la mort du chancelier de Birague ; il mourut en 1599. Il étoit gendre du premier président Christophe de Thou.

» Il se piquoit fort de noblesse, dit Mezerai, ( ajoutons : & ce n'étoit pas sans raison, ) « & affectoit autant » la qualité de comte & celle de gouverneur de l'Or-» léanois & du Blésois, que celle de chancelier. »

Un autre *Hurault* ( Robert ) chancelier de Marguerite de France, duchesse de Savoye, fut le gendre du fameux chancelier de l'Hôpital, & ses enfans ont joint le nom de l'Hôpital à celui de *Hurault*.

Charles *Hurault* de l'Hôpital son fils aîné, fut tué au siège de Chartres en 1568.

Michel *Hurault* de l'Hôpital, frère de Charles, élevé par le chancelier de l'Hôpital son ayeul & principal objet de sa tendresse, s'attacha au roi Henri IV, alors roi de Navarre, qui l'employa en différentes négociations ; depuis l'avénement d'Henri IV à la couronne de France, il eut ordre de faire travailler aux fortifications de Quillebeuf avec huit cents anglois qu'il attendoit. Le roi en avoit donné le commandement à Bellegarde. *Hurault* refusa de le lui remettre ; il périt au milien de cette entreprise, & se fit enterrer sous un des bastions de la place, comme pour en retenir la possession. C'étoit un homme de beaucoup d'esprit; on lui attribue l'*excellent & libre discours sur l'état présent de La France*, qui parut en 1588, & qui est imprimé dans le tome 3 de la *satyre Ménippée*. On a encore de lui quelques autres ouvrages pour la défense de la cause royale contre la ligue & contre Rome.

Paul *Hurault* de l'Hôpital, son frère, archevêque d'Aix, eut de la réputation comme orateur, mais il est plus connu encore par ses démêlés avec le parlement d'Aix, au sujet d'un prêtre scandaleux, condamné au supplice, & qu'il refusoit de dégrader, alléguant les priviléges & franchises du clergé. L'occasion n'étoit pas favorable pour les réclamer.

André *Hurault*, seigneur de Maisse, eut grande part à la confiance de Henri IV; on le voit presqu'à sous ce règne, dans toutes les affaires délicates & importantes; il est souvent parlé de lui dans les mémoires de Sully, & toujours avec estime, avantage que peu de personnes partagent avec lui.

HUS, ( Jean. ) *Voyez* WICLEF.

HUSCANAOUIMENT, f. m. ( *Hist. mod. superstitions* ) espece d'initiation ou de cérémonie superstitieuse que les sauvages de la Virginie pratiquent sur les jeunes gens de leur pays, lorsqu'ils sont parvenus à l'âge de 15 ans; & sans laquelle ils ne sont point admis au nombre des braves dans la nation. Cette cérémonie consiste à choisir les jeunes gens qui se sont le plus distingués à la chasse par leur adresse & leur agilité; on les confine pendant un certain temps dans les forêts, où ils n'ont communication avec personne, & ne prennent pour toute nourriture qu'une décoction de racines, qui ont la propriété de troubler le cerveau; ce breuvage se nomme *ouisauecan*, il les jette dans une folie qui dure dix-huit ou vingt jours, au bout desquels on les promène dans les différentes bourgades, où ils sont obligés de paroître avoir totalement oublié le passé & d'affecter d'être sourds, muets & insensibles, sous peine d'être *huscanoués* de nouveau. Plusieurs de ces jeunes gens meurent dans cette pénible épreuve ou cérémonie, qui a pour objet de débarrasser la jeunesse des impressions de l'enfance, & de la rendre propre aux choses qui conviennent à l'âge viril. ( *A. R.* )

HUTCHESON, ( François ) ( *Hist. Litt. mod.* ) professeur de philosophie à Glascow, auteur d'un *systême de Philosophie morale*, traduit en françois par M. Eidous, & de quelques traités de métaphysique. Mort en 1747, & en Irlande en 1694.

HUTTEN ( Ulric de ) ( *Hist. Litt. mod.* ) poëte latin, d'Allemagne, qui reçut de l'empereur Maximilien I, la couronne poëtique. Jean *Hutten* son cousin, grand maréchal de la cour du duc de Virtemberg, fut tué en 1517, & le duc étoit amoureux de la femme de *Hutten*. Ulric fit à ce sujet, contre le duc de Wirtemberg, divers écrits curieux pour venger son parent. Il fut persécuté pour le luthéranisme, & mourut près de Zurich, le 29 août 1523, d'une maladie

*Histoire. Tome III.*

ladie qu'on remarquoit alors, comme étant encore assez récente. Il étoit né en 1488, avant l'existence de cette maladie en Europe. Il parle lui-même dans son traité *de Guaiaci Medicinâ*, de tout ce que cette maladie lui avoit fait souffrir. On a de lui des poësies &c. d'autres ouvrages. Il publia le premier, en 1518, deux nouveaux livres de Tite-Live, Burchard a écrit sa vie.

HUVACAS, f. m. ( *Hist. mod.* ) c'est ainsi que les Espagnols nomment les trésors cachés par les anciens habitants de l'Amérique, lors de la conquête de ce pays. On en trouve quelquefois près des anciennes habitations des Indiens & sous les débris de leurs temples; ces pauvres gens les cachoient comme des ressources contre les besoins qu'ils craignoient d'éprouver après leur mort. Quelques-uns de ces trésors ont été enfouis pour tromper l'avarice des Espagnols, que les Indiens voyoient attirés par leurs trésors. La moitié de ces *huvacas* appartient au roi. ( *A. R.* )

HUYGHENS, ( Chrétien ) ( *Hist. Litt. mod.* ) de l'Académie des Sciences & de la Société Royale de Londres; sçavant mathématicien hollandois, découvrit le premier l'anneau & le quatriéme satellite de Saturne. On lui est redevable des horloges à pendule; il perfectionna du moins le ressort spiral, s'il ne l'inventa pas; car l'invention de ce ressort ne lui appartient peut-être pas; elle fut réclamée par Robert Hooke en Angleterre. ( *Voyez* son article ), & par l'abbé Hautefeuille, en France. *Huyghens* perfectionna aussi les télescopes. Ses ouvrages ont été rassemblés dans deux recueils intitulés: l'un, *Opera varia*; l'autre, *Opera reliqua*. Né à La Haye en 1629, d'une famille noble; mort aussi à La Haye en 1695. Constantin *Huyghens* son père, a laissé un recueil de poësies latines; sous ce titre: *Momenta desultoria*.

HYDE, (Edouard) ( *Hist. d'Anglet.* ) comte de Clarendon, chancelier d'Angleterre sous Charles II, & beau-père du duc d'Yorck, qui fut depuis Jacques II, magistrat savant & vertueux, mais de mœurs austères & sans complaisance pour les maîtresses du roi, pour les vices, les profusions & les dissolutions de cette cour, déplut au roi, dont il gênoit les plaisirs, & déplut aussi au peuple même, dont il défendoit les intérêts, mais ce fut par son zèle excessif pour la religion anglicane, qui réunit contre lui tous les non conformistes: il le poussa jusqu'à persécuter les presbytériens: le roi qui avoit souvent à détourner sur d'autres, les effets du mécontentement public qu'il excitoit, sacrifia sans peine un ministre dont la présence étoit pour lui un reproche perpétuel. Il lui ôta les sceaux; un membre des communes se porta pour accusateur du comte de Clarendon; mais la chambre haute jugeant l'accusation frivole, refusa de le faire arrêter. Clarendon passa en France, & s'établit à Rouen, où il mourut en 1674. Il étoit fort attaché à la constitution nationale, & personne ne connoissoit aussi bien les loix de son pays; il inclinoit pour la liberté, objet toujours cher aux personnages vertueux, & il n'oublia jamais qu'il avoit vu son père tomber & mourir d'apoplexie, en lui recommandant ( avec une chaleur qu'il avoit toujours en traitant ce

P

fujet ), les intérêts de la liberté contre ceux de l'autorité.

On a du comte de Clarendon une histoire dés guerres civiles d'Angleterre, depuis 1641, jusqu'en 1660; morceau d'histoire célèbre, & quelques autres ouvrages. Il eut beaucoup de part à la Polyglotte d'Angleterre.

Anne fa fille, duchesse d'Yorck, n'avoit pas fon austérité de mœurs, si l'anecdote fur fon mariage qu'on lit dans les mémoires de Grammont, est aussi vraie qu'elle est plaifante.

HYDE, (Thomas) ( *Hist. Litt. mod.* ) savant anglois, professeur d'arabe à Oxford, & garde de la bibliothèque Bodléienne, dont il a donné le catalogue, est auteur de divers ouvrages concernant l'Orient, entr'autres *de Ludis Orientalibus* ; mais c'est fur-tout par fa *Religion des anciens Perfes* qu'il est le plus connu.

HYGIN, ( Caïus - Julius HYGINUS ) ( *Hist. Litt. Anc.* ) grammairien célèbre, affranchi d'Augufte, ami d'Ovide, fouvent cité par les anciens auteurs, mais dont nous n'avons plus les ouvrages ; car les Fables & l'*Astronomicon Poëticum* que nous avons fous fon nom, paroiffent être d'un auteur du Bas-Empire.

Le pape St. *Hygin* occupa le St. Siège entre les papes St. Télesphore & St. Pie. Son pontificat commence à l'an 140, & finit en 143, felon Eufèbe ; mais il y a quelque incertitude fur ces dates.

HYPACE, ( Hypatius ) ( *Hist. Rom.* ) neveu de l'empereur Anaftafe. Après la mort de l'empereur Justin, des factieux le proclamèrent empereur malgré lui & malgré fa femme, qui leur crioit toute en pleurs, qu'au lieu de faire honneur à fon mari, on le conduifoit au fupplice ; en effet, la fédition ayant été appaifée, Justinien fit arrêter *Hypace*, & le fit mourir. *Hypace* montra beaucoup de fermeté, & confola lui-même fes parents & fes amis, en leur rappellant que le fupplice ne pouvoit flétrir l'innocence.

HYPACIE ou HYPATIE, platonicienne illustre, donna des leçons publiques de philofophie dans Alexandrie. Elle étoit belle ; elle infpiroit de l'amour à fes écoliers, & fut toujours fage. Elle yivoit au quatrième & cinquième fiècles de l'Eglife ; elle étoit payenne : le peuple foulevé contre elle par des chrétiens trop zélés, la mit en pièces en 415. L'abbé Fleury détefte avec fa juftice ordinaire, cette exécrable violence.

HYPE'RIDE, ( *Hist. Litt. mod.* ) célèbre orateur grec, difciple de Platon & d'Ifocrate ; il ne nous refte qu'une de fes harangues. Il eut part au gouvernement d'Athènes, & fut le martyr de la liberté de fa patrie ; ayant été pris par Antipater, après la mort d'Alexandre, il mourut dans les fupplices : on dit qu'ayant été mis à la torture, il fe coupa la langue avec les dents, pour être dans l'impoffibilité de rien révéler.

HYSTASPES, ( *Hist. anc.* ) n'est guère connu que par le furnom de Darius, *fils d'Hystaspes*, qui, après avoir tué le mage Smerdis, fut, dit-on, roi de Perfe, par l'artifice de fon écuyer & par le hennissement de fon cheval. ( *Voyez* DARIUS.)

# IBY

**I**BAS, ( *Hist. eccl.* ) Evêque d'Edeſſe, fameux dans l'*affaire des trois Chapitres*, par ſa condamnation au concile de Conſtantinople, cinquième concile œcuménique, tenu en 553.

IBRAHIM, ( *Hist. des Turcs* ), nom commun dans l'Orient, ſur-tout chez les Turcs. Nous ne diſtinguerons ici que deux perſonnages de ce nom : 1°. Ibrahim, Gouverneur de la province de Roméſie & favori d'Amurat III. Il abuſoit de ſon crédit, altéroit les monnoies & gouvernoit avec tant d'injuſtice, qu'enfin les Janniſſaires ſoulevés environnant le ſérail, obligèrent Amurat III de le leur livrer. Ils lui firent trancher la tête en public, le 22 Avril 1590, & le calme fut rétabli. 2°. Le Sultan *Ibrahim*, ſucceſſeur d'Amurat IV. C'eſt l'Amurat de la Tragédie de *Bajazet*; & c'eſt de cet *Ibrahim* que Racine a dit :

> L'imbécile *Ibrahim*, ſans craindre ſa naiſſance,
> Traîne, exempt de péril, une éternelle enfance.
> Indigne également de vivre & de mourir,
> On l'abandonne aux mains qui daignent le nourrir.

Ce fut cependant ſous ſon empire que les Turcs prirent la Canée en 1644. Sous ce même Empire, des galères de Malthe ayant pris un vaiſſeau turc, après un combat dans lequel le chef des Eunuques noirs fut tué, on trouva ſur ce vaiſſeau un enfant, que des Officiers du Grand Seigneur ſervoient avec beaucoup de reſpect, & qu'ils aſſurèrent être un fils d'*Ibrahim*, que ſa mère envoyoit en Egypte. On le retint à Malte dans l'eſpérance d'une rançon : le ſultan, ſoit par orgueil à l'égard des Maltois, ſoit par indifférence pour cet enfant, n'ayant fait aucunes offres, l'enfant abandonné ſe fit Chrétien & Dominicain; on l'a connu long-temps ſous le nom du Père Ottoman, & c'eſt une tradition chez les Dominicains qu'ils ont eu dans leur ordre le fils d'un ſultan. Les Janiſſaires indignés de la molleſſe & des vices d'*Ibrahim*, le dépoſèrent, & même, ſelon quelques-uns, l'étranglèrent en 1649.

IBYCUS, ( *Hist. anc.* ), Poëte lyrique grec, vivoit environ cinq ſiècles & demi avant J. C. ; nous n'avons de lui, que des fragments recueillis par Henri Etienne. L'hiſtoire qu'on raconte au ſujet de ſa mort, eſt ſans doute fabuleuſe, mais elle eſt morale. Il fut aſſaſſiné par des voleurs ou par des ennemis, & mourant ainſi ſans défenſeurs & ſans témoins, il s'aviſa de prendre à témoin une troupe de grues qui paſſoient au-deſſus de ſa tête. Quelque temps après un de ſes aſſaſſins voyant paſſer des grues, dit à ſes complices : *voilà les témoins de la mort d'Ibycus*. Ce propos entr'eux parut ſuſpect, peut-être leur perſonne étoit-elle ſuſpecte auſſi; on les

# ICH

arrêta, on les mit à la queſtion, ils avouèrent leur crime, & ſubirent leur ſupplice. Delà, dit - on, les *grues d'Ibycus*, *Ibyci grues* ont paſſé en proverbe, pour ſignifier des témoins muets qui convainquent.

Horace appelle une vieille courtiſane nommée Chloris :

> *Uxor pauperis Ibyci.*

Dans une ode ſatyrique qu'il lui adreſſe. C'eſt la quintzième du troiſième livre. On ne ſait quel eſt ce pauvre *Ibycus*, mari de Chloris.

ICH-DIEN, ( *Hist. mod.* ) C'eſt le mot des armes du Prince de Galles, qui ſignifient en haut-Allemand, *je ſers*.

M. Henri Spelman croit que ce mot eſt ſaxon *ic ðien*, *ic-thien*, le ſaxon ð *d* avec une barre au-travers étant le même que *th*, & ſignifiant *je ſers* ou *je ſuis ſerviteur*; car les Miniſtres des rois ſaxons s'appelloient *thiens*. ( *A . R.* )

ICHOGLAN, ſ. m. (*Hist. turq.*) eſpèce de page du grand-ſeigneur.

Les *Ichoglans* ſont de jeunes gens qu'on élève dans le ſérail, non-ſeulement pour ſervir auprès du prince; mais auſſi pour remplir dans la ſuite les principales places de l'empire.

L'éducation qu'on leur donne à ce deſſein, eſt ineſtimable aux yeux des Turcs. Il n'eſt pas inutile de la paſſer en revue, afin que le lecteur puiſſe comparer l'eſprit & les uſages des différens peuples.

On commence par exiger de ces jeunes gens, qui doivent un jour occuper les premieres dignités, une profeſſion de foi muſulmane, & en conſéquence on les fait circoncire; on les tient dans la ſoumiſſion la plus ſervile; ils ſont châtiés ſévèrement pour les moindres fautes par les eunuques qui veillent ſur leur conduite ; ils gémiſſent pendant quatorze ans ſous ces ſortes de précepteurs, & ne ſortent jamais du ſérail, que leur terme ne ſoit fini.

On partage les *Ichoglans* en quatre chambres bâties au-delà de la ſalle du divan : la première qu'on appelle *la chambre inférieure*, eſt ordinairement de 400 *Ichoglans*, entretenus de tout aux dépens du grand-ſeigneur, & qui reçoivent chacun quatre ou cinq aſpres de paye par jour, c'eſt-à-dire, la valeur d'environ à huit ſols de notre monnoie. On leur enſeigne ſur-tout à garder le ſilence, à tenir les yeux baiſſés, & les mains croiſées pour l'eſtomac. Outre les maîtres à lire & à écrire, ils en ont qui prennent ſoin de les inſtruire de leur religion, & principalement de leur faire faire les prières aux heures ordonnées.

Après ſix ans de cette pratique, ils paſſent à la

ſujet ), les intérêts de la liberté contre ceux de l'auſorité.

On a du comte de Clarendon une hiſtoire dés guerres civiles d'Angleterre, depuis 1641, juſqu'en 1660 ; morceau d'hiſtoire célèbre, & quelques autres ouvrages. Il eut beaucoup de part à la Polyglotte d'Angleterre.

Anne ſa fille, ducheſſe d'Yorck, n'avoit pas ſon auſtérité de mœurs, ſi l'anecdote ſur ſon mariage qu'on lit dans les mémoires de Grammont, eſt auſſi vraie qu'elle eſt plaiſante.

HYDE, (Thomas) ( *Hiſt. Litt. mod.* ) ſavant anglois, profeſſeur d'arabe à Oxford, & garde de la bibliothèque Bodléienne, dont il a donné le catalogue, eſt auteur de divers ouvrages concernant l'Orient, entr'autres de *Ludis Orientalibus ;* mais c'eſt ſur-tout par ſa *Religion des anciens Perſes* qu'il eſt le plus connu.

HYGIN, ( Caïus - Julius HYGINUS ) ( *Hiſt. Litt. Anc.* ) grammairien célèbre, affranchi d'Auguſte, ami d'Ovide, ſouvent cité par les anciens auteurs, mais dont nous n'avons plus les ouvrages ; car les Fables & l'*Aſtronomicon Poëticum* que nous avons ſous ſon nom, paroiſſent être d'un auteur du Bas-Empire.

Le pape St. *Hygin* occupa le St. Siège entre les papes St. Téleſphore & St. Pie. Son pontificat commence à l'an 140, & finit en 143, ſelon Euſèbe ; mais il y a quelque incertitude ſur ces dates.

HYPACE, ( Hypatius ) ( *Hiſt. Rom.* ) neveu de l'empereur Anaſtaſe. Après la mort de l'empereur Juſtin, des factieux le proclamèrent empereur malgré lui & malgré ſa femme, qui leur crioit toute en pleurs, qu'au lieu de faire honneur à ſon mari, on le conduiſoit au ſupplice ; en effet, la ſédition ayant été appaiſée, Juſtinien fit arrêter *Hypace*, & le fit mourir. *Hypace* montra beaucoup de fermeté, & conſola lui-même ſes parens & ſes amis, en leur rappellant que le ſupplice ne pouvoit flétrir l'innocence.

HYPACIE *ou* HYPATIE, platonicienne illuſtre, donna des leçons publiques de philoſophie dans Alexandrie. Elle étoit belle ; elle inſpiroit de l'amour à ſes écoliers, & fut toujours ſage. Elle vivoit au quatrième & cinquième ſiècles de l'Egliſe ; elle étoit payenne : le peuple ſoulevé contre elle par des chrétiens trop zélés, la mit en pièces en 415. L'abbé Fleury déteſte avec ſa juſtice ordinaire, cette exécrable violence.

HYPE'RIDE, ( *Hiſt. Litt. mod.* ) célèbre orateur grec, diſciple de Platon & d'Iſocrate ; il ne nous reſte qu'une de ſes harangues. Il eut part au gouvernement d'Athènes, & fut le martyr de la liberté de ſa patrie, ayant été pris par Antipater, après la mort d'Alexandre, il mourut dans les ſupplices : on dit qu'ayant été mis à la torture, il ſe coupa la langue avec les dents, pour être dans l'impoſſibilité de rien révéler.

HYSTASPES, ( *Hiſt. anc.* ) n'eſt guère connu que par le ſurnom de Darius, fils d'*Hyſtaſpes*, qui, après avoir tué le mage Smerdis, fut, dit-on, roi de Perſe, par l'artifice de ſon écuyer & par le henniſſement de ſon cheval. ( *Voyez* DARIUS. )

# IBY | ICH

**IBAS**, ( *Hist. eccl.* ) Evêque d'Edesse, fameux dans l'*affaire des trois Chapitres*, par sa condamnation au concile de Constantinople, cinquième concile œcuménique, tenu en 553.

**IBRAHIM**, ( *Hist. des Turcs* ), nom commun dans l'Orient, sur-tout chez les Turcs. Nous ne distinguerons ici que deux personnages de ce nom : 1°. *Ibrahim*, Gouverneur de la province de Romélie & favori d'Amurat III. Il abusoit de son crédit, altéroit les monnoies & gouvernoit avec tant d'injustice, qu'enfin les Janissaires soulevés environnant le sérail, obligèrent Amurat III de le leur livrer. Ils lui firent trancher la tête en public, le 22 Avril 1590, & le calme fut rétabli. 2°. Le Sultan *Ibrahim*, successeur d'Amurat IV. C'est l'Amurat de la Tragédie de *Bajazet* ; & c'est de cet *Ibrahim* que Racine a dit :

L'imbécile *Ibrahim*, sans craindre sa naissance,
Traîne, exempt de péril, une éternelle enfance.
Indigne également de vivre & de mourir,
On l'abandonne aux mains qui daignent le nourrir.

Ce fut cependant sous son empire que les Turcs prirent la Canée en 1644. Sous ce même Empire, des galères de Malthe ayant pris un vaisseau turc, après un combat dans lequel le chef des Eunuques noirs fut tué, on trouva sur ce vaisseau un enfant, que des Officiers du Grand Seigneur servoient avec beaucoup de respect, & qu'ils assurèrent être un fils d'*Ibrahim*, que sa mère envoyoit en Egypte. On le retint à Malte dans l'espérance d'une rançon : le sultan, soit par orgueil à l'égard des Maltois, soit par indifférence pour cet enfant, n'ayant fait aucunes offres, l'enfant abandonné se fit Chrétien & Dominicain; on l'a connu long-temps sous le nom du Père Ottoman, & c'est une tradition chez les Dominicains qu'ils ont eu dans leur ordre le fils d'un sultan. Les Janissaires indignés de la mollesse & des vices d'*Ibrahim*, le déposèrent, & même, selon quelques-uns, l'étranglèrent en 1649.

**IBYCUS**, ( *Hist. anc.* ), Poëte lyrique grec, vivoit environ cinq siècles & demi avant J. C. ; nous n'avons de lui, que des fragments recueillis par Henri Etienne. L'histoire qu'on raconte au sujet de sa mort, est sans doute fabuleuse, mais elle est morale. Il fut assassiné par des voleurs qui passoient au-dessus de sa tête. Quelque temps après un de ses assassins voyant passer des grues, dit à ses complices : *voilà les témoins de la mort d'Ibycus.* Ce propos entr'eux parut suspect, peut-être leur personne étoit-elle suspecte aussi ; on les

arrêta, on les mit à la question, ils avouèrent leur crime & subirent leur supplice. Delà, dit - on, les *grues d'Ibycus*, *Ibyci grues* ont passé en proverbe, pour signifier des témoins muets qui convainquent.

Horace appelle une vieille courtisane nommée Chloris :

*Uxor pauperis Ibyci.*

Dans une ode satyrique qu'il lui adresse. C'est là quinzième du troisième livre. On ne sait quel est ce pauvre *Ibycus*, mari de Chloris.

**ICH-DIEN**, ( *Hist. mod.* ) C'est le mot des armes du Prince de Galles, qui signifient en haut-Allemand, *je sers.*

M. Henri Spelman croit que ce mot est saxon *ic ꝺ' ien, ic-thien*, le saxon ꝺ *d* avec une barre au-travers étant le même que *th*, & signifiant- *je sers* ou *je suis serviteur*; car les Ministres des rois saxons s'appelloient *thiens.* ( *A. R.* )

**ICHOGLAN**, s. m. ( *Hist. turq.* ) espèce de page du grand-seigneur.

Les *Ichoglans* sont de jeunes gens qu'on élève dans le sérail, non-seulement pour servir auprès du prince, mais aussi pour remplir dans la suite les principales places de l'empire.

L'éducation qu'on leur donne à ce dessein, est inestimable aux yeux des Turcs. Il n'est pas inutile de la passer en revue, afin que le lecteur puisse comparer l'esprit & les usages des différens peuples.

On commence par exiger de ces jeunes gens, qui doivent un jour occuper les premieres dignités, une profession de foi musulmane, & en conséquence on les fait circoncire ; on les tient dans la soumission la plus servile ; on les font châtiés sévèrement pour les moindres fautes par les eunuques qui veillent sur leur conduite ; ils gémissent pendant quatorze ans sous ces fortes de précepteurs, & ne sortent jamais du sérail, que leur terme ne soit fini.

On partage les *Ichoglans* en quatre chambres bâties au-delà de la salle du divan : la première qu'on appelle *la chambre inférieure*, est ordinairement de 400 *Ichoglans*, entretenus de tout aux dépens du grand-seigneur, & qui reçoivent chacun quatre ou cinq aspres de paye par jour, c'est-à-dire, la valeur d'environ sept à huit sols de notre monnoie. On leur enseigne sur-tout à garder le silence, à tenir les yeux baissés, & les mains croisées sur l'estomac; Outre les maîtres à lire & à écrire, ils en ont qui prennent soin de les instruire de leur religion, & principalement de leur faire faire les prières aux heures ordonnées.

Après six ans de cette pratique, ils passent à la

P. 2

seconde chambre avec la même paye, & les mêmes habits qui sont assez communs. Ils y continuent les mêmes exercices, mais ils s'attachent plus particulièrement aux langues : ces langues sont la turque, l'arabe, & la persienne. A mesure qu'ils deviennent plus forts, on les fait exercer à bander un arc, à le tirer, à lancer la zagaie, à se servir de la pique, à monter à cheval, & à tout ce qui regarde le manège, comme à darder à cheval, à tirer des flèches en avant, en arrière & sur la croupe, à droite & à gauche. Le grand-seigneur s'amuse quelquefois à les voir combattre à cheval, & récompense ceux qui paroissent les plus adroits. Les *Ichoglans* restent quatre ans dans cette classe, avant d'entrer dans la troisième.

On leur apprend dans celle-ci pendant quatre ans, de toutes autres choses, que nous n'imaginerions pas, c'est-à-dire, à coudre, à broder, à jouer des instruments, à raser, à faire les ongles, à plier des vestes & des turbans, à servir dans le bain, à laver le linge du grand-seigneur, à dresser des chiens & des oiseaux : le tout afin d'être plus propres à servir auprès de sa hautesse.

Pendant ces 14 ans de noviciat, ils ne parlent entr'eux qu'à certaines heures ; & s'ils se visitent quelquefois, c'est toujours sous les yeux des eunuques, qui les suivent par-tout. Pendant la nuit, non-seulement leurs chambres sont éclairées ; mais les yeux de ces argus, qui ne cessent de faire la ronde, découvrent tout ce qui se passe. De six lits en six lits, il y a un eunuque qui prête l'oreille au moindre bruit.

On tire de la troisième chambre les pages du trésor, & ceux qui doivent servir dans le laboratoire, où l'on prépare l'opium, le sorbet, le café, les cordiaux, & les breuvages délicieux pour le serrail. Ceux qui ne paroissent pas assez propres à être avancés plus près de la personne du sultan, sont renvoyés avec une petite récompense. On les fait entrer ordinairement dans la cavalerie, qui est aussi la retraite de ceux qui n'ont pas le don de persévérance ; car la grande contrainte & les coups de bâton leur font bien souvent passer la vocation. Ainsi la troisième chambre est réduite à environ deux cent *Ichoglans*, au lieu que la première étoit de quatre cent.

La quatrième chambre n'est que de 40 personnes, bien éprouvées dans les trois premières classes ; leu paye est double, & va jusqu'à neuf ou dix aspres par jour. On les habille de satin, de brocard ou de toile d'or, & ce sont proprement les gentilshommes de la chambre. Ils peuvent fréquenter tous les officiers du palais ; mais le sultan est leur idole ; car ils sont dans l'âge propre à soupirer après les honneurs. Il y en a quelqu's-uns qui ne quittent le prince, que lorsqu'il entre dans l'appartement des dames, comme ceux qui portent son sabre, son manteau, le pot à eau pour boire, & pour faire les ablutions, celui qui porte le sorbet, & celui qui tient l'étrier quand sa hautesse monte à cheval, ou qu'elle en descend.

C'est entre ces quarante *Ichoglans* de la quatrième chambre, que sont distribués les premières dignités de l'empire, qui viennent à vaquer. Les turcs s'imaginent que Dieu donne tous les talens & toutes les qualités nécessaires à ceux que le sultan honore des grands emplois. Nous croirions nous autres, que des gens qui ont été nourris dans l'esclavage, qui ont été traités à coups de bâton par des eunuques pendant si long-temps, qui ont mis leur étude à faire les ongles, à razer, à parfumer, à servir dans le bain, à laver du linge, à plier des vestes, des turbans, ou à préparer du sorbet, du café & autres boissons, seroient propres à de tous autres emplois qu'à ceux du gouvernement des provinces. On pense différemment à la cour du grand-seigneur ; c'est ces gens-là que l'on en gratifie par choix & par préférence ; mais comme ils n'ont en réalité ni capacité, ni lumières, ni expérience pour remplir leurs charges, ils s'en reposent sur leurs Lieutenants, qui sont d'ordinaire des fripons & des espions que le grand-visir leur donne, pour lui rendre compte de leur conduite, & les tenir sous sa férule. ( *D. J.* )

ICOSAPROTE ; s. m. ( *Hist. mod.* ), dignité chez les Grecs modernes. On disoit un *Icosaprote*, ou un *vingt-princier*, comme nous disons un *cent-suisse*. ( *A. R.* )

ICTIAR, s. m. ( *Hist. d'Asie* ) officier qui a passé par tous les grades de son corps, & qui par cette raison a acquis le droit d'être membre du divan. *Pococc. ægypt.* p. 166. ( *D. J.* )

IDACIUS ou IDATIUS, (Idace), Evêque espagnol du cinquième siècle, auteur d'une chronique, publiée par le P. Sirmond.

IDATHYRSE ou INDATHYRSE, roi des Scythes, ayant refusé sa fille en mariage au roi des Perses, Darius, fils d'Hystaspes, ce fier monarque lui déclara la guerre & inonda son pays avec une armée innombrable, qu'*Indathyrse* dissipa par sa bonne conduite. Un tel succès ayant rendu ce nom d'*Indathyrse* ou *Indathyre*, très-célèbre parmi les Scythes, c'est le nom que M. de Voltaire a donné au rival d'Athamare, dans sa Tragédie *des Scythes*.

IGNACE ( *Hist. ecclésiast.* ) est le nom de trois Saints.

1°. *Saint-Ignace*, Martyr, disciple de Saint-Pierre & de Saint-Jean, & successeur de Saint-Pierre dans le siège d'Antioche, après Saint-Evode. Il fut livré aux lions à Rome, l'an 107 de J. C., sous l'empire de Trajan. On a de lui sept épitres ; monumens précieux de la foi & de la discipline de la primitive église.

2°. *Saint-Ignace*, Patriarche de Constantinople, rival de ce Photius, auteur du Schisme d'Orient. *Saint-Ignace* mourut en 877, après avoir été plus d'une fois éprouvé par la persécution.

3°. *Saint-Ignace* de Loyola. Dom Inigo ou *Ignace* nâquit en 1491, au Château de ses pères, nommé Loyola, dans la province de Guipuscoa en Espagne. En 1521, il signala sa valeur contre les françois, à la défense de Pampelune, où il eut une jambe brisée d'un boulet de canon, & l'autre blessée d'un coup de pierre. Sa jambe, de la maniere dont elle fut remise, avoit quelque difformité ; on dit qu'*Ignace*, trop soigneux alors de plaire même aux yeux, & jaloux de conferver fes moindres avantages extérieurs, mais courageux, jufques dans ces vaines recherches de coquetterie, fe fit caffer une feconde fois la jambe, pour qu'elle fût mieux remife. On dit qu'il fe la faifoit tirer violemment avec une machine de fer, dans la crainte qu'elle ne reftât plus courte que l'autre, & qu'il fe fit fcier un os qui avançoit défagréablement au-deffous du genou. Devenu dévot, on dit que, pour expier les inclinations mondaines de fa jeuneffe & fon ancien goût pour la parure, il avoit paffé à une recherche de mal-propreté fi dégoûtante, de difformité fi effrayante, que les enfans le pourfuivoient à coups de pierre, comme un objet hideux. On dit qu'il habitoit dans des cavernes, qu'il mendioit & fe faifoit chaffer par-tout, comme un pauvre important. On dit qu'il fut de deffein formé fept jours fans boire ni manger. Il fe déclara folemnellement le *Chevalier de la Vierge*.

Il effuya des perfécutions & fut mis à l'inquifition; mais comme il étoit fort ignorant, il s'en tira bien. Il voulut s'inftruire, il vint à Paris & recommença fes études dans un âge affez avancé. Au collège de Sainte-Barbe, fes maîtres voulurent le châtier à quarante ans, comme on a grand tort de châtier même les enfans, il réfolut de fe foumettre à cette humiliation, elle lui fut cependant épargnée.

Ce fut en 1534, qu'il forma d'abord à Paris, le plan de la fociété des Jéfuites. Ses compagnons étoient au nombre de fix: Pierre le Fèvre de Savoie, Simon Rodrigues de Portugal, Jacques Laynès, Alphonfe Salmeron, Nicolas Bobadilla & François Xavier efpagnols. Il y en eut bientôt trois autres; Claude Lejai du diocèfe de Genève, Pafquier, Broët de Bétancourt, près d'Amiens, & Jean Codure d'Embrun.

Le jour de l'affomption 1534 ils lièrent par des vœux folemnels dans l'églife de Montmartre.

Ce fut en 1542, que parurent les conftitutions des Jéfuites, dreffées par *Saint-Ignace*.

Il mourut le 31 juillet 1556, Paul V le béatifia en 1609. Grégoire XV le canonifa en 1622. Les Jéfuites célébrèrent cette canonifation, par des fêtes & des jeux folemnels; ils firent repréfenter un drame pieux, qui avoit pour fujet les travaux de leur fondateur. Jules-Mazarin, depuis cardinal & premier miniftre en France, alors âgé de vingt-ans, fit le rôle de *Saint-Ignace*, avec un fuccès qui fut le premier degré de fa réputation & de fa fortune.

IKEGUO f. m, ( *Hift. mod.* ). C'eft ainfi que les Ethiopiens & les Abyffins nomment les généraux de leurs ordres monaftiques, dont il n'y a n'a que deux dans l'empire: L'*Ikaguo* eft élu par les abbés & fupérieurs des différents monaftères, qui, comme chez nos moines, font eux-mêmes élûs à la pluralité des voix. ( *A. R.* )

IKENDI, f. m. ( *Hift. mod.* ) c'eft le fecond mois des Tartares orientaux; & de ceux qui font partie de l'empire des Chinois. Il répond à notre Janvier. On l'appelle auffi *aicundi*. Voyez le dictionn. de Trevoux. ( *A. R.* )

IKENDIN, f. m. ( *Hift. mod.* ) le midi des Turcs. ( *A. R.* )

**ILLIERS D'ENTRAGUES**, **ILLIERS-VENDOME**, ( *Hift. de Fr.* ) L'ancienne maifon d'*Illiers* dans le pays chartrain étoit connue & puiffante dès le milieu du dixième fiècle. Vers la fin du treizième, l'héritière d'*Illiers*, nommée Iolande, époufa Philippe de Vendôme, de la maifon des anciens comtes de Vendôme. Dans le temps de ce mariage il fut convenu entre les deux familles, que les enfans relèveroient la bannière, le nom & les armes d'*Illiers*, qui font d'or à fix annelets de gueules; en effet Jean d'*Illiers*, fils de Philippe & d'Yolande, prit le nom & les armes d'*Illiers*; delà les Illiers de Vendôme; Florent fire d'*Illiers*, fon arrière petit-fils, bailli & gouverneur de Chartres, vint à la tête d'une petite armée levée à fes dépens & prefque toute compofée de gentils-hommes, fecourir contre les Anglois, la ville d'Orléans, fous Charles VII. Milon d'*Illiers*, fon frère, fut évêque de Chartres depuis l'an 1459 jufqu'à l'an 1480. Il aimoit les procès, on le lui reprochoit, & il fe prêtoit de bonne grace à la plaifanterie fur cet article. Le roi Louis XI paroiffant vouloir faire un réglement, pour diminuer le nombre des procès, il le pria de lui en laiffer au moins vingt où trente pour fes menus plaifirs. Il étoit connu dans fon temps par le talent des reparties promptes & heureufes. Un jour Louis XI le rencontra monté fur une très-belle mule, fuperbement enharnachée. Les premiers pafteurs, lui dit-il, n'alloient pas ainfi montés, non, répondit l'évêque de Chartres, du temps des rois pafteurs. Odard d'Illiers, arrière-petit-fils de Florent, étoit gendre de Jean Bertrand ou Bertrandi, premier garde des fceaux de France, en titre d'office, depuis cardinal & archevêque de Sens. Jacques d'*Illiers*, fils d'Odard, époufa en 1588 Charlotte Catherine de Balzac, fille de François de Balzac, chevalier des ordres du roi, gouverneur d'Orléans; celui-ci eft ce fameux d'Entragues, père d'Henriette de Balzac d'Entragues, voyez l'article. BALZAC), Maîtreffe de Henri IV. Henriette étoit d'un fecond lit, Charlotte Catherine étoit du premier. La poftérité mafculine de François de Balzac s'éteignit. Léon d'Illiers, fils de Jacques d'*Illiers* & de Charlotte Catherine de Balzac, fut héritier de cette maifon de Balzac d'Entragues, Seigneur de Malesherbes, de Marcouffi, &c., à condition de porter le nom & les armes de cette maifon. Delà les d'Illiers d'Entragues.

**ILLYRIC** ou **ILLYRICUS**, ( *Hift. du Luthéran.* ) Mathias Flac, Francowitz ou Trancowitz, fe faifoit nommer FLACCUS *Illyricus*, parce qu'il étoit d'Albona dans l'Iftrie, qui faifoit partie de l'ancienne Illyrie. Cet *Illyricus* étoit un Luthérien très-paffionné. Difciple de Mélanchton, il voulut être fon maître, & il fut fon perfécuteur, il fit condamner dans deux fynodes, quelques propofitions de Mélanchton, qui ne s'éloignoient pas affez de la foi de l'églife romaine & le feul ménagement qu'on eût pour cet homme célèbre & il eftimable, fut de ne le pas condamner fous fon nom, mais de l'envelopper fous la défignation injurieufe de quelques papiftes où fcholaftiques. *Illyricus* fut un des centuriateurs de Magdebourg, c'eft-à-dire, un des miniftres de cette ville, qui furent les premiers auteurs d'une hiſtoire eccléſiaſtique proteſtante, ſous le titre de *centuries*. On a dit de lui que la ſeule bonne action qu'il eût faite, avoit été de mourir ; ce qu'il fit en 1575, le 11 Mars. Il étoit né le 3 Mars 1520. Sa maxime politique étoit qu'il falloit tenir les Princes en reſpect par la crainte des ſéditions, *metu ſeditionum terrendos eſſe principes*. Mélancth. ép. 107.

IMAGE, (*Hiſt. anc. & mod*.) ſe dit des repréſentations artificielles que font les hommes, ſoit en peinture ou ſculpture ; le mot d'*Image* dans un ſens eſt conſacré aux choſes ſaintes ou regardées comme telles. L'uſage & l'adoration des *Images* ont eſſuyé beaucoup de contradictions dans le monde. L'héréſie des Iconoclaſtes ou Iconomaques, c'eſt-à-dire, *briſe-images*, qui commença ſous Léon l'Iſaurien en 724, remplit l'empire grec de maſſacres & de cruautés, tant ſous ce prince, que ſous ſon fils Conſtantin Copronyme, cependant, l'égliſe grecque n'abandonna point le culte des *Images*, & l'égliſe d'Occident ne le condamna pas non plus. Le concile tenu à Nicée ſous Conſtantin & Irène, rétablit toutes choſes dans leur premier état ; & celui de Francfort n'en condamna les déciſions que par une erreur de fait & ſur une fauſſe verſion. Cependant depuis, l'an 815 juſqu'à l'année 855, la fureur des Iconoclaſtes ſe ralluma en Orient, & alors leur héréſie fut totalement éteinte : mais diverſes ſectes, à commencer par les Petrobruſiens & les Henriciens l'ont renouvellée en Occident depuis le douzième ſiècle. A examiner tout ce qui s'eſt paſſé à cet égard, & à juger ſainement des choſes, on voit que ces ſectaires & leurs ſucceſſeurs ont fait une trifine de fauſſes imputations à l'égliſe romaine, dont la doctrine a toujours été de ne déférer aux *Images* qu'un culte relatif & ſubordonné, très-diſtinct du culte de latrie, comme on le peut voir dans l'expoſition de la foi de M. Boſſuet. Ainſi tant de livres, de déclamations, de ſatyres violentes des miniſtres de la religion prétendue réformée, pour prouver que les catholiques romains idolâtroient, & violoient le premier commandement du décalogue, ne font autre choſe que le ſophiſme que les Dialecticiens appellent *ignoratio elenchi*. Ces artifices ſont bons pour ſéduire des ignorans ; mais il eſt étonnant que l'eſprit de parti ait aveuglé des gens habiles d'ailleurs, juſqu'à leur faire haſarder de pareils écrits, & à les empêcher de diſcerner ce que dans ce culte les catholiques pourroient ſe rencontrer dans le culte des *Images*, d'avec ce que l'égliſe en avoit toujours cru, & d'avec le fond de ſa doctrine ſur cet article.

Les Luthériens blâment les Calviniſtes d'avoir briſé les *Images* dans les égliſes des Catholiques, & regardent cette action comme une eſpèce de ſacrilège, quoiqu'ils traitent les catholiques romains d'idolâtres, pour en avoir conſervé le culte. Les Grecs ont pouſſé ce culte ſi loin, que quelques-uns d'entr'eux ont reproché aux latins de ne point porter de reſpect aux *Images* ; cependant l'égliſe d'Orient & celle d'Occident n'ont jamais diſputé que ſur les termes ; elles étoient d'accord pour le fond.

Les juifs condamnent abſolument les *Images*, & ne

ſouffrent aucunes ſtatues, ni figures dans leurs maiſons, & encore moins dans leurs ſynagogues & dans les autres lieux conſacrés à leurs dévotions. Les Mahométans ne les peuvent ſouffrir non plus ; & c'eſt en partie pour cela qu'ils ont détruit la plûpart des beaux monumens d'antiquité ſacrée & profane, qui étoient à Conſtantinople.

Les Romains conſervoient avec beaucoup de ſoin les *Images* de leurs ancêtres, & les faiſoient porter dans leurs pompes funèbres, & dans leurs triomphes. Elles étoient pour l'ordinaire de cire & de bois, quoiqu'il y en eût quelquefois de marbre ou d'airain. Ils les plaçoient dans les veſtibules de leurs maiſons, & elles y demeuroient toujours, quoique la maiſon changeât de maître, parce qu'on regardoit comme une impiété de les déplacer.

Appius Claudius fut le premier qui les introduiſit dans les temples, l'an de Rome 259, & qui y ajouta des inſcriptions, pour marquer l'origine de ceux qu'elles repréſentoient, auſſi bien que les actions par leſquelles ils s'étoient diſtingués.

Il n'étoit pas permis à tout le monde de faire porter les *Images* de ſes ancêtres dans les pompes funèbres. On n'accordoit cet honneur qu'à ceux qui s'étoient acquittés glorieuſement de leurs emplois. Quant à ceux qui s'étoient rendus coupables de quelques crimes, on briſoit leurs *Images*. (*A R*)

Il n'eſt rien dit dans cet article, du pouvoir des *Images* Nous y ſuppléerons par quelques exemples de ce pouvoir étonnant. Un tableau qui repréſente Palamede condamné à mort par ſes amis, jette le trouble dans l'ame d'Alexandre ; il rappelle à ce prince le traitement cruel qu'il a fait à Ariſtonicus. Une courtiſane au milieu d'une joie diſſolue vient par hazard à fixer les yeux ſur le portrait d'un philoſophe, elle a honte tout-à-coup de ſes déſordres, embraſſe la vertu la plus rigide. Un roi Bulgare ſe fait chrétien pour avoir vu un tableau du jugement dernier. Céſar voit à Cadix le portrait d'Alexandre, & ſe proche de n'avoir encore rien fait de glorieux à l'âge où eſt mort Alexandre.

Amurat IV. voulant réprimer l'inſolence des janiſſaires & des Spahis, ne leur fait aucun reproche, il ſort à cheval du ſerrail, va à l'hyppodrome, y tire de l'arc & lance ſa zagaye ; la dextérité & la force que montre ce prince, étonnent ſes troupes, elles rentrent dans le devoir. On tente de conſoler une femme qui a perdu ſon mari ; elle fait ſigne en mettant la main ſur ſon cœur, que c'eſt là qu'eſt renfermé ſon chagrin ; & qu'il ne peut ſe guérir. Un tel geſte eſt plus expreſſif que tous les diſcours qui ſeroient échappés à ſa douleur.

La mort de Germanicus, par le célèbre le Pouſſin, inſpire de l'attendriſſement pour ce prince, & de l'indignation contre Tibère.

Le Pouſſin veut repréſenter toute la douleur que peuvent reſſentir des mères qui voient égorger leurs enfans ſous leurs yeux, & dans leur ſein même, il ne peint qu'une femme ſur le devant de ſon tableau du maſſacre des Innocens ; *plus intelligitur quàm pingitur*.

Il eſt remarquable que deux femmes aient rétabli les *Images* : l'une eſt l'Impératrice Irene, veuve de Léon IV, la première femme qui monta ſur le trône des Céſars, & la première qui fit périr ſon fils pour y régner. L'autre eſt l'Impératrice Théodora, veuve de Théophile. Sous Irene ſe tint, en 786, le deuxième concile de Nicée, ſeptiéme général, où il y eut trois cents cinquante pères. C'eſt le concile que Charlemagne refuſa de recevoir à Francfort. ( C ).

IMAM ou IMAN, ( *Hiſt. mod.* ) miniſtre de la religion mahométane, qui répond à un curé parmi nous.

Ce mot ſignifie proprement ce que nous appellons prélat, *antiſtes*; mais les muſulmans le diſent en particulier de celui qui a le ſoin, l'intendance d'une moſquée, qui s'y trouve toujours le premier, & qui fait la prière au peuple, qui la répète après lui.

*Iman*, ſe dit auſſi abſolument par excellence des chefs, des inſtituteurs ou des fondateurs des quatre principales ſectes de la religion mahométane, qui ſont permiſes. Ali eſt l'*Iman* des Perſes, ou de la ſecte des Schiaites; Abu-beker, l'*Iman* des Sunniens, qui eſt la ſecte que ſuivent les Turcs; Saphii ou Safi-y, l'*Iman* d'une autre ſecte.

Les Mahométans ne ſont point d'accord entr'eux ſur l'*imanat*, ou dignité d'*iman*. Quelques-uns la croient de droit divin, & attachée à une ſeule famille, comme le pontificat d'Aaron; les autres ſoutiennent d'un côté qu'elle eſt de droit divin, mais de l'autre, ils ne la croient pas tellement attachée à une famille, qu'elle ne puiſſe paſſer dans une autre. Ils avancent de plus que l'*iman* devant être, ſelon eux, exempt non ſeulement des péchés griefs, comme l'infidélité, mais encore des autres moins énormes, il peut être dépoſé; s'il y tombe, & ſa dignité transférée à une autre.

Quoi qu'il en ſoit de cette queſtion, il eſt conſtant qu'un *iman* ayant été reconnu pour tel par les Muſulmans, celui qui nie que ſon autorité vient immédiatement de Dieu, eſt un impie; celui qui ne lui obéit pas, un rebelle; & celui qui s'ingère de le contredire; un ignorant : c'eſt par-tout de même.

Les imans n'ont aucune marque extérieure qui les diſtingue du commun des Turcs; leur habillement eſt preſque le même, excepté leur turban qui eſt un peu plus large, & pliſſé différemment. Un *iman* privé de ſa dignité, redevient ſimple laïc tel qu'il étoit auparavant, & le viſir en nomme un autre; l'examen & l'ordonnance du miniſtre font toute la cérémonie de la réception. Sa principale fonction, outre la prière, eſt la prédication, qui roule ordinairement ſur la vie de Mahomet, ſa prétendue miſſion, ſes miracles, & les fables dont fourmille la tradition muſulmane. Ils tâchent au reſte, de s'attirer la vénération de leurs auditeurs, par la longueur de leurs manches & de leurs barbes, la largeur de leurs turbans, & leur démarche grave & compoſée. Un turc qui les auroit frappé, auroit la main coupée; & ſi le coupable étoit chrétien, il ſeroit condamné au feu. Aucun *iman*,

tant qu'il eſt en titre, ne peut être puni de mort; la plus grande peine qu'on lui puiſſe infliger, ne s'étend pas au-delà du banniſſement. Mais les ſultans & leurs miniſtres ont trouvé le ſecret d'éluder ces priviléges, ſoit en honorant les *imans*, qu'ils veulent punir, d'une queue de cheval, diſtinction qui les fait paſſer au rang des gens de guerre, ſoit en les faiſant déclarer *infidèles* par une aſſemblée de gens de loi, & dès-lors ils ſont ſoumis à la rigueur des loix. *Guër. mœurs des Turcs, liv. II, tom. I. ( A. R. )*

IMARET, ſ. m. ( *Hiſt. mod.* ) nom que les Turcs donnent à une maiſon bâtie près d'un *jami*, ou d'une grande moſquée; elle eſt ſemblable à un hôpital ou hôtellerie, & eſt deſtinée à recevoir les pauvres & les voyageurs. ( *A. R.* )

IMBLOCATION, ſubſt. m. ( *Hiſt. des Coûtum.* ) terme conſacré chez les écrivains du moyen âge, pour déſigner la manière d'enterrer les corps morts des perſonnes excommuniées; cette manière ſe pratiquoit en élevant un monceau de terre ou de pierres ſur leurs cadavres, dans les champs, ou près des grands chemins, parce qu'il étoit défendu de les enſevelir, & à plus forte raiſon de les mettre en terre ſainte. Imblocation eſt formé de *bloc*, amas de pierres. *Voyez* Ducange, *Gloſſaire Latin*, au mot Imblocatus. ( *D. J.* )

IMBRIKDAR-AGA, ſubſt. m. ( *Hiſt. mod.* ) nom d'un officier de la cour du ſultan, dont la fonction eſt de lui donner l'eau pour les purifications ordonnées par la loi mahométane. ( *A. R.* )

IMHOFF, ( Jean-Guillaume ) ( *Hiſt. Litt. mod.* ) fameux généalogiſte allemand, qui a écrit ſur les généalogies de toute l'Europe. Mort en 1728.

IMOLA, ( Jean d' ) juriſconſulte célèbre, diſciple de Balde, mourut en 1436. On a de lui des commentaires eſtimés ſur les Décrétales & ſur les Clémentines, &c.

IMPÉRATRICE, *imperatrix, auguſta*, &c. ( *Hiſt. mod. & droit public* ) c'eſt le nom qu'on donne en Allemagne à l'épouſe de l'empereur. Lorſque l'empereur le fait couronner, l'*impératrice* reçoit après lui la couronne & les autres marques de ſa dignité; cette cérémonie doit ſe faire comme pour l'empereur, à Aix-la-Chapelle : elle a un chancelier pour elle en particulier : c'eſt toujours l'abbé prince de Fulde qui eſt en poſſeſſion de cette dignité : ſon grand-aumônier ou chapelain, eſt l'abbé de St. Maximin de Treves. Quoique les loix d'allemagne n'admettent les femmes au gouvernement qu'au défaut des mâles, les juriſconſultes s'accordent pourtant à dire que l'*impératrice* peut avoir la tutelle de ſes enfants, & par conſéquent gouverner pendant leur minorité.

La princeſſe qui règne aujourd'hui en Ruſſie, porte le titre d'*impératrice*, qui eſt à préſent reconnu par toutes les puiſſances de l'Europe; ce titre a été ſubſtitué à celui de *Czarine*, & à celui d'*Autocratrice* de toutes les Ruſſies, qu'on lui donnoit en Pologne & ailleurs. ( *A. R.* )

IMPÉRIAL, ( *Hist. mod.* ) ce qui appartient à l'empereur ou à l'empire.

On a dit sa majesté *impériale* , couronne *impériale* , armée *impériale*. Chambre. *impériale* , est une cour souveraine établie pour les affaires des états immédiats de l'empire.

Il y a en Allemagne des villes *impériales*.

Diete *impériale* , est l'assemblée de tous les états de l'empire.

Elle se tient ordinairement à Ratisbonne ; l'empereur ou son commissaire , les électeurs , les princes ecclésiastiques & séculiers ; les princesses , les comtes de l'empire, & les députés des villes *impériales* y assistent.

La diète est divisée en trois colléges , qui sont ceux des électeurs , des princes ; & des villes. Les électeurs seuls composent le premier , les princes , les prélats , les princesses & les comtes le second ; & les députés des ville *impériales* , le troisiéme.

Chaque collége a son directeur qui propose , & préside aux délibérations. L'électeur de Mayence l'est du collége des électeurs , l'archevêque de Saltzbourg & l'archiduc d'Autriche. président à celui des princes ; & le député de la ville de Cologne , ou de toute autre ville *impériale* où se tient la diète , est directeur du collége des villes.

Dans les diètes *impériales* , chaque principauté a sa voix ; mais les prélats , ( c'est ainsi qu'on appelle les abbés & prévôts de l'empire ) n'ont que deux voix , & tous les comtes n'en ont que quatre.

Quand les trois colléges sont d'accord , il faut encore le consentement de l'empereur , & sans cela les résolutions sont nulles : s'il consentent , on dresse le *reels* ou résultat des résolutions , & tout ce qu'il porte est une loi , qui oblige tous les états médiats & immédiats de l'empire.

IMPRIMERIE de *Constantinople* , ( *Hist. turq.* ) elle a été dressée par les soins du grand-visir Ibrahim bacha, qui aimoit la paix & les sciences. Il employa tout son crédit auprès d'Achmet III , pour former cet établissement ; & en ayant eu la permission au commencement de ce siècle , il se servit d'un hongrois éclairé , & d'un juif nommé Jones pour diriger l'entreprise. Il fit fondre toutes sortes de caractères , au nombre de plus de deux cents mille , & l'on commença en 1727 , par l'impression d'un dictionnaire turc , dont on a vendu les exemplaires jusqu'à 30 piastres. Cette *imprimerie* contient six presses, quatre pour les livres , & deux pour les cartes.

La révolution arrivée en 1730 , par la déposition du grand-seigneur , & la mort de son visir qui fut sacrifié , n'a point détruit cet établissement , quoiqu'il soit- contraire aux maximes du gouvernement , aux préceptes de l'alcoran , & aux intérêts de tant de copistes qui gagnoient leur vie à copier.

On sçait aussi que les Juifs ont la liberté d'imprimer en Turquie , les livres de leur religion. Ils obtinrent en 1576 , d'avoir à Constantinople une imprimerie-pour cet objet , & dès-lors ils répandirent en Orient les exemplaires de la loi qui y étoient fort peu connus. ( *D. J.* )

INA , ( *Hist. d'Anglet.* ) un des rois de l'Heptarchie ; il alla en pélerinage à Rome ; il y bâtit en 726 , un collége anglois , & il assigna pour l'entretien de ce collége , un sol par an sur chaque maison de son royaume. D'autres rois de l'Heptarchie étendirent dans la suite ce droit , qui fut nommé le denier de St. Pierre , parce que le payement s'en faisoit à Rome chaque année , le jour de St. Pierre. Les papes en firent dans la suite un tribut que , selon eux , les Anglois s'étoient obligés de payer à St. pierre & à ses successeurs.

INAUGURATION , *s. f.* ( *Hist. mod.* ) cérémonie qu'on fait au sacre d'un empereur , d'un roi , d'un prélat , qu'on appelle ainsi à l'imitation des cérémonies que faisoient les Romains , quand ils entroient dans le collége des augures.

Ce mot vient du latin *inaugurare* , qui signifie *dédier* quelque temple , élever quelqu'un au sacerdoce , ayant pris auparavant les augures. *Dict. de Trévoux.*

Ce mot est plus usité en latin qu'en françois , où l'on se sert de ceux de *sacre* ou *de couronnement.* ( *A. R.* )

INCA ou YNCA , *s. m.* ( *Hist. mod.* ) nom que les naturels du Pérou donnoient à leurs rois & aux princes de leur sang.

La chronique du Pérou rapporte ainsi l'origine des *incas*. Le Pérou fut long-temps un théâtre de toutes sortes de crimes , de guerres , de dissensions & de désordres les plus abominables , jusqu'à ce qu'enfin parurent deux frères , dont l'un se nommoit Mango-capac , que les Indiens racontent de grandes merveilles. Il bâtit la ville de Cusco , il fit des loix & des réglemens , & lui & ses descendans prirent le nom d'*inca* , qui signifie roi ou grand seigneur. Ils devinrent si puissans qu'ils se rendirent maitres de tout le pays qui s'étend depuis Parto jusqu'au Chili , & qui comprend 1300 lieues , & ils le possédérent jusqu'aux divisions qui survinrent entre Guascar & Atabalipa ; car les Espagnols en ayant profité , ils se rendirent maitres de leurs états , & détruisirent l'empire des *incas*.

On ne compte que douze *incas* , & l'on assure que les personnes les plus considérables du pays portent encore aujourd'hui ce nom. Mais ce n'est plus qu'un titre honorable sans aucune ombre d'autorité , aussi bien que celui de *cacique*.

Quant aux anciens *incas* qui régnèrent avant la conquête des Espagnols , leur nom , en langue péruvienne , signifioit proprement & littéralement *seigneur* ou *empereur* , & *sang royal*. Le roi étoit appellé *capac inca* , c'est - à - dire , *seigneur par excellence* ; la reine s'appelloit *Pallas* , & les princes simplement *incas* ; Leurs sujets avoient pour eux une extrême vénération , & les regardoient comme les fils du soleil , & les croyoient infaillibles. Si quelqu'un avoit offensé le roi dans la moindre chose , la ville d'où il étoit. originaire ou citoyen , étoit démolie ou ruinée. Lorsque les *incas* voyageoient , chaque chambre où ils avoient couché

en

en route, étoit aufi-tôt murée, afin que perfonne n'y entrât après eux. On en ufoit de même à l'égard des lieux où ils mouroient; on y enfermoit tout l'or, l'argent, & les autres chofes précieufes qui s'y trouvoient au moment de la mort du prince, & l'on bâtiffoit de nouvelles chambres pour fon fucceffeur.

Les femmes & les domeftiques du roi défunt étoient aufi facrifiés dans les furérailles; on les brûloit en même temps que fon corps, & fur le même bûcher. *Voyez l'hiftoire des Incas*, par Garcilaffo de la Vega. ( *A. R.* )

INCENDIES, ( *caïffe des* ) ( *Hift. mod.* ) Dans plufieurs provinces d'Allemagne on a imaginé depuis quelques années un moyen d'empêcher ou de réparer une grande partie du dommage que les *incendies* pouvoient caufer aux particuliers, qui ne font que trop fouvent ruinés de fond en comble par ces fâcheux accidents. Pour cet effet, dans chaque ville la plûpart des citoyens forment une efpèce d'affociation autorifée & protégée par le fouverain, en vertu de laquelle les affociés fe garantiffent mutuellement leurs maifons, & s'engagent à les rebâtir à frais communs lorfqu'elles ont été confumées par le feu. La maifon de chaque propriétaire eft eftimée à fa jufte valeur par des experts prépofés pour cela; la valeur eft portée fur un regiftre qui demeure dépofé à l'hôtel-de-ville, où l'on expédie au propriétaire qui eft entré dans l'affociation, un certificat dans lequel on marque le prix auquel fa maifon a été évaluée; alors le propriétaire eft engagé à payer, en cas d'accident, une fomme proportionnée à l'eftimation de fa maifon, ce qui forme un fonds deftiné à dédommager celui dont la maifon vient d'être brûlée.

Dans quelques pays chaque maifon, après avoir été eftimée & portée fur le regiftre, paye annuellement une fomme marquée, dont on forme le capital qui doit fervir au dédommagement des particuliers; mais on regarde cette méthode comme plus fujette à inconvénients que la précédente: en effet, elle peut rendre les citoyens moins vigilants par la certitude d'être dédommagés, & la modicité de ce qu'ils payent annuellement peut tenter ceux qui font de mauvaife foi, à mettre eux-mêmes le feu à leurs maifons, au lieu que la première manière chacun concourt proportionnellement à dédommager celui qui perd fa maifon.

L'ufage d'affûrer fes maifons contre les *incendies* fubfifte aufi en Angleterre; on peut aufi y faire affûrer fes meubles & effets; on a pris dans ces chambres d'affûrances, des précautions très-fûres pour prévenir les abus, la mauvaife foi des propriétaires, & les *incendies*. ( *A. R.* )

INCOGNITO, adv. ( *Gram. & Hift. mod.* ) terme purement ital en, qui fignifie qu'un homme eft dans un lieu, fans vouloir y être connu. Il fe dit particulièrement des grands qui entrent dans une ville, & qui marchent dans les rues fans pompe, fans céré-

*Hiftoire. Tom. III.*

monie, fans leur train ordinaire, & fans les marques de leur grandeur.

Les grands en Italie, ont coutume de fe promener dans les villes *incognito*, & ils ne font pas bien-aifes qu'on les falue dans ces occafions. Ce n'eft pas abfolument qu'ils veuillent qu'on les méconnoiffe, mais c'eft qu'ils ne veulent point être traités avec les cérémonies, ni recevoir les honneurs dus à leur rang.

Quand les chevaux des carroffes des princes, des cardinaux & des ambaffadeurs, n'ont point de houppes, qu'ils appellent *fiocchi*, & que les rideaux des carroffes, qu'ils nomment, *bandinelle*, font tirés, ils font cenfés être *incognito*, & l'on n'eft point obligé de s'arrêter, quand ils paffent, ni de les faluer.

Les cardinaux vont aufi fans calotte rouge, quand ils veulent être *incognito*.

Quand des princes voyagent, & veulent éviter les formalités & les difcuffions du cérémonial, ils gardent l'*incognito*, & prennent un autre nom que leur titre de fouveraineté; ainfi, quand le duc de Lorraine vint en France, il y parut fous le nom du comte de Blamont. ( *A. R.* )

INCOLAT DROIT D', ( *Hift. mod.* ) c'eft ainfi qu'on nomme en Bohème un droit que le fouverain accorde aux étrangers qui ne font point nés dans le royaume, en vertu duquel ils jouiffent des mêmes prérogatives que les autres citoyens. Ce droit s'appelle en Pologne, *indigenat*. Les hommes devant être regardés comme la plus grande richeffe d'un état, les princes font intéreffés à les attirer chez eux, & la qualité d'étranger ne devroit jamais exclure des avantages d'aucune fociété. ( *A. R.* )

INCONFIDENS, ( *Hift. mod.* ) c'eft ainfi qu'on nommoit dans les royaumes d'Efpagne, de Naples & de Sicile, au commencement de ce fiècle, les perfonnes peu affectionnées au gouvernement actuel, & foupçonnées d'entretenir une correfpondance illicite avec la maifon d'Autriche, qui prétendoit à ces couronnes, & fes partifans. Philippe V, roi d'Efpagne, établit des tribunaux pour recherch-r ceux qui étoient dans ces difpofitions; ils avoient ordre de s'affûrer de leurs perfonnes, ou de les éloigner du pays. ( *A. R.* )

INCURABLES, f. m. pl. ( *Gouvernem.* ) maifon fondée pour les pauvres malades dont la guérifon eft défefpérée.

Ceux qui n'adoptent pas les établiffements perpétuels fondés pour les fecours paffagers, conviennent néanmoins de la néceffité des maifons publiques hofpitalières, confacrées au traitement des malades; &, comme dans la multiplicité des maladies, il y en a que l'art humain ne peut guérir, & qui font de nature à devenir contagieufes, ou à fubfifter très-longtemps fans détruire la machine, le gouvernement a cru néceffaire, dans la plûpart des pays policés, d'établir des maifons expreffes pour y recevoir ces fortes de malades, & leur donner tous les fecours que dictent les fentiments de la compaffion & de la charité. Un particulier d'Angleterre a fondé lui feul, dans ce fiècle, & de fon bien, légitimement acquis par

Q

le commerce ; un hôpital de cet ordre. Le nom de ce digne citoyen, immortel dans sa patrie, mérite de passer les mers & d'être porté à nos derniers neveux. C'est de M. Thomas Guy, libraire à Londres, que je parle ; l'édifice de son hôpital pour les *incurables*, lui a coûté trente mille livres sterling ( 690 mille livres tournois.) ; ensuite, pour comble de bienfaits, il l'a doté de dix mille livres de rente, 23000 liv. tournois. (*D. J.*)

**INÈS DE CASTRO**, (*Hist. de Portugal.*) La célèbre *Inès*, dont les malheurs font le sujet de la touchante tragédie de M. de la Motte, étoit de la maison de Castro en Portugal, qu'on croit descendue de Ferdinand-le-Grand, roi de Castille, au onzième siècle. Elle étoit fille naturelle de Pierre Fernandès de *Castro* ; elle eut le malheur d'inspirer une passion violente à l'infant de Portugal, dom Pédre, fils du roi Alfonse IV. Constance Manuel, femme de l'infant, & dont *Inès de Castro* étoit dame d'honneur, en mourut de douleur. Dom Pédre épousa en secret *Inès*. Alfonse defirant une autre alliance pour son fils, résolut de sacrifier *Inès*, & vint dans cette intention la trouver à Conimbre ; mais la vue de cette belle femme & des enfans qu'elle avoit eus de son fils, le désarma : ainsi, le fait qui forme la première partie du dénouement de la tragédie d'*Inès*, est très-vrai. Trois de ses courtisans, Gonzalès, Coëllo & Pacheco, parvinrent à l'irriter de nouveau contre *Inès*, & lui arrachèrent un consentement à la mort de cette infortunée ; ils se chargèrent de l'exécution, & allèrent la poignarder eux-mêmes entre les bras de ses femmes. On ne peut concevoir quelle passion furieuse put porter ces monstres à une si basse atrocité. Ferdinand & Alvarès ou Alvar, frères de *Castro*, s'armèrent pour venger leur sœur. Dom Pédre se mit à leur tête pour venger sa femme. Ils ravagèrent les provinces où les assassins avoient leurs biens. Alfonse fut obligé de les bannir ; mais cette peine ne put suffire à la vengeance de l'amour désespéré. Dom Pédre étant monté sur le trône treize ans après, en 1357, & le roi de Castille, Pierre-le-Grand, qui avoit besoin de lui, lui ayant livré Gonzalès & Coëllo, il les fit appliquer à la question en sa présence, pour se repaître de leurs tourments ; puis il les fit ouvrir tout vivans pour leur arracher le cœur, à l'un par la poitrine, à l'autre par l'épaule. Pachéco s'étoit sauvé en France, où il trouva un asyle, d'après la détestable politique, qui regarde comme un avantage l'acquisition d'un scélérat, & qui se fait, un je ne sais quel point d'honneur de le dérober à la justice. Il y mourut tranquillement. *Inès* avoit été assassinée en 1344, Dom Pédre la fit exhumer en cet état ; & voulant qu'elle eût régné en Portugal, il la fit revêtir des habits royaux, lui mit une couronne sur la tête, & tous les grands de Portugal vinrent la reconnoître en cet état pour leur souveraine, & lui rendre hommage.

**INFANT**, adj. qui se prend aussi subst. (*Hist. mod.*) titre d'honneur qu'on donne aux enfans de quelques princes, comme en Espagne & en Portugal.

On dit ordinairement que ce titre s'est introduit

en Espagne, à l'occasion du mariage d'Eléonor d'Angleterre, avec Ferdinand III, roi de Castille, & que ce prince le donna pour la première fois au prince Sanche son fils ; mais Pélage, évêque d'Oviédo, qui vivoit l'an 1100, nous apprend dans une de ses lettres, que dès le règne d'Evrémond II, le titre d'*infant* & d'*infante* étoit déjà usité en Espagne. (*A. R.*)

**INGELBURGE, INGERBURGE** ou **ISEMBURGE**, (*Hist. de Fr.*) seconde femme de Philippe - Auguste, fille de Valdemar I, & sœur de Canut VI, rois de Danemarck. Philippe - Auguste, ennemi & rival de Richard I, roi d'Anglererre, voulut acquérir des droits sur ce dernier royaume. Les Danois avoient autrefois conquis l'Angleterre ; il se fit céder ces vieux droits du Danemarck en épousant *Isemburge*, & il exigea que le Danemarck l'aidât à les faire valoir. Canut, en faveur d'une alliance si honorable, consentit à tout. Le mariage se fit à Amiens, au mois d'août 1193. *Isemburge* étoit belle & vertueuse, mais Philippe s'en dégoûta dès la première nuit, & fit casser son mariage. Le roi de Danemarck demanda justice au Saint-Siège, qui nomma des légats pour examiner l'affaire. Philippe, pour ôter à *Isemburge* toute espérance, avoit épousé Agnès de Méranie, fille de Bertold, duc de Dalmatie : les légats n'osèrent rien prononcer, & furent même soupçonnés d'avoir favorisé la cause d'Agnès. Le Saint-Siège croyoit avoir plus de besoin du roi de France que du roi de Danemarck. Cependant celui-ci menaça, & le Saint-Siège fit attention à ses demandes. D'autres légats s'assemblèrent à Dijon. Philippe, ayant fondé leurs dispositions, prit le parti, pour gagner du temps, d'appeller au pape de tout ce qu'ils pourroient décider. Les légats ne voyant dans cet appel, qu'un dessein d'échapper à la justice, mirent le royaume en interdit, & s'enfuirent après le coup téméraire. La sentence qu'ils avoient rendue, ne fut publiée qu'après leur départ, mais elle fut exécutée par les principaux évêques françois. De tous les secours spirituels, l'église n'accordoit plus que le baptême aux enfans & l'absolution aux mourants. Mézerai dit que cette affaire pouvoit aller jusqu'à ôter la couronne au roi, & il a raison, vu les erreurs du temps. Ce désordre dura sept mois. Les violences que le roi exerçoit par représailles, sur le Clergé, aigrissoient les esprits. Le pape (c'étoit Innocent III) consentit à lever l'interdit par provision, mais sous la condition expresse que le roi commenceroit par reprendre *Isemburge*, & que dans six mois, six semaines, six jours, & six heures, il feroit juger de nouveau cette grande cause par les mêmes légats, joints aux prélats du royaume, tous frais d'*Isemburge* étant invités à la défendre. L'assemblée se tint à Soissons, sous les yeux d'*Isemburge* & par son choix. Le roi Canut y envoya les plus habiles canonistes de son royaume, pour plaider la cause de sa sœur. Philippe voyant que les dispositions des juges ne paroissoient pas lui être favorables, alla un jour prendre *Isemburge* chez elle, l'emmena en croupe sur son cheval, & fit dire aux légats qu'ils ne se donnassent point la peine de juger l'affaire du divorce, qu'*Isemburge* étoit sa femme, &

qu'il la reconnoiſſoit pour telle. *Iſemburge* n'en fut guère mieux traitée , & Agnès de Méranie mourut de douleur d'avoir été quittée. Innocent III , pour conſoler Philippe, voulut bien légitimer un fils & une fille que ce prince avoit eus d'Agnès. *Iſemburge* ſurvécut Philippe , & mourut à Corbeil en 1237. Elle n'eut point d'enfans.

Il reſte une lettre d'Etienne ; évêque de Tournay , écrite dans le temps du procès , où il dit qu'*Iſemburge* égaloit *Sara* en prudence ; *Rebecca* en ſageſſe ; *Rachel* en graces, *Anne* en *dévotion* ; *Hélène* en beauté , & que ſon port étoit auſſi noble que celui de *Polixène*. Hélène & Polixène ſe trouvent là en compagnie tout-à-fait aſſortie. Il revient enſuite à l'Ecriture - ſainte. « Si notre *Aſſuérus* , dit-il , connoiſſoit bien le mérite » de ſon *Eſther* , il lui rendroit ſon amour & ſon trône ».

Aſſuérus crut Etienne de Tournay.

INGO le *bon* , ( *Hiſt. de Suede.* ) roi de Suède. Ce ſurnom ſeul renferme l'hiſtoire de ſa vie. Entretenir la paix entre ſes voiſins comme entre ſes ſujets ; prêter aux loix l'appui de l'autorité ſuprême ; punir les brigands ; ſoutenir l'innocence opprimée ; remplir enfin dans ſes états les fonctions de premier magiſtrat , telles furent ſes occupations. Il avoit oſé être vertueux chez un peuple corrompu , & fut empoiſonné , vers l'an 1100. Sans prendre les armes , il avoit eu l'art de forcer Magnus, roi de Norwège, à lui céder la province de Wermland. ( *M. DE SACY.* )

INGO le *pieux* , roi de Suede, fut la victime de ſon zèle pour l'évangile ; ſon peuple, attaché au culte des faux dieux , le détrôna. Il s'enfuit en Scanie ; la haine du nom chrétien l'y ſuivit ; il fut aſſaſſiné par ſes ſujets , qui , peu contents d'avoir défendu leurs idoles , vouloient encore le venger. Il mourut vers l'an 1060. Son tombeau fut expoſé à la vénération publique dans le couvent de Warnheim. ( *M. DE SACY.* )

INGOULT , ( Nicolas-Louis ) , ( *Hiſt. Litt. mod.* ) jéſuite , prédicateur qui eut quelque réputation. C'eſt lui qui a publié le tome 8e des nouveaux mémoires des miſſions de la Compagnie de Jéſus dans le Levant. Mort en 1753. Il étoit de Giſors.

INGULFE , ( *Hiſt. Litt. mod.* ) anglois ; d'abord moine à l'abbaye de Saint-Vandrille en Normandie , puis abbé de Croiland en Angleterre , mort vers l'an 1109 , avoit été ſecrétaire de Guillaume-le-Conquérant. Il a laiſſé une hiſtoire des monaſtères d'Angleterre , depuis l'an 626 juſqu'en 1091 ; car les monaſtères jouoient alors un grand rôle dans l'hiſtoire.

INNOCENT , ( *Hiſt. Eccléſiaſt.* ) C'eſt le nom de treize papes. Les plus remarquables ſont :

1°. *Innocent II.* Il eut à combattre les anti-papes Anaclet & Victor. St. Bernard le fit reconnoître pour pape légitime. Il fut obligé de chercher un aſyle en France , ſous le règne de Louis-le-Gros ; il y ſacra & couronna dans la ville de Reims, Louis-le-Jeune , du vivant de Louis-le-Gros ſon père. Il eut de grands démêlés avec le roi de Sicile , Roger , qui le fit priſonnier ; il ne put recouvrer ſa liberté qu'en donnant l'inveſtiture du royaume de Sicile , à Roger , qui lui

en rendit hommage. Il avoit ſuccédé , en 1130 , à Honorius II. Il mourut en 1143. Dom de Lannes a écrit ſon hiſtoire.

2°. *Innocent III ,* ſucceſſeur de Céleſtin III , en 1198 , eſt un des papes qui ont le plus étendu l'autorité pontificale , & c'eſt peut - être le premier qui ait été vraiment roi dans Rome. Sous lui , le ſénat romain devint le ſénat papal ; la dignité de conſul , dont le titre ſubſiſtoit encore , fut abolie ; le préfet de Rome reçut de lui l'inveſtiture de ſa charge , qu'il recevoit auparavant de l'empereur. Il excommunia Jean-ſans Terre , & fit trembler Philippe-Auguſte. Il publia la fameuſe & cruelle croiſade contre les Albigeois: Il eſt regardé comme l'auteur de l'inquiſition. Sous lui s'établirent les Dominicains , les Franciſcains , les Trinitaires. Baluze a publié ſes lettres en 1680. On a encore de lui d'autres œuvres. On dit qu'il eſt l'auteur de la proſe de la pentecôte ; *Veni ſanctè Spiritus* , attribuée au roi Robert. Il mourut en 1216.

3°. *Innocent IV ,* de la maiſon de Fieſque , pape en 1243 , après Céleſtin IV , dépoſa l'empereur Frédéric II au concile de Lyon en 1245 , & publia une croiſade contre lui. Dans ce concile de Lyon , le chapeau rouge fut donné aux cardinaux. *Innocent IV* paſſoit pour habile en juriſprudence. On l'appelloit le *père du droit.* Il a laiſſé ſur les Décrétales , un ouvrage ſouvent imprimé. Mort en 1254.

4°. *Innocent VIII ,* ( Cibo ) ſe fit remettre par le grand-maître de Malte , Pierre d'Aubuſſon , le prince turc Zizim , frère de Bajazet II , qui étoit tombé entre les mains des chevaliers de Malte ; & le pape Alexandre VI , ſucceſſeur d'*Innocent VIII* , remit ce même prince Zizim à Charles VIII , dans le temps de l'expédition que fit Charles VIII en Italie ; Zizim céda ſes droits ſur l'empire de Conſtantinople à ce même Charles VIII , qui eut un moment brillant pour un ambitieux , celui où il fit des actes de ſouveraineté dans Rome, en mémoire de Charlemagne & des autres empereurs de France , & où il acquit des droits à l'empire grec ou turc. *Innocent VIII ,* élu en 1484 , mourut en 1492.

5°. *Innocent X ,* ( Pamphile ) élu en 1644 , eſt principalement connu par ſa bulle contre les cinq propoſitions de Janſénius , publiée le 31 mai 1653. Mort le 6 janvier 1655.

6°. *Innocent XI ,* ( Odeſcalchi ) connu par ſa fierté & par ſon inflexibilité , ou du moins par ſa réſiſtance opiniâtre à quelques volontés de Louis XIV ; prince moins accoutumé qu'aucun autre à la réſiſtance. Il réſiſta dans l'affaire de la Régale , queſtion qu'il faut laiſſer réſoudre aux canoniſtes ; & dans l'affaire des franchiſes , où tout le monde eſt en état de juger. *Innocent XI* n'avoit pas tort ; mais on ne jugera pas qu'il eût raiſon de refuſer des bulles aux évêques françois , à cauſe des quatre fameux articles de 1682. On jugera même que ſa conduite en cela étoit bonne politiquement , & que c'étoit trop avertir les François de ſe paſſer de bulles & de ne plus payer l'annate.

Dans la guerre de 1688 , *Innocent XI* s'unit avec

Q 3

les puissances protestantes contre Louis XIV & Jacques II ; ce qui fit dire que pour mettre fin aux troubles religieux & politiques, il faudroit que le roi d'Angleterre se fit protestant, & le pape catholique. Ce dernier mourut en 1689. Ce fut lui qui condamna Molinos & les Quiétistes. ●

7°. *Innocent XII*, ( Pignatelli ) condamna le livre des maximes des Saints de Fénélon , & par là fournit à Fénélon un moyen de s'immortaliser par l'exemple de la plus noble soumission. *Innocent XII* fut le successeur d'Alexandre VIII en 1691, & eut pour successeur Clément XI en 1600.

INQUISITEUR D'ÉTAT , sub. masc, (*Hist. mod. de Venise* ) membre d'un tribunal qu'on appelle le tribunal des *inquisiteurs d'état*, le plus révoltant & le plus formidable, qu'on ait jamais établi dans aucune république. Il est seulement composé de trois membres , qui sont deux sénateurs du conseil des dix, & un des conseillers du dôge. Ces trois hommes exercent leur pouvoir absolu sur la vie de tous les sujets de l'état, & même sur celle des nobles , après avoir oui leur justification , sans être tenus de rendre compte à personne de leur conduite , ni d'en communiquer avec aucun conseil , s'ils se trouvent tous trois du même avis.

. Les deux seuls *avocadors* ou procureurs généraux ont droit de suspendre pendant trois jours , les jugements de ce tribunal , lorsqu'il ne s'agit pas d'un crime que le tribunal répute positif.

Ses exécutions sont très - secretes ; & quelquefois sur la simple confrontation de deux témoins ou d'espions dont la ville est remplie , ils envoyent noyer un misérable pour quelques propos qui lui auront échappé contre le gouvernement. Venise se sert de ce terrible moyen pour maintenir son aristocratie:

Cette magistrature est permanente , parce que les desseins ambitieux peuvent être commencés , suivis, suspendus , repris ; elle est cachée, parce que les crimes qu'elle est censée punir , se forment dans le secret. Elle a une inquisition générale , parce qu'elle doit connoître de tout. C'est ainsi que la tyrannie s'exerce , sous le prétexte d'empêcher l'état de perdre sa liberté ; mais elle est anéantie cette liberté, par tout pays où trois hommes peuvent faire périr dans le silence , à leur volonté, les citoyens qui leur déplaisent. ( *D. J.*)

INSTITUT *de Boulogne* , ( *Hist. mod.* ) académie établie à Boulogne en Italie en 1712, pour les sciences & les arts , par les soins & la libéralité du comte Louis Ferdinand de Marsigli , noble boulonois , & sous la protection du pape Clément XI. Le premier ayant ramassé un très-grand nombre de raretés , tant naturelles qu'artificielles, offrit ce trésor au sénat de Boulogne, qui l'accepta & le plaça dans le palais Celeri , qui fut acheté pour le renfermer ; & afin que, suivant les intentions du comte de Marsigli , ce riche fonds pût être utile à tous ceux qui aiment les sciences & les arts , & servir à se perfectionner dans l'étude des uns & des autres , il fut conclu que l'on formeroit une société littéraire qui s'assembleroit à certains jours ,

pour se communiquer ses lumières ; que chaque faculté auroit dans le palais Celeri , sa chambre & ses professeurs particuliers ; que l'on distribueroit dans chaque chambre , les capitaux ou assortiments convenables aux sciences & aux arts qui y seroient placés, & qu'on y construiroit un observatoire commode avec tous les instruments nécessaires pour les observations astronomiques. Il fut aussi arrêté que cet *Institut* auroit ses loix propres , émanées de l'autorité du sénat , & qu'à la porte du lieu de ses assemblées , outre les armes du pape Clément XI , on mettroit cette inscription latine : *Bononiense Scientiarum & Artium institutum , ad publicum totius orbis usum.* Ce projet fut exécuté , & le sénat unit à ce nouvel *institut* l'Académie précédemment établie à Boulogne , sous le nom de l'*Académie des Philosophes inquiets* , c'est-à-dire , destinés à travailler sans relâche à la perfection des arts & des sciences. Mais dans cette réunion , l'Académie quitta son ancien nom pour prendre celui d'*Académie du nouvel institut des Sciences.* Les membres qui la composent sont partagés en quatre classes : la première est des *ordinaires* , c'est - à - dire , de ceux qui , sous les loix de l'Académie , s'exercent , travaillent , raisonnent dans les conférences , soit publiques , soit particulières : la seconde classe comprend les *honoraires* , ou ceux qui , sans aucune charge & sans aucun travail , jouissent néanmoins de tous les avantages & de tous les honneurs de la société : la troisième est des *numéraires* , destinés à remplacer les ordinaires dans les emplois qui viennent à vaquer : la quatrième est celle des *élèves* ou des jeunes gens que les ordinaires ont sous eux pour les former. Les matières philosophiques qui se traitent dans l'Académie sont partagées en six classes: sçavoir , la physique , les mathématiques , la médecine , l'anatomie , la chimie , & l'histoire naturelle. Il y a pour chacune un professeur & un substitut, outre un président , un bibliothécaire , & un sécrétaire pour tout le corps académique. L'*institut* & l'Académie ont néanmoins chacun leurs loix & leurs règlements particuliers , & tout-à-fait distincts les uns des autres , mais tendant tous au même but. L'ouverture de l'*institut de Boulogne* se fit le 13 de mars 1714 ; la cérémonie en fut magnifique & accompagnée de plusieurs discours très-éloquents sur l'utilité de cet établissement , & sur celle de différentes sciences qu'il se proposoit pour objet. Quelques années après , on jugea à propos d'unir au nouvel *institut* l'Académie clémentine des beaux arts , érigée à Boulogne en 1712, sous le nom & la protection du pape Clément XI , & qui a pour objet la peinture , la sculpture , & l'architecture. ( *A. R.*)

IN-TAKER , f. m. ( *Hist. mod.* ) nom que l'on donna autrefois à certains bandits qui habitoient une partie du nord d'Angleterre , & faisoient souvent des courses jusque dans le milieu de l'Écosse , pour en piller les habitants.

Ceux qui faisoient ces expéditions s'appelloient *Out-partyrs* , & ceux qu'on laissoit pour recevoir le butin , *In-takers.* Dict. de Trév. ( *A. R.*)

INTAPHERNES , ( *Hist. anc.* ) un des sept seigneurs

perfes qui difputèrent la couronne, après la mort du
faux Smerdis. Le mécontentement d'avoir manqué cette
couronne l'ayant jetté dans la révolte avec tous fes parents, Darius, fils d'Hyſtaſpe, les fit condamner à
mort ; mais touché des larmes de la femme d'Intaphernes, qu'il voyoit tous les jours fe préfenter à la
porte du palais pour implorer fa pitié, il lui dit : « je
» ne puis faire grace qu'à un des coupables ; nommez
» celui qui vous eſt le plus cher, & que vous defirez
». le plus, de fauver » ; elle nomma fon frère par préférence à fon mari & à fes enfants, & motiva ainfi cette
préférence : « je puis trouver un autre mari & avoir
» d'autres enfants ; mais ayant perdu mon père & ma
» mère, je ne pourrois avoir de frères. » Sophifme
bizarre ! comme fi la tendreſſe que la nature nous
infpire pour nos proches, tenoit à la difficulté de les
remplacer & non à l'eſpèce de lien & à la proximité
du degré ! Ainfi, quelqu'un qui n'auroit plus ni oncle
ni tante, devroit préférer un coufin à un fils, par
l'impoſſibilité de remplacer le premier ! Nous faifons
cette réflexion, parce que la plûpart des hiſtoriens ont
paru éblouis du raifonnement de cette femme. Darius
lui accorda la grace de fon frère, puifqu'elle l'avoit
demandé, & il y joignit celle de fon fils aîné.

INTENDANT, f. m. ( *Hiſt. mod.* ) homme prépofé à l'infpection, à la conduite, & à la direction de
quelques affaires qui forment fon diſtrict.

Il y en a de plufieurs fortes.

INTENDANTS & COMMISSAIRES *départis pour S. M.
dans les provinces & généralités du royaume ;* ce font
des magiſtrats que le roi envoie dans les différentes
parties de fon royaume, pour y veilles à tout ce qui
peut intéreſſer l'adminiſtration de la juſtice, de la
police, & de la finance ; leur objet eſt en général, le
maintien du bon ordre dans les provinces qui forment
leur département ; par exemple que l'on appelle *généralités*, &
l'exécution des commiſſions dont ils font chargés par
S. M. ou par fon confeil. C'eſt delà qu'ils ont le titre
d'*intendants de juſtice, police & finance, & commiſ-
faires départis dans les généralités du royaume, pour
l'exécution des ordres de S. M.*

Ce qu'on appelle *généralités*, eſt la diviſion qui a
été faite de toutes les provinces du royaume, en 31
départements, qui forment autant d'*intendances*, &
n'ont aucun rapport avec la diviſion du royaume en
gouvernemens ou en parlements. Outre ces 31 *intendants*, il y en a encore fix dans les colonies françoifes.

L'*intendant* fait le plus ordinairement fon féjour
dans la ville principale de fon département ; mais
il fait au moins une fois l'année, une tournée dans
les villes & autres lieux de ce département, qui eſt
auſſi divifé en élections ; au autres fièges qui connoiſſent
des impofitions. M. Colbert avoit réglé qu'ils feroient
deux tournées par an ; l'une dans toute la généralité,
l'autre dans une des élections, dont ils rendroient
compte en détail au contrôleur général ; en forte
qu'au bout d'un certain nombre d'années, ils prennent
une connoiſſance détaillée, & rendoient compte de
chaque élection, & par conféquent de toutes les villes

& villages, & autres lieux qui compofoient leur généralité.

Les *intendants* font prefque toujours choifis parmi
les maîtres des requêtes ; cependant il y a eu quelquefois des officiers des cours qui ont rempli cette
fonction ; elles ont auſſi été réunies d'autres fois à des
places de premier préfident.

Sous la première & la feconde race, le roi envoyoit dans les provinces des commiſſaires appellés
*miſſi dominici*, ou *miſſi regales*, avec un pouvoir fort
étendu, pour réformer tous les abus qui pouvoient
fe gliſſer, foit dans l'adminiſtration de la juſtice & de
la police, foit dans celle des finances.

On en envoyoit fouvent deux enfemble dans chaque
province ; par exemple, Fardulphus & Stephanus
faifoient la fonction d'*intendants* de Paris en 802, fous
les règne de Charlemagne. Cet ufage fut confervé
par les rois fucceſſeurs de Charlemagne pendant plufieurs fiècles ; ils continuèrent d'envoyer dans chaque
province deux *intendants* ; & dans les cas extraordinaires, on en voyoit un plus grand nombre de commiſſaires.

Une ordonnance de Charlemagne, de 812, porte
que les commiſſaires qui font envoyés par le roi dans
les provinces, pour en corriger les abus, tiendront
les audiences aux comtes, en hiver, au mois de
janvier ; au printemps, en avril ; en été, au mois de
juillet ; & en automne, au mois d'octobre.

Louis-le-Débonnaire ordonna en 819, que les
commiſſaires par lui envoyés dans les provinces, ne
feroient pas de long féjour, ni aucune aſſemblée
dans les lieux où ils trouveroient que la juſtice feroit
bien adminiſtrée par les comtes.

Ce même prince, en 819, enjoignit aux commiſ-
faires d'avertir les comtes & le peuple, que S. M.
donneroit audience un jour toutes les femaines, pour
entendre & juger les caufes de fes fujets, dont les
commiſſaires ou les comtes n'auroient voulu faire juſtice, exhortant auſſi ces mêmes commiſſaires ou les
comtes, s'ils vouloient mériter l'honneur de fes bonnes
graces, d'apporter un fort grand foin, que par leur
négligence, les pauvres ne fouffriſſent quelque préjudice, & que S. M. n'en reçût aucune plainte.

Vers la fin de la feconde race, & au commencement
de la troifième, temps où les fiefs & les juſtices fei-
gneuriales furent établies, les rois envoyèrent auſſi
dans les provinces des commiſſaires choifis dans leur
confeil, pour y maintenir leur autorité, connoître des
cas royaux, & protéger le peuple, recevoir les plaintes
que l'on avoit à faire contre les feigneurs ou leurs officiers. Ces plaintes fe devoient juger fommairement, fi
faire fe pouvoit, finon être renvoyées aux grandes
aſſifes du roi. Les feigneurs fe plaignirent de cette
infpection, qui les rappelloit à leur devoir, & contenoit leurs officiers ; on ceſſa quelque temps d'en envoyer, & nos rois fe contentèrent d'en fixer quatre
ordinaires fous le titre de *baillifs*, qui etoient les quatre
grands baillifs royaux. Saint-Louis & fes fucceſſeurs
envoyèrent néanmoins des enquêteurs, pour éclairer
la conduite de ces quatre grands baillifs eux-mêmes,

& des autres officiers. En Normandie , on devoit en envoyer tous les trois ans : on les appelloit aussi *commissaires du roi* ; ils devoient aller prendre leurs lettres à la chambre des comptes ; qui leur donnoit les instructions nécessaires , & taxoit leurs gages. Mais ces commissaires n'avoient pas chacun à eux seuls le département d'une province entière , comme ont aujourd'hui les *intendants*.

Il y avoit dans une même province autant de commissaires qu'il y avoit d'objets différents que l'on mettoit en commission ; pour la justice, pour les finances , pour les monnoies , pour les vivres , pour les aides , &c. mais il ne devoit point y avoir de commissaires pour la levée des revenus ordinaires du roi. Chacune de ces différentes commissions étoit donnée , soit à une seule personne ou à plusieurs ensemble , pour l'exercer conjointement.

Ceux qui étoient chargés de l'administration de quelque portion de finance , rendoient compte à la chambre des comptes , aussi-tôt que leur commission étoit finie ; & elle ne devoit pas durer plus d'un an ; si elle duroit davantage ; ils rendoient compte à la fin de chaque année : il leur étoit défendu de recevoir ni argent , ni autre rétribution pour leurs sceaux.

Les commissaires avoient quelquefois le titre de *réformateurs généraux ;* & dans ce cas, la commission étoit ordinairement remplie par des prélats & des barons ; c'est pourquoi l'ordonnance de Charles IV , du mois de Novembre 1323 , taxe les gages que devoient prendre ceux qui étoient chargés de commissions pour le service du roi.

Les maîtres des requêtes auxquels les commissions d'*intendants* de province ont depuis été en quelque sorte affectées , étoient déjà institués ; mais ils étoient d'abord en très-petit nombre , & ne servoient qu'auprès du roi.

Dans la suite , la moitié alloit faire des visites dans les provinces , & l'autre restoit auprès du roi. Ceux qui avoient été dans les provinces , revenoient rendre compte au roi & à son chancelier , des observations qu'ils y avoient faites pour le service de sa majesté , & le bien de ses peuples ; ils proposoient aussi au parlement ce qui devoit y être réglé , & y avoient entrée & séance.

Les ordonnances d'Orléans & de Moulins leur enjoignirent de faire tous les ans des chevauchées. L'ordonnance de 1629 renouvelle cette disposition ; mais ces tournées n'étoient que passagères, & ils ne résidoient point dans les provinces.

Ce fut Henri II qui , en 1551 , établit les *intendants* de province , sous le titre de *commissaires départis* pour l'exécution des ordres du roi.

En 1635, Louis XIII leur donna celui d'*intendant du militaire , justice , police & finance.*

L'établissement des *intendants* éprouva d'abord plusieurs difficultés. Sous la minorité de Louis XIV , la levée de quelques nouveaux impôts dont ils furent chargés , ayant excité des plaintes de la part des cours assemblées à Paris , elles arrêtèrent en 1648 , que le roi seroit supplié de révoquer les commissions d'*inten-*

*dants* ; & par une déclaration du 15 juillet suivant , elles le furent pour quelques provinces seulement , dans d'autres elles furent limitées à certains objets , mais elles furent ensuite rétablies ; elles ne l'ont été cependant en Béarn qu'en 1682 , & en Bretagne qu'en 1689.

La fonction d'un *intendant* ne concerne en général que ce qui a rapport à l'administration. Il a une inspection générale sur tout ce qui peut intéresser le service du roi , & le bien de ses peuples. Il doit veiller à ce que la justice leur soit rendue , à ce que les impositions soient bien réparties , à la culture des terres , à l'augmentation du commerce , à l'entretien des chemins , des ponts & des édifices publics ; en un mot , à faire concourir toutes les parties de son département au bien de l'état , & informer le ministre de tout ce qu'il peut y avoir à améliorer ou à réformer dans sa généralité.

Les *intendants* sont souvent consultés par les ministres sur des affaires qui s'élèvent dans leur département , & ils leur envoient les éclaircissements & les observations dont ils ont besoin pour les terminer.

Quelquefois ils sont commis par des arrêts du conseil pour entendre les parties, dresser procès-verbal de leurs prétentions , & donner leur avis sur des affaires qu'il seroit trop long & trop dispendieux d'instruire à la suite du conseil. Quelquefois même , quoique plus rarement , ils sont commis par arrêt pour faire des procédures & rendre des jugements , avec un nombre d'officiers ou de gradués, même en dernier ressort ; mais leur objet est plutôt de faire rendre la justice par ceux qui y sont destinés , que de juger les affaires des particuliers.

Une de leurs principales fonctions , est le département des tailles dans les pays où elle est personnelle. Ils font aussi les taxes d'office , & ils peuvent nommer d'office des commissaires pour l'assiette de la taille.

Les communautés ne peuvent intenter aucune action , sans y être reçues par leur ordonnance.

Ils font les cotisations ou répartitions sur les possessions des fonds , pour les réparations des églises & des presbytères ; mais s'il survient à cette occasion , des questions qui donnent lieu à une affaire contentieuse , ils sont obligés de la renvoyer aux juges ordinaires.

On leur expédie des commissions du grand sceau , qui contiennent tous leurs pouvoirs. Autrefois elles étoient enregistrées dans les parlements , & alors c'étoient les parlements qui connoissoient de l'appel de leurs ordonnances ; mais l'usage ayant changé , l'appel des ordonnances & jugements des *intendants* se porte au conseil , & y est instruit & jugé , soit au conseil des parties , soit en la direction des finances , soit au conseil royal des finances, selon la nature de l'affaire.

Mais comme ces ordonnances ne concernent ordinairement que des objets de Police , elles sont de droit exécutoires par provision , & nonobstant l'appel, à moins que le conseil n'ait jugé à propos d'accorder des défenses ; ce qu'il ne fait que rarement & en connoissance de cause.

Les *intendants* nomment des subdélégués dans les différentes parties de leur généralité ; ils les chargent le plus souvent de la discussion & instruction des affaires sur lesquelles il font des procès-verbaux , & donnent des ordonnances pour faire venir devant eux les personnes intéressées , ou pour autres objets semblables.

Mais leurs ordonnances ne font réputées que des avis à l'*intendant* ; & si les parties ont à s'en plaindre, elles ne se peuvent adresser qu'à lui. Il n'est permis de se pourvoir par appel , que contre celles que l'*intendant* rend sur ces procès-verbaux de ses subdélégués, ; il n'y a que les ordonnances d'un subdélégué général , dont l'appel puisse être reçu au conseil , parce qu'il a une commission du grand sceau , qui l'autorise à remplir toutes les fonctions de l'*intendant* ; mais ces commissions ne se donnent que quand l'*intendant* est hors d'état de vaquer à ses fonctions par lui-même , comme en temps de guerre , lorsqu'il est obligé de suivre les armées en qualité d'*intendant* d'armée. ( *A.* )

L'autorité des *intendants* est , comme on le voit, très-étendue dans les pays d'élection , puisqu'ils y décident seuls de la répartition des impôts ; de la quantité & du moment des corvées , des nouveaux établissements de commerce , de la distribution des troupes dans les différents endroits de la province , du prix & de la répartition des fourrages accordés aux gens de guerre ; qu'enfin c'est par leur ordre & par leur loi que se font les achats des denrées , pour remplir les magasins du roi ; que ce font eux qui président à la levée des milices , & décident les difficultés qui surviennent à cette occasion ; que c'est par eux que le ministère est instruit de l'état des provinces , de leurs productions , de leurs débouchés , de leurs charges , de leurs pertes, de leurs ressources , &c.; qu'enfin sous le nom d'*intendants* de justice, police & finances, ils embrassent presque toutes les parties d'administration.

Les états provinciaux sont le meilleur remède aux inconvéniens d'une grande monarchie; ils sont même de l'essence de la monarchie , qui veut non des *pouvoirs* , mais des *corps intermédiaires* entre le prince & le peuple. Les états provinciaux font pour le prince une partie de ce que feroient les préposés du prince ; & s'ils font à la place du préposé , ils ne veulent ni ne peuvent se mettre à celle du prince ; c'est tout au plus ce que l'on pourroit craindre des états généraux.

Le prince peut avoir la connoissance de l'ordre général , des loix fondamentales , de sa situation par rapport à l'étranger , des droits de sa nation , &c.

Mais sans le secours des états provinciaux , il ne peut jamais savoir quelles font les richesses ; les forces, les ressources ; ce qu'il peut, ce qu'il doit lever de troupes , d'impôts , &c.

En France , l'autorité du roi n'est nulle part plus respectée que dans les pays d'états ; c'est dans leurs augustes assemblées qu'elle paroît dans toute sa splendeur. C'est le roi qui convoque & révoque ces assemblées ; il en nomme le président , il peut en exclure qui bon lui semble : il est présent par ses commissaires. On n'y fait jamais en question les bornes de l'autorité ; on ne balance que sur le choix des moyens d'obéir , & ce font les plus prompts que d'ordinaire on

choisit. Si la province se trouve hors d'état de payer les charges qu'on lui impose , elle se borne à des représentations , qui ne font jamais que l'exposition de leur subvention présente , de leurs efforts passés , de leurs besoins actuels , de leurs moyens , de leur zèle & de leur respect. Soit que le roi persévère dans sa volonté , soit qu'il la change , tout obéit. L'approbation que les notables qui composent ces états , donnent aux demandes du prince , sert à persuader aux peuples qu'elles étoient justes & nécessaires ; ils font intéressés à faire obéir le peuple promptement : on donne plus que dans les pays d'élection , mais on donne librement, volontairement , avec zèle , & l'on est content.

Dans les pays éclairés par la continuelle discussion des affaires, la taille sur les biens s'est établie sans difficulté ; on n'y connoît plus les barbaries & les injustices de la taille personnelle. On n'y voit point un collecteur suivi d'huissiers ou de soldats , épier s'il pourra découvrir & faire vendre quelques lambeaux qui restent au misérable pour couvrir ses enfans , & qui font à peine échappé aux exécutions de l'année précédente. On n'y voit point cette multitude d'hommes de finance qui absorbe une partie des impôts & tyrannise le peuple. Il n'y a qu'un trésorier général pour toute la province ; ce font les officiers préposés par les états , ou les officiers municipaux qui , sans frais , se chargent de la régie. Les trésoriers particuliers des bourgs & des villages ont des gages modiques ; ce font eux qui perçoivent la taille dont ils répondent ; comme elle est sur les fonds , s'il y a des délais , ils ne risquent point de perdre leurs avances , ils la recouvrent sans frais ; les délais font rares , & les recouvremens presque toujours prompts.

On ne voit point dans les pays d'états trois cents collecteurs , baillis ou maitres d'une seule province , gémir une année entière , & plusieurs mourir dans les prisons , pour n'avoir point apporté la taille de leurs villages qu'on a rendus insolvables. On n'y voit point charger de 7000 liv. d'impôts un village , dont le territoire ne produit que 4000 livres. Le laboureur ne craint point de jouir de son travail , & de paroître augmenter son aisance ; il sait que ce qu'il payera de plus sera exactement proportionné à ce qu'il aura acquis. Il n'a point à corrompre ou à fléchir un collecteur ; il n'a point à plaider à une élection de l'élection , devant l'*intendant* de l'*intendant* du conseil.

Le roi ne suppose point les pertes dans les pays d'états , la province fournit toujours exactement la somme qu'on a exigée d'elle ; & les répartitions faites avec équité , toujours sur la proportion des fonds , n'accablent point un laboureur aisé , pour soulager le malheureux que pourtant on indemnise.

Quant aux travaux publics , les ingénieurs , les entrepreneurs , les pionniers , les fonds enlevés aux particuliers , tout se paye exactement & se lève sans frais. On ne construit point de chemins ou de ponts , qui ne soient utiles qu'à quelques particuliers , on n'est point l'esclave d'une éternelle & aveugle avarice.

S'il survient quelques changemens dans la valeur des biens ou dans le commerce , toute la province en 'eft inftruite , & on fait dans l'adminiftration les changemens néceffaires.

Les ordres des états s'éclairent mutuellement ; aucun n'ayant d'autorité , ne peut opprimer l'autre ; tous difcutent , & le roi ordonne. Il fe forme dans ces affemblées des hommes capables d'affaires ; c'eft en faifant élire les confuls d'Aix , & expofant à l'affemblée les intérêts de la Provence , que le cardinal de Janfon étoit devenu un célèbre négociateur.

On ne traverfe point le royaume fans s'appercevoir de l'excellente adminiftration des états , & de la funefte adminiftration des pays d'élection. Il n'eft pas néceffaire de faire des queftions ; il ne faut que voir les habitans des campagnes , pour favoir fi on eft en pays d'état , ou en pays d'élection ; de quelle reffource infinie ces pays d'états ne font-ils pas pour le royaume !

Comparez ce que le roi tire de la Normandie , & ce qu'il tire du Languedoc ; ces provinces font de même étendue , les fables & l'aridité de la dernière envoient plus d'argent au tréfor royal que les pacages opulents & les fertiles campagnes de la première. Que feroit-ce que ces pays d'état , fi les domaines du roi y étoient affermés & mis en valeur par les états mêmes ? C'étoit le projet du feu duc de Bourgogne ; & à ce projet il en ajoutoit un plus grand , celui de mettre tout le royaume en provinces d'état.

Si le royaume a des befoins imprévus , fubits , & auxquels il faille un prompt remède , c'eft des pays d'état que le prince doit l'attendre. La Bretagne , malgré fes landes & fon peu d'étendue , donna dans la dernière guerre , un tiers de fubfides de plus que la vafte & riche Normandie. La Provence , pays ftérile , donna le double du Dauphiné , pays abondant en toutes fortes de genre de production.

La Provence , dévaftée par les armées ennemies , furchargée du fardeau de la guerre , propofe de lever & d'entretenir une armée de trente mille hommes, à fes dépens. Le Languedoc envoie deux mille mulets au prince de Conti pour le mettre en état de profiter de fes victoires & du paffage des Alpes.

Ce que je dis eft connu de tout le monde , & chez l'étranger nos provinces d'état ont la réputation d'opulence ; elles ont plus de crédit que le gouvernement ; elles en ont plus que le roi lui-même.

Souvenons-nous que Gènes , dans la dernière guerre , ne voulut prêter au roi que fous le cautionnement du Languedoc.

Il y a des *intendants* dans ces provinces , il eft à défirer qu'ils n'y foient jamais que des hommes qui y veillent pour le prince ; il eft à défirer qu'ils n'y étendent jamais leur autorité , & qu'on la modère beaucoup dans les pays d'élection.

INTENDANTS DU COMMERCE ; ce font des magiftrats établis en titre d'office qui s'appliquer aux affaires du commerce , & qui ont entrée & féance au confeil royal du commerce , où ils font le rapport des mémoires , demandes , propofitions & affaires qui leur font renvoyés chacun dans leur département , & pour rendre compte des délibérations qui y ont été prifes, au contrôleur général des finances , ou au fecrétaire

d'état ayant le département de la marine , fuivant la nature des affaires , lorfque leurs emplois ne leur ont pas permis d'y affifter.

Toutes les nations policées ont reconnu la néceffité d'établir des officiers qui euffent une infpection fur le commerce , tant pour en perfectionner les différentes parties & le rendre plus floriffant , que pour prévenir les inconvéniens qui peuvent fe préfenter , réprimer les abus & y faire régner la bonne foi , qui en doit être l'ame. On ne voit pas néanmoins qu'il y eût anciennement des officiers établis particulièrement pour avoir infpection fur tout le commerce intérieur & extérieur d'une nation ; cette infpection générale étoit réfervée uniquement à ceux qui avoient part au gouvernement général de l'état ; il y avoit feulement dans chaque ville quelques perfonnes chargées de la police , & en même temps de veiller fur le commerce , comme étant un des principaux objets de la police.

Chez les Hébreux , dans chaque quartier de Jérufalem , il y avoit deux préfets ou *intendans* qui , fous l'autorité des premiers magiftrats , tenoient la main à l'exécution des loix , au bon ordre & à la difcipline publique. Ils avoient l'infpection fur les vivres & fur toutes les autres provifions dont le peuple avoit befoin , tant pour fa fubfiftance que pour fon commerce. « Les » Hébreux , dit Arrianus , *lib. I*, ont des préfets » ou *intendans* des quartiers de leurs villes , qui ont » infpection fur tout ce qui s'y paffe ; la police du » pain, celle des autres vivres & du commerce eft » auffi de leurs foins ; ils règlent eux-mêmes les petits » différends qui s'y préfentent , & des autres ils en réfè- » rent au magiftrat.

La ville d'Athènes avoit auffi des officiers appellés Αγορανόμοι , c'eft-à-dire , confervateurs des vivres , des marchés & du commerce. Leur emploi étoit de procurer l'abondance de toutes les chofes néceffaires à la vie , d'entretenir la perfection des arts & la bonne foi dans le commerce , tant de la part des vendeurs que de celle des acheteurs , auxquels la fraude & le menfonge étoient entr'autres défendus fous de très-groffes peines. Ils tenoient auffi la main à l'exécution des loix dans les temps de la ftérilité ; faifoient ouvrir en ces occafions les magafins , & ne permettoient pas à chaque citoyen de garder en fa maifon une plus grande quantité de vivres qu'il n'étoit néceffaire pour l'entretien de fa famille pendant un an. Platon & Théophrafte , en leurs Traités de *Leg*. Ariftote , Denis d'Halicarnaffe , Démofthènes , Hypérides , Plaute , Ulpien , Poftel , Polybe & Harpocrate font mention de ces officiers en divers endroits de leurs ouvrages.

Chez les Romains , les préteurs avoient d'abord feuls toute infpection fur le commerce. On inftitua dans la fuite deux préteurs particuliers pour la police des vivres. Jules-Céfar établit auffi deux édiles , qui furent furnommés *céréales* , parce que fous l'autorité du préteur , ils veilloient à la police des vivres , dont le pain eft le plus néceffaire. Ils prenoient foin de l'achat des bleds que l'on faifoit venir d'Afrique pour diftribuer au peuple , de la voiture de ces bleds , & de leur dépôt dans les greniers , & de la diftribution qui s'en faifoit au peuple.

Augufte

Auguste ; après avoir réformé le nombre exceffif des prêteurs & des édiles , établit au-deffus des prêteurs un magiftrat , qui fut appellé *præfeétus urbis* , le préfet de la ville. Il étoit feul chargé de toute la police & du foin de tout ce qui concernoit le bien public & l'utilité commune des citoyens. Il mettoit le prix à la viande ; faifoit les règlements des marchés & de la vente des beftiaux ; il prenoit auffi le foin que la ville fût fuffifamment pourvue de bled & de toutes les autres provifions néceffaires à la fubfiftance des citoyens. Il avoit l'infpeétion fur tout le commerce , pour le faciliter ; le permettre ou l'interdire ; le droit d'établir des marchés ou de les fupprimer pour un temps ou pour toujours , ainfi qu'il le jugeoit à propos pour le bien public. Il faifoit les règlements pour les poids & les mefures , & punir ceux qui étoient convaincus d'y avoir commis quelque fraude. Les arts libéraux , & en général tous les corps de métiers étoient foumis à fa jurifdiction pour tout ce qui concernoit leurs profeffions.

Quelque temps après , Augufte voulant foulager le préfet de la ville , qui étoit furchargé de différentes affaires , établit fous lui un préfet particulier , appellé *præfeétus annonæ* , c'eft - à - dire , préfet des vivres. Celui-ci fut choifi dans l'ordre des chevaliers ; il fut chargé du foin de faire venir du bled & de l'huile d'Afrique , & de tirer de ces provinces éloignées ou d'ailleurs toutes les autres provifions néceffaires à la fubfiftance des citoyens , dans les temps & les faifons convenables. Il donnoit fes ordres pour faire décharger les grains & les autres vivres fur les ports, pour les faire voiturer à Rome , & ferrer les bleds dans les greniers publics. C'étoit lui qui faifoit diftribuer ces grains aux uns à jufte prix , aux autres gratuitement , felon les temps & les ordres qui lui étoient donnés par le premier magiftrat de police. Il eut auffi l'infpeétion de la vente du pain , du vin , de la viande , du poiffon & des autres vivres ; il fut même dans la fuite mis au nombre des magiftrats : fa jurifdiction s'étendoit fur tous ceux qui fe mêloient du commerce des vivres.

En France , pendant très-long-temps , les feules perfonnes qui euffent infpeétion fur le commerce , étoient les miniftres du roi , les commiffaires du roi départis dans les provinces; & pour-la manutention , les officiers de police , les prévôts des marchands & échevins , chacun en ce qui étoit de leur diftriét.

Il fut néanmoins créé par édit du mois d'oétobre 1626 , un office de grand-maître, chef & furintendant général de la navigation & commerce de France : le cardinal de Richelieu en fut pourvu. Après fa mort, arrivée en 1642 , cette charge fut donnée à Armand de Maillé , marquis de Brezé , & en 1650 à Céfar , duc de Vendôme ; elle fut fupprimée par l'édit du 14 novembre 1661 , & depuis ce temps il n'y a point eu de furintendant du commerce.

Il n'y avoit point eu de confeil particulier pour le commerce jufqu'en 1700 , que Louis XIV penfant que rien n'étoit plus propre à faire fleurir & étendre le commerce , que de former un confeil qui fût uniquement attentif à connoître & à procurer tout ce qui pourroit être de plus avantageux au commerce & aux

manufaétures du royaume , par un édit du 29 juin 1700, il ordonna qu'il feroit tenu à l'avenir , un confeil de commerce une fois par femaine. Il compofa ce confeil de deux confeillers au confeil royal des finances , dont l'un étoit le fieur Chamillart , contrôleur général , un fecrétaire d'état & un confeiller d'état , un maître des requêtes , & douze des principaux négocians du royaume , ou qui auroient fait long-temps le commerce.

Au mois de mai 1708 , le roi donna un édit par lequel , après avoir rappellé les motifs qui l'avoient engagé à établir un confeil de commerce , & l'avantage que l'état avoit reçu & recevoit tous les jours de cet établiffement , il dit que pour le rendre folide & durable , il avoit cru ne pouvoir rien faire de plus convenable que de créer en titre fix commiffaires , dont les premiers choifis entre les maîtres des requêtes de l'hôtel du roi , & engagés par le titre & les fonétions qui y feroient attachées , à s'appliquer aux affaires de commerce, puffent aider fa majefté à procurer à fes fujets tout le bien qu'il devoit leur en revenir.

Le roi créa donc par cet édit, & érigea en titre fix commiffions d'*intendants du commerce* pour demeurer unjes à fix offices de maîtres des requêtes , à l'inftar & de la même manière que l'étoient ci-devant les huit commiffions de préfidents au grand confeil , & qui pû être exercées par fix des maîtres des requêtes qui feroient choifis par fa majefté , fous le titre de confeillers en fes confeils , maîtres des requêtes ordinaires de fon hôtel , *intendants du commerce*.

Le roi déclare par le même édit , qu'il entend que ceux qui feront pourvus de ces commiffions ayent entrée & féance dans le confeil de commerce établi par le règlement du confeil du 29 juin. 1700 , pour y faire-le rapport des mémoires , demandes , propofitions & affaires qui leur feront renvoyées chacun dans le département qui leur fera diftribué ; rendre compte des délibérations qui y auront été prifes , au contrôleur général des finances, ou au fecrétaire d'état ayant le département de la marine, fuivant la nature des affaires , lorfque leurs emplois ne leur auront pas permis d'y affifter , pour y être pourvu par fa majefté ainfi qu'il appartiendra.

L'édit porte qu'ils feront reçus & inftallés dans ces fonétions après une fimple preftation de ferment entre les mains du chancelier , fans qu'ils foient obligés de fe faire recevoir aux requêtes de l'hôtel ni ailleurs.

Enfin , le roi permet à ceux qui feront agréés, après avoir exercé les charges de maîtres des requêtes pendant vingt années , & lefdites commiffions pendant dix années , de les défunir , & de garder la commiffion d'*intendant du commerce* , pour en continuer les fonétions & jouir des gages , appointemens & droits y attribués.

Ces commiffions d'*intendants du commerce* furent fupprimées par le roi, Louis XV , lors de fon avènement à la couronne , par rapport aux changemens qui furent faits alors dans les différentes parties du gouvernement.

Mais par un édit du mois de juin 1724 , les *intendants du commerce* ont été rétablis au nombre de quatre,

Le roi déclare que les raisons pour lesquelles ils avoient été supprimés , ne subsistant plus , & le bureau du commerce ayant été rétabli à l'instar de celui qui avoit été formé précédemment , il ne restoit plus, pour mettre la dernière main à cet ouvrage, que de rétablir les *intendants du commerce*, & les ériger en titre d'office , au nombre de quatre seulement , ce nombre ayant paru nécessaire & suffisant pour remplir les fonctions qui leur sont attribuées.

Le roi a donc rétabli par cet édit ces quatre offices , sous le titre de conseillers en ses conseils , *intendants du commerce* , pour par les pourvus de ces offices, les exercer aux mêmes fonctions qui étoient attribuées aux *intendants du commerce* créés par l'édit du mois de mai 1708 , dans lesquelles fonctions il est dit qu'ils seront reçus & installés après la prestation de serment par eux faite en la forme prescrite par l'édit de 1708. Le roi veut que ces quatre officiers soient du corps de son conseil , qu'ils jouissent des mêmes honneurs , prérogatives , privilèges , exemptions , droit de committimus au grand sceau , & franc-salé , dont jouissent les maîtres des requêtes de son hôtel. Il ordonne que les pourvus de ces offices posséderont leurs charges à titre de survivance , ainsi que les autres officiers de son conseil & de ses cours , qui ont été exceptés du rétablissement de l'annuel par la déclaration du 9 août 1722 ; lequel droit de survivance , ensemble celui du marc d'or , dans les cas où ils sont dus , sera réglé pour lesdits offices sur le même pied qu'il est réglé présentement pour les maîtres des requêtes ordinaires de l'hôtel. Les premiers pourvus de ces offices furent néanmoins dispensés du droit de survivance pour cette première fois seulement. Enfin , pour être plus en état de choisir les sujets que sa majesté trouvera les plus propres à remplir ces places , il est dit qu'elles pourront être possédées & exercées sans incompatibilité avec tous autres offices de magistrature. Cet édit fut registré au parlement le 16 des mêmes mois & an.

Les *intendants du commerce* ont chacun dans leur département , un certain nombre de provinces & généralités ; ils ont en outre chacun l'inspection sur quelques objets particuliers du commerce dans toute l'étendue du royaume.

L'*intendance* générale du commerce intérieur du royaume , & extérieur par terre , appartient toujours au contrôleur général des finances.

Le secrétaire d'état qui a le département de la marine , a l'*intendance* générale du commerce extérieur & maritime , & en conséquence il prend connoissance de tout ce qui concerne les isles françoises de l'Amérique , de la pêche de la morue , du commerce de la méditerranée , ce qui comprend les échelles du levant & tous les états du grand-seigneur , la Barbarie , les côtes d'Italie & les côtes d'Espagne dans la méditerranée. Il a pareillement inspection sur le commerce avec la Hollande , l'Angleterre , l'Ecosse & l'Irlande , la Suède , le Danemarck , Dantzic , la Russie , & autres pays du nord dans la mer baltique. Il a aussi l'*intendance* de la pêche du hareng , de celle de la morue & de celle de la baleine. (*A*)

INTENDANTS DES BATIMENTS , ( *Histoire mod.* ) est l'ordonnateur général des bâtiments du roi , des arts & manufactures ( *A. R.* )

INTENDANS ET CONTRÔLEURS DE L'ARGENTERIE ET DES REVENUS , ( *Hist. mod.* ) ces officiers sont constitués pour toutes les dépenses de la chambre , de la garde-robe , & autres employées sur les états de l'argenterie & des revenus.

Il y a aussi un *intendant* & contrôleur des meubles de la couronne , un *intendant* des devises des édifices royaux. ( *A. R.* )

INTENDANT dans une armée , c'est ordinairement en France , un maître des requêtes qui remplit l'*intendance* de la province voisine du lieu où se fait la guerre , que le roi nomme pour veiller à l'observation de la police de l'armée , c'est-à-dire , au payement des troupes , à la fourniture des vivres & des fourrages , au règlement des contributions , au service des hôpitaux , à l'exécution des ordonnances du roi , &c.

L'*intendant* doit avoir le secret de la cour comme le général. Il a sous lui un nombre de commissaires des guerres qu'il emploie aux détails particuliers. Il arrête toutes les dépenses ordinaires & extraordinaires à l'armée. Il a son logement de droit au quartier général. L'infanterie lui fournit une garde de dix hommes , commandés par un sergent. Lorsqu'un *intendant* a toute la capacité que demande son emploi , il est d'un grand secours au général , qu'il débarrasse d'une infinité de soins qui ne peuvent que le distraire des projets qu'il peut former contre l'ennemi. ( *A. R.* )

INTENDANT DE MARINE , ( *Hist. mod.* ) c'est un officier instruit de tout ce qui concerne la marine , qui réside dans un port , & qui a soin de faire exécuter les règlements concernant la marine , pourvoir à la fourniture des magasins , veiller aux armements & désarmements des vaisseaux , faire la revue des équipages , &c. l'ordonnance de la Marine de 1689 , *liv.* XII , *tit. j.* règle les fonctions de l'*intendant*. ( *A. R.* )

INTENDANT DES ARMÉES NAVALES , ( *Hist. mod.* ) officier commis pour la justice , police & finance d'une armée navale. Ses fonctions sont réglées par l'ordonnance de 1689 , *lib. I. tit. jv.* ( *A. R.* )

INTENDANT DE MAISON , ( *Hist. mod.* ) c'est un officier qui a soin, dans la maison d'un homme riche & puissant , de son revenu , qui suit les procès , qui fait les baux , en un mot qui veille à toutes les affaires. ( *A. R.* )

INTERIM , s. m. ( *Hist. mod.* ) nom fameux dans l'Histoire ecclésiastique d'Allemagne , par lequel on a désigné une espèce de règlement pour l'Empire , sur les articles de foi qu'il y falloit croire en attendant qu'un concile général les eût plus amplement décidés. Ce mot *interim* est latin , & signifie *cependant* ou *en attendant* , comme pour signifier que son autorité ne dureroit que jusqu'à la détermination du concile général.

Pour entendre ce qui regarde l'*interim* , il est bon de savoir que le concile de Trente ayant été interrompu en 1548 & transféré à Boulogne., l'empereur Charles V, qui n'espéroit pas voir cette assemblée sitôt réunie, & qui vouloit concilier les Luthériens avec les Catholiques, imagina le tempérament de faire dresser un formulaire par des théologiens qui seroient envoyés pour cet effet à la diète qui se tenoit alors à Augsbourg : ceux-ci n'ayant pu convenir de rien entr'eux, laissèrent à l'empereur le soin de le faire dresser. Il en chargea trois théologiens célèbres, qui rédigèrent vingt-six articles sur tous les points controversés entre les Catholiques & les Luthériens. Ces articles concernoient *l'état du premier homme avant & après sa chûte dans le péché ; la rédemption des hommes par J. C. ; la justification du pécheur ; la charité & les bonnes œuvres ; la confiance qu'on doit avoir en Dieu que les péchés sont pardonnés ; l'église & ses vraies marques, sa puissance, son autorité, ses ministres ; le pape. & les évêques ; les sacrements en général & en particulier ; le sacrifice de la messe, & la commémoration qu'on y fait des saints, leur intercession & leur invocation ; la prière pour les défunts & l'usage des sacremens*, auxquels il faut ajouter la tolérance sur le mariage des prêtres & sur l'usage de la coupe. Quoique les théologiens qui avoient dressé cette profession de foi, assurassent l'empereur qu'elle étoit très-orthodoxe, à l'exception des deux derniers articles, le pape ne voulut jamais l'approuver ; & depuis que Charles V l'eut proposée comme un règlement par une constitution impériale donnée en 1548, dans la diète d'Augsbourg qui l'accepta, il y eut des catholiques qui refusèrent de se soumettre à l'*interim*, sous prétexte qu'il favorisoit le luthéranisme ; & pour rendre cette ordonnance odieuse ; ils la comparèrent à l'Hénotique de Zenon, à l'Ecthese d'Héraclius, & au Type de Constant. D'autres catholiques l'adoptèrent, & écrivirent pour sa défense.

L'interim ne fut guère mieux reçu des protestants, la plûpart le rejettèrent, comme Bucer, Musculus, Osiander, sous prétexte qu'il rétablissoit la papauté qu'ils pensoient avoir détruite ; d'autres écrivirent vivement contre ; mais enfin, comme l'empereur agit fortement pour soutenir sa constitution, jusqu'à mettre au ban de l'empire les villes de Magdebourg & de Constance, qui refusoient de s'y soumettre, les Luthériens se divisèrent en rigides ou opposés à l'*interim*, & en mitigés qui prétendoient qu'il falloit s'accommoder aux volontés du souverain ; on les nomma *Intérimistes* ; mais ils se réservoient le droit d'adopter ou de rejetter ce que bon leur sembloit dans la constitution de l'empereur. En sorte qu'on peut regarder cet *interim* comme une de ces pièces dans lesquelles, en voulant ménager deux partis opposés, on les mécontente tous deux ; & c'est ce que produisit effectivement l'*interim* qui ne remédia à rien, fit murmurer les Catholiques & souleva les Luthériens. ( *A. R.* )

INTERNONCE, s. m. ( *Hist. mod.* ) envoyé extraordinaire du souverain pontife, agent qui fait les affaires de la cour de Rome dans une cour étrangère, en attendant qu'il y ait un nonce exprès & en titre. Il y a des cours où les affaires se font toujours par un internonce & jamais par un nonce. Il y a toujours un internonce à Bruxelles. Les *internonces* ne sont aucune fonction ecclésiastique ni en France ni ailleurs. D'*Internonce*, nom du titulaire, on fait *internonciature*, nom du titre. ( *A. R.* )

INTER-ROI, s. m. ( *Hist. mod. politique* ). c'est le titre que l'on donne en Pologne au primat du royaume, c'est-à-dire, à l'archevêque de Gnesne, lorsque la mort du roi a laissé le trône vacant. Cet *inter-roi* a en quelque sorte, un pouvoir plus étendu que les monarques de cette république jalouse de sa liberté. Sa fonction est de notifier aux cours étrangères la vacance du trône ; de convoquer la diète pour l'élection d'un nouveau roi ; d'expédier des ordres aux généraux, aux palatins & aux starostes, pour veiller à la garde des forteresses, des châteaux, & des frontières de la république ; de donner des passe-ports aux ministres étrangers qui sont chargés de venir négocier, &c. Lorsque la diète de Pologne pour l'élection d'un roi est assemblée, le primat *inter-roi* expose à la noblesse les noms des candidats, & fait connoitre leur mérite ; il exhorte l'assemblée à choisir le plus digne ; & après avoir invoqué le ciel, il donne sa bénédiction : après quoi, les nonces procèdent à l'élection. Le primat recueille les suffrages ; il monte à cheval, & demande par trois fois si tout le monde est content, & alors il proclame le roi. ( *A. R.* )

INTRODUCTEUR des Ambassadeurs, ( *Hist. cérémoniale*) *legatorum admissioni praefectus* ; c'est celui qui, entr'autres fonctions de sa charge, reçoit & conduit les ministres étrangers dans la chambre de leurs majestés & des enfants de France ; ils s'adressent encore à lui pour les particularités qu'il leur convient de savoir au sujet du cérémonial.

Cette charge n'est établie dans ce royaume, que de la fin du dernier siècle, & dans la plûpart des autres cours, elle est confondue avec celle de maître des cérémonies.

On peut appeller *admissionales*, les *introducteurs des ambassadeurs*. Ces officiers étoient connus des Romains dans le troisième siècle : Lampride dit d'Alexandre qui monta sur le trône en 208 : *quod salutarett quasi unus de senatoribus, patente velo, admissionalibus remotis.* Il en est fait mention dans le code Théodosien, ainsi que dans Ammien Marcellin, *lib. XV, cap. v*, où l'on voit que cet emploi étoit très-honorable, Corippus, *lib. III, de laudib. Justini*, qui fut élu empereur en 518, donne à cet officier le titre de *magister* :

*Ut lætus princeps solium conscendit in altum,*
*Membraque purpureâ præcelsus veste locavit,*
*Legatos, . . . . . jussos intrare magister.*

( *D. J.* )

IPHICRATE, ( *Hist. anc.* ) général athénien, étoit fils d'un cordonnier, & ne s'en cachoit pas. Dans un procès qu'on lui suscita, son accusateur, qui étoit un des descendants d'Harmodius, eut la bassesse de lui reprocher celle de sa naissance : *la noblesse de ma famille commence en moi*, lui dit-il, & *celle de la vôtre*

R 2

*finit en vous.* M. de Voltaire a employé ce mot dans *Rome sauvée.* Cicéron dit à Catilina :

Mon nom commence en moi : de votre honneur jaloux,
Tremblez que votre nom ne finisse dans vous.

*Je ne suis rien*, disoit encore Iphicrate, *mais je commande à tous.* Ce fut sur - tout par la science de la guerre & par la discipline militaire, qu'il acquit beaucoup de gloire. Il fit des changemens utiles dans l'armure des soldats, il rendit les boucliers plus courts, les piques & les épées plus longues, il fit faire des cuirasses de lin tellement préparé, qu'elles devenoient impénétrables au fer & au feu ; il exerçoit les troupes avec tant d'ardeur & d'intelligence, qu'au premier signal il étoit sûr de les voir se mettre en mouvement avec autant d'ordre que de promptitude, & que presque tous les hazards de la guerre les trouvoient prêtes à prendre leur parti sur le champ. Il prévoyoit tout & pourvoyoit à tout ; c'étoit, disoit-il, *une mauvaise excuse pour un général, de dire :* JE N'Y PENSOIS PAS. Dans l'expédition d'Artaxerce Mnémon en Egypte, l'an 377 de J. C., les Athéniens étoient alliés des Perses. Iphicrate y conduisit vingt mille Athéniens ; Pharnabaze y commandoit deux cents mille Perses. Les Perses & les Grecs, réunis emportèrent, l'épée à la main, le fort qui défendoit la bouche du Nil, appellée Mendésienne. Iphicrate vouloit que pour profiter de cet avantage & de l'effroi des Egyptiens, on s'empressât de remonter le Nil, & d'aller attaquer Memphis. Pharnabaze s'y opposa, sous prétexte que toutes ses forces n'étoient pas rassemblées, & qu'il falloit les attendre. Iphicrate demanda la permission d'y aller avec vingt mille Athéniens, & il répondroit du succès ; mais Pharnabaze ne vouloit pas qu'on réussît sans lui ; les Egyptiens eurent le temps de se reconnoître, de respirer, de préparer leur défense ; les inondations du Nil achevèrent de les mettre en sûreté ; l'expédition manqua. Pharnabaze eut l'indigne injustice d'imputer ce mauvais succès à Iphicrate. Celui-ci se rappellant le sort de Conon, (*Voyez* cet article ) s'enfuit à Athènes sur un petit vaisseau qu'il loua. Pharnabaze l'y fit accuser d'avoir fait manquer l'expédition d'Egypte ; les Athéniens qui savoient à quoi s'en tenir, répondirent que si on pouvoit l'en convaincre, il seroit puni comme le cas le méritoit. Il leur parut mériter le commandement de leur flotte dans la guerre des Athéniens contre les alliés : il fut accusé d'avoir trahi la patrie & vendu le fort qu'il commandoit ; il se justifia sur ce point avec beaucoup de hauteur ; mais ayant vu Timothée, un autre grand général d'Athènes, succomber sous une accusation non moins injuste, il prit pour sa sûreté des précautions peu républicaines ; il songea moins à convaincre ses juges qu'à les intimider. Des jeunes gens qui lui étoient entièrement dévoués, entouroient le lieu de l'assemblée ; ils étoient armés de poignards dont ils laissoient de temps en temps à dessein, entrevoir la pointe ; Iphicrate fut absous. Quelqu'un lui reprochant dans la suite, ce stratagème : *j'avois bien servi les Athéniens*, dit-il, *je crus me devoir aussi*

*quelque chose à moi-même. Iphicrate* avoit épousé la fille de Cotys, roi de Thrace. Il avoit rétabli sur le trône de Macédoine Perdiccas & Philippe son frère, qui fut père d'Alexandre-le-Grand, & qui étoient près de succomber sous l'usurpateur Pausanias, si Eurydice leur mère, les mettant entre les bras d'*Iphicrate*, n'eût recommandé à ce généreux protecteur, leur enfance & leur foiblesse. On ignore l'époque précise de la mort d'*Iphicrate.*

IRÈNE, (*Hist. de l'Empire Grec.*) jeune athénienne, d'une famille noble, mais obscure, étoit distinguée par ces talents, par ces graces de l'esprit & de la figure, qui, dans les beaux jours de la Grèce, avoient illustré les deux Aspasies. L'empereur grec Constantin Coprorìyme n'ayant pu obtenir pour Léon Porphyrogènète son fils, la princesse Gisèle, fille de Pepin-le-Bref, dégoûté par ce refus, de mendier une alliance étrangère, jetta les yeux sur une de ses sujettes, & nomma *Irène* pour être la femme de son fils. Constantin étoit iconoclaste persécuteur comme l'avoit été Léon l'Isaurien son père. *Irène* suivoit la foi de l'église ; mais quoiqu'attachée au culte des images, il fallut, pour épouser Léon Porphyrogènète, qu'elle abjurât ce culte ; & son premier degré pour parvenir au pouvoir suprême, fut un parjure.

Sous l'empire de Copronyme on ne vit dans *Irène*, qu'une sujette respectueuse, qu'une épouse tendre, qu'une femme occupée à plaire.

Constantin Copronyme, chargé de l'exécution publique, mourut en 775, d'une maladie à laquelle les médecins déclarèrent qu'ils ne connoissoient rien ; il commençoit à soupçonner *Irène* d'être orthodoxe, le plus grand des crimes à ses yeux. *Irène*, à qui cette mort étoit doublement utile, monta sur le trône avec Léon Porphyrogènète son mari ; elle possédoit le cœur de ce prince ; mais Léon, fidèle à l'hérésie de ses pères, étoit tourmenté de l'idée d'avoir une femme peut-être orthodoxe dans l'ame ; on découvrit une petite image de Jesus-Christ, & une de la Vierge, cachées & cousues dans le chevet de son lit : dès-lors Léon n'eut plus que de l'horreur pour elle ; ce fut en vain qu'*Irène*, accoutumée au parjure sur cet article, protesta qu'elle avoit ignoré ce secret & insinua que c'étoit un artifice de leurs ennemis, pour semer entr'eux la mésintelligence. Il lui fut impossible de ramener Léon ; il lui jura une haine & une persécution éternelles. La persécution fut courte. Léon mourut subitement, & d'une maladie encore inconnue aux médecins. (780.)

*Irène* régna sous le nom de Constantin Porphyrogènète son fils, âgé de dix ans, & destiné à une longue & fance. Léon laissoit quatre frères qui pouvoient disputer à une femme l'administration de l'empire : *Irène* les fit tous quatre ordonner prêtres, & crut s'être délivrée de leurs prétentions ; mais dans la suite, quelques mouvemens du peuple en leur faveur, lui ayant montré l'insuffisance de cette précaution, elle en prit de plus barbares ; elle fit crever les yeux à l'aîné, comme au plus redoutable, & couper la langue aux trois autres ; elle eut la funeste adresse de rejetter fur fon fils la haine de cette exécution ; mais dans la fuite, une nouvelle tentative faite en faveur de ces princes, tout mutilés qu'ils étoient, ayant appris à *Irène* combien les droits de la masculinité s'anéantissoient difficilement dans l'empire grec, il fallut bien qu'elle confentit alors à être cruelle à découvert & en fon propre nom, car alors fon fils ne vivoit plus ; elle fit égorger à la fois ces quatre malheureux princes, & par ce coup, elle éteignit entièrement la race de Léon l'Ifaurien, qui fut peu regrettée, moins parce qu'elle étoit vicieufe, que parce qu'elle étoit iconoclaste.

Dans l'intervalle de la mutilation de ces princes à leur mort, Conftantin Porphyrogénète, parvenu à l'âge de régner, avoit voulu reprendre des mains de fa mère, l'autorité dont elle n'étoit que dépofitaire. Cette entreprife avoit été traitée de conjuration, & *Irène* avoit fait battre de verges le jeune empereur dans fon palais, l'avoit fait dépouiller de fes droits à l'empire, & s'étoit fait nommer elle-même impératrice. Cependant une révolution la fit defcendre du trône, & remit fon fils à fa place, mais elle conferva toujours fur lui fon afcendant, & s'en fervit pour le rendre odieux & vil; cet abfurde enfant fe livra fans réferve à une femme qui l'avoit détrôné, qui l'avoit fait battre de verges pour le punir d'avoir voulu régner ; elle parvint à lui rendre fufpect fon général Aléxis, auquel il étoit redevable de la révolution qui l'avoit replacé fur le trône : Conftantin, pour prix d'un tel fervice, lui donna la mort. Dès-lors perfonne n'ofa plus s'attacher à lui. Enfin, quand il en fut temps, *Irène* fit arrêter fon fils au milieu même de fon armée ; elle lui fit crever les yeux, ayant auparavant donné fes ordres pour que le prince ne pût furvivre à l'opération. Ses intentions furent remplies, & lorfqu'elle vit joint à Conftantin les quatre princes fes oncles, qu'elle eut éteint la race de Léon l'Ifaurien, elle crut s'être délivrée pour jamais de toute inquiétude. Elle venoit au contraire d'en ouvrir une fource inépuifable. Perfonne n'ayant plus déformais de droit à l'empire, tout le monde y prétendit ; ceux fur-tout qu'*Irène* avoit élevés jufqu'à elle, en s'abaiffant jufqu'à eux, les confidents & les complices de fes crimes s'armèrent contr'elle de cette complicité même. Tels furent Staurace, (*Voyez* fon article) l'eunuque Aëtius, enfin Nicephore, (*Voyez* fon article) qui fut plus heureux que les autres.

L'impératrice *Irène* étoit contemporaine de Charlemagne; alarmée des conquêtes de ce prince, elle fentit la néceffité ou de s'unir à lui par une étroite alliance, ou de lui oppofer toutes les forces de l'empire; elle prit le parti de la paix, & voulut même fe faire de Charlemagne un appui contre fes autres ennemis étrangers ou domeftiques. Son fils vivoit alors, & n'étoit point marié ; elle propofa de le marier à la princeffe Rotrude, fille de Charlemagne ; la propofition fut accueillie.

Le jeune Conftantin Porphyrogénète accoutumé à fuivre en aveugle toutes les volontés de fa mère, fe paffionna fur fa foi, pour cette illuftre alliance ; il étoit enchanté du portrait de la princeffe, & du récit

que les ambaffadeurs faifoient de fes bonnes qualités ; il étoit fur-tout flatté de devenir le gendre de ce grand roi dont la rénommée publioit par-tout la gloire. Plus il s'enflammoit pour ce mariage, plus *Irène* commençoit à fe refroidir ; cette femme défiante craignit qu'une fille de Charlemagne n'eût une partie de l'élevation & de la grandeur de fon père, qu'elle ne conçût & qu'elle n'infpirât à fon mari le defir de régner, & elle fut effrayée du danger de procurer dans ce cas à fon fils, l'appui de Charlemagne.

Charlemagne de fon côté, connut toute l'incapacité de Conftantin, & ce qui étoit plus à craindre, toute l'ambition de fa mère; il fut inftruit de fes crimes, & il frémit des dangers où il avoit été près d'expofer fa fille. Ces difpofitions réciproques firent manquer le mariage.

Lorfque dans la fuite, l'empire d'Occident eut été rétabli pour Charlemagne, cette nouvelle porta le trouble & l'effroi à Conftantinople ; *Irène* regarda l'Italie comme perdue pour elle : alors n'ayant plus de fils, & la race impériale de Conftantinople étant éteinte, elle imagina d'unir l'empire d'Orient à celui d'Occident, en fe propofant elle-même pour femme à Charlemagne ; elle lui portoit en dot tout ce qu'il auroit pu vouloir conquérir. C'étoit peut-être à Charlemagne à balancer fur cette alliance avec l'empoifonneufe d'un mari & la meurtrière d'un fils : peut-être devoit-il craindre de prendre pour femme, celle qu'il craint de donner pour belle-mère à fa fille. Il ne paroît pas que cette confidération l'ait arrêté ; il étoit dans fon caractère ambitieux & intrépide, qu'un grand empire lui parût plus à defirer que la femme la plus criminelle ne lui paroiffoit à craindre : c'étoit donc de bonne foi & avec beaucoup d'ardeur qu'on traitoit de part & d'autre cette grande affaire, lorfqu'*Irène* fut renverfée du trône par un homme qu'elle n'avoit pas daigné craindre, par Nicephore, (*Voyez* fon article.) Lorfqu'il eut été proclamé, il parut devant elle plutôt comme un fujet que comme un maître ; il protefta qu'il la refpecteroit toujours comme fon impératrice & comme la bienfaitrice de l'empire ; mais il finit par lui demander les tréfors des empereurs Conftantin Copronyme & Léon Porphyrogénète, dont elle s'étoit, difoit-on, emparée. « Qu'en veux-tu faire, lui » dit *Irène*, ils m'ont trahi comme mes fujets. Je les » prodiguois fes tréfors pour conferver l'empire, & » l'empire m'a échappé. » Nicephore toujours refpectueux, mais inflexible fur un article fi important ; lui fit entendre que fa liberté dépendoit de fa condefcendance ; il jura fur la vraie croix, ferment ordinaire à Conftantinople, qu'à ce prix elle feroit traitée & fervie en impératrice dans fon palais : elle obéit, ne pouvant réfifter ; & remit à Nicephore ce qu'elle appelloit le refte des tréfors de l'empire. Nicephore ne crut pas ou ne voulut pas croire cette reftitution bien complette ; en conféquence, ne fe jugeant point lié par fon ferment, il relégua *Irène* dans un monaftère, qu'elle avoit bâti elle-même dans l'Ifle du Prince ; mais enfuite la trouvant trop près de Conftantinople, & jugeant qu'elle n'étoit pas affez oubliée, il envoya dans l'Isle de Lesbos, à Mitylène, où l la fit garder étroitement. Elle y mourut dans la même année (802(, de la maladie des ambitieux, ayant eu le loisir de reconnoître combien est fausse & trompeuse cette politique machiavéliste, qui foule aux pieds la nature & la justice, qui, ne voyant rien au-delà du moment présent, se permet toute sorte de crimes pour renverser le moindre obstacle, sans songer que de ces crimes naîtront des obstacles plus forts. Combien elle dut regretter ce fils qu'elle avoit sacrifié au desir de conserver le pouvoir & d'usurper la couronne, & qui, s'il eût vécu, lui eût toujours laissé du moins quelque part dans l'autorité! Elle perdit tout, parce qu'elle l'avoit perdu, & sur-tout parce qu'elle l'avoit fait périr; car la chûte fut évidemment l'effet de l'indignation qu'excitolent tarit de crimes & de tels crimes.

IRÉNÉE, (Saint) *Hist. Eccl.* second apôtre, second évêque de Lyon, succisseur de St. Pothin ou Photin. Saint *Irénée* étoit disciple de Saint Polycarpe & de Papias, qui avoient eux-mêmes été disciples de Saint Jean l'évangéliste. Saint Photin avoit souffert le martyre l'an 177 de Jesus-Christ, Saint *Irénée* le souffrit à son tour, l'an 202. Ce Saint est aussi au nombre des pères de l'église. Nous avons plusieurs éditions de ses œuvres, entr'autres, celle de dom Massuet, bénédictin de la congrégation de Saint Maur. On distingue sur - tout parmi les œuvres de Saint *Irénée*, son Traité contre les hérétiques. Dom Gervaise a écrit la vie de ce Saint.

Il y a encore quelques autres martyrs du nom d'*Irénée*.

IRETON, ( *Hist. d'Anglet.* ) gendre de Cromwel. Il fut pris & soudain relâché à la bataille de Naërby, perdue par Charles I^er, le 24 juin 1645. Cet homme, quoiqu'engagé dans une mauvaise cause, étoit un bon citoyen. Le parlement d'Angleterre lui ayant assigné une pension de deux mille livres sterling, il la refusa, en disant qu'il n'en avoit pas besoin, & que le parlement feroit mieux de payer ses dettes & de soulager le peuple que de faire des présents. Il mourut en Irlande en 1651, d'une maladie pestilentielle, qu'il avoit gagnée dans la ville de Limmerick, qu'il venoit de réduire à l'obéissance de Cromwel, ainsi que plusieurs autres places d'Irlande. Son corps fut transporté en Angleterre & enterré à Westminster, où la république lui érigea un mausolée pompeux; mais après le rétablissement de Charles II, les corps de Cromwel, d'*Ireton*, de Bradshaw & autres juges-assassins de Charles I^er, furent exhumés & traînés sur une claye au gibet de Tiburne, où ils furent pendus, & ensuite enterrés sous le gibet. Cet usage barbare & inutile d'outrager les restes des morts même coupables, n'est bon qu'à abolir.

IRMINSUL, (-*Hist. German.* ) dieu des anciens Saxons. On ignore si ce dieu étoit celui de la guerre, l'Arès des Grecs, le Mars des Latins, ou si c'étoit le fameux *Irmin*, que les Romains appellèrent Arminius, vainqueur de Varus, & le vengeur de la liberté germanique.

Il est étonnant que Schedius qui a fait un traité assez ample sur les dieux des Germains, n'ait point parlé d'*Irminsul*; & c'est peut-être ce qui a déterminé Meibom à publier sur cette divinité, une dissertation, intitulée: *Irminsul Saxonica*. Je ne puis faire usage de son érudition mal digérée; je dois au lecteur des faits simples, & beaucoup de laconisme.

Dans cette partie de l'ancienne Germanie, qui étoit habitée par les Saxons Westphaliens, près de la rivière de Dimèle, s'élevoit une haute montagne, sur laquelle étoit le temple d'*Irminsul*, dans une bourgade nommée *Hérèsberg* ou *Héresburg*. Ce temple n'étoit pas sans doute recommandable par l'architecture, ni par la statue du dieu, placée sur une colonne; mais il l'étoit beaucoup par la vénération des peuples, qui l'avoient enrichi de leurs offrandes.

On ne trouve dans les anciens auteurs aucune particularité touchant la figure de ce dieu; car tout ce qu'en débite Kranzius, écrivain moderne, n'est appuyé d'aucune autorité: l'abbé d'Erperg, qui vivoit dans le 13^e siècle, 300 ans avant Kranzius, nous assure que les anciens Saxons n'adoroient que des arbres & des fontaines, & que leur dieu *Irminsul* n'étoit lui-même, qu'un tronc d'arbre dépouillé de ses branches; Adam de Breme, & Beatus Rhenanus nous donnent la même idée de cette divinité, puisqu'ils l'appellent *columnam ligneam sub divo positam.*

Si l'on connoissoit la figure de cette idole, & des ornements qui l'accompagnoient, il seroit plus aisé de découvrir quel dieu la statue représentoit; mais faute de lumières à cet égard, on s'est jetté dans de simples conjectures. Suivant ceux qui pensent que Irmin ou *Hermès* sont la même chose, *Irminsul* désigne la statue d'Hermès ou de Mercure. D'autres prétendent que Héresburg étant aussi nommé *Marsburg*, qui veut dire le *fort de Mars*, il est vraisemblable que les anciens Saxons, peuple très-belliqueux, adoroient sous le nom d'*Irminsul* le dieu de la guerre. Enfin le plus grand nombre regardant *Irminsul* comme un dieu indigète, se font persuadés que c'est le même que le fameux Arminius, général des Chérusques, qui brisa les fers de la Germanie, défit trois légions romaines, & obligea Varus à se passer son épée au travers du corps. Velleius Paterculus qui raconte ce fait, ajoute que toute la nation composa des vers à la louange d'Arminius, leur libérateur. Elle put donc bien, après sa mort, en faire un Dieu, dans un temps-là où l'on élevoit volontiers à ce rang ceux qui s'étoient illustrés par des actions éclatantes.

Quoi qu'il en soit, *Irminsul* avoit ses prêtres & ses prêtresses, dont les fonctions étoient partagées. Aventin rapporte, que, dans les fêtes qu'on célébroit à l'honneur de ce dieu, la noblesse du pays s'y trouvoit à cheval, armée de toutes pièces, & qu'après quelques cavalcades autour de l'idole, chacun se jettoit à genoux, & offroit ses présents aux prêtres du temple. Meibom ajoute que ces prêtres étoient en même temps les magistrats de la nation, les exécuteurs de la justice, & que c'étoit devant eux qu'on examinoit la conduite de ceux qui avoient servi dans la dernière guerre,

Charlemagne ayant pris Héresburg en 772, pilla & rasa le temple du pays, fit égorger les habitants, & massacrer les prêtres sur les débris de l'idole renversée. Après ces barbaries, il ordonna qu'on bâtît sur les ruines du temple, une chapelle qui a été consacrée dans la suite par le pape Paul III. Il fit encore enterrer près du Véser, la colomne sur laquelle la statue d'*Irminsul* étoit posée ; mais cette colomne fut déterrée par Louis-le-Débonnaire, successeur de Charlemagne, & transportée dans l'église d'*Hildesheim*, où elle servit à soutenir un chandelier à plusieurs branches.

Un chanoine de cette ville nous a conservé les trois vers suivants, qui étoient écrits en lettres d'or autour du fust de la colomne :

> *Si fructus vestri, vestro sint gaudia patri,*
> *Ne damnent tenebræ quæ fecerit actio vitæ,*
> *Juncta fides operi, sit lux super addita luci.*

Apparemment que cette inscription avoit été gravée sur cette colomne, lorsqu'on la destina à porter un chandelier dans le chœur de l'église d'Hildesheim.

On dit qu'on célèbre encore tous les ans dans cette ville, la veille du dimanche que l'on appelle *lætare*, la mémoire de la destruction de l'idole d'*Irminsul* : les enfants font enfoncer en terre un pieu de six pieds de long, sur lequel on pose un morceau de bois en forme de cylindre, & celui qui, d'une certaine distance, peut l'abattre, est déclaré vainqueur. ( *D. J.* )

IRNERIUS, ( *Hist. Litt. mod.* ) jurisconsulte célèbre du douzième siècle. On l'appelloit *Lucerna juris*. On le regarde comme le restaurateur du droit romain. Il fut le premier qui l'enseigna publiquement en Italie. Il mourut à Bologne avant l'an 1130.

ISAAC, ( *Hist. Sacr.* ) fils d'Abraham & de Sara, & père d'Esaü & de Jacob. Son histoire se trouve dans la Génèse, chapitres 21, 22, 23, 24, 25, 26, 27, 28.

ISAAC ( l'Ange. ) ( *Voyez* ALEXIS III & IV de la maison de L'ANGE. )

ISABELLE DE BAVIÈRE. ( *Voyez* CHARLES VI. ) ( *Hist. de Fr.* )

ISABELLE DE CASTILLE. ( *Voyez* FERDINAND V, dit *le Catholique* ( *Hist. d'Espagne.* )

ISABELLE, reine de Hongrie, ( *Hist. moderne.* ) fille de Sigismond, roi de Pologne, avoit épousé Jean, Roi de Hongrie, prince foible, jouet tour-à-tour & de Soliman, empereur des Turcs, & de Ferdinand, archiduc d'Autriche ; battu & par l'un & par l'autre ; il céda ses états au sultan, les réclama pour les céder à l'archiduc, & mourut ignoré. Le rang d'*Isabelle* l'appelloit à la régence pendant la minorité d'Etienne son fils. Le testament du feu roi lui avoit associé George le moine. C'étoit un homme qui, né dans la misère, avoit conçu le projet de jouer un rôle en Europe. Il fut successivement frère laïc, moine, prélat ; fait la crasse du froc, & l'orgueil de la pourpre, se rendit nécessaire aux grands, fût d'abord leur esclave, puis leur égal, enfin leur maître. *Isabelle*, attaquée à la fois par Ferdinand &

par Soliman, sentoit bien la nécessité de rechercher l'appui de l'un pour l'opposer à l'autre. La voix de l'équité la détermina sur le choix de son protecteur. Ferdinand réclamoit la Hongrie, & rappelloit le traité conclu entre Jean & lui. La princesse n'avoit point encore adopté ces maximes trop familières aux souverains, qu'un traité désavantageux est nul, que la foi donnée dans le péril, cesse d'être sacrée quand le péril est passé. George traita cette justice de foiblesse, soutint que Jean n'avoit pu, sans le suffrage de la nation ; lui donner un autre maître, jura de défendre le patrimoine de son pupille qu'il regardoit comme le sien, fit alliance avec Soliman, & se renferma dans Bude. La reine l'y suivit, y fut assiégée ; & voulut se rendre aux offres que lui fit l'archiduc d'une principauté dans ses états, en échange de ceux qu'elle perdoit. L'équité de la reine n'excitoit qu'une estime froide & peu sentie ; en vain elle répétoit que son fils avoit hérité des malheurs de son père & non pas de son trône, qu'une plus longue résistance exposeroit la vie de cet enfant, à qui l'on vouloit conserver un sceptre. George, en s'opposant à cette cession, échauffoit l'enthousiasme du peuple, qui ne voyoit pas qu'on ne disputoit que sur le choix des tyrans. Soliman, qui vouloit placer la couronne sur la tête du jeune Etienne, pour s'en emparer plus aisément, envoya à la reine un secours qu'elle ne demandoit pas ; le siège fut levé, & Roccandolphe, général des Autrichiens, alla mourir de honte & de dépit, dans l'île de Comar.

Soliman demanda à voir le jeune prince. *Isabelle* qui sentoit que l'empereur, en paroissant combattre pour Etienne, ne l'avoit combattu que pour lui-même, craignit qu'il ne l'embrasât pour l'étouffer : elle le refusa ; mais malgré ses alarmes, Etienne fut conduit au camp des Turcs, & delà envoyé avec sa mère, en Transilvanie, où elle devoit gouverner sous les yeux de George, & de Pierre Vichy. La reine partit, comblée d'honneurs & dépouillée de ses biens : grande dans l'adversité, sans faste comme sans foiblesse, n'affectant ni l'orgueil ni l'abattement ordinaire aux infortunés. George gagna les esprits & s'empara des finances. *Isabelle* se plaignit à Soliman, de ce qu'en lui donnant un coadjuteur, il lui avoit donné un maître ; & que le rang qu'il lui laissoit n'étoit qu'une servitude déguisée sous un beau nom. L'empereur fit quelques reproches, le moine s'aigrit, traita secrètement avec Ferdinand, résolu de se rendre également redoutable au sultan & à l'archiduc, passant tour-à-tour d'un parti à l'autre : seul roi dans le flux & reflux de cabales & de révolutions, préparant chaque jour à la reine de nouvelles disgraces, il espéroit la forcer à fuir un fon goût pour la retraite ; & régner seul sous le nom de son pupille. Nouvelles plaintes de la reine ; nouvelles menaces de Soliman. Vichy marche contre George ; la bataille se donne, & Vichy est vaincu. Nicolas Serpiette, l'un de ses généraux, échappé de la mêlée, va chercher un asyle dans son château. « Lâche, lui dit son épouse, je te revois & tu es » vaincu. Si l'on eût apporté devant moi, mort & » percé de coups honorables, je t'aurois bientôt rejoint

» dans la nuit du tombeau. J'aurois recueilli ton fang ;
» j'aurois bu celui de nos ennemis , & je ferois morte
» de joie en baifant tes bleſſures. Tu pleures , malheu-
» reux, ah ! ce n'étoit pas des larmes , c'étoit ton fårg
» qu'il falloit répandre. Vas , fuis loin de moi , & fur-
» tout, garde-toi de dire que tu es mon époux ».

Par cette femme , on peut juger quels hommes George avoit à combattre , mais ſon génie applanit tous les obſtacles. Toute cette guerre ne parut être qu'un jeu politique , dont *Iſabelle* fut la victime. Soliman qui l'avoit ſecourue , ſe ligua avec George , dans le temps où ce même George s'uniſſoit avec Ferdinand. Seule , & de tant de biens ne conſervant que ſa vertu , ſa gloire & ſon fils , *Iſabelle* convoque une diète à Egnet : un reſte de compaſſion pour elle y conduit la nobleſſe. Les conférences commencent ; *Iſabelle* parle avec force ; on la plaint , on va la ſe-courir ; George paroît , & l'aſſemblée ſe diſſipe. Dans une ſeconde diète à Colofward , la reine vaincue par l'amour de la paix , plus que par ſa mauvaiſe fortune , ôte la couronne à ſon fils ; le moine eut l'audace de la lui demander. « La couronne de Hongrie à toi , miſé-
» rable , s'écria la reine ; je l'ôterois de la tête de mon
» fils pour la remettre à un moine ! je la rends à
» Ferdinand , à qui mon époux l'a cédée ». Puis , s'adreſſant à ſon fils , qui étendoit ſes bras pour retenir cette couronne : « Penſes-tu , lui dit-elle , que ta mère
» voulût t'arracher un bien qu'elle auroit pu te conſer-
» ver par des moyens légitimes & glorieux. Délaiſſés
» par nos amis , trahis par nos ſujets , déſarmés au
» milieu d'un peuple rebelle , errans d'aſyle en aſyle ,
» trompés par Soliman , & pour comble d'ignominie ,
» inſulté par un moine , l'appui , peut-être dangereux'
» de Ferdinand , eſt le ſeul qui nous reſte. Il nous le
» vend bien cher : il te prend un royaume , mon fils ,
» & ne te donne qu'un principauté. L'échange n'eſt
» pas égal , il eſt vrai ; mais la vertu ne manque jamais
» de couronnes , & , qui fait faire des heureux , trouve
» toujours aſſez de ſujets ». Ferdinand , poſſeſſeur de la couronne ſi long-temps diſputée , ne reſpecta plus la princeſſe ; il la laiſſa partir preſque ſans ſuite , dans un appareil conforme à ſon malheur. Elle s'acheminoit vers Caſſovie , toujours prête à tomber entre les mains des Turcs , expoſée aux injures de l'air , graviſſant le long des rochers , elle parvint à travers mille périls , à la montagne qui ſépare la Hongrie de la Tranſil-vanie. Là , épuiſée de fatigue , elle s'aſſit au pied d'un arbre , & grava ces mots ſur ſon écorce :

*Sic fata volunt : : . Iſabella regina.*

Soliman qui vit que ſa proie lui étoit échappée , ne tarda pas à rallumer la guerre. Les Hongrois cou-roient aux armes ; & dans la Tranſilvanie , ſuivant un uſage antique , un officier dans chaque ville , par-courut toutes les rues à cheval , tenant une lance & une épée enſanglantée , & criant à haute voix : *Peuple* , l'ennemi commun vient contre nous , apprêtez par chaque maiſon un homme pour le ſalut général , & envoyez-le où le roi vous l'ordonne. La guerre ſe fit avec

différents ſuccès. Vainqueurs dans une province , vain-cus dans l'autre , prenant tour-à-tour & perdant des villes , les Autrichiens & les Turcs ſe maſſacrèrent long-temps ſans fruit. On flottoit dans ces alternatives de triomphes & de défaites , lorſque George le moine fut aſſaſſiné par Caſtalde , général des troupes de Ferdinand. Tel fut le ſort de ce tyran inconcevable pour ſon ſiècle , qui ſut faſciner les yeux du peuple , juſqu'à paroître citoyen en ſubjuguant ſa patrie , & bon ſujet en dépouillant ſes maîtres. Sa mort rendit à Iſabelle une partie des tréſors de ſon époux , que cet avare prélat avoit engloutis. Ferdinand aſſembla une diète à Torde , pour y délibérer ſur les moyens de repouſſer les Turcs. Mais Soliman n'étoit pas le ſeul ennemi dont ce prince fût menacé. Le roi de Pologne , père d'Iſabelle , s'apprêtoit à la rétablir dans ſes états , ſi l'archiduc différoit à remplir les engagements qu'il avoit contractés avec elle. Il les éludoit avec beaucoup d'art. La reine laſſe enfin de ſes refus , prétendit être rentrée , par ces refus même , dans tous les droits de ſon fils , & que le traité qui les avoit annullés , devenoit nul à ſon tour , puiſque Fer-dinand avoit violé celui qu'il avoit conclu avec elle. Elle implora le ſecours de Soliman. Il l'avoit perſé-cuté par politique , il la ſecourut dans les mêmes vues. Les Tranſilvaniens touchés des malheurs d'Iſabelle , & ſur-tout de ſon courage , prirent les armes en ſa faveur. Mais les habitants de la haute Hongrie parurent conſtants dans leur ſoumiſſion pour l'archiduc. Ce fut alors qu'Iſabelle fit éclater tous les talents qu'elle avoit reçus de la nature. Iſabelle , négocia avec ſageſſe , parut à la tête de ſes armées pour intimider ſes ſujets , & non pour les détruire , ne livra que des combats néceſ-ſaires , & pardonna toujours aux vaincus. Ferdinand , par la dureté du joug ſous lequel il faiſoit gémir ces peuples , ſervoit encore mieux ſon ennemie. C'eſt ſou-vent l'effet de la tyrannie , de rendre à une nation la liberté qu'elle n'eſt point rentrée dans un deſpotiſme modéré. La révolte devint générale. Un cri unanime rappelloit Iſabelle dans toutes les parties de ſes états. Elle courut de conquêtes en conquêtes , de victoires en victoires , chaſſa les Autrichiens , humilia Ferdinand , combla de bienfaits ceux qui l'avoient ſecourue , les verſa même ſur ſes perſécuteurs , inſtruiſit ſon fils dans l'art de ſe vanger , à faire à faire des heureux , à l'être lui-même , à compter peu ſur les faveurs de la fortune , & moins encore ſur l'amitié des hommes. (*M. DE SACY.*)

ISAGA, ſ. m. ( *Hiſt. mod.* ) officier du grand-ſeigneur ; c'eſt le chambellan. C'eſt lui qui porte les paroles ſecrettes du grand - ſeigneur à la ſultane ; il commande aux pages de ſa chambre & de ſa garde-robe , & veille à tout ce qui concerne la perſonne du ſultan ( *A. R.* ).

ISAIE , ( *Hiſt. Sacrée* ) le premier des quatre grands prophètes. Ses prophéties contiennent ſon hiſtoire.

ISAMBART ou ISEMBART , ( *Hiſt. de Fr.* ) moine auguſtin du quinzième ſiècle. Nous nommerons cet homme , parce qu'étant un des juges de la Pucelle d'Orléans.

d'Orléans, il fut touché de compaffion & faifi d'hor-reur en voyant l'iniquité des autres juges fes confreres, & qu'il tâcha de fauver la Pucelle. *Voyez* l'article ARC, (Jeanne d').

ISAURE, ('Clémence') (*Hift. Litt. mod.*) L'exif-tence de Clémence *Ifaure*, l'inftitutrice de l'Académie des Jeux-Floraux à Toulouse, a été long-temps un fujet de critique & de difcuffion parmi les favans.

On diftingue trois temps dans l'hiftoire ancienne de cette Académie. Le premier eft celui qui précéda l'année 1323. Cette Académie fe nommoit alors le collège de la Gaie-Science, ou du Gai-Savoir, ou le collège de Poëfie. Sept troubadours compofoient ce collège; ils s'affembloient dans un verger, fitué hors de l'enceinte de la ville de Toulouse; ils cultivoient la poëfie, & donnoient des prix aux meilleurs poëtes.

La feconde époque s'étend depuis l'année 1323, jufques vers l'an 1500.

Il refte de ces deux temps plufieurs regiftres du collège de la Gaie-Science, un grand nombre de déli-bérations, d'ordonnances, de mandements, de comp-tes, &c. qui regardent cette compagnie. Perfonne, avant 1500, n'avoit parlé de Clémence *Ifaure*; & comme on avoit toûjours rapporté fon exiftence à une époque plus ancienne, ce filence univerfel des écri-vains antérieurs à 1500, eft ce qui a fait révoquer en doute à quelques auteurs, l'exiftence de Clémence *Ifaure*.

Le premier auteur connu qui ait parlé de cette femme célèbre, eft Guillaume Benoît, jurifconfulte du quinzième fiècle; né en 1455, confeiller au par-lement de Toulouse en 1500, & qui mourut en 1520. Il parle expreffément des jeux & des prix fondés par Clémence *Ifaure*; il fpécifie l'églantine, la violette & le fouci doré.

En 1527, Etienne Dolet, fameux par fes talents & plus encore par fa fin déplorable (*Voyez* fon article), fit, en vers latins, un Eloge de Clémence, fous ce titre : *De muliere quâdam quæ ludos litterarios Tolofæ conftituit*.

En 1530, Jean Boiffoné, profeffeur en droit à Toulouse, célébra en vers françois & latins, la fon-dation de Clémence.

En 1535, Jean Voulté; en 1538 & 1539, Pierre Traffebot; en 1549, Pierre de Saint-Anian; en 1550, Antoine Syphrien; en 1555, Pierre Borel; en 1559, Jean Bodin; en 1571, Draudius, dans fa bibliothèque claffique; le préfident Berthier, dans le recueil de fes poëfies latines, imprimé en 1580; M. de Thou, dans le journal de fa vie; Pierre du Faur, dans fon *Agoniſticon*, imprimé en 1592; Alexandre Bodius, poëte écoffois, dans un recueil de poëfies latines, im-primé la même année; Papire Maffon, en 1594; Goudouli, dans fes poëfies gafconnes, imprimées en 1609, ont tous célébré Clémence *Ifaure* & fa fondation.

Catel eft le premier qui, dans fes mémoires du Lan-guedoc, imprimés en 1633, ait révoqué, en doute l'exiftence d'*Ifaure*; & ce doute étoit principalement fondé fur ce que quelques-uns des auteurs qui en avoient

*Hiftoire.* Tome III.

parlé, nommément M. de Thou, la plaçoient dans le 14e fiècle, & qu'il étoit étonnant, d'après cette fuppo-fition, qu'aucun auteur n'eût parlé d'elle avant le feizième.

Les doutes propofés par Catel, n'ont arrêté ni du Boulay, dans fon hiftoire latine de l'Univerfité de Paris, imprimée en 1665, ni l'abbé Maffieu, dans fon hif-toire de la Poëfie françoife, ni la foule des auteurs modernes qui ont parlé de Toulouse & des Jeux-Floraux.

Dom Vaiffette, dans fon hiftoire du Languedoc; & après lui M. Villaret, tome 8 de la nouvelle hiftoire de France, atteftent auffi l'exiftence de Clémence *Ifaure* & fa fondation; ils la placent vers la fin du 14e fiècle ou au commencement du fuivant, ce qui laifferoit fubfifter la difficulté: pourquoi, demandera-t-on toûjours, ce filence de tous les auteurs fur fon compte jufqu'au 16e fiècle?

Il a paru en 1775, un mémoire, où, en convenant de la difficulté de fixer avec certitude le temps où a vécu Clémence *Ifaure*, on conjecture, d'après diffé-rentes circonftances, qu'elle naquit le milieu du 15e fiècle, & qu'elle mourut à la fin de ce même fiècle ou au commencement du fuivant, idée qui ex-plique tout, & qui fuffit pour diffiper les doutes pro-pofés par Catel.

On achève dans ce mémoire, de prouver l'exif-tence de Clémence *Ifaure*, par les monuments publics confacrés à fa mémoire, & par les autres témoignages que fourniffent les regiftres de l'hôtel-de-ville & ceux de l'Académie des Jeux-Floraux.

ISBOSETH, (*Hift. Sacr.*) fils de Saül. Abner fon général, le quitta pour David fon rival; peu de temps après *Isbofeth* fut affaffiné; les affaffins croyoient avoir fait leur cour à David; ce prince fe fit tuer, & rendit des honneurs à la mémoire d'*Isbofeth*. L'hiftoire de celui-ci eft rapportée au fecond livre des Rois, chapi-tres 3 & 4.

ISCARIOT ou ISCARIOTE. (*Voyez* JUDAS.)

ISDEGERDE. (*Voyez* l'article ABDAS.)

ISÉE (*Hift. anc.*) C'eft le nom de deux orateurs grecs. Le premier eft le plus célèbre. Il vivoit environ trois fiècles & demi avant J. C. Il fut difciple de Lifias & maître de Démofthènes. (*Voyez* l'article DÉMOS-THÈNES.) L'impétuofité caractérifoit fon éloquence; Juvénal a dit :

*Sermo*
*Promptus & Ifæo torrentior.*

Il étoit de Chalcis dans l'ifle d'Eubée, aujourd'hui l'ifle de Négrepont. Nous avons de lui dix harangues.

L'autre *Ifée* vint à Rome vers l'an 97 de J. C. Pline le jeune en parle avec éloge dans fes lettres.

ISELIN, (Jacques-Chriftophe) (*Hift. Litt. mod.*) académicien honoraire étranger de l'Académie des Infcriptions & Belles-lettres de Paris, né à Bafle le 12 juin 1681, profeffeur d'éloquence & d'hiftoire à Mar-bourg, puis à Bâle fa patrie, eft auteur de beaucoup de differtations favantes fur des fujets tant facrés que

S

profanes , & de quelques poëmes latins. C'étoit un
favant de diftinction. Il aida beaucoup M. Lenfant
( *Voyez* fon article ), dans fon hiftoire du concile de
Bâle , en lui fourniffant des extraits des pièces origi-
nales concernant ce concile, qui fe trouvent à Bâle ; il
en a auffi procuré à la France des copies entières &
très-authentiques , qui font à la bibliothèque du Roi ,
& qui compofent un corps de trente-trois vol. *in-fol.*
C'eft à la prière de M. le chancelier d'Agueffeau , qu'il
rendit à la France ce grand fervice littéraire. L'hiftorien de l'Académie des Infcriptions & Belles-Lettres,
rapporte dans l'éloge de M. *Ifelin* , deux faits affez
remarquables.

Le Landgrave de Heffe l'avoit nommé à la chaire
de Marbourg , quoiqu'étranger , quoique abfent , &
âgé feulement de vingt-trois ans. Avant qu'il arrivât,
les profeffeurs de Marbourg , mécontents de cette préférence donnée à un étranger fur les favans du pays,
effayèrent de faire changer le choix du prince ; ils
trouvoient dans la lettre même que M. *Ifelin* leur avoit
écrite pour fe féliciter d'être leur confrère , des expreffions de la plus mauvaife latinité : le Landgrave
fe contenta de répondre froidement qu'on en jugeroit
mieux, quand il feroit en plein exercice. Il arriva , fut
préfenté au prince , accompagné de ceux qui avoient
tâché de le deffervir. *Ifelin* ne fe doutoit de rien ; le
Landgrave parla beaucoup de l'union qui devoit règner
entr'eux. La converfation tourna enfuite fur la langue
latine ; le Landgrave montra quelques fcrupules fur
des expreffions qui lui échappoient , difoit-il, quelquefois
& qu'il ne croyoit pas trop latines. *Ifelin* , fans fonger
peut-être qu'il les eût employées , affura qu'elles étoient
très-latines, & le prouva fur le champ par des paffages
de Cicéron , de Tite-Live , de Tacite, tandis que
fes accufateurs s'entre-regardoient , dit l'hiftorien ,
comme des conjurés qui fe croyoient découverts ; le
Landgrave s'amufa de leur inquiétude , fans en rien
témoigner , & ce ne fut que long-temps après , qu'il
révéla le fecret de cette converfation à M. *Ifelin* ,
lorfque cette confidence fut devenue fans inconvénient.
Il avoit donné une grande & belle leçon non feulement
aux détracteurs jaloux, qui profitent de l'abfence pour
répandre leur venin , mais encore aux princes & aux
grands qui les écoutent , & qui fe gardent bien de
mettre l'accufé à portée de fe défendre.

Quant à l'autre fait, l'hiftorien le tenoit de M. le
Marquis de Beretti-Landi, ambaffadeur d'Efpagne en
Suiffe. Ce miniftre avoit demandé au magiftrat de
Bâle la deftitution d'un maître de pofte qu'il accufoit
d'avoir retenu quelques paquets à fon adreffe ; &
trouvant qu'on étoit un peu lent à le fatisfaire , il fit
enlever la malle du courier qui venoit de Francfort.
C'étoit le temps de la foire ; tous les commerçants de
Bâle furent dans la confternation. Les foupçons étant
tombés fur le vrai coupable , on lui fit une députation à
Lucerne , lieu de fa réfidence , pour lui repréfenter les
conféquences d'un pareil jeu. On avoit mis M. *Ifelin* de
la députation , parce que l'ambaffadeur l'aimoit. L'ambaffadeur répondit par des dénégations équivoques &
mêlées de plaifanteries , qui ne faifoient que confirmer

les foupçons fans rien éclaircir. M. *Ifelin* lui parla en
particulier , & n'en tira que cette plaifanterie : *vous me
feriez fur le champ les cent plus beaux vers du monde
que ce feroit du latin perdu.* M. *Ifelin* , qui aimoit les
vers , & qui favoit que l'ambaffadeur les aimoit ,
crut que peut-être il lui ouvrïroit une porte pour fortir
de cette affaire : il fait fur le champ les cent vers &
plus , & les envoie à l'ambaffadeur. Le lendemain les
députés , prêts à partir , viennent prendre congé de
l'ambaffadeur , qui leur parle toujours comme la veille ;
il dit feulement à M. *Ifelin* , qui le regardoit , dit
l'hiftorien , avec des yeux de poëte :

*Carmina vel cœlo poffunt deducere lunam?*

Ce mot fut pour M. *Ifelin* , qui en avoit feul l'intelligence , ce que la vue des peintures du temple de
Junon à Carthage fut pour Enée :

*Hoc primùm in luco nova res oblata timorem
Lenit : hìc primùm Æneas fperare falutem
Aufus & afflictis meliùs confidere rebus.*

Mais fes confrères , qui n'étoient pas dans le fecret ,
revenoient fans efpérance , lorfqu'en paffant dans un
village , ils apprennent par des gens qu'ils rencontrent ,
qu'un cavalier qui alloit à toute bride , avoit laiffé
tomber le matin , à la pointe du jour , une petite
malle , dont il feroit fans doute fort en peine : ils fe
la firent apporter ; c'étoit celle dont il s'agiffoit. La chofe
alla jufqu'au roi d'Efpagne , Philippe V , qui entra fort
bien dans la plaifanterie , & qui approuva & les vers
de M. *Ifelin* , dont la dépêche du marquis de Beretti
Landi contenoit copie , & la conduite de l'ambaffadeur.

Obfervons à ce fujet qu'il eft peu d'hiftoires qu'on
ne gâte en voulant les embellir , fur-tout par le merveilleux. Le récit porte que le marquis de Beretti
Landi demanda que les cent vers fuffent faits en un
quart d'heure , & qu'ils fürent faits en un quart d'heure.
Contentons-nous qu'ils aient été faits dans la journée ;
un quart d'heure ne fuffiroit pas pour en écrire la
moitié. M. *Ifelin* mourut le 13 avril 1737.

ISEMBURGE. ( *Voyez* ci-deffus INGELBURGE *ou*
INGERBURGE.)

ISIDORE. C'eft le nom de plufieurs favans , honorés du titre de Saint.

1°. *Ifidore* d'Aléxandrie , folitaire de la Thébaïde ,
furnommé l'*Hofpitalier* , parce qu'il exerçoit l'hofpitalité envers ceux que la curiofité ou le refpect pour
ces faints folitaires , attiroit dans les déferts de la
Thébaïde. Il défendit contre les Ariens, la mémoire
& les écrits de faint Athanafe. Il mourut l'an 403 , à
Conftantinople.

2°. St. *Ifidore* de Pelufe ou de Damiette, difciple
de St. Chryfoftome. Nous avons fes œuvres en gec
& en latin , publiées en 1538 , par André Schot. Mort
en 1440.

3°. S. *Ifidore* de Cordoue , évêque de cette ville ,
au cinquième fiècle , connu fous le nom d'*Ifidore*

l'ancien, auteur de *commentaires fur les livres des Rois.*

4°. St. *Isidore* de Séville, dit le jeune, évêque de cette ville, au commencement du septiéme siècle, est le plus célèbre de tous; il mourut en 636. On a de lui une chronique depuis Adam jusqu'en 626, qui est de quelque usage pour l'histoire des Goths, des Vandales & des Suèves, vingt livres des *origines* ou *étymologies*, des traités des écrivains & des offices écclésiastiques. Dom du Breuil, bénédictin, a donné une bonne édition des œuvres d'*Isidore* de Séville.

C'est ce saint *Isidore* de Séville qu'on a cru long-temps l'auteur de ces fausses décrétales qui ont abusé l'église d'Occident, & qui par l'autorité suprême qu'elles attribuoient au pape, ont peut-être plus contribué au grand schisme d'Orient que les vices de Photius, ou la question de la procession du St. Esprit. Leur véritable auteur est *Isidore Mercator*, *Peccator* ou *Piscator*; & ce fut sous le règne de Charlemagne & sous le pontificat d'Adrien I, vers la fin du huitième siècle, qu'on le vit paroître. Dans le sixième siècle, Denis le Petit avoit recueilli quelques décrétales des papes, mais seulement depuis saint Sirice, qui siégeoit vers la fin du quatrième siècle. Denis n'avoit pu apparemment en trouver d'antérieures: les fausses décrétales, imaginées par Isidore Mercator dans le huitième siècle, remontent à saint Clément, l'un des premiers successeurs de saint Pierre, & continuent sous ses successeurs jusqu'à saint Sylvestre, vers le commencement du quatrième siècle. Le faussaire avoit un dessein manifeste, qui a très-bien réussi, c'est celui d'étendre la puissance pontificale par l'exemple & l'autorité des premiers & des plus saints pontifes. Ces décrétales représentent comme des appellations à Rome, elles défendent de tenir aucun concile sans la permission du pape; en un mot, elles font du pape le monarque & le despote de toutes les églises. Riculphe, archevêque de Mayence, répandit en France cette collection si funeste à la discipline de l'église; la supposition fut à peine soupçonnée d'abord; l'autorité de ce recueil alla toujours en augmentant sur la foi du nom d'*Isidore* de Séville; on voit par les écrits du célèbre Hincmar, qu'il étoit dans cette erreur avec tout le neuvième siècle. Le décret de Gratien cite ces fausses décrétales comme un ouvrage authentique; elles ont passé pour vraies pendant huit cents ans, & n'ont été abandonnées que dans le dernier siècle, après que le savant Blondel eut mis dans tout leur jour, les caractères de fausseté qu'elles offrent par-tout, & alors le mal qu'elles avoient pu faire étoit consacré par le temps.

ISITES, subst. masc. pl. (*Hist. mod.*) nom d'une secte de la religion des Turcs, ainsi appellée de leur premier docteur qui se nommoit *Isamerdad*, qui a soutenu que l'alcoran de Mahomet a été créé, & n'est pas éternel, & qui parmi les Musulmans passe pour une horrible impiété. Lorsqu'on leur objecte cet anathême de leur prophète, *que celui-là soit estimé infidèle, qui dit que l'alcoran a été créé*, ils se sauvent par cette distinction subtile, que Mahomet parle en

cet endroit de l'original & non pas de la copie; qu'il est vrai que cet original est dans le ciel, écrit de la main de Dieu même, mais que l'alcoran de Mahomet n'est qu'une copie de cet original, d'après lequel elle a été transcrite dans le temps. On sent que par cette réponse ils mettent leurs adversaires dans la nécessité de prouver que l'alcoran est incréé, & cela doit être fort embarrassant pour eux. Ricaut, *de l'empire Ottoman.* (*A. R.*)

ISLE-ADAM. *Voyez* VILLIERS.

ISLAMISME, subst. masc. (*Histoire turque.*) *Islam* ou *islamisme*, est la même chose que le Musulmanisme ou le Mahométisme; car moslemin veut dire les *Musulmans*; c'est M. d'Herbelot qui a introduit ces mots dans notre langue, & ils méritoient d'être adoptés. *Islam* vient du verbe *Salama*, se résigner à la volonté de Dieu, & à ce que Mahomet a révélé de sa part, dont le contenu se trouve dans le livre nommé *Coran*, c'est-à-dire, le livre par excellence. Ce livre qui fourmille de contradictions, d'absurdités, & d'anachronismes, renferme presque tous les préceptes de l'*islamisme*, ou de la religion musulmane. Nous l'appellons *alcoran.* (*D. J.*)

ISMAEL I, ou SCHAH-ISMAEL, (*Hist. de Perse.*) étoit fils d'Eider qui le premier prit le titre de *schah*, qui signifie *roi*, quoiqu'il n'eût jamais été revêtu du pouvoir souverain, puisque les Turcs occupoient alors les plus belles provinces de la Perse. Il est vrai qu'il fut toujours à la tête d'une armée pour affranchir sa patrie de leur domination. Cet Eider laissa un fils nommé *Ismaël*, qu'il confia, en mourant, à un seigneur de la province de Xilan, en lui prédisant qu'il rétabliroit un jour la splendeur de l'empire Persan. *Ismaël* développa une raison prématurée & un courage héroïque qui furent le présage de sa grandeur future. Sensible à l'oppression de sa patrie, il envoya dans toutes les provinces des émissaires pour sonder les dispositions des peuples, leur annonçant qu'il étoit prêt à sacrifier sa vie pour les affranchir d'un joug étranger. Les Perses sortirent de leur abattement, vingt mille se rangèrent sous les drapeaux de leur libérateur, & dès qu'il parut en campagne, l'empressement fut si grand, qu'il se vit à la tête de trois cents mille combattans. La religion lui fournit des armes pour subjuguer les esprits; les Turcs, regardés comme les corrupteurs de l'alcoran, devinrent l'objet de l'exécration des peuples, qui crurent servir Dieu contre les profanateurs de sa loi. Cette guerre sacrée donna des scènes d'héroïsme & de cruauté. *Ismaël* fut proclamé roi par le suffrage de sa nation. Tous les Turcs qui tombèrent entre ses mains rachetèrent leur vie que sous la promesse d'embrasser la religion des Perses. Trois provinces enlevées aux Turcs, qui les avoient usurpées, formèrent le nouvel empire, qui prit chaque année de nouveaux accroissemens. *Ismaël*, après avoir assuré ses frontières contre les invasions des Turcs, porta la guerre du côté de l'Orient; il enleva au roi des Indes la forteresse de Candahar, qui devint le boulevard de ses états. Cette conquête fut suivie de la soumission d'une province voiſine qui, ſans attendre le ſort des armes, le prévint par ſon obéiſſance. Il retourna chargé de gloire à Iſpahan, pour s'y faire couronner. Cette cérémonie n'eſt pas auſſi pompeuſe en Orient que dans l'Europe. On met devant le prince un tapis d'or, les grands lui préſentent la couronne qu'il baiſe trois fois au nom de Dieu, de Mahomet & d'Ali, il la remet au grand-maître du royaume, qui la lui poſe ſur la tête; enſuite tous les ſpectateurs crient. *vive le roi*: chacun lui baiſe les pieds, lui fait des préſents, & tout le jour ſe paſſe en jeux & en feſtins. Ce fut *Iſmaël* qui fut l'inſtituteur de cette cérémonie. Dès que cette ſolemnité fut achevée, il tourna ſes armes contre le roi de Géorgie, & après l'avoir vaincu, il lui donna la paix, à condition de payer un tribut annuel de trois cents balles de ſoie. Les Perſes pendant cette guerre, eſſuyèrent de grandes fatigues; ils les ſupportèrent avec cette réſignation qu'inſpire le zèle d'une religion naiſſante. Son armée n'étoit qu'un aſſemblage de fanatiques qui défioient les périls & la mort pour être couronnés de la palme du martyre. *Iſmaël* leur donnoit l'exemple de cet enthouſiaſme religieux; & on le regarde comme l'inſtituteur de la ſecte qui domine aujourd'hui dans la Perſe. Quoiqu'il affectât beaucoup de reſpect pour tous les dogmes contenus dans l'alcoran, il ne ſe faiſoit point de ſcrupule de boire du vin & de manger de la chair de porc; & même par dériſion de l'averſion des Turcs pour cet animal, il en faiſoit nourrir un dans ſa cour, qu'il faiſoit appeller *Bajazet*. Ce prince dévot & guerrier, mourut à Caſvin à l'âge de quarante-cinq ans. (*T. N.*)

ISMAEL II, fils de Schah-Tamas, fut le quatrième roi de Perſe, de la race des Sophis. Son frère aîné lui céda ſes droits au trône pour vivre dans la retraite & l'auſtérité. Son père, qui avoit beaucoup de tendreſſe pour Eider, le plus jeune de ſes fils, auroit bien voulu lui mettre la couronne ſur la tête; mais les grands, à ſa mort, la déférèrent à *Iſmaël*, qui depuis pluſieurs années, étoit détenu priſonnier dans une citadelle. Son exemple prouva que les princes nourris dans l'exil & la perſécution, ſont ordinairement cruels & ſanguinaires. Il fit mourir ſon frère Eider, qui, pendant ſa détention, s'étoit fait proclamer roi auſſi-tôt après la mort de ſon père. Tous les parents de ce jeune prince furent enveloppés dans ſa ruine. Ceux qui avoient conſeillé à ſon père de le faire arrêter, périrent par le fer ou le poiſon. Son inclination pour la ſecte des Turcs, le rendit encore plus odieux que ſes cruautés. Il ne put ſe diſſimuler combien il étoit abhorré. Il uſa d'artifice pour connoître ſes plus grands ennemis, en faiſant courir le bruit de ſa mort. Tous ceux qui eurent l'imprudence de décrier ſon gouvernement, expirèrent dans les tourments. Sa ſœur craignant de tomber ſous le glaive qui frappoit tant de citoyens, délivra la Perſe de ce fléau: on ignore quel fut le genre de ſa mort, on ſoupçonna qu'il avoit été empoiſonné. Il mourut le 24 Novembre 1577. (*T. N.*)

ISMAEL III, fils de Mahomet Chodabende, fut le ſixième roi de la race des Sophis. Il monta ſur le trône par un fratricide. Le droit d'aîneſſe avoit placé

ſur le trône ſon frère Hemſe, il l'en fit deſcendre par la faction de pluſieurs grands qui conjurèrent la mort de leur maître. Des aſſaſſins habillés en femmes & voilés comme elles, s'introduiſirent dans le ſerail, & maſſacrèrent le monarque. Ce crime ne reſta point impuni. Abbas, qui dans la ſuite mérita le nom de *Grand*, frère d'*Iſmaël* & du prince aſſaſſiné, craignit d'être la victime d'un ambitieux qui avoit outragé la nature; mais comme il ne pouvoit oppoſer une armée à celle de ſon frère, il corrompit un des valets de chambre d'*Iſmaël*, qui lui coupa la gorge dans le temps qu'il lui faiſoit la barbe. Il n'avoit régné que huit mois. (*T. N.*)

ISOCRATE, (*Hiſt. Litt. anc.*) Cet orateur naquit à Athènes dans la première année de la quatre-vingt-ſixiéme olympiade, cinq cents ans avant la guerre du Péloponnèſe, quatre cents trente-ſix ans avant l'ère chrétienne. La foibleſſe de ſa voix & une timidité inſurmontable ne lui permirent jamais de monter dans la tribune & de parler en public; mais il ouvrit une école d'éloquence, où il forma des diſciples par ſes leçons & par des diſcours qu'il compoſoit ſur différentes matières.

Il pouſſa fort loin ſa carrière ſans éprouver aucune de ces incommodités qui ſont preſque inſéparables du grand âge. Cicéron cite la vieilleſſe d'*Iſocrate* comme un exemple de ces vieilleſſes douces & agréables que procure ordinairement une vie tranquille, ſage & bien réglée, & dont il eût pu être lui-même un exemple ſans le glaive d'Antoine. *Iſocrate* mourut dans la quatre-vingt-dix-neuviéme année de ſon âge, n'ayant pu ſurvivre au déſaſtre de Chéronée. Il s'obſtina depuis la nouvelle de cette bataille, à ne prendre aucune nourriture; &, ſe jugeant ſenſible, il mourut pour la patrie, n'ayant pu combattre pour elle.

M. l'abbé Auger, de l'Académie des Belles-Lettres, a donné une bonne édition & une traduction des œuvres complettes d'*Iſocrate*; il a auſſi donné un recueil de penſées morales d'*Iſocrate*, extraites de ſes œuvres.

ISSACHAR, (*Hiſt. ſacr.*) Un des fils de Jacob & de Lia. C'eſt de lui qu'il eſt dit dans la prophétie de Jacob mourant (Genéſe, chapitre 49, verſ. 14 & 15) « *Iſſachar*, comme un âne fort & dur au travail, ſe » tient dans les bornes de ſon partage; & voyant que » le repos eſt bon & que ſa terre eſt excellente, il a » baiſſé l'épaule ſous les fardeaux, & il s'eſt aſſujetti » à payer les tributs.

ISTAMBOL, (*Hiſt. mod.*) nom que les Turcs donnent à la ville de Conſtantinople. C'eſt une corruption du grec εἰς τὴν πόλιν. Cependant le ſultan date ſes ordonnances de Conſtantinie. *Voyez* CANTEMIR, *Hiſt. Ottomane*. (*A. R.*)

ISUREN, ſ. m. (*Idolat. mod.*) nom d'une des trois principales divinités auxquelles les Indiens idolâtres attribuent le gouvernement de l'univers, & deux autres ſont Bramha, qu'ils prennent pour le créateur du monde, & Wiſnou.

Les Indiens adorent *Iſuren* ſous une figure obſcène & monſtrueuſe qu'ils expoſent dans les temples, &

qu'ils portent en procession. Lorsque cette divinité ne paroît pas dans les temples sous la forme infame du Lingam, mais sous celle d'un homme, elle est représentée comme ayant un troisième œil au milieu du front. On lui donne deux femmes, l'une qui est peinte en verd, & l'autre en rouge, avec une queue de poisson. Les adorateurs de ces idoles se frottent le visage & quelques autres parties du corps, d'une cendre faite de fiente de vache, à laquelle ils attachent une grande idée de sainteté.

La secte d'*Isuren* passe pour la plus étendue qu'il y ait dans les Indes, elle est même subdivisée en plusieurs sectes, dont les unes n'adorent que le seul *Isuren*, d'autres ses femmes, d'autres ses enfants, d'autres enfin joignent à leurs adorations toute la famille & les domestiques. *Voyez l'histoire du christianisme des Indes*, par M. de la Croze, où vous trouverez des particularités que je passe sous silence. (*D. J.*)

IT, s. m. (*Hist. mod.*) c'est le nom que les Iguréens donnent à l'onzième géagh de leur cycle duodenaire; il signifie *chien*, & désigne encore l'onzième heure du jour, & l'onzième de leurs signes célestes. *Bibliothèque orient. & Dict. de Trév. (A. R.)*

ITIGUE ou ITEGUE, s. f. (*Hist. mod.*) C'est le titre que l'on donne en Ethiopie ou en Abissinie, à celle que le Negus ou empereur a choisie pour épouse. Ce titre répond à celui de reine ou d'impératrice. Elles sont choisies parmi les filles des grands du royaume. Aussi-tôt que le souverain a jetté les yeux sur celle qu'il veut honorer de sa couche, on l'ôte à ses parents, & on la met dans la maison de quelques-unes des princes du sang royal. Là, l'empereur lui rend visite pour s'assurer par lui-même de ses qualités. S'il est content de cet examen, il la conduit à l'église, où elle assiste avec lui à l'office divin, & reçoit la communion après quoi il la mène à sa tente, où l'abuna ou patriarche des Abissins, donne aux épox la bénédiction nuptiale. L'épouse n'est point encore pour cela déclarée reine: elle demeure dans une tente séparée, jusqu'à ce qu'il plaise à son époux de procéder à la cérémonie de son installation. Alors on assemble les grands de la cour, l'épouse est admise dans la tente du souverain, & un de ses aumoniers déclare au peuple que l'empereur a créé son esclave reine. Alors elle prend le titre d'*itegue* ou d'*éthie*, que quelques auteurs rendent par celui d'*altesse*. (*A. R.*)

IVES ou YVES DE CHARTRES, (*Hist. eccl.*) fait évêque de cette ville en 1092. Mort le 21 décembre 1115. Prélat célèbre dans l'église de France, sous les règnes de Philippe I<sup>er</sup> & de Louis-le-Gros. Il est mis dans l'opinion publique, au nombre des défenseurs des libertés de l'église gallicane. On a le recueil de ses œuvres; elles sont très utiles pour faire connoître l'esprit & les mœurs du temps; ses épîtres sur-tout sont célèbres & souvent citées.

IVETEAUX, (DES) *Voyez* VAUQUELIN.

IWAN, (C'est, en Russie, le même nom que *Jean*) & plusieurs Czars ou princes désignés pour l'être, ont porté ce nom. *Voyez* la destinée du dernier (IWAN DE BRUNSWICK-BEWERN) à l'article ANNE IWANOWNA & ANNE DE MECKLEMBOURG.

# JAB

# JAC

**JAA-BACHI**, f. m. (*Hift. mod.*) capitaine de gens de pied chez-les Turcs. C'eft auffi un officier des janiffaires , chargé de lever les enfans de tribut. Il eft accompagné dans fes fonctions , d'un écrivain ou fecrétaire qui tient le rôle des provinces , des lieux , & du nombre d'enfants qui doivent être fournis. (*A. R.*)

**JABARIS** ou **GIABARIS**, (*Hift. mod.*) fectaires mahométans qui , felon Ricaut , foutiennent que l'homme n'a aucun pouvoir , ni fur fa volonté , ni fur fes actions , mais qu'il eft abfolument conduit par un agent fupérieur, & que Dieu , exerçant une puiffance abfolue fur fes créatures , les deftine à être heureufes ou malheureufes , felon qu'il le trouve à propos. Quand il s'agit d'expliquer cette opinion , ils difent que l'homme eft tellement forcé & néceffité à faire tout ce qu'il fait , que la liberté de faire bien ou de faire mal ne dépend pas de lui ; mais que Dieu produit en lui fes actions, comme il fait dans les créatures inanimées & dans les plantes , le principe de leur vie & de leur être. Cette doctrine de la prédeftination eft univerfellement reçue en Turquie , & dans la plûpart des-pays mahométans. (†)

**JABAYAHITE**, f. m. (*Hift. mod.*) nom de fecte parmi les Mufulmans , qui , fuivant Ricaut , enfeignent que la fcience de Dieu ne s'étend point à toutes chofes; que le temps & l'expérience lui ont appris plufieurs chofes qu'il ignoroit auparavant. Dieu , difentils , n'ayant point eu de toute éternité , une connoiffance exacte de tous les évènements particuliers qui doivent arriver dans le monde , il eft obligé de le gouverner felon les occurrences. *Diction. de Trév.* (*A. R.*)

**JABIN**, (*Hift. Sacr.*) L'écriture parle de deux rois de ce nom , tous deux rois d'Afor. Le premier fut défait & tué par Jofué, (Jofué, chap, 11.) Le fecond fut vaincu par Barac , (Juges, chap. 4.)

L'orgueilleux Jabin fuccombe
Sous le fils d'Abinoë.

Sa ville d'Afor fut détruite alors pour la feconde & dernière fois.

**JABLONOWSKI**, (Stanislas) (*Hift. de Polog.*) palatin de Ruffie , brave foldat , habile général , profond négociateur; on difoit de lui : « Eft-il plus grand » dans le fénat que dans l'armée ! » Il s'étoit attaché à la fortune & à la gloire de Jean Sobieski , & s'il n'avoit pas eu ce héros pour concurrent , il eût été en Pologne , l'homme le plus célèbre de fon fiècle : il contribua beaucoup au fuccès de la bataille de Choczin , l'an 1667 ; c'étoit lui qui conduifoit le centre de l'armée Polonoife; la gloire de Sobieski

enflammoit fon émulation fans piquer fa jaloufie : ce fut lui qui dans la diète d'élection , l'an 1674 , réunit les fuffrages en faveur de ce grand homme , & pour mettre la dernière main à fon ouvrage , appaifa les troubles que cette élection avoit fait naître : il fut le compagnon des travaux militaires de ce prince , & ce fut fur lui que Sobieski fe repofa du commandement de l'armée , lorfque fes infirmités ne lui permirent plus de marcher en perfonne contre les ennemis de l'état ; il battit les Turcs & les Tartares en plufieurs rencontres , fauva Léopold , courut les plus grands dangers , & parut auffi grand dans fes retraites que dans fes victoires. Sobieski avoit plus de talents , *Jablonowski* avoit moins de défauts ; & peut-être que fi la fortune l'avoit mis à la place de Sobieski , il l'auroit égalé. La nature & l'éducation donnent le mérite , mais ce font les circonftances qui le font connoître. (*M. DE SACY.*)

**JABLONSKI**, (Daniel - Erneft & Paul - Erneft ) (*Hift. Litt. mod.*) deux favants polonois , fans doute parents , qui ont vécu dans ce fiècle; le premier , né à Dantzick le 20 novembre 1660, mort le 26 mai 1741 , combattit fortement l'athéifme & le déifme , & travailla conftamment à la réunion des différentes églifes réformées avec les Luthériens.

L'autre , pafteur de Francfort fur l'Oder , mort en 1757 , eft très-connu par fon *Pantheon Ægyptiacum* , & par tout ce qu'il a écrit d'ailleurs fur la table ifiaque, fur les dieux , & en général fur la religion des Egyptiens , fur l'ancien pays de Geffen , &c.

**JACATET**, f. m. (*Hift. mod.*) fixième mois de l'année des Ethiopiens & des Coptes. Il répond à notre février. On l'appelle auffi *Jachathtih* & *Jacatrih* , & non *Lécatrih* , comme on lit dans Kircker. (*A.R.*)

**JACOB**, (*Hift. Sacr.*) patriarche célèbre , fils d'Ifaac & de Rébecca , & dont les enfants ont été les chefs des Tribus d'Ifraël. Son hiftoire eft rapportée dans la Génèfe depuis le chapitre 25 jufqu'à la fin.

**JACOBITE**, f. m. (*Hift. d'Angl.*) c'eft ainfi qu'on nomma dans la grande Bretagne , les partifans de Jacques II , qui foutenoient le dogme de l'obéiffance paffive , ou pour mieux m'exprimer en d'autres termes , de l'obéiffance fans bornes. Mais la plûpart des membres du parlement & de l'églife anglicane , penfèrent que tous les Anglois étoient tenus de s'oppofer au roi , dès qu'il voudroit changer la conftitution du gouvernement ; ceux donc qui perfiftèrent dans le fentiment oppofé , formèrent avec les Catholiques , le parti des *Jacobites.*

Depuis , on a encore appellé *Jacobites* , ceux qui croient que la fucceffion du trône d'Angleterre ne devoit pas être dévolue à la maifon d'Hanovre ; ce qui est une erreur née de l'ignorance de la constitution du royaume.

On peut faire actuellement aux *Jacobites*, soit qu'ils prêtent serment, ou n'en prêtent point, une objection particulière, qu'on ne pouvoit pas faire à ceux qui étoient ennemis du roi régnant, dans le temps des factions d'Yorck & de Lancastre. Par exemple, un homme pouvoit être contre le prince, sans être contre la constitution de son pays. Elle transportoit alors la couronne par droit héréditaire dans la même famille ; & celui qui suivoit le parti d'Yorck, ou celui qui tenoit le parti de Lancastre, pouvoit prétendre, & je ne doute pas qu'il ne prétendît, que le droit fût de son côté. Aujourd'hui les descendants du duc d'Yorck sont exclus de leurs prétentions à la couronne par les loix, de l'aveu même de ceux qui reconnoissent la légitimité de leur naissance. Partant, chaque *Jacobite* actuellement est rebelle à la constitution sous laquelle il est né, aussi bien qu'au prince qui est sur le trône. La loi de son pays a établi le droit de succession d'une nouvelle famille ; il s'oppose à cette loi, & soutient sur sa propre autorité, un droit contradictoire, un droit que la constitution du royaume a cru devoir nécessairement éteindre. ( *D. J.* )

JACQUELOT, ( Isaac ) ( *Hist. Litt. mod.* ) françois réfugié, ministre célèbre, connu par ses écrits contre Bayle & contre Jurieu, par des dissertations sur l'existence de Dieu, &c. homme doux, vertueux & sçavant. Né en 1647, mort en 1708.

JACQUERIE, ( LA ) s. f. ( *Hist. de Fr.* ) sobriquet qu'on s'avisa de donner à une révolte de paysans, qui, maltraités, rançonnés, désolés par la noblesse, se soulevèrent à la fin en 1356, dans le tems que le roi Jean étoit en Angleterre. Le soulèvement commença dans le Beauvoisis, & eut pour chef un nommé Caillet. On appella cette révolte la *jacquerie*, parce què les gentilshommes non contens de vexer ces malheureux laboureurs, se moquoient encore d'eux, disant qu'il falloit que *Jacque-bonhomme* fît les frais de leurs dépenses. Les paysans réduits à l'extrémité, s'armèrent ; la noblesse de Picardie, d'Artois, & de Brie, éprouva les effets de leur vengeance, de leur fureur, & de leur désespoir. Cependant au bout de quelques semaines, ils furent détruits en partie par le dauphin, & en partie par Charles-le-Mauvais, roi de Navarre, qui prit Caillet, auquel on trancha la tête ; & tout le reste se dissipa. Mais s'ils eussent été victorieux ? ( *D. J.* )

JACQUES I, roi d'Angleterre & d'Irlande ( *Hist. d'Anglet.* ) fils de Marie Stuart, né en 1566, régnoit sur l'Écosse, lorsqu'il fut nommé par la reine Élisabeth pour être son successeur. Il persécuta les Catholiques, & quelques Catholiques tramèrent contre lui & le parlement, la fameuse conspiration des poudres, qu'on découvrit assez à temps pour en empêcher l'effet. Il méconnut les bornes de son autorité ; & en voulant lui donner trop d'éclat & une étendue illimitée, il excita le parlement à la restreindre autant qu'il put, & à veiller d'une manière particulière à la conservation des priviléges & de la liberté de la Nation : ce peuple

jaloux sentit son amour pour le monarque se refroidir, à mesure que le monarque vouloit s'en faire craindre. Théologien jusqu'au pédantisme, il préféra le plaisir de la controverse & des vaines discussions aux plus importantes affaires : enflé de son érudition, il étoit soupçonneux & jaloux du mérite qu'il n'avoit pas, il le haïssoit dans les autres : livré à ses favoris & à tous ceux qui flattoient ses fantaisies & ses passions, il acheva de s'aliéner le cœur de ses sujets par ses profusions inconsidérées, son indolence coupable qui mit l'état à la merci d'hommes indignes d'approcher du trône, par ses inconséquences, sa foiblesse & son orgueil. En même temps qu'il affectoit le despotisme le plus arbitraire, il n'avoit pas la force de rien tenter de relatif à ses desseins, & l'on eût dit qu'il ne formoit des vœux bizarres que pour se préparer la honte de céder au moindre obstacle. Plus indolent que pacifique, plus foible que bon, fier & lâche, politique malhabile, *Jacques* I sembla n'être monté sur le trône d'Angleterre que pour laisser à son malheureux fils, une succession funeste, la haine de ses peuples, l'indignation du parlement, & un royaume en proie aux flammes d'une guerre civile. Il mourut en 1625, après un règne de vingt-deux ans. ( *A. R.* )

JACQUES II, fils de Charles I<sup>er</sup>, naquit à Londres en 1633, & fut proclamé duc d'Yorck à l'âge de dix ans. Obligé de s'expatrier pour sauver ses jours, lorsque son père infortuné expiroit sur un échafaud, il rentra en Angleterre au rétablissement de Charles II son frère, & à sa mort il monta sur le trône, en 1685, sinon avec acclamation, au moins sans obstacle & sans concurrens. Son règne fut court. Son zèle pour le catholicisme, qui avoit déjà indisposé les esprits contre lui, du vivant de son frère, le porta, lorsqu'il fut roi, à plusieurs actions imprudentes, telles que la révocation du serment du test ; une distinction trop marquée pour les sujets de sa religion, à qui il prodigua toutes les charges à l'exclusion des autres ; une ambassade solemnelle au pape ; la demande d'un nonce, qui fit son entrée publique à Londres. Les Anglois alarmés, craignirent qu'il ne détruisît le protestantisme, auquel ils étoient plus attachés qu'à leur roi ; ils invitèrent le prince d'Orange, Guillaume de Nassau, stadthouder de Hollande, & gendre de *Jacques*, à venir les délivrer de la domination d'un roi catholique. Guillaume passa en Angleterre, & *Jacques* alla chercher un asyle en France, mais sans renoncer à l'espérance de remonter sur le trône. L'Irlande lui étoit restée fidelle. Le comte Tyrconnel y avoit une armée de trente mille hommes à ses ordres. Louis XIV lui donna une flotte & des troupes. *Jacques* passa en Irlande ; mais ayant été défait par l'armée de Guillaume à la bataille de la Boine, en 1690, il perdit tout espoir de recouvrer son royaume, revint en France, & passa le reste de ses jours à Saint-Germain, vivant des bienfaits de Louis XIV, & d'une pension de trois mille livres sterlings que lui faisoit Marie, reine d'Angleterre, sa fille. Il mourut en 1701, à soixante-huit ans. ( le 16 septembre ) . ( *A. R.* )

JACQUES ou JAYME I, roi d'Aragon, ( *Histoire*

*d'Espagne.* ) Conquérir des royaumes, réunir de nouvelles provinces aux états de ses ayeux, porter le fer & la flamme, le ravage & la mort dans des régions éloignées ; dévaster des riches contrées, y répandre la terreur & la consternation, c'est acquérir des droits à la célébrité. *Jacques I*, roi d'Aragon, se rendit très-illustre par les armes ; ce ne furent pourtant pas ses brillantes conquêtes qui lui assurèrent les titres les plus incontestables à l'admiration de ses contemporains, & à l'estime de la postérité : ce fut sa grandeur d'ame, & ce désintéressement, plus rare encore, qui le porta à renoncer à un trône sur lequel il avoit les droits les plus sacrés, les plus incontestables ; sacrifices d'autant plus généreux, que rien alors ne résistoit à la force de ses armes : aussi cette action noble, grande, sublime, le fit-elle regarder comme un héros dans le sens le plus rigoureux. Ce héros, cependant, se signaloit aussi par des actes d'injustice, d'usurpation, de violence qui eussent fait rougir l'homme le moins jaloux de sa réputation, & dans le temps qu'il renonçoit à un royaume qui lui appartenoit, il en usurpoit un autre par la violence, & contre la foi des traités. Qu'étoit-ce donc que ce *Jacques I* ? un souverain ambitieux, enflammé du desir de remplir l'Europe & la terre du bruit de ses actions guerrières & héroïques ; il réussit : on s'occupa beaucoup de lui. Mais depuis le treizième siècle, combien peu de personnes y a-t-il qui connoissent l'existence du roi *Jacques I* ? Au reste, ce n'est pas que ce prince ne réunit à la plus éclatante valeur, des talents supérieurs & quelques vertus ; il fut d'ailleurs excellent politique, habile négociateur ; & toutefois, malgré tant de brillantes qualités, son nom à peine s'est sauvé de l'oubli. Si les rois conquérants savoient combien peu, lorsqu'ils ne feront plus, on s'occupera d'eux, leur amour-propre seroit cruellement humilié ! *Jayme* pourtant, mérite qu'on lui donne quelques lignes. Il étoit fils de don Pedre II, roi d'Aragon, & de dona Marie, fille unique du comte de Montpellier, & il naquit le premier février 1207. Il n'avoit pas encore sept ans, lorsque la mort de son père, tué à la bataille de Muret en 1213, fit passer sur sa tête la couronne d'Aragon : mais ce ne fut qu'après bien des troubles suscités par ses oncles, qui vouloient lui ravir le sceptre, que les grands du royaume attachés au sang de leurs souverains, parvinrent à faire reconnoître pour roi, & formèrent un conseil de régence, à la tête duquel ils mirent don Sanche, comte de Roussillon, son grand-oncle, & celui-là même qui avoit fait les plus grands efforts pour s'asseoir sur le trône. On s'apperçut bientôt de l'imprudence qu'on avoit eue de confier le royaume & le prince à un tel homme, & on prit des mesures pour réprimer son ambition ; mais elles furent inutiles ; Sanche leva des troupes, fit plusieurs tentatives pour s'emparer de la couronne, ne réussit pas ; mais causa tant de mal, & menaça l'état d'un tel bouleversement, que les états assemblés crurent ne pouvoir mieux faire que d'acheter, de lui, la paix à prix d'argent : il se fit accorder des revenus considérables, & à cette condition, il consentit à rendre hommage au petit-neveu. Cet orage calmé

ne rendit pas encore la tranquillité au royaume ; dévasté dans toutes ses parties par la licence des seigneurs, armés les uns contre les autres, quand ils ne l'étoient pas pour opprimer leurs vassaux & usurper leurs possessions. Ces violences n'étoient pas les seules qui déchiraient l'Aragon, encore plus ravagé par les armes des rebelles, qui, sous prétexte du bien public, excitoient des soulevements, opprimoient les citoyens & bravoient audacieusement l'autorité royale. *Jayme*, quoiqu'il n'eût que douze ans, fut si sensible à cet excès d'insolence, qu'il se mit, quelques efforts que l'on fît pour l'en détourner, à la tête de ses troupes, marcha contre les révoltés, les réduisit ; obligea les seigneurs à terminer leurs querelles, leur défendit les voies de fait, s'empara des places fortes des plus obstinés, & fit l'essai heureux de son autorité. Encouragé par les avantages qu'il venoit de remporter, il crut que le moyen le plus sûr d'affermir sa puissance étoit de s'assurer de l'appui du plus formidable des souverains d'Espagne ; & dans cette vue, il fit demander en mariage l'infante dona Éléonore, sœur de dona Berangère, reine de Castille ; sa demande fut accueillie ; le mariage fut célébré, & le roi n'ayant alors que treize années, resta un an sans avoir commerce avec sa jeune épouse, parce qu'il n'étoit point encore en âge : si cependant il n'étoit point assez âgé pour se conduire en époux, il étoit assez pour gouverner ; mais auparavant il lui restoit quelques obstacles à applanir, & il n'en imposoit pas assez pour se faire obéir de tous les grands. Le plus turbulent d'entr'eux étoit l'infant don Ferdinand, abbé de Monte-Aragon, qui voulant à toute force gouverner le royaume, se ligua avec quelques seigneurs, s'assura de la personne du roi & de la reine, sous prétexte que les flatteurs & les favoris les perdroient, s'empara du gouvernement, & abusa autant qu'il étoit en lui, de l'autorité usurpée. *Jayme* souffroit impatiemment sa captivité, n'osoit pourtant se plaindre hautement de don Ferdinand son oncle, qui lui marquoit les plus grands égards, & il dissimula pendant un an. Alors paroissant tout accoutumé à sa situation, & feignant de ne prendre aucun intérêt au gouvernement, il proposa aux seigneurs qui le gardoient, d'aller à Tortose, ils y consentirent ; mais pendant le voyage il leur échappa, & se rendit à Te.* el, d'où il envoya ordre à toute la noblesse de venir le joindre pour l'accompagner dans une expédition contre les Maures. Cette expédition réussit ; il tourna ses armes contre l'infant don Ferdinand, & il réussit encore. Sa valeur & sa conduite lui ramenèrent la plûpart des seigneurs rebelles ; ils se soumirent, & les villes fatiguées enfin de se soulever pour des factieux qui les fouloient, se soumirent aussi ; mais le feu des dissensions n'étant pas totalement éteint, & quelques grands étant assez puissants pour susciter de nouveaux troubles, *Jayme I*, dans la vue d'étouffer toute semence de division, proposa de terminer tous les différends par la voie de l'arbitrage, & de s'en rapporter à la décision de l'archevêque de Tarragone, de l'évêque de Lerida & du grand-maître des Templiers. Sa proposition fut acceptée ; les arbitres mirent fin aux dissensions diffensions, & prévinrent par leur décision ; tout fujet de brouillerie. Le roi fut fi content du fuccès de ce moyen, qu'il ne manqua point dans la fuite à l'employer dans toutes les affaires épineufes, & il eut toujours lieu de s'en applaudir. Il avoit vingt ans alors, & depuis quelque temps il méditoit la conquête du royaume de Majorque, occupé par les Maures : il fit part de fon projet aux états, qui l'approuvèrent & l'engagèrent à l'exécuter : mais il avoit un autre deffein qui l'occupoit, encore plus que le defir de conquérir Majorque ; il vouloit, où du moins quelques hiftoriens affurent qu'il vouloit fe défaire de la reine fon époufe, dont il étoit fort dégoûté. Auffi le cardinal évêque de Sabine, légat du pape, étant informé que le roi & la reine étoient parents au quatriéme degré, fe plaignit, & prétendit que leur mariage étoit nul : *Jayme* eut de grands fcrupules, & parut fort agité. La reine dona Berengère confentit que cette affaire fût examinée par un concile ; il s'en affembla un à Tarragone, & les pères du concile déclarèrent. le mariage. nul ; mais comme il faut être conféquent dans fes décifions, ils déclarèrent en même temps que don Alphonfe, né de ce mariage nul & profcrit, étoit & devoit être légitime & l'héritier de la couronne. Il faut avouer que les pères du concile de Tarragone raifonnoient avec une étonnante fagacité, & qu'ils jugeoient bien fainement. Quoi qu'il en. foit, *Jayme* fut très-foumis à leur décifion, renvoya fon époufe, & ne fongea plus qu'à l'expédition de Majorque, dont il s'empara malgré la réfiftance des Maures & la valeur du roi de cette ile, qui fut fait prifonnier. Le roi de Valence ayant fait depuis peu une trève avec l'Aragon, refufa de fecourir celui de Majorque ; & fes fujets fe foupçonnant d'être fecrètement chrétien, l'obligèrent de fortir, ainfi que fon fils, de Valence ; & quoiqu'il pût compter encore fur la fidélité de quelques villes, il fe retira en Aragon avec fon fils : *Jayme* leur fit un accueil diftingué, leur affigna des revenus confidérables, & conçut le deffein de s'emparer auffi de Valence, comme il s'étoit rendu maître de Majorque. Peu de monarques ont été auffi heureux que *Jayme* ; il eût pu fe difpenfer de conquérir ; la fortune prenoit foin d'accroître fa puiffance, & de lui donner des états. Don Sanche, roi de Navarre, vieux, fans enfants, & irrité contre fon neveu Thibaut, comte de Champagne, adopta le roi d'Aragon, & fe fit reconnoître par les grands pour fon fucceffeur ; mais les acquifitions de ce genre ne flattoient pas *Jayme I*, & il aimoit mieux conquérir une ville, que de recevoir, à titre de donation, une monarchie entière. Il ne s'étoit point propofé d'envahir la Navarre, & il fut peu fenfible au don que Sanche lui en fit ; il avoit formé le projet de fe rendre maître du royaume de Valence, & le pape Grégoire IX lui accorda une croifade pour cette expédition : il ne négligea rien pour en affurer le fuccès, & déjà il avoit commencé les hoftilités, lorfque le roi don Sanche mourut ; les grands de Navarre, qui n'avoient que forcément adhéré aux volontés de leur fouverain, crurent & délibérèrent qu'il étoit de l'intérêt de l'état de mettre fur le trône le comte de Champagne ; & de protefter

contre le ferment qu'ils avoient fait de reconnoître le roi d'Aragon, qu'ils prièrent même de vouloir bien les difpenfer de tenir un engagement qu'ils n'avoient pris que malgré eux & par obéiffance aux volontés de don Sanche. Les grands de Navarre connoiffoient fans doute la grandeur d'ame & les fentiments héroïques de *Jayme* quand ils lui firent cette demande finguliere, & qui eût irrité tout autre fouverain. Leurs efpérances ne furent point trompées ; &, par le plus rare défintéreffement, le roi d'Aragon renonçant à fes droits fur ce trône, confentit qu'on y fit monter le comte de Champage ; & fans attendre les remerciments de Thibaut & des Navarrois pour ce généreux facrifice, il ne s'occupa qu'à étendre fes conquêtes & fa domination dans le royaume de Valence. Ce fut pendant le cours de cette expédition, que Grégoire IX rempli d'eftime & d'admiration pour *Jayme*, auquel d'ailleurs il venoit d'être redevable de l'établiffement de l'inquifition dans les états d'Aragon, lui propofa d'époufer dona Yolande, fille d'André, roi de Hongrie : *Jayme* y confentit ; & quelques mois après, couvert de lauriers qu'il avoit moiffonnés dans l'île d'Ivica, dont il avoit fait la conquête, il fe rendit à Barcelonne, où fon mariage avec dona Yolande fut célébré. Sa nouvelle époufe ne put le retenir auprès d'elle que peu de jours ; une paffion plus impérieufe, celle de la gloire, le ramena fous les murs de Valence, qui, malgré la réfiftance de Zaën, qui en étoit fouverain, fut contrainte de capituler & de fe rendre aux conditions que Zaën & fes fujets fortiroient librement de cette capitale, & qu'il leur feroit permis d'emporter fur eux, & qu'ils lui livreroient tous les châteaux & toutes les fortereffes qui étoient au-delà de la rivière de Xucar. Cette condition fut exactement remplie ; les Maures, précédés de leur roi, fortirent de Valence, au nombre de cinquante mille ; *Jayme* leur accorda une trève de fept ans, & entra en triomphe dans Valence, qui fut bientôt repeuplée de chrétiens. De cette ville conquife, *Jayme* partit pour Montpellier, où fa préfence étoit d'autant plus néceffaire que les habitants foulevés contre le gouverneur, menaçoient de ne plus reconnoître le roi d'Aragon pour leur comte. Pendant fon abfence, fes généraux, violant fans pudeur la trève qu'il avoit accordée à Zaën, fe jettèrent avec fureur fur les mahométans de Valence, & s'emparèrent de plufieurs fortereffes. *Jayme* eût dû punir exemplairement une infidélité auffi manifefte, & qui bleffoit la foi publique avec tant d'indignité. Les Maures qui comptoient fur fon intégrité, attendirent fon retour, & auffi-tôt qu'il fut rentré dans fes états, ils lui demandèrent juftice ; *Jayme* au lieu de punir fes généraux, approuva la violence de leur conduite, l'excita lui-même ; & fans refpecter l'équité ni l'honneur, abufant de fa fupériorité, s'empara de prefque tout le royaume de Valence. L'ancien & criminel ufage où font les fouverains d'agir comme *Jayme*, lorfqu'ils font les plus forts, excufe d'autant moins l'iniquité de cette infraction, qu'il avoit paru jufqu'alors auffi jaloux de l'eftime des peuples que de la gloire de

T.

fes armes ; mais les faveurs trop éclatantes de la fortune l'éblouirent, & dès-lors il se crut tout permis, & il ne se conduisit que d'après les conseils de son ambition. Despote dans sa famille, comme il l'étoit à l'égard des Maures, il régla sa succession, & partageant ses états, il assura à don Alphonse, qu'il avoit eu de son premier mariage avec Eléonore de Castille, le royaume d'Aragon, & à l'infant don Pedre, né de dona Yolande, la principauté de Catalogne. Don Alphonse, encore plus ambitieux que son père, se crut lézé par cette disposition, & furieux de voir démembrer des états qu'il croyoit devoir lui appartenir en entier, il prit les armes, il voulut soutenir ses droits par la force, & s'empara de quelques places : Jayme prit les armes aussi, obligea son fils de se soumettre, le traita avec sévérité, & acheva de conquérir le royaume de Valence. On rapporte que pendant cette conquête, il donna un exemple de sévérité qui, à la vérité, donne une grande idée de son autorité, mais qui n'eût pas dû, à mon avis, soulever contre lui plusieurs historiens aussi rigoureusement qu'il l'a fait. Berenger, évêque de Girone & confesseur de Jayme, révéla au pape quelques secrets importants, que ce prince lui avoit déclarés en confession; le prince informé de la criminelle indiscrétion de Berenger, le fit saisir, lui fit couper la langue & le bannit de ses états. Le pape furieux de cet acte de vengeance, excommunia le roi, & ce ne fut que long-temps après que deux légats vinrent l'absoudre publiquement, après lui avoir imposé une rude pénitence. L'évêque Berenger eut à souffrir sans doute un châtiment fort douloureux ; mais enfin sa coupable révélation ne méritoit-elle pas une punition exemplaire ? Et si les secrets que Berenger révéla importoient à l'état, quand même cet évêque eût été puni de mort, ne l'eût-il pas mérité ? Dans le temps que le pape se plaignoit si amèrement de l'injustice de Jayme, ce souverain faisoit recueillir toutes les loix du royaume en un code qui ne formoit qu'un volume, & faisoit ordonner par les états, qu'on s'y conformeroit par-tout dans le jugement des procès. Pendant qu'excommunié, il s'occupoit ainsi de l'administration de la justice, son fils, don Alphonse, quoique soumis en apparence, ne cessoit point de murmurer & d'envier la Catalogne à don Pedre. Jayme, fatigué de ses plaintes, & voyant sa famille accrue de deux fils, crut devoir faire un nouveau partage de ses domaines entre ses quatre fils : nul d'eux fut content, quelque soin qu'il eût pris de les satisfaire tous ; ils se plaignirent, menacèrent ; mais afin de leur ôter l'espoir de trouver de l'appui chez l'étranger, il commença par marier sa fille dona Yolande, à don Alphonse, infant de Castille ; ensuite à coutume, il remit leurs plaintes à la décision des arbitres que les états nommeroient : cette modération fut très-applaudie : les arbitres prononcèrent conformément aux volontés du souverain, & ses fils furent contraints de les respecter. La sentence des arbitres n'étoit point encore rendue, lorsque la reine Yolande mourut ; le roi, qui ne la regrettoit que médiocrement, épousa en secret, dona Thérèse Bidaure, son ancienne maîtresse, de laquelle

il avoit eu déjà quelques enfants. Après avoir terminé tous les différends qu'il avoit, ou qu'il prévoyoit pouvoir s'élever entre lui & ses voisins ; après avoir aussi terminé les anciens différends entre les couronnes de France & d'Aragon, & en se désistant de ses prétentions sur les comtés de Carcassonne, de Béziers, d'Albi, de Rhodez, de Foix, de Narbonne, de Nîmes, obtenu que de son côté St. Louis renonceroit à ses droits sur les comtés de Barcelone, de Gironne, d'Urgel, d'Ampurios, de Cerdagne & de Roussillon, Jayme crut avoir tout pacifié ; mais il se trompoit : don Alphonse son fils, toujours mécontent, lui suscita de nouveaux embarras, & se disposoit à exciter des troubles dans l'état ; mais la mort vint, heureusement pour l'Aragon, mettre fin à la vie de ce prince inquiet & entreprenant. Jayme fit aussi-tôt reconnoître don Pedre pour l'héritier de sa couronne ; & malgré les oppositions & les menaces du pape Alexandre IV, il le maria à dona Constance, fille de Mainfroi, prince de Tarente. La gloire du roi d'Aragon & sa célébrité s'étoient étendues si loin, qu'il reçut une magnifique ambassade du sultan d'Egypte, qui recherchoit son amitié ; & il est vrai qu'alors il n'y avoit point en Europe de prince qui, par l'éclat de ses entreprises & le succès de ses expéditions, se fût fait un aussi grand nom. Ligué avec le roi de Castille, il tenta la conquête du royaume de Murcie, & dès la seconde campagne il se rendit maître de la capitale de cette souveraineté ; rien ne résistoit à ses armes ; heureux à la guerre, & plus heureux encore dans les négociations, tout succédoit au gré de ses desirs. Mais le soin de conquérir ne l'occupoit point assez, pour qu'il ne trouvât pas encore bien des momens à donner à son goût pour les plaisirs, qui l'entraînoient impétueusement, & quelquefois au-delà des bornes de la bienséance. La reine dona Yolande, comme nous l'avons dit, étoit à peine expirée, qu'il avoit épousé dona Thérèse Bidaure ; & il quitta celle-ci pour dona Bérengere sa parente, fille de don Alphonse de Molina, oncle du roi de Castille ; il en avoit eu un enfant, don Pedre Fernandez de Hijar : & sa passion ne faisoit que s'accroître. Il fit prier le pape de rompre son mariage avec dona Thérèse, sous prétexte qu'elle avoit une lèpre contagieuse. Le pape informé des véritables motifs de Jayme, & de son amour incestueux, l'avertit d'abord de renoncer à sa passion & de se séparer de sa maîtresse ; il le menaça ensuite de l'excommunier : cette menace fit vraisemblablement impression sur le roi d'Aragon ; on ignore s'il quitta dona Bérengere, mais on sait que pour appaiser le pape, il le croisa, s'embarqua pour la Terre-Sainte, & fut contraint, par une violente tempête, de revenir dans ses états. On sait aussi qu'il se trouva au concile de Lyon, & qu'ayant prié Grégoire IX de le couronner solemnellement, le pontife exigea qu'avant cette cérémonie, le roi d'Aragon se soumît à payer au saint Siège le tribut auquel son père, don Pedre, s'étoit engagé ; condition humiliante, que Jayme rejetta avec indignation. Il sortit de Lyon, & alla en Catalogne éteindre, par la force des armes, une rebellion suscitée par quelques mécontens, qu'il réduisit & qu'il punit. Il ne fut pas aussi heureux avec les Mahométans de Valence, qui, secondés par le roi de Grenade, prirent les armes & se révoltèrent ouvertement. *Jayme* envoya contr'eux un détachement sous les ordres de don Pedre Fernandez de Hijar, & un autre corps commandé par deux de ses généraux ; don Pedre eut du succès, mais les deux généraux furent complétement battus. Le roi d'Aragon accoutumé à vaincre, fut plus sensible à la défaite de ses deux généraux, que flatté de la victoire de don Pedre Fernandez, & ce revers lui causa tant de chagrin, qu'il en tomba malade ; il avoit encore d'autres sujets d'inquiétude : il y avoit quelque temps qu'ayant enlevé de force une femme mariée, il s'étoit attiré des censures amères de la part du pape. *Jayme*, irrité de l'opposition perpétuelle que le souverain pontife mettoit à ses plaisirs, avoit pris le parti de n'avoir aucun égard à ces menaces, de s'abandonner sans retenue à ses penchants, & il s'y étoit livré avec si peu de ménagement, que sa conduite étoit devenue fort odieuse à ses sujets. La connoissance qu'il avoit de ce mécontentement général, & peut-être les remords aggravèrent sa maladie : il changea d'air, se fit transporter à Aleira ; mais au lieu de trouver quelque soulagement, il sentit qu'il touchoit à ses derniers moments. Alors il témoigna un vif regret du scandaleux exemple qu'il avoit donné à ses enfants & à ses peuples, il se fit vêtir du froc de l'ordre de Citeaux, & mourut avec toutes les marques extérieures d'un homme repentant, le 25 juillet 1276, âgé de 69 ans, & dans la soixante-troisième année de son règne. Il fut grand conquérant, illustre souverain, mais indigne dans ses conquêtes, & fort corrompu dans ses mœurs. ( *L. C.* )

JAYME ou JACQUES II, roi d'Aragon, ( *Hist. d'Espagne.* ) Ce n'est pas toujours l'obéissance des peuples, l'apparente tranquillité des nations, la soumission des citoyens, la prompte exécution des ordres supérieurs, qui font l'éloge des vertus & de la sagesse des rois; c'est souvent par contrainte que les peuples obéissent ; le calme, qui semble régner dans un état, est souvent aussi le signe de la consternation publique, & non la preuve & l'expression de la fidélité ; enchaîné par la terreur, un peuple qui n'ose ni se plaindre, ni remuer, n'obéit, ni par zèle, ni par amour pour le despote qui l'opprime ; il se tait seulement, fait des vœux en secret, & attend avec impatience le moment de la révolution qui, tôt ou tard, viendra briser ses fers. Le maître de ce peuple se croit aimé peut-être ; quelques lâches adulateurs le lui répètent même, mais il se trompe & on le trompe ; on le plaint tout au plus d'ignorer combien l'avide ambition de quelques mauvais citoyens abuse de son nom & de sa confiance ; mais, très-certainement il n'est point chéri ; peut-il l'être ? à quels signes connoit-on donc qu'un roi est véritablement aimé ? à ces expressions non équivoques de douleur, à ce saisissement subit & général qui s'empare de la nation entière, au plus léger accident qui arrive à son souverain, à ces vœux empressés que lui dicte la crainte de le perdre, aussi-tôt qu'elle apprend qu'une

indisposition passagère altère sa santé, & sur-tout à ces pleurs, à ces sanglots, à ces torrens de larmes qui l'accompagnent au tombeau : ce fut aussi par ces expressions que les Aragonnois témoignèrent l'étendue & la force de leur tendresse, de leur attachement, & de leur reconnoissance pour leur roi *Jayme* ou *Jacques II.* Ce n'étoit point l'usage alors de prendre des vêtemens lugubres à la mort des souverains ; mais ses nations étoient dans l'usage plus raisonnable, de gémir, de se livrer à leur profonde tristesse, lorsqu'elles perdoient en eux, les protecteurs, les pères, les bienfaiteurs de leurs sujets. Les historiens contemporains de *Jacques II* assurent que par leurs larmes & leur douleur les Aragonnois confirmèrent, après sa mort, le beau surnom de *Juste* qu'ils lui avoient donné pendant sa vie, & qu'il avoit mérité même avant que de régner sur eux, & il est vrai que toutes les actions de ce prince marquent en lui l'équité la plus pure & la plus inaltérable. Avant que de mourir, don Pedre III, son père, roi d'Aragon, lui laissa la couronne de Sicile, qui lui appartenoit du chef de son épouse dona Constance, fille de Mainfroi, prince de Tarente, & qui lui appartenoit bien plus incontestablement encore par la conquête qu'il en avoit faite, de l'aveu même des Siciliens, & malgré tous les efforts du pape, qui vouloit qu'il y renonçât. A peine les Siciliens eurent reçu la nouvelle de la mort de don Pedre, qu'ils se hâtèrent de proclamer *Jayme*, son fils, qui gouverna avec autant de bonheur que de sagesse ces insulaires si difficiles à gouverner, jusqu'à la mort d'Alphonse IV son frère. Alphonse, après cinq années de règne, mourut sans postérité, & transmit au roi de Sicile le sceptre d'Aragon. *Jayme II* se hâta de venir en Espagne, & fut couronné à Sarragosse, le 6 septembre 1291 ; il se ligua avec Sanche, roi de Castille, dont Alphonse, son frère, avoit abandonné les intérêts ou les prétentions de l'infant de la Cerda, & consentit à l'accepter pour médiateur dans les différends qu'il avoit avec les rois de France & de Naples. Afin même de prouver à Sanche combien il désiroit que cette nouvelle alliance fût solide & durable, il demanda en mariage dona Isabelle, fille de ce monarque, & s'engagea par son conseil à renoncer au trône de Sicile, sur lequel Charles de Valois ne cessoit de faire valoir ses prétentions ; cession, au reste, d'autant plus inutile, que la reine dona Constance, mère du roi d'Aragon, ni Frédéric, son frère, auquel il avoit remis le gouvernement de la Sicile, n'étoient rien moins que disposés à abdiquer cette couronne. Chez la plupart des hommes les liens de l'amitié sont faciles à rompre ; ces liens pour les rois sont encore plus fragiles ; & malgré les protestations mutuelles dans lesquelles de souverains de Castille & d'Aragon, leur union fut de très-courte durée. *Jayme* ne prévoyant que des désavantages dans l'alliance qu'il avoit contractée avec ce roi foible & timide, y renonça, se déclara d'assaut Alicante, & se rendit maître de cette partie du royaume de Murcie. *Jacques II* eût bien voulu se délivrer des importunités du pape Boniface, auſſi facilement qu'il s'étoit dégagé de l'alliance de don Sanche, mais il étoit alors trop dangereux de marquer ſeulement de l'indifférence au ſouverain de Rome. Boniface ne ceſſoit de le preſſer d'engager ou de contraindre Frédéric à renoncer à la couronne de Sicile, que le pape vouloit abſolument placer ſur la tête de Charles de Valois. Le roi d'Aragon, dans l'eſpoir de ménager les intérêts de ſon frère, prit le parti d'aller à Rome : Boniface lui fit l'accueil le plus diſtingué, le nomma, ſans en être ſollicité, gonfalonier de l'Egliſe, lui donna les iles de Sardaigne & de Corſe qui ne lui appartenoient pas ; le combla d'honneurs, de diſtinctions, & le preſſa fort vivement de faire la guerre à ſon frère : conſeil rempli d'humanité, fort charitable, & digne du pontife qui le donnoit. Le roi d'Aragon réſiſta, refuſa de conſentir à cette guerre parricide, ſortit de Rome avec ſa mère, y laiſſa ſa ſœur, qui y épouſa Robert, duc de Calabre, & revint dans ſes états. Boniface ne l'y laiſſa pas plus tranquille qu'à Rome ; enſorte qu'excédé par les inſtances des émiſſaires du pontife, & beaucoup plus encore par les larmes de ſon épouſe, il ſe détermina enfin, mais malgré lui, à porter la guerre en Sicile, & à y paſſer lui-même pour détrôner ſon frère : il mit en effet à la voile, & tenta cette expédition ; mais le roi de Sicile ſe défendit ſi courageuſement, que Jayme fut obligé de ſe retirer, après avoir eſſuyé des pertes très-conſidérables. Plus irrité des revers qu'il avoit éprouvés, que zélé pour les volontés du pape, Jayme II fit en Aragon les plus grands préparatifs, mit en mer une flotte nombreuſe, s'embarqua lui-même, & alla pour la ſeconde fois entreprendre de détrôner ſon frère ; il n'eût tenu qu'à lui, s'il eût voulu profiter des avantages que lui donnoit la victoire complette qu'il remporta ſur la flotte Sicilienne, & qui penſa coûter la vie à Frédéric ; mais le danger que ce prince avoit couru, fit une ſi forte impreſſion ſur le cœur tendre & ſenſible du roi d'Aragon, qu'au lieu de paſſer en Sicile, comme il le pouvoit ; il ſe retira à Naples, revint dans ſes états, & ne penſant qu'avec horreur aux remords qu'il eût eus ſi ſon frère étoit mort dans le combat naval qu'il lui avoit livré, il déclara avec la plus inébranlable fermeté au légat du pape, que jamais Rome ni toutes les puiſſances réunies ne l'engageroient à tourner ſes armes contre le ſein de Frédéric ; & afin d'occuper ſes troupes ailleurs, & de manière à ôter aux alliés de Charles de Valois tout eſpoir de l'entraîner encore dans leur ligue, il ſe diſpoſa à ſoutenir auſſi vivement qu'il ſeroit poſſible, les prétentions de l'infant don Alphonſe de la Cerda ; mais lorſqu'il avoit embraſſé cette cauſe, il s'étoit flatté que le roi de France, parent de la Cerda, le ſeconderoit auſſi, ou du moins partageroit les frais de la guerre : il fut trompé, & ſe vit ſeul obligé de lutter contre les forces de Caſtille ; il ne ſe découragea point, & malgré le mécontentement d'une foule de grands qui ſe liguèrent avec la reine régente de Caſtille, il ſoutint avec autant de dignité que de valeur les intérêts de ſon allié. Cependant, après quelques hoſtilités, Jayme n'ayant point eu le ſuccès qu'il eût obtenu, s'il

eût été mieux ſecondé, & voyant que cette guerre n'aboutiroit qu'à épuiſer infructueuſement ſes états, il fit propoſer la paix à la régente de Caſtille, & conſeilla ſagement à don Alphonſe, de tirer, par la voie de la négociation, le meilleur parti qu'il pourroit de ſes droits, & de ſe ménager un accommodement utile. Jayme II avoit alors d'autant moins d'intérêt à combattre contre la Caſtille, que le pape, las enfin de la guerre de Sicile, venoit de reconnoître le roi don Frédéric, & qu'il ſongeoit lui-même à faire valoir, par les armes, la conceſſion qui lui avoit été faite des iles de Corſe & de Sardaigne. Dans cette vue, à peine il eut terminé les conteſtations qui avoient diviſé l'Aragon & la Caſtille, au ſujet des droits d'Alphonſe, qu'il obtint du pape Clément V, la bulle de donation de ces deux iles, & qu'il prit les plus ſages meſures pour s'en aſſurer la conquête ; mais alors une importante affaire le retenoit dans ſes états, c'étoit le cruel & inique procès intenté aux templiers, qui, pourſuivis par-tout ailleurs avec une inhumanité ſans exemple, étoient traités avec la plus atroce rigueur, en Caſtille & en France. Le peuple également prévenu contr'eux, en Aragon, demandoit à grands cris qu'on les envoyât tous périr dans les ſupplices ; à la ſollicitation du pape, & ſur les accuſations les plus graves, portées contr'eux, le roi d'Aragon les fit tous arrêter, mais il refuſa de les juger avant que d'avoir eu des preuves évidentes des crimes qu'on leur imputoit. Pendant la ſuite & l'inſtruction de cette affaire, Jayme eut encore une entrevue avec Ferdinand, roi de Caſtille, & ſucceſſeur de Sanche ; les différends des deux monarques furent terminés dans cette conférence, & il fut convenu entr'eux qu'ils feroient conjointement la guerre aux Maures, & que l'infant don Jayme d'Aragon épouſeroit dona Eléonore, infante de Caſtille : fidèle à ſes engagements, le roi d'Aragon fit équiper une flotte formidable ; s'embarqua lui-même à Valence, & alla aſſiéger Almerie, tandis que le roi de Caſtille aſſiégeoit Algezire. Les armes des deux ſouverains eurent des ſuccès éclatants, ils battirent ſéparément les Maures ; & dans une entrevue qu'ils eurent, ils convinrent, pour reſſerrer les nœuds de leur alliance, que don Pedre, frère du roi de Caſtille, épouſeroit dona Marie, fille du roi d'Aragon. Jacques II vint dans ſes états couvert de gloire, mais le cœur rempli de triſteſſe, & profondément affligé de la perte qu'il venoit de faire de la reine dona Blanche, ſon épouſe. Le procès des templiers ſe pourſuivoit toujours avec activité ; Jayme II fut vivement ſollicité par le pape & quelques ſouverains, d'exterminer cet ordre, en faiſant mettre à mort tous les membres ; mais les violences qu'on exerçoit ailleurs contr'eux, ne furent pas, au jugement de ce prince équitable, des règles qu'il dût ſuivre : il fit examiner, dans un concile aſſemblé à Tarragone pour cette grande affaire, la conduite des chevaliers de cet ordre ; ceux qui furent trouvés coupables des crimes dont on les accuſoit, furent punis ; les autres déclarés innocents, & maintenus dans la poſſeſſion des biens de leur ordre. Cet arrêt honora autant les pères du concile de Tarragané; qu'il fit l'éloge de l'exacte & impartiale justice du roi; peu de temps après, il envoya une flotte contre les corsaires de Tunis, qui ruinoient par leurs pirateries le commerce d'Aragon & du royaume de Valence. Les mers libres, le commerce national protégé & florissant, *Jayme II* épousa dona Marie, fille du roi de Chypre; & il donna en mariage don Alphonse, le second de ses fils, à dona Thérèse, héritière du comté d'Urgel, qu'Alphonse, dans la suite, annexa à la couronne, lorsqu'il succéda à son père. Le sceptre Aragonois devoit néanmoins passer des mains de *Jacques II*, dans celles de l'infant don *Jayme*, son fils aîné; mais la singularité du caractère de ce prince, assura le trône à don Alphonse. En effet, le roi d'Aragon ayant, après bien des instances inutiles, été obligé de contraindre don *Jayme* à épouser, comme il s'y étoit engagé, Eléonore de Castille, l'infant se prêta forcément à cette cérémonie, abandonna le moment d'après son épouse, & déclara qu'il renonçoit à la couronne. Le roi son père fit tous ses efforts pour le faire changer de résolution, mais l'infant persista, & dit qu'il préféroit les douceurs de la vie privée, à tout l'éclat de la souveraineté; il renouvella sa déclaration devant les états assemblés, qui, sur sa rénonciation, reconnurent don Alphonse pour héritier présomptif de la couronne. L'infant don *Jayme* ne parut pas se repentir de la démarche, ou très-raisonnable, ou très-insensée qu'il avoit faite; il prit l'habit des chevaliers de Calatrava, & passa ensuite dans l'ordre des chevaliers de Montèse: on dit qu'il eut des vices: cela peut-être; mais on convient aussi qu'il vécut & mourut content, & je crois que cet avantage vaut bien celui de porter une couronne pour laquelle on ne se sent pas fait. *Jayme* vit avec plaisir Alphonse, dont il connoissoit les excellentes qualités, succéder aux droits d'un prince dont il ne connoissoit que trop aussi les mœurs irrégulières & les inconséquences; si cet évènement lui donna quelque satisfaction, elle fut cruellement troublée par la mort imprévue de la reine dona Marie; mais comme les rois se doivent à leurs sujets, & que la mort seule pouvoit encore lui enlever dans leur jeunesse ses enfans, il se détermina à souscrire aux vœux de la nation, en épousant, en troisièmes noces, dona Elisinde de Moncade. Les fêtes célébrées à l'occasion de ce mariage, l'occupèrent moins que les préparatifs qu'il avoit ordonnés pour l'expédition de Sardaigne. Les états avoient approuvé le plan de la conquête de cette île, que don Sanche, roi de Majorque, avoit offert de faire à ses dépens avec vingt galères; l'infant don Alphonse avoit été nommé général de cette entreprise, il partit suivi d'une flotte redoutable, & réussit au gré des vœux du roi don *Jayme* qui, pendant cette expédition, donna à tous les souverains l'exemple le plus rare d'équité, de désintéressement & de générosité. Le roi de Majorque, don Sanche, étant mort sans postérité, son royaume paroissoit appartenir à *Jayme II*, qui en envoya prendre possession en son nom; mais don Philippe, oncle paternel de l'infant de Majorque, fils de don Ferdinand, ayant représenté au roi d'Aragon les droits de son neveu; *Jacques II*, qui, s'il l'eût

voulu, pouvoit rester paisible possesseur de ce trône, fut assez juste pour ne pas abuser des droits que lui donnoit la force; renonçant à ses prétentions au trône de Majorque, il nomma don Philippe tuteur du jeune souverain. Cependant il s'éleva dans l'île de Sardaigne, des troubles qui eussent pu avoir dès suites très-fâcheuses, si par son activité, le roi d'Aragon ne les eût appaisés; il acheva avec autant de bonheur que de gloire, la conquête de cette île; & il ne songeoit plus qu'à assurer la paix & la prospérité qu'il avoit procurées à ses sujets, lorsqu'il partagea avec trop de sensibilité le chagrin de l'infant don Alphonse, son fils, qui venoit de perdre dona Thérèse, son épouse; il tomba lui-même malade, souffrit quelques jours, & mourut au grand regret de la nation, le 31 octobre 1327, après un règne de vingt-sept années. L'équité qui présida à toutes ses actions, lui fit donner le surnom de *Juste*. Aux intérêts de l'état près, qui l'obligèrent quelquefois d'abandonner la cause des princes, dont il s'étoit engagé de soutenir les prétentions ou les droits, il ne manqua, dans aucune circonstance de sa vie, aux loix les plus rigides de l'équité. ( *L. C.* )

JACQUES DE VORAGINE, ( *Hist. Ecclés.* ) dominicain, puis archevêque de Gênes au treizième siècle, auteur de la *Légende dorée*. Né en 1230, archevêque en 1292, mort en 1298. On a de lui encore une chronique de Gênes; & des sermons.

JACUT-AGA, s. m. ( *Hist. mod.* ) nom d'un officier à la cour du grand-seigneur. C'est le premier des deux eunuques qui ont soin du trésor; ils sont l'un & l'autre au-dessus de l'esneder-bassi. Le *jacu-aga* a le tiers du deuxième denier que l'esneder-bassi prend sur tout ce qui se tire du trésor. *Dict. de Trév.* & *Vegece.* ( *A. R.* )

JADDESES, s. m. pl. ( *Hist. mod.* ) c'est ainsi que l'on nomme, dans l'île de Ceylan, les prêtres d'un ordre inférieur & obscur, qui sont chargés de desservir les chapelles ou les oratoires des génies qui forment le troisième ordre de dieux parmi ces idolâtres. Chaque habitant a droit de faire les fonctions des *jaddeses*; surtout lorsqu'il a fait bâtir à ses dépens, une chapelle, dont il devient le prêtre: cependant le peuple a recours à eux dans les maladies & les autres calamités; & l'on croit qu'ils ont beaucoup de crédit sur l'esprit des démons, qui passent chez eux pour avoir un pouvoir absolu sur les hommes; les *jaddeses* offrent un coq en sacrifice, dans la vue de les appaiser. Les *jaddeses* sont inférieurs aux *gonnis* & aux *koppus*. ( *A. R.* )

JADDUS, ( *Hist. Sacr.* ) souverain pontife des Juifs, du temps des conquêtes d'Alexandre-le-Grand. Le désir de ne donner ici entrée aux fables que le moins qu'il sera possible, nous empêche de répéter la merveilleuse histoire de son entrevue avec Alexandre-le-Grand, rapportée par l'historien Josephe, mais dont il n'est pas dit un seul mot dans l'écriture-sainte.

JAGELLON, ( *Hist. de Pologne* ). La Lithuanie avoit autrefois ses princes pa cu e s. *Jagellon*, grand-duc de Lithuanie, épousa en 1386, Hedwige, fille de Louis-le-Grand , roi de Hongrie & de Pologne , frère d'André ; premier mari de Jeanne Ire de Naples; cé *Jagellon* reçut alors le baptême , & fut élu roi de Pologne. Il prit le nom de Ladiflas : Hedwige , fon épouſe, fut accuſée d'un commerce ſecret & criminel avec le duc d'Autriche : c'étoit une calomnie. L'accuſateur , ſuivant un uſage antique conſervé en Pologne , parut au milieu du ſénat , ſe traîna ſous le ſiège de la reine , avoua qu'il avoit menti comme un *chien* , & abboya trois fois : c'eſt la peine des calomniateurs. Hedwige mourut peu de temps après. Son époux inconſolable , abdiqua la couronne : trait de déſeſpoir , dont il ſe feroit bientôt repenti , ſi on ne l'avoit forcé de la reprendre. On oſa même lui propoſer la main d'Anne , ſœur de Caſimir-le-Grand : il conſentit à tout. Cependant , ſoit politique , ſoit équité , il refuſa la couronne de Bohême , & ne voulut point s'enrichir de la dépouille du malheureux Venceſlas. Bientôt il marcha contre l'armée Teutonique , & remporta ſur elle une ſanglante victoire , l'an 1410. Avant le combat , le grand-maître de cét ordre lui avoit envoyé des épées , comme pour inſulter à ſa foibleſſe. « Il n'eſt » pas temps encore , dit *Jagellon* , de rendre les armes, » mais je les accepte comme un préſage de mes ſuccès ». On prétend que cinquante mille ennemis demeurèrent ſur le champ de bataille. Il ſuſpendit le cours de ſes triomphes pour aller lui-même prêcher l'évangile dans la Samogitie. Il étoit ſinguliér de voir un roi , la couronne ſur la tête , entouré de tout le faſte du rang ſuprême , & les mains toutes fumantes encore du ſang Teutonique , annoncer un Dieu de paix , mort volontairement au milieu de l'opprobre & des ſupplices. Il avoit promis à ſon ſacre , de perdre ſes faux privilèges de la nation : il le refuſa. La nobleſſe indignée , déchira ſous ſes yeux l'acte de ſon élection; mais la fermeté de *Jagellon* réprima cette révolte naiſſante. Il mourut l'an 1434. C'étoit un prince aſſable , généreux , grand , intrépide , mais ſinguliér en amour ; il eut quatre femmes , qu'il pleura amérement ; également prompt à ſoupçonner & à perdre ſes ſoupçons , il rompoit & renouoit avec elles à chaque inſtant. Sophie , ſa dernière épouſe , accuſée d'adultère , en fut quitte pour ſe purger par ſerment. ( *M. DE SACY.* )

( Là maiſon de *Jagellon* a occupé ce trône de Pologne pendant près de deux cens ans. Sigiſmond II fut le dernier roi de Pologne de cette race. A ſa mort, arrivée en 1572, les Polonois élurent le duc d'Anjou ( Henri III. )

La Pologne en ce temps avoit d'un commun choix,
Au rang des Jagellons placé l'heureux Valois.

On remarque de ce *Jagellon* , grand-duc de Lithuanie , premier roi de Pologne , qu'à l'âge de près de quatre-vingt-dix ans , il eut deux fils qui lui ſuccédèrent. Ladiſlas & Caſimir.

JAGIR ou JACQUIR , ſ. m. ( *Hiſt. mod.* ) c'eſt ainſi que l'on nomme dans l'empire du Mogol , un domaine ou diſtrict aſſigné par le gouvernement , ſoit pour l'entretien d'un corps de troupes , ſoit pour les réparations ou l'entretien d'une fortereſſe , ſoit pour

ſervir de penſion à quelque officier favoriſé. ( *A. R.* )

JAHEL ou JAEL , ( *Hiſt. Sacr.* ) L'hiſtoire de *Jahel* & de Siſara eſt rapportée au quatrième chapitre du livre des Juges. Une des jeunes Iſraëlites dit , dans Athalie :

Hélas ! ſi pour venger l'opprobre d'Iſraël ,
Nos mains ne peuvent pas , comme autrefois Jahel ,
Des ennemis de Dieu percer la tête impie,
Nous lui pouvons du moins immoler notre vie.

Le regret qu'expriment les trois premiers vers , eſt plus juif que chrétien : auſſi eſt-ce une juive qui parle ; on fait dans la loi de grace , qu'il ne faut pas percer les têtes impies , mais en avoir pitié & prier pour elles.

JAILLOT , ( Alexis - Hubert ) *Hiſt. Litt. mod.* ) géographe ordinaire du roi , ſucceſſeur des Sanſons. Mort en 1752.

JAIR ou JAIRE , ( *Hiſt. Sacr.* ) On en trouve deux dans l'écriture-ſainte ; l'un dans l'ancien teſtament , l'autre dans le nouveau. Le premier fut juge dans Iſraël pendant vingt - deux ans , ( Juges , chap. 10 ) ; l'autre étoit chef de ſynagogue : Jéſus-Chriſt reſſuſcita ſa fille. ( Luc , chap. 8. )

JAIZI , ſ. m. ( *Hiſt. mod.* ) ſecrétaire ou contrôleur. En Turquie toutes les dignités ont leur chécaya & leur *jaizi*. Le *jaizi* de l'imbro-orbaſſi eſt grand écuyer ſur le regiſtre ou contrôle des écuries. ( *A R* )

JAKSHABAT , ſ. m. ( *Hiſt. mod.* ) douzième & dernier mois de l'année des Tartares orientaux , des Egyptiens & des Cahaïens. Il répond à notre mois de Novembre. On l'appelle auſſi *jaohchaban* ou *mois de roſées.* ( *A. R.* )

JAM ou JEM , ( *Hiſt. mod.* ) la troiſième partie du cycle duodénaire des Cathaïens & des Turcs orientaux. Ce cycle comprend les vingt-quatre heures du jour & de la nuit. Ils ont un autre cycle de douze ans dont le *jam* ou le *jem* eſt auſſi la troiſième partie. *Jam* ou *jem* ſignifie *léopard.* Les autres parties du cycle portent chacune le nom d'un animal. D'Herbelot , *Biblioth. orientale.* ( *A. R.* )

JAMBLIQUE , ( *Hiſt. Lit. anc.* ) nom d'un philoſophe platonicien célèbre ; on dit qu'il faut en diſtinguer deux , l'un de Chalcide , l'autre d'Apamée en Syrie ; l'un mort ſous Conſtantin , l'autre ſous Valens. Quoi qu'il en ſoit , celui qu'il eſt indiſpenſable de connnoître , eſt l'auteur d'une hiſtoire de la vie & de la ſecte de Pythagore , ſoit que ce fût ou non , le diſciple de Porphyre , comme il eſt reconnu que l'un des deux l'a été.

JAMI , ſ. m. ( *Hiſt. mod.* ) c'eſt ainſi que les Turcs nomment un temple privilégié pour les dévotions du vendredi , qu'ils appellent *jumanamazi* , & qu'il n'eſt pas permis de faire dans les petites moſquées appellées *meſchids.* Un jami bâti par quelque ſultan eſt appellé *jami-ſelatyn* ou *royal. Voyez* Cantemis , *Hiſt. Ottom.* ( *A. R.* )

JAMMABOS, f. m. (*Hist. mod.*) ce sont des moines japonois, qui font profession de renoncer à tous les biens de ce monde, & vivent d'une très-grande austérité; ils passent leur temps à voyager dans les montagnes, & l'hiver ils se baignent dans l'eau froide. Il y en a de deux espèces; les uns se nomment *Tosánfa*, & les autres *Fonsánfa*. Les premiers sont obligés de monter une fois en leur vie au haut d'une haute montagne bordée de précipices, & dont le sommet est d'un froid excessif, nommé *Ficoosan*; ils disent que s'ils étoient fouillés lorsqu'ils y montent, le renard, c'est-à-dire, le diable les saisiroit. Quand ils sont revenus de cette entreprise périlleuse, ils vont payer un tribut des aumônes qu'ils ont amassées, au général de leur ordre, qui en échange leur donne un titre plus relevé, & le droit de porter quelques ornemens à leurs habits.

Ces moines prétendent avoir beaucoup de secrets pour découvrir la vérité, & ils font le métier de sorciers. Il font un grand mystère de leurs prétendus secrets, & n'admettent personne dans leur ordre sans avoir passé par de très-rudes épreuves, comme de les faire abstenir de tout ce qui a eu vie, de les faire laver sept fois le jour dans l'eau froide, & de les faire asseoir les fesses sur les talons, de frapper dans cette posture les mains au-dessus de la tête, & de se lever sept cent quatre-vingt fois par jour. *Voyez* Kempfer, *Voyage du Japon*. (*A. R.*)

JAMYN, (Amadis) (*Hist. Litt. mod.*) poëte françois, contemporain & ami de Ronsard, fut secrétaire & lecteur de Charles IX. Il mourut vers l'an 1585; on a ses poësies en 2 vol. *in-12*. Il a aussi traduit quelque chose d'Homère; & ce qui étoit rare alors, il avoit vu le pays même par ce poëte, la Grèce & ses isles, & les ruines de Troye.

JANACI, f. m. (*Hist. mod.*) jeunes hommes courageux, ainsi appellés chez les Turcs de leur vertu guerrière. (*A R*)

JAÑACONAS, (*Hist. mod.*) c'est ainsi que l'on nomme dans la nouvelle Espagne un droit que les Indiens fournis aux Espagnols sont obligés de payer pour leur sortie, lorsqu'ils quittent leurs bourgs ou leurs villages. (*A R*)

JANCAM, f. m. (*Hist. mod.*) petit fourneau de terre à l'usage des Chinois qui s'en servent pour faire le thé & pour cuire le *jancam*. (*A R*)

JANISSAIRE, f. m. (*Hist. Turq.*) soldat d'infanterie turque, qui forme un corps formidable en lui-même, & sur-tout à celui qui le paye.

Les gen-y-céris, c'est-à-dire, *nouveaux soldats*, que nous nommons *janissaires*, se montrèrent chez les Turcs (quand ils eurent vaincu les Grecs) dans toute leur vigueur, au nombre d'environ 45 mille, conformément à leur établissement, dont nous ignorons l'époque. Quelques historiens prétendent que c'est le sultan Amurath II, fils d'Orcan, qui a donné en 1372, à cette milice déjà instituée, la forme qu'on voit subsister encore.

L'officier qui commande cette milice, s'appelle *jen-y-céris aghasi*; nous disons en françois l'*aga des ja-*

*nissaires*; & c'est un des premiers officiers de l'empire.

Comme on distingue dans les armées de sa hautesse les troupes d'Europe, & les troupes d'Asie, les *janissaires* se divisent aussi en *janissaires* de Constantinople, & *janissaires* de Damas. Leur paye est depuis deux aspres jusqu'à douze; l'aspre vaut environ six liards de notre monnoie actuelle.

Leur habit est de drap de Salonique, que le grand-seigneur leur fait donner toutes les années, le jour de Ramazan. Sous cet habit ils mettent une surveste de drap bleu; ils portent d'ordinaire un bonnet de feutre, qu'ils appellent un *zarcola*, & un long chaperon de même étoffe qui pend sur les épaules.

Leurs armes sont en temps de guerre un sabre, un mousquet, & un fourniment qui leur pend du côté gauche. Quant à leur nourriture, ce sont les soldats du monde qui ont toujours été le mieux alimentés; chaque *oda* de *janissaires* avoit jadis, & a encore un pourvoyeur qui lui fournit du mouton, du riz, du beurre, des légumes, & du pain en abondance.

Mais entrons dans quelques détails, qu'on sera peut-être bien aise de trouver ici, & dont nous avons M. de Tournefort pour garant; les choses à cet égard, n'ont point changé depuis son voyage en Turquie.

Les *janissaires* vivent honnêtement dans Constantinople; cependant ils sont bien déchus de cette haute estime où étoient leurs prédécesseurs, qui ont tant contribué à l'établissement de l'empire turc. Quelques précautions qu'ayent prises autrefois les empereurs pour en faire des troupes incorruptibles, elles ont dégénéré. Il semble même qu'on soit bien-aise depuis plus d'un siècle, de les voir moins respectées, de crainte qu'elles ne se rendent plus redoutables.

Quoique la plus grande partie de l'infanterie turque s'arroge le nom de *janissaires*, il est pourtant sûr que dans tout ce vaste empire, il n'y en a pas plus de 52 mille qui soient vrais *janissaires*, ou *janissaires* de la Porte: autrefois cette milice n'étoit composée que des enfans de tribut, que l'on instruisoit dans le Mahométisme. Présentement cela ne se pratique plus, depuis que les officiers prennent de l'argent des Turcs, pour les recevoir dans ce corps. Il n'étoit pas permis autrefois aux *janissaires* de se marier; les Musulmans étant persuadés que les soins du ménage rendent les soldats moins propres à la profession des armes: aujourd'hui se marie qui veut avec le consentement des chefs, qui ne le donnent pourtant pas sans argent; mais la principale raison qui détourne les *janissaires* du mariage, c'est qu'il n'y a que les garçons qui parviennent aux charges, dont les plus recherchées sont d'être chefs de leur *oda*.

Toute cette milice loge dans de grandes casernes, distribuées en plusieurs chambres: chaque chambre a son chef qui y commande. Il reçoit ses ordres des capitaines, au-dessus desquels il y a le lieutenant-général, qui obéit à l'*aga* seul.

Le bonnet de cérémonie des *janissaires* est fait comme la manche d'une casaque; l'un des bouts sert à couvrir leur tête, & l'autre tombe sur leurs épaules; on attache à ce bonnet sur le front, une espèce de tuyau d'argent doré, long de demi-pied, garni de fausses pierreries. Quand les *janissaires* marchent à l'armée, le sultan leur fournit des chevaux pour porter leur bagage, & des chameaux pour porter leurs tentes; savoir un cheval pour 10 soldats, & un chameau pour 20. A l'avénement de chaque sultan sur le trône, on augmente leur paye pendant quelque temps d'un aspre par jour.

Les chambres héritent de la dépouille de ceux qui meurent sans enfans; & les autres, quoiqu'ils ayent des enfans, ne laissent pas de léguer quelque chose à leur chambre. Parmi les *janissaires*, il n'y a que les solacs & les peyes qui soient de la garde de l'empereur; les autres ne vont au serail, que pour accompagner leurs commandans les jours de divan, & pour empêcher les désordres. Ordinairement on les met en sentinelle aux portes & aux carrefours de la ville; tout le monde les craint & les respecte, quoiqu'ils n'ayent qu'une canne à la main, car on ne leur donne leurs armes, que lorsqu'ils vont en campagne.

Plusieurs d'entr'eux ne manquent pas d'éducation, étant en partie tirés du corps des amazoglans, parmi lesquels leur impatience, ou quelqu'autre défaut, ne leur a pas permis de rester: ceux qui doivent être reçus, passent en revue devant le commissaire, & chacun tient le bas de la veste de son compagnon. On écrit leurs noms sur le registre du grand-seigneur; après quoi ils courent tous vers leur maitre de chambre, qui, pour leur apprendre qu'ils sont sous sa jurisdiction, leur donne à chacun en passant, un coup de main derrière l'oreille.

On leur fait faire deux sermens dans leur enrôlement; le premier, de servir fidèlement le grand-seigneur; le second, de suivre la volonté de leurs camarades. En effet, il n'y a pas de corps plus uni que celui des *janissaires*, & cette grande union soutient singulièrement leur autorité; car quoiqu'ils ne soient que 12 à 13 mille dans Constantinople, ils sont sûrs que leurs camarades ne manqueront pas d'approuver leur conduite.

Delà vient leur force, qui est telle, que le grand-seigneur n'a rien au monde de plus à craindre que leurs caprices. Celui qui se dit l'invincible sultan, doit trembler au premier signal de la mutinerie d'un *janissaire*.

Combien de fois n'ont-ils pas fait changer à leur fantaisie, la face de l'empire? les plus fiers empereurs & les plus habiles ministres ont souvent éprouvé qu'il étoit pour eux du dernier danger d'entretenir en tems de paix, une milice si redoutable. Elle déposa Bajazet II en 1512; elle avança la mort d'Amurat III en 1595; elle menaça Mahomet III de le détrôner. Osman II, qui avoit juré leur perte, ayant imprudemment fait éclater son dessein, en fut indignement traité, puisqu'ils le firent marcher à coups de pieds depuis le serail jusques au château des Sept Tours, où il fut étranglé l'an 1622. Mustapha, que cette insolente milice mit à la place d'Osman, fut détrôné au bout de deux mois, par ceux-là même qui l'avoient élevé au faite des grandeurs. Ils firent aussi mourir

le sultan Ibrahim en 1649; après l'avoir traité ignominieusement aux Sept Tours; ils renversèrent du trône son fils Mahomet IV, à cause du malheureux succès du siège de Vienne, lequel pourtant n'échoua que par la faute de Cara-Mustapha, premier visir. Ils préférèrent à cet habile sultan, son frère Sohman III, prince sans mérite, & le déposèrent à son tour quelque temps après. Enfin, en 1730, non contents d'avoir obtenu qu'on leur sacrifiât le grand-visir, le rei-Effendi, & le capitan pacha, ils déposèrent Achmet III, l'enfermèrent dans la prison, d'où ils tirèrent le sultan Mahomet, fils de Mustapha II, & le proclamèrent à sa place. Voilà comme les successions à l'empire sont réglées en Turquie. ( *D. J.* )

JANISSAR - AGASI, ( *Hist. mod.* ) Les Turcs donnent le nom de *janissar-agasi*, à celui qui a le commandement général de tout le corps des *janissaires*. Cette charge répond à-peu-près à celle de colonel général de l'infanterie en France, quand elle étoit en pied sous les ordres du duc d'Epernon, & depuis sous celle de M. le duc d'Orléans en 1720. Cet aga doit on n'a dit que peu de choses sous ce titre, est le premier de tous les agas ou officiers d'infanterie de l'empire Ottoman. Son nom vient du mot turc *aga*, qui signifie un bâton, & même dans les jours de cérémonie il en porte un en main, pour marque de son autorité, & les *janissaires* en portent aussi un dans les grandes villes, marques de leur rang de service.

Ce général étoit autrefois tiré d'entre les *janissaires*. Mais depuis que le grand-seigneur a remarqué qu'il s'y faisoit des brigues, & que son élection étoit suivie de jalousie & de haine, qui le rendoit quelquefois méprisable à ses officiers, il le choisit présentement entre les ichoglans dans son serrail.

Cet aga a de près pur cent aspres, ou vingt écus, & sept à dix mille écus, pris sur les timars qui sont à sa charge. Il a aussi presque tous les jours des présents du Sultan, principalement quand les *janissaires* ont bien fait leur devoir dans quelque occasion considérable; & quand il est assez heureux pour plaire à son prince, c'est à qui lui fera des présents, pour parvenir par son moyen aux emplois: car en Turquie, on ne donne point les charges au mérite, mais à celui qui en donne plus de bourses (qui est leur manière de compter les grandes sommes), chaque bourse étant d'environ cinq cents écus.

Ce commandant ne marche guère dans Constantinople, qu'il ne soit suivi d'un grand nombre de *janissaires*, principalement quand il est arrivé quelque fâcheuse révolution à l'empire. C'est dans ces momens que les *janissaires* prennent leur temps pour demander leur paye, ou pour en avoir augmentation, menaçant de piller la ville, & qu'ils font en plusieurs rencontres. Cet aga, pour résister à ce soulevement, & pour faire mieux exécuter ses ordres, se fait dans ces occurrences, accompagner de trente ou quarante mungis, ou prévôts des *janissaires*, avec cinq ou six cents de cette milice, pour se saisir des malfaiteurs, & les conduire dans les prisons; car il a tout pouvoir sur la vie des *janissaires*,

qu'il

qu'il ne fait néanmoins mourir que la nuit ; de peur de quelque foulevement. La falaque , ou baftonnade fur la plante des pieds , eft pour les moindres crimes ; mais quand leurs crimes méritent la mort , il les fait étrangler ou coudre dans un fac , & jetter dans quelque lac ou rivière.

Quand le *janiffar-agafi* meurt , foit de mort naturelle ou violente , tous fes biens vont au profit du tréfor commun des *janiffaires* , fans que le grand-feigneur en touche un afpre. († ).

JANNANINS , f. m. pl. ( *Hift. mod. fuperftit.* ) C'eft le nom que les Negres de quelques parties intérieures de l'Afrique donnent à des efprits qu'ils croyent être les ombres ou les ames de leurs ancêtres , & qu'ils vont confulter ou adorer dans les tombeaux. Quoique ces peuples reconnoiffent un dieu fuprême nommé *Kanno* , leur principal culte eft réfervé pour ces prétendus efprits. Chaque négre a fon *jannanin* tutélaire , à qui il s'adreffe dans fes befoins , il va le confulter dans fon tombeau , & regle fa conduite fur les réponfes qu'il croit en avoir reçues. Ils vont fur-tout les interroger fur l'arrivée des vaiffeaux européens , dont les marchandifes leur plaifent autant qu'aux habitans des côtes. Chaque village a un *jannanin* protecteur , à qui l'on rend un culte public ; mais les femmes , les enfans & les efclaves ne font point admis : on croiroit s'attirer la colère du génie , fi on permettoit la violation de cette règle. ( *A. R.* )

JANSÉNIUS , (Cornelius) (*Hift. Eccléf.*) évêque d'Ypres , nom plus célèbre que naturellement il n'auroit dû l'être , & qui ne l'eft cependant pas affez par l'endroit où il méritoit de l'être. On fait que *Janfénius* eft l'auteur du livre devenu trop fameux auffi après fa mort , intitulé *Augüftinus* , où les uns trouvent & les autres ne trouvent pas les cinq fameufes propofitions condamnées , & on ignore affez communément qu'il mourut frappé de la pefte , au milieu de fon troupeau , auquel il fourniffoit en digne évêque , tous les fecours fpirituels & temporels. Il étoit fi ennemi des Jéfuites , que M. de Belfunce , évêque de Marfeille , qui dans la fuite imita fi bien & avec plus de bonheur que les autres courageux , en étoit ami. Député deux fois par l'Univerfité de Louvain , auprès du roi d'Efpagne , pour faire révoquer la permiffion accordée aux Jéfuites d'enfeigner les humanités & la philofophie , *Janfénius* mit beaucoup de zèle dans cette négociation , & eut le bonheur d'y réuffir. Il eut dès-lors pour ennemis ceux qui , dit-on , ne pardonnent jamais , & qu'il a fallu détruire pour les défarmer ; ceux qui d'ailleurs étoient en poffeffion de répandre fur leurs ennemis le vernis hérétique. Mais bientôt des affaires politiques lui fufcitèrent un ennemi plus implacable & plus à craindre. La France & l'Efpagne étoient en guerre , & le cardinal de Richelieu , qui avoit repris le fyftême politique de François I er , même avec toutes fes contradictions apparentes , tandis qu'il écrafoit les proteftants de France , faifoit alliance au dehors avec toutes les puiffances proteftantes ; *Janfénius* , fujet de l'Efpagne , écrivit en faveur de fa patrie , & fit , pour décrier le fyftême

politique de Richelieu , l'ouvrage intitulé : *Mars Gallicus* , qui fut promptement traduit en françois ; cet ouvrage lui valut l'évêché d'Ypres & la haine de Richelieu. Il n'eut pas long-temps à jouir de l'un & à craindre l'autre , étant mort en 1638 , affez peu de temps après la publication du *Mars Gallicus*. Il ne vit point celle de l'*Auguftinus* , fur lequel ceux qui gouvernoient alors en France , fe vangèrent du *Mars Gallicus*. Richelieu avoit commencé par ce motif à être contraire à *Janfénius* & à fes amis , le cardinal Mazarin eut auffi pour s'élever contre ce parti un motif particulier , c'étoit la liaifon du cardinal de Retz , fon plus mortel ennemi , avec le même parti. Delà auffi les préventions de Louis XIV , contre les Janféniftes & contre meffieurs de Port-Royal.

*Janfénius* , peu de jours avant fa mort , avoit écrit au pape Urbain VIII , une lettre très-refpectueufe , par laquelle il foumettoit à fa décifion & à celle de l'Eglife , le livre de l'*Auguftinus*. On ne fait pourquoi fes exécuteurs teftamentaires jugèrent à propos de fupprimer cette lettre , mais on n'en avoit encore aucune connoiffance , lorfque le grand Condé ayant pris la ville d'Ypres le 28 mai 1648 , cette célèbre lettre tomba entre fes mains ; il crut devoir la publier : c'étoit le temps où on pourfuivoit plus que jamais la condamnation du livre de *Janfénius* , & où on agitoit avec la plus grande vivacité ces grandes & interminables queftions fur l'accord de la grace & du libre arbitre , de la liberté de l'homme & de la toute-puiffance de Dieu ; il falloit du moins faire voir que , quelque chofe qui arrivât du livre , la mémoire de l'auteur étoit à l'abri de tout reproche & exempte de toute tache d'héréfie. En effet cette lettre refpiroit par-tout la foumiffion , le refpect , la docilité à toutes les décifions du pape & de l'églife. *Janfénius* étoit mort dans ces difpofitions d'un parfait catholique ; ainfi nuit fait poftérieur n'ayant pu démentir les proteftations de foumiffion & de docilité dont cette lettre eft remplie , nous devons fuppofer , felon toutes les règles de la charité chrétienne & de l'indulgence humaine , que ces difpofitions né fe feroient pas démenties , quand même *Janfénius* auroit eu le défagrément de voir condamner fon livre ; nous devons croire qu'il auroit eu la généreufe foumiffion qui a tant illuftré fur la fin du même fiècle , le généreux archevêque de Cambrai. Ce n'eft pas que la conduite oppofée ait rien de rare ni d'extraordinaire , & ne foit même plus conforme à la marche générale de l'efprit humain , rampant devant fes juges tant qu'il refte quelque efpérance de les féduire , plus furieux contr'eux que contre fes adverfaires , quand il a fuccombé. Luther n'étoit d'abord qu'un auguftin qui combattoit des jacobins ; il étoit plein de refpect pour le pape ; il lui écrivoit peu de temps avant le jugement : *donnez la vie ou la mort , appellez ou rappellez , approuvez ou reprouvez , j'écouterai votre voix comme celle de J. C. même.* *Janfénius* n'avoit rien écrit de plus fort dans fa lettre de foumiffion à Urbain VIII. Luther eft condamné par le pape ; alors il écrit *contre la bulle exécrable de l'Ante-Chrift.*

Urbain VIII défendit , en 1642 , la lecture du livre

V

de *Janfénius* qui avoit paru en 1640. Innocent X condampna, en 1653, les cinq fameufes propofitions extraites de ce livre. Alexandre VII, en 1657, confirma la bulle d'Innocent X, & en 1665, envoya le formulaire qui fut reçu en France en vertu d'une déclaration enregiftrée :

Grand bruit par-tout ainfi qu'à l'ordinaire.

L'amitié de *Janfénius* & de M. l'abbé de Saint Cyran eft refpectée, dans l'opinion publique comme celle de deux hommes de mérite perfécutés.

Il y avoit dans le fiècle précédent, un autre Cornélius, *Janfénius*, ou Corneille de *Janfen* ; car tel étoit leur nom, & la terminaifon en *us* tenoit à un pédantifme du temps & du pays. Ce premier *Janfénius*, qui pouvoit bien être de la famille du fecond, étoit mort évêque de Gand en 1576. On a auffi de lui des ouvrages théologiques, entr'autres, une *concorde des Evangéliftes.*

JANSON. ( *Voyez* FORBIN. )

JAPHET, ( *Hift. Sacr.* ) un des trois fils de Noé. Génèfe, chap. 7, 9, 10.

JARDINS, ( Marie - Catherine des ) *Voyez* VILLEDIEU.

JARNAC. ( *Voyez* CHABOT. )

JARRY, ( Laurent Juillard du ) ( *Hift. Litt. mod.* ) né vers l'an 1658, au village de Jarry, près de Saintes, fut prédicateur & poëte. On a de lui des panégyriques & des oraifons funèbres ; mais c'eft par les prix qu'il a remportés à l'Académie Françoife & par le bonheur fingulier qu'il a eu d'être préféré dans un concours, à M. de Voltaire, qu'il eft particulièrement connu. Il fut couronné en 1679, en 1683, il partagea le prix avec M. de La Monnoye, qui étoit en poffeffion de remporter tous les prix de poëfie ; en 1714, il remporta ce prix, où il avoit pour rival cinquante-fix ans il eut pour concurrent Voltaire à vingt ans. Il s'agiffoit de célébrer le vœu de Louis XIII, que Louis XIV accomplit en 1712, en faifant reconftruire le chœur de l'églife de Notre-Dame de Paris. Dans une élégie badine, en vers latins, fur la fuppreffion de la ftatue coloffale de faint Chriftophe, on parle du nouvel autel de cette cathédrale ; on rappelle qu'il a été célébré par l'abbé du Jarry.

*Jarrius hæc cecinit, nec defuit optima merces*
*Cùm doctam implevit publica palma manum.*

L'épithète *doctam* paroît être ici une plaifanterie du ton du refte de l'ouvrage ; car l'Abbé du Jarry, qui a fait quelquefois de bons vers, a fur-tout été connu pour n'être pas docte. Cet hémiftiche qui fe trouve dans fa pièce :

Pôles glacé, brûlant, &c.

& qu'il n'a pas même juftifié par ce vers de Lucain, que vraifemblablement il ne connoiffoit pas :

*Nec polus adverfi calidus quà mergitur Auftri.*

annonce une ignorance honteufe des notions même populaires de l'aftronomie & de la géographie. Mais il y avoit de fort beaux vers dans fa pièce couronnée en 1679. Le fujet étoit que *la victoire a toujours rendu le roi plus facile à la paix*. Après avoir dit que ceux des princes ligués contre le roi, que leur impuiffance avoit engagés à fe foumettre, avoient été épargnés, au lieu que ceux qui avoient cru pouvoir lui réfifter, étoient tombés fous fes coups, le poëte ajoutoit la comparaifon fuivante :

Pareils à ces rofeaux qu'on voit, baiffant la tête,
Réfifter par foibleffe aux coups de la tempête,
Pendant que jufqu'aux cieux les cèdres élevés,
Satisfont par leur chûte aux vents qu'ils ont bravés ;

Rien de plus jufte & de plus ingénieux que cette allégorie, & indépendamment de ce mérite, la tournure de ces vers a tellement plu à M. de Voltaire, qu'il l'a employée en l'appliquant à d'autres objets. On retrouve en partie la forme de ces deux premiers dans ces deux-ci :

Leur tronc inébranlable & leur pompeufe tête
Réfifte en fe touchant aux coups de la tempête,

Encore y a-t-il plus d'exactitude dans l'original. On retrouve la forme des derniers dans ces vers de *Zaïre* :

Lorfque du fier Anglois la valeur menaçante
Cédant à nos efforts trop long-temps captivés,
Satisfit en tombant aux lys qu'ils ont bravés.

L'abbé du Jarry eft mort en 1739, dans fon prieuré de Notre-Dame du Jarry.

JARS. ( *Voyez* ROCHECHOUART. )

JARS, ( Gabriel ) ( *Hift. Lit. mod.* ) favant métallurgifte, qui avoit vifité prefque toutes les mines de l'Europe. Nous avons le réfultat de fes obfervations, fous le titre de *Voyages Métallurgiques*, en 3 vol. in-4°. Il fut reçu en 1768, à l'Académie des Sciences, & mourut l'année fuivante.

JASIDE, f. m. ( *Hift. mod.* ) les *jafidés* font des voleurs de nuit du Curdiftan, bien montés, qui tiennent la campagne autour d'Erzeron, jufqu'à ce que les grandes neiges les obligent de fe retirer ; & en attendant ils font à l'affut, pour piller les foibles caravanes qui fe rendent à Téflis, Tauris, Trébizonde, Alep & Tocat. On les nomme *jafidés* parce que par tradition, ils difent qu'ils croyent en *Jafide*, ou Jéfus, mais ils craignent & refpectent encore plus le diable.

Ces fortes de voleurs-errans s'étendent depuis Monful où la nouvelle Ninive, jufqu'aux fources de l'Euphrate. Ils ne reconnoiffent aucun maître, & les Turcs ne les puniffent que de la bourfe lorfqu'ils les arrêtent ; ils fe contentent de leur faire racheter la vie pour de l'argent,

& tout s'accommode aux dépens de ceux qui ont été volés.

Il arrive d'ordinaire que les caravanes traitent de même avec eux, lorsqu'ils sont les plus forts; on en est quitte alors pour une somme d'argent, & c'est le meilleur parti qu'on puisse prendre; il n'en coute quelquefois que deux ou trois écus par tête.

Quand ils ont consumé les pâturages d'un quartier, ils vont camper dans un autre, suivant toujours les caravanes à la piste : pendant que leurs femmes s'occupent à faire du beurre, du fromage, à élever leurs enfans, & à avoir soin de leurs troupeaux.

On dit qu'ils descendent des anciens Chaldéens; mais en tous cas, ils ne cultivent pas la science des astres; ils s'attachent à celle des contributions des voyageurs, & à l'art de détourner les mulets chargés de marchandises, qu'ils dépaysent adroitement à la faveur des ténèbres. ( D J )

JAUCOURT, ( Louis de ) ( *Hist. Litt. mod.* ) c'est M. le chevalier *de Jaucourt*. Sa naissance est assez connue. Son goût pour les lettres & les savans décida de son sort; il fut un savant & un homme de lettres. Disciple du fameux Boërhave, & ami de M. Tronchin, aussi disciple de ce grand homme, il se fit recevoir, à la sollicitation de son maitre, docteur en Médecine à Leyde, afin d'avoir un titre pour fournir des secours charitables aux pauvres malades. Personne n'a travaillé avec plus d'ardeur & de fécondité que lui à l'*Encyclopédie*, ni dans des genres plus nombreux & plus différents. Ses articles annoncent une grande étendue & une grande variété de connoissances. Il avoit travaillé à la *Bibliothèque raisonnée*; il avoit publié avec les professeurs Gaubius, Musschembroëk & le docteur Massuer, le *Musæum Sebæanum*, 4 vol. in-folio. Il alloit faire imprimer en Hollande le *Lexicon Medicum universale*, en 6 vol. in-fol. Ce manuscrit périt dans un naufrage avec le vaisseau qui le portoit. Il consacra sa vie entière à l'étude, & fut philosophe dans sa conduite & dans ses mœurs comme dans ses écrits. Il s'étoit bien promis, disoit-il lui-même, *d'assurer son repos par l'obscurité de sa vie studieuse*. Il se tint exactement parole. Il mourut à Compiègne en 1780. Il étoit de la Société Royale de Londres & des Académies de Berlin & Stockolm.

JAUFFNDEIGRA, s. m. ( *Hist.* ) nom du troisième mois des Islandois; il répond à notre Mars, c'est le mois de l'équinoxe du printemps. *Jauffndeigra manudar* signifie *mois équinoxial*. ( *A. R.* )

JAURÉGUY, (*Voyez* l'article ANJOU-ALENÇON).

JAULT, ( Augustin-François ) ( *Hist. Litt. mod.* ) docteur en médecine, professeur en langue syriaque au Collège Royal, a traduit les *Opérations en Chirurgie*, & la *Critique sur la Chirurgie de Scharp*; l'*Histoire des Sarrasins* d'Ockley; le Traité *des Maladies vénériennes* de M. Astruc; le Traité *des Maladies venteuses* de M. Combalusier; le Traité *de l'Asthme* de M. Floyer. Il a travaillé aussi à la nouvelle édition du *Dictionnaire étymologique* de Ménage. Mort en 1757.

JAY, ( Guy-Michel le ) ( *Hist. Litt. mod.* ) savant connu par la Polyglotte qu'il fit imprimer si richement à ses dépens, depuis 1628 jusqu'en 1645. Elle contient deux langues ( le syriaque & l'arabe ) de plus qu'une autre Polyglotte que le cardinal Ximenès avoit fait long-temps auparavant exécuter en Espagne. Or le cardinal Ximenès, premier & qui plus est grand ministre, ayant trouvé du temps pour présider à une si belle & si grande entreprise littéraire, le cardinal de Richelieu, avide, comme il l'étoit, de toute sorte de gloire, & aspirant dans ce genre à la monarchie universelle, toujours prêt d'acheter les genres de gloire qu'il n'avoit pu obtenir, comme un conquérant, à envahir les états d'autrui; Richelieu voulut que la Polyglotte faite en France portât son nom comme la Polyglotte faite en Espagne, portoit le nom de Ximenès; en un mot, il voulut que *le Jay* lui cédât sa Polyglotte, comme il avoit voulu que Corneille lui cédât le *Cid. Le Jay* eut la même fierté, ou plutôt la même honnêteté que Corneille, il refusa de vendre sa gloire, & il resta ruiné par les frais immenses de son entreprise. Pour corriger sa fortune, étant devenu veuf, il entra dans l'état ecclésiastique, & fut doyen de Vezelai; il obtint un brevet de conseiller d'état. Il mourut en 1675. Quelques auteurs l'ont mal-à-propos confondu avec un homme de ce nom, mais qui vraisemblablement n'étoit pas de la même famille.

Cet homme étoit Nicolas *le Jay*, premier président du parlement de Paris, mort en 1640. Celui-ci eut trois neveux de son nom, officiers au régiment des Gardes, qui furent tués au service.

Un des premiers compagnons de saint Ignace de Loyola, se nommoit Claude *le Jay*, il étoit savoyard, & il y a eu dans les derniers tems, un autre jésuite assez célèbre, du nom de *le Jay*, qui a laissé une traduction françoise des *Antiquités Romaines* de Denis d'Halicarnasse, & une latine de l'Histoire de France, de son confrère le P. Daniel; il a aussi laissé une *Bibliotheca Rhetorum, præcepta & exempla completens quæ tàm ad oratignum facultatem, quàm ad poëticam pertinens, discipulis pariter ac magistris perutilis*. Une singularité de cet ouvrage est que le P. *le Jay* se cite pour ses propres poësies. Il étoit neveu du premier président, & frère des trois frères officiers aux Gardes, tués à la guerre. Il mourut à Paris au Collège de Louis-le-Grand le 21 février 1734.

Une autre famille de *le Jay* a produit un président en la chambre des enquêtes du parlement de Paris en 1344; un prévôt des marchands en 1380; un maitre des comptes qui, en 1539 & 1540, fut choisi pour aller avec le connétable de Montmorency ( Anne ) recevoir l'empereur Charles-Quint sur la frontière, & l'accompagner jusques dans ses états de Flandre.

JEAN SANS-TERRE ; ( *Histoire d'Angleterre.* ) quatrieme fils du roi Henri II, usurpa la couronne d'Angleterre, en 1199, sur Arthus de Bretagne, son neveu, à qui elle appartenoit, & par un nouveau crime, ôta la vie à ce prince; au moins il fut soupçonné de ce meurtre, & ce ne fut pas sans raison, puisqu'il avoit fait enfermer Arthus dans la tour de

V 2

Rouen, & qu'on ne fait ce qu'Arthus devint. Jean foutint mal le poids d'une couronne qu'il avoit acquife par un double forfait. Philippe le dépouilla de toutes les terres qu'il poffédoit en France. Jean fe brouilla avec le pape Innocent III, & ce pontife le força de foumettre fa perfonne & fa couronne au faint Siège, & de confentir à tenir fes états comme feudataire de l'églife de Rome. Un légat du pape reçut l'hommage de Jean, il étoit conçu en ces termes : « Moi Jean, par la grace de Dieu, roi d'Angleterre » & feigneur d'Hibernie, pour l'expiation de mes » péchés, de ma pure volonté & de l'avis de mes » barons, je donne à l'églife de Rome, au pape » Innocent & à fes fucceffeurs, les royaumes d'Angle- » terre & d'Irlande, avec tous leurs droits; je les » tiendrai comme vaffal du pape ; je ferai fidèle à » Dieu, à l'églife Romaine, au pape mon feigneur, » & à fes fucceffeurs légitimement élus. Je m'oblige de » lui payer une redevance de mille marcs d'argent » par an, favoir, fept cens pour le royaume d'Angle- » terre, & trois cens pour l'Hibernie ». Ce trait fuffit pour caractérifer ce prince. Les Anglois outrés de la lâcheté de leur roi, réfolurent de le faire tomber du trône. Jean, informé de la difpofition des efprits, affembla les barons, & trembla devant eux comme devant le légat du pape. Il jura d'obferver tous les articles de la grande charte, ajouta de nouveaux priviléges aux anciennes prérogatives, & mit la liberté publique au-deffus de l'autorité royale. Le monarque toujours inconféquent dans fa conduite, fe repentant d'avoir accordé des droits fi exorbitans à fes fujets, s'en vengea en pillant les biens des barons & en ravageant leurs terres. Ceux-ci fe révoltèrent, appellèrent Philippe, roi de France, à leur fecours, & offrirent la couronne d'Angleterre à Louis, fon fils. Louis paffe en Angleterre, y eft reçu avec acclamation, & couronné en 1216. Jean meurt la même année, après avoir erré de ville en ville, portant par-tout fes inquié- tudes, avec la honte & le mépris dont il étoit couvert. (A. R.)

JEAN II, furnommé le Bon, (Hift. de France.) Ce prince naquit en 1320, & parvint au trône de France après la mort de Philippe-de-Valois, en 1350. La France étoit épuifée d'hommes & d'argent; les foldats étoient découragés par tous les échecs que les armes françoifes avoient reçus. Edouard III, fier de fes fuccès, prenoit le titre de roi de France : telle étoit la trifte fituation de l'état, lorfque Jean fut appellé au gouvernement. Il crut devoir effrayer les traîtres par un exemple terrible. Raoul, comte d'Eu, accufé avec fureur, condamné avec légèreté, porta fa tête fur l'échafaud : toute la France en murmura. Jean, pour s'attacher les feigneurs, & perpétuer entr'eux une concorde parfaite, inftitua l'ordre de l'Etoile. Cette marque de diftinction, ceffa d'en être une dès qu'elle devint vulgaire, & la nobleffe l'abandonna au guet.

Charles-le-mauvais étoit alors roi de Navarre : le caractère atroce de ce prince n'eft point encore affez peint par le furnom odieux qu'on lui donna ; cruel par goût, comme les autres par néceffité, il avoit

pour ainfi dire du génie pour créer des crimes nou- veaux : il avoit fait affaffiner le connétable Charles de la Cerda. Le roi attira Charles à Rouen, & le fit arrêter ; ce coup d'état ne fe fit pas fans effufion de fang. Les partifans de Charles ( car les tyrans en ont quelquefois ) appellèrent à leur fecours le roi d'An- gleterre. Déjà l'Auvergne, le Limoufin, le Poitou, font couverts de cendres & de ruines : Jean raffemble fon armée, marche contre les Anglois & les joint à Maupertuis près de Poitiers. Le prince de Galles, fils d'Edouard, craint d'être enveloppé ; il demande la paix, il offre la reftitution de tout ce qu'il a conquis. Jean eft inflexible, il veut venger tous les affronts que la France a reçus depuis tant d'années : la bataille fe donne le 19. feptembre 1356. » Amis, dit-il aux » feigneurs de fa fuite, lorfque vous êtes tranquilles à » Paris, vous appellez les Anglois ; les voilà ces en- » nemis que vous avez défiés ; faites voir que vos » menaces ne font point de vaines bravades ». Sa va- leur impatiente caufa la perte de la bataille ; l'envie de fe précipiter dans les plus grands périls, l'empê- cha de voir ce qui fe paffoit loin de lui ; il n'y eut nul ordre dans les attaques, nul enfemble dans les mouve- ments : le roi, long-temps défendu par fa propre bravoure, par celle de fes gardes & par Philippe fon jeune fils, fut contraint de rendre les armes. Le prince de Galles le traita avec tous les égards qu'il devoit à fon rang : fur-tout à fon courage : on le conduifit à Bordeaux, & de-là on le fit paffer à Londres. Pendant fa captivité, la régence fut confiée au jeune Charles, dauphin, qui dès-lors commençoit à mé- riter le furnom de fage, qu'on lui donna depuis. Ce prince, fécondé par Duguefclin, empêcha du moins la chûte entière de l'état, s'il ne le rétablit pas dans toute fa fplendeur. Charles-le-mauvais échappé de fa prifon, employoit pour perdre la France, la rufe & la perfidie, les feules armes qu'il connût. Un fimple bourgeois, fauva Paris de fa fureur ; Edouard s'avança jufqu'aux portes de cette capitale, pillant, brûlant, faccageant : c'eft ainfi qu'il cherchoit à mé- riter l'affection d'un peuple fur lequel il vouloit régner. Enfin, le fatal traité de Bretigny rendit la liberté à Jean II, en 1360. Il renonçoit à toute efpèce de fou- veraineté fur la Guienne & fur les plus belles pro- vinces de France à peine revenu à Paris, on vouluit l'empêcher de remplir ces conditions onéreufes. « Si » la juftice & la bonne-foi, répondit-il, étoient ban- » nies du refte du monde, elles devroient fe retrouver » encore dans le cœur & dans la bouche des rois ».

Toutes les provinces qui devoient paffer fous la domination angloife, s'oppofèrent à l'exécution du traité ; quelques-unes même menacèrent de fe ré- volter, fi on vouloit les livrer à Edouard, & de défobéir au roi pour lui être fidelles. Cependant Edouard fut mis en poffeffion de fes conquêtes ; mais fes ambaffadeurs manquèrent au rendez-vous où l'on devoit leur remettre les renonciations authentiques de Jean. Ce prince permit, en 1360, aux Juifs de fixer leur féjour dans le royaume pendant vingt ans. La mort de Philippe de Rouvre, duc de Bourgogne, fut laissé ce duché dont il étoit héritier ; il le donna à Philippe son quatrième fils, comme apanage réversible à la couronne au défaut d'enfants mâles. Le duché de Normandie, les comtés de Champagne & de Toulouse furent aussi réunis à la couronne. Cependant le duc d'Anjou qui étoit resté à Londres en ôtage, s'échappe & reparoît à la cour. Jean est indigné de sa démarche ; sur le champ il prend la résolution d'aller, à la place de son fils reprendre ses fers à Londres : en vain toute la cour s'oppose à ce dessein. Nouveau Régulus, il ferme l'oreille aux prières de ses parents, de ses amis, de ses sujets : il part, arrive à Londres, & y meurt le 10 avril 1364. Jean n'eut pas assez de talents pour tirer la France de la situation horrible où elle se trouvoit : il en auroit eu assez pour la rendre heureuse au sein de la paix. On ne peut lui faire un crime des guerres continuelles qui troublèrent son règne : le droit naturel de la défense les rendoit légitimes. Meilleur soldat que général, meilleur citoyen que roi, plus juste qu'éclairé, si quelque qualité l'élève au-dessus du vulgaire des rois, c'est sa bonne foi. ( M. DE SACY. )

JEAN I, roi d'Aragon, ( Hist. d'Espagne. ) A la toute-puissance près qui n'est point le partage de la foible humanité, les rois feroient exactement tout ce qu'ils voudroient faire, s'ils savoient employer avec art le droit qu'ils ont de commander aux hommes. Cet art pourtant ne paroît pas bien épineux, puisqu'il consiste à se faire aimer seulement de ceux de qui l'on veut être obéi. J'avoue qu'il faut aux hommes ordinaires, bien des talens, de grandes qualités pour être aimés ; encore même avec ces grandes qualités, ces talents supérieurs, ne parviennent-ils souvent qu'à se faire des ennemis dans la société. Quant aux rois, avec de la douceur, de l'affabilité, il n'est rien qu'ils ne puissent : il n'y a nul que résiste ; on ne s'apperçoit même pas des défauts qu'ils peuvent avoir, & qui, quelque considérables, quelque énormes qu'ils soient, sont rachetés par ces deux qualités. Un prince affable, doux, est toujours sûr du zèle, du respect, de la confiance & de l'amour de ses sujets, qui mettant sur le compte de cette douceur de caractère ses foiblesses, ses défauts & ses fautes même, ne voient en lui que le roi bienfaisant, le protecteur généreux & l'ami de ses peuples. Tel fut Jean I, roi d'Aragon ; il fut bon, & ne fut que bon : cependant les Aragonois qui, à la vérité, venoient d'être soumis à un maitre fort dur, impérieux, méchant, l'aimèrent & le regardèrent comme le meilleur des souverains. Jean pourtant n'étoit rien moins qu'ambitieux de passer pour habile, mais il étoit affable, & la douceur lui tint lieu des talens qu'il n'avoit pas & qu'on lui supposa, des grandes qualités qu'il n'avoit pas non plus & qu'on voulut lui croire, des éminentes vertus auxquelles il ne prétendoit pas, & que le peuple dont il étoit chéri lui donna libéralement. Il se livra tout entier aux plaisirs, ne chercha qu'à se procurer & à goûter tous les agréments de la vie, & se reposa du gouvernement du royaume sur la reine Violante sa femme, princesse de beaucoup d'esprit, ambitieuse & intrigante ; mais

il étoit affable, il étoit doux, & ce fut uniquement à lui qu'on rapporta tout ce qui se faisoit de bien, comme on attribuoit à sa femme ou au malheur des circonstances toutes les fautes qui se commettoient dans l'administration. On ne supposoit pas qu'un roi qui recevoit avec tant de douceur toutes les remontrances qu'on jugeoit à propos de lui faire, fût seulement coupable de quelque négligence volontaire dans la conduite des plus importantes affaires, & l'on excusoit ou l'on feignoit de ne pas voir toutes les fausses démarches dans lesquelles l'engageoient son inapplication, ou les conseils de son épouse & de ses favoris. Ce fut ainsi que régna paisiblement Jean I, fils de don Pedre IV, le plus impérieux des rois, le plus violent des hommes, souvent le plus injuste, & de dona Léonore, infante de Portugal. Il naquit le 27 décembre 1351, & à sa naissance, son père lui donna le titre de duc de Gironne, qui dans la suite a toujours été celui des fils aînés des rois d'Aragon. Son éducation fut confiée à Bernard de Cabrera, général, ministre, favori de don Pedre, & qui par les services les plus importants & les plus signalés, avoit mérité la confiance de son maitre & l'estime publique : cependant, par les fautes vraies ou supposées, Cabrera se fit des ennemis ; & les accusations, ou peut-être les calomnies de ceux-ci ayant prévalu, il devint odieux à tout le monde, & sur-tout à don Pedre qui soupçonnoit facilement & condamnoit avec sévérité, fut les soupçons les plus légers : Jean n'avoit pas encore quinze ans, lorsque son gouverneur persécuté par ses ennemis & haï par son maitre, fut arrêté, mis en prison, appliqué à la plus violente torture ; &, par ordre de don Pedre, jugé par son pupille Jean, qui le condamna à mort. Mariana raconte que cette cruelle sentence fut prononcée par don Pedre, & publiquement exécutée par le duc de Gironne. Ce fait n'est pas prouvé, & c'est assez qu'il ne soit pas vraisemblable, pour qu'on ne doive pas y ajouter foi. Jean n'étoit pas assez cruel pour faire dans cette occasion l'office de bourreau ; il étoit fort doux au contraire, il aimoit Cabrera, & il fut forcément obligé de prononcer, sous la dictée de son père, une sentence qu'il eût été très-dangereux pour lui de refuser de prononcer : don Pedre ne l'auroit pas plus épargné que Cabrera. Quelque temps après il se maria avec dona Marthe, sœur du comte d'Armagnac ; & le roi son père, veuf depuis quelques années, épousa dona Sybille de Fortia. Le caractère altier, ambitieux & tracassier de la reine Sybille, causa beaucoup de chagrins au duc de Gironne qu'elle haïssoit, qu'elle cherchoit à rendre odieux à don Pedre, & avec lequel elle ne garda plus de ménagements, lorsqu'étant devenu veuf, il refusa d'épouser la reine de Sicile, cousine de Sybille, qui avoit proposé ce mariage. La reine Sybille éclata, se déchaîna violemment contre le duc de Gironne, qui eut enfin la douleur de voir le roi don Pedre partager la haine de sa femme, & s'unir avec elle contre lui ; ces deux mêlés durèrent pendant trois années, & Jean eut à supporter la persécution la plus dure & la plus amère, jusqu'à la fin du règne de don Pedre son père, qui mourut le 5 janvier 1387. Dès la veille, la reine Sybille, coupable de tant d'excès envers le nouveau souverain, avoit pris la fuite, & s'étoit réfugiée dans le château de Fortia, chez son frère : elle y fut affiégée, forcée de se rendre & conduite au roi *Jean I*, qui la traita avec une rigueur qui ne lui étoit pas naturelle, mais que Sybille n'avoit que trop méritée. A la follicitation du pape, la vie lui fut conservée ; mais elle fut dépouillée de tous les domaines & de tous les revenus qu'elle tenoit de don Pedre, & que le roi *Jean I* donna sur le champ à dona Violante son épouse, à laquelle il avoit été marié quelque temps avant la mort de don Pedre. L'Aragon étoit tranquille, & le nouveau souverain prit les mesures les plus sages pour maintenir ce calme & prévenir tout ce qui eût pu le troubler, soit au-dehors, soit au-dedans. Le duc de Lancastre lui envoya l'archevêque de Bordeaux, pour réclamer quelques payements auxquels l'Aragon étoit obligé, en vertu d'un traité fait avec l'Angleterre, sous le règne précédent : mais l'archevêque de Bordeaux se plaignit avec tant de hauteur & parla avec tant d'infolence, que, malgré toute sa douceur, *Jean I* ne pouvant retenir son indignation, fit arrêter l'audacieux prélat. Le duc de Lancastre fut très-irrité de cet emprisonnement, qu'il regardoit d'abord comme un attentat ; mais informé de la licence de l'archevêque, il se radoucit, & cette affaire n'eut aucune suite. Par les conseils de son épouse, *Jean I* se rangea sous l'obédience de Clément VII, qui résidoit à Avignon, & lui fit faire hommage pour la Sardaigne, où don Simon Perez d'Arenos gouvernoit avec beaucoup de sagesse en qualité de vice-roi. Jean n'avoit qu'un seul objet d'ambition, & cet objet étoit de plaire à la reine Violante son épouse qui, aimant beaucoup les plaisirs, & sur-tout la musique & la poësie, engagea son époux à faire venir des maîtres en ce gen e, & à en établir une école. Cette institution déplut beaucoup à la noblesse, & les seigneurs qui ne connoissoient d'autre plaisir que celui de combattre & de maltraiter leurs vassaux, se plaignirent hautement. Les prélats hypocrites, ignorants & désapprobateurs, pensèrent & agirent comme la noblesse ; ensorte que pour satisfaire les mécontents, Jean & la reine son épouse renoncèrent à ces amusements, & renvoyèrent les musiciens & les poëtes qu'ils avoient attirés dans l'état. On applaudit beaucoup à ce sacrifice, & la tranquillité du règne de ce prince ne troubloit que par le comte d'Armagnac, qui, prétendant avoir des droits sur le royaume de Majorque, y fit une irruption, & ne fut point heureux. Le frère du roi, le duc de Montblanc, dont le fils don Martin d'Elserica avoit épousé dona Marie, reine de Sicile, fit une expédition aussi glorieuse qu'heureuse en Sicile, & tous ceux qui avoient pris les armes contre l'Aragon furent punis sévèrement. De nouveaux troubles s'élevèrent en Sardaigne, & *Jean* résolut d'y passer ; mais les Maures menaçant de faire une irruption dans le royaume de Valence, il ne put exécuter ce projet ; il se contenta d'y envoyer des troupes. Quelque temps après le départ de ce secours, *Jean* maria ses deux filles, les

infantes dona Yolande & dona Jeanne ; la première au duc d'Anjou, la seconde à Matthieu, comte de Foix. Il eut soin aussi de fixer les limites qui séparoient l'Aragon de la Navarre, & les suites prouvèrent la sagesse & la grande utilité de cette précaution. Libre des soins qui l'avoient occupé jusqu'alors, *Jean* se disposa à passer en Sardaigne, où les troubles s'étoient accrus, & où son frère, son neveu & sa nièce étoient assiégés dans Catane par les mécontents : mais les fonds lui manquant, il eût été obligé de différer encore son expédition, si don Bernard de Cabrera, engageant généreusement ses biens, n'eût fourni à toutes les dépenses & hâté les secours avec lesquels le roi & la reine de Sicile furent délivrés du danger qui les menaçoit. Toujours fondé sur ses prétentions, le comte d'Armagnac ne cessoit point ses hostilités, & faisoit les plus vives incursions en Catalogne. La Sardaigne agitée demandoit du secours ; la Sicile étoit toujours exposée aux fureurs de la guerre ; la reine Violante gouvernoit sous le nom de son époux, & celui-ci plus empressé de jouir des plaisirs qu'il pouvoit prendre, qu'ambitieux de règner, écoutoit les remontrances des états, & leur répondoit de la manière la plus honnête & la plus satisfaisante ; estimoit, protégeoit, avançoit ceux qui lui parloient avec le plus de force & de vérité des devoirs & des fonctions de la royauté ; ne vouloit mécontenter personne, mais aussi ne vouloit se priver d'aucun de ses plaisirs : celui qui avoit pour lui le plus d'attraits & de la chasse, & c'il lui fut fatal ; un jour qu'il s'y livroit avec ardeur, il tomba de cheval, & sa chûte fut si cruelle, qu'il en mourut le 19 mai 1393, dans la neuvième année de son règne & la quarante-cinquième de son âge. Les éditeurs du *Dictionnaire de Moreri* disent, sur la foi d'un historien, Imhoff, que personne ne consulte, & d'un autre historien, Zurita, que personne ne croit, que la foiblesse de *Jean I* le rendit méprisable à ses sujets, & que les premières années de son règne furent remplies de séditions & de troubles. Ces deux assertions font deux erreurs : il n'est pas vrai que les premières années du règne de ce prince aient été troublées par aucune sédition, par aucun soulèvement ; & *Jean*, si l'on en excepte les adhérents & les complices de la reine Sybille, n'eut ni rebelles à poursuivre, ni traîtres à punir. Il est plus faux encore que *Jean I* se soit rendu méprisable à ses sujets ; ils l'aimèrent, le chérirent & fermèrent son épouse. Quand on veut juger les rois d'Espagne, je pense que ce n'est ni d'après Imhoff, ni d'après Zurita qu'il faut se décider ; je ne voudrois pas même toujours prononcer d'après Mariana. ( *L. C.* )

JEAN II, roi d'Aragon, ( *Histoire d'Espagne.* ) Supposez à un roi des vertus les plus éminentes, les plus brillantes qualités, tous les talens de l'esprit, l'ame la plus belle, le cœur le plus magnanime ; supposez-le équitable, courageux, libéral, magnifique, plein de valeur dans les combats, doux, bienfaisant, aimable dans la société. Avec toutes ces grandes & rares qualités, ne lui supposez qu'un défaut, une foiblesse, un penchant irrésistible pour les femmes, &

trop d'attachement à celles pour lesquelles ils s'est une fois déclaré ; dès-lors ce roi , modele de toutes les perfections humaines, court grand risque de ne plus être qu'un prince malheureux , si même il est possible qu'il ne devienne pas un médiocre ou méchant roi , injuste, efféminé, avare , dur , sombre & inaccessible. Ainsi le plus petit nuage peut obscurcir le soleil le plus radieux. En effet , il est bien difficile qu'un roi , quelqu'éclairé qu'il soit , ait la force de résister ou de rejetter perpétuellemnnt les conseils imprudens ou intéressés d'une maîtresse qui l'enchaîne , qui regne sur ses sens & son ame avec plus d'empire qu'il ne regne lui-même sur ses peuples. Il me paroît bien mal-aisé de se défendre perpétuellement, & toujours avec succès, des inspirations d'une maîtresse idolâtrée. Ils sont donnés avec tant d'art ces dangereux conseils ; ils sont donnés & répétés dans des momens si doux, si enchanteürs ; l'amante qui les donne paroît si désintéressée, animée de tant de bonne foi, inspirée elle-même par de si bons motifs, qu'on croiroit se manquer à soi-même, de ne pas les suivre ; & s'ils sont écoutés & suivis , que devient ce roi sage, courageux, bienfaisant , libéral , juste, doux ? Que deviendra l'état lui-même ? A quelle cause le souverain trop crédule & trop confiant attribuera-t-il les revers qu'il éprouvera ? Et à quelle autre cause qu'à son aveugle complaisance resta à la reine Jeanne , & pour ses maitresses qui le trompoient , Jean II put-il rapporter les malheurs de son regne , les troubles qui agiterent ses états , les disgraces qu'il éprouva lui-même, les injustices qu'il fit, quoiqu'il fût par caractère & par principe le plus juste des hommes ? Il étoit courageux , & en plus d'une occasion il fut surpris lui-même de manquer de fermeté : il aimoit à verser des bienfaits , & , sans le vouloir , il refusa plus d'une fois de récompenser des services : il étoit gai , & , il tomba souvent dans la mélancolie. Il suivit trop les conseils de ses maitresses ; il écouta ses favoris ; & fut trop facile à prendre les impressions qu'ils lui donnerent. Sans ces foiblesses , qui eurent des suites fâcheuses , il eût été un bon roi , & digne à tous égards de l'estime, du respect & de l'amour de ses sujets. Fils de Ferdinand , infant de Castille, roi d'Aragon , & de dona Léonore d'Albuquerque, il étoit fort jeune encore , lorsque son père l'ayant promis en mariage à Jeanne , reine de Naples , & ayant même signé le contrat , le fit passer en Sicile. : mais Jeanne impatiente d'attendre avoit épousé Jacques de Bourbon , comte de la Marche, lorsque l'infant. don Juan arriva en Sicile. Mécontens de cette alliance , les Napolitains offrirent à Ferdinand de prendre les armes en faveur de son fils ; mais ce roi sage leur fit répondre qu'il avoit assez de couronnes, & que son fils étoit trop heureux d'avoir manqué d'épouser une reine aussi inconstante. L'infant, aussi peu sensible que son père , à la légéreté de Jeanne, resta en Sicile jusques après la mort de Ferdinand : mais Alphonse V, son frère, roi d'Aragon , le rappella, dans la crainte que les Siciliens , nation turbulente & avide de révolutions, ne voulussent le mettre sur le trône. Juan revint à la cour de son frere & peu de temps après , en 1419, il épousa dona Blanche, reine douairiere de Sicile &

héritière du royaume de Navarre. Elle ne tarda que peu d'années à jouir de ses droits , & don Carlos le noble étant mort, Jean monta sur le trône de Navarre , où il se fit aimer de ses sujets , autant que les puissances étrangeres l'estimerent pour sa justice & le craignirent pour sa valeur. Le premier acte de royauté qu'il exerça , fut de se rendre médiateur entre le roi d'Aragon , son frere, & celui de Castille , prêts à se faire une cruelle guerre. Dans la suite , & lorsque par ses soins il fut parvenu à rendre ses états florissans , il accompagna le roi Alphonse V , son frère, dans l'entreprise de la conquête du royaume de Naples, où il se signala par sa valeur autant que par la prudence & l'utilité des conseils qu'il donna , & qui furent suivis. Ce fut encore lui qui , toujours rempli de zèle pour les intérêts du conquérant , vint de Naples en Espagne, annoncer aux états d'Aragon assemblés , les succès éclatans des armes de leur souverain. D'Aragon il passa en Castille , où d'importantes affaires le retinrent. Ce fut pendant les troubles qui agiterent ce royaume , & auxquels le roi de Navarre prit peut-être trop de part , contre les avis d'Alphonse , de la reine Blanche , son épouse , dont il avoit eu trois enfans ; don Carlos , prince de Viane ; Blanche , qui fut mariée à Henri IV , roi de Castille , & qui en fut séparée à cause de l'impuissance de son époux ; & Eléonore , qui dans la suite fut appellée au trône de Navarre. La mort de la reine Blanche fut une souree de malheurs pour ses enfants , & de chagrin pour Jean , qui ayant épousé en secondes nôces , Jeanne Henriquez , fille de l'amirante de Castille , ne se conduisant plus que d'après les suggestions de cette femme ambitieuse , méchante & cruelle marâtre, écouta ses odieuses dénonciations ; & d'après les calomnies, traita don Carlos , son fils , avec tant de rigueur , que les Navarrois soulevés prirent les armes, pour le forcer à remettre le sceptre à don Carlos , qui avoit , à la vérité, les droits les plus incontestables à la couronne du chef de sa mère , & en qualité de petit-fils de Charles III , surnommé le noble. Jean , toujours animé par sa perfide épouse , en usa plus sévèrement encore ; & le prince de Viane , violemment persécuté , prit les armes, moins dans la vue de détrôner son père , qu'il ne cessa jamais de respecter , que pour se soustraire aux fureurs de son implacable marâtre. La Navarre étoit divisée entre le père & le fils ; chacun d'eux étoit à la tête d'une armée nombreuse , impatiente de combattre : la guerre civile éclata , déchira le royaume , dura long-temps , fut malheureuse pour don Carlos , qui tomba au pouvoir de son père , & fut , à l'instigation de l'inflexible Jeanne , enfermé dans une obscure prison, d'où , après avoir langui pendant quelques années , il se retira à Naples , dans l'espérance de trouver auprès d'Alphonse V , son oncle , un repos qu'il eût en vain cherché à la cour de son père. Alphonse V , touché des malheurs de son neveu , agit si puissamment & avec tant de zèle , qu'il parvint à calmer le ressentiment de Jean , qui rappella le prince de Viane ; mais sa reine Jeanne , qui avoit depuis long- temps juré la perte de don Carlos, dans la vue de faire monter fon fils don Ferdinand fur le trône, recommença fes intrigues, fes calomnies, fes délations, & parvint à brouiller plus que jamais ce jeune prince avec fon père. Indignés d'une perfécution auffi foutenue, les Navarrois proclamèrent tumultueufement don Carlos roi. Jean prit les armes, déshérita fon fils, & la guerre civile fe ralluma avec la plus atroce violence. Le roi d'Aragon fe rendit encore médiateur entre fon frère & fon neveu, & l'envoyé de ce monarque arriva au moment où les Navarrois divifés étoient fur le point de remettre à une bataille la décifion de la querelle. La médiation d'Alphonfe épargna encore à la Navarre le dernier des malheurs : mais il mourut lui-même à Naples, après avoir inftitué fon frère Jean, roi de Navarre, héritier des royaumes d'Aragon, de Valence, de Majorque, de Sardaigne & de Sicile, ainfi que de la principauté de Catalogne. La nouvelle de cette mort ne fut pas plutôt parvenue en Aragon, que Jean II fut proclamé à Saragoffe, le 25 juillet 1458. Le fceptre des Navarrois appartenoit évidemment à don Carlos ; mais trop docile aux fuggeftions de Jeanne, le roi d'Aragon fe hâta de nommer la comteffe de Foix, fa fille, vice-reine de ce royaume ; il donna un vice-roi à la Sicile, où il craignoit que don Carlos qui y étoit, ne fufcitât quelque foulèvement. Mais bien loin de fonger à remuer, le prince de Viane offrit à fon père de fe retirer où il voudroit, & la roi lui défigna Majorque. Don Carlos s'y rendit : fa prompte obéiffance défarma fon père, qui lui permit d'aller réfider par-tout où il voudroit, excepté en Navarre ou dans la Sicile, & lui promettant de lui rendre la principauté de Viane, & de reftituer à l'infante dona Blanche, féparée de Henri VI, roi de Caftille, tout fon apanage. Ce traité paroiffoit fixer la bonne intelligence, & elle fe feroit foutenue, fi la turbulente Jeanne eût pu confentir à laiffer vivre tranquillement le prince de Viane. Elle commença par engager fon trop facile époux à refufer aux états d'Aragon & aux états de Catalogne, de déclarer don Carlos fon fucceffeur ; & ce refus en effet très-injurieux, aigrit l'efprit de don Carlos, qui, peu de tems après, fut promis en mariage par fon père, à dona Catherine, infante de Portugal : mais tandis qu'on négocioit ce mariage à la cour d'Aragon, les ambaffadeurs de Henri IV, roi de Caftille, offrirent fecrètement au prince don Carlos, l'infante dena Ifabelle, fœur du roi de Caftille, & héritière du trône de Caftille. Le prince de Viane connoiffoit les engagemens que fon père avoit pris avec le roi de Portugal, & il y avoit lui-même confenti ; mais l'alliance qu'on lui propofoit étoit pour lui d'une plus grande importance, & d'ailleurs les Caftillans s'engageoient à le mettre, quoiqu'il en arrivât, fur le trône de Navarre. Quelqu'éblouiffantes pourtant que fuffent ces promeffes, le prince de Viane ne s'engagea point, & ne répondit qu'en termes généraux. Jeanne, informée de cette négociation, la fit fervir de prétexte à la plus atroce des délations ; elle dit à fon époux que don Carlos avoit conjuré fa perte, & que d'accord avec les Caftillans, il vouloit le détrôner. Jean II refufa d'ajouter

foi à cette accufation. La reine eut recours aux larmes ; & Jean II fe laiffant perfuader, promit de faire arrêter fon fils, qu'en effet il fit faifir, & qu'il transféra de prifon en prifon, comme s'il eût été coupable des crimes les plus noirs, tandis que fa perfide époufe faifoit courir le bruit que le prince avoit confpiré contre la vie de fon père. Ces délations ne s'accréditèrent point, elles foulevèrent au contraire tous les citoyens, qui connoiffant & déteftant le caractère de la reine, fe foulevèrent en faveur de l'innocent opprimé. Les états d'Aragon & ceux de Catalogne, indignés de tant d'injuftice, demandèrent hautement à Jean II que le prince fût mis en liberté, & qu'il eût à le déclarer fon fucceffeur : Jean refufa ; les états affemblèrent des troupes & équipèrent une flotte pour obtenir ce qu'ils demandoient. Irrité par la réfiftance, le roi arma de fon côté, & la guerre civile al'oit bouleverfer l'état, lorfque la reine, après avoir pris les plus criminelles précautions, changeant de ton, parut s'intéreffer au prince de Viane, conjura fon époux de le mettre en liberté, & même de le déclarer fon fucceffeur. Jean II n'eût point haï fon fils, s'il n'eût point eu la foibleffe d'époufer les paffions de la reine. Il rendit la liberté à fon fils, qui mourut, comme Jeanne l'avoit prévu, peu de jours après fon élargiffement à Barcelone, après avoir inftitué par fon teftament, dona Blanche, fa fœur, héritière du royaume de Navarre, teftament qui fut auffi fatal à Blanche, que les prétentions de don Carlos lui avoient été funeftes à lui-même, & qui expofa dona Blanche à la haine & aux noirceurs de la reine d'Aragon. En effet, le prince de Viane eut à peine fermé les yeux, que fon impatiente marâtre engagea les états de Catalogne à reconnoître fon fils don Ferdinand, pour légitime fucceffeur de Jean II, & à lui prêter ferment. Les peuples n'eurent point la facilité des états ; ils fe foulevèrent, & la révolte devint générale par les tracafferies de Jeanne, qui irrita contr'elle la nobleffe, en protégeant les vaffaux contre les feigneurs. La révolte devint fi violente, & la haine que l'on avoit pour Jeanne devint fi forte, que cette reine craignant pour fa vie, prit la fuite, & elle s'enferma avec don Ferdinand fon fils, à Gironne, où bientôt les mécontents allèrent l'affiéger. Jean II, fecouru par la France, fit lever ce fiège, & délivra fon époufe, qui, peu fatisfaite de la mort de don Carlos, avoit agi avec tant d'art & de fuccès contre la fœur & héritière de ce prince, dona Blanche, que le roi d'Aragon, effrayé des complots dont fa fille étoit accufée, l'avoit fait arrêter, & la faifant conduire au-delà des Pyrénées, l'avoit livrée au comte & à la comteffe de Foix, fes deux plus cruels ennemis. Accablée des maux que fes perfécuteurs lui faifoient fouffrir, Blanche écrivit au roi de Caftille, implora fa protection, & lui offrit, s'il vouloit la délivrer de fon affreufe prifon, de lui céder fes droits fur le royaume de Navarre. Jeanne, informée de cette offre, s'excita à de nouvelles atrocités. Elle fit transférer dona Blanche au château de Béarn, où, après deux années de tourments, cette infortunée princeffe mourut de poifon. Jean II, qui

na

ne fe doutoit point de ces horreurs , & qui règardoit fa criminelle époufe comme la plus douce & la plus vertueufe des femmes , ne concevoit pas les motifs de la haine des Catalans , de leur foulèvement , du refus qu'ils faifoient de fe foumettre , de la guerre qu'ils foutenoient pour fe rendre indépendants : ce n'étoit cependant point à l'indépendance qu'ils afpiroient ; mais déterminés à ne jamais rentrer fous le joug de la cruelle Jeanne, ils offrirent leur principauté au roi de Caftille, qu'ils proclamèrent à Barcelone; & qui, de concert avec le roi d'Aragon , s'en étant rapporté à la décifion du roi de France , fe défifta de fes droits à cette principauté , d'après l'arrêt du roi de France, qui prononça que celui de Caftille renonceroit à cette fouveraineté. Alors les Catalans appellèrent don Pedre , infant de Portugal , & la guerre fe ranima plus vivement que jamais. Don Pedre mourut, inftitua don Juan héritier de la principauté de Catalogne , & les troubles continuèrent avec la plus grande violence. Jean II fit les plus grands efforts pour foumettre les habitants de cette fouveraineté , & il y fut merveilleufement fecondé par fon époufe , qui, s'étant embarquée avec fes troupes, alla affiéger Rofes , & commanda l'armée avec toute l'intelligence & toute l'autorité d'un général accoutumé au tumulte des armes , & exercé dès l'enfance dans l'art des combats. Epuifée cependant de fatigue, elle alla fe repofer à Tarragon, où , après une longue maladie, elle mourut, à la grande fatisfaction des peuples. On affure que, dévorée de remords pendant fa maladie, elle répétoit fans ceffe : Ah! mon fils Ferdinand , que tu coûtes cher à ta mère! En effet, l'ambition de placer fon fils fur le trône, lui avoit caufé bien des crimes. Quelques hiftoriens affurent, que dans les premiers jours de fa maladie, il lui avoit avoué qu'elle avoir eu part à la mort du prince de Vianne, Jean II, faifi d'horreur, & connoiffant alors toutes les injuftices qu'il avoit faites par fes confeils & fes délations, l'abhorra & ne voulut plus la voir. Il reconnut bientôt que c'étoit elle que les peuples déteftoient ; car fa mort mit fin à tous les troubles , à tous les mécontentements qui jufqu'alors avoient agité fon règne. Mais elle ne mit pas fin à toutes les fautes du roi qui fe livra dans la fuite auffi aveuglément à l'amour de fes maitreffes, qu'il s'étoit laiffé dominer par la reine. Les Catalans perfiftèrent dans leur révolte; & ce ne fut qu'après avoir perdu Gironne & prefque toutes leurs troupes, qui furent maffacrées dans une bataille, où l'armée aragonoife remporta une éclatante victoire, que la Catalogne entière fe foumit , à l'exception de Barcelone, qui, affiégée par mer & par terre, &-réduite aux dernières extrémités, fe réfolut encore de fe rendre. Jean II, pénétré lui-même de la fituation des habitants de cette ville , leur écrivit une lettre remplie de douceur , de tendreffe , & par laquelle il leur offroit non feulement d'oublier le paffé, mais de confirmer tous leurs droits, leurs priviléges , & de conferver à chacun des citoyens fes biens & fes dignités. Défarmés par tant de preuves de bonté, les Barcelonois fe rendirent par capitulation ; & le roi d'Aragon, pour étouffer

Hiftoir. Tom. III.

jufqu'aux moindres reftes de mécontentement , voulut bien confentir à reconnoître qu'ils avoient eu de juftes raifons de prendre les armes, & à pardonner à tous les habitants. Il fit fon entrée dans la ville , & dès le lendemain il confirma leurs priviléges, ainfi qu'il l'avoit promis. Pendant que les Barcelonois cherchoient à fe fouftraire à la couronne d'Aragon , les habitants de Perpignan & d'Elne tentoient de s'affranchir de la domination françoife, pour fe remettre fous l'obéiffance du roi d'Aragon ; &-dans cette vue, ils maffacrèrent la garnifon françoife. Louis XI affembla une puiffante armée pour châtier févèrement les auteurs de ce maffacre. Jean II fe rendit à Perpignan , fit rétablir les anciennes fortifications, & en fit faire de nouvelles. Les préparatifs de la France & la crainte de la vengeance de Louis XI, confternèrent les habitants de Perpignan, que la préfence de leur nouveau fouverain ne pouvoit raffurer. Jean II les affembla dans l'églife cathédrale , & leur dit que connoiffant comme eux, le prince qu'ils avoient offenfé , ils n'avoient d'autre moyen d'éviter fa colère, que celui d'oppofer à fes forces la plus vigoureufe défenfe ; que quant à lui , il leur promettoit & jurôit de ne point les abandonner pendant la durée du fiège : ce fiège ne tarda point à être formé. Perpignan fut invefti par l'armée françoife , fous les ordres de Philippe , comte de Breffe. Les Catalans, fournis depuis fi peu de temps au roi d'Aragon, parurent les plus empreffés à fecourir leur fouverain; ils prirent les armes, prièrent don Ferdinand de venir fe mettre à leur tête, & fe mirent en campagne au nombre de vingt-cinq mille. L'armée des affiégeants étoit de quarante mille hommes ; mais Jean II défendit Perpignan avec tant de valeur , & il fut fi bien fecondé, qu'obligés de lever le fiège, les François étoient très-affoiblis, lorfque don Ferdinand , fuivi de l'armée catalane, paffa les Pyrénées, & marcha au fecours de fon père. Le fiège étoit levé alors , & les François fe retiroient : don Ferdinand les harcela dans leur retraite, & affoiblit encore plus leur armée. Louis XI , irrité contre fes généraux, renforça cette armée de dix mille hommes, & l'envoya une feconde fois affiéger Perpignan. Jean II étoit encore dans cette place, & les attaques furent fi vives, que le roi d'Aragon, craignant de fuccomber , eut recours à un ftratagème fur lequel il ne comptoit que foiblement, & qui pourtant lui réuffit. Il fit répandre parmi les affiégeants , la nouvelle du foulèvement & de la réunion de toutes les places qu'ils avoient laiffées fur leur route & dans le voifinage. Ce faux bruit s'accrédita & alarma fi fort les François, que , dans la crainte d'être invefti eux-mêmes fous les murs de Perpignan , ils levèrent le fiège , fe retirèrent en défordre , & eurent leur arrière-garde fort maltraitée. L'inutilité de cette feconde entreprife rebuta Louis XI : il propofa la paix au roi d'Aragon ; celui-ci, l'accepta , & le traité fut conclu à des conditions en apparence très-fatisfaifantes. Mais Jean II qui traitoit de bonne foi, ne s'apperçut que trop tard, que le traité que Louis XI avoit fait rédiger étoit rempli de claufes infidieufes ; il envoya auffi-tôt deux des principaux fei-

X

gneurs de la cour à Paris , avec pouvoir de régler tout & de lever les difficultés , ou plutôt les motifs de guerre qui réfultoient de ce même traité : mais le rufé Louis XI avoit tout prévu , & ces plénipotentiaires furent par diverfes caufes fi long-temps retardés fur la route , que , lorfqu'ils arrivèrent à Paris , le roi n'y étoit déjà plus : ils fe difpofoient à le fuivre ; mais ils furent retenus , fous divers prétextes , par les miniftres de France ; & pendant qu'ils fe plaignoient à Paris de la mauvaife foi de ces procédés , l'armée françoife dévaftoit la campagne aux environs de Perpignan , & ruinoit la moiffon , dans la vue d'affamer plus aifément la ville , lorfqu'ils reviendroient l'affiéger. *Jean II* ne pouvoit s'oppofer à ces violences , trop occupé dans Sarragoffe , où tout étoit en confufion , à réprimer les factions qui défoloient cette ville & le royaume. Il reçut cependant quelques fecours de Naples , &. ravitailla Perpignan autant qu'il lui fut poffible. Le roi de Sicile , don Ferdinand , fon fils , vint à la tête de quelques troupes à Sarragoffe , appaifa par l'activité de fes foins & la févérité de fa juftice. ( *Voyez* FERDINAND V, de Caftille, dit *le Catholique.* ), le défordre qui régnoit dans Sarragoffe , & s'en retourna en Caftille , où de plus importantes affaires l'appelloient. Tandis que la mort de Henri IV, furnommé l'*impuiffant*, rempliffoit la Caftille & l'Efpagne entière de troubles , par l'ambition des prétendants à la couronne , les François , maîtres du Rouffillon qu'ils ravageoient avec des forces fupérieures , affiégeoient Perpignan pour la troifième fois. *Jean II* fit ce qu'il put pour fecourir cette place , qui , malgré fes efforts , fut obligée de fe rendre à Louis XI par capitulation , & après être convenu que les habitants feroient libres de fe retirer où ils voudroient ; ils fe rendirent prefque tous en Catalogne. Louis XI ayant réuffi dans une infraction auffi manifefte au dernier traité , offrit une trève de fix mois , que le malheur des circonftances obligea d'accepter. Elle étoit à peine expirée, que les François recommencèrent les hoftilités , eurent les plus grands avantages, ravagèrent le pays , s'emparèrent des places , s'avancèrent prefque fur les frontières de la Catalogne, infultèrent la Caftille , & tentèrent, mais inutilement, d'envahir la Bifcaye ; ils furent repouffés par don Ferdinand , qui , paffant dans cette province , eut quelques conférences avec *Jean II*, fon père , dont la fituation étoit vraiment déplorable. La licence , le défordre , l'impunité , les crimes défoloient l'Aragon , dévafté par une foule de brigands, qui voloient & affaffinoient publiquement dans les villes & fur les grands chemins : il n'y avoit plus de fûreté, & les états alarmés invitèrent les citoyens à prendre les armes & à former entr'eux des affociations pour défendre le royaume contre ces troupes meurtrières. Le royaume de Valence étoit dépeuplé par la pefte, qui faifoit les plus cruels ravages; les François, par la fureur & le fuccès de leurs armes ,, mettoient le comble à ces calamités : on ne pouvoit leur oppofer aucune réfiftance ; & les Catalans étoient dans l'impuiffance de mettre fur pied , comme ils l'avoient fait tant de fois , de troupes aguerries. Dans un état en

proie aux horreurs de l'anarchie ; le plus cruel des maux eft la perte totale des mœurs , l'oubli de l'honneur & l'extinction du patriotifme : l'amour de la patrie , les mœurs , l'honneur n'exiftoient plus en Aragon ; & les feigneurs les plus diftingués , étoient ceux qui donnoient l'exemple & le fignal de la perverfité. Dans le nombre de ces mauvais citoyens d'illuftre naiffance , fe diftinguoit fur-tout par fes fureurs & fes atrocités, don Jayme d'Aragon , qui , fuivi d'une foule de brigands , s'étoit emparé par force, du duché de Vill-a - Hermofa. *Jean II* , plus irrité des excès de don Jayme, que de la licence & des vices du refte de fes fujets, donna ordre au viceroi de Valence de raffembler autant de troupes qu'il le pourroit , & de pourfuivre à toute outrance ce hardi factieux. Don Jayme fut affiégé dans un fort où il s'étoit retiré : fes brigands le défendirent ; mais les troupes du vice-roi , fupérieures aux fiennes, prirent la fortereffe & le firent prifonnier. Il fut conduit à Barcelone , où le roi d'Aragon lui fit trancher la tête; fupplice trop doux pour l'énormité de fes attentats. Cet exemple de rigueur eut les plus grands effets ; les feigneurs renoncèrent à fomenter des troubles ; ils rentrèrent peu-à-peu dans le devoir , & le brigandage ceffa. *Jean II* efpéroit de voir l'ordre & le calme fe rétablir ; il fe flattoit de ramener la paix & la tranquillité dans fes états , & il devoit délibérer avec don Ferdinand , fur le choix des moyens qu'il y avoit à prendre ; le lieu de la conférence étoit fixé à Darcca , & le jour étoit défigné , lorfqu'accablé du poids des années , *Jean II* s'éteignit à Barcelone , le 19 janvier 1479, âgé de 82 ans , après avoir régné 21 ans fur l'Aragon. Il fit de grandes fautes ; il effuya de grands malheurs. Ses revers provinrent de fes fautes , fes injuftices en provinrent auffi ; mais il fut plus foible qu'injufte, crédule & non méchant. Il aima trop aveuglément fes femmes , & fur-tout dona Jeanne Henriquez, fa feconde époufe , marâtre cruelle & violente, qui le porta à perfécuter le prince don Carlos , fon fils , contre lequel il n'eût jamais agi, fi la perfide Jeanne ne lui eût perfuadé que don Carlos étoit coupahle des plus noires trahifons. Outre fes deux femmes , *Jean* eut auffi plufieurs maîtreffes & beaucoup de bâtards : ce n'eft encore rien été; mais par malheur, il eut pour ces maîtreffes autant de confiance qu'il en avoir eu pour dona Jeanne Henriquez. Il mourut fort âgé, & à fa mort encore il aimoit paffionnément une maîtreffe catalane. Aimer éperdument les femmes , n'eft dans un roi qu'une foibleffe: mais n'agir que d'après leurs confeils , croire à leurs délations, les laiffer gouverner, les laiffer difpofer des charges & des dignités, c'eft , dans un fouverain, le plus pernicieux des vices. ( *L. C.*),

JEAN I , roi de Léon & de Caftille , ( *Hiftoire d'Efpagne.* ) La victoire ne fuivit pas toujours les étendards de *Jean I*, & cependant il fe couvrit de gloire, lors même qu'il fut obligé de céder l'honneur du triomphe à la force ou à la fupériorité de fes ennemis; il ne fut point heureux dans toutes fes entreprifes , & cependant il eut l'approbation publique , dans celles même qui ne lui réuffirent point , parce qu'il n'en tenta aucune qui ne fût avouée par la plus exacte justice, parce qu'il ne fît rien qu'après avoir consulté l'équité, & que la plus sage prudence guidant toutes ses démarches, il n'étoit responsable, ni des caprices de la fortune, ni du hazard des événemens. Engagé, malgré lui, pour la défense de ses peuples dans des guerres cruelles, il ne fatigua point ses sujets par des contributions accablantes ; & ne se servit point du prétexte, si souvent employé, des besoins de l'état, pour surcharger la nation d'impôts ; aussi le chérit-elle autant qu'il l'aima lui-même ; & peu de souverains ont eu pour leurs sujets l'affection généreuse & solide que *Jean I* eut pour les siens. Dévoué presque dès son enfance aux fureurs de Pierre-le-Cruel son oncle, il suivit dans leur fuite, dans leurs malheurs, comme dans leur fortune, le roi Henri II son père, & l'infante Eléonore d'Aragon sa mère, fille de Pierre IV, roi d'Aragon, surnommé *le Cérémonieux*. Quand la férocité de Pierre, ses crimes & ses assassinats, la fortune & les vœux de la nation, eurent enfin placé Henri II sur le trône ; ce bon roi, secondé par *Jean* son fils, répara, fit même oublier les malheurs du règne sanguinaire, orageux & farouche de Pierre-le Cruel. *Jean* alors étoit parvenu à la seizième année de son âge ; & les Castillans remplis d'estime & d'admiration pour ses vertus, ses talens, sa valeur & sa rare modération, applaudirent aux nœuds qui le lièrent à dona Léonore, infante d'Aragon. Quatre ans après cette alliance, une mort imprévue enleva le roi Henri II à la nation qui eût été inconsolable de cette perte, si elle eût été moins persuadée de retrouver dans celui qui alloit prendre les rênes du gouvernement, les talens supérieurs & les éminentes vertus du grand roi dont la mort venoit de terminer les jours. Aussi fut-ce aux acclamations du peuple, que *Jean I* âgé de vingt ans, monta sur le trône, & fut solemnellement couronné à Burgos, le 25 juillet 1379. Quelques preuves que *Jean* eût données de sa valeur & de son habileté dans la science des combats, il préféroit la paix à la célébrité que l'éclat des conquêtes ; & rempli du généreux désir de rendre ses sujets heureux & son royaume florissant, il employa les premiers temps de son règne à étouffer, par des traités heureux, les semences de guerre qu'il y avoit encore entre la Castille & les nations voisines. Dans cette vue, il accepta les propositions pacifiques que le roi de Grenade, Mohamet-Guad'x-Abulhagen lui fit faire par ses ambassadeurs. La treve fut renouvellée entre les deux états, & elle dura pendant tout le cours des règnes des deux monarques. Celui de Castille envoya, dans le même temps, des ambassadeurs au roi de Portugal, Ferdinand, le plus inconstant des hommes, le plus inconséquent des rois. *Jean* lui fit offrir la paix, & elle fut acceptée à des conditions ridicules & que l'amour de la concorde fit approuver par les états des deux royaumes (*Voyez* FERDINAND, roi de Portugal.) Mais quelques précautions que le roi de Castille eût prises, l'inconstance de Ferdinand rompit toutes ses mesures, & *Jean* apprit avec chagrin, mais sans étonnement, que peu de jours après la conclusion de la

paix, le roi de Portugal avoit négocié un traité avec Richard II, roi d'Angleterre, & avec le duc de Lancastre, qui formoit depuis long-temps des prétentions sur la couronne de Castille, & qui venoit d'être invité à se rendre à Lisbonne avec une flotte assez formidable pour faire valoir ses prétentions. *Jean I* ne perdit point le temps à demander raison à Ferdinand de sa mauvaise foi : il mit ses troupes en état de marcher ; fit les plus grands préparatifs, & fit fortifier toutes les places frontières menacées de l'invasion des Portugais. Pendant qu'il se disposoit ainsi à repousser des agresseurs injustes, il fut informé que l'infant don Alphonse son frère, entretenoit une correspondance secrete & criminelle avec le roi de Portugal ; il voulut s'assurer de sa personne ; mais prévenu à temps, Alphonse s'évada, s'enfuit dans les Asturies, & s'enferma dans Gijon. Le roi l'y suivit, & alloit l'assiéger, quand Alphonse prit le sage parti de venir implorer sa clémence, & désavouer les faits qu'on lui imputoit. *Jean* voulut bien se contenter de ce désaveu ; lui rendit son amitié, &, tournant toutes ses forces contre Ferdinand, résolut de l'attaquer par mer & par terre. Le roi de Portugal, enivré de l'espérance de conquérir la Castille, envoya une puissante flotte insulter le port de Séville. L'attaque ne fut point heureuse : cette flotte fut battue, dispersée, & son amiral, don Juan Alphonse, frère de la reine de Portugal, fut fait prisonnier. Encouragé par ce succès, *Jean I* alla former le siège d'Almeida, dont il se rendit maître. Mais pendant que ces triomphes il se disposoit à de plus éclatantes victoires, la flotte Angloise arrivoit devant Lisbonne, en sorte que ces deux puissans alliés réunis paroissoient devoir inévitablement l'emporter sur les Castillans ; mais bientôt la mésintelligence divisa les Anglois & les Portugais. *Jean* instruit de ce défaut de concorde, forma le projet d'une expédition hardie, & dont le succès termineroit cette guerre à son avantage. Il résolut d'aller bloquer le port de Lisbonne, & d'intercepter les nouveaux renforts que les Anglois pouvoient envoyer aux Portugais. Il se préparoit à cette expédition, lorsqu'il apprit que l'infant don Alphonse abusant de ses bontés, venoit de passer à Bragance avec quelques seigneurs, sujets aussi infidèles que lui. Cette trahison ne dérangea rien à ses opérations, il bloqua Lisbonne, & cette ville fut si fort menacée, que Ferdinand alarmé en sortit avec toute sa cour. Après avoir réussi au gré de son attente dans cette expédition, *Jean* s'en retournant en Castille, fit ordonner à don Alphonse & à ses partisans, de rentrer incessamment dans le devoir, sous peine d'être déclarés traitres à l'état & de perdre leur honneur & leurs biens. Ils obéirent tous, & *Jean* eut encore l'indulgence de pardonner à son frère. Cependant les deux rois se préparoient avec ardeur à poursuivre la guerre, & bientôt ils marchèrent l'un contre l'autre, suivis d'une armée formidable. Celle de Castille étoit néanmoins infiniment supérieure, soit par le nombre, soit par la valeur des troupes aguerries & accoutumées à vaincre. Bientôt elles se rencontrèrent, & une bataille sanglante alloit décider la querelle, lorsque les généraux de Ferdinand

lui faisant-sentir les dangers d'une défaite, & les fâcheuses suites qu'elle auroit, il envoya des pléni-po-
tentiaires au camp du roi de Castille, & pour obtenir
la paix, sacrifia ses alliés & les intérêts du duc de
Lancastre, pour lequel il avoit pris les armes avec
tant d'imprudence. Le traité qui fut conclu à cette
occasion, fit autant d'honneur à la sagesse & aux lumières du roi de Castille, que ses succès lui avoient
acquis de célébrité. Il se félicitoit d'avoir aussi avantageusement terminé cette guerre, lorsqu'un événement malheureux & inattendu changea sa joie en une
amère douleur. La mort lui enleva la reine, dona
Léonore son épouse, qui mourut d'une fausse-couche,
& fut généralement regrettée comme elle avoit été
universellement aimée. Jean I cependant oublia cette
perte plutôt qu'on ne l'eût pensé, & avant le temps
même prescrit par la bienséance ; il épousa dona
Béatrix, infante de Portugal, promise depuis quelques années à Ferdinand, infant de Castille. Tandis
que Jean s'unissoit étroitement avec le Portugal, par
ce second mariage, don Alphonse son frère, toujours inquiet & toujours tracassier, se révolta sans
sujet, sans prétexte, & suivi de ses partisans, se
retira à Gijon. Fatigué de tant d'infidélités, le roi
poursuivit vivement ce prince factieux, l'assiégea dans
son château, le contraignit de se rendre, lui reprocha sévèrement ses trahisons réitérées, ses révoltes,
ses complots, & fut cependant encore assez bon pour
ne pas lui ôter la liberté. Ce soulèvement achevé,
le roi de Castille assembla les états, & par ses ordres, il fut statué, que désormais on ne compteroit
plus les années suivant l'ancien usage & par l'ere de
César, mais par l'époque de la naissance de Jesus-
Christ. A-peu-près dans ce temps les Portugais perdirent leur roi Ferdinand, dont le règne orageux
avoit plongé l'état dans la plus grande confusion.
Jean I avoit épousé l'infante dona Béatrix, fille
unique de Ferdinand ; &, du chef de la femme, le
sceptre Portugais paroissoit lui appartenir incontestablement. Mais don Juan, frère de Ferdinand, avoit
pour lui les vœux de la nation, l'estime & le suffrage
des grands ; il étoit en Castille lors de la mort de son
frère. Et Jean, qui n'ignoroit pas combien les Portugais desiroient ce prince pour roi, le fit arrêter,
espérant de faire plus aisément valoir les droits qu'il
avoit du chef de son épouse. Il fut trompé dans son
attente : le grand-maitre d'Avis, don Juan, frère
naturel de Ferdinand, s'empara, malgré les grands,
& appuyé par une partie de la suprême
autorité, dont il exerça les fonctions sous le titre de
*protecteur* & de *régent du royaume*, n'osant encore
prendre le titre de roi. Jean I, connoissant les dispositions des Portugais, leur fit déclarer qu'il consentoit que la reine Léonore, veuve de Ferdinand, gou-
vernât le royaume en qualité de *régente*, & qu'il ne
demandoit la couronne qu'à laquelle sa femme avoit
des droits si légitimes, que pour ses enfans : mais la
reine Léonore étoit odieuse à la nation Portugaise,
qui l'obligea de se réfugier à Santaren, d'où elle implora le secours du roi de Castille son gendre. Il en-

tra en Portugal, bloqua encore le port de Lisbonne ;
se signala par mille actions héroïques, & eût peut-
être eu le succès qu'il desiroit, si l'armée Castillane,
affoiblie & ravagée par la peste, n'eût pas été forcée
d'abandonner cette importante expédition. Jean I,
informé que Henri, comte de Transtamare, & amant
favorisé de la reine douairière de Portugal, étoit
dans le camp du protecteur, eut l'avilissante & criminelle foiblesse de lui écrire, & de lui promettre
les plus grandes récompenses, s'il vouloit tuer le
grand-maitre d'Avis. Le comte de Transtamare, assez
lâche, assez bas pour accepter ses offres, se ligua
avec deux seigneurs, qui lui promirent d'assassiner
le protecteur. Mais celui-ci découvrit le complot,
fit arrêter les conjurés, & publia cette odieuse trame.
Jean ne pouvoit désavouer cet inique projet, il
reçut les plus humiliantes mortifications, & fut encore plus puni, quand il apprit que les états de Portugal venoient d'élire le protecteur & de le proclamer roi. Il n'y avoit plus de moyen de pacification
entre les deux nations, & le roi de Castille étoit
trop fier pour renoncer à ses prétentions sur le trône
de Portugal ; il étoit trop coupable envers le nouveau souverain, pour lui offrir ou lui demander la
paix. Aussi se détermina-t-il à faire une irruption en
Portugal, & à attaquer en même temps ce royaume
par mer & par terre : il fit les plus grands efforts
pour réussir, mais sa flotte n'eut aucun avantage, &
son armée de terre, quoiqu'infiniment supérieure à
l'armée Portugaise, fut complètement battue, dispersée ; & tandis qu'il tâchoit d'en rassembler les
débris, les Portugais firent à leur tour une violente
irruption en Castille, où ils eurent les plus grands
succès. Jean I, vaincu, mais non déconcerté, envoya des ambassadeurs au pape & à Charles VI,
roi de France, pour les intéresser à sa cause & leur
demander du secours. Le pape Clement VII n'envoya ni argent ni secours ; mais écrivit une fort longue lettre au roi de Castille, dans laquelle il lui donnoit sa bénédiction paternelle, & lui offroit les motifs de consolation les plus édifians. Charles VI répondit plus efficacement, & promit un secours de
deux mille lances. Don Juan, roi de Portugal, se
ligua avec l'Angleterre ; & pendant qu'il pénétroit
lui-même dans la Castille, & qu'il s'emparoit des
places frontières les plus importantes, le duc de
Lancastre débarqua en Galice, & entra sans obstacle dans la ville de Saint-Jacques, où il fut reçu &
proclamé roi de Castille, du chef de son épouse,
dona Constance. Il envoya ensuite un héraut d'armes
à Jean I, pour le sommer de lui céder le trône de
Castille. Dans toute autre circonstance, Jean eût
répondu à cette sommation par les plus violentes
hostilités, mais il étoit fatigué d'une guerre meurtrière, ruineuse, & dont le succès même ne pouvoit qu'épuiser inutilement ses états. Il envoya au
duc de Lancastre le prince Jean Serrano, accompagné de deux savans jurisconsultes, qui défendirent
avec la plus grande chaleur les droits du roi de Castille, mais qui eussent fort inutilement plaidé la

cause de leur maître, si dans une audience particulière, Serrano n'eût proposé au duc un moyen de conciliation, qui parut très-propre à terminer cette contestation. Ce moyen fut de marier dona Catherine, fille du duc, avec l'infant don Henri, fils & héritier du roi de Castille. Le duc de Lancastre se fût hâté d'accepter cette proposition; mais son alliance avec le Portugal, ne lui permettant point encore de se rendre à ces offres, il fit une réponse honnête, & par laquelle il témoignoit combien il desiroit de suivre cet avis de pacification. Cependant les hostilités continuèrent encore quelque temps: les Anglois même, liés avec les Portugais, firent une irruption en Castille, où évitant de leur donner bataille, Jean I les harcela si vivement, & les fatigua si fort, qu'ils se retirèrent en Portugal, d'où le duc de Lancastre retourna en Gascogne, après avoir fait prier Jean I de lui envoyer ses plénipotentiaires à Bayonne. Ils s'y rendirent; & le traité, tel que Jean Serrano en avoit-formé le plan, fut conclu: en sorte qu'il fut convenu que l'infant don Henri feroit marié à dona Catherine; que s'il mouroit avant la célébration du mariage, don Ferdinand son frère, la prendroit pour épouse; que la Castille céderoit cinq villes avec leurs territoires & leurs revenus à dona Constance, duchesse de Lancastre; du chef de laquelle le duc & dona Catherine avoient des prétentions à la couronne Castillane; & qu'au moyen de ces conditions, la duchesse & son époux se départiroient de tous les droits qu'ils avoient sur ce royaume. Ce fut dans ce même traité qu'il fut statué qu'à l'avenir l'héritier présomptif de la couronne de Castille porteroit le titre de prince des Asturies. Vraisemblablement ce traité déplut au roi de Portugal, qui eût bien desiré de continuer la guerre; & qui pourtant, ne pouvant seul en soutenir le poids, ne consentit qu'avec beaucoup de peine, & après bien des difficultés, à renouveller la trève qu'il y avoit eu entre les deux nations, & que cette contestation avoit interrompue. Cependant quelque satisfaction que donnât à Jean I la paix qu'il venoit de procurer à ses sujets, il ne put songer sans douleur à l'énormité des dépenses occasionnées par cette dernière guerre; l'épuisement de ses coffres & les abus multipliés & toujours inévitables dans les temps orageux, qui s'étoient introduits dans l'administration des finances, lui causèrent le chagrin le plus amer; il compara la situation actuelle du royaume, avec son état florissant pendant les dernières années du règne de son père, & le résultat de ce parallèle l'affligea profondément. Il devint triste & mélancolique: il aimoit ses sujets en père; n'ayant pu les rendre aussi heureux qu'il eût desiré & qu'il s'en étoit flatté, il convoqua les états; & quoique l'infant don Henri n'eût encore que dix ans, il fit part aux états du dessein où il étoit d'abdiquer la couronne, & de remettre le gouvernement à un conseil de régence; dont la sagesse & les lumières pussent rétablir les affaires. Jean I ne consultoit, en se déterminant à ce généreux sacrifice, que sa tendresse pour ses peuples; & il ne connoissoit point la

force & l'étendue de l'attachement que ses sujets avoient pour lui. Les états refusèrent de donner leur consentement à cette abdication: ils remercièrent le roi des motifs qui lui en avoient inspiré le projet, & ils lui représentèrent qu'une pareille résolution étoit communément suivie des plus grands inconvéniens; que la situation du royaume n'étoit rien moins que désespérée; qu'ils se chargeroient volontiers, pour soulager leur maître, de l'administration des finances; qu'il espérât mieux de lui-même & du zèle, ainsi que de l'inviolable fidélité de ses sujets; qu'ils étoient persuadés enfin, qu'en très-peu de temps, le bon ordre se rétabliroit dans toutes les parties du gouvernement, qui ne pouvoit tarder à fleurir sous les loix d'un monarque aussi bienfaisant. Ces preuves de confiance & d'attachement ranimèrent les espérances du roi de Castille: il ne songea plus à quitter les rênes de l'état, & ne s'occupa que des moyens de remédier aux maux que le royaume avoit soufferts pendant les dernières guerres. Deux événemens heureux arrivés en même temps, comblèrent les vœux de ce bon monarque: le roi de Grenade lui envoya des ambassadeurs, chargés de lui offrir de magnifiques présens, & de lui demander le renouvellement de la trève, qui fut volontiers accordée pour plusieurs années. Ces ambassadeurs étoient encore à la cour de Castille, lorsque le roi de Portugal lui envoya aussi demander la prolongation de la trève; c'étoit là tout ce que desiroit Jean I; & il l'eût demandée lui-même, s'il n'eût craint que cette démarche n'eût été prise pour un aveu de sa foiblesse. Enchanté de ce double événement, & voulant donner aux grands un nouveau motif d'émulation, il institua un nouvel ordre de chevalerie, sous le nom d'ordre du Saint-Esprit, dont les attributs étoient une colombe entourée de rayons, suspendue à un collier d'or. La fortune paroissoit seconder dans leur exécution tous les projets de ce bon souverain: les finances étoient sagement administrées; l'agriculture & le commerce avoient déjà repris leur ancienne activité, trop long-temps engourdie; les arts étoient cultivés, les loix respectées, la justice exactement rendue; mais la Castille payoit cher ce bonheur renaissant. Jean I, informé qu'il y avoit à Maroc plusieurs chrétiens Espagnols, qui, soit par mécontentement, soit pour d'autres raisons, avoient quitté leur patrie, où ils desiroient ardemment de revenir, mais qui n'osoient demander leur retour, s'intéressa pour eux auprès du roi de Maroc, & le fit prier de permettre à ces fugitifs de repasser en Espagne. Le roi de Maroc consentit au retour de ces cavaliers Espagnols, ils se hâtèrent de s'embarquer, arrivèrent sur les côtes d'Andalousie, où le roi voyageoit alors, & desirèrent de le voir & de lui témoigner leur reconnoissance. Jean sachant que ces cavaliers excelloient dans l'art de l'équitation, fut curieux de leur voir faire l'exercice; & comme il étoit lui-même excellent cavalier, il sortit à cheval, d'Alcala, suivi de l'archevêque de Tolede & de toute sa cour. Il étoit monté sur un cheval très-vif; & à l'exemple des cavaliers Africains , l'ayant animé , & l'ayant pouffé imprudemment dans des terres récemment labourées , l'inégalité du terrein & la profondeur des fillons , firent broncher le cheval , qui tomba fi rudement , qu'il écrafa le roi par fa chûte ; elle fut fi cruelle , qu'il mourut à l'inftant même , & ce fut par prudence que l'archevêque de Tolede fit dreffer au plutôt une tente fur le champ , où il fit transporter le corps du monarque , en faifant publier que le roi n'étoit pas mort , afin de donner à fon fils le temps de monter fur le trône. Ainfi périt *Jean I* , à l'âge de trente-trois ans , dans la treizième année de fon règne. Il aima fes fujets , il en fut adoré; il eût rendu fes peuples heureux , s'il eût vécu plus long - temps , car il ne defiroit que la félicité publique. Et les peuples peuvent - ils être malheureux , lorfqu'un tel fentiment anime les fouverains qui les gouvernent ? ( *L. C.* )

JEAN II , roi de Léon & de Caftille , ( *Hift. d'Efpagne.* ) Le goût du defpotifme eft la paffion dominante des rois foibles & ignorans : la caufe de ce goût ne me paroît pas difficile à découvrir. Les rois foibles & ignorans font communément entourés d'adulateurs, de lâches , de dénonciateurs, de cœurs faux , d'ames vénales, de mauvais citoyens. La fuprême puiffance, qui a tant de bien à faire , tant de mal à réprimer , flatte les fouverains éclairés , parce qu'en effet , il n'eft rien de plus flatteur, de plus délicieux que de favoir & d'éprouver qu'on eft foi-même & la caufe & la force de la félicité publique. Les rois foibles & ignorans ne voient au contraire , dans l'autorité fuprême , que l'excès de la puiffance , l'abus de la puiffance ; & une feule chofe les flatte , c'eft que rien ne leur réfifte , c'eft que, mal élevés , mal inftruits , mal formés , ils font réellement perfuadés que rien ne leur réfifte : environnés , dès le berceau , d'adulateurs qui ne leur parlent que de leur toute-puiffance , ils font de très-bonne heure , immuablement convaincus que tous font faits pour eux , & qu'eux feuls , exceptés de la loi générale , ne font nés que pour régner impérieufement fur le refte des mortels. De cette abfurde & très-fauffe opinion réfultent inévitablement les plus grands maux , & pour ces fouverains eux - mêmes , & pour les nations foumifes à leurs loix. Le plus grand de ces inconvéniens , & duquel découlent tous les autres , eft qu'accoutumés à ne voir , à n'entendre que des hommes rampans , de vils flatteurs, de lâches courtifans, ils regardent la baffeffe & l'adulation comme les véritables expreffions du refpect & du zèle ; en forte que tout ce qui diffère des manières & du langage de cette foule corrompue , eft à leurs yeux licence, audace ou rébellion puniffable ; & comme il eft de l'intérêt de cette cohue d'écarter fans ceffe d'auprès d'eux tout citoyen affez honnête, tout fujet affez fidèle & affez ferme pour leur montrer la vérité , ils reftent perpétuellement environnés de cette même efpèce qni a gâté leur enfance, qui a égaré leur jeuneffe , & qui jufqu'aux derniers moments de leur règne , ne ceffera de les pervertir, de les

éblouir & de les aveugler. Cependant les rois étant les fouverains difpenfateurs des graces , des bienfaits, des récompenfes , des dignités , des charges , des emplois ; & tout chez les rois foibles & ignorans fe vendant, s'achetant , fe livrant à la vénalité, à l'intrigue , à la corruption , tout fe proftituant au vice , au luxe , au fafte , à la perverfité , le défordre & les abus s'introduifent , fe multiplient ; le peuple mal conduit , mal gouverné , peut-être furchargé d'impôts , dévoré lui-même par le luxe , fe plaint , murmure ; c'eft alors qu'au nom du fouverain , dont ils fe font audacieufement rendus les interprètes , ces mêmes adulateurs , fi bas, fi rampans aux pieds du trône, déploient infolemment les chaînes du defpotifme , & ne ceffent de répéter au crédule & foible monarque cette fauffe & monftrueufe maxime , qu'une nation ne peut être heureufe , paifible, & que les rois ne règnent véritablement , qu'autant que le peuple eft efclave. Mais tandis que d'après ce vicieux principe, la puiffance arbitraire cherche à étendre les fiers de la fervitude, l'amour de la liberté qui s'accroît en raifon des efforts que l'on fait pour la gêner ou la détruire, fermente , fait naître & fortifie la haine qu'infpire inévitablement l'oppreffion : la nation , fans ceffer d'être fidelle , ceffe d'être auffi zélée pour le fouverain ; & pendant que les citoyens gémiffent ou murmurent , les auteurs du défordre mal unis entr'eux , parce qu'il ne peut y avoir que des ligues paffagères entre les méchants , fes divifent ; leurs intérêts font oppofés ; ils cherchent à s'entre-détruire ; chacun d'eux ayant fes partifans , fes créatures , il fe forme des factions ; la cour n'eft plus occupée que d'intrigues , de cabales; l'état fouffre ; le fouverain trop peu éclairé, trop foible pour connoitre & punir également tous ceux qui le trahiffent & foulent le royaume , prend lui-même parti pour l'un d'entr'eux ; & le refte des factieux irrités de cette préférence, fe liguent & portent leur audace jufqu'à faire craindre le monarque lui-même , qui, malgré fes grandes idées de puiffance , de defpotifme , tombe dans la plus violente & quelquefois dans la plus déplorable fituation. Telles furent les caufes qui agitèrent prefque perpétuellement le règne malheureux de *Jean II* , qui n'eut ni affez de lumières pour difcerner les traitres qui l'entourèrent & abusèrent de fa confiance, ni affez de fermeté pour les réprimer , lorfqu'ils fe furent foulevés, & qu'il dépendit de lui de les punir ou de les éloigner. La nation fouffrit infiniment de la foibleffe de *Jean II* , & il fouffrit lui-même prefqu'autant de la licence & des crimes de fes favoris qu'il avoit enhardis, & en quelque forte autorifés lui-même par fes imprudences & fa pufillanimité. Fils d'un illuftre fouverain , de Henri III , roi refpectable par fa fageffe , redoutable par fa valeur , & de dona Catherine de Lancaftre, *Jean II* n'avoit que quatorze mois lorfque la mort lui enleva le roi fon père : don Ferdinand fon oncle, fon tuteur , & régent du royaume ; mais don Ferdinand lui-même ayant été appellé au trône d'Aragon , dona Catherine fa mère refta feule chargée de la tutelle & de la régence de fes états. Dona Catherine avoit d'excellentes intentions

tions ; l'on dit même qu'elle avoit de grandes qualités ; mais, les soins du gouvernement l'occupoient trop, pour veiller aussi assidûment qu'il eût été nécessaire, à l'éducation de son fils qui fut un peu négligée : d'ailleurs, la reine Catherine ne vécut point assez longtemps pour le bonheur du royaume & pour l'utilité de son pupille, qui, n'ayant que treize ans, lorsque cette princesse mourut, fut proclamé roi par les soins trop empressés de l'archevêque de Tolède, & de quelques autres seigneurs, le 20 octobre 1418. Les premiers jours du règne de ce prince, trop jeune pour se douter seulement de l'étendue & des bornes de son autorité, furent employés aux fêtes de ses fiançailles avec dona Marie, infante d'Aragon ; époux & roi dans un âge où à peine les hommes commencent à se connoître, Jean II convoqua les états, & déclara qu'il alloit gouverner par lui-même ; il eût dit plus vrai, s'il eût dit que les autres alloient gouverner sous son nom. On lui fit renouveller la trève avec le roi de Grenade : & la seule action qu'il fit alors d'après lui-même, fut de faire son favori de don Alvar de Luna, seigneur ambitieux, éclairé, mais fort turbulent : ce choix déplut à don Juan & à don Henri, fils de don Ferdinand, infans d'Aragon ; ils vouloient seuls & à l'exclusion l'un de l'autre, régner dans l'esprit du roi, & sous son nom régir, ou à leur gré, bouleverser l'état. Don Juan médita de se rendre maître de la personne du jeune souverain ; mais son frère, plus heureux, exécuta ce projet pendant l'absence de don Juan, qui étoit allé en Navarre épouser l'infante dona Blanche. Don Henri profita de ce voyage, & de concert avec le connétable, l'évêque de Ségovie & quelques autres seigneurs, il alla à Tordesillas, où le roi étoit ; & par le plus insolent des attentats, se rendit maître de sa personne : sans doute dans la vue de lui faire oublier son crime, il lui fit épouser l'infante dona Marie sa sœur ; & le roi parut avoir si peu de ressentiment de cet acte de violence, que devant les états assemblés par son ordre à Avila, il justifia tout ce qu'avoit fait don Henri, & désavoua toutes les démarches que l'infant don Juan faisoit pour le tirer des mains de son ravisseur. Toutefois, cette complaisance ne se soutint pas, & Jean II plus ennuyé qu'irrité de sa captivité, confia à don Alvar de Luna son favori, qu'il vit en secret, combien il desiroit d'être délivré de l'oppression de don Henri. Don Alvar se ligua avec don Frédéric, comte de Transtamare, & don Rodrigue Pimantel : ils prirent si bien leurs mesures, qu'ils délivrèrent le roi, qui, passant le Tage sur une barque, gagna le château de Montalban. A peine y fut-il arrivé, qu'il y fut assiégé par le connétable & don Henri ; mais ces deux hardis factieux, informés que don Juan suivi de nombreuses troupes, venoit au secours du roi, levèrent le siège & se retirèrent précipitamment l'un & l'autre. Jean II sentoit toute l'obligation qu'il avoit à don Juan ; mais n'ayant pas plus d'envie de tomber en sa puissance, que de rentrer sous l'oppression dont il venoit de s'affranchir, il accueillit avec distinction don Juan, mais ne voulut point lui per-

mettre de rester à sa cour, & le renvoya, après lui avoir ordonné de licencier ses troupes. L'infant, hors d'état de résister, obéit ; mais Henri furieux leva le masque & excita des troubles ; afin de maintenir son crédit, il avoit épousé, pendant la détention du roi, l'infante dona Catherine, sœur de ce monarque, & il s'étoit fait accorder pour dot de son épouse, la ville de Villena avec ses dépendances, sous le titre de duché. Cette ville n'ayant point encore été cédée, Henri voulut de force s'en mettre en possession, suite de ce nouvel attentat ; Jean II révoqua la donation qu'il avoit faite de Villena, & défendit aux habitans de reconnoître d'autre seigneur que lui. Henri continua d'user de force ; mais ses entreprises ne lui réussirent point ; la plupart des seigneurs l'abandonnerent & s'attacherent au roi qui, vivement indigné de ses violences, l'obligea de se retirer, & ne voulut pas même le voir, lorsque forcément soumis, Henri vint pour lui témoigner son repentir & l'assurer de son obéissance. Cette sévérité qui ne fut à la vérité que momentanée, ne rendit le calme ni à la cour ni à l'état. L'infant Henri toujours inquiet, factieux, persista dans ses intrigues, ses cabales & ses complots ; le roi lui ordonna de venir se justifier ; & l'infant après avoir demandé, avant que d'obéir, des sûretés & des ôtages, apprenant qu'on se disposoit à marcher contre lui les armes à la main, fut à Madrid se présenter au roi qui ne voulut lui donner audience qu'au milieu de son conseil. Henri ne pouvant faire autrement, y parut ; & sur les accusations qui furent portées contre lui, prouvées par ses propres lettres, il fut arrêté & étroitement renfermé. Sa captivité ne fut que donner plus de violence aux troubles : Henri avoit en Castille un grand nombre de partisans, & son frère, don Alphonse, roi d'Aragon, paroissoit disposé à embrasser sa cause. Car Jean II lui ayant fait demander tous les seigneurs Castillans qui s'étoient retirés à sa cour, ainsi que la princesse sa sœur, Alphonse demanda à son tour la liberté de son frère ; elle ne lui fut point accordée, & les deux rois également mécontens l'un de l'autre, se préparerent à la guerre. Ce fut au sein de ces agitations que naquit l'infant don Henri, que le roi son père fit reconnoître huit jours après pour prince héréditaire, & qui en effet régna pour le malheur de ses sujets. Cependant le roi d'Aragon se disposant à employer la force pour délivrer son frère, les états de Castille approuverent l'emprisonnement de ce prince, & s'obligerent à fournir aux dépenses de la guerre que Jean avoit à soutenir, si don Alphonse exécutoit ses menaces. Cet orage alloit éclater lorsque don Juan, frère de don Henri, fut appellé au trône de Navarre après la mort du roi don Carlos, & du chef de la reine Blanche, l'épouse de don Juan, & héritière de don Carlos. La couronne de Navarre flattoit beaucoup moins don Juan que le crédit presque sans bornes qu'il avoit en Castille ; il n'en mésusa point dans cette occasion, & avant que d'aller prendre possession du sceptre, il ménagea un accommodement entre les rois de Castille &

d'Aragon ; les conditions de ce traité furent que don Henri seroit remis en liberté, & que tous ses domaines lui seroient rendus ; qu'il prêteroit un nouveau serment de fidélité à *Jean II*, & qu'Alphonse n'auroit aucun ressentiment contre tous ceux qui, soit pour servir leur maître, soit pour d'autres motifs, avoient eu part à l'emprisonnement de don Henri. Quand les grands d'un état, sur-tout sous un roi foible, se sont livrés une fois à l'esprit de discorde, d'intrigue, de faction, il est bien difficile de les engager à rentrer dans le devoir & sous les loix de la dépendance & de la subordination. Ce ne fut que pour quelques jours que les troubles parurent suspendus en Castille, & ils recommencerent avec plus de violence, suscités par la haine de la plupart des seigneurs contre le connétable don Alvar de Luna, qui, à la vérité, abusoit quelquefois avec trop de licence de la grande puissance que lui donnoit sa dignité, & de la foiblesse du roi dont il étoit le favori. Celui qui haïssoit le plus fortement don Alvar, étoit l'infant don Juan, roi de Navarre, que les grands & la noblesse regardoient comme leur protecteur & leur appui. Les plaintes & les accusations portées contre don Alvar furent si graves, si multipliées, & ces accusations répétées à grands cris par le peuple, paroissoient présager un soulevement si prochain, que *Jean II* effrayé, crut devoir, quelque pénible que fût le sacrifice, consentir à l'éloignement de son favori ; & dès ce moment, il parut s'attacher à don Henri par cela même que dans cette occasion, il n'avoit pris, du moins en apparence, aucune part à cette intrigue. Cependant l'absence du connétable ne ramena point le calme ; au contraire, les seigneurs qui s'étoient si étroitement ligués contre lui, se brouillerent bientôt entr'eux ; & comme jusqu'alors ils n'avoient craint que la vigilance & les conseils sévères de don Alvar, & que son éloignement sembloit leur assurer l'impunité, ils se livrerent sans ménagement aux excès les plus répréhensibles, & se portèrent à de si grandes violences, que le peuple irrité des vexations & des suites cruelles de leurs haines particulières, qui retomboient sur lui, éclata, se plaignit hautement, & menaça de repousser l'oppression par la force. La confusion & le désordre furent portés si loin, que les ennemis même les plus irréconciliables de don Alvar, prièrent le roi de Castille de le rappeler à la cour ; & quand il y revint, ce furent don Juan, roi de Navarre, & don Henri qui le présentèrent au roi. Par cette démarche, les deux frères espérèrent de s'attacher le connétable, & ils se trompèrent ; don Alvar, qui ne voyoit en eux que les protecteurs & l'appui des seigneurs les plus turbulens, les éloigna tous deux de la cour sous des prétextes honorables, & jouissant bientôt lui-même d'une plus grande autorité qu'il n'en avoit eu jusqu'alors, il excita l'envie & la jalousie des grands qui ne tardèrent point à se déchaîner contre lui. Quoiqu'absens de la cour, les infans don Juan & don Henri étoient l'ame & les auteurs des intrigues & des cabales formées contre le connétable ; & le roi d'Aragon qui, pour ses

propres intérêts, agissoit de concert avec ses frères, assembla des troupes, tandis que don Alvar en assembloit de son côté au nom du roi ; en sorte que la guerre sembloit inévitable, & quelques efforts que pût faire la reine douairière d'Aragon, secondée par le cardinal de Foix, légat du pape, elle ne put empêcher les suites de cette querelle, qui des deux côtés fit répandre beaucoup de sang. Il est vrai que par les soins, la valeur & le zèle du connétable, *Jean II* eut enfin de l'avantage sur les mécontens, & qu'il déposséda successivement les infans des places qui leur appartenoient. Après beaucoup de sièges & de combats, *Jean* conclut une trève avec les rois d'Aragon & de Navarre, & les conditions de cette trève furent que les exilés & les mécontens resteroient dans les lieux où ils étoient, & que don Henri évacueroit le château d'Albuquerque, seule place qui lui restoit encore. C'étoit-là suspendre seulement les troubles & ne rien terminer ; mais le roi de Castille qui depuis long-temps méditoit de tourner ses armes contre les Maures, crut gagner beaucoup en se procurant le temps & la liberté de remplir son projet. Il réussit au gré de son attente, & après avoir remporté une victoire signalée sur les Maures de Grenade, il détrôna Mahomet le Gaucher, & fit passer le sceptre à Joseph-Ben-Muley petit-fils de ce roi de Grenade, que Pierre le Cruel avoit poignardé à Séville : le nouveau souverain Maure, plein de reconnoissance, se reconnut vassal de Castille, & par cette soumission vraiment glorieuse pour *Jean II*, les hostilités cesserent. Mais tandis que le roi de Castille disposoit à son gré d'un royaume étranger, le sien étoit violemment agité par les troubles, l'ambition & la licence des factieux. Le roi y vint, & l'armée qui l'accompagnoit en imposa aux rebelles ; l'infant don Henri se soumit, évacua toutes les places qu'il tenoit, & parut déterminé à ne plus remuer. Pendant que *Jean II* s'occupoit à soumettre les rebelles, il arrivoit à Grenade une révolution qui rendoit inutile la glorieuse guerre que les Castillans avoient faite dans ce royaume ; Joseph-Ben-Muley mourut, & Mahomet-le-Gaucher, qui depuis si peu de temps avoit perdu la couronne, se présenta, fut reconnu, remonta sur le trône ; le roi de Castille fut obligé de dissimuler, les circonstances ne lui permettant point d'aller donner aux Maures de Grenade un nouveau souverain ; car alors il avoit à dissiper & à punir une conjuration nouvelle. Bienfaiteur de don Frédéric, comte de Luna, & fils naturel de don Martin, roi de Sicile, & qui avoit été l'un des prétendants à la couronne d'Aragon, il ne s'attendoit point à trouver en don Frédéric un ingrat & un traître. Mais Frédéric, homme sans mœurs & sans principes, épuisé, appauvri par ses prodigalités, forma, de concert avec quelques scélérats, le complot de s'emparer de Séville, d'y porter le fer & la flamme, de piller pendant le tumulte les richesses des citoyens & des marchands, ensuite d'équiper une flotte & d'aller infester les mers. Cette trame fut découverte peu de temps avant le moment fixé pour son exécution. Les complices de Frédéric périrent sur l'échafaud, &

Frédéric

Frédéric lui-même eût expiré dans les supplices, si la haine que Jean lui connoissoit pour le roi d'Aragon ne lui eût sauvé la vie : on se contenta de l'enfermer à perpétuité. Cette conjuration dissipée, le roi de Castille recommença la guerre contre les Maures de Grenade ; & afin de lui donner plus d'autorité, & de pouvoir y employer toutes ses forces, il conclut, après bien des difficultés & une longue négociation, un traité de paix avec les rois d'Aragon & de Navarre. L'une des conditions de cette paix étoit que le prince des Asturies, don Henri, épouseroit l'infante dona Blanche, fille du roi de Navarre ; cette clause fut la première remplie, & l'infante dona Blanche, la plus belle personne d'Espagne, fut unie au prince des Asturies, qui ne pouvant également accomplir ce mariage, fut obligé dans la suite de consentir à sa dissolution. ( Voyez HENRI IV, Hist. d'Espagne. ) Libre de toute inquiétude, & croyant le calme rétabli dans ses états, Jean II ne songea plus qu'à continuer la guerre contre les Maures de Grenade ; mais au moment d'entrer en campagne, sa surprise & l'étonnement du connétable don Alvar, son ministre, furent extrêmes, lorsqu'ils apprirent que la plûpart des seigneurs étoient allés avec leurs troupes, joindre les mécontens qui s'étoient rassemblés, & qui avoient à leur solde une armée formidable, & à leur tête l'infant don Henri. Le roi de Castille irrité de ce nouvel obstacle, fit les plus grands efforts pour balancer les efforts des rebelles ; mais le nombre de ceux-ci s'accroissoit chaque jour. Au milieu de cet embarras, Jean II reçut une lettre signée du roi de Navarre, de l'infant don Henri & des principaux d'entre les rebelles, qui lui marquoient que ce n'étoit point contre lui qu'ils avoient pris les armes, mais contre don Alvar de Luna, qu'ils chargeoient des plus grands crimes, des plus odieuses déprédations. Le roi de Castille indigné, & comptant mortifier les mécontens, nomma aux charges de la maison du prince des Asturies, & mit le connétable à la tête : mais il étoit bien loin de se douter que le prince des Asturies lui-même, alloit, par les conseils de don Juan Pacheco, son favori, prendre des liaisons secrettes avec les mécontens, ainsi que la reine sa mère. Il découvrit bientôt cette trame, & il ne changea rien à la résolution qu'il avoit prise de surprendre les rebelles & de punir leur audace ; mais il fut surpris lui-même par les confédérés à Medina-del-Campo ; & se voyant en leur pouvoir, il fut contraint d'accepter les conditions humiliantes qu'ils lui imposèrent, & de jurer que le connétable resteroit éloigné de la cour pendant six ans, après avoir donné son fils en ôtage. Les rebelles, dont la ligue s'étoit encore fortifiée par le succès, contraignirent le roi à convoquer les états, où il ne fut rien statué que par eux ; il eut même la douleur de voir son fils, le prince des Asturies, venir dans le conseil, & exiger impérieusement qu'on chassât de la maison du roi plusieurs des principaux officiers, & tous ceux que le connétable y avoit placés. Ces actes d'humiliation ne satisfirent point encore les rebelles, & le roi de Castille fut gardé à vue par deux d'entr'eux, qui eurent ordre de ne le point quitter ; ce dernier

trait le jetta dans la plus profonde mélancolie. Mais peu de temps après, l'évêque d'Avila travailla avec tant de zèle à lui faire rendre la liberté, qu'il y parvint, & le prince des Asturies gagné par les conseils de Pacheco, son favori, que l'évêque, à force d'argent, avoit mis dans ses intérêts, se détachant de la ligue avec autant de légèreté qu'il y étoit entré, prit de si sages mesures avec don Alvar, qu'au moment où les deux partis étoient prêts à combattre, le roi trouva moyen de se sauver, & alla se mettre à la tête de ceux qui s'étoient déclarés pour lui ; dès ce moment, la fortune abandonna la cause des confédérés, qui néanmoins voulant terminer la querelle par une action décisive, présentèrent la bataille à l'armée royale. Ils furent vaincus, mis en déroute : il en périt une grande partie, & l'infant don Henri, le plus turbulent & le plus dangereux de tous, fut blessé, & mourut peu de temps après. Jean II, vainqueur des rebelles, envoya sur l'échafaud les principaux d'entre les prisonniers de guerre, & confisqua les biens de tous ceux qui avoient été pris les armes à la main. Cette victoire & la sévérité du roi auroient pu rétablir le bon ordre, si le prince des Asturies, sous prétexte que son père ne lui avoit pas cédé quelques places, qu'il prétendoit lui avoir été premises, ne se fût rendu mécontent à Ségovie, & n'eût fomenté de nouvelles dissensions. Quelque temps avant la victoire de Jean II, la reine dona Marie son épouse, étoit morte, & les mécontens avoient accusé don Alvar de l'avoir empoisonnée. Don Alvar ne jugea pas même à propos de repousser cette imputation ; & son silence, ainsi que la mésintelligence qu'il y avoit entre lui & la reine, semblent donner du poids à cette grave accusation. Quoi qu'il en soit, le connétable, sans consulter son maître, proposa à la cour de Portugal de le marier avec dona Isabelle, fille de Juan, infant de Portugal : cette proposition fut acceptée, & ce ne fut qu'alors que don Alvar en fit part à son maître ; Jean en fut très-offensé : il n'osa pourtant le contredire, ni le désavouer, mais il commença dès cet instant, à concevoir pour lui une très-forte haine, & qui ne tarda guère à devenir fatale à l'ambitieux favori. Cependant le prince des Asturies, aussi mauvais fils qu'il fut ensuite mauvais roi, ne cessoit de cabaler contre son père, désigne hautement sa conduite, & se déchaînoit contre lui avec tant de licence, qu'on disoit publiquement qu'il ne se proposoit pas moins que de le détrôner, sous prétexte que le roi de Castille secondoit & protégeoit les déprédations du connétable don Alvar. L'état souffroit de cette mésintelligence ; & pour comble de malheur, les puissances étrangères profitant de ces divisions, faisoient sur les frontières de cruelles irruptions. Les Gascons, suscités par le roi de Navarre, entrèrent & portèrent la dévastation sur les terres de Castille, tandis que le roi de Grenade s'emparoit des meilleures places & faisoit un grand nombre d'esclaves, appuyé en secret par le prince des Asturies, qui, pour rendre son prince odieux par les progrès des Mahométans, défendoit aux villes qui dépendoient de lui, de secourir

Y

aucune place de la frontière. Pendant cet orage, Jean II, qui néanmoins sentoit vivement sa situation, mais qui craignoit encore une nouvelle guerre, épousa dona isabelle, fille de l'infant don Juan de Portugal; & cette nouvelle épouse qui eut bientôt toute sa confiance, travailla de toute sa puissance à hâter la ruine du connétable; quoique ce fût à lui seul qu'elle fût redevable de son mariage, tant il est vrai, que l'ambition & la reconnoissance sont deux sentiments incompatibles; car dona Isabelle voulant seule régner sur l'esprit du monarque, & ne pouvant y parvenir qu'en perdant son bienfaiteur, elle se décida facilement à sacrifier le connétable à la passion qu'elle avoit de dominer. Tandis qu'elle cherchoit à aigrir son époux contre le favori, celui-ci négocioit la réconciliation du prince des Asturies avec son père, & il parvint à ménager entr'eux une entrevue. Dans cette conférence, le roi de Castille se raccommoda avec son fils, & ils se sacrifièrent l'un à l'autre plusieurs seigneurs, qui furent aussi-tôt arrêtés; mais l'un d'entr'eux, le comte de Benavente, s'évada, & excita des troubles qui eussent eu les plus fâcheuses suites, si le pape n'eût enfin interposé son autorité, plus respectée alors que la puissance royale, & s'il n'eût envoyé aux préfats de Castille & de Léon, une bulle par laquelle il leur enjoignoit d'excommunier tous les rebelles. Cette bulle produisit les plus grands effets; les mécontents & le prince des Asturies même se soumirent sincèrement: l'infant Henri redoutoit la force des foudres du pape, qu'il n'avoit du respect pour l'autorité paternelle. Pendant que les rebelles se soumettoient, le roi de plus en plus irrité par son épouse, contre don Alvar, ne cherchoit que les moyens de s'assurer de sa personne, & don Alvar lui-même lui en fournit plus d'une occasion dont on n'osa cependant pas profiter, tant on craignoit de soulever le peuple! Cependant, après bien des tentatives qui firent enfin connoître, à don Alvar le danger qui le menaçoit, on investit sa maison; il s'y défendit avec la plus grande intrépidité, & eût continué à s'y défendre jusqu'à la mort, si Jean II ne lui eût envoyé dire qu'il se rendit prisonnier, & qu'il ne craignît rien. Don Alvar ne se contentant point de cette promesse, demanda un billet signé du roi, par lequel le monarque l'assurât qu'on n'attenteroit ni à sa vie ni à son honneur. Jean II eut la perfidie d'écrire & de signer cette promesse, sur laquelle don Alvar ne se fut pas plut tôt rendu, qu'il fut mis en prison, & livré à douze jurisconsultes, assistés des seigneurs du conseil, qui, après avoir instruit son procès, le condamnèrent unanimement à la mort. Il fut amené à Valladolid, où il fut exécuté sur un échafaud. Jean II, le matin de l'exécution, vouloit lui faire grace, & lui eût pardonné, si l'ingrate reine ne l'en eût empêché. Ainsi périt un homme qui, pendant quarante-cinq années, avoit servi son maître avec le zèle le plus rare, & qui, pendant trente années, avoit gouverné le royaume avec un pouvoir absolu à la vérité, mais aussi avec l'intégrité la plus inébranlable & la plus désintéressée. On convient qu'il étoit ambitieux, jaloux de dominer; mais lui seul étoit capable

de tenir, au nom de son maître, les rênes de l'état: il étoit très-habile ministre, & pendant la longue durée de ce règne orageux, jamais on ne vit don Alvar entrer dans aucune faction; il étoit au contraire l'épouvantail des factieux. Jean II le regretta, mais il n'étoit plus temps; il se forma des factions nouvelles, & le seul homme en état de les réprimer avoit été lâchement sacrifié à la haine jalouse de la reine. Quelques jours après cette exécution, le mariage du prince des Asturies avec l'infante dona Blanche, fut déclaré nul pour cause d'impuissance. Le roi de Castille qui s'étoit privé du seul homme sur la fidélité duquel il pût compter, & qui se voyoit perpétuellement environné de seigneurs factieux, prit auprès de sa personne huit mille lances, & cette formidable escorte produisit le plus grand effet; les cabales cessèrent, & il n'eut plus à craindre les complôts. Informé des grandes découvertes & conquêtes faites par le roi de Portugal dans les Indes, il en fut profondément affligé, & croyant arrêter le cours de ces conquêtes, il prétendit que ses prédécesseurs ayant obtenu du pape les îles Canaries avec tout ce qui en dépendoit, les découvertes des Portugais étoient contraires à la cession du pape, & qu'il déclareroit la guerre à la maison Portugaise, si elle ne se désistoit point de ces découvertes. Le roi de Portugal, sans insister sur l'absurdité de ces prétentions, se contenta de répondre que les Indes orientales étoient infiniment étendues, & point du tout une dépendance des îles Canaries; qu'au reste, il n'empiéteroit point sur les droits du roi d'Espagne, ni sur les possessions qu'il tenoit de la libéralité du pape. A-peu-près dans le même temps, la reine d'Aragon, dona Marie, sœur de Jean II, étant venue en Castille pour voir son frère, ce prince se mit en route dans le dessein d'aller à Medina-del-Campo joindre sa sœur; mais ce la seconde journée de son voyage, il tomba dans une si grande foiblesse, qu'on crut qu'il alloit expirer; il revint cependant à lui, & se fit transporter à Valladolid, où sa maladie devint si violente & fit tant de progrès qu'il expira, fort dégoûté, dit-on, du trône & de la vie, le 21 juillet 1454. Il ne fut regretté ni des sujets, ni de sa famille, & il faut avouer qu'il ne mérita les regrets de personne, (L. C.)

JEAN I, roi de Portugal, (Hist. d'Espagne.) Ce ne fut point à la fortune seule que Jean I fut redevable du trône; ce ne fut pas non plus à la naissance, qui donne souvent aux nations des souverains si peu capables de gouverner: ce fut à ses talents, à ses vertus, ou, ce qui est la même chose relativement aux enfers, à l'art qu'il eut d'affecter les vertus les plus nécessaires au succès de ses vues & à son élévation. Jean fut, sans contredit, le plus ambitieux des hommes; mais il eut soin de couvrir ses desseins du voile toujours imposant de l'amour du bien public. Il fut l'un des plus grands politiques de son siècle, mais lui seul le savoit, tant il étoit attentif à cacher ses projets sous l'apparence de la franchise la plus ingénue, de la plus rare candeur. Il connoissoit les hommes, les aimoit peu, les estimoit moins encore;

mais il savoit les employer, & sur-tout gagner leur affection. Par son aménité, sa douceur, sa bienfaisance, il s'attacha le peuple autant qu'il lui paroissoit attaché lui-même : par sa valeur il captiva la confiance des militaires : son respect pour l'église, & sur-tout pour les privilèges & les immunités des ecclésiastiques, lui valut leur suffrage & leur condescendance. Ce fut par ces moyens, par ces qualités extérieures qu'il parvint enfin à s'asseoir sur un trône d'où l'illégitimité de sa naissance sembloit devoir l'exclure. En effet, fils naturel de don Pedre le Justicier & de dona Thérèse Lorenzo, Galicienne, d'une maison peu illustre, il naquit à Lisbonne le 2 avril 1357, & il fit bien valoir dans la suite, cette circonstance ; car le peuple imbécille, sur lequel les plus frivoles minuties font impression, montra l'attachement le plus zélé, le plus inaltérable au parti de *Jean I*, par cela seul qu'il étoit né à Lisbonne. Son enfance fut confiée aux soins de Laurent de Leiria, citoyen de Lisbonne, qui pria don Nugno-Freiras d'Andrade, grand-maître de l'ordre du Christ, de se charger de sa première éducation. D'Andrade remplit cette tâche avec zèle ; & lorsque son élève eut atteint l'âge de sept ans, il alla le présenter lui-même à don Pedre le Justicier, qui, dit-on, ne l'avoit point encore vu, & qui peut-être avoit déja oublié qu'il avoit eu, sept ans auparavant, un enfant d'une demoiselle de Galice. La nature, ou les graces de cet enfant firent une forte impression sur don Pede ; il parut s'intéresser vivement au sort de son fils, & l'adroit d'Andrade profitant de cette occasion, demanda librement au roi, pour *Jean* son pupille, la grande-maîtrise de l'ordre d'Avis, vacante depuis quelques jours. Cette dignité étoit très-éminente ; cependant le roi don Pedre ne résista point au plaisir de faire du bien à son fils ; il lui accorda la grande-maîtrise, l'arma chevalier, quoique enfant, & le fit partir pour Tomar, où étoit la principale maison de cet ordre. Ce fut dans cette ville que *Jean* fut élevé ; il y reçut une excellente éducation, répondit, au-delà même de l'attente des ses instructeurs, aux soins qu'ils se donnoient pour le former, & fit des progrès si rapides, qu'il étoit déja très-instruit à l'âge où la plûpart des jeunes gens commencent à peine à s'instruire. Aussi parut-il de bonne heure avec éclat, soit à la tête des armées, soit au timon des affaires, sous le règne de Ferdinand son frère ; & reconnut-on en lui l'un des meilleurs capitaines, & l'un des hommes les plus habiles & les plus éclairés du Portugal. On sait combien fut malheureux le règne de don Ferdinand ; on sait dans quelles fautes tomba ce souverain, léger, capricieux, inconséquent : elles eussent été irréparables, & quelques unes eussent causé peut-être la ruine de l'état, si le grand-maître d'Avis, tantôt par prudence & ses négociations, tantôt par sa valeur & son activité, n'eût arrêté les maux & les désordres qui devoient naturellement résulter de l'inconstante & téméraire conduite du roi son frère. (*Voyez* FERDINAND, *roi de Portugal*). Quelque mépris qu'il eût pour le caractère perfide & les mœurs corrompues de la reine Léonore, il lui resta soumis

tant que le roi vécut ; & il la servit même quelqu'injustes que fussent les ordres qu'elle le chargea d'exécuter. Cependant les scandaleuses intrigues de la reine, qui ne gardoit aucune bienséance, ayant éclaté, *Jean*, par intérêt pour le roi, blâma hautement l'indécence de sa conduite, & sans craindre les suites de sa liberté, l'avertit elle-même avec fermeté de garder du moins plus de retenue dans ses adultères amours. Léonore irritée obtint, ou supposa avoir obtenu de son facile époux, un ordre d'arrêter le grand-maître, qui fut mis en prison. Sa captivité ne suffisoit point à Léonore, & quelques jours après elle envoya un nouvel ordre de le faire mourir. Celui à qui cet ordre fut remis, ne crut pas devoir obéir avant que de l'avoir parlé à Ferdinand, qui parut très-étonné, & n'apprit qu'avec indignation l'abus étrange que l'on avoit fait de son nom. Mais bientôt sa tendresse pour Léonore l'emporta, il laissa même quelques jours le grand-maître en prison, lui rendit la liberté au nom de la reine ; &, comme si ce n'eût été qu'à sa sollicitation, *Jean* se prêta à la foiblesse de Ferdinand ; & feignant d'avoir la plus vive reconnoissance pour sa persécutrice, dont il connoissoit la noirceur & qu'il abhorroit, il alla lui baiser la main ; il ne lui fut permis de reparoître à la cour. Cependant la passion de Léonore pour Andeiro, comte d'Ourem, devint si scandaleuse, si publique & si déshonorante, que Ferdinand ne pouvant plus l'ignorer, chargea le grand-maître de se défaire de l'audacieux Andeiro à la première occasion qui s'offriroit. Mais le souverain offensé n'eut pas le temps de voir sa vengeance remplie ; & pour le bonheur de l'état qu'il laissoit dans la plus grande confusion, & qu'il eût entièrement écrasé, s'il eût régné plus long-temps, il mourut. Le Portugal étoit dans la plus déplorable situation ; & pour combler ses maux, le trône étoit l'objet de l'ambition, ou même des prétentions fondées de plusieurs princes, qui, pour s'en exclure les uns les autres, menaçoient le royaume de la plus cruelle guerre. Le premier de ces prétendants étoit *Jean I*, roi de Castille, qui ayant épousé dona Béatrix, fille de Ferdinand, sembloit avoir au sceptre les droits les plus incontestables du chef de sa femme ; mais ses droits n'avoient point l'approbation de la nation Portugaise, que l'idée seule d'obéir au roi de Castille transportoit de colère. D'ailleurs, quelqu'évidents que parussent les titres de *Jean I*, ils s'évanouissoient devant ceux de l'infant don Juan de Portugal, fils de don Pedre & d'Inès de Castro. Personne ne doutoit en Portugal, de la validité du mariage de don Pedre. Il est vrai que l'infant don Juan étoit alors prisonnier en Castille, où le roi *Jean I* l'avoit fait enfermer aussi-tôt qu'il avoit appris la mort de son beau-père, afin de se délivrer par ce moyen, d'un concurrent trop redoutable ; mais don Juan étoit adoré par la nation Portugaise qui le nommoit hautement, & ne vouloit que lui pour roi. Les droits de ces deux prétendants paroissoient ne laisser aucune lueur d'espérance au grand-maître, qui d'ailleurs n'avoit aucun titre qui lui permît d'aspirer à la couronne : il y avoit cependant

dant, & fes vœux ne fûrent pas vains : fa prudence &
la fortune applanirent tous les obftacles ; fon adreffe fut
même telle, qu'il parut être forcément porté fur le trône,
& non fe frayer lui-même la route qui devoit l'y
conduire, Pénétré, en apparence, de refpect pour
les dernières volontés du roi Ferdinand, le grand-
maître, auffi-tôt que ce fouverain fut mort, invita
le roi de Caftille à venir prendre le fceptre, & lui
demanda la régence du royaume jufqu'à ce que dona
Béatrix eût accouché d'un prince. Le roi *Jean* refufa
imprudemment, &, dit-on, avec mépris, la demande
du grand-maître, qui, dès ce moment, fe croyant
dégagé envers cet impérieux fouverain, parut craindre
pour fa propre fûreté, dans la vue de connoître
l'attachement de fes partifans, & feignit d'être alarmé,
lorfque fur la demande des ambaffadeurs du roi de
Caftille, fon époufe, dona Béatrix fut tumultuaire-
ment proclamée à Lisbonne, reine de Portugal. Cependant il s'en falloit bien que cette proclamation eût
eu l'aveu de tous les citoyens ; les grands les plus
diftingués fur-tout, ennemis déclarés de la réunion
des deux couronnes ; & perfuadés que fi elle avoit
lieu, bientôt le Portugal ne feroit plus qu'une province Caftillane, Le chancelier étoit à la tête de cette
puiffante faction ; ils fe réunirent tous au grand-
maître, en qui feuls ils fondoient leurs efpérances ;
mais leur plus grande crainte de voir tous leurs
projets déconcertés par la docilité de la reine Léonore
aux confeils d'Andeiro fon amant, qui, étant Caftillan, travailleroit de toute fa puiffance en faveur de
l'époux de dona Béatrix. Le grand-maître leur promit
de prévenir tous les efforts d'Andeiro : & en effet, il
alla au palais ; fit figne à Andeiro qu'il avoit à lui
parler, l'attira dans une falle voifine de l'appartement
de la reine ; & là, fans lui dire un mot, il tira un
poignard, le lui plongea dans le fein, & laiffant aux
grands qui le fuivoient, le foin d'achever de mettre
à mort la victime, il fit fermer les portes du palais,
après avoir fait fortir un de fes pages & le chancel er,
qui allèrent répandre & crier par la ville, que le
grand-maître foit dans le plus grand danger, & que
peut-être en ce moment on le poignardoit au palais.
A ces cris, les habitants de Lisbonne prirent les armes,
coururent furieux au palais, enfoncèrent les portes,
montèrent à la tour où s'étoit réfugié don Martin,
évêque de Lisbonne, dont tout le crime étoit d'être
Caftillan, & le précipitèrent du haut en bas. Le
grand-maître jugeant par ces excès de ce qu'il avoit à
attendre du zèle des Portugais, fe montra & permit
au peuple de le défendre contre un péril, qu'il n'avoit
point couru. Il alla enfuite juftifier auprès de Léonore,
fa rigueur envers Andeiro, & s'efforça d'en démontrer la néceffité. La reine l'écouta avec une froide
& filencieufe indignation, & lui demanda feulement
de lui permettre de fortir de Lisbonne. Il y confentit,
& elle fe retira à Alanguer. Alors le grand-maître
raffembla les principaux, d'entre fes partifans, parut
inquiet & très-chagrin d'avoir renoncé, pour fa tranquillité publique, à fa propre tranquillité, affecta la
plus grande incertitude fur le parti qui lui reftoit à

prendre, laiffant même entrevoir qu'il préféreroit de
bon cœur celui de la retraite. Le vieux chancelier
don Alvare Paez combattit de toutes fes forces cette
réfolution, & foutint que dans la fituation actuelle le
grand-maître ayant pour lui le peuple, devoit tout
entreprendre & tout ofer pour la fûreté de la nation
& pour la fienne. Le grand-maître affectant de fe
faire à lui-même la plus grande violence, promit de
fe facrifier au bien général ; & tandis qu'il jouoit cette
fcène, le peuple & la nobleffe affemblés par les foins
de fes adhérants, le proclamèrent protecteur de la nation & régent du royaume, firent ferment de ne
l'abandonner jamais, & quelques moments après vinrent en foule le conjurer de ne rien négliger pour la
défenfe des Portugais. Cependant le roi de Caftille,
à la tête d'une armée confidérable, entra dans le
royaume, dont il s'étoit flatté de faire aifément la
conquête, & pénétra jufqu'à Santaren, où il fit fon entrée publique avec la reine dona Béatrix, fon époufe,
& fe fit proclamer roi de Portugal. Mais bientôt fes
hauteurs mécontentèrent le petit nombre de feigneurs
qui s'étoient attachés à lui. Peu occupé de leur manière
de penfer à fon égard, & toujours perfuadé que le
royaume alloit tomber fous fa puiffance, il ne fongeoit qu'à hâter fes préparatifs, & joindre à fon
armée affez de troupes pour former le fiège de Lifbonne. Mais il connoiffoit peu le rival redoutable
qu'il avoit à combattre, les reffources, la valeur &
l'habileté du régent, qui, par fon affabilité, fes bienfaits répandus à propos, groffiffoit fon parti, ne
cherchant, en apparence, qu'à défendre les intérêts
& foutenir les droits de l'infant don Juan, prifonnier
en Caftille. L'armée du régent étoit déjà prefqu'affez
forte pour lutter contre celle du roi don Juan, qui
forma vainement le fiège de Lisbonne, que le protecteur
l'obligea de lever. Les Portugais étoient pourtant eux-
mêmes dans une violente fituation ; & les moiffons
ravagées par les Caftillans, les expofoient aux horreurs
de la famine qui commençoit déjà fe faire fentir :
mais ce fléau fut détourné par les foins actifs du régent,
qui lui-même, fuivi d'une foule de jeunes gens, alloit
de village en village apporter du fecours aux habitans, & faifoit amaffer à Lisbonne d'abondantes provifions Le roi de Caftille reconnut alors combien
il lui feroit difficile d'abattre la puiffance du protecteur;
& défefpérant de le vaincre ou de fe l'attacher, il eut
la baffeffe de recourir, pour s'en défaire, à la plus
odieufe des voies ; il corrompit le comte de Transtamare, qu'il engagea à faire affaffiner le régent ; mais
ce complot aviliffant pour fon auteur fut découvert,
& le régent n'en devenant que plus cher à la nation,
les états s'affemblèrent à Coïmbre pour y délibérer
en quelles mains on remettroit le fceptre : plufieurs
croyant même faire leur cour au régent, paroiffoient
défirer que ce fût dans celles de l'infant don Juan ; le
chancelier prouva que le trône étant vacant, & les
Portugais étant las maîtres de fe choifir un roi, perfonne ne méritoit plus, fur-tout dans les circonftances
préfentes, d'être chargé du poids de la couronne que
le grand maître d'Avis qui, pendant fa régence,

avoit fait de fi grandes chofes pour la nation & contre les efforts des Caftillans. Le connétable balança les droits des prétendans au trône, & fans fe décider pour aucun d'entr'eux, il conclut que, fans perdre de temps, il étoit de la dernière importance que les états nommaffent un fouverain. L'affemblée alloit procéder à cette élection, lorfque le régent prenant la parole d'un ton tranquille & modefte, fit le tableau de la fituation où le royaume fe trouvoit, expofa avec beaucoup de force les fatigues, les foins & les dangers auxquels fa régence l'avoit expofé ; ajouta que n'ayant aucun droit, aucune prétention à la couronne que d'ailleurs il étoit très-éloigné d'ambitionner, il étoit, par cela même, d'autant plus impartial dans le jugement qu'il portoit fur les deux prétendans, que le roi de Caftille & fon époufe avoient perdu leurs droits en entrant à main armée en Portugal, & que cette démarche devoit donner aux citoyens les plus vives & les plus juftes appréhenfions d'avoir à obéir à de tels maîtres ; qu'à l'égard de don Juan, il étoit prifonnier, & qu'il n'y avoit pas d'apparence, fi on le nommoit, que le roi de Caftille lui permît de venir régner ; que du refte fi ce prince réuniffoit les fuffrages, il feroit le premier à le reconnoître & à lui prêter ferment; que pour lui il ne fe fentoit point toutes les qualités qu'exigeoit l'exercice des fonctions de la royauté, mais qu'il feroit toujours prêt, en zélé citoyen, à rifquer fes biens & fa vie pour chaffer les ennemis, les combattre, défendre la liberté de la nation, & demeurer fidèle à celui qui feroit déclaré fon légitime maître. Soit que l'affemblée comprît quoi tendoit ce difcours adroit, foit qu'elle fût féduite par la fauffe modeftie du régent, la délibération fut unanime, le duc fut unanimement élu & déclaré roi de Portugal. L'interregne finit, & le grand-maître fut couronné fous le nom de *Jean I.* Son ambition étoit fatisfaite, & cependant il ne parut recevoir le fceptre qu'avec peine. Sa conduite fur le trône fut la même que celle qui l'avoit diftingué pendant fa régence, toujours affable, acceffible, prêt à obliger, & fur-tout à fervir l'état, les portugais lui eurent obligation encore des vues ambitieufes qui l'avoient fait parvenir à la royauté. Informé de cette élection, le roi de Caftille furieux, entra en Portugal, dévafta, autant qu'il fut en lui, tous les lieux par où il paffa, tant il étoit animé du défir de ruiner & de détruire ce royaume. Moins entraîné par la colère, le nouveau fouverain affecta au contraire beaucoup d'incertitude fur le fuccès, fe fit prier par fon armée, dont il ne cherchoit qu'à irriter la valeur, de la conduire à l'ennemi. Lorfque *Jean I* la vit animée du défir véhément de combattre, il prit un ton plus affuré, la conduifit à l'ennemi, dont les forces étoient fi fupérieures, que, fuivant la plupart des hiftoriens, les Portugais n'étoient qu'au nombre de fix mille fix cens contre trente mille combattans. Bientôt les deux armées fe rencontrèrent, & fans faire attention à l'inégalité, les Portugais attaquèrent avec tant de valeur les Caftillans, que ceux-ci ne pouvant foutenir l'impétuofité du choc, s'abandonnèrent à la fuite & furent mis en déroute, laiffant plus de dix mille morts fur le champ de bataille. Le roi de Caftille

hui-même fe fauva précipitamment fur une mule, & ne s'arrêta que la nuit fuivante à Santaren, à plus de trente milles de la plaine d'Aljubarote, où ce combat s'étoit donné. *Jean I* profita de fa victoire en général habile ; il s'empara fucceffivement de toutes les places dont les ennemis s'étoient rendus maîtres dans le royaume ; & ce ne fut qu'après qu'il eut eu feul la gloire de délivrer fes états, que le duc de Lancaftre, fon allié, étant arrivé à la Corogne avec dona Conftance, fon époufe, & fes filles, *Jean I* alla l'y trouver, & peu de jours après arrêta fon mariage avec l'aînée de ces princeffes, qu'il époufa bientôt après à Lisbonne. Ligué avec le duc de Lancaftre qui prenoit le titre de *roi de Caftille* du chef de fon époufe, il alla faire une irruption en Caftille, où il eut peu d'avantage. Plus heureux l'année fuivante, il fit feul avec l'armée Portugaife une feconde irruption dans le même royaume, s'empara de plufieurs forts, & fe rendit maître de la ville de Tuy en Galice. Don Juan, roi de Caftille, fatigué d'une guerre qui ne lui avoit caufé que des pertes & de l'inquiétude, & craignant de plus grands revers, fit propofer une trêve à *Jean I*, qui y confentit d'autant plus volontiers, qu'il attendoit avec impatience de des temps plus tranquilles lui permiffent de rendre fes états floriffans. Le roi de Caftille mourut, & la longue minorité de fon fucceffeur perpétuant les troubles dans ce royaume, la trêve avec le Portugal fut prolongée pour quinze ans. Afin de maintenir au rang qu'il occupoit, le roi, pour s'attacher les grands, avoit verfé fur eux des bienfaits qui l'avoient épuifé. Ces libéralités déplurent au chancelier, qui remontra à fon maître qu'il s'étoit réduit à un tel état, que s'il lui furvenoit encore quelques enfans, il feroit dans l'impoffibilité de leur former des apanages ; que le feul moyen de remédier à cette prodigalité, étoit de révoquer les donations qu'il avoit faites en dédommageant ceux qui tenoient de lui de fi vaftes poffeffions. *Jean* fe rendit à ces repréfentations, & fe conduifit d'après ce confeil : le connétable Alvarès de Péreyra, auquel le roi étoit en partie redevable de la couronne, & qui étoit l'un de ces plus riches donataires, fe croyant lefé par cette révocation, fe plaignit amèrement, fe retira dans fes terres, & parut déterminé à fortir du royaume. *Jean I*, qui avoit la plus vive reconnoiffance & la plus tendre amitié pour ce feigneur, fut très-affligé du parti qu'il fembloit vouloir prendre, lui envoya plufieurs perfonnes pour l'en diffuader, & ne pouvant rien gagner, lui ordonna de venir à la cour ; l'ayant fait entrer dans fon cabinet, il lui expliqua avec tant de franchife les raifons de fa conduite, lui parla avec tant d'intérêt du projet qu'il avoit formé de marier Alphonfe, fon fils naturel, avec la fille du connétable, que celui-ci entrant avec chaleur dans les vues de fon maître, & voyant que la révocation des donations ne venoit d'aucun motif de réfroidiffement, redoubla de zèle pour les intérêts de *Jean*, & dit qu'il étoit prêt, non-feulement à rendre tous les biens qu'il avoit reçus en don, mais encore à facrifier tous ceux qu'il tenoit de fes pères. Cependant la jaloufie divifoit toujours, malgré la trêve, les Caftillans & les Portugais ; le méccontentement & la haine allerent fi loin, que les premiers ayant manqué à l'exécution de quelqu'une des conditions de la trève, Jean I fit une irruption fur leurs terres, & s'empara de quelques places : mais tandis qu'il y faifoit des progrès qui lui promettoient des fuccès plus confidérables, fes états étoient menacés d'une révolution à laquelle il ne s'attendoit pas. Don Denis de Portugal, à la tête d'un corps nombreux de Caftillans, & foutenu par quelques feigneurs Portugais factieux, s'avança des frontières de ce royaume, y pénétra, & paffant jufqu'à Bragance, s'y fit proclamer roi. Toutefois cet orage, qui paroiffoit fi formidable, fut bientôt diffipé par l'active valeur du connétable qui mit les factieux & les Caftillans en fuite, obligea Denis de fe retirer précipitamment, & rendit le calme à l'état. Un nouvel événement acheva d'affermir la tranquillité publique ; le roi de Caftille mourut, & la reine dona Catherine, fon époufe, régente & tutrice de don Juan II, fon fils, fit convertir la trève en paix, à la fatisfaction des deux royaumes, de Jean I fur-tout, qui ne defiroit que d'avoir le temps & la liberté de travailler au bonheur de fes fujets : il s'y confacra tout entier : il rétablit l'autorité des loix énervée pendant les derniers troubles, il ramena le bon ordre, encouragea les citoyens utiles, intimida les citoyens pernicieux, & malgré la févérité néceffaire qu'il fe crut obligé d'employer, il ne ceffa point d'être aimé, parce que dans aucune circonftance il ne ceffa point d'être affable & acceffible. Les feigneurs avec lefquels il avoit jadis vécu d'égal à égal, furent toujours reçus dans fon palais de la même manière : il fupprima la vénalité des charges qui ne furent plus accordées qu'au mérite ; il diminua les impôts, attira l'induftrie par les récompenfes & les diftinctions qu'il accorda aux artiftes. Lorfqu'il fut parvenu à rendre les Portugais auffi heureux, & fon royaume auffi floriffant qu'il l'avoit defiré, fous prétexte de fe venger du comte de Flandre qui troubloit le commerce de fes fujets, il fit d'immenfes préparatifs de guerre par mer & par terre. Le comte de Flandre, informé par Jean I lui-même du véritable but de ce grand armement, feignit de fon côté de fe préparer à une vigoureufe réfiftance. Les Maures d'Afrique étoient l'unique objet de ces préparatifs ; le roi de Portugal avoit projeté d'aller à la tête de fes troupes les combattre. Vainement la reine, fon époufe, fit tous fes efforts pour le diffuader de cette expédition, il s'embarqua ; & la reine conçut de fon abfence un chagrin fi profond & fi vif, qu'elle tomba malade & mourut, auffi amèrement regrettée de la cour & de la nation qu'elle le fut du roi. La flotte Portugaife compofée de cinquante-neuf galères, de trente-trois vaiffeaux de ligne & de cent vingt vaiffeaux de tranfport, montés par cinquante mille hommes, alla débarquer près de Ceuta, qui fut tout de fuite affiégée ; & la réfiftance des Maures fut longue, opiniâtre ; mais la valeur des affiégeans l'emporta à la fin, & cette place fut obligée de fe rendre à Jean I,

qui, après avoir battu les Maures fur terre & fur mer, fortifia Ceuta, y laiffa une forte garnifon, & revint triomphant dans fes états. La fortune fecondoit ce fouverain illuftre dans toutes fes entreprifes ; rien ne manquoit à fon bonheur : aimé des Portugais, eftimé & craint des puiffances étrangères, il étoit encore plus heureux dans fa famille. Il avoit plufieurs fils : ils fe diftinguoient tous par de rares talens, d'excellentes qualités, fur-tout par leurs fentimens de zèle, de refpect & d'amour pour leur père. Edouard, l'aîné de fes enfans, d'une prudence confommée, étoit, quoique jeune encore, capable de tenir les rênes du gouvernement. Henri, duc de Vifeu, plus jeune encore, avoit la direction des affaires d'Afrique, & elles ne pouvoient être confiées à un directeur plus fage ni plus éclairé. Ce fut lui qui le premier donna aux Portugais ce goût des découvertes qui, dans la fuite, s'eft communiqué au refte des nations Européennes : ce fut encore lui qui ayant remarqué dans le petit royaume d'Algarve, un terrein fûr & commode, à-peu-près à deux lieues du cap Saint-Vincent, y fit conftruire Sagrès, l'une des villes les plus fortes du Portugal, & la mieux fituée. Jean I, qui lui-même étoit l'un des princes les plus éclairés de fon fiècle, favoit apprécier le mérite & les talens de fes enfans ; ils le rendoient heureux, & il ne chercha de fon côté qu'à faire leur bonheur, & leur donner des preuves de fa tendreffe. Il demanda l'infante dona Léonore, fille de don Ferdinand, roi d'Aragon, en mariage pour le prince Edouard, héritier préfomptif de la couronne ; il obtint cette princeffe, qui apporta en dot à fon époux deux cens mille florins d'or, ce qui dans ce fiècle étoit la dot la plus riche qu'une princeffe pût avoir. Dona Ifabelle d'Aragon, fille du comte d'Urgel, fut mariée à l'infant don Pedre : Jean maria auffi fa fille dona Ifabelle à Philippe le Bon, duc de Bourgogne ; & ce fut encore lui qui fit le mariage de l'infant don Juan avec dona Ifabelle de Portugal, fille de don Alphonfe, frère naturel du roi & de la fille du connétable. Ce connétable, don Nugno-Alvarez-Pereyra, refpectable vieillard, ancien ami du roi, & qui avoit rendu à l'état les plus importans fervices, vivoit dans la retraite depuis quelques années ; il mourut, & cette perte fit fur Jean, dont la fanté s'affoibliffoit depuis quelque temps, la plus forte impreffion : il cacha fon état d'affoibliffement, pour ne point alarmer fes enfans qu'il aimoit comme lui-même, & fes fujets qu'il chériffoit autant que fes enfans : mais il fentit bientôt que fa fin approchoit, & après avoir donné les plus fages & les plus utiles confeils à Edouard, il mourut le 14 août 1433, âgé de foixante-feize ans & dans la quarante-huitième année de fon règne. Sa mort répandit la confternation dans le royaume qui lui avoit les plus grandes obligations. La veille de fa mort, il voulut être tranfporté à Lifbonne, afin de mourir dans la même lieu où il étoit né, tant il fut attentif jufqu'au dernier moment de fa vie, à captiver la bienveillance des Portugais. Cet art paroît facile ; cependant peu de rois le poffèdent, & fur-tout à un dégré auffi éminent que le poffèda Jean I. (L. C.)

JEAN II surnommé LE PARFAIT, roi de Portugal, ( *Hist. de Portugal.* ) La févérité portée jufqu'à la plus inflexible rigueur, peut devenir aufli l'une des perfections humaines ; car les Portugais eux-mêmes donnent à *Jean II*, le furnom de *parfait* ; & cependant il fut l'un des rois les plus févères qui euffent encore occupé le trône. Sa juftice n'épargnoit aucun coupable, & on le vit porter ce zèle pour la juftice, jufqu'à exécuter lui-même l'arrêt de mort qu'il avoit prononcé. Toutefois, il me femble que quand même *Jean II* n'eût point rempli la fonction de bourreau, il n'en eût pas été moins parfait. Il eft vrai que ce furent parmi les grands, les factieux, & dans les derniers rangs, les brigands & les fcélérats qui eurent le plus à fouffrir de fon inflexibilité. Du refte, il ne s'occupa que du foin d'affurer le bonheur de la nation, & il mit en ufage des moyens qui lui réuffirent : il fut prudent, très-éclairé ; il fit des loix très-fages, veilla à leur obfervation ; & ce fut vraifemblablement à raifon de cette conduite, qu'on lui donna le furnom de *parfait* : mais encore une fois, moins de rigueur en lui n'eût pas été, à mon avis, une imperfection : car, je me trompe fort, ou l'extrême févérité touche de bien près à la cruauté ; & ce roi ne fut rien moins que doux & indulgent. Redouté, avant que de monter fur le trône, par la dureté de caractère dont il avoit donné des preuves pendant l'abfence du roi Alphonfe V fon père, il ne démentit point l'idée qu'on avoit de lui, quand, poffeffeur de la couronne, il jouit feul de la fouveraine puiffance. Fils d'Alphonfe V, & de dona Ifabelle, fille de don Pedre duc de Coïmbre, il fuivit & feconda fon père dans la guerre d'Afrique, & fe fignala par fa valeur, autant qu'il faifoit craindre les devoirs de la difcipline militaire ; foumis lui-même aux ordres de fon père, il puniffoit la plus légère infraction aux loix de la fubordination. Après la mort d'Alphonfe V, peu content d'exécuter le teftament de ce fouverain, il récompenfa tous ceux d'entre les officiers & les domeftiques de fon prédéceffeur, dont il n'avoit pas fait mention dans ce teftament, foit par oubli, foit qu'on leur eût rendu de mauvais offices. Il déclara enfuite que c'étoit moins lui que les loix qui alloient régner, & qu'il cefferoit de veiller à leur obfervation. Dans fa jeuneffe, il avoit témoigné la plus vive amitié à un homme, & lui avoit même promis par écrit de le créer comte, auffi-tôt qu'il feroit élevé fur le trône. Cet homme comptant fur cette promeffe, s'empreffa d'aller fe préfenter au nouveau fouverain, qui la lut, & la déchirant, dit que tout ce qu'il pouvoit faire étoit d'oublier cette obligation ; que les promeffes faites par de jeunes princes fans expérience, à leurs corrupteurs, ne doivent point être remplies, & que même c'étoit dans ce cas, une grande faveur que de ne pas punir les porteurs de pareils écrits. Les états affemblés, *Jean II* fit publier de nouvelles loix, & des réglemens de réforme, qui extirpoient tous les abus qui s'étoient inaroduits dans l'adminiftration de la juftice : il ordonna entr'autres chofes, que déformais les criminels n'auroient point de refuge, & feroient arrêtés dans tous les lieux du royaume indifféremment. Avant cette ordonnance il y avoit en Portugal une foule d'afyles où les criminels les plus puniffables étoient en fûreté. Les palais des grands fur-tout étoient autant de refuges regardés comme inviolables. L'ordonnance du roi fit murmurer ces grands, qui fe plaignirent hautement, & dirent que c'étoit attenter au plus facré de leurs privilèges : ils craignirent des réformes encore plus gênantes ; & le duc de Bragance qui fe croyoit encore plus lézé que les autres, pour arrêter le cours de ces innovations, fe ligua fecretement par un traité, avec don Ferdinand, roi de Caftille & d'Aragon. *Jean II* fut informé de ce traité, & ne voulant point encore éclater contre le coupable, époux de la fœur de la reine, il ne lui cacha point qu'il étoit inftruit de tout, l'avertit de renoncer à ces intrigues criminelles, & à cette condition promit de lui pardonner. Cet avis ne corrigea point le duc de Bragance, il continua de cabaler : *Jean* le fit arrêter à Evora, où, fon procès fait en très-peu de jours, il eut la tête tranchée. Cet exemple infpira de la terreur aux feigneurs qui, ne pouvant plus fe flatter de l'impunité, cefferent de murmurer & fur-tout de former des complots. L'un d'entr'eux cependant, le duc de Vifeu, frère de la reine, fut affez téméraire pour fermer les yeux fur la févérité de cet exemple, & affez audacieux pour entrer dans une confpiration contre la vie de fon beau-frère. Le fecret de la confpiration n'échappa point à la vigilance du roi : il invita le duc à venir à Setubal, fous prétexte de quelques affaires importantes qu'il avoit à lui communiquer. Le duc s'y rendit. Le roi le tirant à l'écart : *Que feriez-vous*, lui dit-il, *à celui qui en voudroit à votre vie ? Je le tuerois de ma propre main*, répondit le duc : *meurs donc*, répliqua le roi en lui perçant le cœur d'un coup de poignard. Le crime du duc de Vifeu étoit atroce ; mais l'action de *Jean* n'eft-elle pas encore plus atroce ? Et châtier ainfi, n'eft-ce pas affaffiner & non punir ? Quoi qu'il en foit, le roi donnoit dans le même temps les preuves les plus fignalées de fon équité & de fon défintéreffement. Il vifitoit les provinces, examinoit par lui-même fi fes fujets n'avoient pas à fe plaindre de la partialité ou de la prévarication des juges ; remettoit au frère du duc de Vifeu, tous les biens confifqués fur ce dernier, dont les complices périrent tous dans les fupplices. Il fit auffi d'excellentes loix fomptuaires : il ne permit qu'aux femmes de porter de la foie, de l'argent & des pierreries : il réduifit à la moitié les droits du port de Lisbonne, & y attira par ce moyen, une foule de vaiffeaux marchands, qui doublèrent le revenu du produit de ces mêmes droits. Il alla à Setubal faire équiper lui-même contre les Maures d'Afrique une flotte dont il donna le commandement à don Diègue d'Alméida, qui eut de grands fuccès à Anafe, où les Maures furent battus. A peu-près dans le même temps, *Jean II* donna ordre à don Pedre de Covil'ant, & à don Alphonfe Payva d'aller par terre en Orient, de s'informer exactement des productions de ces pays, des chofes que l'on y trouvoit & d'où on les tiroit. Ces deux voyageurs réuffirent, & c'eft à eux que l'on fut redevable de la découverte d'un nouveau chemin par mer pour aller aux Indes Orientales. On reproche

avec raifon au roi *Jean II* d'avoir rejetté les propofitions que vint lui faire le célèbre Génois Chriftophe Colomb, qui n'ayant point trouvé à la cour de
Portugal les fecours qu'il devoit en attendre, s'adreffa
à Ferdinand & Ifabelle, auxquels il procura la
conquête du Nouveau Monde, & l'un des plus vaftes
empires de la terre. La puiffance de Ferdinand &
d'Ifabelle les avoit refroidis fur le mariage projetté
il y avoit plufieurs années, entre don Alphonfe,
prince de Portugal, & dona Ifabelle, infante de
Caftille. *Jean II* defiroit beaucoup l'accompliffement
de ce mariage ; & pour y parvenir, il commença
par faire fortifier toutes les places de fon royaume,
fituées fur les frontières de Caftille : il y fit bâtir
auffi quelques nouvelles fortereffes. Ces précautions
alarmèrent Ifabelle & Ferdinand, qui avoient trop
d'embarras alors pour foutenir une nouvelle guerre ;
*Jean* les laiffa quelque temps dans l'incertitude ; & il
leur envoya enfuite des ambaffadeurs, chargés de leur
dire qu'il avoit embelli fon royaume autant qu'il l'avoit
pu ; qu'il l'avoit mis à l'abri de toute incurfion ; qu'enfin,
il avoit rendu fes états floriffants, & qu'il croyoit
devoir les informer du fuccès de fes foins, parce que
leur fille étant deftinée à partager le trône de Portugal,
il aimoit à leur apprendre qu'elle recueilleroit le fruit
de fes travaux. Ferdinand & Ifabelle ne voyant pas
qu'ils euffent d'autre parti à prendre, confentirent
à ce mariage, qui, peu de temps après, fut célébré à
Evora avec la plus grande magnificence. Mais les
fêtes données à cette occafion furent terminées par un
accident bien funefte, & qui les engagèrent en un
deuil bien amer. Le jeune époux Alphonfe ayant voulu
faire une courfe, fon cheval s'abattit, & le jetta par
terre fi rudement, qu'il l'y laiffa bleffé à mort & fans
fentiment ; il mourut le lendemain. Cette Cataftrophe
cruelle pénétra le roi de douleur ; & il y eût fuccombé,
fi on ne lui eût amené don George fon fils naturel,
qu'il avoit eu de dona Anne de Mendoze. La vue
de cet enfant calma peu-à-peu fa trifteffe ; & fa tendreffe paternelle fe portant toute entière fur ce jeune
prince, il s'occupa, mais vainement, des moyens
de lui faire affurer la fucceffion au trône, au préjudice de don Emmanuel, duc de Béja, frère de la
reine, & qui, par la mort d'Alphonfe, étoit devenu
l'héritier préfomptif de la couronne. Dans la vue
d'accoutumer la nation à regarder ce jeune prince
comme deftiné à régner, il lui donna, quoique dans
l'enfance encore, les grandes-maîtrifes d'Avis & de
Saint-Jacques. Bientôt il alla plus loin, & follicita du
pape Alexandre une bulle, par laquelle George fut
reconnu pour légitime ; mais le confiftoire affemblé
à Rome, rejetta unanimement cette demande, qui
lui parut trop contraire aux droits de la reine dona
Ifabelle de Caftille, du duc de Béja, & du refte de
la famille royale. *Jean II* ceffa de faire alors des tentatives, qu'il connut devoir être inutiles ; mais il dédommagea, autant qu'il fut en lui, fon fils George,
du rang où il ne pouvoit point l'élever, accumula
fur fa tête les honneurs, les biens, les dignités, &
lui donna le riche prieuré de Crato, premier prieuré

Portugais de l'ordre de Malte. La tendreffe du roi pour
George attira à celui-ci l'affiduité de plufieurs courtifans, jufqu'alors empreffés auprès du duc de Béja, qui
de chagrin & de dépit, s'éloigna de la cour, & fe
retira dans fes terres. *Jean* parut peu fenfible à fon
éloignement, & continua de prodiguer des bienfaits
à fon fils, & de s'occuper du gouvernement, car
rien ne pouvoit le diftraire des fonctions de la royauté,
qu'il exerçoit avec l'attention la plus affidue. Toujours
prêt à défendre l'honneur de fa couronne, les intérêts
de fes fujets & la gloire de la nation, il apprit qu'une
caravelle Portugaife richement chargée, & revenant
de Guinée, avoit été prife par quelques corfaires
François. Irrité de cette entreprife, le roi fit arrêter
tous les vaiffeaux françois qui étoient dans fes ports ;
& Charles, roi de France, informé du fujet de cette
faifie, jugea cette repréfaille jufte, & fit rendre la
caravelle avec toute fa charge. Cependant la reine,
qui n'ofoit repréfenter à fon époux la préférence qu'il
devoit au duc de Béja fur George, & qui n'avoit vu
qu'avec la plus vive douleur fon frère s'éloigner,
tomba malade, foit de chagrin, foit par l'inquiétude
que l'avenir lui caufoit, & refta quelques jours à Setubal
dans le plus grand danger. *Jean II* & le duc de Béja
fe rendirent auprès d'elle, & ne la quittèrent point
qu'elle ne fût rétablie ; mais le roi s'étoit fi fort excédé
de fatigue, qu'il tomba lui-même très-dangereufement
malade ; fon corps s'étant couvert de taches noires &
livides, des gens imaginèrent qu'il avoit été empoifonné ; & les médecins plus éclairés regardèrent
fa maladie comme incurable. Elle ne l'empêcha cependant point de s'appliquer aux affaires, comme s'il eût
encore joui de la plus robufte fanté : mais il s'en falloit
bien qu'il fût rétabli ; il lui furvint au contraire une
complication de maux qui dégénérèrent en hydropifie.
Dans cette fituation fâcheufe, il montra la plus grande
activité, & ramena l'abondance à Evora, où la cour
étoit alors, & où l'avarice de quelques perfonnes riches, qui ayant acheté tout le bled, le tenoient à un
prix exorbitant, avoit mis la famine. *Jean II* inftruit
de la caufe de ce défordre, crut y remédier en fixant
le prix du bled ; mais les perfides monopoleurs refufèrent, pour éluder la loi, de vendre leur grain: *Jean*
irrité contre ces mauvais citoyens, défendit, fous
peine de mort, à qui que ce fût, d'acheter du bled des
marchands Portugais, & affranchit les marchands étrangers de tout droit d'entrée, quelque quantité de bled
qu'ils vouluffent amener. En peu de jours Evora fut
dans l'abondance, & les monopoleurs reftèrent ruinés.
*Jean II* étoit encore à Evora, lorfqu'il apprit que
Chriftophe Colomb, dont il avoit fi mal accueilli la
propofition, il y avoit quelques années, étoit à Lifbonne, où il avoit été contraint de relâcher. Le roi
le fit venir à fa cour, l'accueillit avec la plus flatteufe
diftinction, en ufa envers lui avec une générofité vraiment royale, & le fervit de toute fa puiffance contre
quelques ennemis qui attentèrent à fa vie. Cependant
ce grand prince fe fentoit affoiblir de jour en jour,
& fon efprit étoit dans la plus grande inquiétude au
fujet de la fucceffion, qu'il voyoit bien devoir paffer

fur la tête du duc de Béja, & qu'il eût defiré d'affurer à fon fils. Comprenant qu'il ne lui reftoit que peu de temps à vivre, il fit fon teftament, expliqua fes dernières volontés, parla de fa fucceffion, ordonna de laiffer le nom de fon fucceffeur en blanc, héfita quelques moments, & à la fin, voulut que l'on y mît celui de George. Faria, qui écrivoit ce teftament fous la diétée du roi, & qui ayant jadis découvert la confpiration du duc de Vifeu, avoit tout à craindre, fi le duc de Béja parvenoit au trône, fut néanmoins affez grand, affez généreux pour repréfenter à fon maître que cette difpofition bleffoit évidemment les droits de la reine & du duc de Béja ; qu'elle fouleveroit les grands & le peuple ; enfin, qu'elle perdroit George lui-même, au lieu de le placer fur le trône. La grandeur d'ame de Faria fit impreffion fur Jean, qui confentit enfin qu'on écrivit le nom du duc de Béja, fe contentant de donner à George, par un codicille, le duché de Conimbre, tous les biens de don Pedre, jadis poffeffeur de ce duché. La violence qu'il s'étoit faite pour diéter ce teftament, qui coûtoit tant à fa tendreffe paternelle, acheva d'épuifer fes forces, il mourut le 25 oétobre 1495, dans la quarantiéme année de fon âge, & dans la quatorziéme de fon règne. C'eft à lui que le Portugal fut redevable de fa grandeur, & de la découverte des Indes Orientales, pour laquelle Vafco de Gama étoit prêt à mettre à la voile lors de la mort de cet illuftre fouverain. Il fut très-éclairé, mais il fut très-févère : il le fut trop, & fon exceffive rigueur fait tort, à mon avis, au furnom de *parfait* que fa nation lui donna. ( *L. C.* )

JEAN III, roi de Portugal, ( *Hift. de Portugal.* ) Il y a auffi quelquefois du hazard fi l'ouvrage & fouvent dans le choix des furnoms que les peuples donnent aux rois : je viens de m'arrêter au règne de Jean II, que l'on trouva parfait, parce qu'il eut une rigueur outrée ; & *Jean III*, qui fans être févère, fut aimer la juftice & refpeéter les loix ; *Jean III*, qui, philofophe fur le trône, fut l'ami, le bienfaiteur, le père de fes fujets, & qui confacra tous les moments de fon règne & de fa vie aux foins du gouvernement, ne fut décoré par les Portugais d'aucun furnom honorable, lui qui réuniffoit à un dégré fi éminent tant d'excellentes qualités, tant de rares & utiles vertus. C'eft à lui que je donnerois volontiers le furnom de *parfait*, parce que, fuivant moi, le plus parfait des rois eft celui qui contribue le plus à la félicité publique. Il naquit à Lisbonne, le 6 juin 1502, du mariage du roi Emmanuel - le - fortuné avec dona Marie, infante de Caftille : le jour de fa naiffance fut marqué par la terreur des habitans de Lisbonne, qui éprouvèrent une horrible tempête, &, qui, fuivant la manière de penfer de leur temps, ne manquèrent pas de croire que, fi jamais ce prince venoit à monter fur le trône, fon règne feroit très-orageux : ce terrible préfage reçut une nouvelle force quelques jours après ; car pendant qu'on baptifoit le nouveau né, le feu prit au palais, fit des progrès, & alarma prodigieufement l'imagination déjà frappée des Portugais. Dans la fuite le règne de ce prince déconcerta totalement

les tireurs d'horofcope, & démontra la puérilité de ces fortes de préfages ; cependant fi les mêmes accidents arrivoient dans ce fiècle, fi fort illuminé par le flambeau de la philofophie, je ne ferois point du tout étonné que, chez la nation la plus éclairée de l'Europe, le peuple penfât de même. Quoi qu'il en foit, un an après la naiffance de Jean, Emmanuel, fon père, le fit reconnoître pour fon fucceffeur. Sa première enfance fut confiée aux foins de Gonçale Figueyra ; & la reine dona Marie, fa mère, princeffe au-deffus de fon fexe par fes lumières, fon mérite & la fermeté de fon ame, veilla fur fon éducation, fecondée par Emmanuel lui-même, qui defiant que fon fils fe diftinguât, autant par fes talents que par fa naiffance & fon rang, ne fouffrit auprès de lui que des perfonnes illuftres par leur mérite ; dans cette vue, il voulut que don Diegue Ortiz, évêque de Tanger, lui enfeignât les belles - lettres, que Louis Texeira lui expliquât le droit public, tandis que Thomas de Torrès, médecin & aftrologue le formeroit dans les autres fciences. Ce plan parut trop étendu pour la capacité du jeune élève, qui ne répondit point du tout aux foins de fes maîtres, & rendit leurs leçons inutiles. Il étoit parvenu, fort ignorant, à fa dixiéme année, lorfqu'il fit une chûte fi rude, que l'on défefpéra de fa vie ; cependant, à force de remèdes il fe rétablit, & il ne lui refta de cet accident, qu'une légère cicatrice au front. Emmanuel voyant que fon fils manquoit totalement de goût pour l'étude, & qu'il n'étoit capable d'aucune application férieufe, chercha par quels moyens il feroit poffible de fixer fa légèreté naturelle : il crut enfin que l'expédient le plus fage feroit de n'admettre auprès de lui que des feigneurs, à-peu-près de fon âge, mais diftingués par leur efprit & leurs talents : ce moyen réuffit, & Jean trouva tant d'agrémens dans leur fociété, les écouta avec tant d'attention, fit de fi heureux efforts pour les imiter, que peu de temps après Emmanuel ne balança point à l'admettre lui-même dans fes confeils, où il prit de bonne heure la connoiffance & le goût des affaires. Jean fe forma de jour en jour, & il ne tarda point à furpaffer, en prudence & en fagacité, les jeunes gens qu'on lui avoit donnés pour inftruéteurs & pour modèles ; mais malheureufement féduit par la déférence de ces jeunes feigneurs, ou gâté par les confeils de quelques-uns d'entr'eux, à mefure qu'il s'éclairoit, il devenoit auffi fort vain, fort préfomptueux & très-opiniâtre. Des pères, & fur-tout les rois, font communément les derniers à s'appercevoir des défauts de leurs enfants : Emmanuel, qui ne voyoit que les excellentes qualités de fon fils, fe dégoûta de la fouveraine puiffance ; & accablé par quelques revers inattendus, il forma, trois ans avant fa mort, le projet d'abdiquer la couronne en faveur de Jean, de ne fe réferver que l'Algarve, & de paffer en Afrique, à la tête d'une puiffante armée ; mais quelques précautions qu'il eût prifes pour tenir ce projet caché, jufqu'au jour de l'abdication, fon fecret tranfpira ; & les grands, fuivant l'ufage, fe rendirent fort affidus auprès du jeune prince ; plufieurs même d'entr'eux furent affez lâches pour lui faire leur cour aux dépens d'Emmanuel, dont ils traitoient la bienfaisance de prodigalité ; l'aménité, de timide & basse condescendance pour le peuple ; l'indulgence & l'affabilité, d'ignorance dans l'art de gouverner les hommes. Jean n'avoit que dix-sept ans ; on lui peignoit sous des traits si brillants les avantages du pouvoir arbitraire, qu'il pensa, comme ses séducteurs, que son père ne savoit pas règner ; & il marqua la plus vive impatience de monter sur le trône, afin d'y déployer toute la puissance de l'autorité royale. Emmanuel s'apperçut des desirs de son fils ; il découvrit par quels conseils son ambition s'enflammoit, & d'après quelles maximes il s'étoit proposé de gouverner. Cette découverte le fit changer de résolution, il abandonna son projet d'abdication ; &, dans la vue de s'affermir lui-même sur le trône, & de détruire les espérances de ces lâches courtisans, il déclara hautement qu'il prétendoit garder le sceptre, & se maria avec dona Léonore, sœur de Charles-Quint. Jean parut fort inquiet ; les grands, qui lui avoient donné des conseils, le furent plus que lui ; & craignant, avec raison, l'indignation du roi, la plûpart, sous divers prétextes, se bannirent eux-mêmes de la cour, & allerent cacher leur honte dans leurs terres. Le plus dangereux de ces adulateurs étoit don Louis de Silveira, favori de Jean, & celui qui, ligué avec les autres flatteurs, lui avoit inspiré de l'éloignement pour son père, & les plus fausses maximes sur l'autorité royale. Ce fut aussi celui contre lequel Emmanuel sévit avec le plus de rigueur ; Silveira fut exilé, & Jean n'étant plus infecté de ses mauvais conseils, sentit sa faute, & comprit combien il étoit de son intérêt de se conformer aux volontés de son père. Cette aventure fut pour lui une excellente leçon sur le choix des personnes qu'il devoit désormais honorer de sa confiance ; & bien loin de desirer la puissance suprême, il ne chercha plus qu'à se former, sous les yeux de son père, dans l'art de gouverner ; il y fit des progrès si marqués, qu'à l'âge de vingt ans seulement, lorsqu'à la mort du roi Emmanuel, il monta sur le trône, en 1521, on le regardoit déjà en Portugal comme l'un des souverains les plus habiles & les plus éclairés de son siècle. Il ne démentit point cette idée avantageuse ; il est vrai que dès les premiers jours de son règne, sachant que Silveira s'étoit lui-même corrigé, il le rappella, & prit une entière confiance entre lui & don Antoine d'Ataïde. Silveira méritoit cette faveur, il avoit de l'esprit, étoit fort éclairé ; plein de valeur, &, recherché de tous par les agrémens de sa société, & par l'intéressement de ses aimables qualités. Ataïde moins brillant, avoir toutes les connoissances & toute la capacité d'un excellent ministre, d'un grand homme d'état. Le choix du nouveau roi ne pouvoit être, ni plus prudent, ni plus heureux. La reine Léonore, belle-mère de Jean, avoit apporté à son époux une dot immense, & le roi Emmanuel lui avoit assigné un douaire encore plus riche. Le paiement de ce douaire n'étoit pas aisé à faire ; il absorboit une partie des trésors du souverain. Le duc de Bragance conseilla à Jean III d'épouser sa belle-mère, afin d'être par-là dispensé

de lui payer son douaire ; cet expédient ; aussi singulier qu'indécent, trouva beaucoup d'approbateurs, qui préfèrent vivement le roi d'épouser sa belle-mère, & il parut disposé à prendre ce parti ; mais le comte Vimioso lui fit à ce sujet de si fortes représentations, & la ville de Lisbonne de si vives remontrances, qu'il renonça tout-à-fait à cette union vraiment incestueuse, paya le douaire de la reine Léonore, & consentit à son retour en Castille, auprès de l'empereur Charles-Quint, son frère, où elle fut accompagnée par Louis de Silveira, qui y resta huit mois en qualité d'ambassadeur, & qui, à son retour pensa tomber dans la disgrace de son maitre, par l'oubli d'une cérémonie que Jean regarda comme un manque de respect. Il existoit un ancien démêlé entre les cours de Castille & de Portugal, au sujet des isles Moluques, sur lesquelles les deux nations prétendoient avoir également des droits. Charles-Quint, peu délicat sur les moyens de posséder & d'acquérir, fit équiper une puissante flotte pour les Indes, sans égard aux protestations ni aux prétentions des Portugais : ceux-ci ne pouvoient point alors lutter contre les forces de Charles-Quint ; Jean sentit l'embarras de cette situation, & s'en tira en politique consommé ; il falloit l'être pour arrêter l'exécution des projets formés par Charles-Quint. Il feignit d'ignorer le plan de cette expédition, & envoya des ambassadeurs à la cour de Castille pour y traiter de son mariage avec l'infante dona Catherine, sœur de l'empereur. Ce souverain avoit alors une guerre très-vive à soutenir en Italie, & il avoit des dépenses énormes à faire : les mêmes ambassadeurs lui offrirent de la part du roi de Portugal, une somme considérable, à condition que jusqu'au remboursement de cette somme, l'affaire des isles Moluques resteroit suspendue. Charles-Quint y consentit d'autant plus volontiers, qu'il étoit très-embarrassé pour fournir aux frais de la guerre ; il consentit au mariage de l'infante, & ce mariage fut célébré à Crato, avec la plus grande magnificence. Le commerce des Portugais aux Indes étoit fort étendu ; mais pour le rendre aussi florissant qu'il pouvoit l'être, il y avoit quelques obstacles à applanir, & quelques affaires à terminer avec les princes Indiens : Jean III envoya le célèbre Vasco de Gama, qui, malgré les infirmités de son âge avancé, se mit en voyage, régla tout à la satisfaction des Portugais, & mourut peu de temps après avoir rendu à sa nation cet important service. Charles-Quint desirant de resserrer de plus en plus l'union qu'il y avoit entre lui & Jean III, demanda en mariage & obtint l'infante dona Isabelle ; & ce fut pendant les fêtes de cette union, que l'empereur David, qui occupoit le trône d'Abyssinie, & qui s'étant rendu si célèbre sous le nom de Prêtre-Jean, étant connu alors sous celui de Grand-Negus, envoya à la cour de Lisbonne un ambassadeur qui, après quelque temps de séjour, alla à Rome rendre, dit-on, de la part de son maître, l'obédience au pape. Jean III n'étoit rien moins que superstitieux ou fanatique ; cependant sa piété mal entendue occasionna contre son intention, bien des maux à ses peuples : sous prétexte de quelques excès scandaleux, commis par les Juifs, ou que peut-être on leur attribua ; le clergé affectant les plus vives alarmes pour la religion, qui, pour se soutenir & se venger, a si peu besoin du secours impuissant des hommes, sollicita vivement le roi d'introduire l'inquisition dans ses états, lui promettant que ce tribunal seroit un monument de piété qui attireroit perpétuellement la bénédiction du ciel sur la nation. Jean III eut la facilité de céder aux importunités des ecclésiastiques ; l'inexorable & sanguinaire inquisition fut introduite, & l'on sait quel genre de bénédiction les Portugais ont retiré de cet horrible tribunal. Des projets plus importans occupoient Charles Quint en Espagne, il y faisoit d'immenses préparatifs, & ne négligeoit rien pour s'assurer du succès de l'expédition qu'il méditoit contre les Maures d'Afrique. Don Louis, infant de Portugal, voulut servir dans cette guerre, s'embarqua, passa la mer avec la flotte Espagnole, & se distingua dans cette expédition, aussi brillante qu'inutile. Don Louis eût mieux fait d'aller servir plus utilement sa patrie dans l'Inde, où les Portugais étoient menacés d'une ruine entière par Soliman II, empereur des Turcs : ce violent orage se dissipa pourtant, & la valeur des troupes Portugaises l'emporta sur le nombre & la fureur indisciplinée des Mahométans, La nouvelle de ce succès remplit de joie la cour de Lisbonne ; mais cette grande satisfaction fut bien tempérée par les malheurs qui fondirent sur la famille royale : le prince don Philippe, âgé de six ans, fils aîné de Jean, & l'héritier présomptif de la couronne, mourut ; & le roi n'étoit pas encore consolé de cette perte, lorsqu'il en fit une nouvelle, celle de l'impératrice Isabelle, sa sœur : il regrettoit cette princesse, quand il eut à pleurer don Antoine, don Alphonse, don Edouard, ses trois fils, qui moururent dans l'enfance ; & tous trois presqu'en même temps : comme si ces pertes n'eussent point encore été assez accablantes, il eut à soutenir la plus noire & la plus imprévue des trahisons, de la part de l'homme dont il se défioit le moins, de Michel Sylva, évêque de Viseu, frère du comte de Montalegre, & secrétaire du cabinet. Sylva ambitionnoit la pourpre Romaine, & il négocioit secrètement à Rome pour l'obtenir ; elle lui fut promise, à condition qu'il révéleroit les secrets de son maître. L'ambitieux & perfide Sylva ne balança point, il prit quelques papiers très-importants, alla à Rome, & les livra pour le chapeau de cardinal : indigné de tant de noirceur, Jean III déclara Sylva traître à l'état ; il lui ôta tous ses bénéfices, le dégrada de noblesse, défendit à tous ses sujets d'avoir aucune sorte de correspondance avec lui, fous peine d'encourir son indignation, & fit sévèrement renfermer le comte de Pontalegre, pour avoir écrit à son frère. Jean étoit le plus doux des hommes ; mais dans cette circonstance, l'indulgence eût pu devenir funeste, & cet acte de rigueur fut le plus grand effet parmi les seigneurs de la cour. Le calme succéda à ces temps orageux ; le roi de Portugal donna en mariage l'infante dona Marie, sa fille, à don Philippe, fils de l'empereur. Le commerce Portugais fleurissoit dans les

Indes, & ses produits enrichissoient le Portugal : le peuple étoit heureux, le roi l'étoit lui-même ; il fit les plus utiles règlements pour maintenir, accroître même cette prospérité ; mais ne pouvant suffire à expédier toutes les affaires, comme il l'avoit fait jusqu'alors, il en remit l'expédition à divers conseils : & cette méthode, qu'il crut très-sage, pensa causer la décadence du royaume. La mésintelligence & la corruption se glissèrent dans ses conseils ; les affaires ne s'y terminoient point, ou s'y expédioient trop précipitamment & contre toutes les règles de l'équité ; malheureusement pour la nation, le roi ne s'apperçut que trop tard de ces abus ; la découverte qu'il en fit, le pénétra d'un tel chagrin, qu'il en mourut. Mais pendant que ces abus régnoient à son insçu dans les conseils, persuadé que la plus exacte intégrité y présidoit, il ne s'occupoit que des plus importantes affaires; il maria le prince Jean, son fils, avec dona Jeanne, fille de l'empereur ; dans le même temps il envoya, pour les former dans l'art de la guerre, dans celui des négociations, & même aux affaires du commerce, plusieurs jeunes gens dans les Indes, entr'autres le célèbre Camoëns, qui chanta si dignement les exploits de ses compatriotes. Tandis que ces jeunes militaires alloient porter dans les Indes la terreur des armes Portugaises, Jean III éprouvoit encore dans sa famille un revers bien sensible à son cœur ; le mariage de son fils étoit heureux, la jeune princesse étoit grosse ; mais son jeune époux se livra avec tant d'excès aux plaisirs de l'amour, qu'il fut attaqué d'une fièvre lente, devenue en très-peu de jours si violente, qu'il en mourut. Cette perte consterna la cour, Jean III en fut inconsolable, mais l'amertume de ses regrets ne l'empêcha point de s'occuper des soins qu'il croyoit devoir aux affaires du gouvernement ; il pourvut à la défense du Brésil par la construction des forts qu'il ordonna d'y bâtir, & beaucoup plus encore par le soin qu'il eut d'envoyer dans ces pays des missionnaires intelligens, chargés de travailler à la conversion des naturels. Ces missionnaires eurent d'autant plus de succès, qu'ils étoient aussi attentifs à civiliser les peuples, qu'à les accoutumer à l'éclat de la lumière de l'évangile. Don Louis, duc de Beja, infant de Portugal, faisoit les délices de son père, & l'espérance de la nation ; il mourut aussi, & renouvella les douleurs encore mal étouffées du sensible Jean III ; il est vrai que l'infant don Louis étoit à tous égards bien digne de l'amour de son père, & des larmes que les Portugais attendris donnèrent à sa mort : on assure qu'il surpassoit tous les princes de son temps en lumières, en pénétration, en piété, en courage & en générosité. Jean III cherchant à se distraire de la douleur profonde où cet événement l'avoit plongé, résolut de porter le dernier coup à la réforme très-nécessaire des ordres religieux qu'il avoit déjà commencée, & qu'il importoit beaucoup de poursuivre. Ce fut en travaillant à cette grande affaire qu'il découvrit les abus multipliés & révoltants qui s'étoient glissés dans ses conseils : il vit combien ses sujets avoient souffert de ces abus, & il y fut si sensible, que sa santé en fut tout-à-coup altérée : on crut

& il penfoit lui-même que le temps le rétabliroit ; mais fe reprochant trop vivement la corruption de fes confeils , & ne pouvant détourner fa penfée des maux qui en étoient réfultés , il fut attaqué d'une efpèce d'apoplexie qui ne lui laiffa que le temps de voir que fon terme approchoit : il s'y prépara fans crainte , fans regret ; & quelques raifons qu'il eût de regretter la vie ; il mourut avec autant de tranquillité que de réfignation , le 6 juin 1557 , dans la cinquante-cinquième année de fon âge , & après un règne auffi fage que glorieux de trente-cinq années. Il fut auffi regretté de fes fujets qu'il en avoit été chéri , & nul de fes prédéceffeurs n'avoit autant que lui mérité leur tendreffe ; fes voifins le refpectèrent , ils s'empreffèrent tous de rechercher fon amitié , foit par la haute eftime qu'ils avoient pour fes vertus , foit qu'il fût ; quoiqu'ami de la paix , toujours en état de défendre fes peuples & de faire la guerre. ( *L. C.* )

JEAN IV , roi de Portugal , ( *Hift. de Portugal.* ) Lorfque Jean I , fils naturel de don Pedre-le-juſticier , fut élevé fur le trône , auquel il n'avoit aucun droit , la nation elle-même regarda fon avènement à la couronne comme l'ouvrage de la fortune , plus encore que comme la récompenfe des talens & des fervices fignalés rendus à la patrie par cet illuftre fouverain. La révolution qui fit monter *Jean IV* fur le même trône , fut plus étonnante encore ; & elle le fut d'autant plus , que ce royaume poffédé depuis fort long-temps par l'Efpagne , jaloufe de le conferver , & régi par les ordres & fous les yeux d'un miniftère actif & vigilant , ne paroiffoit rien moins que prêt à fe fouftraire à la domination Efpagnole ; mais que ne peut l'amour de la patrie , fur-tout lorfqu'il eft irrité par la crainte fondée d'une fervitude accablante ? Ce fut à ce patriotifme , bien plus qu'à fes talens , que *Jean IV* fut redevable de fon élévation ; ce n'eft pas que , fi la royauté eût été fans interruption dans fa famille , il n'eût eu affez de mérite pour recevoir le fceptre que fes pères lui euffent tranfmis , car il avoit beaucoup de connoiffances ; & peu de fouverains ont été auffi profondément , auffi habilement politiques que lui ; mais pour paffer du premier ordre des citoyens au rang fuprême , il n'avoit par lui-même , ni affez d'ambition , ni affez de conftance , ni affez d'activité : & ce furent les circonftances , le vœu de fes concitoyens , la fidélité de fes partifans , la grandeur d'ame , les confeils , & la noble audace de fon époufe , qui firent plus pour lui qu'il n'eût été capable de faire par lui-même. *Jean* , fils de Théodofe de Portugal , duc de Bragance , & d'Anne , fille de Jean Fernandez , duc de Frias , comptoit parmi fes ancêtres une longue fuite de rois ; car il étoit petit-fils de Catherine , fille d'Edouard , prince de Portugal , & fils du roi Henri. Mais quelque illuftre que fût fon origine , il lui donnoit cependant aucune forte de droit , ni feulement de prétention à la couronne. Les Efpagnols s'étant rendus maîtres du Portugal , après la mort du cardinal Henri , en 1580 , & l'ayant gardé fous les règnes de Philippe II , Philippe III & Philippe IV , il ne falloit pas moins qu'une révolution auffi fubite & auffi furprenante que

celle qui fe paffa fous ce dernier monarque Efpagnol ; pour donner de la confiftance aux prétentions auffi foibles qu'éloignées de *Jean* : il naquit à Villaviciofa , le 13 mars 1604 : l'hiftoire ne dit rien des vingt-fix premières années de fa vie ; on croit qu'il reçut une excellente éducation , mais on n'a point appris qu'il fe fût diftingué par aucun fervice éclatant , par aucune action bien importante : on fait feulement qu'à cet âge il fuccéda à fon père comme duc de Bragance ; & que , quoique trois ans après , il eût époufé dona Iouife de Guzman , fille aînée de Jean-Emmanuel Perez de Guzman , duc de Medina-Sidonia , il fouffroit tout auffi impatiemment que le refte des Portugais , le joug des Efpagnols. Son époufe , née en Efpagne , étoit alliée aux maifons les plus illuftres de cette monarchie ; mais par la nobleffe de fes fentimens , par fon mérite , fes talens & fa fermeté , portée jufqu'à l'héroïfme , elle étoit infiniment au-deffus de fa haute naiffance , ne s'occupa qu'à infpirer à fon mari des idées d'élévation , & à fortifier la haine qu'il partageoit avec fes compatriotes , contre l'altière dureté de la domination Efpagnole. Le peu d'ambition du duc de Bragance , & fon indolence naturelle , euffent peut-être à vraifemblablement rendu fes confeils inutiles , fi les Portugais irrités des vexations auxquelles ils étoient fans ceffe expofés , n'euffent enfin conçu le defir le plus véhément de recouvrer leur liberté , & de s'affranchir pour jamais du defpotifme qui les opprimoit. La nation étoit mécontente , & les occafions de fe foulever ne lui manquoient pas ; mais elle avoit befoin d'un chef , & à défaut les yeux fur le duc de Bragance , qui étoit à la fleur de fon âge ; d'ailleurs petit-fils de Jean , duc de Bragance , qui avoit été l'un des concurrens de Philippe II , lors de la mort du cardinal Henri ; mais Jean paroiffoit de tous les hommes , le moins propre pour conduire une auffi grande entreprife , & amener une révolution ; tranquille & modéré jufqu'à l'indolence , il vivoit à la campagne avec beaucoup de magnificence , mais dans le plus grand éloignement de toute forte d'affaires : époux empreffé , père tendre , maître généreux , voifin fociable , il fe contentoit de faire les délices de fa famille & des gentilshommes des environs , qui n'envioient point fes richeffes , parce qu'il ne les employoit qu'à faire du bien : fa tranquillité empêchoit les Efpagnols de prendre quelqu'ombrage de l'affection que le peuple lui témoignoit , & ils étoient fort éloignés de le croire capable d'exciter jamais des troubles ; ce n'eft pas cependant qu'il ignorât les droits qu'il avoit à la couronne , fi le royaume venoit à fe féparer de l'Efpagne ; ce n'eft pas qu'il ne vît avec douleur la trifte fituation de fes citoyens , & qu'il ne fût très-fenfible à la conduite arbitraire & aux vues des miniftres efpagnols ; mais il ne témoignoit ni trifteffe , ni reffentiment ; & fon humeur égale , on ne lui eût point fuppofé le defir de devenir plus grand qu'il n'étoit. Quelques hiftoriens prétendent que fa patience & fa tranquillité apparentes , étoient alors le voile dont il couvroit fa prudence confommée & la plus fine politique : il me femble que c'eft juger fort précipitamment des fentimens qu'avoit alors le duc de

Bragance, par sa conduite & sa manière de penser, lorsqu'il fut sur le trône ; & c'est se tromper, ce me semble. Le duc de Bragance devenu roi, eut sans doute moins de peine qu'un autre, à couvrir ses projets politiques des apparences de la plus grande dignité, parce que cette espèce d'indolence lui étoit naturelle ; mais avant que de parvenir à la royauté, il me paroît qu'il n'avoit ni l'ambition de régner, ni le desir de susciter les mouvements & les troubles qui le firent régner ; & ce qui le prouve, à mon avis, ce furent les efforts qu'il fit sur lui-même, & la peine qu'on eut à le déterminer à se laisser porter sur le trône. La duchesse de Bragance étoit vive au contraire, prompte, franche, sans détour, sans dissimulation ; la vue la plus éloignée du sceptre l'enflamma d'ambition, & ce fut elle, en très-grande partie, qui fit prendre à son époux la résolution de se laisser proclamer. Cependant là rigueur outrée des Espagnols révolta les Portugais, ils se soulevèrent dans quelques provinces ; il y eut à Evora une sédition ; le peuple nomma le duc de Bragance, & lui envoya même des députés, qui lui offrirent, s'il vouloit se mettre à la tête des mécontents, la vie & les biens de tous les habitants d'Evora ; soit que le duc jugeât qu'il n'étoit point temps encore de se montrer à découvert, soit qu'il fût effrayé de la grandeur & du danger de l'entreprise, il rejetta ces offres, alla lui-même appaiser le tumulte, s'en fit un mérite à la cour de Madrid, se servit du crédit qu'il y avoit pour obtenir la grace des habitants d'Evora, que l'on vouloit punir avec sévérité. Des vexations nouvelles vinrent bientôt ajouter au mécontentement général : par le plus tyrannique abus de sa puissance, le ministère Espagnol, sous le prétexte de la guerre que l'Espagne faisoit aux Catalans révoltés, ordonna aux seigneurs Portugais d'assembler leurs vassaux, de se mettre à leur tête, & de se tenir prêts à marcher : les seigneurs obéirent & furent arrêtés. Cet acte de despotisme fut suivi de la création d'une foule d'impôts, plus accablans les uns que les autres. Le peuple murmuroit, une découverte à laquelle il ne s'attendoit pas, le rendit furieux : quelques lettres de Vasconcellos, secrétaire d'état Espagnol, dévoilèrent aux Portugais les projets de la cour de Madrid, qui s'attendant à cette découverte & aux soulèvements qu'elle occasionneroit, se proposoit de faire servir de prétexte à l'exécution du dessein qu'elle avoit formé d'accabler les Portugais & de les priver de l'ombre de liberté qu'on leur avoit laissée. Les Lettres de Vasconcellos irritèrent violemment le peuple ; & son ressentiment fut encore excité par Juan Pinto Ribeyro ; qui, intendant de la maison du duc, étoit un homme actif, entreprenant, adroit, ingénieux, plein de zèle pour son maître, dont il avoit l'entière confiance : par ses observations, Castillan, sur la résolution que cette cour paroissoit avoir prise de ruiner entièrement l'état, d'y précipiter le commerce dans la plus irréparable décadence, & d'y éteindre le génie des sciences & des arts, il enflamma ceux qui s'intéressoient au bien de la patrie ; de ce nombre furent don Rodrigue d'Acunha, archevêque de Lis-

bonne, piqué contre la vice-reine qui avoit élevé à la primatie de Brague, Mattos de Norogna ; don Michel d'Almeida, don Antoine, & don Louïs d'Almada, père & fi!s ; Mello, grand-veneur ; don George, frère de Mello ; don Louis d'Acunha, neveu de l'archevêque ; don Pedro Mandoza, & plusieurs autres seigneurs & officiers de la maison royale. Pinto se donna tant de soins, que tous ces mécontents se rassemblèrent, & sous le secret le plus inviolable, formèrent une conjuration, dont le premier objet fut de détruire en Portugal la puissance Espagnole ; & le second, dè placer le duc de Bragance sur le trône. Pinto, soit pour ne pas compromettre son maître, soit qu'il ne voulût qu'exciter de plus en plus les conjurés, leur dit qu'il ignorbit les sentiments du duc de Bragance, relativement à la couronne qu'on paroissoit disposé à lui offrir ; qu'il le connoissoit sans ambition, & content de ses vastes & riches possessions ; mais qu'il le connoissoit aussi prêt à sacrifier & ses biens & sa vie pour servir ses concitoyens. Alors les conjurés délibérèrent que s'ils ne pouvoient faire autrement, ils forceroient le duc, quand la conjuration seroit prête à éclater, d'accepter la couronne. Cependant quelque secrètes que fussent les conférences des conjurés, &, quoiqu'il ne parût point y avoir aucune sorte de liaison entr'eux & le duc de Bragance, le comte d'Olivarès en eut quelque soupçon ; & croyant tout renverser, il nomma le duc de Bragance général des troupes, avec ordre d'aller visiter toutes les places ; dans le même temps il ordonna aux gouverneurs Espagnols de quelques-unes de ces places, de se saisir de ce général ; celui-ci rendit inutile cet ordre, il visita les places & se fit respecter ; il s'attacha les habitants de tous les lieux où il séjourna, & marcha si bien accompagné, qu'il eût été très-dangereux de songer à l'arrêter. Le comte-duc d'Olivarès avoit prévu toutes les difficultés, & par ses ordres, Osorio, amiral de la flotte Espagnole, qui croisoit sur la côte du Portugal, invita le duc de Bragance à venir dîner sur son bord : s'il y eût été, jamais le Portugal ne se feroit soustrait à la domination Espagnole ; mais par bonheur pour le duc, qui peut-être se fût rendu sur le bord d'Osorio, une violente tempête survint, fit périr la plûpart des vaisseaux de cette flotte, & dispersa le reste ; ainsi, jusqu'aux élémens, tout secondoit les conjurés, qui, pour fixer le jour & le moment de l'exécution de leur grand projet, n'attendoient plus que le consentement du duc de Bragance : ils le lui demandèrent, il parut irrésolu, les pria de lui donner du temps pour se déterminer, & se décida enfin par les avis d'Antoine Paez-Viegas, son secrétaire, & sur-tout d'après les mâles & généreuses réflexions de la duchesse, son épouse. L'exécution de l'entreprise fut remise au samedi premier décembre 1640 : ce jour arrivé, les conjurés, au nombre de cinq cents, se divisèrent en quatre troupes, pour se rendirent au palais par différents chemins. A huit heures du matin Pinto tira un coup de pistolet ; à ce signal, tous les conjurés avancèrent brusquement, chacun du côté qui lui étoit prescrit ; Mello & son frère, suivis d'une foule de citoyens, armés, se jettèrent sur la compagnie Espagnole qui étoit de garde devant le palais, pénétrèrent dans le corps-de-garde, & obligèrent l'officier & les soldats qui y étoient, à se rendre, & à crier comme eux, *vive le duc de Bragance.* D'Almeida & sa troupe fondirent sur la garde Allemande, qui fut désarmée & mise en fuite ; Pinto & les siens entrèrent dans le palais, & montèrent à l'appartement du secrétaire Vasconcellos ; Antoine Correa, l'un des commis du secrétaire, fut la première victime qui tomba sous les coups de Menesez : Vasconcellos effrayé, se cacha dans une grande armoire, sous un tas de papiers ; mais il n'échappa point aux recherches très-des conjurés, qui, l'ayant découvert, le massacrèrent & le jettèrent par la fenêtre, en criant : *le tyran est mort, vive la liberté & don Juan, roi de Portugal.* La vice-reine voulut faire quelque résistance, mais elle fut arrêtée dans son appartement ; tous les Espagnols, soit dans le palais, soit dans la ville, furent arrêtés. Il n'y avoit encore qu'une partie de la conjuration d'exécutée ; les Espagnols étoient maîtres de la citadelle, & delà ils pouvoient donner entrée aux troupes Espagnoles : les conjurés allèrent trouver la vice-reine, & lui demandèrent de signer un ordre au gouverneur de livrer la citadelle : la vice-reine refusa ; mais elle fut si vivement menacée, qu'elle l'expédia, dans la vue que le gouverneur voyant bien que c'étoit un ordre surpris, ne le rempliroit pas ; elle se trompa cependant, & le gouverneur Espagnol voyant le peuple en armes devant la citadelle, & entendant les menaces qu'on lui faisoit de le mettre en pièces lui & la garnison, s'il ne se rendoit pas, n'hésita point ; enchanté d'avoir un prétexte plausible, il remit la citadelle aux conjurés, qui, n'ayant plus rien à faire pour le succès de la révolution, dépêchèrent Mendoze & Mello au duc de Bragance, pour lui apprendre la grande nouvelle de son élévation au trône ; dans le même temps on envoya des couriers dans toutes les provinces, pour rendre graces à Dieu de ce que le Portugal avoit enfin recouvré sa liberté, avec ordre aux magistrats de faire proclamer roi le duc de Bragance, & de s'assurer de tous les Espagnols qu'on y trouveroit. Cependant le duc de Bragance arriva à Lisbonne, dont la plûpart des habitans étoient sortis en foule pour aller au-devant de leur nouveau souverain, qui entra dans la capitale, y fut proclamé au bruit des acclamations, & solennellement couronné. Sa puissance souveraine fut également reconnue sans contradiction au Brésil, dans les Indes, aussi-tôt que l'on y fut instruit de la révolution, ainsi que toutes les puissances de l'Europe qui n'étoient point dans la dépendance de la maison d'Autriche. Quelque paisible toutefois que parût l'avènement de *Jean IV* à la couronne, ce calme extérieur cachoit les plus pernicieux desseins. Les princes du sang n'avoient vu qu'avec des yeux jaloux l'élévation du nouveau souverain ; plusieurs seigneurs dont les terres étoient du domaine de la couronne, craignoient d'être dépossédés, & cette crainte les rendoit très-mal intentionnés. L'archevêque de Brague, fort attaché à la vice-reine & aux Espagnols, démêla ces mécontentemens, les

aigrit autant qu'il fut en lui, se ligua avec plusieurs seigneurs, forma le plan d'une conspiration pour le rétablissement de la domination Espagnole, y fit entrer les Juifs, auxquels il promit la tolérance, & prit les plus sages mesures pour renverser le gouvernement actuel. Les Juifs, à un jour convenu, devoient mettre le feu en différens quartiers de Lisbonne ; en même temps les conjurés du palais devoient en ouvrir la porte aux autres : on devoit poignarder le roi, s'assurer de la reine & de ses enfans, tandis que l'archevêque de Brague, accompagné du clergé, marcheroit, précédé de la croix, dans les rues de Lisbonne, pour appaiser le peuple, qui seroit aussi réprimé par les troupes Espagnoles prêtes à entrer dans la ville. Le jour de l'exécution de cette conjuration approchoit, lorsque *Jean* en fut informé : il feignit de l'ignorer, & prit avec la plus rare prudence, toutes les précautions qui pouvoient l'empêcher. La veille du jour fixé par les conjurés, il fit entrer, sous prétexte d'une revue générale, toutes les troupes qui étoient en quartier dans les environs ; il appella au conseil les principaux d'entre les conjurés, ils furent arrêtés sans éclat ; & dans le même temps, on s'assuroit dans la ville du reste des conspirateurs. Leur procès fut bientôt instruit, ils avouèrent leur crime : le marquis de Villaréal & son fils, le comte d'Armannur & Augustin-Emmanuel furent décapités ; le secrétaire de l'archevêque de Brague & quatre autres furent pendus : quant à l'archevêque & au grand inquisiteur, ils furent condamnés à une prison perpétuelle. Cette conspiration dissipée, *Jean IV.* convoqua les états, & s'y fit admirer par la modération & son désintéressement. Le comte-duc d'Olivarès, encore plus furieux que son maître, de la perte du Portugal, ne respiroit que vengeance ; les Portugais s'attendant à une guerre aussi longue que meurtrière, & animés eux-mêmes de la plus violente haine contre les Espagnols, se préparèrent à une vigoureuse résistance ; & aggresseurs eux-mêmes, ils entrèrent dans l'Estramadure Espagnole, où don Mathias d'Albuquerque, à la tête d'un corps de six mille hommes d'infanterie & de douze cents chevaux, battit complettement une petite armée Espagnole de sept mille hommes d'infanterie & de deux mille chevaux. Cette victoire rallentit beaucoup, si on la haine des Espagnols, du moins leurs hostilités ; & il est vrai que la valeur des Portugais, leur zèle pour leur roi, & leur ardeur à soutenir la révolution qui leur avoit rendu la liberté, ne donnoient pas au roi d'Espagne de grandes espérances de recouvrer ce royaume. Ne pouvant s'en emparer à force ouverte, le ministère Espagnol fit proposer que, si le roi *Jean IV* vouloit renoncer à cette couronne, Philippe lui céderoit la Sicile ; mais cette proposition fut reçue & rejettée comme elle devoit l'être. Les Espagnols ne pouvant rien gagner, en vinrent à leurs anciennes voies d'intrigue & de complot ; ils corrompirent un malheureux qui promit de tuer le roi d'un coup de fusil, mais qui ayant eu l'indiscrétion de laisser transpirer son projet, fut arrêté & puni de mort. *Jean IV* délivré des inquiétudes que lui avoient causées ces complots, ne s'occupa que des loins du gouvernement ; il forma la maison du princë Théodoſe, ſon fils, dont les rares qualités & les talents ſupérieurs le conſoloient de la perte ſenſible de l'infant Edouard, ſon frère, qui mourut de poiſon ou de chagrin, après un temps conſidérable de captivité à Milan, détenu par les Eſpagnols. Cependant, quelque tendreſſe que le roi eût marquée juſqu'alors pour Théodoſe, il y eut bientôt de la méſintelligence entr'eux, & elle eut de fâcheuſes ſuites. Mal conſeillé par quelques ſeigneurs turbulents, le jeune Théodoſe quitta tout-à-coup la cour, & alla ſe rendre à Elvar. Jean offenſé de cette démarche, lui envoya ordre de revenir ſur le champ ; le prince n'obéit qu'après avoir réſiſté, & il fut froidement accueilli par ſon père. Quelques mal - intentionnés prirent occaſion de cet accueil pour animer le peuple contre Jean IV. On plaignit Théodoſe, on murmura ; & le roi, pour étouffer ce mécontentement, nomma ſon fils généraliſſime de l'armée ; mais il l'écarta des affaires ; & ne lui permit plus d'entrer au conſeil. Cette apparente dureté fit murmurer plus hautement ; mais Jean, qui ne croyoit devoir communiquer à perſonne les raiſons de ſa conduite, ſuivit le plan qu'il s'étoit fait, & s'inquiéta peu des fauſſes conjectures qu'on répandoit ſur ſa ſévérité. Son projet étoit de reculer, autant qu'il le pourroit, la guerre contre les Eſpagnols ; d'ailleurs, il avoit fait ſecretement un traité avec pluſieurs grands d'Eſpagne pour réunir le Portugal à la Caſtille, en mettant Théodoſe ſur le trône, & en transférant le ſiège de la monarchie à Lisbonne : mais ces ſecrets n'étant point de nature à être encore confiés à la jeuneſſe du prince, il ne l'avoit exclu du conſeil que par intérêt pour lui-même : cependant Théodoſe ne concevant point le motif de cette rigoureuſe froideur, en fut ſi pénétré, qu'il tomba malade, ne put être rendu aux larmes, ni aux vœux de la nation, mourut, & accabla Jean IV de douleur ; ſon chagrin fut encore aigri par la mort de l'infante dona Jeanne ſa fille ainée : mais quelle qu'eût été la cauſe de la maladie de Théodoſe, & quelqu'empreſſement que les mal-intentionnés témoignaſſent à la rapporter au chagrin qu'on lui avoit donné, Jean peu ſenſible à ces injurieuſes imputations, garda le ſilence, & ce ne fut qu'après ſa mort, que l'on découvrit le véritable motif de la conduite qu'il avoit tenue avec ſon fils. Après avoir pris toutes les précautions qui pouvoient aſſurer le ſuccès de ſes deſſeins, Jean IV voyant ſes troupes bien diſciplinées, & ſa cavalerie accrue, commença les hoſtilités contre l'Eſpagne, fit des incurſions heureuſes, eut de grands ſuccès, qui furent balancés par la perte de l'île de Ceylan, d'où par leur propre faute, leur licence & l'avidité de leurs chefs, les Portugais furent chaſſés. Jean ſupporta cette perte avec ce ſang froid apparent qu'il montroit dans les circonſtances les plus critiques ; il ſongea aux moyens de ſe dédommager de ce déſaſtre, & continua de s'occuper ſans interruption, du bien public ; il s'y appliqua ſi aſſidument, qu'il ne paroiſſoit point s'appercevoir de l'affoibliſſement de ſa ſanté ; mais bien-tôt il admit la reine dans tous les conſeils, & ce ne fut qu'après cette démarche,

que l'on hé douta plus qu'il ne connût lui-même le danger où il étoit ; il le cachoit tout, autant qu'il pouvoit à ſes peuples, parce qu'il connoiſſoit leur affection ; & afin de leur perſuader que ſa maladie n'étoit qu'une indiſpoſition paſſagère, il alloit tous les jours à la chaſſe dans le peu de moments où il ſe permettoit de ſe diſtraire des affaires : mais ſon eſtomac étoit entièrement ruiné, ſes forces l'abandonnèrent, il tomba dans un épuiſement total ; & jugeant qu'il touchoit à ſon dernier inſtant, il fit venir ſes enfants, les embraſſa, leur donna les plus ſages conſeils, en donna de très-utiles à la reine, ſur la manière dont elle devoit exercer la régence, réconcilia entr'eux pluſieurs ſeigneurs qu'il avoit fait arrêter pour empêcher les ſuites de leurs querelles particulières, pria & exhorta les miniſtres à reſter fidèles à ſes enfants & à l'état ; vit approcher avec tranquillité le moment fatal, & mourut en héros, en grand homme ; & ce qui vaut encore mieux, en homme juſte & paiſible ſur ſa vie paſſée, le 6 nombre 1656, âgé de 53 ans, & au commencement du dernier mois de la ſeizième année de ſon règne. Il fut aimé, il mérita de l'être ; & je ne citerai qu'un trait pour prouver à quel point il aimoit ſes ſujets & accueilloit les remontrances qu'on lui faiſoit. Un jour qu'il ſortoit à cheval de Lisbonne pour aller à la chaſſe, le lieutenant civil ſe préſenta devant lui, & après lui avoir fait une profonde révérence, prit le cheval par la bride & le ramena au palais. Jean ſourit, remercia le lieutenant civil, s'occupa d'affaires importantes, &, pour ce jour, renonça au plaiſir de la chaſſe. Il reſpectoit l'égliſe ; mais il ſavoit contenir les eccléſiaſtiques, lorſqu'ils s'oublioient. Il recevoit les confiſcations que l'inquiſition prononçoit en ſa faveur ; mais il ne manquoit pas de les rendre auſſi-tôt aux familles de ceux ſur qui ces biens avoient été confiſqués. Cette bienfaiſance qui n'étoit point du tout analogue au caractère dur & avide des inquiſiteurs, les ulcéra, & ils en firent des plaintes que le roi mépriſa ; ils ſe turent par crainte ; mais à peine il fut mort, que le ſacré tribunal fit dire à la régente que, par cette conduite, le roi avoit encouru la peine d'excommunication, & qu'on n'eût point à l'enterrer, qu'il n'eût été abſous : la reine voulut bien ſe prêter à cette ridicule ſcène, & les inquiſiteurs ſe rendirent gravement au palais, où ils donnèrent ſolemnellement l'abſolution au corps du roi. Sans doute ils crurent par cet abus de cérémonie triompher du ſouverain après ſa mort, & ſe venger de la ſoumiſſion forcée à laquelle il les avoit contraints durant ſa vie. ( L. C. )

JEAN V, roi de Portugal, ( Hiſt. de Portugal. ) Avec des talents médiocres, mais d'excellentes intentions, un roi peut rendre ſes ſujets auſſi heureux & ſes états plus floriſſants qu'ils ne pourroient le devenir ſous le ſouverain le plus recommandable par la ſupériorité de ſes talents, mais qui ſeroit moins empreſſé de faire le bonheur de ſes peuples, qu'ambitieux de ſe rendre célèbre par de vaſtes entrepriſes ou des conquêtes éclatantes. Jean V ne fut pas animé du déſir d'acquérir de la célébrité ; l'amour du bien public fut le motif de ſa conduite, & de ſes actions, l'ame & le but de ſes projets : ils réuſſirent preſque tous, parce que n'en formant aucun qui ne dût concourir à maintenir ou à perpétuer la félicité publique, il en ſuivoit aſſidument l'exécution ; quelques obſtacles qui ſurvinſſent, quelques difficultés qu'il eût à ſurmonter. Sa fermeté parut en plus d'une occaſion, de l'opiniâtreté, on ſe trompoit, elle n'étoit que réfléchie & fondée ſur l'eſpérance du ſuccès. Quelquefois il parut inconſtant & léger, on ſe trompoit encore ; ſes demarches étoient guidées par la plus ſage prudence ; les engagements qu'il avoit contractés étoient pour lui des loix ſacrées ; mais il regardoit auſſi comme une obligation plus indiſpenſable encore, de ſe détacher de ſes engagements, lorſqu'ils devenoient nuiſibles à ſes peuples ; & en cela, il eut pour maxime qu'un prince peut être fidèle à ſes alliés, ſans cependant préférer leurs intérêts aux ſiens propres. Fils du don Pedre & de la princeſſe Marie-Sophie de Neubourg, *Jean V* n'avoit que dix-ſept ans, lorſqu'à la mort de ſon père il monta ſur le trône de Portugal, en 1706. L'Europe preſqu'entière étoit alors embraſée des feux de la guerre, au ſujet de la ſucceſſion d'Eſpagne. Le premier ſoin de *Jean* fut de faire avertir les puiſſances maritimes, qu'il tiendroit fidèlement les engagements de ſon père, & qu'il ne négligeroit rien pour pouſſer la guerre avec la plus grande vigueur ; & en effet, ſes troupes jointes à celles du roi Charles & des Anglois, entrèrent en Caſtille, eurent quelques ſuccès, formèrent même le ſiège de Valena, qu'on abandonna fort inconſidérément, marchèrent à la rencontre des François & de leurs alliés, & furent complétement battus. Les Portugais ſouffrirent cependant beaucoup moins de cette défaite que les troupes auxiliaires, parce qu'ils étoient commandés par le marquis Das Minas, qui fit ſa retraite en très-habile capitaine. Peu alarmé de ce revers, *Jean V* fit déclarer par ſon ambaſſadeur à Londres, qu'il ne regardoit point cet échec comme irrémédiable, & qu'inviolablement attaché à la cauſe du roi Charles, il étoit toujours diſpoſé à faire les plus grands efforts pour la ſoutenir, parce qu'il étoit intimement perſuadé que le commerce Britannique & Portugais avoit tout à craindre, tant que le duc d'Anjou reſteroit en Eſpagne. Le roi de Portugal craignoit alors ſi peu les ſuites de la victoire remportée par ſes ennemis, que s'occupant ſérieuſement à fourcnire aux vœux de a nation, qui le preſſoit de ſe donner un héritier, il envoya le comte de Villa-Major à la cour de Vienne, pour demander en mariage l'archiducheſſe Marie-Anne, ſeconde fille de l'empereur Léopold ; elle lui fut accordée, & pendant la célébration de ce mariage, les Portugais reçurent du Bréſil la plus riche & la plus nombreuſe flotte qui en ſût venue juſqu'alors. L'union de *Jean V* avec l'archiducheſſe reſſerroit les liens qui attachoient ce ſouverain à la cauſe de Charles. La cour de France fit cependant beaucoup de tentatives pour détacher le roi de ſes alliés ; mais bien loin de le laiſſer gagner il fit les plus grands préparatifs, remplit les magaſins, fit de nouvelles levées, mit ſur pied une armée nombreuſe, qui, jointe à celle des alliés, étoit formidable, mais par malheur, fort peu diſciplinée ;

enſorté que la campagne ne fut pas heureuſe ; au contraire, cette grande armée fut battue par les Eſpagnols, qui pourtant ne profitèrent point de leur victoire, autant qu'ils l'euſſent pu, & qu'on s'y attendoit. *Jean* ne ſe découragea point, & il ſongeoit aux moyens de ſe dédommager de cette diſgrace, lorſqu'à Lisbonne il s'éleva une diſpute qui eut des ſuites d'autant plus fâcheuſes, qu'elle jetta beaucoup de méſintelligence entre les Portugais & leurs alliés. Avant le règne de don Pedre, les miniſtres étrangers jouiſſoient en Portugal, d'immunités très-étendues ; ces prérogatives bleſſant la prééminence de don Pedre, il les abolit, & les réduiſit aux franchiſes dont ſes miniſtres jouiſſoient chez les nations étrangères. Cette innovation fit murmurer ceux qui s'en crurent léſés ; mais par ſa prudence, don Pedre étouffa cette affaire, & il n'y avoit eu depuis aucune ſorte de diſpute, ni de prétention à ce ſujet. Malheureuſement l'orgueil de l'évêque & prince de Lamberg renouvella cette affaire ; étant à Lisbonne en qualité d'ambaſſadeur de ſa majeſté Impériale, quoiqu'incognito, il trouva fort offenſant que les officiers de juſtice paſſaſſent devant ſon hôtel, tenant dans leurs mains la baguette blanche levée, ce qui, en Portugal, eſt l'attribut de ces officiers. Le prince de Lamberg donna ordre à ſon ſuiſſe de les chaſſer ; le ſuiſſe ne fut pas le plus fort : les officiers de juſtice refuſèrent de retourner ſur leurs pas, & il y eut un qui fut frappé très-rudement. *Jean V* informé de cette aventure, en fut très-irrité, & fit dire à l'ambaſſadeur qu'il eût à renvoyer ſon ſuiſſe, ou à ne plus ſe montrer à la cour. Par la médiation de quelques grands, cette affaire n'eut point alors de ſuites. Mais peu de temps après, l'évêque de Lamberg, toujours ulcéré de l'affront qu'il croyoit avoir reçu, engagea l'ambaſſadeur de Charles III à uſer de voie de fait, & cet ambaſſadeur envoya tous ſes domeſtiques empêcher non ſeulement cette claſſe d'officiers de paſſer devant ſa porte ; mais contraindre les magiſtrats qui paſſoient en caroſſe, de prendre un autre chemin. Le roi fit écrire & notifier ſes volontés à cet ambaſſadeur, qui ſe ligua avec le reſte des miniſtres étrangers, & ceux-ci faiſant cauſe commune, refuſèrent opiniâtrement de ſe conformer aux intentions du roi. Leur réſiſtance devint ſi ſoutenue, & elle fut pouſſée avec tant d'opiniâtreté, que *Jean V* leur envoya ordre de ſortir dans vingt-quatre heures de Lisbonne, où il fit en même temps entrer quatre régiments de Cavalerie. Les miniſtres furent contraints de partir, & le roi, très-indigné de leur procédé, ſe refroidit beaucoup pour les alliés dont les ambaſſadeurs prétendoient lui donner des loix dans ſes propres états. C'eſt à cette malheureuſe querelle qu'on attribua le refus conſtant que *Jean* fit, ſous divers prétextes, d'envoyer des ſecours & des troupes au roi Charles, qui avoit eu de très-grands avantages en Eſpagne, & qui en eût eu de beaucoup plus importants, s'il eût été mieux ſecondé. Les alliés ſe plaignirent amérement ; le roi de Portugal répondit à leurs plaintes avec beaucoup de fermeté, & prouva même qu'il avoit été au delà de ſes engagements, tandis qu'ils n'avoient rempli

qu'une

qu'une partie, encore très-foible, des conditions aux-quelles ils s'étoient soumis. Et il est vrai que, même dans le feu de cette dispute, *Jean V* combattoit vivement pour le roi Charles, contre les Espagnols. Le comte de Villaverde agissant offensivement par ordre de son maître, prit Mirande, plusieurs autres places consi-dérables, mit le pays à contribution, & eût vraisem-blablement porté ses conquêtes plus loin, si le marquis Bai n'eût dans le même temps fait une irruption en Portugal, où il alla mettre le siège devant Elvas, ce qui obligea l'armée Portugaise de revenir, & sa présence contraignit les Espagnols de se retirer. Malgré ces diffé-rentes opérations, les alliés suspectoient vivement la bonne-foi des Portugais, & leur défiance n'étoit pas tout-à-fait destituée d'apparences de raison; car, pour les alarmer, les François avoient répandu qu'ils venoient de faire un traité secret avec le Portugal; & afin de donner plus de consistance à ce bruit, ils firent en effet quel-ques propositions à la cour de Lisbonne, tandis qu'ils attaquoient les Portugais en Amérique. Mais leurs pro-positions ne furent point accueillies, & leur entreprise sur Riojaneiro fut repoussée avec beaucoup de perte; ils se vengèrent cruellement ensuite, & leur succès eut une funeste influence sur les affaires du Portugal. En effet, la campagne suivante fut plus malheureuse encore pour les alliés & pour les intérêts de Charles, que ne l'avoient été les précédentes campagnes. Le duc d'Anjou l'emporta sur son concurrent. Les alliés affoi-blis & hors d'état de tenir contre la France & l'Es-pagne réunies, entrèrent en négociation, & le Portugal suivit l'exemple de l'Angleterre; les circonstances l'y obligeoient d'autant plus, que seul & sans appui, il n'étoit pas en état de résister à l'Espagne, gouvernée par un prince de la maison de Bourbon, maître de toutes les provinces de ce royaume, & qui venoit d'y établir une forte de gouvernement militaire. Mais si la paix se rétablissoit en Europe, *Jean V* restoit toujours dans de vives inquiétudes, soit par les fâ-cheuses nouvelles qu'il reçut de quelques intrigues sédi-tieuses formées au Brésil, causées par le méconten-tement du peuple, & par les projets factieux de quelques grands, soit à cause des soupçons que l'on donnoit la conduite de la cour de France, qui paroissoit peu disposée à interposer ses bons offices auprès du nouveau roi d'Espagne pour assurer la paix entre les nations Espagnole & Portugaise. Cependant, à force de soins, de fermeté, d'inflexibilité même, *Jean* parvint à conclure la paix, aux conditions, à peu de chose près, qu'il avoit désirées; ce traité même fut plus avan-tageux aux Portugais qu'ils ne l'avoient espéré. Parvenu enfin à jouir du calme auquel il aspiroit depuis si long-temps, le roi de Portugal se livra tout entier au bonheur de son peuple : voyant son royaume riche par le com-merce, il voulut aussi l'embellir par les arts, & il leur donna des encouragements si flatteurs, que bientôt on les y vit cultivés avec le plus brillant succès. *Jean* étoit fort pieux, mais il étoit tout au moins aussi jaloux de ce qu'on devoit à son rang, que zélé pour la religion. Il demanda au pape Clément XI, le chapeau de cardinal pour l'abbé de Bichi; malheureusement cet abbé s'étoit

fait de puissans ennemis; & ils le desservirent tant, que le pape refusa de lui accorder les honneurs de la pourpre. *Jean* se sentit très-offensé; & si son ressenti-ment n'éclata point alors, il n'en eut pas dans la suite des effets moins fâcheux; mais lorsque Clément XI rejettoit cette demande, le roi de Portugal avoit dans sa famille des sujets de chagrin qui l'occupoient tout entier; soit par des vues de politique, soit par des raisons d'économie, il pressoit vivement son frère don Emmanuel de prendre les ordres sacrés : cet état ne convenoit point du tout à don Emmanuel, qui après s'être long-temps refusé aux sollicitations de son frère, fatigué enfin d'une importunité qui ne finissoit pas, quitta secrètement la cour, s'embarqua pour la Hollande, échappa au vaisseau que le roi avoit envoyé à sa pour-suite, & entra au service de l'empereur contre les Turcs; telle étoit l'affaire qui occupât *Jean V.* Il venoit d'établir à Lis-bonne des académies d'arts, de sciences, de belles-lettres; l'inquisition n'avoit vu qu'avec des yeux jaloux ces établissemens si funestes à l'empire de la superstition. L'inquisiteur s'étoit plein amèrement, & ses plaintes n'ayant produit aucun effet, il s'étoit formellement & très-audacieusement opposé à l'érection de ces acadé-mies; le roi *Jean V* traita avec mépris cette opposition, menaça l'inquisiteur de le punir de son insolence, & protégea les nouvelles académies, qui n'ont pu cepen-dant encore prévaloir en Portugal contre l'inquisition. Toutefois, ces tracasseries n'empêchèrent pas le roi de donner la plus grande & la plus vigilante attention à tout ce qu'il croyoit pouvoir contribuer au progrès du com-merce national; il fit à ce sujet d'excellens réglemens, des loix sages, & les institutions les plus utiles; c : fut au milieu de ces occupations importantes, qu'il maria don Joseph, prince du Brésil, avec dona Marie-Anne Victoire, des infantes d'Espagne, & dona Marie infante de Portugal, avec don Ferdinand, prince des Asturies. *Jean V* n'avoit point oublié le refus de Clément XI, & il le sollicita de nouveau en faveur de l'abbé de Bichi; mais il essuya encore un refus plus marqué que celui qu'il avoit reçu précédemment. Ce procédé ulcéra profondément *Jean V,* qui défendit tout de suite à ses sujets d'avoir désormais aucune commu-nication avec le saint siège, & aux ecclésiastiques de s'adresser au pape pour en obtenir des bulles; donnant au patriarche de Lisbonne le droit d'accorder des dis-penses, de juger les affaires ecclésiast ques en dernier ressort, enfin d'exercer à peu près toutes les fonctions de la papauté. *Jean* ne poussa pas son ressentiment aussi loin qu'on croyoit qu'il le porteroit. Benoît XIII, qui avoit succédé à Clément, mourut; le roi de Por-tugal se réconcilia avec le successeur de ce pape, & parut désirer si fort ce raccommodement, qu'il ne songea pas même à insister sur l'élévation de Bichi au cardinalat. Le reste du règne de *Jean* fut très pacifique, à quelques démêlés près, au sujet du cérémonial dont il étoit fort rigide observateur, soit au sujet des prérogatives de son rang, dont il se montra toujours extrêmement jaloux. Il s'étoit proposé de ne jamais en-trer dans les différends qui pourroient survenir entre les puiſſances Européennes, & il ne s'écarta point de ſon plan ; enſorte que depuis l'époque du traité de paix qui avoit mis fin à la guerre, élevée au ſujet de la ſuc-ceſſion d'Eſpagne, le Portugal jouit du calme le plus parfait pendant toute la durée du règne de ce ſouverain, qui, épuiſé par le travail aſſidu auquel il s'étoit livré pour le bien de ſes ſujets, mourut le 31 juillet 1750, âgé de 60 ans, après avoir tenu le ſceptre pendant 43 années. Il avoit pour maxime de ne jamais embraſſer un parti qu'après avoir mûrement, réfléchi ſur ſes avantages & ſes inconvéniens ; mais il fut dans l'uſage conſtant de ne jamais abandonner le parti qu'il avoit pris, & il étoit à cet égard de la plus inébranlable opiniâtreté. Du reſte, *Jean* fut minutieuſement dévot, il n'eût tenu qu'à lui d'anéantir le tribunal de l'inquiſition ; mais il ne l'eſſa point, & en cela ce prince fut d'une malheu-reuſe puſillanimité. ( *L. C.* )

JEAN, ( *Hiſt. du Nord.* ) roi de Danemarck, de Suede & de Norwege. Il étoit fils aîné de Chriſtiern I. Après la mort de ce prince, arrivée l'an 1481, *Jean* réclama la promeſſe que les états de Suede ; de Dane-marck, & de Norwege avoient ſolemnellement jurée, de placer les trois couronnes ſur ſa tête, & de rétablir la célèbre *union de Calmar.* Il convoqua à Helmſtadt une aſſemblée des députés des trois royaumes ; ceux de Danemarck & de Norwege le proclamèrent ; mais ceux de Suede manquèrent au rendez-vous. L'admi-niſtrateur Steenſture leur avoit ordonné de s'y trouver ; mais ſes ordres ne furent point exécutés, ou plutôt cette déſobéiſſance étoit combinée avec lui, parce qu'il craignoit que l'élection de *Jean* ne lui enlevât l'autorité dont il jouiſſoit en Suede. Malgré les efforts de Steenſ-ture, *Jean* fut proclamé à Calmar. Il ne reſtoit à l'ad-miniſtrateur d'autre reſſource que d'impoſer au nou-veau roi des conditions difficiles à remplir, dont l'in-fraction dégageroit les Suédois du ſerment de fidélité. Ce moyen lui réuſſit. Après bien des débats, Steenſ-ture voyant le roi *Jean* déjà maître du Gothland, céda à la fortune & rendit hommage au nouveau roi, l'an 1487. A peine fut-il retourné en Danemarck, que l'adminiſtrateur reprit le cours de ſes complots, & ſouleva la Suede. *Jean* étoit un de ces eſprits flegma-tiques qui ne s'échauffent que lentement & par dégrés, mais dont la colère ne peut plus s'éteindre, lorſqu'elle a une fois éclaté. Avant de prendre les armes, il voulut tenter la voie de la négociation : elle ne lui réuſſit pas ; & les délais de Steenſture rendirent inutile une aſſem-blée indiquée à Calmar. Cependant *Jean* avoit engagé les Ruſſes à porter le fer & le feu au ſein de la Fin-lande ; la diſgrace de Steenſture, en 1497, ranima les eſpérances. Il parut, fit des conquêtes, gagna une bataille, fut une ſeconde fois reconnu, par l'adminiſ-trateur, & reçut la couronne des mains de l'archevêque d'Upſal. L'année ſuivante, 1498, le jeune Chriſtiern, ſon fils, fut proclamé l'héritier du trône. L'autorité du roi s'affermiſſoit de plus en plus ; lorſqu'une démarche ambitieuſe lui fit perdre le fruit de tant d'efforts ; il voulut aſſervir les Dythmarſes, fut vaincu, s'enfuit dans le Holſtein avec les débris de ſon armée, & fut contraint de demander la paix.

Steenſture ſaiſit des circonſtances ſi favorables à ſes deſſeins. Les Suédois révoltés le mirent à leur tête ; une partie des Norwégiens ſe joignirent à eux ; le châ-teau de Stockholm fut emporté, & la reine, que *Jean*, ſon époux, y avoit imprudemment laiſſée, fut faite priſonnière. Au milieu de ces troubles, l'un des chefs des rebelles fut aſſaſſiné en Norwege, & Paul Laxmann, maréchal de la cour, eut le même ſort. Ce dernier attentat s'étoit commis à Copenhague, & le roi ren-voya les aſſaſſins devant le tribunal des électeurs de l'empire ; ce qui fit ſoupçonner qu'il n'étoit pas intéreſſé au châtiment de tous les coupables. Cette conduite étoit d'autant plus dangereuſe, que le roi ſembloit par-là rendre une eſpèce d'hommage aux empereurs, qui avoient ſou-vent prétendu compter les rois de Danemarck au nom-bre de leurs vaſſaux. La fortune parut changer ; Chriſ-tiern, fils de *Jean*, tailla en pièces les rebelles de Norwege, l'an 1503 : il fit même quelques conquêtes en Suede ; mais Steenſture eut bientôt réparé ces pertes. *Jean*, en armant le duc de Mecklenbourg, contre la répu-blique de Lubeck, la força à ſe détacher de l'alliance de la Suede. Il lança en même temps un arrêt par lequel il condamnoit les rebelles, c'eſt-à-dire, tous les Suédois, à perdre leurs biens, &c.... L'empe-reur Maximilien ratifia cet arrêt, comme ſi la Suede eût été une de ſes provinces. La guerre étoit à cha-que inſtant ſuſpendue par les délais de Steenſture, qui propoſoit toujours d'entrer en négociation, & qui n'y entroit jamais. Malgré ſa longue expérience, *Jean* fut toujours la dupe de ces ruſes politiques. Ce fut alors que ce prince, pouſſé à bout, vengea d'une manière affreuſe tous les outrages qu'il avoit reçus. Il ravagea la Scanie, & lui fit un déſert de cette pro-vince ſur laquelle il vouloit régner. Steenſture n'étoit plus. Les Suédois, las de défendre leur liberté expi-rante, s'engagerent de payer une ſomme de treize mille marcs d'argent, juſqu'à ce que le roi ou ſon fils Chriſtiern fût reconnu d'un concert unanime par la nation. *Jean* mourut en 1513. On lui pardonnera peut-être le ravage de la Scanie, lorſqu'on ſongera combien de fois il avoit pardonné aux rebelles, com-bien de négociations il avoit entamées pour les faire rentrer dans le devoir. Il étoit d'un caractère doux, ſon jugement étoit ſain, ſes intentions droites, ſa généroſité dirigée par un goût épuré. C'étoit par mi les membres de l'académie de Copenhague qu'il choi-ſiſſoit ſes ambaſſadeurs. Il fit de grandes fautes en politique ; il eſſuya de grands échecs dans la guerre ; & parmi ſes malheurs, on peut compter celui d'avoir été père de Chriſtiern II. ( *M. de* SACY. )

JEAN, ( *Hiſt. de Suede.* ) roi de Suede, étoit fils de Guſtave Vaſa & frère d'Eric XIV. A peine Eric étoit-il monté ſur le trône, l'an 1560, qu'il traita ſes frères en ſujets, & peut s'en faut en eſclaves ; il leur refuſa une partie de leur apanage, & ne leur céda quelques principautés, qu'en les condamnant à les perdre, ſi jamais ils oſoient lui déſobéir. Leurs vaſſaux devoient relever immédiatement de la couronne. C'eſt ainſi qu'Eric vouloit ſubſtituer le deſpotiſme au gouver-nement féodal. Le prince *Jean* étoit ſur-tout indig-

d'une fervitude qui bleſſoit la fierté de ſon caraĉlère. Mais comme il ne trouva pas dans ſes frères le même courage dont il ſe ſentoit animé, il épouſa Catherine, princeſſe de Pologne, & ſe fortifia de l'alliance de cette république. Ce mariage, célébré l'an 1562 malgré le roi Eric, lui donna de juſtes alarmes ſur la fidélité de ſon frère. Il le fit aſſiéger dans le château d'Aboo, l'an 1563. Jean ſe défendit avec intrépidité ; mais la place fut emportée par ſtratagême. Le duc fut fait priſonnier avec ſa famille : il fut condamné à perdre la tête comme rebelle. Quelque rigoureux que fût cet arrêt, Jean auroit dû ſe ſouvenir dans la ſuite, lorſque ſon frère tomba entre ſes mains, que celui-ci lui avoit fait grace de la vie, & avoit changé la peine de mort en une priſon perpétuelle. On prétend qu'Eric, partagé entre le remords & la haine, alloit quelquefois au château de Gripsholm où languiſſoit ſon frère ; qu'il y entroit, réſolu de l'aſſaſſiner ; que ſa colère expiroit, dès qu'il voyoit ce malheureux prince, & qu'il ſortoit toujours le cœur ſerré & les yeux mouillés de larmes. Enfin l'an 1567, il rendit la liberté au duc, qui jura d'être à l'avenir le plus fidèle & le plus ſoumis de ſes ſujets. Il renonça pour jamais à la couronne, & s'impoſa d'autres conditions dictées par la néceſſité, & bientôt violées par l'ambition. Eric avoit accumulé crime ſur crime ; le peuple l'avoit en horreur : la révolte n'attendoit qu'un chef pour éclater. Les frères du roi ſe liguerent, leverent des troupes, appellerent l'étranger à leur ſecours, aſſiégerent Eric dans Stockholm, ſe ſaiſirent de ſa perſonne, & le jetjerent dans une étroite priſon. Il y ſouffrit des maux qu'il n'avoit pas fait eſſuyer au duc Jean, lorſqu'il l'avoit tenu dans les fers. Celui-ci ſe faiſoit un jeu d'inſulter aux malheurs de ſon frère, & de redoubler ſes tourmens. Ce fut au milieu de ces ſoins cruels, & plus dignes d'un bourreau que d'un prince, que Jean fut proclamé, l'an 1568. Il commença par écarter du gouvernement Charles, ſon frère, avec qui il avoit promis de le partager ; fit ſa paix avec le czar, & déſavoua la conduite de ſes ambaſſadeurs qui avoient conclu avec le Danemarck un traité ignominieux. En donnant à ſon frère quelques provinces qu'il ne pouvoit lui refuſer, il força les habitans de ces contrées à promettre de ne jamais ſouſtraire le trône d'autre prince que ſes deſcendans. La guerre ſe ralluma bientôt avec la Moſcovie, la Livonie étoit le tiſon de diſcorde entre les deux puiſſances. Jean, attaqué à la fois par les Danois & les Moſcovites, acheta la paix avec le Danemarck aux conditions qu'on voulut lui impoſer. Il renonça à toutes ſes prétentions ſur la Norwege, ſur les provinces de Halland & de Bleckingie, ſur Jemptland & Herndaln ; enfin il paya les frais d'une guerre que ſon frère eut fait naître, & dont la Suede avoit eſſuyé tous les échecs. Quelques tentatives pour rétablir en Suede la religion catholique ; quelques démarches infructueuſes pour obtenir la couronne de Pologne après la mort de Sigiſmond ; le procès de Charles Mornay qui eut la tête tranchée, pour avoir plaints le ſort du malheureux Eric ; une victoire preſ-

qu'incroyable, remportée ſur les Moſcovites avec des forces inférieures ; un formulaire dreſſé ſous le titre de *liturgie de l'égliſe ſuédoiſe conforme à l'égliſe catholique & orthodoxe* ; quelques brouilleries à ce ſujet avec la cour de Rome ; la perſécution élevée pour le formulaire ; enfin l'empoiſonnement d'Eric ordonné par le roi, approuvé par les principaux ſénateurs, & le cadavre de ce prince donné en ſpectacle au peuple, tels ſont les événemens qui remplirent le règne de Jean depuis 1571 juſqu'en 1579.

Après la mort de l'archevêque d'Upſal, le roi voulut lui donner un ſucceſſeur ennemi de l'héréſie & partiſan de l'égliſe romaine. Il envoya Laurent Magnus en Italie pour y prendre le goût du catholiciſme, & ſe concerter avec la cour de Rome ſur les moyens de le rétablir dans le Nord. Le clergé ne ſe ſeroit peut-être pas apperçu de ces menées, ſi le duc Charles, intéreſſé à détruire ſon frère dans l'eſprit du peuple, n'eût ouvert ſur ſa conduite les yeux de tous les ordres du royaume. On fit des remontrances au roi ; il fut inflexible. Ce ne fut qu'en 1582 qu'il parvint à faire approuver par le clergé le changement qu'il vouloit établir. Cette révolution lui avoit coûté bien des peines, & il étoit occupé à convaincre des docteurs, tandis que ſes généraux luttoient loin de lui contre toutes les forces de la Moſcovie. Cette guerre ne paroiſſoit point intéreſſer le roi Jean : tout entier à la religion, la gloire n'étoit plus rien pour lui, & celle dont les ſoldats ſuédois ſe couvrirent dans cette guerre, n'appartenoit qu'à eux. Une trève de deux ans, conclue en 1583, ſuſpendit les hoſtilités. Cépendant le duc Charles négocioit avec la plupart des princes proteſtans, & les engageoit à défendre leur religion. Ce n'étoit pas qu'il fût plus attaché à l'une qu'à l'autre ; mais il eſpéroit rendre ſon frère odieux au peuple, s'approcher par degrés, & y monter peut-être, à la faveur des troubles qui étoient prêts à naître de ces débats théologiques. Le roi preſſentit le deſſein de l'ambitieux Charles ; & pour appaiſer les nombreux partiſans de la confeſſion d'Ausbourg, il défendit aux catholiques de tenir des aſſemblées. Mais ce qui acheva de renverſer tous les projets du duc, ce fut l'élection de Sigiſmond, fils de Jean, au trône de Pologne. On impoſa à ce prince des conditions qui tendoient à maintenir la religion proteſtante en Suede, & à la fomenter en Pologne. Jean, toujours attaché à l'égliſe romaine, fit de nouveaux efforts pour en rétablir le culte dans ſes états. On vit l'inſtant où toute la Suede alloit prendre les armes pour la défenſe de la confeſſion d'Ausbourg ; Charles s'étoit déclaré chef de la révolte. Jean, qui ſavoit qu'il avoit plus d'ambition que de zèle, crut l'attirer, en partageant avec lui le gouvernement du royaume : il ne ſe trompa point. Dès que Charles eut des honneurs dont il étoit jaloux, il ne ſe mêla plus des querelles de religion, & vécut en aſſez bonne intelligence avec le roi Jean, qui mourut le 17 novembre 1592, victime de l'ignorance des médecins.

C'étoit un homme preſque ſans caractère, d'un tempérament froid, faiſant le mal par foibleſſe, & le bien fans plaisir ; ne voulant rien avec forcé ; irrésolu ; tremblant ; plus rusé que politique ; catholique sans enthousiasme ; trompant ses ministres comme ses ennemis ; toujours renfermé dans lui-même ; aimant les hommes sans les estimer. Il ne fit rien de grand, qui pût effacer la tache imprimée à son nom par le meurtre de son frère. ( *A. R.* )

JEAN. On compte 21, 22 ou 23 papes du nom de *Jean*, selon qu'on admet au nombre de papes, ou qu'on en exclut : 1°. en 996, un *Jean XVI*, qui n'auroit siégé qu'un mois; 2°. un anti-pape, nommé auparavant *Philagathe*, à qui l'empereur Othon III fit couper les mains & les oreilles, & arracher les yeux en 998. Nous suivrons le calcul ordinaire, & nous appellerons *Jean XXII*, Jacques d'Euse, évêque de Porto, natif de Cahors, qui érigea tant d'évêchés en France , & qui est le pénultième pape du nom de *Jean*. Les plus célèbres de ces papes sont :

1°. *Jean I*, regardé comme martyr, étant mort en prison à Ravenne en 526, pour la cause catholique que Théodoric , arien , grand prince d'ailleurs , persécutoit en lui.

2°. *Jean VIII*. Il eut une grande influence sur les affaires de son temps. Ce fut de lui que Charles-le-Chauve acheta l'empire, à prix d'argent. *Jean* le donna en souverain, & Charles le reçut en vassal : « Nous *l'avons jugé digne de l'empire*, dit le pape , » & *nous lui en avons conféré le titre & la puissance.* » Peu de temps après, le même *Jean VIII*, pressé par les Sarrasins , supplioit l'empereur , les *genoux en terre* & *la tête inclinée, comme s'il étoit en la présence du souverain son protecteur*, d'accourir à son secours : ce sont les propres termes de son épître trente-deuxième ; ils donnent une idée bien forte du danger du pape ou de sa terreur. Il est vrai que dans la même lettre, *Jean VIII* confirme la nomination de Charles à l'empire , ce qui avoit pour Rome deux objets ; l'un de se rendre Charles favorable , l'autre de ne point perdre de vue sa prétention de donner des couronnes.

Sous le règne de Louis-le-Bègue , le même pape, pressé par les armes de ces mêmes Sarrasins, de plus, chassé de Rome, à peine échappé des fers de Lambert, duc de Spolète, & d'Adalbert, marquis de Toscane, vint chercher un asyle en France ; il couronna Louis-le-Bègue , à Troyes. Comme Louis-le-Bègue avoit déjà été couronné roi de France par Hincmar, plusieurs auteurs ont cru que c'étoit la couronne impériale que le pape lui avoit donnée en cette occasion; mais il paroît constant que *Jean VIII* couronna Louis-le-Bègue roi de France, après Hincmar, comme Etienne III avoit couronné Pepin - le - Bref, quoique déjà couronné par St. Boniface ; & il y a beaucoup d'apparence qu'il vouloit par ce nouvel exemple, acquérir au St. Siège le droit de couronner les rois de France aussi bien que les empereurs.

Quant à l'Empire, il le laissa vacant, & déclara que ce seroit le partage du prince dont il recevroit les secours les plus efficaces. Non content de refuser , sous ce prétexte, l'Empire à Louis-le-Bègue, & de le lui refuser dans ses états, & à sa cour,

il lui refusa encore une grace que Louis-le-Bègue eut la foiblesse de solliciter.

Ce prince s'étoit marié sans le consentement de son père. Il avoit eu d'Ansgarde , sa première femme, Louis &. Carloman. Forcé par Charles-lé-Chauve, son père , de répudier Ansgarde, il avoit épousé une angloise , nommée Alix ou Adélaïde , dont il eut un fils posthume , connu dans la suite, sous le nom de Charles-le-Simple : ceux qui ont cru que Louis-le-Bègue avoit pu se passer pour son mariage , du consentement de son père , ont regardé Charles - le - Simple comme bâtard ; ceux qui ont cru ce consentement nécessaire , ont rejetté la bâtardise sur Louis & Carloman. L'inconstance de Louis-le-Bègue avoit consacré le choix de son père; car , après la mort de Charles le-Chauve, il avoit continué de vivre avec Adélaïde, & la grace qu'il demanda au pape fut de la couronner avec lui ; le pape sentit de quelle conséquence pouvoit être cette espèce de confirmation du second mariage au préjudice du premier. Il n'y avoit point encore d'enfants de ce second mariage , & Louis & Carloman, nés du premier , & dont la mère vivoit encore , étoient élevés dans l'espérance de succéder à leur père. Les motifs du refus du pape pouvoient, être très - justes ; mais il étoit singulier que le roi ne pût rien obtenir d'un pape auquel il donnoit un asyle , & qui imploroit son appui. Telle étoit la puissance pontificale , même dans la dépendance : telle étoit l'abjection des rois sur le trône.

Le pape eut cependant aussi un dégoût que lui attira son ambitieuse avidité. Il produisit dans un concile qu'il tenoit à Troyes , une donation , vraje ou fausse , que Charles-le-Chauve avoit , disoit-il , faite au saint-Siège , des abbayes de St. Denis & de St. Germaindes - Prés. Cette demande fut si mal accueillie , que le pape n'osa pas insister. Tous les évêques lui déclarèrent unanimement que les rois n'étant qu'usufruitiers des biens de leur royaume , ne pouvoient faire de pareilles aliénations ; à quoi on pourroit ajouter , qu'à l'égard des biens ecclésiastiques , dans l'usage actuel, les rois se sont usufruitiers que du droit d'en concéder l'usufruit , & que , dans le temps dont il s'agit, ils n'étoient usufruitiers de rien ; car il paroît qu'alors les élections avoient lieu. *Jean VIII* mourut en 882.

3°. *Jean X* fait pape par le crédit de Théodora sa maîtresse , & de Marosie, fille de Théodora ; puis ensuite étouffé dans un cachot en 928, par l'ordre de cette même Marosie , à laquelle il avoit déplu. (*Voyez* les articles ALBÉRIC, THÉODORA & MAROSIE).

4°. *Jean XI*, fils de cette même Marosie & d'Albéric , duc de Spolète , fut fait pape à vingt - cinq ans, en 931, par le crédit de sa mère. Albéric, autre fils de Marosie , la fit enfermer avec *Jean XI*, au château Saint-Ange, où ce pape mourut en 936.

5°. *Jean XII* fut élu pape à dix-huit ans, en 956, vécut dans la débauche & le crime , & fut tué en 964, par un mari qui le surprit avec sa femme.

6°. *Jean XIV* mourut de misère ou de poison le 20 août 984, au château Saint-Ange, où il étoit détenu par l'anti-pape Boniface VII, son concurrent.

7°. *Jean XXII*, ( Jacques d'Euse. ) Une chose assez remarquable est que ce pape, qui ne cessoit d'exhorter Edouard III & Philippe-de-Valois à la croisade, en avoit formellement détourné Philippe - le - Long; ce n'étoit pas à la vérité, par ces raisons éternelles de justice & d'humanité qui proscrivent toute croisade & toute guerre, mais par la considération de l'état politique de l'Europe au moment ou il paroit; c'étoit toujours beaucoup alors qu'un pape fit céder l'intérêt d'une croisade aux considérations politiques. Ce trait de sagesse de *Jean XXII*, peut faire penser qu'en exhortant Edouard & Philippe-de-Valois à la croisade, il avoit moins changé de principes que de langage, & que son objet étoit d'éloigner de l'Europe cette guerre funeste qu'il voyoit prête à s'y allumer par l'ambition d'Edouard.

Ce pape, qui siégeoit à Avignon, ne négligeoit aucune des fonctions du sacerdoce : ayant pris plaisir à rassembler dans un sermon de la Toussaint, sur la félicité des justes, quelques passages des Péres, d'où il paroissoit résulter que la vision béatifique & en général la plénitude des récompenses & des peines n'auroit lieu qu'après le jugement dernier; les Cordeliers, qui haïssoient *Jean XXII*, parce qu'il les avoit condamnés sur la question du propre, & parce qu'il avoit eu le cordelier Pierre de Corbiere pour concurrent au pontificat, s'élevèrent contre lui; Philippe consulta la Sorbonne & les évêques; & d'après leurs avis, il écrivit au pape qu'il lui conseilloit d'en croire les théologiens de Paris plutôt que les canonistes d'Avignon; il ajouta des menaces déplacées & grossières de *faire ardre* le pape, s'il ne se rétractoit. On n'a point assez vanté la modération de *Jean XXII* dans cette affaire; il répondit qu'il n'avoit prétendu que proposer comme docteur, une question théologique, & nullement en décider comme pape; qu'il seroit au désespoir de troubler la paix de l'église pour toutes ces questions, & qu'il y renonçoit de bon cœur, puisqu'elles avoient pu exciter du scandale. Combien de papes n'eussent point cédé à un roi & à un roi qui menaçoit, lorsqu'il ne s'agissoit que de dogmes & d'objets théologiques! Au rest, *Jean XXII* n'eut pas toujours cette modération, ni matière d'autorité, ni en matière d'intérêt. Nul pape, même d'Avignon, n'a autant étendu l'abus des réserves & des expectatives; on le regarde comme l'inventeur de la taxe apostolique, à tant par péché : aussi nul pape n'amassa tant d'argent. Il mourut à Avignon en 1334. On a de lui plusieurs ouvrages de medecine. Il a écrit sur la goutte, sur les maladies des yeux. Il a donné une medecine des pauvres, *Thesaurus pauperum*.

8°. *Jean XXIII* avoit été corsaire; on l'accusa de l'être encore sur le saint Siège, où il étoit monté, dit-on, à prix d'argent, en 1410, après la mort d'Alexandre V. C'étoit le temps du schisme d'Occident. Obligé de comparoître au concile de Constance; il dit en arrivant dans cette ville : *je vois bien que c'est ici la fosse où l'on attrape les renards.* Il lut lui-même un engagement solemnel d'abdiquer le pontificat; pourvu

que ses compétiteurs, Grégoire XII, pape de Rome, & Benoît XIII, pape d'Avignon, y renonçassent également; mais bientôt par une légéreté ambitieuse, il protesta contre cette démarche, quitta le concile en fugitif, déguisé en palefrenier, & alla dans Schaffouse implorer la protection du duc d'Autriche, un de ses partisans; enfin, après avoir erré de ville en ville, il fut pris, ramené au concile, & déposé le 29 mai 1415. Il mourut doyen des cardinaux en 1419. Il aimoit les lettres, & se consoloit dans sa prison, en faisant des vers. C'est le dernier pape du nom de *Jean*.

C'est vers le milieu du neuvième siècle, entre Léon IV & Benoît III, qu'on place la prétendue papesse *Jeanne*, qu'on dit être accouchée dans la coulisse à Rome, au milieu d'une procession. Ce sont sur-tout les hérétiques qui ont accrédité quelque temps cette histoire; mais elle a été racontée par des auteurs catholiques, & on en compte parmi ceux-ci, jusqu'à soixante & dix, parmi lesquels se trouvent des saints canonisés, qui ont adopté cette histoire. D'un autre côté, le savant David Blondel, protestant célèbre, ( *voyez* son article ) l'a réfutée, Leibnitz l'a rejetée aussi, & l'opinion générale, mais qui laisse encore des doutes à quelques savants, est que c'est une fable.

JEANNES, ( la plûpart des femmes célèbres de ce nom se trouvent aux noms des différentes maisons auxquelles elles appartiennent; par exemple, les deux *Jeannes* de Naples se trouvent à l'article *Anjou*; les deux *Jeannes* rivales de Bretagne; *Jeanne* de Flandre, comtesse de Montfort, & *Jeanne* la boiteuse, comtesse de Penthièvre, sont aux articles MONTFORT & PENTHIÈVRE; *Jeanne* d'Arc, à ARC; ainsi des autres. Nous allons en placer ici quelques-unes qui n'ont pas trouvé place ailleurs :

1°. *Jeanne de Navarre*, fille unique & héritière de Henri I, roi de Navarre, & femme de Philippe-le-Bel, roi de France, à qui elle porta en dot la Navarre & la Champagne, reine célèbre, *qui tenoit*, dit Mézerai, *tout le monde enchaîné par les yeux, par les oreilles & par les cœurs, étant également belle, éloquente & libérale*, qui fonda (en 1305) ce collège de Navarre, long-temps l'école de la noblesse françoise & l'honneur de l'Université de Paris, qui gouverna en sage & défendit en héros la Navarre & la Champagne, dont le roi son mari lui abandonna toujours l'administration. Elle avoit été mariée le 16 août 1284. Elle mourut à trente-trois ans, le 2 avril 1304, à Vincennes. Elle fut mère de trois rois de France, Louis Hutin, Philippe-le-Long, & Charles-le-Bel, belle-mère de Ferdinand, roi de Castille, & d'Edouard II, roi d'Angleterre.

2°. *Jeanne de Bourgogne*, fille de la célèbre Mahaud, comtesse d'Artois, & femme de Philippe-le-Long, roi de France. (*Voyez* BOURGOGNE), fut soupçonnée d'adultère, comme les deux belles-sœurs, & enfermée au château de Dourdan; mais son mari la reprit, disant qu'il avoit reconnu son innocence. Ce fut elle qui fonda le collège de Bourgogne à Paris, pour des Cordeliers. Morte à Roye en Picardie, le 22 janvier

1325, enterrée dans l'églife des Cordeliers de Paris.

3°. *Jeanne de Bourbon*, fille de Pierre I<sup>er</sup>, duc de Bourbon, femme du roi de France Charles-le-Sage. C'eft peut-être l'union-la mieux affortie & la plus conftamment heureufe qu'on ait vue, non feulement parmi les rois, mais en géné al parmi les hommes. Tous deux également fages, modeftes, pieux, vertueux, fenfibles, bienfaifants, occupés de leurs devoirs, du bonheur de l'humanité, du bonheur l'un de l'autre, ils s'honoroient réciproquement d'une tendreffe, d'un refpect, d'une confiance fans bornes. La reine étoit, fans le favoir, la plus belle femme & la plus fpirituelle de fon temps. Morte en 1377.

4°. *Jeanne de France*. Louis XI avoit forcé Louis XII, alors duc d'Orléans, d'époufer *Jeanne de France*, fa fille, princeffe vertueufe, mais difforme, mal faite, incapable d'avoir des enfants; il fallut fubir ce joug, une vengeance terrible eût fuivi de près le refus. La même crainte engagea le duc d'Orléans à la traiter en femme, il continua même d'en ufer ainfi fous le règne de Charles VIII, malgré fes projets de mariage avec la princeffe de Bretagne, qu'il aimoit, & à laquelle il étoit cher. On fait que ce généreux prince, facrifiant fa paffion au bien de l'état, ne fe fervit du pouvoir qu'il avoit fur l'efprit d'Anne de Bretagne, que pour le déterminer à rompre fon engagement avec Maximilien, & à prendre Charles VIII pour époux. Après la mort de ce prince, Louis XII lui ayant fuccédé, fentit renaître plus vivement que jamais fes dégoûts pour *Jeanne*, fa première paffion pour la veuve de Charles VIII, & le defir d'avoir des enfans; il preffa l'affaire du divorce; il mit le pape Alexandre VI dans fes intérêts, par les bienfaits dont il combla Céfar Borgia, fon bâtard; les commiffaires déclarèrent le mariage nul, comme ayant été l'effet de la contrainte, & fe contentèrent du ferment que fit le roi : *quod non cubuerat nudus cum nudâ, cum femper haberet ipfe fuam facram cubando cum eâdem damnâ.*

Louis XII libre & maître, fe hâta d'offrir fa couronne & fa main à la reine douairière, qu'une deftinée bizarre plaça deux fois fucceffivement fur le même trône, & toujours par la rupture de quelque engagement.

La modefte *Jeanne*, fans témoigner ni joie ni douleur de cet évènement, fe montra digne, par fa conftance, du rang dont elle étoit déchue, & de l'eftime que le roi lui conferva toujours : retirée à Bourges, elle y inftitua l'ordre de l'Annonciade, & s'y confacra elle-même à Dieu, elle vécut dans la pratique des vertus, & mourut en odeur de fainteté, le 4 février 1505. Les proteftants violèrent fon tombeau; & profanèrent fa cendre en 1562. Elle étoit enterrée dans fon monaftère à Bourges; elle a été béatifiée en 1743. On raconte que Louis XII, encore duc d'Orléans, s'étant permis un jour, en préfence de Louis XI, des plaifanteries un peu amères fur *Jeanne de France*, & ayant fait un éloge ironique de fon mérité & même de fa beauté, Louis XI voulut bien ne s'en venger qu'en employant à-peu-près les mêmes armes. *Vous en dites trop*, répondit-il, *& vous n'en dites pas affez; ajoutez qu'elle eft vertueufe & fille d'une mère dont la vertu n'a jamais été foupçonnée.* C'eft qu'on n'en difoit pas autant de Marie de Clèves, mère du duc d'Orléans, qui avoit époufé le fire de Rabodanges, un de fes officiers, qu'elle avoit aimé du vivant de fon mari.

5°. *Jeanne d'Efpagne*, dite *Jeanne la folle*, étoit fille de Ferdinand & d'Ifabelle; elle avoit époufé l'archiduc Philippe, fils de l'empereur Maximilien & de Marie de Bourgogne; elle fut mère des empereurs Charles-Quint & Ferdinand I. Philippe mourut en 1506. Sa femme, qui l'avoit aimé vivant, jufqu'à devenir folle de tendreffe & de jaloufie, devint plus folle encore par le chagrin de l'avoir perdu; elle erra, imbécille & défolée, dans toute l'Efpagne, traînant à fa fuite le cadavre de fon mari, nourriffant fa démence & fa douleur de ce fpectacle affligeant : elle s'enferma enfin, ou on l'enferma dans le château de Tordefillas; le refte de fa vie ne fut plus qu'un trifte & humiliant témoignage de la mifère humaine & du néant des grandeurs; elle grimpoit comme un chat, le long des tapifferies & des murailles de fon château. Cependant à la mort de Ferdinand-le-Catholique, les Efpagnols refusèrent de reconnoître Charles fous un autre titre que celui d'affocié de fa mère à la couronne; & dans des mouvements excités en Efpagne par les intrigues de la France, des rebelles s'étant emparés du château de Tordefillas, mirent le nom de *Jeanne* à la tête de toutes leurs délibérations. Les droits de cette malheureufe princeffe, à qui la couronne appartenoit, fi elle eût été en état de la porter, fervirent pendant un temps, de prétexte à toutes les violences de ce parti, dont enfin la fortune de Charles-Quint triompha. Elle ne mourut qu'en 1555, ayant furvécu près de cinquante ans fon mari, qu'elle avoit époufé en 1496; elle avoit alors un anfrère; elle avoit réuni fa fuite, toute la fucceffion d'Efpagne, pour n'en jouir jamais, & feulement pour la tranfmettre à l'heureux Charles-Quint.

6°. *Jeanne d'Albret*, fille du roi de Navarre, Henri d'Albret, femme d'Antoine de Bourbon, à qui elle apporta en dot, ce titre d'un royaume ufurpé par les Efpagnols, fut la mère de notre roi Henri IV. Lorfque Marguerite-de-Valois, fœur de François I<sup>er</sup>, & femme de Henri d'Albret, accoucha de *Jeanne d'Albret*, les Efpagnols, qui redoutoient toujours les droits de la maifon d'Albret à la Navarre, difoient en triomphant & en faifant allufion aux armes du Béarn, qui eft une vache : *miracle, la vache a fait une brebis*; Henri d'Albret, à la naiffance de Henri IV, fe fouvenant de ce mot, difoit, en triomphant à fon tour; *la brebis a enfanté un lion!*

Antoine de Bourbon, père de Henri IV, en combattant & mourant pour fes perfécuteurs, laiffa *Jeanne*, pour ainfi dire à la tête du parti qu'il avoit combattu, (*Voyez* l'article ANTOINE DE BOURBON.) Elle déploya en faveur de ce parti, de rares talens, d'heroïques vertus & toutes les reffources d'une ame grande & forte (*Voyez* l'article NOUÉ (la). Cette princeffe, trompée par la perfide diffimulation de Charles IX , qui témoignoit la plus vive impatience de voir & d'embraffer *cette chère tante* , *& de marier enfemble les deux religions* , par le mariage de Marguerite fa fœur, avec le roi de Navarre, fils de *Jeanne*, oublia le confeil que fon mari lui avoit donné en mourant , de ne jamais venir à la cour de Franc°. Elle mourut à Paris , quelques jours avant la Saint Barthelemy , au milieu des préparatifs du mariage de fon fils , non fans foupçon de poifon :

Je ne fuis point injufte, & je ne prétends pas
A Médicis encore imputer fon trépas ;
J'écarte des foupçons peut-être légitimes ,.
Et je n'ai pas befoin de lui chercher des crimes.

Elle étoit née en 1531, & s'étoit mariée en 1548.

JEANNIN , (Pierre) (*Hift. de Fr.*) connu fous le nom du préfident *Jeannin*, naquit à Autun en 1540, de Pierre *Jeannin* , échevin de cette Ville. Dans le temps de fon élevation, un prince qui cherchoit à l'embarraffer , lui ayant demandé de qui il étoit fils , il lui répondit, *de mes vertus.* Dans fa jeuneffe , un homme riche , qui , charmé de fon éloquence , voulut en faire fon gendre , lui demanda l'état de fon bien , *Jeannin* lui montra fa tête & fes livres ; *voilà*, dit-il , *toute ma fortune*. Il étudia le droit fous Cujas ; mais ce ne fut qu'après avoir quitté deux fois fon école , par diffipation & par légèreté, qu'il fe livra férieufement à l'étude du droit ; il fut reçu avocat au parlement de Bourgogne le 21 novembre 1569. Il y plaida fa première caufe le 30 janvier 1570 , pour la ville d'Autun fa patrie , qui difputoit à celle de Châlons , la préféance dans l'affemblée des Etats , & qui l'emporta : il fut choifi , en 1571 , pour être le confeil de la province. N'étant encore qu'avocat , il fe trouva au confeil qui fe tint chez le comte de Charny , lieutenant-général de Bourgogne , au fujet des ordres pour le maffacre de la Saint-Barthelemy ; *Jeannin*, qui opinoit le premier , comme le plus jeune & le moins qualifié , cita la loi de Théodofe , qui , touché d'un jufte repentir d'avoir ordonné le maffacre de Theffalonique , défendit aux gouverneurs d'exécuter de pareils ordres avant trente jours, pendant lefquels ils enverroient demander de nouveaux ordres à l'empereur ; *Jeannin* conclut à envoyer demander au roi , des lettres-patentes : cet avis entraîna les fuffrages, & fauva la Bourgogne. Deux jours après il arriva des ordres contraires aux premiers.

*Jeannin* fut député aux états de Blois pour le tiers-état de la part de la ville de Dijon ; il fut un des deux orateurs qui portèrent la parole pour le tiers-état du royaume : il pénétra de bonne heure les vues ambitieufes & violentes de la maifon de Guife , & les traverfa de tout fon pouvoir ; il fut liguer cependant ; fon zèle pour la religion catholique l'entraîna dans ce parti ; mais il n'en fut que plus utile aux rois par fon ardeur à défendre leur caufe parmi les rebelles , par fes remontrances courageufes au duc de Mayenne pour l'empêcher de livrer la France aux étrangers, pour

l'engager à fauver l'état, lors même qu'il en combattoit le chef. Envoyé à Madrid par un confeil de féditieux, il vit avec horreur les projets ambitieux de cette cour. De retour en France, il laiffa éclater cette horreur , il n'oublia rien pour réveiller dans tous les cœurs, le peu de patriotifme que la fanatifme & la rebellion avoient pu y laiffer. Seul de tous les ligueurs , il rejetta conftamment l'argent du roi d'Efpagne ; il confondit les intrigues du duc de Savoye, & lui arracha la ville de Marfeille , dont le duc s'étoit rendu maître par furprife. Quels fervices auffi grands eût-il pu rendre aux rois , s'il fe fût féparé du parti de la ligue ? Henri III lui donna différentes places, & enfin une charge de préfident au parlement de Bourgogne ; Henri IV le fit premier préfident du même parlement , & le fit enfuite entrer au confeil. Dès-lors *Jeannin* partagea toujours avec Sully , la confiance de ce grand roi , au point d'avoir quelquefois infpiré à cet illuftre Sully , une jaloufie dont on apperçoit des traces dans fes mémoires. « *Jeannin* , dit M. de Périfixe , étoit plus confidéré » que le duc de Sully , pour les négociations & les » affaires étrangères. » Ses négociations fervirent d'inftitutions politiques au cardinal de Richelieu , qui les difoit tous les jours dans fa retraite d'Avignon.

*Jeannin* étoit à peine entré au confeil , lorfqu'un fecret de l'état fe trouva révélé par un indifcret ou par un traitre ; des regards calomnieux fe tournoient vers *Jeannin* , qui fe taifoit par prudence ou par indignation. Le roi parle & le venge : *répondez de Jeannin*, dit-il aux miniftres , *voyez entre vous qui a révélé ce fecret*. P. Saumaife , qui a fait un éloge hiftoric # du préfident *Jeannin* , rapporte ce fait avec une fimplicité pleine d'énergie. Voici fes termes. « Je réponds pour » le bon homme ; ainfi l'appelloit-il par tendreffe & » par amour pour lui , qui a fait que ce fage monarque » a toujours mis en dépôt fes plus fecrètes penfées dans » le fein de ce fage vieillard , fermé de tous côtés par » le filence & la fidélité ».

*Jeannin* fut chargé de négociations importantes en Hollande pendant les années 1607, 1608 & 1609. Les Etats - Généraux remercièrent folemnellement Henri IV de leur avoir envoyé un miniftre fi fage & fi éclairé. A fon retour, le roi l'embraffant & prenant la main de la reine qui l'accompagnoit : « *vous voyez*, lui dit-il , » *l'un des plus hommes de bien de mon* » *royaume , le plus affectionné à mon fervice , le plus* » *capable de fervir l'état ; & s'il arrive que Dieu* » *difpofe de moi , je vous prie de vous repofer fur fa* » *fidélité & fur la paffion que je fais qu'il a pour le bien* » *de mes peuples*. » Henri le reprochoit de n'avoir pas fait affez de bien à *Jeannin* , & d'avoir trop fecondé fon défintéreffement par fa négligence ; il difoit *qu'il doit plufieurs de fes fujets pour cacher leur malice , mais que pour le préfident Jeannin , il en avoit toujours dit du bien fans lui en faire*.

La reine parut fe reffouvenir de ce que Henri lui avoit dit , lorfqu'à la retraite de Sully , elle chargea *Jeannin* de l'adminiftration des finances ; mais dans quel temps & combien cette adminiftration avoit augmenté de difficulté ! *Jeannin* ne ceffa de fervir la patrie jufqu'à fa mort, arrivée le 31 octobre 1622. Son corps fut porté dans une chapelle qu'il avoit fondée dans l'église cathédrale de St. Lazare d'Autun, où on lit fon épitaphe. Il avoit eu un fils qui fut malheureufement affaffiné dans un combat de nuit. « C'étoit, felon Saumaife, » un des plus braves & accomplis de la cour, Le jour » qu'on lui en dit la nouvelle, il ne laiffa pas de » préfider au confeil, & la douleur qui ne paroiffoit » pas fur fon vifage, fe répandit dans le cœur de tous » fes amis, jufqu'à toucher celui de la reine, fa bonne » maitreffe, qui en pleura, & lui fit l'honneur de l'aller » confoler dans fa maifon.

Ce trait prouve la fermeté de Jeannin ; un trait d'un autre genre, rapporté par l'abbé de Choify, & que tout le monde connoît, l'hiftoire de la poutre, prouve fa franchife & le courage avec lequel il difoit toujours la vérité au roi. C'eft à ce courage & à cette franchife que le roi rend avec efprit dans cette hiftoire, un bien glorieux témoignage.

M. de Morveau a publié en 1766, un bien bon éloge du préfident Jeannin.

JEBUSES, f. f. pl. ( Hift. mod. fuperftition ) efpèce de prêtreffe de l'isle de Formofa ou de Tay-Van, qui eft fituée vis-à-vis de la province de To-Kyen, Ces prêtreffes, qui font le métier de forcières & de devinereffes, en impofent au peuple par des tours de force au-deffus de leur portée ; elles commencent leurs cérémonies par le facrifice de quelques porcs ou d'autres animaux ; enfuite, à force de contorfions, de poftures indécentes, de chants, de cris & de conjurations, elles parviennent à s'aliéner, & entrent dans une efpèce de frénéfie, à la fuite de laquelle elles prétendent avoir eu des vifions, & être en état de prédire l'avenir, & annoncer le temps qu'il fera, de chaffer les efprits malins, &c. Une autre fonction des jébufes ou prêtreffes de Formofa, eft de fouler aux pieds les femmes qui font devenues groffes avant l'âge de trente-fept ans, afin de les faire avorter, parce qu'il n'eft, dit-on, point permis par les loix du pays de devenir mère avant cet âge. ( A. R. )

JECHONIAS ou JOACHIM, ( Hift. Sacr. ) roi de Juda, emmené en captivité à Babylone par Nabuchodonofor, lorfque celui-ci eut pris Jérufalem. Il eft parlé de Jechonias ou Joachim, dans la Bible, au quatriéme livre des Rois, chap. 23 & 24.

JEFFREYS ou JEFFERIES , ( Hift. d'Anglet.) L'hiftoire doit honorer la mémoire des bons & flétrir celle des méchants ; ces deux fonctions tendent au même but, l'amélioration des hommes, fi elle eft poffible. Ce Jeffreys, d'abord chef de la juftice, puis chancelier fous Charles II & Jacques II, rois d'Angleterre, eft le plus grand barbare qui ait jamais deshonoré l'adminiftration de la juftice ; il fit voir, dit M. Hume, que les rigueurs exercées au nom de la loi, peuvent égaler ou furpaffer les emportements de la tyrannie militaire ; ce furent fes cruautés juridiques bien plus que les intérêts de religion, qui rendirent fi odieux aux Anglois, le gouvernement de Jacques II.

Le trait fuivant fuffiroit pour peindre ce juge, qui fe diftinguoit fur-tout par les farcafmes cruels dont il affaifonnoit la cruauté de fes jugements. Une femme le conjurant à genoux, de fauver la vie à un accufé qu'il croyoit fon amant, il n'eut pas de honte de lui répondre : quand il fera écartelé, vous aurez la partie de fon corps que je fais que vous aimez le plus.

Algernon Sidney, accufé d'attentat contre le roi & la royauté, parce qu'il étoit zélateur de la liberté publique, érigea en preuve de cet attentat, au défaut de preuves juridiques, des écrits faifis parmi les papiers de Sidney, & uniquement relatifs à fon fameux Traité du Gouvernement, Sidney fut livré au fupplice, comme le premier Brutus, dont il avoit pris la vertu pour modèle, l'auroit été à Rome, fi Tarquin eût triomphé.

Un juge de paix ayant, par le devoir de fa charge, dénoncé à Jeffreys un homme foupçonné d'un crime, & faifant en même temps obferver au même Jeffreys, que la preuve n'étoit pas complette : c'eft vous qui nous l'avez amené, dit Jeffreys, s'il eft innocent, fon fang retombera fur vous. Les fœurs de l'accufé s'efforçant de fléchir Jeffreys en faveur de leur frère, & s'attachant aux roues du carroffe de ce juge pour l'arrêter un moment, il donna ordre à fon cocher de leur couper les bras & les mains à coups de fouet.

On lui parloit en faveur d'un autre accufé dont tout annonçoit l'innocence ; n'importe, dit Jeffreys, fa famille nous doit une vie.

Armftrong & Holloway étoient tous deux accufés d'être entrés dans la conjuration connue dans l'hiftoire, fous le nom de Complot de Rye, & dont l'objet étoit d'exclure de la couronne, pour caufe de religion, Jacques II, alors duc d'Yorck ; ces deux accufés ayant pris la fuite, chacun d'eux fut déclaré exlex, c'eft-à-dire, privé de la protection des loix ; mais dans ce cas même, les loix donnent un an pour reparoître. Tous deux reparurent à temps, forcément à la vérité ; car ayant été pris hors du royaume, ils furent renvoyés en Angleterre. Tous deux étoient à cet égard, dans le même cas ; mais il y avoit des preuves contre Holloway, il n'y en avoit point contre Armftrong. Par cette raifon, Holloway fut admis dans les tribunaux, Armftrong enfut exclu : Holloway convaincu, fut envoyé au fupplice, en vertu d'un jugement. Armftrong, qu'on refufoit toujours de juger, fe plaignant qu'on le privoit feul du bénéfice commun de la loi, Jeffreys lui répondit ; vous en jouirez bientôt pleinement, car vous ferez exécuté mardi prochain ; en effet, il le fit tuer militairement, comme un homme déclaré exlex.

La révolte du duc de Monmouth, au commencement du règne de Jacques II ; fa prife après la bataille de Sedgemoor, du 5 juillet 1605 ; fon fupplice & celui de fes nombreux amis, furent pour Jeffreys, une grande jouiffance & une heureufe occafion de cruautés inutiles. Outre les malheureux qui furent pendus ou hachés en pièces en vertu des loix de la guerre, on compta jufqu'à deux cent cinquante-une victimes immolées en cette occafion, par les mains de la juftice,

On

On ne voyoit que têtes exposées sur les portes des villes ; & pour multiplier ces spectacles d'horreur, les membres de ces malheureux étoient dispersés dans les bourgs & dans les villages.

Ces cruautés s'étendirent jusqu'aux femmes. Par une politique contraire à toute moralité, on avoit offert non seulement l'impunité, mais encore des récompenses aux rebelles qui en découvriroient d'autres ; un de ces rebelles imagina d'obtenir sa grace par un infâme moyen. Une femme anabaptiste, nommée Mistris Gaunt, dont la vie étoit un exercice continuel de bienfaisance envers tout le monde, sans distinction de parti ni de secte, avoit donné asyle à ce fugitif, par le même principe qui tenoit sa maison ouverte à tous les infortunés ; il alla dépofer contr'elle. Il fut récompensé pour sa perfidie ; Mistris Gaunt fut brûlée vive pour sa charité.

Lady Lisle, femme âgée, & qui vivoit dans la retraite, avoit aussi donné asyle le lendemain de la bataille de Sedgemoor, à deux fugitifs, qu'elle ne connoissoit pas. Ayant su après coup que c'étoient des rebelles, elle avoit envoyé une femme qui la servoit, faire sa déclaration, les jurés la jugèrent jufqu'à deux fois innocente ; Jeffreys les força de la condamner, & la fit exécuter.

Jeffreys fut puni comme Neron, c'est-à-dire, d'une manière peu proportionnée à tant de crimes & à de tels crimes ; dans le temps du détrônement de Jacques II, en 1688, étant tombé entre les mains des protestans, il essuya les outrages de la multitude, on le mit ensuite en prison, & il y mourut promptement.

JÉHU, (Hist. Sacr.) fils de Josaphat & Roi d'Israël, ministre terrible des vengeances du Dieu

Qui dans Jezrael<br>
Jura d'exterminer Achab & Jezabel,

Il fit périr

L'infidèle Joram, l'impie Ochosias.

Athalie, fille d'Achab & de Jezabel, dit de lui :

Enfin de ma maison le perfide oppresseur ;<br>
Qui devoit jusqu'à moi pousser sa barbarie,<br>
Jéhu, le fier Jéhu tremble dans Samarie.

Joad dit de lui, en parlant de Dieu :

Jéhu qu'avoit choisi sa fagesse profonde ;<br>
Jéhu sur qui je vois que votre espoir se fonde ;<br>
D'un oubli trop ingrat a payé ses bienfaits,<br>
Jéhu laisse d'Achab l'affreuse fille en paix,<br>
Suit des rois d'Israël les profanes exemples,<br>
Du vil Dieu de l'Egypte a conservé les temples,<br>
Jéhu sur les hauts lieux enfin osant offrir<br>
Un téméraire encens que Dieu ne peut souffrir,<br>
N'a pour servir sa cause & venger ses injures,<br>
Ni le cœur assez droit ni les mains assez pures.

Vous trouverez dans le quatrième livre des Rois, chapitres 9 & 10, & dans le second livre des Paralipomènes, chapitre 22, le développement de ce texte & l'explication des faits qui y sont énoncés. Nous ne pouvons pas offrir de plus beaux vers techniques à la mémoire de ceux qui voudront retenir & posséder imperturbablement ces faits importants.

JEMMA-O, ( Hist. mod. ) Xaca, dont la secte est très-répandue dans le Japon, enseigne que, dans le lieu du supplice que les méchans vont habiter après leur mort, il y a un juge sévère, nommé Jemma-o, qui règle la rigueur & la durée des châtimens, selon les crimes de chacun. Il a devant les yeux un grand miroir qui lui représente fidèlement les actions les plus secrettes des hommes. Il n'y a que l'intercession d'Amida qui puisse fléchir ce juge inexorable ; & les prêtres ont grand soin d'inculquer au peuple que si, par leurs offrandes, ils peuvent gagner la protection d'Amida, les prières de ce dieu puissant peuvent soulager les maux de leurs parens qui souffrent dans les enfers, & même les faire sortir de cet horrible lieu. La pagode de Jemma-o est située dans un bois à quelque distance de la ville de Méaco. Ce dieu redoutable y est représenté ayant à ses côtés deux grands diables plus hideux encore que lui, dont l'un est occupé à écrire les mauvaises actions des hommes, tandis que l'autre semble les lui dicter. On voit sur les murailles du temple d'effrayans tableaux des tourmens destinés dans les enfers, aux ames des méchans. Les peuples accourent en foule dans cette pagode. C'est la crainte, plutôt que la dévotion, qui les y conduit. Il n'y a personne qui, par ses dons & ses hommages, ne tâche de se rendre favorable le terrible Jemma-o. (†)

JENSON, (Nicolas) (Hist. Litt. mod.) célèbre imprimeur & graveur de caractères à Venise au 15e siècle, réunit avec succès & avec éclat toutes les parties de la typographie ; savoir, la taille des poinçons, la fonte des caractères & l'impression. Il étoit originairement graveur de la Monnoie de Paris. Sur le bruit de la découverte récente de l'art de l'imprimerie en Allemagne, il fut envoyé à Mayence par Charles VII ou par Louis XI, pour prendre connoissance des procédés de cet art ; on ignore par quel mécontentement ou par quel hazard ce fut à Venise, & non pas dans sa patrie, qu'il alla faire usage des talens & des connoissances que ce voyage de Mayence lui avoit procurés. Ses premières éditions sont de 1471 ; elles se suivent jusqu'en 1481, qu'on croit être l'année de sa mort.

JEN-Y-CERIS-EFFENDI, s. m. ( Hist. Turq. ) officier des janissaires, dont la charge répond à celle de prevôt d'armée dans nos régimens. Il juge des différends & de légers délits qui peuvent survenir parmi les janissaires ; s'il s'agit de délits considérables, & de choses très-graves, il en fait son rapport à l'aga, qui décide en dernier ressort. Voyez JANISSAIRE. (D. J.)

JEPHTÉ, ( Hist. Sacr. ) jage des Hébreux ; on connoit sa vie, dont sa fille fut la victime. Cette histoire est rapportée dans l'Ecriture, au livre des Juges, chapitre 11.

Ceux qui ne voient dans les fables antiques, qu'une

altération de l'Ecriture, ont remarqué la conformité (en effet frappante) de la fable d'Idoménée avec l'histoire de Jephté.

JÉRÉMIE, (*Hist. Sacrée*) un des quatre grands prophètes. Ses prophéties & ses lamentations ne sont pas un des moindres ornemens de la Bible ni un des moins beaux monumens de la poësie des Hébreux. Les lamentations sur-tout, sont des élégies profondes & sublimes sur de grands désastres & des révolutions tragiques. Quels tableaux que ceux-ci, par exemple:

*Quomodò obscuratum est aurum, mutatus est color optimus?...... si occiditur in sanctuario Domini sacerdos & propheta?...... plorans ploravit in nocte & lacrimæ ejus in maxillis ejus..... peccatum peccavit Jerusalem; proptereà instabilis facta est..... Dominus locutus est super eam propter multitudinem iniquitatum ejus...... deposita est vehementer non habens consolatorem...... parvuli ejus ducti sunt in captivitatem antè faciem tribulantis....... facta est quasi vidua domina gentium........ oblivioni tradidit Dominus in Sion festivitatem & sabbatum, & in opprobrium & in indignationem furoris sui regem & sacerdotem.... viæ Sion lugent eò quòd non sint qui veniant ad solemnitatem: omnes portæ ejus destructæ: sacerdotes ejus gementes, virgines ejus squallidæ, & ipsa oppressa amaritudine.... defecerunt præ lacrymis oculi mei.... quis dabit capiti meo aquam & oculis meis fontem lacryrarum? & plorabo die ac nocte interfectos filiæ populi meè......*

Comment en un plomb vil l'or pur s'est-il changé?
Quel est dans le lieu saint ce pontife égorgé?
Pleure, Jérusalem, pleure, cité perfide,
Des prophêtes divins malheureuse homicide;
De son amour pour toi ton Dieu s'est dépouillé,
Ton encens à ses yeux est un encens souillé.....
Où menez-vous ces enfans & ces femmes?
Le Seigneur a détruit la reine des cités.
Ses prières sont captifs, ses rois sont rejettés.
Dieu ne veut plus qu'on vienne à ses solemnités....
Jérusalem, objet de ma douleur,
Quelle main en un jour, t'a ravi tous tes charmes?
Qui changera mes yeux en deux sources de larmes,
Pour pleurer ton malheur?

*Matribus suis dixerunt: ubi est triticum & vinum? cùm deficerent quasi vulnerati in plateis civitatis: cùm exhalarent animas suas in sinu matrum suarum.*

» Ils disoient à leurs mères: où est le bled? où est » le vin? lorsqu'ils tomboient dans les places de la » ville, comme s'ils eussent été blessés à mort, & » qu'ils rendoient leurs ames entre les bras de leurs » mères.

JEROBOAM, (*Hist. Sacr.*) On trouve dans l'Ecriture-Sainte, deux rois d'Israël de ce nom.

Le premier fut celui qui détacha les dix tribus, de l'obéissance de Roboam, fils insensé du sage Salomon. Toute son histoire occupe les chapitres 12, 13 &

14 du troisiéme livre des Rois, & les chapitres 10; 11, 12 & 13 du second livre des Paralip.

L'histoire du second se trouve au quatriéme livre des Rois, chapitre 14.

JEROME, (Saint) (*Hist. Ecclés.*) père de l'église, plein d'éloquence & de sensibilité: il peint avec une vérité philosophique, animée & touchante, les assauts terribles que la volupté venoit lui livrer au fond des déserts de la Syrie, & au sein de l'austérité; le charme & le danger de ces souvenirs, qui lui représentoient les d.mes Romaines, les danses, les fêtes, les spectacles, où elles venoient inspirer & sentir les passions, souvenirs plus séduisants souvent que la réalité. On apprend dans le monde, à le craindre & à le fuir; la solitude au contraire inspire des regrets dangereux qui ramènent vers lui; les objets absens s'y embellissent par l'imagination, les illusions renaissent, les vices & les défauts s'effacent. Une ame aussi ardente n'étoit pas faite pour la retraite; il rentra dans le siècle, mais pour l'instruire & pour l'édifier, il tourna toute sa sensibilité du côté des sciences & de la piété. Des dames Romaines, illustres par leur esprit & par leur vertu, se mirent sous sa direction; une amitié pure & sainte succéda aux passions qu'il avoit pu sentir dans sa jeunesse; mais la religion devint le principe & le but de tous ces attachemens. Les Marcelles, les Læta, les Paules, les Eustoquies firent sous sa conduite, de grands progrès dans la voie du salut. Quelques-unes employèrent leur fortune à des établissemens considérables de religion & de charité. Sainte Paule bâtit des monastères à Bethléem & dans les lieux saints. Il paroit que les succès de St. Jérôme en tout genre excitèrent l'envie & la calomnie; mais il paroit aussi que par sa vivacité dans la dispute, il fournit quelquefois des armes à ses ennemis: on lui reproche de l'aigreur & de l'emportement, sur-tout à l'égard de Rufin, qui avoit été son ami. C'est l'effet assez naturel & assez ordinaire de l'habitude de disputer sur la religion & de combattre les hérétiques. Saint Jérôme étoit très-savant; sur-tout dans l'hébreu. La Vulgate, version latine faite sur l'hébreu, & que l'église a jugée authentique, est son ouvrage. Dom Martianay, bénédictin de la congrégation de Saint Maur, a donné une bonne édition des œuvres de ce père. Saint Jérôme étoit né vers l'an 340, sur les confins de la Dalmatie & de la Pannonie, où Eusèbe son père tenoit un rang distingué. Il mourut en 460. Il fut le premier qui écrivit contre Pélage.

JÉRÔME DE PRAGUE. (Pour cet article & pour celui de JEAN-HUS, voyez l'article WICLEF.

JESILBASCH, s. m. (*Hist.*) terme de relation; il signifie tête-verte, & c'est le nom que les Persans donnent aux Turcs, parce que leurs émirs portent le turban verd. *Diction. de Trévoux.* (*A. R.*)

JÉSUS-CHRIST. Cet article respectable ne peut regarder que celui qui est chargé dans cet Ouvrage, de la RELIGION & de la THÉOLOGIE.

JEZABEL, (*Hist. Sacr.*) fille d'Ithobal, roi de Sidon, femme d'Achab, roi d'Israël, mère d'Athalie, persécuta Elie, fit périr Naboth, pour envahir sa vigne

Jéhu la fit jeter par la fenêtre ; & son corps fut dévoré par les chiens :

> Jezabel immolée ,
> Sous les pieds des chevaux cette reine foulée ,
> Dans son sang inhumain les chiens désaltérés ,
> Et de son corps hideux les membres déchirés.

( *Voyez* l'article JÉHU. ) L'histoire entière de cette femme cruelle & malheureuse , se trouve aux troisième & quatrième livres des Rois, chapitre 16 &suivants du livre troisième , chapitre 9 du livre 4.

JIN ou GIN , ( *Hist. mod.* ) nom par lequel les Mahométans désignent une espèce de malins esprits. Il y en a , se on eux , de mâles & de femelles ; ce sont les incubes & les succubes. On les regarde comme étant d'une substance plus grossiere que *Schaitan* ou *Satan* , le chef des diables. ( *A. R.* )

JIRID , s. m. ( *Hist. mod.* ) espèce de dard, que les Turcs lancent avec la main. Ils se piquent en cela de force & de dextérité. ( *A. R.* )

JOAB , ( *Hist. Sacr.* ) fameux général de David , étoit son neveu , fils de Sarvia sa sœur. Son histoire occupe dans le second livre des Rois , les chapitres 2 , 3 , 8 , 10 , 11 , 12 , 14 , 17 , 18 , 19 , 20 , 24 ; dans le troisième , les chapitres 1 & 2.

JOACHAZ , ( *Hist. Sacr.* ) On en trouve deux dans le quatrième livre des Rois : l'un roi d'Israël , fils & successeur de Jéhu , chapitres 10 & 13 ; l'autre , roi de Juda , fils de Josias, chapitre 23.

JOACHIM ou ÉLIACIM , ( *Hist. Sacr.* ) frère de Joachaz , roi de Juda, liv. quatrième des Rois , chapitres 23 & 24.

JOACHIM , ( Saint ) est réputé le mari de Sainte Anne & le père de la Sainte Vierge. L'Écriture n'en parle pas , & on ne sait rien de sa vie ; mais l'église grecque célébroit sa fête, dans le septième siècle. Elle n'a été introduite , à ce qu'on croit, dans l'église latine , que par le pape Jules II , au seizième siècle. Pie V la fit ôter du calendrier & du breviaire romain. Grégoire XIII , en 1584 , permit seulement de l'y remettre. Enfin Grégoire XV , par une bulle du 2 décembre 1622 , ordonna la célébration de cette fête.

L'abbé *Joachim* , fondateur de l'ordre de Flore au royaume de Naples, mort le 3 mars 1202, âgé de plus de quatre-vingt-dix ans , a laissé dans l'église une réputation assez grande , mais assez équivoque. On connoît ses prophéties ; il vaudroit mieux qu'il n'eût point fait de prophéties. On lui attribue des miracles , mais on a reconnu dès erreurs dans ses ouvrages , & quelques-unes de ces ouvrages ont été condamnés après sa mort ; cependant , comme il avoit protesté de sa soumission à l'église , le pape Innocent III en condamnant , en 1215 , au quatrième concile général de Latran , un des ouvrages de l'abbé *Joachim* , déclare qu'en faveur de cette protestation de soumission & de cet acte de docilité, il ne prononcera rien contre sa personne. Cette distinction de la personne & des ouvrages auroit dû avoir lieu dans toute condamnation de livres. En

effet , qu'y a-t-il à prononcer en pareil cas , contre la personne , sinon qu'elle s'est trompée ? Et n'est-ce pas le dire que de condamner l'ouvrage ? Dom Gervaise a écrit là la vie de l'abbé *Joachim*. Quelques zélateurs de l'abbé *Joachim* ont été nommés *Joachimites* ; & il n'a pas tenu à eux que son nom n'ait été celui d'un chef de secte.

JOAD ou JOYADA , ( *Hist. sacr.* ) grand-prêtre des Juifs, qui fit périr Athalie & fit monter Joas sur le trône de Juda , Rois , liv. 4. chap. 11 & 12 , & Paralipomènes , liv. 2 , chap. 22, 23 & 24.

JOAS , ( *Hist. sacr.* ) c'est le nom de deux rois ; l'un de Juda , fils d'Ochosias ; c'est celui qui inspire tant d'intérêt dans *Athalie* , mais qui n'en inspire que là ; encore les crimes qu'il doit commettre un jour , sont ils annoncés , quoique de loin & d'une manière énigmatique , dans *Athalie* même :

> Comment en un plomb vil l'or pur s'est-il changé ?
> Quel est dans le lieu saint ce Pontife égorgé ? ......
> Enfans, ainsi toujours puissiez-vous être unis !

Toute son histoire est rapportée au 4ᵉ. livre des Rois , chapitres 11 & 12 , & au 2ᵉ. livre des Paralipomènes , chap. 22 , 23 & 24.

L'autre *Joas* , fils & successeur de Joachaz , roi d'Israël ; 4ᵉ. livre des rois , chapitre 13.

JOATHAN , ( *Hist. sacr.* ) fils d'Ozias. Son histoire se trouve , liv 4 des Rois , chap. 15 ; & liv. 2 des Paralipomènes , chap. 27.

JOB , ( *Hist. sacr.* ) modèle de douleur & de patience, proposé par l'Écriture-Sainte dans le livre qui porte son nom , & qui est un magnifique monument de la poësie des Hébreux.

JOBERT , ( Louis ) ( *Hist. Litt. mod.* ) Jésuite plus connu par sa *science des Médailles* que par ses sermons, Mort en 1719.

JOCABED , ( *Hist. sacr.* ) femme d'Amram , mère d'Aaron, de Moyse & de Marie.

JODELLE ( Étienne ) ( *Hist. Litt. mod.* ) né à Paris en 1532, se fit connoître sous Henri II par ses ouvrages dramatiques.

> Alors *Jodelle* heureusement sonna ;
> D'une voix humble & d'une voix hardie
> La comédie avec la tragédie
> Et d'un ton double, ore bas, ore haut ;
> Remplit premier le françois eschaffaut :

dit Ronsard. En effet tout ce qui précede *Jodelle* au théâtre , est compté pour rien , & lui-même est compté pour bien peu de chose ; mais il est le premier , & ses tragédies de *Cléopatre & de Didon* , & sa comédie d'*Eugène* , passèrent pour des chefs-d'œuvres dans leur temps. *Cléopatre* fut jouée à Paris devant Henri II & à l'hôtel de Rheims & au collège de Boncourt : Rémi Belleau & Jean de la Perufe , auteurs distingués de ce temps-là , y jouèrent les principaux rôles. *Jodelle* étoit avec Ronsard à la tête

B b 2

de la 1 ttérature françoise ; Pasquier disoit à la vérité en parlant à *Jodelle*, *que si un Ronsard avoit le dessus d'un Jodelle*, *le matin*, *l'après dîné*, Jodelle l'emporteroit sur *Ronsard*. Mais après la mort de Jodelle ( arrivée en 1573 ) le même Pasquier disoit : *je me doute qu'il ne demeurera que la mémoire de son nom en l'air*, *comme de ses poësies*. Il pouvoit étendre sa prophétie jusqu'à Ronsard. Après que *Cléopâtre* eut paru, les jeunes poëtes du tems, Baïf à leur tête, firent la cérémonie toute grecque de couronner *Jodelle* de lierre, & de lui offrir en grande pompe, un bouc, aussi couronné de lierre ; quelques-uns même disent, qu'en vrais grecs, en vrais payens, ils immolèrent le bouc. *Jodelle* étoit un des sept poëtes qui, sous Henri II, formèrent ce qu'on appella *la pleyade poëtique*, à l'imitation de celle que les Grecs d'Alexandrie avoient formée sous le règne de Ptolomée Philadelphe. La pléyade françoise, formée par Ronsard, étoit composée de Ronsard, de Daurat, de du Bellai, de Remi Belleau, de Baïf, de Pontus de Thiard & de *Jodelle*.

JODORE, ( *Hist. d'Allemagne* ) 26e empereur d'Allemagne depuis Conrad I. Ce prince succéda à Robert : il ne fit que paroître sur le trône. Son règne, qui ne fut que de trois mois, n'offre rien à l'histoire. On peut croire qu'il avoit des vertus, puisque Venceslas, qui lui disputoit le trône impérial, n'en fut écarté que par rapport à ses vices. Il avoit gouverné avec assez de sagesse la Moravie, dont il avoit le Margraviat, & Venceslas l'avoit souvent employé en Italie ; il lui avoit même donné le titre de vicaire-perpétuel de l'empire dans cette contrée. ( *M-Y.* )

JOEL, ( *Hist. Sacr.* ) le second des douze petits prophètes.

JOFFREDY, JOUFFROY ou GEOFFROY, ( Jean ) ( *Hist. de Fr.* ) prélat intrigant, qui, sous un pape & sous un roi intrigant, fit fortune par son zèle contre la Pragmatique - Sanction. Ce pape étoit Pie II ; ce roi étoit Louis XI. Joffrédi étoit évêque d'Arras, & vouloit être cardinal pour le moins ; il faisoit solliciter pour lui le chapeau par toutes les puissances. « Vous pourriez, lui dit le pape, ne le devoir » qu'à vous, apportez-nous la révocation de la Prag- » matique.

Il suffisoit que la Pragmatique fût l'ouvrage du ministère de Charles VII, pour être peu agréable à Louis XI.

L'évêque d'Arras avoit dès long-temps profité de la retraite de ce prince dans les Pays-Bas pendant la vie du roi son père, pour nourrir dans l'esprit des dispositions contraires à ce décret. Pie II envoya l'évêque d'Arras en qualité de légat, auprès de Louis XI. Cet adroit prélat sût persuader au roi que la Pragmatique étoit contraire à ses intérêts : il connoissoit la jalouse inquiétude de ce prince à l'égard des grands du royaume ; il lui représenta combien leurs intrigues influoient sur les élections. « Laissez, lui dit-il, les nominations au- » Pape, elles se feront toujours de concert avec vous. Louis XI parut ébloui de ces raisons ; il consentit à l'abolition de la Pragmatique ; mais il voulut qu'on

nommât un légat résident en France, pour expédier les bulles des bénéfices dans le royaume, afin que l'argent n'en sortît pas. L'évêque ne balança pas à répondre du consentement du pape ; mais le roi, toujours défiant, exigeoit des sûretés ; Joffrédy lui fit entendre que le pape ne pouvoit pas honnêtement paroître faire avec lui cette espèce de marché, mais qu'après la révocation de la Pragmatique, il accorderoit tout d'autant plus volontiers, qu'il paroissoit alors signaler librement sa reconnoissance, & non exécuter une convention. Le roi se rendit, & remit le 27 novembre 1461, l'original de la Pragmatique à l'évêque d'Arras, qui le porta aussi-tôt à Rome.

A cette nouvelle, le pape fit éclater sa joie, & Rome la partagea ; la Pragmatique y fut traînée avec opprobre dans les rues, à la lueur des feux de joie, comme un monument de la révolte des François, étouffée par le Saint-Siège. Mais ce triomphe étoit prématuré, la Pragmatique étoit écrite au fond des cœurs françois ; les parlemens préparoient une résistance opiniâtre ; celui de Paris refusa constamment d'enregistrer l'édit de la révocation de la Pragmatique. L'Université envoya le recteur signifier au légat Joffrédy, un appel de la bulle qui annulloit ce décret ; le roi même ne s'offensa point de cette démarche ; il n'avoit pas tardé à être mécontent du pape, qui n'avoit rempli aucune des promesses de Joffrédy : le roi avoit dû s'y attendre. L'institution d'un légat perpétuel en France, qui eût expédié les bulles de tous les bénéfices & empêché le transport de l'argent, auroit privé les papes du principal fruit qu'ils attendoient de la révocation de la Pragmatique.

Le pape tint parole à Joffrédy, il le fit cardinal ; mais Joffrédy ne trouvoit jamais ses services assez payés ; l'archevêché de Besançon & l'évêché d'Alby étant venus à vaquer, Joffrédy voulut avoir l'un & l'autre à la fois ; le pape lui proposa d'opter ; Joffrédy s'offensa de cette proposition comme d'un refus, accusa le pape d'ingratitude en recevant de lui l'évêché d'Alby, & traversa toujours depuis les vues de la cour de Rome. Il mourut en 1473, au prieuré de Rully.

JOHNSON, ( Benjamin ) ( *Hist. Litt. mod.* ) poëte anglois, à qui la comédie angloise a dû quelques progrès, ses tragédies font moins estimées. Shakespeare fut son ami, & plus accrédité que lui au théâtre, il l'y protégea en l'obligeant les comédiens de jouer une pièce de *Johnson* qu'ils avoient refusée. On peut juger de l'estime où il fut dans son pays par l'exclamation inscrite sur son tombeau : O rare Behn Johnson ! Il mourut pauvre ( en 1637 ) comme il avoit vécu. Charles Ier lui ayant accordé une gratification qu'il jugea très-modique ; & celui qui la lui apporta de la part du roi, ayant trouvé l'appartement de *Johnson* bien étroit, *comme l'ame de votre maître*, répondit-il. Mais se seroit peut-être au pape qui paye les gratifications, à juger, si elles sont trop fortes ou trop foibles.

Un autre *Johnson*, ( Samuel ) né en 1649, & qui vivoit encore en 1692, a beaucoup écrit sur la politique & la jurisprudence. Il est sur-tout connu par un

Traité sur la *grande Charte* , & par un ouvrage contre Jacques II , alors duc d'Yorck. Le titre de cet ouvrage , ( *Julien l'Apostat* ) , faisoit allusion au changement de religion du prince , & annonce de quel œil ce changement étoit vu par les zélateurs protestants. Cet ouvrage ou libelle , attira sur l'auteur , ou une persécution ou un juste châtiment ; il fut condamné à une amende & emprisonné. Guillaume III , sous qui tout étoit changé , le mit en liberté , & le dédommagea par des pensions. En 1692 , *Johnson* fut assassiné , & n'échappa qu'avec peine aux assassins. Quels étoient-ils ? étoient-ce des Jacobites zélés ou des ennemis particuliers de *Johnson* , ou des voleurs ? on l'ignore.

Un autre *Johnson* encore . ( Thomas ) mort vers 1732 , s'est fait connoître aussi dans la littérature ; on a de lui des notes estimées sur Sophocle.

JOINVILLE , ( Jean Sire de ) ( *Hist. de France.* ) Sénéchal de Champagne , dont nous avons en vieux françois , une vie de Saint-Louis , excellente pour le temps , & qui sera toujours nécessaire. Il composa cette histoire dans sa vieillesse , à la prière de la reine Jeanne de Navarre , femme de Philippe-le-Bel , princesse qui aimoit les lettres ; & il la dédia au roi Louis-le-Hutin , fils de Jeanne : c'est en vain que le grand Pyrrhonien , le P. Hardouin , a prétendu tirer du texte même de cette histoire , la preuve qu'elle ne pouvoit pas être l'ouvrage d'un contemporain de Saint-Louis. M. le baron de la Bastie , dans une dissertation sur cet ouvrage , insérée dans le quinzième volume des Mémoires de Littérature , pages 692 & suivantes , fait voir que tout ce qui dans le texte semble favoriser les doutes du P. Hardouin , provient d'interpolations mal-adroites , faites par des ignorants , dans des temps postérieurs , & qui se trouvoient en grand nombre dans les anciennes éditions & dans les manuscrits de Joinville ; mais il ne reste plus de matière à aucun doute , depuis que M. Capperonier , avec le secours de quelques personnes attachées à la bibliothèque du roi , a mis la dernière main à l'édition de *Joinville* , de l'imprimerie royale , pour laquelle Messieurs Melot & Sallier avoient réuni leurs efforts , & qu'ils avoi . . faite d'après un manuscrit plus complet que tous ceux qu'on avoit connus jusqu'alors. « Ce » manuscrit a rendu à l'auteur , dit M. Le Beau , » cette franchise , première & cette naïveté originale » ( M. Dupuy ajoute : *je dirois presque cette fleur* » *d'antiquité* ) qu'avoit affoiblie une délicatesse gau- » loise , en prétendant la rajeûnir. »

M. L'évêque de la Ravaliere a donné , dans le vingtième volume des Mémoires de Littérature , pages 310 & suivantes , la vie du Sire de Joinville. Le plus ancien seigneur de cette maison que l'on connoisse , est Étienne , qui vivoit du temps du roi Robert , & qui commença de bâtir le château de Joinville Le Sire de *Joinville* étoit fils de Siméon , mort en 1233 , & de Béatrix , fille du comte de Bourgogne. M. du Cange a cru qu'il étoit né en 1220 ; M. de la Bastie , en 1228 ou 1229 ; M. de la Ravaliere , en 1223 ou 1224. Il suivit Saint-Louis à la cinquième croisade ; il peint avec beaucoup de naïveté , la douleur qu'il sentit en quittant sa famille & ce beau château de Joinville , qu'il aimoit tant. Il courut les plus grands dangers dans cette expédition , y fut fait prisonnier , ainsi que le roi. Après leur délivrance , le roi délibéra s'il resteroit dans la Terre-Sainte pour achever de tirer les Chrétiens d'esclavage , ou s'il se hâteroit de revenir en France. Ce dernier avis étoit celui de tous ses conseillers ; *Joinville* , encore très-jeune , osa le combattre ; les vieux conseillers lui répondirent avec aigreur. Le roi , contre son ordinaire , ne lui parla point & au dîner ; il crut avoir déplu , & après le dîner , il restoit triste & rêveur à une fenêtre , « lorsqu'il sentit deux » bras qui , en passant par dessus ses épaules , lui cou- » vrirent les yeux ; il reconnut le roi à sa bague , & » le roi lui dit : comment , jeune homme , avez-vous » osé être d'un avis différent de celui des anciens ? » Sire , répondit *Joinville* , si l'avis est bon , il faut » le suivre , s'il est mauvais , faites grace à mon zèle. » — Mais si je reste , resterez-vous ? — Oui , certaine- » ment , Sire. — Eh bien ! l'avis est bon , & il sera » suivi. Mais n'en triomphez pas , & n'en parlez à » personne ». En effet, le roi resta dans la Terre-Sainte, & n'en revint qu'après la mort de la Reine-Mère.

*Joinville* n'approuva pas la dernière croisade ; il fit ce qu'il put pour en détourner le roi. Vous faites régner par-tout , lui dit-il , la paix & la justice , votre peuple est heureux , pourquoi allez-vous le replonger dans tous les maux qu'a déjà causés votre absence , n'ayant plus même les ressources que vous aviez alors dans l'administration d'une mère , telle que la reine Blanche ? Il refusa de se croiser , malgré les instances de Louis , & celles du roi de Navarre , son seigneur. Les deux rois moururent à cette croisade.

*Joinville* fut fait gouverneur de la Champagne , sous le règne suivant. Il étoit , en 1303 , sous le règne de Philippe-le-Bel , à la bataille de Coutrai. Quelque temps après il se retira mécontent , dans ses terres ; il entra même dans la ligue qui se fortna contre Philippe-le-Bel , vers la fin de son règne. Il rentra en faveur sous Louis - le - Hutin. On remarque comme monument du règne féodal , qu'en écrivant au roi Louis-le-Hutin , il s'excuse de ne l'appeler que *son bon Seigneur* , & non pas *Monseigneur* , titre qu'il ne donnoit qu'au compte de Champagne , dont il étoit homme-lige. Cependant Louis-le-Hutin étoit roi de Navarre &c. comte de Champagne , du chef de sa mère ; mais *Joinville* répondoit à une convocation militaire , &c. la convocation étoit faite au nom du roi de France , & non pas au nom du comte de Champagne. *Joinville* mourut dans une extrême vieillesse , sous le règne de Philippe-le-Long , le 11 juillet 1317. Selon M. de la Ravaliere , une épitaphe de *Joinville* , trouvée dans son tombeau en 1629 , porte 1319. Mais M. de la Ravaliere prouve que cette épitaphe , bien loin d'être du temps , est du commencement du 17e siècle.

*Joinville* avoit été marié deux fois , & avoir eu beaucoup d'enfants ; Anceau , son fils , fut , comme lui , seigneur de Joinville & sénéchal de Champagne.

JOLY , ( *Hist. Litt.* ) Plusieurs écrivains ont illustré ce nom , ou du moins l'ont fait connoître.

1°. Claude *Joly*, qui fut pendant soixante-neuf ans, chanoine de l'église de Paris , depuis 1631 jusqu'en 1700, & qui mourut d'un accident à quatre-vingt-treize ans , étant tombé dans un trou fait pour la construction du grand autel de l'église de Notre Dame. On a de lui divers ouvrages fur des points de théologie & de liturgie. On a aussi de lui *un Recueil de maximes véritables & importantes pour l'institution du Roi*, *contre la fausse & pernicieuse politique du cardinal Mazarin*. Ce livre qui fut brûlé par la main du bourreau, n'est pas le moins curieux de ceux de *Joly*.

2°. Un autre Claude *Joly*, encore plus connu , est celui à qui le talent de la chaire valut d'abord l'évêché de Saint-Paul-de-Léon , ensuite celui d'Agen. On a ses *Prônes* ( car il avoit été curé de Saint-Nicolas-des-Champs à Paris ) & ses *Sermons*.

3°. Guy *Joly* , conseiller au Châtelet, attaché au cardinal de Retz. On a de lui des Mémoires ; si ces Mémoires font vrais , ceux du cardinal de Retz ne peuvent l'être , du moins dans ce qui concerne le portrait de ce fameux & intrigant prélat. Tout ce qu'il a pu faire de brillant , de courageux , de digne d'estime ou d'éloge , est l'ouvrage de *Joly* , si on en croit celui-ci , & il ne reste au cardinal pour fon partage , que de la foiblesse , de l'irrésolution , de la timidité, de l'inconséquence , de la forfanterie. Heureusement le cardinal , dans ses Mémoires, nous a prévenus contre *Joly* , en nous avertissant qu'il avoit eu à s'en plaindre, & qu'il avoit été obligé de lui ôter sa confiance. De plus , nous voyons par les lettres de Madame de Sévigné & par les mémoires du temps , combien le cardinal de Retz inspiroit de respect aux personnes les plus respectables, par cette sage vieillesse qui succéda chez lui à une jeunesse orageuse & turbulente , & qui en répara la plûpart des fautes.

JONAS , ( *Hist. Sacr.* ) c'est le cinquième des petits prophètes. On sçait comment il passa trois jours dans le ventre d'un grand poisson, baleine ou requin, & comment il fit faire pénitence aux Ninivites. Il faut voir dans la Bible , les quatre chapitres du livre particulier qui porte fon nom. Un mauvais poëte a fait de *Jonas* , le sujet d'un mauvais poëme épique :

Le *Jonas* inconnu sèche dans la poussière,

*Jonas* est encore le nom de quelques autres personnes connues.

1°. D'un abbé de Bobbio , au septième siècle.

2°. D'un évêque d'Orléans , mort en 841, dont on a quelques ouvrages peu importants dans le Spicilège de Dom Luc d'Achéry , & dans la Bibliothèque des Pères.

3°. D'un astronome islandois , disciple de *Tycho-Brahé*, & coadjuteur d'un évêque de Hola en Islande ; ce *Jonas* est distingué par le nom d'*Arngrimus* ou *Arnagrimus*. Tout ce qu'on sait de lui , c'est qu'il est mort en 1649, à quatre-vingt-quinze ans , & qu'il s'étoit marié à quatre-vingt-onze ans , à une jeune fille. Il a écrit fur l'Islande. Il prétend que cette île n'a été habitée que vers l'an 874 de l'ère Chrétienne , & que par conséquent elle n'est point l'*Ultima Thule* de Virgile.

JONATHAN , ( *Hist. Sacr.* ) On trouve dans l'Ecriture-Sainte , plusieurs personnages de ce nom ; mais aucun n'est assez célèbre & ne joue un assez grand rôle pour que nous nous y arrêtions ici.

JONATHAS , ( *Hist. Sacr.* ) fils de Saül , Rois, liv. 1er ; chap. 13 , 14, 18 , 19 , 20 , 31.

On connoît l'amitié de *Jonathas* pour David , persécuté par Saül , père de *Jonathas*, & les regrets éloquents de David , sur la mort de ces deux princes :

> O Jonathas ! ô mon frère !
> Je t'aimois comme une mère
> Aime fon unique enfant ;
> Avec toi notre courage
> Disparoît comme un nuage
> Qu'emporte un soufle de vent.

Un autre *Jonathas* , frère & successeur de Judas Macchabée, joue un rôle considérable dans l'Ecriture. On trouve fon histoire dans le premier livre des Macchabées , chapitres 9 , 10 , 11 , 12 , 13.

On trouve encore dans l'Ecriture quelques autres *Jonathas* moins célèbres.

JONCOUX , (Françoise-Marguerite de) (*Hist. Litt. mod.* ) On doit à cette Dame, née en 1668 , morte en 1715 , la traduction des notes de Guillaume Wendrock, c'est-à-dire , de M. Nicole fur les Provinciales.

JONES , ( Inigo ) (*Hist. Litt. mod.*) célèbre architecte anglois , est regardé comme le Palladio de l'Angleterre & on a de lui des notes fur Palladio , insérées dans une traduction angloise de cet auteur , publiée en 1742. Inigo , né en 1572 , fut architecte des rois Jacques I & Charles I. Il mourut en 1652.

JONSTON , ( Jean ) ( *Hist. Litt. mod.*) naturaliste célèbre , qui avoit parcouru toute l'Europe relativement aux objets de ses études. On a ses œuvres en dix volumes *in-fol.* Né dans la Grande-Pologne en 1603. Mort en Silésie en 1675.

JONTE ou JUNTE, f. f. ( *Hist. mod.*) l'on nomme ainsi en Espagne & en Portugal un certain nombre de personnes que le roi choisit pour les consulter fur des affaires d'importance ; il convoque & dissout leur assemblée à sa volonté : elle n'a que la voix de conseil , & le roi d'Espagne est le maître d'adopter ou de rejetter ses décisions. Après la mort du roi , on établit communément une *junte* ou conseil de cette espèce pour veiller aux affaires du gouvernement ; elle ne subsiste que jusqu'à ce que le nouveau roi ait pris les rênes du gouvernement.

A la mort de Charles II , roi d'Espagne , le royaume fut gouverné par une *Junte* , pendant l'absence de Philippe V.

Il y a en Portugal trois *juntes* considérables. La *junte* du commerce , la *junte* des trois états , & la *junte* du tabac. La première doit fon établissement au roi Jean IV , qui assembla les états généraux pour créer le tribunal de la *junte* des trois états. Le roi Pierre II créa en 1675 la *junte* du tabac. Elle est composée d'un président & de six conseillers. ( *A. R.* )

**JOQUES**, f. m. pl. ( *Hist. mod.* ) Bramines du royaume de Narfingue. Ils font auftères , ils errent dans les Indes ; ils fe traitent avec la dernière dureté , jufqu'à ce que devenus abduls ou exempts de toutes loix & incapables de tout péché , ils s'abandonnent fans remords à toutes fortes de faletés , & ne fe refufent aucune fatisfaction ; ils croyent avoir acquis ce droit par leur pénitence antérieure. Ils ont un chef qui leur diftribue fon revenu qui eft confidérable , & qui les envoye prêcher fa doctrine. ( *A. R.* )

**JORAM**, ( *Hist. Sacr.* ) *Voyez* l'ÉCRITURE-SAINTE , ROIS , liv. 4 , chap. 8 , & PARALIP. liv. 2 , chap. 21.

Ce *Joram* , fils de Jofaphat :

( Vous , nourri dans les camps du faint roi Jofaphat ,
Qui , fous fon fils Joram , commandiez nos armées. )

étoit roi de Juda , & fut le mari d'Athalie ; c'eft celui dont il eft parlé plufieurs fois dans la pièce de ce nom :

Ainfi dans leur excès vous n'imitériez pas
L'infidèle Joram , l'impie Okofias ? &c.

Il y a eu un autre *Joram* , non moins célèbre , roi d'Ifraël & fils d'Achab , que Jéhu tua de plufieurs coups de flèches dans le champ de Naboth , & dont le corps fut jetté aux chiens , comme celui de Jézabel , fa mere ; ROIS , liv. 4 , chapitres 3 , 5 , 6 , 9.

Ainfi , le mari & le frère d'Athalie fe nommoient également *Joram* ; il faut prendre garde de confondre ces deux perfonnages.

**JORNANDÈS** , ( *Hist. Litt. mod.* ) Goth , qui a écrit fur les Goths. Il vivoit en 552 , fous l'empire de Juftinien I<sup>er</sup>. Ses deux ouvrages ont pour titre ; l'un : *de rebus Gothicis* ; l'autre : *de origine mundi , de rerum & temporum fuccessione.*

**JOSABETH** , ( *Hist. Sacr.* ) femme de Joad , fauva Joas enfant , du maffacre qu'Athalie faifoit faire de tous les princes de la maifon de David. Elle fait elle-même ce récit touchant dans *Athalie. Voyez* d'ailleurs fur *Jofabeth* , le quatrième livre des Rois , chapitre 11 ; & le fecond des Paralip. , chap. 22.

**JOSAPHAT** , ( *Hist. Sacr.* ) fils & fucceffeur d'Afa , roi de Juda. On trouve fon hiftoire au troifiéme livre des Rois , chapitres 15 , 22 ; & livre quatre , chapitres 3 , 8 ; & fecond liv. des Paralipomènes , chap. 17 , 18 , 19 , 20 , 21.

**JOSEPH** , ( *Hist. Sacr.* ) nom célèbre & dans l'ancien Teftament & dans le nouveau. L'Hiftoire du Patriarche , fils d'Ifaac & de Rebecca , frère d'Efaü , & père & ayeul des chefs des douze tribus des Hébreux , occupe dans la Génèfe , les chapitres 37 , 39 , 40 , 41 , 42 , 43 , 44 , 45 , 46 , 47 , 48 , 49 , 50.

L'autre *Joseph* eft le mari de la Sainte-Vierge. On trouve tout ce qu'on peut favoir de fon hiftoire dans les Evangéliftes.

Un troifiéme *Joseph* , diftingué par le furnom d'Arimathie , & que l'Ecriture repréfente comme un homme jufte & vertueux , fe montre avec courage à la mort de J. C. , dont il avoit été jufques-là un des difciples fecrets , & obtient la grace d'enfevelir fon corps & de le mettre dans un fépulchre qu'il avoit fait conftruire.

**JOSEPH** *ou* **JOSÉPHE** , ( Flavius ) ( *Hist. Litt. anc.* ) c'eft le fameux hiftorien des Juifs. On l'a comparé à Tite-Live ; & comme il a écrit en grec , quoique juif , Saint-Jérôme l'appelloit le *Tite-Live grec.* Il avoit d'abord été homme de guerre ( & avoit défendu fes concitoyens contre Vefpafien & contre Titus ; il avoit foutenu contr'eux le fiège de Jotapat. La ville ayant été prife , *Jofephe* fe trouva enfermé dans une caverne avec quarante furieux , qui choifirent de mourir plutôt que de fe rendre aux Romains , comme *Jofephe* le leur infinuoit ; ils s'entretuèrent tous , & *Jofephe* refté avec un feul de fes compagnons , parvint enfin à lui perfuader de fe rendre à ces mêmes Romains dont le joug leur avoir paru plus cruel que la mort. Il plut à Vefpafien & à fes fils ; il les fervit , devint un favori , & chercha en toute occafion à fléchir la fureur & l'opiniâtreté des Juifs , croyant en cela fervir également les Juifs & les Romains.

Nous avons deux traductions françoifes de *Joféphe* ; l'une , de M. Arnauld d'Andilly ; l'autre , du P. Gillet , génovéfain , qui n'a pas fait oublier la première.

**JOSEPH I** , fucceffeur de Léopold , ( *Hist. d'Allemagne , d'Hongrie & de Bohême.* ) XLI<sup>e</sup> empereur d'Allemagne depuis Conrad I ; XXXVII<sup>e</sup> roi de Bohême ; XLI roi de Hongrie , premier roi héréditaire de cette dernière couronne , naquit le 26 juillet 1676 , de l'empereur Léopold & de l'impératrice Eléonôre-Magdeleine de Neubourg. Elevé à la cour d'un père qui fe montra digne émule de Louis XIV , il fit éclater , dès fa jeuneffe , des talens qui auroient été funeftes à l'Europe , fi une mort inopinée ne l'avoit arrêté au milieu des p e s les plus vaftes & les mieux concertés. Léopold même l'avoit jugé capable d'exécuter les plus grandes chofes , lui avoit donné de bonne heure des marques de fa confiance : il l'avoit mis dès l'âge de treize ans fur le trône d'Hongrie , qu'il venoit d'affurer & de rendre héréditaire dans fa famille. Roi dans un âge où l'on fait à peine ce que c'eft que régner , *Joseph* tint d'une main ferme les rênes de l'état confié à fes foins , & les grands qui avoient éprouvé la févérité du père ne redoutèrent pas moins celle du fils. Ils remuerent cependant fur la fin du règne de Léopold , & foutenus de Ragotski , qui joignoit à une valeur éprouvée toute la dextérité qu'on peut attendre d'un partifan , ils prétendirent forcer *Joseph* à figner une capitulation qui tendoit à conferver les prérogatives des Hongrois , & à en vertu de l'empereur auquel il fuccédoit en fa qualité de roi des Romains , le feul moyen point de châtier les rebelles. Il feignit d'oublier leurs hoftilités , jufqu'en 1711 , qu'il força Ragotski & le comte de Bercheni de s'enfuir en Turquie. Louis XIV , qui avoit un intérêt fi vif d'abaiffer la maifon d'Autriche , leur fit toujours passer de puissans secours. La guerre de France pour la succession de Charles II, dernier roi d'Espagne, du sang autrichien, se continuoit toujours, & méritoit toute l'attention de l'empereur. Cette guerre mettoit en feu l'Italie, l'Allemagne, l'Espagne & la Flandre. Le premier soin de *Joseph* fut d'envoyer des troupes en Espagne contre le duc d'Anjou, sous la conduite de l'archiduc Charles. Il réprima par lui-même le soulevement des Bavarois contre le gouvernement Autrichien. Cette révolte fut fatale à ses auteurs ; elle l'auroit été à l'empereur, si une armée Françoise avoit secondé les rebelles. L'électeur se réfugia à Venise, & les princes électoraux furent conduits à Inspruk. Les Bavarois furent taillés en pièces: le trésor & toutes les provinces de cet électorat tombèrent au pouvoir de l'empereur, qui les confisqua par une sentence impériale. L'électeur de Baviere & celui de Cologne furent mis au ban par les électeurs. La puissance impériale étoit mieux affermie que jamais. Ferdinand II, comme le remarque un moderne, s'étoit attiré la haine de toute l'Allemagne pour avoir puni un électeur qui prétendoit lui enlever la Bohême, & *Joseph* en proscrivit deux dont tout le crime étoit de ne point prendre les intérêts de sa maison, sans que l'Allemagne parût s'alarmer de cette conduite. L'empereur voyant son autorité affermie en Allemagne, chercha à punir la cour de Rome de son attachement pour la France. Une querelle qui s'éleva entre les sbirres & un gentilhomme de l'envoyé de sa majesté impériale, lui en fournit un prétexte. *Joseph* en trouva un second dans la prétention de Clement XI, qui contestoit à l'empereur le pouvoir d'exercer le droit de premières prières, sans la participation du souverain pontife. Cette prétention étoit autorisée par une particularité du règne de Frédéric III, qui, dans la situation critique où il se trouva plus d'une fois, ne crut pas devoir se passer du consentement des papes avant que de présenter les *preistes* : on appelle ainsi les bénéficiers nommés en vertu des premières prières. Les successeurs de Frédéric III suivirent son exemple jusqu'à Ferdinand III, qui s'éleva au-dessus de ces ménagemens, quand la paix de Westphalie lui eut confirmé les premières prières. *Joseph* réclama ce droit, & en jouit, ainsi que ses successeurs, malgré les oppositions des pontifes : il ne s'en tint pas là, il envoya des ambassadeurs à Rome qui semblerent moins faire des représentations à Clément, que lui dicter les ordres d'un maitre. La mésintelligence du pape & de l'empereur prit chaque jour de nouveaux accroissemens, depuis 1705 qu'elle commença ; jusqu'en 1709 qu'elle se changea en une guerre ouverte. Les quatre années qui partagerent ces deux époques, produisirent les plus grands événemens. Les destinées de l'empire étoient toujours confiées à Marlborough & à Eugene, qui faisoient le désespoir de Louis XIV, que la fortune abandonnoit, *Joseph*, pour entretenir le zèle de ses généraux, éleva Marlborough à la dignité de prince de l'empire. Les talens de ce général lui avoient mérité cette ré-

compense. Ses efforts avoient toujours été suivis des plus grands succès ; sa victoire, à Ramilly, sur le maréchal de Villeroi, mit le comble à sa gloire, & le rendit maître d'Ostende, de Dendermonde, de Gand, de Menin & de tout le Brabant. Villars, la Feuillade & Vendôme s'efforcerent inutilement de soutenir la gloire de la France qui commençoit à s'éclipser ; ils n'eurent qu'un succès passager, & Louis XIV, qui quelque temps auparavant prétendoit donner des loix à l'Europe liguée contre lui, se vit contraint de recourir à la médiation du roi de Suede. Le duc d'Anjou, son petit-fils, étoit sur le point de renoncer au trône d'Espagne, & lui-même trembloit sur le sien. L'archiduc s'étoit fait proclamer roi d'Espagne dans une partie de la Castille : l'empereur craignit un revers de fortune, s'il avoit Charles XII pour ennemi. Il ne négligea rien pour l'engager dans son alliance, & parvint au moins à le faire rester dans la neutralité, en accordant aux protestans de Silésie le libre exercice de leur religion. On s'étonne que Charles XII parût insensible aux propositions de Louis XIV, qui l'appelloit pour être l'arbitre de l'Europe; mais les opérations pacifiques étoient incompatibles avec le caractère d'un héros qui n'étoit touché que de la gloire de vaincre, & qui ne vouloit point interrompre le cours de ses vastes projets, commencés sous les plus glorieux auspices ; il étoit animé de cet esprit qui conduisit Alexandre aux extrémités de l'Inde; mais il vivoit dans un siècle où, avec les mêmes talens, il n'étoit plus possible d'exécuter les mêmes desseins, ni les concevoir sans une espèce de délire. Louis XIV n'ayant pu rien obtenir de la Suede, continua d'employer les négociations au milieu de la guerre. La fortune, autrefois si favorable à ce monarque, sembloit alors acharnée à le persécuter ; ses finances étoient épuisées; la France, qu'une suite de triomphes avoit rendu si fiere, commençoit à murmurer : enfin les circonstances étoient si fâcheuses, que Louis XIV, idolâtre de la gloire, & jaloux à l'excès de la grandeur de sa maison, consentoit à abandonner la cause de son petit-fils, & de reconnoître l'archiduc Charles pour roi d'Espagne. L'empereur ne se contentoit pas de ces conditions ; il exigeoit que le roi se chargeât lui-même de détrôner le duc d'Anjou, & peut-être y eût-il été réduit sans la petite vérole qui enleva *Joseph*, pour le bonheur de la France & la tranquillité de l'Europe. Il mourut le 17 avril 1711, âgé d'environ trente-trois ans. Ses cendres reposent dans l'église des capucins de Vienne, tombeau des princes de sa maison. Il avoit été fait roi de Hongrie en 1685, roi des Romains en 1690, & empereur en 1704. Les embarras de la guerre ne lui laisserent point le temps de se faire couronner roi de Bohême. L'impératrice Guillemine - Amélie de Brunswick, sa femme, lui donna un fils, Léopold-*Joseph*, qui mourut au berceau, & deux filles. Auguste III, roi de Pologne, épousa la première, nommée *Marie-Josephe* : la seconde, appellée *Marie-Amélie*, fut mariée à Charles-Albert de Baviere qui fut empereur en 1742. *Joseph* étoit d'un esprit vif & d'un caractère

caractère entreprenant, & ce que l'on doit regarder comme une qualité dangereuse dans un prince, ennemi de toute dissimulation, il ignoroit l'art de faire illusion sur ses desseins ; il est vrai que le secret étoit en quelque sorte impossible, ou plutôt superflu, par sa promptitude à exécuter ce qu'il avoit conçu, au milieu de sa bouillante activité. On voyoit éclater en lui les plus sublimes talens : il avoit une grande expérience, d'autant plus admirable qu'elle n'étoit point le fruit de l'âge. Son ame étoit élevée, & les plus grands obstacles ne le rebutoient pas. Jamais prince ne connut mieux les différens intérêts des puissances de l'Europe, & ne sut mieux en profiter. Il savoit commander à ses ministres, & quelquefois les écouter ; prompt à récompenser & à punir, il fut servi avec zèle, & n'éprouva jamais de perfidie. Les vertus guerrières & pacifiques trouvèrent en lui un rémunérateur aussi magnifique qu'éclairé. Sa fidélité dans les traités autant que sa dextérité à manier les affaires les plus délicates, lui mérita l'affection de ses alliés, qui ne l'abandonnèrent jamais. La hauteur de Louis XIV, pendant le règne de Léopold ; lui avoit fait concevoir une haine invincible contre la France ; aussi lorsque les états lui présentèrent la capitulation qui l'obligeoit à signer le traité de Westphalie : *Je signerai tout*, dit-il, *excepté ce qui est à l'avantage de la France*. Il fut fidèle à sa haine jusqu'au dernier soupir. Une particularité prouve combien son caractère étoit entier dans les propositions de paix, jamais il ne diminua rien de ses demandes quelque rigoureuses qu'elles pussent être. Les cours de Rome & de Versailles l'éprouvèrent tour à tour. On ne peut passer sous silence les événemens de son règne en Italie ; on doit suivre à cet égard la narration de M. de Voltaire, écrivain supérieur à tout autre, par tout où il a le mérite de la fidélité : il y auroit même de la témérité à lutter contre lui. « *Joseph*, dit-il, agit véritable-
» ment en empereur romain dans l'Italie : il confis-
» qua tout le Mantouan à son profit, prit d'abord
» pour lui le Milanez, qu'il céda ensuite à son frère
» l'archiduc, mais dont il garda les places & le re-
» venu, en démembrant de ce pays Aléxandrie, Va-
» lenza, la Lomeline en faveur du duc de Savoie,
» auquel il donna encore l'investiture du Montferrat
» pour le retenir dans ses intérêts. Il dépouilla le duc
» de la Mirandole, & fit présent de son état au duc
» de Modène. Charles V n'avoit pas été plus puis-
» sant en Italie. Le pape Clément XI fut aussi alar-
» mé que l'avoit été Clément VII. *Joseph* alloit lui
» ôter le duché de Ferrare pour le rendre à la mai-
» son de Modène à qui les papes l'avoient enlevé.
» Les armées maîtresses de Naples, au nom de l'ar-
» chiduc son frère, & maîtresses en son propre nom
» du Boulonois, du Ferrarois, d'une partie de la
» Romagne, menaçoient déjà Rome. C'étoit l'inté-
» rêt du pape qu'il y eût une balance en Italie ; mais
» la victoire avoit brisé cette balance. On faisoit
» sommer tous les princes, tous les possesseurs de
» fiefs de produire leurs titres. On ne donna que
» quinze jours au duc de Parme qui relevoit du

» saint siège, pour faire hommage à l'empereur. On
» distribuoit dans Rome un manifeste qui attaquoit
» la puissance temporelle du pape, & qui annulloit
» toutes les donations des empereurs, sans l'inter-
» vention de l'empire. Il est vrai que si par ce ma-
» nifeste on soumettoit le pape à l'empereur, on y
» faisoit aussi dépendre les décrets impériaux du
» corps germanique ; mais on se sert, dans un temps
» des raisons &c. des armes qu'on rejette dans un
» autre ; & il s'agissoit de dominer à quelque prix
» que ce fût ; tous les princes furent consternés : on
» ne se feroit pas attendu que trente-quatre cardi-
» naux eussent eu alors la hardiesse & la générosité
» de faire ce que Venise, ni Florence, ni Genève
» n'osoient entreprendre : il se levèrent une petite ar-
» mée à leurs dépens ; mais tout le fruit de cette
» entreprise fut de se soumettre, les armes à la main,
» aux conditions que *Joseph* prescrivit. Le pape fut
» obligé de congédier son armée, de ne conserver que
» cinq mille hommes dans tout l'état ecclésiastique,
» de nourrir les troupes impériales, de leur aban-
» donner Comachio, & de reconnoître l'archiduc
» Charles pour roi d'Espagne : amis & ennemis, tout
» ressentit le pouvoir de *Joseph* en Italie ». Ces suc-
cès justifient le tableau qu'on vient d'en tracer ; & dans lequel on croit devoir insérer une particularité à l'égard de Clément XI. Ce pape, dans un bref que l'empereur l'obligeoit d'envoyer à l'archiduc, chicanoit sur les expressions ; il commençoit ainsi : *A notre très-cher fils, Charles, roi catholique en Espagne. Joseph* le lui renvoya avec ordre d'y substituer celle-ci : A notre très-cher fils *Charles, Sa Majesté catholique roi des Espagnes, & le pontife obéit.* ( *M--Y.* )

JOSEPH, roi de Portugal, ( *Histoire de Portugal.* ) Par quelle inconcevable fatalité les rois justes, équitables, habiles, modérés, sont-ils quelquefois, exposés aux revers, aux désastres, aux fléaux les plus destructeurs, à ces atroces attentats qu'on croiroit ne devoir agiter que les règnes des despotes & des tyrans ? Si la prudence, les lumières de leur respectable monarque n'ont pu mettre les Portugais à l'abri de ces violentes tempêtes de ces épouvantables calamités qui ont pensé détruire, bouleverser l'état ; pourquoi, dans le temps même que le roi, par sa vigilance, ses soins actifs, sa bienfaisance, réparoit les malheurs de ses peuples, & adoucissoit le souvenir cruel des ravages qu'ils venoient d'éprouver ; pourquoi ses rares qualités, ses vertus éminentes n'ont-elles pu le garantir lui-même du plus noir des complots, du plus affreux des attentats ? Le mémorable règne de don *Joseph* offre deux exemples frappans ; l'un de l'autorité trop formidable de la superstition, & des effets funestes de son influence sur les esprits ; l'autre des égaremens & des crimes dans lesquels peut entraîner une ambition sans bornes. A quels punissables & terribles excès peuvent se porter ces deux causes, lorsqu'elles sont réunies ! Elles ont tenté de concert, étayées l'une par l'autre, enflammées l'une par l'autre, de renverser don *Joseph* de son trône. Par bonheur pour les Portugais, la providence a détourné les coups que des mains parricides avoient portés contre ce prince.

qui, ferme & inébranlable au milieu de l'orage, a été rendu à fes fujets, dont il n'a point cessé depuis d'accroître la prospérité, par l'étendue, & la sagesse de ses vues, comme par la justesse des moyens qu'il employoit. Don Joseph-Pedre-Jean-Louis, fils aîné du roi Jean V, & de l'archiduchesse Marie Anne, feconde fille de l'empereur Léopold, naquit le 6 Juin 1713 : fon éducation fut confiée à d'habiles instructeurs, qui virent leur élève, remplir au gré de leur attente, les grandes espérances, que leur avoient données ses heureuses dispositions. Formé de bonne heure aux affaires les plus importantes de l'état, aux négociations, à l'art épineux de gouverner, don Joseph fit les délices du roi Jean, l'ornement de sa cour, qui s'embellit encore lors du mariage de ce prince avec dona Anne-Marie-Victoire, l'aînée des infantes d'Espagne, qu'il époufa, au commencement de l'année 1729. A son avènement à la couronne, il fit les réglements les plus utiles au commerce national ; & les fages loix qu'il publia, firent murmurer les Anglois, qui, depuis bien des années en possession de faire eux seuls, & presque à l'exclusion des Portugais eux-mêmes, le commerce de Portugal, ne purent voir avec indifférence ce souverain, restreindre leur excessive liberté sur cet objet. Une entreprise encore plus importante pour la tranquillité publique, fut l'affoiblissement de la puissance illimitée de l'inquisition, & l'abolition de l'infernale cérémonie des autodafés : abolition, si précieuse à l'humanité, & qui pourtant eut des suites si cruelles par les attentats de la haine des personnes intéressées à la conservation des pratiques homicides & monstrueuses de ce tribunal. Le ciel parut récompenser les généreux soins du roi par l'arrivée sur le Tage, de la flotte de la haie de tous-les-Saints, qui apporta des richesses immenses en marchandises, & en espèces d'or &. d'argent. Pieux ; mais éclairé, & point du tout superstitieux, don Joseph voulut examiner, fi les longues querelles que le roi son père avoit eues avec la cour de Rome, avoient épargné à l'état une bien forte exportation ; & il vit avec étonnement que, malgré les démêlés qui avoient souffrait tant d'argent au Saint-Siege, toutefois, durant le règne de Jean V, il étoit passé du Portugal à Rome quatre-vingt-quatorze millions de piastres tout au moins. L'attention du roi à exciter, autant qu'il étoit possible, les progrès du commerce national, eut le plus grand succès ; il accorda un octroi à une nouvelle compagnie des Indes orientales, qui s'engagea d'envoyer tous les ans onze vaisseaux ; & afin de donner plus de consistance à cette compagnie & de facilité à ses opérations, don Joseph envoya un ambassadeur à l'empereur de la Chine, & cet ambassadeur fut reçu à Macao, & fut toute la route par des mandarins, avec la plus haute distinction. Les auteurs de l'Histoire universelle depuis le commencement du monde jusqu'à nos jours, &c. se plaignent amèrement de la conduite de don Joseph à l'égard des commerçans, Anglois ; mais ces auteurs ne disent point qu'il étoit temps aussi de déliver les marchands Portugais des entraves fort gênantes, humiliantes même, que les

Anglois mettoient à toutes leurs opérations : cette conduite, disent-ils, tom. XXIX, page 602, fut telle que si quelqu'autre nation avoit pu fournir le royaume de ce dont il avoit befoin, on lui auroit donné la préférence fur les Anglois. Pourquoi ne pas dire que cette conduite prouvoit, seulement que don Joseph étoit, avec raison, persuadé que les marchands portugais pouvant feuls fournir le royaume de ce dont il avoit befoin, il étoit aussi inutile que pernicieux à l'état de recourir aux Anglois, & de souffrir que ceux-ci, sous prétexte des marchandises qu'ils fournissoient, fissent la loi aux Portugais. Le roi eût vraisemblablement réussi dans ses vues, aussi sages que patriotiques, si, pendant l'exécution des projets qu'il avoit conçus, un évènement terrible, autant qu'il étoit imprévu, ne fût venu jetter la consternation, porter la terreur, le ravage & la mort dans Lisbonne, & dans, presque toutes les provinces de ce royaume. On fait: quels coups le Portugal ressentit de ce terrible tremlement de terre qui, en 1755, pensa causer la ruine totale de cette monarchie, de Lisbonne fur-tout, dévastée en même temps par le choc violent des fecousses du tremblement de terre, par le débordement des eaux du Tage, & par la violence de l'incendie qui faifoit périr dans les flammes ceux qui s'étoient fauvés de l'écroulement des maisons. Alarmés, éperdus, les habitants de cette capitale pensèrent d'abord que cet incendie étoit un effet naturel de l'explosion des feux fouterreins ; mais bientôt on découvrit qu'il avoit été allumé, excité, & étendu de rue en rue, par une troupe de fcélérats, qui, profitant avec la plus monstrueuse inhumanité du désastre général, pilloient, à la faveur de la confusion que cauſoit l'incendie, les effets les plus précieux. On fit d'abord monter le nombre des morts à Lisbonne, dans ce jour de terreur, à quarante mille ; mais, par des calculs plus exacts, on trouva qu'il ne périt qu'environ quinze mille habitans de cette capitale, d'où le roi, la reine & la famille royale eurent le bonheur de fe fauver quelques momens avant la chûte de leur palais. La cour d'Espagne ne fut pas plutôt instruite de cet événement & de la déplorable situation des Portugais, que, quoique plufieurs villes Espagnoles eussent souffert des dommages considérables par ce même accident, elle fe hâta d'envoyer en Portugal des fecours abondans. Les Anglois, ainsi que je l'ai observé, fe plaignoient amèrement des Portugais, & ils murmuroient hautement contre les réglemens faits par le roi don Joseph ; cependant, par un trait bien digne de cette grandeur d'âme, de cette générosité qui caractérise la nation Britannique, à peine le roi George instruit du désastre de Lisbonne, eût recommandé à la considération de fes communes, cette grande calamité, que la chambre des communes mit le roi George II en état d'envoyer aux Portugais les plus grands & les plus prompts fecours. Cet envoi fut si agréable à don Joseph, que depuis il n'est plus survenu ni mésintelligence, ni sujet de plainte entre les deux nations. Par la bienfaisance & les foins attentifs de leur souverain, les Portugais avoient réparé en partie les sinistres effets de ce défastre, lorsqu'un nouvel événement vint :

encore les plonger dans les alarmes & la consternation. Le duc d'Aveiro avoit conçu une haine implacable contre le roi, parce que ce prince s'étoit opposé au mariage du fils de ce duc avec la sœur du duc de Cadaval, auquel, dans la vue d'envahir tous ses biens, le duc d'Aveiro avoit suscité les affaires les plus cruelles. Le duc d'Aveiro violemment entraîné par sa haine, s'étoit ligué avec tous les mécontens du royaume, & principalement avec les Jésuites, qui, pour de très-fortes raisons, venoient d'être chassés de la cour, & pour lesquels il avoit eu jusqu'alors la plus implacable aversion. La marquise de Tavora vivement ulcérée de n'avoir pas été élevée au rang de duchesse, se ligua par la médiation des Jésuites, avec le duc d'Aveiro, & pour entrer dans la conspiration, étouffa l'inimitié qui régnoit depuis très-long-tems entre sa maison & celle du duc. Joseph Romeiro, domestique du marquis de Tavora, & Antonio-Alvarez Ferreira, ancien valet-de-chambre du duc d'Aveiro, furent les deux principaux scélérats dont leurs maîtres chargèrent de porter les premiers coups au roi. Plusieurs autres personnes étoient intéressées dans cette conspiration, outre toutes celles qui tenoient par les liens de la parenté aux maisons de Tavora & d'Aveiro. Afin de préparer les Portugais à voir avec moins de terreur le crime qu'on vouloit commettre, les Jésuites & entr'autres Malagrida, ( Voyez son article & suspendez votre jugement sur cette affaire ),

se déchaînoient contre ce qu'ils appeloient l'impiété du souverain, qui en effet avoit porté l'impiété jusqu'à bannir les jésuites de sa cour ; Malagrida faisoit & répandoit des prétendues prophéties qui annonçoient audacieusement la mort du roi. Lorsque les conjurés eurent pris toutes les mesures qu'ils jugoient nécessaires au succès du complot, ils fixèrent le jour de l'assassinat : les conjurés se trouvèrent à cheval au rendez-vous convenu, & se partagèrent en différentes bandes, ils se mirent en embuscade dans un petit espace de terrein, où ils étoient assurés que le roi passeroit, & où il passoit en effet quand il sortoit sans cortège. Peu de momens après, le roi venant à passer en chaise, don Joseph Mascarenhas, duc d'Aveiro, sortit, se leva de dessous l'arbre où il étoit caché, & tira un coup de carabine contre le postillon qui conduisoit la chaise : mais par le plus heureux des miracles, le feu prit sans effet ; le coup ne partit pas, & le postillon averti par la lumière de l'amorce, du danger qui menaçoit le roi, pressa, sans rien dire, ses mules avec la plus grande vivacité ; & son intelligence sauva don Joseph ; car il est constant que si ce postillon eût été tué, c'en étoit fait de la vie du prince, qui restoit au pouvoir des conspirateurs : mais, malgré la rapidité de la course, les autres conjurés, à mesure que la chaise passoit d'une embuscade à une autre, tirèrent leurs coups de carabine ; mais les balles ne portant que sur le derrière de la chaise, le roi en fut quitte pour deux dangereuses blessures, depuis l'épaule droite jusqu'au coude en dehors & en dedans du bras, & même sur le corps. Toutefois le danger croissoit à chaque instant, il restoit encore plusieurs conjurés prêts à tirer aussitôt que la chaise passeroit devant eux. Don Joseph, sans

dire un mot, sans laisser échapper un cri, quelque vives que fussent les douleurs qu'il ressentoit de ses blessures, ordonna tranquillement de retourner sur ses pas, & de le conduire à la maison du chirurgien-major, où il ne fut pas plutôt arrivé, qu'après avoir rendu grâces à Dieu d'avoir échappé au péril imminent qui avoit menacé sa tête, il fit visiter ses blessures, & par l'habileté des pansemens & l'efficacité des remèdes, il fut en peu de jours entièrement rétabli. Tous les conjurés furent pris, & subirent le sort que méritoit leur crime : ils expirèrent sur la roue ou dans les flammes, ou furent assommés à coups de massue ; leurs hôtels, leurs armoiries, jusqu'à leur nom, tout fut irrévocablement anéanti. Le peuple furieux les eût encore traités avec plus de sévérité, & en effet il n'étoit guère de tourment assez douloureux qui pût expier leur horrible attentat. Le nonce du pape sollicitoit ouvertement pour les jésuites, avoit eu des liaisons avec quelques-uns des conspirateurs, parloit très-librement, & donnoit contre lui de violens soupçons ; la cour lui fut interdite, & d'après de nouvelles découvertes, il fut conduit par une forte escorte sur les frontières du royaume. Le pape fort mal-à-propos offensé, ordonna à l'ambassadeur Portugais de sortir des terres de l'Eglise. Les jésuites furent tous arrêtés en même temps, embarqués & conduits à Civita-Vecchia : les troupes que cette société avoit dans le Paraguai, furent complétement battues & défaites par les Portugais & les Espagnols. Lorsque cette conjuration fut dissipée, & qu'il ne resta plus de traces de cette affaire, les Portugais alarmés sur les maux qu'eût causés à l'état l'exécution de ce complot, s'il avoit réussi, ne pensoient qu'avec chagrin aux désordres qu'entraîneroit tôt ou tard l'incertitude de la succession à la couronne ; quand le roi viendroit à mourir. Don Joseph, dans la vue de ne laisser aucun sujet de crainte à cet égard, donna la princesse du Brésil, sa fille, en mariage à don Pedre son frère. Rassurés par cette union, qui fut célébrée dans le mois de juin 1760, les Portugais oublioient leurs désastres passés, & commençoient à espérer de voir le royaume revenir à cet état paisible & florissant, dont il avoit joui dans les premières années de ce règne, lorsqu'un nouvel orage pensa renouveller tous ces malheurs. L'Espagne & la France liguées contre l'Angleterre, sollicitèrent don Joseph d'abandonner les intérêts de la Grande-Bretagne, & de faire avec elles une alliance offensive & défensive ; & dans le même temps que cette étrange proposition étoit faite à la cour de Lisbonne, l'armée Espagnole s'avançoit vers les frontières du Portugal, & tout commerce avec les habitans de ce royaume étoit interdit. Dans cette situation critique, don Joseph demeura ferme & inébranlablement attaché à l'Angleterre son alliée. La guerre lui fut déclarée, & les Espagnols firent avec tant de succès des irruptions en Portugal, qu'ils se rendirent maîtres de provinces entières : mais ce bonheur ne se soutint pas : secourus par les Anglois, les Portugais luttèrent avec avantage contre l'Espagne & la France : & après bien de meurtrières & trop longues hostilités, le calme se rétablit par un traité de paix avantageux aux Portugais. Depuis la conclufion de cette paix, don *Jofeph* ne s'eſt occupé qu'à faire fleurir ſes états par le commerce & les manufactures , les ſciences & les arts. ( Ce prince eſt mort le 24 février 1777. ) ( *L. C.* )

JOSEPH', (le Père) (*Hiſt. de Fr.*) capucin , premier miniſtre des intrigues du premier miniſtre Richelieu , étoit fils de Jean Le Clerc , ſeigneur du Tremblai , préſident aux requêtes du palais. Il étoit né en 1577 , avoit voyagé , avoit porté les armes , avoit fait une campagne ſous le nom du baron de Maffée. Il ſe fit capucin en 1599. Il ſembla ne s'être humilié ainſi que pour être exalté : « c'étoit , dit M. de Voltaire , un » homme en ſon genre , auſſi ſingulier que Richelieu » même , enthouſiaſte & artificieux , tantôt fanatique , » tantôt fourbe , voulant à la fois établir une croiſade » , contre le Turc , fonder les religieuſes du Calvaire , » faire des vers , négocier dans toutes les cours , & » s'élever à la pourpre & au miniſtère. » On lui imputoit les plus grandes violences du cardinal ; mais celui-ci a pris ſoin de la juſtifier par des violences égales , exercées depuis la mort du capucin. Si celuici n'étoit pas l'inſtigateur des cruautés de Richelieu , il en fût l'apologiſte ; il contribua beaucoup à tranquilliſer la conſcience du roi , qui s'alarmoit quelquefois des rigueurs dont on l'obligeoit d'uſer envers ſa mère & ſon frère. Ce moine avoit le caractère deſpotique & militaire. Un officier qu'il chargeoit d'une commiſſion délicate , réfléchiſſant après coup ſur les ordres qu'il avoit reçus , jugea que tous les cas n'avoient pas été prévus , il revint ſur ſes pas , & trouva le père *Jofeph* diſant la meſſe. Il s'approcha , & lui dit tout bas : *mais , mon père , ſi ces gens-là ſe défendent ?* ── *Qu'on tue tout* , répondit le capucin , & il continua ſa meſſe. Les courtiſans , qui ſavent ſi bien obſerver & encore mieux imaginer , croyoient dans les derniers temps , avoir apperçu quelques traces de refroidiſſement entre le cardinal & le capucin ; ils ſupposèrent le cardinal devenu inquiet des vues ambitieuſes de celui-ci , & ils attribuèrent à cette inquiétude la maladie & la mort du P. *Jofeph* , arrivée en 1638. Il paroît que ce n'eſt qu'un de ces raffinemens de courtiſans , qui veulent voir du crime par-tout ; ce qui paroît plus conſtant , c'eſt que le cardinal avoit offert au P. *Jofeph* l'évêché du Mans , qui auroit pu l'éloigner de la cour , & que le P. *Jofeph* le refuſa ; il aſpiroit au chapeau , & le chapeau lui étoit promis ; on l'appelloit *l'éminence griſe*. Le cardinal parut très-occupé de lui dans ſes derniers momens. Il voulut l'avoir ſous ſes yeux , & il le fit transporter à Ruël. Il vit ſon agonie : il vit que le malade , inſenſible à tout , ne paroiſſoit faire aucune attention aux prières qu'on récitoit à côté de ſon lit , il voulut le réveiller en lui parlant de ce qu'il aimoit , c'eſt-à-dire , des affaires d'état : *courage , père Jofeph , s'écria-t-il , Briſac eſt à nous !* Le père n'en mourut pas moins , & le cardinal dit ces propres paroles : *j'ai perdu mon bras droit.* On fit au P. *Jofeph* cette épitaphe :

' Ci gît au chœur de cette égliſe ;
Sa petite éminence griſe ;

Et quand au ſeigneur il plaira ;
L'éminence rouge y gira.

« On ne lui remarqua de tendreſſe , dit M. Anquetil, le Genovéſain , » que pour ſa congrégation des religieuſes » du Calvaire , qu'il inſtitua ; mais on ne lui reprocha » aucun attachement particulier. L'abbé Richard a écrit ſa vie.

JOSIAS , (*Hiſt. Sacr.*) roi de Juda , dont l'hiſtoire eſt rapportée au 4e livre des Rois , chapitres 22 & 23.

JOSUÉ , ( *Hiſt. Sacr.* ) Son hiſtoire ſe trouve au Déutéronome, chapitre 31 , & dans tout le livre qui porte ſon nom.

JOVE , (Paul) ) *Hiſt. Lit. mod.* ) hiſtorien célèbre , né à Côme en Lombardie , devenu depuis évêque de Nocéra. Ce fut à lui que Charles - Quint , dans le temps de ſon irruption en Provence , en 1536 , dit défaire proviſion d'encre & de plumes , *parce qu'il alloit lui tailler de la beſogne.* Cette *beſogne* fut une fuitehonteuſe , à laquelle il fut forcé par la bonne conduite du connétable Anne de Montmorency. Il eût mieux valu attendre l'évènement , dit le préſident Hénault. Le plus grand détracteur du connétable de Montmorency , ſelon Brantôme & M. de Thou , c'eſt paul *Jove* ; & voici la raiſon qu'ils en donnent. Paul *Jove* recevoit de François Ier , une penſion de deux millelivres , ſomme alors bien conſidérable. Un Paul *Jove* , poëte , petit-neveu de l'hiſtorien , en fit voir le brevet en Hollande , au préſident Jeannin , qui le mande ainſi à M. de Villeroi , dans une de ſes lettres. Montmorency ayant été rappellé par Henri II , & revoyant , en qualité de grand-maître , l'état de la maiſon du roi , raya Paul *Jove*, qui , pour ſe venger , s'attacha , dit-on , à le décrier dans ſon hiſtoire : cependant on ne voit point dans l'hiſtoire de Paul *Jove* , de traces bienmarquées d'animoſité & de juſtice à l'égard de Montmorency. Scaliger (*épiſt. primâ ad Ianum Dóuzam* ) , dit qu'il avoit vu dans ſon enfance , à la cour de Henri II , Paul *Jove* offrant , pour de l'argent , ſes éloges , & menaçant de ſes ſatyres ceux qui les refuſoient. On voit en effet , par les lettres de Paul *Jove* , qu'il demande à tout le monde ſans aucun ménagement. On a ſes œuvres en ſix volumes *in - folio* ; ellescontiennent , outre ſa grande hiſtoire en 45 livres , des vies particulières & des éloges , apparemment bienpayés. Paul *Jove* mourut à Florence en 1552 , conſiller du grand-duc Côme de Médicis.

JOUENNE , ( François ) libraire , inventeur des étrennes mignonnes , qui ont paru pour la première fois en 1714. Mort en 1741.

JOVIEN , ( *Hiſt. Rom.* ) empereur romain , ſucceſſeur de l'empereur Julien. Son règne , qui ne fut que de ſept mois & vingt jours , de l'an 363 à l'an 364 , n'eſt mémorable que de ce qu'il fut employé à détruire ce que Julien avoit fait contre le Chriſtianiſme. *Jovien* , du temps de Julien , avoit été capitaine de la garde prétorienne , & il avoit réſiſté courageuſement à ce prince , qui exigeoit qu'il renonçât à la foi , quand l'armée l'avoit élu empereur à la mort de Julien ; il avoit d'abord refuſé la couronne ; non , diſoit-il , je ne commanderai point à des foldats idolâtres.— Nous fommes tous Chrétiens, s'écrièrent les foldats; alors il fe rendit. *Jovien* ne détruifit pas moins l'ouvrage de Julien dans la politique que dans la religion. Julien s'étoit engagé dans une guerre contre les Perfes, & avoit été tué dans cette expédition : *Jovien* commença par faire la paix avec les Perfes; les amis de la guerre l'en ont blâmé. *Jovien* étoit né dans la Pannonie. Il mourut à trente-trois ans. On le trouva étouffé dans fon lit, par la vapeur du charbon qu'on avoit allumé dans fa chambre pour la fècher. C'étoit dans un lieu nommé Dadaftane, fur les confins de la Galatie & de la Bithynie. M. l'abbé de la Bletterie a écrit fa vie, comme fuite de celle de l'empereur Julien.

JOVINIEN, ( *Hift. Eccléfiaft.* ) moine de Milan, hérétique, combattu par St. Auguftin & St. Jérôme, condamné par le pape Syrice & par St. Ambroife, exilé par les empereurs Théodofe & Honorius. Mort en exil vers l'an 412.

JOURNÉE de la faint Barthelemy, ( *Hift. mod.* ) c'eft cette *journée* à jamais exécrable, dont le crime inoui dans le refte des annales du monde, tramé, médité, préparé pendant deux années entières, fe confomma dans la capitale de ce royaume, dans la plupart de nos grandes villes, dans le palais même de nos rois, le 24 août 1572, par le maffacre de plufieurs milliers d'hommes.... Je n'ai pas la force d'en dire davantage. Lorfqu'Agamemnon vit entrer fa fille dans la forêt où elle devoit être immolée, il fe couvrit le vifage du pan de fa robe. ... Un homme a ofé de nos jours entreprendre l'apologie de cette *journée*. Lecteur, devine quel fut l'état de ce homme de fang; & fi fon ouvrage fe tombe jamais fous la main, dis à Dieu avec moi : ô Dieu, garantis-moi d'habiter avec fes pareils fous un même toit. ( *A. R.* )

JOUSSE, ( Daniel ) ( *Hift. Litt. mod.* ) excellent jurifconfulte moderne, confeiller au préfidial d'Orléans, auteur de plufieurs ouvrages de Jurifprudence, fouvent cités de fon vivant, dans les tribunaux. Ses commentaires fur l'ordonnance civile, fur l'ordonnance criminelle, fur l'ordonnance du commerce, fur l'ordonnance des eaux & forêts, fur l'édit de 1695, concernant la jurifdiction eccléfiaftique; fon Traité fur la juftice criminelle de France; fon Traité de l'adminiftration de la juftice en général, & divers autres Traités particuliers, l'ont placé au premier rang parmi les auteurs qui ont écrit fur les loix. Il étoit né à Orléans en 1704; il eft mort en 1781.

JOUTE, f. f. ( *Hift. de la Cheval.* ) la *joûte* étoit proprement le combat à la lance de feul à feul; on a enfuite étendu la fignification de ce mot à d'autres combats, par l'abus qu'en ont fait nos anciens écrivains qui, en confondant les termes, ont fouvent mis de la confufion dans nos idées.

Nous devons par conféquent diftinguer les *joûtes* des tournois; le tournoi fe faifoit entre plufieurs chevaliers qui combattoient en troupe, & la *joûte* étoit un combat fingulier, d'homme à homme. Quoique les *joûtes* fe fiffent ordinairement dans les tournois après

les combats de tous les champions, il y en avoit cependant qui fe faifoient feules, indépendamment d'aucun tournoi ; on les nommoit *joûtes* à tous venans, grandes & plénières. Celui qui paroiffoit fur la première fois aux *joûtes*, remettoit fon heaume ou cafque au héraut, à moins qu'il ne l'eût déjà donné dans les tournois.

Comme les dames étoient l'ame des *joûtes*, il étoit jufte qu'elles fuffent célébrées dans ces combats finguliers d'une manière particulière ; auffi les chevaliers ne terminoient aucune *joûte* de la lance, fans faire en leur honneur une dernière *joûte*, qu'ils nommoient *la lance des dames*, & cet hommage fe répétoit en combattant pour elles à l'épée, à la hache d'armes & à la dague.

Les *joûtes* pafsèrent en France par les Efpagnols, qui prirent des Maures cet exercice, & l'appellèrent *juego de canas*, le jeu de cannes, parce que dans le commencement de fa première inftitution dans leur pays, ils lançoient en tournoyant, des cannes les unes contre les autres, & fe couvroient de leurs boucliers pour en parer le coup. C'eft encore cet amufement que les Turcs appellent *lancer le gerid* ; mais il n'a aucun rapport avec les jeux troyens de la jeuneffe romaine.

Le mot de *joûte* vient peut-être de *juxta* ; à caufe que les joûteurs fe joignoient de près pour fe battre. D'autres le dérivent de *jufta*, qui eft le nom qu'on a donné, dit-on, dans la baffe latinité à cet exercice : on peut voir le Gloffaire de Ducange au mot *jufta*, car ces fortes d'étymologies ne nous intéreffent guère, il nous faut des faits. ( *D. J.* )

JOUVENCY, ( Joseph ) ( *Hift. Litt. mod.* ) jéfuite ; il a écrit en jéfuite, l'hiftoire de fa fociété; il y fait l'apologie du P. Guignard ( *Voyez* fon article ) il l'appelle martyr de la vérité, héros chrétien ; il le loue d'avoir refufé de faire amende honorable & de demander pardon au roi & à la juftice; il compare le premier préfident de Harlay & le parlement qui avoient condamné Guignard, à Pilate & aux Juifs. Le parlement rendit en 1713, deux arrêts contre cet ouvrage, le 22 février & le 24 mars. Au refte les Janféniftes même conviennent que cette hiftoire eft fort bien écrite; & les ouvrages purement littéraires du père *Jouvency*, fes notes fur divers auteurs claffiques latins, &c. font d'un fort bon littérateur. Né à Paris en 1643, mort en 1719, à Rome, dont le féjour lui convenoit mieux: en effet que celui de Paris.

JOYEUSE, ( *Hift. de Fr.* ) grande maifon françoife, qui tire fon nom du bourg de Joyeufe, dans le Vivarais ; elle a produit entr'autres perfonnages célèbres :

1°. Louis II, baron de *Joyeufe*, beau-frère du maréchal de la Fayette ; il fut fait prifonnier par les Anglois, à la bataille de Crevant en 1423. La baronnie de *Joyeufe* fut érigée pour lui, en vicomté en 1432. Il avoit époufé le 29 octobre 1419, la fille du préfident Louvet.

2°. Un autre Louis, tué à la bataille de Pavie, en 1525.

3°. Guillaume II, maréchal de France. Il étoit le second fils de Jean de *Joyeuse*. Du vivant de son frère aîné, il avoit été destiné à l'état ecclésiastique, & même nommé à l'évêché d'Aleth, quoiqu'il ne fût pas encore engagé dans les ordres; car tel étoit alors l'irrégularité de l'administration ecclésiastique : devenu l'aîné, il prit le parti des armes, servit Charles IX dans les guerres de religion, fut fait maréchal de France par Henri III, & mourut fort âgé en 1592.

Presque tous ses fils furent célèbres,

4°. Anne, l'aîné de tous, étoit favori de Henri III, qui, en le mariant en 1581, avec Marguerite de Lorraine, sœur de la reine Louise, sa femme, dépensa douze cent mille écus à ses nôces, & lui fit don de quatre cents autres mille écus. Il avoit érigé la même année pour lui, Joyeuse en duché-pairie, avec des distinctions très-extraordinaires, comme de précéder les ducs plus anciens, &c, en 1582, il le fit amiral de France; en 1583, chevalier de l'ordre, gentilhomme de la chambre, gouverneur de Normandie. Il fut tué de sang-froid en 1587, après la bataille de Coutras, par deux capitaines d'infanterie, nommés Bordeaux & Descentiers ; d'autres disent par un autre capitaine, nommé La Mothe-Saint-Heray, C'est de lui qu'Henri IV dit, dans la Henriade:

> De tous les favoris qu'idolâtroit Valois,
> Qui flattoient sa mollesse & lui donnoient des loix,
> Joyeuse, né d'un sang chez les François insigne,
> D'une faveur si haute étoit le moins indigne:
> Il avoit des vertus; & si de ses beaux jours,
> La parque en ce combat n'eût abrégé le cours,
> Sans doute aux grands exploits son ame accoutumée,
> Auroit de Guise un jour atteint la renommée,

Et c'est de lui que M. de Voltaire rapporte qu'ayant un jour fait attendre trop long-temps les deux secrétaires d'état dans l'antichambre du roi, il leur en fit ses excuses, en leur abandonnant un don de cent mille écus, que le roi venoit de lui faire. Il ne falloit ni faire attendre les secrétaires d'état, ni leur abandonner cent mille écus qui n'étoient ni à lui ni au roi, mais aux pauvres sujets qu'on accabloit d'impôts, pour fournir à ces prodigalités ;

> Et le peuple accablé, poussant de vains soupirs,
> Gémissoit de leur luxe & payoit leurs plaisirs,

5°. François, second fils de Guillaume, archevêque de Narbonne, de Toulouse, de Rouen, cardinal, fut quelque temps à Rome ce qu'on appelle protecteur de la couronne de France ; protecteur ou défenseur, il en soutint noblement les droits ; il travailla en 1593, à la réconciliation d'Henri IV avec le St. Siège, & dans la suite, par ordre d'Henri IV, à celle de Paul V avec les Vénitiens. Il couronna Marie de Médicis à Saint-Denis en 1610. Il sacra Louis XIII à Rheims le 17 octobre de la même année, parce que le cardinal de Guise, Louis de Lorraine, nommé archevêque de Rheims, n'étoit pas encore sacré. En 1614, il présida le clergé aux derniers états-généraux. Il mourut le 23 août 1615, doyen du sacré Collège,

6°. Henri, comte du Bouchage, puis duc de *Joyeuse*, pair & maréchal de France, &c. puis capucin, puis rentré dans le siècle, puis redevenu capucin, & mort en 1608, sous le nom de *Frère-Ange*, étoit le troisiéme fils de Guillaume :

> Ce fut lui que Paris vit passer tour-à-tour
> Du siècle au fond d'un cloître, & du cloître à la cour,
> Vicieux, pénitent, courtisan, solitaire,
> Il prit, quitta, reprit la cuirasse & la haire.

Après tant de fortunes diverses, il mourut à quarante & un ans.

7°. Antoine-Scipion, quatrième fils de Guillaume, fut d'abord chevalier de Malthe & grand-prieur de Toulouse ; Henri, comte du Bouchage, son aîné, s'étant fait capucin le 4 septembre 1587, Anne, l'aîné de tous, ayant été tué à Coutras le 20 octobre suivant ; & François étant dans l'état ecclésiastique, ce fut Antoine-Scipion qui devint duc de *Joyeuse* ; il fut ligueur comme ses frères : ayant été défait par les royalistes au combat de Villemur, le 20 octobre 1592, il se noya dans sa retraite au passage du Tarn, Ce fut alors que le comte du Bouchage rentra dans le siècle & fut duc de *Joyeuse*. Une plaisanterie d'Henri IV, qui lui reprochoit son apostasie, en s'accusant lui-même d'être renégat, le fit rentrer pour jamais dans son couvent.

8°. Claude de *Joyeuse*, seigneur de Saint-Sauveur, septiéme fils de Guillaume, fut tué à Coutras avec le duc de *Joyeuse*, Anne, l'aîné de tous ses frères, & toute cette postérité masculine fut éteinte.

Le duché de Joyeuse passa dans la maison de Lorraine, par le second mariage d'Henriette-Catherine duchesse de *Joyeuse*, comtesse du Bouchage, fille unique du comte du Bouchage, maréchal de France, mort capucin, avec Charles de Lorraine, duc de Guise, fils du Balafré. Cette pairie s'éteignit par la mort du duc de Guise François-Joseph, arrière-petit-fils de Charles, arrivée le 16 mars 1675.

Louis de Melun, second du nom, prince d'Epinoi, né en 1694, obtint au mois d'octobre 1714, de nouvelles lettres pour l'érection de *Joyeuse* (qui lui appartenoit alors), en duché-pairie. Cette nouvelle pairie dura bien moins encore que l'autre. Celui qui l'avoit obtenue est ce même M. de Melun, tué à Chantilly, à la chasse, par un cerf, le 31 juillet 1724. Il mourut sans enfants.

La maison de *Joyeuse* dans ses branches non ducales, a produit des sujets moins distingués par la faveur, mais non moins utiles à l'état ; tels sont :

9°. De la branche de Bothéon, Louis de *Joyeuse*, qui eut l'honneur de s'allier à la maison de France ; il épousa le 3 février 1474, Jeanne de Bourbon, fille de Jean, comte de Vendôme, & d'Isabelle de Beauvau,

10°. Jean, arrière-petit-fils du précédent, tué à la bataille de Montcontour en 1569.

11°. Pierre, comte de Grand-Pré, neveu de Jean, tué au siége de Montauban en 1621.

12°. De la branche des comtes de Grand-Pré,

Jean-Armand, marquis de *Joyeuse*, troisiéme maréchal de France, mort le 1ᵉʳ juillet 1710.

13°. De la branche de Montgobert & de Verpeil, Réné, baron de Verpeil, tué devant Neufchâtel en Lorraine en 1589.

14°. Robert, tué à la bataille de la Marfée en 1641, le 16. juillet.

15°. Un autre Robert, son neveu, tué à Valenciennes en 1677.

JUAN, ( *Hiſtoire d'Eſpagne* ) ce nom eſt le même que Jean. Il y a dans l'Hiſtoire d'Eſpagne, deux princes célèbres ſous le nom de don *Juan* d'Autriche; l'un fils naturel de Charles-Quint & de Barbe Blomberg ( *Voyez* l'article BLOMBERG ) l'autre, fils naturel de Philippe IV & d'une comédienne, nommée Marie-Calderona.

Le premier eſt célèbre par la bataille de Lépante, qu'il gagna contre les Turcs en 1571. Ayant été nommé par Philippe II ſon frère, gouverneur des Pays-Bas, il ſe diſtingua par de grands ſuccès contre les Flamands révoltés, ſur-tout par le combat de Gembloux en 1578. Mais Philippe II n'étoit pas un maître qu'on pût ſervir. Le fer, le poiſon étoient ſouvent le prix de l'avoir trop bien ſervi. On a cru qu'il avoit fait empoiſonner don *Juan*, ſoit par jalouſie de ſa gloire, ſoit par quelque ſoupçon d'intelligences ou réelles ou ſeulement poſſibles de ce prince avec les Flamands rebelles, ſoit à la crainte qu'il n'épouſât Eliſabeth, reine d'Angleterre, qui ſe promettoit à tous les princes de ſon temps, & qui pouvoit leur préférer un héros, ſoit enfin par quelque reſſentiment perſonnel provenant d'intrigues de cour & relatif aux liaiſons de don *Juan* avec don Carlos & la reine Eliſabeth de France. Ce qu'il y a de certain, c'eſt que tous les gouverneurs envoyés par Philippe II dans les Pays-Bas pendant la révolte des Flamands, lui furent ſuſpects à proportion de la gloire qu'ils y acquirent & des ſervices qu'ils y rendirent; qu'à ce titre, don *Juan* dut lui être plus ſuſpect qu'aucun autre. Ce qu'il y a de certain encore, c'eſt que peu de temps avant la mort de don *Juan*, Philippe II avoit fait aſſaſſiner, en Eſpagne, Eſcovedo, le ſecrétaire & le confident intime de don *Juan*. Ce prince mourut à trente-deux ans, le 7 octobre 1578. Il n'avoit que 24 ans, lorſqu'il remporta cette mémorable victoire de Lépante, qui l'annonça au monde comme le héros, non ſeulement de l'Eſpagne, mais de toute la Chrétienté. Il livra & gagna cette bataille, malgré le grand commandeur don Louis de Requeſens, qui lui avoit été donné pour modérateur de ſa jeuneſſe, comme dans la ſuite le grand Condé, à vingt-deux ans, livra la bataille de Rocroi, malgré le maréchal de l'Hôpital, que la cour avoit chargé de veiller ſur lui & de modérer ſon ardeur. Don *Juan* d'Autriche laiſſa deux filles naturelles, qui moururent toutes deux, au mois de février 1630.

Le ſecond don *Juan* d'Autriche commanda les armées de Philippe IV, ſon père, comme le premier avoit commandé celles de Philippe II ſon frère, mais avec moins d'éclat & de ſuccès. En 1647, il réduiſit la ville de Naples; mais la révolte recommença peu de temps après ſon entrée dans la ville. Ce fut lui qui, le 13 octobre 1652, reprit Barcelonne ſur les François. En 1656, il étoit avec le grand Condé à l'affaire de Valenciennes, lorſque Condé battit le maréchal de la Ferté, le fit priſonnier, & obligea le vicomte de Turenne de lever le ſiège de Valenciennes. Il perdit avec le même prince de Condé, le 14 juin 1658, la bataille des Dunes; mais Condé étoit bien éloigné d'avoir dans l'armée Eſpagnole, l'autorité néceſſaire pour aſſûrer le ſuccès; il ne commandoit pas, il ſervoit ſous don *Juan* & ſous le marquis de Caracène; il vit leurs diſpoſitions pour la bataille des Dunes, & il leur prouva qu'ils alloient être battus; les Eſpagnols ne daignèrent pas en croire le vainqueur de Rocroi, ou peut-être ils n'oſèrent le croire; car dans la ſituation où ſe trouvoit Condé, il eſt rare que la confiance ſoit entière de part & d'autre. Les princes Anglois, fils de Charles Iᵉʳ, ſervoient comme volontaires dans l'armée Eſpagnole; & on ſait que Condé dit au duc de Gloceſtre : *n'avez-vous jamais vû perdre une bataille ? eh bien ! vous l'allez voir.* En effet, la déroute des Eſpagnols fut prompte & complette : Condé ſeul fit reſpecter ſa retraite. Après une retraite plus belle encore du grand Condé devant Arras, du 25 août 1654, le roi d'Eſpagne lui avoit écrit : *j'ai ſu que tout étoit perdu, & que vous avez tout ſauvé.* Il auroit dû s'en ſouvenir à l'affaire des Dunes, & ſe confier au génie du grand Condé, plutôt qu'à l'inexpérience de ſon fils. Condé eut à réparer aux Dunes, les fautes de don *Juan*, comme il avoit eu à réparer à Arras, celles de l'archiduc Léopold & du comte de Fuenſaldagne.

Don *Juan* fut encore battu en 1663. Ce fut à Eſtremeros, dans une guerre des Eſpagnols contre les Portugais.

Il eut quelque part au gouvernement pendant le règne de Charles II, ſon frère; mais la reine douairière d'Eſpagne, Marie-Anne d'Autriche, mère de Charles II, vécut toujours avec don *Juan*, dans une grande méſintelligence, & répandit ſur lui l'intérêt qu'inſpire toujours un homme de mérite perſécuté. Don *Juan* mourut le 17 ſeptembre 1679, très-regretté en Eſpagne.

JUBA, ( *Hiſt. anc.*) Le nom de *Juba* fut commun à pluſieurs rois africains, dont le plus ancien ſe glorifioit d'être deſcendu d'Hercule. C'étoit une tradition reçue que ce héros, après avoir purgé la Mauritanie de monſtres & de brigands, y laiſſa quelqu'un de ſa famille, à qui la reconnoiſſance publique déféra le ſceptre. C'eſt de ce premier *Juba* que les rois de Mauritanie ſe glorifioient de tirer leur origine.

Le ſecond *Juba*, fils d'Hiempſal, ſe diſtingua par ſon attachement à Pompée, dont il fut le plus zélé partiſan. Ce fut lui qui défit Curion, lieutenant de Céſar, & qui enleva, par cette victoire, le courage des amis de Pompée. Ce ſervice lui mérita le titre de roi de toute la Numidie. Céſar, voyant en lui un rival dangereux, ſe chargea lui-même du ſoin de lui faire la guerre. Il paſſa en Afrique, & remporta ſur lui une victoire éclatante dans les plaines de Tapſe. *Juba* ſe battit en combat ſingulier contre Petreius; & l'ayant tué, il ſe fit ôter la vie par un de ſes eſclaves.

*Juba*, troiſième du nom, & fils de celui dont on vient de parler, fut élevé à Rome, où une excellente éducation perfectionna les talens qu'il avoit reçus de la nature. La douceur de ſon caractère & ſon amour pour les ſciences, lui méritèrent la faveur d'Auguſte, qui lui donna les deux Mauritanies en échange de la Numidie, dont il avoit hérité de ſon père, & qui, depuis ce temps-là, fut réduite en province romaine. Ce prince, appellé au commandement d'un peuple barbare, en adoucit la férocité par ſes exemples & ſes loix. On vit briller le flambeau des armes dans des contrées ténébreuſes où les plus ſavans de la Grèce vinrent perfectionner leurs connoiſſances. *Juba*, occupé des devoirs du trône, trouva des délaſſemens dans l'étude de l'hiſtoire. Il conſulta les plus anciens monumens, & fouilla dans les archives les plus ſecrettes pour y débrouiller le chaos des événemens. Ce travail le mit en état de donner une hiſtoire complette des Grecs, des Carthaginois, des Africains & des Arabes. Son ouvrage ſur l'antiquité des Aſſyriens & des Romains, offrit la plus riche érudition. Toutes les contrées du génie étoient de ſon domaine; il écrivit l'hiſtoire des théâtres, de la peinture & des peintres. Il s'exerça avec le même ſuccès ſur la grammaire & l'origine des langues: il étudia la propriété des plantes & des animaux. Toutes ces productions, dont nous n'avons plus que quelques fragmens, avoient l'empreinte du génie. Pline, qui s'eſt paré d'une partie de ſes dépouilles, dit que ſes connoiſſances lui donnèrent plus d'éclat que ſa couronne. La douceur de ſon gouvernement le rendit l'idole de ſes ſujets: ils lui érigerent une ſtatue; & pour immortaliſer leur reconnoiſſance, ils inſtituèrent des fêtes, & lui rendirent des honneurs divins. Il avoit épouſé Cléopâtre, fille de Marc-Antoine & de la fameuſe reine d'Egypte, dont il eut un fils appellé *Ptolomée Céléne*, qui fut ſon ſucceſſeur, & que Caligula fit égorger. (*T. N.*)

**JUDA,** (Louange du Seigneur) (*Hiſt. Sacrée.*) quatrième fils de Jacob & de Lia, naquit en Méſopotamie, l'an du monde 2249: ce fut lui qui conſeilla à ſes frères de vendre leur frère Joſeph, qu'ils vouloient faire mourir, & qui, depuis, ayant promis à Jacob de ramener Benjamin d'Egypte, s'offrit à Joſeph de tenir ſa place en priſon, & lui fit, à ce ſujet, un diſcours qui eſt un modèle de l'éloquence la plus perſuaſive & la plus touchante. Il épouſa la fille d'un Chananéen, nommé *Hiran*, & il en eut trois fils, Her, Oman & Séla. Il eut auſſi de Thamar, femme de ſon fils, dont il jouit ſans la connoître, Pharès & Zara. Lorſque Jacob bénit ſon enfant, il dit à *Juda*: *le ſceptre ne ſortira point de Juda, ni le légiſlateur de ſa poſtérité, juſqu'à la venue de celui qui doit être envoyé, & à qui les peuples obéiront. Gen. xlix. 10.* La tribu de *Juda*, dès le commencement, tenoit le premier rang parmi les autres: elle a été la plus

puiſſante & la plus nombreuſe; car, au ſortir de l'Egypte, elle étoit compoſée de ſoixante-quatorze mille ſix cents hommes, capables de porter les armes. Le lot de cette tribu occupoit toute la partie méridionale de la Paleſtine. La royauté paſſa de Benjamin, d'où étoient Saül & Isboſeth, dans la tribu de *Juda*, qui étoit celle de David & des rois ſes ſucceſſeurs. Les dix tribus s'étant ſéparées, celle de *Juda* & celle de Benjamin demeurèrent attachées à la maiſon de David, & formèrent un royaume qui ſe ſoutint avec éclat contre la puiſſance du roi d'Iſraël. Après la diſperſion & la deſtruction de ce dernier royaume, celui de *Juda* ſubſiſta, & ſe maintint même dans la captivité de Babylone, conſervant toujours l'autorité ſur les ſiens. Au retour cette tribu vécut ſelon ſes loix, ayant ſes magiſtrats & ſes chefs, & les reſtes des autres tribus ſe rangèrent ſous ſes étendards, & ne firent plus qu'un peuple, que l'on nomma *Juifs*. Les temps où devoit s'accomplir la promeſſe du Meſſie, étant arrivés, la puiſſance Romaine, à qui rien ne réſiſtoit, aſſujettit ce peuple, lui ôta le droit de ſe choiſir un chef, & leur donna pour roi Hérode, étranger & Iduméen; & ainſi, cette tribu, après avoir conſervé le dépôt de la vraie religion & l'exercice public du ſacerdoce & des cérémonies de la loi dans le temple de Jéruſalem, & avoir donné naiſſance au Meſſie, fut réduite au même état que les autres tribus, diſperſée & démembrée comme elles, étant par là une preuve ſuffiſante de l'accompliſſement de la loi de Jacob. (†)

**JUDAS,** dit Macchabée, (*Hiſt. Sacr.*) fils de Mathatias, de la famille des Aſmonéens, ſuccéda à ſon père dans la dignité de général des Juifs, qui avoit éprouvé ſon courage & ſon zèle pour la loi de Dieu, le préféra à ſes autres enfants, & le chargea de combattre pour la défenſe d'Iſraël. *Juda* ne trompa point ſes eſpérances; mais, ſecondé par ſes frères, il marcha contre Apollonius, général des troupes du roi de Syrie, le défit, le tua, & alla contre Sélon, autre capitaine, qui avoit une nombreuſe armée, qu'il battit également, quoiqu'avec un fort petit nombre; mais en mettant ſa confiance dans la force de Dieu. Antiochus ayant appris ces deux victoires, envoya contre *Judas* trois généraux de réputation; Ptolomée, Nicanor, & Gorgias. L'armée prodigieuſe qu'ils firent marcher en Judée, épouvanta d'abord ceux qui accompagnoient *Judas*; mais ſon courage ayant ranimé celui de ſes gens, & s'étant préparé au combat par le jeûne & la prière, il tomba ſur cette grande armée & la diſſipa. Lyſias, régent du royaume pendant l'abſence d'Antiochus, déſeſpéré de ce que ſes ordres de ſon prince étoient ſi mal exécutés, crut qu'il feroit mieux par lui-même. Il vint donc en Judée avec une armée nombreuſe; mais il ne fit qu'augmenter le triomphe de *Judas*, qui le défit, & l'obligea de retourner en Syrie pour armer de nouveau. Macchabée profita de cet intervalle pour rétablir Jéruſalem; il donna ſes premiers ſoins à la réparation du temple, détruiſit l'autel que les idolâtres avoient profané, en bâtit un autre, fit faire de nouveaux vaſes, & le 25e du mois de caſleu, l'an du monde

monde 3840, trois ans après que ce temple eut été profané par Anthiochus, il en fit la dédicace, & célébra cette fête pendant huit jours. C'eſt de la mémoire de cette dédicace qu'il eſt parlé dans l'Evangile, où il eſt dit que Jeſus-Chriſt vint au temple de Jéruſalem, à la dédicace, pendant l'hiver. Peu de temps après cette cérémonie, Judas défit encore Timothée & Bacchides, deux capitaines Syriens, battit les Iduméens, les Ammonites, défit les nations qui aſſiégeoient ceux de Galaad, & revint chargé de riches dépouilles; il avoit Dieu même pour conducteur. Dans un nouveau combat contre Timothée, les ennemis ſont épouvantés en voyant cinq cavaliers envoyés du ciel, dont deux couvroient Judas de leurs armes, & lançoient ſur eux des foudres qui les terraſſoient. Plus de vingt mille hommes reſtèrent ſur la place. Timothée s'étant enfui, fut pris & tué. Lyſias revient avec plus de cent mille hommes; un autre prodige encourage l'armée des Juifs, & l'aſſûre de la victoire. Un homme à cheval, vêtu d'un habit blanc, avec des armes d'or & une lance, marche devant eux. L'armée de Lyſias eſt miſe en déroute, & ce général eſt forcé de reconnoître que les Juifs ſont invincibles, lorſqu'ils s'appuyent ſur le ſecours du Dieu tout-puiſſant. Lyſias ayant perdu une partie conſidérable de ſon armée, conclut la paix avec Judas. Elle ne fut pas de longue durée; la guerre recommença, & Judas remporta pluſieurs avantages. Antiochus-Eupator, qui avoit ſuccédé à Epiphanes, irrité des mauvais ſuccès de ſes généraux, vint lui-même en Judée, & aſſiégea Beth-ſure. Judas marcha au ſecours de ſes frères; du premier choc, il tua ſix cents hommes des ennemis, & ce fut alors que ſon frère Eléazar fut accablé ſous le poids d'un éléphant qu'il tua, croyant faire périr le roi: mais la petite armée de Judas ne pouvant tenir tête aux troupes innombrables du roi, ce général ſe retira à Jéruſalem. Eupator l'y vint aſſiéger; mais averti de quelques mouvements qui ſe tramoient dans ſes états, il fit la paix avec Judas, qu'il déclara chef & prince du pays, & retourna en Syrie, où il fut tué par Démétrius, qui régna en ſa place. Le nouveau roi, excité & trompé par la fourberie d'Alcime, qui eſpéroit le ſouverain pontificat, envoya contre Judas Nicanor, que l'expérience du paſſé avoit rendu ſage, & qui, après avoir pris connoiſſance de l'état des affaires, jugea qu'il étoit plus avantageux de conclure une paix, que de riſquer une bataille. L'impie Alcime, qui vouloit dominer, inſpira au roi des ſoupçons contre la fidélité de Nicanor, & lui fit donner des ordres de lui envoyer Judas, pieds & mains liés. La guerre recommença donc; l'armée de Nicanor fut défaite, & lui tué dans un combat. Démétrius ayant appris la défaite de Nicanor, envoya de nouveau Bacchides & Alcime avec la meilleure partie de ſes troupes, & ces deux généraux marchèrent contre Judas, qui étoit à Béthel avec trois mille hommes. Cette petite armée fut ſaiſie de frayeur à la vue des troupes ennemies; elle ſe débanda, & il ne reſta que huit cents hommes au camp. Judas, ſans perdre cœur, exhorta ce petit nombre à mourir courageuſement;

*Hiſtoire.* Tome III.

fondit ſur l'aîle droite, la rompit; mais, enveloppé par l'aîle gauche, il fut tué après un combat opiniâtre, l'an du monde 3843. Simon & Jonathas, ſes frères, emportèrent ſon corps & le mirent dans la ſépulture de leur famille, à Modin. Tout le peuple le pleura amèrement; &, après avoir pleuré pendant pluſieurs jours, ils s'écrièrent: *comment eſt mort cet homme puiſſant, qui ſauvoit le peuple d'Iſraël.* 1. *Macch.* ix. 20. 21. La vie de *Judas,* qui n'a été qu'une ſuite de ſuccès étonnants, de victoires éclatantes, remportées par une poignée d'hommes mal armés, ſur de nombreuſes troupes, eſt une image de l'œuvre de J. C. dans l'établiſſement de ſon égliſe par la prédication. L'Ecriture dépeint *Judas* comme un géant, revêtu de ſes armes, dont l'épée étoit la protection de toute l'armée, & comme un lion qui ſe lance ſur ſa proie en rugiſſant. *Jeſus-Chriſt,* dans les pſeaumes, eſt appellé *un géant qui s'élance plein d'ardeur pour fournir ſa carrière. Pſ.* xviij. 6; & dans l'Apocalypſe, *le lion de la tribu de Juda, qui a remporté la victoire. Apoc.* v. 5. Jeſus-Chriſt, comme *Judas,* s'étant revêtu de ſes armes, ayant ceint ſon épée, qui eſt ſa parole, ſecondé d'un petit nombre de ſoldats fidèles qu'il avoit aſſemblés, & auxquels il inſpiroit un courage intrépide, a exterminé de deſſus la terre l'erreur & l'impiété qui dominoient; il a arraché à l'enfer ſa proie, & a triomphé avec gloire du monde & du prince des ténèbres. Les frères de *Judas* & ſes ſoldats étoient, dans leurs combats & dans leurs expéditions militaires, les précurſeurs & les vives images de ces zélés prédicateurs du nom de Jeſus-Chriſt, qui, étant deſtitués de tout ſecours humain, mais ſoutenus de la main de Dieu, & ſanctifiés par ſon eſprit, ſe ſont expoſés à tout ſouffrir & la mort même, pour purger l'univers qui eſt le temple de Dieu, des ſouillures de l'idolâtrie & de la ſuperſtition. (†)

**JUDAS ISCARIOTH** ou *le Traître,* (*Hiſtoire Sacrée.*) avoit été choiſi par Jeſus-Chriſt pour être mis au nombre de ſes apôtres, & pour être le dépoſitaire des aumônes; mais l'avarice corrompant ſon cœur, il promit au prince des prêtres, de leur livrer ſon maître pour trente deniers. Il ſe trouva à la dernière cêne que Jeſus-Chriſt fit avec ſes apôtres, où il inſtitua le ſacrement de l'Euchariſtie. Il eut la hardieſſe d'y participer, & avant la fin du repas, il ſortit pour aller conſommer ſon crime. Peu après, ayant horreur de ſa trahiſon, il fut touché de repentir, alla trouver les prêtres, leur rendit l'argent qu'il avoit reçu, & rendit un témoignage public de l'innocence de Jeſus-Chriſt; mais il n'eut pas recours à ſa miſéricorde: ainſi, ſa pénitence lui fut inutile; & ſon déſeſpoir, plus funeſte pour lui que ſon crime; le porta à ſe pendre lui-même. Il creva par le milieu de ſon corps, & ſes entrailles furent répandues par terre. *Jean* xij. 3. act. xxv. (†)

**JUDE,** (Saint) (*Hiſt. Sacr.*) un des douze apôtres, frère de Jacques-le-Mineur, & parent de J. C., auteur de l'épître qui porte ſon nom dans l'Ecriture.

**JUDITH**; (*Hiſt. Sacrée.*) Elle eſt aſſez connue par

D d

le livre qui porte son nom dans l'Ecriture , & où on raconte comment elle délivra le peuple de Dieu , en donnant la mort à Holopherne , général des armées de Nabuchodonofor , roi d'Assyrie , qui assiégeoit Béthulie. ( *Voyez* ACHIOR. )

Le nom de *Judith* est célèbre aussi dans l'histoire profane & moderne. C'est celui de la mère & d'une fille de Charles-le-Chauve.

La première , belle , galante , spirituelle , ambitieuse , fut la seconde femme de Louis-le-Débonnaire ; elle le gouverna & causa tous les malheurs de son règne & les soulevements continuels de ses fils du premier lit , par toutes les violences , toutes les injustices , tous les artifices qu'elle ne cessa d'employer pour procurer l'aggrandissement de Charles-le-Chauve son fils. Elle eut , dans ce projet qui l'occupa sans cesse , une vicissitude continuelle de revers & de succès. Morte en 843.

La seconde , assez semblable à son ayeule , avoit épousé , en premières noces , Ethelwolph , roi d'Angleterre. Revenue en France après la mort de son premier mari , elle se fit enlever par Baudouin , grand forestier de Flandre. Charles - le - Chauve , père de *Judith* , dans le premier mouvement de sa colère , parvint à faire excommunier le ravisseur , ainsi que *Judith* ; mais on négocia , & après quelques traverses , Baudouin fut récompensé de son crime & de son insolence par Charles , qui non-seulement consentit à le regarder comme son gendre , mais qui le fit comte héréditaire de Flandre. C'est de lui & de *Judith* que descendoient ces comtes de Flandres, pairs du royaume , si long-temps redoutables aux rois leurs souverains.

JUGURTHA , ( *Hist. Rom.* ) roi de Numidie , dont Salluste a écrit la vie. C'étoit un scélérat habile , s'il n'étoit pas essentiellement mal habile d'être scélérat. Nous avons rapporté une partie de ses crimes à l'article d'ADHERBAL , une de ses victimes. Il avoit des ressources dans l'esprit ; à force d'adresse , d'intrigues & de talens , il parvint à séduire ou à diviser le sénat Romain, alors l'arbitre des rois , & à se faire pardonner pour quelque temps , les attentats par lesquels il s'étoit élevé sur le trône : mais enfin la vengeance éclata ; Rome lui déclara la guerre : il osa venir à Rome , rendre compte de sa conduite ; il osa y faire assassiner Massiva , prince Numide , descendu , comme lui , de Massinissa , & auquel il craignoit que le sénat ne voulût transférer la couronne de Numidie Bomilcar , son parent & son confident , lui prêta son bras pour ce crime ; dans la suite , même Bomilcar le trahit , & conspira contre lui ; la conspiration fut découverte , *Jugurtha* le fit périr. Pendant le temps de la guerre , *Jugurtha* vint à bout de corrompre ou d'amuser les consuls Lucius - Calpurnius-Bestia &-Spurius-Posthumius-Albinus ; il se défendit avec désavantage , mais avec constance , contre Métellus ; il céda enfin à la fortune de Marius & à l'adresse de Sylla , qui sut déterminer Bocchus , beau-père de *Jugurtha* , à le livrer auxRomains. ( *Voyez* l'article BOCCHUS. ) Marius traîna son captif en triomphe dans Rome. Salluste ,

peut-être pour l'honneur de cette même Rome , s'arrête au moment où *Jugurtha* est livré à Sylla & remis par Sylla à Marius : il ne nous dit pas quel fut le sort de *Jugurtha* ; nous l'apprenons de Plutarque : dans la cérémonie du triomphe , il parut comme un homme qui a l'esprit égaré. Il fut jetté ensuite dans un cachot , où il fut traité avec indignité , & où on le laissa mourir de faim. Il y vécut six jours , paroissant beaucoup tenir à la vie. Les géoliers , dans l'empressement de le dépouiller , n'attendirent pas qu'il fût mort ; ils déchirèrent sa robe , ils lui arrachèrent les oreilles pour avoir les pendants qu'il portoit. Il semble que Rome auroit dû ou respecter dans un roi coupable , la royauté toujours respectable , & le talent qui ne l'est peut-être pas moins , ou se respecter elle-même dans le traitement qu'elle faisoit à un roi vaincu , à un ennemi détruit , qui avoit autrefois mérité son estime & ses éloges , en combattant pour elle.

C'est ce même *Jugurtha* qui , revoyant après un certain temps , cette Rome où il avoit vu encore quelques vertus , lorsqu'il avoit servi sous Scipion , au siège de Numance , fut si frappé des progrès rapides que la cupidité y avoit faits avec le luxe , qu'il dit que Rome étoit devenue toute vénale , & n'attendoit pour se vendre , qu'un acheteur.

Il fut pris & mourut l'an de Rome 647 , 105 ans avant J. C.

JUIFS. Nous plaçons ici sous ce titre général , l'article FONTANNIER , qui a été oublié à sa place.

Autrefois en France , le gouvernement toléroit les *Juifs* , les *Juifs* pressuroient le peuple , & le gouvernement pressuroit les *Juifs* à son tour. Il paroissoit alors venger le peuple , tandis que c'étoit lui qui en recueilloit les dépouilles. Il chassoit les *Juifs* & confisquoit leurs biens ; au lieu de les rendre au peuple , d'où ils venoient ; puis il rappelloit les *Juifs* moyennant finance , & toujours sous la condition tacite d'exercer de nouveau leur brigandage accoutumé , qui finiroit toujours par être la proie du gouvernement. Telle fut long-temps , à l'égard des Juifs , la conduite d'un gouvernement sans principes comme sans lumières. Par une ordonnance du 17 septembre 1394, donnée ou pendant la démence de Charles VI , ou pendant un des courts intervalles que lui laissoient les accès de cette démence , les *Juifs* furent bannis à perpétuité du royaume , au lieu d'être réduits par de sages loix , à vivre en citoyens honnêtes & utiles. Ce fut en France la dernière proscription de la nation Juive ; & malgré tous ses efforts , elle n'avoit pas encore pu (en 1787) en obtenir la révocation ; elle n'avoit de domicile autorisé que dans quelques villes qui ont passé dans des temps bien postérieurs sous la domination Françoise. Cet ouvrage de la démence de Charles VI , fut confirmé pendant l'enfance de Louis XIII , en 1615 , à l'occasion de quelques *Juifs* Hollandois & Portugais , établis en France par le maréchal d'Ancre , & qui furent surpris à Paris , célébrant la Pâque. Quelque temps après , un aventurier , nommé *Fontannier* , qui avoit souvent changé de religion & d'état , & qui avoit fini par se faire *Juif*, osa prêcher dans Paris, le Judaïsme ; il fut arrêté au milieu de ses auditeurs, au moment où il dictoit ces paroles : *le cœur me tremble, la plume me tombe de la main.* Qu'on arrête un prédicateur, qu'on le prive pour quelque temps de sa liberté, cette rigueur peut quelquefois trouver des motifs dans la politique ; mais on brûla *Fontannier*, & cette barbarie n'a point d'excuse. Que dé barbaries cependant ! & toujours parce qu'on n'en savoit pas assez pour être humain & raisonnable.

JUIF, s. m. ( *Hist. anc. & mod.* ) sectateur de la religion judaïque.

Cette religion, dit l'auteur des Lettres Persannes, est un vieux tronc qui a produit deux branches, le Christianisme & le Mahométisme, qui ont couvert toute la terre : ou plutôt, ajoute-t-il, c'est une mère de deux filles qui l'ont accablée de mille plaies. Mais quelque mauvais traitemens qu'elle en ait reçus, elle ne laisse pas de se glorifier de leur avoir donné la naissance. Elle se sert de l'une & de l'autre pour embrasser le monde, tandis que sa vieillesse vénérable embrasse tous les temps.

Josephe, Basnage & Prideaux ont épuisé l'histoire du peuple qui se tient si constamment dévoué à cette vieille religion, & qui marque si clairement le berceau, l'âge & les progrès de la nôtre.

Pour ne point ennuyer le lecteur de détails qu'il trouve dans tant de livres, concernant le peuple dont il s'agit ici, nous nous bornerons à quelques remarques moins communes sur son nombre, sa dispersion par tout l'univers, & son attachement inviolable à la loi mosaïque au milieu de l'opprobre & des vexations.

Quand on pense aux horreurs que les *Juifs* ont éprouvées depuis J. C., au carnage qui s'en fit sous quelque empereurs Romains, & à ceux qui ont été répétés tant de fois dans tous les états chrétiens, on conçoit avec peine que ce peuple subsiste encore ; cependant non seulement il subsiste, mais, selon les apparences, il n'est pas moins nombreux aujourd'hui qu'il l'étoit autrefois dans le pays de Canaan. On n'en doutera point, si après avoir calculé le nombre des *Juifs* qui sont répandus dans l'occident, on y joint les prodigieux essaims de ceux qui pullulent en Orient, à la Chine, entre la plûpart des nations de l'Europe & de l'Afrique, dans les Indes orientales & occidentales, & même dans les parties intérieures de l'Amérique.

Leur ferme attachement à la loi de Moïse n'est pas moins remarquable, sur-tout si l'on considère leurs fréquentes apostasies, lorsqu'ils vivoient sous le gouvernement de leurs rois, de leurs juges, & à l'aspect de leurs temples. Le Judaïsme est maintenant, de toutes les religions du monde, celle qui est la plus rarement abjurée ; & c'est en partie le fruit des persécutions qu'elle a souffertes. Ses sectateurs, martyrs perpétuels de leur croyance, sont regardés de plus en plus comme la source de toute sainteté, & ne nous en envisagés que comme des *Juifs* rebelles qui ont changé la loi de Dieu, en suppliant ceux qui la tenoient de sa propre main.

Leur nombre doit être naturellement attribué à leur exemption de porter les armes, à leur ardeur pour le mariage, à leur coutume de le contracter de bonne heure dans leurs familles, à leur loi de divorce, à leur genre de vie sobre & réglé, à leurs abstinences, à leur travail, & à leur exercice.

Leur dispersion ne se comprend pas moins aisément. Si, pendant que Jérusalem subsistoit avec son temple, les *Juifs* ont été quelquefois chassés de leur patrie par les vicissitudes des Empires, ils l'ont encore été plus souvent par un zèle aveugle de tous les pays où ils se sont habitués depuis les progrès du Christianisme & du Mahométisme. Réduits à courir de terres en terres, de mers en mers, pour gagner leur vie, par-tout déclarés incapables de posséder aucun bien-fonds, & d'avoir aucun emploi, ils se sont vus obligés de se disperser de lieux en lieux, & de ne pouvoir s'établir fixement dans aucune contrée, faute d'appui, de puissance pour s'y maintenir, & de lumières dans l'art militaire.

Cette dispersion n'auroit pas manqué de ruiner le culte religieux de toute autre nation ; mais celui des *Juifs* s'est soutenu par la nature & la force de ses loix. Elles leur prescrivent de vivre ensemble autant qu'il est possible, dans une même enceinte, de ne point s'allier aux étrangers, de se marier entr'eux, de ne manger de la chair que des bêtes dont ils ont répandu le sang, ou préparées à leur manière. Ces ordonnances, & autres semblables, les lient plus étroitement, les fortifient dans leur croyance, les séparent des autres hommes, & ne leur laissent, pour subsister, de ressources que le commerce, profession long-tems méprisée par la plûpart des peuples de l'Europe.

Dès-lors même qu'on la leur abandonna dans les siècles barbares ; & comme ils s'y enrichirent nécessairement, on les traita d'infames usuriers. Les rois ne pouvant fouiller dans la bourse de leurs sujets, mirent à la torture les *Juifs*, qu'ils ne regardoient pas comme des citoyens. Ce qui se passa en Angleterre à leur égard, peut donner une idée de ce qu'on exécuta contr'eux dans les autres pays. Le roi Jean ayant besoin d'argent, fit emprisonner les riches *Juifs* de son royaume pour en extorquer de leurs mains ; il y en eut peu qui échappassent aux poursuites de sa chambre de justice. Un d'eux, à qui on arracha sept dents l'une après l'autre pour avoir son bien, donna mille marcs d'argent à la huitième. Henri III. tira d'Aaron, *juif* d'Yorck, quatorze mille marcs d'argent, & dix mille pour la reine. Il vendit les autres *juifs* de son pays à Richard son frère pour un certain nombre d'années, *ut quos rex excoriaverat, cômes evisceraret*, dit Matthieu Paris.

On n'oublia pas d'employer en France les mêmes traitemens contre les *Juifs* ; on les mettoit en prison, on les pilloit, on les vendoit, on les accusoit de magie, de sacrifier des enfans, d'empoisonner les fontaines ; on les chassoit du royaume, on les y laissoit rentrer pour de l'argent, & dans le temps même qu'on les toléroit, on les distinguoit des autres habitans par des marques infamantes.

Il y a plus, la coutume s'introduisit dans ce royaume,

de confifquer tous les biens des *Juifs* qui embraffoient le Chriftianifme. Cette coutume fi bizarre, nous la fçavons par la loi qui l'abroge; c'eft l'édit du roi donné à Bafville le 4 Avril 1392. La vraie raifon de cette confifcation, que l'auteur de l'*efprit des loix* a fi bien développée, étoit une efpèce de droit d'amortiffement pour le prince, ou pour les feigneurs, des taxes qu'ils l:voient fur les *Juifs*, comme ferfs main-mortables, auxquels ils fuccédoient. Or ils étoient privés de ce bénéfice, lorfque ceux-ci embraffoient le Chriftianifme.

En un mot, on ne peut dire combien, en tout lieu, on s'eft joué de cette nation d'un fiècle à l'autre. On a confifqué leurs biens, lorfqu'ils recevoient le Chriftia-n'fme; & bientôt après on les a fait brûler, lorfqu'ils ne voulurent pas le recevoir.

Enfin, profcrits fans ceffe de chaque pays, ils trouvèrent ingénieufement le moyen de fauver leurs fortunes, & de rendre pour jamais leurs retraites affurées. Bannis de France fous Philippe le Long en 1318, ils f: réfugièrent en Lombardie, y donnèrent aux négoc ans des lettres fur ceux à qui ils avoient confié leurs effets en partant, & ces lettres furent acquittées. L'i.-vention admirable des lettres de change fortit du fein du défefpoir; & pour lors feulement le commerce put éluder la violence, & fe maintenir par tout le monde.

Depuis ce temps-là, les princes ont ouvert les yeux fur leurs propres intérêts, & ont traité les *Juifs* avec plus de modération. On a fenti, dans quelques endroits du nord & du midi, qu'on ne pouvoit fe paffer de leur fecours. Mais, fans parler du Grand-Duc de Tofcane, la Hollande & l'Angleterre animées de plus nobles principes, leur ont accordé toutes les douceurs poffibles, fous la protection invariable de leur gouvernement. Ainfi répandus de nos jours avec plus de fûreté qu'ils n'en avoient encore eue dans tous les pays de l'Europe où regne le commerce, ils font devenus des inftrumens par le moyen defquels les nations les plus éloignées peuvent converfer & correfpondre enfemble. Il en eft d'eux, comme des chevilles & des cloux qu'on employe dans un grand édifice, & qui font néceffaires pour en joindre toutes les parties. On s'eft fort mal trouvé en Efpagne de les avoir chaffés, ainfi qu'en France d'avoir perfécuté des fujets dont la croyance différoit en quelques points de celle du prince. L'amour de la religion chrétienne confifte dans fa pratique; & cette pratique ne refpire que douceur, qu'humanité, que charité. (*D. J.*)

JUIFS, *Philofophie des*, (*Hift. Philofoph.*) Nous ne connoiffons point de nation plus ancienne que la *juive*. Outre fon antiquité, elle a fur les autres une feconde prérogative qui n'eft pas moins importante; c'eft de n'avoir point paffé par le polithéifme, & la fuite des fuperftitions naturelles & générales pour arriver à l'unité de Dieu. La révélation & la prophétie ont été les deux premières fources de la connoiffance de fes fages. Dieu fe plut à s'entretenir avec Noé, Abraham, Ifaac, Jacob, Jofeph, Moyfe & fes fucceffeurs. La longue vie qui fut accordée à la plupart d'entr'eux, ajouta beaucoup à leur expérience. Le oifir de l'état de pâtres qu'ils avoient embraffé, étoit

très-favorable à la méditation & à l'obfervation de la nature. Chefs de familles nombreufes, ils étoient tròverfés dans tout ce qui tient à l'économie ruftique & domeftique, & au gouvernement paternel. A l'extinction du patriarchat, on voit paroitre parmi eux un Moïfe, un David, un Salomon, un Daniel, hommes d'une intelligence peu commune, & à qui l'on ne refufera pas le titre de grands légiflateurs. Qu'ont fçu les philofophes de la Grèce, les Hiérophantes de l'Égypte, & les Gymnofophiftes de l'Inde qui les élève au deffus des prophêtes?

Noé conftruit l'arche, fepare les animaux purs des animaux impurs, fe pourvoit des fubftances propres à la nourriture d'une infinité d'efpèces différentes, plante la vigne, en exprime le vin, & prédit à fes enfans leur deftinée.

Sans ajouter aux rêveries que les payens & les *Juifs* ont débitées fur le compte de Sem & de Cham, ce que l'hiftoire nous en apprend fuffit pour nous les rendre refpectables; mais quels hommes nous offre-t-elle qui foient comparables en autorité; en dignité, en jugement, en piété, en innocence, à Abraham, à Ifaac & à Jacob? Jofeph fe fit admirer par fa fageffe chez le peuple le plus inftruit de la terre, & le gouverna pendant quarante ans.

Mais nous voilà parvenus au temps de Moïfe; quel hiftorien! quel légiflateur! quel philofophe! quel poëte! quel homme!

La fageffe de Salomon a paffé en proverbe. Il écrivit une multitude incroyable de paraboles; il connut depuis le cedre qui croît fur le Liban, jufqu'à l'hyffope; il connut les oifeaux & les poiffons, & les quadrupedes, & les reptiles; & l'on accouroit de toutes les contrées de la terre pour le voir, l'entendre & l'admirer.

Abraham, Moïfe, Salomon, Job, Daniel, & tous les fages qui fe font montrés chez la nation *juive* avant la captivité de Babylone, nous fourniroient une ample matière, fi leur hiftoire n'appartenoit plutôt à la révélation qu'à la philofophie.

Paffons maintenant de l'hiftoire des *Juifs*, au fortir de la captivité de Babylone, à ces temps où ils ont quitté le nom d'Ifraélites & d'Hébreux, pour prendre celui de *Juifs*.

*De la philofophie des Juifs depuis le retour de la captivité de Babylone, jufqu'à la ruine de Jérufalem.* Perfonne n'ignore que les *Juifs* n'ont jamais paffé pour un peuple fçavant. Il eft certain qu'ils n'avoient aucune teinture des fciences exactes, & qu'ils fe trompoient groffièrement fur tous les articles qui en dépendent. Pour ce qui regarde la Phyfique, & le détail immenfe qui lui appartient, il n'eft pas moins conftant qu'ils n'en avoient aucune connoiffance, non plus que des diverfes parties de l'Hiftoire naturelle. Il faut donc donner ici au mot *philofophie* une fignification plus étendue que celle qu'il a ordinairement. En effet il manqueroit quelque chofe à l'hiftoire de cette fcience fi elle étoit privée du détail des opinions & de la doctrine de ce peuple, détail qui jette un grand jour fur la *philofophie* des peuples avec lefquels ils ont été liés.

Pour traiter cette matière avec toute la clarté poffible, il faut diftinguer exactement les lieux où les *Juifs* ont fixé leur demeure, & les temps où fe font faites ces tranfmigrations : ces deux chofes ont entraîné un grand changement dans leurs opinions. Il y a fur-tout deux époques remarquables; la première eft le fchifme des Samaritains qui commença long-temps avant Efdras, & qui éclata avec fureur après fa mort ; la feconde remonte jufqu'au temps où Alexandre tranfporta en Egypte une nombreufe colonie de *Juifs* qui y jouirent d'une grande confidération. Nous ne parlerons ici de ces deux époques qu'autant qu'il fera néceffaire pour expliquer les nouveaux dogmes qu'elles introduifirent chez les Hébreux.

*Hiftoire des Samaritains.* L'Ecriture-fainte nous apprend ( *ij. Reg.* 15. ) qu'environ deux cents ans avant qu'Efdras vît le jour, Salmanazar r.i des Affyriens, ayant emmené en captivité les dix tribus d'Ifraël, avoit fait paffer dans le pays de Samarie de nouveaux habitans, tirés partie des campagnes voifines de Babylone, partie d'Avach, d'Emath, de Sepharvaïm & de Cutha ; ce qui leur fit donner le nom de *Cuthéens* fi odieux aux *Juifs*. Ces différens peuples emportèrent avec eux leurs anciennes divinités, & établirent chacun leur fuperftition particulière dans les villes de Samarie qui leur échurent en partage. Ici l'on adoroit Sochotbenoth ; c'étoit le dieu des habitans de la campagne de Babylone ; là on rendoit les honneurs divins à Nergel ; c'étoit celui des Cuthéens. La colonie d'Emach honoroit Afima ; les Hevéens, Nebahaz & Tharthac. Pour, les dieux des habitans de Sepharvaïm, nommés *Advamelech* & *Anamelech*, ils reffembloient au dieu Moloch, adoré par les anciens Chananéens; ils en avoient du moins la cruauté, & ils exigeoient aufli les enfans pour victimes. On voyoit aufli les pères infenfés les jetter au milieu des flammes en l'honneur de leur idole. Le vrai Dieu étoit le feul qu'on ne connût point dans un pays confacré par tant de marques éclatantes de fon pouvoir. Il déchaîna les lions du pays contre les idolâtres qui le profanoient. Ce fléau fi violent & fi fubit portoit tant de marques d'un châtiment du ciel, que l'infidélité même fut obligée d'en convenir. On en fit avertir le roi d'Affyrie : on lui repréfenta que les nations qu'il avoit transférées en Ifraël, n'avoient aucune connoiffance du dieu de Samarie, & de la manière dont il vouloit être honoré. Que ce Dieu irrité les perfécutoit fans ménagement; qu'il raffembloit les lions de toutes les forêts, qu'il les envoyoit dans les campagnes & jufques dans les villes ; & que s'ils n'apprenoient à appaifer ce Dieu vengeur qui les pourfuivoit, ils feroient obligés de déferter, ou qu'ils périroient tous. Salmanazar touché de ces remontrances, fit chercher parmi les captifs un des anciens prêtres de Samarie, & il le renvoya en Ifrael parmi les nouveaux habitans, pour leur apprendre à honorer le dieu du pays. Les leçons furent écoutées par les idolâtres, mais ils ne renoncèrent pas pour cela à leurs dieux ;

au contraire chaque colonie fe mit à forger fa divinité. Toutes les villes eurent leurs idoles ; les temples & les hauts lieux bâtis par les Ifraélites recouvrerent leur ancienne & facrilège célébrité. On y plaça des prêtres tirés de la plus vile populace, qui furent chargés des cérémonies & du foin des facrifices. Au milieu de ce bizarre appareil de fuperftition & d'idolatrie, on donna aufli fa place au véritable Dieu. On connut par les inftructions du lévite d'Ifrael, que ce Dieu fouverain méritoit un culte fupérieur à celui qu'on rendoit aux autres divinités ; mais foit la faute du maître, foit celle des difciples, on n'alla pas jufqu'à comprendre que le Dieu du ciel & de la terre ne pouvoit fouffrir ce monftrueux affemblage ; & que pour l'adorer véritablement, il falloit l'adorer feul. Ces impiétés rendirent les Samaritains extrêmement odieux aux *Juifs* ; mais la haine des derniers augmenta, lorfqu'au retour de la captivité, ils s'apperçurent qu'ils n'avoient point de plus cruels ennemis que ces faux frères. Jaloux de voir r bâtir le temple qui leur reprochoit leur ancienne féparation, ils mirent tout en œuvre pour l'empêcher. Ils fe cachèrent à l'ombre de la religion, & affurant les *Juifs* qu'ils invoquoient le même Dieu qu'eux, ils leur offrirent leurs fervices pour l'accompliffement d'un ouvrage qu'ils vouloient ruiner. Les *Juifs* ajoutent à l'Hiftoire fainte, qu'Efdras & Jérémie affemblèrent trois cents prêtres, qui les excommunièrent de la grande excommunication : ils maudirent *celui qui mangeroit du pain avec eux*, comme s'il avoit mangé de la chair de pourceau. Cependant les Samaritains ne ceffoient de cabaler à la cour de Darius pour empêcher les *Juifs* de rebâtir le temple ; & les gouverneurs de Syrie & de Phénicie ne ceffoient de les feconder dans ce deffein. Le fénat & le peuple de Jérufalem les voyant fi animés contr'eux, députèrent vers Darius, Zorobabel & quatre autres des plus diftingués, pour fe plaindre des Samaritains. Le roi ayant entendu ces députés, leur fit donner des lettres par lefquelles il ordonnoit aux principaux officiers de Samarie, de feconder les *Juifs* dans leur pieux deffein, & de prendre pour cet effet fur fon tréfor provenant des tributs de Samarie, tout ce dont les facrificateurs de Jérufalem auroient befoin pour leurs facrifices. (Jofephe, *Antiq. jud. lib. XI. cap. iv.* )

La divifion fe forma encore d'une manière plus éclatante fous l'empire d'Alexandre le Grand. L'auteur de la chronique des Samaritains ( *voyez* Bafnage, *Hift. des Juifs, liv. III. chap. iij.* ) rapporte que ce prince paffa par Samarie, où il fut reçu par le grand prêtre Ezéchias qui lui promit la victoire fur les Perfes. Alexandre lui fit des préfens, & les Samaritains profitèrent de ce commencement de faveur pour obtenir de grands privilèges. Ce fait eft contredit par Jofphe qui l'attribue aux *Juifs*, de forte qu'il eft fort difficile de décider lequel de ces deux partis a raifon ; & fi n'eft pas furprenant que les fçavans foient partagé fur ce fujet. Ce qu'il y a de certain c'eft que les Samaritains jouirent de la faveur du roi, & qu'ils réfumèrent leur doctrine pour fe délivrer du reproche d'hérélie que leur faifoient les *Juifs*. Cependant la haine de ces

de confisquer tous les biens des *Juifs* qui embrassoient le Christianisme. Cette coutume si bizarre, nous le sçavons par la loi qui l'abroge; c'est l'édit du roi donné à Basville le 4 Avril 1392. La vraie raison de cette confiscation, que l'auteur de l'*esprit des loix* a si bien développée, étoit une espèce de droit d'amortissement pour le prince, ou pour les seigneurs, des taxes qu'ils avoient sur les *Juifs*, comme serfs main-mortables, auxquels ils succédoient. Or ils étoient privés de ce bénéfice, lorsque ceux-ci embrassoient le Christianisme.

En un mot, on ne peut dire combien; en tout lieu, on s'est joué de cette nation d'un siècle à l'autre. On a confisqué leurs biens, lorsqu'ils recevoient le Christianisme; & bientôt après on les a fait brûler, lorsqu'ils ne voulurent pas le recevoir.

Enfin, proscrits sans cesse de chaque pays, ils trouvèrent ingénieusement le moyen de sauver leurs fortunes, & de rendre pour jamais leurs retraites assurées. Bannis de France sous Philippe le Long en 1318, ils se réfugièrent en Lombardie, y donnèrent aux négocians des lettres sur ceux à qui ils avoient confié leurs effets en partant, & ces lettres furent acquittées. L'invention admirable des lettres de change sortit du sein du désespoir; & pour lors seulement le commerce put éluder la violence, & se maintenir par tout le monde.

Depuis ce temps-là, les princes ont ouvert les yeux sur leurs propres intérêts, & ont traité les *Juifs* avec plus de modération. On a senti, dans quelques endroits du nord & du midi, qu'on ne pouvoit se passer de leur secours. Mais, sans parler du Grand-Duc de Toscane, la Hollande & l'Angleterre animées de plus nobles principes, leur ont accordé toutes les douceurs possibles, sous la protection invariable de leur gouvernement. Ainsi répandus de nos jours avec plus de sûreté qu'ils n'en avoient encore eue dans tous les pays de l'Europe où regne le commerce, ils sont devenus des instrumens par le moyen desquels les nations les plus éloignées peuvent converser & correspondre ensemble. Il en est d'eux, comme des chevilles & des cloux qu'on employe dans un grand édifice, & qui sont nécessaires pour en joindre toutes les parties. On s'est fort mal trouvé en Espagne de les avoir chassés, ainsi qu'en France d'avoir persécuté des sujets dont la croyance différoit en quelques points de celle du prince. L'amour de la religion chrétienne consiste dans la pratique; & cette pratique ne respire que douceur, qu'humanité, que charité. (*D. J.*)

JUIFS, *Philosophie des*, (*Hist. Philosoph.*) Nous ne connoissons point de nation plus ancienne que la *juive*. Outre son antiquité, elle a sur les autres une seconde prérogative qui n'est pas moins importante; c'est de n'avoir point passé par le polithéisme, & la suite des superstitions naturelles & générales pour arriver à l'unité de Dieu. La révélation & la prophétie ont été les deux premières sources de la connoissance de ses sages. Dieu se plut à s'entretenir avec Noé, Abraham, Isaac, Jacob, Joseph, Moyse & ses successeurs. La longue vie qui fut accordée à la plûpart d'entr'eux, ajoûta beaucoup à leur expérience. Le loisir de l'état de pâtres qu'ils avoient embrassé, étoit

très-favorable à la méditation & à l'observation de la nature. Chefs de familles nombreuses, ils étoient très-versés dans tout ce qui tient à l'économie rustique & domestique, & au gouvernement paternel. A l'extinction du patriarchat, on voit paroître parmi eux un Moïse, un David, un Salomon, un Daniel, hommes d'une intelligence peu commune, & à qui l'on ne refusera pas le titre de grands législateurs. Qu'ont sçu les philosophes de la Grèce, les Hiérophantes de l'Egypte, & les Gymnosophistes de l'Inde qui les éleve au dessus des prophètes?

Noé construit l'arche, sépare les animaux purs des animaux impurs, se pourvoit des substances propres à la nourriture d'une infinité d'espèces différentes, plante la vigne, en exprime le vin, & prédit à ses enfans leur destinée.

Sans ajouter foi aux rêveries que les payens & les *Juifs* ont débitées sur le compte de Sem & de Cham, ce que l'histoire nous en apprend suffit pour nous les rendre respectables; mais quels hommes nous offre-t-elle qui soient comparables en autorité; en dignité, en jugement, en piété, en innocence, à Abraham, à Isaac & à Jacob? Joseph se fit admirer par sa sagesse chez le peuple le plus instruit de la terre, & le gouverna pendant quarante ans.

Mais nous voilà parvenus au temps de Moïse; quel historien! quel législateur! quel philosophe! quel poëte! quel homme!

La sagesse de Salomon a passé en proverbe. Il écrivit une multitude incroyable de paraboles; il connut depuis le cedre qui croît sur le Liban, jusqu'à l'hyssope; il connut les oiseaux & les poissons, & les quadrupedes, & les reptiles; & l'on accouroit de toutes les contrées de la terre pour le voir, l'entendre & l'admirer.

Abraham, Moïse, Salomon, Job, Daniel, & tous les sages qui se sont montrés chez la nation *juive* avant la captivité de Babylone, nous fourniroient une ample matière, si leur histoire n'appartenoit plutôt à la révélation qu'à la philosophie.

Passons maintenant à l'histoire des *Juifs*, au sortir de la captivité de Babylone, à ces temps où ils ont quitté le nom d'Israélites & d'Hébreux, pour prendre celui de *Juifs*.

*De la philosophie des Juifs depuis le retour de la captivité de Babylone, jusqu'à la ruine de Jérusalem.* Personne n'ignore que les *Juifs* n'ont jamais passé pour un peuple sçavant. Il est certain qu'ils n'avoient aucune teinture des sciences exactes, & qu'ils se trompoient grossièrement sur tous les articles qui en dépendent. Pour ce qui regarde la Physique, & le détail immense qui lui appartient, il n'est pas moins constant qu'ils n'en avoient aucune connoissance, non plus que des diverses parties de l'Histoire naturelle. Il faut donner ici au mot *philosophie* une signification plus étendue que celle qu'il a ordinairement. En effet il manqueroit quelque chose à l'histoire de cette science si elle étoit privée du détail des opinions & de la doctrine de ce peuple, détail qui jette un grand jour sur la *philosophie* des peuples avec lesquels ils ont été liés.

Pour traiter cette matière avec toute la clarté possible, il faut distinguer exactement les lieux où les *Juifs* ont fixé leur demeure, & les temps où se sont faites ces transmigrations : ces deux choses ont entraîné un grand changement dans leurs opinions. Il y a sur-tout deux époques remarquables; la première est le schisme des Samaritains qui commença long-temps avant Esdras, & qui éclata avec fureur après sa mort; la seconde remonte jusqu'au temps où Alexandre transporta en Egypte une nombreuse colonie de *Juifs* qui y jouirent d'une grande considération. Nous ne parlerons ici de ces deux époques qu'autant qu'il sera nécessaire pour expliquer les nouveaux dogmes qu'elles introduisirent chez les Hébreux.

*Histoire des Samaritains.* L'Ecriture-sainte nous apprend ( *ij. Reg.* 15.) qu'environ deux cents ans avant qu'Esdras vît le jour, Salmanazar roi des Assyriens, ayant emmené en captivité les dix tribus d'Israël, avoit fait passer dans le pays de Samarie de nouveaux habitans, tirés partie des campagnes voisines de Babylone, partie d'Avach, d'Emath, de Sepharvaïm & de Cutha; ce qui leur fit donner le nom de *Cuthéens* si odieux aux *Juifs.* Ces différens peuples emportèrent avec eux leurs anciennes divinités, & établirent chacun leur superstition particulière dans les villes de Samarie qui leur échurent en partage. Ici l'on adoroit Sochothbenoth; c'étoit le dieu des habitans de la campagne de Babylone; là on rendoit les honneurs divins à Nergel; c'étoit celui des Cuthéens. La colonie d'Emach honoroit Asima; les Hevéens, Nebahaz & Tharthac. Pour les dieux des habitans de Sepharvaïm, nommés *Advamelech* & *Anamelech*, ils ressembloient assez au dieu Moloch, adoré par les anciens Chananéens; ils en avoient du moins la cruauté, & ils exigeoient aussi les enfans pour victimes. On voyoit aussi les pères insensés les jetter au milieu des flammes en l'honneur de leur idole. Le vrai Dieu étoit le seul qu'on ne connût point dans un pays consacré par tant de marques éclatantes de son pouvoir. Il déchaîna les lions du pays contre les idolâtres qui le profanoient. Ce fléau si violent & si subit portoit tant de marques d'un châtiment du ciel, que l'infidélité même fut obligée de déserter, ou qu'ils périroient tous. Salmanazar touché de ces remontrances, fit chercher parmi les captifs un des anciens prêtres de Samarie, & il le renvoya en Israel parmi les nouveaux habitans, pour leur apprendre à honorer le dieu du pays. Les leçons furent écoutées par les idolâtres, mais ils ne renoncèrent pas pour cela à leurs dieux;

au contraire chaque colonie se mit à forger sa divinité. Toutes les villes eurent leurs idoles; les temples & les hauts lieux bâtis par les Israélites recouvrerent leur ancienne & sacrilège célébrité. On y plaça des prêtres tirés de la plus vile populace, qui furent chargés des cérémonies & du soin des sacrifices. Au milieu de ce bizarre appareil de superstition & d'idolatrie, on donna aussi sa place au véritable Dieu. On connut par les instructions du lévite d'Israel, que ce Dieu souverain méritoit un culte supérieur à celui qu'on rendoit aux autres divinités; mais soit la faute du maître, soit celle des disciples, on n'alla pas jusqu'à comprendre que le Dieu du ciel & de la terre ne pouvoit souffrir ce monstrueux assemblage; & que pour l'adorer véritablement, il falloit l'adorer seul. Ces impiétés rendirent les Samaritains extrêmement odieux aux *Juifs*; mais la haine des derniers augmenta, lorsqu'au retour de la captivité, ils s'apperçurent qu'ils n'avoient point de plus cruels ennemis que ces faux frères. Jaloux de voir rebâtir le temple qui leur reprochoit leur ancienne séparation, ils mirent tout en œuvre pour l'empêcher. Ils se cachèrent à l'ombre de la religion, & assurant les *Juifs* qu'ils invoquoient le même Dieu qu'eux, ils leur offrirent leurs services pour l'accomplissement d'un ouvrage qu'ils vouloient ruiner. Les *Juifs* ajoutent à l'Histoire sainte, qu'Esdras & Jérémie assemblèrent trois cents prêtres, qui les excommunièrent de la grande excommunication : ils maudirent *celui qui mangeroit du pain avec eux*, comme s'il avoit mangé de la chair de pourceau. Cependant les Samaritains ne cessoient de cabaler à la cour de Darius pour empêcher les *Juifs* de rebâtir le temple; & les gouverneurs de Syrie & de Phénicie ne cessoient de les seconder dans ce dessein. Le sénat & le peuple de Jérusalem les voyant si animés contr'eux, députèrent vers Darius, Zorobabel & quatre autres des plus distingués, pour se plaindre des Samaritains. Le roi ayant entendu ces députés, leur fit donner des lettres par lesquelles il ordonnoit aux principaux officiers de Samarie, de seconder les *Juifs* dans leur pieux dessein, & de prendre pour cet effet sur son trésor provenant des tributs de Samarie, tout ce dont les sacrificateurs de Jérusalem auroient besoin pour leurs sacrifices. ( Josephe, *Antiq. jud. lib. XI. cap. iv.*)

La division se forma encore d'une manière plus éclatante sous l'empire d'Alexandre le Grand. L'auteur de la chronique des Samaritains ( *voyez* Basnage, *Hist. des Juifs, liv. III. chap. iij.*) rapporte que ce prince passa par Samarie, où il fut reçu par le grand prêtre Ezéchias qui lui promit la victoire sur les Perses: Alexandre lui fit des présens, & les Samaritains profitèrent de ce commencement de faveur pour obtenir de grands privilèges. Ce fait est contredit par Josephe qui l'attribue aux *Juifs*, de sorte qu'il est fort difficile de décider lequel des deux partis a raison; & il n'est pas surprenant que les sçavans soient partagés sur ce sujet. Ce qu'il y a de certain c'est que les Samaritains jouirent de la faveur du roi, & qu'ils réformèrent leur doctrine pour se délivrer du reproche d'hérésie que leur faisoient les *Juifs*. Cependant la haine de ces derniers, loin de diminuer, se tourna en rage : Hircan affiégea Samarie, & la rafa de fond en comble auffi bien que fon temple. Elle fortit de fes ruines par les foins d'Aulus Gabinius gouverneur de la province, Hérode l'embellit par des ouvrages publics ; & elle fut nommée *Sébafte*, en l'honneur d'Augufte.

*Doctrine des Samaritains.* Il y a beaucoup d'apparence que les auteurs qui ont écrit fur la religion des Samaritains, ont époufé un peu trop la haine violente que les *Juifs* avoient pour ce peuple : ce que les anciens rapportent du culte qu'ils rendoient à la divinité, prouve évidemment que leur doctrine a été peinte fous des couleurs trop noires : fur-tout on ne peut guère juftifier faint Epiphane qui s'eft trompé fouvent fur leur chapitre. Il reproche ( *lib. XI. cap.* 8. ) aux Samaritains d'adorer les téraphins que Rachel avoit emportés à Laban, & que Jacob enterra. Il foutient auffi qu'ils regardoient vers le Garizim en priant, comme Daniel à Babylone regardoit vers le temple de Jérufalem. Mais foit que faint Epiphane ait emprunté cette hiftoire des Thalmuciftes ou de quelques autres auteurs *Juifs*, elle eft d'autant plus fauffe dans fon ouvrage, qu'il s'imaginoit que le Garizim étoit éloigné de Samarie, & qu'on étoit obligé de tourner fes regards vers cette montagne, parce que la diftance étoit trop grande pour y aller faire fes dévotions. On foutient encore que les Samaritains avoient l'image d'un pigeon, qu'ils adoroient comme un fymbole des dieux, & qu'ils avoient emprunté ce culte des Affyriens, qui mettoient dans leurs étendards une colombe en mémoire de Sémiramis, qui avoit été, nourrie par cet oifeau & changée en colombe, & à qui ils rendoient des honneurs divins. Les Cuthéens qui étoient de ce pays, purent retenir le culte de leur pays, & en conferver la mémoire pendant quelque temps ; car on ne déracine pas fi facilement l'amour des objets fenfibles dans la religion, & le peuple fe les laiffe rarement arracher.

Mais les *Juifs* font outrés fur cette matière, comme fur tout ce qui regarde les Samaritains. Ils foutiennent qu'ils avoient élevé une flatue avec la figure d'une colombe qu'ils adoroient ; mais ils n'en donnent point d'autres preuves que leur perfuafion. J'en fuis très-perfuadé ; dit un rabbin, cette perfuafion ne fuffit pas fans raifons. D'ailleurs il faut remarquer, 1°. qu'aucun des anciens écrivains, ni profanes, ni facrés, ni payens, ni eccléfiaftiques, n'ont parlé de ce culte que les Samaritains rendoient à un oifeau ; ce filence général eft une preuve de la calomnie des *Juifs*. 2°. Il faut remarquer encore que les *Juifs* n'ont ofé l'inférer dans le Thalmud ; cette fable n'eft dans le texte, mais dans la glofe Il faut donc reconnoître que c'eft un auteur beaucoup plus moderne qui a imaginé ce conte ; car le Thalmud ne fut compofé que plufieurs fiècles après la ruine de Jérufalem & de Samarie. 3°. On cite le rabbin Meir, & on lui attribue cette découverte de l'idolâtrie des Samaritains ; mais le culte public rendu fur le Garizim par un peuple entier, n'eft pas une de ces chofes qu'on puiffe cacher long-temps, ni découvrir par fubtilité ou par hazard. D'ailleurs le rabbin

Meir eft un nom qu'on produit : il n'eft refté de lui ni témoignage, ni écrit fur lequel on puiffe appuyer cette conjecture.

S. Epiphane les accufe encore de nier la réfurrection des corps : & c'eft pour leur prouver cette vérité importante, qu'il leur allègue l'exemple de Sara, laquelle conçut dans un âge avancé, & celui de la verge d'Aaron qui reverdit ; mais il y a une fi grande diftance d'une verge qui fleurit, & d'une femme âgée qui a des enfants, à la réunion de nos cendres difperfées, & au rétabliffement du corps humain pourri depuis plufieurs fiècles, qu'on ne conçoit pas comment il pouvoit lier ces idées, & en tirer une conféquence. Quoi qu'il en foit, l'accufation eft fauffe, car les Samaritains croyoient la réfurrection. En effet on trouve dans leur chronique deux chofes qui le prouvent évidemment ; car ils parlent d'un jour de *récompenfe & de peine*, ce qui, dans le ftyle des Arabes, marque le jour de la réfurrection générale, & du déluge de feu. D'ailleurs ils ont inféré dans leur chronique l'éloge de Moïfe, que Jofué compofa après la mort de ce légiflateur ; & entre les louanges qu'il lui donne, il s'écrie qu'il eft *feul qui ait reffufcité les morts*. On ne fait comment l'auteur pouvoit attribuer à Moïfe la réfurrection miraculeufe de quelques morts, puifque l'Ecriture ne le dit pas, & que les *Juifs* même font en peine de prouver qu'il étoit le plus grand des prophètes, qu'il n'a pas arrêté le foleil comme Jofué, ni reffufcité les morts comme Elifée. Mais ce qui achève de conftater que les Samaritains croyoient la réfurrection, c'eft que Ménandre qui avoit été Samaritain, fondoit toute fa philofophie fur ce dogme. On fait d'ailleurs, & faint Epiphane ne l'a point nié, que les Dofithéens qui formoient une fecte de Samaritains, en faifoient hautement profeffion. Il eft vraifemblable que ce qui a donné occafion à cette erreur, c'eft que les Saducéens qui nioient véritablement la réfurrection, furent appellés par les Pharifiens *Cuthim*, c'eft-à-dire, hérétiques, ce qui les fit confondre avec les Samaritains.

Enfin Léontius ( *de fectis*, *cap.* 8. ) leur reproche de ne point reconnoître l'exiftence des anges. Il fembleroit qu'il a confondu les Samaritains avec les Saducéens ; & on pourroit l'en convaincre par l'autorité de faint Epiphane, qui diftinguoit les Samaritains & les Saducéens par ce caractère, que les derniers ne croyoient ni les anges, ni les efprits ; mais on fait que ce faint a fouvent confondu les fentiments des anciennes fectes. Le favant Reland ( *Diff. mifc. part. II. p.* 25.) penfoit que les Samaritains entendoient par un ange, une vertu, un inftrument dont la divinité fe fert pour agir, ou quelqu'organe fenfible qu'il employe pour l'exécution de fes ordres, ou bien, ils croyoient que les anges font des vertus naturellement unies à la divinité, & qu'il fait fortir quand il lui plaît : cela paroît par le pentateuque famaritain, dans lequel on fubftitue fouvent Dieu aux anges, & les anges à Dieu.

On ne doit point oublier Simon le magicien dans l'hiftoire des Samaritains, puifqu'il étoit Samaritain lui-même, & qu'il dogmatifa chez eux pendant quelque tems : voici ce que nous avons trouvé de plus vraisemblable à son sujet.

Simon étoit natif de Gitthon dans la province de Samarie : il y a apparence qu'il suivit la coutume des asiatiques qui voyageoient souvent en Egypte pour y apprendre la philosophie. Ce fut-là sans doute qu'il s'instruisit dans la magie qu'on enseignoit dans les écoles. Depuis étant revenu dans sa patrie, il se donna pour un grand personnage, abusa long-temps le peuple par ses prestiges, & tâcha de leur faire croire qu'il étoit le libérateur du genre humain. S. Luc, act. viij. jx. rapporte que les Samaritains se laissèrent effectivement enchanter par ses artifices, & qu'ils le nommèrent la grande vertu de Dieu ; mais on suppose sans fondement, qu'ils regardoient Simon le magicien comme le Messie. Saint Epiphane assure ( Epiph. hæres. pag. 54. ) que cet imposteur prêchoit aux Samaritans qu'il étoit le père, & aux Juifs qu'il étoit le fils. Il en fait par-là un extravagant qui n'auroit trompé personne par la contradiction qui ne pouvoit être ignorée dans une si petite distance de lieu. En effet Simon, adoré des Samaritanis, ne pouvoit être le docteur des Juifs : enfin prêcher aux Juifs qu'il étoit le fils, c'étoit les soulever contre lui, comme ils s'étoient soulevés contre J. C. lorsqu'il avoit pris le titre de fils de. Dieu. Il n'est pas même vraisemblable qu'il se regardât comme le Messie : 1°. parce que l'historien sacré ne l'accuse que de magie, & c'étoit par-là qu'il avoit séduit les Samaritains ; 2°. parce que les Samaritains l'appelloient seulement la vertu de Dieu, la grande. Simon abusa dans la suite de ce titre qui lui avoit été donné, & il y attacha des idées qu'on n'avoit pas eues au commencement ; mais il ne prenoit pas lui-même ce nom, c'étoient les Samaritains étonnés de ses prodiges, qui l'appelloient la vertu de Dieu. Cela convenoit aux miracles apparents qu'il avoit faits, mais on ne pouvoit pas en conclure qu'il se regardât comme le messie. D'ailleurs il ne mettoit pas à la tête des armées, & ne soulevoit pas les peuples ; il ne pouvoit donc pas convaincre les Juifs mieux que J. C. qui avoit fait des miracles plus réels & plus grands sous leurs yeux. Enfin ce seroit le dernier de tous les prodiges, que Simon se fût converti, s'il s'étoit fait le messie ; son imposture auroit paru trop grossière pour le soutenir la honte ; Saint Luc ne lui impute rien de semblable : il fit ce qui étoit assez naturel : convaincu de la fausseté de son art, dont les plus habiles magiciens se défient toujours, & reconnoissant la vérité des miracles de Saint Philippe, il donna les mains à cette vérité, & se fit chrétien dans l'espérance de se rendre plus redoutable, & d'être admiré par des prodiges réels & plus éclatans que ceux qu'il avoit faits. Ce fut là tellement le but de sa conversion, qu'il offrit aussitôt de l'argent pour acheter le don des miracles.

Simon le magicien alla aussi à Rome, & y séduisoit comme ailleurs par divers prestiges. L'empereur Néron étoit si passionné pour la magie, qu'il ne l'étoit pas plus pour la musique. Il prétendoit par cet art, commander aux dieux mêmes ; il n'épargna pour l'apprendre ni la

dépense ni l'application, & toutefois il ne trouva jamais de vérité dans les promesses des magiciens ; ensorte que son exemple est une preuve illustre de la fausseté de cet art. D'ailleurs personne n'osoit lui rien contester ; ni dire que ce qu'il ordonnoit fût impossible ; jusques-là qu'il commanda de voler à un homme qui le promit, & fut long-temps nourri dans le palais sous cette espérance. Il fit même représenter dans le théâtre un Icare volant ; mais au premier effort Icare tomba près de sa loge, & l'ensanglanta lui-même. Simon, dit-on, promit aussi de voler, & de monter au ciel. Il s'éleva en effet, mais Saint Pierre & Saint Paul se mirent à genoux, & prièrent ensemble. Simon tomba & demeura étendu, les jambes brisées ; on l'emporta en un autre lieu, où ne pouvant souffrir les douleurs & la honte, il se précipita d'un comble très-élevé.

Plusieurs sçavans regardent cette histoire comme une fable, parce que, selon eux, les auteurs qu'on cite pour la prouver, ne méritent point assez de créance, & qu'on ne trouve aucun vestige de cette fin tragique dans les auteurs antérieurs au troisième siècle, qui n'auroient pas manqué d'en parler si une aventure si étonnante étoit réellement arrivée.

Dosithée étoit Juif de naissance ; mais il se jetta dans le parti des Samaritains, parce qu'il ne put être le premier dans les deutéroses, (apud Nicetam, lib. I. cap. xxxv. ). Ce terme de Nicetas est obscur ; il faut même le corriger ; & remettre dans le texte celui de Deuterotes, Eusèbe ( præp. lib. XI. cap. iij. lib. XII. cap. j. ) a parlé de ces deutérotes des Juifs qui se servoient d'enigmes pour expliquer la loi. C'étoit alors l'étude des beaux esprits, & le moyen de parvenir aux charges & aux honneurs. Dosithée s'y appliquoient, parce qu'on la trouvoit difficile. Dosithée s'étoit voulu distinguer en expliquant allégoriquement la loi, & il prétendoit le premier rang entre ces interpretes.

On prétend ( Epiph. pag. 30. ) que Dosithée fonda une secte chez les Samaritains, & que cette secte observa, 1°. la circoncision & le sabbat, comme les Juifs ; 2°. ils croyoient la résurrection des morts ; cet article est contesté, car ceux qui font Dosithée le père des Saducéens, l'accusent d'avoir enseigné une vérité si consolante. 3°. Il étoit grand jeûneur ; & afin de rendre son jeûne plus mortifiant, il condamnoit l'usage de tout ce qui est animé. Enfin s'étant enfermé dans une caverne, il y mourut par une privation entière d'alimens, & ses disciples trouvèrent quelque temps après son cadavre rongé des vers & plein de mouches. 4°. Les Dosithéens faisoient grand cas de la virginité, la plûpart gardoient, & les autres, dit Saint Epiphane, s'abstenoient de leurs femmes après la mort. On ne sait ce que cela veut dire ; si ce n'est qu'ils ne désobeïssoient les secondes nôces qui ont paru illicites, & honteuses à beaucoup de Chrétiens ; mais un critique a trouvé par le changement d'une lettre, un sens plus net & plus facile à la loi des Dosithéens, qui s'abstenoient de leurs femmes lorsqu'elles étoient grosses, ou lorsqu'elles avoient enfanté. Nicetas fortifie cette conjecture, car il dit que les Dosithéens se séparoient de leurs femmes lorsqu'elles avoient un enfant ; cependant la première opinion paroît plus raisonnable ; parce que les Dofithéens rejettoient les femmes comme inutiles, lorsqu'ils avoient satisfait à la vue du mariage, qui est la génération des enfans. 5°. Cette secte entêtée de ses austérités rigoureuses, regardoit le reste du genre humain avec mépris ; elle ne vouloit ni approcher ni toucher personne. On compte entre les observations dont ils se chargoient, celle de demeurer vingt-quatre heures dans la même posture où ils étoient lorsque le sabbat commençoit.

A-peu-près dans le même temps vivoit Menandre, le principal disciple de Simon le magicien : il étoit Samaritain comme lui, d'un bourg nommé *Cappareatia* ; il étoit aussi magicien ; ensorte qu'il séduisit plusieurs personnes à Antioche par les prestiges. Il disoit, comme Simon ; que la vertu inconnue l'avoit envoyé pour le salut des hommes, & que personne ne pouvoit être sauvé, s'il n'étoit baptisé en son nom ; mais que son baptême étoit la vraie résurrection, ensorte que ses disciples seroient immortels, même en ce monde : toutefois il y avoir peu de gens qui reçussent son baptême.

*Colonie des Juifs en Egypte.* La haine ancienne que les *Juifs* avoient eue contre les Egyptiens, s'étoit amortie par la nécessité, & on a vu souvent ces deux peuples unis se prêter leurs forces pour résister au roi d'Assyrie qui vouloit les opprimer. Aristée conte même qu'avant que cette nécessité les eût réunis, un grand nombre de *Juifs* avoit déjà passé en Egypte, pour aider à Psammétichus à dompter les Ethiopiens qui lui faisoient la guerre ; mais cette première transmigration est fort suspecte ; parce qu'on ne voit pas quelle relation les *Juifs* pouvoient avoir alors avec les Egyptiens, pour y envoyer des troupes auxiliaires. Ce furent quelques soldats d'Ionie & de Carie, qui, conformément à l'oracle, parurent sur les bords de l'Egypte, comme des hommes d'airain, parce qu'ils avoient des cuirasses, & qui prêterent leur secours à Psammétichus pour vaincre les autres rois d'Egypte, & ce furent là, dit Hérodote ( *lib. II. pag.* 152.) les premiers qui commencèrent à introduire une langue étrangere en Egypte ; car les pères leur envoyoient leurs enfans pour apprendre à parler grec. Diodore ( *lib. I. pag.* 48.) joint quelques soldats arabes aux Grecs ; mais Aristée est le seul qui parle des *Juifs.*

Après la première ruine de Jérusalem & le meurtre de Gedalia qu'on avoit laissé en Judée pour la gouverner, Jochanán alla chercher en Egypte un asyle contre la cruauté d'Ismaël ; il enleva jusqu'au prophète Jérémie qui réclamoit contre cette violence, & qui avoit prédit les malheurs qui suivroient les réfugiés en Egypte. Nabuchodonosor profitant de la division qui s'étoit formée entre Apriès & Amasis, lequel s'étoit mis à la tête des rebelles, au lieu de les combattre, entra en Egypte, & la conquit par la défaite d'Apriès. Il suivit la coutume de ce temps-là, d'enlever les habitans des pays conquis, afin d'empêcher qu'ils ne remuassent. Les *Juifs* réfugiés en Egypte, eurent le même sort que les habitans naturels. Nabuchodonosor leur fit changer une seconde fois de domicile ; cependant il en demeura

quelques-uns dans ce pays-là, dont les familles se multiplièrent considérablement.

Alexandre le Grand voulant remplir Alexandrie, y fit une seconde peuplade de *Juifs* auxquels il accorda les mêmes priviléges qu'aux Macédoniens. Ptolomée Lagus, l'un de ces généraux, s'étant emparé de l'Egypte après sa mort, augmenta cette colonie par le droit de la guerre ; car voulant joindre la Syrie & la Judée à son nouveau royaume, il entra dans la Judée, s'empara de Jérusalem pendant le repos du sabbat, & enleva de tout le pays cent mille *Juifs* qu'il transporta en Egypte. Depuis ce temps-là, ce prince remarquant dans les *Juifs* beaucoup de fidélité & de bravoure, leur témoigna sa confiance, en leur donnant la garde de ses places ; il en avoit d'autres établis à Alexandrie qui y faisoient fortune, & qui se louant de la douceur du gouvernement, purent y attirer leurs frères déjà ébranlés par les promesses que Ptolomée leur avoit faites dans son second voyage.

Philadelphe fit plus que son père ; car il rendit la liberté à ceux que son père avoit fait esclaves. Plusieurs reprirent la route de la Judée, qu'ils aimoient comme leur patrie ; mais il y en eut beaucoup qui demeurèrent dans un lieu où ils avoient eu le temps de prendre racine ; & Scaliger a raison de dire que ce furent ces gens-là qui composèrent en partie les synagogues nombreuses des *Juifs* Hellenistes : enfin ce qui prouve que les *Juifs* jouissoient alors d'une grande liberté, c'est qu'ils composèrent cette fameuse version des Septante, & peut-être la première version grecque qui se soit faite des livres de Moïse.

On dispute fort sur la manière dont cette version fut faite, & les *Juifs* ni les Chrétiens ne peuvent s'accorder sur cet évènement. Nous n'entreprendrons point ici de les concilier ; nous nous contenterons de dire que l'autorité des pères qui ont soutenu le récit d'Aristée, ne doit plus ébranler personne, après les preuves démonstratives qu'on a produites contre lui.

Voilà l'origine des *Juifs* en Egypte ; il ne faut point douter que ce peuple n'ait commencé dans ce temps-là à connoître la doctrine des Egyptiens, & qu'il n'ait pris depuis la méthode d'expliquer l'écriture par des allégories. Eusebe ( *cap.* X.) soutient que du temps d'Aristobule, ce prince vivoit en Egypte sous le règne de Ptolomée Philométor, il y eut dans ce pays-là deux factions entre les *Juifs*, dont l'une se tenoit attachée scrupuleusement au sens littéral de la loi, & l'autre perçant au travers de l'écorce, pénétroit dans une philosophie plus sublime.

Philon, qui vivoit en Egypte au temps de J. C., donna, tête baissée, dans les allégories & dans le sens mystique ; il trouvoit tout ce qu'il vouloit dans l'écriture.

Ce fut encore en Egypte que les Esséniens parurent avec plus de réputation & d'éclat ; & ces sectaires enseignoient une des mots étoient autant d'images des choses cachées ; ils changeoient les volumes sacrés & les préceptes de la sagesse en allégories. Enfin la conformité étonnante qui se trouve entre la cabale des Egyp-

uens

tiens & celle des *Juifs*, ne nous permet pas de douter que les *Juifs* n'ayent puisé cette science en Egypte, à moins qu'on ne veuille soutenir que les Egyptiens l'ont apprise des *Juifs*. Ce dernier sentiment a été très-bien réfuté par de savants auteurs. Nous nous contenterons de dire ici que les Egyptiens jaloux de leur antiquité, de leur savoir, & de la beauté de leur esprit, regardoient avec mépris les autres nations, & les *Juifs* comme des esclaves qui avoient plié long-temps sous leur joug avant que de le secouer. On prend souvent les dieux de ses maîtres ; mais on ne les mendie presque jamais chez ses esclaves. On remarque comme une chose singulière à cette nation, que Sérapis fut porté d'un pays étranger en Egypte ; c'est la seule divinité qu'ils ayent adoptée des étrangers ; & même le fait est contesté, parce que le culte de Sérapis paroît beaucoup plus ancien en Egypte que le temps de Ptolomée-Lagus, sous lequel cette translation se fit de Sinope à Alexandrie. Le culte d'Isis avoit passé jusqu'à Rome, mais les dieux des Romains ne passoient point en Egypte, quoiqu'ils en fussent les conquérants & les maîtres. D'ailleurs, les Chrétiens ont demeuré plus long-temps en Egypte que les *Juifs* ; ils avoient là des évêques & des maîtres très-savants. Non-seulement la religion y florissoit, mais elle fut souvent appuyée de l'autorité souveraine. Cependant les Egyptiens, témoins de nos rits & de nos cérémonies, demeurèrent religieusement attachés à celles qu'ils avoient reçues de leurs ancêtres. Ils ne grossissoient point leur religion de nos observances, & ne les faisoient point entrer dans leur culte. Comment peut-on s'imaginer qu'Abraham, Joseph & Moïse ayent eu l'art d'obliger les Egyptiens à abolir d'anciennes superstitions, pour recevoir la religion de leur main, pendant que l'église chrétienne, qui avoit tant de lignes de communication avec les Egyptiens idolâtres, & qui étoit dans un si grand voisinage, n'a pu rien lui prêter par le ministère d'un prodigieux nombre d'évêques & de savants, & pendant la durée d'un grand nombre de siècles ? Socrate rapporte l'attachement que les Egyptiens de son temps avoient pour leurs temples, leurs cérémonies, & leurs mystères ; on ne vit dans leur religion aucune trace de christianisme. Comment donc y pourroit-on remarquer des caractères évidents de judaïsme ?

*Origine de différentes sectes chez les Juifs.* Lorsque le don de prophétie eut cessé chez les *Juifs*, l'inquiétude générale de la nation n'étant plus réprimée par l'autorité de quelques hommes inspirés, ils ne purent se contenter du style simple & clair de l'écriture ; ils y ajoutèrent des allégories qui, dans la suite, produisirent de nouveaux dogmes, & par conséquent des sectes différentes. Comme c'est du sein de ces sectes que sont sortis les différents ordres d'écrivains, & les opinions dont nous devons donner l'idée, il est important d'en pénétrer le fond, & de voir, s'il est possible, quel a été leur sort depuis leur origine. Nous avertissons seulement que nous ne parlerons ici que des sectes principales.

*La secte des Saducéens.* Lightfoot (*Hor. heb. ad Histoire.* Tome III.

*Mat. III. 7. opp. tom. II.*) a donné aux Saducéens une fausse origine, en soutenant que leur opinion commençoit à se répandre du temps d'Esdras. Il assure qu'il y eut alors des impies qui commencèrent à nier la résurrection des morts & l'immortalité des âmes. Il ajoute que Malachie les introduisit, disant : *c'est en vain que nous servons Dieu* ; & Esdras, qui voulut donner un préservatif à l'église contre cette erreur, ordonna qu'on finiroit toutes les prières par ces mots, *de siècle en siècle*, afin qu'on fût qu'il y avoit un siècle ou une autre vie après celle-ci. C'est ainsi que Lightfoot avoit rapporté l'origine de cette secte ; mais il tomba depuis dans une autre extrémité ; il résolut de ne faire naître les Saducéens qu'après que la version des Septante eut été faite par l'ordre de Ptolomée-Philadelphe ; & pour cet effet, au lieu de remonter jusqu'à Esdras, il a laissé couler deux ou trois générations depuis Zadoc ; il a abandonné les rabbins & son propre sentiment, parce que les Saducéens rejettant les prophètes, & ne recevant que le Pentateuque, ils n'ont pu paroître qu'après les septante interprètes qui ne traduisirent en grec que les cinq livres de Moïse, & qui défendirent de rien ajouter à leur version : mais sans examiner si les septante interprètes ne traduisirent pas toute la bible, cette version n'étoit point à l'usage des *Juifs*, où se forma la secte des Saducéens. On y lisoit la bible en hébreu, & les Saducéens recevoient les prophètes, aussi bien que les autres livres, ce qui renverse pleinement cette conjecture.

On trouve dans les docteurs hébreux une origine plus vraisemblable des Saducéens dans la personne d'Antigone, surnommé *Sochæus*, parce qu'il étoit né à *Socho*. Cet homme vivoit environ deux cents quarante ans avant J. C. & crioit à ses disciples : *ne soyez point comme des esclaves qui obéissent à leur maître sur la vue de la récompense, obéissez sans espérer aucun fruit de vos travaux ; que la crainte du Seigneur soit sur vous.* Cette maxime d'un théologien, qui vivoit sous l'ancienne économie, surprend ; car la loi promettoit non-seulement des récompenses, mais elle paroit souvent d'une félicité temporelle qui devoit toujours suivre la vertu. Il étoit difficile de devenir contemplatif dans une religion si charnelle, cependant Antigonus le devint. On eut de la peine à voler après lui, & à le suivre dans une si grande élévation. Zadoc, l'un de ses disciples, qui ne put, ni abandonner tout-à-fait son maître, ni goûter la théologie mystique, donna un autre sens à sa maxime, & conclut delà qu'il n'y avoit ni peines ni récompenses après la mort. Il devint le père des Saducéens, qui tirèrent de lui le nom de leur secte & le dogme.

Les Saducéens commencèrent à paroître pendant qu'Onia étoit le souverain sacrificateur à Jérusalem ; que Ptolomée Evergete régnoit en Egypte, & Sélucus Callinicus en Syrie. Ceux qui placent cet évènement sous Alexandre-le-Grand, & qui assurent avec S. Epiphane, que ce fut dans le temple du Garizim, où Zadoc & Bathythos s'étoient retirés, que cette secte prit naissance, ont fait une double faute ; car Antigonus n'étoit point sacrificateur sous Alexandre ;

E e

& on n'a imaginé la retraite de Zadoc à Samarie, que pour rendre ses disciples plus odieux. Non-seulement Josephe, qui haïssoit les Saducéens, ne reproche jamais ce crime au chef de leur parti, mais on les voit dans l'Evangile adorant & servant dans le temple de Jérusalem ; on choisissoit même parmi eux le grand-prêtre, ce qui prouve que non - seulement ils étoient tolérés chez les *Juifs*, mais qu'ils y avoient même assez d'autorité. Hircan, le souverain sacrificateur, se déclara pour eux contre les Pharisiens. Ces derniers soupçonnèrent la mère de ce prince d'avoir commis quelque impureté avec les payens. D'ailleurs, ils vouloient l'obliger à opter entre le sceptre & la tiare ; mais le prince voulant être le maître de l'église & de l'état, n'eut aucune déférence pour leurs reproches. Il s'irrita contr'eux, il en fit mourir quelques-uns ; les autres se retirèrent dans les déserts. Hircan se jetta en même temps du côté des Saducéens : il ordonna qu'on reçût les coutumes de Zadoc, sous peine de la vie. Les *Juifs* assûrent qu'il fit publier dans ses états un édit par lequel tous ceux qui ne recevroient pas les rits de Zadoc & de Bathythos, comme la coutume des sages, perdroient la tête. Ces sages étoient les Pharisiens, à qui on a donné ce titre dans la suite, parce que leur parti prévalut. Cela arriva sur-tout après la ruine de Jérusalem & de son temple. Les Pharisiens, qui n'avoient pas sujet d'aimer les Saducéens, s'étant emparés de toute l'autorité, les firent passer pour des hérétiques, & même pour des Epicuriens. Ce qui a donné sans doute occasion à saint Epiphane & à Tertullien de les confondre avec les Dosithéens. La haine que les *Juifs* avoient conçue contr'eux, passa dans le cœur même des Chrétiens : l'empereur Justinien les bannit de tous les lieux de sa domination, & ordonna qu'on envoyât au dernier supplice des gens qui défendoient certains dogmes d'impiété & d'athéisme, car ils nioient la résurrection & le dernier jugement. Ainsi, cette secte subsistoit encore alors, mais elle continuoit d'être malheureuse.

L'édit de Justinien donna une nouvelle atteinte à cette secte, déjà fort affoiblie ; car tous les Chrétiens s'accoutumant à regarder les Saducéens comme des impies, dignes du dernier supplice, ils étoient obligés de fuir & de quitter l'Empire romain, qui étoit d'une vaste étendue. Ils trouvoient de nouveaux ennemis dans les autres lieux où les Pharisiens étoient établis : ainsi, cette secte étoit errante & fugitive, lorsque Ananus lui rendit quelqu'éclat au milieu du huitième siècle. Mais cet événement est contesté par les Caraïtes, qui se plaignent qu'on leur ravit par jalousie, un de leurs principaux défenseurs, afin d'avoir ensuite le plaisir de les confondre avec les Saducéens.

*Doctrine des Saducéens*. Les Saducéens, uniquement attachés à l'Ecriture sainte, rejettoient la loi orale, & toutes les traditions, dont on commença sous les Machabées à faire une partie essentielle de la religion. Parmi le grand nombre des témoignages que nous pourrions apporter ici, nous nous contenterons d'un seul, tiré de Josephe, qui prouvera bien clairement que c'étoit le sentiment des Saducéens : les *Pharisiens*,

dit-il, qui ont reçu ces constitutions par tradition de leurs ancêtres, les ont enseignées au peuple ; mais les Saducéens les rejettent, parce qu'elles ne sont pas comprises entre les loix données par Moïse, qu'ils soutiennent être les seules que l'on est obligé de suivre, &c. *Antiq. jud. lib. XIII. cap. xviij.*

S. Jérôme. & la plûpart des pères ont cru qu'ils retranchoient du canon les prophètes & tous les écrits divins, excepté le Pentateuque de Moïse. Les critiques modernes ( *Simon, hist. critique du vieux Testament, liv. I, chap. xvj.* ) ont suivi les pères, & ils ont remarqué que J. C. voulant prouver la résurrection aux Saducéens, leur cita uniquement Moïse, parce qu'un texte tiré des prophètes, dont ils rejettoient l'autorité, n'auroit pas fait une preuve contr'eux. J. Drusius a été le premier qui a osé douter d'un sentiment appuyé sur des autorités si respectables ; & Scaliger ( *Elench. trihæres. cap. vxj.* ) l'a absolument rejetté, fondé sur des raisons qui paroissent fort solides. 1°. Il est certain que les Saducéens n'avoient commencé de paroître qu'après que le canon de l'Ecriture fut fermé, & que le don de prophétie étant éteint, il n'y avoit plus de nouveaux livres à recevoir. Il est difficile de croire qu'ils se soient soulevés contre le canon ordinaire, puisqu'il étoit reçu à Jérusalem. 2°. Les Saducéens enseignoient & prioient dans le temple. Cependant on y lisoit les prophètes, comme cela paroit par l'exemple de J. C. qui expliqua quelques passages d'Isaïe. 3°. Josephe qui devoit connoître parfaitement cette secte, rapporte qu'ils recevoient ce qui est écrit. Il oppose *ce qui est écrit* à la doctrine des *Saducéens*, & il insinue ensuite que la controverse ne rouloit que sur les traditions : ce qui fait conclure que les Saducéens recevoient toute l'Ecriture & les autres prophètes, aussi bien que Moïse. 4°. Cela paroit encore plus évidemment par les disputes que les Pharisiens ou les docteurs ordinaires des *Juifs* ont soutenues contre ces sectaires. R. Gamaliel leur prouve la résurrection des morts par des passages tirés de Moïse, des Prophètes & des Agiographes ; & les Saducéens, au lieu de rejetter l'autorité des livres qu'on citoit contr'eux, tâchèrent d'éluder ces passages par de vaines subtilités. 5°. Enfin, les Saducéens reprochoient aux Pharisiens qu'ils croyoient que les livres saints souilloient : Quels étoient ces livres saints qui souilloient, au jugement des Pharisiens ? c'étoit l'Ecclésiaste, le Cantique des Cantiques, & les Proverbes. Les Saducéens regardoient donc tous les livres comme des écrits divins, & avoient même plus de respect pour eux que les Pharisiens.

2°. La seconde & la principale erreur des Saducéens rouloit sur l'existence des anges, & sur la spiritualité de l'ame. En effet, les Evangélistes leur reprochent qu'ils soutenoient qu'il n'y avoit ni résurrection ni esprit, ni ange. Le P. Simond donne une raison de ce sentiment. Il affure que, de l'aveu des Thalmudistes, le nom d'*anges* n'avoit été en usage chez les *Juifs*, que depuis le retour de la captivité ; & les Saducéens conclurent delà, que l'invention des anges étoit nouvelle ; que tout ce que l'Ecriture disoit d'eux, avoit été ajouté par ceux de la grande synagogue, & qu'on devoit regarder ce qu'ils en rapportoient comme autant d'allégories. Mais c'est disculper les Saducéens que l'Evangile condamne sur cet article ; car si l'existence des anges n'étoit fondée que sur une tradition assez nouvelle, ce n'étoit pas un grand crime que de les combattre, ou de tourner en allégories ce que les Thalmudistes en disoient. D'ailleurs, tout le monde sait que le dogme des anges étoit très-ancien chez les *Juifs*.

Théophilacte leur reproche d'avoir combattu la divinité du S. Esprit : il doute même s'ils ont connu Dieu, parce qu'ils étoient épais, grossiers, attachés à la matière ; & Arnobe s'imaginant qu'on ne pouvoit nier l'existence des esprits, sans faire Dieu corporel, leur a attribué ce sentiment ; & le savant Petau a donné dans le même piège. Si les Saducéens eussent admis de telles erreurs, il est vraisemblable que les Evangélistes en auroient parlé. Les Saducéens, qui nioient l'existence des esprits, parce qu'ils n'avoient d'idée claire & distincte que des objets sensibles & matériels, mettoient Dieu au-dessus de leur conception, & regardoient cet être infini comme une essence incompréhensible, parce qu'elle étoit parfaitement dégagée de la matière. Enfin, les Saducéens combattoient l'existence des esprits, sans attaquer la personne du saint Esprit, qui leur étoit aussi inconnue qu'aux disciples de Jean-Baptiste. Mais comment les Saducéens pouvoient-ils nier l'existence des anges, eux qui admettoient le Pentateuque, où il en est assez souvent parlé ? Sans examiner ici les sentimens peu vraisemblables du P. Hardouin & de Grotius, nous nous contenterons d'imiter la modestie de Scaliger, qui s'étant fait la même question, avoue ingenuement qu'il en ignoroit la raison.

3°. Une troisiéme erreur des Saducéens étoit que l'ame ne survit point au corps, mais qu'elle meurt avec lui. Josephe la leur attribue expressément.

4°. La quatriéme erreur des Saducéens rouloit sur la résurrection du corps, qu'ils combattoient comme impossible. Ils supposoient que l'homme entier périt par la mort ; & delà naissoit cette conséquence nécessaire & dangereuse, qu'il n'y avoit ni récompense ni peine dans l'autre vie ; ils bornoient la justice vengeresse de Dieu à la vie présente.

5°. Il semble aussi que les Saducéens nioient la Providence, & c'est pourquoi on les met au rang des Epicuriens. Josephe dit qu'ils rejettoient le destin ; qu'ils étoient à Dieu toute inspection sur le mal, & toute influence sur le bien, parce qu'il avoit placé le bien & le mal devant l'homme, en lui laissant une entière liberté de faire l'un & de fuir l'autre. Grotius, qui n'a pu concevoir que les Saducéens eussent ce sentiment, a cru qu'on devoit corriger Josephe, & lire que Dieu n'a aucune part dans les actions des hommes, soit qu'ils fassent le mal ou qu'ils ne le fassent pas. En un mot, il a dit que les Saducéens, entêtés d'une fausse idée de la liberté, se donnoient un pouvoir enfier de fuir le mal & de faire le bien. Il a raison dans le fond, mais il n'est pas nécessaire de changer le texte de Josephe pour attribuer ce sentiment aux Saducéens ; car

le terme dont il s'est servi, rejette seulement une providence qui influe sur les actions des hommes. Les Saducéens étoient à Dieu une direction agissante sur la volonté, & ne lui laissoient que le droit de récompenser ou de punir ceux qui faisoient volontairement le bien ou le mal. On voit par là que les Saducéens étoient à-peu-près Pélagiens.

Enfin, les Saducéens prétendoient que la pluralité des femmes est condamnée dans ces paroles du Lévitique : *vous ne prendrez point une femme avec sa sœur, pour l'affliger en son vivant. chap. xviij.* Les Thalmudistes, défenseurs zélés de la polygamie, se croyoient autorisés à soutenir leur sentiment par les exemples de David & de Salomon, & concluoient que les Saducéens étoient hérétiques sur le mariage.

*Mœurs des Saducéens.* Quelques Chrétiens se sont imaginés que, comme les Saducéens nioient les peines & les récompenses de l'autre vie, & l'immortalité des ames, leur doctrine les conduisoit à un affreux libertinage. Mais il ne faut pas tirer des conséquences de cette nature, car elles sont souvent fausses. Il y a deux barrières à la corruption humaine, les châtimens de la vie présente & les peines de l'enfer. Les Saducéens avoient abattu la dernière barrière, mais ils laissoient subsister l'autre. Ils ne croyoient ni peine ni récompense pour l'avenir ; mais ils admettoient une Providence qui punissoit le vice, & qui récompensoit la vertu pendant cette vie. Le desir d'être-heureux sur la terre, suffisoit pour les retenir dans le devoir. Il y a bien de gens qui se mettoient peu en peine de l'éternité, & ils pouvoient être heureux pendant cette vie. C'est là le but de leurs travaux & de leurs soins. Josephe assure que les Saducéens étoient fort sévères pour la punition des crimes, & cela devoit être ainsi ; en effet, les hommes ne pouvant être retenus par la crainte des châtimens éternels que ces sectaires rejettoient, il falloit les épouvanter par la sévérité des peines temporelles. Le même Josephe les représente comme des gens farouches, dont les mœurs étoient barbares, & avec lesquels les étrangers ne pouvoient avoir de commerce. Ils étoient souvent divisés les uns contre les autres. N'est-ce point trop adoucir ce trait hideux, que de l'expliquer de la liberté qu'ils se donnoient de disputer sur des matières de religion ? car Josephe qui rapporte ces deux choses, blâme l'une & loue l'autre, ou, du moins il ne dit jamais que ce fut la différence des sentimens & la chaleur de la la dispute qui causa ces divisions ordinaires. Quoi qu'il en soit, Josephe qui étoit Pharisien, peut être soupçonné d'avoir trop écouté les sentimens de haine que sa secte avoit pour les Saducéens.

*Des Caraïtes. Origine des Caraïtes.* Le nom de *Caraïte* signifie un homme *qui lit*, un *scripturaire*, c'est-à-dire, un homme qui s'attache scrupuleusement au texte de la loi, & qui rejette toutes les traditions orales.

Si on en croit les Caraïtes qu'on trouve aujourd'hui en Pologne & dans la Lithuanie, ils descendent des dix tribus que Salmanazar avoit transportées, & qui ont passé delà dans la Tartarie : mais on rejettera bientôt cette opinion, pour peu qu'on fasse attention au sort des dix tribus ; on sait qu'elles n'ont jamais passé dans ce pays-là.

Il est encore mal-à-propos de faire descendre les Caraïtes d'Esdras, & il suffit de connoître les fondemens de cette secte, pour en être convaincu. En effet, ces sectaires ne se sont élevés contre les autres docteurs, qu'à cause des traditions qu'on égaloit à l'Ecriture, & de cette loi orale qu'on disoit que Moïse avoit donnée. Mais on n'a commencé à vanter les traditions chez les *Juifs*, que long-temps après Esdras, qui se contenta de leur donner la loi pour règle de leur conduite. On ne se soulève contre une erreur, qu'après sa naissance, & on ne combat un dogme que lorsqu'il est enseigné publiquement. Les Caraïtes n'ont donc pu faire de secte particulière que quand ils ont vu le cours & le nombre des traditions se grossir assez, pour faire craindre que la religion n'en souffrît.

Les rabbins donnent une autre origine aux Caraïtes : ils les font paroître dès le temps d'Alexandre-le-Grand : car, quand ce prince entra à Jérusalem, Jaddus, le souverain sacrificateur, étoit déjà le chef des Rabbinistes ou Traditionnaires, & Ananus & Cascanatus soutenoient avec éclat le parti des Caraïtes. Dieu se déclara en faveur des premiers ; car Jaddus fit un miracle en présence d'Alexandre ; mais Ananus & Cascanatus montrèrent leur impuissance. L'erreur est sensible ; car Ananus, chef des Caraïtes, qu'on fait contemporain d'Alexandre-le-Grand, n'a vécu que dans le 7e. siècle de l'Eglise chrétienne.

Enfin, on les regarde comme une branche des Saducéens, & on leur impute d'avoir suivi toute la doctrine de Zadoc & de ses disciples. On ajoute qu'ils ont varié dans la suite, parce que s'appercevant que ce système les rendoit odieux, ils en rejettèrent une partie, & se contentèrent de combattre les traditions & la loi orale qu'on a ajoûtée à l'Ecriture. Cependant les Caraïtes n'ont jamais nié l'immortalité des ames ; au contraire le Caraïte que le pere Simon a cité, croyoit que l'ame vient du ciel, qu'elle subsiste comme les anges, & que le siècle à venir a été fait pour elle. Non-seulement les Caraïtes ont repoussé cette accusation, mais en récriminant, ils soutiennent que leurs ennemis doivent être plutôt soupçonnés de saducéisme qu'eux, puisqu'ils croyent que les ames seront anéanties, après quelques années de souffrances & de tourmens dans les enfers. Enfin, ils ne comptent ni Zadoc ni Bathithos au rang de leurs ancêtres & des fondateurs de leur secte. Les défenseurs de Caïn, de Judas, de Simon le Magicien, n'ont point rougi de prendre les noms de leurs chefs ; les Saducéens ont adopté celui de Zadoc : mais les Caraïtes le rejettent, & le maudissent, parce qu'ils en condamnent les opinions pernicieuses.

Eusèbe ( *Prép. evang. lib. VIII. cap. x.* ) nous fournit une conjecture qui nous aidera à découvrir la véritable origine de cette secte ; car en faisant un extrait d'Aristobule, qui parut avec éclat à la cour de Ptolomée-Philomctor, il remarque qu'il y avoit en ce temps-là deux partis différens chez les *Juifs*, dont l'un

prenoit toutes les loix de Moïse à la lettre, & l'autre leur donnoit un sens allégorique. Nous trouvons-là la véritable origine des Caraïtes, qui commencèrent à paroître sous ce prince ; parce que ce fut alors que les interprétations allégoriques & les traditions furent reçues avec plus d'avidité & de respect. La religion judaïque commença de s'altérer par le commerce qu'on eut avec des étrangers. Ce commerce fut beaucoup plus fréquent depuis les conquêtes d'Alexandre, qu'il n'étoit auparavant ; & ce fut particulièrement avec les Egyptiens qu'on se lia, sur-tout pendant que les rois d'Egypte furent maîtres de la Judée, qu'ils y firent des voyages & des expéditions, & qu'ils en transportèrent les habitans. On n'emprunta pas des Egyptiens leur méthode de traiter la Théologie & la Religion. Les docteurs *juifs* transportés ou nés dans ce pays-là, se jettèrent dans les interprétations allégoriques ; & c'est ce qui donna occasion aux deux partis dont parle Eusebe, de se former & de diviser la nation.

*Doctrine des Caraïtes*, 1°. Le fondement de la doctrine des Caraïtes consiste à dire qu'il faut s'attacher scrupuleusement à l'Ecriture sainte, & n'avoir d'autre règle que la loi & les conséquences qu'on en peut tirer. Ils rejettent donc toute tradition orale & ils confirment leur sentiment par les citations des autres docteurs qui les ont précédés, lesquels ont enseigné que tout est écrit dans la loi ; qu'il n'y a point de loi orale donnée à Moïse sur le mont Sinaï. Ils demandent la raison qui auroit obligé Dieu à écrire une partie de ses loix, & à cacher l'autre, ou à la confier à la mémoire des hommes. Il faut pourtant remarquer qu'ils excluoient les interprétations que les Docteurs avoient données de la loi ; & par-là ils admettoient une espèce de tradition, mais qui étoit bien différente de celle des rabbins. Ceux-ci ajoutoient à l'Ecriture les constitutions & les nouveaux dogmes de leurs prédécesseurs ; les Caraïtes au contraire n'ajoutoient rien à la loi, mais ils se croyoient permis d'en interpréter les endroits obscurs, & de recevoir les éclaircissemens que les anciens docteurs en avoient donnés.

2°. C'est se jouer du terme de tradition, que de croire avec M. Simon qu'ils s'en servent, parce qu'ils ont adopté les points des Massorethes. Il est bien vrai que les Caraïtes reçoivent ces points ; mais il ne s'ensuit pas delà qu'ils admettent la tradition, car cela n'a aucune influence sur les dogmes de la Religion. Les Caraïtes font deux choses : 1°. ils rejettent les dogmes importans qu'on a ajoutés à la loi qui est suffisante pour le salut ; 2°. ils ne veulent pas qu'on égale les traditions indifférentes à la loi.

3°. Parmi les interprétations de l'Ecriture, ils ne reçoivent que celles qui sont littérales, & par conséquent ils rejettent les interprétations cabalistiques, mystiques, & allégoriques comme n'ayant aucun fondement dans la loi.

4°. Les Caraïtes ont une idée fort simple & fort pure de la Divinité ; car ils lui donnent des attributs essentiels & inséparables ; & ces attributs ne sont

autre chofe que Dieu même. Ils le confidèrent enfuite comme une caufe opérante qui produit des
effets différens : ils expliquent la création fuivant le
texte de Moïfe; felon eux Adam ne feroit point mort,
s'il n'avoit mangé de l'arbre de la fcience. La providence de Dieu s'étend aufli loin que fa connoiffance,
qui eft infinie, & qui découvre généralement toutes
chofes. Bien que Dieu influe dans les actions des
hommes, & qu'il leur prête fon fecours, cependant il
dépend d'eux de fe déterminer au bien & au mal, de
craindre Dieu ou de violer fes commandemens. Il y
a, felon les docteurs qui fuivent en cela les Rabbiniftes,
une grace commune, qui fe répand fur tous les hommes, & que chacun reçoit felon fa difpofition; &
cette difpofition vient de la nature du tempérament ou
des étoiles. Ils diftinguent quatre difpofitions différentes
dans l'ame : l'une de mort & de vie; l'autre de fanté,
& de maladie. Elle eft morte, lorfqu'elle croupit dans
le péché ; elle eft vivante, lorfqu'elle s'attache au bien;
elle eft malade, quand elle ne comprend pas les vérités
céleftes, mais elle eft faine, lorfqu'elle connoît l'enchaî-
nure des évènemens & la nature des objets qui tombent fous fa connoiffance. Enfin, ils croyent que les
ames, en fortant du monde, feront récompenfées
ou punics ; les bonnes ames iront dans le fiècle à venir
& dans l'Eden. C'eft ainfi qu'ils appellent le paradis, où
l'ame eft nourrie par la vue & la connoiffance des objets
fpirituels. Un de leurs docteurs avoue que quelques-uns
s'imaginoient que l'ame des méchans paffoit, par la
voie de la métempfycofe, dans le corps des bêtes; mais
il réfute cette opinion, étant perfuadé que ceux qui font
chaffés du domicile de Dieu, vont dans un lieu qu'il
appelle la gehenne, où ils fouffrent à caufe de leurs
péchés, & vivent dans la douleur & la honte, où il
y a un ver qui ne meurt point, & un feu qui brûlera
toujours.

5°. Il faut obferver rigoureufement les jeûnes.

6°. Il n'eft point permis d'époufer la fœur de fa
femme, même après la mort de celle-ci.

7°. Il faut obferver exactement dans les mariages les
dégrès de parenté & d'affinité.

8°. C'eft une idolâtrie que d'adorer les anges, le
ciel, & les aftres ; & il n'en faut point tolérer les repréfentations.

Enfin, leur morale eft fort pure ; ils font fur-tout
profeffion d'une grande tempérance ; ils craignent de
manger trop, ou de fe rendre trop délicats fur les
mets qu'on leur préfente; ils ont un refpect exceffif
pour leurs maîtres ; les Docteurs de leur côté font
charitables, & enfeignent gratuitement ; ils prétendent
fe diftinguer par-là de ceux qui fe font d'eux d'argent,
en tirant de grandes fommes de leurs leçons.

*De la fecte des Pharifiens. Origine des Pharifiens.*
On ne connoît point l'origine des Pharifiens, ni le temps
auquel ils ont commencé de paroître. Jofephe qui
devoit bien connoître une fecte dont il étoit membre
& partifan zélé, femble en fixer l'origine fous Jonatham,
l'un des Machabées, environ cent trente ans avant
Jéfus-Chrift.

On a cru jufqu'à préfent qu'ils avoient pris le nom
de féparés, ou de *Pharifiens*, parce qu'ils fe féparoient du refte des hommes, au deffus defquels ils s'élevoient par leurs auftérités. Cependant il y a une nouvelle conjecture fur ce nom : les Pharifiens étoient oppofés aux Saducéens qui nioient les récompenfes de
l'autre vie; car ils foutenoient qu'il y avoit un paras, ou
une rémunération après la mort. Cette récompenfe
faifant le point de la controverfe avec les Saducéens,
& s'appellant *Paras*, les Pharifiens purent tirer delà
leur nom, plutôt que de la féparation qui leur étoit
commune avec les Saducéens.

*Doctrine des Pharifiens.* 1°. Le zèle pour les traditions fait le premier crime des Pharifiens. Ils foutenoient qu'outre la loi donnée fur le Sinai, & gravée
dans les écrits de Moïfe, Dieu avoit confié verbalement à ce législateur un grand nombre de rits & de
dogmes, qu'il avoit fait paffer à la poftérité fans les
écrire. Ils nomment les perfonnes par la bouche defquelles ces traditions s'étoient confervées : ils leur donnoient la même autorité qu'à la Loi, & ils avoient
raifon, puifqu'ils fuppofoient que leur origine étoit également divine. J. C, cenfura ces traditions qui affoi-
bliffoient le texte, au lieu de l'éclaircir, & qui ne
tendoient qu'à flatter les paffions au lieu de les corriger. Mais fa cenfure, bien loin de ramener les Pharifiens, les effaroucha, & ils en furent choqués comme
d'un attentat commis par une perfonne qui n'avoit aucune miffion.

2°. Non-feulement on peut accomplir la Loi écrite,
& la Loi orale, mais encore les hommes ont affez
de forces pour accomplir les œuvres de furérogation,
comme les jeûnes, les abftinencies, & autres dévotions
très-mortifiantes, auxquelles ils donnoient un grand
prix.

3°. Jofephe dit que les Pharifiens admettoient non-
feulement un Dieu créateur du ciel & de la terre,
mais encore une providence ou un deftin. La difficulté
confifte à favoir ce qu'il entend par *deftin :* il ne
faut pas entendre par là les étoiles, puifque les *Juifs*
n'avoient aucune dévotion pour elles. Le deftin chez
les payens, étoit l'enchaînement des caufes fecondes,
liées par la vérité éternelle. C'eft ainfi qu'en parle Cicéron : mais chez les Pharifiens, le deftin fignifioit la
providence & les décrets qu'elle a formés fur les évènemens humains. Jofephe explique fi nettement leur opinion, qu'il eft difficile de concevoir comment on a
pu l'obfcurcir. Ils croyent, dit-il, ( *antiq. jud. lib.*
» XVIII. *cap. ij.*) que tout fe fait par le deftin ;
» cependant ils n'ôtent pas à la volonté le liberté de fe
» déterminer, parce que, felon eux, Dieu ufe de ce-
» tempérament, que quoique toutes chofes arrivent
» par fon décret, ou par fon confeil, l'homme conferve
» pourtant le pouvoir de choifir entre le vice & la
» vertu. » Il n'y a rien de plus clair que le témoignage
de cet hiftorien, qui étoit engagé dans la fecte des
Pharifiens, & qui devoit connoître leurs fentimens.
Comment s'imaginer après cela, que les Pharifiens fe
cruffent foumis aveuglément aux influences des aftres,
& à l'enchaînement des caufes fecondes?

4°. En fuivant cette fignification naturelle, il eft aifé

de développer le véritable fentiment des Pharifiens, lefquels foutenoient trois chofes différentes. 1°. Ils croyoient que les évènemens ordinaires & naturels arrivoient néceffairement, parce que la providence les avoit prévus & déterminés; c'eft-là ce qu'ils appelloient le *deftin*. 2°. Ils laiffoient à l'homme fa liberté pour le bien & pour le mal. Jofephe l'affure pofitivement, en difant qu'il dépendoit de l'homme de faire le bien & le mal: La Providence regloit donc tous les évènement humains; mais elle n'impofoit aucune néceffité pour les vices ni pour les vertus. Afin de mieux foutenir l'empire qu'ils fe donnoient fur les mouvemens du cœur, & fur les actions qu'il produifoit, ils alléguoient ces paroles du Deutéronome, où Dieu déclare, qu'il *a mis la mort & la vie devant fon peuple, & les exhorte à choifir la vie*. Cela s'accorde parfaitement avec l'orgueil des Pharifiens, qui fe vantoient d'accomplir la Loi, & demandoient la récompenfe due à leurs bonnes œuvres, comme s'ils l'avoient méritée. 3°. Enfin, quoiqu'ils laiffaffent la liberté de choifir entre le bien & le mal, ils admettoient quelques fecours de la part de Dieu; car ils étoient aidés par le deftin. Ce dernier principe lève toute la difficulté: car fi le deftin avoit été chez eux une caufe aveugle, un enchaînement des caufes fecondes, ou l'influence des aftres, il feroit ridicule de dire que le deftin les aidoit.

5°. Les bonnes & les mauvaifes actions font récompenfées ou punies non-feulement dans cette vie, mais encore dans l'autre; d'où il s'enfuit que les Pharifiens croyoient la réfurrection.

6°. On accufe les Pharifiens d'enfeigner la tranfmigration des ames, qu'ils avoient empruntée des Orientaux, chez lefquels ce fentiment étoit commun: mais cette accufation eft conteftée, parce que J. C. ne leur reproche jamais cette erreur, & qu'elle paroît détruire la réfurrection; puifque fi une ame a animé plufieurs corps fur la terre, on aura de la peine à choifir celui qu'elle doit préférer aux autres. Je ne fçais fi cela fuffit pour juftifier cette fecte: J. C. n'a pas eu deffein de combattre toutes les erreurs du Pharifaïfme; & fi S. Paul n'en avoit parlé, nous ne connoitrions pas aujourd'hui leurs fentimens fur la juftification. Il ne faut donc pas conclure du filence de l'Evangile, qu'ils n'ont point cru la tranfmigration des ames.

Il ne faut pas non plus juftifier les Pharifiens, parce qu'ils auroient renverfé la réfurrection par la métempfycofe; car les *Juifs* modernes admettent également la révolution des ames, & la réfurrection des corps, & les Pharifiens ont pu faire la même chofe.

L'autorité de Jofephe, doit prévaloir. Il affure (*Antiq. jud. lib. XVIII. cap. ij.*) que les Pharifiens croyoient que les ames des méchans étoient renfermées dans des prifons, & fouffroient-là des fupplices éternels; pendant que celles des bons trouvoient un retour facile à la vie, & rentroient dans un autre corps. On ne peut expliquer ce retour des ames à la vie par la réfurrection: car, felon les Pharifiens, l'ame étant immortelle, elle ne mourra point, & ne reffuf-

citera jamais. On ne peut dire auffi qu'elle rentrera dans un autre corps au dernier jour: car outre que l'ame reprendra par la réfurrection le même corps qu'elle a animé pendant la vie, & qu'il y aura feulement quelque changement dans fes qualités, les Pharifiens repréfentoient par là la différente condition des bons & des méchans, immédiatement après la mort; & c'eft attribuer une penfée trop fubtile à Jofephe, que d'étendre fa vue jufqu'à la réfurrection. Un hiftorien qui rapporte les opinions d'une fecte, parle plus naturellement, & s'explique avec plus de netteté.

*Mœurs des Pharifiens.* Il eft tems de parler des aufterités des Pharifiens; car ce fut par là qu'ils féduifirent le peuple, & qu'ils s'attirèrent une autorité qui les rendoit redoutables aux rois. Ils faifoient de longues veilles, & fe refufoient jufqu'au fommeil néceffaire. Les uns fe couchoient fur une planche très-étroite, afin qu'ils ne puffent fe garantir de faire une chûte dangereufe, lorfqu'ils s'endormiroient profondément; & les autres encore plus auftères, femoient fur cette planche des cailloux & des épines, qui troublaffent leur repos en les déchirant. Ils faifoient de longues oraifons, qu'ils répétoient fans remuer les yeux, les bras, ni les mains. Ils achevoient de mortifier leur chair par des jeûnes qu'ils obfervoient deux fois la femaine; ils y ajoutoient les flagellations, & c'étoit peut-être une des raifons qui les faifoit appeller les *Tires fang*, parce qu'ils fe déchiroient impitoyablement la peau & fe fouettoient jufqu'à ce que le fang coulât abondamment. Mais il y en avoit d'autres à qui ce titre avoit été donné, parce que marchant dans les rues les yeux baiffés ou fermés, ils fe frappoient la tête contre les murailles. Ils chargeoient leurs habits de phylactères, qui contenoient certaines fentences de la loi. Les épines étoient attachées aux pans de leur robe, afin de faire couler le fang de leurs pieds lorfqu'ils marchoient; ils fe féparoient des hommes, parce qu'ils étoient beaucoup plus faints qu'eux, & qu'ils craignoient d'être fouillés par leur attouchement. Ils fe lavoient plus fouvent que les autres, afin de montrer par là qu'ils avoient un foin extrême de fe purifier. Cependant à la faveur de ce zèle apparent, ils fe rendoient vénérables au peuple. On leur donnoit le titre de *fages* par excellence, &, leurs difciples s'entre-crioient le *fage* explique aujourd'hui. On enfle les titres à proportion qu'on les mérite moins; on tâche d'impofer aux peuples par de grands noms, lorfque les grandes vertus manquent. La jeuneffe avoit pour eux une fi profonde vénération, qu'elle n'ofoit ni parler ni répondre, lors même qu'on lui faifoit des cenfures; en effet ils tenoient leurs difciples dans une efpèce d'efclavage, & ils régloient avec un pouvoir abfolu tout ce qui regardoit la religion.

On diftingue dans le Thalmud fept ordres de Pharifiens. L'un mefuroit l'obéiffance à l'aune du profit & de la gloire; l'autre ne levoit point les pieds en marchant, & on l'appelloit à caufe de cela le *pharifien tronqué*; le troifiéme frappoit fa tête contre les murailles, afin d'en tirer le fang; un quatriéme cachoit fa tête dans un capuchon, & regardoit de cet enfoncement comme du fond d'un mortier; le cinquiéme demandoit fiérement, *que faut-il que je fasse? je le ferai. Qu'y a-t-il à faire que je n'aye fait?* le sixiéme obéissoit par amour pour la vertu & pour la récompense; & le dernier n'exécutoit les ordres de Dieu que par la crainte de la peine.

*Origine des Esséniens.* Les Esséniens qui devroient être si célebres par leurs austérités & par la sainteté exemplaire dont ils faisoient profession, ne le sont presque point. Serrarius soutenoit qu'ils étoient connus chez les *Juifs* depuis la sortie de l'Egypte, parce qu'il a supposé que c'étoient les Cinéens descendus de Jethro, lesquels suivirent Moïse, & de ces gens-là sortirent les Réchabites. Mais il est évident qu'il se trompoit; car les Esséniens & les Réchabites étoient deux ordres différents de dévots, & les premiers ne paroissent point dans toute l'histoire de l'ancien Testament comme les Réchabites. Gale, savant anglois, leur donne la même antiquité; mais de plus, il en fait les pères & les prédécesseurs de Pythagore & de ses disciples. On n'en trouve aucune trace dans l'histoire des Machabées, sous lesquels ils doivent être nés; l'Evangile n'en parle jamais, parce qu'ils ne sortirent point de leur retraite pour aller disputer avec J. C. D'ailleurs, ils ne vouloient point se confondre avec les Pharisiens, ni avec le reste des *Juifs*, parce qu'ils se croyoient plus saints qu'eux; enfin, ils étoient peu nombreux dans la Judée, & c'étoit principalement en Egypte qu'ils avoient leur retraite, & où Philon les avoit vus.

Drusius fait descendre les Esséniens de ceux qu'Hircan persécuta, qui se retirèrent dans les déserts, & qui s'accoutumèrent par nécessité, au genre de vie très-dur, dans lequel ils persévérèrent volontairement; mais il faut avouer qu'on ne connoît pas l'origine de ces sectaires. Ils paroissent dans l'histoire de Josephe, sous Antigonus; car ce fut alors qu'on vit ce prophète essénien, nommé *Judas*, lequel avoit prédit qu'Antigonus seroit tué un tel jour dans une tour.

*Histoire des Esséniens.* Voici comme Josephe ( *bello Jud. liv. II. cap. xij.* ) nous dépeint ses sectaires. « Ils » sont *Juifs* de nation, dit - il, ils vivent dans une » union très-étroite, & regardent les voluptés comme » des vices que l'on doit fuir, & la continence & la » victoire de ses passions, comme des vertus que l'on » ne sauroit trop estimer. Ils rejettent le mariage, non » qu'ils croient qu'il faille détruire la race des hommes; » mais pour éviter l'intempérance des femmes, qu'ils » sont persuadés ne garder pas la foi à leurs maris. » Mais ils ne laissent pas néanmoins de recevoir les » jeunes enfants qu'on leur donne pour les instruire, » & de les élever dans la vertu avec autant de soin » & de charité que s'ils en étoient les pères, & ils les » habillent & les nourrissent tous d'une même sorte.

» Ils méprisent les richesses; toutes choses sont » communes entr'eux avec une égalité si admirable, » que lorsque quelqu'un embrasse leur secte, il se dé- » pouille de la propriété de ce qu'il possède, pour » éviter par ce moyen, la vanité des richesses, épar- » gner aux autres la honte de la pauvreté, & par un

» si heureux mélange, vivre tous ensemble comme » frères.

« Ils ne peuvent souffrir de s'oindre le corps avec » de l'huile; mais si cela arrive à quelqu'un contre » son gré, ils essuyent cette huile comme si c'étoient » des taches & des souillures; & se croyent assez pro- » pres & assez parés, pourvu que leurs habits soient » toujours bien blancs.

» Ils choisissent pour économes des gens de bien » qui reçoivent tout leur revenu, & le distribuent » selon le besoin que chacun en a. Ils n'ont point de » ville certaine dans laquelle ils demeurent, mais » ils sont répandus en diverses villes, où ils reçoi- » vent ceux qui desirent entrer dans leur société; & » quoiqu'ils ne les ayent jamais vus auparavant, ils » partagent avec eux ce qu'ils ont, comme s'ils les » connoissoient depuis long - temps. Lorsqu'ils font » quelque voyage, ils ne portent autre chose que des » armes pour se défendre des voleurs. Ils ont dans » chaque ville quelqu'un d'eux pour recevoir & loger » ceux de leur secte qui y viennent, & leur donner » des habits, & les autres choses dont ils peuvent » avoir besoin. Ils ne changent point d'habits que » quand ils sont déchirés ou usés. Ils ne ven- » dent & n'achetent rien entr'eux, mais ils se com- » muniquent les uns aux autres sans aucun échange, » tout ce qu'ils ont. Ils sont très-religieux envers » Dieu, ne parlent que des choses saintes avant que » le soleil soit levé, & font alors des prières qu'ils » ont reçues par tradition, pour demander à Dieu » qu'il lui plaise de le faire luire sur la terre. Ils vont » après travailler chacun à son ouvrage, selon qu'il » leur est ordonné. A onze heures ils se rassemblent, » & couverts d'un linge, se lavent le corps dans l'eau » froide; ils se retirent ensuite dans leurs cellules, dont » l'entrée n'est permise à nuls de ceux qui ne sont pas » de leur secte, & étant purifiés de la sorte, ils vont » au réfectoire comme en un saint temple, où lorsqu'ils » sont assis en grand silence, on met devant chacun » d'eux du pain & une portion dans un petit plat. Un » sacrificateur bénit les viandes, & on n'oseroit y » toucher jusqu'à ce qu'il ait achevé sa prière; il est » fait encore une autre après le repas. Ils quittent alors » leurs habits qu'ils regardent comme sacrés, & » retournent à leurs ouvrages.

» On n'entend jamais de bruit dans leurs maisons, » chacun n'y parle qu'à son tour, & leur silence donne » du respect aux étrangers. Il ne leur est permis de » rien faire que par l'avis de leurs supérieurs, si » ce n'est d'assister les pauvres.... Car quant à leurs » parents, ils n'oseroient leur rien donner, si on ne le » leur permet. Ils prennent un extrême soin de ré- » primer leur colère; ils aiment la paix, & gardent » si inviolablement ce qu'ils promettent, que l'on » peut ajouter plus de foi à leurs simples paroles, » qu'aux serments des autres. Ils considèrent même » les serments comme des parjures, parce qu'ils ne » peuvent se persuader qu'un homme ne soit pas un » menteur, lorsqu'il a besoin pour être cru de pren- » dre Dieu à témoin.... Ils ne reçoivent pas un le

» champ dans leur société ceux qui veulent embraf-
» fer leur manière de vivre ; mais ils les font demeu-
» rer durant un an au-dehors, où ils ont chacun avec
» une portion, une pioche & un habit blanc. Ils leur
» donnent enfuite une nourriture plus conforme à la
» leur, & leur permettent de fe laver comme eux dans
» de l'eau froide, afin de fe purifier ; mais ils ne les
» font pas manger au réfectoire, jufqu'à ce qu'ils ayent
» encore durant deux ans, éprouvé leurs mœurs,
» comme ils avoient auparavant éprouvé leur con-
» tinence. Alors on les reçoit, parce qu'on les en juge
» dignes ; mais avant que de s'affeoir à table avec les
» autres, ils proteftent folemnellement d'honorer &
» de fervir Dieu de tout leur cœur, d'obferver la
» juftice envers les hommes ; de ne faire jamais vo-
» lontairement de mal à perfonne ; d'affifter de tout
» leur pouvoir les gens de bien ; de garder la foi
» à tout le monde, & particulièrement aux fou-
» verains.

» Ceux de cette fecle font très-juftes & très-exacts
» dans leurs jugemens : leur nombre n'eft pas moin-
» dre que de cent lorfqu'ils les prononcent, & ce
» qu'ils ont une fois arrêté demeure immuable.

» Ils obfervent plus religieufement le fabat que
» nuls autres de tous les Juifs. Aux autres jours, ils
» font dans un lieu à l'écart, un trou dans la terre
» d'un pied de profondeur, où après s'être déchargés,
» en fe couvrant de leurs habits, comme s'ils avoient
» peur de fouiller les rayons du foleil, ils rempliffent
» cette foffe de la terre qu'ils en ont tirée.

» Ils vivent fi long-tems, que plufieurs vont juf-
» qu'à cent ans ; ce que j'attribue à la fimplicité de
» leur vie.

» Ils méprifent les maux de la terre, triomphent
» des tourmens par leur conftance, & préférent la
» mort à la vie, lorfque le fujet en eft honorable. La
» guerre que nous avons eue contre les Romains a
» fait voir en mille manières que leur courage eft in-
» vincible, ils ont fouffert le fer & le feu plutôt que de
» vouloir dire la moindre parole contre leur légifla-
» teur, ni manger des viandes qui leur font défendues,
» fans qu'au milieu de tant de tourments ils ayent jetté
» une feule larme, ni dit la moindre parole, pour
» tâcher d'adoucir la cruauté de leurs bourreaux. Au
» contraire, ils fe moquoient d'eux, & rendoient l'ef-
» prit avec joye, parce qu'ils efpéroient de paffer de
» cette vie à une meilleure ; & qu'ils croyoient ferme-
» ment que, comme nos corps font mortels & corrup-
» tibles, nos ames font immortelles & incorruptibles,
» qu'elles font d'une fubftance aërienne très-fubtile,
» & qu'étant enfermées dans nos corps comme dans
» une prifon, où une certaine inclination les attiré
» & les arrête, elles ne font pas plutôt affranchies de
» ces liens charnels qui les retiennent comme dans une
» longue fervitude, qu'elles s'élevent dans l'air &
» s'envolent avec joye. En quoi ils conviennent avec
» les Grecs, qui croyent que ces ames heureufes ont
» leur féjour au-delà de l'Océan, dans une région où
» il n'y a ni pluie, ni neige, ni une chaleur exceffive,

» mais qu'un doux zéphir rend toujours très-agréable ;
» & qu'au contraire les ames des méchants n'ont pour
» demeure que des lieux glacés & agités par de conti-
» nuelles tempêtes, où elles gémiffent eternellement dans
» des peines infinies. Car, c'eft ainfi qu'il me paroit
» que les Grecs veulent que leurs héros, à qui ils
» donnent le nom de demi-dieux, habitent des îles
» qu'ils appellent fortunées, & que les ames des impies
» foient à jamais tourmentées dans les enfers, ainfi
» qu'ils difent que le font celles de Sifyphe, de Tan-
» tale, d'Ixion & de Tityе.

» Ces mêmes Efféniens croyent que les ames font
» créées immortelles pour fe porter à la vertu & fe
» détourner du vice ; que les bons font rendus meil-
» leurs en cette vie par l'efpérance d'être heureux
» après leur mort, & que les méchants qui s'imaginent
» pouvoir cacher en ce monde leurs mauvaifes actions,
» en font punis en l'autre par des tourments éternels.
» Tels font leurs fentiments fur l'excellence de l'ame.
» Il y en a parmi eux qui fe vantent de connoître les
» chofes à venir tant par l'étude qu'ils font des livres
» faints & des anciennes prophéties, que par le foin
» qu'ils prennent de fe fanctifier ; & il arrive rarement
» qu'ils fe trompent dans leurs prédictions.

» Il y a une autre forte d'Efféniens qui conviennent
» avec les premiers dans l'ufage des mêmes viandes,
» des mêmes mœurs & des mêmes loix, & n'en font
» différents qu'en ce qui regarde le mariage. Car ceux-
» ci croyent que c'eft vouloir abolir la race des hommes
» que d'y renoncer, puifque fi chacun embraffoit ce fen-
» timent, on la verroit bientôt éteinte. Ils s'y condui-
» fent néanmoins avec tant de modération, qu'avant
» que de fe marier ils obfervent durant-trois ans fi la
» perfonne qu'ils veulent époufer paroit affez faine pour
» bien porter des enfans, & lorfqu'après être mariés elle
» devient groffe, ils ne couchent plus avec elle durant
» fa groffeffe, pour témoigner que ce n'eft pas la vo-
» lupté, mais le defir de donner des hommes à la ré-
» publique, qui les engage dans le mariage ».

Jofephé dit dans un autre endroit *qu'ils abandonnoient tout à Dieu.* Ces paroles font affez entendre le
fentiment des Efféniens fur le concours de Dieu. Cet
hiftorien dit encore ailleurs que tout dépendoit du
deftin, & qu'il ne nous arrivoit rien que ce qu'il ordonnoit. On voit par-là que les Efféniens s'oppo-
foient aux Saducéens, & qu'ils faifoient dépendre
toutes chofes des décrets de la providence ; mais en
même temps il eft évident qu'ils donnoient à la providence des décrets qui rendoient les événements néceffaires, & ne laiffoient à l'homme aucun refte de
liberté. Jofephe les oppofant aux Pharifiens qui donnoient une partie des actions au deftin, & l'autre à
la volonté de l'homme, fait connoître qu'ils étendoient à toutes les actions l'influence du deftin & la
néceffité qu'il impofe. Cependant, au rapport de Philon, les Efféniens ne faifoient point Dieu auteur du
péché, ce qui eft affez difficile à concevoir ; car il
eft évident que fi l'homme n'eft pas libre, la religion
périt ; les actions ceffent d'être bonnes & mauvaifes,
il n'y a plus de peine ni de récompenfe ; & on a
raifon

raison de soutenir qu'il n'y a plus d'équité dans le jugement de Dieu.

Philon parle des Esséniens à-peu-près comme Josephe. Ils conviennent tous les deux sur leurs austérités, leurs mortifications, & sur le soin qu'ils prenoient de cacher aux étrangers leur doctrine. Mais Philon assure qu'ils préféroient la campagne à la ville, parce qu'elle est plus propre à la méditation; & qu'ils évitoient autant qu'il étoit possible, le commerce des hommes corrompus, parce qu'ils croyoient que l'impureté des mœurs se communique aussi aisément qu'une mauvaise influence de l'air. Ce sentiment nous paroît plus vraisemblable que celui de Josephe, qui les fait demeurer dans les villes; en effet, on ne lit nulle part qu'il y ait eu dans aucune ville de la Palestine des communautés d'Esséniens; au contraire, tous les auteurs qui ont parlé de ces sectaires, nous les représentent comme fuyant les grandes villes, & s'appliquant à l'agriculture. D'ailleurs, s'ils eussent habité les villes, il est probable qu'on les connoîtroit un peu mieux qu'on ne le fait, & l'Evangile ne garderoit pas sur eux un si profond silence; mais leur éloignement des villes où J. C. prêchoit, les a sans doute soustraits aux censures qu'il auroit faites de leur erreur.

*Des Thérapeutes*. Philon (*Philo de vitæ contemp.*) à distingué deux sortes d'Esséniens; les uns s'attachoient à la pratique; & les autres, qu'on nomme *Thérapeutes*, à la contemplation. Ces derniers étoient aussi de la secte des Esséniens; Philon leur en donne le nom: il ne les distingue de la première branche de cette secte, que par quelque degré de perfection.

Philon nous les représente comme des gens qui faisoient de la contemplation de Dieu leur unique occupation, & leur principale félicité. C'étoit pour cela qu'ils se tenoient enfermés seul à seul dans leurs cellules, sans parler, sans oser sortir, ni même regarder par les fenêtres. Ils demandoient à Dieu que leur ame fût toujours remplie d'une lumière céleste, & qu'élevés au-dessus de tout ce qu'il y a de sensible, ils pussent chercher & connoître la vérité plus parfaitement dans leur solitude, s'élevant au-dessus du soleil, de la nature, & de toutes les créatures. Ils perçoient directement jusqu'à Dieu, le soleil de justice. Les idées de là divinité, des beautés & des trésors du ciel, dont ils s'étoient nourris pendant le jour, les suivoient jusques dans la nuit, jusques dans leurs songes, & pendant leur sommeil même. Ils débitoient des préceptes excellens; ils laissoient à leurs parens tous leurs biens, pour lesquels ils avoient un profond mépris, depuis qu'ils s'étoient enrichis de la philosophie céleste; ils sentoient une émotion violente, & une fureur divine, qui les entraînoit dans l'étude de cette divine philosophie, & ils y trouvoient un souverain plaisir; c'est pourquoi ils ne quittoient jamais leur étude, jusqu'à ce qu'ils fussent parvenus à ce degré de perfection qui les rendoit heureux. On voit là, si je ne me trompe, la contemplation des mystiques, leur transports, leur union avec la divinité qui les rend souverainement heureux & parfaits sur la terre.

Cette secte que Philon a peinte dans un traité qu'il a fait exprès, afin d'en faire honneur à sa religion, contre les Grecs qui vantoient la morale & la pureté de leurs philosophes, a paru si sainte, que les Chrétiens leur ont envié la gloire de leurs austérités. Les plus modérés ne peuvent-ôter absolument à la synagogue l'honneur de les avoir formés & nourris dans son sein, ont au moins soutenu qu'ils avoient embrassé le Christianisme, dès le moment que Saint-Marc le prêcha en Egypte, & que changeant la religion sans changer de vie, ils dévinrent les pères & les premiers instituteurs de la vie monastique.

Ce dernier sentiment a été soutenu avec chaleur par Eusebe, par Saint-Jérôme, & sur-tout par le père Montfaucon, homme distingué par son savoir, non-seulement dans un ordre savant, mais dans la république des lettres. Ce savant religieux a été réfuté par M. Bouhier, premier président du parlement de Dijon, dont on peut consulter l'ouvrage; nous nous bornerons ici à quelques remarques.

1°. On ne connoît les *Thérapeutes* que par Philon. Il faut donc s'en tenir à son témoignage; mais peut-on croire qu'un ennemi de la religion Chrétienne, & qui a persévéré jusqu'à la mort dans la profession du Judaïsme, quoique l'Evangile fût connu, ait pris la peine de peindre d'une manière si édifiante, les ennemis de sa religion & de ses cérémonies? Le Judaïsme & le Christianisme sont deux religions ennemies; l'une travaille à s'établir sur les ruines de l'autre: il est impossible qu'on fasse un éloge magnifique d'une religion qui travaille à l'anéantissement, de celle qu'on croit, & qu'on professe.

2°. Philon de qui on tire les preuves, en faveur du Christianisme des *Thérapeutes*, étoit né l'an 723 de Rome. Il dit qu'il étoit fort jeune lorsqu'il composa ses ouvrages, & que dans la suite ses études furent interrompues par les grands emplois qu'on lui confia. En suivant ce calcul, il faut nécessairement que Philon ait écrit avant J. C., & à plus forte raison, avant que le Christianisme eût pénétré jusqu'à Aléxandrie. Si on donne à Philon trente-cinq ou quarante ans lorsqu'il composoit ses livres, il n'étoit plus jeune. Cependant J. C. n'avoit alors que huit ou dix ans, & n'avoit point encore enseigné; l'Evangile n'étoit point encore connu; les Thérapeutes ne pouvoient par conséquent être Chrétiens: d'où il est aisé de conclure que c'est une secte de *Juifs* réformés, dont Philon nous a laissé le portrait.

3°. Philon remarque que les Thérapeutes étoient une branche des Esséniens; comment donc a-t-on pu en faire des Chrétiens, & laisser les autres dans le Judaïsme?

Philon remarque encore que c'étoient des disciples de Moïse; & c'est là un caractère de Judaïsme qui ne peut être confondu, sur-tout par des Chrétiens. L'occupation de ces gens-là consistoit à feuilleter les sacrés volumes, à étudier la philosophie qu'ils avoient reçue de leurs ancêtres, à y chercher des allégories, s'imaginant que les secrets de la nature étoient cachés sous les termes les plus clairs; & pour s'aider dans cette recherche, ils avoient les commentaires des anciens;

car les premiers auteurs de cette secte avoient laissé divers volumes d'allégories, & leurs disciples suivoient cette méthode. Peut-on reconnoître là des Chrétiens ? Qui étoient ces ancêtres qui avoient laissé tant d'écrits, lorsqu'il y avoit à peine un seul évangile publié ? Peut-on dire que les écrivains sacrés nous ayent laissé des volumes pleins d'allégories ? Quelle religion seroit la nôtre, si on ne trouvoit que cela dans les livres divins ? Peut-on dire que l'occupation des premiers saints du Christianisme fût de chercher les secrets de la nature cachés sous les termes les plus clairs de la parole de Dieu ? Cela convenoit à des mystiques & à des dévots contemplatifs, qui se mêloient de médecine : cela convenoit à des *Juifs*, dont les docteurs aimoient les allégories jusqu'à la fureur : mais ni les ancêtres, ni la philosophie, ni les volumes pleins d'allégories, ne peuvent convenir aux auteurs de la religion chrétienne, ni aux chrétiens.

4°. Les Thérapeutes s'enfermoient toute la semaine sans sortir de leurs cellules, & même sans oser regarder par les fenêtres, & ne sortoient delà que le jour du sabbat, portant leurs mains sous le manteau : l'une entre la poitrine & la barbe, & l'autre sur le côté. Reconnoit-on les Chrétiens à cette posture ; & le jour de leur assemblée qui étoit le samedi, ne marque-t-il pas que c'étoient là des *Juifs*, rigoureux observateurs du jour du repos que Moïse avoit indiqué ? Accoutumés comme la cigale à vivre de rosée, ils jeûnoient toute la semaine, mais ils mangeoient & se reposoient le jour du sabbat. Dans leurs têtes ils avoient une table sur laquelle on mettoit du pain, pour imiter la table des pains de proposition que Moïse avoit placée dans le temple. On chantoit des hymnes nouveaux & qui étoient l'ouvrage du plus ancien de l'assemblée, mais lorsqu'il n'en composoit pas, on prenoit ceux de quelque ancien poëte. On ne peut pas dire qu'il y eût alors d'anciens poëtes chez les Chrétiens ; & ce terme ne convient guère au prophète David. On dansoit aussi dans cette fête ; les hommes & les femmes dansoient en mémoire de la mer Rouge, parce qu'ils s'imaginoient que Moïse avoit donné cet exemple aux hommes, & que sa sœur s'étoit mise à la tête des femmes pour les faire danser & chanter. Cette fête duroit jusqu'au lever du soleil ; & dès le moment que l'aurore paroissoit, chacun se tournoit du côté de l'orient, on se souhaitoit le bon jour, & on se retiroit dans sa cellule pour méditer & contempler Dieu : on voit là la même superstition pour le soleil qu'on a déjà remarquée dans les Esséniens du premier siècle.

5°. Enfin, on n'adopte les Thérapeutes qu'à cause de leurs aniérités, & du rapport qu'ils ont avec la vie monastique.

Mais ne voit-on pas de semblables exemples de tempérance & de chasteté chez les payens, & particulièrement dans la secte de Pythagore, à laquelle Josephe la comparoit de bon temps ? La communauté des biens avoit ébloui Eusebe, l'avoit obligé de comparer les Esséniens aux fidèles dont il est parlé dans l'histoire des actes, qui mettoient tout en commun. Cependant si les disciples de Pythagore faisoient la même chose ; car

c'étoit une de leurs maximes, qu'il n'étoit pas permis d'avoir rien en propre. Chacun apportoit à la communauté ce qu'il possédoit : on en assistoit les pauvres, lors même qu'ils étoient absens ou éloignés ; & ils poussoient si loin la charité, que l'un d'eux condamné au supplice par Denys le tyran, trouva un pleige qui prit sa place dans la prison, c'est le souverain degré de l'amour que de mourir les uns pour les autres. L'abstinence des viandes étoit sévèrement observée par les disciples de Pythagore, aussi bien que par les Thérapeutes. On ne mangeoit que des herbes crues ou bouillies. Il y avoit une certaine portion de pain réglée, qui ne pouvoit ni charger, ni remplir l'estomac : on le frottoit quelquefois d'un peu de miel. Le vin étoit défendu, & on n'avoit point d'autre breuvage que l'eau pure. Pythagore vouloit qu'on négligeât les plaisirs & les voluptés de cette vie, & ne les trouvoit pas dignes d'arrêter l'homme sur la terre. Il rejettoit les onctions d'huile comme les Thérapeutes : ses disciples portoient des habits blancs ; ceux de lin paroissoient trop superbes, ils n'en avoient que de laine. Ils n'osoient ni railler ni rire, & ils ne devoient point jurer par le nom de Dieu, parce que chacun devoit faire connoître sa bonne foi & n'avoit pas besoin de ratifier sa parole par un serment. Ils avoient un profond respect pour les vieillards, devant lesquels ils gardoient long-temps le silence. Ils n'osoient faire de l'eau en présence du soleil, superstition que les Thérapeutes avoient encore empruntée d'eux. Enfin ils étoient fort entêtés de la spéculation & du repos qui l'accompagne ; c'est pourquoi en ils faisoient un de leurs préceptes les plus importans,

*O juvenes ! tacitâ colite hæc pia sacra quiete ;*

disoit Pythagore à ses disciples, à la tête d'un de ses ouvrages. En comparant les sectes des Thérapeutes & des Pythagoriciens, on les trouve si semblables dans les Chefs qui ont ébloui les Chrétiens, qu'il semble que l'une soit sortie de l'autre. Cependant si on trouve de semblables austérités chez les payens, on ne doit plus être étonné de les voir chez les *Juifs*, éclairés par la loi de Moïse ; & on ne doit pas leur ravir cette gloire pour la transporter au Christianisme.

*Histoire de la philosophie juive depuis la ruine de Jérusalem.* La ruine de Jérusalem causa chez les *Juifs* des révolutions qui furent fatales aux Sciences. Ceux qui avoient échappé à l'épée des Romains, aux flammes qui réduisirent en cendres Jérusalem & son temple, ou qui après la désolation de cette grande ville, ne furent pas vendus au marché comme des esclaves & des bêtes de charge, tâchèrent de chercher une retraite & un asyle. Ils en trouvèrent un en Orient & à Babylone, où il y avoit encore un grand nombre de ceux qu'on y avoit transportés dans les anciennes guerres : il étoit naturel d'aller implorer là la charité de leurs frères, qui s'y étoient fait des établissemens considérables. Les autres se réfugièrent en Egypte, où il y avoit aussi depuis long-temps beaucoup de *Juifs* puissans & assez riches pour recevoir ces malheureux ; mais ils portèrent là leur esprit de sédition & de révolte, ce qui y causa un nouveau massacre. Les rabbins assurent que les familles confidérables furent tranfportées dès ce temps-là en Efpagne, qu'ils appelloient *fepharad* & que c'eft dans ce lieu que font encore les reftes des tribus de Benjamin & de Juda, les defcendans de la maifon de David : c'eft pourquoi les *Juifs* de ce pays-là ont toujours regardé avec mépris ceux des autres nations comme fi le fang royal & la diftinction des tribus s'étoient mieux confervés chez eux, que partout ailleurs. Mais. il y eut un quatrième ordre de *Juifs* qui pourroient à plus jufte titre fe faire honneur de leur origine. Ce furent ceux qui demeurèrent dans leur patrie, ou dans les mafures de Jérufalem, ou dans les lieux voifins, dans lefquels ils fe diftinguèrent en raffemblant un petit corps de la nation, & par les charges qu'ils y exercèrent. Les rabbins affurent même que Tite fit tranfporter le fanhédrin à Japhné ou Jamna, & qu'on érigea deux académies, l'une à Tibérias, & l'aûtre à Lydde. Enfin ils foutiennent qu'il y eut aufli dès ce temps-là un patriache qui, après avoir travaillé à rétablir la religion & fon églife difperfée, étendit fon autorité fur toutes les fynagogues de l'Occident.

On prétend que les académies furent érigées l'an 220 ou l'an 230; la plus ancienne étoit celle de Nahardea, ville fituée fur les bords de l'Euphrate. Un rabbin nommé *Samuel* prit la conduite de cette école : ce Samuel eft un homme fameux dans fa nation. Elle le diftingue par les titres de *vigilant*, d'*arioch*, de *fapor boi*, & de *lunatique*, parce qu'on prétend qu'il gouvernoit le peuple aufli abfolument que les rois font leurs fujets, & que le chemin du ciel lui étoit aufli connu que celui de fon académie. Il mourut l'an 270 de J. C. & la ville de Nahardea ayant été prife l'an 278, l'académie fut ruinée.

On dit encore qu'on érigea d'abord l'académie à Sora, qui avoit emprunté fon nom de la Syrie; car les *Juifs* le donnent à toutes les terres qui s'étendent depuis Damas & l'Euphrate, jufqu'à Babylone, & Sora étoit fituée fur l'Euphrate.

Pumdebita étoit une ville fituée dans la Méfopotamie, agréable par la beauté de fes édifices. Elle étoit fort décriée pour les mœurs de fes habitans, qui étoient prefque tous autant de voleurs : perfonne ne vouloit avoir commerce avec eux; & les *Juifs* ont encore ce proverbe : *qu'il faut changer de domicile lorfqu'on a un pumdebitain pour voifin*. Rabbin Chafda ne laiffa pas de le choifir l'an 290 pour y enfeigner. Comme il avoit été collègue de Huna qui régentoit à Sora, il y a lieu de foupçonner que quelque jaloufie ou quelque chagrin perfonnel l'engagea à faire cette érection. Il ne put pourtant donner à fa nouvelle académie le luftre & la réputation qu'avoit déjà celle de Sora, laquelle tint toujours le deffus fur celle de Pumdebita.

On érigea deux autres académies l'an 373, l'une à Narefch proche de Sora, & l'autre à Machufia; enfin il s'en éleva une cinquième à la fin du dixième fiècle, dans un lieu nommé *Peruts Sciabbur*, où l'on dit qu'il y avoit neuf mille *Juifs*.

Les chefs des académies ont donné beaucoup de luftre à la nation *juive* par leurs écrits, & ils avoient un grand pouvoir fur le peuple; car, comme

le gouvernement des *Juifs* dépend d'une infinité de cas de confcience, & que Moïfe a donné des loix politiques qui font aufli facrées que les cérémonielles; ces docteurs qu'on confultoit fouvent étoient aufli les maîtres des peuples. Quelques-uns croient même que depuis la ruine du temple, les confeils étant ruinés, ou confondus avec les académies, le pouvoir appartenoit entièrement aux chefs de ces académies.

Parmi ces docteurs *juifs*, il n'y en a eu aucun qui fe foit rendu plus illuftre, foit par l'intégrité de fes mœurs, foit par l'étendue de fes connoiffances, que *Juda le Saint*. Après la ruine de Jérufalem, les chefs des écoles ou des académies qui s'étoient élevées dans la Judée, ayant pris quelque autorité fur le peuple par les leçons & les confeils qu'ils lui donnoient, furent appellés *princes de la captivité*. Le premier de ces princes fut Gamaliel, qui eut pour fucceffeur Simeon III. fon fils, après lequel parut Juda le Saint dont nous parlons ici. Celui-ci vint au monde le même jour qu'Attibas mourut, & on s'imagine que cet événement avoit été prédit par Salomon, qui a dit qu'*un foleil fe lève & qu'un foleil fe couche*. Attibas mourut fous Adrien, qui lui fit porter la peine de fon impofture. Ghédalia place la mort violente de ce fourbe l'an 37 après la ruine du temple, qui feroit la cent quarante-troifième année de l'ère chrétienne; mais alors il feroit évidemment faux que cet événement fût arrivé fous l'empire d'Adrien qui étoit déjà mort; & fi Juda le Saint naiffoit alors, il faut néceffairement fixer fa naiffance à l'an 135 de J. C. On peut remarquer en paffant, qu'il ne faut pas s'arrêter aux calculs des *Juifs*, peu jaloux d'une exacte chronologie.

Le lieu de fa naiffance étoit *Tfippuri*. Ce terme fignifie un *petit oifeau*, & la ville étoit fituée fur une des montagnes de la Galilée. Les *Juifs*, jaloux de la gloire de Juda, lui donnent le titre de *faint*, ou même de *faint des faints*, à caufe de la pureté de fa vie. Cependant je n'ofe dire en quoi confiftoit cette pureté; elle paroîtroit badine & ridicule. Il devint le chef de la nation, & eut une fi grande autorité, que quelques-uns de fes difciples ayant ofé le quitter pour aller faire une intercalation à Lydde, ils eurent tous un mauvais regard; c'eft-à-dire, qu'ils moururent tous d'un châtiment exemplaire : mais ce miracle eft fabuleux.

Juda devint plus recommandable par la répétition de la loi qu'il publia. Ce livre eft un code du droit civil & canonique des *Juifs*, qu'on appelle *Mifnah*. Il crut qu'il étoit fouverainement néceffaire d'y travailler, parce que la nation difperfée en tant de lieux, avoit oublié les rits, & fe feroit éloignée de la réligion & de la jurifprudence de fes ancêtres, fi on leur avoit confiées uniquement à leur mémoire. Au lieu qu'on expliquoit auparavant la tradition felon la volonté des profeffeurs, ou relativement à la capacité des étudians, ou bien enfin felon les circonftances qui le demandoient, il fut une efpèce de fyftème & de cours qu'on fuivit depuis exactement dans les académies. Il divifa ce rituel en fix parties. La première roule fur la diftinction des femences dans un champ, les arbres, les fruits, les décimes, &c. La feconde fur e l'obfervance des fêtes. Dans la troifième qui traite des femmes, l'on décide toutes les caufes matrimoniales. La quatrième qui regarde les pertes, roule fur les procès qui naiffent dans le commerce, & les procédures qu'on y doit tenir : on y ajoute un traité d'idolatrie, parce que c'eft un des articles importans fur lefquels roulent les jugemens. La cinquième partie regarde les oblations, & on examine dans la dernière tout ce qui eft néceffaire à la purification.

Il eft difficile de fixer le temps auquel Juda le Saint commença & finit cet ouvrage, qui lui a donné une fi grande réputation. Il faut feulement remarquer, 1°. qu'on ne doit pas le confondre avec le thalmud, dont nous parlerons bien-tôt, & qui ne fut achevé que long-temps après. 2°. On a mal placé cet ouvrage dans les tables chronologiques des fynagogues, lorfqu'on compte aujourd'hui 1614 ans depuis fa publication ; car cette année tomberoit fur l'année 140 de J. C. où Juda le Saint ne pouvoit avoir que quatre ans. 3°. Au contraire, on le retarde trop, lorfqu'on affure qu'il fut publié cent cinquante ans après la ruine de Jérufalem ; car cette année tomberoit fur l'an 220 ou 218 de J. C. & Juda étoit mort auparavant. 4°. En fuivant le calcul qui eft le plus ordinaire, Juda doit être né l'an 135 de J. C. Il pourroit avoir travaillé à ce recueil depuis qu'il fut prince de la captivité, & après avoir jugé fouvent les différends qui naiffoient dans fa nation. Ainfi on peut dire qu'il le fit environ l'an 180, lorfqu'il avoit quarante-quatre ans, & qu'une affez longue expérience lui avoit appris à décider les queftions de la loi.

Juda s'acquit une fi grande autorité par cet ouvrage, qu'il le mit au deffus des loix ; car pendant que Jérufalem fubfiftoit, les chefs du Sanhédrin étoient foumis à ce confeil, & fujets à la peine, Juda, fi l'on en croit les hiftoriens de fa nation, s'éleva au deffus des anciennes loix, & Siméon fils de Lachis, ayant ofé foutenir *que le prince devoit être fouetté lorfqu'il péchoit*, Juda envoya fes officiers pour l'arrêter, & l'auroit puni févèrement, s'il ne fut étoit échappé par une prompte fuite. Juda conferva fon orgueil jufqu'à la mort ; car il voulut qu'on portât fon corps avec pompe, & qu'on pleurât dans toutes les grandes villes où l'enterrement pafferoit, défendant d'en faire autant dans les petites. Toutes les villes coururent à cet enterrement ; le jour fut prolongé, & la nuit retardée jufqu'à ce que chacun fût de retour dans fa maifon, & eût le temps d'allumer une chandelle pour le fabbat. La fille de la voix fe fit entendre, & prononça que tous ceux qui avoient fuivi la pompe funèbre feroient fauvés, à l'exception d'un feul qui tomba dans le défefpoir, & fe précipita.

*Origine du Thalmud & de la Gémare.* Quoique le recueil des traditions, compofé par Juda le Saint, fous le titre de *Mifnah*, parût un ouvrage parfait, on ne laiffoit pas d'y remarquer encore deux défauts confidérables : l'un, que ce recueil étoit confus, parce que l'auteur y avoit rapporté le fentiment de différens docteurs, fans les nommer, & fans décider lequel de ces fentimens méritoit d'être préféré, l'autre

défaut rendoit ce corps de Droit canon prefque inutile, parce qu'il étoit trop court, & ne réfolvoit qu'une petite partie des cas douteux, & des queftions qui commençoient à s'agiter chez les Juifs.

Afin de remédier à ces défauts, Jochanan aidé de Rab & de Samuël, deux difciples de Juda le Saint, firent un commentaire fur l'ouvrage de leur maitre, & c'eft ce qu'on appelle le *thalmud* (thalmud fignifie doctrine) de Jérufalem. Soit qu'il eût été compofé en Judée par les Juifs qui étoient reftés en ce pays-là ; foit qu'il fût écrit dans la langue qu'on y parloit, les Juifs ne s'accordent pas fur le temps auquel cette partie de la gémiare, qui fignifie perfection, fut compofée. Les uns croient que ce fut deux cents ans après la ruine de Jérufalem. Enfin, il y a quelques docteurs qui ne comptent que cent cinquante ans, & qui foutiennent que Rab & Samuël, quittant la Judée, allèrent à Babylone l'an 219 de l'ére chrétienne. Cependant ce font-là les chefs du fecond ordre des théologiens qui font appellés *Gémariftes*, parce qu'ils ont compofé la gémare, leur ouvrage ne peut être placé qu'après le règne de Dioclétien, puifqu'il y eft parlé de ce prince. Le P. Morin foutient même qu'il y a des termes barbares, comme celui de *borgheni*, pour marquer un bourg, dont nous fommes redevables aux Vandales ou aux Goths ; d'où il conclut que cet ouvrage ne peut avoir paru que dans le cinquième fiècle.

Il y avoit encore un défaut dans la gémare ou le thalmud de Jérufalem ; car on n'y rapportoit que les fentimens d'un petit nombre de docteurs. D'ailleurs, il étoit écrit dans une langue très-barbare, qui étoit celle qu'on parloit en Judée, & qui s'étoit corrompue par le mélange des nations étrangères. C'eft pourquoi les Amorées, c'eft-à-dire, les commentateurs, commencèrent une nouvelle explication des traditions. R. Afe fe chargea de ce travail. Il tenoit fon école à Sora, proche de Babylone ; & ce fut-là qu'il produifit fon commentaire fur la Mifnah de Juda. Il ne l'acheva pas ; mais fes enfants & fes difciples y mirent la dernière main. C'eft-là ce qu'on appelle la *gémare* ou le *thalmud de Babylone*, qu'on préfère à celui de Jérufalem. C'eft un grand & vafte corps qui renferme les traditions, le droit canon des Juifs, & toutes les queftions qui regardent la loi. La Mifnah eft le texte ; la gémare en eft le commentaire ; & ces deux parties font le thalmud de Babylone.

La foule des docteurs juifs & chrétiens convient que le thalmud fut achevé l'an 500 ou 505 de l'ére chrétienne ; mais le P. Morin, s'écartant de la route ordinaire, foutient qu'on auroit tort de croire tout ce que les Juifs difent fur l'antiquité de leurs livres, dont ils ne connoiffent pas eux-même l'origine. Il affure que la Mifnah ne put être compofée que l'an 500, & le thalmud de Babylone l'an 700 ou environ. Nous ne prenons aucun intérêt à l'antiquité de ces livres remplis de traditions. Il faut même avouer qu'on ne peut fixer qu'avec beaucoup de peine & d'incertitude le temps auquel le thalmud peut avoir été formé, parce que c'eft une compilation compofée de décifions d'un grand nombre de docteurs qui ont étudié les cas de confcience,

& à laquelle on a pu ajoûter de temps en tems de nouvelles décisions. On ne peut se confier sur cette matière,
ni au témoignage des auteurs *juifs*, ni au silence des
Chrétiens : les premiers ont intérêt à vanter l'antiquité
de leurs livres , & ils ne sont pas exacts en matière
de chronologie : les seconds ont examiné rarement
ce qui se passoit chez les *Juifs*, parce qu'ils ne faisoient qu'une petite figure dans l'Empire. D'ailleurs,
leur conversion étoit rare & difficile ; & pour y travailler, il falloit apprendre une langue qui leur paroissoit barbare. On ne peut voir sans étonnement,
que dans ce grand nombre de prêtres & d'évêques
qui ont composé le clergé pendant la durée de tant
de siècles, il y en ait eu si peu qui ayent sçu l'hébreu,
& qui ayent pu lire ou l'ancien Testament, ou les
commentaires des *Juifs* dans l'original. On passoit
le temps à chicaner sur des faits ou des questions futiles,
pendant qu'on négligeoit une étude utile ou nécessaire.
Les témoins manquent de toutes parts ; & comment
s'assûrer de la tradition, lorsqu'on est privé de ce
secours ?

*Jugements sur le Thalmud*. On a porté quatre jugements différents sur le thalmud ; c'est-à-dire, sur ce
corps de droit canon & de tradition. Les *Juifs* l'égalent à la loi de Dieu. Quelques Chrétiens l'estiment
avec excès. Les troisièmes le condamnent au feu,
& les derniers gardent un juste milieu entre tous ces
sentiments. Il faut une idée générale.

Les *Juifs* sont convaincus que les Thalmudistes n'ont
jamais été inspirés, & ils n'attribuent l'inspiration
qu'aux Prophètes. Cependant ils ne laissent pas de
préférer le thalmud à l'Ecriture sainte, car ils comparent
l'Ecriture à l'eau, & la tradition à du vin excellent ; la loi
est le sel ; la misnah du poivre, & les thalmuds sont des
aromates précieux. Ils soutiennent hardiment que celui
qui *péche contre Moïse peut être absous ; mais qu'on*
*mérite la mort, lorsqu'on contredit les docteurs ;* & qu'on
commet un péché plus criant, en violant les préceptes
des sages, que ceux de la loi. C'est pourquoi ils infligent
une peine sale & puante à ceux qui ne les observent pas :
*damnantur in stercore bullienti*. Ils decident les questions
& les cas de conscience par le thalmud comme par une
loi souveraine.

Comme il pourroit paroître étrange qu'on puisse
préférer les traditions à une loi que Dieu a dictée,
& qui a été écrite par ses ordres, il ne sera pas inutile de prouver ce que nous venons d'avancer par
l'autorité des rabbins.

R. Isaac nous assure qu'il ne faut pas s'imaginer
que la loi écrite soit le fondement de la religion ;
au contraire, c'est la loi orale. C'est à cause de cette
dernière loi, que Dieu a fait alliance avec le peuple d'Israël. En effet il savoit que son peuple seroit
transporté chez les nations étrangères, & que les Payens
transcriroient ses livres sacrés. C'est pourquoi il n'a pas
voulu que la loi orale fût écrite, de peur qu'elle ne
fût connue des idolâtres ; & c'est ici un des préceptes
généraux des rabbins : *Apprends, mon fils, à avoir plus*
*d'attention aux paroles des Scribes qu'aux paroles de*
*la loi.*

Les rabbins nous fournissent une autre preuve de
l'attachement qu'ils ont pour les traditions, & de leur
vénération pour les sages, en soutenant dans leur corps
de droit, que ceux qui s'attachent à la lecture de la Bible
ont quelque degré de vertu ; mais il est médiocre, &
il ne peut être mis en ligne de compte. Etudier la
seconde loi ou la tradition, c'est une vertu qui mérite
sa récompense, parce qu'il n'y a rien de plus parfait
que l'étude de la gémare. C'est pourquoi Eléazar,
étant au lit de la mort, répondit à ses écoliers, qui lui
demandoient le chemin de la vie & du siècle à venir :
*Détournez vos enfants de l'étude de la Bible, & les mettez*
*aux pieds des sages.* Cette maxime est confirmée dans
un livre qu'on appelle *l'autel d'or ;* car on y assure qu'il
n'y a point d'étude au-dessus de celle du très-saint thalmud ; & le R. Jacob donne ce précepte dans le thalmud
de Jérusalem : *Apprends, mon fils, que les paroles*
*des Scribes sont plus aimables que celles des Prophétes.*

Enfin, tout cela est prouvé par une historiette
du roi Pirgandicus. Ce prince n'est pas connu, mais
cela n'est point nécessaire pour découvrir le sentiment des rabbins. C'étoit un infidèle, qui pria onze
docteurs fameux à souper. Il les reçut magnifiquement, & leur proposa de manger de la chair de por-
ceau, d'avoir commerce avec des femmes payennes, ou de boire du vin consacré aux idoles. Il falloit opter entre ces trois partis. On délibéra & on
résolut de prendre le dernier, parce que les deux
premiers articles avoient été défendus par la loi, &
que c'étoient uniquement les rabbins qui défendoient
de boire du vin consacré aux faux dieux. Le roi se
conforma au choix des docteurs. On leur donna du
vin *impur*, dont ils burent largement. On fit ensuite
tourner la table, qui étoit sur un pivot. Les docteurs
échauffés par le vin, ne prirent point garde à ce qu'ils
mangeoient ; c'étoit de la chair de pourceaux. En
sortant de table, on les mit au lit, où ils trouvèrent
des femmes. La concupiscence échauffée par le vin,
joua son jeu. Le remords ne se fit sentir que le lendemain matin, qu'on apprit aux docteurs qu'ils avoient
violé la loi par degrés. Ils en furent punis : car ils
moururent tous la même année de mort subite ; &
ce malheur leur arriva, parce qu'ils avoient méprisé
les préceptes des sages, & qu'ils avoient cru pouvoir
s'en éloigner plus impunément que de ceux de la
loi écrite : & en effet on lit dans la misnah, que
ceux qui péchent contre les paroles des sages sont
plus coupables que ceux qui violent les paroles de
la loi.

Les *Juifs* demeurent d'accord que cette loi ne suffit pas ; c'est pourquoi on y ajoute souvent de nouveaux commentaires dans lesquels on entre dans un
détail plus précis, & on fait souvent de nouvelles
décisions. Il est même impossible qu'on fasse autrement, parce que les définitions thalmudiques, qui sont
courtes, ne paroivent pas à tout, & sont très-souvent
obscures ; mais lorsque le thalmud est clair, on le suit
exactement.

Cependant on y trouve une infinité de choses qui
pourroient diminuer la profonde vénération qu'on a

depuis tant de fiècles pour cet ouvrage ; fi on le lifoit avec attention & fans préjugé. Le malheur des *Juifs* eft d'aborder ce livre avec une obéiffance aveugle pour tout ce qu'il contient. On forme fon goût fur cet ouvrage, & on s'accoutume à ne trouver rien de beau que ce qui eft conforme au thalmud ; mais fi on l'examinoit comme une compilation de différens auteurs qui ont pu fe tromper, qui ont eu quelquefois un très-mauvais goût dans le choix des matières qu'ils ont traitées, & qui ont pu être ignorans, on y remarqueroit cent chofes qui aviliffent la religion, au lieu d'en relever l'éclat.

On y contè que Dieu, afin de tuer le temps avant la création de l'univers, où il étoit feul, s'occupoit à bâtir divers mondes qu'il détruifoit auffi-tôt, jufqu'à ce que, par différents effais, il eût appris à en faire un auffi parfait que le nôtre. Ils rapportent la fineffe d'un rabbin, qui trompa Dieu & le diable ; car il pria le démon de le porter jufqu'à la porte des cieux, afin qu'après avoir vu delà le bonheur des faints, il mourût plus tranquillement. Le diable fit ce que demandoit le rabbin, lequel voyant la porte du ciel ouverte, fe jetta dedans avec violence, en jurant fon grand Dieu qu'il n'en fortiroit jamais ; & Dieu, qui ne vouloit pas laiffer commettre un parjure, fut obligé de le laiffer-là, pendant que le démon trompé s'en alloit fort honteux. Non feulement on y fait Adam hermaphrodite ; mais on foutient qu'ayant voulu affouvir fa paffion avec tous les animaux de la terre, il ne trouva qu'Eve qui pût le contenter. Ils introduifent deux femmes qui vont difputer dans les fynagogues fur l'ufage qu'un mari peut faire d'elles ; & les rabbins décident nettement qu'un mari peut faire fans crime tout ce qu'il veut, parce qu'un homme qui achete un poiffon, peut manger le devant ou le derrière, felon fon bon plaifir. On y trouve des contradictions fenfibles, & au lieu de fe donner la peine de les lever, ils font intervenir une voix miraculeufe du ciel, qui crie que *l'une & l'autre*, quoique directement oppofées, *vient du ciel*. La manière dont ils veulent qu'on traite les Chrétiens eft durè : car ils permettent qu'on vole leur bien, qu'on les regarde comme des bêtes brutes, qu'on les pouffe dans le précipice fi on les voit fur le bord, qu'on les tue impunément, & qu'on faffe tous les matins de terribles imprécations contre eux. Quoique la haine & le defir de la vengeance aient dicté ces leçons, il ne laiffe pas d'être étonnant qu'on féme dans un fommaire de la religion, des loix & des préceptes fi évidemment oppofés à la charité.

Les docteurs qui ont travaillé à ces recueils de traditions, profitant de l'ignorance de leur nation, ont écrit tout ce qui leur venoit dans l'efprit, fans fe mettre en peine d'accorder leurs conjectures avec l'hiftoire étrangère qu'ils ignoroient parfaitement.

L'hiftoriette de Céfar fe plaignant à Gamaliel de ee que Dieu eft un voleur, eft badine. Mais devoit-elle avoir fa place dans ce recueil ? Céfar demande à Gamaliel pourquoi Dieu a dérobé une côte à

Adam. La fille répond, au lieu de fon père, que les voleurs étoient venus la nuit paffée chez elle, & qu'ils avoient laiffé un vafe d'or dans fa maifon, au lieu de celui de terre qu'ils avoient emporté, & qu'elle ne s'en plaignoit pas. L'application du conte étoit aifée. Dieu avoit donné une fervante à Adam, au lieu d'une côte : le changement eft bon : Céfar l'approuva ; mais il ne laiffa pas de cenfurer Dieu de l'avoir fait en fecret & pendant qu'Adam dormoit. La fille toujours habile, fe fit apporter un morceau de viande cuite fous la cendre, & enfuite elle le préfente à l'Empereur, lequel refufe d'en manger : *cela me fait mal au cœur*, dit Céfar ; hé bien, repliqua la jeune fille, *Eve auroit fait mal au cœur au premier homme, fi Dieu la lui avoit donnée groffièrement & fans art, après l'avoir formée fous fes yeux*. Que de bagatelles !

Cependant il y a des Chrétiens qui, à l'imitation des Juifs, regardent le Thalmud comme une mine abondante, d'où l'on peut tirer des tréfors infinis. Ils s'imaginent qu'il n'y a que le travail qui dégoute les hommes de chercher ces tréfors, & de s'en enrichir : ils fe plaignent (*Sixtus Senenfis. Galatin. Morin.*) amèrement du mépris qu'on a pour les rabbins. Ils fe tournent de tous les côtés, non feulement pour les juftifier, mais pour faire valoir ce qu'ils ont dit. On admire leurs fentences : on trouve dans leurs rits mille chofes qui ont du rapport avec la religion chrétienne, & qui en développent les myftères. Il femble que J. C. & fes Apôtres n'ayent pu avoir de l'efprit qu'en copiant les Rabbins qui font venus après eux. Du moins c'eft à l'imitation des *Juifs* que le divin rédempteur a fait un fi grand ufage du ftyle métaphorique : c'eft d'eux auffi qu'il a emprunté les parabobes du Lazare, des vierges folles, & celle des ouvriers envoyés à la vigne, car on les trouve encore aujourd'hui dans le Thalmud.

On peut raifonner ainfi par deux motifs différens. L'amour-propre fait fouvent parler les docteurs. On aime à fe faire valoir par quelqu'endroit ; & lorfqu'on s'eft jetté dans une étude, fans bien examiner l'ufage on en peut faire, on en relève l'utilité par intérêt ; on eftime beaucoup un peu d'or chargé de beaucoup de craffe, parce qu'on a employé beaucoup de temps à le déterrer. On crie à la négligence ; & on accufe de pareffe ceux qui ne veulent pas fe donner la même peine, & fuivre la route qu'on a prife. D'ailleurs on peut s'entêter des livres qu'on lit : combien de gens font été fous de la théologie fcholaftique, qui n'apprenoit que des mots barbares, au lieu des vérités folides qu'on doit chercher. On s'imagine que ce qu'on étudie avec tant de travail & de peine, ne peut être mauvais ; ainfi, foit par intérêt ou par préjugé, on loue avec excès ce qui n'eft pas fort digne de louange.

N'eft-il pas ridicule de vouloir que J. C. ait emprunté fes paraboles & fes leçons des Thalmudiftes, qui n'ont que trois ou quatre cents ans après lui ? Pourquoi veut-on que les Thalmudiftes n'ayent pas été fes copiftes ? La plûpart des paraboles qu'on trouve dans le Thalmud, font différentes de celles de l'évangile, & on y a préfque toujours un autre but. Celle des ouvriers qui vont tard à la vigne, n'eft-elle pas revêtue de circonftances ridicules, & appliquée au R. Bon qui avoit plus travaillé fur la loi en vingt-huit ans, qu'un autre, n'avoit fait en cent? On a recueilli quantité d'expreffions & de penfées des Grecs, qui ont du rapport avec celles de l'évangile. Dira-t-on pour cela que J. C. ait copié les écrits des Grecs? On dit que ces paroles étoient déjà inventées, & avoient cours chez les *Juifs* avant que J. C. enfeignât : mais d'où le fait-on? Il faut deviner, afin d'avoir le plaifir de faire des Pharifiens autant de docteurs originaux, & de J. C. un copifte qui empruntoit ce que les autres avoient de plus fin & de plus délicat. J. C. fuivoit fes idées, & débitoit fes propres penfées ; mais il faut avoüer qu'il y en a de communes à toutes les nations, & que plufieurs hommes difent la même chofe, fans s'être jamais connus, ni avoir lu les ouvrages les uns des autres. Tout ce qu'on peut dire de plus avantageux pour les Thalmudiftes, c'eft qu'ils ont fait des comparaifons femblables à celles de J. C. mais l'application que le fils de Dieu en faifoit, & les leçons qu'il en a tirées, font toujours belles & fanctifiantes; au lieu que l'application des autres eft prefque toujours puérile & badine.

L'étude de la Philofophie cabaliftique fut en ufage chez les *Juifs*, peu de temps après la ruine de Jérufalem. Parmi les docteurs qui s'appliquèrent à cette prétendue fcience, R. Atriba, & R. Simeon-Ben Jofhaï furent ceux qui fe diftinguèrent le plus. Le premier eft auteur du *Jezivah*, ou de la création : le fecond, du Sohar ou du livre de la fplendeur. Nous allons donner l'abregé de la vie de ces deux hommes fi célèbres dans leur nation.

Atriba fleurit peu après que Tite eut ruiné la ville de Jérufalem. Il n'étoit *juif* que du côté de fa mère, & l'on prétend que fon père defcendoit de Lifera, général d'armée de Jabin, roi de Tyr. Atriba vécut à la campagne jufqu'à l'âge de quarante ans, & n'y eut pas un emploi fort honorable, puifqu'il y gardoit les troupeaux de Calba Schuva, riche bourgeois de Jérufalem. Enfin il entreprit d'étudier, à l'inftigation de la fille de fon maître, laquelle lui promit de l'époufer, s'il faifoit de grands progrès dans les fciences. Il s'appliqua fi fortement à l'étude pendant les vingt-quatre ans qu'il paffa aux académies, qu'après cela il vit environné d'une foule de difciples, comme un des plus grands maîtres qui euffent été en Ifraël. Il avoit, dit-on, jufqu'à vingt-quatre mille écoliers. Il fe déclara pour l'impofteur Barcho-chebas, & foutint que c'étoit de lui qu'il falloit entendre ces paroles de Balaam, *une étoile fortira de Jâcob*, & qu'on avoit en fa perfonne le véritable meffie. Les troupes que l'empereur Hadrien envoya contre les *Juifs*, qui, fous la conduite de ce faux meffie, avoient commis des maffacres épouvantables, exterminèrent cette faction. Atriba fut pris & puni du dernier fupplice avec beaucoup de

crüauté. On lui déchira la chair avec des peignes de fer, mais de telle forte qu'on faifoit durer la peine, & qu'on ne le fit mourir qu'à petit feu. Il vécut fix vingt ans, & fut enterré avec fa femme dans une caverne, fur une montagne. qui n'eft pas loin de Tibériade. Ses 24 mille difciples furent enterrés au-deffous de lui fur la même montagne. Je rapporte ces chofes, fans prétendre les croye toutes. On l'accufe d'avoir altéré le texte de la bible, afin de pouvoir répondre à une objection des Chrétiens. En effet jamais ces derniers ne difputèrent contre les *Juifs* plus fortement que dans ce temps-là, & jamais auffi ils ne les combattirent plus efficacement. Car ils ne faifoient que leur montrer d'un côté les évangiles, & de l'autre les ruines de Jérufalem, qui étoient devant leurs yeux, pour les convaincre que la défolation qu'il avoit fi clairement prédit fa défolation, étoit le Prophète que Moïfe avoit promis. Ils les preffoient vivement par leurs propres traditions, qui portoient que le Chrift fe manifefteroit après le cours d'environ fix mille ans, en leur montrant que ce nombre d'années étoit accompli.

Les *Juifs* donnent de grands éloges à Atriba ; ils l'appelloient *Sethumtaah*, c'eft-à-dire, l'*authentique*. Il faudroit un volume tout entier, dit l'un d'eux ( Zautus ) fi l'on vouloit parler dignement de lui. Son nom, dit un autre ( Kionig ) a parcouru tout l'univers, & nous avons reçu de fa bouche toute la loi orale.

Nous avons déjà dit que Simeon Jochaïdes eft l'auteur du fameux livre de Zohar, auquel on a fait depuis un grand nombre d'additions. Il eft important de favoir ce qu'on dit de cet auteur & de fon livre, puifque c'eft-là que font renfermés les myftères de la cabale, & qu'on lui donne la gloire de les avoir tranfmis à la poftérité.

On croit que Siméon vivoit quelques années avant la ruine de Jérufalem. Tite la condamna à la mort, mais fon fils & lui fe dérobèrent à la perfécution, en fe cachant dans une caverne, où ils eurent le loifir de compofer le livre dont nous parlons. Cependant, comme il ignoroit environ diverfes chofes, le prophète Elie defcendoit de temps en temps du ciel dans la caverne pour l'inftruire, & Dieu l'aidoit miraculeufement, en ordonnant aux mots de fe ranger les uns auprès des autres, dans l'ordre qu'ils devoient avoir pour former de grands myftères.

Ces apparitions d'Elie & le fecours miraculeux de Dieu embarraffent quelques auteurs chrétiens ; ils eftiment trop la cabale, pour avouer que celui qui en a révélé les myftères, foit un impofteur qui fe vante mal-à-propos d'une infpiration divine. Soutenir que le démon qui animoit au commencement de l'églife chrétienne Apollonius de Thyane, afin d'ébranler la foi des miracles apoftoliques, répandit auffi chez les *Juifs* la voix des apparitions fréquentes d'Elie, afin d'empêcher qu'on ne crût celle qui s'étoit faite pour J. C. lorfqu'il fut transfiguré fur le Thabor : c'eft fe faire illufion, car Dieu n'exauce point la prière des démons lorfqu'ils travaillent à perdre fon Eglife,

& ne fait point dépendre d'eux l'apparition des prophêtes. On pourroit tourner ces apparitions en allégories; mais on aime mieux dire que Siméon Jochaïdes dictoit ces myftères avec le fecours du ciel: c'eft le témoignage que lui rend un chrétien ( Knorrius) qui a publié fon ouvrage.

La première partie de cet ouvrage a pour titre Zeniutha, où myftère, parce qu'en effet on y révèle une infinité de chofes. On prétend les tirer de l'E-criture-fainte, & en effet on ne propofe prefque rien fans citer quelqu'endroit des écrivains facrés, que l'auteur explique à fa manière. Il feroit difficile d'en donner un extrait fuivi; mais on y découvre particulièrement le microprofopon, c'eft-à-dire le petit vifage; le macroprofopon, c'eft-à-dire le long vifage; fa femme, les neuf & les treize conformations de fa barbe.

On entre dans un plus grand détail dans le livre fuivant, qu'on appelle le grand fynode. Siméon avoit beaucoup de peine à révéler ces myftères à fes difciples; mais comme ils lui repréfentèrent que le fecret de l'éternel eft pour ceux qui le craignent, & qu'ils l'affurèrent tous qu'ils craignoient Dieu, il entra plus hardiment dans l'explication des grandes vérités. Il explique la rofée du cerveau du vieillard ou du grand vifage. Il examine enfuite fon crâne, fes cheveux, car il porte fur fa tête mille millions de milliers, & fept mille cinq cent boucles de che-veux blancs comme la laine. A chaque boucle il y a quatre cent dix cheveux, felon le nombre du mot Kadofch. Des cheveux on paffe au front, aux yeux, au nez, & toutes ces parties du grand vifage renferment des chofes admirables, mais fur-tout fa barbe eft une barbe qui mérite des éloges infinis: » cette barbe eft au-deffus de toute louange; jamais ni » prophête ni faint n'approcha d'elle; elle eft blanche » comme la neige; elle defcend jufqu'au nombril; c'eft » l'ornement des ornemens & la vérité des vérités; » malheur à celui qui la touche: il y a treize parties » dans cette barbe, qui renferment toutes de grands » myftères; mais il n'y a que les initiés qui les com-» prennent. »

Enfin le petit fynode eft le dernier adieu que Si-méon fit à fes difciples. Il fut chagrin de voir fa mai-fon remplie de monde, car le miracle d'un feu furnaturel qui en écartoit la foule des difciples pendant la tenue du grand fynode, avoit ceffé; mais quelquesuns s'étant retirés, il ordonna à R. Abba d'écrire fes dernières paroles: il expliqua encore une fois le vieillard; » fa tête eft cachée dans un lieu fu-» périeur, où on ne la voit pas; mais elle répand » fon front qui eft beau, agréable; c'eft le bon plaifir » des plaifirs ». On parle avec la même obfcurité de toutes les parties du petit vifage, fans oublier celle qui adoucit la femme.

Si on demande à quoi tendent tous les myftères, il faut avouer qu'il eft très-difficile de le découvrir, parce que toutes les expreffions allégoriques étant fuf-ceptibles de plufieurs fens, & faifant naître des idées très-différentes, on ne peut fe fixer qu'après beaucoup

de peine & de travail; & qui veut prendre cette peine, s'il n'efpère en tirer de grands ufages ?

Remarquons plutôt que cette méthode de peindre les opérations de la divinité fous des figures humaines, étoit fort en ufage chez les Egyptiens; car ils peignoient un homme avec un vifage de feu, & des cornes, une croffe à la main droite, fept cercles à la gauche, & des ailes attachées à fes épaules. Ils repréfentoient par là Jupiter ou le Soleil, & les effets qu'il pro-duit dans le monde. Le feu du vifage fignifioit la cha-leur qui vivifie toutes chofes; les cornes, les rayons de lumière. Sa barbe étoit myftérieufe, auffi bien que celle du long vifage des cabaliftes; car elle indiquoit les élémens. Sa croffe étoit le fymbole du pouvoir qu'il avoit fur tous les corps fublunaires. Ses cuiffes étoient la terre chargée d'arbres & de moiffons; les eaux for-toient de fon nombril; fes genoux indiquoient les montagnes, & les parties raboteufes de la terre; les ailes, les vents & la promptitude avec laquelle ils mar-chent; enfin les cercles étoient le fymbole des pla-nètes.

Siméon finit fa vie en débitant toutes ces vifions. Lorfqu'il paroit à fes difciples, une lumière éclatante fe répandoit dans toute la maifon, tellement qu'on n'ofoit jetter les yeux fur lui. Un feu étoit au dehors, qui empêchoit les voifins d'entrer; mais le feu & la lumière ayant difparu, on s'apperçut que la lampe d'Ifraël étoit éteinte. Les difciples de Zippori vinrent en foule pour fes funérailles, & lui rendre les derniers devoirs; mais on les renvoya, parce qu'Eleazar fon fils & R. Abba qui avoir été le fecrétaire du petit fynode, vouloient agir feuls. En l'enterrant, on entendit une voix qui crioit: Venez aux nôces de Siméon; il entrera en paix & repofera dans fa chambre. Une flamme marchoit devant le cercueil, & fembloit l'em-brafer; & lorfqu'on mit dans le tombeau, on en-tendit crier: C'eft ici celui qui a fait trembler la terre, & qui a ébranlé les royaumes. C'eft ainfi que les Juifs font de l'auteur du Zohar un homme miraculeux juf-qu'après fa mort, parce qu'ils le regardent comme le premier de tous les cabaliftes.

Des grands hommes qui ont fleuri chez les Juifs dans le douzième fiècle. Le douzième fiècle fut très-fécond en docteurs habiles. On ne fe fouciera peut-être pas d'en voir le catalogue, parce que ceux qui paffent pour des oracles dans les fynagogues, paroiffent fou-vent de très-petits génies à ceux qui lifent leurs ou-vrages fans préjugé. Les Chrétiens demandent trop aux rabbins, & les rabbins donnent trop peu aux Chrétiens. Ceux-ci ne lifent prefque jamais les livres compofés par un juif, fans un préjugé avantageux pour lui. Ils s'ima-ginent qu'ils doivent y trouver une connoiffance exacte des anciennes cérémonies, des évènemens, obfcurs; en un mot qu'on doit y lire la folution de toutes les difficultés de l'Ecriture. Pourquoi cela? Parce qu'un homme eft juif, s'enfuit-il qu'il connoiffe mieux l'hif-toire de fa nation que les Chrétiens, puifqu'il n'a point d'autres fecours que la bible & l'hiftoire de Jofèphe, que le juif ne lit prefque jamais? S'imagine-t-on qu'il y a dans cette nation certains livres que nous ne connoiffons connoiſſons pas, & que ces Meſſieurs ont lus? C'eſt vouloir ſe tromper, car ils ne citent aucun monument qui ſoit plus ancien que le chriſtianiſme. Vouloir que la tradition ſe ſoit conſervée plus fidèlement chez eux, c'eſt ſe repaître d'une chimère ; car comment cette tradition auroit-elle pu paſſer de lieu en lieu, & de bouche en bouche pendant un ſi grand nombre de ſiècles & de diſperſions fréquentes ? Il ſuffit de lire un rabbin pour connoître l'attachement violent qu'il a pour ſa nation, & comment il déguiſe les faits, afin de les accommoder à ſes préjugés. D'un autre côté les rabbins nous donnent beaucoup moins qu'ils ne peuvent. Ils ont deux grands avantages ſur nous ; car poſſédant la langue ſainte dès leur naiſſance, ils pourroient fournir des lumières pour l'explication des termes obſcurs de l'Ecriture ; & comme ils ſont obligés de pratiquer certaines cérémonies de la loi, ils pourroient par là nous donner l'intelligence des anciennes. Ils le font quelquefois ; mais ſouvent, au lieu de chercher le ſens littéral des Ecritures, ils courent après les ſens myſtiques qui font perdre de vûe le but de l'écrivain, & l'intention du ſaint-Eſprit. D'ailleurs ils deſcendent dans un détail exceſſif des cérémonies ſous leſquelles ils ont enſeveli l'eſprit de la loi.

Si on veut faire un choix de ces docteurs, ceux du douzième ſiècle doivent être préférés à tous les autres : car non-ſeulement ils étoient habiles, mais ils ont fourni de grands ſecours pour l'intelligence de l'ancien Teſtament. Nous ne parlerons ici que d'Aben-Ezra, & de Maïmonides, comme les plus fameux.

Aben-Ezra eſt appellé le ſage par excellence ; il naquit l'an 1099, & il mourut en 1174, âgé de 75 ans. Il l'inſinue lui-même, lorſque, prévoyant ſa mort, il diſoit que comme Abraham ſortit de Charan, âgé de 75 ans, il ſortiroit auſſi dans le même temps de Charon ou du feu de ce ſiècle. Il voyagea, parce qu'il crut que cela étoit néceſſaire pour faire de grands progrès dans les ſciences. Il mourut à Rhodes, & fit porter delà ſes os dans la Terre-Sainte.

Ce fut un des plus grands hommes de ſa nation & de ſon ſiècle. Comme il étoit bon aſtronome, il fit de ſi heureuſes découvertes dans l'aſtronomie, que les plus habiles mathématiciens ne ſe font pas fait un ſcrupule de les adopter. Il excella dans la médecine, mais ce fut principalement par ſes explications de l'écriture qu'il ſe fit connoître. Au lieu de ſuivre la méthode ordinaire de ceux qui l'avoient précédé, il s'attacha à la grammaire & au ſens littéral des écrits ſacrés, qu'il développe avec tant de pénétration & de jugement, que les Chrétiens même le préférent à la plûpart de leurs interprètes. Il a montré le chemin aux critiques qui ſoutiennent aujourd'hui que le peuple d'Iſraël ne paſſa point au travers de la mer Rouge ; mais qu'il y fit un cercle pendant que l'eau étoit baſſe, afin que Pharaon les ſuivît, & fût ſubmergé ; mais ce n'eſt pas là une de ſes meilleures conjectures. Il n'oſa rejetter abſolument la cabale, quoiqu'il en connût le foible, parce qu'il eut peur de ſe faire des affaires avec les auteurs de ſon temps qui y étoient fort attachés, & même avec le peuple qui regardoit le livre de Zohar, rempli de ces ſortes

*Hiſtoire Tome III.*

d'explications, comme un ouvrage excellent : il déclara ſeulement que cette méthode d'interpréter l'Ecriture n'étoit pas ſûre, & que ſi on reſpectoit la cabale des anciens, on ne devoit pas ajouter des nouvelles explications à celles qu'ils avoient produites, ni abandonner l'Ecriture au caprice de l'eſprit humain.

*Maïmonides* (il s'appelloit Moïſe, & étoit fils de Maïmon, mais il eſt plus connu par le nom de ſon père : on l'appelle *Maïmonides* ; quelques-uns le font naître l'an 1133. ) Il parut dans le même ſiècle, Scaliger ſoutenoit que c'étoit-là le premier des docteurs qui eût ceſſé de badiner chez les *Juifs*, comme Diodore chez les Grecs. En effet, il avoit trouvé beaucoup de vuide dans l'étude de la gémare ; il regrettoit le temps qu'il y avoit perdu, & s'appliquant à des études plus ſolides, il avoit beaucoup médité ſur l'Ecriture. Il ſavoit le grec ; il avoit lû les philoſophes, & particulièrement Ariſtote, qu'il cite ſouvent. Il cauſa de ſi violentes émotions dans les ſynagogues, que celles de France & d'Eſpagne s'excommunièrent à cauſe de lui. Il étoit né à Cordoue l'an 1131. Il ſe vantoit d'être deſcendu de la maiſon de David, comme font la plûpart des *Juifs* d'Eſpagne. Maïmon ſon père &c. juge de ſa nation en Eſpagne, comptoit entre ſes ancêtres, une longue ſuite de perſonnes qui avoient poſſédé ſucceſſivement cette charge. On dit qu'il fut, averti en ſonge, de rompre la réſolution qu'il avoit priſe de garder le célibat, & de ſe marier à une fille de boucher qui étoit ſa voiſine. Maïmon feignit peut-être un ſonge pour cacher une amourette qui lui faiſoit honte ; & il intervint le miracle pour colorer ſa foibleſſe. La mère mourut en mettant Moïſe au monde, & Maïmon ſe remaria. Je ne ſais ſi la ſeconde femme, qui eut pluſieurs enfants, haïſſoit le petit Moïſe, ou s'il avoit dans ſa jeuneſſe un eſprit morne & péſant, comme on le dit. Mais ſon père lui reprochoit ſa naiſſance, le battit pluſieurs fois, & enfin le chaſſa de ſa maiſon. On dit que ne trouvant point d'autre gîte que le couvert d'une ſynagogue, il y paſſa la nuit ; & à ſon réveil, il ſe trouva un homme d'eſprit, tout différent de ce qu'il étoit auparavant. Il ſe mit ſous la diſcipline de Joſeph le Lévite, fils de Mégas, ſous lequel il fit en peu de temps, de grands progrès. L'envie de revoir le lieu de ſa naiſſance le prit ; mais en retournant à Cordoue, au lieu d'entrer dans la maiſon de ſon père, il enſeigna publiquement dans la ſynagogue, au grand étonnement des aſſiſtants : ſon père qui le reconnut, alla l'embraſſer, & le reçut chez lui. Quelques hiſtoriens s'inſcrivent en faux contre cet évènement, parce que Joſeph, fils de Mégas, n'étoit âgé que de dix ans plus que Moïſe. Cette raiſon eſt puérile ; car un maître de trente ans peut inſtruire un diſciple qui n'en a que vingt. Mais, il eſt plus vraiſemblable que Maïmon inſtruiſit lui-même ſon fils, & enſuite l'envoya étudier ſous Averroës, chez les Arabes. Ce diſciple eut un attachement & une fidélité exemplaires pour ſon maître. Averroës étoit déchu de ſa faveur par une nouvelle révolution arrivée chez les Maures en Eſpagne. Abdi

G g

Amoumem, capitaine d'une troupe de bandits, qui se disoit descendu en ligne droite, d'Houssain, fils d'Aly, avoit détrôné les Marabouts en Afrique, & ensuite il étoit entré, l'an 1144 en Espagne, il se rendit en peu de temps, maître de ce royaume : il fit chercher Averroës, qui avoit beaucoup de crédit à la cour des Marabouts, & qui lui étoit suspect. Ce docteur se réfugia chez les *Juifs*, & confia le secret de sa retraite à Maïmonides, qui aima mieux souffrir tout, que de découvrir le lieu où son maître étoit caché. Abulpharage dit même que Maïmonides changea de religion, & qu'il se fit Musulman, jusqu'à ce qu'ayant donné ordre à ses affaires, il passa en Egypte pour vivre en liberté. Ses amis ont nié la chose; mais Averroës, qui vouloit que son ame fût avec celle des Philosophes, parce que le Mahométisme étoit la religion des pourceaux, le Judaïsme celle des enfants, & le Christianisme impossible à observer, n'avoit pas inspiré un grand attachement à son disciple pour la loi. D'ailleurs, un Espagnol qui alla persécuter ce docteur en Egypte jusqu'à la fin de sa vie, lui reprocha cette foiblesse avec tant de hauteur, que l'affaire fut portée devant le sultan, lequel jugea que tout ce qu'on fait involontairement & par violence, en matière de religion, doit être compté pour rien; d'où il concluoit que Maïmonides n'avoit jamais été musulman. Cependant c'étoit le condamner & décider contre lui, en même temps qu'il sembloit l'absoudre; car il déclaroit que l'abjuration étoit véritable, mais exempte de crime; puisque la volonté n'y avoit point eu de part. Enfin on a lieu de soupçonner Maïmonides d'avoir abandonné sa religion, par sa morale relâchée sur cet article; car non-seulement il permet aux Noachides de retomber dans l'idolâtrie si la nécessité le demande, parce qu'ils n'ont reçu aucun ordre de sanctifier le nom de Dieu, mais il soutient qu'on ne pêche point en sacrifiant avec les idolâtres, & en renonçant à la religion, pourvu que ce ne soit point en présence de dix personnes; car alors il faut mourir plutôt que de renoncer à la foi; mais Maïmonides croyoit que ce pêché cesse, lorsqu'on le commet en secret. ( Maïmon. *fundam. leg. cap. v.* ) La maxime est singulière; car ce n'est plus la religion qu'il faut aimer & défendre au péril de sa vie : c'est la présence de dix Israëlites qu'il faut craindre, & qui seule fait le crime. On a lieu de soupçonner que l'intérêt avoit dicté à Maïmonides une maxime si bizarre, & qu'ayant abjuré le Judaïsme en secret, il croyoit calmer sa conscience, & se défendre à la faveur de cette distinction. Quoi qu'il en soit, Maïmonides demeura en Egypte le reste de ses jours, ce qui l'a fait appeller *Moïse l'Egyptien.* Il fut long-temps sans emploi, tellement qu'il fut réduit à l'état de joaillier. Cependant il ne laissoit pas d'étudier, & il acheva alors son commentaire sur la Misnah, qu'il avoit commencé en Espagne dès l'âge de vingt-trois ans. Alphadel, fils de Saladin, étant revenu en Egypte, après en avoir été chassé par son frère, connut le mérite de Maïmonides, & le choisit pour son médecin : il lui donna une pension. Maïmonides assure que cet emploi l'occu-

poit absolument; car il étoit obligé d'aller tous les jours à la cour, & d'y demeurer long-temps s'il y avoit quelque malade. En revenant chez lui il trouvoit quantité de personnes qui venoient le consulter. Cependant il ne laissa pas de travailler pour son bienfaiteur; car il traduisit Avicene, & on voit encore à Bologne, cet ouvrage qui fut fait par ordre d'Alphadel, l'an 1194.

Les Egyptiens furent jaloux de voir Maïmonides si puissant à la cour : pou l'en arracher, les médecins lui demandèrent un essai de son art. Pour cet effet, ils lui présentèrent un verre de poison, qu'il avala sans en craindre l'effet, parce qu'il avoit le contre-poison; mais ayant obligé dix médecins à avaler son poison, ils moururent tous, parce qu'ils n'avoient pas d'antidote spécifique. On dit aussi que d'autres médecins mirent un verre de poison auprès du lit du sultan, pour lui persuader que Maïmonides en vouloit à sa vie, & qu'on l'obliga de se couper les veines. Mais il avoit appris qu'il y avoit dans le corps humain une veine que les médecins ne connoissoient pas, & que cette veine n'étant pas encore coupée, l'effusion entière du sang ne pouvoit se faire; il se sauva par cette veine inconnue. Cette circonstance ne s'accorde point avec l'histoire de sa vie.

En effet, non-seulement il protégea sa nation à la cour des nouveaux sultans qui s'établissoient sur la ruine des Aliades, mais il fonda une académie à Alexandrie, où un grand nombre des disciples vinrent du fond de l'Egypte, de la Syrie, & de la Judée, pour étudier sous lui. Il en auroit eu beaucoup davantage, si une nouvelle persécution arrivée en Orient, n'avoit empêché les étrangers de s'y rendre. Elle fut si violente, qu'une partie des *Juifs* fut obligée de se faire Mahométans pour se garantir de la misère : & Maïmonides, ne pouvoit leur inspirer de la fermeté, se trouva réduit comme un grand nombre d'autres, à faire le faux prophète, & à promettre à ses religionnaires une délivrance qui n'arriva aucun. Il mourut au commencement du 13e siècle, & ordonna qu'on l'enterrât à Tibérias, où ses ancêtres avoient leur sépulture.

Ce docteur composa un grand nombre d'ouvrages; il commenta la Misnah. On prétend qu'il écrivit en médecine, aussi-bien qu'en théologie, & en grec comme en arabe; mais que ces livres sont très-rares ou perdus. On l'accuse d'avoir méprisé la cabale jusqu'à sa vieillesse; mais on dit que trouvant alors à Jérusalem un homme très-habile dans cette science, il s'étoit appliqué fortement à cette étude. Rabbi Chaiim assure avoir vu une lettre de Maïmonides, qui témoignoit son chagrin de n'avoir pas percé plutôt dans les mystères de la loi : mais on croit que les Cabalistes ont supposé cette lettre, afin de n'avoir pas été méprisés par un homme qu'on appelle *la lumière* de l'Orient & de l'Occident.

Ses ouvrages furent reçus avec beaucoup d'applaudissement; cependant il faut avouer qu'il avoit souvent des idées fort abstraites, & qu'ayant étudié la métaphysique, il en faisoit un trop grand usage. Il soute-

noit que toutes les facultés étoient des anges ; il
s'imaginoit qu'il expliquoit par-là beaucoup plus nettement les opérations de la Divinité, & les expressions
de l'Ecriture. N'est-il pas étrange, disoit-il, qu'on
admette ce que disent quelques docteurs, qu'un ange entre
dans le sein de la femme pour y former un embryon ;
quoique ces mêmes docteurs assurent qu'un ange est
un feu consumant, au lieu de reconnoître plutôt que
la faculté régénérante est un ange ? C'est pour cette
raison que Dieu parle souvent dans l'Ecriture, & qu'il
dit : *faisons l'homme à notre image*, parce que quelques
rabbins avoient conclu de ce passage, que Dieu avoit
un corps, quoiqu'infiniment plus parfait que les nôtres ;
il soutient que l'image signifie la forme essentielle qui
constitue une chose par elle-même. Tout cela est fort
subtil ; ne lève point la difficulté, & ne découvre
point le véritable sens des paroles de Dieu. Il croyoit
que les astres sont animés, & que les sphères célestes
vivent. Il disoit que Dieu ne s'étoit repenti que d'une
chose, d'avoir confondu les bons avec les méchants
dans la ruine du premier temple. Il étoit persuadé
que les promesses de la loi, qui subsistera toujours,
ne regardent qu'une félicité temporelle, & qu'elles
seront accomplies sous le règne du Messie. Il soutient
que le royaume de Juda fut rendu à la postérité de
Jéchonias, dans la personne de Salatiel, quoique
St. Luc assure positivement que Salatiel n'étoit pas fils
de Jéchonias, mais de Néri.

*De la philosophie exotérique des Juifs.* Les *Juifs*
avoient deux espèces de philosophie : l'une exotérique,
dont les dogmes étoient enseignés publiquement, soit
dans les livres, soit dans les écoles ; l'autre ésotérique,
dont les principes n'étoient révélés qu'à un petit
nombre de personnes choisies, & étoient soigneusement cachés à la multitude. Cette dernière science
s'appelle *cabale*.

Avant de parler des principaux dogmes de la philosophie exotérique, il ne sera pas inutile d'avertir le
lecteur, qu'on ne doit pas s'attendre à trouver chez les
*Juifs* de la justesse dans les idées, de l'exactitude dans
le raisonnement, de la précision dans le style ; en un
mot, tout ce qui doit caractériser une saine philosophie.
On n'y trouve au contraire, qu'un mélange confus
des principes de la raison & de la révélation, une
obscurité affectée, & souvent impénétrable, des principes qui conduisent au fanatisme, un respect aveugle pour l'autorité des docteurs, & pour l'antiquité ;
en un mot, tous les défauts qui annoncent une nation
ignorante & superstitieuse : voici les principaux dogmes
de cette espèce de philosophie.

*Idée que les Juifs ont de la Divinité.* I. L'unité d'un
Dieu fait un des dogmes fondamentaux de la synagogue moderne, aussi bien que des anciens *Juifs* :
ils s'éloignent également du païen, qui croit la pluralité des dieux, & des Chrétiens qui admettent trois
personnes divines dans une seule essence.

Les rabbins avouent que Dieu seroit fini, s'il avoit
un corps : ainsi, quoiqu'ils parlent souvent de Dieu,
comme d'un homme, ils ne laissent pas de le regarder
comme un être purement spirituel. Ils donnent à cette

essence infinie toutes les perfections qu'on peut imaginer, & en écartent tous les défauts qui sont attachés
à la nature humaine, ou à la créature ; sur-tout ils
lui donnent une puissance absolue & sans bornes, par
laquelle il gouverne l'univers.

II. Le *juif* qui convertit le roi de Cozar, expliquoit à ce prince les attributs de la Divinité d'une manière orthodoxe. Il dit que, quoiqu'on appelle Dieu
*miséricordieux*, cependant il ne sent jamais le frémis-
sement de la nature, ni l'émotion du cœur, puisque
c'est une foiblesse dans l'homme : mais on entend par-
là que l'Etre souverain fait du bien à quelqu'un. On
le compare à un juge qui condamne & qui absout
ceux qu'on lui présente, sans que son esprit ni son
cœur soient altérés par les différentes sentences qu'il
prononce, quoique de là dépendent la vie ou la mort
des coupables. Il assure qu'on doit appeler Dieu *lumière*
( *Corri. part.* II. ) mais il ne faut pas s'imaginer que
ce soit une lumière réelle, ou semblable à celle qui
nous éclaire ; car on feroit Dieu corporel, s'il étoit
véritablement lumière : mais on lui donne ce nom,
parce qu'on craint qu'on ne le conçoive comme ténébreux. Comme cette idée seroit trop basse, il faut
l'écarter, & concevoir Dieu sous celle d'une lumière
éclatante & inaccessible. Quoiqu'il n'y ait que les
créatures susceptibles de vie & de mort, on ne laisse pas de dire que Dieu vit, & qu'il est la
vie ; mais on entend par-là qu'il existe éternellement,
& on ne veut pas le réduire à la condition des êtres
mortels. Toutes ces explications sont pures, & conformes aux idées que l'Ecriture nous donne de Dieu.

III. Il est vrai qu'on trouve souvent dans les écrits
des docteurs, certaines expressions fortes, & quelques
actions attribuées à la Divinité, qui scandalisent ceux
qui n'en pénètrent pas le sens ; & de là vient que ces
gens-là chargent les rabbins de blasphèmes &
d'impiétés, dont ils ne sont pas coupables. En effet,
on peut ramener ces expressions à un bon sens,
quoiqu'elles paroissent profanes aux uns, & risibles
aux autres. Ils veulent dire que Dieu n'a châtié qu'avec
douleur son peuple, lorsqu'il l'introduisent pleurant
pendant les trois veilles de la nuit, & criant : *malheur
à moi qui ai détruit ma maison, & dispersé mon peuple
parmi les nations de la terre.* Quelque forte que soit
l'expression, on ne laisse pas d'en trouver de semblables dans les prophètes. Il faut pourtant avouer
qu'ils outrent les choses, en ajoutant qu'ils ont entendu souvent cette voix lamentable de la Divinité,
lorsqu'ils passent sur les ruines du temple ; car la
fausseté du fait est évidente. Ils badinent dans une
chose sérieuse, quand ils ajoutent que deux des larmes
de la Divinité, qui pleure la ruine de sa maison,
tombent dans la mer, & y causent de violents mouvements ; ou lorsqu'ils veulent que la tête de Dieu,
se mettent autour de la tête de Dieu, pendant qu'ils
prient que la justice cède enfin à la miséricorde. S'ils
veulent vanter par là la nécessité des téphilims, il ne
faut pas le faire aux dépens de la Divinité qu'on
ha, ils ridiculement aux yeux du peuple.

IV. Ils ont seulement dessein d'étaler les effets de la

puiſſance infinie de Dieu, en diſant que c'eſt un lion, dont le rugiſſement fait un, bruit horrible; & en contant que Céſar ayant eu deſſein de voir Dieu, R, Joſué le pria de faire ſentir les effets de ſa préſence. A cette prière, Dieu ſe retira à quatre cents lieues de Rome; il rugit, & le bruit de ce rugiſſement fut ſi terrible, que la muraille de la ville tomba, & toutes les femmes enceintes avortèrent. Dieu s'approchant plus près de cent lieues, & rugiſſant de la même manière, Céſar effrayé du bruit, tomba de ſon trône, & tous les Romains qui vivoient alors, perdirent leurs dents molaires.

V. Ils veulent marquer ſa préſence dans le paradis terreſtre, lorſqu'ils le font promener dans ce lieu délicieux comme un homme. Ils inſinuent que les ames apportent leur ignorance de la terre, & ont peine à s'inſtruire des merveilles du paradis, lorſqu'ils repréſentent ce même Dieu comme un maître d'école qui enſeigne les nouveaux venus dans le ciel. Ils veulent relever l'excellence de la ſynagogue, en diſant qu'*elle eſt la mère, la femme, & la fille de Dieu*. Enfin, ils diſent *Maïmon. more Nevochim, cap. xxvij*, deux choſes importantes à leur juſtification; l'une qu'ils ſont obligés de parler de Dieu comme ayant un corps, afin de faire comprendre au vulgaire que c'eſt un être réel; car, le peuple ne conçoit d'exiſtence réelle que dans les objets matériels & ſenſibles. : l'autre, qu'ils ne donnent à Dieu que des actions nobles, & qui marquent quelque perfection, comme de ſe mouvoir & d'agir : c'eſt pourquoi, on ne dit jamais que Dieu mange & qu'il boit.

VI. Cependant, il faut avouer que ces théologiens ne parlent pas avec aſſez d'exactitude ni de ſincérité. Pourquoi obliger les hommes à ſe donner la torture pour pénétrer leurs penſées? Explique-t-on mieux la nature ineffable d'un Dieu, en ajoutant de nouvelles ombres à celles que ſa grandeur répand déjà ſur nos eſprits? il faut tâcher d'éclaircir ce qui eſt impénétrable, au lieu de former un nouveau voile qui le cache plus profondément. On a vu le penchant de tous les peuples, & preſque de tous les hommes, que de ſe former l'idée d'un Dieu corporel. Si les rabbins n'ont pas penſé comme le peuple, ils ont pris plaiſir à parler comme lui, & par là ils affoibliſſent le reſpect qu'on doit à la Divinité. Il faut toujours avoir des idées grandes & nobles de Dieu : il faut inſpirer les mêmes idées au peuple, au que trop d'inclination à les avilir. Pourquoi donc répéter ſi ſouvent des choſes qui tendent à faire regarder un Dieu comme un être matériel? On ne peut même juſtifier parfaitement ces docteurs. Que veulent-ils dire, lorſqu'ils aſſurent que Dieu ne put révéler à Jacob la vente de ſon fils Joſeph, parce que ſes frères avoient obligé Dieu de jurer avec eux qu'on garderoit le ſecret ſous peine d'excommunication? Qu'entend-on, lorſqu'on aſſure que Dieu, affligé d'avoir créé l'homme, s'en conſola, parce qu'il n'étoit pas d'une matière céleſte, puiſqu'alors il auroit entraîné dans ſa révolte tous les habitants du paradis? Que veut-on dire, quand on rapporte que Dieu joue avec

le léviathan, & qu'il a tué la femelle de ce monſtre, parce qu'il n'étoit pas de la bienſéance que Dieu jouât avec une femelle? Les myſtères qu'on tirera delà, à force de machines, ſeront groſſiers; ils aviliront toujours la Divinité; & ſi ceux qui les étudient, ſe trouvent embarraſſés à chercher le ſens myſtique, ſans pouvoir le développer, que penſera le peuple à qui on débite ces imaginations?

*Sentiment des Juifs ſur la Providence & ſur la liberté.*
I. Les *Juifs* ſoutiennent que la providence gouverne toutes les créatures depuis la licorne juſqu'aux œufs de poux. Les Chrétiens ont accuſé Maïmonides d'avoir renverſé ce dogme capital de la religion; mais ce docteur attribue ce ſentiment à Epicure, & à quelques hérétiques en Iſraël, & traite d'athées ceux qui nient que tout dépend de Dieu. Il croit que cette Providence ſpéciale, qui veille ſur chaque action de l'homme, n'agit pas pour remuer une feuille, ni pour produire un vermiſſeau; car tout ce qui regarde les animaux & les créatures, ſe fait par accident, comme l'a dit Ariſtote.

II. Cependant on explique différemment la choſe : comme les docteurs ſe ſont ſouvent attachés à la lecture d'Ariſtote & des autres philoſophes, ils ont examiné avec ſoin ſi Dieu ſavoit tous les évènements, & cette queſtion les a fort embarraſſés. Quelques-uns ont dit que Dieu ne pouvoit connoître que lui-même, parce que la ſcience ſe multipliant à proportion des objets qu'on connoît, il faudroit admettre en Dieu pluſieurs dégrés, ou même pluſieurs ſciences. D'ailleurs, Dieu ne peut croire ce qui eſt immuable; cependant la plûpart des évènements, dépendent de la volonté de l'homme, qui eſt libre. Maïmonides, (Maïmon. *more Nevochim. cap. xx.*) avoue que comme nous ne pouvons connoître l'eſſence de Dieu, il eſt auſſi impoſſible d'approfondir la nature de ſa connoiſſance. « Il faut donc ſe contenter de dire » que Dieu ſait tout, & n'ignore rien; que ſa » connoiſſance s'acquiert point par dégrés, & » qu'elle n'eſt chargée d'aucune imperfection. Enfin » ſi nous trouvons quelquefois, des contradictions & » des difficultés, elles naiſſent de notre ignorance, & » de la diſproportion qui eſt entre Dieu & nous ». Ce raiſonnement eſt judicieux & ſage : d'ailleurs, il il croyoit qu'on devoit tolérer les opinions différentes que les ſages & les philoſophes avoient formées ſur la nature de Dieu & ſur la providence, puiſqu'ils ne péchoient pas par ignorance, mais parce que la choſe eſt incompréhenſible.

III. Le ſentiment commun des rabbins eſt que la volonté de l'homme eſt parfaitement libre. Cette liberté eſt tellement un des apanages de l'homme, qu'il ceſſeroit, diſent-ils, d'être homme, s'il perdoit cet il ceſſeroit en même temps d'être raiſonnable, s'il aimoit le bien, & fuyoit le mal ſans connoiſſance, ſi la nature, à-peu-près comme la pierre qui tombe d'en haut, & la brebis qui fuit le loup. Que deviendroient les peines, & les récompenſes, les menaces & les promeſſes, en un mot, tous les préceptes de la Loi, s'il ne dépendoit pas de l'homme de les accomplir ou de les violer ? Enfin les *Juifs* sont si jaloux de cette liberté d'indifférence, qu'ils s'imaginent qu'il est impossible de penser sur cette matiere autrement qu'eux. Ils sont persuadés, qu'on dissimule son sentiment toutes les fois qu'on ôte au franc arbitre quelque partie de sa liberté, & qu'on est obligé d'y revenir tôt ou tard, parce que s'il y avoit une prédestination, en vertu de laquelle tous les évènemens deviendroient nécessaires, l'homme cesseroit de prévenir les maux, & de chercher ce qui peut contribuer à la défense, ou à la conservation de sa vie ; & si on dit avec quelques chrétiens, que Dieu qui a déterminé la fin, a déterminé en même temps les moyens par lesquels on l'obtient, & rétablit par là le franc arbitre après l'avoir ruiné, puisque le choix de ces moyens dépend de la volonté de celui qui les néglige ou qui les employe.

IV. Mais au moins ne reconnoissoient-ils point la grace ? Philon, qui vivoit du temps de J. C, disoit, que comme les ténèbres s'écartent lorsque le soleil remonte sur l'horizon, de même lorsque le soleil divin éclaire une ame, son ignorance se dissipe ; & la connoissance y entre. Mais ce sont là des termes généraux, qui décident d'autant moins la question, qu'il ne paroît pas par l'Evangile, que la grace régénérante fût connue en ces temps là, des docteurs *Juifs* ; puisque Nicodème n'en avoit aucune idée, & que les autres ne savoient pas même qu'il y eût un Saint-Esprit, dont les opérations sont si nécessaires pour la conversion.

V. Les *Juifs* ont dit que la grace prévient les mérites du juste. Voilà une grace prévenante reconnue par les rabbins ; mais il ne faut pas s'imaginer que ce soit-là un sentiment généralement reçu. Menasse, ( *de fragilit. humanâ* ) a réfuté ces docteurs qui s'éloignoient de la tradition, parce que, si la grace prévenoit la volonté, elle cesseroit d'être libre, & il n'établit que deux sortes de secours de la part de Dieu ; l'un, par lequel il ménage les occasions favorables pour exécuter un bon dessein qu'on a formé, & l'autre par lequel il aide l'homme, lorsqu'il a commencé à bien vivre.

VI. Il semble qu'en rejettant la grace prévenante, on reconnoît un secours de la Divinité qui suit la volonté de l'homme, & qui influe dans ses actions. Menasse dit qu'on a besoin du concours de la Providence pour toutes les actions honnêtes : il se sert de la comparaison d'un homme, qui voulant charger sur ses épaules un fardeau, appelle quelqu'un à son secours. La Divinité est ce bras étranger qui vient aider le juste, lorsqu'il a fait ses premiers efforts pour accomplir la Loi. On cite des docteurs encore plus anciens que Menasse, lesquels ont prouvé qu'il étoit impossible que la chose se fît autrement, sans détruire tout le mérite des œuvres. « Ils demandent si Dieu, » qui préviendroit l'homme, donneroit une grace com- » mune à tous, ou particulière à quelques-uns. Si » cette grace efficace étoit commune, comment tous » les hommes ne sont-ils pas justes & sauvés ? Et si » elle est particulière, comment Dieu peut-il sans

» injustice, sauver les uns, & laisser périr les autres ? » Il est beaucoup plus vrai que Dieu imite les hommes » qui prêtent leurs secours à ceux qu'ils voyent avoir » formé de bons desseins, & faire quelques efforts » pour se rendre vertueux. Si l'homme étoit assez » méchant pour ne pouvoir faire le bien sans la grace, » Dieu seroit l'auteur du péché, &c. »

VII. On ne s'explique pas nettement sur la nature de ce secours qui soulage la volonté dans ses besoins ; mais je suis persuadé qu'on se borne aux influences de la Providence, & qu'on ne distingue point entre cette Providence qui dirige les évènemens humains & la grace salutaire qui convertit les pécheurs. R. Eliezer confirme cette pensée ; car il introduit Dieu qui ouvre à l'homme le chemin de la vie & de la mort, & qui lui en donne le choix. Il place sept anges dans le chemin de la mort, dont quatre pleins de miséricorde, se tiennent dehors à chaque porte, pour empêcher les pécheurs d'entrer. *Que fais-tu*, crie le premier ange au pécheur qui veut entrer ? *il n'y a point ici de vie : vas-tu te jetter dans le feu ? repens-toi.* S'il passe la première porte, le second ange l'arrête, & lui crie, *que Dieu le haïra & s'éloignera de lui.* Le troisième lui apprend qu'il sera effacé du livre de vie ; le quatrième le conjure d'attendre-là que Dieu vienne chercher les pénitens ; & s'il persévère dans le crime, il n'y a plus de retour. Les anges cruels se saisissent de lui : on ne donne point d'autres secours à l'homme, que l'avertissement des anges, qui sont les ministres de la Providence.

*Sentiment des Juifs sur la création du monde.* 1°. Le plus grand nombre des docteurs *juifs* croient que le monde a été créé par Dieu, comme le dit Moïse, & on met au rang des hérétiques chassés du sein d'Israël, ou excommuniés, ceux qui disent que la matiere étoit co-éternelle à l'Etre souverain.

Cependant il s'éleva du temps de Maïmonides, au douzieme siecle, une controverse sur l'antiquité du monde. Les uns entêtés de la philosophie d'Aristote, suivoient son sentiment sur l'éternité du monde ; c'est pourquoi Maïmonides fut obligé de le réfuter fortement : les autres prétendoient que la matiere étoit éternelle. Dieu étoit bien le principe & la cause de son existence : il a à même tiré les formes différentes, comme le potier tire de l'argile, & le forgeron du fer qu'il manie : mais Dieu n'a jamais existé sans cette matiere, comme la matiere n'a jamais existé sans Dieu. Tout ce qu'il a fait dans la création, étoit de régler son mouvement, & de mettre toutes ses parties dans le bel ordre où nous les voyons. Enfin il y a eu des gens, qui ne pouvant concevoir que Dieu, semblable aux ouvriers ordinaires, ait existé avant son ouvrage, ou qu'il fût demeuré dans le ciel sans agir, soutenoient qu'il avoit créé le monde de tout temps, ou plutôt de toute éternité.

2°. Ceux qui, dans les synagogues, veulent soutenir l'éternité du monde, tâchent de se mettre à couvert de l'autorité par l'autorité de Maïmonides, parce qu'ils prétendent que ce grand docteur n'a point mis la création entre les articles fondamentaux de la foi.

Mais il est aisé de justifier ce docteur ; car on lit ces paroles dans la confession de foi qu'il a dressée : *si le monde est créé, il y a un créateur ; car personne ne peut se créer soi-même ; il y a donc un Dieu.* Il ajoute, *que Dieu seul est eternel, & que toutes choses ont eu un commencement.* Enfin, il déclare ailleurs, que la création est un des fondements de la foi, sur lesquels on ne doit se laisser ébranler que par une démonstration qu'on ne trouvera jamais.

3°. Il est vrai que ce docteur raisonne quelquefois foiblement sur cette matière. S'il combat l'opinion d'Aristote, qui soutenoit aussi l'éternité du monde, la génération & la corruption dans le ciel, il trouve la méthode de Platon assez commode, parce qu'elle ne renverse pas les miracles, qu'on peut l'accommoder avec l'Ecriture ; enfin, elle lui paroissoit appuyée sur de bonnes raisons, quoiqu'elles ne fussent pas démonstratives. Il ajoutoit qu'il seroit aussi facile à ceux qui soutenoient l'éternité du monde, d'expliquer tous les endroits de l'Ecriture où il est parlé de la création, que de donner un bon sens à ceux où cette même Ecriture donne des bras & des mains à Dieu. Il semble aussi qu'il ne se soit déterminé que par intérêt du côté de la création préférablement à l'éternité du monde, parce que si le monde étoit éternel, & que les hommes se fussent créés indépendamment de Dieu, la glorieuse préférence que la nation *Juive* a eue sur toutes les autres nations, deviendroit chimérique. Mais de quelque manière que Maïmonides ait raisonné, un lecteur équitable ne peut l'accuser d'avoir cru l'éternité du monde, puisqu'il l'a rejettée formellement, & qu'il a fait l'apologie de Salomon, que les hérétiques citoient comme un de leurs témoins.

4°. Mais si les docteurs sont ordinairement orthodoxes sur l'article de la création, il faut avouer qu'ils s'écartent presque aussi-tôt de Moïse. On toléroit dans la synagogue les théologiens qui soutenoient qu'il y avoit un monde avant celui que nous habitons, parce que Moïse a commencé l'histoire de la Genèse, par un *B*, qui marque deux. Il étoit indifférent à ce législateur de commencer son livre par une autre lettre ; mais il a renversé sa construction, & commencé son ouvrage par un *B*, afin d'apprendre aux initiés que c'étoit ici le second monde, & que le premier avoit fini dans le système millénaire, selon l'ordre que Dieu a établi dans les révolutions qui se feront.

5°. C'est encore un sentiment assez commun chez les *Juifs* que le ciel & les astres sont animés. Cette croyance est même très-ancienne chez eux ; car Philon l'avoit empruntée de Platon, dont il faisoit sa principale étude. Il disoit nettement que les astres étoient des créatures intelligentes qui n'avoient jamais fait de mal, ou qui étoient incapables d'en faire. Il ajoutoit qu'ils ont un mouvement circulaire, parce que c'est le plus parfait, & celui qui convient le mieux aux ames & aux substances intelligentes.

*Sentimens des Juifs sur les anges & sur les démons, sur l'ame & sur le premier homme.* 1. Les hommes se plaisent à raisonner beaucoup sur ce qu'ils connoissent le moins. On connoît peu la nature de l'ame ; on connoît encore moins celle des anges ; on ne peut savoir que par la

révélation leur existence. Les écrivains sacrés que Dieu conduisoit, ont été timides & sobres sur cette matière. Que de raisons pour imposer silence à l'homme, & donner des bornes à sa témérité ! Cependant il y a peu de sujets sur lesquels on ait autant raisonné que sur les anges ; le peuple curieux consulte ses docteurs : ces derniers ne veulent pas laisser soupçonner qu'ils ignorent ce qui se passe dans le ciel, ni se borner aux lumières que Moïse a laissées. Ce seroit se dégrader du doctorat que d'ignorer quelque chose, & se remettre au rang du simple peuple qui peut lire Moïse, & qui n'interroge les théologiens que sur ce que l'Ecriture ne dit pas. Avouer son ignorance dans une matière obscure, ce seroit un acte de modestie, qui n'est pas permis à ceux qui se mêlent d'enseigner. On ne pense pas qu'on s'égare volontairement, puisqu'on veut donner aux anges des attributs & des perfections sans les connoître, & sans consulter Dieu qui les a formés.

Comme Moïse ne s'explique point sur le temps auquel les anges furent créés, on suppléa à son silence par des conjectures. Quelques-uns croient que Dieu forma les anges le second jour de la création. Il y a des docteurs qui assurent qu'ayant été appellés au conseil de Dieu sur la production de l'homme, ils se partagèrent en opinions différentes. L'une approuvoit la création, & l'autre la rejettoit, parce qu'il prévoyoit qu'Adam pécheroit par complaisance pour sa femme ; mais Dieu fit taire ces anges ennemis de l'homme ; & le créa avant qu'ils s'en fussent apperçus ; ce qui rendit leurs murmures inutiles ; & il les avertit qu'ils pécheroient aussi, en devenant amoureux des filles des hommes. Les autres soutiennent que les anges ne furent créés que le cinquième jour. Un troisième parti veut que Dieu les produise tous les jours, & qu'ils sortent d'un fleuve qu'on appelle *Dinor* ; enfin quelques-uns donnent aux anges le pouvoir de s'entre-créer les uns les autres, & c'est ainsi que l'ange Gabriel a été créé par Michel qui est au-dessus de lui.

2. Il ne faut pas faire une hérésie aux *Juifs* de ce qu'ils enseignent sur la nature des anges. Les docteurs éclairés reconnoissent que ce sont des substances purement spirituelles, entièrement dégagées de la matière ; & ils admettent une figure dans tous les passages de l'Ecriture qui les représentent sous des idées corporelles, parce que les anges revêtent souvent la figure du feu, d'un homme ou d'une femme.

Il y a pourtant quelques rabbins plus grossiers, lesquels ne pouvant digérer ce que dit des anges l'Ecriture, qui les représente sous la figure d'un bœuf, d'un chariot de feu ou avec des ailes ; enseignent qu'il y a un second ordre d'anges, qu'on appelle les anges *du ministère*, lesquels ont des corps subtils comme le feu. Ils sont plus, ils croient qu'il y a différence de sexe entre les anges, dont les uns donnent & les autres reçoivent.

Philon *juif*, avoit commencé à donner trop aux anges ; en les regardant comme les colonnes sur lesquelles cet univers est appuyé. On l'a suivi, & on a cru non-seulement que chaque nation avoit son ange particulier ; qui s'intéressoit fortement pour elle, mais qu'il y en avoit qui présidoient à chaque chose. Azariel préside sur l'eau ; Gazardia, sur l'Orient, afin d'avoir soin que le soleil se lève ; & Nékid, sur le pain & les aliments. Ils ont des anges qui président sur chaque planète, sur chaque mois de l'année & sur les heures du jour. Les *Juifs* croient aussi que chaque homme a deux anges ; l'un, bon, qui le garde ; l'autre, mauvais, qui examine ses actions. Si, le jour du sabbat, au retour de la synagogue, les deux anges trouvent le lit fait, la table dressée, les chandelles allumées, le bon ange s'en réjouit, & dit : Dieu veuille qu'au prochain sabbat, les choses soient en aussi bon ordre | & le mauvais ange est obligé de répondre *amen*. S'il y a du désordre dans la maison, le mauvais ange à son tour, souhaite que la même chose arrive au prochain sabbat, & le bon ange répond *amen*.

La théologie des *Juifs* ne s'arrête pas là. Maimonides, qui avoit fort étudié Aristote, soutenoit que ce philosophe n'avoit rien dit qui fût contraire à la loi, excepté qu'il croyoit que les intelligences étoient éternelles, & que Dieu ne les avoit point produites. En suivant les principes des anciens philosophes, il disoit qu'il y a une sphère supérieure à toutes les autres qui leur communique le mouvement. Il remarque que plusieurs docteurs de sa nation croyoient avec Pythagore, que les cieux & les étoiles formoient en se mouvant, un son harmonieux, qu'on ne pouvoit entendre à cause de l'éloignement ; mais qu'on ne pouvoit pas en douter, puisque nos corps ne peuvent se mouvoir sans faire du bruit, quoiqu'ils soient beaucoup plus petits que les orbes célestes. Il paroît rejetter cette opinion ; il ne sais même s'il n'a pas tort de l'attribuer aux docteurs : en effet, les rabbins disent qu'il y a trois choses dont le son passe d'un bout du monde à l'autre ; la voix du peuple romain, celle de la sphère du soleil, & de l'ame qui quitte le monde.

Quoi qu'il en soit, Maimonides dit non-seulement que toutes ces sphères sont mues & gouvernées par des anges ; mais il prétend que c'est véritablement des anges. Il leur donne la connoissance & la volonté par laquelle ils exercent leurs opérations : il remarque que le titre *d'ange* & de *messager* signifie la même chose. On peut donc dire que les intelligences, les sphères, & les éléments qui exécutent la volonté de Dieu, sont des anges, & doivent porter le nom.

4. On donne trois origines différentes aux démons. On soutient quelquefois que Dieu les a créés le même jour qu'il créa les enfers pour leur servir de domicile. Il les forma spirituels, parce qu'il n'eut pas le loisir de leur donner des corps. La fête du sabbat commençoit au moment de leur création, & Dieu fut obligé d'interrompre son ouvrage, afin de ne pas violer le repos de la fête. Les autres disent qu'Adam ayant été long-temps sans connoître sa femme, l'ange Samaël toucha de sa beauté, s'unit avec elle, & conçut & enfanta les démons. Ils soutiennent aussi qu'Adam, dont ils font une espèce de scélérat, fut le père des esprits malins.

On compte ailleurs, car il y a là-dessus une grande diversité d'opinions, quatre mères des diables : dont l'une est Nahama, sœur de Tubalin, belle comme les anges, auxquels elle s'abandonna ; elle vit encore, & elle entre subtilement dans le lit des hommes endormis, & les oblige de se souiller avec elle ; l'autre est Lilith, dont l'histoire est fameuse chez les *Juifs*. Enfin il y a des docteurs qui croyent que les anges créés dans un état d'innocence, en sont déchus par jalousie pour l'homme ; & par leur révolte contre Dieu : ce qui s'accorde mieux avec le récit de Moïse.

5. Les *Juifs* croient que les démons ont été créés mâles & femelles, & que de leur conjonction il en a pu naître d'autres. Ils disent encore que les ames des damnés se changent pour quelque temps en démons, pour aller tourmenter les hommes, visiter leur tombeau, voir les vers qui rongent leurs cadavres, ce qui les afflige, & ensuite s'en retournent aux enfers.

Ces démons ont trois avantages qui leur sont communs avec les anges. Ils ont des ailes comme eux ; ils volent comme eux d'un bout du monde à l'autre ; enfin ils sçavent l'avenir. Ils ont trois imperfections qui leur sont communes avec les hommes ; car ils sont obligés de manger & de boire ; ils engendrent & multiplient, & enfin ils meurent comme nous.

6. Dieu s'entretenant avec les anges vit naître une dispute entr'eux à cause de l'homme. La jalousie les avoit saisis ; ils soutinrent à Dieu que l'homme n'étoit que vanité, & qu'il avoit tort de lui donner un si grand empire. Dieu soutint l'excellence de son ouvrage par deux raisons ; l'une que l'homme le loueroit sur la terre, comme les anges le louoient dans le ciel. Secondement il, demanda à ces anges si fiers, s'ils sçavoient les noms de toutes les créatures ; ils avouèrent leur ignorance, qui fut d'autant plus honteuse, qu'Adam ayant paru aussi-tôt, ils les récita sans y manquer. Schamaël qui étoit le chef de cette assemblée céleste, perdit patience. Il descendit sur la terre, & ayant remarqué que le serpent étoit le plus subtil de tous les animaux, il s'en servit pour séduire Eve.

C'est ainsi que les *Juifs* rapportent la chute des anges ; & de leur récit il résulte qu'il y avoit un chef des anges avant leur apostasie, & que ce chef s'appelloit Schamaël. En cela ils ne s'éloignent pas beaucoup des chrétiens ; car une partie des saints pères ont regardé le diable avant sa chute comme le prince de tous les anges.

7. Moïse dit que les fils de Dieu voyant que les filles des hommes étoient belles, se souillèrent avec elles. Philon le *juif* a substitué les anges aux *fils de Dieu* ; & il remarque que Moïse a donné le titre d'anges à ceux que les philosophes appellent *génies*. Enoch a rapporté, non-seulement la chute des anges avec les femmes, mais il en développe toutes les circonstances, il nomme les vingt anges qui firent complot de se marier ; ils prirent des femmes l'an 1170 du monde, & de ce mariage naquirent les géants. Ces démons enseignèrent ensuite aux hommes les Arts & les Sciences. Azael apprit aux garçons à faire des armes, & aux filles à se farder ; Semireas leur apprit la colère & la violence ; Pharmarus fut le docteur de la magie : ces leçons reçues avec avidité des hommes & des femmes,

causèrent un désordre affreux. Quatre anges persé-
vérans se présentèrent devant le trône de Dieu, &
lui remontrèrent le désordre que les géans causoient :
*Les esprits des ames des hommes morts crient, & leurs*
*soupirs montent jusqu'à la porte du ciel, sans pouvoir par-*
*venir jusqu'à toi, à cause des injustices qui se font sur*
*la terre. Tu vois cela, & tu ne nous apprens point ce*
*qu'il faut faire.*

La remontrance eut pourtant son effet. Dieu ordonna à Uriel « d'aller avertir le fils de Lamech qui.
» étoit Noé, qu'il seroit garanti de *la mort éternellement.*
» Il commanda à Raphaël de saisir Ezaël l'un des anges
» rebelles, de le jetter *lié pieds & mains dans les*
» *ténèbres*; d'ouvrir le désert qui est dans un autre
» désert, & de le jetter là; de mettre sur lui des pierres
» aiguës, & d'empêcher qu'il ne vit la lumière, jus-
» qu'à ce qu'on le jettât dans l'embrâsement de feu au
» jour du jugement. L'ange Gabriel fut chargé de
» mettre aux mains les géans afin qu'ils s'entretuassent ;
» & Michaël devoit prendre Sémiréas & tous les
» anges mariés, afin que quand ils auroient vu périr les
» géans & tous leurs enfans, on les liât pendant soixante
» & dix générations dans les cachots de la terre, jus-
» qu'au jour de l'accomplissement de toutes choses, &
» du jugement où ils devoient être jettés dans un abîme
» de feu & de tourmens éternels. »

8. Un rabbin moderne ( *Menasse* ), qui avoit fort
étudié les anciens, assure que la préexistence des ames
est un sentiment généralement reçu chez les docteurs
*juifs.* Ils soutiennent qu'elles furent toutes créées dès
le premier jour de la création, & qu'elles se trouvèrent
toutes dans le jardin d'Eden. Dieu leur parloit quand
il dit : *faisons l'homme* ; il les unit aux corps à proportion qu'il s'en forme quelqu'un. Ils appuient cette pensée
sur ce que Dieu dit dans Isaïe : *j'ai fait les ames.* Il ne
se serviroit pas d'un temps passé s'il en créoit encore
tous les jours un grand nombre ; l'ouvrage doit être
achevé depuis long-temps, puisque Dieu dit, *j'ai fait.*

9. Ces ames jouissent d'un grand bonheur dans le
ciel, en attendant qu'elles puissent être unies aux corps.
Cependant elles peuvent mériter quelque chose par
leur conduite ; & c'est-là une des raisons qui font la
grande différence des mariages, dont les uns sont
heureux, & les autres mauvais, parce que Dieu
envoye les ames selon leurs mérites. Elles ont été
créées doubles, afin qu'il y eût une ame pour le
mari, & une autre pour la femme. Lorsque ces ames
qui ont été faites l'une pour l'autre, se trouvent
unies sur la terre, leur condition est infailliblement
heureuse, & le mariage tranquille. Mais Dieu, pour
punir les ames qui n'ont pas répondu à l'excellence
de leur origine, sépare celles qui avoient été faites
l'une pour l'autre ; & alors il est impossible qu'il
n'arrive de la division & du désordre. Origène n'avoit
pas adopté ce dernier article de la théologie judaïque, mais il suivoit les deux premiers, car il
croyoit que les ames avoient préexisté, & que Dieu
les unissoit aux corps célestes ou terrestres, grossiers
ou subtils, à proportion de ce qu'elles avoient fait
dans le ciel, & personne n'ignore qu'Origène a eu

beaucoup de disciples & d'approbateurs chez les Chrétiens.

10. Ces ames sortirent pures de la main de Dieu.
On récite encore aujourd'hui une prière qu'on attribue aux docteurs de la grande synagogue, dans laquelle on lit : *O Dieu ! l'ame que tu m'as donnée est pure ;*
*tu l'as créée, tu l'as formée, tu l'as inspirée ; tu la con-*
*serves au dedans de moi, tu la reprendras lorsqu'elle s'en-*
*volera, & tu me la rendras au temps que tu as marqué.*

On trouve dans cette prière tout ce qui regarde
l'ame ; car voici comment rabbin Menasse l'a com-
mentée : *l'ame que tu m'as donnée est pure*, pour apprendre que c'est une substance spirituelle, subtile,
qui a été formée d'une matière pure & nette. *Tu l'as*
*créée*, c'est-à-dire au commencement du monde avec
les autres ames. *Tu l'as formée*, parce que notre ame
est un corps spirituel, composé d'une matière céleste
& insensible ; & les cabalistes ajoutent qu'elle s'unit
au corps pour recevoir la peine ou la récompense de
ce qu'elle a fait. *Tu l'as inspirée*, c'est-à-dire tu l'as
unie à mon corps sans l'intervention des corps célestes,
qui influent ordinairement dans les ames végétatives
& sensitives. *Tu la conserves*, parce que Dieu est la
garde des hommes. *Tu la reprendras*, ce qui prouve
qu'elle est immortelle. *Tu me la rendras*, ce qui nous
assure de la vérité de la résurrection.

11. Les Thalmudistes débitent une infinité de fables
sur le chapitre d'Adam & de sa création. Ils comptent les douze heures du jour auquel il fut créé, &
ils n'en laissent aucune qui soit vuide. A la première
heure, Dieu assembla la poudre dont il devoit le
composer, & il devint un embrion. A la seconde,
il se tint sur ses pieds. A la quatrième, il donna les
noms aux animaux. La septième fut employée au
mariage d'Eve, que Dieu lui amena comme une
paranymphe, après l'avoir frisée. A dix heures Adam
pécha; en la douze aussitôt, & douze heures il sentoit déjà la peine & les sueurs du travail.

12. Dieu l'avoit fait si grand qu'il remplissoit le monde,
ou du moins il touchoit le ciel. Les anges étonnés en murmurèrent, & dirent à Dieu qu'il y avoit deux
êtres souverains, l'un au ciel & l'autre sur la terre.
Dieu averti de la faute qu'il avoit faite, appuya la
main sur la tête d'Adam, & le réduisit à une nature
de mille coudées ; mais en donnant au premier homme
cette grandeur immense, ils ont voulu seulement dire
qu'il connoissoit tous les secrets de la nature, & que
cette science diminua considérablement par le péché,
ce qui est orthodoxe. Ils ajoutent que Dieu l'avoit fait
d'abord double, comme les payens nous représentent
Janus à deux fronts, c'est pourquoi on n'eut besoin que
de donner un coup de hache pour partager ces deux
corps ; & cela est clairement expliqué par le prophète,
qui assure que Dieu l'a formé par devant & par derrière ; & comme Moïse dit aussi que Dieu le forma
mâle & femelle, on conclut que le premier homme
étoit hermaphrodite.

13. Sans nous arrêter à toutes ces visions qu'on
multiplieroit à l'infini, les docteurs soutiennent, 1°.
qu'Adam fut créé dans un état de perfection ; car s'il
étoit

étoit venu au monde comme un enfant, il auroît eu besoin de nourrice & de précepteur. 2°. C'étoit une créature subtile : la matière de son corps étoit si délicate & si fine, qu'il approchoit de la nature des anges, & son entendement étoit aussi parfait que celui d'un homme le peut être. Il avoit une connoissance de Dieu & de tous les objets spirituels, sans avoir jamais rien appris, à cet égard il lui suffisoit d'y penser ; c'est pourquoi on l'appelloit *fils de Dieu*. Il n'ignoroit pas même le nom de Dieu ; car Adam ayant donné le nom à tous les animaux, Dieu lui demanda *quel est mon nom?* & Adam répondit, Jéhovah. *C'est toi qui es* ; & c'est à cela que Dieu fait allusion dans le prophète Isaïe, lorsqu'il dit : *je suis celui qui suis, c'est là mon nom ; c'est à dire, le nom qu'Adam m'a donné & que j'ai pris.*

14. Ils ne conviennent pas que la femme fût aussi parfaite que l'homme, parce que Dieu ne l'avoit formée que pour lui être aide. Ils ne sont pas même persuadés que Dieu l'eût faite à son image. Un théologien chrétien (Lambert Danæus, *in Antiquitatibus, pag.* 42) a adopté ce sentiment en l'adoucissant; car il enseigne que l'image de Dieu étoit beaucoup plus vive dans l'homme que dans la femme; c'est pourquoi elle eut besoin que son mari lui servît de précepteur, & lui apprît l'ordre de Dieu, au lieu qu'Adam l'avoit reçu immédiatement de sa bouche.

15. Les docteurs croyent aussi que l'homme fait à l'image de Dieu étoit circoncis ; mais ils ne prennent pas garde que, pour relever l'excellence d'une cérémonie, ils font un Dieu corporel. Adam se plongea d'abord dans une débauche affreuse, en s'accouplant avec les bêtes, sans pouvoir assouvir sa convoitise, jusqu'à ce qu'il s'unit à Eve. D'autres disent au contraire qu'Eve étoit le fruit défendu auquel il ne pouvoit toucher sans crime ; mais emporté par la tentation que causoit la beauté extraordinaire de cette femme, il pécha. Ils ne veulent point que Caïn soit sorti d'Adam, parce qu'il étoit né du serpent qui avoit tenté Eve. Il fut si affligé de la mort d'Abel, qu'il demeura cent trente ans sans connoître sa femme, & ce fut alors qu'il commença à faire des enfans à son image & ressemblance. On lui reproche son apostasie, qui alla jusqu'à faire revenir la peau du prépuce, afin d'effacer l'image de Dieu. Adam, après avoir rompu cette alliance, se repentit; il maltraita son corps l'espace de sept semaines dans le fleuve Géhon, & le pauvre corps fut tellement sacrifié, qu'il devint percé comme un crible. On dit qu'il y a des mystères renfermés dans toutes ces histoires; en effet, il faut nécessairement qu'il y en ait quelques-uns; mais il faudroit avoir beaucoup de temps & d'esprit pour les développer tous. Remarquons seulement que ceux qui donnent des règles sur l'usage des métaphores, & qui prétendent qu'on ne s'en sert jamais que lorsqu'on y a préparé ses lecteurs, & qu'on est assuré qu'ils lisent dans l'esprit ce qu'on pense ; connoissent peu le génie des Orientaux, & que leurs règles se trouveroient ici beaucoup trop courtes.

16. On accuse les *Juifs* d'appuyer les systèmes des

Préadamites qu'on a développés dans ces derniers siècles avec beaucoup de subtilité ; mais il est certain qu'ils croient qu'Adam est le premier de tous les hommes. Sangarius donne Jambuscar pour précepteur à Adam ; mais il ne rapporte ni son sentiment, ni celui de sa nation. Il a suivi plûtôt les imaginations des Indiens & de quelques barbares, qui contoient que trois hommes nommés Jambuscha, Zactith & Boan ont vécu avant Adam, & que le premier avoit été son précepteur. C'est en vain qu'on se sert de l'autorité de Maïmonides, un des plus sages docteurs des *Juifs*; car il rapporte qu'Adam est le premier de tous les hommes qui soit né par une génération ordinaire ; il attribue cette pensée aux Zabiens, & bien loin de l'approuver, il la regarde comme une fausse idée qu'on doit rejetter; & croit qu'on n'a imaginé cela que pour défendre l'éternité du monde que ces peuples qui habitoient la Perse soutenoient.

17. Les *Juifs* disent ordinairement qu'Adam étoit né jeune dans une stature d'homme fait, parce que toutes choses doivent avoir été créées dans un état de perfection ; & comme il sortoit immédiatement des mains de Dieu, il étoit souverainement sage & prophète créé à l'image de Dieu. On ne finiroit pas, si on rapportoit tout ce que cette image de la divinité a fourni à l'homme leur a fait dire. Il suffit de remarquer qu'au milieu des docteurs qui s'égarent, il y en a plusieurs, comme Maïmonides & Kimki, qui, sans avoir aucun égard au corps du premier homme, la placent dans son ame & dans ses facultés intellectuelles. Le premier avoue qu'il y avoit des docteurs qui croyoient que c'étoit nier l'existence de Dieu, que de soutenir qu'il n'avoit point de corps, puisque l'homme est matériel, & que Dieu l'avoit fait à son image. Mais il remarque que l'image est la vertu spécifique qui nous fait exister, & que par conséquent l'ame est cette image. Il outre même la chose ; car il veut que les Idolâtres, qui se prosternent devant les images, ne leur ayent pas donné ce nom, à cause de quelque trait de ressemblance avec les originaux ; mais parce qu'ils attribuent à ces figures sensibles quelque vertu.

Cependant il y en a d'autres qui prétendent que cette image consistoit dans la liberté dont l'homme jouissoit. Pour goûter le bien par nécessité ; l'homme seul pouvoit aimer la vertu ou le vice. Comme Dieu, il peut agir & n'agir pas. Ils ne prennent pas garde que Dieu aime le bien encore plus nécessairement que les anges, qui pouvoient pécher, comme il paroît par l'exemple des démons ; & que si cette liberté d'indifférence pour le bien est un degré d'excellence, on élève le premier homme. au-dessus de Dieu.

18. Les Antitrinitaires ont tort de s'appuyer sur le témoignage des *Juifs*, pour prouver qu'Adam étoit né mortel, & que le péché n'a fait à cet égard aucun changement à sa condition ; car ils disent nettement que si nos premiers pères eussent persévéré dans l'innocence, toutes leurs générations futures n'auroient pas senti les émotions de la concupiscence, & qu'ils

H h

euffent toujours vécu. R. Déclai, difputant contre les philofophes qui défendoient la mortalité du premier homme, foutient qu'il ne leur eft point permis d'abandonner la théologie que leurs ancêtres ont puifée dans les écrits des prophètes, lefquels ont enfeigné *que l'homme eût vécu éternellement, s'il n'eût point péché.* Manaffé, qui vivoit au milieu du fiècle paffé, dans un lieu où il ne pouvoit ignorer la prétention des Sociniens, prouve trois chofes qui leur font directement oppofées : 1. que l'immortalité du premier homme, perfévérant dans l'innocence, eft fondée fur l'Ecriture; 2. que Hana, fils de Hanina, R. Jéhuda, & un grand nombre de rabbins, dont il cite les témoignages, ont été de ce fentiment; 3. enfin, il montre que cette immortalité de l'homme s'accorde avec la raifon, puifqu'Adam n'avoit aucune caufe intérieure qui pût le faire mourir, & qu'il ne craignoit rien du dehors, puifqu'il vivoit dans un lieu très-agréable, & que le fruit de l'arbre de vie, dont il devoit fe nourrir, augmentoit fa vigueur.

19. Nous dirons peu de chofe fur la création de la femme : peut-être prendra-t-on ce que nous en dirons pour autant de plaifanteries; mais il ne faut pas oublier une fi noble partie du genre humain. On dit donc que Dieu ne voulut point la créer d'abord, parce qu'il prévit que l'homme fe plaindroit bientôt de fa malice. Il attendit qu'Adam la lui demandât; & il ne manqua pas de le faire, dès qu'il eut remarqué que tous les animaux paroiffoient devant lui deux à deux. Dieu prit toutes les précautions néceffaires pour la rendre bonne; mais ce fut inutilement. Il ne voulut point la tirer de la tête, de peur qu'elle n'eût l'efprit. & l'ame coquette; cependant on a eu beau faire, ce malheur n'a pas laiffé d'arriver; & le prophête Ifaïe fe plaignoit, il y a déjà long-temps, *que les filles d'Ifraël, alloient la tête levée & la gorge nue.* Dieu ne voulut pas la tirer des yeux, dè peur qu'elle ne jouât de la prunelle; cependant Ifaïe fe plaint encore que les filles avoient l'œil tourné à la galanterie. Il ne voulut point la tirer de la bouche, de peur qu'elle ne parlât trop : mais on ne fauroit arrêter fa langue, ni le flux de fa bouche. Il ne la prit p int de l'oreille, de peur que ce ne fût une écouteufe; cependant il eft dit de Sara, qu'elle écoutoit à la porte du tabernacle, afin de favoir le fecret des anges. Dieu ne la forma point du cœur, de peur qu'elle ne fût jaloufe; cependant combien de jaloufies. & d'envies déchirent le cœur des filles & des femmes! Il n'y a point de paffion, après celle de l'amour, à laquelle elles, fuccombent plus aifément. Une fœur, qui a plus de bonheur, & fur-tout plus de galants, eft l'objet de la haine de la fœur; & le mérite ou la beauté font des crimes qui ne fe pardonnent jamais. Dieu ne voulut point former la femme ni des pieds ni de la main, de peur qu'elle ne fût coureufe, & que l'envie de dérober ne là prit : cependant Dina courut & fe perdit : & avant elle, Rachel avoit dérobé les dieux de fon père. On a eu donc beau choifir une partie honnête & dure de l'homme, d'où il femble qu'il ne pouvoit fortir aucun défaut, la femme n'a

pas laiffé de les avoir tous. C'eft la defcription que les auteurs *juifs* nous en donnent. Il y a peut-être d s gens qui la trouveront fi jufte, qu'ils ne voudront pas la mettre au rang de leurs vifions, & qui s'imagineront qu'ils ont voulu renfermer une vérité connue fous des termes figurés.

*Dogmes des Péripatéticiens, adoptés par les Juifs.* 1. Dieu eft le premier & le fuprême moteur des cieux. 2. Toutes les chofes créées fe divifent en trois claffes. Les unes font compofées de matière & de forme, & elles font perpétuellement fujettes à la génération & à la corruption; les autres font auffi compofées de matière & de forme, comme les premières; mais leur forme eft perpétuellement attachée à la matière; & leur matière & leur forme ne font point femblables à celles des autres êtres créés : tels font les cieux & les étoiles. Il y en a enfin qui ont une forme matière, comme les anges.

3. Il y a neuf cieux, celui de la Lune, celui de Mercure, celui de Venus, celui du Soleil, celui de Mars, celui de Jupiter, celui de Saturne & des autres étoiles, fans compter fa plus élevé de tous, qui les enveloppe, & qui fait tous les jours une révolution d'orient en occident.

4. Les cieux font purs comme du criftal; c'eft pour cela que les étoiles du huitième ciel paroiffent au-deffous du premier.

5. Chacun de ces huit cieux fe divife en d'autres cieux particuliers, dont les uns tournent d'orient en occident, les autres d'occident en orient; & il n'y a point de vuide parmi eux.

6. Les cieux n'ont ni légèreté, ni pefanteur, ni couleur; car la couleur bleue que nous leur attribuons, ne vient que d'une erreur de nos yeux, occafionnée par la hauteur de l'atmofphère.

7. La terre eft au milieu de toutes les fphères qui environnent le monde. Il y a des étoiles attachées aux petits cieux : or ces petits cieux ne tournent point autour de la terre, mais ils font attachés aux grands cieux, qui tournant la terre fe trouve.

8. La terre eft prefque quarante fois plus grande que la lune; & le foleil eft cent foixante & dix fois plus grand que la terre. Il n'y a point d'étoile plus grande que le foleil, ni plus petite que Mercure.

9. Tous les cieux & toutes les étoiles ont une ame, font doués de connoiffance & de fageffe. Ils vivent. & le connoiffent celui qui d'une feule parole fit fortir l'univers du néant.

10. Au-deffous du ciel de la lune, Dieu créa une certaine matière différente de la matière des cieux; & il mit dans cette matière des formes qui ne font point femblables aux formes des cieux. Ces éléments conftituent le feu, l'air, l'eau & la terre.

11. Le feu eft le plus proche de la lune : au-deffous de lui fuivent l'air, l'eau & la terre; & chacun de ces éléments enveloppe de toutes parts celui qui eft au-deffous.

12. Ces quatre éléments n'ont ni ame ni connoiffance ce font comme des corps morts qui cependant confervent leur rang.

13. Le mouvement du feu & de l'air est de monter du centre de la terre, vers le ciel; celui de l'eau & de la terre est d'aller vers le centre.

14. La nature du feu qui est le plus léger de tous les élémens, est chaude & sèche ; l'air est chaud & humide; l'eau froide & humide; la terre, qui est le plus pesant de tous les élémens, est froide & sèche.

15. Comme tous les corps sont composés de ces quatre élémens, il n'y en a point qui ne renferme en même temps le froid & le chaud, le sec & l'humide; mais il y en a dans lesquels une des ces qualités domine sur les autres.

*Principes de morale des Juifs.* 1. Ne soyez point comme des mercenaires qui ne servent leur maître qu'à condition d'en être payés; mais servez votre maître sans aucune espérance d'en être récompensés, & que la crainte de Dieu soit toujours devant vos yeux.

2. Faites toujours attention à ces trois choses, & vous ne pécherez jamais. Il y a au-dessus de vous, un œil qui voit tout, une oreille qui entend tout, & toutes vos actions sont écrites dans le livre de vie.

3. Faites toujours attention à ces trois choses, & vous ne pécherez jamais. D'où venez-vous? où allez-vous? à qui rendrez-vous compte de votre vie? Vous venez de la terre, vous retournerez à la terre, & vous rendrez compte de vos actions au roi des rois.

4. La sagesse ne va jamais sans la crainte de Dieu, ni la prudence sans la science.

5. Celui-là est coupable, qui, lorsqu'il s'éveille la nuit, ou qu'il se promène seul, s'occupe de pensées frivoles.

6. Celui-là est sage qui apprend quelque chose de tous les hommes.

7. Il y a cinq choses qui caractérisent le sage. 1. Il ne parle point devant celui qui le surpasse en sagesse & en autorité. 2. Il ne répond point avec précipitation. 3. Il interroge à propos & il répond à propos. 4. Il ne contrarie point son ami. 5. Il dit toujours la vérité.

8. Un homme timide n'apprend jamais bien, & un homme colère enseigne toujours mal.

9. Faites-vous une loi de parler peu & d'agir beaucoup; & soyez affable envers tout le monde.

10. Ne parlez pas long-temps avec une femme, pas même avec la vôtre, beaucoup moins avec celle d'un autre; cela irrite les passions, & nous détourne de l'étude de la loi.

11. Défiez-vous des grands, & en général de ceux qui sont élevés en dignité; ils ne se lient avec leurs inférieurs que pour leurs propres intérêts. Ils vous témoigneront de l'amitié, tant que vous leur serez utile; mais n'attendez d'eux ni secours ni compassion dans vos malheurs.

12. Avant de juger quelqu'un, mettez-vous à sa place, & commencez toujours par le supposer innocent.

13. Que la gloire de votre ami vous soit aussi chère que la vôtre.

14. Celui qui augmente ses richesses, multiplie ses inquiétudes. Celui qui multiplie ses femmes, remplit sa maison de poisons. Celui qui augmente le nombre

de ses servantes, augmente le nombre des femmes débauchées. Enfin, celui qui augmente le nombre de ses domestiques, augmente le nombre des voleurs. (A. R.)

JUIGNÉ, (Le Clerc de) (*Hist. de Fr.*) maison ancienne, établie en Anjou & dans le Maine. Ses armes sont remarquables par un cimier qui est un coq à ailes ouvertes, avec la devise *ad alta*, & le cri de guerre : *battons & abattons*. Elle étoit connue & considérable dès le dixiéme siècle. Elle a eu des alliances avec nos plus grandes maisons. La terre de *Juigné* fut érigée en baronnie par Henri IV, pour René le Clerc de *Juigné*, qui lui avoit rendu de grands services. Son petit-fils, maréchal de camp, fut tué dans le Dauphiné, où il commandoit un corps de six mille hommes; plusieurs autres guerriers de cette maison ont été tués dans des batailles, nommément M. le marquis de *Juigné*, à la bataille de Guastalla, le 19 Septembre 1734. Il étoit colonel du régiment d'Orléans, infanterie.

JU-KIAU, (*Hist. mod. & Philosoph.*) c'est le nom que l'on donne à la Chine à des sectaires qui, si l'on en croit les missionnaires, sont de véritables athées. Les fondateurs de leur secte sont deux hommes célèbres, appelés *Chu-tse & Ching-tse*; ils parurent dans le quinziéme siecle, & s'associèrent une quarante-deux savants, qui leur aidèrent à faire un commentaire sur les anciens livres de religion de la Chine, auxquels ils joignèrent un corps particulier de doctrine, distribué en vingt volumes, sous le titre de *Sing-li-ta-tsuen*, c'est-à-dire, *philosophie naturelle*. Ils admettent une premiere cause, qu'ils nomment *Tai-Ki*. Il n'est pas aisé d'expliquer ce qu'ils entendent par ce mot; ils avouent eux-mêmes que le *Tai Ki* est une chose dont les propriétés ne peuvent être exprimées: quoi qu'il en soit, voici l'idée qu'ils tâchent de s'en former. Comme ces mots *Tai-Ki* dans leur sens propre, signifient *faîte de maison*, ces docteurs enseignent que le *Tai-Ki* est à l'égard des autres êtres, ce que le faîte d'une maison est à l'égard de toutes les parties qui la composent ; que comme le faîte unit & conserve toutes les pieces d'un bâtiment, de même le *Tay-Ki* sert à lier entr'elles & à conserver toutes les parties de l'univers. C'est le *Tai-Ki*, disent-ils, qui imprime à chaque chose un caractère spécial, qui la distingue des autres choses; on fait d'une pièce de bois un banc ou une table; mais le *Tai-Ki* donne au bois la forme d'une table ou d'un banc; lorsque ces instrumens sont brisés, leur *Tai-Ki* ne subsiste plus.

Les *Ju-Kiau* donnent à cette première cause des qualités infinies, mais contradictoires. Ils lui attribuent des perfections sans bornes; c'est le plus pur & le plus puissant de tous les principes; il n'a point de commencement, il ne peut avoir de fin. C'est l'idée, le modèle ou l'essence de toute chose; c'est l'ame souveraine de l'univers ; c'est l'intelligence suprême qui gouverne tout. Ils soutiennent même que c'est une substance immatérielle & pure; mais bien-tôt s'écartant de ces belles idées, ils con fondent leur *Tai-Ki* avec tous les autres êtres. C'est la même chose, difent-ils, que le ciel, la terre & les cinq élémens, en forte que dans un fens, chaque être particulier peut être appellé *Tai-Ki*. Ils ajoûtent que ce premier être est la caufe feconde de toutes les productions de la nature, mais une caufe aveugle & inanimée, qui ignore la nature de fes propres opérations. Enfin, dit le P. du Halde, après avoir flotté entre mille incertitudes, ils tombent dans les ténèbres de l'athéifme, rejettant toute caufe furnaturelle, n'admettant d'autre nc e qu'une vertu infenfible, unie & identifiée à la matière. ( *A. R.* )

JULES-CESAR, ( *Hift. Rom.* ) *Voyez* CÉSAR ou TRIUMVIRAT.

JULES, ( *Hift. Ecclef.* ) Il y a eu trois papes de ce nom. Le premier, élu le 6 février 337, mort le 12 avril 352.

Le fecond eft le plus célèbre. ( *Voyez* l'article CHAUMONT. ) Il fe nommoit Julien de la Rovère; Sixte IV, fon oncle, l'avoit fait cardinal en 1471. En 1503, il acheta & il m orta par violence la papauté, plûtôt qu'il ne l'obtint. Po tife bellique ux, c'étoit furtout à Jules-Céfar qu'il defiroit de reffembl r ; c étoit de l'épée de Saint-Paul, plus que des clefs de Saint-Pierre, qu'il aimoit à faire ufage. Le doux, le modéré Louis XII s'étoit vu contraint d'éclater contre Jules, & de convoquer un concile à P fe, pour le faire dépofer; il avoit fait frapper une médaille où on lifoit cette infcription, que Luther eût adoptée : *perdam Babylonis nomen.* Quelques cardinaux, ennemis du pape, y ré idoient à ce concile ; le roi fe contenta d'y envoyer feize évê ues, tant de France que du Milanès, avec quelques abbés, docteurs & procureurs des Univerfités ; on obtint avec peine, des Florentins, alors alliés de la France, la permiffion de s'affembler à Pife : au bout de trois f ffions, les pères ne trouvant point le féjour de Pife affez fûr ni affez tranquille, fe retirèrent à Milan, où après avoir fommé Jules de comparoître, ils le déclarèrent fufpens : ces démarches du concile, revêtues de toutes les formalités qui pouvoient leur donner les apparences de la modération & de la juftice, infpirèrent au pape de vives alarmes ; il crut ne pouvoir détourner l'orage qu'en oppofant concile à concile. Il en convoqua un à Rome, dans le palais de Latran, où il fit déclarer nulle la convocation de celui de Pife. Il cita les cardinaux de Carvajal, Borgia & Briçonnet, préfidents du concile, à comparoître devant lui dans foixante-cinq jours, fous peine de dégradation & de perte de tous leurs bénéfices ; il ajourna auffi le roi, les prélats, chapitres & parlemens François, pour rendre compte de leur oppofition à l'abolition de la pragmatique ; il compofa au nom du concile, un décret, par lequel il transféroit la couronne de France & le titre de très-chrétien, au roi d'Angleterre ; fon reffentiment éclatoit ous les jours par de nouvelles violences. La mort feule put en arrêter le cours. Jules mourut le 21 février 1513. Les cardinaux, que les emportemens de ce vieux pape avoient fcandalifés & révoltés, voulurent

effayer s'ils trouveroient dans la jeuneffe, la modération & la douceur que depuis long-temps ils avoient cherchées vainement dans l'âge mûr ; le cardinal de Médicis ( LÉON X ), ne trompa point leur efpérance : élu à trente-fix ans, il ramena infenfiblement les efprits que *Jules II* avoit éloignés; les cardinaux du concile de Pife allèrent à Rome fe jetter à fes pieds, implorer fa miféricorde en habit de fimples prêtres, & défavouer tout ce qui avoit été fait à Pife & à Milan; le roi même céda aux follicitations & aux plaintes éternelles d'Anne de Bretagne, fa femme, que cet air de fchifme répandu fur la France & fur fon roi, affligeoit & effrayoit : elle eut la confolation de voir Louis XII faire fa paix avec le Saint-Siège, abandonner l concile de Pife & adhérer à celui de Latran.

*Jules III*, élu en 1550, avoit préfidé le concile de Trente, fous le pape Paul III, fon prédéceffeur ; ce concile plufieurs fois fufpendu, transféré, repris, é oit fufpendu quand *Jules III* fut nommé, fon premier foin fut de le rétablir, & bi ntôt il le fufpendit de nouveau. Le pontificat de *Jul s II* n'a prefque rien de mémorable, qu'un trait qui n'eft pas à fon avantage ; c'eft la promotion qu'il fit au cardinalat d'un jeune aventurier, de mœurs for déréglées, qui étoit fon dom ftique, & dont l'unique talent étoit de bien amufer fon finge ; on l'appella le cardinal *Simia.* Les autres cardinaux ayant reproché au pape un choix fi honteux ; & vous, leur dit-il, croyez-vous avoir fi bien choifi dans ma je fonnée ? je ne vaux peutêtre pas mieux pour un pape, que lui pour cardinal. Ce propos, qui avoit du moins le mérite d'être modefte, a encore celui de préfenter une moralité : c'eft qu'un mauvais choix peut être la fource de mille mauvais choix.

JULES-PAUL, ( Julius-Paulus ) ( *Hift. Litt. anc.* ) jurifconfulte célèbre, qui vivoit vers la fin du fecond fiècle, & fut contemporain d'Ulpien & de Papinien, dont il partagea les honneurs & la gloire. On a de lui *Receptæ Sententiæ*, & quelques autres ouvrages de droit.

JULES ou JULIUS-POLLUX, ( *Hift. Lit. anc.* ) grammairien ancien, né en Egypte, profeffeur de rhétorique à Athènes, vers la fin du fecond fiècle. On connoît fon *Onomafticon*, ou dictionnaire grec.

JULETUNG-LET, f. m. ( *Hift. mod.* ) douzième mois des Suédois. Il s'appelle auffi *Jylmont* & *Julemanat.* ( *A. R.* )

JULIE, ( *Hift. Rom.* ) plufieurs Romaines ont rendu ce nom célèbre, en bonne & en mauvaife part. Les deux premières & les deux principales font la fille de Céfar & la fille d'Augufte, toutes deux belles, mais la première refpectable par fa vertu, autant que la feconde eft connue par le dérèglement de fa conduite. La première fut femme de Pompée ; elle fut l'objet de toute fa tendreffe & le lien de l'amitié entre Pompée & Céfar, amitié qui ne dura qu'autant que la courte vie de *Julie*, qui mourut en couches, dans tout l'éclat de la jeuneffe & de la beauté :

*Pignora juncti*
*Sanguinis, & diro ferales omine tædas*
*Abstulit ad manes, Parcarum, Julia, sævâ*
*Intercepta manu ; quòd si tibi fata dedissent*
*Majores in luce moras, tu sola furentes*
*Indè virum pôteras, atque hinc retinere parentem;*
*Armatasque manus excusso jungere ferro*
*Ut generos media soceris junxere Sabinæ.*
*Morte tuâ discussa fides, bellumque movere*
*Permissum ducibus.*

La seconde eut trois maris : 1°. ce Marcellus, son cousin-germain, mort à vingt ans, que Virgile a célébré d'une manière si touchante à la fin du sixiéme livre de l'Enéïde ; 2°. cet Agrippa, le général, l'ami, le confident d'Auguste, à qui Horace adresse la sixiéme ode du livre premier, & que Virgile a aussi célébré dans le huitiéme livre de l'Enéïde :

*Parte aliâ ventis & dîs Agrippa secundis*
*Arduus, agmen agens, cui belli insigne superbum,*
*Tempora navali fulgent rostrata coronâ.*

3°. Tibère.
Auguste irrité du scandale de ses mœurs, délibéra s'il ne feroit point mourir cette fille indécente, qu'on l'accusoit cependant d'avoir trop aimée ; il la relégua dans la petite isle de Pandataire, aujourd'hui l'isle de Sainte-Marie, sur les côtes de la Campanie, où la punissant comme elle l'avoit mérité, il défendit qu'aucun homme, soit libre, soit même esclave, approchât du lieu de sa retraite :

Jusques à quand, ô ciel ! & par quelle raison
Prendrez-vous contre moi des traits dans ma maison ?
Pour ses débordemens j'en ai chassé Julie.

Tibère la laissa mourir de faim dans sa prison, l'an de Rome 765, lui ayant retranché sa pension alimentaire.

Elle eut d'Agrippa une fille du même nom qu'elle, & trop digne d'elle, mariée à Lucius-Paulus ; celle-ci força aussi Auguste de la traiter avec la même rigueur. Il la relégua dans l'isle de Trimète ou Tremiti, dans le golphe de Venise, près des côtes de la Pouille ; elle y vécut vingt ans des libéralités de Livie, qui, dit Tacite, affectoit en public de la pitié pour la famille de son mari, qu'elle avoit détruite par des moyens cachés : *quæ florentes privignos cùm per occultum subvertisset, misericordiam ergà afflictos palàm ostentabat.*

Une autre Julie, nièce de la précédente, fille de Germanicus & d'Agrippa, ne fut point corrigée par l'exemple des deux autres ; Caligula son frère la corrompit, puis la prostitua indignement à ses compagnons de débauche, puis la relégua dans l'isle Ponce, près de l'isle Pandataire, en la menaçant de la mort, & en l'avertissant de se souvenir qu'il avoit en sa puissance non-seulement des isles, mais des épées. Messaline, jalouse de Julie, la fit exiler de nouveau, sous

l'empire de Claude, oncle de Julie ; & peu après, elle la fit périr, l'an de Rome 792. On accusa Sénèque d'adultère avec cette Julie, & il fut relégué dans l'isle de Corse. Elle avoit épousé ce Marcus-Vinicius, à qui Velleius-Paterculus adresse son Abrégé d'Histoire.

Une autre Julie, fille de Drusus, épousa Néron, fils de Germanicus ; elle fut l'espion de son mari auprès de Liville sa mère, qui s'étant vendue à Séjan, lui vendoit Néron son gendre ; & par cette intrigue, Julie fut la cause de la mort de son mari ; elle épousa en secondes nôces, Rubellius Blandus. Messaline, l'amie de tous les hommes & l'ennemie de toutes les femmes, la fit périr, l'an de Rome 794.

L'empereur Titus eut une fille, nommée aussi Julie; Domitien son oncle la séduisit du vivant même de Titus, & lui causa la mort en la forçant à l'avortement.

L'Histoire Romaine nous offre enfin l'impératrice Julie, femme de l'empereur Sévère, mère de Caracalla & de Géta. Ces deux princes ne pouvant vivre & régner ensemble, avoient partagé l'Empire ; l'un devoit avoir l'Europe, l'autre, l'Asie ; & la Propontide devoit être, de part & d'autre, la limite de leurs états. Julie leur mère, qu'on nommoit Jocaste, à cause de sa tendresse pour ces deux frères ennemis, n'ayant pu parvenir à les réconcilier, leur tient ce discours dans Hérodien.

« Vous trouvez, mes enfants, les moyens de par-
» tager entre vous la terre, en faisant servir la Pro-
» pontide de borne à vos états. Mais ce n'est pas
» encore tout ; il vous faut aussi partager votre mère.
» Comment ferai-je, malheureuse que je suis, pour
» me partager entre vous deux ? Commencez par me
» tuer, cruels ; coupez mon corps par morceaux ;
» donnez, chacun dans votre empire, la sépulture à
» cette moitié qui vous en restera. C'est le seul moyen
» de me faire entrer dans ce partage funeste que vous
» méditez ».

L'impératrice, ajoute l'historien, entrecoupa ces paroles de soupirs & de sanglots ; & serrant ses deux enfants entre ses bras, elle les exhorta à étouffer leurs ressentimens.

Le partage n'eut pas lieu, & Julie n'en fut que plus malheureuse ; Caracalla égorgea son frère presqu'entre les bras de sa mère. Julie vit aussi périr Caracalla après l'avoir vu devenir l'horreur des Romains, & elle se tua de désespoir. Elle aimoit les lettres, & c'e fut elle qui engagea Philostrate à écrire la vie d'Apollonius de Tyanes.

JULIEN. On trouve plusieurs personnages de ce nom dans l'histoire, tant sacré que profane. Saint Julien fut le premier évêque du Mans & l'apôtre du Maine, vers la fin du troisième siècle ; mais on ne fait d'ailleurs rien de lui, & on fait trop peu de choses de quelques autres Saints du même nom, pour s'y arrêter ici.

L'Histoire Romaine nous offre deux empereurs de ce nom.

L'un est Didier Julien ( Didius Julianus.) ( *Voyez* DIDIUS.)

L'autre eſt le célèbre empereur *Julien*, dont nous avons les ouvrages, & dont M. l'Abbé de la Bletterie a écrit la vie. Le vulgaire l'appelle *Julien l'Apoſtat.* M. de Voltaire l'appelle *Julien le Philoſophe*; il ne fut pas aſſez philoſophe, puiſqu'il perſécuta les Chrétiens; il ne fut pas aſſez philoſophe, puiſqu'il rétablit le Paganiſme & le Polythéiſme.

*Flavius-Claudius-Julianus*, ou l'empereur *Julien*, naquit à Conſtantinople le 6 novembre 331, de Jule-Conſtance, frère de Conſtantin, & de Baſiline, fille du-préfet *Julien* ( *Anicius-Julianus* ) qui fut conſul l'an 322. L'empereur Conſtance, fils de Conſtantin, & auquel *Julien* ſuccéda, étoit donc ſon couſin-germain, & de plus, il étoit ſon beau frère, Conſtance ayant épouſé une ſœur de *Julien*. Conſtance fit périr ſes oncles, nommément ſon beau frère & ſes couſins; *Julien* n'échappa qu'avec peine à ce maſſacre. Il paroît qu'on le cacha dans une égliſe. Saint Baſile, évêque d'Ancire, qui ſouffrit le martyre ſous la perſécution de *Julien*, dit que ce prince ingrat avoit oublié l'autel qui lui avoit ſervi d'aſyle. *Non eſt recordatus quomodò eruerit eum Deus per ſanctos ſuos ſacerdotes, abſcondens eum ſub ſancto & admirabili altari eccleſiæ ſuæ.* C'eſt ainſi que Joas avoit été

Sous l'aile du ſeigneur dans ſon temple élevé,
Nourri dans ta maiſon, en l'amour de la loi,
Il ne connoît encor d'autre père que toi !
Il faut que ſur le trône un roi ſoit élevé,
Qui ſe ſouvienne un jour qu'au rang de ſes ancêtres
Dieu l'a fait remonter par la main de ſes prêtres,
L'a tiré par leur main de l'oubli du tombeau,
Et de David éteint rallumé le flambeau.

*Julien* ne s'en ſouvint pas mieux que Joas, & retourna comme lui, à l'idolâtrie. Il paroît qu'on lui donna une éducation non ſeulement chrétienne, mais moitié dévote, moitié pédanteſque, qui ne fut pas dans la ſuite un de ſes meindres griefs contre le Chriſtianiſme. Il fut long-temps perſécuté ſous l'empire de Conſtance, dévot arien, qui, par ſon zèle théologique & cruel contre les Orthodoxes, contribua encore à le dégoûter d'une religion où il voyoit ces ſectes & ces diſputes, comme ſi le paganiſme n'avoit pas eu les ſiennes. Cependant en 355, Conſtance le nomma Céſar, & l'envoya à la guerre dans les Gaules contre les Allemands; il y reſta pluſieurs années. Il vint en 358; à Paris; on croit qu'il y bâtit le palais des Thermes, dont on montre encore les reſtes, ſous le nom de Bains de *Julien*, dans la rue de la Harpe, à la Croix de Fer. Il ſe fit beaucoup un nom par ſa valeur, ſa frugalité, ſon application & aux affaires & à l'étude, ſon équité mêlée d'indulgence. *Un prince*, diſoit-il, *eſt une loi vivante, qui doit tempérer par ſa clémence, ce que les loix mortes ont de trop rigoureux.* Ayant vaincu les Chamaves, & leur accordant la paix, il demanda pour otage le fils de leur roi. Il eſt tombé ſous vos coups, lui dit-on le ſuivant, il a péri dans cette guerre; le roi lui-même confirma ce malheur par la manière dont il parut le

ſentir. *Julien* fut touché, & parut très-ſenſible au plaiſir de diſſiper la douleur de ce père affligé, en lui montrant ſon fils, qu'il faiſoit traiter avec honneur, & qui parut ſatisfait d'être pris par lui pour otage. *Julien* fut élevé à l'empire par ſes ſoldats, en 360. Conſtance apprenant cette nouvelle, éclata en reproches contre lui. *Julien* fit lire ſa lettre à haute voix, en préſence de l'armée: vous étiez orphelin, lui diſoit Conſtance; je vous ai ſervi de père. « Si j'étois » orphelin, s'écrioit *Julien*, comment l'étois-je de- » venu? eſt-ce au bourreau de mon père & de toute » ma maiſon, à m'en faire le reproche?» Bientôt il apprit la mort de Conſtance, arrivée le 3 novembre 361, tandis qu'il marchoit contre *Julien*. Le règne très-court de celui-ci, eſt rempli par les efforts qu'il fit pour rétablir le Paganiſme. Ses injuſtices à l'égard des Chrétiens alloient rarement juſqu'à la cruauté: mais elles étoient mêlées d'ironie & de ſarcaſmes: de quoi vous plaignez-vous, diſoit-il, à ceux qui lui faiſoient des repréſentations, le plaiſir d'un chrétien » n'eſt-il pas de ſouffrir ? je vous ſers à ſouhait; j'atten- » tendois des remerciments au lieu de plaintes. Le trait ſuivant pourroit faire croire que la tolérance ne l'abandonnoit pas, même à l'égard des Chrétiens, & que ſes prétendues perſécutions ont été fort exagérées. Etant à Bérée, il fut une de chef du ſénat de cette ville, chrétien zélé, ainſi que preſque tout ſon corps, venoit de chaſſer de ſa maiſon & de déſhériter ſon fils, pour avoir embraſſé la religion du ſouverain; *Julien* voulut le remettre en grace auprès de ſon père. Il donna un grand repas, où il plaça le père & le fils à ſes deux côtés ſur le même lit. *Il me paroît injuſte*, dit-il au père, *de vouloir gêner les conſciences. Pourquoi contraindre votre fils à ſuivre votre religion ? je ne vous contrains point à ſuivre la mienne.* — Quoi ! ſeigneur, répondit le père, *vous me parlez en faveur de ce ſcélérat, de cet ennemi de Dieu, qui a préféré le menſonge à la vérité!* L'empereur voyant qu'il s'échauffoit & qu'il manquoit de reſpect, ſe contenta de lui dire avec douceur: *mon cher ami, laiſſons les invectives*; & ſe penchant du côté de ſon fils: *vous voyez*, lui dit-il, *que je n'y puis rien; vous n'avez plus de père, mais je vous en tiendrai lieu.* Julien mourut peu de temps après, dans ſon expédition contre les Perſes, d'un coup de dard, qui lui ayant effleuré le bras, & ayant paſſé entre les côtes, lui perça le foie. Il mourut avec un courage tranquille, la nuit du 26 au 27 juin 363. L'abbé de la Bletterie ne croit point qu'il ait jetté ſon ſang contre le ciel, en s'écriant : *tu as vaincu, Galiléen !* comme Athalie, dans Racine, s'écrie;

### Dieu des Juifs, tu l'emportes !

Parmi tous les mots qu'on a retenus de lui, & qui confirment ſa réputation de philoſophe, celui-ci nous paroît ſur-tout digne de remarque. Il diſoit à des orateurs qui le flattoient: *que j'aimerois vos éloges, ſi je vous croyois aſſez hardis pour me blâmer quand je le mérite!*

Il nous reſte de l'empereur *Julien*, la ſatyre des

Céſa s & le *Miſopogon*, des diſcours ou harangues, des lettres, &c. Le P. Petau en a donné une édition en 1630, & le ſava²t Spanheim, en 1696. M. l'abbé de la Bletterie en a traduit une partie dans ſa vie de Jovien.

« Que penſer de *Julien*, demande M. Thomas? » qu'i ſut beaucoup plus philoſophe dans ſon gou- » verneement & ſa conduite, que dans ſes idées; que » ſon imagination fut extrême, & que cette imagina- » tion égara ſouvent ſes lumières; qu'ayant renoncé à » croire une révélation générale & unique, il cher- » choit à chaque inſtant une foule de petites révéla- » tions de détail; que fixé ſur la morale par ſes prin- » cipes, il avoit ſur tout le reſte l'inquiétude d'un » homme qui manque d'un point d'appui; qu'il porta, » ſans y penſer, dans le paganiſme même, une teinte » de l'auſtérité chrétienne où il avoit été élevé; qu'il fut » chrétien par les mœurs, platonicien par les idées, » ſuperſtitieux par l'imagination, payen par le culte, » grand ſur le trône & à la tête des armées, foible » & petit dans ſes temples & ſes myſtères; qu'il eut » en un mot le courage d'agir, de penſer, de gou- » verner & de combattre, mais qu'il lui manqua le » courage d'ignorer; que, malgré ſes défauts, (car » il en eut pluſieurs ) les Payens durent l'admirer, » les Chrétiens durent le plaindre »

Il nous ſemble que Prudence, qui étoit contem- porain de *Julien*, lui rend une exacte juſtice dans ces vers.

*Ductor fortiſſimus armis*
*Conditor & legum celeberrimus, ore manuque*
*Conſultor patriæ : ſed non conſultor habendæ*
*Religionis ; amans tercentum millia divum*
*Perfidus ille Deo, ſed non & perfidus orbi.*

L'empereur *Julien* avoit un oncle maternel, nommé *Julien* comme lui, & apoſtat comme lui. Il avoit été préfet d'Egypte, & ſon neveu l'avoit fait comte d'Orient. L'apoſtaſie étoit devenue en lui une fureur; il déteſtoit les Chrétiens; il étoit altéré de leur ſang. « On eût dit qu'il ſe hâtoit d'étouffer ſes remords ſous » les ruines de la religion qu'il avoit abandonnée.» C'eſt le ſentiment que Racine donne à Mathan.

Toutefois, je l'avoue, en ce comble de gloire
Du Dieu que j'ai quitté, l'importune mémoire
Jette encore en mon ame un reſte de terreur;
Et c'eſt qui redouble & nourrit ma fureur.
Heureux, ſi ſur ſon temple, achevant ma vengeance,
Je puis convaincre enfin ſa haine d'impuiſſance;
Et parmi les débris, le ravage & les morts,
A force d'attentats perdre tous mes remords !

Le comte *Julien* avoit reçu l'ordre de fermer la grande égliſe arienne d'Antioche, il ferma toutes les autres; il fit trancher la tête au prêtre Théodoret, économe d'une égliſe catholique. Il enleva d'une de ces égliſes, les vaſes précieux, que Conſtantin & Conſtance avoient donnés, voyez, s'écria Felix, ſur- intendant des finances, autre apoſtat, qui l'accompa-

gnoît, voyez avec quelle magnificence eſt ſervi le fils de Merie ! Le comte profana & ſouilla les vaſes &⸱ l'autel, & donna un ſoufflet à Euzoïus, évêque arien, qui vouloit l'en empêcher. Qu'on croye maintenant, dit-il, que le ciel ſe mêle des affaires des Chrétiens !

Lorſque l'empereur *Julien* apprit que le prêtre Théo- doret avoit été exécuté comme chrétien : « eſt-ce ainſi, dit-il au comte avec chaleur, que vous entrez dans » mes vues? tandis que je travaill à ramener les Gali- » léens par la douceur & par la raiſon, vous faites » des martyrs ſous mon règne & ſous mes yeux ! ils » vont me flétrir dans leurs écrits, comme ils ont flétri » leurs plus odieux perſécuteurs. Je vous défends d'ôter » la vie à perſonne pour cauſe de religion, & vous » charge de faire ſavoir aux autres ma volonté.»

Voilà qui prouve encore combien l'empereur *Julien* étoit éloigné de l'intolérance. Le comte, foudroyé par cet ordre, fut d'ailleurs frappé d'une maladie incura- ble & horrible dans ſes entrailles. Alors troublé par la crainte & les remords, pour appaiſer ſa conſcience tour-à-tour payenne & chrétienne, tantôt il immoloit des chrétiens, malgré la défenſe de l'empereur; tantôt il envoyoit prier l'empereur de ſouvrir les égliſes, lui repréſentant que c'étoit ſa complaiſance pour ce prince, qui l'avoit mis dans cet état déplorable. L'empereur lui répondit : « je n'ai point fermé les égliſes, je ne les « ouvrirai pas non plus. Ce n'eſt point votre complai- » ſance pour moi, c'eſt votre infidélité envers les » Dieux, qui vous attire ce malheur. » C'eſt ainſi qu'en matière de ſuperſtition, chacun a ſon point de vue. Le comte *Julien* mourut en 363, quelque temps avant l'empereur. Félix, ſon complice, mourut auſſi vers le même temps; & le peuple voyant dans les inſcrip- tions publiques, ces mots; *Julianus Felix, Auguſtus, Julien Heureux, Auguſte*, diſoit : Julien & Felix ont précédé, Auguſte ſuivra bientôt.

JULIEN eſt auſſi le nom d'un gouverneur de la Vénétie, qui prit le titre d'empereur en 284, après la mort de Numérien, &, qui, vaincu par Carin, dans les plaines de Vérone, périt dans la bataille ou ſe tua lui-même, n'ayant porté la pourpre impériale que cinq ou ſix mois.

JULIEN eſt encore le nom d'un évêque pélagien, du cinquième ſiècle, qui avoit été fort ami de Saint- Auguſtin, & contre lequel ce père écrivit pour la défenſe de la foi.

Ce fut un comte *Julien*, qui, au commencement du huitième ſiècle, appella & introduiſit les Sarraſins en Eſpagne, pour ſe venger de Roderic, dernier roi des Viſigoths, qui avoit déshonoré ſa fille.

JUNCKER, (Chriſtian) (*Hiſt. Litt. mod.*) ſavant allemand, célèbre ſur tout par la connoiſſance des médailles, & de qui nous avons entr'autres ouvrages, *Vita Lutheri ex nummis*. On lui doit des traductions allemandes, & diverſes éditions des anciens auteurs claſſiques. Il fut hiſtoriographe de la maiſon de Saxe- Erneſt, & membre de la Société royale de Berlin. Il étoit né à Dreſde en 1668. Il mourut en 1714, à Altenbourg.

JUNIE, ( *Hift. Rom.* ) nom de deux Dames Romaines, célèbres par leur beauté & par les évènements de leur vie ; favoir , *Junia Silana* , & *Junia Calvina*.

JUNIUS, ( *Hift. Litt.* ) c'eft le nom que prenoient plufieurs favants modernes, dont le nom véritable étoit Du Jon ou Du Jongh.

1°. Adrien , favant hollandois. On a de lui des commentaires fur divers auteurs latins , des traductions d'ouvrages grecs ; fix livres d' *Animadverforum* , que Gruter a inférés dans fon *Tréfor critique* ; le *Nomenclator omnium rerum*. Colomiès rapporte au fujet de ce livre , que Jean Sambuc étant allé en Hollande exprès pour voir *Junius*, on lui dit qu'il étoit à boire avec des charretiers, ce qui ayant perfuadé à Sambuc qu'un homme fi crapuleux n'étoit pas digne de fa curiofité , il repartit fur le champ fans vouloir le voir. *Junius* l'ayant fçu, crut devoir fe juftifier ; il foutint que le *Nomenclateur* de toutes chofes , devoit voir toute forte de gens , n'y en ayant point qui ne puiffent lui apprendre les noms & les termes de leur art, de leur métier , de leur profeffion. *Junius* avoit beaucoup voyagé, ce qui apprend encore à ne dédaigner aucun état.

Né à Horn en Hollande , en 1511, fa réputation répandue fur-tout dans le nord , l'avoit fait choifir pour précepteur du prince royal de Danemarck ; mais n'ayant pu s'accommoder ou du climat , ou de la nation , ou de la cour, il revint en Hollande en 1564, & mourut en 1575, à Armuiden, près Middelbourg, de chagrin d'un malheur bien fenfible en effet pour un homme de lettres , celui d'avoir vu fa Bibliothèque pillée par les Efpagnols dans les guerres qu'entraîna le foulèvement des Pays-Bas.

2°. François, né à Bourges en 1545 , mort en 1602, à Leyde , où il avoit été fait profeffeur de théologie en 1597. On a de lui des commentaires & d'autres ouvrages fur l'Ecriture-Sainte. Nous ignorons s'il étoit de la même famille que le précédent.

3°. François , fils de ce premier François , étoit très-verfé dans la connoiffance des langues feptentrionales & des langues orientales. Né à Heidelberg , il paffa trente ans en Angleterre , chez le comte d'Arondel ; il mourut à Windfor, chez le fameux Ifaac Voffius fon neveu , en 1678, étant alors âgé de quatre-vingt-neuf ans. Il a beaucoup écrit auffi fur la Bible & fur la concorde des quatre Evangiles. On a encore de lui un Traité *de Piçturâ Veterum* , & un gloffaire en cinq langues , où il recherche l'origine des langues du Nord. Ce dernier ouvrage n'a été publié que long-temps après fa mort , en 1745 , par un favant anglois , M. Edouard Lye.

JUNTES, (Les) (*Hift. Litt. mod.*) célèbres imprimeurs d'Italie. Philippe commença en 1494, à imprimer à Gênes ; il mourut vers l'an 1519. Bernard, fon frère ou fon coufin , n'eut pas moins de célébrité. Les éditions greeques de Philippe *Junte* font fort eftimées.

JUREUR , f. m. *jurator* , ( *Hift. mod.* ) on nommoit ainfi celui qui parmi les Francs , fe purgeoit par ferment d'une accufation ou d'une demande faite contre lui.

Il faut favoir que la loi des Francs ripuaires , différente de la loi falique , fe contentoit pour la décifion des affaires , des feules preuves négatives. Ainfi, celui contre qui on formoit une demande ou une accufation, pouvoit dans la plupart des cas , fe juftifier en jurant avec un certain nombre de témoins qu'il n'avoit point fait ce qu'on lui imputoit ; & par ce moyen il étoit abfous de l'accufation.

Le nombre des témoins qui devoient jurer, augmentoit felon l'importance de la chofe ; il alloit quelquefois à foixante-douze , & on les appelloit *jureurs* , *juratores*.

La loi des Allemands porte que jufqu'à la demande de fix fols , on s'en purgera par fon ferment , & celui de deux *jureurs* réunis. La loi des Frifons exigeoit fept *jureurs* pour établir fon innocence dans le cas d'accufation d'homicide. On voit par notre ancienne hiftoire que l'on requéroit dans quelques occafions , outre le ferment de la perfonne , celui de dix ou de douze *jureurs* , pour pouvoir obtenir fa décharge ; ce qu'on exprimoit par ces mots , *cum fextâ , feptimâ , octavâ , decimâ* , &c. *manu jurare*.

Mais perfonne n'a fu tirer un parti plus heureux de la loi des *jureurs* que Frédégonde. Après la mort de Chilpéric , les grands du royaume & le refte de la nation , ne vouloient point reconnoître Clotaire , âgé de 4 mois , pour légitime héritier de la couronne ; la conduite peu régulière de la mère faifoit douter que fon fils fût du fang de Clovis. Je crains bien , difoit Gontran fon propre oncle , que mon neveu ne foit le fils de quelque feigneur de la cour ; c'étoit même bien honnête à lui de ne pas craindre quelque chofe de pis : cependant trois cents perfonnes confidérables de la nation ayant été promptement gagnées par la reine , vinrent jurer avec elle , que Clotaire étoit véritablement fils de Chilpéric. A l'ouie de ce ferment , & à la vue d'un fi grand nombre de *jureurs* , les craintes & les fcrupules s'évanouirent ; Clotaire fut reconnu de tout le monde , & de plus fut furnommé dans la fuite Clotaire le Grand, titre qu'il ne méritoit à aucun égard. ( *D. J.* )

JURIEU , (Pierre) ( *Hift. du Calvinifme.* ) On peut dire de ce fougueux miniftre , *la main de Jurieu contre tous & la main de tous contre lui*. Il écrivit contre les Catholiques & contre les Hérétiques , contre les amis & contre les ennemis , contre le P. Maimbourg & contre Bayle , contre l'afnage de Beauval , contre Saurin , contre Jacquelot , contre Arnauld , contre Nicole , contre Boffuet , & tous ces auteurs écrivirent contre lui ; mais prefque tous lui firent trop d'honneur , fur-tout Boffuet , qui daigna réfuter prefque férieufement toutes les indections prophétiques que *Jurieu* tiroit de l'Apocalypfe & de Daniel , pour prouver dans le temps de la révocation de l'édit de Nantes , que la perfecution contre le calvinifme finiroit en l'an 1710 ou 1715 , plus ou moins ; car , difoit le prophète , *Dieu dans fes prophéties, n'y regarde regardé pas de si près* ; & après tout , *Jurieu* ne voulut pas marquer le jour précis de la mort de Louis XIV ou de M. de Louvois.

La fureur de *Jurieu* contre Bayle , avec qui l'intérêt d'une même caufe fembloit devoir l'unir , vient , à ce qu'on croit , de ce qu'au jugement de tous leurs frères , Bayle avoit mieux défendu cette caufe contre le P. Maimbourg , que ne l'avoit fait *Jurieu* ; d'autres attribuent cette haine à une autre jaloufie ; ils difent que Madame *Jurieu* & Bayle , qui pour un favant étoit affez aimable , avoient dû goût l'un pour l'autre , & qu'à force de répéter que *Jurieu* , qui voyoit tant de chofes dans l'Apocalypfe , ne voyoit pas ce qui fe paffoit chez lui , on parvint à lui ouvrir les yeux fur ce commerce.

*Jurieu* étoit françois , il étoit né dans le diocèfe de Blois ; il étoit fils d'un miniftre , auquel il fuccéda dans le miniftère. Il étoit neveu de Rivet & de du Moulin. Il avoit d'abord enfeigné la théologie & l'hébreu à Sedan. Ce fut là , dit-on , que Madame *Jurieu* connut Bayle & l'aima. Dans la fuite , *Jurieu* s'étant retiré à Rotterdam , ce fut , dit-on , le motif qui engagea Bayle à choifir le même afyle. Quoi qu'il en foit , *Jurieu* , après être tombé en enfance , long-temps avant l'âge où ce malheur arrive le plus communément , mourut en 1713 , à Rotterdam. Il étoit né en 1637.

JURIN , Jacques (*Hift. Litt. mod.*) fecrétaire de la Société Royale de Londres , & préfident des médecins de cette ville. Ses écrits ont beaucoup contribué à répandre la méthode de l'inoculation. Il a rendu les obfervations météorologiques plus communes & plus exactes ; il a utilement concouru au progrès & de la médecine & des mathématiques. Il étoit zélé Newtonien. Mort en 1750.

JURTES ou JURTI , ( *Hift. mod.* ) c'eft ainfi que les Ruffes nomment les habitations des nations tartares qui font en Sibérie. Chaque famille occupe une cabane formée par des échalas fichés en terre , & recouverts d'écorce de bouleau ou de peaux d'animaux , pour fe garantir des injures de l'air. On laiffe au milieu du toit , qui a la forme d'un cône , une ouverture pour la fortie de la fumée. Quand un tartare ne trouve plus que l'endroit où il avoit placé fa *jurte* lui convienne , il l'abandonne , & va avec fa famille conftruire une autre *jurte* dans un lieu plus commode. *Voyez* Gmelin , *voyage de Sibérie.* ( *A. R.* )

JUSSIEU , ( *Hift. Litt. mod.* ) nom à jamais illuftre dans la botanique. Antoine & Bernard frères , tous deux de l'Académie des Sciences , tous deux grands botaniftes , tous deux nés à Lyon , Antoine en 1686 ; Bernard en 1699 ; tous deux attachés au Jardin du Roi ; ont porté au plus haut degré la fcience qu'ils profeffoient , & ont beaucoup voyagé dans cette vue. On a d'Antoine un Difcours imprimé fur les progrès de la botanique , & une multitude de Mémoires très-curieux , tant fur la botanique que fur d'autres objets , dans le Recueil de l'Académie des Sciences. Il mourut le 22 Avril 1758.

Bernard le furpaffa encore par les connoiffances botaniques. C'eft à lui qu'on doit l'édition de l'Hiftoire des Plantes qui naiffent aux environs de Paris , par M. de Tournefort. On lui doit auffi le Cèdre du Liban , qui manquoit au Jardin du Roi. Il eut le plaifir de voir les deux pieds de cet arbre , qu'il avoit apportés d'Angleterre dans fon chapeau , croître par fes foins , & porter leurs cimes au-deffus des plus grands arbres. Le célèbre Linné , quand il ignoroit quelque chofe en botanique , difoit : il n'y a que Dieu ou M. de Juffieu , qui le fache , *aut Deus , aut dominus de Juffieu.* M. de *Juffieu* fut appellé par Louis XV , à Trianon , pour préfider à l'arrangement d'un Jardin des Plantes. Il eut de fréquents entretiens avec le monarque , qui goûtoit également fon favoir , fa firhplicité , fa candeur ; mais il ne retira de ce commerce , dit M. le marquis de Condorcet, « le plaifir toujours piquant , même » pour un philofophe , d'avoir vu de près un même » de qui dépend le fort de vingt millions d'hommes. » Il ne demanda rien , & on ne lui donna rien , pas » même le rembourfement des dépenfes que fes fré- » quents voyages lui avoient caufés. Ce trait rappelle un petit fait du même genre , dont les acteurs ne peuvent pas encore être nommés. Un homme du caractère de M. de *Juffieu* , rempliffoit en province , un emploi , auquel il étoit très-fupérieur ; un magiftrat qui voyageoit pour s'inftruire , parce qu'il étoit déjà très-inftruit , devoit paffer & féjourner dans le lieu qu'habitoit cet homme ; on homme d'état , & fa place grand difpenfateur d'emplois , dit au voyageur : vous verrez un tel homme ; je vous prie de le diftinguer & de l'honorer ; c'eft un homme d'un talent rare & d'un défintéreffement égal à fon talent. Il mérite ce que les autres demandent , & il ne m'a jamais rien demandé. Le voyageur , qui aimoit à plaire , fe fit un plaifir de rendre ce propos obligeant à celui qui en étoit l'objet. —Il vous a dit , Monfieur , que je n'avois jamais rien demandé ? —— Oui, Monfieur , en propres termes. —— *Et vous a-t-il dit ce que j'avois obtenu ?* Le voyageur rendit auffi cette réponfe à l'homme d'état, lequel rougit en homme jufte , qui fe fent convaincu d'un tort auquel il n'avoit pas même penfé. M. de *Juffieu* mourut en 1777. C'eft à lui qu'on doit la découverte de l'efficacité de l'eau de Luce ou Luffe , contre la mor- fure des vipères. Voici l'hiftoire de cette découverte , telle qu'on la trouve dans le Mercure de feptembre 1747 , pages 8 & 9.

«Un homme qui fuivoit à une herborifation du » juillet 1747 , M. de *Juffieu* , ayant voulu prendre » une vipère , en fut mordu à la main droite d'abord , » enfuite à la gauche , & de nouveau encore à la » main droite ; parce qu'il , repaffoit alternativement » l'animal d'une de fes mains dans l'autre ; il n'avoit » d'abord pris cette vipère que pour une couleuvre ; » mais il fut bientôt défabufé par M. de *Juffieu* , qui » ayant heureufement fur lui de l'alkali volatil liquide, » (c'étoit de l'eau de Luffe) imagina d'en faire prendre » au malade douze gouttes ; fes bras , malgré cela , en- » flèrent jufqu'auprès de l'épaule ; on lui avoit mis des » ligatures , qu'il fallut lui ôter , parce qu'il en étoit

» trop incommodé; le malade eut des maux de cœur;
» on le conduifit à un quart de lieue, & de temps à
» autre, des étudiants qui l'accompagnoient, lui fai-
» foient prendre de l'eau de Luffe ; en arrivant au
» cabaret, on le fit coucher, & il prit un bouillon,
» dans lequel un des étudiants fit diffoudre du fel alkali
» volatil ; de temps à autre, on continua à lui en
» donner ; il eut un léger tranfport, il vomit fon
» diner & fe trouva mieux après d'abondantes fueurs ;
» la poitrine & le bas-ventre ne furent point attaqués ;
» il continua, après la curation principale, qui fut
» complette en fix heures, l'ufage de l'alkali volatil,
» & M. de Juffieu, pour foulager & calmer les dou-
» leurs & les engourdiffements qu'il avoit au bras, fit
» encore diffoudre du fel ammoniac dans de l'huile
» d'olive, & en frotta les playes & les enflures, ce qui
» fut continué pendant quelques jours, ainfi que l'ufage
» intérieur du fel alkali volatil, que l'on peut donner
» fans danger dans les liquides ou du bouillon. »

JUSTE-LIPSE. ( Voyez LIPSE. )

JUSTEL, (Chriftophe) ( Hift. Litt. mod. ) favant
très-verfé dans l'hiftoire de l'églife & des conciles.
C'eft fur les Recueils de Juftel, qu'Henri Juftel fon
fils, non moins favant que lui, & Guillaume-Noël,
ont publiés à Paris, en deux volumes in-fol. l'ouvrage
célèbre, intitulé : Bibliotheca juris canonici veteris.
On a encore de Chriftophe Juftel, le Code des Canons
de l'Eglife univerfelle, & l'Hiftoire généalogique de la
maifon d'Auvergne. Juftel, né à Paris en 1580, y
mourut en 1649. Henri, fon fils, mourut à Londres
en 1693.

JUSTICIER D'ARRAGON, ( Hift. d'Efpagne. ) c'é-
toit le chef, le préfident des états d'Arragon, depuis
que ce royaume fut féparé de la Navarre en 1035,
jufqu'en 1478 que Ferdinand V, roi de Caftille,
réunit toute l'Efpagne en fa perfonne. Pendant cet intervalle de temps, les Arragonois avoient reffervé
l'autorité de leurs rois dans des limites étroites. Ces
peuples fe fouviennent encore, dit M. de Voltaire,
de l'inauguration de leurs fouverains. Nos que valé-
mos tanto como vos, os hazemos nueftro rey, y fenor,
con tal que guardeis nueftros fueros, fe no, no. » Nous
» qui fommes autant que vous, nous vous faifons
» notre roi, à condition que vous garderez nos loix ;
» fi non, non. » Le jufticier d'Arragon prétendoit que
» ce n'étoit pas une vaine cérémonie, & qu'il avoit
» le droit d'accufer le roi devant les états, & de pré-
» fider au jugement. Il eft vrai néanmoins que l'Hif-
» toire ne rapporte aucun exemple qu'on ait ufé de
» ce privilége. ( D. J. )

JUSTIN, (Saint) ( Hift. Ecclef. ) docteur de
l'Eglife, qui vivoit fous les règnes d'Antonin &
de Marc-Aurèle, & qui eft auteur de deux Apologies
pour les Chrétiens & d'autres ouvrages tous relatifs
du Chriftianifme. On en a plufieurs éditions eftimées,
entre lefquelles il faut fur-tout diftinguer l'édition in-
folio qu'a donnée Dom Pruden. Maran, en 1742.
Saint-Juftin fouffrit le Martyre l'an 167.

JUSTIN, ( Hift. des Empereurs. ) né dans un vil-

lage de la Thrace, fut, comme fon père, gardien de
pourceaux & enfuite de bœufs, il quitta ces fonctions abjectes pour fe faire charpentier ; ennuyé de
ce nouvel état, il s'enrôla dans la milice, où s'étant
diftingué par fon courage & fa capacité, il paffa par
tous les dégrés avant de parvenir à l'empire. Ce fut
plutôt par fon adreffe que par fon mérite qu'il s'en
fraya le chemin. Un eunuque l'ayant fait dépofitaire
d'une fomme confidérable pour gagner les fuffrages de
l'armée en faveur de Théocritien ; il s'en fervit pour
fe faire élire ; dès qu'il fut monté fur le trône, il fit
oublier fa naiffance, & quoique fon éducation eût été
celle d'un barbare, il fembloit qu'il étoit né dans la
pourpre. Les impôts furent adoucis ; les loix furent
réformées, & les abus furent corrigés ; il parut perfuadé
que pour être heureux, il falloit favoir faire des heureux foi-même. Les déferts étoient peuplés d'exilés qui
avoient fouffert pour la foi. Les Ariens, jufqu'alors perfécuteurs, furent perfécutés à leur tour; la protection qu'il
accorda aux orthodoxes leur devint funefte. Théodoric
crut devoir ufer de repréfailles, & l'Occident dont il
régloit le deftin, fut expofé aux perfécutions de l'ennemi des partifans de la Divinité de Jéfus-Chrift. Juftin
aimé de fes fujets, & fur-tout, des orthodoxes, mourut en 514, après avoir nommé Juftinien, fils de fa
fœur, pour lui fuccéder. Son règne fut heureux, mais
il ne gouverna l'empire que pendant neuf ans. (T-N.)

JUSTIN II, furnommé le jeune ; fils de la fille de
Juftinien, lui fuccéda à l'empire d'Orient. Les premiers
jours de fon règne furent fouillés par le meurtre de
fon plus proche parent, qu'il fit étrangler dans fon
palais, parce qu'il avoit des droits à l'empire ; il fe fit
apporter la tête qu'il eut l'indignité de fouler aux pieds.
Juftin trop borné pour gouverner un grand état, en
abandonna les rênes à fa femme Sophie. Il fit une
paix glorieufe avec les Perfes, & le tribut que fes prédéceffeurs avoient eu la baffeffe de payer aux Perfes,
fut aboli : Narfès qui avoit le commandement des armées, remporta fur les Goths une victoire qui lui mérita le gouvernement d'Italie. L'impératrice, qui haïffoit
ce grand capitaine parce qu'il étoit eunuque, écouta
les envieux de fa gloire, qui l'accuferent d'avoir abufé
de fon pouvoir dans fon gouvernement. Sophie rappe-
la Narfès à Conftantinople, & joignant l'infulte à
la difgrace, elle lui manda qu'il n'étoit propre qu'à
manier des fufeaux. Ce guerrier offenfé d'une raillerie
qui lui rappelloit fa mutilation, lui manda qu'il alloit
lui ourdir une trame qu'elle auroit bien de la peine à
démêler. Les Lombards venoient d'envahir la Pannonie,
ce fut par fes confeils qu'ils firent une invafion dans
l'Italie, dont il leur facilita l'entrée. Ils y fonderent un
empire qui fubfifta 204 ans, depuis Alboin jufqu'à
Didier qui en fut le dernier roi. Les Perfes ravagerent
en même-temps les provinces de l'Orient : Juftin, après
avoir perdu Narfès, n'avoit plus de général à leur oppofer ; il étoit fujet à des accès de frénéfie qui ne lui
laiffoient que quelques intervalles de raifon. Il mourut
d'un mal de pied l'onzième année de fon regne, l'an
571 de Jéfus-Chrift. ( T-N. )

JUSTIN, ( Hift. Litt. ) hiftorien latin, qu'on

croit avoir vécu dans le second siècle. C'est l'abbré-
viateur de Trogue-Pompée, & on attribue à cet abbrégé
la perte de Trogue-Pompée. On a une bonne traduction de Justin de M. l'Abbé Paul, le même qui a
traduit Velléius Paterculus.

**JUSTINIANI** ou **GIUSTINIANI**, (Bernard)
(*Hist. Litt. mod.*) élevé aux premieres charges de
Venise sa patrie, mort en 1489, à quatre-vingt-un
ans, est auteur d'une *histoire de Venise*, depuis son
origine jusqu'en 809. D'autres Justiniani, les uns de la
même famille que Bernard, les autres d'une famille
différente, ont acquis aussi quelque nom dans les
lettres, entr'autres l'abbé Bernard *Justiniani*, qui a
donné en Italien, sur la fin du dix-septième siècle,
*l'origine des Ordres Militaires.*

**JUSTINIEN**, (*Histoire des Empereurs*) fils de la
sœur de Justin l'ancien, monta sur le trône d'Orient
après la mort de son oncle. Il étoit né dans un village
de la Dardanie de parens obscurs, qui vivoient du
travail de leurs mains. Quoiqu'il paroisse que Justin
l'avoit désigné son successeur, quelques-uns lui reprochent de n'être monté sur le trône que par l'assassinat
de Vitellien qui, sous le dernier regne, avoit joui de
toute l'autorité, dont il pouvoit abuser pour envahir
l'empire. Il eut d'habiles généraux, & sur-tout Bélisaire
& Narsès, qui les firent triompher en Orient & dans
l'Italie. Le premier signala sa valeur contre les Perses,
dont il fit un grand carnage dans plusieurs combats.
Il les força de repasser l'Euphrate, & de se renfermer
dans leurs possessions. Bélisaire, pacificateur de l'Orient,
entra dans Constantinople avec les honneurs du triomphe. Ce grand capitaine fut ensuite employé contre les
Goths, qu'il chassa de Rome dont ils s'étoient emparés.
Après avoir détruit leur domination dans l'Italie, il
passa en Afrique contre les Vandales, qui furent presque
tous exterminés. Gélimer, qu'il fit prisonnier, servit
d'ornement à son triomphe. Tandis que Bélisaire rétablissoit le calme dans la Mauritanie, Narsès, autre
général de *Justinien*, exterminoit les restes des Goths
épars dans l'Italie. *Justinien*, par-tout triomphant par
la valeur de ses généraux, voulut encore être le législateur de l'empire. Les loix étoient alors sans force &
sans vigueur, parce qu'elles étoient ignorées. Dix jurisconsultes furent chargés de les tirer de la confusion où
elles étoient tombées, & ce fut le savant Trébonien
qui présida à leur travail. Tandis que l'empire triomphoit par les armes d'habiles généraux, & que l'ordre
étoit rétabli par la sagesse des loix, *Justinien*, sans
génie & sans mœurs, se faisoit détester par ses vices.
Il prit pour femme Théodora, qui avoit monté sur
le théâtre, & qui s'étoit rendue moins célèbre par ses
talens que par ses prostitutions. Sa nouvelle grandeur
ne la rendit pas plus réservée. Son mari donna par
elle, lui abandonna le soin de l'empire. Les peuples
asservis aux caprices de cette courtisane, murmurèrent
sans oser être rebelles. Les provinces gémirent sous le
poids des impôts. *Justinien* devenu avare en vieillissant,
accrédita les accusateurs qui supposoient beaucoup de
coupables pour multiplier les confiscations. Il se mêla

des contestations qui déchiroient le sein de l'Eglise, &
s'étant laissé infecter des erreurs d'Eutiches, il persécuta les orthodoxes, qui n'ont pas ménagé sa mémoire. Il savoit qu'il étoit détesté, & cette idée, au
lieu de le corriger, le rendit plus cruel. Les papes
Anastase, Silvestre & Vigile, ne purent apprivoiser
ce monstre farouche, dont ils essuyèrent la persécution.
*Justinien* environné d'ennemis & de mécontens, mourut chargé de la haine publique à l'âge de quat-
vingt-deux ans; il en avoit régné trente-deux. Ce fut
dans son siècle que l'usage de la soie passa de la Perse
dans la Grece.

**JUSTINIEN II**, surnommé, *le jeune*, étoit fils de
Constantin Pogonat, dont il fut le successeur à l'empire
d'Orient en 685. Il n'avoit que seize ans lorsqu'il parvint à l'empire. Son début fut marqué par des victoires,
mais l'éclat par les cruautés qu'il exerça contre
ses frères auxquels il fit couper le nez, afin qu'ainsi
défigurés ils fussent jugés indignes de gouverner. Les
Sarrasins vaincus furent obligés de lui restituer plusieurs provinces ; il ne leur accorda la paix qu'à des
conditions humiliantes pour eux. Tandis qu'il triomphoit
au-dehors, l'intérieur de l'empire étoit en proie à ses
cruautés. Importuné des plaintes de ses sujets opprimés,
il ordonna à l'eunuque Etienne, son favori, de mettre
le feu à Constantinople, & d'ensevelir sous les flammes
en une seule nuit tous les habitans de cette ville immense. Cet ordre barbare fut découvert & prévenu,
le peuple se révolta contre ce nouveau Néron, &
Léonce fut proclamé empereur ; il fit couper le nez à
*Justinien*, qui fut relégué dans la Chersonnèse, où il
languit pendant sept ans. Trébellius, roi des Bulgares,
pour entretenir les divisions de l'empire, le tira de sa
retraite & le rétablit sur le trône : ses fautes & ses malheurs ne le rendirent ni plus humain, ni plus sage ; il
ne goûta le plaisir de son rétablissement que par celui
de la vengeance. Léonce & Tibere Absimare, qui
avoient occupé le trône pendant le temps de sa dégradation, expirèrent dans les tortures, & leurs partisans
eurent les yeux crevés. Toutes les fois qu'il se mou-
choit, il prononçoit un arrêt contre un de ceux qui
avoient adhéré au parti de ses deux rivaux. Quoiqu'il
eût juré la paix avec les Arabes & les Bulgares, il leur
déclara la guerre ; mais ses mauvais succès le firent
repentir d'avoir violé la foi des traités. Il fut plus heureux contre les Sarrasins qu'il força d'abandonner l'Afrique. Il se préparoit à ravager la Chersonnèse, lorsqu'il fut assassiné avec son fils Tibere par Philippique
Bardane, qu'il avoit condamné à l'exil. Ce mauvais
prince s'érigea en théologien ; il convoqua des conciles où ses décisions devinrent des décrets. Les papes
s'opposèrent à cet abus ; mais il avoit la force en
main. Ce fut en 711 que l'empire fut délivré de ce
prince devenu le fléau du genre humain. Ses ministres,
aussi avares & aussi cruels que lui, attentèrent à la vie
& au droit de propriété des citoyens, les plus riches &
les plus vertueux. Il furent tous enveloppés dans la
ruine de leur indigne maître, qui les avoit fait servir
à l'exécution de ses crimes. *Justinien II* fut le dernier de
la famille d'Héraclius. (T-N.)

JUVÉNAL, ( *Decius Junius Juvenalis* )( *Hist. Litt. Rom.* ) Poëte latin , fameux par ses satyres , vivoit & écrivoit sous Néron & sous Domitien. Voilà qui suffit pour l'absoudre de l'hyperbole que Boileau lui -a reproché. Nous ne voyons pas qu'il ait plus exagéré que Tacite la peinture des mœurs de ce temps-là. « L'histoire de ces temps déplorables, dit M. du Saulx , traducteur de *Juvénal* , n'est qu'une liste » le perfidies , d'empoisonnemens & d'assassinats. » Dans ces conjonctures , *Juvénal* méprise l'arme » légère du ridicule.. , ... Il saisit le glaive de la » satyre. ... C'est un censeur incorruptible , c'est un » Poëte bouillant qui s'élève quelquefois avec son » sujet jusqu'au ton de la tragédie.... Chez lui tout » est grave , tout est imposant ; ou s'il rit , son rire est » encore plus formidable que sa colère : il ne s'agit » par-tout que du vice & de la vertu , de la servitude » & de la liberté , de la folie & de la sagesse. » Sa devise est dans ses écrits : *vitam impendere vero*. Il a peu loué : le malheur des temps l'en dispensoit. Nous ne voyons pas qu'il refuse les éloges mérités. Maltraite-t-il le préfet Pégasus , lorsqu'il l'appelle

> *Optimus atque*
> *Interpres legum sanctissimus ?*

La restriction qu'il met à cet éloge est - elle bien desobligeante ?

> *Omnia quamquam*
> *Temporibus diris tractanda putabat inermi*
> *Justitiâ ?*

Ne peint-il pas de couleurs aimables la vieillesse aimable de Vibius Crispus ?

> *Venit & crispi ] jucunda senectus ,*
> *Cujus erant mores qualis facundia , mite*
> *Ingenium. Maria ac terras populosque regenti ,*
> *Quis comes utilior , si clade & peste sub illâ*
> *Sævitiam damnare & honestum afferre liceret*
> *Consilium.*

Est-ce là un foible éloge , & si ce Crispus ne faisoit pas tout le bien que la vertu peut faire , est-ce à lui que le poëte s'en prend ? Ne loue-t-il pas jusqu'à sa dextérité qui desarma ou contint la tyrannie ? Et dira-t-on qu'il soit injuste envers Domitien lorsqu'il ajoute ,

> *Sed , quid violenius aure tyranni ?*
> *Cum quo de pluviis , aut æstibus , aut nimbosô*
> *Vere locuturi fatum pendebat amici ?*
> *Ille igitur nunquam direxit brachia contrâ*
> *Torrentem ; nec civis erat qui libera posset*
> *Verba animi proferre & vitam impendere vero.*
> *Sic multas hyemes atque octogesima vidit*
> *Solstitia , his armis , illâ quoque tutus in aulâ .*

Il est des temps sans doute où d'oser dire ce que les tyrans osent faire , s'appelle manque de respect , misanthropie , fanatisme républicain , il fallut que les

Burrhus même & les Sénèque félicitassent Néron sur le bonheur qu'il avoit eu d'assassiner sa mère : mais *Juvénal* seroit le premier des satyriques si la vertu étoit le premier besoin des hommes : il l'est donc pour tout esprit droit , & pour toute ame honnête. Horace écrivit en courtisan adroit , *Juvénal* en citoyen zélé : « l'un ne laisse rien à desirer à un esprit délicat & » voluptueux , l'autre satisfait pleinement une ame » forte & rigide. »

On sait le jugement que Boileau a porté de *Juvénal* :

> *Juvénal* élevé dans les cris de l'école ,
> Poussa jusqu'à l'excès sa mordante hyperbole ;
> Ses ouvrages tout pleins d'affreuses vérités ,
> Etincèlent pourtant de sublimes beautés :
> Soit que sur un écrit arrivé de Caprée
> Il brise de Séjan la statue adorée :
> Soit qu'il fasse au Conseil courir les Sénateurs
> D'un Tyran soupçonneux pâles adulateurs :
> Ou , que , poussant à bout la luxure latine ,
> Aux portefaix de Rome il vende Messaline :
> Ses écrits pleins de feu par-tout brillent aux yeux.

« De ces beaux vers , dit M. du Saulx , les deux » premiers sont passés en proverbe , on cite rare- » ment les autres. » Si le fait est vrai , c'est une grande injustice , car dans ces vers il n'y a de répréhensibles que les deux premiers. Que veut dire :

> *Juvénal* élevé dans les cris de l'école ?

Il semble qu'on parle d'un sophiste ou d'un pédant , Qui reconnoîtroit à ce tableau l'éloquente & vertueuse colère de *Juvénal* ? Les autres vers sont admirables , & caractérisent parfaitement trois des plus belles satyres , celle *des vœux* , où une si brillante Poësie enrichit une Philosophie si profonde ; *celle du Turbot* , où la tyrannie de Domitien & la bassesse des Sénateurs font rire d'indignation ; celle *des femmes* , où le tableau des prostitutions de Messaline , suffiroit pour dégoûter à jamais du vice. Bien loin de reprocher à *Juvénal* sa sainte indignation , qui peut quelquefois faire pâlir sous le da s les tyrans & les pervers , je reprocherois plutôt à Horace celle qu'il n'a pas en parlant de certains crimes , & l'enjouement avec lequel il raisonne sur les plus grandes horreurs.

> *Scevæ vivacem crede nepoti*
> *Matrem ; nil faciet sceleris pia dextera ; mirum !*
> *Ut neque calce lupus quemquam neque dente petit bos :*
> *Sed mala tollet anum vitiato melle cicuta ,*
> *Cum gladio uxorem interimis , matremque veneno ,*
> *Incolumi capite es ?–Quid enim ?–Neque tu hoc facis Argis ,*
> *Nec ferro ut demens genitricem occidit Orestes.*
> *An tu reris eum occisâ insanisse parente ,*
> *Ac non antè malis dementem actum furiis , quàm*
> *In matris jugulo ferrum tepefecit acutum ?*

Il faut oser le dire , je n'aime ni cette froideur

demi-plaifante ; en parlant de crimes atroces, ni cette excufe fournie aux plus grands crimes dans une fuppofition gratuite de démence.

Domitien exila *Juvénal*, âgé de quatre-vingt ans, fur les frontières de l'Egypte & de la Lybie, mais après la mort du tyran, le poëte revint de fon exil, & paffa une plus heureufe vieilleffe fous les règnes de Nerva & de Trajan. On croit qu'il mourut l'an 128 de J. C.

JUVENAL DES URSINS. (*Voyez* URSINS) (DES.)

JUVENEL DE CARLENCAS, (Felix de) (*Hist. Litt. mod.*) de l'Académie des Belles-Lettres de Marfeille, auteur des *Principes de l'hiftoire & des effais fur l'hiftoire des Sciences, des Belles-Lettres & des Arts.* Né à Pézénas en 1679, mort auffi à Pézenas le 12 avril 1760.

# KAB

**KABANI**, f. m. ( *Hift. mod.* ) nom qu'on donne dans le Levant à un homme public, dont les fonctions répondent à celles d'un notaire parmi nous : pour que les actes ayent force en juftice, il faut qu'il les ait dreffés. Il a auffi l'infpection du poids des marchandifes. Pocok, *Defcription d'Egypte.* ( *A. R.* )

**KABBADE**, ou **CABBADE**, f. m ( *Hift. mod.* ) habit militaire des grecs modernes ; il fe portoit fous un autre. Il étoit court, ferré, fans plis, ne defcendoit que jufqu'au joint de la jambe, ne fe boutonnoit qu'au bas de la poitrine avec de gros boutons ; fe ceignoit d'une ceinture, & étoit bordé d'une frange, que la marche faifoit paroître en ouvrant le *kabbade.* On croit que c'eft le fagum des Romains, qui avoit dégénéré chez les Grecs ; l'empereur & le defpote portent le *kabbade* pourpre ou violet. ( *A. R.* )

**KABIN**, f. m ( *Hift. mod.* ) mariage contracté chez les Mahométans pour un certain temps feulement.

Le *Kabin* fe fait devant le cadi, en préfence duquel l'homme époufe une femme pour un certain tems, à condition de lui donner une certaine fomme à la fin du terme, lorfqu'il la quittera.

Quelques auteurs difent que le *Kabin* n'eft permis que chez les Perfes, & dans la fecte d'Ali ; mais d'autres affurent qu'il l'eft auffi parmi les Turcs. Ricaut, *de l'Empire Ottoman.* ( *A. R.* )

**KADARD**, ou **KADARI**, f. m. ( *Hift. mod.* ) non d'une fecte mahométane, qui nie la prédeftination dont les Turcs font grands partifans, & qui foutient la doctrine du libre-arbitre dans toute fon étendue. ( *A. R.* )

**KADESADELITES**, f. m. pl. ( *Hift. mod.* ) fecte de mahométans, dont le chef nommé Birgali Effendi, inventa plufieurs cérémonies qui fe pratiquent aux funérailles. Lorfqu'on prie pour les ames des défunts, l'iman ou prêtre, crie à haute voix aux oreilles du mort, qu'il fe fouvienne qu'il n'y a qu'un dieu & qu'un prophête. Les Ruffiens &. d'autres chrétiens renégats qui ont quelqu'idée confufe du purgatoire & de la prière pour les morts, font attachés à cette fecte. Ricaut *de l'Emp. Ottom.* ( *A. R.* )

**KADOLE**, f. m. ( *Hift. mod.* ) miniftre des chofes fecrettes de la religion, aux myfteres des grands dieux. Les *kadoles* étoient chez les Hétruriens, & chez les Pélafges, ce qu'étoient les Camilles chez les Romains. Ils fervoient les prêtres dans les facrifices, & dans les fêtes des morts & des grands dieux. ( *A. R.* )

**KADRI**, f. m. ( *Hift. mod.* ) efpèce de moines turcs qui pratiquent de très-grandes auftérités ; ils vont tous nuds, à l'exception des cuiffes, en fe tenant les mains jointes, & danfent pendant fix heures de fuite, &c

# KAD

même quelquefois pendant un jour entier fans difcontinue, répétant fans ceffe *hu*, *hu y hui*, qui eft un des noms de Dieu, jufqu'à ce qu'ils tombent à terre la bouche remplie d'écume, & le corps tout couvert de fueur. Le grand vifir Kuproli fit fupprimer cette fecte comme indécente, & comme deshonorante pour la religion mahométane ; mais après fa mort elle reprit vigueur & fubfifte encore aujourd'hui. *Voyez* CANTEMIR, *Hift. Ottoman.* ( *A. R.* )

**KAIN**, ( Henri - Louis Le ) ( *Hift. Litt. mod.* ) acteur dont la mémoire ne périra jamais chez les amateurs de la tragédie, étoit né à Paris en 1729. Avant de débuter à la Comédie Françoife, il s'étoit exercé chez M. de Voltaire, à Paris, fur un théâtre particulier. M. de Voltaire l'appelloit *fon grand acteur*, *fon Garrick*, *fon enfant chéri*, & cependant il ne le vit jamais fur le Théâtre François ; tout le temps que *Le Kain* a occupé la fcène, mefure exactement le temps où M. de Voltaire a été abfent de Paris. *Le Kain* débuta en 1750, peu de temps après le départ de M. de Voltaire pour la Pruffe ; & quand M. de Voltaire, âgé de quatre-vingt-quatre ans, revint triomphant & mourir dans fa patrie, après-vingt-fept ans d'abfence, il apprit que *Le Kain*, fur lequel il comptoit pour embellir fon triomphe, venoit de mourir le 8 février 1778. Perfonne ne mieux peint que M. de de la Harpe, le talent de cet acteur,

« Ce fentiment profond de la tragédie, cette expreffion fi frappante de toutes les paffions, dont la vérité n'étoit jamais au-deffous des convenances de l'art ni de la dignité de la fcène, a été le talent particulier de l'acteur que nous pleurons, le principe de fes fuccès, la partie qui doit-vu le plus anciennement notre théâtre, avouent que dans cette partie, perfonne n'a pu lui être comparé.

» Il ne falloit rien moins que cette fenfibilité fi heureufe & fi rare pour vaincre les difficultés qui s'offrirent à lui au commencement de fa carrière & fuppléer à ce qui lui manquoit du côté des avantages extérieurs & des dons naturels. On lui reprochoit, lorfqu'il parut, les défauts de la figure & de la voix. C'eft ici que l'art & le travail vinrent à fon fecours. Il s'accoutuma à donner à fa phyfionomie & à fes traits, une expreffion vive & marquée, qui en faifoit difparoître les défagrémens. Il fut dompter fon organe, naturellement un peu lourd, & le plier à la facilité du débit, néceffaire dans les momens tranquilles ; car, dès que fon rôle la permettoit, fa voix, en fe paffionnant, devenoit intéreffante, & portoit au fond de l'ame, les accents de l'amour malheureux, de la vengeance, de la jaloufie, de la fureur, du défefpoir, ... c'étoient de

» ces cris déchirants que la douleur arrête au paffage,
» & qui n'en vont que plus avant dans le cœur ;
» c'étoient de ces fanglois, tels qu'on les a encore
» entendus dans *Vendôme* avec tant de tranfport, lorf-
» qu'il difoit :

    Vous avez mis la mort dans ce cœur outragé.

» Ces grands effets n'ont été connus que de lui, &
» c'eft ainfi qu'il étoit parvenu non-feulement à faire
» oublier les défauts de fon vifage, mais même à
» produire une telle illufion, que rien n'étoit plus
» commun que d'entendre des femmes s'écrier, en
» voyant Orofmane ou Tancréde : *comme il eft beau !*
» mouvement qui leur faifoit honneur, & qui prouve
» qu'aux yeux des femmes qui connoiffent le prix de
» l'amour, la véritable beauté de l'homme eft la fen-
» fibilité de fon ame, & que le plus beau de tous eft
» celui qui fait le mieux les aimer. . . . . .

» La fatigue de fes rôles étoit en proportion de la
» fenfibilité qu'il y mettoit. Son expreffion. . . . étoit
» le tourment d'une ame bouleverfée, qui retenoit en-
» core en-dedans plus qu'elle ne produifoit au-dehors ;
» fes cris & fes larmes étoient des fouffrances ; le feu
» fombre & terrible de fes regards, le grand caractère
» imprimé fur fon front, la contraction de tous fes
» mufcles, le tremblement de fes lèvres, le renver-
» fement de tous fes traits, tout manifeftoit un cœur
» trop plein, qui avoit befoin de fe répandre ; & qui
» fe répandoit fans fe foulager ; on entendoit le bruit
» de l'orage intérieur ; & quand il quittoit le théâtre,
» on le voyoit encore comme l'ancienne Pythie, acca-
» blé du Dieu qu'il portoit dans fon fein ».

Voilà ce qui n'a pu être ainfi obfervé, ainfi exprimé
que par un auteur de tragédies, qui a lui-même le
talent d'un excellent acteur.

Le début de *Le Kain* dura dix-fept mois, au travers des applaudiffements du public & des contradictions particulières. Le parterre le défendit contre les
loges, ce qui n'eft pas à la louange des Loges. Louis XV
prononça entre ces deux puiffances, en difant : *il m'a
fait pleurer, moi qui ne pleure guère. Le Kain* fut reçu
fur ce mot.

On a retenu de lui une réponfe noble & fenfée à
un militaire, qui comparant fon traitement avec celui
d'un acteur, en prenoit occafion de parler des comédiens, avec ce mépris que l'ignorance & la fottife,
voudroient pouvoir conferver pour leur état en jouiffant de leurs talents : *ch ! comptez-vous pour rien,
Monfieur*, lui dit Le Kain, *le droit que vous croyez
avoir de me dire en face, tout ce que je viens d'entendre ?*

KALENTAR ou KALÁNTAR, f. m. ( *Hift.
mod.* ) c'eft ainfi qu'on nomme en Perfe, le premier
magiftrat municipal d'une ville, dont la dignité répond
à celle de maire en France. Il eft chargé de recueillir
les impôts, & quelquefois il fait les fonctions de fous-
gouverneur. ( *A. R.* ).

KALLAHOM, f. m. ( *Hift. mod.* ) c'eft un des pre-

miers officiers ou miniftres du royaume de Siam, dont
la place lui donne le droit de commander les armées &
d'avoir le département de la guerre, des fortifications,
des armes, des arfenaux & magafins. C'eft lui qui fait
toutes les ordonnances militaires ; cependant les éléphans font fous les ordres d'un autre officier ; on prétend
que ceux des armées du roi de Siam font au nombre
de dix mille ; ce qui cependant paroit contre toute-
vraifemblance. ( *A. R.* )

KAMEN, ( *Hift. mod.* ) Ce mot fignifie *roche* en
langue ruffienne. Les nations Tartares & Payennes
qui habitent la Sibérie ont beaucoup de refpect pour
les roches, fur-tout celles qui font d'une forme fingulière ; ils croyent qu'elles font en état de leur faire du
mal, & fe détournent lorfqu'ils en rencontrent dans
leur chemin ; quelquefois pour fe les rendre favorables,
ils attachent à une certaine diftance de ces *kamens* on
roches, toutes fortes de guenilles de nulle valeur. *Voyez*
Gmelin, *voyage de Sibérie.* ( *A. R.* )

KAM-HI, ( *Hift. de la Chine* ) célèbre empereur
de la Chine, contemporain de Louis XIV, & qui
avoit auffi de la grandeur. Il étoit petit-fils du prince
Tartare qui avoit conquis la Chine en 1644. Il monta
fur le trône en 1661, & mourut en 1722. Il aimoit
les fciences & les arts de l'Europe, il cherchoit à
s'en inftruire ; & par cette raifon, fouffroit dans fes
états les miffionnaires Européens. Les miffionnaires difputèrent fur les cérémonies religieufes de la Chine ;
les Jacobins, en haine des Jéfuites, jugèrent les Chinois athées, & accusèrent les Jéfuites d'une indulgence
trop politique pour cet athéifme. Cette queftion eft
encore aujourd'hui un problème.

Quand on dit que *Kam-Hi* aimoit les fciences, il
faut comprendre que c'étoit avec les reftrictions que
le defpotifme apporte toujours à toutes les inclinations
vertueufes : par exemple, il vouloit favoir la géographie, mais il trouvoit fort mauvais qu'un empire auffi
noble que le fien, & qui avoit été conquis par fon
aïeul, ne fait pas placé au centre du monde, & il
l'y fit placer dans la Carte Chinoife du monde, qu'il
fit faire à Pekin, par le jéfuite Matthieu Ricci. En
effet, un defpote eft fait pour corriger la nature,
quand elle ne fait pas fon devoir & qu'elle arrange
mal les chofes ; & Xerxès châtia bien. l'Hellefpont,
qui avoit manqué de refpect à fes vaiffeaux.

On dit que *Kam-Hi* pouffoit fort loin la curiofité, qu'il vouloit tout connoître par lui-même, &
faifoit des expériences fur tout. Un jour il s'enivra
pour connoître les effets du vin. Peut-être ne croyoit-
il pas que cette liqueur oât troubler la raifon d'un
defpote comme celle d'un homme ordinaire.

KAN, f. m. ( *Hift. des Tartar.* ) titre de grande
dignité chez les Tartares. Nos voyageurs l'écrivent ce
nom de fix ou fept manières différentes, comme
*Kan, Kaan, Khan, Khagan, Kam, Chaam, Cham,*
& ces variétés d'orthographe forment autant d'articles d'une même chofe, dans le Dictionnaire de Trevoux. Tous les princes ou fouverains des peuples tartares
qui habitent une grande partie du continent de l'Afie,

prennent le titre de *kan*, mais ils n'ont pas tous la même puissance.

Les Tartares de la Crimée, pays connu dans l'antiquité sous le nom de Chersonèse taurique, où les Grecs portèrent leurs armes & leur commerce, professent le Mahométisme, & obéissent à un *kan* dont le pays est sous la protection des Turcs. Si les Tartares de la Crimée se plaignent de leur *kan*, la Porte le dépose sous ce prétexte. S'il est aimé, du peu e, c'est encore un plus grand crime, dont il est plûtôt puni; ainsi la plûpart des *kans* de cette contrée passent de la souveraineté à l'exil, & finissent leurs jours à Rhodes, qui est d'ordinaire leur prison & leur tombeau. Cependant le sang ottoman dont les *kans* de Crimée sont descendus, & le droit qu'ils ont à l'empire des Turcs, au défaut de la race du grand-seigneur, rendent leur famille respectable au sultan même, qui n'ose la détruire, & qui de plus est obligé de nommer à la place du *kan* qu'il dépossède, un autre prince qui soit du même sang.

Le *kan* des Tartares koubans ne reconnoit point les ordres du grand-seigneur, & s'est maintenu libre jusqu'à ce jour.

Quoique le *kan* des Tartares mongules de l'ouest soit sous la protection de la Chine, cette soumission n'est au fond qu'une soumission précaire, puisque loin de payer le moindre tribut à l'empereur chinois, il reçoit lui-même des présents magnifiques de la cour de Péking, & en est fort redouté; car s'il lui prenoit jamais fantaisie de se liguer avec les Calmouks, le monarque qui siège aujourd'hui dans l'empire de la Chine, n'auroit qu'a se tenir bien ferme sur le trône.

Les Tartares du Daghestan ne sont pas seulement indépendants de leurs voisins, à cause de leurs montagnes inaccessibles; mais ils n'obéissent à leur propre *kan*, qui est élu par le chef de leur religion, qu'autant qu'il leur plait.

Les Tartares noghais n'ont point de *kan* général pour leur maître, mais seulement plusieurs chefs qu'ils nomment *Murses*.

Si les Tartares de la Casastchia orda ont un seul *kan* pour souverain, les Murses brident encore son pouvoir à leur volonté.

Enfin les Tartares circasses obéissent à divers *kans* particuliers de leur nation, qui sont tous sous la protection de la Russie.

Il résulte de ce détail que la dignité de *kan* est trés-différente chez les peuples tartares, pour l'indépendance, la puissance, & l'autorité.

Le titre de *kan* en Perse répond à celui de *gouverneur* en Europe; & nous apprenons du dictionnaire persan d'Halinti, qu'il signifie *haut*, *éminent*, *& puissant seigneur*. Aussi les souverains de Perse & de Turquie le mettent à la tête de tous leurs titres; Zingis, conquérant de la Tartarie, joignit le titre de *kan* à son nom; c'est pour cela qu'on l'appelle *Zingis-Kan*. (*D. J.*)

KANGUE, s. f. (*Hist. mod.*) supplice qui est fort en usage à la Chine, & qui consiste à mettre au col du coupable deux pièces de bois qui se joignent l'une

à l'autre, au milieu desquelles est un espace vuide pour recevoir le col. Ces pièces de bois sont si larges, que le criminel ne peut voir à ses pieds, ni porter les mains à sa bouche, en sorte qu'il ne peut manger, à moins que quelque personne charitable ne lui présente ses alimens. Ces pièces de bois varient pour la pesanteur; il y en a depuis 50 jusqu'à 200 livres : c'est la volonté du juge, ou l'énormité du crime qui décide de la pesanteur de la *kangue*, & du temps que le criminel est obligé de la porter; il succombe quelquefois sous le poids, & meurt faute de nourriture & de sommeil. On écrit la nature du crime, & le temps que le coupable doit porter la *kangue*, sur deux morceaux de papier qui sont attachés à cet instrument. Lorsque le temps est expiré, on va trouver le mandarain ou le juge qui fait une réprimande & fait donner la bastonade au coupable, après quoi il est remis en liberté. (*A. R.*)

KAN-JA, s. m. (*Hist. mod.*) c'est une fête solemnelle qui se célèbre tous les ans au Tonquin, à l'imitation de la Chine. Le bova ou roi du pays, accompagné des grands du royaume, se rend à un endroit marqué pour la cérémonie ; & il forme avec une charrue plusieurs sillons, & il finit par donner un grand repas à ses courtisans. Par cet usage le souverain veut inspirer à ses sujets le soin de l'agriculture, qui est autant en honneur à la Chine & au Tonquin, qu'elle est négligée & méprisée dans les royaumes d'Europe où l'on se croit bien plus éclairé. (*A. R.*)

KANO, s. m. (*Hist. mod. Superst.*) c'est le nom sous lequel les Negres, habitans des pays intérieurs de l'Afrique vers Sierra Léona, désignent l'Etre Suprême. Quoiqu'ils lui attribuent la toute-puissance, l'omniscience, l'immensité, ils lui refusent l'éternité, & prétendent qu'il doit avoir un successeur qui punira les crimes & récompensera la vertu. Les idées qu'il ont de la divinité ne les empêchent point de rendre tout leur culte à des esprits ou revenans qu'ils nomment *Jannanins*, & qui, selon eux, habitent les tombeaux. C'est à eux que ces negres ont recours dans leurs maux; ils leur font des offrandes & des sacrifices; ils les consultent sur l'avenir; & chaque village a un lieu où l'on honore le *Jannanin* tutelaire : les femmes, les enfans, & les esclaves sont exclus de son temple. (*A. R.*)

KANUN, sub. masc. (*Hist. mod.*) on nomme ainsi parmi les russes le repas que ces peuples font tous les ans sur les tombeaux de leurs parens. *Kanun* signifie aussi la veille d'une grande fête. Ce jour-là l'ancien de l'église en Russie & en Sibérie, brasse de la biere pour la communauté, & la donne gratuitement à ceux qui lui ont donné généreusement à la quête qu'il est dans l'usage de faire auparavant. Les Sibériens chrétiens croient ne pouvoir se dispenser de s'enivrer dans ces jours d'occasions; & ceux qui sont payens ne laissent pas de se joindre à eux dans cet acte de dévotion. *Voyez* Gmelin, *voyage de Sibérie*. (*A. R.*)

KANUNI, s. m. (*Hist. mod.*) nom de deux mois différens chez les Turcs. Le *kanuni* achir est le mois de Janvier & le *kanuni* evel est le mois de Décembre.

Achir

Achir fignifie *poftérieur* , & evel *premier*. ( *A. R.* )

KAPI , f. f. ( *Hift. mod.* ) terme qui dans les pays orientaux fignifie *porte*.

On appelle en Perfe la principale porte par où on entre chez le roi , *alla kapi* , c'eft-à-dire *porte de Dieu*. Delà vient que l'on donne au premier officier qui commande aux portes du palais du grand-feigneur le nom de *kapigki pachi*. ( *A. R.* )

KAPIGILAR KEAJASSI , f. m. ( *Hift. mod.* ) colonel ou général des gardes du grand - feigneur.

Il fait à la porte l'office de maître des cérémonies & d'introducteur de tous ceux qui vont à l'audience du fultan. Cet emploi eft fort lucratif par les commiffions dont le charge le prince , & par les préfens qu'il reçoit d'ailleurs. Il porte dans fa fonct on une vefte de brocard à fleurs d'or , fourrée de zibelines, le gros turban comme les vifirs , & une canne à pomme d'argent. C'eft lui qui remet au grand-vifir les ordres de fa hauteffe. Il commande aux capigis & aux capigis bachis, c'eft-à-dire, aux portiers & aux chefs des portiers. Guer. *mœurs des Turcs*, tom. *II*. ( *A, R.* )

KAPNION. *Voyez* REUKLIN.

KAPTUR. ( *Hift. mod.* ) nom qu'on donne en Pologne dans le tems d'un interrègne pendant la diete convoquée pour l'élection d'un roi , à une commiffion établie contre ceux qui s'aviferoient de troubler la tranquilité publique. Elle eft compofée de 19 des perfonnes les plus conftituées en dignité du royaume , & juge en dernier reffort des affaires criminelles, Hubner, *dictionn, géogr.* ( *A. R.* )

KARA-MEHEMET & KARA-MUSTAPHA, ( *Hift. Turq.* ) Le premier, bacha célèbre par fa valeur, fe diftingua aux fièges de Candie en 1669, de Kaminiek en 1672, de Vienne en 1683 , & au combat de Choczin , même année ; il fut tué d'un éclat de canon au fiège de Bude en 1684.

Le fecond, élevé à la dignité de grand - vifir par des intrigues de fultanes , fe comporta mal ou fut malheureux à la guerre , ce fut lui qui fit & qui leva le fiège de Vienne en 1643. D'autres intrigues de fultanes le firent facrifier , & il fut étranglé par ordre de Mahomet IV., le 23 décembre 1683.

KARESMA , f. m. ( *Hift. des voyages* ) forte d'hôtellerie commune en Pologne. Le *karefma* eft un vafte bâtiment de terre graffe & de bois, conftruit fur les grands chemins de Pologne pour héberger les paffans.

Ces bâtimens font compofés d'une vafte & large écurie à deux rangs, avec un efpace fuffifant au milieu pour les chariots; au bout de l'écurie eft une chambre qui mene dans un fecond réduit, nommé *comori*, où le maître du *karefma* tient fes provifions, & en particulier fon avoine & fa biere. Cette chambre eft tout enfemble grenier , cave, magafin & bouge, dit M. le chevalier de Beaujeu, qu'il faut laiffer parler ici.

La grande chambre d'affemblée a un poële & une cheminée relevée à la mode du pays comme un four,

*Hiftoire.* Tome III

Tout le monde fe loge là pêle-mêle, hommes & femmes , qui fe fervent indifféremment du feu de l'hôte ainfi que de la chambre. Tout voyageur entre fans diftinction dans ces fortes de maifons, s'y chauffe & s'y nourrit en payant à fon hôte les fourrages.

Il y a dans l'intérieur des villes capitales des efpèces d'auberges où l'on peut loger & manger, & les *karefma* y font feulement dans les fauxbourgs : mais tous les villages un peu confidérables en ont , par l'utilité qu'ils en tirent pour la vente & la confommation des denrées du pays.

Chaque feigneur fait débiter par un payfan ou par un juif qu'il crée hôte de fon *karefma* , le foin , l'avoine, la paille, la biere & l'eau-de-vie de fes domaines, & de fes brafferies, qui eft à peu près tout ce qu'on trouve à acheter dans ces fortes d'hôtelleries.

Une de leurs plus grandes incommodités , c'eft la puanteur des chambres, la malpropreté du lieu , le voifinage des chevaux, de la vache , du veau, des cochons , des poules , des petits enfans , qui font pêle-mêle avec le voyageur , & dont chacun fait fon ramage différent,

Outre cela , les jours de fêtes font redoutables, parce que le village eft affemblé dans le *karefma* , & occupé à boire , à danfer ; à fumer , & à faire un vacarme épouvantable.

Je conviens avec M. le chevalier de Beaujeu de tous ces défagrémens du *karefma* de Pologne ; mais n'eft-on pas heureux dans un pays qui eft à peine forti de la barbarie, de trouver prefque de mille en mille , à l'entrée , au milieu & à l'iffue des forêts, dans les campagnes défertes , & dans les provinces les moins peuplées , des bâtimens quelconques d'hofpitalité, où à peu de frais vous pouvez, vous, vos gens, votre compagnie, vps voitures, & vos chevaux , vous mettre à couvert des injures de l'air, vous fécher , vous chauffer, vous délaffer, vous repofer, & manger fans craindre de vol, de pillage & d'affaffinat, les provifions que vous ayez faites, ou qu'on vous procure bientôt dans le lieu même à un prix très-médiocre? ( *D. J.* )

KARKRONE , f. m. ( *Hift. mod.* ) maifon des manufactures royales en Perfe. On y fait des tapis, des étoffes d'or, de foie, de laine, des brocards, des velours, des taffetas, des jaques de maille, des fabres, des arcs, des flèches & d'autres armes. Il y a auffi des Peintres en miniature , des Orfèvres , des Lapidaires, &c. *Dictionn. de Trévoux.* ( *A. R.* )

KARLE , f. m. ( *Hift. mod.* ) mot faxon dont nos loix fe fervent pour défigner fimplement un homme, & quelquefois un domeftique ou un payfan.

Delà vient que les Saxons appellent un marin *bafs carle*, & un domeftique *hafcarle*. ( *A. R.* )

KASI , f. m. ( *Hift. mod.* ) c'eft le quatrième pontife de Perfe qui eft en même temps le fecond lieutenant civil qui juge des affaires temporelles. Il a deux fubftituts cui terminent les affaires de moindre conféquence , comme les querelles qui arrivent dans les cafés,

K k

& qui suffisent pour les occuper. *Dictionn. de Tré-vaux.* ( *A. R.* )

KASIEMATZ, f. m. ( *Hist. mod.* ) c'est le nom qu'on donne au Japon à un quartier des villes qui n'est consacré qu'aux courtisanes ou filles de joie. Les pauvres gens y placent leurs filles dès l'âge de dix ans, pour qu'elles y apprennent leur métier lubrique. Elles sont sous la conduite d'un directeur qui leur fait apprendre à danser, à chanter & à jouer de différens instrumens. Le profit qu'elles tirent de leurs appas est pour leurs directeurs ou maîtres de pension. Ces filles, après avoir servi leur temps peuvent se marier, & les Japonois sont si peu délicats qu'elles trouvent sans peine des partis ; tout le blâme retombe sur leurs parens qui les ont prostituées. Quant aux directeurs des *kasiematz*, ils sont abhorrés & mis au même rang que les bourreaux. ( *A. R.* )

KASNADAR, Bach. f. m. ( *Hist. mod.* ) Le grand trésorier en Perse ; c'est un officier considérable. Il garde les coffres du souverain rei, Chasnadar Bach. ( *A. R.* )

KAT-CHERIF, f. m. ( *Hist. mod.* ) nom que les Turcs donnent aux ordonnances émanées directement du grand-seigneur. Autrefois les sultans se donnoient la peine d'écrire leurs mandemens de leur propre main & de les signer en caractères ordinaires : maintenant ils sont écrits par des secrétaires, & marqués de l'empreinte du nom du monarque ; & quand ils n'ont que ces marques on les nomme simplement *tura* ; mais lorsque le grand-seigneur veut donner plus de poids à ses ordres, il écrit lui-même de sa propre main au haut du *tura*, ou selon d'autres au bas, ces mots, *que mon commandement soit exécuté selon sa forme & teneur* ; & c'est ce qu'on appelle *kat-cherif*, c'est-à-dire ligne noble ou *sublime lettre* ; ce sont nos lettres de cachet. Un turc n'oseroit se les ouvrir sans les porter d'abord à son front & sans les baiser respectueusement après les avoir passées sur ses joues pour en essayer la poussière. Guer. *mœurs des Turcs*, tom. *II.* Darvieux, *mem. tom. V.* ( *A. R.* )

KAVRE YSAOUL, f. m. ( *Hist mod.* ) corps de soldats qui forme le dernier & le cinquième de ceux qui composent la garde du roi de Perse.

Ce sont des huissiers à cheval au nombre de 2000, qui ont pour chef le connétable, & en son absence le lieutenant du guet.

Ils font le guet la nuit autour du palais, écartent la foule quand le roi donne à cheval, font faire silence aux audiences des ambassadeurs, servent à arrêter les kams & les autres officiers disgraciés, & à leur couper la tête quand le roi l'ordonne. *Dict. de Trévoux.* ( *A. R.* )

KEAJA ou KIAAIA, f. m. ( *Hist. mod.* ) lieutenant des grands officiers de la Porte, ou surintendant de leur cour particulière.

Ce mot signifie proprement un député qui fait les affaires d'autrui. Les janissaires & les spahis ont le leur, qui reçoit leur paye, & la leu, distribue ; c'est comme leur syndic. Les bachas ont aussi leur *keaja* particulier, chargé du soin de leurs maisons, & de leurs provisions & équipages pour faire campagne ; le muphti a aussi son *keaja*.

Mais le plus considérable est celui du grand-visir ; outre les affaires particulières de son maître, il a très-grande part aux affaires publiques, traités, négociations, audiences à ménager, graces à obtenir, tout passe par son canal : les drogmans ou interprètes des ambassadeurs n'oseroient rien proposer au grand-visir, sans en avoir auparavant communiqué avec son *keaja* ; & les ministres étrangers eux-mêmes lui rendent visite comme aux principaux officiers de l'empire. C'est le grand-seigneur qui nomme à ce poste très-propre à enrichir celui qui l'occupe ; & dont on achete la faveur par des présens considérables. Le *keaja* a une maison en ville, & un train aussi nombreux qu'un bacha. Quand il est remercié de ses services, il est honoré de trois queues ; si on ne lui en accordoit que deux, ce seroit une marque de disgrace & de bannissement. Guer. *mœurs des Turcs*, tom. *II.* ( *A. R.* )

KEATING, ( Geoffroy ) ( *Hist. Litt.* ) prêtre irlandois, natif de Tipperary, auteur d'une histoire des Poëtes de sa nation, composée en irlandois, traduite en anglois, & imprimée magnifiquement à Londres en 1738, in-fol., avec les généalogies des principales familles d'Irlande. Mort en 1650.

KEBER, f. m. ( *Hist. mod.* ) nom d'une secte chez les Persans, qui pour la plûpart sont de riches marchands.

Ce mot signifie *infidèles*, de *kiaphir*, qui en langue turque veut dire *renegat* ; ou plûtôt l'un & l'autre viennent de *caphar*, qui en chaldéen, en syriaque & en arabe, signifie *nier*, *renier*.

Quoiqu'ils soient au milieu de la Perse, & qu'il y en ait beaucoup dans un fauxbourg d'Hispahan, on ne sait s'ils sont persans originaires, parce qu'ils n'ont rien de commun avec les Persans que la langue. On les distingue par la barbe qu'ils portent fort longue, & par l'habit qui est tout-à-fait différent de celui des autres.

Les *kebers* sont payens, mais en même temps fort estimés à cause de la régularité de leur vie. Quelques auteurs disent que les *kebers* adorent le feu comme les anciens Perses ; mais d'autres prétendent le contraire. Ils croient l'immortalité de l'ame & quelque chose d'approchant de ce que les anciens ont dit de l'enfer & des champs Elisées.

Quand quelqu'un d'eux est mort, ils lâchent de sa maison un coq, & le chassent dans la campagne ; si un renard l'emporte, ils ne doutent point que l'ame du défunt ne soit sauvée. Si cette première preuve ne suffit point, ils se servent d'une autre qui passe chez eux pour indubitable. Ils portent le corps du mort au cimetière, & l'appuyent contre la muraille soutenu d'une fourche. Si les oiseaux lui arrachent l'œil droit, on le considère comme un prédestiné ; on l'enterre avec cérémonie, & on le descend doucement & avec une corde dans la fosse ; mais si les oiseaux commencent par l'œil gauche, c'est une marque infaillible de réprobation. On a horreur comme d'un damné, & on le jette la tête la première dans la fosse. Olearius, *voyage de Perse.* ( *A. R.* )

KEBLAH, ou KIBLAH, f. m. ( *Hist. orient.* ) ce

tèrnse défigné chez les peuples orientaux le point du ciel vers lequel ils dirigent leur culte ; les Juifs tournent leur vifage vers le temple de Jérufalem : les Sabéens, vers le méridien ; & les Gaures, fucceffeurs des Mages, vers le foleil levant.

Cette remarque n'eſt pas fimplement hiſtorique ; elle nous donne l'intelligence d'un paffage curieux d'Ezéchiel, *chap. viij. v.* 16. Ce prophète ayant été tranſporté en viſion à Jérufalem, « y vit vingt-cinq » hommes entre le porche & l'autel, qui ayant le » dos tourné contre le temple de Dieu, & le viſage » tourné vers l'Orient, ſe proſternoient devant le » ſoleil ». Ce paffage fignifie que ces vingt-cinq hommes avoient renoncé au culte du vrai Dieu ; & qu'ils avoient embraffé celui des Mages. En effet, comme le Saint des Saints repoſoit dans le Shekinate, où le ſymbole de la préſence divine, étoit au bout occidental du temple. de Jérufalem, tous ceux qui y entroient pour adorer Dieu, avoient le viſage tourné vers cet endroit, c'étoit là leur *kéblah*, le point vers lequel ils portoient leur culte, tandis que les Mages dirigeoient leurs adorations en tournant le viſage vers l'Orient ; donc ces vingt-cinq hommes ayant changé de *kéblah*, prouvèrent à Ezéchiel, non-ſeulement qu'ils avoient changé de religion, mais de plus qu'ils avoient embraffé celle des Mages.

Les Mahométans ont leur *kiblah*, *kiblé*, *kéblé*, *kéblah*, comme on voudra l'écrire, vers la maiſon ſacrée, c'eſt-à-dire, qu'ils ſe tournent dans leurs prières vers le temple de la Meque, qui eſt au midi à l'égard de la Turquie ; c'eſt pourquoi dans toutes les moſquées, il y a une niche qu'ils regardent dans leur dévotion. *Voyez* MEQUE, ( *temple de la* ) *Hiſt. orient.* ( *D. J.* )

KEITH, ( Jacques ) ( *Hiſt. mod.* ) feld-maréchal des armées du roi de Pruſſe, étoit écoffois de naiſ-fance, & fils du comte-maréchal d'Ecoffe, George Keith. Il avoit eu auſſi le bâton de maréchal en Ruffie, où il avoit ſervi long-temps, & avec une grande diſtinction ; mais ce fut ſur-tout au ſervice de la Pruſſe & dans la guerre de 1756, qu'il acquit beaucoup de gloire. Il fut tué en 1758, lorſque le comte de Daun ſurprit le camp des Pruffiens à Hockirchem. Il fut honoré de la confiance particulière du roi de Pruſſe, comme Parménion de celle d'Alexandre.

KELEKS, f.m. ( *Hiſt. mod.* ) eſpèce de bateau dont on ſe ſert en Aſie pour les caravanes qui voyagent par eau. Ils contiennent 28 ou 30 perſonnes, & 10 à 12 quintaux de marchandiſes. ( *A. R.* )

KELONTER, f. m. ( *Hiſt. mod.* ) c'eſt le nom qu'on donne en Perſe au grand juge des marchands Arméniens qui ſont établis à Zulpha, l'un des faux-bourgs d'Iſpahan. C'eſt le roi de Perſe qui le choiſit dans leur nation : il a le droit de décider tous les procès qui s'élèvent entre les Arméniens ſur le fait du commerce. ( *A. R.* )

KEMPIS, ( Thomas à ) ( *Hiſt. Litt. mod.* ) C'eſt à Thomas à Kempis, chanoine régulier de l'ordre de St. Auguſtin, qu'on a tant attribué le livre de l'Imi-

tation de *J. C.*, qui paroît être reſté à Jean Gerfen, abbé de Verceil, écrivain du treizième ſiècle ; ce livre, a dit M. de Fontenelle, le plus beau qui ſoit parti de la main d'un homme, puiſque l'Evangile n'en vient pas, eſt, dit-on, traduit dans toutes les langues : on affure qu'un roi de Maroc montrant ſa biblioheque à un religieux Européen, lui fit voir ce livre traduit en turc, & lui dit qu'il en préféroit la lecture à toute autre.

Thomas à Kempis, qui n'eſt plus pour nous d'aucun intérêt, s'il n'eſt pas l'auteur de l'Imitation, naquit en 1380, au village de Kempis, dans le diocèſe de Cologne, il prit le nom, entra en 1399, chez les chanoines réguliers du Mont-Sainte-Agnès, près de Zwol, & mourut dans une extrême vieilleffe en 1471.

KEN, f. m. ( *Hiſt. modern.* ) nom de plufieurs mois lunaires qui compoſent le cycle de cinq ans des Chinois. Ken-ſu eſt le ſeptième, ken-ſchin le dix-ſeptième, ken-gin le vingt-ſeptième, ken-çu le trente-ſeptième, ken-ſhim le cinquante-ſeptième. ( *A. R.* )

KENA, f. f. ( *Hiſt. mod.* ) nom d'une plante dont les femmes tartares de la petite Buchárie ſe ſervent pour ſe teindre les ongles en rouge. Elles la font ſécher, la pulvériſent, la mêlent avec de l'alun en poudre, & laiſſent le mélange expoſé à l'air pendant 24 heures avant que de s'en ſervir. Cette couleur dure, dit-on, fort long-temps. ( *A. R.* )

KEPLER, ( Jean ) aſtronome célèbre, élève & ami de Ticho-Brahé, premier maître de Deſcartes en optique, précurfeur de Newton en phyſique ; il devina ce que Galilée a vu diſtinctement depuis, à l'aide des teleſcopes, que le ſoleil a un mouvement de rotation ſur lui-même ; il trouva de même, par la force de ſon génie, la loi ſelon laquelle les planètes ſe meuvent, loi ſi connue ſous le nom de Règle de Kepler ; on lui doit encore la découverte de pluſieurs autres loix générales de la nature ; c'étoit un homme de génie en phyſique & en aſtronomie. Il a eu, comme tout autre homme de génie, ſes erreurs & ſes foibleffes. On a de lui une multitude d'ouvrages aſtronomiques, tous en latin. Il ſentoit tout ſon mérite, & préféroit, diſoit-il, la gloire de ſes inventions à l'électorat de Saxe. Il vaut mieux en effet, être un homme de génie utile & illuſtre, qu'un ſouverain obſcur ou funeſte ; & l'empiré des talens a bien de quoi flatter l'amour-propre qu'une couronne héréditaire. Kepler faiſoit auſſi des vers ; il fit une élégie ſur la mort de Ticho-Brahé ; il fit ſa propre épitaphe, qu'il ordonna de graver ſur ſon tombeau ; & qui n'eſt pas merveilleuſe!

*Menfus eram cœlos, nunc terræ metior un bras ;*
*Mens cœleſtis erat, corporis umbra jacet.*

Horace avoit mieux dit ;

*Te maris & terræ, numeroque carentis arenæ*
*Menforem cohibent, Archita*

Kk

*Pulveris exigui propè littus parva Matinum*
*Munera, nec quidquam tibi prodeft*
*Aërias tentaffe domos, animoque rotundum*
*Percutiffe polum morituro.*

K*pler*, né à Weil, en 1571, d'une famille illuftre, mourut à Ratisbonne en 1630. Il eut un fils médecin à Kœnisberg ; dont on a quelques écrits, mais qui pouvoit dire :

Et moi, fils inconnu d'un fi glorieux père.

Né à Prague en 1607. Mort à Kœnisberg en 1663.

KÉRAMIEN, f. m. (*Hift. mod.*) nom d'une fecte de mufulmans qui a pris fon nom de Mahomet Benf Keram, fon auteur.

Les *Kéramiens* foutiennent qu'il faut entendre à la lettre tout ce que l'alcoran dit des bras, des yeux, & des oreilles de Dieu. Ainfi ils admettent le tagiaffum, c'eft-à-dire, une efpèce de corporéïté en Dieu, qu'ils expliquent cependant fort différemment entr'eux. *Dictionnaire de Trevoux.* (*A. R.*)

KÉRANA, f. f. (*Hift. mod.*) longue trompette approchant de la trompette parlante, dont les Perfans fe fervent pour crier à pleine tête.

Ils mêlent ce bruit à celui des hautbois, des timbales, des tambours, & des autres inftruments qu'ils font entendre au foleil couchant & à deux heures après minuit. *Dictionnaire de Trévoux.* (*A. R.*)

KERNE, f. f. (*Hift. mod.*) nom d'une milice d'Irlande, fantaffins. Cambden dit que les armées irlandoifes étoient compofées de cavalerie, qu'on appelloit *galloglaffes*, & de fantaffins armés à la légère, qu'on nommoit *kernes*.

Les *kernes* étoient armés d'épées & de dards garnis d'une courroie pour les retirer quand on les avoit lancés.

*Kernes* dans nos loix fignifieun *brigand*, un *vagabond*. (*A. R.*)

KEU, f. m. (*Hift. mod.*) nom de l'onzième mois de l'année & d'un des fignes du zodiaque, chez le tartare du Catai : *keu* fignifie dans leur langue *chien*.

KHAN, f. m. (*Hift. mod.*) édifice public en Turquie pour recevoir & loger les étrangers.

Ce font des efpèces d'hôtelleries bâties dans les villes & quelquefois à la campagne ; ils font prefque tous bâtis fur le même deffin, compofés de mêmes appartements, & ne diffèrent que pour la grandeur.

Il y en a plufieurs à Conftantinople, dont le plus beau eft le Validé khana, ainfi nommé du fultane Validé ou mère de Mahomet IV, qui le fit conftruire : le chevalier d'Arvieux en fait la defcription fuivante dans fes mémoires tom. IV ; & elle fuffira pour donner au lecteur une idée des autres khans.

C'eft, dit cet auteur, un grand bâtiment quarré, dont le milieu eft une vafte cour quarrée, environnée de portiques comme un cloître ; au milieu eft un grand baffin avec une fontaine : le rez-de-chauffée derrière les portiques, eft partagé en plufieurs magafins, où les négocians mettent leurs marchandifes. Il y a un fecond cloître au premier étage, & des chambres dont les portes donnent fur le cloître ; elles font affez grandes, toutes égales ; chacune a une cheminée. On les loue tant par jour ; & quoique le loyer foit affez modique, le *khan* ne laiffe pas de produire confidérablement à fes propriétaires. Deux janiffaires en gardent la porte, & on y eft dans une entière sûreté. On refpecte ces lieux comme étant fous la protection de la foi publique. Tout le monde y eft reçu pour fon argent ; on y demeure tant qu'on veut, & l'on paye fon loyer en rendant les clefs. Du refte on n'y a que le logement ; il faut s'y pourvoir de meubles & d'uftenfiles de cuifine : les Levantins la font eux-mêmes & fans beaucoup d'apprêts. Les murailles de ces *khans* font de pierre de taille ou de brique fort épaiffes ; & toutes les chambres, magafins & corridors voûtés : le toît en terraffe bien carrelé, en forte qu'on n'y craint point les incendies.

KHAN. On donne auffi en Turquie ce nom à de petits forts ou châteaux fortifiés, bâtis fur les grandes routes & à diftance des villes, pour fervir de refuge aux voyageurs. Le chevalier d'Arvieux, dans fes mémoires, dit qu'il y en avoit deux aux environs d'Alep, dont un eft ruiné. (*A. R.*)

KHAZINE, f. f. (*Hift. mod.*) tréfor du grand-feigneur.

Là on met les regiftres des recettes, des comptes des provinces, dans des caiffe cotées par années, avec les noms des provinces & des lieux. C'eft-là auffi que l'on ferre une partie des habits du grand-feigneur.

Tous les jours de divan on ouvre ce tréfor, ou pour y mettre, ou pour en retirer quelque chofe : il faut que les principaux officiers qui en ont la charge affiftent à cette ouverture. Le tchaouch-bachi lève en leur préfence la cire dont le trou de la ferrure eft fcellé ; & l'ayant porté au grand-vifir, ce miniftre le baife d'abord, & puis le regarde. Il tire enfuite de fon fein le fceau du grand-feigneur, qu'il y porte toujours, & il le donne au tchaouch-bachi, qui ayant enfermé & fcellé le tréfor, rapporte au vifir, avec la même cérémonie, le fceau qu'il en avoit reçu.

Il y a d'autres appartements où l'on enferme l'argent, & dans lefquels les officiers n'entrent jamais avec des habits qui ayent des poches. *Dictionnaire de commerce.* (*A. R.*)

KI, f. m. (*Hift. mod.*) en perfan & en turc fignifie *roi* ou *empereur*. Les anciens fophis de Perfe, avant leur nom propre mettoient fouvent le nom de *ki*. On voit dans leur hiftoire & dans la fuite de leurs monarques, *ki* Kobad, *ki* Bahman, &c. c'eft-à-dire, le roi Kobad, le roi Bahman, &c. Figueroa affure que le roi de Perfe voulant donner un titre magnifique au roi d'Efpagne, le nomme *ki* Ifpania, pour fignifier l'empereur d'Efpagne. Ricaut, *de l'emp. Ott.* (*A. R.*)

KI, ( *Hist. moder.* ) chez les Tartares Mongules ; fignifie un *étendard* qui fert à diftinguer chaque hôrde ou famille dont leur nation eft compofée.

Ils nomment encore cet étendard *kitaïka*, c'eft-à-dire, chofe faite exprès pour marquer, ou plûtôt parce que cet étendard défigne les Kitaski ou habitans du Kitay.

Ceux d'entre ces Tartares qui font mahométans, ont fur cet étendard une fentence ou paffage de l'alcoran ; & ceux qui font idolâtres, y mettent diverfes figures d'animaux, dont les unes fervent à marquer qu'ils font de telle dynaftie ou tribu, & les autres à défigner la famille particulière à laquelle appartient le nombre de guerriers qui la compofent. ( *A. R.* )

KI, f. m. ( *Hist. mod.* ) nom de la fixième partie du fecond cycle des Khataïens & des Iguriens ; ce cycle joint au premier cycle, qui eft duodénaire, fert à compter leurs jours qui font au nombre de foixante, & qui, comme les nôtres, qui ne font qu'au nombre de fept, forment leur femaine.

Le mot *ki* fignifie *poule* ; il marque auffi le dixième mois de l'année dans les mêmes contrées.

Chez les Chinois, le *ki* eft le nom de plufieurs mois lunaires des foixante de leur cycle de cinq ans. Le ki-fu eft le fixième ; le ki-muo, le feizième ; le ki-cheu, le vingt-fixième ; le ki-ha, le trente-fixième ; le ki-yeu, le quarante - fixième ; le ki-vi, le cinquante-fixième.

Au refte, *ki* eft toujours le fixième de chaque dixaine. *Voyez* le dictionnaire de Trévoux. (*A. R.*)

KIA, f. m. ( *Hist. mod.*) nom de plufieurs mois du cycle de cinq ans des Chinois. Le *kia-fu* eft le premier ; le *kia-fio*, l'onzième ; le *kia-shen*, le vingt-unième : le *kia-u*, le trente-unième ; le *kia-shin*, le quarante-unième ; le *kia-yin*, le cinquante-unième.

D'où l'on voit que le *kia* eft le premier de tous, & le premier de chaque dixaine. ( *A. R.* )

KIAKKIAK, f. m. ( *Hist. mod.* ) *Mythol.* ) c'eft le nom d'une divinité adorée aux Indes orientales, dans le royaume de Pégu. Ce mot fignifie le *dieu des dieux*. Le dieu *Kiakkiak* eft repréfenté fous une figure humaine, qui a vingt aulnes de longueur, couchée dans l'attitude d'un homme qui dort. Suivant la tradition du pays, ce dieu dort depuis 6 mille ans, & fon réveil fera fuivi de la fin du monde. Cette idole eft placée dans un temple fomptueux, dont les portes & les fenêtres font toujours ouvertes, & dont l'entrée eft permife à tout le monde. ( *A. R.* )

KIBLATH, f.m. (*Hist. mod.*) les Mahométans nomment ainfi l'endroit vers lequel ils tournent la face à la Meque pour faire leurs prières. Dans toutes les mofquées des Mahométans, il y a une ouverture du côté de la Meque, afin l'on fache de quel côté on doit fe tourner pour que fa prière foit agréable à Dieu & à Mahomet fon envoyé. ( *A. R.* )

KIHAIA ou KIEHAIA, ou KETCHUDABERG, f. m. (*Hist. mod.*) nom que donnent les Turcs à un offi-

cier qui eft le lieutenant général du grand-vifir. C'eft l'emploi le plus confidérable de l'empire Ottoman ; en effet, il faut que toutes les affaires paffent par fes mains ; & que toutes les ordonnances de l'empereur aient fon attache, fans quoi les bachas ne fe croient pas obligés d'en tenir compte. On dit de lui communément : le *kihaia* eft pour moi le *vifir* ; le *vifir* eft mon *fultan*, & le *fultan* n'eft pas plus que le *refte des Mufulmans*. Tant il eft vrai que les defpotes font les premiers efclaves de leur pouvoir fans bornes, quand ils ne peuvent l'exercer par eux-mêmes. Le grand-vifir ne peut point faire un *kiahia* fans l'agrément du fultan. *Voyez* Cantemir, *Hiftoire ottomanne*. ( *A. R.* )

KILARGI BACHI, f. m. ( *Hist. mod.* ) chef de l'échanfonnerie, ou grand échanfon de l'empereur des Turcs. Cet officier eft un des principaux de la maifon du fultan, & eft fait bacha lorfqu'il fort de fa charge. Le Kilarquet odari, fon fubftitut, a en garde toute la vaiffelle d'or & d'argent du ferrail. Ces officiers, comme prefque tous les autres du grand feigneur, font tirés du corps des Ichoglans. ( *A. R.* )

KING, ( *Hist. mod. Philosoph.* ) ce mot fignifie *doctrine fublime*. Les Chinois donnent ce nom à des livres qu'ils regardent comme facrés, & pour qui ils ont la plus profonde vénération. C'eft un mélange confus de myftères incompréhenfibles, de préceptes religieux, d'ordonnances légales, de poéfies allégoriques, & de traits curieux tirés de l'hiftoire chinoife. Ces livres qui font au nombre de cinq, font l'objet des études des lettrés. Le premier s'appelle *y-kin* ; les Chinois l'attribuent à Fohi leur fondateur ; ce n'eft qu'un amas de figures hiéroglyphiques, qui depuis long-temps ont exercé la fagacité de ce peuple. Cet ouvrage a été commenté par le célèbre Confucius, qui, pour s'accommoder à la crédulité des Chinois, fit un commentaire très-philofophique fur un ouvrage rempli de chimères, mais adopté par fa nation ; il tâcha de perfuader aux Chinois, & il parut lui-même convaincu, que les figures fymboliques contenues dans cet ouvrage renfermoient de grands myftères pour la conduite des états. Il réalifa en quelque forte ces vaines chimères, & il en tira méthodiquement d'excellentes inductions. Dès que le ciel & la terre furent produits, dit Confucius, tous les autres êtres matériels exiftèrent ; il y eut des animaux des deux fexes ; quand le mâle & la femelle exiftèrent, il y eut mari & femme, il y eut père & fils ; quand il y eut père & fils, il y eut prince & fujet. Delà, Confucius conclut l'origine des loix & des devoirs de la vie civile. Il feroit difficile d'imaginer de plus beaux principes de morale & de politique ; c'eft dommage qu'une philofophie fi fublime ait elle-même pour bafe un ouvrage auffi extravagant que le *y-king*.

Le fecond de ces livres a été appellé *chu-king*. Il contient l'hiftoire des trois premières dynafties. Outre les faits hiftoriques qu'il renferme, & de l'authenticité defquels tous nos favans européens ne conviennent

*Pulveris exigui propè littus parva Matinum*
*Munera, nec quidquam tibi prodest*
*Aërias tentasse domos, animoque rotundum*
*Percurriffe polum morituro.*

*Kepler*, né à Weil, en 1571, d'une famille illuftre, mourut à Ratisbonne en 1630. Il eut un fils médecin à Konisberg, dont on a quelques écrits, mais qui pouvoit
dire :

Et moi , fils inconnu d'un fi glorieux père.

Né à Prague en 1607. Mort à Konisberg en 1663.

KÉRAMIEN , f. m. ( *Hift. mod.* ) nom d'une fecte
de mufulmans qui a pris fon nom de Mahomet Benf
Keram, fon auteur.

Les *Kéramiens* foutiennent qu'il faut entendre à la
lettre tout ce que l'alcoran dit des bras, des yeux,
& des oreilles de Dieu. Ainfi ils admettent le tagiaffum , c'eft-à-dire , une efpèce de corporéité en Dieu,
qu'ils expliquent cependant fort différemment entr'eux.
*Dictionnaire de Trevoux*. ( *A. R.* )

KÉRANA , f. f. ( *Hift. mod.* ) longue trompette
approchant de la trompette parlante , dont les Perfans
fe fervent pour crier à pleine tête.

Ils mêlent ce bruit à celui des hautbois, des timbales, des tambours , & des autres inftruments qu'ils
font entendre au foleil couchant & à deux heures
après minuit. *Dictionnaire de Trévoux*. ( *A. R.* )

KERNE , f. f. ( *Hift. mod.* ) nom d'une milice
d'Irlande , fantaffins. Cambden dit que les armées
irlandoifes étoient compofées de cavalerie , qu'on
appelloit *galloglaffes* , & de fantaffins armés à la
légère , qu'on nommoit *kernes*.

Les *kernes* étoient armés d'épées & de dards garnis d'une courroie pour les retirer quand on les avoit
lancés.

*Kernes* dans nos loix fignifie un *brigand*, un *vagabond*.
( *A. R.* )

KEU , f. m. ( *Hift. mod.* ) nom de l'onzième mois
de l'année & d'un des fignes du zodiaque , chez le
tartare du Cataï : *keu* fignifie dans leur langue *chien*.

KHAN , f. m. ( *Hift. mod.* ) édifice public en Turquie pour recevoir & loger les étrangers.

Ce font des efpèces d'hôtelleries bâties dans les
villes & quelquefois à la campagne ; ils font prefque tous bâtis fur le même deffin, compofés de
mêmes appartements , & ne diffèrent que pour la
grandeur.

Il y en a plufieurs à Conftantinople , dont le plus
beau eft le Validé khana , ainfi nommé de la fultane
Validé ou mère de Mahomet IV, qui le fit conftruire :
le chevalier d'Arvieux en fait la defcription fuivante
dans fes mémoires tom. IV ; & elle fuffira pour donner au lecteur une idée des autres *khans*.

C'eft, dit cet auteur , un grand bâtiment quarré,
dont le milieu eft une vafte cour quarrée , environnée
de portiques comme un cloître ; au milieu eft un

grand baffin avec une fontaine : le rez-de-chauffée
derrière les portiques , eft partagé en plufieurs magafins , où les négociants mettent leurs marchandifes. Il
y a un fecond cloître au premier étage , & des chambres dont les portes donnent fur le cloître ; elles font
affez grandes , toutes égales ; chacune a une cheminée. On les loue tant par jour ; & quoique le loyer
foit affez modique , le *khan* ne laiffe pas de produire
confidérablement à fes propriétaires. Deux janiffaires
en gardent la porte , & on y eft dans une entière
fûreté. On refpecte ces lieux comme étant fous la
protection de la foi publique. Tout le monde y eft
reçu pour fon argent ; on y demeure tant qu'on veut,
& l'on paye fon loyer en rendant les clefs. Du refte
on n'y a que le logement ; il faut s'y pourvoir de
meubles & d'uftenfiles de cuifine : les Levantins la
font eux-mêmes & fans beaucoup d'apprêts. Les
murailles de ces *khans* font de pierre de taille ou de
brique fort épaiffes ; & toutes les chambres , magafins
& corridors voûtés : le toit en terraffe bien carrelé, en
forte qu'on n'y craint point les incendies.

KHAN. On donne auffi en Turquie ce nom à de
petits forts ou châteaux fortifiés , bâtis fur les grandes
routes & à diftance des villes , pour fervir de refuge
aux voyageurs. Le chevalier d'Arvieux , dans fes mémoires , dit qu'il y en avoit deux aux environs d'Alep,
dont un eft ruiné. ( *A. R.* )

KHAZINE , f. f. ( *Hift. mod.* ) tréfor du grand-
feigneur.

Là on met les regiftres des recettes , des comptes
des provinces , des caiffe cotées par années ,
avec les noms des provinces & des lieux. C'eft-là
auffi que l'on ferre une partie des habits du grand-
feigneur.

Tous les jours de divan on ouvre ce tréfor, ou
pour y mettre , ou pour en tirer quelque chofe : il
faut que les principaux officiers qui en ont la charge
affiftent à cette ouverture. Le tchaouch-bachi lève en
leur préfence la cire dont le trou de la ferrure eft
fcellé ; & l'ayant porté au grand-vifir , ce miniftre
le baife d'abord , & puis le regarde. Il tire enfuite
de fon fein le fceau du grand-feigneur , qu'il y porte
toujours , & il le donne au tchaouch-bachi , qui
ayant enfermé & fcellé le tréfor , rapporte au vifir,
avec la même cérémonie , le fceau qu'il en avoit
reçu.

Il y a d'autres appartements où l'on enferme l'argent, & dans lefquels les officiers n'entrent jamais avec
des habits qui ayent des poches. *Dictionnaire de com-*
*merce*. ( *A. R.* )

KI , f. m. ( *Hift. mod.* ) en perfan & en turc fignifie
*roi* ou *empereur*. Les anciens fophis de Perfe , avant
leur nom propre mettoient fouvent le nom de *ki*. On
voit dans leur hiftoire & dans la fuite de leurs monarques, *ki* Kobad , *ki* Bahman , &c. c'eft-à-dire , le
roi Kobad, le roi Bahman , &c. Figueroa affure que le
roi de Perfe voulant donner un titre magnifique au
roi d'Efpagne , le nomme *ki* Ifpania , pour fignifier
l'empereur d'Efpagne. Ricaut, *de l'emp. Ott.* ( *A. R.* )

Kı, ( *Hist. moder.* ) chez les Tartres Mongules ; ſignifie un *étendard* qui ſert à diſtinguer chaque horde ou famille dont leur nation eſt compoſée.

Ils nomment encore cet étendard *kitaïka*, c'eſt-à-dire, choſe faite exprès pour marquer, ou plûtôt parce que cet étendard déſigne les Kitaski ou habitans du Kitay.

Ceux d'entre ces Tartares qui ſont mahométans, ont ſur cet étendard une ſentence ou paſſage de l'alcoran ; & ceux qui ſont idolâtres, y mettent diverſes figures d'animaux , dont les unes ſervent à marquer qu'ils ſont de telle dynaſtie ou tribu , & les autres à déſigner la famille particulière à laquelle appartient le nombre de guerriers qui la compoſent. ( *A. R.* )

Kı, ſ. m. ( *Hist. mod.* ) nom de la ſixième partie du ſecond cycle des Khataïens & des Iguriens ; ce cycle joint au premier, cycle , qui eſt duodénaire , ſert à compter leurs jours qui ſont au nombre de ſoixante , & qui , comme les nôtres, qui ne ſont qu'au nombre de ſept , forment leur ſemaine.

Le mot *ki* ſignifie *poule* ; il marque auſſi le dixième mois de l'année dans les mêmes contrées.

Chez les Chinois, le *ki* eſt le nom de pluſieurs mois lunaires des ſoixante de leur cycle de cinq ans. Le ki-ſu eſt le ſixième ; le ki-muo , le ſeizième ; le ki-cheu , le vingt-ſixième ; le ki-ha, le trente-ſixième ; le ki-yeu , le quarante - ſixième ; le ki-vi, le cinquante-ſixième.

Au reſte , *ki* eſt toujours le ſixième de chaque dixaine. *Voyez le dictionnaire de Trévoux.* ( *A. R.* )

KIA , ſ. m. ( *Hist. mod.* ) nom de pluſieurs mois du cycle de cinq ans des Chinois. Le *kia-çu* eſt le premier ; le *kia-ſſo* , l'onzième ; le *kia-shen* , le vingt-unième : le *kia-u*, le trente-unième ; le *kia-shin* , le quarante-unième ; le *kia-yin* , le cinquante-unième.

D'où l'on voit que le *kia* eſt le premier de tous , & le premier de chaque dixaine. ( *A. R.* )

KIAKKIAK, ſ. m. ( *Hist. mod.* ) *Mythol.* ) c'eſt le nom d'une divinité adorée aux Indes orientales, dans le royaume de Pégu. Ce mot ſignifie le *dieu des dieux.* Le dieu *Kiakkiak* eſt repréſenté ſous une figure humaine, qui a vingt aulnes de longueur, couchée dans l'attitude d'un homme qui dort. Suivant la tradition du pays , ce dieu dort depuis 6 mille ans , & ſon réveil ſera ſuivi de la fin du monde. Cette idole eſt placée dans un temple ſomptueux, dont les portes & les fenêtres ſont toujours ouvertes, & dont l'entrée eſt permiſe à tout le monde. ( *A. R.* )

KIBLATH, ſ. m. ( *Hist. mod.* ) les Mahométans nomment ainſi l'endroit vers lequel ils tournent la face à la Meque pour faire leurs prières. Dans toutes les moſquées des Mahométans, il y a une ouverture du côté de la Meque, par laquelle on ſache de quel côté on doit ſe tourner pour que ſa prière ſoit agréable à Dieu & à Mahomet ſon envoyé. ( *A. R.* )

KIHAIA ou KIEHAIA , ou KETCHUDABERG, ſ. m. ( *Hist. mod.* ) nom que donnent les Turcs à un officier qui eſt le lieutenant général du grand-viſir ; C'eſt l'emploi le plus conſidérable de l'empire Ottoman ; en effet , il faut que toutes les affaires paſſent par ſes mains ; & que toutes les ordonnances de l'empereur aient ſon attache, ſans quoi les bachas ne ſe croient pas obligés d'en tenir compte. On dit de lui communément : *le kihaia eſt pour moi le viſir ; le viſir eſt mon ſultan , & le ſultan n'eſt pas plus que le reſte des Muſulmans.* Tant il eſt vrai que les deſpotes ſont les premiers eſclaves de leur pouvoir ſans bornes, quand ils ne peuvent l'exercer par eux-mêmes. Le grand-viſir ne peut point faire un *kiahia* ſans l'agrément du ſultan. *Voyez* Cantemir , *Histoire ottomanne.* ( *A. R.* )

KILARGI BACHI , ſ. m. ( *Hist. mod.* ) chef de l'échanſonnerie , ou grand échanſon de l'empereur des Turcs. Cet officier eſt un des principaux de la maiſon du ſultan , & eſt fait bacha lorſqu'il ſort de ſa charge. Le Kilarquet odari , ſon ſubſtitut, a en garde toute la vaiſſelle d'or & d'argent du ſerrail. Ces officiers, comme preſque tous les autres du grand ſeigneur, ſont tirés du corps des Ichoglans. ( *A. R.* )

KING , ( *Hist. mod. Philosoph.* ) ce mot ſignifie *doctrine ſublime.* Les Chinois donnent ce nom à des livres qu'ils regardent comme ſacrés, & pour qui ils ont la plus profonde vénération. C'eſt un mélange confus de myſtères incompréhenſibles, de préceptes religieux, d'ordonnances légales, de poéſies allégoriques , & de traits curieux tirés de l'hiſtoire chinoiſe. Ces livres qui ſont au nombre de cinq, font l'objet des études des lettrés. Le premier s'appelle *y-kin*; les Chinois l'attribuent à Fohi leur fondateur ; ce n'eſt qu'un amas de figures hiéroglyphiques, qui depuis long-temps ont exercé la ſagacité de ce peuple. Cet ouvrage a été commenté par le célèbre Confucius, qui , pour s'accommoder à la crédulité des Chinois, fit un commentaire très-philoſophique ſur un ouvrage rempli de chimères, mais adopté par ſa nation ; il tâcha de perſuader aux Chinois, & il parut lui-même convaincu , que les figures ſymboliques contenues dans cet ouvrage renfermoient de grands myſtères pour la conduite des états. Il réaliſa en quelque ſorte ces vaines chimères, & il en tira méthodiquement d'excellentes inductions. Dès que le ciel & la terre furent produits , dit Confucius , tous les autres êtres matériels exiſtèrent ; il y eut des animaux des deux ſexes ; Quand le mâle & la femelle exiſtèrent, il y eut mari & femme, il y eut père & fils ; quand il y eut père & fils , il y eut prince & ſujet. De-là, Confucius conclut l'origine des loix & des devoirs de la vie civile. Il ſeroit difficile d'imaginer de plus beaux principes de morale & de politique ; c'eſt dommage qu'une philoſophie ſi ſublime ait elle-même pour baſe un ouvrage auſſi extravagant que le *y-king*.

Le ſecond de ces livres a été appelé *chu-king*. Il contient l'hiſtoire des trois premières dynaſties. Outre les faits hiſtoriques qu'il renferme, & de l'authenticité deſquels tous nos ſavants européens ne conviennent pas, on y trouve de beaux préceptes & d'excellentes maximes de conduite.

Le troisième, qu'on nomme *chi-king*, est un recueil de poësies anciennes, partie dévotes & partie impies, parties morales & partie libertines, la plupart très-froides. Le peuple accoutumé à respecter ce qui porte un caractère sacré, ne s'apperçoit point de l'irréligion, ni du libertinage de ces poësies; les docteurs qui voyent plus clair que le peuple, disent pour la défense de ce livre, qu'il a été altéré par des mains profanes.

Le quatrième & le cinquième *king* ont été compilés par Confucius. Le premier est purement historique, & sert de continuation au *chi-king*; l'autre traite des rites, des usages, des cérémonies légales, des devoirs de la société civile.

Ce font là les ouvrages que les Chinois regardent comme sacrés, & pour lesquels ils ont le respect le plus profond; ils font l'objet de l'étude de leurs lettrés, qui passent toute leur vie à débrouiller les mysteres qu'ils renferment. ( *A. R.* )

KIRCHER, ( Athanase ) ( *Hist. Litt. mod.* ) Le père *Kircher*, jésuite savant, & mathématicien célèbre, grand antiquaire, souvent trompé dans ce genre par des ignorans, qui se plaisent à tirer des savans cette vengeance. On a de lui plusieurs ouvrages, dont le plus célèbre est le *Mundus subterraneus*; les autres font ou des descriptions de monumens antiques, ou des traités de physique ou de mathématiques plus ou moins connus, plus ou moins estimés, & qui lui ont acquis à la fois la réputation d'un savant & celle d'un visionnaire. Le P. *Kircher* étoit de Fulde, il professoit à Vitzbourg en Franconie; il passa de là en France, puis à Avignon, puis à Rome, où il mourut en 1680, âgé de 79 ans.

KIRKE, ( *Hist. d'Anglet.* ) On se rappelle encore avec horreur à Londres, les violences de quelques généraux de Jacques II, les barbaries du colonel *Kirke* & de son régiment de bourreaux, qu'il appelloit *ses agneaux*, cette multitude d'exécutions militaires qu'il faisoit faire au son des instrumens, *parce que*, disoit-il, *cette danse avoit besoin de musique*, le raffinement avec lequel il faisoit suspendre & recommencer à plusieurs reprises, une même exécution; ce qu'il appelloit *ses expériences*, parce que, dans les intervalles, il interrogeoit de nouveau ses victimes, pour savoir ce qu'elles avoient souffert, & quelle étoit la disposition de leur ame.

On raconte qu'une jeune fille, pour sauver la vie à son frère, ayant consenti avec beaucoup de répugnance & de remords, à passer une nuit avec le colonel Kirke, il ouvrit le lendemain matin une fenêtre qui donnoit sur la place, & fit voir à cette fille le corps de son frère pendu au gibet, spectacle qui pénétra cette malheureuse d'une telle horreur qu'elle en perdit la raison. L'histoire avoit déja rapporté un fait semblable arrivé dans les états du duc de Bourgogne, Charles le Téméraire. C'étoit une femme, qui pour sauver la vie à son mari, & de concert avec lui, ayant cédé aux tyranniques instances du gouverneur d'une place, en fut ainsi trahie. Le duc de Bourgogne

fit une justice exemplaire de cette atroce perfidie; il commença par obliger le gouverneur d'épouser cette femme pour lui rendre l'honneur, & il le fit perdre ensuite; il ne paroît pas que Jacques II. ait puni le colonel Kirke, & dans ses principes, on concevroit cette indulgence si le colonel avoit été catholique, mais il étoit protestant, il avoit même refusé au roi Jacques de se faire catholique, en disant pour unique motif de son refus qu'il avoit promis à l'empereur de Maroc de se faire musulman, s'il changeoit jamais de religion. En effet il avoit vécu long-temps chez les Maures.

KIRRIS, f. m. ( *Hist. mod.* ) especé de bâton ou de verge de fer ou de bois que les Hottentots portent fans cesse. Il a la longueur de trois pieds & un pouce d'épaisseur; il est sans pointe: c'est une arme défensive, dont ils se servent avec beaucoup d'adresse pour parer les coups qu'on veut leur porter (*A. R.*)

KIRSTENIUS (Pierre) ( *Hist. Litt. mod.* ) médecin, né à Breslau en Silésie & devenu professeur en médecine à Upsal en Suède. Nous ne nommons ici ce savant assez peu connu, que pour observer une petite singularité, c'est que son épitaphe porte qu'il avoit vingt-six langues; quelques ouvrages de lui, sur la bible, annoncent au moins, par le titre même, que les langues orientales lui étoient connues. Né en 1577. Mort en 1640.

KISLARAGA, f. m. ( *Hist. mod.* ) chef des eunuques noirs, un des plus confidérables officiers du serrail.

C'est le surintendant de l'appartement des sultanes, auxquelles il annonce les volontés du grand-seigneur. Il a sous ses ordres un grand nombre d'eunuques noirs destinés à la garde & au service des Odalisques. Cet eunuque a un secrétaire qui tient registre de tous les revenus des jamis bâtis par les sultanes, qui paye les appointemens des baltagis, des femmes employées au service du serrail, & de tous les officiers qui dépendent de lui. Le *Kislar aga* va de pair en autorité & en crédit avec le capigi-bachi ou grand-maître du serail. Les bachas qui ont besoin de sa faveur, ne font aucun présent au sultan, sans l'accompagner d'un autre pour le chef des eunuques noirs; l'accès facile qu'il a auprès du grand-seigneur l'en rend quelquefois le favori, & le rend presque toujours l'ennemi du grand-visir; d'ailleurs, les sultanes qui ont besoin de lui le servent par leurs intrigues. Guer, *mœurs des Turcs, tome II.* ( *A. R.* )

KITCHÉ, f. m. ( *Hist. mod.* ) c'est ainsi que les Turcs nomment le bonnet des janissaires, qui est élevé en pain de sucre, & terminé par le haut en forme d'une manche pendante. (*A. R.*)

KIU-GIN, f. m. ( *Hist. mod.* ) c'est les nom que l'on donne à la Chine au second grade des lettrés; ils y parviennent après un examen très-rigoureux, qui se fait tous les trois ans en présence des principaux mandarins & de deux commissaires de la cour, qui se rendent pour cet effet dans la capitale de chaque province. Les *kiu-gin* portent une robe brune avec une bordure bleue, & un oiseau d'argent doré sur leur bonnet. Ils peuvent être élevés au rang des mandarins ; c'eſt parmi eux que l'on choiſit les lettrés du troiſiéme ordre, appellés *tſin-ſé* ou Docteurs. ( *A. R.* )

KIZILBACHE , ſ. m. ( *Hiſt. mod.* ) mot turc, qui ſignifie *tête rouge*. Les Turcs appellent les Perſans de ce nom depuis qu'Iſmaël Sofi, fondateur de la dynaſtie des princes qui regnent aujourd'hui en Perſe, commanda à ſes ſoldats de porter un bonnet rouge, autour duquel il y eût une écharpe ou turban à douze plis, en mémoire & à l'honneur des douze Imans, ſucceſſeurs d'Ali, deſquels il prétendoit deſcendre.

Vigenere écrit *kzeilbais*, & il dit que ſuivant l'interprétation vulgaire des Perſans, les douze plis ſignifient les douze ſacremens de leur loi ; & parce que cela ne le ſatisfait pas, il en cherche une autre cauſe, & prétend que c'eſt un myſtere émané de l'antiquité payenne, où les Perſes adoroient le feu, dont l'ardeur eſt dénotée par la couleur rouge, & comme ſymboliſant au ſoleil, qu'ils avoient auſſi en grande vénération. Il ajoute que ces douze plis déſignent les douze mois de l'année & les douze ſignes où cet aſtre fait ſon cours. C'eſt chercher à plaiſir du myſtere dans une choſe tout ſimple. Les Perſans ont adopté le rouge, parce que c'étoit la couleur d'Ali, & les Turcs le verd, comme celle de Mahomet. ( *A. R.* )

KLEIST, ( *Hiſt. Litt. mod.* ) poëte allemand, ami de M. Geſner, auteur comme lui d'Idilles qui ſont des leçons touchantes de bienfaiſance & de vertu. Kleiſt étoit militaire, il commandoit un régiment au ſervice du roi de Pruſſe & mourut en 1759 des bleſſures qu'il avoit reçues à la tête de ce régiment, à la bataille de Kunnersdorf.

KNEES, ſ.m. ( *Hiſt. mod.* ) nom d'une dignité héréditaire parmi les Ruſſes, qui répond à celle de prince parmi les autres nations de l'Europe. On compte en Ruſſie trois eſpeces de *knees* ou de princes ; 1°. ceux qui deſcendent de Wolodimir I. grand duc de Ruſſie ou qui ont été élevés par lui à cette dignité ; 2°. ceux qui deſcendent des princes ſouverains étrangers établis en Ruſſie ; 3°. ceux qui ont été créés princes par quelqu'un des grands ducs. ( *A. R.* )

KNOUTE ou KNUT, ſ. m. ( *Hiſt. mod.* ) ſupplice en uſage parmi les Ruſſes ; il conſiſte à recevoir ſur le dos un certain nombre de coups d'un fouet fait avec un morceau de cuir fort épais, qui a 2 ou 3 pieds de longueur, & taillé de façon qu'il eſt quarré & que ſes côtés ſont tranchans : il eſt attaché à un manche de bois. Les bourreaux appliquent les coups ſur le dos avec tant d'adreſſe qu'il n'y en a point deux qui tombent ſur le même endroit ; ils ſont placés les uns à côté des autres de manière qu'il eſt aiſé de les diſtinguer, parce que chaque coup emporte la peau. Le ſupplice du *knoute* n'eſt point tenu pour un deshonneur, & on le regarde plutôt comme une puniſtion de faveur, à moins qu'il ne ſoit ſuivi de l'exil en Sibérie. Le *knoute*, dans de certains cas, eſt auſſi une eſpèce de queſtion ou de torture qu'on

met en uſage pour faire avouer quelque choſe à ceux qui ſont accuſés de quelque crime ; alors à l'aide d'une corde & d'une poulie, on les ſuſpend par les bras à une potence ; on leur attache des poids aux pieds, & dans cette poſture on leur applique des coups de *knoute* ſur le dos nud, juſqu'à ce qu'ils ayent avoué le crime dont ils ſont accuſés.

KNOUT, ( *Hiſt. mod. Juriſpr. crim.* ) Les Ruſſes ont été étonnés de lire dans l'article précédent que le » ſupplice du *knout* n'eſt point tenu pour un deshonneur » en Ruſſie, & qu'on le regarde plutôt comme une » puniſtion de faveur, à moins qu'il ne ſoit ſuivi de l'exil » en Sibérie. » On lit à cette occaſion une lettre d'un Ruſſe inſtruit, député à la commiſſion des loix, inſérée dans le *Journal encyclopédique*, *Septembre 1773*, dans laquelle il releve cette mépriſe avec une amertume qui annonce en même temps ſa ſenſibilité, ſon amour pour la gloire de ſa patrie, & que cette nation a de plus juſtes idées de l'honneur, que cet article ne ſemble l'annoncer.

Nous nous faiſons un devoir de convenir avec lui que le *knout* eſt une peine qui emporte toujours infamie ; & nous le prions de croire que l'auteur anonyme de cet article, mal inſtruit plutôt que mal intentionné, n'a pas eu le deſſein d'outrager ni la nation ni le gouvernement Ruſſe. ( *A. R.* )

KNOX ou CNOX, ( Jean ) ( *Hiſt. d'Ecoſſe* ) diſciple de Calvin, un des premiers apôtres du calviniſme & du presbytériſme en Ecoſſe ; le roi d'Angleterre Edouard VI lui offrit un évêché ; il étoit trop bon presbytérien pour l'accepter, il déclara que *l'épiſcopat étoit contraire à l'Evangile* & il alla régner par *l'Evangile* en Ecoſſe. Il a chanté lui-même ſes exploits & ſes ſuccès dans ſon *hiſtoire de la réformation de l'égliſe d'Ecoſſe*. Il eſt horrible, mais il eſt curieux, dit M. Hume, de conſidérer avec quelle dévote joie Knox raconte l'aſſaſſinat du cardinal Béaton, archevêque de Saint-André, primat d'Ecoſſe, miniſtre de ce royaume, égorgé de ſang froid par les proteſtans dont il étoit un ardent perſécuteur. Dans la première édition de l'hiſtoire de la réformation, ces mots étoient imprimés à la marge : *les paroles & les actions divines de Jacques Melvil*. Ces paroles divines étoient d'avoir annoncé la mort au cardinal, ces actions divines de la lui avoir donnée ; on s'apperçut du ſcandale, & ces mots diſparurent dans les éditions ſuivantes.

Cet impétueux Knox, pendant le règne de la fille aînée de Henri VIII en Angleterre, avoit fait contre le droit héréditaire des femmes, un livre avec ce titre tiré de l'apocalipſe ſelon l'uſage des fanatiques : *premier ſon de la trompette contre le gouvernement monſtrueux des femmes* ; il ne traita pas mieux la douce & patiente Marie d'Ecoſſe que la cruelle Marie d'Angleterre ; il n'appelloit jamais la reine d'Ecoſſe ſa ſouveraine que Jéſabel ; il ne crut que des marques d'eſtime & des égards flatteurs prodigués par une jeune reine, pourroient appriviſer cette bête farouche ; elle lui offrit un libre accès auprès d'elle. « Si vous trouvez, lui dit-elle, quelque » choſe à reprendre dans ma conduite, avertiſſez-moi

» fans ménagement, mais que ce foit en particulier,
» ne m'aviliffez pas aux yeux de mon peuple dans vos
» fermons. Madame, répondit *Knox*, je fuis chargé
» d'un miniftère public; venez à l'églife, vous y en-
» tendrez l'évangile de vérité, je ne fuis pas obligé de
» l'annoncer à chaque perfonne en particulier, &
» mes occupations ne me le permettroient pas. »

Ses occupations ne lui permettoient pas d'inftruire
fa fouveraine qui daignoit l'en prier! Il lui cita Phinée
tuant Zambri & Cozbi, au moment où ils fe livroient
au crime; Samuel coupant Agag en morceaux, Elie
faifant mourir les prêtres de Baal & les faux prophètes
de Jézabel en préfence même d'Achab; il parut très-
difpofé à fuivre ces exemples, cependant par accommodement il voulut bien être foumis à la reine *comme
Paul l'avoit été à Néron*. Il avoue lui-même dans fon
hiftoire qu'un jour il traita la reine avec tant de févérité,
qu'oubliant la fierté de fon rang, elle fondit en larmes
devant lui; loin d'être touché d'un tel abaiffement de
fa fouveraine, il redoubla fes reproches infolens, &
l'on voit dans fon récit qu'il s'applaudit de cette étrange
fcène. Le feul fondement de tant de reproches & d'emportemens, c'eft que Marie entendoit la meffe que les
Ecoffois, à l'inftigation de *Knox* & de fes femblables,
avoient abolie. Des gens du peuple excités par ces prédicans fanatiques, ayant commis quelques infolences
dans la chapelle de la reine, on crut devoir arrêter ce
défordre; deux de ces coupables furent dénoncés &
cités; auffi-tôt *Knox* envoie des lettres circulaires à tous
les chefs de parti pour les fommer de venir défendre
leurs frères opprimés; « vous me perfécutez ces faints,
» dit-il à la reine, qu'à l'inftigation de vos papiftes,
» & que par l'infpiration du prince des ténèbres, &
*Knox* triompha, il fallut lui remettre les coupables.
Tel étoit ce fameux *Knox*, c'eft affi qu'il fe peint lui-
même; il faut avouer cependant que les plus fages
d'entre les proteftans, Bayle, Burnet, Théodore de
Bèze, lui ont été affez favorables; ce qui n'eft peut-
être qu'une preuve de plus, parmi tant d'autres, de ce
que peut l'efprit de parti fur les têtes les mieux faites,
*Knox* mourut en 1572 à cinquante fept ans.

**KOEMPFER** (Engelbert) (*Hift. Litt. mod.*) voyageur célèbre, auquel nous devons la connoiffance de
l'empire du Japon, dont il nous a donné, ainfi que de
la Perfe, l'hiftoire naturelle, eccléfiaftique & civile.
Il étoit d'ailleurs médecin & botanifte, & s'eft attaché à
nous faire connoître les diverfes plantes propres à
l'Afie. Il étoit né en Weftphalie en 1651. Il mourut
en 1716.

**KŒNIG** (Samuel,) (*Hift Litt. mod.*) Académicien de Berlin, connu par fon mérite, mais fur-tout
par fa querelle avec M. de Maupertuis, au fujet du
principe univerfel de la moindre action. M. de Maupertuis prétendoit avoir découvert ce principe, M.
*Kœnig* cita un fragment d'une lettre de Leibnitz où
ce principe fe trouvoit établi. M. de Maupertuis fomma
fon adverfaire de produire l'original de cette lettre, &
le fit condamner & exclure par l'académie de Berlin,
où il avoit, comme préfident perpétuel, un crédit

prépondérant. *Kœnig* fit un appel au public, & comme
il étoit opprimé, le public lui fut favorable. De l'effet
que cet événement fit dans le monde, on peut conclure deux chofes: l'une qu'il ne faut point de préfident
perpétuel dans les corps littéraires, parce que l'efprit
néceffaire de ces corps eft l'égalité & la liberté; l'autre,
que les académies ne doivent jamais prononcer fur les
conteftations qui s'élèvent entre leurs membres, car il
n'en eft pas des difputes littéraires comme des procès, il
importe que les procès foient jugés pour que les droits
foient affurés, *ut fit aliquis finis litium & follicitudinis*,
il importe au contraire, que les queftions littéraires
ne foient point décidées, pour que la difcuffion puiffe
toujours les éclaircir. D'ailleurs un peu plus, un peu
moins de crédit, d'éloquence, d'audace, d'adreffe,
d'intrigue, entre les membres d'un même corps, peut
avoir une influence inappréciable fur les jugemens du
corps. Maupertuis eut pour lui l'académie, *Kœnig* le
public, fchifme d'opinion qu'il eft toujours bon
d'éviter.

M. *Kœnig* étoit fuiffe de nation, il avoit été le maître
de mathématiques de Madame la marquife du Châtelet
& avoit beaucoup vécu à Cirey avec elle & M. de Voltaire. Il mourut en 1757.

**KOGIA**, f. m. (*Hift. mod. & comm.*) qualité honorable que les Turcs ont coutume de donner aux marchands qui font le commerce en gros, *Dict. de commerce*. (*A. R.*)

**KOLO**, f. m. (*Hift. mod.*) nom qu'on donne en
Pologne aux affemblées des états provinciaux, qui précèdent la grande diète ou l'affemblée générale des
états de Pologne. La Nobleffe de chaque palatinat ou
waywodie, fe raffemble dans une enceinte couverte
de planches en pleine campagne, & délibère fur les
matières qui doivent être traitées à la grande diète, &
fur les inftructions qu'on doit donner aux députés qui
doivent y être envoyés, Hubner, *Dictionn. géogr.*
(*A. R.*)

**KO-LAOS**, f. m. (*Hift. mod.*) c'eft ainfi que l'on
nomme à la Chine les grands mandarins ou miniftres,
qui, après avoir paffé par les places les plus éminentes
de l'empire, font appellés par l'empereur auprès de
fa perfonne, afin de l'aider de leurs confeils dans les
tribunaux fupérieurs, établis à Pékin, ou pour préfider
en fon nom à ces tribunaux, & pour veiller à la conduite des autres mandarins qui les compofent, de la
conduite defquels ils rendent compte à l'empereur
directement. L'autorité des *ko-laos* eft refpectée même
par les princes de la maifon impériale. (*A. R.*)

**KOMOS**, f. m. (*Hift. mod.*) c'eft ainfi qu'on
nomme en Ethiopie des prêtres qui rempliffent dans le
clergé les fonctions de nos archiprêtres & curés, &
qui font à la tête des autres prêtres & diacres, fur qui
ils ont une efpèce de jurifdiction qu'ils étendent même
aux féculiers de leurs paroiffes. Les *komos* font eux-
mêmes foumis au patriarche des Abiffins que l'on
appelle abuna, qui eft le feul évêque de l'Ethiopie &
de l'Abiffinie; ce patriarche eft indépendant du roi;
il eft nommé par le patriarche d'Alexandrie en Egypte,

qui, comme on fait, eſt de la ſecte des Jacobites. C'eſt
ſouvent un étranger, ignorant la langue du pays, qui
eſt élevé à la dignité d'*abuna*. Les *komos* ne peuvent
jamais y parvenir ; cependant c'eſt ce patriarche qui
confère les ordres ſacrés aux Abiſſins, mais il ne lui
eſt point permis de conſacrer d'autres évêques ou métropolitains dans l'étendue de la juriſdiction. Les *komos*
ont la liberté de ſe marier. ( *A. R.* )

KONG-PU, ſ. m. ( *Hiſt. mod.* ) c'eſt chez les
Chinois le nom qu'on donne à un tribunal ou conſeil,
qui eſt chargé des travaux publics de l'empire, tels
que les palais de l'empereur, les grands chemins, les
fortifications, les temples, les ponts, les digues, les
écluſes, &c. Ce tribunal en a quatre autres au deſſous
de lui ; qui ſont comme autant de bureaux où l'on
prépare la beſogne. Cette cour ou juriſdiction eſt pré-
ſidée par un des premiers mandarins du royaume,
qui rend compte à l'empereur en perſonne. ( *A. R.* )

KONQUER, ſ. m. ( *Hiſt. mod.* ) c'eſt ainſi que
l'on nomme le chef de chaque nation des Hottentots.
Cette dignité eſt héréditaire ; celui qui en jouit, porte
une couronne de cuivre ; il commande dans les guerres,
négocie la paix, & préſide aux aſſemblées de la nation, au milieu des capitaines qui ſont ſous lui. Il n'y
a aucun revenu attaché à ſa place, ni aucune diſtinction perſonnelle. En prenant poſſeſſion de ſon emploi
il s'engage de ne rien entreprendre contre les priviléges des capitaines & du peuple. ( *A. R.* )

KOPIE, ſ. f. ( *Hiſt. mod.* ) nom qu'on donne en
Pologne à une eſpèce de lances que portent les huſſards &
la cavalerie de ce royaume ; elles ont environ ſix
pieds de long ; on les attache autour de la main par
un cordon ; & on les laiſſe à l'ennemi : ſi le coup n'a
point porté, on retire le trait au moyen du cordon ;
mais s'il a frappé l'ennemi, on le laiſſe dans la bleſſure,
on coupe le cordon, & l'on met le ſabre à la main
pour achever de tuer. Hubner. *Diction. géogr.* ( *A. R.* )

KOPPUS, ſ. m. ( *Hiſt. mod.* ) c'eſt le nom que les
habitans de Ceylan donnent à des prêtres conſacrés au
ſervice des dieux du ſecond ordre. Ces prêtres ne ſont
point ſi reſpectés que les *Gonnis* qui forment une claſſe
ſupérieure de pontifes, pour qui le peuple a autant de
vénération que pour le dieu *Buddou* ou *Poutza*, dont
ils ſont les miniſtres, & qui eſt la grande divinité des
chingulais ; les *Gonnis* ſont toujours choiſis parmi les
nobles ; ils ont ſu ſe ſoumettre le roi lui-même, qui
n'oſeroit les réprimer ou les punir lors même qu'ils ont
attenté à ſa propre perſonne ; ces prêtres ſi puiſſans &
ſi redoutables ſuivent la même règle, & ont les mêmes
prérogatives que ceux que l'on nomme *talapoins* chez
les Siamois. Quant aux *Koppus* dont il s'agit ici, ils
ſont ſoumis aux taxes & aux charges publiques dont les
*Gonnis* ſont exempts, & ſouvent ils ſont obligés de labourer & de travailler comme les autres ſujets pour
gagner de quoi ſubſiſter ; tandis que les *Gonnis* mènent
une vie fainéante & s'engraiſſent de la ſubſtance du
peuple. Les habitans de Ceylan ont encore un troiſième ordre de prêtres qu'ils nomment *jaddeſes*. ( *A. R.* )

*Hiſtoire.* Tome III.

KOSKOLTCHIKS, ſ. m. ( *Hiſt. mod.* ) nom que
l'on donne en Ruſſie à des ſchiſmatiques ſéparés de
l'égliſe grecque établie dans cet empire. Ces ſchiſmatiques
ne veulent rien avoir de commun avec les Ruſſes ;
ils ne fréquentent point les mêmes égliſes ; ils ne
veulent point ſe ſervir des mêmes vaſes ni des mêmes
plats ; ils s'abſtiennent de boire de l'eau-de-vie ; ils ne
ſe ſervent que de deux doigts pour faire le ſigne de
la croix. Du reſte on a beaucoup de peine à tirer d'eux
quelle eſt leur croyance, dont il paroit qu'ils ſont
eux-mêmes très-peu inſtruits. En quelques endroits ces
ſchiſmatiques ſont nommés *ſtarovierſt*. ( *A. R.* )

KOSMOS, ou KIMIS, ſ. m. ( *Hiſt. mod.* ) liqueur
forte, en uſage chez les Tartares, & qui, ſuivant Rubruquis, ſe fait de la manière ſuivante : on remplit une
très-grande outre avec du lait de jument ; on frappe
cette outre avec un bâton, au bout duquel eſt une
maſſe ou boule de bois, creuſe par dedans & de la
groſſeur de la tête. A force de frapper, le lait commence à fermenter & à aigrir ; on continue à frapper
l'outre juſqu'à ce que le beurre ſe ſoit ſéparé ; alors on
goûte le petit lait pour voir s'il eſt aſſez acide ; dans
ce cas on juge qu'il eſt bon à boire. Ce petit lait pique
la langue, & a, dit-on, le goût de l'orgeat ou du
lait d'amandes. Cette liqueur qui eſt fort eſtimée des
Tartares, enivre & eſt fort diurétique.

On nomme *kara-koſmos* ou *koſmos noir*, une liqueur ſemblable à la première, mais qui ſe fait différemment. On bat le lait qui eſt dans l'outre juſqu'à
ce que les parties les plus groſſières ſe ſoient dépoſées
au fond ; la partie la plus pure du petit lait occupe la
partie ſupérieure ; c'eſt celle que boivent les gens
de qualité. Elle eſt fort agréable, ſuivant le même
Rubruquis ; quant au dépôt, on le donne aux valets
qu'il fait dormir profondément. ( *A. R.* )

KOSS, ſ. m. ( *Hiſt. mod.* ) meſure ſuivant laquelle
les Jakutes, peuple de la Sibérie, comptent les diſtan-
ces. Le *koſs* fait 12 werſtes ou mille ruſſiens, ce qui
revient à quatre lieues de France. ( *A. R.* )

KOTBAH, ſ. m. ( *Hiſt. mod.* ) c'eſt ainſi que
l'on nomme chez les Mahométans une prière que l'iman
ou prêtre fait tous les vendredis après midi dans la
moſquée, pour la ſanté & la proſpérité du ſouverain
dans les états de qui il ſe trouve. Cette prière eſt regardée par les princes mahométans comme une prérogative de la ſouveraineté, dont ils ſont très-jaloux.
( *A. R.* )

KOTVAL, ſ. m. ( *Hiſt. mod.* ) c'eſt le nom que
l'on donne à la cour du grand-mogol à un magiſtrat
diſtingué, dont la fonction eſt de juger les ſujets de ce
monarque en matière civile & criminelle. Il eſt chargé de veiller à la police, & de punir l'ivrognerie &
les débauches. Il doit rendre compte au ſouverain
de tout ce qui ſe paſſe à Dehli ; pour cet effet, il
entretient un grand nombre d'eſpions, qui ſous prétexte de nettoyer les meubles & les appartemens,
entrent dans les maiſons des particuliers, & obſer-
vent tout ce qui s'y paſſe, & tirent des domeſtiques
les lumieres dont le *kotval* a beſoin. Ce magiſtrat

L l

rend compte au grand-mogol des découvertes qu'il a faites, & ce prince décide sur son rapport du sort de ceux qui ont été déférés ; car la *kotval* ne peut prononcer une sentence de mort contre personne sans l'aveu du souverain, qui doit avoir confirmé la sentence en trois jours différens avant qu'elle ait son exécution. La même regle s'observe dans les provinces de l'Indostan, où les gouverneurs & vice-rois ont seuls le droit de condamner à mort. ( *A .R.* )

KOUAN-IN, f. f. ( *Hist. de la Chine* ) c'est dans la langue chinoise le nom de la divinité tutélaire des femmes. Les Chinois font quantité de figures de cette divinité sur leur porcelaine blanche, qu'ils débitent à merveille. La figure représente une femme tenant un enfant dans ses bras. Les femmes stériles vénèrent extrêmement cette image, persuadées que la divinité qu'elle représente a le pouvoir de les rendre fécondes. Quelques Européens ont imaginé que c'étoit la vierge Marie, tenant notre Sauveur dans ses bras ; mais cette idée est d'autant plus chimérique, que les Chinois adoroient cette figure long-temps avant la naissance de J, C. La statue, qui en est l'original, représente une belle femme dans un goût chinois ; on a fait, d'après cet original, plusieurs copies de la divinité *Kouan-in* en terre de porcelaine. Elles diffèrent de toutes les statues antiques de Diane ou de Venus, en ces deux grands points, qu'elles sont très-modestes & d'une exécution très-médiocre. ( *D. J.* )

KOULI-KAN, (Thamas ) ( *Hist. mod. de la Perse* ) le nom de cet usurpateur heureux étoit Schah-Nadir. Né sujet & particulier, qu'une insolence, la bastonade sous la plante des pieds jusqu'à lui faire tomber les ongles des orteils. Nadir se fit voleur & comme il étoit né pour le commandement, il se fit chef de ces compagnons ; il sut bientôt à la tête d'une troupe nombreuse & se firt assez de mal pour être presque regardé comme un général d'armée, & pour qu'il parût utile de l'attirer au service du roi de Perse. Bientôt il fut le général & le favori de ce prince, qui, pour lui déférer le plus grand honneur qu'un roi de Perse puisse faire, voulut qu'il portât le nom du souverain, Thamas. Thamas *Kouli-kan* signifie l'esclave & le général de Thamas ; l'esclave fut bientôt le maitre ; le vrai Thamas fut détrôné & enfermé, & *Kouli-kan* couronné à Casbin en 1736. Bientôt l'empire de la Perse ne put suffire à son ambition. Mahomet Schah, empereur du Mogol, étoit un prince foible ; il fallut encore le détrôner & envahir ses états. Delhy, capitale de ce nouvel empire, fut pris ou se rendit le 7 mars 1739. Quelques soulevemens des peuples, excités par des taxes que le vainqueur mit sur le bled, donnèrent lieu à une de ces grands massacres qui souillent presque toutes nos histoires ; on égorgea depuis huit heures du matin jusqu'à trois heures après-midi, plus de cent vingt mille habitans de Delhy qui périrent en cette occasion. Un dervis, touché des malheurs de sa patrie, eut seul le courage d'élever la voix en fa-

veur de l'humanité ; il présenta au conquérant une requête, conçue en ces termes : *Si tu es Dieu, agis en Dieu ; si tu es Prophête, conduis - nous dans la voie du salut ; si tu es Roi, rends les peuples heureux, & ne les détruis pas.* Le barbare répondit : *Je ne suis ni Dieu, ni Prophête, ni Roi, (* il pouvoit ajouter *ni homme ) je suis celui que Dieu envoie contre les nations sur lesquelles il veut faire tomber sa vengeance.* Ces titres de *fléaux de Dieu* & de ministres de ses vengeances ont été affectés de temps en temps, par les conquérans barbares. On fait monter à des sommes immenses les trésors que *Kouli-kan* emporta de Delhy ; pour joindre le droit des traités au droit de conquête, *Kouli-kan* fit épouser à son fils une princesse du sang de Mahommed ; il laissa même à Mahommed le titre d'empereur ; mais il nomma un viceroi pour gouverner le Mogol. On a beaucoup comparé Thamas *Kouli-kan* à Alexandre, conquérant comme lui, & conquérant des mêmes états : Alexandre eut plus de grandeur, *Kouli-kan* plus de férocité ; Alexandre fit excuser en partie ses conquêtes par de nobles & utiles établissemens. Alexandre élevée demande grace pour Thèbes & Persépolis détruites ; *Kouli-kan* a détruit, & n'a rien édifié ; il a égorgé, & n'a point consolé ; ce n'est qu'un barbare heureux. Il ne fut pas heureux jusqu'au bout. Il mourut assassiné en 1757, par les ordres d'Ali - Kouli - kan, neveu de Thamas qu'il avoit détrôné. Ali-Kouli-kan fut proclamé roi de Perse. Thamas *Kouli - kan*, avoit six pieds de haut, une voix forte, une constitution robuste ; il étoit sobre, mais incontinent ; l'amour des femmes ne lui faisoit point négliger les affaires. M. de Bougainville, ( *Voyez* son Article ), a fait un parallèle détaillé d'Alexandre-le-Grand & de Thamas *Kouli-kun*.

KOUROU ou KURU, f. m. ( *Hist. mod.* ) Les bramines, ou prêtres des peuples idolâtres de l'indostan, sont partagés en deux classes ; les uns se nomment *kourou* ou *gourou*, prêtres, & les autres sont appellés *shastiriar*, qui enseignent les systêmes de la théologie indienne. Dans la partie orientale du Malabar, il y a trois especes de *kourous*, que l'on nomme aussi *buts* & qui sont d'un ordre inférieur aux nambouris & aux bramines, leur fonction est de préparer les offrandes que les prêtres ou bramines font aux dieux. Quant aux shastiriars, ils sont chargés d'enseigner les dogmes & les mysteres de la religion à la jeunesse dans les écoles. Leur nom vient de *shaster*, qui est le livre qui contient les principes de la religion des Indiens. ( *A. R.* )

KOUROUK, f. m. ( *Hist. mod.* ) Lorsque le roi de Perse, accompagné de son haram ou de ses femmes, doit sortir d'Ispahan pour faire quelque voyage ou quelque promenade, on notifie trois jours d'avance aux habitans des endroits par où le roi & ses femmes doivent passer, qu'ils ayent à se retirer & à quitter leurs demeures : il est défendu sous peine de mort, à qui que ce soit, de se trouver dans les chemins, ou de rester dans sa maison ; cette proclamation s'appelle *kourouk*. Quand le roi se met en marche, &

eſt précédé par des Eunuques qui , le ſabre à la main ; font la viſite des maiſons qui ſe trouvent ſur la route , ils font main-baſſe impitoyablement ſur tous ceux qui ont eu le malheur d'être découverts ou rencontrés par ces indignes miniſtres de la tyrannie & de la jalouſie. ( *A. R.* )

KRAALS , ſ. m. ( *Hiſt. mod.* ) eſpece de villages mobiles , qui ſervent d'habitations aux Hottentots. Elles ſont ordinairement compoſées de vingt cabanes , bâties fort près les unes des autres & rangées en cercle. L'entrée de ces habitations eſt fort étroite. On les place ſur les bords de quelques rivieres. Les cabanes ſont de bois ; elles ont la forme d'un four , & ſont couvertes de nattes de jonc ſi ſerrées que la pluie ne peut point les pénétrer. Ces cabanes ont environ 14 ou 15 pieds de diametre ; les portes en ſont ſi baſſes que l'on ne peut y entrer qu'en rampant , & l'on eſt obligé de s'y tenir accroupi faute d'élévation : au centre de la cabane eſt un trou fait en terre qui ſert de cheminée ou de foyer , il eſt entouré de trous plus petits qui ſervent de ſiéges & de lits. Les Hottentots vont ſe tranſporter ailleurs , lorſque les pâturages leur manquent , ou lorſque quelqu'un d'entr'eux eſt venu à mourir d'une mort violente ou naturelle. Chaque *kraal* eſt ſous l'autorité d'un capitaine , dont le pouvoir eſt limité. Cette dignité eſt héréditaire ; lorſque le capitaine en prend poſſeſſion , il promet de ne rien changer aux loix & coutumes du *kraal*. Il reçoit les plaintes du peuple , & juge avec les anciens les procès & les diſputes qui ſurviennent. Les capitaines , qui ſont les nobles du pays , ſont ſubordonnés au *konquer.* Ils ſont auſſi ſoumis au tribunal du *kraal* , qui les juge & les punit lorſqu'ils ont commis quelque faute. D'où l'on voit que les Hottentots vivent ſous un gouvernement très-prudent & très-ſage , tandis que des peuples , qui ſe croient beaucoup plus éclairés qu'eux , gémiſſent ſous l'oppreſſion & la tyrannie. ( *A. R.* )

KRANTS *ou* CRANTZ , ( *Hiſt. Litt. Mod.* ) ſavant Allemand , doyen de l'égliſe de Hambourg , mort en 1517 , auteur de doctes ouvrages , dont les plus connus ſont : *Chronica regnorum Aquiloniorum Daniæ , Sueciæ , Norwegiæ ; Saxonia , ſive de Saxonicæ Gentis vetuſtâ origine ; Wandalia ſive hiſtoria de Vandalorum origine ; Metropolis ſive hiſtoria Eccleſiaſtica de Saxoniâ ,* &c.

KRIT , ſ. m. ( *Hiſt. mod.* ) eſpece de poignard que portent les Malais ou habitans de Malaca dans les Indes orientales , & dont ils ſavent ſe ſervir avec une dextérité ſouvent funeſte à leurs ennemis. Cette arme dangereuſe a depuis douze juſqu'à dix-huit pouces de longueur : la lame en eſt par ondulations , & ſe termine en une pointe très-aiguë ; elle eſt preſque toujours empoiſonnée , & tranche par les deux côtés. Ces lames coûtent quelquefois un prix très-conſidérable , & ſont , dit-on , très-difficiles à faire. ( *A. R.* )

KRUGER ( Jean-Chrétien , ) ( *Hiſt. Litt. mod.* ) auteur & poëte allemand , auteur d'une traduction allemande du théâtre de Marivaux. Né à Berlin , mort à Hambourg en 1750 à vingt-huit ans.

KUBBÉ , ſ. m. ( *Hiſt. mod.* ) les Turcs nomment ainſi une tour ou un monument d'un travail léger & délicat , qu'ils élevent ſur les tombeaux des viſirs ou des grands-ſeigneurs. Les gens du commun n'ont que deux pierres placées debout , l'une eſt à la tête & l'autre au pied. On grave le nom du défunt ſur l'une de ces pierres , avec une petite priere. Pour un homme on met un turban au-deſſus de la pierre , & pour une femme , on met quelqu'autre ornement. *Voyez* Cantemir , *Hiſtoire Ottomane* ( *A. R.* )

KUBO-SAMA , *Hiſt. du Japon* ) on écrit auſſi CUBO-FAMA , nom de l'empereur , ou , comme s'exprime Kempfer , du monarque ſéculier de l'empire du Japon ; *voyez* le mot DAIRI , qui déſigne l'empereur eccléſiaſtique héréditaire du royaume , ( *D. J.* )

KUGE , ſ. m. ( *Hiſt. mod.* ) ce mot ſignifie *ſeigneur.* Les prêtres japonois , tant ceux qui ſont à la cour du Dairi que ceux qui ſont répandus dans le reſte du royaume , prennent ce titre faſtueux. Ils ont un habillement particulier qui les diſtingue des laïques ; & cet habillement change ſuivant le poſte qu'un prêtre occupe à la cour. Les dames de la cour du Dairi ont auſſi un habit qui les diſtingue des femmes laïques. ( *A. R.* )

KUL *ou* KOOL , ſ. m. ( *Hiſt. mod.* ) en turc , c'eſt proprement un domeſtique ou un eſclave.

Nous liſons dans Meninski que ce nom eſt commun à tous les ſoldats de l'empire ottoman ; mais qu'il eſt particulier à la garde du grand-ſeigneur & à l'infanterie. Les capitaines d'infanterie & les capitaines des gardes , s'appellent *Kul-zabitlers* , & les gardes *Kapu Kulleri*, ou eſclaves de cour. D'autres auteurs nous aſſurent que tous ceux qui ont quelques places qui les approchent du grand-ſeigneur , qui tiennent à la cour par quelqu'emploi , qui ſont gagés par le ſultan , en un mot , qui le ſervent de quelque façon que ce ſoit , prennent le titre de *Kul* ou *Kool*, ou d'eſclaves & qu'il les éleve fort au-deſſus de la qualité de ſujets. Un *Ku* ou un eſclave du grand-ſeigneur , a droit de maltraiter ceux qui ne ſont que ſes domeſtiques ; mais un ſujet qui maltraiteroit un *Kul* , ſeroit ſévérement puni. Les grands-viſirs & les bachas ne dédaignent point de porter le nom de *Kul.* Les *Kuls* ſont entiérement dévoués au caprice du ſultan ; ils ſe tiennent pour fort heureux , s'il leur arrive d'être étranglés ou de mourir par ſes ordres : c'eſt pour eux une eſpece de martyre qui les mene droit au ciel. ( *A. R.* )

KULKIEHAIA , ſ. m. ( *Hiſt. mod.* ) c'eſt ainſi que les Turcs nomment un officier général qui eſt le lieutenant de leur milice , & qui occupe le premier rang après l'aga des janiſſaires parmi les troupes , mais qui prend le rang au-deſſus de lui dans le conſeil ou dans le divan. C'eſt lui qui tient le rôle des janiſſaires , auſſi-bien que du reſte de l'infanterie ; les affaires qui regardent ces troupes , ſe terminent entre lui & l'aga. *Voyez* Cantemir , *Hiſt. ottomane.* ( *A. R.* )

KULMAN ( Quirinus , ) ( *Hiſt. mod.* ) né à Breſlau

Ll 2

en Siléfie; devint fou à dix-huit ans, des fuites d'une maladie. Sa folie, qui n'avoit pas de grands inconvéniens, étoit d'être prophète; mais une folie horrible dont il faut tâcher de guérir tous les peuples, est celle des Moscovites qui le brulèrent en 1689, pour quelques prophéties qui leur déplaisoient. On voit combien cette nation avoit besoin des lumières de Pierre I. & de Catherine II.

**KUNCKEL** (Jean,) ( *Hift. Litt. mod.* ) chymiste célèbre, auteur de diverses découvertes en chymie. Son *art de la verrerie* a été traduit par M. le Baron d'Olbach, & imprimé à Paris en 1752, *in-4°*. *Kunckel*, né dans le duché de Slefwick en 1630, fut chymifte de l'électeur de Saxe, de l'électeur de Brandebourg, de Charles XI roi de Suéde, qui lui donna des lettres de noblesse & le titre de conseiller métallique. *Kunckel* mourut en 1702.

**KURULTAI**, f. m. ( *Hift. mod.* ) c'est ainsi que fous Gengis-Kan, & fous Tamerlan, on nommoit la diète ou l'assemblée générale des princes & seigneurs tartares, vassaux ou tributaires du grand kan. On convoquoit ces diètes lorsqu'il s'agissoit de quelque expédition ou de quelque conquête, & l'on y régloit la quantité de troupes que chacun des vassaux devoit fournir. C'est auffi là que les grands kans publioient leurs loix & leurs ordonnances. ( *A. R.* )

**KUS-KUS**, f. m. ( *Hift. mod.* ) nom que l'on donne dans le royaume de Maroc à une efpece de gâteau de farine en forme de boule, que l'on fait cuire à la vapeur de l'eau bouillante, dans un pot troué par fon fond, que l'on place au-deffus d'un pot qui eft rempli d'eau, & dont le premier reçoit la vapeur. On dit que ces gâteaux font d'un goût fort agréable. ( *A. R.* )

**KUSNOKI**, f. m. ( *Hift. mod.* ) nom que les Japonois donnent à l'arbre dont il tirent le camphre. Il croît dans les forêts fans culture, eft fort élevé, & fi gros que deux hommes peuvent à peine l'embraffer. Ses feuilles font d'un beau verd, & fentent le camphre. Pour en tirer le camphre, ils prennent les racines & les feuilles les plus jeunes de cet arbre, les coupent en petits morceaux, & les font bouillir pendant quarante-huit heures dans l'eau pure, le camphre s'attache au couvercle du chapiteau du vaiffeau de cuivre où s'eft faite la décoction; ce vaiffeau a un long col auquel on adapte un très-grand chapiteau. Voyez *Ephémérides natur. curiof. Decurié II. ann. X. obf. 37. pag. 79.* ( *A. R.* )

**KUTKROS**, f. m. ( *Hift. mod.* ) efpece de tablier de peau de mouton, dont les hommes & les femmes fe fervent parmi les Hottentots pour couvrir les parties que la pudeur défend de montrer. ( *A. R.* )

**KUSTER** ( Ludolphe, ) ( *Hift. Litt. mod.* ) favant allemand, né en 1670 dans le comté de la Lippe en Weftphalie, parcourut l'Allemagne, la France, l'Angleterre, la Hollande, vifitant par-tout les favans, les livres & les manufcrits; il travailla au tréfor des antiquités grecques & Romaines de Grævius, &c. de Gronovius, prenant le nom de *Ludalphus Neocorus*, que Grævius lui avoit donné dans la converfation, parce que *Neocore*, fignifie en grec la même chofe que *Kufter* en allemand, c'eft-à-dire, une efpèce de facriftain, de concierge d'églife. On trouve dans le premier volume de l'Hiftoire de l'Académie des Infcriptions & Belles-Lettres, pag. 60 & fuiv., l'extrait d'une differtation de M. de Valois fur les *Neocores*. M. *Kufter*, très-jeune encore, avoit publié une hiftoire critique de la vie & des ouvrages d'Homère; *Hiftoria critica Homeri*, dont Fabricius a parlé avec éloge. Ses ouvrages les plus importants, font fes éditions de Suidas, de la vie de Pythagore, par Iamblique; d'Ariftophanes, d'un nouveau Teftament, qu'il laiffa fous le nom du docteur Mill, profeffeur d'Oxford, qui en avoit fourni le fonds. Il avoit entrepris & commencé une édition d'Hefychius. Sa mort, arrivée le 12 octobre 1717, ne lui permit pas de l'achever.

M. *Kufter* étoit né Luthérien; il fit en France une abjuration folemnelle, & fe fixa dans ce pays. Il eut une place d'affocié furnuméraire à l'Académie des Belles-Lettres; il en prit poffeffion en 1713, à l'affemblée publique de pâques. Il y a de lui divers mémoires dans le Recueil de cette Académie.

**KYRLE**, (Jean), ( *Hift. mod.* ) Si le célèbre Pope qui a fait connoître ce vértueux anglois par l'éloge qu'il en a fait ( dans fon Epitre morale fur l'emploi des richeffes ) n'a point exagéré, & n'a rien donné ni à l'amitié ni à la beauté du tableau; ce nom de *Kyrle*, mérite de paffer à la poftérité comme un objet de refpect & d'émulation. Avec un revenu de cinq cents guinées au plus, ce particulier obfcur a fait plus de bien que tant de grands princes n'ont fait même de mal. Il défricha des terres, conftruifit des chemins, nourrit les pauvres, dota des filles, mit des orphelins en apprentiffage, entretint une maifon de charité, foulagea & guérit des malades, prévint ou termina tout procès entre fes voifins. Qu'il foit à jamais illuftre. Cette fatisfaction pure qu'infpire la bienfaifance, cette volupté, la première de toutes, à laquelle il ne manque que d'être plus connue, entretint fa fanté. Il vécut jufqu'à quatre-vingt-dix ans. Il mourut en 1724.

# LAB

LABADIE, ( Jean ) *Hist. Mod.* ) Homme moitié fanatique, moitié libertin, ufant & abufant de la religion, tour-à-tour catholique, calvinifte, quietifte, faifant des fermons fatyriques, féduifant des filles & des religieufes, fe faifant par-tout haïr, redouter & chaffer, à Bordeaux, à Touloufe, à Bazas, à Amiens, à Montauban, à Genève, à Middelbourg, où on dit qu'il époufa la célèbre Schurman, ( Voyez cet article. ) Toujours errant, toujours prêchant, toujours dogmatifant, rejetté de tous les partis & de toutes les fectes ; il forma pourtant une fecte particulière, nommée de fon nom *les Labadiftes.* Il étoit fils d'un foldat de la citadelle de Bourg en Guyenne ; il étoit né en 1610. Il mourut à Altena dans le Holftein en 1674.

On a de ce fou plufieurs ouvrages dont on peut juger par les titres : *Le hérault du grand roi Jéfus : Le chant royal du roi J. C. : L'empire du Saint-Efprit : Les faintes décades*, & autres femblables.

LABAN, ( *Hift. Sacr.* ) fils de Bathuel Syrien, petit-fils de Nachor, & pere de Lia & de Rachel. Il en eft parlé dans la genèfe, chap. 28, 29, 30 & 31.

LABAT, ( Jean-Baptifte ) ( *Hift. Litt. Mod.* ) Dominicain, voyageur célèbre. Envoyé en Amérique par fes fupérieurs en 1693, il gouverna la cure de Maçouba. On a de lui un *nouveau voyage aux ifles de l'Amérique*, où il paroît d'après lui-même, & difoit ce qu'il avoit vu ; il n'en eft pas de même de fa *nouvelle relation de l'Affrique occidentale* ; l'Auteur n'avoit point été en Afrique, & il écrivoit d'après les Mémoires qu'on lui avoit fournis. Sa *relation hiftorique de l'Ethiopie occidentale*, eft une traduction de la relation italienne de Cavazzi éclaircie. C'eft le P. Labat qui a rédigé les Mémoires du chevalier d'Arvieux, envoyé du roi de France à la Porte, fur la Syrie, la Paleftine, l'Egypte, la Barbarie ; c'eft lui auffi qui nous a donné le voyage du chevalier des Marchais en Guinée & à Cayenne. On a encore du P. Labat des voyages en Efpagne & en Italie : mort en 1738.

LABBE, ( Philippe ) ( *Hift. Litt. Mod.* ) jéfuite très-jéfuite, très-ennemi des Janféniftes, & qui voyoit le poifon des cinq propofitions jufques dans les racines grecques de port-royal. Son ouvrage le plus eftimé eft fa grande collection des conciles en dixfept volumes in-folio, dont les quinze premiers font de lui, les deux autres du P. Coffart : fes autres ouvrages font en grand nombre, font des compilations plus ou moins informes qui annoncent un écrivain laborieux, infatigable ; il a beaucoup écrit en particulier fur la chronologie ; on l'a plus d'une fois convaincu de plagiats, quoique, pour les déguifer, il employât le ftratagême connu de critiquer beaucoup les auteurs qu'il pilloit. C'eft par fa collection des Conciles que le P. Commire fon confrere l'a loué dans l'épitaphe qu'il lui a faite :

> Labbeus, his fitus eft : vitam, morefque requiris ?
> Vita libros illi fcribere, morfque fuit.
> O nimium felix ! qui patrum antiqua retractans,
> Concilia, acceffit conciliis Superûm !

Ce mot :

> Vita libros illi fcribere,

eft en effet l'hiftoire toute entière de prefque tous les gens de lettres, & doit difpenfer prefque toujours leurs hiftoriens de parler d'autre chofe que de leurs écrits. Le P. Labbe mourut à Paris en 1660 ; il étoit né à Bourges en 1607.

LABBÉ, ( Louife Charly, dite ) ( *Hift. Litt. Mod.* ) eft fort connue fous ce nom de Louife Labbé, & fous le furnom de *la Belle Cordière*, parce qu'elle avoit époufé un riche négociant en cables & en cordages. Elle faifoit des vers en trois langues, en françois, en efpagnol & en italien. Ses œuvres ont été imprimées de fon vivant à Lyon, fa patrie, en 1555, & ont été affez diftinguées des poëfies de ce temps, pour avoir été réimprimées de nos jours en 1762, dans la même ville. On peut croire qu'elle fut fort célébrée par les beaux-efprits de fon temps : les femmes beaux-efprits n'étoient pas nombreufes au feizieme fiècle.

LABEO, ( *Hift. Rom.* ) c'eft le nom :

1º. D'un Conful ( Quintus Fabius ) qui fe fit l'an de Rome 571, & qui aida, dit-on, Térence dans fes comédies. On en dit autant du fecond Scipion l'Africain & de Lælius.

2º. D'un Tribun du peuple ( Caius Antiftius ), Metellus étant cenfeur, l'avoit rayé de la lifte des fénateurs ; Labéo, pour s'en venger alloit, par le defpotifme que donnoit le Tribunat, le faire précipiter de la Roche Tarpeïenne, fans l'oppofition d'un autre tribun ; il confifqua du moins les biens de Métellus, & les fit vendre à l'encan.

3º. D'un favant jurifconfulte ( Antiftius ) qui refufa le confulat, qu'Augufte lui offrit.

4º. D'un fou, dont Horace dans la troifiéme fatyre du premier livre, cite le nom comme paffé en proverbe pour défigner la folie :

> Si quis eum fervum, patinam qui tollere juffus
> Semefos pifces, tepidumque ligurierit jus
> In cruce fuffigat, labeone infanior, inter
> Sanos dicatur.

LABERIUS, ( Decimus ) ( *Hift. Rom.* ) chevalier

romain, qui excelloit dans ce genre de poëme qu'on appelloit des *Mimes*, & dont le principal mérite étoit de la gaieté :

*Nec tamen hoc tribuens dederim quoque cætera, nam sic*
*Et Laberi Mimos , ut pulchra poemata mirer ,*

dit Horace, sat. 10 , lib. 1.

Cornelius Nepos , en remarquant la différence de mœurs & d'usages chez les différentes nations, dit qu'en Grèce, bien loin qu'il soit honteux à qui que ce soit, de monter sur le théâtre, il n'y a point dans cette sévère Lacédémone , de veuve , si respectable qu'elle soit , qui n'aille jouer son rôle sur le théâtre pour de l'argent , mais qu'à Rome ce seroit une infamie. Ce *Laberius* en est un grand exemple, César exigea qu'il représentât lui-même à soixante ans, ses Mimes sur la scène ; il fit ce qu'il put pour s'en défendre, il fallut obéir à César : il obéit ; mais dans un prologue dont on a beaucoup admiré la noble & touchante éloquence , sans manquer au respect dû à César , il se plaignit en romain , qu'on forçoit à se déshonorer. Ce prologue est en effet un des plus beaux monuments de l'antiquité :

*Necessitas , cujus cursus transversi impetum*
*Voluerunt multi effugere , pauci potuerunt*
*Quò me detrusit penè extremis sensibus ?*
*Quem nulla ambitio , nulla unquam largitio ,*
*Nullus timor , vis nulla , nulla auctoritas*
*Movere potuit in juventâ de statu ;*
*Ecce in senectâ ut facilè labefecit loco*
*Viri excellentis mente clemente edita ,*
*Submissa placidè blandiloquens oratio !*
*Etenim ipsi di, negare cui nihil potuerunt*
*Hominem me denegare quis posset pati ?*
*Ergò bis tricenis annis actis fine notâ .*
*Eques romanus è lare egressus meo ,*
*Domum revertar Mimus. Nimirum hoc die*
*Uno plus vixi mihi quàm vivendum fuit :*
*Fortuna immoderata in bono æquè atque in malo ,*
*Si tibi erat libitum litterarum laudibus*
*Floris cacumen nostræ famæ frangere :*
*Cur , cùm vigebam membris præviridantibus ,*
*Satisfacere populo & tali cùm poteram viro ,*
*Non flexibilem me concurvasti ut carperes ?*
*Nunc me quò dejicis ? Quid ad scenam affero ?*
*Decorem formæ , an dignitatem corporis ,*
*Animi virtutem , an vocis jocundæ sonum ?*
*Ut hedera serpens vires arboreas necat ,*
*Itâ me vetustas amplexu annorum enecat.*
*Sepulcri similis , nihil nisi nomen retineo.*

« Où m'a réduit , presque sur la fin de mes jours, » la dure nécessité qui traverse nos desseins , dont » tant de mortels ont voulu , & si peu ont pu » éviter les coups violents & imprévus ! moi , qui , » dans la fleur de l'âge , avois tenu contre toute » sollicitation , toute largesse , toute crainte , toute » force , tout crédit ; me voilà , dans ma vieillesse ,

» renversé , en un moment , par les plus douces insi- » nuations de ce grand homme , si plein de bonté » pour moi , & qui a bien voulu s'abaisser à mon » égard , jusqu'à d'instantes prières. Après tout , si les » Dieux mêmes ne lui ont pu rien refuser , souffri- » roit-on , moi qui ne suis qu'un homme , que j'eusse » osé lui refuser quelque chose ? Il faudra donc qu'après » avoir vécu sans reproche , jusqu'à soixante ans , » sorti chevalier romain de ma maison , j'y rentre comé- » dien. Ah ! j'ai vécu trop d'un jour. O fortune ex- » cessive dans les biens comme dans les maux , si tu » avois résolu de flétrir ma réputation & de m'enlever » cruellement la gloire que je m'étois acquise par les » lettres, pourquoi ne m'as-tu pas produit sur le théâtre , » lorsque je pouvois céder avec moins de confusion , » & que la vigueur de l'âge me mettoit en état de » plaire au peuple & à César ? Mais maintenant , » qu'apportai-je sur la scène ? la bonne grace du corps, » l'avantage de la taille , la vivacité de l'action , l'agré- » ment de la voix ? Rien de tout cela. De même que » le lierre embrassant un arbre , l'épuise insensiblement » & le tue : ainsi , la vieillesse , par les années dont elle » me charge , me laisse sans force & presque sans vie, » Semblable à un sepulchre , je ne conserve de moi » que le nom «.

*Traduction de M. Rollin.*

Après la pièce , César donna un anneau à *Laberius*, comme pour le réhabiliter , ce qui étoit reconnoître qu'il l'avoir fait déroger. *Laberius* alors ayant voulu , comme autrefois, prendre sa place au spectacle , parmi les chevaliers Romains , ceux-ci l'empêchèrent de s'asseoir parmi eux , & firent ensorte qu'il ne pût trouver de place. Cicéron voyant son embarras , lui dit , soit pour le railler , comme *Laberius* le crut , soit seulement pour s'excuser : *Recepissem te nisi angustè federem.* *Laberius* piqué , lui répondit avec aigreur : *Mirum si angustè sedes , qui soles duabus sellis sedere,* c'est-à-dire , je vous recevrois , si je n'étois assis trop à l'étroit. – Je suis surpris que vous soyez assis à l'étroit, vous qui avez coutume de vous asseoir sur deux sièges opposés. Littéralement : vous qui avez coutume de vous asseoir *dans deux sièges ;* espèce de métaphore proverbiale , par laquelle il lui reprochoit d'avoir cherché tour-à-tour l'appui de Pompée & de César , d'avoir flatté Pompée avant sa défaite , & César depuis sa victoire. *Laberius* avoit une maxime qu'on a retenue : *Beneficium dando accepit, qui digno dedit. C'est recevoir un bienfait que d'obliger quelqu'un qui le mérite. Laberius* mourut plusieurs mois après Jules-César.

LABOUREUR , ( Jean LE ) ( *Hist. de Fr.*) né à Montmorenci en 1623, fut choisi en 1644 , pour accompagner la maréchale de Guébriant , lorsqu'elle conduisit en Pologne la princesse Marie de Gonzague , qui épousoit Ladislas. *Le Laboureur* étoit alors gentil-homme servant. Il embrassa dans la suite l'état ecclé-siastique , fut prieur de Juvigné , aumônier du roi, commandeur de l'ordre de St. Michel. Ses ouvrages sont connus , sur-tout ses Commentaires sur les Mémoires de Castelnau ; son Histoire du maréchal de Guébriant , sa Relation du voyage de la reine de Pologne , son

Hiftoire de Charles VI, &c. Le poëme de Charlemagne n'eft pas de lui, mais de Louis fon frère, mort en 1679. L'hiftorien étoit mort en 1675.

LAC, ( *Hift. anc.* ) Le refpect pour les lacs faifoit partie de la religion des anciens Gaulois, qui les regardoient comme autant de divinités, ou au moins de lieux qu'elles choififfoient pour leur demeure ; ils donnoient même à ces *lacs* le nom de quelques dieux particuliers. Le plus célèbre étoit celui de Touloufe, dans lequel ils jettoient, foit en efpèces, foit en barres ou en lingots, l'or & l'argent qu'ils avoient pris fur les ennemis. Il y avoit auffi dans le Gévaudan, au pied d'une montagne, un grand *lac* confacré à la Lune, où l'on s'affembloit tous les ans des pays cir- convoifins, pour y jetter les offrandes qu'on faifoit à la déeffe. Strabon parle d'un autre *lac* très-célèbre dans les Gaules, qu'on nommoit le *lac des deux corbeaux*, parce que deux de ces oifeaux y faifoient leur féjour ; & la principale cérémonie religieufe qui s'y pratiquoit, avoit pour but de faire décider par ces divins corbeaux, les différends, foit publics, foit par- ticuliers. Au jour marqué, les deux partis fe rendoient fur les bords du *lac*, & jettoient aux corb. aux chacun un gâteau ; heureux celui dont ces oifeaux man- geoient le gâteau de bon appétit, il avoit gain de caufe. Celui au contraire dont les corbeaux ne fai- foient que becqueter & éparpiller l'offrande, étoit cenfé condamné par la bouche même des dieux ; fuperfti- tion affez femblable à celle des Romains pour leurs poulets facrés. ( *A. R.* )

LACÉDÉMONE, *république de*, ( *Hift. de la Grèce* ) république merveilleufe, qui fut l'effroi des Perfes, la vénération des Grecs, & pour dire quelque chofe de plus, devint l'admiration de la poftérité, qui portera fa gloire dans le monde, auffi loin & auffi long-tems que pourra s'étendre l'amour des grandes & belles chofes.

Il femble que la nature n'ait jamais produit des hommes qu'à *Lacédémone*. Par-tout le refte de l'uni- vers, le fecours des fciences ou des lumières de la religion a contribué à difcerner l'homme de la bête. A *Lacédémone* on apportoit en naiffant, fi l'on peut parler ainfi, des femences de l'exacte droiture & de la véritable intrépidité. On venoit au monde avec un caractère de philofophe & de citoyen, à le feul air natal y faifoit des fages & des braves. C'eft-là que, par une morale purement naturelle, on voyoit des hommes affujettis à la raifon, qui, par leur propre choix, fe rangeoient fous une auftère difcipline, & qui foumettant les autres peuples à la force des armes, fe foumettoient eux-mêmes à la vertu : le feul Ly- curgue leur en traça le chemin, & les Spartiates y marchèrent fans s'égarer, pendant fept ou huit cents ans : auffi je déclare avec Procope, que je fuis tout *Lacédémonien*. Lycurgue me tient lieu de toutes chofes ; plus de Solon ni d'Athènes.

Lycurgue étoit de la race des Héraclides ; l'on fait affez précifément le temps où il fleuriffoit, s'il eft fûr, comme le prétend Ariftote, qu'une infcription

gravée fur une planche de cuivre à Olympie, mar- quoit qu'il avoit été contemporain d'Iphitus, & qu'il avoit contribué à la furféance d'armes qui s'obfervoit durant la fête des jeux olympiques. Les Lacédémo- niens vivoient encore alors comme des peuples bar- bares ; Lycurgue entreprit de les policer, de les éclairer & de leur donner un éclat durable.

Après la mort de fon frère Polydecte, roi de *Lá- cédémone*, il refufa la couronne que lui offroit la veuve, qui s'engageoit de fe faire avorter de l'enfant dont elle étoit groffe, pourvu qu'il voulût l'époufer. Pour lui, penfant bien différemment il la conjura de con- ferver fon enfant, qui fut Leobotés ou Labotés ; &, felon Plutarque Charilaüs, il le prit fous fa tu- telle, & lui remit la couronne quand il eut atteint l'âge de majorité.

Mais dès le commencement de fa régence, il exécuta le projet qu'il avoit formé, de changer toute la face du gouvernement de *Lacédémone*, dans la police, la guerre, les finances, la religion & l'éducation ; dans la poffeffion des biens, dans les magiftrats, dans les particuliers, en un mot, dans les perfonnes des deux fexes de tout âge & de toute condition. J'ébaucherai le plus foigneufement que je pourrai ces chofes admirables en elles-mêmes & dans leurs fuites, & j'emprunterai quelquefois des traits d'ouvrages trop connus pour avoir befoin d'en nommer les auteurs.

Le premier foin de Lycurgue, & le plus important, fut d'établir un fénat de 28 membres, qui, joints aux deux rois, compofoient un confeil de 30 perfonnes, entre les mains defquels fut dépofée la puiffance de la mort & de la vie, de l'ignominie & de la gloire des citoyens. On nomma *Gérontes* les 28 fénateurs de *Lacédémone* ; Platon dit qu'ils étoient les modéra- teurs du peuple & de l'autorité royale, tenant l'équi- libre entre les uns & les autres, ainfi qu'entre les deux rois, dont l'autorité étoit égale.

Lycurgue, après avoir formé le fénat des perfonnes les plus capables d'occuper ce pofte, & les plus initiées dans la connoiffance des fecrets, ordonna que les places qui viendroient à vaquer, feroient remplies d'abord après la mort, & que pour cet effet, le peuple éliroit, à la pluralité des fuffrages, les plus gens de bien de ceux de Sparte qui auroient atteint 60 ans.

Plutarque vous détaillera la manière dont fe faifoit l'élection. Je dirai feulement qu'on couronnoit fur le champ le nouveau fénateur d'un chapeau de fleurs, & qu'il fe rendoit dans les temples, fuivi d'une foule de peuple, pour remercier les dieux. A fon retour, fes parents lui préfentoient une collation, en lui di- fant : *la ville t'honore de ce feftin*. Enfuite il alloit fouper dans la falle des repas publics, dont nous parlerons, & en lui donnoit ce jour-là deux portions. Après le repas, s'il en remettoit une à la parente qu'il l'ef- timoit davantage, & lui difoit : *je vous offre le prix d'honneur que je viens de recevoir*. Alors toutes les parentes & amies la reconduifoient chez elle au milieu des acclamations, des vœux & des bénédictions.

Le peuple tenoit fes affemblées générales & parti- culières dans un lieu nud, où il n'y avoit ni ftatues, ni tableaux, ni lambris, pour que rien ne détournât son attention des sujets qu'il devoit traiter. Tous les habitants de la Laconie assistoient aux assemblées générales, & les seuls citoyens de Sparte composoient les assemblées particulières. Le droit de publier les assemblées & d'y proposer les matieres, n'appartenoit qu'aux rois & aux gérontes : les éphores l'usurperent ensuite.

On y délibéroit de la paix, de la guerre, des alliances, des grandes affaires de l'état, & de l'élection des magistrats. Après les propositions faites, ceux de l'assemblée qui tenoient une opinion, se rangeoient d'un côté, & ceux de l'opinion contraire se rangeoient de l'autre ; ainsi, le grand nombre étant connu, décidoit la contestation.

Le peuple se divisoit en tribus ou lignées ; les principales étoient celles des Héraclides & des Pitanates, dont sortit Ménélas, & celle des Egides, différente de la tribu de ce nom à Athènes.

Les rois des Lacédémoniens s'appelloient archagètes, d'un nom différent de celui que prenoient les autres rois de la Grèce, comme pour montrer qu'ils n'étoient que les premiers magistrats à vie de la république. Semblables aux deux consuls de Rome, ils étoient les généraux des armées pendant la guerre ; présidoient aux assemblées, aux sacrifices publics pendant la paix ; pouvoient proposer tout ce qu'ils croyoient avantageux à l'état, & avoient la liberté de dissoudre les assemblées qu'ils avoient convoquées, mais non pas de rien conclure sans le consentement de la nation ; enfin il ne leur étoit pas permis d'épouser une femme étrangère. Xénophon vous instruira de jeu.s autres prérogatives ; Hérodote & Pausanias vous donneront la liste de leur succession : c'est assez pour moi d'observer, que dans la forme du gouvernement, Lycurgue se proposa de fondre les trois pouvoirs en un seul, pour qu'ils se servissent l'un à l'autre de balance & de contrepoids, & l'évènement justifia la sublimité de cette idée.

Ce grand homme ne procéda point aux autres changements qu'il méditoit, par une marche insensible & lente. Echauffé de la passion de la vertu, & voulant faire de sa patrie une république de héros, il profita du premier instant de ferveur de ses concitoyens à s'y prêter, pour leur inspirer, par des oracles & par son génie, les mêmes vues dont il étoit enflammé. Il sentit « que les passions sont semblables aux volcans, » dont l'éruption change tout - à - coup le lit d'un » fleuve, que l'art ne pourroit détourner qu'en lui » creusant un nouveau lit. Il mit donc en usage de » ces passions fortes pour produire une révolution subite, » & porter dans le cœur du peuple l'enthousiasme, &, » si l'on peut le dire, la fièvre de la vertu ». C'est ainsi qu'il réussit dans son plan de législation, le plus hardi, le plus beau & le mieux lié qui ait jamais été conçu par aucun mortel.

Après avoir fondu ensemble les trois pouvoirs du gouvernement, afin que l'un ne pût pas empiéter sur l'autre, il brisa tous les liens de la parenté, en déclarant tous les citoyens de Lacédémone enfants nés de

l'état. C'est, dit un beau génie de ce siècle, l'unique moyen d'étouffer les vices, qu'autorise une apparence de vertu, & d'empêcher la subdivision d'un peuple en une infinité de familles ou de petites sociétés, dont les intérêts, presque toujours opposés à l'intérêt public, éteindroient à la fin dans les ames toute espèce d'amour de la patrie.

Pour détourner encore ce malheur, & créer une vraie république, Lycurgue mit en commun toutes les terres du pays, & les divisa en 39 mille portions égales, qu'il distribua comme à des frères républicains qui seroient leur partage.

Il voulut que les deux sexes eussent leurs sacrifices réunis, & joignissent ensemble leurs vœux & leurs offrandes à chaque solemnité religieuse. Il se persuada que par cet institut les premiers nœuds de l'amitié & de l'union des esprits seroient les heureux augurés de la fidélité des mariages.

Il bannit des funérailles toutes superstitions ; ordonnant qu'on ne mît rien dans la bière avec le cadavre, & qu'on n'ornât les cercueils que de simples feuilles d'olivier. Mais comme les prétentions de la vanité sont sans bornes, il défendit d'écrire le nom du défunt sur son tombeau, à moins qu'il n'eût été tué les armes à la main, ou que ce ne fût une prêtresse de la religion.

Il permit d'enterrer les morts autour des temples, & dans les temples mêmes, pour accoutumer les jeunes gens à voir sou.ent ce spectacle, & leur apprendre qu'on n'étoit point impur ni souillé en passant par-dessus des ossements & des sépulchres.

Il abrégea la durée des deuils, & la régla à onze jours, ne voulant laisser dans les actions de la vie rien d'inutile & d'oiseux.

Se proposant encore d'abolir les superfluités religieuses, il fixa dans tous les rits de la religion les loix d'épargne & d'économie. Nous présentons aux dieux des choses communes, disoit un lacédémonien, afin que nous ayons tous les jours les moyens de les honorer.

Il renferma dans un même code politique les loix, les mœurs & les manières, parce que les loix & les manières représentent les mœurs ; mais en formant les manières il n'eut en vue que la subordination à la magistrature, & l'esprit belliqueux qu'il vouloit donner à son peuple. Des gens toujours corrigeants & toujours corrigés, qui instruisoient toujours & étoient instruits, également simples & rigides, exerçoient plutôt des vertus qu'ils n'avoient de manières : ainsi les mœurs donnerent le ton dans cette république. L'ignominie y devint le plus grand des maux, & la foiblesse le plus grand des crimes.

Comme l'usage de l'or & de l'argent n'est qu'un usage funeste, Lycurgue le proscrivit sous peine de la vie. Il ordonna que toute la monnoie ne seroit que de fer & de cuivre ; encore Sénèque est-il le seul qui parle de celle de cuivre ; tous les autres auteurs ne nomment que celle de fer, & même de fer aigre, selon Plutarque. Les deniers publics de Lacédémone furent mis en séquestre chez des voisins, & on les
faisoit

faisoit garder en Arcadie. Bientôt on ne vit plus à Sparte ni sophiste, ni charlatan, ni devin, ni diseur de bonne aventure ; tous ces gens qui vendent leurs sciences & leurs secrets pour de l'argent, délogèrent du pays, & furent suivis de ceux qui ne travaillent que pour le luxe.

Les procès s'éteignirent avec l'argent : comment auroient-ils pu subsister dans une république où il n'y avoit ni pauvreté ni richesse, l'égalité chassant la disette, & l'abondance étant toujours également entretenue par la frugalité ? Plutus fut enfermé dans Sparte comme une statue sans ame & sans vie ; & c'est la seule ville du monde où ce que l'on dit communément de ce dieu, qu'il est aveugle, se trouva vérifié : ainsi le législateur de *Lacédémone* s'assura, qu'après avoir éteint l'amour des richesses, il tourneroit infailliblement toutes les pensées des Spartiates vers la gloire & la probité. Il ne crut pas même devoir assujettir à aucunes formules les petits contrats entre particuliers. Il laissa la liberté d'y ajouter ou retrancher tout ce qui paroîtroit convenable à un peuple si vertueux & si sage.

Mais pour préserver ce peuple de la corruption du dehors, il fit deux choses importantes.

Premièrement, il ne permit pas à tous les citoyens d'aller voyager de côté & d'autre selon leur fantaisie, de peur qu'ils n'introduisissent à leur retour dans la patrie, des idées, des goûts, des usages qui ruinassent l'harmonie du gouvernement établi, comme les dissonances & les faux tons détruisent l'harmonie dans la musique.

Secondement, pour empêcher encore avec plus d'efficace que le mélange des coûtumes opposées à celles de ses loix, n'altérât la discipline & les mœurs des Lacédémoniens, il ordonna que les étrangers ne fussent reçus à Sparte que pendant la solemnité des fêtes, des jeux publics & autres spectacles. On les accueilloit alors honorablement, & on les plaçoit sur des sièges à couvert, tandis que les habitants se mettoient ou ils se pouvoient. Les proxènes n'étoient établis à *Lacédémone* que pour l'observation de cet usage. On ne fit que rarement des exceptions à la loi, & seulement en faveur de certaines personnes dont le séjour ne pouvoir qu'honorer l'état. C'est à ce sujet que Xénophon & Plutarque vantent l'hospitalité du spartiate Lychas.

Il ne s'agissoit plus que de prévenir dans l'intérieur des maisons, les dissolutions & les débauches particulières, nuisibles à la santé, & qui demandent ensuite pour cure palliative, le long sommeil, du repos, de la diète, des bains & des remèdes de la médecine, qui ne sont eux-mêmes que de nouveaux maux. Lycurgue coupa toutes les sources de l'intempérance domestique, en établissant les phidities, c'est-à-dire, une communauté de repas publics, dans des salles expresses, où tous les citoyens seroient obligés de manger ensemble des mêmes mets réglés par la loi.

Les tables étoient de quinze personnes, plus ou moins. Chacun apportoit par mois un boisseau de farine, huit mesures de vin, cinq livres de fromage,

*Histoire. Tome III.*

deux livres & demie de figues, & quelque peu de monnoie de fer pour acheter de la viande. Celui qui faisoit chez lui un sacrifice, ou qui avoit tué du gibier à la chasse, envoyoit d'ordinaire une pièce de la victime ou de sa venaison à la table dont il étoit membre.

Il n'y avoit que deux occasions, sans maladie, où il fut permis de manger chez soi ; savoir, quand on étoit revenu fort tard de la chasse, ou qu'on avoit achevé fort tard son sacrifice, autrement il falloit se trouver aux repas publics ; & cet usage s'observa très-long-temps avec la dernière exactitude ; jusques-là, que le roi Agis, qui revenoit de l'armée, après avoir vaincu les Athéniens, & qui se faisoit une fête de souper chez lui avec sa femme, envoya demander ses deux portions dans la salle, mais les polémarques les lui refusèrent.

Les rois seuls, pour le remarquer en passant, avoient deux portions ; non pas, dit Xénophon, afin qu'ils mangeassent le double des autres, mais afin qu'ils pussent donner une de ces portions à celui qu'ils jugeroient digne de cet honneur. Les enfants d'un certain âge assistoient à ces repas, & on les y menoit comme à une école de tempérance & d'instruction.

Lycurgue fit orner toutes les salles à manger des images & des statues du Ris, pour montrer que la joie devoit être un des assaisonnements des tables, & qu'elle se marioit avec l'ordre & la frugalité.

Le plus exquis de tous les mets que l'on servoit dans les repas de *Lacédémone*, étoit le brouet noir, du moins les vieillards le préféroient à toute autre chose. Il y eut un roi de Pont qui entendant faire l'éloge de ce brouet, acheta exprès un cuisinier de *Lacédémone* pour lui en préparer à sa table. Cependant il n'en eut pas plutôt goûté, qu'il le trouva détestable ; mais le cuisinier lui dit : « Seigneur, je n'en suis pas surpris, le » meilleur manque à mon brouet, & je ne peux vous le » procurer ; c'est qu'avant que d'en manger, il faut se » baigner dans l'Eurotas ».

Les Lacédémoniens, après le repas du soir, s'en retournoient chacun chez eux sans flambeaux & sans lumière. Lycurge le prescrivit ainsi, afin d'accoutumer les citoyens à marcher hardiment de nuit & au fort des ténèbres.

Mais voici d'autres faits merveilleux de la législation de Lycurgue, c'est qu'elle se porta sur le beau sexe avec des vues toutes nouvelles & toutes utiles. Ce grand homme se convainquit « que les femmes, » qui par-tout ailleurs sembloient, comme les fleurs » d'un beau jardin, n'être faites que pour l'orne- » ment de la terre & le plaisir des yeux, pouvoient » être employées à un plus noble usage, & que ce » sexe, avili & dégradé chez presque tous les peu- » ples du monde, pouvoir entrer en communauté » de gloire avec les hommes ; partager avec eux » les lauriers qu'il leur faisoit cueillir, & devenir » enfin un des puissants ressorts de la législation. ».

Nous n'avons aucun intérêt à exagérer les attraits des Lacédémoniennes des siècles passés ; mais la voix d'un oracle rapporté par Eusèbe, prononce qu'elles

M m

r

ni tableaux, ni lambris, pour que rien ne détournât son attention des sujets qu'il devoit traiter. Tous les habitants de la Laconie assistoient aux assemblées générales, & les seuls citoyens de Sparte composoient les assemblées particulières. Le droit de publier les assemblées & d'y proposer les matières, n'appartenoit qu'aux rois & aux gérontes : les éphores l'usurpèrent ensuite.

On y délibéroit de la paix, de la guerre, des alliances, des grandes affaires de l'état, & de l'élection des magistrats. Après les propositions faites, ceux de l'assemblée qui tenoient une opinion, se rangeoient d'un côté, & ceux de l'opinion contraire se rangeoient de l'autre; ainsi, le grand nombre étant connu, décidoit la contestation.

Le peuple se divisoit en tribus ou lignées; les principales étoient celles des Héraclides & des Pitanates, don sortit Ménélas, & celle des Egides, différente de la tribu de ce nom à Athènes.

Les rois des Lacédémoniens s'appelloient *archagètes*, d'un nom différent de celui que prenoient les autres rois de la Grèce, comme pour montrer qu'ils n'étoient que les premiers magistrats à vie de la république. Semblables aux deux consuls de Rome, ils étoient les généraux des armées pendant la guerre; présidoient aux assemblées, aux sacrifices publics pendant la paix; pouvoient proposer tout ce qu'ils croyoient avantageux à l'état, & avoient la liberté de dissoudre les assemblées qu'ils avoient convoquées, mais non pas de rien conclure sans le consentement de la nation; enfin il ne leur étoit pas permis d'épouser une femme étrangère. Xénophon vous instruira de leurs autres prérogatives; Hérodote & Pausanias vous donneront la liste de leur succession : c'est assez pour moi d'observer, que dans la forme du gouvernement. Lycurgue se proposa de fondre les trois pouvoirs en un seul, pour qu'ils se servissent l'un à l'autre de balance & de contrepoids, & l'évènement justifia la sublimité de cette idée.

Ce grand homme ne procéda point aux autres changements qu'il méditoit, par une marche insensible & lente. Echauffé de la passion de la vertu, & voulant faire de sa patrie une république de héros, il profita du premier instant de ferveur de ses concitoyens à s'y prêter, pour leur inspirer, par des oracles & par son génie, les mêmes vues dont il étoit enflammé. Il sentit « que les passions sont semblables aux volcans, » dont l'éruption emporte tout-à-coup le lit d'un » fleuve, que l'art ne pourroit détourner qu'en lui » creusant un nouveau lit. Il mit donc en usage des » passions fortes pour produire une révolution subite, » & porter dans le cœur du peuple l'enthousiasme, &, » si l'on peut le dire, la fièvre de la vertu ». C'est ainsi qu'il réussit dans son plan de législation, le plus hardi, le plus beau & le mieux lié qui ait jamais été conçu par aucun mortel.

Après avoir fondu ensemble les trois pouvoirs du gouvernement, afin que l'un ne pût pas empiéter sur l'autre, il brisa tous les liens de la parenté, en déclarant tous les citoyens de *Lacédémone* enfants nés de

l'état. C'est, dit un beau génie de ce siècle, l'unique moyen d'étouffer les vices, qu'autorise une apparence de vertu, & d'empêcher la subdivision d'un peuple en une infinité de familles ou de petites sociétés, dont les intérêts, presque toujours opposés à l'intérêt public, éteindroient à la fin dans les ames toute espèce d'amour de la patrie.

Pour détourner encore ce malheur, & créer une vraie république, Lycurgue mit en commun toutes les terres du pays, & les divisa en 39 mille portions égales, qu'il distribua comme à des frères républicains qui feroient leur partage.

Il voulut que les deux sexes eussent leurs sacrifices réunis, & joignissent ensemble leurs vœux & leurs offrandes à chaque solemnité religieuse. Il se persuada que par cet institut les premiers nœuds de l'amitié & de l'union des esprits seroient les heureux augurés de la fidélité des mariages.

Il bannit des funérailles toutes superstitions; ordonnant qu'on ne mît rien dans la bière avec le cadavre, & qu'on n'ornât les cercueils que de simples feuilles d'olivier. Mais comme les prétentions de la vanité sont sans bornes, il défendit d'écrire le nom du défunt sur son tombeau, à moins qu'il n'eût été tué les armes à la main, ou que ce ne fût une prêtresse de la religion.

Il permit d'enterrer les morts autour des temples, & dans les temples mêmes; pour accoutumer les jeunes gens à voir souvent ce spectacle, & leur apprendre qu'on n'étoit point impur ni souillé en passant par-dessus des ossements & des sépulchres.

Il abrégea la durée des deuils, & la régla à onze jours, ne voulant laisser dans les actions de la vie rien d'inutile & d'oiseux.

Se proposant encore d'abolir les superfluités religieuses, il fixa dans tous les rits de la religion les loix d'épargne & d'économie. Nous présentons aux dieux des choses communes, disoit un lacédémonien, afin que nous ayons tous les jours les moyens de les honorer.

Il renferma dans un même code politique les loix, les mœurs & les manières, parce que les loix & les manières représentent les mœurs; mais en formant les manières il n'eut en vue que la subordination à la magistrature, & l'esprit belliqueux qu'il vouloit donner à son peuple. Des gens toujours corrigeants & toujours corrigés, qui instruisoient toujours & étoient instruits, également rigides, exerçoient plutôt des vertus qu'ils n'avoient de manières : ainsi les mœurs donnèrent le ton dans cette république. L'ignominie y devint le plus grand des maux, & la foiblesse le plus grand des crimes.

Comme l'usage de l'or & de l'argent n'est qu'un usage funeste, Lycurgue le proscrivit sous peine de la vie. Il ordonna que toute la monnoie ne seroit que de fer & de cuivre; encore Sénèque est-il le seul qui parle de celle de cuivre; tous les autres auteurs ne nomment que celle de fer, & même de fer aigre, selon Plutarque. Les deniers publics de *Lacédémone* furent mis en séquestre chez leurs voisins, & on les faisoit faifoit garder en Arcadie. Bientôt on ne vit plus à Sparte ni fophifte, ni charlatan, ni devin, ni difeur de bonne aventure ; tous ces gens qui vendent leurs fciences & leurs fecrets pour de l'argent, délogèrent du pays,. & furent fuivis de ceux qui ne travaillent que pour le luxe.

Les procès s'éteignirent avec l'argent : comment auroient-ils pu fubfifter dans une république où il n'y avoit ni pauvreté ni richeffe, l'égalité chaffant la difette, &. l'abondance étant toujours également entretenue par la frugalité ? Plutus fut enfermé dans Sparte comme une ftatue fans ame & fans vie ; & c'eft la feule ville du monde où ce que l'on dit communément de ce. dieu, qu'il eft aveugle, fe trouva vérifié : ainfi le. légiflateur de *Lacédémone* s'affura, qu'après avoir éteint l'amour des richeffes, il tourneroit infailliblement toutes les penfées des Spartiates vers la gloire & la probité. Il ne crut pas même devoir affujettir à aucunes formules les petits contrats entre particuliers. Il laiffa la liberté d'y ajouter ou retrancher tout ce qui paroîtroit convenable à un peuple fi vertueux & fi fage.

Mais pour préferver ce peuple de la corruption du dehors, il fit deux chofes importantes.

Premiérement, il ne permit pas à tous les citoyens d'aller voyager de côté & d'autre felon leur fantaifie, de peur qu'ils n'introduififfent à leur retour dans la pattie, des idées, des goûts, des ufages qui ruinaffent l'harmonie du gouvernement établi, comme les diffonnances & les faux tons détruifent l'harmonie dans la mufique.

Secondement, pour empêcher encore avec plus d'efficace que le. mélange des coûtumes oppofées à celles de fes loix, n'altérât la difcipline & les mœurs des Lacédémoniens, il ordonna que les étrangers ne fuffent reçus à Sparte que pendant la folemnité des fêtes, des jeux publics & autres fpectacles. On les accueilloit alors honorablement, & on les plaçoit fur des fiéges à couvert, tandis que les habitants fe mettoient où ils pouvoient. Les proxènes n'étoient établis à *Lacédémone* que pour l'obfervation de cet ufage. On ne fit que rarement des exceptions à la loi, &. feulement en faveur de certaines perfonnes dont le féjour ne. pouvoir qu'honorer l'état. C'eft à ce fujet que Xénophon & Plutarque vantent l'hofpitalité du fpartiate Lychas.

Il ne s'agiffoit plus que de prévenir dans l'intérieur des maifons, les diffolutions & les débauches particulières, nuifibles à la fanté, & qui demandent enfuite pour cure palliative, le long fommeil, du repos, de la diète, des bains & des remèdes de la médecine, qui ne font eux-mêmes que de nouveaux maux. Lycurgue coupa toutes les fources de l'intempérance domeftique, en établiffant des phidities, c'eft-à-dire, une communauté de repas publics, dans des falles expreffes, où tous les citoyens feroient obligés de manger enfemble des mêmes mets réglés par la loi.

Les tables étoient de quinze perfonnes, plus ou moins. Chacun apportoit par mois un boiffeau de farine, huit mefures de vin, cinq livres de fromage,

*Hiftoire.* Tome III.

deux livres & demie de figues, & quelque peu de monnoie de fer pour acheter de la viande. Celui qui faifoit chez lui un facrifice, ou qui avoit tué du gibier à la chaffe, envoyoit d'ordinaire une pièce de fa victime ou de fa venaifon à la table dont il étoit membre.

Il n'y avoit que deux occafions, fans maladie, où il fût permis de manger chez foi ; favoir, quand on étoit revenu fort tard de la chaffe, ou qu'on avoit achevé fort tard fon facrifice, autrement il falloit fe trouver aux repas publics ; & cet ufage s'obferva très-long-temps avec la dernière exactitude; jufques-là, que le roi Agis, qui revenoit de l'armée, après avoir vaincu les Athéniens, &. qui fe faifoit une fête de fouper chez lui avec fa femme, envoya demander fes deux portions dans la falle, mais les polémarques les lui refusèrent.

Les rois feuls, pour le remarquer en paffant, avoient deux portions ; non pas, dit Xénophon, afin qu'ils mangeaffent le double des autres, mais afin qu'ils puffent donner une double portion à celui qu'ils jugeroient digne de cet honneur. Les enfants d'un certain âge affiftoient à ces repas, & on les y menoit comme à une école de tempérance & d'inftruction.

Lycurgue fit orner toutes les falles à manger des images & des ftatues du Ris, pour montrer que la joie devoit être un des affaifonnements des tables, & qu'elle fe marioit avec l'ordre & la frugalité.

Le plus exquis de tous les mets que l'on fervoit dans les repas de *Lacédémone*, étoit le brouet noir, du moins les vieillards le préféroient à toute autre chofe. Il y eut un roi de Pont qui entendant faire l'éloge de ce brouet, acheta exprès un cuifinier de *Lacédémone* pour lui en préparer à fa table. Cependant il n'en eut pas plutôt goûté, qu'il le trouva déteftable ; mais le cuifinier lui dit : « Seigneur, je n'en fuis pas furpris, le » meilleur mariqué à mon brouet, & je ne peux vous le » procurer ; c'eft qu'avant que d'en manger, il faut fe » baigner dans l'Eurotas ».

Les Lacédémoniens, après le repas du foir, s'en retournoient chacun chez eux fans flambeaux & fans lumière, afin qu'elle fe prefcrivit ainfi, afin d'accoutumer les citoyens à marcher hardiment de nuit & au fein des ténèbres.

Mais voici d'autres faits merveilleux de la légiflation de Lycurgue, c'eft qu'elle fe porta fur le beau fexe avec des vûes toutes nouvelles & toutes utiles. Ce grand homme fe convainquit « que les femmes, » qui par-tout ailleurs fembloient, comme les fleurs » d'un beau jardin, n'être faites que pour l'orne- » ment de la terre & le plaifir des yeux, pouvoient » être employées à un plus noble ufage, & que ce » fexe, avili & dégradé chez prefque tous les peu- » ples du monde, pouvoit entrer en communauté » de gloire avec les hommes, partager avec eux » les lauriers qu'il lui faifoit cueillir, & devenir » enfin un des puiffants refforts de la légiflation ».

Nous n'avons aucun intérêt à exagérer les attraits des Lacédémoniennes des fiècles paffés ; mais la voix d'un oracle rapporté par Eufebe, prononce qu'elles

M m

étoient les plus belles de l'univers ; & presque tous les auteurs grecs en parlent sur ce ton : il suffiroit même de se ressouvenir qu'Hélene étoit de *Lacédemone*. Pour l'amour d'elle, Thésée y vint d'Athènes, & Pâris de Troye, assurés d'y trouver quelque chose de plus beau que dans tout autre pays. Pénélope étoit aussi de Sparte ; & presque dans le même tems que les charmes d'Hélene y faisoient naître des desirs criminels dans l'ame de deux amans, les chastes regards de Pénélope y allumoient un grand nombre d'innocentes flammes dans le cœur des rivaux qui vinrent en foule la disputer à Ulysse.

Le législateur de *Lacédémone* se proposant donc d'élever les filles de Sparte au-dessus des coutumes de leur sexe, leur fit faire les mêmes exercices que faisoient les hommes, afin qu'elles ne leur fussent point inférieures, ni pour la force & la santé du corps, ni pour la grandeur du courage. Ainsi destinées à s'exercer à la course, à la lutte, à jetter le palet & à lancer le javelot, elles portoient des habits qui leur donnoient toute l'aisance nécessaire pour s'acquitter de ces exercices. Sophocle a peint l'habit des filles de Sparte, en décrivant celui d'Hermione, dans un fragment que Plutarque rapporte : » il étoit très-court, cet habit, & c'est tout ce que » j'en dois dire.

Lycurgue ne voulut pas seulement que les jeunes garçons dansassent nuds, mais il établit que les jeunes filles, dans certaines fêtes solemnelles, danseroient en public, parées seulement de leur propre beauté, & sans autre voile que leur vertu. La pudeur s'en alarma d'abord, mais elle céda bien-tôt à l'utilité publique. La nation vit avec respect ces aimables beautés célébrer dans des fêtes, par leurs hymnes, les jeunes guerriers qui s'étoient signalés par des exploits éclatans. « Quel triomphe pour le » héros qui recevoit la palme de la gloire des mains ». de la beauté ; qui lisoit l'estime sur le front des » vieillards, l'amour dans les yeux de ces jeunes »-filles, & l'assurance des faveurs dont l'espoir » seul est un plaisir ! Peut-on douter qu'alors ce » jeune guerrier ne fut ivre de valeur » ? Tout concouroit dans cette législation à métamorphoser les hommes en héros.

Je ne parle point de la gymnopédie des jeunes lacédémoniennes, pour la justifier d'après Plutarque. Tout est dit selon la remarque d'un illustre moderne, en avançant » que cet usage ne conve-» noit qu'aux éleves de Lycurgue, que leur vie » frugale & laborieuse, leurs mœurs pures & séveres, » la force d'ame qui leur étoit propre, pouvoient » seules rendre innocent sous leurs yeux un spectacle si » choquant pour tout peuple qui n'est qu'honnête.

» Mais pense-t-on qu'au fond l'adroite parure de » nos femmes ait moins son danger qu'une nudité » absolue ; dont l'habitude tourneroit bien-tôt les » premiers effets en indifférences ? Ne fait-on pas que » les statues & les tableaux n'offensent les yeux que » quand un mélange de vêtement rend les nudités » obscènes ? Le pouvoir immédiat des sens, est foible

& borné ; c'est par l'entremise de l'imagination » qu'ils font leurs plus grands ravages ; c'est elle qui » prend soin d'irriter les desirs, en prêtant à leurs » objets encore plus d'attraits que ne leur en donna » la nature. Enfin, quand on s'habille avec tant d'art, » & si peu d'exactitude que les femmes sont aujour-» d'hui : quand on ne montre moins que pour faire » desirer davantage ; quand l'obstacle qu'on oppose » aux yeux ne sert qu'à mieux irriter la passion : » quand on ne cache une partie de l'objet que pour » parer celle qu'on expose :

*Heu malè tùm mites defendit pampinus uvas !*

Les femmes de *Lacédémone* portoient un voile sur le visage, mais non pas les filles ; & lorsqu'un étranger en demanda autrefois la raison à Charilaüs, il répondit que les filles cherchoient un mari, & que les femmes se conservoient pour le leur.

Dès que ce mari étoit trouvé, & agréé par le magistrat, il falloit qu'il enlevât la fille qu'il devoit épouser : peut-être afin que la pudeur prête à succomber, eût un prétexte dans la violence du ravisseur. Plutarque ajoute, qu'au temps de la consommation du mariage, la femme étoit vêtue de l'habit d'homme. Comme on n'en apporte point de raison, on n'en peut imaginer de plus modeste, ni de plus apparente, sinon que c'étoit le symbole d'un pouvoir égal entre la femme & le mari ; car il est certain qu'il n'y a jamais eu de nation où les femmes aient été plus absolues qu'à *Lacédémone*. On sait à ce sujet ce que répondit Gorgo femme de Léonidas, roi de Sparte, à une dame étrangere qui lui disoit : « il n'y a que vous autres qui commandiez » à vos maris, cela est vrai, répliqua la reine, mais » aussi il n'y a que nous qui mettions des hommes au » monde ».

Personne n'ignore ce qui se pratiquoit aux couches de ces femmes. Prévenues d'un sentiment de gloire, & animées du génie de la république, elles ne songeoient dans ces momens qu'à inspirer une ardeur martiale à leurs enfans. Dès qu'elles étoient en travail, on apportoit un javelot & un bouclier, & on les mettoit elles-mêmes sur ce bouclier, afin que ces peuples belliqueux en tirassent au moins un présage de la naissance d'un nouveau soldat: Si elles accouchoient d'un garçon, les parens élevoient l'enfant sur le bouclier, poussant au ciel ces acclamations héroïques, ι ταν, ι επι ταν, mots que les Latins ont rendu par *aut hunc, aut in hoc*; c'est-à-dire, ou conservez ce bouclier, ou ne l'abandonnez qu'avec la vie ; & de peur que les enfans n'oubliassent ces premieres leçons, les meres venoient les leur rappeller quand ils alloient à la guerre, en leur mettant le bouclier à la main. Ausone le dit après tous les auteurs Grecs :

*Mater Lacana clypeo obarmans filium,*
*Cum hoc inquit, aut in hoc redi.*

Aristote nous apprend, que ce fut l'illustre femme de Léonidas dont je viens de parler, qui tint la premère cé propos à son fils, lorsqu'il partoit pour l'armée ; ce que les autres Lacédemoniennes imiterent depuis.

De quelque amour qu'on soit animé pour la patrie dans les républiques guerrieres, on n'y verra jamais de mère après la perte d'un fils tué dans le combat, reprocher au fils qui lui reste, d'avoir survécu à sa défaite. On ne prendra plus exemple sur les anciennes Lacédémoniennes. Après la bataille de Leuctres, honteuses d'avoir porté dans leur sein des hommes capables de fuir, celles dont les enfants étoient échappés au carnage, se retiroient au fond de leurs maisons, dans le deuil & dans le silence, lorsqu'au contraire les mères, dont les fils étoient morts en combattant, se montroient en public, & la tête couronnée de fleurs, alloient aux temples en rendre graces aux dieux. Il est certain qu'il n'y a jamais eu de pays où la grandeur d'ame ait été plus commune parmi le beau sexe. Lisez, si vous ne m'en croyez pas, ce que Plutarque rapporte de Démétria, & de tant d'autres Lacédémoniennes.

Quand elles avoient appris que leurs enfants venoient de périr, & qu'elles étoient à portée de visiter leur corps, elles y couroient pour examiner si leurs blessures avoient été reçues le visage ou le dos tourné contre l'ennemi ; si c'étoit en faisant face, elles essuyoient leurs larmes, & d'un visage plus tranquille, elles alloient inhumer leurs fils dans le tombeau de leurs ancêtres ; mais s'ils avoient été blessés autrement, elles se retiroient saisies de douleur, & abandonnoient les cadavres à leur sépulture ordinaire.

Comme ces mêmes Lacédémoniennes n'étoient pas moins attachées à leurs maris qu'à la gloire des enfants qu'elles avoient mis au monde, leurs mariages étoient très-heureux. Il est vrai que les loix de Lycurgue punissoient les célibataires, ceux qui se marioient dans un âge avancé, & même ceux qui faisoient des alliances mal assorties ; mais après ce que nous avons dit des charmes & de la vertu des Lacédémoniennes, il n'y avoit guères moyen de garder le célibat auprès d'elles, & leurs attraits suffisoient pour faire desirer le mariage.

Ajoutez qu'il étoit interdit à ceux que la lâcheté avoit fait sauver d'une bataille. Et quel est le spartiate qui eût osé s'exposer à cette double ignominie !

Enfin, à moins que de se marier, tous les autres remèdes contre l'amour pour les femmes honnêtes, étoient à Sparte, ou dangereux ou rares. Quiconque y violoit une fille, étoit puni de mort. A l'égard de l'adultère, il ne faut que se souvenir du bon mot de Géradas. Un étranger demandoit à un Lacédémonien, comment on punissoit cette action à Sparte : Elle y est inconnue, dit Géradas. Mais supposons qu'elle arrivât, répondit l'étranger ; en ce cas, répliqua le spartiate, il faudroit que le coupable payât un taureau d'une si grande taille, qu'il pût boire à la pointe du Mont Taygete dans la rivière d'Eurotas. Mais, reprit l'étranger, vous ne songez donc pas qu'il est impossible de former un si grand taureau. Géradas souriant ; mais vous ne songez donc pas, vous, qu'il est impossible

d'avoir une galanterie criminelle avec une femme de Lacédémone.

N'imaginons pas que les anciens auteurs se contredisent, quand ils nous assurent qu'on ne voyoit point d'adultère à Sparte, & que cependant un mari cédoit quelquefois son lit nuptial à un homme de bonne mine pour avoir des enfants robustes & bien faits ; les Spartiates n'appelloient point cette cession un adultère. Ils croyoient que dans le partage d'un bien si précieux, le consentement ou la répugnance d'un mari, fait ou détruit le crime, & qu'il en étoit de cette action comme d'un trésor qu'un homme donne, quand il lui plaît, mais qu'il ne veut point qu'on lui ravisse. Dans cette rencontre, la femme ne trahissoit pas son époux ; & comme les personnes intéressées, ne sentoient point d'offense à ce contrat, elles n'y trouvoient point de honte. En un mot, un lacédémonien ne demandoit point à sa femme des voluptés, il lui demandoit des enfants.

Que ces enfants devoient être beaux ! Et comment n'auroient-ils point été tels, si on considère outre leur origine, les soins qu'on y apportoit ? Lisez seulement ce que le poëte Oppien en a publié. Les Spartiates, dit-il, se persuadant que dans le temps de la conception, l'imagination d'une mère contribue aux beautés de l'enfant, quand elle se représente des objets agréables, étaloient aux yeux de leurs épouses, les portraits des héros les mieux faits, ceux de Castor & de Pollux, du charmant Hyacinthe, d'Apollon, de Bacchus, de Narcisse, & de l'incomparable Nérée, roi de Naxe, qui au rapport d'Homere, fut le plus beau des Grecs qui combattirent devant Troye.

Envisagez ensuite combien des enfants nés de pères & mères robustes, chastes & tempérants, devoient devenir à leur tour, forts & vigoureux ! Telles étoient les institutions de Lycurgue, qu'elles tendoient toutes à produire cet effet. Philopœmen voulut contraindre les Lacédémoniens d'abandonner la nourriture de leurs enfants, persuadé que sans ce moyen, ils auroient toujours une ame grande & le cœur haut. Les gardes même des dames de Sparte nouvellement accouchées, étoient renommées dans toute la Grèce pour exceller dans les premiers soins de la vie, & pour avoir une manière d'emmaillotter les enfants, propre à leur rendre la taille plus libre & plus dégagée que par-tout ailleurs. Amicla vint de Lacédémone à Athènes pour alaiter Alcibiade.

Malgré toutes les apparences de la vigueur des enfants, les Spartiates les éprouvoient encore à leur naissance, en les lavant dans du vin. Cette liqueur, selon leur opinion, avoit la vertu d'augmenter la force de la bonne constitution, ou d'accabler la langueur de la mauvaise. Je me rappelle qu'Henri IV fut traité comme un spartiate. Son père, Antoine de Bourbon, après l'avoir reçu dans les bras de la sage-femme, lui fit sucer une gousse d'ail, & lui mit du vin dans la bouche.

Les enfants, qui sortoient heureusement de c épreuve, (& l'on en voyoit peu, sans doute, y fuccombaffent ) avoient une portion des terres de la république , affignée pour leur fubfiftance , & jouiffoient du droit de bourgeoifie. Les infirmes étoient expofés à l'abandon , parce que , felon l'efprit des loix de Lycurgue , un lacédémonien ne naiffoit ni pour foi-même , ni pour fes parents , mais pour la république , dont il falloit que l'intérêt fût toujours préféré aux devoirs du fang. Athénée nous affure que de dix en dix jours , les enfants paffoient en revue tous nuds devant les éphores , pour examiner fi leur fanté pouvoit rendre à la république le fervice qu'elle en attendoit.

Lacédémone ayant , avec une poignée de fujets , à foutenir le poids des armées de l'Afie , ne devoit fa confervation qu'aux grands hommes qui naiffoient dans fon fein pour la défendre : auffi toujours occupée du foin d'en former , c'étoit fur les enfants que fe portoit la principale attention du gouvernement. Il n'eft donc pas étrange que lorfqu'Antipater vint à demander cinquante enfants pour ôtages , ils lui aient répondu bien différemment de ce que nous ferions aujourd'hui , qu'ils aimeroient mieux lui donner au double d'hommes faits , tant ils eftimoient la perte de l'éducation publique !

Chaque enfant de Sparte avoit pour ami particulier un autre lacédémonien , qui s'attachoit intimement à lui. C'étoit un commerce d'efprit & de mœurs , d'où l'ombre même du crime étoit bannie ; ou , comme dit le divin Platon , c'étoit une émulation de vertu entre l'amant & la perfonne aimée. L'amant devoit avoir un foin continuel d'infpirer des fentiments de gloire à l'objet de fon affection. Xénophon comparoit l'ardeur & la modeftie de cet amour mutuel aux enchaînements du cœur qui font entre le père & fes enfants.

Malheur à l'amant qui n'eût pas donné un bon exemple à fon élève , & qui ne l'eût pas corrigé de fes fautes ! Si l'enfant vient à faillir , dit Elien , on le pardonne à la foibleffe de l'âge , mais la peine tombe fur fon tuteur , qui eft obligé d'être le garant des fautes du pupille qu'il chérit. Plutarque rapporte que dans les combats à outrance que fe livroient les enfants , il y en eut un qui laiffa échapper une plainte indigne d'un lacédémonien , fon amant fut auffi-tôt condamné en l'amende. Un autre auteur ajoute , que fi quelqu'amant venoit à concevoir , comme dans d'autres villes , de Grèce , des defirs criminels pour l'objet de fes affections , il ne pouvoit fe fauver d'une mort infame que par une fuite honteufe. N'écoutons donc point ce qu'Héfychius & Suidas ont ofé dire contre la nature de cet amour ; le verbe λακωνιΣειν doit être expliqué des habits & des mœurs de L'acédémone , & c'eft ainfi qu'Athénée & Démofthene l'ont entendu.

En un mot , on regardoit l'éducation de Sparte comme fi pure & fi parfaite , qu'on étoit en grace de permettre aux enfants de quelques grands hommes étrangers , d'être mis fous la difcipline lacédémonienne. Deux célèbres athéniens , Xénophon & Phocion , profitèrent de cette faveur.

De plus , chaque vieillard , chaque père de famille avoit droit de châtier les enfants d'autrui comme les fiens propres ; & s'il le négligeoit , on lui imputoit la faute commife par l'enfant. Cette loi de Lycurgue tenoit les pères dans une vigilance continuelle , & rappelloit fans ceffe aux enfants qu'ils appartenoient à la république. Auffi fe foumettoient-ils de leur propre mouvement à la cenfure de tous les vieillards ; jamais ils ne rencontroient un homme âgé , qu'ils ne s'arrêtaffent par refpect jufqu'à ce qu'il fût paffé ; & quand ils étoient affis , ils fe levoient fur le champ à fon abord. C'eft ce qui faifoit dire aux autres peuples de la Grèce , que fi la dernière faifon de la vie avoit quelque chofe de flatteur , ce n'étoit qu'à Lacédémone.

Dans cette république l'oifiveté des jeunes gens étoit mife au rang des fautes capitales , tandis qu'on la regardoit comme une marque d'honneur dans les hommes faits ; car elle fervoit à difcerner les maîtres des efclaves : mais avant que de goûter les douceurs du repos , il falloit s'être continuellement exercé dans la jeuneffe à la lutte , à la courfe , au faut , aux combats , aux évolutions militaires , à la chaffe , à la danfe , & même aux petits brigandages. On impofoit quelquefois à un enfant un châtiment bien fingulier : on mordoit le doigt à celui qui avoit failli ; Héfychius vous dira les noms différens qu'on donnoit aux jeunes gens , felon l'ordre de l'âge & des exercices , je n'ofe entrer dans ce genre de détails.

Les pères , en certains jours de fêtes , faifoient enivrer leurs efclaves , & les produifoient dans cet état méprifable devant la jeuneffe de Lacédémone , afin de la préferver de la débauche du vin , & lui enfeigner la vertu par les défauts qui lui font oppofés ; comme qui voudroit faire admirer les beautés de la nature , en montrant les horreurs de la nuit.

Le larcin étoit permis aux enfans de Lacédémone , pour leur donner de l'adreffe , de la rufe & de l'activité , & le même ufage étoit établi chez les Crétois. « Lycurgue , dit Montagne , confidéra au larcin , la » vivacité , diligence , hardieffe , enfemble l'utilité qui » revient au public , que chacun regarde plus curieufe- » ment à la confervation de ce qui eft fien ; & le légif- » lateur eftima que de cette double inftitution à af- » faillir & à défendre , il s'en tireroit du fruit pour » la fcience militaire que la grande confidération que » n'étoit le défordre & l'injuftice de femblables vols , » qui ne pouvoient confifter qu'en quelques volailles. » Les légumes ; cependant , ceux qui étoient pris fur le » fait , étoient châtiés pour leur mal-adreffe. »

Ils craignoient tellement la honte d'être découverts , qu'un d'eux ayant volé un petit renard , le cacha fous fa robe , dit Plutarque , & fans jetter un feul cri , qu'il lui déchirât le ventre avec les dents jufqu'à ce qu'il tombât mort fur la place. Ce fait ne doit pas paroître incroyable , dit Plutarque , à ceux qui favent ce que les enfans de la même ville font encore. Nous en avons vu , continue cet hiftorien , expirer fous les verges , fur l'autel de Diane Orthia , fans dire une feule parole.

Cicéron avoit auffi été témoin du fpectacle de ces

enfans, qui pour prouver leur patience dans la douleur, souffroient, à l'âge de sept ans, d'être fouettés jusqu'au sang, sans que leur visage en fût altéré. La coutume ne l'auroit pas chez nous emporté sur la nature; car notre jugement empoisonné par les délices, la mollesse, l'oisiveté, la lâcheté, la paresse, nous l'avons perverti par de honteuses habitudes. Ce n'est pas moi qui parle ainsi de ma nation, on pourroit s'y tromper à cette peinture, c'est Cicéron lui-même qui porte ce témoignage des Romains de son siècle; & pour que personne n'en doute, voici ses propres termes: *nos umbris, deliciis, otio, languore, desidiâ, animum infecimus; ma loque more delinitum mollivimus.* Tusc. quæst. liv. V. cap. xxvij.

Telle étoit encore l'éducation des enfans de Sparte, qu'elle les rendoit propres aux travaux les plus rudes. On accoutumoit leur corps aux rigueurs de toutes les saisons; on les plongeoit dans l'eau froide pour les endurcir aux fatigues de la guerre, & on les faisoit coucher sur des roseaux qu'ils étoient obligés d'aller arracher dans l'Eurotas, sans autre instrument que leurs seules mains.

On reprocha publiquement à un jeune spartiate de s'être arrêté pendant l'orage sous le couvert d'une maison, comme auroit fait un esclave. Il étoit honteux à la jeunesse d'être vue sous le couvert d'un autre toit que celui du ciel, quelque temps qu'il fît. Après cela, nous étonnerons-nous que de tels enfans devinssent des hommes si forts, si vigoureux & si courageux?

*Lacédémone* pendant environ sept siècles n'eut point d'autres murailles que les boucliers de ses soldats, c'étoit encore une institution de Lycurgue: « Nous honorons la valeur, mais bien moins qu'on ne faisoit à » Sparte; aussi n'éprouvons-nous pas à l'aspect d'une » ville fortifiée, le sentiment de mépris dont étoient » affectés les Lacédémoniens. Quelques-uns d'eux pas- » sant sous les murs de Corinthe; quelles femmes, » demanderent-ils, habitent cette ville? Ce sont, leur » répondit-on, des Corinthiens: Ne savent-ils pas, re- » prirent - ils, ces hommes vils & lâches, que les seuls » remparts impénétrables à l'ennemi, sont des citoyens » déterminés à la mort » ? Philippe ayant écrit aux Spartiates, qu'il empêcheroit leurs entreprises: Quoi! nous empêcherois-tu de mourir, lui répondirent-ils? L'histoire de *Lacédémone* est pleine de pareils traits; elle est tout miracle en ce genre.

Je sais, comme d'autres, le prétendu bon mot du sybarite, que Plutarque nous a conservé dans Pélopidas. On lui vantoit l'intrépidité des Lacédémoniens à affronter la mort dans les périls de la guerre. De quoi s'étonne-t-on, répondit cet homme voluptueux, de les voir chercher dans les combats une mort qui les délivre d'une vie misérable. Le sybarite se trompoit; un spartiate ne menoit point une triste vie, une vie misérable; il croyoit seulement que le bonheur ne consiste ni à vivre ni à mourir; mais à faire l'un & l'autre avec gloire & avec gaieté. « Il n'étoitpas moins doux à un lacédé- » monien de vivre à l'ombre des bonnes loix, qu'aux Sy- » barites à l'ombre de leurs bocages. Que dis-je! Dans

» Suze même, au milieu de la mollesse, le spartiate » ennuyé soupiroit après ses grossiers festins, seuls » convenables à son temperament. » Il soupiroit après l'instruction publique des salles qui nourrissoit son esprit, après les fatiguans exercices qui conservoient sa santé; après sa femme, dont les faveurs étoient toujours des plaisirs nouveaux; enfin après des jeux dont ils se délassoient à la guerre.

Au moment que les Spartiates entroient en campagne, leur vie étoit moins pénible; leur nourriture plus délicate, & ce qui les touchoit davantage, c'étoit le moment de faire briller leur gloire & leur valeur. On leur permettoit à l'armée, d'embellir leurs habits & leurs armes, de parfumer & de tresser leurs longs cheveux. Le jour d'une bataille, ils couronnoient leurs chapeaux de fleurs. Dès qu'ils étoient en présence de l'ennemi, leur roi se mettoit à leur tête, commandoit aux joueurs de flute de jouer l'air de Castor, & entonnoit lui-même l'hymne pour signal de la charge. C'étoit un spectacle admirable & terrible de les voir s'avancer à l'ennemi au son des flûtes, & affronter avec intrépidité, sans jamais rompre leurs rangs, toutes les horreurs du trépas. Liés par l'amour de la patrie, ils périssoient tous ensemble, ou revenoient victorieux.

Quelques Chalcidiéns arrivant à *Lacédémone*, allerent voir Argiléonide, mère de Brasidas, qui venoit d'être tué en les défendant contre les Athéniens. Argiléonide leur demanda d'abord les larmes aux yeux, si son fils étoit mort en homme de cœur, & s'il étoit digne de son pays. Ces étrangers pleins d'admiration pour Brasidas, exaltèrent sa bravoure & ses exploits, jusqu'à dire que dans Sparte, il n'y avoit pas son égal. Non, non, repartit Argiléonide en les interrompant, & en essuyant ses larmes, mon fils étoit, j'espere, digne de son pays, mais sachez que Sparte est pleine de sujets qui ne lui cèdent point ni en vertu ni en courage.

En effet, les actions de bravoure des Spartiates passeroient peut-être pour folles, si elles n'étoient consacrées par l'admiration de tous les siecles. Cette audacieuse opiniâtreté, qui les rendoit invincibles fut toujours entretenue par leurs héros, qui savoient bien que trop de prudence émousse la force du courage & qu'un peuple n'a point les vertus dont il n'a pas les scrupules. Aussi les Spartiates toujours impatiens de combattre, se précipitoient avec fureur dans les bataillons ennemis, & de toutes parts environnés de la mort, ils n'envisageoient autre chose que la gloire. Ils inventèrent des armes qui n'étoient faites que pour eux; mais leur discipline & leur vaillance produisoient leurs véritables forces. Les autres peuples, dit Sénèque, couroient à la victoire quand ils la voyoient certaine; mais les Spartiates couroient à la mort, quand elle étoit assurée: & il ajoute élégamment, *turpe est cuilibet fugisse*, Laconi verò deliberasse; c'est une honte à quelqu'un d'avoir pris la fuite, c'en est une à un lacédémonien d'y avoir seulement songé. Les étrangers alliés de *Lacédémone*, ne lui demandoient pour soutenir leurs guerres, ni argent, ni vaisseaux, ni troupes, ils ne lui demandoient qu'un

Spartiate à la tête de leurs armées : & quand ils l'avoient obtenu, ils lui rendoient avec une entière soumission toutes sortes d'honneurs & de respects. C'est ainsi que les Siciliens obéirent à Gylippe, les Chalcidiens à Brasidas, & tous les Grecs d'Asie, à Lisandre, à Callicratidas & à Agésilas.

Ce peuple belliqueux représentoit toutes ses déïtés armées, Vénus elle-même l'étoit :

*Armatam venerem vidit Lacedæmona Pallas.*

Bacchus qui par-tout ailleurs tenoit le thyrse à la main, portoit un dard à *Lacédémone.* Jugez si les Spartiates pouvoient manquer d'être vaillans. Ils n'alloient jamais dans leurs temples qu'ils n'y trouvassent une espèce d'armée, & ne pouvoient jamais prier les dieux, qu'en même temps la dévotion ne réveillât leur courage.

Il falloit bien que ces gens-là se fussent fait toute leur vie une étude de la mort. Quand Léonidas, roi de *Lacédémone,* partit pour se trouver à la défense du pas des Thermopyles avec trois cent Spartiates, opposés à trois cents mille persans, ils se déterminèrent si bien à périr, qu'avant que de sortir de la ville, on leur fit des pompes funèbres où ils assistèrent eux-mêmes. Léonidas est ce roi magnanime dont Pausanias préféré les grandes actions à ce qu'Achille fit devant Troie, à ce qu'exécuta l'Athénien Miltiade à Marathon, & à tous les grands exemples de valeur de l'histoire grecque & romaine. Lorsque vous aurez lu Plutarque sur les exploits héroïques de ce capitaine, vous serez embarrassé de nommer un homme qui lui soit comparable.

Du temps de ce héros, Athènes étoit si convaincue de la prééminence des Lacédémoniens, qu'elle n'hésita point à leur céder le commandement de l'armée des Grecs. Thémistocle servit sous Eurybiade, qui gagna sur les Perses la bataille navale de Salamine. Pausanias en triompha de nouveau à la journée de Platée, porta ses armes dans l'Hellespont, & s'empara de Bisance. Le seul Epaminondas Thébain, eut la gloire, long-temps après, de vaincre les Lacédémoniens à Leuctre & à Mantinée, & de leur ôter l'empire de la Grece qu'ils avoient conservé l'espace de 730 ans.

Les Romains s'étant rendus maîtres de toute l'Achaïe, n'imposerent aux Lacédémoniens d'autre sujetion que de fournir des troupes auxiliaires quand Rome les en solliciteroit. Philostrate raconte qu'Apollonius de Thyane qui vivoit sous Domitien, se rendit par curiosité à *Lacédémone,* & qu'il y trouva encore les loix de Lycurgue en vigueur. Enfin la réputation de la bravoure des Spartiates continua jusques dans le bas-empire.

Les Lacédémoniens se conservèrent l'estime des empereurs de Rome, & élevèrent des temples à l'honneur de Jules-César & d'Auguste, de qui ils avoient reçu de nouveaux bienfaits. Ils frapperent aussi quelques médailles au coin d'Antonin, de Marc-Aurele & de Commode. M. Vaillant en cite une de Néron, parce que ce prince vint se signaler aux yeux de la Grece; mais il n'osa jamais mettre le pied dans Sparte, à cause de la sévérité des loix de Lycurgue, dont il n'eut pas moins de peur, dit-on, que des furies d'Athènes.

Cependant quelle différence entre ces deux peuples! vainement les Athèniens travaillèrent à ternir la gloire de leurs rivaux & à les tourner en ridicule de ce qu'ils ne cultivoient pas comme eux les lettres & la Philosophie. Il est aisé de venger les Lacédémoniens de pareils reproches, & j'oserai bien moi-même l'entreprendre, si on veut me le permettre.

J'avoue qu'on alloit chercher à Athènes & dans les autres villes de Grèce des rhétoriciens, des peintres & des sculpteurs, mais on trouvoit à *Lacédémone* des législateurs, des magistrats & des généraux d'armée. A Athènes on apprenoit à bien dire, & à Sparte à bien faire; là à se démêler d'un argument sophistique, & à rabattre la subtilité des mots captieusement entrelacés; ici à se démêler des appas de la volupté, & à rabattre d'un grand courage les menaces de la fortune & de la mort. Ceux-là, dit joliment Montagne, s'em. besognoient après les paroles, ceux-ci après les choses. Envoyez-nous vos enfans, écrivoit Agésilaüs à Xénophon, non pas pour étudier auprès de nous la dialectique, mais pour apprendre une plus belle science, c'est d'obéir & de commander.

Si la Morale & la Philosophie s'expliquoient à Athènes, elles se pratiquoient à *Lacédémone.* Le Spartiate Panthoïdès le fit bien dire à des Athèniens qui se promenant avec lui dans le Lycée, l'engagèrent d'écouter les beaux traits de morale de leurs philosophes: on lui demanda ce qu'il en pensoit; ils sont admirables, repliqua-t-il, mais au reste inutiles pour votre nation, parce qu'elle n'en fait aucun usage.

Voulez-vous un trait historique qui peigne le caractère de ces deux peuples, le voici. « Un vieillard, au » rapport de Plutarque, cherchoit place à un des » spectacles d'Athènes, & n'en trouvoit point; de » jeunes Athèniens le voyant en peine, lui firent signe; » il s'approche; & dès qu'ils se serrèrent & se » moquerent de lui: le bon homme faisoit ainsi le tour » du théâtre, toujours hué de la belle jeunesse. Les » ambassadeurs de Sparte s'en apperçurent, & aussi- » tôt placerent honorablement le vieillard au milieu » d'eux. Cette action fut remarquée de tout le monde, » & même applaudie d'un battement de mains géné- » ral. Hélas, s'écria le bon vieillard, d'un ton dou- » leur, les Athèniens savent ce qui est honnête, mais » les Lacédémoniens le pratiquent »!

Ces Athèniens dont nous parlons, abuserent souvent de la parole, au lieu que les Lacédémoniens la regardèrent toujours comme l'image de l'action.

Chez eux, il n'étoit permis de dire un bon mot qu'à celui qui menoit une bonne vie. Lorsque dans les affaires importantes, un homme de mauvaise réputation donnoit un avis salutaire, les éphores respectoient la proposition; mais ils empruntoient la voix d'un homme de bien pour faire passer cet avis; autrement le peuple ne l'auroit pas autorisé. C'est ainsi que les magistrats accoutumoient les Spartiates à se laisser plutôt persuader par les bonnes mœurs, que par toute autre voie.

Ce n'étoit pas chez eux que manquoit le talent de manier la parole : il règne dans leurs discours & da

leurs reparties une certaine force , une certaine grandeur , que le sel attique n'a jamais su mettre, dans toute
l'éloquence de leurs rivaux. Ils ne se font pas amusés
comme les citoyens d'Athènes , à faire retentir les
théâtres de satyres & de railleries ; un seul bon mot
d'Eudamidas obscurcit la scène outrageantee de l'Andromaque. Ce lacédémonien se trouvant un jour dans
l'Académie , & découvrant le philosophe Xénocrate
déjà fort âgé , qui étudioit la Philosophie , demanda
qui étoit ce vieillard. C'est un sage , lui répondit-on,
qui cherche la vertu. Eh quand donc en usera-t-il , s'il
la cherche encore , repartit Eudamidas ? , Mais aussi
les hommes illustres d'Athènes étoient les premiers
à préférer la conduite des Lacédémoniens à toutes les
leçons des écoles.

: Il est très-plaisant de voir Socrate se moquant à sa
manière , d'Hippias , qui lui disoit qu'à Sparte , il n'a-
voit pas pu gagner un sol à régenter ; que c'étoient des
gens sans goût qui n'estimoient ni la grammaire , ni le
rythme , s'amusant à étudier l'histoire & le caractère
de leurs rois , l'établissement & la décadence des états ,
& autres choses de cette espèce. Alors Socrate , sans le
contredire , lui fait avouer en détail l'excellence du
gouvernement de Sparte , le mérite de ses citoyens ,
& le bonheur de leur vie , lui laissant à tirer la
conclusion de l'inutilité des arts qu'il professoit.

En un mot , l'ignorance des Spartiates dans ces
sortes d'arts , n'étoit pas une ignorance de stupidité,
mais de précepte , & Platon même en demeuroit
d'accord. Cependant , malgré l'austérité de leur politique , il y a eu de très-beaux esprits sortis de *Lacédémone* , des philosophes , des poëtes & des auteurs
illustres , dont l'injure des temps nous a dérobé les
ouvrages. Les soins que se donna Lycurgue pour
recueillir les œuvres d'Homere , qui seroient perdues
sans lui ; les belles statues dont Sparte étoit embellie,
& l'amour des Lacédémoniens pour les tableaux des
grands maîtres , montrent qu'ils n'étoient pas insensibles aux beautés de tous les arts.

Passionnés pour les poësies de Terpandre , de
Spendon , & d'Alcman , ils défendirent à tout esclave
de les chanter , parce que , selon eux , il n'appartenoit qu'à des hommes libres de chanter des choses
divines.

Ils punirent à la vérité Timothée de ce qu'aux
sept cordes de la musique il en avoit ajouté quatre
autres ; mais c'étoit parce qu'ils craignirent que la
mollesse de cette nouvelle harmonie n'altérât la sévérité de leurs mœurs. En même temps ils admirèrent
le génie de l'artiste ; ils ne brûlèrent pas sa lyre,
au contraire , ils la suspendirent à la voûte d'un de
leurs plus beaux bâtiments , où l'on venoit prendre le
frais , & qui étoit un ouvrage de Théodore de Samos.
Ils chassèrent aussi de Sparte , le poëte Archiloque ;
mais c'étoit pour avoir dit en vers , qu'il convenoit
mieux de fuir & de sauver sa vie , que de périr
les armes à la main. L'exil auquel ils le condamnèrent
ne procédoit pas de leur indifférence pour la poësie ,
mais de leur amour pour la valeur.

C'étoit encore par des principes de sagesse que
l'architecture de leurs maisons n'employoit que la
coignée & la scie. Un Lacédémonien , c'étoit le roi
Léotichidas , soupant un jour à Corinthe , & voyant
dans la salle où on le reçut , des pièces de bois
dorées & richement travaillées , demanda froidement
à son hôte , si les arbres chez eux , croissoient de la
sorte ; cependant ces mêmes Spartiates avoient des
temples superbes. Ils avoient aussi un magnifique
théâtre qui servoit au spectacle des exercices , des
danses , des jeux , & autres représentations publiques. La description que Pausanias a faite des décorations de leurs temples & de la somptuosité de ce
théâtre , prouve assez que ce peuple savoit étaler la
magnificence dans les lieux où elle étoit vraiment
convenable , & proscrire le luxe des maisons particulières où son éclat frivole ne satisfait que les faux
besoins de la vanité.

Mais comme leurs ouvriers étoient d'une industrie ,
d'une patience , & d'une adresse admirable , ils portèrent leurs talents à perfectionner les meubles utiles ,
& journellement nécessaires. Les lits , les tables , les
chaises des Lacédémoniens étoient mieux travaillés
que par-tout ailleurs. Leur poterie étoit plus belle &
plus agréable ; on vantoit en particulier la forme du
gobelet laconique , nommé *cotkon* , sur-tout à cause du
service qu'on en tiroit à l'armée. La couleur de ce gobelet , dit Critias , cachoit à la vue la couleur dégoûtante des eaux bourbeuses , qu'on est quelquefois obligé
de boire à la guerre ; les impuretés se déposoient au
fond de ce gobelet , & ses bords , quand on buvoit ,
arrêtoient en-dedans le limon , ne laissant venir à la
bouche que l'eau pure & limpide.

Pour ce qui regarde la culture de l'esprit & du
langage , les Lacédémoniens loin de la négliger , vouloient que leurs enfants apprissent de bonne heure à
joindre la force à l'élégance des expressions , à la
pureté des pensées. Ils vouloient , dit Plutarque , que
leurs réponses , toujours courtes & justes , fussent
pleines de sel & d'agrément. Ceux qui , par précipitation ou par lenteur d'esprit , répondoient mal , ou
ne répondoient rien , étoient châtiés : un mauvais
raisonnement se punissoit à Sparte , comme une mauvaise conduite ; aussi rien n'en imposoit à la raison
de ce peuple. « Un lacédémonien exempt dès le ber-
» ceau , des caprices & des humeurs de l'enfance ,
» étoit dans la jeunesse affranchi de toute crainte ;
» moins superstitieux que les autres grecs , les Spartiates
» citoient jeu , religion & leurs rits au tribunal du
» bon sens ». Aussi Diogène arrivant de *Lacédémone* à
Athènes , répondit avec transport à ceux qui lui demandoient d'où il venoit : « je viens de quitter des
» hommes ».

Tous les peuples de la Grèce avoient consacré des
temples sans nombre à la Fortune ; les seuls Lacédémoniens ne lui avoient dressé qu'une statue , dont ils
n'approchoient jamais : ils ne recherchoient point les
faveurs de cette déesse , & tâchoient par leur vertu ,
de se mettre à l'abri de ses outrages.

S'ils n'étoient pas toujours heureux,
Ils favoient du moins être fages.

On fait ce grand mot de l'antiquité, *Spartam nactus es*, *hanc orna* : « vous avez rencontré une ville de » Sparte, fongez à lui fervir d'ornement ». C'étoit un proverbe noble, pour exhorter quelqu'un dans les occafions importantes à fe régler, pour remplir l'attente publique, fur les fentiments & fur la conduite des Spartiates. Quand Cimon vouloit détourner fes compatriotes de prendre un mauvais parti : « penfez » bien, leur difoit-il, à celui que fuivroient les Lacé- » démoniens à votre place ».

Voilà quel étoit le luftre de cette république célèbre, bien fupérieure à celle d'Athènes ; & ce fut le fruit de la feule légiflation de Lycurgue. Mais, comme l'obferve M. de Montefquieu, quelle étendue de génie ne fallut-il pas à ce grand homme, pour élever ainfi fa patrie ; pour voir qu'en choquant les ufages reçus, en confondant toutes les vertus, il montroit à l'univers fa fageffe ! Lycurgue mêlant le larcin avec l'efprit de juftice, le plus dur efclavage avec la liberté, des fentiments atroces avec la plus grande modération, donna de la ftabilité aux fondements de fa ville, tandis qu'il fembloit lui enlever toutes les reffources, les arts, le commerce, l'argent, & les murailles.

On eut à *Lacédémone*, de l'ambition fans efpérance d'être mieux ; on y eut les fentiments naturels : on n'y étoit ni enfant, ni père, ni mari ; on y étoit tout à l'état. Le beau fexe s'y fit voir avec tous les attraits & toutes les vertus ; & cependant la pudeur même fut ôtée à la chafteté. C'eft par ces chemins étranges, que Lycurgue conduifit fa Sparte au plus haut degré de grandeur ; mais avec une telle infaillibilité de fes inftitutions, qu'on n'obtint jamais rien contre elle en gagnant des batailles. Après tous les fuccès qu'eut cette république dans fes temps heureux, elle ne voulut jamais étendre fes frontières : fon feul but fut la liberté, & le feul avantage de fa liberté fut la gloire.

Quelle fociété offrit jamais à la raifon un fpectacle plus éclatant & plus fublime ! Pendant fept ou huit fiècles, les loix de Lycurgue y furent obfervées avec la fidélité la plus religieufe. Quels hommes auffi eftimables que les Spartiates, donnèrent jamais des exemples auffi grands, auffi continuels, de modération, de patience, de courage, de tempérance, de juftice & d'amour de la patrie ? En lifant leur hiftoire, notre ame s'élève, & femble franchir les limites étroites dans lefquelles la corruption de notre fiècle retient nos foibles vertus.

Lycurgue a rempli ce plan fublime d'une excellente république dont le but fait après lui Platon, Diogène, Zénon, & autres, qui ont traité cette matière ; avec cette différence, qu'ils n'ont laiffé que des difcours, au lieu que le légiflateur de la Laconie n'a laiffé ni paroles, ni propos ; mais il a fait voir au monde un gouvernement inimitable, & a confondu ceux qui prétendoient que le vrai fage n'a jamais exifté. C'eft d'après de femblables confidérations,

qu'Ariftote n'a pu s'empêcher d'écrire ; que cet homme fublime n'avoit pas reçu tous les honneurs qui lui étoient dus, quoiqu'on lui ait rendu les plus grands qu'on puiffe jamais rendre à aucun mortel, & qu'on lui ait érigé un temple, où du temps de Paufanias, on lui offroit encore tous les ans, des facrifices comme à un dieu.

Quand Lycurgue vit fa forme de gouvernement folidement établie, il dit à fes compatriotes qu'il alloit confulter l'oracle, pour favoir s'il y avoit quelques changements à faire aux loix qu'il leur avoit données ; & qu'en ce cas, il reviendroit promptement remplir les décrets d'Apollon. Mais il réfolut dans fon cœur de ne point retourner à *Lacédémone*, & de finir fes jours à Delphes, étant parvenu à l'âge où l'on peut quitter la vie fans regrets. Il termina la fienne fecrettement, en s'abftenant de manger ; car il étoit perfuadé que la mort des hommes d'état doit fervir à leur patrie, être une fuite de leur miniftère, & concourir à leur procurer autant ou plus de gloire, qu'aucune autre action. Il comprit qu'après avoir exécuté de très-belles chofes, fa mort mettroit le comble à fon bonheur, & affureroit à fes citoyens les biens qu'il leur avoit faits pendant fa vie, puifqu'elle les obligeroit à garder toujours fes ordonnances, qu'ils avoient juré d'obferver inviolablement jufqu'à fon retour.

Dicearque, pour qui Cicéron témoigne la plus grande eftime, compofa la defcription de la république de Sparte. Ce traité fut trouvé à *Lacédémone*, même, fi beau, fi exact, & fi utile, qu'il fut décidé par les magiftrats, qu'on le liroit tous les ans en public, à la jeuneffe. La perte de cet ouvrage eft fans doute très-digne de nos regrets ; il faut pourtant nous en confoler par la lecture des anciens hiftoriens qui nous reftent ; fur-tout par celle de Paufanias & de Plutarque, par les recueils de Meurfius, de Cragius, & de Sigonius, & par la *Lacédémone* ancienne & moderne de M. Guillet, livre favant & très-agréablement écrit. ( *D. J.* )

LACTANCE, ( Lucius-Cælius-Firmianus-Lactantius ) ( *Hift. Eccléf.* ) un des pères de l'églife, un des défenfeurs de la foi. Il enfeigna la rhétorique à Nicomédie, fous Dioclétien ; Conftantin lui confia l'éducation de Crifpe fon fils. On l'appelloit le *Cicéron Chrétien.* L'abbé Lenglet a donné une édition de fes œuvres en deux volumes *in-4°*. en 1748. Son Traité le plus cité eft celui *de la Mort des Perfécuteurs*, dont la première édition a été donnée par Baluze, d'après un manufcrit de la bibliothèque de Colbert. Le but de l'auteur eft de prouver que les empereurs Romains qui ont perfécuté les Chrétiens, ont péri miférablement, ce qui n'eft pas vrai de tous, l'inconvénient de ces fyftèmes contraires aux faits, eft de détruire la confiance & de décréditer une bonne caufe. On doit à la Vérité l'hommage de ne la défendre qu'avec les armes de la vérité. *Lactance* mourut l'an 325.

LACYDE, ( *Hift. anc.* ) philofophe grec, natif de Cyrène, difciple d'Arcéfilas, & fon fucceffeur
dans

dans la secte appellée la seconde Académie; Attale, Roi de Pergame, lui donna un jardin pour philosopher; car les anciens philosophes grecs prenoient pour philosopher, le temps de la promenade, & pour école, des lieux propres à cet exercice. Platon donnoit ses leçons dans l'Académie, c'est-à-dire, dans un champ couvert d'arbres sur les bords du fleuve Ilissus; ce champ ou cette forêt, avoit appartenu autrefois à un particulier, nommé Académus, & retint ce nom d'Académie :

*Atque inter sylvas Academi quærere verum.*

Aristote enseignoit dans le Lycée, lieu pareillement spacieux & couvert d'arbres, & ses disciples furent nommés Péripatéticiens, parce qu'ils philosophoient en se promenant.

Un vaste portique où l'on pouvoit se promener à couvert, étoit l'école de Zénon.

Epicure philosophoit dans des jardins.

En Angleterre, autour d'Oxford, ville d'Université, où il y a un grand nombre de jardins charmants; l'espace du ciel, l'ombre, l'eau, d'agréables allées, un air pur, un exercice doux & modéré, la liberté toujours plus grande en plein air & dans le mouvement de la promenade que dans un endroit enfermé, mettent l'esprit dans la situation la plus propre à concevoir & à recevoir des idées, & le disposent à connoître, à sentir, à goûter les plaisirs purs de l'intelligence & de la vérité.

*Lacyde* ne voulut jamais s'établir à la cour du roi son bienfaiteur. Le portrait même du roi, disoit-il, *ne doit être regardé que de loin*. Ses principes, comme ceux de son maître, étoient ceux du pyrrhonisme. Ses élèves, ses domestiques, quand il les trouvoit en faute, lui opposoient ses propres principes, comme Sganarelle à Marphurius, dans *le Mariage forcé*; & il étoit obligé de répondre comme fait en substance Marphurius : *Mes amis, nous parlons d'une façon dans l'école, & nous vivons d'une autre dans la maison. Lacyde* mourut d'un excès d'intempérance, encore comme Arcésilas son maître. Il vivoit environ deux siècles & demi avant J. C.

**LADA,** [ m. ( *Hist. mod.* ) du saxon *ladian* ), signifie une *purgation canonique* ou manière de se laver d'une accusation, en faisant entendre trois témoins pour sa décharge. Dans les loix du roi Ethelred, il est souvent fait mention de *lada simplex, triplex & plena.* La première étoit apparemment celle où l'accusé se justifioit par son seul serment; la seconde celle où il produisoit trois témoins, ou comme on les nommoit alors *conjuratores*, & peut-être étoit-il du nombre. Quant à la troisième espèce, on ignore quel nombre de témoins étoit précisément requis pour remplir la formalité *lada plena* ( *A. R.* )

†**LADISLAS.** ( *Hist. mod.* ) nom porté par plusieurs rois de Hongrie, de Pologne, &c. & par quelques autres souverains.

**LADISDAS I,** roi de Hongrie, depuis 1077, jusqu'en
*Histoire. Tome III.*

qu'en 1095, fut un conquérant & un saint. Il fut canonisé par le pape Célestin III, en 1198.

**LADISLAS II,** parmi les rois de Hongrie, & sixième parmi les rois de Pologne, périt malheureusement à la bataille de Varnes en 1444. Sur ce point & sur les circonstances de cette affaire, *voyez* l'article CESARINI ( Julien ).

**LADISLAS III,** roi de Pologne en 1297, gouverna mal, & fut chassé; il fut rappellé; & gouverna bien. Il mourut en 1333, laissant un nom respecté. Il avoit institué en 1325, l'ordre de l'Aigle-Blanc.

**LADISLAS V,** *dit* JAGELLON, grand-duc de Lithuanie, étoit payen : il se fit baptiser pour épouser (en 1386) Hedwige, reine de Pologne, fille de Louis, ce fameux roi de Hongrie. ( *Voyez* ANJOU ) Par ce mariage, *Ladislas* unit la Lithuanie à la Pologne. Il refusa le trône de Bohême, que les Hussites révoltés lui offrirent pour venger la mort de Jean Hus. Il mourut en 1434, après un long & sage règne.

**LADISLAS - SIGISMOND VII,** roi de Pologne & de Suède, remporta de grands avantages sur les Turcs & sur les Russes, & laissa un nom glorieux. Son règne est de 1632 à 1648.

Sur **LADISLAS,** roi de Naples, fils de Charles de Duras, & frère & prédécesseur de Jeanne seconde, *voyez* l'article ANJOU.

**LÆLIUS,** ( *Hist. Rom.* ) Il y a deux *Lælius* célèbres dans l'Histoire Romaine, tous deux consuls; l'un, l'an 564 de Rome; l'autre, l'an 614; tous deux nommés Caius, mais le premier surnommé *Nepos*, le second *Sapiens* ; tous deux attachés à Scipion l'Africain, mais le premier ayant servi seulement sous le premier Scipion l'Africain, en Espagne & en Afrique, & ayant eu part aux victoires remportées sur Asdrubal, & sur Syphax : c'est celui qui paroît dans la *Sophonisbe* de Corneille; le second est beaucoup plus célèbre par son amitié pour le second Scipion l'Africain; c'est lui qui donne son nom au Traité de l'Amitié de Cicéron; c'est lui qui, dans ce traité, dit ces belles paroles : *Sed tamen recordatione nostræ amicitiæ sic fruor, ut beatè vixisse videar, quia cum Scipione vixerim : quoecum mihi conjuncta cura de re. publicâ & de privatâ fuit : quocum & domus fuit & militia communis & id in quo est omnis vis amicitiæ, voluntatum, studiorum, sententiarum summa consensio.* C'est lui qu'Horace ne sépare jamais de Scipion-Emilien, son ami : ●

*Num Lælius, aut qui*
*Duxit ab oppressâ meritum Carthagine nomen....*
*Virtus Scipiadæ & mitis sapientia Læli.*

On a dit aussi que ce second *Lælius* avoit eu part, ainsi que Scipion son ami, aux comédies de Térence.

**LAERCE.** *Voyez* DIOGENE.

**LAET,** ( Jean de ( *Hist. Lit. mod.* ) homme savant pour son temps, en histoire & en géographie, auteur de plusieurs ouvrages, auxquels les presses d'Elzévir

ont donné leur principal prix. Tels font :" *Tureici*
*imperii status ; Regni Persici status ; Respublica Bel-*
*garum ; de Regis Hispaniæ regnis & opibus ; Novus*
*Orbis*, traduit en françois par l'auteur même ; l'édition
de Vitruve avec les notes de Philandre, de Barbaro, de
Saumaise, & des Traités de divers auteurs sur la même
matière. Jean *de Laët* mourut en 1649, à Anvers sa
patrie.

**LÆTUS**, ( *Hist. Rom.* ) Marcia, concubine de
l'empereur Commode, Electus, son chambellan, &
Lætus chef des cohortes prétoriennes, ayant surpris
une liste écrite de la main de cet empereur & où
leurs noms étoient proscrits, l'avoient prévenu en l'em-
poisonnant. » Lætus & Electus, avec quelques-uns de
» leurs amis, allèrent vers minuit à la maison de Per-
» tinax & éveillèrent son portier qui leur ayant ou-
» vert, & ayant apperçu des soldats avec Lætus leur
» commandant, courut tout effrayé en avertir son
» maître. Celui-ci dit qu'on les fit entrer ; qu'il voyoit
» bien que son heure étoit venue ; que ce coup n'avoit
» rien qui le surprît. Quoiqu'il ne doutât point que
» ces officiers ne vinssent pour le tuer, il les vit pa-
» roître sans changer de visage ; & se tenant sur son
» lit avec un air assuré : Je m'attendois, dit-il, toutes
» les nuits à un pareil sort. Je restois seul des amis de
» Marc-Aurele, & je ne comprenois pas pourquoi on
» fus différoit si long-temps de me rejoindre à eux. Exé-
» cutez vos ordres, & délivrez-moi pour toujours
» d'une incertitude plus cruelle que la mort même.
» --- N'ayez point de nous, dit Lætus, des pensées
» si injustes, & concevez des espérances qui répondent
» au mérite de vos grandes actions. Nous sommes
» bien éloignés d'avoir aucun dessein contre votre per-
» sonne, nous venons au contraire implorer votre
» secours, & nous remettre à vos soins de la liberté du
» peuple & du salut de l'empire. Le tyran est mort,
» ses crimes ne sont pas demeurés impunis ; nous l'avons
» prévenu, & nous avons sauvé notre vie en lui
» ôtant la sienne. Il faut que vous preniez sa place ;
» votre autorité, votre prudence, votre modération,
» votre âge même, tout vous en rend digne. Le peuple
» a pour vous beaucoup d'affection, d'estime & de
» respect, nous sommes persuadés qu'il nous avoura
» dans notre choix, & qu'il trouvera son avantage où
» nous cherchons notre sûreté. --- Pourquoi, reprit
» Pertinax, insulter un vieillard, & vouloir éprouver
» sa constance ? n'est-ce pas assez de me faire mourir,
» sans joindre la moquerie à la cruauté ? --- Puisqu'il
» n'y a pas moyen de vous désabuser, dit Electus,
» lisez cet écrit, & il lui donne à lire sa liste de
» proscription qui les avoit déterminés à se défaire de
» Commode. » ( Herodien, trad. de l'abbé Mongault.

Lætus fut mis à mort par Didius Julianus à cause de
ses intelligences avec Severe, à l'élévation duquel il
avoit contribué.

Un autre Lætus commandoit la cavalerie sous Severe à la bataille de Lyon où Albin fut défait. Il fut
soupçonné d'avoir eu dans cette bataille une conduite
équivoque, qui tendoit à perdre les deux rivaux, l'un
par l'autre, pour prendre leur place. Il avoit cependant

achevé la défaite d'Albin ; mais ce ne fut, dit-on,
qu'après avoir vu la victoire se déclarer pour Severe,
& pour éviter le danger où sa trahison pouvoit alors
l'exposer ; quoi qu'il en soit de ses intentions, il servit
bien Severe, & celui-ci, soit jalousie, soit défiance, le
fit périr.

Enfin un troisième Lætus qui avoit enhardi Caracalla
par ses conseils, à faire périr son frère Géta en fut
puni par Caracalla lui-même, qui le fit empoisonner.

**LAFITAU** (Joseph François, ) ( *Hist. Litt. mod.*)
jésuite missionnaire chez les Iroquois. Nous avons de
lui un parallèle des mœurs des sauvages de l'Amérique & des mœurs des premiers temps, & une histoire des découvertes des Portugais dans le nouveau
monde. Mort vers 1740. Il étoit de Bordeaux.

Un autre Lafitau ( Pierre-François ) aussi jésuite,
étoit aussi de Bordeaux. A force d'intrigues & de zèle
réel ou affecté pour la bulle *Unigenitus*, il fut évêque
de Sistéron ; on lui reproche des mœurs & même des
maladies très-peu épiscopales ; peut-être faut-il se défier de ces allégations, quand elles portent sur un
homme qui ayant fait ouvertement la guerre à un
grand parti, a été nécessairement en butte à tous les
traits de ce parti. Lafitau avoit été promoteur du concile
d'Embrun. Il paroît qu'il au moins tous les vices
de l'ambition, & l'on fait qu'elle en entraîne un assez
grand nombre à sa suite ; on assure, par exemple, que
chargé de solliciter à Rome le chapeau de cardinal
pour l'abbé Dubois, il négocioit pour lui-même. Quoi
qu'il en soit, ne le considérons ici, que comme homme
de lettres, puisqu'au travers de tant d'intrigues il trouvoit le temps de l'être. On a de lui une histoire de la
constitution *Unigenitus*. Il pouvoit dire :

*Et quorum pars magna fui.*

Cette histoire est une satire contre les jansénistes. Il
a écrit aussi *l'histoire de Clément XI*. Il attribue des miracles à ce pape. C'est un miracle assez singulier, diront
les jansénistes, d'avoir fait prévaloir dans l'église les
fureurs du père Le Tellier sur les vertus du cardinal
de Noailles. Enfin Lafitau avoit fait des sermons, qui
avoient servi de prétexte pour le faire évêque. Ces sermons dépouillés de l'éclat que leur donnoit le débit,
ont paru médiocres ; on a de lui beaucoup de petits
livres ascétiques & mystiques, au dessous du médiocre.
Il étoit né en 1685. Il mourut au château de Lurs en
1764 ayant tâché d'être un évêque dans les dernières
années de sa vie, & n'ayant réussi, tout au plus,
qu'à être un moine. Il fonda un ordre de religieuses
qu'il nomma la Parentele. Il a laissé une mémoire
odieuse aux jansénistes, indifférente aux autres.

**LAFONT, LAFOSSE**, ( voir ces articles à la
lettre F.)

**LAGARDIE**, ( *Voyez* **GARDIE** ( de la. )

**L'AGIDES**, s. m. ( *Hist. anc.* ) nom qu'on donna
aux rois grecs qui possédèrent l'Egypte après la mort
d'Alexandre. Les deux plus puissantes monarchies qui
s'élevèrent alors, furent celle d'Egypte, fondée par
Ptolomée, fils de Lagus, d'où viennent les *Lagides* ;

& celle d'Afie ou de Syrie, fondée par Séleucus, d'où viennent les Seleucides. ( *A. R.* )

LAGNY, (Thomas Fantet de ) ( *Hift. Litt. mod.* ) grand calculateur, grand algébriste, grand géomètre, étoit né à Lyon, il étoit fils d'un fecrétaire du roi à la chancellerie de Grenoble, il entra dans l'académie des fciences en 1695, fut fait profeffeur d'hydrographie à Rochefort en 1697, & tandis que tout le monde le jugeoit fupérieur à cet emploi, lui feul croyant qu'il n'y étoit pas propre, parce que parmi toutes fes connoiffances mathématiques il lui manquoit la connoiffance particuliere de la marine, il demanda & obtint la permiffion de faire une campagne fur mer pour connoître par lui-même le pilotage. M. le régent voulut apprendre de lui ce qui concerne le commerce, les changes, les monnoies, les banques, les finances du royaume; il le fit fous-directeur de la banque générale de la même maniere à-peu-près & par les mêmes motifs, dit M. de Fontenelle, que l'on donna en Angleterre la direction de la monnoye de Londres à M. Newton; mais la place de M. Newton fut folide & fa fortune durable; la banque ceffa, avec honneur cependant, pour M. de *Lagny*, tous fes billets furent acquittés, & il laiffa dans l'ordre le plus exact, tout ce qui avoit appartenu à fon adminiftration. Il rentra feulement dans la médiocrité de fortune d'où il avoit été tiré, mais dont il n'avoit jamais perdu les mœurs. Il fe rencontra plus d'une fois avec le fameux Leibnitz dans des idées de réforme de l'arithmétique, de l'algèbre, & de la géométrie. C'eft dans les mémoires de l'académie des fciences qu'on trouve les preuves de fes connoiffances & de fon génie inventeur en mathématiques. Il ne vivoit que pour la géométrie & le calcul. Dans fa derniere maladie, ne connoiffant plus perfonne, ne parlant plus, il parut fe ranimer fur une fimple queftion arithmétique. « Quelqu'un, pour faire une » expérience philofophique, dit M. de Fontenelle, » s'avifa de lui demander quel étoit le quarré de douze; » il répondit dans l'inftant, & apparemment fans fa- » voir qu'il répondoit : cent quarante-quatre. Il mou- » rut le 12 avril 1734. »

LAHIRE, ( *Voyez* HIRE ( La )

LAINEZ (Jacques) ( *Hift. eccléfiaft.* ) efpagnol, un des premiers Jéfuites, compagnons de St. Ignace & fon fucceffeur dans le généralat; il affifta au concile de Trente, comme Théologien du faint-fiège, & fe montra très-digne de ce titre par le zèle avec lequel il foutint les opinions ultramontaines. Il parut auffi au colloque de Poiffy en 1561, où les jéfuites & les proteftans fe traiterent réciproquement de *loups*, de *finges* & de *ferpens*. Lainez avoit particuliérement en tête le fameux Théodore de Bèze; & toujours zélé pour les prétentions ultramontaines & pour les droits de Rome, il débuta par avertir Catherine de Médicis qu'elle ufurpoit les droits du pape, en ordonnant des conférences fur la religion. Quelques auteurs lui attribuent les conftitutions des jéfuites, d'autres les croyent de St. Ignace. On dit qu'il refufa le chapeau de cardinal. Il mourut en 1565, âgé de cinquante-trois ans.

Un autre *Lainez* ( Alexandre, ) poëte & homme de plaifir; a laiffé fort peu d'ouvrages. On cite principalement de lui comme des vers délicats, ceux qu'il fit pour Madame de Martel :

Le tendre Appelle un jour, dans ces jeux fi vantés,
Que la Grèce autrefois confacroit à Neptune,
Vit, au fortir de l'onde éclater cent beautés,
Et prenant un trait de chacune,
Il fit de fa Venus un portrait immortel;
Sans cette recherche importune,
Hélas! s'il avoit vu la divine Martel,
Il n'en auroit employé qu'une.

*Lainez* avoit beaucoup voyagé en Grèce, dans l'Afie mineure, en Egypte, en Sicile, en Italie, dans la Suiffe. Il favoit le grec, le latin, l'italien & l'efpagnol, & avoit beaucoup de littérature. Né à Chimay dans le Hainault en 1650. Mort à Paris en 1710.

Il y a eu un père Lainez ou Laiſné ou Lainai ( Vincent, ) oratorien, qui avoit acquis quelque réputation dans la chaire. On a de lui les oraifons funèbres du chancelier Seguier & du maréchal de Choifeul. Né à Luques en 1633. Mort à Aix en 1677.

LALA, f. m. ( *Hift. mod.* ) titre d'honneur que donnent les fultans aux vifirs & à un grand de l'empire. Suivant fon étymologie, il fignifie *tuteur*, parce qu'ils font les gardiens & les tuteurs des freres du fultan. *Voyez* Cantemir, *hift. ottomane.* ( *A. R.* )

LA LANDE, ( *Hift. mod.* ) eft le nom; 1°. d'un jurifconfulte; 2°. d'un muficien, tous deux fameux. Le premier, par un bon *Commentaire fur la coutume d'Orléans*; par un *Traité du Ban & de l'arrière-Ban*, & d'autres ouvrages de droit. Le fecond, par fes Motets, recueillis en deux volumes *in-folio*. Ce dernier étoit furintendant de la mufique du roi. Il étoit né à Paris en 1657, & mourut à Verfailles en 1726. Il fe nommoit Michel Richard de *la Lande*. Le jurifconfulte fe nommoit Jacques de *la Lande*, étoit né à Orléans en 1622, mourut en 1703.

LA LANE, ( Pierre ) ( *Hift. Litt. mod.* ) On l'a comparé à Orphée, parce que dans le peu de poëfies qu'on a de lui, il déplore la mort de fa femme, Marie Gatelle des Roches, qui étoit très-belle, & qu'il avoit tendrement aimée.

*Ipfe cavâ folans ægram teftudine amorem,
Te dulcis conjux, te folo in littore fecum,
Te veniente die, te decedente canebat.*

Il l'avoit perdue après cinq ans de mariage. Il fe flattoit d'avoir rendu fa douleur & l'objet de cette douleur, célèbres; il dit dans des ftances à ce fujet:

Chacun fait que mes triftes yeux
Pleuroient ma compagne fidelle,
Amarante, qui fut fi belle,
Que l'on n'a rien vu fous les cieux
Qui ne fut moins aimable qu'elle.

N. D. 2

*Lalane* mourut vers 1661. Ménage lui fit cette épitaphe ;

*Conjugis ereptæ tristi quâ tristior Orpheo*
   *Flebilibus cecinit funera acerba modis ,*
*Proh dolor ! ille tener tenerorum scriptor amorum ,*
   *Conditur hoc tumulo marmore Lalanius.*

Un autre *Lalane*, ( Noël de la ) docteur de Sorbonne, fut le chef des députés qui allèrent à Rome défendre la doctrine de Jansénius ; il l'a d'ailleurs défendue dans une multitude d'écrits, aujourd'hui oubliés. Mort en 1673.

LALLEMANT , ( *Hist. mod.* ) Il y a eu deux jésuites de ce nom, dont l'un, ( Louis ) n'est nullement connu , quoiqu'un père Champion ait écrit sa vie, publiée en 1694, cinquante-neuf ans après sa mort , arrivée en 1635.

L'autre, ( Jacques-Philippe ) est peut-être un peu trop connu, pour avoir été du conseil du P. Le Tellier, & de ce qu'on appelloit *la Cabale des Normands.* ( *Voyez* l'article du P. DANIEL. ) Il a fait beaucoup d'opuscules polémiques contre le jansénisme, & un *nouveau Testament*, qu'il voulut opposer à celui du P. Quesnel, comme Pradon, disent les auteurs du nouveau Dictionnaire historique, opposoit ses tragédies à celles de Racine. Mort en 1748.

Un autre, *Lallemant*, ( Pierre ) Génovefain, a fait des livres de piété estimés des dévots, tels que le *Testament spirituel*, *la Mort des Justes*, &c. de plus, un abrégé de la vie de Sainte-Geneviève ; & un éloge funèbre du premier président Pompone de Bellièvre. Le P. *Lallemant* mourut en 1673.

LALLI , ( Thomas - Arthur , comte DE ) ( *Hist. mod.* ) lieutenant-général des armées du roi, grand-croix de l'ordre militaire de St. Louis , d'une de ces familles nobles d'Irlande , qui avoient suivi le roi Jacques II dans sa retraite en France. Il se distingua par sa valeur, sur-tout à la bataille de Fontenoy. Dans la guerre de 1756 ; on l'envoya commander dans l'Inde ; il y eut d'abord quelques succès , mais dans la suite il perdit Pondichéry ; le parlement de Paris lui fit son procès , & par arrêt du 6 mai 1766, il fut condamné à être décapité ; ce qui fut exécuté. Cet arrêt a été cassé par un arrêt du conseil du 25 mai 1778 ; mais le fond n'est pas encore jugé ; & il n'est pas encore temps pour l'histoire , de parler de cette affaire , dans laquelle il y a déjà eu plusieurs autres jugements divers. Parmi ceux qu'aucun intérêt ne paroissoit engager à écrire ni pour ni contre , M. de Voltaire en France, l'a justifié ; & voici ce qu'on a dit en Angleterre, l'auteur d'une relation des affaires de l'Inde, depuis 1756 jusqu'en 1783.

« On a encore présentés à l'esprit les campagnes » de *Lalli*..... il est possible que *Lalli* ne connût pas » bien le local : peut-être avoir - il trop mauvaise » opinion des princes du pays , pour tirer parti » de leur assistance ; ce qui est certain , c'est qu'il fut » obligé d'agir sur la côte sans escadre ; & quand il

» voulut pénétrer dans l'intérieur du pays ; ses » alliés refusèrent de le seconder ; & ses troupes se » mutinèrent , faute de paye. Malgré ces contre-temps , » de dix batailles qu'il avoit livrées , il n'en avoit » perdu qu'une , & on pouvoit bien lui permettre , » après avoir gagné neuf batailles , de se retirer devant » des forces supérieures.

» Mais *Lalli*, comme plusieurs autres grands hommes, » ne dut sa ruine qu'à la droiture de ses sentiments, » à sa hauteur, & à la rigueur de sa discipline. Dès » le moment qu'il débarqua à Pondichéry , il té-» moigna la plus grande horreur de la vénalité qui » régnoit autour de lui. Supérieur aux vils artifices » de l'intérêt, il regardoit avec un mépris marqué, » ceux qui n'avoient point d'autre objet. Il avoit ordre » de rechercher les causes qui avoient appauvri sa » patrie , & de punir les délinquants, Les maux aux-» quels il devoit remédier , étoient le péculat , la » désobéissance , la fourberie , le pillage & la muti-» nerie.

« Cette commission n'étoit certainement pas popu-» laire , & *Lalli* se trompa en s'attendant à un accueil » gracieux de la part de ceux qui détestoient cette » conquête , & qui pensoient qu'elle leur feroit courir » des risques. Il apprit en peu de temps , à quoi doit » s'attendre un homme qui veut arracher au méchant » les dépouilles de l'iniquité : il se forma aussi-tôt une » ligue pour empêcher qu'il ne remplit sa commission , » & ceux qui auroient dû coopérer avec lui au bien » du service , furent les premiers à le fatiguer de » difficultés , parce qu'ils ne pouvoient éviter leur » ruine que par la sienne ».

LALLOUETTE, ( Ambroise ) ( *Hist. Litt. mod.* ) chanoine de Sainte-Opportune à Paris , auteur d'une vie du cardinal Le Camus , évêque de Grenoble , & de divers ouvrages de controverse , relatifs aux Protestants , qu'il avoit fort à cœur de réunir à l'église. Mort en 1724.

LALLUS , s. m. ( *Hist. anc. Mytholog.* ) nom d'une divinité des anciens qui étoit invoquée par les nourrices pour empêcher les enfans de crier , & les faire dormir. C'est ce que prouve un passage d'Ausone :

*Hic iste qui natus tibi*
*Flos flosculorum Romuli ;*
*Nutricis inter lemmata*
*Lallique somniferos modos*
*Suescat peritis fabulis*
*Simul jocari & discere.*

Peut-être aussi n'étoient-ce que des contes ou des chansons qu'on faisoit aux petits enfans pour les faire dormir. *Voyez Ephemérides natur. curios. Centuria V. & VI.* ( *A. R.* )

LAMA, s. m. ( *terme de Relation* ) Les *lamas* sont les prêtres des Tartares asiatiques, dans la Tartarie chinoise.

Ils font vœu de célibat, sont vêtus d'un habit particulier, ne tressent point leurs cheveux, & ne portent point de pendans d'oreilles. Ils font des prodiges par la force des enchantemens & de la magie, récitent de certaines prières en manière de chœurs, font chargés de l'instruction des peuples, & ne favent pas lire pour la plûpart, vivent ordinairement en communauté, ont des supérieurs locaux, & au dessus de tous, un supérieur général qu'on nomme le *dalaï-lama*.

C'est-là leur grand pontife, qui leur confère les différens ordres, décide seul & despotiquement tous les points de foi sur lesquels ils peuvent être divisés; c'est, en un mot, le chef absolu de toute leur hiérarchie.

Il tient le premier rang dans le royaume de Tongut par la vénération qu'on lui porte, qui est telle que les princes tartares ne lui parlent qu'à genoux, & que l'empereur de la Chine reçoit ses ambassadeurs, & lui en envoie avec des présens considérables. Enfin, il s'est fait lui-même, depuis un siècle, souverain temporel & spirituel du Tibet, royaume de l'Asie, dont il est difficile d'établir les limites.

Il est regardé comme un dieu dans ces vastes pays: l'on vient de toute la Tartarie, & même de l'Indostan, lui offrir des hommages & des adorations. Il reçoit toutes ces humiliations de dessus un autel, posé au plus haut étage du pagode de la montagne de Pontola, ne se découvre & ne se leve jamais pour personne; il se contente seulement de mettre la main sur la tête de ses adorateurs pour leur accorder la rémission de leurs péchés.

Il confère différens pouvoirs & dignités aux *Lamas* les plus distingués qui l'entourent; mais ce grand nombre, il n'en admet que deux cents au rang des disciples, ou de ses favoris privilégiés; & ces deux cents vivent dans les honneurs & l'opulence, par la foule d'adorateurs & de présens qu'ils reçoivent de toutes parts.

Lorsque le grand *lama* vient à mourir, on est persuadé qu'il renait dans un autre corps, & qu'il ne s'agit que de trouver en quel corps il a bien voulu prendre une nouvelle naissance; mais la découverte n'est pas difficile, ce doit être, & c'est toujours dans le corps d'un jeune *lama* privilégié qu'on entretient auprès de lui; & qu'il a par sa puissance désigné son successeur secret au moment de sa mort.

Ces faits abrégés, que nous avons puisés dans les meilleures sources, doivent servir à porter nos réflexions sur l'étendue des superstitions humaines, & c'est le fruit le plus utile qu'on puisse retirer de l'étude de l'Histoire. ) *D. J.*)

**LA MARE.** *Voyez* **MARE.**

**LAMBECIUS,** (Pierre) (*Hist. Litt. mod.*) savant précoce. A dix-neuf ans il avoit publié de savantes remarques sur Aulugelle; après avoir étendu ses connoissances en joignant les voyages à l'étude, il fut professeur d'histoire à Hambourg sa patrie, puis recteur du collège de cette ville, il la quitta pour quitter une femme avec laquelle il ne pouvoit vivre. Il alla à Rome, où il eut à se louer de l'accueil & des bienfaits du pape Alexandre VII, & de la reine

Christine; il fut ensuite bibliothécaire de l'empereur à Vienne, où il mourut en 1680. Il étoit né en 1628. Ses principaux ouvrages sont l'histoire des antiquités de sa patrie, sous ce titre: *Origines Hamburgenses ab anno 808, ad annum 1292. Animadversiones ad Codini origines Constantinopolitanas: Commentariorum de bibliothecâ Cæsarea-Vindobonensi, lib. 8.* Le savant Fabricius a publié, en 1710, un ouvrage posthume de *Lambecius*, intitulé: *Prodromus Historiæ Litterariæ & iter Cellense.*

**LAMBERT,** (duc de Spolete) (*Hist. mod.*) un de ces tyrans, qui, dans la décadence de la maison Carlovingienne, vers la fin du neuvième siècle, se disputoient l'Italie & l'Empire, parce qu'ils étoient Italiens, & même la France, parce qu'ils descendoient ou prétendoient descendre de Charlemagne par des femmes. Gui, duc de Spolette, père de *Lambert*, avoit de même disputé la France à Bérenger, duc de Frioul; & étant venu à Rome à main armée, s'y étoit fait couronner empereur & roi de France. Gui étoit mort en 894. *Lambert* son fils, mourut en 898, d'une chûte qu'il fit à la chasse.

**LAMBERT,** (Saint) (*Hist. de France*) St. *Lambert*, évêque de Maëstricht, tué à Liège, qui n'étoit qu'un village, & qui est devenu par cet événement, une ville considérable. (*Voyez* l'article **ALPAIDE**, où Saint *Lambert* est mal-à-propos qualifié d'évêque de Liège. On fixe l'époque de la mort de Saint *Lambert* à l'an 708.

**LAMBERT DE SCHAWEMBOURG ou D'ASCHAFFEMBOURG,** bénédictin de l'abbaye d'Hirchfelden en 1058, est auteur d'une chronique consultée, du moins pour la partie qui concerne le temps où il vivoit, c'est-à-dire, depuis 1050 jusqu'en 1077. D'ailleurs, la chronique, suivant l'usage des vieux écrivains, remonte à Adam. On la trouve dans le premier volume des Ecrivains d'Allemagne, de Pistorius.

Un autre *Lambert* fut le premier évêque d'Arras, lorsqu'en 1092, cette église se sépara de celle de Cambray, à laquelle elle étoit depuis long-temps unie. Il mourut en 1115.

On compte parmi les premiers & les plus célèbres disciples de Luther, un cordelier distingué dans son ordre, nommé François *Lambert*, natif d'Avignon, qui ayant quitté son cloître & pris une femme, s'étoit retiré à Vittemberg, sous la protection de Luther & de l'électeur de Saxe; là il publioit en paix *la relation du martyre de Jean Chatelain*, brûlé pour luthéranisme en 1525, dans la petite ville de Vic au Pays-Messin. Il dédioit à François Ier un éloge du Mariage, en lui rendant compte des raisons qui l'avoient déterminé à se marier. Ce fut principalement ce *Lambert* qui introduisit la réforme dans les états du Landgrave de Hesse. Il mourut de la peste en 1530, à Marpurg, où il étoit professeur de théologie. On a de lui plusieurs autres écrits de sa secte.

**LAMBERT,** surnommé *le Bègue*, parce qu'il l'étoit, est l'instituteur des Béguines des Pays-Bas. Mort en 1177.

Ce nom de *Lambert*, dans des temps beaucoup plus modernes, a été illustré chez différentes nations, en Hollande, en Angleterre, en Allemagne & en France.

En Hollande : les Hollandois, en 1624, ayant armé six vaisseaux contre les Algériens qui troubloient leur commerce par des pirateries, *Lambert*, capitaine de vaisseau, commanda cet armement ; il prit d'abord deux vaisseaux algériens, & mit cent vingt-cinq pirates à la chaîne ; il les mene devant Alger, demande qu'on lui remette à l'instant, tous les esclaves Hollandois ; & voyant qu'on différoit à le satisfaire, arbore l'étendard rouge en signe de guerre, fait lier dos à dos une partie des Turcs & de Maures qu'il avoit sur ses vaisseaux, fait jetter les uns à la mer, fait pendre les autres aux antennes à la vue des Algériens, qui frémissoient d'horreur. Il se remet en mer, & va chercher une nouvelle proie ; il prend deux nouveaux vaisseaux algériens, revient devant Alger, menace de traiter ces autres pirates comme les premiers ; on est forcé enfin de lui remettre tous les esclaves Hollandois en échange des pirates Algériens qu'il avoit sur ses vaisseaux. Vengeur & libérateur de ses compatriotes, il rentre triomphant dans les ports de sa patrie. C'est ainsi qu'il est beau de faire la guerre. Mais qui pourra jamais assez s'étonner qu'avec cette rage épidémique de guerre qui, depuis si long-temps possede & travaille l'univers, on laisse de petites nations foibles, & qu'on pourroit foudroyer d'un regard, se rendre redoutables à toutes les puissances, infester les mers, réduire en esclavage les citoyens des plus grands royaumes, les sujets des plus fiers potentats ; il semble qu'il appartienne à la maladie de guerre de ne vouloir la faire que quand elle ne peut qu'être inutile & funeste, & de s'y refuser toutes les fois qu'elle pourroit être raisonnable, juste & utile. C'est sur ce brigandage des corsaires Barbaresques, brigandage impuni & presque autorisé par la tolérance générale des nations, qu'on pourroit s'écrier :

O honte ! ô de l'Europe infamie éternelle !
Un peuple de brigands, sous un chef infidèle,
Du commerce & des mers détruit la sûreté !

Au reste, on peut dire que le marin hollandois *Lambert* a été le précurseur du chevalier François d'Amfreville, qui, en 1684, fit encore mieux, puisqu'il délivra tous les esclaves chrétiens de toute nation indistinctement. On sait que quelques anglois qui étoient du nombre de ces esclaves mis en liberté, se trouvant humiliés d'avoir cette obligation à un françois, soutinrent à d'Amfreville que c'étoit à la considération du roi d'Angleterre qu'ils étoient libres : le capitaine françois, pour les désabuser, fit appeller les Algériens, & leur remettant les Anglois : *ces Messieurs*, dit-il, *ne veulent être delivrés qu'au nom de leur roi, le mien ne prend point la liberté de leur offrir sa protection, faites-en ce qu'il vous plaira.* Tous les Anglois furent remis à la chaîne.

Nous nous appercevons dans ce moment, que l'article

du chevalier d'Amfreville a été omis à sa place. Le présent article peut suppléer à cette omission.

En Angleterre : le général *Lambert* ou *Lamberth*, commandoit sous Cromwel, les troupes républicaines d'Angleterre, & il conservoit dans son cœur des sentimens républicains qui contrarioient l'ambition de Cromwel. Lorsque celui-ci fut déclaré protecteur de la république d'Angleterre, c'étoit le titre de roi qu'il ambitionnoit, *Lambert* fit manquer cette entreprise, & depuis ce temps Cromwel le regardant comme un ennemi & un rival, lui ôta le commandement des troupes. Par le même principe d'amour pour la liberté, *Lambert*, après la mort d'Olivier Cromwel, fut opposé à Richard Cromwel son fils. Il le fut encore plus au rétablissement de la royauté ; il fut pris par le général Monck, qui étoit à la tête du parti du roi ; & comme autrefois ami d'Olivier Cromwel, & actuellement ennemi de Charles II, il fut condamné à mort en 1662. Charles II commua la peine, & se contenta de reléguer *Lambert* dans l'isle de Jersey, d'où il ne sortit plus. C'étoit homme d'un grand courage, d'une valeur distinguée, & qui n'étoit pas sans vertus, mais dont les vertus même auroient été déplacées à la cour aimable de Charles II.

En Allemagne : un des plus habiles mathématiciens de l'Europe dans le dix-huitieme siecle, nommé *Lambert*, né à Mulhousen en Alsace, vers l'an 1628, mort à Berlin le 25 septembre 1777, a rempli d'excellens Mémoires les recueils de diverses Academies d'Allemagne ; il étoit pensionnaire de celle d Berlin. On a de lui d'ailleurs plusieurs ouvrages estimés, un Traité sur la propriété les plus remarquables de la route de la lumiere ; un Traité *sur les orbites des Cometes* ; une *Perspective*, & divers autres Traités de mathématiques.

En France : nous trouvons d'abord dans les derniers temps, le fameux musicien Michel *Lambert*, célébré par Boileau dans la satyre du Festin :

Et Lambert, qui plus est, m'a donné sa parole,
Quoi, Lambert ! oui Lambert......
Nous n'avons, m'a-t-il dit, ni Lambert ni Moliere.

Il fut en quelque sorte, le créateur de la musique en France. On a retenu de lui quelques airs. Tout le monde vouloit apprendre de lui l'art de chanter, & sur-tout le goût du chant. Il étoit maître de musique de la chambre du roi. Né en 1610, à Vivonne en Poitou. Mort à Paris en 1690.

Il y a eu dans ce siecle, deux ecclésiastiques du nom de *Lambert*, connus par des écrits d'un genre entièrement divers.

L'un, nommé Joseph, fils d'un maître des comptes de Paris, né en 1654, mort en 1722, fut principalement célebre par sa charité envers les pauvres, à l'instruction & à l'utilité desquels il consacra la plûpart de ses écrits, indépendamment des autres secours qu'il leur fournissoit avec la profusion la plus généreuse. On a de lui l'*Année Evangelique*, des *Instructions* sur les mysteres & sur les principaux objets de la foi, presque toujours à l'usage des pauvres & des gens de la campagne. Il étoit fort opposé à la pluralité des bénéfices, & il engagea la Faculté de théologie, dont il étoit membre, à faire un décret pour empêcher ceux qui prennent des degrés en théologie, sinon de posséder plusieurs bénéfices, du moins d'en prendre le titre dans leurs thèses, afin que la Sorbonne ne parût pas avoir rétracté le règlement qu'elle avoit fait autrefois pour interdire la pluralité des bénéfices.

L'autre, nommé Claude François, d'abord curé dans le diocèse de Rouen, vint ensuite à Paris, faire de mauvais romans & des compilations. Il fit une *Histoire générale de tous les Peuples du monde*; & des *Observations aussi sur tous les Peuples du monde*. Il fit de plus, des Histoires particulières. Il mit en françois moderne, les mémoires de Martin & de Guillaume du Bellay-Langei, soin très-superflu! ces Mémoires si utiles pour l'Histoire de François Iᵉʳ, sont beaucoup plus agréables en vieux françois. L'abbé *Lambert* eut du moins le bon esprit de laisser dans leur vieux langage, le Journal de la duchesse d'Angoulême, & les Mémoires du maréchal de Fleuranges, qu'il joignit à l'édition des Mémoires des Du Bellay-Langei. On a encore de l'abbé *Lambert*, une Histoire de Henri II., qui commence par une faute : il dit que Henri II parvint à la couronne le 31 juillet 1547. On sait que ce fut le 31 mars de la même année, jour qui répondit à celui de sa naissance. Mezeray remarque expressément qu'il parvint à la couronne le même jour qu'il étoit venu au monde.

L'abbé *Lambert* ne se trompe pas moins, lorsqu'après avoir dit qu'Henri II réduisit le nombre des officiers du parlement, fort augmenté par François Iᵉʳ, il ajoute: « mais comme il auroit fallu rembourser » les conseillers de l'argent que leurs charges avoient » coûté, & que ç'étoit là une dépense que l'on n'au- » roit pu faire que difficilement, il fut réglé qu'on » attendroit que ces nouvelles charges fussent éteintes par la mort de ceux qui les possédoient.

Ces charges n'étoient ni éteintes ni moins remboursables par la mort des titulaires : seulement il étoit moins onéreux pour l'état & plus agréable pour les titulaires mêmes, que ces charges fussent remboursées successivement à la mort de chacun d'eux.

L'abbé *Lambert*, en rapportant le fameux duel de Jarnac & de la Châtaigneraie, dit qu'à cette occasion Henri II renouvella les édits si souvent portés contre les duels.

Mais la multitude des édits contre les duels est postérieure à Henri II. Jusques-là le duel avoit été autorisé, revêtu de formes judiciaires, & souvent honoré de la présence du prince.

L'abbé *Lambert* en rapportant les crimes & la mort funeste de Pierre-Louis Farnese, duc de Parme & de Plaisance, & fils du pape Paul III, dit que le comte d'Anguisciola, seigneur Plaisantin, résolut de délivrer Plaisance de ce monstre qui l'opprimoit, & « ce qu'il y a d'étonnant, ajoute-t-il, c'est que par » sa prudence & son courage, il vint seul à bout de » toutes les difficultés que les entreprises de cette nature » entraînent avec elles.

Cependant quelques lignes après, il lui associe d'autres conjurés, non moins ardents que lui, & qui n'eurent pas moins de part à la révolution de Plaisance ; Camille & Jérôme Palavicini, Augustin Lando, comte de Campiano, Jean-Louis Confalonieri, & Alexandre Picclomini ; on voit même que Ferdinand de Gonzague, gouverneur du Milanès, pour l'empereur Charles-Quint, fomenta & seconda cette conjuration : aussi le pape ne balança-t-il pas à l'en déclarer l'auteur, *compertum habemus Ferdinandum esse autorem*. L'abbé *Lambert* lui-même s'attache à détruire les efforts des apologistes de Charles-Quint, pour dissiper les soupçons que la conduite de Gonzague, dans cette affaire, fit naître contre l'empereur : il ne devoit donc pas donner au seul comte d'Anguisciola, toute la gloire ou toute la honte d'un ouvrage qu'il partagea avec des coopérateurs si puissants.

Sur l'alliance du sultan Soliman avec la France & sur l'utilité dont cette alliance fut à la France par la diversion que firent les flottes Ottomanes, l'abbé *Lambert* tombe encore dans la contradiction. A la fin du premier livre, il s'exprime ainsi : « D'Aramon, » ambassadeur du roi à la Porte, agissoit vivement » auprès de Soliman, pour l'engager à rompre la trève » récemment conclue avec l'empereur & Ferdinand » son frère, roi des Romains ».

Dans le livre suivant, il s'indigne de la noire calomnie des Impériaux, qui publièrent que Soliman n'avoit repris les armes contr'eux, qu'à la sollicitation d'Aramon ; il tâche de prouver que Soliman eut d'autres motifs pour rentrer en guerre avec l'empereur ; en effet, quand on cède aux sollicitations en pareil cas, on y cède toujours d'après des motifs d'intérêt personnel, & c'est sur ces motifs que les sollicitations sont fondées ; une puissance ne dira jamais à une autre : *faites la guerre*, *parce qu'elle me fera utile* ; on lui dit : *faites la guerre*, *parce qu'elle vous sera utile*, & on tâche de le lui prouver. Ainsi, d'après l'aveu de l'auteur, tel qu'on le trouve dans le premier livre, on pouvoit sans calomnie, imputer aux sollicitations de d'Aramon, les hostilités des Turcs : on fait au reste, combien Soliman s'honoroit de l'alliance des François ; dans le traité de trève qu'il avoit fait avec les Impériaux, tandis qu'il n'appelloit l'empereur Charles-Quint que le *roi des Espagnes*, il donnoit au roi de France la titre de *sérénissime empereur des François*, *son très-cher ami* & allié, se déclarant l'ami de ses amis, & l'enn mi de ses ennemis.

Cette histoire de Henri II. est d'ailleurs sans unité & sans style.

Ce n'est pas tout ; on a de l'abbé *Lambert* une *Histoire littéraire de Louis XIV*, bonne pour l'auteur, à qui elle valut une pension ; une *Bibliothèque de Physique*, aussi oubliée que tous ses romans, dont il seroit très-superflu de rapporter même les titres. Mort en 1765.

La personne qui a répandu le plus d'éclat sur le nom de *Lambert*, nom différent des précédents, est la célèbre marquise de Lambert (Anne-Thérèse) de Marguenat de Courcelles, l'amie de M. Sacy, qui lui dédia son *Traité de l'Amitié* ; de M. de Fontenelle, qui a fait son éloge ou son portrait ; de M. de la Mothe, dont elle a osé louer même l'Iliade, du moins dans certains détails, tels que la description de la ceinture de Vénus, où il y a en effet de si jolis vers :

> Ces refus attirants, l'écueil des sages mêmes.....
> Elle enflame les yeux de cette ardeur qui touche,
> D'un sourire enchanteur, elle anime la bouche,
> Passionne la voix, en adoucit les sons,
> Prête ces tons heureux plus forts que les raisons, &c.

Avec de pareils vers, dit Madame la marquise *de Lambert*, on ne peut avoir tort.

Madame la marquise *de Lambert* étoit fille unique d'Etienne de Marguenat, sieur de Courcelles, maître des comptes, mort le 22 mai 1650. Monique Passart, sa veuve, avoit épousé en secondes nôces le célèbre Bachaumont, & c'est dans la maison de celui-ci que Madame *de Lambert* fut élevée ; elle épousa le 22 février 1666, Henri *de Lambert*, mestre-de-camp d'un régiment de cavalerie, fait brigadier en 1674, maréchal-de-camp, le 25 février 1677, lieutenant-général en 1682, gouverneur de la ville & duché de Luxembourg en 1684. Mort en 1686. Le père du marquis *de Lambert* étoit aussi un militaire d'un mérite distingué. Il donna au siège de Gravelines en 1644, une grande marque de présence d'esprit & de fermeté : écoutons Madame *de Lambert* rapporter elle-même ce fait dans ses *Avis à son Fils*.

« Je regrette tous les jours de n'avoir pas vu votre » grand-père....... au siège de Gravelines, les ma-» réchaux de Gassion & de la Meilleraie qui comman-» doient, s'étant brouillés, leur démêlé divisa l'armée : » les deux partis alloient se charger, lorsque votre » grand'père, qui n'étoit alors que maréchal-de-camp, » plein de cette confiance & de cette autorité que » donne le zèle du bien public, ordonna aux troupes ; » de la part du roi, de s'arrêter. Il leur défendit de » reconnoître ces généraux pour leurs chefs. Les troupes » lui obéirent : les maréchaux de la Meilleraie & de » Gassion furent obligés de se retirer. Le roi a su » cette action, & en a parlé plus d'une fois avec estime. M. le préfident Hénault rapporte aussi ce fait, & nous apprend de plus, le sujet de la querelle. » Ce » fut à ce siège où se signala toute ce qu'il y avoit de » grand dans le royaume, que s'éleva la contestation » entre le maréchal de la Meilleraie & le maréchal » de Gassion, à qui prendroit possession de la ville : » on alloit en venir aux mains, quand *Lambert*, ma-» réchal-de-camp, défendit aux troupes, au nom de » M. le duc d'Orléans ( sous lequel commandoient les » deux maréchaux ), de les reconnoître ni l'un ni » l'autre, & donna le temps au prince de décider, » suivant la règle, que c'est le droit du régiment des » Gardes, à la tête duquel étoit *de Lambert*, & la » Meilleraie, d'entrer le premier dans les places » conquises. »

Madame *de Lambert* rapporte encore que dans les troubles de la Fronde, le même duc d'Orléans Gaston, offrit au même marquis *de Lambert*, pour l'attirer dans son parti, le bâton de maréchal de France, & qu'il le refusa ; que le roi, pour le récompenser de ce refus, le fit chevalier de l'ordre ; elle se plaint, & dit qu'on se plaignoit qu'il n'eût pas été fait maréchal de France. Il avoit eu l'honneur de commander M. de Turenne, qui aimoit à dire que M. *de Lambert* lui avoit appris son métier.

Ce fils à qui Madame *de Lambert* adresse ses *Avis* si connus, se nommoit Henri-François *de Lambert*, marquis de St. Bris ; il étoit né le 13 décembre 1677. Il fut, comme son père & son ayeul, lieutenant-général dès armées du roi ; il le fut le 30 mars 1720. Il épousa le 12 janvier 1725, Angélique de Larlan de Rochefort, veuve de François du Parc, marquis de Lœmaria.

La fille à laquelle Madame *de Lambert* adresse aussi des *avis*, étoit Marie-Thérèse *de Lambert*, mariée en 1703, à Louis de Beaupoil, comte de Saint-Aulaire, colonel-lieutenant du régiment d'Enguien, infanterie, tué au combat de Ramersheim dans la haute-Alsace, le 26 août 1709. Elle mourut le 13 juillet 1731.

Madame la marquise *de Lambert* a fait pour les femmes un Traité *de la Vieillesse*, comme Cicéron en avoit fait un pour les hommes ; & l'on saic que ce n'est pas aux femmes qu'il est le moins dur de vieillir. C'est servir l'humanité que de lui indiquer des moyens de suporter la vieillesse & la mort, & de les envisager sans effroi. Elle a fait un Traité *de l'Amitié* qui est pour tout le monde, & dont tout le monde peut profiter. Elle mourut le 12 juillet 1733, dans sa quatre-vingt-sixième année.

LAMBIN, (Denys) (*Hist. Litt. mod.*) Denys *Lambin*, professeur en langue grecque au Collège Royal, étoit un peu de ces littérateurs qui disent dans le *Temple du Goût* :

> Le goût n'est rien. Nous avons l'habitude
> De rédiger au long, de point en point
> Ce qu'on pensa, mais nous ne pensons point.

& dont M. de Voltaire dit : *on loue leur travail, en voyant leur peu de génie.* Il fit de savants commentaires sur Plaute, sur Lucrèce, sur Cicéron, sur Horace ; mais comme sa manière est longue, lente & traînante, on l'exprima par le mot *lambiner*, passé depuis en proverbe, pour signifier la longueur & la lenteur, soit dans les écrits, soit dans les actions. Il mourut en 1572, de saisissement & de douleur, en apprenant la mort de son ami Ramus, enveloppé dans le massacre de la Saint-Barthelemi. Il avoit cinquante-six ans. Il étoit de Montreuil-sur-Mer en Picardie. Il eut un fils savant comme lui, qui fut précepteur du célèbre marquis d'Andilly.

LAMBRUN, (Marguerite) (*Hist. d'Angleterre.*) Ce fut la seule personne qui osa entreprendre de venger la mort de Marie Stuart. C'étoit une écossoise, attachée à cette malheureuse princesse ; son mari, dont

dont l'histoire n'a pas conservé le nom, étoit mort de douleur, d'avoir vu la reine périr sur l'échafaud. Marguerite se crut chargée de les venger tous deux ; elle s'habilla en homme, prit deux pistolets ; l'un, pour tuer Elisabeth, reine d'Angleterre ; l'autre, pour se tuer elle-même, afin d'échapper au supplice, & se cacha dans la foule, cherchant les moyens de pénétrer jusqu'à Elisabeth. Un de ses pistolets tomba, les gardes le ramassèrent, & virent qu'il étoit chargé ; Marguerite fut arrêtée, & l'autre pistolet, qu'on trouva sur elle, acheva de la convaincre. Elle parut devant Elisabeth, qui voulut l'interroger. Elle lui révéla son sexe, ses projets, ses motifs. Vous avez donc cru faire votre devoir, lui dit Elisabeth : eh bien! quel pensez-vous que soit à présent le mien ? Est-ce la reine qui me fait cette question ? est-ce mon juge qui m'interroge ? — C'est l'une & l'autre : mais répondez d'abord à la reine. — La reine doit me faire grace sans balancer. — Eh ! qui m'assurera qu'elle n'aura plus à craindre de votre part un pareil attentat ? — Sa clémence même. Mais une grace pour laquelle on prend tant de précaution, n'est plus une grace. Reprenez le personnage de juge, il vous convient mieux. Elisabeth admira le courage de cette femme, & lui fit grace.

**LAMECH,** ( *Hist. Sacr.* ) Il y a deux personnages de ce nom dans l'Ecriture-Sainte. L'un étoit de la race de Caïn ; l'autre, de celle de Seth. Le premier eut deux femmes, & paroît être l'auteur de la polygamie. Le second fut père de Noé. Le peu qu'on dit l'Ecriture-Sainte, se trouve dans la Génèse, chapitres 4 & 5.

**LAMI,** ( Bernard ) ( *Hist. Lit. med.* ) oratorien, écrivain fécond, dont on a beaucoup d'ouvrages dans divers genres. Ses traités sur les sciences exactes, tels que les *Eléments de Géométrie & de Mathématique ;* le Traité *de Perspective ;* le Traité *de l'Equilibre ;* le Traité *de la Grandeur en général ,* ont été fort estimés dans le temps ; on a mieux fait depuis. On a de lui une *Rhétorique avec des réflexions sur l'Art Poëtique ;* on avoit mieux fait même auparavant ; des *Entretiens sur les Sciences & sur la manière d'étudier.* Il a fait d'ailleurs plusieurs ouvrages sur l'Ecriture-Sainte, entr'autres, la *Concorde de l'harmonie évangélique ,* qui altéra la concorde & l'harmonie entre lui & les autres théologiens, & produisit des disputes vives, longues & ennuyeuses. Une autre grande source de dispute fut le zèle du P. Lami pour la philosophie de Descartes. Les péripatéticiens ne manquèrent pas de solliciter des ordres contre lui pour l'honneur d'Aristote ; & le gouvernement, qui croyoit alors l'autorité intéressée au maintien du péripatétisme, ne manqua pas de les accorder. On a souvent à remarquer de semblables sottises, & on les remarque toujours sans fruit. Rousseau (Jean-Jacques) fut menacé d'une lettre de cachet pour avoir écrit contre la musique françoise de son temps, aujourd'hui si méprisée par une autre folie plus-peut-être. La folie étoit alors de la respecter. Heureusement, tandis que les

*Histoire.* **Tome III.**

sots s'échauffoient & montroient la nécessité d'exiler un homme de génie qui lui avoit manqué de respect, il survint, comme par miracle, un homme sage ; qui n'eut pas de peine à leur prouver que leur zèle les égaroit. Le P. Lami n'ayant point eu ce bonheur, fut relégué à Grenoble, & sur-tout privé d'une chaire de philosophie qu'il remplissoit ; car c'est encore un de nos principes, de réduire à l'aumône & de prendre par famine ceux qui se trompent ou contre qui nous nous trompons. Heureusement le cardinal Le Camus, évêque de Grenoble, sentit le mérite du P. Lami, le fit son grand-vicaire, lui donna une chaire de théologie, & répara autant qu'il étoit en lui, les torts du gouvernement. Le P. Lami, né au Mans en 1645, mourut à Rouen en 1715.

Un autre P. Lami, ( dom François ) bénédictin, disputa beaucoup aussi en matière de théologie, contre Spinosa, sur l'athéïsme ; contre Nicole sur la grace ; contre M. Gibert. Il maltraita & fut maltraité. Ce n'étoit point d'ailleurs, un écrivain sans mérite. Son Traité *de la Connoissance de soi-même* est, à ce qu'on dit, fort estimé. Il avoit d'abord pris le parti des armes ; il entra dans la Congrégation de St. Maur, à vingt-trois ans, & mourut à Saint-Denis en 1711, âgé de soixante & quinze ans.

**LAMIA ,** ( *Hist. Rom.* ) nom d'une famille illustre de Rome, qu'on ne peut mieux connoître que par ces vers d'Horace, qui en montrent l'origine, la puissance & la splendeur :

> *Æli vetusto nobilis ab Lamo,*
> *Quando & priores hinc Lamias ferunt*
>    *Denominatos & nepotum*
>      *Per memores genus omne fastos,*
> *Auctore ab illo ducis originem,*
> *Qui Formiarum mænia, dicitur*
>    *Princeps & innantem Maricæ*
>      *Littoribus tenuisse Lirim*
>       *Latè tyrannus :*

On dit qu'un homme de cette maison, étant mis sur le bucher pour être brulé comme mort, fut ranimé par l'action du feu, ce qui prouve combien l'usage de brûler les morts, a d'avantage sur celui de les enterrer ; mais comme chez tous les peuples du monde, les honneurs du bucher n'ont pu être réservés qu'aux riches, ne devroit-on pas au moins chez tous les peuples du monde prendre un peu plus de précautions pour s'assurer que ceux qu'on enterre sont réellement morts. Qu'on se représente la situation horrible de ceux qui ont le malheur de se réveiller ainsi dans le sein de la terre, ne pouvant ni soulever le poids qui les accable, ni ébranler la barrière qui les sépare pour jamais des vivans, poussant des cris étouffés qui ne seront entendus de personne, respirant assez pour ne pas mourir, mais non pas assez pour vivre ; se sentant peut-être rongés dès leur vivant par les vers, ou glacés par la pluie & les vapeurs humides ; sans pouvoir s'en garantir par le moindre mouvement, ni goûter au moins la triste & inutile consolation qu'ont les malades de se retourner

O o

dans leur lit, ni celle que trouvent tous les malheureux à voir qu'on les plaint & qu'on cherche à les secourir. On a trouvé dans des caveaux des malheureux qui, par désespoir ou pour assouvir une faim enragée, s'étoient dévoré les bras. Ce n'étoient pas les plus à plaindre, ils avoient du moins un espace libre qui permettoit à leur désespoir cette explosion affreuse, mais qui semble soulager pour le moment. Qu'on se représente des malheureux privés même de cette ressource, dont une puissance supérieure à tous leurs efforts, enchaîne les mouvemens dans l'espace étroit d'une bière, qui n'attentent pas sur eux-mêmes parce qu'ils ne le peuvent pas, qui ne peuvent qu'étouffer, qui ne peuvent qu'attendre dans les convulsions de cet état violent, dans des tourmens qui effrayent l'imagination & qu'on ne conçoit peut-être pas tous, une mort inévitable, mais qui peut les fuir long-temps. Voilà pourtant à quelle destinée on expose tous les jours sans y penser, un grand nombre d'hommes par des inhumations précipitées.

On a fait en 1783 des exhumations confidérables dans l'enceinte de l'église de St. Eloi à Dunkerque, M. Hecquet, chirurgien major des hôpitaux, dans une relation imprimée de ces exhumations, rapporte le fait suivant : « Je ne puis passer sous silence une circonstance » qui a jetté une tristesse particulière dans mon travail. » Comme je faisois ouvrir les cercueils les uns après » les autres, il s'est rencontré un cadavre entier couché « sur le côté droit, la tête & les genoux fléchis, » poussant la planche latérale droite, & ayant le bras » gauche, les fesses & les talons contre la planche » latérale gauche. L'on m'a dit qu'il étoit enterré de- » puis environ huit ans. Sa position, la seule que j'aie » rencontrée de cette espèce, laisse croire que ce corps a » pu être mis dans la bière dans un état léthargique ; » qu'en revenant de cet accès il se sera débattu, & » que mort au milieu de ses efforts, il aura conservé l'at- » titude dans laquelle il a été trouvé.

M. Macquer qui cite ce récit de M. Hecquet, ajoute les réflexions suivantes :

» Il est aisé de se figurer l'horrible situation où a » dû se trouver ce malheureux en reprenant connois- » sance, l'affreux désespoir dont il a été accablé » quand l'inutilité de ses efforts l'a convaincu qu'il fal- » loit se résoudre à mourir dans ce lieu horrible, de la » plus cruelle de toutes les morts & les funestes accidents » que doivent occasionner les enterremens faits avec » précipitation sur de simples apparences de mort. Nous » avons quelques loix faites pour prévenir de pareils » malheurs ; mais sont-elles bien exécutées ? sont-elles » même suffisantes ? c'est un objet qui mérite toute » l'attention du gouvernement.

LAMIAQUE (GUERRE) ( *Hift. ancienne* ) guerre entreprise par les Grecs ligués ensemble, à l'exception des Béotiens, contre Antipater, & c'est de la bataille donnée près de *Lamia*, que cette guerre tira son nom. *Voyez* LAMIA. ( *D. J.* )

LAMIE, ( *Hift. anc.* ) courtisane & joueuse de flûte de profession, fille spirituelle, aimable, féconde en

bons mots & en reparties vives, au rapport d'Athénée, fut la maîtresse de Ptolomée Soter, roi d'Egypte, l'un des successeurs d'Alexandre. Elle fut prise dans la bataille que Demetrius Poliorcetes gagna contre ce prince près de l'île de Chypre, & amenée au vainqueur, qui bientôt s'avoua vaincu par elle, & qui l'aima éperdument, quoiqu'elle fût déjà d'un certain âge, & qu'il se fût dégoûté de Phila sa femme ; parce qu'il étoit dans le même cas. On disoit des autres maîtresses de Demetrius, qui en avoit beaucoup, qu'elles l'aimoient, & de Lamie que c'étoit lui qui l'aimoit. Jaloux de recueillir pour elle tous les suffrages, il demandoit un jour à une autre courtisane ce qu'elle pensoit de Lamie ? *que c'est une vieille femme*, répondit la courtisane ; un moment après, lui montrant des bagatelles dont Lamie lui avoit fait présent : *voyez*, lui dit-il, *tout ce que Lamie m'envoye. Ma mère*, répondit la courtisane, *vous en enverra bien davantage si vous voulez la prendre pour maîtresse*. Cette mère avoit été maîtresse d'Antigone, père de Demetrius, & Demetrius même avoit eu quelque goût pour elle. Cette Lamie, comme toutes les filles de son espèce, étoit d'une énorme dépense & d'un faste royal ; elle fit construire dans Sicyone un magnifique portique ; elle donnoit à Demetrius des festins splendides. Un poète comique appella l'*hélepole* de la Grèce, faisant allusion à une tour qu'on nomma à détruire les villes, dont Demetrius avoit fait usage au fameux siège de Rhodes. Lamie étoit fille d'un Athénien, nommée Cleanor. Demetrius tiroit de fortes contributions de toutes les villes de la Grèce, & en exigeoit sur-tout tiré de trésoreries d'Athènes pour enrichir Lamie & ses autres maîtresses, ce qui n'empêcha pas les Athéniens de pousser la bassesse jusqu'à élever à Lamie un temple sous le nom de *Venus Lamie* ; Demetrius en fut flaté pour elle & pour lui, il en fut honteux pour eux. Demetrius & Lamie vivoient trois siècles avant J. C.

LAMOIGNON, ( *Hift. de Fr.* ) la maison de Lamoignon, si célèbre dans la robe, où elle a fourni, un chancelier, un garde des sceaux, gendre d'un garde des sceaux, un premier président du parlement de Paris, plusieurs chefs d'autres compagnies souveraines, six présidents à mortier, plusieurs intendans de grandes provinces, des maîtres des requêtes, des conseillers d'état, un secretaire d'état, appellé au ministère par la voix publique, & qui l'a quitté malgré le public, & que la voix publique y a fait rentrer, d'ailleurs appellé à tout par ses talens & digne de tout par ses vertus ; la maison de Lamoignon a une origine militaire, très-reconnue ; elle est une des plus anciennes du Nivernois, elle étoit distinguée dans la profession des armes, même avant le regne de Saint-Louis, & continua de s'y distinguer depuis. Charles de Lamoignon servoit en 1340 dans l'armée de Philippe de Valois, contre les anglois ; c'est de sa femme Jeanne d'Anlezy, qu'on regardoit comme descendue de cadets de la maison de Bretagne, que vient le franc-quartier d'hermines, que portent les Lamoignon dans leurs armes, d'ailleurs losangées d'argent & de sable. Pierre de Lamoignon servoit en 1412 dans l'armée de Charles VI en Berry. François de Lamoignon fut tué au siège de la Rochelle en 1628.

On voit dans les différens temps les *Lamoignon* succesfivement attachés aux comtes de Nevers, de la maison de Flandre, de la maison de Bourgogne, de la maison de Clèves. Charles de Lamoignon fut chef du conseil de François de Clèves, premier du nom, duc de Nivernois, qui lui donna par contrat du premier février 1553, la terre de Launay-Courson, pour laquelle il rendit foi & hommage au roi Henri II, entre les mains de Jean Bertrandi, garde des sceaux de France, le 13 du même mois. Cette terre, qui étoit sortie de la famille, y est rentrée sous M. le premier préfident de *Lamoignon*, par les juftes libéralités de Louis XIV, contenues dans ses lettres-patentes du 30 juillet 1667, enregistrées au parlement &. à la chambre des comptes ; & non point par la voie qu'indique une anecdote fausse & calomnieuse, insérée dans le premier volume du recueil qui a pour titre : *Pièces Intéressantes & peu connues pour servir à l'Histoire*. *Bruxelles*, 1781. On peut en trouver une réfutation complette à la suite de la vie de M. le premier préfident de *Lamoignon*, imprimée à la fin du quatrième & dernier volume de l'histoire de Charlemagne, qui a paru en 1782.

Charles de *Lamoignon*, dont nous venons de parler, né le premier juin 1514, sous le règne de Louis XII, est le premier de sa maison qui entra dans la magistrature.

Un de ses fils, (il en avoit eu treize & sept filles) Pierre de *Lamoignon*, prodige de science dès l'âge le plus tendre, ami des savans, objet de leur admiration & de leurs éloges, mis par Baillet au nombre des enfans illuftres, célébré par Théodore de Bèze, son ami, consumé par l'étude & le travail, mourut de vieillesse à vingt-neuf ans, plus vieil ni jeunesse ni enfance. Il avoit composé à douze ou treize ans, en vers latins, deux poëmes qu'il avoit en même temps traduits en vers grecs ; ces vers étoient intitulées : *Deploratio calamitatum Galliæ*. Le temps où ils furent faits ne justifioit que trop ce titre. Ils parurent imprimés en 1570, au milieu des horreurs des guerres civiles & religieuses.

Chrétien de *Lamoignon*, son frère puîné, fut fait président à mortier en 1633. C'est le père du premier préfident. Celui-ci (Guillaume), n'eut point la charge de préfident à mortier de son père ; des arrangements de famille la firent passer au préfident de Nesmond, son beau-frère ; & Guillaume de *Lamoignon* étoit simple maître des requêtes, lorsque le cardinal Mazarin, auquel il demandoit une charge de préfident à mortier, lui donna, en 1657, la première préfidence, sans le connoître particulièrement, & seulement sur sa réputation de talent & de vertu. Il accompagna même cette grace des propos les plus obligeans & d'engagemens plus obligeants encore pour M. de *Lamoignon*, de ne lui jamais demander de complaisances qui coûtaffent rien à son amour pour la justice. Le souvenir encore récent des troubles de la Fronde faisoit sentir au cardinal l'intérêt qu'il avoit de mettre dans cette place un homme éclairé, vertueux & modéré. Son

attente fut remplie ; jamais le parlement ne fut plus paisible, ni l'autorité plus respectée, ni l'administration de la justice plus régulière & plus pure que sous M. de *Lamoignon*. Lorsqu'après la mort du cardinal, on fit le procès au furintendant Fouquet, le premier préfident fut, mis d'abord à la tête de la commission chargée de le juger : la raison qui avoit fait choisir ce magistrat, malgré son intégrité, étoit qu'il avoit eu à se plaindre de Fouquet. Mais quand on vit que foulant aux pieds tout ressentiment, il avoit pour Fouquet les égards dus au malheur ; quand on vit qu'il répondoit toujours en magistrat, & jamais en courtifan, aux ministres, qui vouloient fonder ses dispositions, son impartialité déplut, on voulut lui donner des dégoûts ; on fit venir le chancelier à la commission, pour en ôter la préfidence à M. de *Lamoignon* ; ensuite on prit pour la commission, les heures où le premier préfident étoit occupé au palais. Alors il se retira de la commission, sans bruit, sans plainte, sans éclat : *ce n'est point moi*, disoit-il, *qui, quitte la chambre, c'est elle qui me quitte*.

On lui offrit, pour l'y faire rentrer, de partager la préfidence entre le chancelier & lui, de donner le matin au chancelier, & le soir au premier préfident.

On alla ensuite jusqu'à offrir d'exclure entièrement de la chambre, le chancelier, & de rendre au premier préfident la préfidence entière, pourvu qu'il voulût conférer en particulier des affaires de la chambre avec les juges qui avoient la confiance de M. Colbert.

On en vint enfin jusqu'à lui proposer de reprendre feul la préfidence entière comme auparavant, & sans condition.

C'étoit un grand hommage rendu à sa vertu & un aveu bien glorieux de la faveur que son nom donnoit à la chambre dans le public.

N'importe, il persévéra dans son refus ; il disoit à ses amis : *lavavi manus meas, quomodò inquinabo eas ?* De plus, deux choses lui avoient toujours fait de la peine dans sa fonction de juge de M. Fouquet ; l'une, étoit l'amitié qui les avoit unis autrefois ; l'autre, l'espèce d'inimitié qui avoit succédé à ce premier sentiment. La première le rendoit suspect à la cour ; la seconde pouvoit le rendre suspect au peuple.

Lorsque M. Colbert, qui vouloit être chancelier, aidé de M. Puffort, qui ne renonçoit pas non plus à l'être, fit rédiger la célèbre ordonnance civile de 1667, leur premier projet étoit que ce travail fût secret, & que l'ordonnance, sans avoir été communiquée à aucune personne du parlement, fût publiée par la seule autorité souveraine ; c'est-à-dire, enregistrée dans un lit de justice. M. de *Lamoignon*, averti de ce projet, ne fit manquer, & se fit autoriser par Louis XIV, à conférer avec Messieurs Colbert & Puffort : ce fut ainsi que s'entamèrent les conférences, dont le procès-verbal imprimé prouve assez combien elles étoient nécessaires, puisque quantité d'articles de l'ordonnance ont été réformés ou modifiés en conséquence ; M. Colbert & M. Puffort ayant voulu profiter, pour la correction de leur ouvrage, de l'obligation où ils se virent de le communiquer ; ils défirèrent que l'ordonnance criminelle fût enregiftrée fans qu'il en coûtât au roi de tenir un lit de juftice ; ils mirent la confiance à la place du defpotifme, la fimplicité à la place de l'intrigue, & l'ordonnance fut enregiftrée.

Les fameux arrêtés, ouvrage de M. *de Lamoignon*, fans être expreffément revêtus du caractère de loix, en ont acquis toute la force par l'éclat impofant & foutenu de leur réputation & de leur fageffe ; ce font des axiomes de juftice au moins auffi refpectés que les loix les plus formelles ; on ne connoît que deux livres qui ayent dû ainfi à l'évidence de la raifon, l'avantage d'avoir d'abord & pour toujours, force de loi ; ces deux livres font le célèbre ouvrage de Pithou fur les libertés de l'églife gallicane, & les arrêtés de M. le premier préfident *de Lamoignon*.

On fait comment Boileau, averti par ce magiftrat, du projet qu'avoit l'univerfité de préfenter requête pour la philofophie fcholaftique contre les nouvelles découvertes, & de l'obligation où le parlement pourroit fe croire de rendre un arrêt conforme à la requête, publia fon *Arrêt burlesque*, qui empêcha peut-être le parlement d'en rendre un qu'on jugeroit tel aujourd'hui. On fait auffi par le poëme du Lutrin, comment le premier préfident fauva l'éclat d'un procès ridicule, à deux hommes d'un état refpectable.

En général il concilia encore plus de procès qu'il n'en jugea. Quant aux plaideurs, il les plaignoit & les fupportoit. *Laiffons-leur*, difoit-il, *la liberté de dire les chofes néceffaires, & la confolation d'en dire de fuperflues. N'ajoutons pas au malheur qu'ils ont d'avoir des procès*, celui d'être mal reçus de leurs juges ; *nous fommes établis pour examiner leur droit*, & non pas pour éprouver leur patience, & il leur laiffoit éprouver la fienne. Infatigable dans le travail : *ma vie & ma fanté*, difoit-il, *font au public, & non à moi.* « Quelqu'un lui parlant d'une affaire, put-il, par quel- » que marque de chagrin ou d'impatience, s'apper- » cevoir, qu'il en eût d'autres ? affligea-t-il les mal- » heureux, & leur fit-il acheter par quelque dureté, » la juftice qu'il leur a rendue ? Je parle avec d'autant » plus de confiance, que j'ai pour témoins de ce que » je dis, la plûpart de ceux qui m'entendent. »

C'eft ainfi que parloit de lui, devant des auditeurs qui le connoiffoient, un homme qui l'avoit bien connu & qui l'a bien peint, Fléchier.

Une réforme qui fait époque dans votre jurifprudence, l'abolition du congrès, fut l'ouvrage du premier préfident & de fon fils aîné, alors avocat-général ; le fils provoqua, par un plaidoyer éloquent, l'arrêt que le père eut la fatisfaction de prononcer, & que Boileau eut encore l'honneur de préparer par ces quatre vers :

Jamais la biche en rut, n'a pour fait d'impuiffance,
Traîné du fond des bois un cerf à l'audience,
Et jamais juge entr'eux, ordonnant le congrès,
De ce burlefque mot n'a fali fes arrêts.

C'eft ainfi que l'union des lettres & des loix pour-

roit les perfectionner les unes par les autres. Cette union fe trouvoit au plus haut degré dans le premier préfident *de Lamoignon*. Le docte Baillet dit avec plus de fimplicité que de nobleffe & d'élégance, mais d'après le P. Rapin, & d'après tous ceux qui avoient connu le premier préfident :

« Que jamais homme n'avoit été plus univerfelle- » ment ni plus profondément favant ; qu'il favoit par » cœur, tous les poëtes anciens & modernes ; qu'il » n'ignoroit de rien ; qu'il favoit dans un détail & dans » une exactitude inconcevables, les moindres minuties » concernant les perfonnes, les lieux, les temps les » plus éloignés de lui & les plus inconnus des autres ; » & qu'il parloit fur le champ de toutes fortes de » fujets de littérature avec tant d'érudition, mais de » fuite, & tant d'abondance, que l'on croyoit fou- » vent, quoique toujours fauffement, qu'il avoit étudié » tout récemment la matière dont il difcouroit, quoi- » qu'il n'en eût point ouï parler depuis plufieurs » années ».

Sur ce portrait, tout le monde va nommer un des defcendants du premier préfident, un des héritiers de fes talents & de fes connoiffances.

On trouve dans les papiers de Meffieurs *de Lamoignon*, divers traités manufcrits du premier préfident, concernant les commiffions, les duels, &c. tout ce qu'il dit fur ces différentes matières eft clair, lumineux, conforme à la nature & à la raifon. Il mourut le vendredi 10 décembre 1677. Il étoit né le 20 octobre 1617.

Son fils aîné avoit été d'abord avocat-général, & il étoit, comme nous l'avons dit, dans le temps de l'abolition du congrès. M. Talon (Denis) premier avocat-général (il n'y en avoit que deux alors), avoit une penfion de 6000 liv. On propofa d'en donner une femblable à M. *de Lamoignon*, alors fecond avocat-général. On fut enfuite fix mois fans en parler au roi. Le roi s'en fouvint de lui-même, & dit un jour à M. de Lamoignon : *vous ne me parlez pas de votre penfion ! Sire*, répondit M. de Lamoignon, *j'attends que je l'aie méritée.* A ce compte, reprit le roi, *je vous dois des arrérages.* La penfion fut accordée fur le champ, avec les intérêts à compter du jour où elle avoit d'abord été propofée.

M. de Harlay, beau-frère de M. *de Lamoignon*, étoit alors procureur-général, & M. de Novion, premier préfident : ce dernier étant fort malade, M. *de Lamoignon*, à qui le roi parla des changements qui pouvoient arriver par là dans le parlement, faifit cette occafion de demander la place de premier préfident pour M. de Harlay, & celle de procureur-général pour lui-même. La réponfe du roi fut : *pourquoi ne fongez-vous pas pour vous à la place de premier préfident ?* Cependant il fut préfident à mortier, mais jamais premier préfident ; & on prétend que les Jéfuites, dont le crédit influoit alors jufques fur les places de magiftrature, l'écartèrent de la première préfidence par des intrigues fecrètes, ne pouvant pardonner à un homme qui avoit été élevé chez eux, d'avoir des liaifons avec des gens de mérite qui

n'étoient pas de leurs amis ; & d'avoir pris pour bibliothécaire le vertueux Baillet , qu'ils tâcheront de
perſécuter.

En général , il fut l'ami de tous les ſavants & de
tous les gens de bien ; il eut d'étroites liaiſons avec
Racine , avec Regnard , ſur-tout avec Boileau , qui a
compoſé pour lui une de ſes plus belles Epîtres :

O i , Lamoignon , je fuis les chagrins de la ville , &c.

& qui a conſacré les noms de Bâville & de Polycrène ;
le P. Rapin a auſſi chanté dans ſon poëme des Jardins ,
les agrémens de Bâville. Le refus que fit le préſident
de Lamoignon d'une place à l'Académie Françoiſe ,
autoit droit de ſurprendre de la part de l'ami de
Boileau & de Racine , ſi on n'avoit des raiſons de
croire que deux princes du ſang , protecteurs de
l'abbé de Chaulieu , avoient tiré parole de M. de
Lamoignon de ne ſe pas mettre ſur les rangs & de
ne ſe pas prêter à l'intrigue de quelques académiciens ,
dont un des objets , en l'appellant , étoit d'exclure l'abbé
de Chaulieu ; M. le préſident de Lamoignon élu malgré
lui , n'avoit plus que la reſſource du refus pour tenir
parole à ces deux princes. Encore ce refus demandoit-il
du courage. Le roi ne vouloit point qu'on élût l'abbé
de Chaulieu ; & M. de Lamoignon pouvoit craindre ,
& craignoit en effet , que le roi , qui l'avoit agréé ,
ne fût mécontent d'un refus qui pouvoit faire renaître
les eſpérances de cet abbé. Le préſident de Lamoignon
mourut en 1709. De lui deſcendent les deux ſeules
branches de la maiſon de Lamoignon aujourd'hui
exiſtantes. Il étoit l'ayeul de M. de Maleſherbes & le
biſayeul de M. de Lamoignon , actuellement préſident à
mortier & garde des ſceaux. M. le chancelier de Lamoignon étoit ſon fils , & a écrit ſa vie ; car dans cette
maiſon , les enfants ſe ſont plu à conſacrer , par des
monuments domeſtiques , la vertu de leurs pères :
le premier préſident avoit écrit la vie de Chrétien de
Lamoignon ſon père ; celle du premier préſident a été
écrite par le préſident Chrétien-François de Lamoignon
ſon fils , ( celui dont nous venons de parler ) & par
une de ſes filles , Anne de Lamoignon , religieuſe à la
Viſitation du fauxbourg Saint-Jacques ; celle de Chrétien-François a été écrite , comme on vient de le
dire , par M. le Chancelier de Lamoignon , le ſecond
de ſes fils ; & celui-ci doit auſſi à la piété filiale ,
l'épitaphe latine qu'on lit ſur ſa tombe dans l'égliſe de
Saint-Leu , où il eſt loué ſans être flatté. Le chancelier
de Lamoignon avoit été long-temps avocat général , &
s'étoit fait un nom dans cette place. Préſident à mortier enſuite , exerçant tantôt pour le préſident de
Lamoignon ſon neveu , tantôt pour le préſident de
Novion , il eut la réputation d'un excellent juge ; il
la ſoutint à la tête de la cour des Aydes , dont il fut
premier préſident. Nommé chancelier , il porta à la
cour un caractère ferme , une vertu irréprochable ,
des principes favorables à l'autorité , mais plus encore
à la juſtice , une dignité perſonnelle très-convenable
à la dignité de ſa place. Il eut dans cette place à
lutter pendant treize ans , armé de ſa ſeule vertu ,
contre le crédit d'une femme puiſſante , dont il ne

crut jamais qu'il convînt au chancelier de France
d'être le courtiſan , & qui s'en vengea en empêchant
juſqu'à trois fois le chancelier d'être garde des ſceaux ;
elle le fit même déplacer en 1763 , & mourut ſix
mois après. M. de Lamoignon , qui avoit refuſé alors
ſa démiſſion , parce qu'on vouloit la lui extorquer
par une intrigue , la donna volontairement en 1768 ,
lorſqu'on ne la lui demandoit plus , mais lorſqu'une
maladie grave ſe joignant à ſon âge de quatre-vingt-
cinq ans , lui perſuada qu'il devoit ſuivre l'exemple de
M. le chancelier d'Agueſſeau , qui avoit cru devoir
céder à l'âge , & ſe retirer ; il ſurvécut plus long-temps
à ſa retraite que n'avoit fait le chancelier d'Agueſſeau ;
il reprit ſa ſanté & ſa gaieté , & fut encore pendant
quatre ans , cher & agréable à ſes amis. Il mourut en
1772. Il étoit né en 1683. Indépendamment du mérite
propre à ſes places , il avoit celui de n'être ni ſans
littérature , ni ſans connoiſſances dans l'hiſtoire. Perſonne
ne ſavoit dans un auſſi grand détail celle du règne de
Louis XIV , & le répertoire des anecdotes dont il
avoit la mémoire remplie , étoit précieux à conſerver.

M. de Bâville ſon oncle , ſecond fils du premier
préſident , & auteur d'une branche cadette , éteinte
depuis quelques années par la mort de M. de Mon-
trevault , ſon petit-fils , fut parmi les intendants de
province , ce que ſon père avoit été parmi les premiers
préſidents , & que l'Hôpital & d'Agueſſeau avoient été
parmi les chanceliers : il paſſa trente-trois années
conſécutives dans ſon intendance de Languedoc , ſans
revenir à Paris , ſans rentrer dans le ſein de ſa famille ,
ſignalant également ſon zèle & ſa capacité dans des
conjonctures difficiles , & déſigné par la voix publique
comme un digne ſucceſſeur de Colbert & des Louvois.
M. de Voltaire & M. d'Alembert l'ont peint moins
avantageuſement , l'un dans le ſiècle de Louis XIV ,
l'autre dans l'éloge de M. Fléchier ; mais on lui rend
plus de juſtice , lorſque des Mémoires fidèles & au-
deſſus de toute critique auront diſſipé les nuages qu'une
juſte pitié pour les malheureux proteſtants a fait répandre ſur quelques détails rigoureux de ſon adminiſtration. M. de Bâville mourut le 17 mai 1724. Il
avoit une tante , Mademoiſelle de Lamoignon , ſœur du
premier préſident de Lamoignon & de Madame de Neſmond , qui vécut dans le célibat , ſans être religieuſe , & dont la vie
entière fut conſacrée à la bienfaiſance & à la charité.
M. d'Alembert dans ſes notes ſur l'éloge de Boileau ,
cite divers traits , qui peignent en elle une belle ame ,
un caractère aimable & intéreſſant. Elle ne pouvoit
pas ſouffrir qu'on dît ni qu'on fît du mal ; elle ne pardonnoit pas à Boileau , l'ami de toute ſa maiſon , ſes
épigrammes & ſes ſatyres ; elle l'en reprenoit ſouvent
avec douceur ; & ſes principes juge , il répondoit
ſouvent entr'eux la matière d'une plaiſanterie. Quoi !
lui diſoit Boileau , vous ne permettriez pas même une
ſatyre contre le grand-turc ? Non , répondoit-elle , c'eſt
un ſouverain , il faut le reſpecter --- Mais au moins
contre le diable , ajoutoit Boileau. La religion ne la fit
héſiter un moment , mais ſon caractère reprenant bientôt le deſſus ; enfin , dit-elle , il ne faut jamais dire du
mal de perſonne.

Le fameux docteur janféniste. Feuillet , doyen de Sa nt-Cloud , avoit un embonpoint & un air de fanté qui contraftoit avec la févérité de fa doctrine. Mademoifelle de Lamoignon l'aimoit beaucoup , & avoit beaucoup de confiance en lui ; Boileau lui reprochoit toujours mal·gnement cet embonpoint de M. Feuillet , comme contraire au fuccès de fes auftères prédications. Oh ! répondit un·jour Mademoifelle de Lamoignon , on dit qu'il commence à maigrit.

C'eft pour Mademoifelle de Lamoignon que Boileau fit ces vers :

Aux fublimes vertus nourrie en fa famille ;
    Cette admirable & fainte fille
En·tous lieux fignala fon humble piété ;
Jufqu'aux climats où naît & finit la clarté ,
Fit reffentir l'effet de fes foins fecourables ;
Et, jour & nuit, pour Dieu, pleine d'activité ,
Confuma fon repos, fes biens & fa fanté,
A foulager les maux de tous les miférables.

**LAMPADATION**, f. f. ( Hift. mod.) efpèce de queftion qu'on faifoit fouffrir aux premiers martyrs chrétiens. Quand ils étoient étendus fur le chevalet on leur appliquoit aux jarrets des lampes ou bougies ardentes. ( A. R.)

**LAMPRIDE**, ( Aétius-Lampridius ) ( Hift. Rom.) un des écrivains de l'Hiftoire d'Augufte , vivoit dans le quatriéme fiècle ; on a de lui les vies de Commode, de Diaduméné, fils de Macrin , d'Héliogabale ou Hélagabale , & d'Alexandre Sévère.

Un autre Lampride (Benoit) beaucoup plus moderne , contemporain & protégé du pape Léon X , s'eft diftingué dans la poëfie latine. Il étoit de Crémone. Il mourut en 1540.

**LAMPAGNANI**. Voyez SFORCE ( Galeas ) dont il fut un des affaffins.

**LANCELOT**, ( Hift. Litt. mod. ) Plufieurs favants ont illuftré ce nom :

1°. Jean-Paul , célèbre jurifconfulte d'Italie au feiziéme fiéle , mort en 1591 , à Péroufe fa patrie ; il a fait pour le droit canonique , ce que Juftinien avoit fait pour le droit civil , des inftitutes eftimées & utiles ; il y travailla par l'ordre du pape Paul IV. Nous en avons une bonne édition de Doujat , & une bonne traduction de M. Durand de Maillane ; celle-ci a paru en 1770.

2°. Dom Claude , un des écrivains & des meilleurs écrivains de Port-Royal , auteur d'excellentes méthodes pour apprendre le latin & le grec ; on dit que Louis XIV fe fervit de la méthode latine ; elle ne lui fervit guère , mais elle a fervi à beaucoup d'autres. Le Jardin des racines grecques eft auffi de dom Lancelot ; le père Labbe , jéfuite , a écrit contre. ( Voyez l'article LABBE. M. Lancelot a fait encore une Grammaire italienne & une Grammaire efpagnole ; il a compofé fur le plan & fur les idées du fameux doéteur Arnauld , & de concert avec lui , la Grammaire générale & raifonnée , connue fous le nom de Grammaire de Port-Royal.

M. Duclos , fecrétaire perpétuel de l'Académie Françoife , en a donné en 1756 , une très-bonne édition , dont fon travail particulier relève encore le prix. M. Lancelot eft réputé appartenir à Port-Royal , parce qu'il fut employé par ces illuftres folitaires , à enfeigner les humanités & les mathématiques dans une école qu'ils avoient établie à Paris. On l'appelle dom , parce qu'il étoit bénédictin dans l'abbaye de Saint-Cyran ; c'étoit encore tenir indirectement & même affez intimement à Port-Royal. Ami & difciple du fameux abbé de Saint-Cyran , il a écrit fa vie ou des Mémoires pour fervir à fon hiftoire. Tous les Mémoires de Port - Royal parlent avantageufement de M. Lancelot. M. de Brienne dit au contraire , dans l'Hiftoire fecrète du Janfénifme , que c'étoit le plus entêté janfénifte & le plus pédant qu'il eût jamais vu. Janfénifte , cela ne fignifie rien , finon que M. de Brienne ne l'étoit pas. Pédant , c'eft toujours un tort fans·doute ; mais on eft aifément pédant aux yeux d'un homme de cour ; & dans ce temps-là fur-tout, pédant pouvoit encore ne fignifier qu'un homme inftruit. M. de Brienne pourfuit : fon père étoit mouleur de bois à Paris. Eh bien ! que nous importe ?

« Il fut précepteur de meffeigneurs les princes de » Conti , d'auprès defquels le roi le chaffa lui-même , » après la mort de la princeffe leur mère »

M. de Brienne , miniftre de Louis XIV , croit avoir tout dit , en obfervant que Louis XIV lui ôta l'éducation des princes de Conti ; mais nous craignons bien pour Louis XIV , que fon motif n'ait été le janfénifme de M. Lancelot ; c'étoit à fes yeux un grand titre d'exclufion en tout genre.

« Ce qui , ajoute M. de Brienne , l'obligea de fe re- » tirer en l'abbaye de Saint-Cyran. . . . . . . . . . où il » faifoit la cuifine , & très-mal ; ce qu'il continua » jufqu'à la mort du dernier abbé de Saint-Cyran ».

Nous ignorons s'il faifoit la cuifine à Saint-Cyran , & s'il avoit le tort de la faire mal , mais il avoit fait de fort bons livres dans la fociété de Port-Royal.

On fait d'ailleurs , dans quel état étoit la tête de l'infortuné Loménie de Brienne , lorfqu'il écrivoit fon Hiftoire du Janfénifme. ( Voyez LOMÉNIE , n°. 3. )

Le janfénifme ayant excité des troubles & introduit la perfécution dans l'abbaye de Saint-Cyran , dom Lancelot fut exilé , felon l'ufage. Si des difputeurs troubloient véritablement la fociété , il faudroit peut-être les enfermer honorablement dans un couvent , où ils difputeroient contre ceux qui prendroient goût à ce genre d'efcrime. Mais quand ils font moines , que faut-il faire ? les laiffer dans leur couvent. Non , nous les exilons. M. Lancelot fut exilé à Quimperlai en Baffe-Bretagne ; il y mourut en 1695. Il eft fâcheux que des hommes eftimables , & dont il refte des monuments eftimés , foient morts dans l'exil , & quelquefois même dans des fupplices , pour des opinions qui n'intéreffent plus perfonne. Dom Lancelot étoit né à Pa.is, en 1615 .

3°. Antoine Lancelot , de l'Académie des Belles-Lettres , deftiné par fes parents à l'état ecc'éfiaftique , avoit prêché à douze. ou treize ans , le fermon grec qui fe prêche tous les ans aux Cordeliers le dimanche de *Quafimodo*, devant la confrèrie du St. Sépulchre ou de Jérufalem, qui n'y entend rien. Dans la fuite, ne fe fentant point appellé à l'églife, & n'ofant en faire l'aveu à fes parents, il s'enfuit un jour de chez eux, & alla de Paris à Beauvais, fans favoir où il alloit ; puis le b. foin lui ayant donné des remords, il revint de Beauvais à Paris, & rentra en grace auprès de fes parents, à condition d'être eccléfiaftique. L'année fuivante, (c'étoit en 1692), nouvelle évafion ; il va au camp devant Namur, que le roi affiégeoit en perfonne, & refte à la fuite de l'armée jufqu'à la bataille de Steinkerque, qu'il vit du haut d'une maifon qui fut ruinée en partie par le canon des ennemis, tant elle étoit proche du champ de bataille : dès-lors il ne fut plus gêné dans le choix d'un état, & fon goût le détermina pour les lettres. Il s'attacha d'abord à un fou d'étymologifte, chimérique dans fes idées, bizarre dans fa conduite, qui fe laiffa mourir de faim, n'ayant, difoit-il, befoin d'autre aliment que de fes racines grecques & hébraïques. C'étoit un M. Herbinot, confeiller au Châtelet. Ils travaillèrent enfemble à un Dictionnaire étymologique. M. Lancelot occupa enfuite pendant quatre ans, une place à la bibliothèque Mazarine. Ce fut là qu'il fe rendit véritablement favant & utile aux favans, il envoyoit à Bayle des articles curieux pour fon Dictionnaire ; il étudioit les anciens monuments avec dom Mabillon ; il alla enfuite en Dauphiné dépofer fes yeux & le fecours de fes connoiffances à M. de Valbonnays, premier préfident de la chambre de Grenoble, qui, devenu aveugle, n'en travailloit pas avec moins d'ardeur à une Hiftoire du Dauphiné. Delà il paffa en Italie. A fon retour, les pairs le choifirent pour éclaircir & défendre leurs droits ; il fit imprimer en leur nom & de leur aveu, un volume *in-fol.* de *Mémoires pour les Pairs de France*, avec les preuves. Les pairs lui achetèrent en 1719, une charge de fecrétaire du roi, dont il fe défit en 1725. Il étoit entré en 1719, dans l'Académie des Belles-Lettres ; il fut fait infpecteur du Collège Royal en 1732 ; il fut en même temps commiffaire au tréfor des Chartres, & il en a fort avancé la table hiftorique. En 1737, il fut chargé d'aller à Nancy, faire l'inventaire des archives des duchés de Lorraine & de Bar, nouvellement réunis à la couronne. Il n'en revint qu'en 1740, & mourut peu de temps après fon retour, le 8 novembre de la même année. Il étoit né à Paris le 14 octobre 1675. « On ne pouvoir, dit l'hiftorien de l'Académie des Belles-Lettres, ( qui avoit fait avec lui le voyage de » Hollande en 1720 ) avoir plus de douceur, de fran » chife, de cordialité; ne voulant que ce qu'on vou » loit, racontant avec la même ingénuité les différents » états où il s'étoit trouvé, ce qui lui étoit arrivé de » plus flatteur ou de plus humiliant, & n'ayant rien » à lui des que ce qu'il avoit pouvoit faire plaifir » à fes amis. Sa reconnoiffance pour ceux à qui il avoit » quelque obligation, étoit extrême. Il ne parloit » jamais qu'avec un refpect mêlé de tendreffe du père » Mabillon.

En effet, dem. Ruinart, auquel il avoit fourni des fecours pour une nouvelle édition de la Diplomatique, l'appelle *Mabillonii memoriæ cultor ardentiffimus*.

M. *Lancelot* a fait la préface de l'Hiftoire des grands Officiers de la Couronne ; il a enrichi de favantes notes, une édition des *Amours de Daphnis & Chloë* de Longus ; il a fourni des additions & des corrections pour le *Pithæana*, le *Naudæana*, le *Patiniana*, les *Antiquités Gauloifes* de Pierre Borel.

Il y a de lui dans le recueil de l'Académie des Belles-Lettres, une multitude de fort bons Mémoires, un entr'autres fort curieux, fur les merveilles du Dauphiné, qu'il réduit à peu de chofe.

*Ladiflas*, roi de Naples de la première branche d'Anjou, fils de Charles de Duras, eft fouvent appellé *Lancelot* dans les hiftoires.

LANÇU, ( *Hift. mod.* ) nom que les Chinois donnent à une fecte de leur religion. L'auteur de cette fecte étoit un philofophe contemporain de Confucius, & qui fut appellé *Lançu* ou *Lantçu*, c'eft-à-dire *philofophe ancien*, parce qu'on feint qu'il demeura quatre-vingt ans dans le ventre de fa mère avant que de naître. Ses fectateurs croient qu'après la mort leurs ames & leurs corps font tranfportés au ciel pour y goûter toutes fortes de délices. Ils fe vantent auffi d'avoir des charmes contre toute forte de malheurs, de chaffer les démons, &c. Kircher, *de la Chine*. ( *A. R.* )

LANDAIS, (Pierre) ( *Hift. de Bretagne* ) *Voyez* l'article ANNE DE BRETAGNE.

LANDGRAVE, f. m. ( *Hift. mod.* ) ce mot eft compofé de deux mots allemands : *land*, terre, & de *graff* ou *grave*, juge ou comte. On donnoit anciennement ce titre à des juges qui rendoient la juftice au nom des empereurs dans l'intérieur du pays. Quelquefois on les trouve défignés fous le nom de *comites patriæ* & de *comites provinciales*. Le mot *landgrave* ne paroît point avoir été ufité avant l'onzième fiècle. Ces juges, dans l'origine, n'étoient établis que pour rendre la juftice à un certain diftrict ou à une province intérieure de l'Allemagne, en quoi ils différoient des *marggraves*, qui étoient juges des provinces fur les limites: peu à peu ces titres font devenus héréditaires, & ceux qui les poffédoient fe font rendus fouverains des pays dont ils étoient originairement que les juges. Aujourd'hui l'on donne le titre de *landgrave* par excellence à des princes fouverains de l'Empire qui poffèdent héréditairement des états qu'on nomme *landgraviats*, & dont ils reçoivent l'inveftiture de l'empereur. On compte quatre princes dans l'Empire qui ont le titre de *landgraves* : ce font ceux de Thuringe, de Heffe, d'Alface & de Luchtenberg. Il y a encore en Allemagne d'autres *landgraves* : ces derniers ne font point au rang des princes ; ils font feulement parmi les comtes de l'Empire ; tels font les *landgraves* de Baar, de Brifgau, de Burgend, de Kletgow, de Nellenbourg, de Sauffemberg, de Sifgow, de Stevenirgen, de Stulingen, de Suntgau, de Turgow, de Walgow. ( — )

LANDI, f. m. ( *Hift. mod.* ) foire qui fe tient à

St. Denis-en-France. C'est un jour de vacance pour les jurifdictions de Paris-& pour l'univerfité. C'eft le recteur qui ouvre le *landi*. Il fe célébroit autrefois à Aix-la-Chapelle, Charles-le-Chauve l'a transféré à Saint-Denis avec des reliques; les cloux & la couronne de N. S.

*Landi* fe difoit encore d'un falaire que les écoliers payoient à leurs maîtres vers le temps de la foire de ce nom. C'étoient fix ou fept écus d'or, qu'on fichoit dans un citron, & qu'on mettoit dans un verre de cryftal. Cet argent fervoit à défrayer le recteur & fes fuppôts lorfqu'ils alloient ouvrir la foire à Saint-Denis. ( *A. R.* )

LANDINOS, ( *Hift. mod.* ) c'eft le nom fous lequel les Efpagnols défignent les Indiens du Pérou qui ont été élevés dans les villes & dans les bourgs; ils favent la langue efpagnole, & exercent quelque métier : ils ont l'efprit plus ouvert & les mœurs plus réglées que ceux des campagnes; cependant ils confervent prefque toujours quelque chofe des idées & des ufages de leurs ancêtres. Il eft fur-tout un préjugé dont les Chrétiens n'ont point pu faire revenir les Indiens du Pérou; ils font perfuadés que la perfonne qu'ils époufent a peu de mérite s'ils la trouvent vierge. Auffi-tôt qu'un jeune homme a demandé une fille en mariage, il vit avec elle comme fi le mariage étoit fait, & il eft le maître de la renvoyer, s'il fe repent de fon choix après en avoir fait l'effai : ce repentir s'appelle *amanarfe*. Les amants éprouvés fe nomment *ammanados*. Les évêques & les curés n'ont jamais pu déraciner cet ufage bizarre. Une autre difpofition remarquable de ces Indiens, eft leur indifférence pour la mort; ils ont fur cet objet, fi effrayant pour les autres hommes, une infenfibilité que les apprêts du fupplice même ne peuvent point altérer. Les curés du Pérou exercent fur ces pauvres Indiens une autorité très-abfolue; fouvent ils leur font donner la baftonade pour avoir manqué à quelques-uns de leurs devoirs religieux. M. d'Ulloa raconte qu'un curé, ayant réprimandé un de ces indiens, pour avoir manqué d'aller à la meffe un jour de fête, lui fit donner enfuite un certain nombre de coups. A peine la réprimande & la baftonade furent-elles finies, que l'indien s'approchant du curé, d'un air humble & naïf, le pria de lui faire donner le même nombre de coups pour le lendemain, parce qu'ayant envie de boire encore, il prévoyoit qu'il ne pourroit affifter à la meffe. *Voyez l'hift. générale des voyages, tom. XIII.* ( *A. R.* )

LANDRI, ( *Hift. de Fr.* ) ( *Voyez* FRÉDÉGONDE.) Un perfonnage de ce nom, plus refpectable, eft St. *Landri*, évêque de Paris, qui nourrit les pauvres de fon diocèfe dans une famine, l'an 651, & qui vers le même temps, fonda l'Hôtel-Dieu de Paris.

LANDSASSE, f. m. ( *Hift. Mod.* ) on appelle ainfi en Allemagne celui dont la perfonne & les biens font foumis à la jurifdiction d'un fouverain qui relève lui-même de l'empereur & de l'Empire, & qui a fixé fon domicile dans les états de ce fouverain; ou bien

un *landfaffe* eft toujours fujet médiat de l'Empire.

Il y a en Allemagne des pays où tous les fujets, tant ceux qui poffèdent des terres & des fiefs que les autres, font *landfaffes*, c'eft-à-dire, relevent du prince à qui ces états appartiennent. Telle eft la Saxe, la Heffe, la Marche de Brandebourg, la Bavière, l'Autriche : on nomme ces états *territoria claufa*. Il y a auffi d'autres pays où ceux qui poffèdent des fiefs font vaffaux ou fujets immédiats de l'Empire, & ne font foumis à aucune jurifdiction intermédiaire, tels font la Franconie, la Souabe, le Rhin, la Weteravie & l'Alface. Ces pays s'appellent *territoria non claufa*.

Il y a des pays fermés ( *territoria claufa* ) où il fe trouve des vaffaux qui ne font point *landfaffes* : ceux-là ne font obligés de reconnoître la jurifdiction de leur fuzerain qu'en matière féodale; mais ceux qui font vaffaux & *landfaffes* font entierement foumis en tout à la jurifdiction du fuzerain.

Un prince ou tout autre vaffal immédiat de l'Empire peut être *landfaffe* d'un autre, en raifon des terres qu'il poffède fur fon territoire. *Voyez* Vitriarii *Inftit. juris publici.* ( *A. R.* )

LANFRANC, ( *Hift. Ecclef.* ) prieur du Bec, puis abbé de St. Etienne de Caën, enfin, archevêque de Cantorbéry, eft fur-tout fameux par le zèle & le fuccès avec lefquels il combattit dans divers conciles, nommément dans celui de Rome en 1059, les erreurs de Bérenger fur l'Euchariftie. ( *Voyez* BÉRENGER. ) *Lanfranc* mourut en 1089. Guillaume-le-Conquérant, qui avoit été l'auteur de fa fortune, & qui l'avoit fait enfin archevêque de Cantorbéry, defiroit avoir pour fucceffeur en Angleterre, Guillaume-le-Roux, fon fecond fils; il lui donna des lettres de recommandation pour le primat *Lanfranc*, qui le fervit bien, & lui procura, en effet cette couronne. Guillaume la ffa d'abord adoucir fa férocité aux fages confeils de *Lanfranc*; mais quand il fe fut affermi fur le trône, il revint à fon caractère avec d'autant plus de violence, qu'il avoit fait plus d'effort pour le dompter ou pour le diffimuler. Sa conduite ne fut qu'une fuite d'injuftices & de violences. Le pieux *Lanfranc* crut que fon âge, fon caractère, fes fervices, l'intérêt de l'état, l'intérêt même du prince pouvoient l'autorifer à élever la voix; une difgrace fut le prix de fa franchife, il mourut peu de temps après, de douleur d'avoir donné ce tyran à fa patrie. Ses ouvrages ont été recueillis par dom Luc d'Achery, en 1648. Il étoit fils d'un confeiller du fénat de Pavie.

Un autre *Lanfranc*, médecin de Milan au treizième fiècle, étant venu s'établir en France, où il étoit en 1295, y eft regardé comme le fondateur du collège des chirurgiens de Saint-Côme. Originairement les chirurgiens n'étoient pas diftingués des médecins; un même homme exerçoit & la médecine proprement dite, & la chirurgie, felon la nature de la maladie & les befoins du malade. Dans la fuite, les médecins avoient abandonné la chirurgie aux barbiers. *Lanfranc* fit naître une claffe mitoyenne entre les médecins & les barbiers; ce font les chirurgiens d'aujourd'hui. On

& de lui un livre intitulé : *chirurgica magna & parva*.

LANGALERIE, (Philippe de Gentils, marquis de) ( *Hift. de Fr.* ) d'une famille diftinguée de la province de Saintonge , dont il étoit premier baron , acquit beaucoup de réputation au fervice de France dans trente-deux campagnes , & fut fait lieutenant-général en 1704. Mécontent à tort ou avec raifon , de M. de Chamillart , dont il n'étoit pas aimé , il fit ce que des hommes fenfibles fe font plus d'une fois permis , ce qu'un bon citoyen ne fe permettra jamais ; il quitta le fervice de France non feulement non feulement étranger , mais encore ennemi ; il s'attacha au fervice de l'empereur en 1706 , ou plutôt il ne s'attacha plus à rien : fa conduite hors de la France fembla faite pour juftifier Chamillart ; ce ne fut plus qu'inconftance & légéreté. Il quitta bientôt l'empereur pour le roi de Pologne , qui ne l'éprouva pas plus conftant. Comme il étoit annoncé par une grande réputation & des talents éprouvés , on lui offroit par-tout de grandes places ; dans l'Empire & en Pologne , il fut fait général de la cavalerie ; ayant quitté ces deux emplois & ces deux pays , il erra en divers féjours , à Francfort , à Berlin , à Hambourg , à Brême , à Caffel , &c. , paroiffant toujours vouloir fe fixer & ne fe fixant jamais ; il paffa en Hollande ; il vit un turc , envoyé du grand-feigneur , à La Haye ; il fe lia étroitement avec lui , & par fon moyen il fit un traité pour s'attacher au fervice de la Turquie ; il paroît même que ce traité avoit pour objet une expédition particulière que la Turquie méditoit , & dont *Langalerie* devoit avoir la conduite ; il paffoit à Hambourg , où il vouloit , dit - on , faire équiper des vaiffeaux , foit pour cette expédition , foit pour faciliter à Conftantinople , lorfque l'empereur , alarmé de fes projets , & mécontent de fon infidélité , le fit arrêter à Stade en 1716. On le conduifit à Vienne , où il mourut en 1757. Il a paru en 1757 , de faux Mémoires du marquis de *Langalerie* , qu'on fuppofe avoir été écrits dans fa prifon à Vienne.

LANGE , (François ) , ( *Hift. Litt. méd.* ) avocat au parlement de Paris , connu par fon *Praticien François*. Mort en 1684.

LANGEAC , ( Jean de ) prélat , homme d'état & ami des lettres , fous le règne du *Père des Lettres* , François Ier. On s'eft plû à donner la lifte des différents emplois qu'il a remplis , fur - tout des innombrables bénéfices qu'il a poffédés , mais nous devons obferver qu'il les a tous ou prefque tous poffédés fucceffivement , tandis que plufieurs prélats de fon temps ne fe faifoient pas fcrupule de les accumuler jufqu'au fcandale même les évêchés ; il remplit prefque autant d'ambaffades qu'il eut de bénéfices ; auffi Étienne Dolet lui dédia - t - il fon Traité *de Legatis* ; ce malheureux Dolet , ( *Voyez* fon Article ) eut un protecteur dans ce prélat , pieux & charitable ; il en eut un auffi dans du Chatel , ( Caftellanus ) évêque de Tulle , puis de Mâcon , & enfin d'Orléans ( *Voyez* fon article ) ; il paroît que tous les prélats éclairés & humains prenoient fa défenfe , ce qui doit redoubler l'horreur qu'infpire fon fupplice , en faifant voir que fon malheur *Hiftoire. Tome III.*

fut le triomphe de l'ignorance intolérante & fanatique. En quittant l'évêché d'Avranches pour paffer à celui de Limoges , Jean de *Langeac* fit donner le premier à un homme de lettres , au favant Robert Cenal. ( *Voyez* fon article. ) *Langeac* n'a befoin que d'un mot pour fon éloge ; fa mémoire s'eft confervée à Limoges , où on ne l'appelle que *le bon Evêque* , comme on y appellera toujours feu M. Turgot , *le bon , le fenfible & l'utile Intendant*. Jean de *Langeac* mourut en 1541.

LANGEVIN (Raoul) ( *Hift. mod.* ) nom célèbre à Bayeux par le cartulaire de cette églife , que ce *Langevin* , qui en étoit chanoine , compofa en 1269 & qui fait loi encore en matière d'ufages & de cérémonies.

LANGLADE ( le Marquis de ) ( *Hift. de Fr.* ) condamné aux galères pour un vol qu'il n'avoit pas fait. L'arrêt eft du 14 février 1688 ; le voleur véritable arrêté pour d'autres crimes en 1690 avoua celui-là. Le hazard fembloit avoir pris plaifir à raffembler contre ce malheureux *Langlade* des apparences fi fortes & des circonftances fi décifives , qu'on plaint fes juges fans trop pouvoir les condamner.

LANGLE ( Pierre de ) ( *Hift. de Fr.* ) évêque de Boulogne , célèbre fur-tout par fon oppofition à la bulle *Unigenitus* , d'ailleurs ferme & vertueux. Il avoit été précepteur du comte de Touloufe , père de M. le duc de Penthièvre , foit que c'étoit M. Boffuet qui l'avoit propofé pour cet emploi. L'évêché de Boulogne avoit été la récompenfe de fes foins pendant le cours de cette éducation. En 1717 fon mandement contre la bulle fit du bruit. En 1720 il s'oppofa aux arrangemens qu'on voulut faire pour la bulle & dont l'unique objet étoit de procurer le chapeau à l'abbé Dubois. Le cardinal de Noailles fe laiffa vaincre ou féduire , M. de *Langle* , avec l'évêque de Montpellier , Colbert , refta inflexible. Il fut exilé dans fon diocèfe , & il y mourut en 1724. Il étoit né à Evreux en 1644. Un gouvernement diffolu , tel que celui de la régence , & auquel il ne reftoit pour fe faire eftimer que l'indulgence & les lumières , n'avoit ni le droit ni l'intérêt d'ufer de rigueur envers un prélat auffi vertueux que l'évêque de Boulogne. C'eft un trifte & révoltant fpectacle que celui du vice ofant punir la vertu , l'abbé Dubois auroit dû le fentir ; mais la mauvaife habitude prife fous Louis XIV , d'exiler pour janfénifme , prévalut en cette occafion fur l'efprit général de la régence , qui étoit de démentir ce tout l'adminiftration précédente , de donner peu d'importance aux querelles théologiques , & de favorifer même un peu , finon le janfénifme , du moins les janféniftes.

LANGOUTI, f. m. ( *terme de relation* ) c'eft , felon M. de la Boulaye , une petite pièce d'étoffe ou de linge , dont les Indiens fe fervent pour cacher les parties qui diftinguent le fexe. ( *A. R.* )

LANGUET , ( *Hift. mod.* ) diverfes perfonnes , toutes de la même famille , ont illuftré ce nom.

Hubert *Languet* , né en 1518 à Vitteaux en Bourgogne , fut attiré à la réforme par Mélanchton ; il s'expatria & fe retira auprès de l'électeur de Saxe , protecteur du Luthéranifme ; en 1570 , il vint en

Pp

France comme envoyé de ce prince. Il y étoit encore dans le temps de la St. Barthelemi en 1572 ; & il exposa sa vie, pour sauver celle de Dupleffis Mornay & d'André Wechel, fes amis. Il mourut à Anvers en 1581 au fervice du prince d'Orange, Guillaume, le fondateur de la liberté des pays-bas dont on lui attribue *l'apologie contre le roi d'Efpagne*. Il paffe auffi pour l'auteur de l'ouvrage très-républicain, qui a paru fous le nom de Stephanus Junius Brutus, & qui a pour titre : *Vindiciæ contra tyrannos*. Un confeiller au parlement de Dijon, ( la Mare ) a écrit fa vie.

Les deux *Languet de Gergy*, l'un curé de St Sulpice , (Jean-Baptifte-Jofeph,) l'autre évêque de Soiffons, puis archevêque de Sens, (Jean-Jofeph) étoient les arrière-petits neveux de *Hubert Languet*. L'archevêque de Sens eft connu par fes écrits en faveur de la conftitution & par l'hiftoire de Marie Alacoque, ( voyez *Alacoque*,) fes *avertiffemens* au fujet de la conftitution, qu'il fit étant évêque de Soiffons, furent du fuccès parmi les conftitutionnaires. Il étoit confeiller d'état d'églife. Il étoit auffi de l'académie françoife, & il y fit en différentes occafions d'affez bons difcours. On remarqua celui qu'il fit en qualité de directeur, en recevant M. de Marivaux à l'académie françoife, mais on le remarqua comme un trait de pédantifme & comme une contravention aux loix que lui impofoit en cette occafion le titre de directeur. Il ne parla des ouvrages de M. de Marivaux, que fur parole , il prétendit ne les avoir point lus & n'avoir pas dû les lire ; c'eft ce qu'il auroit pu dire tout au plus de quelques romans de Crébillon le fils ; encore le directeur de l'académie eût-il été obligé de refpecter en public le choix de la compagnie, fi à caufe de ces ouvrages ou malgré ces ouvrages elle eut reçu l'auteur. C'étoit le titre qui faifoit illufion à la vertu auftère de M. l'archevêque de Sens ; mais ces romans, c'étoient les caractères de la Bruyère mis en action ; c'étoit une peinture fine & vraie du cœur humain ; c'étoit la morale fous la forme la plus piquante, & Marivaux auroit pu lui répondre : il y a plus de vraie morale dans mes œuvres que dans beaucoup de ces exercitations polémiques qui ont fait votre fortune & votre gloire.

L'archevêque de Sens mourut en 1753 au moment où on exiloit le parlement : on lui appliqua ce vers de Mithridate :

Et mes derniers regards ont vu fuir les romains.

Le curé de St. Sulpice , fon frère , ne faifoit point de livres , mais il a bâti St. Sulpice & fondé l'enfant Jéfus, mais il rendoit utiles aux pauvres, fes paroiffiens richés. On prétend que , dans la distribution de fes aumônes qu'on fait monter à un million par an, il avoit égard furtout à la naiffance & à l'état, & qu'il y avoit dans fa paroiffe des familles nobles & distinguées, mais pauvres , auxquelles il fourniffoit jufqu'à trente-mille livres par an ; on a loué, on a blâmé cette profufion : c'eft être libéral plutôt que charitable ; les aumônes doivent tirer de la mifère, & non pas mefure dans l'aifance, à moins

que toutes les mifères ne foient foulagées ; elles doivent fubvenir aux befoins & non pas aider la vanité. On a auffi accufé le curé de St. Sulpice d'avoir quelquefois provoqué l'abondance des aumônes par des artifices & des fuggeftions , qu'on auroit jugées illégitimes dans une caufe perfonnelle ; c'eft fans doute une imputation de fes ennemis , qui ne pouvant nier le bien qu'il faifoit, vouloient au moins qu'il le fit mal. La charité, la première des vertus , ne veut pas être fervie par des moyens indignes d'elle ; mais l'avocat du pauvre a de grands droits, fur-tout, quand il donne l'exemple, & c'eft à lui plus qu'à tout autre, qu'il a été dit : *argue, increpa, opportunè, importunè*. Nous avons eu occafion de connoître que, quand les legs pieux faits à fes pauvres, pouvoient être ou paroître onéreux aux héritiers , il entroit volontiers en accommodement avec eux & n'exerçoit point fes droits à la rigueur. Son établiffement de l'enfant Jéfus a deux objets. L'un eft le même que celui de St. Cyr, avec moins d'étendue, quant au nombre des fujets ; mais ce premier objet eft même un peu perfectionné par l'attention plus particulière qu'on donne aux foins du ménage dans le plan de l'éducation. Une penfionnaire doit, dit-on , fortir de St. Cyr avec plus de talens de femme aimable ; une penfionnaire fort de l'enfant Jéfus , avec plus de connoiffances d'une mère de famille , connoiffances qu'on ne font cependant pas négligées à St. Cyr. Le fecond objet propre à l'établiffement de l'enfant Jéfus eft de fournir la fubfiftance , mais avec le travail & par le travail , à une multitude de pauvres femmes de la ville, de la campagne & des provinces indirectement , qu'on emploie fur-tout à la filature du lin & du coton. Dans les temps malheureux, dans les difettes publiques , fes fecours augmentoient. En 1720 , dans le temps de la pefte de Marfeille, le curé de St. Sulpice envoya des fommes confidérables en Provence pour le foulagement des malheureux. En 1725 , il vendit fes meubles, fes tableaux, fon argenterie , tout , pour nourrir les pauvres. En 1741 , plus de quatorze cents femmes pauvres, étoient admifes à l'hofpice de l'enfant Jéfus, & y trouvoient l'ouvrage & du pain. Quelle vie admirable & remplie de bonnes œuvres ! & quand la noble proffeffion de curé , la première de toutes peut être par le bien qu'elle offre à faire, & par l'avantage de voir de plus près le mal qu'il faut foulager , quand cette noble proffeffion a-t-elle été plus noblement exercée? Il en connoiffoit bien la dignité ; il avoit refufé l'évêché de Couferans, celui de Poitiers & plufieurs autre ? Il joignoit à fa cure (& c'étoit un nouvel avantage pour les pauvres) l'abbaye de Bernay , où il eft mort en 1750. Il étoit né à Dijon en 1675. Il avoit eu la cure de St. Sulpice en 1714. Il la remit quelques années avant fa mort à M. Dulau d'Allemans, mais il ne ceffa d'en remplir les fonctions, fur-tout celles qui intéreffoient les pauvres.

Le curé de St. Sulpice étoit trop éclairé, pour n'être pas tolérant. Une janfénifte qu'il adminiftroit, s'empreffa par zèle de lui déclarer fans qu'il le lui demandât, qu'elle ne recevoit pas la bulle *Unigenitus* : *Madame*, répond dit-il froidement, *elle s'en paffera*.

On cite de lui plusieurs mots & plusieurs traits assez fins, mais ils ne sont pas assez avérés, & quelques-uns même ne lui feroient peut-être pas assez d'honneur.

Il en est un entr'autres qu'on a beaucoup cité ; nous sommes bien éloignés de le garantir. Il convoitoit, dit-on, pour ses pauvres la succession d'un de ses paroissiens, riche, qui n'avoit point d'héritiers directs; les carmes la convoitoient aussi & pour eux, & il y avoit déjà un testament fait en leur faveur, le curé de St. Sulpice le fit changer ; les carmes qui l'ignoroient, suivoient toujours fort assiduement leur malade pour l'entretenir dans ses bonnes dispositions à leur égard ; un jour ils rencontrèrent à sa porte le curé de St. Sulpice, & faisant déjà quelque sorte les honneurs de la maison, ils voulurent le faire passer devant eux : entrez, leur dit-il, mes pères ; vous êtes de l'ancien testament, je ne suis que du nouveau. Ils ne prirent ce mot que pour une plaisanterie sur leur prétention d'avoir été fondés par Elie sur le Mont-Carmel (Voyez l'article Papebroch.)

Messieurs Languet étoient fils du procureur général du parlement de Dijon. M. Bossuet, leur compatriote, avoit pris intérêt à eux dans leur jeunesse.

LANNOY (Charles, comte de) (Hist. mod.) viceroi de Naples sous l'empereur Charles-Quint & général de ses armées ; dans le commandement desquelles il remplaça Prosper Colonne, le plus habile général de son temps. La première bataille où Lannoy commanda, fut aussi la première où il se trouva, & ce fut la bataille de Pavie en 1525, il commandoit les Italiens ; Pescaire, les espagnols ; Bourbon les Allemands ; il combattit &, commanda mieux qu'il ne perdit la tête, & laissa faire le connétable de Bourbon & Pescaire, qui véritablement en savoient plus que lui, mais qui n'avoient pas & ne méritoient pas au même degré que lui la confiance de l'empereur ; son bonheur lui procura cependant l'occasion de recevoir François I. prisonnier. Ce prince désespéré d'une défaite, dont sa précipitation étoit la principale cause, alloit se faire tuer ; Pompérant, François fugitif, attaché au connétable de Bourbon, voit le roi couvert de blessures, perdant tout son sang, renversé de cheval & résistant encore à une armée entière. Plein de respect pour ce roi guerrier, se souvenant qu'il est & ne fut son sujet, qu'il auroit dû combattre pour lui & non contre lui, il se jette à ses pieds, le conjure de ne point s'obstiner davantage à sa perte, & de céder au sort qui trahissoit sa valeur, il lui proposa de se rendre au connétable de Bourbon ; à ce nom, François I. frémissant de colère, proteste qu'il mourra plutôt que de se rendre à un traitre, mais il demanda le viceroi, Pompérant l'envoya chercher ; il vint & le roi lui remit son épée, Lannoy la reçut à genoux, baisa la main du prince & lui donna une autre épée.

Lannoy particulièrement chargé de la garde du roi prisonnier, se défioit de tout le monde, & n'avoit pas tort, Bourbon & Pescaire & toutes les puissances d'Italie pouvoient fonder des projets sur la délivrance d'un tel prisonnier ; il résolut de le tirer de l'Italie & de le

mettre véritablement en la puissance de l'empereur : les négociations traînoient en longueur, & la distance des lieux entraînoit nécessairement des délais ; Lannoy persuada d'abord à François I. que s'il se transportoit en Espagne pour traiter directement avec l'empereur, une heure d'entrevue entre ces deux princes termineroit plus sûrement leurs affaires que tous les plénipotentiaires & tous les ministres ne pourroient le faire en plusieurs années : ayant obtenu le consentement du roi, il lui fit sentir la nécessité du secret, il se chargea de tromper l'armée, il proposa aux chefs de transporter le roi dans le royaume de Naples pour le dérober aux entreprises des autres puissances de l'Italie ; là, il seroit en sûreté sur les terres de l'Empereur : les chefs consentirent volontiers à un projet qui leur laissoit moins de concurrens dans les entreprises qu'ils pourroient faire eux-mêmes; on mène le roi à Gênes pour l'y embarquer. Lannoy s'embarque avec lui, les autres chefs restent à Gênes avec l'armée, qui devoit retourner par terre dans le royaume de Naples; Lannoy prend d'abord la route du royaume de Naples, puis il tourne vers l'Espagne; il avoit voulu ménager à l'empereur la surprise de voir arriver son prisonnier, il ne lui avoit point communiqué sa résolution, & il lui fit savoir qu'il l'avoit exécutée. La satisfaction de l'empereur égaloit à peine la fureur dont Bourbon & Pescaire furent transportés lorsqu'ils furent qu'ils avoient été les dupes de Lannoy. Ils s'étoient accoutumés à regarder le roi moins comme le prisonnier de Charles-Quint, que comme le leur; il s'étoit rendu à Lannoy, mais comme Bourbon & Pescaire ne faisoient point à Lannoy l'honneur de penser qu'il eût contribué à la victoire, ils disoient que c'étoient eux qui avoient eu la gloire de faire le roi prisonnier, & que Lannoy n'avoit eu que le bonheur de le recevoir. Bourbon alla en Espagne, accuser Lannoy de lâcheté à la bataille de Pavie, & de mauvaise conduite pendant tout le cours de la guerre. Pescaire écrivit contre lui même. Lannoy une lettre pleine d'emportement & de menaces. Il y accumuloit les reproches de lâcheté, d'incapacité & de fourberie. « Si on n'eût cru » ce lâche, disoit-il, on eût perdu tout le Milanés » par une retraite honteuse dans le royaume de Na- » ples, au lieu de livrer la bataille de Pavie. » Dans cette bataille il n'avoit eu ni tête ni cœur ; il s'écrioit sans cesse, nous sommes perdus, Pescaire offroit de lui prouver l'épée à la main. Lannoy, sûr de la faveur & de la reconnoissance de son maître, les laissa dire & écrire tous ce qu'ils voulurent; s'il avoit foiblement servi Charles-Quint par ses armes, il l'avoit très bien servi par ses intrigues: le transport du roi en Espagne étoit plus utile à l'empereur, que la victoire de Pavie, sans ce transport, & l'empereur savoit très-bien qu'il pouvoit plus compter sur la fidélité de Lannoy, que sur celle de tous ces chefs vaillans & si habiles, à qui leurs talens inspiroient un orgueil dangereux & une ambition suspecte.

Lannoy avoit reçu François Ier entrant en captivité. ce fut lui qui le remit entre les mains des François & fut

les terres Françoises, au moment de sa délivrance, en conséquence du traité de Madrid en 1726. Ses conseils avoient même contribué à cette délivrance, & François I.er ne l'ignoroit pas ; le Roi ayant refusé de ratifier le traité de Madrid, qui en effet étoit fort onéreux, *Lannoy* fut mis à la tête d'une Ambassade, chargée de lui rappeller ses engagements ; le Roi, par les distinctions dont il honora *Lannoy*, prouva qu'il n'avoit pas oublié ses bons offices ; mais il persista dans son refus de ratifier un traité qui démembroit son royaume, & la guerre recommença.

En 1527, lorsque Bourbon, pour punir le pape Clément VII de ses liaisons avec la France, ou peut-être plutôt pour se faire une fortune indépendante & de Charles Quint & de François I.er, marchoit vers Rome à la tête de l'armée Impériale, mais qui étoit beaucoup plus à lui qu'à l'empereur, le viceroy de Naples *Lannoy* ayant conclu avec le pape une trève, au nom de l'empereur, se hâta d'en faire part au duc de Bourbon, & de lui proposer moitié par forme de conseil, moitié par forme d'ordre, d'accepter cette trève ; les soldats de Bourbon, pour toute réponse, voulurent massacrer le député du viceroy. *Lannoy* ayant appris l'accueil qu'on avoit fait à son député, se faisant d'ailleurs un honneur de dissiper les terreurs du pape & de procurer l'exécution d'un traité qui étoit son ouvrage, partit pour aller lui-même trouver le duc de Bourbon & lui faire accepter la trève ; il promit au pape que si Bourbon résistoit, il sauroit l'obliger à se soumettre en se servant de son autorité pour lui enlever les Espagnols & les Italiens de son armée, & le réduire à ses seuls Allemands ; c'étoit où le duc de Bourbon attendoit *Lannoy* pour lui prodiguer tous les mépris & tous les témoignages de haine, qu'il croyoit lui devoir depuis que *Lannoy* avoit enlevé François I en Espagne, injure que Bourbon n'avoit pas oubliée ; il savoit que l'attachement des Espagnols à sa personne, l'emporteroit toujours sur l'autorité impuissante de *Lannoy*, qu'ils ne pouvoient ni aimer ni estimer ; il prit plaisir à rendre la démarche de *Lannoy* ridicule, il courut de pays en pays, toujours suivi de loin par *Lannoy*, qui ne pouvoit l'atteindre, parce que Bourbon lui indiquoit des rendez-vous & ne s'y trouvoit jamais.

La marche de *Lannoy* l'exposoit aux plus grands dangers ; comme en courant après Bourbon, il passoit presque sans suite dans des pays qui venoient d'être dévastés par les impériaux, les paysans irrités par les brigandages de l'armée, pensèrent plusieurs fois s'en venger sur lui & l'immoler à leur fureur, ce qui pouvoit entrer encore dans le plan de vengeance du connétable ; enfin le viceroi fut obligé de renoncer à joindre Bourbon, & de se retirer à Sienne.

Bourbon ayant été tué devant Rome, *Lannoy* tenta de disputer le commandement au prince d'Orange que l'armée avoit élu pour général. Il vint à Rome, mais les dispositions peu favorables où il trouva les troupes tant Allemandes qu'Espagnoles, effrayèrent sa timide ambition, il ne se crut pas même en sûreté à Rome, & il reprenoit déjà la route du royaume de Naples,

lorsqu'il rencontra divers capitaines Espagnols, qui, voyant que la guerre continuoit, malgré la trève du viceroi qu'ils avoient cru devoir respecter, revenoient tous à l'armée ; ils ramenèrent avec eux le viceroi, qui fut seulement souffert par les troupes, mais qui ne put recouvrer la considération, encore moins l'autorité ; elle resta toute entière entre les mains du prince d'Orange. Il mourut peu de temps après à Gaete, en 1527, ayant désigné, sous le bon plaisir de l'empereur, pour son successeur dans la vice-royauté de Naples, Dom Hugues de Moneade, son ami, le seul des grands d'Espagne qui aimât *Lannoy*.

LANOUE, ( *Voyez* NOUE. )

LANTERNES, *fête des*, ( *Hist. de la Chine* ) fête qui se célèbre à la Chine le quinzieme jour du premier mois, en suspendant ce jour-là dans les maisons & dans les rues un très-grand nombre de *lanternes* allumées.

Nos missionnaires donnent pour la plûpart des descriptions si merveilleuses de cette fête chinoise, qu'elles sont hors de toute vraisemblance ; & ceux qui se sont contentés d'en parler plus simplement, nous représentent encore cette fête comme une chose étonnante, par la multiplicité des lampes & des lumieres, par la quantité, la magnificence, la grandeur, les ornemens de dorure, de sculpture, de peinture & de vernis des *lanternes*.

Le P. le Comte prétend que les belles *lanternes* qu'on voit dans cette fête, sont ordinairement composées de six faces ou panneaux, dont chacun fait un cadre de quatre pieds de hauteur, sur un pied & demi de large, d'un bois verni, & orné de dorures. Ils y tendent, dit-il, une fine toile de soie transparente, sur laquelle on a peint des fleurs, des rochers, & quelquefois des figures humaines. Ces six panneaux joints ensemble, composent un hexagone, surmonté dans les extrémités de six figures de sculpture qui en font le couronnement. On y suspend tout-autour de larges bandes de satin de toutes couleurs, en forme de rubans, avec d'autres ornemens de soie qui tombent par les angles, sans rien cacher de la peinture ou de la lumière. Il y a tel seigneur, continue le voyageur missionnaire, qui retranche toute l'année quelque chose de sa table, de ses habits & de ses équipages, pour être ce jour-là magnifique en *lanternes*. Ils en suspendent à leurs fenêtres, dans leurs cours, dans leurs salles & dans les places publiques. Il ne manquoit plus au R. P. le Comte, pour embellir son récit, que d'illuminer encore toutes les barques & les vaisseaux de la Chine, des jolies *lanternes* de sa fabrique.

Ce qu'on peut dire de vrai, c'est que toutes les illuminations qui de temps immémorial se font de manière ou d'autre par tout pays, sont des coutumes que le monde conserve des usages du feu, & du bien qu'il procure aux hommes. ( *D. J.* )

LANTHU, s. m. ( *Hist. mod.* ) nom d'une secte de la religion des Tunquinois, peuple voisin des Chinois. C'est le même que ceux-ci nomment *lançu* ou *lançu*. *Voyez* LANÇU.

Les peuples du Tunquin ont encore plus de vénétation pour le philosophe auteur de cette secte, que n'en témoignent les Chinois. Elle est principalement fondée sur ce qu'il leur a enseigné une partie de la doctrine de Chabacout. *Voyez* CHABACOUT.

Tavernier dans son voyage des Indes, ajoute que ce prétendu prophète se concilia l'affection des peuples, en excitant les grands & les riches à fonder des hôpitaux dans les villes où avant lui on ne connoissoit pas ces sortes d'établissemens. Il arrive souvent que des seigneurs du royaume & des bonzes s'y rendent, pour se consacrer au service des malades. ( *A. R.* )

LAODICE, ( *Voyez* MITHRIDATE. )

LAO-KIUN, ( *Hist. mod. & Philosoph.* ) c'est le nom que l'on donne à la Chine à une secte qui porte le nom de son fondateur. *Lao-Kiun* naquit environ 600 ans avant l'ere chrétienne. Ses sectateurs racontent sa naissance d'une manière tout-à-fait extraordinaire; son père s'appelloit *Quang*; c'étoit un pauvre laboureur qui parvint à soixante & dix ans, sans avoir pu se faire aimer d'aucune femme. Enfin, à cet âge, il toucha le cœur d'une villageoise de quarante ans, qui, sans avoir eu commerce avec son mari, se trouva enceinte par la vertu vivifiante du ciel & de la terre. Sa grossesse dura quatre-vingts ans, au bout desquels elle mit au monde un fils qui avoit les cheveux & les sourcils blancs comme la neige; quand il fut en âge, il s'appliqua à l'étude des Sciences, de l'Histoire, & des usages de son pays. Il composa un livre intitulé *Tau-Tse*, qui contient cinquante mille sentences de Morale. Ce philosophe enseignoit la mortalité de l'ame; il soutenoit que Dieu étoit matériel; il admettoit encore d'autres dieux subalternes. Il faisoit consister le bonheur dans un sentiment de volupté douce & paisible qui suspend toutes les fonctions de l'ame. Il recommandoit à ses disciples la solitude comme le moyen le plus sûr d'élever l'ame au-dessus des choses terrestres. Ses ouvrages subsistent encore aujourd'hui; mais on les soupçonne d'avoir été altérés par ses disciples; leur maître prétendoit avoir trouvé le secret de prolonger la vie humaine au-delà de ses bornes ordinaires; mais ils allèrent plus loin, & tâchèrent de persuader qu'ils avoient un breuvage qui rendoit les hommes immortels, & parvinrent à accréditer une opinion si ridicule; ce qui fit qu'on appella leur secte la *secte des Immortels*. La religion de *Lao-Kiun* fut adoptée par plusieurs empereurs de la Chine: peu-à-peu elle dégénera en un culte idolâtre, & finit par adorer des démons, des esprits, & des génies: on y rendit même un culte aux princes & aux héros. Les prêtres de cette religion donnent dans les superstitions de la magie, des enchantemens, des conjurations; cérémonies qu'ils accompagnent de hurlemens, de contorsions, & d'un bruit de tambours & de bassins de cuivre. Ils se mêlent aussi de prédire l'avenir. Comme la superstition & le merveilleux ne manquent jamais de partisans, toute la sagesse du gouvernement chinois n'a pu jusqu'ici décréditer cette secte corrompue. ( *A. R.* )

LARCHANT ( Nicolas de Grimouville de ) ( *Hist. Litt. mod.* ) poëte latin moderne, a traduit en vers latins le poëme de *Philotanus* de l'abbé de Grécourt. Il étoit de Bayeux & principal du collège de cette ville. Mort en 1736.

LARGESSES, s. f. pl. ( *Hist. anc.* ) dons, présens, libéralités. Les *largesses* s'introduisirent à Rome avec la corruption de mœurs, & pour lors les suffrages ne se donnerent qu'au plus libéral. Les *largesses* que ceux des Romains qui aspiroient aux charges, prodiguoient au peuple sur la fin de la république, consistoient en argent, en bled, en pois, en fèves; & la dépense à cet égard étoit si prodigieuse que plusieurs s'y ruinèrent absolument. Je ne citerai d'autre exemple que celui de Jules-César, qui, partant pour l'Espagne après sa préture, dit qu'attendu ses dépenses en *largesses*, il auroit besoin de trois cents trente millions pour se trouver encore vis-à-vis de rien, parce qu'il devoit cette somme au-delà de son patrimoine. Il falloit nécessairement dans cette position, qu'il périt ou renversât l'état, & l'un & l'autre arrivèrent. Mais les choses étoient montées au point que les empereurs, pour le maintenir sur le trône, furent obligés de continuer à répandre des *largesses* au peuple: ces *largesses* prirent le nom de *congiaires*; & celles qu'ils faisoient aux troupes, celui de *donatifs*.

Enfin dans notre histoire on appella *largesses* quelques légères libéralités que nos rois distribuoient au peuple dans certains jours solemnels. Ils faisoient apporter des hanaps ou des coupes pleines d'espèces d'or & d'argent; & après que les héraults avoient crié *largesses*, on les distribuoit au public. Il est dit dans le Cérémonial de France, tom. *II. p.* 742, qu'à l'entrevue de François Ier. & d'Henri VIII, près de Guignes, l'an 1520, « pendant le festin il y eut *lar-* » *gesses* criées par les rois & héraults d'armes, tenant » un grand pot d'or bien riche ».

C'est la dernière fois de ma connoissance qu'il est parlé de *largesses* dans notre histoire, & au fond, la discontinuation de cet usage frivole n'est d'aucune importance à la nation. Les vraies *largesses* des rois consistent dans la diminution des impôts qui accablent le malheureux peuple ( *D. J.* )

LAROQUE, ( *Voyez* ROQUE. )

LARREY ( Isaac de ) ( *Hist. Litt. mod.* ) protestant réfugié, historien fécond, inexact, peut-être infidèle, auteur d'une histoire d'Angleterre qu'on ne lit plus, d'une histoire de Louis XIV, qu'on ne croit point; d'une histoire d'Auguste, d'une histoire d'Eléonore d'Aquitaine ou de Guyenne, d'une histoire des sept sages qu'on connoît peu, & de quelques ouvrages de controverse encore plus ignorés. Né dans le pays de Caux en 1638. Il mourut à Berlin en 1719.

LARRONS, s. m. ( *Hist. anc.* ) en latin *latro*. C'étoient originairement des braves, qu'on engageoit par argent; ceux qui les avoient engagés les tenoient à leurs côtés; de-là ils furent appellés *latrones* & par ellipse *latrones*. Mais la corruption se mit bientôt dans ces troupes; ils pillèrent, ils volèrent, & *latro* se dit pour voleur de grand chemin. Il y en avoit beaucoup au temps de Jésus-Christ; ils avoient leur retraite dans les rochers de la Trachonite, d'où Hérode eut beaucoup de peine à les déloger. Les environs de Rome en étoient aussi infestés. On appella *latrones* ceux qui attaquoient les passans avec des armes; *grassatores* ceux qui ne se servoient que de leurs poings.

LASCARIS, ( *Hist. mod.* ) c'est le nom de quelques empereurs grecs du treizième siècle d'une ancienne famille grecque.

C'est aussi le nom de quelques savans, restaurateurs des lettres en Italie, qui étoient de la même famille, tels qu'André Jean, dit *Rhyndacène* & Constantin, qui tous deux, après la prise de Constantinople en 1453 se passèrent en Italie, où ils portèrent les connoissances de leur pays. Rhyndacène est le premier à qui on a l'obligation d'avoir apporté en Europe, la plûpart des beaux manuscrits grecs que nous y voyons. Laurent de Médicis l'envoya plusieurs fois à Constantinople pour cet emploi. Louis XII l'envoya en Ambassade à Venise, Léon X lui donna la direction d'un collége des Grecs à Rome. Les faveurs de François I, le ramenèrent à la cour de France, où il fut un des plus utiles instrumens de la restauration des lettres. François I. le mit avec Budée à la tête de la bibliothèque qu'il forma principalement par leurs soins à Fontainebleau. Il mourut en 1535 à 90 ans. On a de lui quelques épigrammes en grec & en latin.

Constantin enseigna les belles-lettres dans différentes villes de l'Italie, à Milan, à Naples, à Messine; le cardinal Bembe fut son disciple. On a de lui une grammaire, en grec seulement, c'est-à-dire, qui ne peut servir qu'à ceux qui n'en ont pas besoin, mais cette grammaire a cela de remarquable, qu'elle est la première production grecque de l'imprimerie depuis l'invention de cet art. Le sénat de Messine avoit donné à Constantin le droit de bourgeoisie en 1465. *Lascaris* par reconnoissance laissa sa bibliothéque au sénat, qui par reconnoissance aussi lui fit ériger un tombeau de marbre.

LATERANUS ( Plautius, ) ( *Hist. rom.* ) homme courageux & vertueux, d'une force de corps égale à celle de son ame. Ce fut de tous ceux qui entrèrent dans la conjuration de Pison contre Néron, celui qui s'y détermina par les motifs les plus purs, c'est-à-dire, par la haine de la tyrannie & du crime, sans aucun motif personnel de haine, de crainte ou de vengeance. On ne lui laissa point comme à plusieurs des autres conjurés, le choix de sa mort. On le traîna au supplice sans lui donner le temps d'embrasser ses enfans. Le lieu où il fut exécuté fut celui où on exécutoit les esclaves; il mourut avec la plus grande fermeté, sans rien révéler, sans même dire un mot au tribun Statius qui l'immoloit, & qu'il savoit être un des conjurés, quoiqu'apparemment n'avoit pas encore été dénoncé. Plautius *Lateranus* étoit consul désigné. C'est de lui que le palais de Latran a tiré son nom.

LATINS, EMPIRE DES, ( *Hist. mod.* ) on nomme ainsi l'espèce d'empire que les Croisés fondèrent en 1204, sous le règne d'Alexis Comnène; en s'emparant de Constantinople, où depuis long-temps régnoit un malheureux schisme qui avoit mis une haine im-

placable entre les nations des deux rites. L'ambition, l'avarice, un faux zele déterminèrent les François & les Italiens à se croiser contre les Grecs au commencement du xiij. siecle.

L'objet des Croisés, dit M. Hénault, étoit la délivrance de la Terre-Sainte; mais comme en effet ils ne cherchoient que des aventures, ils sont errent, chemin faisant, l'empire des Latins; & les François étant maîtres de Constantinople, élurent pour empereur des Grecs, Baudouin, comte de Flandres, dont les états éloignés ne pouvoient donner aucune jalousie aux Italiens. Alors passant l'expédition de la Terre-Sainte, ils tentèrent de maintenir dans la possession l'empire qu'ils venoient de conquérir, & qu'on appella l'empire des Latins; empire qui ne dura que 58 ans.

Au bout de ce tems-là, les Grecs se révoltèrent, chassèrent les François, & élurent pour empereur Michel Paléologue. Ainsi fut rétabli l'empire grec, qui subsista près de 200 ans jusqu'au règne de Mahomet II. Ce foudre de guerre prit Constantinople le 29 Mai 1453, conquit Trebizonde, se rendit maître de deux royaumes, emporta plus de deux cents villes, & n'avoit à 51 ans, au moment qu'il se proposoit de s'emparer de l'Egypte, de Rhodes & de l'Italie ( *D. J.* )

LATINUS-LATINIUS ou LATINO-LATINI, ( *Hist. Litt. mod.* ) fut employé à la correction du décret de Gratien. On a de lui aussi une compilation sous le titre de *bibliotheca sacra & profana*. Dominique Macri, éditeur de cet ouvrage, a mis à la tête la vie de l'auteur. Juste Lipse appelle celui-ci *prœstantissimus senex & omni Litterarum genere instructissimus*. Il ne mériteroit guère le premier de ces éloges, s'il étoit vrai qu'il eût supprimé les pièces contraires à ses sentimens comme il en a été accusé. Il avoit été attaché à plusieurs cardinaux & étoit fort aux intérêts & à la cour de Rome. Né à Viterbe en 1513. Mort à Rome en 1599.

LATOMUS (Barthelemi ) ( *Hist. Litt. mod.* ) ce nom de *Latomus*, signifie Masson. Barthelemi *Latomus* ou le Masson étoit né en 1485 à Arlon dans le duché de Luxembourg; il occupa le premier au collège royal la chaire de professeur en éloquence latine; cette chaire fut créée pour lui en 1534. Cette même année les protestans affichèrent à Paris des placards injurieux contre l'euchariftie & la foi de l'église; on attribua d'abord cette insolence aux Allemands, & sous le nom d'Allemands on comprenoit tous les sujets de Charles-Quint; la vie de ces étrangers fut quelque temps menacée par le peuple, qui quelquefois, & sur-tout en matière de religion, condamne & exécute sans examiner, & prend tous les soupçons pour des preuves. *Latomus* né sujet de Charles-Quint, fut obligé de se cacher avec d'autant plus de soin, que sa place étoit fort enviée; mais cet orage se dissipa promptement. En 1539 François I. envoya *Latomus* en Italie, toujours pour le service des lettres, il en revint en 1540. En 1542 il quitta la France, & se retira auprès de l'archevêque de Trèves, qui le fit son conseiller.

y cherchoit le repos, il y trouva des querelles théologiques; il fut obligé d'entrer à soixante ans dans cette carrière nouvelle; il quitta Cicéron & Virgile pour disputer contre Martin Bucer. Lorsqu'il étoit homme de lettres, il avoit fait beaucoup de vers latins à la louange des empereurs Maximilien, Charles-Quint & Ferdinand ses maîtres; de François I. son bienfaiteur; de Sickinghen son compatriote; il avoit fait des notes sur Cicéron & sur Térence, il avoit donné un abrégé de la dialectique de Rodolphe Agricola, & composé quelques autres ouvrages. Il mourut à Coblents vers l'an 1566.

Un autre *Latomus* ou le *Masson* ( Jacques ) docteur de Louvain, grand controversiste, écrivoit contre Luther quelque temps auparavant; on a ses œuvres imprimées *in-fol.* Il mourut en 1544. Nous ignorons s'il étoit de la famille du précédent, & qu'importe?

LAVAL, ( *Hist. de Fr.* ) noble & ancienne maison de France. Gui I. & Gui II. de *Laval* vivoient sous la seconde race de nos rois. Gui II. ne laissa qu'une fille, elle épousa Hamond, qui prit le nom de *Laval*, & qui le conservant, quoiqu'il n'eût point d'enfans de ce premier lit, le transmit aux enfans qu'il eut de sa seconde femme, Helsardre de Bretagne. Gui III, Gui IV. & Gui V. descendoient de ce Hamond. Gui V eut une fille unique, Emme de *Laval*, qui épousa Matthieu II. de Montmorenci, connétable de France, surnommé le grand, mort en 1230. Il avoit des enfans d'un premier lit. Gui de Montmorenci, né du second mariage, prit le nom de *Laval*, qui est resté à sa postérité, mais il retint les armes de la maison de Montmorenci, qu'il chargea de cinq coquilles d'argent sur la croix, pour marque de puisné.

Depuis ce temps tous les *Laval* sont *Montmorenci*. ( *Voyez* ce dern'er article. )

LAVANDIER, s. m. ( *Hist. mod.* ) officier du roi, qui veille au blanchissage du linge. Il y a deux *lavandiers* du corps, servant six mois chacun; un *lavandier* de panetterie-bouche ; un *lavandier* de panetterie commun ordinaire; deux *lavandiers* de cuisine-bouche & commun. ( *A. R.* )

LAVARDIN. *Voyez* ( BEAUMANOIR. )

LAVATER, ( Louis ) ( *Hist. Litt. mod.* ) controversiste protestant, chanoine & pasteur de Zurich, a fait une Histoire sacramentaire, des Commentaires, des Homélies; mais c'est par son *Traité de Spectris*, qu'il est connu. Mort en 1586.

LAVAUR, ( Guillaume de ) avocat. On a de lui une Conférence de la Fable avec l'Histoire, où il s'est beaucoup aidé de la démonstration Evangélique de M. Huet, & un ouvrage d'un autre genre, l'Histoire secrète de Néron, ou le Festin de Trimalcion, traduit avec des remarques historiques. Mort en 1730.

LAUBANIE, ( Yrier de Magonthier de ) ( *Hist. de Fr.* ) lieutenant - général des armées du roi , & grand-croix de l'ordre de St. Louis, célèbre sur-tout par la belle défense de Landau en 1704, contre les armées réunies du prince Louis de Bade & du prince

Eugène, soutenues par l'armée d'observation du lord Marlborough. Il soutint le siège pendant soixante-neuf jours. Il perdit la vue le 11 octobre par l'éclat d'une bombe qui créva presqu'à ses pieds; & malgré l'état où cet accident le réduisoit, il ne se rendit que le 25 novembre, en obtenant une capitulation honorable. Il mourut à Paris en 1706; il étoit né en 1641, dans le Limousin.

L'AUBESPINE. ( *Voyez* AUBESPINE.)

LAUD, ( Guillaume ) ( *Hist. d'Anglet.* ) archevêque de Cantorbéry, décapité en 1644, pour son juste & fidèle attachement à Charles I. Il avoit alors 72 ans. On a de lui une apologie de l'église anglicane contre Fischer. Un auteur nommé Warthon, a écrit sa vie.

LAUGIER, ( Marc-Antoine) ( *Hist. Litt. mod.* ) né à Manosque en Provence, en 1713, fut d'abord jésuite, & eut quelque réputation comme prédicateur; il quitta ensuite la Société, & se livra aux arts & aux lettres; il a traduit de l'anglois, un voyage à la Mer du Sud; il a fait l'apologie de la Musique Françoise ; une histoire de la paix de Belgrade, &c. mais les deux ouvrages par lesquels il est le plus connu, sont l'*Essai sur l'Architecture* & l'*Histoire de la république de Venise.*

Le premier a mérité à l'auteur, des éloges & des contradictions. C'est un ouvrage très - systématique. Selon M. l'abbé *Laugier*, c'est dans les parties essentielles de l'art, que consistent toutes les beautés; dans les parties introduites par le besoin, consistent toutes les licences; dans les parties ajoutées par caprice, consistent tous les défauts. Ce système a évidemment le mérite de nous rapprocher de la nature.

L'auteur recommande l'usage des colonnes; mais il avertit de les tenir isolées autant qu'il est possible ; il s'irrite contre l'affectation de les engager sans le mur, lorsque cela n'est pas absolument nécessaire : croit-on, dit-il, que le portail de St. Gervais ne seroit pas plus parfait, si les colonnes de l'ordre dorique étoient isolées, comme celles des ordres supérieurs ? Il appelle l'église des Jésuites de la rue Saint-Antoine, *un ouvrage monstrueux*, *où on a eu soin de n'oublier aucune des fautes grossières qu'on peut faire en architecture.* M. de Cordemoy n'avoit guère mieux traité cet édifice.

L'abbé *Laugier* condamne absolument l'usage des pilastres, substitués aux colonnes: « conv' isez, dit-il, en pilastres les colonnes accouplées du portique » du Louvre, & vous lui ôterez toute sa beauté. » Comparez les deux côtés de ce superbe portique avec » les pavillons en avant-corps qui le terminent ; quelle » différence ? Il n'a pas plus d'indulgence pour les colonnes à bossages : Philibert de Lorme , qui en a rempli les Tuileries n'avoit point , selon lui , un goût assez épuré, pour que sa seule autorité doive le faire admettre. Les ouvrages de cet homme célèbre se sentent encore du goût dépravé des siècles antérieurs. Le beau palais du Luxembourg n'est pas médiocrement défiguré par ces colonnes à bossages; les colonnes torses sont bien pis encore. « J'admire, dit l'auteur , les

» baldaquins de St. Pierre de Rome ; du Val-de-
» Grace , & des Invalides ; mais je ne pardonnerai
» jamais aux grands hommes qui en ont donné le deffin,
» d'avoir fait ufage des colomnes torfes ». Un défaut
qui le révolte encore eft de guinder les colomnes fur
des piédeftaux ; le portique de l'hôtel de Soubife lui
paroît infupportable , à caufe de fes piédeftaux : fi
les colomnes prenoient depuis le bas , ce feroit un
ouvrage charmant.

L'entablement doit toujours porter fur fes colomnes
en plate-bande ; il ne doit former aucun angle ni
reffaut.

La forme du fronton doit toujours être triangu-
laire ; les frontons ceintrés , les frontons brifés , les
frontons à volutes font autant d'inventions contraires à
la nature. Un très-grand défaut eft celui de mettre
plufieurs frontons les uns au-deffus des autres. Un
fronton fuppofe un toit ; or , on ne met point deux
toits l'un fur l'autre. Le portail de St. Germain eft encore dégradé par ce défaut.

Les différents ordres d'architecture font réduits à
trois par l'auteur ; le dorique , fait pour la force &
la folidité ; fans bannir la délicateffe ; le corinthien ,
pour l'élégance & la légèreté, fans exclure la force ;
enfin l'ionique , qui , participant de l'un & de l'autre ,
n'a ni toute la folidité du dorique , ni toute la délicateffe du corinthien.

L'auteur examine quel pourroit être l'ufage de l'admirable dôme des Invalides , qui , derrière une églife
convenable & complete , une églife nouvelle,
auffi fuperbe qu'inutile. « Je ne connois , dit-il , qu'un
» moyen de fauver ici la bienféance , c'eft de confacrer
» cette églife à la fépulture de nos rois. Une pareille
» deftination feroit ce temple un vrai maufolée , & il
» en a la forme : ainfi , les cendres de nos rois fe trou-
» veroient réunies à celles des braves guerriers qui
» les ont rendus invincibles ; & ce maufolée , qui leur
» feroit commun à tous , offriroit un monument de leur
» grandeur , infiniment plus augufte que les petits tom-
» beaux épars çà & là dans l'églife de St. Denis. »

L'auteur fait confifter la principale beauté des places
dans la multitude des grandes rues qui y aboutiffent ;
par cette raifon , il donne la préférence à la place des
Victoires , toute petite qu'elle eft , fur la place de
Louis-le-Grand , qui ne lui paroît qu'une cour ifolée ,
où rien n'aboutit , & fur la place Royale , dont il
voudroit abattre & la grille & les portiques , & les
grands pavillons qui mafquent les deux principales
entrées.

Plufieurs de ces principes étant contraires , au
moins à la pratique du temps , ont donné lieu à des
réclamations & à des critiques que l'abbé Laugier a
repouffées avec chaleur ; mais qui l'ont pourtant
obligé à modifier & à reftreindre quelques principes
trop généraux.

La nouvelle théorie des Jardins n'étoit pas encore
bien connue. Les principes que l'auteur établit fur cette
matière , qui tient de près à l'architecture , auroient pu
fe concilier avec la méthode irrégulière ; car il parle
de *l'heureufe bizarrerie que la nature met dans fes affor-*

*timents , & de ce beau négligé qui bannit de fa parure*
*tout air de recherche & d'affectation* ; & fon jugement
fur Verfailles eft qu'en vain le plus grand roi du monde
a déployé toute fa magnificence pour orner ce féjour
ingrat ; que la nature rebelle a triomphé des plus hardis
efforts de l'art ; que Verfailles fera toujours fuperbe ,
toujours étonnant , fans jamais être beau.

L'hiftoire de Venife étoit un ouvrage qui manquoit
à notre langue. Nous n'avions , pour ainfi dire , qu'un
refpect aveugle pour cette fage république , beaucoup
plus illuftre que connue parmi nous. Ce fujet n'a été
traité que fort tard , même par les hiftoriens nationaux ; les premiers hiftoriens font en petit nombre ,
& la plûpart n'ont écrit , dit l'auteur , que depuis le
temps où il n'étoit plus permis de dire toute vérité. La
Chronique d'André d'Andolo eft le plus ancien monument de l'hiftoire de Venife ; elle n'a paru que
dans le quatorzième fiècle. Elle ne donne que des
notions abrégées , fans détails , fans développements.
L'hiftoire de Bernard Juftiniani , qui eft du quinzième
fiècle , a beaucoup plus d'étendue , mais auffi plus
d'inexactitude & de partialité. L'hiftoire de Sabellicus
eft à-peu-près du même temps ; cet auteur , quoique
étranger à la république de Venife , a moins écrit en
hiftorien qu'en panégyrifte. Ces trois auteurs ont été
copiés affez fervilement par Marin Sanuto , qui a
laiffé un livre des vies des Doges ; Pierre Delfino ,
qui a compofé une Chronique de Venife ; Jean-Jacques
Caroldo , qui a fait une hiftoire de Venife depuis fon
origine jufqu'au temps où il vivoit ; le cardinal Gafpard Contarini , qui a écrit cinq livres des magiftrats
& de la république de Venife , & le fameux cardinal
Pierre Bembe , & Pierre Juftiniani , qui en ont donné
une hiftoire générale ; François Sanfovin , qui a ébau-
ché un tableau de la république de Venife , en treize
livres ; tous ces auteurs font du feizième fiècle. Ces
fources n'ayant point paru affez pures à M. l'abbé
Laugier , il a eu recours aux écrivains étrangers qui
ont traité des affaires de Venife , & il a corrigé les uns
par les autres , les auteurs vénitiens & ces hiftoriens
étrangers.

On peut croire qu'il n'oublie pas de difcuter la fameufe queftion de l'indépendance des Vénitiens, agitée
tant de fois avec tant d'éclat , mais fur-tout dans le
temps de la conjuration du marquis de Bedmar. Il
n'accorde pas aux Vénitiens tout ce qu'ils prétendent
à cet égard ; il ne leur refufe pas non plus , tout ce
que leurs ennemis leur refufent ; il diftingue l'indépendance , de la liberté ; il leur accorde dans tous les
temps , la liberté , il leur refufe l'indépendance , du
moins jufqu'au dixième fiècle. Jufques-là ils relevèrent
toujours ou de l'empire d'Occident , ou de l'empire
d'Orient. L'affoibliffement continuel de ce dernier les
conduifit par dégrés ; à l'indépendance abfolue , qu'ils
acquièrent au commencement du dixième fiècle , &
qu'ils ont toujours confervée depuis.

Le ftyle de cette hiftoire abonde en défauts de
négligence & de précipitation. Il y en a auffi plufieurs
de recherche & d'affectation.

M. l'abbé Laugier eft mort en 1769.

**LAVIROTTE,**

LAVIROTTE. ( *Voyez* VIROTTE. )

LAUNAY, ( François de) (*Hift. Litt. mod.*) avocat au parlement de Paris, remplit le premier en 1680, la chaire de droit françois, & à l'ouverture de ſes leçons, fit un diſcours pour prouver que le droit romain n'eſt pas le droit commun de la France. On a de lui un *Commentaire* ſur les *Inſtitutes Coutumières* d'Antoine Loyſel ; un Traité *du Droit de Chaſſe* ; des *Remarques ſur l'inſtitution du Droit Romain & du Droit François.* Né à Angers en 1612. Mort à Paris en 1693.

Un autre *Launay,* ( Pierre de ) né à Blois en 1573, mort en 1662, eſt au nombre des écrivains eſtimés dans la religion réformée. Il a écrit pour ſa ſecte & ſur la Bible.

LAUNOY, ( *Hiſt. Litt. mod.* ) Deux hommes de ce nom ont été célèbres ; l'un, par ſon inconſtance & ſes fureurs ; & l'autre, par ſon érudition, ſur - tout par ſa critique.

Le premier, ( Matthieu ) d'abord prêtre catholique, puis proteſtant, puis de nouveau catholique, mais fanatique, ligueur & l'un *des Seize,* contribua beaucoup à la mort du préſident Briſſon ; lorſque le duc de Mayenne lui-même ſe crut obligé de faire juſtice de cette violence, *Launoy* s'enfuit en Flandre, où l'on croit qu'il mourut. Il étoit de la Ferté-Alais ou Aleps. Il eſt auteur de quelques mauvais ouvrages de controverſe, à jamais ignorés, quoiqu'il y calomniât tour-à-tour les Catholiques & les Proteſtants.

Le ſecond, ( Jean ) eſt le fameux docteur de *Launoy,* qu'on appelloit *le Dénicheur de Saints,* parce que ſa critique éclairée & aſſez hardie, avoit détruit beaucoup de fauſſes traditions & dévoilé beaucoup de fraudes pieuſes ; c'eſt de lui que le curé de St. Roch diſoit qu'il lui faiſoit toujours de profondes révérences, de peur qu'il ne lui ôtât ſon ſaint. M. le premier préſident de Lamoignon le pria un jour en plaiſantant, de ne point faire de mal à St. Yon, patron d'un des villages dont il étoit ſeigneur : *comment lui ſerois-je du mal,* dit-il , *je n'ai pas l'honneur de le connoître ?* Il diſoit qu'il vouloit nettoyer le paradis, & n'y laiſſer que ceux que Dieu y avoit mis lui-même. Il ne voulut jamais de bénéfices ; on n'eut pas ce moyen de lui impoſer ſilence. *« Je ſens,* diſoit-il *, tout ce que je perds ; mais je me trouverois fort bien » de l'égliſe, mais l'égliſe ſe trouveroit fort mal » moi ».* Il attaquoit les Jéſuites ; & n'étoit pas janſéniſte ; il n'étoit pas janſéniſte, & il ſe fit exclure de la Sorbonne, plutôt que de ſouſcrire à la condamnation de M. Arnauld ; toute cette conduite eſt d'un homme éclairé & ſage. Ménage vouloit lui faire craindre l s repliques d.s Jéſuites, corps fécond en bons écrivains : *je crains plus,* dit -il *, leur canif, que leur plume.* Ce trait n'eſt pas d'un bon homme. Ses œuvres ont été recueillies par l'abbé Granet, en dix volumes *in-fol.* C'eſt principalement depuis les écrits du docteur *Launoy,* qu'on ne confond plus St. Denys, l'Ap tre de Paris, avec St. Denys l'aréopagite, qu'on ne croit plus au voyage de Lazare & de la Made-

*Hiſtoire.* Tome III.

leine en Provence, ni à la réſurrection & à la damnation du chanoine de St. Bruno, ni à la viſion de Siméon Stock, au ſujet du ſcapulaire, ni à la fondation des Carmes ſur le Mont-Carmel par le prophète Elie, dont ils portent encore le manteau. On a auſſi de lui une hiſtoire curieuſe, ſavante & pleine de critique de l'une & de l'autre fortune d'Ariſtote dans l'école, hiſtoire qui a pu empêcher auſſi de renouveller l'arrêt de 1624, lequel défend , *ſous peine de mort,* de rien enſeigner de contraire à la doctrine d'Ariſtote, par conſéquent de rien ſavoir qu'Ariſtote n'ait pas ſu. Une *Hiſtoire du Collège de Navarre* ; une *Diſſertation ſur l'auteur du livre de l'Imitation de J. C.* ; une ſur les *Ecoles les plus célèbres fondées par Charlemagne.* Il a écrit auſſi ſur *la Grace* & ſur diverſes autres matières eccléſiaſtiques. Nous n'indiquons ici que ſes ouvrages les plus connus. On peut conſulter d'ailleurs le vaſte recueil de ſes œuvres. C'eſt un écrivain qui avoit les défauts des ſavans, la prolixité, l'accumulation des citations ; mais il mérite une eſtime particulière ; il a établi des opinions & diſſipé des erreurs, mais il n'a preſque été utile qu'aux ſavans ; tous ſes ouvrages ſont en latin. Le cardinal d'Etrées le logeoit chez lui, ce qui ſeul prouveroit qu'il aimoit à s'inſtruire. *Launoy* mourut chez ce prélat en 1678. Il étoit né près de Valognes en 1603.

LAURENT , ( Saint ) *Hiſt. Eccléſ.* ) diacre de l'égliſe romaine, martyr brûlé ſur un gril le 10 août, 258.

LAURETS, ſ. m. ( *Hiſt. mod.* ) étoient les pièces d'or frappées en 1619 ) ſur leſquelles étoit repréſentée la tête du roi couronnée de lauriers. Il y en avoit à 20 ſchellings, marquées *X* , *X* , à 10 ſchellings , marquées *X* , & à 5 ſchellings, marquées *V.* Harris, *Supplém.* ( *A. R.* )

LAURIA, ( *Hiſt. de Sicile* ). En 1284, Charles-le-Boiteux, prince de Salerne, fils de Charles, comte d'Anjou, roi de Sicile, frère de St. Louis, fut pris dans un combat naval par le célèbre Roger *Lauria,* amiral arragonois, auſſi grand homme de mer pour ſon temps, que le fut depuis ſous François Ier & Charles-Quint, le génois André *Doria,* dont il ne faut point confondre le nom, avec celui de l'amiral arragonois.

LAURIA eſt auſſi le nom qu'avoit pris un ſavant cardinal du dix-ſeptiéme ſiècle, auteur d'un Traité eſtimé *de la Prédeſtination & de la Réprobation.* Il tiroit ce nom de la ville de *Lauria* dans le royaume de Naples, lieu de ſa naiſſance. Son nom véritable étoit François-Laurent Brancati. Il eut beaucoup de voix pour la papauté au conclave, où Alexandre VIII fut élu en 1689 ; mais l'Eſpagne lui donna l'excluſion. Il m u u, en 1693, âgé de quatre-vingt-deux ans.

LAURIÈRE, ( Euſèbe-Jacob de ) (*Hiſt. Litt. mod.*) avocat au parlement de Paris, auteur de pluſieurs ouvrages de juriſprudence connus, entr'autres, des deux premiers volumes du recueil des ordonna ces de nos rois ; il a donné auſſi une édition des ordon-

Q q

riances recueillies par Néron & Girard ; une des *Inflitutes Coutumières* de Loyfel ; avec de favantes notes ; une *Bibliothèque des Coutumes*, il a écrit auffi fur la coutume de Paris, en particulier, fur le droit d'amortiffement & le droit de franc-fief. Né à Paris en 1659. Mort en 1728.

LAUSIÈRES ( *Voyez* THÉMINES. )

LAUTREC. ( *Voyez* FOIX. )

LAW, ( Jean ) ( *Hifl. de Fr.* ) Ce nom fe prononce *Laſs* : c'eft le nom trop connu :

De ce fou d'Ecoffois qui fe dupa lui-même.

auteur de ce fameux & déplorable fyftême, qui a perdu en France les fortunes & les mœurs. Il étoit né à Edimbourg en 1688. Il étoit fils d'un coutelier. Ayant féduit à Londres, la fille d'un lord & tué le frère de fa maitreffe, il fut condamné à être pendu ; il s'enfuit, & mena long-temps une vie errante en Hollande, en Italie, propofant par-tout fon fatal fyf-tême, qu'on dit pouvoir convenir à des républiques, mais qui n'a rien valu à notre monarchie. Il le pro-pofa, dit-on, au duc de Savoye ( Victor-Amédée ) qui fut depuis le premier roi de Sardaigne de fa maifon ; il répondit qu'il n'étoit pas affez puiffaut pour le ruiner. Law vint en France, & fit la même propofition au contrôleur général Des Marêts ; qui la rejetta ; le régent l'agréa, peut-être parce qu'elle avoit été rejettée fous Louis XIV, & parce que les idées vaftes & brillantes éblouiffoient aifément fon ame noble, & plaifoient à fon efprit amoureux des nou-veautés. Tout parut réuffir d'abord, & on abufa de tout, felon l'ufage ; la folie du fyftême devint épidé-mique. Law fut fait contrôleur-général en 1720. Ce ne fut que pour tomber de plus haut. La chûte du fyf-tême & la ruine de l'état fuivirent de près ; tout ce que le régent put faire pour Law, fut de favorifer fa fuite. Cet aventurier reprit fa vie errante, il promena fon inquiétude & fes projets en Allemagne, en Italie, en Hollande, en Angleterre, en Danemarck. Il fe fixa enfin à Venife, auffi ruiné que tous fes action-naires de France, fes victimes, toujours jouant pour rétablir fa fortune, & la ruinant par là de plus en plus, & toujours occupé de projets & de chimères. Il mourut à Venife en 1729.

LAUZUN-CAUMONT, ( *Hift. de Fr.* ) ( *Voyez* l'article CAUMONT ).

François de Caumont fut créé comte de *Lauzun* en 1570. De lui defcendit ce fameux duc de *Lauzun*, fi célèbre & par fa faveur & par fa difgrace, & par le confentement donné, puis refufé à fon mariage avec mademoifelle de Montpenfier ; évènement qui agita toute la cour de Louis XIV, & fur lequel on trouve dans les lettres de Mme de Sévigné, des détails fi intéreffants. On fait que pour flatter ou pour excufer le choix de Mademoifelle, elle lui cita ces deux vers de Polyeucte :

Je ne la puis du moins blâmer d'un mauvais choix ;
Polyeucte a du nom & fort du fang des rois.

qui tranfportèrent Mademoifelle de plaifir & de re-connoiffance. Le duc de *Lauzun* fe nommoit Anto ne Nompar de Caumont, marquis de Puiguilhem. En 1668, il fut fait colonel général des Dragons ; en 1669, capitaine des Gardes ; en 1670, au voyage des Pays-Bas, qui fervit de prétexte à celui de Madame en Angleterre, il commanda l'efcorte du roi, compofée de fa maifon & de fa gendarmerie ; en cette même année 1770, éclata l'affaire de fon mariage. Le roi lui offrit pour dédommagement, le bâton de maré-chal de France ; il le refufa. En 1671, il fut mis à Pignerol ; il n'en fortit qu'en 1681. En 1688, il con-duifit d'Angleterre en France, la reine d'Angleterre, femme du roi Jacques II, avec le jeune prince de Galles leur fils. Il accompaga auffi dans fa fuite, Jacques lui-même. Il eut alors la permiffion de revenir à la cour de France. En 1689, il paffa en Irlande avec le même roi Jacques. En 1692, il fut fait duc. Il paroit que Mademoifelle eut à lui reprocher de l'in-gratitude & du manque de refpect. Elle mourut en 1693. Il époufa, le 21 mai 1695, Geneviève-Marie de Durfort, fille du maréchal de Lorges. L'hiftoire de fon premier mariage avec Mademoifelle, paroiffoit un chofe fi incroyable, que lorfqu'à fon arrivée à Pignerol, il eut contée au malheureux Fouquet, qui étoit alors retenu dans ce château, Fouquet rendit graces au ciel de ce que dans fes malheurs, il lui avoit confervé fa raifon, & n'avoit pas permis qu'il perdit la tête comme le pauvre *Lauzun*, qui avoit des vifions & qui s'imaginoit que Mademoifelle avoit voulu l'époufer.

M. de *Lauzun* mourut le 19 novembre 1723, âgé de quatre vingt-dix ans & fix mois.

LAYS, ( *Hift. anc.* ) courtifane de Corinthe, célèbre par fa beauté, fur-tout par le prix qu'elle mettoit à fes attraits. Tout le monde fe ruinoit pour elle ; Demofthène eut comme tout le monde, la curio-fité de la voir & la foibleffe de la marchander, l'énor-mité du prix l'effraya & le rendit à la fageffe. « Je n'achète pas fi cher un repentir, dit-il, mot paffé en proverbe, & auquel le temps a donné une nouvelle force, en ouvrant de nouvelles fources de repentir, inconnues du temps de Demofthène.

LAZARE, ( *Hift. Sacr.* ) frère de Marthe, reffufcité par Jéfus-Chrift. Son hiftoire fe trouve dans l'Evan-gile de St. Jean, chap. 11 & 12.

Que depuis fa réfurrection il ait abordé en Provence, & qu'il ait été évêque de Marfeille, c'eft une fable bien reconnue. *Voyez* l'article LAUNOY.

On trouve auffi dans l'Evangile, felon St. Luc, chapitre 16, l'hiftoire réelle ou fymbolique du pauvre, nommé *Lazare*, mis en contrafte avec le mauvais riche.

LAZARELLI, ( Jean-François ) ( *Hift. Litt. mod.* ) poëte fatyrique, italien, auteur d'un poëme affez connu de ce genre, intitulé : *la Ciccide légitima*. Mort en 1694.

LAZARET, f. m. ( *Hift. mod. & Mar.* ) bâtiment

public en forme d'hôpital, où l'on reçoit les pauvres malades.

*Lazaret*, dans d'autres pays, est un édifice destiné à faire faire la quarantaine à des personnes qui viennent de lieux soupçonnés de la peste.

C'est un vaste bâtiment assez éloigné de la ville à laquelle il appartient, dont les appartemens sont détachés les uns des autres, où l'on décharge les vaisseaux, & où l'on fait rester l'équipage pendant quarante jours, plus ou moins, selon le lieu d'où vient le vaisseau & le tems auquel il est parti. C'est ce qu'on appelle *faire quarantaine*.

Il y a des endroits où les hommes & les marchandises payent un droit pour leur séjour au *lazaret*.

Rien, ce me semble, n'est plus contraire au but d'une pareille institution. Le but, c'est la sûreté publique contre les maladies contagieuses que les commerçans & navigateurs peuvent avoir contractées au loin. Or n'est-ce pas les inviter à tromper la vigilance, & à se soustraire à une espèce d'exil ou de prison très-désagréable à supporter, sur-tout après un long éloignement de son pays, de sa famille, de ses amis, que de la rendre encore dispendieuse ?

Le séjour au *lazaret* devroit donc être gratuit. Que d'inconvéniens résultent de nos longs voyages sur mer, & de notre connoissance avec le nouveau monde ! Des milliers d'hommes sont condamnés à une vie mal-saine & célibataire, &c. (*A. R.*)

LAZIUS, ( Wolfgang ) ( *Hist. Litt. mod.*,) professeur de belles-lettres & de médecine à Vienne, est plus connu comme historien, & fut en effet historiographe de l'empereur Ferdinand I., frère de Charles-Quint. L'ouvrage pour lequel il est le plus souvent cité, est son Traité *de Gentium migrationibus*. Comme il étoit de Vienne, il a écrit aussi : *de rebus Viennensibus*, & a traité de la généalogie de la maison d'Autriche. Ses œuvres ont été recueillies en deux volumes *in-folio*. Né en 1524. Mort en 1565.

LE BEUF. ( *Voyez* BEUF. )

LE BLANC. ( *Voyez* BLANC. )

LE BOSSU. ( *Voyez* BOSSU. )

LE BRUN. ( *Voyez* BRUN. )

LECHONA-GEEZ, ( *Hist. mod.* ) ce mot signifie *langue savante*. Les Éthiopiens & les Abissins s'en servent pour désigner la langue dans laquelle sont écrits leurs livres sacrés; elle n'est point entendue par le peuple, étant réservée aux seuls prêtres qui souvent ne l'entendent pas mieux que les autres. On croit que cette langue est l'ancien éthiopien; le roi s'en sert dans ses édits, & c'est, dit-on, beaucoup d'affinité avec l'hébreu & le syriaque. (*A. R.*)

LECK, ( *Hist. de Pologne.* ) est regardé comme le fondateur de la république de Pologne. Mais tout ce qu'on en raconte, porte un caractère fabuleux. ( *M. DE SACY.* )

LE CLERC. ( *Voyez* CLERC. )

LE COQ ( *Hist. Ecclés.* ) vers l'an 1535, dans le temps où François I. s'efforçoit en vain de détruire

en France les nouvelles opinions de Luther & de Calvin, il pensa y être attiré lui-même par les sermons de *Le Coq*, curé de St. Eustache, qui, soit inadvertance, soit persuasion, prêcha devant lui, sur l'Eucharistie un zuinglianisme foiblement déguisé. Ne nous arrêtons pas, disoit-il, à ce qui est sur l'autel, élevons-nous au ciel par la foi ; *sursum corda*, sire, *sursum corda*. Ce *sursum corda* ainsi employé pour écarter l'idée de la présence réelle, ébloüit un peu le roi ; mais scandalisa fort les théologiens. L'évêque de Paris, du Bellai, les cardinaux de Lorrai ie & de Tournon avertirent le roi du danger où ils le jugeoient exposé ; on conféra, on disputa, & enfin le curé de St. Eustache se laissa engager à une rétractation publique.

LECTISTERNE, s. m. (*Hist anc. Idol.*) On entend par le mot de *lectisterne*, ces coussins ou oreillers que les payens mettoient dévotement sous les simulacres de leurs dieux, afin qu'ils reposassent plus mollement. Quelques auteurs en rapportent l'institution aux Romains, & ils assurent que cet usage ne s'étendit point au-delà de l'Italie ; mais cette superstition étoit trop extravagante pour n'avoir pas pris de plus grands accroissemens. En effet l'histoire nous apprend que les Arcadiens mettoient des oreillers sous les statues de la déesse de la paix, & les Phocéens sous celles d'Esculape ; lorsque Séleucus rendit aux Athéniens les statues d'Harmodius & d'Aristogiton enlevées de leurs temples par Xerxès, le vaisseau qui les apportoit aborda dans l'île de Rhodes. Les habitans charmés d'être les dépositaires de ces simulacres, les supplièrent d'accepter dans leur ville l'hospitalité ; &, pour mieux les séduire, ils les placèrent sur des coussins, dont le sybarite eût envié la mollesse. Plusieurs voyageurs attestent qu'on voit, encore dans Athènes le *lectisterne* d'Isis & de Séraphis. Ces monumens antiques de la religion payenne se trouvent dans plusieurs autres contrées, & sur-tout dans la Grèce & dans les îles de l'Archipel ; c'étoit des lits de pierre, de marbre ou de bois, qu'on plaçoit ces coussins où reposoit la statue du dieu, en l'honneur duquel on donnoit le bouquet facré.

Les jours destinés à la fête des coussins, ou oreillers, se célébroient avec autant de pompe que d'allégresse ; la salle du festin étoit décorée de lits élégans, où reposoient les statues des dieux & des habillemens rares. C'étoit le magistrat, ou le souverain pontife qui indiquoit le jour & la durée de cette solemnité dont l'objet étoit d'appaiser la colère des dieux. Comme il convenoit d'imiter les dieux dont on sollicitoit la clémence, la loi défendoit d'envoyer au supplice les criminels ; il étoit même des circonstances où l'on ouvroit les prisons, après que le magistrat suprême avoit prononcé l'abolition de tous les crimes. Les chrétiens dont la plupart étoient nés & nourris dans le sein du paganisme, introduisirent l'usage des *lectisternes*, dans leurs agapes. Ce spectacle scandaleux de mollesse, étoit contraire à la sévérité des mœurs évangéliques ; & ce fut pour faire revivre la pureté primitive, que le concile de Nicée lança des anathèmes contre ces chrétiens efféminés qui fembloient avoir oublié leur origine. ( *T — N.*

**LEDESMA**, ( Alphonfe ) ( *Hift. Litt. mod.* ) poëte efpagnol, & que les Efpagnols appellent *le poëte divin*, moins pour le mérite de fes poëfies, que pour le choix de fes fujets, tous tirés de l'Ecriture-Sainte. Mort en 1623.

Il y a auffi des théologiens efpagnols, jacobins & jéfuites, de ce nom.

**LÉE**, ( Nathanaël ) ( *Hift. Litt. mod.* ) poëte dramatique anglois, dont il refte onze pièces qui fe jouent en Angleterre avec fuccès. Addiffon l'a loué. *Lée* eft mort fou.

**LE FEVRE.** ( *Voyez* FÈVRE. )

**LEGER**, ( Saint ) ( *Voyez* EBROIN. )

**LÉGER**, ( Jean ) ( *Hift. Litt. mod.* ) docteur proteftant, pafteur de l'églife Wallonne à Leyde, eft auteur d'une *Hiftoire des Eglifes évangéliques des vallées de Piémont*. Il étoit né en 1615. Il vivoit en 1665.

**LEGIFRAT**, f. m. ( *Hift. mod.* ) territoire ou diftrict foumis à un légifere ; ce terme eft employé dans quelques auteurs fuédois. Un roi de Suéde ne pouvoit entrer autrefois dans un. *légifrat* fans garde ; on l'accompagnoit auffi en fortant jufque fur la frontiere d'un autre *légifrat*. Les peuples lui préfentoient comme un hommage les fages précautions qu'ils prenoient pour la confervation de leur liberté. ( *A. R.* )

**LE GRAND.** ( *Voyez* la lettre G. )

**LE GROS**, ( Nicolas ) ( *Hift. mod.* ) chanoine de Rheims, janfénifte, fort en faveur auprès de l'archevêque janfénifte Le Tellier, perfécuté, excommunié, obligé de fuir fous l'archevêque molinifte Mailly, courut en Italie, en Hollande, en Angleterre, & fe fixa enfin à Utrecht, où il fut un des principaux foutiens des églifes janféniftes de Hollande. Il mourut à Rhinfwik, près d'Utrecht en 1751. Il a beaucoup écrit : 1°. fur l'Ecriture - Sainte ; 2°. fur l'Ufure ; 3°. contre la Conftitution.

**LEIBNITZ**, ( Godefroy-Guillaume ) ( *Hift. Litt. mod.* ) On connoit l'univerfalité de ce favant. On fait que M. de Fontenelle l'a décompofée pour le louer. De plufieurs Hercules, dit-il, l'antiquité n'en a fait qu'un, & du feul M. *Leibnitz* nous ferons plufieurs favants ; il le compare à ces anciens qui avoient l'adreffe de mener jufqu'à huit chevaux attelés de front, de même *Leibnitz* mena de front toutes les fciences.

Poëte françois, poëte allemand, médiocre fi l'on veut, mais poëte latin diftingué. Il ne croyoit pas, dit M. de Fontenelle, qu'à caufe qu'on fait des vers latins, on foit en droit de ne point penfer & de ne dire que ce que les anciens ont dit. Sa poëfie eft pleine de chofes, & M. de Fontenelle lui trouve la force de Lucain, quand celui-ci ne fait point trop d'efforts. Le chef-d'œuvre de *Leibnitz* dans ce genre, eft fon poëme fur la mort du duc Jean-Frédéric de Brunfwick, fon protecteur ; c'eft, felon M. de Fontenelle, un des

plus beaux monuments de la poëfie latine moderne. Son Traité, fous le nom fuppofé de George Vlicovius, traité dont l'objet étoit d'engager la république de Pologne à élire pour roi, Philippe Guillaume de Neubourg, comte palatin, lorfque Jean Cafimir eut abdiqué la couronne en 1668, fon livre intitulé : *Cefarini Fuftenerii de jure fuprematus ac legationis principum Germaniæ*, fur le cérémonial qu'on devoit obferver aux conférences de Nimégue, à l'égard des princes libres de l'Empire, qui n'étoient pas électeurs ; fon *Codex juris gentium diplomaticus*, & le fupplément intitulé : *Mantiffa codicis juris gentium diplomatici* ; fes travaux fur l'hiftoire & les hiftoriens de la maifon de Brunfwick ; fa differtation fur l'origine des François, tous ces grands monuments hiftoriques le placeroient au premier rang même parmi les favants qui n'ont été favants qu'en hiftoire.

Il n'obtiendroit pas un rang moins honorable parmi les jurifconfultes. Ses titres dans ce genre font fa thèfe : *de Cafibus perplexis in jure* ; *Specimen Encyclopediæ in jure* ; *Catalogus defideratorum in jure* ; *Corporis juris reconcinnandi ratio*.

Phyficien, il dédia en 1671, à vingt-cinq ans, à l'Académie des Sciences de Paris, le *Theoria motûs abftracti*, & à la Société Royale de Londres le *Theoria motûs concreti*, deux Traités qui forment une phyfique générale complete. Il eft l'inventeur d'une multitude de machines utiles en divers genres.

« Il feroit inutile de dire que *Leibnitz* étoit un « mathématicien du premier ordre ; c'eft par-là qu'il « eft le plus généralement connu «.

Sur l'hiftoire du calcul différentiel ou des infiniment petits & fur l'efpéce de procès qu'elle fit naître entre les partifans de Newton & ceux de *Leibnitz*, entre l'Angleterre & l'Allemagne, ( *Voyez* les articles NEWTON & BERNOULLI.

*Leibnitz* étoit métaphyficien ; & c'étoit, dit M. de Fontenelle, une efpéce prefque impoffible qu'il ne le fût pas ; il avoit l'efprit trop univerfel, non feulement parce qu'il alloit à tout, mais encore parce qu'il faififoit dans tout, les principes les plus élevés & les plus généraux, ce qui eft le caractère de la métaphyfique. Son fyftême de l'Optimifme & fon *harmonie préétablie* font célèbres.

Enfin il étoit théologien, témoins fa *Théodicée*, fon Traité de la tolérance des Religions, contre Péliffon, d'abord proteftant perfécuté, enfuite catholique perfécuteur ; témoin encore fon ouvrage intitulé : *Sacrofancta Trinitas per nova inventa logica defenfa.*

*Leibnitz* avoit conçu le projet d'une langue philofophique & univerfelle ; il méditoit un alphabeth des penfées humaines. Toujours quelque chofe de grand, de vafte, de philofophique dans toutes fes idées.

Il étoit né à Leipfiek le 23 juin 1649 ; fon pere étoit profeffeur & greffier de l'univerfité de cette ville. *Leibnitz* étoit luthérien, ce qui ne l'a pas empêché de réfuter l'hiftoire de la papeffe Jeanne, & de dire que le pape étoit le chef fpirituel, & l'empereur le chef temporel de l'églife. Un jour paffant par mer dans une petite barque feul & fans fuite, de Venife dans la

Ferrarois , il s'éleva une violente tempête. Malheur en pareil cas aux hérétiques en pays superstitieux ; l'allemand fut suspect, on jugea qu'il étoit luthérien , par conséquent il é.oit la cause de la tempête :

> *Vetabo, qui Cereris sacrum ,*
> *Vulgarit arcanæ , sub iisdem*
> *Sit trabibus , fragilemque mecum*
> *Solvat phaselum.*

Le pilote , qui croyoit n'être pas entendu d'un allemand , proposa de le jetter à la mer , en conservant néanmoins ses hardes & son argent. M. *Leibnitz* , sans paroître l'entendre , tire un chapelet de sa poche , & commence à le réciter avec dévotion.

> *Quo gemitu conversi animi , compressus & omnis*
> *Impetus.*

Il ne fut plus question de le jetter à la mer. *Voyez* à l'article DESCARTES , une aventure à-peu-près semblable , où celui-ci montra moins d'adresse & plus de courage.

A Nuremberg , *Leibnitz* trompa des alchymistes , en s'amusant à composer avec les expressions les plus obscures de l'alchymie , une lettre absolument inintelligible , qui n'en ressemblant que mieux au style de ces messieurs , le fit prendre pour un *adepte* ; ils le reçurent avec honneur dans leur laboratoire ; & puisqu'il savoit si bien employer , quand il le vouloit , l'art de l'inintelligibilité , ils le chargèrent parmi eux , des fonctions de secrétaire.

En 1668 , l'électeur de Mayence le fit conseiller de la chambre de révision de sa chancellerie.

En 1696 , l'électeur d'Hanovre le fit son conseiller de justice privé. Le Czar Pierre-le-Grand lui donna dans la suite , le même titre.

En 1699 , il fut mis à la tête des associés étrangers de l'Académie des Sciences de Paris. En 1700 , l'Académie des Sciences de Berlin fut établie sur le plan qu'il avoit tracé ; & en 1710 , parut un volume de cette Académie , sous le titre de *Miscellanea Berolinensia*, où M. *Leibnitz* paroît , dit M. de Fontenelle , sous toutes ses différentes formes d'historien , d'antiquaire , d'étymologiste , de physicien , de mathématicien , &c. Le roi d'Angleterre , électeur d'Hanovre , l'appelloit son *Dictionnaire vivant.*

En 1711 , le czar , dans le cours de ses voyages , le vit , le consulta , l'honora ; « le sage étoit précisé-» ment tel que le monarque méritoit de le trouver ». Il eut la plus grande part à la civilisation de la Russie & à l'introduction des sciences dans ce pays. Il mourut le 14 novembre 1719 , de la goutte , à laquelle il étoit fort sujet. Il ne vivoit que d'un peu de lait , mais il faisoit un grand souper , sur lequel il se couchoit à une heure ou deux après minuit. Nous observons ce régime , parce qu'il n'est pas ordinaire aux gens de lettres. Nous ignorons quelle influence il a pu avoir sur la durée de sa vie , qui a été de soixante & dix ans , ou qui n'a été que de soixante & dix ans.

LEICH, ( Jean-Henri ) ( *Hist. Litt. mod.* ) , professeur d'humanités & d'éloquence à Leipsick , est auteur d'un ouvrage intitulé : *de origine & incrementis Typographiæ Lipsiensis* ; d'une histoire , latine aussi , de Constantin Porphyrogénète ; d'un Traité qui a pour titre : *de Diptycis veterum & de Diptyco emin. card. Quirini* ; d'un autre , intitulé : *Diatribe in Photii bibliothecam.* Il travailloit au Journal de Leipsick. Il mourut en 1750.

LEIDRADE , ( *Hist. Litt. mod.* ) archevêque de Lyon , bibliothécaire de Charlemagne. Baluze a donné une édition de ses œuvres avec celles d'Agobard. Charlemagne qui attiroit de toutes parts les savans à sa cour , l'avoit fait venir du Norique , c'est-à-dire , de l'Autriche.

LEIGH , ( Edouard & Charles ) ( *Hist. Litt. mod.* ) savans anglois ; Edouard avoit une grande connoissance des langues ; il a beaucoup écrit sur la Bible. On a de lui entr'autres ouvrages , sous le titre de *Critica Sacra* , un Dictionnaire hébreu ; un Dictionnaire grec ; & un Traité de la liaison qui se trouve naturellement entre la Religion & la Littérature. Cela vaut mieux que de s'attacher , comme tant d'ignorans qui ont leurs raisons pour en user ainsi , à mettre toujours en opposition la religion & les lettres. Edouard *Leigh* mourut en 1671.

Charles *Leigh* est auteur d'une Histoire naturelle , écrite en anglois , & qui est estimée.

LELA , en langue turque signifie *dame* , ( *Hist. mod.* ) ce nom se donne aux grandes dames dans l'Afrique ; & c'est assez le titre d'honneur qu'on y donne à la bienheureuse Vierge mere de Jésus-Christ , pour laquelle les Mahométans ont beaucoup de vénération , aussi-bien que pour son fils : c'est la remarque de Diégo de Torrez. Ils appellent , dit-il , parlant des Maures , notre seigneur Jésus-Christ , *cidena Ira* , ou *sidna Ica* , c'est-à-dire *notre seigneur Jésus* : & la sainte Vierge , *lela Mariam* , c'est-à-dire la dame Marie. Ricaud , de l'empire Ottoman. ( *A. R.* )

LELAND , ( Jean ) ( *Hist. Litt. mod.* ) anglois , auteur d'un Traité des *Ecrivains de la Grande Bretagne* ; d'un recueil intitulé : *de rebus Britannicis collectanea* ; d'un Itinéraire d'Angleterre. Ses ouvrages manuscrits sont d'ailleurs conservés dans la bibliothèque Bodléienne. Il mourut fou en 1552 , de chagrin de ce qu'une forte pension que lui avoit donnée Henri VIII , & dont il vivoit , ne lui étoit pas payée.

LÉMERY , ( Nicolas & Louis ) ( *Hist. Litt. mod.* ) 1°. Nicolas *Lémery* , né à Rouen le 17 novembre 1645 , de Julien *Lémery* , procureur au parlement de Normandie , a été parmi nous le créateur de la chimie. Il étoit de son temps le seul qui possédât ce qu'on appelloit alors le magistère de Bismut ; c'est le *blanc d'Espagne* ; les Rohaut , les Bernier , les Auzout , les Regis , les Tournefort , &c. étoient au nombre de ses auditeurs. Presque toute l'Europe a appris de lui la chimie ; la plûpart des grands chimistes , François ou étrangers , lui ont rendu hommage de leur savoir.

C'étoit dit M. de Fontenelle, un homme d'un travail continu ; il ne connoiſſoit que la chambre de ſes malades, ſon cabinet, ſon laboratoire, l'Académie. Il étoit d'abord proteſtant ; il fut perſécuté, ruiné, expatrié pour ſa religion ; après avoir tant ſouffert pour elle, il la quitta en 1686, & ramena la fortune qui s'étoit éloignée. Il étoit à la fois médecin, chirurgien, apothicaire comme les médecins de l'antiquité ; mais ce qu'il étoit preſqu'excluſivement, c'étoit chimiſte. Son nom fut long-temps le plus grand nom & à-peu-près le ſeul grand nom qu'il y eût en chimie. Un eſpagnol, fondateur & préſident de la Société Royale de Médecine établie à Séville, diſoit *qu'en matière de chimie, l'autorité du grand Lémery étoit plutôt unique que recommandable*. Les choſes ſont bien changées à égard ; cette ſcience a fait, ſur-tout de nos jours, les plus grands progrès. Nicolas Lémery entra en 1697, dans l'Académie des Sciences, il vit entrer deux de ſes fils dans cette compagnie, & ſa penſion, dont il ſe démit, fut donnée à l'aîné. Il mourut d'apopléxie le 19 juin 1715. Il avoit donné en 1675, un *Cours de Chimie* ; en 1697, une *Pharmacopée univerſelle*, & un *Traité univerſel des Drogues*. En 1609, un *Traité de l'Antimoine*.

Louis Lémery, fils du précédent, digne de lui par ſes connoiſſances en chimie & en médecine, fut médecin du roi, il fut auſſi membre de l'Académie des Sciences, comme ſon père & ſon frère. Il écrivit contre M. Andry, ſur la génération des vers dans le corps humain. On a de lui un Traité des Aliments, eſtimé, & un grand nombre de Mémoires dans le recueil de l'Académie. Il a eu de Catherine Chapotot, qu'il avoit épouſée en 1706, une fille aimable & célèbre par les agréments de la ſociété, morte de nos jours.

LEMOS ( Thomas, ) ( *Hiſt. Eccléſiaſt.* ) dominicain eſpagnol, redoutable aux Jéſuites & aux Moliniſtes qu'il écraſa, dit-on, dans les fameuſes congrégations *de auxiliis*, Le P. Valentin jéſuite, qui diſputoit contre lui, cita par ignorance ou par fraude pieuſe, un paſſage de St. Auguſtin, qui n'étoit pas de St. Auguſtin ; *Lemos* qui ſavoit par cœur tous les écrits de ce père de l'égliſe, s'apperçut de l'erreur ou de l'artifice & confondit le jéſuite, qui ayant été réprimandé par le pape pour cette fauſſe citation, en mourut de honte & de douleur. Les autres jéſuites qui entrèrent en lice contre *Lemos* n'eurent pas plus d'avantage ; ils diſent que *Lemos* l'emportoit par la force de ſa poitrine de fer. Les dominicains ſoutiennent que c'étoit par l'éloquence, la ſcience & la raiſon. Un d'entr'eux, le père Chouquet, y ajoute un autre avantage qui n'étoit pas médiocre, c'eſt que le père *Lemos* étoit environné d'une *gloire en manière de couronne, qui éblouiſſoit ſes adverſaires & les cardinaux mêmes*. Le titre du livre, où il rapporte ce fait curieux n'eſt pas moins curieux que le ſujt. Voici ce titre : *Les entrailles maternelles de la Ste. Vierge pour l'ordre des frères prêcheurs*. Il ſemble que les frères prêcheurs faiſant profeſſion de conteſter l'immaculée conception de la Vierge, ne méritoient guère de ſa part ſes entrailles maternelles, & les frères

mineurs étoient ſûrement de cet avis, auſſi bien que les jéſuites. Les gens ſans partialité ſur les grandes queſtions qui s'agitoient entre les dominicains & les jéſuites dans les congrégations *de auxiliis*, diſent que *Lemos* combattit mieux le moliniſme qu'il ne défendt le thomiſme, & qu'en général tous ces ſyſtêmes ſont plus aiſés à renverſer qu'à établir ſolidement. Quoi qu'il en ſoit, *Lemos* chanta lui-même ſa victoire dans un journal de la congrégation *de auxiliis*. On a encore de lui un ouvrage ſur les mêmes queſtions, intitulé : *panoplia gratiæ* & d'autres écrits ſur la grace. A cette occaſion les auteurs du nouveau dictionnaire hiſtorique, remarquent ſenſément, en parlant de la grace, qu'on en diſpute trop & qu'on ne la demande pas aſſez. La ſatieté du public a enfin rendu ces diſputes plus rares. On dit que *Lemos* refuſa un évêché, & ſe contenta d'une penſion. Il mourut en 1629 à quatre-vingt-quatre ans.

LENCLOS ( Anne, dite *Ninon*, ) ( *Hiſt. mod.*) Au nom de la célèbre Ninon *de Lenclos* on ſe rappelle d'abord des Laïs, les Phrinés, les Léontium, les Aſpaſies, &c. toutes ces courtiſanes ſi fameuſes par la beauté, par l'eſprit, par les talens, par ce grand aſcendant qu'elles eurent ſur les hommes. Ce ſeroit cependant faire tort à Mademoiſelle *de Lenclos* que de la mettre au nombre des courtiſanes ; elle profana, il eſt vrai, l'amour en deux manières ; 1°. en prodiguant ſes faveurs ; 2°. en le réduiſant au plaiſir des ſens : elle prodigua ſes faveurs, mais elle ne les proſtitua point, du moins elle ne les vendit pas ; il fallut lui plaire pour être bien traité d'elle. Au défaut de l'amour, elle reſpecta du moins aſſez le plaiſir pour ne pas croire qu'il pût être un objet de trafic ; en effet parmi tous les moyens d'anéantir le plaiſir, il n'en eſt pas de plus ſûr que de l'acheter & de le vendre; Ninon fit à bon eſcient le ſacrifice de la conſidération qui naît de la vertu des femmes, elle ſe contenta de celle que procurent l'eſprit, la probité, les qualités ſociales, un caractère ſûr & aimable. Mais avec la vertu du ſexe & de combien d'autres vertus acceſſoires on ſe dépouille ! Cette conſtance qu'elle avoit dans l'amitié n'étoit plus pour elle en amour que la matière d'une plaiſanterie indécente. Cette fidélité à remplir tous ſes engagemens, qui la faiſoit aller au delà de peur de reſter en deçà, cette vérité, cette ſimplicité que ſes amis trouvoient toujours dans ſon cœur, dans ſon eſprit, dans ſes mœurs, dans ſes manières, dans tous les détails de ſon commerce, diſparoiſſoient pour ſes amans ; on connoît ſon mot dans un moment d'infidélité. *Ah ! le bon billet qu'a la Châtre !* mais pourquoi des billets ? elle avoit donc voulu tromper. Elle qui ſyſtématiſoit ſa conduite & qui mettoit en principe la licence de ſes mœurs, devoit avoir pour premier principe que le plaiſir n'admet ni engagement ni renonciation, qu'on le prend par tout où il ſe préſente, qu'on le quitte par tout où il s'évanouit. Ce billet portant engagement de n'en point aimer d'autre étoit donc une petite fauſſeté, une fauſſeté peu philoſophique, peu digne de Ninon. La licence des mœurs entraine auſſi la perte de la modeſtie, première parure des femmes honnêtes, fard néceſſaire à celles qui ne le ſont pas; on dit que les galanteries de Ninon ayant engagé la reine Anne d'Autriche à lui ordonner l'afyle, d'un couvent dont elle lui laiffa le choix, Ninon répondit qu'elle choififloit le couvent des grands cordeliers de Paris ; ce n'eſt qu'une plaiſanterie, mais elle eſt trop forte pour une femme & elle choque même comme plaiſanterie. St. Evrémont a peint avec beaucoup de précifion dans les vers fuivans, ces mélanges, ces contraſtes qui fe trouvent dans le caractère de Ninon :

> L'indulgente & ſage nature
> A formé l'ame de Ninon
> De la volupté d'Epicure,
> Et de la vertu de Caton.

Tous ſes amans furent des hommes aimables, tous ſes amis furent des gens de mérite, elle eut ſur-tout une vieilleffe aimée & reſpectée. Sa maifon devint le rendez-vous de la meilleure compagnie tant de la cour que de Paris, même en femmes ; la dévote Madame de Sévigné, qui l'avoit long-temps traitée avec le mépris qu'on a pour une courtifane, & la haine qu'elle croyoit devoir à celle qu'elle regardoit comme la féductrice de fon fils, fut enfin forcée de changer de ton fur fon compte & d'avoir pour elle des égards. La prude Maintenon qui avoit été fon amie dans fa jeuneffe, voulut dans fa vieilleffe l'attirer à la cour pour qu'elle l'aidât à en fupporter l'ennui : Ninon, pour toute réponfe, lui propofa, dit-on, à mi-même de quitter cet ennui fuperbe pour venir goûter avec elle les douceurs de l'amitié dans la condition privée.

C'eſt le fujet d'un dialogue entre Madame de Maintenon & Mademoifelle de Lenclos dans M. de Voltaire. Il paroit cependant que Ninon ne s'eſtimoit pas plus heureufe à Paris au milieu de fes amis, que Madame de Maintenon à Verfailles au milieu de fes ennemis, puifqu'elle écrivoit à St. Evremont : « Tout » le monde me dit que j'ai moins à me plaindre du » temps qu'un autre. De quelque façon que cela foit, » fi l'on m'avoit propofé une telle vie, je me ferois » pendue. »

Elle ne fut point dévote, mais les dévots briguèrent fa conquête avec autant d'ardeur que fes amans l'avoient long-temps briguée. Vous favez, dit-elle un jour à M. de Fontenelle, quel parti j'aurois pu tirer de l'amour pour ma fortune, il ne tiendroit qu'à moi d'en tirer un plus grand encore de la religion ; les janféniftes & les moliniftes fe difputent mon ame, la marchandent, & me font tous les jours à l'envi les propofitions les plus honnêtes. Un de fes amis, dans une maladie grave, refufant de voir fon curé, elle l'introduifit elle-même en difant : Monfieur, faites votre devoir, il fera un peu le raifonneur, mais je vous affure qu'il n'en fait pas plus que vous & moi. On dit qu'au milieu des plus grands défordres de fa vie, elle ne manquoit point à fes prières du matin & du foir ; que tous les foirs elle remercioit Dieu de l'efprit qu'il lui avoit donné, que tous les matins, elle le prioit de la préferver des fottifes de fon cœur. Elle eut un fils qui devint amoureux d'elle, & fe tua de défefpoir en appre-

nant qu'elle étoit fa mère. Le Sage a fait ufage de cette aventure dans fon roman de Gil Blas. Elle étoit née en 1615, elle eſt morte en 1706 agée de quatre-vingt dix à quatre-vingt onze ans, ayant confervé jufqu'à cet âge, tout fon efprit & tout ce que la vieilleffe peut laiffer d'amabilité ; elle avoit connu M. de Voltaire enfant, avoit preffenti ce qu'il devoit être un jour, & lui avoit fait un petit legs pour acheter des livres. Elle étoit née de parens nobles, étoit reſtée orpheline à l'âge de quinze ans, & s'étoit formée elle-même par la lecture. Jeune encore & déjà fort aimée, elle eut une maladie dans laquelle on défefpéra de fa vie. Ses amis la plaignoient de mourir fi jeune & d'être enlevée à tant de cœurs qui l'aimoient, Hélas ! dit-elle, je ne laiffe que des mourans. M. Bret & M. Damours avocat au confeil, ont écrit fa vie ; ce dernier a donné des lettres qu'il a fuppofées écrites par Ninon au marquis de Sévigné. Ces lettres ne font pas fans mérite, mais elles n'ont pas celui d'être de Ninon.

LENET (Pierre), (Hiſt. mod.) confeiller d'état, dont nous avons des mémoires affez curieux fur les troubles de la fronde, principalement dans la Guyenne. Il étoit fils & petit fils de préfidents du parlement de Dijon, il avoit été lui-même confeiller, puis procureur-général de ce parlement. Mort en 1671.

LENFANT (Jacques,) (Hiſt. Litt. mod.) françois réfugié d'abord à Heidelberg, enfuite à Berlin, auteur des hiſtoires des conciles de Conſtance, de Piſe, de Bâle, de l'hiſtoire de la papeffe Jeanne, d'un poggiana, ou vie & bons mots du Pogge, de fermons & d'autres ouvrages. Il étoit prédicateur de la reine de Pruffe, & chapelain du roi fon fils, père du roi dernier mort. Il étoit auffi de l'académie de Berlin : né à Bazoche en Beauce en 1661, il mourut en 1728.

Un autre Lenfant (David) dominicain de Paris, mort en 1688, a fait quelques compilations théologiques & une mauvaife hiſtoire générale.

LENGLET, (Hiſt. Litt. mod.) c'eſt le nom 1°. d'un profeffeur royal d'éloquence & recteur de l'univerfité, poëte latin moderne, grace aux anciens.

2°. Du fameux abbé Lenglet du Freſnoy (Nicolas) M. Michault a publié en 1761 des mémoires fur fa vie, & il avoit préparé un Lengletiana. Lenglet du Freſnoy naquit à Beauvais le 5 octobre 1674. En 1696 il publia une lettre théologique fur la vie de la Ste. Vierge par Marie d'Agréda : cette lettre fut cenfurée en forbonne, & par l'éclat même de cette cenfure, fit une forte de réputation à l'auteur : indépendamment de la cenfure il effuya des critiques, par conféquent il s'enflamma pour fon opinion ; & au lieu d'une fimple lettre fur les apparitions, les vifions & les révélations particulières ; il fit fur cette matière qu'il approfondit & qu'il réduifit à des principes généraux, un grand traité hiſtorique & dogmatique ; mais il renchérit bien fur le confeil d'Horace.

*Nonumque prematur in annum*,

car il ne publia ce traité qu'en 1751 au bout de cinquante-cinq ans.

Il publia en 1698 l'imitation de J. C. en forme de prières ; quelque temps après il accompagna de notes hiſtoriques & critiques, une édition du nouveau teſtament : comme l'abbé *Lenglet* n'avoit pas mis ſon nom à cette édition, un chanoine régulier de Sainte Geneviève, profeſſeur de théologie au féminaire de Rheims, imagina de ſe l'attribuer ; il en fit des préſens à tous les ſupérieurs de ſa congrégation, & en reçut les compliments ; les journaliſtes de Trévoux ayant appris par l'imprimeur qu'l étoit le véritable auteur de cet ouvrage, lui reſtituèrent publiquement. L'abbé & le prieur de Ste. Géneviève, imaginant que c'étoit quelque tracaſſerie des jéſuites contre leur ordre, allèrent aux informations. Le profeſſeur de Rheims voyant que ſon plagiat alloit être découvert, s'enfuit de ſon couvent, laiſſant un billet dans lequel il faiſoit ſes adieux à la congrégation ; il alla enſeigner la théologie chez les Griſons.

· Madame la princeſſe de Condé, Anne de Bavière, femme du prince Henri-Jules, diſoit ſon bréviaire tous les jours, elle engagea l'abbé *Lenglet* à faire une traduction françoiſe du diurnal romain, qui fut publiée en 1705.

La même année, M. de Torcy, miniſtre des affaires étrangères, envoya M. l'abbé *Lenglet* à Lille où étoit l'électeur de Cologne, Joſeph-Clément de Bavière, auprès duquel il fut admis en qualité de premier ſecrétaire pour les langues latine & françoiſe ; il avoit des ordres ſecrets de la cour pour éclairer la conduite des miniſtres de cet électeur, & les empêcher de rien faire contre le ſervice du roi. Lorſqu'en 1708 Lille fut aſſiégée par les alliés, & que l'électeur de Cologne ſe fut retiré à Valenciennes, l'abbé *Lenglet* reſta parmi les aſſiégés pour prendre ſoin des effets de l'électeur qui étoient reſtés à Lille. Quand cette place fut priſe, l'abbé *Lenglet* ſe fit préſenter au prince Eugène & obtint de lui une ſauvegarde pour les effets de l'électeur : des correſpondances qu'il entretenoit dans divers pays étrangers, lui firent découvrir les complots de quelques traîtres que les ennemis avoient ſu gagner en France ; il ſut qu'un capitaine des portes de Mons devoit leur livrer moyennant cent mille piaſtres & la ville, & les électeurs de Cologne & de Bavière qui s'y étoient retirés ; il en avertit M. le Blanc, alors intendant d'Ypres ; le traître fut arrêté, une lettre originale de Milord Marlborough, qu'on trouva dans ſa poche, ſervit à ſa conviction, il fut rompu vif. En un mot, l'abbé *Lenglet* étoit eſpion, & ſelon l'uſage, il étoit double eſpion. Suivant une tradition que nous ne garantiſſons pas, le prince Eugène, qui croyoit l'avoir gagné, s'apperçut qu'il continuoit d'entretenir correſpondance avec la France ; il le fit venir, lui montra les preuves de ſa double trahiſon, & alloit le faire pendre, *Eh ! Monſeigneur*, lui dit l'abbé, *laiſſez-moi vivre honnêtement des profits ordinaires de mon métier. De quoi vous plaignez-vous ? eſt-ce que je ne vous donne pas de bons avis ? vous profitez de tous ; j'en donne auſſi aux françois, ils ne profitent d'aucun.* Le prince Eugène admira cette impudence raiſonnée

& lui fit grace. Quoi qu'il en ſoit de cette anecdote, il eſt certain qu'il fut détenu ſix ſemaines à la Haye, & qu'il ne dut la liberté qu'aux ſollicitations du prince Eugène. De retour en France, il ſe livra pendant quelque temps aux ſeuls travaux de la littérature ; mais en 1718 & 1719 il fut encore employé comme eſpion par le miniſtère ; ce fut à l'occaſion de la conſpiration du prince de Cellamare & du cardinal-Albéroni ; l'abbé *Lenglet* fut chargé de pénétrer dans les détails de cette intrigue. Son hiſtorien dit qu'il n'accepta cette commiſſion que ſur la promeſſe qui lui fut faite, qu'aucun de ceux qu'il découvriroit, ne ſeroit condamné à mort ; les ſervices qu'il rendit dans cette affaire furent payés d'une penſion dont il a joui toute ſa vie. L'abbé *Lenglet* fit auſſi quelque ſéjour à Vienne, il fut auſſi détenu à Straſbourg, il eut des démêlés avec le fameux poëte Rouſſeau ; il porta dans le commerce des livres & des manuſcrits, la même eſprit d'infidélité qu'il avoit porté dans l'eſpionage.

L'abbé *Lenglet* n'eut peut-être de vraiment eſtimable que l'amour de la liberté qui lui fit rejetter toutes les faveurs que la fortune ſembla lui offrir. Le cardinal Paſſionei vouloit l'attirer à Rome, le prince Eugène vouloit le fixer à Vienne, M. le Blanc vouloit ſe l'attacher ; l'abbé *Lenglet* voulut être indépendant ; mais l'uſage effréné qu'il faiſoit de ſa liberté la lui fit perdre ſouvent ; ſes ſéjours à la baſtille étoient devenus comme périodiques. « Un exempt appellé Tapin étoit,
» dit M. Michault, celui qui ſe tranſportoit ordinaire-
» ment chez lui pour lui ſignifier les ordres du roi.
» Quand l'abbé *Lenglet* le voyoit entrer, à peine lui
» donnoit-il le temps d'expliquer ſa commiſſion : *ah !*
» *bon jour, Monſieur Tapin*, lui diſoit-il, puis s'adreſ-
» ſant à ſa gouvernante, *allons vite, diſoit-il, mon*
» *petit paquet, du linge, mon tabac, &c.* & il alloit
» gaiement à la baſtille avec M. Tapin. »

Les dernières années de ſa vie, l'abbé *Lenglet* s'occupoit de la chimie, & cherchoit même, dit-on, la pierre philoſophale. Il ſe purgea un jour avec un ſirop de ſa compoſition, & devint prodigieuſement enflé, il eut recours à une autre drogue de ſa façon, & devint preſque étique ; il périt d'une mort funeſte le 16 janvier 1755 à quatre-vingt deux ans : il liſoit près du feu, il s'endormit & tomba, le feu le gagna, ſes voiſins accoururent trop tard pour le ſecourir, il avoit déjà la tête preſque entièrement brulée.

Son hiſtorien lui attribue un caractère doux, un commerce aiſé, après l'avoir repréſenté comme un eſpion & un eſcroc ; bizarre, fougueux, cynique, incapable d'amitié, de décence, de ſoumiſſion aux loix, perpétuellement agité de baſſes & petites querelles avec des auteurs & des libraires. Témoin ce ridicule fragment d'une ridicule lettre, où l'abbé *Lenglet* apoſtrophe le libraire Chaubert : *Parlez, M. Chaubert, expliquez-vous, je vous en conjure : ai-je tort de me plaindre de votre injuſtice ? mais je vous le pardonne de bon cœur ; cela ne m'empêchera point de vous ſaluer à l'ordinaire en paſſant devant votre boutique.*

On peut juger par ce trait, de l'élévation des idées
de

& l'abbé *Lenglet* & de l'importance de ſes démêlés.

L'hiſtorien de l'abbé *Lenglet* donne un catalogue raiſonné des ouvrages de cet auteur ; il les diviſe en trois claſſes, celle des ouvrages qu'il a faits ſeul, celle des éditions qu'il a données & celle des ouvrages auxquels il a ſeulement eu part. Parmi les ouvrages qu'il a faits ſeul, les deux méthodes pour étudier l'hiſtoire & la géographie ; ſon hiſtoire de Jeanne d'Arc, ſes tablettes chronologiques, ſont ceux qui lui ont fait le plus d'honneur & que leur utilité rend les plus recommandables.

LENONCOURT , ( *Hiſt. de Fr.* ) noble & ancienne maiſon en Lorraine , qu'on voit en divers temps s'allier aux Baudricourt, aux Laval, aux Rohan, &c. Elle deſcend d'un frère du duc Gérard d'Alſace , nommé Odelric , qui vivoit dans le onzième ſiècle. Odelric étoit ſeigneur de la ville de Nancy, & cette maiſon de Lenoncourt porta long-temps le nom de Nancy.

De cette maiſon étoient les deux célèbres cardinaux de Lénoncourt, Robert & Philippe. Robert fut évêque de Metz , & contribua beaucoup à faire paſſer cette ville ſous la domination de la France. En 1552 ſon oncle , archevêque de Rheims, auſſi nommé Robert , avoit fait commencer à Rheims le tombeau de ſaint Remy ; le neveu , abbé de ſaint Remy de Rheims , le fit achever. On appelloit communément l'oncle *le père des pauvres*. C'étoit lui qui avoit ſacré le roi François I. le 25 janvier 1515. Il mourut le 25 ſeptembre 1531. Le neveu mourut à la Charité ſur Loire , en 1561; on le ſurnomma auſſi *le bon Robert*. Il racheta le coin de la monnoie que les évêques ſes prédéceſſeurs avoient engagé ; on trouve encore de la monnoie marquée à ſon coin avec cette légende : *in labore requies. Je trouve mon repos dans le travail.*

Les Huguenots profanèrent ſon tombeau :

*Des fureurs des humains c'eſt ce qu'on doit attendre.*

Philippe de Lénoncourt cardinal , archevêque de Rheims, neveu du cardinal Robert , évêque de Metz , ſe diſtingua également par l'eſprit & par la piété. Il plut à Henri III. , à Henri IV, à Sixte-Quint, Henri III. l'avoir fait commandeur de ſon ordre du ſaint Eſprit, à la première création du 13 décembre 1578. Mort à Rome le 13 décembre 1591.

LENTULUS ( *Hiſt. Rom.* ) Ce nom de Lentulus a été porté par une foule de Romains célèbres.

1°. L. Cornélius Lentulus, conſul l'an de Rome 428. Ce fut principalement d'après ſon avis que les Romains, enfermés par les Samnites, en 433, ſe ſoumirent à la honte de paſſer ſous le joug aux fourches caudines.

2°. Publius Lentulus, perſonnage conſulaire, prince du Sénat , vénérable vieillard , avoit ſignalé ſon zèle pour la cauſe des honnêtes gens, & pour le bien de la république , dans le mouvement où périt C. Gracchus.

3°. Publius-Cornélius-Lentulus Sura , conſul , puis

préteur , eſt ce fameux complice de Catilina , étranglé en priſon, l'an de Rome 689. Le cachet de ce Lentulus répréſentoit la tête de ſon ayeul, Publius Lentulus , dont nous venons de parler. Cicéron , en faiſant reconnoître à Lentulus ſon cachet, lui dit avec ſon éloquence ordinaire : » reconnoiſſez ce portrait , c'eſt celui d'un » bon citoyen , d'un homme qui aimoit la patrie. » Comment cette muette image n'a-t-elle pas ſuffi » pour vous détourner d'un ſi grand crime » ? *eſt verò , inquam , ſignum quidem notum , imago avi tui , clariſſimi viri , qui amavit unicè patriam & cives ſuos , quæ quidem te à tanto ſcelere etiam muta revocare debuit.*

4°. Cneius Cornélius Lentulus. Clodianus , conſul l'an de Rome 680 , fut défait par Spartacus. Cenſeur l'an 682 avec Gellius , qui avoit été ſon collègue dans le conſulat, & qui avoit été battu comme lui par Spartacus , ils rayèrent du tableau du ſénat ſoixante & quatre ſénateurs.

5°. Publius Cornélius Lentulus Spinther , ſe fit remarquer par ſon faſte ; il fut le premier qui porta dans la robe prétexte , de la pourpre de Tyr teinte deux fois.

*Tyrio bis murice tinctam;*

Edile Curule, l'année du conſulat de Cicéron , 689 de Rome , il donna au peuple des jeux dont la magnificence ſurpaſſa tout ce qu'on avoit vu juſqu'alors dans ce genre. Il ſurpaſſa lui-même dans les jeux apollinaires qu'il donna étant préteur l'an 692. Conſul l'an 694 ; il ſe montra en toute occaſion l'ami & le défenſeur de Cicéron. L'an 702 , il eut les honneurs du triomphe pour quelques ſuccès peu importans obtenus en Cilicie. L'an 703 , enfermé dans Corfinium , avec Domitius , il dut la vie à la clémence de Céſar. Il alla joindre Pompée , il étoit avec lui à la bataille de Pharſale , & s'enfuit avec lui après la bataille.

6°. Cneius Cornélius Lentulus Marcellinus , conſul, l'an de Rome 696.

7°. Lucius Cornélius Lentulus , conſul , l'an de Rome 703 , anima le ſénat contre Céſar & s'attacha inviolablement à Pompée , parce qu'il lui paroiſſoit impoſſible que la victoire abandonnât jamais ce dernier général, Fugitif après la bataille de Pharſale, il trouva comme Pompée la mort en Egypte.

8°. Cneius Cornélius Lentulus Augur , conſul , l'an de Rome 738, par la faveur d'Auguſte , qui crut devoir honorer un ſi beau nom. Il étoit avare , il amaſſa de grandes richeſſes , qui lui coûtèrent la vie ſous Tibère. Sénèque parle de lui avec mépris.

9°. Coſſus Cornélius Lentulus , au contraire mérita & obtint l'eſtime publique. Ses victoires ſur les Gétules ;

*Getula urbes genus exſuperabile bello.*

lui valurent avec les honneurs du triomphe , le ſurnom de Getulicus.

10°. Et Lentulus Getulicus ſon fils , conſul , l'an de Rome 777. Accuſé de complicité avec Séjan , il confondit l'accuſateur & en impoſa même à Tibère. Une conjuration réelle ou fuppofée contre Caligula, dans laquelle on accufa Getulcus d'avoir trempé, couta la vie à ce dernier, l'an de Rome 790.

LÉON l'ancien, ( *Hift. Rom.* ) fut ainfi furnommé, parce qu'il avoit quatre-vingts ans lorfqu'il parvint à l'empire. Ce fut le premier des Grecs qui fut élevé à la dignité impériale. Afpar, qui jouiffoit alors de tout le crédit, le plaça fur le trône, à condition qu'il adopteroit fon fils, *Léon* accomplit fa promeffe. Cette adoption déplut au peuple Romain, qui maffacra le père & le fils. *Léon* accablé fous le poids des années, défigna pour fon fucceffeur Anthémius, dont il eut bientôt à fe plaindre. Le nouveau céfar dédaignant la vieilleffe de fon bienfaiteur, fe crut arbitre abfolu de l'empire. Son ingratitude fut punie par fa dégradation. Les Vandales portoient leurs ravages jufqu'aux portes de Conftantinople, dont ils furent deux fois fur le point de fe rendre maitres. *Léon* marcha contre eux, & n'effuya que des revers. Il fut plus heureux contre Genferic, qui tenta fans fuccès une feconde invafion dans l'Italie. Il fit la paix avec les Oftrogoths qui lui demandèrent des terres à cultiver; il reçut leurs ôtages, & leur abandonna la Pannonie. Son règne fut rempli de troubles. Conftantinople fut prefque réduite en cendres & privée d'habitans. Son zèle pour le chriftianifme lui mérita les plus grands éloges de nos hiftoriens facrés, mais ils ne purent le juftifier fur fon avarice. Les provinces gémirent fous le poids des impôts. Les délateurs furent récompenfés, & plufieurs innocens furent punis & dépouillés de leurs biens qui devinrent la proie d'un maitre avide. L'Eglife, au commencement de fon règne, étoit déchirée par des fectaires. La protection qu'il accorda au concile de Chalcédoine contre les Eutichiens, impofa filence aux novateurs, & le calme fut rétabli. *Léon* affocia le fils de fa fille à l'empire, & mourut quelque tems après en laiffant une réputation fort équivoque. ( *T.-N.* )

LÉON le jeune, fils de Zénon & d'Ariadne, fille de *Léon* l'ancien, n'avoit que fix ans lorfqu'il fuccéda à fon aïeul. Zénon fon père, & felon d'autres fon beau-pere, fut chargé de la régence de l'empire. La mort du jeune *Léon*, qui arriva même de fon élévation, le mit en poffeffion du trône que perfonne n'ofa lui difputer. ( *T.-N.* )

LÉON III du nom, fut furnommé l'*Ifaurien*, parce qu'il étoit d'Ifaurie, où fes parens vivoient du travail de leurs mains. Il paffa par tous les dégrés de la milice, & fit paroître un génie véritablement fait pour la guerre. Juftnien II fut témoin de fon courage dans fes gardes, où il fe diftingua par plufieurs actions audacieufes; Anaftafe ne crut pouvoir mieux affermir fon empire qu'en lui, confiant le commandement des armées d'Orient, où il acquit une nouvelle gloire. Après l'abdication de Théodofe, qui fe retira dans un monaftère, les légions le déclarèrent Céfar. Les Sarrafins affiégeoient depuis trois ans Conftantinople avec une flotte de huit cents voiles. *Léon* l'Ifaurien s'enferma dans cette ville, où il employa le feu grégeois pour brûler les vaiffeaux ennemis : la pefte &

la famine fecondèrent fon courage; & quoique ces deux fléaux exerçaffent les mêmes ravages dans la ville, les Sarrafins furent obligés de lever le fiège. *Léon* enflé de fes fuccès, s'abandonna à fa férocité naturelle. Le commerce des Grecs & des Romains n'avoit pu adoucir fon caractère dur & fanguinaire. Il traita les hommes avec plus de cruauté que les bêtes. Deux Juifs s'étoient infinués dans fa faveur : ce fut à leur follicitation qu'il ordonna de brifer toutes les images. Ennemi des lettres & de ceux qui les cultivoient, il en fit enfermer plufieurs dans fa bibliothèque, entourée de bois fec & de matières combuftibles, & y fit mettre le feu. Le pape lança contre lui les foudres de l'excommunication; mais *Léon* qui avoit des légions à lui oppofer, ne lui répondit que par des menaces qu'il auroit réalifées, fi la mort ne l'eût enlevé après un regne de vingt-quatre ans. Sa mémoire fut en exécration. Il ne fut en effet qu'un barbare qui porta fur le trône toute la férocité qu'on reprochoit aux Ifauriens. Il étoit propre à commander une armée, mais incapable de régir un empire, fur-tout dans des temps paifibles, ( *T.-N.* )

LÉON IV, fils de Conftantin Copronyme, fut l'héritier de fa puiffance & de fes vices. Sa mère, princeffe vertueufe, lui donna une éducation qui ne put rectifier la perverfité de fes penchans. Maurice avoit confacré à Dieu une couronne enrichie de perles & de diamans. *Léon* frappé de leur éclat, la mit fur fa tête, & s'en fit un ornement toutes les fois qu'il paroiffoit en public. Son impiété & fes perfécutions contre les orthodoxes le rendirent odieux à une partie de la nation, qui peut-être a chargé les couleurs dont elle a peint les principaux traits de fon règne. Il fut tué en Syrie, d'où il vouloit chaffer les Sarrafins qui s'en étoient emparés. ( *T. - N.* )

LÉON l'Arménien, ainfi nommé, parce qu'il étoit né en Arménie, s'éleva par fon courage au commandement des armées. Nicéphore qui l'avoit comblé de biens & d'honneurs, le foupçonna d'intelligence avec fes ennemis. Il fit inftruire fon procès, & fur les dépofitions des témoins, il fut condamné à être battu de verges, & à la peine de l'exil, où il prit l'habit monaftique. Michel Curopalate difputant l'empire à Nicéphore, tira *Léon* de fon cloître pour le mettre à la tête de fes armées qui proclamèrent empereur leur nouveau général. Michel effrayé de cette élection, abdiqua l'empire, & fe retira dans un monaftère, après avoir été revêtu de la pourpre pendant un an. *Léon*, poffeffeur paifible du trône, fit mutiler le fils de Michel pour n'avoir point de concurrent, enfuite il tourna fes armes contre les Bulgares, dont il fit un horrible carnage, & fes victoires réunirent la Thrace à l'empire. Les Ba bares de à maîtres d'Andrinople, menaçoient Conftantinople lorfque celui-ci foufcrire aux conditions d'une paix humiliante pour eux; quoiqu'ils fuffent idolâtres, ils jurerent l'obfervation du traité fur l'évangile; & *Léon*, qui portoit le titre de chrétien, prit les dieux du paganifme pour témoins de

fon ferment. *Léon*, dont le zèle étoit cruel, persécuta les défenseurs du culte des images, dont il devint lui-même la victime. Le peuple furieux de ce
qu'il le privoit de l'objet de son culte, conspira sa
perte. Les conjurés choisirent le temple pour consommer leur crime ; & dans le temps qu'il entonnoit
une antienne, ils lui coupèrent la tête, & mirent son
corps en pièces au pied de l'autel : sa femme fut confinée
dans un monastère, & son fils languit dans l'exil.
( *T. - N.* )

LÉON VI, fils & successeur de l'empereur Basile,
fut surnommé le *Philosophe*, quoique ses mœurs dissso-
lues le rendissent indigne de porter un si beau nom.
Les savans, dont il fut le protecteur, lui détérèrent ce
titre par reconnoissance. Les lettres qui devroient élever
l'ame vers le sublime, la courbent quelquefois vers
la terre, & leurs éloges ne sont pas toujours des vérités.
*Léon* s'appliqua particuliérement à l'Astrologie : cette
science frivole lui donna la réputation de percer dans
l'avenir. Il étoit véritablement né pour les détails du
gouvernement. La police sévère régna dans toutes les
villes : la sûreté fut entière sur les routes, les émotions
populaires furent prévenues ou punies. Il se déguisoit la
nuit, & parcouroit les rues pour examiner si les sentinelles
étoient à leur poste. Un jour il donna son argent aux
gardes de nuit, sous prétexte qu'il craignoit d'être volé.
La même somme lui fut exactement rendue le lendemain ; ayant ensuite rencontré d'autres gardes, il fut
traîné en prison après en avoir été extrêmement maltraité : les uns furent magnifiquement récompensés, &
les autres sévèrement punis. *Léon* plus propre à présti-
der à la police d'un état, qu'à en protéger les possessions, marcha contre les Hongrois, les Bulgares & les
Sarrasins qui désoloient les frontières, & par-tout il
n'essuya que des revers. Il fut réduit à acheter l'alliance des Turcs, qui dès ce moment découvrirent
la route qui pouvoit les conduire à l'empire. L'église
de Constantinople étoit déchirée par un schisme. *Léon*
dégrada Photius, auteur de toutes les nouveautés ;
mais il n'en fut pas mieux traité par un de ses successeurs qui l'excommunia pour s'être marié quatre
fois, ce qui étoit défendu par la discipline de l'église
Grecque. Le patriarche téméraire fut chassé de son
siège, & l'excommunication fut éteinte. Ce prince
sans mœurs, étoit embrasé de zèle, & ne manquoit
pas de lumières ; tandis qu'il s'occupoit de querelles
théologiques, les Barbares inondoient ses plus belles
provinces. Il composoit des homélies, où l'on trouve
plus de déclamation que de véritable éloquence : il
s'exerça aussi sur la Jurisprudence, & réforma plusieurs loix de Justinien qui avoient besoin d'explication. Son ouvrage le plus estimé est un traité de tacti-
que, d'autant plus curieux qu'il instruit de l'ordre
des batailles de son temps & de la manière de combattre des Sarrasins & des Hongrois. *Léon* mourut de la
dyssenterie l'an 911 de notre ere. ( *T. - N.* )

Il y a eu onze papes du nom de Léon. Le premier
est saint Léon, surnommé le grand, élu en 440 après
la mort de Sixte III. Il combattit les Manichéens, les

Pélagiens, les Priscillianistes, les Eutychiens, protesta contre le brigandage d'Ephése, où l'erreur de
ceux-ci avoit prévalu en 449, & présida par ses
légats au concile œcuménique de Chalcedoine en 451,
où elle fut proscrite, & où la lettre écrite par saint
Léon à Flavien, Patriarche de Constantinople, fut
adoptée comme contenant la doctrine de l'église. Vers
le même temps ce saint Pape, par l'onction touchante attachée à ses discours, arrêta & désarma ce
*fléau de Dieu*, ce terrible Attila, & sauva Rome de
sa fureur, mais en 455 Genseric fit ce qu'Attila n'avoit
pas fait, il prit & saccagea Rome ; à peine Léon
put-il préserver les principales Basiliques, & obtenir
qu'il n'y auroit ni meurtres ni incendies. Léon mourut
en 461. L'édition la plus estimée de ses ouvrages,
quoiqu'il y en ait de plus modernes, est celle que le
fameux P. Quesnel, en a donnée à Paris en 1675.

*Léon* II. n'occupa le saint siège qu'un an depuis
682, jusqu'en 683. Il institua le *baiser de paix* à la
messe & *l'aspersion de l'eau bénite.*

*Léon* III, élu en 795 à la place d'Adrien I. fut
dévoué à Charlemagne comme l'avoit été son prédécesseur. Il commença par faire part à ce prince de
son exaltation avec toutes les marques possibles de
soumission ; il lui envoya les clefs du tombeau de
saint Pierre, l'étendard de la ville de Rome, & le
pria d'envoyer un commissaire pour recevoir le serment de fidélité que les Romains devoient lui renouveller à cause de cette mutation, comme au vainqueur
des Lombards qui succédoit à toute leur puissance,
d'ailleurs comme au bienfaiteur des Papes & au patrice
de Rome, car Charlemagne n'étoit pas encore empereur.

Pascal & Campule, parens du dernier pape, après
avoir fait inutilement chacun de son côté tout ce qu'ils
avoient pu pour lui succéder, formerent le complot
d'assassiner celui qui l'avoit emporté sur eux. Au milieu
d'une procession solemnelle, le 24 avril 799, Pascal
& Campule, étant aux côtés du pape, qui les
mettoit au rang de ses meilleurs amis, & auquel ils
n'avoient jamais fait leur cour avec plus d'empressement, on vit paroitre une foule d'assassins armés,
qui dissipérent la procession, se jettèrent sur le pape,
le renversèrent de cheval & le foulèrent aux pieds.
Pascal & Campule, restés seuls du clergé avec le
Pape, changèrent tout-à-coup de personnage, & se
mirent à la tête des assassins. Leur intention étoit,
dit-on, de crever les yeux au pape & de lui arracher
la langue ; Anastase le bibliothécaire n'a pas balancé
à dire que Léon eut réellement la langue arrachée
& les yeux crevés, mais que la langue & les yeux
lui furent à l'instant rendus miraculeusement ; ce miracle a même été inséré en 1673. dans le Martyrologe romain. Laissons les miracles : les assassins, au lieu
de s'arrêter à mutiler le pape, avoient voulu sans
doute le tuer, & le laissèrent pour mort. Albin,
camerlingue du saint siège, vint à main armée enlever
le pape, pendant la nuit, &le duc de Spolète, accouru
avec de plus grandes forces sur le bruit de ce qui
s'étoit passé, emmena le pape à Spolète.

Les blessures dont il étoit couvert, ne se trouvèrent point mortelles. Son premier soin, lorsqu'il se vit en sûreté, fut d'instruire Charlemagne de son aventure, & de lui demander la permission de l'aller trouver. Il vint en effet, aussi-tôt qu'il le put, trouver Charlemagne à Paderborn. Les assassins du pape, ne pouvant se cacher, se déclarèrent hautement ses accusateurs, prirent Charlemagne pour juge entre le pape & eux, & lui envoyèrent un mémoire, contenant contre Léon, des accusations que les historiens qualifient d'atroces & de calomnieuses sans les spécifier.

Charlemagne fit par provision rétablir solemnellement le pape dans son siége par deux archevêques, quatre évêques & trois comtes, qu'il nomma ses commissaires, non-seulement pour cette fonction, mais encore pour faire toutes les informations nécessaires, tant sur la violence commise à l'égard du pontife, que sur les faits allégués dans le mémoire de ses ennemis. Les informations étant faites, & le résultat étant en faveur du pape, Charlemagne convoqua dans l'église de saint Pierre à Rome, une assemblée solemnelle pour procèder au jugement définitif; il prit ses voix, elles furent toutes favorables au pape, ses accusateurs convaincus de calomnie & d'assassinat étoient absens; l'innocence de Léon fut reconnue comme par acclamation, il se purgea d'ailleurs par serment. Cette assemblée se tint le 15 décembre de l'an 800.

Dix jours après, le même temple fut témoin d'une autre cérémonie encore plus pompeuse; le jour de Noël, Charlemagne étant dans tout l'appareil de la souveraineté à la messe solemnelle de ce jour, dans l'église de saint Pierre, le pape choisit un moment où ce prince étoit à genoux au pied du grand autel; il prit une couronne & la lui posa sur la tête; le peuple qui assistoit en foule à cette cérémonie, s'écria d'une voix unanime : vive Charles, toujours Auguste, grand & pacifique empereur des Romains, c'est Dieu qui le couronne par les mains de son vicaire, qu'il soit à jamais victorieux ! aussi-tôt Léon répandit l'huile sainte sur sa tête, & se prosternant devant lui, fut le premier à l'adorer ; c'est le terme dont se servent tous les annalistes contemporains, & les auteurs même ecclésiastiques. Dans la suite, les papes se sont fait adorer à leur tour; mais c'est ainsi que s'opéra dans la personne de Charlemagne, sous le pontificat de Léon III, en l'an 800, le jour de Noël, le renouvellement de l'empire d'Occident, grande époque.

Le premier acte d'autorité que Charlemagne exerça en qualité d'empereur, fut de condamner à la mort Pascal, Campule & leurs complices. Le pape, par une générosité paternelle, digne de son caractère sacré, demanda grace pour eux & voulut que l'exil fût leur seul châtiment; ils moururent en France dans l'opprobre & dans les remords.

Il y eut vers l'an 815, après la mort de Charlemagne, une nouvelle conspiration contre Léon III. Cette fois-ci le pape, sans recourir au nouvel empereur, Louis le débonnaire, se fit justice à lui-même & une justice rigoureuse; il fit mourir plusieurs des coupables : cette rigueur blessa doublement Louis, &

comme contraire à sa souveraineté impériale, & comme contraire à la clémence pontificale, & à l'horreur que l'église a pour le sang : il en fit faire de vifs reproches à Léon III, qui se crut obligé de lui faire des excuses. Les Romains, plus irrités encore que l'empereur, de la cruauté de Léon, commençoient à se révolter contre lui; Léon III. mourut le 23 mai 816. Ce fut lui qui, à l'occasion d'un violent tremblement de terre arrivé en Italie, l'an 801. établit à Rome la cérémonie des rogations, que St. Mamert ( voyez son article ) avoit établie en France, dès le cinquième siècle, à l'occasion aussi de quelques désastres arrivés à Vienne & dans le Dauphiné.

On a remarqué que Léon III. pape fort dévot, avoit sur-tout une dévotion assez singulière. On prétend qu'il disoit quelquefois sept & même neuf messes par jour.

La grande affaire de Léon IV. fut de repousser les Sarrasins, qui étoient aux portes de Rome, sans que les empereurs ni d'Orient ni d'Occident parussent s'en occuper ; mais Léon IV. veilloit pour la patrie. Il eut dans cette occasion la sollicitude d'un pere qui défend ses enfans, & prit l'autorité d'un souverain qui protége ses sujets. Il fit réparer les murailles, élever des tours, tendre des chaines sur le Tibre ; il arma les milices à ses dépens ; il employa les trésors de l'église à la défense de la capitale du monde chrétien ; à la sollicitation les habitans de Naples & de Gaëte, vinrent défendre les côtes & le port d'Ostia ; il visita lui-même tous les postes & se présenta fièrement aux Sarrasins à leur descente. Il étoit né Romain ; le courage des premiers âges de la république, dit M. de Voltaire, revivoit en lui dans un temps de lâcheté & de corruption, tel qu'un des plus beaux monumens de l'ancienne Rome, qu'on trouve quelquefois dans les ruines de la nouvelle. Les Sarrasins furent repoussés, & la tempête secondant les efforts des Romains, dissipa une partie des vaisseaux ennemis ; une foule de Sarrasins échappée au naufrage, fut mise à la chaine. Le pape rendit sa victoire encore plus utile, en faisant travailler aux fortifications de Rome & à ses embellissemens ces mêmes mains qui s'étoient armées pour la détruire.

C'est entre Léon IV. élu en 847 & mort en 855 & Benoit III son successeur, qu'on a placé la prétendue papesse Jeanne.

Les pontificats de Léon V. VI. VII. VIII. n'ont rien de remarquable.

Léon IX. pape pour saint. Il étoit évêque de Toul, lorsqu'en 1048 il fut fait pape, par le crédit de l'empereur Henri III son parent ; il partit pour Rome en habit de pélerin ; il convoqua plusieurs conciles en Italie, en France, en Allemagne, il fit ce qu'il put pour rétablir les mœurs. Dans un concile tenu à Rome en 1051, il porta un décret qui réduisoit en esclavage les femmes qui se feroient abandonnées à des prêtres dans l'enceinte des murs de Rome. On peut juger des mœurs du clergé de ce temps là, par la nécessité d'un pareil décret. Le pontificat de Léon IX sert d'époque au grand Schisme d'Orient, dont Photius avoit jetté les premiers fondements, plus d'un siècle & demi auparavant, mais qui n'éclata dans toute sa force que sous le patriarche Michel Cerularius, en 1053.

Léon IX. eut aussi à combattre des ennemis non moins redoutables que les Sarrasins, les Normands : en 1053 il alla en Allemagne solliciter du secours contre eux, mais moins heureux que Léon IV ne l'avoit été contre les Sarrasins, il fut battu & pris par les Normands près de Benevent ; il resta un an dans leurs fers, & ce furent eux-mêmes qui le reconduisirent à Rome. Il mourut le 19 avril 1054. On fit sur sa mort ces deux vers Léonins :

*Victrix Roma, dole, nono viduata Leone,*
*Ex multis talem vix habitura parem.*

le P. Sirmond a publié la vie de ce pontife, écrite en latin par l'archidiacre Wibert. Les sermons de Léon IX, sont imprimés avec ceux de saint Léon le grand ; ses épitres décrétales se trouvent dans les conciles du P. Labbe ; on trouve aussi dans le trésor des anecdotes de don Martène, une vie de saint Hidulphe, évêque de Trèves, fondateur du monastère de Moyen-Moutier dans le pays de Vosges, mort vers l'an 707 ; cette vie a été composée par le pape Léon IX.

Léon X. de la maison de Médicis, est ce pape à jamais célèbre par la protection magnifique qu'il accorda aux arts, par les talens de toute espèce qu'il fit éclore en Italie. Une heureuse émulation les porta bientôt dans les états voisins, & Léon X. fut à cet égard le bienfaiteur de l'Europe.

Etant encore cardinal, il avoit été le restaurateur de sa maison à Florence ; les Médicis n'avoient donné long-temps à Florence, leur patrie, que des fers dorés qu'elle n'appercevoit pas ; Pierre, neveu du cardinal (Jean) fit tant sentir le joug aux Florentins qu'il le secouèrent avec indignation, ils chassèrent Pierre de Médicis, qui ne put se rétablir. Le cardinal, à force d'adresse & de courage, ramena sa maison triomphante dans Florence, & le jeune Laurent de Médicis, son neveu, fut, sous sa direction, véritable souverain de la Toscane, sans en avoir le titre.

Jean de Medicis avoit été créé cardinal à quatorze ans, par le pape Innocent VIII. En 1512 il étoit à la bataille de Ravenne, en qualité de légat du pape Jules II, qui faisoit alors la guerre à la France ; il fut fait prisonnier par les François, il leur parla, dit-on, avec tant d'éloquence & tant d'autorité, que les soldats lui demandèrent pardon d'avoir osé l'arrêter ; mais le cardinal de saint Séverin qui étoit dans le parti de la France, lui ôta sa croix & les autres marques de la légation, & l'envoya prisonnier à Milan.

L'année suivante le 5 mars, le cardinal de Médicis fut élu pape, il n'avoit alors que trente-six ans. Son pontificat sert d'époque à l'établissement du Luthéranisme. (*Voyez* l'article : LUTHER ).

Il sert aussi d'époque à l'abolition de la pragmatique & à l'établissement du concordat ; cette grande

affaire fut projettée & convenue dans la célèbre entrevue de Léon X. & de François I. à Bologne : à la fin de l'année 1515 ; elle fut ensuite réglée entre le chancelier Duprat, pour François I. & les cardinaux d'Ancône & de Santiquatro, pour Léon X. Le tout fut terminé le 15 août 1516. à la grande satisfaction du pape & du roi, mais au grand mécontentement de l'église, de l'université, des parlemens.

La guerre que Léon X. fit au duc d'Urbin la Rovère, neveu de Jules II, pour le dépouiller de son duché d'Urbin, & en investir son neveu Laurent de Médicis, cette guerre, après plusieurs révolutions en sens contraire, produisit des conspirations respectives contre la vie ou la liberté du pape & du duc d'Urbin. Celui-ci fit tuer au milieu de son camp à coups de pique, quatre officiers accusés d'avoir voulu le livrer aux Médicis. Léon se crut obligé d'effrayer le sacré collége par des emprisonnemens & des supplices, pour rompre une trame horrible formée contre sa vie. Le cardinal Alphonse Petrucci avoit gagné Verceil chirurgien du pape, & un officier, nommé Bagnacavello, qui devoient être les instrumens du crime ; les cardinaux Bandinello de Soli, Raphaël Riario, carmelingue du saint siége, Adrien Corneto & François Soderin, appuyoient ou connoissoient ce projet. Verceil & Bagnacavello furent écartelés ; le cardinal Pétrucci fut étranglé en prison ; les autres rachetèrent leur vie & leur dignité par des sommes plus ou moins fortes, selon la part plus ou moins grande qu'ils parurent avoir eue au complot.

Le pape créa ensuite dans un seul consistoire jusqu'à trente & un cardinaux, dévoués à ses intérêts ou qu'il croyoit l'être.

Pendant l'expédition de François I. dans le Milanès Léon X. avoit tenu à son égard une conduite équivoque ; il avoit d'abord été son ennemi, & Prosper Colonne commandoit les troupes pontificales, chargées d'empêcher l'entrée des François en Italie ; voyant ensuite les succès de François I. il l'avoit traité avec lui pour retarder ses progrès, & un des objets de l'entrevue de Bologne, avoit été de sa part d'engager François I. à différer l'entrevue jusqu'il projetoit sur Naples.

Dans la concurrence de François I. & de Charles-Quint à l'Empire, la politique du pape étoit de vouloir un empereur qui ne possédât rien en Italie ; la possession du royaume de Naples devoit, selon lui exclure Charles de l'empire, & celle du Milanès François I.

Lorsque Charles Quint fut élu, & que la grande guerre de 1521 s'alluma entre ces deux illustres rivaux, le pape, qui auroit voulu les chasser tous deux de l'Italie, parut d'abord vouloir tenir la balance égale entre eux ; il traitoit avec tous les deux, mais il finit par se déclarer pour Charles-Quint ou plutôt contre la France, & même il s'enflamma d'un zèle si violent contre elle, que le tonnerre étant tombé le 29 juin, fête de St. Pierre & St. Paul, sur le magasin à poudre de Milan, & ayant produit une explosion épouvantable & des renversemens très funestes, Léon X. eut la barbarie d'insulter à ce malheur des François,

Les bleſſures dont il étoit couvert, ne ſe trouvèrent point mortelles. Son premier ſoin, lorſqu'il ſe vit en ſûreté, fut d'inſtruire Charlemagne de ſon aventure, & de lui demander la permiſſion de l'aller trouver. Il vint en effet, auſſi-tôt qu'il le put, trouver Charlemagne à Paderborn. Les aſſaſſins du pape, ne pouvant ſe cacher, ſe déclaièrent hautement ſes accuſateurs, prirent Charlemagne pour juge entre le pape & eux, & lui envoyèrent un mémoire, contenant contre Léon, des accuſations que les hiſtoriens qualifient d'atroces & de calomnieuſes ſans les ſpécifier.

Charlemagne fit par proviſion rétablir ſolemnellement le pape dans ſon ſiége par deux archevêques, quatre évêques & trois comtes, qu'il nomma ſes commiſſaires, non-ſeulement pour cette fonction, mais encore pour faire toutes les informations néceſſaires, tant ſur la violence commiſe à l'égard du pontife, que ſur tous les faits allégués dans le mémoire de ſes ennemis. Les informations étant faites, & le réſultat étant en faveur du pape, Charlemagne convoqua dans l'égliſe de ſaint Pierre à Rome, une aſſemblée ſolemnelle pour procéder au jugement définitif; il prit les voix, elles furent toutes favorables au pape, ſes accuſateurs convaincus de calomnie & d'aſſaſſinat étoient abſens; l'innocence de Léon fut reconnue comme par acclamation, il ſe purgea d'ailleurs par ſerment. Cette aſſemblée ſe tint le 15 décembre de l'an 800.

Dix jours après, le même temple fut témoin d'une autre cérémonie encore plus pompeuſe; le jour de Noël, Charlemagne étant dans tout l'appareil de la ſouveraineté à la meſſe ſolemnelle de ce jour, dans l'égliſe de ſaint Pierre, le pape choiſit un moment où ce prince étoit à genoux au pied du grand autel; il prit une couronne & la lui poſa ſur la tête; le peuple qui aſſiſtoit en foule à cette cérémonie, s'écria d'une voix unanime : vive Charles, toujours Auguſte, grand & pacifique empereur des Romains, c'eſt Dieu qui le couronne par les mains de ſon vicaire, qu'il ſoit à jamais victorieux ! auſſi-tôt Léon répandit l'huile ſainte ſur ſa tête, & ſe proſternant devant lui, fut le premier à l'adorer; c'eſt le terme dont ſe ſervent tous les annaliſtes contemporains, & les auteurs même eccléſiaſtiques. Dans la ſuite, les papes ſe font fait adorer à leur tour; mais c'eſt ainſi que s'opéra dans la perſonne de Charlemagne, ſous le pontificat de Léon III, en l'an 800, le jour de Noël, le renouvellement de l'empire d'Occident, grande époque.

Le premier acte d'autorité que Charlemagne exerça en qualité d'empereur, fut de condamner à la mort Paſcal, Campule & leurs complices. Le pape, par une généroſité paternelle, digne de ſon caractère ſacré, demanda grace pour eux & voulut que l'exil fût leur ſeul châtiment; ils moururent en France dans l'opprobre & dans les remords.

Il y eut vers l'an 815, après la mort de Charlemagne, une nouvelle conſpiration contre Léon III. Cette fois-ci le pape, ſans recourir au nouvel empereur, Louis le débonnaire, ſe fit juſtice à lui-même & une juſtice rigoureuſe; il fit mourir pluſieurs des coupables : cette rigueur bleſſa doublement Louis, &

comme contraire à ſa ſouveraineté impériale, & comme contraire à la clémence pontificale, & à l'horreur que l'égliſe a pour le ſang : il en fit faire de viſs reproches à Léon III, qui ſe crut obligé de lui faire de exculs. Les Romains, plus irrités encore que l'empereur, de la cruauté de Léon, commençoient à ſe révolter contre lui; Léon III. mourut le 23 mai 816. Ce fut lui qui, à l'occaſion d'un violent tremblement de terre arrivé en Italie, l'an 801, établit à Rome la cérémonie des rogations, que St. Mamert, ( voyez ſon article ) avoit établie en France, dès le cinquième ſiècle, à l'occaſion auſſi de quelques déſaſtres arrivés à Vienne & dans le Dauphiné.

On a remarqué que Léon III. pape fort dévot, avoit ſur-tout une dévotion aſſez ſingulière. On prétend qu'il diſoit quelquefois ſept & même neuf meſſes par jour.

La grande affaire de Léon IV. fut de repouſſer les Sarraſins, qui étoient aux portes de Rome, ſans que les empereurs ni d'Orient ni d'Occident paruſſent s'en occuper; mais Léon IV. veilloit pour la patrie. Il eut dans cette occaſion la ſollicitude d'un pere qui défend ſes enfans, & prit l'autorité d'un ſouverain qui protége ſes ſujets. Il fit réparer les murailles, élever des tours, tendre des chaines ſur le Tibre; il arma les milices à ſes dépens; il employa les tréſors de l'égliſe à la défenſe de la capitale du monde chrétien; à la ſollicitation les habitans de Naples & de Gaëte, vinrent défendre les côtes & le port d'Oſtia; il viſita lui-même tous les poſtes & ſe préſenta fiérement aux Sarraſins à leur deſcente. Il étoit né Romain, & le courage des premiers âges de la république, dit M. de Voltaire, revivoit en lui dans un temps de lâcheté & de corruption, tel qu'un des beaux monumens de l'ancienne Rome, qu'on trouve quelquefois ſur les ruines de la nouvelle. Les Sarraſins furent repouſſés, & la tempête ſecondant les efforts des Romains, diſſipa une partie des vaiſſeaux ennemis; une foule de Sarraſins échappée au naufrage, fut miſe à la chaîne. Le pape rendit ſa victoire encore plus utile, en faiſant travailler aux fortifications de Rome & à ſes embelliſſemens ces mêmes mains qui s'étoient employées à le détruire.

C'eſt entre Léon IV, élu en 847 & mort en 855 & Benoît III ſon ſucceſſeur, qu'on a placé la prétendue papeſſe Jeanne.

Les pontificats de Léon V. VI. VII. VIII. n'ont rien de remarquable.

Léon IX, paſſe pour ſaint. Il étoit évêque de Toul, lorſqu'en 1048 il fut fait pape, par le crédit de l'empereur Henri III ſon parent; il partit pour Rome en habit de pélerin, il convoqua pluſieurs conciles en Italie, en France, en Allemagne, il fit ce qu'il put pour rétablir les mœurs. Dans un concile tenu à Rome en 1051, il porta un décret qui réduiſoit en eſclavage les femmes qui ſe feroient abandonnées à des prêtres dans l'enceinte des murs de Rome. On peut juger des mœurs du clergé de ce temps là, par la néceſſité d'un pareil décret. Le pontificat de Léon IX ſert d'époque au grand Schiſme d'Orient, dont Photius avoit jetté les premiers fondemens, plus d'un siècle & demi auparavant, mais qui n'éclata dans toute sa force que sous le patriarche Michel Cerularius, en 1053.

Léon IX. eut aussi à combattre des ennemis non moins redoutables que les Sarrasins, les Normands : en 1053 il alla en Allemagne solliciter du secours contre eux, mais moins heureux que Léon IV ne l'avoit été contre les Sarrasins, il fut battu & pris par les Normands près de Benevent ; il resta un an dans leurs fers, & ce furent eux-mêmes qui le reconduisirent à Rome. Il mourut le 19 avril 1054. On fit sur sa mort ces deux vers Léonins :

*Victrix Roma, dole, nono viduata Leone,*
*Ex multis talem vix habitura parem.*

le P. Sirmond a publié la vie de ce pontife, écrite en latin par l'archidiacre Wibert. Les sermons de Léon IX, sont imprimés avec ceux de saint Léon le grand ; ses épitres décrétales se trouvent dans les conciles du P. Labbe ; on trouve aussi dans le trésor des anecdotes de don Martène, une vie de saint Hidulphe, évêque de Trèves, fondateur du monastère de Moyen-Moutier dans le pays de Vosges, mort vers l'an 707 ; cette vie a été composée par le pape Léon IX.

Léon X. de la maison de Médicis, est ce pape à jamais célèbre par la protection magnifique qu'il accorda aux arts, par les talens de toute espèce qu'il fit éclore en Italie. Une heureuse émulation les porta bientôt dans les états voisins, & Léon X. fut à cet égard le bienfaiteur de l'Europe.

Etant encore cardinal, il avoit été le restaurateur de sa maison à Florence ; les Médicis n'avoient donné long-temps à Florence, leur patrie, que des fers dorés qu'elle n'apperçevoit pas ; Pierre, neveu du cardinal (Jean) fit trop sentir le joug aux Florentins qui se secouèrent avec indignation, ils chassèrent Pierre de Médicis, au lieu de le rétablir. Le cardinal, à force d'adresse & de courage, ramena sa maison triomphante dans Florence, & le jeune Laurent de Médicis, son neveu, fut, sous sa direction, véritable souverain de la Toscane, sans en avoir le titre.

Jean de Medicis avoit été créé cardinal à quatorze ans, par le pape Innocent VIII. En 1512 il étoit à la bataille de Ravenne, en qualité de légat du pape Jules II, qui faisoit alors la guerre à la France ; il fut fait prisonnier par les François, il leur parla, dit-on, avec tant d'éloquence & tant d'autorité, que les soldats lui demandèrent pardon d'avoir osé l'arrêter ; mais le cardinal de saint Séverin qui étoit dans le parti de la France, lui ôta sa croix & les autres marques de la légation, & l'envoya prisonnier à Milan.

L'année suivante le 5 mars, le cardinal de Médicis fut élu pape, il n'avoit alors que trente-six ans. Son pontificat sert d'époque à l'établissement du Luthéranisme. ( *Voyez* l'article : LUTHER. )

Il sert aussi d'époque à l'abolition de la pragmatique & à l'établissement du concordat ; cette grande

affaire fut projettée & convenue dans la célèbre entrevue de Léon X. & de François I. à Bologne à la fin de l'année 1515 ; elle fut ensuite réglée entre le chancelier-Duprat, pour François I. & les cardinaux d'Ancône & de Santiquatro, pour Léon X. Le tout fut terminé le 15 août 1516, à la grande satisfaction du pape & du roi, mais au grand mécontentement de l'église, de l'université, des parlemens.

La guerre que Léon X fit au duc d'Urbin la Rovère neveu de Jules II. pour le dépouiller de son duché d'Urbin, & en investir son neveu Laurent de Médicis, cette guerre, après plusieurs révolutions en sens contraire, produisit des conspirations respectives contre la vie ou la liberté du pape & du duc d'Urbin. Celui-ci fit tuer au milieu de son camp à coups de pique, quatre officiers accusés d'avoir voulu le livrer aux Médicis. Léon se crut obligé d'effrayer le sacré collège par des emprisonnemens & des supplices, pour rompre une trame horrible formée contre sa vie. Le cardinal Alphonse Petrucci avoit gagné Verceil chirurgien du pape, & un officier, nommé Bagnacavello, qui devoient être les instrumens du crime ; les cardinaux Bandinello da Soli, Raphaël, Riario, carmelingue du saint siège, Adrien Corneto & François Soderin, appuyoient ou connoissoient ce projet. Verceil & Bagnacavello furent écartelés, le cardinal Pétrucci fut étranglé en prison ; les autres rachetèrent leur vie & leur dignité par des sommes plus ou moins fortes, selon la part plus ou moins grande qu'ils parurent avoir eue au complot.

Le pape créa ensuite dans un seul consistoire jusqu'à trente & un cardinaux, dévoués à ses intérêts ou qu'il croyoit l'être.

Pendant l'expédition de François I. dans le Milanès Léon X. avoit tenu à son égard une conduite équivoque ; il avoit d'abord été son ennemi, & Prosper Colonne commandoit les troupes pontificales, chargées d'empêcher l'entrée des François en Italie ; voyant ensuite le succès de François I. il avoit traité avec lui pour retarder ses progrès, & un des objets de l'entrevue de Bologne, avoit été de sa part d'engager François I. à différer l'entreprise qu'il projettoit sur Naples.

Dans la concurrence de François I. & de Charles-Quint à l'Empire, la politique du pape étoit de vouloir un empereur qui ne possedât rien en Italie ; la possession du royaume de Naples devoit, selon lui exclure Charles de l'empire, & celle du Milanès François I.

Lorsque Charles Quint fut élu, & que la grande guerre de 1521 s'alluma entre ces deux illustres rivaux, le pape, qui auroit voulu les chasser tous deux de l'Italie, parut d'abord vouloir tenir la balance égale entre eux ; il traitoit avec tous les deux, mais il finit par se déclarer pour Charles-Quint ou plutôt contre la France, & même il s'enflamma d'un zèle si violent contre elle, que le tonnerre étant tombé le 29 juin, tête de St. Pierre & St. Paul, sur le magasin à poudre de Milan, & ayant produit une explosion épouvantable & des renversemens très funestes, Léon X. eut la barbarie d'insulter à ce malheur des François, il le repréfenta comme un trait éclatant de la vengeance divine, qui avoit choifi le jour de la fête de St. Pierre, pour frapper les ennemis du fucceffeur de cet apôtre.

Cette campagne de 1521 fut favorable en Italie au pape & à l'Empereur, Lautrec perdit non-feulement le Milanès, mais encore Parme & Plaifance. Léon X. avoit dit plufieurs fois qu'il mourroit content, pourvu qu'il vît Parme & Plaifance enlevés aux François; ce mot fembla le condamner; en recevant à la fois toutes ces heureufes nouvelles, il en reffentit une joie qui, par fon excès même, lui devint, dit-on, funefte. Il mourut le 2 décembre au bout de trois jours de maladie. Les uns attribuèrent fa mort au faififfement de joie dont il avoit été pénétré, les autres accufèrent Barnabé Malefpine fon camérier, qui faifoit l'office d'échanfon, de l'avoir empoifonné. Il paroit qu'il fut étouffé par un catharre violent, accompagné de fièvre.

Léon XI, le dernier des papes de ce nom, étoit auffi de la maifon de Médicis; il s'appelloit Alexandre Octavien de Médicis, ou le cardinal de Florence; il ne fiégea que vingt-fix jours, ayant été nommé le 1er. avril 1605, à la mort de Clément VIII, & étant mort le 27 du même mois.

LÉON ALLATIUS ou ALLAZZI (Voyez ALLATIUS.)

LÉONARD, (Saint) (Hift. Eccléfiaft.) vivoit dans le fixième fiècle. C'étoit un folitaire; un anonyme a écrit fa vie, mais fa véritable hiftoire n'en eft pas plus connue.

LÉONARD de Pife, (Hift. Litt. Mod.) c'eft par lui que l'Italie d'abord, & enfuite le refte de l'Europe a connu l'ufage des chiffres arabes & de l'algèbre. Etant à Bugie ville d'Afrique, il connut le facteur de quelques marchands Pifans, il connut les chiffres arabes, & les fit connoitre à fa patrie vers le commencement du treizième fiècle.

LÉONCE, (Hift. Rom.) patrice d'Orient, après avoir rendu les plus grands fervices à Juftinien II. lui devint fufpect. Dans le temps qu'il attendoit la récompenfe de fa valeur, il fe vit accufé par les envieux de fa gloire, & condamné aux ennuis d'une éternelle captivité. Il obtint fon élargiffement, mais plus fenfible à l'offenfe qu'aux bienfaits dont on vouloit le combler, il s'arma contre fon maitre qu'il força d'abdiquer l'empire. Léonce porta la guerre en Afrique, où il n'éprouva que des revers. Tibère Abfimare profitant du mécontentement des foldats, alluma le feu de la fédition. Léonce précipité du trône, y vit remonter Juftinien qui le condamna à avoir le nez coupé & la tête tranchée. Il n'avoit régné que trois ans, & dans ce fiècle de barbarie, il ne commit aucun acte de cruauté: il avoit épargné la vie de Juftinien, qui le condamna à la mort. (T - N.)

LÉONICENUS, (Nicolas) (Hift. Litt. mod.) médecin à Ferrare, auteur de la première traduction latine des œuvres de Galien, il a traduit auffi en latin les aphorifmes d'Hippocrate. Il y a encore de lui un traité de Plinii, & plurium aliorum médic. in medicinâ érroribus. Il s'attacha peu à la pratique de fon

art, mais il écrivoit beaucoup. Je guéris peu, difoit-il, mais j'enfeigne à guérir; on a de lui auffi des ouvrages de littérature. Il a traduit en italien Dion, Procope, Lucien. Il a écrit des hiftoires diverfes en latin, & fait une grammaire latine. Né dans le Vicentin, en 1428, mort en 1523, prefque centénaire.

LÉONIDAS, (Hift. Anc.) c'eft le nom de deux rois de Sparte. L'un pour obéir aux faintes loix de Sparte, mourut en défendant avec trois cents hommes, le paffage des Thermopyles, contre l'armée de Xercès, dix mille fois plus nombreufe; ce fait arriva l'an 480 avant J. C. Ces termes: pour obéir, &c. font tirés de la fameufe infcription qui en confacra la mémoire. Léonidas & les trois cents Spartiates favoient qu'ils alloient à une mort certaine. Léonidas, en partant, recommanda feulement à fa femme de fe marier après fa mort, à un homme qui fît des enfans dignes de fon premier mari.

Xercès avoit voulu corrompre un tel homme, en lui promettant l'empire de la Grèce. Quand je puis mourir pour ma patrie, dit-il, voudrois-je y regner injuftement?

Xercès lui demandant fes armes. Viens les prendre, répondit-il.

L'armée des ennemis, lui difoit-on un jour, eft fi nombreufe, que leurs traits fuffiront pour nous dérober la clarté du foleil. Tant mieux, dit Léonidas, nous combattrons à l'ombre.

Pourquoi, lui demandoit-on un jour, la bravoure va-t-elle jufqu'à préférer la mort à la vie? Ne voyez vous pas, dit-il, que la vie eft un don du hazard & qu'une mort glorieufe eft le fruit de la vertu. Tel étoit ce premier Léonidas.

Sur le fecond, qui régnoit à Sparte environ deux fiècles & demi avant J.C. Voyez l'article: CLEOMBROTE

LEONIUS, poëte latin du douzième fiècle, auteur des vers Léonins. Il étoit, felon les uns, chanoine de faint Benoit; felon l'abbé le Beuf, chanoine de Notre Dame. Il mit en vers Leonins, prefque tout l'ancien Teftament.

On fait que les vers Léonins, font ceux qui riment par les deux hémiftiches; on perfectionna dans la fuite cette ridicule invention, & il y eut, outre les vers Léonins fimples, des doubles Léonins, des triples Léonins.

Les vers Léonins fimples, font ceux qui riment par les deux hémiftiches, mais qui d'ailleurs ne riment point entr'eux.

Les doubles Léonins, ceux qui riment deux à deux & par les hémiftiches.

Les triples Léonins, ceux qui, outre la rime de fin, mettent encore une rime après le premier pié, & une après le troifième, & qui font rimer au deux à deux les vers en trois endroits; voici exemple de ces derniers dans l'épitaphe de Henri, comte de Champagne, à faint Etienne de Troyes.

*Largus eram, multis dederam, multumque laborem*
*Hic tutelam; nunc, quaefo, feram fructum meliorem.*
*Quae ftatuo tibi, templa tuo promartyr honori*
*Perpetuò. Rege, daque fuo prodeffe datori.*

Quant aux vers Léonins simples, on en trouve plusieurs de ce genre dans les meilleurs poëtes de l'antiquité, dans les auteurs classiques. Cette consonnance des deux parties du vers est si commune chez eux, qu'elle ne peut pas être l'effet du hazard ou de la négligence. Il paroit même qu'elle est souvent recherchée, & qu'ils aimoient à faire jouer ainsi les substantifs avec les adjectifs, ou avec les participes, ou les pronoms possessifs qui tiennent lieu d'adjectifs.

*Quamvis multa meis exiret victima septis.*
*Incipe, Dameta, tu deinde sequere Menalca.*
*Pollio amat nostram, quamvis est rustica, musam.*
*Talia sæcla suis dixerunt currite, fusis.*
*Aspice venturo lætentur ut omnia sæclo.*
*O mihi tam longæ maneat pars ultima vitæ.*
*Sive sub incertas zephyris motantium umbras.*
*Imò hæc in viridi nuper quæ cortice fagi.*
*Cùm complexa sui corpus miserabile nati.*
*Et gravis attritâ pendebat cantharus ansâ.*
*Solvite me pueri : satis est posuisse videri.*
*Pasiphaen nivei solatur amore juvenci.*
*Perducent aliquæ stabula ad gortynia vaccæ.*
*Jussit, & invento processit vesper olympo.*
*Cùm primum pasti repetent præsepia tauri.*
*Imò ego sardois videar tibi amarior herbis.*
*Et quæ vos rarâ viridis tegit arbutus umbrâ.*
*Per nemora atque altos quærendo bucula lucos.*
*Cùm te ad delicias ferres Amaryllida nostras.*
*Ah ! tibi ne teneras glacies secet aspera plantas !*
*Doris amara suam non intermisceat undam.*
*Tu mihi seu magni superas jam saxa timavi.*
*Non aliàs cœlo ceciderunt plura sereno.*
*Æmathiam & Latò's hæmi pinguescere campos.*
*Agricola incurvo terram molitus aratro,*
*Grandiaque effossis mirabitur ossa sepulchris.*
*Absint & picti squallentia terga lacerti.*
*Ac veluti lentis cyclopes fulmina massis.*
*Et premere, & laxas sciret dare jussus habenas.*
*Esto : ægram nulli quondam flexere mariti.*
*Huc cursum iliacas vento tenuisse carinas.*
*Et tandem Euboicis cumarum allabimur oris.*
*Trajicit, I, verbis virtutem illude superbis.*

                     **Virgile.**

*Non bene junctarum discordia semina rerum.*
*Inserere, & patrias intùs deprendere curas.*
*Viderat adducto flectentem cornua nervo.*
*Stravimus innumeris tumidum pythona sagittis.*

                     **Ovide.**

*Fratrem mœrentis, rapto de fratre dolentis.*
*Quam neque finitimi valuerunt perdere Marsi !*
*Nox erat, & cœlo fulgebat luna sereno.*
*Cùm tu magnorum numen læsura deorum.*

                     **Horace.**

*Bella per æmathios plus quàm civilia campos.*
*Edidit, & medio visi consurgere campo.*
*Agricolæ fracto Marium fugere sepulchro.*
*Quique colunt junctos extremis mænibus agros.*
*Quà mare lagæi mutatur gurgite nili.*

                     **Lucain.**

Quelquefois les consonnances sont accumulées avec la recherche la plus marquée.

*Sylvestris raris sparsit labrusca racemis.*
*Puniceis humilis quantùm saliunca rosetis.* ( Virg. )

Quelquefois elles le sont de manière qu'il n'y a point de mot dans le vers qui n'ait sa rime.

*Ægeona suis immania terga lacertis.* ( Ov. )
*Sola sophocleo tua carmina digna cothurno.* ( Virg. )

Quelquefois ce ne sont pas seulement des vers détachés, mais deux & trois vers de suite, où il se trouve soit une rime, soit plusieurs.

*At non Hectoreis dubitavit cedere flammis*
*Quas ego sustinui, quas hâc à classe fugavi.* ( Ov. )
*Tùm casiâ atque aliis intexens suavibus herbis,*
*Mollia luteolâ pingit vaccinia calthâ* ( Virg. )
*Tincta super lectos canderet vestis eburnos,*
*Multaque de magnâ supersint fercula cœnâ,*
*Quæ procul exstructis inerant hesterna canistris.*
                     ( Hor. )

Observons que ces trois derniers vers d'Horace, qu'on trouve de suite, sont plus travaillés que les vers ordinaires d'Horace, que l'harmonie en est très recherchée, qu'il n'est pas possible que les consonnances continuelles qu'ils présentent, soient l'effet du hazard. Nous n'avons pas cherché ces exemples, nous nous sommes contentés de ceux qui se sont présentés d'abord à notre mémoire ; si notre opinion sur ce point trouvoit des contradicteurs, il nous feroit aisé de les accabler sous le poids des exemples ; & ceux qui pourroient conserver quelque doute à cet égard, ne seroient pas des littérateurs nourris des bons modèles de l'antiquité. Nous croyons donc que les anciens trouvoient dans ces consonnances un mérite de symmétrie & d'harmonie qu'ils recherchoient, mais qu'ils ne prodiguoient pas, parce qu'il en est de ce mérite, comme de certaines figures qui font un grand effet, lorsqu'elles sont rares & justes, & qui fatiguent lorsqu'elles sont multipliées.

Quant aux vers Léonins de la basse latinité, ils n'en sont pas moins ridicules par l'affectation, le mauvais goût & la platitude, & l'exemple des anciens ne les justifie pas.

LÉONTIUM, ( *Hist. Anc.* ) courtisane philosophe dont on a donné le nom à la fameuse Ninon de Lenclos, belle comme elle, courtisane comme elle, philosophe comme elle ; Léontium écrivit pour défendre la doctrine d'Epicure son maître & son amant, contre ce fameux Théophraste, dont la Bruyère a traduit les caractères. Ce tribut de reconnoissance & d'amitié a déplu à Ciceron qui, en convenant de l'élégance de ce petit écrit & de l'érudition de son auteur, ne laisse pas de lui dire avec son style éloquent, de très grosses injures. ( de Nat. deor. L. 1.) *Meretricula etiam Leontium contrà Theophrastum scribere ausa est, scito illa quidem sermone & atico.*

Pline va plus loin. Il s'indigne de l'audace de cette

il le repréſenta comme un trait éclatant de la vengeance divine, qui avoit choiſi le jour de la fête de St. Pierre, pour frapper les ennemis du ſucceſſeur de cet apôtre.

Cette campagne de 1521 fut favorable en Italie au pape & à l'Empereur, Lautrec perdit non-ſeulement le Milanès, mais encore Parme & Plaiſance. Léon X. avoit dit pluſieurs fois qu'il mourroit content, pourvu qu'il vît Parme & Plaiſance enlevés aux François ; ce mot ſembla le condamner ; en recevant à la fois toutes ces heureuſes nouvelles, il en reſſentit une joie qui, par ſon excès même, lui devint, dit-on, funeſte. Il mourut le 2 décembre au bout de trois jours de maladie. Les uns attribuèrent ſa mort au ſaiſiſſement de joie dont il avoit été pénétré, les autres accuſèrent Barnabé Maleſpine ſon camérier, qui faiſoit l'office d'échanſon, de l'avoir empoiſonné. Il paroît qu'il fut étouffé par un catharre violent, accompagné de fièvre.

Léon XI, le dernier des papes de ce nom, étoit auſſi de la maiſon de Médicis ; il s'appelloit Alexandre Octavien de Médicis, ou le cardinal de Florence ; il ne ſiégea que vingt-ſix jours, ayant été nommé le 1ᵉʳ. avril 1605, à la mort de Clément VIII, & étant mort le 27 du même mois.

LÉON ALLATIUS ou ALLAZZI. (*Voyez* ALLATIUS.)

LÉONARD, ( Saint ) ( *Hiſt. Eccléſiaſt.* ) vivoit dans le ſixième ſiècle. C'étoit un ſolitaire ; un anonyme a écrit ſa vie, mais ſa véritable hiſtoire n'en eſt pas plus connue.

LÉONARD de Piſe, ( *Hiſt. Litt. Mod.* ) c'eſt par lui que l'Italie d'abord, & enſuite le reſte de l'Europe a connu l'uſage des chiffres arabes & de l'algèbre. Etant à Bugie ville d'Afrique, où ſon père étoit facteur de quelques marchands Piſans, il connut les chiffres arabes, & les fit connoître à ſa patrie vers le commencement du treizième ſiècle.

LÉONCE, ( *Hiſt. Rom.* ) patrice d'Orient, après avoir rendu les plus grands ſervices à Juſtinien II. lui devint ſuſpect. Dans le temps qu'il attendoit la récompenſe de ſa valeur, il ſe vit accuſé par un envieux de ſa gloire, & condamné aux ennuis d'une éternelle captivité. Il obtint ſon élargiſſement, mais plus ſenſible à l'offenſe qu'aux bienfaits dont on vouloit le combler, il s'arma contre ſon maître qu'il força d'abdiquer l'empire. Léonce porta la guerre en Afrique, où il n'éprouva que des revers. Tibère Abſimare profitant du mécontentement des ſoldats, alluma le feu de la ſédition. Léonce précipité du trône, y vit remonter Juſtinien qui le condamna à avoir le nez coupé & la tête tranchée. Il n'avoit régné que trois ans, & dans ce ſiècle de barbarie, il ne commit aucun acte de cruauté : il avoit épargné la vie de Juſtinien, qui le condamna à la mort. ( *T. - N,* )

LÉONICENUS, ( Nicolas ) ( *Hiſt. Litt. mod.* ) médecin à Ferrare, auteur de la première traduction latine des œuvres de Galien, il a traduit auſſi en latin les aphoriſmes d'Hippocrate. Il y a encore de lui un traité *de Plinii, & plurium aliorum médic. in medicinâ erroribus.* Il s'attacha peu à la pratique de ſon

art, mais il écrivoit beaucoup. *Je guéris peu*, diſoit-il, *mais j'enſeigne à guérir ;* on a de lui auſſi des ouvrages de littérature. Il a traduit en Italien Dion, Procope, Lucien. Il a écrit des hiſtoires diverſes en latin, & fait une grammaire latine. Né dans le Vicentin, en 1428, mort en 1523. preſque centénaire.

LÉONIDAS, ( *Hiſt. Anc.* ) c'eſt le nom de deux rois de Sparte. L'un *pour obéir aux ſaintes loix de Sparte*, mourut en défendant avec trois cents hommes, le paſſage des Thermopyles, contre l'armée de Xercès, dix mille fois plus nombreuſe ; ce fait arriva l'an 480 avant J. C. Ces termes : *pour obéir*, &c. ſont tirés de la fameuſe inſcription qui en conſacra la mémoire. Léonidas & les trois cents Spartiates ſavoient qu'ils alloient à une mort certaine. Léonidas, en partant, recommanda ſeulement à ſa femme de ſe marier après ſa mort, à un homme qui fit des enfans dignes de ſon premier mari.

Xercès avoit voulu corrompre un tel homme, en lui promettant l'empire de la Grèce. *Quand je puis mourir pour ma patrie*, dit-il, *voudrois-je y régner injuſtement ?*

Xercès lui demandant ſes armes. *Viens les prendre*, répondit-il.

L'armée des ennemis, lui diſoit-on un jour, eſt ſi nombreuſe, que leurs traits ſuffiront pour nous dérober la clarté du ſoleil. *Tant mieux*, dit Léonidas, *nous combattrons à l'ombre.*

Pourquoi, lui demandoit-on un jour, la bravoure va-t-elle juſqu'à préférer la mort à la vie ? *Ne voyez-vous pas*, dit-il, *que la vie eſt un don du haſard & qu'une mort glorieuſe eſt le fruit de la vertu.* Tel étoit ce premier Léonidas.

Sur le ſecond, qui régnoit à Sparte environ deux ſiècles & demi avant J.C. *Voyez* l'article : CLEOMBROTE.

LEONIUS, poëte latin du douzième ſiècle, auteur des vers Léonins. Il étoit, ſelon les uns, chanoine de ſaint Benoît ; ſelon l'abbé le Beuf, chanoine de Notre-Dame. Il mit en vers Léonins, preſque tout l'ancien Teſtament.

On ſait que les vers Léonins, ſont ceux qui riment par les deux hémiſtiches ; on perfectionna dans la ſuite cette ridicule invention, & il y eut, outre les vers Léonins ſimples, des doubles Léonins, des triples Léonins.

Les vers Léonins ſimples, ſont ceux qui riment par les deux hémiſtiches, mais qui d'ailleurs ne riment point entr'eux.

Les doubles Léonins, ceux qui riment deux à deux & par les hémiſtiches.

Les triples Léonins, ceux qui, outre la rime de la fin, mettent encore une rime après le premier pied & une après le troiſième, & qui font rimer ainſi entr'eux les deux vers en trois endroits ; voici un exemple de ces derniers dans l'épitaphe de Henri, comte de Champagne, à ſaint Etienne de Troyes.

*Largus eram, | multis dederam, | multumque laborem*
*Hic tutelam ; | nunc, quæſo, feram fructum meliorem,*
*Quæ ſtatuo | tibi, templa tuo | promartyr honori*
*Perpetuò. | Rege, daque ſuo | prodeſſe datori.*

Quant aux vers Léonins fimples, on en trouve plufieurs de ce genre dans les meilleurs poëtes de l'antiquité, dans les auteurs claffiques. Cette confonnance des deux parties du vers eft fi commune chez eux, qu'elle ne peut pas être l'effet du hazard ou de la négligence. Il paroît même qu'elle eft fouvent recherchée, & qu'ils aimoient à faire jouer ainfi les fubftantifs avec les adjectifs, ou avec les participes, ou les pronoms poffeffifs qui tiennent lieu d'adjectifs.

*Quamvis multa meis exiret victima feptis.*
*Incipe, Dameta, tu deinde fequere Menalca.*
*Pollio amat noftram, quamvis eft ruftica, mufam.*
*Talia fæcla fuis dixerunt currite, fufis.*
*Afpice venturo lætentur ut omnia fæclo.*
*O mihi tam longæ maneat pars ultima vitæ.*
*Sive fub incertas zephyris motantibus umbras.*
*Imò hæc in viridi nuper quæ cortice fagi.*
*Cùm complexa fui corpus miferabile nati.*
*Et gravis attritâ pendebat cantharus anfâ.*
*Solvite me pueri : fatis eft pofuiffe videri.*
*Pafiphaen niveï folatur amore juvenci.*
*Perducent aliquæ ftabula ad gortynia vaccæ.*
*Juffit, & invento proceffit vefper olympo.*
*Cùm primùm pafti repetent præfepia tauri.*
*Imò ego fardois videar tibi amarior herbis.*
*Et quæ vos rarâ viridis tegit arbutus umbrâ.*
*Per nemora atque altos quærendo bucula lucos.*
*Cùm te ad delicias ferres Amaryllida noftras.*
*Ah ! tibi ne teneras glacies fecet afpera plantas !*
*Doris amara fuam non intermifceat undam.*
*Tu mihi feu magni fuperas jam faxa timavi.*
*Non aliàs cœlo ceciderunt plura fereno.*
*Æmathiam & latos hæmi pinguefcere campos.*
*Agricola incurvo terram molitus aratro.*
*Grandiaque effoffis mirabitur offa fepulchris.*
*Abfint & picti fqualentia terga lacerti.*
*Ac veluti lentis cyclopes fulmina maffis.*
*Et premere, & laxas fciret dare juffus habenas.*
*Efto : ægram nulli quondam flexere mariti.*
*Huc curfum iliacas vento tenuiffe carinas.*
*Et tandem Euboicis cumarum allabimur oris.*
*Trajicit, i, verbis virtutem illude fuperbis.*

Virgile.

*Non benè junctarum difcordia femina rerum.*
*Inferere, & patrias intus deprendere curas.*
*Viderat adducto flectentem cornua nervo.*
*Stravimus innumeris tumidum pythona fagittis.*

Ovide.

*Fratrèm mœrentis, rapto de fratre dolentis.*
*Quam neque finitimi valuerunt perdere Marfi !*
*Nox erat, & cœlo fulgebat luna fereno.*
*Cùm tu magnorum numen læfura deorum.*

Horace.

*Bella per æmathios plus quàm civilia campos.*
*Edidit, & medio vult confurgere campo.*
*Agricolæ fracto Marium fugere J pulchro.*
*Quique colunt junctos extremis mœnibus agros.*
*Quâ mare lagæi mutatur gurgite nili.*

Lucain.

Quelquefois les confonnances font accumulées avec la recherche la plus marquée.

*Sylveftris raris fparfit labrufca racemis.*
*Puniceis humilis quantùm faliunca rofetis.* ( Virg. )

Quelquefois elles le font de manière qu'il n'y a point de mot dans le vers qui n'ait fa rime.

*Ægeona fuis immania terga lacertis.* ( Ov. )
*Sola fophocleo tua carmina digna cothurno.* ( Virg. )

Quelquefois ce ne font pas feulement des vers détachés, mais deux & trois vers de fuite, où il fe trouve foit une rime, foit plufieurs.

*At non Hectoreis dubitavit cedere flammis*
*Quas ego fuftinui, quas hâc à claffe fugavi.* ( Ov. )
*Tùm cafiâ atque aliis intexens fuavibus herbis,*
*Mollia luteolâ pingit vaccinia calthâ* ( Virg. )
*Tincta fuper lectos canderet veftis eburnos,*
*Multaque de magnâ fupereffent fercula cœnâ,*
*Quæ procul exftructis inerant hifterna caniftris.*

( Hor. )

Obfervons que ces trois derniers vers d'Horace, qu'on trouve de fuite, font plus travaillés que les vers ordinaires d'Horace, que l'harmonie en eft très recherchée, qu'il n'eft pas poffible que les confonnances continuelles qu'ils préfentent, foient l'effet du hazard. Nous n'avons pas cherché ces exemples, nous nous fommes contentés de les font préfentés d'abord à notre mémoire : fi notre opinion fur ce point trouvoit des contradicteurs, il nous feroit aifé de les accabler fous le poids des exemples ; & ceux qui pourroient conferver quelque doute à cet égard, ne feroient pas des littérateurs nourris des bons modèles de l'antiquité. Nous croyons donc que les anciens trouvoient dans ces confonnances un mérite de fymmétrie & d'harmonie qu'ils recherchoient, mais qu'ils ne prodiguoient pas, parce qu'il en eft de ce mérite, comme de certaines figures qui font un grand effet, lorfqu'elles font rares & juftes, & qui fatiguent lorfqu'elles font multipliées.

Quant aux vers Léonins de la baffe latinité, ils n'en font pas moins ridicules par l'affectation, le mauvais goût & la platitude, & l'exemple des anciens ne les juftifie pas.

LÉONTIUM. ( Hift. Anc. ) courtifane philofophe dont on a donné le nom à la fameufe Ninon de Lenclos, belle comme elle, courtifane comme elle, philofophe comme elle ; Léontium écrivit pour défendre la doctrine d'Epicure fon maître & fon amant, contre ce fameux Théophrafte, dont la Bruyère a traduit les caractères. Ce tribut de reconnoiffance & d'amitié a déplu à Ciceron qui, en convenant de l'élégance de ce petit écrit & de l'érudition de fon auteur, ne laiffe pas de lui dire avec fon ftyle éloquent, de très groffes injures. ( de Nat. deor. L. 1. ) *Meretricula etiam Leontium contrà Theophraftum fcribere aufa eft, fcito illa quidem fermone & attico.* Pline va plus loin. Il s'indigne de l'audace de cette femme*elle qui ose attaquer le divin Théophraste, il se plaint avec toute l'amertume du docteur Pancrace dans *le mariage forcé*, que tout est renversé, que le monde est tombé dans une Licence épouvantable, & qu'enfin il ne reste plus aux auteurs célèbres qu'à s'aller pendre, puisqu'ils sont exposés à de pareils affronts. *Ceu verò nesciam, adversùs Theophrastum hominem in eloquentiâ tantum, ut nomen divinum indè invenerit, scripsisse etiam feminam, & proverbium indè natum SUSPENDIO ARBOREM ELIGENDI.* Hist. natur. lib. I. ( Sur *Léontium*, voyez l'article EPICURE. )

LÉOPOLD d'Autriche, successeur de Ferdinand III, ( *Histoire d'Allemagne, de Hongrie & de Bohême.* ) XXX roi de Hongrie, XXXVII roi de Bohême, naquit l'an 1640, le 9 juin, de Ferdinand III, & de Marie-Anne d'Espagne, impératrice.

La jeunesse de *Léopold*, qui n'avoit point encore dix-sept ans à la mort de Ferdinand III, fit croire à l'Europe que le sceptre impérial alloit sortir de la maison d'Autriche. La France le désiroit, & ce fut en partie par les intrigues de cette cour, que les électeurs consumèrent plus de quinze mois avant que de se décider en faveur de *Léopold*. Louis XIV s'étoit même mis au nombre des prétendans ; mais ceux qui balancèrent le plus long-temps les suffrages, furent le duc Palatin de Neubourg, l'électeur de Bavière, & l'archiduc Léopold-Guillaume, évêque de Passau, & oncle paternel de *Léopold*. Louis XIV exclu du trône de l'Empire, s'en consola, en faisant insérer dans la capitulation, plusieurs conditions assez dures. Le nouvel empereur fut obligé de signer que jamais il ne donneroit de secours à l'Espagne, contre la France, ni comme empereur, ni comme archiduc. Ce fut encore, pour contenir *Léopold*, que le roi très-chrétien entra dans l'alliance du Rhin, conclue entre la Suède & les électeurs ecclésiastiques, & plusieurs princes de l'empire, de la faction contraire à l'empereur, contre la Pologne & le Dannemarck. Cette alliance donna une très-grande influence à Louis XIV, dans les affaires de l'Empire, & son autorité l'emporta souvent sur celle de *Léopold*. Les deux premières années de ce règne furent consacrées à la politique, & à examiner les mouvemens & les préventions des princes, ennemis ou jaloux de la maison d'Autriche ; mais la troisième fut troublée par la guerre des Turcs qui portoient la désolation dans toute la Hongrie. L'empereur rempli d'inquiétude, demanda du secours aux électeurs qui lui accordèrent vingt mille hommes, que le fameux Montecuculli devoit commander, *Léopold*, par cette démarche, croyoit se rendre agréable aux Hongrois ; il vit avec étonnement que cette armée fut traitée en ennemie par ceux mêmes qu'elle alloit secourir. Les Hongrois avoient obtenu des prédécesseurs de *Léopold*, de ne point entretenir d'Allemands dans leur pays ; ils crurent cette loi violée, & levèrent l'étendard de la révolte. Ces désordres facilitèrent les progrès des armées ottomanes qui prirent la forteresse de Neuhausen, & remportèrent une victoire près de Barcan. Les Hongrois étoient les restes d'une nation nombreuse, échappés au fer des Turcs. Ils labouroient l'épée à la main, des campagnes arrosées du sang de leurs pères. Le roi devoit user des plus grands ménagemens pour les secourir ; ils étoient les victimes de l'inquiétude des grands vassaux, qui croyoient voir dans les mains du souverain, des chaînes toujours prêtes à s'appésantir sur eux. Les Turcs, après la prise de Neuhausen, continuèrent leurs dévastations, & leurs succès furent assez considérables, pour que tous les princes chrétiens se crussent intéressés à fournir des secours à *Léopold*. Louis XIV même, qui n'avoit cessé de traverser son règne, lui envoya six mille hommes d'élite, commandés par le comte de Coligny & le marquis de la Feuillade. Montecuculli déjà célèbre par plusieurs victoires, fut chargé du commandement général. Il battit les Turcs à S. Godart, près du Raab. Cette journée est très-fameuse dans les annales de l'Empire ; mais il est à croire que les historiens en ont beaucoup grossi les avantages. Le ministère de Vienne fit la paix à des conditions qui décèlent la conviction où il étoit de son infériorité. Il consentit à une trève honteuse qui donnoit au sultan la Transilvanie avec le territoire de Neuhausen. L'empereur consentit encore à raser toutes les forteresses voisines. Le Turc disposa de la Transilvanie, qui depuis long-temps étoit une pomme de discorde entre le roi de Hongrie & les Ottomans. Amalfi qui en étoit prince, fut obligé de continuer le tribut dont il avoit cru que la protection de *Léopold* l'auroit affranchi. L'Allemagne & la Hongrie désapprouvèrent ce traité déshonorant ; mais l'empereur étoit déterminé par des vues particulières. Son autorité étoit presque entièrement méconnue en Hongrie, & il étoit de la dernière importance de réprimer l'audace effrénée des seigneurs. Ils avoient formé le projet de secouer le joug de la maison d'Autriche, & de se donner un roi de leur nation ; ils devoient ensuite se mettre sous la protection de la Porte. Ils dresèrent le plan d'une double conspiration, l'un pour secouer le joug, l'autre pour assassiner *Léopold*. Cet affreux complot ayant été découvert, coûta la vie à ses principaux auteurs. Nadasti, Serin, Tattembak & Frangipani, reçurent sur l'échafaud le juste châtiment de leur crime. Plusieurs écrivains ont cependant prétendu que cette conspiration étoit imaginaire, & que *Léopold* s'en étoit servi comme d'un prétexte, pour opprimer les protestans, & introduire le gouvernement arbitraire, pour confisquer en faveur des ministres impériaux, les biens des principaux seigneurs. S'il est ainsi, il faut placer *Léopold* dans la classe des Néron & des autres monstres couronnés. Les biens des conjurés furent confisqués, & l'on assura de tous ceux qui avoient eu quelque liaison avec eux. Le palatin de Hongrie, trop puissant, fut supprimé, & l'on établit un viceroi. Cette barbarie ou cette sévérité fit passer le désespoir dans le cœur des seigneurs Hongrois : la vue d'Emerick Tekeli, qui s'offre d'être leur chef, Tekeli, pour assurer ses vengeances & sa révolte, se met sous la protection des Ottomans, & tout est bientôt en combustion dans la haute Hongrie. La cour de Vienne crut alors devoir user de quelque ménagement ; elle rétablit la charge de palatin, confirma tous les privileges de la nation, &

promit

promit la reftitution des biens confifqués. Cette condefcendance, qui venoit après des actes de féverité qui
fembloient préfager l'efclavage, ne féduifit aucun des
rebelles. Tekeli s'étoit déja montré trop redoutable pour
fe flatter de pouvoir vivre en sûreté, tant qu'il feroit
fujet de *Léopold*. La Porte qui le prend fous fa protection, le déclare prince fouverain d'Hongrie,
moyennant un tribut de quarante mille féquins. Alors
Mahomet IV prépare le plus formidable armement que
jamais l'empire Turc ait deftiné contre les chrétiens ;
fon bacha de Bude commence les hoftilités par la
prife de Tokai & d'Eperies. L'empereur étoit dans des
circonftances embarraffantes ; il venoit de foutenir une
guerre ruineufe contre la France ; & les feux de cette
guerre n'étoient pas encore entièrement éteints. Le grand
vifir Kara-Muftapha, traverfe la Hongrie, avec une
armée de deux cents cinquante mille hommes d'infanterie & de trente mille fpahis. Son artillerie &
& fon bagage répondoient à cette multitude. Il chaffe
devant lui le duc de Lorraine qui veut lui difputer
le terrein, & vient mettre le fiège devant Vienne. Dans
les longs démêlés des empereurs Ottomans & des empereurs d'Allemagne, jamais les Turcs n'avoient eu
des fuccès fi rapides. Ils avoient bien marqué le deffein
de venir à Vienne ; mais jamais cette ville ne les avoit
vus au pied de fes murailles. L'empereur étoit dans
cette capitale, & fe retire d'abord à Lintz, enfuite à
Paffau avec toute fa cour. La moitié des habitans le fuit
dans le plus grand défordre ( 16 juillet. 1683. ) On
commença à brûler les fauxbourgs, dans l'impoffibilité
de les conferver. La ville fembloit ne pouvoir foutenir
un affaut fans un miracle. Le comte de Staremberg,
qui en étoit gouverneur, n'avoit que huit mille hommes
de bonnes troupes. Le duc de Lorraine avoit inutilement tenté de conferver une communication de fon
armée qui étoit d'environ vingt mille hommes, avec
la ville ; mais c'étoit beaucoup d'avoir affuré la retraite de l'empereur. Forcé d'abandonner la partie
contre Kara-Muftapha, il alla défendre la Moravie
contre Tekeli qui menaçoit cette province. *Léopold*
preffoit de tout fon pouvoir les fecours de Bavière, de
Saxe & des autres cercles ; mais fa principale efpérance
étoit dans Jean Sobieski, roi de Pologne, prince qui
devoit la couronne à fes victoires, & qui s'étoit diftingué contre les Turcs par plus d'un exploit mémorable. Ces fecours arrivèrent au moment que la ville
étoit à la dernière extrémité. Les troupes de Saxe &
de Bavière, toutes les auxiliaires & les nationales,
parurent au haut de la montagne de Calember, d'où
elles donnent des fignaux aux affiégés. Tout leur manquoit, excepté le courage. Elles defcendirent & fe
rangèrent en bataille au bas de la montagne, en formant une efpèce d'amphithéâtre : le tout montoit à
foixante-quatre mille hommes. Le roi de Pologne,
à la tête d'un corps d'environ feize mille, occupoit la
droite. Le prince Alexandre, fon fils, étoit auprès de
lui. Quelle magnanimité dans ce Jean Sobieski qui,
pour une caufe étrangère, s'expofoit à un péril que
*Léopold*, lorfqu'il s'agiffoit de fa couronne, n'avoit
ofé contempler ! Jamais on ne vit tant & de plus grands

*Hiftoire.* Tome III.

princes que dans cette journée. Jean-George, électeur
de Saxe, commandoit lui-même les troupes de fon
cercle. Le prince de Saxe-Lawembourg, de l'ancienne
& malheureufe maifon d'Afcanie, conduifoit la cavalerie impériale; le prince Herman de Bade, l'infanterie.
Le prince Waldeck étoit à la tête des troupes de Franconie. On comptoit jufqu'à dix-huit princes parmi les
volontaires. Marie Emmanuel, électeur de Bavière,
qui fut depuis mis au ban de l'empire, étoit de ce
nombre. Il pouvoit commander en chef, mais il aima
mieux exécuter les ordres du duc de Lorraine. Ce fut
le 12 feptembre que fe donna cette fameufe bataille,
fi cependant, comme le remarque M. de Voltaire,
c'en fut une. Kara-Muftapha laiffa vingt mille hommes
dans les tranchées, & fit livrer un affaut, dans le même
temps qu'il marchoit contre l'armée chrétienne. La
fupériorité du nombre lui permettoit de faire cette manœuvre. La prife de la ville étoit certaine, fi l'attaque
eut été conduite par d'habiles généraux. Les affiégés
manquoient de poudre, leurs canons étoient démontés,
& le corps de la place avoit une brèche large de plus
de fix toifes. Sobieski, après avoir harangué fes troupes,
commence l'attaque, fecondé du duc de Lorraine. Le
premier choc fut fi impétueux, que les Ottomans prirent la fuite, fans même effayer de réfifter. Jamais on
ne verfa moins de fang entre des troupes auffi nombreufes, & jamais victoire ne fut plus décifive. Les
Turcs perdirent à peine mille hommes, & les chrétiens
deux cents. Sobieski prit l'étendard de Mahomet, &
entra le premier dans le camp ennemi. Il y fit un
butin fi immenfe, qu'en le contemplant, il dit que le
grand-vifir l'avoit fait fon héritier. Dans une lettre à la
reine fon époufe, il s'exprime ainfi : « Vous ne direz pas
» de moi ce que les femmes tartares difent à leurs maris,
» quand ils reviennent chez eux les mains vuides,
» vous n'êtes pas un homme, puifque vous revenez
» fans butin ». La Hongrie autrichienne reconquife,
Gran ou Strigonie, Bude, furent le fruit de cette
victoire. Cependant, ce n'étoit pas affez d'avoir conquis la Hongrie, il falloit encore la foumettre. *Léopold* y entra, non en vainqueur, mais en juge inéxorable, environné de fatellites & de bourreaux. Un
échafaud eft dreffé dans la place publique d'Eperies,
où, pendant neuf mois, on verfa le fang des feigneurs
Hongrois qui avoient trempé à la révolte. Ni l'hiftoire ancienne, ni l'hiftoire moderne, n'offrent aucun
maffacre auffi long, auffi effrayant. Il y a eu des fé-
vérités égales, dit un moderne, mais aucune n'a duré
fi long-temps. L'humanité frémit pas du nombre
d'hommes qui périffent dans tant de batailles, ils tombent les armes à la main, ils meurent vengés ; mais
voir pendant neuf mois fes compatriotes traînés juridiquement à une boucherie toujours ouverte ; ce fpectacle révoltoit la nature ; & cette atrocité infpira
la plus grande horreur à tous les fiècles.
Tandis que *Léopold* fe livroit à ces cruelles exécutions, fes généraux remportoient de nouvelles victoires, & lui foumettoient l'Efclavonie. Il tint une
affemblée des états en Hongrie, & propofa d'unir à
ce royaume toutes fes conquêtes fur les Turcs, de

leur confirmer leurs anciens droits, avec le libre exercice de la religion proteftante, s'ils vouloient confentir 1°. à la révocation de la loi portée par André II, qui autorife la dépofition des rois qui enfreignent les privilèges; 2°. à rendre la couronne, héréditaire; 3°. à recevoir dans-toutes les places fortes garnifon impériale. Ces propofitions, faites dans un tems où la hache du bourreau étoit levée., ne pouvoient éprouver de grandes contradictions. Elles furent agréées, & le prince Jofeph fut couronné roi de Hongrie. Cependant Louis XiV cherchoit continuellement des prétextes pour rompre avec *Léopold*. Il en trouva un dans la coadjutorerie de l'électorat de Cologne, que l'électeur Maximilien-Henri vouloit procurer au cardinal de Furftenberg, évêque de Strasbourg. Le roi très-chrétien favorifoit ce cardinal. Ce fut une raifon pour que le pape, qui n'aimoit pas la cour de France, refufât fon bref. L'empereur s'étant décidé en faveur du pape, Louis XIV lui déclara la guerre. Les prétentions de la duchefse d'Orléans fur le Palatinat, & l'ambition du roi, en furent les vrais motifs. Les armes françoifes eurent d'abord les plus brillans fuccès : Philisbourg, Manheim, Spire, Wormes & Trèves furent les moindres conquêtes. Le foldat avide de pillage ne fut rien refpecter. Les tombeaux des empereurs furent ouverts & pillés *Léopold* agiffoit avec une extrême lenteur, parce que les Turcs le tenoient toujours en échec. Il fe fortifia par des alliances, & attira dans fon parti les états-généraux, le duc de Savoie, le roi d'Efpagne, les plus puiffants princes d'Allemagne. Le duc de Savoye, menacé de la perte entière de fes états, fe fépara de cette ligue : le roi d'Efpagne fuivit bien-tôt cet exemple. L'empereur, obligé de foutenir prefque feul tout le poids de cette guerre, fe hâta de négocier le rétabliffement de la paix, qui lui fut accordée à des conditions défavantageufes, mais moins dures qu'on ne les devoit attendre d'un prince ambitieux & triomphant. Les différends des Turcs & de *Léopold* n'étoient point encore terminés; & c'eft à cette occafion que la politique blâme cet empereur. Il rejetta les propofitions pacifiques du fultan, dans un tems où il devoit raffembler toutes fes forces contre la France, qui jamais n'avoit paru fi formidable. Il eft cependant vrai que les Ottomans le dédommagerent de fes pertes contre les François. Ils lui céderent toute la Hongrie (1699) en - deçà du Sau, avec la Tranfilvanie & l'Efclavonie. Philippe de France, duc d'Anjou, appellé au trône d'Efpagne par le teftament de Charles II, fut un nouveau fujet de rupture entre Louis & *Léopold*. Celui-ci réclamoit la couronne pour Charles-François-Jofeph, fon fecond fils. Il étoit déja parvenu à écarter un prince du fang de France, du trône de Pologne, qui avoit vaqué plufieurs années avant par la mort de l'illuftre Jean Sobieski. Il fe ligua avec l'Angleterre & la Hollande, & conclut avec ces deux puiffances un traité connu dans l'hiftoire, fous le nom de la *triple alliance*. L'électeur de Brandebourg, féduit par le titre de roi, & le duc de Savoie par le Montferrat & le Milanez que l'empereur lui donna, entrèrent dans cette alliance. Cette guerre fut pouffée avec une extrême chaleur des deux côtés,

& fut balancée par des fuccès réciproques : mais *Léopold* n'en put voir la fin. Il mourut (1705), peu de temps après la fameufe journée de Blenheim, fi funefte à la France & à la Bavière. Il étoit dans la foixante-quatrième année de fon âge, la quarante-feptième de fon règne comme empereur, la quarante-cinquième comme roi de Bohême, & la quarante-quatrième comme roi de Hongrie. Il étoit deftiné dans fon enfance à l'état eccléfiaftique; mais fon goût changea dans la fuite. Peu de rois ont eu une famille plus nombreufe. Il eut quinze enfans, tant princes que princeffes. Jofeph, qui fut empereur; Marie-Elifabeth, gouvernante des Pays-Bas; Marie-Anne, reine de Portugal, & Charles VI, furent les feuls qui lui furvécurent. Il avoit été marié trois fois; la première à Marguerite-Thérèfe d'Efpagne, fille de Philippe IV; la feconde, à Claude-Félicité d'Autriche, & la troifième à Éléonore-Madeleine-Thérèfe, princeffe Palatine de Neubourg. L'autorité impériale, méconnue depuis long-temps en Italie, y reprit quelque vigueur fous ce règne. *Léopold* y mit plus d'une fois à contribution prefque toutes les villes, excepté celles qui étoient fous la domination de l'Efpagne. Les états de Tofcane, de Venife en terre ferme, de Gênes, du pape même, payèrent plus de quatre millions; & quand il difputa le trône d'Efpagne au duc d'Anjou, il exerça l'autorité impériale, & profcrivit le duc de Mantoue pour s'être déclaré fon ennemi.

*Léopold* eut une politique abfolument contraire à celle de Louis XIV, fon contemporain & fon rival. Celui-ci, plus fier, ou plutôt plus vain qu'ambitieux; n'afpiroit à l'honneur de vaincre que pour fe produire enfuite fous l'appareil d'un triomphateur; l'autre plus modéré, plus fage, eût voulu cacher fes fuccès pour en fixer la durée. Il eût déployoit toute fa puiffance pour fe faire craindre & fe faire admirer. L'empereur déroboit le fpectacle de la fienne pour l'augmenter, & regagner la confiance que le defpotifme de Ferdinand avoit fait perdre à fes defcendans; tout retentit encore du nom de Louis XIV, & celui de *Léopold* eft à peine cité. Le premier n'a cependant rien à reprocher à l'autre, tous deux firent de grandes chofes & remportèrent de grandes victoires; mais ils n'eurent que le mérite de bien choifir leurs miniftres & leurs généraux. La France triompha par les talens des Condé & des Turenne; l'Allemagne par ceux des Sobieski & des Eugène : toutes deux éprouvèrent de grands revers quand elles furent privées de ces heureux génies : l'un fut craint, mais haï; l'autre fut à craindre, & fut aimé. Enfin le fafte de Louis XIV & la modération de *Léopold*, rendirent à la maifon d'Autriche la fupériorité que lui avoit ôtée Richelieu, & firent jetter des regards d'inquiétude fur la maifon de Bourbon, qui eût pu donner des chaînes à l'Europe, fi elle avoit eu la prudence de fe cacher. (*M*-*y*.)

LÉOTYCHIDE, (*Hift. anc.*) roi de Sparte, vainqueur des Perfes au combat naval près de Mycale, l'an 479 avant J. C. Sa fin fut malheureufe & affez femblable à celle de *Paufanias*. (*voyez* cet article). Accufé d'un crime capital par les Ephores, il fe réfugia dans un temple de Minerve à Tégée, & il y mourut.

LÉOVIGILDE, roi des Visigoths, (*Hist. d'Esp.*) grand prince, habile général, législateur, mais en même temps homme dur, père sévère, inflexible, cruel, ennemi formidable par la vengeance sanguinaire qu'il exerçoit sur les vaincus : ami sûr, allié fidèle, *Léovigilde* réunit les qualités les plus opposées entr'elles. Il se rendit célèbre par ses vices comme par ses vertus ; il se rendit illustre aussi par ses victoires. On oublia ses cruautés, son ambition, son avarice, & l'on ne se souvint que des services essentiels qu'il avoit rendus à l'état. Par sa naissance comme par ses talens, *Léovigilde* étoit digne du trône. Sa puissance étoit déjà très-considérable, lorsqu'il épousa Théodoric, fille de Severien, gouverneur de Carthagène, & que l'on croit avoir été le fils de Theudis, roi des Goths. Cette alliance accrut de beaucoup l'autorité de *Léovigilde* qui avoit eu deux fils de ce mariage, Hermenigilde & Recarede, lorsque son frère Linva l'associa, du consentement des grands, au trône des Visigoths. Lors de cet événement, Théodoric n'étoit plus, & *Leovigilde*, dans la vue d'affermir sa puissance & de pouvoir plus facilement mettre fin aux factions qui déchiroient l'état, épousa Gosuinde, veuve d'Athanagilde, prédecesseur de Linva. Ce mariage & l'activité du roi des Visigoths, dissipèrent les troubles qui agitoient le royaume ; & dès qu'il vit le calme rétabli, *Léovigilde*, toujours occupé de plans de guerre & de projets de conquêtes, rassembla une armée nombreuse, marcha contre les troupes de l'empire, & alla assiéger Medina-Sidonia. Les habitans de cette ville lui opposèrent la plus vigoureuse défense : il s'en vengea d'une manière bien cruelle ; il corrompit l'un des habitans de la place, qui, pendant la nuit, introduisit dans la ville les soldats Visigoths, qui massacrèrent le peuple & la garnison. Sa vengeance assouvie, *Léovigilde* alla mettre le siège devant Cordoue, qu'il réduisit, malgré les efforts & le courage des défenseurs de cette ville. Il se rendit maître ensuite de toutes les forteresses du pays, qui furent soumises, moins par la force de ses armes que par la terreur qu'inspiroit sa sévérité. La mort de Linva, son frère, le laissant seul possesseur du trône, il profita de la soumission du peuple & des grands à ses volontés, pour assurer dans sa famille la couronne qui, jusqu'alors, avoit été élective ; & leur faisant sentir combien il leur seroit avantageux de lui associer ses deux fils, & de les déclarer héritiers du sceptre, il parvint à faire reconnoître Hermenigilde & Recarede pour princes des Goths, & ses successeurs. Cette grande affaire terminée au gré de ses espérances, il porta ses armes dans la Biscaye & les contrées voisines, qu'il conquit, malgré le caractère belliqueux & indépendant des peuples qui les occupoient. Mir, roi des Suèves, avoit secouru les voisins contre les Visigoths, & c'étoit contre lui que *Léovigilde* alloit tourner ses armes, lorsque Mir, par ses prières, détourna, du moins pour quelque temps, l'orage qui le menaçoit. *Léovigilde*, ne croyant point avoir encore assez reculé les frontières de son royaume, poursuivit le cours de ses conquêtes jusqu'au royaume de Murcie. Rien ne lui

résista, les peuples se soumirent, & il rentra dans ses états couvert de gloire, souverain de beaucoup de nouvelles provinces & n'ayant plus d'expédition à faire qui pût ajouter à l'éclat de sa célébrité. Peu de temps après son arrivée, il demanda en mariage, pour Hermenigilde son fils, Ingonde, fille de la célèbre Brunehaut, & petite-fille de Gosuinde. Cette union causa la plus grande satisfaction aux Visigoths, & les deux nouveaux époux allèrent tenir leur cour à Séville. Mais la joie publique fut de courte durée, & la concorde qui régnoit dans la famille royale se changea en une bien funeste aversion. Instruit & persuadé par Ingonde, Hermenigilde embrassa le catholicisme. La roi *Léovigilde*, attaché jusqu'au fanatisme à la secte arienne, indigné de cette conversion, prit les armes & déclara la guerre à son fils, qui, vivement pressé, & hors d'état de résister à un tel ennemi, se détermina, par les conseils de son frère Recarede, à venir se soumettre. *Léovigilde* le traita en vainqueur irrité, le fit dépouiller de ses vêtemens royaux ; & l'envoya prisonnier à Tolède. Le roi des Visigoths crut par cette rigueur ramener son fils à l'arianisme : il se trompa ; le jeune prince persévéra constamment dans la foi ; & *Léovigilde*, attribuant leur inébranlable constance aux catholiques, fit tomber sa colère sur eux, & sa fureur s'étant enflammée en proportion de la persévérance de son fils, il alluma contre les catholiques une persécution atroce & générale. Pendant qu'il s'occupoit du barbare soin de répandre le sang des sectateurs du catholicisme, les Vascons, qui habitoient alors les territoires de Guipuscoa, de la Navarre & de Sacca, se soulevèrent, & tentèrent de se rendre indépendans : leurs efforts furent inutiles ; *Léovigilde* réprima leur révolte, les réduisit &, en mémoire de ses succès, bâtit dans l'Alava une ville, à laquelle il donna le nom de *Victoria*. Mais la dureté du joug qu'il voulut imposer aux Vascons, lui fut infiniment plus nuisible qu'à eux ; ils quittèrent leur patrie, & passant en foule les Pyrénées, ils allèrent s'emparer de cette partie de l'Aquitaine, qui, depuis cette époque, a retenu le nom de *Gascogne*. Cependant Hermenigilde étoit toujours étroitement resserré : mais il trompa la vigilance de ses gardes, prit les armes ; & comptant sur le secours de Mir, roi des Suèves, crut pouvoir échapper au courroux de son père : son espérance fut trompée ; *Léovigilde* se hâta de marcher, à la tête d'une formidable armée, vers les murs de Séville. Il empêcha le roi des Suèves d'envoyer les secours qu'il avoit promis, & le contraignit même de lui fournir des troupes contre le prince qu'il s'étoit engagé de défendre comme allié. Le siège de Séville fut long & meurtrier : la famine se fit sentir dans cette ville investie de toutes parts ; les habitans en firent sortir tous ceux qui, par leur sexe ou par leur âge, ne pouvoient concourir à la défense commune, & l'inflexible *Léovigilde* eut la barbarie de les faire passer tous au fil de l'épée. La ville étoit réduite à la dernière extrémité ; Hermenigilde en sortit, & se retira précipitamment à Cordoue ; mais bientôt il y fut assiégé par l'implacable roi des Visigoths, qui emporta la place, prit son fils, le fit charger de chaînes & transférer à Séville, d'où bientôt il le fit conduire à Tarragone. Avant son malheur, Herméni-gilde avoit demandé des secours à l'empereur grec, qui envoya ordre à son lieutenant en Espagne, d'atta-quer les Visigoths. Dès les premières hostilités de ce puissant allié, *Léovigilde* fit conduire secrétement son fils à Séville, &, après l'avoir tenu quelques jours enfermé dans une prison, il lui envoya un évêque arien pour tâcher de lui faire abjurer le catholicisme, Her-menigilde refusa; & son pére, insensible au cri de la nature, le fit mourir cruellement. Ses mains parricides, encore teintes du sang de son fils, le roi des Visigoths porta ses armes contre les Sueves, & conquit ce royaume, qu'il réunit au sien. L'Europe étoit indignée de sa barbarie; mais les rois les plus puissans redoutoient sa valeur: elle étoit cependant moins formidable alors, soit à cause de la foiblesse & des infirmités de son âge avancé, soit parce que ses cruautés l'avoient rendu fort odieux à ses sujets, aux catholiques sur-tout, qu'il avoit si violemment persécutés: ainsi, sous prétexte de venger Hermenigilde, qu'on regardoit avec raison comme un martyr, & que la cour de Rome a élevé au rang des saints, les François déclarèrent la guerre aux Visigoths, & firent une vive irruption dans les Gaules. Recarede défendit ce pays, &, après bien des hostilités, il triompha enfin des François qui se retirèrent. Enchanté de la valeur de son fils, *Léovigilde* lui fit épouser Bada, fille d'un des principaux seigneurs Goths. Il ne survécut que peu de temps à cette union. On as-sure qu'avant sa mort, il reconnut ses injustices, détesta son parricide, renonça même à l'arianisme, & mourut catholique en 585, après un règne glorieux de 18 an-nées. *Léovigilde* ne s'illustra pas seulement par sa va-leur, ses victoires & ses conquêtes, mais davantage encore par son habileté dans l'art de gouverner. L'état étoit en proie au trouble & au désordre lorsqu'il com-mença à régner; &, en très-peu de temps, il rétablit le calme. Les Visigoths avoient beaucoup de loix, mais qui se contrarioient les unes les autres, & par-là étoient plutôt des sources de contestations que des règles de jugemens. Il revit ses loix & toutes celles qui avoient été publiées depuis le temps d'Alaric: il abolit toutes celles qui étoient inutiles, & en fit de nouvelles, qui prouvent en lui quelque sagesse. Ce fut à lui que le fisc, jusqu'alors inconnu chez les Visigoths, dut son établissement, ainsi que les finances, fort en désordre jusqu'alors, leur exacte administration; en un mot, *Léovigilde* eut des vices dignes d'un tyran, & des qua-lités dignes d'un roi; mais ces qualités, quelque grandes qu'elles aient été, ne feront jamais oublier qu'il fut l'assassin de son fils. ( *L. C.* )

LÉPIDUS, ( *Hist. Rom.* ) voyez TRIUMVIRAT.

LÉPREUX, EUSE, adj. & s. ( *Hist.* ) On traitoit anciennement les *lépreux* avec beaucoup de rigueur. Le curé avec son clergé alloit en procession à la mai-son du malade qui l'attendoit à la porte, couvert d'un voile noir ou d'une nape; le ladre doit avoir son visage couvert &, embranché comme jour de trépassé: après quelques prieres la procession retour-noit à l'église, & le *lépreux* suivoit le célébrant à

quelque distance. Il alloit se placer au milieu d'une chapelle ardente, préparée comme à un corps mort; on chantoit une messe de *requiem*, & à l'issue de l'office on faisoit autour du *lépreux* des encensemens & des aspersions, & on entonnoit le *libera*: il sortoit pour lors de la chapelle ardente, & on le reconduisoit jusqu'au cimetière, où le prêtre l'exhortoit à la pa-tience. Ensuite il lui défendoit d'approcher de per-sonne, de rien toucher de ce qu'il marchanderoit pour acheter, avant qu'il lui appartînt; de se te-nir toujours au-dessous du vent quand quelqu'un lui parleroit; de sonner sa tartevelle quand il demandera l'aumône; de ne point sortir de sa borde sans être vêtu de la housse; de ne boire en aucune fon-taine ou ruisseau, qu'en celui qui est devant la borde, d'avoir devant une écuelle fichée sur un droit bâton; de ne passer pont ni planches sans gants; de ne point sortir au loin sans congé ou licence du curé &. de l'official. « Je te défends, ajoutoit le prêtre, que tu n'habites à autre femme qu'à la tienne ». Ensuite il prenoit une pele de la terre du cimetiere par trois fois & la lui mettoit sur la tête, en disant; « C'est signe que tu es mort quant au monde, & pour ce aies patience en toi ». *Ephem. Troyen. an.* 1760, *pag.* 113. ( *C.* )

LÉPROSERIE, s. f. ( *Hist.* ) MALADRERIE, mais ce terme ne se soutient plus que dans le style du palais, dans les actes & dans les titres, pour signi-fier une *maladrerie* en général. En effet, il ne s'ap-pliquoit autrefois qu'aux seuls hôpitaux, destinés pour les lépreux. Matthieu Paris comptoit dix-neuf mille de ces hôpitaux dans la chrétienté, & cela pouvoit bien être, puisque Louis VIII. dans son testament fait en 1225, lègue cent sols, qui reviennent à en-viron 84 livres d'aujourd'hui, à chacune des deux mille *léproseries* de son royaume.

La maladie pour laquelle on fit bâtir ce nombre prodigieux d'hôpitaux, a toujours eu, comme la peste, son siège principal en Egypte, d'où elle passa chez les Juifs, qui tirerent des Egyptiens les mêmes pratiques pour s'en préserver; mais nous n'avons pas eu l'avantage d'en être instruits.

Il paroît que Moïse ne prescrit point de remedes naturels pour guérir la lepre, il renvoie les malades entre les mains des prêtres; & d'ailleurs il caracté-rise assez bien la maladie, mais non pas avec l'exac-titude d'Arétée parmi les Grecs, *liv. IV. chap. xiij.* & de Celse parmi les Romains, *liv. III. chap. xxv.*

Prosper Alpin remarque que dans son tems, c'est à-dire, sur la fin du seizieme siècle, la lèpre étoit encore commune en Egypte. Nos voyageurs mo-dernes, & en particulier Maundrel, disent qu'en Orient & dans la Palestine, ce mal attaque princi-palement les jambes, qui deviennent enflées, écail-leuses & ulcéreuses.

Le D. Townes a observé qu'une pareille lépre regne parmi les esclaves en Nigritie; l'enflure de leurs jambes, & les écailles qui les couvrent vont toujours en augmentant; & quoique cette écorce écailleuse paroisse dure & insensible, cependant, pour peu qu'on en effleure la furface avec la lancette, le fang en fort librément. On a tenté jufqu'à ce jour fans fuccès la cure de ce mal éléphantiatique.

L'hiftoire raconte que les foldats de Pompée revenant de Syrie, rapportèrent pour la première fois en Italie, une maladie affez femblable à la lépre même. Aucun réglement fait alors pour en arrêter les progrès, n'eft parvenu jufqu'à nous; mais il y a beaucoup d'apparence qu'on fit des réglemens utiles, puifque ce mal fut fufpendu jufqu'au temps des Lombards.

Rotharis qui les gouvernoit avec tant de gloire au milieu du feptième fiècle, ayant été inftruit de l'étendue & des ravages de cette maladie, trouva le moyen le plus propre d'y couper court. Il ne fe contenta pas de reléguer les malades dans un endroit particulier, il ordonna de plus, que tout lépreux chaffé de fa maifon, ne pourroit difpofer de fes biens, parce que du moment qu'il avoit été mis hors de fa maifon, il étoit cenfé mort. C'eft ainfi que pour empêcher toute communication avec les lépreux, fa loi les rendit incapables des effets civils.

Je penfe avec M. de Montefquieu, que ce mal reprit naiffance pour la feconde fois en Italie, par les conquêtes des empereurs Grecs, dans les armées defquels il y avoit des milices de la Paleftine & de l'Egypte. Quoi qu'il en foit, les progrès en furent arrêtés jufqu'au temps malheureux des croifades, qui répandirent la lépre, non pas dans un feul coin de l'Europe, mais dans tous les pays qui la compofent, & pour lors, on établit par-tout des *léproferies*.

Ainfi les chrétiens après avoir élevé de nouveaux royaumes de courte durée, dépeuplé le monde, ravagé la terre, commis tant de crimes, de grandes & d'infâmes actions, ne rapportèrent enfin que la lépre pour fruit de leurs entreprifes. Cette cruelle maladie dura long-temps par fon étendue dans le corps du petit peuple, par le manque de connoiffance dans la manière de la traiter, par le peu d'ufage du linge, & par la pauvreté des pays, ou pour mieux dire, par l'extrême mifère, car les *léproferies* manquoient de tout; & ces cliquettes ou barils qu'on faifoit porter aux lépreux pour les diftinguer, n'étoient pas un remède pour les guérir. *D. J.*)

LERI, (Jean de) (*Hift. Litt. mod.*) miniftre Proteftant, né en Bourgogne, fut en 1556, de la colonie que Charles Durand de Villegagnon, vice-amiral de Bretagne, conduifoit au Bréfil fous la protection de l'amiral de Coligny; on a de lui une relation intéreffante de ce voyage & qui a été louée par M. de Thou; au retour du Bréfil, il avoit effuyé une tempête violente & à la fuite une famine épouvantable; cet homme étoit dévoué aux horreurs de la famine & fait pour les décrire. Il étoit auffi enfermé dans la ville de Sancerre, lorfqu'elle effuya en 1573 ce trop fameux fiège, où la famine fut telle, qu'une mère y mangea fon fils. Ce mot difpenfe de la décrire. On a de Jean de Leri, un journal curieux de ce fiège. Leri mourut à Berne, en 1611.

LÉRIGET, (*voyez* FAYE.)

LERME, (François de Roxas de Sandoval, duc de) (*Hift. d'Efp.*) premier miniftre de Philippe III. roi d'Efpagne, haï comme tous les miniftres qui gouvernent fous un roi foible, fut difgracié en 1618, ayant été accufé fauffement, felon l'opinion la plus commune, d'avoir fait empoifonner par Rodrigue Caldéron, fon confident & fa créature, la reine Marguerite d'Autriche, femme de Philippe III. morte en 1611. Calderon eut cependant la tête tranchée en 1621.; mais comme le pape Paul VI avoit fait le duc de Lerme cardinal, afin qu'il favorifât l'établiffement de l'inquifition dans le royaume de Naples, le roi d'Efpagne, par refpect pour cette dignité, ne voulut pas qu'on examinât la conduite du duc de Lerme, relativement à cette accufation de poifon, égard équivoque & malheureux qui ne fauve que le coupable & qui prive l'innocent de l'avantage de manifefter fon innocence & de diffiper fes foupçons. Un des plus grands ennemis du duc de Lerme, étoit le duc d'Uzéda fon fils, qui fut fon fucceffeur dans le miniftère, mais dont la faveur finit avec la vie de Philippe III fon maitre, en 1621. Philippe IV, regardant fans doute le duc de Lerme comme coupable, le dépouilla d'une grande partie de fes biens; le duc Cardinal, mourut en 1625, il étoit trois fois grand d'Efpagne, par fon duché de Lerme, par fon marquifat de Dénia, & par le comté de Santa Gadea, Marie-Anne de Sandoval fa fille, & fœur du duc d'Uzéda, porta dans la maifon de Cardonne, par fon mariage avec Louis-Raimond Flock, duc de Cordonne, les biens & les grandeffes de fa maifon, & la charge de grand-fénéchal de Caftille.

LESBONAX, (*Hift. anc.*) philofophe de Mitylène, au premier fiècle de l'ere chrétienne, fut difciple d'un autre philofophe nommé Timocrate, diftingué par fa doctrine auftère que Lefbonax fut adoucir. Ce qui lui réuffit fi bien & le rendit fi agréable à fa patrie, qu'elle fit frapper une médaille en fon honneur. Cette médaille, échappée long-temps aux recherches des antiquaires, a été recouvrée de nos jours par M. Cary, de l'académie de Marfeille, qui l'a fait connoître par une differtation publiée en 1744. On avoit de Lefbonax plufieurs ouvrages, mais ils ne nous font point parvenus, on lui en attribue quelques-uns d'exiftans, mais ils font de peu d'importance. Ce font deux harangues qui fe trouvent dans le recueil des anciens orateurs d'Alde; c'eft un traité des figures de grammaire, imprimé avec le traité d'Ammonius, de la différence des fons, & avec d'autres anciens grammairiens. Potamon, fils de Lefbonax, fut un des plus célèbres orateurs de Mitylène.

LESCAILLE, (Jacques) (*Hift. Litt. mod.*) poëte & imprimeur Hollandois, natif de Genève, mort en 1677. Il avoit reçu de l'empereur Léopold, la couronne poëtique en 1663.

Catherine Lefcaille, fa fille, fut furnommée *la fapho Hollandoife, & la dixième mufe*. On a d'elle quelques tragé... en f'autres ouvrages qui fyrent recueillis en 1728, elle étoit morte en 1711.

LESCHASSIER, ( Jacques ) (*Hist. Litt. mod.* ) fubftitut du procureur-général au parlement de Paris, jurifconfulte royalifte, qui quitta Paris dans le temps de la ligue pour fe retirer auprès de Henri IV. Il écrivit en faveur de la république de Venife, dans le temps des démêlés de cette république avec le pape Paul. Il écrivit auffi en faveur des libertés de l'églife Gallicane, fes œuvres ont été recueillies. Né en 1550, mort en 1625.

LESCHERNUVIS f. m. ( *terme de relation* ) c'eft, felon nos voyageurs, le nom qu'on donne en Perfe au tribunal où l'on reçoit & où l'on examine les placets & requêtes de ceux qui demandent quelque chofe au fophi, foit payement de dette ou d'appointement, foit récompenfe, ou quelque nouveau bienfait.

LESCUN, ( *voyez* FOIX. )

LESDIGUIERES, ( *Hist. de Fr.* ) ( François de Bonne, duc ) pair, maréchal, connétable de France, chevalier des ordres du roi, gouverneur du Dauphiné, ayant mérité tous ces honneurs par une fuite non interrompue de fervices, d'exploits, de fuccès étonnans, fous Charles IX, Henri III, & furtout Henri IV & Louis XIII, ayant d'ailleurs vécu fous fept rois, étoit de la maifon de Bonne en Dauphiné, qui poffédoit, dit-on, anciennement le bourg de Bonne, dans le Faucigny en Savoie, auquel elle avoit donné fon nom qui lui avoit donné le fien. Lefdiguières naquit en Dauphiné le 1er. avril 1543, fous le règne de François Ier. Il prit de bonne heure le parti des armes, & fe fignala dès 1563, à la défenfe de Grenoble. En 1577, il devint chef du parti protestant dans le Dauphiné. Henri IV, qui, lorfqu'il n'étoit encore que roi de Navarre, avoit connu fon zèle & fes talens, devenu roi de France, le fit fon lieutenant général en Piémont, Savoie & Dauphiné. Il fut en effet, comme une efpèce de viceroi dans ces pays, y déconcertant tous les efforts de la ligue, toutes les entreprifes de l'Efpagne, toutes les tentatives du duc de Savoie, qu'il battit en toute occafion & fur lequel il conquit la Savoie prefque entière. » Ces deux princes, dit M. de Sully, en parlant du » roi d'Efpagne, & du duc de Savoie, rencontrèrent » un adverfaire redoutable, qui les arrêta dans leur » carrière, & réduifit leur parti aux abois: c'eft Lef- » diguières, connu par fa valeur & fon bonheur contre » le duc de Savoie. Il fe tint toujours attaché au roi; » & on ne lui reproche point d'avoir fongé à s'ap- » proprier fes fuccès, ni d'avoir convoité la fouve- » raineté du Dauphiné: peut-être fouhaita-t-il feule- » ment que le roi eût long-temps befoin de fon » fecours, & ne vint jamais en cette province ».

On raconte que, lorfque Lefdiguières eut pris la ville de Grenoble en 1590, il envoya faint Julien fon fécrétaire porter cette nouvelle au roi, & lui demander le gouvernement de cette province. Le confeil répondit

que le roi s'étoit engagé à ne donner de gouvernemens qu'aux catholiques, & en effet, quoique Henri IV. n'eût point encore fait fon abjuration, il étoit poffible que la néceffité d'attirer les catholiques à fon parti, lui eût arraché cette promeffe. Saint Julien fe retire fans répliquer, & rentrant un moment après: *meffieurs*, dit-il, *votre réponfe inattendue m'a fait oublier un mot: c'eft que puifque vous ne trouvez pas à propos de donner à mon maître le gouvernement de Grenoble, vous fongiez aux moyens de le lui ôter.* Le confeil décida que c'étoit là un cas tout particulier, & le brevet fut expédié fur le champ.

Le même Henri IV lui donna le bâton de maréchal de France, en 1608. Le duc de Savoie ayant fait fa paix avec la France, & étant entré en guerre avec l'Efpagne, le duc de Lefdiguières lui mena des troupes en 1617, & lui foumit diverfes places en 1621. Lorfque le duc de Luynes, qui avoit à peine fervi, fut fait connétable, Lefdiguières fut fait maréchal général des camps & armées, comme fi on eût voulu lui montrer qu'on faifoit pour lui tout ce qu'il étoit poffible de faire pour un huguenot, mais que l'épée de connétable ne pouvoit être portée que par une main catholique. Cependant fon calvinifme commençoit à fe refroidir; car dans la première guerre civile & de religion du règne de Louis XIII, qui s'alluma cette même année 1521, il confentit de fervir contre les huguenots, & cette année encore il arriva deux événemens importans fur-tout pour Lefdiguières; le pape Paul V, & le connétable de Luynes, moururent. Le cardinal Ludovifio, ami de Lefdiguières, fuccéda au pape Paul V, fous le nom de Grégoire XV. Ce cardinal avoit fouvent parlé de converfion à Lefdiguières fon ami, qui lui répondoit toujours: *je vous la garde pour quand vous ferez pape.* Devenu pape il rappella cette promeffe à Lefdiguières, qui fit enfin fon abjuration dans l'églife de faint André de Grenoble, le 24. juillet 1622, entre les mains de Guillaume d'Hugues, archevêque d'Embrun. Au retour de la cérémonie, le maréchal de Créquy fon gendre, lui préfenta de la part du roi fes lettres de connétable, & fes lettres portent qu'on n'a jamais vu Lefdiguières vaincu, & que toutes fes expéditions ont été des triomphes. Lefdiguières avoit près de quatre-vingt ans, quand l'épée de connétable lui fut remife; elle ne refta pas oifive entre fes mains; en 1625 à quatre-vingt deux ans, il alla faire la guerre en Italie; il prit des places aux Génois, il lève le fiège de Verue aux Efpagnols. Pendant fon abfence, les huguenots du Vivarais y furprennent le Pouffin, & font des courfes dans le Dauphiné; il accourt & de Valence où la maladie le retient, il ordonne & conduit le fiège de Meuillon. Cette place fe rend le 23 feptembre, Lefdiguières meurt le 28, en triomphant comme le connétable du Guefclin! L'hiftoire du Dauphiné de Nicolas Chorier, eft pleine des exploits de Lefdiguières, & la vie particulière de ce connétable a été écrite par Louis Videl fon fecrétaire.

Sur la poftérité du connétable de Lefdiguières, &

du maréchal de Créquy son gendre , ( *voyez* l'article CRÉQUY.

LESLEY , ( Jean ) ( *Hist. d'Ecosse.* ) évêque de Ross en Ecosse , défenseur éloquent & courageux de sa souveraine , Marie Stuart , dans les conférences qui se tinrent en Angleterre , par ordre de la reine Elisabeth , & devant ses commissaires , pour examiner si Marie Stuart étoit coupable de la mort de Stuart Darnley, son second mari. On produisoit contre Marie , un recueil de lettres écrites , disoit-on , par elle , au comte de Bothwel , son troisième mari , du vivant de son second , & qui contenoient l'aveu & les preuves d'un commerce criminel qu'elle avoit entretenu avec ce Bothwel, du vivant de Darnley , ainsi que du consentement qu'elle avoit donné à l'assassinat du même Darnley , exécuté par Bothwel & ses complices. Ces lettres , dont la fausseté , mille fois démontrée , est généralement reconnue ( *Voyez* le second tome du supplément à l'Histoire de la rivalité de la France & de l'Angleterre ) viennent d'être reproduites comme une découverte , dans un recueil de *pièces intéressantes & curieuses pour servir à l'histoire* , par un homme à qui on voit que ce point d'histoire est entièrement inconnu. L'évêque de Ross publia une apologie pour la reine d'Ecosse ; il observa que ces lettres ne présentoient ni date , ni adresse , ni sceau , ni signature ; que le domestique Nicolas Hubert , qu'on supposoit avoir été chargé de les porter , avoit protesté , au moment de son supplice , qu'il n'avoit jamais porté de pareilles lettres , & que la reine d'Ecosse n'avoit eu aucune part au crime qu'on lui imputoit.

L'évêque apostrophe vivement les adversaires de Marie : « Qui de vous , dit-il , a comparé ces pièces » avec l'écriture de la reine ? oseriez-vous assurer que » dans une cause aussi importante , aussi capitale que » celle-ci , vous avez apporté cette exactitude , cette » droiture d'intention , vous avez pris toutes les précau- » tions que prescrivent les loix dans l'affaire civile la » plus légère ? . . . . L'étrange façon de collationner » des papiers de cette espèce ! quels hommes on a » choisis pour un pareil office ? comme si tout l'uni- » vers ne savoit pas que vous êtes les plus mortels » ennemis de la reine ! comme si votre trahison , votre » usurpation n'étoient pas fondées sur ces lettres sup- » posées ; comme s'il ne se trouvoit pas en Ecosse » plus d'un faussaire habile à contrefaire l'écriture de » la reine , & qu'il n'y en eût pas parmi vous , un » sur-tout qui , plus d'une fois , dans son ordre , & à son » insçu , ait envoyé des lettres en son nom , en An- » gleterre & ailleurs ! Puis-je donc hésiter encore à » prononcer que ces lettres sont votre infâme ou- » vrage ? . . . . . . Oui certes , vous avez vous-même » forgé ces lettres , &c ! »

Les ennemis de Marie n'ont jamais rien répondu à ces pressantes interpellations. Le chef de ses ennemis & de ses accusateurs , étoit le lord Murray , son frère naturel , qui se prétendant légitime , dévoroit dans son cœur la couronne , & la possédoit alors sous le titre de régent , par la disgrace & la capti-

vité de sa sœur , Morton , confident de Murray , qui fut convaincu dans la suite d'avoir été un des assassins de Darnley ; le secrétaire d'état , Léthington , troisième membre de ce Triumvirat , qui n'avoit cessé de trahir la reine Marie , & qui possédoit dans un degré suprême , le talent de contrefaire des écritures , sur-tout celle de Marie Stuart.

L'évêque de Ross étoit incommode avec son zèle & ses assertions , qu'on ne pouvoit démentir ; mais le juge (Elisabeth) , étoit d'intelligence avec les accusateurs , & aussi ennemi qu'eux de Marie Stuart , qui avoit des droits à la couronne d'Angleterre , & dont l'Angleterre vouloit depuis long-temps asservir la couronne. Pour se débarrasser de l'évêque de Ross , on l'accusa d'intelligence avec quelques seigneurs anglois , qui , révoltés de l'injustice & de la cruauté d'Elisabeth envers Marie , avoient fait quelques mouvements en faveur de celle-ci ; en conséquence , l'évêque ambassadeur , au mépris du droit des gens , fut retenu pendant quatre mois , prisonnier en Angleterre , enfermé dans le cachot nommé *la Tour du sang* , & menacé sans cesse de la mort.

M. Robertson ne peint pas avantageusement l'évêque de Ross ; nous ne voyons, dans toute la conduite de ce prélat , que du courage , & de la fidélité , qu'un zèle généreux pour la reine opprimée ; en tout cas , s'il avoit besoin du suffrage d'une ennemie , voici le témoignage que lui rend Elisabeth elle-même , dans une lettre à Marie Stuart , en date du 21 décembre 1568.

« Je ne puis que louer le choix que vous avez fait » de l'évêque de Ross, qui a fait éclater en public &c. » en particulier , dans la défense de votre honneur , » non-seulement beaucoup de fidélité & de prudence , » mais encore le plus entier dévouement ; je ne puis » en parler autrement ; je vous souhaiterois un grand » nombre de pareils serviteurs ; mais certainement nul » ne l'emporte sur lui en zèle & en attachement pour » votre personne. Je lui dois ce témoignage , la fidélité » d'un bon serviteur ne se montre jamais mieux que » dans l'infortune de ses maîtres ».

On est bien étonné d'entendre Elisabeth parler ainsi d'une infortune qu'il étoit en son pouvoir , qu'il étoit de son devoir de faire cesser , & qui révoltoit ses sujets mêmes.

L'évêque de Ross eut la douleur de survivre au supplice de celle qu'il avoit si bien défendue , & dont il avoit si bien prouvé l'innocence. Il mourut à Bruxelles en 1591. On a de lui un ouvrage intitulé : *de origine , moribus , & rebus gestis Scotorum.*

Un autre *Lesley* , ( Charles ) évêque de Carlisle , mort en 1721, très-attaché aussi à la maison Stuart, a beaucoup écrit contre les Juifs & les déistes. La plûpart de ses écrits ont été traduits de l'anglois en françois , par le P. Houbigant de l'Oratoire.

LESPARRE. ( *Voyez* FOIX.)

LESSIUS , ( Léonard ) ( *Hist. Ecclés.* ) un de ces théologiens jésuites , couverts de ridicule par Pascal. L'université de Louvain & celle de Douai , condamnèrent quelques-unes de ses propositions comme sémipélagiennes ; mais les univerſités de Mayence, de Trèves & d'Ingolſtat ſe déclarèrent pour lui ; car ſur toutes ces queſtions, on trouvera toujours autant d'univerſités & d'écoles à oppoſer les unes aux autres qu'on voudra en chercher, & il faut les laiſſer diſputer entr'elles ſans jamais rien décider ; c'eſt le parti que prirent les papes Sixte-Quint & Innocent IX, ſoit pour ménager les Jéſuites, ſoit pour ne pas donner trop d'importance à ces querelles théologiques. *Leſſius* paſſa parmi les Jéſuites, pour le vainqueur du Thomiſme. On dit que ſes confrères enchâſſerent dans un reliquaire un de ſes doigts, parce qu'il s'en étoit ſervi pour écrire ſes ouvrages ſur la grace, & ce doigt, la terreur des Jacobins pendant la vie de *Leſſius*, le fut encore après ſa mort, par les miracles qu'on prétendit faire par ſon moyen. Les parlements de France proſcrivirent quelques-uns des ouvrages de *Leſſius* : *de Juſtitiâ & jure ; de poteſtate ſummi Pontiſicis* : on peut voir par ce dernier titre, pourquoi les papes ne s'empreſſerent point de condamner la doctrine de *Leſſius*. On a auſſi du même auteur, différents traités théologiques, recueillis en deux vol. *in-fol.* Le Traité *ſur le choix d'une Religion*, a été traduit par l'abbé Maupertuy. *Leſſius*, né près d'Anvers en 1554, mourut en 1623.

LESTONAC, ( Jeanne de ) ( *Hiſt. Eccléſ.* ) née en 1556, fondatrice de l'ordre des religieuſes bénédictines de la Compagnie de Notre-Dame, pour l'inſtruction des jeunes filles. Lorſque le pape Paul V eut approuvé cette fondation en 1607, il dit au général des Jéſuites : *Je viens de vous unir à de vertueuſes filles , qui rendront aux perſonnes de leur ſexe, les ſervices que vos pères rendent aux hommes dans toute la chrétienté.* L'hiſtoire de ces religieuſes a été écrite par un auteur nommé Jean Bouzonie, & celle de Jeanne de *Leſtonac* en particulier, l'a été par le P. Beaufils, jéſuite à Toulouſe ; elle étoit nièce de Montagne ; elle avoit été mariée à Gaſton de Montferrand, dont elle avoit eu ſept enfants. Elle étoit fille d'un conſeiller au parlement de Bordeaux ; à ſa mort, arrivée le 10 février 1640, ſon ordre poſſédoit déjà vingt-ſix maiſons, & ce nombre s'eſt augmenté depuis.

LETI, ( Gregorio ) ( *Hiſt. Litt. mod.* ) Italien proteſtant, & qui paſſa ſa vie en pays proteſtant, à Lauſane, à Genève, en Angleterre, en Hollande, ſe faiſant chaſſer preſque par-tout ; le fameux Le Clerc fut ſon gendre On regarde *Leti* comme le Varillas de l'Italie. En effet, il n'eut pas plus de reſpect que Varillas pour la vérité, & il déshonora comme lui, l'hiſtoire par des fictions. Madame la dauphine, femme du dauphin, fils de Louis XIV, lui ayant demandé ſi tout ce qu'il diſoit dans la vie du pape Sixte-Quint, étoit vrai, il répondit : *une fiction agréable vaut mieux qu'une vérité.* Mais ce n'étoit pas toujours ſeulement pour orner ſon récit qu'il inventoit, c'étoit par des motifs plus condamnables encore, par un eſprit ou d'adulation ou de ſatyre. On connoît ſes vies de Charles-Quint, de Philippe II, d'Eliſabeth, reine d'Angleterre, de Cromwel, du duc d'Oſſone, &c. elles ſont toutes traduites en François ainſi

que quelques autres ouvrages de l'auteur ; mais le plus grand nombre eſt de ceux qui n'ont point été traduits. Ils roulent preſque tous ſur l'hiſtoire & ſur la politique. Gregorio *Leti*, né en 1630, mourut à Amſterdam, en 1701.

LEUCIPPE, ( *Hiſt. anc.* ) philoſophe grec. On ſait peu de choſes ſur ſa perſonne. Les uns croient qu'il étoit d'Elée, les autres d'Abdère, d'autres de Milet ; il étoit diſciple de Zénon, & Démocrite fut ſon diſciple. Il paroit qu'il fut l'inventeur du ſyſtême des atomes & des tourbillons, plus de deux mille ans avant Deſcartes, & qu'il vivoit l'an 428 avant J. C. Poſidonius, qui vivoit du temps de Cicéron, a prétendu que l'idée de ce ſyſtême étoit venue de Phénicie, où elle avoit été employée par un certain Moſchus ou Mochus, que quelques atomiſtes illuminés, dit M. l'abbé Batteux, ſe ſont plû à confondre avec Moïſe. Bayle réfute auſſi l'allégation de Poſidonius, & blâme Epicure de n'avoir pas reconnu hautement tout ce qu'il devoit à Démocrite & à *Leucippe*, dont il n'avoit fait que modifier la doctrine.

LEVE, ( Antoine de ) ( *Hiſt. mod.* ) navarrois, ſoldat de fortune, qu'un mérite éminent éleva aux honneurs militaires. Il ſervit & commanda ſous Ferdinand-le-Catholique & ſous Charles-Quint, avec la plus grande diſtinction. En 1503, il vainquit d'Aubigny à la ſeconde bataille de Seminare. En 1521, il contribua beaucoup à enlever le Milanès à la France. En 1524, ce fut lui qui défendit Pavie contre François I<sup>er</sup>. En 1525, il ne contribua pas peu encore au ſuccès de cette fameuſe bataille de Pavie, par une vigoureuſe ſortie qu'il fit à propos pendant la bataille, avec toute ſa garniſon. En 1529, au milieu des douleurs de la goute, il ſurprend le comte de St Pol, à Landriano, & le bat, le fait priſonnier. Dans cette bataille, on rencontroit par-tout Antoine de *Leve*, qui ne pouvant monter à cheval à cauſe de la goute, ſe faiſoit porter tout armé dans une chaiſe, par quatre hommes. En cette même année 1529, il combattit avec ſuccès contre Soliman II, en Autriche. En 1535, il ſe diſtingua auſſi en Afrique, à la ſuite de l'empereur. Ce prince ſe plut à lui rendre en différentes occaſions, les honneurs qui n'appartiennent qu'aux grands d'Eſpagne ; il le faiſoit aſſeoir à côté de lui, il vouloit qu'il le couvrit en ſa préſence, & un jour le voyant différer d'obéir à cet ordre, il lui mit lui-même le chapeau ſur la tête, en diſant : *un capitaine fameux par trente campagnes toutes glorieuſes, a bien mérité d'être aſſis & couverts devant un empereur de trente ans.* En 1536, il défendit le Milanès pour l'empereur, contre l'amiral de Brion, arrêta les progrès que ce général avoit faits dans le Piémont, & profitant habilement de la défection du marquis de Saluces, il reconquit preſque tout le Piémont ; mais cette même année, au ſiège de Foſſan, devenu célèbre par le courage avec lequel il fut ſoutenu par les François, trahis & ſans défenſe, *de Leve* courut un grand danger. Les aſſiégés font une ſortie de deux endroits, la cavalerie d'un côté, l'infanterie de l'autre.

*Celle-ci*

Celle-ci gagne par un chemin creux, une prairie éloignée, où étoit le quartier des Lanſquenets de *de Leve*, leſquels ne pouvant s'attendre à être attaqués, faiſoient la garde aſſez négligemment. L'infanterie Françoiſe en fait un grand carnage ; la cavalerie qui les attaque d'un autre côté, augmente le déſordre. L'alarme ſe répand dans tout le camp. Antoine *de Leve* envoie ſes Eſpagnols pour ſoutenir les Lanſquenets. Ceux qui étoient de garde à la tranchée, voyant courir aux armes de tous côtés, quittent leurs poſtes pour voler au lieu du combat, & laiſſent leurs travailleurs preſque ſans défenſe. La portion de la garniſon reſtée dans la ville, voyant ce mouvement, ſort, attaque les tranchées, les comble, taille en pièces ceux qui les gardoient encore. Les différents corps des aſſiégés ſe réuniſſent, on court au quartier d'Antoine *de Leve*, qui ſe voyoit alors preſque abandonné, & qui penſa être ſurpris. La goutte lui permettoit à peine de ſe remuer ; on le jette précipitamment dans une chaiſe ; on le porte hors de la tente ; mais les porteurs pourſuivis de près par les François, n'imaginèrent pas d'autre moyen de le ſauver & de ſe ſauver, que de jetter *de Leve* avec ſa chaiſe au milieu d'une pièce de bled, où il reſta caché juſqu'à la retraite des François, qui ſe fit en bon ordre. Enfin, il reçut à compoſition ces intrépides défenſeurs d'une place hors de défenſe.

Cette même année 1536, eſt mémorable par l'expédition de Charles-Quint en Provence. Il ne ſe promettoit pas moins que la conquête de la France entière. La foule des courtiſans le fatiguoit d'avance d'applaudiſſements, de préſages heureux, de cris de victoire ; mais on dit que ceux qui avoient plus d'uſage de la cour, & qui ſavoient mieux l'art de flatter, s'oppoſoient en public à cette expédition, & s'attachoient à démontrer l'impoſſibilité d'un ſuccès qu'ils croyoient infaillible, afin de ménager à l'empereur la gloire d'avoir eu plus de lumières que ſa cour, que ſon conſeil, & d'avoir vaincu contre l'eſpérance de ſes capitaines les plus expérimentés. Le vieil Antoine *de Leve* ſe diſtingua par ſes contradicteurs politiques. On le vit ſortir de ſa chaiſe, dont la goute lui rendoit l'uſage toujours néceſſaire, &, comme ſi le zèle eût ſuſpendu ſes infirmités, ſe jetter aux pieds de l'empereur, le conjurer les larmes aux yeux, de ne point expoſer ſa gloire aux hazards d'une expédition ſi téméraire. Cependant on ſavoit, ou l'on croyoit ſavoir qu'il s'attendoit à être vice-roi de France, & à mêler un jour ſes cendres avec celles des rois de France à St. Denis. Il mourut cette même année, de douleur du mauvais ſuccès de cette entrepriſe & de la perte de ſes eſpérances. On dit qu'avec un ton groſſier juſqu'à la ruſticité, il pouſſoit les fauſſes fineſſes du machiaveliſme juſqu'à la perfidie la plus atroce. On dit, que s'entretenant de l'empereur ſur les moyens d'aſſervir l'Italie, il oſa lui propoſer de ſe défaire par l'aſſaſſinat, des princes qui pouvoient faire obſtacle à ſes deſſeins. *Eh ! que deviendroit mon ame ?* lui dit Charles-Quint ; *Avez-vous une ame ?* répondit de Leve, *abandonnez l'Empire.* Charles-Quint & ſes généraux étoient ſi haïs & ſi redoutés en France, qu'il faut ſe défier un

*Hiſtoire*   Tome III.

peu des imputations qui leur ont été faites dans ce pays ; mais en ſuppoſant ce trait véritable, il falloit que ces deux hommes euſſent bien peu réfléchi ſur la nature des choſes, & prêté bien peu d'attention aux faits, pour croire qu'il n'y eût que leur ame d'intéreſſée à de pareils attentats, & pour n'avoir pas vu que la perfidie & le crime, en révoltant les eſprits, retombent preſque néceſſairement ſur leurs auteurs.

LEVENDI, ſ. m. ( *Hiſt. mod.* ) nom donné par les Turcs à leurs forces maritimes ; ils y admettent les Grecs & les Chrétiens ſans diſtinction, ce qu'ils ne font point dans leurs troupes de terre, où ils ne reçoivent que des Mahométans.

LEVENTI ou LEVANTI, ſ. m. ( *terme de relation* ) ſoldat turc de galère, qu'on rencontre en aſſez grand nombre dans Conſtantinople. Comme ces gens-là ſe ſont de la canaille qui court ſur le monde le couteau à la main, le gouverneur de la ville a permis de ſe défendre contr'eux ; & l'on les met à la raiſon à coups d'épée & de piſtolets. On a encore un moyen plus ſage d'éviter leurs inſultes, c'eſt de ſe faire eſcorter par des janiſſaires, qui ne demandent pas mieux, & pour lors on peut ſe promener dans Conſtantinople en toute ſureté. ( *D. J.* )

LEUH, ( *Hiſt. mod.* ) c'eſt ainſi que les Mahométans nomment le livre dans lequel, ſuivant les fictions de l'alcoran, toutes les actions des hommes ſont écrites par le doigt des anges.

LEVESQUE, ( *Hiſt. Litt. mod.* ) Ce nom eſt celui de beaucoup de gens de lettres diſtingués.

1°. *Leveſque* de Gravelle ( Michel-Philippe ) conſeiller au parlement, mort en 1752, a laiſſé un *recueil de Pierres gravées antiques*, eſtimé, en deux vol. in-4°.

2°. Pierre-Alexandre *Leveſque* de la Ravalière, de l'Académie des Inſcriptions & Belles-Lettres, naquit à Troyes le 6 janvier 1697. Pierre *Leveſque*, ſon père, étoit greffier en chef de l'élection de cette ville. Pierre-Alexandre arrivé à Paris, publia un Eſſai de comparaiſon entre la déclamation & la poëſie dramatique. « Il » eſpéroit, dit M. Le Beau, être combattu & engager une » querelle. Le ſilence du public le déconcerta ; pour » s'en venger, il fit lui-même la critique de ſon ou- » vrage ; après cela, il eût été difficile de le con- » tredire ».

Il donna depuis les chanſons de Thibaud VI, comte de Champagne, & roi de Navarre. « C'eſt dans cet » ouvrage qu'il a donné la première idée d'un ſyſtème » qu'il s'étoit formé, & dont nulle contradiction n'a » pu le faire départir. Jamais perſonne n'eut l'ame » plus françoiſe ; fortement prévenu en faveur de ſa » patrie, auſſi zélé défenſeur de notre franchiſe litté- » raire que les bons François le ſont des libertés de » leur égliſe & de l'indépendance de leur monarque, » il portoit cette jalouſie juſques ſur le langage. Les » anciens chevaliers n'ont jamais combattu pour l'hon- » neur de leurs Dames, avec plus de courage & » de conſtance, que M. Leveſque pour ſoutenir les » privilèges de la langue françoiſe ; à rompu pour » l'amour d'elle, plus d'une lance dans cette Aca-

T t

démie, ( des Belles-Lettres ). Selon lui ; elle n'a rien emprunté, elle ne doit rien à la langue latine ; tous les mots qui la composent lui appartiennent à titre patrimonial : nous parlons encore celtique ; & si quelques-uns de nos termes ont quelque affinité avec ceux du latin ; ce n'est pas qu'ils en sortent, c'est qu'ils sont nés ensemble ; ils leur ressemblent comme jumeaux, & non pas comme des fils à leur père. »

Si ce ton demi badin est propre à répandre quelque ridicule sur les systêmes littéraires de M. *Levesque* de la Ravalière, M. Le Beau l'en dédommage en rendant son caractère véritablement respectable.

M. *Levesque* fut reçu à l'Académie des Belles-Lettres en 1543, & il y a de lui plusieurs Mémoires dans le Recueil de cette Académie. Il mourut le 4 février 1762.

3°. Jean *Levesque* de Burigny, aussi de l'Académie des Inscriptions & Belles-Lettres, d'une autre famille que les précédents, vivoit encore, lorsqu'un homme de lettres lui rendit l'hommage suivant, ( Mercure du 25 janvier 1783. ) « Ce que Cicéron dit de la vieillesse d'Isocrate, rappelle la vénérable & heureuse vieillesse du doyen actuel de la littérature françoise, & peut-être de la littérature Européenne, M. de Burigny, à qui une carrière de quatre-vingt-onze ans, consacrée à l'étude & à la vertu, laisse encore une santé robuste, une mémoire étendue, l'usage de tous ses sens, la jouissance de tous les plaisirs de l'esprit, l'habitude journalière des lectures instructives, la faculté même de composer & d'écrire, le goût & les agrémens de la société, l'espérance enfin d'un grand nombre de jours sereins, & la certitude que tout le monde les lui souhaite :

*Et superest Lachesi quod torqueat, & pedibus se*
*Ipse suis portat.*

» Vrai modèle des mœurs du savant & de l'homme » de lettres, jamais il n'a connu ni l'orgueil, ni l'in- » trigue, ni l'envie ; savant utile & sans faste, écri- » vain sans prétention, simple dans son style, simple » dans ses mœurs :

*Cujus sunt mores qualis facundia, mite*
*Ingenium.*

« C'est avec un plaisir mêlé d'attendrissement, que » nous lui payons ici un tribut d'estime & de respect » qu'il n'a point recherché, qu'il n'a point désiré, » auquel il ne s'attend pas, & dont il aura la mo- » destie d'être étonné, tandis que tant d'intrigans litté- » raires employent de si étranges moyens pour se » faire prostituer dans les journaux, des éloges qu'ils » savent ne leur être pas dus ...

Jean Levesque de Burigny étoit né à Reims en 1692, d'une famille honorable à tous égards, mais dont nous remarquerons seulement qu'un même espace de temps assez borné, elle a fourni trois sujets à l'Académie des Belles-Lettres, M. de Burigny & MM de Pouilly, père & fils ; M. de Champeaux

troisième frère de M. de Pouilly le père, & de M. de Burigny, fut ministre du roi dans différentes cours, & se distingua dans la carrière des négociations. M. de Pouilly le père étoit un de ces savans rares, qui savent sur-tout éclairer l'érudition par la critique, & l'histoire par la philosophie. C'étoit d'ailleurs un philosophe aimable & sensible. On en peut juger par sa Théorie des sentimens agréables.

Dans sa dispute sur l'incertitude de l'histoire des premiers siècles de Rome, jamais il ne lui échappa un mot d'aigreur ; les deux savans qui lui répondirent, ne purent pas démentir ainsi le caractère de savans. A la seconde ou troisième réplique, l'aigreur se montre. Au reste, ils gagnèrent leur procès auprès des savans, & M. de Pouilly, auprès des philosophes.

M. de Pouilly le fils est vivant, & les fonctions de la magistrature le disputent aux occupations littéraires, sans le leur enlever.

M. de Burigny n'a cessé de travailler pendant une vie de 94 ans, & c'est peut-être le seul homme de lettres qui n'ait jamais mis ses ouvrages au-dessus de leur valeur ; ils avoient tous un grand mérite d'érudition & de recherches ; ses vies de Grotius, d'Erasme, du cardinal du Perron, de Bossuet, & d'autres productions considérables, contiennent presque toujours tout ce qu'il est possible de savoir sur la matière traitée dans chacun de ces ouvrages ; & quand on voudroit ne les regarder que comme des Mémoires pour servir à l'Histoire, de mieux rédigés, ni de plus fidèlement tirés des sources les plus pures.

Un de ses amis lui parloit un jour avec éloge, de quelques articles de l'*Europe savante*, dont il le croyoit l'auteur : vous avez raison, dit M. de Burigny, ces articles sont excellents, ils ne sont pas de moi. Cet ami ajoutant que les derniers volumes de ce Journal lu, paroissoient inférieurs aux autres ; ils sont tous de moi dit-il, & j'en juge comme vous.

M. de Burigny chérissoit la mémoire de ses amis morts, autant qu'il les avoit chéris vivants. Une personne d'un rang élevé, parloit un jour très-mal de M. de Saint-Hyacinthe, dans un cercle nombreux. M. de Burigny, qui étoit présent, fit tous les efforts pour défendre son ami ; mais pressé de plus en plus & pénétré de douleur de ne pouvoir détruire les imputations dont on le chargeoit : « Monsieur, s'écria-t-il en fondant en larmes, je vous demande grace, vous » me déchirez l'âme ; M. de Saint-Hyacinthe est un » des hommes que j'ai le plus aimés ; vous le pei- » gnez d'après la calomnie, & je proteste sur mon » honneur, qu'il n'a jamais ressemblé au portrait que » vous en faites.

M. de Burigny avoit alors 80 ans, & il y en avoit au moins 30 que Saint-Hyacinthe ne vivoit plus.

Un homme si digne d'avoir des amis, trouva dans ses amis & ses parents, les consolations les plus touchantes dans sa vieillesse & dans sa dernière maladie, qui fut peut être la seule. « Sollicité anciennement, dit M. Dacier dans son éloge, d'occuper un appart...

» ment chez M^me. Geoffrin, il avoit cédé aux inftances
» de l'amitié; recueilli enfuite par M^me la marquife
» de la Ferté-Imbault, comme une portion précieufe
» de l'héritage de fa mère, il avoit retrouvé en elle
» les mêmes fentiments & les mêmes procédés. Elle
» avoit pour lui cette amitié prévenante, fi douce,
» fur - tout à la vieilleffe, ces attentions nobles &
» délicates. qui partent d'un cœur excellent, poli par
» l'ufage du grand monde, cette confidération & ces
» égards qu'une ame bonne & vertueufe fe plaît à
» témoigner au mérite & à la vertu, rendus encore
» plus refpeclables par l'âge; & perfonne n'a plus
« contribué qu'elle au bonheur de fes. dernières
» années. En publiant ici ce que M. de Burigny de-
» voit à la mère & à la fille, & fa reconnoiffance,
» je ne fuis que fon organe, dit M. Dacier, je ne
» fais que répéter ce qu'il difoit fans ceffe, ce qu'il
» m'a chargé de redire, & j'acquitte en fon. nom la
» dette de fon cœur. »

Il s'éteignit le 8 octobre 1785, entre les bras de
M. de Pouilly, fon neveu, & de M^me de Broca, fa
nièce, fille de M. de Champeaux, qui avoit renoncé
à tout pour fe dévouer fans réferve à M. de Burigny, « & lui a prodigué contre un. courage, une
» conftance & une affiduité au-deffus de fes forces,
» les foins les plus touchants & les plus empreffés. Une
» fille tendre n'auroit rien fait de plus pour le meilleur
» & le plus chéri des pères. »

M. Dacier applique en particulier à M. de Burigny,
ce que Cicéron a dit en général des lettres. « Elles
» avoient nourri fa jeuneffe, elles embellirent fes plus
» beaux jours, elles furent fon refuge & fa confola-
» tion. dans fes peines, elles le rendirent heureux
» par-tout & dans tous les moments, elles ont fait
» le charme de fa vieilleffe, & pour dernière faveur,
» elle honorent fa mémoire. »

LEVI, ( Hift. Sacr. ) troifiéme fils de Jacob &. de
Lia; fon expédition avec Siméon fon frère; contre
les Sichimites, fon arrivée en Egypte avec fes enfants,
dont l'un fut l'ayeul de Moïfe, d'Aaron & de Marie;
la part qu'il eut dans la prédiction de Jacob mourant,
enfin, tout ce qui le concerne, fe trouve dans la
Génèfe, chapitres 24, 46, 49.

LEVI-LEVIS, ( Hift. de Fr. ) La fable de cette
maifon la fait defcendre de la tribu de Levi, à caufe
de la conformité des noms; mais elle n'a befoin que
de la vérité pour être grande & illuftre; elle l'étoit
dès les onziéme & douziéme fiècles. Elle tiroit fon nom
de la terre de Levis, près Chevreufe, dans la Hurepoix:
1°. Gui de Levis, qu'on voit faire de grandes fondations en 1190, fe croifa contre les Albigeois, fous
le jeune Amaury de Montfort, fils de Simon de
Montfort, & auquel on pourroit donner des épithètes moins glorieufes, Il
fervit avec tant de gloire, qu'il obtint d'Amaury de
Montfort, le titre de maréchal de la Foi, titre héréditaire, & qui a paffé à fa poftérité, ainfi que la
feigneurie de Mirepoix & d'autres dépouilles des
Albigeois.

2°. Gui de Levi, troifiéme du nom, maréchal de
la Foi, fuivit en 1266, Charles, duc d'Anjou, à
la conquête du royaume de Sicile.

3°. Jean, arrière-petit-fils du précédent, fut. tué
en 1342, dans une fortie, en défendant la ville de Bergerac, affiégée par les Anglois.

4°. Aléxandre, marquis de Mirepoix, maréchal
de la Foi, tué en. 1637, à l'attaque des lignes, de
Leucate, affiégée par les Efpagnols. Elifabeth de Levis,
fa fille, abbeffe de Notre-Dame de Rieunette, fut
affaffinée par fix fufiliers en 1671, fur le grand chemin,
en revenant de prendre poffeffion d'une terre dépendante de fon abbaye. Elle étoit la grande tante du
maréchal de Mirepoix, qui fuit.

5°. Gafton-Charles-Pierre-François, maréchal de la
Foi, capitaine des Gardes-du-Corps, commandant en
Languedoc, ainfi que fur toutes les côtes de la Méditerranée; né en 1700, colonel du régiment du
Saintonge le 6 mars 1719, de celui de la Marine
le 20 février 1734, brigadier d'armée le premier août
fuivant; ambaffadeur à Vienne en 1737, maréchal-
de-camp. le premier mars 1738, chevalier des ordres
le 1 février 1741, lieutenant-général le 2 mai 1744,
ambaffadeur à Londres le premier janvier 1749, duc
à brevet en 1751, maréchal de France le 24 février
1757, mort à Montpellier le 25 feptembre 1757.
C'eft le mari de M^me la maréchale de Mirepoix d'aujourd'hui, Anne-Gabrielle de Beauvau-Craon, fœur
de M. le maréchal de Beauvau, veuve du prince
de Lixin, célébrée par Montefquieu, chantée par
Moncrif.

6°. Dans la branche des barons de la Voute, comtes,
puis ducs de Ventadour, Gilbert de Levis, comte
de Ventadour, bleffé à la bataille de Marignan.

7°. François, comte de Vauvert, tué dans un
combat naval contre les Rochelois en 1625.

8°. Le duc de Ventadour, mari de Charlotte-Éléonore-
Magdeleine de la Mothe-Houdancourt, gouvernante
du roi Louis XV, étoit neveu du précédent.

9°. Dans la branche des barons & comtes de Charlus,
Jean, chevalier de St, Jean de Jérufalem, tué à la prife
d'Alger en 1541.

10°. Jean - Louis, chevalier. de l'ordre du roi,
affaffiné en 1611, avec François fon fils, âgé de
15 ans.

11°. Charles-Eugène, dont les terres furent érigées
en duché-pairie, fous le nom de Levis, en 1723. Il
avoit fuivi en 1688, le dauphin aux fièges de Philif-
bourg, de Manheim, de Frankendal. Il fut fait
brigadier d'armée le 29 janvier 1702, & fe diftingua
en 1703, à la première bataille d'Hochftet; maréchal-
de-camp le 10 février 1704; lieutenant-général, feul
& par diftinction, le 18 février 1708; fait prifonnier
cette même année fur les Anglois, dans un vaiffeau
qui tentoit de paffer en Ecoffe; reçu chevalier des
ordres du roi le 2 février 1732, Mort le 9 mai 1734.
En lui s'éteignit fa branche.

12°. Dans la branche de Florenfac & Marly,
Philippe, mort au fiège d'Acs en Gafcogne, en
1411.

13°. Dans la branche des barons & comtes de Quélus *de Levis*, Jacques *de Levis* comte de Quélus, un des mignons de Henri III, tué en duel en 1578.

14°. Dans la branche des marquis de Gaudiés, Barthelemi, tué au combat de Senef en 1674.

LEUNCLAVIUS, ( Jean ) ( *Hist. Litt. mod.* ) savant voyageur, qui nous a donné le premier des notions exactes & utiles sur la Turquie. On a de lui une *Histoire Musulmane*. Il traduisit en latin, les *Annales des Sultans Ottomanides*, de Jean Gaudier, sur la version que Spiégel en avoit faite du turc en allemand, & il y ajouta une suite sous le titre de : *Pandectæ Turcicæ*. On trouve & ces deux Annales & cette suite à la fin de Chalcondyle, imprimé au Louvre. On a encore de *Leunclavius*, un ouvrage intitulé : *Commentatio de Moscorum bellis adversùs finitimos gestis*, & des versions latines de Xénophon, de Zosime, de Constantin Manassès, & de quelques autres auteurs grecs; tant de la belle & saine antiquité que des temps plus modernes. Né en Westphalie. Mort à Vienne en Autriche en 1593, âgé de soixante ans.

LEUSDEN, ( Jean ) ( *Hist. Litt. mod.* ) savant hollandois & grand Hébraïsant, professeur d'hébreu à Utrecht sa patrie, & dont tous les ouvrages, connus seulement des savants & des hébraïsants, roulent sur la Bible. Né en 1624. Mort en 1699.

LEUVILLE. ( *Voyez* OLIVIER. )

LEZKO I, ( *Hist. de Pologne.* ) surnommé le *Blanc* parce que ses cheveux étoient blonds; il étoit fils de Casimir le Juste, duc de Pologne. Après la mort de ce prince les Polonois voulurent établir la liberté des élections, exclure le fils du feu roi, & rappeler Miceslas le Vieux. Si cet avis eût prévalu, leur indépendance leur auroit coûté cher; ils auroient replacé sur le trône un tyran qu'ils en avoient chassé eux-mêmes, & se seroient rendus esclaves & malheureux pour prouver qu'ils étoient libres. Mais enfin le bien public l'emporta, & le jeune *Lezko* fut couronné l'an 1195. La régence fut confiée à Hélène sa mère. Miceslas trouva encore un parti & se montra à la tête d'une armée; un parti plus puissant marcha contre lui; on en vint aux mains, Miceslas fut vaincu; mais il reparut encore, & s'il avoit la férocité d'un tyran, il avoit aussi le courage d'un héros. La duchesse qui craignoit de hazarder, & dans de nouveaux troubles, & sa tête, & celle de son fils, força ce jeune prince d'abdiquer. Miceslas régna, & laissa la couronne à son fils Uladislas Laskonogi; mais *Lezko* indigné de l'obscurité où il languissoit, rassembla ses amis, mit en pièces les troupes de l'usurpateur, & le contraignit, l'an 1206, à lui céder une couronne qu'il avoit déja perdu. Son règne fut assez paisible jusqu'à l'an 1220, & l'eût été jusqu'à sa mort, s'il avoit connu l'art de placer ses bienfaits; mais en donnant au comte de Suantopelk le gouvernement de la Poméranie orientale, il ne fit qu'un ingrat d'autant plus dangereux, qu'il avoit des talents & qu'on lui croyoit des vertus. Celui-ci voulut secouer le

joug de son bienfaiteur; *Lezko*, résolu de le punir; l'appella au sein de la. Pologne sous divers prétextes; le comte y entra à main armée, attira le duc dans une embuscade, & le fit assassiner l'an 1227. ( M. DE SACY. )

LEZKO II, surnommé *le Noir*, roi de Pologne; il étoit petit-fils de Conrad, duc de Mazovie.: Boleslas V le désigna pour son successeur; un prélat audacieux, le scandale & la terreur de la. Pologne, assemblage singulier de talens & de vices, Paul Pzzemakow, évêque de Cracovie, voulut lui fermer le chemin du trône, leva une armée de brigands, & fut vaincu. Après la mort de Boleslas, l'an 1279, *Lezko* fut couronné malgré les menées secretes de l'évêque qui ne trouva plus de partisans : à peine étoit-il proclamé, que la Pologne se trouva menacée par une ligue puissante des Russes, des Lithuaniens &. des Tartares: *Lezko* marcha contre eux, & les tailla en pièces, l'an 1282. Pzzemakow souffla dans toute la Pologne l'esprit de révolte, dont il étoit animé; les Palatins se soulevèrent; *Lezko* terrassa ces rebelles, & après les avoir dissipés par la force de ses armes, il acheva de les vaincre par ses bienfaits. Mais lorsqu'il vit, en 1288, une multitude de Tartares descendre dans la Pologne, & porter ses ravages jusques sous les murs de Cracovie, soit foiblesse, soit ruse militaire, il s'enfuit en Hongrie, ne reparut qu'après leur départ, & mourut le 1289. Sa fuite est la seule tache qu'on puisse lui reprocher. Il étoit grand, généreux, & pardonnoit sans effort. Il avoit l'art de tâter le goût des hommes, & de les asservir par des riens importans. C'est ainsi qu'il flatta les Allemands, & leur inspira un zèle infatigable, en imitant & leur façon de s'habiller & l'usage reçu parmi eux de laisser croître sa chevelure. Dans un combat il échauffa ses soldats d'un enthousiasme belliqueux, en leur assurant que dans un songe l'ange Gabriel lui avoit promis la victoire. ( M. DE SACY. )

L'HUILLIER. ( *Voyez* LUILLIER.

LI, LY, LIS, LYS, s. m. (*Mesure Chinoise*) comme vous voudrez l'écrire, est la plus petite mesure itinéraire des Chinois. Le P. Maffée dit que le *li* comprend l'espace où la voix de l'homme peut porter dans une plaine quand l'air est tranquille & serein; mais les confrères du P. Maffée ont apprécié le *li* avec une toute autre précision.

Le P. Martini trouve dans un degré 90 mille pas chinois; & comme 350 de ces pas font le *li*, il conclut qu'il faut 250 de ces *lis* pour un degré: de sorte que selon lui, 25 *lis* font six milles italiques; car de même que six milles italiques multipliés par dix, font 60 pour le degré, de même, 25 *lis*, multipliés par dix, font 250.

Le P. Gouye remarque qu'il en est des *lis* chinois comme de nos lieues françoises, qui ne sont pas de même grandeur par-tout. Le P. Noel confirme cette observation, en disant que dans certains endroits 15 *lis* & dans d'autres, 12, répondent à une heure de chemin ; c'est pourquoi, continue ce jésuite, j'ai cru pouvoir donner 12 *lis* chinois à une lieue de Flandre. Cette idée du P. Noel s'accorde avec ce que dit le P. Verbieft dans fa *cofmographie chinoife*, qu'un degré de latitude fur la terre eft de 250 *lis*.

Or je raifonne ainfi fur tout cela ; puifque 250 *lis* chinois font un degré de latitude, & que fuivant les obfervations de l'Académie des Sciences, le degré eft de 57 mille 60 toifes, il réfulte que chaque *li* eft de 208 toifes & de fix vingt cinquièmes de toife, & que par conféquent la lieue médiocre, la françoife, qui eft de 2282 toifes du Châtelet de Paris, fait environ dix *lis* chinois. ( *D. J.*)

LIA, ( *Hift. de Fr.* ) fille aînée de Laban, première femme de Jacob. Ce qui concerne fon hiftoire fe trouve dans la Génèfe, chapitres 29, 30, 31, 33.

LIAL-FAIL, f. m. ( *Hift. ancienne.* ) C'eft ainfi que les anciens Irlandois nommoient une pierre fameufe qui fervoit au couronnement de leurs rois ; ils prétendoient que cette pierre, qui dans la langue du pays, fignifie *pierre fatale*, pouffoit des gémiffements quand les rois étoient affis deffus lors de leur couronnement. On dit qu'il y avoit une prophétie qui annonçoit que par-tout où cette pierre feroit confervée, il y auroit un prince de la race des *Scots* fur le trône au dixiéme fiècle. Elle fut enlevée de forcé par Edouard I, roi d'Angleterre, de l'abbaye de Scône, où elle avoir été confervée avec vénération ; & ce monarque la fit placer dans le fauteuil qui fert au couronnement des rois d'Angleterre, dans l'abbaye de Weftminfter, où l'on prétend qu'elle eft encore. *Voyez l'Hiftoire d'Irlande* par Mac-Geogegan. ( *A. R.* )

LIANCOURT ou LIANCOUR, ( *Hift. de Fr.* ) Gabrielle d'Eftrées fut, dit-on, contrainte par fon père, à époufer Nicolas d'Amerval, feigneur de *Liancourt*, gentilhomme de Picardie ; elle fe nomma quelque temps Mme de *Liancourt* avant de fe nommer la marquife de Monceaux & la ducheffe de Beaufort ; Henri IV fit caffer ce mariage.

Henri IV avoit alors pour premier écuyer, du Pleffis *Liancourt*, feigneur de *Liancourt*, près Clermont en Beauvoifis. Il le nomma pour être du confeil de régence ; *Liancourt* étoit dans le carroffe du roi, lorfque ce prince fut affaffiné.

Roger du Pleffis, duc de *Liancourt* & de la Roche-Guyon, pair de France, chevalier des ordres du roi, étoit poffeffeur de ces deux belles & grandes terres, qui font aujourd'hui dans la maifon de la Rochefoucauld ; c'étoit un des hommes les plus brillants & les plus braves de la cour. Il époufa Jeanne de Schomberg, fille du maréchal de Schomberg, furintendant des finances, & fœur du maréchal de Schomberg, duc d'Halluin, femme d'efprit, & furtout très-pieufe. Elle laiffa d'abord fon mari rechercher tous les avantages que lui promettoient fa naiffance & fes qualités brillantes, & fe livrer à toutes les diffipations du monde ; infenfiblement elle l'attira dans la retraite, qu'elle embellit pour lui ; les beaux jardins, les belles eaux de *Liancourt* furent fon ouvrage ; elles font célèbrées dans la *Pfyché* de La Fontaine :

Raffemblés, fans aller plus loin,
Vaux, Liancourt & leurs naiades.

Le duc *de Liancourt* devient bientôt pieux & janféniste comme elle ; leurs liaifons avec tout Port-Royal furent célèbres, & leurs noms le font principalement dans l'Hiftoire du Janfénifme. C'eft au duc *de Liancourt* qu'un prêtre de St. Sulpice, fon confeffeur, s'avifa de refufer l'abfolution à Pâques, parce qu'on difoit qu'il ne croyoit pas que les cinq propofitions fuffent dans Janfénius, & qu'il avoit dans fa maifon des hérétiques, c'eft-à-dire, des écrivains de Port-Royal & des Oratoriens. M. Arnaud le docteur, écrivit à ce fujet, deux lettres à un duc & pair, qui étoit M. le duc *de Liancourt* lui-même. Grande affemblée de Sorbonne, où fe trouva de la part du roi, le chancelier Seguier ; on y condamna une propofition de M. Arnauld, & on l'exclut de Sorbonne. Delà les premières Lettres Provinciales.

La vie du duc & de la ducheffe *de Liancourt* fe paffa toute entière dans l'exercice des vertus ; on raconte de la ducheffe *de Liancourt*, des traits de générofité finguliers ; elle fourniffoit de l'argent à ceux qui plaidoient contr'elle, & qui faute de ce fecours, n'euffent pu faire valoir leurs droits. Si on demande pourquoi elle ne pouffoit pas la générofité jufqu'à leur épargner tout procès, en facrifiant fes droits ; c'eft qu'il s'agiffoit de droits de terre, qu'on n'abandonne pas fans inconvénient, & qui font quelquefois affez incertains pour avoir befoin d'être réglés par un jugement. Elle mourut le 14 juin 1674, à Liancourt, & fon mari le premier août fuivant. On a d'elle quelques petits écrits adreffés à fon mari & à fa petite-fille, contenant des avis économiques & domeftiques.

Ils n'avoient eu qu'un fils, tué jeune à l'armée. Ce fils laiffa une fille, Mademoifelle de la Roche-Guyon, qui fut élevée à Port-Royal ; c'étoit un excellent parti ; elle fut recherchée par tout ce que la cour avoit de plus grand ou de plus en faveur ; le cardinal Mazarin la demanda pour un de fes neveux ; elle époufa le prince de Marfillac, fils du duc de la Rochefoucauld, auteur des *Maximes*, & porta dans la maifon de la Rochefoucauld les terres de Liancourt & de la Roche-Guyon.

LIBANIUS, ( *Hift. Rom.* ) fameux fophifte, fameux rhéteur du quatriéme fiècle, né à Antioche, élevé à Athènes, profeffoit l'éloquence à Conftantinople du temps de l'empereur Julien. Ce prince faifoit un cas fingulier de *Libanius*, & foumettoit au jugement de ce philofophe fes actions & fes écrits. Quoique orateur, *Libanius* ne le flattoit point. Julien étant à Antioche, avoit fait mettre en prifon les magiftrats de cette ville, contre lefquels il étoit fort irrité. *Libanius* vint avec courage plaider la caufe de fes concitoyens. Son ton ferme & libre étonna l'efprit efclave d'un homme qui l'entendit : Orateur, lui dit-il, *tu es bien près du fleuve Oronte, pour parler fi hardiment. - Courtifan*, répondit Libanius, *ta menace eft bien plus hardie que mes difcours, elle tend à déshonorer le maître que tu veux me faire craindre*. Julien ne fe déshonora point, il étoit digne d'entendre *Libanius* ; & il continua de l'aimer ; ce rhéteur payen eut pour disciples deux illustres orateurs chrétiens, St. Basile & St. Jean-Chrysostôme ; les lettres de St. Basile font foi de son attachement pour son maître.

Nous avons les œuvres de *Libanius* en deux vol. *in-fol.* ; mais elles ne font pas, à beaucoup près, complettes ; la plûpart de ses harangues font perdues : un italien, Antoine Bongiovani, en a retrouvé dix-sept dans un manuscrit de la bibliothèque de St. Marc, & les a publiées à Venise en 1755. On ignore le temps de la mort de *Libanius.*

LIBATTO, f. m. ( *Hist. mod.* ) C'est le nom que les habitants du royaume d'Angola donnent à des espèces de hameaux ou de petits villages qui ne font que des assemblages de cabanes chétives, bâties de bois & de terre grasse, & entourées d'une haie fort épaisse & assez haute pour garantir les habitants des bêtes féroces, dont le pays abonde. Il n'y a qu'une seule porte à cette haie, que l'on a grand soin de fermer la nuit, sans quoi les habitants courroient risque d'être dévorés.

LIBERAT, ( *Hist. Ecclésiast.* ) C'est le nom de deux martyrs d'Afrique au cinquième siècle, sous la persécution du roi Hunneric, & celui d'un diacre de l'église de Carthage au sixième siècle, qui se distingua dans l'affaire dite des *Trois Chapitres.* ( *Voyez* sur cette affaire, l'article EUTYCHÈS ), & dont on a un ouvrage intitulé : *Breviarium de causâ Nestorii & Eutychetis.*

LIBÉRE, ( *Hist. Ecclésiast.* ) pape élu en 352, souvent cité par les Jansénistes surtout, comme ayant varié dans la foi, & s'étant laissé ébranler par les persécutions de l'empereur Constance, & séduire par les artifices des Ariens. Il n'avoit péché que par foiblesse comme Pierre, il se repentit & pleura comme Pierre, fit des excuses à St. Athanase d'avoir pendant quelque temps abandonné sa cause, & mourut saintement en 366. Les pères le traitent même de *bienheureux*, & son nom se trouve dans quelques anciens martyrologes.

LIBERTAT, ( *Voyez* CASAUX. )

LIBURNE, f. m. *Liburnus*, ( *Hist. Rom.* ) huissier qui appelloit les causes qu'on devoit plaider dans le barreau de Rome ; c'est ce que nous apprenons de Martial qui tâche de détourner Fabianus, homme de bien, mais pauvre, du dessein de venir à Rome où les mœurs étoient perdues ; *procul horridus liburnus* ; & Juvenal dans sa quatrième Satyre :

*Primus, clamante liburno,*

*Currite, jàm sedit,*

L'empereur Antonin décida dans la loi *VII, ff, de in integ. restit.* que celui qui a été condamné par défaut, doit être écouté, s'il se présente avant la fin de l'audience, parce qu'on présume qu'il n'a pas entendu la voix de l'huissier, *liburni.* Il ne faut donc pas traduire *liburnus* par *crieur public*, comme ont

fait la plûpart de nos auteurs, trop curieux du soin d'appliquer tous les usages aux nôtres. ( *D. J.* )

LICETI ou LICETO, *Hist. mod.* ) Cet homme qui ne fut peut-être pas nommé sans dessein *Fortunius*, naquit avant le septième mois de la grossesse de sa mère ; son père le fit mettre dans une boëte de coton, & prit pour l'élever & assurer sa vie, des soins qui réussirent parfaitement à tous égards. *Fortunius* jouit d'une parfaite santé, & vécut soixante- & dix-neuf ans. Il fut d'ailleurs un médecin habile, ainsi que son père. On a de lui plusieurs ouvrages en latin, les uns sur la médecine, comme celui qui a pour titre : *de his qui vivunt sine alimentis* ; les autres sur la physique : *de sulminum naturâ ; de maris tranquillitate & ortu fluminum* ; d'autres enfin sur des matières d'antiquité : *de annulis antiquis ; de Lucernis antiquis.* Dans ce dernier traité, il soutient que les lampes sépulchrales des anciens ne s'éteignoient point. Ferrari, dans une dissertation bien postérieure, *de veterum lucernis sepulchralibus*, dit au contraire que ces prétendues lampes inextinguibles, étoient des phosphores qui s'allumoient pour quelques instants, lorsqu'ils étoient exposés à l'air. *Fortunius Liceti* né à Rapalo dans l'état de Gênes en 1577, mourut à Padoue en 1656.

On a de Joseph *Liceti* son père, un ouvrage intitulé : *Nobilità de principali membri dell' Vosno.*

LICINIUS, ( *Histoire des empereurs.* ) né dans la Dacie, fut un soldat de fortune, qui n'eut d'autre titre à l'empire que son courage & ses talents pour la guerre. Galère-Maximien, qui avoit été simple soldat comme lui, en avoit reçu de grands services : ce fut par reconnoissance qu'il le choisit pour son collègue lorsqu'il parvint à l'empire. Il lui donna le département de l'Illyrie, & ensuite de tout l'Orient. Constantin, qui voyoit son crédit prendre chaque jour de nouveaux accroissements, se fortifia de son alliance, & lui fit épouser sa sœur Constantia, & leurs forces réunies humilièrent la fierté de Maximien, qu'ils défirent dans plusieurs combats. *Licinius* né barbare, ne se dépouilla jamais de la férocité naturelle à sa nation. Ses mœurs agrestes rappellèrent toujours la bassesse de sa naissance. Ennemi des lettres & des philosophes, il les appelloit la *peste* & le *poison* des états. C'étoit pour justifier son ignorance. Son éducation avoit été si négligée, qu'il ne savoit même pas signer son nom. Il oublia que c'étoit à Galère-Maximien qu'il devoit sa fortune, & ce fut contre les enfants de son bienfaiteur qu'il exerça le plus de cruautés. Maximien défait dans plusieurs combats, fut enfin obligé de se rendre à sa discrétion ; mais le vainqueur impitoyable le fit massacrer avec toute sa famille. Sa fureur avide de sang se tourna contre les chrétiens qu'il détestoit, parce qu'ils étoient favorisés par Constantin devenu l'objet de sa haine jalouse. Constantin assure des armées des Gaules & de l'Italie, lui déclara la guerre, ils en vinrent aux mains dans la Pannonie, & la victoire, sans être décisive, pencha du côté de Constantin. Il fallut center la fortune d'un second combat dans les plaines d'Andrinople : l'avantage fut à-peu-près égal. Les troupes de *Licinius* plièrent ; mais tout le camp de Conftantin fut pillé. Les deux rivaux également épuifés & las de la guerre, firent la paix, que *Licinius* acheta par la ceffion de la Grèce & de l'Illyrie. *Licinius* honteux d'avoir foufcrit à des conditions humiliantes, recommença les hoftilités ; il fut encore défait près d'Andrinople, d'où il fe retira à Chalcédoine, où, craignant d'être attaqué par l'armée victorieufe, il demanda la paix qui lui fut accordée ; mais dès qu'il eut réparé fes pertes, il viola le traité ; il en fut puni par une fanglante défaite dans les plaines de Chalcédoine, où toujours malheureux fans rien perdre de fa réputation, il fut obligé de s'en remettre à la clémence de fon vainqueur. Sa femme Conftantia obtint fa grace de fon frère. Conftantin, après l'avoir admis à fa table, le relégua à Theffalonique, où il mena une vie privée avec fa femme : il paroiffoit avoir renoncé à toutes les promeffes de l'ambition, lorfque Conftantin envoya des ordres pour l'étrangler. Il mourut âgé de foixante ans, dont il en avoit régné quatorze. ( *T-N.* )

LIÉBAUT, ( Jean ) ( *Hift. Litt. mod.* ) médecin ; il eut part à *la Maifon ruftique*, dont le principal auteur fut Charles Étienne, fon beau-père. On a de *Liebaut* divers ouvrages de médecine : *Thefaurus fanitatis*, grand tréfor en effet ; *de præcavendis curandifque venenis Commentarius* ; traités fur les maladies, *l'ornement & la beauté des femmes.* Mort 1596.

LIEUTAUD, ( Jacques, & Jofeph ) *Hift. Litt. mod.* ) Tous deux furent de l'Académie des Sciences ; tous deux étoient de Provence ; l'un, d'Arles ; l'autre, d'Aix, nous ignorons s'ils étoient parents. On a du premier, mort en 1733, vingt-fept volumes de la connoiffance des temps, depuis 1703 jufqu'en 1729. Le fecond a été premier médecin du roi Louis XVI. On a de lui beaucoup d'ouvrages de médecine. Mort à Verfailles le 6 décembre 1780, en difant aux médecins fes confrères, raffemblés autour de lui, & qui lui propofoient différents remèdes : *je mourrai bien fans tout cela.*

LIGARIUS, ( Quintus ) ( *Hift. Rom.* ) On connoît l'éloquent & touchant plaidoyer de Cicéron pour un *Ligarius*, & on fait quel en fut le fuccès. C'eft un des beaux triomphes de l'éloquence, puifqu'il s'agiffoit de déterminer Céfar irrité, à faire grace, quoiqu'il eût été réfolu d'être inflexible ; Cicéron le rendit clément, en louant fa clémence. Ceux qui le croient pas ou qui ne veulent pas croire à ces grands effets de l'éloquence, aiment mieux fuppofer que Céfar & Cicéron étoient d'accord, & qu'il étoit convenu entre eux que Céfar feroit attendri à un certain endroit du plaidoyer, & laifferoit tomber de fes mains l'arrêt qui profcrivoit le coupable ; c'eût été de la part de Céfar une complaifance bien fingulière pour Cicéron, de fe charger en public de ces apparences toujours odieufes, de colère- & de rigueur, tout exprès pour ménager à l'orateur la gloire d'en triompher. Tubé-

ron, accufateur de *Ligarius*, ayant fuccombé dans cette occafion, renonça pour toujours au Barreau. Il eft fâcheux que la clémence de Céfar envers *Ligarius*, n'ait pas empêché celui-ci d'entrer dans la conjuration qui fit périr ce dictateur.

Hélas ! tous les humains ont befoin de clémence.

il importe à l'humanité entière que nul n'ait à fe repentir d'avoir été clément, & l'hiftoire d'Augufte ; qui, après avoir puni jufqu'à dix conjurations formées contre lui, prend le parti de pardonner la onzième ; & depuis ce temps n'en voit plus naître aucune, eft d'une moralité bien plus utile au genre humain, que celle de Ligarius, confpirant contre celui qui lui a pardonné.

LIGER, ( Louis ) ( *Hift. Litt. mod.* ) Charles Etienne & Liébaut, fon gendre ( *voyez* LIÉBAUT ) avoient fait la maifon ruftique, Liger eft auteur d'une *nouvelle maifon ruftique*, & de beaucoup de livres économiques très médiocres fur l'agriculture, le jardinage, la cuifine, la chaffe, la pêche, &c. Né à Auxerre en 1658, mort à Guerchi, en 1717.

LIGNAC, ( Jofeph Adrien le Large de ) ( *Hift. Litt. mod.* ) homme trifte, écrivain médiocre ; il a beaucoup écrit fur la phyfique, la métaphyfique & la religion : Il eft auteur de la *lettre à un Américain fur l'Hiftoire naturelle de M. de Buffon.* Il a écrit auffi contre le fyftème de l'efprit. Il a voulu expliquer les myftères, & pour rendre fenfible celui de la tranffubftantiation, il a foutenu la *poffibilité de la préfence corporelle de l'homme en plufieurs lieux.* Ne feroit-on pas mieux de révérer en filence nos myftères que de les expliquer ainfi ? Mort à Paris, en 1762.

LIGNE de marcation, ( *Hift. mod.* ) ou *ligne de divifion, de partition*, établie par les papes pour le partage des Indes entre les Portugais & les Efpagnols ; l'invention de cette *ligne* fictice eft trop plaifante pour ne la pas tranfcrire ici d'après l'auteur de *l'Effai fur l'hift. générale.*

Les Portugais dans le XV. fiecle demandèrent aux papes la poffeffion de tout ce qu'ils découvriroient dans leurs navigations ; la coutume fubfiftoit de demander des royaumes au faint fiége, depuis que, Grégoire VII. s'étoit mis en poffeffion de les donner. On croyoit par là s'affurer contre une ufurpation étrangère, & intéreffer la religion à ces nouveaux établiffements. Plufieurs pontifes confirmèrent donc au Portugal les droits qu'il avoit acquis, & qu'un pontife ne pouvoit lui ôter.

Lorfque les Efpagnols commencèrent à s'établir dans l'Amérique, le pape Alexandre VI, en 1493, divifa les deux nouveaux mondes, l'américain & l'afiatique ; en deux parties. Tout ce qui étoit à l'orient des îles Açores, devoit appartenir au Portugal ; tout ce qui étoit à l'occident, fut donné par le faint fiége à l'Efpagne. On traça fur le globe une ligne qui marqua les limites de ces droits réciproques, & qu'on appella la ligne de marcation, ou la ligne alexan-

il étoit digne d'entendre *Libanius* , & il continua de l'aimer ; ce rhéteur payen eut pour difciples deux illuftres orateurs chrétiens , St. Bafile & St. Jean-Chryfoftôme ; les lettres de St. Bafile font foi de fon attachement pour fon maître.

Nous avons les œuvres de *Libanius* en deux vol. *in-fol.* ; mais elles ne font pas , à beaucoup près, complettes ; la plûpart de fes harangues font perdues : un italien, Antoine Bongiovani , en a retrouvé dix-fept dans un manufcrit de la bibliothèque de St. Marc, & les a publiées à Venife en 1755. On ignore le temps de la mort de *Libanius*.

LIBATTO , f. m. ( *Hift. mod.* ) C'eft le nom que les habitants du royaume d'Angola donnent à des efpèces de hameaux ou de petits villages qui ne font que des affemblages de cabanes chétives , bâties de bois & de terre graffe , & entourées d'une haie fort épaiffe & affez haute pour garantir les habitants des bêtes féroces , dont le pays abonde. Il n'y a qu'une feule porte à cette haie , que l'on a grand foin de fermer la nuit , fans quoi les habitants courroient rifque d'être dévorés.

LIBERAT , ( *Hift. Eccléfiaft.* ) C'eft le nom de deux martyrs d'Afrique au cinquième fiècle , fous la perfécution du roi Hunneric, & celui d'un diacre de l'églife de Carthage au fixième fiècle , qui fe diftingua dans l'affaire dite des *Trois Chapitres*. ( *Voyez* fur cette affaire , l'article EUTYCHES ) , & dont on a un ouvrage intitulé : *Breviarium de caufâ Neftorii & Eutychetis.*

LIBÉRE , ( *Hift. Eccléfiaft.* ) pape élu en 352 , fouvint t té par les Janféniftes furtout, comme ayant varié dans la foi , & s'étant laiffé ébranler par les perfécutions de l'empereur Conftance, & féduire par les artifices des Ariens. Il n'avoit péché que par foibleffe comme Pierre , il fe repentit & pleura comme Pierre , fit des excufes à St. Athanafe d'avoir pendant quelque temps abandonné fa caufe, & mourut faintement en 366. Les pères le traitent même de *bienheureux* & fon nom fe trouve dans quelques anciens martyrologes.

LIBERTAT, ( *Voyez* CASAUX. )

LIBURNE , f. m. *Liburnus* , ( *Hift. Rom.* ) huiffier qui appelloit les caufes qu'on devoit plaider dans le barreau de Rome ; c'eft ce que nous apprenons de Martial qui tâche de détourner Fabianus , homme de bien , mais pauvre , du deffein de venir à Rome où les mœurs étoient perdues ; *procul horridus liburnus* ; & Juvenal dans fa quatriéme Satyre ,

> *Primus , clamante liburno ,*
>
> *Currite , jàm fedit,*

L'empereur Antonin décida dans la loi *VII* , *ff. de in integ. reftit.* que celui qui a été condamné par défaut , doit être écouté , s'il fe préfente avant la fin de l'audience , parce qu'on préfume qu'il n'a pas entendu la voix de l'huiffier , *liburni*. Il ne faut donc pas traduire *liburnus* par *crieur public*, comme ont

---

fait la plûpart de nos auteurs, trop curieux du foin d'appliquer tous les ufages aux nôtres. ( *D.J.* )

LICETI ou LICETO, *Hift. mod.* ) Cet homme qui na fut peut-être pas nommé fans deffein *Fortunius*, naquit avant le feptième mois de la groffeffe de fa mère ; fon père le fit mettre dans une boëte de coton, & prit pour l'élever & affurer fa vie, des foins qui réuffirent parfaitement à tous égards. *Fortunius* jouit d'une parfaite fanté , & vécut foixante & dix-neuf ans. Il fut d'ailleurs un médecin habile, ainfi que fon père. On a de lui plufieurs ouvrages en latin , les uns fur la médecine , comme celui qui a pour titret *de his qui vivunt fine alimentis* ; les autres fur la phyfique ; *de fulminum naturâ* ; *de maris tranquillitate & ortu fluminum* ; d'autres enfin fur des matières d'antiquité ; *de annulis antiquis* ; *de Lucernis antiquis.* Dans ce dernier traité , il foutient que les lampes fépulchrales des anciens ne s'éteignoient point. Ferrari, dans une differtation bien poftérieure , *de veterum lucernis fepulchralibus* , dit au contraire que ces prétendues lampes inextinguibles , étoient des phofphores qui s'allumoient pour quelques inftants , lorfqu'ils étoient expofés à l'air. Fortunius *Liceti* né à Rapalo dans l'état de Gênes en 1577 , mourut à Padoue en 1656.

On a de Jofeph *Liceti* fon père , un ouvrage intitulé : *Nobilità de principali membri dell' Vofno.*

LICINIUS , ( *Hiftoire des empereurs,* ) né dans la Dacie , fut un foldat de fortune , qui n'eut d'autre titre à l'empire que fon courage & fes talents pour la guerre. Galère-Maximien , qui avoit été fimple foldat avec lui , en avoit reçu de grands fervices : ce fut par reconnoiffance qu'il le choifit pour fon collègue lorfqu'il parvint à l'empire. Il lui donna le département de l'Illyrie , & enfuite de tout l'Orient. Conftantin, qui voyoit fon crédit prendre chaque jour de nouveaux accroiffements, fe fortifia de fon alliance, & lui fit époufer fa fœur Conftantia , & leurs forces réunies humilièrent la fierté de Maximien , qu'ils défirent dans plufieurs combats. *Licinius* né barbare , ne fe dépouilla jamais de la férocité naturelle à fa nation. Ses mœurs agreftes rappellèrent toujours la baffeffe de fa naiffance. Ennemi des lettres & des philofophes, il les appelloit la *pefte* & le *poifon* des états. C'étoit pour juftifier fon ignorance. Son éducation ayoit été fi négligée, qu'il ne favoit même pas figner fon nom. Il oublia que c'étoit à Galère-Maximien qu'il devoit fa fortune , & ce fut contre les enfants de ce bienfaiteur qu'il exerça le plus de cruautés. Maximien défait dans plufieurs combats , fut enfin obligé de fe rendre à fa diférétion ; mais le vainqueur impitoyable le fit maffacrer avec toute fa famille. Sa fureur avide de fang fe tourna contre les chrétiens qu'il déteftoit , parce qu'ils étoient favorifés par Conftantin devenu l'objet de fa haine jaloufe. Conftantin affure que les armées des Gaules & de l'Italie, lui déclara la guerre. Ils en vinrent aux mains dans la Pannonie , & la victoire , fans être décifive , pencha du côté de Conftantin. Il fallut fenter la fortune d'un fecond combat dans les plaines d'Andrinople : l'avantage fut à - peu - près égal. Les troupes de *Licinius* pliérent ; mais tout le camp de Conftantin fut pillé. Les deux rivaux également épuifés & las de la guerre , firent la paix , que *Licinius* achata par la ceffion de la Grèce & de l'Illyrie. *Licinius* honteux d'avoir fouffert à des conditions humiliantes , recommença les hoftilités ; il fut encore défait près d'Andrinople , d'où il fe retira à Chalcédoine , où , craignant d'être attaqué par l'armée victorieufe , il demanda la paix qui lui fut accordée ; mais dès qu'il eut réparé fes pertes , il viola le traité ; il en fut puni par une fanglante défaite dans les plaines de Chalcédoine , où toujours malheureux fans rien perdre de fa réputation , il fut obligé de s'en remettre à la clémence de fon vainqueur. Sa femme Conftantia obtint fa grace de fon frère. Conftantin , après l'avoir admis à fa table , le relégua à Theffalonique , où il mena une vie privée avec fa femme : il paroiffoit avoir renoncé à toutes les promeffes de l'ambition , lorfque Conftantin envoya des ordres pour l'étrangler. Il mourut âgé de foixante ans , dont il en avoit régné quatorze. ( *T-N.* )

LIÉBAUT , ( Jean ) ( *Hift. Litt. mod.* ) médecin ; il eut part à *la Maifon ruftique* , dont le principal auteur fut Charles Etienne , fon beau - père. On a de *Liébaut* divers ouvrages de médecine : *Thefaurus fanitatis* , grand tréfor en effet ; *de præcavendis curandifque venenis Commentarius* ; *traités fur les maladies , l'ornement & la beauté des femmes.* Mort 1596.

LIEUTAUD , ( Jacques. & Jofeph ) *Hift. Litt. mod.* ) Tous deux furent de l'Académie des Sciences ; tous deux étoient de Provence ; l'un , d'Arles ; l'autre , d'Aix , nous ignorons s'ils étoient parents. On a du premier , mort en 1733 , vingt-fept volumes de la connoiffance des temps , depuis 1703 jufqu'en 1729. Le fecond a été premier médecin du roi Louis XVI. On a de lui beaucoup d'ouvrages de médecine. Mort à Verfailles le 6 décembre 1780 ; en difant aux médecins fes confrères, raffemblés autour de lui , & qui lui propofoient différents remèdes : *je mourrai bien fans tout cela.*

LIGARIUS , ( Quintus ) ( *Hift. Rom.* ) On connoît l'éloquent & touchant plaidoyer de Cicéron pour le *Ligarius* , & on fait quel en fut le fuccès. C'eft un des beaux triomphes de l'éloquence , puifqu'il s'agiffoit de déterminer Céfar irrité , à faire grace , quoiqu'il eût bien réfolu d'être inflexible ; Cicéron le rendit clément , en louant fa clémence. Ceux qui ne croient pas ou qui ne veulent pas croire à ces grands effets de l'éloquence , aiment mieux fuppofer que Céfar & Cicéron étoient d'accord , & qu'il étoit convenu entre eux que Céfar feroit attendri à un certain endroit du plaidoyer , & laifferoit tomber de fes mains l'arrêt qui profcrivoit le coupable ; c'eût été de la part de Céfar une complaifance bien finguliere pour Cicéron , de fe charger en public de ces apparences toujours odieufes , de colère & de rigueur , tout exprès pour ménager à l'orateur la gloire d'en triompher. Tubé-

ron , accufateur de *Ligarius* , ayant fuccombé dans cette occafion, renonça pour toujours au Barreau. Il eft fâcheux que la clémence de Céfar envers *Ligarius*, n'ait pas empêché celui-ci d'entrer dans la conjuration qui fit périr ce dictateur.

Hélas ! tous les humains ont befoin de clémence.

il importe à l'humanité entière que nul n'ait à fe repentir d'avoir été clément , & l'hiftoire d'Augufte , qui , après avoir puni jufqu'à dix conjurations formées contre lui , prend le parti de pardonner la onzième ; & depuis cet temps n'en voit plus naître aucune , eft d'une moralité bien plus utile au genre humain , que celle de Ligarius , confpirant contre celui qui lui a pardonné.

LIGER , ( Louis ) ( *Hift. Litt. mod.* ) Charles Etienne & Liébaut , fon gendre ( *voyez* LIÉBAUT ) avoient fait la *maifon ruftique* , Liger eft auteur d'une *nouvelle maifon ruftique* , & de beaucoup de livres économiques très médiocres fur l'agriculture , le jardinage , la cuifine , la chaffe , la pêche , &c. N. à Auxerre en 1658 , mort à Guzrchi , en 1717.

LIGNAC , ( Jofeph Adrien le Large de ) ( *Hift. Litt. mod.* ) homme trifte , écrivain médiocre ; il a beaucoup écrit fur la phyfique , la métaphyfique & la religion. Il eft auteur de la *lettre à un Américain fur l'Hiftoire naturelle de M. de Buffon.* Il a écrit auffi contre le livre de l'efprit. Il a voulu expliquer les myftères , & pour rendre fenfible celui de la tranffubftantiation , il a foutenu la *poffibilité de la préfence corporelle de l'homme en plufieurs lieux.* Ne feroit-on pas mieux de révérer en filence nos myftères que de les expliquer ainfi ? Mort à Paris, en 1762.

LIGNE *de marcation* , ( *Hift. mod.* ) ou *ligne de divifion , de partition* , établie par les papes pour le partage des Indes entre les Portugais & les Efpagno's ; l'invention de cette *ligne* fictive eft trop plaifante pour ne la pas tranfcrire ici d'après l'auteur de l'*Effai fur l'hift. générale.*

Les Portugais dans le xv. fiecle demandèrent aux papes la poffeffion de tout ce qu'ils découvriroient dans leurs navigations ; la coutume fubfiftoit de demander des royaumes au faint fiége , depuis que Grégoire VII. s'étoit mis en poffeffion de les donner. On croyoit par-là s'affurer contre une ufurpation étrangère , & intéreffer la religion à ces nouveaux établiffements. Plufieurs pontifes confirmèrent donc au Portugal les droits qu'il avoit acquis , & qu'un pontife ne pouvoit lui ôter.

Lorfque les Efpagnols commencerent à s'établir dans l'Amérique , le pape Alexandre VI. en 1493 , divifa les deux nouveaux mondes , l'américain & l'afiatique , en deux parties. Tout ce qui étoit à l'orient des iles Açores , devoit appartenir au Portugal ; tout ce qui étoit à l'occident , fut donné par le faint fiége à l'Efpagne. On traça fur le globe une *ligne* qui marqua les limites de ces droits réciproques , & qu'on appella la *ligne de marcation* , ou la *ligne alexan-*

*drine* ; mais le voyage de Magellan dérangea cette *ligne*. Les îles Marianes, les Philippines, les Moluques, se trouvoient à l'orient des découvertes portugaises. Il fallut donc tracer une autre *ligne*, qu'on nomme la *ligne de démarcation* ; il n'en coûtoit rien à la cour de Rome de marquer & de démarquer.

Toutes ces *lignes* furent encore dérangées, lorsque les Portugais abordèrent au Brésil. Elles ne furent pas plus respectées par les Hollandois qui débarquèrent aux Indes orientales, par les François & par les Anglois qui s'établirent ensuite dans l'Amérique septentrionale. Il est vrai qu'ils n'ont fait que glaner après les riches moissons des Espagnols ; mais enfin ils y ont eu des établissemens considérables, & il en ont encore aujourdhui.

Le funeste effet de toutes ces découvertes & de ces transplantations, a été que nos nations commerçantes se sont fait la guerre en Amérique & en Asie, toutes les fois qu'elles se la sont faite en Europe, & elles ont réciproquement détruit leurs colonies naissantes. Les premiers voyages ont eu pour objet d'unir toutes les nations. Les derniers ont été entrepris pour nous détruire au bout du monde ; & si l'esprit qui règne dans les conseils des puissances maritimes continue, il n'est pas douteux qu'on doit parvenir au succès de ce projet, dont les peuples de l'Europe payeront la triste dépense. ( *D. J.* )

LIGNEROLLES, ( Jean le Voyer, seigneur de ) ( *Hist. de France* ) élevé par la faveur du duc d'Anjou, qui fut depuis le roi Henri III. il devint gentilhomme de la chambre du roi, chevalier de l'ordre, capitaine d'homme d'armes & gouverneur du Bourbonnois. Sa mort est une des circonstances qui prouvent la dissimulation affreuse dont usa Charles IX. dans l'affaire de la saint Barthélemy, & qui montrent combien un grand crime traîne à sa suite de crimes accessoires. Le duc d'Anjou, qui étoit dans le secret des résolutions prises contre les protestans, avoit eu l'indiscrétion d'en révéler une partie à Lignerolles, son favori : celui-ci eut la vanité de vouloir forcer la confiance du roi, en lui faisant connoître qu'il savoit son secret ; le roi feignit de ne le pas entendre, & se hâta de faire tuer Lignerolles par Georges de Villequier, vicomte de la Guerche, & Charles, comte de Mansfeld, ses ennemis personnels, qui l'attaquerent au milieu de la rue à Bourgueil en Anjou, sous les yeux de la cour qui étoit pour lors ( en 1571. ) dans ce lieu. Les assassins furent mis en prison, le roi parut d'abord irrité de leur attentat ; mais il leur fit grace, & il n'en fut plus parlé.

LIGUE, la, ( *Hist. de France.* ) on nomme ainsi par excellence les confédérations qui se formèrent dans les troubles du royaume contre Henri III. & contre Henri IV. depuis 1576 jusqu'en 1593.

On appella ces factions la *sainte union.* ou la *sainte ligue* ; les zélés catholiques en furent les instrumens, les nouveaux religieux les trompettes, & les Lorrains les conducteurs. La mollesse d'Henri III. lui laissa prendre l'accroissement, & la reine mère y

donna la main ; le pape & le roi d'Espagne la soutinrent de toute leur autorité ; ce dernier à cause de la liaison des calvinistes de France avec les confédérés des pays-bas ; l'autre par la crainte qu'il eut de ces mêmes huguenots, qui, s'ils devenoient les plus forts, auroient bientôt sappé sa puissance. Abregeons tous ces faits que j'ai recueillis par la lecture de plus de trente historiens.

Depuis le massacre de la saint Barthélemy, le royaume étoit tombé dans une affreuse confusion, à laquelle Henri III. mit le comble à son retour de Pologne. La nation fut accablée d'édits bursaux, les campagnes désolées par la soldatesque, les villes par la rapacité des financiers, l'église par la simonie & le scandale.

Cet excès d'opprobre enhardit le duc Henri de Guise à former la *ligue* projettée par son oncle le cardinal de Lorraine, & à s'élever sur les ruines d'un état si mal gouverné. Il étoit devenu le chef de la maison de Lorraine en France, ayant le crédit en main, & vivant dans un temps où tout respiroit les factions ; Henri de Guise étoit fait pour elle. Il avoit, dit-on, toutes les qualités de son pere avec une ambition plus adroite, plus artificieuse & plus effrénée, telle enfin, qu'après avoir causé mille maux au royaume, il tomba dans le précipice.

On lui donne la plus belle figure du monde, une éloquence insinuante, qui dans le particulier triomphoit de tous les cœurs ; une libéralité qui alloit jusqu'à la profusion, un train magnifique, une politesse infinie, & un air de dignité dans toutes ses actions ; fin & prudent dans les conseils, prompt dans l'exécution, secret ou plutôt dissimulé, sous l'apparence de la franchise ; du reste accoutumé à souffrir également le froid & le chaud, la faim & la soif, dormant peu, travaillant sans cesse, & si habile à manier les affaires, que les plus importantes ne sembloient être pour lui qu'un badinage. La France, dit Balzac, étoit folle de cet homme-là ; car c'est trop peu de dire amoureuse ; une telle passion alloit bien près de l'idolâtrie. Un courtisan de ce règne prétendoit que les huguenots étoient de la *ligue* quand ils regardoient le duc de Guise. C'est de son pere & de lui que la maréchale de Retz disoit, qu'auprès d'eux tous les autres princes paroissoient peuple.

On vantoit aussi la générosité de son cœur ; mais il n'en donna pas un exemple, quand il investit lui-même la maison de l'amiral de Coligny, & qu'attendant dans la cour l'exécution de l'assassinat de ce grand homme, qu'il fit commettre par son valet ( Besme ), il cria qu'on jettât le cadavre par les fenêtres, pour s'en assurer de le voir à ses pieds ; tel étoit le duc de Guise, à qui la soif de régner applanit tous les chemins du crime.

Il commença par proposer la *ligue* dans Paris, fit courir chez les bourgeois, qu'il avoit déjà gagnés par ses largesses, des papiers qui contenoient un projet d'association, pour défendre la religion, le roi & la liberté de l'état, c'est-à-dire pour opprimer à la fois le roi & l'état, par les armes de la religion ; la *ligue* fut ensuite signée solemnellement à Péronne, & dans presque toute la Picardie, par les menées & le crédit de d'Humieres, gouverneur de la province. Il ne fut pas difficile d'engager la Champagne & la Bourgogne dans cette affociation, les Guifes y étoient abfolus. La Tremoille y porta le Poitou, & bientôt après toutes les autres provinces y entrèrent.

Le roi craignant que les états ne nommaffent le duc de Guife à la tête du parti qui vouloit lui ravir la liberté, crut faire un coup d'état, en fignant lui-même la *ligue*, de peur qu'elle ne l'écrafât. Il devint, de roi, chef de cabale, & de pere commun, ennemi de fes propres fujets. Il ignoroit que les princes doivent veiller fur les *ligues*, & n'y jamais entrer. Les rois font la planète centrale qui entraîne tous les globes dans fon tourbillon ; ceux-ci ont un mouvement particulier, mais toujours lent & fubordonné à la marche uniforme & rapide du premier mobile. En vain, dans la fuite, Henri III. voulut arrêter les progrès de cette *ligue* ; il ne fut pas y travailler ni l'éteindre ; elle éclata contre lui, & fut caufe de fa perte.

Comme le premier deffein de la ligue étoit la ruine des calviniftes, on ne manqua pas d'en communiquer avec dom Juan d'Autriche, qui, allant prendre poffeffion des Pays-bas, fe rendit déguifé à Paris, pour en concerter avec le duc de Guife : on fe conduifit de même avec le légat du pape. En conféquence la guerre fe renouvella contre les proteftans ; mais le roi s'étant embarqué trop légèrement dans ces nouvelles hoftilités, fit bientôt la paix, & créa l'ordre du St. Efprit, comptant, par le ferment auquel s'engageoient les nouveaux chevaliers, d'avoir un moyen fûr pour s'oppofer aux deffeins de la *ligue*, Cependant dans le même temps, il fe rendit odieux & méprifable, par fon genre de vie efféminé, par fes confrairies, & par fes pénitences, & par fes profusions pour fes favoris, qui l'engagèrent à établir fans néceffité des édits burfaux, & à les faire vérifier par fon parlement.

Les peuples voyant que du trône & du fanctuaire de la juftice, il ne fortoit plus que des édits d'oppreffion, perdirent peu à peu le refpect & l'affection qu'ils portoient au prince & au parlement. Les chefs de la *ligue* ne manquèrent pas de s'en prévaloir, & en recueillant ces édits onéreux, d'attifer le mépris & l'averfion du peuple.

Henri III. ne regnoit plus : fes mignons difpofoient infolemment & fouverainement des finances, pendant que la *ligue* catholique & les confédérés proteftans fe faifoient la guerre malgré lui dans les provinces ; les maladies contagieufes & la famine fe joignoient à tant de fléaux. C'eft dans ces momens de calamité, que, pour oppofer des favoris au duc de Guife, il dépenfe quatre millions aux noces du duc de Joyeufe. De nouveaux impôts qu'il mit à ce fujet, changèrent les marques d'affection en haine & en indignation publique.

Dans ces conjonctures, le duc d'Anjou fon frère, vint dans les Pays-Bas, chercher au milieu d'une défo-

*Hiftoire. Tome III.*

lation non moins funefte, une principauté qu'il perdit par une tyrannique imprudence, que fa mort fuivit de près.

Cette mort rendant le roi de Navarre le plus proche héritier de la couronne, parce qu'on regardoit comme une chofe certaine, qu'Henri III. n'auroit point d'enfants, fervit de prétexte au duc de Guife, pour fe déclarer chef de la *ligue*, en faifant craindre aux François d'avoir pour roi un prince féparé de l'Eglife. En même temps, le pape fulmina contre le roi de Navarre & le prince de Condé, cette fameufe bulle dans laquelle il les appelle *génération bâtarde & déteftable de la maifon de Bourbon*; il les déclare en conféquence déchus de tout droit & de toute fucceffion. La *ligue* profitant de cette bulle, força le roi à pourfuivre fon beau-frère qui vouloit le fecourir, & à feconder le duc de Guife qui vouloit le détrôner.

Ce duc, de fon côté, perfuada au vieux cardinal de Bourbon, oncle du roi de Navarre, que la couronne le regardoit, afin de fe donner le temps, à l'abri de ce nom, d'agir pour lui-même. Le vieux cardinal, charmé de fe croire l'héritier préfomptif de la couronne, vint à aimer le duc de Guife comme fon foutien, & à hair le roi de Navarre fon neveu, comme fon rival, & à lever l'étendard de la *ligue* contre l'autorité royale, fans ménagement, fans crainte & fans mefure.

Il fit plus ; il prit en 1585, dans un manifefte public, le titre de *premier prince du fang*, & recommandoit aux François de maintenir la couronne dans la branche catholique. Le manifefte étoit appuyé des noms de plufieurs princes, & entr'autres, de ceux du roi d'Efpagne, & du pape à la tête : Henri III. au lieu d'oppofer la force à cette infulte, fit fon apologie ; & les ligueurs s'emparèrent de quelques villes du royaume, entr'autres, de Tours & de Verdun.

C'eft cette année 1585, que fe fit l'établiffement des *feize*, efpèce de *ligue* particulière pour Paris feulement, compofée de gens vendus au duc de Guife, & ennemis jurés de la royauté. Leur audace alla fi loin, que le lieutenant du prevôt de l'île de France révéla au roi l'entreprife qu'ils avoient formée de lui ôter la couronne & la liberté. Henri III. fe contenta de menaces, qui portèrent les *feize* à preffer le duc de Guife de revenir à Paris. Le roi écrivit deux lettres au duc, pour lui défendre d'y venir.

M. de Voltaire rapporte à ce fujet une anecdote fort curieufe ; il nous apprend qu'Henri III. ordonna qu'on dépêchât fes deux lettres par deux couriers, & que, comme on ne trouva point d'argent dans l'épargne pour payer feulement le fecond néceffaire, on mit fes lettres à la pofte ; de forte que le duc de Guife fe rendit à Paris, ayant pour excufe, qu'il n'avoit point reçu d'ordre contraire.

De là fuivit la journée des *barricades*, trop connue pour en faire le récit ; c'eft affez de dire que le duc de Guife, fe piquant de générofité, rendit les armes aux gardes du roi qui, fuivant le confeil de fa mère, ou plutôt de fa frayeur, fe fauva en grand défordre & à toute bride à Chartres. Le duc, maître

Y y

de la capitale, négocia avec Catherine de Médicis un traité de paix qui fut tout à l'avantage de la *ligue*, & à la honte de la royauté.

A peine le roi l'eut conclu, qu'il s'apperçut, quand il n'en fut plus temps, de l'abime que la reine mère lui avoit creusé, & de l'autorité souveraine des Guise, dont l'audace portée au comble, demandoit quelque coup d'éclat. Ayant donc médité son plan, dans un accès de bile noire à laquelle il étoit sujet en hiver, il convoqua les états de Blois, & là, il fit assassiner le 23 & le 24 décembre le duc de Guise, & le cardinal son frère.

Les loix, dit, très-bien le poëte immortel de l'histoire de la *ligue*, les loix sont une chose si respectable & si sainte, que quand Henri III. en avoit seulement conservé l'apparence, & qu'ayant dans ses mains le duc & le cardinal, il eût mis quelque formalité de justice dans leur mort, sa gloire, & peut-être sa vie eussent été sauvées; mais l'assassinat d'un héros & d'un prêtre le rendirent exécrable aux yeux de tous les catholiques, sans le rendre plus redoutable.

Il commit une seconde faute, en ne courant pas dans l'instant à Paris avec ses troupes. Les ligueurs, ameutés par son absence, & irrités de la mort du duc & du cardinal de Guise, continuèrent leurs excès. La Sorbonne s'enhardit à donner un décret qui délioit les sujets du serment de fidélité qu'ils doivent au roi, & le pape l'excommunia. A tous ces attentats, ce prince n'opposa que de la cire & du parchemin.

Cependant le duc de Mayenne en particulier se voyoit chargé à regret de venger la mort de son frère qu'il n'aimoit pas, & qu'il avoit autrefois appellé en duel. Il sentoit d'ailleurs que tôt ou tard le parti des *Ligueurs* seroit accablé; mais sa position & son honneur emportèrent la balance. Il vint à Paris, & s'y fit déclarer lieutenant général de la couronne de France, par le conseil de l'*union*: ce conseil de l'*union* se trouvoit alors composé de soixante & dix personnes.

L'exemple de la capitale entraîna le reste du royaume; Henri III. réduit à l'extrémité, prit le parti, par l'avis de M. de Schomberg, d'appeller à son aide le roi de Navarre qu'il avoit tant persécuté; celui-ci, dont l'ame étoit si belle & si grande, vola à son secours, l'embrasse, & décide qu'il falloit se rendre à force ouverte dans la capitale.

Déja les deux rois s'avançoient vers Paris, avec leurs armées réunies, forte de plus de trente mille hommes; déja le siége de cette ville étoit ordonné, & sa prise immanquable, quand Henri III. fut assassiné, le premier août 1589, par le frère Jacques Clement, dominicain: ce prêtre fanatique fut encouragé à ce parricide par son prieur Bourgoin, & par l'esprit de la *ligue*.

Quelques Historiens ajoutent que madame de Montpensier eut grande part à cette horrible action, moins peut-être par vengeance du sang de son frère, que par un ancien ressentiment que cette dame conservoit dans le cœur, de certains discours libres tenus autrefois par le roi sur son compte, & qui découvroient quelques défauts secrets qu'elle avoit: outrage, dit Mézerai, bien plus impardonnable à l'égard des femmes, que celui qu'on fait à leur honneur.

Personne n'ignore qu'on mit sur les autels de Paris le portrait du parricide; qu'on tira le canon à Rome, à la nouvelle du succès de son crime; enfin, qu'on prononça dans cette capitale du monde catholique l'éloge du moine assassin.

Henri IV (car il faut maintenant l'appeller ainsi avec M. de Voltaire, puisque ce nom si célèbre & si cher est devenu un nom propre) Henri IV. dis-je, changea la face de la *ligue*. Tout le monde sait comment ce prince, le père & le vainqueur de son peuple, vint à bout de la détruire. Je me contenterai seulement de remarquer, que le cardinal de Bourbon, dit *Charles X.* oncle d'Henri IV. mourut dans sa prison le 9 mai 1590; que le cardinal Cajetan légat à latere, & Mendoze ambassadeur d'Espagne, s'accordèrent pour faire tomber la couronne à l'infante d'Espagne, tandis que le duc de Lorraine la vouloit pour lui-même, & que le duc de Mayenne ne songeoit qu'à prolonger son autorité. Sixte V. mourut dégouté de la *ligue*. Grégoire XIV. publia sans succès, des lettres monitoriales contre Henri IV. en vain le jeune cardinal de Bourbon neveu du dernier mort, tenta de former quelque faction en sa faveur; en vain le duc de Parme voulut soutenir celle d'Espagne, les armes à la main; Henri IV. fut partout victorieux, par-tout il battit les troupes des ligueurs, à Arques, à Ivry, à Fontaine françoise, comme à Coutras. Enfin, reconnu roi, & soumit par ses bienfaits, le royaume à son obéissance: son abjuration porta le dernier coup à cette *ligue* monstrueuse, qui fait l'événement le plus étrange de toute l'histoire de France.

Aucuns règnes n'ont fourni tant d'anecdotes, tant de piéces fugitives, tant de mémoires, tant de livres, tant de chansons satyriques, tant d'estampes, en un mot, tant de choses singulières, que les règnes d'Henri III. & d'Henri IV. Et, en admirant le règne de ce dernier monarque, nous ne sommes pas moins avides d'être instruits des faits arrivés sous son prédécesseur, que si nous avions à vivre dans des temps si malheureux. ( *D. J.* )

LILITH, s. m. ( *Hist. anc.* ) les Juifs se servent de ce mot pour marquer un spectre de nuit qui enlève les enfans & les tue; c'est pourquoi, comme l'a remarqué R. Léon de Modène, lorsqu'une femme est accouchée, on a coutume de mettre sur de petits billets, aux quatre coins de la chambre où la femme est en couche, ces mots, *Adam & Eve: Lilith hors d'ici*, avec le nom de trois anges; & cela pour garantir l'enfant de tout sortilége. M. Simon, dans sa remarque sur ces paroles de Léon de Modène, observe que *Lilith*, selon les fables des Juifs, étoit la première femme d'Adam, laquelle refusant de se soumettre à la loi, le quitta & s'en alla dans l'air par un secret de magie. C'est cette *Lilith* que les Juifs superftitieux craignent comme un fpectre, qui apparoît en forme de femme, & qui peut nûire à l'enfante-ment. Buxtorff, *au chap. ij. de fa fynagogue*, parle affez au long de cette *Lilith*, dont il rapporte cette hiftoire tirée d'un livre juif. Dieu ayant créé Adam, lui donna une femme qui fut appellée *Lilith*, laquelle refufa de lui obéir: après plufieurs conteftations ne voulant point fe foumettre, elle prononça le grand nom de Dieu *Jehova*, felon les myftères fecrets de la cabale, & par cet artifice elle s'envola dans l'air. Quelque inftance que lui euffent faite plufieurs anges qui lui furent envoyés de la part de Dieu, elle ne voulut point retourner avec fon mari. Cette hiftoire n'eft qu'une fable; & cependant les Juifs cabaliftiques, qui font les auteurs d'une infinité de contes ridicules, prétendent la tirer du premier chapitre de la Genèfe, qu'ils expliquent à leur manière. R. Léon de Modène, *Cérem. part. IV. chap. viij.* (*A. R.*)

LIMBORCH, (Philippe de) (*Hift. Litt. mod.*) favant miniftre d'Amfterdam, de la fecte des Arminiens ou Remontrans, auteur de plufieurs bons ouvrages de théologie, eftimés même des catholiques, & fur-tout auteur d'une excellente hiftoire latine de l'inquifition. Né en 1633 à Amfterdam, mort en 1712.

LIMIERS, (H. Philippe de) (*Hift. Litt. mod.*) mauvais compilateur d'hiftoires. On connoît fon hiftoire de Louis XIV, une hiftoire de Charles XII, une fuite de l'abrégé chronologique de Mézeray; des annales de toute efpèce, même une mauvaife traduction de Plaute.

LIMNŒUS, (Jean) *Hift. Litt. mod.*) favant jurifconfulte Allemand, a donné une bonne édition de la Bulle d'or; il a donné auffi les capitulations des empereurs, &c. Né à Jène, en 1592, mort en 1663.

LIMOJON DE SAINT-DIDIER (Ignace-François) (*Hift. Litt. mod.*) poëte François, qui publia une partie d'un mauvais poëme épique de *Clovis*, à peu près dans le même temps où M. de Voltaire faifoit paroître la henriade. Il eft auffi l'auteur d'une fatire en profe & en vers contre Lamotte, Fontenelle & Saurin, fous le titre de *voyage du Parnaffe*. Il avoit remporté des prix à l'académie des Jeux Floraux, & à l'académie Françoife. Tout cela eft oublié, ainfi que l'auteur, mort en 1739 à Avignon, fa patrie. On a de fon oncle, Alexandre-Touffaint Limojon de St. Didier, une hiftoire des négociations de Nimègue, ouvrage plus eftimé que ceux du neveu.

LIN, (Saint) (*Hift. Eccléf.*) pape, fucceffeur immédiat de faint Pierre. Il eft dans le canon de la meffe.

LINACER, (Thomas) (*Hift. Litt. mod.*) médecin Anglois, élevé à Florence, où il avoit été difciple de Démétrius Chalcondyle & de Politien, fut précepteur du prince Arthus ou Arthur, fils aîné de Henri VII roi d'Angleterre, & enfuite médecin de Henri VIII, frère d'Arthus. Il a traduit quelques ouvrages de Galien; il a écrit auffi fur la grammaire, il étoit prêtre & indévot au point qu'il ne voulut,

dit-on, jamais lire l'écriture Sainte. C'étoit manquer de goût autant que de piété.

LINANT, (Michel) (*Hift. Litt. mod.*) poëte François, plus connu par fon attachement à M. de Voltaire, & par les bienfaits de ce grand homme, que par fes ouvrages, dont il ne refte rien. Il remporta trois fois en vers le prix de l'académie Françoife, en 1739, 1740 & 1744, temps où le prix s'obtenoit aifément. Il a fait auffi des tragédies. Perfonne ne connoît fon *Alzaide*, qui eut fix repréfentations; mais on connoît de nom *Vanda*, qui tomba dès la première. Linant, né à Louviers, en 1709, mourut en 1749, avant l'âge où beaucoup de talents fe font formés. Cependant Greffet a dit:

> Que l'harmonie
> Ne verfe fes heureux préfens,
> Que fur le matin de la vie,
> Et que fans un peu de folie
> On ne rime plus à trente ans.

LINDANUS, (Guillaume) (*Hift. Litt. mod.*) évêque de Ruremonde, puis de Gand, après avoir exercé l'office d'inquifiteur dans la Hollande, & dans la Frife, fut, malgré cet office, un bon théologien & un homme eftimé. On a de lui entr'autres ouvrages, celui qui a pour titre: *Panopliâ Evangelica*; il a donné auffi une édition de la *meffe apoftolique*, fauffement attribuée à faint Pierre. Mort en 1588 à foixante-trois ans. Un auteur nommé Harchius, a écrit fa vie.

LINDENBRUCH ou LINDENBROCH, (Fréderic) en latin *Lindenbrogius*, (*Hift. Litt. mod.*) favant littérateur Flamand, du 17°. fiècle, a donné des éditions de plufieurs auteurs anciens, célèbres, mais il eft encore plus connu par fon *codex legum antiquarum, feu leges wifigothorum, burgundionum, longobardorum*, &c. Mort vers 1638.

LINGAM, (*Hiftoire des Indiens*) autrement LINGAN ou LINGUM; divinité adorée dans les Indes, fur-tout au royaume de Carnate: cette divinité n'eft cependant qu'une image infame qu'on trouve dans tous les pagodes d'Ifuren. Elle offre en fpectacle l'union des principes de la génération, & c'eft à cette idée monftrueufe que fe rapporte le culte le plus religieux. Les bramines fe font réfervé le privilège de lui préfenter des offrandes; privilège dont ils s'acquittent avec un grand refpect & quantité de cérémonies. Une lampe allumée brûle continuellement devant cette idole; cette lampe eft environnée de plufieurs autres branches, & forme un tout affez femblable au chandelier des Juifs qui fe voit dans l'arc triomphal de Titus; mais les dernières branches du candélabre ne s'allument que lorfque les bramines font leur offrande à cette idole, qu'ils prétendent enfeigner que l'être fuprême qu'ils adorent fous le nom d'*Ifuren*, eft l'auteur de la création de tous les animaux de différentes efpèces, *Voyez* de plus grands détail dans le *chriftianifme des*

*Indes* de M. de la Croze, ouvrage bien curieux pour qui fait le lire en philofophe. ( *D. J.* )

LINGENDES, ( *Hift. Litt. mod.* ) trois hommes ont fait connoître ce nom : ils étoient tous les trois de la même famille.

1°. Claude de ) Jéfuite, connu principalement par des fermons. Né à Moulins en 1591, mort à Paris, en 1660.

2°. Jean de ) évêque de Sarlat, puis de Mâcon, étoit auffi de Moulins, fut célèbre auffi par le talent de la chaire, Fléchier le reconnoiffoit pour fon maître. Il fut précepteur du comte de Moret, fils naturel de Henri IV, tué au combat de Caftelnaudari, le 1er feptembre 1632. Lingendes mourut en 1665.

3°. Jean de ) poëte François de la même famille & du même pays, mort jeune en 1616.

LINIERE, ( François Pajot de ) ( *Hift. Litt. mod.* ) mauvais poëte François, ridiculifé par Boileau :

Qu'ils charment de Senlis le poëte Idiot....
Peut fournir fans génie un couplet à Linière ....
Mais fes écrits tous pleins d'ennui
Seront brûés, même avant lui.

Ce dernier trait paffe le ridicule, mais il eft conforme à l'opinion générale qui avoit fait donner à Linière le nom de *l'Athée de Senlis.* Mme. Deshoulieres, fans partager fes torts, étoit de fes amies, elle l'étoit auffi de Pradon, & qui plus eft, elle étoit la protectrice de leurs ouvrages, ce qui a fait dire que fon fort fembloit être d'en faire de bons & de prendre toujours le parti des mauvais. Linière mourut en 1704.

LINNŒUS, ( Charles ) chevalier de l'Etoile Polaire; profeffeur de botanique dans l'univerfité d'Upfal, de prefque toutes les Académies des Sciences de l'Europe & les honorant toutes, mort le 10 janvier 1778 à foixante & onze ans. C'eft aux naturaliftes à faire connoître tout le mérite de ce grand naturalifte, & toute l'utilité de fes nombreux ouvrages pour la botanique & l'Hiftoire Naturelle.

LIONNE, ( Hugues de ) ( *Hift. de Fr.* ) miniftre des affaires étrangéres fous Louis XIV, neveu de Servien, homme d'état & homme de plaifir, étoit d'une des plus anciennes familles du Dauphiné. Un de fes ancêtres, Pierre de Lionne, mort en 1399, étoit un des plus célèbres capitaines de fon temps ; il avoit rendu de grands fervices aux reis Jean, Charles V, & Charles VI, il s'étoit fur-tout fignalé à la bataille de Rofebeque, en 1382.

Saint Evremont, dans une lettre adreffée à Ifaac Voffius, fait un grand éloge du miniftre Hugues de Lionne, & lui applique ce que Salluste a dit de Sylla, que fon loifir étoit voluptueux, mais que par une jufte difpenfation du fon temps avec la facilité de travail dont il s'étoit rendu le maître, jamais affaire n'avoit été retardée pour fes plaifirs, *otio luxuriofo effe, tamen ab negotiis nunquam voluptas remorata.* Saint Evremont lui adreffe une multitude de lettres & a d'ailleurs écrit fa vie. Hugues de Lionne mourut

en 1671. Un de fes fils, Artus de Lionne, évêque de Rofalie, & vicaire apoftolique à la Chine, célèbre auffi dans fon état, mourut en 1713.

LIPOU ou LIPU, f. m. ( *Hift. de la Chine* ) le *lipou*, dit le père Lecomte, eft l'un des grands tribunaux fouverains de l'empife de la Chine. Il a infpection fur tous les mandarins, & peut leur donner ou leur ôter leurs emplois. Il préfide à l'obfervation & au maintien des anciennes coûtumes. Il règle tout ce qui regarde la religion, les fciences, les arts & les affaires étrangères. C'eft la cour fuperieure ou le grand tribunal.

On pourroit nommer affez juftement les premiers magiftrats qui le compofent, les *inquifiteurs de l'état ;* vu que ce tribunal eft chargé de veiller fur la conduite de tous les officiers & magiftrats des provinces, d'examiner leurs bonnes ou mauvaifes qualités, de recevoir les plaintes des peuples, & d'en rendre compte à l'empereur, auprès de qui ce confeil réfide ; c'eft de fes rapports & de fes décifions que dépend l'avancement des officiers à des poftes plus éminens, ou leur dégradation, lorfqu'ils ont commis des fautes qui la méritent ; le tout fous le bon plaifir de l'empereur qui doit ratifier les décifions du tribunal.

Les Chinois donnent encore le nom de *li-pu* à un autre tribunal chargé des affaires de la religion. ( *A. R.* )

LIPSE, ( Jufte ) ( *Hift. Litt. mod.* ) littérateur & critique habile, peut-être mis au nombre des enfants célèbres & des favans précoces. Il fit des poëmes à neuf ans, & des ouvrages d'érudition à dix-neuf. Il voyagea dans différentes parties de l'Europe, & changea de religion felon les différents pays ; catholique à Bruxelles & à Rome, luthérien à Jene, calvinifte à Leyde, redevenu catholique à Louvain, où il profeffoit les belles-lettres. A travers tant de variations, il fit un *traité de la conftance*, & la dernière religion qu'il profefia fut le fanatifme perfécuteur ; il prêcha l'intolérance & recommanda aux gouvernements d'exterminer les hérétiques par le fer & le feu ; car, difoit-il, il vaut mieux facrifier un membre que tout le corps ; mais en pareil cas le corps ne périt point, ou il ne périt que pour s'être coupé les membres. La feule queftion qu'on pourroit raifonnablement propofer en matière d'intolérance, c'eft s'il faut laiffer fubfifter des ennemis publics, tels que les intolérans, & cette queftion là même, il faut la décider en faveur de la tolérance, avec la feule reftriction de rendre les intolérans bien ridicules & bien méprifables, & pour cela il ne faut que les laiffer faire.

Les œuvres de Jufte Lipse ont été recueillies en fix volumes *in-folio*. Ce favant dont l'efprit avoit bien des travers & le caractère bien des défauts, qui a écrit l'hiftoire de Nctre-Dame de Hall en Capucin du feizième fiécle ; qui a légué par fon teftament une robe fourrée à la Vierge ; qui yantoit le ftoïcifme & la conftance, en changeant fans ceffe de pays & de religion ; qui croyoit s'être formé fur Tacite, parce que fon ftyle étoit dur & obfcur, mais qui avoit au moins le bonheur de savoir Tacite tout entier, par cœur; mourut à Louvain, en 1606. Il étoit né près de Bruxelles, en 1547, Aubert Le Mire a écrit sa vie.

LIRE *ou* Lira, ( Nicolas de ) *voyez* LYRE *ou* LYRA.

LIRON, ( Jean ) *Hift. Litt. mod.* ) Dom Liron, favant bénédictin de la congrégation de Saint-Maur. On connoît ses *Singularités hiftoriques & littéraires.* Il étoit de Chartres, & il a donné *la Bibliothèque des Auteurs Chartrains*, où, selon l'usage, beaucoup d'inconnus trouvent place, & reçoivent des éloges à bon marché. Né en 1665, mort au Mans en 1749.

L'ISLE, DE ) ( *Hift. Litt. mod.* ) nom qui, sans parler de ceux qui le portent encore aujourd'hui avec gloire, ou qui en portent du moins un tout semblable, a été illustre dans les sciences & dans les lettres.

Guillaume *de l'Ifle*, né à Paris le dernier février 1675, a été pour la géographie ce que M. Lémery étoit pour la chimie; il l'a réformée si confidérablement & fur tant d'articles importants, qu'il peut en être regardé comme le créateur. Ces deux sciences ont été perfectionnées depuis, mais Lémery & *de l'Ifle* les ont presque tirées du néant. Claude *de l'ifle*, père de Guillaume, & digne d'un tel fils, avoit enfeigné la géographie à M. le régent; Guillaume *de l'Ifle* fut choisi pour l'enseigner à Louis XV; il eut le titre inconnu avant lui, de premier géographe du roi. A l'âge de huit ou neuf ans, il avoit déjà dressé & deffiné lui-même, sous les yeux de M. Fréret, des cartes sur l'histoire ancienne. A la fin de 1699, M. *de l'Ifle*, âgé de vingt-cinq ans, présenta au public une terre presque nouvelle, où la Méditerranée, qu'on croyoit si bien connoître, n'avoit que huit cents foixante lieues d'Occident en Orient, au lieu de onze cents foixante qu'on lui donnoit. L'Asie étoit pareillement raccourcie de cinq cents lieues; il y avoit un changement de dix-sept cents dans la position de la terre d'Yéco. Croiroit-on que dans les cartes de l'Artois, d'un petit pays si proche de nous & si connu, il y avoit des rivières omises, & en récompense, d'autres fuppofées; quarante villages créés, ou du moins transportés de si loin & avec des noms tellement défigurés, qu'ils ne pouvoient être reconnus par ceux qui demeuroient fur les lieux? On peut juger par là des fervices que Guillaume *de l'Ifle* avoit à rendre à la géographie, & qu'il lui avoit en effet rendus.

M. *de l'Ifle* entra dans l'Académie des Sciences en 1791. Il mourut d'apoplexie le 25 janvier 1726. Le roi de Sardaigne avoit voulu l'enlever à la France. D'autres puiffances lui avoient fait les mêmes follicitations. Le Czar alloit lui-même familièrement pour lui donner des obfervations fur la Mofcovie, & plus encore, dit M. de Fontenelle, pour conquître chez lui, mieux que par-tout ailleurs, fon propre empire.

Deux de ses frères ont été aftronomes, & tous deux de l'Académie des Sciences; tous deux ont été appellés à Pétersbourg. Un autre prit l'histoire pour fon partage. Ainsi, Claude *de l'Ifle*, homme de mérite lui-même, fut l'heureux père de quatre hommes d'un mérite diftingué. Joseph-Nicolas, un des trois frères, membres de l'Académie des Sciences, propofa dès 1720, de déterminer la figure de la terre, ce qui fut exécuté plusieurs années après. Il eft mort doyen de toutes les grandes Académies; il a formé nos plus grands aftronomes, les La Lande, les Meffier. Il refta en Ruffie depuis 1726 jufqu'en 1747, qu'il revint dans fa patrie, où il fut profeffeur au Collège Royal. Il mourut en 1768. Il étoit né en 1688. On a, de lui des Mémoires pour fervir à l'Hiftoire de l'Aftronomie, & d'autres Mémoires inférés dans le Recueil de l'Académie & dans des Journaux. Les nouvelles cartes des découvertes de l'amiral de Fonte, font auffi de Jofeph-Nicolas *de l'Ifle*.

Louis-François *de l'Ifle* de la Drevetière fe fit un nom dans un genre tout différent. C'eft l'auteur de la comédie d'*Arlequin Sauvage*, & de celle de *Timon le Mifanthrope*. Il en a donné plufieurs autres; mais ces deux-là font les principaux titres de fa réputation, & ils ne font que médiocres. On a de lui auffi un *Effai fur l'Amour-propre*, poëme, & quelques autres ouvrages. Il étoit d'une famille noble du Périgord, mais fes parents n'étant pas affez riches pour le foutenir à Paris, fa reffource fut de travailler pour le Théâtre Italien, où plufieurs de fes pièces eurent un fuccès brillant, foutenu & mérité. Mort en 1756. Il étoit né dans le Dauphiné. Il étoit, dit-on, mifanthrope comme fon *Timon.*

LISOLA, ( François Baron de ) ( *Hift. mod.* ) gentilhomme attaché au fervice des empereurs Ferdinand II, Ferdinand III & Léopold, & employé par eux dans différentes négociations. On a de lui des *Lettres & Mémoires*, & dans un ouvrage politique & polémique, intitulé: *Bouclier d'état & de juftice*, il réfuta les prétentions de la France fur divers états de la monarchie d'Espagne; & Verjus, comte de Crecy, qui fut en 1697, un des plénipotentiaires François pour la paix de Rifwick, ayant répondu à cet écrit, *Lifola* lui en réplique fous ce titre baffement burlefque: *la Sauffe au Verjus.*

LISTE CIVILE, ( *Hift. d'Angleterre* ) nom qu'on donne en Angleterre à la fomme que le parlement alloue au roi pour l'entretien de fa maifon, autres dépenfes & charges de la couronne. Les monarques de la Grande Bretagne ont eu, jufqu'au roi Guillaume, 600 mille livres fterling; le parlement en accorda 700 mille à ce prince en 1698. Aujourd'hui la *lifte* civile eft portée à près d'un million fterling. ( D. J. )

LISTER, ( Martin ) ( *Hift. Litt. mod.* ) médecin de la reine Anne d'Angleterre, eft auteur de plufieurs ouvrages latins fur la médecine & fur différentes parties de l'Hiftoire naturelle; d'un voyage de Paris en anglois; & fur-tout auffi une édition du Traité d'Apicius; *de obfoniis & condimentis.*

LISZINSKI, ( Cafimir ) ( *Hift. mod.* ) gentilhomme polonois, brûlé le 30 mars 1689, pour athéifme, vrai ou faux. On faifit chez lui des papiers informes, où on trouve entr'autres propositions jettées au hazard, sans plan & sans suite, celles-ci ; *que Dieu n'étoit pas le créateur de l'homme, mais que l'homme étoit le créateur de Dieu, puisqu'il l'avoit tiré du néant.* On a dit sans impiété, que si Dieu avoit créé l'homme à son image, l'homme le lui avoit bien rendu, & que presque tous les hommes étoient anthropomorphites. Les propositions de *Liszinski* pouvoient, absolument être susceptibles d'un sens à-peu-près pareil. *Liszinski* d'ailleurs, protestoit qu'il n'avoir fait que prendre note de ces propositions dans l'intention de les réfuter ; on n'admit point cette excuse ; mais on eût dû faire attention à une chose : c'est un grand aveuglement & un grand malheur d'être athée ; mais quand, pour pénétrer dans le fond de l'ame, & pour trouver un corps de délit, il faut fouiller dans les papiers secrets d'un homme, il est évident qu'il n'avoit point troublé l'état, & que par conséquent l'état n'avoit point de justice criminelle à exercer contre lui ; que les supplices en pareil cas, sont des cruautés, & non pas des châtimens.

LIT *des Romains,* ( *Hist. Rom,* ) *lectus cubicularis,* Cic. couche sur laquelle ils se reposoient ou dormoient. Elle passa du premier degré d'austérité au plus haut point de luxe ; nous en allons parcourir l'histoire en deux mots.

Tant que les Romains conservèrent leur genre de vie dur & austère, ils couchoient simplement sur la paille, ou sur des feuilles d'arbres sèches, & n'avoient pour couverture que quelques peaux de bêtes, qui leur servoient aussi de matelas. Dans les beaux jours de la république, on s'écartoient peu de cette simplicité, & pour ne pas dormir sous de riches lambris, leur sommeil n'en étoit ni moins profond, ni moins plein de délices. Mais bientôt l'exemple des peuples qu'ils fournirent, joint à l'opulence qu'ils commencèrent à goûter, les porta à se procurer les commodités de la vie, & conséquivement les rafinemens de la mollesse. A la paille, aux feuilles d'arbres sèches, aux peaux de bêtes, aux couvertures faites de leurs toisons, succedèrent des matelas de laine de Milet & des *lits* de plumes du duvet le plus fin. Non-contens de bois de *lits* enrichi de cèdre & de citronnier, ils les firent enrichir de marqueterie, ou de figures en relief. Enfin ils en eurent d'ivoire & d'argent massif, avec des couvertures fines, teintes de pourpre, & rehaussées d'or,

Au reste, leurs *lits,* tels que les marbres antiques nous les représentent, étoient faits à-peu-près comme nos *lits* de repos, mais avec un dos qui régnoit le long d'un côté, & qui de l'autre s'étendoit aux pieds & à la tête, n'étant ouverts que par-devant, Ces *lits* n'avoient point d'impériale, ni de rideaux, & ils étoient si élevés, qu'on n'y pouvoit monter sans quelque espèce de gradins. ( *A. R.* )

LITLE ou LE PETIT, ( Guillaume) *Hist. Litt, mod.* ) surnommé de Neubridge, ( *Neubrigensis* ) chanoine régulier de St. Augustin en Angleterre, auteur d'une Histoire d'Angleterre, qui commence en 1066,

c'est-à-dire, à l'époque de la conquête de Guillaume-le-Bâtard, & qui finit en 1197. L'auteur mourut vers le commencement du treizième siècle.

LITTLETON, ( *Hist. d'Anglet.* ) nom célèbre en Angleterre,

1°. Thomas *Littleton,* jurisconsulte anglois, mort en 1482, sous le règne d'Edouard IV, est connu par un livre célèbre, intitulé : *Tenures de Littleton.*

2°. Adam *Littleton,* mort à Chelsea en 1694, est auteur d'un Dictionnaire latin - anglois, d'un grand usage en Angleterre.

3°. Le lord *Littleton* ou George *Littleton,* étoit né à Hagley dans le comté de Worcester en 1708. Sa famille étoit ancienne, & avoit produit des hommes distingués dans plusieurs genres. Son père, sir Thomas *Littleton,* avoit été l'un des lords de l'Amirauté.

Il montra dès sa première jeunesse, un goût très-vif & un talent marqué pour la poésie ; mais il ne le cultiva jamais que comme un amusement. Son esprit & ses vues le portoient à des études plus sérieuses.

A l'âge de 20 ans, il quitta sa patrie pour faire le tour de l'Europe. A Paris, il mérita l'estime & la confiance du ministre d'Angleterre en France, qui le chargea de quelques affaires, où le jeune *Littleton* montra la sagesse & la maturité de son esprit.

Par-tout où il alla, il chercha tous les genres d'instructions ; il observa les gouvernemens & les mœurs, & cultiva les lettres & les arts.

De retour en Angleterre, il fut élu membre de la chambre des communes, Il se lia d'une amitié très-intime avec le prince de Galles, père du roi régnant, qui l'attacha à sa personne, & l'aima jusqu'à sa mort.

En 1744, il fut nommé l'un des lords de la tréforerie ; & dans cette place, il employa son crédit à faire accorder des récompenses & des encouragemens aux hommes de lettres les plus distingués de son temps. Il fut le protecteur & l'ami de Thompson, d'Young, de West, de Pope & de plusieurs autres ; & ses services s'étendirent quelquefois au-delà de la vie de ceux qu'il avoit aimés. Le poëte des Saisons laissa, en mourant, ses affaires très-dérangées ; *Littleton* travailla à réparer ce désordre ; il prit sous sa protection la sœur de Thompson. Il se chargea de revoir & d'achever la tragédie de *Coriolan,* à laquelle ce poëte n'avoit pas mis la dernière main, & il la fit donner à Drurylane, avec un prologue qu'il composa, & qui fut si touchant, que l'acteur qui le prononça & l'assemblée qui l'entendit, fondirent en larmes.

Il avoit épousé en 1742, Miss Lucy Fortescue, jeune personne douée de toutes les graces & de toutes les vertus ; & qui pendant quatre ans, fit le bonheur de sa vie, Il la perdit en 1646, ayant d'elle un fils & une fille, Il a consacré sa douleur & ses regrets par une épitaphe & une monodie à la mémoire de cette femme chérie, qui respirent la sensibilité la plus touchante. En 1754, il épousa en secondes noces, Elisabeth Rich, dont la conduite répandit autant d'amertume sur la vie de *Littleton,* que la vertu de sa première femme y avoit répandu de douceur, Il fut

obligé de s'en féparer par un divorce légal quelques-
années après.

En 1757, il fut créé pair de la Grande-Bretagne.
Il mourut au mois de juillet 1773, d'une inflam-
mation d'entrailles, dans fa terre de Hagley, où il étoit
né, qu'il s'étoit plu à embellir, & où il a fait des
jardins que vont admirer tous les voyageurs.

Comme citoyen, comme homme public, comme
écrivain, le lord *Littleton* a mérité l'eftime univerfelle. Il eut dans la vie privée, les mœurs les plus pures,
la probité la plus exacte & en même temps la plus
indulgente; il porta dans les affaires & au parlement
une intégrité ferme & incorruptible. Zélé pour la
conftitution de fon pays, il foutint toujours le parti de
la liberté, fans donner jamais dans ces excès où l'efprit de faction entraîne fouvent de prétendus patriotes.

Il refte de lui quelques difcours qu'il prononça au
parlement dans les occafions importantes; on y trouve
une éloquence plus élégante qu'énergique, plus per-
fuafive qu'entraînante; mais la fincérité qui fe fait
fentir dans les vues & les principes qu'il y développe,
donne à fes raifons une force qu'une imagination plus
brillante & des mouvement plus impétueux y donneroient difficilement.

Ses ouvrages font:

1°. Des *nouvelles Lettres Perfannes*, qu'il fit dans
fa jeuneffe, où l'on trouve des vues fages & des
idées ingénieufes, mais qui ont le tort d'être venues
après celles de Montefquieu, & d'être reftées au-
deffous.

2°. Des *Dialogues des Morts*, traduits en françois,
où on reconnoît par-tout l'honnête homme, l'ingénieux obfervateur des mœurs, & le bon écrivain.

3°. Une *Hiftoire de Henri II*; remarquable par
les recherches curieufes & exactes, par la peinture
des mœurs, & la fidélité des récits; mais qui offre
peut-être des détails peu intéreffants pour d'autres
lecteurs que les Anglois.

4°. Une *Hiftoire abrégée d'Angleterre* en forme de
lettres adreffées à fon fils, traduite plufieurs fois en
françois, & qui mérite de l'être dans toutes les langues,
comme un modèle pour le choix des faits, la précifion du récit & l'intérêt des tableaux.

5°. Des *Obfervations fur la converfion de St. Paul*,
d'où il tire une des principales preuves de la vérité de
la Religion Chrétienne.

6°. Des pièces fugitives de poëfie, où il y a plus
d'élégance, de grace & de finefle, que d'éclat, de
chaleur & d'originalité.

7°. Plufieurs petits écrits fur différentes matières,
toujours ingénieux & agréablement écrits. (*A. F.*)

LITTRE, (Alexis) (*Hift. Litt. mod.*) de l'Académie
des Sciences, né le 21 juillet 1658, à Cordes en
Albigeois, docteur régent de la Faculté de Paris, grand
anatomifte. Il ne favoit pas parler, mais il favoit
guérir: auffi n'eut-il point de réputation dans un
monde où le talent vraiment néceffaire eft celui
de parler. Le monde, dit M. de Fontenelle, a plus
befoin d'être amufé que d'être guéri. Il faut voir
dans les mémoires de l'académie des fciences de

1702, & dans l'éloge de M. *Littre* par M. de
Fontenelle, la Relation d'une cure vraiment miraculeufe qu'il fit dans cette année. On y fent avec une
admiration mêlée d'attendriffement & de reconnoiffance, tout ce qu'il a fallu de patience, d'adreffe,
d'amour de fon art, de refpect pour l'humanité,
de combinaifons fines, juftes, précifes, pour réuffir
dans un pareil traitement. Un médecin, tel que
celui-là, eft véritablement un Dieu Sauveur.

M. *Littre* entra dans l'Académie des Sciences en
1699. Il y fut toujours très-affidu; dans les dernières
années de fa vie, on l'y voyoit plongé dans une mélancolie profonde & dans un filence dont il n'eft jamais
forti, qu'il cût été inutile de combattre, & dont on ne
pouvoir que la plaindre. Il mourut d'apoplexie le
3 février 1725. Il n'avoit jamais été à aucun fpectacle,
il n'y a pas mémoire, dit M. de Fontenelle, qu'il fe
foit diverti.

LIUBA ou LIUVA I, roi des Vifigoths, (*Hift.
d'Efpagn.*) Il y avoit cinq mois que le trône des Vifigoths étoit vacant; les grandes qualités d'Athanagilde
qui en avoit été le dernier poffeffeur, rendoient fi
difficile le choix d'un nouveau fouverain, que les grands
prétendirent qu'il feroit beaucoup plus avantageux de
ne point faire d'élection que de placer la couronne fur
la tête d'un prince qui n'auroit ni les vertus ni la capacité
d'Athanagilde. Toutefois, fous ce prétexte, fort refpectable en apparence, les grands ne cherchoient qu'à
profiter de l'interrègne pour accabler le peuple par les
plus dures vexations; mais tandis qu'ils opprimoient &
fouloient à leur gré leurs vaffaux, tandis qu'au fui d'un
roi, l'état reftoit en proie à l'ambition d'une foule de
tyrans, les Impériaux profitant du défordre de cette
efpèce d'anarchie, faifoient dans ce royaume les plus
cruelles incurfions. Les Vifigoths, fur-tout ceux qui
habitoient dans les villes, fe plaignoient hautement,
& ils étoient prêts à fe foulever contre les grands; lorfque ceux-ci voyant eux-mêmes combien il importoit à
la nation d'avoir un chef, s'affemblèrent, & la plupart
d'entr'eux donnèrent leur fuffrage à Liuva, gouverneur
de la Gaule gothique; *Liuva* méritoit à tous égards
l'honneur du choix: il étoit auffi diftingué par fa modération, fa valeur, fa prudence, que par fon généreux
défintéreffement, par fon patriotifme, & fon zèle héroïque pour le bien public, dont il avoit, en plus d'une
occafion, donné des preuves fignalées. Le fafte de la
royauté n'éblouit point le fage *Liuva* qui ne fentit, en
recevant le fceptre, que le poids des devoirs que fon
rang lui préfcrivoit. La crainte que les Gaules ne fouf-
friffent de fon abfence, l'empêcha de s'en éloigner;
mais craignant auffi pour les Vifigoths, qui ne pouvoient guère tenir en Efpagne, entourés, comme ils
l'étoient, d'ennemis redoutables, contre lefquels ils ne
pourroient lutter qu'autant qu'ils feroient gouvernés &
conduits par un chef habile & vigilant, il demanda aux
grands que, par intérêt pour eux-mêmes, ils lui affo-
ciaffent Leovigilde fon frère, dont on connoiffoit la
valeur & la rare capacité. Les grands admirèrent la
générofité de ce bon fouverain, affez défintéreffé pour
facrifier une portion de fa grandeur à la tranquillité

publique , & ils confentirent à fa propofition. *Liuva* continua de fixer fa réfidence dans les Gaules , où il ne s'occupa qu'à rendre fes fujets heureux & fes états floriffans jufqu'à fa mort qui arriva en 572.

LIUBA ou LIUVA II, roi des Vifigoths , ( *Hiſtoire d'Eſpagne* ). Recarede , pére de *Liuva II* , s'étoit fait adorer de fes peuples ; fon fils avoit hérité de fa couronne , & , ce qui vaut encore mieux , de fes talens , de fes vertus , & fur-tout de fa bienfaifance ; auffi, fut-il aimé de fes fujets autant que Recarede l'avoit été ; mais cet attachement , qu'il mérita par fa douceur & fa juſtice , ne le mit pourtant point à l'abri des fureurs de l'ingrat qui lui arracha la vie, dès la troifième année de fon règne. Bien des hiſtoriens affurent que *Liuva II* n'étoit que le fils naturel de Recarede qui l'avoit eu d'une femme de très-baffe naiffance , & qui laiffa deux fils légitimes de fa femme Bada. Mais lorſque ce fouverain mourut, fes deux fils étoient encore enfans ; & *Liuva*, qui atteignoit fa vingtième année , avoit donné tant de preuves de fagacité , de fageffe , de valeur & de bienfaifance , que les grands , fermant les yeux fur l'illégitimité de fa naiffance , ne firent aucune difficulté de l'élever au trône, tant ils étoient perfuadés qu'il marcheroit fur les traces de fon père ; ils ne fe trompèrent point, & la générofité , la douceur & le caractère bienfaifant de *Liuva* lui concilièrent l'eftime & l'affection de fes fujets , dont il fe propofoit de faire le bonheur, lorfqu'un monftre d'ingratitude, Witeric, qui s'étoit déjà fait connoître par fa fcélé+rateffe , & auquel Recarede avoit pardonné une confpiration tramée contre fes jours, n'ayant pu détrôner & faire mourir le père , détrôna & fit périr le fils. Afin de réuffir dans fon attentat, le comte Witeric perfuada à *Liuva* de déclarer la guerre aux Impériaux , & de le nommer généraliffime des Vifigoths. Le jeune roi adopta ce plan de guerre , lui donna le commandement de l'armée : mais le perfide Witeric , au lieu d'aller combattre les ennemis de l'état, corrompit les principaux officiers de l'armée , les engagea dans une conjuration, fe mit à leur tête, alla fe faifir du malheureux *Liuva*, commença par lui couper la main droite , & finit par le faire mourir dans les tourmens. Ainfi périt *Liuva II*, digne d'un meilleur fort. ( *L. C.* )

LIVIE , ( *Hiſt. Rom.* ) femme de l'empereur 'Augufte , l'avoit été d'abord de Tibérius Neron ; du vivant même de ce premier mari , elle époufa Octave. Tout fut vil dans cette affaire. *Livie* étoit groffe de fix mois , & l'impatience d'Octave ne lui permit pas même d'attendre qu'elle fût accouchée. Les Pontifes confultés fur la légitimité d'un pareil mariage , eurent la baffeffe de l'approuver. Tibérius Néron eut celle de fervir de père à fa femme dans la cérémonie de ce nouveau mariage, le fénat eut bien-tôt celle d'ériger des statues à *Livie* ; il n'y eut de fincère & d'honnête que la fimplicité d'un enfant qui fervoit d'amufement à *Livie*, & qui la voyant au feftin des noces fur un même lit de table avec Octave , & Tiberius Néron fur un autre, crut qu'ils fe trompoient tous , & les en avertit. La mort de Marcellus fit peut-être calomnier

*Livie*, mais on la lui imputa , ainfi que celle des deux petits-fils d'Augufte , Caius &. Lucius. La mort de ces Princes , héritiers naturels de l'Empire , puifque l'un étoit neveu & gendre d'Augufte, & les autres fes petits-fils , laiffoit le champ libre aux fils de *Livie* : qui n'avoient, par leur naiffance , aucun droit à l'Empire , puifqu'ils étoient étrangers à Augufte : pour leur donner quelque droit , elle avoit fait époufer Julie , fille d'Augufte , à Tibère , l'aîné de fes fils ; elle vit périr le fecond. On ne doute pas que le choix qu'elle fit faire à Augufte , de Tibère pour fon fucceffeur , n'ait été le fruit des fuggeſtions les plus adroites & les plus affidues. Elle eut le mérite de confeiller à Augufte de faire grace à Cinna ; & Augufte , qui penchoit de lui-même vers le parti de la clémence , la remercia d'un fi bon confeil , & qui s'accordoit fi bien avec fon inclination. *Uxori gratias egit* , dit Sénèque. On ne conçoit pas pourquoi Corneille a mieux aimé mettre dans la bouche d'Augufte ce reproche avilifant en lui-même , & comique par l'expreffion.

Vous m'aviez bien promis des confeils d'une femme ;
Vous me tenez parole , & c'en font là , Madame···

Mot d'autant plus injuſte, qu'il eſt obligé d'en revenir à fuivre le confeil de *Livie*. Il eſt vrai qu'il falloit que le moment de la clémence d'Augufte fût un coup de théâtre , & ne parût point préparé. Voilà pourquoi Augufte rejette d'abord le confeil de *Livie* , & même avec un mépris , qui écarte l'idée qu'il doive jamais le fuivre ; mais il n'y avoit qu'à ne point faire paroître en tout cette *Livie* , qui ne paroît qu'au 4°. acte , & donner tant de reffentiment & de colère à Augufte qu'on ne pût s'attendre au trait de clémence qui doit fuivre.

*Livie* recueillit les derniers foupirs d'Augufte , & fa rendit maîtreffe de fes derniers momens; elle fut encore foupçonnée de les avoir accélérés. Le teftament d'Augufte l'appelloit pour un tiers à la fucceffion , l'adoptoit pour fa fille , & lui donnoit les noms de *Julia Augufta*. Si elle avoit efpéré un empire plus abfolu fous fon fils que fous fon mari , elle s'étoit fort trompée ; Tibère s'attacha toujours à borner le pouvoir de fa mère , à diminuer fes honneurs. Son ingratitude égala prefque celle que Néron eut depuis à l'égard d'Agrippine ; il ne la vit qu'une feule fois pendant les trois dernières années de fa vie , ne vint point la voir pendant la maladie dont elle mourut, n'affiſta point à fes funérailles , & laiffa fon teftament fans exécution. Au contraire , fon petit-fils Claude, qu'elle avoit toujours traité avec la plus grande dureté , parce qu'il étoit fans efprit & fans agrément , lui fit rendre les honneurs divins. Elle fut injuſte auffi à l'égard de fon autre petit-fils Germanicus , fi cher à la nation , fi cher aux étrangers même. *Flebant Germanicum etiam ignoti*. Elle fut complice dans les perfécutions fourdes qu'il fit fouffrir à fon neveu ; elle protégea Plancine , accufée d'avoir empoifonné Germanicus ; elle haïffoit fortement Agrippine , femme de ce héros.

Caligula

Caligula, son arrière-petit-fils, l'appelloit un Ulysse en jupe, *Ulyssem stolatum* ; ce fut lui qui prononça son éloge funèbre dans la Tribune aux harangues. Selon Dion, elle avoit été pour Auguste une femme très-aimable & très-désirable. Quelqu'un lui demandant par quel secret elle avoit toujours eu sur lui tant d'empire ? par ma soumission à toutes ses volontés, dit-elle, & par ma discrétion parfaite à l'égard & de ses affaires & de ses galanteries ; on prétend que sur ce dernier point elle alloit au-delà de la discrétion, qu'elle poussoit la complaisance jusqu'à fournir elle-même des maîtresses à son mari. Elle mourut à quatre-vingt-six ans, l'an de Rome. 780.

LIVILLE, ( *Hist. Rom.* ) fille de Drusus, frère de Tibère, & femme de Drusus, son cousin-germain, fils du même Tibère ; elle empoisonna son mari, ( *Voyez* l'article DRUSUS 5°. ) à la sollicitation de Séjan ; elle fut entraînée dans la disgrace de celui-ci, & on la fit mourir de faim, l'an de Rome 782.

LIVINEIUS, ( Jean ) ( *Hist. Litt. mod.* ) savant Flamand, né à Derdermonde, théologal d'Anvers, mort en 1599. On lui doit la Bible grecque, imprimée chez Plantin.

LIVIUS, ( *Hist. Rom.* ) 1°. Livius Andronicus fut le premier poëte dramatique chez les Romains. Il fit représenter ses tragédies & ses comédies l'an de Rome 512. ( *Voyez* l'article ORBILIUS. )

2°. Marcius Livius Salinator, de la maison des Liviens, l'an de Rome 533, triompha de l'Illyrie. Il fut ensuite accusé d'infidélité dans la distribution du butin ; toutes les tribus, excepté la tribu Métia, le condamnèrent, Accablé de douleur, il quitta la ville, renonça aux affaires & alla s'ensevelir à la campagne. Rappellé à Rome par les consuls dans le cours de la guerre contre Annibal, il y porta toutes les marques de sa douleur, l'éloignement des affaires, la barbe & les cheveux longs. Les censeurs l'obligèrent de venir au sénat ; il y vint, mais il y garda un silence obstiné. On lui proposa un second consulat pour l'an 545 de Rome. « Si vous me croyez homme de bien, dit-il, pourquoi m'avez-vous condamné ? si j'étois » coupable, pourquoi m'offrez-vous le consulat ? » Mais il s'agissoit de combattre Annibal. Livius se rendit, quoiqu'on lui donnât pour collègue C. Claudius Nero, qui avoit porté témoignage contre lui ; ces deux illustres ennemis se réconcilièrent, & combattirent de concert l'ennemi. Mais l'an 548 de Rome, étant censeurs ensemble, ils signalèrent l'un contre l'autre toute leur haine qu'ils avoient suspendue pendant leur consulat ; il se dégradèrent l'un l'autre du rang de chevalier ; Livius nota le peuple Romain, à l'exception de la tribu Métia, pour l'inconstance dont il avoit usé à son égard, l'ayant d'abord condamné injustement, ensuite l'ayant nommé consul & censeur. A leur sortie de la censure, un des tribuns du peuple les accusa de nouveau, mais l'affaire fut assoupie.

3°. Un autre Livius ( Caïus ) amiral de la flotte Romaine, l'an 561 de Rome, gagna une bataille navale contre celle d'Antiochus, roi de Syrie, près

*Histoire.* Tome III.

du port de Coryce, au-dessus de Cyssonte ; l'année suivante il entra dans l'Hellespont, & prit Sestos.

– Sur la branche des Liviens, distinguée par le nom de Drusus, ( *Voyez* DRUSUS. )

LIVONIERE, ( Claude Pocquet de ) ( *Hist. Litt. mod.* ) jurisconsulte d'Angers. On lui doit un recueil de commentaires sur la coutume de son pays. Ses règles de Droit-François sont citées, & font règle en effet. On a aussi de lui un *Traité des Fiefs.* Mort en 1726, à Paris. Son fils eut part à ses ouvrages.

LIVRÉE, s. f. ( *Hist. mod.* ) couleur pour laquelle on a eu du goût, & qu'on a choisie par préférence pour distinguer ses gens de ceux des autres, & par là se faire distinguer soi-même des autres.

Les *livrées* se prennent ordinairement de fantaisie, & continuent ensuite dans les familles par succession. Les anciens chevaliers se distinguoient les uns des autres, dans leurs tournois, en portant les *livrées* de leurs maîtresses. Ce fut de là que les personnes de qualité prirent l'usage de faire porter leur *livrée* à leurs domestiques ; il est probable aussi que la différence des émaux & des métaux dans le blason, a introduit la diversité des couleurs, & même certaines figures relatives aux pièces des armoiries dans les *livrées*, comme on peut le remarquer dans les *livrées* de la maison de Rohan, dont les galons sont semés de macles qui sont une des pièces de l'écusson de cette maison. Le P. Menestrier dans son traité des carroufels, a beaucoup parlé du mélange des couleurs dans les *livrées*. Dion rapporte qu'Œnomaüs fut le premier qui imagina de faire porter des couleurs vertes & bleues aux troupes qui devoient représenter dans le cirque, des combats de terre & de mer.

Les personnes importantes dans l'état donnoient autrefois des *livrées* à des gens qui n'étoient point leurs domestiques, pour les engager pendant une année à les servir dans leurs querelles. Cet abus fut réformé en Angleterre par les premiers statuts d'Henry IV. & il ne fut plus permis de donner des *livrées* qu'à ses domestiques ou à son conseil.

En France, à l'exception du roi, des princes & des grands seigneurs qui ont leurs *livrées* particulières & affectées à leurs domestiques, les *livrées* sont arbitraires, chacun peut en composer à sa fantaisie, les faire porter à ses gens : aussi y voit-on des hommes nouveaux donner à leurs domestiques des *livrées* plus superbes que celles des grands. ( *A. R.* )

LIZET ou LISET, ( Pierre ) *Hist. de Fr.* ) avocat général, puis premier président au parlement de Paris. On remarqua en lui un mélange d'audace & de timidité qui distingue les caractères foibles & indécis ; tantôt il résistoit aux Guises, tantôt il leur demandoit pardon ; on a dit que tantôt il paroissoit plus qu'un homme, & tantôt moins qu'une femme. Il se distinguoit par une sévérité excessive envers les protestants, & par une amitié trop indulgente pour le fameux Noël Beda, ( *voyez* cet article ) dont il aimoit le fanatisme. Il écrivit contre les versions de l'Ecriture-Sainte en langue vulgaire, & fit quelques autres mauvais ou-

X x

vrages de controverse, dont Théodore de Béze s'est moqué dans un écrit macaronique, intitulé : *Magister Benedictus Passaventius*. Le même Théodore de Béze fit contre le même *Lizet*, au sujet de ses cruautés, une espèce d'épigramme, qui est toujours assez bonne, puisque les droits de l'humanité y sont défendus :

Lizet monté dessus sa mule,
Trouve un pourceau demi brûlé ;
Tout soudain sa bête recule,
Come s'elle en eût appellé.
Enfin tant y fut reculé,
Que Monsieur Lizet en piquant
Pareillement & quand & quand
Trancha un chemin tout nouveau:
Vieil pourri au rouge museau,
Deshonneur du siècle où nous sommes ;
Ta bête a pitié d'un pourceau
Et tu n'as point pitié des hommes.

*Lizet* avoit été fait premier président en 1529. On lui ôta sa place en 1550 & ce fut, dit-on, le cardinal de Lorraine qui la lui fit ôter, en vengeance de ce qu'il avoit empêché qu'on ne donnât aux Guises dans le parlement le titre de princes. On dit qu'à cette occasion il alla s'humilier devant le cardinal de Lorraine & lui demander pardon à genoux en implorant sa pitié pour un vieillard qui n'avoit pour tout bien que sa charge. On voit par cet exemple combien il importe à l'ordre public que ceux qui sont dans de grandes places soient riches par eux-mêmes, & sur-tout que les charges soient inamovibles. On donna au premier président *Lizet* pour dédommagement, l'abbaye de St. Victor, où il mourut en 1554 âgé de soixante & douze ans.

LLACTA-CAMAYU, s. m. ( *Hist. mod.* ) c'est ainsi qu'on nommoit chez les Péruviens, du temps des Incas, un officier dont la fonction étoit de monter sur une petite tour, afin d'annoncer au peuple assemblé la partie du travail à laquelle il devoit s'occuper le jour suivant. Ce travail avoit pour objet l'agriculture, les ouvrages publics, la culture des terres du soleil, de celles des veuves & des orphelins, de celles des laboureurs, & enfin de l'empereur. ( *A. R.* )

LLAUTU, s. m, ( *Hist. mod.* ) c'étoit le nom que les Péruviens donnoient une bandelette d'un doigt de largeur, attachée des deux côtés sur les tempes par un ruban rouge, qui servoit de diadème aux Incas ou monarques du Pérou. ( *A. R.* )

LLOYD ( Guillaume, ) ( *Hist. d'Anglet.* ) évêque de Saint-Asaph en 1680, un des sept évêques anglicans, qui, ayant hazardé de faire des représentations à Jacques II sur toutes ses innovations contre la religion du pays, furent mis à la tour de Londres. Jacques leur fit faire leur procès; le cri public s'éleva en faveur de ces évêques avec tant de force qu'on fut obligé de les absoudre ; toute l'Angleterre en fit des feux de joie, elle avoit regardé le destin de la religion & celui de la liberté comme attachés à cette cause. Jacques qui

retenoit toujours sous le drapeau, chose presque sans exemple, jusqu'alors en Angleterre, des troupes qu'il croyoit avoir rendues toutes catholiques, parce qu'il avoit cassé beaucoup d'officiers & de soldats protestans, étant un jour à dîner dans la tente du lord Feversham ( Durfort, ) général de ces troupes, entendit dans le camp un bruit extraordinaire ; le lord Feversham étant sorti un moment pour voir ce que c'étoit, dit au roi en rentrant: ce n'est rien, ce sont les soldats qui se réjouissent de la délivrance des sept évêques. Vous appellez cela rien? répliqua le roi avec dépit, & il tomba dans une rêverie dont rien ne put le tirer.

On peut croire que *Lloyd* & ses compagnons prirent le parti du roi Guillaume & de la princesse Marie, sa femme au moment de la révolution ; *Lloyd* fut fait aumonier du roi, & transféré successivement aux siéges de Coventry, de Litchfield, de Worcester. C'étoit un prélat savant, sur-tout en chronologie ; le *series chronologica olympionicarum* dans le Pindare de l'édition d'Angleterre, est de lui. Il a fait aussi une histoire chronologique de Pythagore, & une description du gouvernement ecclésiastique de la Grande-Bretagne & de l'Irlande, dans les premiers temps de l'établissement du Christianisme dans ce pays. Mort en 1717 à quatre-vingt-onze ans.

Un autre *Lloyd* ( Nicolas ) philologue anglois, mort en 1680 est auteur d'un *dictionnaire historique, géographique & poëtique.*

LOAYSA ( Garcias de, ) ( *Hist. d'Esp.* ) nom est peu connu, mais il mérite qu'on le fasse connoître ; c'est celui de ce dominicain, évêque d'Osma, confesseur de Charles-Quint & un de ses principaux conseillers, qui ouvrit dans le conseil de l'empereur l'avis de renvoyer François I sans rançon, & de faire avec lui une paix solide fondée sur la générosité & sur la reconnoissance; conseil excellent, si les hommes savoient s'élever jusqu'à une politique si sublime, c'est-à-dire, si raisonnable & si utile. Le duc d'Albe rejetta cet avis comme dévot & chimérique & entraina tout le conseil. Dans le même temps le fameux Erasme indiquoit dans ses écrits ce parti généreux comme le seul moyen d'assûrer la paix. C'étoit, dirent dédaigneusement les ministres de Charles-Quint, l'idée d'un bel esprit, fort belle en morale & sur le papier, mais qui ne valoit rien en politique. Deux siècles de guerre, suite de la rigueur du traité de Madrid, & de l'inexécution nécessaire de ce traité si dur, ont prouvé que c'étoit l'avis du confesseur & du bel esprit qu'il auroit fallu suivre. On a de *Loaysa* un recueil des conciles d'Espagne.

LOBEIRA ( Vasquez ) ( *Hist. Litt. d'Esp.* ) portugais du 13e. siècle, passé en Espagne pour le premier auteur du roman d'Amadis de Gaule.

LOBEL ( Matthieu ) ( *Hist. Litt. mod.* ) médecin & botaniste de Jacques I. roi d'Angleterre, a beaucoup écrit sur la botanique. Né à Lille en 1538. Mort à Londres en 1616.

LOBINEAU ( Gui-Alexis, ) ( *Hist. Litt. mod.* ) dom *Lobineau* savant bénédictin, connu principalement par son histoire de Bretagne & par les contestations auxquelles elle donna lieu entre lui & l'abbé de·Vertot & l'abbé des Tuileries; connu principalement encore par l'histoire de Paris, commencée par dom Felibien, achevée & publiée par dom *Lobineau*; on a encore de ce dernier d'autres ouvrages historiques & critiques, moins importans. Né à Rennes en 1666. Mort en 1627 à l'abbaye de St. Jagut près St. Malo.

LOBKOVITZ ( Bohuslas de Haſſenſtein, baron-de ) ( *Hiſt. d'Allem.* ) gra·d chancelier de Bohême, mort en 1510; homme de lettres & poëte : on a de lui un recueil de poëſies latines & quelques autres ouvrages.

Le prince de *Lobkowitz* ( Georges Chrétien ) un des généraux de l'impératrice-reine de Hongrie, dans la guerre de 1741, mort en 1753, étoit de la même famille.

LOBO ( Jérôme, ) jéſuite portugais dont nous avons une *relation curieuſe de l'abyſſinie* où il avoit été miſſionnaire. L'abbé le Grand a traduit en françois cette relation. Le P. *Lobo* mourut à Coimbre en .1678.

Un autre *Lobo* ( Rodriguez-François ) qui se noya dans le Tage, en revenant dans un eſquif, d'une maiſon de campagne à Lisbonne, a laiſſé des poëſies eſtimées. Les Portugais font cas ſur-tout de ſa comédie d'Euphroſine.

LOCKE ( Jean ) ( *Hiſt. Litt. mod.* ) un-des eſprits les plus-ſages & les plus éclairés que l'Angleterre ait produits. Il eut dans ſon pays différentes places qu'il remplit toutes avec diſtinction & qu'il remit avec gé-roſité ; quand il crut trouver ou en lui-même ou dans des circonſtances étrangères, quelque obſtacle à les bien remplir; mais c'eſt bien moins par ſes emplois ou conſervés ou quittés, que *Locke* eſt connu, que par ſes ouvrages philoſophiques, par ſon eſſai ſur l'entendement humain; par ſon traité du gouvernement civil; par ſes lettres ſur la tolérance en matière de religion; par ſes penſées ſur l'éducation des enfans, par ſon chriſtianiſme raiſonnable, &c. tous ouvrages traduits tant bien que mal en françois, & pour la plûpart encore en diverſes autres langues.

On ſait qu'il a penſé que Dieu par ſa toute-puiſſance auroit pu rendre la matière penſante , ce qui a bleſſé les théologiens & beaucoup de métaphyſiciens ; on connoît les efforts que M. de Voltaire a faits pour le juſtifier ſur cet article.

Il admiroit la philoſophie qui regne dans les arts méchaniques, & il diſoit que la *connoiſſance* de ces arts· renferme plus de vraie philoſophie que tous les ſyſtêmes & toutes les ſpéculations des philoſophes.

Il demandoit volontiers des conſeils à tout le monde, mais il en étoit un peu avare à l'égard des autres, ayant remarqué, diſoit-il , que la plûpart des hommes, *au lieu de tendre les bras aux conſeils, y tendoient les griſſes.*

*Locke* ſe trouvant un jour dans la ſociété des hommes de l'Angleterre les plus ſpirituels & les plus inſtruits, les Buckingham, les Halifax, les Ashlei, &c. on s'ennuya de la converſation & on propoſa de jouer; *Locke* qui n'aimoit pas le jeu, prit des tablettes pendant qu'on jouoit & ſe mit à écrire ; on voulut voir

ce qu'il avoit écrit, c'étoient les propós des joueurs, chacun d'eux rit beaucoup de ce qu'il avoit dit, & put à. peine comprendre qu'il l'eût dit : *Voilà*, leur dit *Locke*, *ce que des gens d'eſprit deviennent au jeu.*

Un jeune homme que *Locke* avoit beaucoup aimé & qu'il avoit comblé de bienfaits, finit par le trahir & le voler; étant enſuite tombé dans la miſère , il eut, recours au bienfaiteur, dont il connoiſſoit la bonté : *Locke* n'étoit nullement implacable , mais il-étoit juſte & n'étoit pas foible ; il n'eut·pas la dureté-d'abandonner ce jeune homme dans ſa détreſſe, mais il n'eut pas l'imprudence de le rapprocher de lui : il lui donna un billet de cent piſtoles & lui dit : » Je vous pardonne vos procédés, mais je ne dois pas vous mettre à portée de me trahir une ſeconde fois. Ce léger préſent n'eſt point un hommage rendu à notre ancienne amitié, c'eſt un acte· d'humanité , & rien de plus. L'amitié une fois outragée eſt pour jamais détruite, l'eſtime une fois perdue ne ſe recouvre plus.

Ces divers traits peuvent ſervir à faire connoître le caractère de *Locke*, c'étoit un ſage dans ſa conduite comme dans ſes écrits. La calomnie ne l'épargna point, & ce ſont les ſages qu'elle aime particulièrement à noircir. *Locke* étoit fils d'un capitaine, qui avoit ſervi dans les armées parlementaires contre Charles I. C'étoit un premier préjugé qu'on avoit contre lui. De plus; *Locke* avoit été l'inſtituteur du fils de mylord Shaftesbury, grand chancelier. d'Angleterre. Shafterbury n'étoit pas digne par ſon caractère d'être l'ami de *Locke*; mais il avoit pris ſur lui l'aſcendant des bienfaits , & tout cœur honnête eſt reconnoiſſant. *Locke* fut enveloppé dans la diſgrace de Shafteſbury , & quitta les places qu'il lui devoir; il alla voyager. Il parut alors quelques libelles contre le .gouvernement , il avoit point un homme mécontent , on les lui imputa ; les principes de *Locke* ne lui permettoient certainement pas une pareille vengeance, il regarda même comme trop au deſſous de ſe s'en juſtifier, & ſe laiſſa enlever ſans murmurer une dernière place qui lui reſtoit & qu'il ne daigna pas même redemander dans des temps plus heureux où ſon innocence étoit parfaitement reconnue. La calomnie, irritée par ſes mépris, lui porta encore de plus vives atteintes, on l'accuſa d'être entré dans le complot du duc de Montmouth , quoiqu'il n'eût aucunes liaiſons avec ce malheureux prince, à qui ſon oncle impitoyable, Jacques II. fit trancher la tête ; Jacques fit redemander *Locke* aux états-généraux, & *Locke* qui dans ſon ame eſtimoit aſſez peu ce monarque, & qui ſavoit quel empire il donnoit à ſes ſoupçons, fut obliger de ſe cacher juſqu'à ce que le temps les eût entièrement diſſipés; Il ne retourna même en Angleterre qu'à la révolution ; il fut auſſi agréable au roi Guillaume qu'il avoit été injuſtement ſuſpect à ſon prédéceſſeur, il obtint de nouveaux emplois qu'il quitta ainſi que la ville de Londres, en 1700, pour vivre dans la retraite chez le chevalier Marsham ſon ami , qui recueillit ſes derniers ſoupirs en 1704. Il étoit né à Wrington près de Briſtol en 1632.

LOCKMAN ou LOCMAN ( *Hiſt. mod.* ) prémière question : y a-t-il eu un *Lockman* ? L'alcoran parle du sage *Lockman* ; on le met au rang des anciens fabulistes, des inventeurs de l'apologue, on le prend pour

*Le sage par qui fut ce bel art inventé:*

Mais le portrait qu'on en fait donne lieu de croire qu'Esope & *Lockman* ne font qu'un même personnage. Les Arabes ont-ils emprunté l'apologue des Grecs ou les Grecs des Arabes ? on n'en fait rien encore ; on présume seulement que l'apologue a dû naître dans l'Orient, patrie du despotisme, & par cette raison-là même, berceau des hiéroglyphes, des emblèmes & des allégories, par la nécessité que l'orgueil de la tyrannie impose d'y déguiser les leçons, qu'elle hait toujours, parce qu'elle en a toujours besoin.

**LOCUSTE**, (*Hist. Rom.*) célèbre empoisonneuse dont Néron se servoit contre ses ennemis, quand il manquoit de prétextes pour les livrer aux supplices ou pour leur commander de se donner la mort. Il s'en servit contre Britannicus, & Racine en parle dans la tragédie qui porte le nom de cet infortuné prince. *La fameuse Locuste.*

**LOEWENDAL**, ( Ulric Fréderic Woldemar, comte de ) (*Hist. mod.*) maréchal de France, chevalier des ordres du roi, l'un des honoraires de l'Académie des Sciences, & plus que tout cela, l'un des généraux qui ont le plus assuré à la France, sous le règne de Louis XV cette supériorité peut-être funeste, qu'elle avoit eue long-temps sous Louis XIV, sur les autres nations de l'Europe. Né à Hambourg, en 1700, il avoit servi dès 1713, & d'abord comme simple soldat, il avoit passé par tous les grades de la milice. Avant de se fixer en France, il avoit servi la plûpart des puissances de l'Europe, & s'étoit attaché tour-à-tour au Dannemarck, à l'Empire, à la Pologne, à la Russie. Il étoit à la bataille de Peterwaradin, au siége de Temeswar, à la bataille & au siége de Belgrade, à toutes ces expéditions célébrées par Rousseau, & dire qu'il y étoit, c'est dire qu'il s'y distingua. Il fit ensuite la guerre en Italie, toujours avec le même éclat, il défendit Cracovie, après la mort d'Auguste, roi de Pologne, arrivée en 1733. Il fit les campagnes de 1734 & de 1735, sur le Rhin. Il commanda les armées Russes, dans la Crimée & dans l'Ukraine, enfin il vint en France ; il y obtint en 1743 le grade de lieutenant général : en 1744, il étoit aux siéges de Menin, d'Ypres, de Furnes & de Fribourg ; il fut blessé à ce dernier ; en 1745, il commandoit le corps de réserve à la bataille de Fontenoy, & contribua beaucoup à la victoire. Il prit dans la même campagne Gand, Oudenarde, Ostende, Nieuport. En 1747, il fit les siéges de l'Ecluse & du Sas de Gand ; mais ce fut sur-tout à la prise de Berg-op-zoom, place devant laquelle avoient échoué le duc de Parme, en 1588, & le marquis Spinola, en 1622, qui mit le comble à la gloire de M. de Loewendal, & qui lui valut le bâton de maréchal de France. Il prit cette place d'assaut, le 16 septembre 1747, &

démentit pleinement cette adresse fastueuse que portoient dix-sept grandes barques chargées de provisions, qu'il trouva dans le port, après avoir pris la place : à l'invincible garnison de Berg-op-zoom. Cette adresse ne fut qu'un titre de gloire de plus pour celui qui avoit fait perdre à cette garnison ce titre d'invincible ; la paix suivit de près cet utile & admirable exploit, & le souvenir de tant d'exploits si rapides & si brillans du maréchal de Saxe, & du maréchal de Loewendal, si digne de s'associer à sa gloire, faisoient respecter cette paix, lorsque par un malheur que la France elle-même regarda comme un signe de réprobation pour elle, nous perdîmes ces deux héros, l'un à cinquante ans, ( le maréchal de Saxe, en 1750 ) l'autre à cinquante cinq ( le maréchal de Loewendal, en 1755 ) dans le court intervalle de la paix de 1748 à la guerre de 1756. Le maréchal de Loewendal a laissé un fils, François-Xavier-Joseph comte de Loewendal.

**LOGES**, ( Marie Bruneau, dame des ) ( *Hist. Litt. mod.* ) bel esprit très vanté dans les écrits de son temps, morte en 1641, inconnue aujourd'hui ; elle avoit épousé Charles de Rechignevoisin, seigneur des Loges, gentilhomme de la chambre du roi, elle étoit tante de madame d'Aunoy, bel esprit plus connu qu'elle.

**LOGNAC**, ( *Hist. de Fr.* ) ennemi des Guises, capitaine des quarante-cinq qui poignardèrent le duc de Guise le balafré ; il fut aussi un de ceux qui, dans l'imprudence de leur zèle, massacrèrent Jacques Clément, qu'il falloit conserver avec tant de soin. Il fut tué lui-même dans la Gascogne son pays, où il s'étoit retiré.

**LOGOTHETE**, f. m. ( *Hist. mod.* ) nom tiré du grec λογος, *ratio*, *compte*, & de τιθηιι, *établir.*

Le *Logothete* étoit un officier de l'empire grec, & on en distinguoit deux ; l'un pour le palais, & l'autre pour l'église. Selon Codin, le *logothete* de l'église de Constantinople étoit chargé de mettre par écrit tout ce qui concernoit les affaires relatives à l'église, tant de la part des grands, que de celle du peuple. Il tenoit le sceau du patriarche, & l'apposoit à tous les écrits émanés de lui ou dressés par ses ordres.

Le même auteur dit que le grand *logothete*, c'est ainsi qu'on nommoit celui du palais impérial, mettoit en ordre les dépêches de l'empereur, & généralement tout ce qui avoit besoin du sceau & de la bulle d'or : c'étoit une espèce de chancelier ; aussi Nicetas explique-t-il par ce dernier titre celui de *logothete*. ( *A. R.* )

**LOHENSTEIN**, ( Daniel Gaspard de ) ( *Hist. Litt. mod.* ) poëte Allemand, qui a fait faire les premiers pas à la tragédie dans son pays. A quinze ans il avoit donné trois tragédies applaudies. Né en Silésie, en 1635, mort en 1683. Il étoit conseiller de l'Empereur, & syndic de la ville de Breslau.

**LOI**, *proposition & sanction d'une*, ( *Hist. Rom.* ) c'est un point fort curieux dans l'histoire romaine que l'établissement d'une *loi*. Nous avons donc lieu de penser que le lecteur sera bien-aise d'être instruit des formalités qui se pratiquoient dans cette occasion.

Celui qui avoit deffein , dans Rome , d'établir quelque loi , qu'il favoit être du goût des principaux de la république , la communiquoit au fénat , afin qu'elle acquît un nouveau poids par l'approbation de cet illuftre corps. Si au contraire le porteur de la loi étoit attaché aux intérêts du peuple , il tâchoit de lui faire approuver la loi qu'il vouloit établir , fans en parler au fénat. Il étoit cependant obligé d'en faire publiquement la lecture , avant que d'en demander la ratification , afin que chacun en eût connoiffance. Après cela , fi la loi regardoit les tribus , le tribun faifoit affembler le peuple dans la place ; & fi elle regardoit les centuries , ce premier magiftrat convoquoit l'affemblée des citoyens dans le champ de Mars. Là , un crieur public répétoit mot-à-mot la loi qu'un fcribe lui lifoit ; enfuite , fi le tribun le permettoit , le porteur de la loi , un magiftrat , & quelquefois même un fimple particulier , autorifé par le magiftrat , pouvoit haranguer le peuple pour l'engager à recevoir ou rejetter la loi. Celui qui réuffiffoit à faire accepter la loi , en étoit appellé l'auteur.

Quand il s'agiffoit d'une affaire de conféquence , on portoit une urne ou caffette , dans laquelle on renfermoit les noms des tribus ou des centuries , félon que les unes ou les autres étoient affemblées. On remuoit enfuite doucement la caffette , de peur qu'il n'en tombât quelque nom ; & quand ils étoient mêlés , on les tiroit au hazard ; pour lors , chaque tribu & chaque centurie prenoit le rang de fon billet pour donner fon fuffrage. On le donna d'abord de vive voix ; mais enfuite il fut établi qu'on remettroit à chaque citoyen deux tablettes , dont l'une rejettoit la nouvelle loi en approuvant l'ancienne , & pour cela cette tablette étoit marquée de la lettre A , qui fignifioit ancienne ; l'autre tablette portoit les deux lettres U. R. c'eft-à-dire , foit fait comme vous le demandez , uti rogas.

Pour éloigner toute fraude , on diftribuoit ces tablettes avec beaucoup d'attention. On élevoit alors dans la place où fe tenoient les affemblées , plufieurs petits théâtres ; fur les premiers qui étoient les plus élevés , on pofoit les caffettes où étoient renfermées les tablettes qu'on délivroit à ceux qui devoient donner leurs fuffrages ; & fur les derniers étoient d'autres caffettes où l'on remettoit lefdites tablettes qui portoient le fuffrage. Delà vint le proverbe , les jeunes gens chaffent du théâtre les fexagénaires , parce qu'après cet âge , on n'avoit plus de droit aux charges publiques.

On élevoit autant de théâtres qu'il y avoit de tribus dans les affemblées des tribus , favoir 35 ; & dans les affemblées de centuries , autant qu'il y avoit de centuries ; favoir , 193.

Il faut maintenant indiquer la manière de donner les fuffrages. On prenoit les tablettes qui étoient à l'entrée du théâtre , & après l'avoir traverfé , on les remettoit dans la caffette qui étoit au bout. D'abord après que chaque centurie avoit remis fes tablettes , les gardes qui avoient marqué les fuffrages par des

points , les comptoient , afin d'annoncer finalement la pluralité des fuffrages de la tribu ou de la centurie pour ou contre la loi propofée. Cette action de compter les tablettes en les marquant avec des points , a fait dire à Cicéron , compter les points , & à Horace , celui-là a tous les points , c'eft-à-dire , réuffit , qui fait joindre l'utile à l'agréable ;

*Omne tulit punctum , qui mifcuit utile dulci.*

La loi qui étoit reçue par le plus grand nombre de fuffrages , étoit gravée fur des tables de cuivre ; enfuite on la laiffoit quelque temps expofée publiquement à la vue du peuple , ou bien on la portoit dans une des chambres du tréfor public pour la conferver précieufement. ( D. J. )

LOISEL , ( Antoine ) ( Hift. Litt. mod. ) né à Beauvais , en 1536 , difciple & exécuteur teftamentaire de Ramus , difciple auffi de Cujas , fut célèbre comme avocat , comme magiftrat , comme homme de lettres. Ses régles du droit François , fes mémoires de Beauvais & du Beauvoifis , fur-tout fes inftitutes coutumières , lui ont acquis beaucoup d'autorité. On a de lui auffi quelques poéfies & quelques autres ouvrages littéraires plus médiocres ; mort en 1617. L'abbé Joly , chanoine de Paris , fon neveu , a donné fa vie , en publiant en 1656 , fes opufcules divers.

LOLLARD ou LOHARD , ( Walter ) ( Hift. eccléf. ) héréfiarque Allemand , brûlé à Cologne , en 1422. De fes cendres naquirent les Wicléfites en Angleterre , & les Huffites en Bohême. Brûlez , fanatiques , & applaudiffez-vous de vos fiécles !

LOLLIA PAULINA , ( Hift. Rom. ) fille & petite fille de confuls. C'eft à Marcus Lollius fon grand père , conful l'an 733 de Rome , qu'Horace adreffe l'ode neuvième du livre 4 , où il fait de cet homme un fi beau portrait.

> *Non ego te meis*
> *Chartis inornatum filebo*
> *Totve tuos patiar labores*
> *Impunè , Lolli , carpere lividas*
> *Oblivionea : eft animus tibi*
> *Rerumque prudens & fecundis*
> *Temporibus dubiifque rectus ;*
> *Vindex avariæ fraudis & abftinens*
> *Ducentis ad fe cuncta pecuniæ :*
> *Confulque non unius anni ,*
> *Sed quoties bonus atque fidus*
> *Judex honeftum prætulit utili , &*
> *Rejecit alto dona nocentium*
> *Vultu , & per obftantes catervas*
> *Explicuit fua victor arma.*

Quant à la feconde épitre du 1er livre.

> *Trojani belli fcriptorem , maxime Lolli , &c.*

& à la dix-huitième du même 1er. livre :

> *Si bene te novi , metues , liberrime Lolli , &c.*

M. Dacier croit qu'elles font adreffées au même ; le cardinal Norris croit que c'eft à fon fils qui fut aussi consul, & qui fut le père de Lollia Paulina. Quoi qu'il en soit, l'ayeul fut un grand hypocrite, qui fut long-temps se faire louer des vertus qu'il n'avoit pas. Horace le loue ici de son intégrité, de son mépris pour l'argent, de son éloignement pour les dons; c'étoit l'homme le plus avare & le plus avide. Horace exalte sa fidélité, & il paroît qu'il trahissoit l'état, qu'il servoit d'espion aux ennemis pour retarder la paix & entretenir la guerre. Mais Rome étoit sa dupe, & lorsqu'Auguste envoya son petit fils Caïus Cesar, frère de Lucius, en Orient, pour y régler les affaires de l'Empire, il crut ne pouvoir lui donner un plus sage gouverneur que Lollius. C'est dans ce voyage que Lollius perdit toute la réputation qu'il avoit usurpée. Les présens qu'il reçut de tous les princes & rois de l'Orient, les richesses immenses qu'il amassa le firent connoître pour ce qu'il étoit sur l'article de l'intérêt, & quant à l'infidélité, il fut convaincu d'avoir entretenu la discorde entre Caïus Cesar & Tibère son beau père, & Caïus ayant eu avec le roi des Parthes, une entrevue dans une isle de l'Euphrate, y apprit des trahisons encore plus criminelles de ce même Lollius, il en conçut tant de haine contre ce coupable gouverneur, que celui-ci se jugeant perdu, prit le parti de s'empoisonner. Il n'étoit pas sans talent comme général. Il avoit éprouvé de la part des Allemands, un échec qu'on appella *Lolliana clades*, & où l'on perdit l'aigle de la cinquième légion, mais il avoit pris sa révanche, battu & soumis les Allemands.

Lollia Paulina sa petite fille, étoit si riche des déprédations de son ayeul, qu'elle portoit sur elle pour plus de trois millions de pierreries, elle avoit épousé Caïus Memmius Regulus, qui avoit été consul l'année de la ruine de Séjan, L'Empereur Caligula, ayant dans la suite entendu dire que Lollia Paulina avoit eu une ayeule d'une beauté rare, voulut épouser la petite fille, il l'envoya chercher dans la Macédoine, dont son mari étoit gouverneur, il obligea ce mari de s'en dire le père & de la lui donner en mariage, comme Tibérius Néron avoit donné Livie sa femme en mariage à Auguste. A peine l'eût-il épousée qu'il la répudia. Etant belle encore du temps de l'empereur Claude, à la mort de Messaline, elle entra en concurrence avec Agrippine pour épouser Claude; Agrippine l'ayant emporté sur elle, n'en fut pas moins implacable; elle l'accusa d'avoir consulté des devins & des oracles sur le mariage futur de l'empereur; elle la fit condamner au bannissement, fit confisquer ses grands biens, ne bornant point sa vengeance, la fit tuer par un tribun dans le lieu de son exil.

*LOLIUS*, (*Hist. Rom.*) Le troisième des tyrans qui envahirent les provinces de l'empire Romain confiées à leurs soins, fut proclamé empereur par les légions des Gaules, après le meurtre de Postume & de son fils, Quoiqu'il eût acquis la réputation d'un grand homme de guerre de son siècle, il ne soutint pas sur le trône la haute idée qu'on avoit conçue de ses talens militaires. Son prédécesseur avoit transporté,

pendant sept ans, le théâtre de la guerre dans la Germanie. Après sa mort, les Germains exercèrent impunément leurs hostilités dans les Gaules. *Lolius* avoit toute la capacité nécessaire pour réprimer leurs brigandages; mais il étoit mal secondé des Gaulois, qui ne pouvoient lui pardonner la mort de Postume. Les traverses qu'il eut à essuyer, redoublèrent son ardeur pour le travail: il voulut assujettir les soldats aux fatigues dont il leur donnoit l'exemple. Cette sévérité le rendit odieux aux légions, qui le massacrèrent par les intrigues de Victoire ou Victorine, femme ambitieuse, qui avoit l'ame des plus grands héros, Postume & *Lolius* ne sont connus que par leur élévation & leur chûte; tous les détails de leur vie privée sont tombés dans l'oubli. On sait en général qu'ils avoient beaucoup de mérite, & qu'ils ne furent redevables de leur fortune qu'à leurs talens & à leurs vertus. On ne doit imputer leur malheur qu'au siècle de brigandage où ils régnerent. (*T. N.*)

LOLOS, s. m. (*Hist. mod.*) C'est le titre que les Macassarois donnent aux simples gentilshommes, qui chez eux formoient un troisième ordre de noblesse. Ce titre est héréditaire, & se donne par le souverain. Les *Dacus* forment le premier ordre de la noblesse; ils possèdent des fiefs qui relèvent de la couronne & qui lui font dévolus faute d'hoirs mâles; ils sont obligés de suivre le roi à la guerre avec un certain nombre de soldats qu'ils sont forcés d'entretenir. Les *Carés* forment le second ordre; le souverain leur confère ce titre qui répond à celui de comte ou de marquis. (*A. R.*)

LOMBARD, (*Hist. mod.*) ancien peuple d'Allemagne qui s'établit en Italie dans la décadence de l'empire romain, & dont on a long-temps donné le nom en France aux marchands Italiens qui venoient y trafiquer, particulièrement aux Génois & aux Vénitiens. Il y a même encore à Paris une rue qui porte leur nom, parce que la plûpart y tenoient leurs comptoirs de banque, le commerce d'argent étant le plus considérable qu'ils y fissent.

Le nom de *Lombard* devint ensuite injurieux & synonyme à *usurier*.

La place du change à Amsterdam conserve encore le nom de *place lombarde*, comme pour y perpétuer le souvenir du grand commerce que les *lombards* y ont exercé, & qu'ils ont enseigné aux habitans des Pays bas.

On appelle encore à Amsterdam le *lombard* ou la maison des *lombards*, une maison où tous ceux qui sont pressés d'argent en peuvent trouver à emprunter sur des effets qu'ils y laissent pour gages. Il y a dans les bureaux du *lombard* des receveurs &, des estimateurs; ces derniers estiment la valeur du gage qu'on porte, à-peu-près son juste prix; mais on ne donne dessus que les deux tiers, comme deux cents florins sur un gage de trois cents. L'on délivre en même temps un billet qui porte l'intérêt qu'on en doit payer, & le temps auquel on doit retirer le gage. Quand ce temps est passé, le gage est vendu au plus offrant & dernier enchérisseur, & le surplus (le prêt & l'intérêt préalablement pris) est rendu au propriétaire. Le moindre intérêt que l'on paye au *lombard*, est de fix pour cent par an, & plus le gage est de moindre valeur, plus l'intérêt est grand : en forte qu'il va quelquefois jusqu'à vingt pour cent.

Les Hollandois nomment ce lombard *bank van-leeninge*, c'est-à-dire *banque d'emprunt*. C'est un grand bâtiment que les régens des pauvres avoient fait bâtir en 1550 pour leur servir de magasin, & qu'ils cédèrent à la ville en 1614 pour y établir une banque d'emprunt sur toutes sortes de gages depuis les bijoux les plus précieux jusqu'aux plus viles guenilles, que les particuliers qui les ont portées peuvent retirer quand il leur plaît, en payant l'intérêt ; mais s'ils laissent écouler un an & six semaines, ou qu'ils ne prolongent pas le terme du payement en payant l'intérêt de l'année écoulée, leurs effets font acquis au *lombard* qui les fait vendre, comme on a déjà dit.

L'intérêt de la somme se paye, savoir, au-dessous de cent florins, à raison d'un pennin par semaine de chaque florin, ce qui revient à 16 ⅔ pour cent par an. Depuis 100 jusqu'à 500 florins, on paye l'intérêt à 6 pour cent par an : depuis 500 florins jusqu'à 3000, 5 pour cent par an : & depuis 3000 jusqu'à 10000 florins, l'intérêt n'est que de 4 pour cent par an.

Outre le dépôt général, il y a encore par la ville différens petits bureaux répandus dans les divers quartiers, qui ressortissent tous au *lombard*. Tous les commis & employés de cette banque font payés par la ville. Les sommes dont le *lombard* a besoin se tirent de la banque d'Amsterdam, & tous les profits qui en proviennent, font destinés à l'entretien des hôpitaux de cette ville. *Dictionn. de Comm.* Jean P. Ricard, *Traité du commerce d'Amsterdam.* ( *A. R.* )

LOMBARD, ( Pierre ) ( *Hist. Litt. mod.* ) Pierre Lombard, au douzième siècle donna un fondement solide à la théologie scholastique par ce livre fameux, qui lui a mérité le nom de *maître des sentences*, & qui est à la théologie ce que les œuvres d'Aristote ont été si long-temps à la philosophie ; c'est un corps de théologie, composé de passages des Peres, qui forment autant de sentences. Les plus grands théologiens, Albert, St. Thomas, St. Bonaventure, Guillaume Durand, Guillaume d'Auxerre, Gilles de Rome, Gabriel Major, Scot, Ockam, Estius, le pape Adrien VI, &c. ont commenté ce livre comme s'il eût été d'un ancien, & telle étoit la réputation de Pierre Lombard, & tel le respect qu'inspiroit alors la réputation littéraire, que le prince Philippe, fils de Louis le Gros, & frère de Louis le jeune, étant élu évêque de Paris, céda cette grande place à Pierre Lombard qu'il en jugeoit plus digne, & qui avoit été son maître ; c'est par cette place, comme par ses études & par ses travaux que Pierre appartient à la France : il étoit né à Novare, ou dans les environs, & delà lui vient le nom de Lombard. De bons auteurs le regardent comme le vrai fondateur de l'université de Paris. Il prit possession de l'évêché de Paris, en 1159 & mourut en 1164.

Le père Lombard, Jésuite, est auteur de plusieurs poëmes couronnés à l'académie des jeux Floraux de Toulouse, & d'un discours couronné en 1747 à l'Académie Françoise sur ce sujet : jusqu'à quel point il est permis de rechercher ou de fuir les honneurs & les dignités, conformément à ces paroles de l'ecclésiastique : *noli quærere fieri judex, nisi valeas virtute irrumpere iniquitates.*

LOMÉNIE, ( Brienne ) ( *Hist. de Fr.* ) famille distinguée dans le ministère. 1°. Antoine de Loménie, seigneur de la ville aux Clercs, sécretaire d'état sous Henri IV, & Louis XIII. étoit fils de Martial de Loménie, seigneur de Versailles, greffier du conseil, tué à la St. Barthelemi, en 1591. Antoine, fut fait prisonnier par les Ligueurs, & conduit à Pontoise, où il servit utilement Henri IV. par des conférences qu'il eut avec Villeroy, alors gouverneur de Pontoise ; en 1595, il fut ambassadeur extraordinaire en Angleterre ; en 1606, sécretaire d'état ; en 1615, il obtint pour son fils, la survivance de cette charge. Il mourut le 17 janvier 1638.

2°. Henri-Auguste de Loménie, sécretaire d'état, & sécretaire du cabinet, capitaine du château des Tuileries, alla en 1624 comme ambassadeur en Angleterre pour régler les articles du mariage d'Henriette de France avec le prince de Galles, qui fut bientôt depuis le roi d'Angleterre Charles I. Il suivit depuis Louis XIII au siége de la Rochelle, aux voyages d'Italie & de Languedoc. Il eut le département des affaires étrangères. Il mourut le 5 novembre 1666. Nous avons de lui des mémoires curieux. Il avoit épousé Louise de Luxembourg-Brienne ; delà le nom de Brienne joint à celui de Loménie.

3°. Henri-Louis, fils du précédent ; eut en 1651 à seize ans, la survivance de son père ; la même année, il fut fait conseiller d'état. Destiné au ministère des affaires étrangères, il voulut connoître les cours étrangères, il voyagea dans presque toute l'Europe, & comme il étoit homme de lettres, il donna de ses voyages une relation latine fort élégante. A son retour, il entra en exercice à vingt-trois ans ; en 1665 la douleur que lui causa la mort d'Henriette de Chavigny sa femme, lui troubla l'esprit ; sans devenir entièrement fou, il eut des vertiges, des écarts, des bizarreries si étranges que Louis XIV fut obligé de lui demander sa démission, sur quoi il s'écrie à-peu-près comme Zaïre :

Tu m'as donc tout ravi, Dieu, témoin de mes larmes !

Voici les vers élégiaques & chrétiens de M. de Loménie, sur ce sujet :

Tu m'ôtes tout, seigneur, sans que mon cœur murmure ;
Tu bornes justement mon vol ambitieux,
En me précipitant tu m'approches des cieux ;
Et ta main me soutient dans les maux que j'endure.

Il se retira dans la maison de l'institution de l'Oratoire, où il faisoit des vers en l'honneur de Jésus enfant ;

il voulut se faire chartreux, il sortit de l'Oratoire ou on l'en fit sortir; il voyagea de nouveau, retourna en Allemagne, y vit la princesse de Meckelbourg, s'enflamma pour elle & lui déclara sa passion. On le fit revenir en France où on le tint enfermé, d'abord à l'abbaye de St. Germain-des-Prés, ensuite à St. Benoît sur Loire, puis à St. Lazare, où il entra en 1674, & où il étoit encore en 1690. Il se consoloit de tout en écrivant, soit en vers, soit en prose. Il fit à saint Lazare l'ouvrage dont voici le titre; *le roman véritable, ou l'histoire secrete du Jansénisme, dialogues de la composition de M. de Milonie (Loménie) sire de Nebuine (Brienne) baron de Menteresse & autres lieux, bachelier en théologie dans l'université de Mayence, aggrégé docteur en médecine dans celle de Padoue, & licencié en droit canon de la faculté de Salamanque, maintenant abbé de St. Léger, habitué à St. Lazare, depuis onze ans, en 1685.*

Cet ouvrage ajouta encore à ses malheurs celui de lui faire des ennemis; mais il ne pouvoit plus mériter ni amis ni ennemis, il ne devoit qu'être plaint. Le reste de sa vie fut la vie d'un homme de lettres, composant des ouvrages sensés & savans dans ses intervalles lucides, faisant des folies dans ses temps fâcheux, ressant quelquefois les amis qu'il avoit eus à la cour, se lui procurer une liberté dont il auroit encore abusé malgré lui. Il imputoit tous ses malheurs à son goût pour la poësie. Voici comment il s'en exprime lui-même, dans des vers que tout le monde n'auroit pas faits alors avec autant d'aisance.

> Le vain plaisir de la rime
> M'a seul rendu criminel;
> Ce fut le sang maternel
> Qui transmit en moi ce crime;
> Ma mère avoit de la voix,
> Et se plaisoit quelquefois
> A faire des chansonnettes.
> Son esprit mit dans mon corps
> L'esprit qui fait les poëtes
> Et m'inspira leurs accords,
> Ainsi j'appris sans étude
> Cet art qu'on prise si peu,
> Et mon esprit tout de feu
> En contracta l'habitude,
> Je rimois sans le savoir;
> Et du matin jusqu'au soir
> Je ne faisois autre chose,
> Toujours bouilloit mon cerveau;
> Et croyant parler en prose,
> Je formois quelque air nouveau,

déplorable exemple de la fragilité des avantages humains, du néant des grandeurs, de l'inconstance de la fortune, cet homme plein d'esprit, d'imagination, de sensibilité, d'instruction, d'une naissance distinguée du côté paternel, illustre du côté maternel, d'une famille décorée, d'un nom célèbre par les services, cet homme qui avoit joint l'étude aux talens & les voyages aux exemples domestiques pour se

rendre digne d'exercer les nobles emplois de ses pères; cet homme que la fortune sembloit avoir pris plaisir à élever dès l'enfance au comble des honneurs, un sentiment vertueux un peu trop exalté le rabaisse au-dessous des hommes les plus maltraités, & par la nature & par la fortune.

> *Qui nimios tribuebat honores;*
> *Et nimias cumulabat opes, numerosa parabat*
> *Excelsa turris tabulata, undè altior esset*
> *Casus, & impulsae praceps immane ruinae.*

> Sort cruel! ce sont là les jeux où tu te plais;
> Tu ne m'as prodigué tes perfides bienfaits,
> Que pour me faire mieux sentir ta tyrannie,
> Et m'accabler enfin de plus d'ignominie.

Quelques années avant sa mort, il fut envoyé dans l'abbaye de St. Severin de Château-Landon, où il mourut le 17 avril 1698.

Il laissa un fils Louis-Henri de Loménie, comte de Brienne, mort le 14 mars 1743,

LONG, (Jacques le) (*Hist. Litt. mod.*) le père le Long, de l'Oratoire, auteur de *la Bibliothèque Historique de la France*, considérablement augmentée depuis par M. de Fontete, & de quelques ouvrages savans. Né en 1665, mort en 1721.

LONGAUNAI, (*Hist. de Fr.*) nom d'une ancienne maison de Bretagne, dont étoient:

1°. Lucas de Longaunai, parent & ami du connétable du Guesclin, sous lequel il servit avec gloire.

2°. Hervé, qui porta les armes sous cinq rois, Henri II, François II, Charles IX, Henri III, Henri IV, & qui fut tué à près de quatre-vingt ans, à la bataille d'Ivry.

3°. & 4°. Deux de ses fils, Jean & Antoine, étoient avec lui à cette bataille.

5°. Antoine-François, marquis de Longaunay, blessé d'un coup de mousquet à la bataille de Fleurus, & qui se distingua aux combats de Valcourt, de Leuze, de Steinkerque, & aux siéges de Mons & de Namur.

6°. Antoine, comte de Laugaunay, blessé d'un coup de mousquet à la bataille de Staffarde.

7°. Un autre Longaunay, noyé sur mer dans le vaisseau du chevalier d'Amfreville, son oncle (*voyez* l'article LAMBERT, le Hollandois.)

8°. Un frère du précédent, aide de camp du maréchal de Villars, tué en Allemagne, en 1703.

9°. M. de Longaunay, colonel des nouveaux grenadiers, fut blessé à la bataille de Fontenoi, & mourut de ses blessures. Il est au rang des héros du poëme de Fontenoi.

> Hélas! cher Longaunay, quelle main, quel secours
> Peut arrêter ton sang, & ranimer tes jours!

LONGEPIERRE, (Hilaire Bernard de Roqueleyne, seigneur de) (*Hist. Litt. mod.*) secrétaire des commandements du duc de Berry, poëte dramatique, auteur,

auteur de la *Médée*, reftée au théâtre & bien fupérieur à celle de Corneille. Il eût fait d'affez bonnes
tragédies, s'il avoit eu du ftyle. Il a traduit en vers
Anacréon, Sapho, Théocrite, Mofchus & Bion ;
mais pour traduire de tels auteurs, il faut favoir écrire ;
& quand on fe donne pour adorateur des anciens, le
premier hommage à leur rendre, eft de ne les pas défigurer. Rouffeau s'eft beaucoup moqué des traductions
de Longepierre dans les couplets, dont le refrein eft :
*vivent les Grecs*, & dans l'épigramme :

Longepierre le tranflateur, &c.
( *Voir* l'article BELOT. )

Longepierre, né à Dijon en 1659, mourut à Paris,
en 1721.

LONGIN, ( Denys ) ( *Hift. Litt. anc.* ) auteur
de ce *traité du fublime*, traduit par Boileau, & que
Cafaubon appelloit un livre d'or.» Longin, dit Boileau,
» ne fut pas fimplement un critique habile, ce fut
» un miniftre d'état confidérable, & il fuffit pour
» faire fon éloge, de dire qu'il fut confidéré de
» Zénobie, cette fameufe reine des Palmyréniens,
» qui ofa bien fe déclarer reine de l'Orient, après la
» mort de fon mari Odenat. Elle avoit appellé
» d'abord Longin auprès d'elle, pour s'inftruire dans
» la langue grecque. Mais de fon maitre en grec,
» elle en fit à la fin un de fes principaux miniftres.
» Ce fut lui qui encouragea cette reine à foutenir la
» qualité de reine de l'Orient, dans fa rehauffa le cœur
» dans l'adverfité, & qui lui fournit les paroles
» altières qu'elle écrivit à Aurélian, quand cet em-
» pereur la fomma de fe rendre. Il en coûta la vie à
» notre auteur; fa mort fut également glorieufe
» pour lui, & honteufe pour Aurélian, dont on
» peut dire qu'elle a pour jamais flétri la mémoire.
» Longin mourut en l'an 273, de l'ere chrétienne. »
( *Voyez* ZÉNOBIE. )

LONGIN, exarque de Ravenne, ( *voyez*
ROSEMONDE. )

LONGOMONTAN, LONGOMONTANUS,
( Chriftian ) ( *Hift. Litt. mod.* ) aftronome & mathématicien Danois célèbre, difciple de Ticho-Brahé,
utile à fon maître. Fils d'un pauvre laboureur obligé
de travailler pour vivre, il trouva le temps de travailler encore pour s'inftruire. Il remplit depuis 1605,
jufqu'à fa mort, arrivée en 1647, une chaire de mathématiques dans fon pays. Il propofa un nouveau
fyftême du monde, compofé de ceux de Ptolomée,
de Copernic & de Tycho-Brahé ; mais cette combi-
naifon ne fit pas fortune ; il crut avoir trouvé la qua-
drature du cercle, ce qui fit moins fortune encore ;
mais on a de lui des ouvrages aftronomiques & géométriques, qui ont joui de quelque eftime.

LONGUEIL, ( *Hift. de Fr.* ) illuftre & ancienne
famille, originaire de Normandie, tire, dit-on, fon
nom du bourg de Longueil, près de Dieppe.

1°. Adam de Longueil, accompagna Guillaume le
bâtard à la conquête de l'Angleterre, en 1066, &
acquit de la gloire à la bataille d'Haftings, qui con-

fomma cette grande révolution, le 14 octobre de
cette même année.

2°. Guillaume de Longueil étoit Chambellan de
Charles comte d'Anjou, roi de Sicile, frère de faint
Louis.

3°. Geoffroy-Marcel, petit-fils de Guillaume, &
chevalier de l'ordre de l'Étoile dans fa naiffance, fut
tué à la bataille de Poitiers en 1356.

4°. & 5°. Guillaume, fils de Geoffroy-Marcel, tué
à la bataille d'Azincourt, avec Robert ou Raoul,
fon fils ainé.

6°. Philippe, fon troifiéme fils, fut tué au fiége
de Falaize, en 1432.

7°. Jean, fecond fils de Guillaume & frère des
deux précédens, fut le premier de fon nom qui entra
dans la magiftrature, il fut préfident au parlement.
On a d'un de fes defcendans, confeiller d'état fous
Henri II, un recueil d'arrêts notables.

8°. René de Longueil, marquis de Maifons, fut
furintendant des finances, miniftre d'état, chancelier
de la reine Anne d'Autriche, gouverneur des châteaux
de Verfailles, de St. Germain, de Poiffy, &c.

9°. Dominique, chevalier de Malthe, frère du
furintendant, fut bleffé au fiége de Spire, & mourut
peu de temps après, le 13 avril 1635.

10°. Jean, fils du furintendant, fut préfident à
mortier, ainfi que :

11°. Claude, fils de Jean, qui mourut le 22 août
1715, au milieu des plus belles efpérances, dans
l'attente des plus grandes places qui lui avoient été
promifes.

12°. Jean René fon fils, eft ce préfident de Maifons,
tant célébré par M. de Voltaire, qui eut la petite
vérole en 1723, dans fon château de Maifons, où
le feu prit dans l'appartement qu'il occupoit. Echappé
de ces deux dangers, il fe félicite de revoir l'ami
dont il a éprouvé le zéle & les foins.

> Je reverrai Maifons, dont les foins bienfaifans
>   Viennent d'adoucir ma fouffrance ;
> Maifons qui dans l'efprit tient lieu d'expérience,
>   Et dont j'admire la prudence,
>   Dans l'âge des égaremens.

Le préfident de Maifons eut à fon tour la petite
vérole, & en mourut le 13 feptembre 1731. M. de
Voltaire l'a placé dans le temple du goût.

> O tranfports ! ô plaifirs ! ô momens pleins de charmes !
> Cher Maifons, m'écriai-je en l'arrofant de larmes,
> C'eft toi que j'ai perdu, c'eft toi que le trépas
> A la fleur de tes ans vint frapper dans mes bras.
> La mort, l'affreufe mort fut fourde à ma prière,
> Ah ! puifque le deftin nous vouloit féparer,
> C'étoit à toi de vivre, à moi feul d'expirer.
> Hélas ! depuis le jour où j'ouvris la paupière
> Le ciel pour mon partage a choifi les douleurs ;
> Il féme de chagrins ma pénible carrière ;
> La tienne étoit brillante & couverte de fleurs.
> Dans le fein des plaifirs, des arts & des honneurs

il voulut se faire chartreux, il sortit de l'Oratoire ou on l'en fit sortir ; il voyagea de nouveau, retourna en Allemagne, y vit la princesse de Meckelbourg, s'enflamma pour elle & lui déclara sa passion. On le fit revenir en France où on le tint enfermé, d'abord à l'abbaye de St. Germain-des-Prés, ensuite à St. Benoît sur Loire, puis à St. Lazare, où il entra en 1674, & où il étoit encore en 1690. Il se consoloit de tout en écrivant, soit en vers, soit en prose. Il fit à saint Lazare l'ouvrage dont voici le titre ; *le roman véritable, ou l'histoire secrete du Jansénisme, dialogues de la composition de M. de Mélonie (Loménie) sire de Neb:ine (Brienne) baron de Mentersse & autres sieux, bachelier en théologie dans l'université de Mayence, aggrégé docteur en medecine dans celle de Padoue, & licencié en droit canon de la faculté de Salamanque, maintenant abbé de St. Léger, habitué à St. Lazare, depuis onze ans, en 1685.*

Cet ouvrage ajouta encore à ses malheurs celui de lui faire des ennemis; mais il ne pouvoit plus mériter ni amis ni ennemis, il ne devoit qu'être plaint. Le reste de sa vie fut la vie d'un homme de lettres, composant des ouvrages sensés & savans dans ses intervalles lucides, faisant des folies dans ses temps fâcheux, ressant quelquefois les amis qu'il avoit eus à la cour, se lui procurer une liberté dont il auroit encore abusé malgré lui. Il imputoit tous ses malheurs à son goût pour la poësie. Voici comment il s'en exprime lui-même, dans des vers que tout le monde n'auroit pas faits alors avec autant d'aisance.

> Le vain plaisir de la rime
> M'a seul rendu criminel ;
> Ce fut le sang maternel
> Qui transmit en moi ce crime;
> Ma mère avoit de la voix,
> Et se plaisoit quelquefois
> A faire des chansonnettes.
> Son esprit mit dans mon corps
> L'esprit qui fait les poëtes
> Et m'inspira leurs accords,
> Ainsi j'appris sans étude
> Cet art qu'on prise si peu ;
> Et mon esprit tout de feu
> En contracta l'habitude,
> Je rimois sans le savoir ;
> Et du matin jusqu'au soir
> Je ne faisois autre chose,
> Toujours bouilloit mon cerveau;
> Et croyant parler en prose,
> Je formois quelque air nouveau,

déplorable exemple de la fragilité des avantages humains, du néant des grandeurs, de l'inconstance de la fortune, cet homme plein d'esprit, d'imagination, de sensibilité, d'instruction, d'une naissance distinguée du côté paternel, illustre du côté maternel, d'une famille décorée, d'un nom célèbre par des services, cet homme qui avoit joint l'étude aux talens & les voyages aux exemples domestiques pour se

rendre digne d'exercer les nobles emplois de ses pères; cet homme que la fortune sembloit avoir pris plaisir à élever dès l'enfance au comble des honneurs, un sentiment vertueux un peu trop exalté le rabaisse au-dessous des hommes les plus maltraités, & par la nature & par la fortune.

> *Qui nimios tribuebat honores,*
> *Et nimias cumulabat opes, numerosa parabat*
> *Excelsæ turris tabulata, undè altior esset*
> *Casus, & impulsæ præceps immane ruinæ.*

> Sort cruel ! ce sont là les jeux où tu te plais ;
> Tu ne m'as prodigué tes perfides bienfaits,
> Que pour me faire mieux sentir ta tyrannie,
> Et m'accabler enfin de plus d'ignominie.

Quelques années avant sa mort, il fut envoyé dans l'abbaye de St. Severin de Château-Landon, où il mourut le 17 avril 1698.

Il laissa un fils Louis-Henri de Loménie, comte de Brienne, mort le 14 mars 1743.

LONG, (Jacques le) (*Hist. Litt. mod.*) le père le Long, de l'Oratoire, auteur de *la Bibliothèque Historique de la France*, si considérablement augmentée depuis par M. de Fonteste, & de quelques ouvrages savans. Né en 1665, mort en 1721.

LONGAUNAI, (*Hist. de Fr.*) nom d'une ancienne maison de Bretagne, dont étoient :

1°. Lucas de Longaunai, parent & ami du connétable du Guesclin, sous lequel il servit avec gloire.

2°. Hervé, qui porta les armes sous cinq rois, Henri II, François II, Charles IX, Henri III, Henri IV, & qui fut tué à près de quatre-vingt ans, à la bataille d'Ivry.

3°. & 4°. Deux de ses fils, Jean & Antoine, étoient avec lui à cette bataille.

5°. Antoine-François, marquis de Longaunay, blessé d'un coup de mousquet à la bataille de Fleurus, & qui se distingua aux combats de Valcourt, de Leuse, de Steinkerque, & aux siéges de Mons & de Namur.

6°. Antoine, comte de Laugaunay, blessé d'un coup de mousquet à la bataille de Staffarde.

7°. Un autre Longaunay, noyé sur mer dans le vaisseau du chevalier d'Amfreville, son oncle (*voyez* l'article LAMBERT, le Hollandois.)

8°. Un frère du précédent, aide de camp du maréchal de Villars, tué en Allemagne, en 1703.

9°. M. de Longaunay, colonel des nouveaux grenadiers, fut blessé à la bataille de Fontenoi, & mourut de ses blessures. Il est au rang des héros du poëme de Fontenoi.

> Hélas ! cher Longaunay, quelle main, quel secours
> peut arrêter ton sang, & ranimer tes jours !

LONGEPIERRE, (Hilaire Bernard de Roqueleyne, seigneur de) (*Hist. Litt. mod.*) sécretaire des commandemens du duc de Berry, poëte dramatique, auteur

auteur de la *Médée*, reftée au théâtre & bien fupérieur à celle de Corneille. Il eût fait d'affez bonnes
tragédies, s'il avoir eu du ftyle. Il a traduit en vers
Anacréon, Sapho, Théocrite, Mofchus & Bion;
mais pour traduire de tels auteurs, il faut favoir écrire;
& quand on fe donne pour adorateur des anciens, le
premier hommage à leur rendre, eft de ne les pas défigurer. Rouffeau s'eft beaucoup moqué des traductions
de Longepierre dans les couplets, dont le refrein eft :
*vivent les Grecs*, & dans l'épigramme :

Longepierre le tranflateur, &c;

( *Voir* l'article BELOT. )

Longepierre, né à Dijon en 1659, mourut à Paris,
en 1721.

LONGIN, ( Denys ) ( *Hift. Litt. anc.* ) auteur
de ce *traité du fublime*, traduit par Boileau, & que
Cafaubon appelloit un livre d'or. » Longin, dit Boileau,
» ne fut pas fimplement un critique habile, ce fut
» un miniftre d'état confidérable, & il fuffit pour
» faire fon éloge, de dire qu'il fut confidéré de
» Zénobie, cette fameufe reine des Palmyréniens,
» qui ofa bien fe déclarer reine de l'Orient, après la
» mort de fon mari Odenat. Elle avoit appellé
» d'abord Longin auprès d'elle, pour s'inftruire dans
» la langue grecque. Mais de fon maître en grec,
» elle en fit à la fin un de fes principaux miniftres.
» Ce fut lui qui encouragea cette reine à foutenir la
» qualité de reine de l'Orient, qui lui rehauffa le cœur
» dans l'adverfité, & qui lui fournit les paroles
» altières qu'elle écrivit à Aurélian, quand cet em-
» pereur la fomma de fe rendre. Il en coûta la vie à
» notre auteur; mais fa mort fut également glorieufe
» pour lui, & honteufe pour Aurélian, dont on
» peut dire qu'elle a pour jamais flétri la mémoire.
» Longin mourut en l'an 273, de l'ere chrétienne. »
( *Voyez* ZÉNOBIE. )

LONGIN, exarque de Ravenne, ( *voyez*
ROSEMONDE. )

LONGOMONTAN, LONGOMONTANUS,
( Chriftian ) ( *Hift. Litt. mod.* ) aftronome & mathématicien Danois célèbre, difciple de Ticho-Brahé,
utile à fon maître. Fils d'un pauvre laboureur obligé
de travailler pour vivre, il trouva le temps de travailler encore pour s'inftruire. Il remplit depuis 1605,
jufqu'à fa mort, arrivée en 1647, une chaire de mathématiques dans fon pays. Il propofa un nouveau
fyftème du monde, compofé de ceux de Ptolomée,
de Copernic & de Tycho-Brahé; mais cette combi-
naifon ne fit pas fortune; il crut avoir trouvé la qua-
drature du cercle, ce qui fut moins fortune encore;
mais on a de lui des ouvrages aftronomiques & géométriques, qui ont joui de quelque eftime.

LONGUEIL, ( *Hift. de Fr.* ) illuftre & ancienne
famille, originaire de Normandie, dit-on, fon
nom du bourg de Longueil, près de Dieppe.

1°. Adam de Longueil accompagna Guillaume le
bâtard à la conquête de l'Angleterre, en 1066, &
acquit de la gloire à la bataille d'Haftings, qui con-

*Hiftoire. Tome III.*

fomma cette grande révolution, le 14 octobre de
cette même année.

2°. Guillaume de Longueil étoit Chambellan de
Charles comte d'Anjou, roi de Sicile, frère de faint
Louis.

3°. Geoffroy-Marcel, petit-fils de Guillaume, &
chevalier de l'ordre de l'Étoile dans fa naiffance, fut
tué à la bataille de Poitiers, en 1356.

4°. & 5°. Guillaume, fils de Geoffroy-Marcel, tué
à la bataille d'Azincourt, avec Robert ou Raoul,
fon fils aîné.

6°. Philippe, fon troifiéme fils, fut tué au fiége
de Falaize, en 1432.

7°. Jean, fecond fils de Guillaume & frère des
deux précédens, fut le premier de fon nom qui entra
dans la magiftrature, il fut préfident au parlement;
On a d'un de fes defcendans, confeiller d'état fous
Henri II, un recueil d'arrêts notables.

8°. René de Longueil, marquis de Maifons, fut
furintendant des finances, miniftre d'état, chancelier
de la reine Anne d'Autriche, gouverneur des châteaux
de Verfailles, de St. Germain, de Poiffy, &c.

9°. Dominique, chevalier de Malthe, frère du
furintendant, fut bleffé au fiége de Spire, & mourut
peu de temps après, le 13 avril 1635.

10°. Jean, fils du furintendant, fut préfident à
mortier, ainfi que :

11°. Claude, fils de Jean, qui mourut le 22 août
1715, au milieu des plus belles efpérances, dans
l'attente des plus grandes places qui lui avoient été
promifes.

12°. Jean René fon fils, eft ce préfident de Maifons,
tant célébré par M. de Voltaire, qui eut la petite
vérole en 1723, dans fon château de Maifons, où
le feu prit dans l'appartement qu'il occupoit. Echappé
de ces deux dangers, il fe félicite de revoir l'ami
dont il a éprouvé le zéle & les foins.

> Je reverrai Maifons, dont les foins bienfaifans
> Viennent adoucir ma fouffrance ;
> Maifons en qui l'efprit tient lieu d'expérience,
> Et dont j'admire la prudence,
> Dans l'âge des égaremens.

Le préfident de Maifons eut à fon tour la petite
vérole, & en mourut le 13 feptembre 1731. M. de
Voltaire l'a placé dans le temple du goût.

> O transports! ô plaifirs! ô momens pleins de charmes!
> Cher Maifons, m'écriai-je en l'arrofant de larmes,
> C'eft toi que j'ai perdu, c'eft toi que le trépas
> A la fleur de tes ans vint frapper dans mes bras.
> La mort, l'affreufe mort fut fourde à ma prière;
> Ah! puifque le deftin nous vouloit féparer,
> C'étoit à toi de vivre, à moi feul d'expirer.
> Hélas! puifque le jour où j'ouvris la paupière
> Le ciel pour mon partage a choifi les douleurs;
> Il féme de chagrins ma pénible carrière;
> La tienne étoit brillante & couverte de fleurs.
> Dans le fein des plaifirs, des arts & des honneurs

Y a

Tu cultivois en paix des fruits de ta sagesse ;
Ta vertu n'étoit point l'effet de ta foiblesse ;
Je ne te vis jamais offusquer ta raison
Du bandeau de l'exemple & de l'opinion.
L'homme est né pour l'erreur ; on voit la molle argile,
Sous la main du potier, moins souple & moins docile,
Que l'ame n'est flexible aux préjugés divers ,
Précepteurs ignorans de ce foible univers.
Tu bravas leur empire, & tu ne fus te rendre ,
Qu'aux paisibles douceurs de la pure amitié ,
Et dans toi la nature avoit associé
A l'esprit le plus ferme un cœur facile & tendre.

Il avoit laissé un fils âgé de quelques mois , qui mourut d'une chûte le 21 octobre 1732. A la mort de cet enfant , les biens de la maison de Longueil, ont passé dans celle de Bois-Franc Soyecourt , par une fille de Marie Renée de Longueil , fille du surintendant & grande tante du dernier président de Maisons.

LONGUEIL, ( *Hist. Litt. mod.* ) ( Christophe de ) savant du quinzième & du seizième siècles , étoit de la maison de Longueil , mais il en étoit bâtard , il étoit fils d'Antoine de Longueil , évêque de Léon, chancelier d'Anne de Bretagne. C'est comme homme de lettres qu'il est connu. Les Italiens , du temps de François I prétendoient avoir seuls la manière cicéronienne , & ne l'accordoient qu'à Longueil, parmi les François. Cette manie du cicéronianisme étoit alors une des plus grandes sources de haine entre les gens de lettres. Les cicéroniens méprisoient ceux qu'ils ne jugeoient pas tels , & ceux-ci les haïssoient. Dans ses voyages littéraires Longueil ayant parcouru la Suisse peu de temps après la bataille de Marignan , il y fut retenu prisonnier. Il mourut à Padoue , en 1522. Sur son parallèle d'Erasme & de Budée , ( *voyez* l'article BADIUS.

LONGUEJOUE, ( Mathieu de ) ( *Hist. de Fr.* ) c'est le nom d'un garde des sceaux , qui eut deux fois les sceaux sous François I<sup>er</sup> , l'une en 1538 , à la mort du chancelier du Bourg , l'autre en 1544 , à la mort de François Errault , seigneur de Chemans , mais toujours par commission & point en titre d'office.

LONGUERUE, ( Louis du Four de ) ( *Hist. Litt. mod.* ) abbé de Sept-Fontaines & du Jard , étoit d'une famille noble de Normandie ; il naquit en 1622 à Charleville , où son père étoit lieutenant de roi. Richelet fut son précepteur , d'Ablancourt son parent , veilloit à ses études. Il fut , sur-tout par la mémoire, au nombre des enfans merveilleux , & sa réputation fut telle que Louis XIV , passant par Charleville , voulut le voir ; cette réputation alla toujours en augmentant, & aujourd'hui même encore le nom de l'abbé de Longuerue donne l'idée d'un des plus savans hommes qui ayent existé. Ce n'est pas que le peu d'ouvrages qu'on a de lui , nommément sa *description historique de la France* , soient d'un mérite bien distingué , même comme ouvrages d'érudition ; mais dans les conférences & dans les conversations savantes , sa

vaste mémoire qui lui rendoit présens tous les faits ; lui donnoit un prodigieux avantage. Le *Longueruana*, qui a paru en 1754 , donne de lui l'idée d'un savant sans goût , d'un pédant plein de hauteur & d'humeur, tranchant , despotique , opiniâtre , formé en tout sur le modèle de ces savans qui ont tant décrié l'érudition ; mais le *Longueruana* ne mérite peut-être qu'une confiance mediocre. L'abbé de Longuerue mourut à Paris , en 1733. Il a laissé six volumes *in-folio* de manuscrits.

LONGUEVAL, ( Jacques ) ( *Hist. Litt. mod.* ) le P. Longueval , jésuite , a publié les huit premiers volumes de l'*histoire de l'église Gallicane* , que les pères de Fontenay , Brumoi & Berthier ont continuée. Il avoit eu part aussi aux neuvième & dixième volumes. Cet ouvrage a quelque réputation & il est d'un assez grand usage ; mais il faut oser dire qu'il respire partout jusqu'au scandale , l'esprit de persécution & d'intolérance. Né près de Péronne , en 1680 , mort le 14 janvier 1735.

LONGUEVILLE. ( *Hist. de Fr.* ) Le comté de Longueville dans le pays de Caux en Normandie , donné successivement par nos rois , pour récompense de services , au connétable Charles d'Espagne de Lacerda , au connétable du Guesclin , enfin au comte de Dunois , est resté dans la maison de Longueville , issue de ce héros ( *voyez* l'article DUNOIS ; ) en 1505 , Louis XII érigea Longueville en duché , en faveur de François d'Orléans , second du nom , petit-fils du comte de Dunois , & son frère , Louis d'Orléans , fut duc de Longueville après lui. C'est celui-ci qui eut le malheur de perdre le 6 juin 1513 , la bataille de Guinegaste ou des Eperons , & qui prisonnier à Londres , rendit sa captivité plus utile à la France , que ne l'avoient été ses armes ; il lui procura la paix en faisant conclure le mariage de Louis XII avec la princesse Marie d'Angleterre.

Claude d'Orléans , duc de Longueville , son fils , fut tué au siége de Pavie , en 1524. Le petit neveu de celui-ci , Léonor d'Orléans-Longueville , duc de Fronsac , fut tué au siége de Montpellier , le 3 septembre 1622.

Henri , duc de Longueville & gouverneur de Picardie , frère aîné de Léonor , avoit été tué , le 29 avril 1595 , d'un coup de mousquet dans une salve qu'on lui fit à son entrée en armes dans la ville de Dourlens.

Henri II. du nom , duc de Longueville , son fils , fut le mari de cette fameuse duchesse de Longueville, l'héroïne de la Fronde d'abord , & ensuite de Port-Royal , sœur du grand Condé & du prince de Conty. Le duc de Longueville fut arrêté le 18 janvier 1650, avec les princes ses beaux frères ; & la duchesse arma pour eux tous ses amis , tous ses amans , & le duc de la Rochefoucauld qu'elle aimoit , & Turenne qu'elle n'aimoit pas.

» Le duc de Longueville , dit le cardinal de Retz , » avoit de la vivacité , de l'agrément , de la libéralité , » de la justice , de la valeur , de la grandeur , & il

» ne fut jamais qu'un homme médiocre, parce qu'il
» eut toujours des idées qui furent au-deſſus de ſa
» capacité.

» La ducheſſe de L'ongueville, dit le même car-
» dinal de Retz, avoit une langueur dans les manières
» qui touchoit plus que le brillant de celles même
» qui étoient plus belles. Elle en avoit une même
» dans l'eſprit, qui avoit ſes charmes, parce qu'elle
» avoit, ſi l'on peut le dire, des réveils lumineux &
» ſurprenans. Elle eût eu peu de défauts, ſi la galan-
» terie ne lui en eût donné beaucoup. Comme ſa
» paſſion l'obligea de ne mettre la politique qu'en
» ſecond dans ſa conduite, d'Héroïne d'un grand parti,
» elle en devint l'aventurière ».

De ce mariage naquit Charles-Paris, duc de Longueville, comte de St. Pol, tué à vingt-trois ans au
paſſage du Rhin, le 21 juin 1672, ſous les yeux du
grand Condé ſon oncle, qui eut le bras caſſé dans
cette occaſion. Le duc de Longueville alloit être élu
roi de Pologne. Madame de Sévigné peint de la
manière la plus touchante, le déſeſpoir de la ducheſſe
de Longueville, ſa mère, à cette nouvelle.

» Madame de Longueville fait fendre le cœur ;
» mademoiſelle de Vertus étoit retournée depuis
» deux jours à Port-Royal, où elle eſt preſque toujours :
» on eſt allé la querir avec M. Arnauld. pour dire
» cette terrible nouvelle. Mademoiſelle de Vertus
» n'avoit qu'à ſe montrer ; ce retour ſi précipité
» marquoit bien quelque choſe. de funeſte en effet,
» dès qu'elle parut, ah ! mademoiſelle, comment ſe
» porte M. mon frère ? ſa penſée n'oſa aller plus loin.
» Madame ſe porte bien de ſa bleſſure & mon
» fils ? on ne lui répond rien. Ah ! mademoiſelle,
» mon fils ! mon cher enfant, répondez-moi, eſt-il
» mort ſur le champ ? n'a-t-il pas eu un ſeul moment ?
» Ah ! mon Dieu, quel ſacrifice ! & là-deſſus elle
» tombe ſur ſon lit ; & tout ce que la plus vive
» douleur peut faire, & par des convulſions, & par
» des évanouiſſements, & par un ſilence mortel, &
» par des cris étouffés, & par des larmes amères
» & par des élans vers le ciel, & par des plaintes
» tendres & pitoyables, elle a tout éprouvé. Je lui
» ſouhaite la mort, ne comprenant pas qu'elle puiſſe
» vivre après une telle perte. »

Charles-Paris laiſſa un fils naturel, Charles-Louis,
nommé le chevalier de Longueville, qui fut tué au
ſiége de Philisbourg, en 1688.

Ce même Charles - Paris avoit un frère aîné
(Charles) engagé dans l'état eccléſiaſtique, & qui
mourut fou le 4 février 1694. » Avec lui, dit M. le
chancelier d'Agueſſeau, alors avocat général & portant la parole dans un grand procès concernant la
ſucceſſion de Longueville, » avec lui s'éteignit pour
» toujours la race des ducs de Longueville ; heureuſe
» dans ſa naiſſance & dans ſon progrès, par les
» actions éclatantes des grands hommes qu'elle a
» produits ; malheureuſe dans ſa fin, ſoit par la mort
» prématurée de M. le comte St. Pol, ſoit par la
» vie, encore plus triſte & plus douloureuſe de
» M. l'abbé d'Orléans-Longueville.

Sur les Rothelins, iſſus des Longueville, ( Voyez
l'article ROTHELIN. )

LONGUS, ( Hiſt. Litt. ) auteur Grec ; on ignore
dans quel temps il vivoit, il ſuffit qu'on ſache qu'il eſt
l'auteur du roman Paſtoral des amours de Daphnis
& de Chloë, dont Amyot nous a donné une traduction ſi charmante, qu'en la liſant on ne peut pas
concevoir qu'on ne liſe pas un original.

LOOS, ( Corneille ) chanoine Flamand, du ſeizième
ſiècle, n'auroit rien de remarquable ſans le fanatiſme
qui le tînt à pluſieurs repriſes en priſon, entre la vie
& la mort, parce que le Jéſuite Delrio l'avoir dénoncé comme penſant mal des ſorciers, c'eſt-à-dire,
les croyant plûtôt fous, que poſſédés. C'étoit mal
penſer en effet, car ce n'étoit pas préciſément ſous
qu'étoient ces gens, qui avoient la bonté de ſe croire
véritablement ſorciers.

Aucun de vous n'eſt ſorcier, je vous jure.

Loos n'échappa au ſupplice des hérétiques, qui eſt
le même que celui des ſorciers, qu'en mourant de
ſa mort naturelle à Bruxelles, en 1595.

LOPEZ DE VEGA, ( voyez VEGA. )

LOPIN, ( Dom Jacques ) bénédictin de la congrégation de St. Maur, né à Paris, en 1655, mort
en 1693, travailla en ſociété avec dom Montfaucon,
à l'édition de St. Athanaſe, & à celle des Analecta
Græca.

Un autre dom Lopin, qui vivoit à peu près dans
le même temps, étoit un homme, tel que l'illuſtre
auteur des théâtres d'éducation & de ſociété nous
repréſente le Moine de l'Aveugle de Spa.

C'étoit un homme ſimple dont la paſſion étoit de cultiver des fleurs. Le grand Condé lui avoit procuré le bonheur de les cultiver dans le plus beau lieu du monde, il lui
avoit donné un petit hermitage dans le parc de Chantilly.
Le cardinal de Retz étant allé voir le grand Condé à
Chantilly, long-temps après leurs fameuſes querelles,
qui n'étoient plus pour eux alors qu'un ſujet de converſation, ils allèrent ſe promener dans l'hermitage du
moine, & ſans le regarder lui, ni ſes fleurs, paroiſ-
ſant occupés de grands intérêts, ils parloient avec
beaucoup d'action & marchoient à grands pas, ne
choiſiſſant pas leur chemin, & n'épargnant pas les
fleurs qui ſe trouvoient ſur leur paſſage ; dom Lopin,
les obſervoit avec étonnement, & avec encore plus
de chagrin, & n'oſoit rien dire ; mais ayant ſurpris
entre eux un ſourire d'intelligence ſur l'épreuve à
laquelle ils mettoient ſa patience : Eh bien, meſſieurs,
leur dit-il, vous voila donc d'accord, lorſqu'il s'agit
de mortifier un pauvre religieux, il falloit l'être autrefois
pour le bien de la France & pour le vôtre. Ce diſcours leur plut infiniment, & ils convinrent qu'ils
n'avoient point perdu leurs pas.

LOREDANO, ( Hiſt. de Veniſe ) c'eſt le nom de
deux Doges de Veniſe, l'un nommé Léonor, élu
en 1501, mort en 1521. L'autre nommé Pierre,
élu en 1567, mort en 1570.

C'est aussi le nom d'un sénateur du dix-septième siécle, de la même famille, homme de lettres, fondateur de l'Académie *de Gli Incogniti*, auteur d'une vie d'Adam ; c'est la plus ancienne qu'on puisse écrire sans doute, mais que peut-on ajouter d'authentique au peu qui en est dit dans la Genèse. Il est auteur aussi des *Bizarrie Academiche ; de Vita del Marini ; de Morte del Valstein :* d'une histoire des rois de Chypre, de la maison de Lusignan, de quelques comédies, &c.

LORENS, ( Jacques du ) ( *Hist. Litt. mod.* ) plus connu par quelques mauvaises satyres, que par ses notes sur les coutumes du pays Chartrain, & par son état de premier juge du bailliage de Châteauneuf en Thimerais. Comme il avoit une méchante femme, à ce qu'il nous apprend lui-même dans ses satyres, on lui attribue cette épitaphe qui se fait tellement d'elle-même, qu'on peut ne l'attribuer à personne & l'attribuer à tout le monde :

> Cy gît ma femme..... Oh ! qu'elle est bien
> Pour son repos & pour le mien !

mort en 1655.

LORET, ( Jean ) ( *Hist. Litt. mod.* ) auteur d'une gazette burlesque en vers, depuis 1650 jusqu'en 1665, & de quelques autres poësies burlesques. Le surintendant Fouquet lui falloit une pension de deux cens écus, il la perdit à la disgrace de ce ministre, & continua de le louer. Fouquet l'ayant su, lui fit tenir de sa prison une gratification de quinze cent livres, sans qu'il sut d'où lui venoit ce présent qu'il s'empressa de publier : mort en 1665. Il étoit de Carentan en Normandie.

LORGES. ( *Voyez* DURAS & DURFORT. *Voyez* aussi MONGOMMERI. )

LORME, ( Philibert de ) appartient à l'histoire des Arts, & nous n'en dirons qu'un mot. Cet architecte qui a bâti le Palais des Tuileries & donné les desseins des châteaux de Meudon, d'Anet, de St. Maur-des-Fossés, &c. fut récompensé par une place d'aumônier du roi & par plusieurs abbayes. Ronsard ayant fait une satyre contre lui, *de Lorme* qui étoit gouverneur des Tuileries lui en fit refuser la porte, traitement qui devroit être fait peut-être à tout auteur de satyres, mais il ne faudroit pas qu'il fût infligé par la vengeance des personnes intéressées. Ronsard à son tour se vengea. Il écrivit sur la porte ces trois mots : *Fort. révérent. habt.* De Lorme ne douta pas que ce ne fussent des injures ; il s'en plaignit : ce sont, dit Ronsard, les trois premiers mots d'un distique d'Ausone, qui avertit les parvenus, & les favoris de la fortune, de ne pas s'oublier :

> *Fortunam reverenter habe, quicumque repentè*
> *Dives ab exili progredere loco.*

On a de Philibert *de Lorme*, dix livres d'*Architecture*, & un Traité *sur la manière de bien bâtir & à peu de frais.* Mort en 1577.

On a des thèses de médecine assez curieuses, sous le titre de *Laurea Apollinares*, de Charles *de Lorme*, premier médecin de Marie de Médicis.

LORME, ( Marion de ) ( *Hist. mod.* ) maîtresse fameuse du jeune & malheureux Cinq-Mars, du cardinal de Richelieu, du comte de Grammont & de beaucoup d'autres. Le comte de Grammont dit dans ses Mémoires, en parlant d'elle : « la » créature de France qui avoit le plus de charmes, » étoit celle-là. Quoiqu'elle eût de l'esprit comme les » anges, elle étoit fort capricieuse ».

Elle étoit née en 1618. Il paroit qu'elle mourut en 1650. Un auteur du temps, Jean Loret ( *Voyez* son article ) annonce sa mort dans la *Muse historique*, par ces vers, datés du 30 juin 1650 :

> La pauvre Marion *de Lorme*,
> De si rare & gentille forme,
> A laissé ravir au tombeau
> Son corps si charmant & si beau.

Saint-Evremont a fait sur cette mort, des stances qui se trouvent dans le recueil de ses œuvres.

Mais l'auteur de l'*Essai sur la Musique ancienne & moderne* prétend qu'elle n'est morte qu'en 1752, âgée de cent trente-quatre ans.

« Nous n'avons pu, dit-il, découvrir quelles ont » été les aventures d'une créature aussi singulière ; » mais ce que nous savons certainement, c'est que son » grand âge lui ayant fait perdre la plus grande » partie de sa tête, elle fut volée par les domesti-» ques qui la soignerent, & fut réduite à la dernière » misère. M. Gueret, curé de St. Paul, paroisse sur » laquelle elle demeuroit, en eut pitié, & la générosité » de lui donner de quoi vivre, & voulut même » qu'elle eût un laquais & une cuisinière, pour qu'elle » ne manquât de rien. La personne digne de foi dont » nous tenons cette anecdote, a vu plusieurs fois cette » singulière fille en 1752, y étant conduite par le curé » de St. Paul, qui soupoit assez souvent avec elle. » Elle avoit encore un peu de mémoire, & répon-» doit aux questions qu'on lui faisoit sur le cardinal » de Richelieu, Cinq-Mars, &c. Elle avoit alors » absolument l'air d'une momie toute ridée ; elle ne » pouvoit plus se lever, & avoit à peine la force » de respirer. Enfin elle acheva de vivre en 1752, » c'est-à-dire, cent deux ans après l'année où on croit » communément qu'elle est morte. »

L'auteur de l'*Essai sur la Musique* se fonde sur le certificat d'un médecin qui a vu plusieurs fois Marion dans ses derniers moments, & qui fut présent à l'ouverture de son corps. Il dit qu'elle convenoit d'être Marion ; mais que sa caducité étoit telle, qu'on ne pouvoit en tirer plus d'une phrase & demie, après laquelle elle s'endormoit. « En l'éveillant & la remettant au mot » par où elle avoit fini, elle reprenoit le premier » mot de sa phrase, & s'arrêtoit toujours au même » endroit. Son inspection anatomique prouvoit un long

» âge; on trouva dans le cerveau trois lames offeufes,
» le cœur étoit cartilagineux, &c. »

On a bâti une autre hiftoire de Marion fur cet
extrait mortuaire fingulier , levé à St. Paul , mais
dont les dates ne fe rapportent point du tout avec
celles de *l'effai fur la Mufique.*

« L'an 1741, le 5 janvier , eft décédée au Paon
» Blanc, rue de la Mortellerie, Marie-Anne Oudette
» Grappin, âgée de cent trente-quatre ans & dix
» mois, comme il nous a apparu par l'extrait-baptiftaire
» délivré le 18 feptembre 1707, figné & extrait par
» M. Thomas, curé de Balheram, proche Gez ( ou
» Gex en Franche-Comté ) laquelle eft née le 5 mars
» 1606, veuve , en quatrièmes noces , de François
» Le Brun , procureur-fifcal de M. Rhumant , quai
» des Théatins ; a été inhumée le 6 dans le cimetière
» de St. Paul , fa paroiffe. Signé, de Moncherray ,
» prêtre. Collationné à l'original, & délivré par nous
» prêtre , bachelier en théologie , vicaire de la fufdite
» paroiffe de St. Paul. A Paris , le 20 avril 1780.
» Signé, Poitevin. En marge eft la copie de l'extrait-
» baptiftaire. »

Dans l'hiftoire dont nous parlons , qui fe trouve
dans un *Recueil de Pièces intéreffantes pour fervir à
l'Hiftoire des règnes de Louis XIII & de Louis XIV,*
publié en 1781 , on veut que cette Marie-Anne
Oudette Grappin ait été la fameufe Marion de Lorme,
dont on prétend que ce premier nom étoit le véritable,
& qui mourut , dit-on, dans la mifère à cent trente-
quatre ans. On rémplit fes quatre mariages , & les
autres événemens de fa vie , ou par les Mémoires du
temps, ou par des fictions, à-peu-près comme on rempliroit des bouts rimés.

Marion de Lorme & Ninon de Lenclos étoient amies.

LORRAINE, ( *Hift. mod.* ) La Lorraine, province du royaume d'Auftrafie, fous la première race
de nos rois, royaume fous la feconde, & partage de
Lothaire, fecond fils de l'empereur du même nom,
s'appella *Lorraine, Lotharii regnum*, du nom de l'un
ou l'autre de ces deux Princes , ou peut-être de
tous les deux ; réduite dans la fuite, par différens
démembremens , à l'étendue qu'elle a aujourd'hui, elle
fut un duché , poffedé par des princes fouverains,
dont l'illuftre maifon eft reconnue par les favans pour
avoir la même origine que la maifon d'Autriche,
avec laquelle elle eft aujourdhui unie & confondue.
Plus cette maifon de Lorraine a produit de perfonnages immortalifés dans l'hiftoire, moins nous aurons
à nous étendre fur chacun d'eux. Nous nous contenterons de rappeler d'un feul mot, les grands traits qui
les diftinguent.

La branche regnante , la branche Thierry, a eu
beaucoup de grands Princes, Thierry - le - Vaillant,
contemporain de Philippe I & de Louis-le-Gros, qui
fervit utilement l'empereur Henri IV, contre les
Saxons révoltés.

Raoul, qui fut tué à la bataille de Crécy, en fervant
la France & Philippe-de-Valois, contre les Anglois.

Jean I, qui eut deux chevaux tués fous lui, à la
bataille de Poitiers, & y fut fait prifonnier avec le
roi Jean fon parrein. Il ne fe diftingua pas moins
à la bataille de Rofebeque en 1382 , ainfi que :

Charles I. fon fils, qui fut fait Connétable de France,
fur la fin du règne de Charles VI; mais qui jugea
bientôt que la France dans la confufion où elle étoit
fur la fin du règne de Charles VI , ne méritoit pas
qu'il voulût en être le connétable.

Jean I avoit eu deux fils : 1°. Charles , dont il
vient d'être parlé , & dont la fille aînée Ifabelle ,
époufa René d'Anjou, roi de Sicile , fi connu fous
le nom du roi René.

2°. Ferry , comte de Vaudemont , qui fut tué en
1515, à la bataille d'Azincourt , en combattant vaillamment pour la France.

Antoine fon fils , difputa la Lorraine au roi René ;
celui-ci fut battu & fait prifonnier à la bataille de
Bullegneville où Bulgneville. Mais Ferry II , fils
d'Antoine , époufa Yoland d'Anjou, fille du roi René,
& René II de Lorraine , qui naquit de ce mariage ,
réuniffant les droits des deux contendans , fut reconnu
pour duc de Lorraine , après que ce duché eut été
pendant quarante-trois ans dans la maifon d'Anjou ,
fous le roi René , Jean & Nicolas d'Anjou, ducs de
Calabre , fes fils & petits-fils.

Ce fut ce René II qui gagna , le 5 janvier 1477,
la bataille de Nancy, où périt Charles-le-Téméraire ,
ce formidable ennemi de la France , de la Lorraine
& des Suiffes ; ce fut lui qui fit au vaincu de magnifiques obfèques, & qui, dans cette cérémonie , en lui
jettant de l'eau bénite , dit ce mot , feule oraifon
funèbre que méritent les conquérans : *beau coufin ,
vos ames ait Dieu ; vous nous avez fait moult de-
maux & de douleurs.*

De René II , defcend la branche de Guife & toutes
les autres branches de la maifon de Lorraine ; mais
fuivons la branche ducale.

Antoine , fils aîné & fucceffeur de René II , fuivit
Louis XII en 1507, dans l'expédition contre les
Génois ; en 1509, dans l'expédition contre les Vénitiens , & à la bataille d'Aignadel. Il fit des prodiges de
valeur à la bataille de Marignan , fous François I. On
ne l'appelloit que *le bon duc Antoine.*

Un fils de René II , Louis , comte de Vaudemont ,
mourut au fiège de Naples en 1527, fous François I.

Un autre de fes fils , François, comte de Lambefc,
fut tué à la bataille de Pavie.

Charles II ou III , duc de Lorraine & de Bar ,
arrière-petit-fils de René II, époufa Claude de France ,
fille du roi Henri II. Jufques là les ducs de Lorraine avoient
été fort attachés à la France ; la ligne changea ces
difpofitions. Le duc Charles III fut un des lieutenans
généraux de la ligue, & c'étoit lui ou fon fils , que
Catherine de Médicis , fa belle-mère , vouloit faire
roi de France , au préjudice de la maifon de Bourbon
& même du duc de Guife. Il fut furnommé *le Grand*
en Lorraine.

Henri II , duc de Lorraine & de Bar , fon fils ,
fut furnommé *le Bon* ; il époufa Catherine de Bourbon,
fœur de Henri IV , & tout fut pacifié. Elle mourut

le 13 février 1604, fans enfants ; mais le duc Henri II
laiffa, d'un fecond mariage, deux filles.

Il avoit un frère, François de Lorraine. C'étoit
le cas de renouveller la conteftation qu'il y avoit eu
entre le roi René & Antoine de Vaudemont. La
queftion étoit toujours fi la Lorraine étoit un fief
mafculin ou féminin. Cette querelle finit, comme la
première, par des mariages. La princeffe Nicole, fille
aînée du duc Henri II, époufa Charles IV, fils de
François de Lorraine ; & fa fœur Claude-Françoife,
époufa le cardinal Nicolas - François de Lorraine,
évêque de Toul, frère de Charles IV, & qui quitta
l'état eccléfiaftique, voyant que Charles IV fon frère,
n'avoit point d'enfants. Ce fut au fujet du mariage
de Marguerite, fœur de Charles IV & de Nicolas-
François, avec Gafton, duc d'Orléans, que naquit
entre la France & la Lorraine, cette longue guerre,
interrompue par tant de traités, mais dont le réfultat
fut que Charles IV, dépouillé de fes états, & toujours
à la tête d'une armée, fut réduit au perfonnage d'un
aventurier illuftre, grand capitaine, vendant fes grands
talents & fes foibles fecours à tous les ennemis de la
France, & fe confolant de toutes fes difgraces par
une multitude de mariages & d'intrigues galantes. Il
mourut dépoffédé, & combattant contre la France,
le 18 feptembre 1675.

Charles V, fon neveu, fils du prince, ci-devant
cardinal, Nicolas-François, lui fuccéda, comme dit
M. le préfident Hénault, dans l'efpérance de recouvrer fes états. La devife naturelle de Charles IV & de
Charles V étoit :

*Spoliatis arma fuperfunt,*

Le dernier avoit déjà eu en 1664, la plus grande
part à la victoire de Saint-Godart, remportée fur les
Turcs. L'empereur Léopold n'a pas eu de plus grand
général ; ni d'allié plus fidèle ; il lui donna en mariage, fa fœur Eléonore-Marie, veuve du roi de
Pologne, Michel Wifnovieski.

De ce mariage naquit le duc Léopold, qui fut
rétabli dans fes états à la paix de Rifwick, & qui
fut le Titus de la Pologne. On peut voir dans le fiècle
de Louis XIV, le tableau enchanteur & touchant de
l'adminiftration de cet excellent prince, auquel il n'a
manqué que l'empire du monde.

Son fils fut l'empereur François Iᵉʳ, qui, petit-fils
d'un duc de Lorraine, profcrit & détrôné, fils d'un
duc de Lorraine, qui n'en eut long-temps que le titre,
devint par fon mariage avec l'héritière de la maifon
d'Autriche, un des plus puiffants princes de l'Europe :

*Curibus parvis & paupere terrâ*
*Miffus in imperium magnum.*

Par le traité de Vienne, conclu en 1735, il eut
le grand duché de Tofcane, en échange de la Lorraine,
qui fut réunie à la France, après avoir été poffédée
en ufufruit par le roi de Pologne, Staniflas, père
de la reine Marie Leczinska, femme de Louis XV.

On fait combien la branche de Guife a été utile
& funefte à la France, (*Voyez* l'article du cardinal
D'OSSAT.) Cette branche eut pour tige un héros,
père d'une foule de héros, Claude de Lorraine,
cinquième fils de René II, duc de Lorraine. Il reçut
vingt-deux bleffures à la bataille de Marignan, &
tomba parmi les morts, il fut fauvé prefque miraculeufement : il fauva la Lorraine, la Bourgogne & la
Champagne après la bataille de Pavie, en repouffant
les payfans Allemands, qui menaçoient ces provinces.
François Iᵉʳ en 1527, érigea pour lui, Guife en
en duché-pairie. Mort en 1550.

Le duc de Guife, François, fon fils aîné, eft le héros
de Metz & de Calais ; c'eft lui qui eut la gloire de
chaffer entièrement de France, les Anglois, & de
fermer cette playe qu'Edouard III avoit faite en 1347,
au royaume. Mais il fut avec le cardinal de Lorraine
fon frère, l'auteur de quelques confeils violents, &
l'inftaurateur de nos malheureufes guerres de religion.
Il en fut la victime :

*Guife près d'Orléans fe vit affaffiné. ( 1563. )*

Henri, duc de Guife, fon fils, dit le balafré,
prefque auffi grand que lui, bien plus coupable, fut
l'auteur de la ligue ; il alloit détrôner Henri III,
lorfque Henri III le fit affaffiner le 23 décembre 1588.

Charles, duc de Guife, fon fils, ne fut pas un
des derniers à faire fon accommodement avec Henri IV,
& ne fut pas un de fes moins fidèles fujets.

Henri, duc de Guife, fils de Charles, eft connu par
la tentative qu'il fit en 1647, pour faire valoir les
prétentions de fa maifon fur Naples. « Il étoit célèbre
» dans le monde, dit l'auteur du fiècle de Louis XIV,
» par l'auda & malheureufe avec laquelle il avoit en-
» trepris de fe rendre maître de Naples. Sa prifon,
» fes duels, fes amours romanefques, fes profufions,
» fes aventures ne rendoient fingulier en tout. Il fem-
» bloit être d'un autre fiècle. On difoit de lui en le
» voyant courir avec le grand Condé, ( dans le fameux
» Carroufel de 1662) *Voilà les héros de la fable & de*
» *l'Hiftoire.*

Louis de Lorraine, un de fes frères, mourut le
27 feptembre 1654, d'une bleffure reçue dans un
combat près d'Arras.

La branche des ducs de Guife s'éteignit en 1675.
Elle en avoit formé plufieurs autres ;

1°. Celle de Mayenne, dont le duc de Mayenne,
frère du duc de Guife le balafré, étoit la tige ; elle s'éteignit promptement par la mort du fils de ce duc de
Mayenne, tué en 1621, au fiège de Montauban.

2°. Celle des ducs d'Aumale, defcendue de Claude
de Lorraine, premier duc de Guife, par fon troifième
fils, nommé auffi Claude de Lorraine, qui fut duc
d'Aumale ; il fut tué d'un coup de canon au fiège de la
Rochelle, le 14 mars 1573, par fa faute ou par celle
du duc de Bouillon, fon neveu, qui, de lui-même,
ou par le confeil du duc d'Aumale, prévint d'un jour
l'expiration d'une trève.

Un de fes fils, le chevalier d'Aumale, voulant

surprendre, pour la ligue, Saint-Denis en France,
défendu pour Henri IV, par dominique de Vic d'Er-
menonville, fut tué à vingt-huit ans le 3 janvier 1591.
C'est ce-héros-de la ligue, qui joue un si grand rôle
dans la Henriade :

Mais de tous ces guerriers, celui dont la valeur
Inspira plus d'effroi, répandit plus d'horreur,
Dont le cœur fut plus fier & la main plus fatale,
Ce fut vous, jeune prince, impétueux d'Aumale,
Vous, né du sang Lorrain, si fécond en héros,
Vous, ennemi des rois, des loix & du repos.

Cette branche s'éteignit en 1631, par la mort de
Charles, duc d'Aumale, frère aîné du chevalier.
3°. Celle des ducs d'Elbeuf, descendue de René de
Lorraine, septiéme fils de Claude, premier duc de
Guise ; de cette branche étoit le duc d'Elbeuf, Henri,
qui servit avec distinction sous le règne de Louis XIV,
aux sièges de Valenciennes, de Cambrai, de Gand,
d'Ypres, de Philisbourg, de Mons, de Namur, de
Charleroy, & aux batailles de Steinkerque & de
Nerwinde. Il avoit eu la cuisse cassée au siège d'Ypres.
De cette branche d'Elbeuf sont sorties :
1° Celle d'Armagnac, descendue de Henri de Lorraine, second fils de Charles II, duc d'Elbeuf. Ce
Henri de Lorraine est le fameux comte d'Harcourt :

Qui secourut Casal & qui reprit Turin.

(Voyez l'article du grand CONDÉ) les règnes de
Louis XIII & de Louis XIV, sont remplis de ses exploits. Il s'étoit signalé dès 1620, à dix-neuf ans, à la
bataille de Prague. Il se distingua de même aux sièges
de Saint-Jean-d'Angely, de Montauban en 1621, de
l'Isle-de-Ré en 1625, de la Rochelle en 1627 & 1628, à
l'attaque du Pas de Suse en 1629. En 1637, il reprit les
Isles de Sainte-Marguerite & de St. Honorat. En 1639,
au combat de Quiers en Piémont, avec huit mille
hommes, il battit vingt mille Espagnols, commandés
par le marquis de Léganès, qui lui fit dire que s'il étoit
roi de France ; il feroit trancher la tête au comte
d'Harcourt, pour avoir hazardé une bataille contre une
armée trop supérieure. La réponse étoit facile ; & moi, si
j'étois roi d'Espagne, je ferois trancher la tête au marquis de Léganès, pour avoir cédé la victoire à une armée
si inférieure. Mais le propos du marquis de Léganès
étoit un hommage rendu au vainqueur, & la réponse
du comte d'Harcourt étoit une injure faite au vaincu.
Après le siège de Turin en 1640 ; j'aimerois mieux,
disoit le général Jean de Wert, être le général
d'Harcourt que d'être empereur. Vice-roi de Catalogne
en 1645, il défit les Espagnols à la bataille de Liorens,
prit Balaguer, & remporta d'autres avantages. En
1649, il fut vainqueur dans deux combats, l'un auprès de Valenciennes, l'autre entre Douay & Saint-
Amand, où il prit un grand nombre de places. En
1651, il eut l'honneur de faire lever le siège de Co-
gnac, au grand Condé. Parmi tant de triomphes, il
n'essuya qu'un échec, & cet échec lui est en quelque

sorte commun avec le grand Condé. En 1746, il
fut obligé de lever le siège de Lérida. Condé eut le
même dégoût l'année suivante. Le comte d'Harcourt
disoit, & il l'avoit éprouvé, que s'il y a des malheurs
imprévus à la guerre, il y a aussi des succès inattendus ; & c'est sans doute le sens de ce vers de
Mithridate :

La guerre a ses faveurs ainsi que ses disgraces.

Le comte d'Harcourt étoit le père des soldats. Au
siège de Turin, où les assiégeants, assiégés à leur
tour dans leur camp, manquoient de tout aussi bien
que les habitants, les domestiques du comte d'Harcourt ayant procuré quelques barils de vin pour sa
table, il ne voulut point en faire usage, & les envoya
aux malades & aux blessés :

C'est ce que j'appelle être
Grand par soi-même, & voilà mon héros.

Le comte d'Harcourt mourut subitement le 25 juillet
1666, à soixante-cinq ans, chez un de ses fils, qu'il
étoit venu voir dans son abbaye de Royaumont. Il est
enterré dans l'église de cette abbaye, où il a un
magnifique tombeau, & une épitaphe qui contient
l'histoire de sa vie militaire.
Un de ses petits-fils, Louis-Alphonse-Ignace, dit le
bailly de Lorraine, fut tué au combat naval de
Malaga le 29 août 1764.

LORRIS, (Guillaume de) (Hist. Litt. mod.)
premier auteur du roman de la Rose ; continué par
Clopinel. (Voyez cet article.) Mort vers l'an 1620.

L'HOSPITAL. (Voyez HÔPITAL L').

LOTERIES des Romains, (Hist. rom.) en latin
pittacia, n. pl. dans Petrone. 

Les Romains imaginèrent pendant les saturnales,
des espèces de loteries, dont tous les billets qu'on
distribuoit gratis aux conviés, gagnoient quelque
prix ; & ce qui étoit écrit sur les billets se nommoit
apophoreta. Cette invention avoit une adresse galante
de marquer sa libéralité & de rendre la fête plus vive
& plus intéressante, en mettant d'abord tout le monde
de bonne humeur.
Auguste goûta beaucoup cette idée ; & quoique
les billets des loteries qu'il faisoit consistassent quelquefois en de pures bagatelles, ils étoient imaginés
pour donner matière à s'amuser encore davantage ;
mais Néron, dans les jeux que l'on célébroit pour
l'éternité de l'empire, étala la plus grande magnificence en ce genre. Il créa en faveur du peuple des
loteries publiques de mille billets par jour, dont quelques-uns suffisoient pour faire la fortune des personnes entre les mains desquels le hazard les faisoit tomber.
L'empereur Héliogabale trouva plaisant de composer des loteries, moitié de billets utiles, & moitié de
billets qui gagnoient des choses risibles & de nulle
valeur. Il y avoit, par exemple, un billet de six esclaves, un autre de six mouches, un billet d'un vase

de grand prix, & un autre d'un vase de terre commune, ainſi du reſte.

Enfin en 1685, Louis XIV renouvella dans ce royaume, la mémoire des anciennes *loteries* romaines : il en fit une fort brillante au ſujet du mariage de ſa fille avec M. le duc. Il établit dans le ſalon de Marly quatre boutiques remplies de ce que l'induſtrie des ouvriers de Paris avoit produit de plus riche & de plus recherché. Les dames & les hommes nommés du voyage, tirèrent au ſort les bijoux dont ces boutiques étoient garnies. La fête de ce prince étoit ſans doute très-galante, & même à ce que prétend M. de Voltaire, ſupérieure en ce genre à celle des empereurs Romains. Mais ſi cette ingénieuſe galanterie du monarque, ſi cette ſomptuoſité, ſi les plaiſirs magnifiques de ſa cour euſſent inſulté à la miſère du peuple, de quel œil les regarderions-nous ? ( *D. J.* )

LOTH., *couvert*, ( *Hiſt. Sacr.* ) fils d'Aran, petit-fils de Tharé, ſuivit ſon oncle Abraham, lorſqu'il ſortit de la ville d'Ur, & ſe retira avec lui dans la terre de Chanaam. Comme ils avoient l'un & l'autre de grands troupeaux, ils furent contraints de ſe ſéparer, pour éviter la ſuite des querelles qui commençoient à ſe former entre les paſteurs. *Loth* choiſit le pays qui étoit autour du Jourdain, & ſe retira à Sodome, dont la ſituation étoit riante & agréable ; mais dont les habitants, perdus de vices, devoient bientôt être écraſés par la foudre & la colère de Dieu. Quelque temps après, Codorlahomor, roi des Elamites, après avoir défait les cinq petits rois de la Pentapole, qui s'étoient révoltés contre lui, pilla Sodome, & enleva *Loth*, ſa famille & ſes troupeaux. Abraham en ayant été informé, pourſuivit le vainqueur, le défit, & ramena *Loth* avec ce qui lui avoit été enlevé. Celui-ci continua de demeurer à Sodome, juſqu'à ce que les crimes de cette ville infame étant montés à leur comble, Dieu réſolut de la détruire avec les quatre villes voiſines. Il envoya pour cela trois anges, qui vinrent loger chez *Loth*, ſous la forme de jeunes gens. Les Sodomites les ayant apperçus, ſe livrèrent à une paſſion abominable, & voulurent forcer *Loth* à les leur abandonner. *Loth*, effrayé à la vue du péril que couroient ſes hôtes, & du crime déteſtable que vouloient commettre ces furieux, offrit de leur abandonner ſes deux filles ; & cette offre, effet de ſon trouble que l'on ne peut excuſer, parce qu'il n'eſt jamais permis de faire un mal pour empêcher les autres d'en faire un plus grand, n'ayant pas arrêté ces infames, les anges les frappèrent d'aveuglement, prirent *Loth* par la main, & le firent ſortir de la ville avec ſa femme & ſes deux filles. Il ſe retira d'abord à Segor, juſqu'à ce qu'ayant vu la punition éclatante exercée contre Sodome, il n'oſa demeurer dans le voiſinage, & ſe réfugia dans une caverne avec ſes deux filles ; car, ſa femme, pour avoir regardé derrière elle, contre la défenſe expreſſe de Dieu, & par une curioſité qui avoit ſa ſource dans l'amour des biens qu'elle venoit de quitter, avoit été changée en ſtatue de ſel. Les filles de *Loth* s'imaginant que la race des hommes

étoit perdue, enivrèrent leur père, & dans cet état, elles conçurent de lui chacune un fils ; Moab, d'où ſortirent les Moabites ; & Ammon, qui fut père des Ammonites. On ne ſait ni le temps de la mort, ni le lieu de la ſépulture de *Loth*, & l'Écriture n'en dit plus rien. ( † )

LOTH, í. m. ( *Hiſt. Mod.* ) poids uſité en Allemagne, & qui fait une demi-once ou la trente-deuxième partie d'une livre commune.

LOTAIRE I, troiſième empereur d'Occident depuis Charlemagne, ( *Empire François.* ) né vers l'an 795, de l'empereur Louis-le-Pieux, ſon prédéceſſeur, & de l'impératrice Irmengarde, aſſocié à l'empire en 817, ſuccéda à ſon père en 840, mourut ſous le froc dans l'abbaye de Prum en 855, âgé de 60 ans : il laiſſa de l'impératrice Irmengarde ſa femme, trois fils & une fille. Louis II, ſon aîné, lui ſuccéda au royaume d'Italie & au titre d'empereur. *Lotaire* ſon puîné, eut l'Auſtraſie, appellée *Lorraine* de ſon nom, & Charles, le troiſième, eut la Provence qui fut érigée en royaume ; Irmengarde, ſa fille, épouſa Giſalbert, duc d'Aquitaine. *Voyez* LOUIS *le Débonnaire* & CHARLES *le Chauve*. ( *A. R.* )

LOTAIRE I, roi de Lorraine, fils du précédent, ( *Hiſtoire de France.* ) On ne ſait comment l'empereur *Lotaire I.* qui verſa tant de ſang pour réunir la monarchie ſous un ſeul maître, put conſentir à partager entre ſes fils la portion qu'il en avoit poſſédée, ſur-tout dans un temps où ces princes pouvoient être aſſervis par leurs oncles Louis de Germanie & Charles-le-Chauve, qui chacun poſſédoient autant d'états qu'eux trois réunis : les ſuites de ce partage furent telles qu'il eût dû les prévoir, les malheurs de ſes peuples & l'aviliſſement de ſa poſtérité : il fut ſans doute conduit par une fauſſe idée d'équité qui doit toujours céder à l'intérêt de l'état : il comptoit peut-être ſur l'union qui devoit régner entr'eux, & il y en eut peu : ils eurent d'abord des démêlés aſſez vifs, & bientôt ils ſe partagèrent entre leurs oncles dont ils furent les eſclaves plutôt que les alliés. *Lotaire* entretenoit au fond de ſon cœur une paſſion qui lui devint trop funeſte, il avoit vécu dans ſa jeuneſſe avec Valdrade, il conçut le deſſein de l'épouſer & de répudier ſa reine Thietberge : Charlemagne ſon biſaïeul, en avoit ſouvent uſé de la ſorte ; mais ſa poſition n'étoit pas la même, il en falloit bien qu'il fût auſſi puiſſant : Charlemagne avoit commandé au tiers de l'Europe, il ne pouvoit ſuivre ſans danger l'exemple de ce prince : *Lotaire* ne s'aveugla pas ſur les difficultés d'une ſemblable entrepriſe : il uſa des plus grands ménagemens, tant envers le clergé qu'envers les princes ſes oncles & ſes frères : il donna à Louis II. les villes de Lauſanne & de Sion, avec pluſieurs comtés dans le voiſinage ; le roi de Germanie eut l'Alſace. Au reſte, les motifs ou les prétextes ne lui manquèrent pas : il prétendit que la reine vivoit inceſtueuſement avec un comte appellé *Hugues*, jeune ſeigneur très-connu par la licence de ſes penchans, & qu'avant de la connoître il avoit épouſé Valdrade par un ma-
*riage*

riage caché. Thietberge, foit par foibleffe & par crainte, foit qu'elle l'eût réellement commis, avoua le délit avec des circonftances qui pouvoient faire ajouter foi à l'accufation. Un concile national la jugea criminelle, & prononça une fentence de divorce : cette importante affaire fembloit être terminée, mais Charles-le-Chauve la regarda comme un prétexte dont il pouvoit avantageufement fe fervir pour dépouiller fon neveu. Les confeils que ce prince ambitieux donna à Thietberge furent la caufe d'une infinité de troubles dans l'état & dans l'églife. La reine répudiée foutint que l'aveu de fon crime lui avoir été extorqué par la violence, & qu'elle n'étoit aucunement coupable; Le pape gagné par les émiffaires de Charles-le-Chauve, fe déclara pour la reine difgraciée, qui paffa auffi-tôt à la cour de Neuftrie, d'où elle prit toutes les mefures pour femer la confufion & le défordre dans les états de fon mari. Un fecond concile ratifia la fentence du divorce, & ordonna le couronnement de Valdrade. Nicolas I. ne laiffa pas échapper l'occafion d'augmenter les prérogatives de fon fiége, & contre les loix de la monarchie qui ne permettoient pas qu'une caufe commencée dans un royaume en paffât les limites, il s'en attribua la connoiffance, s'élevant ainfi au-deffus des conciles, ce que fes prédéceffeurs n'avoient eu garde de faire. Il commença par lancer les foudres de l'excommunication contre le roi de Lorraine; c'étoit encore une ufurpation du faint fiége, chaque évêque avoit le droit excluſif de les lancer dans fon diocèse. Hincmar, archevêque de Rheims, foutint les droits des évêques contre les entreprifes du pape; mais ce prélat étoit attaché à Charles-le-Chauve, il fe contenta de défendre les privilèges de fon ordre, fans chercher à faire ceffer les tracafferies auxquelles Lotaire étoit en butte. Nicolas fut inflexible fur le mariage de Valdrade, il traita les conciles qui l'avoient permis d'affemblées infames; & fépara de fa communion les évêques qui y avoient préfidé. Louis II. prit le parti de fon frère, il marcha vers Rome, envoya des ordres pour arrêter Nicolas. Ce pontife employa des armes bien dangereufes il fit regarder Louis II. comme un impie qui prétendoit renverfer l'autel; il exhorta la populace de Rome à fe dévouer au martyre on fit des proceffions, on recita des litanies, & l'on fe condamna à des jeûnes rigoureux. Toutes ces pieufes pratiques étoient employées pour perdre deux têtes couronnées, l'empereur & le roi de Lorraine. Il faut obferver que les légats du faint fiége avoient approuvé le mariage de Lotaire avec Valdrade, comme ayant été conclu avant celui de Thietberge. Nicolas étoit prefque le feul qui le regardoit comme illégitime, & fa grande intimité avec Charles-le-Chauve, nous donne lieu de croire qu'il y entroit bien dès confidérations humaines. Une entrevue de Charles-le-Chauve avec Louis de Germanie, caufa les plus mortelles frayeurs à Lotaire, il fentit bien qu'ils ne fe réuniffoient que pour le dépouiller. Il plia enfin fous l'orage, & confentit à reprendre Thietberge; ce fut alors que la cour de Rome fit fentir tout le poids de fon defpotifme ; le pape enhardi par le fuccès, força Valdrade d'aller à Rome pour y recevoir en perſonne

la pénitence qu'il jugeroit à propos de lui prefcrire. Cette contrainte de vivre avec Thietberge augmentoit encore le dégoût de Lotaire pour cette princeffe, „ & rendoit plus tyrannique fa paffion pour Valdrade : cependant la foumiffion qu'il avoit montrée au faint fiége avoit déconcerté les mefures de Charles-le-Chauve, qui ne l'avoit traverfé que dans l'efpoir de parvenir à fe revêtir de fes dépouilles. Charles changea alors de fyftême ; toujours guidé par l'envie d'accroître fes états, il montra des difpofitions favorables pour Valdrade : il eut une entrevue avec Lotaire, qui, pour récompenfer les fervices qu'il lui faifoit efpérer, lui donna l'abbaye de Saint-Vaft. Thietberge fe voyant privée de fon principal appui, defcendit du trône où monta fa rivale. Elle écrivit même en cour de Rome; elle affuroit le pape que Lotaire avoit eû de juftes motifs de la répudier, elle s'avoua même incapable de remplir les vœux du mariage, elle fit le même aveu dans une affemblée fynodale ; mais le pape fut toujours fidèle à fes premiers fentimens, il refufa de croire Thietberge, & lui fit un devoir facré de refter dans le palais de Lotaire, qui fut encore obligé de fe retourner vers fes oncles. Charles l'avoit déja abandonné, dans l'efpoir qu'il lui feroit faire de nouveaux facrifices : ce fut pour s'en difpenfer que Lotaire implora le fecours de Louis de Germanie. On prétend même qu'il promit de lui laiffer fon royaume par fon teftament, & en obtint une lettre pour le pape, qui mourut fur ces entrefaites. Adrien qui lui fuccéda, & qui fentoit le befoin de ménager l'empereur Louis II, dans un temps où les Sarrafins menaçoient Rome, montra moins d'opiniâtreté; il confentit à convoquer un nouveau concile, bien différent de Nicolas qui prétendoit être l'unique juge. Charles-le-Chauve ne s'étoit pas fi bien caché que l'on n'eût dévoilé les vues d'intérêt qui le faifoient agir. Ses deffeins parurent dans la plus grand jour : la modération d'Adrien qui fe montroit difpofé à pacifier les chofes, ôtant tout efpoir de perdre Lotaire par le clergé, il redoubla fes efforts & fes brigues auprès du roi de Germanie, qui perdit bientôt de vue les promeffes qu'il avoit faites à fon neveu. Il firent enfemble un traité qui portoit, « qu'en cas qu'il plût à » Dieu d'augmenter encore leurs états de ceux de » leurs neveux, foit qu'il fallût les conquérir, foit qu'il » les partager entre eux par des arbitres, foit » qu'après la conquête ou le partage il fallût conferver » ou défendre ce qui leur feroit échu, ils s'affifteroient » mutuellement de toute leur puiffance & de fous leurs » confeils, &c. » Il paroît bien clairement que ces deux princes convoitoient le royaume de leurs neveux. Louis de Germanie ne comptoit plus fur le teftament de Lotaire, il connoiffoit l'affection de ce prince pour Hugues qu'il avoit eu de Valdrade. Ils formèrent le projet de garder Lotaire à garder Thietberge, fous prétexte du fcandale que caufoit fon prétendu adultère avec Valdrade. Le roi de Lorraine avoit un fidèle ami dans l'empereur : ce prince ouvrit les yeux au pape fur les deffeins de Louis de Germanie & de Charles-le-Chauve. Adrien leva l'excommunication de Valdrade, Lotaire avoit cette affaire tellement à cœur,

de grand prix, & un autre d'un vafe de terre commune, ainfi du refte.

Enfin en 1685, Louis XIV renouvella dans ce royaume, la mémoire des anciennes *loteries* romaines : il en fit une fort brillante au fujet du mariage de fa fille avec M. le duc. Il établit dans le falon de Marly quatre boutiques remplies de ce que l'induftrie des ouvriers de Paris avoit produit de plus riche & de plus recherché. Les dames & les hommes nommés du voyage, tirèrent au fort les bijoux dont ces boutiques étoient garnies. La fête de ce prince étoit fans doute très-galante, & même à ce que prétend M. de Voltaire, fupérieure en ce genre à celle des empereurs Romains. Mais fi cette ingénieufe galanterie du monarque, fi cette fomptuofité, fi les plaifirs magnifiques de fa cour euffent infulté à la mifère du peuple, de quel œil les regarder.ons-nous ? ( *D. J.* )

LOTH, *couvert*, ( *Hift. Sacr.* ) fils d'Aran, petit-fils de Tharé, fuivit fon oncle Abraham, lorfqu'il fortit de la ville d'Ur, & fe retira avec lui dans la terre de Chanaam. Comme ils avoient l'un & l'autre de grands troupeaux, ils furent contraints de fe féparer, pour éviter la fuite des querelles qui commençoient à fe former entre les pafteurs. *Loth* choifit le pays qui étoit autour du Jourdain, & fe retira à Sodome, dont la fituation étoit riante & agréable ; mais dont les habitants, perdus de vices, devoient bientôt être écrafés par la foudre & la colère de Dieu. Quelque temps après, Codorlahomor, roi des Elamites, après avoir défait les cinq petits rois de la Pentapole, qui s'étoient révoltés contre lui, pilla Sodome, & enleva *Loth*, fa famille & fes troupeaux. Abraham en ayant été informé, pourfuivit le vainqueur, le défit, & ramena *Loth* avec ce qui lui avoit été enlevé. Celui-ci continua de demeurer à Sodome, jufqu'à ce que les crimes de cette ville infame étant montés à leur comble, Dieu réfolut de la détruire avec les quatre villes voifines. Il envoya pour cela trois anges, qui vinrent loger chez *Loth*, fous la forme de jeunes gens. Les Sodomites les ayant apperçus, fe livrèrent à une paffion abominable, & voulurent forcer *Loth* à les leur abandonner. *Loth*, effrayé de la vue du péril que couroient fes hôtes, & du crime déteftable que vouloient commettre ces furieux, offrit de leur abandonner fes deux filles ; & cette offre, effet de fon trouble que l'on ne peut excufer, parce qu'il n'eft jamais permis de faire un mal pour empêcher les autres d'en faire un plus grand, n'ayant pas arrêté ces infames, les anges les frappèrent d'aveuglement, prirent *Loth* par la main, & le firent fortir de la ville avec fa femme & fes deux filles. Il fe retira d'abord à Segor, jufqu'à ce qu'ayant vu la punition éclatante exercée contre Sodome, il n'ofa demeurer dans le voifinage, & fe réfugia dans une caverne avec fes deux filles : car, fa femme, pour avoir regardé derrière elle, contre la défenfe expreffe de Dieu, & par une curiofité qui avoit fa fource dans l'amour des biens qu'elle venoit de quitter, avoit été changée en ftatue de fel. Les filles de *Loth* s'imaginant que la race des hommes

étoit perdue, enivrèrent leur père, & dans cet état, elles conçurent de lui chacune un fils ; Moab, d'où fortirent les Moabites ; & Ammon, qui fut père des Ammonites. On ne fait ni le temps de la mort, ni le lieu de la fépulture de *Loth*, & l'écriture n'en dit plus rien. (†.)

LOTH, f. m. (*Hift. Mod.*) poids ufité en Allemagne, & qui fait une demi-once ou la trente-deuxième partie d'une livre commune.

LOTAIRE I, troifième empereur d'Occident depuis Charlemagne., ( *Empire François.* ) né vers l'an 795, de l'empereur Louis-le-Pieux, fon prédéceffeur, & de l'impératrice Irmengarde, affocié à l'empire en 817, fuccéda à fon père en 840, meurt fous le froc dans l'abbaye de Prum en 855, âgé de 60 ans : il laiffa de l'impératrice Irmengarde fa femme, trois fils & une fille. Louis II, fon aîné, lui fuccéda au royaume d'Italie & au titre d'empereur. *Lotaire* fon puîné, eut l'Auftrafie, appellée *Lorraine* de fon nom, & Charles, le troifième, eut la Provence qui fut érigée en royaume ; Irmengarde, fa fille, époufa Gifalbert, duc d'Aquitaine. *Voyez* LOUIS *le Débonnaire* & CHARLES *le Chauve*, ( *A. R.* )

LOTAIRE I, roi de Lorraine, fils du précédent, ( *Hiftoire de France.* ) On ne fait comment l'empereur *Lotaire I.* qui verfa tant de fang pour réunir la monarchie fous un feul maître, put confentir à partager entre fes fils la portion qu'il en avoit poffédée, fur-tout dans un temps où ces princes pouvoient être afservis par leurs oncles Louis de Germanie & Charles-le-Chauve, qui chacun poffédoient autant d'états qu'eux trois réunis : les fuites de ce partage furent telles qu'il eût dû les prévoir, les malheurs de fes peuples & l'aviliffement de fa poftérité : il fut fans doute conduit par une fauffe idée d'équité qui doit toujours céder à l'intérêt de l'état : il comptoit peut-être fur l'union qui devoit régner entr'eux, & il y en eut peu : ils eurent d'abord des démêlés affez vifs, & bientôt ils fe partagèrent entre leurs oncles dont ils furent les efclaves plût t que les alliés. *Lotaire* entretenoit au fond de fon cœur une paffion qui lui devint trop funefte, il avoit vécu dans fa jeuneffe avec Valdrade, il conçu le deffein de l'époufer & de répudier la reine Thietberge : Charlemagne fon bifaïeul, en avoit fouvent ufé de la forte ; mais fa pofition n'étoit pas la même, il s'en falloit bien qu'il fût anfli puiffant : Charlemagne avoit commandé au tiers de l'Europe, il ne pouvoit fuivre fans danger l'exemple de ce prince : *Lotaire* ne s'aveugla pas fur les difficultés d'une femblable entreprife : il ufa des plus grands ménagements, tant envers le clergé qu'envers les princes fes oncles & fes frères : il donna à Louis II. les villes de Laufanne & de Sion, avec plufieurs comtés dans le voifinage ; le roi de Germanie eut l'Alface. Au refte, les motifs ou les prétextes ne lui manquèrent pas : il prétendit que la reine vivoit inceftueufement avec un comte appellé *Hugues*, jeune feigneur très-connu par la licence de fes penchans, & qu'avant de la connoître il avoit époufé Valdrade par un ma-

*riage*

riage caché. Thietberge, soit par foiblesse & par crainte, soit qu'elle l'eût réellement commis, avoua le délit avec des circonstances qui pouvoient faire ajouter foi à l'accusation. Un concile national la jugea criminelle, & prononça une sentence de divorce : cette importante affaire sembloit être terminée, mais Charles-le-Chauve la regarda comme un prétexte dont il pouvoit avantageusement se servir pour dépouiller son neveu. Les conseils que ce prince ambitieux donna à Thietberge furent la cause d'une infinité de troubles dans l'état & dans l'église. La reine répudiée soutint que l'aveu de son crime lui avoit été extorqué par la violence, & qu'elle n'étoit aucunement coupable. Le pape gagné par les émissaires de Charles-le-Chauve, se déclara pour la reine disgraciée, qui passa aussi-tôt à la cour de Neustrie, d'où elle prit toutes les mesures pour semer la confusion & le désordre dans les états de son mari. Un second concile ratifia la sentence du divorce, & ordonna le couronnement de Valdrade. Nicolas I. ne laissa pas échapper l'occasion d'augmenter les prérogatives de son siége, & contre les loix de la monarchie qui ne permettoient pas qu'une cause commencée dans un royaume en pallât les limites, il s'en attribua la connoissance, s'élevant ainsi au-dessus des conciles, ce que ses prédécesseurs n'avoient eu garde de faire. Il commença par lancer les foudres de l'excommunication contre le roi de Lorraine; c'étoit encore une usurpation du saint siége, chaque évêque avoit le droit exclusif de les lancer dans son diocèse. Hincmar, archevêque de Rheims, soutint les droits des évêques contre les entreprises du pape; mais ce prélat étoit attaché à Charles-le-Chauve, il se contenta de défendre les privilèges de son ordre, sans chercher à faire cesser les tracasseries auxquelles Lotaire étoit en butte. Nicolas fut inflexible sur le mariage de Valdrade, il traita les conciles qui l'avoient permis d'assemblées infames; & sépara de sa communion les évêques qui y avoient présidé. Louis II. prit le parti de son frère, il marcha vers Rome, envoya des ordres pour arrêter Nicolas. Ce pontife employa des armes bien dangereuses; il fit regarder Louis II. comme un impie qui prétendoit renverser l'autel; il exhorta la populace de Rome à se dévouer au martyre : on fit des processions, on recita des litanies, & l'on se condamna à des jeûnes rigoureux. Toutes ces pieuses pratiques étoient employées pour perdre deux têtes couronnées, l'empereur & le roi de Lorraine. Il faut observer que les légats du saint siége avoient approuvé le mariage de Lotaire avec Valdrade, comme ayant été conclu avant celui de Thietberge. Nicolas prit presque le seul qui le regardât comme illégitime, & sa grande intimité avec Charles-le-Chauve, nous donne lieu de croire qu'il y entroit bien des considérations humaines. Une entrevue de Charles-le-Chauve avec Louis de Germanie, causa les plus mortelles frayeurs à Lotaire, il sentit bien qu'ils ne se réunissoient que pour le dépouiller. Il plia enfin sous l'orage, & consentit à reprendre Thietberge: ce fut alors que la cour de Rome fit sentir tout le poids de son despotisme; le pape enhardi par le succès, força Valdrade d'aller à Rome pour y recevoir en personne

la pénitence qu'il jugeroit à propos de lui, prescrire. Cette contrainte de vivre avec Thietberge augmentoit encore le dégoût de Lotaire pour cette princesse, & rendoit plus tyrannique sa passion pour Valdrade : cependant la soumission qu'il avoit montrée au saint siége avoit déconcerté les mesures de Charles-le-Chauve, qui ne l'avoit traversé que dans l'espoir de parvenir à se revêtir de ses dépouilles. Charles changea alors de systême; toujours guidé par l'envie d'accroître ses états, il montra des dispositions favorables pour Valdrade : il eut une entrevue avec Lotaire, qui, pour récompenser les services qu'il lui faisoit espérer, lui donna l'abbaye de Saint-Vast. Thietberge se voyant privée de son principal appui, descendit du trône où monta sa rivale. Elle écrivit même en cour de Rome; elle assuroit le pape que Lotaire avoit eu de justes motifs de la répudier; elle s'avoua même incapable de remplir les vœux du mariage, elle fit le même aveu dans une assemblée synodale; mais le pape fut toujours fidèle à ses premiers sentimens, il refusa de croire Thietberge, &, lui fit un devoir sacré de rester dans le palais de Lotaire, que fut encore obligé de se retourner vers ses oncles. Charles l'avoit déja abandonné, dans l'espoir qu'il lui feroit faire de nouveaux sacrifices : ce fut pour s'en dispenser que Lotaire implora le secours de Louis de Germanie. On prétend même qu'il promit de lui laisser son royaume par son testament, & en obtint une lettre pour le pape, qui mourut sur ces entrefaites. Adrien qui lui succéda, & qui sentoit le besoin de ménager l'empereur Louis II, dans un temps où les Sarrasins menaçoient Rome, montra moins d'opiniâtreté; il consentit à convoquer un nouveau concile; bien différent de Nicolas qui prétendoit être l'unique juge. Charles-le-Chauve ne s'étoit pas si bien caché que l'on n'eût dévoilé les vues d'intérêt qui le faisoient agir. Ses desseins parurent dans plus grand jour : la modération d'Adrien qui se montroit disposé à pacifier les choses, lui ôtant tout espoir de perdre Lotaire par le clergé, il redoubla ses efforts & ses brigues auprès du roi de Germanie, qui perdit bientôt de vûe les promesses qu'il avoit faites à son neveu. Ils firent ensemble un traité qui portoit, « qu'en cas qu'il plût à » Dieu d'augmenter encore leurs états de ceux de » leurs neveux, soit qu'il fallût les conquérir, soit qu'il » fallût les partager entre eux par des arbitres, soit » qu'après la conquête ou le partage il fallût conserver » ou défendre ce qui leur seroit échu, ils s'assisteroient » mutuellement de toute leur puissance & de tous leurs » conseils, &c. » Il paroît bien clairement que ces deux princes comptoient le royaume de leurs neveux. Louis de Germanie ne comptoit plus sur le testament de Lotaire, il connoissoit l'affection de ce prince pour Hugues qu'il avoit eu de Valdrade. Ils formèrent le projet de faire condamner Lotaire à garder Thietberge, sous prétexte du scandale que causoit son prétendu adultère avec Valdrade. Le roi de Lorraine avoit un fidèle ami dans l'empereur : ce prince ouvrit les yeux au pape sur les desseins de Louis de Germanie & de Charles-le-Chauve. Adrien leva l'excommunication de Valdrade, Lotaire avoit cette affaire tellement à cœur, qu'il se décida à aller en Italie solliciter en personne la protection du saint père qui l'admit à sa communion ; il lui fit des présens très-considérables, il lui donna entr'autres des vases d'or, dorit l'art de l'ouvrier égaloit la richesse ; mais ce qu'il demanda au pape & ce qu'il en obtint, lui parut plus précieux que tous ces présens ; c'étoit une lionne, une palme & une férule ; la lionne représentoit Valdrade ; la palme, la réussite de toutes ses entreprises ; la férule, le pouvoir de chasser les évêques qui oseroient s'opposer à ses desseins ; mais cés favorables augures ne furent point justifiés : il mourut à Plaisance d'une maladie contagieuse, que ses ennemis firent passer pour une malédiction du ciel. Thietberge se rendit aussi-tôt auprès de son corps, elle lui fit rendre les honneurs funèbres, elle versa un torrent de larmes, & montra par sa sensibilité qu'elle étoit digne de l'amour qu'elle n'avoit pu lui inspirer ; il n'en avoit point eu d'enfans, on peut croire, d'après l'aveu qu'elle en fit, qu'elle étoit stérile.

Le règne de ce prince forme une époque remarquable dans notre histoire : cette malheureuse passion qu'il ne sut vaincre, ne servit pas peu à accélérer la chûte de la seconde race : il fit plusieurs concessions dangereuses, & pour conserver sa couronne, il la dépouilla de ses plus précieuses prérogatives. La politique ne lui pardonnera jamais les expressions dont il se servit dans une requête qu'il présenta aux évêques de son royaume ; après les avoir appellés les *pères*, *les docteurs des hommes*, *les médiateurs entre Dieu & le genre humain*, il leur dit expressément que la dignité royale devoit se soumettre à la sacerdotale ; que tous les fidèles étoient gouvernés par ces deux puissances, mais que l'une, c'est-à-dire, la sacerdotale étoit bien supérieure à l'autre. Doit-on s'étonner de la chûte d'une famille, dont les chefs tenoient une conduite si peu digne de leur rang, & sembloient se disputer à qui se dégraderoit le plus vîte ? *Lotaire* régna depuis 855, jusqu'en 869, ce qui forme un espace de 14 ans. (*M—y.*)

LOTAIRE, XXXIIIᵉ roi de France, (*Histoire de France.*) fils & successeur de Louis d'Outremer, & de la reine Gerberge, monta sur le trône de France en 954. Son frère Charles fut le premier des fils de rois qui n'eût point d'états ; une longue suite de guerres civiles avoit appris que le partage de la monarchie étoit le germe du dépérissement d'un état. Cet heureux exemple a toujours été suivi depuis. Hugues le Grand, qui tenoit sous sa domination le duché de France & de Bourgogne, étoit revêtu des premières dignités de l'état. Roi sans en avoir le titre, il favorisa l'élévation de *Lotaire*, qu'il tint dans sa dépendance. Cette modération feinte fut récompensée du duché d'Aquitaine qui fut enlevé à la maison de Poitiers : la mort délivra *Lotaire* d'un sujet qui balançoit son pouvoir, & n'eût pas manqué de troubler son règne, comme il avoit fait celui de Louis d'Outremer, son père. Hugues laissoit trois fils, dont l'aîné, célèbre sous le nom de *Hugues Capet*, fut la tige de cette longue suite de rois qui ont occupé & occupent encore aujourd'hui le trône de

France. Othon & Henri ses deux autres fils, possédèrent successivement le duché de Bourgogne.

Quoique *Lotaire* s'applaudit en secret d'être délivré d'un vassal qui, après l'avoir élevé sur le trône, étoit assez puissant pour l'en précipiter, il crut cependant devoir témoigner sa reconnoissance à ses enfans. Hugues Capet étoit à la cour du duc de Normandie, qui l'y retenoit dans un esclavage honorable. *Lotaire* employa les prières & les menaces pour l'en retirer, & voulant se l'attacher par le lien des bienfaits, il lui donna le duché de France & celui de Poitiers qu'avoit possédés son père. Leurs intérêts étoient trop opposés pour qu'ils fussent long-temps unis. Hugues Capet rechercha l'alliance du duc de Normandie, & dès qu'il fut assuré de son inclination, il donna un libre cours à son ambition. *Lotaire* sachant qu'il avoit tout à redouter de la part des Normands, s'occupa à multiplier les embarras de Richard, & lui suscita une infinité d'ennemis : il avoit même formé la résolution de le faire enlever ; le complot fut découvert, & Richard montra toute son indignation contre ce lâche procédé ; son ressentiment éclata contre Thibaut, comte de Chartres, qui s'étoit signalé par son attachement aux intérêts de *Lotaire*. Tous deux entrèrent dans une guerre où Thibaut eut le désavantage, le roi entreprit de le venger. Richard attira Hugues dans son parti ; l'alliance de ce duc ne lui paroissant pas suffisante, il appella les Danois à son secours : ces barbares fondirent tout-à-coup sur la France, ils semblèrent n'y être entrés que pour la changer en désert. Ce fut dans le comté de Chartres qu'ils exercèrent leurs plus cruels ravages, un nombre prodigieux d'habitans furent réduits en captivité. Thibaut, dépouillant la fierté de son caractère, demanda humblement pardon à Richard, qui le reçut à la tête de son armée, & daigna lui pardonner.

Richard assez puissant pour imposer la loi, n'écouta que sa générosité. *Lotaire* lui fit une députation pour lui demander la paix : ses ambassadeurs furent reçus avec bonté, on assigna une conférence entre le roi & le duc, qui promirent de tout oublier réciproquement, & leur réconciliation parut sincère, par des présens que se firent le roi & le duc.

*Lotaire* avoit autant d'ennemis que de grands vassaux : il tourna ses armes contre Arnoul, comte de Flandre, & voulut le punir du refus qu'avoit fait ce comte de l'assister dans la guerre contre les Normands. Arras fut sa première conquête, une place aussi forte emportée dans les premières attaques, détermina les villes voisines à ouvrir leurs portes. Le comte alloit être dépouillé de ses états, lorsque Richard, par sa médiation, força les deux partis à convenir de la paix. Le roi resta en possession de toutes ses conquêtes.

Ce fut après ce traité que *Lotaire* se rendit à Cologne, où il eut une entrevue avec l'empereur Othon le Grand. Ces princes se donnèrent réciproquement des marques d'estime & d'amitié ; & pour établir une parfaite intelligence entre les François & les Allemands, on arrêta le mariage du roi avec Emme, fille de *Lotaire II*, roi d'Italie, & d'Adélaïde, seconde femme d'Othon. L'empereur mena ensuite la cour de France à Ingelheim, pour y célébrer les fêtes de pâques ; la princesse Emme vint en France l'année d'après, accompagnée d'une infinité de seigneurs Allemands, qui assistèrent aux fêtes de son mariage avec *Lotaire*. Cette alliance avec les Impériaux ne pouvoit long-temps subsister ; la Lorraine qu'ils retenoient, & que les rois de France avoient toujours regardée comme une partie de leur patrimoine, étoit un germe de guerre toujours prêt à éclorre. Othon. II. avoit succédé à Othon I. Cet empereur, après avoir pacifié ses états, s'étoit rendu à Aix-la-Chapelle pour se délasser de ses fatigues : il s'occupoit des affaires de religion ; mais un état si tranquille ne dura guère. Le roi de France profita de sa sécurité pour exécuter ses desseins sur la Lorraine ; il fait une irruption subite dans cette province, & entre en vainqueur dans Aix-la-Chapelle sans déclaration de guerre, & sans qu'on eût le moindre avis de sa marche. Peu s'en fallut que l'empereur ne tombât entre ses mains ; on dit même que les François y arrivèrent comme il alloit se mettre à table. *Lotaire* ne garda pas long-temps sa conquête, qui, à proprement parler, n'étoit qu'un brigandage. Othon II. ne rentra en Allemagne que pour faire des préparatifs ; il envoya dire à *Lotaire* que c'étoit dans Paris même qu'il prétendoit lui demander raison de cette insulte : il se rendit en France dans l'année même, & vint devant Paris qu'il tint assiégé pendant trois jours : il auroit continué plus long-temps ses assauts, sans la saison qui étoit fort avancée : il reprit la route de ses états. *Lotaire* l'incommoda dans sa retraite ; des auteurs prétendent que ce prince remporta une grande victoire sur les Impériaux au passage de la rivière d'Aine ; mais comme la Lorraine resta sous la domination Allemande, leur opinion nous paroît fort suspecte. Les moines, qui défrichoient d'une main pesante le champ de l'histoire, que l'ignorance lui avoit livré, rapportent qu'un évêque communiqua aux eaux de l'Aine la solidité de la terre ; & que les Allemands marchèrent dessus comme sur le pont le mieux affermi. C'étoit mettre l'évêque au-dessus de Moïse & de Josué. Il y eut un traité entre les deux monarques. *Lotaire* renonça à la Lorraine en faveur d'Othon II. qui en donna l'investiture à Charles de France, frère de *Lotaire*. On prétend cependant qu'Othon ne reçut la Lorraine que comme fief de la couronne de France. La mort d'Othon arrivée en 883, donna quelqu'espoir à *Lotaire* de pouvoir rompre avec avantage un traité qui le privoit d'une province dont il avoit toujours ambitionné la domination. Il voyoit sur le trône de Germanie un prince jeune encore, & que le vieux Henri de Bavière vouloit en faire seigneur. Il se jetta d'abord sur Verdun dont il se rendit maître, & fit prisonnier le comte Godefroi ; mais quand il sut que la puissance d'Othon III. étoit affermie, il abandonna sa conquête & rendit la liberté à son prisonnier.

L'association de son fils Louis à la royauté, fut le dernier événement mémorable de son règne : il le fit couronner avec sa femme Blanche d'Aquitaine, qui peu sensible à l'élévation de son jeune époux, & à la couronne qu'elle venoit de recevoir, s'enfuit de la cour. On prétend que Blanche étoit rebutée de l'humeur

sèche & brusque de son mari. *Lotaire* fâché de l'évasion de cette princesse, alla lui-même l'exhorter de revenir auprès de son fils. Il mourut à Reims au retour de ce voyage, qui atteste son affection pour sa famille : cet événement se rapporte au second jour de mars 986. On croit qu'il mourut du poison que lui présentèrent les aspirans à la couronne. Des historiens ont accusé la reine sa femme de ce crime : mais, sans rien dire de l'excessive douleur qu'elle témoigna à la mort de ce prince, ( tous les historiens conviennent qu'elle versa un torrent de larmes ) est-il croyable que cette princesse eût pu sacrifier ainsi son mari dont dépendoient son bonheur & sa gloire ? Que devoit-elle désirer de plus que d'être reine de France ? *Lotaire* est le dernier des rois du sang de Charlemagne qui ait retracé quelques-unes des vertus de ce grand homme. Il étoit d'un tempérament robuste, & avoit une force de corps étonnante. Sa dextérité le rendoit propre à tous les exercices ; son esprit se ressentoit de la trempe de son corps, plein de sève & de vigueur. Il étoit actif, vigilant, & sa bravoure alloit jusqu'à l'intrépidité. On lui reproche son peu de fidélité dans les traités, ce qui semble avoir été un vice de ce temps. L'histoire lui donne un défaut plus grand en politique, elle l'accuse de n'avoir point soutenu ses entreprises avec assez de constance. La plupart des historiens ne lui donnent que deux fils ; mais un livre de prières trouvé dans le dernier siècle, a fait croire à de savans critiques qu'il en eut un troisième, nommé *Othon*. Ce livre avoit appartenu à la reine Emme : le nom de ce prince s'y lit expressément ; on y voit encore une image fort bien faite, où Jésus-Christ est dépeint dans une nue, étendant sa droite sur les deux rois *Lotaire* & Louis, qui se tiennent par la main, & qui ont des couronnes en forme de cercle ; & sa gauche sur la reine qui lui présente un enfant tonsuré & portant une robe rouge : on prend cet enfant pour le jeune Othon.

*Lotaire* fut inhumé dans l'église de St. Remi, à Reims. Adalberon, archevêque de cette métropole, célébra ses funérailles ; ce prélat qui l'avoit traversé pendant tout le cours de son règne, lui donna à sa mort les éloges que ce prince pouvoit mériter. ( M—Y. )

Lotaire II, ( *Hist. d'Allemagne.* ) XIIe roi ou empereur de Germanie, depuis Conrad I, XVe empereur d'Occident depuis Charlemagne, fils de Gerard de Suplinbourg, & d'Hedwige, né en 1075, fait duc de Saxe en 1106, élu empereur en 1125, mort en 1137.

*Lotaire II* dut son élévation à son attachement aux intérêts du saint siège, & à sa haine contre la maison de Franconie. Dans sa jeunesse, il avoit porté les armes contre Henri IV, & avoit toujours été l'un de ses ennemis les plus opiniâtres. Henri V, pour le récompenser de l'avoir aidé à détrôner son père, lui avoit donné le duché de la Haute-Saxe ; mais *Lotaire II*, en se déclarant en faveur du fils perfide contre le père malheureux, ne servoit que sa haine. Henri V. s'en apperçut, dès qu'il fut parvenu au trône. Dans ses longs démêlés avec les papes au sujet des investitures, il l'eut toujours pour ennemi déclaré. La cour de Rome, pour payer son zèle, & pour l'entretenir, se servit de toute sa politique, & lui fit donner la préférence sur Conrad,

& fur Frédéric, neveux de Henri V. *Lotaire II.* fut couronné à Aix-la-Chapelle, en préfence des légats d'Honorius II, qui lui prêta le fecours de fes anathêmes pour écarter fes concurrens. Conrad bravant les excommunications du pontife, paffa à Milan, où il fe fit facrer & couronner roi de Lombardie. La mort d'Honorius arrivée dans ces conjonctures, fut une circonftance malheureufe pour *Lotaire.* Rome fût partagée en deux factions; le peuple nomma Innocent II, pour fuccéder au pape défunt; & les cardinaux qui prétendoient avoir le droit exclufif de nommer au fouverain pontificat, élurent Anaclet II. Celui-ci plus riche que fon concurrent, la force de fortir de Rome, & de fe réfugier en France, afyle ordinaire des papes opprimés. Conrad appuya Anaclet de toutes les forces de fon royaume, & trouva en lui un puiffant foutien. C'étoit donc un devoir de la politique de *Lotaire* de fe déclarer pour Innocent II. Ce pape s'étant rendu à Liége, *Lotaire* alla l'y vifiter, & eut pour lui les plus grands égards. On lui fait même un reproche d'avoir compromis la majefté du fouverain devant ce pontife. Il eft vrai que fans perdre la réputation d'un prince pieux qu'il ambitionnoit, il eût pu modérer au moins en public fon refpect pour Innocent II. Il lui rendit tous les devoirs de domefticité : dans les cavalcades de ce pape, il lui fervoit tantôt de coureur, tantôt de palfrenier & de valet-de-pied. Il tenoit la bride de fon cheval, écartoit la foule, quelquefois il couroit devant, & revenoit à l'étrier. Pepin en avoit fait par près autant, mais dans des circonftances bien différentes. Cependant *Lotaire* paffe en Italie pour chaffer Anaclet & Conrad. Les préparatifs de cette expédition furent confidérables. C'étoit un ufage d'annoncer le voyage en Italie, plus d'un an avant de l'entreprendre. Tous les vaffaux de la couronne fe rendoient dans la plaine de Roncaille où fe faifoit la revue générale. Les vaffaux qui refufoient de s'y trouver, étoient privés de leurs fiefs, ainfi que les arrière-vaffaux qui refufoient d'accompagner leurs feigneurs. Conrad n'ayant point d'armée capable d'arrêter les progrès du monarque, abandonna l'Italie, & repaffa en Allemagne, où il effaya, mais inutilement, de ramener fon parti. *Lotaire II,* après la retraite, ou la fuite de fon concurrent, fe rend maître de Rome, inftalle le pape, & fe fait couronner empereur. Pour prix de fes foupleffes & de fes fervices, il obtint pour lui & pour Henri, duc de Bavière, fon gendre, l'ufufruit des biens de Mathilde, cette comteffe fi fameufe par fes intrigues, par fon zèle pour les papes, & fa haine contre la domination Allemande. Le pontife exigeoit une redevance annuelle au faint fiége; mais c'étoit moins un bienfait de fa part, qu'une aliénation de celle de *Lotaire.* En effet les papes n'avoient qu'un droit fort équivoque fur ces biens, dont la fouveraineté appartenoit inconteftablement aux empereurs. C'étoit, dit Voltaire, une femence de guerre pour leurs fucceffeurs.

Le pape, jaloux de perpétuer la mémoire de fon avénement au fouverain pontificat, fit faire un tableau, un monument, dans lequel il étoit repréfenté avec tous les attributs de la fouveraineté; & *Lotaire* étoit à fes pieds : telle étoit la légende de ce tableau : « Le roi vient à

» Rome, & jure devant les portes de lui conferver » tous fes droits. Il fe déclare vaffal du pape qui lui » donne la couronne. » On ne fait fi *Lotaire* eut connoiffance de ce tableau; mais il eft bien certain que fes fucceffeurs ne fe contentèrent point du titre de vaffal des papes, Il eft cependant à croire que cette infcription injurieufe ne parut qu'après un fecond voyage que *Lotaire* entreprit en Italie pour achever de détruire Anaclet II, que Roger, roi de Sicile, s'obftinoit à faire reconnoître pour vrai pape. Roger, victime de fon attachement pour fon allié, fut chaffé jufqu'au fond de la Calabre, & privé de la Pouille que l'empereur conféra au duc Renauld; quoique les fuccès appartinffent à *Lotaire II* entièrement, le pape lui contefta le droit d'en inveftir Renauld, & partagea l'honneur de la cérémonie, en portant la main fur l'étendard de la province, à l'inftant qu'on le donnoit à ce duc. Il ne paroît pas que la religion fût intéreffée à ce que fes chefs jouiffent de cet honneur. *Lotaire,* peu après ce voyage, mourut à Bretten, petit village de Bavière.

Entre les diètes qui fe tinrent fous fon règne, la première eft la plus mémorable. Les états affemblés à Ratisbonne, lui tracèrent plufieurs loix qui limitoient fon pouvoir. Il fut décidé que les biens des profcrits appartiendroient aux états, & non à l'empereur, que les princes coupables de félonie, ne pourroient être jugés au duc Renauld; c'étoit une loi ancienne, mais les Henri y avoient porté atteinte. On lui défendit d'adopter aucune province de préférence pour y fixer fa cour, on lui fit un devoir de parcourir fucceffivement toutes les villes de l'empire. Il ne fut plus permis aux empereurs de faire conftruire des citadelles, pas même de fortifier les anciennes. Les états fe réfervèrent encore le droit d'établir de nouveaux impôts, celui de délibérer fur la paix, fur la guerre : enfin, les grands & les évêques ne voulurent voir dans l'empereur qu'un chef & nullement un maître. Son règne fut remarquable par la découverte du Digefte qu'il trouva au fiége de Melphi. Après avoir fait tirer des copies de ce précieux ouvrage, il envoya l'original aux Pifans, qui lui fournirent un fecours de quarante galères, fans lequel il n'auroit pu fe rendre maître de cette ville rebelle. Pife partageoit alors la gloire du commerce avec Gênes & Venife. Ces trois villes rivales vouloient dans leurs ports les richeffes de l'Afie; & c'étoient, elles feules, avec Rome dans l'Occident, que le gouvernement féodal n'avoit pas défigurées. *Lotaire* confirma les hérédités des fiefs & arrière-fiefs, & foumit les officiers des villes aux feigneurs féodaux. C'étoit le moyen de tenir l'Allemagne dans la fervitude & la mifère. On place fous le règne de ce prince l'extinction des rois Vénetes ou Vandales, anciens fouverains du Mekerbourget, d'une partie de la Poméranie. Ces rois avoient été foumis à plufieurs empereurs, & s'en étoient affranchis pendant les troubles excités par l'ambition des grands vaffaux & des papes. *Lotaire* donna l'inveftiture de ces provinces à Canut, roi des Danois, pour les tenir en fief de l'empire. C'eft depuis cette époque que les fucceffeurs de Canut portent le titre de roi des Vandales, quoique leur domination fur ces provinces ne fubfifte plus. Il eft incertain fi ce fut fous le règ e de *Lotaire II*, ou fous celui de Henri V, fon prédéceffeur, que les feigneurs prirent le titre de *coimperantes*, fe regardant comme vaffaux de l'empire, & non de l'empereur.

*Lotaire II.* eut de fon mariage avec Rebecca ou Richenfa, un fils qui mourut jeune, & deux filles Gertrude & Hedvige; la première époufa Henri le Superbe, l'autre Louis le Barbu, langrave de Thuringe & de Heffe. (M—Y.)

LOTICHIUS, *Hift. Litt. mod.*) c'eft le nom de plufieurs allemands de la même famille, diverfement célèbres dans les lettres.

1°. Pierre, né en 1501, mort en 1576, abbé d'un monaftère appellé Solitaire, en allemand *Schluchtern*; il traduifit le luthéranifme dans fon abbaye. Il eft auteur de quelques ouvrages peu connus.

2°. Pierre fon neveu, l'eft davantage; il paffe pour un des plus grands poëtes que l'Allemagne ait produits. Ses poéfies font latines. Jean Hagius, médecin, en les publiant, a donné la vie de leur auteur, qui étoit auffi médecin. Il étoit né en 1528, dans l'abbaye de fon oncle. Il mourut en 1560, avant cet oncle.

3°. Chriftian, fière puîné du précédent, eft auteur auffi de vers latins eftimés, autant que peuvent l'être des vers latins modernes. Mort en 1568.

4°. Jean-Pierre, petit-fils de Chriftian, étoit médecin & poëte. On a de lui des livres de médécine, un commentaire fur Pétrone, des opufcules en vers & en profe. Il fut encore hiftorien. On a de lui une hiftoire des empereurs Ferdinand II & III.

LOUFÉRE, (Simon de la) (*Hift. Litt. mod.*) de l'Académie Françoife & de l'Académie des B. lles-Lettres. Né à Touloufe en 1642, d'un des principaux officiers du préfidial de cette ville, & d'une mère nommée Bertrand ou Beftrandi, qui étoit de la famille du cardinal Bertrand ou Bertrandi, garde des fceaux, fous Henri II, cultiva les lettres, mais s'attacha plus particulièrement à la politique; il fut d'abord fecrétaire d'ambaffade en Suiffe; il alla enfuite à Siam en 1687, avec le titre d'envoyé extraordinaire. On a fa relation & elle eft eftimée. Chargé enfuite d'une commiffion fecrète & apparemment délicate, en Efpagne & en Portugal, il fut arrêté à Madrid; il fallut pour le ravoir, ufer de repréfailles en France, fur les Efpagnols qui s'y trouvoient. Il fut reçu à l'Académie Françoife en 1693, & préféré peut-être par le crédit de meffieurs de Pontchartrain fes protecteurs & fes amis, à La Fontaine, qui s'en vengea par ces vers connus:

Il en fera, quoi qu'on en die;
C'eft un impôt que Pont-Chartrain
Veut mettre fur l'Académie.

En 1694, il fut un des huit feus académiciens, dont l'Académie des Belles-Lettres étoit alors compofée, & qui étoient tous de l'Académie Françoife. Peu de

temps après il fe retira dans fa patrie, s'y maria, y établit l'Académie des Jeux Floraux, alors dégénérée, & y mourut en 1729. Il difoit qu'il n'avoit jamais fait de faux ferments, pas même en amour. On a de lui des poéfies répandues dans divers recueils; il cultivoit auffi les mathématiques, & il eft auteur d'un Traité de la *réfolution des Equations ou de l'extraction de leurs racines.*

LOUET, (Georges) (*Hift. Litt. mod.*) confeiller au parlement de Paris, & agent général du clergé, nommé à l'évêché de Tréguier, mais mort en 1608 fans en avoir pris poffeffion, eft auteur d'un recueil d'arrêts, auquel on joint les commentaires de Brodeau. (*Voyez* BRODEAU.)

LOUINIGUIN, f. m. terme de relation, nom donné par les Sauvages d'Amérique, au trajet de terre qui fait la diftance du paffage d'une rivière à une autre, pendant lequel trajet on eft obligé de porter fon canot fur la tête ou fur les épaules. Il fe trouve auffi des endroits dans les rivières, où la navigation eft empêchée par des fauts, par des chûtes d'eau entre des rochers, qui retréciffent le paffage, & rendent le courant fi rapide, que l'on eft forcé de porter le canot jufqu'à l'endroit où le cours de la rivière permet on en faffe ufage; quelquefois le portage du canot eft de quelques heues, & fe répète affez fouvent; mais ce portage ne fatigue ni n'arrête les Sauvages, à caufe de la légèreté de leurs canots. Nous indiquerons ailleurs leur fabrique & leur forme. (A. R.)

LOUIS, (*Hift. de Pologne.*) roi de Pologne & de Hongrie. Il étoit déjà fur le trône de Hongrie, lorfqu'après la mort de Cafimir III, il fut appellé à celui de Pologne l'an 1370. La Pologne étoit en proie aux brigandages des Lithuaniens; il ne lui manquoit plus pour comble de malheurs, que d'être gouvernée par *Louis.* Ce fantôme de roi difparut tout-à-coup, emportant avec lui toutes les marques de la royauté le fceptre, la couronne, le globe d'or & l'épée. Il laiffoit dans fes nouveaux états Elifabeth fa mère, affez fage pour les gouverner, mais trop foible pour les défendre. Les défaftres de la Pologne & que le mal s'accroître jufqu'à la mort de *Louis*, arrivée l'an 1382. Il avoit défigné pour fon fucceffeur Sigifmond, marquis de Brandebourg, fon gendre. (M. DE SACY.)

Louis IV, furnommé l'*Enfant*, (*Hift. d'Allemagne.*) roi de Germanie & de Lorraine; ce prince, le dernier de la race de Charlemagne qui occupa le trône de Germanie, naquit l'an 893, de l'empereur Arnoul, & de l'impératrice Oda. Son exemple prouve la vérité de la remarque que nous avons faite à l'article de fon père, que l'enfance des princes François n'étoit un obftacle à leur élévation; & que le refus de couronner Charles-le-Simple, par rapport à fon extrême jeuneffe, n'étoit qu'un prétexte pour colorer l'ufurpation d'Eudes. En effet, *Louis IV* n'avoit que fept ans, lorfque les Germains, dans une affemblée libre, tenue à Forcheim, lui donnèrent la couronne. On dit dans une affemblée libre, parce que les Germains, jouiſſoient du droit d'élire leurs ſouverains, depuis qu'Arnoul avoit conſenti de recevoir le ſceptre qu'ils lui offrirent, tandis que Charles-le-Gros, ſon oncle, le poſſédoit encore. La couronne avoit été promiſe à *Louis*, même avant ſa naiſſance; lorſque l'empereur, ſon pere, invita les états dans une diète qu'il tint en 889, à conſentir au partage de ſes états entre Zumtibold & Rathold, ſes fils naturels, ils le lui promirent, mais ſeulement dans le cas où il ne laiſſeroit aucun fils légitime. Ils ſuivirent l'ancienne coutume, que l'on avoit violée à la vérité envers Charles, fils de Louis-le-Begue, mais que l'on reſpectoit encore, » Nous avons beau- » coup mieux aimé, dit Hatton, archevêque de » Mayence, ſuivre l'ancien uſage des Francs, dont » les rois ont tous été d'une même maiſon, que d'in- » troduire une nouvelle coutume ». Arnoul, en déclarant par un décret, qu'on devoit ſe ſoumettre au joug de l'égliſe de Rome, n'avoit entendu parler que du joug ſpirituel; mais il ſemble que dès-lors les papes prétendoient l'étendre ſur le temporel, comme il paroît par la lettre de Hatton à Jean IX : ce prélat ſe juſtifioit ſur ce qu'on avoit procédé à l'élection de *Louis IV*, ſans ſon agrément; cependant cette lettre peut avoir été ſuppoſée. Le ſilence de pluſieurs auteurs, qui ont écrit ſur la vie des papes, autoriſe ce ſoupçon. Le règne de *Louis* ne fut pas moins orageux que celui de ſes prédéceſſeurs. Tous les ordres de l'état ſe jouèrent de ſa jeuneſſe, & s'arrogèrent les droits les plus précieux du trône. L'évêque de Toul en obtint le privilège d'avoir de la monnoie frappée à ſon empreinte; il ſe fit encore donner tous les péages du Comté, qui fut déclaré libre de tribut envers la couronne. La qualité de Hatton, & ſon crédit dans le royaume, porté au plus haut dégré, puiſqu'il étoit à la tête de la régence, nous font ſoupçonner qu'il eut la plus grande part à cette dangereuſe conceſſion; & l'on a lieu de s'étonner de ce qu'Othon-le-Grand, beau-frère du jeune prince, & collègue de Hatton dans la régence, n'apporta aucun obſtacle aux deſirs trop ambitieux du prélat. Cependant *Louis* fut à peine placé à la tête de l'état, que les Lorrains qui abhorroient ſa domination de Zumtibold, prince colère, & qui s'oublioit quelquefois juſqu'à maltraiter les évêques ( dans un accès de fureur il manqua d'en faire expirer un ſous le bâton ) l'invitèrent à venir recevoir leur hommage. Zumtibold voulut en vain éviter le ſort dont il étoit menacé: attaqué d'un côté par ſes ſujets, & de l'autre par les Germains qui le ſurprirent aux environs de la Meuſe, il fut vaincu & tué dans un combat; les deux tiers de ſon armée reſtèrent ſur le champ de bataille; &, tous ſes bagages furent la proie du vainqueur. *Louis* trouvant tous les paſſages libres, ſe rendit à Thionville, où tous les ſeigneurs de la Lorraine le reconnurent pour leur ſouverain; mais cette lueur de proſpérité s'éclipſa bientôt. Ses ſuccès étendoient les bornes de ſa domination ſans affermir ſon autorité. Les Lorrains & ſes autres ſujets ne lui rendirent qu'un ſtérile hommage. Devenus proprié-

taires des fiefs qui appartenoient à la couronne, ils conſtruiſirent des châteaux, & ſe fortifièrent les uns contre les autres, plus jaloux de venger leurs querelles particulières, que de ſoutenir les intérêts de l'état, ou de combattre pour ſa gloire. Les Huns, ou Hongrois, armés par la politique de Bérenger, qui donnoit des loix à l'Italie, & qui craignoit de voir les Germains lui redemander un royaume où il régnoit au milieu des ſujets terribles factions, avoient déja ravagé la haute-Pannonie, & s'apprêtoient à paſſer le Lech, qui ſervoit de limite à cette province du côté de la Bavière. *Louis* abandonné par la plus grande partie de ſes ſujets, fut réduit à marcher preſque ſeul contre ces redoutables ennemis. Le courage féroce des Hongrois l'emporta ſur l'adreſſe & ſur la ſcience militaire. Les Germains furent vaincus, & ſe virent dans l'impuiſſance de couvrir la Bavière, la Suabe & la Franconie, qui furent expoſées à toutes les calamités de la guerre. Ces provinces déſolées ſouffrirent tout ce qu'elles pouvoient éprouver de la part de ces peuples ſanguinaires. *Louis* hors d'état de les chaſſer par la force des armes, leur donna des ſommes conſidérables qu'ils convertirent preſque auſſi-tôt en un tribut réglé. Forcé d'épouſer les querelles d'une partie de ſes ſujets contre l'autre*, il ne put effacer cette tache qui déshonoroit ſon règne. La douleur qu'il en conçut termina ſa carrière qui fut auſſi courte que laborieuſe. Il mourut le 21 janvier 912, dans la vingtième année de ſon âge, la treizième de ſon regne. Ce prince étoit digne d'une meilleure fortune, il eut beaucoup de fermeté dans un temps où il étoit dangereux d'en faire paroître. Il fit trancher la tête à Albert, comte de Bamberg, pour avoir excité une guerre civile, à laquelle preſque toutes les provinces de Germanie avoient pris part. Les biens de ce factieux furent confiſqués & ſervirent dans la ſuite à doter l'égliſe de Bamberg, dont l'empereur Henri II fut le fondateur. Pluſieurs écrivains le regardent comme la tige des anciens margraves & ducs d'Autriche. Il avoit tué dans un combat Conrad de Fridzlard, ſon ennemi particulier. Ce Conrad fut la ſouche des empereurs de la maiſon de Franconie. ( *M.—Y.* )

LOUIS V, dit *de Bavière* & *le Grand*, ſucceſſeur de Henri VII, ( *Hiſt d'Allemagne.* ) né l'an 1284, de Louis-le-Sévère, duc de Bavière, comte palatin du Rhin, & de Mathilde, fille de l'empereur Rodolphe de Habsbourg, élu à Francfort l'an 1314, mort l'an 1346 le 11 octobre.

La vie guerrière & politique de Henri VII ſembloit promettre à l'Allemagne quelques jours heureux; mais la mort de ce prince, moiſſonné au milieu de ſa carrière, laiſſa cet infortuné pays expoſé aux maux qui le déſoloient. Les Allemands renonçant à la domination de la race des Pepin, avoient rendu le trône électif, ſans établir de loix fixes pour prévenir le déſordre que devoit occaſionner ſa concurrence. La pluralité des ſuffrages n'étoit pas un droit; d'ailleurs tous les ſeigneurs iſſus d'une maiſon électorale, prétendoient concourir aux élections. Un prince devoit donc réunir tous les ſuffrages, ou l'Allemagne étoit

expofée au feu des guerres civiles. Frédéric d'Autriche, furnommé *le Beau*, profitant du vice de la
conftitution germanique, fe fit couronner à Bonn,
tandis que *Louis V*, appellé par le plus grand nombre des électeurs, fe faifoit couronner à Aix-la-Chapelle. Ces deux célèbres rivaux, fembloient également
dignes du haut rang qu'ils ambitionnoient : même
dextérité dans les affaires, mêmes avantages dans l'extérieur, même valeur dans les combats. Frédéric,
moins heureux, perdit l'empire & la liberté à la fanglante journée de Muhldorff, le 28 septembre 1322,
& fut relégué dans le château de Tranfnitz, d'où, fuivant les meilleurs témoignages, il ne fortit dans la
fuite qu'après avoir abdiqué.

*Louis*, vainqueur de Frédéric d'Autriche & du parti
de ce prince, fe difpofoit à rétablir le calme & à fermer les plaies de l'état. Il n'eut pas commencé cette
louable entreprife, que des nouvelles d'Italie lui
firent craindre la perte d'un empire, qu'il venoit en
quelque forte de conquérir. Jean XXII, pontife ambitieux, & qui ne fe contentoit pas d'être le difpenfateur des tréfors céleftes, feignit de s'intéreffer au
fort de l'empereur dégradé, & fomentant le reffentiment des Guelfes, les partifans, contre les Gibelins
toujours fidèles aux empereurs, il cita *Louis V* à fon
tribunal, il le fomma même de fe défifter dans trois
mois de l'empire, pour avoir ofé, difoit-il, prendre
la qualité de roi des Romains avant d'avoir foumis
fon élection à l'examen de la cour de Rome. Plufieurs
papes avoient affecté ce ftyle, qui feroit aujourd'hui
fi déplacé, fi ridicule. Ce fut dans cette occafion que
*Louis V* déploya toute la profondeur de fon caractère. Le parti de Frédéric étoit affoibli fans être détruit, & dans un temps où les peuples ne connoiffant point les juftes limites de la puiffance fpirituelle,
trembloient au bruit des cenfures de Rome, injuftes
ou légitimes ; l'empereur fentoit qu'un pape pouvoit
prêter à fes ennemis des armes redoutables ; d'ailleurs, l'exemple de fes prédéceffeurs pouvoit lui caufer de juftes alarmes ; jamais l'Allemagne n'avoit été
fi bien unie que les papes n'euffent trouvé le moyen de
la divifer. Il diffimula le dépit que pouvoient lui occa-
fionner ces prétentions offenfantes, & fans paroître
rejetter, ni approuver la bulle qui contenoit les volontés du pontife, il la déféra aux états affemblés,
& ce ne fut qu'après avoir réuni l'univerfalité des
fuffrages qu'il fit éclater fon jufte reffentiment. L'empereur & le pape s'anathématisèrent tour-à-tour :
*Louis V* fe vit à la veille d'être dépofé ; Jean XXII le
fut réellement. L'empereur étant entré en Italie, prit la
couronne des Lombards à Milan, affiégea Pife, fe fit
proclamer à Rome & après y avoir renouvellé les
cérémonies de fon facre, il inftalla fur la chaire de
faint Pierre un Francifcain, qui prit le nom de *Nicolas V*, mais qui bientôt devoit fuccomber fous les
foudres de Jean. » Nous voulons, (c'eft ainfi que
s'exprimoit *Louis* dans une affemblée du clergé. & de
la nobleffe de Rome) fuivre l'exemple d'Oton I,
» qui, avec le clergé & le peuple de Rome, dépofa
» Jean XII : armés de la même autorité, nous dépo-

» fons l'évêque de Rome, Jacques de Cahors, dou-
» blement coupable d'héréfie & de lèze-majefté ».
*Louis V* ne montroit pas moins de fermeté que le
grand prince qu'il s'étoit propofé pour modèle. Il fit
une ordonnance qui défendoit à tous les évêques
( 23 avril 1326 ), & notamment au pape, qui réfidoit à Avignon, de s'abfenter plus de trois mois de
leur églife, ni de s'en éloigner de plus de deux journées fans le confentement de leur chapitre. Le pape
étoit perdu fans l'oppofition que lui donna le jeune
Colonna, l'un des principaux de la nobleffe, fit afficher à la
porte de l'églife où fe tenoit l'affemblée. Tout fe confond à Rome fous plufieurs factions ennemies ; le roi
de Naples, toujours attaché au pape, fe préfente aux
portes de Rome avec une forte armée, & *Louis V*
eft contraint de fe retirer à Pife, d'où il repaffa
peu de temps après en Bavière, prefque fans armée.
Le pape reprit bientôt fon premier afcendant ; Nicolas fut forcé de lui demander grace ; & l'empereur
lui-même fit des démarches pour fe réconcilier ; elles
furent infructueufes. Le pape, au lieu de répondre à fes
députés fit une ligue fecrette avec Jean, dit l'aveugle,
roi de Bohême, & vicaire de l'empire en Italie, qui,
flatté de l'efpérance de voir bientôt fon fils, Charles
de Luxembourg, fur le trône impérial, leva l'étendard à Rome fous plufieurs factions ennemies ; le roi de
France, d'Hongrie & de Pologne, le roi de Bohême
infulta la Bavière. Le pape mourut fur ces entrefaites, & tranfmit fa haine contre la maifon de Bavière, à Benoît XII, qui le remplaça. Une victoire
fignalée, remportée fur le roi de Bohême, & *Louis V*
le força de rentrer dans fes états. Il en fortit bientôt après
fur de nouvelles efpérances que lui donna Philippe
de Valois. L'empereur, pour conjurer cet orage,
s'attacha Edouard III, roi de la grande Bretagne,
prince fier, & dont les vues ambitieufes s'étendoient
jufques fur la France, malheureufe alors & déchirée
par le gouvernement féodal, qui ne fut jamais fait
pour fes habitans ; il lui donna la qualité de vicaire
de l'empire. On voit combien fes anciens privilèges,
dépourvue de fes anciens privilèges, jettoit encore
d'éclat, puifqu'Edouard, l'un des plus grands princes
qui aient régné, en Angleterre, s'honoroit du titre
de vicaire de *Louis*. Les frayeurs de Philippe, que les
Anglois attachoient au centre des états rendirent l'ambition du roi de Bohême moins active.
L'empereur ayant ainfi détourné l'orage fur fes voifins, négocia avec la cour d'Avignon. Benoît avoit
des fentimens pacifiques ; mais enchaîné par Philippe, dont il étoit le fujet, il n'ofa confentir à une
réconciliation ; & ce fut aux craintes que le pape
avoit de défobliger la cour de France, que l'Allemagne dut fa liberté. *Louis*, dont la main habile dirigeoit les coups du fier Edouard, enchaîna avec la
même facilité l'efprit des princes allemands, qui tant
de fois s'étoient armés contre fes prédéceffeurs. Affez
maître de lui-même pour étouffer fon reffentiment,
lorfqu'il étoit contraire à fes intérêts, il digéroit tous
les défagrémens que lui faifoit effuyer la cour d'Avignon. Dès qu'il s'apperçut que tous les efprits étoient

aigris contre le pontife, il assembla les seigneurs tant ecclésiastiques que séculiers, & leur ayant fait considérer que les outrages portés à sa personne étoient une tache qui s'étendoit sur eux, il les détermina à déclarer, « que celui qui a été élu empereur par le plus grand nombre est véritable empereur, que la confirmation du pape est inutile, que le pape n'a aucun droit de déposer l'empereur, que l'opinion contraire est un crime de leze-majesté ». Cette loi utile, même nécessaire, fut confirmée à Francfort (2 août 1338), dans une assemblée générale. Elle assigna de justes limites au pontificat; & le sacerdoce & l'empire, que les empereurs & les papes s'efforçoient de confondre en ambitionnant la supériorité l'un sur l'autre, devinrent deux puissances distinctes & séparées. Les Allemands s'attaquèrent moins fréquemment au trône de leur souverain, & Rome ne vit plus ses autels teints du sang de ses prêtres.

*Louis* voyant son trône affermi par cette nouvelle constitution, montra une fermeté qui eût été dangereuse auparavant. Il leva de sa propre autorité l'excommunication fulminée contre lui par Jean XXII & ratifiée par Benoit XII, & purgea les églises d'une multitude de prêtres indociles. Alarmé des progrès d'Edouard, il lui retira le vicariat, & recherchá l'amitié du pape, afin sans doute qu'il lui permît de travailler au rétablissement de l'autorité impériale en Italie, où elle étoit presque entièrement méconnue. Clément VI venoit de succéder à Benoit XII; ce nouveau pontife, enchaîné par ses égards pour Philippe, qui d'abord l'avoit fait archevêque de Rouen, se refusa à une réconciliation, & suivit les procédures de Jean XXII contre lui. Il sollicita même l'archevêque de Trèves de faire en Allemagne un nouvel empereur; il excite Jean de Luxembourg, devenu moins redoutable depuis qu'il avoit perdu la vue, mais non pas moins ambitieux: il flatte le duc de Saxe, & réveille la haine de la maison d'Autriche contre la maison de Bavière. Après plusieurs trames secrettes & publiques, il publie contre l'empereur un manifeste rempli d'imprécations non moins injustes qu'indécentes; « Que la colere de Dieu, (c'est ainsi que s'exprimoit cet implacable pontife), celle de saint Pierre & de saint Paul tombe sur lui dans » ce monde & dans l'autre; que la terre s'ouvre & » l'engloutisse tout vivant; que sa mémoire périsse; » que tous les élémens s'arment pour le combattre; » que ses enfans tombent dans les mains des ennemis » aux yeux de leur père ». La maison de Luxembourg avoit trop d'intérêt dans la révolution qu'on projettoit, pour observer la neutralité. Les facteux appelloient le marquis de Moravie, Charles, fils du roi Jean de Bohême, au trône impérial. Ce prince eut une conférence avec Clément VI, & obtint son suffrage, à condition qu'il casseroit les sages ordonnances de l'empereur, reconnoîtroit que le comté d'Avignon appartenoit de droit au S. Siége, ainsi que Ferrare & les autres biens qui anciennement avoient appartenu à la comtesse Mathilde, nom fameux dans les annales de l'empire, par les désordres que

cette princesse y avoit occasionnés: il le confirmoit encore dans tous les droits que le pape s'arrogeoit sur le royaume de Sardaigne, de Sicile & de Corse. Il fut encore stipulé que si l'empereur alloit à Rome pour s'y faire couronner, il ne pourroit y séjourner plus d'un jour, & que jamais il n'y rentreroit sans l'agrément ou plûtôt sans la permission expresse du pape.

Le marquis de Moravie s'étant assuré de l'inclination du pape par ce traité aussi lâche que perfide, écrivit à l'archevêque de Treves, son oncle, qui ne put résister à la tentation de voir son neveu sur le premier trône du monde. Valderan de Juliers, archevêque de Cologne, consentit à trahir son souverain pour un motif moins excusable. Il reçut mille marcs d'argent, & se jetta dans le parti des factieux qui, dans une assemblée tumultueuse, tenue à Rentz, près de Coblentz, proclamèrent roi des Romains Charles de Luxembourg, marquis de Moravie. Les cérémonies du sacre furent célébrées à Bonn, la ville de Cologne ayant refusé de recevoir les rebelles dans ses murs, quoique son archevêque fût parmi eux.

Ce parti que l'on pouvoit bien appeller celui du pape, étoit fort inférieur à celui de *Louis*. Tous les princes, tant ecclésiastiques que séculiers, excepté ceux que nous venons de nommer, montrèrent une fidélité incorruptible. Ils voyoient de mauvais œil qu'on portoit atteinte à la constitution qui étoit en quelque sorte leur ouvrage: ils secondèrent l'empereur de toutes leurs forces. Le marquis de Brandebourg son fils, remporta une victoire complette sur les rebelles, quoiqu'ils fussent commandés par leur chef. *Louis*, vainqueur par les armes de son fils, n'eut pas le bonheur de voir la fin d'une guerre commencée sous ces heureux auspices. Un accident termina sa vie glorieuse: il mourut à la chasse d'une chûte de cheval, & fut enterré à Munich; il étoit dans la soixante-troisième année de son âge, & la trente-troisième de son regne. L'impératrice Béatrix sa femme, fille de Henri III, duc de Glogau, lui donna deux princes & deux princesses, savoir, Louis, l'aîné, électeur & marquis de Brandebourg, qui vainquit Charles de Luxembourg; Etienne, duc de Bavière, souche de la maison électorale & ducale de cette province; Anne, qui fut mariée à Martin de l'Escale, fils de Canis de l'Escale, comte de Vérone; & Mathilde, qu'épousa Frédéric-le-sévère, marquis de Misnie. L'impératrice Marguerite, sa seconde femme (en 1324), fille & héritière unique de Guillaume III, comte de Hollande, lui donna quatre fils & une fille, savoir, Guillaume & Albert, comtes de Hollande, Louis-le-Romain & Othon, électeurs de Brandebourg; Elisabeth, qui fut successivement femme de Jean, dernier duc de la basse-Bavière, & d'Olri XI, comte de Virtemberg.

Quoique les Suisses eussent secoué le joug sous son prédécesseur, c'est cependant sous son règne qu'on doit placer l'époque de la liberté de cette nation aussi sage que belliqueuse. *Louis* leur en confirma l'inestimable

timable privilége dans la diète de Nuremberg, pour
se les rendre favorables contre Frédéric d'Autriche,
son concurrent.

Une loi défendoit à ses successeurs de rester dans
leurs états héréditaires, & les obligeoit de voyager
de ville en ville, & de province en province. Les
seigneurs qui devoient défrayer sa cour pendant ses
voyages, virent avec plaisir qu'il ne s'y conformoit
pas : en effet, il résida constamment dans ses états
de Bavière, à moins que quelque nécessité pressante
ne le forçât d'en sortir. On croit que c'est le premier
qui se soit servi dans ses sceaux de deux aigles en
forme de support. Venceslas les changea & les réduisit
en une aigle à deux têtes.

Ce fut sous son regne que parut le célebre Rienzi,
cet homme prodigieux qui né dans la bassesse s'éleva
à la dignité de tribun qu'il fit revivre, prétendit rappeller dans Rome dégradée les vertus & la valeur
de ses premiers habitans, & rendre à cette ancienne
capitale du monde son premier empire. Il eut assez
de confiance pour citer à son tribunal & l'empereur
& le pape, & assez de crédit pour se rendre redoutable à ces deux puissances. ( M-y )

LOUIS le pieux ou le Débonnaire, ( Histoire de
France & d'Allemagne. ) IIᵉ empereur d'Occident
depuis Charlemagne & XXIVᵉ roi de France, né
l'an 778, de Charlemagne ; & d'Hildegarde, nommé
empereur par son père en 813, confirmé par la nation
en 814, mort le 20 juin 840, âgé de 63 ans après
un regne de 27 ans.

Ce prince étoit dans l'Aquitaine, qu'il gouvernoit
depuis son enfance avec le titre auguste de roi,
lorsqu'il apprit la mort de Charlemagne son père : il
se rendit aussi-tôt à Aix-la-chapelle, & rompit les
mesures de plusieurs courtisans qui pouvoient l'éloigner
du trône de l'empire : il prit des précautions qui font
soupçonner qu'on avoit conspiré pour lui ravir le
diadême. Louis voulut commencer son regne par réformer sa famille : ses sœurs, pour se dédommager
du célibat où la négligence de leur père les avoit
laissées, se livroient à leurs penchans. Leur vie licen-
cieuse humilioit ce monarque qui les confina dans un
cloitre : leurs amans languirent dans les prisons, &
plusieurs même perdirent la vie. Cette rigueur exercée
sur les principaux seigneurs, fit beaucoup de mécontens, & en rétablissant les mœurs, Louis jetta les
semences de la révolte.

Le regne de Charlemagne n'avoit été qu'un enchaînement de guerres, & les loix avoient beaucoup
perdu de leur vigueur : des citoyens avoient été livrés
à l'oppression & à la servitude : les vols, les rapts
étoient restés impunis. Louis fit choix de magistrats
intègres qui parcoururent les provinces. Alors les loix
reprirent leur activité, les biens usurpés furent rendus,
& les citoyens opprimés trouvèrent un vengeur contre
l'injustice des grands.

Le premier soin de Louis, après qu'il eut rétabli le
bon ordre, fut d'assurer l'indivisibilité de la monarchie dans la main des aînés. Il avoit vu les désordres
que le partage de l'autorité avoit occasionnés dans

*Histoire. Tome III.*

l'empire sous la première race : ce fut pour les em-
pécher de renaître, qu'il se donna pour collègue
Lotaire son aîné, & qu'il le déclara empereur : il
ne donna à Louis & à Pepin, ses puinés, que le titre
de rois qui ne devoit pas les dispenser de l'obéissance.
Louis, pour faire voir qu'il ne vouloit qu'un seul
maître dans la monarchie, & que la qualité de roi
devoit être subordonnée à celle d'empereur, exigea
l'hommage de la part de son neveu Bernard, que
Charlemagne avoit fait roi d'Italie : il le punit du
dernier supplice, pour avoir refusé de le rendre, ou
pour l'avoir rendu de mauvaise grace. Telles étoient
les vues politiques de Louis le Débonnaire, & telle
fut la rigueur des premières années de son regne.
Un fils qu'il eut de Judith sa seconde femme, rendit
inutiles les soins qu'il prenoit pour conserver ses
états dans le calme de la paix. Cet enfant fut la cause
ou plut l'occasion de bien des troubles : on ne
pouvoit lui refuser, sans injustice, le titre de roi.
On ne pouvoit non plus lui faire un apanage, sans
réformer le partage de la succession, déjà fait entre
les fils du premier lit : Lotaire & ses frères se refusèrent à un acte aussi légitime. Les prélats accoutumés à la licence sous les regnes précédens, se plaignoient de la sévérité du monarque, qui leur prescrivit l'observance stricte des canons : d'un autre.
c té, les seigneurs attachés aux rois d'Aquitaine &
de Bavière, ne voyoient qu'avec peine la réunion
de la monarchie sous la main de l'empereur, parce
qu'alors ils avoient deux maîtres, leur roi d'abord,
ensuite l'empereur : pour les seigneurs de la suite de
Lotaire, ils auroient voulu qu'il eût joui dès-lors de
toutes les prérogatives attachées à la dignité impériale :
mais son père ne lui avoit donné le titre d'empereur,
que pour lui assurer le souverain pouvoir lorsqu'il ne
seroit plus, & non pas pour le partager avec lui :
on voit donc que les seigneurs & les prélats avoient
de puissans motifs de se déclarer contre le monarque ;
la plupart se rangèrent du côté de ses fils. Le pape
ennemi, tantôt secret, tantôt déclaré de la cour de
France, prit le parti de Lotaire, ce n'étoit pas par
amour pour ce prince, il espéroit profiter des désordres des guerres civiles pour achever l'ouvrage de
l'indépendance de sa cour, commencé par ses prédécesseurs. Telles furent les véritables causes des tragédies, dont Louis fut la principale victime. Deux fois
ce prince, sans contredit le meilleur de ceux qui sont
montés sur le trône impérial, se vit prisonnier de ses
propres fils : ce n'est pas qu'il manquât de courage
& d'expérience dans l'art militaire ; il avoit fait ses
preuves : son règne en Aquitaine avoit été celui
d'un héros & d'un sage. Mais le cœur trop sensible
de Louis ne lui permettoit pas de soutenir le spectacle d'une guerre civile qu'il avoit contre lui ses propres enfans qui l'attaquoient avec des armes de toute
espèce. Le pape, c'étoit Grégoire IV, passa les Alpes,
& se rendit au camp des fils. Cette première démarche consacroit la révolte, c'étoit au père qu'il
eût dû parler d'abord. Après qu'il se fut abouché avec
Lotaire, il se rendit auprès de Louis, dont on con-

A a a

noiſſoit les ſentimens pacifiques : il y reſta pluſieurs jours ſous prétexte de travailler à une réconciliation, mais en effet pour débaucher ſon armée. Le monarque ſe trouva preſque ſeul·le·jour du départ du pontife : telle fut l'excellente œuvre qu'opéra le ſaint-père. Louis ne pouvant ſe déterminer à s'échapper eſt fugitif, une cohorte vint le ſommer de ſe rendre de la part de Lotaire : toutes les loix de la nature furens violées, un pere fut obligé d'obéir à ſon fils qu'il avoit fait roi, empereur & pour ainſi dire ſon égal : l'infortuné monarque eut peine à obtenir qu'on reſpecteroit les jours de l'impératrice ſon épouſe & du prince. Charles ſon fils : Loüis, qui avoit tout à craindre de la part de cette am: dénaturée, exigea le ſerment de Lotaire, qu'il ne leur feroit couper aucun membre : on voit par ce ſerment quelle pouvoit être la férocité de ce ſiècle affreux. Louis eſt obligé de ſuivre en eſclave le char de ce perfide fils qui, après l'avoir traîné de ville en ville, le reſſerre dans une priſon de moines à Soiſſons. Il eſt impoſſible de rendre les traitements affreux qu'on lui fit eſſuyer : le grand but étoit de le déterminer à ſe faire moine, & l'on croyoit y parvenir en multipliant ſes ſouffrances. On ſavoit que l'impératrice Judith & ſon fils Charles étoient le ſeul lien qui l'attachoit au monde. On ne ceſſoit de lui repéter qu'ils étoient morts. Il ne pouvoit en apprendre de nouvelles, étant ſans ceſſe entouré de gardes. Son cœur étoit déchiré des plus cruels regrets : un religieux, qui ne put être témoin de tant de douleur, lui gliſſa un billet comme il lui préſentoit l'hoſtie, & lui apprit que ſon épouſe & ſon fils étoient encore en vie. Lotaire ne pouvant réüſſir à lui faire prendre l'habit, forma la réſolution, par le conſeil des évêques, de le mettre en pénitence publique : cette pénitence rendoit incapable du gouvernement : il falloit lui ſuppoſer des crimes & le forcer à s'en avouer coupable ; ce fut pour exécuter cet exécrable projet qu'il convoqua une aſſemblée d'états ; cette aſſemblée ſéditieuſe ſe tint à Compiegne. « C'eſt alors, dit Muratori, qu'à

» la honte du nom chrétien, on voit les miniſtres de
» Dieu faire un abus impie d'une religion toute
» ſainte, pour épouvanter, pour détrôner un prince
» malheureux, & le forcer à s'avouer coupable des
» crimes ſuivans. d'avoir permis la mort de ſon
» neveu Bernard, & d'avoir forcé ſes frères natu-
» rels à ſe faire moines, deux prétendus crimes dont
» il avoit déjà fait pénitence : d'avoir violé ſes ſer-
» ments en révoquant le partage qu'il avoit fait de
» la monarchie, & contraint ſes ſujets à faire deux
» ſermens contraires, occaſion de beaucoup de par-
» jures & de grands troubles : d'avoir indiqué pen-
» dant le carême une expédition générale, ce qui
» n'avoit pas manqué d'exciter de grands murmures :
» d'avoir payé le l'exil : & de la confiſcation des
» biens ceux de ſes fidèles ſujets qui l'étoient allés
» trouver pour l'informer des déſordres de l'état &
» des embûches qu'on lui dreſſoit : d'avoir exigé de
» ſes fils & de ſes peuples différens ſermens con-
» traires à la juſtice : d'avoir fait diverſes expédi-

» tions militaires, dont les fruits avoient été des ho-
» micides, des ſacrilèges, des adultères, des incen-
» dies ſans nombre, & l'oppreſſion des pauvres,
» tous crimes dont il devoit répondre devant Dieu :
» d'avoir fait des partages de la monarchie en ne
» conſultant que ſon caprice : d'avoir troublé la paix
» générale : d'avoir armé ſes peuples contre ſes fils,
» au lieu d'employer ſes fidèles ſerviteurs & ſon au-
» torité paternelle à les faire vivre en paix : enfin,
» d'avoir mis ſes ſujets dans la néceſſité de commet-
» tre une infinité de meurtres, lorſque ſon devoir
» étoit d'entretenir la paix entr'eux, & par-là de
» procurer leur ſûreté. Sur ces griefs mal imaginés,
» les évêques font entendre à ce pieux empereur
» qu'il avoit encouru l'excommunication : & que
» s'il vouloit ſauver ſon ame, il avoit beſoin de faire
» pénitence : ce prince trop ſimple ſe laiſſe traiter
» comme le veulent ces prélats ( comment eût-il
» fait autrement ? ) dont la conſcience s'étoit ven-
» due à Lotaire. Louis ſe dépouille de la ceinture
» militaire & des ornemens impériaux, ſe revêt d'un
» cilice, & condamne lui-même toutes les actions
» de ſon regne : en ſon eſt aſſez pour que Lotaire croie
» ſon père déchu de l'empire : mais comme il s'en
» méfiſoit, & qu'il comptoit très-peu ſur le peuple,
» il continue de le faire garder étroitement, ſans
» permettre que perſonne lui parle, ſi ce n'eſt le
» petit nombre de gens deſtinés à le ſervir ; le peu-
» ple témoin de cette triſte ſcène ſe retire confus de
» chagrin ». Certainement les annales du monde ne préſentent point d'exemple d'un prince auſſi b en, auſſi ſenſiblement outragé. Louis ne fit cet aveu, ou plutôt ce menſonge qu'après y avoir été forcé : on multiplia les mauvais traitements pour l'y contraindre. Cette guerre excitée par des tracaſſeries domeſtiques, fut terminée par une intrigue. Les moines avoient joué un grand rôle dans une ſcène où il s'agiſſoit de déterminer Louis ou à ſe confeſſer, ou à prendre l'habit religieux. Ils avoient de fréquens entretiens avec les fils du monarque, ils parvinrent à les rendre ſuſpects les uns aux autres & à les diviſer. Lotaire abandonné de ſes frères, ne fut plus aſſez puiſſant par lui-même pour conſommer ſon attentat : les liens de l'empereur furent rompus, il ſe trouva avec ſurpriſe ſur le trône, également confondu par ſa bonne & par ſa mauvaiſe fortune. Ses malheurs lui donnèrent un caractère de timidité qu'il ne ſeut vaincre ; ſa cour fut agitée par de nouvelles tracaſſeries. Les rois d'Aquitaine & de Baviè e regardèrent moins un devoir que comme un ſervice d'avoir conſpiré pour lui rendre la liberté qu'ils lui avoient ôtée de concert avec Lotaire. Ils voulurent être dépoſitaires de l'autorité, & en quelque ſorte les maîtres. Mais l'impératrice Judith avoit auſſi recouvré ſa liberté : elle étoit jalouſe de l'autorité, & ne vouloit la reprendre que pour ſe venger des injures qu'elle avoit reçues d'eux & de Lotaire. Cette princeſſe, politique retint les premiers mouvements de ſa haine ; & c'étoit par leurs propres armes qu'elle aſpiroit à les perdre : elle permit que l'empereur ſon mari augmen-

tât les domaines de Pepin & de Louis, mais elle fit
déclarer, Lotaire déchu de ses droits à l'empire. Il lui
falloir beaucoup d'adresse pour cacher ses desseins de
vengeance : la cour étoit gouvernée par un esprit de
superstition à peine concevable ; le lecteur en jugera
par ce trait. Lotaire qui avoit tout à redouter de sa
disgrace, aspiroit à se réconcilier avec son père.
Angilbert, archevêque de Milan, son ambassadeur,
fut reçu favorablement. « Saint archevêque, lui dit
l'empereur, « comment doit-on traiter son ennemi ?
» Le Seigneur, répondit Angilbert, ordonne dans
» son évangile, de l'aimer, & de lui faire du bien ».
Si je n'obéis pas à ce précepte, reprit Louis ? « Vous
» n'aurez pas la vie éternelle, répliqua le prélat ».
L'empereur fâché d'être obligé de renoncer à sa vengeance ou au paradis, convint d'une conférence
pour le lendemain avec l'archevêque, & il s'y fit
accompagner par tout ce qu'il y avoit de savant à
sa cour. » Seigneur, dit Angilbert, pour ouvrir la
» controverse, savez-vous que nous sommes tous
» frères en Jesus-Christ ? Oui, répondirent les assis-
» tans, car nous avons tous le même père dans les
» cieux. L'homme libre, continua Angilbert, le serf,
» le père, le fils sont donc frères. Or l'ap tre S. Jean
» n'a-t-il pas dit que qui hait son frère est homicide,
» & un homicide peut-il entrer dans la béatitude
» éternelle ? » A ces mots tous les savans de l'empereur s'avouèrent vaincus, & lui-même pardonna à
Lotaire ; mais il le resserra toujours dans les bornes
du royaume d'Italie, sans lui rendre le titre d'empereur : cependant les rois d'Aquitaine & de Bavière,
plus jaloux du crédit de l'impératrice dont ils avoient
pénétré les intentions dans l'augmentation de leur
partage, que reconnoissans de ses perfides bienfaits,
entretinrent des liaisons avec Lotaire : mais, pour
déconcerter leurs mesures, elle fit elle-même une
alliance secrette avec lui. Cette princesse consultoit
toujours les intérêts de son fils, & jamais ceux de
sa haine : Lotaire, qui ne vouloit reconnoître dans
ses frères que ses premiers lieutenants, qui fut flatté
des démarches de l'impératrice qui le prioit de servir de
tuteur à son fils, qui fut couronné roi de Neustrie
& presqu'en même temps roi d'Aquitaine, par la
mort prématurée de Pepin ; le roi Louis fut entière-
rement oublié & réduit à la seule Bavière dans
un partage qui fut fait de toute la monarchie
entre Lotaire & Charles. Ce prince fut extrêmement sensible à cette espèce d'exhérédation ; il prit
les armes & recommença la guerre civile : l'empereur le poursuivit avec une extrême chaleur & le
força de se resserrer dans ses limites, il ne put le
contraindre de même à renoncer à ses sentiments
de vengeance. L'empereur ne vit point la fin de
cette guerre ; il mourut dans une petite île vis-à-vis
d'Ingelheim, épuisé de fatigues & de chagrin : outre
Lotaire, Louis & Charles, ce prince laissa trois filles
Alvarde, Hildegarde & Gisèle. La première fut
mariée à Begon, comte de Paris ; les Généalogistes en
font descendre Conrad I, roi ou empereur d'Allemagne :
la seconde épousa un comte nommé Thierri ; la cadette

le comte Everard : celle-ci donna le jour à Bérenger,
l'un des tyrans d'Italie. Louis le Débonnaire, dit Muratori, « fut un prince illustre par la grandeur de son
» amour & de son zèle pour sa religion, & pour la
» discipline ecclésiastique, par son attention à faire
» rendre la justice ; par sa constance dans l'adversité
» par sa générosité à l'égard des pauvres, & du clergé
» séculier & régulier ; prince, qui n'eut point d'égal
» pour la clémence, pour la douceur & pour d'autres
» vertus qui le rendirent très-digne du nom de Pieux,
» mais si changement malheureux dans ses fils du premier
lit qui furent tous ingrats envers ce père si bon, au-
» quel il firent essuyer tant de traverses ; & trop plein
» de tendresse pour sa seconde femme & pour le der-
» nier de ses fils, ce qui fut l'origine de tous les
» troubles. »

L'auteur des observations sur l'histoire de France,
met au nombre des fautes de Louis le Débonnaire, les
tentatives qu'il fit ce prince pour réunir les royaumes
en un seul empire. D'abord j'observerai que cet écrivain,
dont je ne prétends point rabaisser le mérite éminent,
ne s'est point exprimé avec assez d'exactitude : car bien
que la domination françoise fût partagée en plusieurs
royaumes, elle ne formoit cependant qu'une seule
monarchie. Cet auteur a voulu reprocher à Louis
d'avoir tenté de réunir la monarchie dans les mains
d'un seul. Et c'est, sans contredit, la chose qui doit lui
faire le plus d'honneur ; c'étoit le seul moyen d'assurer
la durée de cet empire : ce que je dis n'a pas besoin
de preuves, l'histoire démontre que ce fut la loi du
partage, que Louis vouloit abolir, qui le fit tomber
dans un état de langueur dont il ne se releva jamais.
L'auteur des observations prétend s'appuyer du suffrage
de Charlemagne, qui, suivant lui, partagea la monarchie en trois royaumes, qu'il rendit absolument indépendans les uns des autres : il est vrai que ce grand
prince se conforma à l'usage que les François avoient
apporté de Germanie, & qu'il donna à chacun de ses
fils une part dans ses états ; mais rien ne prouve que
son intention fût d'établir entr'eux une indépendance
absolue, &, s'il étoit question de recourir à des inductions,
on en trouve plusieurs qui ne sont pas favorables au
sentiment de cet écrivain. D'abord les partages ne furent
point égaux : il s'en falloit beaucoup. Louis le Pieux
n'eut que l'Aquitaine, & Pepin l'Italie ; Charles son
aîné devoit avoir tout le reste de la monarchie qui
comprenoit la plus grande partie de l'Allemagne, l'ancien royaume d'Austrasie & la Neustrie, lui seul avoir
autant d'états que ses deux frères ensemble. Cette inégalité de partage me paroît avoir été ménagée que
pour lui assurer la souveraineté sur ses frères qu'il auroit
exercé sous le titre d'empereur. Car une observation
importante, c'est que la dignité impériale ne fut point
conférée à plusieurs ; Charlemagne la regarda comme
indivisible ; & lorsqu'il couronna ses fils, il eut soin de
les avertir qu'ils devoient lui obéir comme à leur empereur. Enfin, si l'on songe que le titre d'empereur,
que porta Charlemagne, n'ajoutoit rien à sa puissance,
on ne pourra se refuser de croire qu'il ne le prit que,
comme un moyen de réunir la monarchie, dont le par-

tage avoit déjà coûté le trône & la vie à ſes premiers maîtres : ſi les vues de Charlemagne furent celles que lui ſuppoſe l'auteur des obſervations, on ſera forcé de convenir que la politique fut inférieure en ce point à celle de *Louis le Pieux*. ( M—Y. )

LOUIS II, ſurnommé *le Begue*, XXVIᵉ roi de France, étoit fils de Charles-le-Chauve & d'Hermentrude : quoique le trône fut héréditaire, il ne crut pas pouvoir ſe diſpenſer de demander les ſuffrages des évêques & des ſeigneurs pour y monter. Cette particularité prouve la foibleſſe du gouvernement : leur ſuffrage lui coûta une conceſſion forcée de précieux priviléges. Ceux qui ne s'étoient point trouvés à ſon avènement accoururent en foule pour participer à des largeſſes dont le monarque n'eût pu ſe diſpenſer ſans péril, & ce ne fut qu'en les comblant de biens qu'il crut pouvoir s'aſſurer de leur fidélité. Mais lui & ſes ſucceſſeurs éprouvèrent que ce n'eſt pas en flattant des ſéditieux que l'on peut eſpérer d'être jamais bien obéi : les ſujets alors aſſez puiſſans pour faire la loi au ſouverain, étendoient ou limitoient à leur gré ſa puiſſance. Boſon, frère de l'impératrice Richilde, ſans avoir le titre de roi, en affectoit toute la pompe, & jouiſſoit de toutes les prérogatives de la ſouveraineté ; les dignités accumulées ſur ſa tête, ſes alliances avec les premières familles du royaume le rapprochèrent du trône, qu'il ſembloit dédaigner par la grande facilité qu'il avoit d'y monter.

*Louis* aſpiroit à l'empire ; on prétend même qu'il en reçut la couronne des mains du pape dans un concile : mais cette opinion n'eſt pas générale, nous la révoquons en doute avec d'autant plus de raiſon, que dans tous les actes qui nous reſtent de ce prince, on n'en voit aucun où il prenne la qualité d'empereur. Carloman ſorti de la branche aînée, nous ſemble avoir eu plus de droit de le porter ; mais c'étoit un préjugé aſſez généralement reçu, qu'aucun prince ne pouvoit le prendre ſans avoir été couronné par le pape. Les rois de France & de Bavière ſe diſputoient ſon ſuffrage : comme il ne pouvoit le donner à tous les deux, il les amuſa l'un & l'autre par d'artificieuſes promeſſes ; le but de ce marrège étoit de les engager à lui fournir du ſecours contre les Sarraſins. Cet artifice ne lui réuſſit pas, les deux rois refuſèrent de l'aſſiſter, & le trône impérial reſta vacant.

*Louis le Begue* déſiroit faire reconnoître Adélaïde, qu'il avoit épouſée après avoir répudiée Anſgarde, dont il avoit eu Louis & Carloman ; mais il ne put l'obtenir. Tout le peuple applaudit au refus qu'en fit le pape, Anſgarde étoit encore vivante ; c'eût été exclure ſes enfans & confirmer le ſecond mariage, qui, ſuivant les loix de l'Egliſe, n'étoit qu'un concubinage. Après la ſéparation, la France fut embrâſée du feu des guerres civiles. Lotaire, roi de Lorraine, le marquis de Septimanie, & le comte du Mans, s'étoient érigés en tyrans de leurs vaſſaux : ils exercèrent les plus cruels ravages dans le royaume. *Louis* employa contre eux les armes de l'Egliſe. Le comte du Mans, effrayé dès foudres de Rome, reſtitua au roi tous les châteaux qu'il lui avoit ravis : les démêlés avec le roi de Lorraine furent terminés par la négociation. Le

marquis de Septimanie refuſoit encore de ſe ſoumettre : quoique dépouillé de ſes états par l'interdiction eccléſiaſtique & par une ſentence de *Louis*, il n'en continuoit pas moins la guerre ; ſon armée non moins intrépide que lui, & non moins impie, bravoit les excommunications & les menaces d'un roi trop foible pour les punir.

*Louis*, pour arrêter le feu de la révolte & l'empêcher de s'étendre dans toute l'étendue du royaume, s'avança contre ces rebelles, réſolu de terminer la guerre par un coup déciſif : mais il eſt attaqué à Troye par une maladie qui l'arrête dans ſa marche : on le tranſporte à Compiegne, où il meurt avec le ſoupçon d'avoir été empoiſonné : il fut enterré à l'abbaye de Saint-Corneille ; il étoit âgé de trente-cinq ans, il en avoit régné vingt-deux. L'hiſtoire l'a placé parmi les rois fainéans, ce n'eſt pas qu'elle l'accuſe de molleſſe ou d'indolence, elle lui reproche ſeulement de n'avoir rien fait de grand. Ce fut ſous ſon règne que l'on vit éclorre cet eſſaims de comtes, de ducs & de marquis : c'étoient autant de petits tyrans qui ſecouoient le joug de l'autorité royale, & qui chargeoient le peuple des chaînes dont ils ſe dégageoient. Il laiſſa Adélaïde enceinte d'un fils, qui fut appelé *Charles*, & qui, pour avoir donné ſa conſiance à des traîtres, fut ſurnommé *le Simple*. Le courage de ce prince & l'excellence de ſon cœur lui avoient mérité une dénomination plus honorable.

LOUIS III & CARLOMAN, rois de France. *Louis*, fils aîné de Louis-le-Begue, étoit appellé au trône par la naiſſance & par le teſtament de ſon père qui, en mourant, chargea Odon, évêque de Beauvais, & le comte Albain, de lui remettre la couronne, le ſceptre & l'épée, ainſi que les autres attributs du pouvoir ſouverain. Les factions qui déchiroient le royaume, ne daignèrent pas conſulter les loix ; & comme la révolte eſt ingénieuſe en prétextes, les mécontens propoſèrent d'élire un roi. Les deux fils de Louis le Begue étant trop foibles, diſoient-ils, pour tenir le timon de l'état, parti des princes, prenoit des meſures à Meaux, pour mettre une armée en campagne. Le roi de Germanie, ſuſcité par Goſſelin & ſes complices, entra ſur les terres de France : tout préſageoit ſes ſuccès, lorſque des troubles excités dans la Bavière le forcèrent de repaſſer le Rhin ; cette expédition ne lui fut cependant pas infructueuſe, les partiſans des princes lui cèdent, par confiance à une partie de l'ancien royaume de Lorraine, royaume autrefois puiſſant, & dont la province qui retient ſon nom, n'eſt qu'un foible reſte.

Les rebelles privés de ſon appui, ne tardèrent point à réveiller ſon ambition, il s'engagèrent à rompre le traité, il ſe préparoit à faire une nouvelle invaſion, mais il fut retenu par Hugues, fils de Lotaire, qui menaçoit cette partie de la Lorraine qu'on lui avoit dédée. Le suffrage des François étoit partagé entre Carlman & *Louis*, les Neuftriens fixoient leurs vœux sur *Louis* ; mais Carloman avoit pour lui Boson ; il étoit à craindre que la rivalité de ces princes n'excitât une guerre civile : ce fut pour en prévenir les ravages, qu'on les facra tous deux en même temps. *Louis* eut la France proprement dite, Carloman la Bourgogne & l'Aquitaine.

Boson, qui venoit de faire deux rois, ne put réfifter à la tentation de l'être. Les princes, jeunes & fans expérience, laiffoient un libre cours à fon ambition : il féduifit par des préfens ceux que les menaces ne purent ébranler : il s'étaya encore de la protection du pape & des évêques. Alors il prit la couronne, & fe fit couronner roi d'Arles. Ce nouveau royaume comprenoit le Dauphiné, le Lyonnois, la Provence, la Savoie & une partie de la Bourgogne.

Tous les princes de la maifon Carlienne tinrent une affemblée d'états à Gordreville ; on y délibéra fur le moyen de rétablir le bon ordre dans le royaume, & d'en chaffer les ennemis domeftiques & étrangers : il fut décidé que *Louis* & Carloman marcheroient contre Hugues, fils de Lotaire, qui dévaftoit la Lorraine : le rebelle n'eut point affez de confiance pour tenter le fort des armes en bataille rangée, il fe retira dans les forêts. Les deux rois penfèrent alors qu'il leur feroit facile de punir Boson d'avoir ofé prendre le titre de roi ; ils le tinrent affiégé. pendant deux ans fans pouvoir le réduire ; une irruption de Normands répandus dans l'Artois & la Flandre força *Louis* d'oublier le rebelle. Il alla combattre ces nouveaux ennemis, qu'il vainquit dans les plaines de Saucour. Cette victoire fut le dernier événement mémorable du règne de *Louis*. Ce prince, qui méritoit une vie plus longue & un plus heureux règne, mourut l'an 883, deux ans & trois mois après fon couronnement.

*Louis* ne laiffa point d'enfans, fon frère lui fuccéda fans aucune contradiction. Carloman fit ferment de garder les capitulaires de Charles-le-Chauve, & fut auffi-tôt proclamé roi de Neuftrie : fon nouveau règne fut mêlé de profpérités & de revers. La conquête du Viennois le rendit maître de la femme de Boson qui, dans cette guerre, avoit montré un courage & une conduite qui auroient illuftré un général : les Normands, témoins de fes fuccès, recherchèrent fon amitié, & lui demandèrent la paix ; Carloman y confentit, mais à des conditions trop humiliantes pour une nation auffi fière ; il eut à fe repentir de ne leur en avoir point propofé de plus modérées ; les Normands lui taillèrent en pièces trois armées puiffantes, & le forcèrent d'acheter la paix, il la paya douze mille livres d'or : la mort qui l'enleva (884) peu de temps après, ne lui permit pas d'effacer la honte de ce traité ; il mourut d'une bleffure que lui fit un fanglier à la chaffe. Il ne laiffoit point d'héritiers, fes états paffèrent à Charles-le-Gros, dont la fin fut fi déplorable.

*Louis* IV, dit *d'Outremer*, XXXII<sup>e</sup> roi de France, fils de Charles-le-Simple & la reine Ogive, fille d'Edouard, roi d'Angleterre. Ce prince fut ainfi nommé *d'Outremer*, parce qu'au moment de la captivité de

Charles-le-Simple, il alla chercher un afyle en Angleterre contre la violence des grands qui avoit fecoué le joug de l'obéiffance : il refta treize ans à la cour du roi de la Grande-Bretagne, fon aïeul maternel, Hugues-le-Grand paru dédaigner un trône qui étoit environné d'écueils ; & ne pouvant s'y placer fans péril, il y fit monter *Louis*, & fut le premier à le reconnoître pour fon fouverain. L'exemple de fa foumiffion politique entraîna les feigneurs des deux ordres qui l'accompagnèrent jufqu'à Boulogne où, d'un commun accord ils faluèrent *Louis*, la defcente du vaiffeau & le proclamèrent roi de France. Ce fervice intéreffé valut à Hugues le nom de *Grand*, avec une partie de la Bourgogne, dont le frère de Raoul fut dépouillé. Le timon de l'état fût confié à fes foins, & quoiqu'il n'eût qu'une autorité empruntée, il eut tout l'extérieur de la royauté. Ses procédés trop fiers pour ceux d'un fujet, affectoient fenfiblement le jeune monarque. déjà trop humilié de languir fous la tutelle d'un vaffal qui, fous prétexte de le foulager du poids des affaires, le tenoit captif dans l'enceinte d'un palais. Ce fut pour fortir de cet efclavage que *Louis* fe ligua avec le duc de Normandie, les comtes de Vermandois & de Poitiers, qu'il croyoit ennemis de Hugues : mais ces alliés infidèles le facrifièrent bientôt aux intérêts de leur fortune. Hugues fçavoit que les hommes font toujours vaincus par leurs paffions, augmenta le territoire des uns, & accorda des priviléges aux autres : Hugues verfa fur eux une infinité de bienfaits, dont il étoit d'autant plus prodigue qu'ils ne lui coûtoient rien ; c'eft ainfi qu'il en fit les inftrumens de fes profpérités. Le monarque chancela plus que jamais fur le trône qu'il prétendoit raffermir : la révolte s'alliégea de toute part ; les foudres de l'églife lancées contre les rebelles les arrêtèrent quelques inftans dans la route du crime ; & quoiqu'ils bravaffent les excommunications, ils craignoient tout de la terreur qu'elles infpiroient au peuple. Hugues en prévit les fuites, & pour les prévenir il confentit à une treve dont *Louis* crut devoir profiter pour reprendre la Lorraine : il en fit la conquête ; mais cette démarche n'étoit pas d'un politique : il indifpofoit contre lui Othon, roi de Germanie, dans un temps où l'amitié de ce prince lui eût été d'un très-grand fecours, comme la haine lui fut très-funefte. *Louis* ne put conferver la Lorraine ; Othon la lui reprit dans une guerre où il eut pour alliés Hugues & le comte de Vermandois.

Les prélats, à la faveur des troubles, fe rendoient fouverains des villes & de leurs diocèfes ; c'eft ainfi, par exemple, que l'archevêché de Reims eft devenu duché-pairie du royaume. Le comte de Vermandois, pour le conferver, fon fils, qui en avoit été dépouillé, attifa le feu de la guerre ; mais il fut obligé de fe contenter de deux riches abbayes. Les rebelles affiégèrent la ville de Laon, & pour marquer leur reconnoiffance à Othon qui les protégeoit avec une armée, ils le déclarèrent roi de France. Le vertige de la révolte égarant les François, ils dépofèrent leur fouverain, & fe donnèrent à Othon, efpérant jouir d'une plus grande liberté fous l'étranger.

de ce prince, auquel les Germains ne rendoient qu'un pur hommage. Louis montra une ame supérieure à tous ces revers ; sa constance ne l'abandonna jamais. Vaincu sous les murs de Laon, il prit la route d'Aquitaine, que la contagion de la révolte n'avoit point corrompue. La France divisée n'offroit que des scènes de carnage. Le pape montra beaucoup d'empressement à rétablir la concorde ; ce fut par une suite de ses négociations qu'Othon renonçant à ses droits sur la France, rendit sa couronne que ces rebelles lui avoient donnée. Guillaume-la-longue-épée, duc de Normandie, eut la plus grande part dans cette révolution. Ce prince étoit intéressé à entretenir les divisions des François ; mais il préféra le titre de pacificateur à celui de conquérant. Le - scime de l'Andre assassina ce duc bienfaisant, & priva le monarque de son principal appui. Louis se montra peu digne des services que lui avoit rendus Guillaume ; ce prince perfide, feignant une reconnoissance dont son cœur n'étoit pas capable, se nomma tuteur du fils de Guillaume, le jeune Richard ; mais se jouant de ce titre sacré, il retint son pupille à Laon, où il le retint dans une espèce de captivité. Arnoul, gouverneur du jeune prince, voyant que l'on attentoit à sa vie, l'enleva dans une voiture de foin, & le conduisit à Senlis, chez son oncle Bernard. Cet attentat contre la foi publique déshonora Louis dans l'esprit de ses alliés, & prêta des armes aux séditieux. Hugues, toujours prêt à profiter des troubles, prêta son secours à Bernard, & l'exhorta à venger l'attentat commis contre son neveu ; mais trop ambitieux pour se laisser enchaîner par ses promesses, il se tourna presqu'aussi-tôt du côté de Louis, qui lui offrit de partager avec lui les dépouilles du jeune Richard. Ils se réunirent aussi-tôt pour faire la conquête de la Normandie ; leurs intérêts trop opposés causèrent bientôt une rupture entr'eux : tous deux n'écoutoient que leur ambition, & comptoient pour rien la foi des traités, Louis fit une ligue secrette avec les Normands, qui promirent de le reconnoître pour souverain dès qu'il auroit chassé Hugues de leur pays. Le monarque ébloui par cette promesse séduisante, employa son armée contre un allié aussi infidèle. Hugues fut obligé de s'éloigner ; mais Louis fut reçu dans ses mains comme un libérateur que comme un ennemi que l'on craignoit d'avoir pour maître. Ils appellèrent Hérold, roi des Danois, qui accourut avec la plus grande célérité au secours d'un peuple qui se glorifioit d'avoir une origine commune avec lui. Louis s'avança pour le combattre, il fut vaincu & fait prisonnier. Hugues, au premier bruit de sa détention, songea à profiter de ses malheurs ; ce politique, instruit dans l'art de flatter, convoqua un parlement, dans lequel il déploia tout le faste d'un zèle patriotique, & parla pour obtenir la rançon du roi ; mais il concluoit à ce qu'on le remît entre ses mains pour prévenir l'abus d'autorité. Tout ce qu'il proposa fut agréé ; le roi fut rendu, le jeune Richard recouvra son duché, & Hugues eut la ville de Laon.

Louis savoit apprécier les services de Hugues ; il ne pouvoir aimer un sujet qui n'avoit brisé ses fers que pour le mettre dans sa dépendance ; il secoua ce nouveau joug, & marcha à la tête d'une armée contre Hugues, en qui il ne voyoit qu'un rebelle. Le prélude de cette guerre fut brillant ; Reims fut sa première conquête, & Hugues fut exilé, après avoir vu ravager son duché de France. Louis profitant de ses premiers succès, prit la route de la Normandie & alla assiéger Rouen : cette ville fut l'écueil de ses prospérités. Othon lui avoit amené un renfort de Saxons, qui périrent presque tous à ce siège mémorable. Cet échec releva les espérances de Hugues, ses partisans conspirèrent pour l'élever sur le trône, Louis, désespéré d'avoir dans cesse à combattre &, à punir des sujets rebelles, crut qu'il lui seroit plus facile de les dompter par les foudres de l'église que par celles de la guerre ; le pape convoqua un concile, où il eut le soin de se trouver. Hugues, qui n'eut point assez de confiance pour s'y présenter, fut frappé de l'excommunication ; jamais Rome ne fit un plus légitime usage de sa puissance, & ses foudres auroient été bien plus respectées, si elle ne les eût employées que dans de semblables causes. Hugues avoit trop d'audace pour s'en effrayer ; mais le peuple qui avoit horreur d'un excommunié, ne vouloit plus communiquer avec lui, & regardoit comme un sacrilège de s'armer en sa faveur ; on ne lui laissa que l'alternative d'une punition rigoureuse ou de confiance. Ce vassal rebelle, que rien n'avoit su dompter, consentit enfin à fléchir devant un maître, & reconnut Louis IV pour son souverain : cette soumission promettoit quelques instants de calme, Louis n'eut pas le tems d'en jouir ; la mort prématurée donna une face nouvelle aux affaires. Ce prince tomba de cheval comme il poursuivoit un loup, & mourut de sa chûte, à l'âge de trente-trois ans, dont il en avoit régné dix-huit. ( M.—Y. )

Louis V, XXXIV roi de France, dernier roi de la seconde race, naquit vers l'an 966, de Lotaire, roi de France, & de la reine Emma, fille de Lotaire II, roi d'Italie. La monarchie touchoit à sa fin, elle n'étoit pas même l'ombre de ce qu'elle étoit des vastes états qu'elle possédoit sous Charlemagne, il ne lui restoit que quelques province envahies par les seigneurs qui s'y étoient érigés en souverains. On avoit conspiré contre la famille royale, d'autant plus facile à renverser qu'elle n'étoit regardée que comme une famille d'usurpateurs, puisque, pour parvenir au trône, elle avoit dégradé un roi légitime. Lotaire avoit fait de continuels efforts pour reprendre l'autorité dont avoient joui les premiers rois de sa race ; & les grands, qui craignoient de perdre les prérogatives qu'ils avoient usurpées, conspiroient ensemble pour faire passer le sceptre en de nouvelles mains. Les craintes de Lotaire s'étoient souvent manifestées ; ce fut par un effet de ces craintes qu'il associa Louis V au gouvernement du royaume, dans un temps où ce prince étoit trop jeune encore pour lui être d'aucun secours. Louis n'avoit que huit ans lorsqu'il fut préfanté aux états affemblés à Compiègne ; ce fut le 6 juin 979 que fe firent les cérémonies du couronnement, qui furent réitérées à la mort de Lotaire ; fon nom fut depuis confacré dans les actes publics. *Louis* éprouva de bonne heure des chagrins domeftiques. La reine Blanche, que Lotaire lui avoit fait époufer en l'affociant au gouvernement, s'enfuit de la cour & fe retira en Provence dans le fein de fa famille, dont elle préféroit l'élévation aux intérêts du roi fon époux. Quelques écrivains ont rejetté l'évafion de cette princeffe fur l'humeur sèche & brufque du monarque ; mais le prétexte qu'elle prit pour s'éloigner, montre bien que fes parents l'avoient portée à cette démarche : elle dit qu'elle n'entreprenoit le voyage de Provence, où fa famille étoit puiffante, que pour engager cette Province à fe foumettre. Lotaire alla la trouver, & l'engagea à revenir auprès de fon fils. Le retour de cette princeffe fut le dernier événement du règne de Lotaire : il mourut prefque dans le même temps ; fa mort étoit une perte pour *Louis*. La cour étoit dans la plus grande agitation, les prétentions des feigneurs étoient fans bornes. Il eut de fréquents démêlés avec Hugues Capet, & l'iffue lui en fut prefque toujours très-défavantageufe. La reine Emme fa mère, princeffe jaloufe de l'autorité, au point que les plus graves auteurs l'accufent d'avoir fait empoifonner Lotaire fon mari, qui n'avoit point eu pour fes confeils toute la déférence qu'elle avoit exigée, fit d'abord éclater beaucoup de zèle pour fon fils, dont elle devint bientôt l'ennemie la plus implacable. Elle fe fortifia par des alliances au-dehors ; elle exigea des feigneurs, de nouveaux ferments de fidélité ; & ce qui décèle fon ambition, c'eft qu'elle ne fe contenta pas de ces ferments pour fon fils, elle voulut encore, qu'on les lui fît à elle-même ; & quoique *Louis* eût alors vingt ans accomplis, elle lui fit différer la régence. Lorfque les François fe furent acquités de leurs premiers devoirs, ils tournèrent leurs regards vers la Lorraine, qui avoit paffé fous la domination des Allemands, & qu'ils défiroient faire rentrer fous la leur. Ils furent arrêtés par la révolte d'Adalberon, archevêque de Rheims, mécontent de la détention de Godefroi fon frère, fait prifonnier fous le règne du feu roi. Ce prélat, animé par un efprit de vengeance, entretenoit un commerce fecret avec l'empereur Othon & l'impératrice Théophanie. *Louis* fe vit obligé de faire une guerre régulière contre ce fujet rebelle : il l'affiégea dans la ville de Rheims, dont il fe rendit maître, non fans verfer beaucoup de fang, & toujours inflexible, il rejetta un pardon général que lui offroit le monarque. La retraite du prélat en Allemagne, perpétua la guerre : il avoit de nombreux partifans ; fa famille étoit très-puiffante. L'évêque de Laon, nommé *Adalberon* comme lui, & probablement fon parent ; lui fournit de très-grands fecours. Ce prélat vivoit avec la reine Emme, mère de *Louis*, dans une familiarité qui devint fufpecte au roi. Charles fon oncle, lui perfuada même que cette familiarité n'étoit rien moins qu'innocente ; & que la

reine proftituoit fon rang, & le prélat fon caractère : cette accufation étoit grave ; & la critique ne fauroit la croire entièrement fans motif. Le monarque, qui jufqu'alors avoit eu les plus grands égards pour fa mère, commença à la négliger, & bientôt il la perfécuta. L'évêque de Laon fut privé de fon fiège. Ce coup d'autorité doit nous furprendre de la part d'un prince auquel les hiftoriens n'ont pas craint de donner le furnom de *fainéant*. La dégradation de l'évêque remplit la cour de brigues, & entretint la plus grande fermentation parmi les évêques. *Louis* fut cependant fe faire obéir de tous fes fujets : les évêques n'osèrent même fe déclarer ouvertement pour Adalberon, qui fe tourna auffi du côté de Hugues Capet. La reine Emme, qui préféroit les intérêts de l'évêque à ceux de fon fils, fe déclara fans pudeur ; & voyant que les François refufoient de la feconder, elle eut recours aux Impériaux qui étoient intéreffés à entretenir des troubles dans la France ; elle s'adreffa d'abord à Adélaide, fa mère : « J'ai tout perdu, lui écrivit-elle, en perdant le roi mon mari ; je n'avois d'efpoir qu'en mon fils ; mais il eft devenu mon ennemi le plus implacable ; on a inventé d'horribles menfonges contre moi & contre l'évêque de Laon ; on ne veut lui ôter fa dignité que pour me couvrir d'une éternelle confufion ; tous ceux à qui je témoignois le plus d'amitié, fe font éloignés de moi ( cet abandon dont fe plaint cette princeffe, regardoit des perfonnes fur qui elle avoit verfé fes bienfaits ) : fecourez donc, ajoutoit-elle, une fille accablée de douleur ; & n'en pourfuivit pas moins fes prétentions fur la Lorraine : l'empereur d'Allemagne n'entreprit cependant rien de confidérable, il gagnoit autant à entretenir les troubles à la cour de *Louis* qu'à l'attaquer ouvertement ; il y avoit toujours quelqu'orage qui grondoit fur la tête du monarque François. La ducheffe Béatrice négocia une efpèce de paix ; Godefroi fut mis en liberté, & la ville de Verdun lui fut rendue fans argent & fans ôtages ; mais ce comté & l'évêque de Verdun, fon fils, abandonnèrent à *Louis* des terres de ce diocèfe, avec le droit d'y conftruire autant de fortereffes qu'il le jugeroit à propos. La reine mère & l'évêque de Laon ne furent point compris dans ce traité : tous deux trembloient dans la crainte d'éprouver le reffentiment du roi, qui mourut fur ces entrefaites, le 21 mai de l'année 987 : une mort aussi prompte, d'un prince qui n'avoit que vingt ans ; frappa tous les esprits d'étonnement, & l'on ne tarda point à connoître qu'il avoit été empoisonné : la chronique de Mailleza's le dit expressément ; mais elle ne nous a point révélé par qui ni comment. Les uns ont rejetté ce crime sur la reine Emme, sa mère, déjà soupçonnée de cet attentat envers Lotaire son mari ; d'autres en ont accusé la reine Blanche, avec laquelle il avoit toujours vécu avec assez d'indifférence. Louis ne laissoit point d'enfants ; le prince Charles son oncle, frère de Lotaire, se présenta pour recueillir sa succession ; mais les grands vassaux lui refusèrent leur suffrage, & le donnèrent à Hugues Capet, dont l'histoire exalte la sagesse & les talents. Ainsi finit la race des Carlovingiens en France, elle avoit occupé le trône environ 236 ans. Quelques écrivains ont prétendu que Louis, avant que de mourir, avoit nommé Hugues pour lui succéder, au préjudice des princes de son sang ; d'autres, dont le sentiment n'est pas plus probable, qu'il avoit laissé son royaume à la reine Blanche, à condition qu'elle épouseroit Hugues après sa mort ; ils ont même ajouté qu'il l'épousa effectivement : ces deux opinions pèchent contre toute vraisemblance ; Louis mourut d'une mort trop prompte & trop inopinée, pour qu'il ait pu songer à faire son testament ; & quel testament, qui auroit donné son royaume, ou à son ennemi, ou à une femme qui lui avoit causé les chagrins les plus amers ! Quant au mariage de Blanche avec Hugues, il est démontré impossible, puisque la femme de Hugues vivoit encore lors de son couronnement, & qu'il n'étoit pas plus permis d'avoir deux femmes alors qu'aujourd'hui. Le plus beau droit de Hugues Capet au trône de France, fut sans contredit le suffrage des grands ; ce titre avoit été reconnu par Pepin, dont Hugues dégradoit la postérité : ce titre n'en étoit point un ; & suivant l'esprit de la nation, qui se croit toujours invinciblement liée à la tige royale tant qu'il en reste un rejetton, Pepin-le-bref ne fut qu'un usurpateur qui n'avoit aucun droit à la couronne, tant qu'il resta quelque rejetton de la tige de Clovis. Hugues Capet doit être regardé comme le vengeur de l'oppression injuste des Mérovingiens, & des principes de la nation, que les Carlovingiens n'avoient pas dû méconnoître. Le suffrage de la nation ne devient un titre légitime que quand la famille royale est entiérement éteinte, & elle l'étoit lorsque Hugues Capet vint au trône, puisque les Carlovingiens n'étoient que des usurpateurs, & qu'il n'existoit plus de princes Mérovingiens qui étoient les seuls rois. Le laps de temps pouvoit peut-être changer une usurpation en une domination légitime ; mais on n'eut point d'égard au mérite de la possession. Le sacre auquel Pepin eut recours, ne suffisoit pas pour remédier au vice de son titre : cette cérémonie qu'il emprunta des rois de Juda, rendoit sa personne plus respectable, sans rien ajouter à son droit. C'est de leur sang, & non pas d'une cérémonie religieuse, que les rois de France tiennent la couronne. Ils sont

rois dans le sein de leur mère, leur couronne est indépendante de la religion qu'ils professent, puisqu'ils régnoient avant même qu'ils fussent éclairés des lumières de la foi.

Une société savante a demandé pourquoi les rois de la seconde race, princes qui aimoient la guerre & qui la savoient faire, eurent un règne plus court que ceux de la première, qui, depuis Dagobert II, s'endormirent dans le sein de la volupté. Cette question proposée depuis plusieurs années, est restée sans réponse : elle mérite bien d'être approfondie. Je crois appercevoir plusieurs causes, indépendamment de celles que l'on peut tirer de cette main supérieure qui règle à son gré le cours des événements ; je me bornerai à exposer la principale: suivant moi, on doit attribuer la chûte précipitée des Carlovingiens aux principes qu'ils introduisirent dans la monarchie : avant eux la couronne avoit dépendu du sang ; & les François ne pouvoient s'imaginer qu'ils pussent se dispenser de recevoir un fils de roi pour maître, ni qu'il leur fût permis de renoncer à son obéissance, quelqu'inepte qu'il pût être. On regardoit dans le prince, non la capacité, mais le droit ; c'est pourquoi l'on vit les Mérovingiens sur le trône, long-temps après que les maires du palais les eurent dépouillés de leur puissance. L'extrême foiblesse de Clovis II & de ses successeurs, jusqu'à Childeric III, qui tous n'offrirent qu'un fantôme de royauté, ne les empêcha pas de conserver la couronne ; & lorsqu'on cessa d'en craindre ou d'en espérer, on respecta en eux le sang qui couloit dans leurs veines ; le peuple demanda toujours à les voir, & les révéra comme autrefois il avoit révéré ses idoles. Les Carlovingiens, pour se frayer une route au trône, furent obligés de changer les principes : ils accréditèrent cette maxime dangereuse, que le trône appartient à celui qui est le plus digne d'y monter. Les grands, que cette maxime alloit rendre les dispensateurs de la royauté, & auxquels même elle ouvroit une voie pour y parvenir, l'adoptèrent aisément. Pepin parvint à s'asseoir à la place de Childeric III, mais il ne tarda pas à s'appercevoir qu'il s'étoit servi d'une verge qui devoit être funeste à sa postérité ; c'est en vain qu'il fit parler le pontife de Rome, un autre pouvoir le faire parler comme lui : c'est en vain qu'il se fit sacrer, il suffisoit au premier intrigant d'avoir un évêque dans ses intérêts pour prétendre aux honneurs de cette cérémonie. Sous la première race, la couronne dépendoit de Dieu seul qui manifestoit sa volonté, en faisant naître un fils de roi ; elle dépendit sous la seconde race, des grands & des ministres de la religion, que mille espèces d'intérêts pouvoient corrompre. Sous la seconde, on avoit l'exemple d'un roi détrôné, & sous la troisième on ne l'avoit pas : on étoit persuadé sous celle-ci, que la couronne appartenoit à la postérité de Clovis, exclusivement à toute autre ; & sous l'autre, à celui qui avoit assez d'audace & de talents pour la ravir & la conserver ; delà cette attention qu'eurent les Carlovingiens de présenter leurs enfants aux é ats, & de les faire reconnoître de leur vivant. Si Louis eût prévu sa mort,

&

& qu'il eût eu cette attention pour Charles son oncle, l est à croire que Hugues n'auroit pas monté sitôt sur le trône. Comme les Carlovingiens avoient fait dépendre la royauté du suffrage des grands, ils le demandoient pour leurs enfans, dans le temps qu'ils étoient en état de l'obtenir, soit par les graces qu'ils pouvoient répandre, soit par la terreur qu'ils pouvoient inspirer. Dans un état où la royauté est héréditaire, & où un prince n'en sauroit être dépouillé, quels que soient ses défauts & ses vices, le trône est toujours bien affermi, parce que si un prince foible néglige ses droits, il est d'ordinaire remplacé par un autre qui, né avec plus de sève & plus de vigueur, ne manque pas de les reprendre : c'est le contraire dans un état où le droit de suffrage est en usage; le trône est nécessairement foible, parce que les grands en qui réside ce droit, n'appellent que ceux auxquels ils connoissent des dispositions favorables à leur ambition; ils ne donnent la couronne qu'aux princes qui leur en font passer les prérogatives, ou au moins qui les associent pour en jouir avec eux.

Des écrivains qui se sont attachés à recueillir les singularités qu'offre notre histoire, ont observé que les trois empires qui se sont formés des débris de celui de Charlemagne, en Allemagne, en France & en Italie, ont été détruits sous trois princes du même nom; en Allemagne, sous *Louis IV*, dit l'*enfant*; en Italie, sous *Louis II*; & en France, sous *Louis V*, dont je viens de crayonner les principaux traits, & que sa vie active & laborieuse sembloit devoir préserver du surnom ignominieux de *fainéant*, sous lequel la postérité s'est accoutumée à le voir figurer. ( *M. -Y.* )

LOUIS VI, dit *le gros*, fut couronné roi de France, du vivant de Philippe I.er son père, & monta sur le trône après la mort de ce prince, arrivée en 1108 ; il avoit dissipé les cabales que l'on avoit formées contre son père, & ne put étouffer celles qu'on forma contre lui-même. Les comtes de Mante & de Corbeil, & quelques autres vassaux, trop foibles pour attaquer le roi avec leurs seules forces, engagèrent dans leurs intérêts le roi d'Angleterre, duc de Normandie. La ville de Gisors fut le flambeau de la discorde, on en vint aux mains près de Brenneville, en 1116 : l'indocilité des François leur fit commettre des fautes que leur bravoure ne put réparer, ils furent vaincus. Dans la déroute, un anglois arrête le cheval de *Louis* par la bride, & s'écrie ; *le roi est pris*, *Ne sais-tu pas*, répond le monarque en le renversant d'un coup de sabre, *qu'au jeu d'échecs on ne prend jamais le roi* ? Il courut vers Chartres, résolu de châtier les habitans révoltés ; mais dès qu'il les vit à ses pieds, il pardonna. Un traité termina, ou du moins assoupit la guerre en 1120 ; *Louis* reçut l'hommage de Henri, mais bientôt il fut forcé de tourner ses armes contre l'empereur Henri V, qui, à la tête d'une armée formidable, menaçoit la Champagne ; ils se sépara sans combattre. Le roi, en 1127, courut en Flandre, punit les assassins du comte Charles-le-Bon, & donna ce comté à Guillaume Cliton, neveu de Henri I, qu'il n'avoit pu rétablir dans le duché de Normandie. *Louis*

*Histoire*. Tome III.

mourut le premier août 1137 : ce prince étoit superstitieux & crédule ; il permit aux moines de Saint-Maur d'ordonner le duel entre leurs vassaux ; du reste, brave soldat, assez bon général, mais mauvais politique, il fut le jouet des ruses du roi d'Angleterre, dompta l'orgueil des grands vassaux de la couronne, & se fit craindre de l'étranger comme de ses sujets : on citera toujours comme une grande leçon, le conseil qu'il donnoit en mourant à Louis-le-jeune : *Souvenez-vous*, *mon fils*, *que la royauté n'est qu'une charge publique*, *dont vous rendrez un compte rigoureux au roi des rois*. ( *M. DE SACY.* )

LOUIS VII, dit *le jeune*, roi de France, né en 1119, fut couronné en 1137, après la mort de Louis-le-gros ; il punit Thibaut, comte de Champagne, qui s'étoit révolté ; mais il fit périr une foule d'innocents pour châtier un coupable ; & la ville de Vitry fut réduite en cendres ; le remords qui devoit lui inspirer le dessein de rendre son peuple heureux, ne lui inspira que celui d'aller massacrer des Sarrasins. La manie des croisades avoit commencé sous Philippe I ; cette fureur n'avoit fait que s'accroître. *Louis* alla effacer par des meurtres en Palestine, ceux qu'il avoit commis pour châtier un coupable ; vainqueur d'abord, vaincu ensuite, prêt à tomber entre les mains des infidèles, il se défendit long-temps seul contre une foule d'assaillants, se fit jour à travers l'armée ennemie, & revint en France avec les débris de la sienne : il appaisa les troubles qui agitoient la Normandie ; mais l'élection d'un archevêque de Bourges ayant excité un différend entre la cour de France & celle de Rome, le pape Innocent II, qui étoit redevable de la tiare à *Louis VII*, jetta un interdit sur ses domaines. Ce prince répudia en 1150, la reine Éléonore, qui épousa depuis le comte d'Anjou, duc de Normandie, enfin roi d'Angleterre ; pour lui, il épousa Constance, fille d'Alphonse, roi de Castille. La guerre se ralluma bientôt entre la France & l'Angleterre, au sujet du comté de Toulouse ; on se livra beaucoup de combats, on signa beaucoup de trèves, & rien ne fut terminé. Le mariage de Marguerite de France avec Henri, fils du roi d'Angleterre, réconcilia les deux cours ; la guerre se renouvella encore, & l'on vit dès-lors éclater ces haines nationales qui se sont perpétuées, *Louis VII* mourut à Paris, le 18 septembre 1180 : il avoit fait un pélerinage pour obtenir la guérison de son fils, & dans ce voyage plein il tomba malade lui-même ; ce fut lui qui attribua au siège de Rheims le droit de sacrer les rois de France. ( *M. DE SACY.* )

LOUIS VIII, surnommé *Cœur - de - lion*, avoit 36 ans lorsqu'il succéda à Philippe - Auguste, en 1223 ; Henri III, roi d'Angleterre, lui demanda la restitution de la Normandie, & de tous les domaines de Jean, que la cour des pairs de France avoit confisqués ; il fut appuyer sa demande par cinquante mille soldats ; *Louis* y répondit de même, rentra dans toutes les conquêtes de son père, & soumit la Guyenne que celui-ci avoit négligée : il dissipa une faction excitée en Flandre par un imposteur qui avoit pris le nom du comte Baudouin ; bientôt il reprit les

B b b

armes contre ces infortunés Albigeois, dont la cour de Rome avoit juré la deſtruction. Le ſiège d'Avignon fut formé, le roi y fut atteint d'une maladie mortelle, on le tranſporta au château de Montpenſier, il y mourut l'an 1226 ; la cauſe de ſon mal fut ignorée; on ſoupçonna Thibaut, comte de Champagne, de l'avoir empoiſonné ; les médecins crurent que trop de continence avoit altéré ſa ſanté ; on lui conſeilla d'admettre dans ſon lit une jeune perſonne d'une rare beauté. *Louis* répondit qu'il aimoit mieux mourir que de manquer à la fidélité conjugale ; ce fut en vain que pendant ſon ſommeil on mit près de lui une fille qui ſacrifioit ſon honneur au ſalut de l'état & du roi : il la chaſſa, mais ſans dureté, & lui fit donner une dot & un époux. Ce prince dicta enſuite ſon teſtament d'une voix ferme & d'un air ſerein ; la couronne appartenoit à Louis, l'aîné de ſes fils ; le ſecond eut l'Artois ; le troiſième le Poitou ; le quatrième l'Anjou & le Maine. (*M. G.*)

LOUIS IX, dit *Saint-Louis*, roi de France, n'avoit que 12 ans lorſqu'il monta ſur le trône, en 1226 ; la régence fut confiée à la reine Blanche, ſa mère : cette princeſſe, auſſi courageuſe que ſage, fut difficilper la ligue de grands vaſſaux révoltés ; il fallut négocier, prendre les armes, les quitter, & les reprendre encore. Henri III, roi d'Angleterre, appellé en France par le duc de Bretagne, ne ſe montra que pour s'enfuir : le duc fut forcé d'implorer la clémence du roi, qui lui déclara qu'après la mort de ſon fils, la Bretagne retourneroit à la couronne. *Louis* parvenu à l'âge fixé par les loix, gouverna par lui-même ; mais il n'en fut pas moins docile aux conſeils de la reine Blanche ; ce fut elle qui l'unit à Marguerite de Provence, fille de Raimond Béranger ; on prétend que peu de temps après cette heureuſe alliance, le vieux de la Montagne, craignant au fond de l'Aſie un jeune prince qui faiſoit l'admiration de l'Europe, fit par i deux émiſſaires pour l'aſſaſſiner ; que ces miſérables furent découverts; que *Louis* leur pardonna, & les renvoya chargés de préſents.

Le comte de la Marche leva l'étendard de la révolte en 1240 ; Henri III, roi d'Angleterre, épouſa ſa querelle ; bientôt les bords de la Charente furent couverts de combattants : on en vint aux mains près de Taillebourg ; ce fut là que *Louis IX* ſoutint preſque ſeul, ſur un pont, le choc de l'armée ennemie ; vaincue elle s'enfuit vers Xaintes, *Louis* la pourſuit, & la taille en pièces : Henri va chercher un aſyle en Angleterre, le comte de la Marche ſe ſoumet, & le roi lui pardonne. Ce prince traita les priſonniers comme il auroit traité ſes ſujets ; il tomba peu de temps après dans une maladie dont les ſuites furent fatales aux François, aux Sarraſins, à lui-même : il fit vœu d'aller porter la guerre en Paleſtine, ſi le ciel lui rendoit la ſanté : on ne conçoit guère comment un roi ſi ſage, ſi doux, ſi juſte, put promettre à Dieu qu'il ôteroit la vie à des milliers d'hommes, s'il la lui rendoit : on conçoit moins encore comment il accompliſſe de ſang-froid un ſerment indiſcret qui lui étoit échappé dans un des plus violents accès de ſa maladie.

Il partit & laiſſa les rênes de l'état entre les mains de la reine Blanche ; ſes frères le ſuivirent. *Louis*, en défendant ſur les côtes d'Egypte, ſignale ſon arrivée par une victoire ; celle de la Maſſoure donne encore aux Sarraſins une plus haute idée de ſon courage ; ce fut-là qu'on le vit pleurer & venger la mort du comte d'Artois ſon frère ; mais bientôt la fortune change, une famine cruelle déſole l'armée ; pour comble de malheur, *Louis* eſt pris avec ſes deux frères : il avoit été modeſte dans ſes proſpérités, il fut grand dans les fers. Sa liberté coûta cher à l'état ; au reſte, on ne pouvoit racheter à trop haut prix un ſi grand prince : il fut délivré, mais il alla perdre encore en Paleſtine, quatre années qu'il auroit pu conſacrer au bonheur de ſes ſujets. Enfin la mort de la reine-mère le força de revenir en France ; il laiſſa l'Aſie étonnée de ſa valeur, & plus encore de ſes vertus. Les Sarraſins ſe racontoient avec ſurpriſe tous ſes exploits, dont ils avoient été les témoins, comme il s'étoit défendu long-temps ſeul contre une multitude d'aſſaillants, comme il avoit pénétré ſouvent juſqu'aux derniers rangs de ſes ennemis ; avec quelle fermeté il avoit vu dans ſa priſon de vils aſſaſſins, lever le bras ſur ſa tête ; avec quelle grandeur d'ame il leur avoit pardonné !

Mais déjà il eſt en France, le peuple le reçoit avec les tranſports de la joie la plus vive. Par un traité conçlu avec le roi d'Aragon, *Louis* réunit à ſa couronne la partie méridionale de la France, que les Eſpagnols avoient uſurpée ; mais par un autre traité avec le roi d'Angleterre, il lui cède une partie de la Guienne, le Limouſin, le Quercy, le Périgord & l'Agenois, à condition que Henri en rendra hommage au roi de France, & qu'il renoncera à toutes ſes prétentions ſur la Normandie & quelques autres provinces. Henri III devenu plus puiſſant en France, n'en étoit pas moins foible en Angleterre ; les barons animés déjà par cet eſprit d'indépendance qui s'eſt perpétué dans la Grande-Bretagne, levèrent contre lui l'étendard de la révolte ; mais d'une voix unanime le roi & les rebelles ſoumirent leurs différends au jugement de *Louis IX*. Si la ſentence qu'il porta ne calma point cette grande querelle, elle ſervit du moins à faire connoître quelle confiance inſpiroit à l'Europe la bonne-foi de ce monarque. Nos étrangers, ſi long-temps nos ennemis, venoient chercher aux pieds du trône, la juſtice qu'ils ne trouvoient point dans leur patrie. Cet amour de l'équité lui dicta une ſage ordonnance contre les duels uſités alors dans toutes les conteſtations; mais s'il eut aſſez d'autorité pour proſcrire de ſes domaines cet abus exécrable, il n'eut pas aſſez de crédit ſur l'eſprit de ſes barons pour l'interdire dans leurs terres; & après ſa mort, cette licence conſervée dans les domaines des grands vaſſaux, reflua bientôt dans ceux du roi. Ennemi de tout ce qui ſentoit l'impiété, il avoit condamné les blaſphémateurs à avoir la langue percée avec un fer chaud ; mais il ſentit que le délire de la fureur pouvoit quelquefois affoiblir la noirceur de ce crime, & il réduiſit la peine à une amende pécumiaire. La France étoit heureufe , on avoit réparé les pertes qu'on avoit faites dans les croifades ; le peuple payoit peu d'impôts , & les payoit gaiement, parce qu'il en voyoit l'ufage. *Louis IX* vivoit , comme un père au fein de fa famille, heureux du bonheur de fes enfants ; une paix profonde régnoit dans les provinces ; la fageffe du roi étouffoit ces différends des feigneurs qui allumoient entr'eux de petites guerres , auffi funeftes en détail que celles des rois l'étoient en grand. La fureur des croifades troubla encore une fois le repos de l'état ; *Louis* s'embarqua en 1269, il confia la régence du royaume à Mathieu, abbé de Saint-Denis , & à Simon de Clermont de Nefle ; il avoit fait fon teftament, afin que fi la mort l'attendoit fur les côtes d'Afrique , les fuites n'en fuffent point fatales à la France ; il aborda près de Tunis, & fit le fiège de cette ville : les Sarrafins oppoférent plus d'une fois la perfidie au courage ; on amena au roi trois de ces barbares , qu'on accufoit d'avoir trempé dans une trahifon; le fait étoit probable , mais il n'étoit pas prouvé : « qu'on les délivre, dit *Saint-Louis*, j'aime » mieux m'expofer à fauver des coupables , qu'à faire » périr des innocents ». Cependant la pefte faifoit dans le camp les plus affreux ravages , *Louis* en fut atteint, & parut plus touché des maux qui affligeoient fes foldats, que de ceux qu'il fouffroit lui-même ; lorfqu'il fentit les approches de la mort , il fit venir Philippe III, fon fils, & lui donna les confeils les plus fublimes ; la bafe de cette morale étoit qu'un roi eft le premier citoyen du corps politique , & qu'il doit toujours préférer le bonheur de fon peuple à fon propre intérêt : ces difcours n'auroient rien d'étonnant, fi *Louis IX* ne les eût appuyés par de grands exemples. La leçon la plus belle qu'il laiffoit à Philippe III, étoit l'hiftoire de fa vie : il mourut le 25 août 1270, & fut canonifé l'an 1297 , par le pape Boniface VIII.

*Louis IX* étoit brave , & même un peu téméraire ; fils docile, époux fidèle , père tendre ; né avec des paffions vives , il fut les vaincre , & cette victoire l'honore plus que celles qu'il remporta fur les Sarrafins , il étoit fimple dans fes mœurs comme dans fes vêtements ; fa vertu étoit fa plus riche parure ; clément & doux lorfqu'on l'avoit offenfé , il étoit inéxorable lorfqu'on offenfoit Dieu ou l'état : ennemi de la flatterie , il cherchoit moins à recevoir des éloges qu'à les mériter ; on auroit défiré moins d'âpreté dans fa dévotion , & c'eft avec regret que l'on voit un fi grand roi préférer pendant quelques années, le plaifir de faire le malheur des Sarrafins, à celui de faire le bonheur de la France. Joinville qui le fuivit dans fes expéditions, a écrit fa vie avec ce ton ingénu qui porte le caractère de la vérité. ( *M. DE SACY.* )

Louis X, furnommé le *Hutin*, étoit jeune encore, lorfqu'il fuccéda à Philippe-le-Bel fon père l'an 1314 : il avoit époufé Marguerite de Bourgogne ; mais cette princeffe mérita, par la plus noire infidélité, l'arrêt rigoureux qui la condamna à être étranglée dans fa prifon, l'an 1315. *Louis* époufa depuis Clémence de Hongrie : lorfqu'il fe fit facrer, on ne trouva point

dans le tréfor royal , d'argent pour cette cérémonie. Charles de Valois , oncle du roi, avoit juré la perte d'Enguerrand de Marigny, il faifit cette occafion pour fatisfaire fon reffentiment. Le miniftre fut accufé de malverfation. Il étoit aifé de rejetter fur lui toutes les fautes du feu roi : il fut pendu au gibet de Montfaucon qu'il avoit fait dreffer. *Louis* rappella en France les Juifs qui en avoient été bannis ; il fit des loix pour favorifer l'agriculture ; mais bientôt il démentit les heureux commencements de fon règne , en accablant fon peuple d'impôts , pour continuer la guerre de Flandre qu'il fit fans fuccès. Ce prince mourut au château de Vincennes le 5 juin 1316, Le furnom de *Hutin* qu'on lui donna , fignifioit *querelleur* ; c'étoit fans doute chez ce prince un défaut domeftique ; car il ne parut querelleur ni dans la manière dont il gouvernoit fes fujets, ni dans celle dont il traitoit avec les étrangers. ( *M. DE SACY.* )

Louis XI, roi de France, commença dès fa jeuneffe à jouer un rôle important dans l'état; il fignala fa valeur contre les Anglois, aida Charles VII à chaffer du royaume ces avides conquérants, & força le célèbre Talbot à lever le fiège de Dieppe ; mais à peine Charles VII fut-il tranquille fur le trône, que l'indocile *Louis* raffembla près de lui les mécontents, donna le fignal de la révolte; il lui en coûta plus pour demander grace, qu'à fon père pour lui pardonner; Charles l'envoya contre les Suiffes , dont il fit un maffacre effroyable, pénétré d'eftime pour ces braves républicains, il dit qu'il aimoit mieux déformais les avoir pour alliés que pour ennemis. Revenu de cette expédition, il caufa de nouveaux chagrins à Charles VII, fe retira en Dauphiné, & paffa dans le Brabant, où il apprit la mort de fon père l'an 1461, il accourut pour prendre poffeffion du trône ; ce ne fut qu'avec une répugnance marquée , & fous des conditions très-dures, qu'il pardonna aux officiers que Charles avoit envoyés pour réprimer fa révolte ; il dépouilla tous ceux que fon père avoit revêtus des premières dignités de l'état , & décora des hommes qu'il ne croyoit fidèles que parce qu'ils avoient intérêt de l'être. L'amour il s'occupa de foins politiques : il prêta une fomme confidérable à Jean, roi d'Aragon, qui fe voyoit attaqué par les Navarrois unis aux Caftillans , & reçut pour gage de cette fomme les comtés de Cerdaigne & de Rouffillon. Pour fûreté d'une autre fomme que Marguerite d'Anjou emprunta de lui, cette princeffe promit de lui livrer la ville de Calais fitôt que les fers de Henri VI fon époux , feroient brifés ; il racheta de même pour de l'argent, les villes de Picardie qui avoient été cédées à Philippe-le-Bon , duc de Bourgogne. Le peuple , quoiqu'accablé d'impôts, aimoit mieux que ces conquêtes fuffent payées de fes richeffes que de fon fang. *Louis XI*, en 1462, créa le parlement de Bordeaux.

Cependant il fe formoit une ligue puiffante contre le roi : les ducs de Berry, de Bretagne & de Bourbon, les comtes de Charolois & de Dunois étoient à la tête des factieux ; cette guerre , qui fit tant de mal au peuple, fut appellée *guerre du bien public*. C'est ainsi que la politique se jouoit des hommes, & les insultoit en les opprimant. On en vint aux mains, plus par point d'honneur que par nécessité, près de Montlhéri le 16 juillet 1465. Les deux partis s'attribuèrent la victoire. Enfin le traité de Conflans assoupit ces divisions. *Louis XI*, avant de le signer, protesta contre les engagements qu'il alloit prendre, comme s'ils avoient pu être annullés par cette démarche. Il ne tarda pas à violer la paix., en s'emparant de la Normandie, qu'il avoit cédée au duc de Berry son frère; les états assemblés à Tours en 1468, ratifièrent cette usurpation, & déclarèrent que la Normandie ne pourroit plus, sous aucun prétexte, être démembrée du domaine de la couronne. Tout sembloit pacifié, lorsque Charles-le-Téméraire, comte de Charolois, succéda à son père Philippe-le-Bon, duc de Bourgogne. Il avoit encore des intérêts à démêler avec *Louis XI*, & lui proposa une entrevue à Peronne. Ce prince oublia sa défiance naturelle, & se livra au plus grand de ses ennemis; celui-ci se saisit de sa personne, & lui fit signer un traité ignominieux; il le conduisit à Liège pour être témoin de la vengeance qu'il alloit exercer sur les habitants qui avoient pris le parti du roi. *Louis*, après avoir joué ce rôle aussi affreux que ridicule, reparut dans ses états, institua l'ordre de St. Michel, & fit enfermer le cardinal Balue dans le château de Loches. Toute la nation applaudit à ce coup d'éclat. Balue étoit un homme vil par sa naissance, plus vil par ses mœurs, ennemi secret de son bienfaiteur, & qui paya par la plus noire ingratitude, tous les honneurs dont l'amitié politique du roi l'avoit comblé. Charles toujours ambitieux, *Louis XI* toujours inquiet, reprirent bientôt les armes; les trèves ne leur servirent qu'à faire de nouveaux préparatifs de guerre; ce fut au milieu de ces troubles que l'art pacifique de l'impression s'établit en France. Charles-le-Téméraire échoua devant Beauvais; les François firent plus pour le roi que le roi lui-même. Ce prince laissoit tranquillement ravager une partie de ses états, persuadé que les conquérants disparoîtroient, quand ils ne trouveroient plus rien à détruire. Ses démêlés avec Jean, roi d'Aragon; ses intrigues pour perdre le connétable de Saint-Paul; ses traités avec Charles, tantôt éludés avec adresse, tantôt violés avec audace de part & d'autre; ses menées secrètes avec les ministres d'Edouard IV, pour détacher ce prince des intérêts du duc de Bourgogne; le traité d'Amiens, conclu dans cette vue & confirmé par celui de Pecquigny; enfin la paix faite avec Charles-le-Téméraire, toutes ces opérations développent assez le caractère de *Louis XI*. Par-tout on le voit plutôt menteur que discret, prévoyant moins par sagesse que par crainte, se défiant de tous les hommes, parce qu'il les jugeoit semblables à lui-même, vindicatif, mais préférant les vengeances cachées aux coups d'éclat. Le comte de Saint-Paul, qui avoit trahi tour à tour & le roi de France & le duc de Bourgogne, eut la tête tranchée le 19 décembre 1475; son sang cimenta la réconciliation des deux princes: Charles mourut deux ans

après dans un combat contre les Suisses. C'étoit le dernier de cette maison si fatale à la France: Il ne laissoit qu'une fille, appellée *Marie*: *Louis XI* pouvoit rentrer dans tous les états de Charles, en consentant au mariage de cette princesse avec le comte d'Angoulême. Mais il craignit d'augmenter la puissance d'un prince de son sang; ce vaste héritage passa à la maison d'Autriche, & fut un flambeau perpétuel de discorde. Maximilien, qui épousa Marie, fit la guerre à la France; on versa beaucoup de sang de part & d'autre sans succès. Le testament de Charles d'Anjou aggrandit les états de *Louis XI*, par la cession de la Provence. Il lui cédoit aussi ses droits sur les royaumes de Naples & de Sicile; mais *Louis*, plus sage que son successeur, ne voulut conquérir que ce qu'il pouvoit conserver, & fut satisfait de la Provence. Il mourut au Plessis-lès-Tours le 30 août 1483, âgé de soixante ans. A tous les défauts qu'on lui connoît, il joignoit encore une superstition ridicule. Barbare & recherché dans sa barbarie, il voulut que le sang du malheureux duc d'Armagnac coulât sur ses enfants attachés au pied de l'échafaud. Perfide & lâche dans son ressentiment, on le soupçonna d'avoir fait empoisonner le duc de Guyenne son frère. Egoïste décidé, s'il travailla quelquefois au bien-être de son peuple, c'étoit pour travailler au sien; c'est ainsi que sa curiosité produite par son inquiétude, créa l'établissement des postes. Il ne caressoit les petits que pour les opposer aux grands. Il étoit profond politique, si l'on peut donner ce nom à un fourbe qui ne signe les traités que pour les enfreindre, & n'embrasse ses ennemis que pour les étouffer. (*M. DE SACY*.)

LOUIS XII, surnommé *le père du peuple*, roi de France, étoit fils de Charles, duc d'Orléans, & de Marie de Cleves, & petit-fils de Louis, duc d'Orléans & de Valentine de Milan. Louis XI, qui connoissoit le dégoût de ce prince pour sa fille, le força de l'épouser, sans autre raison que le plaisir d'exercer son despotisme. Il n'étoit alors que duc d'Orléans; en qualité de premier prince du sang, il prétendit à la régence pendant la minorité de Charles VIII; mais la nation confirma le testament de Louis XI, qui remettoit le maniement des affaires à Madame de Beaujeu. Le duc rassembla une faction puissante, & se ligua avec le duc de Bretagne; on prit les armes; Louis de la Trimouille étoit à la tête des royalistes; les deux armées se trouvèrent en présence près de Saint-Aubin; la bravoure du duc d'Orléans fit quelque temps pencher la victoire de son côté; mais enfin assailli de toutes parts, il se rendit; les rebelles se dissipèrent, le prince fut renfermé à la Tour de Bourges; d'Amboise, qui étoit dès-lors son ami, & qui fut depuis son ministre, hazarda sa liberté pour obtenir celle de son maître. Que Charles VIII commença à régner par lui-même en 1490, il rendit la liberté à cet illustre captif. Brantôme prétend que sa longue captivité étoit un trait de vengeance de la part de Madame de Beaujeu, dont il avoit dédaigné la passion. Ce prince suivit Charles VIII en Italie, & y donna de nouvelles preuves de son courage; le prince de Tarente s'enfuit à fon afpect avec fa flotte, le duc mit pied à terre, & tailla fon armée en pièces : il fut long-temps affiégé dans Novarre, & fe défendit avec tant de valeur, qu'il donna aux François le temps de le fecourir. Enfin Charles VIII n'ayant point laiffé d'héritier de la couronne, elle paffa fur la tête de *Louis XII*, en 1498. Des courtifans, ennemis de la Trimouille, lui rappellèrent que ce feigneur l'avoit perfécuté pendant les troubles de la régence, ils l'excitèrent à fe venger : « Un roi de France, répondit *Louis*, n'eft pas fait » pour venger les injures du duc d'Orléans ». Il fe repofa fur d'Amboife, d'une partie du fardeau des affaires : une intelligence parfaite régnoit entre ces amis : aucun des deux ne commandoit à l'autre, l'équité feule commandoit à tous deux. Mais la manie des conquêtes s'empara de l'ame du roi ; & d'Amboife, qui dès-lors peut-être jettoit fes vues fur la tiare, n'eut pas le courage de s'oppofer à fon départ pour l'Italie. *Louis* avoit hérité des droits de Charles VIII fur le royaume de Naples, & de Milan. Ludovic Sforce s'étoit emparé de cet état ; *Louis XII* parut, l'ufurpateur s'enfuit, & le Milanois fut conquis par *Louis* auffi rapidement qu'il l'avoit été par Charles VIII ; Genes fe foumit, *Louis* fut reçu par-tout avec des acclamations ; les armes de fon concurrent furent arrachées & jettées dans l'Arno ; mais à peine le roi eft rentré en France, que *Louis* eft rappellé. *Louis* fait partir la Trimouille à la tête d'une armée, Ludovic eft pris, on l'amène en France. Quelques auteurs italiens ont accufé *Louis XII* de l'avoir traité avec rigueur dans le château de Loches, où il étoit renfermé. Cette erreur paroit leur avoir été plutôt dictée par la haine qui les animoit contre *Louis XII*, que par la pitié que Ludovic leur infpiroit. De tous les biens que l'homme peut defirer, il ne manquoit à ce prince que la liberté qu'on ne pouvoit lui accorder fans péril.

Le roi n'avoit pas perdu de vue le royaume de Naples ; la conquête en fut réfolue de concert avec les Efpagnols. *Louis* & Ferdinand en réglèrent d'avance le partage. On fait combien les rois ont peu refpecté ces fortes de conventions. Louis d'Armagnac, duc de Nemours, fi célèbre par fa valeur, & Stuart d'Aubigny commandoient l'armée Françife ; les Efpagnols étoient aux ordres du fameux Gonfalve de Cordoue, l'appui & la terreur de fon maitre. En quatre mois tout fut conquis. Frédéric, roi de Naples, qui connoiffoit la génerofité de *Louis XII*, alla chercher un afyle en France, céda au roi par un traité, la portion de fes états qui lui étoit échue en partage, & reçut en échange des domaines confidérables. Ainfi *Louis*, d'un mouvement libre, payoit ce qu'il avoit acquis par le droit de conquête ; mais les Efpagnols & les François tournoient leurs armes contr'eux-mêmes, & vengeoient Frédéric par leurs fanglantes querelles. Elles furent appaifées par le traité de Lyon, figné en 1503. Claude de France devoit époufer Charles de Luxembourg ; le royaume de Naples étoit la dôt de Claude ; Ferdinand, au mépris du traité, fit continuer la guerre. La bonne foi & la fécurité des

François furent les caufes de leur perte ; la pefte détruifit ce que le fer avoit épargné.

Cependant les Génois lèvent l'étendard de la révolte ; le roi y vole, attaque leur armée, la met en fuite, borne fa vengeance à cette victoire, & leur pardonne ; il avoit fait repréfenter fur fa cotte d'armes un roi des abeilles au milieu de fon effaim, avec cette devife ingénieufe & fublime : *non utitur aculeo rex cui paremus.* Sa bonne foi étoit fi connue, que Philippe & les états de Flandre ne balancèrent point à lui confier la tutelle de l'archiduc Charles ; l'exemple de tant de princes qui avoient dévoré le patrimoine de leurs pupilles, ne détourna point leur choix.

Le cardinal d'Amboife méditoit depuis long-temps la ligue de Cambray, qui fut enfin conclue en 1508. Le pape Jules II, l'empereur Maximilien, Ferdinand, roi d'Efpagne, & *Louis XII*, réuniffoient leurs forces pour accabler la république de Venife. Les alliés laiffèrent à *Louis XII* les travaux & la gloire de cette guerre, & s'en réfervèrent le fruit. Le roi partit, les deux armées Vénitienne & Françoife fe trouvèrent en préfence près du village d'Agnadel ; le terrein étoit défavantageux, on demanda au roi où il camperoit ; *fur le ventre de mes ennemis*, répondit-il. On lui repréfente que les Vénitiens peu redoutables par leur bravoure, font prefque invincibles par leur rufe. « Je connois, dit *Louis*, leur fageffe fi » oppoferai tant de foux à ces fages, qu'ils » n'en pourront venir à bout ». La victoire fut complette ; d'Alviane qui commandoit les Vénitiens, fut fait prifonnier, & *Louis* le força à aimer fon vainqueur. Mais dans un de ces moments où le dépit égare la raifon, d'Alviane s'empota jufqu'à l'infulter ; les courtifans excitèrent *Louis* à fe venger. « J'ai vaincu » d'Alviane, dit-il, je veux maintenant me venger » moi-même ». Le chevalier Bayard eut beaucoup de part à fes fuccès. Les alliés fe hâtèrent de rentrer dans les états qu'ils avoient perdus, & que les François leur avoient reconquis ; la république de Venife eut l'art de les détacher peu-à-peu du parti de *Louis XII*, qui fe vit enfin obligé de repaffer les monts & de rentrer en France. Jules II, pontife guerrier, fe ligua en 1510, avec l'Efpagne & l'Angleterre contre la France : il fit la guerre en perfonne. Le duc de Nemours gagne la bataille de Ravenne : mais en perdant ce jeune héros, *Louis* perdit Genes & le Milanois. Depuis cette époque, les affaires des François allèrent en décadence en Italie. Peut-être *Louis XII*, qui craignoit de fe féparer de fon miniftre & de fon ami, n'avoit-il pas affez fecondé le defir que d'Amboife avoit d'être pape ; fi ce prélat étoit monté fur le faint-fiège, il auroit ménagé avec plus de fuccès les intérêts de la France en Italie. Anne de Bretagne, veuve de Charles VIII, que *Louis XII* avoit époufée, après avoir répudié Jeanne ; Anne, dis-je, mourut ; *Louis* la pleura, & cependant l'année fuivante il époufa Marie, fœur d'Henri VIII, roi d'Angleterre : fes traités avec Ferdinand & Léon X furent regardés comme des preuves de fa foibleffe. Ce prince, véritablement philosophe, sacrifia sa gloire au bonheur de ses sujets. Il craignoit que les frais d'une nouvelle guerre ne le forçassent à lever des subsides. Les impôts étoient légers sous Charles VIII, il les avoit encore diminués ; jamais il ne les augmenta pendant les guerres d'Italie, la nation ne perdit que son sang au-delà des Alpes. Le roi avoit vendu les charges de judicature pour suffire aux dépenses de la guerre, sans opprimer son peuple. Il avoit créé deux parlemens, celui de Rouen & celui d'Aix. Seissel parle avec éloge de son respect pour ces corps intermédiaires entre son peuple & lui ; il soumettoit à leur jugement les différends qui pouvoient s'élever entre lui & les particuliers voisins de ses domaines ; mais jamais il n'exigea qu'on suspendit les affaires de ses sujets pour s'occuper des siennes. L'histoire célèbre avec raison, l'édit par lequel il permet à ses parlemens de lui rappeller les loix fondamentales du royaume, si jamais il osoit s'en écarter. Le revenu de son domaine suffisoit à son luxe, & les impôts levés sur le peuple étoient consacrés au bonheur du peuple. L'agriculture fleurit sous son règne, le commerce circula sans obstacles, & la navigation fit de grands progrès. *Un bon pasteur*, disoit-il, *ne peut trop engraisser son troupeau. Je ne trouve les rois heureux, qu'en ce qu'ils ont le pouvoir de faire du bien.* Inexorable pour les ennemis de l'état, il étoit sans colère pour ses propres ennemis. Des comédiens le tournèrent en ridicule, on l'excita en vain à châtier ces audacieux. *Laissez-les faire*, dit-il, *ils m'ont cru digne d'entendre la vérité ; ils ne se sont pas trompés. Ils m'ont plaisanté sur mon économie ; mais j'aime mieux encore souffrir ce ridicule que de mériter le reproche d'être prodigue aux dépens de mon peuple.* Non content d'avoir diminué les impôts, il avoit rendu moins onéreuse la perception de ceux qu'il avoit conservés. Une armée de commis, qui désoloit la France, fut presque entièrement supprimée. Dans les guerres où il s'agissoit plus de ses intérêts que de ceux de son peuple, il ne força personne à s'enrôler sous ses drapeaux ; mais l'amour des François pour leurs rois, lui donna plus de soldats qu'une ordonnance militaire ne lui en auroit amenés. Il respectoit la religion sans être ni l'esclave, ni la dupe des papes.

Ce grand roi digne d'être placé entre Charles V & Henri IV, mourut le premier janvier 1515 ; éperdument amoureux de la reine son épouse, il avoit voulu recommencer à être jeune dans l'âge où l'on cesse de l'être ; & sa passion éteignit le principe de sa vie. ( *M. DE SACY.* )

Louis XIII, surnommé le *Juste*, étoit fils de Henri-le-Grand & de Marie de Médicis sa seconde femme. Il naquit à Fontainebleau le 27 septembre 1601, & succéda à son père, sous la tutelle de sa mère, le 14 mai 1610. Le royaume de France étoit encore troublé par les anciennes factions de la ligue & des protestants lorsqu'il monta sur le trône ; mais le traité de Sainte-Menehould en 1614, & le succès des conférences de Loudun y rétablirent la tranquillité : elle ne fut pas de longue durée. Le gouvernement, la puissance &

l'orgueil de Conchino Conchini, maréchal d'Ancre, étant devenus odieux à tout le monde, les troubles recommencerent ; ils ne finirent que par la mort de ce maréchal, que le roi fit tuer sur le pont du Louvre par *Vitri*, le 14 octobre 1617, & par l'éloignement de Marie de Médicis qui fut reléguée à Blois. Deux ans après, *Louis XIII* ayant voulu réunir le Bearn à la couronne, & obliger les protestants à rendre les biens ecclésiastiques qu'ils avoient usurpés, ceux-ci se révolterent. Ce prince marcha contre eux, & fut arrêté au siège de Montauban, où le connétable de Luines étant mort, le cardinal de Richelieu obtint la faveur du roi, & devint son premier ministre.

Après la reddition de la Rochelle, le roi de France entreprit de défendre le duc de Nevers, nouveau duc de Mantoue, contre les injustes prétentions du duc de Savoye. *Louis XIII* força en personne le Pas de Suze, défit le duc de Savoye, fit lever le siège de Casal, & mit son allié en possession de son état, par le traité de Quierasque, du 19 juin 1631, lequel acquit à ce monarque le titre de *libérateur de l'Italie.* En vain les Espagnols & les Allemands, jaloux de ces heureux succès, s'unirent pour les contre-balancer ; nos armes & l'alliance avec le Grand Gustave, roi de Suède, primèrent cette ligue. Les ennemis défaits en plusieurs endroits, la maison d'Autriche réduite à deux doigts de sa perte, la conquête de la Lorraine entière & d'une grande partie de la Catalogne, la réduction de tout le Roussillon, enfin des victoires presque continuelles sur mer & sur terre, voilà les avantages que procurèrent à la France cette réunion des Allemands & des Espagnols. *Louis XIII* n'eut pas la satisfaction néanmoins de voir la guerre terminée : il mourut au moment où il espéroit faire une paix avantageuse, le 14 mai 1643, peu de temps après le cardinal de Richelieu qu'il estimoit beaucoup, mais qu'il craignoit encore plus.

Ce prince étoit juste & pieux. Il avoit des intentions droites, & on ne le gouvernoit qu'en le persuadant. Il jugeoit bien des choses, & l'on remarqua toujours en lui beaucoup de discernement ; mais s'étant dégoûté de la lecture dès son enfance, il négligea de perfectionner par l'étude ce que la nature avoit commencé en lui. *Louis XIII* ne connoissoit guere d'autres amusemens que la chasse, la peinture & la musique, où il réussissoit. Sa piété tendre & vive n'étoit pas exempte de ces scrupules qui décelent toujours quelque défaut de chaleur. Les obstacles le rebutoient, il abandonnoit aisément les entreprises où il avoit montré le plus de chaleur, & c'est alors qu'il avoit besoin de toute la fermeté du cardinal.

Bien des historiens ont accusé ce prince d'une économie indigne d'un roi, parce qu'elle tient à l'avarice. Après la mort du cardinal de Richelieu, on crut que le roi alloit tirer des prisons tous ceux que ce ministre y avoit renfermés ; mais *Louis XIII* tint la même conduite que s'il eût été lui-même l'auteur de leur emprisonnement. On le vit inaccessible à toutes les sollicitations ; de maniere que pour obtenir la liberté de ces malheureux, on fut obligé de le prendre par le foible qu'on lui connoiſſoit pour l'épargne , & cette économie extrême qu'on appelle d'un autre nom dans un fouverain. Ses courtiſans lui repréſentèrent que c'étoit employer bien mal-à-propos de grandes ſommes, qu'il pouvoit épargner en donnant la liberté à ceux qui étoient détenus à la Baſtille. Le roi, frappé de ce motif plus que de tout autre, permit qu'on élargît les priſonniers, parmi leſquels ſe trouvoient MM. de Vitry, de Baſſompierre & de Cramail. Ce fut en cette circonſtance que M. de Baſſompierre, qui étoit un diſeur de bons mots, dit en ſortant de la Baſtille ( ce qui arriva le jour même des obſéques du cardinal de Richelieu ) : *je ſuis entré à la Baſtille pour le ſervice de M. le cardinal, j'en ſors pour ſon ſervice.*

. Peu ſemblable à Gaſton d'Orléans ſon frère, prince extrêmement jaloux de ſes droits, *Louis XIII* ſavoit modérer l'éclat de la majeſté, & éviter à ſes courtiſans l'embarras de l'étiquette, lorſqu'il leur devenoit trop incommode, ou qu'il ſembloit préjudicier à leur ſanté. Ce prince alloit un jour de Paris à Saint-Germain, accompagné du duc ſon frère ; la chaleur étoit exceſſive, & les ſeigneurs qui ſe tenoient nue tête aux portieres du carroſſe, avoient bien de la peine à ſoutenir l'ardeur du ſoleil ; *Louis XIII* qui s'en perçut, eut la bonté de leur dire : *couvrez-vous, meſſieurs, mon frère vous le permet.*

. Quoi qu'en aient dit quelques auteurs, *Louis XIII* aimoit & entendoit parfaitement la guerre. Dans toutes les occaſions où il s'eſt trouvé en perſonne, il a donné des marques de la valeur qui lui étoit naturelle. Il eſt vrai que la foibleſſe de ſon tempérament ne lui permettoit pas de ſe trouver continuellement à la tête de ſes armées. On rapporte que n'étant encore que dauphin & âgé de trois ans ſeulement, quelqu'un vint lui annoncer que le connétable de Caſtille, ambaſſadeur d'Eſpagne, venoit avec une grande ſuite de ſeigneurs, pour lui préſenter ſes hommages. *Des Eſpagnols,* dit avec chaleur ce jeune enfant, *çà, çà, qu'on me donne mon épée.* On eût dit que la nature lui inſpiroit en ce moment une haine forte contre une nation qui avoit cauſé tant de diſgraces à ſes aïeux, & qui avoit mis le royaume de France à deux doigts de ſa perte. Mais, autant le roi témoignoit dès la plus tendre enfance d'indignation contre les Eſpagnols, autant il témoignoit de tendreſſe pour ſes ſujets rebelles, même en prenant les armes contr'eux. *Je ſouhaiterois,* diſoit-il, *qu'il n'y eût de places fortifiées que ſur les frontières de mon royaume, afin que le cœur & la fidélité de mes ſujets, ſerviſſent de citadelle & de garde à ma perſonne.*

Tout le monde ſait à quel point le cardinal de Richelieu étendit ſon pouvoir, & combien il le fit craindre & reſpecter ſon autorité. Ce miniſtre, devenu trop utile pour que le roi s'en défît, & trop impérieux pour qu'il l'aimât, aſſiſtoit à un bal qui ſe donnoit à la cour : le roi s'y ennuya, il voulut ſortir ; le cardinal ſe diſpoſoit à en faire autant, & tout le monde ſe rangeoit pour lui laiſſer le paſſage libre, ſans preſque faire d'attention au roi : le miniſtre qui

ne s'apperçut que ſa majeſté vouloit ſortir, qu'à la vue d'un de ſes pages, ſe rangea pour la laiſſer paſſer. *Eh bien !* lui dit *Louis XIII, pourquoi ne paſſez-vous pas, M. le cardinal ? N'êtes-vous pas le maître ?* Richelieu, le plus pénétrant de tous les hommes, & celui qui connoiſſoit le mieux le foible de ſon ſouverain, ſentit parfaitement toute la force de cette expreſſion. Au lieu de répondre & de s'excuſer, il prend lui-même un flambeau de la main du page, & paſſe devant le roi pour l'éclairer. Conduite admirable de la part de cet adroit politique ! Un miniſtre habile tâchera toujours de ſe dérober la gloire des actions qu'il fait, pour la laiſſer toute entière à ſon prince. Il creuſera lui-même ſa ruine ; s'il viſe à afficher l'indépendance & le beſoin que l'on a de ſes ſervices.

Tous les auteurs contemporains de *Louis XIII*, ont donné de grands éloges à ſa modération & à ſa chaſteté. Le jéſuite Barri qui déclama avec beaucoup de chaleur contre les nudités de gorge, eſt rempli d'anecdotes qui tendent toutes à démontrer combien le roi déſapprouvoit hautement l'immodeſtie. Ce prince dînoit un jour en public, une demoiſelle ſe trouva placée vis-à-vis ſa majeſté ; le roi s'appercevant qu'elle avoit la gorge découverte, tint ſon chapeau abbattu & renfoncé pendant tout ſon dîner, à la dernière fois qu'il but, il retint une gorgée de vin, & la rejetta ſur la gorge de la demoiſelle. Le jéſuite Barri approuve ſans réſerve cette action du roi ; mais il ſemble qu'il eût pu donner à ſa leçon un ton plus doux. « Etre vertueux, dit un auteur moderne, eſt un grand avantage ; faire aimer la vertu » en eſt un autre, & les princes ont tant de voies » pour la rendre aimable, que c'eſt preſque leur faute » s'ils n'y parviennent pas ».

On a parlé bien diverſement de la longue ſtérilité de la reine & de la naiſſance de *Louis XIV.* On a vu éclorre à ce ſujet dans les pays proteſtans, tout ce que la calomnie peut enfanter de plus noir & de plus affreux. Voici comme l'auteur, duquel nous avons emprunté ces anecdotes, raconte que la choſe s'eſt paſſée. « Le roi, dit-il, avoit marqué beaucoup » d'inclination pour mademoiſelle de la Fayette, fille » d'honneur de la reine Marie de Médicis. Le cardinal de Richelieu qui craignoit l'eſprit vif & pénétrant de cette demoiſelle, employa tous les » moyens imaginables pour brouiller le roi avec » elle ; enfin il en vint à bout. Mademoiſelle de la » Fayette demanda à ſe retirer au couvent de la Viſitation à Paris, & l'obtint. Le roi ſe défiant de » quelque intrigue de la part de ſon miniſtre, voulut s'éclaircir, & convint d'un rendez-vous avec » mademoiſelle de la Fayette. Il alla à la chaſſe du » côté de Gros-bois, & s'étant dérobé de ſa ſuite, » ſe rendit à la viſitation. Quatre heures ſe paſſèrent ſans leur entretien : on étoit au mois de dé- » cembre, il n'y avoit pas moyen de retourner à » Gros-bois. Le roi fut obligé de coucher à Paris, » où il ne ſe trouva ni table, ni lit pour lui. La reine » contre laquelle il étoit indiſpoſé depuis long-tems,

» à cause de la conspiration de Chalais ; dans la-
» quelle il étoit convaincu que cette princesse étoit
» entrée, lui fit part de l'un & de l'autre ; &
» ce fut par cette chaîne d'événemens qu'Anne
n d'Autriche devint grosse de Louis XIV, qui naquit
» dans les neuf mois précis, à compter de cette nuit ».

Un roi au lit de la mort est peut-être l'homme
le plus malheureux de son royaume, Louis XIII en
fit la triste expérience : presque abandonné de ses
courtisans & de ses domestiques qui se rangeoient
du côté de la faveur naissante, il manqua quelquefois des choses nécessaires à l'état où il se trouvoit.
De grace, dit-il un jour à quelques courtisans qui l'em-
pêchoient de jouir de la vue du soleil qui don-
noir dans les fenêtres de son appartement, rangez-
vous ; laissez-moi la liberté de voir le soleil, & qu'il
me soit permis de profiter d'un bien que la nature
accorde à tous les hommes. ( M. G. ) (*)

Louis XIV, roi de France & de Navarre, surnommé le grand, étoit fils de Louis XIII & d'Anne
d'Autriche. Il naquit à Saint-Germain-en-Laie, le 5
septembre 1638, & eut le surnom de Dieu-donné,
étant venu au monde après vingt-trois ans de stérilité
de la reine sa mere. Il succéda à Louis XIII, le 14
mai 1643, sous la régence d'Anne d'Autriche, &
dans le temps que la guerre se continuoit contre les
Espagnols. Il fut sacré le 7 juin 1654, & mourut le
1 septembre 1715.

Les bornes de cet ouvrage ne nous permettent
pas de nous étendre sur les actions glorieuses qui
remplirent le cours de la vie de ce prince. Quand
on se contenteroit simplement de dater les événemens considérables de son règne, on ne laisseroit
pas de remplir un juste volume. Il nous suffira de dire
que Louis XIV vint au monde avec les dispositions
heureuses que la nature n'accorde qu'à ses plus chers
favoris. C'étoit un des plus beaux hommes & des
mieux faits de son royaume ; le son de sa voix étoit
noble & touchant. Tous les hommes l'admiroient, &
toutes les femmes étoient sensibles à son mérite. Il se
complaisoit à s'imposer par son air, & l'embarras de
ceux qui lui parloient, étoit un hommage qui flattoit
sa supériorité. Il étoit né avec une ame grande &
élevée, un génie juste & délicat ; mais il ne témoigna
jamais beaucoup d'inclination pour l'étude. La nature
& l'usage furent ses seuls maîtres, & l'amour de la
gloire perfectionna leur ouvrage. Louis XIV obligeoit avec une grace qui, ajoutant aux bienfaits,
faisoit voir le plaisir qu'il goûtoit à les répandre. Une
preuve que la majesté se concilie aisément avec les
vertus aimables, est le respect qu'on eut toujours
pour ce prince, & les bontés qu'il eut toujours pour
ses courtisans, dont quelques-uns étoient même ses
amis.

Son siècle est comparé avec raison à celui d'Au-

guste. Louis XIV avoit un goût naturel pour tout ce
qui fait les grands hommes : il sut distinguer & employer les personnes de mérite, dont il animoit les
études par ses récompenses, jamais prince n'a plus
donné, ni de meilleure grace. On ne connoît point
d'homme illustre du siècle passé sur qui sa générosité
ne se soit répandue. Dès son enfance, il honora le
grand Corneille de la lettre la plus flatteuse, & dans
la suite ayant appris que ce célèbre auteur qui en
avoit enrichi tant d'autres par ses productions, étoit
à l'extrêmité sans avoir les commodités que la moindre
aisance peut procurer, Louis XIV prit soin lui-
même de fournir à sa subsistance. Vraisemblablement
ce prince avoit puisé cet amour des belles-lettres
dans les instructions d'Anne d'Autriche sa mère, qui
les aimoit & qui en soutenoit la dignité. Un libraire
de Paris ayant eu dessein de joindre à la vie du
cardinal de Richelieu, un grand nombre de lettres
& de mémoires qu'il avoit rassemblés avec beaucoup
de soin, n'osoit le faire, parce qu'il craignoit d'offenser bien des gens qui y étoient bien maltraités,
mais qui venoient de rentrer en grace à la cour. Il
fit part de ses inquiétudes à la reine, & cette sage
princesse lui dit : travaillez sans crainte, & faites
tant de honte au vice, qu'il ne reste que la vertu en
France. « Ce n'est, ajoute l'auteur duquel nous avons
emprunté cette anecdote, qu'avec de pareils sen-
» timens dans les souverains, qu'une nation peut
» avoir des historiens fidèles ».

Ce ne furent pas seulement les savans de la France
qui eurent part aux bontés de ce prince, ceux des
pays étrangers furent également honorés de ses gratifications. Louis XIV fit aussi fleurir les arts & le
commerce dans ses états ; mais en fait de beaux-arts,
il n'aimoit que l'excellent, & ce qui portoit un caractère de grandeur. On peut en juger par les magnifiques bâtimens qui ont été élevés sous son règne.
Les peintres dont un seul flamand ne trouvoient
point de grace devant ses yeux ; ôtez-moi ces magots-
là, dit-il un jour qu'on avoit mis un tableau de
Téniers dans un de ses appartemens. L'ambition &
la gloire lui firent entreprendre & exécuter les plus
grands projets, & il se distingua de tous les
princes de son siècle, par un air de grandeur, de
magnificence & de libéralité qui accompagnoit toutes
ses actions. Les traits principaux qui distinguent le
règne de ce monarque, sont l'entreprise de la jonction des deux mers par le fameux canal de Languedoc, achevé dès l'an 1664 ; la réforme des loix, en
1667 & 1670 ; la conquête de la Flandre Françoise
en six semaines ; celle de la Franche-Comté en moins
d'un mois, au cœur de l'hiver ; celles de Dunkerque
& de Strasbourg. Qu'on joigne à ces objets une
marine de près de deux cents vaisseaux, les ports de
Toulon, de Brest, de Rochefort bâtis ; 150 citadelles construites ; l'établissement des invalides, de
Saint-Cyr, l'observatoire, les différentes académies,
l'abolition des duels, l'établissement de la police.
Qu'on y ajoute encore le commerce sorti du néant,
les arts utiles & agréables créés, les sciences en honneur

metit, les progrès de la raison plus avancés dans un demi-siècle, que depuis plus de deux cents ans.

Passons maintenant aux traits principaux qui caractérisent davantage la grande ame de *Louis XIV*. Les princes , quelque puissants qu'ils paroissent , se ressentent toujours des foiblesses de l'humanité. On en a vu & l'on en voit encore souvent qui, fiers de leur naissance & de leur mérite, ne laissent tomber qu'un regard jaloux sur les hommes d'un génie rare & distingué. Une des grandes qualités du roi, étoit d'être touché de celles des autres, de les connoître & de les mettre en usage. *Je serois charmé* , dir ce prince au vicomte de Turenne, qui le complimentoit sur la naissance du grand dauphin, *je serois charmé qu'il vous pût ressembler un jour. Votre religion est cause que je ne puis vous remettre le soin de son éducation , ce que je souhaiterois pouvoir faire , pour lui inspirer des sentimens proportionnés à sa naissance.* M. de Turenne étoit encore protestant. Dès qu'une fois *Louis XIV* avoit accordé sa confiance à une personne qui la méritoit, & qui en avoit donné des preuves, les intrigues ni les cabales de la cour n'étoient pas capables de la lui faire retirer. Il donna un pouvoir si absolu au même maréchal de Turenne pour la conduite de ses armées, qu'il se contentoit de lui faire dire dans les temps d'inaction, *qu'il seroit charmé d'apprendre un peu plus souvent de ses nouvelles, & qu'il le prioit de lui donner avis de ce qu'il auroit fait.* En effet , ce n'étoit quelquefois qu'après le gain d'une victoire, que le roi savoit que la bataille s'étoit livrée. Ce reproche obligeant fait autant d'honneur au souverain qu'au sujet en qui il avoit mis une entière confiance : aussi , rien n'égala la douleur que ce prince ressentit, en apprenant la mort du maréchal de Turenne, arrivée au camp de Salsbach, au-delà du Rhin, le 27 juillet 1675. *J'ai perdu,* dit ce prince, le cœur navré de douleur, *l'homme le plus sage de mon royaume & le plus grand de mes capitaines.* Y a-t-il rien qui caractérise plus avantageusement l'ame sensible & reconnoissante d'un souverain ?

On a cependant fait un crime à *Louis XIV* d'avoir laissé gémir, pour ainsi dire, dans la misère , le sage & fameux Catinat, dont on prétend qu'il ne sut ni connoître, ni récompenser le mérite. Il ne faut que citer un exemple pour faire tomber la fausseté de cette accusation. Victime des intrigues & des brigues de la cour, le maréchal de Catinat s'étoit retiré à sa terre de Saint-Gatien ; le feu ayant réduit en cendres son château, ce vieil officier se vit contraint à prendre un logement chez son fermier. *Louis XIV* n'eut pas plutôt appris ce malheur, qu'il fit venir M. de Catinat à Versailles , s'informa des raisons qui lui avoient fait réduire son équipage & sa maison à l'état où ils étoient, & lui demanda enfin si , n'ayant point d'argent, il n'avoit pas d'amis qui lui en prêtassent ? Les amis, sur-tout à la cour, font rares , lorsqu'on est dans le besoin. *Louis XIV* se montra aussi bienfaisant à l'égard du maréchal de Catinat, que , s'il n'eût eu aucun motif de lui en vouloir. On sait que *Histoire.* Tome III.

la religion de ce prince avoit été surprise , en lui faisant accroire qu'en matière de religion M. de Catinat ne craignoit ni ne croyoit rien. [1]

Parmi les traits qu'on rapporte de la bonté de son caractère , en voici quelques-uns qui paroissent des plus frappans. Un jour qu'il s'habilloit , après avoir mis ses bas lui-même, il ne se trouva point de souliers ; le valet-de-chambre courut en chercher , & fut quelque temps à revenir ; le duc de Montausier en colère, voulant le gronder : *eh ! laissez-le en paix* , dit aussi-tôt le roi , *il est assez fâché.* Une autre fois un de ses valets-de-chambre lui laissa tomber sur la jambe nue la cire brûlante d'une bougie allumée ; le roi lui dit , sans s'émouvoir : *au moins donnez-moi de l'eau de la reine-d'Hongrie.* Bontems , son valet-de-chambre & son favori, lui demanda une grace pour un de ses amis : *quand cesserez-vous de demander ?* lui répondit brusquement *Louis VIV* ; mais s'appercevant de l'émotion de son valet-de-chambre, *oui,* quand cesserez-vous de demander pour les autres ; ajouta ce prince, & jamais pour vous ? La grace que vous me demandez pour un de vos amis , je vous l'accorde pour votre fils.

Il n'est pas vrai que *Louis XIV* se soit jamais servi de termes offensans à l'égard de ses officiers , & il est également faux qu'il ait dit jamais au duc de la Rochefoucauld : *eh ! que m'importe par lequel de mes valets je sois servi ?* On voit au contraire que dans mille circonstances , il a toujours témoigné les plus grands égars pour la noblesse. Les paroles même de ce prince à ce sujet , ne sauroient être recueillies avec trop de soin. Le duc de Lauzun lui ayant un jour manqué de respect, le roi, qui sentoit venir sa colère, jetta brusquement par la fenêtre une canne qu'il tenoit à la main , & dit, en se tournant vers quelques-uns qui se trouvèrent auprès de lui : *je serois au désespoir, si j'avois frappé un gentilhomme.* Ayant appris quelque temps après qu'un prince du sang avoit maltraité de paroles une personne de distinction , il lui en fit la plus sévère remontrance. *Songez* , lui dit-il , *que les plus légères offenses que les grands font à leurs inférieurs , sont toujours des injures sensibles , & souvent des plaies mortelles ; celles d'un particulier ne font qu'effleurer sa peau, celles d'un grand pénètrent jusqu'au cœur. Je vous avertis de ne plus maltraiter de paroles qui que ce soit ; faites comme moi. Il m'est arrivé plus d'une fois que les personnes qui m'ont les obligations les plus essentielles, se sont oubliées jusqu'à m'offenser : je dissimule & leur pardonne.* Il n'épargna pas plus madame la dauphine qui s'avisa un soir de plaisanter beaucoup & très-haut sur la laideur d'un officier qui assistoit au souper du roi. *Pour moi , madame ,* dit le monarque , en parlant encore plus haut que la princesse , *je le trouve un des plus beaux hommes de mon royaume ; car c'est un des plus braves.* Une autre fois ce prince faisoit un conte à ses courtisans, & il leur avoit promis que ce conte seroit plaisant ; mais dans le cours de la narration s'étant apperçu que l'endroit le plus risible avoit quelque rapport au prince d'Armagnac, il aima mieux le supprimer, que de

C c c

canſer de l'embarras & du chagrin à ce ſeigneur qui étoit préſent; il ne l'acheva que lorſqu'il fut ſorti. On peut juger par-là combien ce prince avoit une averſion marquée pour tout ce qui pouvoit chagriner ceux qui l'environnoient : la médiſance ne lui étoit pas moins odieuſe. On ſait qu'il punit de l'exil le chevalier de Grammont, qui s'aviſa de faire une mauvaiſe plaiſanterie ſur le marquis d'Humieres, auquel le roi venoit d'accorder le bâton de maréchal, à la recommandation de M. de Turenne.

La juſtice & l'équité de *Louis XIV* ne le diſtinguoient pas moins que ſes autres vertus. Jamais il ne voulut ſolliciter pour un de ſes valets-de-chambre, parce qu'il s'apperçut qu'il y auroit de l'injuſtice dans cette démarche. Il s'aſſujettit lui-même aux loix en pluſieurs occaſions, voulut que ſes intérêts fuſſent balancés comme ceux de ſes derniers ſujets, bien perſuadé que le légiſlateur n'eſt jamais plus reſpecté que lorſqu'il reſpecte lui-même la loi. Le conſeil ayant annoncé que les amendes prononcées pour le roi ſeroient payées par privilége & préférence à tous autres créanciers, le roi ſoupçonna la juſtice de ce réglement : il fit de nouveau examiner la queſtion dans ſon conſeil, ſe départit de ſon privilége, & dérogea à la déclaration, il ne voulut prendre d'hypothèques ſur les biens des condamnés, que du jour de la condamnation, imitant en cela l'exemple de Trajan, ſous lequel la cauſe du fiſc étoit toujours défavorable.

La bienfaiſance étoit ſi naturelle à *Louis XIV*, qu'il chercha un moyen de devenir le centre des graces, ſans expoſer l'état ni la juſtice, en renvoyant à Colbert & à Louvois ceux qui lui demandoient ce qu'il ne pouvoit accorder. Lorſque ceux que l'un de ces deux ſeigneurs avoient rebutés, venoient s'en plaindre au roi, il les plaignoit lui-même, &. s'en débarraſſoit avec une bonté qui lui faiſoit attribuer tous les bienfaits, & tous les refus aux miniſtres.

Le grand prince de Condé venoit ſaluer *Louis XIV*, après le gain de la bataille de Senef contre le prince d'Orange. Le roi ſe trouva au haut de l'eſcalier, lorſque le prince qui avoit de la peine à monter, à cauſe de ſes gouttes, prioit ſa majeſté de lui pardonner, s'il la faiſoit attendre. *Mon couſin*, lui répondit le roi, *ne vous preſſez pas, on ne ſauroit marcher bien vîte, quand on eſt auſſi chargé de lauriers que vous l'êtes.* Ce même prince ayant fait faire halte à ſon armée par une exceſſive chaleur, pour rendre au roi les honneurs qui lui étoient dus, *Louis XIV* voulut que le prince ſe mît à couvert des ardeurs du ſoleil dans l'unique cabanne qui ſe trouvoit, en lui diſant, *que puiſqu'il ne venoit dans le camp qu'en qualité de volontaire, il n'étoit pas juſte qu'il fût à l'ombre, pendis que le général reſteroit expoſé à toute la chaleur du jour.* Dans une autre occaſion, il lui dit une choſe non moins obligeante au vieux maréchal Dupleſſis; qui portoit envie à ſes enfans qui partoient pour l'armée. *M. le maréchal, on ne travaille que pour approcher de la réputation que vous avez acquiſe : il eſt agréable de ſe repoſer après tant de victoires. Relevez-*

vous, dit-il au marquis d'Uxelles, qui, ayant été obligé de rendre Mayence au prince Charles de Lorraine, étoit venu ſe jetter aux pieds du roi, pour juſtifier ſa conduite; *relevez-vous, vous avez défendu votre place en homme de cœur, & vous avez capitulé en homme d'eſprit.*

Quelques choſes que l'on ait pu dire contre le poids des impôts ſous leſquels ſes ſujets gémirent durant tout ſon règne, on ne ſauroit nier que ce prince n'eût toujours montré un cœur droit & tendre, & qu'il ne regardât les François comme auſſi dignes de ſon affection, que ce peuple en a toujours témoigné pour ſes rois. Un enchaînement de guerres, dont preſque toutes étoient néceſſaires, & qui contribuèrent au moins toutes à la gloire de l'état, l'empêcha de faire à ſes ſujets le bien qu'il eût voulu leur faire; mais il gémit ſouvent de la néceſſité où il ſe trouva, & quelque temps après la ratification du traité de Riſwick, on l'entendit proférer ces belles paroles : *il y a dix ans que je me trouve obligé de charger mes peuples, mais à l'avenir, je vais me faire un plaiſir extrême de les ſoulager.* Ces mêmes ſentimens, il les renouvella à l'article de la mort, lorſque s'adreſſant à ſon ſucceſſeur, encore enfant, il lui dit : *J'ai chargé mon peuple au-delà de mon intention, mais j'y ai été obligé par les longues guerres que j'ai eu à ſoutenir. Aimez la paix, & ne vous engagez dans aucune guerre qu'autant que l'intérêt de l'état & le bien des peuples l'exigeront.*

Je ſais que les ennemis de ce prince & de la France ont prétendu qu'il y avoit plus d'ambition que de juſtice dans l'acceptation pure & ſimple du teſtament de Charles II, roi d'Eſpagne, & qu'en s'en tenant au traité de partage fait avec l'Angleterre & les Provinces-Unies, *Louis XIV* eût pu s'éviter une guerre qui mit la France à deux doigts de ſa perte. Mais *Louis XIV* pouvoit-il équitablement, devoit-il même ſacrifier les droits de ſes petits-fils, droits acquis par la naiſſance, & les loix, à des vues d'état ? On avoit dans tous les temps regardé la renonciation de Marie-Théreſe d'Autriche comme caduque & illuſoire : on ſait d'ailleurs que cette rénonciation ne pouvoit être valide qu'autant que l'Eſpagne auroit ſatisfait à la dot de cette princeſſe, comme *Louis XIV* s'en expliqua lui-même aux états-généraux, dans le temps que le grand penſionnaire de Wit lui propoſa un traité pour le partage des Pays-bas Eſpagnols. J'ajouterai encore qu'au milieu de toutes les diſgraces que ce prince eut à eſſuyer durant cette fatale guerre, il ſe montra plus grand qu'il ne le fut jamais dans les plus brillans jours de ſes conquêtes. On le vit même ſacrifier toutes ſes affections au repos de ſon peuple, en accordant aux états-généraux tout ce qu'ils demandoient pour la ſûreté de leur barrière; & heureuſement pour la France, leur opiniâtreté les empêcha de profiter de ces avantages.

L'on a reproche que l'on fait à *Louis XIV*, c'eſt de s'être laiſſé trop éblouir par l'orgueil & l'amour-propre; mais eſt-il ſurprenant que la vanité ſe ſoit quelquefois gliſſée dans un cœur où tout ſembloit l'autoriſer ? D'ailleurs, que ne fit-on point pour nourrir ce défaut dans ce monarque ? quels pièges ne lui tendit point la flatterie des courtiſans ? On ſait, & le duc d'Antin en eſt convenu lui-même, que lorſqu'il s'agiſſoit de dreſſer une ſtatue, il faiſoit mettre quelquefois ce qu'on nomme des calles entre les ſtatues & les ſocles, afin que le roi en s'allant promener eût le mérite de s'être apperçu que les ſtatues n'étoient pas droites. Une autre fois il fit abattre une allée de grands arbres qui, ſelon le roi, faiſoit un mauvais effet. Ce prince ſurpris à ſon réveil de ne plus voir cette allée, demanda ce qu'elle étoit devenue, ſire, répondit le duc d'Antin, elle n'a plus oſé reparoître devant vous, puiſqu'elle vous a déplu. On ſeroit infini, ſi l'on vouloit rapporter tous les traits que la flatterie inventa pour ſéduire le cœur de ce prince. Il y avoit devant le château de Fontainebleau un bois qui maſquoit un peu la vue du roi, le même duc d'Antin fit ſcier tous les arbres près de la racine; on attacha des cordes au pied de chaque arbre, & plus de douze cents hommes ſe tinrent prêts au moindre ſignal : le roi s'étant allé promener de ce côté-là, témoigna combien ce morceau de forêt lui déplaiſoit; le duc d'Antin lui fit entendre qu'il ſeroit abattu dès que ſa majeſté l'auroit ordonné, & ſur l'ordre qu'il en reçut du roi, il donna un coup de ſifflet, & l'on vit tomber la forêt. La ducheſſe de Bourgogne qui étoit préſente, ſentit toute la portée de la flatterie. Ah ! bon Dieu, s'écria-t-elle, toute ſurpriſe, ſi le roi avoit demandé nos têtes, M. d'Antin les feroit tomber de même. On ne ſauroit nier cependant que Louis XIV n'ait donné de grandes marques de modeſtie dans les occaſions les plus délicates, & fit lui-même de la galerie de Verſailles les inſcriptions pleines d'enflure & de faſte, qu'on avoit placées à tous les cartouches des tableaux : il ſupprima toutes les épithetes, & ne laiſſa ſubſiſter que les faits. D'ailleurs, ſon amour-propre n'étoit que cet amour de la gloire qui fait les grands hommes, & qui eſt, ſans qu'on s'en apperçoive, la ſource de bien des vertus.

Quelque malignes que ſoient les intentions de la jalouſie, elle n'a jamais pu diſputer à ce prince ſes grandes qualités pour l'art militaire, ainſi que ſon courage & ſa bravoure au-deſſus de toute expreſſion. Les étrangers même rendirent à la valeur du roi des témoignages qui ne ſont pas ſuſpects. Au ſiège de Maeſtricht, où Louis ſe trouvoit en perſonne, & fit des prodiges de valeur, le brave Farjaux défendoit la ville pour les Hollandois : comme on reprochoit à cet officier qu'il s'étoit trop expoſé, eh ! le moyen de prendre ſi peu de ſoin de la ſienne ! Dans la campagne de Flandre en 1667, un jour que ce prince étoit dans les tranchées, & à la vue d'un endroit où le feu étoit fort vif, un page de la grande écurie fut tué derrière lui; un ſoldat qui voyoit le roi ainſi expoſé, le prit rudement par le bras, en lui diſant : ôtez-vous, eſt-ce là votre place ? Ce fut durant la même campagne que le duc de Charoſt, capitaine de ſes gardes, lui ôta ſon chapeau garni de plumes blanches, & lui

donna le ſien, afin de l'empêcher d'être remarqué. Nous finirons cet abrégé par dire qu'un des talents qu'on a admirés dans Louis XIV, eſt celui de tenir une cour. Il rendit la ſienne la plus magnifique & la plus galante de l'Europe. Ses goûts ſervoient en toutes choſes de loi, & une preuve bien convaincante de la déférence qu'on avoit pour ſes ſentiments, fut le changement ſubit qu'un ſeul mot de ſa bouche opéra dans la cœffure des femmes. Les modes étoient montées, comme elles le ſont de nos jours, à un point extravagant. Louis XIV agit très-prudemment en s'occupant des moyens de les réformer. Le luxe & la diſſipation ſont dans un état des maladies d'autant plus dangereuſes, qu'elles le conduiſent imperceptiblement au bord de l'abyme. Un gouvernement attentif & éclairé peut garantir quelque temps une nation, de ces malheureuſes influences; mais le remède le plus efficace eſt l'exemple de ceux qui nous gouvernent. ( M. G. )

Louis XV. fut notre contemporain, & ſon règne n'eſt pas encore mûr pour l'hiſtoire ; il appartient encore au panégyrique & à la ſatyre ; il faut paſſer par ces épreuves avant d'arriver à l'hiſtoire.

Quant aux Louiſes célèbres, telles que Louiſe de Savoye & autres, on les trouvera aux articles de leurs maiſons.

LOUP, (Hiſt. Eccléſ.) C'eſt le nom de pluſieurs ſaints évêques :

1°. Saint Loup, évêque de Troyes, député avec St. Germain d'Auxerre, pour aller en Angleterre combattre Pélage. Il mourut en 479. Il avoit épouſé la ſœur de St. Hilaire, évêque d'Arles. Ils ſe ſéparèrent volontairement pour ſe conſacrer à Dieu dans des couvents. St. Loup s'enferma dans celui de Lérins, alors la pépinière des ſaints évêques, Sidoine Apollinaire appelle St. Loup, le premier des prélats. Il ſauva la ville de Troyes des fureurs d'Attila.

2°. Un autre St. Loup, évêque de Bayeux, mort vers l'an 465.

3°. Un autre, évêque de Lyon, mort en 542.

Un autre prélat du même nom, qui ne fut point évêque, ne cède à aucun de ces deux-ci en célébrité, & l'emporte même ſur quelques-uns d'entr'eux ; c'eſt Loup, abbé de Ferrières dans le neuvième ſiècle ; il dreſſa les canons du concile de Verneuil, tenu en 844, & où il avoit paru avec éclat ; il fut chargé avec Prudence, dit le jeune, ou Galindon; ( Voyez l'article PRUDENCE ) de réformer les monaſtères de France. On a de lui des Lettres & quelques écrits ſur la grace contre le moine Goteſcalc, Baluze les a recueillis.

LOUVENCOURT, (Marie de) (Hiſt. Litt. mod.) On a de Mademoiſelle de Louvencourt quelques poéſies, & ſur-tout des cantates miſes en muſique, les unes par Bourgeois, les autres par Clérembault. Rouſſeau l'a maltraitée dans ſes Epîtres. Elle mourut en 1712, à trente-deux ans.

LOUVET, ( le préſident ; ( Hiſt. de Fr.) (Voyez l'article ARTUS de Bretagne, comte de Richemont.)

Deux autres *Louvet*, tous deux nommés *Pierre*, étoient l'un natif de Beauvais, l'autre du village de Reinville, à deux lieues de cette même ville; celui-ci, maître des requêtes de la reine Marguerite, a beaucoup écrit sur l'histoire & les antiquités de Beauvais; l'autre, docteur en médecine, puis historiographe de Dombes, a plus écrit & plus mal encore sur l'histoire de Provence & de Languedoc. Le premier mourut en 1646. Le second vivoit en 1680.

LOÛVETIER, (*Hist. mod.*) officier qui commande à l'équipage de la chasse du Loup. Autrefois il y avoit des *louvetiers* entretenus dans toutes les forêts; & il en reste encore en beaucoup d'endroits. Le grand *louvetier* a deux têtes de loup au-dessous de l'écu de ses armes; ce fut François Ier qui en créa la charge en 1520. Le grand *louvetier* prête serment entre les mains du roi, les autres officiers de la louveterie le prêtent entre ses mains. Le ravage que causa dans les provinces la grande multiplication de loups, occasionnée par la dépopulation qui suivit les incursions des barbares dans les Gaules, attirèrent l'attention du gouvernement: il y eut des loix faites à ce sujet. Il fut ordonné par celles des Bourguignons, & par les capitulaires de nos rois, d'avertir les seigneurs du nombre de loups que chacun aura tués, d'en présenter les peaux au roi; de chercher & de prendre les louveteaux au mois de mai; & aux vicaires ou lieutenans des gouverneurs, d'avoir chacun deux *louvetiers* dans leur district: on proposa des prix à ceux qui prendroient des loups. On finit par établir des *louvetiers* dans chaque forêt, & par créer un grand *louvetier*, auquel les autres seroient subordonnés. Les places de *louvetiers*, en chaque province, n'étoient que des commissions, lorsque François Ier. les mit en titre d'office; & au-dessus des officiers, celui de grand *louvetier* de France. On attribua d'abord aux *louvetiers* deux deniers par loup, & trois deniers par louve, salaire qui dans la suite fut porté à quatre deniers par louve, & qui dut être payé par chaque ferme village, à deux lieues à la ronde du lieu où l'animal avoit été pris. Les habitans de la banlieue de Paris en furent & ont continué d'en être exempts. (*A. R.*)

LOUVIÈRES, (Charles-Jacques de) (*Hist. Litt. mod.*) vivoit sous le règne de Charles V, roi de France. Il est un des auteurs auxquels on attribue le Songe du Vergier ou du Verdier, *Somnium Viridarii*. Les autres sont Raoul de Presle, Jean de Vertu, secrétaire de Charles V, Philippe de Maizières. Il y a des raisons pour chacun d'eux.

LOUVILLE, (Jacques - Eugène d'Allonville, chevalier de) (*Hist. Litt. mod.*) de l'Académie des Sciences, né le 14 juillet 1671, étoit d'une famille noble du pays Chartrain, qui possédoit au moins depuis trois cents ans la terre de Louville.

Destiné, comme cadet, à l'état ecclésiastique, il attendit le jour & le moment où il admit être tonsuré, pour déclarer qu'il ne vouloit point être ecclésiastique. Il entra dans la marine; il étoit à la bataille de La Hogue en 1690. Il servit ensuite sur terre, & en

France & en Espagne, dans la guerre de la Succession; il fut pris à la bataille d'Oudenarde. Peu de temps après, il quitta & le service & même Paris, pour se livrer tout entier & sans distraction, aux mathématiques & à l'astronomie. Vers 1714, il alla à Marseille prendre la hauteur du pôle, pour lier ses Observations à celles de Pythéas. En 1715, il fit le voyage de Londres, uniquement pour y voir l'éclipse totale du soleil. En 1717, il se retira dans une petite maison de campagne, à un quart de lieue d'Orléans, où il établit un observatoire, qu'il remplit d'instruments qui étoient pour la plûpart son ouvrage; le peuple le prenoit, selon l'usage, pour un magicien:

Ces sorciers ont beau faire,
Les astres sont pour nous aussi bien que pour eux.

La bonne compagnie venoit au moins lui demander quel temps il devoit faire, & si la récolte seroit abondante. Il est vrai, dit M. de Fontenelle, que Paris même n'est pas encore bien parfaitement désabusé de faire le même honneur à Messieurs de l'Observatoire.

Dans cette retraite, M. le Chevalier de *Louville* vivoit en vrai stoïcisme, fort taciturne, fort indifférent, se prêtant à peine à la société, recevant son voisinage à dîner, mais à dîner seulement, ne sortant de son cabinet que pour se mettre à table; & le repas fini, rentrant dans son cabinet, quelque monde qu'il eût. « On voit assez, dit encore M. de Fontenelle, com-
» bien il gagnoit de temps par un retranchement si
» rigoureux & si hardi de toutes les inutilités ordi-
» naires de la société.

» Dans les lectures qu'il faisoit à l'Académie, même
» stoïcisme, il ne manquoit pas de s'arrêter tout
» court, dès qu'on l'interrompoit; il laissoit avec un
» flegme parfait un cours libre à l'objection; & quand
» il l'avoit désarmée ou lassée par son silence, il re-
» prenoit tranquillement où il avoit quitté: appa-
» remment il faisoit ensuite ses réflexions, mais il ne
» l'avoit seulement pas promis ».

Il résulte de ces divers traits, un caractère plus singulier qu'aimable. Les monuments de ses travaux astronomiques se trouvent dans le recueil de l'Académie des Sciences. Il y avoit été reçu en 1714. Il mourut le 10 septembre 1732.

LOUVOIS. (*Voyez* TELLIER (LE).)

LOUVRE, (LE) (*Hist. mod.*) en latin *Lupara*, palais auguste des rois de France dans Paris, & le principal ornement de cette capitale. Tout le monde connoît le *louvre*, du moins par les descriptions détaillées de Brice & autres écrivains.

Il fut commencé grossièrement en 1214 sous Philippe - Auguste, & hors de la ville. François Ier. jetta les fondements des ouvrages, qu'on appelle le *vieux louvre*; Henri II, son fils, employa d'habiles architectes pour le rendre régulier. Louis XIII éleva le pavillon du milieu couvert en dôme quarré; Louis XIV fit exécuter la superbe façade du *louvre* qui est à l'orient du côté de St. Germain-l'Auxerrois. Elle est composée d'un premier étage, pareil à celui des autres façades de l'ancien *louvre* ; & elle a au-deffus un grand ordre de colonnes corinthiennes, couplées avec des pilaftres de même. Cette façade, longue d'environ 89 toifes, fe partage en trois avant-corps, un au milieu, & deux aux extrémités.

L'avant-corps du milieu eft orné de hut colonnes couplées, & eft terminé par un grand fronton, dont la cimaife eft de deux feules pierres, qui ont chacune cinquante-deux pieds de longueur, huit de largeur & quatorze pouces d'épaiffeur.

Claude Perrault donna le deffein de cette façade, qui eft devenue, par l'exécution, un des plus auguftes monuments qui foient au monde. Il inventa même les machines avec lefquelles on tranfporta les deux pierres dont nous venons de parler.

L'achevement de ce majeftueux édifice, exécuté dans la plus grande magnificence, refte toujours à defirer. On fouhaiteroit, par exemple, que tous les rez-de-chauffée de ce bâtiment fuffent nettoyés & réablis en portiques. Ils ferviroient ces portiques, à ranger les plus belles ftatues du royaume, à raffembler ces fortes d'ouvrages précieux, épars dans les jardins où on ne fe promene plus, & où l'air, le temps & les faifons, les perdent & les ruinent. Dans la partie fituée au midi, on pourroit placer tous les tableaux du roi, qui font préfentement entaffés & confondus enfemble dans des gardes-meubles où perfonne n'en jouit. On mettroit au nord la galerie des plans, s'il ne s'y trouvoit aucun obftacle. On tranfporteroit auffi dans d'autres endroits de ce palais, les cabinets d'Hiftoire naturelle, & celui des médailles.

Le côté de Saint Germain-l'Auxerrois libre & dégagé, offriroit à tous les regards cette colonade fi belle, ouvrage unique, que les citoyens admireroient, & que les étrangers viendroient voir.

( Ce vœu eft aujourd'hui rempli. )

Les Académies différentes s'affembleroient ici, dans des falles plus convenables que celles qu'elles occupent aujourd'hui ; enfin, on formeroit divers appartemens pour loger des académiciens & des artiftes. Voilà, dit-on, ce qu'il feroit beau de faire de ce vafte édifice, qui peut-être dans deux fiecles n'offrira plus que des débris. M. de Marigni a depuis peu exécuté la plus importante de ces chofes, la confervation de l'édifice. (*D. J.*)

LOUVRE, *honneur du*, ( *Hift. de France* ) on nomme ainfi le privilége d'entrer au *louvre* & dans les autres maifons royales, en carroffe. En 1607, le duc d'Epernon étant entré de cette manière dans la cour du *louvre*, fous prétexte d'incommodité, le roi voulut bien le lui permettre encore à l'avenir, quoique les princes feuls euffent ce privilége ; mais il accorda la même diftinction au duc de Sully, en 1609 ; enfin, fous la régence de Marie de Médicis, cet honneur s'étendit à tous les ducs & officiers de la couronne, & leur eft demeuré. (*D. J.*)

LOYER, ( Pierre le ) ( *Hift. Litt. mod.* ( confeiller au préfidial d'Angers, favant homme fans lumières

& un peu vifionnaire. Son Traité des Spectres, eft recherché pour la fingularité. Son *Edom* ou *Colonies Iduméennes* offre de l'érudition, mais peu d'idées auxquelles on puiffe fe fier. *Loyer* voulut auffi être poëte ; il remporta le prix de l'Eglantine à l'Académie des Jeux Floraux. Né en Anjou en 1540. Mort à Angers en 1633.

LOYSEAU, ( Charles ) ( *Hift. Litt. mod.* ) jurifconfulte célèbre, avocat à Paris, lieutenant particulier de Sens, bailli de Châteaudun, connu fur-tout par fon Traité *du Déguerpiffement.*

Un autre avocat du même nom, mort jeune le 19 octobre 1771 ( Alexandre - Jérôme *Loyfeau* de Mauléon ), a prouvé par fon Mémoire pour les Calas, dont il fut le premier défenfeur, que s'il eût vécu & travaillé plus long-temps, il auroit pu fe faire un grand nom au barreau par fon éloquence :

*O miferande puer, fi quà fata afpera rumpas,*
*Tu Marcellus eris !*

LUC, ( Saint ) l'un des quatre évangeliftes, & auteur des Actes des Apôtres. Il étoit d'Antioche, avoit été médecin. Il accompagna Saint Paul dans fes voyages ; il le feconda dans la prédication de l'Evangile. C'eft à-peu-près tout ce qu'on en fait.

LUCAIN, ( *Marcus - Annæus Lucanus* ) ( *Hift. Litt. Rom.* ) célèbre poëte, roma in du temps de Néron, auteur de la Pharfale. Quelques-uns difent que c'eft un hiftorien, & non pas un poëte, parce qu'il n'invente rien, & qu'il ne fuit pas d'autre plan que ce lui de l'hiftoire. Eh bien ! c'eft un hiftorien - poëte & grand poëte. Virgile ceffe-t-il de l'être, lorfque dans la defcription du bouclier d'Enée, imité du bouclier d'Achille, au huitième livre de l'Enéide & dans l'entrevue d'Enée & d'Anchife aux Champs-Elifées, livre fixième, il retrace en beaux vers prefque toute l'hiftoire Romaine, depuis Afcagne jufqu'à Augufte. Quintilien trouve à Lucain l'éloquence d'un orateur plus que celle d'un poëte. *Magis oratoribus quàm poëtis annumerandus.* Ce jugement auroit befoin d'être un peu expliqué. Entre l'éloquence de l'orateur & celle du poëte, les bornes ne font pas faciles à pofer, ni les différences à affigner. *Lucain* eft éloquent fans doute, il eft, comme le dit Quintilien, *ardens*, & *concitatus* & *fententiis clariffimus.* Corneille lui doit une grande partie de fa fublimité ; Brébeuf étincèle à fa fuite de quelques beautés fupérieures. *Lucain* a quelquefois de la féchereffe & de l'enflure, & il a fur-tout le défaut de ne favoir pas finir. C'eft Virgile qui par la fageffe de fon génie, par la pureté de fon goût rend le plus fenfible dans *Lucain*, ce dernier défaut. Décrivent-ils, l'un, les finiftres prodiges arrivés à la mort de Céfar ; l'autre, ceux qui avoient préfagé la guerre civile. Virgile ne dit que ce qu'il faut, *Lucain* ne s'arrête pas ; qu'il n'ait entaffé, accumulé, épuifé toutes les images lugubres & effrayantes dont il a pu s'avifer, & qu'il n'ait rendu faftidieux ce qu'il vouloit rendre terrible. Mais quelle beauté dans certains détails de cette exceffive énumération ! & quali-

degré d'eftime peut-on refufer à des morceaux tels que ceux-ci !

> *Medio vifi confurgere campo*
> *Triftia Syllani cecinere oracula manes,*
> *Tollentemque caput gelidas Anicnis ad undas,*
> *Agricolæ fracto Marium fugere fepulchro.*

Nous ne connoiffons point de tableau plus énergique ni plus terrible. Ces mânes de Sylla qu'on voit s'élever tout-à-coup du milieu d'un champ, qu'on entend prononcer de finiftres oracles; ce tombeau de Marius brifé, cette ombre qui en fort; ces laboureurs tremblants & fuyants à la vue du fpectre qui élève fa tête effrayante; ce *tollentemque caput* qui rappelle l'*attollentem iras* de Virgile, & qui femble donner une nature gigantefque à l'ombre de Marius : quel tableau !

Quels portraits que ceux de fes principaux perfonnages, Céfar & Pompée ! combien de beautés, & quelles beautés fournies aux tragédies de la mort de Pompée, de Sertorius ! &c. & quelle gloire d'avoir formé Corneille ! La verffication de *Lucain* eft d'ailleurs prefque toujours ferme, pleine, harmonieufe, énergique, &c. & ce poëte eft mort à moins de vingt-fix ans. Il étoit fils d'Annæus Mella & neveu de Sénéque. Néron, qui, faifant auffi des vers, étoit jaloux de la gloire poëtique de *Lucain*, cherchoit en toute occafion à lui nuire; car nul genre de tyrannie n'échappoit à ce monftre. *Lucain*, pour s'en venger, entra dans la confpiration de Pifon, & fournit à Néron un prétexte de l'immoler. On lui coupa les veines; &, poëte jufqu'à la mort, lorfqu'il fentit la chaleur abandonner les extrémités de fon corps, il fe fouvint des vers où il avoit autrefois un foldat mourant de la forte, & il mourut en les récitant. Il faut avouer qu'il defcendit dans la tombe avec deux grandes infamies; l'une, d'avoir flatté fon tyran dans fa Pharfale, au point de dire que fi les deftins ne fçuvoient que par la guerre civile, procurer au monde l'empire de Néron, les crimes & les défaftres deviennent des biens à ce prix :

> *Quòd fi non aliam venturo fata Neroni*
> *Invenere viam, magnoque æterna parantur*
> *Regna Deis, cœlumque fuo fervire Tonanti*
> *Non nifi fævorum potuit poft bella gigantum :*
> *Jam nihil, ô fuperi, querimur : fcelera ipfa, nefafque*
> *Hâc mercede placent,*

Eloge fi fort, que quelques-uns l'ont cru ironique; mais dans ce cas auffi, l'infulte eût été trop forte.

L'autre infamie plus grande encore que la première, eft que *Lucain*, gagné par l'efpérance de l'impunité, accufa de complicité Atilla fa mère. Il mourut l'an 65 de J. C.

LUCAS, ( *Hift. Litt. mod.* ) On connoît quelques fçavans de ce nom :

1°. *Lucas Tudenfis* ou Luc de Tuy, ainfi nommé, parce qu'il étoit évêque de Tuy en Galice, au treiziéme fiécle, a écrit contre les Albigeois, & c'étoit tout

ce cu'il fulloit faire contr'eux. On a de lui encore une hiftoire d'Efpagne, depuis Adam jufqu'en 1236, & une vie de Saint Ifidore de Séville.

2°. *Lucas Brugenfis* ou Luc de Bruges, docteur de Louvain, doyen de Saint Omer, mort en 1619, favant dans les Langues orientales, a écrit fur la Bible.

3°. Richard *Lucas*, théologien anglois ; docteur d'Oxford, mort en 1715, a laiffé des fermons & d'autres ouvrages chrétiens.

4°. Paul *Lucas*, célèbre voyageur. Il voyagea dans le Levant, fous Louis XIV & fous Louis XV ; & en rapporta des manufcrits & des médailles pour la bibliothèque du roi. En 1736, il voulut entreprendre de nouveaux voyages, partit pour l'Efpagne à foixante & douze ans, & mourut à Madrid l'année fuivante. On a la relation de fes divers voyages ; elle a été mife en ordre par des gens de lettres, Baudelot, Fourmont l'aîné, l'abbé Banier. Paul *Lucas* étoit né à Lyon en 1664 ; il étoit fils d'un marchand de cette ville.

LUCE ou LUCIUS, ( *Hift. Eccléf.* ) Il y a eu trois papes de ce nom.

Le premier a le titre de Saint ; c'eft le fucceffeur de St. Corneille. Elu en feptembre 253, il fouffrit le martyre le 4 ou 5 mars 254.

Le fecond, nommé Gérard de *Caccianemici*, Bolonois, élu en 1144, mourut à Rome en 1145, d'un coup de pierre qu'il reçut dans une émeute populaire.

Le troifième, *Humbaldo Allincigoli*, mort à Vérone en 1185, fut grand perfécuteur des Hérétiques, & prépara l'inquifition.

LUCIEN, ( *Hift. Rom.* ) naquit à Samofate fur les bords de l'Euphrate dans la Comagène ; l'année de fa naiffance n'eft pas connue ; il a vécu fous les règnes des deux Antonins & de Commode ; fes parents étoient pauvres, & de condition médiocre. Il fut d'abord deftiné à l'état de fculpteur ; il avoit un oncle ftatuaire, chez lequel il fut mis en apprentiffage. Pour fon début, il brifa un modèle qu'on lui avoit donné à dégroffir ; fon oncle l'en punit avec une rigueur qui dégoûta le jeune *Lucien* de la fculpture, & le tourna entièrement du côté des lettres, pour lefquelles il avoit toujours eu du penchant. Il fut Avocat à Antioche ; il embraffa enfuite la profeffion de Rhéteur, & voyagea dans les principales villes de l'Afie mineure, de l'Ionie & de l'Achaïe ; il s'arrêta long-temps dans Athènes ; il arriva jeune encore dans les Gaules, alors excellente école d'éloquence, & pépinière féconde d'orateurs. Il voulut connoître l'Italie & Rome. Marc - Aurèle lui donna une préfecture en Egypte. Il fut marié ; il eut un fils.

On a prétendu que *Lucien* avoit été d'abord chrétien, & qu'il avoit apoftafié. M. l'abbé Maffieu, fon plus moderne traducteur, le lave de cette accufation, ainfi que de celle d'athéïfme & de dépravation de mœurs & de licence dans fes écrits. « *Lucien*, dit-il, eft un » philofophe ennemi de toutes les fectes, mais non pas » un facrilège : c'eft un écrivain fuperficiel & mal » inftruit, quand il parle des Chrétiens, mais non pas

» un vil apôftat. S'il n'a vu dans les difciples de J. C.
» qu'une fecte particulière de cyniques nouveaux, il
» n'eft pas plus coupable à cet égard que Tacite,
» Pline & d'autres écrivains, qui, comme lui, ont
» prétendu juger les Chrétiens fans les connoître ».

Quant à l'accufation d'athéifme, M. l'abbé Maffieu
tourne à l'avantage de *Lucien*, ce qui a donné lieu à
cette accufation : il eft certain que *Lucien* étoit un
indévot du paganifme ; « en cela même, dit M. l'abbé
Maffieu, *Lucien*, à fon infçu, & fans le vouloir, a
» mieux fervi la religion Chrétienne, hors de fon
» fein, qu'il ne l'eût fait peut-être par le feul exem-
» ple de fa croyance, s'il eût été chrétien. Ce fut du
» fein même de l'idolâtrie, que s'éleva le plus redou-
» table adverfaire des idoles & le deftructeur des
» fables du paganifme ».

C'eft une circonftance dont la religion Chrétienne
peut fans doute tirer avantage ; mais il en réfulte
cependant que *Lucien* ne reconnoiffoit ni fes Dieux
ni le nôtre.

Quant aux mœurs de *Lucien*, les avis ont été
partagés fur ce point encore plus que fur fes opinions.
Un de fes éditeurs, Bourdelot, en a fait un modèle
de vertu : *unicum continentiæ exemplum Lucianus,
vitiorum omnium inimicus, unius virtutis & perfectæ
philofophiæ fectator, cui nec viget quidquam fimile aut
fecundum.*

Voilà certainement un beau zèle d'éditeur. M. l'abbé
Maffieu fe moque avec raifon d'un tel excès.

« On ne peut fe diffimuler, dit-il, que *Lucien* parle
» quelquefois avec une coupable complaifance d'un
» penchant infame qui révolte la nature… il faudroit
» l'abandonner à tout l'opprobre dont il fe feroit
» couvert lui-même, s'il étoit l'auteur du *Dialogue
» des Amours*, où l'on trouve l'éloge de cette aboui-
» nation ; mais d'habiles critiques penfent qu'on a
» fauffement attribué cet ouvrage à *Lucien*, & qu'on
» n'y reconnoit ni fon ftyle, ni fa manière.

» Ce qu'il dit de cette turpitude dans quelques-au-
» tres de fes écrits, ne peut être plus préjudiciable à
» fa réputation, que l'*Eglogue de Coridon* & d'*Alexis*,
» ne l'a été à celle du chafte Virgile ».

Mais le chafte Virgile, & dans cette églogue &
dans l'épifode de *Nifus* & *Euryale*, & dans beaucoup
d'autres endroits, n'eft chafte que dans l'expreffion.
M. l'abbé Maffieu conclut que les obfcénités font
beaucoup plus rares dans les ouvrages de *Lucien*
qu'on ne le croit communément, & que la haine du
vice & l'amour de la vertu y éclatent prefque par-
tout.

La traduction de M. l'abbé Maffieu a paru en 1781.

Trois *Lucien* font honorés du titre de Saints :

1°. Saint *Lucien*, prêtre d'Antioche, & martyr
fous Galerius.

2°. Un autre *Lucien*, martyrifé fous l'empereur
Déce.

3°. Le premier évêque de l'églife de Beauvais.

LUCIFER, ( *Hift. Eccléf.* ) évêque de Cagliari en
Sardaigne, au quatrième fiècle ; a cela de remarquable
qu'étant regardé par la plus grande partie de l'églife,

comme fchifmatiqué, mort dans le fchifme ( en 370 )
& chef de fchifmatiques, nommés de fon nom *Lu-
cifériens*, il eft néanmoins révéré comme un faint à
Cagliari, où on célèbre fa fête le 20 mai, & où on
a imprimé en 1639, un ouvrage fous ce titre : *defenfio
fanctitatis B. Luciferii*. Cette idée de la faintoté de
*Lucif.r*, paroit fondée fur ce qu'il foutint au concile
de Milan en 354, la caufe de St. Athanafe contre
l'empereur Conftance, qui exila *Lucifer* ; car les tyrans
n'ont jamais fu répondre aux raifons que par l'exil &
les acts de violence. *Lucifer*, qui n'étoit pas endurant,
fit contre cet empereur, des écrits très-véhéments, qui
furent imprimés à Paris en 1568, par les foins de
Jean du Tillet, évêque de Meaux.

LUCILIUS, ( Caïus ) ( *Hift. Litt. de Rome* ) chevalier Romain, eft regardé comme l'inventeur de la
fatyre chez les Romains.

> *Eft Lucilius aufus
> Primus in hunc operis componere carmina morem,
> Detrahere & pellem, nitidus quà quifque per ora
> Ce deret, introrsûm turpis.*

Cependant Pacuvius & Ennius avoient fait des fatyres
avant lui ; mais il fut le premier qui donna de l'éclat
à ce genre, il hi en donna tant qu'il fit des fanatiques
qui ne permettoient pas qu'on lui reprochât un défaut.
Horace, qui n'étoit point fanatique, en fait un affez
bel éloge, quand il dit qu'il ne refpectoit que la vertu :

> *Primores populi arripuit populumque tributim
> Scilicet uni æquus virtuti atque ejus alumnis.*

qu'il confioit tout à fes livres, & fe peignoit tout
entier dans fes ouvrages :

> *Ille velut fidis arcana fodalibus olim
> Credebat libris : neque fi malè cefferat, ufquam
> Decurrens aliò, neque fi bene. Quò fit ut omnis
> Votivâ pateat veluti defcripta tabellâ
> Vita fenis.*

Mais, comme dans la quatrième fatyre du premier
livre, Horace, en accordant à *Lucilius* du goût & du
talent pour la raillerie :

> *Facetus,
> Emunctæ naris.*

lui avoit reproché la dureté de fes vers, la négligence
avec laquelle il les jettoit fur le papier par centaines,
fans jamais prendre la peine de les corriger ni de les
polir, & l'avoit comparé enfin à un fleuve, qui parmi
beaucoup de boue, roule néanmoins un fable précieux :

> *Durus componere verfus,
> Nam fuit hoc vitiofus, in horâ fæpè ducentos
> Ut magnum, verfus dictabat, ftans pede in uno.
> Cùm flueret lutulentus, erat quod tollere velles.
> Garrulus atque piger fcribendi ferre laborem,
> Scribendi rectè, nam ut multùm, nil moror.*

Horace pour ce jugement eut une efpèce de pofté-

cution littéraire à souffrir ; on l'accusa de décrier Lucilius par envie ; on ne manqua pas de dire contre lui tout ce que nous avons tant entendu dire contre M. de Voltaire , quand il eut fait *l. Temple du Goût* & son commentaire sur Corneille , que ce sujet rebelle ne détrônoit ainsi ses maitres que pour usurper leur place. Horace fut obligé de faire son apologie ; c'est l'objet de la dixiéme satyre du premier livre d'Horace, Lucilius n'y gagne rien ; Horace ne lui accorde toujours que ce qu'il lui avoit accordé , une plaisanterie vive & piquante, tout le sel de la satyre ; mais il lui dénie toujours ce qu'il lui avoit dénié, le mérité des vers :

*Nempè incompofito dixi pede currere verſus*
*Lucili. Quis tam Lucili fautor ineptè eſt*
*Ut non hoc fateatur ? at idem quod ſale multo*
*Urbem defricuit chartâ laudatur eâdem !*
*Nec tamen hoc tribuens dederim quoque cætera....*
*...Non ſatis eſt riſu diducere rictum*
*Auditoris ; & eſt quædam tamen hîc quoque virtus.*

C'est cette apologie d'Horace au sujet de Lucilius, que Boileau paroît avoir voulu imiter dans la satyre à son esprit.
Perse a dit dans le même sens qu'Horace ;

*Secuit Lucilius urbem.*

Juvenal , en parlant de *Lucilius*, semble se peindre lui-même :

*Enſe velut ſtrictò quoties Luſilius ardens*
*Infremuit, rubet auditor cui frigida mens eſt*
*Criminibus , tacitâ ſudant præcordia culpâ.*

Quintilien loue Lucilius de beaucoup d'érudition , & Cicéron lui reproche formellement d'en manquer ; mais Cicéron sur ce point, est tombé en contradiction avec lui-même. Pour lui , il désiroit, disoit-il , des lecteurs qui ne fussent ni tout-à-fait ignorants, ni trop savants. Il paroit que ce Lucilius étoit un homme de très-bonne compagnie. C'étoit l'ami de Scipion & de Lælius , qui venoient se délasser avec lui dans un repas frugal , de leurs grandes & importantes occupations :

*Quin ubi ſe à vulgo & ſcenâ in ſecreta remôrant.*
*Virtus Scipiadæ & mitis ſapientia Lœli*
*Nugari cum illo & diſcinčti ludere , donec*
*Decoqueretur olus , ſoliti.*

Il étoit né à Suessa , au pays des Aurunces en Italie l'an de Rome 605. Velleïus Paterculus dit qu'il porta les armes sous le second Scipion l'Africain, à la guerre de Numance ; selon la chronique d'Eusèbe, il n'auroit eu alors que quinze ans , & qui forme une difficulté , parce qu'il n'auroit point eu encore la robe virile. Quintilien nous apprend que de son temps, Lucilius avoit encore des zélateurs qui le préféroient non seulement à tous les satyriques, mais à tous les poëtes. On dit qu'il en avoit eu d'assez fous pour

cacher des fouets sous leur robe afin de châtier ceux qui parloient mal des vers de Lucilius. Il ne nous reste que quelques fragmens de ses satyres. Il avoit fait la vie de Scipion l'Africain ; & c'est à quoi Horace fait allusion dans ces vers :

*Attamen & juſtum poteras & ſcribere fortem ,*
*Scipiadem ut ſapiens Lucilius.*

*Lucilius* étoit grand-oncle de Pompée du côté maternel de ce dernier.

LUCILLE, ( *Hiſt. Rom.* ) fille indigne de Marc-Aurèle , mais digne de Fauſtine , sa mère ; ( *Voyez* l'article FAUSTINE. ) aussi déréglée qu'elle dans ses mœurs, épousa d'abord l'empereur Verus, associé à l'empire par Marc-Aurèle , ensuite le sénateur Claude Pompeïen , en conservant les honneurs attachés à la dignité impériale. Elle eut un commerce inceſtueux avec l'empereur Commode son frère, puis dédaignée de lui dans la suite , & son orgueil souffrant impatiemment la nécessité de céder le pas à l'impératrice sa belle-sœur, elle prit le parti de conspirer contre son frère , & entraîna ses amants dans cette conspiration, qui fut découverte , & qui la fit d'abord reléguer dans l'isle de Caprée , où peu après elle fut mise à mort l'an de J. C. 183.

LUCRÈCE , ( *Lucretia* ) ( *Hiſt. Rom.* ) dame romaine, dont le nom est devenu pour les femmes le symbole de la vertu. Elle étoit fille de Spurius Lucretius , & femme de Tarquin Collatin. ( *Voyez* TARQUIN. )

LUCRÈCE , ( *Titus Lucretius Carus* ) ( *Hiſt. Litt. de Rom.* ) poëte & philosophe , dont tout le monde rejette le système , & fait les vers par cœur :

*Pieridûm ſi fortè lepos auſtera canentes*
*Deficit , eloquio victi , re vincimus ipſâ.*

a dit l'auteur de l'*Anti-Lucrèce* ; excellent poëme de raisonnement & de discussion, où l'on réfute un excellent poëme de raisonnement & de discussion. C'est une chose qu'on ne peut trop admirer, que la manière heureuse dont l'un & l'autre poëte a su s'appliquer la poësie à la logique , à la physique , à la métaphysique , à l'exposition & à l'examen de divers systèmes. Les éditions du poëme de Lucrèce , *de rerum Naturâ* , sont innombrables , & les deux Poëtes rivaux ont eu l'un & l'autre l'avantage de trouver un fort bon traducteur. M. de la Grange a enfin traduit *Lucrèce* comme il méritoit de l'être ; & long-temps auparavant, M. de Bougainville avoit fort bien traduit l'*Anti-Lucrèce*. *Lucrèce* mourut à quarante - deux ans , & cinquante-deux ans avant la naissance de J. C.

LUCULLUS , ( *Hiſt. Rom.* ) Lucius Licinius , fils d'un père condamné comme concuſſionnaire , amassa d'immenses richesses , & les dépensa magnifiquement, sans donner lieu même à un soupçon de concussion. Il put dire , comme dit dans la suite un grand général ; *je n'ai jamais rien gagné que ſur les ennemis de l'état.* On cite *Lucullus* comme un exemple de ce que
                                  peuvent

peuvent la lecture & l'étude de l'histoire. Cicéron dit qu'étant parti de Rome encore novice dans l'art militaire, il arriva en Asie général tout formé, parce qu'il employa tout le temps du voyage à lire, à méditer l'histoire & à interroger les gens du métier. C'étoit pour la guerre contre Mithridate qu'il partoit. C'est dans cette guerre qui devoit occuper & illustrer les plus grands généraux Romains, que *Lucullus* acquit & sa gloire & sa fortune ; il est un de ceux que Xipharès désigne, lorsqu'il loue son père d'avoir seul durant quarante ans :

Lassé tout ce que Rome eut de chefs importans.

*Lucullus* eut contre lui les plus grands succès. Cotta, collègue de *Lucullus*, & qui avoit toujours voulu lui enlever l'honneur de la victoire, s'étoit fait battre deux fois en un jour & sur terre & sur mer, par Mithridate, enfermé dans Chalcédoine ; il n'avoit plus d'espérance que dans ce même *Lucullus*, objet de son envie ; *Lucullus* accourt & le dégage ; *j'aime mieux*, dit-il, *sauver du péril un seul citoyen romain, que de conquérir tous les états de Mithridate* : il n'en conquit pas moins les états de Mithridate, après lui avoir fait lever le siège de Cyzique, l'avoir battu plusieurs fois sur terre & sur mer, l'avoir chassé de la Bithynie, l'avoir poursuivi de retraite en retraite. Mithridate défait, se sauve chez Tigrane son gendre, roi d'Arménie ; *Lucullus* redemande son vaincu pour le traîner en triomphe à Rome ; Tigrane résiste, *Lucullus* passe l'Euphrate & le Tigre, bat Tigrane, prend Tigranocerte, & passant de cette prudente lenteur avec laquelle il avoit consumé devant Cyzique les forces de Mithridate, à l'activité la plus rapide & la plus effrayante, il passe le Mont-Taurus, bat encore Tigrane & Mithridate, & un troisième roi qui s'étoit joint à eux, poussé jusqu'à l'Araxe, assiège Artaxate ; ce fut le terme de ses conquêtes. *Lucullus*, parmi tant de talents, avoit négligé le plus nécessaire de tous, celui de plaire ; il n'étoit point aimé des soldats, & il avoit à Rome des ennemis & des envieux ; le factieux Clodius son beau-frère, étoit dans son armée ; *Lucullus* le méprisoit, & le lui témoignoit ; Clodius, pour s'en venger, souleva les soldats, qui refusèrent de suivre *Lucullus* dans les pays lointains, où l'emportoient son ardeur & le bonheur de ses armes ; les complices de Clodius agirent aussi à Rome contre *Lucullus* ; on fit cesser son commandement, qui duroit depuis plusieurs années ; on lui donna Pompée pour successeur. Au milieu de ces discordes, Mithridate & Tigrane respirèrent ; ils eurent le temps de se reconnoître, temps que l'activité de *Lucullus* ne leur laissoit jamais auparavant ; ils remirent des armées sur pied, rentrèrent dans une partie de leurs états, & l'ouvrage de *Lucullus* fut bientôt réduit à peu de chose ; Pompée fut obligé de le recommencer.

*Lucullus* avoit mérité les honneurs du triomphe ; tout ce que put faire la jalousie de ses ennemis, fut de le différer pendant trois ans ; mais ils ne purent enlever à ce triomphe tout l'éclat qu'il tiroit de tant de

*Histoire. Tome III.*

trophées érigés en Arménie, des conquêtes de Tigranocerte & de Nisibe, des richesses immenses apportées de ces pays à Rome, du diadême de Tigrane, porté en pompe dans cette cérémonie. Ce fut, comme l'observe Plutarque, cette gloire de *Lucullus*, qui causa dans la suite les malheurs de Crassus. Il s'imagina que les richesses de l'Orient étoient une proie toute prête pour quiconque voudroit seulement aller l'enlever. « Mais bientôt, ajoute-t-il, les flèches des Parthes lui » prouvèrent le contraire ; sa défaite déplorable » fait voir que *Lucullus* devoit ses victoires, non pas » à l'imprudence & à la mollesse des ennemis, mais » à son propre courage & à son habileté ».

Le jour du triomphe de *Lucullus*, dit M. Rollin, d'après Plutarque, fut le dernier de ses beaux jours ; le reste de son histoire n'est plus que celle de son luxe, de sa mollesse, de ses palais, de ses jardins, de ses canaux, de ses viviers, de ses festins au salon d'Apollon, de ses soupers, où rien ne devoit jamais être négligé, parce que, selon son expression, *Lucullus* soupoit toujours chez *Lucullus*, &c. Il déposa tout soin de la république, tout souvenir de ses exploits ; ce fut alors qu'on put dire de lui ce que dit Catilina dans *Rome sauvée* :

Cet heureux *Lucullus*, brigand voluptueux,
Fatigué de sa gloire, énervé de mollesse.

Il parut avoir pris pour modèle ce soldat qui avoit servi sous lui, & qui, devenu riche par ses exploits, ne vouloit plus entendre parler d'exploits, de hazards brillants, d'expéditions glorieuses ; envoyez-y, disoit-il, quelqu'un qui ait perdu sa bourse :

*Luculli miles collecta viatica multis*
*Ærumnis, lassus dùm noctu stertit, ad assem*
*Perdiderat ; post hoc vehemens lupus, & sibi & hosti*
*Iratus pariter, jejunis dentibus acer,*
*Præsidium regale loco dejecit, ut aiunt,*
*Summè munito & multarum divite rerum.*
*Clarus ob id factum donis ornatur honestis ;*
*Accipit & bis dena super sestertia nummûm.*
*Fortè sub hoc tempus, castellum evertere Prætor*
*Nescio quod cupiens, hortari capit eundem*
*Verbis quæ timido quoque possent addere mentem :*
*I, bone, quò virtus tua te vocat, i, pede fausto,*
*Grandia laturus meritorum præmia, quid stas ?*
*Post hæc ille catus, quamvis rusticus, ibit,*
*Ibit, eò quò vis, zonam qui perdidit, inquit.*

On le prie un jour de prêter cent habits de théâtre ; où voulez-vous, dit-il, que je trouve cent habits de théâtre ? il fit chercher, & il en avoit cinq mille :

*Chlamydes Lucullus, ut aiunt,*
*Si posset centum scenæ præbere rogatus,*
*Qui possum tot ? ait, tamen & quæram & quot habebo*
*Mittam ; post paulò scribit sibi millia quinque*
*Esse domi chlamydum ; partem vel tolleret omnes.*

Horace ajoute qu'il n'y a que des maisons pauvres

D d d

où on fache fon compte , & où la part des voleurs ne foit pas fuite :

*Exilis domus eft , ubi non & nulla fuperfunt,*
*Et dominum fallunt , & profunt furibus.*

On ne s'étonnera pas que *Lucullus* , ainfi dégénéré , ait tremblé & rampé devant Céfar naiffant ; il tomba dans un état de démence que le luxe & la bonne chère pouvoient avoir hâté ; Marcus *Lucullus* fon frère , qui l'avoit toujours tendrement aimé , fut fon curateur. C'eft dans cet état que mourut le grand *Lucullus* , l'an 695 de Rome.

LUCUMON , ( *Hift. Rom.* ) premier nom de Tarquin l'ancien. ( *Voyez* TARQUIN. )

LUDE, (DU) (*Hift. de Fr.*) Fontarabie, que l'amiral de Bonnivet avoit prife en 1521 , fut confervée la même année par le brave Daillon *du Lude* , avec encore plus de gloire qu'elle n'avoit été conquife ; ce capitaine , long-temps exercé fous Louis XII , dans les guerres d'Italie , ayant été nommé par François Ier , gouverneur de Fontarabie , juftifia bien ce choix par le courage perféverant avec lequel il la défendit pendant treize mois , contre toute l'armée d'Efpagne. Il foutint quantité d'affauts , il foutint fur-tout les horreurs d'une de ces famines dont les exemples font même rares dans les hiftoires des malheurs & des fureurs des hommes ; il y avoit long-temps que tous les animaux domeftiques étoient dévorés , que les aliments les plus immondes étoient difputés avec avidité ; on mangeoit des chofes que les dégoûtants manquoient à la faim enragée de la garnifon ; qu'on s'arrachoit des cuirs grillés , des parchemins bouillis , & *du Lude* ne parloit point de fe rendre , quoiqu'il ne reçût aucun fecours. Enfin , une fi belle défenfe fit ouvrir les yeux ; on ne voulut point en perdre le fruit ; on envoya pour faire lever le fiège de Fontarabie , une armée commandée par le maréchal de Châtillon. Il ne put arriver que jufqu'à Dax , où la mort l'arrêta le 24 août 1522. Le maréchal de Chabannes prit le commandement de l'armée , paffa l'Andaye à la vue des ennemis , très-fupérieurs en forces , les attaqua dans leurs lignes , les força , entra triomphant dans Fontarabie , & le fiège fut levé. *Du Lude* , après les travaux fi longs & fi pénibles , revint à la cour , où les embraffements de fon maître & les applaudiffements du public furent fa plus flatteufe récompenfe ; on ne l'appelloit que *le rempart de Fontarabie*.

Le grand exemple qu'il avoit donné fut bien mal imité en 1523 , par fon fucceffeur le capitaine Frauget ; celui-ci n'eut pas honte de rendre en moins d'un mois , cette place , que *du Lude* avoit défendue pendant plus d'un an de fiège & de famine , & qui depuis avoit été ravitaillée , fortifiée , garnie de troupes & approvifionnée , de manière que les capitaines les plus expérimentés de l'empereur Charles-Quint taxoient ce fiège de témérité. François Ier conçut une fi violente colère contre Frauget , qu'il voulut lui faire trancher la tête , & , s'il lui fit grace de la vie , ce fut pour le couvrir d'une infamie plus cruelle que la mort

pour un homme de cœur tel que Frauget avoit paru l'être jufqu'alors ; il le fit caffer & dégrader de nobleffe fur un échafaud dans la place publique de Lyon , avec les cérémonies les plus ignominieufes. La gloire de *du Lude* parut s'augmenter encore par le parallèle. Ce fameux *du Lude* , nommé Jacques , avoit un frère diftingué par le nom du fieur de La Crotte , & l'un des plus vaillants capitaines de Louis XII. Il fut tué à la bataille de Ravenne. Ils étoient fils de M. *du Lude* , qui gouvernoit le roi Louis XI , dit Brantôme ; celui-ci fe nommoit Jean ; il étoit Chambellan du roi , capitaine de la Porte , capitaine de cent hommes d'armes , & fut fucceffivement gouverneur du Dauphiné & de l'Artois ; il avoit été élevé avec Louis XI. Comines dit qu'il aimoit fon profit particulier , mais qu'il n'aimoit à tromper perfonne ; trait remarquable en effet dans un favori de Louis XI.

Jacques Daillon *du Lude* eut deux fils , tous deux gouverneurs de Guyenne. Gui , l'un d'eux , eut pour fils François , dont Brantôme dit qu'il *promettoit beaucoup , & qu'il avoit déjà fait belle preuve*. Il fut fait gouverneur de Gafton , duc d'Orléans , dont , felon les intentions de la cour , il négligea autant l'éducation , que M. de Brèves , fon prédéceffeur , l'avoit foignée , ce qui la lui avoit fait ôter. On cite de ce comte *du Lude* , un mot joli qui fit bruit , dans le temps. La reine Marie de Médicis demandant fon voile , & fa dame d'atours s'empreffant de l'aller chercher ; *il ne faut point de voile* , dit le comte du Lude , *pour un navire qui eft à l'ancre* , faifant allufion au maréchal d'Ancre. On ne diroit pas mieux aujourd'hui.

Sa poftérité mafculine finit en 1685 , par la mort de Henri , comte , puis duc *du Lude* , grand-maître de l'artillerie.

LUDOLPHE ou LUDOLF , ( Job ) favant allemand , né en 1624 , à Erfort dans la Thuringe. On prétend qu'il favoit vingt-cinq langues ; il s'étoit particulièrement appliqué à celle des Ethiopiens. Il nous a donné une hiftoire latine de l'Ethiopie ; un commentaire fur cet ouvrage , & un appendix pour le même ouvrage , le tout en latin ; une grammaire & un dictionnaire abyffin ; les faftes de l'Eglife d'Alexandrie. L'abbé Renaudot l'a critiqué , mais fans porter atteinte à fa réputation. Ludolphe mourut en 1704 , à Francfort. Sa vie a été écrite par Juncker.

LUGO , (Jean de) (*Hift. Litt. mod.*) né à Madrid en 1588 , jéfuite en 1603 , cardinal en 1643 , mort à Rome en 1660 , célèbre connu pour avoir partagé entre les Jéfuites de Séville & les Jéfuites de Salamanque , la riche fucceffion de fon père , dont il auroit pu jouir dans le monde , & pour avoir fait de grands traités de fcolaftique , en latin , recueillis en 7 vol. *in-fol.* , que pour avoir été le premier qui ait donné beaucoup de vogue au quinquina , qu'on appella d'abord de fon nom , *la poudre de Lugo*. Il la vendoit bien cher aux riches , mais il la donnoit gratuitement aux pauvres.

Les janféniftes ont dû relever comme un trait de machiavellifme jéfuitique , le confeil qu'il donne dans

Vne de ses lettres, à un jésuite de Madrid, « de ré- » veiller, les disputes sur l'Immaculée Conception, afin » de faire diversion contre les Dominicains, qui pref- » soient vivement en Italie les Jésuites sur les matières » de la grace ».

Le cardinal de Lugo eut un frère aîné, (François de Lugo) jésuite comme lui, & auteur comme lui, de divers écrits théologiques. Mort en 1652.

LUILLIER, ( Hist de France ). C'est le nom de quelques citoyens qui ont été utiles à leur patrie. Il y avoit au quinzième siècle un avocat général ou avocat du roi au parlement de Paris, de ce nom.

Jean Luillier son fils, fut recteur de l'Université en 1447, évêque de Meaux en 1483. Il avoit été consef- feur de Louis XI, & avoit beaucoup contribué à terminer la guerre, dite du Bien Public. Mort en 1500.

De cette même famille étoit Jean Luillier, élu prévôt des marchands en 1592, célèbre par les ser- vices importants qu'il rendit à Henri IV, dont il facilita en 1593, l'entrée dans Paris, au péril de sa vie. Henri IV, pour le récompenser, créa en sa faveur, une charge de président à la chambre des comptes. Il étoit déjà maître des comptes.

Madeleine Luillier sa fille, veuve de Claude Le Roux de Sainte-Beuve, fonda le monastère des Ursu- lines du fauxbourg St. Jacques, & y mourut en odeur de sainteté en 1628.

LUINES. ( Voyez ALBERT DE )

LUITPRAND, ( Hist. d'Italie ) roi des Lombards, succéda en 713, au roi Ansprand son père ; il fut ami de Charles-Martel ; il fit la guerre & des conquêtes comme tant d'autres rois ; mais ce qui l'élève au-dessus du vulgaire des Rois, ce font les loix qu'il donna aux Lombards. Il mourut en 744.

On a les œuvres d'un autre Luitprand, évêque de Crémone, qui fut deux fois ambassadeur à Constan- tinople en 948, & en 968. La seconde fois, il étoit envoyé par l'empereur Othon, à Nicéphore Phocas. Celui-ci, mécontent de ce qu'Othon prenoit le titre d'empereur Romain, tint à l'ambassadeur des discours que Luitprand crut de son devoir de repousser avec beaucoup de vigueur ; Nicéphore, pour s'en venger, mit l'ambassadeur en prison, & lui fit essuyer toute sorte d'outrages. Il y a parmi les œuvres de Luitprand, une relation en six livres, des évènements arrivés de son temps en Europe.

LULLE, ( Raimond ) ( Hist. Litt. mod. ) chymiste & alchymiste célèbre. Le principe de ses connoissances & de ses erreurs peut-être est respectable. L'amour le fit chymiste. Une jeune personne, fort jolie, dont il étoit passionnément amoureux, ( Eléonore, on a conservé son nom ) paroissoit l'écouter avec plaisir, & refusoit de l'épouser. Un jour qu'il redoubloit ses solli- citations & ses instances, elle lui découvrit son sein, rongé par un cancer. Le jeune homme prit son parti sur le champ, de guérir & de conquérir sa maîtresse ; il chercha, mais avec cette ardeur infatigable que l'amour & la compassion la plus tendre savent seuls

inspirer, il chercha dans la médecine & la chymie, toutes les ressources qu'elles pouvoient fournir ; il en trouva, il réussit, il sauva, il épousa sa maîtresse. La recette, qu'il employa dans cette occasion, mériteroit bien d'être universellement connue & d'être toujours efficace, ce seroit un bienfait de l'amour, ce n'en fut que le secret. Raimond Lulle finit par être apôtre. Il alla prêcher l'Evangile en Afrique, & fut assommé à coups de pierre, en Mauritanie, le 29 mars 1315, à quatre-vingt ans. L'isle Majorque, où il étoit né en 1236, le révère comme martyr. Il avoit été dis- ciple du célèbre Arnaud de Villeneuve. ( Voyez cet article.) Il a beaucoup écrit sur toutes sortes de sciences, mais avec beaucoup d'obscurité. Cette obscurité même l'a rendu recommandable aux docteurs espagnols, qui l'ont fort vanté, même comme écrivain. On a donné, il y a peu d'années, une édition complette de ses œuvres, à Mayence. Deux françois ont écrit sa vie, & l'ont publiée, l'un en 1667, l'autre en 1668, L'un se nomme M. Perroquet ; l'autre, le P. Jean-Marie de Vernoh. Jordanus Brunus, dans quelques-uns de ses ouvrages, fournit diverses particularités sur Rai- mond Lulle & sur ses écrits.

LULLI, (Jean-Baptiste) ( Hist. mod. ) Les per- sonnes chargées de la partie des Arts dans cette nou- velle Encyclopédie, nous diront tout ce que cet homme célèbre a fait pour la musique, & lui assigneront son rang parmi les créateurs ou réformateurs de cet art, qui excite parmi nous un si juste enthousiasme, & fait naître des haines si vives & si folles ; nous nous con- tenterons de recueillir quelques traits relatifs à sa per- sonne. Lulli étoit né à Florence en 1633. Soit que ses talents fussent méconnus dans son pays, soit qu'ils trouvassent beaucoup d'égaux, il se laissa aisément en- gager à venir en France, où il espéroit faire sensation & révolution. En effet, le goût avec lequel il jouoit du violon, le fit d'abord rechercher. ; tout le monde vouloit prendre de lui ce goût : Mlle. de Montpensier attacha Lulli à son service ; Louis XIV. lui donna l'inspection sur les violons, & en créa de nouveaux pour être ses disciples. Il devint alors une espèce de favori ; tous les grands ou petits seigneurs qui aimoient ou qui se piquoient d'aimer les arts, aimoient & pro- tégeoient Lulli. On ne le regardoit encore que comme un excellent violon, on ne l'appelloit que le petit Baptiste, le cher Baptiste.

Baptiste le très-cher
N'a pas vu ma Courante, & je vais le chercher ;

dit Lisandre, dans les Fâcheux.

L'abbé Perrin céda au mois de novembre 1672, à Lulli, le privilège qu'il avoit obtenu du Roi pour l'établisse- ment de l'opéra. Ce fut alors qu'on vit paroître ces beaux ouvrages qu'on croyoit immortels & qu'on regardoit comme des chefs d'œuvre à la fois de poësie & de musi-ue, dont Boileau seul s'obstinoit à dire en haine de Quinault,

Et tous ces lieux communs de morale lubrique
Que Lulli réchauffa des sons de sa musique,

dont M. de la Harpe a dit au contraire:

Ces accords languiffans, cette foible harmonie,
Que réchauffa Quinault du feu de fon génie;

& dont on peut dire du moins que le temps paroît avoir confacré d'une manière plus folemnelle les paroles que tout le monde fait par cœur, que les airs qu'on commence ou qu'on achève de dédaigner.

A ce talent brillant d'un violon plein de goût, au talent fublime qu'exigeoient du moins alors ces belles compofitions lyrico-dramatiques, Lulli joignoit un troifième talent moins eftimable peut-être, mais dont Molière faifoit un grand cas, parce qu'il tient de près à l'art du Théâtre; c'eft une pantomime parfaite qui excitoit toujours infailliblement le rire par la juftefle précife & fine de l'imitation; Molière, excellent juge d'un pareil talent, lui difoit: Lulli, fais-nous rire, & il jouiffoit, & il réfléchiffoit fur fon art; les gens du monde appeloient auffi cela faire rire, mais ils attachoient à ce mot une idée aviliffante, ne diftinguant peut-être pas affez le ridicule qui fait rire à fes dépens & le plaifant qui fait rire aux dépens des autres, quand ils l'ont mérité. Une pantomime fidelle n'eft-elle pas une partie effentielle de la comédie, une partie morale qui peint & corrige le ridicule du maintien, du ton, du gefte, comme le poëme peint celui des idées & des difcours? La pantomime n'eft-elle pas le talent de l'acteur, comme une bonne comédie eft celui de l'auteur? Et l'un & l'autre talent ne fuppofe-t-il pas une obfervation fine, exacte & morale des caractères & des moindres nuances qui peuvent les peindre? Louis XIV perfuadé que tout vrai talent eft effentiellement noble & ne peut s'honorer, trouva très-bon que Lulli traitât d'une charge de fecrétaire du roi; mais M. de Louvois, qui pour être fecrétaire d'état étoit fecrétaire du roi, trouva très-mauvais que Lulli, un homme qui faifoit rire, prétendît être fon confrère: Eh! tête-bleu, lui-dit Lulli, qui ne favoit pas parler à des miniftres, vous en feriez autant fi vous le pouviez. En effet Louvois favoit quelquefois faire pleurer la France & l'Europe, & ne favoit faire rire perfonne. Louis XIV, malgré Louvois, annoblit Lulli. Ce muficien avoit dans l'humeur toute l'impétuofité, toute l'inégalité que la fenfibilité donne, & c'étoit fur-tout dans ce qui concernoit fon art qu'il ne pouvoit fe contenir. D'un bout du théâtre à l'autre il diftinguoit le violon qui jouoit faux dans une répétition, couroit à lui, lui arrachoit fon inftrument, le lui brifoit fur le dos, le lui payoit enfuite plus qu'il ne valoit, lui demandoit pardon &. l'emmenoit diner chez lui. Il y avoit en tout beaucoup d'excès dans fon caractère; tout en lui étoit & paroiffoit bizarre. Senecai dans une lettre qu'il fuppofe écrite des champs élifées, peu de temps après la mort de Lulli »le repréfente com»me un petit homme d'affez mauvaife mine, & d'un »extérieur fort négligé. De petits yeux bordés de »rouge, qu'on voyoit à peine, & qui avoient peine »à voir, brilloient en lui d'un feu fombre, qui mar»quoit tout enfemble beaucoup d'efprit & beaucoup

»de malignité. Un caractère de plaifanterie étoit »répandu fur fon vifage, & certain air d'inquiétude »regnoit dans toute fa perfonne. Enfin fa figure entière »refpiroit la bizarrerie; & quand nous n'aurions pas »été fuffifamment inftruits de ce qu'il étoit, fur la »foi de fa phyfionomie, nous l'aurions pris fans »peine pour un muficien. »

Lulli étoit à la fois très-libertin & très-fuperftitieux; comme il avoit des mouvemens impétueux, il lui arriva de fe frapper rudement le pied en battant la mefure avec fa canne; cet accident qui n'eût été rien pour un autre, devint fort grave par la mauvaife qualité de fon fang; il fe crut en danger, il eut peur, & crut devoir prendre pour confeffeur un cafuifte très-févère, afin qu'il mît fa confcience plus en fureté. Ce directeur regardant comme un grand péché de fournir au Théâtre même des fons, exigea le facrifice d'un opéra que Lulli étoit prêt à donner, & le brûla lui-même: Lulli fans guérir entièrement, fe trouva beaucoup mieux, reprit l'efpérance & alors il auroit fort regretté fon opéra; un prince qui aimoit Lulli & la mufique, lui reprocha la condefcendance qu'il avoit eue pour les fcrupules exceffifs d'un janfenifte rigorifte, & il regrettoit beaucoup l'opéra facrifié, foit qu'il la connût, foit qu'il en eût bonne opinion feulement fur la foi des talens de l'auteur. Monfeigneur, lui dit Lulli, confolez-vous, j'en ai gardé copie. D'autres content ce fait autrement: ils difent que le fils de Lulli, témoin du facrifice, pouffoit des cris de douleur en voyant brûler l'ouvrage & que Lulli lui difoit tout-bas: tais-toi, Colaffe en a une copie. Colaffe étoit muficien auffi & gendre de Lulli. Celui ci eut une rechute; les frayeurs & les remords revinrent, il fe fit mettre fur la cendre, la corde au col, fit amende honorable, il pleuroit & chantoit : il faut mourir, pécheur. Il fallut mourir en effet à cinquante-quatre ans en 1687, des fuites de ce malheureux coup qu'il s'étoit donné au pied.

LUNA (Alvarez de) (Hift. d'Efp.) connétable de Caftille, fous le roi Jean II; un de ces favoris dont il eft toujours bon de rappeller la cataftrophe aux favoris, gouverna le roi & l'état, & les gouverna mal, felon l'ufage; il irrita les grands, il opprima le peuple, alluma la guerre dans le royaume; &, entretenant de coupables intelligences avec les ennemis de l'état, reçut de l'argent des Maures pour empêcher la prife de la Grenade. Il finit par être convaincu de ces crimes, & il eut la tête tranchée à Valladolid en 1453. Au lieu de prendre fur fa confifcation, de quoi le faire enterrer, on expofa pendant plufieurs jours, fa tête dans un baffin, où les paffants étoient invités à mettre leurs aumônes pour l'inhumation du malheureux. Il avoit une terre nommée Cadahalfo, mot qui, en efpagnol, fignifie échafaud. On n'a pas manqué d'obferver, après coup, comme il arrive toujours, qu'un aftrologue lui avoit prédit: qu'il mourroit à Cadahalso.

Un autre Luna, (Michel de) interprète du roi Philippe III, pour l'arabe, a traduit de cette langue en efpagnol, l'hiftoire du roi Rodrigue, par Abulcacin-Tarif-Abentarique.

**PIERRE DE LUNA.** (Anti-Pape) (V. BENOIT XIII.)

**LUNDORPIUS,** ( Michel-Gaspard ) ( *Hift. Litt.* *mod.* ) auteur allemand, très-médiocre continuateur de l'hiftoire de Sleidan, jufqu'à l'an 1609.

**LUNETTES,** ( *Hift. des invent. mod.* ) les *lunettes*, ou plutôt les verres à *lunettes.* qu'on applique fur le nez ou devant les yeux pour lire, écrire & en gé-néral, pour mieux découvrir les objets voifins que par le fecours des yeux feuls, ne font pas à la vérité, d'une invention auffi récente que les *lunettes* d'approche; car elles les ont précédées de plus de trois fiècles; mais leur découverte appartient aux modernes, & les anciens n'en ont point eu connoiffance.

Je fais bien que les Grecs & les Romains avoient des ouvriers qui faifoient des yeux de verre, de cryftal, d'or, d'argent, de pierres précieufes pour les ftatues, principalement pour celles des dieux. On voit encore des têtes de leurs divinités, dont les yeux font creufes : telles font celles d'un Jupiter Ammon, d'une Bacchante, d'une idole d'Egypte, dont on a des figures. Pline parle d'un lion en mar-bre, dont les yeux étoient des émeraudes; ceux de la Minerve du temple de Vulcain à Athènes, qui, felon Paufanias, brilloit d'un verd de mer, n'étoient fans doute autre chofe que des yeux de béril. M. Buona-rotti avoit dans fon cabinet quelques petites ftatues de bronze avec des yeux d'argent. On nommoit *faber ocularius*, l'ouvrier qui faifoit ces fortes d'ouvrages; & ce terme fe trouve dans les marbres fépulchraux; mais il ne fignifioit qu'un faifeur d'yeux poftiches ou artificiels, & nullement un faifeur de *lunettes*, telles que celles dont nous faifons ufage.

Il feroit bien étonnant fi les anciens les euffent connues, que l'hiftoire n'en eût jamais parlé à pro-pos de vieillards & de vue courte. Il feroit encore plus furprenant que les poëtes de la Grèce & de Rome, ne fe fuffent jamais permis à ce fujet aucun de ces traits de fatyre ou de plaifanterie, qu'ils ne fe font pas refufés à tant d'autres égards. Comment Pline, qui ne laiffe rien échapper, auroit-il omis cette découverte dans fon ouvrage & particulière-ment dans le *livre VII*, *chap. lvj*, qui traite des in-venteurs des chofes? Comment les médecins grecs & romains, qui indiquent mille moyens pour foulager la vue, ne difent-ils pas un mot de celui des *lunettes*? Enfin, comment leur ufage, qui eft fondé fur les befoins de l'humanité, auroit-il pu ceffer? Comment l'art de faire un inftrument d'optique fi fimple, & qui ne demande ni talent ni génie, fe feroit-il perdu dans la fuite des temps? Concluons donc que les *lu-nettes* font une invention des modernes, &, que les anciens ont ignoré ce beau fecret d'aider & de foulager la vue.

C'eft fur la fin du 13e. fiècle, entre l'an 1280 & 1300, que les *lunettes* furent trouvées; Redi témoigne avoir eu dans fa bibliothèque un écrit d'un Scandro Dipopozzo, compofé en 1298, dans lequel il dit: « Je fuis fi vieux, que je ne puis plus lire ni écrire » fans verres qu'on nomme lunettes, *fenza occhiali*;

Dans le dictionnaire italien de l'Académie de la Crufca, on lit ces paroles au mot *occhiali* : « Frère Jordanus » de Rivalto, qui finit fes jours en 1311, a fait un » livre en 1305, dans lequel il dit qu'on a découvert » depuis 20 ans, l'art utile de polir des verres à » *lunettes* ». Roger Bacon, mort à Oxford en 1292, connoiffoit cet art de travailler les verres; cependant ce n'eft vraifemblablement en Italie qu'on en trouva l'invention.

Maria Manni, dans fes Opufcules fcientifiques, tome *IV*, & dans fon petit livre intitulé *de Gl' occhiali del nafo*, qui parut en 1738, prétend que l'hiftoire de cette découverte eft due à Salvino de gl' armati, florentin, & il le prouve par fon épitaphe. Il eft vrai que Redi, dans fa lettre à Charles Dati, impri-mée à Florence en 1678, *in-4*°. avoit donné Alexan-dre Spina, dominicain, pour l'auteur de cette dé-couverte ; mais il paroit par d'autres remarques du même Redi, qu'Alexandre Spina avoit feulement imité par fon génie ces fortes de verres trouvés avant lui. En effet, dans la bibliothèque des pères de l'Ora-toire de Pife, on garde un manufcrit d'une ancienne chronique latine en parchemin, où eft marquée la mort du frère Alexandre Spina à l'an 1313, avec cet éloge : *quæcunque vidit, uti audivit facta, fcivit, & facere* ocularia *ab aliquo primò facta, & communi-care nolente, ipfe fecit, & communicavit.* Alexandre Spina n'eft donc point l'inventeur des *lunettes*; il en imita parfaitement l'invention, & tant d'autres avec lui y réuffirent, qu'en peu d'années cet art fut tellement répandu par-tout, qu'on n'employoit plus que des *lunettes* pour aider la vue. De-là vient que Bernard Gordon, qui écrivoit en 1300, fon ouvrage intitulé, *Lilium Medicinæ*, y déclare dans l'éloge d'un certain collyre pour les yeux, qu'il a la propriété de faire lire aux vieillards les plus petits caractères, fans le fecours des lunettes. ( *D. J.* )

**LUNETTE D'APPROCHE,** ( *Hift. des inventions mo-dernes.* ) Cet utile & admirable inftrument d'optique qui rapproche la vue des corps éloignés, n'a point été connu des anciens, & ne l'a même été des mo-dernes, fous le nom de *lunettes d'Hollande*, ou de *Galilée*, qu'au commencement du dernier fiècle.

C'eft en vain qu'on allègue, pour reculer cette date, que dom Mabillon déclare dans fon voyage d'Italie, qu'il avoit vu dans un monaftère de l'an-ordre, les œuvres de Comeftor écrites au treizième fiècle, ayant au frontifpice le portrait de Ptolémée, qui contemple les aftres avec un tube à quatre tuyaux; mais dom Mabillon ne dit point que le tube fût garni de verres. On ne fe fervoit de tube dans ce temps-là que pour diriger la vue, ou la rendre plus nette, en féparant par ce moyen les objets qu'on re-gardoit, des autres dont la proximité auroit empêché de voir ceux-là bien diftinctement.

Il eft vrai que les principes fur lefquels fe font les *lunettes d'approche* ou les télefcopes, n'ont pas été ignorés des anciens géomètres; & c'eft peut-être faute d'y avoir réfléchi, qu'on a été fi long-temps fans découvrir cette merveilleuse machine. Semblable à beaucoup d'autres, elle est demeurée cachée dans ses principes, ou dans la majesté de la nature, pour me servir des termes de Pline, jusqu'à ce que le hazard l'ait mise en lumière. Voici donc comme M. de la Hire rapporte dans les *Mémoires de l'Académie des Sciences*, l'histoire de la découverte des *lunettes d'approche* ; & le récit qu'il en fait est d'après le plus grand nombre des historiens du pays.

Le fils d'un ouvrier d'Alcmaer, nommé Jacques Métius, ou plutôt Jakob Metzu, qui faisoit dans cette ville de la Nord-Hollande, des *lunettes* à porter sur le nez, tenoit d'une main un verre convexe, comme ceux dont se servent les presbytes ou vieillards, & de l'autre main un verre concave, qui sert pour ceux qui ont la vue courte. Le jeune homme ayant mis par amusement ou par hazard, le verre concave proche de son œil, & ayant un peu éloigné le convexe qu'il tenoit au-devant de l'autre main, il s'apperçut qu'il voyoit au travers de ces deux verres quelques objets éloignés beaucoup plus grands, & plus distinctement, qu'il ne les voyoit auparavant à la vue simple. Ce nouveau phénomène le frappa ; il le fit voir à son père, qui sur le champ assembla ces mêmes verres & d'autres semblables, dans des tubes de quatre ou cinq pouces de long, & voilà la première découverte des *lunettes d'approche*.

Elle se divulgua promptement dans toute l'Europe, & elle fut faite selon toute apparence, en 1609 ; car Galilée publiant en 1610, ses Observations Astronomiques avec les *lunettes d'approche*, reconnoît dans son *Nuncius sidereus*, qu'il y avoit neuf mois qu'il étoit instruit de cette découverte.

Une chose assez étonnante, c'est comment ce célèbre astronome, avec une *lunette* qu'il avoit faite lui-même sur le modèle de celles de Hollande, mais très-longue, pût reconnoître le mouvement des satellites de Jupiter. La *lunette d'approche* de Galilée avoit environ cinq pieds de longueur ; or plus ces sortes de *lunettes* sont longues, plus l'espace qu'elles font appercevoir est petit.

Quoi qu'il en soit, Képler mit tant d'application à sonder la cause des prodiges que les *lunettes d'approche* découvroient aux yeux, que malgré sestravaux aux tables rudolphines, il trouva le temps de composer son beau traité de Dioptrique, & de le donner en 1611, un an après le *Nuncius sidereus* de Galilée.

Descartes parut ensuite sur les rangs, & publia en 1537, son ouvrage de Dioptrique, dans lequel il faut convenir qu'il a poussé fort loin sa théorie sur la vision, & sur la figure que doivent avoir les lentilles des *lunettes d'approche* ; mais il s'est trompé dans les espérances qu'il fondoit sur la construction d'une grande *lunette*, avec un verre convexe pour objectif, & un concave pour oculaire. Une *lunette* de cette espèce ne feroit voir qu'un espace presque insensible de l'objet. M. Descartes ne songea point à l'avantage qu'il retireroit de la combinaison d'un verre convexe pour oculaire ; cependant sans cela, ni les grandes *lunettes*, ni les petites, n'auroient été d'aucun usage pour faire

des découvertes dans le ciel, & pour l'observation des angles. Képler l'avoit dit, en parlant de la combinaison des verres lenticulaires : *duobus convexis majora & distincta præstare visibilia, sed everso situ*. Mais Descartes, tout occupé de ses propres idées, songeoit rarement à lire les ouvrages des autres. C'est donc à l'année 1611, qui est la date de la Dioptrique de Képler, qu'on doit fixer l'époque de la *lunette* à deux verres convexes.

L'ouvrage qui a pour titre, *oculus Eliæ & Enoch*, par le P. Reita, capucin allemand, où l'on traite de cette espèce de *lunette*, n'a paru que long-temps après. Il est pourtant vrai que ce père, après avoir parlé de la *lunette* à deux verres convexes, a imaginé de mettre au-devant de cette *lunette*, une seconde petite *lunette*, composée pareillement de deux verres convexes ; cette seconde *lunette* renverse le renversement de la première, & fait paroître les objets dans leur position naturelle, ce qui est fort commode en plusieurs occasions ; mais cette invention est d'une très-petite utilité pour les astres, en comparaison de la clarté & de la distinction, qui sont bien plus grandes avec deux seuls verres, qu'avec quatre, à cause de l'épaisseur des quatre verres, & des huit superficies qui n'ont toujours que trop d'inégalités & de défauts.

Cependant on a été fort long-temps sans employer les *lunettes* à deux verres convexes : ce ne fut qu'en 1659, que M. Huyghens inventeur du micromètre, les mit au foyer de l'objectif, pour voir distinctement les plus petits objets. Il trouva par ce moyen le secret de mesurer les diamètres des planètes, après avoir connu par l'expérience du passage d'une étoile derrière ce corps, combien de secondes de degrés il comprenoit.

C'est ainsi que depuis Métius & Galilée, on a combiné les avantages qu'on pourroit retirer des lentilles qui composent les *lunettes d'approche*. On sait que tout ce que nous avons de plus curieux dans les sciences & dans les arts, n'a pas été trouvé d'abord dans l'état où nous le voyons aujourd'hui : mais les beaux génies qui ont une profonde connoissance de la Méchanique & de la Géométrie, ont profité des premières ébauches, souvent produites par le hazard & le ont porté dans la suite à point de perfection dont elles étoient susceptibles. (*D. J.*)

LUSIGNAN *ou* LUZIGNAN, (*Hist. Mod.*) *ou* LUSIGNEM. Suivant la fable, le château de *Lusignan* en Poitou, qui passoit autrefois pour imprenable, avoit été bâti par Mélusine, & il en porte encore le nom ; car *Lusignan* est l'anagramme de *Mélusine* ou *Mélusigne*. Or Mélusine étoit une nymphe ou fée, moitié femme, moitié poisson, comme les syrènes. Quand vivoit-elle ? on n'en fait rien, au temps des fables ; mais il n'y a que les grandes maisons qui aient de ces fables.

Hugues I *de Lusignan*, dit *le Veneur*, vivoit au dixième siècle.

Hugues II, son fils, dit *le bien aimé*, est celui qui fit bâtir le château de *Lusignan*, à ce que croient ceux qui veulent bien abandonner la fable de Mélusine.

Hugues V, arrière-petit-fils de Hugues II, fut tué le 8 octobre 1060, dans ses guerres contre le duc de Guyenne.

Hugues VI, son fils dit *le Brun* ou *le Diable*, peut-êtreparce qu'il étoit brun, fut tué en 1110, dans un voyage particulier qu'il fit à la Terre-Sainte.

Hugues VII, son fils, mourut à la croisade de Louis-1.-Jeune, en 1148.

Gui *de Lusignan*, son petit-fils, est le *Lusignan* de *Zaire*. Il fut comte de Jaffa & d'Ascalon dans la Terre-Sainte; il devint roi de Jérusalem par son mariage avec Sibylle, fille du roi Amaury, veuve du marquis de Montferrat. Saladin lui enleva Jérusalem en 1187. Il eut quatre enfants qui moururent avec leur mère au siège d'Acre en 1190. C'est exactement le nombre d'enfants que l'auteur de *Zaïre* donne à *Lusignan*. Gui acheta en 1192, des Templiers, l'isle de Chypre, où il mourut en 1194.

Aimery *de Lusignan*, son frère, fut le premier roi de Chypre, & il y en eut quatre de suite de la maison *de Lusignan*.

LUSSAN, (Esparbez de) (*Hist. de Fr.*) noble & ancienne famille, qui a produit entr'autres personnages distingués :

François d'Esparbez *de Lussan*, de la branche d'Au-beterre, gouverneur de Blaïe, sénéchal d'Agenois & de Condomois, qui fut fait maréchal de France le 18 septembre 1620. Il commanda l'armée royale en 1621, aux sièges de Nérac & de Caumont; il mourut en 1628.

De cette même famille étoient deux chevaliers de Malthe, Jean & François, tués à la bataille de Dreux en 1562.

Un de leurs frères, mort d'une blessure reçue à Sainte-Foi, dans le cours de ces mêmes guerres civiles.

François d'Esparbez *de Lussan*, qui servit avec distinction dans les guerres de Louis XIII, contre les Huguenots, sous le maréchal d'Aubeterre, son oncle à la mode de Bretagne.

Un fils de ce François, tué à Balaguier en Catalogne. Un autre, mort au service.

M. le maréchal d'Aubeterre, ci-devant ambassadeur à Rome, & commandant en Bretagne, étoit de cette maison. C'est de lui qu'il est parlé dans le poëme de Fontenoy :

> Le jeune d'Aubeterre
> Voit de sa légion tous les chefs indomptés,
> Sous le glaive & le feu mourants à ses côtés.

M. le comte de Jonzac est aussi de la même famille.

LUSSAN, (Marguerite de) (*Hist. Litt. mod.*) mademoiselle de Lussan, sous le nom de laquelle nous avons tant d'ouvrages, étoit, dit-on, fille d'un cocher & d'une diseuse de bonne aventure, nommée *la Fleury* : qu'importe? ses ouvrages sont attribués à différents auteurs; les uns à M. de la Serre, les autres à M. l'abbé de Boismorand; d'autres à M. Baudot de Juilly, qu'importe encore? Ils sont médiocres. Ils ont cependant un certain dégré de célébrité qu'ils doi-

vent en partie à l'avantage qu'ils ont eu d'être d'une femme, ou d'avoir été publiés sous son nom. Les *anecdotes de la cour de Philippe Auguste*, sont le plus connu & le plus lu de ces ouvrages, c'est celui qu'on attribue le plus communément à l'abbé de Boismorand; *l'histoire de Charles VI; celle de Louis XI, & l'histoire de la dernière révolution de Naples*, sont des ouvrages historiques assez importans, aussi sont-ils attribués à M. Baudot de Juilly, auteur connu d'une *histoire de Charles VII*, (*Voyez* l'article BAUDOT;) on dit qu'elle partageoit avec lui les récompenses littéraires que ses ouvrages lui avoient procurées. Le vieux la Serre, (Ignace Louis de la Serre, sieur de Langlade) gentilhomme de Cahors, né avec vingt-cinq mille livres de rente qu'il perdit au jeu, & qui n'en vécut pas moins content, jusqu'à près de cent années, lui fut, dit-on, très-utile pour ses goût; on lui attribue plûtot une influence générale de goût & de conseil sur les ouvrages de mademoiselle de Lussan, qu'on ne lui attribue nommément tel ou tel ouvrage. Il a fait pour son compte quelques opéra. C'étoit l'ami, l'amant, si l'on veut, le mari peut-être de mademoiselle de Lussan. Les autres ouvrages de made-moiselle de Lussan, sont *la vie du brave Crillon*, autre ouvrage historique, qu'on lui laisse; *les anecdotes, annales, intrigues, mémoires secrets, &c. de la cour de Charles VIII, de François-I, de Henri II, de Marie d'Angleterre*; ouvrages moitié historiques, moitié romanesques, mais tenant plus du roman que de l'histoire; *les veillées de Thessalie*, recueil de contes, qui du moins ne trompent personne. Au reste, ceux qui ont connu mademoiselle de Lussan, disent beaucoup de mal de sa figure, & beaucoup de bien de son caractère. Elle mourut d'indigestion à paris, le 31 mai 1758, âgée de soixante & quinze ans.

LUTATIUS CATULUS, (*Hist. Rom.*) c'est le nom de deux consuls Romains. L'un qui l'étoit l'an 242, avant J. C., mit fin à la première guerre punique, par la victoire navale qu'il remporta sur les Carthaginois, entre Drépani & les isles Ægates.

L'autre, qui l'étoit l'an 102, avant J. C. aida Marius son collègue à vaincre les Cimbres. Il montra beaucoup d'ardeur dans les dissensions intestines de Rome, & périt dans les guerres civiles.

LUTHER, (Martin) (*Hist. ecclés.*) naquit le 10 novembre 1483, dans la petite ville d'Islébe au comté de Mansfeld; son père se nommoit Jean Luther, ou Luder, & sa mère Marguerite Linderman, gens d'une condition médiocre. Martin Luther entra chez les Augustins à Erford, en 1505, malgré ses parens; il y fut fait prêtre en 1507. Ses raisons pour quitter le monde étoient qu'il avoit vu tomber le tonnerre à ses pieds & mourir subitement à ses côtés, un de ses amis : en 1517, la publication des indulgences en Allemagne, ayant été confiée aux Jacobins, par pré-férence aux Augustins, qui en avoient été chargés auparavant, Jean Staupitz où Stupitz, vicaire-général de l'ordre des Augustins en Allemagne, homme de mérite pour son état & pour le temps, chargea

Luther, qui s'étoit acquis une grande réputation dans son ordre, de parler & d'écrire contre les nouveaux vendeurs d'indulgences. Luther étoit propre à cette guerre ; il étoit véhément, il avoit l'ardeur de l'enthousiasme, l'opiniâtreté du pédantisme & toute l'insolence de l'orgueil ; il parloit avec cette facilité que donne la violence, même sans talent, & l'on trouvoit alors qu'il écrivoit bien.

Il afficha d'abord quatre-vingt-quinze propositions à la porte de l'église de Vittemberg ; ce fut là le premier acte d'hostilité.

Le Jacobin Tetzel, chef de la nouvelle prédication des indulgences, répondit par cent-six propositions qu'il fit afficher à Francfort sur l'Oder ; de plus en qualité d'inquisiteur, il fit brûler les propositions de Luther ; on brûla les siennes à Hall.

Léon X, croyant terminer ces querelles en les jugeant, cita Luther à Rome, & d'abord lui nomma deux juges, dont l'un avoit écrit contre Luther & l'avoit déclaré d'avance hérétique. Mais Luther n'étoit déjà plus un homme qu'on pût opprimer impunément ; l'électeur de Saxe lui accordoit hautement une protection respectée dans tout l'empire & importante pour Rome même ; le pape fut obligé de déléguer un juge en Allemagne ; ce juge fut le cardinal Cajetan, ( Thomas de Vic ) légat à Ausbourg, qui avoit été Jacobin.

Luther, forcé par son protecteur même, de comparoître devant ce juge, vint à Ausbourg avec des lettres de recommandation de l'électeur, & un sauf-conduit de l'empereur Maximilien ; il comparut, disputa, protesta, afficha de nuit son appel, & s'enfuit secrétement à Vittemberg, feignant de craindre ou craignant réellement qu'on ne l'arrêtât ; en effet, il paroit certain que les instructions du légat, étoient ou de l'obliger à se rétracter, ou bien de le faire arrêter.

La fuite de Luther paroissant déposer contre lui, le légat écrivit à l'électeur de Saxe, pour le prier d'abandonner un hérétique que les foudres de l'église alloient frapper ; l'électeur répondit qu'il ne priveroit point son université d'un pareil ornement.

L'empereur Maximilien mourut en 1519, & l'électeur de Saxe, l'un des deux vicaires de l'empire pendant l'interregne, devint pour Luther, un protecteur encore plus puissant ; l'autre vicaire de l'empire, l'électeur Palatin, ne s'étoit pas déclaré moins hautement en sa faveur ; le nonce Miltiz, gentilhomme Saxon, que le pape avoit choisi exprès pour l'envoyer à l'électeur de Saxe, comme un homme qui devoit lui être agréable, Miltiz caressa & flatta Luther, qui, fier de voir son parti grossir à chaque pas, daignoit à peine l'écouter.

Charles-Quint dut l'empire à l'électeur de Saxe ; nouveau triomphe pour Luther, qui espéra que l'empereur ne pourroit se dispenser de lui être favorable.

Les déclamations de Luther avoient porté coup aux indulgences ; la confiance étoit détruite, les Jacobins avoient beau prêcher, on n'écoutoit point, on payoit encore moins ; Léon, par une bulle, voulut

rendre l'honneur aux indulgences décriées, mais les peuples prévenus ne virent plus qu'un marchand qui prisoit une marchandise dont il vouloit se défaire ; les indulgences restoient négligées, la bulle fut oubliée, & Luther continua d'écrire.

Léon X donna, le 15 juin 1520, une bulle par laquelle il condamna quarante & une propositions de Luther, sous ces qualifications vagues, qui deviennent une nouvelle source de dispute pour les esprits indociles. Le nonce Aléandre présenta cette bulle à Charles-Quint.

Luther n'avoit attaqué d'abord que les abus des indulgences, bientôt il attaqua les indulgences même & en nia entièrement la vertu ; puis avançant toujours, & les sujets l'entraînant par leur connexité & la dispute par sa violence, il ébranla tous les principes de l'église sur la matière de la justification & des sacrements, il dit que le pape fut l'antéchrist, l'église fut Babylone ; cette fureur contre ce qu'il appelloit le papisme, ne le quitta plus, il mourut en outrageant le pape & l'église, auxquels pendant le cours du procès, il protestoit d'être entièrement soumis.

En conséquence de la bulle du 15 juin 1520, on avoit brûlé à Rome les écrits de Luther. Luther brûla par représailles à Vittemberg les loix pontificales, & sur-tout la bulle qui l'avoit condamné ; il s'intitule *le saint du seigneur*, l'ecclésiaste de Vittemberg, & voilà le nouvel ecclésiaste qui prêche, exhorte, menace, visite, corrige, institue, destitue, régle & bouleverse dans l'église ; le voilà qui envahit des évêchés & les confère à ses amis ; le voilà qui donne les biens des églises & des monastères en proie aux Laïcs, mais sans rien prendre pour lui ; il notifie sa mission aux princes & aux peuples avec injonction & menaces.

La diète de Vormes, tenue en 1521, fut la première où l'empire en corps s'occupa de lui ; le nonce Aléandre y poursuivit la condamnation de Luther. Il demanda, selon Sleidan, qu'on le fît mourir ou qu'on l'envoyât enchaîné à Rome, & qu'en attendant on brûlât ses livres. L'empereur par esprit de justice & par égard pour l'électeur de Saxe, voulut que Luther fût entendu. Il lui donna un sauf-conduit pour comparoître à la diète ; les amis de Luther le détournoient d'y aller. Il partit : cent cavaliers armés voulurent l'escorter à la diète, mais il n'entra dans Vormes, qu'avec huit hommes seulement. On avoit chargé le héraut d'armes, qui lui avoit porté son sauf-conduit le 16 avril 1521, d'empêcher qu'il ne prêchât sur la route, mais ce héraut déjà Luthérien, le laissa prêcher à Erford tant qu'il voulut.

Le 17 avril, Luther fut introduit à la diète ; des amis secrets qu'il y trouva, lui citèrent mystérieusement ces paroles de Saint Mathieu : *quand on vous aura menés devant les rois, ne songez pas à ce que vous aurez à dire, car à l'heure même on vous inspirera ce qu'il faudra que vous disiez.*

Cependant le jurisconsulte Von-Eck, chargé de l'interroger, lui lut les titres de ses ouvrages, & lui demanda premièrement s'il les avouoit, Luther répondit

pondit qu'il les avouoit, pourvû qu'on ne les eût point altérés.

Von-Eck lui demanda secondement, s'il ne vouloit pas rétracter ce qu'on y avoit condamné? Luther demanda du temps pour songer à sa réponse; on lui représenta que tout fidele, à plus forte raison un docteur tel que lui, devoit être toujours prêt à répondre de sa foi, & l'on ne le remit qu'au lendemain.

Le lendemain il voulut disserter, on l'interrompit; *il ne s'agit plus de cela*, lui dit-on, *vos erreurs font condamnées, voulez-vous les rétracter?* Il voulut citer l'évangile, on lui cita le concile de Constance, qui avoit condamné dans les écrits de Jean Hus, ce que l'on condamnoit dans les siens. Ces noms étoient inquiétans pour un hérétique, qui n'avoit à Vormes d'autre sûreté que celle qui n'avoit pas sauvé Jean Hus à Constance.

Quand Luther se vit ainsi pressé, il retrouva tout son courage, il protesta qu'il ne se rétracteroit jamais, il appliqua noblement aux princes de l'empire, ce que Gamaliel disoit aux magistrats de Jérusalem, qui avoient mis les apôtres en prison: *si cette entreprise vient des hommes, elle se détruira d'elle-même, si elle vient de dieu, vous ne pourrez la détruire.* Sur son refus constant d'abjurer après diverses conférences où l'on essaya vainement de l'ébranler, l'empereur lui commanda de sortir de Vormes, & lui donna vingt & un jours pour se retirer en lieu de sûreté avec le même héraut d'armes qui l'avoit amené, & le même sauf-conduit. Le 26 mai, Charles-Quint publia l'édit impérial, par lequel il mit Luther au ban de l'empire. Luther renvoya son héraut dès Fribourg, & s'engagea au milieu d'une forêt, où il fut arrêté par des gens masqués, qui le conduisirent dans un château désert au haut d'une montagne, où il passa plus de neuf mois toujours bien traité, toujours écrivant, & paroissant se plaire dans cette solitude. Ce château étoit Vestberg, près d'Alstad, & c'étoit l'électeur de Saxe, qui avoit fait enlever Luther, pour le soustraire à l'exécution de l'édit de Vormes.

Les protestants voulurent d'abord publier que la cour de Rome avoit fait assassiner Luther. On avoit même trouvé au fond d'une mine d'argent, son cadavre percé de coups. Ces faux bruits agiterent quelque temps la diète, au point que les nonces du pape n'étoient plus en sûreté dans Vormes.

Cependant Luther, d'autant plus présent à ses disciples qu'il avoit disparu à tous les yeux, les instruisoit & les enflammoit du sein de sa retraite; tous ses écrits étoient datés de l'isle de Pathmos; il croit à son peuple de sortir de Babylone; il avoit publié un traité de la captivité de Babylone, qui renversoit toute la hiérarchie de l'église, & d'où il résultoit comme de tous ses autres ouvrages composés dans sa retraite, qu'il ne vouloit plus reconnoître, ni pape, ni tradition, ni conciles, ni autorité des peres, ni purgatoire, ni messes privées, ni vœux, ni monasteres, ni évêques, ni prêtres non laïcs, ni culte des saints, ni cérémonies qui obligent, ni sacremens qui produisent la grace, ni église visible & infaillible, qui

*Histoire. Tome III.*

jugé de la doctrine; il admet pour unique régle de foi l'écriture sainte interprétée selon son sens.

Le roi d'Angleterre Henri VIII, avant que l'amour le jettant dans le schisme, l'eût rendu le chef de l'église Anglicane, avoit eu l'ambition d'être le docteur de l'église catholique; il avoit fait à Luther l'honneur d'entrer en lice avec lui, il avoit composé ou fait composer un livre pour la défense des sacremens, il avoit envoyé à Léon X, & Léon X avoit donné solemnellement à Henri le titre de *défenseur de la foi*, titre dont Henri fut toujours jaloux, & qu'il conserva, même après s'être séparé de la communion romaine. Luther, incapable des moindres ménagemens pour un roi qui l'avoit attaqué, répond au roi d'Angleterre; Henri vouloit être un théologien, Luther le traite en théologien, il l'accable d'injures & s'il se souvient de son rang, ce n'est que pour donner à ses injures un peu plus d'atrocité: *ô Majesté Angloise*, s'écrie-t-il, *j'aurai le droit de te vauterer dans ta boue & dans ton ordure.... Commencez vous à rougir, Henri, non plus roi, mais sacrilége?....* La manie elle-même ne pouvoit extravaguer plus que Henri, ni la sottise être plus stupide. C'étoit un fou, un insensé, le plus grossier de tous les pourceaux & de tous les ânes; car il falloit toujours de l'âne & du pourceau dans tout ce que Luther écrivoit, & dans tout ce que les catholiques écrivoient contre lui.

Luther se repentit dans la suite d'avoir tant outragé Henri VIII, lorsqu'il se répudier une reine catholique, pour épouser Anne de Boulen, qu'on disoit favorable au lutheranisme. Le désir d'attirer l'Angleterre à sa secte, l'emportant par les anciennes inimitiés, il s'abaissa jusqu'à faire des excuses à un roi. Elles furent mal reçues, Henri tenoit à sa théologie, & en se séparant de l'église, il en conserva la doctrine, parce qu'il l'avoit enseignée. Henri étoit d'ailleurs trop bon théologien pour pardonner. Il reprocha durement à Luther, sa grossiereté & sa légereté, ses hauteurs & ses bassesses, ses opinions & sa conduite. Luther indigné rétracte ses excuses, il avoue que la soumission ne lui a jamais réussi, il jure de ne jamais retomber dans cette faute, & il tint assez bien parole.

Luther avoit fait en langue Allemande une traduction du Nouveau Testament, que les catholiques trouvèrent remplie d'infidélités tendantes à favoriser ses dogmes; Jérôme Emser, docteur de Léipsick, & théologien du duc George de Saxe, comme Luther l'étoit de l'électeur, releva ces infidélités, & opposa une traduction orthodoxe à cette traduction hérétique. Luther l'accable d'injures, plus encore que les rois & les papes.

L'archiduc, depuis empereur Ferdinand, frère de Charles-Quint, le duc George de Saxe, le duc de Bavière & quelques autres princes catholiques, firent brûler la version de Luther. Leurs édits, selon la forme usitée, ordonnoient le rapport des exemplaires. Luther déchiré d'obéir à ces *tyrans impies*, à ces *nouveaux hérodes qui vouloient étouffer Jésus-Christ au berceau.*

                                      Eee

Sur le mariage de Luther, avec Catherine de Bore, ( *Voyez* l'article BORE. ) ( Catherine de )
Sur sa dispute avec *Carlostad*, ( *Voyez* CARLOSTAD. )
Sur sa querelle avec *Erasme*, ( *Voyez* ERASME. )
Sur sa querelle avec *Zuingle*, ( *Voyez* ZUINGLE. )

Quand Luther fut marié, il ne connut plus personne qui ne dût suivre l'exemple qu'il avoit donné. Il écrivit à l'archevêque de Mayence, prélat très-orthodoxe, pour lui conseiller de prendre une femme, lui alléguant ce passage de la Genèse : *il n'est pas bon à l'homme d'être seul*. L'archevêque ne lui fit point de réponse.

Mais la doctrine de Luther, à travers bien des vicissitudes, faisoit des progrès dont il avoit lieu d'être content. L'édit impérial de Vormes n'avoit eu aucune exécution ; Charles-Quint, occupé d'autres affaires, ne put se trouver à la diète de Nuremberg, tenue en 1523, & les luthériens y prévalurent ; quand le nonce Chérégat y demanda, au nom d'Adrien VI, successeur de Léon X, l'exécution de l'édit de Vormes, on lui répondit par des griefs contre Rome, dont on fit cent articles, qui furent dressés par les réformés, & qu'on nomma les cent griefs germaniques, *centum gravamina Germanica*.

En 1524 autre diète, tenue encore à Nuremberg, nouveau triomphe pour Luther. On ne permet déjà plus au légat de paroître à la diète avec les marques publiques de la légation, parce que le peuple, tout luthérien, ne l'eût pas souffert. Ce légat étoit le cardinal Campége, & Clément VII venoit de succéder au pape Adrien VI. Les princes catholiques s'assemblèrent avec le légat à Ratisbonne, le 6 juillet 1524, & formèrent une confédération pour l'exécution de l'édit de Vormes dans leurs états respectifs ; ils firent schisme avec l'université de Vittemberg, d'où ils rappellèrent tous ceux de leurs sujets qui y faisoient leurs études ; ils déclarèrent ceux qui continueroient d'y étudier, privés de tous leurs biens & incapables de posséder aucun bénéfice. D'un autre côté, les princes protestans envoyoient leurs députés à Spire, se séparant ainsi des catholiques, lorsqu'on reçut de Burgos, des lettres de Charles-Quint, qui blâmoit tout ce qui s'étoit fait à Nuremberg, défendoit aux princes protestans de s'assembler à Spire, & ordonnoit l'exécution de son édit de Vormes.

De ces deux points, les princes protestans obéirent au premier ; sur le second, ils alléguèrent une impossibilité absolue, fondée sur la résistance qu'ils trouvoient par-tout dans leurs états. Luther resta donc en paix & en sûreté à Vittemberg, d'où il voyoit sa secte s'étendre dans le nord de l'Allemagne, & le long des côtes de la mer Baltique ; elle s'étoit déjà établie dans les duchés de Lunebourg, de Brunswick, de Meckelbourg, dans la Poméranie, dans les archevêchés de Magdebourg & de Bremen, dans les villes de Hambourg, de Vismar, de Rostock ; elle occasionna une grande révolution dans la partie de l'Allemagne, qui forme aujourd'hui le royaume de Prusse ; elle gagna le Danemarck & la Suède.

La diète de Spire, en 1526, accorda la liberté de conscience jusqu'au concile que l'empereur étoit supplié de procurer dans un an.

En 1529, nouvelle diète à Spire ; la querelle sacramentaire avoit affoibli alors les luthériens ; ils divisèrent leurs forces en présence des catholiques, qui par là l'emportèrent dans la diète. On sacrifia aux luthériens, les sacramentaires & les anabaptistes, leurs deux plus mortels ennemis, parce qu'ils étoient nés de leur sein ; le luthéranisme seul fut toléré par-tout où il étoit établi, mais on défendit de l'établir dans les pays qui ne l'avoient point encore reçu. Cette seconde diète de Spire bornoit considérablement la liberté indéfinie, accordée dans la diète de 1526. Le luthéranisme avoit reculé de plusieurs pas, & ses chefs ne le purent souffrir. Jean, électeur de Saxe, Philippe, Landgrave de Hesse, Ernest & François, ducs de Lunebourg, Wolfang, prince d'Anhalt, les députés de quatorze villes impériales, Strasbourg à la tête, protestèrent dans la diète contre ce décret ; de-là le nom de *protestarns*, d'abord particulier aux luthériens, étendu ensuite aux autres sectes de la réforme.

A la diète d'Ausbourg en 1530, où Charles-Quint vint présider dans tout l'éclat de la majesté impériale, les luthériens présentèrent leur profession de foi si connue sous le nom de *confession d'Ausbourg*, qui distingue aujourd'hui la secte luthérienne, de toutes les autres sectes protestantes. Luther n'avoit pu paroître à Ausbourg, c'eût été braver trop ouvertement l'empereur, qui l'avoit mis au ban de l'empire, & qui eût pu faire exécuter le décret de Vormes, si les catholiques l'eussent emporté à Ausbourg. Il étoit resté à Cobourg dans les états de l'électeur de Saxe, mais assez près du lieu de la diète, pour pouvoir être consulté sur les opérations. Melanchton, son ami, étoit à Ausbourg, & ce fut lui qu'on chargea de dresser la confession Luthérienne, de concert avec Luther.

La confession Luthérienne fut présentée à l'empereur, en latin & en allemand, le 25 juin 1530, tout le parti luthérien la reçut. Les catholiques la réfutèrent par ordre de l'empereur ; Melanchton répondit, & sa réponse est ce qu'on appelle l'*apologie de la confession d'Ausbourg*, pièce devenue inséparable de cette confession, dont elle est comme le supplément.

Le 22 août 1530, l'empereur rendit un décret par lequel il réprouva la confession d'Ausbourg, & ne donna que jusqu'au 15 avril suivant à tous les protestans, pour rentrer dans le sein de l'église.

Le lendemain les protestans voulurent lui présenter l'apologie de la confession d'Ausbourg, il la refusa. Il termina la diète le 19 novembre, par un second décret, qui, plus rigoureux encore que le premier, défend l'exercice de toute autre religion que la catholique, *sous peine de confiscation de corps & de biens*. Il forma en conséquence la ligue catholique d'Ausbourg, à laquelle on opposa la ligue protestante de Smalcalde, formée le 27 février 1531. L'empereur sentit la nécessité de céder au temps ; la paix de Nuremberg, conclue le 23 juin 1532, entre les catholiques & les protestans, suspendit l'exécution des

édits de Vormes & d'Ausbourg, & accorda aux luthériens le libre exercice de leur religion jusqu'au prochain concile. Il s'éleva de nouveaux troubles, &
Luther, qui d'un côté avoit dreffé les articles de la
ligue de Smalcalde, & qui de l'autre avoit autrefois
posé pour un des principes de sa réforme : *qu'on ne*
*prendroit jamais les armes pour la défenfe de l'évangile,*
se trouva fort embarraffé quand il fallut venir aux
armes : on le preffoit de s'expliquer, la ligue d'Ausbourg alloit se ranimer, la paix de Nuremberg alloit
être violée, les princes de son parti vouloient armer,
alloit-il s'oppofer à fes défenfeurs, au hazard de les
rebuter ? Des avocats dirent à Luther, que les loix
permettoient de fe défendre contre qui que ce fût.
Voilà Luther comme frappé d'une lumière nouvelle :
*il avoit parlé en théologien, non en jurifconfulte ; l'évan-*
*gile à la vérité défendoit de réfifter aux puiffances légi-*
*times, mais l'évangile n'étoit point contraire aux loix ;*
*& puifque les loix jugeoient la défenfe légitime, il s'en*
*rapportoit aux jurifconfultes. En effet, ajoutoit-il,*
*dans un temps fi fâcheux, on pourroit fe voir réduit à*
*des extrémités, où non-feulement la défenfe du droit civil, mais*
*encore la confcience obligeroit les fidèles à prendre les*
*armes, & fe liguer contre tous ceux qui voudroient*
*leur faire la guerre, & mêmϵ contre l'empereur.*

Deux autres affaires caufèrent encore de l'embarras
à Luther & aux luthériens.

L'une concernoit le concile ; les luthériens l'avoient
eux-mêmes demandé dans la préface de la confeffion
d'Ausbourg : François Ier, fous la protectʰion duquel
la ligue de Smalcalde s'étoit mife, fe fondoit fur cette
foumiffion apparente à l'églife, pour juftifier l'appui
qu'il prêtoit aux protestants d'Allemagne, & il fe
joignit à eux de bonne foi pour propofer un concile.
Les protestants s'attendoient à un refus de la part du
pape. L'offre fut acceptée contre toute efpérance,
d'abord par Clément VII, enfuite par Paul III. Les
protestants fe repentirent alors de s'être trop avancés,
& ils revinrent fur leurs pas. Affemblés à Smalcalde,
en 1537, pour délibérer fur la bulle de convocation,
ils convinrent qu'ils avoient demandé un concile, mais
un concile *libre, pieux & chrétien ; or* Luther, en
dreffant les articles de Smalcalde, avoit fait paffer en
maxime génécale que le pape étoit l'Anté-Chrift ;
comment un concile convoqué par l'Anté-Chrift,
feroit-il *libre, pieux & chrétien ?* Il falloit donc en
exclure le pape, comme l'Anté-Chrift & les evêques
comme fes efclaves ; enfin, il ne falloit admettre que
les feuls luthériens, encore fallo't-il ne les affembler
qu'en Allemagne, & que dans une ville luthérienne ;
c'eft-à-dire qu'il falloit ne pas avoir de concile.

L'autre affaire embarraffante pour Luther & pour
fes amis, eft la fantaifie qui prit à Philippe, Landgrave
de Heffe, le plus zélé des défenfeurs de la réforme,
d'avoir à la fois deux femmes, & de les avoir légitimement & conformément à quelques exemples de
l'ancien teftament, de les avoir en vertu d'une difpenfe
que lui donneroient les docteurs proteftants fes amis,
auxquels il annonçoit que fur leur refus, il laifferoit
faire l'empereur qui lui procureroit une difpenfe du

---

pape, difpenfe que lui Landgrave, dédaigne comme
tout ce qui vient du pape, mais dont enfin il s'ac-
commoderoit, faute de mieux. Sur cette menace, les
docteurs protestants, après avoir, pour la forme, grondé
le Landgrave fur fon incontinence, & fur ce befoin
çɥϵ deux femmes ; après avoir, difent-ils, rempli leur
devoir en lui repréfentant le fien, obfervent que leur
pauvre petite églife a befoin de protecteurs tels que
lui, & en conféquence lui accordent la fatale difpenfe, en le priant d'en garder le fecret à fes amis ;
le fecret fut mal gardé. Cette difpenfe eft fignée de
huit docteurs, à la tête defquels fe trouvent les noms
de Luther & de Mélanchton.

Depuis la formation de la ligue de Smalcalde, les
protestants d'Allemagne s'affembloient par-tout librement & fans permiffion de l'empereur ; ils régloient
entr'eux les affaires de leur religion ou de leur ambition ; ils étoient devenus une puiffance d'autant plus
formidable à l'empereur, que l'intérêt de la religion
leur donnoit pour alliés les rois du Nord, & l'intérêt
de la politique du roi de France. L'empereur employoit
moins alors pour l'autorité que la rufe ;
il les ménageoit dans toutes les diètes, jufqu'à ce qu'il
trouvât une occafion de les accabler par les armes.
A Ratisbonne, en 1521 ; à Spire, en 1544 ; à
Vormes, en 1543, les affaires de la religion toujours
agitées, reftent toujours indécifes ; conférences éternelles, profeffions de foi tournées & retournées en
cent manières ; réglemens équivoques, mais toujours
affez favorables aux protestans ; les evêques murmurent,
le pape fe plaint, les luthériens efpèrent une rupture
entre le pape & l'empereur, & Luther écrit dans
cette efpérance ; mais enfin le concile de Trente
s'ouvre le 13 décembre 1545, l'empereur veut qu'on
s'y foumette, fur le refus des luthériens il prend les
armes contr'eux, n'ayant plus alors d'autres ennemis, ayant fait la paix avec la France, & une trève
avec les Turcs. Ce fut au moment où s'allumoit cette
guerre, que Luther mourut, le 18 février 1546,
comme un citoyen paifible, dans Iflèbe fa patrie, où
les comtes de Mansfeld, devenus proteftans, l'avoient
appellé pour régler leurs partages & concilier leurs
différends ; fa maladie fut courte, il paroît que c'étoit
une indigestion ou une apopléxie. Il laiffa trois fils,
Jean, Martin & Paul ; on ne fait d'eux que leurs noms.
Il laiffa auffi deux filles. Des catholiques indifferets fe
font trop preffés de dire, les uns que Luther s'étoit
pendu, les autres que le démon l'avoit emporté ;
d'autres, qu'il étoit mort comme Arius, à la garde-
robe après avoir trop loupé, d'autres enfin, & même
avant la mort de Luther, qu'à fon enterrement on
avoit vu paroître en l'air, l'hoftie que cet héréfiarque
avoit ofé prendre à la mort en viatique ; Luther,
encore vivant, eut bien du plaifir à publier lui-même
cette relation, en y joignant des apcftilles.

Une fougue impétueufe, un orgueil groffier, l'infolence envers les fupérieurs, le defpotifme envers fes
égaux, voilà les traits principaux de fon caractère ;
il a troublé la paix, il a étendu l'empire de la haine,
bien des gens le regardent comme un des premiers

auteurs de la liberté de penser, mais il décida trop & pensa trop peu. L'exemple qu'il donna de ne rien respecter, de ne rien distinguer, ne peut être bon à rien ; on ne peut pas dire qu'il ait répandu la lumière ; mais il a donné du ressort à l'esprit humain, il l'a fixé sur des objets plus vastes, plus importans, plus philosophiques que ceux dont on s'occupoit avant lui, il n'a pas détruit la scolastique, mais il l'a un peu ennoblie.

On doit encore un autre témoignage à Luther, c'est que ce docteur, content de la gloire de l'Apostolat & de l'empire des controverses, ne descendit jamais aux bassesses de l'intérêt ; en donnant les biens d'église en proie aux laïcs, il n'en prit rien pour lui, il n'eut toute sa vie d'autre revenu que ses gages de professeur dans l'université de Vittemberg. ( Observons que ce désintéressement caractérise assez les chefs de Secte ) Erasme a dit que ce généreux indigent avoit enrichi ses amis, & même ses ennemis ; c'est que l'honneur d'être entré en lice contre lui avoit valu de bons bénéfices aux Eckius, aux Cochlées, ( voyez ces articles ) & à d'autres catholiques.

Remarquons encore, mais dans un sens plus vaste & plus noble, que ce grand ennemi ne fut pas inutile à l'église, qu'il força de veiller sur elle, qu'en ne pardonnant rien à la cour de Rome, il l'avertit de ne se pas tout permettre, que peut-être Adrien VI, successeur du fastueux Léon X, dut à Luther une partie du zèle courageux avec lequel il brava la haine de sa cour en la réformant, en rétablissant la discipline ecclésiastique, en supprimant la vénalité des indulgences & celle des emplois, en modérant les taxes de la daterie, en réduisant son propre neveu à un seul bénéfice très-modique, suivant cette maxime: *qu'on ne donne point les bénéfices aux hommes, mais les hommes aux bénéfices*, enfin en proscrivant le luxe, & en donnant l'exemple d'une pauvreté chrétienne.

Après la mort de Luther, comme après celle d'Alexandre, tous ses soldats voulurent être rois ; ses chefs se multiplièrent & se divisèrent.

LUVAS ou LUBOS, ( *Hist. mod.* ) c'est le nom qu'on donne aux chefs d'une nation guerrière & barbare appellée *Gallas*, qui depuis très-long-temps sont les fléaux des Ethiopiens & des Abyssins, sur qui ils font des incursions très-fréquentes. Ces *lubos* sont des souverains dont l'autorité ne dure que pendant huit ans. Aussi-tôt que l'un d'eux a été élu, il cherche à se signaler par les ravages & les cruautés qu'il exerce dans que que province d'Ethiopie. Son pouvoir ne s'étend que sur les affaires militaires ; pour les affaires civiles, elles se règlent dans les assemblées ou diètes de la nation, que le *lubo* a droit de convoquer, mais qui peut de son côté annuller ce qu'il peut avoir fait de contraire aux loix du pays. Il y a, dit-on, environ soixante de ces souverains éphémères dans la nation des Gallas ; ils font une très-pauvre figure dans leur cour, dont le père Lobo raconte un usage singulier & peu propre à engager les étrangers à s'y rendre. Lorsque le *lubo* donne

audience à quelque étranger, les courtisans qui l'accompagnent tombent sur lui, & lui donnent une bastonnade très-vive qui l'oblige à fuir ; lorsqu'il rentre, on le reçoit avec politesse. Le P. Lobo eut le malheur d'essuyer cette cérémonie ; en ayant demandé le motif, on lui dit que c'étoit pour faire connoître aux étrangers la valeur & la supériorité des Gallas sur toutes les autres nations. ( *A. R.* )

LUXEMBOURG, ( Maison de ) ( *Hist. mod.* ) la maison de Luxembourg, l'une des plus illustres de l'europe a produit cinq empereurs, dont trois ont été rois de Bohême.

Les cinq empereurs, sont 1°. Henri Herman, comte de Salms en Ardenne, élu empereur en 1081, au milieu des troubles que la guerre du Sacerdoce & de l'empire excitoit entre le pape Grégoire VII, & le véritable empereur Henri IV. Henri Herman mourut en 1087.

2°. Henri VII. ( *Voyez* son article ).

3°. Charles IV, auteur de la Bulle d'Or. ( *Voyez* son article. )

4°. Venceslas, son fils. ( *Voyez* son article. )

5°. Sigismond, aussi fils de Charles IV. ( *Voyez* son article. )

Les trois empereurs rois de Bohême, sont Charles IV, & ses deux fils.

Le père de Charles IV, Jean l'aveugle, étoit aussi roi de Bohême. Ce roi chevalier, quoique privé de la vue, n'en avoit pas moins d'ardeur pour les combats ; il abandonnoit le soin de ses états pour chercher les aventures de la guerre, il servoit comme volontaire sous les drapeaux de la France, dans la fameuse querelle de Philippe de Valois, & d'Edouard III ; il prenoit même pour devise ce mot : *je sers, Ich Dien I serve*, tandis que son devoir étoit de régner. Tel étoit l'usage du temps ; une foule de souverains, partagés entre Edouard & Philippe, servoient en personne dans leurs armées ; combattre, même pour des intérêts étrangers, étoit un honneur que les rois ne cédoient point à leurs sujets. Jean de Luxembourg-Bohême, étoit à la bataille de Crécy ; les François, repoussés de tous côtés, étoient déjà en déroute, lorsque ce prince s'informa de l'état de la bataille ; on lui dit que tout paroissoit désespéré ; que l'élite de la noblesse Françoise étoit taillée en pièces ou prisonnière ; que Charles de Luxembourg, son fils, roi des Romains, blessé dangereusement avoit été forcé d'abandonner le combat ; que rien ne pouvoit résister au prince de Galles, dit le prince Noir : *qu'on me mène à sa rencontre*, s'écria le roi de Bohême. Quatre de ses chevaliers se chargent de le conduire, ils entrelacent la bride de son cheval avec celles de leurs chevaux, ils s'élancent au fort de la mêlée & fondent sur le prince de Galles, on vit ce prince & le roi aveugle se porter plusieurs coups ; mais bientôt on vit le roi de Bohême & ses chevaliers tomber morts aux pieds du prince de Galles.

La maison de Luxembourg a produit encore deux impératrices.

1°. Cunegonde , femme de l'emper.ur Henr. II.
( *Voyez* l'ar.i.c e de ce prince. )

2°. Elifabeth , femme d'Albe.t I<sup>er</sup>, archiduc d'Autriche & empereur , morte en 1447.

Cinq reines. 1°. Béatrix , femme de Charles Robert ou Charobert , roi de Hongrie , morte en 1318.

2°. Marie , fa fœur , feconde femme de notre Charles-le-Bel , morte en 1323 , toutes deux fil'es d: l'empereur Henri VII.

3°. Bonne , femme du roi Jean ; fœur de l'empereur Charles IV , morte en 1349.

4°. Anne , fille de l'empereur Charles IV , première femme de Richard II , roi d'Angleterre , morte en 1394.

5°. Marguerite , fille du même empereur Charles IV , mais d'un autre lit que les précédentes , première femme de Louis-le-grand , roi de Hongrie & de Pologne , morte en 1359.

Cette mation de Luxembourg a donné à la France deux connétables.

1°. Valeran de Luxembourg , comte de St. Pol , de la branche de Luxembourg-Ligny , fait connétable en 1411 , mort le 19 avril 1415 ou 1413.

2°. Louis de Luxembourg , comte de St. Pol , de la branche de Luxembourg Saint Pol. C'étoit fous Louis XI , c'eft-à-dire dans un temps de cabales & d'intrigues continuelles qu'il étoit connétable. Général de Louis XI par fa place , il traitoit par efprit d'intrigue avec tous les partis. Il vouloit fe rendre indé-pendant & jouer un rôle principal au mil eu de ces troubles. Il s'étoit emparé de St. Quentin , au nem du roi , & le gardoit pour lui-même. Fier de la poffeffion de cette importante place qu'il promettoit tour-à-tour de remettre au roi de France , au roi d'Angleterre , au duc de Bourgogne , Charles le téméraire , il fe faifoit rechercher & redouter de tous ces princes. Louis XI , dans une entrevue avec le roi d'Angleterre Edouard IV , fur le pont de Péquigny , fut tirer de lui les inftructions dont il avoit befoin fur les projets & les démarches du connétable ; celui-ci n'avoit fait que les trahir tous deux , Edouard l'abandonna fans peine , & le duc de Bourgogne , inftruit par les deux rois , des fourberies du connétable , le livra lui-même à Louis XI , qui lui fit trancher la tête à Paris , dans la place de Grève , le 19 décembre 1475. Ses biens furent confifqués , mais ils furent rendus à fa poftérité par une déclaration du roi Charles VIII , en 1587. Marie fa petite-fille porta ces biens dans la maifon de Bourbon , par fon mariage avec François de Bourbon , comte de Vendôme , bifayeul du roi Henri IV , qui defcend ainfi de cette illuftre victime de Louis XI.

Ce fut pour François de Luxembourg , forti de la branche de Luxembourg-Brienne , & qui a formé celle de Pinei , que le roi Henri III érigea , en 1576 , Pinei en duché ; & il l'érigea en Pairie , & Tingri en principauté. François fut envoyé trois fois en ambaffade à Rome , 1°. par Henri III , en 1586 , 2°. en 1590 , par les catholiques royaliftes qui fe donnoient à Henri IV , fous la condition qu'il fe feroit catholique , qu'il fe feroit inftruire du moins dans cette religion ; enfin en 1596 , par Henri IV lui-même.

Sa petite fille , Marguerite-Charlotte de Luxembourg porta les biens de fa maifon dans celle de Clermont Tonnerre , qui ne les conferva pas ; car , du mariage de Marguerite Charlotte , avec Charles Henri de Clermont Tonnerre , naquit feulement Magdel ine-Charlotte - Bonne - Thérèfe de Clermont - Tonnerre , ducheffe de Luxembourg , qui époufa le 17 mars 1661 , François-Henri de Montmorenci , duc de Luxembourg , c'eft le fameux maréchal de Luxembourg ; on trouvera ce qui le concerne lui & fa poftérité à l'article MONTMORENCI.

La première maifon de Luxembourg , cette maifon impériale qui nous occupe ici , nous offre plufieurs perfonnages morts à la guerre & dans les bata lles.

Dans la branche aînée , Baudouin & Jean , tués au combat de Vering , du 5 juin 1288 , avec Valeran I<sup>er</sup> leur frère , tige de la branche de Luxembourg-Ligny.

Dans cette branche de Luxembourg-Ligni , Gui de Luxembourg , pour qui le roi Charles V érigea Ligni en comté , en 1367 , tué à la bataille de Bael-vider , le 22 août 1371.

Dans la branche de Saint-Pol , Jean , comte de Marle & de Soiffons , fils du connétable de Saint-Pol , tué à la bataille de Morat , le 22 juin 1476.

Dans la branche de Luxembourg-Martignes , Charles , vicomte de Martigues , tué au fiège de Hefdin , en 1553.

Sebaftien de Luxembourg , qui s'étoit trouvé & fignalé aux fiéges de Metz , de Térouanne , de Calais , de Guines , de Rouen , d'Orléans ; aux batailles ou combats de Dreux , de Meffignac , de Jarnac , de Moncontour , &c. & pour qui Charles IX venoit d'ériger , en 1569 , le comté de Penthièvre en duché-pairie , tué d'une bleffure à la tête au fiège de faint Jean d'Angely , le 19 novembre 1569.

LUZERNE , ( de la ) de Beuffeville ou Beuzeville ( *Hift. de Fr.* ) maifon des plus anciennes de la Normandie.

Thomas de la Luzerne , fut un des chevaliers qui accompagnèrent Robert , duc de Normandie , fils aîné de Guillaume le conquérant , à la première croifade.

Guillaume de la Luzerne dans fes guerres contre les Anglois fous Charles VII , défendit vaillamment le mont faint Michel , & y mourut en 1458.

Jean de la Luzerne , fon fils , fut chambellan des rois Louis XI & Charles VIII.

Gabrielle de la Luzerne porta la terre de la Luzerne dans la maifon de Briqueville , en 1556 , par fon mariage avec François de-Briqueville , un des plus braves capitaines de fon temps , tué en 1574 , fur la brèche de la ville de faint Lo , qu'il défendoit pour les religionnaires.

De cette maifon de la Luzerne-Beuzeville , font M. le comte de la Luzerne , miniftre de la marine , ( en 1788 ) M. le marquis de la Luzerne , ambaffadeur en Angleterre, & M. l'évêque de Langres, tous fils de Cæsar Antoine de la Luzerne, comte de Beuzeville, maréchal de camp, & petits fils du chancelier de Lamoignon, par Marie-Elifabeth de Lamoignon, leur mère.

**LYCAMBE:**

*Qualis Lycambæ fpretus infido gener.*

( *Voye{* ARCHILOQUE. )

**LYCOPHRON**, ( *Hift. Litt. anc.* ) poëte & grammairien grec, né à Chalcis dans l'ifle d'Eubée, aujourd'hui Négrepont, vivoit environ trois fiècles avant J. C. Il avoit fait des tragédies ; mais il ne refte de lui qu'un poëme de *Caffandre*, fi obfcur, que le nom de *Lycophron* eft refté comme le fymbole de l'obfcurité ; on l'appelloit *le ténébreux* :

Cachez-vous, Lycophrons, antiques & modernes, &c.

Ovide, dans fon poëme de *l'Ibis*, nous apprend que *Lycophron* fut tué d'un coup de flèche :

*Utque cothurnatum peraiffe Lycophroni narrant,*
  *Hæreat in fibris miffa fagitta tuis.*

Il y a un autre *Lycophron*, fils de ce fage Périandre, qui fut cependant tyran à Corinthe. S'il méritoit une punition comme tyran, il la reçut par ce fils, & par un autre qu'il eût encore, nommé Cypféle. Ce dernier étoit l'aîné. Périandre avoit tué leur mère ; l'hiftoire n'explique pas trop les circonftances de ce fait. Proclès, leur ayeul maternel, roi d'Epidaure, après les avoir gardés quelque temps auprès de lui, obligé de les renvoyer à leur père, ne leur dit que ce mot : *n'oubliez pas par qui a péri votre mère*. Ce trait refta gravé dans le cœur de *Lycophron*, qui ne put jamais voir dans Périandre que le meurtrier de fa mère. Il ne put fe réfoudre à lui parler, & refta toujours enfeveli devant lui dans un morne filence. Périandre le chaffa, & défendit à tous fes fujets, fous peine d'amende, de le loger ou de lui parler. *Lycophron* refta quatre jours couché par terre, fans boire ni manger. Son père en eut pitié ; il vint l'exhorter à prendre les fentiments & les procédés d'un fils, & lui promit ceux d'un père. Ce fut là le premier & le dernier mot qu'il entendit de fon fils. Périandre relégua *Lycophron* à Corfou, & ne fongea plus à lui ; mais dans la fuite trouvant le fardeau de la royauté trop pefant pour fa vieilleffe, & voyant Cypféle, fon fils aîné, abfolument incapable de régner, il crut que le temps auroit changé *Lycophron*, il lui offrit de l'affocier à la royauté. *Lycophron* ne voulut pas même parler à un meffager envoyé par fon père. Sa fœur vint lui faire la même propofition ; elle étoit fille de Périandre ; elle n'obtint rien. Son père ne fe rebuta point ; il continua de négocier avec lui. Puifque vous ne voulez rien partager avec moi, lui dit-il, échangeons du moins ; venez régner à Corinthe, j'irai vous remplacer à Corfou. On dit que les habitants de Corfou, pour prévenir cet échange qu'ils craignoient, tuèrent *Lycophron*. Ce récit eft d'Hérodote ; & on ne peut fe diffimuler qu'il

manque en quelques endroits de vraiffemblance, & en quelques autres de clarté.

**LYCORIS**, ( *Hift. Rom.* ) célèbre courtifane du temps d'Augufte, aimée de ce Cornelius Calus que Virgile, dans fa dixième Eglogue, confole fi tendrement de ce qu'elle lui préféroit Marc-Antoine, ce qui étoit alors matière à confolation, & non pas à plaifanterie.

*Pauca meo Gallo, fed quæ legat ipfa Lycoris,*
*Carmina funt dicenda, neget quis carmina Gallo ? ...*
*Galle, quid, infanis, inquit, tua cura Lycoris*
*Perque nives alium, perque horrida caftra fecuta eft.*

*Lycoris* avoit été comédienne ; fon véritable nom étoit Cytheris ; mais le nom fous lequel Virgile l'a chantée, étoit celui qui devoit lui refter. Elle apprit à fon tour à fouffrir des mépris ; Gallus, confolé par Virgile, fut encore vengé par Cléopâtre, pour qui Antoine abandonna *Lycoris* ; celle-ci en perdant le cœur de fon amant, perdit l'empire de la moitié du monde.

**LYCOSTHÈNES**, ( *Hift. Litt. anc.* ) un favant allemand du feizième fiècle, ( Conrad Wolfhart ) auteur en partie du *Theatrum vitæ humanæ*, achevé & publié par Théodore Zwinger fon gendre. On a de lui encore un recueil d'Apophtegmes ; un traité *de Mulierum præclarè dictis & factis* ; un abrégé de la bibliothèque de Gefner, &c. Né en 1518, dans la Haute-Alface, mort miniftre & profeffeur de logique & des langues, à Bâle, en 1561.

**LYCURGUE**, ( *Hift. anc.* ) Ce légiflateur de Lacédémone vivoit, je ne fais quand, dit Bayle ; en effet, la chronologie fur ce point eft incertaine & embrouillée. Son hiftoire eft toute remplie d'oracles, ce qui tient effentiellement à la fable. Il étoit fils d'Eunomus, l'un des deux rois qui régnoient enfemble à Sparte. Son frère aîné n'ayant point laiffé d'enfants, il fut roi pendant quelques jours ; mais dès que la groffeffe de fa belle-fœur fut connue, il déclara lui-même le premier que la royauté appartenoit à l'enfant qui naîtroit, fi c'étoit un fils ; & dès lors il n'adminiftra plus que comme tuteur. La veuve, dit-on, lui propofa de régner & de l'époufer, offrant à ce prix de faire périr fon fruit. Il diffimula pour ne pas pouffer une fi méchante femme à quelque réfolution violente ; il la mena, de prétexte en prétexte, jufqu'au terme de l'enfantement ; l'enfant naquit, c'étoit un fils, on le nomma Charilaus.

*Lycurgue* ayant formé le projet d'une légiflation nouvelle, voyagea en Crète, dans l'Afie, en Egypte :

*Mores hominum multorum vidit & urbes.*

Il obferva, il compara & fit une légiflation qui ne reffembloit à aucune autre, mais à laquelle toutes les autres avoient concouru. Il établit un fénat compofé de vingt-huit magiftrats, qui, avec les deux rois, formoient un confeil de trente. Il fit un nouveau partage des terres, décria la monnoie d'or & d'argent, mit tout en commun, voulut que les repas fussent publics, tout le monde étoit obligé de s'y trouver, & les rois n'en étoient pas dispensés; il accoutuma tous les citoyens à une sobriété extrême; il les accoutuma aussi au secret : quand un jeune homme entroit dans la sale, le plus âgé lui disoit, en lui montrant la porte; *rien de tout ce qui se dit ici, ne sort par là*. Le mets qui leur plaisoit le plus étoit ce qu'on appelloit *la sauce noire*. Denys le tyran se trouvant à un de ces repas, voulut goûter de ce mets, & le trouva très-fade; c'est que l'assaisonnement y manque, lui dit-on.——Eh! quel est cet assaisonnement? — La course, la sueur, la fatigue, la faim, la soif.

Education, entretiens, travaux, plaisirs, tout étoit public. Le vol étoit permis comme un jeu d'adresse, comme un moyen de s'exercer aux ruses de guerre, & comme étant sans conséquence dans un pays où il n'y avoit presque point de propriété. Il paroit qu'en général le grand objet des loix de *Lycurgue* étoit de former un peuple de guerriers, mais non pas de conquérants. Dans cette république, où une mère recommandoit à son fils, partant pour l'armée, de revenir *avec son bouclier ou sur son bouclier*; dans cette république, où une autre mère, apprenant la mort de son fils tué dans une bataille, répondoit : *je ne l'avois mis au monde que pour cela* ; où la mère de Pausanias, coupable, portoit des pierres pour murer la porte de l'asyle dans lequel il s'étoit refugié ; dans cette ville qui chassoit de ses murs le poëte Archiloque pour quelques maximes trop indulgentes à l'égard de la lâcheté ; dans cette république, où l'amour n'égaloit celui d'avoir fui à la guerre, où les femmes & les mères de ceux qui étoient revenus de la défaite de Leuctres, envioient les mères & les veuves de ceux qui avoient péri, & n'osoient paroître devant elles ; où les soldats qui avoient fui, dépouillés des droits du citoyen & de l'homme, étoient obligés de souffrir toutes sortes d'outrages & de porter sur leur visage & dans leurs vêtemens des monumens publics de leur honte ; dans cette république enfin où trois cents hommes arrêtoient au pas des Thermopyles l'innombrable armée des Perses, *& périssoient pour obéir aux saintes loix de Sparte* ; c'est-là, c'est dans cette même république qu'on évitoit le crime des conquêtes comme la honte de la fuite ; c'est-là qu'également éloigné de l'esprit d'avidité qui préside aux guerres des peuples barbares, de l'esprit d'orgueil & de domination qui porte les grands rois à la guerre ; du petit esprit de vengeance qui perpétue nos funestes & inutiles guerres, un peuple tout guerrier ne combattoit jamais que pour la défense de l'état ; voilà, pourquoi il ne fuyoit jamais : l'amour de la patrie augmentoit en intensité à proportion du peu d'étendue de la patrie. Eh! quel citoyen ne deviendroit soldat! quel soldat ne deviendroit invincible, quand il s'agit de ces intérêts puissans de la nature & de l'amour! Le peuple le plus redoutable sera toujours celui qui, fondant, comme les Spartiates, son bonheur sur la vertu, sa sûreté sur la justice & la modération, bornera toujours la guerre à la défense. L'horreur des conquêtes étoit si forte chez les Lacédémoniens, que dans un pays presque environné de la mer, ils refusèrent long-temps d'avoir une marine, de peur que la cupidité ne naquît avec les moyens de la satisfaire. Aussi Plutarque nous représente-t-il les Lacédémoniens comme les ministres de paix chez les nations étrangères, portant par-tout l'ordre avec la concorde, terminant les guerres, appaisant les séditions par leur seule présence. Les peuples soumis, dit-il, venoient se ranger autour d'un ambassadeur lacédémonien, comme les abeilles autour de leur roi. Tel étoit l'ascendant que le désintéressement, la modération, la justice donnoient à ce peuple vertueux sur tous les autres peuples, & qu'il conserva, selon Plutarque, pendant plus de sept cents ans, c'est-à-dire, tant qu'il fut fidèle aux loix de *Lycurgue*. Nous parlons d'après Plutarque; cependant comme les actions démentent quelquefois les principes chez les peuples aussi bien que chez les individus, nous aurions peine à trouver les Lacédémoniens constamment fidèles à ce plan de modération & de désintéressement que *Lycurgue* leur avoit tracé; nous les trouvons même souvent fort tyranniques à l'égard de leurs voisins, & fort injustes dans leurs guerres, comme on peut le voir dans Thucydide ; mais le principe de justice & de modération subsistoit, & l'on y revenoit après, s'en être écarté.

On a fait avec raison, divers reproches aux loix de *Lycurgue*. La nature a réclamé contre l'usage barbare d'exposer les enfans d'une complexion foible, & qu'on jugeoit devoir être incapables des exercices de la guerre ; la dureté avec laquelle on élevoit les enfans conservés ; contre l'inhumanité dont on usoit à l'égard des Ilotes. On a condamné même une éducation uniquement bornée aux exercices corporels, & qui négligeoit absolument la culture de l'esprit, une législation, qui ne s'occupant que de la guerre, condamnoit les citoyens pendant la paix, à une inaction absolue ; enfin, la pudeur & la modestie étoient trop ouvertement violées dans les loix, qui admettoient les femmes aux mêmes exercices corporels que les hommes, & qui permettoient ou ordonnoient qu'elles dansassent toutes nues en public, aussi bien que les hommes. Les mœurs même & les loix les plus sacrées du mariage étoient blessées par quelques-uns des réglemens de *Lycurgue*.

On dit que *Lycurgue*, pour assurer l'exécution de ses loix, fit jurer à ses concitoyens de les observer inviolablement, au moins jusqu'à son retour de Delphes, où il alloit consulter l'oracle sur un dernier objet; le plus important & le plus essentiel de tous; il partit, où n'alla point à Delphes; mais il ne revint point. Il se laissa, dit-on, mourir de faim. J'ai déjà observé qu'il y a pour le moins de la fable mêlée à son histoire.

LYCURGUE l'Orateur n'est guère moins célèbre dans son genre. S'il ne fut pas législateur d'Athènes comme l'autre *Lycurgue* le fut de Lacédémone, il fut un exécuteur sévère & utile des loix de celle-ci ; en un pays; il purgea la ville de tous les malfaiteurs & de tous les mauvais citoyens. Sa fonction étoit celle d'un

tendant du tréfor public. En fortant de charge, il fit ce que peu de minifires peuvent faire, ce que tous devroient être ob'igés de faire ; pendant fon a iminiftration , il avoit tenu regiftre de ce qu'il avoit fait , il fit attacher ce regiftre à une colomne pour l'expofer à la cenfure de tout le monde. On a remarqué que pendant fa magiftrature , voyant mener en prifon le philofophe Xenocrate , faute d'avoir payé un tribut qu'on exigeoit des étrangers, Lycurgue indigné qu'on traitât avec cette dureté un philofophe fi célèbre , le délivra , & fit mettre en prifon le fermier qui ufoit fi impitoyablement de fes droits. Peut-être même faut-il croire que le fermier excédoit fes droits ; car s'il n'eût démandé que ce qui lui étoit dû , il auroit été injufte de le punir ; & ce feroit porter trop loin les privilèges de la philofophie , que de les étendre jufqu'à l'exemption d'impôts ; le philofophe obéit aux loix, & ne demande point d'en être difpenfé. Les harangues de Lycurgue fe trouvent dans un recueil de harangues des anciens orateurs grecs , que les Aldes imprimèrent à Venife en 1513 , en deux vol; in-fol. Il étoit contemporain de Démofthènes.

**LYRE ou LYRA** , ( Nicolas de ) ( Hift. Litt. mod. ) Nicolas de Lyra , normand & de race juive , a écrit contre les juifs, il a fait d'ailleurs fur la Bible , des commentaires eftimés. Il vivoit dans le quatorzième fiècle.

**LYSANDRE** , ( Hift. de Lacédémone ) Lacédémonien , rendit à fa patrie la fupériorité qu'elle avoit cédée aux Athéniens. Les Spartiates affoiblis par les victoires d'Alcibiade , élurent pour général Lyfandre , génie audacieux & fécond en reffources. Son éloquence militaire lui fit beaucoup d'alliés : il leva une armée dans le Péloponèfe , & en profitant des alarmes des Ephéfiens , qui craignoient de tomber fous la domination des Perfes ou des Athéniens , il les engagea à lui confier le gouvernement de leur ville ; ayant appris que Cyrus , fils de Darius, étoit à Sardes , il s'y tranfporta pour lui expofer combien il étoit intéreffé à humilier la fierté des Athéniens ; ce jeune prince dont il careffa la fierté, lui accorda une augmentation pour fes foldats ; cette libéralité lui fournit une armée de déferteurs qui, en affoibliffant les Athéniens, le mit en état de tout exécuter; tandis qu'il enrichiffoit fes foldats , il conservoit fous fa tente toute l'auftérité Spartiate ; il profita de l'abfence d'Alcibiade , pour attirer au combat le général imprudent à qui il avoit confié le commandement. Lyfandre coula à fonds vingt vaiffeaux Athéniens ; le retour d'Alcibiade releva le courage des vaincus, qui brûloient d'effacer la honte de leur défaite dans un fecond combat ; Lyfandre craignit de compromettre fa gloire contre un général qui n'avoit point encore éprouvé de revers. L'armée de fon commandement étant expirée, il ne put voir fans jaloufie qu'on lui fubftituoit Callicratidas , qui l'égaloit en talens militaires , & qui lui étoit bien fupérieur en fentimens ; il s'en vengea baffement , en renvoyant à Cyrus le tréfor deftiné à la paye du foldat ; Callicratidas privé de cette reffource , fut dans l'impuiffance

de foutenir le poids de la guerre ; fa flotte fut battuë & difperfée à la journée des Arginufes. Les alliés de Sparte follicitèrent le rétabliffement de Lyfandre , & fon retour à l'armée releva tous les courages ; il juftifia cette conftance par la victoire d'Egos Potamos , où toute la flotte des Athéniens fut diffipée ; trois mille prifonniers furent égorgés impitoyablement par les Péléponéfiens,

Lyfandre parcourut en vainqueur toutes les villes maritimes , il y changea la forme du gouvernement; il ordonna à tous les Athéniens de fe retirer dans leur ville dont il méditoit le fiège ; fa politique étoit de l'affamer ; les Athéniens , autrefois arbitres de la Grèce , fe virent réduits à mendier la paix , aux conditions qu'on voulut leur prefcrire : Lyfandre entra dans leur ville , dont il fit rafer les murs ; la forme du gouvernement fut changée ; l'oligarchie fut abolie , & on y fubftitua trente archontes , qui , dans la fuite , furent appellés tyrans ; toutes les villes alliées ou fujettes d'Athènes , ouvrirent leurs portes à Lyfandre , & lui érigèrent des ftatues ; les poètes naturellement adorateurs du bonheur qui peuvent les récompenfer , chantèrent fes louanges , & le mirent au rang des premiers héros de la Grèce ; il ne crut pas fon ouvrage affermi tant qu'Alcibiade auroit les yeux ouverts ; il follicita Pharnabaze de le lui livrer mort ou vif ; ce fatrape violant les droits facrés de l'hofpitalité, envoya des fatellites qui le tuèrent à coups de dards ; les profpérités de Lyfandre corrompirent fon cœur , il devint avare & cruel : huit cents des principaux habitans de Milet furent égorgés par fon ordre ; quiconque lui déplaifoit étoit traité en coupable ; les provinces devenues la proie de fes exactions, portèrent leurs plaintes à Sparte , qui rappella fon général pour entendre fa juftification ; quoiqu'il ne fût point puni , il eft à préfumer qu'il fut trouvé coupable , puifqu'il y vécut fans confidération , jufqu'à l'expédition d'Agéfilas , contre la Perfe , où il fut nommé chef des trente capitaines fubordonnés à ce roi Spartiate , dont il traverfa tous les deffeins par une baffe rivalité ; il retourna à Sparte , où fon ambition lui fit jetter les yeux fur le trône ; fa defcendance d'Hercule lui en frayoit le chemin ; mais comme il n'y avoit que deux branches de la poftérité de ce héros qui euffent droit de prétendre au pouvoir fouverain ; il réfolut de s'affocier à leur privilège ; il corrompit la prêtreffe de Delphes ; mais , malgré toute fa dextérité , il ne put fe faire affez de partifans pour arriver à fon but.

Toute la Grèce alarmée des progrès rapides d'Agéfilas , réfolut d'oppofer une digue à ce torrent qui menaçoit de tout engloutir ; toutes les villes fe foulevèrent contre les Lacédémoniens, Lyfandre , qu'on avoit laiffé depuis quelque temps dans l'oubli , reparut à la tête de l'armée ; il entra en Béotie , dans le deffein de faire fa jonction avec les Phocéens ; mais il fut prévenu par les Thébains, qui remportèrent une victoire d'autant plus complette , que ce fut dans cette journée qu'il perdit fa vie.

Ce célèbre fpartiate , qui avoit aliéné tous les cœurs par fes exactions , mourut extrêmement pauvre, quoi'qu'il quoiqu'il eût vécu fans luxe ; il fit fervir fes richeffes à fon ambition ; & dans le temps qu'il épuifoit les provinces, il en verfoit les tréfors fur fes partifans ; vain. & altier, il s'abandonnoit à la baffeffe de la jaloufie, & craignoit de voir fa gloire éclipfée par l'éclat des autres généraux. Avant lui, Sparte étoit crainte & refpectée ; la dureté de fon gouvernement attira fur elle l'envie & la haine de toute la Grèce ; malgré fes fuccès dans la guerre, on lui refufa une place parmi les grands capitaines ; fon grand talent fut de maîtrifer les efprits ; fa dextérité dans les négociations,& le gouvernement, lui auroit mérité le nom de *grand*, fi fes talents n'euffent été obfcurcis par fes vices. ( *T.—N.* )

LYSERUS, (Polycarpe) *Hiſt. Litt. mod.* ) miniftre de Wittemberg, puis de Drefde, fit beaucoup de commentaires fur la Bible, & beaucoup d'ouvrages de controverfe ; mais il eft moins connu par fes propres ouvrages que par celui dont il a été l'éditeur. C'eft une hiftoire des Jéfuites, défavouée par les Jéfuites, & contre laquelle le jéfuite Gretfer a écrit ; en voici le titre : *Hiſtoria ordinis Jeſuitici, de Societatis Jeſu actore, nomine, graciibus, incrementis, ab Eliâ Haſenmullero, cum duplici prefatione Policarpi Lyſeri.* Cette double préface attira de la part de Gretfer, ( *Voyez* GRETSER.) quelques injures à *Lyſerus*, qui les lui rendit bien dans un écrit apologético-Polémique. Né en 1552, mort en 1601.

Un autre *Lyſerus*, (Jean) de la même famille, docteur de la confeffion d'Ausbourg, fe fit publiquement l'apôtre de la polygamie ; cependant une feule femme auroit fuffi, difoit-on, pour l'embarraffer beaucoup. Il publia le livre intitulé : *Polygamia triumphatrix*, contre laquelle un miniftre de Copenhague, nommé *Brunſmanus*, fit paroître la *Polygamia triumphata* & la *Monogamia victrix.*

LYSIAS, ( *Hiſt. Litt. anc.* ) célèbre orateur grec, né à Syracufe ; c'en à 459 avant J. C. Ce fut dans Athènes qu'il déploya fes grands talents pour l'éloquence. Nous avons de lui trente - quatre harangues imprimées dans le recueil des Aldes. ( *Voyez* ci-deffus l'article de LYCURGUE l'orateur) ; elles font auffi imprimées féparément.

LYSIMAQUE, ( *Hiſtoire de la Grece.* ) difciple & ami du philofophe Califthène, voyant fon maître condamné aux plus rigoureux tourments, lui donna du poifon pour abréger fon fupplice. Alexandre, pour le punir de ce zèle officieux, ordonna de le livrer à la fureur d'un lion affamé dont il demeura vainqueur ; fon adreffe & fon courage lui rendirent la faveur de fon maître, qui l'éleva à tous les premiers grades de la guerre. Après la mort de ce conquérant, fes lieutenans s'approprièrent fon héritage. La Thrace & les régions voifines échurent à *Lyſimaque* : ce partage alluma bien des guerres. Antigone, dominateur de la plus grande partie de l'Afie, eut l'orgueil de traiter fes égaux en fujets ; les uns furent dépouillés, & les autres maffacrés par fes ordres ; ce fut pour prévenir leur oppreffion, que Séleucus,

*Hiſtoire. Tome III.*

Ptolomée & Caffandre fe liguèrent avec *Lyſimaque* contre cet ennemi commun. La race d'Alexandre fut éteinte par les crimes de l'ambitieux Caffandre ; alors les gouverneurs établirent leur domination dans les pays qui leur avoient été confiés. Antiochus & fon fils furent les premiers à ceindre leur front du d'adême ; leur exemple fut fuivi par Ptolomée & *Lyſimaque*, qui prirent le titre de roi dont ils avoient déja le pouvoir.

*Lyſimaque* fe fortifia de l'alliance du roi d'Egypte, dont il époufa la fille nommée *Arſinoé* : ces deux rois mirent dans leurs intérêts Pyrrhus, roi d'Epire ; leurs forces réunies fondirent fur la Macédoine, dont il fe fit proclamer roi : mais comme *Lyſimaque* n'avoit pas moins contribué que lui à l'expulfion de Démétrius, il revendiqua la moitié du royaume conquis. Pyrrhus ne ménagea pas affez fes nouveaux fujets ; ce prince incapable de repos, les rebuta par des marches & des fatigues ftériles. *Lyſimaque* profita de leur mécontentement, pour envahir toute la Macédoine. Démétrius, chaffé de fes états, raffembla les débris de fon armée, & fit une invafion fur les terres de fon ennemi. Sardes & plufieurs autres places tombèrent fous fa puiffance : mais Agathocle, fils de *Lyſimaque*, l'obligea de fe retirer à l'Orient. Il ne reftoit plus que deux capitaines d'Alexandre, *Lyſimaque* & Séleucus, âgés l'un & l'autre de plus de quatre-vingts ans : ils avoient toujours vécu amis, & avant de mourir, ils s'acharnèrent à s'entre - détruire. Séleucus agreffeur, entra dans l'Afie mineure, avec une nombreufe armée ; il prit Sardes, où *Lyſimaque* avoit renfermé tous fes tréfors : ce dernier paffa l'Hellefpont pour arrêter fes progrès, il engagea une action où il perdit la vie ; fes états tombèrent fous la puiffance de Séleucus. ( *T.-N.* )

LYSIMAQUE, fils d'Ariftide, n'eut d'autre héritage que la gloire de fon père ; les Athéniens touchés de la pauvreté d'un citoyen dont le père n'avoit été malheureux, que pour avoir trop bien fervi la patrie ; lui firent préfent de cent arpents de bois, & d'autant de terres labourables : ils y ajoutèrent une fomme de cinq mille livres d'argent une fois payée, & quarante fols par jour pour fa dépenfe : cette largeffe faite au fils, fut la plus belle réparation qu'ils puffent faire à la mémoire d'un père refpectable. ( *T.-N.* )

LYSIPPE, ( *Hiſt. anc.* ) célèbre fculpteur grec, par qui feul Alexandre - le - Grand voulut être repréfenté ;

*Edicto vetuit, ne quis fe, præter Apellem, Pingeret, aut alius Lyſippo duceret æra Fortis Alexandri vultum ſimulantia.*

ce qu'Horace appelle :

*Judicium ſubile videndis artibus.*

Néron ne montra pas tant de jugement & tant de

F f f

goût, lorsqu'il gâta une belle statue de bronze du même *Lysippe*, en voulant l'enrichir & la dorer. *Lysippe* est de tous les sculpteurs anciens, celui qui a laissé le plus d'ouvrages. Il vivoit trois siècles & demi avant J. C. Il étoit de Sicyone.

LYSIS, ( *Hist. anc.* ) Philosophe pythagoricien qui vivoit environ quatre siècles avant J. C. Il fut le maître & l'instituteur d'Epaminondas. On lui attribue ce qu'on appelle *les vers dorés de Pythagore*.

# MAB

MABILLON, ( Jean ) favant bénédictin de la congrégation de Saint Maur ; la vie d'un favant & d'un religieux confifte dans la lifte de fes ouvrages ; celle de *Mabillon* eft fur-tout de ce genre. Une petite fingularité accidentelle de cette vie, eft que cet homme qui avoit donné dans fes premières études les plus grandes efpérances , & qui devoit confacrer fa vie aux études les plus laborieufes, débuta dans les plus belles années de fa jeuneffe par être incapable d'aucune application. Il fallut le feparer entièrement des livres , des papiers , de tout ce qui occupe l'efprit; on le promena d'abbayes en abbayes , fans lui donner aucun emploi , fans lui permettre aucun travail. A Saint Denis , il fut employé pendant un an entier, à montrer le tréfor de l'abbaye & les tombeaux des rois; c'étoit là ce qu'on appelloit employer dom *Mabillon.* C'étoient des maux de tête violents & continuels qui mettoient ce favant homme dans cet état. La nature le rétablit d'elle-même, & le rendit aux lettres. Il travailla d'abord au Spicilége avec dom Luc d'Achery ; il donna depuis deux éditions de St. Bernard ; les actes des Saints de l'ordre de St. Benoît ; les Annales de cet Ordre; les *Vetera analecta* , recueil de pièces fingulières & inconnues , fur - tout fa *Diplomatique* , par laquelle il eft fi connu & qu'il fuffit de nommer. Il voyagea en Allemagne & en Italie par ordre du Roi ; ces voyages furent purement littéraires , il alloit d'abbaye en abbaye , & de bibliothèque en bibliothèque. Charlemagne dans fes états la Turgie Romaine; fon ordonnance pour l'introduction de ce Rituel, un peu combattue d'abord , finit par être fi exactement obfervée, qu'on oublia entièrement l'ancienne liturgie , & que les favans même ignorèrent en quoi elle avoit confifté , jufqu'à ce que dom *Mabillon*, dans le cours de fes voyages , ayant trouvé dans l'abbaye de Luxeuil , un ancien livre d'église , dont on fe fervoit en France il y a environ onze fiècles , & l'ayant conféré avec divers fragments de St. Hilaire de Poitiers , de Sidoine - Apollinaire , de St. Céfaire d'Arles, de St. Grégoire de Tours, & de quelques autres anciens auteurs , s'affura de fa découverte , & fit connoître ce monument de la piété de nos pères , devenu , par le temps , un point d'érudition & un objet de curiofité.

Au retour du voyage d'Italie, dom *Mabillon* mit à la bibliothèque du roi, plus de trois mille volumes de livres rares, tant imprimés que manufcrits , & donna fon *Mufeum Italicum* , contenant en deux gros vol. *in*-4°. des pièces qu'il avoit découvertes ; il rend compte de fon voyage dans le premier volume ; mais , dit M. de Boze , fon exactitude ne « s'étend » pas jufqu'à rapporter tous les honneurs que lui ren- » dirent les favans & les perfonnes de la première

# MAB

» qualité. Si dom *Mabillon* avoit un efprit propre à » toutes les fciences , il avoit une modeftie fupérieure » à tous les fuccès ».

On connoit fon Traité des *Etudes Monaftiques* , & fa difpute fur ce fujet avec l'abbé de la Trape.

Il traita une multitude d'autres fujets , & eut part à une multitude d'autres ouvrages , indépendamment de ceux qui font de lui feul.

Il mourut dans l'abbaye de Saint-Germain-des-Prés le 27 décembre 1707. Il étoit né le 23 novembre 1632 , fur les frontières de la Champagne & du Luxembourg , dans les environs de Mouzon. Il étoit entré en 1653 , dans l'abbaye de St. Remi de Rheims.

Dom *Mabillon* avoit la plus grande réputation dans les pays étrangers ; les favants, les fouverains , les corps même le confultoient , & fes décifions étoient regardées comme autant d'oracles. Voici ce que le cardinal Colloredo écrivoit de la part du pape Clément XI , à dom Thierry Ruinart , fur la mort de dom *Mabillon*:

« Le pape a voulu lire plufieurs fois le trifte & » touchant détail que vous nous avez fait de fa mort. » Sa Sainteté s'eft trouvée émue de toute fon affection » paternelle , pour un homme de mœurs refpectables , » & qui a fi bien mérité des lettres & de toute l'églife.

» Le faint père a marqué que vous lui feriez plaifir » de l'inhumer dans le lieu le plus diftingué , puifqu'il » n'y en a point où fa réputation ne fe foit répandue , » & que tous les favants qui iront à Paris, ne man- » queront pas de vous demander : où *l'avez-vous mis ?* » *ubi pofuiftis eum ?* Il prévoit quelle fera leur peine , » s'ils apprennent que les cendres d'un perfonnage de » ce mérite ont été confondues, & s'ils ne les trouvent » pas recueillies fous le marbre , avec quelque infcrip- » tion qui convienne à des reftes fi précieux ! »

MABOUL, ( Jacques ) évêque d'Aleth , nommé en 1708. Mort en 1723 ; célèbre par la prédication. On a de lui des oraifons funèbres. Ce fut lui qui prononça celle de Louis XIV à Notre-Dame.

MABOYA ou MABOUYA , f. m. ( *Théolog. caraïbe* ) nom que les Caraïbes fauvages des îles Antilles donnent au diable ou à l'efprit dont ils craignent le malin vouloir; c'eft par cette raifon qu'ils rendent au feul *Mabouya* une efpèce de culte , fabriquent en fon honneur de petites figures de bois bizarres & hideufes , qu'ils placent au-devant de leurs pirogues , & quelquefois dans leurs cafes.

On trouve fouvent en creufant la terre , plufieurs de ces figures , formées de terre cuite , ou d'une pierre verdâtre , ou d'une réfine qui reffemble à l'ambre jaune ; c'eft une efpèce de copal qui découle

Eff 2

naturellement d'un grand arbre nommé *Courbaril.*

Ces idoles anciennes ont différentes formes ; les unes représentent des têtes de perroquet ou des grenouilles mal formées, d'autres ressemblent à des lézards à courte queue ou bien à des singes accroupis, toujours avec les parties qui désignent le sexe féminin. Il y en a qui ont du rapport à la figure d'une chauve-souris ; d'autres enfin sont si difformes, qu'il est presque impossible de les comparer à quoi que ce soit. Le nombre de ces idoles, que l'on rencontre à certaines profondeurs parmi des vases de terre & grosses cendres, peut faire conjecturer que les anciens sauvages les enterroient avec leurs morts.

Il est d'usage parmi les Caraïbes d'employer encore le mot *mabouya* pour exprimer tout ce qui est mauvais : aussi lorsqu'ils sentent une mauvaise odeur, ils s'écrient, en faisant la grimace, *mabouya, caye, en en,* comme en pareil cas nous disons quelquefois, *c'est le diable.* ( M. LE ROMAIN. )

MABY, s. m. boisson rafraîchissante fort en usage aux îles d'Amérique ; elle se fait avec de grosses racines nommées *patates* : celles dont l'intérieur est d'un rouge violet, sont préférables à celles qui sont ou jaunes ou blanches, à cause de la couleur qui donne une teinture très-agréable à l'œil.

Après avoir bien nettoyé ou épluché ces racines, on les coupe par morceaux, & on les met dans un vase propre pour les faire bouillir dans autant d'eau que l'on veut faire de *maby* ; cette eau étant bien chargée de la substance & de la teinture des patates, on y verse une suffisante quantité de sirop de sucre clarifié, y ajoutant quelquefois des oranges aigres & un peu de gingembre : on continue quatre à cinq bouillons, on retire le vase de dessus le feu ; & après avoir laissé fermenter le tout, on passe la liqueur fermentée au travers d'une chausse de drap, en pressant fortement le marc. Il faut repasser deux ou trois fois la liqueur pour l'éclaircir, ensuite de quoi on la verse dans des bouteilles, dans chacune desquelles on a eu soin de mettre un ou deux clous de gérofle. Cette boisson est fort agréable à l'œil & au goût, lorsqu'elle est bien faite : elle fait sauter le bouchon de la bouteille ; mais elle ne se conserve pas, & elle est un peu venteuse. ( M. LE ROMAIN. )

MACAIRE, ( *Hist. Ecclésiast.* ) c'est le nom de deux saints solitaires d'Egypte au quatrième siècle ; l'un, nommé l'*ancien,* né vers l'an 301, à Alexandrie, mort vers l'an 391, auquel on attribue cinquante homélies en grec, imprimées en 1526, à Paris, avec les œuvres de St. Grégoire Thaumaturge, & séparément à Leipsick en 1698 & 1699.

L'autre, nommé *le jeune,* contemporain du premier, né, comme lui, à Alexandrie, mort vers 394 ou 395, & à qui on attribue les *Règles des Moines ;* car ce solitaire avoit cinq mille autres solitaires sous sa direction.

MACÉ, ( Robert ) ( *Hist. Litt. mod.* ) imprimeur de Caën, le premier qui ait fait usage des caractères

de fonte dans l'imprimerie en Normandie. Christophe Plantin fut son élève. Mort vers l'an 1491.

On a d'un autre *Macé,* nommé François, curé de Sainte Opportune, à Paris, ( nous ignorons s'il étoit de la famille du précédent ) divers ouvrages de piété & d'autres ouvrages de morale & d'histoire, dont quelques-uns ont été faussement attribués à des auteurs plus connus. *Melanie* ou *la Veuve charitable,* a été attribuée à l'abbé de Choisy. Son *Histoire des quatre Cicéron* a été attribuée au père Hardouin, peut-être à cause des paradoxes qu'elle renferme ; l'auteur prétend prouver par les historiens grecs & latins, que le fils de Cicéron n'étoit pas moins illustre que son père. Mort en 1721.

MACEDO, ( François & Antoine ) ( *Hist. Litt. mod.* ) deux frères, tous deux jésuites portugais ; mais François, inconstant & bizarre, quitta les Jésuites pour les Cordeliers, & le Portugal pour Rome : ce qui lui réussit d'abord ; car le pape Alexandre VII, auquel il plut, le combla de biens & d'honneurs ; mais il tomba bientôt dans la disgrace de ce pontife. Venise alors fut son asyle ; il y soutint des thèses *de omni Scibili,* & d'autres actes publics qu'il intitula *les rugissements littéraires du lion de St. Marc.* Ces sottises étoient apparemment du goût du temps & du pays ; elles lui procurèrent encore un succès passager. L'inventaire qu'il fait lui-même de ses ouvrages dans un de ses livres est vraiment curieux. 53 panégyriques, 60 discours latins, 32 oraisons funèbres, 48 poëmes épiques, 2600 poëmes héroïques, qu'il distingue des épiques, 123 élégies, 115 épitaphes, 212 épîtres dédicatoires, 700 lettres familières, 110 odes, 3000 épigrammes, 4 comédies latines ; en tout, cent cinquante mille vers. Que de biens perdus ! le mot de *macédoine* qu'on emploie en cuisine pour désigner de certains mélanges ; elle n'auroit-on ne fait pas bien l'étymologie dans ce sens, viendroit-il par métaphore & par ressemblance, du goût du temps ? des mélanges littéraires, oratoires, poétiques, théologiques, polémiques de ce *Macedo ?* Auroit-il eu assez de réputation pour laisser son nom à un mets ?

Quoi qu'il en soit, il écrivit beaucoup contre le P. Noris, depuis cardinal, au sujet du Monachisme de St. Augustin ; il écrivoit pour & contre Jansénius ; il écrivit pour & non pas contre l'inquisition. Il en fait remonter l'origine jusqu'au paradis terrestre. Dieu fit dans ce jardin de délices, les fonctions d'inquisiteur à l'égard de nos premiers pères, il les continua ensuite à l'égard de Caïn & des architectes de la Tour de Babel. Ainsi, rien de plus respectable que l'inquisition. L'inquisition politique de Venise se chargea de le récompenser de ces éloges ; elle le soupçonna ou le convainquit d'avoir voulu se mêler d'affaires de gouvernement ; en conséquence, elle le fit mettre en prison, où il mourut en 1681, âgé de quatre-vingt-cinq ans.

Antoine, son frère, étoit un esprit plus sage. Ayant accompagné en Suède, l'ambassadeur de Portugal, il fut honoré de la confiance de Christine ; il fut le premier à qui elle fit part du dessein qu'elle avoit de

**quitter** le luthéranisme & la couronne. Il vécut aussi à Rome, mais il retourna dans son pays. On a de lui un livre intitulé : *Lusitania insulata & purpurata.*

**MACÉDOINE, Empire de** ( *Hist. anc.* ) Ce n'est point ici le lieu de suivre les révolutions de cet empire ; je dirai seulement que cette monarchie, sous Alexandre, s'étendoit dans l'Europe, l'Asie & l'Afrique. Il conquit en Europe la Grèce, la partie de l'Illyrie où étoient les Thraces, les Triballiens & les Daces. Il soumit dans l'Asie, la presqu'île de l'Asie mineure, l'île de Chypre, l'Assyrie, une partie de l'Arabie, & l'empire des Perses qui comprenoit la Médie, la Bactriane, la Perse proprement dite, &c. Il joignit encore à toutes ces conquêtes une partie de l'Inde en-deçà du Gange. Enfin, en Afrique il possédoit la Lybie & l'Égypte. Après sa mort, cette vaste monarchie fut divisée en plusieurs royaumes, qui tombèrent sous la puissance des Romains. Aujourd'hui cette prodigieuse étendue de pays renferme une grande partie de l'empire des Turcs, une partie de l'empire du Mogol, quelque chose de la grande Tartarie, & tout le royaume de la Perse moderne ( *D. J.* )

**MACE-MUTINE,** s. f. ( *Hist. mod.* ) monnoie d'or. Pierre II, roi d'Aragon, étant venu en personne à Rome, en 1204, se faire couronner par le pape Innocent III, mit sur l'autel une lettre patente, par laquelle il offrit son royaume au saint siège, & le lui rendoit tributaire, s'obligeant stupidement à payer tous les ans deux cents cinquante *mace - mutines.* La *mace-mutine* étoit une monnoie d'or venue des Arabes ; on l'appelloit autrement *mahore - mutine.* Fleuri *Hist. Ecclés.*

**MACEDONIUS,** ( *Hist. Ecclés.* ) patriarche de Constantinople vers le milieu du quatrième siècle, chef des Macédoniens hérétiques, qui nioient la divinité du St. Esprit, comme les Ariens celle de Jésus-Christ.

**MACER,** ( *Hist. Rom.* ) Œmilius poëte latin, né à Vérone, contemporain d'Auguste. Il avoit fait un poëme sur l'Histoire naturelle, nommément sur *les oiseaux, les serpens & les plantes,* & un autre sur la ruine de Troye, pour servir de supplément à l'Iliade. Si ce poëme valoit le second livre de l'Enéide, où le même sujet est traité, on ne peut trop le regretter. Ces deux poëmes de *Macer* sont perdus. Un poëme des plantes que nous avons sous le nom de *Macer,* est une de ces fourberies littéraires assez communes dans tous les temps, & dont il est toujours bon d'avertir les lecteurs. L'imposture au reste est maladroite. L'auteur, sous le nom d'un écrivain du règne d'Auguste, cite Pline le Naturaliste.

Un autre *Macer* ( Lucius Claudius ) propréteur d'Afrique sous le règne de Néron, s'y fit proclamer empereur l'an 68 de J. C. & périt la même année accablé par Galba, d'ailleurs en horreur aux Africains par ses vexations & ses cruautés.

**MACHABÉES,** ( *Hist. Sacr.* ) On distingue sous ce nom, dans l'écriture sainte, 1°. sept frères juifs qui souf-

frirent le martyre à Antioche avec leur mère & le saint vieillard Éléazar, pour leur refus constant de manger de la chair de pourceau & de violer la loi. C'étoit sous la persécution d'Antiochus Epiphanes, roi de Syrie. Leur histoire est rapportée au second livre des Machabées, chap. 7.

2°. Les princes Machabées ou Asmonéens, c'est-à-dire, Matathias & ses fils qui combattirent avec tant de valeur contre les rois de Syrie ennemis des Juifs. Leur histoire est contenue dans les deux livres des Machabées, les seuls que l'église reconnoisse pour Canoniques. Il y en avoit quatre, mais les deux derniers sont rejettés comme apocryphes & ne font point partie de la bible.

**MACHAULT,** ( *Hist. Litt. mod.* ) Il y a eu trois jésuites de ce nom.

1°. ( Jean de ) qui a écrit contre l'histoire du président de Thou des notes & observations qui furent brûlées par la main du bourreau. Il a traduit aussi de l'italien une *histoire de ce qui s'est passé à la Chine & au Japon.* Mort en 1619.

2°. ( Jean Baptiste de ) auteur d'un livre intitulé *Gesta à societate jesu in regno Sinensi, Æthiopico & Tibetano.* Mort en 1640.

3°. ( Jacques de ) auteur des livres suivans. *De missionibus paraguaria & aliis in America Meridionali, De rebus Japonicis. De provinciis Goana, Malabarica & aliis. De regno Cochinchinensi. De missione religiosorum societatis jesu in Persia. De regno Maduensi, Tanguerenci,* &c. Des relations postérieures plus exactes ont ôté à ces ouvrages une grande partie du prix qu'ils avoient dans l'origine. Mort en 1680.

**MACHÆRA,** s. f. ( *Hist. anc.* ) machera, arme offensive des anciens. C'étoit l'épée espagnole que l'infanterie légionnaire des Romains portoit, & qui la rendit si redoutable, quand il fallois combattre de près ; c'étoit une espèce de sabre court & renforcé, qui frappoit d'estoc & de taille, & faisoit de terribles exécutions. Tite-Live raconte que les Macédoniens, peuples d'ailleurs si aguerris, ne purent voir sans une extrème surprise, les blessures énormes que les Romains faisoient avec cette arme. Ce n'étoit rien moins que des bras & des têtes coupées d'un seul coup de tranchant ; des têtes à demi-fendues, & des hommes éventrés d'un coup de pointe. Les meilleures armes offensives n'y résistoient pas ; elles coupoient & perçoient les casques & les cuirasses à l'épreuve : on ne doit point après cela s'étonner si les batailles des anciens étoient si sanglantes. ( G )

**MACHIAVEL** (Nicolas,) ( *Hist. Litt. mod.* ) naquit à Florence en 1469 d'une famille noble & patricienne, plus d'une fois honorée de la dignité de gonfalonier. Il fut mis à la question pour une conjuration contre les Médicis, n'avoua rien & fut sauvé. Il devint dans la suite secrétaire de sa république. Il est l'apôtre de la politique trompeuse & malfaisante, appellée de son nom, le Machiavellisme. Il a eu des apologistes, mais qui n'ont pu réussir à le disculper, ses écrits parlant plus haut que toutes leurs raisons. Et *le prince de*

*Machiavel* & ses discours sur la première décade de Tite-Live enseignent à tromper & à faire du mal. *Machiavel* a vu que des souverains de son temps excelloient à tromper, & il a dit : il faut tromper, & sur cela au lieu de mépriser le système de *Machiavel* & la conduite de ces princes, nous nous sommes mis à révérer les vues profondes & les perfidies savantes de Louis XI, de Ferdinand le catholique, de Charles-Quint, comme nous avons admiré les conquérans & les rois guerriers.

Dans les réflexions sur Tite-Live, l'auteur écrivoit pour des nations dégénérées qu'il vouloit ranimer ; il s'efforce de les rappeler sinon à la vertu, du moins à l'énergie antique par l'exemple des Romains ; mais il est en général trop indifférent au vice & à la vertu, au juste & à l'injuste, à la tyrannie & au gouvernement modéré, il donne à tous indistinctement des armes & des conseils ; il enseigne à réussir dans le mal comme dans le bien. Il lui importe peu qu'on soit juste & bon, ce qu'il veut, c'est qu'on soit grand, c'est-à-dire, fort, & sur-tout que l'on soit habile ; mais la force sans justice excite l'indignation & pousse à la révolte ; la perfidie excite la défiance ; & qu'est-ce qu'une force contre laquelle tout le monde est révolté ? qu'est-ce qu'une habileté dont tout le monde se défie ? Voilà ce que le beau génie de *Machiavel* devoit s'attacher à éclaircir, à développer, à rendre sensible. Comment le voir de sang-froid prendre la défense du fratricide de Romulus, & assurer que ce prince ou ce brigand ne pouvoit pas se dispenser d'un tel crime, parce qu'il faut que le fondateur d'une république soit seul & ne puisse éprouver de contradiction ? comment regretter avec lui la rareté des scélérats illustres, des tyrans habiles, des factieux impunis, & le défaut d'énergie capable de produire de grands crimes ? comment partager son indifférence sur le bien & le mal ?

» Voulez-vous, dit-il, qu'une ville étende au loin
» sa domination ? »

Non, je ne le veux pas, & c'est pour l'avantage même de cette ville que je ne le veux pas.

« Les moyens se réduisent à deux, la douceur &
» la force. »

Remarquez qu'il vous en laisse le choix, & qu'il ne vous dit rien de plus pour vous engager au parti de la douceur qu'au parti de la force ; dans l'un & dans l'autre cas vous pouvez également compter sur lui, il ne vous refusera pas le secours de ses lumières, il vous conduira également au succès.

« Si vous prenez le parti de la douceur, ouvrez toutes
» vos portes aux étrangers. »

Ici on ne peut qu'applaudir.

« Si vous prenez celui de la force, détruisez
» toutes les villes voisines.....Rome fut fidelle à ces
» principes. »

Et Rome fut violente, injuste & odieuse. Une telle république mérite

Que l'orient contre elle à l'occident s'allie,
Que cent peuples unis des bouts de l'univers,
Passent pour la détruire & les monts & les mers.

Et c'est ce qui devoit le plus naturellement arriver. Si le contraire a eu lieu, c'est par un concours de causes qui ne nous sont pas assez connues ; car, comme nous avons eu plus d'une occasion de le remarquer, ce n'est peut-être pas un médiocre défaut dans nos meilleurs livres politiques, tels que ceux de *Machiavel* & de Bodin, de Montesquieu même, de voir toujours si évidemment que les évènemens ont dû être tels qu'ils ont été, c'est une manière de *prédire le passé* dont on apperçevroit le ridicule s'il n'avoit pas été couvert à force d'esprit, de talent & de philosophie ; nous n'avons presque jamais en effet toutes les données nécessaires pour asseoir un jugement certain de ce qui devoit arriver : à égalité d'esprit & de talent, on pourroit donner une autre explication tout aussi probable des mêmes évènemens ; & si toutes les données qui nous manquent, nous étoient fournies à la fois, si le degré d'influence de chaque cause dans le concours de toutes, nous étoit assigné avec précision, nous aurions avec les mêmes faits, des résultats politiques tout différens. On peut dire à ces philosophes qui voient si clairement dans le passé la liaison des causes avec les effets, ce que la Fontaine disoit aux astrologues : l'état où nous voyons aujourd'hui l'univers, méritoit bien que quelques-uns d'eux l'eussent prévu & annoncé, que ne l'ont-ils donc fait ? Et quant à l'avenir, les causes sont sous leurs yeux, que ne prédisent-ils les effets ?

Et par où l'un périt un autre est conservé.

A dit Corneille, & il est vrai que tel est souvent le résultat de l'histoire dans ses principaux évènemens ; cependant le rapport des effets avec leurs causes est infaillible & invariable ; d'où vient donc cette différence ; sinon de ce que les causes paroissent être les mêmes, & ne sont pas les mêmes, & de ce qu'aux causes apparentes se mêlent des causes réelles, mais secrètes, qui nous échappent.

Pour appliquer cette théorie aux Romains, il ne faut pas toujours dire : *les Romains ont pris un tel moyen, & ils ont réussi, donc voilà le moyen qu'on doit employer quand on se propose la même fin,* car peut-être ont-ils réussi malgré le choix du moyen, & par d'autres causes tout-à-fait inconnues : il ne faut pas que l'évènement nous en impose, & pour profiter des leçons de l'histoire, on doit y regarder d'un peu plus près, on doit remonter à la nature des choses, & éclaircir l'histoire par la philosophie. Le cœur humain est assez connu pour que nous sachions tous que

L'injustice à la fin produit l'indépendance,

la fourberie la défiance, & la violence la révolte ; Voilà ce qui fut & ce qui sera toujours malgré tous les exemples contraires que l'histoire peut fournir ; ces exemples ne sont que des exceptions & nous annoncent seulement qu'à cette cause première qui eût produit infailliblement son effet, se sont mêlées d'autres causes qui l'ont contrariée, & qui en ont arrêté l'influence. Les Romains n'ont donc pas réussi pour avoir détruit toutes les villes voisines ; car, par la nature des choses, ce moyen violent devoit opérer le foulevement de tous les peuples, la réunion de toutes les puiffances contre la puiffance Romaine : peut-être ont-ils réuffi parce qu'ils avoient affaire à des voifins ignorans & barbares, à des efpèces de demi-fauvages qui n'avoient les uns avec les autres aucune liaifon, aucune correfpondance, qui ne favoient pas s'unir ni s'entrefecourir, qui peut-être ne favoient rien de ce qui fe paffoit chez leurs voifins. Peut-être les Romains ont-ils réuffi parce qu'ils appliquoient à une mauvaife fin & à de mauvais moyens des vertus & des talens qui devoient néceffairement réuffir. Peut-être enfin durent-ils leurs fuccès à un concours de circonftances ignorées qui leur échappoient à eux-mêmes, & dont ils n'ont pu nous inftruire ; mais ce que nous favons certainement c'eft qu'il n'eft pas poffible qu'ils aient réuffi uniquement pour avoir été violens, fourbes & injuftes, parce que la nature des chofes y réfifte. Il y a indépendamment des faits, des vérités métaphyfiques, éternelles, invariables ; quand l'hiftoire ne me montreroit pas la fin malheureufe de la plûpart des tyrans, je n'en faurois pas moins qu'un tyran eft toujours en danger, parce qu'il eft toujours menacé par la haine publique & particulière. Les faits qui pourroient paroître démentir cette théorie, s'expliquent par d'autres caufes apparentes ou cachées, connues ou ignorées, dont l'action a combattu l'influence de cette caufe. Concluons donc que dans les inductions qu'on tire de l'hiftoire il faut fe défier des apparences, remonter à l'effence des chofes, difcuter les caufes & leur rapport avec de certains effets, pour ne pas rifquer de porter de faux jugemens, & d'établir des principes pernicieux d'après quelques exemples. *Machiavel* a un chapitre, dont le titre eft : *que la fraude fert plus que la force pour s'élever d'un état médiocre à une grande fortune.*

Et la force & la fraude, & la grande fortune à laquelle on parvient par l'un ou l'autre moyen ou par tous les deux, font trois chofes très-mauvaifes & très-condamnables que l'auteur paroît eftimer beaucoup ; mais paffons-lui un moment cette eftime, & voyons fi la préférence qu'il donne à la fraude fur la force, eft jufte. Quoique les Romains fe foient trop fouvent permis la fraude, il eft certain que la force en général a eu plus de part à leurs conquêtes, & que c'eft principalement par la force qu'ils ont écrafé leurs ennemis.

Aléxandre, celui de tous les conquérans qui a pouffé le plus loin fa fortune, peut avoir quelquefois employé la rufe, mais c'eft qu'il trouve de la peine dans fon hiftoire : on le voit toujours triompher par l'audace, par la valeur, par la force.

Enfin, il eft un peu étonnant de voir un écrivain qui parle fans ceffe d'énergie & de grandeur, préférer la fraude à la force ; c'eft qu'il trouve de la grandeur à tromper auffi bien qu'à vaincre, & qu'il veut qu'on réuffiffe, n'importe pas quels moyens ;

*Dolus an virtus, quis in hofte requirat ?*

Mais on peut toujours vaincre, & on ne trompe qu'une fois ; du moins des gens avifés : *Si tu me trompes une fois,* dit un proverbe Turc fort fenfé, *tant pis pour toi ; fi tu me trompes deux fois, tant pis pour moi.* Quand on fe détermine à tromper, il faut donc indépendamment de toute morale, avoir bien examiné fi l'intérêt du moment eft affez fort pour qu'on y facrifie fa vie entière, pendant laquelle on fe condamne à infpirer la défiance & à n'être jamais cru. Voilà ce que devroient pefer avec foin ceux qui fe déterminent toujours fi facilement à tromper, & qui ne fentent pas qu'on a toujours intérêt de conferver une bonne réputation.

» La force feule, dit *Machiavel*, n'a jamais fuffi » pour s'élever de la médiocrité à une grande fortune, » la mauvaife foi feule y eft quelquefois parvenue. »

Cela peut être, car il y a des exemples de tout ; mais il n'en eft pas moins vrai que l'effet naturel de la mauvaife foi eft de décréditer, & de nuire aux fuccès futurs, & il ne nuit pas toujours au fuccès préfent.

« Xénophon, dans la vie de Cyrus, pourfuit *Machiavel,* prouve évidemment la néceffité de recourir » à la mauvaife foi. »

Xénophon eft un grand nom ; mais s'il a eu l'air de prouver cela (car on ne prouve pas véritablement ce qui n'eft pas) il a fait un grand tort à la morale, fans fervir la politique.

« Xénophon conclut tout fimplement qu'un prince » ne fauroit faire de grandes chofes fans apprendre » l'art de tromper. »

Xénophon, en ce cas, *a tout fimplement* fort mal conclu ; & il s'eft fait le précepteur imprudent du vice & de la baffeffe.

» L'hiftorien a toujours foin de remarquer que jamais » Cyrus, fans ce talent, n'auroit pu s'élever à ce haut » dégré de puiffance. »

Il a pris là un foin bien inutile, bien funefte, bien indigne d'un hiftorien & d'un philofophe, & dont *Machiavel* n'auroit dû parler que pour en témoigner fon indignation ; mais bien loin de s'en indigner, il s'y complaît, il y ajoute, il développe cette doctrine, il cherche à l'appuyer par d'autres exemples, & il ne s'apperçoit pas qu'il lui échappe des traits qui la condamnent. « Les Latins, dit-il, fe portèrent à la guerre, » parce qu'ils ouvrirent enfin les yeux fur la mauvaife » foi des Romains. » Voilà ce qui arrive, on ouvre les yeux fur la mauvaife foi, & on s'empreffe de la punir.

» La mauvaife foi eft d'autant moins blâmable, » qu'elle eft plus couverte, comme celle des Romains. » C'eft comme fi on difoit que l'empoifonneur le plus eftimable eft celui qui fait le mieux fe cacher.

Dans le chapitre intitulé : *Des fujets ordinaires de guerres entre les Potentats, Machiavel* s'exprime ainfi :

« Ai-je deffein de faire la guerre à un prince, mal-» gré les nœuds les plus folides formés dès long-temps » entre nous ? je trouve des prétextes, j'invente des » couleurs pour attaquer fon ami plutôt que lui : je » fais que fon ami étant attaqué il arrivera de deux » chofes l'une ; ou qu'en prenant fa défenfe, il me four-» nira l'occafion de le combattre ou qu'en l'abban-

» donnent avec lâcheté, il découvrira sa foiblesse &
» le peu de cas qu'on doit faire de son alliance. L'effet
» naturel de ces deux combinaisons est de flétrir sa
» gloire & de faciliter mes desseins. »

Fort bien ; voilà donc ce que vous faites quand
vous avez un dessein malhonnête, injuste, contraire à
vos engagemens, & à la foi donnée, mais enfin ce
dessein, l'approuvez-vous ? le condamnez-vous ? Il est
évident que vous l'approuvez, & que vous le recom-
mandez.

C'est avec peine encore que nous voyons un chapitre porter le titre suivant :

*Un prince ne peut vivre avec sécurité tant qu'il laisse
le jour à ceux qu'il a dépouillés.*

Quel mal est-il arrivé à Charlemagne pour avoir
laissé vivre Didier, roi des Lombards, dont il avoit envahi les états ? & du temps même de *Machiavel* quel
a été pour François I. l'inconvénient d'avoir laissé la
vie à Maximilien Sforce, duc de Milan ? Nous crain-
drions bien plutôt que cette maxime Machiavelliste
ne devînt funeste au prince usurpateur ou récupérateur,
en mettant le prince dépouillé dans la nécessité d'ôter
la vie au vainqueur, pour pouvoir la conserver. En
devenant plus redoutable à son ennemi, on rend cet
ennemi même plus redoutable.

Il faut cependant avouer que *Machiavel* est un des
plus grands penseurs qui ayent écrit, que son ouvrage est
plein de vérités qui importent au genre humain, que
ses erreurs mêmes sont d'un esprit très-étendu & très-
éclairé. C'est lui qui nous a enseigné à tirer de l'histoire la plus grande utilité dont elle soit susceptible, en
la faisant servir d'exemple & de preuve aux principes
politiques qu'il établit : jamais on n'a fait de l'histoire
un plus bel usage, jamais on ne l'a mieux appliquée
à sa véritable destination. *Machiavel* a fourni beaucoup
d'idées aux écrivains politiques qui sont venus après
lui, & Montesquieu même peut, à quelques égards,
passer pour son disciple. Chaque chapitre donne beaucoup à penser, & il y en a un grand nombre qu'on
peut regarder comme d'excellens traités sur des matières délicates & curieuses, ou comme des démonstrations très-piquantes de propositions paradoxales
qui avoient d'abord étonné. Tels sont les chapitres dont
voici les titres : *Combien il importe à la liberté d'autoriser les accusations. Qu'autant les accusations peuvent
être utiles dans une république, autant la calomnie y
est pernicieuse. Qu'autant il est dû de louanges aux
fondateurs d'une république ou d'une monarchie, autant
il est juste de blâmer les auteurs d'un gouvernement tyrannique. Qu'un peuple corrompu qui devient libre, ne peut
presque pas réussir à conserver sa liberté. Que les états
foibles sont toujours indécis, & que la lenteur à se déterminer est toujours nuisible. Que les places fortes sont en
général beaucoup plus nuisibles qu'utiles. Que l'on prend
un mauvais parti lorsqu'on veut profiter de la désunion
d'une ville pour l'attaquer & s'en rendre maître. Que les
Romains laissoient leurs généraux parfaitement maîtres
de leurs opérations. Qu'un chef vaut mieux que plusieurs, & que leur multitude nuit au bien. Que la corruption du peuple vient toujours de celle des princes.*

*Qu'un trait d'humanité servit plus à vaincre les Falis-
ques que la prudence des Romains. Comment en rétablit
la paix dans une ville divisée, & qu'il est faux que
pour conserver son autorité il faille entretenir la désunion.*
Ce dernier chapitre est peut-être celui dont on doit
savoir le plus de gré à *Machiavel*. Il prouve au moins
que l'odieuse maxime ; *Divide & impera*, n'appartient
pas au code machiaveliste ; mais dans ces chapitres
mêmes qui semblent annoncer la doctrine la plus pure,

*Inverias etiam disjecti membra poëtæ.*

Tout n'est pas exempt de ce venin qu'on appelle *Ma-
chiavelisme.*

*Machiavel* a écrit sur beaucoup d'autres matières. On
a de lui l'histoire de Florence & la vie de Castruccio Cas-
racani, ( *Voyez* cet article, c'est le dernier du premier
volume de ce dictionnaire historique, ) on a de lui encore
des comédies & des poëmes, il a imité l'âne d'or de Lucien,
& d'Apulée. La Fontaine a imité son conte de *Bel-
phegor* & sa comédie de la *Mandragore*, mais il a fait
de celle-ci un simple conte.

*Machiavel* mourut vers 1527 ou 1529.

MACKENSIE ( George ) ( *Hist. Litt. mod.* ) savant
moraliste & jurisconsulte Ecossois, il a soutenu ce paradoxe moral, très-vrai & très-utile, qu'il est plus aisé
d'être vertueux que vicieux ! En effet quelle peine on se
donne pour être méchant ! Combien il faut résister à ce
penchant naturel, à cet attrait puissant qui porte à la vertu
& à la raison ! avec quel pénible effort se précipite
dans les regrets, les remords, & les craintes ! Combien il
est plus facile, plus doux & plus heureux de combattre ses passions que de les satisfaire. *Les hommes,*
dit Montagne, *tâchent d'être pires qu'ils ne peuvent.*
Mot d'un grand sens & qui contient la théorie du
*Mackensie.* On a encore de ce dernier auteur un traité
en latin de la foiblesse de l'esprit humain. Il nous a
donné aussi *les loix & coutumes d'Ecosse.* Né vers 1612.
Mort en 1691.

Un autre George *Mackensie*, médecin d'Edimbourg,
a donné en 1708 & 1711, des *vies des écrivains Ecossois.*

MACKI ( Jean, ) ( *Hist. d'Angl.* ) gentilhomme
Anglois, intriguant & espion fameux qui suivit le roi
Jacques II en France, pour révéler ses démarches,
ses secrets & ses desseins au roi Guillaume. Il prépara
par ses perfides avis le succès de la bataille de la Hogue
en 1692. Il fit manquer l'entreprise de Jacques III, sur l'Ecosse. Ayant prévariqué même dans
son espionnage, selon la coutume des espions, il fut
mis en prison sous le règne de la reine Anne, & ne
fut mis en liberté qu'à l'avénement de George I. Il
mourut à Rotterdam en 1726. On a de lui un tableau
de la cour de Saint-Germain, où il traite indignement
le prince qu'il trahissoit ; on a aussi de lui
des mémoires de la cour d'Angleterre sous Guillaume
III. & Anne, ils sont traduits en françois.

MACLAURIN ( Colin, ) ( *Hist. Litt. mod.* ) célèbre
mathématicien anglois. On a de lui un traité d'algèbre
fort estimé, une exposition des découvertes philosophiques de Newton, traduite par la Virote ; un traité
*des*

*des fluxions*, traduit par le P. Pezenas. Né à Kilmoddan, d'une famille noble, mort en 1746 à quarante huit ans.

MAÇON ( Antoine le ) ( *Hist. Litt. mod.* ) tra- ducteur du *Décaméron* de Bocace, Éditeur des œuvres de Jean le Maire & de celles de Clément Marot, auteur des *amours de Phydie & de Gélasine*. Il étoit attaché à la reine de Navarre, Marguerite, sœur de François I. à la sollicitation de laquelle il traduisit Bocace.

MACQUART (Jacques Henri ) ( *Hist. Litt. mod.*) né à Rheims de parens pauvres, fut choisi par M. de Pouilly pour diriger, sous les yeux, les études de son fils, aujourd'hui Associé libre regnicole de l'académie des inscriptions & belles-lettres, dont son père & son oncle étoient associés ordinaires. Pendant que M. de Pouilly le jeune étoit le disciple de M. Macquart, M. Macquart l'étoit de M. de Pouilly le père; il refit avec lui & sous lui ces secondes études qui mûrissent les premières, & sans lesquelles celles-ci se réduisent bientôt à rien; il étoit à la source des belles connoissances, & il en profita : mais ce fut vers la médecine qu'il tourna principalement ses études ; il fut médecin de la faculté de Paris, médecin de la charité ; il s'enflamma d'abord pour l'inoculation, il crut s'être trompé dans la suite, & l'avoua hautement. Il est dû quelque estime à un savant qui dit : *je me suis trompé*, quand il ne se tromperoit qu'en le disant. Il avoit formé le projet de se livrer tout entier à l'étude & aux traitemens des maladies des artisans, qui proviennent de leur art ou métier. Il mourut en 1768 à quarante-deux ans, d'une fièvre maligne dont il fut attaqué dans le cours de ses visites à la charité. Il travailla pendant sept ou huit ans avec beaucoup d'assiduité au journal des savans, où il avoit remplacé par la partie de la médecine M. Barthès, qui a si bien rempli depuis les grandes espérances qu'il donnoit dès-lors.

A M. *Macquart* succéda au journal des savans, dans la même partie, M. Macquer, célèbre par ses *élémens de chymie*, homme sage & doux, & qui n'avoit pas la même aversion que son prédécesseur pour les idées nouvelles & pour les découvertes de son siècle.

M. Macquer avoit un frère nommé Philippe, avocat, auteur de divers abrégés chronologiques de l'histoire ecclésiastique, de l'histoire d'Espagne & de Portugal, des annales romaines, autre abrégé chronologique. M. le président Hénault avoit eu part à l'abrégé chronologique de l'histoire d'Espagne & de Portugal. M. Macquer fut aidé aussi dans la composition de cet ouvrage, par M. Lacombe, ainsi que dans la traduction du *Syphilis* de Fracastor. Le même M. Macquer eut part encore au *dictionnaire des arts & métiers*, en deux volumes *in-8°*. Né en 1720. Mort long-temps avant son frère, le 27 janvier 1770.

MACRIEN, ( *Hist. Rom.*) ( *Titus-Fulvius-Julianus-Macrianus* ) né en Egypte, d'une famille obscure, élevé par son mérite ou par son bonheur, aux premiers emplois, voulut s'élever à l'empire, lorsque Valérien qu'il accompagnoit dans son expédition contre les Perses, fut fait prisonnier en 258. Mais il fut défait par les généraux de Gallien, fils de Valerien,

& ses soldats, à sa prière même, le tuèrent avec le jeune Macrien son fils, en l'an 262. Destinée ordinaire de ces prétendans à l'empire, lorsqu'ils ne réussissoient pas.

MACRIN, ( Marcus-Opilius-Severus-Macrinus ) ( *Hist. Rom.* ) naquit à Alger de parens si pauvres, qu'il n'eut d'autre ressource que de se faire gladiateur. Il fut chargé dans la suite d'acheter les bêtes sauvages destinées à combattre dans les jeux publics. Dégoûté de tous ces états, il fut successivement notaire, intendant & avocat. Son esprit fin & délié prit une grande connoissance des affaires, & ce fut par-là qu'il fut élevé à la dignité de préfet du prétoire. Le crédit que lui donna cette place, ne fit qu'allumer son ambition ; & honteux de n'occuper que le second rang, il voulut monter au premier. Il monta sur le trône en 218, après avoir fait assassiner Caracalla. Les premiers jours de son règne en firent heureusement augurer : les impôts furent abolis, & le sénat fut chargé de rechercher & de punir les délateurs qui avoient été en faveur sous le dernier règne. Les frontières étoient alors dévastées par Artaban, roi des Parthes, qui vouloit tirer vengeance de la mort de ses sujets, que Caracalla avoit fait massacrer. Macrin lui opposa une armée qui l'arrêta dans le cours de ses conquêtes. Mais enfin il se vit réduit à demander la paix à ce roi barbare, qui ne l'accorda qu'à des conditions honteuses. Macrin, plus occupé de ses plaisirs que de sa gloire, s'abandonna à la bassesse de ses penchans. Indifférent aux prospérités de l'empire, il oublia les affaires pour se plonger dans les plus sales voluptés. Il s'éloigna de Rome, & fixa son séjour à Antioche, pour n'avoir plus le sénat pour témoin de ses débauches. Tandis qu'il étoit noyé dans les délices de la mollesse, il exigea du soldat une obéissance d'esclave : la discipline militaire devint cruelle, sous prétexte de la rendre exacte. Ingrat envers ceux qui l'avoient élevé à l'empire, il oublia qu'ils pouvoient détruire leur ouvrage. L'armée, lasse de supporter sa sévérité outrée, proclama Héliogabale dans la ville d'Emesse. Le bruit de cette révolte ne put réveiller *Macrin* assoupi dans les voluptés : il se contenta de lui opposer une armée sous les ordres de Julien. Ce général fut défait & massacré. Un soldat eut l'audace de porter sa tête à *Macrin*, en disant que c'étoit celle d'Héliogabale son concurrent. Ce soldat, après avoir été bien récompensé, s'enfuit avec précipitation. *Macrin*, revenu de son erreur, reconnut trop tard le danger que sa négligence avoit dédaigné. Comme il n'avoit point d'amis, il se vit abandonné des adorateurs de son ancienne fortune. Empereur sans troupes & sans sujets, il se déguisa pour n'être point connu dans sa fuite. Il fut découvert dans un village de Cappadoce par des soldats qui avoient servi sous lui, & qui avoient éprouvé la sévérité de sa discipline ; ils lui tranchèrent la tête qu'ils portèrent à Héliogabale, qui la reçut comme une offrande digne de lui. Son fils Diadumene, qui étoit d'une beauté ravissante, fut enveloppé dans sa malheureuse destinée. Il l'avoit associé à l'empire; & ce fut cet honneur qui lui coûta la vie. *Macrin* mourut âgé de cinquante

Bb

ans, après un règne de quatorze mois. Il laissa un nom abhorré. Son succeſſeur, qui eut tous les vices & qui commit tous les crimes, ne le fit point regretter. ( *T--N.* )

MACRIN ( *Histoire Litt. mod.* ) Il y avoit sous les règnes de François I. & de ses succeſſeurs, deux poëtes, père & fils, qu'on nommoit *Macrin* & dont le vrai nom étoit Salmon. Le père ( Jean ) fut nommé *Macrin*, parce qu'il étoit petit & maigre, & le fils ( Charles ) porta le même nom, parce que son père l'avoit porté. Jean fut surnommé l'Horace françois, quoiqu'il ne fît que des vers latins, ou parce que ne faiſant que des vers latins, il suivoit Horace de plus près; il a célébré sous le nom de *Gelonis* Gillonne Bourſault sa femme; il étoit diſciple de le Févre d'Etaples; ( voyez FÈVRE (le) Varillas dit que *Macrin* le père, inquiété sur sa foi & menacé même, à ce sujet, par le roi Henri II, se jetta dans un puits : on ne croit point ce fait, parce que Varillas l'a rapporté, ou parce qu'il eſt le seul qui l'ait rapporté. Mort en 1557.

Charles *Macrin* fut précepteur de Madame Catherine, sœur de Henri IV. il périt dans le maſſacre de la Saint-Barthelemi en 1572.

Sainte *Macrine* étoit sœur de Saint-Baſile & de Saint-Grégoire de Nyſſe; ce dernier a écrit sa vie. Elle mourut saintement en 379 dans un monaſtère qu'elle avoit fondé avec sa mère au royaume de Pont.

MACROBE (Aurelius-Macrobius, ( *Hiſt. Litt. anc.* ) savant, très-connu par ses *Saturnales* & par un commentaire sur le traité de Cicéron, intitulé : *le ſonge de Scipion : Macrobe* étoit un des principaux officiers de *l'empereur Théodoſe.*

MACRON ( Nœvius-Sertorius Macro,) ( *Hiſt. Rom.* ) flatteur de Tibère & de Caligula, criminel puni par le crime, il fit périr Tibère pour servir Caligula, & Caligula le fit périr. Cet homme avoit suivi très-exactement les principes des plus vils courtiſans & des plus audacieux Machiaveliſtes. Il avoit été l'inſtrument dont Tibère s'étoit servi pour perdre Séjan. C'étoit un méchant lâche qui avoit opprimé un méchant foible pour plaire à un méchant puiſſant, & pour avoir la place de l'opprimé, qu'il eut en effet; la guerre qu'il déclara pendant tout le cours de sa faveur à tous les gens de bien, prouve aſſez que c'étoit le foible & non le méchant qu'il avoit écraſé dans Séjan. Tant que Tibère fut dans toute la force de l'âge, de l'empire & de la ſanté, *Macron* lui fut fidèle, & ne s'attacha qu'à lui : il fut conſtamment l'eſclave odieux d'un tyran odieux; quand il vit Caligula s'approcher des marches du trône, il flatta Caligula & lui vendit Ennia sa femme, que ce prince aima éperduement : quand Tibère devint vieux & malade, *Macron* hâta sa mort ; ce fut lui qui le fit étouffer entre deux matelas ; il croyant ſuralors du succeſſeur; il le fut en effet, tant qu'Ennia plut au nouvel empereur; mais ce monſtre se dégoûta de ces monſtres, & obligea *Macron*, & même cette Ennia qu'il avoit tant aimée, de se donner la mort. Horreurs de toutes parts; & voilà les ſuccès; dont le Machiaveliſme eſt si avide & si fier !

MACSARAT ou MACZARAT, f. m. ( *Hiſt. mod.* )

Habitation où les nègres se retirent pour se mettre à couvert des incurſions de leurs ennemis. Le *macſarat* eſt grand, ſpacieux, & fortifié à la manière de ces nations. ( *A.R.* )

MACSURAH, f. m. ( *Hiſt. mod.* ) lieu ſéparé dans les moſquées, & fermé de rideaux : c'eſt-là que se placent les princes. Le *macſurah* reſſemble à la courtine des Eſpagnols, eſpèce de tour de lit qui dérobe les rois & princes à la vue des peuples, pendant le service divin, ( *A.R.* )

MACTIERNE, f. m. & f. ( *Hiſt. mod.* ) ancien nom de dignité, d'uſage en Bretagne. Il ſignifie proprement *fils de prince*. L'autorité des princes, tyrans, comtes ou *mactiernes*, tous noms ſynonymes, étoit grande : il ne se faiſoit rien dans leur diſtrict, qu'ils n'euſſent autorité. Les Evêques se sont fait quelquefois appeller *mactiernes*, ſoit des terres de leur patrimoine, ſoit des fiefs & ſeigneuries de leurs égliſes. Ce titre n'étoit pas tellement affecté aux hommes, que les femmes n'en fuſſent auſſi quelquefois décorées par les ſouverains alors elles en faiſoient les fonctions. Il y avoit peu de *mactiernes* au douzième ſiècle ; ils étoient déjà remplacés par les comtes, vicomtes, barons, vicaires & prévôts. ( *A.R.* )

MADAMS, f. m. pl. ( *terme de relation* ) on appelle ainſi dans les Indes orientales, du moins dans le royaume de Maduré, un bâtiment dreſſé sur les grands chemins pour la commodité dès paſſans ; ce bâtiment ſupplée aux hôtelleries, dont on ignore l'uſage. Dans certains *madams* on donne à manger aux brames, mais communément on n'y trouve que de l'eau & du feu, il faut porter tout le reſte. ( *A.R.* )

MADELEINE ou MAGDELEINE, ( *Hiſt. Sacr.* ) sur le nombre des *Madeleines* ou *Magdeleines* du nouveau teſtament, voyez à l'article général, FÈVRE (le ) l'article particulier de Jacques le Fèvre, dit d'Etaples.

MADELEINE de France, ( *Hiſt. de Fr.* ) fille de François I. Lorſqu'en 1536 l'empereur Charles-Quint fit en Provence cette irruption d'abord effrayante, qui tourna promptement à sa confuſion, le jeune roi d'Ecoſſe Jacques V, fidèle à l'alliance des François, n'attendit pas qu'ils lui demandaſſent du ſecours, il s'embarque pour la France avec ſeize mille hommes d'élite. La tempête repouſſe deux fois sa flotte sur les côtes d'Ecoſſe; mais la ſeconde fois ſon vaiſſeau ſéparé du reſte de la flotte, aborde à Dieppe. Jacques V. n'avoit plus qu'un foible ſecours à offrir à ſon allié, ſecours bien différent de celui qu'il avoit préparé. N'importe, il vient l'offrir, & s'offrir lui-même. François ſentit tout ce qu'un tel procédé avoit de généreux, & pour le récompenſer dignement, il crut devoir donner au roi d'Ecoſſe la princeſſe *Madeleine* sa fille. Le mariage se fit en janvier 1537 : il n'en vint point d'enfans, & la jeune princeſſe étant morte la même année, François se chargea de remarier ſon gendre ; il lui fit épouſer en 1538, Marie de Lorraine, sœur du grand duc, ( car on l'appelloit ainſi, ) François de Lorraine & du grand cardinal

Charles de Lorraine ; c'est de ce mariage que naquit l'infortunée Marie Stuart, qui, appellée en apparence aux destinées les plus brillantes, épousa le dauphin, François, fils aîné de Henri II, fut reine de France & mourut sur un échaffaud.

. MAFFÉE, MAFFEI, ou MAPHÉE, ( *Hist. Litt. mod.* ) nom que divers savans ont fait connoître & qu'un sur-tout a illustré. Tous ceux dont nous avons à parler & qui ont porté ce nom, étoient Italiens, mais de différentes parties de l'Italie, & nous doutons qu'ils fussent de la même famille.

1°. *Maffie* Vegio, chanoine de St. Jean de Latran, mort en 1458, a écrit sur l'éducation des enfans, il a fait plusieurs ouvrages de dévotion ; mais il est particulierement connu par un treizieme livre qu'il a cru devoir ajouter à l'Enéide, poëme, qui, malgré ce que veulent dire certains savans, résolus de trouver parfait tout ce qui est ancien, ( pour se délivrer de l'embarras de faire un choix & de la nécessité d'avoir du gout, ) est évidemment resté incomplet. Le projet de continuer l'ouvrage de Virgile est hardi sans doute, mais le trouver téméraire & sacrilège, comme font quelques zélateurs, est encore une autre superstition. L'Enéide est l'ouvrage d'un homme, un homme peut y toucher, sur-tout quand ce n'est pas pour le corriger. On a la comparaison à craindre, il est vrai ; eh bien ! c'est au talent & au travail à rendre cette crainte même salutaire, & à la tourner au profit de l'ouvrage.

2°. On a un traité sur les inscriptions & les médailles, & un commentaire sur les épitres de Cicéron, par Bernardin *Maffée*, savant cardinal, mort en 1553.

3°. On a de Jean-Pierre *Maffée* ; jésuite Italien, mort en 1605 ; une vie latine de Saint-Ignace & une histoire des Indes aussi latine, traduite en françois, par l'abbé de Pure, *avec qui elle rampe aujourd'hui dans la fange*. Grégoire XIII chargea le P. *Maffée* d'écrire l'histoire de son pontificat. Elle a paru long-temps après la mort de l'un & de l'autre : L'histoire de tout pontificat n'est pas bonne à écrire & celle qui mérite d'être écrite, ne doit pas l'être par un jésuite Italien.

4°. François-Scipion *Maffée* ou *Maffei* ; c'est le fameux marquis *Maffei*, la gloire de Vérone & de l'Italie, l'auteur de la *Mérope* Italienne, à laquelle nous devons la *Mérope Françoise*, qui est à celle-là ce que le Cid de Corneille est à celui de Guillen de Castro.

La Mérope du marquis *Maffei* avoit fait révolution dans la tragédie en Italie, il voulut en faire autant dans la comédie, & il en fit une intitulée : *la Cérémonie*, qui eut aussi beaucoup de succès. Il traduisit en vers Italiens le premier chant de l'Iliade, & il étoit digne de faire pour sa patrie, relativement à ce fameux poëme, ce que Pope a fait pour la sienne, & d'être comme lui l'Homere de sa nation. Il ne tint pas à lui d'être utile au monde sur une matiere qui intéresse la morale, la politique & l'humanité, & qui est la plus délicate de toutes les matieres par ses rapports éloignés au prochains avec l'honneur & la bravoure, je veux

dire le duel : il osa, quoique gentilhomme, & militaire, en condamner l'usage dans un livre plein de raison, intitulé : *La scienza cavaleresca.*

A tant de talens dans tant de genres, le marquis *Maffei* joignoit une érudition immense, une connoissance profonde des inscriptions & des monumens antiques : on en peut juger par son *Museum Veronense*, sa *Verona illustrata*, son traité *de gli anfiteatri*, *e singolarmente de Veronese*, son *Istoria diplomatica*, *che serve d'introduzzione all' arte critica in tal materia*, & par plusieurs autres ouvrages. Il poussa son ambition littéraire jusqu'à la théologie ; il écrivit sur la grace, le libre arbitre & la prédestination, & remontant aux sources de la tradition sur ces matieres si souvent & si diversement agitées, il fit l'histoire & le tableau des opinions théologiques qu'elles ont fait naître pendant les cinq premiers siecles de l'église. Il a même donné des éditions de quelques peres, & elles sont estimées. La gloire de M. le marquis *Maffei* remplissoit le monde ; il voulut en jouir & l'augmenter, il voyagea en France, en Angleterre, en Hollande, en Allemagne ; il recueillit par-tout des applaudissemens & des hommages, & ne fut pas cependant du nombre de ceux que l'estime des étrangers a quelquefois consolés de l'indifférence de leur patrie. Son exemple au contraire est une exception très-marquée à la maxime connue : *nul n'est prophete en son pays*. A son retour de ses voyages, revenant prendre place à l'académie parmi ses confreres, le premier objet qui frappe ses regards, est son buste placé à l'entrée d'une des salles, avec cette inscription : *Au marquis Scipion Maffei encore vivant*, que M. de Voltaire compare avec raison à celle qu'on lit à Monpellier : *A Louis XIV après sa mort.* Pendant la derniere maladie du marquis *Maffei*, on fit à Vérone des prieres publiques ; après sa mort, le conseil lui décerna des obseques solemnelles ; & son oraison funebre fut prononcée publiquement dans la cathédrale de Vérone. Il étoit né dans cette ville en 1675 ; il y mourut en 1755.

Un autre Scipion *Maffei*, beaucoup moins célebre, a donné en italien, une *Histoire* estimée, *de la ville de Mantoue*.

MAFORTIUM, MAFORIUM, MAVORTE, MAVORTIUM, ( *Hist. anc.* ) habillement de tête des mariées chez les Romains ; il s'appella dans les temps plus reculés *ricinum*. Les moines les prirent ensuite, il leur couvroit les épaules & le col. ( *A. R.* )

MAFRACH, s. m. ( *Hist. anc.* ) grosse valise à l'usage des Persans opulents ; ils s'en servent en voyage, elle contient leurs habits, leur linge & leur lit de campagne. Le dedans est de feutre, & le dehors d'un gros canevas de laine de diverses couleurs, deux *mafrachs* avec le valet font la charge d'un cheval. ( *A. R.* )

MAGALHAENS. *Voyez* MAGELLAN.

MAGALOTTI, ( Laurent ). ( *Hist. Litt. mod.* ) sécrétaire de l'Académie *del Cimento*, à Florence, a donné un recueil des expériences faites par cette Compagnie & divers autres ouvrages. Il revoyoit souvent.

ſes écrits avec un œil ſévère, & en étoit rarement content, ce qui donna lieu à cette médaille flatteuſe qu'on frappa pour lui : c'étoit un Apollon rayonnant, avec cette légende : *omnia luſtrat*. Né à Florence en 1637, mort en 1711. Il étoit de l'Académie de la Cruſca, de celle des Arcades & de la Société Royale de Londres.

MAGDALEN ou MANDLIN, (*Hiſt. d' Anglet.*) L'Uſurpateur Henri IV tenoit en priſon Richard II, qu'il avoit détrôné ; il avoit auſſi en ſa puiſſance Edmond, chef de la maiſon de la Marche, héritier légitime du trône, après Richard, & un frère puîné de ce jeune ſeigneur. Les amis de la maiſon de la Marche, contents de veiller à la ſûreté d'Edmond, alors âgé de ſept ans, & de ſon frère, n'oſoient rien entreprendre en leur faveur. On conſpira, & ce ne fut point pour eux. Un chapelain de Richard, nommé *Magdalen* ou *Mandlin* fut l'idole qu'on préſenta au peuple. Ce *Mandlin* avoit avec Richard, qui vivoit encore alors, une reſſemblance de taille & de figure, dont on crut pouvoir tirer parti. On commença par répandre ſourdement le bruit que le roi Richard s'étoit ſauvé de ſa priſon ; & quand on crut avoir diſpoſé les eſprits, on indiqua un tournoi à Oxford, où l'on ſe propoſa d'attirer Henri IV, pour le faire priſonnier ou l'aſſaſſiner. Le complot fut découvert. Le comte de Rutland, qui avoit flatté, puis trahi tour-à-tour le duc de Gloceſtre, immolé par Richard II, puis Richard II lui-même, & qui flattoit alors Henri IV, pour le trahir, s'étoit mis à la tête de la conſpiration. Un jour qu'il étoit à diner chez le duc d'Yorck, ſon père, on apperçut un papier caché dans ſon ſein ; on en parla, il parut troublé : le duc d'Yorck voulut voir ce papier, & l'arracha de force à ſon fils ; c'étoit le détail de la conjuration & la liſte des conjurés. Le duc d'Yorck veut abſolument porter tout à Henri IV. Le comte de Rutland le prévient pour mériter ſa grace. Les conjurés ſachant que ces deux princes s'étoient rendus auprès du roi, & jugeant qu'il n'y avoit plus rien à ménager, revêtirent *Mandlin* des ornements de la royauté. Une partie du peuple crut ou voulut croire qu'il étoit le roi ; on retrouvoit dans ce chapelain toutes les graces de Richard, qui en avoit aſſez pour ſe faire pardonner ſes vices, & qui étoit aſſez malheureux pour pouvoir être plaint. Les conjurés, en voulant ſurprendre Henri à Windſor, furent eux-mêmes ſurpris à Cirenceſter, par le maire de cette place, qui les coupa, les bâtit, & envoya de ſa pleine autorité à l'échafaud, les principaux chefs & les plus grands ſeigneurs ; *Mandlin* eut la tête tranchée ; on vit le lâche Rutland, portant au haut d'une lance, la tête du lord Spenſer, ſon beau-frère & ſon complice, la préſenter honteuſement à Henri, qu'il eût traité de même, ſi le tournoi d'Oxford eût réuſſi. Ces faits ſe paſſoient en 1399.

MAGELLAN, (*Hiſt. mod.*) En 1517, le Portugais Ferdinand Magalhaëns ou *Magellan*, ayant quitté ſon roi pour Charles-Quint, découvrit ſous les auſpices de cet heureux prince, le détroit connu ſous le nom de *Magellan*. Il entra le premier dans ſa mer du Sud ; & pénétrant juſques dans l'Aſie par l'Amérique, il trouva les îles Marianes & une des Philippines. *Magellan* mourut en route ; mais dans cette courſe le tour du globe fut achevé par Sébaſtien Cano, un des compagnons de *Magellan*, qui rentra dans Séville le 8 ſeptembre 1522. *Magellan* étoit parti le 10 août 1519. Charles-Quint donna pour deviſe à Cano un globe terreſtre avec ces mots : *Primus me circumdediſti. Tu as le premier fait ce tour.* Drake ou Drack le fit en 1056 jours ; Cavendiſh en 777 ; Drake étoit parti en 1577. ; Cavendiſh en 1586. (*Voyez* les articles CAVENDISH & DRACK.)

MAGEOGHEGAN, (Jacques) (*Hiſt. Litt. mod.*) prêtre irlandois, habitué de la paroiſſe de St. Mery, à Paris, auteur d'une Hiſtoire d'Irlande, très-médiocre, mais qui manquoit. Mort en 1764.

MAGES, SECTE DES, (*Hiſt. de l'Idol. orient.*) Secte de l'Orient, diamétralemnnt oppoſée à celle des Sabéens. Toute l'idolâtrie du monde a été long-tems partagée entre ces deux ſectes.

Les *Mages*, ennemis de tout ſimulacre que les Sabéens adoroient, révéroient dans le feu qui donne la vie, la nature, l'emblême de la Divinité. Ils reconnoiſſoient deux principes, l'un bon, l'autre mauvais ; ils appelloient le bon *yardan* ou *ormuzd*, & le mauvais, *ahraman*.

Tels étoient les dogmes de leur religion, lorſque Smerdis, qui la profeſſoit, ayant uſurpé la couronne après la mort de Cambyſe, fut aſſaſſiné par ſept ſeigneurs de la première nobleſſe de Perſe ; & le maſſacre s'étendit ſur tous leurs ſectateurs.

Depuis cet incident, ceux qui ſuivoient le magianiſme, furent nommés *Mages* par dériſion ; car *mige guſh* en langue perſane, ſignifie un homme qui a les oreilles coupées ; & c'eſt à cette marque que leur roi Smerdis avoit été reconnu.

Après la cataſtrophe dont nous venons de parler, la ſecte des *Mages* ſembloit éteinte, & ne jettoit plus qu'une foible lumière parmi le peuple, lorſque Zoroaſtre parut dans le monde. Ce grand homme né pour donner par la force de ſon génie un culte à l'univers, comprit ſans peine qu'il pourroit faire revivre une religion qui pendant tant de ſiècles avoit été la religion dominante des Medes & des Perſes.

Ce fut en Médie, dans la ville de Xiz, diſent quelques-uns, & à Ecbatane, ſelon d'autres, qu'il entreprit vers l'an 36 du règne de Darius, ſucceſſeur de Smerdis, de reſſuſciter le magianiſme en le réformant.

Pour mieux réuſſir dans ſon projet, il enſeigna qu'il y avoit un principe ſupérieur aux deux autres que les *Mages* adoptoient ; ſçavoir un Dieu ſuprême, auteur de la lumière & des ténèbres. Il fit élever des temples pour célébrer le culte de cet être ſuprême, & pour conſerver le feu ſacré à l'abri de

la pluie, des vents & des orages. Il confirma ses
sectateurs dans la persuasion que le feu étoit le symbole de la présence divine. Il établit que le soleil étant
le feu le plus parfait, Dieu y résidoit d'une manière
plus glorieuse que par-tout ailleurs, & qu'après le
soleil, on devoit regarder le feu élémentaire comme
la plus vive représentation de la divinité.

Voulant encore rendre les feux sacrés des temples
qu'il avoit érigés, plus vénérables aux peuples, il
feignit d'en avoir apporté du ciel ; & l'ayant mis
de ses propres mains sur l'autel du premier temple
qu'il fit bâtir, ce même feu fut répandu dans tous les
autres temples de sa religion. Les prêtres eurent ordre
de veiller jour & nuit à l'entretenir sans cesse avec
du bois sans écorce, & cet usage fut rigoureusement
observé jusqu'à la mort d'Yazdejerd, dernier roi des
Perses de la religion des Mages, c'est-à-dire pendant
environ 1150 ans.

Il ne s'agissoit plus que de fixer les rites religieux
& la célébration du culte divin ; le réformateur du
magianisme y pourvut par une liturgie qu'il composa,
qu'il publia, & qui fut ponctuellement suivie. Toutes
les prières publiques se font encore dans l'ancienne
langue de Perse, dans laquelle Zoroastre les a écrites
il y a 2245 ans, & par conséquent le peuple n'en entend pas un seul mot.

Zoroastre ayant établi solidement sa religion en
Médie, passa dans la Bactriane, province la plus
orientale de la Perse, où se trouvant appuyé de la
protection d'Hystaspe, père de Darius, il éprouva
les mêmes succès. Alors tranquille sur l'avenir, il fit
un voyage aux Indes, pour s'instruire à fond des
sciences des Brachmanes. Ayant appris d'eux tout ce
qu'il désiroit savoir de métaphysique, de physique &
de mathématiques, il revint en Perse, & fonda
des écoles pour y enseigner ces mêmes sciences aux
prêtres de la religion ; ensorte qu'en peu de temps,
savant & mage devinrent des termes synonymes.

Comme les prêtres mages étoient tous d'une même
tribu, & que nul autre qu'un fils de prêtre, ne
pouvoit prétendre à l'honneur du sacerdoce, ils réser-
vèrent pour eux leurs connoissances, & ne les com-
muniquèrent qu'à ceux de la famille royale qu'ils étoient
obligés d'instruire pour les mieux former au gouvernement. Aussi voyons-nous toujours quelques-uns de
ces prêtres dans le palais des rois, auxquels ils servoient
de précepteurs & de chapelains tout ensemble. Tant
que cette secte prévalut en Perse, la famille royale
fut censée appartenir à la tribu sacerdotale, soit que
les prêtres s'éforçassent s'attirer par ce moyen plus de
crédit, soit que les rois crussent par là rendre leur
personne plus sacrée, soit enfin par l'un & l'autre de
ces motifs.

Le sacerdoce se divisoit en trois ordres, qui avoient
au-dessus d'eux un archimage, chef de la religion,
comme le grand sacrificateur l'étoit parmi les Juifs. Il
habitoit le temple de Balch, où Zoroastre lui-même
résida long-temps en qualité d'archimage ; mais après
que les Arabes eurent ravagé la Perse dans le septième
siècle, l'archimage fut obligé de se retirer dans le

Kerman, province de Perse ; & c'est-là que jusqu'ici
ses successeurs ont fait leur résidence. Le temple de
Kerman n'est pas moins respecté de nos jours de ceux
de cette secte, que celui de Balch l'étoit anciennement.

Il ne manquoit plus au triomphe de Zoroastre,
que d'établir la réforme dans la capitale de Perse.
Ayant bien médité ce projet épineux, il se rendit à
Suze auprès de Darius, & lui proposa sa doctrine
avec tant d'art, de force & d'adresse, qu'il le gagna,
& en fit son prosélyte le plus sincère & le plus zélé.
Alors, à l'exemple du prince, les courtisans, la noblesse, & tout ce qu'il y avoit de personnes de distinction dans le royaume, embrassèrent le Magianisme. On comptoit parmi les nations qui le profes-
soient, les Perses, les Parthes, les Bactriens, les
Chowaresmiens, les Saces, les Medes, & plusieurs
autres peuples barbares qui tombèrent sous la puissance
des Arabes dans le sept'ème siècle.

Mahomet tenant le sceptre d'une main & le glaive
de l'autre, établit dans tous ces pays-là le Mususlma-
nisme. Il n'y eut que les prêtres mages & une poignée
de dévots, qui ne voulurent point abandonner une
religion qu'ils regardoient comme la plus ancienne
& la plus pure, pour celle d'une secte ennemie, qui
ne faisoit que de naître. Ils se retirèrent aux extrémités
de la Perse & de l'Inde. « C'est-là qu'ils vivent au-
» jourd'hui sous le nom de Gaures ou de Guebres,
» ne se mariant qu'entr'eux, entretenant le feu sacré,
» fidèles à ce qu'ils connoissent de leur ancien culte,
» mais ignorants, méprisés, & à leur pauvreté près,
» semblables aux Juifs, si long-temps dispersés, sans s'al-
» lier aux autres nations ; & plus encore aux Banians,
» qui ne sont établis & dispersés que dans les Indes ».

Le livre qui contient la religion de Zoroastre, &
qu'il composa dans une retraite, subsiste toujours ;
on l'appela zenda vesta, & par contraction zend. Ce
mot signifie originairement, allume-feu ; Zoroastre
par ce titre expressif, & qui peut nous sembler bizarre, a voulu insinuer que ceux qui liroient son ouvrage, sentiroient allumer dans leur cœur le feu de
l'amour de Dieu, & du culte qu'il lui faut rendre.
On allume le feu dans l'Orient, en frottant deux tiges
de roseaux l'une contre l'autre, jusqu'à ce que l'une
s'enflamme ; & c'est ce que Zoroastre espéroit que
son livre feroit sur les cœurs. Ce livre renferme
la liturgie & les rites du Magianisme. Zoroastre feignit
l'avoir reçu du Ciel, & on en trouve encore des
exemplaires en vieux caractères persans. M. Hyde qui
entendoit le vieux persan comme le moderne, avoit
offert de publier cet ouvrage avec une version latine,
pourvu qu'on l'aidât à soutenir les frais de l'impression.
Faute de ce secours, qui ne lui manqueroit pas
aujourd'hui dans sa patrie, ce projet a échoué au grand
préjudice de la république des lettres, qu'il tireroit de
la traduction d'un livre de cette antiquité, des lumières
précieuses sur cent choses dont nous n'avons aucune
connoissance. Il suffit, pour s'en convaincre, de lire
sur les Mages & le Magianisme, le bel ouvrage de ce
savant anglois, de religione veterum Persarum, & celui
de Pocock sur le même sujet. Zoroastre finit ses jours

à Balk, où il régna par rapport au spirituel sur tout l'empire, avec la même autorité que le roi de Perse par rapport au temporel. Les prodiges qu'il a opérés en matière de religion, par la sublimité de son génie, orné de toutes les connoissances humaines, sont des merveilles sans exemple. (*D. J.*)

MAGGI, (Jérôme) MAGGIUS (*Hist. Litt. mod.*) homme heureusement né pour les sciences & pour les arts, & dont la destinée fut malheureuse. Né à Anghiari dans la Toscane, les Vénitiens l'avoient fait juge de l'amirauté dans l'île de Chypre; les Turcs vinrent assiéger Famagouste; son industrie naturelle lui fit inventer diverses machines pour la défense de la place & pour ruiner les travaux des assiégeants. Malgré tous ses efforts, Famagouste fut pris; les Turcs pillèrent la bibliothèque de *Maggi*, objet sacré pour tout autre que des barbares; ils le chargèrent de chaînes, & le traînèrent en esclavage à Constantinople. Il travailloit le jour pour ses maîtres impitoyables, il écrivoit la nuit. Privé de livres & de tout secours, il eut à se louer des trésors qu'il avoit précédemment accumulés dans sa mémoire; elle lui fournit assez de ressources pour composer des ouvrages, non pas bons, mais savants, & qui, d'après les conjectures, devenoient des Phénomènes. C'étoient entr'autres, un traité *de Tintinnabulis*, c'est-à-dire, une Histoire des Cloches, une autre, *de Equleo*, des commentaires sur les vies des Hommes illustres d'Œmilius Probus ou de Cornelius Nepos; des commentaires sur les Instituts; un traité des Fortifications : il dédia ces ouvrages aux ambassadeurs de France & de l'empereur; ce qui ayant intéressé ces ministres à son sort, ils voulurent le racheter, & commencèrent à traiter de sa rançon; pendant la négociation, *Maggi* ayant trouvé un moyen de s'échapper, en profita, & se sauva chez l'ambassadeur de l'empereur. Le visir irrité, l'envoya reprendre, & le fit étrangler en 1572; consentant ainsi à perdre la rançon, pourvu qu'il commît une cruauté.

On a de Barthélemi *Maggi*, frère de Jérôme, un Traité de la guérison des playes faites par les armes à feu.

Et d'un François - Marie *Maggi*, parent ou non des précédents, un livre intitulé : *Syntagmata linguarum Georgiæ*.

*MAGISTER*, s. m. (*Hist. mod.*) maître; titre qu'on trouve souvent dans les anciens écrivains, & qui marque que la personne qui le portoit, étoit parvenue à quelque degré d'éminence, *in scientiâ aliquâ, præsertim litterariâ.* Anciennement on nommoit *magistri* ceux que nous appellons maintenant docteurs.

C'est un usage encore subsistant dans l'université de Paris, de nommer *maîtres* tous les aspirans au doctorat, qui font le cours de la licence; & dans les examens, les thèses, les assemblées, & autres actes publics de la faculté de Théologie, les docteurs sont nommés *S. M. N. Sapientissimi Magistri Nostri.* Charles IX appelloit ordinairement & d'amitié son précepteur Amyot, *mon maître.* (*A. R.*)

MAGISTRIENS, s. m. pl. (*Hist. anc.*) satellites du *magister.* Or, comme il y avoit différents magisters, les *magistriens* avoient aussi différentes fonctions. (*A. R.*)

MAGLIABECCHI, (Antoine) (*Hist. Litt. mod.*) savant florentin, bibliothécaire du grand-duc de Toscane Côsme III, lisoit tout, savoit tout, mais n'écrivoit rien ou presque rien. Il se contentoit d'être utile aux savants; & il leur fut si utile, qu'il a mérité que son nom passât jusqu'à nous à ce seul titre. Le cardinal Noris lui écrivoit : *je vous dois plus pour le soin que vous avez bien voulu prendre de me diriger dans mes études, qu'au pape même pour la bonté qu'il a eue de m'honorer de la pourpre.* On a imprimé à Florence en 1745, un recueil de lettres que les savants lui écrivoient, & qui sont autant de témoignages de leur reconnoissance pour *Magliabecchi.* Ce recueil seroit plus complet, si *Magliabecchi*, toujours occupé de l'étude, eût seulement songé à sa gloire & se fût attaché à conserver, à multiplier, à mettre en ordre ces monuments de son érudition communicative & de sa bienfaisance littéraire. On a de lui seulement quelques éditions de différents ouvrages. Né à Florence en 1633, & destiné d'abord par les parents à l'orfèvrerie, son goût l'emporta, comme il arrive à tous ceux qui ont un goût véritablement dominant, & qui ne sont pas ce qu'on appelle bons à tout, parce qu'ils ne sont bons à rien. Mort aussi à Florence en 1714.

MAGLOIRE, (Saint) (*Hist. Ecclés.*) Ce saint, mort en 575, étoit du pays de Galles dans la Grande-Bretagne; il passa en France dans la province aussi nommée Bretagne, du nom des Bretons insulaires qui vinrent y chercher un asyle dans le temps de l'irruption des Saxons dans leur isle. Il fut abbé de Dol, puis évêque en Bretagne; il fonda depuis dans l'Isle de Gersey, un monastère, où il mourut. Ses reliques furent transférées à Paris, au fauxbourg St. Jacques, dans un monastère occupé alors par des Bénédictins, & qui a été cédé en 1628, aux Prêtres de l'Oratoire. C'est aujourd'hui le séminaire de Saint *Magloire.*

MAGNENCE, (*Hist. Romaine.*) né dans la Germanie, fut un soldat de fortune qui parvint par son courage à l'empire. La nature l'avoit comblé de tous les dons qui séduisent le cœur & les yeux. Il étoit d'une taille noble & avantageuse; ses traits étoient intéressants & réguliers; sa démarche & son maintien étoient majestueux : il avoit cette éloquence naturelle & militaire qui dédaigne les prestiges de l'art. Sans être savant, il avoit la superficie de toutes les sciences. Constant, présageant qu'il étoit appellé à une haute fortune, le tira de l'emploi de soldat pour l'élever aux premiers grades de la milice; ses bienfaits ne firent qu'un ingrat. *Magnence*, plus absolu que son âme l'armée, avoit gagné le cœur des soldats en s'associant à leurs débauches; il passoit les jours & les nuits avec eux dans les tavernes, & fournissoit par-tout à leur dépense. Assuré de leur affection, il sort de sa tente revêtu de la pourpre, il parcourt les rangs, accompagné de quelques satellites mercenaires. Ses partisans le proclament empereur, & ceux qui n'étoient point ses complices, gardèrent un morne silence. Tandis qu'il en impose à toute l'armée, il charge Gaïson d'aller massacrer Constant dans sa tente, & cet ordre est exécuté. Magnence fut reconnu empereur par les armées d'Italie & d'Afrique : les Gaules seules refusoient de lui obéir. Il y envoya son frère Decentius à la tête d'une armée pour s'y faire reconnoître. Il écrivit ensuite à Constantin, qu'il lui abandonnoit l'Orient & la Thrace, où il avoit déjà le commandement des armées. Constantin, sans daigner lui faire de réponse, laissa le soin des affaires d'Orient à son oncle Gallus, qui avoit été nommé César. Il aborde en Espagne, il invite les peuples à tirer vengeance du massacre de son frère Constant. Dès qu'il fut à la tête d'une armée, il chercha l'usurpateur qu'il joignit en Pannonie; on en vint aux mains dans les plaines de Meurse. L'action fut vivement disputée. Magnence, contraint de céder à la fortune, se retira dans les Gaules, que Constantin offrit de lui céder pour épargner le sang de ses sujets. Le tyran, se flattant de réparer la honte de sa défaite, rejetta avec dédain une offre aussi avantageuse. Il tenta la fortune d'un second combat dans la Provence, où la fortune trahit encore son courage. La crainte de tomber au pouvoir du vainqueur, le précipita dans le désespoir. Il fit mourir sa mère & tous ses parents pour les soustraire à la honte de la captivité, & se poignarda lui-même sur leurs cadavres sanglants. Sa tête fut portée sur une pique dans les principales villes de l'empire. Il professoit le christianisme, sans en pratiquer les maximes. Intempérant jusqu'à la débauche, il vécut, comme tous les Germains de son temps, dans une perpétuelle ivresse. Il fut le premier des Chrétiens qui trempa ses mains dans le sang de ses souverains. Fier & présomptueux dans la prospérité, il se laissoit abattre par le moindre revers; quoiqu'il eût été nourri sous la tente, il n'eut jamais cette franchise qui forme le caractère de l'homme de guerre. Cruel & dissimulé, il déguisoit sa haine pour mieux assurer le succès de ses vengeances : il étoit âgé de cinquante ans lorsqu'il se donna la mort; il voulut voir mourir son frère & ses plus intimes amis avant de se priver de la vie ( *T.—N.* )

**MAGNI**, ( *Voyez* VALÉRIEN. )

**MAGNIEZ**, ( Nicolas ) ( *Hist. Litt. mod.* ) Ce nom n'est pas connu, & ne le fera connoître; c'est celui de l'auteur du *Novitius*, ce dictionnaire latin si utile. Mort en 1749.

**MAGNON**, ( Jean ) ( *Hist. Litt. mod.* ) poëte du dix-septième siécle, auteur de la *Science universelle*, poëme moitié épique, moitié didactique; c'est partout le galimathias le plus sec & le plus monotone. Boileau s'est souvenu de *Magnon* dans son Art poëtique, pour l'écraser d'un seul coup en passant, & le laisser confondu dans la foule des écrivains à jamais oubliés:

On ne lit guère plus Rampale & Ménardière,
Que Magnon, du Souhait, Corbin & La Morlière,

C'est tout ce qu'on trouve sur *Magnon* dans Boileau:

Il te met dans la foule, ainsi qu'un misérable;
Il croit que c'est assez d'un coup pour t'accabler,
Et ne t'a jamais fait l'honneur de redoubler.

On dit que sa *Science universelle* devoit avoir dix livres ou volumes de vingt mille vers chacun, & que quelqu'un lui demandant où il en étoit de cet ouvrage, il répondit : *je n'ai plus que cent mille vers à faire.* Il comptoit rendre par cette espéce de poëme encyclopédique, toutes les bibliothèques inutiles, & il le dit dans la préface de la seule partie de cet ouvrage que nous ayons. On a de lui aussi des piéces de théâtre, entr'autres, une tragédie d'*Artaxercès.* Il fut assassiné la nuit par des voleurs à Paris, en 1662.

**MAGNUS**, ( *Hist. du Nord.* ) roi d'Ostrogothie; il étoit fils de Nicolas, roi de Danemarck : c'étoit un prince cruel qui n'avoit ni assez de lumières pour dicter des loix, ni assez de vertu pour les observer; il assassina Canut, roi des Vandales. Son peuple eut horreur de cette perfidie, & le chassa de ses états; il alla chercher un asyle à la cour de l'empereur Lothaire, dont il paya les secours par la plus noire trahison; cependant les Jutlandois armèrent une flotte pour le rétablir dans ses états; il fut vaincu, reparut encore les armes à la main, & périt dans un combat l'an 1135 ( *M. DE SACY.* )

**MAGNUS**, ( *Hist. de Danemarck.* ) roi de Norwege & de Danemarck, régnoit vers l'an 1040; peu satisfait des états que la fortune lui avoit donnés, il contraignit Canut-Horda à le reconnoître pour son successeur à la couronne de Danemarck. Après la mort de ce prince, il demanda le trône du ton dont il auroit parlé, s'il y avoit été déjà assis; il falloit le couronner ou le combattre; il fut couronné: *Magnus* ne se dissimula point que les Danois l'avoient élu malgré eux; & pour les retenir dans les bornes de l'obéissance, il distribua tous les gouvernemens à ses créatures, & confia aux troupes Norwégiennes la défense des places; il somma ensuite Edouard de lui remettre la couronne d'Angleterre; mais n'ayant pu l'obtenir par les menaces, il n'osa l'arracher par la force des armes, il demeura dans le Danemarck : Suénon devint son ministre, & bientôt son rival; il lui disputa la couronne, *Magnus* le battit en plusieurs rencontres, on ignore les circonstances de la mort de ce prince arrivée vers l'an 1048. Les Danois lui donnèrent les surnoms glorieux de *bon* & de *père de la patrie*; & on ne peut les accuser d'avoir voulu flatter lâchement un prince étranger qu'ils n'avoient reconnu qu'à regret. ( *M. DE SACY.* )

**MAGNUS**, ( *Hist. de Danemarck.* ) roi de Livonie & duc de Holstein, il étoit fils de Christian III, roi de Danemarck; le duché de Holstein avoit été partagé entre les trois enfants de ce prince, Frédéric, Jean & *Magnus.* Frédéric devenu roi de Danemarck, échangea l'an 1560, la souveraineté des diocèses d'Oësel & de Courlande, contre la portion du duché de Holstein qui étoit échue en partage à *Magnus*. Les Livoniens, las du joug de l'ordre teutonique, le reçurent avec enthousiasme : il est aisé de penser qu'on ne le laissa pas, tranquille dans cette contrée, la république de Pologne, & le czar de Moscovie lui disputèrent les armes à la main, d'une conquête qui ne lui avoit coûté que des bienfaits ; la Livonie devint donc le théâtre de la guerre. Enfin l'an 1570, le czar proposa au duc *Magnus* de le créer roi de Livonie : recevoir la couronne des mains du czar, c'étoit se déclarer son vassal, & il valoit mieux être indépendant avec le titre de duc, que tributaire avec celui de roi ; mais ce nom fascina les yeux de *Magnus*, il se rendit en Moscovie, il y fut couronné ; le trône fut déclaré héréditaire dans sa famille, il se soumit à payer un tribut annuel au czar, & celui-ci se réserva le titre de protecteur de Livonie. *Magnus* né avec cette douceur, cette équité, ces vertus qui n'obtiennent pas toujours des couronnes, mais qui les méritent, fit le bonheur des Livoniens ; mais bientôt le czar qui n'avoit d'autre but que de régner sous son nom, arma contre lui ; le protecteur de la Livonie en fut l'oppresseur, la guerre se ralluma ; *Magnus* se vit enlever la plûpart de ses places, & se retira dans son duché de Courlande, où il mourut, le 18 mars 1583 ; les regrets des Livoniens le suivirent dans le tombeau, & ses sujets lui furent également gré, & du bien qu'il avoit fait, & de celui qu'il n'avoit pu faire. ( *M. DE SACY* )

**MAGNUS**, ( *Hist. de Suéde.* ) roi de Suede, étoit fils d'Eric Scateller, roi de Danemarck : un parti de mécontens l'appella en Suéde, Eric-le-saint y régnoit alors ; il périt en défendant sa couronne contre l'usurpateur : *Magnus* fut couronné, & ce même peuple qui avoit eu la lâcheté d'abandonner son maitre légitime, eut le courage de le venger. Les Goths & les Suédois reunis, s'avancèrent contre *Magnus* ; celui-ci crut qu'une fois monté sur le trône, il falloit le conserver ou mourir : les Danois étoient accourus pour le défendre ; on en vint aux mains, *Magnus* périt avec toute son armée, près de l'an 1160, près d'Upsal, que se donna cette bataille ; les vainqueurs bâtirent sur le champ même une église, dont les murailles auroient pu être cimentées du sang des vaincus. ( *M. DE SACY.* )

**MAGNUS-LADESLAS**, roi de Suéde : il étoit fils de Biger-Jert, & frère de Waldemar, roi de Suéde ; il avoit eu le duché de Sudermanie en apanage, son ambition étoit encore plus vaste que ses états ; après la mort de son père, il excita dans la Suéde plusieurs guerres civiles, & parvint à détrôner son frère, l'an 1277. Il prit le titre de roi de Suéde, & y ajouta celui de roi des Goths, aboli long-tems auparavant dans le tributaire. L'expérience des règnes précédens lui apprenoit qu'il étoit dangereux de donner trop de crédit à la maison de Folkanger, dont lui-même il étoit issu ; il aima mieux élever aux premières dignités quelques seigneurs du comté de Holstein, qu'*Hedvige*, son épouse, fille du comte Gerard, avoit

attirés à sa cour ; le plus célèbre d'entr'eux & le plus digne de l'être, se nommoit *Ingemar Danske* ; la haute fortune de ces étrangers blessa les yeux jaloux de Folkanger, & Ingemar en fut la première victime ; ils n'osèrent attenter à la vie du comte de Holstein, mais ils le renfermèrent dans le château de Jernsbourg. *Magnus* obtint sa liberté par des démarches humiliantes, l'espoir d'une prompte vengeance lui en faisoit supporter la honte : il atteignoient le dernier période de leur prospérité, lorsqu'il leur fit trancher la tête. Philippe de Rundi survécut seul au supplice des siens ; une double alliance, le mariage projetté de son fils Briger avec Merette, princesse Danoise, & celui d'Eric, roi de Danemarck, avec Ingeburge, fille de *Magnus*, assoupit au moins pour quelque temps, les longues inimitiés des Suédois & des Danois. *Magnus* exerça dans la Suéde une justice si sévère, qu'il rendoit disoit-on, *les serrures inutiles*, & c'est de-là que lui vint le surnom de *Ladeslas* ; cependant Waldemar faisoit jouer secrètement mille ressorts pour se former un parti & remonter sur le trône ; *Magnus* méprisa son frère tant qu'il ne fut que turbulent, mais dès qu'il fut dangereux, il le fit enfermer. Au milieu des discordes civiles qui troublèrent le repos du Gothland, il prit le parti le plus sage que la bonne politique puisse dicter dans de pareilles circonstances, ce fut de punir également les deux partis. La Suéde fut heureuse & florissante sous son regne, mais on reprocha toujours à sa mémoire le massacre des Folkanger & son usurpation ; il mourut le 18 décembre l'an 1290. ( *M. DE SACY.* )

**MAGNUS-SMEEK**, roi de Suéde & de Norwege, n'avoit que trois ans lorsque la disgrace de Birger II & la mort de Haquin lui laissèrent ces deux couronnes : il étoit fils d'Eric ; Eric étoit frère de Birger que l'avoit fait assassiner. *Magnus* épousa Blanche, fille du comte de Namur, & profita des troubles qui agitoient le Danemarck pour s'emparer de la Scanie ; son ambition même portoit ses vues plus loin, le régent Matthias Kettelmundson étoit mort, & depuis 1336 *Magnus* gouvernoit par lui-même ; il demanda le royaume de Danemarck au pape, comme étant des rois, & se soumit à payer au saint siège un tribut que les Danois refusoient depuis long-tems ; mais le pontife fut assez sage pour ne pas vouloir se mêler des affaires du Nord. Cependant *Magnus*, par un traité signé l'an 1343 demeura en possession de la Scanie, du Blecking, de l'Hister, de l'île d'Huen, & du Halland qu'il acheta ; mais il fut contraint de céder une partie de la Carélie aux Russes, auxquels il avoit fait une guerre injuste dans son principe, & mal conduite dans l'exécution : il y avoit employé les deniers de saint Pierre, & le pape l'excommunia ; il avoit accablé le peuple d'impôts, & le peuple se souleva. Au milieu de ce tumulte Eric fut couronné, & l'on vit sans horreur un père détrôné par son fils ; ce spectacle n'étoit point extraordinaire dans le Nord, la guerre fut bientôt allumée, elle se fit avec divers succès; enfin *Magnus* fut contraint de partager le royaume

*avec*

avec son fils ; on lui laissa l'Uplande , la Gothie , le Wormland , la Dalécarlie , le Halland & l'île d'Oeland , le reste fut le partage d'Eric. *Magnus* parut oublier la révolte de son fils , & l'attira à sa cour ; on prétend que Blanche , mère du jeune prince , l'empoisonna ; mais quel que fût le genre de sa mort , il périt à la fleur de son âge, l'an 1354 ; le père succéda à son fils , & tout le royaume rentra sous l'obéissance de *Magnus* ; ce prince méditoit depuis long-tems des projets de vengeance ; pour en assurer le succès il s'appuya de l'alliance de Waldemar , roi de Danemarck , autrefois son ennemi, lui rendit, sans l'aveu des états , la Scanie , le Halland & le Blecking , & promit de marier son fils Haquin , avec Marguerite , fille de ce prince. Waldemar devint le ministre des fureurs de *Magnus* ; celui-ci cherchoit en vain des prétextes pour châtier les Gothlandois ; mais au premier signe que donna sa haine, Waldemar fit massacrer dix-huit mille paysans. C'étoit le sort de *Magnus* d'être détrôné par ses enfans ; Haquin , roi de Norwege, le fit enfermer dans le château de Calmar , & prit en main le gouvernement du royaume. Le mariage de Haquin & de Marguerite , n'étoit pas encore célébré ; les états forcèrent le roi de Norwege à accepter la main d'Elisabeth , sœur de Henri , comte de Holstein ; cette princesse s'embarqua pour venir en Suéde , mais une tempête la jetta sur les côtes de Danemarck. Waldemar fut alors rompre ce mariage & conclure le premier. *Magnus* sortit de sa prison , exila un grand nombre de sénateurs : ceux-ci au nom du Gothland , proclamèrent Henri , comte de Holstein , roi de Suéde ; mais il rejetta un présent dangereux & illégitime , & leur conseilla de placer la couronne sur la tête d'Albert , duc de Mecklenbourg ; celui-ci la refusa de même , mais il leur présenta Albert , son second fils , qui fut couronné. *Magnus* fut détrôné une troisiéme fois, & perdit à la fois le trône & la liberté , l'an 1365. Ses fers furent brisés quelque tems après. Il fixa sa retraite en Norwege, où il se noya vers l'an 1375. Jamais prince n'auroit eu plus de droits à la compassion des hommes , s'il n'avoit pas mérité ses malheurs. ( M. DE SACY. )

MAGNUS , ( Jean & Olaus ) ( *Hist. Litt. mod.* ) deux frères , tous deux , l'un après l'autre , archevêques d'Upsal , en Suéde , tous deux persécutés ou du moins disgraciés pour leur attachement à la religion Catholique, lorsque Gustave Vasa, d'ailleurs si grand prince , crut devoir introduire le Luthéranisme dans ses états. Jean , mort à Rome en 1544 , est auteur d'une histoire de Suéde , & d'une des archevêques d'Upsal. Olaus , mort à Rome en 1555 , a laissé une *Histoire des Mœurs , des Coutumes & des Guerres des Peuples du Septentrion.*

MAGON , ( *Hist des Carthagin.* ) nom commun à Carthage , ainsi que celui de Barcée , qui distinguoit une famille de *Magons* , & qui avoit autrefois le nom d'une peuplade d'Africains répandus dans le désert de Barca :

*Histoire.* TOME III.

*Hinc deserta situ regio , lateque surentos*
*Barcéi.*

Plusieurs personnages du nom de *Magon* , sont connus dans l'histoire de Carthage :

1°. *Magon* Barcée fit la guerre avec divers succès , contre Denys-le-Tyran , dans la Sicile , pendant les années 394, 393 , 389 avant J. C. Il le battit, il en fut battu , il fut tué enfin dans une bataille.

2°. *Magon* Barcée son fils , eut une destinée encore plus funeste. On l'accusa de s'être mal comporté en Sicile , & d'en être parti à l'arrivée de Timoléon & des Corinthiens , avec une précipitation trop semblable à une terreur panique. Les Carthaginois punissoient dans leurs généraux non seulement la poltronerie & l'incapacité , mais encore le mauvais succès. Chez eux , il falloit vaincre ou ne pas commander. On fit le procès à *Magon*. Il prévint son supplice par une mort volontaire, l'an 343 ayant J. C. Mais s'il échappa aux tourments , il ne put échapper à l'infamie. Les Carthaginois firent mettre en croix son cadavre , comme ils l'y auroient mis lui-même.

3°. *Magon* , frère d'Annibal , est le plus célèbre de tous ; il étoit digne de son père Amilcar , de ses frères Annibal & Asdrubal. Il fut chargé de porter à Carthage la nouvelle de la victoire de Cannes , à laquelle il avoit contribué. Pour donner au sénat de Carthage une idée de la perte que les Romains avoient faite dans cette bataille , il fit répandre au milieu de l'assemblée trois boisseaux d'anneaux d'or, tirés des doigts des chevaliers Romains tués en cette occasion. Il fut battu dans la suite , par Scipion , près de Carthage , & poussé jusques sur le bord de la mer. Chassé de l'Espagne , il voulut se dédommager par la conquête des îles Baléares ; on sait combien les habitans de ces îles excelloient dans l'usage de la fronde. Ceux de Majorque , que *Magon* attaqua d'abord , firent pleuvoir avec leurs frondes, une grêle de pierres si énormes sur les Carthaginois , que ceux-ci furent obligés de prendre le large pour échapper à cette tempête. Plus heureux contre Minorque , *Magon* s'en rendit le maître, & c'est son nom qu'on reconnoît encore dans celui de Port-Mahon , *Portus-Magonis*. Il passa dans la suite en Italie , où il fournit la ville de Gênes ; mais ayant été battu & blessé dans un combat contre Quintilius Varus , il mourut des blessures qu'il y avoit reçues, l'an 203 avant J. C. Ainsi , une mort violente fut le prix de la gloire que tous ces illustres frères acquièrent contre les Romains :

Le sang de ces Romains est-il si précieux ;
Qu'on ne puisse en verser sans offenser les Dieux ?

MAHADI , ( *Hist. des Arabes* ) fils & successeur d'Abou gia-far-Almanzor , & troisiéme calife de la race des Abassides , a laissé une grande réputation de courage, de sagesse & de bonté. Il humilia l'empire grec, & lui imposa tribut , même sous le règne de l'impératrice Irène. S'il dépensa , comme on le dit, 666 millions d'écus d'or pour un pélerinage à la Mècque , en étalant & exagérant le faste asiatique ,

H h h

gardons-nous de l'en eſtimer. Quand même, ce qu'on
ne dit pas, des fonds exorbitans auroient été employés
en bienfaits & en aumônes réparties avec la plus grande
intelligence & la plus grande équité ; il vaut mieux
laiſſer chacun faire ſes aumônes & laiſſer à chacun
le moyen d'en faire, que de lever ſur les peuples de
tels tributs & de ſe charger de la répartition. Les rois
ne doivent point donner, mais récompenſer des travaux & des ſervices ; ils ne doivent point faire l'aumône, mais gouverner de manière qu'on ſoit en état
de la faire, & qu'il y ait peu de pauvres.

On a cité de Mahadi divers traits, divers mots
plus ou moins eſtimables.

A ſon arrivée à la Mecque & à ſon entrée dans
la Moſquée, un dévot lui préſenta une pantouffle,
qu'il aſſûroit, ainſi que le peuple, avoir appartenu à
Mahomet. Mahadi la reçut avec reſpect, & donna
une ſomme conſidérable au dévot. Il dit enſuite à ſes
courtiſans : Mahomet n'a jamais eu ni vu cette chauſ-
ſure ; mais le peuple eſt perſuadé qu'elle vient de ce
prophète, & ſi je l'avois refuſée, il auroit cru que je
mépriſois les choſes ſaintes. Cette conduite a un air
de prudence & de reſpect pour les erreurs populaires
qui d'abord inſpire de l'eſtime ; cependant elle peut
être enviſagée diverſement. Pourquoi, diront des
eſprits plus amis de la vérité, entretenir la ſuperſtition
par un faux reſpect pour des erreurs ? Pourquoi, s'il
croyoit ſa religion vraie, ſouffrir qu'elle ſût profanée
par le menſonge ? Pourquoi, s'il la croyoit fauſſe,
autoriſer des fauſſetés ? Ce n'eſt pas qu'il faille toujours
combattre de front les erreurs populaires en matière de
religion ; ce courage ſeroit ſouvent une témérité ;
mais pourquoi payer & payer cher pour les accréditer ?
Pourquoi fournir en leur faveur, un argument & un
exemple qu'on ne manquera pas de citer, & qui
fortifieront ces erreurs.

A ce même voyage de la Mecque, un homme
lui donna une très-bonne leçon ſur les largeſſes oné-
reuſes au peuple, qu'il répandoit avec profuſion dans
la moſquée : Mahadi demanda à cet homme s'il ne
vouloit pas y avoir part ? Dans la maiſon de Dieu,
lui répondit cet homme, je ne demande qu'à Dieu,
& je ne lui demande autre choſe que lui-même.

D'autres réponſes faites à ce prince donnent une idée
bien aimable de ſa bonté. Juſqu'à quand, diſoit-il à un
de ſes officiers, retomberez-vous dans les mêmes fautes ?
Tant qu'il plaira au ciel, lui répondit cet officier, de
vous conſerver pour notre bonheur, nous ferons des
fautes, & vous nous les pardonnerez.

Mahadi mourut à la chaſſe par un accident à-peu-près
ſemblable à celui qui chez nous enleva un des princes
Carlovingiens, Louis, frère de Carloman. La bête
qu'il chaſſoit, ſe jetta dans une maſure, où le cheval
entra ſur ſes traces ; arrêté par la porte qui ſe trouva
trop baſſe, le prince fut renverſé, & ſe les reins
briſés, & expira ſur le champ, l'an 785 de J. C. Il
avoit régné dix ans & un mois.

**MAHAL**, ou **MAHL**, ( *Hiſtoire mod.* ) c'eſt ainſi
qu'on nomme le palais du grand mogol, où ce prince

à ſes appartemens & ceux de ſes femmes & concubines.
L'entrée de ce lieu eſt interdite même aux miniſtres
de l'empire. Le médecin Bernier y eſt entré pluſieurs
fois pour voir une ſultane malade, mais il avoit
la tête couverte d'un voile, & il étoit conduit
par des eunuques. Le mahal du grand mogol eſt la
même choſe que le ſerrail du grand ſeigneur & le
haram des rois de Perſe ; celui de Dehli paſſe pour
être d'une très-grande magnificence. Il eſt rempli par
les reines ou femmes du mogol, par les princeſſes du
ſang, par les beautés aſiatiques & ſlaves aux pluſieurs du
ſouverain, par les femmes qui veillent à leur conduite,
par celles qui les ſervent, enfin par des eunuques.
Les enfans mâles du mogol y reſtent auſſi juſqu'à ce
qu'ils ſoient mariés ; leur éducation eſt confiée à des
eunuques, qui leur inſpirent des ſentimens très-oppoſés
à ceux qui ſont néceſſaires pour gouverner un grand
empire ; quand ces princes ſont mariés, on leur donne
un gouvernement ou une viceroyauté dans quelque
province éloignée.

Les femmes chargées de veiller ſur la conduite des
princeſſes & ſultanes ſont d'un âge mûr ; elles influent
beaucoup ſur le gouvernement de l'empire. Le ſouverain
leur donne des offices ou dignités qui correſpondent
à ceux des grands officiers de l'état ; ces derniers ſont
ſous les ordres de ces femmes, qui ayant l'oreille du
monarque, diſpoſent ſouverainement de leur ſort.
L'une d'elles fait les fonctions de premier miniſtre ;
une autre celle de ſecrétaire d'état, &c. Les miniſtres
du dehors reçoivent leurs ordres par lettres, & mettent leur viſage à leur plaire ; d'où l'on peut
juger de la rigueur des meſures & de la profondeur
des vues de ce gouvernement ridicule.

Le grand-mogol n'eſt ſervi que par des femmes,
dans l'intérieur de ſon palais ; il eſt même gardé par
une compagnie de cent femmes tartares, armées
d'arcs, de poignards & de ſabres. La femme qui les
commande a le rang & les appointemens d'un omrah
de guerre ou général d'armée. (*A. R.*)

**MAHA-OMMARAT**, ( *Hiſt. mod.* ) c'eſt le nom
que l'on donne dans le royaume de Siam, au ſeigneur
le plus diſtingué de l'état, qui eſt le chef de la nobleſſe, & qui, dans l'abſence du roi & à la guerre,
fait les fonctions du monarque & le repréſente. (*A.R.*)

**MAHARBAL**, ( *Hiſt. des guerres Puniques* ) capitaine carthaginois qui commandoit la cavalerie à la
bataille de Cannes. Il eſt connu ſur-tout par le
conſeil qu'il donna de marcher droit à Rome. Dans
cinq jours, diſoit-il à Annibal, je vous donne à
ſouper au Capitole. Annibal ne goûta point cet avis, &
l'on ſait que Maharbal lui dit qu'il ne ſavoit que vaincre,
& non pas uſer de la victoire : Tum Maharbal : non
omni nimirum eidem Dii dedere ; vincere ſcis, Annibal,
victoriâ uti neſcis.

Nous croyons ſans cependant avoir le droit de condamner un général tel qu'Annibal, ſur ce mot d'un
capitaine, que nous pouvons croire très-habile, mais
dont nous ne ſavons pas bien préciſément quelle
pouvoit être l'autorité, & dont les talens nous ſont

Beaucoup moins prouvés que ceux d'Annibal. On a beaucoup parlé des délices de Capoue qui amollirent, dit-on, l'armée Carthaginoise ; il est juste de peser aussi les raisons qui ont pu déterminer un homme tel qu'Annibal, & que M. Rollin a très-sensément exposées.

MAHOMET. Sur Mahomet le prophète, *voyez* l'article suivant.

MAHOMÉTISME, f. m. ( *Hist. des Religions du monde.* ) religion de Mahomet. L'historien philosophe de nos jours en a p..nt le t.bleau si parfaitement, que ce seroit s'y mal connoître que d'en présenter un autre aux lecteurs.

Pour se faire, dit-il, une idée du *Mahométisme*, qui a donné une nouvelle forme à tant d'empires, il faut d'abord se rappeller que ce fut sur la fin du sixième siècle, en 570, que naquit Mahomet à la Mecque dans l'Arabie Pétrée. Son pays défendoit alors sa liberté contre les Perses, & contre ces princes de Constantinople qui retenoient toujours le nom d'empereurs Romains.

Les enfants du grand Noushirvan, indignes d'un tel père, désoloient la Perse par des guerres civiles & par des parricides. Les successeurs de Justinien avilissoient le nom de l'empire ; Maurice venoit d'être détrôné par les armes de Phocas & par les intrigues du patriarche syriaque & de quelques évêques, que Phocas punit ensuite de l'avoir servi. Le sang de Maurice & de ses cinq fils avoit coulé sous la main du bourreau, & le pape Grégoire-le-grand, ennemi des patriarches de Constantinople, tâchoit d'attirer le tyran Phocas dans son parti, & lui prodiguant des louanges & en condamnant la mémoire de Maurice qu'il avoit loué pendant sa vie.

L'empire de Rome en occident étoit anéanti ; un déluge de barbares, Goths, Hérules, Huns, Vandales, inondoient l'Europe, quand Mahomet jettoit dans les déserts de l'Arabie les fondements de la religion & de la puissance musulmane.

On sait que Mahomet étoit le cadet d'une famille pauvre ; qu'il fut long-temps au service d'une femme de la Mecque, nommée Cadischée, laquelle exerçoit le négoce ; qu'il l'épousa & qu'il vécut obscur jusqu'à l'âge de quarante ans. Il ne déploya qu'à cet âge les talents qui le rendoient supérieur à ses compatriotes. Il avoit une éloquence vive & forte, dépouillée d'art & de méthode, telle qu'il la falloit à des Arabes ; un air d'autorité & d'insinuation, animé par des yeux perçans & par une heureuse physionomie ; l'intrépidité d'Alexandre, la libéralité, & la sobriété dont Alexandre auroit eu besoin pour être grand homme en tout.

L'amour qu'un tempérament ardent lui rendoit nécessaire, & qui lui donna tant de femmes & de concubines, n'affoiblit ni son courage, ni son application, ni sa santé. C'est ainsi qu'en parlent des Arabes contemporains, & ce portrait est justifié par ses actions.

Après avoir connu le caractère de ses concitoyens,

leur ignorance, leur crédulité, & leur disposition à l'enthousiasme, il vit qu'il pouvoit s'ériger en prophète, il feignit des révélations, il parla : il se fit croire d'abord dans sa maison, ce qui étoit probablement le plus difficile. En trois ans, il eut quarante-deux disciples persuadés ; Omar, son persécuteur, devint son apôtre ; au bout de cinq ans, il en eut cent quatorze.

Il enseignoit aux Arabes, adorateurs des étoiles, qu'il ne falloit adorer que le Dieu qui les a faites : que les livres des Juifs & des Chrétiens s'étant corrompus & falsifiés, on devoit les avoir en horreur ; qu'on étoit obligé, sous peine de châtiment éternel, de prier cinq fois par jour, de donner l'aumône, & sur-tout, en ne reconnoissant qu'un seul Dieu, de croire en Mahomet son dernier prophète ; enfin de hazarder sa vie pour sa foi.

Il défendit l'usage du vin, parce que l'abus en est dangereux. Il conserva la circoncision pratiquée par les Arabes, ainsi que par les anciens Égyptiens, instituée probablement pour prévenir ces abus de la première puberté, qui énervent souvent la jeunesse. Il permit aux hommes la pluralité des femmes, usage immémorial de tout l'Orient. Il n'altéra en rien la morale qui a toujours été la même dans le fond chez tous les hommes, & qu'aucun législateur n'a jamais corrompue. Sa religion étoit d'ailleurs plus assujetissante qu'aucune autre, par les cérémonies légales : par le nombre & la forme des prières & des ablutions, rien n'étant plus gênant pour la nature humaine, que des pratiques qu'elle ne demande pas, & qu'il faut renouveller tous les jours.

Il proposoit pour récompense une vie éternelle, où l'ame seroit enivrée de tous les plaisirs spirituels, & où le corps ressuscité avec ses sens, goûteroit par ses sens mêmes toutes les voluptés qui lui sont propres.

Cette religion s'appella l'*islanisme*, qui signifie résignation à la volonté de Dieu. Le livre qui la contient s'appella *coran*, c'est-à-dire, *le livre*, ou l'écriture, ou la lecture par excellence.

Tous les interprètes de ce livre conviennent que sa morale est contenue dans ces paroles : « recherchez » qui vous chasse, donnez à qui vous ôte, pardonnez » qui vous offense, faites du bien à tous, ne » contestez point avec les ignorants ». Il auroit dû également recommander de ne point disputer avec les savants. Mais, dans cette partie du monde, on ne se doutoit pas qu'il y eût ailleurs de la science & des lumières.

Parmi les déclamations incohérentes dont ce livre est rempli, selon le goût oriental, on ne laisse pas de trouver des morceaux qui peuvent paroître sublimes, Mahomet, par exemple, en parlant de la cessation du déluge, s'exprime ainsi : « Dieu dit : terre, en- » gloutis tes eaux : ciel, puise les eaux que tu as » versées : le ciel & la terre obéirent ».

Sa définition de Dieu est d'un genre plus véritablement sublime. On lui demandoit quel étoit cet Alla qu'il annonçoit : « c'est celui, répondit-il, qui

» tient l'être de foi-même , & de qui les autres le
» tiennent , qui n'engendre point & qui n'est point
» engendré , & à qui rien n'est semblable dans toute
» l'étendue des êtres ».

Il est vrai que les contradictions , les absurdités ,
les anachronismes , sont répandus en foule dans ce
livre. On y voit sur-tout une ignorance profonde
de la Physique la plus simple & la plus connue. C'est-là
la pierre de touche des livres que les fausses religions
prétendent écrits par la Divinité ; car Dieu n'est ni
absurde , ni ignorant : mais le vulgaire , qui ne voit
point ces fautes , les adore , & les Imans emploient un
déluge de paroles pour les pallier.

Mahomet ayant été persécuté à la Mecque , sa
fuite , qu'on nomme égire , fut l'époque de sa gloire
& de la fondation de son empire. De fugitif il devint conquérant. Réfugié à Médine , il y persuada
le peuple & l'asservit. Il battit d'abord avec cent
treize hommes les Mecquois qui étoient venus fondre sur lui au nombre de mille. Cette victoire, qui
fut un miracle aux yeux de ses sectateurs, les persuada que Dieu combattoit pour eux comme eux
pour lui. Dès-lors ils espérèrent la conquête du monde.
Mahomet prit la Mecque , vit ses persécuteurs à ses
pieds , conquit en neuf ans , par la parole & par les
armes , toute l'Arabie , pays aussi grand que la Perse ,
& que les Perses ni les Romains n'avoient pu soumettre.

Dans ces premiers succès , il avoit écrit au roi
de Perse Cosroès II , à l'empereur Héraclius , au
prince des Coptes , gouverneur d'Egypte , au roi des
Abissins , & à un roi nommé Mandar , qui régnoit
dans une province près du golfe Persique.

Il osa leur proposer d'embrasser sa religion ; & ce
qui est étrange , c'est que de ces princes il y en eut deux
qui se firent mahométans. Ce furent le roi d'Abissinie
& ce Mandar. Cosroès déchira la lettre de Mahomet
avec indignation. Héraclius répondit par des présens.
Le prince des Coptes lui envoya une fille qui passoit
pour un chef-d'œuvre de la nature , & qu'on appelloit
la belle Marie.

Mahomet, au bout de neuf ans , se croyant assez fort
pour étendre ses conquêtes & sa religion chez les
Grecs & chez les Perses , commença par attaquer la
Syrie , soumise alors à Héraclius , & lui prit quelques
villes. Cet empereur entêté de disputes métaphysiques
de religion , & qui avoit embrassé le parti des Mono-
théistes , essuya en peu de tems deux propositions bien
singulières ; l'une de la part de Cosroès II , qu'il avoit
long-temps vaincu ; l'autre de la part de Mahomet.
Cosroès vouloit qu'Héraclius embrassât la religion des
Mages , & Mahomet, qu'il se fit musulman.

Le nouveau prophète donnoit le choix à ceux qu'il
vouloit subjuguer , d'embrasser sa secte ou de payer
un tribut. Ce tribut étoit réglé par l'alcoran à treize
drachmes d'argent par an pour chaque chef de famille.
Une taxe si modique est une preuve que les peuples qu'il soumit étoient très-pauvres. Le tribut a
augmenté depuis. De tous les législateurs qui ont fondé
des religions , il est le seul qui ait étendu la sienne

par les conquêtes. D'autres peuples ont porté leur
culte avec le fer & le feu chez des nations étrangères , mais nul fondateur de secte n'avoit été conquérant. Ce privilège unique est , aux yeux des Musulmans, l'argument le plus fort , que la Divinité prit
soin elle-même de seconder leur prophète.

Enfin Mahomet , maître de l'Arabie & redoutable
à tous ses voisins, attaqué d'une maladie mortelle
à Médine , à l'âge de soixante - trois ans & demi ,
voulut que ses derniers moments parussent ceux d'un
héros & d'un juste : « que celui à qui j'ai fait violence
» & injustice paroisse , s'écria-t-il , & je suis prêt de
» lui faire réparation ». Un homme se leva qui lui
demanda quelque argent ; Mahomet le lui fit donner,
& expira quelque temps après , regardé comme un
grand homme par ceux même qui savoient qu'il étoit
un imposteur , & révéré comme un prophète par
tout le reste.

Les Arabes contemporains écrivirent sa vie dans
le plus grand détail. Tout y ressent la simplicité barbare des temps qu'on nomme héroïques. Son contrat
de mariage avec la première femme Cadischée , est
exprimé en ces mots : « attendu que Cadischée est
» amoureuse de Mahomet , & Mahomet pareillement
» amoureux d'elle ». On voit quels repas apprêtoient
ses femmes , & on apprend le nom de ses épées & de
ses chevaux. On peut remarquer sur-tout dans son
peuple des mœurs conformes à celles des anciens
Hébreux ( je ne parle que des mœurs) , la même
ardeur à courir au combat au nom de la Divinité ,
la même soif du butin , le même partage des dépouilles , & tout se rapportant à cet objet.

Mais , en ne considérant que les choses humaines ,
& en faisant toujours abstraction des jugements de
Dieu & de ses voies inconnues , pourquoi Mahomet
& ses successeurs , qui commencèrent leurs conquêtes
précisément comme les Juifs , firent-ils de si grandes
choses , & les Juifs de si petites ? Ne seroit-ce point
parce que les Musulmans eurent le plus grand soin
de soumettre les vaincus à leur religion , tantôt par
la force, tantôt par la persuasion ? Les Hébreux au
contraire , n'associèrent jamais les étrangers à leur culte;
les Musulmans arabes incorporèrent à eux les autres
nations , les Hébreux s'en tinrent toujours séparés. Il
paroit même que les Arabes eurent un enthousiasme
plus courageux , une politique plus généreuse & plus
hardie. Le peuple hébreu avoit en horreur les autres
nations ; & craignoit toujours d'être asservi. Le peuple
arabe au contraire vouloit attirer tout à lui , & se
crut fait pour dominer.

La dernière volonté de Mahomet ne fut point
exécutée. Il avoit nommé Aly son gendre , & Fatime
sa fille , pour les héritiers de son empire : mais
l'ambition , qui l'emporte sur le fanatisme même ,
engagea les chefs de son armée à déclarer Calife ,
c'est-à-dire , vicaire du prophète , le vieux Abubéker
son beau-père, dans l'espérance qu'ils pourroient bientôt
eux - mêmes partager la succession ; Aly resta dans
l'Arabie , attendant le temps de se signaler.

Abubéker rassembla d'abord en un corps les feuilles

éparfes de l'alcoran. On lut , en préfence de tous les chefs, les chapitres de ce livre, & on établit fon authenticité invariable.

Bientôt Abubéker mena fes Mufulmans en Paleftine, & y défit le frère d'Héraclius. Il mourut peu-après avec la réputation du plus généreux de tous les hommes , n'ayant jamais pris pour lui qu'environ quarante fous de notre monnoie par jour, de tout le butin qu'on partageoit , & ayant fait voir combien le mépris des petits intérêts peut s'accorder avec l'ambition que les grands intérêts infpirent.

Abubéker paffe chez les Mahométans pour un grand homme & pour un mufulman fidèle. C'eft un des faints de l'alcoran. Les Arabes rapportent fon teftament conçu en ces termes : « Au nom de Dieu très-» miféricordieux, voici le teftament d'Abubéker , » fait dans le temps qu'il alloit paffer de ce monde à » l'autre, dans le temps où les infidèles croient, où » les impies ceffent de douter, & où les menteurs » difent la vérité ». Ce début femble être d'un homme perfuadé ; cependant Abubéker , beau-père de Mahomet , avoir vu ce prophète de bien près. Il faut qu'il ait été trompé lui-même par le prophête , ou qu'il ait été le complice d'une impofture illuftre, qu'il regardoit comme néceffaire. Sa place lui ordonnoit d'en impofer aux hommes pendant fa vie & à fa mort.

Omar , élu après lui , fut un des plus rapides conquérans qui ait défolé la terre. Il prend d'abord Damas , célèbre par la fertilité de fon territoire , par les ouvrages d'acier , les meilleurs de l'Univers , par ces étoffes de foie qui portent encore fon nom. Il chaffe la Syrie & de la Phénicie les Grecs qu'on appelloit *Romains*. Il reçoit à compofition, après un long fiége , la ville de Jérufalem , prefque toute occupée par des étrangers qui fe fuccédèrent les uns aux autres , depuis que David l'eut enlevée à fes anciens citoyens.

Dans le même temps , les lieutenans d'Omar s'avançoient en Perfe. Le dernier des rois Perfans, que nous appellons Hormiflas IV, livre bataille aux Arabes , à quelques lieues de Madain , devenue la capitale de cet empire ; il perd la bataille & la vie. Les Perfes paffent fous la domination d'Omar plus facilement qu'ils n'avoient fubi le joug d'Alexandre. Alors tomba cette ancienne religion des Mages que le vainqueur de Darius avoit refpectée ; car il ne toucha jamais au culte des peuples vaincus.

Tandis qu'un lieutenant d'Omar fubjugue la Perfe, un autre enlève l'Égypte entière aux Romains , & une grande partie de la Lybie. C'eft dans cette conquête qu'eft brûlée la fameufe bibliothèque d'Alexandrie, monument des connoiffances & des erreurs des hommes, commencée par Ptolomée Philadelphe , & augmentée par tant de rois. Alors les Sarrafins ne vouloient de fcience que l'alcoran ; mais ils faifoient déjà voir que leur génie pouvoit s'étendre à tout. L'entreprife de renouveller en Égypte l'ancien canal creufé par les rois, & rétabli enfuite par Trajan, & de rejoindre ainfi le Nil à la mer Rouge , eft digne des fiécles

les plus éclairés. Un gouverneur d'Égypte entreprend ce grand travail fous le califat d'Omar , & en vint à bout. Quelle différence entre le génie des Arabes & celui des Turcs ! ceux-ci ont laiffé périr un ouvrage, dont la confervation valoit mieux que la poffeffion d'une grande province.

Les fuccès de ce peuple conquérant femblent dus plutôt à l'enthoufiafme qui les animoit & à l'efprit de la nation, qu'à fes conducteurs ; car Omar eft affaffiné par un efclave Perfe en 603. Oman , fon fucceffeur , c'eft en 655 dans une émeute. Aly , ce fameux gendre de Mahomet n'eft élu & ne gouverne qu'au milieu des troubles ; il meurt affaffiné au bout de cinq ans comme fes prédéceffeurs , & cependant les armes mufulmanes font toujours victorieufes. Cet Aly , que les Perfans révèrent aujourd'hui , & dont ils fuivent les principes en oppofition de ceux d'Omar , obtint enfin le califat , & transféra le fiége des califes de la ville de Médine , où Mahomet eft enfeveli, dans la ville de Couffa , fur les bords de l'Euphrate : à peine en refte-t-il aujourd'hui des ruines ! C'eft le fort de Babylone, de Séleucie , & de toutes les anciennes villes de la Chaldée, qui n'étoient bâties que de briques.

Il eft évident que le génie du peuple arabe , mis en mouvement par Mahomet , fit tout de lui-même pendant près de trois fiécles , & reffembla en cela au génie des anciens Romains. C'eft en effet, fous Valid, le moins guerrier des califes , que fe font les plus grandes conquêtes. Un de fes généraux étend fon empire jufqu'à Samarkande en 707. Un autre attaque en même temps l'empire des Grecs vers la mer Noire. Un autre , en 711 , paffe d'Égypte en Efpagne , foumife aifément tour-à-tour par les Carthaginois , par les Romains , par les Goths & Vandales , & enfin par ces Arabes qu'on nomme *Maures*. Ils y établirent d'abord le royaume de Cordoue. Le fultan d'Égypte fecoue à la vérité le joug du grand calife de Bagdat, & Abdérame , gouverneur de l'Efpagne conquife , ne reconnoît plus le fultan d'Égypte : cependant tout plie encore fous les armes mufulmanes.

Cet Abdérame , petit-fils du calife Hesham , prend les royaumes de Caftille , de Navarre , de Portugal , d'Arragon. Il s'établit en Languedoc , il s'empare de la Guienne & du Poitou ; & fans Charles-Martel , qui lui ôta la victoire & la vie , la France étoit une province mahométane.

Après le règne de dix-neuf califes de la maifon des Ommiades , commence la dynaftie des califes Abaffides vers l'an 752 de notre ere. Aboug'afar Almanzor , fecond, calife Abaffide, fixe le fiége de ce grand empire à Bagdat, au-delà de l'Euphrate , dans la Chaldée. Les Turcs difent qu'il en jetta les fondemens. Les Perfans affurent qu'elle étoit très-ancienne , & qu'il ne fit que la réparer. C'eft cette ville qu'on appelle quelquefois *Babylone*, & qui a été le fujet de tant de guerres entre le Perfe & la Turquie.

La domination des califes dura 655 ans : defpotique

dans la religion, comme dans le gouvernement, ils n'étoient point adorés ainsi que le grand-lama, mais ils avoient une autorité plus réelle; & dans les temps même de leur décadence, ils furent respectés des princes qui les persécutoient. Tous ces sultans turcs, arabes, tartares, reçurent l'investiture des califes, avec bien moins de contestation que plusieurs princes chrétiens n'en ont reçu des papes. On ne baisoit point les pieds du calife, mais on se prosternoit sur le seuil de son palais.

Si jamais puissance a menacé toute la terre, c'est celle de ces califes; car ils avoient le droit du trône & de l'autel, du glaive & de l'enthousiasme. Leurs ordres étoient autant d'oracles, & leurs soldats autant de fanatiques.

Dès l'an 671, ils assiégèrent Constantinople qui devoit un jour devenir mahométane; les divisions, presque inévitables parmi tant de chefs féroces, n'arrêtèrent pas leurs conquêtes. Ils ressemblèrent en ce point aux anciens Romains, qui, parmi leurs guerres civiles, avoient subjugé l'Asie mineure.

A mesure que les Mahométans devinrent puissans, ils se polirent. Ces califes, toujours reconnus pour souverains de la religion, & en apparence de l'Empire, par ceux qui ne reçoivent plus leurs ordres de si loin, tranquilles dans leur nouvelle Babylone, y font bientôt renaître les arts. Aaron Rachild, contemporain de Charlemagne, plus respecté que ses prédécesseurs, & qui fut se faire obéir jusqu'en Espagne & aux Indes, ranima les sciences, fit fleurir les arts agréables & utiles, attira les gens de lettres, composa des vers, & fit succéder dans ses états la politesse à la barbarie. Sous lui les Arabes, qui adoptoient déjà les chiffres indiens, les apportèrent en Europe. Nous ne connumes en Allemagne & en France le cours des astres, que par le moyen de ces mêmes Arabes. Le seul mot d'almanach en est encore un témoignage.

L'almageste de Ptolomée fut alors traduit du grec en Arabe par l'astronome Benhonain. Le calife Almamon fit mesurer géométriquement un degré du méridien pour déterminer la grandeur de la terre; opération qui n'a été faite en France que plus de 900 ans après sous Louis XIV. Ce même astronome Benhonain poussa ses observations assez loin, reconnut, ou crut que Ptolomée avoit fixé la plus grande déclinaison du soleil trop au septentrion, ou que l'obliquité de l'écliptique avoit changé. Il vit même que la période de trente-six mille ans, qu'on avoit assigné au mouvement prétendu des étoiles fixes d'occident en orient, devoit être beaucoup raccourcie.

La Chymie & la Médecine étoient cultivées par les Arabes. La Chimie, perfectionnée aujourd'hui chez nous, ne nous fut connue que par eux. Nous leur devons de nouveaux remèdes, qu'on nomme les minoratifs, plus doux & plus salutaires que ceux qui étoient auparavant en usage dans l'école d'Hippocrate & de Galien. Enfin, dès le second siècle de Mahomet, il fallut que les Chrétiens d'occident s'introduisissent chez les Musulmans.

Une preuve infaillible de la supériorité d'une nation dans les arts de l'esprit, c'est la culture perfectionnée

de la poësie. Il ne s'agit pas de cette poësie enflée & gigantesque, de ce ramas de lieux communs insipides sur le soleil, la lune & les étoiles, les montagnes & les mers; mais de cette poësie sage & hardie, telle qu'elle fleurit du temps d'Auguste, telle qu'on l'a vu renaître sous Louis XIV. Cette poësie d'image & de sentiment fut connue du temps d'Aaron Rachild. En voici un exemple, entre plusieurs autres, qui a frappé M. de Voltaire, & qu'il rapporte parce qu'il est court. Il s'agit de la célèbre disgrace de Giafar le Barmécide:

*Mortel, foible mortel, à qui le sort prospère*
*Fait goûter de ses dons les charmes dangereux ;*
*Connois quel est des rois la faveur passagère ;*
*Contemple Barmécide, & tremble d'être heureux.*

Ce dernier vers est d'une grande beauté. La langue arabe avoit l'avantage d'être perfectionnée depuis long-tems; elle étoit fixée avant Mahomet, & ne s'est point altérée depuis. Aucun des jargons qu'on parloit alors en Europe, n'a pas seulement laissé la moindre trace. De quelque côté que nous nous tournions, il faut avouer que nous n'existons que d'hier. Nous allons plus loin que les autres peuples en plus d'un genre, & c'est peut-être parce que nous sommes venus les derniers.

Si l'on envisage à présent la religion musulmane, on la voit embrassée par toutes les Indes, & par les côtes orientales de l'Afrique où ils trafiquoient. Si on regarde leurs conquêtes, d'abord le calife Aaron Rachild impose un tribut de soixante-dix mille écus d'or par an à l'impératrice Irène. L'empereur Nicephore ayant ensuite refusé de payer le tribut, Aaron prend l'île de Chypre, & vient ravager la Grèce. Almamon son petit-fils, prince d'ailleurs si recommandable par son amour pour les sciences & par son savoir, s'empare par ses lieutenans de l'île de Crète en 826. Les Musulmans bâtirent Candie qu'ils ont reprise de nos jours.

En 828, les mêmes Africains qui avoient subjugué l'Espagne, & fait des incursions en Sicile, reviennent encore désoler cette île fertile, encouragés par un Sicilien nommé Ephémius, qui ayant, à l'exemple de son empereur Michel, épousé une religieuse, & poursuivi par l'empereur s'étoit rendus favorables, fit à-peu-près en Sicile ce que le comte Julien avoit fait en Espagne.

Ni les empereurs grecs, ni ceux d'occident, ne purent alors chasser de Sicile les Musulmans, tant l'orient & l'occident étoient mal gouvernés ! Ces conquérans alloient se rendre maîtres de l'Italie, s'ils avoient été unis; mais leurs fautes sauvèrent Rome, comme celles des Carthaginois la sauvèrent autrefois. Ils partent de Sicile en 846 avec une flotte nombreuse, entrent par l'embouchure du Tibre; & ne trouvant qu'un pays presque désert, ils vont assiéger Rome. Ils prirent les dehors, & ayant pillé la riche église de S. Pierre hors les murs, ils levèrent le siège pour aller combattre une armée de François qui venoit secourir Rome, sous un général de l'empereur Lothaire.

L'armée françoise fut battue ; mais la ville rafraîchie fut manquée , & cette expédition , qui devoit être une conquête , ne devint par leur méfintelligence qu'une incursion de barbares.

Ils revinrent bien-tôt avec une armée formidable, qui sembloit devoir détruire l'Italie , & faire une bourgade mahométane de la capitale du Christianisme. Le Pape Leon IV prenant dans ce danger , une autorité que les généraux de l'empereur Lothaire sembloient abandonner , se montra digne , en défendant Rome , d'y commander en souverain.

Il avoit employé les richesses de l'Eglise à réparer les murailles , à élever des tours , à tendre des chaînes sur le Tibre. Il arma les milices à ses dépens , engagea les habitans de Naples & de Gayette à venir défendre les côtes & le port d'Ostie , sans manquer à la sage précaution de prendre d'eux des ôtages , sachant bien que ceux qui sont assez puissans pour nous secourir , le sont assez pour nous nuire. Il visita lui-même tous les postes , & reçut les Sarrasins à leur descente , non pas en équipage de guerrier , ainsi qu'en avoit usé Goslin , évêque de Paris , dans une occasion encore plus pressante , mais comme un pontife qui exhortoit un peuple chrétien , & comme un roi qui veilloit à la sûreté de ses sujets.

Il étoit né romain ; le courage dans les premiers âges de la république revivoit en lui dans un tems de lâcheté & de corruption , tel qu'un des beaux monumens de l'ancienne Rome , qu'on trouve quelquefois dans les ruines de la nouvelle. Son courage & ses soins furent seconds. On reçut vaillamment les Sarrasins à leur descente ; & la tempête ayant dissipé la moitié de leurs vaisseaux , une partie de ces conquérans , échappés au naufrage , fut mise à la chaîne.

Le pape rendit sa victoire utile , en faisant travailler aux fortifications de Rome , & à ses embellissemens, les mêmes mains qui devoient les détruire. Les mahométans restèrent cependant maîtres du Garillan , entre Capoue & Gayette ; mais plutôt comme une colonie de corsaires indépendans , que comme des conquérans disciplinés.

Voilà donc , au neuvième siècle , les Musulmans à la fois à Rome & à Constantinople , maîtres de la Perse , de la Syrie , de l'Arabie , de toutes les côtes d'Afrique jusqu'au Mont-Atlas , & des trois quarts de l'Espagne ; mais ces conquérans ne formaient pas une nation comme les Romains , qui étendus presque au rang qu'e x , n'avoient fait qu'un seul peuple.

Sous le fameux calife Alamon vers l'an 815 , un peu après la mort de Charlemagne , l'Egypte étoit indépendante , & le grand Caire fut la résidence d'un autre calife. La Mauritanie Tingitane , sous le titre de miramolin étoit maître absolu de l'empire de Maroc. La Nubie & la Lybie obéissoient à une autre calife. Les Abdérames qui avoient fondé le royaume de Cordoue , ne purent empêcher d'autres Mahométans de fonder celui de Tolède. Toutes ces nouvelles dynasties revéroient dans le calife , le successeur de leur prophète. Ainsi que les chrétiens alloient en foule en pélerinage à Rome , les Mahométans de toutes les parties du monde , alloient à la Mecque, gouvernée par un chérif que nommoit le calife ; & c'étoit principalement par ce pélerinage , que le calife , maître de la Mecque , étoit vénérable à tous les princes de sa croyance ; mais ces princes distinguant la religion de leurs intérêts , dépouilloient le calife en lui rendant hommage.

Cependant les arts fleurissoient à Cordoue ; les plaisirs recherchés , la magnificence , la galanterie regnoient à la cour des rois Maures. Les tournois , les combats à la barrière , sont peut-être de l'invention de ces Arabes. Ils avoient des spectacles , des théâtres , qui tout grossiers qu'ils étoient , montroient encore que les autres peuples étoient moins polis que ces Mahométans : Cordoue étoit le seul pays de l'occident , où la Géométrie , l'Astronomie , la Chimie , la Médecine , fussent cultivées. Sanch.-le-gros , roi de Léon, fut obligé de s'aller mettre à Cordoue en 956 , entre les mains d'un médecin arabe , qui , invité par le roi , voulut que le roi vînt à lui.

Cordoue est un pays de délices , arrosé par le Guadalquivir , où des forêts de citronniers , d'orangers , de grenadiers , parfument l'air , & où tout invite à la mollesse. Le luxe & le plaisir corrompirent enfin les rois musulmans ; leur domination fut au dixième siècle comme celle de presque tous les princes chrétiens , partagée en petits états. Tolède , Murcie , Valence , Huesca même eurent leurs rois ; c'étoit le tems d'accabler cette puissance divisée ; mais ce tems n'arriva qu'au bout d'un siècle ; d'abord en 1085 les Maures perdirent Tolède , & toute la Castille neuve se rendit au Cid Alphonse , dit le bataillour , prit sur eux Saragoce en 1114 ; Alphonse de Portugal leur ravit Lisbonne en 1147 ; Ferdinand III leur enleva la ville délicieuse de Cordoue en 1236 , & les chassa de Murcie & de Séville : Jacques , roi d'Aragon , les expulsa de Vajence en 1238 ; Ferdinand IV leur ôta Gibraltar en 1303 ; Ferdinand V , surnommé le catholique , conquit finalement sur eux le royaume de Grenade , & les chassa d'Espagne en 1462.

Revenons aux Arabes d'orient ; le Mahométisme florissoit , & cependant l'empire des califes étoit détruit par la nation des Turcomans. On se fatigue à rechercher l'origine de ces Turcs : ils ont tous été d'abord des sauvages , vivant de rapines , habitant autrefois au-delà du Taurus & de l'Imaüs ; ils se répandirent vers le onzième siècle du côté de la Moscovie ; ils inondèrent les bords de la mer Noire , & ceux de la mer Caspienne.

Les Arabes sous les premiers successeur de Mahomet , avoient soumis presque toute l'Asie mineure , la Syrie , & la Perse : Les Turcomans à leur tour soumirent les Arabes , & découvrirent tout à semble les califes Fatimites & les califes Abassides.

Togrul-Beg de qui on a fait descendre la race des Ottomans , entra dans Bagdat , à-peu-près comme tant d'empereurs sont entrés dans Rome. Il se rendit maître de la ville & du calife en se poussant à ses pieds. Il conduisit le calife à son palais en tenant la bride de sa

mule ; mais plus hab'le & plus heureux que les empereurs allemands ne l'ont été à Rome , il établit fa puiffance , ne laiſſa au califé que le foin de commencer le
vendredi les prières à la Moſquée , & l'honneur d'in-
veſtir de leurs états tous les tyrans mahométans qui
ſe feroient fouverains.

Il faut ſe fouvenir que , comme ces Turcomars
imitoient les Francs, les Normands & les Goths , dans
leurs irruptions , ils les imitèrent auſſi en ſe foumettant
aux loix , aux mœurs & à la religion des vaincus ; c'eſt
ainſi que d'autres tartares en ont uſé avec les Chinois,
& c'eſt l'avantage que tout peuple policé , quoique le
plus foible, doit avoir ſur le barbare , quoique le plus fort.

Au milieu des croiſades entrepriſes ſi follement par
les chrétiens s'éleva le grand Saladin, qu'il faut mettre
au rang des capitaines qui s'emparèrent des terres des
califes ; & aucun ne fut auſſi puiſſant que lui. Il conquit
en peu de temps l'Egypte , la Syrie , l'Arabie , la
Perſe, la Méſopotamie & Jéruſalem , où après avoir
établi des écoles muſulmanes , il mourut à Damas en
1193, admiré des chrétiens même.

Il eſt vrai que , dans la ſuite des temps , Tamerlan
conquit ſur les Turcs, la Syrie & l'Aſie mineure ; mais
les ſucceſſeurs de Bajazet rétablirent bientôt leur empire,
reprirent l'Aſie mineure, & conſervèrent tout ce qu'ils
avoient en Europe ſous Amurat. Mahomet II. ſon fils ,
prit Conſtantinople , Trébizonde , Caffa , Scutari , Cé-
phalonie , & pour le dire en un mot, marcha pendant
trente-un ans de règne , de conquêtes en conquêtes , ſe
flattant de prendre Rome comme Conſtantinople. Une
colique en délivra le monde en 1481, à l'âge de cin-
quante-un ans ; mais les Ottomans n'ont pas moins conſervé en Europe , un pays plus beau & plus grand que
l'Italie.

Juſqu'à préſent leur empire n'a pas redouté d'invaſions étrangères. Les Perſans ont rarement inquieté les
frontières des Turcs , on a vu au contraire le ſultan
Amurat IV. prendre Bagdat d'aſſaut ſur les Perſans, en
1638, demeurer toujours le maître de la Méſopotamie,
envoyer d'un côté des troupes au grand Mogol contre
la Perſe , & de l'autre menacer Veniſe. Les Allemands
ne ſe ſont jamais préſentés aux portes de Conſtantinople,
comme les Turcs à celles de Vienne. Les Ruſſes ne ſont
devenus redoutables à la Turquie, que depuis Pierre
le grand. Enfin , la force a établi l'empire Ottoman ,
& les diviſions des chrétiens l'ont maintenu. Cet empire, en augmentant ſa puiſſance, s'eſt conſervé long-
temps dans ſes uſages féroces, qui commencent à
s'adoucir.

Voilà l'hiſtoire de Mahomet , du mahomtiſme ; des
Maures d'Occident , & finalement des Arabes , vaincus
par les Turcs , qui , devenus muſulmans dès l'an 1055 ,
ont perſévéré dans la même religion juſqu'à ce jour.
C'eſt en cinq pages ſur cet objet , l'hiſtoire de onze
ſiècles. ( *Le chevalier* DE JAUCOURT. )

(On trouve dans le 32ᵉ volume des mémoires de l'académie des inſcriptions & belles-lettres , pages 404 &
ſuivantes, un ſavant mémoire de M. de Bréquigny ſur
l'établiſſement de la religion & de l'empire de *Ma-*

*homet* ou *Mohammed*, car tel eſt ſon vrai nom que
nous prononçons par corruption : *Mahomet*. M. de
Paſtoret, auſſi de l'académie des inſcriptions & belles-
lettres, a remporté le prix propoſé par cette académie
avant qu'il en fût membre, prix dont le ſujet étoit :
*Zoroaſtre , Confucius & Mahomet , comparés comme ſec-
taires , légiſlateurs & moraliſtes , avec le tableau de leurs
dogmes , de leurs loix & de leur morale.* M. de Paſtoret
montre comment chacun de ces trois grands hommes,
inférieur aux deux autres ſur certains objets , reprend
la ſupériorité ſur d'autres objets ; il les ſuit dans tous
leurs rapports perſonnels , en ſorte qu'il ne manque
rien au parallèle , & que chacun de ces perſonnages
contribue tour-à-tour à faire mieux connoître les deux
autres par les avantages qu'il a ſur eux ou qu'ils ont
ſur lui. La Mecque , comme on l'a vu , fut le berceau
de *Mahomet*. Sa famille y étoit illuſtre & riche ; la
tribu dans laquelle il naquit, tenoit le premier rang dans
ſa patrie. Il y a donc quelque choſe à rabattre du portrait que Zopire fait de *Mahomet* dans la tragédie de M.
de Voltaire.

Tu verras de chameaux un groſſier conducteur ;
Chez ſa première épouſe inſolent impoſteur ,
Qui , ſous le vain appas d'un ſonge ridicule
Des plus vils des humains tenta la foi crédule ;
Comme un ſéditieux à mes pieds amené......
De caverne en caverne il fuit avec Fatime ,
Ses diſciples errans de cités en déſerts ,
Proſcrits , perſécutés , bannis , chargés de fers ;
Promènent leur fureur qu'ils appellent divine ;
De leurs venins bientôt ils infectent Médine.

*Mahomet*, à la vérité , ne jouit jamais des richeſſes
qu'avoient poſſédées ſes ancêtres : le commerce fut ſa
reſſource ; il y mérita par ſa bonne foi le ſurnom
honorable d'Elamin , c'eſt-à-dire , homme ſûr & fidèle.
Sa retraite myſtérieuſe dans une grotte du mont Hara ,
reſſemble beaucoup à ce que les Perſans appellent le
*voyage de Zoroaſtre vers le trône d'Ormuſd*. *Mahomet*
fut un impoſteur ſans doute ; mais M. de Paſtoret juge
qu'il a été calomnié ſur divers points , & il prend la
peine de le juſtifier ; il prétend par exemple , que *Mahomet* ne s'arrogea point le don des miracles , comme
l'en accuſent pluſieurs auteurs ; il cite de lui des traits de
généroſité eſtimables ; en un mot , il le réhabilite autant
qu'on peut réhabiliter un impoſteur, qui dicte ſes
volontés & exerce ſes vengeances au nom de Dieu.

Eh quoi ! tout factieux qui penſe avec courage,
Doit donner aux mortels un nouvel eſclavage ?
Il a droit de tromper s'il trompe avec grandeur ?

*Mahomet* mourut âgé de ſoixante-trois ans dans la
onzième année de l'hégire & la vingt-troiſième de ſon
prétendu apoſtolat. On ſait que l'hégire eſt l'époque de
ſa fuite à Médine , lorſqu'il fut condamné à mort par
les Mecquois , & que cette époque ſe rapporte à l'an
622 de notre ère. Voici le portrait que M. de Paſtoret
fait de *Mahomet* , d'après Abulfeda.

                                        *Mahomet*

» Mahomet avoit reçu de la nature une intelligence
» supérieure, une raison exquise, une mémoire prodi-
» gieuse, il parloit peu & se plaisoit dans le silence;
» son front étoit toujours serein, sa conversation étoit
» agréable & son caractère égal. Juste envers tous.....
» Un parent, un étranger, l'homme puissant ou le foible
» ne faisoient jamais pencher la balance dans ses mains.
» Il ne méprisoit point le pauvre à cause de sa pauvreté,
» & ne révéroit point le riche à cause de ses richesses....
» Il écoutoit avec patience celui qui lui parloit, & ne se
» levoit jamais le premier..... Conquérant de l'Arabie,
» il s'asseyoit souvent à terre, allumoit son feu, & prépa-
» roit de ses propres mains à manger à ses hôtes. Maître
» de tant de trésors, il les répandoit généreusement & ne
» gardoit pour sa maison que l simple nécessaire. On dit
» de lui qu'il surpassa les hommes en quatre choses, en
» valeur, en libéralité, à la lutte & en vigueur dans
» le mariage. Il disoit souvent que Dieu avoit créé deux
» choses pour le bonheur des humains, les femmes &
» les parfums. »

Ses dogmes ont du moins le mérite de proscrire l'idolâtrie & d'établir l'unité de Dieu. Mahomet a été fort
attaqué sur la morale principalement; M. de Pastoret
le justifie encore sur ce point, & fait voir que Mahomet
a recommandé presque toutes les vertus sociales,
presque toutes les vertus utiles.

En comparant ces trois fameux législateurs par leurs
qualités personnelles, & indépendamment de leurs
écrits, on trouve que Confucius est plus estimable que ses
deux rivaux, & inspire plus d'intérêt & de vénération.

Si on les compare comme fondateurs de religions,
la supériorité est toute entière du côté de Mahomet.
Le fils de Zoroastre alla prêcher au loin les erreurs
de son père; Omar, Ali & quelques autres étendirent
celles de Mahomet; & Confucius fonda une école
nombreuse & florissante. Mais il s'en faut bien que
définitivement leur destinée ait été la même. De ces
trois sectes, l'une (celle de Confucius) remplit, il est
vrai, un empire puissant, (la Chine;) mais elle est
bornée à cet empire. L'autre (celle de Zoroastre)
livrée à l'humiliation & à l'opprobre, est à peine connue
dans quelques coins de l'Asie; tandis que la troisième
(celle de Mahomet) répandue dans toutes les parties de la
terre, domine sur les contrées les plus fertiles, & voit ses
disciples oppresseurs de la Grèce esclave, s'asseoir sur
le trône des Césars dans l'une des capitales du monde.

Si on les compare comme législateurs, c'est Zoroastre
qui a la supériorité.

Si on les compare enfin comme moralistes, c'est
Confucius qui l'emporte; il étend sa morale jusqu'au
pardon des injures; il ne permet d'autre vengeance
que de nouveaux bienfaits; les deux autres permettent
la vengeance proprement dite, & tous deux, sur-tout
Mahomet, se la font trop permise.

Indépendamment du prophète, il y a cinq empereurs
des Turcs du nom de Mahomet.

1°. Mahomet I. fils de Bajazet I. fit périr Moyse son
frère & monta sur le trône des Turcs en 1413. Il
raffermit l'empire Ottoman, ébranlé par les victoires
de Tamerlan; il vainquit & fit prisonnier un prince de

Caramanie, qui souvent vaincu & jamais soumis, s'attendoit que le supplice alloit expier ses fréquentes infidélités, & par cette crainte même sembloit dicter son
arrêt. Mahomet épargna sa vie, en l'accablant de mépris. « Je te permets de vivre, lui dit-il; te punir,
» ce seroit me venger, & j'avilirois ma vengeance en
» l'exerçant sur toi. Tu croirois d'ailleurs en mourant,
» que Mahomet a pu te craindre. » Mahomet étendit ses
conquêtes sur une multitude de provinces & d'états, &
fut d'ailleurs aussi juste que peut l'être un conquérant-
& un usurpateur. Il établit le siège de son empire à Andrinople. Il mourut en 1421.

2°. Mahomet II; dit l'auteur du nouveau dictionnaire historique, fut un monstre & un grand homme,
& son caractère sur l'un & sur l'autre point, est établi
sur des faits; M. de Voltaire qui prenoit quelquefois le
parti de nier les faits, quand ils l'embarrassoient, a nié
le fait d'Irène, décapitée par son amant, (voyez l'article Irène;) & celui des quatorze esclaves ou pages,
qu'il fit éventrer pour savoir lequel avoit mangé un
melon qu'on lui avoit dérobé. La raison qu'allègue M.
de Voltaire pour nier ces faits, est que Mahomet II. étoit
un grand homme. Auroit-on bien prouvé que le Czar
Pierre I. ne s'amusoit pas à couper des têtes pour
montrer son adresse, en observant qu'il réforma sa nation, qu'il introduisit les arts & les lumières en Russie,
& qu'il étoit un grand prince? au reste on n'a pas
besoin de deux faits que nie M. de Voltaire, il en reste
un grand nombre de semblables qui montrent dans
Mahomet II. beaucoup de férocité. Ce fut sans doute un
des conquérans les plus redoutables, les plus rapides &
les plus habiles. On l'appella l'Alexandre Mahométan.
Il prit Constantinople, exploit exécuté à force de talens,
& qui forme à tous égards une grande époque dans l'histoire; il renversa deux empires, conquit douze royaumes,
prit plus de deux cent villes sur les chrétiens; mais il
fut battu par Scanderberg, par Huniade, deux fois, & par le grand-
maître Pierre d'Aubusson & les chevaliers de St. Jean
de Jérusalem, il échoua devant Rhodes,

Rhodes, des Ottomans ce redoutable écueil.

Il connut & aima les lettres & les arts, qui pourtant
s'enfuirent épouvantés devant lui, & cherchèrent un
asyle en Italie & en France. Il arrêta le pillage & le
massacre à Constantinople; mais à Calcis dans l'isle
d'Eubée ou Négrepont il fit scier par le milieu du corps
contre toutes les loix de l'honneur & même de la guerre,
le gouverneur Arezzo dont tout le crime étoit de s'être
défendu vaillamment; à Otrante dans la Calabre, il fit
périr d'une mort cruelle, & le gouverneur & l'évêque;
il fit passer au fil de l'épée douze mille habitans; après
la prise de Trébizonde, il fit massacrer David Comnène & ses trois enfans contre la foi donnée. Il en usa de
même envers les princes de Bosnie & envers ceux de
Metelin. Il fit périr toute une famille honnête & vertueuse, parce qu'un père de famille avoit refusé de livrer
sa fille à la brutalité de ce tyran. Que mécontent de
Venise & du Doge, & entendant parler de la cérémonie
du mariage du Doge avec la mer Adriatique, il ait dit

Iii

mule ; mais plus habile & plus heureux que les empé-
reurs allemands ne l'ont été à Rome , il établit fa puis-
fance, ne laiffa au calife que le foin de commencer le
vendredi les prières à la Mofquée , & l'honneur d'inveftir de leurs états tous les tyrans mahométans qui
fe feroient fouverains.

Il faut fe fouvenir que , comme ces Turcomans
imitoient les Francs, les Normands & les Goths , dans
leurs irruptions , ils les imitèrent aufli en fe foumettant
aux loix , aux mœurs & à la religion des vaincus ; c'eft
ainfi que d'autres tartares en ont ufé avec les Chinois,
& c'eft l'avantage que tout peuple policé , quoique le
plus foible, doit avoir fur le barbare ,quoique le plus fort.

Au milieu des croifades entreprifes fi follement par
les chrétiens s'éleva le grand Saladin , qu'il faut mettre
au rang des capitaines qui s'emparèrent des terres des
califes , & aucun ne fut aufli puiffant que lui. Il conquit
en peu de temps l'Egypte , la Syrie , l'Arabie , la
Perfe , la Méfopotamie & Jérufalem, où après avoir
établi des écoles mufulmanes, il mourut à Damas en
1193 , admiré des chrétiens même.

Il eft vrai que , dans la fuite des temps , Tamerlan
conquit fur les Turcs, la Syrie & l'Afie mineure ; mais
les fucceffeurs de Bajazet rétablirent bientôt leur empire,
reprirent l'Afie mineure,& confervèrent tout ce qu'ils
avoient en Europe fous Amurat. Mahomet II. fon fils,
prit Conftantinople , Trébizonde , Caffa , Scutari , Cé-
phalonie , & pour le dire en un mot , marcha pendant
trente-un ans de règne , de conquêtes en conquêtes , fe
flattant de prendre Rome comme Conftantinople. Une
colique en délivra le monde en 1481 , à l'âge de cin-
quante-un ans ; mais les Ottomans n'ont pas moins confervé en Europe, un pays plus beau & plus grand que
l'Italie.

Jufqu'à préfent leur empire n'a pas redouté d'inva-
fions étrangères. Les Perfans ont rarement entamé les
frontières des Turcs, on a vu au contraire le fultan
Amurat IV. prendre Bagdat d'affaut fur les Perfans en
1638, demeurer toujours le maitre de la Méfopotamie ,
envoyer d'un côté des troupes au grand Mogol contre
la Perfe , & de l'autre menacer Venife. Les Allemands
ne fe font jamais préfentés aux portes de Conftantinople,
comme les Turcs à celles de Vienne. Les Ruffes ne font
devenus redoutables à la Turquie , que depuis Pierre
le grand. Enfin, la force a établi l'empire Ottoman,
& les divifions des chrétiens l'ont maintenu. Cet empire, en augmentant fa puiffance, s'eft confervé long-
temps dans fes ufages féroces, qui commencent à
s'adoucir.

Voilà l'hiftoire de Mahomet, du mahométifme ; des
Maures d'Occident , & finalement des Arabes , vaincus
par les Turcs , qui , devenus mufulmans dès l'an 1055 ,
ont perfévéré dans la même religion jufqu'à ce jour.
C'eft en cinq pages fur cet objet, l'hiftoire de onze
fiècles. ( Le chevalier DE'JAUCOURT. )

( On trouve dans le 32e volume des mémoires de l'académie des infcriptions & belles-lettres, pages 404 &
fuivantes, un favant mémoire de M. de Bréquigny fur
l'établiffement de la religion & de l'empire de Ma-

homet ou Mohammed, car tel eft fon vrai nom que
nous prononçons par corruption : Mahomet. M. de
Paftoret, aufli de l'académie des infcriptions & belles-
lettres, a remporté le prix propofé par cette académie
avant qu'il en fût membre , prix dont le fujet étoit :
Zoroaftre, Confucius & Mahomet , comparés comme fectaires, légiflateurs & moraliftes , avec le tableau de leurs
dogmes, de leurs loix & de leur morale. M. de Paftoret
montre comment chacun de ces trois grands hommes,
inférieur aux deux autres fur certains objets , reprend
la fupériorité fur d'autres objets ; il les fuit dans tous
leurs rapports perfonnels , en forte. qu'il ne manque
rien au parallèle, & que chacun de ces perfonnages
contribue tour-à-tour à faire mieux connoître les deux
autres par les avantages qu'il a fur eux ou qu'ils ont
fur lui. La Mecque , comme on l'a vu , fut le berceau
de Mahomet. Sa famille y étoit. illuftre & riche ; la
tribu dans laquelle il naquit, tenoit le premier rang dans
fa patrie. Il y a donc quelque chofe à rabattre du portrait que Zopire fait de Mahomet dans la tragédie de M.
de Voltaire.

Tu verras de chameaux un groffier conducteur,
Chez fa première époufe infolent impofteur ,
Qui, fous le vain appas d'un fonge ridicule
Des plus vils des humains tente la foi crédule ;
Comme un féditieux à mes pieds amené......
De caverne en caverne il fuit avec Fatime,
Ses difciples errans de cités en défers,
Profcrits, perfécutés, bannis , chargés de fers;
Promènent leur fureur qu'ils appellent divine ;
De leurs venins bientôt ils infectent Médine.

Mahomet , à la vérité , ne jouit jamais des richeffes
qu'avoient poffédées fes ancêtres : le commerce fut fa
reffource ; il y mérita par fa bonne foi le furnom
honorable d'Elamin , c'eft-à-dire , homme fûr & fidèle,
Sa retraite myftérieufe dans une grotte du mont Hara,
reffemble beaucoup à ce que les Perfans appellent le
voyage de Zoroaftre vers le trône d'Ormufd. Mahomet
fut un impofteur fans doute ; mais M. de Paftoret juge
qu'il a été calomnié fur divers points, & il prend la
peine de le juftifier ; il prétend par exemple , que Mahomet ne s'arroga point le don des miracles , comme
l'ont dit plufieurs auteurs : il cite de lui des traits de
générofité eftimables ; en un mot, il le réhabilite autant
qu'on peut réhabiliter un impofteur , qui dicte fes
volontés & exerce fes vengeances au nom de Dieu.

Eh quoi ! tout factieux qui penfe avec courage,
Doit donner aux mortels un nouvel efclavage ?
Il a droit de tromper s'il trompe avec grandeur?

Mahomet mourut âgé de foixante-trois ans dans la
onzième année de l'hégire & la vingt-troifième de fon
prétendu apoftolat. On fait que l'hégire eft l'époque de
fa fuite à Médine, lorfqu'il fut condamné à mort par
les Mecquois, & que cette époque fe rapporte à l'an
622 de notre ère. Voici le portrait que M. de Paftoret
fait de Mahomet , d'après Abulfeda,

* Mahomet

» *Mahomet* avoit reçu de la nature une intelligence
» supérieure, une raison exquise, une mémoire prodi-
» gieuse, il parloit peu & se plaisoit dans le silence ;
» son front étoit toujours serein, sa conversation étoit
» agréable & son caractère égal. Juste envers tous ..,
» Un parent, un étranger, l'homme puissant ou le foible
» ne faisoient jamais pencher la balance dans ses mains.
» Il ne méprisoit point le pauvre à cause de sa pauvreté,
» & ne révéroit point le riche à cause de ses richesses ....
» Il écoutoit avec patience celui qui lui paroit, & ne se
» levoit jamais le premier. .... Conquérant de l'Arabie,
» il s'asseyoit souvent à terre, allumoit son feu, & prépa-
» roit de ses propres mains à manger à ses hôtes. Maître
» de tant de trésors, il les répandoit généreusement & ne
» gardoit pour sa maison que le simple nécessaire. On dit
» de lui qu'il surpassa les hommes en quatre choses, en
» valeur, en libéralité, à la lutte & en vigueur dans
» le mariage. Il disoit souvent que Dieu avoit créé deux
» choses pour le bonheur des humains, les femmes &
» les parfums. »

Ses dogmes ont du moins le mérite de proscrire l'idolâtrie & d'établir l'unité de Dieu. *Mahomet* a été fort
attaqué sur la morale principalement ; M. de Pastoret
le justifie encore sur ce point, & fait voir que *Mahomet*
a recommandé presque toutes les vertus sociales,
presque toutes les vertus utiles.

En comparant ces trois fameux législateurs par leurs
qualités personnelles, & indépendamment de leurs
écrits, on trouve que Confucius est plus estimable que ses
deux rivaux, il inspire plus d'intérêt & de vénération.

Si on les compare comme fondateurs de religions,
la supériorité est toute entière du côté de *Mahomet*.
Le fils de Zoroastre alla prêcher au loin les erreurs
de son père ; Omar, Ali & quelques autres étendirent
celles de *Mahomet* ; & Confucius fonda une secte
nombreuse & florissante. Mais il s'en faut bien que
définitivement leur destinée ait été la même. De ces
trois sectes, l'une ( celle de Confucius) remplit, il est
vrai, un empire puissant, ( la Chine ; ) mais elle est
bornée à cet empire. L'autre ( celle de Zoroastre )
livrée à l'humiliation & à l'opprobre, est à peine connue
dans quelques coins de l'Asie ; tandis que la troisième
( celle de *Mahomet* ) répandue dans toutes les parties de la
terre, domine sur les contrées les plus fertiles, & voit ses
disciples oppresseurs de la Grèce esclave, s'asseoir sur
le trône des Césars dans l'une des capitales du monde.

Si on les compare comme législateurs, c'est Zoroastre
qui a la supériorité.

Si on les compare enfin comme moralistes, c'est
Confucius qui l'emporte ; il étend sa morale jusqu'au
pardon des injures ; il ne permet d'autre vengeance
que de nouveaux bienfaits ; les deux autres permettent
la vengeance proprement dite ; & tous deux, sur-tout
*Mahomet*, se la font trop permise.

Indépendamment du prophète, il y a cinq empereurs
des Turcs du nom de *Mahomet*.

1°. *Mahomet* I. fils de Bajazet I. fit périr Moyse son
frère & monta sur le trône des Turcs en 1413. Il
raffermit l'empire Ottoman, ébranlé par les victoires
de Tamerlan ; il vainquit & fit prisonnier un prince de

Caramanie, qui souvent vaincu & jamais soumis, s'attendoit que le supplice alloit expier ses fréquentes infidélités, & par cette crainte même sembloit dicter son
arrêt. *Mahomet* épargna sa vie, en l'accablant de mépris. « Je te permets de vivre, lui dit-il, te punir,
» ce seroit me venger, & j'avilirois ma vengeance en
» l'exerçant sur toi. Tu croirois d'ailleurs en mourant
» que *Mahomet* a pu te craindre. » *Mahomet* étendit ses
conquêtes sur une multitude de provinces & d'états, &
fut d'ailleurs aussi juste que peut l'être un conquérant
& un usurpateur. Il établit le siège de son empire à Andrinople. Il mourut en 1421.

2°. *Mahomet* II. dit, l'auteur du nouveau dictionnaire historique, fut un monstre & un grand homme,
& son caractère sur l'un & sur l'autre point, est établi
sur des faits ; M. de Voltaire qui prenoit quelquefois le
parti de nier les faits, quand ils l'embarrassoient, a nié
le fait d'Irène, décapitée par son amant, (voyez l'article *Irène* ; ) & celui des quatorze esclaves ou pages
qu'il fit éventrer pour savoir lequel avoit mangé un
melon qu'on lui avoit dérobé. La raison qu'allègue M.
de Voltaire pour nier ces faits, est que *Mahomet* II.
étoit un grand homme. Auroit-on bien prouvé que le Czar
Pierre I. ne s'amusoit pas à couper des têtes pour
montrer son adresse, en observant qu'il réforma sa nation, qu'il introduisit les arts & les lumières en Russie,
& qu'il étoit un grand prince ? au reste on n'a pas
besoin des deux faits que nie M. de Voltaire, il en reste
un grand nombre de semblables qui montrent dans
*Mahomet* II. beaucoup de férocité. Ce fut sans doute un
des conquérans les plus redoutables, des plus rapides &
les plus habiles. On l'appella l'Alexandre Mahométan.
Il prit Constantinople, exploit exécuté à force de talens,
& qui forme à tous égards une grande époque dans l'histoire ; il renversa deux empires, conquit douze royaumes,
prit plus de deux cent villes sur les chrétiens ; mais il
fut battu par Scanderberg, par Huniade, par le grand-
maître Pierre d'Aubusson & les chevaliers de St. Jean
de Jérusalem, il échoua devant Rhodes,

Rhodes, des Ottomans ce redoutable écueil.

Il connut & aima les lettres & les arts qui pourtant
s'enfuirent épouvantés devant lui, & cherchèrent un
asyle en Italie & en France. Il arrêta le pillage & le
massacre à Constantinople ; mais à Calcis dans l'isle
d'Eubée ou Négrepont il fit scier par le milieu du corps
contre toutes les loix de l'honneur & même de la guerre,
le gouverneur Arezzo dont tout le crime étoit de s'être
défendu vaillamment ; à Otrante dans la Calabre, il fit
périr d'une mort cruelle, & le gouverneur & l'évêque ;
il fit passer au fil de l'épée douze mille habitans ; après
la prise de Trébizonde, il fit massacrer David Comnène
& ses trois enfans contre la foi donnée. Il en usa de
même envers les princes de Bosnie & envers ceux de
Metelin. Il fit périr toute une famille honnête & vertueuse, parce qu'un père de famille avoit refusé de livrer
sa fille à ce tyran. Que mécontent de
Venise & du Doge, & entendant parler de la cérémonie
du mariage du Doge avec la mer Adriatique, il ait dit

qu'il l'enverroit bientôt au fond de cette mer confommer son mariage, ce peut n'être que la plaifanterie amère ou la bravade d'un ennemi en colère; mais ce vœu exécrable & plufieurs fois répété d'exterminer jufqu'au dernier des chrétiens, eft-il d'un grand homme ou d'une bête-féroce? Il mourut en 1481 à cinquante-deux ans. Il avoit transféré le fiège de l'empire à Conftantinople. Il étoit né à Andrinople en 1430 , avoit fuccédé à fon père Amurat II. en 1451. Il ne refpectoit pas plus fa religion que celle des chrétiens. Mahomet le prophète n'étoit à fes yeux qu'un chef de bandits, & il ne l'appelloit jamais autrement.

3°. *Mahomet III.* fut plus barbare encore que *Mahomet II*, & ne fut point comme lui un grand homme. Succeffeur d'Amurat III, fon père, en 1595, il commença par faire étrangler dix-neuf de fes frères &, noyer dix des femmes de fon père , & ces femmes on les croyoit & il les croyoit groffes. S'il fut mauvais fils & mauvais frère, il ne fût pas meilleur père ni meilleur mari ou amant; il fit étrangler l'aîné de fes fils & noyer la fultane qui en étoit la mère. Il parut d'abord vouloir acquérir quelque gloire par la guerre; il vint avec deux cent mille hommes affiéger Agria en Hongrie, qui fe rendit; la garnifon, en fortant de la place , fut maffacrée au mépris de la capitulation, *Mahomet* n'aimoit pas fans doute les cruautés , quand ce n'étoit pas lui qui les commettoit; celle-ci qui d'ailleurs étoit mêlée de perfidie , le révolta, & il fit trancher la tête à l'aga des Janiffaires qui l'avoit permife. Il gagna le 26 octobre 1596, contre l'archiduc Maximilien, frère de l'empereur Rodolphe , une bataille qu'il avoit d'abord perdue, mais averti que le vainqueur fe laiffoit entraîner par l'ardeur du pillage , il revint à la charge & lui arracha la victoire, retour du fort dont l'hiftoire offre à chaque pas une foule d'exemples qui devroient bien nous inftruire. Dans la fuite, *Mahomet* , moins habile ou moins heureux ne fit plus que des pertes. Réduit à demander la paix aux chrétiens , il ne put l'obtenir, il ne l'obtint pas davantage dans fes propres états où tout étoit en combuftion. Il prit le parti de fe livrer aux voluptés, de devenir inacceffible & d'ignorer tout. Quand les Janiffaires murmuroient trop hautement , il leur facrifioit fes meilleurs amis; il leur facrifia même fa mère à laquelle on imputoit les défordres de fon règne ; il l'exila & mourut de la pefte en 1603 à trente-neuf ans.

4°. *Mahomet IV.* né en 1641, reconnu empereur des Turcs en 1649 après la mort tragique d'Ibrahim I. fon père, étranglé par les Janiffaires. C'eft fous fon règne que le grand vifir Coprogli , ( voyez fon article ) battu d'abord à Raab par Montecuculli, prit Candie en 1669; mais ce fut auffi fous fon règne que Sobieski roi de Pologne, remporta tant d'avantages fur les Turcs & leur fit lever le fiège de Vienne en 1683, ce qui coûta la vie au vifir Cara-Muftapha que *Mahomet* fit étrangler ; ce fut encore fous fon règne que fire de Bourdeilla Charles V. de Lorraine, gagna contre les Turcs la bataille de Mohatz, en 1687, & que Morofini, général des Vénitiens, prit aux mêmes Turcs le Péloponnèfe ou la Morée qui valoit beaucoup mieux que Candie. Les Janiffaires, outrés de tant de difgraces dépoférent *Mahomet IV.* le 8 octobre 1687; Soliman III. fon frère, fut

mis en fa place; & *Mahomet* entra dans la prifon d'où fortoit Soliman. *Mahomet* accoutumé aux exercices de la chaffe, ne put foutenir l'inaction où il fe vit condamné; il ne fit que languir jufqu'à fa mort arrivée en 1693.

5°. *Mahomet V,* fils de Muftapha II fuccéda en 1730 à fon oncle Achmet III. qui fut dépofé. Il fut en guerre prefque continuellement avec la Perfe. Thamas Kouli-Kan lui enleva la Géorgie & l'Arménie. Son règne d'ailleurs fut fans orages & dura jufqu'à fa mort arrivée en 1754.

MAHUDEL ( Nicolas ) ( *Hift. Litt. mod.* ) docteur en médecine. Nous trouvons le nom de ce favant fur la lifte de l'académie des infcriptions & belles-lettres en 1717. Nous voyons qu'en 1744 fa retraite & non fa mort fait vaquer dans l'académie une place qui fut remplie par M. l'abbé Belley ; nous ne voyons point que M. *Mahudel* ait reçu dans l'académie l'éloge fu ière que l'ufage femble affurer à chaque académicien. Nous ignorons ce qui l'a pu déterminer à quitter l'académie après tant d'années pendant lefquelles il avoit très-bien rempli fes devoirs d'académicien , comme il pa cit par une foule de mémoires de lui inférés dans le recueil de l'académie, & dont quelques-uns font très-curieux , entr'autres fa differtation fur le lin incombuftible, tome 4. pages 634 & fuivantes ; fon mémoire fur l'origine de la foie , tome 5. pages 218 & fuivantes ; fon mémoire fur l'autorité que les fobriquets ou furnoms burlefques peuvent avoir dans l'hiftoire. ( Hift. de l'acad. vol. 14. pages 181 & fuivantes. ) Il y a encore de lui d'autres ouvrages imprimés hors des mémoires de l'académie , quoique dans fon genre; une *Differtation hiftorique fur les monnoies antiques d'Efpagne* ; une *lettre fur une médaillé de la ville de Carthage*. Nous voyons ailleurs qu'il fut quelque temps détenu à la Baftille. Il eft mort en 1747.

MAI, ( *Hift. mod.* ) gros arbre ou rameau qu'on plante par honneur devant. la maifon de certaines perfonnes confidérées. Les clercs de la Bazoche plantent tous les ans un mai dans la cour du palais. Cette cérémonie fe pratique encore dans nos villages &, dans quelqu.s-unes de nos villes de province. (A. R.)

MAJESTÉ, f. f. ( *Hift.* ) titre qu'on donne aux rois vivants , & qui leur fert fouvent de nom, pour les diftinguer. Louis XI fut le premier roi de France , qui prit le titre de *majefté* , que l'empereur feul portoit , & que la chancellerie allemande n'a jamais donné à aucun roi jufqu'à nos derniers temps. Dans le douzième fiècle , les rois de Hongrie & de Pologne, étoient qualifiés *d'excellence* ; dans le quinziéme fiècle , les rois d'Arragon , de Caftille & de Portugal avoient encore les titres d'*alteffe*. On difoit à ce n. d'Angleterre, votre *grace* , votre alteffe ; & aux rois d'Efpagne, votre *grace*, votre *def-potifme*. Le titre même de *majefté* s'établit fort lentement ; il y a plufieurs lettres de Henri III, *votre alteffe* ; & quand les états accordèrent à Catherine de Médicis l'adminiftration du royaume , ils ne l'honorèrent point du titre de *majefté*.

Sous la république Romaine , le titre de *majefté* appartenoit à tout le corps du peuple & au fénat réuni.

d'où vient que *majestatem minuere* , diminuer , bleſſer la *majeſté* , c'étoit manquer de reſpect pour l'état. La puiſſance étant paſſée dans la main d'un ſeul , la flatterie tranſporta le titre de *majeſté* à ce ſeul maître & à la famille impériale , *majeſtas auguſti , majeſtas divinæ domûs*.

Enfin le mot de *majeſté* s'employa figurément dans la langue latine , pour peindre la grandeur des choſes qui attirent de l'admiration , l'éclat que les grandes actions répandent , ſur le viſage des héros , & qui inſpirent du reſpect & de là la crainte au plus hardi. Silius Italicus a employé ce mot merveilleuſement en ce dernier ſens , dans la deſcription d'une conſpiration formée par quelques jeunes gens de Capouë. Il fait parler ainſi le père d'un des conjurés : « Tu te trompes, » ſi tu crois trouver Annibal déſarmé à table : la » *majeſté* qu'il s'eſt acquiſe par tant de batailles , ne » le quitte jamais ; & ſi tu l'approches , tu verras » autour de lui les journées de Cannes , de Trébie » & de Traſymène , avec l'ombre du grand Paulus :

*Fallit te menſas inter quod credis inermem :*
*Tot bellis quæſita viro , tot cædibus , armat*
*Majeſtas æterna ducem : ſi admoveris ora ,*
*Cannas & Trebiam ante oculos , Traſimenaque buſta ,*
*Et Pauli ſtare ingentem miraberis umbram.*

MAIGNAN ou MAGNAN , (Emmanuel) (*Hiſt. Litt. mod.*) Mn me de Touloſe , maître de mathématiques , où il étoit devenu ſans maître. Le père Kircher lui diſputa quelques-unes de ſes découvertes ; mais il paroît que les ſavants furent plus favorables au père Maignan qu'au père Kirker. On dit que Louis XIV , paſſant par Touloſe , fit une viſite au père Maignan ; les rois ſont ſûrs de s'honorer en honorant leurs ſujets qui le méritent. On a du père Maignan , ſous le titre de *Perſpectiva horaria* , un Traité de Catoptrique , dans lequel il donne des règles ſur cette partie de la perſpective. Les lunettes d'approche que le père Maignan fit conformément à ſes règles , étoient les plus longues qu'on eût encore vues. Il y a auſſi du même auteur un Traité *de uſu licito pecuniæ* , où il eſt beaucoup plus favorable à ce qu'on appelle l'uſure , c'eſt-à-dire , au prêt à intérêt , que ne l'étoient les théologiens de ſon temps. Il fit des efforts ſuperflus , mais eſtimables , pour concilier les différentes opinions de l'école ſur la grace. Il fut en tout un religieux laborieux , inſtruit & vertueux. Né à Toulouſe en 1601 , il y revint après avoir proſſé pendant quelque temps avec éclat , les mathématiques à Rome. Il y mourut en 1660. Il y mourut en 1676. La ville plaça ſon buſte , avec une inſcription honorable , dans la galerie des hommes illuſtres. Sa vie a été écrite par le père Saguens , ſon élève , ſous ce titre : *de vitâ , moribus & ſcriptis Emman. Magnani.*

MAIGROT , (Charles ) (*Hiſt. Eccléſ.*) miſſionnaire à la Chine , nommé depuis évêque de Conon & vicaire apoſtolique. Il ſe tint nom par ſon oppoſition aux Jéſuites dans l'affaire des rits Chinois. Les janséniſtes Européens trouvèrent bon que Maigrot re-

préſentât tous les lettrés Chinois comme , athées , & matérialiſtes , pour qu'il en réſultât que la condeſcendance jéſuitique toléroit à la Chine l'athéiſme & le matérialiſme. Les Jéſuites , de leur côté , n'oublièrent rien pour lui témoigner leur reſſentiment ; ils le déférèrent à l'empereur de la Chine comme un ennemi de ſes états , & comme le calomniateur de ſa foi ; ils obtinrent vers l'an 1700 , un ordre pour l'arrêter ; & afin que le ſoin de leur vengeance ne fût remis qu'à eux , ce fut dans leur maiſon de Pekin qu'ils le firent enfermer. Maigrot en ſortit dans la ſuite , & fut banni de la Chine ; il alla s'établir à Rome , & il y mourut. Il a écrit contre l'hiſtoire des Jéſuites du P. Jouvenci , toujours au ſujet des rits Chinois. C'étoit l'objet qui l'intéreſſoit le plus. Maigrot étoit François , docteur de Sorbonne , & avant de partir pour la Chine , il demeuroit à Paris , au ſéminaire des Miſſions étrangères.

MAILLA ou MAILLAC , ( Joſeph-Anne-Marie de Moyriac de ) ( *Hiſt. Litt. mod.* ) Le père de Mailac , miſſionnaire jéſuite , très-ſavant dans la langue & la littérature Chinoiſes. Il paſſa en 1703 , à la Chine. Il leva la carte de la Chine & de la Tartarie Chinoiſe , qui fut gravée en 1732. Il traduiſit les grandes *Annales de la Chine* , première hiſtoire complette de cet empire. Il fut agréable aux divers empereurs ſous leſquels il vécut , ſur-tout à l'empereur Cam-hi , mort en 1722. Il mourut à Pekin le 28 juin 1748.

MAILLARD , ( Jean ) ( *Hiſt. de France* ) citoyen courageux & fidèle , capitaine d'un des quartiers de la ville de Paris , qui délivra cette ville & le royaume des fureurs & des perfidies du prévôt des marchands , Marcel , le 31 juillet 1358. ( *Voyez* l'article MARCEL.) Ce traître devoit livrer aux Anglois & aux Navarrois , la porte de St. Antoine & celle de St. Honoré. Ce fut près de la porte de St. Antoine que Maillard le rencontra. Où allez-vous , lui dit Maillard , dit-on d'un juge qui interroge un coupable ? *Que vous importe* , répond Marcel , qui depuis long-temps avoit perdu l'habitude de s'entendre parler en maître. « Mes amis , dit Maillard à la troupe , voyez-vous dans les mains » de ce perfide , les clefs des portes qu'il va livrer » aux Anglois ? » Marcel conſterné balbutia un dément. Maillard s'élance ſur lui , la hache à la main , & lui fend la tête ; les ſatellites de Marcel ſont maſſacrés.

Tel eſt en ſubſtance le récit de Froiſſart dans les éditions que nous avons de cet auteur. M. Dacier , ſécretaire perpétuel de l'Académie des Belles-Lettres , qui prépare une meilleure édition de cet auteur , a trouvé dans ſes manuſcrits de Froiſſart , qui ne s'accordent pas avec ceux ſur leſquels ont été faites les éditions actuellement exiſtantes. En conſéquence , dans une diſſertation imprimée au 43e volume des Mémoires de littérature , pag. 363 & ſuivantes , ſous ce titre : *queſtion hiſtorique : A qui doit-on attribuer la gloire de la révolution qui ſauva Paris pendant la priſon du roi Jean ?* M. Dacier en'ève à Maillard une grande partie de cette gloire. Il réſulte de ſes recherches

ches à cet égard & de la comparaison qu'il fait des différents manuscrits de Froissart; soit 'entr'eux, soit avec le récit des autres historiens, que *Maillard* avoit d'abord été partisan du roi de Navarre, Charles-le-mauvais, & de Marcel; qu'ayant eu avec Marcel une querelle très-vive le jour même où Marcel fut tué, il embrassa le parti du dauphin; mais il nous semble que par une suite même de cette querelle & de ce changement de parti, *Maillard* peut avoir eu plus de part à la révolution que M. Dacier ne paroît lui en donner. Le texte de Froissart que M. Dacier préfère à celui sur lequel cet auteur a été imprimé, ne contredit pas formellement ce que le texte imprimé dit de *Maillard*; il lui donne seulement des coopérateurs; car voici ce que dit ce texte : « *Messire* » *Jéhan de Charny le feri* (Marcel) *d'une hache en* » *la tête, & l'abati à terre; & puis, fut feru de maître* » *Pierre Fouace, & autres qui ne le laissèrent jusques* » *à tant qu'il l'eust occis* ».

Pourquoi *Maillard* ne feroit-il pas de *ces autres*, sur-tout quand nous voyons dans le même texte, les mots suivants : « *Là estoit Jéhan Maillart de lez lui* » ( le dauphin ) *qui grandement estoit en sa grace &* » *en son amour* ET *AU VOIR DIRE, IL L'AVOIT* » *BIEN ACQUIS* ».

Ce dernier mot signifie beaucoup, & on ne voit pas par quel autre moyen *il avoit si bien acquis* les bonnes graces du dauphin ; mais c'est sans doute qu'il avoit tenue à l'égard de Marcel & la part qu'il avoit eu; à la révolution.

*Maillard* & sa famille furent annoblis en 1372.

MAILLÉ, ( *Hist. de France* ) illustre & ancienne maison originaire de Touraine, où elle possédoit autrefois la terre de Maillé, dont elle porte le nom, & qui est la première baronnie de cette province. Cette terre, acquise depuis par le connétable de Luynes, a été érigée en duché, sous le nom de Luynes. La maison de Maillé portoit la bannière de Touraine. La chronique de Tours & d'autres chroniques parlent avec admiration, des exploits de Jacquelin de Maillé, chevalier de l'ordre des Templiers au treizième siécle.

Hardouin IV, en 1233, fut fait prisonnier dans une guerre particulière contre le duc de Bretagne; Pierre Mauclerc; il servit aussi dans la guerre contre les Albigeois.

Hardouin V, son fils, fut de la croisade de Saint Louis en 1248.

Jean II de Maillé de la Tour, comte de Château-roux, mourut des blessures reçues au siége de Negre-pelisse en 1635.

Louis son frère, qui avoit suivi en Flandre le duc d'Anjou-Alençon, fut tué en 1583, au massacre d'Anvers.

François, autre frère, chevalier de Malte, fut noyé en Provence, au retour de Malte, le 26 décembre 1624.

Leur frère aîné, Charles, fut tué en duel à Paris en 1605.

Un autre Charles de la branche des marquis de Kerman ou Carman, mourut le 14 juin 1628, en siégé de la Rochelle.

Donatien son fils, fut tué en duel en 1652.

Charles-Sébastien, marquis de Kerman, fils de Donatien, colonel du régiment de Navarre, fut tué en Bretagne en 1672.

Donatien son frère, capitaine au même régiment, fut tué au combat de Senef en 1674.

Dans la branche des seigneurs du Sablon, César de *Maillé* fut tué au siége de Saint-Antonin; Louis son neveu, au siége de Landrecy; & François, frère de Louis, à l'armée de Catalogne en 1644.

Dans la branche des seigneurs de Brézé & Benehart 2.

Jacques de *Maillé*, gouverneur du Vendômois, fut fait prisonnier en 1589, à la prise de Vendôme, par Henri IV, qui lui fit trancher la tête.

René, son petit-fils, capitaine aux Gardes, plus fidèle, fut tué au service du roi.

Dans la branche des seigneurs, marquis, puis ducs de Brézé.

Philippe de *Maillé*, vicomte de Verneuil, tué au camp de Valenciennes, sous François I<sup>er</sup>, en 1521.

Son frère aîné, Artus, seigneur de Brézé, capitaine des Gardes-du-corps, conduisit Marie Stuart d'Ecosse en France en 1548, lorsqu'elle venoit pour y être élevée & pour épouser le dauphin François II; & ce fait, lui aussi qui, en 1560, arrêta le prince de Condé.

Claude de *Maillé*, fils d'Artus, fut tué à la bataille de Coutras le 20 octobre 1587.

Claude, un de ses fils, seigneur de Cérisai, chevalier de Malte, fut tué en duel en 1606.

Un autre de ses fils fut père d'Urbain de *Maillé* Brézé, maréchal de France, qui le 20 mai 1635, gagna la bataille d'Avein avec le maréchal de Châtillon. Il fut capitaine des Gardes-du-corps, gouverneur d'Anjou, vice-roi de Catalogne; il étoit beau-frère du cardinal de Richelieu.

Il eut pour fils Armand de *Maillé* Brézé, duc de Fronsac, pair de France, grand-maître & surintendant général de la navigation & commerce de France, tué sur mer d'un coup de canon le 14 juin 1646, à vingt-sept ans.

Sa sœur, Claire-Clémence de *Maillé* Brézé, fut la femme du grand Condé, mariée le 11 février 1641, morte le 16 avril 1694.

MAILLEBOIS, ( voir DESMARÊTS ) ( *Hist. de France.* ) Le maréchal de *Maillebois*, (Jean-Baptiste Desmarêts) étoit fils du contrôleur général Nicolas Desmarêts. Il servit avec succès dans la guerre de 1701 & dans celle de 1733. Il soumit en 1739, l'isle de Corse, qui se révolta de nouveau après son départ, mais qui fut soumise définitivement en 1769, & principalement d'après les plans de M. de *Maillebois*, à qui cette expédition de Corse de 1739, avoit valu le bâton de maréchal de France. Il commanda en Allemagne & en Italie dans la guerre de 1741. M. de Pezay nous a donné *ses Campagnes d'Italie*, & cet ouvrage n'a pas peu servi à la gloire du maréchal. Ce général, mort le 7 février 1762, a eu pour fils M. le comte de Maillebois', en qui les militaires reconnoissent des talents supérieurs encore à ceux de son père.

MAILLET, ( Benoît de ) ( Hist. Litt. mod. ) consul au Caire, puis à Livourne, puis employé à visiter les échelles du Levant, fort connu par Telliamed, titre qui n'est autre chose que le nom de Maillet, renversé, & par une Description de l'Egypte. L'Abbé Le Mascrier a été l'éditeur & le rédacteur de ces deux ouvrages. M. de Maillet étoit d'une famille noble de Lorraine; né en 1659, il mourut en 1738, à Marseille.

MAILLOTIN, s. m. ( Hist. mod. ) espèce de masse ou mailloche de bois ou fer dont on enfonçoit les casques & cuirasses. Il y a eu en France une faction appellée maillotins, de cette arme. ( A. R. )

MAILLY, ( Hist. de Fr. ) l'une des plus grandes maisons de Picardie, tire son nom de la terre de Mailly près d'Amiens.

Anselme de Mailly commandoit en 1050, les armées de la comtesse de Flandre, Richilde, & fut tuteur du comte de Flandre, fils de cette Richilde.

Nicolas, Gille Ier, son fils; Gille II, fils de Gille Ier, allèrent tous à différentes croisades, & y menèrent à leur suite un grand nombre de chevaliers. Il y eut contre Gille II, ou contre son fils, un arrêt du parlement de Paris, rendu en 1289, au sujet d'une expédition entreprise contre le roi Philippe-le-Bel.

Colard, dit Payen, seigneur de Mailly, & un de ses fils, nommé aussi Colard, furent tués à la bataille d'Azincourt en 1415.

Nicolas de Mailly, seigneur de Bouillencourt, commandoit l'artillerie à la bataille de Cérisoles en 1544.

René Ier. son frère, fut blessé à la bataille de Montcontour, & s'étoit signalé dans les batailles précédentes & à la défense de Mtz contre Charles-Quint, en 1553.

Louis, tué au siége de Bordeaux en 1650.

Jacques, tué devant Mastricht.

De la branche des marquis de Nesle :

Louis-Charles, après s'être distingué aux batailles de Rocroy & de Fribourg, reçut trois grandes blessures à la bataille de Nortlingue.

Louis son fils, eut les jambes cassées à la bataille de Senef, & mourut le 18 octobre 1688, des blessures qu'il avoit reçues au siége de Philisbourg.

Louis III, fils de Louis II, fut blessé aux batailles de Ramilly & de Malplaquet, & fut seul vainqueur à la bataille d'Oudenarde, il y battit deux bataillons ennemis. La bataille fut censée perdue pour la France.

De la branche de Mailly d'Haucourt :

Antoine, tué au combat de la Bicoque en 1522.

Denis, son frère, chevalier de Malte, tué devant Rouen en 1562.

Edme son frère, tué au siége de Romans, aussi en 1562.

François, fils d'Edme, tué d'un coup de canon au siége de la Fère en 1580.

Nicolas, tué au siége de Dixmude en 1647.

Jean-Baptiste, tué à Mayence en 1690.

De la branche des seigneurs d'Auchy :

Antoine, tué au siége de Hesdin en 1537.

De la branche des seigneurs de Rumesnil :

Robert, tué sur la brèche au siége de Pavie en 1524.

De la branche des seigneurs de Lespine :

Nicolas, baron de Sourdon, assassiné dans l'église de son château de Fiesse le 4 mars 1637.

De la branche des seigneurs de Talmas & de Conti :

Louis de Mailly, fameux par ses exploits en Turquie, & dont Froissart parle avec éloge à l'an 1371.

Jean, grand pannetier de France, tomba de cheval dans une fosse pleine d'eau, où il se noya en 1419.

Ferri, mort en 1513, des blessures qu'il avoit reçues au siége de Milan.

De la branche des seigneurs d'Authuille :

Simon, mort des blessures qu'il avoit reçues à la bataille de Rosebèque en 1382.

Jean & Jacques, ses frères, tués à la bataille de Nicopol's en 1396.

Un autre Jean, tué à la bataille d'Azincourt.

MAIMBOURG, ( Louis ) ( Hist. Litt. mod. ) Le père Maimbourg, jésuite, auteur des histoires de l'Arianisme, des Inococlastes, du Luthéranisme, du Calvinisme, du schisme des Grecs, du grand schisme d'Occident, des Croisades, de la Ligue, des pontificats de St. Grégoire-le-grand & de St. Léon, &c. tous sujets sous les quels il ayant mal traités. On disoit de lui, qu'il étoit parmi les historiens, ce que Momus étoit parmi les dieux. Il occupoit aussi à-peu-près le même rang parmi les prédicateurs; & cependant il fut célèbre dans son temps & comme prédicateur & comme historien. Molière disoit de lui : je mets des sermons sur la scène, le père Maimbourg fait des comédies en chaire. Il faisoit aussi des romans en histoire & des romans allégoriques. Il n'aimoit pas Bossuet; il fit son portrait & sa satyre dans une de ses histoires; il n'aimoit pas les Jansénistes, il les plaçoit aussi par-tout; il aimoit la guerre, il la fit aux Catholiques, aux Hérétiques, aux Protestants, aux Jansénistes, à Arnauld, à Nicole, à Bossuet, dont il attaqua l'Exposition de la Foi, comme donnant trop les articles de foi; il fit la guerre aux Jésuites même, nommément au P. Bouhours, qui, en qualité de grammairien puriste & d'homme d'un goût sévère, n'avoit pu approuver quelques-unes de ses expressions. Dans toutes ses guerres, il avoit rarement raison. Il eut raison une fois, & il en fut puni; il écrivit en faveur du clergé de France contre la cour de Rome, dans le temps des démêlés d'Innocent XI avec Louis XIV. A la vérité sa punition fut d'être exclu de la Société des Jésuites, & la cause de cette exclusion n'avoit rien que d'honorable; mais enfin le pape lui fit l'honneur de demander son exclusion; le roi lui rendit la justice de solliciter pour qu'elle n'eût point lieu; le pape eut plus de crédit sur les Jésuites que le roi, & le P. Maimbourg fut exclu. Le roi fut obligé de le dédommager par une pension. Il n'arrivera vraisemblablement plus que des religieux françois déférent plus à la colère injufte d'un pape qu'à la jufte recommandation d'un roi, content d'un fujet qui a défendu fa caufe.

Mmᵉ. de Sévigné, dans fes Lettres, parle fouvent du P. Maimbourg. « Son ftyle, dit-elle, me déplaît
» fort ; il fent l'auteur qui a ramaffé le délicat des
» mauvaifes ruelles...... Si vous faviez ce que je
» fouffre du ftyle du jéfuite......... Vous jetterez le
» livre par la place & maudirez le jéfuite...... Le
» P. Maimbourg eft impertinent...... Je lis l'Aria-
» nifme, je n'en aime ni l'auteur ni le ftyle, mais
» l'hiftoire eft admirable..... J'ai un crayon, & je
» me venge à marquer des traits que je trouve trop
» plaifants, & par l'envie qu'il a de faire des appli-
» cations des Ariens aux Janféniftes, & par l'emb rras
» où il eft d'accommoder les conduites de l'églife dans
» les premiers fiècles avec les conduites d'aujour-
» r. d'hui : au lieu de paffer légèrement là-deffus , il
» dit que l'églife , pour de bonnes raifons , n'en ufe
» plus comme elle faifoit : cela réjouit..... Il veut
» toujours pincer quelqu'un & comparer Arius &
» une princeffe & un courtifan , à M. Arnauld , à
» Mmᵉ. de Longueville & à Tréville, &c. »

Le P. Maimbourg a quelquefois une modération plus ridicule que fes plaifanteries & fes déclamations. Il atta he quelque mérite d'impartialité à convenir que Luther étoit né d'un homme ordinaire, & non pas d'un incube, comme l'ont écrit quelques auteurs. Il veut bien ne pas croire que Calvin ait eu le fouët & la fleur-de-lys à Noyon , pour un crime infame qu'il n'ofe nommer. Quand on ne fe fent capable que de ces impartialités là , il ne faut pas écrire l'hiftoire.

Le P. Maimbourg , à fa fortie des Jefuites, prit pour retraite l'abbaye de St. Victor de Paris. Il y mourut en 1686. Il étoit né à Nancy en 1610 , de parents nobles.

Il avoit un coufin , nommé Théodore , qui paffa deux fois de la religion Catholique à la religion Luthé-rienne, & de la religion Luthérienne à la religion Catho-lique, & finit par être focinien. Il écrivit auffi contre l'Expofition de la Foi de M. Boffuet. Il mourut à Londres vers 1693.

MAIMONIDE ou BEN MAIMON, fils de Maimon, (Moyfe) (Hift. Litt. mod.) fameux rabbin de Cordoue, difciple d'Averroës. Les Juifs l'appellent l'Aigle des Docteurs , le fecond Moyfe, & difent que c'eft le plus beau génie qui ait paru depuis leur grand légiflateur : On le trouve cité fous le nom de Mofes Cordubenfis, parce qu'il étoit de Cordoue , de Mofes Egyptius, parce qu'il étoit premier médecin & favori du fultan d'Egypte. Les Juifs le défignent auffi affez fouvent, felon leur ufage, par des lettres initiales , R. M. B. M. c'eft-à-dire , Rabbi Moyfe Ben Maimon. Il a beaucoup écrit fur la Mifchna, fur le Talmud, &c. Son ouvrage intitulé : More Nebozhim ou Nevochim, a été traduit en latin par Buxtorff , & fon Traité de l'Idolatrie , par Voffius. Il étoit né en 1139. Il mourut en 1209.

MAINARD. (Voyez MAYNARD.)

MAINE , (ILE) (Hift. de Fr.) Le Maine , pro-

vince de France , a eu d'abord fes comtes-particuliers ; leur fucceffion a paffé par mariage , dans la maifon des comtes d'Anjou , rois d'Angleterre. Le Maine fut confifqué par Philippe-Augufte , fur Jean-fans-terre , au fujet de l'affaffinat du jeune Artus , neveu de Jean-fans-terre. Depuis ce temps , le comté du Maine a plufieurs fois été donné en apanage aux princes François. St. Louis le donna au comte d'Anjou, Charles fon frère , tige de la première maifon d'Anjou Françoife , qui régna en Sicile. Charles II , dit le Boiteux, fils de Charles Iᵉʳ, céda en 1290 , le comté du Maine à Charles , comte de Valois , frère de Philippe-le-Bel , en lui donnant en mariage fa fille Marguerite d'Anjou-Sicile. Philippe de Valois , fils de Charles de Valois , à fon avènement au trone , réunit à la couronne le comté du Maine. Le roi Jean le donna au duc d'Anjou fon fecord fils , tige de la feconde maifon d'Anjou Françoife , qui pofféda, ou difputa le trône de Sicile. Le dernier prince de cette feconde maifon d'Anjou , qui céda au roi Louis XI tous fes droits fur Naples , portoit le titre de comte du Maine. Ce comté étant encore réuni à la couronne , fut donné en apanage d'abord au duc d'Anjou , qui fut depuis Henri III , & depuis au duc d'Anjou-Alençon , le dernier des quatre fils d'Henri II. Louis XIV , en 1673, donna le Maine , avec titre de duché , à fon fils naturel Louis-Augufte de Bourbon , légitimé de France , prince de Dombes , colonel général des Suiffes ; dont nous avons vu la veuve tenir à Sceaux , une cour fi fpirituelle & fi brillante.

MAINE , (Hift. Litt. mod.) (François Grudé de la Croix du fe nommoit du Maine , parce qu'il étoit de la province du Maine. Il étoit né en 1552. Il eft connu par fa Bibliotheque Françoife. Il fut affaffiné à Touloufe en 1592.

MAIN-FERME , (Jean de la ) ( Hift. Litt. mod.) religieux de l'ordre de Fontevrault , connu des favants & des critiques pour avoir fait , fous le titre de Bouclier de l'ordre de Fontevrault naiffant , une apologie de Robert d'Arbriffel , fondateur de cet ordre , fur les tentations volontaires , où on a dit qu'il s'expofoit avec les femmes. Le religieux prend le parti de nier le fait. ( Voyez ARBRISSEL. ) Mort en 1633.

MAINFROY , ( Hift. de Sicile. ) ( Voyez l'article ANJOU , tome 1ᵉʳ. , 1ʳᵉ partie , pag. 319 , col. 1 & 2.)

MAIN-MORTE, Statut de ( Hift. d'Angl.) ftatut remarquable fait fous Edouard I. en 1278 , par lequel ftatut il étoit, défendu à toutes perfonnes fans exception, de difpofer directement ni indirectement de leurs terres , immeubles , ou autres bien-fonds , en faveur des fociétés qui ne meurent point.

Il eft vrai que , dans la grande charte donnée par le roi Jean , il avoit été déjà défendu aux fujets d'alié-ner leurs terres en faveur de l'églife. Mais cet article , ainfi que plufieurs autres , ayant été fort mal obfervé, les plaintes fur ce fujet fe renouvelèrent avec vivacité au commencement du règne d'Edouard. On fit voir à ce prince qu'avec le tems toutes les terres pafferoient entre les mains du Clergé , fi l'on continuoit à fouffrir que les particuliers disposaffent de leurs biens en faveur de l'église. En effet, ce corps ne mourant point, acquérant toujours & n'aliénant jamais, il devoit arriver qu'il posséderoit à la fin toutes les terres du royaume. Edouard & le parlement remédièrent à cet abus par le fameux statut connu sous le nom de *main-morte*. Ce statut d'Angleterre fût ainsi nommé, parce qu'il tendoit à empêcher que les terres ne tombaffent en *main - morte*, c'eſt - à - dire, en mains inutiles au service du roi & du public, fans espérance qu'elles duſſint jamais changer de maitres.

Ce n'eſt pas que les biens qui appartiennent aux gens de *main-morte* foient absolument perdus pour le public, puiſque leurs terres font cultivées, & qu'ils en dépenſent le produit dans le royaume; mais l'état y perd en général prodigieuſement, en ce que ces terres ne contribuent pas dans la proportion des autres, & en ce que n'entrant plus dans le partage des familles, ce font autant de moyens de moins pour accroître ou conserver la population. On ne ſçauroit donc veiller trop attentivement à ce que la maſſe de ces biens ne s'accroiſſe pas, comme fit l'Angleterre dans le temps qu'elle étoit toute catholique (*D. J.*)

MAINOTES, (*Hiſt. mod.*) peuples de la Morée; ce font les deſcendants des anciens Lacédémoniens, & ils conſervent encore aujourd'hui l'eſprit de bravoure qui donnoit à leurs ancêtres la ſupériorité ſur les autres Grecs. Ils ne font guère que 10 à 12 mille hommes, qui ont conſtamment réſiſté aux Turcs, & n'ont point encore été réduits à leur payer tribut. Le canton qu'ils habitent étant défendu par les montagnes qui l'environnent, *Voyez* Cantemir, *hiſt. ottomane*. (*A. R.*)

MAINTENON, Françoiſe d'Aubigné, marquiſe de). (*Hiſt. de Fr.*). On peut dire de cette femme célèbre, *ingens diſputandi argumentum*. Fut - elle ſimplement une ambitieuſe ou intrigante, fans choix & fans délicateſſe dans les moyens de parvenir à la grandeur; chez qui la vertu, la décence, la piété n'aient été qu'un inſtrument utile à ſes deſſins & qu'un échafaud pour s'élever d'une condition commune juſqu'au rang ſuprême? ou le goût pour la décence, cette modeſtie reſpectable, cette réſerve poliſſée, ſi l'on veut, juſqu'à une ſorte de pédanterie, cette modération en toutes choſes, étoient-elles en elle des vertus naturelles & non feintes? Son ambition, car elle en eut, elle en fait l'aveu dans ſes lettres, ne fit-elle que ſe préer aux conjonctures, fans les préparer ni les aider par aucun artifice? ou enfin y avoit-il en elle un mélange de vices & de vertus, de qualités eſtimables données par la nature, & d'artifices inſpirés par l'ambition, qui ſe foient aidés mutuellement, & qui aient concouru à l'exécution de ſes deſſeins? C'eſt ſur quoi il eſt difficile d'avoir une idée abſolument arrêtée. Voici les événements publics de fa vie; on portera ſur les reſſorts ſecrets & cachés qui ont pu les produire, tel jugement qu'on voudra ou qu'on pourra.

Françoiſe d'Aubigné étoit petite fille du fameux Théodore Agrippa d'Aubigné. (*Voyez* l'article

AUBIGNÉ.) Conſtant d'Aubigné, fils de Théodore Agrippa, & père de Mme. *de Maintenon*, fut un fils dénaturé, d'ailleurs homme vil, accuſé de fauſſe monnoie & d'autres crimes honteux. Enfermé au château-Trompette, il plut à la fille du gouverneur, Anne de Cardillac, s'enfuit avec elle, l'épouſa & ils étoient tous deux en priſon à Niort en Poitou, lorſque Françoiſe d'Aubigné naquit en 1635. Menée à l'âge de trois ans, en Amérique; abandonnée par un domeſtique ſur le rivage, Françoiſe d'Aubigné penſa y être dévorée par un ſerpent. Dans la traverſée d'Amérique en France, on la crut morte d'une maladie qui régnoit dans le vaiſſeau, & on alloit la jetter à la mer, lorſqu'elle donna un ſigne de vie. Ramenée orpheline en France, à l'âge de douze ans, elle fut élevée chez Mme. de Neuillant ſa parente, avec aſſez de dureté, pour avoir pu regarder comme une bonne fortune l'offre que lui fit le cul-de-jatt: Scarron, de l'épouſer. C'étoit l'alliance de la dignité & de la bouffonnerie; du ſublime & du burleſque.

*Eſſutire leves indigna tragœdia verſus,*
*Ut feſtis matrona moveri juſſa diebus,*
*Intererit ſatyris paulum pudibunda proterviſ.*

Tel étoit le contraſte de ces deux perſonnages, les plus diſcordants en apparence, que jamais l'hymen ait unis. Il ne paroit pas que leur union ſe en ſoit reſſentie. Scarron avoit de l'eſprit, de l'enjouement & de la bonhomie; il avoit des amis. Mme. Scarron fut en tirer un grand parti & s'acquérir parmi eux beaucoup de conſidération: elle avoit dès lors tant de dignité dans le caractère, dans le maintien & dans les manières, que les hommes les plus entreprenants de la cour de Louis XIV, diſoient: *nous ferions plutôt une propoſition hardie à la reine qu'à cet enfant de quinze ans*. Veuve en 1660, & retombée dans la miſère, elle fit long-temps ſolliciter en vain auprès de Louis XIV, le payement d'une penſion dont avoit joui ſon mari. Louis XIV ſe plaignoit de ne voir que des placets commençant par ces mots: *la veuve Scarron*. Enfin, déſeſpérant de réuſſir, elle alloit partir pour le Portugal, où on lui propoſoit d'élever des enfants; elle fit te pendant préſenter à Mme. de Monteſpan, & lui dit qu'elle n'avoit que nous quitter la France, fans en avoir vu la merveille. L'orgueilleuſe Monteſpan, flattée de ce compliment plus fort que délicat, lui dit qu'il ne falot pas qu'elle quitât la France, & qu'on trouveroit à y employer ſes talents; elle ſe chargea d'un nouveau placet pour Louis XIV, qui, retrouvant encore la veuve Scarron, fit ſes exclamations ordinaires ſur l'importunité de cette femme; *il ne tient qu'à vous*, lui dit Madame de Monteſpan, *de vous en débarraſſer, en accordant la penſion*; il l'accorda.

Si Louis XIV étoit prévenu contr'elle avant de la connoitre, il le fut encore bien davantage après l'avoir connue; il la trouvoit pédante & bel - eſprit. Votre bel-eſprit, diſoit-il à Madame de Monteſpan, vous rendra pédante comme elle. En la connoiſſant mieux, ce qui lui avoit paru de la pédanterie , ne lui parut plus qu'une raifon aimable ; & ce qu'il avoit pris pour du bel-efprit , ne fut plus que du bon efprit. Elle étoit gouvernante des enfants que Madame de Montefpan avoit eus du roi , & le roi fut fur-tout frappé d'un mot que lui dit le petit duc du Maine. C'étoit un enfant férieux & fenfé. *Vous êtes bien raifonnable ,* lui dit un jour le roi. *Comment ne le ferois-je pas,* reprit l'enfant ; *j'ai une gouvernante qui eſt la raiſon même.* Ce mot , qui lui faifoit connoître combien cette femme favoit fe faire aimer & refpecter de fes élèves , produifit tout fon effet ; le roi , dès ce moment , lui deſtina des graces , & voulut que le duc du Maine eût le mérite & le plaifir de les lui annoncer. Ce fut de ces libéralités du roi , ménagées avec une fage prévoyance , qu'elle acheta en 1674 , la terre de Maintenon , dont elle prit le nom , & qui , lorfque fon crédit fut devenu prédominant , la fit appeller par les courtifans : *Madame de Maintenant.* Ce crédit parvint à éclipfer peu-à-peu , puis à décréditer tout-à-fait celui de Madame de Montefpan ; & comme cette femme avoit été fa bienfaitrice &, fon introductrice auprès de Louis XIV , on ne manqua pas d'accufer Madame de *Maintenon* d'ingratitude , & de fuppofer qu'elle avoit mis beaucoup d'art à fupplanter une rivale à qui elle devoit tout. Cette idée eſt même très-naturelle , en n'envifageant le fait que dans fa généralité. Mais ce font les incidents & les détails qui expliquent tout : on conçoit combien une femme altière , violente , capricieufe devoit rendre malheureux , d'un côté le grand roi qu'elle tenoit dans fes fers , & qui depuis long-temps ne faifoit plus qu'y languir ; de l'autre , la femme que la fortune mettoit dans fa dépendance ; combien , par conféquent , ils les pouffoit , pour ainfi dire , l'un vers l'autre ? Dans leurs peines communes , dont la caufe étoit la même , & dont ils ne pouvoient fe plaindre à perſonne , n'étoient-ils pas le confident naturel & le confolateur-né l'un de l'autre ? Quand on a fouffert enfemble , on fe devient fi néceffaire ! on eſt fi prés de s'aimer ! Dans les chagrins que l'aigreur , les caprices , l'humeur donnent à ceux qui en font les victimes, la douceur, la raifon , la complaifance font fi précieufes & fi aimables ! Dans le cas particulier dont il s'agit , le contrafte rendoit le mal fi infupportable , & indiquoit fi fortement le remède , que l'on conçoit aifément que cette inclination a pu naître & fe former de la manière la plus innocente , & fans le fecours d'aucun artifice. Ils peuvent avoir réfifté long-temps ; elle , par le fouvenir des anciens bienfaits de cette femme ; lui , par fa tendreffe pour tant de gages précieux , qui , nés de l'amour , fembloient devoir en être de nouveaux nœuds ;

Peut-être on l'a conté la fameufe difgrace
De l'altière Vafthi don't j'occupe la place ,
Lorfque le roi contr'elle enflammé de dépit ,
La chaffa de fon trône ainſi que de fon lit ;
Mais il ne put fitôt en bannir la penfée ,
Vafthi régna long-temps dans fon ame offenfée,

Ces vers fuppofent des combats ; & fi ces amans , d'un âge mûr , & qui n'étoient pas entraînés par une paffion aveugle , ont fuffifamment combattu , que peut-on leur reprocher ?

Quant au mariage , l'intrigue a pu le fuggérer ; mais la décence , le refpect de la religion & des mœurs ont pu le preferire ; & quand un motif honnête fuffit pour rendre compte raifonnablement d'un fait , pourquoi courir ce rifque de calomnier , en fuppofant un motif mal-honnête ?

Dans les difgraces de la guerre de 1701 , le roi paroit enfin fenfible aux malheurs de fa nation ; peut-être faut-il faire honneur en partie de ces nouveaux fentiments de Louis XIV , à cette femme qu'on a tant accufée de lui avoir fait facrifier les devoirs de la royauté aux devoirs de la religion. Peut-être en l'arrachant au tumulte des camps , à la diffipation des fêtes, en l'éloignant des plaifirs , en l'accoutumant à la retraite & au recueillement , pourrit-elle dans l'ame de ce prince cette fenfibilité inconnue , cette compaffion pour les malheureux , fur-tout cet amour pour le peuple , la première des vertus royales.

Louis , dans le cours de fes profpérités , & fous l'empire de la marquife de Montefpan , avoit paru plus rempli du fentiment de fa grandeur & de fa puiffance , que touché des maux de fes peuples.

On voit avec douleur , au milieu des exploits & des triomphes de cette brillante & injufte guerre de 1672 , le roi faire la guerre à fes propres fujets en Bretagne , pour leur arracher des fubfides mille fois abforbés , pour les befoins de l'état , mais par les dépenfes faftueufes qu'on faifoit alors à Verfailles , à Clagni , à Trianon. Le cœur fe foulève , quand on lit dans les lettres de Madame de Sévigné , l'hiftoire de ce malheureux artifan , qui , faifi d'un accès de rage , parce qu'on vient de lui enlever fon écuelle & fon lit pour un impôt qu'il n'a pu payer , égorge trois de fes enfants ; fe défefpère de ce que fa femme & un autre de fes enfants ont pu lui échapper , & ne porte au fupplice que le regret de laiffer au monde après lui ces deux infortunés. Le foulèvement redouble ; lorfqu'à côté de cette aventure , on trouve les détails du luxe & de cette profufion fcandaleufe d'or circulant fur toutes les tables de jeu à Verfailles. Ces contraftes irritants , ces difparités révoltantes n'affligent plus les yeux fous le gouvernement de la décente & modefte *Maintenon.*

Si elle jetta le roi dans ces querelles théologiques qui fouillent fur-tout la fin de fon règne , elle eut grand tort.

Si elle fit rappeller Catinat & employer Villeroy , elle eut grand tort.

Si elle fit employer & conferver dix ans Chamillart, elle eut grand tort.

Au refte , fi elle avoit ufé d'artifices pour parvenir à la fuprême puiffance , elle en fut bien punie par l'impoffibilité d'en jouir ; elle avoue qu'elle fut dans l'ivreffe pendant trois femaines ; mais promptement défabufée ; & ne pouvant plus voir les chofes que comme elles étoient , elle fe fentit très-malheureufe.

*Qu'il*

*Quel supplice*, difoit-elle à Madame de Bolingbroke, fa niéce, *que l'emploi d'amufer un homme qui n'eft plus amufable! Je n'y puis plus tenir*, difoit-elle un jour au comte d'Aubigné, fon frère, *je voudrois être morte——— Vous avez donc parole*, répondit d'Aubigné, *d'époufer Dieu le père.* On voit que d'Aubigné parloit de grandeur quand on lui parloit de bonheur. Elle fe confoloit en fondant Saint-Cyr, en faveur des jeunes filles nobles qui fe trouveroient comme elle dans la pauvreté. C'eft dans une pièce faite pour Saint-Cyr, que Racine difoit :

Comme eux vous fûtes pauvre & comme eux orphelin.

Ce pouvoir de faire du bien fut pour elle un dédommagement auquel elle parut fenfible. *Ma place*, difoit-elle, *a bien des côtés fâcheux, mais du moins elle me procure le plaifir de donner.*

Un de fes chagrins fut que le comte d'Aubigné fon frère, ne répondoit point par fes talents, aux vues qu'elle avoit fur lui; elle le combla de biens, fans ofer l'élever aux honneurs de la guerre. Madame de Montefpan, plus heureufe, avoit trouvé dans les fervices du duc de Vivonne fon frère, plus qu'un prétexte pour l'élever à la dignité de maréchal de Franche ; d'Aubigné étoit envieux de l'élévation de Vivonne, & Vivonne l'étoit des richeffes de d'Aubigné. Un jour qu'ils jouoient enfemble, d'Aubigné mit beaucoup d'argent fur une carte ; & Vivonne s'écria : il *il n'y a que d'Aubigné qui puiffe mettre fur une carte une pareille fomme.* Il eft vrai, répondit bruſquement d'Aubigné, *c'eſt que j'ai reçu mon bâton de maréchal de France en argent.* Ce fut la fille du comte d'Aubigné, nommée Françoiſe comme fa tante, qui épouſa en 1698, le duc, depuis maréchal de Noailles, père des deux maréchaux de Noailles d'aujourd'hui.

Une tante de Madame *de Maintenon*, (Artemiſe d'Aubigné) avoit épouſé Benjamin de Valois, marquis de Villette. Sa petite-fille, Marthe-Marguerite de Valois de Vil'ette, élevée par Madame de Maintenon, fut mariée par elle à Jean-Anne de Tubière, marquis de Caylus ; elle fut mère de fu M. le comte de Caylus ; elle eſt l'auteur des *Souvenirs*, imprimés en 1770. Ces *Souvenirs* ne ſont toujours également favorables à Madame *de Maintenon* ; elle convient qu'on accuſoit fa tante d'avoir eu dans fa jeuneſſe, pluſieurs amants ; elle raconte avec complaiſance, que M. de Laſſay, en bon courtiſan, s'échauffant beaucoup dans un cercle nombreux contre ces imputations, & répétant juſqu'à ſatiété, que pour lui il étoit ſûr qu'elles étoient toutes calomnieuſes, Madame de Laſſay, ſa femme, que ce propos ennuyoit, ainſi que les autres, lui dit d'un air nonchalant : *Mais, Monſieur, comment faites-vous donc pour être ſi ſûr de ces choſes-là ?* On voit dans ces *Souvenirs*, la confirmation que l'hiſtoire de la lettre qui fit la fortune de Madame *de Maintenon*, n'eſt qu'une fable populaire. Sans doute les lettres que Madame *de Maintenon* écrivoit à Louis XIV, au ſujet de ſes enfants, contribuèrent à donner à ce prince du reſpect pour ſon caractère ; mais dans le conte en

*Hiſtoire. Tome III.*

queſtion ; il s'agiſſoit d'une lettre d'amour écrite au roi pour Madame de Montefpan, & que le roi reconnut pour être d'une autre, parce qu'elle étoit trop ingénieuſe & trop bien tournée pour Madame de Montefpan. C'eſt donner une idée bien fauſſe de l'eſprit de cette femme célèbre, qui avoit dans un degré diſtingué, ce qu'on appelloit alors l'*eſprit des Mortemart.* Ces deux femmes, entre leſquelles une grande rivalité fit naître une haine ſi forte, avoient naturellement beaucoup d'attrait l'une pour l'autre, & cet attrait tenoit ſur-tout au rapport de leurs eſprits & au charme mutuel de leur entretien. Dans le tems de leur plus grande haine, à un voyage de Fontainebleau, il y eût un arrangement de voitures fait à deſſein ou par hazard, d'où il réſulta qu'elles partirent enſemble & tête-à-tête, pour Fontainebleau dans une même voiture ; après un moment d'embarras, Madame de Montefpan dit à Madame *de Maintenon* : « Madame, ne » foyons point les dupes de cette aventure-ci ; & » puiſque nous ſommes condamnées à voyager en » ſemble, tirons parti l'une de l'autre ; j'aime votre » entretien ; le mien ne vous déplaît pas : cauſons » A notre arrivée, nous reprendrons notre haine & » nos hoſtilités ».

On connoît les Mémoires de M. de la Beaumelle pour ſervir à l'hiſtoire de Madame *de Maintenon*, & les lettres de Madame de *Maintenon* que ces Mémoires accompagnent. Tout cela, non plus que les *Souvenirs* de Madame de Caylus, ne réſout pas le problême que nous avons propoſé au commencement de cet article ſur le caractère de Madame *de Maintenon*. Ce qui favoriſe l'idée qu'elle étoit très-artificieuſe, c'eſt ce mot qu'on a retenu d'elle, & qui contient tout le machiavéliſme de la coquetterie : « *Je le renvoie toujours affligé, jamais déſeſpéré.* C'étoit de Louis XIV, qu'elle parloit, & c'étoit avant le mariage.

Après la mort de ce prince, elle choiſit la retraite que lui indiquoient ſes propres bienfaits ; elle ſe retira dans la maiſon de Saint-Cyr, où elle jouit d'un empire plus borné, mais plus abſolu, plus entier, qui n'étoit ſujet à aucuns orages, à aucuns revers, à aucuns dégoûts, & qui jamais ne lui fit dire : *Je voudrois être morte.* Elle y mourut en 1719 à quatre-vingt-quatre ans: Objet de vénération, d'amour & de reconnoiſſance, elle y mourut au milieu des plus tendres ſoins de ſes filles adoptives, & des bénédictions des pauvres.

**MAINUS**, ( Jaſon ) ( *Hiſt. Litt. mod.* ) juriſconſulte italien, dont on a des *Commentaires ſur les Pandectes & ſur le code de Juſtinien.* Il enſeignoit le droit en Italie, avec tant de réputation, que Louis XII étant dans ſon pays, vint le voir & l'entendre dans ſon école. Il lui témoigna de l'eſtime & de l'intérêt, & lui demanda entr'autres choſes, pourquoi il ne s'étoit pas marié ? *C'eſt*, lui répondit-il, *pour obtenir la pourpre, à votre recommandation.* Il avoit pris pour deviſe :

*Virtuti fortuna comes non deficit.*

Kkk

idée fauffe, fi en la généralife. Né à Pefaro en 1435. Mort à Padoue en 1519, fans avoir obtenu la pourpre.

MAJOR, (George) (*Hift. Eccléf.*) proteftant allemand, difciple de Luther, & auteur lui-même d'une petite fecte, qu'on appella de fon nom, les *Majories*, & que perfonne ne connoît aujourd'hui. Il foutenoit la néceffité des bonnes œuvres pour être fauvé, dans les enfants même. Mort en 1574.

MAJORDOME, f. m. (*Hift. mod.*) terme italien qui eft en ufage pour marquer un maître-d'hôtel. Le titre de *majordome* s'eft donné d'abord dans les cours des princes à trois différentes fortes d'officiers, à celui qui prenoit foin de ce qui regardoit la table & le manger du prince, & qu'on nommoit autrefois *Eleata, præfectus menfæ, architriclinus dapifer, princeps coquorum.* 2°. *Majordome* fe difoit auffi d'un grand-maître de la maifon d'un prince; ce titre eft encore aujourd'hui fort en ufage en Italie, pour le furinten-dant de la maifon du pape; en Efpagne, pour dé-figner le grand-maître de la maifon du roi & de la reine; & nous avons vu en France le premier officier de la maifon de la reine douairiere du roi Louis I, fils de Philippe V, Roi d'Efpagne, qualifié du titre de *majordome.* 3°. On donnoit encore le titre de *majordome* au premier miniftre, ou à celui que le prince chargeoit de l'ad-miniftration de fes affaires, tant de paix que de guerre, tant étrangeres que domeftiques. Les hiftoi-res de France, d'Angleterre & de Normandie four-niffent de fréquents exemples de *majordomes*, dans ces deux premiers fens.

MAJORIEN, (*Julius-Valerius Majorianus*) (*Hift. Rom.*) Un des meilleurs & des plus grands princes qu'ait eus l'Empire d'Occident dans fa décadence. Il fut élevé au trône en 457, & fut tué par Ricimer, général de fes armées, en 461. Avant de combattre Genferic, roi des Vandales, il avoit voulu le connoî-tre, il avoit fait à fon égard ce qu'Autharis, roi des Lombards, fit plus d'un fiècle après, à l'égard de Theudelinde, lorfqu'il la demanda en mariage. (*Voyez* AUTHARIS.) Ce qu'on fuppofe dans la tragédie de *Didon*, que fit Iarbe à l'égard de cette princeffe; il fe déguifa, & fut lui-même fon ambaffadeur. Après avoir vu Genferic, il ne défefpéra point de le vaincre, & il fut l'amener à demander la paix. Une fuite de princes, tels que *Majorien*, eut pu empêcher ou du moins retarder la chûte de l'Empire d'Occident.

MAIRAN, (Jean-Jacques d'Ortous de) (*Hift. Litt. mod.*) Né en 1678, à Béziers, d'une famille noble, a été un des hommes les plus aimables qui aient cultivé les lettres & qui aient excellé dans les fciences. Il fut cher à M. de Fontenelle, qui, dans fes Eloges des Académiciens, ne perd pas une occa-fion de le faire valoir; on peut dire de lui, à l'égard de M. de Fontenelle, qu'il fut

L'ami, le compagnon, le fucceffeur d'Alcide.

Il fuccéda en effet, à M. de Fontenelle dans un em-ploi que celui-ci avoit rendu difficile pour fes fuccef-

*(Hift. Litt. mod.)* Il a traduit Némésien & Calpurnius, & les a beaucoup trop vantés dans sa préface. Il eut part aux *Jugements sur les Ecrits modernes* de l'abbé des Fontaines. Il étoit encore plus ennemi que lui de M. de Voltaire & des bons écrivains de son temps. Mort en 1746.

MAIRE *de Londres* , ( *Hift. d'Angl.* ) premier magistrat de la ville de Londres, & qui en a le gouvernement civil. Sa charge est fort considérable. Il est choisi tous les ans du corps des vingt-six aldermans par les citoyens le 29 de septembre ; & il entre dans l'exercice de son emploi le 29 octobre suivant.

Son autorité s'étend non-seulement sur la cité & partie des fauxbourgs, mais aussi sur la Tamise, dont il fut déclaré le conservateur par Henri VII. Sa jurisdiction sur cette rivière commence depuis le pont de Stones jusqu'à l'embouchure de Medway. Il est le premier juge de Londres, & a le pouvoir de citer & d'emprisonner. Il a sous lui de grands & de petits officiers. On lui donne pour la table mille livres sterlings par an ; pour ses plaisirs, une meute de chiens entretenue , & le privilége de chasser dans les trois provinces de Middlesex , Sussex & Surrey. Le jour du couronnement du roi, il fait l'office de grand échanson. Une chose remarquable , c'est que lorsque Jacques I fut invité à venir prendre possession de la couronne , le *lord-maire* signa le premier acte qui en fut fait , avant les pairs du royaume. Enfin , le *lord-maire* est commandant en chef des milices de la ville de Londres, le tuteur des orphelins & a une cour pour maintenir les loix , priviléges & franchises de la ville. Je l'appelle toujours *lord-maire*, quoiqu'il ne soit point pair du royaume; mais on lui donne ce titre par politesse. C'est par la grande charte que la ville de Londres a le droit d'élire un *maire* : il est vrai que Charles II & Jacques II révoquérent ce privilége; mais il a été rétabli par le roi Guillaume, & confirmé par un acte du parlement. (*D. J.* )

MAIRE , ( Jacques & Jean LE ) ( *Hift. Litt. mod.* ) Jacques *Le Maire* est ce fameux pilote hollandois, qui , parti du Texel le 14 juin 1615 , avec deux vaisseaux, découvrit en 1616, le détroit qui porte son nom, vers la pointe la plus méridionale de l'Amérique. On a la relation de son Voyage.

Jean *Le Maire* est un vieux poëte françois, mort vers le commencement du milieu du seizième siècle. Il étoit contemporain de Marot , mais il n'en avoit pas le talent piquant & original. On le distingue cependant parmi les poëtes de son temps.

MAIRET , ( Jean ) ( *Hift. Litt. mod.* ) La *Sophonisbe* de Trissino est la première bonne tragédie italienne ; la *Sophonisbe* de Mairet a passé long-temps pour la première bonne tragédie françoise, comme s'il eût été de la destinée de ce sujet d'ouvrir avec éclat la carrière dramatique chez les diverses nations ; mais il semble au contraire qu'il soit de la destinée de ce sujet d'être toujours manqué en France ; car la *Sophonisbe* de *Mairet* n'est pas bonne , & n'a pu conserver la réputation qu'elle avoit usurpée. La *Sophonisbe* de

Corneille , quoiqu'elle ait quelque traits dignes de son auteur , n'est pas, à beaucoup près , au nombre de ses bonnes pièces. M. de Voltaire, qui a refait à neuf la *Sophonisbe* de *Mairet*, n'a pas fait non plus sous ce titre , une bonne tragédie. *Mairet*, né en 1604, deux ans avant Corneille , & mort en 1686 , deux ans après lui, fut un de ces précurseurs de Corneille, qui marchèrent avant lui & avec lui dans la carrière , mais sans lui préparer les voies ; il n'eut pas du moins comme Rotrou , le mérite d'être son admirateur & son ami. ( *Voyez* l'article C O R N E I L L E . ) Il écrivoit contre lui avec cette animosité qui décèle l'envie, & qui est un aveu involontaire d'infériorité. En supposant tout égal entre les deux *Sophonisbes* de *Mairet* & de Corneille, supposition la plus favorable qu'on puisse faire pour *Mairet* , la *Sophonisbe* de celui-ci est son chef-d'œuvre , ou plutôt , c'est la seule de ses pièces , ( d'ailleurs assez nombreuses ) dont on se souvienne ; la *Sophonisbe* de Corneille est au contraire une de ses moindres pièces ; mais il ne s'agit plus aujourd'hui de comparer deux hommes entre lesquels la postérité a mis une si énorme différence.

*Mairet* avoit été gentilhomme du généreux & brave & malheureux duc de Montmorenci; il l'avoit suivi dans deux combats contre Soubize , frère du duc de Rohan , & comme lui un des chefs des Huguenots. *Mairet* s'étoit distingué dans ces combats. Il s'étoit retiré sur la fin de ses jours, à Besançon.

MAIRONS, MAYRONS ou MAIRONIS , ( François de) ( *Hift. Litt. mod.* ) disciple de Scot, dit *le Docteur éclairé* ou *illuminé* , devint une pierre angulaire de la scolastique , après avoir été rejetté par les ouvriers. La Faculté de théologie l'avoit rejetté comme incapable. Pour montrer sa capacité , il voulut soutenir une thèse depuis cinq heures du matin jusqu'à sept heures du jour , sans avoir de président & sans se permettre aucune interruption ni aucune nourriture, ce qui pouvoit prouver plus de force & de loquacité que de science. Depuis ce temps , les bacheliers se sont piqués de l'imiter , & cette thèse fatiguante est ce qu'on appelle *la grande Sorbonique*. François *de Mairons* est du quatorzième siècle.

MAISIÈRES ou MAIZIÈRES, (Philippe de) ( *Hift. Litt. mod.* ) un des auteurs à qui on attribue *le Songe du Vergier*. ( *Voyez* l'article PRESLE , ( Raoul de. ) Philippe *de Maisières* étoit conseiller d'état sous Charles-le-sage , & fut fait par lui gouverneur du Dauphin , ( Charles VI. ) Il avoit été chancelier du roi de Chypre & de Jérusalem , ( Pierre, successeur de Hugues de Lusignan. ) Il se retira en 1380 , aux Célestins de Paris. Ces religieux avoient alors la faveur qu'avoient eue les Jacobins le siècle précédent , & qu'eurent dans la suite les Jésuites : aussi leur légua-t-il tous ses biens. Il mourut en 1405. C'étoit lui qui, en 1395, avoir beaucoup contribué à obtenir de Charles VI , qu'on donnât un confesseur aux criminels condamnés à mort. Pierre de Craon eut part aussi à ce changement , & fit planter une croix au lieu où se fit depuis la confession. ( *Voyez* CRAON. )

idée fauſſe, ſi ch la généraliſe. Né à Peſaro en 1435. Mort à Padoue en 1519, ſans avoir obtenu la pourpre.

MAJOR, (George) (*Hiſt. Eccléſ.*) proteſtant allemand, diſciple de Luther, & auteur lui-même d'une petite ſecte, qu'on appella de ſon nom, les *Majorites*, & que perſonne ne connoît aujourd'hui. Il ſoutenoit la néceſſité des bonnes œuvres pour être ſauvé, dans les enfants même. Mort en 1574.

MAJORDOME, ſ. m. (*Hiſt. mod.*) terme italien qui eſt en uſage pour marquer un maître-d'hôtel. Le titre de *majordome* s'eſt donné d'abord dans les cours des princes à trois différentes ſortes d'officiers, à celui qui prenoit ſoin de ce qui regardoit la table & le manger du prince, & qu'on nommoit autrefois *Eleata*, *præſectus menſæ*, *architriclinus dapifer*, *princeps coquorum*. 2°. *Majordome* ſe diſoit auſſi d'un grand-maître de la maiſon d'un prince; ce titre eſt encore aujourd'hui fort en uſage en Italie, pour le ſurinten-dant de la maiſon du pape; en Eſpagne, pour dé-ſigner le grand-maître de la maiſon du roi & de la reine; & nous avons vu en France le premier officier de la maiſon de la reine douairiere du roi Louis I, fils de Philippe V, Roi d'Eſpagne, qualifié du titre de *majordome*. 3°. On donnoit encore le titre de *majordome* au premier miniſtre, ou à celui que le prince chargeoit de l'ad-miniſtration de ſes affaires, tant de paix que de guerre, tant étrangeres que domeſtiques. Les hiſtoi-res de France, d'Angleterre & de Normandie four-niſſent de fréquents exemples de *majordomes*, dans ces deux premiers ſens.

MAJORIEN, (*Julius-Valerius Majorianus*) (*Hiſt. Rom.*) Un des meilleurs & des plus grands princes qu'ait eus l'Empire d'Occident dans ſa décadence. Il fut élevé au trône en 457, & fut tué par Ricimer, général de ſes armées, en 461. Avant de combattre Genſeric, roi des Vandales, il avoit voulu le connoi-tre, il avoit fait à ſon égard ce qu'Autharis, roi des Lombards, fit plus d'un ſiecle après, à l'égard de Theudelinde, lorſqu'il la demanda en mariage. (*Voyez* AUTHARIS.) Ce qu'on ſuppoſe dans la tragédie de *Didon*, que fit Iarbe à l'égard de cette princeſſe; il ſe déguiſa, & fut lui-même ſon ambaſſadeur. Après avoir vu Genſeric, il ne déſeſpéra point de le vaincre, & il fut l'amener à demander la paix. Une ſuite de princes, tels que *Majorien*, eut pu empêcher ou du moins retarder la chûte de l'Empire d'Occident.

MAIRAN, (Jean-Jacques d'Ortous de) (*Hiſt. Litt. mod.*) Né en 1678, à Béziers, d'une famille noble, a été un des hommes les plus aimables qui aient cultivé les lettres & qui aient excellé dans les ſciences. Il fut cher à M. de Fontenelle, qui, dans ſes Eloges des Académiciens, ne perd pas une occa-ſion de le faire valoir; on peut dire de lui, à l'égard de M. de Fontenelle, qu'il fut

L'ami, le compagnon, le ſucceſſeur d'Alcide.

Il ſuccéda en effet, à M. de Fontenelle dans un em-ploi que celui-ci avoit rendu difficile pour ſes ſuccef-

ſeurs, l'emploi de ſecrétaire perpétuel de l'Académie des Sciences, & il réuſſit dans ſes Eloges, même après M. de Fontenelle, auquel il eut l'art de ne reſſembler ni trop ni trop peu. Il ſuccéda auſſi à M. de Fontenelle dans l'emploi très-privilégié d'offrir à ſon ſiecle le modèle d'une heureuſe & ſaine vieilleſſe: il conſerva, comme M. de Fontenelle, juſqu'au dernier moment, un eſprit fin, piquant, philoſophique; &, plus heureux que M. de Fontenelle, à quatre-vingt-treize ans, il n'avoit éprouvé d'affoibliſſement dans aucun de ſes ſens, & n'avoit point, comme M. de Fontenelle le diſoit de lui-même, *envoyé devant lui ſon gros bagage*. Sa figure étoit encore très-agréable, ſa taille parfaitement droite, ſa propreté alloit juſqu'à la parure; il étoit également bien placé dans les compagnies ſavantes & dans le monde le plus poli. On a dit de lui, comme de M. de Fontenelle, qu'il manquoit de ſenſibilité pour les autres; que les principes en lui remplaçoient les ſentiments; que ſa conduite étoit un ſyſ-tême; qu'il ne manquoit à rien ni à perſonne, mais qu'il rapportoit tout à lui ſeul; qu'il rendoit beaucoup pour qu'on lui rendît davantage; qu'il avoit le propos modeſte & les prétentions orgueilleuſes; qu'il étoit occupé du ſoin de ſa réputation comme une coquette du ſoin de ſa beauté, & qu'il y mettoit autant de recherches & d'adreſſe. Heureux ceux dont les défauts ſont aſſez bien déguiſés pour n'être apperçus ainſi qu'à force d'eſprit & de ſagacité & pour être plutôt devinés que ſentis! Il deſira fortement d'avoir avec M. de Fontenelle un dernier trait de conformité qu'il ne put pas obtenir; c'étoit l'honneur d'être des trois grandes Académies de Paris:

*Certat tergeminis tollere honoribus.*

Il étoit de l'Académie des Sciences; il étoit de l'Aca-démie Françoiſe; & dans celle-ci, des gens d'un ton plus décidé, mais beaucoup moins aimable, ne le mettoient pas au premier rang; l'Académie des Belles-Lettres ne s'empreſſa point d'accueillir le déſir qu'il avoit d'y être admis; mais il eſt le ſeul homme étran-ger à cette Académie dont on trouve un Mémoire imprimé dans ſon Recueil, & ce Mémoire, qui a pour titre: *Conjectures ſur l'Olympe*, &c. joint le goût d'érudition, l'agrément & la ſolidité, a bien-tôt cité comme un modèle dans ce genre; quelques aca-démiciens qui reſpectoient la vieilleſſe de M. *de Mairan*, déſiroient de l'honorer de cette dernière couronne, & peut-être eût-on accordé enfin à ſon âge ce qu'il avoit droit de prétendre à d'autres titres, lorſqu'une maladie qui s'eſt, dit-on, mortelle que dans la jeu-neſſe, une fluxion de poitrine preſque guérie, lui laiſſa un dépôt dont il mourut à Paris le 20 février 1771, à quatre-vingt-treize ans. Ses ouvrages les plus connus, outre ſes Eloges & ſes Mémoires inſérés dans le Recueil de l'Académie des Sciences, ſont le Traité de l'*Aurore boréale*; la *Diſſertation ſur la Glace*; les *Lettres au père Parennin*, contenant, ſous le nom de Queſtions, des obſervations philoſophiques & des idées ingénieuſes ſur la Chine.

MAIRAULT, (Adrien-Maurice) *ou* MÉRAULT,

(*Hift. Litt. mod.*) Il a traduit Néméfien & Calpurnius, & les a beaucoup trop vantés dans fa préface. Il eut part aux *Jugements fur les Ecrits modernes* de l'abbé des Fontaines. Il étoit encore plus ennemi que lui de M. de Voltaire & des bons écrivains de fon temps. Mort en 1746.

MAIRE *de Londres*, (*Hift. d'Angl.*) premier magiftrat de la ville de Londres, & qui en a le gouvernement civil. Sa charge eft fort confidérable. Il eft choifi tous les ans du corps des vingt-fix aldermans par les citoyens le 29 de feptembre ; & il entre dans l'exercice de fon emploi le 29 octobre fuivant.

Son autorité s'étend non-feulement fur la cité & partie des fauxbourgs, mais auffi fur la Tamife, dont il fut déclaré le confervateur par Henri VII. Sa jurifdiction fur cette rivière commence depuis le pont de Stones jufqu'à l'embouchure de Medway. Il eft le premier juge de Londres, & a le pouvoir de citer & d'emprifonner. Il a fous lui de grands & de petits officiers. On lui donne pour fa table mille livres fterlings par an ; pour fes plaifirs, une meute de chiens entretenue , & le privilège de chaffer dans les trois provinces de Middlefex , Suffex & Surrey. Le jour du couronnement du roi, il fait l'office de grand échanfon. Une chofe remarquable , c'eft que lorfque Jacques I fut invité à venir prendre poffeffion de la couronne , le *lord-maire* figna le premier acte qui en fut fait , avant les pairs du royaume. Enfin , le *lord-maire* eft commandant en chef des milices de la ville de Londres, le tuteur des orphelins & a une cour pour maintenir les loix , priviléges & franchifes de la ville. Je l'appelle toujours *lord-maire*, quoiqu'il ne foit point pair du royaume ; mais on lui donne ce titre par politeffe. C'eft par la grande chartre que la ville de Londres a le droit d'élire un *maire* : il eft vrai que Charles II & Jacques II révoquérent ce privilège ; mais il a été rétabli par le roi Guillaume , & confirmé par un acte du parlement. (*D. J.*)

MAIRE , ( Jacques & Jean le ) ( *Hift. Litt. mod.* ) Jacques *Le Maire* eft ce fameux pilote hollandois, qui , parti du Texel le 14 juin 1615 , avec deux vaiffeaux, découvrit en 1616, le détroit qui porte fon nom , vers la pointe la plus mérid.onale de l'Amérique. On a la relation de fon Voyage.

Jean *Le Maire* eft un vieux poëte françois, mort vers le commencement du milieu du feizième fiècle. Il étoit contemporain de Marot , mais il n'en avoit pas le talent piquant & original. On le diftingue cependant parmi les poëtes de fon temps.

MAIRET , ( Jean ) , ( *Hift. Litt. mod.* ) La *Sophonisbe* de Triffino eft la première bonne tragédie italienne ; la *Sophonisbe* de *Mairet* a paffé long - temps pour la première bonne tragédie françoife, comme il eft été de la deftinée de ce fujet d'ouvrir avec éclat la carrière dramatique chez les diverfes nations ; mais il femble au contraire qu'il foit de la deftinée de ce fujet d'être toujours manqué en France ; car la *Sophonisbe* de *Mairet* n'eft pas bonne , & n'a pu conferver la réputation qu'elle avoit ufurpée. La *Sophonisbe* de

Corneille , quoiqu'elle ait quelque traits dignes de fon auteur , n'eft pas , à beaucoup près , au nombre de fes bonnes pièces. M. de Voltaire , qui a *refait à neuf* la *Sophonisbe* de *Mairet*, n'a pas fait non plus fous ce titre , une bonne tragédie. *Mairet*, né en 1604, deux ans avant Corneille , & mort en 1686, deux ans après lui , fut un de ces précurfeurs de Corneille , qui marchèrent avant lui & avec lui dans la carrière ; mais fans lui préparer les voies ; il n'eut pas du moins comme Rotrou , le mérite d'être fon admirateur & fon ami. ( *Voyez* l'article CORNEILLE. ) Il écrivoit contre lui avec cette animofité qui décèle l'envie, & qui eft un aveu involontaire d'infériorité. En fuppofant tout égal entre les deux *Sophonisbes* de *Mairet* & de Corneille, fuppofition la plus favorable qu'on puiffe faire pour *Mairet*, la *Sophonisbe* de celui-ci eft fon chef-d'œuvre , ou plutôt , c'eft la feule de fes pièces ,-( d'ailleurs affez nombreufes ) dont on fe fouvienne ; la *Sophonisbe* de Corneille eft au contraire une de fes moindres pièces ; mais il ne s'agit plus aujourd'hui de comparer deux hommes entre lefquels la poftérité a mis une fi énorme différence.

*Mairet* avoit été gentilhomme du généreux & brave & malheureux duc de Montmorenci ; il l'avoit fuivi dans deux combats contre Soubife, frère du duc de Rohan , & comme lui un des chefs des Huguenots. *Mairet* s'étoit diftingué dans ces combats. Il s'étoit retiré fur la fin de fes jours , à Befançon.

MAIRONS , MAYRONS ou MAIRONIS ( François de ) ( *Hift. Litt. mod.* ) difciple de Scot, dit le *Docteur éclairé* ou *illuminé* , devint une pierre angulaire de la fcolaftique , après avoir été rejetté par les ouvriers. La Faculté de théologie l'avoit rejetté comme incapable. Pour montrer fa capacité , il voulut foutenir une thèfe depuis cinq heures du matin jufqu'à fept heures du foir , fans avoir de préfident & fans fe permettre aucune interruption ni aucune nourriture , ce qui pouvoit prouver plus de force & de loquacité que de fcience. Depuis ce temps, les bacheliers fe font piqués de l'imiter , & cette thèfe fatiguante eft ce qu'on appelle *la grande Sorbonique*. François de *Mairons* eft du quatorzième fiècle.

MAISIÈRES ou MAIZIÈRES, (Philippe de) (*Hift. Litt. mod.*) un des auteurs à qui on attribue *le Songe du Vergier*. ( *Voyez* l'article PRESLE , ( Raoul de. ) Philippe de *Maifières* étoit confeiller d'état fous Charles-le-fage , & fut fait par lui gouverneur du Dauphin ( Charles VI. ) Il avoit été chancelier du roi de Chypre & de Jérufalem , ( Pierre, fucceffeur de Hugues de Luzignan, ) Il fe retira en 1380 , aux Céleftins de Paris. Ces religieux avoient alors la faveur qu'avoient eue les Jacobins le fiècle précédent , & qu'eurent dans la fuite les Jéfuites : auffi leur léguait-il tous fes biens. Il mourut en 1405. C'étoit lui qui , en 1395 , avoit beaucoup contribué à obtenir de Charles VI , qu'on donnât un confeffeur aux criminels condamnés à mort. Pierre de Craon eft part auffi à ce changement , & fit planter une croix au lieu où fe fit depuis la confeffion. ( *Voyez* CRAON. )

MAISON MILITAIRE DU ROI, c'étoit en France outre les compagnies des Gardes-du-corps, les Gendarmes de la garde, les Chevaux-légers, & les Mousquetaires. On y ajoute aussi ordinairement les Grenadiers à cheval, qui campent en campagne à côté des Gardes-du-corps ; mais ils ne font pas du corps de la *maison du roi*. Les compagnies forment la cavalerie de la *maison du roi*. Elle a pour infanterie le régiment d.s Gardes-Françoises, & celui des Gardes-Suisses. ( *A. R.* )

MAISON. ( *Hist. mod.* ) se dit des personnes & des domestiques qui composent la *maison* d'un prince ou d'un particulier. ( *A. R.* )

MAISON-DE-VILLE , est un lieu où s'assemblent les officiers & les magistrats d'une ville , pour y délibérer des affaires qui concernent les loix & la police. ( *A. R.* )

MAISON, se dit aussi d'un couvent, d'un monastère.

Ce chef d'ordre étant de *maisons* dépendantes de sa filiation, on a ordonné la réforme de plusieurs *maisons religieuses*. ( *A. R.* )

MAISTRE , ( LE ) ( *Hist. mod.* ) Des magistrats, des avocats, des gens de lettres ont porté ce nom :

1°. Gilles *Le Maistre*, avocat célèbre, qui , comme presque tous les magistrats célèbres de son temps, passa du barreau dans la magistrature. François Ier. se fit avocat général du parlement de Paris ; Henri II, président à mortier , puis premier président : il étoit d'une grande sévérité envers les Protestants. On le soupçonna d'avoir été d'intelligence avec la cour dans le temps de l'arrivée imprévue de Henri II au parlement le 10 juin 1559 , où ce prince ne donna une insidieuse liberté aux juges d'opiner devant lui , que pour sévir contre ceux qui étoient d'un avis différent du sien ; moyen vraiment infaillible d'épouvanter & d'éloigner la vérité. C'étoit pro rrement punir l'accomplissement du devoir le plus sacré, celui de dire la vérité qu'on la conçoit & qu'on la croit utile. Ce fut alors que Henri II fit arrêter Anne du Bourg, qui fut pendu sous le règne suivant, pour n'avoir pas cru qu'on dût pendre les Protestants ; il fit arrêter aussi plusieurs autres magistrats qui furent punis plus ou moins rigoureusement, selon le degré de leur indulgence. Jamais, dit Mézeray, cette auguste compagnie ne reçut une plus honteuse playe. Il pouvoit ajouter que jamais la justice & l'humanité n'avoient été si cruellement outragées, sous prétexte de zèle pour la religion. C'est de ce Gilles *Le Maistre*, qu'on a un bail fait à ses fermiers, où on trouve des traces précieuses de la simplicité antique. Il y stipule qu'aux veilles des quatre bonnes « fêtes de l'année & au temps des vendanges, » ils seroient tenus de lui amener une charrette couverte, avec de bonne paille fraîche dedans, pour » y asseoir Marie Sapin sa femme, & sa fille Geneviève ; comme aussi de lui amener un ânon & une » ânesse pour monture de leur chambrière, pendant » que lui, premier président, marcheroit devant sur » sa mule, accompagné de son clerc , qui iroit à pied » à ses côtés » Mort en 1562, le 5 décembre.

2°. Jean *Le Maistre* fut aussi un Jurisconsulte célè- » bre , élevé, pour son mérite , du barreau à la magistrature. Il étoit avocat général du parlement de Paris ; sous Henri III & Henri IV. Il défendit avec courage & avec succès , la cause des rois. Ce fut lui qui maintint la loi salique en France dans ces temps orageux ; & qui fit rendre l'arrêt célèbre , par lequel le parlement de Paris *déclaroit nulle l'élection d'un prince étranger, comme contraire aux loix fondamentales de la monarchie* ; arrêt qui empêcha l'élection que les états ligueurs de Paris se disposoient à faire ou du duc de Lorraine, selon le vœu que Catherine de Médicis sa belle-mère , avoit autrefois manifesté ; ou de l'infante Isabelle-Claire Eugènie, selon le vœu que manifestoit alors le roi d'Espagne Philippe II, à qui la ligue obéissoit, ou le duc de Mayenne , chef des ligueurs en France , ou le jeune duc de Guise son neveu , qui avoit aussi son parti. Jean *Le Maistre* mourut en 1601, le 22 février. Henri IV avoit créé en sa faveur , une septiéme charge de président du parlement en 1594. Il s'en étoit démis en 1596.

3°. Antoine *Le Maistre* , avocat au parlement de Paris , neveu par sa mère , du célèbre Arnauld le docteur , que plusieurs appellent le grand Arnauld , fut célèbre lui-même comme avocat , & plus encore comme solitaire de Port-Royal : « J'ai assez parlé » aux hommes en public , disoit-il , je ne veux plus » parler qu'à Dieu dans le silence & dans la solitude. » J'ai plaidé devant des juges mortels la cause de » mes cliens , je me borne aujourd'hui à plaider là » mienne au tribunal du souverain juge ». On a imprimé & estimé ses plaidoyers ; on n'en fait plus aucun cas. On a d'ailleurs de lui divers écrits polémiques en faveur de Port-Royal , une vie de St. Bernard , & la traduction de quelques traités de ce père ; la traduction du traité du sacerdoce de St. Jean-Chrisostôme ; la vie de St. Barthélemi des Martyrs : ce dernier ouvrage fut fait , dit-on , en société avec Thomas du Fossé , autre solitaire de Port-Royal. Antoine *Le Maistre* , né en 1608 , mourut en 1658.

4°. Louis-Isaac *Le Maistre* , frère d'Antoine , beaucoup plus connu sous le nom de M. de Sacy , étoit un savant pieux , modeste , vertueux , mais il étoit disciple & ami de M. l'abbé de St. Cyran ; il étoit directeur des religieuses & des solitaires de Port-Royal , il fallut bien le mettre à la Bastille , puisque la démence du siècle étoit d'y mettre ceux qu'on appelloit Jansénistes , & de remplir les prisons d'état , d'hommes vertueux , au défaut de criminels d'état , qui heureusement ne suffisent pas pour les remplir. Le chef-d'œuvre de l'absurdité intolérante & persécutrice étoit d'opprimer un homme irréprochable comme M. de Sacy ; mais

Le juste aussi bien que le sage ;
Du crime & du malheur sait tirer avantage.

M. de Sacy composa dans sa prison , son livre des

*Figures de la Bible*, devenu, malgré les persécuteurs & les Jésuites, le premier livre d'éducation chrétienne qu'on met entre les mains des enfants, & qu'on y mettra vraisemblablement toujours. On ignore jusqu'à quel point Nicolas Fontaine, le compagnon de sa prison, l'a aidé dans cet ouvrage. Thomas du Fossé, qui avoit eu part avec Antoine *Le Maistre*, à la vie de dom Barthélemi des Martyrs, avoit eu part à la traduction de la Bible qui porte le nom de Sacy, & qui est de lui en grande partie. Charles Huré, disciple de Port-Royal, & le fameux Le Tourneux y eurent part aussi. Il est difficile d'assigner parfaitement la part qui lui appartient dans chacun de ses ouvrages, parce que plusieurs ont été faits en commun. Il est difficile aussi d'assigner le nombre fixe de ses ouvrages, parce qu'il en a fait plusieurs sous des noms d'emprunt. Il a par exemple, traduit en françois l'Imitation de J. C., sous le nom de Beuil, prieur de St Val; & les fables de Phédre, sous le nom de Saint-Aubin; il a traduit, sans user de déguisement, des Homélies de St. Chrysostême, des comédies de Térence, les lettres de Bongars. ( *Voyez* BONGARS.) Il a traduit en vers, le poème de St. Prosper contre les ingrats, c'est-à-dire, sur la grace. On lui attribue aussi les *Heures de Port-Royal*, que les Jésuites appelloient les *Heures à la Janséniste*. Son serviteur & son ami Fontaine, dans ses *Mémoires de Port-Royal*, le fait aimer & respecter, & rend sensible à tout le monde le calme & le bonheur que la vertu assûre aux gens de bien, au milieu même des tribulations & des souffrances. Dans la perte de la liberté & sous les verroux de la Bastille, M. de Sacy étoit heureux par la seule idée que Dieu vouloit qu'il fût là, & que ce Dieu juste daignoit le visiter & l'éprouver. Il avoit été mis à la Bastille en 1666; il en sortit le 31 octobre 1668. Il se retira en 1675, à ce Port-Royal, dont, comme Santeuil l'a dit de M. Arnauld, son cœur n'avoit jamais été absent:

*Cor numquam avulsum nec amatis sedibus absens.*

Il fut obligé d'en sortir en 1679. Il mourut en 1684, à Pompone, chez M. de Pompone, son ami, & celui de tous les honnêtes-gens. ( *Voyez* son article au mot ARNAULD. )

3°. Pierre *Le Maistre*, avocat au parlement, est auteur d'un commentaire très-estimé sur la coutume de Paris. Mort nonagénaire en 1728.

6°. Charles-François-Nicolas *Le Maistre*, sieur de Claville, président au bureau des finances de Rouen, est l'auteur d'un livre autrefois plus tu qu'estimé, & qui n'est plus guère aujourd'hui ni l'un ni l'autre; c'est le *Traité du vrai mérite*. Mort en 1740.

MAITRE, ( *Hist. mod.* ) titre que l'on donne à plusieurs officiers qui ont quelque commandement, quelque pouvoir d'ordonner, & premièrement aux chefs des ordres de chevalerie, qu'on appelle grands-maîtres. Ainsi nous disons grand-maître de Malthe, de S. Lazare, de la Toison-d'Or, des Francs-maçons.

*Maître*, chez les Romains; ils ont donné ce nom à plusieurs offices. Le *Maître* du peuple, *magister populi*, c'étoit le dictateur. Le *maître* de la cavalerie, *magister equitum*, c'étoit le colonel général de la cavalerie: dans les armées, il étoit le premier officier après le dictateur. Sous les derniers empereurs, il y eut des *maîtres* d'infanterie, *magistri peditum*; maître du cens, *magister censûs*, officier qui n'avoit rien des fonctions du censeur ou subcenseur, comme le nom semble l'indiquer, mais qui étoit la même chose que le *præpositus frumentariorum*. Maître de la milice étoit un officier dans le Bas Empire, créé, à ce que l'on prétend, par Dioclétien; il avoit l'inspection & le gouvernement de toutes les forces de terre, avec une autorité semblable à-peu-près à celle qu'ont eue les connétables en France. On créa d'abord deux de ces officiers, l'un pour l'infanterie, l'autre pour la cavalerie. Mais Constantin réunit ces deux offices en un seul. Ce nom devint ensuite commun à tous les généraux en chef dont le nombre s'augmenta à proportion des provinces ou gouvernements où ils commandoient. On en créa un pour le Pont, un pour la Thrace, un pour le Levant, & un pour l'Illyrie; on les appella ensuite *comites*, *comtes*, & *clarissimi*. Leur autorité n'étoit qu'une branche de celle du préfet du prétoire; qui par-là devint un officier purement chargé du civil.

*Maître des armes* dans l'empire grec, *magister armorum*, étoit un officier, ou un controleur subordonné au *maître* de la milice.

*Maître des offices*, *magister officiorum*; il avoit l'intendance de tous les offices de la cour. On l'appelloit *magister officii palatini*, ou simplement *magister*; sa charge s'appelloit *magisteria*. Ce maître des offices étoit à la cour des empereurs d'Occident le même que le curo-palate à la cour des empereurs d'Orient.

*Maître des armoiries*; c'étoit un officier qui avoit le soin ou l'inspection des armes ou armoiries de sa majesté.

*Maître ès arts*, celui qui a pris le premier degré dans la plûpart des Universités, ou le second dans celles d'Angleterre, les aspirans n'étant admis aux grades en Angleterre qu'après sept ans d'études. Autrefois dans l'Université de Paris, le degré de *maître ès arts* étoit donné par le recteur, à la suite d'une thèse de philosophie que le candidat soutenoit au bout de son cours. Cet ordre est maintenant changé, les candidats qui aspirent au degré de *maître ès arts*, après leurs deux ans de philosophie, doivent subir deux examens; un devant leur nation; l'autre devant quatre examinateurs tirés des Quatre Nations, & le chancelier ou sous-chancelier de Notre-Dame, ou celui de Sainte-Geneviève. S'ils sont trouvés capables, le chancelier ou sous-chancelier leur donne le bonnet de *maître ès arts*, & l'Université leur en fait expédier des lettres.

*Maître de cérémonie* en Angleterre, est un officier qui fut institué par le roi Jacques premier, pour faire une réception plus solemnelle & plus honorable aux ambassadeurs & aux étrangers de qualité, qu'il présente à sa majesté. La marque de sa charge est une chaîne d'or, avec une médaille qui porte d'un côté l'emblême de la paix avec la devise du roi Jacques, & aux revers l'emblême de la guerre, avec ces mots : *Dieu & mon droit*. Cet office doit être rempli par une personne capable, & qui possède les langues. Il est toujours de service à la cour, & il a sous lui un *maître-assistant* ou député qui remplit sa place sous le bon plaisir du roi. Il y a aussi un troisième officier appellé *maréchal de cérémonie*, dont les fonctions sont de recevoir & de porter les ordres du *maître des cérémonies* ou de son député pour ce qui concerne leurs fonctions, mais qui ne peut rien faire sans leur commandement. Cette charge est à la nomination du roi.

*Maîtres de la chancellerie* en Angleterre : on les choisit ordinairement parmi les avocats ou licenciés en droit civil, & ils ont séance à la chancellerie ou au greffe ou bureau des rôles & registres, comme assistans du lord chancelier ou *maître des rôles*. On leur renvoie des rapports interlocutoires, les réglemens ou arrêts des comptes, les taxations des frais, &c. & on leur donne quelquefois par voie de reféré, le pouvoir de terminer entièrement les affaires. Ils ont eu de tems immémorial, l'honneur de s'asseoir dans la chambre des lords, quoiqu'ils n'ayent aucun papier ou lettres-patentes qui leur en donnent le droit, mais seulement en qualité d'assistans du lord-chancelier & du *maître des rôles*. Ils étoient autrefois chargés de l'inspection sur tous les écrits, sommations, assignations : ce que fait maintenant le clerc du petit sceau. Lorsque les lords envoient quelque message aux communes, ce sont les *maîtres de chancellerie* qui les portent. C'est devant eux qu'on fait les déclarations par serment, & qu'on reconnoît les actes publics. Outre ceux qu'on peut appeller *maîtres ordinaires de chancellerie* qui sont au nombre de douze, & dont le *maître des rôles* est regardé comme le chef, il y a aussi des *maîtres de chancellerie extraordinaires*, dont les fonctions sont de recevoir les déclarations par serment & les-réconnoissances dans les provinces d'Angleterre, à 10 milles de Londres & par-delà, pour la commodité des plaideurs.

*Maître de la cour des gardes & saisines* en étoit le principal officier, il y tenoit le sceau & étoit nommé par le roi ; mais cette cour & tous ses officiers, ses membres, son autorité & ses appartenances ont été abolis par un statut de la seconde année du règne de Charles II *ch. xxiv*.

*Maître des facultés* en Angleterre ; officier sous l'archevêque de Cantorbéry, qui donne les licences & les dispenses : il en est fait mention dans les *Statuts XXII*, *XXIII de Charles II*.

*Maître de cavalerie* en Angleterre, grand officier de la couronne, qui est chargé de tout ce qui regarde les écuries & les haras du roi, & qui avoit autrefois les postes d'Angleterre. Il commande aux écuries & à tous les officiers ou maquignons employés dans les écuries, en faisant apparoître au contrôleur qu'ils ont prêté le serment de fidélité, &c. pour justifier à leur décharge qu'ils ont rempli leur

devoir. Il a le privilège particulier de se servir des chevaux, des pages, & des valets de pied de l'écurie, de sorte que ses carrosses, ses chevaux, & ses domestiques sont tous au roi, & en portent les armes & les livrées.

*Maître de la maison* ; c'est un officier sous le lord Steward de la maison ; & à la nomination du roi ; ses fonctions sont de contrôler les comptes de la maison. Anciennement le lord Steward s'appelloit *grand maître de la maison*.

*Maître des joyaux* ; c'est un officier de la maison du roi, qui est chargé de toute la vaisselle d'or & d'argent de la maison du roi & de celle des officiers de la cour, de celle qui est déposée à la tour de Londres, comme aussi des chaînes & menus joyaux qui ne sont pas montés ou attachés aux ornemens royaux.

*Maître de la monnoie*, étoit anciennement le titre de celui qu'on nomme aujourd'hui *garde de la monnoie*, dont les fonctions sont de recevoir l'argent & les lingots qui viennent pour être frappés, ou d'en prendre soin.

*Maître d'artillerie*, grand officier à qui on confie tout le soin de l'artillerie du roi.

*Maître des menus plaisirs du roi*, grand officier qui a l'intendance sur tout, ce qui regarde les spectacles, comédie, bals, mascarades, &c. à la cour. Il avoit aussi d'abord le pouvoir de donner des permissions à tous les comédiens forains & à ceux qui montrent le marionnettes, &c. & on ne pouvoit même jouer aucune pièce aux deux salles de spectacles de Londres, qu'il ne l'eût lue & approuvée ; mais cette autorité a été fort réduite, pour ne pas dire absolument abolie par le dernier réglement qui a été fait sur les spectacles.

*Maître des comptes*, officier par patentes & à vie, qui a la garde des comptes & patentes qui passent au grand sceau, & des actes de chancellerie. Il siège aussi comme juge à la chancellerie en l'absence du chancelier & du garde, & M. Edouard Cok l'appelle *assistant*. Il entendoit autrefois les causes dans la chapelle des rôles ; il y rendoit des sentences ; il est aussi le premier des *maîtres de chancellerie* & il en est assisté aux rôles, mais on peut appeller de toutes ses sentences au lord chancelier ; & il a aussi séance au parlement, & y siège auprès du lord chancelier sur le second tabouret de laine. Il est gardien des rôles du parlement ; & occupe la maison des rôles, & a la garde de toutes les chartes, patentes, commissions, actes, reconnoissances, qui étant faites en rôles de parchemin, ont donné le nom à sa place. On l'appelloit autrefois *clerc des rôles*. Les six clercs en chancellerie, les examinateurs, les trois cleres du petit sac, & les six gardes de la chapelle des rôles ou gardes des rôles sont à sa nomination.

*Maître d'un vaisseau*, celui à qui l'on confie la direction d'un vaisseau marchand, qui commande en chef & qui est chargé des marchandises qui sont à bord. Dans la Méditerranée le *maître* s'appelle souvent *patron*, & dans les voyages de long cours *capitaine de navire*. C'est le propriétaire du vaisseau qui choisit le *maître*, & c'est le *maître* qui fait l'équipage & qui lève les pilotes & les matelots, &c. Le *maître* est obligé de garder un registre des hommes qui servent dans son vaisseau, des termes de leur engagement, de leurs reçus & payemens, & en général de tout ce qui regarde le commandement de ce navire.

*Maître du Temple* ; le fondateur de l'ordre du Temple & tous ses successeurs ont été nommés *magni Templi magistri* ; & même depuis l'abolition de l'ordre, le directeur spirituel de la maison est encore appellé de ce nom.

MAÎTRES ; ( *Hist. mod.* ) *magistri*, nom qu'on a donné par honneur & comme par excellence à tous ceux qui enseignoient publiquement les Sciences, & aux recteurs ou préfets des écoles publiques.

Dans la suite ce nom est devenu un titre d'honneur pour ceux qui excelloient dans les Sciences, & est enfin demeuré particuliérement affecté aux docteurs en Théologie dont le degré a été nommé *magisterium* ou *magisterii gradus* ; eux-mêmes ont été appellés *magistri*, & l'on trouve dans plusieurs écrivains les docteurs de la faculté de Théologie de Paris désignés par le titre de *magistri Parisienses*.

Dans les premiers on plaçoit quelquefois la qualité de *maître* avant le nom propre, comme *maître Robert*, ainsi que Joinville appelle Robert de Sorbonne ou Sorbon, *maître Nicolas Oresme* de la maison de Navarre : quelquefois on ne mettoit cette qualification qu'après le nom propre, comme dans *Florus magister*, archidiacre de Lyon & plusieurs autres.

Quelques-uns ont joint au titre de *maître* des dénominations particuliéres tirées des Sciences auxquelles ils s'étoient appliqués & des différentes matières qu'ils avoient traitées. Ainsi l'on a surnommé Pierre Lombard le *maître des sentences*, Pierre Comestor ou le mangeur le *maître de l'Histoire scolastique ou savante*, & Gratien le *maître des canons ou des décrets*.

Ce titre de *maître* est encore d'un usage fréquent & journalier dans la faculté de Paris, pour désigner les docteurs dans les actes & les discours publics : les candidats les nomment *que nos très-sages maîtres* ; en leur adressant la parole : le syndic de la faculté ne les désigne point par d'autres titres dans les assemblées & sur les registres. Et on marque cette qualité dans les manuscrits ou imprimés par cette abreviation, pour le singulier *S. M. N.* c'est-à-dire *sapientissimus magister noster*, & pour le pluriel, par celle-ci, *SS. MM. NN. sapientissimi magistri nostri*, parce que la Théologie est regardée comme l'étude de la sagesse.

MAÎTRE ŒCUMÉNIQUE, ( *Hist. mod.* ) nom qu'on donnoit dans l'empire grec au directeur d'un fameux collège fondé par Constantin dans la ville de Constantinople. On lui donna ce titre qui signifie *universel*, ou parce qu'on ne confioit cette place qu'à un homme d'un rare mérite, & dont les connoissan-

ces en tout genre étoient très-étendues, ou parce que son autorité s'étendoit universellement sur tout ce qui concernoit l'administration de ce collége. Il avoit inspection sur douze autres *maîtres* ou docteurs qui instruisoient la jeunesse dans toutes les sciences divines & humaines. Les empereurs honoroient ce *maître œcuménique* & les professeurs, d'une grande considération, & les consultoient même dans les affaires importantes. Leur collège étoit riche, & sur-tout orné d'une bibliothèque de six cent mille volumes. L'empereur Léon l'Isaurien irrité de ce que le *maître œcuménique* & ces docteurs soutenoient le culte des images, les fit enfermer dans leur college, & y ayant fait mettre le feu pendant la nuit, livra aux flammes la bibliothèque & le collége & les savants, exerçant ainsi sa rage contre les lettres aussi bien que contre la religion. Cet incendie arriva l'an 726. *Cedren. Théop. Zonaras.*

MAÎTRE DU SACRÉ PALAIS, ( *Hist. mod.* ) officier du palais du pape, dont la fonction est d'examiner, corriger, approuver ou rejetter tout ce qui doit s'imprimer à Rome. On est obligé de lui en laisser une copie, & après qu'on a obtenu une permission du vice-gérent pour imprimer sous le bon plaisir du *maître du sacré palais*, cet officier ou un de ses compagnons ( car il a sous lui deux religieux pour l'aider ) en donne la permission ; & quand l'ouvrage est imprimé & trouvé conforme à la copie qui lui est restée entre les mains, il en permet la publication & la lecture : c'est ce qu'on appelle le *publicetur*. Tous les Libraires & Imprimeurs sont sous sa jurisdiction. Il doit voir & approuver les images, gravures, sculptures, &c. avant qu'on puisse les vendre & les exposer en public. On ne peut prêcher un sermon devant le pape, que le *maître du sacré palais* ne l'ait examiné. Il a rang & entrée dans la congrégation de l'*Index*, & séance quand le pape tient chapelle, immédiatement après le doyen de la Rote. Cet office a toujours été rempli par les religieux Dominicains qui sont logés au Vatican, & ont bouche à la cour, un carrosse, & des domestiques entretenus aux dépens du pape.

MAÎTRE DE LA GARDE-ROBE, ( *Hist. mod.* ) *vestiarius* ; dans l'antiquité, & sous l'empire des Grecs, étoit un officier qui avoit le soin & la direction des ornemens, robes & habits de l'empereur.

Le grand *maître* de la garde-robe, *proto-vestiarius*, étoit le chef de ces officiers ; mais parmi les Romains, *vestiarius* n'étoit qu'un simple frippier ou tailleur.

MAÎTRE CANONNIER, ( *Hist. mod.* ) est en Angleterre, un officier commis pour enseigner l'art de tirer le canon à tous ceux qui veulent l'apprendre, en leur faisant prêter un serment qui, indépendamment de la fidélité qu'ils doivent au roi, leur fait promettre de ne servir aucun prince ou état étranger sans permission, & de ne point enseigner cet art à d'autres que ceux qui auront prêté le même serment. Le *maître canonnier* donne aussi des certificats de capacité à ceux que l'on présente pour être canonniers du roi.

M. Moor observe qu'un *canonnier* doit connoître ses pièces d'artillerie, leurs noms qui dépendent de la hauteur du calibre, & les noms des différentes parties d'un canon ; comme aussi la manière de les calibrer, &c. *Chambers.*

Il n'y a point en France de *maître canonnier* ; les soldats de royal-Artillerie sont instruits dans les écoles de tout ce qui concerne le service du *canonnier.*

MAITRE-JEAN, ( Antoine ) ( *Hist. Litt. mod.* ) chirurgien célèbre, élève du célèbre Méry, étoit de Méry près de Troyes. Nous ne le considérons ici que comme auteur d'un *Traité des Maladies de l'œil*, très-souvent réimprimé, & traduit dans toutes les langues.

MAITTAIRE, (Michel) ( *Hist. Litt. mod.*) grammairien & bibliographe anglois de ce siècle, fameux par son érudition. On lui doit le *Corpus Poëtarum Latinorum* ; ses *Annales Typographici* sont aussi très-connus ; on y trouve les titres de tous les livres imprimés depuis l'origine de l'imprimerie jusqu'en 1557. On a du même auteur, & toujours en latin, l'histoire des Etienne, & celle de plusieurs autres célèbres imprimeurs de Paris.

MALABRANCA, ( Latin ) ( *Hist. Ecclés.*) dominicain, puis cardinal, neveu du pape Nicolas III. Mort en 1294. On lui attribue la prose des morts : *Dies iræ, dies illa*, qui ne manque ni de poésie d'image, ni de grandes idées, ni quelquefois d'expression, témoins les strophes :

*Tuba mirum spargens sonum, &c.*
*Mors stupebit & natura, &c.*
*Liber scriptus proferetur, &c.*
*Quid sum miser tunc dicturus, &c.*

MALACHIE, ( *Hist. Sacr.* ) le dernier des douze petits prophètes.

St. *Malachie*, né à Armach ou Armagh en Irlande en 1094, en fut archevêque en 1127, & se démit de son archevêché en 1135. Il mourut en 1148, à Clairvaux entre les bras de St. Bernard son ami, qui a écrit sa vie. L'honneur seul d'avoir eu un si célèbre historien, suffiroit pour illustrer St. *Malachie* ; Saint Bernard lui attribue beaucoup de prédictions, & les rapporte toutes ; mais il n'a point parlé & il ne pouvoit pas parler de celles qui ont été faites après coup & dans des temps modernes, c'est-à-dire, dans le conclave de 1590 ; car depuis la mort de St. *Malachie* jusqu'au commencement du dix-septième siècle, dans un espace de quatre siècles & demi, aucun auteur n'avoit jamais parlé de ces prédictions concernant les papes. On prétendoit les avoir seulement découvertes en 1590 ; mais on les attribuoit à St. *Malachie* : l'objet

de cette fraude étoit de désigner le pape qu'on vouloit qui fût élu, & de persuader qu'il avoit été désigné par St. *Malachie.* Ce pape étoit Grégoire XIV. On le désignoit par ces mots : *de Antiquitate Urbis* parce qu'il étoit d'Orviète, en latin, *urbs vetus.* Tel étoit le voile énigmatique, aisé à percer, qu'on affectoit de jetter sur ces prédictions. Celles qui précédoient 1590, étoient toutes fort justes & fort claires, parce qu'elles rouloient sur le passé ; mais il étoit plus difficile d'expliquer les prophéties qui roulent sur des temps postérieurs. On a cependant été frappé après coup, de la justesse apparente de quelques-unes : par exemple, le pape Clément VII, ( *Chigi* ) a paru parfaitement désigné soixante-cinq ans avant son élection, par ces mots : *montium custos, le gardien des montagnes*, parce qu'il portoit dans ses armes, une montagne à six côteaux, & qu'il établit à Rome les monts de Piété. On trouvoit aussi il y a quelques années, le pape actuel Pie VI, assez bien désigné par ces mots : *peregrinus apostolicus*, le pèlerin apostolique, à cause d'un voyage qu'il fit à Vienne pour aller conférer avec l'empereur.

MALAGRIDA, ( Gabriel ) ( *Hist. de Portug.*) Ne nous pressons pas de nous croire assez instruits pour instruire nous-mêmes la postérité sur ce qui concerne l'assassinat du roi de Portugal, Joseph, & sur la part que les jésuites *Malagrida*, Mathos & Alexandre peuvent avoir eue par instigation, par approbation ou par quelque genre de complicité, que ce puisse être, à l'attentat commis & manqué sur la personne de ce prince, ennemi de leur société, & prêt à la chasser. *Malagrida*, dit-on, consulté par les assassins sur leur entreprise, répondit qu'il n'y avoit pas même de péché véniel à tuer un roi persécuteur des saints ; si *Malagrida* & ses confrères jouissant de leur intelligence & de toutes les facultés de leur esprit, ont fait cette réponse, ils se sont rendus criminels d'état, & ils ont dû être condamnés, & punis comme tels par les juges ordinaires de la nation. Tels étoient le vœu & l'attente de l'Europe, qui voyoit en eux nos Bourgoing, nos Guignard & nos autres fanatiques, mettant le poignard dans la main des Clément, des Châtel & des Ravaillac. Quel a donc été l'étonnement général, lorsqu'au lieu d'un régicide infame, immolé par la loi, on n'a plus vu dans *Malagrida* qu'un malheureux moine, presque octogénaire, livré aux flammes cruelles de l'inquisition, pour de prétendues hérésies contenues dans de petits livres de dévotion sur l'avénement de l'Anté-Christ, & sur l'immaculée conception de Ste. Anne & de la Vierge ; & quand on a vu fur-tout dans ces mêmes livrets des preuves sans réplique, que leur auteur étoit fou imbécille, au point que, quand même il lui seroit échappé dans sa folie, les décisions & les discours les plus étranges, il ne pouvoit mériter tout-au-plus que d'être enfermé : en effet, lorsque l'insensé Jean de l'Isle, natif de Vineuil près Chantilly, poussa la démence jusqu'à s'élancer sur Henri IV, au milieu du Pont-neuf, ce prince, dont la clémence n'épargna aucun supplice à Jean Châtel, se contenta de faire enfermer de l'Isle. Il est juste en effet, de distinguer le fou du criminel.

Mais ;

Mais, dit-on, l'inquifition ne fut dans cette affaire qu'une voie détournée pour parvenir à un but légitime, c'eft-à-dire, à la condamnation du coupable, & pour éviter les difficultés qui fe trouvent toujours à faire le procès à un moine dans un pays catholique & fidèle comme le Portugal.

Cela peut être, & il eft vrai qu'une nation .ne conçoit pas plus certains préjugés & certains ufages d'une nation même voifine, qu'un fiècle ne conçoit les idées & les erreurs d'un autre fiècle. Il fe peut faire qu'en Portugal, l'inquifition ainfi fubftituée aux tribunaux réguliers, & l'accufation de régicide ainfi remplacée par l'accufation plus commode d'héréfie, ayent paru en effet une chofe toute fimple ; mais pour plufieurs autres nations , ce trifte expédient n'a fait que répandre fur toute l'affaire, beaucoup de nuages, fur l'accufé tout l'intérêt de l'innocence opprimée , & que fournir une preuve de plus de l'impoffibilité d'échapper, innocent ou coupable, à l'inquifition, quand on a des ennemis puiffants ; car quelle propofition ne rendra-t-on pas hérétique, quand on voudra ? Perfonne ne peut donc être affûré de fa vie, s'il a feulement écrit quelques lignes, & même s'il n'eft pas befoin d'avoir écrit ; on défère tous les jours à l'inquifition de fimples propos ; un roi même, un roi d'Efpagne, le petit-fils de Charles-Quint, Philippe III, fut condamné à l'inquifition, pour avoir témoigné verbalement & par un mouvement naturel, un peu de pitié pour un malheureux qu'on brûloit ; car en pareil cas, la pitié eft auffi une héréfie ; Philippe fut obligé, pour l'exemple & pour la réparation du fcandale, d'abandonner aux flammes de l'inquifition , une palette de fon fang.

Concluons donc que, dans l'affaire de *Malagrida* & de fes prétendus complices , la vérité eft encore couverte pour nous & ce voiles que le temps feul peut lui arracher, convenons que l'expédient de l'inquifition fut malheureux , ou peut-être fournit la preuve que *Malagrida* étoit fou, & ne pouvoit guère être coupable ; & bornons-nous à rapporter un fait : c'eft que le P. Gabriel *Malagrida* fut brûlé le 31 feptembre 1761, à foixante & quinze ans, non comme complice d'un parricide, mais comme hérétique & faux prophète.

**MALANDRIN**, f. m. ( *Hift. moderne.* ) nom qu'on donna dans les croifades aux voleurs arabes & égyptiens. Ce fut auffi celui de quelques brigands qui firent beaucoup de dégats fous Charles V. Ils parurent deux fois en France ; l'une pendant le règne du roi Jean, l'autre pendant le règne de Charles fon fils. C'étoit des foldats licenciés. Sous la fin du règne du roi Jean, lorfqu'on les nommoit les *tards-venus*, ils s'étoient, pour ainfi dire, accoutumés à l'impunité. Ils avoient des chefs. Ils s'étoient prefque difciplinés. Ils s'appelloient entr'eux les *grandes compagnies*. Ils n'épargnoient dans leurs pillages, ni les ma fons royales ni les églifes. Ils étoient conduits par le chevalier Vert, frère du comte d'Auxerre, Hugues de Caurelac, Mathieu de Gournac, Hugues de Varennes, Gautier Huet, Robert l'Efcot, tous chevaliers. Bertrand du Guefclin en délivra le royaume en les menant en Efpagne contre Pierre le Cruel,

fous prétexte de les employer contre les Maures. ( *A. R.* )

**MALATESTA**, ( *Hift. d'Italie.* ) C'eft le nom d'une ancienne famille d'Italie, qui poffédoit la feigneurie de Rimini, & dont étoit Sigifmond *Malatefta*, célèbre capitaine du quinzième fiècle, qui fit la guerre avec courage & avec fuccès, aux Papes & aux Turcs ; les Papes l'excommunièrent & le diffamèrent comme hérétique & impie, mais les Turcs le trouvoient fort bon chrétien.

**MALAVAL**. Deux hommes fort différents d'efprit & de profeffion, ont porté ce nom :

1°. François. Il perdit la vue à neuf mois, ce qui ne l'empêcha pas d'être favant & auteur myftique & même hérétique. Il donna dans les erreurs du quiétifme, il les reproduifit du moins en partie dans un livre intitulé : *Pratique facile pour élever l'ame à la contemplation* ; on condamna fon livre à Rome, & comme s'il eût été dans la deftinée ou dans le caractère des quiétiftes françois, d'être foumis à l'églife au milieu de leurs égarements, il fe rétracta comme Fénélon, abjura le quiétifme, & n'y retourna plus. On fentit à Rome le prix de fa réfignation ; le cardinal Bona devint fon ami, & lui obtint une difpenfe pour recevoir la cléricature, quoiqu'aveugle. Il mourut âgé de quatre-vingt douze ans en 1719, à Marfeille, où il étoit né en 1627. Il laiffa la réputation d'un pieux & digne eccléfiaftique. On a de lui des *Poëfies fpirituelles*, & des *Vies des Saints*.

2°. Jean *Malaval*, né en 1669, au diocèfe de Nifmes, d'abord proteftant ; il fut un chirurgien habile. Le médecin Hecquet fon ami, le conquit à la religion catholique. On trouve dans les mémoires de l'Académie Royale de Chirurgie, des obfervations importantes de *Malaval*. Il tomba de bonne heure en enfance, mais il ne perdit pas la mémoire ; il étoit hors d'état de fuivre une converfation ; mais lorfqu'en parlant devant lui, on fe fervoit d'un mot qui fe trouvoit employé heureufement dans une tirade de vers ou dans un beau morceau de profe, dont il avoit autrefois été frappé, il recitoit à l'inftant cette tirade ou ce morceau, & on a comparé affez ingénieufement fon efprit dans cet état, à une montre à répétition qui fonne l'heure quand on preffe le bouton.

**MALCHUS**, ( *Hift. Sacr.* ) ferviteur de Caïphe. On fait comment St. Pierre lui coupa l'oreille, & comment J. C. le guérit.

Un autre *Malchus* ou *Malch* ou *Male*, folitaire de Syrie au quatrième fiècle, eft le fujet du poëme de *S. Malc* de La Fontaine.

**MAL DE OJO**, ( *Hift. méd.* ) Cela fignifie mal de l'œil en efpagnol. Les Portugais & les Efpagnols font dans l'idée que certaines perfonnes ont quelque chofe de nuifible dans les yeux, & que cette mauvaife qualité peut fe communiquer par les regards, fur-tout aux enfans & aux chevaux. Les Portugais appellent ce mal *quebranto* ; il paroît que cette opinion ridicule vient à ces deux nations des Maures ou Sarrafins : en effet les habitants du royaume de Maroc font dans le même préjugé. ( *A. R.* )

cité à ceux que l'on présente pour être canonniers du roi.

M. Moor observe qu'un *canonnier* doit connoître ses pièces d'artillerie, leurs noms qui dépendent de la hauteur du calibre, & les noms des différentes parties d'un canon ; comme aussi la manière de les calibrer, *&c. Chambers.*

Il n'y a point en France de *maître canonnier ;* les soldats de royal-Artillerie sont instruits dans les écoles de tout ce qui concerne le service du *canonnier.*

MAÎTRE-JEAN, (Antoine) (*Hist. Litt. mod.*) chirurgien célèbre, élève du célèbre Méry, étoit de Méry près de Troyes. Nous ne le considérons ici que comme auteur d'un *Traité des Maladies de l'œil,* très-souvent réimprimé, & traduit dans toutes les langues.

MAITTAIRE, (Michel) (*Hist. Litt. mod.*) grammairien & bibliographe anglois de ce siècle, fameux par son érudition. On lui doit le *Corpus Foëtarum Latinorum* ; ses *Annales Typographici* sont aussi très-connus ; on y trouve les titres de tous les livres imprimés depuis l'origine de l'imprimerie jusqu'en 1557. On a du même auteur, & toujours en latin, l'histoire des Etienne, & celle de plusieurs autres célèbres imprimeurs de Paris.

MALAËRANCA, (Latin) (*Hist. Eccléf.*) dominicain, puis cardinal, neveu du pape Nicolas III. Mort en 1294. On lui attribue la prose des morts : *Dies iræ, dies illa,* qui ne manque ni de poësie d'image, ni de grandes idées, ni quelquefois d'expression, témoins les strophes :

> *Tuba mirum spargens sonum, &c.*
> *Mors stupebit & natura, &c.*
> *Liber scriptus proferetur, &c.*
> *Quid sum miser tunc dicturus, &c.*

MALACHIE., (*Hist. Sacr.*) le dernier des douze petits prophètes.

St. *Malachie,* né à Armach ou Armagh en Irlande en 1094, en fut archevêque en 1127, & se démit de son archevêché en 1135. Il mourut en 1148, à Clairvaux entre les bras de St. Bernard son ami, qui a écrit sa vie. L'honneur seul d'avoir un si célèbre historien, suffiroit pour illustrer St. *Malachie ;* Saint Bernard lui attribue beaucoup de prédictions, & les rapporte toutes ; mais il n'a point parlé & il ne pouvoit pas parler de celles qui ont fait tant de bruit dans la suite, & qui concernent la succession des papes ; son silence est même une des preuves qui concourent à établir que ces prédictions ont été faites après coup & dans des temps modernes, c'est-à-dire, dans le conclave de 1590 ; car depuis la mort de St. *Malachie* jusqu'au commencement du dix-septième siècle, dans un espace de quatre siècles & demi, aucun auteur n'avoit jamais parlé de ces prédictions concernant les papes. On prétendoit les avoir seulement découvertes en 1590 ; mais on les attribuoit à St. *Malachie :* l'objet de cette fraude étoit de désigner le pape qu'on vouloit qui fût élu, & de persuader qu'il avoit été désigné par St. *Malachie.* Ce pape étoit Grégoire XIV. On le désignoit par ces mots : *de Antiquitate Urbis* parce qu'il étoit d'Orviète, en latin, *urbs vetus.* Tel étoit le voile énigmatique, aisé à percer, qu'on affectoit de jetter sur ces prédictions. Celles qui précédojent 1590, étoient toutes fort justes & fort claires, parce qu'elles rouloient sur le passé ; mais il étoit plus difficile d'expliquer les prophéties qui roulent sur des temps postérieurs. On a cependant été frappé après coup, de la justesse apparente de quelques-unes : par exemple, le pape Clément VII, (*Chigi* ) a paru parfaitement désigné soixante-cinq ans avant son élection, par ces mots : *montium custos, le gardien des montagnes,* parce qu'il portoit dans ses armes, une montagne à six côteaux, & qu'il établit à Rome les monts de Piété. On trouvoit aussi il y a quelques années, le pape actuel Pie VI, assez bien désigné par ces mots : *peregrinus apostolicus,* le pèlerin apostolique, à cause d'un voyage qu'il fit à Vienne pour aller conférer avec l'empereur.

MALAGRIDA, (Gabriel) (*Hist. de Portug.*) Ne nous pressons de nous croire assez instruits pour instruire nous-mêmes la postérité sur ce qui concerne l'assassinat du roi de Portugal, Joseph, & sur la part que les jésuites *Malagrida,* Mathos & Alexandre peuvent avoir eue par instigation, par approbation ou par quelque genre de complicité que ce puisse être, à l'attentat commis & manqué sur la personne de ce prince, ennemi de leur société, & prêt à la chasser. *Malagrida,* dit-on, consulté par les assassins sur leur entreprise, répondit qu'il n'y avoit pas même de péché véniel à tuer un roi persécuteur des saints ; si *Malagrida* & ses confrères jouissant de leur intelligence & de toutes les facultés de leur esprit, ont fait cette réponse, ils se sont rendus criminels d'état, & ils ont dû être condamnés, & punis comme tels par les juges ordinaires de la nation. Tels étoient & le vœu & l'attente de l'Europe, qui voyoit en eux nos Bourgoing, nos Guignard & nos autres fanatiques, mettant le poignard dans la main des Clément, des Châtel & des Ravaillac. Quel a donc été l'étonnement général, lorsqu'au lieu d'un régicide infame, immolé par la loi, on n'a plus vu dans *Malagrida* qu'un malheureux moine, presque octogénaire, livré aux flammes cruelles de l'inquisition, pour de prétendues hérésies contenues dans de petits livres de dévotion sur l'avènement de l'Anté-Christ, & sur l'immaculée conception de Ste. Anne & de la Vierge ; & quand on a vu sur-tout dans ces mêmes livrets des preuves sans réplique, que leur auteur étoit fou imbécille, au point que, quand même il lui seroit échappé dans sa folie, les décisions & les discours les plus étranges, il ne pouvoit mériter tout-au-plus que d'être enfermé : en effet, lorsque l'insensé Jean de l'Isle, natif de Vineuil près Chantilly, poussa la démence jusqu'à s'élancer sur Henri IV, au milieu du Pont-neuf, ce prince, dont la clémence n'épargna aucun supplice à Jean Châtel, se contenta de faire enfermer de l'Isle. Il est juste en effet, de distinguer le fou du criminel.

Mais

Mais, dit-on, l'inquisition ne fut dans cette affaire qu'une voie détournée pour parvenir à un but légitime, c'est-à-dire, à la condamnation du coupable, & pour éviter les difficultés qui se trouvent toujours à faire le procès à un moine dans un pays *catholique & fidèle* comme le Portugal.

Cela peut être, & il est vrai qu'une nation ne conçoit pas plus certains préjugés & certains usages d'une nation même voisine, qu'un siècle ne conçoit les idées & les erreurs d'un autre siècle. Il se peut faire qu'en Portugal, l'inquisition ainsi substituée aux tribunaux réguliers, & l'accusation de régicide ainsi remplacée par l'accusation plus commode d'hérésie, ayent paru en effet une chose toute simple ; mais pour plusieurs autres nations, ce triste expédient n'a fait que répandre sur toute l'affaire, beaucoup de nuages, sur l'accusé tout l'intérêt de l'innocence opprimée, & que fournir une preuve de plus de l'impossibilité d'échapper, innocent ou coupable, à l'inquisition, quand on a des ennemis puissans ; car, quelle proposition ne rendra-t-on pas hérétique, quand on voudra ? Personne ne peut donc être assûré de sa vie, s'il a seulement écrit quelques lignes, & même il n'est pas besoin d'avoir écrit ; on défère tous les jours à l'inquisition de simples propos ; un roi même, un roi d'Espagne, le petit-fils de Charles-Quint, Philippe III, fut condamné à l'inquisition, pour avoir témoigné verbalement & par un mouvement naturel, un peu de pitié pour un malheureux qu'on brûloit ; car en pareil cas, la pitié est aussi une hérésie ; Philippe fut obligé, pour l'exemple & pour la réparation du scandale, d'abandonner aux flammes de l'inquisition, une palette de son sang.

Concluons donc que, dans l'affaire de *Malagrida* & de ses prétendus complices, la vérité est encore couverte pour nous de ces voiles que le temps seul peut lui arracher, convenons que l'expédient de l'inquisition fut malheureux, en ce qu'il fournit la preuve que *Malagrida* étoit fou, & ne pouvoit guère être coupable ; & bornons-nous à rapporter un fait : c'est que le P. Gabriel *Malagrida* fut brûlé le 31 septembre 1761, à soixante & quinze ans, non comme complice d'un parricide, mais comme hérétique & faux prophète.

MALANDRIN, s. m. ( *Hist. moderne.* ) nom qu'on donna dans les croisades aux voleurs arabes & égyptiens. Ce fut aussi celui de quelques brigands qui firent beaucoup de dégats sous Charles V. Ils parurent deux fois en France ; l'une pendant le règne du roi Jean, l'autre pendant le règne de Charles son fils. C'étoit des soldats licenciés. Sous la fin du règne du roi Jean, lorsqu'on les nommoit les *tards-venus*, ils s'étoient, pour ainsi dire, accoutumés à l'impunité. Ils avoient des chefs. Ils s'étoient presque disciplinés. Ils s'appelloient entr'eux les *grandes compagnies*. Ils n'épargnoient dans leurs pillages, ni les ma sons royales ni les églises. Ils étoient conduits par le chevalier Vert, frère du comte d'Auxerre, Hugues de Caurelac, Mathieu de Gournac, Hugues de Varennes, Gautier Huet, Robert l'Escot, tous chevaliers. Bertrand du Guesclin en délivra le royaume en les menant en Espagne contre Pierre le Cruel,

sous prétexte de les employer contre les Maures. (*A. R.*)

MALATESTA, ( *Hist. d'Italie.* ) C'est le nom d'une ancienne famille d'Italie, qui possédoit la seigneurie de Rimini, & dont étoit Sigismond *Malatesta*, célèbre capitaine du quinzième siècle, qui fit la guerre avec courage & avec succès, aux Papes qui les Turcs ; les Papes l'excommunièrent, & le diffamèrent comme hérétique & impie, mais les Turcs le trouvoient fort bon chretien.

MALAVAL. Deux hommes fort différens d'esprit & de profession, ont porté ce nom :

1°. François. Il perdit la vue à neuf mois, ce qui ne l'empêcha pas d'être savant & auteur mystique & même hérétique. Il donna dans les erreurs du quiétisme, il les reproduisit du moins en partie dans un livre intitulé : *Pratique facile pour élever l'ame à la contemplation ;* on condamna son livre à Rome, & comme s'il eût été dans la destinée ou dans le caractère des quiétistes françois, d'être soumis à l'église au milieu de leurs égaremens, il se rétracta comme Fénélon, abjura le quiétisme, & n'y retourna plus. On sentit à Rome le prix de sa résignation ; le cardinal Bona devint son ami, & lui obtint une dispense pour recevoir la cléricature, quoiqu'aveugle. Il mourut âgé de quatre-vingt douze ans en 1719, à Marseille, où il étoit né en 1627. Il laissa la réputation d'un pieux & digne ecclésiastique. On a de lui des *Poësies spirituelles*, & des *Vies des Saints.*

2°. Jean *Malaval*, né en 1669, au diocèse de Nismes, étoit protestant ; il fut un chirurgien habile. Le médecin Hecquet son ami, le conquit à la religion catholique. On trouve dans les mémoires de l'Académie Royale de Chirurgie, des observations importantes de *Malaval.* Il tomba de bonne heure en enfance, mais il ne perdit pas la mémoire ; il étoit hors d'état de suivre une conversation ; mais lorsqu'en parlant devant lui, on se servoit d'un mot qui se trouvoit employé heureusement dans une tirade de vers ou dans un beau morceau de prose, dont il avoit autrefois été frappé, il recitoit à l'instant cette tirade ou ce morceau ; on a comparé assez ingénieusement son esprit dans cet état, à une montre à répétition qui sonne l'heure quand on presse le bouton.

MALCHUS, ( *Hist. Sacr.* ) serviteur de Caïphe. On sait comment St. Pierre lui coupa l'oreille, & comment J. C. le guérit.

Un autre *Malchus* ou *Malch* ou *Male*, solitaire de Syrie au quatrième siècle, est le sujet du poème de *S. Malc* de La Fontaine.

MAL DE OJO, ( *Hist. mod.* ) Cela signifie *mal de l'œil* en espagnol. Les Portugais & les Espagnols sont dans l'idée que certaines personnes ont quelque chose de nuisible dans les yeux, & que cette mauvaise qualité peut se communiquer par les regards, sur-tout aux enfans & aux chevaux. Les Portugais appellent ce mal *quebranto ;* il paroît que cette opinion ridicule vient à ces deux nations des Maures ou Sarrasins : en effet les habitans du royaume de Maroc sont dans le même préjugé. (*A. R.*)

MAL DES ARDENS, (*Hist. de France*) vieux mot qu'on trouve dans nos anciens historiens, & qui désignent un *feu brûlant*. On nomma *mal des ardens* dans le temps de notre barbarie, une fièvre ardente, éréfipélateuse, épidémique, qui courut en France en 1130 & 1374, & qui fit de grands ravages dans le royaume : voyez-en les détails dans *Mézerai* & autres historiens. ( *D.J.* )

MALDONADO, (Diego de Coria ) ( *Hist. Litt. Mod.* ) carme Espagnol, qui, dans les livres à la gloire de son ordre, fait descendre comme de raison, les Carmes du prophète Elie & du Mont-Carmel, & fait du prophète Abdias, des chevaliers de Saint-Jean-de-Jérusalem, de St. Louis, &c. autant de Carmes, & une carmélite de Ste. Emérentienne, qui, selon une généalogie qu'il n'a pas trouvée dans les Evangélistes, étoit là bisayeule de Jésus-Christ. *Maldonado* vivoit au seizième siécle.

MALDONAT, (Jean) ( *Hist. Litt. mod.* ) savant théologien, jésuite, né dans l'Estramadoure, enseignoit en 1534, à Paris. Il fut accusé d'avoir suggéré au président de Montbrun un testament en faveur de la Société, il gagna ce procès au parlement de Paris ; il fut accusé d'enseigner des erreurs sur l'Immaculée Conception, il gagna cet autre procès au tribunal de Pierre de Gondi, évêque de Paris ; il se cacha dans la villa de Bourges pour laisser respirer un peu l'envie. Cependant sa réputation l'annonçoit par-tout avec éclat : il étoit depuis long-temps désiré & demandé par-tout. Le cardinal de Lorraine l'avoit appelé à Pont-à-Mousson, pour mettre en crédit une université qu'il y avoit fondée. Le pape Grégoire XIII le fit venir à Rome pour présider à l'édition de la Bible grecque des Septante. Il savoit bien le grec & l'hébreu ; il étoit profond dans la littérature sacrée & profane. Il mourut à Rome en 1583. Ses *Commentaires sur les Evangiles* paroissent le plus recherché de ses ouvrages. Il en a fait aussi sur plusieurs prophètes, & divers traités théologiques sur les Sacrements, sur la grace, sur le péché originel ; son Traité *des Anges & des Démons*, composé en latin, n'a été publié qu'en françois, la traduction ayant été faite sur le manuscrit latin, qui n'a jamais été imprimé. Son ouvrage intitulé : *Summa casuum conscientiæ*, a été condamné, comme favorisant cette morale relâchée, tant reprochée aux Jésuites.

MALEBRANCHE, ( Nicolas ) ( *Hist. Litt. mod.* ) Le P. *Malebranche* étoit fils d'un secrétaire du roi, nommé comme lui, Nicolas *Malebranche*, il naquit à Paris le 6. août 1638. Il étoit neveu, par sa mère, d'un conseiller d'état ; il eut un frère aîné conseiller de grand'chambre. Il entra dans la congrégation de l'Oratoire à Paris en 1660. Le P. Le Cointe, auteur des *Annales Ecclesiastici Francorum*, voulut l'attacher à l'Histoire Ecclésiastique ; mais les faits ne se lioient point dans sa tête, ils ne faisoient que s'effacer mutuellement ; le fameux critique M. Simon, qui étoit alors de l'Oratoire ; voulut l'attirer à l'hébreu & à la critique sacrée ; chacun ne voit que son objet : *Malebranche* vit le Traité *de l'Homme* de Descartes, & il

fut métaphysicien & cartésien. Il fit *la Recherche de la Vérité*, qui parut vers 1674. Ce livre lui donna des disciples & des contradicteurs. Il fut suivi des *Conversations Chrétiennes* en 1677, du Traité *de la Nature & de la Grace* en 1680, d'un Traité *de Morale* en 1684, d'*Entretiens sur la Métaphysique & sur la Religion* en 1688. Tout cela n'étoit toujours que *la Recherche de la Vérité*, & on ne connoît guère des ouvrages du P. *Malebranche* que la *Recherche de la Vérité*, où l'auteur, en s'attachant beaucoup à décrier l'imagination, en montre une, dit M. de Fontenelle, fort noble & fort vive, qui travailloit pour un ingrat malgré lui-même, & qui ornoit la raison en se cachant d'elle.

M. de Fontenelle, en exposant les systêmes & les opinions du P. *Malebranche*, fait ce qu'il peut pour leur donner de l'importance, de la gravité, de la clarté ; il tâche d'inspirer au lecteur quelque respect pour la métaphysique ; mais, malgré les grands noms de *Malebranche* & d'Arnauld, qui rompirent l'un contre l'autre beaucoup de lances sur les idées vraies ou fausses, sur la grace & le libre-arbitre, sur la prémotion physique, le lecteur reste très-froid sur ces matières, & dit franchement avec M. de Voltaire :

Je renonce au fatras obscur
Du grand rêveur de l'Oratoire,
Qui croit parler de l'esprit pur,
Qu qui veut nous le faire accroire.

Ces théologiens métaphysiciens ne s'entendent ni avec leurs amis ni avec leurs ennemis ; ils se plaignent toujours qu'on ne les entend pas, & peut-être ne s'entendent-ils pas eux-mêmes. Si M. Arnauld combat le P. *Malebranche*, celui-ci soutient que M. Arnauld ne l'a pas entendu ; si le P. Lamy, disciple du P. *Malebranche*, veut s'appuyer de l'autorité de son maitre, ce maitre difficile prétend aussi que son disciple fidèle ne l'a pas entendu. Expliquez-vous mieux, & parlez de choses plus claires & moins chimériques. On a encore du P. *Malebranche*, un Traité *de l'Amour de Dieu*, publié en 1697. C'est celui où il corrige son disciple le P. Lamy ; des *Entretiens d'un Philosophe Chrétien & d'un Philosophe Chinois sur la nature de Dieu*, imprimés en 1708, où il accuse d'athéisme les lettrés de la Chine, autre matière à dispute ; des *Réflexions sur la Prémotion Physique*, pour répondre à un Traité *de l'action de Dieu sur les créatures*, célèbre dans le temps. Ces réflexions sont le dernier ouvrage du P. *Malebranche* ; elles parurent en 1715.

Le P. *Malebranche*, dans ses livres même de théologie & de métaphysique, se montroit grand géomètre & grand physicien ; c'est ce qui lui fit donner une place d'honoraire à l'Académie des Sciences en 1699, à l'époque du renouvellement de cette compagnie.

Dans la dernière édition de la *Recherche de la Vérité*, qui parut en 1712, on trouve une théorie complette des loix du Mouvement, & un systême général de l'Univers, qui ont été regardés alors comme de beaux morceaux de physique.

Il étoit plus cartésien que Descartes même, & ne

mettoit point de bornes à son Cartéfianifme. Il admettoit le fyftême du mécanifme des bêtes fans aucune reftriction. Un jour M. de Fontenelle étant allé le voir dans l'hiver, le P. *Malebranche* donna rudement un coup de pied à un grand chien qui les empêchoit de fe chauffer ; le chien cria en fe rangeant. M. de Fontenelle demanda grace pour le chien, en le plaignant de la douleur qui l'avoit fait crier, le P. *Malebranche* trouva bien peu philofophique cette compaffion pour une machine, & gronda très-philofophiquement M. de Fontenelle de fon peu de foi à Defcartes & à la mé.aphyfique.

Il n'avoit jamais pu lire de vers fans dégoût, & il avoit fait ces deux vers pour tourner la poëfie en ridicule :

Il fait en ce beau jour le plus beau temps du monde
Pour aller à cheval fur la terre & fur l'onde.

L'abbé Trublet trouve cela plaifant, parce qu'il n'a moit pas non plus les vers :

L'honnête homme eft plus jufte, il eftime en autrui
Le goût & les talents qu'il ne fent point en lui.

Le P. *Malebranche* ne peut que perdre tous les jours déformais ; mais de fon temps il eut beaucoup de réputation. On recherchoit fa converfation, dit M. de Fontenelle, quoiqu'elle fût toujours fage & inftructive. Il ne venoit prefque point de favans étrangers à Paris, qui ne lui rendiffent leurs hommages. Des princes Allemands y font venus exprès pour lui ; le roi d'Angleterre, Jacques II, l'honora d'une vifite. Un officier anglois, prifonnier, fe confoloit de vénir en France, parce qu'auffi bien il avoit toujours eu envie de voir Louis XIV & M. Malebranche. Milord Quadrington, mort vice-roi de la Jamaïque, pendant deux ans de féjour à Paris, venoit tous les matins paffer deux ou trois heures avec le P. *Malebranche*. Ces effets de la réputation ne font pas fans inconvénient ; car, qui peut fe flatter d'amufer ou d'inftruire tous les jours un favant pendant deux ou trois heures ? Et n'a-t-il pas un meilleur emploi à faire de fon temps ?

Un M. Taylor tradu.fit en anglois, la *Recherche de la Vérité*. Le P. *Malebranche* mourut le 13 octobre 1715. Sa vie mefure affez exactement celle de Lou.s XIV. Il naquit & mourut les mêmes années.

On a d'un autre père *Malebranche* ou *Mallebranque* ( Jacob ), jéfuite, une hiftoire eftimée *de Morinis & Morinorum rebus*. Il étoit à-peu-près du pays, natif de Saint-Omer ou d'Arras. Mort en 1653.

MALÉZIEU, ( Nicolas de ) ( *Hift. Litt. mod.* ) naquit à Paris en 1650. Son père fe nommoit comme lui Nicolas *de Maléçieu*, il apprit la philofophie fous M. Rohault. Les mathématiques, qui, dit M. de Fontenelle, fouffrent fi peu " qu'on fe partage entre " elles & d'autres fciences, lui permettoient cependant " les belles-lettres, l'hiftoire, le grec, l'hébreu, & " même la poëfie, plus incompatible encore avec " elles que tout le refte. . . . . M. de Maléçieu ne fit point de choix, il embraffa tout.

"Il n'avoit que vingt ans quand M. Boffuet le connut & le goûta. Louis XIV ayant chargé ce prélat & M. de Montaufier de lui chercher des gens de lettres propres à être mis auprès de M. le duc du Maine, M. *de Maléçieu* fut un de ceux dont ils firent choix. Il fut conftamment l'ami & de M. Boffuet & de M. de Fénélon ; on dit même qu'ils le prirent plus d'une fois pour arbitre de leurs différends.

Madame la ducheffe du Maine, avide de favoir, & propre à favoir tout, trouva dans M. *de Maléçieu* celui dont elle avoit befoin pour tout apprendre. Souvent, dit M. de Fontenelle, pour lui faire connoître les bons auteurs de l'antiquité, que tant de gens aiment mieux admirer que lire, il lui traduifoit fur le champ, en préfence de toute fa cour, Virgile, Térence, Sophocle, Euripide. M. de Voltaire parle auffi de ces traductions par improvifation. " Je me fouviendrai toujours, dit-il à Madame la ducheffe du Maine, " que prefqu'au fortir de l'enfance, j'eus le bonheur " d'entendre quelquefois dans votre palais, un homme " dans qui l'érudition la plus profonde n'avoit point " éteint le génie. . . . . . Il prenoit quelquefois devant " V. A. S., un Sophocle, un Euripide, il traduifoit " fur le champ en françois, une de leurs tragédies. " L'admiration, l'enthoufiafme dont il étoit faifi, lui " infpiroient des expreffions qui répondoient à la mâle & " harmonieufe énergie des vers grecs, autant qu'il eft " poffible d'en approcher dans la profe d'une langue " à peine tirée de la barbarie. . . . . Cependant M. de " Maléçieu, par des efforts que produifoit un enthou-" fiafme fubit, & par un récit véhément, fembloit " fuppléer à la pauvreté de la langue, & mettre dans " fa déclamation, une des grands hommes " d'Athènes. . . . . Il connoiffoit Athènes mieux qu'au-" jourd'hui quelques voyageurs ne connoiffent Rome " après l'avoir vue. . . . . Vous engageâtes, Madame, " cet homme d'un efprit prefque univerfel, à traduire " avec une fidélité pleine d'élégance & de force, " l'Iphigénie en Tauride, d'Euripide. On la repré-" fenta dans une fête digne de cela qui la recevoit " & de celui qui en faifoit les honneurs ; vous " y repréfentiez Iphigénie. Je fus témoin de ce " fpectacle ".

En effet, cette princeffe aimoit à donner à Sceaux, des fêtes, des divertiffements, des fpectacles ; elle vouloit qu'il entrât de l'idée, de l'invention, & que, fuivant l'expreffion de M, de Fontene'le, la joie eût de l'efprit. M. de Maléçieu étoit le grand ordonnateur de ces fêtes, & fouvent il y étoit acteur ; l'imprômptu lui étoit familier : il a, dit M. de Fontenelle, beaucoup contribué à établir cette langue à Sceaux ; ajoutons feulement pour la confolation de ceux à qui elle n'eft pas familière, que cette langue n'a jamais produit un bon ouvrage ; & en effet, il n'eft rien refté de tant d'efprit prodigué à Sceaux par M. de Maléçieu.

On lui attribue fort fort médiocre, jouée par les Marionnettes de Brioché, qui a pour titre : *Polichinelle demandant une place à l'Académie*. Un académicien, ou pour venger l'Académie, ou par quelqu'autre motif, fit contre cette pièce une autre pièce intitulée : *Arlequin Chancelier* ; on fit aussi contre la même pièce , une satyre intitulée : *Broché Chancelier*.

M. de *Maléxieu* avoit remplacé M. d'Aguesseau , père du chancelier , & M. de Fleubet , tous deux conseillers-d'état , dans l'emploi de chef des conseils de M. le duc du Maine. Il étoit aussi chancelier de la souveraineté de Dombes. L'esprit même des affaires ne s'étoit pas refusé à lui.

Madame de Staal dit que les décisions de M. de *Maléxieu* avoient à la cour de Sceaux , la même infaillibilité que celles de Pythagore parmi ses disciples ; que les disputes les plus échauffées s'y terminoient au moment que quelqu'un prononçoit *il l'a dit*.

En 1699 , il fut choisi pour enseigner les mathématiques à M. le duc de Bourgogne ; il les avoit déja enseignées à Madame la duchesse du Maine , qui , comme nous l'avons dit , auroit voulu tout savoir , & vouloit au moins savoir de tout. Il engagea M. le duc de Bourgogne à écrire de sa main le résultat de chaque leçon , & ces leçons écrites par le prince pendant le cours de quatre ans , ont formé un corps suivi & complet que M. de Boissière , bibliothécaire de M. le duc du Maine , fit imprimer en 1715 , sous le titre d'*Eléments de Géométrie de Monseigneur le duc de Bourgogne*.

Au renouvellement de l'Académie des Sciences en 1699 , M. de *Maléxieu* fut un des honoraires. Il faisoit dans sa maison de Châtenay près de Sceaux , des observations astronomiques , qu'il communiquoit à l'Académie des Sciences. En 1701 , il fut reçu à l'Académie Françoise.

En 1718 , il fut mis à la Bastille , ainsi que Madame de Staal , alors Mlle. de Launai, pour la part qu'ils pouvoient avoir eue à la conjuration du prince de Cellamare , comme conseils ou comme agents de M. le duc & sur-tout de Madame la duchesse du Maine , qui furent aussi emprisonnés eux-mêmes à ce sujet. Il paroît que M. de *Maléxieu* fut le plus en danger. On parla de le transférer de la Bastille dans une prison ordinaire , & de lui faire faire son procès. Il fut mis en liberté , & continua de vivre , moitié à Châtenay , moitié à Sceaux.

Il mourut le 4 mars 1727. Il avoit épousé à vingt-trois ans Françoise Faudelé de Faveresse , & quoique amoureux , dit M. de Fontenelle , il avoit fait un bon mariage , & ce mariage fut constamment heureux pendant cinquante - quatre ans. Il a laissé trois fils & deux filles.

MALFILLASTRE , ( Jacques - Charles - Louis ) ( *Hist. Litt. mod.* ) auteur du poëme de *Narcisse dans l'isle de Vénus* , fut poëte , bon poëte , mais uniquement poëte ; & il vécut & mourut dans la pauvreté. Né en 1732. Mort en 1767.

MALHERBE , ( François DE ) (*Hist. Litt. mod.*)

Enfin *Malherbe* vint ;

dit Boileau. Les héritiers de *Malherbe* ont fait de cet hémistiche l'inscription dont ils ont orné la statue de *Malherbe*. Ce grand poëte étoit né à Caën en 1556 , sous le règne de Henri II. Il mourut à Paris en 1628 ,

sous le règne de Louis XIII, ayant vu six rois. Il avoit été gentilhomme ordinaire de la chambre sous Henri IV. On a donné chez Barbou en 1764 & 1776 , deux très-bonnes éditions de *Malherbe* , d'après celle que M. Le Febvre de Saint-Marc avoit donnée chez le même Barbou en 1757. Les poësies de *Malherbe* y sont rangées par ordre chronologique ; c'est de tout point l'ordre le plus naturel ; par - là , le lecteur est en état de comparer *Malherbe* avec lui-même , & de suivre les progrès & les vicissitudes de son génie. En effet , il y a bien loin du poëme des larmes de saint Pierre , à l'Ode au Roi Louis XIII partant pour l'expédition de La Rochelle. Lorsque *Malherbe* fit la première pièce , il étoit bien jeune ; lorsqu'il fit la seconde , il étoit bien vieux , du moins pour un poëte ; il avoit soixante & douze ans ; il se glorifie dans ce dernier ouvrage , d'avoir conservé le feu de ses premières années ; c'est-là qu'il dit :

Je suis vaincu du temps ; je cède à ses outrages ;
Mon esprit seulement exempt de sa rigueur ,
A de quoi témoigner en ses derniers ouvrages ,
   Sa première vigueur.

Quant au premier ouvrage , *Malherbe* le désavoue en quelque sorte , non comme n'étant pas de lui , mais comme en étant indigne ; c'est de cette pièce que le P. Bouhours a dit : *c'est un ouvrage de jeunesse ; mais de la jeunesse de Malherbe* , comme Longin avoit dit de l'Odyssée ; *c'est un ouvrage de vieillesse , mais de la vieillesse d'Homère*. Ce poëme des larmes de saint-Pierre est une mauvaise imitation d'un mauvais modèle ; il est imité d'un ouvrage italien , qui a pour titre : *Lagrime di santo Pietro del signor Luigi Tansillo*. Le Tansille , auteur de ce poëme , étoit un gentilhomme napolitain , mort en 1569. On trouve dans la traduction faite par *Malherbe* , plus de *concetti* , plus de pointes , plus d'hyperboles & généralement plus de mauvais goût que dans ses autres ouvrages qui sont-à-peu-près du même temps.

Les trois pièces de *Malherbe* auxquelles nous donnerions la préférence , sont la *Consolation à M. du Perrier* , qu'il fit en 1599 , à quarante-cinq ans , âge où un goût déja exercé se joint à un génie encore ardent ; l'épitaphe du duc d'Orléans en 1611 , où après que ce prince a lui - même exposé les avantages de sa grandeur & de la naissance dont il étoit environné , il ajoute :

Je suis poudre toutefois
Tant la parque a fait ses loix
Egales & nécessaires !

Rien ne m'en a su parer ;
Apprenez , ames vulgaires
A mourir sans murmurer !

Et enfin la paraphrase d'une partie du pseaume 145 :

N'espérons plus , mon ame , aux promesses du monde ,
&c.

ouvrage dont on ignore la date.

On trouve dans ces dernières éditions de Barbou, une lettre que *Malherbe* adressa au roi Louis XIII, à l'occasion de la mort de son fils, tué en duel en 1627. Ce fait que le fils de *Malherbe* a été tué en duel, se trouve dans l'intitulé de la lettre & dans la vie de *Malherbe*, placée à la tête de ses œuvres ; mais dans la lettre même & dans quelques autres pièces, *Malherbe* assure que son fils a été assassiné, & il en demande justice au roi.

« Cette perte, dit Balzac, le toucha bien sensiblement ; je le voyois tous les jours dans le fort » de son affliction, & je le vis agité de plusieurs » pensées différentes. Il songea une fois à se battre » contre celui qui avoit tué son fils ; & comme nous » lui représentâmes, M. de Porchères d'Arbaud & » moi, qu'il y avoit trop de disproportion de son âge » de soixante-douze ans à celui d'un homme qui n'en » avoit que vingt-cinq : *c'est à cause de cela, que je* » *veux me battre*, dit-il. *Ne voyez-vous pas que je ne* » *hazarde qu'un denier contre une pistole ?* »

MALLE, s. m. ( *Hist. de France* ) Dans la basse latinité *mallus* ; malle est un vieux mot qui signifie *assemblée*. M. de Vertot s'en est servi dans une *dissertation sur les sermens usités parmi les Francs*. On voyoit, dit-il, au milieu du *malle* ou de l'assemblée une hache d'armes & un bouclier.

Les Francs s'étant jettés dans les Gaules, & n'ayant pas encore de lieu fixe pour leur demeure, campoient dans les champs & s'y assembloient en certains temps de l'année pour régler leurs différends & traiter des affaires importantes. Ils appellèrent cette assemblée *mallum*, du mot *mallen*, qui signifioit *parler*, d'où ils avoient fait *maal* un discours ; & ensuite on dit *mallare* ou *admallare*, pour ajourner quelqu'un à l'assemblée générale. *Voyez* M. Ducange. ( *D. J.* )

MALLEMANS, ( *Hist. Litt. mod.* ) Quatre frères de ce nom ont cultivé les lettres assez obscurément. Le plus connu des quatre est un chanoine de sainte Opportune, d'abord capitaine de dragons & marié, auteur d'une mauvaise traduction de Virgile, en prose ; d'une *Histoire de la Religion depuis le commencement du monde jusqu'à l'empire de Jovien*, & de quelques autres ouvrages très-médiocres. Mort en 1740, à 91 ans.

MALLET, ( *Hist. Litt. mod.* ) Deux docteurs en théologie de ce nom, ont été connus dans les lettres.

L'un, ( Charles ) docteur de Sorbonne, mort en 1680, a beaucoup disputé contre M. Arnauld sur la version du nouveau Testament de Mons, que *Mallet* attaquoit & qu'Arnauld défendoit. L'abbé *Mallet* poussoit le zèle jusqu'à proscrire toute traduction de la bible en langue vulgaire. Cette opinion a été soutenue autrefois par de zélés Catholiques, contre les Protestants & ensuite contre les Jansénistes. Elle est aujourd'hui universellement abandonnée.

L'autre, ( Edme ) docteur de Navarre, mort en 1755, bien différent du premier, a travaillé à l'Encyclopédie, & son Eloge historique s'y trouve dans l'avertissement placé à la tête du sixième volume. Il

étoit né à Melun en 1713. Il éleva les enfants de M. de la Live, fermier général, & fut choisi par la maison de Rohan, pour élever les jeunes princes de Guemené de Montbazon ; mais bientôt le désir de se rapprocher de ses parents & de leur être utile, lui fit accepter en 1744, une petite cure auprès de Melun. Les conjonctures ayant changé, il revint à Paris en 1751, remplir au collége de Navarre, une chaire de théologie. Il avoit déjà publié en 1745, du fond de sa retraite, ses *Principes pour la lecture des Poëtes*. Il publia en 1753, ses *Principes pour la lecture des Orateurs*, & son *Essai sur les bienséances oratoires*. Il avoit entrepris deux grands ouvrages ; l'un étoit une Histoire générale de toutes nos Guerres, depuis l'établissement de la monarchie jusqu'à Louis XIV inclusivement ; l'autre, une Histoire du concile de Trente, qu'il vouloit opposer à celle de Fra-Paolo, donnée par le P. Le Courayer.

Les principaux articles de M. l'abbé *Mallet* dans l'Encyclopédie, sont les articles *Communion*, *Excommunication*, *Déisme*, *Enfer*.

Un travail forcé occasionna la maladie dont il mourut à la fleur de son âge, le 25 Septembre 1755. C'étoit un esprit sage, modéré, ami de la paix. Il fut accusé de jansénisme par les Molinistes, de molinisme par les Jansénistes, d'irréligion même par les ennemis de l'Encyclopédie ; & cela sans autre raison ni prétexte, sinon qu'il travailloit à ce dictionnaire ; M. l'évêque de Mirepoix, ( Boyer ) qu'on accuse de n'avoir pas toujours été juste sur ces matières, le fut à son égard ; il prit connoissance de l'accusation, en reconnut l'injustice, & se crut obligé de dédommager l'accusé. Il lui donna un canonicat de Verdun.

MALLEVILLE, ( Claude ) ( *Hist. Litt. mod.* )

A peine dans Gombaut, Mainard & Malleville
En peut-on admirer deux ou trois entre mille.

a dit Boileau, en parlant du sonnet : & on pourroit ajouter qu'à peine aujourd'hui dans *Malleville* y a-t-il rien qu'on puisse lire. *Malleville* remporta prix sur tous les faiseurs de sonnets, Voiture à leur tête, par le sonnet de la *Belle Matineuse*, qui ne fit point secte, comme les sonnets d'Uranie & de Job, parce que tous les rivaux furent écrasés, mais qui fit autant de bruit. « On ne parleroit pas aujourd'hui de pareil ouvrage, dit M. de Voltaire ». Et en effet, on n'en parle plus ; mais le bon en tout genre, étoit alors aussi rare qu'il est devenu commun depuis, & cette rareté du bon & du beau faisoit paroître tel même ce qui ne l'étoit pas. *Malleville* fut un des premiers membres de l'Académie Françoise dans le temps de son institution. Il avoit été secrétaire du maréchal de Bassompierre. Il lui rendit de grands services pendant sa prison, & en reçut de grands bienfaits. Il mourut secrétaire du roi en 1647.

MALLINCKROT, ( Bernard ) ( *Hist. Litt. mod.* ) doyen de la cathédrale de Munster, nommé évêque de Ratzebourg, puis élu évêque de Minden, voulut l'etre de Munfter, & excita tant de féditions contre celui qui lui fut préféré, qu'l fe fit dépoſer de la dignité de doyen de Munfter, qu'il conſervoit encore, n'ayant pas pu ou n'ayant pas voulu prendre poſſeſſion des évêchés où il avoit été nommé. L'évêque de Munfter le fit même arrêter & enfermer dans un château fort, où il mourut en 1664, avec la même réputation d'eſprit inquiet & turbulent qu'auroit eu, ſans le mélange d'eſtime qui la corrige aujourd'hui, le cardinal de Retz, s'il fût mort à Vincennes ou au château de Nantes. *Mallinckrot* étoit ſavant. On a de lui un Traité de l'invention & du progrès de l'Imprimerie ; un de la nature & de l'uſage des Lettres; un *des Archi-chanceliers du Saint-Empire Romain, & des Chanceliers de la Cour de Rome.*

MALMESBURY, ( O'ivier de ) & Guillaume Sommerſet dit de ) ( *Hift. d'Angler.* ) 1°. Olivier, que d'autres appellent *Elmer* ou *Egelmer*, bénédiſtin anglois du onziéme ſiècle, mathématicien, aſtrologue, devin, voulut voler en l'air avec des aîles attachées à ſes bras & à ſes pieds. Il ſe caſſa les jambes. Mort à Malmesbury en 1060.

1°. Gulaume Sommerſet, dit de *Malmesbury*, ſurnommé le Bibliothéca re, bénédiſtin, & hiſtorien anglois du douzième ſiècle, dédia cinq livres *de rebus geftis Anglorum*, à Robert, comte de Gloceftre, fils naturel de Henri Ier. Il y a encore de lui d'autres ouvrages hiſtoriques. Il vivoit en 1140.

MALO, ( Saint ou Saint Maclou ) ( *Hift. Eccléf.* ) né dans la Grande - Bretagne, ayant paſſé dans la petit, c'eft-à-dire, dans la province de France qu'on appelle Bretagne, y fut évêque d'un lieu nommé Al th, qui n'eſt plus qu'un village. Il mourut le 15 novembre 565, dans une ſolitude auprès de Xaintes. Son corps & le ſiège épiſcopal furent transférés au lieu qui s'appelle actuellement de ſon nom S. *Malo.* Il étoit d'une famille de ſaints ; St. Samſon & St. Magloire étoient ſes couſins.

MALOUIN, ( Paul - Jacques ) ( *Hift. Litt. mod.* ) profeſſeur de médecine au Collège Royal, médecin de la reine, membre de l'Académie des Sciences de Paris, & de la Société Royale de Londres, auteur de pluſieurs ouvrages ſur la chymie appliquée à la médecine, a donné les arts du *Mûnier*, du *Boulanger* & du *Vermicelier* dans le recueil que l'Académie des Sciences a publié ſur les Arts & Métiers ; il eſt auſſi l'auteur des articles de Chymie employés dans la première édition de l'Encyclopédie. Il mourut à Paris en 1778, il étoit de Caën & un médecin de Caën, Charles *Malouin*, mort en 1718, dont on a un Traité des Corps ſolides & des fluides, étoit de la même famille.

MALPIGHI, ( Marcel ) ( *Hift. Litt. mod.* ) italien illuftre, grand médecin, grand phyſicien, grand naturaliſte, premier médecin du pape Innocent XII, ( Pignatelli ) né en 1628, près de Bologne, mourut à Rome dans le palais Quirinal en 1694. Ses ouvrages avoient été recueillis & imprimés à Londres de ſon vivant, en deux volumes *in-folio.* Ses œuvres poſt-

humes, précédées de ſa vie, forment de plus un *in-4°.* Ce ſavant eſt extrêmement cité par les ſavans. On connoit & on cite particulièrement ſon Anatomie des Plantes, & ce qu'il a écrit ſur le Ver à ſoie, ſur la formation du Poulet dans l'œuf, ſur le Polype du cœur, ſur les Poumons, ſur le Cerveau, la Langue & différentes parties du corps humain, &c. Il renvoyoit avec candeur, peut-être même avec généroſité, la gloire de la plûpart de ſes découvertes à ſon ami Borelli.

MALVASIA, ( Charles-Céſar ) ( *Hift. Litt. mod.* ) noble Bolonois du dix-ſeptiéme ſiècle, a écrit l'*Hiftoire des Peintres de Bologne*, auxquels il n'aſſigne pas un rang médiocre parmi les peintres. On a écrit contre lui & contr'eux ; il s'eft défendu & les a défendus, le tout avec chaleur.

MALVENDA, ( Thomas ) ( *Hift. Litt. mod.* ) dominicain eſpagnol, qui fut utile au cardinal Baronius pour ſes ouvrages. Il en fit auſſi pour ſon propre compte, entr'autres les *Annales des Frères Prêcheurs*, en latin ; un Traité, auſſi latin, de l'Anté-Chrift, une verſion du texte hébreu de la Bible. Né à Xativa en 1566. Mort à Valence en Eſpagne, le 27 mai 1628.

MALVEZZI, ( Virgilio, marquis de ) ( *Hift. Litt. mod.* ) gentilhomme bolonois. Mort à Bologne en 1654. Il a écrit ſur Tacite, & fait quelques ouvrages hiſtoriques.

MAMACUNAS, ( *Hift. mod. culte* ) c'eſt le nom que les Féuviens, ſous le gouvernement des Incas, donnoient aux plus âgées des vierges conſacrées au ſoleil ; elles étoient chargées de gouverner les vierges les plus jeunes. Ces filles étoient conſacrées au ſoleil dès l'âge de huit ans ; on les renfermoit dans des cloîtres, dont l'entrée étoit interdite aux hommes; il n'étoit point permis à ces vierges d'entrer dans les temples du ſoleil, leur fonction étoit de recevoir les offrandes du peuple. Dans la ſeule ville de Cuſco on comptoit mille de ces vierges. Tous les vaſes qui leur ſervoient étoient d'or ou d'argent. Dans les intervalles que leur laiſſoient les exercices de la religion, elles s'occupoient à filer & à faire des ouvrages pour le roi & la reine. Le ſouverain choiſiſſoit ordinairement ſes concubines parmi ces vierges conſacrées ; elles ſortoient de leur couvent lorſqu'il les faiſoit appeler ; celles qui avoient ſervi à ſes plaiſirs ne rentroient plus dans leur cloître, elles paſſoient au ſervice de la reine, & jamais elles ne pouvoient épouſer perſonne ; celles qui ſe laiſſoient corrompre étoient enterrées vives, & l'on condamnoit au feu ceux qui les avoient débauchées. ( *A. R.* )

MAMBRUN, ( Pierre ) ( *Hift. Litt. mod.* ) jéſuite, poëte latin moderne, né à Montferrant en Auvergne en 1600, mort à la Flèche en 1661. Il ſut ſi bien donner avec Virgile, ſon modèle, le genre de conformité le plus aiſé à ſaiſir. Il fit, comme lui, des Eglogues, mourut des Géorgiques, & un poëme épique ou héroïque, en douze chants ou livres, ce dernier avec cette ſeule différence que Conftantin en eſt le héros, au lieu d'Enée, & que le ſujet eſt l'établiſſement de la Religion Chrétienne dans l'Empiré Romain, au lieu de l'établissement des Troyens dans l'Italie. On trouve au reste, que le père *Mambrun* est un des imitateurs les plus heureux de Virgile, même pour le style, trait de ressemblance un peu plus important ; si Boileau n'avoit eu d'autre conformité avec Horace que d'avoir fait des Satyres, des Epîtres & un Art poétique, on auroit pu lui dire :

> Quand sur une personne on prétend se règler,
> C'est par les beaux côtés qu'il lui faut ressembler ;
> Et ce n'est point du tout la prendre pour modèle,
> Ma sœur, que de tousser & de cracher comme elle.

MAMERT, (Saint) (*Hist. Ecclés.*) évêque de Vienne en Dauphiné, institua *les Rogations* en l'an 469, à l'occasion d'une calamité publique. Cet établissement a été adopté par l'église, & rendu perpétuel. Saint *Mamert* mourut en 475. Claudien *Mamert* étoit son frère. Celui-ci étoit simple prêtre ; il est auteur d'un Traité sur la nature de l'Ame, contre Fauste de Riez, on lui attribue aussi l'hymne qu'on chante le vendredi saint pendant l'adoration de la Croix :

> *Pange lingua gloriosi*
> *Prælium certaminis.*

Mort en 473 ou 474.

MAMERTIN, (Claude) (*Hist. Litt. mod.*) Nous avons de cet orateur du quatrième siècle, un Panégyrique latin de l'empereur Julien, qui l'avoit fait consul en 362. On croit qu'il étoit fils d'un autre Claude *Mamertin*, dont nous avons aussi deux Panégyriques de Maximien Hercule.

MANITOUS, s. f. (*Hist. mod. superstition*) c'est le nom que les Algonquins, peuple sauvage de l'Amérique septentrionale, donnent à des génies ou esprits subordonnés au Dieu de l'univers. Suivant eux, il y en a de bons & de mauvais ; chaque homme a un de ces bons génies qui veille à sa défense & à sa sûreté ; c'est à lui qu'il a recours dans les entreprises difficiles & dans les périls pressans. On n'acquiert en naissant aucun droit à ses faveurs, il faut pour cela savoir manier l'arc & la flèche ; & il faut que chaque sauvage passe par une espèce d'initiation, avant que de pouvoir mériter les soins de l'un des manitous. On commence par noircir la tête du jeune sauvage, ensuite on le fait jeûner rigoureusement pendant huit jours, afin que le génie qui doit le prendre sous sa protection se montre à lui par des songes, ce qui peut aisément arriver à un jeune homme dont l'estomac demeure vuide ; mais on se contente des symboles, qui sont ou une pierre, ou un morceau de bois, ou un animal, &c. parce que, selon les sauvages, il n'est rien dans la nature qui n'ait un génie particulier. Quand le jeune sauvage a connu ce qu'il doit regarder comme son génie tutélaire, on lui apprend l'hommage qu'il doit lui rendre. La cérémonie se termine par un tatoü, & il se pique sur quelque partie du corps la figure du manitou qu'il a choisi. Les femmes ont aussi leurs manitous. On leur

fait des offrandes & des sacrifices, qui consistent à jetter dans les rivières des oiseaux égorgés, du tabac, &c. on brûle les offrandes destinées au soleil ; quelquefois on fait des libations accompagnées de paroles mystérieuses. On trouve aussi des colliers de verre, du tabac, du maïs, des peaux, des animaux & sur-tout des chiens, attachés à des arbres & à des rochers escarpés, pour servir d'offrandes aux manitous qui présidenr à ces lieux. Quant aux esprits malfaisans, on leur rend les mêmes hommages, dans la vue de détourner les maux qu'ils pourroient faire. Les Hurons désignent ces génies sous le nom d'*okkisik*. (*A. R.*)

MAMMÉE, (Julie) (*Hist. Rom.*) fille de Julius-Avitus & Mére de l'empereur Alexandre Sévère ; elle est louée dans l'histoire, pour avoir donné à son fils une excellente éducation, à laquelle elle présidoit elle-même ; mais *elle ne travailla point à se rendre inutile*, elle conserva l'autorité suprême, & s'en montra toujours très-jalouse : on lui reproche quelques cruautés ; on lui reproche aussi de l'avarice. Elle se montra favorable au Christianisme, & fit venir Origène pour en conférer avec lui. Quelques auteurs prétendent même qu'elle finit par embrasser cette religion. Le Goth Maximin excita contr'elle & contre son fils un soulèvement parmi les soldats, qui les massacrèrent l'un & l'autre à Mayence l'an 235 de notre ère. Hérodien peint d'une manière intéressante la douceur inaltérable, mais un peu pusillanime & trop mêlée de foiblesse d'Alexandre, fils de *Mammée*. Le moment où cet enfant malheureux, détrôné pour les vices & l'avarice de sa mère, qu'il n'avoit jamais osé réprimer, se jette entre ses bras, en lui reprochant sa mort qu'il attend, & à laquelle il se résigne, est un mouvement pathétique.

MAMMELUC, s. m. (*Hist. d'Egypte*) milice composée d'abord d'étrangers, & ensuite de conquérans, c'étoient des hommes ramassés de la Circassie & des côtes septentrionales de la mer Noire. On les enrôloit dans la milice au Grand-Caire, & là on les exerçoit dans les fonctions militaires. Salah Nugiumeddin institua cette milice des *mammelucs* qui devinrent si puissans, que, selon quelques auteurs arabes, ils élevèrent en 1255 un d'entr'eux sur le trône. Il s'appelloit *Abousaïd Berkouk*, nom que son maître lui avoit donné pour désigner son courage.

Sélim I. après s'être emparé de la Syrie & de la Mésopotamie, entreprit de soumettre l'Egypte. C'eût été une entreprise aisée s'il n'avoit eu que les Egyptiens à combattre ; mais l'Egypte étoit alors gouvernée & défendue par la milice formidable d'étrangers dont nous venons de parler, semblable à celle des janissaires qui seroient sur le trône. Leur nom de *mammeluc* signifie en syriaque *homme de guerre à la solde*, & en arabe *esclave* : soit qu'en effet le premier soudan d'Egypte qui les employa, les eût achetés comme esclaves ; soit plutôt que ce fût un nom qui les attachât de plus près à la personne du souverain, ce qui est bien plus vraisemblable. En effet, la manière figurée dont on s'exprime en Orient, y a toujours introduit chez les princes les titres les plus ridiculement pompeux, & chez leurs serviteurs les noms les plus humbles. Les bachas du grand-seigneur s'intitulent ses esclaves; & Thamas Kouli-Kan, qui de nos jours a fait crever les yeux à Thamas son maître, ne s'appelloit que son esclave, comme ce mot même *Kouli* le témoigne.

Ces *mammelucs* étoient les maîtres de l'Egypte depuis nos dernières croisades. Ils avoient vaincu & pris saint Louis. Ils établirent depuis ce temps un gouvernement qui n'est pas différent de celui d'Alger. Un roi & vingt-quatre gouverneurs de provinces étoient choisis entre ces soldats. La mollesse du climat n'affoiblit point cette race guerrière, qui d'ailleurs se renouvelloit tous les ans par l'affluence des autres Circasses, appellés sans cesse pour remplir ce corps toujours subsistant de vainqueurs. L'Egypte fut ainsi gouvernée pendant environ deux cent soixante ans. Toman-Bey fut le dernier roi *mammeluc*; il n'est célèbre que par cette époque, & par le malheur qu'il eut de tomber entre les mains de Sélim. Mais il mérita d'être connu par une singularité qui nous paroît étrange, & qui ne l'étoit pas chez les Orientaux, c'est que le vainqueur lui confia le gouvernement de l'Egypte dont il lui avoit ôté la couronne. Toman-Bey, de roi devenu bacha, eut le sort des bachas, il fut étranglé après quelques mois de gouvernement. Ainsi finit la dernière dynastie qui ait régné en Egypte. Ce pays devint, par la conquête de Sélim en 1517, une province de l'empire turc, comme il l'est encore. (*D. J.*)

MAMURRA, (*Hist. Rom.*) chevalier romain, qui servoit sous César, dans les Gaules, en qualité d'intendant des machines; César n'en parle pas, & on ne le connoit que par ce qu'en ont dit Cicéron, Catulle & Pline le Naturaliste. Ce n'est pas le connoître avantageusement. Cicéron, dans ses lettres à Atticus, parle des richesses acquises dans les Gaules par *Mamurra*, comme d'une chose odieuse, Catulle s'indigne aussi de ces scandaleuses richesses;

> Quis hoc potest videre, quis potest pati
> Nisi impudicus, & vorax, & helluo,
> Mamurram habere quod comata Gallia,
> Habebat omnis ultima & Britannia? &c.

Pline, liv. 36, chap. 6, de son Histoire Naturelle, parle du luxe, de la prodigalité de *Mamurra*, de la dépense excessive qu'il fit à Rome, dans une maison située sur le mont *Cælius*. Il la fit incruster de marbre en-dedans & en-dehors; toutes les colonnes étoient d'un marbre tiré des carrières de Carystos dans l'île d'Eubée, ou des carrières de Luna, ville de Toscane, voisine de la Ligurie. Il fut le premier romain qui donna l'exemple de ce faste ruineux.

Horace parle de la ville des *Mamurra*;

> In Mamurrarum lassi deindè urbe manemus.

Cette ville des *Mamurra* est Formies, ville du Latium, voisine de la Campanie, dont la famille des *Mamurra* étoit originaire.

MANAH, (*Hist. ancienne*) idole adorée par les anciens arabes idolâtres: c'étoit une grosse pierre, à qui l'on offroit des sacrifices. On croit que c'est la même chose que *Meni*, dont parle le prophète Isaïe; d'autres croyent que c'étoit une constellation. (*A, R.*)

MANASSÉS ou MANASSÉ (*Hist. Sacr.*) deux personnages de ce nom sont célèbres dans l'Ecriture-Sainte. L'un fils aîné de Joseph & d'Aseneth, chef de la tribu de son nom. Il en est parlé aux chapitres 46 & 48 de la Genèse.

L'autre roi de Juda, fils indigne du pieux Ezéchias. Son histoire est rapportée au quatrième livre des rois, chapitre 21 & au livre second des Paralipomènes, chapitre 33. Il fit périr le prophète Isaïe, âgé de plus de cent ans.

MANCA, s. f. (*Hist. mod.*) étoit autrefois une pièce quarrée d'or, estimée communément 30 sols; *mancusa* étoit autant qu'un marc d'argent. *Voyez les loix* de Canut; on l'appelloit *mancusa*, comme *manu cusa*. (*A. R.*)

MANCINI, (*Hist. mod.*) ancienne maison romaine, elle ne figure en France que depuis le cardinal Mazarin. Elle s'est presque toujours distinguée par l'amour des lettres.

Paul *Mancini*, baron Romain, fut l'instituteur de l'académie des Humoristes; il vivoit en 1600.

Son fils aîné, Michel-Laurent *Mancini*, épousa Jéronyme-Mazarin, sœur du cardinal.

De ce mariage nâquirent toutes ces belles *Mancini*, si célèbres à la cour de Louis XIV, par leur figure, par leur esprit, par leur éclat, par leurs intrigues, par leurs succès, par leurs disgraces; la connétable Colonne, qui avoit pensé épouser Louis XIV, & dont l'histoire est le sujet de la tragédie de *Bérénice*; la comtesse de Soissons, mère du prince Eugène; la duchesse de Mazarin, tant célébrée par Saint-Evremont; la duchesse de Bouillon, leur sœur aînée; la duchesse de Vendôme.

Elles eurent aussi plusieurs frères: 1°. le comte de *Mancini*; tué au combat de Saint-Antoine en 1652; un abbé de *Mancini*, tué malheureusement au collège en jouant avec ses compagnons d'étude; un autre mort jeune; le seul qui ait vécu a été le duc de Nevers, Philippe-Julien Mazarini-*Mancini*, si connu par son esprit, par son goût pour les lettres, par son talent pour la poésie, par ses démêlés avec Racine au sujet de *Phèdre* & du *Sonnet* de Madame Deshoulières contre cette pièce, sonnet qui fit mal-à-propos attribué au duc de Nevers.

Ce duc de Nevers étoit l'ayeul de M. le duc de Nivernois qui réunit tout ce qu'il y a jamais eu dans sa maison d'esprit, de graces, & qui joint à tous les agrémens de l'homme de cour le plus aimable, les lumières & la capacité d'un homme d'état.

MANCO-CAPAC, (*Hist. du Pérou.*) fondateur, législateur & premier Inca de l'empire du Pérou; il paroît qu'il fit adorer aux Péruviens, sous le nom de *Pachacamac*, le Dieu Suprème, créateur & conservateur de l'univers, c'est même à peu près ce que signifie le mot *Pachacamac*. Mais ce Dieu est invisible, il crut qu'il falloit au peuple un Dieu visible, il leur donna le soleil; &, pour participer à la divinité de cet astre;

aftre, il fe dit fon fils. Bientôt les Péruviens furent les enfans du foleil ; fitués fous la ligne & aux environs, ils reffentoient plus vivement fes influences, ils étoient donc la nation chérie & favorifée de ce Dieu. Delà ce culte du foleil, le plus raifonnable de tous les cultes idolâtres, & qui eft indiqué par les fens à ceux à qui la fageffe éternelle n'a point parlé.

MAND, ( *Hift. mod. Comm.* ) efpèce de poids ufité dans l'Indoftan, & qui varie dans les différentes provinces. A Bengale le *mand* eft de 76 livres, à Surate il eft de 37 livres ½ ; en Perfe le *mand* n'eft que de 6 livres. ( *A. R.* )

MANDAJORS ( Jean-Pierre des Ours de, ) ( *Hift. Litt. mod.* ) né à Alais en Languedoc le 24 juin 1679, étoit fils du bailli général du comté d'Artois. Il fut reçu à l'académie des infcriptions & belles-lettres en 1712. Il fit imprimer en 1732 une *Hiftoire critique du Languedoc.* Il y a de lui plufieurs mémoires dans le recueil de l'académie, entr'autres un fur la marche d'Annibal dans les Gaules ; des recherches fur les anti uités de *la ville d'Alais* fa patrie, &c. C'eft lui qui eft l'auteur de l'infcription placée fous la ftatue de Louis XIV. à Montpellier : *à Louis XIV. après fa mort.* M. de Mandajors mourut en 1747 dans la foixante-neuvième année de fon âge.

MANDANE, ( *Hift. anc.* ) fille d'Aftyage, roi des Medes, fœur de Cyaxare, femme de Cambyfe, roi des Perfes, & mère de Cyrus. ( *Voyez* les articles : *Aftyage, Cyaxare & Cyrus.* )

MANDANES eft le nom d'un philofophe Indien, qui fe moqua de la divinité d'Alexandre, & qui refufa de fe trouver au banquet où ce prince devoit déclarer cette divinité & reconnoître Jupiter pour fon père. Alexandre l'avoit invité folemnellement par des ambaffadeurs qui n'épargnèrent pour l'engager à la complaifance, ni les promeffes ni les menaces. *Les promeffes, leur dit-il, ne me tentent pas, je fais vivre de ce que j'ai. Les menaces ne m'épouvantent pas, je fais mourir.*

MANDARIN, f. m. ( *Hift. mod.* ) nom que les Portugais donnent à la nobleffe & aux magiftrats, & particulièrement à ceux de la Chine. Le mot *mandarin* eft inconnu en ce fens parmi les Chinois, qui, au lieu de cela, appellent leurs grands & leurs magiftrats *quan,* ou *quan-fu,* qui fignifie *ferviteur* ou *miniftre* d'un prince. Il y a à la Chine neuf fortes de *mandarins* ou dégrés de nobleffe qui ont pour marque divers animaux. Le premier à une grue, pour marque de fon rang ; le fecond a un lion ; & le troifième a un aigle ; le quatrième a un paon, *&c.* Il y a en tout 32 ou 33 mille *mandarins* ; il y a des *mandarins* de lettres & des *mandarins* d'armes. Les uns & les autres fubiffent plufieurs examens ; il y a outre cela des *mandarins* civils ou de juftice. Depuis que les Tartares fe font rendus maitres de la Chine, la plûpart des tribunaux font mi-partis, c'eft-à-dire, au lieu d'un préfident on en a établi deux, l'un tartare & l'autre chinois. Ceux de la fecte de Confucius ont ordinairement grande part à cette diftinction. Dans les gouvernemens qu'on leur confi. & qui font toujours éloignés du lieu de leur *Hiftoire. Tome III.*

naiffance, pour éviter les injuftices que l'amit é, la proximité du fang pourroient leur faire commettre, ils ont un vafte & riche palais ; dans la principale falle eft un lieu élevé où eft placée la ftatue du roi ; devant laquelle le *mandarin* s'agenouille ayant que de s'affeoir fur fon tribunal. On a un fi grand refpect pour les *mandarins* qu'on ne leur parle qu'à genoux ; les voyageurs vantent fort leur intelligence & leur équité. Le mandarinat n'eft pas héréditaire, & l'on n'y élève que des gens habiles. ( *A. R.* )

MANDESLO ( Jean Albert, ) ( *Hift. Litt. mod.* ) Allemand qui voyagea en Mofcovie, en Perfe, aux Indes. On a une relation de fes voyages, traduite par Wicquefort.

MANDEVILLE ( Bernard de ) ( *Hift. Litt. mod.* ) auteur de *la Fable des Abeilles* & *des Penfees libres fur la religion,* & beaucoup plus connu par ces ouvrages, mis au rang des livres impies, que par fes *Recherches fur l'origine de l'honneur* & *fur l'utilité du Chriftianifme dans la guerre ;* ouvrage où il femble rêveu r fur diverfes idées hazardées dans fes précedens. *Mandeville* étoit un médecin hollandois, il mourut à Londres en 1733.

Un autre *Mandeville* ( Jean de ) médecin anglois du quatorzième fiècle, voyagea en Afie & en Afrique, & compofa une relation de fes voyages, qui eft imprimée. Mort à Liège le 17 Novembre 1372.

MANDIL, f. m. ( *Hiftoire moderne* ) nom d'une efpèce de bonnet ou turban que portent les Perfes. Le *mandil* fe forme premièrement en roulant autour de la tête une pièce de toile blanche, fine, de cinq à fix aunes de long, en tournant enfuite fur cela & de la même manière, une pièce de foie ou écharpe de la même longueur, qui fouvent eft de grand prix. Il faut, pour avoir bonne grace, que l'écharpe foit roulée de telle forte que fes diverfes couleurs, en fe rencontrant dans les différens plis, faffent des ondes, comme nous voyons fur le papier marbré. Cet habillement dit tête eft fort majeftueux, mais très-pefant ; il met la tête à couvert du grand froid & de l'ardeur exceffive du foleil. Les coutelas ne peuvent entamer un *mandil* ; la pluie le gâteroit, fi les Perfes n'avoient une efpèce de capuchon de gros drap rouge dont ils couvrent leur *mandil* dans le mauvais temps. La mode du *mandil* a un peu changé depuis quelque temps ; pendant le règne de Scha-Abbas II. le *mandil* étoit rond par le haut ; du temps de Scha-Soliman, on faifoit fortir du milieu du *mandil* & par deffus la tête un bout de l'écharpe ; & récemment fous le règne de Scha-huffein, au lieu d'être ramaffé, comme auparavant, on l'a porté pliffé en rofe, les Perfans ont trouvé que cette nouvelle forme avoit meilleure grace ; & c'eft ainfi qu'ils le portent encore.

MANES, ( *Hift. Eccléf.* ) Héréfiarque du troifième fiècle. C'eft de fon nom, que s'eft affez mal & affez mal-à-propos formé le nom du Manichéisme, ou héréfie des Manichéens ou des deux principes ; erreur auffi ancienne que le monde. Des écrivains eccléfiaftiques nous difent gravement que c'eft l'héréfie qui a duré la

M m m

les titres les plus ridiculement pompeux, & chez leurs serviteurs les noms les plus humbles. Les bachas du grand-seigneur s'intitulent ses esclaves ; & Thamas Kouli-Kan, qui de nos jours a fait crever les yeux à Thamas son maître, ne s'appelloit que son esclave, comme ce mot même *Kouli* le témoigne.

Ces *mammelucs* étoient les maîtres de l'Egypte depuis nos dernières croisades. Ils avoient vaincu & pris saint Louis. Ils établirent depuis ce temps un gouvernement qui n'est pas différent de celui d'Alger. Un roi & vingt-quatre gouverneurs de provinces étoient choisis entre ces soldats. La mollesse du climat n'affoiblit point cette race guerrière, qui d'ailleurs se renouvelloit tous les ans par l'affluence des autres Circasses, appellés sans cesse pour remplir ce corps toujours subsistant de vainqueurs. L'Egypte fut ainsi gouvernée pendant environ deux cent soixante ans. Toman-Bey fut le dernier roi *mammeluc* ; il n'est célèbre que par cette époque, & par le malheur qu'il eut de tomber entre les mains de Sélim. Mais il mérita d'être connu par une singularité qui nous paroit étrange, & qui ne l'étoit pas chez les Orientaux, c'est que le vainqueur lui confia le gouvernement de l'Egypte dont il lui avoit ôté la couronne. Toman-Bey, de roi devenu bacha, eut le sort des bachas, il fut étranglé après quelques mois de gouvernement. Ainsi finit la dernière dynastie qui ait régné en Egypte. Ce pays devint, par la conquête de Sélim en 1517, une province de l'empire turc, comme il l'est encore. (*D. J.*)

MAMURRA, (*Hist. Rom.*) chevalier romain, qui servoit sous *César*, dans les Gaules, en qualité d'intendant des machines ; César n'en parle pas, & on ne le connoit que par ce qu'en ont dit Cicéron, Catulle & Pline le Naturaliste. Ce n'est pas le connoitre avantageusement. Cicéron, dans ses lettres à Atticus, parle des richesses acquises dans les Gaules par *Mamurra*, comme d'une chose odieuse. Catulle s'indigne aussi de ces scandaleuses richesses :

Quis hoc potest videre, quis potest pati
Nisi impudicus, & vorax, & hellus,
Mamurram habere quod comata Gallia,
Habebat omnis ultima & Britannia ? &c.

Pline, liv. 36, chap. 6, de son Histoire Naturelle, parle du luxe, de la prodigalité de *Mamurra*, & de la dépense excessive qu'il fit à Rome, dans une maison située sur le mont *Cælius*. Il la fit incruster de marbre en-dedans & en-dehors ; toutes les colonnes étoient d'un marbre tiré des carrières de Carystos dans l'île d'Eubée, ou des carrières de Luna, ville de Toscane, voisine de la Ligurie. Il fut le premier romain qui donna l'exemple de ce faste ruineux.

Horace parle de la ville des *Mamurra* ;

In Mamurrarum lassi deindè urbe manemus.

Cette ville des *Mamurra* est Formies, ville du Latium, voisine de la Campanie, dont la famille des *Mamurra* étoit originaire.

MANAH, (*Hist. ancienne*) idole adorée par les anciens arabes idolâtres : c'étoit une grosse pierre, à qui l'on offroit des sacrifices. On croit que c'est la même chose que *Meni*, dont parle le prophète Isaïe ; d'autres croyent que c'étoit une constellation. (*A, R.*)

MANASSÈS ou MANASSÉ (*Hist. Sacr.*) deux personnages de ce nom sont célèbres dans l'Ecriture-Sainte. L'un fils ainé de Joseph & d'Aseneth, chef de la tribu de son nom. Il en est parlé aux chapitres 46 & 48 de la Genèse.

L'autre roi de Juda, fils indigne du pieux Ezéchias. Son histoire est rapportée au quatrième livre des rois, chapitre 21 & au livre second des Paralipomènes, chapitre 33. Il fit périr le prophète Isaïe, âgé de plus de cent ans.

MANCA, s. f. (*Hist. mod.*) étoit autrefois une pièce quarrée d'or, estimée communément 30 sols ; *mancusa* étoit autant qu'un marc d'argent. *Voyez les loix de Canut* ; on l'appelloit *mancusa*, comme *manu cusa*. (*A. R.*)

MANCINI, (*Hist. mod.*) ancienne maison romaine, elle ne figure en France que depuis le cardinal Mazarin. Elle s'est presque toujours distinguée par l'amour des lettres.

Paul *Mancini*, baron Romain, fut l'instituteur de l'académie des Humoristes ; il vivoit en 1600.

Son fils ainé, Michel-Laurent *Mancini*, épousa Jéronyme-Mazarin, sœur du cardinal.

De ce mariage nâquirent toutes ces belles *Mancini*, si célèbres la cour de Louis XIV, par leur figure, par leur esprit, par leur éclat, par leurs intrigues, par leurs succès, par leurs graces ; la connétable Colonne, qui avoit pensé épouser Louis XIV. & dont l'histoire est le sujet de la tragédie de *Bérénice* ; la comtesse de Soissons, mère du prince Eugène ; la duchesse de Mazarin, tant célèbre par Saint-Evremont ; la duchesse de Bouillon, leur sœur ainée ; la duchesse de Vendôme.

Elles eurent aussi plusieurs frères ; 1°. le comte de *Mancini*, tué au combat de Saint-Antoine en 1652 ; un abbé de *Mancini*, tué malheureusement au collège en jouant avec ses compagnons d'étude ; un autre mort jeune ; le seul qui ait vécu a été le duc de Nevers, Philippe-Julien Mazarini-*Mancini*, si connu par son esprit, par son goût pour les lettres, par son talent pour la poésie, par ses démêlés avec Racine au sujet de *Phèdre* & du *Sonnet* de Madame Deshoulières contre cette pièce, sonnet qui fut mal-à-propos attribué au duc de Nevers.

Ce duc de Nevers étoit l'ayeul de M. le duc de Nivernois qui réunit tout ce qu'il y a jamais eu dans sa maison d'esprit, de graces, de talens, & qui joint à tous les agrémens de l'homme de cour le plus aimable, les lumières & la capacité d'un homme d'état.

MANCO-CAPAC, (*Hist. du Pérou.*) fondateur, législateur & premier Inca du empire du Pérou ; il paroit qu'il fit adorer aux Péruviens, sous le nom de *Pachacamac*, le Dieu Suprême, créateur & conservateur de l'univers, c'est même à peu près ce que signifie le mot *Pachacamac*. Mais ce Dieu est invisible, il crut qu'il falloit au peuple un Dieu visible, il leur donna le soleil ; &, pour participer à la divinité de cet astre ;

aftre, il se dit son fils. Bientôt les Péruviens furent les enfans du soleil ; situés sous la ligne & aux environs, ils ressentoient plus vivement ses influences, ils étoient donc la nation chérie & favorisée de ce Dieu. Delà ce culte du soleil, le plus raisonnable de tous les cultes idolâtres, & qui est indiqué par les sens à ceux à qui la sagesse éternelle n'a point parlé.

**MAND**, ( *Hist. mod. Comm.* ) espèce de poids usité dans l'Indostan, & qui varie dans les différentes provinces. A Bengale le *mand* est de 76 livres ; à Surate il est de 37 livres ½ ; en Perse le *mand* n'est que de 6 livres. (*A. R.*)

**MANDAJORS** ( Jean-Pierre des Ours de, ) ( *Hist. Litt. mod.* ) né à Alais en Languedoc le 24 juin 1679, étoit fils du bailli général du comté d'Artois. Il fut reçu à l'académie des inscriptions & belles-lettres en 1712. Il fit imprimer en 1732 une *Histoire critique du Languedoc*. Il y a de lui plusieurs mémoires dans le recueil de l'académie, entr'autres un sur la marche d'Annibal dans les Gaules ; des recherches sur les antiquités de *la ville d'Alais* sa patrie, &c. C'est lui qui est l'auteur de l'inscription placée sous la statue de Louis XIV. à Montpellier : *à Louis XIV. après sa mort*. M. de *Mandajors* mourut en 1747 dans la soixante-neuvième année de son âge.

**MANDANE**, ( *Hist. anc.* ) fille d'Astyage, roi des Mèdes, sœur de Cyaxare, femme de Cambyse, roi des Perses, & mère de Cyrus. ( *Voyez* les articles : *Astyage, Cyaxare* & *Cyrus.*)

**MANDANES** est le nom d'un philosophe Indien, qui se moqua de la divinité d'Alexandre, & qui refusa de se trouver au banquet où ce prince devoit déclarer cette divinité & reconnoître Jupiter pour son père. Alexandre l'avoit invité solemnellement par des ambassadeurs qui n'épargnèrent pour l'engager à la complaisance, ni les promesses ni les menaces. *Les promesses*, leur dit-il, *ne me tentent pas, je fais vivre de ce que j'ai. Les menaces ne m'épouvantent pas, je fais mourir*.

**MANDARIN**, s. m. ( *Hist. mod.* ) nom que les Portugais donnent à la noblesse & aux magistrats, & particulièrement à ceux de la Chine. Le mot *mandarin* est inconnu en ce sens parmi les Chinois, qui, au lieu de cela, appellent leurs grands & leurs magistrats *quan*, ou *quan-fu*, qui signifie *serviteur* ou *ministre* d'un prince. Il y a à la Chine neuf sortes de *mandarins* ou degrés de noblesse qui ont pour marque divers animaux. Le premier a une grue, pour marque de son rang ; le second a un lion ; & le troisième a un aigle ; le quatrième a un paon, &c. Il y a en tout 32 ou 33 mille *mandarins* ; il y a des *mandarins* de lettres & des *mandarins* d'armes. Les uns & les autres subissent plusieurs examens ; il y a outre cela des *mandarins* civils ou de justice. Depuis que les Tartares se sont rendus maîtres de la Chine, la plûpart des tribunaux sont mi-partis, c'est-à-dire, au lieu d'un président on en a établi deux, l'un tartare & l'autre chinois. Ceux de la secte de Confucius ont ordinairement grande part à cette distinction. Dans les gouvernemens qu'on leur confie, & qui sont toujours éloignés du lieu de leur *Histoire. Tome III.*

naissance, pour éviter les injustices que l'amitié, la proximité du sang pourroient leur faire commettre, ils ont un vaste & riche palais ; dans la principale salle est un lieu élevé où est placée la *mandarin*, devant laquelle le *mandarin* s'agenouille avant que de s'asseoir sur son tribunal. On a un si grand respect pour les *mandarins* qu'on ne leur parle qu'à genoux ; les voyageurs vantent fort leur intelligence & leur équité. Le mandarinat n'est pas héréditaire, & l'on n'y élève que des gens habiles. ( *A. R.*)

**MANDESLO** ( Jean Albert, ) ( *Hist. Litt. mod.* ) Allemand qui voyagea en Moscovie, en Perse, aux Indes. On a une relation de ses voyages, traduite par Wicquefort.

**MANDEVILLE** ( Bernard de ) ( *Hist. Litt. mod.* ) auteur de *la Fable des Abeilles* & *des Pensées libres sur la religion*, & beaucoup plus connu par ces ouvrages, mis au rang des livres impies, que par ses *Recherches sur l'origine de l'honneur* & *sur l'utilité du Christianisme dans la guerre*; ouvrage où il semble revenu sur diverses idées hazardées dans les précédens. *Mandeville* étoit un médecin hollandois, il mourut à Londres en 1733.

Un autre *Mandeville* ( Jean de ) médecin anglois du quatorzième siècle, voyagea en Asie & en Afrique, & composa une relation de ses voyages, qui est imprimée. Mort à Liège le 17 Novembre 1372.

**MANDIL**, s. m. ( *Histoire moderne* ) nom d'une espèce de bonnet ou turban que portent les Perses. Le *mandil* se forme premièrement en roulant autour de la tête une pièce de toile blanche, fine, de cinq à six aunes de long, en tournant ensuite par-dessus cela & de la même manière, une pièce de soie ou écharpe de la même longueur, qui souvent est de grand prix. Il faut, pour avoir bonne grace, que l'écharpe soit roulée de telle sorte que diverses couleurs, en se rencontrant dans les différens plis, fassent des ondes, comme nous voyons sur le papier marbré. Cet habillement de tête est fort majestueux, mais très-pesant ; il met la tête à couvert du grand froid & de l'ardeur excessive du soleil. Les couteaux ne peuvent entamer un *mandil* : la pluie le gâteroit, & les Perses n'avoient une espèce de capuchon de gros drap rouge dont ils couvrent leur *mandil* dans le mauvais temps. La mode du *mandil* a un peu changé depuis quelque temps : pendant le règne de Scha-Abba II. le *mandil* étoit rond par le haut, du temps de Scha-Soliman, on faisoit sortir du milieu du *mandil* & par dessus la tête un bout de l'écharpe ; & récemment sous le règne de Scha-hussein, au lieu d'être ramassé, comme auparavant, on l'a porté plissé, en rose, les Persans ont trouvé que cette nouvelle forme avoit meilleure grace, & c'est ainsi qu'ils le portent encore.

**MANES**, ( *Hist. Ecclés.* ) Hérésiarque du troisième siècle. C'est de son nom, qui s'est assez mal & assez mal-à-propos formé le nom du Manichéisme ou l'hérésie des Manichéens ou des deux principes ; erreur aussi ancienne que le monde. Des écrivains ecclésiastiques nous disent gravement que c'est l'hérésie qui a duré le

M m m

plus long-temps dans l'église, je le crois bien, & on peut assurer qu'elle durera jusqu'à la consommation des siècles, parce que, comme c'est une affaire de sentiment plus que de raisonnement & d'opinion, elle renaît toutes les fois qu'on croit voir le bien & le mal regner tour-à-tour dans le monde avec un empire égal & respectivement indépendant. Le manichéisme s'est mêlé dans les divers temps & dans les divers lieux à beaucoup d'autres erreurs ; de là viennent tous les différens noms de sectes dont le manichéisme est la base & qui ne se distinguent que par les noms de leurs différens chefs & par les erreurs particulières qu'ils ont ajoutées à l'erreur principale. Dans la suite, les Albigeois ou Pétro-brusiens, ou Henriciens, ou Touloufains, ou Bulgares, ou Cathares, ou Poplicains, ou Patbariens, car ils ont eu tous ces noms, furent de vrais Manichéens, avec quelques modifications, additions, restrictions, &c. Beausobre, ( voyez son article, ) a écrit l'histoire critique du Manichéisme ; Saint-Augustin avoit été Manichéen, & combattit leur secte.

On sait que le pieux roi Robert ayant découvert avec bien de la peine quelques Manichéens en France, ne crut pouvoir rien faire de plus agréable à Dieu que de les livrer aux flammes ; ce qui multiplia tellement les Manichéens qu'on les trouvoit sans se chercher, même à la cour, & qu'il fallut brûler jusqu'au confesseur de la reine.

Beausobre a aisément justifié les Manichéens de certaines imputations qui leur ont été faites par leurs ennemis ; presque toutes les imputations de parti sont calomnieuses.

Quant à Manès, il avoit puisé ses erreurs dans les écrits d'hérétiques plus anciens qui les avoient eux-mêmes tirées d'ailleurs. Manès étoit né en Perse, il étoit né dans l'esclavage. Une femme dont il étoit l'esclave, le fit instruire par les mages. Son esprit & sa figure lui procurèrent des succès ; les femmes étant pour lui, ses dogmes se répandirent promptement. Il se qualifioit d'abord l'apôtre de J. C. par excellence ; bientôt il fut le Saint-Esprit que J. C. avoit promis d'envoyer. Il ne manqua pas de faire des miracles.

C'est un poids bien pésant qu'un nom trop tôt fameux, Manès ne soutint point cet honneur dangereux.

Sa réputation parvint jusqu'à la cour, il faisoit des miracles ; on lui en demanda, il en promit. L'occasion s'en présentoit : un fils du roi de Perse étoit dangereusement malade, Manès commença par chasser tous les médecins & assura qu'il n'avoit besoin que de ses prières pour guérir le prince ; le prince mourut comme si les médecins étoient restés. Les rois sont souvent trompés, & ils s'en doutent bien ; mais quand par hazard ils viennent à s'en appercevoir, malheur au trompeur mal-adroit ou malheureux. Ici la chose étoit claire, le roi de Perse crut que Manès, en renvoyant les médecins, avoit privé son fils de secours qui auroient pu lui être salutaires ; il fit arrêter Manès, en attendant qu'il disposât de son sort. Manès trouva le moyen de se sauver de sa prison, c'eût été son miracle le plus utile ;

mais ayant été repris peu de temps après par les gardes du roi de Perse, il fut écorché vif, châtiment trop cruel, presque mérité cependant, si Manès n'étoit de tout point qu'un imposteur ; mais dans ces temps d'ignorance & d'absurdité, les charlatans même étoient les premiers dupes de leur art ; les hommes se croyoient inspirés, apôtres, prophètes, taumaturges, forciers ; ils s'avouoient tels, quoique cet aveu dût les faire bruler vifs, & qu'il le sussent bien. Il est difficile d'assigner des bornes à l'extravagance & à la sottise humaine.

**MANETHON**, ( *Hist. Litt. anc.* ) vivoit sous Ptolomée Philadelphe, plus de trois siècles avant J. C. C'étoit un prêtre d'Egypte natif d'Héliopolis ; il avoit composé en grec, une histoire d'Egypte d'après les écrits de Mercure & d'anciens mémoires conservés dans les archives des temples confiés à sa garde. Cet ouvrage est souvent cité par Josephe & par d'autres auteurs anciens ; mais nous n'avons ni l'original de Manéthon, ni l'abrégé que Jules Africain en avoit fait. Il ne nous reste que des fragmens, des extraits de Jules Africain dans le syncelle, & ces fragmens sont très-précieux. Gronovius a publié à la fin du dernier siècle un poëme de Manéthon en grec avec la version latine, sur le pouvoir des astres qui président à la naissance des hommes : l'abbé Salvini a traduit ce poëme en vers Italiens.

**MANFREDI** (Eustache, Eustachio,) ( *Hist. Litt. mod.* ) fils d'Alphonse Manfredi notaire à Bologne en Italie, doit être regardé comme le fondateur de l'institut de Bologne. Cette académie d'hommes, dit M. de Fontenelle, est née d'une académie d'enfans dont le jeune Manfredi étoit le chef, & qui s'assembloit pour ajouter aux leçons du collège, par la réflexion & la communication des lumières. M. Manfredi fut docteur en droit à 18 ans ; mais il ne se partagea véritablement qu'entre la poësie & les mathématiques. Il fit des sonnets, des canzoni, il eut beaucoup de succès en poësie, il réforma même à quelques égards le goût de sa nation dans ce genre, & la rapprocha de la nature, il étoit à ce titre de l'académie de la Crusca.

La fameuse Méridienne de Bologne restoit négligée dans l'église de St. Pétrone, il manquoit des astronomes à ce bel instrument. M. Manfredi, trois frères, deux sœurs, & un ami particulier qu'il avoit, se firent tous astronomes, ou du moins observateurs, & ce ne furent pas les deux sœurs qui secondèrent avec le moins de zèle & d'intelligence les travaux de M. Manfredi Jamais, dit M. de Fontenelle, une famille entière & aussi nombreuse ne s'étoit unie pour un semblable dessein.

On sait quels sont les embarras, quelles sont les contestations que les rivières causent dans toute la Lombardie & dans quelques autres contrées de l'Italie ; il faut que les habitants défendent sans cesse leur terrein contre quelque rivière qui menace de les inonder, chaque état veut rejetter ce fléau sur l'état voisin, au lieu qu'on devroit s'accorder ensemble pour trouver quelque expédient général, qui garantit également tous ces états. La ville de Bologne donna en 1704, à M. Manfredi l'importante charge de sur-intendant des eaux, l'aſtronomie en ſouffrit, mais l'hidroſtatique en profita. Dans l'exercice de ce nouvel emploi, il s'expoſa pluſieurs fois aux plus grands dangers, parce qu'il vouloit tout voir & tout faire par lui-même. Ce qu'il a écrit ſur les eaux a été imprimé en 1723, à Florence, dans un recueil de pièces ſur cette matière.

M. Manfrédi eut en 1711 une place d'aſtronome dans ce même inſtitut de Bologne qui lui dévoit ſon exiſtence.

Quelques années après, il publia pluſieurs volumes d'Ephémérides, ouvrage plein de calculs laborieux & difficiles dans leſquels il fut encore très-utilement aidé par ſes ſœurs.

En 1724, il publia les obſervations qu'il avoit faites le 9 novembre 1723, ſur une conjonction de Mercure avec le Soleil, à l'obſervatoire naiſſant & à peine encore achevé de l'inſtitut de Bologne.

En 1726, il fut reçu à l'académie des ſciences de Paris, en qualité d'aſſocié étranger.

En 1729, il fut reçu à la ſociété royale de Londres. Cette même année & la ſuivante, il publia ſes obſervations ſur les aberrations des étoiles fixes.

En 1735, il fit imprimer à Rome le réſultat des travaux aſtronomiques & géographiques de M. Bianchini, qui avoit laiſſé ſes papiers dans un tel déſordre qu'on déſeſperoit abſolument d'en rien tirer. Les ſœurs de M. Manfrédi l'aidèrent encore dans ce travail.

Il mourut le 15 février 1739. Il étoit né le 20 ſeptembre 1674. Il n'étoit, dit M. de Fontenelle, ni ſauvage comme mathématicien, ni fantaſque comme poëte. Un de ſes amis particuliers fut le cardinal Lambertini, archevêque de Bologne, depuis Benoît XIV. Il n'eut pas le plaiſir de le voir pape.

Un autre Manfrédi (Lelio,) traduiſit en Italien dans le ſeizième ſiècle, (1538,) le roman Eſpagnol de Tyran le Blanc, qui avoit paru à Barcelone à la fin du quinzième ſiècle, (1497,) & qui a été traduit en François dans celui-ci par M. le comte de Caylus.

MANGEART, (Dom Thomas,) (Hiſt. Litt. mod.) ſavant bénédictin de la congrégation de Saint-Vanne & de Saint-Hidulphe, antiquaire, bibliothécaire & conſeiller du duc Charles de Lorraine, auteur d'un grand ouvrage, publié en 1763 après ſa mort, par M. l'abbé Jacquin, ſous ce titre : Introduction à la ſcience des Médailles, pour ſervir à la connoiſſance des dieux, de la Religion, des Sciences, des Arts & de tout ce qui appartient à l'hiſtoire anciennne, avec les preuves tirées des Médailles. On regarde cet ouvrage comme pouvant ſervir de ſupplément à l'antiquité expliquée de Dom Montfaucon. Dom Mangeart mourut cette même année 1763 où ſon livre fut publié après ſa mort. Il eſt encore auteur de quelques autres ouvrages moins importans.

MANGET (Jean-Jacques,) (Hiſt. Litt. mod.) ſavant Genevois, premier médecin de l'électeur de Brandebourg, auteur de Bibliotheca Anatomica; Bibliothecá Pharmaceutico-Médica; Bibliotheca Chymica; Bibliothecæ Chirurgica; & autres ſemblables ouvrages dans leſquels il fut aidé par Daniel le Clerc, auteur d'une

hiſtoire de la médecine. Né en 1652. Mort à Genève ſa patrie, en 1742, ayant prolongé ſa vie, ſoit par ſon art, ſoit par un heureux tempérament, juſqu'à près de 91 ans.

MANGEUR DE FEU (Hiſt. mod.) Nous avons une grande quantité de charlatans qui ont excité l'attention & l'étonnement du public en mangeant du feu, en marchant dans le feu, en ſe lavant les mains avec du plomb fondu, &c.

Le plus célèbre eſt un anglois nommé Richardſon, dont la réputation s'eſt étendue au loin. Son ſecret, qui eſt rapporté dans le Journal des Savans de l'année 1680, conſiſtoit en un peu d'eſprit de ſoufre pur dont il ſe frottoit les mains & les parties qui étoient deſtinées à toucher le feu; cet eſprit de ſoufre brûlant l'épiderme, endurciſſoit la peau & la rendoit capable de réſiſter à l'action du feu.

A la vérité ce ſecret n'eſt pas nouveau. Ambroiſe Paré nous aſſure qu'il a éprouvé par lui-même qu'après s'être lavé les mains dans ſa propre urine ou avec de l'onguent d'or, on peut en ſureté les laver avec de plomb fondu.

Il ajoute qu'en ſe lavant les mains avec le jus d'oignon, on peut porter deſſus une pelle rouge, tandis qu'elle fait diſtiller du lard. (A. R.)

MANGOT, (Hiſt. de Fr.) c'eſt le nom de deux frères, fils d'un avocat de Loudun en Poitou, tous deux magiſtrats diſtingués.

Le premier, Jacques Mangot, avocat général au parlement de Paris dans des temps de factions & de troubles, fut inacceſſible à l'eſprit de parti & occupé uniquement de ſes devoirs; il mourut en 1586 à trente-ſix ans avec la réputation d'un homme intègre, d'un orateur éloquent, d'un magiſtrat ſavant, il ne fut qu'eſtimable. Il eſt à peine connu aujourd'hui.

Le ſecond, Claude Mangot, eſt beaucoup plus connu, parce que la courte & rapide faveur du maréchal d'Ancre, l'éleva rapidement d'honneurs en honneurs juſqu'à la dignité de garde des ſceaux. Il y fut nommé en 1616. L'année ſuivante, ſon protecteur, le maréchal d'Ancre, fut aſſaſſiné. Au premier bruit de cet événement, Mangot tout effrayé, courut ſe cacher dans les écuries de la reine. S'étant enſuite remis peu-à-peu de ſa terreur, il réſolut de tout hazarder, il ſe préſenta au louvre, & marcha droit vers l'appartement de la reine. Mais la reine avoit elle-même perdu ſon crédit par le coup qui avoit détruit le maréchal d'Ancre; elle alloit elle-même partir pour l'exil, ſans avoir pu parler en mère à un fils, dont la réponſe étoit d'être & même le ſilence. Le capitaine des gardes du corps, Vitri, qui venoit de tuer le maréchal, rencontrant Mangot, lui dit d'un ton de raillerie & d'inſulte : où allez-vous, Monſieur, avec votre robe de ſatin ? Le roi n'a plus beſoin de vous. Vitri, qui avoit la confiance de Luynes, dont le règne commençoit, ſe ſentoit autoriſé à lui parler ainſi; en effet Mangot fut obligé de remettre les ſceaux. Il mourut dans l'obſcurité où il avoit longtemps vécu. Avoit-il mérité d'en ſortir ? avoit-il mérité d'y rentrer ? Il ne fut pas affez long-temps en place pour qu'on ait pu en juger.

**MANI**, f. m. ( *Hift. mod.* ) titre qu'on donne dans le royaume de Loango en Afrique, à tous les grands officiers, aux gouverneurs & aux miniftres du roi. Le *mani bomma* eft le grand amiral ; le *mani-mambo* eft le général en chef & gouverneur d'une province ; le *mani-beloor* eft le chef ou le furintendant des forciers & devins ; le *mani-bellulo* eft une efpèce de fouverain indépendant ; le *mani-manga* eft le chef des prêtres ; le *mani-matta* eft le capitaine des gardes du roi, &c ) *A. R.*)

**MANIA**, ( *Hift. anc.* ) tient un rang diftingué parmi les femmes illuftres de l'antiquité. Après la mort de fon mari, gouverneur de l'Éolie, elle pria Pharnabafe de lui conferver le gouvernement de cette province. Le fatrape étonné de la demande, & féduit par fon affurance, lui confia une place qui jufqu'alors n'avoit été occupée que par des hommes de guerre. Elle s'en acquitta avec l'intelligence des plus grands capitaines. Les villes furent tenues dans l'obéiffance, elle fe mit à la tête des armées, & montée fur un char, elle donnoit fes ordres avec la contenance d'un général expérimenté. Les limites de fon gouvernement furent reculées par fes conquêtes. Ce fut au milieu de fes profpérités, que fon gendre humilié d'obéir à une femme, la maffacra avec fon fils qu'elle formoit dans l'art de vaincre & de gouverner. ( *T-N.* )

**MANIBELOUR**, ( *Hift. mod.* ) c'eft le nom qu'on donne dans le royaume de Loango en Afrique au premier miniftre du royaume, qui exerce un pouvoir abfolu, & que les peuples ont droit d'élire fans le confentement du roi. ( *A. R.* )

**MANIEMENT**, f. m. ( *Hift. mod.* ) terme dont les Anglois fe fervent en parlant de leurs combats de coqs : il fignifie l'action de mefurer la groffeur de cet animal, en prenant fon corps entre les mains & les doigts. ( *A. R.* )

**MANILIUS** ( Marcus ) ( *Hift. Litt. anc.* ) poëte latin qui vivoit fous Tibère, & dont nous avons un poëme fur l'aftronomie. C'eft de lui qu'eft ce vers connu :

*Ornari res ipfa negat contenta doceri.*

que tous ceux qui ne favent pas Horace par cœur, croyent d'Horace.

**MANLIUS**, ( *Hift. Romaine.* ) gendre de Tarquin le Superbe, eft regardé comme la tige de l'illuftre famille des Manliens qui fournit à Rome deux dictateurs, trois confuls & douze tribuns. Il n'eft connu que par l'afyle qu'il donna à fon beau-père que fes crimes & fon orgueil avoient précipité du trône, & qui fut le dernier roi des Romains.

*Manlius Capitolinus*, defcendant du premier, étoit à peine parvenu à l'âge de feize ans, que Rome le comptoit déjà au nombre de fes plus braves guerriers. Cette ville devenue la conquête des Gaulois,

n'avoit plus de reffource que dans le capitole, dont les barbares étoient fur le point de fe rendre maîtres. *Manlius* réveillé aux cris des oies, fe mit à la tête d'une troupe de jeunes gens, & repouffa les ennemis, dont il fit un grand carnage. Ce fervice lui mérita le furnom de *Capitolinus* ou *de confervateur de Rome.* Alors couvert de gloire, il fe ménagea la faveur du peuple pour parvenir aux premières dignités de la république, & peut-être pour en être le tyran. Dès qu'il fut entré dans les charges, il introduifit plufieurs nouveautés dangereufes, & fur-tout l'abolition des dettes. Le dictateur Cornelius Coffus le fit arrêter & conduire en prifon. Le peuple qui le regardoit comme fon protecteur, fit éclater fon mécontentement par un deuil public, & le fénat fut contraint d'ordonner fon élargiffement. Alors devenu plus audacieux par fon impunité, il alluma le feu des féditions. Les tribuns du peuple fe rendirent eux-mêmes fes accufateurs, & lui imputèrent plufieurs trahifons. Les premières affemblées fe tinrent au champ de Mars, d'où l'on découvroit le capitole qu'il avoit fauvé. Les juges faifis d'un faint refpect, n'oferent prononcer la condamnation d'un citoyen dans le lieu même qui avoit été le théâtre de fa gloire. Les comices fuivants furent indiqués dans un autre endroit. *Manlius* convaincu d'être traître à la patrie, fut condamné à être précipité du haut du capitole, & il fut défendu aux Manliens de prendre dans la fuite le nom de Marcus qu'il avoit porté. ( *T. N.* )

**MANLIUS** ( TORQUATUS ), de la même famille que le premier, étoit né avec un efprit vif & facile ; mais il avoit une fi grande difficulté de s'énoncer, que fon père rougiffant de ce défaut naturel, lui donna une éducation agrefte & fauvage, dans la crainte qu'étant élevé à Rome, il n'excitât la dérifion de la multitude. Cette fauffe honte fit regarder fon père comme un dénaturé qui condamnoit fon fils aux fonctions de l'efclavage. Il fut cité au jugement du peuple. Le jeune *Manlius* alarmé du danger de fon père, s'arma d'un poignard, & fe rendit chez l'accufateur auquel il ne laiffa que l'alternative, ou d'être égorgé, on de fe défifter de fon accufation. Cette piété filiale lui mérita la faveur du peuple, qui l'année fuivante le nomma tribun militaire. Il fignala fon courage & fon adreffe contre les Gaulois, & il vainquit dans un combat fingulier un ennemi, qui, fier de fa taille gigantefque, avoit défié les plus braves des Romains. Après l'avoir fait tomber fous fes coups, il lui enleva fon collier d'or dont il fe fit un ornement. Sa valeur éprouvée lui mérita la dignité de dictateur. Il fut le premier des Romains qu'on en revêtit, fans qu'il eût paffé par le confulat. Son fils animé par fon exemple, accepta un défi que lui fit un officier ennemi. La difcipline militaire puniffoit féverement ces fortes de combats. Il en fortit vainqueur ; mais au lieu de jouir de fa gloire, il fut condamné à la mort par fon inexorable père, comme infracteur de la difcipline ; & depuis ce tems on donna le nom d'arrêt de *Manlius* à tous les jugemens qui parurent trop févères. Le dictateur, fumant du fang de fon fils, marcha contre les ennemis fur les bords du Véfiris. Ce fut dans ce combat que Decius fon collègue fe dévoua à la mort. *Manlius* obtint les honneurs du triomphe. Il fut élevé plufieurs fois au confulat, & il refufa cet honneur dans fa vieilleffe, fous prétexte de fa cécité, difant qu'il étoit imprudent de confier le gouvernement à celui qui ne pouvoit rien voir par fes yeux; & comme les jeunes avoient le plus d'empreffement de le voir à leur tête, il leur dit: *Ceffez de me folliciter; fi j'étois conful, je réprimerois la licence de vos mœurs, & vous murmureriez bien-tôt de ma févérité*. (*T. N.*)

MANLIUS VULSON, de la famille des deux premiers, fut nommé conful l'an 280 de Rome. Il marcha contre les Veïens qu'il avoit ordre d'exterminer; mais touché de leur repentir, il leur accorda la paix, après les avoir mis dans l'impuiffance de nuire. Il fit le dénombrement de tous les chefs de famille de Rome, & l'on en compta cent dix mille, fans comprendre les marchands, les artifans, les étrangers & les efclaves. Les villes modernes les plus peuplées ne renferment point un fi grand nombre d'habitans, & Rome ne faifoit encore que fortir de l'enfance.

Un autre MANLIUS exerça le confulat conjointement avec Fabius V. b lanus. Il fut chargé de faire la guerre aux Tofcans, dont il fit un grand carnage; mais il ne jouit point du plaifir de fa victoire, il fut tué dans la chaleur de la mêlée.

On voit encore un TITUS MANLIUS IMPERIOSUS TORQUATUS, qui fut élevé à la dictature, l'an 405 de la fondation de Rome. (*T-N.*)

MANSARD, fi grand nom dans l'architecture, qu'il ne faut que le nommer ici & le renvoyer des arts. Nous obferverons feulement ce qu'il n'eft permis à perfonne d'ignorer, c'eft que le château de Maifons en entier, & le Val de Grace en grande partie, font l'ouvrage de François *Manfard*, né en 1598; mort en 1666. C'eft lui qui eft l'inventeur de ce qu'on appelle de fon nom des *Manfardes*. Quand Colbert lui demandoit des plans pour les bâtimens du roi, qu'il les adoptoit avec éloge & vouloit lui faire promettre de n'y rien changer, *Manfard* refufoit de s'en charger à cette condition, difant: *je me réferve toujours le droit de mieux faire*. Ce mot eft d'un homme qui refpecte fon art. Il faudroit feulement qu'en fe réfervant ce droit indéfini de mieux faire, on renonçât au droit de fe faire mieux payer, car il faut que celui qui bâtit, fur-tout des deniers du peuple, fache à quoi il s'engage.

Jules Hardouin *Manfard*, neveu de François, chevalier de Saint-Michel, fut, comme fon oncle, premier architecte du roi. Ses principaux ouvrages font la galerie du palais royal, la place de Louis le Grand & celle des victoires; la maifon de Saint-Cyr, la Cafcade de Saint-Cloud, le château de Verfailles, la Ménagerie, l'Orangerie, les Écuries; la Chapelle, fon dernier ouvrage, qu'il n'a pas pu voir achever, la chapelle que M. de Voltaire appelle

Ce colifichet faftueux
Qu'du peuple éblouit les yeux,
Et dont le connoiffeur fe raille;

mais que tout le monde ne juge pas auffi févèrement. Un ouvrage enfin auquel Rome n'a peut-être rien de fupérieur, le Dôme des Invalides, & une partie de l'églife, dont le premier architecte avoit été Libéral Bruant. Jules-Hardouin *Manfard* mourut en 1708.

MANSEBDARS, f. m. (*Hiftoire mod.*) nom qu'on donne dans le Mogol à un corps de cavalerie qui compofe la garde de l'empereur, & dont les foldats font marqués au front. On les appelle ainfi du mot *manfeb*, qui fignifie une paye plus confidérable que celle des autres cavaliers. En effet, il y a tel *manfebdar* qui a jufqu'à 750 roupies du premier titre de paye par an; ce qui revient à 1075 livres de notre monnoie. C'eft du corps des *manfebdars* qu'on tire ordinairement les omrhas ou officiers généraux. (*G*)

MANSFELD. (*Hift. d'Allem.*) c'eft le nom d'une maifon d'Allemagne, féconde en grands capitaines. Les plus illuftres font Pierre Erneft, comte de *Mansfeld* & fes deux fils, fur-tout fon fils naturel Erneft.

Pierre Erneft étoit gouverneur d'Yvoi, lorfque les François firent le fiège de cette place en 1552. Le comte de *Mansfeld* y fut fait prifonnier. Devenu libre dans la fuite il fervit les catholiques contre les Proteftants à la bataille de Montcontour. Le roi d'Espagne le fit gouverneur de Luxembourg & de Bruxelles. Il mourut en 1604 à quatre-vingt-fept ans. S'il laiffa une affez grande réputation de talent & de capacité, il en laiffa une bien plus grande d'avarice & de cruauté. Les prifonniers qui tomboient entre fes mains, étoient plus malheureux que les captifs qui fervent en Barbarie. Ils étoient obligés de facrifier prefque toute leur fortune pour fe tirer d'une captivité fi infupportable, ou ils y périffoient miférablement. Cet homme avoit cependant été prifonnier. Il pouvoit dire:

Ainfi que ces guerriers j'ai langui dans les fers:
Qui ne fait compâtir aux maux qu'on a foufferts?

On pouvoit lui dire:

Vous fûtes malheureux & vous êtes cruel!

Charles, prince de *Mansfeld*, fon fils légitime, étoit mort du vivant de Pierre Erneft en 1595 après avoir battu les Turcs qui vouloient fecourir la ville de Gran ou Strigonie dont il faifoit le fiège. Il avoit fervi avec diftinction en Flandre & en Hongrie. Il ne laiffa point d'enfans.

Erneft de *Mansfeld*, fils naturel de Pierre Erneft, plus illuftre encore & que fon père & que fon frère, d'abord attaché comme eux à la maifon d'Autriche; l'archiduc Erneft d'Autriche, fut fon parrein & lui donna fon nom; il fervit avec Charles fon frère, le roi d'Espagne en Flandre, & l'empereur en Hongrie. Elevé à Bruxelles dans la religion catholique, tout l'éloignoit du parti Protestant. L'empereur Rodolphe II. le légitima : On lui promit les charges & les biens du comte *de Mansfeld* son père, on ne lui tint point parole; alors il se jetta dans le parti des princes Protestants, ennemis de la maison d'Autriche. En 1618, il se mit à la tête des révoltés de Bohême, & commença la guerre de trente ans ; il ravagea le Palatinat & l'Alsace, battit les Bavarois, les Allemands l'appelloient l'*Attila de la Chrétienté*. Enfin il fut défait par le fameux Valstein à la bataille de Dessou en 1626. Il mourut le 20 novembre de la même année à quarante-six ans, ayant cédé au duc de Saxe-Weymar les troupes qui lui restoient. Il mourut dans un village de la Dalmatie entre Zara & Spalatro, en voulant passer dans l'état de Vénise pour y entamer quelque négociation utile au parti. Quand il sentit approcher sa dernière heure, il crut qu'il étoit indigne d'un si grand capitaine de mourir dans son lit, & voulant sans doute mettre en pratique la maxime connue; *decet Imperatorem stantem mori*, il se fit habiller & même parer, & se tint debout l'épée au côté appuyé sur deux domestiques, entre les bras desquels il expira. Il avoit eu long-temps une confiance entière dans un de ses officiers nommé Cazel, il acquit la preuve que cet officier le trahissoit & révéloit tous ses projets au comte de Buquoy, général des Autrichiens ; il ne lui en dit rien, il lui fait donner trois cents richdales (on ne voit pas trop pourquoi) & l'envoye porter une lettre au comte de Buquoy ; elle étoit conçue en ces termes : *Cazel étant votre affectionné serviteur & non le mien, comme je l'avois cru, je vous l'envoye afin que vous profitiez de ses services*, Ce procédé étoit imprudent, si l'on veut, mais il étoit noble & fier ; c'est ainsi que César renvoya à Pompée Domitius, Afranius, Petréus, & avec eux tous ceux qu'il jugeoit être plus affectionnés à la cause de la république qu'à ses intérêts particuliers, quoiqu'il pût les retenir au moins comme prisonniers. Les Hollandais, que *Mansfeld* avoit souvent bien servis, disoient de lui : *Bonus in auxilio, carus in pretio; Allié utile, maischer*, C'est ce que Clovis disoit de Saint Martin de Tours, dont il combloit l'église de présents, & à la protection duquel il croyoit devoir une partie de ses victoires; *il sert assez bien ses amis, mais il est un peucher*.

Un autre comte de *Mansfeld*, ( Henri-François ) de la même maison, servit avec distinction la maison d'Autriche, dans la guerre de la succession d'Espagne, fut général des armées de l'empereur, ambassadeur en France & en Espagne, & mourut à Vienne en 1715.

Pendant son ambassade en Espagne, il fut accusé d'avoir, de concert avec le comte d'Oropeza, ministre d'Espagne, fait empoisonner la reine, première femme de Charles II, fille de Monsieur & de Henriette-Anne d'Angleterre, parce qu'elle rendoit son mari favorable à la France. Le marquis de Torcy dit dans ses mémoires, qu'ils prirent peu de soin de s'en justifier.

MANTE, s. f. *syrma* ou *palla*, ( *Hist. anc.* ) habillement des dames Romaines. C'étoit une longue pièce d'étoffe riche & précieuse , dont la queue extraordinairement traînante , se détachoit de tout le reste

du corps , depuis les épaules où elle étoit arrêtée avec une agrafe le plus souvent garnie de pierreries , & se soutenoit à une assez longue distance par son propre poids. La partie supérieure de cette *mante* portoit ordinairement sur l'épaule & sur le bras gauche , pour donner plus de liberté au bras droit que les femmes portoient découvert comme les hommes, & formoit par-là un grand nombre de plis qui donnoient de la dignité à cet habillement. Quelques-uns prétendent que la forme en étoit quarrée, *quadrum pallium*. Le fond étoit de pourpre & les ornemens d'or, & même de pierreries, selon Isidore. La mode de cette *mante* s'introduisit sur la scène, & les comédiennes balayoient les théâtres avec cette longue robe :

*Longo syrmate verrit humum.*

Saumaise , dans ses notes sur Vopiscus , croit que le *syrma* étoit une espèce d'étoffe particuliere , ou les fils d'or & d'argent qui entroient dans cette étoffe ; mais le grand nombre des auteurs pense que c'étoit un habit propre aux femmes, & sur-tout à celles de la première distinction. ( *A. R.* )

MANTECU , *terme de relation* , sorte de beurre cuit dont les Turcs se servent dans leurs voyages en caravanne ; c'est du beurre fondu, salé , & mis dans des vaisseaux de cuir épais , cerclés de bois, semblables à ceux qui contiennent leur baume de la Méque. Pocock , *Descript. d'Egypte*. ( *D. J.* )

MANTICA , ( François ) ( *Hist. Litt. mod.* ) jurisconsulte célèbre d'Italie, créé auditeur de Rote par Sixte-Quint, & cardinal par Clément VIII, auteur de divers traités de droit ; *de conjecturis ultimarum voluntatum libri 12 ; lucubrationes Vaticanæ*, seu *de tacitis & ambiguis conventionibus ; Decisiones Rotæ Romanæ*. Né à Udine en 1534 , mort à Rome en 1614.

MANUCE , ( Alde, Paul & Alde le jeune ) ( *Hist. Litt. mod.* ) père , fils & petit-fils, imprimeurs & littérateurs célèbres de Venise & de Rome.

Alde fut le premier qui imprima le grec correctement & sans beaucoup d'abréviations. On a de lui une Grammaire grecque, des notes sur Homère, sur Horace, &c. Il mourut à Venise en 1516.

Paul *Manuce* son fils , y naquit en 1512. On a de lui des Traités pleins d'érudition sur divers sujets relatifs à l'histoire , aux loix, aux usages des Romains ; *de Legibus Romanis ; de dieru m apud Romanos veteres ratione ; de Senatu Romano ; de Comitiis Romanis ;* des Commentaires sur Cicéron ; des Epîtres, &c. Mort à Rome en 1574.

Alde le jeune , né à Venise en 1545 , fils de Paul , eut , comme son père , la direction de l'imprimerie du Vatican ; on a de lui un Traité *de l'Ortographe*, qu'il avoit composé à l'âge de quatorze ans ; des Commentaires sur Cicéron ; des Epîtres ; la vie de Cosme de Médicis ; celle de Castuccio Castracani. ( *Voyez* cet article. ) On put dire de lui :

*Virtus laudatur & alget,*

Des éloges furent fa. feule récompenfe; il vécut & mourut pauvre, & fut réduit, pour pouvoir fubfifter, à vendre fa bibliothèque, qui étoit, dit-on, de quarrevingt mille volumes que fon père & fon ayeul avoient amaffés à grands frais. Mort à Rome en 1597.

MANUDUCTEUR, f. m. ( *Hift. mod.* ) terme eccléfiaftique, nom qu'on donnoit anciennement à un officier du chœur, qui placé au milieu du chœur, donnoit le fignal aux choriftes pour entonner, marquoit les tems, battoit la mefure, & régloit le chant.

Les Grecs l'appelloient *mefochoros*, par la raifon que nous venons de dire, qu'il étoit placé au milieu du chœur : mais dans l'églife latine on l'appelloit *manuductor*, de *manus*, main, & *duco*, conduire, parce qu'il régloit le chœur par le mouvement & les geftes de fa main.

MANUEL, ( *Hiftoire du Bas - Empire.* ) C'eft le nom de deux empereurs de Conftantinople; l'un, de la maifon Comnène ; l'autre, de la maifon Paléologue. Le premier, né en 1120, couronné empereur en 1143, fit beaucoup la guerre; & quoique naturellement bon & aimant fes peuples, il les accabla d'impôts, parce qu'on ne fait la guerre qu'à ce prix. C'eft fous fon règne qu'arriva la feconde croifade. Les Grecs, & ce qu'on appelloit les Latins, c'eft-à-dire, tous les croifés d'Europe vécurent en fort mauvaife intelligence ; les Latins ont fort diffamé & vraifemblablement un peu calomnié *Manuel*, dont ils n'étoient pas contents, & qui étoit encore plus mécontent d'eux. Il mourut en 1180, fous un habit de moine, pour expier, non pas le tort qu'il avoit fait à fes peuples, mais je ne fais quel fcandale qu'il avoit donné à l'églife grecque, par quelques dogmes un peu hazardés.

MANUEL PALÉOLOGUE, fils de Jean VI, fit la guerre aux Turcs ; ceux - ci étoient alors dans toute leur vigueur, & l'empire grec dans fa décadence ; les Turcs lui prirent Theffalonique, & penferent lui enlever Conftantinople en 1395. Il remit le fceptre à Jean VII Paléologue fon fils, & mourut auffi fous l'habit religieux; c'étoit la dévotion du temps, & cette mode dura long-temps. Il mourut en 1425; il avoit 77 ans, il en avoit régné trente-cinq ; on vante fa douceur plus que fon habileté. Il étoit bel efprit, on a de lui un recueil d'ouvrages.

MANUEL, ( Nicolas ) ( *Hift. Litt. mod.* ) étoit de Berne, & fit jouer dans cette ville, en 1522, deux comédies ou farces intitulées, l'une : le mangeur de morts ; l'autre : le Para'kl. de J. C. avec fon vicaire. Berne étoit encore catholique ; mais les déclamations de Luther y avoient déjà produit leur effet, & avoient difpofé les efprits à goûter ces deux pièces, qui n'excitèrent aucune réclamation. Au contraire, l'auteur fut mis dans les charges municipales, & employé dans les affaires de la ville. Ce fut lui qui traduifit *le recueil de procédures, contre des Jacobins, exécutés à Berne en 1509, pour crime de forcellerie, auquel traité font accouplés les cordeliers d'Orléans pour pareille impofture*. Cet ouvrage parut à Genève en 1566.

Genève & Berne étoient alors proteftantes, & en accueillirent d'autant mieux ces hiftoires fcandaleufes, qu'aucun catholique ne peuvoit fe défendre. L'hiftoire des Jacobins de Berne, étoit que ces moines ayant voulu que la Vierge prononçât elle-même contre les cordeliers, en faveur des jacobins, dans l'affaire de l'immaculée conception, avoient choifi un de leurs moines, jeune homme fort crédule, qu'ils ftigmatiferent, & auquel ils firent apparoire la Vierge, qui lui dit tout ce qu'elle voulut ou plutôt tout ce qu'ils voulurent ; mais le petit moine, quoique fans fe douter de rien, s'étant avifé d'appercevoir quelque teffemblance entre la voix du fous - prieur & celle de la Vierge, on voulut l'empoifonner avec une hoftie. L'arfenic dont elle étoit couverte la lui ayant fait rejetter, on l'enferma comme facrilége ; il trouva le moyen de s'échapper, & révéla tout. Rome fit punir ce raffinement de crime ; quatre dominicains furent brûlés le 31 mars 1509, à la porte de Berne. Remarquons qu'ils ne furent pas brûlés *pour crime de forcellerie*, comme le porte le titre du recueil ; mais pour crime de profanation & de facrilége, à moins qu'on n'entende ici par forcellerie, tout malefice ; toute impofture criminelle où l'on employe les chofes faintes pour tromper & faire du mal.

L'hiftoire des cordeliers d'Orléans eft de 1533 ; c'eft une des plus groffières fourberies dont les *moines* fe foient avifés dans les temps d'ignorance. Ils prenoient bien leur temps, c'étoit celui où Luther, Zuingle, Calvin, tenoient les yeux de l'Europe attentifs fur les abus de l'églife romaine, & fur les fourberies des moines. Luife de Mareau, femme de François de Saint-Mefmin, prévôt d'Orléans, avoit ordonné qu'on l'enterrât fans pompe aux cordeliers de cette ville, où les Saint-Mefmin avoient leur fépulture, comme bienfaiteurs du couvent. Saint-Mefmin, conformément aux dernières volontés de fa femme, lui fit faire un convoi très-modefte, pour lequel il ne donna aux cordeliers que fix écus, fomme très-raifonnable pour le temps ; mais qui ne fatisfaifoit point leur avidité. Ils voulurent avoir part à une coupe de bois que Saint-Mefmin faifoit faire alors, & fur fon refus, ils réfolurent de fe venger. La vengeance qu'ils imaginèrent, fut de lui perfuader que fa femme, qu'il avoit beaucoup aimée, étoit damnée. L'ame de cette malheureufe revenoit tous les jours troubler l'office divin par un bruit affreux ; l'ame étoit un petit novice qu'on faifoit monter fur la voûte de l'églife, où on avoir pratiqué un trou, à la faveur duquel le moine pouvoit entendre tout ce qu'on lui diroit d'en bas. On exorcifa l'efprit, on l'interrogea, on reconnut qu'il étoit muet ; mais il n'étoit pas fourd, on lui ordonna de répondre par des fignes dont on convint, & qui confiftoient à frapper un certain nombre de coups ; l'efprit avoua qu'il étoit damné pour avoir reçu fecrètement dans fon cœur l'héréfie de Luther, & pour avoir trop aimé la parure. On fit d'abord devant peu de perfonnes, enfuite à mefure que la crédulité faifoit des progrès, devant un plus grand nombre, des repréfentations de cette ridicule scène ; mais dès qu'on parla de faire monter quelqu'un à la voûte, les cordeliers troublés soutinrent qu'il ne falloit pas déranger l'esprit ; & le peuple qui aime les esprits & les revenans, fut de cet avis. Cette affaire devint bientôt la matière d'un grand procès ; Saint-Mesmin se plaignit qu'on troublât les cendres de sa femme, & qu'on d fflamât sa mémoire. Les cordeliers se plaignirent qu'elle troublât leur repos. Le roi nomma des juges. La vérité fut découverte. Les cordeliers furent condamnés à faire amende honorable, & à être bannis du royaume ; mais le peuple vit toujours en eux des saints opprimés ; les aumônes des fidèles, sur-tout des femmes, ne leur manquèrent point dans la prison, & lorsqu'après leur condamnation, ils furent ramenés de Paris à Orléans pour y faire amende honorable, le peuple les suivit en baisant leurs fers & en versant des larmes. Le reste de l'arrêt ne fut point exécuté, parce qu'on craignit de faire triompher les hérétiques, & les hérétiques triomphèrent bien davantage, de ce qu'une pareille fourberie resta impunie. C'est parce que la religion est divine, qu'il faut contenir ceux qui la font servir à de vils intérêts & à des passions humaines ; c'est parce que les choses saintes doivent être respectées, qu'il faut en punir rigoureusement la profanation.

MANZO. ( Voyez Vil'e ) ( marquis de ).

MAPPAIRE, ( Hist. anc. ) nom d'officier chez les anciens Romains ; c'étoit celui qui dans les jeux publics, comme celui du cirque & des gladiateurs, donnoit le signal pour commencer, en jettant une mappe, mappa, qu'il recevoit auparavant de l'empereur, du consul, ou de quelqu'autre magistrat, apparemment le plus distingué qui fût présent, ou de celui qui donnoit les jeux. ( A. R. )

MARAECUS ou MARBOUTS, f. m. (Hist. med.) c'est le nom que les Mahométans, soit nègres, soit maures d'Afrique, donnent à des prêtres pour qui ils ont le plus grand respect, qui jouissent des plus grands privilèges. Dans leur habillement ils diffèrent très-peu des autres hommes ; mais ils sont aisés à distinguer du vulgaire par leur gravité affectée, & par un air hypocrite & réservé qui en impose aux simples, & sous lequel ils cachent l'avarice, l'orgueil & l'ambition les plus démesurés. Ces marabous ont des villes & des provinces entières, dont les revenus leur appartiennent ; ils n'y admettent que les nègres destinés à la culture de leurs terres & aux travaux domestiques. Ils ne se marient jamais hors de leur tribu ; leurs enfans mêmes sont destinés, dès la naissance, aux fonctions du sacerdoce ; on leur enseigne les cérémonies légales contenues dans un livre pour lequel, après l'alcoran, ils ont le plus grand respect ; d'ailleurs leurs usages sont pour les laïcs un mystère impénétrable. Cependant on croit qu'ils se permettent la polygamie, ainsi que tous les Mahométans. Au reste ils sont, dit-on, observateurs exacts de l'alcoran ; ils s'abstiennent avec soin du vin & de toute liqueur forte ; & par la bonne foi qu'ils

mettent dans le commerce qu'ils font les uns avec les autres, ils cherchent à expier les friponneries & les impostures qu'ils exercent sur le peuple ; ils sont très-charitables pour leurs confrères, qu'ils punissent eux-mêmes suivant leurs loix ecclésiastiques, sans permettre aux juges civils d'exercer aucun pouvoir sur eux. Lorsqu'un marabou passe, le peuple se met à genoux autour de lui pour recevoir sa bénédiction. Les nègres du Sénégal font dans la persuasion que celui qui a insulté un de ces prêtres, ne peut survivre que trois jours à un crime si abominable. Ils ont des écoles dans lesquelles on explique l'alcoran, le rituel de l'ordre, ses règles. On fait voir aux jeunes marabous comment les intérêts du corps des prêtres sont liés à la politique, quoiqu'ils fassent un corps séparé dans l'état ; mais ce qu'on leur inculque avec le plus de soin, c'est un attachement sans bornes pour le bien de la confraternité, une discrétion à toute épreuve, & une gravité imposante. Les marabous avec toute leur famille, voyagent de province en province en enseignant les peuples ; le respect que l'on a pour eux est si grand, que pendant les guerres les plus sanglantes, ils n'ont rien à craindre des deux partis. Quelques-uns vivent des aumônes & des libéralités du peuple ; d'autres font le commerce de la poudre d'or & des esclaves ; mais le commerce le plus lucratif pour eux, est celui de vendre des gri-gris, qui sont des bandes de papiers remplis de caractères mystérieux, que le peuple regarde comme des préservatifs contre tous les maux ; ils ont le secret d'échanger ces papiers contre l'or des nègres ; quelques-uns d'entr'eux amassent des richesses immenses, qu'ils enfouissent en terre. Des voyageurs assurent que les marabous, craignant que les Européens ne fassent tort à leur commerce, font le principal obstacle qui a empêché jusqu'ici ces derniers de pénétrer dans l'intérieur de l'Afrique & de la Nigrie. Ces prêtres là, ont effrayés par des périls qui ne sont peut-être qu'imaginaires ou exagérés. Il y a aussi des marabous dans les royaumes de Maroc, d'Alger, de Tunis, &c. On a pour eux le plus grand respect, au point de se trouver très-honoré de leur commerce avec les femmes.

MARACCI, ( Louis ) (- Hist. Litt. mod. ) de la congrégation des clercs réguliers de la mère de Dieu, confesseur du pape Innocent XI ; né à Lucques en 1612 ; mort en 1700. On a de lui l'ouvrage suivant : Alcorani textus universus arabicè & latinè, avec des notes explicatives & réfutatives. Maracci eut grande part aussi à l'édition de la Bible Arabe, qui se fit à Rome en 1671, en 3 vol. in-fol.

MARAIS, ( Marin ) musicien célèbre, né en 1656 à Paris, mort en 1728, auteur de plusieurs opéra, celui d'Alcior e passe pour son chef-d'œuvre.

MARAIS, ( Voyez MARETS & REGNIER.)

MARALDI, ( Jacques-Philippe ) ( Hist. Litt. mod. ) neveu par sa mère du grand Cassini, étoit né comme lui à Périnaldo, dans le comté de Nice. Appellé en France par son oncle en 1687, il se mit à observer ferver le ciel, & perfonne de fon temps, n'en a mieux connu tous les détails. Il entreprit un nouveau catalogue des étoiles fixes, qui l'occupa toute fa vie. On ne pouvoit lui défigner aucune étoile, qu'il ne dit fur le champ la place qu'elle occupoit dans fa conftellation : nul phénomène célefte ne lui échappoit ; la plus petite nouveauté dans le ciel frappoit auffi-tôt des yeux fi exercés à l'obfervation.

Il travailla fous M. Caffini en 1700, à la prolongation de la fameufe méridienne, jufqu'à l'extrémité méridionale du royaume. Etant allé enfuite en Italie, il fut employé par le pape Clément XI, à la grande affaire du calendrier ; & M. Bianchini, ami de M. Caffini, ne manqua pas de copier le neveu & l'élève de ce grand aftronome, dans la conftruction d'une méridienne qu'il traçoit pour l'églife des chartreux de Rome, à l'imitation de celle de Saint Pétrone de Bologne, tracée par celui qu'ils reconnoiffoient tous deux pour leur maître.

En 1718, M. Maraldi, avec trois autres Académiciens, alla terminer la grande méridienne du côté du nord. A ces voyages près, dit M. de Fontenelle, il a paffé fa vie renfermé dans le ciel.

Il s'eft pourtant permis quelquefois, par forme de délaffement & de récréation, des obfervations phyfiques fur des infectes, fur des pétrifications curieufes, fur la culture des plantes, &c. Son obfervation terreftre la plus importante, eft celle des abeilles.

Il mourut le premier décembre 1729 ; il étoit né le 21 août 1665. Il fe diftingua fur-tout par fa reconnoiffance envers le célèbre Dominique Caffini, fon oncle.

MARAMBA, ( Hift. mod. fuperftition. ) fameufe idole ou fétiche adorée par les habitans du royaume de Loango en Afrique, & auquel ils font tous confacrés dès l'âge de douze ans. Lorfque le temps de faire cette cérémonie eft venu, les candidats s'adreffent aux devins ou prêtres appellés gangas, qui les enferment quelque temps dans un lieu obfcur, où ils les font jeûner très-rigoureufement ; au fortir delà il leur eft défendu de parler à perfonne pendant quelques jours, fous quelque prétexte que ce foit ; à ce défaut, ils feroient indignes d'être préfentés au dieu Maramba. Après ce noviciat le prêtre leur fait fur les épaules deux incifions en forme de croiffant, & le fang qui coule de fa bleffure eft offert au dieu. On leur enjoint enfuite de s'abftenir de certaines viandes, de faire quelques pénitences ; & de porter au col quelque relique de Maramba. On porte toujours cette idole devant la mani-hamfna, ou gouverneur de province, par-tout où il va, & il offre à ce dieu les prémices de ce qu'on fert fur fa table. On le confulte pour connoître l'avenir, les bons ou les mauvais fuccès que l'on aura, & enfin pour découvrir ceux qui font auteurs des enchantemens ou maléfices, auxquels les peuples ont beaucoup de foi. Alors l'accufé embraffe l'idole, & lui dit : je viens faire l'épreuve devant toi, ô Maramba ! les nègres font perfuadés que fi un homme eft coupable, il tombera

mort fur le champ ; ceux à qui il n'arrive rien font tenus pour innocens. ( A. R. )

MARAN, ( dom Prudent ) ( Hift. Litt. mod. ) favant bénédictin de la congrégation de Saint Maur, a donné une bonne édition de S. Cyprien, a eu beaucoup de part à celles de S. Bafile & de S. Juftin, & s'occupoit à en donner une de S. Grégoire de Nazianze, lorfqu'il mourut en 1762. On a de lui quelques ouvrages théologiques & pieux, moins importans.

MARANA, ( Jean-Paul ) ( Hift. Litt. mod. ) auteur de l'efpion Turc, ouvrage beaucoup lu autrefois, & qui l'eft bien moins depuis que les lettres perfannes nous ont offert un fi parfait modèle dans un genre à-peu-près femblable. Marana étoit un Génois qu'on avoit accufé d'avoir eu part à la conjuration de Raphaël de la Torre, qui avoit voulu livrer Gênes au duc de Savoye. Il fut quatre ans en prifon pour cette affaire, dont il écrivit enfuite l'hiftoire qu'il fit imprimer à Lyon en 1682, & qui contient des particularités curieufes. Ce fut à Paris où il yécut quelques années, qu'il donna l'Efpion Turc. Il mourut en Italie en 1693.

MARANES, f. m. ( Hift. mod. ) nom que l'on donna aux Maures en Efpagne. Quelques-uns croient que ce nom vient du fyriaque maran-atha, qui fignifie anathéme, exécration. Mariana, Scaliger & Ducange en rapportent l'origine à l'ufurpation que Marva fit de la dignité de calife fur les Abaffides, ce qui le rendit odieux lui & fes partifans à tous ceux de la race de Mohammed, qui étoient auparavant en poffeffion de cette charge.

Les Efpagnols fe fervent encore aujourd'hui de ce nom pour défigner ceux qui font defcendus de ces anciens maures, & qu'ils foupçonnent retenir dans le cœur la religion de leurs ancêtres : c'eft en ce pays-là un terme odieux & une injure auffi atroce que l'honneur d'être defcendu des anciens chrétiens eft glorieux. ( A. R. )

MARATTES, ou MAHARATAS, ( Hift. mod. ) c'eft le nom qu'on donne dans l'Indoftan à une nation de brigands, fujets de quelques rajahs ou fouverains idolâtres, qui defcendent du fameux rajah Sévagi, célèbre par les incurfions & les conquêtes qu'il fit vers la fin du fiecle paffé, qui ne purent jamais être réprimées par les forces du grand mogol. Les fucceffeurs de ce prince voleur fe font bien trouvés de fuivre la même profeffion que lui, & le métier de brigands eft le feul qui convienne aux Marattes leurs fujets. Ils habitent des montagnes inacceffibles, fituées au midi de Surate, & qui s'étendent jufqu'à la riviere de Gongola, au midi de Goa, efpace qui comprend environ 250 lieues ; c'eft de cette retraite qu'ils fortent pour aller infefter toutes les parties de l'Indoftan, où ils exercent quelquefois les cruautés les plus inouies. La foibleffe du gouvernement du grand-mogol a empêché jufqu'ici qu'on ne mît un frein aux entreprifes de ces brigands, qui font idolâtres, & qui parlent un langage particulier.

MARAVEDI, f. m. ( *Hift. mod.* ) petite monnoie de cuivre qui a cours en Espagne, & qui vaut quelque chose de plus qu'un denier de France. Ce mot est arabe, & est dérivé de *almoravides*, l'une des dinasties des Maures, lesquels passant d'Afrique en Espagne, donnèrent à cette monnoie leur propre nom, qui par corruption se changea ensuite en *maravedi*; il en est fait mention dans les decrétales aussi bien que dans d'autres auteurs latins sous le nom de *marabitini*.

Les Espagnols comptent toujours par *maravedis*, soit dans le commerce, soit dans les finances, quoique cette monnoie n'ait plus cours parmi eux. Il faut 63 *maravedis* pour faire un réal d'argent, ensorte que la piastre ou pièce de huit réaux contient 504 *maravedis*, & la pistole de quatre pièces de huit en contient 2016.

Cette petitesse du *maravedi* produit de grands nombres dans les comptes & les calculs des Espagnols, de façon qu'un étranger ou un correspondant se croiroit du premier coup-d'œil débiteur de plusieurs millions pour une marchandise qui se trouve à peine lui coûter quelques louis.

Les loix d'Espagne font mention de plusieurs espèces de *maravedis*, les *maravedis* alphonsins, les *maravedis* blancs, les *maravedis* de bonne monnoie, les *maravedis* ombrenos, les *maravedis* noirs, les vieux *maravedis* : quand on trouve *maravedis* tout court, cela doit s'entendre de ceux dont nous avons parlé plus haut ; les autres diffèrent en valeur, en finance, en ancienneté, &c.

Mariana assure que cette monnoie est plus ancienne que les Maures ; qu'elle étoit d'usage du temps des Goths ; qu'elle valoit autrefois le tiers d'un réal, & par conséquent douze fois plus qu'aujourd'hui. Sous Alphonse XI, le *maravedi* valoit dix-sept fois plus qu'aujourd'hui ; sous Henri second , dix fois ; sous Henri III , cinq fois ; & sous J. an II , deux fois & demie davantage. (*A. R.*)

MARBACH, ( Jean ) ( *Hift. Litt. mod.* ) savant allemand, ministre protestant, auteur d'un livre recherché dans les temps où les jésuites étoient puissans & hais. Ce livre qui parut en 1578, a pour titre, *Fides Jesu & Jesuitarum : hoc est collatio doctrinæ Domini nostri Jesu Christi , cum doctrinâ Jesuitarum* : né à Lindaw en 1521, mort à Strasbourg en 1581.

MARBODE, ( *Hift. ecclef.* ) évêque de Rennes, mort en 1123, moine dans l'abbaye de Saint Aubin d'Angers, sa patrie. On a de lui des œuvres imprimées en 1708, à la suite de celles d'Hildebert, évêque du Mans.

MARC. L'histoire sacrée & l'histoire ecclésiastique offrent divers personnages de ce nom.

1°. Saint Marc, le second des évangélistes, disciple de S. Pierre, écrivit, dit-on, son évangile sur ce qu'il avoit appris de la bouche de cet apôtre. On ne sait s'il l'écrivit en grec ou en latin, & on dispute sur ce point. On montre à Venise quelques cahiers d'un manuscrit que l'on dit être l'original écrit de la main de S. Marc ; mais il est si gâté par le temps ou autre-

ment ; qu'on ne peut en lire une seule lettre , ni discerner seulement si c'est du grec ou du latin ; ainsi ce manuscrit semble n'avoir d'autre objet , & n'a réellement d'autre effet que de confirmer l'incertitude qu'il devroit dissiper. D'ailleurs , comment prouveroit-on que c'est l'original de S. Marc ? Suivant une tradition ancienne, S. Marc fonda l'église d'Aléxandrie en Egypte. La république de Venise le prend pour son patron. On ne sait rien d'ailleurs de la vie , ni de la mort de cet évangéliste. On a voulu lui attribuer une *liturgie* & une *vie de Saint Barnabé* qui ne sont pas de lui.

2°. Un hérétique nommé Marc , disciple de Valentin, dans le second siècle de l'église , étoit particulièrement suivi par les femmes. Ce qui distingue sur-tout cet imposteur de tant d'autres , c'est que d'autres faisoient des miracles , & qu'il en faisoit faire aux autres , sur-tout aux femmes , & de manière qu'elles en étoient elles - mêmes les dupes , ce qui lui donna une vogue extraordinaire.

3°. Le pape Saint Marc, successeur de Sylvestre I, fut nommé le 18 janvier 336, & mourut le 7 octobre suivant.

Il y a encore un autre Saint *Marc* , évêque d'Aréthuse, sous Constantin, mort sous Jovien ou sous Valens, vers l'an 365 ; Saint Grégoire de Nazianze en fait un grand éloge , & l'église grecque honore sa mémoire le 23 mars.

Et un autre *Marc* , surnommé l'*Afcétique* , célèbre solitaire du IV<sup>e</sup> siècle , dont on a des traités dans la bibliothèque des pères.

MARC-ANTOINE ( *Voyez Antoine* ).

MARC-AURELE, ( ANTONIN ), *Hift. Rom.* dont le nom rappelle l'idée d'un prince citoyen & ami des hommes , étoit d'une famille ancienne & plus respectable encore par une probité héréditaire & tyrannisent la jeunesse. Etre impassible , il ne connut ni l'ivresse de la joie , ni l'abattement de la tristesse : cette tranquillité d'ame détermina Antonin-le-Pieux à le choisir pour son successeur. Après la mort de son bienfaiteur , il fut élevé à l'empire par le suffrage unanime de l'armée, du peuple & du sénat. Sa modestie lui inspira de la défiance , & ne se croyant point capable de soutenir seul le fardeau de l'empire , il partagea le pouvoir souverain avec son frere Verus, gendre d'Antonin-le-Pieux, Le partage de l'autorité qui fomente les haines , ne fit que resserrer les nœuds de leur amitié fraternelle. Il sembloit qu'ils n'avoient qu'une ame , tant il y avoit de conformité dans leurs actions. Une police exacte , sans être austère, réforma les abus, & rétablit la tranquillité. L'état calme au-dedans fut respecté au-dehors. Le sénat rentra dans la jouissance de ses anciennes prérogatives; Marc-Aurèle assista à toutes les assemblées ,moins pour en régler les décisions que pour s'instruire lui-même des maux de l'empire. Sa maxime étoit de déférer à la pluralité des suffrages. Il est insensé 'difoit-il, de croire que l'avis d'un feul homme foit plus fage que l'opinion de plufieurs perfonnes intègres & éclairées. Il avoit encore pour maxime de ne rien faire avec trop de lenteur ni de précipitation, perfuadé que les plus légères imprudences précipitoient dans de grands écarts. Ce ne fut plus par la baffeffe des intrigues qu'on obtint des emplois & des gouvernemens. Le mérite fut prévenu & récompenfé. Le fort des provinces ne fut confié qu'à ceux qui pouvoient les rendre heureufes. Il fe regardoit comme l'homme de la répub'ique, & il n'avoit pas l'extravagance de prétendre que l'état réfidoit en lui. Je vous donne cette épée, dit-il au préfet du prétoire, pour me défendre tant que je ferai le miniftre & l'obfervateur des loix ; mais je vous ordonne de la tourner contre moi, fi j'oublie que mon devoir eft de faire naître la félicité publique. Il fe fit un fcrupule de puifer dans le tréfor public, fans y avoir été 'autorifé par le fénat, à qui il expofoit fes motifs, & l'ufage qu'il vouloit faire de ce qu'il prenoit. Je n'ai, d'foit-il, aucun droit de propriété en qualité d'empereur. Rien n'eft à moi, & je confeffe que la maifon que j'habite eft à vous. Le peuple & le fénat lui décernèrent tous les titres que l'adulation avoit proftitués aux autres empereurs ; mais il refufa les temples & les autels. Philofophe fur le trône, il aima mieux mériter les éloges que de les recevoir. Dans fa jeuneffe il prit le manteau de la philofophie, qu'il conferva dans la grandeur comme un ornement plus honorable que la pourpre. Sa frugalité auroit été pénible à un fimple particulier. Dur à lui - même, autant qu'il étoit indulgent pour les autres, il couchoit fur la terre, & n'avoit d'autre couverture que le ciel & fon manteau. Sa philofophie ne fut point une curiofité fuperbe de découvrir les myftères de la nature & la marche des aftres, il la courba vers la terre pour diriger fes mœurs. Le fléau de la pefte défola l'empire. Les inondations, les volcans, les tremblemens de terre bouleversèrent le globe. Ces calamités multipliées firent naître aux Barbares le défir de fe répandre dans les provinces. Marc-Aurele fe mit à la tête de fon armée & marcha contre eux, les vainquit & les força de s'éloigner des frontières. Après qu'il eut puni les Quades & les Sarmates, il eut une guerre plus dangereufe à foutenir contre les Marcomans. Il falloit de l'argent pour fournir à tant de dépenfes. Il refpecta la fortune de fes fujets, & il fuffit à tout en faifant vendre les pierreries & les plus riches ornemens de l'empire. Le fuccès de cette guerre fut long-temps douteux. Les Barbares, après avoir éprouvé un mélange de profpérités & de revers, furent plutôt les admirateurs & les bienfaifantes du prince phi'ofophe que par fes armes. Marc-Aurele ne confia point à fes généraux le foin de cette expédition. Il commanda toujours en perfonne, & donna par-tout des témoignages de cette intrépidité tranquille, qui marque le véritable héroïfme : on compara cette guerre aux anciennes guerres puniques, parce que l'état fut expofé aux mêmes dangers, & que l'évènemen en fut le même. Attentif à récom-

penfer la valeur, il érigea des ftatues en l'honneu des capitaines de fon armée qui s'étoient le plus diftingués. Son retour à Rome fut marqué par de nouveaux bienfaits. Chaque citoyen fut gratifié de huit pièces d'or. Tout ce qui é.oit dû au tréfor public, fut remis aux particuliers. Les obligations des débiteurs furent brûlées dans la place publique. Il s'éleva une fédition, qui troubla la férénité de ces beaux jours. Caffius qui fut proclamé empereur par les rebelles fut maffacré par eux. Tous fes partifans obtinrent leur pardon, & s'en rendirent dignes par leur repentir. Les papiers de ce chef rebelle furent tous brûlés par l'ordre de Marc-Aurele qui craignit de connoître des coupables qu'il auroit été dans la néceffité de punir. Des profeffeurs de philofophie & d'éloquence furent établis à Athènes, & ils furent magnifiquement payés. Fatigué du poids de l'empire, il s'affocia fon fils Commode, dont fon amitié paternelle lui déguifoit les penchans vicieux, & ce choix aveugle fut la feule faute de gouvernement qu'on eut à lui reprocher. Il fe retira à Lavinium pour y goûter les douceurs de la vie privée, dans le fein de la philofophie qu'il appelloit fa mère, comme il nommoit la cour fa marâtre : ce fut dans cette retraite qu'il s'écria : Heureux le peuple dont les rois font philofophes ! Importuné des honneurs divins qu'on vouloit lui rendre, il avoit coutume de dire, la vertu feule égale les hommes aux dieux; un prince équitable a l'univers pour temple ; les gens vertueux en font les prêtres & les facrificateurs. Il fut arraché de fon loifir philofophique, par la nouvelle que les Barbares avoient fait une irruption fur les terres de l'empire. Il fe mit à la tête de fon armée ; mais il fut arrêté dans fa marche par une maladie qui le mit au tombeau, l'an 180 ; il étoit âgé de foixante & un ans, dont il en avoit régné dixneuf. Ses ouvrages de morale dictés par le cœur, font écrits avec cette fimplicité noble qui fait le caractère du génie. ( T-N. )

**MARC-PAUL ( Voyez Paul ).**

**MARCA,** ( Pierre de ) ( Hift. Litt. mod. ) d'une famille ancienne du Béarn, originaire d'Efpagne, prélat fpirituel, favant auteur de plufieurs bons ouvrages ; mais trop indifférent au bien & au mal, à l'erreur & à la vérité, toujours prêt à facrifier fes opinions & fes principes à fon ambition & à fon intérêt ; il ne fit rien dont il n'obtint ou ne recherchât le prix. Il avoit travaillé avec fuccès au rétabliffement de la religion catholique, dans le Béarn ; il eut pour récompenfe une charge de préfident au parlement de Pau, en 1621, & celle de confeiller d'état en 1639. Etant magiftrat, il crut que fon fameux traité de concordiâ Sacerdotii & Imperii, où il défendoit les libertés de l'églife gallicane, pourroit être pour lui un moyen de parvenir aux premières dignités de la magiftrature ; mais étant devenu veuf, il entra dans les ordres pour faire plus fûrement & plus rapidement fortune. Il fut nommé à l'évêché de Conferans ; mais les démarches que l'ambition fait faire, ne tournent pas toujours à l'avantage des ambitieux, le pape fe fouvint du traité *de concordiâ Sacerdotii & Imperii*, & en conféquence il refufa long-temps des bulles à l'auteur : alors, celui-ci, dans un autre ouvrage, expliqua de la manière la plus rapprochée des prétentions ultramontaines, ce qu'il avoit dit de plus fort en faveur des libertés de l'églife Gallicane, & tâcha en effet d'accorder le facerdoce avec l'empire. On prétend même que, pour mériter la pourpre, il dicta, quelques mois avant fa mort, au fameux Baluze, fon fecrétaire, fon ami, & l'héritier de fes manufcrits, un *traité de l'infaillibité du pape*. Juftifiant ainfi ce que dit l'abbé de Longuerue, « quand Marca dit mal, » c'eft qu'il eft payé pour ne pas bien dire, ou qu'il » efpère de l'être ».

Une commiffion dont il fut chargé en Catalogne, fut habilement remplie & réuffit bien ; il fe fit aimer dans cette province, & y étant tombé malade, on y fit des vœux publics pour fa fanté. Sa récompenfe fut l'archevêché de Touloufe, qu'il eut en 1652 ; il fut fait miniftre d'état en 1658. Le janfénifme lui fournit des occafions de rendre des fervices, peut-être médiocrement utiles, mais qu'on trouvoit alors agréables. Il fit en 1657, une *relation de ce qui s'étoit paffé depuis 1653 dans les affemblées des évêques, au fujet des cinq propofitions*. Nicole la réfuta fous le titre de *Belga percontator* ; car elle étoit peu favorable au janfénifme, & en général, M. *de Marca*, que fon traité *de concordiâ Sacerdotii & Imperii*, annonçoit comme un homme fait pour plaire aux janféniftes, fit tout ce qu'il put pour leur déplaire, afin de s'avancer dans l'églife. Ce fut lui qui dreffa le premier le projet d'un *formulaire* où l'on condamneroit es cinq propofitions de Janfénius, dans le fens de l'auteur. Sa récompenfe fut encore l'archevêché de Paris, en 1662 ; mais il mourut le jour même où fes bulles arrivèrent. Ses principaux ouvrages, indépendamment de ceux dont nous avons parlé, font le *Marca Hifpanica*, dont Baluze a donné une bonne édition, comme il a donné la meilleure que nous ayons du traité *de concordiâ Sacerdotii & Imperii*. Il a donné auffi divers opufcules pofthumes de M. *de Marca*. L'abbé de Faget, coufin-germain de ce prélat, a auffi donné quelques traités théologiques de M. *de Marca*, &, en les publiant, il a donné la vie de fon parent. Cette vie a été le fujet d'une difpute fort vive entre l'abbé de Faget & Baluze, qui s'écarta un peu dans cette occafion, de fa modération ordinaire. ( *Voyez* l'article BALUZE ). On a encore de M. *de Marca* un ouvrage important, favant & curieux, l'*hiftoire du Béarn*, & une bonne differtation latine fur la primatie de Lyon, qu'il auroit bien voulu avoir.

MARCEL, ( *Hift. eccléf.* ) c'eft le nom de deux papes, dont le premier eft au nombre des faints. Il fuccéda en 308 au pape Marcellin, & fubit le martire en 310, felon l'opinion la plus commune. D'anciens martyrologes lui donnent feulement le titre de confeffeur.

MARCEL II fuccéda au pape Jules III, le 9 avril 1555, & mourut vingt & un jours après fon élection.

Saint-Marcel ou Saint Marceau, évêque de Paris, mourut au commencement du cinquième fiècle.

Il y a encore d'autres faints, & même plufieurs martyrs de ce nom ; mais ils font moins connus.

C'eft une grande queftion entre les faints pères & les théologiens, fi les écrits de Marcel, évêque d'Ancyre, au quatrième fiècle, font orthodoxes ou non ; mais ceci ne concerne que la théologie, & ne nous regarde pas.

MARCEL, ( *Hift. de France* ) ( Etienne ) prévôt des marchands pendant la captivité du roi Jean, & la régence du dauphin Charles, étoit à la tête du tiers-état, dans l'affemblée de 1356 ; & fi le peuple devoit à l'autorité du dauphin, & du refpect qu'il devoit au malheur du roi, c'étoit l'ouvrage de *Marcel*. Le roi de Navarre Charles-le-mauvais, qui avoit démêlé fon caractère, également audacieux & perfide, l'avoit attaché à fes intérêts & rempli de fon efprit, il l'avoit formé à l'infolence, à la révolte, à l'affaffinat. *Marcel* avoit trempé dans la confpiration de Charles-le-mauvais, contre le roi & contre le dauphin ; il avoit fait alors plufieurs voyages fecrets à Evreux, apanage de Charles-le-mauvais ; il y étoit refté quelque temps caché & déguifé. *Marcel* fe chargea du rôle de défenfeur du peuple, pour le féduire & le foulever. Les états ayant refufé tout fecours au dauphin pour la délivrance de fon père, le dauphin crut de la néceffité fe mettoit au-deffus des loix ; il crut pouvoir, malgré les fermens de fon père & les fiens, recourir à une refonte des monnoies ; il chargea le comte d'Anjou ( 1 ), fon frère, d'en publier l'ordonnance, tandis qu'il alloit à Metz conférer avec l'empereur Charles IV, fon oncle, fur les moyens de tirer de l'Allemagne, les fecours que la France lui refufoit. *Marcel* & fes partifans fentirent que le dauphin cherchoit à fe paffer des états ; ils fe hâtèrent de détourner ce coup, *Marcel* vient au louvre, & demande, au nom du peuple, la révocation de l'ordonnance ; il n'eft point écouté ; il y retourne le lendemain, il eft encore renvoyé fans réponfe ; il y retourne de nouveau & fi bien accompagné, que le comte d'Anjou crut devoir fufpendre l'exécution de l'ordonnance jufqu'au retour de fon frère. Le dauphin arrive, il veut négocier ; *Marcel* rejette tout accommodement, fait fermer les boutiques, ceffer les travaux, armer la bourgeoifie. Le dauphin eft obligé non-feulement de fupprimer l'ordonnance des monnoies, mais encore de confentir à la deftitution de fes officiers & de fes miniftres, nommés précédemment par les états, de convoquer de nouveau ces mêmes états qui, devenus plus jaloux de leur fuccès, ne mirent plus de bornes à leurs prétentions, dépouillèrent le dauphin de toute autorité, créèrent un confeil auquel ils conférèrent le gouvernement des affaires & de l'adminiftration des finances.

Le dauphin manda au louvre *Marcel* & les chefs des factieux ; il leur dit qu'il prétendoit gouverner

---

(1) Anjou n'étoit point encore érigé en Duché.

fans tuteurs, & qu'il leur défendo't de fe mêler davantage des affaires du royaume : ils feignirent de fe
foumettre ; mais ils mirent en liberté le roi de Navarre, qui étoit prifonnier depuis quelques années.
Alors, les malheurs du royaume furent au comble,
le mal fut au-deffus de tous les remèdes. Le dauphin
n'eut plus ni autorité, ni liberté, ni voix dans les
états. C'étoient *Marcel* & fes complices qui fe chargeoient de répondre pour lui ; s'il ouvroit la bouche
pour propofer une difficulté, on la lui fermoit, en
difant : *il convient que cela foit ainfi.*

Un complice de *Marcel* affaffine un tréforier du
dauphin, & fe réfugie dans l'églife de S. Médéric.
Le dauphin l'en fait arracher, & le fait juger ; le
prévôt l'envoye au gibet. L'affaffin étoit *clerc*, c'eft-à-
dire tonfuré, tout le monde l'étoit alors. L'évêque
de Paris s'écrie qu'on a violé à la fois le droit d'a-
fyle & les immunités eccléfiaftiques ; il fallut détacher du gibet le corps du criminel, & le rapporter à
Saint Médéric où l'on affecta de lui faire des funérailles folemnelles. *Marcel* affemble une troupe d'affaffins que Charles-le-mauvais avoit mis en liberté ;
il marche à leur tête droit au palais ; il rencontre fur
fa route Regnaut d'Acy, avocat du roi, magiftrat
fidèle ; il le montre à fa troupe ; Regnaut d'Acy eft
égorgé. *Marcel* entre avec fes fatellites dans la chambre
du dauphin. *Sire*, lui dit-il, *ne vous efbahiffez de
chofe que vous voyez, car il eft ordonné & convient
qu'il foit ainfi. Allons*, dit-il à fes gens, *faites en
bref ce pourquoi vous êtes venus ici.* Auffi-tôt, Jean
de Conflans, maréchal de Champagne & Robert
de Clermont, maréchal de Normandie, amis & confeillers du dauphin, font maffacrés, le premier en
fa préfence, l'autre dans un cabinet voifin où il
s'étoit fauvé : on traîna fous fes yeux leurs cadavres
qu'on accabloit d'outrages ; on les laiffa expofés fur
la table de marbre. Tous les officiers du dauphin
prennent la fuite, il refte feul expofé à la furie des
affaffins. On dit que, faifi d'effroi, il s'abaiffa jufqu'à
demander la vie. « Monfeigneur, lui dit l'infolent *Marcel*,
» ne craignez rien, voici le gage de votre falut ».
En même-temps il lui met fur la tête le chaperon
mi-parti de rouge & d'un bleu verdâtre, qu'on appelloit *pers*, marque du parti navarrois, & le fouverain eft protégé par ce fignal de la révolte. De là
*Marcel* fe rend à l'hôtel-de-ville, paroît à une fenêtre,
harangue le peuple : *Je vous ai vengé, dit-il, il
faut me-feconder.* On l'applaudit, on le fuit, il retourne au palais, ou plutôt on l'y porte en triomphe ;
il trouve le dauphin, les yeux fixés fur les cadavres
fanglans de fes amis : « Prince, lui dit il, tout s'eft
» fait par de bonnes raifons, il faut tout approuver,
» votre peuple vous en prie ». J'approuve tout, j'accorde tout, dit le dauphin, fuis-je en état de rien refufer ? *Marcel* lui envoya le foir des chaperons pour
lui & pour fes officiers.

Le dauphin fit porter les corps des deux maréchaux
à Sainte-Catherine du Val. Les religieux voulurent
avoir un ordre par écrit de *Marcel*, pour leur donner
la fépulture. *Marcel* affectant quelque déférence pour

le dauphin, dit qu'il falloit prendre fes ordres. Quand
on en parla au dauphin, *qu'on les enterre fans folemnité*, dit ce prince en foupirant.

Le dauphin échappe à fes tyrans, & fe retire à
Compiègne, où ce qui reftoit de nobleffe fidèle, vient
fe ranger auprès de lui ; il convoque les états-généraux à Compiègne. *Marcel* commence à fentir qu'il
a mal connu ce prince ; il s'alarme, il négocie, &
jufques dans fes menaces, on voit fa crainte. Il appelle à fon fecours le roi de Navarre, & le roi de
Navarre appelle les Anglois. On voyoit avec horreur
ces Anglois auxiliaires qu'il traînoit à fa fuite, s'é-
riger en défenfeurs de Paris, contre le dauphin qui
bloquoit cette ville. Les François s'offenfent & s'hu-
milient d'être ainfi protégés par une nation ennemie ;
les vues du Navarrois leur deviennent enfin fufpectes ;
fes crimes fatiguent & révoltent „ il eft chaffé ; les
Anglois, quoiqu'appuyés par *Marcel*, font infultés par
le peuple.

Paris alors fut bloqué par deux armées ennemies l'une
de l'autre ; celle du dauphin, du côté du levant & du
midi ; celle du roi de Navarre & des Anglois, du côté
du couchant & du nord. Les Parifiens entreprennent de
réfifter feuls & au dauphin, & au roi de Navarre,
& aux Anglois, & à *Marcel* lui-même, qui traite
à-la-fois avec tous ces ennemis. Ce rebelle fent le
pouvoir s'échapper de fa main ; il perd fon infolence
avec fon afcendant, fon génie l'abandonne, il ne fe
fie plus au peuple qui ne fe fie plus à lui, & il fe
fie au roi de Navarre, qu'il conjure baffement de le
dérober au fupplice ! Le roi de Navarre profita de
cette crainte pour tromper fon complice : « Si le
» dauphin prend Paris, lui dit-il, tous vos tréfors
» feront-pillés, mettez-les à l'abri de l'orage, je vous
» les garderai à Saint-Denys, & ce fera pour vous
» une reffource affurée dans le malheur ». Le piège
n'étoit pas adroit, *Marcel* cependant y tomba. *Marcel*
n'étoit plus lui-même, la vertu du dauphin l'épou-
vantoit ; il défefpéroit d'une clémence dont il fe fentoit
indigne ; c'eft à force de forfaits qu'il prétend affurer
fa grace. Il va faire plus qu'on ne lui demande, il
jure de livrer Paris au roi de Navarre & aux Anglois :
ce fut dans ce moment, que Maillard frappa ce rebelle, la nuit du 31 juillet au premier août 1358.
( *Voyez* l'article Maillard ) ( Jean )

Quelques perfonnes du nom de *Marcel*, fe font
fait un nom dans les lettres.

1°. Chriftophe, Vénitien, archevêque de Corfou.
Il fut pris au fac de Rome, en 1517, par les Allemands du duc de Bourbon & du Prince d'Orange,
& n'ayant pas de quoi payer fa rançon, les foldats
le lièrent à un arbre en pleine campagne, expofé à
toutes les injures de l'air, & là ils prenoient plaifir
à lui arracher un ongle chaque jour. Il mourut dans
ces tourmens. On a de lui un traité *de anima*, &
une édition des *Ritus Ecclefiaftici.*

2°. Guillaume, ami de Segrais, & de Brébeuf,
auteur de harangues & de d vers écrits & opufcules
en profe & en vers. Mort en 1702, âgé de 90 ans.
Ce fut lui auquel il fût défendu par le recteur, de

prononcer l'oraifon funèbre du maréchal de Gaffion ( Voir *Gaffion* ) parce que ce général étoit mort dans la religion proteftante. *Guillaume* Marcel , mourut curé de Bafly , près Caën , en 1702 , à 90 ans.

3°. Un autre Guillaume très-connu par fon *hiftoire de l'origine & des progrès de la monarchie Françoife* , & par fes *tablettes chronologiques pour l'hiftoire profane , & pour les affaires de l'églife*. Né à Touloufe, d'abord avocat au Confeil , il mourut à Arles , commiffaire des claffes en 1708. Il avoit des talens pour la négociation , & des vues pour le commerce. Il conclut en 1677, la paix d'Alger avec Louis XIV. Il fit fleurir le commerce de la France en Egypte.

MARCELLIN , ( *Hift. Eccléf.*) pape , fuccéda en 296, au pape Caïus. Les Donatiftes l'ont accufé d'avoir été foible dans un temps de perfécution , & d'avoir facrifié aux idoles. Saint-Auguftin la lave de cette accufation dans fon livre contre Pétilien. Les prétendus actes du concile de Sinueffe , qui contiennent auffi cette accufation , font fuppofés. *Marcellin* mourut le 24 octobre 304.

Il y a deux faints Marcellin , l'un martyrifé à Rome en l'an 304 ; l'autre regardé comme le premier évêque d'Embrun , mort vers l'an 353 , & dont on ne fait d'ailleurs rien de certain.

Pendant les longues querelles de l'empereur Frédéric II contre le faint fiége , un Marcellin , évêque d'Arezzo , prélat guerrier , à qui le pape Innocent IV avoit donné une armée à commander contre l'empereur , ayant été pris les armes à la main , fut pendu par ordre de ce Prince , vers le milieu du treizième fiècle.

Parmi les écrivains du nom de *Marcellin* , on diftingue principalement Ammien-*Marcellin* ( *Voyez Ammien*.

Et un officier de l'Empire , comte d'Illyrie au fixième fiècle , du temps de l'empereur Juftinien , auteur d'une chronique qui peut fervir de fuite à celle de S. Jérôme , laquelle eft elle-même la fuite de la chronique d'Eufèbe. La chronique de *Marcellin* commence à l'an 379 , où finit celle de Saint Jérôme , & va jufqu'à l'an 534. Caffiodore en parle avec éloge. Le père Sirmond en a donné , en 1619, une bonne édition.

MARCELLUS , (Marcus-Claudius ) ( *Hift. Rom.*) de l'illuftre famille de Claudius , fut le premier de fa maifon qui fe fit appeller *Marcellus* , qui veut dire *belliqueux* ou *petit Mars*. Son adreffe dans les armes , & fur-tout fon goût pour les combats particuliers , lui méritèrent ce furnom. Quoique fes penchants fuffent tournés vers la guerre , il aima les lettres & ceux qui les cultivoient. Ce fut dans la guerre de Sicile qu'il fit l'effai de fes talens militaires. Il ne revint à Rome que pour y exercer l'édilité ; & dès qu'il eut atteint l'âge prefcrit par la loi , il fut élevé au confulat. Chargé de faire la guerre aux Gaulois Cifalpins , il les vainquit dans un combat , où leur roi Breomatus fut tué de fa propre main , & on

lui décerna les honneurs du triomphe ; *Marcellus* paffa prefque toute fa vie fous la tente & dans le camp. La Sicile fut le premier théâtre de fa gloire. Les Siciliens , féduits par la réputation d'Annibal , qui avoit remporté plufieurs victoires en Italie , penchoient du côté des Carthaginois : *Marcellus* y fut envoyé pour les contenir dans le devoir. Les Léontins , qui étoient les plus mal intentionnés , furent les premiers punis. Leur ville fut prife & faccagée. Le vainqueur marcha contre Syracufe qu'il affiégea par terre & par mer. Jamais fiège ne fut plus mémorable. Le génie inventeur d'Archimède fit agir contre les Romains , des machines qui en firent un grand carnage. On parle encore d'un miroir ardent , par le moyen duquel une partie des galères ennemies fut engloutie fous les eaux. Ce fait , qu'on pourroit peut-être ranger au nombre des fables , ne peut guère foutenir l'œil de la critique. *Marcellus* , rebuté de tant d'obftacles , changea le fiége en blocus ; mais tandis qu'il tenoit Syracufe inveftie , il parcourut en vainqueur la Sicile , où il ne trouva point de réfiftance. La flotte Carthaginoife , commandée par Himilcon , retourna fans combattre fur les côtes d'Afrique. Hypocrate , un des tyrans de la Sicile , fut vaincu dans un combat , où il perdit huit mille hommes. Ces fuccès n'ébranlèrent point Syracufe , défendue par un géomètre. *Marcellus* n'efpérant rien de la force ni de fes intelligences , s'en rendit maître par la rufe d'un foldat. La ville la plus opulente du monde fut livrée au pillage. Les Syracufains portèrent leurs plaintes à Rome contre leur vainqueur , qu'ils taxèrent d'avarice & de cruauté ; mais il fut abfous par le fénat.

Après le carnage de Canne , *Marcellus* fut nommé conful avec Fabius-Maximus. L'oppofition de leur caractère dicta ce choix. La fage lenteur de l'un parut propre à tempérer la valeur impétueufe de l'autre. Comme Fabius favoit mieux prévenir une défaite , que remporter des victoires , les Romains difoient qu'il étoit leur bouclier , & que l'autre étoit leur épée.

*Marcellus* fut le premier qui apprit qu'Annibal n'étoit point invincible. Il le harcela fans ceffe dans fes marches par des efcarmouches , il lui enleva des quartiers , lui fit lever tous les fiéges , & le battit dans plufieurs rencontres. Il prit Capoue , contint Naples & Nole , prêtes à fe déclarer pour les Carthaginois. Le foin qu'Annibal prit de l'éviter , montre combien il lui paroiffoit redoutable. Les profpérités ont leur terme. *Marcellus* , après une continuité de fuccès , tomba dans une embûche où il périt avec fon collègue Crifpinus. Annibal lui fit rendre les honneurs funèbres , & renvoya à fon fils fes cendres & fes os dans un cercueil d'argent. Les Numides s'approprièrent cette riche dépouille , & les reftes de ce grand homme furent difperfés. Il avoit été cinq fois conful. Sa poftérité s'éteignit dans *Marcellus* , fils de la fœur d'Augufte , dont il avoit époufé la fille nommée *Julie* ; & cette alliance lui ouvroit le chemin à l'empire. Il mourut l'an 547 de Rome. ( *T. N.* )

MARCELLUS , ( Marcus-Claudius ) defcendant de

celui dont nous venons de parler, fut un des plus zélés partifans de Pompée. Après la difperfion de fon parti Céfar jura de ne lui jamais faire grace. Ce fut pour fléchir ce vainqueur irrité, que Cicéron prononça cette harangue fleurie qui défarma la colère de Céfar. Le fénat joignit fes prières à l'éloquence de l'orateur : *Marcellus* fut rappellé de fon exil. (*T.N.*)

MARCELLUS, (Marcus-Claudius) petit-fils du précédent, étoit fils d'Octavie, fœur d'Augufte. Sa naiffance l'appelloit à l'empire du monde, & fes vertus le rendoient digne de le gouverner. Augufte, qui le regardoit comme fon héritier, lui fit époufer fa fille Julie. Une mort prématurée l'enleva à l'empire. Sa famille chercha des confolations dans la magnificence de fes obsèques. On célébra des jeux en l'honneur de fa mémoire ; mais ce furent les larmes & les regrets qui honorèrent le plus fes cendres. (*T.-N.*)

MARCHAND, (Profper) (*Hift. Litt. mod.*) connu par fon dictionnaire hiftorique, qui peut être regardé comme un fupplément à celui de Bayle, dont on lui doit auffi une édition, ainfi que de fes lettres ; du *Cymbalum mundi*, &c. connu encore par fon hiftoire de l'imprimerie, étoit dans ces derniers temps un de ces libraires, hommes de lettres, qui retraçoient ces favans imprimeurs du feizième fiècle. Il fut auffi un des principaux auteurs du journal littéraire de Hollande ; & eut part encore à d'autres journaux. Mort en 1756.

MARCHE, (Olivier de la) (*Hift. de France*) gentilhomme Bourguignon, page, puis gentilhomme de Philippe-le-Bon, duc de Bourgogne ; maître-d'hôtel & capitaine des gardes de Charles-le-téméraire, fils de Philippe ; grand maître d'hôtel de Maximilien d'Autriche, qui époufa Marie de Bourgogne, fille unique de Charles-le-téméraire ; attaché dans la même qualité à l'archiduc Philippe, fils de Maximilien & de Marie de Bourgogne, étoit contemporain de Philippe de Comines, & attaché comme lui au dernier prince de la maifon de Bourgogne ; il a laiffé comme lui, des mémoires hiftoriques moins agréables à la vérité que ceux de Philippe de Comines ; mais ce qui vaut beaucoup mieux, il a laiffé l'exemple d'une fidélité inviolable à fes premiers maîtres & à leur poftérité, ce que n'ont fait, ni Philippe de Comines, ni le fameux Defquerdes ou Defcordes. Mort à Bruxelles en 1501.

On a encore d'Olivier de la *Marche*, outre fes mémoires, un *traité fur les duels & gages de bataille*, & l'ouvrage intitulé : *Triomphe des dames d'honneur.*

MARCHET, f. m. ou MARCHETA, (*Hift. d'Angleterre*) droit en argent que le tenant payoit autrefois au feigneur pour le mariage d'une de fes filles.

Cet ufage fe pratiquoit avec peu de différence dans toute l'Angleterre, l'Ecoffe, & le pays de Galles. Suivant la coutume de la terre de Dinover dans la province de Caermarthen, chaque tenant qui marie fa fille, paye dix fchelins au feigneur. Cette redevance s'appelle dans l'ancien breton, *gwaber marched*, s'eft-à-dire, *prefent de la fille.*

Un tems a été qu'en Ecoffe, dans les parties feptentrionales d'Angleterre, & dans d'autres pays de l'Europe, le feigneur du fief avoit droit à l'habitation de la première nuit avec les époufées de fes tenans. Mais ce droit fi contraire à la juftice & aux bonnes mœurs, ayant été abrogé par Malcom III, aux inftances de la reine fon époufe, on lui fubftitua une redevance en argent, qui fut nommée le *marcher de la mariée.*

Ce fruit odieux de la débauche tyrannique a été depuis long-tems aboli par toute l'Europe ; mais il peut rappeler au lecteur ce que Lactance dit de l'infame Maximien, *ut ipfe in omnibus nuptiis præguftator effet.*

Plufieurs favans anglois prétendent que l'origine du *borough-english*, c'eft-à-dire, du privilège des cadets dans les terres, qui a lieu dans le Kentshire, vient de l'ancien droit du feigneur dont nous venons de parler ; les tenans préfumant que leur fils aîné étoit celui du feigneur, ils donnèrent leurs terres au fils cadet qu'ils fuppofoient être leur propre enfant. Cet ufage par la fuite des tems, eft devenu coutume dans quelques lieux. (*D. J.*)

MARCHETTI, (Alexandre) (*Hift. Litt. mod.*) poëte & mathématicien célèbre d'Italie, ami du favant Borelli, (Voir cet article) & fon fucceffeur dans fa chaire de mathématiques à Pife, eft auteur de poëfies & de traités de phyfique & de mathématique eftimés ; entr'autres, d'un traité *de refiftentiâ ftuidorum.* Il a traduit en vers italiens, Lucrèce & Anacréon. Crefcimbeni, dans l'hiftoire de la poëfie italienne, a cité un fonnet de *Marchetti*, comme un modèle parfait dans ce genre.

MARCHI, (François) (*Hift. Litt. mod.*) gentilhomme romain, habile ingénieur du feizième fiècle, auteur d'un traité *della architettura militare*, devenu rare, ce qui ne feroit pas un bon figne ; les Italiens difent que des ingénieurs François qui fe font appropriés beaucoup d'inventions de *Marchi*, en ont fait difparoître les exemplaires ; fait plus facile à alléguer qu'à prouver, & que la jaloufie & la vanité nationales ont pu inventer.

MARCHIN, MARCIN ou MARSIN, (Ferdinand) (*Hift. de France*) maréchal de France, d'une famille Liégeoife, fut bleffé à la bataille de Fleurus, en 1690 ; fe diftingua à la bataille de Nervinde en 1693 ; fut nommé en 1701 par Louis XIV, ambaffadeur extraordinaire auprès de Philippe V, roi d'Efpagne, qui partant pour aller faire la guerre en Italie, lui donna la première audience dans le vaiffeau qui l'y tranfportoit. *Marcin* eut le bâton de maréchal en 1703, & commanda dans cette guerre de la fucceffion. Il commanda, en 1704, cette trifte retraite d'Hochftet. Chargé en 1706, de diriger & de gêner les opérations du duc d'Orléans, devant Turin, & ayant forcé ce prince, contre l'avis du prince, & contre le fien, mais d'après les ordres de la cour, dont il étoit porteur, d'attendre l'ennemi dans les retranchemens, il vit perdre cette autre trifte bataille de Turin , où ,.en quatre heures , toute l'Italie fut perdue. Il fit tout ce qu'il falloit pour être tué sur le champ de bataille. Plus malheureux, il ne fut que bleffé à mort, & fait prifonnier. On effaya de le traiter , & ce fut pour le faire mourir dans les tourmens , on lui coupa la cuiffe , & il expira quelques momens après l'opération.

MARCIEN , ( *Hiſtoire des empereurs.* ) Ce Thracé fit oublier la baſſeſſe de fon origine par fon courage & fes talens guerriers. Le jour qu'il quitta fon pays pour aller s'enrôler penfa être le dernier de fa vie. Il rencontra fur fa route le cadavre d'un voyageur qui venoit d'être affaffiné. Il s'arrêta pour examiner fes bleffures autant par curiofité que par le defir de lui procurer un remède à fes maux ; il fut apperçu & foupçonné d'avoir commis ce meurtre. On le conduifit en prifon , & l'on étoit prêt à le condamner au dernier fupplice , lorfque le véritable affaffin fut découvert. Il ne vieillit point dans l'emploi de foldat ; il parvint aux premiers grades de la milice fans d'autres protecteurs que fon mérite. Théodofe, trop foible pour fupporter le poids d'une couronne, avoit avili le pouvoir fouverain, moins par fes vices que par fon indolence. Sa sœur Pulchérie employa tout fon crédit pour lui donner un fucceffeur qui fit refpecter la majeſté du trône ; elle fe flatta que *Marcien* lui devant fon élévation , l'épouferoit & partageroit avec elle l'autorité fuprême. Ses intrigues eurent un heureux fuccès. *Marcien* fut proclamé empereur, mais engagé par un vœu de chaſteté , il refufa de le rompre. Son règne fut appellé l'*âge d'or* , & ce fut la loi affife fur le trône qui préfida aux deſtinées des citoyens. Quoique *Marcien* fut déjà vieux , il fembloit avoir encore la vigueur de la jeuneffe. Les Barbares n'exercèrent plus impunément leurs brigandages. Attila lui envoya demander le tribut annuel que Théodofe fecond s'étoit foumis à lui payer. Il lui répondit : « Je n'ai de l'or que pour » mes amis, & je garde le fer pour en faire ufage » contre mes ennemis. » Quoiqu'il eût tous les talens pour faire la guerre avec gloire , il ne prit jamais les armes que pour fe défendre. Il avoit coutume de dire qu'un prince qui faifoit la guerre lorfqu'il pouvoit vivre en paix, étoit l'ennemi de l'humanité. Sa reconnoiffance fi rare dans les fortunes élevées , fut une de fes vertus fur le trône. Talianus & Julius, qui étoient deux frères , lui avoient donné l'hofpitalité dans une de fes maladies ; après qu'il eut recouvré fa fanté par leurs foins , ils lui firent encore préfent de deux cens pieces d'or pour continuer fon voyage. *Marcien* s'en fouvint lorfqu'il fut parvenu à l'empire ; il donna à l'un le gouvernement d'Illyrie , & à l'autre celui de Conſtantinople. Genferic avoit envahi l'Afrique. *Marcien* fe difpofoit à le dépouiller de fes ufurpations, lorfque la mort l'enleva aux vœux des peuples après un règne de fept ans dont chaque jour avoit été marqué par des traits de bienfaifance. Sa foi fut pure & brûlante. Les orthodoxes exilés peuploient les déferts, il les rappella pour les élever aux premiers emplois. Les hérétiques furent perfécutés & exclus des dignités,

Il convoqua en 451 le concile général de Chalcédoine & fe chargea d'en faire obferver exactement les décrets. Sa mémoire fut long-temps précieufe . aux peuples qu'il avoit déchargés du poids des impôts. Le pinceau des hérétiques a un peu défiguré fes traits. Ils l'ont peint comme un prince foible & pufillanime. Il mourut en 457. ( *T--N.* )

MARCILE ( Théodore ) ( *Hiſt. Litt. mod.* ) profeffeur royal en éloquence , né en 1548, mort en 1617. On a de lui des notes & de remarques fur divers auteurs .latins , poètes & autres, Horace, Perfe, Catulle , Marſial , Suétone , Aulugelle , fur les loix des douze tables, fur les inſtituts de. Juſtinien , l'ouvrage intitulé , *Hiſtoria Strenarum* , le badinage intitulé , *Lufus de NEMINE*, imprimé, avec le *Paſſeratii NIHILE* , le *Guillimani aliquid* , badinages de même efpèce. On a encore de lui des harangues , des poëſies & autres opufcules.

MARCION. ( *Hiſt. Eccléſ* ) héréfiarque du fecond fiècle de l'églife, chef de la fecte des Marcionites, difciple de l'hérétique Cerdon. Il avoit, dit-on , fait un livre intitulé : les *Anti-Thèſes*, dans lequel il relevoit plufieurs contrariétés qu'il croyoit trouver entre l'ancien & le nouveau teſtament.

MARCIUS , ( Caïus ) ( *Hiſt. Rom.* ) conful & dictateur , & le premier dictateur pris parmi les Plébeïens , vers l'an 554, avant J. C. Il vainquit les Privernates, les Toſcans & les Faliſques.

MARCK (la) ( *Hiſt. mod.* ). La maifon de la *Marck* tire fon nom du comté de la *Marck*; elle defcend des comtes d'Altena & d'Altemberg qui vivoient dans le onzième fiècle. Le premier qui prit le nom de comte de la *Marck* fut Engilbert, mort en 1251.

Evrard I, fon fils, combattit en 1288, à la bataille de Woring, pour Jean, duc de Brabant, contre Renaud , comte de Gueldre.

Robert de la *Marck* , premier du nom, feigneur de Sedan , duc de Bouillon , fut tué au fiège d'Ivoy en 1489.

Robert de la *Marck* , fecond du nom, fon fils , feigneur de Sedan , duc de Bouillon , mort en 1535, s'étoit fignalé à la bataille de Novare , par un trait de défefpoir bien brillant & bien heureux. Il apprend qu'on a vu fes deux fils aînés renverfés dans un foffé , bleffés & perdant tout leur fang. On ne pouvoit pénétrer jufqu'à eux, qu'à travers l'armée des fuiffes vainqueurs, cet obſtacle ne l'arrête pas. Furieux, terrible , il perce à la tête de fa compagnie d'hommes d'armes , cette armée victorieufe , il trouve fes fils mourans ; il charge fur fon cheval, l'autre fur celui d'un de fes hommes d'armes ; il paffe encore l'épée à travers des fuiffes , & rejoint les François dans leur retraite. Ses deux fils lui durent la vie une feconde fois , ils guérirent. L'aîné fut depuis le maréchal de Fleuranges, fait maréchal de France , vers l'an 1530 , & dont nous avons des mémoires ; où il parle toujours de lui fous le nom *du jeune adventureux*,

Robert de la *Marck* , & l'évêque de Liège , Erard de

de la *Marck*, son frère, avoient toujours été dans les intérêts de la France. On eut l'imprudence de les désobliger dans le temps de la fameuse concurrence de François Ier & du roi d'Espagne à l'empire ; on avoit cassé la compagnie de cent hommes d'armes du premier; à cause des excès qu'elle commettoit, & on ne lui en avoit point donné d'autre. La duchesse d'Angoulême lui faisoit mal payer ses pensions, parce qu'il avoit été attaché au parti d'Anne de Bretagne. L'évêque de Liège aspiroit au cardinalat, le roi sollicitoit pour lui avec une vivacité sincère ; mais la duchesse d'Angoulême qui s'intéressoit pour Bohier, archevêque de Bourges, frère du trésorier de l'Epargne, parce qu'elle étoit, dit-on, intéressée par le trésorier, trompoit & le roi son fils & le pape ; elle mandoit au pape que son fils étoit d'intelligence avec elle, & qu'il ne parloit pour l'évêque de Liège, que par un respect extérieur pour des engagemens dont il ne désiroit point l'exécution : le pape la crut, & Bohier fut cardinal. Cette intrigue fut découverte ; le chancelier de Liège, le savant Aléandre qui étoit à Rome, surpris du peu d'égard que le pape avoit eu pour la recommandation du Roi, voulut s'en expliquer avec le secrétaire du pape, qui fut dans la suite le cardinal Bembe ; celui-ci montra au chancelier de Liège la lettre de la duchesse d'Angoulême, & lui permit d'en tirer copie. Le chancelier l'envoya à l'évêque, l'évêque au roi. Le roi la désavoua, il ne fut pas cru. L'évêque de Liège indigné, oublia qu'il devoit sa fortune à la France ; il se jetta entre les bras du roi d'Espagne, y entraîna son frère ; il obtint depuis, par le crédit de l'Espagne, le chapeau de cardinal, & le roi d'Espagne n'eut point ailleurs des électeurs de ministres plus zélés, ni plus intelligens que les deux la *Marck*.

Devenu empereur, il fit à son tour la faute de les désobliger dans une affaire qui intéressoit la principauté de Sedan, & il n'eut pas de plus grands ennemis ; ils lui déclarèrent la guerre, & ils la lui firent, même avant d'être soutenus par la France. Le cardinal resta cependant attaché à Charles-Quint, mais Robert de la *Marck* & ses trois fils se livrèrent à la France. Le retour de la *Marck* vers la France, fut un événement heureux pour Fleuranges, qui resta toujours resté attaché au roi, & qui se voyoit déshérité par le traité que la *Marck* avoit fait avec l'empereur. Un attrait particulier qui tenoit à la chevalerie, l'entraînoit vers François Ier, & l'y avoit retenu pendant la défection de ses parents. Il étoit avec François Ier, au camp du drap d'or ; il fut fort inquiet de la démarche chevaleresque que fit ce prince, d'aller seul & sans escorte, voir Henri VIII à Guines. Au retour de François Ier, il la gronda comme Sully dans la suite grondoit Henri IV. Il lui dit de ce ton que le zèle justifie : *mon maître, vous êtes un fou d'avoir fait ce que vous avez fait, & suis bien-aise de vous revoir ici, & donne au diable celui qui vous l'a conseillé. —— Je n'ai pris conseil de personne,* dit le roi, *parce que je savois bien que personne ne me donneroit celui que je voulois prendre.*

Un des plus grands & des plus utiles exploits du maréchal de Fleuranges dans les guerres de François Ier, contre Charles-Quint, fut la défense de Péronne, en 1536. Ce fut un chef-d'œuvre que cette défense : ni le bonheur, ni l'adresse du comte de Nassau, ni tous les efforts de l'armée nombreuse des Impériaux qu'il commandoit, ni l'action continuelle d'une artillerie puissante & bien servie, ni le jeu terrible des mines ; ni quatre assauts dans chacun desquels les ennemis revinrent plusieurs fois à la charge, ne purent réduire cette place défendue par le maréchal de Fleuranges, qui fut en cette occasion parfaitement secondé par le généreux d'Estourmel ( *Voyez* l'article ESTOURMEL).

Dans l'intervalle d'un des assauts à un autre, le maréchal de Fleuranges manquoit de poudre. Le duc de Vendôme & le duc de Guise étoient à Ham, épiant l'occasion de faire entrer des secours dans la place. Le maréchal de Fleuranges envoya un soldat déterminé leur demander de la poudre. Comme toutes les portes étoient obsédées par les ennemis, il fallut le descendre avec une corde par-dessus les murs, au milieu des marais ; il arriva heureusement jusqu'à Ham. Le duc de Guise se chargea de faire entrer dans la ville, pendant la nuit, les secours que Fleuranges demandoit. Il choisit quatre cents arquebusiers, parmi les plus braves, il leur fit prendre à chacun un sac de poudre de dix livres, & les escorta lui-même avec deux cents chevaux, jusqu'au bord des marais de Péronne. Tandis qu'ils traversoient ces marais, le duc de Guise, pour attirer d'un autre côté l'attention des ennemis, tourna autour du camp impérial, sonnant par-tout l'alarme. Pour faire plus de bruit, il avoit mené avec lui tous les trompettes de l'armée qui étoit à Ham. Les ennemis persuadés qu'on alloit leur livrer bataille, coururent tous à leurs postes. Cependant les arquebusiers guidés par le soldat, furent tirés les uns après les autres dans la ville, par des cordes. Au point du jour, les ennemis apperçurent les derniers qui entroient. Le duc de Guise de son côté, faisoit sa retraite en bon ordre.

Le lendemain, le comte de Nassau envoya sommer le maréchal de Fleuranges de se rendre, sous promesse de la vie sauve, pour la garnison ; mais sous la condition d'un pillage des trois jours. Sur le refus de Fleuranges la ville devoit être réduite en cendres, & la garnison passée au fil de l'épée. Fleuranges répondit à Nassau : « Votre proposition auroit déjà été indécente, avant que j'eusse reçu quatre mille livres de » poudre dont j'avois besoin, & quatre cents arque- » busiers dont je pouvois me passer ».

Le roi averti par le maréchal de Fleuranges de l'état de la place, au moment où il venoit de chasser l'empereur de la Provence, alloit s'avancer à la tête de son armée victorieuse, pour secourir Péronne, lorsqu'il apprit que le siège venoit d'être levé au moment où l'ennemi sembloit avoir tout préparé pour un cinquième assaut.

Le maréchal de Fleuranges ne jouit pas long-tems de la gloire qu'il avoit acquise par la défense de Péronne. A peine étoit-il retourné auprès du Roi, à peine en avoit-il reçu l'accueil dû à sa valeur & à sa bonne conduite, qu'il apprit la mort du fameux Robert de la *Marck*, son père ( arrivée la même année 1536 ) Il prit aussi-tôt la poste pour Sedan ; mais il fut arrêté à Longjumeau, par une fièvre maligne, dont il mourut. ( 1537 ) La France perdit à fois, dans le père, un allié utile, dont les services avoient presque effacé le tort irréparable qu'il avoit fait à François Ier, lors de la concurrence à l'empire, & dans le fils un de ses plus fidèles sujets, un de ses plus braves officiers, & ce qui est toujours bien plus rare, un très-habile capitaine. Il se servoit de sa plume, comme de son épée. Ses mémoires respirent la naïveté libre & hardie d'un chevalier du temps de François Ier.

Le fils du maréchal de Fleuranges, fut aussi maréchal de France ; il est aussi nommé par quelques-uns, le maréchal de Fleuranges, par quelques autres le maréchal de Bouillon. Il fut fait prisonnier par les Espagnols, le 18 Juillet 1553, à la prise du château de Hesdin. Les Espagnols le traitèrent avec toute forte de dureté, & lorsqu'en vertu de la trève conclue à Vaucelles, le 5 février 1556, ils furent obligés de le relâcher, ils le taxèrent à soixante mille écus d'or de rançon ; ils même se accuse-t-on d'avoir eu la perfidie de lui donner un poison lent, dont il mourut cette même année 1556.

Il fut l'ayeul de Charlotte de la *Marck*, qui, par son mariage avec le vicomte de Turenne, Henri de la Tour, si connu depuis sous le nom de maréchal de Bouillon, porta dans cette maison de la Tour d'Auvergne, les principautés de Sedan & de Bouillon, & tous les grands biens de la maison de la *Marck*.

Turenne qui, depuis de la jeune Bouillon
Mérita dans Sedan la puissance & le nom ;
Puissance malheureuse & trop mal conservée,
Et par Armand détruite aussi-tôt qu'élevée.

La branche de la *Marck* Maulevrier, issue d'un second fils du maréchal de la Marck-Bouillon, mort en 1556, a produit à la seconde génération Louise de la *Marck*, qui épousa en 1633, Maximilien Echallard, marquis de la Boulay ; leurs enfans prirent le nom & les armes de la *Marck* : l'aîné, Henri Robert, comte de la *Marck*, fut tué à la bataille de Consarbrick, près de Trèves, le 11. août 1675.

La seule branche de la *Marck* qui subsiste aujourd'hui, celle des barons de Lumain, descend de Guillaume de la *Marck*, dit le *sanglier des Ardennes*, pour sa valeur barbare & sa férocité. Dans une sedition qu'il excita contre Louis de Bourbon, évêque de Liège, tige de la branche de Bourbon Busset, il lui fendit la tête à coups de hache, & jetta son corps, du haut du pont, dans la Meuse, en 1482. Maximilien, archiduc d'Autriche, & depuis empereur, neveu de l'évêque de Liège, par Marie de Bourgogne, sa femme, vengea la mort de son oncle : ayant sû que Guillaume cherchoit à exciter des troubles dans les pays-bas, il le fit arrêter à Utrecht, & lui fit trancher la tête en 1485. On dit que Guillaume portoit cette étrange devise : *Si Dieu ne me veult, le diable me prye*. Ses descendans ont hérité de sa valeur, & non pas de sa férocité.

**MARCOUL**, ( Saint ) **MARCULPHUS** ( *Hist. Ecclés.* ) né à Bayeux, mort en 558 au monastère de Nanteuil, près de Coutances. Il y a une église da saint Marcoul, à Corberi, au diocèse de Laon, elle dépend de saint Remi de Reims. C'est-là, dit-on, que les rois de France vont, ou alloient faire, une neuvaine, après leur sacre, avant que de toucher des écrouelles, comme pour en obtenir la vertu, ou pour remercier de l'avoir reçue.

**MARCULFE**, ( *Hist. Litt. mod.* ) moine François, célèbre par son livre des *Formules* des actes anciens, publié par Jérôme Bignon, & dont Baluze a donné depuis une edition très-complette. Cet ouvrage est divisé en deux livres ; le premier contient les chartres royales, le second, les actes des particuliers.

On ne sait rien d'ailleurs de *Marculfe*, pas même s'il vivoit au septième ou au huitième siècle ; mais son ouvrage est d'une grande utilité pour la connoissance de l'histoire, tant civile qu'ecclésiastique, des rois de la première race.

**MARD** ( saint ) ( *Voyez* REMOND ).

**MARDOCHÉE**, ( *Hist. Sacr.* ) cousin-germain d'Esther, qui l'avoit adoptée pour sa fille. Son histoire, mêlée avec celle de sa fille adoptive, remplit presque tout le livre d'*Esther*.

**MARDONIUS**, ( *Hist. anc.* ) gendre de Darius, & beau-frère de Xercès, commanda les armées du Perses contre les Grecs, & perdit contre ceux-ci la bataille de Platée, où il fut tué l'an 479 avant J. C.

**MARE**, ( de la ) *Hist. Litt. mod.* ) le plus connu des écrivains qui ont porté ce nom, est Nicolas de la *Mare*, doyen des commissaires au Châtelet, mort en 1723, plus qu'octogénaire, auteur du traité de la police, ouvrage très-estimé, auquel M. le Clerc du Brillet a ajouté un quatrième volume.

On a de Philibert de la *Mare*, conseiller au parlement de Dijon, mort en 1687, un ouvrage intitulé : *Commentarius de bello Burgundico* ; c'est l'histoire de la guerre de 1635, & du siège de saint Jean de Losne, & cet ouvrage fait partie d'un autre plus vaste, *Historicorum Burgundiæ conspectus*.

On a aussi de Guillaume de la *Mare*, poëte latin du seizième siècle, chanoine de Coutances, deux poëmes intitulés, l'un *Chimæra*, l'autre, *de tribus fugiendis*, *venere*, *ventre & plumâ*.

**MARES.** ( *Voyez* DESMARES. )
**MARÊTS.** ( Jean des Marêts de Saint Sorlin ). *Voyez* DESMARÊTS.

**MARÊTS** ( des ) ( *Hist. de France* ) Dans les premières années du règne de Charles VI, l'avidité, les exactions du duc d'Anjou, & ensuite du duc de Bourgogne, ses oncles avoient excité quelques séditions dans Paris ; les Maillotins avoient massacré des commis & des partisans ; la cour vouloit se venger, & n'attendoit qu'une occasion favorable ; elle se pré-

préfenta, lorfqu'après la bataille de Rofebèque, en 1382, le roi revenant à Paris à la tête d'une armée victorieufe, vit les habitans de cette ville venir avec un zèle fufpeſt à fa rencontre, au nombre de trente mille, mal armés & mal difciplinés. Deux mots du connétable de Cliſſon, prononcés d'un ton fier & menaçant, mirent en fuite cette multitude imprudente. Le roi entra dans Paris, comme dans une place conquife, brifa les portes, rompit les barrières, arracha les chaînes, enleva les armes, fupprima la prévôté des marchands & l'échevinage, déploya l'appareil des fupplices, avec plus de rigueur que d'équité, fit trancher la tête à Defmarets, magiftrat vénérable par fon âge, par fa vertu, par fes longs fervices; fon plus grand crime étoit d'être adoré du peuple, & odieux au duc de Bourgogne, dont l'autorité étoit devenue fans bornes, depuis que le duc d'Anjou, entièrement livré à l'expédition de Naples, lui avoit abandonné les rênes du gouvernement. Defmarets porta au fupplice cette fermeté tranquille, que donne une bonne - confcience. Jugez moi, Seigneur, & féparez ma caufe de celle des impies, dit-il en montant fur l'échafaud. On l'avertit de demander pardon au roi. Je n'ai, répondit-il, jamais offenfé les rois de la terre, j'ai employé à en fervir quatre, les foixante & dix années de ma vie, en voici la récompenfe. Le peuple, à ce fpeſtacle, frémiſſoit de douleur & de crainte; une confternation générale avoit fuccédé à toute fon audace. Le gouvernement profita de ces difpofitions; on aſſembla dans la cour du palais le peuple éperdu; on avoit élevé fur un échafaud, un trône, où le roi étoit affis, environné des princes & des grands du royaume. Le Chancelier fe lève, reproche au peuple fes révoltes, & les bontés du roi payées, difoit-il, de tant d'ingratitude. Son ton étoit menaçant, & fes regards fi févères, que le peuple profterné, & tout en larmes, n'ofoit efpérer fa grace; les princes la demandèrent à genoux, feignant d'être touchés des marques d'un repentir fi fincère. Le roi fe rendant à leurs inftances, déclara qu'il commuoit en une peine pécuniaire la peine de mort que tout ce peuple avoit mérité. « Cétoit-là, dit Mézeray, le vrai fujet de cette pièce de théâtre ». L'édit pour le rétabliſſement des impôts, fut publié aux acclamations de même peuple, qui avoit tant combattu pour s'y fouftraire, & la Cour diſſipant à l'inftant en folles dépenfes le produit de ces impôts, juftifioit en quelque forte, dit le même Mézerai, les émotions qu'elle prétendoit punir.

MARÊTS, ( Samuel des ) ( Hiſt. Litt. mod. ) c'eſt le nom d'un favant miniftre proteftant, auteur d'une multitude d'écrits polémiques contre les catholiques, contre les fociniens, contre Grotius. Ses deux fils, Henri & Daniel ont donné l'édition de la bible françoife, imprimée in-folio, chez Elzevir, en 1669, & dont les notes font de Samuel leur père, né en 1599, mort vers 1673.

MAREÜIL, ( Hiſt. Litt. mod. ) eſt le nom d'un tradiſteur françois du Paradis reconquis de Milton.

MARGGRAVE, f. ( Hiſt. mod. ) en allemand marck-graf, titre que l'on donne à quelques princes de l'empire germanique, qui poſſèdent un état que l'on nomme marggraviat, dont ils reçoivent l'inveſtiture de l'empereur. Ce mot eſt compofé de marck, frontière ou limite, & de graf, comte ou juge; ainfi le mot de marggrave indique des feigneurs que les empereurs chargeoient de commander les troupes & de rendre la juftice en leur nom dans les provinces frontières de l'empire.

Ce titre femble avoir la même origine que celui de marquis, marchio. Il y a aujourd'hui en Allemagne quatre marggraviats, dont les poſſeſſeurs s'appellent marggraves, favoir; 1°. celui de Brandebourg; tous les princes des différentes branches de cette maifon ont ce titre, quoique la Marche ou le marggraviat de Brandebourg appartienne au roi de Pruſſe, comme chef de la branche aînée: c'eſt ainfi qu'on dit le marggrave de Brandebourg-Anfpach, le marggrave de Brandebourg-Culmbach, ou de Bareuth; le marggrave de Brandebourg-Schwedt, &c. 2°. Le marggraviat de Mifnie, qui appartient à l'électeur de Saxe. 3°. Le marggraviat de Bade; les princes des différentes branches de cette maifon prennent le titre de marggrave. 4°. Le marggraviat de Moravie, qui appartient à la maifon d'Autriche. Ces princes, en vertu des terres qu'ils poſſèdent en qualité de marggraves, ont voix & féances à la diète de l'empire. ( A. R. )

MARGON, ( Guillaume Plantavit de la Paufe de ) ( Hiſt. Litt. mod. ) grand faifeur de brevets de la Calotte, grand faifeur de fatyres en général. Il en fit une contre les janféniftes, qui déplut même aux jéfuites; il feroit fans doute fort aifé d'en faire une qui eût ce double tort ou ce double avantage; mais ce n'avoit pas été l'intention de l'auteur, il avoit réellement plus contre les jéfuites, contre les janféniftes. L'ouvrage qu'il avoit fait contre ceux-ci, avoit pour titre, le janfénifme démafqué. L'abbé de Margon ne fut pas peu furpris, si peu mécontent de voir cette brochure très-maltraitée dans le journal de Trévoux, par le père de Tournemine.

L'abbé de Margon a laiſſé la réputation d'un méchant; on dit que fa phyfionomie annonçoit fon caraſtère à tout le monde. Les libelles qu'il répandoit avec profufion, attirèrent l'attention du gouvernement, il fut relégué aux ifles de Lérins; &, lorfque ces ifles furent prifes par les Autrichiens, en 1746, ( car dans cette guerre fi brillante & fi heureufe, le royaume fut plus d'une fois entamé ) il fut transféré au château d'If; il obtint enfuite une demi-liberté, à condition de vivre dans un couvent. Là, en faifant de petite méchancetés obfcures, il fe confoloit de ne plus ofer en faire d'éclatantes; il troubloit du moins la petite fphère qui le renfermoit. Il mourut en 1760. On a de lui d'autres ouvrages que des belles; des mémoires de Villars, qui ne font pas les véritables; des mémoires de Berwick, qui ne font pas les véritables; des mémoires de Tourville, qui ne font pas les véritables; les lettres de Fitz-Moritz.

MARGUERITE, ( sainte ) vierge & martyre, dont on ne sait rien ; on croit qu'elle a reçu le martyre à Antioche en 275.

MARGUERITE, SAMBIRIE, ( *Hist. de Danem.* ) reine & régente de Danemarck, fille d'un duc de Poméranie, avoit épousé Christophe I, roi de Danemarck. Elle excelloit dans tous les exercices, & se fit admirer souvent dans les tournois. Sa figure annonçoit son mâle caractère. Elle avoit le port noble, les traits durs ; & le teint basané ; elle eut beaucoup de part aux troubles qui agitèrent le Danemarck pendant le règne de son époux ; mais elle ne put lui inspirer le courage dont elle étoit animée. Ce prince vécut esclave du Clergé, & mourut sa victime. La reine fut nommée régente du royaume de Danemarck après la mort de Christophe I, pendant la minorité d'Eric Glipping, son fils. Elle essuya d'abord quelques démêlés avec l'Eglise, & ( ce que les plus grands rois avoient en vain tenté jusqu'alors ) elle sut faire respecter l'autorité suprême par les prélats. Elle refusa l'investiture du duché de Slefwick à Eric, prince Suédois ; elle sentoit combien il étoit dangereux de recevoir cet étranger dans le royaume : son refus alluma la guerre. *Marguerite* parut à la tête de son armée : mais trahie par ses généraux, elle fut vaincue l'an 1262, & tomba entre les mains de ses ennemis. Eric, son fils, eut le même sort ; l'un & l'autre obtinrent leur liberté : le premier usage qu'en fit *Marguerite*, fut d'envoyer à l'échafaud les chefs qui avoient donné à l'armée l'exemple d'une fuite honteuse. Ses anciens différends avec le Clergé se réveillèrent. Une soumission politique mit le pape Urbain IV dans ses intérêts ; mais la mort de ce pontife rendit à l'archevêque de Lauden sa première audace ; cependant ces querelles se terminèrent dans la suite. Mais Eric ayant commencé à gouverner par lui-même, il ne resta plus à *Marguerite* que le souvenir de ses belles actions, & la vénération publique qui en étoit le prix : elle mourut vers l'an 1300. Une conduite soutenue & adaptée aux événemens, une humeur égale & sans caprice, une sévérité guidée par l'équité, & non par la vengeance, son courage dans les malheurs, sa modestie dans le cours de ses prospérités lui assurent une place parmi les femmes célèbres & même parmi les grands hommes.

MARGUERITE, reine de Danemarck, de Suède & de Norwege. Tout est singulier dans cette princesse, jusques à sa naissance. Valdemar III, le plus soupçonneux des hommes, avoit fait enfermer Hedwige, son épouse, dans le château de Soburg ; s'étant égaré à la chasse, cette prison même lui servit d'asyle ; on lui présenta son épouse, déguisée avec art & sous un autre nom ; la fraude lui rendit tout son amour, & *Marguerite* en fut le fruit ; elle naquit l'an 1353 ; talens, esprit, courage, tout fut précoce en elle ; son père prévit de bonne heure sa haute destinée. « La nature s'est trompée, disoit-il, » elle vouloit en faire un héros, & non pas une » femme ». Olaüs V étant mort en 1385, la couronne fut briguée par Henri de Mecklenbourg, fils d'Albert, roi de Suède ; mais *Marguerite*, dont les graces & le génie naissant avoient charmé tous les Scaniens, fut proclamée par eux ; leur exemple entraîna les suffrages des autres provinces : la princesse fut couronnée. Elle étoit déja régente de Norvege : le trône étoit encore vacant : elle avoit gouverné avec tant de sagesse sous le nom de *régente*, qu'elle méritoit de gouverner sous celui de *reine* : cependant plusieurs partis s'opposoient à son élection : elle s'empara des places fortifiées, remplit la Norvege de troupes, soumit une partie de ses ennemis par la terreur de ses armes, & le reste par ses bienfaits. Enfin elle fut couronnée ; elle étoit reine & femme, & ne se vengea point. Les Danois plus fiers, rougissoient de fléchir sous le joug d'une femme. *Marguerite* se vit forcée de faire couronner le jeune & foible Eric Wratislas, duc de Poméranie, le dernier de ses enfans. C'étoit un fantôme qu'elle présentoit au peuple pour le tromper ; Hacquin, prince Suédois, fut contraint de renoncer à toutes ses prétentions sur la couronne. Il étoit plus difficile d'écarter Albert de Mecklenbourg, roi de Suède, qui avoit déja arboré les trois couronnes dans son écusson : déja, pour assurer le succès de ses desseins, il avoit levé des armées & fait équiper des flottes ; mais il avoit oublié que l'amour du peuple est la plus ferme appui du trône. Le despotisme étoit l'objet de toutes ses démarches politiques. Les Suédois gémissoient sous le fardeau des subsides ; la bienfaisance intéressée de *Marguerite* les soulageoit dans leur indigence ; les gouverneurs des forteresses ouvrirent les portes à ses troupes, le sénat déposa le roi Albert, le peuple appella *Marguerite*, & la noblesse la couronna. Cette révolution fut l'ouvrage de quelques mois. La victoire de Falkoping avança sa durée : Albert tomba entre les mains des mécontens ; son fils eut le même sort ; mais la captivité des deux princes ne fit point rentrer sous le joug de *Marguerite* quelques troupes de factieux qui avoient pris les armes, moins pour la défense d'Albert, que pour troubler l'état ; les discordes étoient sur-tout fomentées par les comtes de Holstein & les ducs de Slefwick qui craignoient que la nouvelle reine ne s'emparât de leurs états, & qui espéroient qu'Albert, son mari payeroit leurs services, leur laisseroit cette indépendance à laquelle ils aspiroient. La reine crut qu'il falloit faire quelques sacrifices à la gloire de porter trois couronnes : elle renonça à toute jurisdiction sur les domaines de ces princes, & ils promirent d'abandonner le parti du malheureux Albert. Ce prince ne trouva plus d'amis que dans la Wandalie. Ces peuples demandèrent sa liberté ; mais on la lui vendit bien cher ; il fut contraint d'abjurer tous ses droits sur la couronne de Suède, & s'obligea de payer une somme de soixante mille marcs pour prix de sa rançon. L'an 1395 que ce traité fut conclu, sous la garantie de Barnim, duc de Poméranie, & de Jean, duc de Meklenbourg. *Marguerite*, qui craignoit qu'après sa mort, la postérité d'Albert ne s'emparât du trône, voulut régler elle-même le choix

# MAR

de son successeur : cette élection se fit sans obstacles ; *Marguerite* présenta au peuple Eric, son petit-neveu, & ce jeune prince fut couronné. L'ambition de *Marguerite* n'étoit point encore satisfaite ; tant que les trois couronnes étoient distinctes & séparées, elle craignoit que l'une ne vînt à se détacher des deux autres ; elle voulut donc former un seul royaume de la Suède, du Danemarck & de la Norwege. Son dessein n'étoit pas sans doute de donner à ce plan politique une consistance invariable pour l'avenir, mais seulement d'en assurer la durée pendant sa vie, ou tout au plus pendant celle d'Eric. Cette princesse connoissoit trop le cœur humain, le caractere, les intérêts, la rivalité des trois nations sur lesquelles elle régnoit, pour se persuader qu'un projet si difficile dans l'exécution, pût se soutenir pendant plusieurs siècles. Ce fut à Calmar qu'elle assembla les sénateurs & la noblesse de Danemarck, de Suède & de Norwege ; la réunion des trois royaumes y fut proposée ; elle excita des débats très-vifs ; la reine *Marguerite* leva tous les obstacles, elle régla que le roi seroit alternativement élu par un des trois royaumes ; que ce monarque, pour ainsi dire, errant, fixeroit son séjour en Suède, en Danemarck, en Norwege, pendant quatre mois ou pendant une année ; qu'il consommeroit dans chaque royaume les revenus qu'il en tireroit ; que chaque nation ne payeroit des impôts que pour ses propres besoins ; enfin que les loix, les coutumes, les privilèges de chaque royaume ne souffriroient aucune altération ; qu'enfin dans chaque royaume les gouvernemens & les charges seroient le partage des naturels du pays, & ne seroient jamais donnés à des étrangers. Telle fut cette union de Calmar, si célèbre & si funeste, qui devoit, au jugement des politiques de ce tems, assurer le repos du Nord, & qui y alluma tous les feux de la guerre. Albert n'osa plus disputer à *Marguerite* un trône où trois nations s'empressoient à la maintenir. Mais cette reine, qui avoit fait une étude profonde des intérêts du commerce, des penchans des peuples sur lesquels elle régnoit, préféroit les Danois aux deux autres nations ; « La » Suède, disoit-elle à Eric, son successeur, vous » donnera de quoi vivre, la Norwege de quoi vous » vêtir, le Danemarck de quoi vous défendre ». Elle n'observa pas elle-même avec un respect bien scrupuleux, les conditions qu'elle s'étoit imposées. Les chevaliers Teutoniques s'étoient emparés de l'île de Gothland. *Marguerite* voulut y rentrer à main armée ; mais les troupes Suédoises qu'elle y envoya, furent repoussées ; elle prit le parti d'acheter ce qu'elle n'avoit pu conquérir. Ce traité fut conclu l'an 1398. Les Suédois payerent la somme qui avoit été fixée ; le Gothland devoit dès-lors appartenir à la Suède : cependant il fut annexé au Danemarck. *Marguerite* auroit dû sentir quel préjudice cette conduite devoit faire un jour sur elle Eric. L'union de Calmar auroit été rompue dès-lors, si la politique de cette grande reine n'eût enchaîné les trois nations, qui se promettoient bien de se séparer, lorsqu'Eric, dont elles méprisoient la foiblesse, rempliroit la place

# MAR 477

de cette femme étonnante. Elle mourut l'an 1411, d'une maladie qu'elle gagna dans un vaisseau. Ses restes furent depuis transportés dans l'église de Roschild, & déposés sous un magnifique mausolée, que la reconnoissance ou le faste d'Eric lui fit élever. Un an avant sa mort, elle avoit fait célébrer avec une pompe digne des trois couronnes, le mariage d'Eric avec Philippine, fille de Henri IV, roi d'Angleterre. Dès cet instant Eric voulut régner par lui-même ; mais la reine conserva toujours l'empire qu'elle avoit & sur ses sujets & sur lui ; elle ne laissa à ce prince que le pouvoir de hazarder quelques coups d'état peu importans qui flatoient sa vanité ; mais qui n'influoient point sur la situation des trois royaumes. Elle eut l'art de l'écarter du gouvernement, & de lui persuader qu'il gouvernoit.

La gloire de son règne, son courage, ses talens, la protection dont elle honoroit les arts, le respect qu'elle inspira à ses voisins, l'immense étendue des états qu'elle conçut par ses bienfaits, qu'elle conserva par la force de ses armes & par ses ruses politiques, la firent surnommer la *Sémiramis du Nord*. Mais si l'on examinoit en détail la conduite de cette princesse, si l'on pouvoit deviner son cœur, on verroit peut-être qu'elle n'eut que des talens & peu de vertus. Elle présenta aux trois nations un fantôme de liberté pour les asservir en effet, le despotisme étoit le but de toutes ses démarches ; elle avoit soin que la justice fût observée dans les trois royaumes, mais elle-même en violoit les loix sans scrupule ; elle distribua les principales dignités de la Suède à des seigneurs Danois, confia à des troupes Danoises la garde des forteresses des Suédois, trompa ceux de Suède dans l'affaire du Gothland ; & lorsque la noblesse vint lui reprocher ses injustices, & lui présenter ses titres & le traité de Calmar : « Je » ne touche point à vos papiers, dit-elle, conservez-» les, je saurai bien conserver vos forteresses ». Son amour pour Abraham Broderson est encore une tache à sa gloire. C'étoit un jeune Suédois, qui n'avoit d'autre mérite qu'une figure intéressante, & qui ne profita point de l'ascendant qu'il avoit sur l'esprit de la reine, pour la forcer à rendre justice à sa patrie. Du reste, grande dans ses vues, & ne méprisant pas les détails, jugeant des hommes d'un coup-d'œil, & les jugeant bien, gouvernant presque sans ministre, joignant à propos la patience & l'activité, écartant avec art les demandes importunes, refusant avec grace quand son autorité chanceloit, avec fermeté quand elle fut assez puissante, *Marguerite* fut un prodige pour son sexe ; elle l'eût été pour le nôtre. (*M. DE SACY.*)

MARGUERITE DE PROVENCE, femme de Saint Louis. Raimond Bérenger, comte de Provence, eut quatres filles ; toutes les quatres furent mariées à des rois ; l'aînée (*Marguerite*) épousa Saint Louis, roi de France ; la seconde (*Eléonore*) Henri III, roi d'Angleterre ; la troisième (*Sancie*) Richard, frère du roi d'Angleterre, élu roi des Romains ; la quatrième (*Béatrix*) épousa Charles, comte d'Anjou, frère de Saint Louis, qu'elle força d'accepter le royaume de

Sicile, afin d'être reine auffi bien que ſes ſœurs.

Le mariege de Saint Louis avec *Marguerite* de Provence, fut l'union de deux ames-céleſtes ; mêmes inclinations, mêmes vertus, tendreſſe égale, épanchements réciproques ; elle le ſuivit au-delà des mers, & chez les infidèles ; elle accoucha en 1250, à Damiette, d'un fils qui fut ſurnommé *Triſtan*, parce qu'il vint au monde dans de triſtes conjonctures ; on venoit de recevoir depuis trois jours, la nouvelle de la défaite & de la priſe du roi. Marguerite alors ne ſe croyant pas en ſûreté dans Damiette, & craignant à tout moment de voir les Sarraſins vainqueurs ſurprendre cette place, & venir l'enlever elle-même dans ſa maiſon, prenoit la précaution de faire coucher dans ſa chambre, pendant le jour, & veiller auprès d'elle pendant la nuit, un vieux chevalier âgé de quatre-vingt ans, auquel elle recommanda de lui couper la tête, ſi les Sarraſins prenoient Damiette. Le vieillard le lui promit, & lui donna ſa foi de chevalier ; il lui avoua qu'il avoit eu de lui-même cette idée, ſans attendre qu'elle lui en eut parlé.

*Marguerite* fut la conſolatrice de ſon mari dans la captivité ; il la conſultoit ſur les affaires les plus importantes, ſans qu'elle prétendît à cet honneur : *je le dois*, dit-il à des gens aſſez injuſtes pour s'en étonner ; *elle eſt ma dame & ma compagne*. Des princes étrangers ſuivirent ſon exemple ; le roi d'Angleterre, Henri III, prit *Marguerite* pour arbitre de quelques démêlés particuliers ; l'empereur Rodolphe en fit autant dans la ſuite.

Sur quelques autres traits de ſon caractère, & quelques autres détails de ſon union avec Saint Louis. ( *Voyez* l'article BLANCHE DE CASTILLE )

*Marguerite* ſurvécut quinze ans ſon mari, elle mourut en 1285. On a remarqué que ſon douaire étoit aſſigné ſur les Juifs, qu'on toléroit alors en France, mais à qui on faiſoit payer cette tolérance, & qu'on autoriſoit à voler le peuple, en ſe réſervant de les voler un jour. Ils lui payoient par quartier 219 livres 7 ſols 6 den.

*Marguerite* reſpectoit les mœurs dans ſa conduite, & vouloit qu'on les reſpectât dans les écrits : un poëte Provençal lui ayant préſenté un ouvrage qu'elle jugea trop libre, il fut exilé aux iſles d'Hières.

*Marguerite* étant l'aînée des quatre filles du comte de Provence, qui n'avoit point de fils, ſembloit devoir hériter de la Provence, & l'eſpérance de réunir ce comté à la couronne, pouvoit être entrée pour beaucoup dans les vues qui déterminèrent ce mariage ; mais ce fut la plus jeune ( *Béatrix* ) qu'il plut à Raimond Bérenger d'inſtituer ſon héritière. Le droit romain, qui régit la Provence, ſembloit l'y autoriſer, par la faculté indéfinie de teſter qu'il accorde aux citoyens ; mais il ſemble que le droit de ſuccéder à des états, ne puiſſe point être ſoumis à cette faculté indéfinie, de teſter, & qu'un pareil droit mérite bien d'être fixé par la nature. Saint Louis reſpecta le teſtament de ſon beau-père ; mais *Marguerite* regarda toujours *Béatrix* & le comte

d'Anjou, roi de Sicile, ſon mari, comme des uſurpateurs à l'égard de la Provence ; elle fit beaucoup d'inſtances à Saint Louis, pour qu'il défendit ſes droits. C'eſt le ſeul article ſur lequel elle ne fut pas écoutée.

MARGUERITE DE BOURGOGNE, première femme de Louis Hutin, enfermée en 1314, au château Gaillard, puis étranglée en 1315, pour mauvaiſe conduite. Philippe-le-bel eut trois brus, toutes les trois furent accuſées d'adultère ; deux d'entr'elles furent convaincues ; l'autre eſt reſtée ſuſpecte. Il n'en coûta la vie qu'à *Marguerite* ; elle étoit fille de Robert II, duc de Bourgogne.

Blanche, fille d'Othon IV, comte de Bourgogne, femme de Charles, qui fût depuis Charles-le-bel, en fut quitte pour être répudiée, ſous prétexte de parenté, & pour ſe faire religieuſe à Maubuiſſon.

Jeanne, ſœur aînée de Blanche, femme de Philippe, qui fût depuis le roi Philippe-le-long, fut jugée innocente, *inculpabilis & omninò innoxia*, & en conſéquence repriſe par ſon mari, après une priſon d'environ un an ; mais en pareil cas le public ne croit à l'innocence, ni ſur la foi d'un arrêt, ni ſur la foi du mari.

Les amans des princeſſes coupables étoient deux frères, Philippe & Gautier de Launai, gentilshommes Normands. Ils furent écorchés vifs, & traînés dans ſa prairie de Maubuiſſon, nouvellement fauchée, mutilés, décapités, puis leurs troncs pendus par les bras à un gibet. Tous les complices & fauteurs furent diverſement punis, ſuivant la part qu'ils avoient eue à cette intrigue ; ſpectacle d'opprobre & de ſcandale qu'on eût pu ſe diſpenſer d'étaler, & qui ne faiſoit que fouiller la maiſon royale d'une honte publique.

MARGUERITE D'ECOSSE, ( *Hiſt. de Fr.* ) première femme de Louis XI. ( *Voyez* CHARTIER ) ( ALAIN. ) Elle étoit fille de Jacques Ier. roi d'Ecoſſe, de cette malheureuſe maiſon Stuart. ( *Voyez* STUART. ) Elle ne démentit point une race funeſte. Vertueuſe, aimable, amie des lettres, dauphine de France, ayant en perſpective les plus brillantes deſtinées, elle fut victime de la calomnie, & mourut à vingt ans en 1444, moitié de maladie, moitié de douleur & déjà laſſe de la vie. Son dernier mot fut : *Fi de la vie, qu'on ne m'en parle plus*. Elle mourut ſous Charles VII, & ne fut point reine.

MARGUERITE D'ANJOU. ( *Voyez* ANJOU. )

MARGUERITE D'AUTRICHE ( *Hiſt. mod.* ) fille de l'empereur Maximilien & de Marie de Bourgogne, ſœur de l'archiduc Philippe-le-beau, roi d'Eſpagne, tante de Charles - Quint. Le mariage de Maximilien avec Marie de Bourgogne, avoit rendu ce prince ennemi néceſſaire des François, en lui impoſant le devoir de défendre ſa femme & les états de la ſucceſſion de Bourgogne contre les armes & les intrigues de Louis XI. On avoit voulu étouffer cette haine dans ſon origine, en mariant le dauphin, depuis Charles VIII, avec *Marguerite d'Autriche*, qui devoit porter en dot à la France le comté de Bourgogne ou la Franche-Comté, & le comté d'Artois ;

 mais tandis que Maximilien paroissoit uniquement occupé du mariage de sa fille, il épousoit par procureur, Anne de Bretagne, que Charles VIII, mal conseillé & mal conduit, opprimoit alors; par là, Maximilien devenoit le défenseur de cette princesse contre la France, comme il l'avoit été de Marie de Bourgogne. Charles VIII, refroidi sur l'alliance de Maximilien, depuis la découverte de ses vues sur la Bretagne, prit le parti de lui renvoyer sa fille & de lui prendre sa femme, qui heureusement ne l'étoit pas encore. *Marguerite* d'Autriche ne pardonna, dit-on, jamais à la France l'affront qu'elle en avoit reçu dans cette occasion.

C'est d'elle qu'on raconte qu'ayant été promise en 1497, à Jean, infant d'Espagne, fils de Ferdinand-le-Catholique & d'Isabelle, & allant par mer joindre ce nouveau mari, elle fut battue d'une si violente tempête, qu'elle pensa périr, & qu'au milieu d'un tel danger, elle sut conserver assez de sang froid & de gaieté de cœur pour se faire cette épitaphe badine:

Ci gît Margot, la gente demoiselle,
Qu'eut deux maris, & si mourut pucelle.

Elle en eut trois, & ne mourut point pucelle. L'infant étant mort peu de temps après, elle épousa Philibert-le-beau, duc de Savoie. Devenue veuve, sans enfants, elle se retira en Allemagne, auprès de l'empereur Maximilien son père. Elle fut dans la suite gouvernante des Pays-Bas. Ce fut elle qui, en 1508, contribua beaucoup à former cette fatale ligue de Cambray, où Louis XII s'unit avec ses ennemis de tous les temps contre les Vénitiens ses alliés nécessaires.

Elle eut à ce sujet de violens démêlés avec le cardinal d'Amboise, légat du Saint-Siège & ministre de France, qui sentoit quelle faute Louis XII faisoit alors contre la politique, & qui vouloit s'y opposer; *& nous sommes, monseigneur le légat & moi, cuidé prendre au poil*, mandoit-elle alors.

Ce fut elle encore qui, en 1529, dans cette même ville de Cambray, fit avec la duchesse d'Angoulême, la gloire de conclure enfin la paix, qui fut nommée *la Paix des Dames*, entre Charles-Quint & François Ier. Elle mourut à Malines en 1530.

Sa devise étoit: *Fortune, infortune, fors une*. On l'explique de différentes manières. Nous présumons que c'est une devise chrétienne, qui rentre dans le sens de ce passage de l'Ecriture: *Porrò unum est necessarium*; *il n'y a qu'une chose nécessaire, c'est le salut*; de même le jeu de mots de la devise nous paroît signifier: *ce que le monde regarde comme une fortune, est une véritable infortune, parce que ce sont autant d'obstacles au salut, seul fortune véritable*.

*Marguerite* d'Autriche aimoit & cultivoit les lettres, & a été célébrée par les savants; elle a laissé des ouvrages en prose & en vers, entr'autres, *le Discours de ses infortunes & de sa vie*. Jean Le Maire fit à sa louange, l'ouvrage intitulé: *la Couronne Margaritique*, imprimée à Lyon en 1549.

MARGUERITE *ou* MARIE D'AUTRICHE, sa nièce, sœur de Charles-Quint, fut, comme elle, gouvernante des Pays-Bas. Elle étoit veuve de Louis, roi de Hongrie. (*Voyez* à l'article BLOMBERG (Barbe) ce que la calomnie a imputé à cette princesse au sujet de la naissance de dom Juan d'Autriche, son neveu.

MARGUERITE DE VALOIS, duchesse d'Alençon, depuis reine de Navarre, sœur de François Ier. (*Voyez* l'article ALENÇON, l'article BÉDA, & l'article LE FÉVRE D'ÉTAPLES.)

Voici le portrait qu'on fait de cette princesse dans l'histoire de François Ier.: « *Marguerite* pensoit comme » lui; elle avoit les mêmes goûts, les mêmes lumières, » & le talent d'inspirer tout ce qu'elle sentoit. Aux » qualités héroïques qui font les grands caractères, » elle joignoit les qualités douces qui font les ca actères » intéressants; avec le désir de plaire, elle en eut » tous les moyens, & la beauté fut le moindre de » ses charmes; ornement de la cour de François Ier. » elle étonna celle de l'empereur, qui la prit pour » modèle sans pouvoir l'égaler; dans les cercles, dans » les fêtes, c'étoit une femme aimable, qui aspiroit » à la conquête des cœurs comme Charles-Quint à » celle des empires; dans son cabinet solitaire, c'étoit » un philosophe sensible, qui se pénétroit du plaisir » de penser & de connoître, & pour qui l'instruction » étoit un besoin...... elle avoit un besoin plus » noble encore, celui de faire du bien; elle y joi- » gnoit le courage plus rare d'empêcher le mal.... » toujours libre & toujours sage, elle plaça la liberté » dans l'esprit & la sagesse dans les mœurs; pour. » conserver le droit de tout dire & de tout écrire, » elle ne fit rien contre son devoir. Indulgente sans » intérêt, elle excusoit les passions, sourioit aux foi- » blesses, & ne les partageoit pas. Quelque tort qu'on » eût avec elle, elle ne fit jamais un reproche, & » n'en eut point à se faire. Bienfaisante avec équité, » on ne vit, autant qu'il fut en elle, ni un service » oublié, ni un talent négligé, ni une vertu mé- » connue; elle aimoit passionnément & son frère & » les lettres; les savans lui étoient chers, les mal- » heureux lui étoient sacrés, tous les humains étoient » ses frères, tous les écrivains étoient sa famille, » elle ne divisoit point la société en orthodoxes & » en hérétiques, mais en oppresseurs & en opprimés, » quelle que fût la foi des uns & des autres. Elle » tendoit la main aux derniers, elle réprimoit les » premiers, sans leur nuire & sans les haïr.... tandis » que le syndic Béda guettoit des hérétiques, & que » le conseiller Verjus les brûloit, tandis que des bar- » bares égorgeoient des fous & menaçoient des sages, » *Marguerite* consoloit le roi mourant dans sa prison, » le rappelloit à la vie, négocioit pour sa déli- » vrance, & le conjuroit par ses infortunes, de prendre » pitié des infortunés que le fanatisme opprimoit. » Les fanatiques la calomnièrent, n'ayant pas d'autre moyen de l'opprimer, & elle leur pardonna, ayant mille moyens de se venger. On rendit sa foi suspecte, même à son frère; tous les savants qu'elle s'attacha & qui s'attachèrent à elle, furent notés d'hérésie;

quelques-uns étoient réellement hérétiques, & elle le savoit bien ; mais elle ne croyoit pas devoir se priver de leurs lumières , à cause de leurs erreurs ; elle conserva la foi catholique, en souffrant ceux qui la rejettoient ; elle eut pour conseils de conscience & de politique, l'archevêque d'Embrun Tournon, depuis cardinal, le plus vertueux des intolérants, & l'évêque de Tarbes-Grammont, cardinal aussi dans la suite, & non moins favorable à l'intolérance, mais ils ne purent jamais lui rien persuader contre l'humanité, & lorsqu'elle eut épousé le roi de Navarre, rien ne put l'empêcher de donner un asyle dans ses états à ces savants, hérétiques ou non, que la persécution chassoit des états de son frère ; & c'étoit dans un siècle où ce penchant malheureux qu'o t tous les hommes à l'intolérance, étoit autorisé par le dogme & fortifié par l'empire de l'opinion, qu'elle s'élevoit ainsi par le mouvement naturel de son ame, autant que par les lumières de son esprit, au-dessus des préjugés funestes, & qu'elle osoit se livrer à toute sa bienfaisance. Elle mourut à cinquante-sept ans, le 21 décembre 1549, au château. d'Odos dans le Bigorre. Elle étoit née à Angoulème le 11 avril 1492, fut mariée le 9 octobre 1509, au duc d'Alençon, dont elle n'eut point d'enfants, & qui mourut le 11 avril 1525 ; elle épousa en secondes noces le 24 janvier 1527, Henri d'Albret, roi de Navarre, second du nom, dont elle eut Jeanne d'Albret, qui fut mère de notre roi Henri IV.

On connoit ses Nouvelles. Jean de La Haye, son valet-de-chambre, a recueilli ses autres œuvres, sous ce titre, digne du temps : les Marguerites de la Marguerite des Princesses. C'étoit François Ier. qui avoit donné à sa sœur le nom de Marguerite des Marguerites, & tout le monde l'appelloit ainsi à la cour. Sa devise, une fleur de souci regardant le soleil, avec ces mots : Non inferiora secutus, ne nous paroit pas assez claire. Est-ce un hommage de tendresse pour son frère ou pour un de ses deux maris ? Dans le second cas, les compare-t-elle entr'eux ou avec son frère, comme Virgile compare les deux maîtres de Misène, & dit qu'Enée n'étoit pas inférieur à Hector ? Ces comparaisons n'auroient rien d'heureux. Ou bien, sans faire aucune comparaison, Marguerite dit-elle de l'objet qui l'occupe, qu'elle ne s'attache qu'à l'objet le plus noble, qu'elle ne veut suivre que le modèle le plus parfait ? Il est certain que cette devise est susceptible de tous ces sens. Quant à cette autre devise, un lys entre deux marguerites, avec ces mots : Mirandum naturæ opus, François Ier. est le lys, les deux marguerites sont apparemment sa sœur & sa fille, Marguerite de France, qui épousa en 1559, Emmanuel-Philibert, duc de Savoie, & qui aima les lettres aussi bien que son père & sa tante. Ses sujets l'appellèrent la Mère des Peuples. Ce titre est un grand éloge. Elle mourut en 1574 ; elle étoit née en 1523.

MARGUERITE DE FRANCE ou DE VALOIS, fille de Henri II & de Catherine de Médicis, sœur des derniers rois Valois, & première femme de Henri IV, naquit à Fontainebleau le 14 mai 1552. On sait trop

sous quels funestes auspices Henri IV devint son mari; Ce mariage ne fit le bonheur ni de Henri ni de Marguerite. Cette princesse témoigna de l'éloignement pour cette union ; il paroit qu'elle aimoit alors le duc de Guise, & jamais elle n'eut d'inclination pour Henri IV, qui ne paroit pas non plus en avoir eu pour elle. Charles IX voulant par ce mariage attirer les Protestans dans le piège, usa de son autorité pour déterminer sa sœur. A la cérémonie du mariage, Marguerite ne répondit rien, lorsqu'on lui demanda si elle acceptoit pour époux, le roi de Navarre ; le cardinal de Bourbon, qui faisoit la cérémonie, ou, selon d'autres, Charles IX lui-même poussa brusquement la tête par derrière, à Marguerite. Cette inclination de tête forcée, fut prise pour un consentement, & fut le seul que donna Marguerite ; sa répugnance eût vraisemblablement été plus forte encore, si elle eut sû à quelle horrible entreprise son mariage servoit de voile.

La reine de Navarre peint elle-même dans ses Mémoires, la situation difficile où elle se trouvoit dans le temps de la St. Barthélemy. « Les Huguenots me » tenoient suspecte, parce que j'étois catholique, & » les Catholiques, parce que j'avois épousé le roi de » Navarre, qui étoit huguenot.... Un soir étant au » coucher de la reine ma mère, assise sur un coffre, » auprès de ma sœur de Lorraine, que je voyois fort » triste, la reine ma mère, parlant à quelques-uns, » m'apperçut, & me dit que je m'en allasse coucher, » Comme je faisois la révérence, ma sœur me prend » par le bras, & m'arrête, & se prenant fort à » pleurer, me dit : Mon Dieu, ma sœur, n'y allez » pas. La reine ma mère s'en apperçut, & appel- » lant ma sœur, se courrouça fort à elle, & lui dé- » fendit de m'y rien dire. Ma sœur lui dit qu'il n'y » avoit point d'apparence de me sacrifier comme » cela, & que sans doute s'ils découvroient quelque » chose, ils se vengeroient sur moi. La reine ma » mère répond que s'il plaisoit à Dieu, je n'aurois » point de mal, mais quoi que ce fût, il falloit que » j'allasse, de peur de leur faire soupçonner quelque » chose. Je voyois bien qu'ils se contestoient, & » n'entendois pas leurs paroles. Elle me commanda » encore rudement que je m'en allasse coucher. Ma » sœur fondant en larmes, me dit : bon soir, sans » m'oser dire autre chose ; & moi, je m'en allai toute » transie & éperdue, sans me pouvoir imaginer que » j'avois à craindre...... J'avois toujours dans le » cœur les larmes de ma sœur, & ne pouvois dormir » pour l'appréhension en laquelle elle m'avoit mise..... » La nuit se passa de cette façon, sans fermer l'œil... » Enfin, voyant qu'il étoit jour, estimant que le » danger que ma sœur m'avoit dit fût passé, vaincue » du sommeil, je dis à ma nourrice qu'elle fermât la » porte, pour pouvoir dormir à mon aise. Une heure » après, comme j'étois le plus endormie, voici un » homme frappant des pieds & des mains à la porte, » & criant : Navarre, Navarre. Ma nourrice pensant » que ce fût le roi mon mari, court vitement à la » porte. Ce fut un gentilhomme, nommé M. de Téjan » ou Teyran, qui avoit un coup d'épée dans le coude &

» & un coup d'hallebarde dans le bras ; & étoit
» encore pourfuivi de quatre archers, qui entrèrent
» tous après lui en ma chambre. Lui fe voulant ga-
» rantir, fe jetta deffus mon lit. Moi, fentant ces
» hommes qui me tenoient, je me jette à la ruelle, &
» lui après moi, me tenant toujours à travers du
» corps. Je ne connoiffois point cet homme, & ne
» favois s'il venoit là pour m'offenfer, ou fi les ar-
» chers en vouloient à lui ou à moi. Nous criions
» tous deux, & étions auffi effrayés l'un que l'autre.
» Enfin, Dieu voulut que M. de Nancey, capitaine
» des Gardes, y vînt, qui me trouvant en cet état-là,
» ne fe put tenir de rire, & fe courrouça fort aux
» archers de cette indifcrétion, les fit fortir, & me
» donna la vie de ce pauvre homme qui me tenoit,
» lequel je fis coucher & panfer dans mon cabinet,
» jufques à tant qu'il fût du tout guéri «. Un autre
gentilhomme, nommé Bourfe, fut percé d'un coup
de hallebarde, à trois pas de la reine. » Je tombai,
dit-elle, de l'autre côté, prefqu'évanouie, entre les
» bras de M. de Nancey, & penfois que ce coup
» nous eût percés tous deux. «

Brantôme & l'auteur du difcours de la vie de Catherine de Médicis, difent qu'en cette occafion, le
roi de Navarre dut la vie à l'interceffion de *Marguerite*, qui, fe jettant aux genoux de fon frère, le conjura
d'épargner fon mari. *Marguerite* n'en dit rien dans fes
Mémoires.

Au lieu de fe repentir du grand crime qu'on venoit
de commettre, on ne fe repentit que de ne l'avoir
pas confommé en ôtant la vie au roi de Navarre &
au prince de Condé. La reine-mère interrogea la reine
de Navarre, fa fille, fur les particularités les plus
fecrettes de fon mariage, lui difant *que fi cela n'étoit,
il y avoit moyen de le démarier.* Marguerite fe doutant
*bien que ce qu'on vouloit l'en féparer, étoit pour lui
faire un mauvais tour,* répondit à fa mère « qu'elle
» ignoroit totalement ce dont elle lui parloit, & fi
» la prioit de lui épargner une réponfe auffi embar-
» raffante ».

Le roi de Navare & le duc d'Anjou - Alençon
s'échappèrent de la cour vers le commencement du
règne de Henri - III. On s'en prit à la reine de Navarre, qui cependant avoit ignoré le fecret de fon
mari, & on la retint prifonnière. « A la cour, dit-elle,
» l'adverfité eft toujours feule, comme la profpérité
» eft accompagnée, & la perfécution affiftée : le feul
» brave, Crillon fut celui qui, méprifant toutes dé-
» fenfes & toute défaveur, vint cinq ou fix fois en ma
» chambre ; étonnant tellement de crainte les cerbères
» que l'on avoit mis à ma porte, qu'ils n'osèrent
» jamais... lui refufer le paffage.»

Monfieur, (c'eft le duc d'Anjou-Alençon) étoit toujours l'ennemi des Mignons qui favorioient Henri III,
& il n'avoit guère d'ami à la cour, que la reine de
Navarre, fa foeur. Emprifonné plufieurs fois, il étoit
gardé à vue dans le Louvre en 1578. Il eut recours
à *Marguerite*, & la pria de lui fournir une corde
pour qu'il pût fe fauver la nuit par la fenêtre de fa
chambre qui étoit au fecond étage, & qui donnoit fur

les foffés du château. La reine de Navarre fit emporter ce jour-là même hors du Louvre, un coffre
à demi brifé ; quelques heures après, on le lui rapporta raccommodé, & renfermant là corde que
Monfieur avoit demandée. Le foir la reine-mère foupa
feule avec fa fille. Monfieur, impatient d'exécuter fon
deffein, arrive, parle bas à fa foeur ; Matignon, qui
n'aimoit pas Monfieur, confidérant l'air d'empreffement & d'embarras avec lequel il avoit parlé à la reine
de Navarre, dit à Catherine de Médicis : *demain,
Monfieur ne fera plus dans le Louvre.* La reine-mère
troublée, demande à *Marguerite* fi elle avoit entendu
ce que Matignon venoit de dire ; *Marguerite* répondit
que non, & Catherine répéta ce que Matignon avoit
dit. « Lors, dit *Marguerite* dans fes Mémoires, me
» trouvant entre ces deux extrémités ou de manquer
» à la fidélité que je devois à mon frère & mettre
» fa vie en danger, ou de jurer contre la vérité
» ( chofe que je n'euffe voulu pour éviter mille morts )
» je me trouvai en fi grande perplexité, que fi
» Dieu ne m'eût affiftée, ma façon eût affez témoigné
» fans parler, ce que je craignois qui fût découvert.
» Mais comme Dieu affifte les bonnes intentions, &
» fa divine bonté opéroit en cette œuvre pour fauver
» mon frère, je compofai tellement mon vifage &
» mes paroles, que ne pût rien connoître que ce
» que je voulois ; & que je n'offenfai mon ame
» ni ma confcience par aucun faux ferment. Je lui
» dis donc le non-connoiffât pas bien la haine que
» M. de Matignon portoit à mon frère ; que c'étoit
» un brouillon, malicieux, qui avoit regret de nous
» voir tous d'accord ; que lorfque mon frère s'en iroit,
» j'en voulois répondre de ma vie ; que je m'affurois
» bien que ne m'ayant jamais rien célé, il m'eût-
» communiqué ce deffein, s'il eût eu cette volonté.
» Ce que je difois m'affurant bien que mon frère étant
» fauvé, l'on n'eût ofé me faire déplaifir ; & au pis
» aller, quand nous euffions été découverts, j'aimois
» trop mieux & engager ma vie que d'offenfer mon ame
» par un faux ferment ; & mettre la vie de mon
» frère au hazard ; elle ne rechanchant pas de près fa
» fens, de mes paroles, me dit : penfez bien à ce que
» vous me dites, vous m'en ferez caution, vous m'en
» répondrez fur votre vie. Je lui dis en fouriant, que
» c'étoit ce que je voulois. La reine de Navarre alant
» rentrée dans fon appartement, fe coucha d'abord
» pour écarter les femmes de fa fuite ; elle ne garda
» que les femmes-de-chambre dont elle connoiffoit la
» fidélité ». Monfieur arriva bientôt avec fes deux
confidens, Simier & Cangé, qui devoient accompagner fa fuite. *Marguerite* fe leva, les aid elle-même
à lier la corde à une traverfe de bois ; Monfieur-
defcendit le premier en riant ; Simier en tremblant
& ayant peine à fe tenir à la corde ; Cangé, qui
defcendoit le troifiéme, étant encore en l'air, on vit
un efpion fortir du foffé, & marcher à grands pas
vers le corps-de-garde du Louvre. La reine de Navarre
fe rappellant le difcours qu'avoit tenu Matignon,
craignit que cet homme ne fût un efpion apofté par
lui, pour obferver fon frère : la vie de ce prince

n'eût pas été en sûreté après cette seconde fuite ; s'il fût tombé entre les mains de ses ennemis. Les femmes de la reine jettèrent vîte la corde au feu, pour qu'elle ne pût servir à convaincre leur maîtresse : mais la corde en s'enflammant, mit le feu à la cheminée. Les gardes appercevant des flammes au-dessus de l'appartement de *Marguerite*, frappèrent rudement à sa porte, en criant qu'on ouvrît.

*Marguerite* crut d'abord que son frère étoit pris, & qu'on venoit l'arrêter elle-même ; voyant que la corde n'étoit encore qu'à demi brûlée, elle défendit à ses femmes d'ouvrir. Celles-ci s'approchèrent de la porte, & parlant bas, comme si elles eussent craint d'éveiller la reine, elles assûrèrent les gardes qu'elles alloient éteindre le feu ; qu'il n'y avoit aucun danger, & leur recommandèrent sur-tout de ne point faire de bruit, de peur de réveiller & d'effrayer la reine. Ils se retirèrent ; mais deux heures après on sut dans le Louvre l'évasion de Monsieur. Cossé vint chez la reine de Navarre pour la conduire devant le roi & la reine-mère, qui vouloient l'interroger sur cette évasion ; une des femmes de la reine se jette toute éplorée à ses pieds, s'efforçant de la retenir, & lui criant : *Vous n'en reviendrez jamais*. Cossé repoussa cette femme, & dit à la reine : *Voilà, Madame, une indiscrétion qui vous perdroit, si tout autre que moi en eût été le témoin*. Elle trouva, en arrivant, le roi assis auprès du lit de sa mère, & dans une si grande fureur, qu'il l'auroit maltraitée, sans la présence de Catherine ; ils lui reprochèrent l'un & l'autre les discours qu'elle avoit tenus la veille ; *Marguerite* assûra que son frère l'avoit trompée, ainsi que toute la cour ; au reste elle répondit de nouveau sur sa vie des bonnes intentions de Monsieur, qui n'avoit, disoit-elle, aucun dessein de troubler la tranquillité du royaume, & qui n'étoit occupé que de l'expédition des Pays-Bas.

La reine de Navarre alla rejoindre son mari. On a dit que le fameux Pibrac, chancelier de Navarre, avoit été amoureux d'elle ; il crut même devoir s'en disculper, & nous avons son apologie. Une apologie en pareil cas prouve le fait dont on prétend se disculper.

Les Mémoires de la reine de Navarre finissent en 1582, & les autres historiens lui sont moins favorables.

En 1583, Henri III, qui avoit fait revenir sa sœur à la cour de France, parce qu'il espéroit tirer parti, pour ses intérêts, de la présence de cette princesse, la chassa ignominieusement ; l'ordre portoit en propres termes, qu'elle eût à *délivrer la cour de sa présence contagieuse* ; il écrivoit qu'il n'y avoit jamais eu deux princesses plus malheureuses que Marie Stuart & elle. Pendant qu'elle dînoit au Bourg-la-Reine, le roi passa dans sa voiture fermée, sans daigner la saluer. Arrivée entre Saint-Clair, & Palaiseau, des gardes arrêtèrent sa litière, font la visite par-tout, l'obligent d'ôter son masque, ne lui épargnent pas même les propos injurieux, & se saisissent de son écuyer, de son médecin & de son chirurgien. D'autres arrêtoient

dans le même temps, les dames de Béthune & de Duras, confidentes de la reine, auxquelles ils donnèrent plusieurs coups & des soufflets, disent l'Etoile, d'Aubigné & du Plessis-Mornay. Le roi de Navarre fit faire à Henri III, de fortes remontrances sur l'affront qu'il avoit fait à *Marguerite* : si elle l'a mérité, disoit-il, je ne dois plus la recevoir ; si elle ne l'a pas mérité, je demande réparation pour elle. Henri III, fort embarrassé par un argument si pressant, cherchoit à se rejeter sur la découverte qu'on avoit faite, disoit-il, de la vie scandaleuse que menoient les dames de Béthune & de Duras, qu'il appelloit *vermine très-pernicieuse*, & *non supportable auprès de princesse de tel lieu*. Henri IV reçut *Marguerite*, mais il ne lui témoigna plus ni amitié ni estime. Il eut cependant à se louer d'elle dans l'affaire du divorce. Le duc de Sully, dans ses Mémoires, rend témoignage à la docilité que cette reine fit paroître en cette occasion, pour les volontés de Henri IV. Elle rendit même à ce prince, & à l'état un service important, en révélant la conspiration du comte d'Auvergne & de la demoiselle d'Entragues sa sœur. L'homme qui conduisoit toute cette intrigue étoit un capucin, nommé le père Ange ou Archange, & ce capucin étoit fils de la reine *Marguerite*, qui l'avoit eu de Chanvallon. Un si puissant intérêt ne put empêcher cette princesse de remplir le devoir d'une fidelle sujette.

Le trait suivant peint des mœurs bien étranges. *Marguerite* aimoit un provençal, nommé Date. Ce favori l'avoit détaché d'un nommé Vermond, dont le père & la mère avoient été de la maison de *Marguerite*. Vermond, soit qu'il vît dans le favori, un rival ou seulement un ennemi, lui cassa la tête d'un coup de pistolet, sous les yeux & à la portière même de la reine sa maîtresse : il voulut s'enfuir ; mais il fut pris & ramené à l'hôtel de Sens, où demeuroit la reine *Marguerite*. On dit dans le *Divorce satyrique*, que la reine, qui peut-être n'auroit dû voir dans cet événement que l'effet naturel & le juste châtiment de ses incontinences & des désordres de sa conduite, crioit, en voyant entre les mains des archers, ce Vermond qu'elle avoit peut-être aimé : *qu'on tue ce méchant ; tenez, tenez, voilà mes jarretières, qu'on l'étrangle*. Vermond n'étoit pas moins animé contre son ennemi. Le cadavre de Date lui ayant été présenté : *tournez-le*, dit-il, *que je voie s'il est mort, & s'il ne l'est pas, que je l'achève*. La fureur de *Marguerite* étoit au comble, en se voyant ainsi bravée, elle jura qu'elle resteroit sans boire & sans manger jusqu'à ce qu'elle fût vengée de l'assassin. Deux jours après Vermond eut la tête tranchée devant l'hôtel de Sens ; il étoit condamné à faire amende honorable & à demander pardon à la reine ; il jetta loin de lui la torche, & refusa de demander pardon à la reine, qui eut la cruauté d'assister à son supplice.

Ce fut pour éloigner de son esprit l'image d'un amant assassiné à ses yeux, que *Marguerite* quitta l'hôtel de Sens, & vint s'établir au Pré aux Clercs, où elle fit commencer de grands travaux. Un nouvel amant de *Marguerite*, nommé Bajeaumont, étant tombé

malade ; le roi dit aux filles de la reine : « Priez Dieu
» pour la convalescence de Bajeaumont , & je vous
»_donnerai votre foire ; car , s'il venoit à mourir , la
» reine prendroit cet hôtel en horreur , & je serois
» obligé de lui en acheter un autre ».

Le comte de Choisy , qui avoit placé sa fille dans
la maison de *Marguerite* , & que les intrigues de
Bajeaumont avoient forcé à l'en retirer , répondit à
cette princesse , qui se plaignoit de la conduite de la
demoiselle de Choisy : « Si la vôtre , Madame , eût été
» aussi bonne , vous porteriez encore la couronne ».

Une autre femme à laquelle *Marguerite* faisoit le
même reproche , qu'elle n'avoit droit sans doute de
faire à personne , lui dit ; oui , Madame , nous avons
fait l'une & l'autre bien des fautes : si vous vous
étiez mieux gouvernée , votre maison ne seroit pas
ici ; *elle seroit delà l'eau* , ( c'est-à-dire , au Louvre. )

Le 9 mars 1610 , le P. Suffren , jésuite , prêchant
à Notre-Dame contre les mœurs de son siècle , dit :
qu'il n'y avoit à Paris si petite coquette qui ne mon-
trât son sein , prenant exemple sur la reine *Marguerite*...
Ayant fait ensuite une pause , il ajouta , que plusieurs
choses étoient permises aux reines , quoique défendues
aux autres femmes.

*Marguerite* assista au sacre de Marie de Médicis ;
Henri IV l'exigea sans doute , à la sollicitation de
Marie , mais on auroit dû épargner à *Marguerite* un
tel désagrément.

Les recherches qu'elle fit pour connoître les auteurs
de l'assassinat d'Henri IV , semblent prouver combien
elle fut sensible à cet évènement. La demoiselle Comans
ou Descomans , dont les dépositions qui chargeoient
sur-tout le duc d'Epernon & la marquise de Verneuil ,
parurent d'abord mériter quelque attention , & ne
sont pas encore aujourd'hui méprisées de tout le monde ,
étoit au service de *Marguerite* , & cette princesse
se donna tous les mouvements possibles pour la faire
entendre.

*Marguerite* mourut le 27 mars 1615 , âgée de
soixante & trois ans. L'avocat général Servin lui fit
cette épitaphe :

*Margaris alma soror, consors & filia regum,*
*Omnibus his moriens ( proh dolor ! ) orba fuit.*
*Pars ferro occubuit , pars altera casa veneno ;*
*Tutior est folio parvula sella gravi.*
*Prævisis obiit mater vexata procellis ,*
*Par nata mœror præstitit inferias.*

C'est faire d'honneur à Catherine de Médicis ,
que de la faire mourir de douleur pour les orages qu'elle
prévoyoit , elle avoit toujours vécu parmi les
orages , & qui avoit tant aimé à les exciter. C'est
faire trop d'honneur aussi à *Marguerite* de Valois ,
que de la faire mourir de douleur pour la mort d'Henri
IV. , sur-tout cinq ans après cette mort. Elle aima
les lettres comme François I<sup>er</sup>. , son aïeul , & comme
*Marguerite* de Valois , reine de Navarre , sa grande-
tante. Voilà peut-être le plus grand éloge qu'on puisse
lui donner.

MARGUERITE-MARIE ALACOQUE ; plus connue
sous le nom de *Marie* Alacoque. (*Voyez* ALACOQUE.)

MARIAGE DES TURCS ( *Hist. moderne.*)
Le *mariage* chez les Turcs , dit M. de Tournefort , qui
étoit fort bien instruit , n'est autre chose qu'un contrat
civil que les parties peuvent rompre ; rien ne paroît
plus commode : néanmoins , comme on s'ennuyeroit
bientôt parmi eux du *mariage* , aussi bien qu'ailleurs ,
& que les fréquentes séparations ne laisseroient pas d'être
à charge à la famille , on y a pourvu sagement. Une
femme peut demander d'être séparée d'avec son mari ,
s'il est impuissant , adonné aux plaisirs contre nature ,
ou s'il ne lui paye pas le tribut , la nuit du jeudi au
vendredi , laquelle est consacrée aux devoirs du *mariage*.
Si le mari se conduit honnêtement , & qu'il lui four-
nisse du pain , du beurre , du riz , du bois , du café ,
du coton , & de la soie pour filer des habits , elle ne
peut se dégager d'avec lui. Un mari qui refuse de l'argent à sa femme pour aller au bain deux fois la semaine ,
est exposé à la séparation ; lorsque la femme irritée renverse sa pantoufle en présence du juge , cette action
désigne qu'elle accuse son mari d'avoir voulu la contraindre à lui accorder des choses défendues. Le juge
envoie chercher pour lors le mari , le fait bâtonner ,
s'il trouve que la femme dise la vérité , & casse le
*mariage*. Un mari qui veut se séparer de sa femme , ne
manque pas de prétextes à son tour ; cependant la
chose n'est pas si aisée que l'on s'imagine.

Non-seulement il est obligé d'assurer le douaire à
sa femme pour le reste de ses jours ; mais supposé que
par un retour de tendresse il veuille la reprendre , il
est condamné à la laisser coucher pendant 24 heures
avec tel homme qu'il juge à propos : il choisit ordinairement celui de ses amis qu'il connoît le plus discret ;
mais on assure qu'il arrive quelquefois que certaines
femmes qui se trouvent bien de ce changement , ne
veulent plus revenir à leur premier mari. Cela ne se pratique qu'à l'égard des femmes qu'on a épousées. Il est
permis aux Turcs d'en entretenir de deux autres sortes ;
savoir , celles que l'on prend à pension , & des esclaves ,
on loue les premières , & on achète les dernières.

Quand on veut épouser une fille dans les formes ,
on s'adresse aux parens , & on signe les articles après
être convenu de tout en présence du cadi & de deux
témoins. Ce ne sont pas les père & mère de la fille qui
dotent la fille , c'est le mari : ainsi , quand on a réglé le
douaire , le cadi délivre aux parties la copie de leur
contrat de *mariage* : la fille de son côté n'apporte que
son trousseau. En attendant le jour des noces , l'époux
fait bénir son *mariage* par le prêtre ; & pour s'attirer
les grâces du ciel , il distribue des aumônes , & donne
la liberté à quelque esclave.

Le jour des noces , la fille monte à cheval couverte
d'un grand voile , & se promène par les rues sous un
dais , accompagnée de plusieurs femmes , & de quelques
esclaves , suivant la qualité du mari ; les joueurs & les
joueuses d'instrumens sont de la cérémonie : on fait porter ensuite les nippes , qui ne sont pas le moindre ornement de la marche. Comme c'est tout le profit qui en

revient au futur époux, on affecte de charger des chevaux & des chameaux de plufieurs coffres de belle apparence, mais fouvent vuides, ou dans lefquels les habits & les bijoux font fort au large.

L'époufe eft ainfi conduite en triomphe par le chemin le plus long chez l'époux, qui la reçoit à la porte: là ces deux perfonnes, qui ne fe font jamais vues, & qui n'ont entendu parler l'une de l'autre que depuis peu, par l'entremife de quelques amis, fe touchent la main, & fe témoignent tout l'attachement qu'une véritable tendreffe peut infpirer. On ne manque pas de faire la leçon aux moins éloquens; car il n'eft guère poffible que le cœur y ait beaucoup de part.

La cérémonie étant finie, en préfence des parens & des amis, on paffe la journée en feftins, en danfes, & à voir les marionettes; les hommes fe réjouiffent d'un côté, & les femmes de l'autre. Enfin la nuit vient, & le filence fuccède à cette joie tumultueufe. Chez les gens aifés la mariée eft conduite par un eunuque dans la chambre qui lui eft deftinée; s'il n'y a point d'eunuque, c'eft une parente qui lui donne la main, & qui la met entre les bras de fon époux.

Dans quelques villes de Turquie il y a des femmes dont la profeffion eft d'inftruire l'époufe de ce qu'elle doit faire à l'approche de l'époux, qui eft obligé de la deshabiller pièce-à-pièce, & de la placer dans le lit. On dit qu'elle récite pendant ce temps-là de longues prières, & qu'elle a grand foin de faire plufieurs nœuds à fa ceinture, enforte que le pauvre époux fe morfond pendant des heures entières avant que ce dénouement foit fini. Ce n'eft ordinairement que fur le rapport d'autrui qu'un homme eft informé, fi celle qu'il doit époufer eft belle ou laide.

Il y a plufieurs villes où, le lendemain des nôces, les parens & les amis vont à la maifon des nouveaux mariés prendre le mouchoir enfanglanté, qu'ils montrent dans les rues, en fe promenant avec des joueurs d'inftrumens. La mère ou les parentes ne manquent pas de préparer ce mouchoir, à telle fin que de raifon, pour prouver, en cas de befoin, que les mariés font contens l'un de l'autre. Si les femmes vivent fagement, l'alcoran veut qu'on les traite bien, & condamne les maris qui en ufent autrement, à réparer ce péché par des aumônes, ou par d'autres œuvres pies qu'ils font obligés de faire avant que de fe réconcilier avec leurs femmes.

Lorfque le mari meurt le premier, la femme prend fon douaire, & rien de plus. Les enfans dont la mère vient de décéder, peuvent forcer le père de leur donner ce douaire. En cas de répudiation, le douaire fe perd, fi les raifons du mari font pertinentes; finon le mari eft condamné à le continuer, & à nourrir les enfans.

Voilà ce qui regarde les femmes légitimes: pour celles que l'on prend à penfion, on n'y fait pas tant de façon. Après le confentement du père & de la mère, qui veulent bien livrer leur fille à un tel, on s'adreffe au juge, qui met par écrit, que ce tel veut prendre une telle pour lui fervir de femme, qu'il fe charge de fon entretien, & de celui des enfans qu'ils auront enfemble,

à condition qu'il la pourra renvoyer lorfqu'il le jugera à-propos, en lui payant la fomme convenue, à proportion du nombre d'années qu'ils auront été enfemble. Pour colorer ce mauvais commerce, les Turcs en rejettent le fcandale fur les marchands chrétiens, qui ayant laiffé leurs femmes dans leur pays, en entretiennent à penfion dans le Levant. A l'égard des efclaves; les Mahométans, fuivant la loi, en peuvent faire tel ufage qu'il leur plait; ils leur donnent la liberté quand ils veulent, ou ils les retiennent toujours à leur fervice. Ce qu'il y a de louable dans cette vie libertine, c'eft que les enfans que les Turcs ont de toutes leurs femmes, héritent également des biens de leur père, avec cette différence feulement, qu'il faut que les enfans des femmes efclaves foient déclarés libres par teftament; fi le père ne leur fait pas cette grace, ils fuivent la condition de leur mère, & font à la difcrétion de l'aîné de la famille. (D. J.)

MARIAGE DES ROMAINS, (Hift. Rom.) le mariage fe célébroit chez les Romains avec plufieurs cérémonies fcrupuleufes qui fe confervèrent long-temps, du moins parmi les bourgeois de Rome.

Le mariage fe traitoit ordinairement avec le père de la fille ou avec la perfonne dont elle dépendoit. Lorfque la demande étoit agréée & qu'on étoit d'accord des conditions, on les mettoit par écrit, on les fcelloit du cachet des parens, & le père de la fille donnoit le repas d'alliance; enfuite l'époux envoyoit à fa fiancée un anneau de fer, & cet ufage s'obfervoit encore du tems de Pline; mais bien-tôt après on n'ofa plus donner qu'un anneau d'or. Il y avoit auffi des négociateurs de mariages auxquels on faifoit des gratifications illimitées, jufqu'à ce que les empereurs établirent que ce falaire feroit proportionné à la valeur de la dot. Comme on n'avoit point fixé l'âge des fiançailles avant Augufte, ce prince ordonna qu'elles n'auroient lieu que lorfque les parties feroient nubiles: cependant dès l'âge de dix ans on pouvoit accorder une fille, parce qu'elle étoit cenfée nubile à douze.

Le jour des noces on avoit coutume, en coëffant la mariée, de féparer fes cheveux avec le fer d'une javeline, & de les partager en fix treffes à la manière des veftales; pour lui marquer qu'elle devoit vivre chaftement avec fon mari. On lui mettoit fur la tête, un chapeau de fleurs, & par-deffus ce chapeau une efpèce de voile, que les gens riches enrichiffoient de pierreries. On lui donnoit des fouliers de la même couleur du voile, mais plus élevés que la chauffure ordinaire, pour la faire paroitre de plus grande taille. On pratiquoit anciennement chez les Latins une autre cérémonie fort fingulière, qui étoit de préfenter un joug fur le col de ceux qui fe fiançoient, pour leur indiquer que le mariage eft une forte de joug; & c'eft de-là, dit-on, qu'il a pris le nom de conjugium. Les premiers Romains obfervoient encore la cérémonie nommée confarréation, qui paffa dans la fuite au feul mariage des pontifes & des prêtres.

La mariée étoit vêtue d'une longue robe blanche ou

de couleur de safran, semblable à celle de son voile; sa ceinture étoit de fine laine nouée du nœud herculéen qu'il n'appartenoit qu'au mari de dénouer. On feignoit d'enlever la mariée d'entre les bras de la mère pour la livrer à son époux, ce qui se faisoit le soir à la lueur de cinq flambeaux de bois d'épine blanche, portés par de, jeunes enfans qu'on nommoit *pueri lauti*, parce qu'on les habilloit proprement & qu'on les parfumoit d'essences: ce nombre de cinq étoit de règle en l'honneur de Jupiter, de Junon, de Vénus, de Diane, & de la déesse de Persuasion. Deux autres jeunes enfans conduisoient la mariée, en la tenant chacun par une main, & un troisiéme enfant portoit devant elle le flambeau de l'hymen. Les parens faisoient cortège en chantant hymen, ô hyménée. Une femme étoit chargée de la quenouille, du fuseau & de la cassette de la mariée. On lui jettoit sur la route de l'eau lustrale, afin qu'elle entrât pure dans la maison de son mari.

Dès qu'elle arrivoit sur le seuil de la porte, qui étoit ornée de guirlandes de fleurs, on lui présentoit le feu & l'eau, pour lui faire connoître qu'elle devoit avoir part à toute la fortune de son mari. On avoit soin auparavant de lui demander son nom, & elle répondoit *Caia*, pour certifier qu'elle seroit aussi bonne ménagere que Caia Cæcilia, mère de Tarquin l'ancien. Aussi-tôt après on lui remettoit les clefs de la maison, pour marquer sa jurisdiction sur le ménage; mais en même tems on la prioit de s'asseoir sur un siégé couvert d'une peau de mouton avec sa laine, pour lui donner à entendre qu'elle devoit s'occuper du travail de la tapisserie, de la broderie, ou autre convenable à son sexe: on lui faisoit le festin de nôces. Dès que l'heure du coucher étoit arrivée, les époux se rendoient dans la chambre nuptiale, où les matrones qu'on appelloit *pronubæ*, accompagnoient la mariée & la mettoient au lit génial, ainsi nommé, parce qu'il étoit dressé en l'honneur du génie du mari.

Les garçons & les filles, en quittant les époux, leur souhaitoient mille bénédictions, & leur chantoient quelques vers fescennins. On avoit soin cette premiere nuit de ne point laisser de lumière dans la chambre nuptiale, soit pour épargner la modestie de la mariée, soit pour empêcher l'époux de s'appercevoir des défauts de son épouse, au cas qu'elle en eût de cachés. Le lendemain des nôces il donnoit, un festin, où sa femme étoit assise à côté de lui sur le même lit de table. Ce même jour les deux époux recevoient les présens qu'on leur faisoit, & offroient de leur côté un sacrifice aux dieux.

Voilà les principales cérémonies du *mariage* chez les Romains; j'ajouterai seulement deux remarques: la premiere, que les femmes mariées conservoient toujours leur nom de fille, & ne prenoient point celui du mari. On sait qu'un citoyen romain qui avoit séduit une fille libre, étoit obligé par les loix de l'épouser sans dot, ou de lui en donner une proportionnée à son état; mais la facilité que les Romains

avoient de disposer de leurs esclaves, & le grand nombre de courtisannes rendoit le cas de la séduction extrêmement rare.

2°. Il faut distinguer chez les Romains deux maniéres de prendre leurs femmes: l'une étoit de les épouser sans autre convention que de les retenir, chez soi; elles ne devenoient de véritables épouses que quand elles étoient restées auprès de leurs maris un an entier, sans même une interruption de trois jours: c'est ce qui s'appelloit un *mariage* par l'usage, *ex usu*. L'autre manière étoit d'épouser une femme après des conventions matrimoniales, & ce *mariage* s'appelloit de vente mutuelle, *ex coemptione*: alors la femme donnoit à son mari trois as en cérémonie, & le mari donnoit à sa femme les clefs de son logis, pour marquer qu'il lui accordoit l'administration de son logis. Les femmes seules qu'on épousoit par une vente mutuelle, étoient appellées mères de famille, *matres familias*, & il n'y avoit que celles-là qui devinssent les uniques héritières de leurs maris après leur mort.

Il résulte de-là que chez les Romains le *matrimonium ex usu*, ou ce que nous nommons aujourd'hui *concubinage*, étoit une union moins forte que le *mariage* de vente mutuelle; c'est pourquoi on lui donnoit aussi le nom de demi-mariage, *semi-matrimonium*, & à la concubine celui de demie-femme, *semi-conjux*. On pouvoit avoir une femme ou une concubine, pourvu qu'on n'eût pas les deux en même tems; cet usage continua depuis long-tems, jusqu'à l'entrée de Constantin dans l'Eglise, les empereurs furent chrétiens. Constantin ne mit bien un frein au concubinage, mais il ne l'abolit pas, & il fut conservé pendant plusieurs siècles chez les chrétiens: on en a une preuve bien authentique dans un concile de Tolède, qui ordonne que chacun, soit laïc, soit ecclésiastique, doive se contenter d'une seule compagne, ou femme, ou concubine, sans qu'il soit permis de tenir ensemble l'une & l'autre. Cet ancien usage des Romains se conserva en Italie, non-seulement chez les Lombards, mais depuis encore quand les François y établirent leur domination. Quelques autres peuples de l'Europe regardoient aussi le concubinage comme une union légitime: Cujas assure que les Gascons & autres peuples voisins des Pyrénées, n'y avoient pas encore renoncé de son tems (*D. J.*)

**MARIAGE LÉGITIME, & NON LÉGITIME,** (*Histoire & Droit Romain.*) Les *mariages* légitimes des enfans chez les Romains, étoient ceux, où toutes les formalités des loix avoient été remplies. On appelloit, *mariages non légitimes* ceux des enfans qui, vivant sous la puissance paternelle, se marioient sans le consentement de leur père. Ces mariages ne se cassoient point lorsqu'ils étoient une fois contractés; ils étoient seulement destitués des effets de droit qu'ils auroient eus s'ils eussent été autorisés par l'approbation du père: c'est ainsi que Cujas explique le passage du jurisconsulte Paul, dont voici les paroles: *Eorum, qui in potestate patris sunt, sine voluntate ejus, matrimonia jure non contrahuntur, sed contracta non solvuntur.* Mais il y a tout lieu de croire que le jurisconsulte

romain parle seulement du pouvoir .ôté aux pères
de rompre le *mariage* de leurs enfans encore sous
leur puissance , lors même qu'ils y avoient donné
leur consentement. On peut voir là-dessus les notes
de M. Schulting , *page 300 de sa Jurisprudentia ante-*
*Justinianea.* Pour ce qui est de l'*uxor injusta* dont il est
parlé dans *la loi* 13. §. 1. *dig. ad leg. Julia i de*
*adulter.* Cujas lui - même semble s'être retracté dans
un autre endroit de ses observations , où il conjecture qu'il s'agit dans cette loi , d'une femme qui n'a
pas été épousée avec les formalités ordinaires , *quæ*
*non solemniter accepta est , aquâ & igne observat.*
*lib. VI. cap. xvj.* : car chez les anciens Romains ,
quand on avoit omis ces formalités , qui consistoient
dans ce que l'on appelloit *confarreatio & coemptio* ,
une fille , quoiqu'elle eût été menée dans la maison de
celui qui en vouloit faire sa femme , n'étoit pourtant
pas censée pleinement & légitimement mariée ; elle
n'étoit pas encore entrée dans la famille , & sous la
puissance du mari , ce qui s'appelloit *in manum viri*
*convenire* : elle n'avoit pas droit de succéder à ses
biens , ou entièrement , ou par portion égale avec les
enfans procréés d'eux : il falloit , pour suppléer à ce
défaut de formalités requises , qu'elle eût été un an
complet avec son mari , sans avoir découché trois
nuits entières , selon la loi des XII. tables , qu'Aulu-
Gelle , *Noct. Attic. lib. III. cap. ij. & Macrob.*
*Saturnal. lib. I. ch. xiij.* nous ont conservée. Jusques-là donc cette femme étoit appellée *uxor injusta* ,
comme le président Brisson l'explique dans son Traité ,
*ad leg. jul. de adulteriis* ; c'est-à-dire , qu'elle étoit
bien regardée comme véritablement femme , &
nullement comme simple concubine , en sorte cependant
qu'il manquoit quelque chose à cette union pour
qu'elle eût tous les droits d'un *mariage légitime.* Mais
tout *mariage* contracté sans le consentement du père ,
ou de celui sous la puissance de qui le père étoit lui-
même , avoit un vice qui le rendoit absolument nul
& *illégitime* , de même que les *mariages* incestueux ;
ou le *mariage* d'un tuteur avec sa pupille , ou celui
d'un gouverneur de province avec une provin-
ciale , &c. ( D. J. )

MARIAMNE , ( *Hist. des Juifs.* ) « Un roi à qui
» la terre a donné le nom de Grand ( Hérode )
» éperdument amoureux de la plus belle femme de
» l'univers ( Mariamne ) ; la passion furieuse de ce roi ,
» si fameux par ses vertus & par ses crimes , ses
» cruautés passées , ses remords présents ; ce passage
» si continuel & si rapide de l'amour à la haine & de
» la haine à l'amour ; l'ambition de sa sœur , ( Salomé )
» les intrigues de ses ministres , la situation cruelle
» d'une princesse dont la vertu & la beauté sont
» célèbres encore dans le monde ; qui avoit vu son
» père ( son ayeul ) Hyrcan , & son frère ( Aristobule ) ,
» livrés à la mort par son mari , & qui , pour comble
» de douleur , se voyoit elle-même le meurtrier de sa
» famille ». Voilà ce que Josephe a peint avec tout
l'intérêt que comporte l'histoire , & M. de Voltaire ,
avec tout l'intérêt que comporte la tragédie. Hérode ,
dans un moment de jalousie & de colère , fit périr

*Mariamne* , comme il fit périr dans la suite les deux
fils qu'il avoit eus d'elle , Alexandre & Aristobule.
Le désespoir où le jetta la mort de cette femme
adorée , lui donna une maladie dont il pensa mourir ,
& lui laissa des moments d'égarement , dans lesquels
il ordonnoit à ses domestiques d'aller chercher la
reine , la croyant toujours vivante , & ne pouvant
recevoir de consolation que d'elle. Ainsi ce trait que
M. de Voltaire a conservé , ce trait qui seroit une
invention tragique jusqu'au sublime , si le poëte
l'avoit imaginé , n'est en effet qu'une vérité historique ,
& n'a dans la pièce que le mérite de l'expression &
de la fidelité. Hérode , à qui Nabal vient de faire le
récit de la mort de *Mariamne* , ordonnée par Hérode
lui-même , entre dans le délire , se plaint de ne voir
ni sa sœur ni sa femme , & de n'appercevoir que
des yeux baignés de larmes qui se détournent de lui :

Qu'ai-je donc fait? pourquoi suis-je en horreur au monde?
Qui me délivrera de ma douleur profonde?
Par qui ce long tourment sera-t-il adouci?
Qu'on cherche *Mariamne* , & qu'on l'amene ici.

   N A B A L.

*Mariamne* , seigneur ?

   H É R O D E.

   Oui , je sens que sa vue
Va rendre un calme heureux à mon ame éperdue
Toujours devant ses yeux que j'aime & que je crains,
Mon cœur est moins troublé , mes jours sont plus sereins,
Déjà même à son nom mes douleurs s'affoiblissent ,
Déjà de mon chagrin les ombres s'éclaircissent ;
Qu'elle vienne,

   N A B A L.

   Seigneur,.....

   H É R O D E.

   Je veux la voir.

   N A B A L.

   Hélas!
Avez-vous pu , seigneur , oublier son trépas ?

*Mariamne* mourut vingt-huit ans avant l'ere Chrétienne.
Hérode épousa une autre *Mariamne* , fille de Simon ,
grand sacrificateur des Juifs , il se contenta d'exiler
celle-ci , qui fut accusée de conspiration contre lui.

MARIANA , ( Jean ) ( *Hist. Litt. mod.* ) jésuite
espagnol , qu'un de ses ouvrages a rendu fameux , & un
autre *fameux* ; le premier est son histoire d'Espagne ;
il la composa en latin , & la traduisit en espagnol ;
le père Charenton son confrère l'a traduite en françois. L'original ne va que jusqu'en 1506 , mais des
continuations l'étendent jusqu'en 1678. Le second
ouvrage est le Traité *de Rege & Regis institutione* ; il
enseigne le régicide ; le crime de Jacques Clément y
est loué ; l'ouvrage a été censuré par la Sorbonne , &
condamné au feu par le parlement de Paris. Quelques-
uns ont dit sans fondement , que ce livre avoit déter-

miné Ravaillac à fon attentat , parce qu'il étoit propre à produire cet effet. Les autres ouvrages de *Mariana* font moins connus , foit en bien , foit en mal. Son Traité *de Ponderibus & Menfuris* , le fit mettre en prifon , parce qu'il blâmoit avec raifon , les changemens qui fe faifoient en Efpagne dans les monnoies. Il avoit compofé en efpagnol un ouvrage , où il relevoit les défauts qu'il croyoit voir dans le gouvernement de fa fociété. Il ne fe propofoit point de Publier cet ouvrage , qui pouvoit lui faire des ennemis parmi fes confrères ; mais un francifcain lui enleva fon manufcrit dans fa prifon , & aucun ouvrage de *Mariana* ne fut tant de fois imprimé ; il l'a été en efpagnol , en latin , en italien , en françois. Mort à Tolède en 1623 , âgé de 87 ans.

MARIANUS SCOTUS, (*Hift. Litt. mod.*) moine écoffois , retiré en 1059 , à l'abbaye de Fulde , mort à Mayence en 1086, parent du vénérable Bède , auteur d'une chronique qui va depuis la naiffance de J. C. jufqu'à l'an 1083 , & qui a été continuée jufqu'en 1200 , par un abbé nommé Dodechin.

MARIE , *amertume de la mer* , ( *Hift. Sacrée*) fœur de Moyfe & d'Aaron, fille d'Amram & de Jocabed, naquit vers l'an du monde 2424, environ douze ou quinze ans avant fon frère Moyfe. Lorfque celui-ci, qui venoit de naître , fut expofé fur le bord du Nil, *Marie* , qui s'y trouva, & la fille de Pharaon pour aller chercher une nourrice à cet enfant. La princeffe ayant agréé fes offres , *Marie* courut chercher fa mère , à qui l'on donna ce jeune Moyfe à nourrir. On croit que *Marie* époufa Hur, de la tribu de Juda , mais on ne voit pas qu'elle en ait eu des enfans. Après le paffage de la mer rouge & la deftruction entière de l'armée de Pharaon , *Marie* fe mit à la tête des femmes de fa nation , & entonna avec elles ce fameux cantique *Cantemus Domino* , &c. pendant que Moyfe le chantoit à la tête du chœur des hommes. Lorfque Séphora , femme de ce dernier , fut arrivée dans le camp, *Marie* eut quelques démêlés avec elle intéreffa dans fon parti, Aaron, & l'un & l'autre murmurèrent contre Moyfe. Dieu en fut irrité , & il frappa *Marie* d'une lèpre fâcheufe , dont il la guérit à la prière de Moyfe, après l'avoir cependant condamnée à demeurer fept jours hors du camp. Elle mourut l'an 2552 , au campement de Cadès , dans le défert de Sin , où elle fut enterrée ; & Eufèbe dit que de fon tems on voyoit encore fon tombeau à Cadès. *Exod. xv , nombre xx* , 26. (†.)

Dans le Nouveau Teftament on trouve , indépendamment de la Vierge *Marie* , mère de J. C. , plufieurs femmes du nom de *Marie*. On a difputé fur leur nombre, ainfi que fur celui des Magdeleines ; les uns diftinguent de ces autres confondent.

La femme qui , au fiége de Jérufalem , mangea fon fils , fe nommoit *Marie*. Il eft remarquable qu'une telle horreur foit arrivée fous Titus & fous Henri IV. C'eft un grand argument contre la guerre. *Voyez* le dixième chant de *la Henriade*.)

MARIE DE BRABANT , femme de Philippe-le-Hardi,

roi de France. (*Voyez* l'article BROSSE) (Pierre de la.)

MARIE D'ANJOU. ( *Voyez* ANJOU. )

MARIE DE BOURGOGNE. Cette princeffe , fille de Charles-le-Téméraire , dernier prince de la feconde maifon de Bourgogne , étoit auffi douce , auffi docile , auffi patiente que fon père avoit été violent , emporté , ambitieux. Comme elle étoit héritière de vaftes & nombreux états , elle fut promife par fon père à tous les princes de l'Europe. Louis XI , qui n'auroit dû fonger qu'à la faire époufer à fon fils , aima mieux la perfécuter & la dépouiller par fa fourberie & la violence : il la força de fe jetter entre les bras de Maximilien , archiduc d'Autriche , fils de l'empereur Frédéric III , & de faire paffer dans la maifon d'Autriche une fucceffion qui n'auroit jamais dû fortir de la maifon de France.

*Marie* de Bourgogne témoigna beaucoup de bonté , lorfqu'en 1477 , les Gantois révoltés contr'elle par les intrigues de Louis XI , ayant condamné à mort fes miniftres Hugonet & d'Imbercourt , pour avoir trop bien fervi leur fouveraine , elle parut dans la place publique en habits de deuil , pâle , échevelée , défolée , avouant fes miniftres de tout ce qu'ils avoient fait , & demandant leur grace au peuple avec des torrens de larmes & les plus tendres inftances ;' & ce peuple montra bien toute fa férocité, en repouffant la prière , en faifant tomber à fes pieds les têtes de fes miniftres & de fes amis. *Marie* de Bourgogne mourut à Bruges en 1482 , des fuites d'une chûte de cheval.

MARIE D'ANGLETERRE , ( *Hift. de Fr. & d'Angl.* ) fœur de Henri VIII , roi d'Angleterre , troifième femme de notre roi Louis XII , eft le feul exemple d'une princeffe angloife , devenue reine de France , fous la troifième race. Bathilde qui , fous la première , avoit époufé Clovis II , & en avoit eu trois fils , étoit angloife ; c'eft tout ce qu'on en fait.

On avoit vu fur la fin de la feconde, Ogine , fille d'Edouard , de la race Saxonne, régner avec Charles-le-fimple. C'eft cette Ogine qui , pendant la détention de fon mari au château de Péronne , fe retira en Angleterre , auprès d'Adeftan fon frère , & y emmena fon Louis , qui en eut le furnom de *d'Outremer* , lorfqu'il revint régner fur les François. *Marie* eut avec cette Ogine , une conformité fingulière. Toutes deux avoient d'abord été mariées par raifon d'état ; toutes deux devenues maitreffes de leur fort , fe marièrent par inclination. Ogine époufa Hebert , comte de Troyes ; *Marie* époufa le duc de Suffolck - Brandon. Ce Charles Brandon , duc de Suffolck , étoit le favori de Henri VIII. Il étoit auffi de *Marie* fa fœur , dès le temps où elle vivoit encore en Angleterre ; il l'accompagna en France , où leur conduite fut fi difcrète , que Louis XII n'en foupçonna rien. François, comte d'Angoulême & duc de Valois , qui fut bientôt après le roi François Ier. , s'enflamma d'abord pour *Marie* ; mais il fentit ou on lui fit fentir combien il feroit dangereux même de réuffir dans un pareil amour. Il changea de perfonnage, veilla & fit veiller avec foin fur la reine, fur le duc de Suffolck & fur lui

même. La duchesse de Valois & la comtesse d'Angoulême trouvèrent des prétextes pour ne jamais perdre la reine de vue ; on lui persuada qu'elle n'osoit
coucher seule , & la baronne d'Aumont , sa dame
d'honneur , réclama, comme un droit de sa place ,
de coucher dans sa chambre en l'absence du roi. La
reine prit ou feignit de prendre toute cette contrainte
pour une étiquette dont son rang la rendoit esclave.

Louis XII ne vécut que deux mois avec *Marie*,
parce qu'il employa trop ce temps à lui plaire
Outre qu'il avoit changé pour elle toute sa manière
de vivre, *il avoit voulust* , dit Fleuranges , *faire du
gentil compaignon avec sa femme , mais il n'étoit plus
homme pour ce faire , car de long-temps il étoit fort
malade.*

Après la mort de Louis XII , Monsieur d'Angoulême , dit le même maréchal de Fleuranges , demanda
» à ladicte reine « s'il se pouvoit nommer roi , à cause
» qu'il ne savoit si elle estoit enceinte ou non ; sur quoi
» ladicte dame lui fit réponse qu'oui , & qu'elle ne-
» savoit aultre roi que lui , car elle ne pensoit avoir
» fruict au ventre qui l'en peust empêcher ».

Trois mois après , le duc de Suffolck épousa secrètement la reine , qui écrivit elle-même à son frère,
qu'elle avoit forcé le duc de Suffolck à recevoir sa
main : « Vous m'auriez refusé votre consentement,
lui dit-elle , vous m'accorderez mon pardon ».

Polydore Virgile va jusqu'à dire que Henri VIII
destinoit sa sœur à Suffolck , avant que des intérêts
politiques l'obligeassent de la donner à Louis XII ,
& qu'il n'avoit fait son favori duc , que dans l'intention
d'en faire son beau-frère.

*Marie* retourna auprès de Henri VIII , & l'Angleterre qui l'avoit vue partir reine de France , la vit
revenir duchesse de Suffolck , plus contente de l'heureuse médiocrité de second état , que de la splendeur gênante du premier. Il lui resta de sa couronne
un douaire de soixante mille livres de rente , bien
payé quand la France & l'Angleterre étoient amies.

*Marie* d'Angleterre mourut en 1534 , à trente-sept
ans.

MARIE STUART. ( *Voyez* STUART. )

MARIE DE MÉDICIS. ( *Voyez* MÉDICIS. )

MARIE PREMIÈRE, ( *Hist. d'Anglet.* ) reine d'Angleterre , fille de Henri VIII & de Catherine d'Arragon,
sœur d'Edouard VI , à qui elle succéda, & d'Elisabeth
qui lui succéda, eût pu paroître digne du trône , si
elle ne l'eût point occupé. Jamais enfant royal n'avoit
été plus éprouvé par le malheur dès son enfance.
Enveloppée dans la proscription d'une mère malheureuse & respectable , elle ne trouva dans son père,
qu'un tyran & un ennemi , qui la priva des droits
de sa naissance , qui la livra , sans appui & sans consolation , à la haine de ses belles-mères ; elle osa résister
à ce père barbare , & rester fidelle à sa mère ; elle
osa regarder comme nul toute ce qui n'étoit que l'ouvrage de la violence , & défendre avec fermeté
les droits dont on la dépouilloit. Tant qu'Anne de
Boulen vécut, *Marie* ne voulut faire aucune démar-

che pour se réconcilier avec son père ; elle rejettoit
hautement sa suprématie, cette suprématie qu'il ne s'étoit
arrogée que pour répudier Catherine d'Arragon, &
épouser Anne de Boulen. La mort de cette dernière
rapprocha le père & la fille. Henri força *Marie* de
signer un acte , par lequel elle reconnoissoit enfin
sa suprématie , renonçoit à l'obéissance du pape, &
avouoit la nullité du mariage de sa mère. Son cœur
désavoua toujours cette signature arrachée à sa foiblesse ;
elle trouva plus de force contre son frère , elle n'en reconnut jamais la suprématie, & refusa constamment
de souscrire à la nouvelle liturgie , ce qui lui attira
de la part d'Edouard VI une persécution , qui lui fit
former le projet de quitter le royaume ; mais on
veilloit sur elle , & la fuite lui fut impossible.

Le premier acte d'autorité que fit *Marie* , en montant sur le trône , fut d'ouvrir les prisons des Catholiques persécutés , & de les rétablir dans leurs biens &
dans leurs temples. Tout cela étoit juste. Que les
Catholiques même eussent la meilleure part aux faveurs
de la nouvelle reine, on avoit dû s'y attendre ; elle leur
devoit ce dédommagement de l'oppression qu'ils avoient
soufferte pour une cause qui étoit la sienne, mais elle
avoit promis de ne point persécuter. C'étoit sur la foi
de cette promesse , que les Protestants s'étoient donnés
à elle. Si long-temps en butte elle-même à la persécution , elle devoit en avoir senti toute l'injustice ;
l'élève du malheur devoit être la consolatrice de
l'humanité , *Marie* n'eut point cet honneur ; le malheur l'avoit aigrie ; elle étoit fille de Henri VIII ; sa cruauté
faisit tous les prétextes que la politique & la religion ,
mal entendues l'une & l'autre , purent lui fournir ; elle
ne pardonna point à Jeanne Gay , qu'on avoit rendue
coupable malgré elle. Les victimes immolées à la religion , furent encore plus nombreuses. On compte
jusqu'à deux cens-quatre-vingt-quatre personnes livrées
aux flammes pour hérésie , sous le règne de *Marie*,
& ce règne fut de cinq ans. Plusieurs furent brûlés à
petit feu ; on prenoit plaisir à leur faire tomber les
membres les uns après les autres en les brûlant avec
des flambeaux. Un malheureux ne pouvant résister aux
douleurs, s'écria ; *j'abjure* ; on le détacha, on lui fit
signer son abjuration ; il vint un ordre de la cour de
le brûler malgré son abjuration , & le juge fut mis
en prison pour l'avoir fait détacher.

Une femme ( car on brûloit aussi des femmes , &
même dans l'état de grossesse ) une femme qui étoit
dans cet état, fut avancée par les douleurs, & accoucha
au poteau ; un des assistants retira l'enfant du feu ;
l'autorité publique, après un moment de délibération,
fit rejetter l'enfant dans les flammes , comme *fruit
d'hérésie.*

*Marie* épousa Philippe II , roi d'Espagne, mariage
le plus contraire & à la politique angloise en particulier, & à la politique européenne en général ; mais
elle espéroit par le mêlange des mœurs espagnoles
amener les Anglois à recevoir le joug de l'inquisition ,
& cet avantage faisoit disparoitre à ses yeux tous les
inconvéniens d'une telle alliance. Philippe II la gouvernoit & la méprisoit. Malgré son indifférence , il
crut

crut avoir donné un héritier au trône ; *Marie* le défiroit trcp pour n'en pas concevoir & n'en pas donner un peu légèrement l'espérance. A un sermon du cardinal Polus, dont elle avoit été pieusement affectée, elle avoit senti son enfant remuer ; le bruit se répandit en quelques provinces, qu'elle étoit accouchée d'un fils ; le *Te Deum* fut chanté dans la cathédrale de Norwick. Un prédicateur tira en chaire l'horoscope, & fit le portrait de l'enfant ; mais la reine n'avoit été délivrée que d'une môle. Philippe renonçant à l'espérance d'avoir des enfans de *Marie*, retourna dans ses états, laissant sa femme inconsolable de son absence & de ses froideurs.

Philippe avoit averti *Marie* que la cour de France formoit des projets qui paroissoient menacer Calais ; Philippe ajoutoit à cet avis l'offre de mettre garnison flamande dans cette place ; mais les Anglois se défièrent avec assez de raison, d'un soin si obligeant, & l'offre fut rejettée ; ce qui acheva de rendre Philippe aussi indifférent sur les affaires de l'Angleterre, qu'il l'étoit déjà pour la reine sa femme. Le duc de Guise prit Calais, & *Marie* mourut peu de temps après, en 1558. *On n'a pas connu mon mal*, dit-elle dans ses derniers momens, *si l'on veut le savoir, qu'on ouvre mon cœur, & on y trouvera Calais*. Elle étoit née en 1515, & avoit commencé à règner en 1553.

MARIE SECONDE, reine d'Angleterre conjointement avec Guillaume III son mari, prince d'Orange, étoit fille du malheureux Jacques II. Elle nâquit au palais de Saint-James en 1662, sous le règne de Charles II. Son oncle, Jacques II, étoit alors duc d'Yorck ; il se fit catholique, au grand déplaisir de la nation angloise ; mais il n'eut pas la liberté d'élever ses filles dans cette religion ; Charles II, malgré le penchant qu'il avoit lui-même pour le catholicisme, prit soin de les faire instruire dans la foi protestante.

Le prince d'Orange, déjà uni par les liens du sang à la maison d'Angleterre, neveu de Charles II & du duc d'Yorck par sa mère, leur sœur, plus uni encore par les liens politiques avec les républicains anglois ; qui, soulevés par lui contre la France, s'indignoient des liaisons de leurs princes avec Louis XIV, voulut former de nouveaux nœuds plus étroits encore avec cette maison & avec ce pays, en épousant la princesse *Marie*. Les grandes révolutions que ce mariage entraîna dans la suite, sembloient annoncées par les conjonctures mêmes dans lesquelles ce mariage fut conclu, & par la hauteur avec laquelle Guillaume fit la demande de la princesse *Marie*. Charles II n'avoit point d'enfans légitimes, & le duc d'Yorck n'avoit que des filles ; celui qui épouseroit *Marie*, acquerroit de grandes espérances.

Le prince d'Orange vint en 1677, en Angleterre, faire la demande de la princesse ; c'étoit le temps où il soulevoit toute l'Europe contre la puissance menaçante de Louis XIV. Le duc d'Yorck accueillit froidement cette proposition ; & se contenta de dire qu'il se soumettroit toujours aux volontés du roi son frère, Charles

vouloit que le mariage de sa nièce fût le sceau de la paix qui se négocioit alors à Nimègue ; le prince d'Orange commença par déclarer hautement que la princesse lui avoit plu dès la première vue, & qu'en la connoissant mieux, il l'aimoit tous les jours davantage, mais qu'il étoit incapable de sacrifier le moindre des intérêts de ses concitoyens & de ses alliés, pour la plus belle femme du monde, & qui lui seroit la plus chère ; Charles prit le parti de dire qu'il estimoit infiniment cette franchise de son neveu.

L'affaire du mariage traînant en longueur, parce que Louis XIV la traversoit, Guillaume dit hautement qu'il falloit que cela finît, & que le roi choisît d'avoir en lui un ami fidèle ou un ennemi implacable. Ces traits d'impatience & de hauteur qui révoltoient le duc d'Yorck, trouvoient plus d'indulgence chez Charles II. Il voulut toujours n'y voir qu'une noble franchise ; il avoua au chevalier Temple, qui avoit toujours fait des vœux & des démarches pour cette alliance, qu'ils n'étoit toujours piqué d'être physionomiste ; qu'il prétendoit ne s'être jamais trompé, en jugeant d'après la physionomie : « Celle de mon neveu me plaît, ajouta-t-il, elle m'annonce un honnête homme ; vous pouvez l'assûrer qu'il aura ma nièce ». Ce mariage se fit en effet en 1677, à la grande satisfaction des Anglois, & à la femme d'Orange acquit à la succession d'Angleterre, des droits qu'il fit valoir avant le temps, quoique détruits par la naissance de Jacques III. Cette naissance même hâta la révolution. Le prince d'Orange assûré des suffrages de la nation angloise, que le zèle persécuteur de Jacques II révoltoit depuis long-temps, prit le parti, en 1688, de détrôner son beau-père, du consentement de sa femme. Les Catholiques comparèrent Guillaume à Tarquin, & la princesse *Marie* à Tullie, écrasant sous les roues de son char, le corps de Servius-Tullius son père. Guillaume & *Marie* furent couronnés roi & reine d'Angleterre.

*Marie* mourut le 7 janvier 1695, sans enfans, & le trône passa à sa mort, seulement après la mort de Guillaume en 1702, à la princesse Anne, sœur de *Marie*, & femme de George, prince de Danemarck.

Un prédicateur jacobite insulta la mémoire de *Marie*, en prêchant sur ce texte où Jéhu dit, en parlant de Jésabel : *Ite & videte maledictam illam & sepelite eam, quia filia Regis est*. « Allez voir ce qu'est devenue cette » malheureuse, ensevelissez-la, parce qu'elle est fille » de roi ». Rois, liv. 4, chap. 9, vers. 34.

Les Protestans au contraire la célèbrent comme protectrice des arts & bienfaitrice des malheureux.

Elle faisoit en secret, à son père détrôné par elle, une pension de soixante-dix mille livres ; qu'il perdit à sa mort.

MARIE-THÉRÈSE D'AUTRICHE, reine de France, fille de Philippe IV, roi d'Espagne ; née à Madrid en 1638, épousa Louis XIV le 9 juin 1660, à Saint-Jean-de-Luz, en vertu de la paix des Pyrénées, mourut en 1683, le 30 juillet.

On a, pour juger de cette princesse, deux mots,

dont l'un eſt d'elle, l'autre la été dit à ſon occaſion. Une carmelite l'aidant à faire ſon examen de conſcience pour une confeſſion générale; & lui demandant ſi, avant ſon mariage, elle n'avoit pas déſiré de plaire à quelques-uns des jeunes gens de la cour du roi ſon père? *Oh non! ma Mère*, répondit-elle, *il n'y avoit point de roi* : ce trait rapporté par Madame la comteſſe de Caylus, dans ſes *Souvenirs*, & cité avec éloge par M. le préſident Hénault, ne plait pas à tout le monde.

L'autre mot fut dit, à ſa mort, par Louis XIV : *Voilà le ſeul chagrin qu'elle m'ait donné.* Louis XIV pouvoit ajouter qu'il lui en avoit donné quelques-uns qu'elle avoit ſoufferts avec beaucoup de douceur & de patience, & ſur leſquels il avoit aſſez mal accueilli des plaintes tendres & reſpectueuſes qu'elle avoit quelquefois hazardées.

MARIE-CHRISTINE-VICTOIRE DE BAVIÈRE, fille de Ferdinand de Bavière, née à Munich en 1660, épouſa en 1680, à Châlons en Champagne, le dauphin, fils de Louis XIV. La mémoire de cette princeſſe a paſſé comme une ombre; elle méritoit cependant, à quelques égards, qu'on ſe ſouvînt d'elle.

Elle étoit laide, & ſe rendant juſtice, elle ne cherchoit qu'à ſe cacher; l'éclat de la cour de Louis XIV lui déplaiſoit; elle vivoit retirée dans ſon appartement, avec ſes femmes, ſur-tout avec ſa femme-de-chambre allemande, Beſſola, ne s'occupant qu'à la prière & à la lecture; car elle aimoit l'inſtruction, & elle montroit de l'eſprit. M. de Fontenelle lui a dédié ſes Eglogues, & cette délicace eſt une Eglogue à ſa louange; il y vante beaucoup l'eſprit de cette princeſſe, & le jugement plein de fineſſe & de goût qu'elle portoit ſur les ouvrages d'eſprit.

C'eſt de cette dauphine de Bavière, que le préſident de Croiſſy, qui avoit été chargé de négocier ſon mariage à la cour de Munick, diſoit au roi à ſon retour : *Sire, ſauvez le premier coup-d'œil, elle vous paroitra fort bien.* C'eſt elle à qui le roi diſoit un jour : *Vous ne m'aviez pas dit, Madame, que la ducheſſe de Toſcane, votre ſœur, étoit extrêmement belle !* *Etoit-ce à moi*, répondit-elle, *à me ſouvenir que ma ſœur a toute la beauté-de-la-famille, lorſque j'en ai tout le bonheur ?* Que pouvoit-on dire de plus aimable ? Le mot qu'elle dit, en mourant, au duc de Berry, ſon dernier fils, eſt plus aimable encore : elle mouroit des ſuites de cette dernière couche; elle demande ſon fils, l'embraſſe avec toute la tendreſſe d'une mère : *c'eſt de bien bon cœur*, lui dit-elle, *quoique tu me coûtes bien cher.* Une telle femme pouvoit être plus intéreſſante que celles qui brilloient dans les fêtes, dans les bals, dans les jeux de Verſailles, & qui étoient plus ſelon le cœur de Louis XIV. Elle mourut en 1690. Louis XIV étoit dans ſa chambre au moment où elle expiroit; on lui propoſa de ſortir, pour ſe dérober à l'horreur de ce ſpectacle : *Non, non*, répondit-il, *il eſt bon que je voie comment meurent mes ſemblables.* On ajoute qu'il dit à M. le dauphin : *Voilà ce que deviennent les grandeurs.*

MARIE - ADÉLAÏDE DE SAVOIE. ( *Voyez* l'article SAVOIE ).

MARIE-JOSEPHE-DE SAXE. ( *Voyez* SAXE ).

MARIES, ſ. f. ( *Hiſt. mod.* ) fêtes ou réjouiſſances publiques qu'on faiſoit autrefois à Veniſe, & dont on tire l'origine de ce qu'autrefois les Iſtriens, ennemis des Vénitiens, dans une courſe qu'ils firent ſur les terres de ceux-ci, étant entrés dans l'égliſe de Caſtello, en enlevèrent les filles aſſemblées pour quelque mariage, que les Vénitiens retirèrent de leurs mains après un ſanglant combat. En mémoire de cette action, qui s'étoit paſſée au mois de février, les Vénitiens inſtituèrent dans leur ville la fête dont il s'agit. On l'y célébroit tous les ans le 2 de février, & cet uſage a ſubſiſté trois cens ans. Douze jeunes filles des plus belles, magnifiquement parées, accompagnées d'un jeune homme qui repréſentoit un ange, couroient par toute la ville en danſant; mais les abus qui s'introduiſirent dans cette cérémonie, la firent ſupprimer. On en conſerva ſeulement quelques traces dans la proceſſion que le doge & les ſénateurs font tous les ans à pareil jour, en ſe rendant en troupe à l'égliſe Notre-Dame. Jean-Baptiſte Egnat. *exempl. illuſtr. virg.* (*A. R.*)

MARIETTE, ( Pierre-Jean ) ( *Hiſt. Litt.-mod.* ) fils d'un libraire & libraire lui-même, puis ſecrétaire du roi & contrôleur de la chancellerie. Son Recueil d'Eſtampes étoit un des plus complets en ce genre. M. *Mariette* eſt connu par ſon Traité *des Pierres gravées*; par des *Lettres à M. le comte de Caylus*, ſur la Fontaine de Grenelle, & en général, par le goût & la connoiſſance des arts. Mort à Paris le 10 ſeptembre 1774.

MARIGNAN, ( Jean-Jacques-Medichino ) MÉDEQUIN; ( marquis de ) ( *Hiſt. Litt. mod.* ) Nous trouvons ſon nom écrit de diverſes manières; *Médicis*, *Medichì*, *Médiquin*, *Médequin*; Brantôme l'appelle même *Médecin*; mais il paroit que c'eſt une plaiſanterie ſur ſon nom. Il étoit milanois, fils d'un commis à la douane. Son eſprit, ſes talens, ſes intrigues lui avoient donné entrée dans la maiſon du duc de Milan, François Sforce, auquel il ſervoit de ſecrétaire. C'étoit dans le temps où François Ier. diſputoit, conquéroit, perdoit tour-à-tour le Milanès; *Médequin* conçut l'eſpérance d'une plus grande fortune, ſi les François parvenoient à s'établir dans ce duché : pour s'attirer leur faveur, il leur révéloit tous les ſecrets de ſon maître. Sforce fut inſtruit de cette infidélité par une lettre qu'il intercepta; il jura la perte de *Médequin*; mais il voulut éviter d'un côté, les longueurs & l'éclat d'une procédure criminelle, de l'autre les inconvéniens plus grands encore d'un aſſaſſinat direct : il n'avoit pas oublié qu'ayant fait aſſaſſiner pour des raiſons à-peu-près pareilles, un Monſignorino Viſconti, il avoit été aſſaſſiné lui-même par un Viſconti, Guichardin fait entendre que Sforce s'étoit ſervi de *Médequin* pour aſſaſſiner Monſignorino Viſconti; & il paroit encore par le récit de quelques autres auteurs que c'étoit un complice que Sforce avoit voulu perdre dans *Médequin*. Quoi qu'il en ſoit, l'expédient dont il ſe ſervit, fut de charger *Médequin* d'une lettre pour le gouverneur de Muſſo, place ſituée à l'extrémité du Milanès, vers le nord du lac de Côme, dans un pays dont on recevoit à peine des nouvelles dans le reste du duché ; cette lettre étoit un ordre au gouverneur de faire jetter le porteur dans le lac. *Médequin*, soit par défiance, soit pour pouvoir instruire les François du sujet de sa commission, décacheta la lettre, & apprit le fort qu'on lui préparoit ; il voulut que les moyens employés pour sa perte, servissent à sa fortune & à sa vengeance. Il supprima la lettre de Sforce, &, imitant son écriture, il fabrique deux lettres, adressées, l'une au gouverneur de Musso, l'autre à son lieutenant. Par la première, le duc avertissoit vaguement le gouverneur d'être en garde contre les Grisons, qui, en descendant de leurs montagnes pour servir la France, pourroient surprendre Musso. Par la seconde, le duc mandoit au lieutenant qu'il avoit découvert un projet formé par le gouverneur, de livrer la place aux François ; qu'il falloit prévenir cette trahison, & prêter main-forte à *Médequin*, qui alloit par son ordre à Musso pour arrêter le gouverneur, & veiller à la sûreté de la place. *Médequin* arrive à Musso, rend les lettres, est bien reçu par le gouverneur, bien servi par le lieutenant. Le gouverneur est arrêté ; *Médequin* se saisit de son argent, & l'emploie à corrompre la garnison ; il se rend maître de la place, il lève le masque, & chasse le lieutenant. Mais pour conserver cette place, & pour braver le ressentiment de Sforce, il avoit besoin d'une puissante protection ; il avoit à choisir de celle de François Ier. ou de Charles-Quint ; il préféra celle de l'empereur, & voulut la mériter par un service important. Six mille Grisons servoient dans l'armée de François Ier. *Médequin* entreprit de les forcer à retourner dans leur pays ; il dressa des embûches au gouverneur de Chiavenne, place importante du pays des Grisons, & voisine du lac de Côme, il enleva aisément ce gouverneur, un jour que celui-ci étoit sorti de la place sans escorte ; il paroît ensuite à la vue de Chiavenne, il demande à parler à la femme du gouverneur ; elle se présente sur la muraille. *Médequin* tenant une épée dans une main, lui montre de l'autre son mari désarmé, lié, prêt à recevoir le coup mortel : *Choisissez, Madame*, lui dit-il, *de me remettre votre place, ou de voir & de faire égorger votre mari*. Cette femme s'effraye, &, n'ayant point le courage de préférer son devoir de sujette à son devoir d'épouse, ouvre les portes à *Médequin* ; à cette nouvelle, les Grisons quittèrent l'armée Françoise qui assiégeoit alors Payie ; &, qui alloit bientôt livrer la funeste bataille de ce nom ; ils jugèrent que leur devoir le plus pressant étoit de défendre leur pays.

*Médequin* ayant eu Marignan pour échange de la ville de Musso, qu'il avoit remise à l'empereur, prit le titre de marquis de *Marignan*, sous lequel il est si connu. Étant devenu dans la suite un des hommes les plus illustres de l'Italie, & Jean-Ange *Médequin* son frère, ayant été fait pape, sous le nom de Pie IV, Cosme Ier, à la faveur de la ressemblance des noms, reconnut ces Médicis ou *Médequins* de Milan, pour être de sa maison ; mais cette opinion n'a pu s'établir

malgré les efforts de Messaglia, auteur de la vie du marquis de *Marignan*, lequel dit avoir vu les armes de Médicis sculptées dans une très-ancienne maison des ayeux du marquis à Milan ; mais, n'avoient-elles pas été sculptées après coup ? Il parle aussi d'une salle, où l'on voyoit peintes les tiares de trois papes de la maison de Médicis, ces trois papes étoient Léon X, Clément VII & Pie IV, frère du Marquis de *Marignan*, Mais ce fait peut ne prouver que la prétention des *Médequins* & cette prétention est certaine. L'auteur ajoute qu'Alexandre de Médicis écrivit au marquis du Guast, général de l'empereur, pour lui recommander le marquis de Marignan comme son parent ; & que c'étoit avant le pontificat de Pie IV. Oui ; mais c'étoit dans un temps où le marquis de *Marignan*, par l'éclat de ses exploits & de ses services, & par le rôle important qu'il jouoit en Italie, avoit mérité qu'on se fit l'honneur de l'avouer pour parent.

Le même Messaglia traite de fable l'histoire de la surprise de Chiavenne, rapportée par tous les historiens ; mais les biographes sont ordinairement des panégyristes ; tout ce qui ne leur paroît pas assez honorable à la mémoire de leurs héros, est toujours faux ; il vaut mieux en croire les écrivains sans intérêt.

Le marquis de *Marignan* passa dans la suite, du parti de l'empereur dans celui du roi de France, qui l'appelloit la ligue, parce que toutes les puissances de l'Italie s'étoient liguées avec François Ier, contre Charles-Quint qui, depuis la bataille de Pavie, devenoit trop redoutable.

Le duc Sforce & le marquis de *Marignan*, malgré leur haine mutuelle, servoient alors la même cause. Sforce assiégé dans le château de Milan par le duc de Bourbon, fut obligé de capituler ; échappé des mains des Impériaux, il alla joindre les confédérés à Lodi, place qu'il devoit à leurs armes ; le marquis de Marignan, après tant de trahisons, ne put soutenir sa vue, & quitta l'armée, plein de l'insolence d'être mécontent de ce que la ligue lui préféroit Sforce, & il en témoigna son mécontentement d'une manière plus insolente encore, en faisant arrêter des ambassadeurs de Venise, qui alloient en France. Le prétexte qu'il prit, fut que la ligue lui devoit de l'argent pour des levées qu'il avoit faites en Suisse ; les Grisons avoient pris sur lui Chiavenne ; mais il les génoit tant par des impôts qu'il avoit établis sur la navigation du lac de Côme, que les Grisons, pour s'exempter de ces droits, lui avoient donné cinq mille cinq cents ducats, & lui en avoient promis encore autant. La ligue, pour attirer à elle les Grisons, qu'elle savoit être sollicités par le duc de Bourbon, de s'unir à lui, promit de les acquitter envers le marquis de Marignan, des cinq mille cinq cents ducats qui restoient à payer, & de leur rembourser ceux qu'ils avoient déjà payés, & de faire cesser les vexations de cet aventurier.

MARIGNY, (Enguerrand Le Portier ; seigneur de) (*Hist. de Fr.*) Sous le règne de Philippe-le-Bel, il gouvernoit les finances & le roi & le royaume, & vraisemblablement il ne les gouvernoit pas bien ; car ce règne est une époque de grandes violences & de grandes déprédations. Enguerrand de *Marigny* & sous lui, Etienne. Barbete, maître de la monnoie, devinrent trop puissants par le malheur public, & par les altérations de la monnoie : « Il s'étoit plus levé, dit Mezeray, de deniers extraordinaires durant ce » règne seul que dans tous les précédents.... : on » faisoit entreprendre au roi des choses au-dessus des » forces de son état..... il étoit d'ailleurs enveloppé » par ceux qui manioient les finances ; il leur en » laissoit prendre leur bonne part en récompense de » ce qu'ils donnoient les moyens de faire ces exactions. » Ses coffres étoient comme le tonneau des Danaïdes, » où l'on versoit sans cesse, & qui ne se remplissoit » jamais. Ainsi, c'étoit toujours à recommencer ; un » impôt en attiroit un autre nouveau & plus grand ». Enguerrand de *Marigny* a trouvé des défenseurs qui l'ont représenté comme un homme d'état, & qui ont pris son parti contre Mézeray ; mais la mauvaise administration des finances & sa fortune particulière l'accusent trop hautement. Les paradoxes historiques peuvent éblouir, mais ils ne persuadent pas toujours. La fin de *Marigny* fut malheureuse, c'est ce qui lui a donné des partisans. La pitié fait quelquefois illusion. *Marigny* fut pendu sous Louis-le-Hutin en 1315, la veille de l'ascension, au gibet de Monfaucon qu'il avoit fait construire ; & *comme maître du logis*, dit encore Mézeray, il eut *l'honneur d'être mis au haut bout au-dessus de tous les autres voleurs*. Mais les hommes ont un grand talent pour gâter tout, & pour faire injustement même les choses les plus justes. *Marigny* fut pendu peu moins pour avoir été oppresseur, que pour avoir été insolent envers le comte de Valois, plus oppresseur que lui. Charles de Valois lui demandoit compte du trésor qu'avoit laissé le roi Philippe-le-Bel. J'en rendrai bon compte, dit *Marigny*.--- Rendez-le dès-à-présent.-- Eh bien, Monsieur, je vous en ai donné la moitié, l'autre a servi à payer les dettes du roi.-- Certes, de ce mentez-vous, Enguerrand.-- Pardieu, Monsieur, de ce mentez-vous vous-même. Le comte de Valois mit l'épée à la main ; *Marigny* se mit en défense. Cette scène se passoit en plein conseil & devant le roi. *Marigny* fut pendu ; mais Charles-de-Valois ne fut pas justifié. Il eut des remords : la mémoire de *Marigny* fut réhabilitée, mais elle n'est pas justifiée non plus dans l'opinion générale.

Divers personnages du nom de *Marigny* sont connus dans les lettres : 1°. Jacques Carpentier de *Marigny*, gentilhomme françois, fils du seigneur de *Marigny* près Nevers, ecclésiastique très-irrégulier, homme voluptueux, esprit plaisant, conteur agréable, chansonnier célèbre, fut frondeur, parce qu'il étoit attaché au cardinal de Retz, puis au grand Condé ; il fit des chansons contre le cardinal Mazarin. Cependant sa plaisanterie sur le prix proposé par le parlement, à celui qui apporteroit la tête du cardinal, & la répartition qu'il fit de la somme assignée, tant pour qui lui couperoit le nez, tant pour une oreille, tant pour un œil, tant pour le faire eunuque. Cette plaisanterie étoit plus propre à donner du ridicule à l'arrêt qu'au car-

dinal. On a de *Marigny*, un *Recueil de Lettres en vers & en prose*, & un *poème sur le Pain béni*. Il est le gentilhomme françois dont il est parlé à l'article ALLEN. (*Voyez* cet article.) Il avoit voyagé en Allemagne & en Suède. Etant en Allemagne, il eut une maladie très-grave, dont il pensa mourir, l'évêque luthérien d'Osnabruck l'assuroit qu'il n'en mourroit pas, & plaisantant, pour rendre son pronostic plus vraisemblable, vous, n'aurez pas, lui dit-il, le chagrin d'être enterré parmi des Luthériens : *En tout cas*, répondit *Marigny*, *le remède seroit facile*, *il suffiroit de creuser deux ou trois pieds plus bas*, *je serois avec des Catholiques*. Il mourut en 1670.

Nous avons d'un autre *Marigny* (l'abbé Augier de) mort à Paris en 1762, une *Histoire du douzième siècle* ; une *Histoire des Arabes* ; & *les Révolutions de l'Empire des Arabes*.

MARIGOT, s. m. (*Terme de relation*) Ce mot signifie en général dans les îles de l'Amérique, un lieu où les eaux de la pluie s'assemblent & se conservent. (*D. J.*)

MARILLAC, (*Hist. de Fr.*) famille françoise, qui a produit entr'autres, trois personnages, très-célèbres :

1°. Charles de *Marillac*, archevêque de Vienne, fils de Guillaume de *Marillac*, contrôleur général des finances du duc de Bourbon. Il se distingua sur-tout à la conférence de Fontainebleau en 1560. Il fut suspect de protestantisme, ainsi que son ami Montluc, évêque de Valence, & son autre ami le chancelier de l'Hôpital, parce qu'il attaquoit les abus de la cour de Rome, & qu'il osoit s'élever contre les Guises, alors tout-puissans. Il mourut dans la même année 1560, de douleur, dit-on, des maux qu'il prévoyoit, & qui furent plus grands peut-être, qu'il ne l'avoit prévu.

2°. Michel de *Marillac*, garde des sceaux, neveu de l'archevêque de Vienne, avoit été dans sa jeunesse un ardent ligueur. Il étoit fort dévot, & sembloit d'abord n'avoir de goût que pour la retraite ; il s'étoit fait faire un appartement dans l'avant-cour des Carmélites du fauxbourg St. Jacques, pour avoir la jouissance continuelle de leur église. Marie de Médicis, fondatrice de cette maison, y venoit souvent ; elle connut *Marillac*, & le recommanda au cardinal de Richelieu, sur qui elle avoit encore alors du crédit. Richelieu fit *Marillac* directeur ou surintendant des finances en 1624, & garde des sceaux en 1626. *Marillac* publia en 1629, une Ordonnance générale, qui régloit les principaux points de la jurisprudence, & qu'ayant été rejettée par le parlement, & nommée par dérision, le *Code Michau*, nom de Baptême de *Marillac*, est aujourd'hui louée & regrettée à beaucoup d'égards, par quelques jurisconsultes. La disgrace de *Marillac*, arrivée quelques années après, porta le dernier coup à cette ordonnance. L'ingratitude du cardinal de Richelieu envers la reine-mère, rendit les *Marillac* ingrats à leur tour envers Richelieu, ou, si l'on veut, ayant à prendre parti entre la reine & le cardinal, ils regardèrent la reine comme leur première & principale bienfaitrice, puisque c'étoit elle qui les avoit recommandés au cardinal. Quoi qu'il en soit, ils travaillèrent de concert avec elle, à la perte de Richelieu, & ils furent les plus fortes dupes de ce qu'on appella la *Journée des dupes*, journée où Richelieu découragé suivit cependant le conseil que lui donna le cardinal de la Valette, d'aller joindre le roi à Versailles, & revint triomphant de ses ennemis, qui, se croyant sûrs du succès, négligèrent de faire la même démarche, & laissèrent le champ libre au Cardinal. Celui-ci fit enfermer le garde des sceaux dans le château de Caën, puis dans celui de Châteaudun, où il mourut en 1632, si pauvre, que Marie de Creil sa belle-fille, fut obligée de faire les frais de ses funérailles, après l'avoir nourri dans sa prison. Le dernier descendant du garde des sceaux, a été Jean-François de *Marillac*, brigadier des armées du roi, gouverneur de Béthune, tué en 1704, à la bataille d'Hochstet; mais il restoit d'autres *Marillac* de la même famille. Le garde des sceaux *de Marillac* a laissé quelques ouvrages. On a de lui des poësies, entr'autres, une traduction des Pseaumes en vers françois; une Dissertation sur l'auteur du livre de l'*Imitation*.

3°. Louis de *Marillac*, maréchal de France, frère du garde-des-Sceaux, fut une des victimes de la haine & de la vengeance du cardinal de Richelieu, & victime innocente, comme ce ministre eut l'atrocité de le reconnoître lui-même dans le persiflage amer dont il récompensa la lâche & barbare condescendance des Juges qui condamnèrent *Marillac* à avoir la tête tranchée : « Il faut avouer, leur dit-il, que Dieu » donne aux Juges des lumières supérieures à celles » des autres hommes, puisque vous avez vu dans » le procès du maréchal, de quoi le condamner à » mort. Pour moi, je n'aurois jamais cru qu'il mé- » ritât une peine si rigoureuse ».

Si tu ne le croyois pas, homme de sang, pourquoi ne lui faisois-tu pas accorder sa grace ? Mais les Juges n'avoient pas eu d'autres lumières que celles que le cardinal leur avoit suggérées ou plutôt commandées. Ayant résolu la perte de *Marillac*, il avoit commencé par le priver de ses Juges naturels; il lui avoit nommé une commission sur laquelle il comptoit, & qui cependant lui manqua; elle ne crut pas pouvoir s'empêcher d'admettre *Marillac* à se justifier. Richelieu fit casser cet arrêt, & nomma une autre commission, dans laquelle il fit entrer ceux qui étoient connus pour les plus grands ennemis de *Marillac*, entr'autres Paul Hay du Châtelet, à qui tout le monde attribuoit une satire sanglante contre les deux frères, & qui, sans avouer cette satire, allégua qu'elle lui étoit attribuée pour se dispenser d'être des juges, ce qui lui attira la haine du cardinal & une disgrace. ( *Voyez* l'article CHATELET ) ( Paul Hay, seigneur du ) Le cardinal avoit si grande peur, que les juges ne condamnassent pas *Marillac*, qu'il fit faire le procès sous ses yeux, dans sa maison de Ruel, violant impudemment toutes les loix, toutes les formes, toutes les bienséances pour assouvir sa vengeance. Au reste,

les *Marillac* n'étoient pas des personnages plus vertueux qu'on ne l'est communément à la cour. Originairement créatures du cardinal, ils n'avoient pas eu pour lui plus de reconnoissance que le cardinal n'en avoit eu pour la reine mère, à laquelle il devoit toute sa grandeur & toute sa fortune. Ingrats, ils s'unirent à la reine-mère, pour punir un ingrat, qui l'étoit plus qu'eux; car, pour eux, ils avoient du moins l'excuse de ne nuire au cardinal que pour servir la reine, leur première bienfaitrice, & qui leur avoit procuré la faveur du cardinal; mais dans le fond ils ne songeoient qu'à s'élever sur ses ruines. La journée des dupes éclata, & Richelieu écrasa tous ses ennemis. On dit qu'en cette occasion le maréchal de *Marillac* s'étoit distingué parmi tous les conjurés, ( si l'on peut appeler ainsi la mère & le frère du roi réunis avec les grands, contre un ministre odieux ) en offrant de tuer de sa main le cardinal, qui instruit dit-on, de cette délibération, se piqua de punir chacun de ses ennemis de la même peine que chacun avoit prononcée contre lui. Cette offre de tuer le ministre, fut la véritable cause du supplice du maréchal; elle n'est point alléguée, parce qu'une proposition vague, non acceptée, non exécutée, ne pouvoit pas être punie de mort; on chercha d'autres crimes beaucoup moindres en eux-mêmes, mais qu'on pouvoit aggraver à son gré, & sur lesquels on pouvoit prendre le prétexte d'une loi positive, ce qui s'appelle assassiner avec le fer des loix; on l'accusa de péculat & de concussion; on disputa jusqu'aux moindres droits de sa place, qu'il avoit exercés ou permis qu'on exerçât, qu'on lui contesta tous, & à force d'envie de le trouver coupable, on le trouva coupable. Il s'agissoit le plus souvent d'objets qui, par leur peu d'importance, n'avoient pas été jusqu'à lui, & dont il n'avoit pas même d'idée. Il répondoit sur les uns, *j'ai cru avoir ce droit*; sur les autres, *j'ignore si j'avois ce droit*; sur tous, *j'ignore si ces droits ont été exercés en mon nom, ou s'ils ont été négligés*; *des soins plus importans exigeoient mon attention*. Quelquefois impatienté des interrogatoires ridicules qu'on lui faisoit subir, il s'écrioit, *chose étrange qu'un homme de mon rang soit persécuté avec tant de rigueur & d'injustice ! Il ne s'agit dans tout mon procès que de foin, de paille, de pierres & de chaux*.

Il est vrai que la petitesse de ces objets ne seroit pas toujours une raison de les négliger, & que chez une nation, très-vertueuse, très-ferme sur tous les principes de la probité, la plus légère faute dans l'emploi des deniers publics, & dans l'exercice de droits onéreux seroit si fort en contradiction avec les mœurs qu'elle paroîtroit toujours fort grave; mais accoutumé comme on l'étoit depuis si long-temps, à la plus grande indulgence sur cet article, les excès même les plus crians dans ce genre, paroissoient à peine une faute légère, & le maréchal de *Marillac*, même coupable, avoit le droit de n'être pas condamné, sur-tout à mort pour une faute sur laquelle on avoit l'habitude de ne rechercher personne; rien de plus injuste en général que ce qu'on appelle faire un exemple, sur-tout quand c'est sur un malheureux ou sur un ennemi, & qu'on ne le fait pas indistinctement sur tous les coupables. Voulez-vous remettre en vigueur une loi pénale tombée en désuetude ? Commencez par la renouveller, & par avertir que les coupables, qu'on étoit auparavant dans l'usage d'épargner, ne seront plus épargnés déformais. Le maréchal eut la tête tranchée à Paris, à la place de grève, le 10 mai 1632. Son procès avoit duré près de deux ans, & le maréchal étoit si sûr de son innocence, qu'il avoit rejetté l'offre que plusieurs de ses amis lui avoient faite, de le tirer de prison. Il avoit été gentilhomme ordinaire de la chambre de Henri IV, il avoit eu le bâton de maréchal de France en 1629; il l'avoit mérité par ses services; il étoit couvert de blessures, & eût-il été coupable, il méritoit de ne pas périr.

MARIN, ( P. Carvilius Marinus ) ( Hist. Rom. ) A la fin de l'empire de Philippe, vers le milieu du troisième siècle, ce Carvilius Marinus, qui avoit fait la guerre avec distinction, contre les Goths, reçut des troupes, en 249, le titre de César, & prit la pourpre impériale dans la Mœsie. Philippe envoya une armée pour dissiper ce parti; il s'étoit dissipé de lui-même. Les mêmes soldats qui avoient proclamé Carvilius Marinus, l'avoient aussi massacré.

MARIN, ( Michel-Ange ) ( Hist. Litt. mod. ) minime, né à Marseille en 1697, mort le 3 avril 1767, auteur d'une multitude d'ouvrages de piété, a joui d'une réputation distinguée parmi les écrivains ascétiques. La plupart de ses ouvrages sont des romans pieux, tels que Farfalla ou la comédienne convertie ; Théodule ou l'enfant de bénédiction ; Agnès de Saint-Amour, ou la fervente novice ; Angélique ou la religieuse selon le cœur de Dieu, &c. L'objet de ces romans est toujours de porter à la vertu & à la piété. Le pape Clément XIII honora le P. Marin de plusieurs brefs pleins de louanges. On a fait de lui un éloge historique, qui a été imprimé en 1769, à Avignon.

MARINE, ( Sainte ) ( Hist. Ecclés. ) vierge chrétienne, dont le nom est plus célèbre dans l'église que son histoire n'y est connue ou du moins qu'elle n'est avérée. On ne sait rien de certain, ni sur le temps, ni sur le pays où elle a vécu. On croit qu'elle vivoit en Bithynie, vers le huitième siècle, & voici ce qu'on raconte de son histoire. Son père nommé Eugène, emporté par cette ferveur, souvent indiscrète, qui peuploit alors les cloîtres, & qui faisoit quelquefois sacrifier à des devoirs de surérogation les devoirs les plus essentiels, se retira dans un monastère, oubliant qu'il étoit père & qu'il laissoit dans ce monde qu'il quittoit, & dont il redoutoit les dangers pour lui-même, une jeune fille pour laquelle ces dangers étoient bien plus à craindre. Lorsque la solitude même dans laquelle il s'étoit enfermé, lui eut laissé le loisir de faire de sérieuses réflexions, il frémit de ces dangers où sa fille restoit exposée sans guide & sans appui, & ne voyant plus de remède à la faute qu'il avoit faite, & dont il sentoit alors avec effroi toutes

les conséquences, il tomba dans une mélancolie profonde, dont tout le monde s'apperçut. Son abbé l'interrogea sur le sujet d'une tristesse si visible. Eugène ne lui cacha rien que le sexe de Marine. « Je suis » père, lui dit-il, & je laisse dans le monde un enfant » dont l'éducation devoit être ma seule affaire ; je » sens avec amertume la douleur de cette séparation, » & j'ai d'ailleurs beaucoup d'inquiétude sur le sort » de ce malheureux enfant, abandonné ainsi à lui- » même, dans un âge qui a tant besoin de guide, » & de conseil ». L'abbé croyant qu'il s'agissoit d'un fils, n'imagina rien de mieux que de le réunir avec son père dans le même monastère. Eugène va chercher sa fille, lui coupe les cheveux, lui fait quitter les habits de son sexe, & l'engage par un serment solemnel à garder jusqu'à la mort le secret sur ce sexe. La jeune fille est reçue dans le monastère sous le nom de frère Marin ; elle fut long-temps l'édification de cette maison. Son emploi fut d'aller au-dehors chercher les provisions nécessaires, & comme elle avoit ainsi fréquemment des occasions de sortir, & qu'elle étoit plus connue que les autres religieux, elle se vit plus en butte à la calomnie. La fille d'une maison dans laquelle le frère du couvent l'appelloient assez souvent, eut une foiblesse qui éclata, elle accusa le frère Marin de l'avoir séduite. Celui-ci, qui pouvoit si aisément se justifier, fut fidèle à son serment ; se laissa juger & condamner. On le mit en pénitence à la porte du monastère, il se soumit à la pénitence; on le chargea de l'éducation de cet enfant étranger, il paya s'en charger avec plaisir, en expiation de sa faute. Il soutint avec beaucoup de patience & d'humilité les réprimandes & les reproches de l'abbé & de toute la communauté. Il mourut au bout de trois ans, au milieu des rigueurs de cette pénitence; ceux qui prirent soin de l'ensevelir, avertirent l'abbé de la découverte incroyable qu'ils avoient faite. L'abbé & toute la communauté admirèrent une telle vertu, & furent inconsolables de l'avoir mise à une telle épreuve.

MARINELLA, ( Lucrèce ) ( Hist. Litt. mod, ) savante Vénitienne du dix - septième siècle, dont on a plusieurs ouvrages, tels que la Nobiltà delle donne, où elle soutient la prééminence de son sexe, thèse que les femmes pourroient abandonner aux hommes ; la vita di Maria Vergine, en prose & en rimes ; Arcadia felice ; amore inamorato ; un recueil de rimes ou de poésies.

MARINELLO, ( Jean ) ( Hist. Litt. mod. ) médecin italien du seizième siècle, est auteur d'un ouvrage sur les maladies des femmes, qui porte deux titres, en apparence bien différens, & bien peu faits pour s'appliquer à un même livre.

L'un est : Gli ornamenti delle donne, tratti delle scritture d'una Rena græca.

L'autre, qui annonce plus précisément le sujet, est le Medecine partenenti alle infermità delle donne.

Cet ouvrage eut de la réputation dans son temps ; mais on a beaucoup mieux écrit depuis en toute langue

& en tout pays, soit ur le même sujet, soit fur toutes les autres parties de la médecine. ,

MARINI, ( Jean-Baptiste ) ( *Hist. Litt. mod.* ) connu sous le nom de *Cavalier Marin*, poëte célèbre sur-tout par son poëme d'*Adonis*; est auteur d'un autre poëme sur le massacre des Innocens, *de strage de gl'innocenti*. Il y a de lui encore un autre poëme intitulé r *la Murtoleide*. C'étoit une satyre contre un autre poëte Italien, nommé Gaspard Murtola, qui de son côté fit contre lui la *Marinéide*; mais qui, se sentant apparemment le plus foible dans ce genre d'escrime, permit à sa vengeance de joindre à la satyre la ressource de l'assassinat; il tira un coup de pistolet au *Cavalier Marin*, qui ne fut que blessé. Celui-ci jugeant qu'il falloit pardonner beaucoup de choses à un poëte irrité, demanda & obtint grace pour Murtola. Cette démarche étoit convenable de sa part; mais les juges auroient dû penser autrement, & sentir le danger de permettre l'assassinat à l'amour-propre blessé des poëtes. Pour ne pas revenir à ce Murtola, nous dirons ici qu'on a de lui un poëme italien de la création du monde, & d'autres poësies, tant italiennes que latines. Il mourut en 1624, & le *Cavalier Marin* en 1625. Celui-ci étoit né en 1569. Murtola étoit de Gênes; *Marini*, de Naples.

MARINIANA, ( *Hist. Rom.* ) femme de l'empereur Valérien, qui ayant suivi son mari en Asie, fut prise avec lui par Sapor, roi de Perse, & qui témoin des affronts de l'empereur, & exposée elle-même aux insuites de Sapor, mourut de douleur dans sa prison. Sur cette aventure de Valérien & de Sapor, voyez l'article BAJAZET. Les historiens vantent la vertu de *Mariniana*, autant qu'ils déplorent ses malheurs.

MARION, ( Simon ) ( *Hist. de Fr.* ) célèbre avocat-général au parlement de Paris, sous le règne de Henri IV, avoit plaidé comme simple avocat pendant trente-cinq ans. Il mourut à Paris en 1605: il fit imprimer en 1594 ses plaidoyers, sous le titre d'*actiones forenses*. Catherine *Marion*, sa fille, femme d'Antoine Arnauld, fameux par son plaidoyer pour l'université contre les Jésuites, eut vingt enfans, presque tous célèbres par leurs talens & par leurs vertus. Elle fut la mère du docteur Arnauld, de M. Arnauld d'Andilly, de l'évêque d'Angers, &c. ( *Voyez* l'article ARNAULD ). Elle fut mère aussi de Marie-Angélique Arnauld, abbesse de Port-Royal. Elle vécut dans cette abbaye sous la direction de sa fille; elle y mourut en 1641, au milieu de ses filles & de ses petites-filles, comme la plus heureuse mère de famille eût pu faire dans le monde.

MARIOTTE, (Edme) ( *Hist. Litt. mod.* ) reçu à l'académie des sciences en 1666, dans le temps de son institution: célèbre par des expériences de physique, dans plus d'un genre; il a fait à Chantilly la plûpart de ses expériences d'hidrauliques, science qu'il a contribué à perfectionner; il a sû ajouter aussi aux découvertes de Pascal sur la pesanteur. On a de lui un traité du mouvement des eaux; un traité du nivellement; un traité du choc des corps; un traité du

mouvement des pendules, & d'autres ouvrages de physique. Il a aussi fait & publié des expériences sur les couleurs. Mort en 1684; c'est à lui qu'on attribue ces deux vers latins si concis & si flateurs sur la rapidité des conquêtes de Louis XIV.

*Una dies Lotharos; Burgundos hebdomas una;*
*Una domat Batavos luna, quid annus erit?*

MARIVAUT. ( *Voyez* MAROLLES )
MARIVAUX, ( Pierre Carlet de Chamblain de ) ( *Hist. Litt. mod.* ) de l'académie françoise.

On a donné un *esprit de Marivaux*, comme on en avoit donné un de Fontenelle. A la tête de ce recueil on trouve un éloge historique de M. de *Marivaux*, qui ne peut rien apprendre sur son esprit, ni sur ses talens; mais qui donne l'opinion la plus avantageuse de son caractère. Il contient deux lettres, l'une sur la paresse, l'autre sur les ingrats: « Ah! sainte
» paresse, salutaire indolence, s'écrie-t-il dans l'une, si
» vous étiez restées mes gouvernantes, je n'aurois pas
» vraisemblablement écrit tant de néants plus ou moins
» spirituels; mais j'aurois eu plus de jours heureux
» que je n'ai eu d'instans supportables, Mon ami!
» le repos ne vous rend pas plus riche que vous ne
» l'êtes, mais il ne vous rend pas plus pauvre, avec
» lui vous conservez ce que vous n'augmentez pas,
» encore ne fais-je si l'augmentation ne vient pas quel-
» quefois récompenser la vertueuse insensibilité pour
» la fortune ».

C'est du moins la morale de la fable de la Fontaine, qui a pour titre: *l'homme qui court après la fortune, & l'homme qui l'attend dans son lit*. L'auteur parle ensuite d'un homme de sa connoissance qui va voyager avec un prince: « Il a l'honneur d'appartenir
» à un prince, il faut qu'il marche; & moi, j'ai la
» douceur de n'appartenir qu'à moi, & je ne mar-
» cherai point ».

C'est par une suite de cet amour pour le repos & pour la liberté, qu'il fit un jour une aumône considérable à un pauvre, auquel il reprochoit de mendier, étant dans toute la force de la jeunesse & de la santé, & qui lui répondit avec toute l'énergie d'un sentiment profond: *ah! Monsieur, si vous saviez, je suis si paresseux!*

Il y a de fort beaux traits dans la lettre sur les ingrats; tel est celui-ci : « Ils ont beau faire, mon
» ami, leur ingratitude ne sauroit être ingrate, tout
» s'y retrouve. Elle a des replis, où les reproches
» que nous méritons se conservent, où nos devoirs
» se plaignent de n'avoir pas été satisfaits ».

Une des maximes de M. *Marivaux* étoit que, *pour être assez bon, il faut l'être trop*. Il disoit encore, « si mes
» amis venoient m'assurer que je passe pour un bel
» esprit; je ne ferois pas en vérité que je fusse plus
» content de moi-même; mais si j'apprenois que quel-
» qu'un eût fait quelque profit en lisant mes ouvrages
» se fût corrigé d'un défaut, oh! cela me touche-
» roit, & ce plaisir-là seroit de ma compétence m-

On fera éternellement à M. de *Marivaux* le reproche d'avoir été affecté & maniéré dans son style, & ce reproche sera éternellement injuste. Sa manière d'écrire étoit celle qui lui étoit prescrite par sa manière de voir & de sentir, & elle en est la plus fidèle expression. Loin qu'elle lui coûtât de la recherche & de l'effort, c'est pour écrire autrement, c'est pour écrire d'une manière qui auroit paru plus naturelle, qu'il eût été réduit à faire des efforts. S'il ne réunit pas tous les suffrages, c'est que tout le monde n'a pas assez d'esprit pour goûter tout le sien. Qui pourroit cependant n'aimer pas *Marianne* & *le Paysan parvenu?* qui peut les quitter quand on s'est une fois engagé dans cette lecture? Où trouve-t-on des tableaux plus vrais, plus fins, plus philosophiques, une peinture plus fidelle du cœur humain dans toutes les situations, dans tous les ordres de la société, dans toutes les conditions de la vie? Il peint en miniature, il est vrai; mais comme il fait sortir toutes les physionomies! comme malgré la petitesse & la finesse des traits, tout se distingue, tout frappe, tout fait effet! Dans le *Spectateur François* que de grandes & fortes leçons! Que d'histoires morales & intéressantes! les critiques les plus justes qu'on ait faites du talent de *Marivaux*, tombent sur ses comédies, d'ailleurs charmantes; telles que les deux *surprises de l'Amour*, *le Legs*, *le préjugé Vaincu*, *la Double Inconstance*, *l'Epreuve*, *la Mère Confidente*. C'est-là qu'on peut dire véritablement qu'il y a trop d'esprit, parce que tous les personnages ont toujours le même esprit, qui est celui de l'auteur, au lieu d'être celui du personnage. On a dit que toutes ses pièces n'étoient toujours que la surprise de l'amour, & que pour se faire faire une mérite de cette uniformité, il auroit dû les intituler, *première*, *seconde*, *troisième*, *quatrième*, &c. *Surprise de l'Amour*; qu'alors ce qui a paru stérilité, défaut d'invention, auroit paru tour de force & fécondité. Ce langage singulier & original, ce jargon, si l'on veut, que les ennemis de M. de *Marivaux* ont appellé *du marivaudage*, peut en effet paroitre mesquin aux esprits nourris des grands modèles, & accoutumés à une manière plus sérieuse & plus noble; mais il n'arrête jamais le lecteur par aucune obscurité, par aucun embarras, par aucune disproportion, aucune disconvenance entre l'idée & l'expression. Il ne faut pas imiter ce style, mais il est bon qu'il en existe de modèle unique.

Ajoutons à la gloire de M. de *Marivaux*, considéré du moins comme Romancier, que ces grands Romanciers Anglois, ces grands peintres de la nature & des mœurs, le reconnoissent pour leur modèle dans le genre qui les a immortalisés.

M. de *Marivaux* étoit né à Paris en 1688, d'un père qui avoit été directeur de la monnoie à Riom en Auvergne, & d'une famille ancienne dans le parlement de Rouen; il fut reçu à l'académie françoise le 14 février 1743, à la place de l'abbé Houtteville. Sur la manière dont il fut reçu par l'archevêque de Sens, M. Languet de Gergy, alors directeur. *Voyez*

l'article LANGUET. M. de *Marivaux* mourut le 12 février 1763.

Son goût étoit aussi singulier que son style; ami de M. de la Motte & de M. de Fontenelle, il combattit sous eux dans la querelle des anciens & des modernes, & outrant leur système, il le poussa jusqu'au mépris formel des anciens. Il ne goûtoit pas Molière, & trouvoit son genre de comique mauvais, toute vanité d'auteur à part; car il étoit sincèrement modeste: il préféroit son dévot, M. de Climal dans *Marianne*, au Tartuffe de Molière, comme un caractère beaucoup plus fin, & toute comparaison aussi à part, il n'avoit pas tort de l'estimer beaucoup; car c'est véritablement un portrait fait de main de maître; & M. d'Alembert nous fournit une fort bonne solution, en disant que M. de Climal est peut-être un meilleur hypocrite de roman; mais que celui de Moliere est à coup sûr, un meilleur Tartuffe de comédie.

MARIUS, ( *Hist. rom.* ) ( Caius ) soldat de fortune, né de parens obscurs, fut sept fois consul, honneur qui le distingue & qui le condamne, comme ayant été acquis au mépris des loix. Il étoit d'Arpinum, qui étoit aussi la patrie de Cicéron, & Cicéron se glorifie en plus d'un lieu d'un tel compatriote qu'on pouvoit cependant vouloir désavouer à quelques égards.

Les parens de *Marius* vivoient du travail de leurs mains, & *Marius* lui-même travailla d'abord à la terre.

*Arpinas alius Volscorum in monte solebat.*
*Poscere mercedes alieno lassus aratro.* JUVÉNAL.

Il se sentit toute sa vie du défaut d'éducation où la pauvreté de ses parens l'avoit condamné; il fut toujours grossier, brutal, emporté; il prit le parti de mépriser l'éloquence & les connoissances qui lui manquoient, & que tant d'autres alloient chercher dans la Grèce; il demandoit pourquoi un peuple libre daignoit apprendre la langue d'un peuple esclave, & à quoi servoient des sciences & des lettres qui n'avoient préservé les Grecs, ni des armes, ni du joug des Romains. Il quitta la charrue pour les armes, & servit d'abord au siège de Numance, sous Scipion, qui ne tarda pas à le distinguer. Des admirateurs de ce grand général, lui disant un jour avec enthousiasme: *qui pourra jamais vous remplacer? Ce sera celui-ci peut-être*, dit-il, en montrant *Marius*, encore simple soldat.

Son ambition s'étoit déclarée de bonne heure; mais elle fut d'abord malheureuse. Dans sa petite ville d'Arpinum, il n'avoit jamais pu parvenir à aucune charge municipale; ce ne fut pas de même sans essuyer beaucoup de refus, qu'il parvint à être créé successivement tribun-des soldats, tribun du peuple, préteur; il manqua en un seul jour, & l'édilité curule, & l'édilité plébéienne, & comme le dit Valere Maxime: *patientiâ repulsarum irrupit magis in curiam quàm venit.*

Cet

Cet homme. avoit dans un degré rare, le courage qui consiste à braver & à soutenir la douleur. Il avoit des varices qui lui, défiguroient les jambes ; il résolut de faire couper ces varices, &, il souffrit cette opé- ration sans être attaché ,: sans faire un mouvement, sans pousser un cri ; mais après cette épreuve faite sur une jambe, il ne voulut pas qu'elle fût continuée sur l'autre, jugeant, d'après son expérience, qu'une telle douleur devoit être réservée pour le cas d'une néces- sité absolument indispensable. *Ita*, dit Cicéron *; & tulit dolorem, ut vir : & ut homo, majorem ferre sine causâ necessariâ noluit.*

Le consul Métellus le fit son lieutenant-général dans la guerre contre Jugurtha ; il ne pouvoit en choisir un, ni plus utile pour Rome, ni plus funeste pour lui : dans les fonctions de cet emploi, nuls travaux ne le rebutèrent , nuls périls ne l'effrayèrent , rien de ce qui pouvoit être utile ne. lui parut au-dessous de lui ; nul soldat ne l'emportoit sur lui en frugalité, en ardeur pour le travail, en constance à supporter la fatigue ; nul ne menoit une vie plus dure. Quand il crut avoir mérité le consulat, il se mit sur les rangs pour le briguer ; les nobles regardoient cet honneur comme réservé pour eux, & ne pouvoient souffrir qu'il fût déféré à ce qu'ils appelloient *des hommes nouveaux* : ce n'est pas qu'il n'y en eût eu plusieurs exemples ; mais ces exemples commençoient à s'é- loigner, & la prétention des nobles, étoit alors dans toute sa force ; quand *Marius* demanda son congé à Métellus pour aller à Rome briguer le consulat, Métellus lui donna des conseils d'ami sur cette am- bition qu'il jugeoit excessive, & lui refusa son congé. *Marius* ne cessa de le solliciter , & un jour Mé- tellus, dans un mouvement d'impatience, lui dit : *en supposant que cet honneur puisse vous regarder , il sera temps pour vous de le demander, quand mon fils le demandera.* Ce fils n'avoit que vingt ans, & on ne pouvoit être Consul qu'à quarante-trois ans.

*Marius* ne pardonna jamais ce propos à Métellus, il se mit à cabaler contre lui & à Rome & dans l'armée, & lui ayant, à force d'importunité, arraché la permission d'aller à Rome, il y calomnia telle- ment ce sage général, il décria tant ses talents, ses exploits, ses, succès ; il fit de si belles promesses, que non seulement il obtint le consulat ; mais qu'il fit rappeller Métellus, & se fit nommer à sa place pour continuer la guerre contre Jugurtha.

Salluste met dans la bouche de *Marius*, en cette occasion, une harangue contre les nobles qui étoit fort dans son caractère & dans ses sentiments ; mais dont l'éloquence appartient sans doute toute entière à Salluste. Métellus, en recevant l'ordre de son rappel, pleura de dépit, & prit soin d'éviter la rencontre de son successeur ; il eut pour consolation les hon- neurs du triomphe, & le surnom de *Numidique.*

*Marius* eut pour questeur Sylla, qu'il vit travailler à s'élever sur ses ruines, comme il s'étoit élevé lui- même sur celles de Métellus. Ce fut Sylla qui déter- mina Bocchus à trahir Jugurtha, son parent & son allié & à le l-vrer aux Romains, & quoique ce

moyen de triompher d'un ennemi , n'eût rien de noble , cependant Jugurtha, depuis si long-temps, donnoit tant d'embarras aux Romains, & fatiguoit tant leurs principaux chefs ; Métellus & *Marius*, après les vic- toires les plus considérables & les plus glorieuses, étoient encore si loin de terminer cette guerre, qu'on s'applaudit de la voir heureusement terminée sans faire attention à la bassesse d'un moyen auquel Rome, dans le temps de sa vertu, n'auroit jamais voulu devoir ses succès. Sylla tira vanité de ce moyen, il fit faire un anneau qui lui servit toujours, dans la suite, de cachet, où il étoit représenté recevant Ju- gurtha des mains de Bocchus. *Marius*, à qui, en qua- lité de général, la gloire de tout succès devoit être rapportée, regarda cette jactance de Sylla, comme une insulte qu'il lui faisoit. Delà, cette haine impla- cable & terrible, qui coûta tant de sang à la Répu- blique.

*Marius* étoit encore en Afrique , lorsqu'il apprit qu'il venoit d'être nommé consul pour la seconde fois au bout de deux ans, quoique régulièrement il dût y avoir un intervalle de dix ans entre deux consulats. Il revint en Italie, & triompha dans Rome, de Ju- gurtha, le jour même où il entroit en charge, c'est- à-dire, le premier janvier de l'an 647 de la fondation de Rome , avant J.-C. 105. Après la cérémonie, il entra dans le sénat avec sa robe triomphale, chose jus- qu'alors sans exemple, & qui excita beaucoup d'éton- nement & de murmure. Il sortit, & revint avec l'habit ordinaire de sénateur, c'est-à-dire, la robe bordée de pourpre,

La terreur qu'inspiroient les Cimbres, le fit nommer consul pour la troisième fois l'an 649 de Rome, avant J.-C. 103. Ce fut pendant cette expédition contre les Cimbres, qu'il fit creuser ce canal du Rhône, connu sous le nom de *Fossa Mariana*. Aux Cimbres étoient joints les Teutons & les Ambrons. Ces deux derniers peuples traversoient le Dauphiné & la Provence pour pénétrer dans la Ligurie. Les Cimbres prenoient par la Bavière & le Tirol, pour entrer dans l'Italie par le Trentin. Les Consuls se séparèrent de même, *Marius* alla camper au confluent du Rhône & de l'Isère, pour s'opposer aux Teutons & aux Ambrons, tandis que son collègue Quintus Lutatius Catulus attendit les Cimbres au pied des Alpes du côté du Tirol.

Un géant Teuton défia *Marius* à un combat parti- culier ; *Marius* répondit *que s'il étoit si pressé de mou ir, il pouvoit s'aller pendre.*

Consul pour la quatrième fois, l'an 650, *Marius* laisse l'insolence de ces ennemis parvenir au dernier degré, ils passent à la tête du camp des Romains, y demandent mille bravades , demandoient ironiquement aux Romains, s'ils ne veulent rien mander à leurs femmes, les assurant qu'ils seroient incessamment dans le cas de leur donner des nouvelles de leurs maris ; enfin quand la mesure fut comblée, quand les Romains s'étant accoutumés à la vue, aux cris, aux hurlements de ces barbares, purent les envisager & les entendre sans frayeur, il les attaqua & les tailla en pièces auprès de la ville d'Aix, & lorsqu'après sa victoire, il offroit

R r r

aux dieux un sacrifice solemnel, en action de graces, il reçut la nouvelle qu'il venoit d'être nommé conful pour la cinquième fois ; ce confulat étoit pour l'année 651 de Rome. A peine l'eut il obtenu, qu'il courut le mériter comme le précédent par une nouvelle victoire. Il joignit Catulus, pour combattre avec lui les Cimbres ; il les atteignit près de Verceil. Les Cimbres ignorant la défaite des Teutons, ou ne la croyant pas poffible, envoyèrent des ambaffadeurs demander à *Marius* des villes & des terres pour eux & pour leurs frères. Qui font ces frères ? leur demanda *Marius*.
— Les Teutons. — N'en foyez point en peine, reprit *Marius*, ils ont la terre que nous leur avons donnée & ils la garderont éternellement. — Cette infolente ironie fera punie, dirent les Cimbres, & par nous & par les Teutons, dès qu'ils feront arrivés. — Ils font arrivés, & les voici, faluez les, embraffez vos frères, dit *Marius*, en faifant paroître devant eux les chefs des Teutons enchaînés. Trois jours après, la bataille fe livra dans la plaine de Verceil. Cette feconde victoire fut encore plus complette que la première. *Marius* en eut le principal honneur, felon Juvénal, mais Catulus fut affocié à fa gloire.
*Hic (Marius) tamen & Cimbros & fumma pericula rerum*
*Excidit, & folus trepidantem protegit urbem*
*Atque idcò, poftquam ad Cimbros ftragemque volabant,*
*Qui nunquam attigerant majora cadavera corvi ,*
*Nobilis ornatur lauro collega fecundâ.*
Sylla, qui fervoit dans l'armée de Catulus, avoit laiffé des mémoires où il refufoit à *Marius* toute part à la victoire ; cette opinion n'a point prévalu.
Jufqu'ici *Marius* eft un héros, il va ceffer de l'être. Il revient à Rome, & après avoir obtenu & mérité tant de confulats par des fervices & des victoires; il ne rougit pas de s'en procurer un fixième par brigue & par argent, pour l'an 652. Il fait exiler Métellus pour avoir refufé de prêter un ferment injufte ; il remplit Rome de troubles, & en fortit brufquement pour n'être pas témoin du rappel glorieux de ce même Métellus. Dans la guerre défignée par le nom de *guerre fociale* ou *des alliés*, *Marius* acquit peu de gloire, il parut éclipfé par Sylla ; & par Sertorius naiffant. La jaloufie éclate entre *Marius* & Sylla, au fujet des ftatues de la victoire, données par Bocchus au peuple Romain, on y voyoit, comme dans l'anneau de Sylla, Jugurtha livré par Bocchus à ce même Sylla. Bientôt Sylla & *Marius* fe difputèrent le commandement dans la guerre contre Mithridate. Le fénat étoit pour Sylla, le peuple pour *Marius* ; il y eut de violentes féditions à ce fujet ; Sylla marche avec une armée contre Rome, s'en empare, oblige *Marius* à prendre la fuite, le fait déclarer ennemi public, ainfi que fes principaux partifans. Quintus Scevola, l'Augure, beau-père de *Marius* le fils, ofa feul réfifter à la volonté abfolue de Sylla. *Non*, dit-il, *je ne déclarerai point ennemi de Rome, un homme par lequel j'ai vu Rome & l'Italie entière fauvées.* Il faifoit allufion à la défaite des Cimbres.
Cependant *Marius*, forti de Rome avec fon fils, (l'an 664) fe retira dans une maifon de campagne

qu'il avoit près de Lanuvium ; il vouloit gagner la mer, & fortir de l'Italie; mais n'ayant eu le temps de faire aucun arrangement pour un pareil voyage, il envoya fon fils dans une terre de Scévola qui étoit voifine, pour prendre chez fon beau-père les chofes principales dont ils avoient befoin. Le jeune *Marius* paffa la nuit dans la maifon de Scévola ; le jour étant venu, il voulut joindre fon père; il apperçut des gens à cheval, qu'il jugea envoyés par Sylla, pour faire la recherche de la maifon de Scévola, qui lui étoit naturellement fufpecte. Le fermier de Scévola ne put fauver le jeune *Marius*, qu'en le cachant dans une charrette remplie de fèves, qu'il mena vers Rome, en paffant au travers de ceux qui cherchoient *Marius*; ils n'eurent aucun foupçon. Le jeune *Marius* entra dans Rome & jufques dans la maifon de fa femme, y prit tout ce dont il avoit befoin, en fortit ainfi que de Rome & de l'Italie, fans faire aucune rencontre fâcheufe, & n'efpérant plus pouvoir rejoindre fon père, qui n'auroit pu l'attendre fi long-temps fans être pris, il paffa en Afrique.
Le père s'étoit rendu à Oftie, y avoit trouvé un vaiffeau, s'étoit embarqué. La violence du vent le força d'aborder dans un lieu fufpect, & environné de fes ennemis ; les vivres lui manquoient, il commençoit à fentir la faim ; il apperçut des bergers, il s'en approcha pour leur demander quelques fecours, ils n'en avoient point à lui donner ; mais l'ayant reconnu, ils l'avertirent qu'ils venoient de voir des gens à cheval qui le cherchoient. Il s'enfonça dans un bois où il paffa la nuit, tourmenté par la faim; mais exhortant les compagnons de fa fuite à fe réferver pour une meilleure deftinée. Errant fur le bord de la mer, près de Minturnes, à l'embouchure du Liris ou Garigliano, avec fa troupe fugitive, ils apperçoivent des gens à cheval qui viennent à eux ; en même temps, tournant les yeux vers la mer, ils voient deux vaiffeaux marchands que fendoient les flots : ils courent à la mer, fe jettent à l'eau, tâchent de gagner à la nâge les deux vaiffeaux. *Marius*, vieux & pefant, porté avec peine au-deffus de l'eau par deux efclaves, atteignit enfin un des vaiffeaux, & y fut reçu, tandis que les cavaliers arrivés fur le bord, crioient aux matelots d'aborder ou de jetter *Marius* à la mer. Celui-ci ne fe réduit à implorer avec larmes la pitié des maîtres du vaiffeau, qui, après avoir quelque temps délibéré & balancé, ne voulurent point livrer cet illuftre fuppliant. Les cavaliers fe retirèrent en menaçant.
Quand ils fe furent éloignés, les matelots, toujours incertains, abordent à l'embouchure du Liris, propofent à *Marius* de defcendre pour fe repofer un moment ; à peine eft-il affis fur le rivage, il voit lever l'ancre, il voit partir le vaiffeau ; le voilà feul avec fes malheurs & fes dangers; il fe traîne dans la fange des marais, jufqu'à la cabane d'un pauvre bucheron qui le cache fous un amas de feuilles, de rofeaux & de joncs. Bientôt il entend un grand bruit du côté de la cabane, c'étoient des gens à cheval, envoyés à fa pourfuite, qui interrogeoient le bucheron, qui le preffoient & l'intimidoient. *Marius* fentit qu'il alloit être

découvert ; il change d'afyle , & fe plonge tout nud dans l'eau fale & bourbeufe de ces marais. Ce font-là ces marais de Minturnes, devenus fi fameux par la fuite & les dangers de *Marius* ; il fut apperçu , il fut pris , traîné à Minturnes, la corde au col , livré aux Magiſtrats , condamné à périr ; mais aucun citoyen ne voulut fe charger de l'exécution ; on envoya un étranger , Cimbre ou Gaulois de naiſſance pour le tuer dans fa priſon ; *Marius* lançant fur lui un regard , plutôt terrible qu'effrayé, lui cria du ton d'un homme qui a la conſcience de fa grandeur , & qui fait que le ciel réſerve fes reſſources extraordinaires aux grands courages dans les grands périls : *Quoi ! barbare, oſerois-tu tuer Caius Marius ?* Le barbare , comme terraſſé par la majeſté d'un héros , s'arrête, ſort, jette ſon épée , & s'écrie : *non , je ne ſaurois tuer Caius Marius.* Le ſentiment dont il avoit été pénétré dans cette occaſion , ſe communique aux Minturnois, ils rougiſſent d'être moins humains qu'un barbare. *Marius* eſt mis en liberté ; bientôt il s'embarque pour l'Afrique ; mais obligé de relâcher en Sicile, il y trouve de nouveaux ennemis. Le queſteur de la province tombé ſur ſa troupe , tue dix-huit hommes de ſon équipage , & penſe le prendre lui-même. *Marius* ſe rembarque précipitamment, il aborde enfin en Afrique , & c'eſt pour y trouver encore des ennemis ; il voit venir à lui un officier du préteur , qui lui dit d'un ton menaçant : *le préteur Sextilius vous défend de mettre le pied dans ſa province , ſous peine d'être traité en ennemi public ;· ſuivant le décret du ſénat , auquel il a réſolu d'obéir.* Marius eut encore ici une de ces reſſources qui n'appartenoient qu'à lui. *Va ,* dit-il à l'officier , *va dire à celui qui t'envoie , que tu as vu Marius fugitif, aſſis au milieu des ruines de Carthage.* C'eſt ce mot que les hiſtoriens & les poëtes ont fait valoir à l'envi.

*Cùm Marius intuens Carthaginem , illa intuens Marium , alter alteri poſſent eſſe ſolatio ,* dit Velleius-Paterculus.

> Solatia fati
> Carthago Mariuſque tulit , pariterque jacentes
> Ignovere deis.... ,

A dit Lucain.
Et ces grands monuments ſe conſoloient entr'eux.
A dit M. l'abbé de Lille.

*Marius* reſta en Afrique aſſez long-temps pour y recueillir ſon fils , qui , comblé d'honneurs , ma's retenu priſonnier par Hiempſal , roi de Numidie, accepta le bienfait de la liberté que l'amour lui offroit. Une des maîtreſſes d'Hiempſal conçut pour le jeune *Marius*, une paſſion ſi généreuſe , qu'elle conſentit à ſe priver de lui , en favoriſant ſa fuite ; c'eſt le ſujet d'une des héroïdes de M. de Fontenelle. Aucune partie du monde ne pouvoit recevoir *Marius*, il fallut ſortir de l'Afrique ; à peine étoit il embarqué ſon fils , qu'ils virent accourir ſur le bord de la mer , des cavaliers Numides, envoyés par Hiempſal à la pourſuite du jeune *Marius*, qui put juger par-là de l'importance du ſervice que lui avoit rendu ſa libératrice , & du deſſein qu'avoit

formé Hiempſal de faire ſa cour aux Romains , aux dépens de ſon priſonnier. Les deux *Marius* paſſerent l'hiver aſſez tranquillement dans les iſles de l'Afrique , & la fortune ſe laſſa enfin de les perſécuter ; mais ils méritoient leurs malheurs , puiſqu'après ces malheurs mêmes ils furent cruels.

Cinna , ennemi de Sylla & du parti des nobles, ami de *Marius* & de la faction populaire , ayant été nommé conſul pour l'an de Rome 665 , obligea Sylla de ſortir de l'Italie , & de partir pour la guerre contre Mithridate , en le faiſant accuſer par un des Tribuns ; il travailla au rappel de *Marius* , remplit la ville de troubles, l'inonda de ſang , ſe fit lui-même chaſſer de Rome , & dépoſer du conſulat. ( *Voyez* l'article MERULA ). Il revient avec *Marius* , qu'il déclare proconful & qu'il comble d'honneurs ; ils marchent contre Rome qui leur eſt livrée ; ils y exercent les plus abominables vengeances ; font égorger les chefs de la nobleſſe , les perſonnages conſulaires les plus diſtingués , les Craſſus , les Céſars , les Catulus, les Merula , l'orateur Marc-Antoine , ayeul du Triumvir. Un ſigne de tête de *Marius* coûtoit la vie à ceux qui ſe préſentoient devant lui ; ceux qui venoient le ſaluer , & auxquels ou à deſſein , ou par diſtraction , ou parce qu'il ne les démêloit pas dans la foule , il ne rendoit pas le ſalut , étoient à l'inſtant poignardés par les eſclaves & les bourreaux , qui lui ſervoient de gardes ; on expoſoit leurs têtes ſur la tribune aux harangues, on fouloit aux pieds leurs corps dans les rués.

*Marius* ſe nomma lui-même conſul pour l'an de Rome 666. Ce fut ſon ſeptième & dernier conſulats. Il mourut en verſant le ſang , en faiſant précipiter du haut du roc Tarpéien , le ſénateur Sextus Licinius ; il mourut le 13 janvier de l'an 666 de Rome. Fimbria , un des exécuteurs de ſes cruautés , crut ne pouvoir m'eux honorer ſes funérailles , qu'en ſe marquant par l'aſſaſſinat du vertueux pontife Quintus Scevola. Celui-ci n'ayant été que légèrement bleſſé , Fimbria le cita devant le peuple. Quel crime , lui dit-on , pouvez vous reprocher à cet homme , qu'on ne peut pas même aſſez dignement louer ? *Je lui reprocherai* , répondit ce forcené , *de n'avoir pas reçu aſſez avant dans le corps le poignard dont il devoit être tué ſur la place.* Tel étoit *Marius* , tels étoient ſes complices.

*Marius* le fils n'imita de ſon père que les cruautés. Le premier jour de l'an 666 , il tua de ſa main un tribun du peuple , & en envoya la tête aux conſuls , c'eſt à-dire , à ſon père & à Cinna. Il fut nommé conſul avec Carbon , pour l'an de Rome 670. Il fit maſſacrer les chefs de la faction de Sylla , entr'autres, ce reſpectable pontife Scevola , qui avoit échappé au poignard de Fimbria ; il perdit contre Sylla , la bataille de Sacripont , entre Segni & Paleſtrine ( Segnia & Preneſte ) , aſſiégé enſuite dans cette dernière ville , il tâcha de ſe ſauver par des ſouterreins qui donnoient dans la campagne ; mais trouvant toutes les iſſues fermées & gardées par des ſoldats , il prit le parti de ſe battre avec le jeune Teleſinus , ſon ami , & de concert avec lui , dans l'eſpérance qu'ils périroient par

aux dieux un sacrifice solemnel, en action de graces, il reçut la nouvelle qu'il venoit d'être nommé conful pour la cinquième fois ; ce confulat étoit pour l'année 651 de Rome. A-peine l'eut il obtenu, qu'il courut le mériter comme le précédent par une nouvelle victoire. Il joignit Catulus, pour combattre avec lui les Cimbres ; il les atteignit près de Verceil. Les Cimbres ignorant la défaite des Teutons, ou ne la croyant pas poffible, envoyèrent des ambaffadeurs demander à *Marius* des villes & des terres pour eux & pour leurs frères. Qui font ces frères ? leur demanda *Marius*. — Les Teutons. —— N'en foyez point en peine, reprit *Marius*, ils ont la terre que nous leur avons donnée & ils la garderont éternellement. —— Cette infolente ironie fera punie, dirent les Cimbres, & par nous & par les Teutons, dès qu'ils feront arrivés. — Ils font arrivés, & les voici, faiuez les, embraffez vos frères, dit *Marius*, en faifant paroître devant eux les chefs des Teutons enchaînés. Trois jours après, la bataille fe livra dans la plaine de Verceil. Cette feconde victoire fut encore plus complette que la première. *Marius* en eut le principal honneur, felon Juvénal, mais Catulus fut affocié à fa gloire.

*Hic* (Marius) *tamen & Cimbros & fumma pericula rerum*
*Excidit, & folus trepidantem protegit urbem*
*Atque idcò, poftquam ad Cimbros ftragemque volabant,*
*Qui nunquam attigerant majora cadavera corvi,*
*Nobilis ornatur lauro collega fecundâ.*

Sylla, qui fervoit dans l'armée de Catulus, avoit laiffé des mémoires où il réfufoit à *Marius* toute part à la victoire ; cette opinion n'a point prévalu.

Jufqu'ici *Marius* eft un héros, il va céffer de l'être. Il revient à Rome, & après avoir obtenu & mérité tant de confulats par des fervices & des victoires, il ne rougit pas de s'en procurer un fixième par brigue & par argent, pour l'an 652. Il fait exiler Métellus pour avoir refufé de prêter un ferment injufte ; il remplit Rome de troubles, & en fortit bruiquement pour n'être pas témoin du rappel glorieux de ce même Métellus. Dans la guerre défignée par le nom de *guerre fociale* ou *des alliés*, *Marius* acquit peu de gloire, il parut éclipfé par Sylla, & par Sertorius naiffant. La jaloufie éclate entre *Marius* & Sylla, au fujet des ftatues de la victoire, données par Bocchus au peuple Romain, où on voyoit, comme dans l'anneau de Sylla, Jugurtha livré par Bocchus à ce même Sylla. Bientôt Sylla & *Marius* fe difputèrent le commandement dans la guerre contre Mithridate. Le fénat étoit pour Sylla, le peuple pour *Marius* ; il y eut de violentes féditions à ce fujet ; Sylla marche avec une armée contre Rome, s'en empare, oblige *Marius* à prendre la fuite, le fait déclarer ennemi public, ainfi que fes principaux partifans. Quintus Scevola, l'Augure, beau-père de *Marius* le fils, ofa feul réfifter à la volonté abfolue de Sylla. *Non*, dit-il, *je ne déclarerai point ennemi de Rome, un homme par lequel j'ai vu Rome & l'Italie entière fauvées.* Il faifoit allufion à la défaite des Cimbres.

Cependant *Marius*, forti de Rome avec fon fils, (l'an 664) fe retira dans une maifon de campagne

qu'il avoit près de Lanuvium ; il vouloit gagner la mer, & fortir de l'Italie ; mais n'ayant eu le temps de faire aucun arrangement pour un pareil voyage, il envoya fon fils dans une terre de Scévola qui étoit voifine, pour prendre chez fon beau-père les chofes principales dont ils avoient befoin. Le jeune *Marius* paffa la nuit dans la maifon de Scévola ; le jour étant venu, il voulut joindre fon père, il apperçut des gens à cheval, qu'il jugea envoyés par Sylla, pour faire la recherche dans la maifon de Scévola, qui lui étoit naturellement fufpecte. Le fermier de Scévola ne put fauver le jeune *Marius*, qu'en le cachant dans une charrette remplie de féves, qu'il mena vèrs Rome, en paffant au travers de ceux qui cherchoient *Marius* ; ils n'eurent aucun foupçon. Le jeune *Marius* entra dans Rome & jufques dans la maifon de fa femme, y prit tout ce dont il avoit befoin, en fortit ainfi que de Rome & de l'Italie, fans faire aucune rencontre fâcheufe, & n'efpérant plus pouvoir rejoindre fon père, qui n'auroit pu l'attendre fi long-temps fans être pris, il paffa en Afrique.

Le père s'étoit rendu à Oftie, y avoit trouvé un vaiffeau, s'étoit embarqué. La violence du vent le força d'aborder dans un lieu fufpect, & environné de fes ennemis ; les vivres lui manquoient, il commençoit à fentir la faim ; il apperçut des bergers, il s'en approcha pour leur demander quelques fecours, ils n'en avoient point à lui donner ; mais l'ayant reconnu, ils l'avertirent qu'ils venoient de voir des gens à cheval qui le cherchoient. Il s'enfonça dans un bois où il paffa la nuit, tourmenté par la faim ; mais exhortant les compagnons de fa fuite à fe réferver pour une meilleure deftinée. Etiant fur le bord de la mer, près de Minturnes, à l'embouchure du Liris ou Garigliano, avec fa troupe fugitive, ils apperçoivent des gens à cheval qui viennent à eux ; en même temps, tournant les yeux vers la mer, ils voient deux vaiffeaux marchands qui fendoient les flots ; ils courent à la mer, fe jettent à l'eau, tâchent de gagner à la nâge les deux vaiffeaux. *Marius*, vieux & pefant, porté avec peine au-deffus de l'eau par deux efclaves, atteignit enfin un des vaiffeaux, & y fut reçu, tandis que les cavaliers arrivés fur le bord, crioient aux matelots d'aborder ou de jetter *Marius* à la mer. Celui-ci eft réduit à implorer avec larmes la pitié des maîtres du vaiffeau, qui, après avoir quelque temps délibéré & balancé, ne voulurent point livrer cet illuftre fuppliant. Les cavaliers fe retirèrent en menaçant.

Quand ils fe furent éloignés, les matelots, toujours incertains, abordent à l'embouchure du Liris, propofent à *Marius* de defcendre pour fe repofer un moment ; à peine eft-il affis fur le rivage, il voit lever l'ancre, il voit partir le vaiffeau ; le voilà feul avec fes malheurs & fes dangers ; il fe traîne dans la fange des marais, jufqu'à la cabane d'un pauvre bucheron qui le cache fous un amas de feuilles, de rofeaux & de joncs. Bientôt il entend un grand bruit du côté de la cabane, c'étoient des gens à cheval, envoyés à fa pourfuite, qui interrogeoient le bucheron, qui le preffoient & l'intimidoient. *Marius* fentit qu'il alloit être découvert ; il change d'asyle, & se plonge tout nud dans l'eau sale & bourbeuse de ces marais. Ce sont-là ces marais de Minturnes, devenus si fameux par la fuite & les dangers de *Marius* ; il fut apperçu, il fut pris, traîné à Minturnes, la corde au col, livré aux Magistrats, condamné à périr ; mais aucun citoyen ne voulut se charger de l'exécution ; on envoya un étranger, Cimbre ou Gaulois de naissance pour le tuer dans sa prison ; *Marius* lançant sur lui un regard, plutôt terrible qu'effrayé, lui cria du ton d'un homme qui a la conscience de sa grandeur, & qui fait que le ciel réserve des ressources extraordinaires aux grands courages dans les grands périls : *Quoi ! barbare, oserois-tu tuer Caïus Marius ?* Le barbare, comme terrassé par la majesté d'un héros, s'arrête, sort, jette son épée , & s'écrie : *non, je ne saurois tuer Caïus Marius*. Le sentiment dont il avoit été pénétré dans cette occasion, se communique aux Minturncis, ils rougissent d'être moins humains qu'un barbare. *Marius* est mis en liberté ; bientôt il s'embarque pour l'Afrique ; mais obligé de relâcher en Sicile, il y trouve de nouveaux ennemis. Le questeur de la province tombe sur sa troupe, tue dix-huit hommes de son équipage, & pense le prendre lui-même. *Marius* se rembarque précipitamment, il aborde enfin en Afrique, & c'est pour y trouver encore des ennemis ; il voit venir à lui un officier du préteur, qui lui dit d'un ton menaçant : *le préteur Sextilius vous défend de mettre le pied dans sa province, sous peine d'être traité en ennemi public ; suivant la teneur d'un édit, auquel il a résolu d'obéir. Marius* eut encore ici une de ces ressources qui n'appartenoient qu'à lui. *Va*, dit-il à l'officier, *va dire à celui qui t'envoie, que tu as vu Marius fugitif, assis au milieu des ruines de Carthage*. C'est ce mot que les historiens ont fait valoir à l'envi.

*Cùm Marius intuens Carthaginem, & intuens Marium, alter alteri possent esse solatio*, dit Velleius-Paterculus,

> *Solatia fati
> Carthago Mariusque tulit, pariterque jacentes
> Ignovere deis....* ;

A dit Lucain.

Et ces grands monuments se consoloient entr'eux. A dit M. l'abbé de Lille.

*Marius* resta en Afrique assez long-temps pour y recueillir son fils, qui, comblé d'honneurs, mais retenu prisonnier par Hiempsal, roi de Numidie, accepta le bienfait de la liberté que l'amour lui offroit. Une des maîtresses d'Hiempsal conçut pour le jeune *Marius*, une passion si généreuse, qu'elle consentit à se priver de lui, en favorisant sa fuite ; c'est le sujet d'une des héroïdes de M. de Fontenelle. Aucune partie du monde ne pouvoit recevoir *Marius*, il fallut sortir de l'Afrique ; à peine étoit il embarqué avec son fils, qu'ils virent accourir sur le bord de la mer, des cavaliers Numides, envoyés par Hiempsal à la poursuite du jeune *Marius*, qui put juger par-là de l'importance du service que lui avoit rendu sa libératrice, & du dessein qu'avoit

formé Hiempsal de faire sa cour aux Romains, aux dépens de son prisonnier. Les deux *Marius* passerent l'hiver assez tranquillement dans les isles de l'Afrique, & la fortune se lassa enfin de les persécuter ; mais ils méritoient leurs malheurs, puisqu'après ces malheurs mêmes ils furent cruels.

Cinna, ennemi de Sylla & du parti des nobles, ami de *Marius* & de la faction populaire, ayant été nommé consul pour l'an de Rome 665, obligea Sylla de sortir de l'Italie, & de partir pour la guerre contre Mithridate, en le faisant accuser par un des Tribuns ; il travailla au rappel de *Marius*, remplit la ville de troubles, l'inonda de sang, se fit lui-même chasser de Rome, & déposer du consulat. ( *Voyez* l'article MERULA ). Il revient avec *Marius*, qu'il déclare proconsul & qu'il comble d'honneurs ; ils marchent contre Rome qui leur est livrée ; ils y exercent les plus abominables vengeances ; font égorger les chefs de la noblesse , les personnages consulaires les plus distingués, les Crassus, les Césars, les Catulus, les Merula, l'orateur Marc-Antoine, ayeul du Triumvir. Un signe de tête de *Marius* coûtoit la vie à ceux qui se présentoient devant lui ; ceux qui venoient le saluer, & auxquels ou à dessein, ou par distraction, ou parce qu'il ne les déméloit pas dans la foule, il ne rendoit pas le salut, étoient à l'instant poignardés par les esclaves & les bourreaux, qui lui servoient de gardes ; on exposoit leurs têtes sur la tribune aux harangues, on fouloit aux pieds leurs corps dans les rues.

*Marius* se nomma lui-même consul pour l'an de Rome 666. Ce fut son septième & dernier consulats. Il mourut en versant le sang, en faisant précipiter du haut du roc Tarpéien, le sénateur Sextus Licinius ; il mourut le 13 janvier de l'an 666 de Rome. Fimbria, un des exécuteurs de ses cruautés, crut ne pouvoir mieux honorer ses funérailles, qu'en les marquant par l'assassinat du vertueux pontife Quintus Scevola. Celui-ci n'ayant été que légèrement blessé, Fimbria le cita devant le peuple. Quel crime, lui dit-on, pouvez vous reprocher à cet homme, qu'on ne peut pas même assez dignement louer ? Je lui reprocherai, répondit ce forcené, de n'avoir pas reçu assez avant dans le corps le poignard dont il devoit être tué sur la place. Tel étoit *Marius*, tels étoient ses complices.

*Marius* le fils n'imita de son père que les cruautés. Le premier jour de l'an 666, il tua de sa main un tribun du peuple, & en envoya la tête aux consuls, c'est-à-dire, à son père & à Cinna. Il fut nommé consul avec Carbon, pour l'an de Rome 670. Il fit massacrer les chefs de la faction de Sylla, ent'autres, ce respectable pontife Scevola, qui avoit échappé au poignard de Fimbria ; il perdit contre Sylla, la bataille de Sacriport, entre Segni & Palestrine ( Segnia & Preneste ), assiégé ensuite dans cette dernière ville, il tâcha de se sauver par des souterreins qui devoient aboutir dans la campagne ; mais trouvant toutes les issues fermées & gardées par des soldats, il prit le parti de se battre avec le jeune Telesinus, son ami, & de concert avec lui, dans l'espérance qu'ils périroient par la main l'un de l'autre; & qu'ils échapperoient aux supplices que Sylla leur préparoit. *Marius* tua son ami; mais il n'en fut que blessé, & il se fit achever par un de ses esclaves.

*Marius* le jeune n'avoit que vingt-six à vingt-sept ans, & il étoit consul, quoique les loix ne permissent de prétendre au consulat qu'à quarante-trois ans; mais il n'y avoit plus de loix. Sa mère, au lieu de le féliciter de cet honneur prématuré, pleura sur lui, & prévit sa perte. La tête de *Marius* fut portée à Sylla, qui la fit exposer sur la tribune aux harangues, & qui, en la considérant & en insultant à la jeunesse de ce consul, dit que cet enfant téméraire auroit dû apprendre, à manier la rame avant que d'entreprendre de conduire le gouvernail. Les malheurs de *Marius*, qui auroient dû au moins lui apprendre à pardonner, ne lui avoient appris qu'à se venger.

L'Histoire Romaine offre encore quelques autres *Marius*, moins célèbres. Juvénal parle d'un Préteur *Marius* qui avoit fort vexé sa province, & qui jouissoit en paix du fruit de ses vexations, tandis que la province, qui l'avoit fait rappeler & exiler, en gémissoit encore:

> *Exul ab octavâ Marius bibit, & fruitur diis*
> *Iratis, at tu victrix provincia ploras!*

Horace parle d'un *Marius*, forcené d'amour, qui après avoir tué sa maîtresse dans un excès de jalousie, se précipite lui-même pour mourir avec elle:

> *Hellade percussâ Marius cùm præcipitat se*
> *Cerritus fuit? an commotæ crimine mentis*
> *Absolves hominem, & sceleris damnabis eumdem,*
> *Ex more imponens cognata vocabula rebus?*

MARLBOROUGH, (Jean Churchill (duc de) {*Hist. d'Angleterre*) étoit d'abord favori du roi Jacques II; il étoit frère d'Arabelle Churchill, maîtresse de ce prince, & mère du maréchal de Berwick; il abandonna Jacques II, dans le temps de la révolution en 1688. Il servit avec éclat contre lui, dans la guerre d'Irlande en 1689 & 1690. Quelque temps après, il forma, en faveur de ce même Jacques II, une conspiration, pour laquelle il fut mis à la tour de Londres; Lady *Marlborough*, sa femme, gouvernoit la princesse Anne, qui, sous le règne de Guillaume III & de Marie II, sœur d'Anne, étoit héritière présomptive de la couronne d'Angleterre, Guillaume & Marie exigèrent que la princesse Anne renvoyât la duchesse *de Marlborough*. Anne affecta de paroître par-tout avec elle; la reine arrivant à un spectacle où la duchesse *de Marlborough* étoit avec la princesse Anne, envoya ordre à la duchesse de sortir; elle obéit, & la princesse sortit avec elle; on lui ôta ses gardes, on défendit aux Dames de la cour de la voir; elle se retira dans la ville de Bath, & sa disgrace fut publique.

Quand elle monta sur le trône, après la mort de Guillaume III, les *Marlborough* y montèrent avec

elle; là duchesse fut sa favorite, le duc fut son général: il gagna les batailles d'Hochstet le 13 août 1704; de Ramillies, le 23 mai 1706; d'Oudenarde, le 11 juillet 1708; de Malplaquet, le 11 septembre 1709; en 1704, il avoit embrasé la Bavière jusqu'à Munick, pour punir l'électeur de Bavière de son attachement à la France. On a observé qu'il n'avoit jamais assiégé de place, qu'il n'eût prise, ni livré de bataille, qu'il n'eût gagnée. L'union, le concert qui régnoient entre lui & le prince Eugène, leur donnoient une force invincible; Eugène & *Marlborough* étoient moins des sujets que de véritables puissances. Le marquis de Torcy dit qu'Eugène, *Marlborough*, Heinsius, pensionnaire de Hollande, étoient comme les Triumvirs de la Ligue contre la France. *Marlborough* gouvernoit, Heinsius. La paix & la guerre étoient entre les mains de deux généraux, dont la gloire & la puissance étoient fondées sur la guerre. En 1709, Louis XIV traitoit secrètement de la paix avec les Hollandois; mais Eugène & *Marlborough* étoient instruits de tout par Heinsius. Ils vinrent même ensuite aux conférences à la Haye. Heinsius étoit incorruptible, le prince Eugène étoit trop au-dessus de la corruption; mais on savoit que *Marlborough* aimoit l'argent, on l'attaqua de ce côté. Louis XIV lui avoit fait faire des propositions par le duc de Berwick, son neveu, & par le marquis d'Alégre. Torcy, dans sa première conférence avec *Marlborough*, crut s'appercevoir qu'il faisoit souvent revenir avec art, dans la conversation, les noms de ces deux personnes, & qu'il sembloit vouloir pénétrer si Torcy étoit instruit de leur négociation avec lui; il fit connoître qu'il ne l'ignoroit pas, il l'assura que les dispositions du roi n'étoient point changées à cet égard; *Marlborough* rougit, & parla d'autre chose. Torcy essaya plus d'une fois de le ramener des intérêts généraux à ses intérêts particuliers, chaque fois *Marlborough* rougissoit, & paroissoit continue Torcy, *Marlborough* n'omettoit aucune « occasion de parler de son respect pour Louis XIV, » même de son attachement à la personne de S. M. » C'étoit en France & sous M. de Turenne, qu'il » avoit appris le métier de la guerre, il vou- » loit persuader qu'il en conservoit une éternelle » reconnoissance. Ces expressions étoient accompa- » gnées de protestations de sincérité, démenties par » les effets, de probité, appuyée de serments sur son » honneur, sa conscience, & nommant souvent le » nom de Dieu, il l'appelloit à témoin de la vérité » de ses intentions. On étoit tenté de lui dire : *pour-* » *quoi ta bouche profane ose-t-elle citer ma loi?* »

Cette négociation fut suivie. On voit dans une instruction de Louis XIV au marquis de Torcy, le prix qu'il mettoit aux différents avantages que *Marlborough* lui feroit obtenir, tant pour Naples & la Sicile, tant pour Dunkerque, tant pour Strasbourg, &c.

La reine Anne se dégoûta de la personne, & se lassa de l'empire de Sara Jennings, duchesse *de Marlborough*. Une nouvelle favorite la gouvernoit; l'imprudente *Marlborough* s'étoit donné une rivale, en faisant entrer au service de la reine , une de ses parentes , nommée *Hill* , qui fut depuis milady *Masham*. Plus imprudente encore ; la duchesse même *de Marlborough* voyant ce crédit naissant ébranler le sien , acheva de se perdre par des hauteurs & des traits d'aigreur qui aliénèrent entièrement le cœur de la reine. Une jatte d'eau que la duchesse , par une mal-adresse réelle ou feinte , répandit sur la robe de la nouvelle favorite , dans un moment où la reine & les femmes de la cour prenoient plaisir à considérer la beauté de cette robe , fut le dernier écueil où vint se briser cet énorme crédit des *Marlboroughs* ; la duchesse fut entièrement disgraciée , le ministère fut changé. On attaqua par degré la puissance du duc *de Marlborough* lui-même ; on commença par borner son autorité : on rechercha ensuite son administration ; on osa lui faire son procès dans le même lieu , dit le marquis de Torcy , où depuis dix ans , il recevoit , au nom de la nation , des remerciemens & des éloges au-retour de chaque campagne. On se contenta cependant d'abaisser & d'humilier *Marlborough* ; on ne voulut pas le perdre , parce qu'on craignit les représailles ; son avidité , ses extorsions fournirent des raisons ou des prétextes de le dépouiller de ses emplois , & on prétendit montrer assez de respect pour sa gloire , en lui laissant la vie.

Le nouveau ministère fit aisément connoître à la reine que *Malebrough* seul avoit intérêt à la continuation d'une guerre qui augmentoit tous les jours sa gloire & sa puissance , mais qui ruinoit la nation , sans qu'elle en tirât ou même qu'elle s'en promit aucun avantage.

Le prince Eugène vint à Londres pour mettre obstacle à la paix , de concert avec le duc *de Marlborough* ; il fut reçu froidement par la reine , on éclaira ses démarches , on arrêta ses intrigues ; les ministres lui rendirent des respects , mais ils veillèrent sur lui ; un de ces ministres , qui avoit le plus contribué à faire priver *Marlborough* du commandement des armées , donnant à dîner au prince Eugène, dit qu'il regardoit comme le plus beau jour de sa vie , celui où il avoit l'honneur de recevoir chez lui le plus grand capitaine du siècle ; le prince Eugène lui répondit : *si je le suis , c'est depuis peu , & c'est sur-tout à vous que j'en ai l'obligation*. Il ne s'agissoit pas de moins , dit-on , dans les complots d'Eugène & *de Marlborough* , que de détrôner & d'emprisonner la reine. Le lord Bolingbroke a raconté en France , à des personnes dignes de foi , qu'alarmé du danger de cette princesse , il entra dans sa chambre au milieu de la nuit , lui fit part des avis qu'il avoit reçus , & lui proposa de faire arrêter sur le champ le prince Eugène & le duc *de Marlborough*. La reine effrayée d'un parti aussi violent , lui demanda s'il n'imaginoit pas de moyen plus doux ? Oui, Madame, dit Bolingbroke , & il proposa de remplir de gardes le palais & les environs & les postes les plus importants de Londres. En effet , les mal-intentionnés voyant leurs projets découverts & prévenus , restèrent tranquilles , & se cachèrent. Le prince Eugène partit ; *Marlborough*

quitta aussi l'Angleterre , & se retira dans la ville d'Anvers. A l'avénement du roi Georges Ier. à la couronne , en 1714 , il fut rétabli dans toutes ses charges ; il les quitta quelques années avant sa mort , tomba en enfance avant le temps , & n'eût plus d'autre occupation , d'autre récréation que de jouer au petit palet avec ses pages. Il mourut en 1722. Il étoit né en 1650.

Le duc *de Marlborough* avoit été le plus bel homme, & la duchesse *de Marlborough* la plus belle femme de l'Angleterre ; lorsque le duc servoit en France , sous Turenne , on ne l'appelloit que *le bel Anglois* ; mais le général François , dit M. de Voltaire , jugea que le bel Anglois seroit un jour un grand homme. Le roi Guillaume disoit n'avoir jamais vu personne qui eût moins d'expérience & plus de talent , qui eût la tête plus froide & le cœur plus chaud. Après la bataille d'Hochstet , *Marlborough* ayant reconnu parmi les prisonniers , un soldat françois dont il avoit remarqué la valeur pendant l'action , lui dit : *Si ton maître avoit beaucoup de soldats comme toi , il seroit invincible.— Ce ne sont pas les soldats comme moi qui lui manquent*, répondit le soldat , *mais des généraux comme vous*.

*Marlborough* faisoit les honneurs des victoires & des succès guerriers , & c'étoit à lui à les faire ; un seigneur françois lui faisant compliment sur ses belles campagnes de Flandre : *Vous savez*, lui dit Marlborough , *ce que c'est que les succès de la guerre* ; *j'ai fait-cent fautes* ; & *vous en avez fait cent & une*.

La duchesse *de Marlborough* n'est morte qu'en 1744.

MARLORAT, (Augustin ) ( *Hist. du Calvinisme*) ministre calviniste célèbre ; il se distingua au concile de Poissy en 1561. L'année suivante il fut pris dans Rouen , & fut pendu par l'effet de la violence & de la cruauté qu'inspirent les guerres civiles , & sur-tout les guerres de religion. On a de lui des Commentaires sur l'Ecriture-Sainte. Il avoit , comme Luther , été Augustin avant d'être hérétique.

MARMOL, ( Louis ) ( *Hist. Litt. mod.* ) écrivain espagnol , né à Grenade , connu par sa *Description générale de l'Afrique* , que Nicolas Perrot d'Ablancourt a traduite. Il avoit connu l'Afrique par huit années de captivité , ayant été pris au siége de Tunis en 1536.

MAROLLES, ( Claude de ) ( *Hist. de Fr.* ) *Marolles* & *Marivault* , gentilshommes françois , ennemis , & de partis contraires. *Marolles* , ligueur ; *Marivault* , royaliste , donnèrent les derniers le spectacle d'un duel solemnel ; car cet usage ne fut point aboli , ( comme tout le monde le dit & le répète ) à l'occasion du combat de Chabot & de la Châtaigneraie , au commencement du règne de Henri II. *Marolles* & Marivaux se battirent derrière les Chartreux , en présence du peuple & de l'armée , le jour même ou le lendemain de l'assassinat de Henri III , en 1589. Les deux lances furent brisées , mais ce fut *Marolles* qui fut vainqueur , il eut seulement sa cuirasse faussée , mais il laissa le fer de sa lance avec le tronçon dans l'œil de son ennemi, qui mourut un quart d'heure après, en vrai royaliste, ou plutôt, en ami tendre de Henri III : *Si je n'ai pas le plaisir de vaincre*, dit-il, *du moins je n'aurai pas la douleur de survivre au roi mon maître*. Observons que Henri III eut des amis, & que tous ses favoris l'aimèrent tendrement, au lieu que tous ceux de Louis XIII le haïssoient. La ligue triompha de la victoire de *Marolles* ; elle ramena le vainqueur dans Paris, au son des trompettes, au bruit des acclamations. Les prédicateurs le comparèrent en chaire, à David, vainqueur de Goliath, soit parce qu'il étoit plus petit ou plus jeune que Marivault ; soit seulement parce qu'il l'avoit vaincu. L'auteur de *La Henriade* ne trouvant pas les noms de Marivault & de *Marolles* assez célèbres pour figurer dans son poëme, y a substitué ceux de Turenne & de d'Aumale, & a donné la victoire aux royalistes, représentés par Turenne. *Marolles* fit la guerre en différents pays, & signala par-tout sa valeur. On raconte de lui un trait, qui montre à quel point les hommes poussent quelquefois la superstition des mots, & avec quelle facilité ils les prennent pour la chose même. Il ne se faisoit, dit-on, jamais saigner que debout & appuyé sur sa pertuisane, parce qu'il tenoit pour maxime qu'un guerrier ne doit verser de sang que les armes à la main. De bonne foi, étoit-ce-là le sens de cette maxime ? Son objet n'est-il pas évidemment ou de rappeler les guerriers à l'humanité en leur interdisant toute effusion de sang hors des combats, ou de les avertir de réserver le leur pour les besoins de la patrie ; Claude *de Marolles* mourut en 1633.

L'abbé *de Marolles*, cet infatigable traducteur d'Athénée, de Pline, de Térence, de Lucrèce, de Catulle, de Virgile, d'Horace, de Lucain, de Juvénal, de Perse, de Martial, de Stace, d'Aurélius-Victor, d'Ammien-Marcellin, de Grégoire de Tours, étoit fils de Claude *de Marolles* ; ce paisible ecclésiastique étoit aussi laborieux que son père étoit intrépide. Il remplit une carrière de soixante & ans & plus, de travail, depuis sa traduction de Lucain, qui parut en 1619, jusqu'à son Histoire des comtes d'Anjou, qu'il publia en 1681 ; car il ne se bornoit pas à traduire, & il composa aussi quelques ouvrages de son chef, entr'autres des Mémoires, dont l'abbé Goujet a donné une édition en 1755. Il continua l'Histoire Romaine de Coëffeteau ; mais en remêlant toujours ses ouvrages de traduction. Il entreprit & commença celle de la Bible ; on n'a vu que les trois premiers livres de Moyse : cette traduction éprouva des contradictions, & ne fut pas continuée. L'abbé *de Marolles* y avoit inféré les notes & les rêveries du Préadamite la Peyrère. L'archevêque de Paris, de Harlay, crut l'ouvrage dangereux, & en fit saisir & disparoître les exemplaires. L'abbé *de Marolles* faisoit aussi des vers ; on sait le nombre de ceux qu'il a faits, il est de cent trente-trois mille cent vingt-quatre ; on n'en a pas retenu un seul. Il disoit un jour à Linière : *mes vers me coûtent peu. Ils vous coûtent ce qu'ils valent*, répondit Linière. L'abbé de

*Marolles* aimoit les estampes ; il en fit un recueil de près de 100,000, qui est aujourd'hui un des ornemens du cabinet du roi. Il mourut en 1681. Il étoit né avec le siècle. Ses traductions, sur-tout celles des poëtes, ne sont pas estimées, mais il ne manquoit pas d'instruction.

**MAROSIE** ( *Voyez* l'article ALBERIC. )

**MARON**, s. m. ( *terme de relation.* ) On appelle *marons* dans les îles Françoises, les negres fugitifs qui se sauvent de la maison de leurs maîtres, soit pour éviter le châtiment de quelque faute, soit pour se délivrer des injustes traitemens qu'on leur fait. La loi de Moïse ordonnoit que l'esclave à qui son maître auroit cassé une dent seroit mis en liberté ; comme les Chrétiens n'acquièrent pas les esclaves dans ce dessein ; ceux-ci accablés de travaux ou de punitions, s'échappent par-tout où ils peuvent, dans les bois, dans les montagnes, dans les falaises, ou autres lieux peu fréquentés, & en sortent seulement la nuit pour chercher du manioc, des patates, ou autres fruits dont ils subsistent. Mais selon le *code noir*, ( c'est le code de marine en France ), ceux qui prennent ces esclaves fugitifs, & les remettent à leurs maîtres, ou dans les prisons, ou entre les mains des officiers de quartier, ont cinq cents livres de sucre de récompense. Il y a plus : lorsque les *marons* refusent de se rendre, la loi permet de tirer dessus ; si on les tue, on en est quitte en faisant sa déclaration par serment. Pourquoi ne les tueroit-on pas dans leur fuite, on les a bien achetés ? Mais peut-on acheter la liberté des hommes, elle est sans prix.

Au reste, j'oubliois de dire une chose moins importante, l'origine du terme *maron* : ce terme vient du mot espagnol *simaran*, qui signifie un *singe*. Les Espagnols, qui les premiers habitèrent les îles de l'Amérique, crurent ne devoir pas faire plus d'honneur à leurs malheureux esclaves fugitifs que de les appeller *singes*, parce qu'ils se retiroient, comme ces animaux, au fond des bois, & n'en sortoient que pour cueillir des fruits qui se trouvoient dans les lieux les plus voisins de leur retraite. ( *D. J.* )

**MAROT**, ( *Hist. Litt. mod.* ) Jean *Marot*, poëte de la reine Anne de Bretagne & valet de chambre de François Ier. mort en 1523, seroit peut-être aujourd'hui plus célèbre, si son fils ne l'eût effacé. Ce fils nous apprend lui-même que Jean *Marot* lui recommanda en mourant la poësie qu'il avoit cultivée, avis rarement donné par un père mourant à son fils.

Clément *Marot*, né à Cahors, fut valet-de-chambre, d'abord de la sœur de François I, ensuite de François I. lui-même. Marguerite étoit alors femme du duc d'Alençon. *Marot* suivit ce Duc aux guerres d'Italie ; il se comporta bien mieux que lui à la bataille de Pavie. Pendant que le maître fuyoit, ( *Voyez* l'article ALENÇON ) le valet-de-chambre se faisoit blesser & prendre avec le roi. Il revint bientôt en France, mais ce fut pour essuyer une autre captivité. Les théologiens le poursuivirent comme hérétique ; il fut décrété de prise-de-corps par l'officialité de Chartres, arrêté à Paris, & mis au Châtelet; alors le duc d'Alençon mort, la duchesse d'Alençon partie pour l'Espagne, François I<sup>er</sup>. prisonnier, laissoient *Marot* & les gens de lettres sans appui & sans secours; *Marot* se plaint beaucoup d'un docteur de Sorbonne, nommé Bouchard, inquisiteur de la foi, auquel il attribue sa détention. Le roi, du fond de sa prison, contint le zèle de ce fanatique; *Marot* le reconnoit formellement dans ses vers. Quelque temps après, *Marot* eut avec la Cour des Aides, une affaire qui le fit encore arrêter; on l'accusoit d'avoir fait échapper un prisonnier. Le roi écrivit le 1<sup>er</sup>. novembre 1527, à la Cour des Aides, en faveur de *Marot*, qui fut relâché; mais il retomba bientôt entre les mains des théologiens, qu'il bravoit trop & dans ses discours & dans ses écrits.

Dans un temps où il étoit à Blois, la police fit une descente dans sa maison à Paris, pour voir s'il n'avoit point de livres défendus; ce droit barbare d'inquisition étoit établi alors, & *Marot* ne prétendoit en être exempt que par son privilège de poëte; mais craignant que ce privilège ne fût pas reconnu en justice, il prit la fuite, & se retira en Béarn, chez la duchesse d'Alençon, alors reine de Navarre; & ne s'y croyant pas encore en sûreté, il alla en Italie, chez la duchesse de Ferrare. Delà il plaida sa cause auprès du roi par une épître, où il ne ménage pas plus les juges que les théologiens. Il obtint en 1536, la permission de revenir en France; il prétendoit que le séjour de l'Italie l'avoit accoutumé à une grande circonspection; vraisemblablement il reprit en France toute sa hardiesse; car il fut obligé de se retirer au bout de quelques années, à Genève; mais Genève n'étoit pas un pays de liberté. L'austérité des mœurs & la sévérité des loix que Calvin y avoit établies, auroient dû en éloigner *Marot*, qui, selon Théodore de Bèze, ne put la corriger les mœurs peu chrétiennes dont il avoit contracté l'habitude à la cour de France. En effet on a dit qu'ayant été surpris en adultère, il auroit été pendu selon la loi du pays, si Calvin, son ami, n'eût fait commuer la peine en celle du fouet, fait pour le moins trop suspect. Bayle observe avec raison que, quand il s'agit d'un homme aussi connu que *Marot*, l'incertitude d'un pareil fait en démontre la fausseté. *Marot* quitta Genève, & alla mourir à Turin en 1544, âgé d'environ soixante ans.

On a cru qu'un aussi grand poëte avoit dû être cher aux plus grandes & aux plus belles dames de son temps; en conséquence, on lui a donné pour maîtresses, non seulement Diane de Poitiers, mais même la reine de Navarre, qui, avec l'esprit le plus libre, eut les mœurs les plus sages, & qui paroît n'avoir point eu d'amans.

On a remarqué que dans ses poësies, où il fait l'histoire de sa vie, & où il parle de tout ce qui l'intéresse, *Marot* ne dit rien de sa femme, ce qui feroit croire qu'il n'étoit point marié; concluons seulement de ce silence, que sa femme l'intéressoit peu; mais il parle de ses enfans à François I. & il en parle d'une

manière également naïve & touchante; il dit qu'en quittant la France, qu'il appelle ingrate, ingratissime à son poëte, il la regretta peu; puis il se reprend:

Tu mens, Marot, grands regrets tu sentis,
Quand tu pensas à tes enfans petits !

Un de ces enfans, nommé Michel *Marot*, fit des vers qui ont été imprimés avec ceux de Jean & de Clément; mais, loin d'égaler son père, il n'égala pas même son ayeul.

La Sorbonne qui n'aimoit pas Clément *Marot*, condamna ses pseaumes. *Marot*, dit-on, avoit traduit d'après l'hébreu dont Vatable son ami lui expliquoit le vrai sens. On jugea qu'il s'en étoit écarté, ce que la contrainte seule de la mesure & de la rime rend plus que vraisemblable. Ces pseaumes étoient dédiés à François I. La Sorbonne fit des remontrances à ce prince sur cette dédicace acceptée, & sur le privilège accordé. Le roi prit d'abord la défense de *Marot*, qui l'en remercie expressément dans une épigramme contre la Sorbonne; mais il céda aux clameurs, ce qui lui arrivoit souvent, & arrêta (le plus tard qu'il put) la publication des pseaumes qu'il ne cessa de lire & de chanter avec toute sa cour. Ils avoient été mis en musique par Gudimel & Bourgeois, les plus habiles musiciens du temps. La traduction de *Marot* fut continuée par Théodore de Bèze, mais non, au lecteur du temps, *avec la même joliveté*. Les révolutions de la langue ont rendu cette *joliveté* bien ridicule; & c'est un avertissement de ne confier qu'avec circonspection à la mobilité d'une langue vivante, les objets de notre respect & de notre foi. La traduction de *Marot* & de Théodore de Bèze fut admise dans la Liturgie Protestante, & par là devint plus odieuse aux Catholiques. Dans la suite elle fut rajeunie par Conrart & la Bastide. Les églises protestantes, suivant leur degré de pédanterie, se partagèrent entre l'ancienne traduction & la nouvelle, toutes deux assez vieilles aujourd'hui.

**MARQUARD FREHER**, (*Hist. Litt. mod.*) savant allemand des 16<sup>e</sup> & 17<sup>e</sup> siècles, né à Ausbourg en 1565, professeur en droit à Heidelberg, conseiller de l'électeur-palatin, employé par l'électeur Frédéric IV, en différentes affaires en Pologne, à Mayence & dans plusieurs autres cours, mourut à Heidelberg en 1614. On a de lui une foule d'ouvrages tous savans, dont voici les principaux : *Origines Palatinæ, de Inquisitionis processu, de re monetariâ veterum Romanorum, & hodierni apud Germanos imperii, rerum Bohemicarum scriptores, rerum Germanicarum scriptores, Corpus historiæ Franciæ.*

**MARQUE**, (*Hist mod.*) *lettres de marque*, ou *lettres de représailles*; ce sont des lettres accordées par un souverain, en vertu desquelles il est permis aux sujets d'un pays de faire des represailles sur ceux d'un autre pays qui a été porté par trois fois, mais inutilement, des plaintes contre l'aggresseur à la cour dont il dépend.

Elles se nomment ainsi du mot allemand *marcke*, limite, frontière, comme étant *jus concessum in alterius principis marchas seu limites transeundi sibique jus faciendi*, un droit de passer. les limites ou frontières d'un autre prince, & de se faire justice à soi-même. (*A. R.*)

MARQUIS, s. m. (*Hist. mod.*) & par quelques vieux auteurs gaulois. MARCHIS, ce qui est plus conforme au terme de la basse latinité *marchio*.

Les princes de la maison de Lorraine prenoient la qualité de *ducs* & de *marchis de Loherrene*, comme on le voit dans le codicille de Thibaut III. de l'an 1312, dans un autre acte de 1320, & dans le testament du duc Jehan I. de 1377.

Quoique les noms de *marchis*, *marquis*, & *marggrave* signifient originairement la même chose, *un seigneur commandant sur la frontière*, ils ont acquis avec le temps une signification bien différente.

Un marggrave est un prince souverain qui jouit de toutes les prérogatives attachées à la souveraineté; & les marggraves ne se trouvent que dans l'empire d'Allemagne.

Il y a quelques *marquis* ou marquisats en Italie, comme Final; en Espagne, comme le marquisat de Villena, possédé par le duc d'Escalona. Il n'y en a point en Danemark, en Suede & en Pologne.

Enfin le titre de *marquis* en France est une simple qualification que le souverain confère à qui il veut, sans aucun rapport à sa signification primitive; & le marquisat n'est autre chose qu'une terre ainsi nommée par une patente, soit qu'on en ait été gratifié par le roi, soit qu'on en ait acheté la patente pour de l'argent.

Sous Richard, en 1385, le comte d'Oxford fut le premier qui porta le titre de *marquis* en Angleterre, où il étoit alors inusité. (*D. J.*)

MARRIER, (D. Martin) (*Hist. Litt. mod.*) bénédictin Cluniste, auteur du recueil intitulé : *Bibliotheca Cluniacensis*; c'est une collection de titres, de pièces concernant les abbés & l'ordre de Cluni. Ces sortes d'ouvrages sont toujours de quelque utilité pour l'histoire ecclésiastique. On a du même dom Martin *Marrier*, une histoire latine du monastère de St. Martindes-Champs, dont il étoit prieur. Né en 1572; mort en 1644.

MARSAIS, (César Chesneau du) (*Hist. Litt. mod.*) né à Marseille en 1676, entra d'abord dans la congrégation de l'Oratoire; mais il lui falloit plus de liberté en tout genre, & sur-tout plus de liberté de penser, que cette congrégation, d'ailleurs si sage, n'en permet & ne peut en permettre; il la quitta, il vint à Paris, s'y maria, épousa une *Honesta*, dont il fut obligé de se séparer:

N'épousez point d'Honesta, s'il se peut, N'a pas pourtant une Honesta qui veut.

sa ressource fut d'élever des enfants. Il fut précepteur dans la maison du fameux Law, dans celle du président de Maisons, dans celle du marquis de Baufremont; dont il éleva les trois fils; on lui imputoit d'avoir demandé, en y entrant, dans quelle religion on vouloit qu'il les élevât. En général, il a passé pour être d'une grande indifférence sur cet article important; les Jésuites saisirent ce prétexte de le persécuter; mais leur vrai motif, dit-on, étoit que *du Marsais* avoit été oratorien, & qu'il en conservoit les sentiments à leur égard. En même temps, ils laissoient en paix le célèbre Boindin, dont l'irréligion étoit plus affichée & plus bruyante, mais qui ne songeoit point à eux; & auquel ils ne songeoient point; *du Marsais* témoignant un jour son étonnement à Boindin sur cette conduite si différente des Jésuites à leur égard : *rien de plus naturel*, lui répondit Boindin, *vous êtes un athée janséniste*, *& moi un athée moliniste*. L'athée janséniste mourut en 1756, & l'histoire a pris soin d'observer que ce fut après avoir reçu les sacremens; il avoit vécu pauvre, aimé & estimé:

*Probitas laudatur & alget*,

M. le comte de Lauraguais lui faisoit une pension de mille livres, dont il a continué une partie à une personne qui a pris soin de la vieillesse de ce philosophe, M. *du Marsais* avoit l'esprit le plus juste, le plus lumineux, le plus ami du vrai, & du naturel en tout genre. Il avoit dans le commerce, beaucoup de simplicité, de candeur, de naïveté, peu d'usage du monde, peu de connoissance des hommes. Fontenelle le caractérisoit; en disant que c'étoit le nigaud le plus spirituel qu'il eût connu. Par une suite de son amour pour le naturel, il fit adopter, dit-on, à mademoiselle Le Couvreur, un système de déclamation simple & rapprochée de la nature, qu'on ne connoissoit point avant elle. Son *Traité des Tropes*, que des ignorans appelloient son *Histoire des Tropes*, est un des meilleurs ouvrages de grammaire & de rhétorique. Ses articles de grammaire dans l'*Encyclopédie*, ont le même mérite; lumière & justesse par-tout. Sa Méthode raisonnée pour apprendre la langue latine, est d'un esprit qui ne reconnoît d'autorité que celle de la raison. On a de lui encore une *Exposition de la doctrine de l'Eglise Gallicane*, par rapport aux prétentions de la cour de Rome; & une *Logique* ou *Réflexions sur les opérations de l'esprit*.

MARSHAM, (Jean) (*Hist. Litt. mod.*) célèbre antiquaire & chronologiste anglois, baronnet & chevalier de l'ordre de la jarretière, a débrouillé les Antiquités Egyptiennes, autant qu'elles peuvent être débrouillées. On connoît sa *Diatriba chronologica*, & sur-tout son *Canon Chronicus Ægyptiacus, Hebraicus, Græcus*. Prideaux l'a réfuté sur quelques points, sans avoir porté aucune atteinte à sa réputation. Non moins bon citoyen qu'habile chronologiste, le chevalier Marsham avoit souffert pour la cause de Charles I. & en fut récompensé par Charles II. Né à Londres en 1602, il mourut en 1672.

MARSIGLI (Louis-Ferdinand) (*Hist. Litt. mod.*)

*méd.* ) Il y a deux hommes à confidérer dans M. le comte Marfigli, le militaire & le favant. Il étoit né à Bologne le 10 Juillet 1658, du comte Charles-François Marfigli, d'une ancienne maifon patricienne de Bologne. Ses maîtres de mathématiques furent Géminiano Montanari & Alphonfe Borelli; fon maître d'anatomie, Marcel Malpighi. Capitaine d'infanterie en 1683 au fervice de l'empereur, & combattant contre les Turcs, il fut bleffé au paffage du Raab le 2 juillet, & tomba prefque mourant entre les mains des Tartares. Il fut fi malheureux dans cette première captivité, qu'il regarda comme fes libérateurs deux Turcs, frères, fort pauvres qui l'achetèrent, chez lefquels il manquoit de tout, & qui le faifoient enchaîner toutes les nuits à un pieu planté au milieu de leur cabane; un troifième Turc qui vivoit avec eux étoit chargé de ce foin. Délivré le 25 Mars 1684, il fortifia plufieurs places & fervit très-utilement, & comme ingénieur & comme foldat. Il fut fait colonel en 1689. A la paix, il fut employé par l'empereur à régler les limites refpectives de fes Etats, de ceux de Venife & de ceux de la Porte. Se trouvant fur les confins de la Dalmatie Vénitienne, il reconnut de loin une montagne, au pied de laquelle habitoient les deux Turcs donc il avoit été l'efclave; ils vivoient toujours & étoient toujours pauvres; il eut le plaifir de fe faire voir à eux, environné de troupes qui lui obéiffoient ou le refpectoient, & le plaifir encore plus doux de foulager leur mifère. Il écrivit au grand-vifir, & lui demanda pour l'un de ces Turcs un timariot ( bénéfice militaire ); il en obtint un beaucoup plus confidérable qu'il ne le demandoit. Sa générofité, dit M. de Fontenelle, fut fentie par ce vifir comme *on auroit pû fouhaiter qu'elle le fût par le premier miniftre de la nation la plus polie & la plus exercée à la vertu.*

L'ennemi de mon dieu connoît donc la vertu ?
Tu la connois bien peu puifque tu t'en étonnes.

Le comte *Marfigli* trouva dans la fuite à Marfeille un galérien Turc; c'étoit celui qui l'attachoit toutes les nuits au pieu dont on a parlé; ce malheureux, faifi d'effroi, fe jette à fes pieds pour le prier de ne pas fe venger en le faifant traiter avec plus de rigueur. Le comte lui procura la liberté par M. le comte de Pontchartrain, & le fit renvoyer à Alger, d'où il manda au comte *Marfigli*, qu'en reconnoiffance du bienfait qu'il avoit reçu de lui, il avoit obtenu du bacha des traitemens plus doux pour les efclaves chrétiens. Il eft donc vrai que le bien fe rend ainfi que le mal, & qu'on a par conféquent intérêt de faire le bien !

Dans la guerre de 1701 pour la fucceffion d'Efpagne, parvenu au grade de général de bataille, il étoit en 1703, dans Brifac fous le comte d'Arco, gouverneur, lorfque cette place fe rendit le 6 Septembre à M. le duc de Bourgogne. L'empereur crut que Brifac avoit été mal défendu, il fit faire le procès aux comtes d'Arco & *Marfigli*, & par un jugement

*Hifloire.* Tom. III.

du 4 Février 1704, le premier fut condamné à avoir la tête tranchée, ce qui fut exécuté le 18 du même mois; le comte *Marfigli* fut *dépofé de tous honneurs & charges avec la rupture de l'épée.* Un coup fi terrible, dit M. de Fontenelle, lui dut « faire re-
» gretter l'efclavage chez les Tartares. »

Je voudrois être encor dans les prifons d'Epire.

Le comte *Marfigli* vint à Vienne demander la révifion du procès, mais n'ayant pu approcher de la perfonne de l'empereur, il prit le public pour juge & publia fa juftification; long-temps avant le fiège de Brifac, il avoit fait voir que la place ne pouvoit pas fe défendre; il le prouve par les états de la garnifon, des munitions de guerre, &c. On lui avoit refufé, fous prétexte d'autres befoins, ce qu'il avoit demandé de plus néceffaire. *Marfigli* n'étoit pas le commandant, il n'avoit rien ordonné; il n'avoit fait que fe ranger à l'avis unanime du confeil de guerre. L'innocence du comte *Marfigli* fut reconnue par les puiffances mêmes, alliées de l'empereur. Le public, qui fait fi bien, dit M. de Fontenelle, faire « entendre fon jugement fans le pro-
» noncer en forme, ne foufcrivit pas à celui des
» commiffaires impériaux. « Parmi tant de fuffrages favorables au comte *Marfigli*, Fontenelle en cite un qui n'eft que celui d'un particulier, mais ce particulier « eft M. le maréchal de Vauban, dont l'au-
» torité ne s'eft guère oppofée, s'il l'eût fallu, à
» celle de toute l'Europe comme l'autorité de Caton
» à celle des dieux. Il paroît qu'on avoit voulu, au commencement d'une guerre, donner un exemple effrayant de févérité, mais il faut que ces exemples foient juftes ». La morale des Etats, dit M. de Fontenelle, fe réfout pour de fi grands intérêts à hafarder le facrifice de quelques particuliers.

Oui, les Etats ont bien de la peine à comprendre qu'il n'y a qu'une morale, qu'elle eft la même pour les Etats & pour les particuliers, qu'il n'y a auffi qu'un intérêt, celui d'être fidèle à cette morale unique.

Le comte *Marfigli* fe crut fi peu flétri par ce jugement injufte, qu'il prit pour devife une M, première lettre de fon nom, part de part & d'autre entre fes jambes les tronçons d'une épée rompue, avec ces mots, *Fractus integro*. Diverfes puiffances lui propofèrent de l'emploi, & le jugement dont il avoit à fe plaindre, fut regardé comme non avenu à force d'être injufte; ce qui prouve l'intérêt de n'en rendre que de juftes.

Le comte *Marfigli* fe confola de l'injuftice qu'il avoit effuyée, par les plaifirs de l'étude qu'il avoit toujours joints à l'exercice des armes. Dès 1670 n'ayant encore que vingt-un ans, il avoit été à Conftantinople; il avoit examiné en politique l'état des forces Ottomanes, & en phyficien le Bofphore de Thrace & fes fameux courans. Son *traité du Bof-*
*phore*, qui eft fon premier ouvrage, parut en 1681.

S s s

& fut fuivi d'un autre traité, intitulé : *Del' incremento e decremento dell' imperio Ottomano.*

En 1712, il fonda le fameux inftitut de Bologne, dont l'ouverture fe fit en 1714.

En 1715 parut fon *hiftoire phyfique de la mer.* La même année il fut reçu affocié étranger de l'académie des fciences concurremment avec le duc d'Efcalonne, grand d'Efpagne. Le roi ne voulut point faire de choix entre eux, il ordonna que tous deux feroient de l'académie, & que la première place d'affocié étranger qui vaqueroit, ne feroit point remplie ; fur quoi M. de Fontenelle fait la réflexion fuivante : » N'eût-il pas, fans héfiter, donné la préférence à un » homme du mérite & de la dignité du duc d'Ef- » calonne, pour peu qu'il fût refté de tache au nom » de fon concurrent, & cette tache n'eût-elle pas » été de l'efpèce la plus odieufe aux yeux de ce » grand prince? »

Le comte *Marfigli* étoit auffi de la fociété royale de Londres & de celle de Montpellier.

Il fit encore un établiffement d'une grande utilité pour les lettres, celui d'une imprimerie fournie de caractères non feulement latins & grecs, mais encore hébreux & arabes ; & fe fouvenant des malheurs utilement pour les malheureux, il établit dans la chapelle de fon inftitut de Bologne, un tronc pour le rachat des chrétiens, & principalement de fes compatriotes, efclaves en Turquie.

Qui ne fait compâtir aux maux qu'on a foufferts !

Son grand ouvrage du *cours du Danube* parut imprimé en 1726. Il mourut le premier Novembre 1730.

MARSILE FICIN ( *Voyez* FICIN. )

MARSIN ( *Voyez* MARCHIN. )

MARSOLLIER ( Jacques ) ( *Hift. Litt. mod.* ), chanoine régulier de fainte Geneviève, puis prévôt d'Uzés, né en 1647, mort en 1724, auteur de beaucoup d'ouvrages connus, fur-tout dans le genre hiftorique & biographique, tels que les vies de Henri VII roi d'Angleterre, du cardinal Ximenès, de Henri de la Tour d'Auvergne duc de Bouillon, de faint-François de Sales, de madame de Chantal, de l'abbé de Rancé, réformateur de la Trappe. Ce dernier ouvrage a été vivement critiqué par dom Gervaife, auffi abbé de la Trappe. ( *Voyez* fon article. ) L'abbé *Marfollier* a auffi fait une *Hiftoire de l'origine des Dixmes & autres biens temporels de l'Eglife*, & des *Entretiens fur plufieurs devoirs de la vie civile.*

MARSY, ( François-Marie de ) ( *Hift. Litt. mod.* ) d'abord jéfuite, il s'annonça par le plus grand talent pour la poëfie latine. Son poëme de *Pictura* eft un des plus agréables ouvrages de ce genre, fans diftinction d'antique & de moderne ; on en retient par cœur des vers & des tableaux entiers comme dans Virgile & dans Ovide. L'art de peindre, qu'il poffèda au plus haut degré, le défignoit pour le chantre de la peinture, & lui indiquoit ce fujet. Il eft impoffible,

par exemple, que le portrait d'une vieille boffue qui infulte à fes railleurs, faffe plus d'effet dans le tableau que dans ces vers :

*Nunc inducit anum rigidis cui plurima fulcis*
*Ruga cavat frontem, gibbofo lignea dorfo,*
*Capfa fedet, geminum poples finuatur in arcum ;*
*Ora tamen rictus diftendit ludicra mordax,*
*Riforefque fuos prior irridere videtur.*

D'excellent poëte latin, l'abbé de *Marfy* forti des Jéfuites, devint un profateur françois, affez obfcur, c'eft-à-dire, qu'il fe mit aux gages des libraires, fûr moyen d'anéantir le talent le plus heureux. Son *Analyfe de Bayle* fut lue cependant, & affez lue pour avoir été condamnée par le parlement & avoir fait mettre fon auteur à la Baftille, & on juge bien que dès-lors elle ne pouvoit plus manquer de lecteurs ; mais qui eft-ce qui connoît fon hiftoire de *Marie Stuart* ? On lit bien peu auffi fa volumineufe Hiftoire moderne pour fervir de fuite à l'Hiftoire ancienne de M. Rollin. Sa traduction des Mémoires de Melvil, eft un livre utile, parce que les Mémoires de Melvill, dont il faut pourtant quelquefois fe défier, font très-curieux & affez véridiques. Les amateurs de Rabelais n'aiment point qu'il ait prétendu mettre Rabelais à la portée d'un plus grand nombre de lecteurs ; tant pis, difent-ils, pour qui ne fait pas lire Rabelais. On a de lui auffi un Dictionnaire abrégé de Peinture & d'Architecture ; mais fon poëme de la Peinture vaut mieux, & peut faire des peintres. Il mourut en 1763.

MARTELIERE, ( Pierre de la ) ( *Hift. Litt. mod.* ) avocat au parlement de Paris, puis confeiller d'état. Il fut connu, comme les Pafquier & les Arnauld, par un plaidoyer pour l'Univerfité contre les Jéfuites, qui paffa pour un chef-d'œuvre d'éloquence, parce qu'il étoit contre les Jéfuites, & que l'avocat leur difoit beaucoup d'injures ; en compara dans le temps ce plaidoyer aux Philippiques de Démofthène & aux Catilinaires de Cicéron. Quelle différence & dans l'intérêt des fujets & dans l'éloquence des orateurs ! Auffi les Philippiques & les Catilinaires ne ceffent de nous occuper ; & qui eft-ce qui s'occupe du plaidoyer de la *Martelière* ? qui eft-ce qui en fait même l'exiftence ? L'avocat Antoine Arnauld, & fon fils le docteur, nommé Antoine comme lui, fe font fait auffi un grand nom par leurs écrits contre les Jéfuites ; mais aux yeux des gens fages, ce d'rnier eft cent fois plus grand, lorfque, par un pur efprit d'équité, il écrit une fois en faveur des Jéfuites même, dans l'affaire de la *Confpiration Papifte*, que lorfque, par efprit de parti & par une haine héréditaire, il écrit fi fouvent contr'eux, fur tant de matières aujourd'hui oubliées. ( *Voyez* l'article ARNAULD. ) La *Martelière* mourut en 1631.

MARTELLI, ( *Hift. Litt. mod.* ) Louis & Vincent, deux frères, poëtes italiens du feizième fiècle. On vante la tragédie de *Tullia*, du prem er, mort en 1527, à vingt-fept ou ving-huit ans.

Un autre *Martelli*, (Jean-Jacques) secrétaire du sénat de Bologne, au dix-septième siècle, s'est fait connoître aussi par des tragédies applaudies ; il est mis par le marquis Maffei, au rang des meilleurs poètes italiens.

MARTENNE, ( Edmond )( *Hist. Litt. mod.* ) dom *Martenne*, bénédictin de la congrégation de Saint Maur, auteur d'une multitude d'ouvrages & de collections utiles pour l'Histoire Ecclésiastique, tels que *Thesaurus novus Anecdotorum* ; *Veterum Scriptorum amplissima collectio* ; divers traités sur les anciens Rits de l'Eglise & des Moines, &c. Dom *Martenn*: est un des plus savans hommes qu'ait produits l'ordre de St. Benoît, & aucun n'a poussé plus loin l'érudition ecclésiastique. Né à St. Jean-de-Losne en 1654. Mort en 1739.

MARTHE, ( *Hist. Saer.* ) sœur de Lazare & de Marie. ( *Voyez* LAZARE. ) Tout ce qui concerne leur histoire se trouve dans la Bible, Evangile de St. Luc, chapitre 10 ; de St. Jean, chapitres 11 & 12. Il ne faut pas croire que Lazare ait été évêque de Marseille, ni que *Marthe* ait habité le lieu où est aujourd'hui Tarascon, ni Marie la Sainte-Baume ; ce sont des inventions des siècles d'ignorance.

MARTHE, (Abel, Scævola, &c. de Sainte.) ( *Voyez* SAINTE MARTHE ).

MARTIA. ( *Voyez* COMMODE. )

MARTIAL, ( Marcus-Valerius-Martialis ) né en Espagne, vécut à Rome sous Galba & ses successeurs, & mourut sous Trajan. Il a dit trop de bien de Domitien vivant, & trop de mal de Domitien mort. On connoît ses Epigrammes ; l'abbé de Marolles les a traduites, & Ménage appelloit sa traduction des épigrammes contre *Martial*.

Saint *Martial*, évêque & apôtre de Limoges, vivoit sous l'empire de Dèce ; c'est à-peu près tout ce qu'on en sçait.

MARTIAL d'Auvergne, procureur au parlement & notaire au Châtelet de Paris au quinzième & seizième siècles, a compilé ou composé cinquante & un *Arrêts de la Cour d'Amour*. Cet ouvrage est célèbre, ainsi que les *Vigiles de Charles VII*, par le même auteur. Ce sont les Chroniques de ce temps mises en vers, & burlesquement divisées en pseaumes, en verset, en leçons, en antiennes, comme l'office de l'église. On a encore du même auteur, *l'Amant rendu Cordelier de l'Observance d'Amour*, & les dévotes *Jouanges à la Vierge Marie*, espèces de poëmes. Les poësies de *Martial* d'Auvergne ont conservé tant de réputation, malgré le temps où elles ont été composées, qu'elles ont été réimprimées à Paris, chez Coustelier en 1724. *Martial* d'Auvergne mourut en 1508.

MARTIALE, COUR ( *Hist. mod. d'Angl.* ) c'est ainsi qu'on appelle en Angleterre le conseil de guerre, établi pour juger la conduite des généraux, des amiraux, & la décision est quelquefois très-sévère.

La coutume de juger sévèrement, & de flétrir les généraux, dit M. de Voltaire, a malheureusement passé de la Turquie dans les états chrétiens. L'empereur Charles VI en a donné deux exemples dans la dernière guerre contre les Turcs, guerre qui passoit dans l'Europe pour avoir été plus mal conduite encore dans le cabinet, que malheureuse par les armes. Les Suédois, depuis ce temps-là, condamnèrent à mort deux de leurs généraux, dont toute l'Europe plaignit la destinée ; & cette sévérité ne rendit leur gouvernement ni plus respectable, ni plus heureux au-dedans. Enfin l'amiral Matthews succomba dans le procès qui lui fut fait après le combat naval, contre les deux escadres combinées de France & d'Espagne en 1744.

Il paroît, continue notre historien philosophe, que l'équité exigeroit que l'honneur & la vie d'un général ne dépendît pas d'un mauvais succès. Il est sûr qu'un général fait toujours ce qu'il peut, à moins qu'il ne soit traître ou rebelle, & qu'il n'y a guère de justice à punir cruellement un homme qui a fait tout ce que lui permettoient ses talens : peut-être même ne seroit-il pas de la politique, d'introduire l'usage de poursuivre un général malheureux, car alors ceux qui auroient mal commencé une campagne au service de leur prince, pourroient être tentés de l'aller finir chez les ennemis. ( *D. J.* )

MARTIANAY, ( Jean ) ( *Hist. Litt. mod.* ) bénédictin de la congrégation de Saint-Maur, a donné une *Vie de St. Jérôme*, & une édition des œuvres de ce Père. Cette édition a été fort critiquée par Simon & par Le Clerc, & en général elle n'est pas aussi estimée des savans que les éditions des Pères, données par plusieurs bénédictins. On a de lui quelques autres ouvrages pieux, moins estimés encore. Né en 1647. Mort en 1717.

MARTIGNAC, ( Etienne Algai, sieur de ) ( *Hist. Litt. mod.* ) traducteur très-médiocre, mais estimé de son temps. Il a traduit Virgile, Horace, Ovide, Juvénal & Perse, & quelques comédies de Térence. Il a traduit aussi l'Imitation de J. C. Il avoit commencé à traduire la Bible. Il a écrit la Vie des archevêques & derniers évêques de Paris au dix-septième siècle. Il a rédigé les Mémoires du duc d'Orléans Gaston, à la confiance duquel il avoit eu part. Il mourut en 1698.

MARTIN, (Saint) ( *Hist. Ecclés.* ) Saint qui mérite d'être distingué parmi les Saints mêmes, non seulement par sa charité, mais par sa tolérance, dans un temps où les Chrétiens commençoient à trop oublier qu'ayant tiré leur principale gloire des persécutions qu'ils avoient soufflertes, ce seroit pour eux un opprobre de persécuter à leur tour. On sait qu'il coupa son habit en deux pour revêtir un pauvre qu'il rencontra nud à la porte d'Amiens. On prétend que la nuit suivante, J. C. se fit voir à lui, couvert de cette moitié d'habit, Si c'est une fiction, elle a du moins le mérite d'être très-morale. Voilà pour ce qui concerne la charité de St. *Martin* ; voici ce qui regarde son esprit de tolérance : Ithace & Idace, évêques d'Espagne, ayant fait condamner à mort l'hérésiarque Priscillien & quelques-uns de ses sectateurs, St. *Martin* indigné de voir des évêques devenir des bourreaux ; se sépara de leur communion , & obtint la grace de quelques Priscillianiftes condamnés , & qui n'étoient pas encore exécutés ; mais Priscillien leur chef avoit fubi le fupplice. Saint Martin fut évêque de Tours , & fonda le célèbre monaftère de Marmoutier , qu'on croit être la plus ancienne abbaye de France. Il étoit né dans une partie de la Pannonie , qui eft aujourd'hui la Baffe-Hongrie. Il fouffrit pour la foi , & il eft au rang des confeffeurs ; il eft regardé comme l'apôtre des Gaules. Sulpice Sévère fon difciple , & Fortunat, ont écrit fon édifiante vie. Il fut fait évêque en 374 , & mourut le 11 novembre de l'an 400.

Il y a eu cinq papes du nom de Martin :

1°. Martin I<sup>er</sup>. nommé pape en 649 , mourut exilé dans la Cherfonèfe le 16 feptembre 655 , par l'effet du reffentiment de l'empereur Conftant, dont il avoit condamné le Type en même temps que l'Echtèfe d'Héraclius & que l'héréfie des Monothélites.

2°. Martin II , élu en 882 , mort en 884, condamna Photius.

3°. Martin III , élu en 942 , mourut en 946.

4°. Martin IV , (Simon de Brie ou de Brion) avoit été chancelier de France fous faint Louis, Il fut élu pape en 1281. Il fe diftinguoit par la connoiffance du droit , & il avoit comme fes prédéceffeurs & fes fucceffeurs , une haute idée des droits du St. Siége. Il excommunia l'empereur grec Michel Paléologue ; il en avoit le droit, fi l'excommunication n'eft qu'une déclaration qu'on n'eft pas de la même églife & qu'on n'a pas la même foi ; il dépofa Pierre III , roi d'Arragon , pour les Vêpres Siciliennes , ou du moins après les Vêpres Siciliennes , & en effet pour le refus qu'il faifoit de rendre hommage au pape, de la Sicile ; il prétendit lui enlever l'Arragon , & le donner à Charles-de-Valois, frère de Philippe-le-Bel ; il défendit auffi à Pierre III de prendre le titre de roi de Sicile , & Pierre affectant un refpect dérifoire pour cette défenfe, ne fe faifoit plus appeler que le Chevalier d'Arragon , père de deux rois & maître de la mer. C'eft le ton qu'on auroit toujours dû prendre avec les papes qui préten-dojent difpofer des couronnes. Martin IV mourut en 1285.

5°. Martin V. étoit de la maifon Colonne. On a remarqué que dans fa bulle contre les Huffites , il recommande la foumiffion à toutes les décifions du concile de Conftance, ce qui emporoit implicitement la reconnoiffance de la fupériorité du concile fur les papes , laquelle eft formellement établie par ce concile. Au refte, il n'eut rien de plus preffé que de diffoudre ce concile , & d'en laiffer prefque tous les règlements fans aucune exécution. Elu en 1417 , mort en 1431.

Le nom de Martin a été porté auffi par quelques hommes de lettres plus ou moins connus :

1°. Martin de Pologne, Martinus Polonus, domi-nicain , nommé à l'archevêché de Gnefne par le pape Nicolas III. Il eft auteur d'une Chronique, nommée de fon nom Chronique Martinienne. Mort en 1278.

2°. Martin, Martens ou Mertens , (Thierry) fla-mand , un des premiers qui cultivèrent l'art de l'Impri-merie dans les Pays-Bas ; il exerça cet art à Aloft fa patrie , à Louvain, à Anvers , & comme tous les premiers Imprimeurs, il étoit favant. Mort à Aloft en 1534.

3°. Dom Claude Martin , bénédictin de la congré-gation de St. Maur, a écrit la vie de fa mère , pre-mière fupérieure des Urfulines de Québec , fous le nom de Marie de l'Incarnation , & dom Martenne , a écrit fa vie ; & la mère & le fils avoient fait quel-ques ouvrages de piété. La mère mourut à Québec en 1672. Le fils , à l'abbaye de Marmoutier , en 1696.

4°. David Martin , miniftre proteftant , pafteur d'Utrecht. C'étoit un françois réfugié. Il eft l'auteur de l'Hiftoire du Vieux & du Nouveau Teftament , ap-pellée la Bible de Mortier , du nom de l'imprimeur ; d'un traité de la Religion révélée , & de divers autres ouvrages fur la Bible. Mort à Utrecht en 1721. Né en 1639 , dans le diocèfe de Lavaur.

5°. Dom Jacques Martin , bénédictin de la congré-gation de St. Maur, homme fimple & doux dans la fociété, fougueux & amer la plume à la main ; ayant le caractère & le ton des favants du feizième fiècle. Il eft auteur d'un Traité de la Religion des anciens Gau-lois ; d'une Hiftoire des Gaulois , publiée par dom de Brezillac , neveu de dom Jacques Martin ; d'une Expli-cation de divers Monuments finguliers qui ont rapport à la Religion des anciens peuples ; avec l'examen de la dernière édition des ouvrages de St. Jérôme ; & un Traité fur l'Aftrologie judiciaire ; d'éclairciffements littéraires fur un projet de Bibliothèque alphabétique. Tous ces ouvrages font fort favants & fort ennuyeux , & les traits fatyriques dont l'auteur a voulu les femer, font en pure perte, on ne s'en s'apperçoit pas :

Eh ! l'ami, qui te favoit là ?

Dom Jacques Martin mourut à l'abbaye de Saint Germain-des-Prés en 1751.

MARTIN GUERRE, (Hiﬆ. mod.) né à Andaye au Pays des Bafques , époufa Bertrande de Rols du Bourg d'Artigat au diocèfe de Rieux en Languedoc. Après avoir habité dix ans avec elle , il paffa en Efpagne , & difparut pendant huit ans. Au bout de ce temps , un homme fe préfente , dit à Bertrande qu'il eft fon mari , la lui perfuade & habite avec elle. Une ten-tative qu'il fit enfuite pour s'approprier les biens de Bertrande , le rendit fufpect ; Bertrande & fes parents , & ceux de fon mari , examinant de plus près cet homme, virent ou crurent voir que c'étoit un impofteur : en effet, il fut condamné comme tel par le juge de Rieux , à être pendu. Il appella au parlement de Touloufe , où on étoit fort embarraffé , lorfque le vrai Martin Guerre revint d'Efpagne. L'im-pofteur étoit fon ami , Arnould du Thil , qui tenoit de lui-même tous les faits qui avoient donné de la vraifemblance à fa prétention d'être Martin Guerre. Arnould du Thil fut pendu & brûlé devant la maifon de Martin Guerre à Artigat en 1560 ; mais il avoit eu de Bertrande de Rols , fous la foi du mariage , une fille , à laquelle fes biens furent donnés. ■

MARTINEAU, (Isaac) ( *Hist. Litt. mod.* ) jéſuite. M. le Duc, ayeul de M. le prince de Condé, étant prêt à entrer en philoſophie au collège de Louis-le-Grand, les Jéſuites dirent au grand Condé ſon ayeul, qu'ils avoient en province un excellent profeſſeur de philoſophie, qui conviendroit bien à M. le duc, mais qu'ils n'oſoient le faire venir à Paris ni le propoſer, à cauſe de l'excès de ſa difformité. *Il ne doit pas faire peur à qui connoît Peliſſon*, dit le prince de Condé. Il demanda qu'on le fit venir. C'étoit le père *Martineau.* Il vint, il plut, il fit oublier ſa laideur. De la cour de Chantilly il paſſa bientôt à celle de Verſailles ; il fut confeſſeur de M. le duc de Bourgogne. Il vit mourir ſon pénitent : entr'autres livres de dévotion, il publia un ouvrage intitulé : *les Vertus du duc de Bourgogne.* Le P. *Martineau* né en 1640, mourut en 1720.

MARTINI, (Martin ) ( *Hist. Litt. mod.* ) jéſuite, miſſionnaire à la Chine, dont il a fait la deſcription, & dont il a écrit l'Hiſtoire ; il étoit lu & conſulté avant que le P. du Halde eût écrit. Il étoit revenu de la Chine en 1651.

MARTINIÈRE, (Antoine-Auguſtin Bruzen de la) ( *Hist. Litt. mod.* ) auteur de pluſieurs ouvrages, dont les plus célèbres ſont le grand *Dictionnaire géographique ; l'Introduction à l'Hiſtoire de l'Europe par le baron de Puffendorff*, entièrement remaniée, augmentée *de l'Hiſtoire de l'Aſie, de l'Afrique & de l'Amérique & purgée de plus de deux mille fautes ; & une Introduction générale à l'étude des Sciences & des Belles-Lettres, en faveur des perſonnes qui ne ſavent que le françois.* C'eſt à la Martinière qu'on doit le recueil des Lettres choiſies de Richard Simon ſon oncle. L'ex-jéſuite la Hode, ſou ſon imprimeur, a mal-à-propos le nom de Bruzen de la *Martinière* à la tête d'une mauvaiſe Hiſtoire de Louis XIV, dont il l'accuſe injuſtement d'avoir été l'éditeur & le reviſeur. ( *Voyez* HODE. ( la ) La *Martinière* mourut à la Hayé en 1749. Il étoit né à Dieppe, & s'étoit attaché ſucceſſivement à divers princes étrangers.

MARTINOZZI, (Marie ) ( *Hist. de Fr.* ) nièce du cardinal Mazarin, femme du premier prince de Conty, connue par ſon attachement à Port-Royal. Le fameux Lancelot, ( *Voyez* ſon article ) de Port-Royal, fut précepteur des princes ſes fils. Elle mourut en 1672. Laure *Martinozzi* ſa ſœur, épouſa le duc de Modène.

MARTINUSIUS, (George ) ( *Hist. de Hongrie* ) cardinal, premier miniſtre de Jean Zapol ou Zapolski, Vaivode de Tranſylvanie, concurrent de l'empereur Ferdinand Iᵉʳ au royaume de Hongrie, & qui partagea ce royaume avec lui. On vante l'adminiſtration du cardinal *Martinuſius* comme la valeur de Zapol. Ce prince confia en mourant, ( en 1549) la tutelle de ſon fils à *Martinuſius;* Ferdinand Iᵉʳ fit aſſaſſiner ce miniſtre vers l'an 1551. Un chanoine de l'égliſe d'Uzès, nommé Bêchet, a écrit ſa vie.

MARTYR, (Pierre ) ( *Hist. mod.* ) Divers perſonnages ſont connus ſous le nom de Pierre *Martyr* : 1°. Pierre *Martyr*, d'Anghiera dans le Milanois,

eleva les enfants de Ferdinand-le-Catholique, & fut ambaſſadeur extraordinaire à Veniſe, puis en Egypte. On a de lui une relation curieuſe de cette dernière ambaſſade ; une Hiſtoire de la découverte du Nouveau Monde, intitulée : *de Navigatione & terris de novo repertis ;* des Lettres hiſtoriques, ſous ce titre : *Epiſtolæ de rebus Hiſpanicis ;* fort utiles pour l'Hiſtoire du quinzième ſiècle. Né en 1455, mort en 1525.

2°. Pierre *Martyr* de Novare, auteur d'un traité *de Ulceribus & Vulneribus capitis*, imprimé à Pavie en 1584.

3°. Pierre *Martyr*, eſpagnol & ſans doute dominicain, dont on a un livre intitulé : *Summarium Conſtitutionum pro regimine ordinis Prædicatorum*, imprimé en 1619.

4°. Pierre *Martyr*, fameux hérétique du ſeizième ſiècle. Son véritable nom étoit Vermigli ou Vermilli. Il étoit florentin. L'inquiſition ſouffroit peu d'hérétiques dans le ſein de l'Italie ; mais la réforme y pénétroit, & enlevoit beaucoup d'habitants à cette contrée. Nous voyons vers le milieu du ſeizième ſiècle, une égliſe italienne établie à Zurich, ſous la direction de Bernardin Ochin, natif de Sienne, qui, d'abord cordelier, enſuite capucin & général de cet ordre alors naiſſant, s'enfuit en 1542, d'Italie, avec une fille, qu'il alla épouſer à Genève. Le florentin Vermilli, dit Pierre *Martyr*, ſon ami, calviniſte non moins zélé, le ſuivit de près. En 1547, ils allèrent enſemble en Angleterre, où Thomas Crammer, archevêque de Cantorberi, les appelloit pour travailler avec lui à la réforme qui ſe fit ſous Edouard VI. Leur ouvrage fut détruit ſous le règne de Marie ; ils quitèrent alors l'Angleterre, & ſe retirèrent à Strasbourg. Ils y trouvèrent Zanchius, chanoine régulier d'Italie ; ſes leçons & l'exemple de Vermigli ſon maître, avoient ſéduit. En 1555, Ochin prit la direction de l'égliſe italienne réformée de Zurich ; il en fut chaſſé en 1563, à l'âge de ſoixante-ſeize ans ; il ſe retira en Pologne, il en fut chaſſé encore ; il s'enfuit en Moravie, où il mourut de la peſte, avec ſon fils & ſes deux filles. Pierre *Martyr* ou Vermilli mourut à Zurich en 1562. Ses œuvres ont été recueillies en 3 vol. *in-fol.* ſous le titre de *Loci communes Theologici.* On a auſſi des Lettres de lui ; & elles ont été imprimées par Elzevir.

MARTYRS, (Barthelemi des). *Voy.* BARTHELEMI.

MARVILLE, (Vigneul de ) *Voyez* ARGONNE.

MARULLE, ( *Hist. anc. & mod.* ) Pluſieurs hommes de lettres de divers temps & de divers pays, ont porté ce nom :

1°. Pompée *Marulle*, grammairien Romain, oſa reprendre Tibère, ſur un mot peu latin qui lui étoit échappé, diſant que l'empereur pouvoit donner droit de bourgeoiſie aux hommes, mais non pas aux mots.

2°. Tacite *Marulle*, poëte calabrois, fit un poëme à la loüange d'Attila, comme on pourroit en faire un à la loüange de la peſte & des tremblémens de terre. Attila, pour récompenſe des flateries, voulut le faire brûler avec ſon ouvrage.

Ce Monseigneur du Lion là
Fut parent de Caligula.

3°. Michel *Marulle*, un de ces grecs savans,
refugiés en Italie après la prise de Constantinople. Il
se noya en passant la Cecina près de Volterre en
1500. On a de lui des Epigrammes, &c., & un
recueil intitulé : *Marulli Nænia.*

4°. Marc *Marulle*, natif de Spalatro en Dalmatie,
auteur du seizième siècle. On connoît de lui un traité
*de religione vivendi institutione per exempla.*

MAS, ( Louis du ) ( *Hist. Litt. mod.* ) inventeur
du *Bureau Typographique*, il en a expliqué tout le
système & toute l'économie dans un ouvrage intitulé : *Bibliothèque des Enfans.* On a de lui aussi
*l'Art de transposer toutes sortes de Musiques sans
être obligé de connoître ni le temps ni le mouv.*
Il étoit fils naturel de Jean Louis de Montcalm,
seigneur de Candiac. Il éleva, selon sa méthode, le
jeune de Candiac, son neveu ; il l'accompagna, tant
à Paris que dans les autres grandes villes du royaume,
où ce jeune homme fut admiré comme un prodige
d'esprit & de connoissances, bien supérieur à son
âge qui n'étoit pas encore de sept ans. Dumas jouissoit
doublement de ce triomphe d'un neveu & d'un
élève. Il eut la douleur de le perdre en 1726, avant
sa septième année révolue ; & cette douleur fut si
forte, qu'elle lui donna une maladie dont il seroit
mort dans la misère & dans l'abandon, sans les soins
généreux de M. Boindin, dont on a pris soin de
publier l'incrédulité, mais dont on a un peu trop
oublié de célébrer l'humanité. Boindin fit transporter
Dumas chez lui ; & l'y fit traiter ; la santé lui fut
rendue, & il ne mourut qu'en 1744.

MASCARADE, s. f. ( *Hist. mod.* ) troupe de personnes masquées ou déguisées qui vont danser & se
divertir sur-tout en tems de carnaval ; ce mot vient
de l'italien *mascarata*, & celui-ci de l'arabe *mascara*,
qui signifie *raillerie, bouffonnerie.*

Je n'ajoute qu'un mot à cet article ; c'est Granacci
qui composa le premier & qui fut le premier inventeur des *mascarades*, où l'on représente des
actions héroïques & sérieuses. Le triomphe de Paul-
Emile lui servit de sujet, & il y acquit beaucoup
de réputation. Granacci avoit été élève de Michel-
Ange, & mourut l'an 1543. ( *A.R.* )

MASCARDI, ( Augustin ) ( *Hist. Litt. mod.* )
camérier d'honneur du pape Urbain VIII, auteur d'une
*Histoire de la Conjuration de Fiesque*, dont l'ouvrage
du cardinal de Retz qui porte le même titre, n'est
proprement qu'une Traduction libre. On a aussi du
même *Mascardi* un traité *dell' arte Historica* & des
harangues & poësies tant latines qu'italiennes. Né à
Sarzane dans l'état de Gênes en 1591, d'une famille
illustre. Mort aussi à Sarzane en 1640.

MASCARENHAS, ( Freyre de Montarroyo )
( *Hist. Litt. mod.* ) d'une famille noble de Lisbonne,
membre distingué de plusieurs Académies, introduisit
le premier en Portugal, l'usage des Gazettes. On a

de lui plusieurs ouvrages : *Les négociations de la paix
de Riswik*; *l'Histoire naturelle chronologique & politique
du Monde* ; *La conquête des Onizes*, peuple du
Brésil ; la *relation de la bataille de Peterwaradin*, le
livre intitulé : *Evénemens terribles*, arrivés en Europe
en 1717 ; le récit des *avantages des Russes sur les
Turcs & les Tartares.*

MASCARON, ( Jules ) ( *Hist. Litt. mod.* )
oratorien, que ses succès dans la chaire élevèrent à
l'épiscopat comme Massillon. Il fut évêque de Tulles,
puis d'Agen ; il passoit pour le rival de Fléchier,
arrivé aussi à l'épiscopat par la même route, & il est
à remarquer que leur chef d'œuvre à l'un & à l'autre,
& le seul ouvrage peut-être où ils ayent été l'un &
l'autre véritablement éloquents est l'Oraison funèbre
de M. de Turenne ; tant les grands & beaux sujets
élèvent le génie à leur hauteur ! Tant les grandes
choses fournissent les grandes pensées & les grands
mouvemens ! Dans la comparaison de ces deux
Oraisons funèbres, le public paroît avoir préféré
comme dans tout le reste, Fléchier à *Mascaron.*
Madame de Sévigné ayant lu celle de Fléchier,
disoit : « il me semble n'avoir rien vu de si beau que
» cette pièce d'éloquence. On dit que l'abbé Fléchier
» veut la surpasser, mais je l'en défie ; il pourra
» parler d'un héros, mais ce ne sera pas de M.
» de Turenne, & voilà ce que M. de Tulle a fait
» divinement à mon gré. La peinture de son cœur est
» un chef-d'œuvre, cette droiture, cette naïveté,
» cette vérité dont il est pétri, cette solide modestie,
» enfin tout, je vous avoue que j'en suis charmée.
Elle dit dans une autre lettre : » Je n'ai point
» eu l'Oraison funèbre de M. Fléchier, est-il possible
» qu'il puisse contester à M. de Tulle ? Elle se retracta
» dans la suite : Madame de Lavardin, dit-elle, me
» pria de l'Oraison funèbre du Fléchier. Nous la
» fûmes lire, & je demande mille & mille pardons
» à M. de Tulle ; mais il me parut que celle-ci étoit
» au-dessus de la sienne ; je la trouve aussi également
» belle par-tout ; & l'écoutai avec étonnement, ne
» croyant pas qu'il fût possible de dire les mêmes
» choses d'une manière toute nouvelle, en un mot,
» j'en fus charmée ».

*Mascaron*, né à Marseille en 1634, étoit fils
d'un avocat célèbre au parlement d'Aix. Il prêcha
d'abord à Saumur, & Tannegui Le Fèvre, père de
Madame Dacier, ayant entendu ses premiers sermons,
s'écria : malheur à ceux qui prêcheront ici après *Mascaron.*
Quand il parut à la cour, quelques courtisans qui
n'avoient pas une juste idée de la liberté évangélique,
crurent qu'il poussoit trop loin, ou plutôt crurent
faire leur cour à Louis XIV, en tenant ce langage ;
ce monarque, à qui une liberté excessive eût sans
doute déplu, & qui dit dans une autre occasion :
j'aime à prendre ma part d'un sermon, mais je n'aime
pas qu'on me la fasse, ferma dans cette occasion-ci
la bouche aux courtisans, en disant du prédicateur : il
a fait son devoir, faisons le nôtre. En 1671, Louis XIV
demanda deux Oraisons funèbres à *Mascaron*, l'une

pour Madame, ( Henriette d'Angleterre ) l'autre pour le duc de Beaufort, & il plaça les deux services à deux jours près l'un de l'autre. Le maître des cérémonies lui fit obferver que ce rapprochement des deux difcours pourroit être embarraffant pour l'orateur. C'eſt l'évêque de Tulle, répliqua Louis XIV, il s'en tirera bien. Mafcaron devenu évêque d'Agen en 1678, reparut pour la dernière fois à la cour en 1674; après un long intervalle, il obtint les mêmes applaudiffements que dans fa jeuneffe, & le roi lui dit : Vous devez trouver ici bien des changements; il n'y a que votre éloquence qui ne vieillit point. Mafcaron fonda l'hôpital d'Agen ; fa mémoire eſt en vénération dans cette ville. Il mourut en 1703.

MASCLEF, ( François ) ( Hiſt. Litt. mod. ) théologien de confiance de M. de Brou, évêque d'Amiens, & par cette raifon même, peu agréable à M. Sabbatier, fucceffeur de M. de Brou. Il eſt auteur du Catéchiſme d'Amiens, & des Conférences Eccléfiaſtiques de ce diocèſe. Il avoit une grande connoiffance des langues orientales. On a de lui une Grammaire hébraïque ; il avoit inventé une nouvelle méthode pour lire l'hebreu fans fe fervir des points. Les favants fe partagèrent fur cette méthode ; le père Guarin dans fa Grammaire hébraïque, fit beaucoup d'objections, auxquelles on trouve des réponfes dans une réimpreffion qui fut faite en 1730 de la Grammaire hébraïque de Mafclef, par les foins de M. l'abbé de la Bletterie fon ami, alors oratorien. Mafclef mourut en 1728.

MASCRIER, ( Jean - Baptifte le ) ( Hiſt. Litt. mod. ) Nous avons de l'article Baillet ( voir cet article ) que M. l'abbé le Mafcrier fut le rédacteur des ouvrages de M. Maillet fur l'Egypte ; ajoutons qu'il eſt l'auteur des ouvrages fuivants : Réflexions chrétiennes fur les grandes vérités de la Foi ; Hiſtoire de la dernière révolution des Indes Orientales. Il a eu part, ainſi que M. l'abbé Banier, au livre des Coutumes & Cérémonies religieuſes de tous les Peuples du monde ; il a eu part auffi à la traduction de M. de Thou ; il a traduit encore les Commentaires de Céfar ; il a donné des éditions des Mémoires du marquis de Feuquières & de l'Hiſtoire de Louis XIV. par Péliffon. L'abbé Le Mafcrier étoit de Caën ; il mourut à Paris en 1760.

MASENIUS, ( Jacques ) ( Hiſt. Litt. mod. ) jéfuite allemand du dix-feptième fiècle. Des gens fans goût, mais qui avoient la petite ambition de fe diftinguer par un paradoxe littéraire, crurent ou voulurent avoir fait une découverte en déterrant dans l'ombre des claffes, un poëme latin de ce Mafenius, fur un fujet qui a été & qui a dû être fouvent traité, mais auquel Milton feul a fçu conferver fon intérêt & fa dignité ; ce fujet eſt la chûte du premier homme & l'introduction du péché dans le monde. Milton & Mafenius étoient contemporains, même Mafenius avoit deux ans de plus que Milton, étant né en 1606, & Milton feulement en 1608 ; donc Milton, dont le poëme n'a paru qu'après fa mort, avoit copié Mafenius dans les endroits où ils ont dû prefque néceffairement fe rencontrer. C'eſt

à peu-près le raifonnement de ceux qui ont prétendu avoir fait cette découverte. Il eſt probable au contraire, que Milton n'avoit jamais entendu parler de Mafenius ni de fa Sarcothée. Si ce titra de mauvais goût étoit parvenu jufqu'à lui, il n'y auroit pas reconnu fon fujet. Il n'y a guère que dans un collége qu'on imagine, en traitant fur-tout un pareil fujet, de repréfenter la nature humaine en général, fous l'emblème d'une déeffe qui préfide à la chair. On reconnoît par-tout dans Milton, la manière d'un maître, la touche du génie, tous les caractères de la grande & belle poëfie. L'inconnu Mafenius n'offre que des fictions collégiales dans des vers empoulés. Milton eſt mis, au moins par les Anglois, au rang d'Homère & de Virgile, & il n'eſt pas néceffaire d'être anglois pour le refpecter beaucoup ; mais qui eſt - ce qui connoiffoit Mafenius avant 1757, où Barbou fit l'honneur à fon poëme de l'imprimer avec les pièces du procès qui s'étoit élevé au fujet du parallèle entre le Paradis perdu & la Sarcothée, entre Milton & Mafenius, pour favoir lequel avoit fervi de modèle à l'autre. On peut répondre hardiment : aucun ; car Mafenius ne doit pas avoir vu le poëme de Milton, & Milton ne connoiffoit guère les productions latines des collèges des Jéfuites.

Les autres ouvrages de Mafenius font encore plus ignorés. C'eſt Palestra eloquentiæ ligatæ, efpèce d'art poëtique à l'ufage des collèges ; Palestra styli Romani ; une vie de Charles - Quint & de Ferdinand, qu'il intitule : Anima Hiſtoriæ. Toujours des titres de mauvais goût. Il a écrit auffi fur les Antiquités de Trèves.

MASOLES, ( Hiſt. mod ) c'eſt ainſi qu'on nomme une milice de la Croatie, qui eſt obligée de fe tenir prête à marcher en cas d'invafion de la part des Turcs. Au lieu de folde, on affigne les morceaux de terre à ceux qui fervent dans cette milice, mais leurs officiers reçoivent une paye. ( A. R. )

MASQUE DE FER, ( l'Homme au ) ( Hiſt. de France. ) Il exiſtoit une ancienne tradition, fuivant laquelle il y avoit eu long - temps à la Baſtille un prifonnier mafqué, dont la deſtinée paroiffoit renfermer quelque grand myſtère. L'auteur du Siècle de Louis XIV eſt le premier qui ait détaillé cette piquante hiſtoire, & excité fur ce fujet une curiofité qui ne fera point fatisfaite. Mais comme cette tradition n'étoit pas préfente à tous les efprits, plufieurs voulurent penfer que M. de Voltaire avoit inventé cette hiſtoire ; mais le plus grand nombre voulut percer le myſtère & découvrir abfolument l'homme au Maſque de Fer ; delà une foule de conjectures dont aucune n'auroit même le mérite de la vraifemblance, s'il étoit certain, comme le dit M. de Voltaire, que ce prifonnier, quel qu'il fût, ait été arrêté quelques mois après la mort de M. de Voltaire en 1661. Alors ce ne pouvoit être ni le duc de Beaufort, qui ne difparut que le 25 juin 1669, au fiége de Candie, ni le comte de Vermandois, qui ne mourut qu'en 1683, ni le duc de Montmouth, qui n'eut la tête

Ce Monseigneur du Lion à
Fut parent de Caligula.

3°. Michel Marulle ; un de ces grecs savans, réfugiés en Italie après la prise de Constantinople. Il se noya en passant la Cecina près de Volterre en 1500. On a de lui des Epigrammes, &c., & un recueil intitulé : *Marulli Nænia*.

4°. Marc Marulle, natif de Spalatro en Dalmatie, auteur du seizième siècle. On connoît de lui un traité *de religione vivendi institutiono per exempla*.

MAS, ( Louis du ) ( *Hist. Litt. mod.* ) inventeur du *Bureau Typographique*, il en a expliqué tout le système & toute l'économie dans un ouvrage intitulé : *Bibliotheque des Enfans*. On a de lui aussi l'*Art de transposer toutes sortes de Musique*, sans être obligé de connoître ni le temps ni la mesure. Il étoit fils naturel de Jean Louis de Nogaret, seigneur de Canchac. Il éleva, selon la méthode, le jeune de Candiac, son neveu; il l'accompagna, tant à Paris que dans les autres grandes villes du royaume, où ce jeune homme fut admiré comme un prodige d'esprit & de connoissances, bien supérieur à son âge qui n'étoit pas encore de sept ans. Dumas jouit du doublement de ce triomphe d'un neveu & son élève. Il eut la douleur de le perdre en 1726, avant la septième année, évoluée, & cette douleur fut si forte, qu'elle lui donna une maladie dont il faillit mort dans la misère & dans l'abandon, sans les soins généreux de M. Boindin, dont on a pris soin de publier l'incrédulité, mais dont on a un peu trop oublié de célébrer l'humanité. Boindin fit transporter Dumas chez lui, & l'y fit traiter ; la santé lui fut rendue, & il ne mourut qu'en 1744.

MASCARADE, s. f. ( *Hist. mod.* ) troupe de personnes masquées ou déguisées qui vont danser se divertir sur-tout en temps de carnaval : ce mot vient de l'italien *mascarata*, & celui-ci de l'arabe *mascara*, qui signifie *raillerie*, *bouffonnerie*.

Je n'ajoute qu'un mot à cet article ; c'est Granacci qui composa le premier & qui fut le premier inventeur des mascarades, où l'on représente des actions héroïques & sérieuses. Le triomphe de Paul-Emile lui servit de sujet, & il y acquit beaucoup de réputation. Granacci avoit été élève de Michel-Ange, & mourut l'an 1543. (*A.R.*)

MASCARDI, ( Augustin ) ( *Hist. Litt. mod.* ) chambellan d'honneur du pape Urbain VIII, auteur d'une *Histoire de la Conjuration de Fiesque*, dont l'ouvrage du cardinal de Retz qui porte le même titre, n'est proprement qu'une Traduction libre. On a aussi du même Mascardi un traité *dell' arte Historica* & des harangues & poésies tant latines qu'italiennes. Né à Sarzane dans l'état de Gênes en 1591, d'une famille illustre. Mort aussi à Sarzane en 1640.

MASCARENHAS, ( Freyre de Montarroyo ) ( *Hist. Litt. mod.* ) d'une famille noble de Lisbonne, membre distingué de plusieurs Académies, immortalise le premier en Portugal, l'usage des Gazettes. On a

de lui plusieurs ouvrages : *Les négociations de la paix de Nimègue* ; *l'Histoire naturelle chronologique & politique du Monde* ; *la conquête des Oüares*, peuple du Brésil ; *la relation de la bataille de Pavaraïba*, le Livre intitulé : *événemens terribles*, arrivés en Europe en 1717 ; *le récit des avantages des Russes sur les Turcs & les Tartares*.

MASCARON, ( Jules ) ( *Hist. Litt. mod.* ) oratorien, que ses succès dans la chaire élevèrent à l'épiscopat comme Massillon. Il fut évêque de Tulle, puis d'Agen ; il paroît pour le rival de Fléchier arrivé aussi à l'épiscopat par la même route, & il est à remarquer qu'leur chef d'œuvre à l'un & à l'autre & le seul ouvrage peut-être où ils ayent été l'un & l'autre véritablement éloquens, a été l'Oraison funèbre de M. de Turenne ; tant les grands & beaux sujets élèvent le génie & leur hauteur ! Tant les grandes choses fournissent les grandes pensées & les grands mouvemens ! Dans la comparaison de ces deux Oraisons funèbres, le public paroît avoir préféré comme dans le reste, Fléchier à Mascaron ; madame de Sévigné ayant lu la celle de Mascaron disoit : il me semble qu'avoir rien vu de si beau que cette pièce d'éloquence. On dit que l'abbé Fléchier vert la surpasse, mais je m'en défie ; il pouvoit parler d'un bras, mais ce ne seroit pas de main de Turenne & voilà ce que M. de Tulle a si divinement imon gré. La peinture de son cœur un chef-d'œuvre, & cette écriture, cette naïveté cette vérité qui si fit péri, cette solide modestie enfin tout, j'avoue que j'en suis charmée. Elle dit dans une autre lettre : » Je n'ai point lu l'Oraison funèbre de M. Fléchier, est-il possible qu'il puisse consoler à M. de Tulle ? Elle se retira dans la suite : madame de Lavardin ... disoit-elle parla de l'Oraison funèbre du Fléchier. Nous lui fîmes lire, & je demande mille & mille pardons à M. de Tulle mais il me parut que celle-ci étoit en dessous de l'éloquence, je la trouve plus également belle partout, je l'écoutai avec étonnement, ne croyant pas qu'il fût possible de dire les mêmes choses d'une manière toute nouvelle, en un mot j'en fus charmée. »

Mascaron, à Marseille en 1634, étoit fils d'un avocat celèbre au parlement d'Aix. Il précha d'abord à Saumur, & Tannegui Le Fèvre, père de Madame Dacier ayant entendu ses premiers sermons s'écria : *malheur aux qui précheront ici après Mascaron*. Quand il parut à la cour, quelques courtisans qui n'avoient pas une juste idée de la liberté évangelique crurent qu'il la poussoit trop loin, ou plutôt crurent faire leur cour à Louis XIV, en tenant ce langage à ce monarque, qui une liberté excessive eût sans doute déplu, & qui dit dans une autre occasion : *j'aime à prendre ma part d'un sermon, mais je n'aime pas qu'on me le sifle*, ferma dans cette occasion la bouche aux courtisans, en disant du prédicateur ; *a fait son devoir, faisons le nôtre*. En 1671, Louis XIV demanda deux oraisons funèbres à Mascaron, pour Madame, (Henriette d'Angleterre ) l'été pour le duc de Beaufort, & il plaça les deux servis à deux jours près l'un de l'autre. Le maître des cérémonies lui fit observer que ce rapprochement des deux discours pourroit être embarrassant pour l'orateur. *C'est l'évêque de Tulle*, répliqua Louis XIV, *il en tirera bien*. Mascaron devenu évêque d'Agen en 1678, reparut pour la dernière fois à la cour en 1674; après un long intervalle, il obtint les mêmes applaudissements que dans sa jeunesse, & le roi lui dit: *Vous devez trouver ici bien des changemens il n'y a que votre éloquence qui ne vieillit point*. Mascaron fonda l'hôpital d'Agen; sa mémoire est en vénération dans cette ville. Il mourut en 1703.

MASCLEF, (François ) ( *Hist. Litt. mil.* ) théologien de confiance de M. de Brou, évêque d'Amiens, & par cette raison même, peu agréable à M. Abbatier, successeur de M. de Brou. Il est auteur d'un *Catéchisme d'Amiens*, & des *Conférences Ecclésiastiques* de ce diocèse. Il avoit une grande connoissance des langues orientales. On a de lui une *Grammaire hébraïque*; il avoit inventé une nouvelle méthode pour lire l'hébreu sans se servir des points. Les savans se partagèrent sur cette méthode; le père Guarin dans sa Grammaire hébraïque, fit beaucoup d'objections, auxquelles on trouve des réponses dans une réimpression qui fut faite en 1730 de la Grammaire hébraïque de Masclef, par les soins de M. l'abbé de la Bletterie son ami, alors oratorien. Masclef mourut en 1728.

MASCRIER , (Jean - Baptiste le ) ( *Hist. Litt. mod.*) Nous avons dit, à l'article *Baillet* voir cet article ) que M. l'abbé le Mascrier fut le rédacteur des ouvrages de M. Maillet sur l'Egypte; ajoutons qu'il est l'auteur des ouvrages suivans : *Différens chrétiennes sur les grandes vérités de la Foi*; *Histoire de la dernière révolution des Indes Orientales*. Il a eu part , ainsi que M. l'abbé Banier, au livre des *Coutumes & Cérémonies religieuses de tous les Peuples du monde*; il a eu part aussi à la traduction de M. de Thou; il a traduit encore les Commentaires de César; il a donné des éditions des Mémoires du marquis de Feuquières & de l'Histoire de Louis XIV. par Pélisson. L'abbé Le Mascrier étoit de Caën ; il mourut à Paris en 1760.

MASENIUS, (Jacques ) ( *Hist. Litt. mil.* ) jésuite allemand du dix-septième siècle. Des gens sans goût, mais qui avoient la petite ambition de se distinguer par un paradoxe littéraire ; crurent ou voulurent avoir fait une découverte en déterrant dans l'ombre ses classes, un poëme latin de ce Masenius, sur un sujet qui a été & qui a dû être souvent traité, mais auquel Milton seul a sçu conserver son intérêt & sa dignité; ce sujet est la chûte du premier homme & l'introduction du péché dans le monde. Milton & Masenius étoient contemporains, même Masenius avoit deux ans de plus que Milton ; étant né en 1606, & Milton seulement en 1608 ; donc Milton , dont le poëme n'a paru qu'après sa mort, avoit copié Masenius dans les endroits où ils ont dû presque nécessairement se rencontrer. C'est

à peu-près le raisonnement de ceux qui ont prétendu avoir fait cette découverte. Il est probable au contraire , que Milton n'avoit jamais entendu parler de Masenius ni de sa Sarcothée. Si ce titre de mauvais goût étoit parvenu jusqu'à lui , il n'y auroit pas reconnu son sujet. Il n'y a guère que dans un collège qu'on imagine , en traitant sur - tout un pareil sujet, de représenter la nature humaine en général , sous l'emblème d'une déesse qui préside à la chair. On reconnoît par - tout dans Milton , la manière d'un maître , la touche du génie , tous les caractères de la grande & belle poësie. L'inconnu Masenius n'offre que des fictions collégiales dans des vers empoulés. Milton est mis , au moins par les Anglois , au rang d'Homère & de Virgile , & il n'est pas nécessaire d'être anglois pour le respecter beaucoup ; mais qui est - ce qui connoissoit Masenius avant 1757, où Barbou fit l'honneur à son poëme de l'imprimer avec les pièces du procès qui s'étoit élevé au sujet du parallèle entre le Paradis perdu & la Sarcothée , entre Milton & Masenius , pour savoir lequel avoit servi de modèle à l'autre. On peut répondre hardiment : *aucun*; car Masenius ne doit pas avoir vu le poëme de Milton, & Milton ne connoissoit guère les productions latines des collèges des Jésuites.

Les autres ouvrages de Masenius sont encore plus ignorés. C'est *Palestra eloquentiæ ligatæ* , espèce d'art poétique à l'usage des collèges ; *Palestra stili Romani* ; une vie de Charles - Quint & de Ferdinand , qu'il intitule : *Anima Historiæ* Toujours des titres de mauvais goût. Il a écrit aussi sur les Antiquités de Trèves.

MASOLES, ( *Hist. mod* ) c'est ainsi qu'on nomme une milice de la Croatie , qui est obligée de se tenir prête à marcher en cas d'invasion de la part des Turcs. Au lieu de solde , on assigne des morceaux de terre à ceux qui servent dans cette milice , mais leurs officiers reçoivent une paye. ( *A. R.* )

MASQUE DE FER, ( l'Homme au ) ( *Hist. de France.* ) Il existoit une ancienne tradition , suivant laquelle il y avoit eu long - temps à la Bastille un prisonnier masqué , dont la destinée paroissoit renfermer quelque grand mystère. L'auteur du Siècle de Louis XIV est le premier qui ait détaillé cette piquante histoire , & excité sur ce sujet une curiosité qui ne sera point satisfaite. Mais comme cette tradition n'étoit pas présente à tous les esprits , plusieurs voulurent penser que M. de Voltaire avoit inventé cette histoire ; mais le plus grand nombre voulut percer le mystère & découvrir absolument l'homme au Masque de Fer ; delà une foule de conjectures dont aucune n'auroit même le mérite de la vraisemblance , s'il étoit certain , comme le dit M. de Voltaire , que ce prisonnier, quel qu'il fût , ait été arrêté quelques mois après la mort du cardinal Mazarin en 1661; Alors ce ne pouvoit être ni le duc de Beaufort , qui ne disparut que le 25 juin 1669 , au siége de Candie , ni le comte de Vermandois , qui ne mourut qu'en 1683 , ni le duc de Montmouth , qui n'eut la tête tranchée qu'en 1685. Or c'eſt aſſez entre ces trois conjectures qu'on ſe partage ; mais M. de Voltaire n'a point fixé cette époque d'après une autorité déciſive, ou d'après un point de fait conſtant, il la déduit d'une ſuite de raiſonnements plauſibles ; cette fixation en un mot eſt une affaire de critique, & non pas un fait conſtaté. Auſſi, ſans s'y arrêter, beaucoup d'écrivains poſtérieurs, tels que le P. Griffet, M. de Saint-Foix, &c. en ſont revenus à ces conjectures, auxquelles ils ont donné plus ou moins de vraiſemblance. Que n'a-t-on pas imaginé ? on a voulu que ce fût un ſecrétaire du duc de Mantoue, qui avoit agi contre la France ; mais comment une telle conjecture ſe concilieroit-elle avec les marques de reſpect que lui donnoient les gouverneurs de ſes différentes priſons & les miniſtres mêmes qui le voyoient ? Nous ne répétons point ici tout ce que M. de Voltaire a raconté ſur ce ſujet intéreſſant ; mais on me demandera peut-être où M. de Voltaire a diſcuté ce qui concerne l'époque de la détention du priſonnier ; car dans le ſiècle de Louis XIV., il énonce le fait, & ne le diſcute pas : dans le Dictionnaire philoſophique, article *Ana*, *Anecdote*, il dit que l'homme au *Maſque de Fer* étoit à Pignerol en 1662 ; mais il ne diſcute pas ce fait, quoiqu'il diſpute contre le P. Griffet, & qu'il diſe qu'il en ſait plus que lui ſur ce fait, mais qu'il n'en dira pas davantage. J'aurois peine, à la vérité, à indiquer dans la foule des brochures échappées à M. de Voltaire, celle où il diſcutoit le fait concernant l'époque de la détention du priſonnier ; mais je me reſſouviens très-bien de l'avoir vue dans le temps.

Quant à ceux qui, pour prouver que l'homme au *Maſque de Fer* étoit le comte de Vermandois, ont allégué le nom ſous lequel il a été déguiſé, (*Marchiali*) nom dont l'anagramme eſt *hic amiral*, ils ne peuvent pas avoir beaucoup compté ſur une pareille preuve. Quant à la date de la mort de ce priſonnier, M. de Voltaire l'avoit d'abord placée en 1704, & a dit depuis que cet inconnu avoit été enterré à St. Paul le 3 mars 1703 ; les auteurs du nouveau Dictionnaire hiſtorique diſent le 19 novembre 1703 ; d'autres ont dit le 19 décembre. Les auteurs ou l'auteur de ce Dictionnaire, annoncent avoir pris des informations ſur diverſes particularités de l'hiſtoire de l'homme au *Maſque de Fer* dans l'iſle de Sainte-Marguerite. M. l'abbé Papon, auteur de l'Hiſtoire de Provence, a pris auſſi dans le même lieu, des informations qui lui ont fourni des particularités curieuſes aſſez conformes pour le fond à celles qu'a rapportées M. de Voltaire. Voici ce qu'il rapporte, Hiſtoire de Provence, tom. 1, pag. 425.

« Le priſonnier n'avoit que peu de perſonnes attachées à ſon ſervice qui euſſent la liberté de lui » parler. Un jour que M. de Saint-Mars s'entretenoit » avec lui, en ſe tenant hors de la chambre, dans une » eſpèce de corridor, pour voir de loin ceux qui » viendroient, le fils d'un de ſes amis arrive & s'avance » vers l'endroit, où il entend du bruit. Le gouverneur » qui l'apperçoit, ferme auſſitôt la porte de la chambre, » court précipitamment au-devant du jeune homme ;

» & d'un air troublé il lui demande s'il a vu ; » s'il a entendu quelque choſe. Dès qu'il ſe fut » aſſuré du contraire, il le fit repartir le jour même, » & il écrivit à ſon ami, *que peu s'en étoit fallu que » cette aventure n'eût coûté cher à ſon fils* ; qu'il le » lui renvoyoit de peur de quelque autre imprudence. » Cette anecdote rappelle celle du pêcheur qui avoit » trouvé l'aſſiette d'argent, & à qui M. de Saint-» Mars dit : *Tu es bien heureux de ne ſavoir pas » lire.*

» J'ai eu, dit le même auteur, tom. 2, la curioſité d'entrer dans la priſon le 2 février de » cette année 1778 ; elle n'eſt éclairée que par une » fenêtre du côté du nord, percée dans un mur qui » a près de quatre pieds d'épaiſſeur, & où l'on a mis » trois grilles de fer, placées à une diſtance égale ; » cette fenêtre donne ſur la mer. J'ai trouvé dans la » citadelle, un officier de la Compagnie - franche, » âgé de 79 ans ; il m'a dit que ſon père, qui ſervoit » dans la même Compagnie, lui avoit raconté pluſieurs fois qu'un *frater* de cette Compagnie apperçut un jour ſous la fenêtre du priſonnier, quelque » choſe de blanc qui flottoit ſur l'eau. Il l'alla prendre ; » & l'apporta à M. de Saint-Mars. C'étoit une chemiſe » très-fine, pliée avec aſſez de négligence, & ſur » laquelle le priſonnier avoit écrit d'un bout à l'autre. » M. de Saint-Mars, après l'avoir dépliée, & avoir » lu quelques lignes, demanda au *frater*, d'un air très-» embarraſſé, s'il n'avoit pas eu la curioſité de lire » ce qu'il y avoit. Le *frater* lui proteſta pluſieurs fois » qu'il n'avoit rien lu ; mais deux jours après il fut » trouvé mort dans ſon lit. C'eſt un fait que l'officier » a entendu raconter ſi ſouvent à ſon père & à un aumô-» nier du fort, qu'il le regarde comme un fait inconteſ-» table. Le ſuivant me paroît également certain, d'après » les témoignages que j'ai recueillis ſur les lieux.

» On cherchoit une femme pour ſervir le pri-» ſonnier ; il en vint une d'un village voiſin, dans la » perſuaſion que ce ſeroit un moyen de faire la for-» tune de ſes enfants ; mais quand on lui dit qu'il » falloit renoncer à les voir, & même à conſerver » aucune liaiſon avec le reſte des hommes, elle refuſa » de s'enfermer avec un priſonnier dont la connoiſ-» ſance coûtoit ſi cher. Je dois dire encore qu'on » avoit mis aux deux extrémités du fort du côté de » la mer, deux ſentinelles, qui avoient ordre de tirer » ſur les bateaux qui s'approcheroient à une certaine » diſtance.

» La perſonne qui ſervoit le priſonnier, mourut » à l'iſle Sainte-Marguerite. Le père de l'officier dont » je viens de parler, qui étoit pour certaines choſes, » l'homme de confiance de M. de St. Mars, a ſouvent » dit à ſon fils qu'il avoit été prendre le mort, à » l'heure de minuit dans la priſon, & qu'il l'avoit » porté ſur ſes épaules dans le lieu de la ſépulture. Il » croyoit que c'étoit le priſonnier lui - même qui » étoit mort ; c'étoit, comme je viens de le dire, la » perſonne qui le ſervoit, & ce fut alors qu'on cher-» cha une femme pour le remplacer. »

Le fameux La Grange Chancel a publié dans un
Journal

Journal une lettre, où il raconte que lorsque Saint-Mars, ( qui eut toujours la garde de ce prisonnier, d'abord à Pignerol, ensuite à l'isle Sainte-Marguerite, & enfin à la Bastille ) alla prendre le *Masque de Fer* » pour le conduire à la Bastille, le prisonnier dit à son conducteur : *Est-ce que le roi en veut à ma vie ? non, mon prince,* repartit Saint-Mars, *votre vie est en sûreté, vous n'avez qu'à vous laisser conduire,* « J'ai » sçu, ajoute-t-il, du nommé Du Buisson, qui avoit » été dans une chambre avec quelques autres pri- » sonniers, précisément au-dessus de celle qui étoit » occupée par cet inconnu, que par le tuyau de la » cheminée, ils pouvoient s'entretenir & se commu- » niquer leurs pensées ; mais que celui-ci ayant de- » mandé pourquoi il s'obstinoit à leur taire son nom » & ses aventures, il leur avoit répondu que cet aveu » lui coûteroit la vie, ainsi qu'à ceux auxquels il auroit » révélé son secret ».

Si de ces particularités importantes & trop impor-tantes, nous passons à des bagatelles, M. de Voltaire dit que le prisonnier, dans la route, portoit un masque dont la mentonnière avoit des ressorts d'acier qui lui laissoient la liberté de manger avec le masque sur le visage ; c'est même ce qui a donné lieu au nom de *Masque de Fer*, par lequel on le désigne ; mais le Journal de M. de Jonca, lieutenant-de-roi de la Bastille, au temps où le prisonnier y arriva, ne dit pas que le masque fût de fer ; il ne parle que d'un *masque de velours noir*.

Autre observation de la même force & encore plus futile. M. de Voltaire dans le Siècle de Louis XIV, avoit d'abord cité pour garant des particularités con-cernant l'homme au *Masque de Fer* de la Bastille ; dans les anecdotes, le médecin n'est plus qu'un apothicaire, un vieux médecin de la Bastille ; dans les anecdotes, le médecin n'est plus qu'un apothicaire, mais le sieur Marsolan, chirurgien de feu M. le maréchal de Richelieu, étoit son gendre, & c'est par ce sieur Marsolan que M. de Voltaire a sçu divers détails concernant l'homme au *Masque de Fer*.

MASQUIERES, (Françoise) ( *Hist. Litt. mod.* ) fille d'un maître-d'hôtel du roi, morte à Paris en 1728, connue dans son temps par quelques poésies aujourd'hui oubliées, qui se trouvent dans quelques anciens recueils.

MASSANKRACHES, ( *Hist. mod.* ) c'est ainsi que l'on nomme dans le royaume de Camboya, situé aux Indes orientales, le premier ordre du clergé, qui commande à tous les prêtres, & qui est supérieur même aux rois. Les prêtres du second ordre se nom-ment *nassendeches*, qui sont des espèces d'évêques égaux aux rois, & qui s'asseient sur la même ligne qu'eux. Le troisième ordre est celui de *mitires* ou prêtres, qui prennent séance au-dessous du souverain ; ils ont au-dessous d'eux les *chaynises* & les *sayes*, qui sont prêtres d'un rang plus bas encore. ( *A.R.* )

MASSEVILLE, ( Le Vavasseur de ) ( *Hist. Litt. mod.* ) normand, auteur d'une *Histoire sommaire de Normandie*, & d'un *Etat géographique de la France* ; il avoit fait aussi un Nobiliaire de cette province. On ignore ce que son directeur put y trouver de

*Histoire. Tome III.*

condamnable, mais dans sa dernière maladie, il l'obligea d'en jetter le manuscrit au feu. Mort à Valogne en 1733.

MASSIA, ( *Hist. mod. Culte* ) c'est le nom que les Japonnois donnent à de petits oratoires ou chapelles bâtis en l'honneur des dieux subalternes ; elles sont desservies par un homme appellé *canusi*, qui s'y tient pour recevoir les dons & les offrandes des voyageurs dévots qui vont invoquer le dieu. Ces *canusi* sont des séculiers à qui les kuges ou prêtres de la religion du Sintos, par un désintéressement assez rare dans les hommes de leur profession, ont abandonné le soin & le profit des chapelles & même des mia ou temples. ( *A.R.* )

MASSIER, f. m. ( *Hist. mod.* ) celui qui porte une masse. Le recteur de l'Université a ses *massiers* ; le chancelier a les siens ; le roi est précédé de *massiers* aux processions de l'ordre ; les cardinaux ont des *massiers* à cheval devant eux en leurs entrées ; deux *massiers* tiennent la bride du cheval du pape, & le conduisent lorsqu'il sort en cérémonie. ( *A.R.* )

MASSIEU, ( Guillaume. ) ( *Hist. Litt. mod.* ) de l'Académie des Belles-Lettres & de l'Académie Fran-çoise, écrivain nourri des bons auteurs de l'antiquité. Son Histoire de la Poësie Françoise est estimée, ainsi que sa traduction de Pindare dont il n'a donné que six odes. On estime aussi la préface qu'il a mise à la tête des œuvres de Tourreil son ami, dont il a donné une édition en 1721. Il y a de lui plusieurs dissertations savantes & d'une bonne & saine litté-rature, dans le recueil de l'Académie des Belles-Lettres. L'abbé d'Olivet dans un recueil de quelques poëtes latins modernes, a publié un poëme latin de M. l'abbé Massieu sur le Café. L'abbé Massieu étoit né à Caen en 1665 le 13 avril ; il fut quelque temps jésuite. M. de Sacy, de l'Académie Françoise, lui confia l'édu-cation de son fils. Il fut nommé en 1710, professeur en grec au Collège Royal ; il fut reçu à l'Académie des Belles-Lettres en 1705 ; à l'Académie Françoise en 1714 ; il fut trois ans aveugle, & il eut le bonheur de recouvrer la vue ; mais il mit une économie assez singulière dans la jouissance d'un si grand avantage ; il se contenta d'avoir recouvré un œil dont l'usage suffisoit à ses travaux ; impatient de l'employer, il ne put se résoudre à sacrifier encore quelques mois que demandoit l'oculiste pour lui rendre aussi l'usage de l'autre œil ; il le tenoit, disoit-il, en réserve, & comme une ressource dans de nouveaux malheurs. Il mourut à Paris en 1722.

MASSILLON, ( Jean-Baptiste ) ( *Hist. Litt. mod.* ) Le premier mot de Massillon après avoir entendu les prédicateurs de son temps, fut : *Si je prêche jamais, je ne prêcherai pas comme eux* ; ce mot étoit déjà un réformateur de son ennemi de la routine. Ce mot appliqué même au P. Bourdaloue dans un sens critique, auroit été injuste sans doute ; mais il y a un sens dans lequel il est toujours très-juste & appli-cable à tout, c'est celui de ce vers de Brutus dans la mort de César ;

Non , n'imitons personne , & servons tous d'exemple.

En effet , il falloit être foi-même & ne pas imiter même Bourdaloue. Les parallèles entre ces deux grands prédicateurs, ne nous ont pas plus manqué que les parallèles de Corneille & de Racine ; mais si l'un des deux eût imité l'autre , on n'auroit fait aucun parallèle entr'eux : tout imitateur reconnoît son infériorité. A présent *Massillon* gagne tous les jours quelque chose sur Bourdaloue , comme Racine sur Corneille ; on préfère cette profonde connoissance du cœur humain, cette élégance harmonieuse , cette langue si belle & si riche de *Massillon* , à la logique quelquefois pressante & entraînante , mais souvent sèche , de Bourdaloue. On s'étonnoit de cette connoissance du cœur humain , de ces peintures vraies des passions, de ces beaux développemens de l'amour-propre dans un homme voué par état , à la retraite , & qui vivoit éloigné des hommes. C'est , en me fondant moi-même , disoit-il , que j'ai appris à connoître les autres ; en effet , en étudiant attentivement son propre cœur , on peut y voir l'histoire de tous les cœurs , & deviner tout ce que l'expérience ne fait ensuite que confirmer & qu'appliquer aux cas particuliers.

*Massillon* étoit né à Hières en Provence en 1663 , d'une famille obscure , il dût tout à son génie ; il entra dans l'Oratoire à dix - sept ans. Dès qu'il eut prêché , son humilité chrétienne s'effraya de sa réputation naissante ; il craignoit , disoit-il , le *démon de l'orgueil* , & , pour lui échapper , il alla se cacher dans la solitude rigoureuse & effrayante de Sept-Fons. Ce démon l'y poursuivit. Le cardinal de Noailles ayant envoyé à l'abbé de Sept-Fons , un mandement qu'il venoit de publier , l'abbé chargea *Massillon* de faire en son nom , une réponse qui pût plaire à ce prélat. Cette réponse fut un ouvrage & un ouvrage si bien écrit , & qu'on attendoit si peu de la solitude de Sept-Fons , que le cardinal voulut éclaircir ce mystère & savoir quel étoit le véritable auteur de la lettre ; il le tira de son désert , le fit venir à Paris & rentrer à l'Oratoire , & se chargea de sa réputation & de sa fortune ; *Massillon* voit croître alors à chaque pas , le danger qu'il avoit redouté ; un de ses confrères lui disant ce qu'il entendoit dire à tout le monde de ses succès : *le diable* , répondit-il , *me l'a déjà dit plus éloquemment que vous.*

Quel cours d'éducation pour un jeune prince, que le petit Carême de *Massillon* ! avec quelle éloquence , quel intérêt , quelle perfévérance , il plaide la cause de l'humanité contre la ligue toujours ennemie & toujours subsistante de ces courtisans :

Divisés d'intérêt & pour le crime unis.

La même année où ces discours furent prononcés, M. *Massillon* fut reçu à l'Académie Françoise le 23 février 1719 , à la place de l'abbé de Louvois. M. *Massillon* , que les Jésuites avoient écarté de l'épiscopat sous le règne de Louis XIV , par des raisons dont la meilleure étoit que *Massillon* étoit oratorien ,

venoit d'être nommé à l'évêché de Clermont en Auvergne. C'étoit l'abbé Fleuri , auteur de l'Histoire Ecclésiastique , qui le recevoit à l'Académie Françoise ; il étoit impossible de trouver deux plus rigides observateurs des canons que le directeur & le récipiendaire , & M. de Fleuri savoit bien qu'il ne désobligeoit point un évêque tel que *Massillon* , en lui disant : « Nous prévoyons avec douleur , que nous » allons vous perdre *pour jamais* , & que la loi » *indispensable* de la résidence , va vous enlever sans » retour à nos assemblées ; nous ne pouvons plus » espérer de vous voir que dans les momens où quel- » que affaire *fâcheuse* vous *arrachera malgré vous* , à » votre église ».

M. *Massillon* exécuta en point ce qu'avoit dit M. l'abbé Fleury ; il passa le reste de sa vie dans son diocèse : mais considérons ici combien tout change selon les circonstances des temps & des personnes. Vingt-cinq ans après , M. Gresset , qui n'étoit pas encore dévot , & dont le dernier titre étoit la comédie du *Méchant* , recevant à l'Académie Françoise M. d'Alembert , faisant l'éloge de son prédécesseur M. de Surian , évêque de Vence , dit un mot sur la nécessité de la résidence , & ce mot le fit regarder avec horreur à la cour comme le détracteur des évêques & l'ennemi de la religion , parce que ce mot avoit été remarqué dans l'assemblée & avoit été fort applaudi.

Les conférences que M. *Massillon* faisoit à ses curés dans son diocèse , sont au nombre de ses meilleurs sermons , & bien que M. *Massillon* a fait en tout genre à son diocèse , le met au nombre des meilleurs & des plus utiles évêques : une lettre qu'il écrivit au cardinal de Fleury , pour lui représenter la misère de son peuple , suffiroit pour faire bénir sa mémoire ; & nous ne concevons pas comment ceux à qui la religion fournit des motifs si puissans & des droits si importans pour mettre aux pieds du trône la misère du peuple , s'acquittent si rarement de ce devoir sacré. C'est peut-être l'effet du défaut de résidence , qui , en les éloignant du spectacle de cette misère , prive leur troupeau de ce fruit de leur sensibilité.

C'étoit peu d'être charitable avec profusion , M. *Massillon* savoit l'être avec une délicatesse qui lui étoit propre. Un couvent de religieuses étoit sans pain depuis plusieurs jours ; ces infortunées alloient mourir plutôt que d'avouer leur misère , dans la crainte qu'on ne supprimât leur maison , à laquelle elles étoient fort attachées. L'évêque de Clermont apprit & leur indigence & le motif de leur silence ; il commença par leur faire tenir par une voie secrette , une somme considérable , il pourvut ensuite à leur subsistance par des ressources plus solides ; & ce ne fut qu'après la mort de M. *Massillon* , qu'elles connurent leur bienfaiteur.

Plein de respect pour la religion & plein de mépris pour la superstition , il abolit des processions très-anciennes & très-indécentes , auxquelles le peuple couroit en foule par différens motifs. Les curés de la ville craignant la fureur du peuple , n'osoient publier le mandement qui défendoit ces proceffions. *Maffillon* monta en chaire, publia fon mandement lui-même, & fe fit écouter d'un auditoire tumultueux, qui auroit infulté tout autre prédicateur.

Il mourut, dit M. d'Alembert, comme étoit mort Fénelon, & comme tout évêque doit mourir, fans argent & fans dettes. Ce fut le 28 feptembre 1742 Le même M. d'Alembert rapporte que, près de trente ans peut-être après fa mort, un voyageur fe trouvant à Clermont, voulut voir la maifon de campagne où *Maffillon* paffoit la plus grande partie de l'année. Un ancien grand-vicaire qui, depuis la mort de *Maffillon*, n'avoit pas eu la force de retourner à cette maifon de campagne, confentit cependant à y mener le voyageur. « Ils partirent en-
» femble, & le grand-vicaire montra tout à l'étranger.
» *Voilà*, lui difoit-il, les larmes aux yeux, l'*allée où ce*
» *digne prélat fe promenoit avec nous.....voilà le berceau*
» *où il fe repofoit en faifant quelques lettures....voilà le*
» *jardin qu'il cultivoit de fes propres mains* .... Quand
» ils furent arrivés à la chambre où *Maffillon* avoit
» rendu les derniers foupirs: *Voilà*, dit le grand-vicaire,
» *l'endroit où nous l'avons perdu*, & il s'évanouit en
» prononçant ces mots. La cendre de Titus & de
» Marc-Aurèle, ajoute M. d'Alembert, eût envié un
» pareil hommage ».

*Maffillon* étoit pour M. de Voltaire, le modèle des profateurs, comme Racine étoit celui des poëtes; il avoit toujours fur la même table, le *petit Carême* à côté d'*Athalie.*

*Maffillon* eft auteur de quelques Oraifons funèbres, mais elles font jugées inférieures à fes Sermons.

Il lui étoit arrivé une feule fois de manquer de mémoire en chaire; le démon de l'orgueil lui exagéra fans doute un léger dégoût; en conféquence, il penfoit qu'il y auroit plus d'avantage à lire les fermons qu'à les réciter. On lui demandoit un jour quel étoit celui de fes fermons qu'il préféroit aux autres; il répondit : *celui que je fais le mieux* ; & en effet, celui de fes ouvrages qu'un auteur, homme de goût, fait le mieux, pourroit bien être prefque toujours le meilleur.

MASSIN, (*Hift. mod. Jurifprud.*) c'eft le nom que l'on donne dans l'île de Madagafcar aux loix auxquelles tout le monde eft obligé de fe conformer : elles ne font point écrites; mais étant fondées fur la loi naturelle, elles font paffées en ufage, & il n'eft permis à perfonne de s'en écarter. Ces loix font de trois fortes; celles que l'on nomme *maffin-dili* ou loix de commandement, font celles qui font faites par le fouverain; c'eft fa volonté fondée fur la droite raifon, par laquelle il eft obligé de rendre la juftice, d'accommoder les différends, de diftribuer des peines & des récompenfes. Suivant ces loix, un voleur eft obligé de rendre le quadruple de ce qu'il a pris; fans cela il eft mis à mort, ou bien il devient l'efclave de celui qu'il a volé.

*Maffin-poch*, font les loix & ufages que chacun eft obligé de fuivre dans la vie domeftique, dans fon commerce, dans fa famille.

*Maffin-tane*, font les ufages, les coutumes ou les loix civiles, & les réglements pour l'agriculture, la guerre, les fêtes, &c. Il ne dépend point du fouverain de changer les loix anciennes, & dans ce cas, il rencontreroit la plus grande oppofition de la part de fes fujets, qui tiennent plus qu'aucun autre peuple aux coutumes de leurs ancêtres. Cependant il règne parmi eux une coutume fujette à de grands inconvéniens, c'eft qu'il eft permis à chaque particulier de fe faire juftice à lui-même, & de tuer celui qui lui a fait tort. ( *A. R.* )

MASSINISSA; ( *Hift. anc.* ) fils de Gela, roi des Maffiliens, parvint au trône qu'avoit ufurpé le meurtrier de prefque toute fa famille. Les Numides fe rangèrent en foule fous fes drapeaux, & il remporta une victoire qui le rendit paifible poffeffeur de l'héritage de fes ancêtres. Il ufa avec modération de fa profpérité, & pouvant punir l'ufurpateur Lacumaces, il eut la générofité de lui pardonner, & de lui rendre tous fes biens. Syphax, roi des Maffyliens & allié des Romains, prévoyant fa grandeur future, le dépouilla de fes états. *Maffiniffa* vaincu, fe retira fur le mont Balbus, d'où il ne defcendoit que pour faire des courfes fur les terres de fon ennemi. Siphax lui oppofa un de fes meilleurs généraux qui le contraignit de fe retirer fur le fommet de la montagne, où il fut affiégé. *Maffiniffa*, après une vigoureufe réfiftance, fe fauva avec quatre foldats qui avoient furvécu à leurs compagnons. Il fe retira dans une caverne où il ne fubfifta que de brigandages; mais ennuyé de fa retraite, il eut l'audace de reparoître fur les frontières de fon royaume, où raffemblant une armée de fix mille hommes de pied & de deux mille chevaux, il rentra en poffeffion de fes états. Syphax, avec des troupes fupérieures, marcha contre lui; l'action fut fanglante, & la valeur fut obligée de céder à la fupériorité du nombre. *Maffiniffa* vaincu fe retira avec foixante & dix cavaliers, entre les frontières des Carthaginois & des Garamantes, où l'arrivée de la flotte Romaine le rétablit dans fon royaume. Ce prince étoit devenu l'ennemi des Carthaginois qui lui avoient enlevé fa chère Bérénice. Cette princeffe qui uniffoit tous les talens aux charmes les plus touchans, lui avoit été promife; mais le fénat de Carthage contraignit fon père Afdrubal de la donner à Syphax. *Maffiniffa* indigné de cet outrage, fe jetta dans les bras des Romains. Ce fut par leur fecours qu'il fe rendit maître du royaume de Syphax, & qu'après la bataille de Zama, il dicta des conditions humiliantes aux Carthaginois, qu'il obligea de lui payer cinq mille talens. Après une autre victoire qu'il remporta fur eux, il fit paffer fous le joug leurs foldats, & les força de rappeller leurs bannis qui s'étoient réfugiés dans fes états. Il étoit âgé de quatre-vingt-dix ans, lorfqu'il termina cette guerre. Avant de mourir, il donna fon anneau à l'aîné des cinquante-quatre fils qui lui furvécurent, & dont il n'y avoit que trois nés d'un mariage légitime. Le commencement de fa vie ne fut qu'un tiffu d'infortunes; mais la fin de fon règne, chaque jour fut marqué par des profperités. Son royaume s'étendoit depuis la Mauritanie jufqu'aux bornes occidentales de la

T t t 2

Cyrénaïque. La guerre dont il fut occupé, ne l'empêcha point de civiliser ses peuples dont il fut le conquérant & le légiflateur. Il étoit d'un tempérament robufte, & il conferva fa vigueur jufqu'à une extrême vieilleffe, puifqu'étant mort à quatre-vingt-dix ans, il laiffa un fils qui n'en avoit que quatre. Il fut redevable de cette fanté inaltérable à fa frugalité, & à l'habitude des fatigues. Il reftoit à cheval pendant plufieurs jours & plufieurs nuits de fuite. Le lendemain d'une victoire remportée fur les Carthaginois, on le trouva dans fa tente mangeant un morceau de pain bis. ( *T-N.* )

MASSON, ( Jean ) ( *Hift. Litt. mod.* ) françois réfugié; miniftre réformé en Hollande, auteur d'une *Hiftoire critique de la république des lettres*, depuis 1712, jufqu'en 1716; des vies d'Horace, d'Ovide, de Pline le jeune; & parmi les modernes, de Bayle. Cette Hiftoire de Bayle & de fes ouvrages, différente de celle de M. Desmaifeaux, a cependant été attribuée à La Monnoye. On dit que l'auteur de *Mathanaffus* a eu Jean *Maffon* en vue dans plufieurs de fes remarques.

MASSON, ( Papire ) ( *Voyez* PAPIRE MASSON )

MASSUET, ( Dom Réné. ) ( *Hift. Litt mod.* ) bénédictin de la congrégation de faint Maur, a donné une édition de faint Irénée, & a défendu l'édition de St. Auguftin, donnée par fes confrères. Il a donné auffi une feconde édition de St Bernard de dom Mabillon. Le cinquième volume des Annales de l'ordre de S. Benoit eft encore de lui. Il eft mort en 1716. Il étoit né dans le diocèfe d'Evreux en 1665.

MATADORS, f. m. ( *Hift. mod.* ) c'eft ainfi que l'on nommoit en 1714, une compagnie de deux cents hommes que levèrent ceux de Barcelone qui refusèrent opiniâtrement de reconnoître le roi Philippe V. pour leur fouverain: le but de l'établiffement de cette milice, ou de ces brigands, étoit de maffacrer tous ceux de leurs concitoyens qui favorifoient le parti de ce prince. ( *A. R.* )

MATAMOROS, ( Alphonfe Garcias ) chanoine de Séville, & profeffeur d'éloquence dans l'univerfité d'Alcala, au feizième fiècle. On a de lui un *traité des Académies & des hommes doctes d'Efpagne*. C'eft une apologie des connoiffances & des lumières de fon pays.

MATAMORS, ( *Hift. mod. Econom.* ) c'eft ainfi que l'on nomme des efpèces de puits ou de cavernes faites de main d'hommes, & taillées dans le roc, dans lefquelles les habitants de plufieurs contrées de l'Afrique ferrent leur froment & leur orge, comme nous faifons dans nos greniers. On affure que les grains fe confervent plufieurs années da s ces magafins fouterreins, qui font difpofés de manière que l'air peut y circuler librement, afin de prévenir l'humidité. L'entrée de ces conduits eft étroite, ils vont toujours en s'élargiffant, & ont quelquefois jufqu'à 30 pieds de profondeur. Lorfque les grains font parfaitement fecs, on bouche l'entrée avec du bois que l'on recouvre de fable. ( *A. R.* )

MATATOU, f. m. ( *terme de relation* ) meuble des Caraïbes: c'eft une efpèce de corbeille quarrée, plus ou moins grande, & qui n'a point de couvercle. Le fond en eft plat & uni; les bords ont trois ou quatre pouces d'élévation, les coins font portés fur quatre petits bâtons qui excèdent de trois à quatre pouces la hauteur des bords; ils fe terminent en boule ou font coupés à quatre pans. Ils fervent de pieds au *matatou*, & s'enchaffent dans les angles. On lui donne depuis huit jufqu'à douze pouces de hauteur, au-deffus du fond de *matatou*, pour l'élever de terre à cette hauteur. Le fond & les côtés font travaillés d'une manière fi ferrée, qu'on peut remplir d'eau le *matatou*, fans craindre qu'elle s'écoule, quoique cette corbeille ne foit faite que de rofeaux ou de queue de lataniers.

Les *matatous* fervent de plats aux Caraïbes; ils portent dans un *matatou* leur caffave qu'ils font tous les jours, & qui eft bien meilleure en fortant de deffus la platine, que quand elle eft sèche & roide. Ils mettent fur un autre *matatou* la viande, les poiffons, les crabes, en un mot leur repas avec un coui plein de pimentade, c'eft-à-dire, du fuc de manioc bouilli, dans lequel ils ont écrafé quantité de piment avec du jus de citron. C'eft là leur fauce favorite pour toutes fortes de viandes & de poiffons; elle eft fi forte, qu'il n'y a guère que des Caraïbes qui puiffent la goûter. ( *D. J.* )

MATCOMECK, ( *Hift. mod.* ) c'eft le nom que les Iroquois & autres fauvages de l'Amérique feptentrionale donnent à un dieu qu'ils invoquent pendant le cours de l'hiver. ( *A. R.* )

MATHA, ( Saint Jean de ) ( *Hift. Ecclef.* ) fondateur de l'ordre de la Rédemption des Cap.its ou de la Sainte Trinité, étoit né le 24 juin 1160, dans un bourg de la vallée de Barcelonette. Il s'affocia pour fa fondation avec un faint hermite nommé Félix de Valois, que quelques-uns ont cru avoir été un prince de la maifon de France, nommé Hugues, petit-fils d'un autre Hugues, comte de Vermandois, troifième fils du Roi Henri Ir. & d'Anne de Ruffie, mais ce n'eft point l'avis du doct. Baillet. Quoi qu'il en foit, Jean de Matha & Félix de Valois allèrent à Rome, où le Pape Innocent III leur donna folemnellement le 2e février 1199, l'habit blanc, tel que le portent les Trinitaires avec la croix rouge & bleue, attachée à l'habit. Le bienheureux Jean de Matha mourut à Rome le 22 décembre 1213 ou 1214.

Les Mémoires de Grammont & les Souvenirs de Madame de Caylus font connoître un autre Matha bien différent & homme d'une Société piquante, d'une ignorance aimable, d'une infouciance intéreffante, d'une gaîté plaifante, dont tous les mots ont un caractère original de naïveté, d'efprit & de franchife; efpèce de plaifant de très bonne compagnie, ce qui n'arrive guère aux plaifans.

MATHAN, ( *Hift. Sacr.* ) prêtre de Baal, tué devant l'autel de ce faux Dieu. Rois, liv. 4, chap. 11, verf. 18. c'eft le Mathan de la tragédie d'Athalie.

Dans la Généalogie de Jéfus-Chrift, felon S. Matthieu, chap. 1, verf. 15, on trouve un autre

*Mathan* fils d'Eléazar , pere de Jacob & ayeûl de Joseph , mari de la Sainte Vierge.

**MATHATIAS** , ( *Hist. Sacr.* ) père & chef des Macchabées. Son histoire se trouve au premier livre, chap. 2 des Macchabées.

**MATHIAS** , successeur de Rodolphe II , ( *Histoire d'Allemagne, de Hongrie & de Bohême.* ) XXXIII<sup>e</sup> empereur depuis Conrad I. , XXVII<sup>e</sup> roi de Hongrie , XXXVII<sup>e</sup> roi de Bohême , naquit l'an 1557 , de Maximilien II &. de Marie d'Espagne. L'ambition qui l'avoit porté à la révolte contre Rodolphe , son frère , qui fut contraint de lui céder la Hongrie , la Bohême , & presque tous ses autres états héréditaires , sembloit l'éloigner du trône impérial. Une nation amoureuse de son indépendance , ne devoit regarder qu'en tremblant un prince qui avoit usurpé plusieurs couronnes. Cependant il parvint à réunir tous les suffrages dans une assemblée qui se tint à Francfort ( 13 juin 1612 ): on croit qu'il ne dut son élévation qu'à l'or qu'il avoit. eu l'adresse de semer ; d'ailleurs le voisinage des Turcs , comme l'ont remarqué plusieurs écrivains , sembloit exiger l'élection d'un prince de la maison d'Autriche assez puissant pour leur opposer une barrière. Les états , dans la crainte qu'il ne leur donnât des chaînes , ajoutèrent quelques articles à la capitulation de Charles-Quint. La cérémonie de son sacre fut recommencée en faveur de la reine Anne , sa femme. On ne peut passer sous silence cette particularité , parce que c'étoit un honneur dont n'a voient pas joui les femmes de ses prédécesseurs. On remarque encore que les députés des états de Bohême furent admis dans l'assemblée lors du serment de *Mathias.* Dans les diètes précédentes , on s'étoit contenté de leur notifier les conclusions des électeurs. Cette faveur fut érigée en droit en 1708 , après des contestations bien vives , & depuis ce tems les rois de Bohême jouirent de toutes les prérogatives des autres électeurs La Hongrie étoit toujours exposée aux incursions des Turcs , voisins de ses frontières ; le sultan désavouoit leurs brigandages , mais les Hongrois n'en étoient pas moins malheureux. Les cantons qui confinoient à ces brigands étoient devenus déserts ; *Mathias* , pour arrêter le mal , demanda du secours aux états d'Allemagne. Les princes catholiques , toujours affectionnés au sang Autrichien qui leur avoit toujours été favorable , y consentirent avec zèle , &. donnèrent leur part de la contribution ; mais les princes protestans trouvèrent des prétextes pour ne point suivre leur exemple. Le principal fut que ceux de leur communion perdoient tous les procès qu'ils portoient à la chambre impériale , où les juges catholiques formoient le plus grand nombre. L'union évangélique & l'union catholique que la succession de Juliers & de Clèves avoit occasionné sous le règne de Rodolphe II , subsistoient encore. Il est vrai qu'elles ne se livroient pas à ces animosités , à ces violences , suites ordinaires des guerres de religion ; mais il falloit beaucoup de ménagement pour qu'elles ne devinssent pas la source des plus

grands désordres. L'empereur , au lieu de chercher à se venger du refus que les princes protestans venoient de lui faire essuyer , mit tous ses soins à les adoucir. Il consentit même à réformer la chambre impériale dont ils avoient eu plus d'une fois raison de se plaindre. Cette conduite diminua la haine des deux ligues ; elles ne prirent qu'un médiocre intérêt à la succession de Juliers qui les avoit fait naître ; ainsi la guerre entreprise pour cette succession , guerre qui sembloit devoir embraser l'Europe , ne fut plus qu'une de ces querelles qui de tous-tems avoient divisé quelques principautés sans détruire l'harmonie du corps Germanique. Un traité conclu à Sand , entre l'électeur de Brandebourg & le palatin de Neubourg pour le partage de la succession de Juliers , sembloit rétablir le calme dans cette partie de l'Allemagne. On avoit réglé le mariage de la fille de l'électeur de Brandebourg avec le jeune palatin de Neubourg-Wolfgang ; mais un souflet que l'électeur donna au palatin , occasionna une nouvelle rupture. Wolfgand furieux d'un affront aussi sanglant , mais trop foible pour en tirer vengeance par lui-même , se fit catholique pour s'attacher le parti Espagnol dans les Pays-Bas. L'électeur de son côté se fit calviniste , & mit les états généraux dans son parti. Tel est l'empire de l'ambition sur les princes. La religion est chère aux peuples , n'est souvent pour eux qu'un prétexte pour favoriser leurs intérêts. Cependant *Mathias* faisoit des préparatifs contre les Turcs. La principauté de Transilvanie , vacante par la mort de Gabriel Battori , qui venoit de se tuer pour ne pas survivre à la honte de sa défaite , offroit un nouveau motif de guerre. Un bacha avoit donné cette principauté à Bethlen-Gabor , & cette province , obéissante à son nouveau souverain , sembloit à jamais perdue pour la maison d'Autriche. Achmet , dans l'âge de l'ambition , & dans l'ardeur d'un empire qui , sous les Soliman II. & les Mahomet II , avoit menacé toute la terre de son joug , causoit à *Mathias* les plus vives alarmes. Il craignoit que le sultan , déja maître de la plus belle partie de la Hongrie , n'entreprit de la lui enlever toute entière : mais la vaste étendue de l'empire Ottoman qui depuis si long-tems répandoit la terreur dans les états Chrétiens , fut ce qui les sauva. Les Turcs étoient perpétuell'ment en guerre avec les Perses , dont le pays fut tant de fois l'écueil de la prospérité des Romains : les Géorgiens , les Mingréliens indisciplinés , & d'autres barbares les inquiétoient par continuelles révoltes , & infestoient les côtes de la mer Noire. Les Arabes si redoutables sous les successeurs du prophéte, & qui , avant d'être soumis aux Turcs , jamais n'avoient subi de joug étranger , étoient difficiles à gouverner. Il arrivoit souvent que , quand on craignoit une nouvelle inondation des Turcs , ils étoient obligés de conclure une paix désavantageuse. D'ailleurs , les sultans avoient beaucoup dégénéré : autrefois uniquement sensibles à la gloire , ils étoient toujours à la tête de leurs armées ; mais depuis Selim II , fils indigne du grand Soliman , ils restoient dans l'enceinte du serrail , où , livrés à des plaisirs grossiers , ils fe déchargeoient du poids de la couronne fur des miniftres choifis par le caprice d'un eunuque infenfible aux profpérités de l'état. Achmet fe montra peu jaloux de fuivre les projets de fes prédéceffeurs fur la Hongrie, & conclut avec *Mathias* un traité déshonorant. Il confentit à reftituer Canife, Agria, Albe-Royale, Pifte & Bude, place plus importante que les autres : ainfi l'empereur tira beaucoup plus d'avantages de la ftupide indifférence du fultan, qu'il n'eût pu s'en promettre de la guerre la plus laborieufe. Il eft vrai qu'il renonça aux prétentions de fa couronne fur la Tranfilvanie. Cette province refta à Bethlem-Gabor qui la gouverna fous la protection de la Porte. Les dernières années de ce règne fe paffèrent en négociations & en intrigues, occafionnées par le défaut de poftérité dans *Mathias*. L'impératrice Anne ne lui avoit donné aucun héritier, & plufieurs princes briguoient l'honneur de lui fuccéder. Philippe III, roi d'Efpagne, defiroit que le choix tombât fur l'archiduc Ferdinand, petit-fils de Ferdinand I, par Charles, duc de Stirie. Ce choix devoit plaire aux électeurs, parce que fi l'empire fe perpétuoit dans la maifon d'Autriche, au moins il fortoit de l'ordre des fucceffions, puifque l'empereur avoit encore plufieurs frères qui, fi les loix du fang euffent été écoutées, avoient plus de droits au trône, que Ferdinand : *Mathias* fe laiffa perfuader par Philippe ; il engagea Albert & Maximilien, fes freres, à renoncer à fes trois couronnes, & les affura toutes à Ferdinand, qui déploya fur le trône impérial la même autorité que s'il eût été fur celui de France ou d'Efpagne. *Mathias* mourut peu de tems après : il étoit âgé de foixante-treize ans ; il en avoit régné fept. On attribue fa mort à la perte de Clefel, évêque de Vienne, fon premier miniftre, enlevé par les ordres fecrets de Ferdinand, dont il blâmoit le caractère impérieux. Il eft fans doute honteux pour ce prince d'avoir eu l'ambition de troubler les dernières années du règne de Rodolphe II, fon frère, & de lui ravir les royaumes de Hongrie & de Bohême. Au refte, il fe comporta avec beaucoup de modération fur le trône. Il avoit des talens, & fouvent il en cacha l'éclat pour ne point alarmer les grands qui auroient pu en craindre l'abus ; & lorfqu'en mourant il remit fon fceptre à Ferdinand qui étoit nourri dans les mœurs Efpagnoles, & qui aimoit le defpotifme, il craignit que s'il vouloit paffer des jours heureux, il devoit rendre fa domination prefqu'infenfible. Il eut un fils naturel connu dans l'hiftoire fous le nom de dom *Mathias d'Autriche*. Ce fut cet empereur qui érigea la charge de directeur général des poftes en fief de l'empire. Comme *Mathias* s'étoit rendu fufpect, les électeurs, avant de le couronner, ajoutèrent plufieurs articles importans à la capitulation de Charles-Quint. L'union électorale fut érigée en loi fondamentale. Ces fept princes unis étoient une hydre bien redoutable pour un empereur. Cette capitulation obligeoit encore *Mathias* & fes fucceffeurs : 1°. de réunir à l'empire les fiefs d'Italie qui en étoient aliénés, c'étoit ordonner de perpétuer la guerre en Italie ; 2°. d'employer les

fubfides fournis par les états au feul ufage pour lequel ils étoient accordés ; 3°. elle permettoit aux électeurs d'élire un roi des Romains, quand ils le jugeroient utile & néceffaire même, malgré l'oppofition de l'empereur. Elle contenoit encore plufieurs articles, mais ceux-ci font les plus dignes de remarque. ( *M--Y.* )

MATHILDE, ( *Hift. mod.* ) trois femmes de ce nom font principalement célèbres dans nos hiftoires modernes.

1°. Sainte *Mathilde*, femme de Henri l'Oifeleur, roi de Germanie, mère de l'empereur Othon, dit le grand & ayeule maternelle de Hugues Capet, fonda beaucoup de monaftères & d'hopitaux, & mourut en 968.

2°. *Mathilde*, comteffe de Tofcane, morte en 1115, fameufe par la donation folemnelle qu'elle fit de fes biens au faint Siège. Cette donation n'eft pas conteftée comme celle de Conftantin, & même comme celle de Charlemagne, c'eft le titre le plus authentique que les papes aient eu à réclamer. Cette comteffe *Mathilde* étoit coufine de l'empereur Henri IV, & n'en étoit pas plus de fes amies ; elle foutint contre lui les intérêts des papes Grégoire VII & Urbain II avec tant de zèle, qu'elle fut même accufée d'avoir des liaifons trop étroites avec le pape Grégoire VII. ( *Voyez* l'article de ce pape. ) Mais cette accufation eft regardée affez généralement comme une calomnie, & ne va ni aux mœurs de l'inflexible Hildebrand, ni à celles de la dévote *Mathilde*. Les biens de cette princeffe étoient très-confidérables ; elle poffédoit la Tofcane, le Mantouan, le Parmefan, le Plaifantin, le Modénois, le Veronois, Reggio, une partie de l'Ombrie, une partie de la Marche d'Ancône, prefque tout ce qu'on appelle aujourd'hui le patrimoine de St. Pierre, depuis Viterbe jufqu'à Orviète. La guerre n'étoit déja que trop allumée entre les papes & les empereurs ; c'étoit au fort de la grande querelle du facerdoce & de l'empire ; il fembla que *Mathilde* eût craint que cette querelle ne ceffât ou ne languît, & qu'elle eût voulu la ranimer par cette donation. Quand le pape Pafcal II voulut fe mettre en poffeffion des biens de *Mathilde*, il éprouva la plus forte oppofition de la part de l'empereur Henri IV, qui prétendit que la plûpart de ces biens étoient des fiefs de l'empire, dont *Mathilde* n'avoit pas pu difpofer ; delà des conteftations longues & fanglantes, qui finirent par une efpèce de tranfaction : une partie, mais une partie feulement de la fucceffion de la comteffe *Mathilde*, refta au faint Siège.

3°. *Mathilde*, fille de Henri Ier, roi d'Angleterre. Elle époufa en premières noces, l'empereur Henri V ; reftée veuve fans enfans, elle retourna en Angleterre. Devenue fille unique par le naufrage affreux qui fit périr tous les enfans du roi d'Angleterre, prefqu'à la vue du port de Barfleur, d'où ils partoient pour retourner dans leur ifle, en 1120, Henri Ier la fit reconnoître pour fon héritière dans une affemblée générale des vaffaux de la couronne, & lui fit époufer en fecondes noces, Geoffroi, dit Plantagènet, fils de Foulqués, comte d'Anjou. On a prétendu que le premier mari de *Mathilde*, l'empereur Henri V, qui avoit à se reprocher là mort de son père, causée par les chagrins qu'il lui avoit donnés & les guerres qu'il lui avoit faites, mais qui ne se reprochoit qué ses guerres contre le pape, voulant en faire pénitence, avoit fait répandre le bruit de sa mort, & s'étoit secrètement consacré au service des malades dans l'hôpital d'Angers, où il fut rencontré long-temps après & reconnu par *Mathilde* sa femme, devenue femme du comte d'Anjou. De ce second mariage naquit Henri II, l'un des plus grands rois de l'Angleterre, si ce ne fut pas le plus grand.

Les dernières intentions de Henri Ier. ne furent point suivies. Le droit de la nature, les serments réitérés des Anglois ne purent procurer sa succession à *Mathilde* sa fille. Ce fut Etienne de Boulogne son neveu, qui lui succéda ; ce même Etienne avoit prêté avec toutes les apparences du zèle, le serment que Henri avoit exigé pour *Mathilde*. Robert, comte de Glocester, fils naturel de Henri, poussé par une tendresse sincère pour sa sœur, vouloit jurer le premier d'en défendre les droits ; Etienne de Boulogne affectant, ou ayant alors la même tendresse pour sa cousine, réclama, en vertu de la légitimité, le droit de donner à la nation l'exemple de ce serment. Henri ni *Mathilde* ne se défioient point de son ambition. Mais *Mathilde* & le comte d'Anjou son mari, étant absens d'Angleterre, à la mort de Henri Ier, Etienne oublia ses serments, & se souvint seulement qu'une pareille conjoncture avoit procuré autrefois le trône à Henri lui-même, il se hâta de prévenir *Mathilde* : l'évêque de Winchester son frère, & quelques autres prélats, gagnèrent l'archevêque de Cantorberi, & le déterminèrent à sacrer Etienne. *Mathilde* ne cessa de lui disputer la couronne pour elle & pour son fils ; elle fait Etienne prisonnier à la bataille de Lincoln, & abusant de la victoire, le charge de chaînes, & rejette toutes ses propositions ; sa dureté choque & révolte ; on se soulève ; elle est surprise dans Londres, d'où elle eut peine à s'échapper : on la poursuit de ville en ville, & ce ne fut qu'à la faveur de mille déguisements & qu'à travers mille fatigues, qu'elle put enfin arriver dans un lieu sûr. Pour passer de Devizes à Glocestre, au milieu d'un pays occupé par ses ennemis, elle fut obligée de se faire mettre dans une bière, ses gardes déguisés en prêtres, conduisoient le convoi, qui ne fit naître aucun soupçon. Robert, comte de Glocestre son frère, & l'ame de son parti, ayant été pris, fut échangé contre le roi Etienne ; celui-ci, quelque temps après, tenant *Mathilde* assiégée dans le château d'Oxford, le comte de Glocestre accouroit pour la délivrer par une bataille, lorsqu'il apprit qu'elle s'étoit sauvée d'Oxford. Cette princesse accoutumée aux périls de la fuite, exercée à l'art des déguisements, avoit imaginé un nouveau stratagême qui lui avoit encore réussi ; la rivière étoit glacée, la campagne couverte de neige ; *Mathilde* ayant remarqué qu'une saison si rude faisoit perdre aux assiégeants une partie de leur vigilance, sortit pendant la nuit, par une fausse porte, vêtue de blanc, afin qu'on ne pût aisément la distinguer au milieu de la neige ; elle traversa la rivière sur la glace, alla à pied jusqu'à la ville d'Abington, d'où elle fut transportée à Wallingford. Enfin, après beaucoup d'autres vicissitudes de bonne & de mauvaise fortune, où elle se distingua toujours par un grand courage, elle fit avec Etienne un traité, par lequel il fut permis à Etienne de garder le trône d'Angleterre le reste de sa vie, en reconnoissant solennellement pour successeur le prince Henri, fils de *Mathilde*, au préjudice de son propre fils, auquel on assûra seulement toutes les terres que possédoit le comte de Boulogne, tant en Angleterre qu'en France, avant qu'il fût roi. Ce traité fut exécuté. On a prétendu que *Mathilde* y avoit déterminé le roi Etienne, en lui rappellant dans une conférence particulière, qu'ils s'étoient aimés autrefois, & que ce Henri qu'il persécutoit, étoit son propre fils, non le fils de Geoffroy. *Mathilde* mourut en 1167.

MATHUSALEM, ( *Hist. Sacr.* ) fils d'Enoch, père de Lamech & ayeul de Noë, vécut 969 ans, c'est celui de tous les patriarches, dont la vie a été la plus longue (*Genèse, chap.* 5. )

MATIGNON, ( DE GOYON DE ) ( *Hist. de Fr.* ) grande & illustre maison dont les antiquités se perdent dans les premiers temps de notre histoire. On ignore si elle tire son nom de la ville de Matignon, ou si elle lui a donné le sien.

Quant au nom de Goyon, on croit que c'étoit le nom propre des auteurs de cette maison, nom adopté par ses descendans ; d'anciennes chroniques disent que ce Goyon chassa les Normands de la Bretagne, dont ils s'étoient emparés vers l'an 931, &, que, pour mettre ce pays à l'abri de leurs incursions, il fit bâtir sur un rocher escarpé, qui domine entièrement la mer, le château de la Roche-Goyon.

On ne connoît des premiers Goyon-Matignon, que des donations faites à d'anciennes abbayes, ce qui suppose toujours une grande puissance dans des temps fort reculés.

Dans la grande guerre pour la succession de Bretagne au quatorzième siècle, les Matignon prirent parti pour Charles de Blois & Jeanne de Penthièvre sa femme, contre la maison de Montfort.

1°. Bertrand Goyon, second du nom, sire de Matignon & de la Roche-Goyon, porta, l'an 1364, à la bataille de Cocherel, la bannière du connétable du Guesclin. Il le suivit aussi en Espagne l'an 1366.

2°. Lancelot-Goyon fut fait prisonnier dans les guerres contre l'Angleterre, par le sire de l'Escale, chevalier Anglais, & traita de sa rançon le 23 Avril 1434.

3°. Alain Goyon, grand écuyer de France sous Louis XI & Charles VIII, défendit les frontières de Normandie contre le duc de Berry, frère de Louis XI, & contre le duc de Bretagne. Il défendit la ville de Caën contre le seigneur de Lescun.

4°. Jacques I. du nom, sire de Matignon, fut celui

qui, avec d'Argouges, découvrit la conspiration du connétable de Bourbon.

5°. Il fut père de Jacques II. qui fut le premier maréchal de Matignon. Celui-ci élevé, en qualité d'enfant d'honneur auprès de Henri II alors dauphin, porta les armes sous six rois, depuis & compris François I, jusques & compris Henri IV; il se distingua aux sièges de Montmédy, de Damvilliers, de Metz, de Hesdin, de Blois, de Tours, de Poitiers, de Rouen. Il fut fait prisonnier à la bataille de Saint-Quentin en 1557. Toujours attaché au parti du roi & de la religion de ses pères, dans les guerres contre les Huguenots, il combattit ceux-ci à Jarnac, à la Roche-Abeille, à Montcontour. Mais en même temps il est du petit nombre de ces gouverneurs catholiques, qui, par leur désobéissance vertueuse, sauvèrent les Huguenots à la saint-Barthelemi; il préserva de ce massacre, Alençon & saint-Lo où il commandoit. En 1574, il pacifia la basse-Normandie & prit le comte de Montgommeri dans la ville de Domfront. Charles IX érigea pour lui en comté, l'ancienne baronnie de Thorigny; Henri III. le fit maréchal de France le 14 Juillet 1579, & chevalier de l'ordre du Saint-Esprit la même année: il ne cessa pendant tout ce règne de remporter des avantages sur les Huguenots. Lorsque Henri IV. parvint au trône, il fut un des premiers à le reconnoître, il remit Bordeaux & toute la Guyenne sous son obéissance. Au sacre du roi à Chartres le 27 Février 1594, il fit les fonctions de connétable. A la réduction de Paris le 22 Mars de la même année, il entra dans cette ville à la tête des suisses, Il mourut au château de Lesparre le 27 Juillet 1597.

6°. Odet, fils aîné du maréchal, mort avant son père le 7 Août 1595, s'étoit distingué au combat d'Arques & à la bataille d'Ivry; aux sièges de Rouen, d'Alençon, de Lizieux, de Laon, de Dijon. Il eut le brevet d'amiral, Henri IV. le visita dans sa dernière maladie.

7°. Charles, second fils du maréchal, fut digne de son père & de son frère. Louis XIII. en considération de ses services, lui accorda, le 8 Mars 1622, un brevet de Maréchal de France qui n'eut point d'effet. Mort le 8 Juin 1648.

8°. Jacques, fils de Charles, élevé comme enfant d'honneur de Louis XIII, servit en 1622 contre les Huguenots, fut blessé à Blaye d'un coup de mousquet, prit Agen en 1625, fut tué en duel par le comte de Boutteville le 25 Mars 1626.

9°. François, frère de Jacques, fut blessé près de Pavie en Italie en 1625; servit au siège de la Rochelle en 1628; se distingua en 1632 au combat de Rouvroi. Mort le 19 Janvier 1675.

10°. Charles, fils de François, se distingua en 1664 au combat de St. Gothar ou St. Godard contre les Turcs; à la déroute du comte de Marsin, père du maréchal de Marsin près de Lille en 1667, à la conquête de la Hollande en 1672. Il mourut en 1674 d'une blessure reçue à la bataille de Sénef.

11°. Henri, frère du précédent, servit avec honneur à l'attaque des lignes d'Arras en 1654; aux sièges de Montmedy, Gravelines & Dunkerque en 1658, à la déroute du comte de Marsin en 1667 ainsi que son frère. Il mourut le 28 Décembre 1682.

12°. Dans la branche des comtes de Thorigny, Jacques III servit en 1664, à la prise de Gigeri en Barbarie, sous le duc de Beaufort, puis en Portugal, sous le comte de Schomberg, & fut chevalier des ordres du roi en 1688, lieutenant-général en 1693. Il mourut le 14 Janvier 1725.

13°. C'est son fils, Jacques François Léonor, qui épousa le 20 octobre 1715, l'héritière de la principauté de Monaco, Louise-Hippolyte de Grimaldi, duchesse de Valentinois, à la charge de prendre le titre de duc de Valentinois avec les armes de Grimaldi. Louis XIV le 24 juillet 1715, donna un brevet & Louis XV, au mois de décembre de la même année donna de nouvelles lettres d'érection de Valentinois en duché-pairie, pour M. de Matignon, en faveur de ce mariage, elles furent enregistrées en 1716, & M. de Matignon fut reçu en conséquence le 14 décembre 1716. M. le prince de Monaco d'aujourd'hui est né de ce mariage.

14°. Dans la branche des comtes de Gacé, le second maréchal de Matignon, Charles-Auguste, fils de Charles, (article 10) avoit servi en Candie, où il avoit été dangereusement blessé en 1668; en Hollande en 1672; il s'étoit distingué le 16 juin 1674, au combat de Sintzeim; le 6 janvier 1675 au combat de Turkeim; le 11 août de la même année à l'affaire de Consarbrick; à Fleurus, à Steinkerque, & dans une multitude de sièges. En 1689, il suivit le roi d'Angleterre Jacques II en Irlande. En 1708, il fut chargé de mener en Ecosse le roi d'Angleterre Jacques III. Il fut déclaré maréchal de France en pleine mer; l'expédition n'ayant pas réussi, le maréchal de Matignon vint servir sous M. le duc de Bourgogne à la bataille d'Oudenarde. Mort en 1729.

La maison de Matignon a eu des alliances avec diverses branches de la maison de France, celle de Bretagne, celle d'Orléans-Longueville, enfin celle de Bourbon.

MATILALCUIA, ( Hist. mod. superst. ) c'est le nom que les Mexicains donnoient à la déesse de eaux. ( A. R. )

MATRICULE DE L'EMPIRE, ( Hist. mod. & Droit public ) c'est ainsi qu'on nomme dans l'empire d'Allemagne, le registre sur lequel sont portés les noms des princes & états de l'Empire, & ce que chacun d'eux est tenu de contribuer dans les charges publiques de l'Empire & pour l'entretien de la chambre impériale ou du tribunal souverain de l'Empire. Cette matricule est confiée aux soins de l'électeur de Mayence, comme garde des archives de l'Empire. Il y a plusieurs matricules de l'Empire qui ont été faites en différens tems, mais celle qu'on regarde comme la moins imparfaite, fut faite dans la diète de Worms en 1521. Depuis on a souvent proposé de la corriger, mais

jusqu'à

jufqu'à préfent ces projets n'ont point été mis à exécution. ( —— )

MATRONE, f. f. ( *Hift. anc.* ) fignifioit parmi les Romains une *femme*, & quelquefois auffi une *mere de famille.*

Il y avoit cependant quelque différence entre *matrone* & *mere de famille.* Servius dit que quelques auteurs la font confifter en ce que *matrona* étoit une femme qui n'avoit qu'un enfant, & *mater-familias*, une femme qui en avoit plufieurs ; mais d'autres, & en particulier Aulugelle, prétendent que le nom de *matrona* appartenoit à toute femme mariée, foit qu'elle eût des enfans, foit qu'elle n'en eût point, l'efpérance & l'attente d'en avoir fuffifant pour faire accorder à une femme le titre de mere, *matrona* ; c'eft pour cela que le mariage s'appelloit *matrimonium* : Cette opinion a été auffi foutenue par Nonius. (*A. R.*)

MATSURI, ( *Hift. mod.* ) c'eft le nom que les Japonois donnent à une fête que l'on célèbre tous les ans en l'honneur du dieu que chaque ville a choifi pour fon patron. Elle confifte en fpectacles que l'on donne au peuple, c'eft-à-dire, en repréfentations dramatiques, accompagnées de chants & de danfes, & de décorations qui doivent être renouvellées chaque année. Le clergé prend part à ces réjouiffances, & fe trouve à la proceffion dans laquelle on porte plufieurs bannieres antiques ; une paire de fouliers d'une grandeur démefurée ; une lance, un panache de papier blanc, & plufieurs autres vieilleries qui étoient en ufage dans les anciens tems de la monarchie. La fête fe termine par la repréfentation d'un fpectacle dramatique. ( *A R* ).

MATTHIEU, (Saint) ( *Hift. Sacr.* ) Apôtre & auteur du premier des quatre évangiles. On croit qu'il le compofa dans la langue que les Juifs parloient alors, & qui étoit un Hébreu mêlé de Chaldéen & de Syriaque. Les Nazaréens ont long-tems confervé cet original Hébreu, mais il s'eft perdu dans la fuite ; le texte grec que nous avons aujourd'hui, & qui tient lieu d'original eft une ancienne verfion faite du temps des Apôtres.

Il y a plufieurs hiftoriens ou chroniqueurs du nom de *Matthieu.*

MATTHIEU Paris, bénédictin Anglois, du monaftère de St. Alban. On a de lui une hiftoire univerfelle jufqu'en 1259, année de fa mort. Il en avoit fait un abrégé fous le titre d'*Hiftoria Minor*, par oppofition avec le grand ouvrage, *Hiftoria Major.*

MATTHIEU de Vendôme, abbé de St. Denis, régent du royaume de France pendant la derniere croifade de St. Louis, & principal miniftre fous Philippe le Hardi, eft, dit-on, auteur d'une *hiftoire de Tobie* en vers, imprimée à Lyon en 1505 ; mais ce n'eft ni comme hiftorien ni comme poëte qu'il eft le plus connu, c'eft comme miniftre, autant qu'un miniftre de ces temps reculés peut l'être. Mort en 1286.

3°. MATTHIEU de Weftminfter, bénédictin de l'abbaye de ce nom en Angleterre au quatorzième fiècle,

*Hiftoire. Tom III.*

auteur d'une Chronique, latine, depuis le commencement du monde jufqu'en l'an 1307.

4°. Pierre *Matthieu*, hiftoriographe de France, fous Henri IV & Louis XIII. né en 1563. Mort en 1621. On a de lui l'*Hiftoire des chofes mémorables arrivées fous le règne de Henri-le-Grand* ; l'*Hiftoire de la Mort déplorable de Henri-le-Grand* ; des hiftoires de Saint-Louis & de Louis XI ; une Hiftoire de France fous François I, & tous les rois fuivans jufques & compris les premières années de Louis XIII. *Matthieu* avoit été ligueur & avoit fait une tragédie intitulée : *la Guifiade*, où il déploroit l'affaffinat du duc de Guife le balafré, très-déplorable en effet, de quelque manière qu'on veuille l'entendre. On a de lui encore des quatrains fur la vie & la mort. C'eft ce livre dont Gorgibus recommande la lecture à Celie, dans *le Cocu imaginaire.* ( *R A.* )

Lifez-moi comme il faut, au lieu de ces fornettes ;
Les quatrains de Pibrac, & les doctes tablettes
Du confeiller *Matthieu*, l'ouvrage eft de valeur,
Et plein de beaux dictons à réciter par cœur.

MATTHIOLE, ( Pierre-André ) ( *Hift. Litt. mod.* ) Premier médecin de Ferdinand, archiduc d'Autriche, frère de Charles-Quint & depuis empereur. Il eft connu par fes commentaires fur Diofcoride.

MAUND, ( *Hift. mod.* ) ancienne mefure dans l'Angleterre. ( *A. R.* )

MAUBERT de Gouvest, ou Gouvest de Maubert. ( *Voyez* Gouvest. )

MAUCROIX, ( François de ) ( *Hift. Litt. mod.* ) Chanoine de Reims, ami de Boileau, de Racine & fur-tout de la Fontaine, avec les œuvres duquel il ofa mêler les fiennes dans un recueil en deux volumes in-12 qui parut en 1685, fous le titre d'*Œuvres diverfes.* On a donné auffi en 1726, un autre recueil de *Maucroix* feul, intitulé *les nouvelles Œuvres de Maucroix.* Il eut de plus que fes trois illuftres amis, une longue & heureufe vieilleffe. Il mourut à 90 ans en 1708. C'eft par des traductions qu'il eft particulièrement connu. Les principales font celles des Philippiques de Démofthènes, du dialogue de Platon, intitulé : *Euthidemas* ; des *Homélies* de Saint-Jean Chryfoftôme au peuple d'Antioche ; du *Rationarium temporum* du pere Petau ; de l'hiftoire du Schifme d'Angleterre de Nicolas Sanderus ; des vies des cardinaux Pôlus & Campegge.

MAULEON, ( Auger de ) fieur de Granier. ( *Hift. Litt. mod.* ) éditeur des Mémoires de la reine Marguerite, de ceux de M. de Villeroi, des Lettres du cardinal d'Offat, & de celles de Paul de Foix. Les regiftres de l'Académie Françoife du 6 février 1635, portent qu'il fut élu par billets, qui furent tous en fa faveur, excepté trois ; mais les mêmes regiftres portent que le 14 mai fuivant, fur la propofition qui en fut faite par le directeur, de la part

Y y y

de M. le cardinal, il fut dépofé pour une mauvaife action, d'une commune voix, & fans efpérance d'être reftitué. Richelet dit que c'eft pour avoir été dépofitaire infidèle. « C'étoit, dit l'hiftorien de l'Acadénie, un eccléfiaftique, natif du pays de Breffe, » homme de bonne mine, de bon efprit, d'agréable » converfation, qui avoit du favoir & même des » belles - lettres, ... fort civil & fort officieux envers » les perfonnes d'efprit & les gens de lettres ». Il vivoit encore en 1653, lorfque l'hiftoire de l'Académie de Péliffon, parut pour la première fois, & il étoit alors extrêmement dévot.

MAUPERTUIS, ( Pierre-Louis Moreau de ) ( *Hift. Litt. mod.* ) nàquit à Saint-Malo le 28 feptembre 1698. Son père René Moreau fut pendant quarante ans député du commerce pour la ville de Saint-Malo; Jeanne-Eugénie Baudron, mère de M. de *Maupertuis*, a'ma fon fils avec une tendreffe dont l'excès lui fut pernicieux, en nourriffant dans un caractère vif, altier & fenfible, le germe de plufieurs défauts, que la réfléxion & l'expérience eurent dans la fuite bien de la peine à corriger. Par un effet naturel de cette tendreffe, l'éducation de M. de *Maupertuis* fut domeftique, jufqu'à ce qu'en 1714, l'affection courageufe fon père, triomphant des foibleffes de fa mère, il le conduifit à Paris, où il fit fa philofophie au collège de la Marche. La grammaire & la rhétorique l'avoient amufé, la philofophie l'entraîna; fon génie fe déclara, il étonna & furpaffa fes maitres; cependant il paroit moins fonger d'abord à éclairer le monde qu'à fervir fa patrie dans la plus noble des profeffions; il embraffa le parti des armes & entra en 1718 dans la première compagnie des moufquetaires. En 1720, il eut une compagnie de cavalerie; en 1721, pendant un féjour qu'il fit à Paris, guidé dans le choix de fes fociétés par fon goût dominant, il fréquenta beaucoup les favans & les gens de lettres; fon amour pour les fciences s'enflamma de plus en plus, M. Fréret fut un des premiers à préfager la deftinée de ce jeune homme, il lui confeilla de fe lvrer entièrement à la géométrie, *il n'y avoit que la géométrie*, difoit-il, *qui pût fatisfaire cette ame active & dévorante.* MM. Varignon, Saurin, Nicole, &c furent du même avis, & déterminèrent M. de *Maupertuis*. Il quitta le fervice, & confacra fa vie aux fciences.

Il fut reçu à l'académie des fciences le 11 décembre 1723, & y lut dans l'affemblée publique du 15 novembre 1724, fon premier. Mémoire fur la forme des inftrumens de mufique, car la mufique inftrumentale étoit un de fes plaifirs & de fes talens.

La phyfique ne lui fut pas moins chère; dès fa tendre jeuneffe il s'étoit plû à diffequer des animaux de l'efpèce de ceux qui paffent pour venimeux; on trouve dans les mémoires de l'académie des fciences, années 1727 & 1731, deux mémoires de lui, l'un fur une efpèce de falamandre, l'autre fur les fcorpions, fans compter une multitude d'autres mémoires fur toute forte de fujets, répandus dans ce même recueil.

L'avidité d'apprendre entraîna M. de *Maupertuis* dans différents pays, & fut le premier principe de cette vie errante qu'il a fouvent menée. La patrie de Newton attira d'abord fes regards; la Société Royale de Londres s'empreffa d'acquérir en lui, non feulement un de fes plus illuftres membres, mais encore un françois plus paffionné qu'aucun anglois pour la gloire de Newton, & qui devoit concourir avec le plus grand zèle aux progrès de la philofophie Newtonienne. Il alla enfuite à Bâle, où il s'unit d'une amitié très-étroite avec la célèbre famille des Bernoulli.

Il publia en 1723, fon *Difcours fur les différentes figures des Aftres*; cet ouvrage ajouta beaucoup à fa réputation, & lui donna un rang diftingué parmi le petit nombre d'écrivains vraiment utiles qui, en joignant l'agrément à l'inftruction, ont rendu la philofophie acceffible à tous les ordres de lecteurs.

Le mémoire que M. de *Maupertuis* lut en 1733, à l'Académie fur la figure de la terre & fur les moyens que l'aftronomie & la géographie fourniffent pour la déterminer, fut l'avant-coureur d'une des plus grandes époques de la phyfique, celle des voyages à l'Equateur & au cercle polaire; le compte que M. de *Maupertuis* rendit du fien, lui attira des applaudiffements & des contradictions, d'où naît la gloire. Il eut alors d'affez intimes liaifons avec Mme. la marquife du Châtelet, M. de Voltaire & M. Kœnig; ces deux derniers devinrent dans la fuite fes plus prands ennemis.

Le Voyage du Nord avoit fixé fur M. de *Maupertuis* les regards de toutes les compagnies favantes; elles s'empreffèrent à l'admettre. La Société Royale de Berlin ne fut pas des dernières à l'adopter. Peu de tems après, l'illuftre Frédéric monta fur le trône de Pruffe; il appelloit dès-lors M. de *Maupertuis* pour lui confier l'adminiftration d'une compagnie, qui ayant pour fondateur le grand Leibnitz, fembloit demander pour reftaurateur M. de *Maupertuis*.

Dès 1740, fur les invitations du roi de Pruffe, il fe rendit à Berlin; il fuivit ce prince dans la campagne de 1741, en Siléfie; il fut pris par les Autrichiens à la bataille de Molwitz, fon cheval l'ayant emporté pendant le feu de l'action; il fut conduit à Vienne, où leurs majeftés impériales l'honorèrent des bontés les plus diftinguées; il revint à Berlin, mais le temps où il devoit s'y fixer n'étoit pas encore arrivé; il revint à Paris, & fut reçu à l'Académie Françoife en 1743.

Le goût de la première profeffion, celle des armes, ne l'avoit point quitté; il aimoit le fpectacle des opérations militaires; nous l'avons vu à Molwitz, nous le retrouvons en 1744, au fiége de Fribourg; là, par une diftinction affez remarquable, M. le maréchal de Coigny & M. le comte d'Argenfon le chargèrent de porter au roi de Pruffe la nouvelle de la prife du château de Fribourg; ce fut vers ce temps que le roi de Pruffe prit toutes les mefures néceffaires pour fe l'attacher. La France ne voulut point paroître avoir perdu un fujet que les nations étrangères s'empreffoient d'acquérir, elle ne traita point M. *de*

Maupertuis en expatrié, elle lui conserva le droit de régnicole. Le 8 octobre 1745, il épousa M^lle. de Borck; il fut fait président de l'Académie de Berlin le 6 juin 1746, & bientôt après le roi s'en déclara le protecteur. M. de Maupertuis reçut aussi presqu'en même temps l'ordre du mérite.

On connoît les divers ouvrages composés par M. de Maupertuis, soit en France, soit en Prusse, ses Eléments de Géographie, son Astronomie Nautique, sa Lettre sur le progrès des Sciences, sa Vénus physique, son Essai sur la formation des corps organisés, son Essai de Philosophie morale, son Essai de Cosmologie, &c.

On connoît la trop fameuse querelle de M. de Maupertuis avec M. Kœning, querelle où M. de Maupertuis paroît avoir mis trop de hauteur & de despotisme, & où l'intervention de M. de Voltaire mit beaucoup de malignité; celui-ci accabla M. de Maupertuis de sarcasmes terribles, il le perça de tous les traits du ridicule durable dont il savoit couvrir ses ennemis. Au milieu des orages qu'entraîna cette triste dispute, M. de Maupertuis étoit mourant & dégoûté d'une vie, que dans des temps même plus heureux, il appelloit déja le mal de vivre. Il voulut revoir sa patrie; il espéroit y trouver le soulagement que quelques voyages précédents qu'il y avoit faits, lui avoient procuré; il partit de Berlin le 7 juin 1756. Il passa l'hiver à Saint-Malo; il en repartit le 12 juin 1757, pour retourner en Prusse; mais comme la guerre rendoit alors la navigation peu sûre, il traversa toute la France, s'arrêta à Bordeaux, puis à Toulouse, se rendit ensuite par Narbonne & par Nîmes, à Lyon, d'où il alla voir à Neufchâtel, le gouverneur de cette principauté, frère du célèbre maréchal Keith; il passa enfin à Bâle, où il vit son intime ami M. Bernoulli, & où, après de longues souffrances, il mourut dans le sein de l'amitié, le 27 juillet 1759.

**MAUPERTUY**, (Jean-Baptiste Drouet de) (*Hist. Litt. mod.*) homme inconstant & dont le goût pour l'étude fut le seul goût durable; avocat, puis bel-esprit, puis employé dans les fermes, & ruiné dans cet état, qui auroit dû l'enrichir. Il revient à Paris, puis tout-à-coup il renonce au monde, & après une retraite de deux ans, prend l'habit ecclésiastique; il passe ensuite cinq ans dans un séminaire, cinq autres années dans l'abbaye de Sept-Fons, dont il a écrit l'Histoire, qu'on accuse d'infidélité. Il change encore de solitude, & se cache au fond du Berry. Il est fait chanoine de Bourges; de l'église de Bourges, il passe dans celle de Vienne, dont il a aussi écrit l'Histoire; il revient à Paris, & se retire enfin à Saint-Germain-en-Laye, où il mourut en 1730. On a de lui, outre plusieurs livres de dévotion, un grand nombre de traductions françoises. Les principales sont celles du premier livre des *Institutions de Lactance*; du *Traité de la Providence & du Timothée* de Salvien; des *Actes des Martyrs*, recueillis par dom Ruinart; de l'*Histoire des Goths* de Jornandès; de la *pratique des Exercices spirituels* de St.-Ignace; du Traité latin de Lessius sur

le choix d'une Religion; de l'*Euphormion* de Jean Barclei. L'abbé de Maupertuy étoit né à Paris en 1650, d'une famille noble, originaire du Berry.

**MAUR**, (Saint) (*Hist. Eccles.*) contemporain & disciple de St. Benoît, aussi célèbre dans son ordre que lui-même. Mort en 584.

Saint Maur a donné son nom à une congrégation célèbre de Bénédictins, qui a produit une foule d'hommes savans & vertueux.

**MAUR**, (Raban.) (*Voyez* RABAN-MAUR ).

**MAURE**, (Sainte.) (*Voyez* SAINTE-MAURE ).

**MAURICE** (*Hist. Rom.*) quoique romain d'origine, naquit dans la Capadoce, où sa famille s'étoit établie. Il avoit commencé par être notaire, mais il se dégoûta des fonctions paisibles & sédentaires. Il s'enrôla dans la milice comme simple soldat. Sa valeur & sa capacité l'élevèrent au commandement des armées, & aux premières dignités de l'Empire; & Tibère Constantin voulant se l'attacher par des bienfaits, lui donna sa fille Constantine en mariage. Il parvint à l'empire l'an 585 de Jésus-Christ. Les Perses faisoient alors de fréquentes incursions sur les terres des Romains. Maurice envoya contr'eux son beau-frere Philippicus qui éprouva des prospérités & des revers. La fin de cette guerre fut glorieuse à Maurice qui rétablit sur le trône Cosroès que ses sujets en avoient fait descendre. Les Perses humiliés & punis, n'insultèrent plus les provinces de l'Empire. Mais des ennemis plus redoutables, parce qu'ils étoient plus cruels, y portèrent la désolation. Les Lombards, maîtres d'une partie de l'Italie, y exerçoient les plus cruelles vexations; Maurice les affoiblit & les mit dans l'impuissance de nuire. Les Huns, après avoir essuyé de fréquentes défaites, furent contraints de se renfermer dans leurs déserts. Les Abares firent une plus longue résistance. Maurice pour délivrer l'Empire de ce peuple de brigands, consentit à leur payer annuellement cent mille écus. Fiers d'avoir les Romains pour tributaires, ils eurent plus de confiance dans leurs forces; & sans foi dans les traités, ils recommencèrent leurs ravages. Maurice en tua cinquante mille dans différents combats sans pouvoir les rebuter. Ils furent plus sensibles au sort de leurs prisonniers qui étoient tombés au pouvoir des Romains. Ils consentirent à se retirer sur leurs terres, à condition qu'on leur rendroit leurs compagnons captifs, & ils s'engagèrent à leur tour à remettre les Romains qu'ils avoient en leur pouvoir. Ces conditions furent exactement remplies par Maurice; mais le roi des Abares infidèle à ses promesses, au lieu de renvoyer ses prisonniers, les fit tous passer au fil de l'épée. Maurice indigné de cette infidélité, fit de grands préparatifs pour porter la guerre dans le pays des Abares. Ce dessein fut déconcerté par la rébellion de Phocas, qui fut proclamé empereur par l'armée dont Maurice lui avoit confié le commandement. Ce dangereux rival qui des plus bas emplois étoit parvenu aux premiers honneurs de la guerre, le poursuivit jusqu'à Chalcédoine où il se saisit de sa personne. L'infortuné Maurice, après avoir vu égorger ses fils , eut la tête tranchée. Toute sa famille fut enveloppée dans ce carnage. Il s'étoit rendu odieux à la milice qu'il payoit mal & qui souvent manquoit du nécessaire. Ce fut un simple soldat qui l'arrêta pour se venger du refus qu'il avoit fait de lui payer sa solde. Jamais empereur n'avoit poussé aussi loin l'avarice. Il vécut pauvre pour mourir riche : on remarqua que le desir d'accumuler avoit toujours été le vice dominant des empereurs nés dans la pauvreté. Il étoit dans la soixante-sixième année de son âge lorsqu'il perdit la vie. Il en avoit passé vingt sur le trône avec la réputation d'un grand capitaine. Il eut de la piété & protégea le christianisme dont il pratiqua religieusement les maximes. On n'eut à lui reprocher que son avarice. Ce fut sous son règne que les Mahométans commencèrent à se faire connoître par leurs missionnaires guerriers. ( T--N )

MAURICEAU, ( François ) *Hist. Litt. mod.* ) chirurgien de Paris, auteur d'un ouvrage de son art , très-estimé & traduit dans presque toutes les langues de l'Europe, qui a pour titre : *Traité des Maladies des Femmes grosses & de celles qui sont accouchées , & de leurs enfants nouveaux nés.* Mort en 1709.

MAUROLICO, ( François ) ( *Hist. Litt. mod.* ) né à Messine en 1494 , abbé de Sainte Marie-du-Port en Sicile. On a de lui beaucoup d'ouvrages sur la méchanique & les mathématiques , & sur diverses parties de la physique. On lui doit l'édition des *Sphériques de Théodose ; Emendatio & restitutio Conicorum Apollonii Pergæi ; Archimedis monumenta omnia ; Euclidis Phænomena ,* &c. On a aussi de lui une Histoire de son pays, sous ce titre : *Sicanicarum rerum compendium.* Mort en 1575.

MAURUS, ( Terentianus ) ( *Hist. mod.* ) gouverneur de Syenne dans la haute Égypte , auteur d'un poëme latin sur les règles de la poésie & de la versification , sous ce titre , *de Arte Metricâ ,* vivoit sous Trajan ou sous les Antonins.

MAUSSAC, (Philippe-Jacques) (*Hist. Litt. mod.*) conseiller au parlement de Toulouse , & président en la cour des aides de Montpellier, mort en 1650, auteur de notes estimées sur Harpocration , & de remarques sur le traité des Monts & des Fleuves, attribué à Plutarque , & d'autres opuscules qui annoncent de l'érudition & de la critique.

MAUTOUR, ( Philbert - Bernard Moreau de ( *Hist. Litt. mod.* ) auditeur des comptes de Paris , fut reçu à l'Académie des Belles - Lettres en 1701 , & il y a plusieurs mémoires de lui dans le recueil de cette Académie. On a de lui aussi une traduction de l'Abrégé chronologique du P. Pétau & quelques poësies peu connues , ou plutôt tout-à-fait inconnues aujourd'hui , qui ne sont pas même recueillies, mais qu'il avoit répandues dans le Journal de Verdun & dans d'autres Journaux ou recueils. Il étoit né à Beaune en 1654. Mort en 1737.

MAXENCE, (MARCUS VALÉRIUS )( *Hist. Rom.* )

fils de l'empereur Maximien, fut proclamé empereur par les gardes prétoriennes qui conservoient un précieux souvenir des bienfaits de son père. Il profita de l'absence de Galere Maximien qui étoit occupé de la guerre d'Illyrie. Il abandonna le soin de cette province pour venir combattre en Italie son rival , encore mal affermi. Mais il fut informé dans sa marche que ses troupes étoient résolues de passer dans le camp de son ennemi. Il rentra dans l'Illyrie , tandis que Severe , qu'il avoit adopté , soutenoit la guerre dans l'Italie , où il ne put rassembler les restes épars de son parti, *Maxence* l'assiégea dans Ravenne où il l'obligea de se rendre après lui avoir promis la vie : mais ce vainqueur perfide ne l'eut pas plutôt en son pouvoir qu'il lui fit trancher la tête. Maximien dégoûté de la vie que ses démêlés avec son fils lui avoit rendue odieuse, s'étrangla , & sa mort laissa *Maxence* seul concurrent à l'empire. L'Afrique qui jusqu'alors avoit refusé de le reconnoitre, se rangea sous son obéissance. Il y commit tant de cruautés , que les peuples implorèrent l'assistance de Constantin pour briser leur joug. Ce prince avoit alors le gouvernement des Gaules. Il se rendit aux vœux des personnes les plus considérables de Rome qui le sollicitoient de se charger de l'empire. Il entre dans l'Italie où les vieux soldats s'empressent de se ranger sous ses enseignes. Les villes lui ouvrent leurs portes & le reçoivent comme leur libérateur. Le tyran alarmé de ses progrès, reconnut trop tard qu'il avoit un rival redoutable. Il sortit de Rome résolu de terminer la querelle par une bataille. La fortune qui l'avoit jusqu'alors favorisé, lui fit éprouver un humiliant revers. Il fut entièrement défait , & comme il se précipitoit dans sa fuite , il tomba dans le Tibre avec son cheval , & fut englouti sous les eaux en 315 , après un règne de six ans. Il avoit fait éclater sa haine contre les chrétiens que Constantin à son avénement à l'empire, favorisa par un édit. Sa mémoire fut en horreur aux Romains qu'il avoit accablés d'impôts ; exacteur impitoyable , il confisquoit par avarice les biens de ceux qui n'avoient d'autres crimes que d'être riches ; & pour justifier ses usurpations , il leur supposoit des crimes qui les faisoient condamner à la mort. Il n'eut aucune des vertus de son père. Il étoit lent à concevoir des projets & lâche dans l'exécution. Sa physionomie sinistre manifestoit les vices de son cœur. Son esprit foible & borné étoit incapable de gouverner un grand empire, sur-tout dans ces tems orageux. Il croyoit en imposer par un orgueil insultant qui le fit encore plus détester que l'assemblage de tous ses crimes. ( T--N. )

MAXIME ( *Hist. Rom.* ) général de l'armée Romaine en Angleterre, se concilia l'affection des légions mécontentes de Gratien qui leur avoit préféré un corps d'Alains pour veiller à la sûreté de sa personne. Ses soldats le proclamerent empereur. & leur exemple fut suivi par les légions des Gaules. Gratien marcha contre lui ; & comme il se préparoit à le combattre , il se vit abandonné de ses soldats & réduit à prendre honteusement la route d'Italie. Il fut assassiné à Lyon,

& *Maxime* eut la cruauté de lui refuser les honneurs de la sépulture. La mort de son rival ne le laissa point possesseur paisible de l'empire. Valentinien, frère de Gratien, se réfugia avec sa mère auprès de Théodose, qui commandoit dans l'Orient. *Maxime* maître de l'Italie, la regarda comme un pays de conquête. Il y commit toutes sortes de cruautés & de brigandages. Les soldats, à l'exemple de leur chef, profanèrent les temples &, maltraiterent les citoyens. Il chercha les moyens de séduire Théodose, à qui il fit les plus éblouissantes promesses. Mais celui-ci, plus politique que lui, l'amusa par des négociations artificieuses qui lui donnèrent le tems d'assembler une armée & d'équiper une flotte. *Maxime* qui s'étoit flaté de lui en imposer en mettant en mer quelques vaisseaux, essuya une honteuse défaite. Son armée qui serre fut mise en déroute sous les murs d'Aquilée qui fut prise d'assaut. *Maxime* abandonné de ses soldats, fut amené chargé de chaînes aux pieds de son vainqueur, qui, s'attendrissant sur son malheur, lui reprocha ses crimes & eut la générosité de les lui pardonner. Mais ses soldats à qui il étoit devenu odieux, murmurèrent de cette indulgence & craignant qu'il ne se relevât de tems à chûte, ils lui tranchèrent la tête en 388. Valentinien qui lui avoit disputé l'empire pendant sept ans, avoit établi sa domination dans l'Occident. Tandis qu'il s'endormoit à Vienne dans une fausse sécurité, il fut trahi par deux de ses officiers, Eugene & Arbogaste, qui l'étranglèrent dans son lit; c'étoient ces ministres de sang qui avoient massacré Gratien. Pressés par leurs remords & sans espoir de pardon, ils se précipitèrent dans la mer pour se soustraire à l'infamie d'un juste supplice. ( *T.--N.* )

MAXIME II, ( PETRONE ) sénateur & consul Romain, jouit d'une grande considération dans l'exercice de ses fonctions pacifiques. Tant qu'il ne fut qu'homme privé, sa vie n'offrit rien à la censure. Riche de toutes les connoissances qui rendent un particulier aimable & essentiel, il apporta dans le commerce de la vie civile les vertus qui en font la sûreté, & les talens qui en font les agrémens. L'amour qu'il sentit pour Eudoxie le rendit ambitieux & criminel. Il épousa la veuve de ce prince infortuné; & dans une ivresse d'amour, il lui découvrit que le desir de la posséder l'avoit porté à assassiner Valentinien. Eudoxie, saisie d'horreur, appelle secrètement Genséric en Italie. Ce roi des Vandales se rendit à des vœux qui flatoient son ambition. Il entre avec son armée dans Rome où *Maxime* croyoit n'avoir d'ennemis que ses remords. Ce lâche empereur, au lieu de lui opposer de la résistance, ne voit d'autres moyens que la fuite. Ses soldats s'offrent en vain, d'exposer leur vie pour protéger la sienne. Il n'est susceptible que de crainte; & tandis qu'il les follicite à être les compagnons de sa fuite, ils l'assommèrent à coups de pierre, l'an 455. Il n'avoit régné que deux mois & quelques jours. ( *T--N.* )

MAXIME perfide, ( *Hist. mod.* ) se dit principale-

ment d'une proposition, avancée par quelques-uns du tems de Cromwel; savoir, qu'il étoit permis de prendre les armes au nom du roi contre la personne même de sa majesté, & contre ses commissaires: cette *maxime* fut condamnée par un statut de la quatorzième année du règne de Charles II. c. iij. ( *A.R.* )

MAXIMIEN HERCULE, ( *Hist. Rom.* ) né de parens obscurs, n'eut d'autre ressource pour subsister que la profession des armes. Il fut redevable de son élévation à Dioclétien, témoin de sa valeur & son compagnon dans son apprentissage de la guerre. *Maximien* associé à l'empire par la faveur de son ancien ami, n'oublia jamais qu'il étoit son bienfaiteur. Il eut pour lui la docilité d'un enfant qui obéit sans réplique aux ordres d'un père chéri. Son bienfaiteur lui donna le département de l'Afrique & de la Gaule dont il appaisa les tumultes populaires, autant par sa sagesse que par ses armes. Ses succès lui méritèrent les honneurs du triomphe qui lui furent décernés conjointement avec Dioclétien. Il éprouva quelques revers dans la Bretagne, qu'il fut obligé d'abandonner à Carause qui l'avoit envahie. Cette honte fut effacée dans le sang de Julianus qui avoit fait soulever l'Afrique. Les Maures vaincus par ses armes, furent transplantés dans d'autres contrées. *Maximien* sollicité par Dioclétien, qui se dépouilla de la pourpre, suivit son exemple; & dégoûté des embarras des affaires, il voulut jouir de lui-même le loisir de la vie privée; mais fatigué du poids de son inutilité, il reprit la pourpre à la sollicitation de son fils. Soit par dégoût des grandeurs; ou par mauvaise volonté contre son fils, il l'obligea de s'exhéréder & de se réduire à la condition de simple particulier. Le peuple & l'armée se soulevèrent contre cette injustice. *Maximien* n'eut d'autre ressource que de se réfugier dans les Gaules où commandoit Constantin qui avoit épousé Faustine sa fille. Son caractère inquiet & remuant ne put se ployer sous les volontés d'un gendre, & ce fut pour s'en débarrasser qu'il engagea sa fille à se rendre complice du meurtre de son époux. Faustine saisie d'horreur parut disposée à commettre ce crime pour le prévenir. Constantin averti par elle fit coucher dans son lit un de ses eunuques, que les meurtriers massacrèrent au milieu des ténèbres. Constantin survint accompagné de ses gardes. Il reprocha à son beau-père l'énormité de son crime, & ne croyant pas devoir le laisser impuni, il ne lui laissa que le choix de son supplice. *Maximien* désespéré d'avoir manqué son coup, s'étrangla à l'âge de 60 ans dont il en avoit régné vingt-un. Quoiqu'il eût toutes les qualités d'un grand capitaine, il en ternit l'éclat par les vices qui font les grands scélérats. Son élévation ne put corriger la rusticité de ses mœurs féroces. Toutes ses actions rappellèrent qu'il n'avoit été barbare & sans éducation. Il eut l'avarice & la cupidité en partage. Sa figure étoit aussi rebutante que son caractère. ( *T.--N.* )

MAXIMIEN II, fut surnommé *l'armentaire*, parce

qu'étant né de parens pauvres, il avoit paffé fa jeuneffe à garder les troupeaux. Ce fut par fa valeur
que de fimple foldat, il parvint aux premiers grades
de la guerre. La faveur des foldats le rendit néceffaire
à Dioclétien qui le créa Céfar, en lui faifant époufer
fa fille Valéria. Tant qu'il n'avoit eu qu'un commandement fubordonné, il s'étoit acquis la réputation
d'un grand capitaine: il démentit cette idée dans la
guerre contre les Goths & les Perfes qui le vainquirent
dans plufieurs combats. Ses défaites furent imputées
à fon incapacité. Dioclétien l'obligea de marcher à pied
à la fuite de fon char avec tous les attributs de la dignité
impériale. Senfible à cette humiliation, il demanda
le commandement d'une nouvelle armée pour réparer
la honte de fes anciennes défaites. Plus heureux ou
plus fage, il remporta une victoire complette fur
Narsès, qui lui abandonna fon camp, fes femmes &
fes enfans. Le vainqueur ufa avec humanité de fa
victoire ; la famille de Narsès n'effuya aucune des
humiliations de la captivité ; mais il ne rendit la
liberté qu'à condition qu'on reftitueroit toutes les
provinces fituées en deçà du Tigre, que les Perfes
avoient envahies. Il fuccomba fous le poids de fes
profpérités. Saifi d'un fol orgueil, il prit le titre de
fils de Mars. Dioclétien qui l'avoit méprifé commença
à le craindre ; & quelque tems après il fe détermina à
fe démettre de l'empire. Maximien après cette abdication monta fur le trône & prit le titre d'Augufte, qu'il
déshonora par fes cruautés. Il accabla les peuples
d'impôts, & ceux qui furent dans l'impuiffance de les
payer, furent expofés aux bêtes féroces : ce fut contre
les Chrétiens qu'il exerça le plus de cruautés. Toutes les
calamités qui affligèrent leur furent imputées.
L'âge qui tempère les paffions, ne fit qu'aigrir fa
cruauté. Tous les fujets de l'empire furent obligés à
donner une déclaration de leurs biens, & ceux qui
furent convaincus d'inexactitude, furent punis par le
fupplice de la croix. Les indigens furent accufés de
cacher leurs tréfors, & fur cette fauffe idée, ils
furent jettés dans le Tibre. Ces exécutions barbares le
rendirent odieux aux peuples. Maxence, appellé
par les vœux des Romains, le força de quitter
l'Italie. Les chagrins épuifèrent fes forces ; il tomba
malade, & fon corps couvert d'ulcères ne fut plus
qu'une plaie. Ce tyran qui dans la fanté avoit bravé
les dieux & leurs miniftres, devint fuperftitieux en
fentant fa fin approcher. Il invoqua toutes les divinités du paganifme qui n'apportèrent aucun foulagement à fes maux, il adreffa enfuite fes vœux au
dieu des Chrétiens qui rejetta fes prieres. Il mourut au milieu des douleurs les plus aigues qui furent
le châtiment anticipé de fes excès monftrueux. Son
extérieur décéloit les vices cachés de fon ame. Il
étoit d'une taille gigantefque & chargé d'embonpoint.
Sa voix forte & difcordante ne fe faifoit entendre
que pour faire des menaces ou dicter des arrêts
de mort. Les lettres qu'il dédaigna ne lui prêtèrent
point leur fecours pour adoucir fa férocité. Il mourut l'an 311. ( T—N ).

C'eft le même que *Galerius.* ( *Voyez* GALERIUS. )

MAXIMILIEN I, archiduc d'Autriche, ( *Hift.*
*d'Allemagne.* ) XXVIII<sup>e</sup> empereur depuis Conrad, naquit le 22 mars l'an 1459, de Fréderic le Pacifique,
& d'Eléonore de Portugal, & fut élu roi des Romains
en 1486 le 16 février : il fuccéda à fon père l'an 1493,
& mourut le 12 janvier 1519.

Le commencement du regne de ce prince offre un
mélange de profpérités & de revers. Son mariage avec
la princeffe Marie, fille & héritière de Charles le
Téméraire, le mit en état de figurer avec les plus puif-
fans pot ntats de l'Europe, même avant qu'il parvînt
au trône de l'empire. Ce mariage fut une fource de
guerres entre les maifons de France & d'Autriche. Au
nombre des provinces qui formoient l'opulente fucceffion de Charles, on comptoit le Cambrefis, l'Artois,
le Hainaut, la Franche-Comté & la Bourgogne. La
France prétendoit avoir un droit de fuzeraineté fur ces
provinces. Louis XI, que l'on détefte comme homme,
mais que l'on admire comme roi, devoit commencer
par fe faifir des deux Bourgognes, & de plufieurs
places dans l'Artois & le Hainaut. La France foible &
malheureufe fous le regne des prédéceffeurs de Louis,
parce qu'elle étoit toujours divifée & ennemie de fes
rois, fe rendoit redoutable fous un prince qui avoit l'art
de fe faire obéir, & qui, au rifque d'éprouver des remords, commettoit indifféremment tous les crimes,
pourvu qu'ils fuffent avoués par la politique. *Maximilien*
favoit ce qu'il avoit à craindre d'un femblable ennemi ; perfuadé que les troupes de la princeffe fon époufe,
étoient infuffifantes, il implora les princes allemands qui,
mécontens de l'empereur fon père, lui refuferent des
fecours. Les Liégeois feuls embrafferent fon parti. Aidé
de ces nouveaux alliés dont la fidélité lui étoit d'autant
moins fufpecte, qu'il connoiffoit leur averfion pour la
domination françoife, *Maximilien* prit plufieurs places
importantes, battit les François à Guinegafte ; cette victoire ne fut pas décifive. Louis XI eut l'adreffe de lui
en dérober tout le fruit en le forçant de lever le fiège de
Térouane. La mort de Marie arrivée fur ces entrefaites
fournit de nouveaux alimens à cette guerre. *Maximilien*
fut regardé comme un étranger, & les états, fur-tout
ceux de Flandres, lui contefterent la tutelle & la
garde - noble du prince Philippe, fon fils, & de la
princeffe Marguerite, fa fille. Cette nouvelle conteftation étoit en partie l'effet des intrigues de la cour de
France. Elle fe termina à l'avantage de *Maximilien* :
ce prince fut déclaré tuteur de Philippe, fon fils ; on
lui fit cependant quelques conditions : Il fe déchargea
alors des foins de la guerre de France fur fes généraux,
& alla à Francfort où les princes de l'empire lui donnerent le titre de roi des Romains. La mort de Louis XI,
arrivée peu de tems avant qu'il eût obtenu cette nouvelle dignité, fembloit lui promettre des fuccès heureux
du côté de la Flandre où étoit le théâtre de la guerre ;
mais le peu de difcipline qu'il entretenoit parmi fes
troupes, excita une ruineur univerfelle. Les parens de
la princeffe défunte, qui fe voyoient éloignés des affaires, & de la perfonne de Philippe, favorifoient l'efprit
de révolte. Ils perfuadèrent aux Flamands, naturellement ennemis du gouvernement arbitraire, qu'il tendoit

à introduire le despotisme, & à le perpétuer dans sa personne. Sur ce bruit qu'autorisoient des actes d'une sévérité nécessaire, il se vit tout-à-coup arrêté dans Bruges ; on le traita avec beaucoup de déférence & de respect, mais on fit le procès à ses partisans. Il y en eut dix-sept de décapités par l'ordre des états généraux. Il y avoit bien trois mois qu'il étoit dans les fers, lorsque l'empereur Frédéric s'approcha avec une armée, & menaça les rebelles. Les états ne se laisserent cependant pas abattre, ils se préparerent à le recevoir. L'empereur & le roi des Romains, qui connoissoient les suites d'une guerre civile, signerent un traité qui les obligeoit à faire sortir de la Flandre toutes les troupes allemandes, & à faire la paix avec Charles VIII, roi de France. On a demandé pourquoi le ministere du jeune Charles VIII ne profita pas d'une si heureuse conjoncture ? Mais outre que ce ministere étoit foible, il étoit occupé d'une négociation importante. *Maximilien* avoit formé le projet d'épouser la duchesse de Bretagne, afin de pouvoir presser la France de tous les côtés ; il l'avoit même épousée par procureur ; il s'agissoit donc de rompre, ou plutôt d'empêcher la consommation de ce mariage, & de faire épouser la duchesse au roi de France, au lieu de la princesse Marguerite d'Autriche, fille de *Maximilien*, qu'on lui avoit destinée. Cette négociation réussit au grand bonheur de la France qui auroit eu les Bretons pour ennemis, & pour ennemis incommodes, au lieu qu'elle put se flater de les avoir bientôt pour sujets. Le roi des Romains, pour se dispenser d'exécuter les conditions du traité que les Flamands ses sujets lui avoient imposées, alla faire la guerre à Ladislas Jagellon qui conservoit la basse-Autriche engagée à la couronne d'Hongrie pour les frais d'une guerre ruineuse. Il reprit cette province, & força Ladislas à renouveller le traité que Frédéric le Pacifique avoit fait avec Mathias. Ce traité qui forçoit Ladislas à reconnoître *Maximilien* pour son successeur aux royaumes d'Hongrie & de Bohême, pourvu qu'il ne laissât point d'héritier, préparoit de loin ces deux états à obéir à la maison d'Autriche. Il avoit à peine conçu cet important traité, qu'on lui apprit que sa prétendue femme, Anne de Bretagne, venoit de consommer un mariage plus réel avec Charles VIII ; il en conçut un secret dépit, mais ayant surpris Arras, il profita de cette conquête pour réclamer une paix avantageuse. Le roi de France lui céda la Franche-Comté en pleine souveraineté ; l'Artois, le Charolois & Nogent, à condition d'hommage. On doit observer que *Maximilien* n'agissoit que comme régent & tuteur de Philippe son fils, titulaire de ces provinces, comme représentant Marie de Bourgogne. Il faut avouer, dit un moderne, que nul roi des Romains ne commença plus glorieusement sa carriere que *Maximilien*. La victoire de Guinegaste sur les François, l'Autriche reconquise, la prise d'Arras & l'Artois gagné d'un trait de plume, le couvroient de gloire. Frédéric le Pacifique mourut (1493), peu de tems après la conclusion de ce traité si avantageux à sa maison. L'empire fut peu sensible à cette mort, il y avoit long-tems que le roi des Romains l'avoit éclipsé. *Maximilien* lui succéda sans contradiction, & s'approcha de la Croatie & de la Carniole, que menaçoient les

Turcs, gouvernés alors par Bajazet II, successeur du redoutable Mahomet, conquérant de Constantinople & destructeur de l'empire d'Orient. Il épousa à Inspruk, à la honte de l'Allemagne & de sa maison, la niece de Louis Sforce surnommé *le Maure*, auquel il donna l'investiture de Milan. Louis le Maure avoit usurpé ce duché sur Jean Galeas Sforce, son neveu, après l'avoir fait empoisonner. Ni l'amour, ni l'honneur ne présiderent à ce mariage ; l'empereur ne fut ébloui que par les sommes que lui apporta sa nouvelle épouse ; cinq cens mille florins d'or firent disparoître l'intervalle immense qui étoit entre ces deux maisons. Charles VIII passa dans le même temps en Italie, il y alloit réclamer le royaume de Naples, en vertu du testament de Charles d'Anjou, comte de Provence, qui prenoit toujours le titre de roi des deux Siciles, depuis long-tems enlevées à sa maison. Il fut reçu à Rome dans un appareil qui approchoit de la pompe d'un triomphe. Louis Sforce, le même qui venoit de s'allier à *Maximilien*, lui avoit fourni des secours d'hommes & d'argent. Les succès de Charles furent rapides ; il entra dans Naples précédé par la terreur du nom François ; mais sa vanité qui lui fit prendre le double titre d'Empereur & d'Auguste dont les princes d'Allemagne étoient seuls en possession, lui prépara un retour funeste. *Maximilien* le vit avec un œil jaloux, il se ligua avec la plupart des princes de l'Europe pour lui faire perdre les noms pompeux qu'il avoit eu l'indiscrétion de prendre. Le pape qui lui avoit fait une réception magnifique, Louis Sforce qui avoit facilité ses succès, & les Vénitiens, ceux-ci, sur-tout, trembloient de voir s'élever en Italie une puissance rivale de la leur ; ils conspirerent pour chasser le conquérant. Ferdinand d'Aragon & Isabelle de Castille entrerent dans cette ligue, qui força Charles de repasser en France, & d'abandonner Naples & ses autres conquêtes en moins de cinq mois. L'empereur après avoir obligé Charles de sortir de l'Italie, y entra à son tour ; mais il fut si mal accompagné qu'il n'y fit rien de mémorable : il n'avoit que mille chevaux & cinq à six mille lansquenets ; ce qui ne suffisoit pas pour faire perdre à l'Italie l'idée de son indépendance. Il repassa les Alpes au bruit de la mort de Charles VIII, & fit une irruption sur les terres de France du côté de la Bourgogne. *Maximilien* persistoit à réclamer, pour son fils, toute la succession de Marie. Louis XII rendit plusieurs places au jeune prince qui fit hommage-lige entre les mains du chancelier de France dans Arras, pour le Charolois, l'Artois & la Flandre, & l'on convint de part & d'autre de s'en rapporter au parlement de Paris sur le duché de Bourgogne. Cette anecdote est bien honorable pour Louis XII, il ne peut donner une plus haute idée de sa justice ; c'étoit le reconnoître incapable de corrompre un tribunal sur lequel il avoit tout pouvoir. Louis XI n'eût point inspiré cette confiance, plus flateuse pour la nation que vingt victoires. L'empereur, après avoir ainsi réglé ce différend, jetta un coup d'œil sur les Suisses qui se donnoient de grands mouvemens pour enlever à la maison d'Autriche le reste des domaines qu'elle possédoit dans leur pays. Il tâchoit de ramener par les voies de la douceur l'esprit d'une nation que la hauteur de ses orgueilleux ancêtres avoit aliéné. Toutes ſes tentatives furent infructueuſes : les états aſſemb'és dans Zurik s'é- crierent tout d'une voix, qu'il ne falloit point avoir de confiance dans *Maximilien*. La guerre devint inévi- table, & les Autrichiens ayant été vaincus dans trois batailles, l'empereur fût obligé de rechercher la paix, & de reconnoître l'indépendance des cantons qui furent depuis au nombre de treize par la réunion des villes de Baſle, de Schaffhouſe & d'Appenzel, qui ſe fit l'année ſuivante ( 1500 ). Cette guerre contre la Suiſſe l'em- pêcha de s'oppoſer aux progrès de Louis XII en Italie ; mais la perfidie des princes de cette contrée le ſervit mieux que n'auroient fait les Allemands, s'il eut pu les employer. Cependant, pour jouir en quelque ſorte des victoires de Louis qui lui demandoit l'inveſtiture de Milan, conquis ſur Louis Sforce, ſon oncle, il mit une condition à ſon agrément, ſavoir, que Louis con- ſentiroit au mariage de Claude, ſa fille, avec Charles- ſon petit-fils ; c'étoit s'y prendre de bonne heure, Charles étoit à peine dans ſa deuxieme année. On pré- tend que le deſſein de *Maximilien*, dans ce projet de mariage, étoit de faire paſſer un jour le Milanois & la Bretagne à ce petit-fils, Prince qui d'ailleurs eut une deſtinée ſi brillante. Cet empereur qui travailloit avec tant d'aſſiduité à élever ſa maiſon, n'avoit que des titres pour lui-même ; il n'avoit aucune autorité en Italie, & n'avoit que la préſéance en Allemagne. Ce n'étoit qu'à force de politique qu'il pouvoit exécuter les moindres deſſeins. L'Allemagne étoit d'autant plus difficile à gouverner, que les princes inſtruits par ce qui ſe paſſoit en France, craignoient que l'on n'abolît les grands fiefs. Les électeurs firent une ligue ; & réſo- lurent de s'aſſembler tous les ans pour le maintien de leurs privilèges. Cette rivalité entre le chef & les membres de l'empire flatoit ſenſiblement le pape & les principautés d'Italie qui conſervoient encore le ſou- venir de leur ancienne ſervitude. Frédéric, ſon père, avoit fait ériger l'Autriche en archiduché, il voulut le faire déclarer électorat, & il ne put réuſſir. Malgré les contradictions que *Maximilien* éprouvoit dans ſon pays, ſa réputation s'étendoit dans le Nord ; le roi Jean, chancelant ſur le trône de Danemarck, de Suede & de Norwege, eut recours à *Maximilien* ne manqua pas de faire valoir les droits que ce prince lui attribuoit : il manda aux états de Suede qu'ils euſſent à obéir, qu'autrement il procéderoit contre eux ſelon les droits de l'empire : il ne paroît cependant pas que jamais ils en euſſent été ſujets, mais, comme le remarque M. de Voltaire, ces déférences dont on voit de tems en tems des exemples, marquent le reſpect que l'on avoit toujours pour l'empire. On s'adreſſoit à lui quand on croyoit en avoir beſoin, comme on s'adreſſa ſouvent au ſaint ſiège pour fortifier des droits incertains. La minorité de Philippe avoit ſuſcité bien des guerres à *Maximilien* ; la mort prématurée de ce prince en excita de nouvelles. Il laiſſoit un fils enfant, ( Charles de Luxembourg dont nous avons déja parlé, & qui eſt mieux connu ſous le nom de *Charles-Quint*. Les Pays- Bas réfuſoient de reconnoître l'empereur pour régent ; les états alléguoient pour prétexte que Charles étoit

françois, comme étant né à Gand, capitale de la Flan- dre, dont Philippe, ſon père, avoit fait hommage au roi de France. *Maximilien* multiplia en vain tous ſes efforts pour engager les provinces à ſe ſoumettre, elles refuſerent avec opiniâtreté pendant dix-huit mois ; mais enfin elles reçurent pour gouvernante la princeſſe Marguerite, fille chérie de *Maximilien* : cependant l'empereur faiſoit toujours des vœux pour reprendre quelqu'autorité en Italie, où dominoient deux grandes puiſſances, ſavoir, la France & Veniſe, & une infinité de petites qui ſe partageoient entre l'une & l'autre, ſuivant que leurs intérêts l'exigeoient. Ce fut pour ſatisfaire cet ardent deſir qu'il entra dans la fameuſe ligue de Cambrai, formée par Jule II, contre la république de Veniſe aſſez fière pour braver tous les princes de l'Europe qui avoient conjuré ſa ruine. Louis XII, qui devoit la protéger, ne put réſiſter à l'envie de l'humilier, & ſe venger de quelques ſecours qu'elle avoit fournis à ſes ennemis : il entra dans la ligue, ainſi que le roi d'Eſpagne qui vouloit reprendre pluſieurs villes qu'elle lui avoit enlevées, & auxquelles il avoit renoncé pour un traité. Il ſeroit trop long d'en- trer dans le détail de cette guerre ; il nous ſuffit de faire connoître quelle étoit la politique qui faiſoit agir ces princes, & de montrer quelle en fut l'iſſue. Jule qui en avoit été le premier moteur, & qui raſſembloit tant d'ennemis autour de Veniſe, ne vouloit qu'abaiſſer cette république, mais non pas la détruire. Elle perdit dans une ſeule campagne les riches provinces que lui avoient à peine acquiſes deux ſiècles de la politique la plus pro- fonde & la mieux ſuivie. Réduite au plus déplorable état, elle s'humilia devant le pontife qui conſpira dès-lors avec Ferdinand pour la relever & la délivrer des François, ſes ennemis les plus redoutables. Louis XII, généreux & plein de valeur, ne connoiſſoit pas cette ſage défiance ſi utile à ceux qui ſont nés pour gouverner : il fut ſuc- ceſſivement joué par le pape & par l'empereur. Ses états d'Italie furent frappés des mêmes coups qu'il venoit de porter à la république. *Maximilien* qui le gouvernoit uniquement par des vues d'intérêt, & qui cédoit tou- jours aux conjonctures, ſe déclara contre lui, dès qu'il ceſſa de le redouter ou d'en eſpérer, & donna à Maxi- milien Sforce, fils de Louis le Maure, l'inveſtiture du duché de Milan pour lequel Louis XII lui avoit payé, trois ans auparavant, cent ſoixante mille écus ; mais ce dont *Maximilien* ne ſe doutoit pas, c'eſt que Jule II tra- vailloit ſourdement pour le perdre lui-même. Ce prince abuſé par de feintes négociations, comptoit tellement ſur l'amitié du pape, qu'il lui propoſoit de bonne-foi de le prendre pour collègue au pontificat ; on a fait des rail- leries ſur cette propoſition, mais ſi *Maximilien* avoit réuſſi, c'étoit l'unique moyen de relever l'empire d'Oc- cident, en réuniſſant les deux pouvoirs. Devenu légat de Jule II, comme ſon collègue, il l'eût facilement en- chaîné comme empereur ; mais c'étoit s'abuſer étrange- ment que de s'imaginer pouvoir tromper à ſon gré Jule, le plus fier & le plus délié des pontifes après Léon X, ſon ſucceſſeur ; d'ailleurs les princes chrétiens étoient trop éclairés ſur leurs vrais intérêts, pour qu'on puiſſe ſoupçonner qu'ils l'euſſent ſouffert, eux qui tant de fois avoient

avoient rampé devant les papes, lors même qu'ils étoient dépourvus de toute puissance temporelle. *Maximilien* n'est donc blâmable que pour avoir proposé un projet qui lui eût attiré sur les bras toute l'Europe. Malgré le refus de Jule, il prenoit souvent le titre de souverain pontife que les Césars avoient toujours porté avec celui d'empereur. Ces deux titres réunis sembloient rendre éternelle la domination de ces hommes fameux, lorsque les Barbares du nord vinrent briser cette puissance formidable, qui tenoit l'univers à la chaîne. Le saint siège ayant vaqué par la mort de Jule II, *Maximili.* voulut y monter, après avoir essayé de le partager. Il acheta la voix de plusieurs cardinaux; mais le plus grand nombre lui préféra le cardinal Julien, qui, né du sang des Médicis, déploya, sous le nom de *Léon X*, tout le génie des Côme & des Laurent qui avoient illustré cette maison, à laquelle l'Europe doit ses plus belles connoissances. Animé du même amour de la gloire, mais avec plus de finesse dans ses vues, & plus d'aménité dans le caractère que Jule dont il avoit été le conseil, il suivit le même plan; & voyant Venise presque abattue, il se ligua contre Louis XII, avec Henri VIII, roi d'Angleterre, Ferdinand le Catholique, & l'empereur dont il devoit consommer la perte, après qu'il auroit réduit le roi de France. Cette ligue fut conclue à Malines (5 avril 1513), en partie par les soins de Marguerite, gouvernante des Pays-Bas; cette princesse avoit eu beaucoup de part à celle de Cambrai. L'empereur devoit se saisir de la Bourgogne, le roi d'Angleterre, de la Normandie, & le roi d'Espagne qui avoir récemment usurpé la Navarre sur Jean d'Albret, devoit envahir la Guienne: ainsi Louis, qui, peu de temps auparavant, battoit les murs de Venise, & parcouroit l'Italie dans l'appareil d'un triomphateur, se vit réduit à se défendre dans ses états contre les mêmes puissances qui avoient facilité ses succès; si, au lieu d'entrer dans la ligue de Cambrai, il se fût ralié avec les Vénitiens, il partageoit avec eux le domaine de l'Italie, & probablement son auguste maison régneroit encore au-delà des Alpes. Cependant cette puissante ligue se dissipa d'elle-même, dès qu'on eut ravi à la France, sans crainte de retour, ce qu'elle possédoit en Italie. *Maximilien* joua dans cette guerre un rôle bien humiliant pour le premier prince de la chrétienté; il sembloit moins l'allié de Henri VIII, que le sujet de ce prince, il en recevoit chaque jour une solde de cent écus, il eût eu de cent mille; qu'il n'eût pas été plus excusable de la recevoir: un empereur devoit se montrer plus de dignité. Il accompagna Henri à la fameuse journée de Guinegaste, appellée la *journée des éperons*; & dans un âge mûr il parut en subalterne dans ces mêmes lieux où il avoit commandé & vaincu dans sa jeunesse. Les grands événemens qui s'accomplirent en Europe sur la fin de son regne, n'appartiennent point à son histoire; il ne fit que les préparer. *Maximilien* mourut à Urelz, dans la haute Autriche; il étoit dans la soixantième année de son âge, & la vingt-cinquième de son règne. Il se vanta dans le commencement de son règne comme un prince qui réunissoit dans le plus éminent degré les qualités

*Histoire*     Tome III.

brillantes d'un héros & toutes les vertus du âge. C'est le sort de tous les souverains qui succèdent à des princes foibles; ce n'est pas qu'on veuille obscurcir son mérite. On avoue qu'il n'étoit pas sans capacité, & qu'il en falloit avoir pour se soutenir dans ces tems orageux. A le considérer comme homme privé, l'histoire a peu de défauts à lui reprocher; il étoit doux, humain, bienfaisant, il connut les charmes de l'amitié; il honora les savans, parce qu'il avoit éprouvé par lui-même ce qu'il en coûtoit pour l'être. A le considérer comme prince, il n'avoit pas cette majesté qui imprime un air de grandeur aux moindres actions; ses manières simples dégénéroient quelquefois en bassesse; il ne savoit ni user de sa fortune, ni supporter les revers; léger & impétueux, un caprice lui faisoit abandonner des entreprises commencées avec une extrême chaleur. Son imagination enfantoit les plus grands projets, & son inconstance ne lui permettoit d'en suivre aucun. Allié peu sûr, il fut ennemi peu redoutable, aimant prodigieusement l'argent, il le dépensoit avec prodigalité; il sut rarement l'employer à propos, & l'on blâme, sur-tout, les moyens dont il usa pour s'en procurer. Il effaça Frédéric son père, de son vivant, & il fut effacé lui-même par Charles-Quint, son petit-fils: il faut cependant convenir que son règne offriroit moins de taches, s'il eût été le maître d'un état plus soumis. Quand il jettoit un coup d'œil sur la France, obéissante & amoureuse de ses rois, il avoit coutume de dire que, s'il avoit deux fils, il voudroit que le premier fût dieu, & le second roi de France. Marie de Bourgogne, sa première femme, lui donna trois enfans, savoir: Philippe, Marguerite & François; il n'en eut point de Blanche-Marie Sforce, mais il en eut un très-grand nombre de ses maîtresses. On distingue George qui remplit successivement les évêchés de Brixin, de Valence & de Liège.

Quant à ce qui pouvoit influer sur le gouvernement, on remarque une promesse faite aux états de ne faire aucune alliance au nom de l'empire sans leur consentement: c'est la première loi qui borna l'autorité des souverains à cet égard: il proscrivit les duels & tous les défis particuliers; la peine du ban impérial fut prononcée contre les infracteurs de cette salutaire ordonnance, qui ne fut pas toujours suivie; & l'on érigea un tribunal suprême qui devoit connoître des différends qui avoient coutume d'arriver entre les états.

Tant que les souverains d'Allemagne n'avoient point été à Rome, ils ne prenoient que le titre de roi des Romains; *Maximilien* changea cet usage, & se donna le titre d'empereur élu, que prirent tous ses successeurs. Des auteurs lui attribuent l'abolition du jugement secret; mais cet honneur appartient incontestablement à Frédéric-le-Pacifique, son père. Son règne est fameux par la découverte du nouveau monde, & la découverte si fatale à ses habitans. ( *T-N.* )

MAXIMILIEN II, successeur de Ferdinand I, ( *Histoire d'Allemagne.* ) XXXIe empereur depuis

Conrad I , né en 1527 de l'empereur Ferdinand I , & de l'impératrice Anne de Hongrie , couronné roi des Romains en 1562 , élu empereur à Francfort , le 24 novembre de la même année , sacré roi de Hongrie en 1563.

Les commencemens du règne de *Maximilien II* n'offrent rien qui appartienne à l'histoire de ce prince. Il tâcha de concilier les différentes sectes qui divisèrent la chrétienté , ou plutôt à les rappeller toutes à l'ancien culte ; toutes ses tentatives furent infructueuses. Ces détails concernent l'histoire ecclésiastique , & il en est suffisamment parlé aux articles des différentes sectes. Il eut cependant la guerre à soutenir contre les Turcs , toujours gouvernés par le célebre Soliman II , la terreur & l'effroi des Hongrois sous ses prédécesseurs. La Transilvanie fut la cause de cette guerre. La maison d'Autriche youloit y entretenir un gouverneur , depuis que Ferdinand avoit acquis cette province de la veuve de Jean Sigismond pour quelques terres dans la Siléfie. Le fils de Sigismond , mécontent de l'échange qu'avoit fait sa mère , avoit reparu dans la Transilvanie , & s'y soutenoit par la protection des Turcs. Les commencemens de cette guerre furent heureux : les Autrichiens se fignalèrent par la prise de Tokai ; mais cette conquête ayant alarmé Soliman , ce généreux fultan , chargé d'années , se fit porter devant Rigith , dont il ordonna le fiége. Le brave comte de Serin , que fa valeur rendit cher à fes ennemis même , défendoit cette place importante. *Maximilien* devoit le fecourir à la tête d'une armée de près de cent mille hommes levés dans fes différens états ; mais il n'ofa s'approcher de l'endroit où étoit le danger. Le comte de Serin , fe voyant abandonné , montra autant de courage que l'empereur montroit de pufillanimité. Au lieu de rendre la ville aux Turcs , ce qu'il eût pu faire fans honte , puifqu'il étoit impoffible de la conferver , il la livra aux flammes dès qu'il vit l'ennemi fur la brèche , & fe fit tuer en en difputant les cendres. Le grand vifir , admirateur de fon courage & de fa réfolution héroïque , envoya la tête de cet illuftre comte à *Maximilien* , & lui reprocha d'avoir laiffé périr un guerrier fi digne de vivre. Ce fiége fut mémorable par la mort du fultan , qui précéda de quelques jours celle du comte de Serin. *Maximilien* pouvoit profiter de la confternation que devoit répandre parmi les Turcs la perte d'un auffi grand chef , il ne fit aucun mouvement , & retourna fur fes pas fans même avoir vu l'ennemi. La tranquillité de l'Allemagne fut encore troublée par un gentilhomme de Franconie , appellé *Grombak*. C'étoit un fcélérat profcrit pour fes crimes , qui cherchoit à tirer avantage du reffentiment de l'ancienne maifon électorale de Saxe , dépouillée de fon électorat par Charles-Quint. Il s'étoit réfugié à Gotha , chez Jean-Frédéric , fils de Jean-Frédéric , auquel la bataille de Mulberg avoit été fi funeste. Il s'infinua dans l'efprit de ce duc , dont il fomenta le reffentiment , & l'engagea à déployer l'étendard de la révolte. La fin de cette guerre fut fatale à fes auteurs :

*Grombak* périt fur l'échafaud avec fes complices , principalement pour avoir formé une confpiration contre Augufte , électeur de Saxe , chargé de faire exécuter contre lui l'arrêt de fa profcription. Frédéric , auffi malheureux que fon père , fut rélégué à Naples , & fon duché de Gotha fut donné à fon frère Jean-Guillaume. Un magicien , apofté par Grombak , lui impofteur lui avoit fait croire qu'il parviendroit à l'empire dont il dépouilleroit *Maximilien*. La chrétienté étoit menacée du plus grand orage qu'elle eût effuyé. Les troubles auxquels jufqu'alors elle avoit été en proie , s'étoient appaifés par l'autorité des conciles ; mais celui de Trente fut méconnu par les Luthériens & les autres fectaires : les orthodoxes même en rejettoient plufieurs canons ; on ne voyoit point de poffibilité de réunir les efprits ; tous les princes étoient partagés : Philippe II , qui comptoit pour rien le fang des hommes , & qui le répandit toujours dès que fes plus légers intérêts l'exigèrent ; Pie V , ce pontife inflexible , & la reine Catherine de Médicis , avoient confpiré la ruine des calviniftes ; & ce projet s'exécutoit en Flandre , en France , en Efpagne , par les crimes & les armes de toute efpèce. *Maximilien II* vouloit qu'on laiffât vivre les peuples au gré de leur confcience , jufqu'à ce qu'on pût les ramener par la voie de la perfuafion. Si l'hiftoire peint ce prince fans valeur & fans talens dans l'art de la guerre , elle doit les plus grands éloges à fa modération , dans un tems de fanatifme & de difcorde , où des rois , égarés par un faux zèle & dévorés par l'ambition , fe fouilloient d'injuftes & d'affaffinats. Il avoit coutume de dire : *Le fang humain qui rougit les autels , n'honore pas le père commun des hommes*. On eft étonné d'entendre M. de Voltaire , cet apôtre du tolérantifme , faire un crime à *Maximilien* d'avoir refufé de feconder le barbare Philippe , dont les miniftres égorgeoient fans pitié les malheureux habitans des Pays - Bas. Philippe étoit fon coufin ; mais *Maximilien* dans fes fujets voyoit des enfans , & dans tous les chrétiens des frères. Cet empereur , loin de céder à la voix d'une cruelle intolérance , permit aux Autrichiens , qu'on ne pouvoit ramener , de fuivre la confeffion d'Ausbourg. Le pape , que cette conduite offenfoit , faifit toutes les occafions de le mortifier. Il reçut la plainte de Côme II , duc de Florence , qui difputoit l'honneur du pas à celui de Ferrare , & conféra le titre de grand-duc à Côme. C'étoit un attentat contre les droits de l'empire , qui ne permettoient pas au faint Siége de conférer des dignités , ni de connoître des différends qui s'élevoient entre les poffeffeurs des grands fiefs. L'empereur ne manqua pas de réclamer. Il tint enfuite plufieurs dietes , celle de Spire fut la plus mémorable. Les enfans du duc de Gotha obtinrent les biens qu'il poffédoit avant les troubles qu'avoit occafionnés la révolte. *Maximilien* y conclut une paix avec Sigifmond Lapolski , vaivode de Tranfilvanie , qu'il reconnut pour fouverain de cette province , & Sigifmond renonça à toutes fes prétentions fur la Hongrie : il quitta même le titre de roi qu'il avoit confervé jufqu'alors. On corrigea , ou plutôt ou voulut corriger différens abus qui s'étoient gliffés dans la monnoie. Les priviléges de Lubec y furent confirmés. Cette ville riche & commerçante avoit déjà beaucoup perdu de fa fplendeur. Les Vénitiens , en guerre avec les Turcs , qui leur enlevoient chaque jour quelque poffeffion , firent une ligue avec le roi d'Efpagne & le pape. Ils follicitèrent l'empereur d'y entrer ; mais il aimoit trop la paix pour rompre avec les Ottomans. La mort de Sigifmond II , dernier roi de Pologne , du fang des Jagellons , donna naiffance à une infinité de brigues. Maximilien fit des tentatives fecretes pour faire élire Erneft fon fils : il vouloit fe faire prier , & cette vanité , déplacée fans doute , puifqu'une couronne vaut bien la peine d'être demandée , fut caufe que le duc d'Anjou lui fut préféré. Il s'en confola , en affurant l'empire à Rodolphe II , fon fils , qu'il fit reconnoître pour roi des Romains. L'abdication du duc d'Anjou qui repaffa en France , où il étoit appellé par la mort de Charles IX , lui donna l'efpoir de réuffir dans fes premiers projets fur la Pologne ; mais la faction oppofée lui caufa une mortification bien grande : elle couronna Jean Battori , vaivode de Tranfilvanie , qui , pour affurer fes droits , époufa la fœur de Sigifmond II. Le czar de Mofcovie s'offrit à feconder fon reffentiment , & à faire la guerre au nouveau roi , qui mit la Pôrte dans fes intérêts. Maximilien refufa fes fervices , prévoyant qu'il les payeroit de la Livonie : il ne vouloit pas trahir à ce point les intérêts de l'empire , qui avoit des droits fur cette province. Il fe préparoit cependant à déclarer la guerre à Battori , traité à la cour de Vienne d'ufurpateur & de tyran , mais qui poffédoit les qualités d'un roi. Maximilien mourut au moment qu'il alloit allumer les premiers feux de cette guerre. Il laiffa un nom cher aux gens de bien , mais méprifé de ces cœurs barbares qui n'eftiment un prince que la foudre à la main , qui n'admirent que les grands fuccès , qui font bien plus fouvent les fruits du crime que de la vertu. La bulle d'or faifoit une loi aux empereurs de favoir quatre langues ; Maximilien en parloit fix. Ce prince honora les lettres , & récompenfa les artiftes dans tous les genres. Quiconque fe diftingua par quelque chef-d'œuvre , éprouva fes largeffes. Il eut plufieurs enfans de fon mariage avec l'impératrice Marie , fœur de Philippe II. Ceux qui lui furvécurent , furent Rodolphe qui fuccéda à l'empire ; Erneft qu'il vouloit placer fur le trône de Pologne , & qui fut gouverneur des Pays - Bas ; Ferdinand ; Matthias qui régna après Rodolphe II ; Maximilien , qui fut grand-maître de l'ordre Teutonique ; Albert , qui , après avoir été fucceffivement , viceroi de Portugal , cardinal & archevêque de Tolede , époufa l'infante Ifabelle qui lui apporta les Pays - Bas en dot , & Venceflas L'archiducheffe Anne , l'aînée des filles , fut mariée à Philippe II , fous qui s'opéra la révolution à laquelle la Hollande doit fa liberté. Elifabeth

cadette, fut mariée à Charles IX. ( M.— Y. )

MAXIMIN , ( Saint ) ) ( Hift. Ecclef. ) évêque de Trèves au quatrième fiècle , étoit né à Poitiers ; il combattit les Ariens , & reçut honorablement faint Athanafe , exilé à Trèves. Il vivoit en 349 ; étant allé peu de temps après revoir fa patrie , il y mourut.

MAXIMIN , ( Hift. Rom. ) eft le nom de deux empereurs romains.

Le premier étoit né l'an 173 , dans une bourgade de Thrace ; fon père étoit de la nation des Goths , fa mère de celle des Alains ; il fut d'abord berger , puis foldat & excellent foldat , & encore meilleur tribu a légionnaire ; à mefure qu'il avançoit en grade , il redoubloit fes foins & augmentoit de zèle pour tous les détails du fervice ; plus je ferai grand , dit - il à ceux qui s'en étonnoient , plus je travaillerai. Il étoit d'une force de corps qu'on peut foupçonner l'hiftoire d'avoir même exagérée , ainfi que fa taille , qui étoit , dit-on, de huit pieds & demi ; & fa voracité , qui alloit, dit - on encore , jufqu'à dévorer quarante livres de viande par jour , & avaler une amphore de vin , contenant environ vingt-huit de nos pintes. On lui attribue tout ce qui a été dit de Milon le Crotoniate. ( Voyez l'article MILON. ) Il mettoit tout feul en mouvement le chariot le plus chargé ; d'un coup de poing , il brifoit les dents à un cheval ou lui caffoit une jambe ; avec la main il réduifoit en poudre des pierres de tuf , & fendoit des arbres. L'empereur Sévère le fit lutter un jour contre fept foldats , choifis parmi les plus vigoureux , une autre fois contre feize de fes domeftiques , il les renverfa tous. Etant tribun ou centurion , fon plus grand plaifir étoit de s'exercer ainfi à la lutte contre fes foldats , & il triomphoit toujours. Un tribun envieux de fes fuccès inconnus , & qui fe fen'oit auffi de la force & du courage , lui dit : « c'eft une foible gloire pour un officier fupérieur, de vaincre fes foldats. Ce propos , dit Maximin , eft fans doute d'un homme qui veut fe mefurer avec moi. Le défi accepté , Maximin , d'un coup de poing le renverfe ; qu'un autre maintenant fe préfente , dit-il , mais que ce foit un tribun ». Tel étoit Maximin jufqu'au temps où il fut à portée d'élever fon ambition jufqu'au trône , & de tourner contre Alexandre Sévère , fon bienfaiteur , la grandeur & l'autorité dont il lui étoit redevable. Alexandre Sévère , vainqueur des Perfes , retournoit à Rome , d'où il partit bientôt pour chaffer les Germains de la Gaule. C'eft dans cette expédition malheureufe que l'ingrat & perfide Maximin engagea les légions de la Gaule à maffacrer ce vertueux empereur , dont Rome alors n'étoit pas digne. Maximin ufurpa l'empire & détruifit tout le bien qu'avoit fait fon prédéceffeur ; on ne vit plus en lui , qu'un monftre farouche , barbare de caractère comme de naiffance ; fa taille démefurée , fon afpect terrible , fa force incroyable , fon courage impétueux , fa férocité exceffive qui , dans un foldat , avoient pu quelquefois exciter l'admiration , n'infpi roient plus que la crainte dans un empereur ou plutôt dans un tyran ; il haïſſoit la nobleſſe , & travailloit à l'exterminer ; il perſécutoit les Chrétiens en haine d'Alexandre Sévère , qui les avoit protégés. Ses ſombres défiances , ſes emportements , ſes fureurs révoltèrent contre lui tous les ordres de l'empire. Un jour, on lui fit au ſpectacle , une application qui eût été un avertiſſement , s'il avoit pu l'entendre ; un acteur prononçoit des vers grecs, dont voici le ſens : *Celui qui ne peut pas être tué par un ſeul , peut l'être par pluſieurs. L'éléphant eſt un grand animal, & on le tue. Le lion & le tigre ſont fiers & courageux , & on les tue.* Craignez la réunion de pluſieurs , ſi un ſeul ne peut vous faire craindre. L'ignorant Maximin , qui n'entendoit pas le grec ; mais qui vit un grand mouvement dans l'aſſemblée , demanda ce qui venoit d'être dit ; on le trompa , & il fut obligé de croire ce qu'on lui diſoit. Peu de temps après , la nobleſſe d'Afrique ayant maſſacré un officier , dont les exactions approuvées ſans doute par Maximin , ruinoient la province , le deſir d'obtenir l'impunité , produiſit une révolution qui plaça pour un moment ſur le trône , les deux Gordiens ; ce fut l'arrêt de leur mort. Gordien le père , vieillard octogénaire , ſe laiſſa proclamer empereur par les légions d'Afrique , afin d'éviter la mort dont elles le menaçoient , & qui n'en fut que plus horrible pour avoir été retardée. Il fut témoin de la défaite & de la mort de ſon fils , & ſe pendit de déſeſpoir. Le ſénat qui avoit confirmé leur élection , déféra l'empire , ſans le concours du peuple & des ſoldats , à Maxime & à Balbin , & les chargea de ſoutenir la guerre contre Maximin , devenu l'objet de l'exécration publique ; le peuple ne déſavoua point ce choix ; mais il força les deux nouveaux empereurs de s'aſſocier un troiſième Gordien ; c'eſt celui qui eſt connu ſous le nom de Gordien le jeune ; cependant l'Italie trembloit au ſeul nom de Maximin qui , averti de toutes ſes révolutions , accouroit furieux des bords du Danube , où les Germains avoient exercé ſon courage ; cet homme terrible n'avoit jamais ſçu pardonner , auſſi par le malheur qu'il n'en étoit que plus effrayant , les tortures & la mort devoient être le partage inévitable des vaincus ; le tyran approchoit , la terreur reconnoiſſoit , les Alpes mal gardées n'avoient rien oppoſé à ſon paſſage. Aquilée l'arrêta , il y trouva une réſiſtance qui pouſſa ſa férocité juſqu'au comble ; ne pouvant l'exercer ſur ſes ennemis , il l'exerçoit ſur ſa propre armée , qui enfin délivra elle-même l'empire de ce fléau ; les têtes des deux Maximin père & fils , portées à Maxime , réunirent les deux armées , chacun ſe crut délivré de ſa mort. Maxime triompha de l'ennemi qu'il n'avoit pas vaincu. La mort de Maximin tombe à l'an 238. Jamais bête plus cruelle n'a marché ſur la terre , dit Capitolin , ni celle du père. Son nom étoit Caius - Julius - Verus - Maximinus. Le fils , qui avoit été nommé Céſar par ſon père , ne vécut que vingt & un ans. L'hiſtoire n'a guère conſervé que le ſouvenir de ſa belle figure , qu'il ſe plaiſoit , dit-on , à relever par la parure. Un Auteur a écrit que les Romains fu-

rent preſqu'auſſi affligés de ſa mort que contents de celle du père.

Le ſecond empereur , du nom de Maximin, étoit Galerius - Valerius - Maximinus , ſurnommé Daïa ou Daza , neveu de Galerius , & nommé par lui Céſar l'an 305. Il étoit digne par ſes vices , du choix de Galérius. Les uns uſurpant la pourpre impériale , les autres la conſervant ; quelques-uns même , tels que Maximien Hercule , collègue de Dioclétien , la reprenant après l'avoir quittée , on compta juſqu'à ſix empereurs à la fois ; Galerius , ſucceſſeur de Dioclétien ; Conſtantin , héritier de Conſtance-Chlore ſon père ; Licinius , beau-frère de Conſtantin ; Maximien , qui avoit repris la pourpre ; Maxence ſon fils , qui l'avoit priſe & qui ne la quitta pas même pour ſon père ; & Maximin Daïa : tous ces ſix empereurs furent ennemis , malgré les liens qui uniſſoient quelques-uns d'entr'eux. Maximin , vaincu par Licinius , s'empoiſonna l'an 313 , & tout vint aboutir à Conſtantin , qui reſta ſeul maître de l'empire. Avant de s'empoiſonner , Maximin s'étoit rempli de vin & de viandes , comme pour dire un dernier adieu aux plaiſirs de la table , ce qui rendit l'effet du poiſon plus lent , mais plus terrible. Le feu du poiſon lui dévora les entrailles , il devint un ſquelette, les yeux lui ſortirent de la tête , il ſentit alors de cruels remords d'avoir perſécuté les Chrétiens avec autant de violence que le premier Maximin ; il demandoit pardon à JESUS - CHRIST , il le prioit douloureuſement de l'épargner & de ſe contenter des maux qu'il éprouvoit. Il avoit voulu épouſer Valérie , fille de Dioclétien , & veuve de Galérius , femme vertueuſe qui par des raiſons de décence , & peut-être par averſion pour un homme haïſſable , rejetta ſes propoſitions ; il prit un plaiſir barbare à la perſécuter , à la tourmenter , à la traîner d'exil en exil , ſans que Dioclétien ſon père , tantôt ſuppliant comme un ſimple particulier , tantôt parlant d'un ton plus ferme , comme un homme qui ſe ſouvenoit d'avoir été empereur , pût obtenir aucun ſoulagement aux peines de ſa fille qui , du fond des déſerts de la Syrie , où elle étoit réléguée , imploroit ſa protection.

On trouve encore dans l'Hiſtoire Romaine , un autre Maximin , parent de l'empereur Tacite , & gouverneur de Syrie ſous ce prince ; ce Maximin étoit , comme tous ceux de ce nom , un homme violent & emporté qui , maltraitant & les ſoldats & les officiers , les ſouleva contre lui , & périt ſous leurs coups , l'an de J. C. 276. Sa mort entraîna celle de l'empereur Tacite , parce que les meurtriers de Maximin crurent ne pouvoir s'aſſurer l'impunité qu'en faiſant périr Tacite lui-même , vengeur naturel de ſon parent & de ſon protégé.

MAYENNE , ( *Voyez* LORRAINE. )

MAYEQUES, ſ. m. pl. ( *Hiſt. mod.* ) c'eſt ainſi que l'on nommoit chez les Mexicains un nombre d'hommes tributaires , à qui il n'étoit point permis de poſſéder des terres en propre , ils ne pouvoient que les tenir en rente ; il ne leur étoit point permis de quitter une terre pour en prendre une autre , ni de jamais

## MAY

abandonner celle qu'ils labouroient. Les seigneurs avoient sur eux la jurisdiction civile & criminelle, ils ne servoient à la guerre, que dans les nécessités pressantes, parce que les Mexicains savoient que la guerre ne doit point faire perdre de vue l'agriculture. ( *A. R.* )

« MAYER ou MAIER, ( *Hist. Litt. mod.* ) C'est le nom de plusieurs écrivains connus :

1°. Michel *Mayer*, grand alchymiste du dernier siècle, a beaucoup écrit sur la Pierre philosophale & sur les frères Rose-Croix.

2°. Jean-Frédéric *Mayer*, luthérien, de Leipsick, surintendant général des églises de Poméranie, a donné une *Bibliothèque de la Bible*, où il examine les différents écrivains juifs, chrétiens, catholiques, protestants, qui ont travaillé sur la bible ; un traité de la manière d'étudier l'Ecriture sainte ; diverses dissertations, toujours sur la Bible ; un traité *de osculo pedum Pontificis Romani.* Mort en 1712.

3°. Tobie *Mayer*, un des plus grands astronomes de ce siècle, connu sur-tout par ses *Tables du mouvement du Soleil & de la Lune*, auteur d'une *nouvelle manière générale de résoudre tous les problêmes de Géométrie, au moyen des lignes géométriques* ; d'un *Atlas mathématique*, dans lequel toutes les mathématiques sont représentées en 60 tables, & d'autres ouvrages d'astronomie & de mathématiques très-utiles. Il étoit né en 1723, à Marspach dans le duché de Wirtemberg. Il fut professeur de mathématiques à Gottingue en 1750. Il mourut le 20 février 1762.

MAYERNE, ( Théodore Turquet, sieur de ) ( *Hist. Litt. Mod.* ) médecin de Henri IV, & ensuite des rois d'Angleterre. Il étoit calviniste, & le cardinal du Perron, mauvais convertisseur, avoit vainement entrepris sa conversion. Il mourut à Chelsey près de Londres, en 1655. Il étoit né à Genève en 1573. Ses œuvres ont été imprimées en 1700, en un gros vol. *in-folio.*

MAYNARD, (François) ( *Hist. Litt. mod.* ) un des premiers bons poëtes françois & un des membres de l'Académie Françoise les plus distingués de son temps, étoit fils d'un conseiller au parlement de Toulouse, dont on a un recueil d'arrêts ; on le regarde comme celui qui a établi la règle très-nécessaire & très-impérieusement exigée par l'oreille de faire une pause au troisième vers dans les couplets, strophes ou stances de six vers, & une au septième vers dans les strophes de dix. Malherbe disoit de *Maynard* qu'il tournoit fort bien un vers, mais que son style manquoit de force, & nous pouvons dire qu'il mérite une place très-honorable au-dessous de Malherbe ; ses vers sont d'un homme qui sait & qui sent ce qu'il dit ; ils disent quelque chose, & ils ont de l'intérêt ; on voit quels sentiments animoient l'auteur, ce qu'il espéroit beaucoup des grands ; que ses espérances étoient souvent trompées, & qu'alors il se plaignoit d'eux avec l'amertume d'un cœur ulcéré. On connoît ses vers au cardinal de Richelieu :

Armand, l'âge affoiblit mes yeux,
Et toute ma chaleur me quitte, . . .         !
Je verrai bientôt mes ayeux
Sur le rivage du Cocyte,
Je ferai bientôt des suivants
De ce bon monarque de France
Qui fut le père des savants,
Dans un siècle plein d'ignorance.

Je l'entretiendrai des merveilles de ton ministère, & sur ce point J'aurai beaucoup à lui dire :

Mais s'il demande à quel emploi
Tu m'as tenu dedans le monde,
Et quel bien j'ai reçu de toi,
Que veux-tu que je lui réponde ?

Le cardinal répondit durement : *rien.* Il avoit sans doute de la haine ou des préventions contre lui ; il n'avoit certainement pas beaucoup d'occasions de placer mieux ses bienfaits ; & puisque les poëtes de ce temps se permettoient de demander aussi franchement, poignoit encore ceux d'une belle figure, il sembloit pouvoir se promettre des succès solides auprès des grands, au lieu de richesses, un brevet de conseiller d'état. Il tenta encore la fortune sous la régence d'Anne d'Autriche ; & n'ayant ni eu ni prévu un meilleur succès, il se rebuta & se retira dans sa province, où il écrivit sur la porte de son cabinet,

Maynard avoit été secrétaire de la reine Marguerite, & avoit trouvé grace auprès d'elle par son esprit & son enjouement. Noailles, ambassadeur à Rome, l'y mena en 1634 ; il plut aussi au pape Urbain VIII, par les charmes de sa conversation, de vers plutôt d'une bonne fabrique que d'un bon goût, ne sentoit pas : combien. *Maynard* étoit supérieur à Colletet à ses semblables, il avoit tort de juger des vers & des ouvrages d'esprit.

Si la pièce très-jolie, très-piquante & très-philosophique, citée par M. de Voltaire à l'article *Maynard*, dans le siècle de Louis XIV, est faite contre le cardinal de Richelieu, & si c'est la vengeance du refus choquant de ce ministre, cette vengeance, qui n'a rien de sanglant ni d'atroce, paroit très-juste, & elle est de bon goût, elle est dans les justes mesures. Cependant M. de Voltaire a raison d'imiter cette conduite ressemble trop à celle des mendiants qui appellent les passans *Monseigneur*, & qui les maudissent, s'ils n'en reçoivent point d'aumône.

533

roient plus que la crainte dans un empereur ou plutôt dans un tyran ; il haïſſoit la nobleſſe, & travailloit à l'exterminer ; il perſécutoit les Chrétiens en haine d'Alexandre Sévère, qui les avoit protégés. Ses ſombres défiances, ſes emportemens, ſes fureurs révoltèrent contre lui tous les ordres de l'empire. Un jour on lui fit au ſpectacle, une application qui eût été un avertiſſement, s'il avoit pu l'entendre ; un acteur prononçoit des vers grecs dont voici le ſens ; *Celui qui ne peut pas être tué par un ſeul, peut l'être par pluſieurs. L'éléphant eſt un grand animal, & on le tue. Le lion & le tigre ſont fiers & courageux, & on les tue. Craignez la réunion de pluſieurs, ſi un ſeul ne peut vous faire craindre.* L'ignorant Maximin, qui n'entendoit pas le grec, mais qui vit un grand mouvement dans l'aſſemblée, demanda ce qui venoit d'être dit ; on le trompa, & il fut obligé de croire ce qu'on lui diſoit. Peu de temps après, la nobleſſe d'Afrique ayant maſſacré un officier, dont les exactions approuvées ſans doute par Maximin, ruinoient la province ; le deſir d'obtenir l'impunité, produiſit une révolution qui plaça pour un moment, ſur le trône, les deux Gordiens ; ce fut l'arrêt de leur mort. Gordien le père, vieillard octogénaire, ſe laiſſa proclamer empereur par les légions d'Afrique, afin d'éviter la mort dont elles le menaçoient, & qui n'en fut que plus horrible pour avoir été retardée. Il fut témoin de la défaite & de la mort de ſon fils, & ſe pendit de déſeſpoir. Le ſénat qui avoit confirmé leur élection, déféra l'empire, ſans le concours du peuple & des ſoldats, à Maxime & à Palbin, & les chargea de ſoutenir la guerre contre Maximin, devenu l'objet de l'exécration publique ; le peuple ne déſavoua point le choix ; mais il força les deux nouveaux empereurs de s'aſſocier un troiſième Gordien : c'eſt celui qui eſt connu ſous le nom de Gordien le jeune ; cependant l'Italie trembloit au ſeul nom de Maximin qui, averti de toutes ſes révolutions, accouroit furieux des bords du Danube, où les Germains avoient exercé ſon courage ; cet homme terrible n'avoit jamais ſçu pardonner ; aigri par le malheur ; il n'en étoit que plus effrayant ; les tortures & la mort devoient être le partage inévitable des vaincus ; le tyran approchoit, la terreur redoubloit, les Alpes mal gardées n'avoient rien oppoſé à ſon paſſage. Aquilée l'arrêta ; il y trouva une réſiſtance qui pouſſa ſa férocité juſqu'au comble ; ne pouvant l'exercer ſur ſes ennemis, il l'exerçoit ſur ſa propre armée, qui enfin délivra elle-même l'empire de ce fléau ; les têtes des deux Maximin père & fils, portées à Maxime, réunirent les deux armées, chacun ſe crut délivré de la mort, Maxime triompha de l'ennemi qu'il n'avoit pas vaincu. La mort de Maximin tombe à l'an 238. Jamais bête plus cruelle n'a marché ſur la terre, dit Capitolin, en parla t il du père. Son nom étoit Caius - Julius - Verus-Maximinus. Le fils, qui avoit été nommé Céſar par ſon père, ne vécut que vingt & un ans. L'hiſtoire n'a guère conſervé que le ſouvenir de ſa belle figure, qu'il ſe plaiſoit, dit-on, à relever par la parure. Un Auteur a écrit que les Romains furent preſqu'auſſi affligés de ſa mort que contens de celle du père.

Le ſecond empereur, du nom de Maximin, étoit Galerius - Valerius - Maximinus, ſurnommé Daïa ou Daza, neveu de Galerius, & nommé par lui Céſar l'an 305. Il étoit digne par ſes vices, du choix de Galérius. Les uns uſurpant la pourpre impériale, les autres la conſervant ; quelques-uns même, tels que Maximien Hercule, collègue de Dioclétien, la reprenant après l'avoir quittée, on compta juſqu'à ſix empereurs à la fois ; Galerius, ſucceſſeur de Dioclétien ; Conſtantin, héritier de Conſtance-Chlore ſon père ; Licinius, beau-frère de Conſtantin ; Maximien, qui avoit repris la pourpre ; Maxence ſon fils, qui l'avoit priſe & qui ne la quitta pas même pour ſon père ; & Maximin Daïa : tous ces ſix empereurs furent ennemis, malgré les liens qui uniſſoient quelques-uns d'entr'eux. Maximin, vaincu par Licinius, s'empoiſonna l'an 313, & tout vint aboutir à Conſtantin, qui reſta ſeul maître de l'empire. Avant de s'empoiſonner, Maximin s'étoit rempli de vin & de viandes, comme pour dire un dernier adieu aux plaiſirs de la table, ce qui rendit l'effet du poiſon plus lent, mais plus terrible. Le feu du poiſon lui dévora les entrailles, il devint un ſquelette, les yeux lui ſortirent de la tête, il ſentit alors de cruels remords d'avoir perſécuté les Chrétiens avec autant de violence que le premier Maximin ; il demandoit pardon à Jeſus - Chriſt, il le prioit douloureuſement de l'épargner & de le contenter des maux qu'il éprouvoit. Il avoit voulu épouſer Valérie, fille de Dioclétien, & veuve de Galerius, femme vertueuſe qui, par des raiſons de décence, & peut-être par averſion pour un homme haïſſable, rejetta ſes propoſitions ; il prit un plaiſir barbare à la perſécuter, à la tourmenter, à la traîner d'exil en exil, ſans que Dioclétien ſon père, tantôt ſuppliant comme un ſimple particulier, tantôt parlant d'un ton plus ferme, comme un homme qui ſe ſouvenoit d'avoir été empereur, pût obtenir aucun ſoulagement aux peines de ſa fille qui, du fond des déſerts de la Syrie, où elle étoit réléguée, imploroit ſa protection.

On trouve encore dans l'Hiſtoire Romaine, un autre Maximin, parent de l'empereur Tacite, & gouverneur de Syrie ſous ce prince ; ce Maximin étoit, comme tous ceux de ce nom, un homme violent & emporté qui, maltraitant les ſoldats & les officiers, les ſouleva contre lui, & périt ſous leurs coups, l'an de J. C. 276. Sa mort entraîna celle de l'empereur Tacite, parce que les meurtriers de Maximin craignant de ne pouvoir s'aſſurer l'impunité qu'en faiſant périr Tacite lui-même, vengeur naturel de ſon parent & de ſon protégé.

MAYENNE, ( *Voyez* Lorraine )

MAYEQUES, ſm. pl. ( *Hiſt. mod.* ) c'eſt ainſi que l'on nommoit chez les Mexicains un nombre d'hommes tributaires, à qui il n'étoit point permis de poſſéder des terres en propre, ils ne pouvoient que les tenir en rente ; il leur étoit point permis de quiter une terre pour en prendre une autre, ni de jamais abandonner celle qu'ils labouroient. Les seigneurs avoient sur eux la jurisdiction civile & criminelle, ils ne servoient à la guerre, que dans les nécessités pressantes, parce que les Mexicains savoient que la guerre ne doit point faire perdre de vue l'agriculture. ( *A. R.* )

‹ MAYER ou MAIER, ( *Hist. Litt. mod.* ) C'est le nom de plusieurs écrivains connus :

1°. Michel *Mayer*, grand alchymiste du dernier siècle, a beaucoup écrit sur la Pierre philosophale & sur les frères Rose-Croix.

2°. Jean-Frédéric *Mayer*, luthérien, de Leipsick, surintendant général des églises de Poméranie, a donné une *Bibliothèque de la Bible*, où il examine les différents écrivains juifs, chrétiens, catholiques, protestants, qui ont travaillé sur la bible ; un traité de la manière d'étudier l'Ecriture sainte ; diverses dissertations, toujours sur la Bible ; un traité *de osculo pedum Pontificis Romani*. Mort en 1712.

3°. Tobie *Mayer*, un des plus grands astronomes de ce siècle, connu sur-tout par les *Tables du mouvement du Soleil & de la Lune*, auteur d'une *nouvelle manière générale de résoudre tous les problèmes de Géométrie, au moyen des lignes géométriques* ; d'un *Atlas mathématique, dans lequel toutes les mathématiques sont représentées en 60 tables*, & d'autres ouvrages d'astronomie & de mathématiques très-utiles. Il étoit né en 1723, à Marspach dans le duché de Wirtemberg. Il fut professeur de mathématiques à Gottingue en 1750. Il mourut le 20 février 1762.

MAYERNE, ( Théodore Turquet, sieur de ) ( *Hist. Litt. Mod.* ) médecin de Henri IV, & ensuite des rois d'Angleterre. Il étoit calviniste, & le cardinal du Perron, mauvais convertisseur, avoit vainement entrepris sa conversion. Il mourut à Chelsey près de Londres, en 1655. Il étoit né à Genève en 1573. Ses œuvres ont été imprimées en 1700, en un gros vol. *in-folio*.

MAYNARD, ( François ) ( *Hist. Litt. mod.* ) un des premiers bons poëtes françois & un des membres de l'Académie Françoise les plus distingués de son temps, étoit fils d'un conseiller au parlement de Toulouse, dont on a un recueil d'arrêts ; on le regarde comme celui qui a établi la règle très-nécessaire & très-impérieusement exigée par l'oreille de faire une pause au troisième vers dans les couplets, strophes ou stances de six vers, & une au septième vers dans les strophes de dix. Malherbe disoit de *Maynard*, qu'il tournoit fort bien un vers, mais que son style manquoit de force, & nous pouvons dire qu'il mérite une place très-honorable au-dessous de Malherbe ; ses vers sont d'un homme qui sait & qui sent ce qu'il dit ; ils disent quelque chose, & ils ont de l'intérêt ; on voit quels sentiments animoient l'auteur ; on voit qu'il espéroit beaucoup des grands ; que ses espérances étoient souvent trompées ; & qu'alors il se plaignoit d'eux avec l'amertume d'un cœur ulcéré. On connoît ses vers au cardinal de Richelieu :

Armand, l'âge affoiblit mes yeux,
Et toute ma chaleur me quitte,
Je verrai bientôt mes ayeux
Sur le rivage du Cocyte,
Je serai bientôt des suivants
De ce bon monarque de France
Qui fut le père des savants,
Dans un siècle plein d'ignorance.

Je l'entretiendrai des merveilles de ton ministère, & sur ce point j'aurai beaucoup à lui dire :

Mais s'il demande à quel emploi
Tu m'as tenu dedans le monde,
Et quel bien j'ai reçu de toi,
Que veux-tu que je lui réponde ?

Le cardinal répondit durement : *rien*. Il avoit sans doute de la haine ou des préventions contre lui ; il n'avoit certainement pas beaucoup d'occasions de placer mieux ses bienfaits ; & puisque les poëtes de ce temps se permettoient de demander aussi franchement, puisqu'ils étoient sur ce point sans délicatesse & sans dignité, il est sûr que *Maynard* ne pouvoit trouver une manière de demander plus ingénieuse, plus obligeante pour le ministre, plus faite pour lui plaire & pour être accueillie. Si le cardinal de Richelieu, qui donnoit six cents liv. à Colletet pour six vers plutôt d'une bonne fabrique que d'un bon goût, ne sentoit pas combien *Maynard* étoit supérieur à Colletet & à ses semblables, il avoit tort de juger des vers & des ouvrages d'esprit.

Si la pièce très-jolie, & très-piquante & très-philosophique, citée par M. de Voltaire à l'article *Maynard*, dans le siècle de Louis XIV, est faite contre le cardinal de Richelieu, & si c'est la vengeance du refus choquant de ce ministre, cette vengeance, qui n'a rien de sanglant ni d'atroce, paroît très-juste, & elle est de bon goût, elle est dans les justes mesures. Cependant M. de Voltaire a raison, toute cette conduite ressemble trop à celle des mendians qui appellent les passans *Monseigneur*, & qui les maudissent, s'ils n'en reçoivent point d'aumône.

*Maynard* avoit été secrétaire de la reine Marguerite, & avoit trouvé grace auprès d'elle par son esprit & son enjouement. Noailles, ambassadeur à Rome, l'y mena en 1634 ; il plut aussi au pape Urbain VIII, par les charmes de sa conversation ; il revint en France, & comme aux agrémens dont nous avons parlé, il joignoit encore ceux d'une belle figure, il sembloit pouvoir se promettre des succès solides auprès des grands ; il obtint, au lieu de richesses, un passe-port de conseiller d'état. Il tenta encore la fortune sous la régence d'Anne d'Autriche, & n'ayant ni eu ni prévu un meilleur succès, il se rebuta & se retira dans sa province, où il écrivit sur la porte de son cabinet, ces quatre vers plus philosophiques qu'on ne savoit les faire alors : « :

Las d'espérer & de me plaindre
Des Muses, des grands & du sort,
C'est ici que j'attends la mort,
Sans la désirer ni la craindre.

C'est le *Summum nec metuas diem , nec optes*. :
Il mourut en 1646, âgé de soixante & quatre ans.

MAZARIN, (Jules) (*Hist. de Fr.*) né à Piscina dans l'Abruzze en 1602, d'une famille noble, fait cardinal en 1641, le 16 décembre, gouverna la France depuis 1643 jusqu'à sa mort, arrivée à Vincennes le 9 mars 1661. Il régna au milieu des orages ; tout ce qu'on a fait contre lui de chansons & de libelles formeroit une bibliothèque considérable : mais ce n'est pas par des chansons & des libelles, qu'il faut juger les hommes célèbres. L'histoire de son ministère se trouve dans tous les mémoires du temps, tantôt avec éloge, tantôt avec censure. Tout est dit sur ce point, tout est connu, tout est jugé. Nous nous bornerons ici à quelques résultats généraux.

Ce ministre, qu'on a tant comparé avec Richelieu son prédécesseur & son protecteur, avoit sans doute moins d'étendue d'esprit, moins d'élévation dans l'ame, moins d'énergie dans le caractère. L'un gouvernoit par la force, l'autre par l'adresse, aucun par la raison ni par la justice ; l'un accabloit ses ennemis, l'autre les trompoit ; l'un commandoit, l'autre négocioit. Si l'on examine de quelle utilité ils ont été au monde, & qu'on les compare sous ce point de vue, il vaut certainement mieux avoir appaisé des troubles que d'en avoir fait naître ; il vaut mieux avoir terminé la guerre de trente ans que de l'avoir entretenue & ranimée ; la paix de Westphalie (1648.) & celle des Pyrénées (1659) sont deux époques qui élèvent *Mazarin* au-dessus de Richelieu & des plus grands ministres. Tant de droits réglés par le traité de Westphalie ; la souveraineté des Pays-Bas irrévocablement reconnue, la liberté de l'Allemagne, l'indépendance de ses princes assurée, & le code germanique fondé pour l'avenir sur cette base solide ; la rivalité des maisons de France & d'Autriche suspendue par le traité des Pyrénées ; de nouveaux nœuds formés entre ces deux maisons ; & par l'effet de ces nœuds, la succession d'Espagne présentée de loin à la France qui la recueillit dans la suite ; ces monumens de paix valent bien l'honneur d'avoir inventé des moyens nouveaux ou renouvellé des moyens anciens de troubler l'Europe.

*Mazarin* s'étoit annoncé de bonne heure pour un ministre de paix. Le trait suivant devroit immortaliser beaucoup plus que des victoires. En 1630, les François & les Espagnols étoient près d'en venir aux mains dans les environs de Casal ; *Mazarin* s'élance entre les deux armées, les arrête, les sépare, & par une négociation heureuse, au moins pour le moment, fait conclure une trève sous la médiation du duc de

Savoie dont il étoit l'envoyé. Ce fait a été trop peu célébré dans l'histoire, on a presque oublié que *Mazarin*, dans cette occasion éclatante, a épargné le sang des hommes ; on se souvient seulement qu'il les trompoit : on lui en a même fait un mérite, & dom Louis de Haro a paru avancer un paradoxe, en observant que *Mazarin* avoit un grand défaut en politique, celui de vouloir toujours tromper.

On a aussi beaucoup vanté Richelieu d'avoir abaissé les grands & les corps intermédiaires. La preuve qu'il ne les avoit point abaissés, c'est la guerre de la Fronde, & la foiblesse des motifs apparens qui la firent naître. Quelques édits bursaux, peu onéreux exigés d'ailleurs par les conjonctures, auroient-ils excité une si violente tempête contre un ministre doux & modéré, si une multitude d'autres impôts établis, dès le temps du cardinal de Richelieu & l'inexactitude dans les payemens, fruits d'une guerre longue & ruineuse, n'avoient aigri depuis long-temps les esprits ? Les troubles de la Fronde n'éclatèrent que sous *Mazarin*, mais Richelieu en avoit fourni & développé le germe ; *Mazarin*, sans avoir le tort de les exciter, eut le talent de les dissiper, il eut le bonheur de triompher deux fois de la haine publique, qu'il n'avoit pas méritée.

C'est sur-tout par l'amour des lettres que le cardinal de Richelieu est supérieur à l'indifférent *Mazarin*, qui n'aimoit que la fortune ; il reste cependant un monument précieux du cardinal *Mazarin*, c'est le collége & la bibliothèque qui portent son nom.

Richelieu s'étoit principalement proposé pour modèle l'inflexible sévérité de Ximénès ; *Mazarin* la souplesse artificieuse de Louis XI & de Ferdinand-le-Catholique.

On sait si Richelieu étoit vindicatif & sanguinaire ; *Mazarin*, quoiqu'il se soit cru forcé à quelques coups d'autorité assez hardis, ne savoit point haïr, oublioit aisément les injures & en a pardonné quelques-unes assez généreusement. On raconte que dans un souper de frondeurs, le chansonnier Blot fit contre lui ce couplet, plus violent qu'ingénieux :

Creusons tous un tombeau
A qui nous perfécute !
Que le jour sera beau
Qui verra cette chûte !
Pour ce Jules nouveau,
Cherchons un nouveau Brute.

Le lendemain le cardinal envoye chercher Blot : Si vous croyez avoir soupé hier avec tous gens de vos amis, lui dit-il, vous vous trompez ; il y en avoit quelques-uns des miens ; vous avez du talent, monsieur Blot, mais vous en faites un mauvais usage : que faudroit-il faire pour être de vos amis ? On ajoute qu'il lui donna une pension de deux mille francs, à condition de renoncer à la satyre ; c'étoit lui rendre deux services au lieu d'un.

L'ambition de Richelieu se portoit à tous les objets ; il vouloit être tantôt patriarche des Gaules, tantôt électeur de Trèves, tantôt régent du royaume après Louis XIII, qu'il voyoit mourant sans voir qu'il l'étoit lui-même davantage ; en effet il mourut plus de cinq mois avant Louis XIII. Il avoit aussi l'ambition d'être canonisé. Il paroit que le dernier but de l'ambition de *Mazarin* étoit d'amasser des richesses ; Richelieu vouloit être riche pour être puissant, *Mazarin* vouloit être puissant pour être riche.

Richelieu & *Mazarin* eurent tous deux le ridicule de vouloir usurper la gloire d'autrui dans un genre qui leur étoit étranger. Richelieu vouloit que Corneille lui cédât la tragédie du Cid ; *Mazarin*, que Turenne lui cédât la victoire des Dunes & la campagne de 1654. C'est à cette prétention d'être guerrier, annoncée déjà depuis long-temps, que le grand Condé faisoit allusion, lorsqu'il disoit au cardinal avec un sourire amer : *adieu, Mars*.

M. le président Hénault a fait un bien beau portrait du cardinal *Mazarin* ; il est peut-être un peu embelli comme ceux de Velleius Paterculus son modèle, mais il a de grands traits de vérité.

« Ce ministre, dit-il, étoit aussi doux que le cardinal » de Richelieu étoit violent. Un de ses plus grands » talens fut de bien connoitre les hommes Le caractère » de sa politique étoit plûtot la finesse & la patience » que la force. Opposé à don Louis de Haro, comme » Richelieu l'avoit été au duc d'Olivarès, après être » parvenu, au milieu des troubles civils de la France, » à déterminer toute l'Allemagne à nous céder le » gré ce que son prédécesseur lui avoit enlevé par la » guerre ; il fut tirer un avantage encore plus précieux » de l'opiniâtreté que l'Espagne fit voir alors, & » après lui avoir donné le temps de s'épuiser, il » l'amena enfin à la conclusion de ce célèbre mariage » ( de Louis XIV & de Marie Thérèse ) qui acquit » au roi des droits légitimes & vainement contestés » sur une des puissantes monarchies de l'univers. Ce ministre pensoit que la force ne doit jamais » être employée qu'au défaut des autres moyens, & » son esprit lui fournissoit le courage conforme aux circonstances. Hardi à Casal, tranquille & agissant dans sa retraite à Cologne, entreprenant lorsqu'il falluit arrêter les princes ; mais insensible aux plaisanteries de la Fronde, méprisant les bravades du coadjuteur, & écoutant les murmures de la populace, comme on écoute du rivage le bruit des flots de la mer. Il y avoit dans le cardinal de Richelieu quelque chose de plus grand, de plus vaste & de » moins concerté ; & dans le cardinal *Mazarin* » plus d'adresse, plus de mesures & moins d'écarts. » On haïssoit l'un, & l'on se moquoit de l'autre ; » mais tous deux furent les maitres de l'Etat.

Le Cardinal *Mazarin* qui, sans rien avoir de la cruauté de Louis XI, se piquoit d'en avoir la politique machiavelliste, en avoit aussi les petitesses. On sait que Louis XI, dans la maladie de langueur dont il mourut, cherchoit à faire illusion aux autres, ne pouvant se la faire à lui-même ; il paroissoit en public avec de riches vêtements, croyant déguiser par la parure, sa décadence & sa foiblesse ; *Mazarin* en fit autant dans

sa dernière maladie. Il donna une audience publique, où il crut avoir un air de santé, parce qu'il s'étoit mis un peu de rouge. Le comte de Fuensaldagne, ambassadeur d'Espagne, n'en fut point la dupe, & dit à M. le prince, auprès duquel il se trouvoit : *voilà un portrait qui ressemble un peu à M. le cardinal.*

Le Roi & la cour portèrent le deuil à la mort du cardinal. On a prétendu qu'il avoit amassé plus de deux cents millions ; cette immense richesse a aussi été révoquée en doute au moins quant au degré, mais ce qui n'est pas douteux, c'est que, sans être prêtre, il étoit évêque de Metz, &. qu'il possédoit dans la même ville les abbayes de S. Arnould, de S. Clément & de S. Vincent ; celles de S. Denis, de Cluni, de S. Victor de Marseille, de S. Médard de Soissons, de S. Taurin d'Evreux, & plusieurs autres, sans compter, d t-on, la vente des bénéfices qu'il conféroit, & tous les autres profits qu'il se réservoit ou se ménageoit, soit dans les biens ecclésiastiques, soit dans toute sorte d'affaires de finances & autres.

Les mariages de ses nièces furent de grandes & importantes affaires. ( *Voyez* les articles MANCINI & MARTINOZZI.) Charles II, depuis Roi d'Angleterre, alors fugitif & proscrit pendant la tyrannie de Cromwel, demanda au cardinal *Mazarin* une de ses nièces en mariage, & fut refusé. Richelieu la lui eût accordée & eût voulu la faire reine d'Angleterre. Quand les affaires de Charles II parurent se rétablir, *Mazarin* voulut renouer la négociation ; il fut refusé à son tour. Voilà encore à quoi Richelieu ne se feroit pas exposé.

Le cardinal *Mazarin* dans ses lettres, paroît s'opposer de bien bonne foi au desir que Louis XIV, dans l'ardeur de la jeunesse & de la passion, montroit d'épouser mademoiselle de Mancini, qui fut depuis la connétable Colonne ; on croit cependant assez généralement qu'il fut tenté de la laisser agir la passion du Roi, & ce qui fut dans cet esprit qu'il dit à la reine-mère, qu'il craignoit bien que le Roi ne voulût trop absolument épouser sa nièce. On sait la réponse que lui fit la reine-mère, qui comprit, comme dit l'auteur du siècle de Louis XIV , que le ministre desiroit ce qu'il feignoit de craindre : *Si le roi étoit capable d'une telle bassesse, je me mettrois avec mon autre fils à la tête de la nation contre lui*, & *contre vous*, réponse que le ministre, ajoute-t-on, ne lui pardonna jamais, & qu'il dut d'autant moins lui pardonner, qu'il fut obligé de s'y conformer. Dès qu'il put se passer du crédit de la reine, qui l'avoit fait tout ce qu'il étoit & à laquelle il devoit bien plus que Richelieu à Marie de Medicis, il travailla sourdement à diminuer ce crédit. Quant à la tentative qu'il avoit faite en faveur de sa nièce sur l'esprit de la reine mère, ce n'étoit vraisemblablement que l'effet d'une irrésolution assez naturelle en pareil cas ; car on croit qu'en général il n'étoit pas de sa politique de faire la reine même, parce qu'il eût été beaucoup moins roi lui-même, & qu'elle n'avoit pas pour lui le respect & la tendresse qu'il avoit pour lui le respect & la tendresse qu'il avoit pour elle. On a publié en 1745, les lettres du cardinal *Mazarin*.

Parmi ses nièces, ce fut Hortense Mancini qu'il fit

principale héritière; elle avoit épousé en 1661, l'année même de la mort du cardinal, Armand-Charles de la Porte de la Meilleraie, fils du maréchal de ce nom. Il prit le nom de duc de *Mazarin*, & c'est cet homme aussi connu par la bizarrerie de son esprit, que sa femme l'étoit par la beauté, par l'esprit & par toutes les qualités que Saint Evremont a tant célébrées en elle : très-malheureuse avec son mari, elle voulut s'en faire séparer, & n'ayant pas pu y reussir, elle s'en sépara de fait en fixant son séjour en Angleterre

*J'ai voulu par des mers en être séparée.*

Le duc de *Mazarin* fut la tige des ducs de *Mazarin* qui ne subsiste plus, & dont les héritières ont porté ce titre de ducs de *Mazarin* dans différentes maisons. Il est actuellement dans la maison d'Aumont.

MAZEL ou MAZELI, ( David ) ( *Hist. Litt. mod.* ) ministre François, réfugié en Angleterre, a traduit le traité de Sherlock sur la mort & le jugement dernier ; le traité de Loke, du gouvernement civil ; l'essai de Gilbert Burnet sur la vie de la reine Marie. Mort à Londres en 1725.

MAZEPPA, ( *Hist. mod.* ) Gentilhomme polonois, avoit été page du roi Jean Casimir. M. de Voltaire raconte dans l'histoire de Charles XII, qu'une intrigue que *Mazeppa* eut dans sa jeunesse avec la femme d'un autre gentilhomme Polonois, ayant été découverte, le mari le fit fouetter de verges, le fit lier tout nud sur un cheval farouche, & le laissa aller en cet état. « Le cheval qui étoit du pays de l'Ukraine y retourna & y porta *Mazeppa* demi-mort de fatigue & de faim. » Des paysans Cosaques le secoururent, il se signala parmi eux dans différentes courses contre les Tartares. Sa réputation parvint jusqu'au Czar Pierre I. qui le fit prince de l'Ukraine & qui se servit de lui pour civiliser les Cosaques; mais un jour à table, dans un mouvement de colère & peut-être d'yvresse, le Czar l'ayant menacé de le faire empaler, il résolut de se rendre indépendant, & se composer un royaume de l'Ukraine & des débris qu'il pourroit enlever à l'empire de Russie. Il fit un traité avec Charles XII, qui s'engageoit alors dans les déferts de l'Ukraine, mais il lui arriva ce qui arrive ordinairement à ces rebelles illustres, ce qui étoit arrivé au connétable de Bourbon quand il s'étoit donné à Charles-Quint, ce qui étoit arrivé à M. de Turenne lorsqu'il avoit pris le parti des princes emprisonnés, ou plutôt celui de Madame de Longueville, c'est-à-dire, qu'au lieu d'une armée de trente mille hommes & d'autres puissans secours qu'il avoit promis, il arriva presque seul en fugitif, parce que son projet avoit été découvert & prévenu ; mais ce fugitif sut être utile, il servit de guide à l'armée de Charles XII dans les déserts de l'Ukraine, il la fit subsister pendant le rigoureux hiver de 1709. Le czar, qui avoit fait rouer ses amis & qui l'avoit fait pendre lui-même en effigie, lui fit proposer de rentrer sous sa domination, mais il fut fidèle  ou

nouvel allié & à son projet de se faire roi de l'Ukraine, soit qu'il n'osât plus compter sur les promesses du czar après l'avoir trahi, soit qu'il comptât pour le succès de ses grandes vues sur le prince, qui avoit donné la couronne au roi Stanislas, il l'engagea au siège de Pultava, & il étoit près de le rendre maître de cette place par les intelligences qu'il y entretenoit, lorsque l'arrivée du czar, pour faire lever le siège, donna lieu à cette funeste bataille de Pultava, du 8 juillet 1709, qui renversa tous les projets & toutes les espérances de Charles XII & de *Mazeppa*; ce qu'il y avoit de plus étonnant dans celui-ci, c'est que dans le temps où il s'égaroit ainsi dans de vastes projets, & où il s'allioit avec un roi, aventurier égaré lui-même à une distance immense de son royaume ; il avoit 84 ans. Après la bataille, où il se comporta très-vaillamment, il se sauva dans la Valachie & ensuite à Bender, auprès du roi de Suede, où il mourut.

MAZIL, ( *Hist. mod.* ) nom que les Turcs donnent aux princes qui sont leurs tributaires lorsqu'ils sont dépossédés de leurs états. ( *A. R.* )

MEAD, ( Richard ) ( *Hist. Litt. mod.* ) célèbre médecin anglois, dont le caractère bienfaisant & généreux n'a pas été moins vanté que ses connoissances. On dit qu'à Londres, l'exercice de sa profession lui rapportoit près de cent mille livres par an, & qu'il faisoit le plus magnifique usage de cette fortune. Ses principaux ouvrages sont un *Essai sur les Poisons*, résultat d'une foule d'expériences, surtout sur les vipères; & un *recueil de conseils & préceptes de Médecine*, où se trouvent deux traités curieux : l'un *de la Folie*, l'autre des *Maladies* dont il est parlé dans la Bible. M. *Mead* étoit de la Société Royale de Londres, & n'en étoit pas un des membres les moins distingués. Il étoit né en 1673, dans un village près de Londres, avoit été disciple de Grœvius à Utrecht, & mourut en 1754.

MÉCENE, ( *C. Clinius* ou *Cilnius Mecænas* ) ( *Hist. Rom.* ) chevalier rômain, & qui, malgré la faveur d'Auguste, ne voulut jamais être rien de plus. Virgile lui dédia ton poëme des Géorgiques ; Horace lui adressa plusieurs de ses Odes & de ses autres poësies. Le nom de *Mécene* est devenu celui des protecteurs des lettres ; & en effet, *Mécene* leur a donné deux grands exemples, l'un de bien choisir parmi les gens de lettres :

*Præsertim cautum dignos assumere.*

L'autre, de leur permettre le ton de l'égalité & de l'amitié:

*Ah! te meæ si partem animæ rapit*
*Maturior vis, quid moror altera?*
*Nec carus æquè nec superstes*
*Integer.*

D'ailleurs il paroit que *Mécene* très-éloigné des mœurs des anciens Romains, poussoit le goût des arts & des commodités de la vie jusqu'à la mollesse. Quant à son  caractère:

caractère, on le représente tantôt comme un assez vil courtisan d'Auguste, tantôt comme un ami courageux de ce prince ; on rapporte en preuve de la première allégation, le mot : *non omnibus dormio, je ne dors pas pour tout le monde*. On raconte qu'Auguste se trouvant en tiers entre *Mécène* & Terentilla sa femme, *Mécène* dormoit pour ménager à sa femme des entretiens secrets avec l'empereur ; & qu'un autre ayant voulu profiter de même du sommeil de *Mécène*, celui-ci se réveillant à propos, lui dit : *je ne dors pas pour tout le monde*. Mais on est partagé sur ce mot. Les uns l'attribuent à *Mécène*, faisant sa cour à Auguste, les autres à un courtisan de *Mécène*, faisant sa cour à *Mécène* lui-même. On n'est pas dans la même incertitude sur le trait de courage qui honore l'amitié de *Mécène* pour Auguste. Cet empereur, encore cruel alors, étoit occupé à faire une liste de proscriptions ; la liste grossissoit, & l'inquiétude augmentoit. *Mécène* fait passer à Auguste ses tablettes, il les ouvre & y lit ces mots : *surge, carnifex, leve-toi, bourreau, & cesse d'égorger*. Auguste qui jusques-là ne suivoit que sa haine, obéit à la voix de l'amitié & se leva. *Mécène* étoit avec Agrippa le confident le plus intime de ce prince. Ce furent eux qu'il consulta sur le projet d'abdiquer l'empire ; Agrippa étoit pour l'abdication, *Mécène* fut d'un avis contra re ; mais à ce conseil de garder le pouvoir suprême, il joignit celui d'en bien user ; & il faut rendre justice à Auguste, il suivit en grande partie ce second conseil. Quand il eut perdu *Mécène* & que quelques fautes lui donnoient des repentirs, ces repentirs se tournoient toujours en regrets d'être privé des conseils d'un tel ami, & devenoient autant d'hommages pour sa mémoire. O *Mécène*, s'écrioit-il, *si tu vivois, jamais tu ne m'aurois laissé commettre une telle faute !*

*Mécène* cultivoit la poësie ; on a de lui quelques fragments dans le *Corpus Poëtarum* de Maitaire. On connoît sur-tout ces vers qui peignent l'attachement des hommes à la vie :

> *Debilem facito manu,*
> *Debilem pede, coxâ,*
> *Tuber adstrue gibberum,*
> *Lubricos quate dentes ;*
> *Vita dum superest, bene est :*
> *Hanc mihi, vel acutâ*
> *Sedeam cruce, sustine.*

La Fontaine a imité ces vers :

> Mécénas fut un galant homme :
> Il a dit quelque part : qu'on me rende impotent,
> Cu-de-jatte, goûteux, manchot, pourvu qu'en somme
> Je vive, c'est assez, je suis plus que content.

*Mécénas* mourut huit ans avant la naissance de J. C.

MÉDARD, ( Saint ) ( *Hist. Ecclés.* ) évêque de Noyon & de Tournay au sixième siècle, nommé à l'évêché de Noyon l'an 530, & à celui de Tournay en 532, fut obligé de les garder tous deux, parce que tous deux avoient besoin de son zèle & de

ses soins, & que cette réunion, quelquefois nécessaire dans ces temps de l'église naissante, n'étoit pas alors un scandale dans l'église. Beaucoup de conversions de l'idolâtrie au christianisme, furent le fruit de ses travaux apostoliques.

Saint *Médard* étoit né au village de Salency, près de Noyon, & on rapporte à ce saint évêque l'utile institution des Rosières. Il mourut à Noyon vers l'an 645, le 8 juin, jour où l'on célèbre sa fête ; il est enterré au bourg de Crouy, dans le voisinage de Soissons. On y a bâti une église, & ensuite un monastère qui a été fort enrichi par les libéralités des rois.

On fait quelle bizarre célébrité des miracles font suspects & des convulsions scandaleuses ont donné vers le commencement ou le milieu de ce siècle, au cimetière de St. *Médard* à Paris. ( *Voyez* l'article du diacre PARIS. )

MÉDAVY. ( *Voyez* GRANCET. )

MÉDIASTITICUS ou MEDIXTUTICUS, subst. masc. ( *Hist. anc.* ) c'étoit autrefois le premier magistrat à Capoue. Il avoit dans cette ville la même autorité que le consul à Rome. On abolit cette magistrature lorsque Capoue quitta le parti des Romains pour se soumettre à Annibal.

MÉDIATEUR, ( *Hist. de Constant.* ) en grec Μεσαζων. On nommoit *médiateur*, Μεσαζοντος sous les empereurs de Constantinople, les ministres d'état, qui avoient l'administration de toutes les affaires de la cour ; leur chef ou leur président s'appelloit le *grand médiateur*, μεγας Μεσαζων & c'étoit un poste de grande importance. ( *D. J.* )

MÉDICIS, ( *Hist. d'Italie.* ) La puissance des *Médicis*, née du commerce & de l'opulence, s'accrut par la sagesse, par la prudence, par l'amour des arts, par toutes les ressources d'un luxe éclairé, bienfaisant, digne des plus grands rois ; ils ne donnoient à Florence leur patrie, que des fers dorés, qu'elle n'appercevoit pas, & qu'elle forgeoit quelquefois elle-même par l'hommage qu'elle rendoit aux vertus des *Médicis*. L'illustre Côme fut honoré du titre de *père de la patrie*.

Laurent & Julien, ses petit-fils, gouvernèrent leur république en citoyens, mais en maîtres. La conjuration des Pazzi, ( *voyez* l'article PAZZI, ) qui fit périr Julien, rendit Laurent son frère plus cher aux Florentins, par le danger qu'il avoit couru ; ses ennemis, en voulant le perdre, ne firent qu'augmenter son pouvoir. Il marcha sur les traces de Côme son ayeul, fit comme lui les délices de sa république, & fut surnommé le père des Muses, à cause de son amour pour les lettres.

Pierre son fils, moins habile & moins heureux, fut chassé. ( *Voyez* l'article LÉON X ), comme son pont-fe, alors cardinal, frère de Pierre, ramena sa maison triomphante dans Florence.

Le jeune Laurent II de *Médicis*, son neveu, régna sous lui dans cet état, & commanda les armées de son oncle, en Italie. Il vint en France en 1517, tenir sur les fonts, au nom du pape Léon X, le dauphin,

Y y y

fils de François I<sup>er</sup>. & qui fut nommé François comme
ſon père. Pendant le ſéjour de Laureat dans ce royaume,
le roi lui fit épouſer Marguerite de Boulogne, une de
ſes parentes. Le maréchal de Fleuranges décrit vivement dans ſes Mémoires, les fêtes qui furent données
à Amboiſe, à l'occaſion de ce baptême & de ce mariage. Il nous apprend en paſſant, que Laurent *avoit*
*bien fort la groſſe V..... & de fraîche mémoire.* Magdeleine de Boulogne étoit jeune & belle, & *quand*
*elle épouſa ledit Laurent, elle ne l'eſpouſa pas ſeul,*
*car elle eſpouſa la groſſe V..... quant & quant.* Le banquet, le bal durèrent juſqu'à deux heures après minuit,
*heure alors plus qu'indue,* puis *on mens coucher la*
*mariée qui étoit trop plus belle que le mari.* Il y eut
enſuite huit jours de combats & tournois, là où étoit
le nouveau marié, qui faiſoit le mieux qu'il pouvoit
devant ſa mie. Les deux époux moururent en moins
de deux ans, laiſſant pour ſeul fruit de leur mariage,
cette célèbre Catherine *de Médicis,* ornement & fléau
de la France. Sur le mariage de cette princeſſe avec le
duc d'Orléans, qui fut depuis notre roi Henri II, *voyez*
l'article CLÉMENT VII. *Voyez* auſſi l'article MONT-
GOMMERY. L'hiſtoire a flétri ſa mémoire. Brantôme,
qui dit toujours tant de bien de ceux même dont
il veut dire du mal, & qui loue Frédégonde & Iſabelle
de Bavière, eſt le ſeul auteur qui ait beaucoup vanté
Catherine *de Médicis.* Qu'il célèbre en elle la figure,
la taille, *la plus belle jambe, la plus belle main qui*
*fût jamais vue,* la grace & l'adreſſe dans toute ſorte
d'exercices, le déſir & le talent de plaire, l'eſprit,
l'enjouement, l'éloquence, enfin tous les avantages
que la nature n'avoit pas refuſés aux Frédégondes &
aux Brunehauts; qu'il nous diſe que, par ſa dextérité, ſa
complaiſance & l'agrément de ſon humeur, elle gagna
ſi bien les bonnes graces de François I<sup>er</sup>. & de Henri II,
qu'ils réſiſtèrent à toutes les propoſitions de divorce
que ſa ſtérilité pendant les dix premières années de
ſon mariage, donna lieu de hazarder ; qu'il nous
apprenne que, dans l'empreſſement de ſuivre Fran-
çois I<sup>er</sup> à la chaſſe, elle fut la première femme qui mit
la jambe ſur l'arçon, & qu'elle excella dans l'exercice
du cheval juſqu'à l'âge de ſoixante ans & plus, malgré
pluſieurs chûtes, *qui allèrent juſqu'à rupture de jambe*
& *bleſſure à la tête, dont il l'en fallut trepaner;* qu'il ſe
complaiſe dans la deſcription ſuivante :

« Vous euſſiez vu quarante ou cinquante dames ou
» damoiſelles la ſuivre, montées ſur de belles ha-
» quenées, & elle ſe tenant à cheval de ſi bonne
» grace que les hommes n'y paroiſſoient pas mieux,
» tant bien en point par habillement à cheval que rien
» plus ; leurs chapeaux tant bien garnis de plumes, ce
» qui enrichiſſoit encore la grace, ſi que les plumes
» voletantes en l'air, repréſentoient à demander amour
» ou guerre. Virgile *qui s'eſt voulu mêler de décrire le*
» haut appareil de la reyne Didon, quand elle alloit
» & eſtoit à la chaſſe, n'a rien approché au prix de
» celui de noſtre royne, avec ſes dames. »

Qu'il aſſure qu'elle aimoit paſſionnément la lecture,
qu'elle protégeoit les arts, qu'elle fut généreuſe envers les gens de lettres, qui furent ingrats envers elle,

puiſqu'ils l'ont plutôt décriée que louée, qu'elle liſoit
juſqu'aux ſatyres qu'on faiſoit contr'elle, & qu'elle en
plaiſantoit la première, ( il eût mieux valu qu'elle en
profitât ) enfin qu'il lui accorde avec la capacité dans
les affaires, la dignité dans les occaſions d'éclat, la
fermeté dans les revers, cette magnificence & ce
goût héréditaires dans la maiſon *de Médicis* ; on peut
lui paſſer cés éloges plus ou moins mérités.

Mais que tout ce qu'il dit de cette princeſſe ſoit un
panégyrique ou une apologie ; qu'il entreprenne de la
juſtifier ſur tous les points ; qu'il veuille que la gloire
de Catherine ſoit ſans tache & ſon adminiſtration ſans
reproche ; qu'il prétende l'abſoudre de toutes les
horreurs qui ont ſouillé les règnes de ſes trois fils ;
qu'il la repréſente comme un ange de paix, ſans ceſſe
occupé à diſſiper les troubles que d'autres avoient fait
naître, à prévenir les guerres étrangères, les guerres
civiles & les combats ſinguliers ; à ménager le ſang de la
nobleſſe & les tréſors des peuples ; qu'il s'écrie : *jamais*
*nous n'aurons une telle reine en France,* ſi bonne *pour*
*la paix* ; qu'il accuſe Henri IV d'avoir haï ſans ſujet,
cette princeſſe ; qu'il diſe que la cour de Catherine
étoit *une école de toute honnêteté & vertu,* c'eſt vouloir
perdre entièrement la confiance du lecteur.

Brantôme ne parle pas même de la ſuperſtition ſi
connue de Catherine *de Médicis,* ſuperſtition que par
une contradiction moins rare qu'on ne penſe, elle
alliait avec l'indifférence ſur la religion, & même
avec l'incrédulité ; mais il en rapporte, ſans s'en
appercevoir, un trait d'autant plus fort, qu'il eſt dans
un genre où l'on paroît moins ſuſceptible. Catherine
aimoit les repréſentations théâtrales. Dans une fête
qu'elle donnoit à Blois, elle avoit fait jouer par les
princeſſes ſes filles, & par des ſeigneurs de ſa cour,
*la Sophoniſbe* de Saint-Gelais ; mais les événements
publics qui ſuivirent cette fête, n'ayant pas été heureux,
Catherine s'en prit à la tragédie de *Sophoniſbe,* & ne
voulut plus, de tout ſa vie, faire jouer que des comédies, ou tout-au-plus & par accommodement, dés
tragi-comédies.

Dans la vérité, Catherine n'avoit d'autre politique
que la ruſe, & n'avoit d'énergie que pour le crime ; elle
avilit le pays qu'elle gouvernoit ; elle ſembla fixer la
guerre en France ; elle ne fit que brouiller & au-
dehors & au-dedans ; elle excitoit, elle ſuſpendoit
tour - à - tour la guerre civile, la guerre étrangère,
tirant de ſes négociations perpétuelles, d'autre
avantage que le plaiſir de négocier ; toujours prête à
changer d'amis & d'ennemis, elle ne tendoit & ne
parvenoit à rien. Mais pour dire en un mot ce qui
la condamne à jamais, la Saint Barthelemy avec la
profonde diſſimulation qui prépara ce complot &
toutes les atrocités qui accompagnèrent l'exécution,
la Saint-Barthelemy fut ſon ouvrage.

Elle mourut le 5 janvier 1589 ; elle mourut comme
Iſabelle de Bavière, méconnue, moitié haïe des
François, mais n'étant détrompée ni détachée de rien,
& regrettant toujours le pouvoir dont elle avoit tant
abuſé.

On lui a fait dans le temps, une épitaphe qui

& de l'impartialité , & qui la ménage encore ;

La reine qni cy gît , fut un diable & un ange ,
Toute pleine de l'âme & pleine de louange ;
Elle soutint l'état , & l'état mit à bas ,
Elle fit maints accords & pas moins de débats.
Elle enfanta trois rois & cinq guerres civiles ,
Fit bâtir des châteaux & ruina des villes ,
Fit de fort bonnes loix & de mauvais édits ;
Souhaite-lui , passant, enfer & paradis.

L'héritière légitime des droits de la maison de *Médicis* sur Florence, étoit Catherine *de Médicis* ; mais l'intérêt du nom faisoit préférer les mâles bâtards aux filles légitimes ; la bâtardise dans cette maison, n'étoit un obstacle ni à la grandeur ni à la fortune ; le pape Clément VII lui-même étoit bâtard , & le nom des *Médicis* n'étoit porté alors avec éclat que par trois bâtards , Clément VII , fils naturel de Julien , tué dans la conjuration des Pazzi ; Alexandre, fils naturel de Laurent II , par conséquent frère de Catherine *de Médicis* ; ( Scipion Ammirato dit qu'il étoit fils naturel du pape Clément VII lui - même , & non de Laurent II ) ; & Hyppolyte, fils naturel d'un Julien II , surnommé *le jeune & le magnifique* , oncle de Laurent II. C'étoit à Alexandre que Clément VII destinoit le gouvernement de Florence ; il avoit fait Hyppolite cardinal , partage dont celui-ci fut toujours mécontent. L'empereur Charles-Quint profita pour sa bâtarde , des vues qu'avoit le pape pour les bâtards de sa maison ; il donna en mariage à Alexandre de *Médicis* , Marguerite d'Autriche , qu'il avoit eue d'une flamande , nommée Marguerite Van-Geft ; il promit dans un traité conclu en 1529 , avec ce même pape qu'il avoit long-temps tenu prisonnier , ( *Voyez* l'article CLÉMENT VII, ) il promit de mettre Alexandre en possession de l'autorité que les *Médicis* avoient eue à Florence , promesse dont le mariage de sa fille garantissoit l'exécution , & qu'il accomplit en effet ; mais il lui en coûta une guerre sanglante , où périt le dernier prince d'Orange de la maison de Châlon, qui commandoit l'armée impériale , au siège de Florence dura onze mois. L'autorité souveraine fut entièrement rétablie en Toscane , & déclarée héréditaire dans la maison *de Médicis* , par la décision de l'empereur. Après la mort de Clément VII, arrivée le 4 septembre 1534 , Hyppolite conspira contre Alexandre , & mourut empoisonné , à ce qu'on croit , par cet Alexandre. Alexandre lui-même fut égorgé par des assassins que Laurent *de Médicis* , un de ses parents, introduisit la nuit dans sa chambre, au lieu d'une femme qu'il s'étoit chargé d'y introduire, & que l'incontinence d'Alexandre attendoit ; Laurent fut massacré à son tour par les vengeurs d'Alexandre.

La souveraineté de Florence passa dans une autre branche de la maison *de Médicis*. Côme II. monta sur ce trône en 1569. Il étoit fils de ce brave & infidèle Jean *de Médicis* , un des plus vaillants capitaines de l'Italie , qui , dans la grande guerre de 1521 , entre Charles-Quint & François Ier , avoit passé & repassé

si souvent du camp des François dans celui des Impériaux , & du camp des Impériaux dans celui des François ; il servoit ces derniers en 1525 , au siège de Pavie ; Antoine de L'Eve qui commandoit dans la place , fit une sortie que Jean *de Médicis* fut chargé de repousser. Tandis qu'il s'acquittoit de cette commission avec sa valeur ordinaire , il fut blessé au talon, comme Achille , dont la valeur lui avoit fait donner le surnom. Un coup de feu lui brisa l'os & le mit hors de combat. Il fut obligé de se faire transporter à Plaisance. Sa troupe , qui n'aimoit & ne craignoit que lui , se débanda lorsqu'elle se vit sans chef.

Il servoit encore les François , & étoit un des chefs de la ligue contre Charles-Quint en 1526 , au combat de Borgo-Forté , vers le confluent de l'Oglio & du Pô , lorsque chargeant les Allemands de Bourbon , à la tête de sa troupe , un coup de fauconneau lui fracassa la cuisse ; il fut transporté à Mantoue , & il y mourut de cette blessure ; Brantôme & Varillas disent qu'on lui coupa la cuisse , & que *Médicis* , sans vouloir souffrir qu'on le soutînt ni qu'on lui bandât les yeux , poussa la fermeté jusqu'à tenir lui-même, la lumière pendant l'opération , sans qu'il parût la moindre altération sur son visage.

C'étoit le seul de tous les chefs de la ligue que les ennemis craignissent ; tous leur point tour-à-tour avoient éprouvé son courage. Un tempérament plein de feu le précipitoit dans toutes les occasions périlleuses ; ses talents , que l'expérience mûrissoit tous les jours , l'égaloient déjà aux plus grands capitaines. Il mourut à vingt-neuf ans. Les exploits dont il remplit cet espace si court , auroient suffi pour illustrer une longue carrière.

La troupe particulière dont il étoit le chef, pour témoigner la douleur qu'elle avoit de sa perte , arbora le drapeau noir qu'elle conserva depuis , monument respectable de la gloire du général & de l'amour de ses soldats. El'e prit le nom de Bándes noires qu'avoit porté une autre troupe , détruite à la bataille de Pavie. Brantôme dit que c'étoit Jean *de Médicis* lui-même qui avoit fait prendre à sa troupe le drapeau noir , à la mort de Léon X , mais elle le garda en mémoire de Jean *de Médicis*.

Côme son fils , fut le premier revêtu du titre de grand-duc par le pape Pie V ; c'est de lui que Brantôme rapporte que les partisans de la république lui tendoient toute sorte de pièges , & que , comme il étoit grand nageur & grand plongeur , & qu'il prenoit plaisir à se jetter dans l'Arno du haut du pont , ils poussèrent la haine jusqu'à ficher en terre au fond de la rivière , des épées & des dagues , les pointes en haut , afin qu'il le perçât en haut dans le fleuve ; mais il vit le piège , & l'évita. Son règne d'ailleurs fut long & illustre ; il eût pu passer pour heureux , sans la terrible & funeste aventure de deux de ses fils. La voici , telle qu'elle est rapportée par un écrivain moderne , d'après ceux du temps.

« Jean, l'aîné de ces deux princes , étoit d'un caractère doux & bienfaisant ; Garcias le cadet , avoit » l'ame d'un barbare ; les vertus de son frère excitè

» tèrent sa jalousie. Un jour qu'ils étoient ensemble
» à la chasse, ils se trouvèrent par hasard séparés
» de leur suite ; Garcias ne laissa pas échapper l'occa-
» sion d'assouvir sa rage, il s'élança sur Jean, le tua
» d'un coup de poignard, & rejoignit sa suite sans
» paroître ému de son forfait.

» On trouva le cadavre sanglant ; le meurtrier dissi-
» mula comme auroit pu faire un scélérat nourri depuis
» long-temps dans le crime ; mais le père se doutant de
» la vérité, renferma sa douleur ; & fit publier que
» son fils étoit mort subitement. Le jour d'après, il
» ordonne à Garcias de le suivre dans le lieu où
» étoit le corps du prince assassiné : là, le désespoir
» & la douleur s'emparent de l'ame de Cosme. Voilà,
» dit alors ce père infortuné, voilà le sang de votre
» frère, qui vous accuse & qui demande vengeance à
» Dieu & à moi-même. Garcias fit l'aveu de son crime ;
» mais il accusa Jean d'avoir attenté à ses jours. Le
» père, loin de recevoir ses excuses, le tua du même
» poignard dont Jean avoit été assassiné.

Ce fait n'est pas généralement adopté. Plusieurs
auteurs disent que les deux jeunes princes moururent
de la peste en 1562. Cosme mourut en 1574. Il fut
l'ayeul de Marie de Médicis, femme de notre roi
Henri IV, & mère de Louis XIII.

On voit Marie, sous le règne de Henri IV, inquiète, capricieuse, hautaine, soupçonneuse, que-
relleuse, contraire à tous les vœux du roi, contraire
même à ses vues politiques, & osant les traverser par
des intrigues secretes, par des intelligences coupables
avec les ennemis de l'état, perdant le droit qu'elle
avoit de se plaindre des infidélités de son mari, par le
peu de tendresse qu'elle lui montroit, par le peu de
soin qu'elle prenoit de lui plaire, par le peu de douceur qu'elle répandoit sur sa vie, par la confiance
qu'elle prodiguoit, par l'appui qu'elle prêtoit à des
domestiques insolens & factieux, ennemis déclarés du
roi ; on la voit se tourmenter pour être malheureuse
& pour devenir odieuse à ce prince, qui l'eût aimée,
si elle l'avoit voulu. Tous ces torts cependant sont de
son humeur, & non pas de son cœur ; trop amie de
l'intrigue, elle étoit du moins incapable de crime ;
elle n'avoit sur-tout ni assez de méchanceté ni peut-
être assez de vigueur pour l'attentat atroce dont elle
a été soupçonnée ; son obstination à rechercher l'alliance
de l'Espagne, contre les intentions du roi son mari,
arrache, il est vrai, à l'auteur moderne d'une Vie de
Médicis, cette réflexion juste & terrible, qu'il semble
qu'il n'y avoit que la certitude de la mort du roi, qui pût
faire suivre avec tant de confiance & d'opiniâtreté une
négociation si contraire aux projets de ce monarque ;
& le président Hénault avoit déjà dit qu'elle n'avoit pas
été assez surprise ni assez affligée de la mort de ce prince.
Mais l'auteur de la Vie lave entièrement la mémoire
de Marie de Médicis du soupçon affreux d'avoir contribué à la mort de Henri IV, & fait retomber ce soupçon
sur la marquise de Verneuil.

Par la mort de Henri IV, Marie devint régente
& souveraine, sous le nom de son fils ; voilà en apparence, son ambition satisfaite ; c'est là au contraire,

que commencent ses malheurs les plus réels. Jalouse
de l'autorité, comme elle en avoit été avide, l'idée
que cette autorité pût être ou bravée, ou attaquée,
ou menacée, ne lui laissoit aucun repos ; & tous les
moyens qu'elle prenoit pour affermir cette autorité
toujours chancelante, ne faisoient que l'affoiblir & la
détruire : aussi étoient-ils directement contraires à leur
fin. Au lieu de gouverner, Marie traitoit sans cesse
avec ses sujets, & toujours avec désavantage ; toute
son administration ne fut qu'une négociation perpétuelle, & mal-adroite ; sa politique étoit de payer bien
cher les services qu'on lui devoit & qu'elle avoit droit
d'exiger ; elle payoit les grands pour rester fidèles ou
pour le devenir ; c'étoit les inviter à se révolter
toujours : ils troublèrent l'état, moins par esprit de
faction que par des vues d'intérêt. L'expérience ne la
corrigeoit point ; à la dixième défection, elle payoit
aussi cher ou plus cher qu'à la première ; elle partageoit
les trésors de l'état entre ses favoris & les mécontents.
Les sommes considérables que l'économie de Henri IV
avoit amassées pour l'exécution de ses grands desseins,
furent promptement dissipées ; il fallut accabler les
peuples d'impôts pour fournir aux besoins toujours
renaissants d'une pareille administration. L'auteur de
l'Histoire de la Mère & du Fils, compte qu'en six ou
sept ans, le prince de Condé avoit reçu de Marie de
Médicis, plus de trois millions six cents mille livres ;
le comte de Soissons & son fils, seize cents mille
livres ; le prince de Conty & sa femme, quatorze
cents mille ; le duc de Longueville, douze cents mille ;
le duc de Mayenne & son fils, deux millions ;
le duc de Vendôme, près de six cents mille francs ;
le duc de Bouillon, un million ; le duc d'Epernon
& ses enfants, près de sept cents mille livres, sans
compter leurs appointements & les pensions qu'ils
avoient fait donner à leurs créatures, & tout cela pour
s'être révoltés ou pour s'être rendus redoutables ou
nécessaires. Il en avoit coûté d'ailleurs à l'état plus de
vingt millions pour les combattre dans leurs fréquentes
révoltes.

Un autre défaut essentiel de l'administration de
Marie, c'est cette affectation indécente de contrarier en
tout le gouvernement de Henri IV, de destituer ses
ministres, de prodiguer la confiance, les honneurs,
les emplois, les richesses aux ennemis déclarés de ce
grand prince, de changer, même au dehors, d'amis
& d'ennemis, de rompre les alliances que Henri
avoit formées, de bouleverser le système de l'Europe.
Cette conduite imprudente produisoit plusieurs mauvais effets. D'un côté, elle annonçoit un mépris choquant pour la mémoire d'un roi plein de gloire, &
non moins illustre par la politique que par les armes ;
de l'autre, elle faisoit naître ou confirmoit le soupçon
injuste & affreux dont nous avons parlé ; elle fournissoit d'ailleurs des prétextes aux révoltes des grands,
des motifs aux plaintes du peuple, des occasions ou
des facilités aux intrigues des courtisans, qui ébranlèrent peu-à-peu, & parvinrent enfin à détruire la
puissance de Marie.

Si cette reine & ses amis n'eussent jamais été soupſonnés de la mort de Henri IV, jamais peut-être on n'eût oſé ni pu ſoulever ſon fils contr'elle, ni aſſaſſiner le maréchal d'Ancre au nom du roi, & la maréchale, au nom des loix. Ces crimes, il faut rendre juſtice à Marie, n'étoient point à ſon uſage ; on lui propoſa plus d'une fois de la venger par ces moyens affreux, elle s'y refuſa toujours.

Du reſte, elle fut ſans dignité dans la diſgrace, comme elle avoit été ſans vigueur dans l'adminiſtration : le plaiſir de négocier parut la conſoler du malheur de ne plus régner. Elle cabala, elle rampa, elle troubla l'état pour arracher aux favoris, une foible portion, une foible apparence du pouvoir qu'elle regrettoit. Combien elle eût été plus intéreſſante, plus reſpectée, plus puiſſante peut-être, ſi au lieu d'implorer pour ſortir de Blois, l'appui du duc d'Epernon, qu'elle avoit trop négligé ; au lieu de s'abaiſſer juſqu'à careſſer Luynes ſon perſécuteur, elle eût attendu dans la retraite avec une fermeté noble & calme, que les fautes des favoris, les révolutions du temps, les viciſſitudes de la fortune lui rendiſſent ſon aſcendant naturel ſur ſon fils !

Le règne de Luynes fut court ; la mort le frappa au ſein des grandeurs & de la puiſſance ; mais Marie ne recouvra jamais qu'une partie de ſon ancien crédit ; elle en eut aſſez cependant pour élever au-deſſus d'elle-même la fortune du cardinal de Richelieu, qui depuis la réduiſit à ſortir de France, & à périr dans l'exil & dans la miſère.

A travers toutes les variations de ſa fortune, Marie avoit toujours été fidelle à la négociation & à l'intrigue. Dans le temps où elle défendoit avec peine, ſon autorité chancelante contre le crédit toujours croiſſant du cardinal de Richelieu, ſa politique avoit été de ſoulever le duc d'Orléans ſon ſecond fils, contre le roi & contre ce miniſtre. Sacrifiée au cardinal, chaſſée de la France, dépouillée de ſes biens & de ſon douaire, privée de tout, elle fut moins accablée de ſes diſgraces qu'amuſée du ſoin de négocier ſon retour en France & de ſe ménager un aſyle dans les différentes cours de l'Europe. Elle fit des avances au cardinal de Richelieu, comme elle en avoit fait au connétable de Luynes, & même du temps de Henri IV, à la marquiſe de Verneüil. Au fond, elle ne haïſſoit perſonne ; & lorſqu'à ſa mort, le nonce Chigi, qui fut depuis le pape Alexandre VII, lui recommanda de pardonner à Richelieu, il vit que le ſacrifice d'une ſi juſte haine étoit déjà fait, & qu'il n'avoit rien coûté. Elle n'aimoit ni plus fortement ni plus conſtamment ; ſa tendreſſe pour ſes fils, fut toujours ſubordonnée à ſon amour pour l'intrigue, premier ſentiment de ſon ame. Plus inquiète qu'ambitieuſe, elle croyoit aimer l'autorité, c'étoit la négociation qu'elle aimoit. Cette reine de France, veuve & mère de rois de France, belle-mère du roi d'Eſpagne, du roi d'Angleterre, du duc de Savoie, mourut à Cologne le 3 juillet 1642. Elle étoit née le 26 avril 1575, & avoit épouſé Henri IV, le 27 décembre 1600.

La maiſon des Médicis, grands-ducs de Toſcane,

s'eſt éteinte dans la perſonne de Jean Gaſton de Médicis, né le 24 mai 1671, mort le 9 juillet 1737. Alors le grand duché de Toſcane a paſſé à la maiſon de Lorraine, en vertu des arrangements politiques de l'Europe.

La maiſon de Médicis avoit produit un troiſième pape, (Léon XL.) qui ne ſiégea que vingt-ſix jours. (Voyez l'article Léon XI.)

Les généalogiſtes parlent diverſement de l'origine de cette maiſon. Il en eſt qui la font remonter juſqu'au onzième ſiècle ; elle eſt connue au moins depuis le milieu du treizième.

Ce Pierre II, frère du pape Léon X, & père de Laurent II, & qui, comme nous l'avons dit, fut chaſſé de Florence ( le 9 novembre 1494 ) fut le premier qui chargea un des tourteaux de ſes armes de trois fleurs de lys d'or, par conceſſion ou de Louis XI, ou, ſelon d'autres, de Charles VIII.

MEDICIS ou MEDICHINO. (Voyez Marignan.)

MÉDIMNE, ſ. m. (Meſur. antiq.) Με∫ιμνος. C'étoit une meſure de Sicile, qui ſelon Budée, contient ſix boiſſeaux de blé, & qui revient à la meſure de la mine de France ; mais j'aime mieux en traduiſant les auteurs grecs & latins, conſerver le mot médimne, que d'employer le terme de mine qui eſt équivoque. M. l'abbé Terraſſon met toujours médimne dans ſa traduction de Diodore de Sicile. (D. J.)

MEDITRINALES, adj ( Hiſt. anc. ) fêtes que les Romains célébroient en Automne le 11 d'Octobre, dans leſquelles on goûtoit le vin nouveau & l'on en buvoit auſſi du vieux par maniere de médicament, parce qu'on regardoit le vin non-ſeulement comme un confortatif, mais encore comme un antidote puiſſant dans la plûpart des maladies. On faiſoit auſſi en l'honneur de Meditrina, déeſſe de la Médecine, des libations de l'un & de l'autre vin. La première fois qu'on buvoit du vin nouveau, on ſe ſervoit de cette formule, ſelon Feſtus : Vetus novum vinum bibo, veteri novo morbo medior ; c'eſt-à-dire je bois du vin vieux, nouveau, je remédie à la maladie vieille, nouvelle ; paroles qu'un long uſage avoit conſacrées, & dont l'omiſſion eût paſſé pour un préſage funeſte. ( G )

MEDON, ( Hiſt. Grecque.) fils de ce Codrus, pro patriâ non timidus mori, fut le premier archonte d'Athènes ; ſon père avoit été le dix-ſeptième & dernier roi. Il fut fait archonte vers l'an 1068 avant Jéſus-Chriſt.

MÉDRÈSE, ſ. m. ( Hiſt. mod. ) nom que les Turcs donnent à des académies ou grandes écoles que les ſultans font bâtir à côté de leurs jamis ou grandes moſquées. Ceux qui ſont prépoſés à ces écoles ſe nomment muderis ; on leur aſſigne des penſions annuelles proportionnées aux revenus de la moſquée. C'eſt de ces écoles qu'on tire les juges des villes, que l'on nomme mollas ou molahs. ( A. R. )

MÉGAHETERIARQUE, ſ. m. ( Hiſt. du bas empire.) nom d'une dignité, à la cour des empereurs de Conſtantinople. C'étoit l'officier qui commandoit en chef les troupes étrangeres de la garde de l'empereur ; & son vrai nom, dit M. Fleury, étoit *mégahétairiaque.* ( *D. J.* )

MEGASTHENE, ( *Hiſt. Litt. anc.* ) hiſtorien grec qui vivoit environ trois ſiècles avant Jeſus-Chriſt, avoit compoſé une *Hiſtoire des Indes*, qui eſt citée par les anciens, mais qui eſt perdue ; celle que nous avons ſous ſon nom, eſt une ſuppoſition d'Annius de Viterbe.

MEGE, ( dom Antoine-Joſeph ) ( *Hiſt. Litt. mod.* ) bénédictin de la congrégation de Saint Maur, auteur d'une vie de St. Benoît, & d'un Commentaire ſur ſa Règle. Mort en 1691.

MÈGELLE, ſ. ſ. ( *Hiſt. mod.* ) c'eſt l'aſſemblée des grands ſeigneurs à la cour de Perſe, ſoit que le ſophi les appelle pour des choſes de cérémonie, ſoit qu'il ait beſoin de leur conſeil dans des affaires importantes & ſecrettes. Les *mégelles* ont été de tous les tems impénétrables. ( *A. R.* )

MEHEGAN, ( Guillaume-Alexandre de ) ( *Hiſt. Litt. mod.* ) naquit en 1721, dans les Cevennes, d'une famille originaire d'Irlande. Le phlegme anglican étoit rechauffé chez lui, par le feu de nos provinces méridionales. Il fut long-temps connu ſous le nom de l'abbé *de Mehegan*, mais il avoit fini par ſe marier. Il eſt l'auteur des ouvrages ſuivans : l'origine des Guèbres ou la Religion naturelle miſe en action ; Conſidérations ſur les révolutions des Arts ; Pièces fugitives en vers ; Mémoires de la marquiſe de Terville ; Lettres d'Aſpaſie ; l'origine, les progrès & la décadence de l'Idolâtrie ; tableau de l'Hiſtoire moderne. Il étoit en train de faire ſa réputation littéraire, lorſqu'il mourut très-promptement le 23 janvier 1766. Il devoit dîner le lendemain, avec pluſieurs gens de lettres, qui, ſur la foi de tout l'eſprit dont ſes ouvrages paroiſſoient étinceler, & de la haine que les folliculaires, ennemis de tous les talents, paroiſſoient lui avoir vouée, déſiroient de le connoître. Il faut convenir que ſes ouvrages qui avoient ſéduit d'abord par l'éclat peut-être trop ſoutenu du ſtyle, ſont aujourd'hui preſque oubliés ; c'eſt que l'eſprit ne ſuffit pas, c'eſt qu'il faut ſur-tout du naturel & un tour heureux d'imagination pour imprimer aux ouvrages un caractère de vie ; il faut, non une philoſophie de ſecte, mais une philoſophie qui appartienne à l'auteur, qui atteſte qu'il a penſé & ſenti, & non pas répété.

ME HERCULES, ( *Hiſt. anc.* ) jurement des hommes par Hercule : me Hercules, eſt la même choſe que *ita me Hercules juvet*. Les hommes ne juroient point par Hercule ; ce dieu ne leur étoit point propice ; une femme lui avoit refuſé un verre d'eau, lorſqu'il avoit ſoif ; les artifices d'une femme lui coûterent la vie ; c'étoit le dieu de la force, & les femmes ſont foibles. On fit dans les premiers ſiècles de l'Egliſe un crime aux Chrétiens de jurer par *Hercule*. ( *A, R,* )

MEIBOMIUS, ( *Hiſt. Litt. mod.* ) Quatre ſçavans ont fait connoître ce nom :

1°. Henri, médecin de Helmſtadt, mort en 1625,

que ſon petit-fils a placé parmi ſes *rerum Germanicarum ſcriptores.*

2°. Jean-Henri, fils de l'un, père de l'autre ; auſſi médecin, d'abord à Helmſtadt, enſuite à Lubeck, a découvert des vaiſſeaux dirigés vers les paupières, qui ſe nomment de ſon nom, les *Conduits de Meibomius*. Son ouvrage ſur cette matière, a pour titre : *de fluxu humorum Oculorum.* On connoît ſon traité *de uſu flagrorum in re Medicâ & Venereâ.* Il y a auſſi de lui un traité *de Cereviſiis*, & une Vie de Mécène. Mort en 1670.

3°. Henri, fils du précédent, petit-fils du premier, eſt ſur-tout connu par le recueil dont nous avons parlé : *rerum Germanicarum Scriptores*. On a auſſi de lui un ouvrage intitulé : *ad Saxoniæ inferioris hiſtoriam introductio. Chronicon Bergenſe. Valentini Henrici Vogleri introductio univerſalis in notitiam cujuſcumque generis bonorum ſcriptorum* ; ce n'eſt qu'une édition, mais *Meibomius* l'a enrichie de ſavantes notes ; enfin, on a de lui des diſſertations de Médecine, &c. Né à Lubeck en 1638, mort en 1700. Il avoit beaucoup & utilement voyagé dans l'Europe.

4°. Marc, de la même famille. Il avoit dédié à la reine Chriſtine, un recueil des auteurs qui ont écrit ſur la muſique des anciens. Bourdelot, médecin, favori & bouffon de Chriſtine, lui donna l'idée d'un divertiſſement où *Meibomius* chanteroit un air de muſique ancienne, & Naudé, au ſon de ſa voix, danſeroit des danſes grecques ; il ne vouloit que rendre ridicule *Meibomius* & Naudé, il y réuſſit. *Meibomius* prit mal la plaiſanterie ; il maltraita fort Bourdelot, lui meurtrit le viſage à coups de poing, & s'enfuit de la cour de Suède. On a de lui un traité *de Fabricâ Triremium* ; une édition des anciens Mythologues grecs. Il prétendit corriger l'exemplaire hébreu de la Bible qui, ſelon lui, étoit plein de faute. Son ouvrage ſur ce ſujet, a pour titre : *Davidis pſalmi & totidem ſacra ſcripturæ veteris Teſtamenti capita..... reſtituta.*

MEILLERAIE ou MEILLERAYE, (LA) ( *Voyez* PORTE (LA). )

MEINGRE. ( Le ) ( *Voyez* BOUCICAUT. )

MEKKIEMES, ( *Hiſt. mod.* ) nom que les Turcs donnent à une ſalle d'audience, où les cauſes ſe plaident & ſe décident. Il y a à Conſtantinople plus de vingt de ces *mekkiemes.* ( *A. R.* )

MELA. ( *Voyez* POMPONIUS MELA. )

MELANCTHON, ( Philippe ) ( *Hiſt. du Luther.* ) Le vrai nom de *Melanchton* eſt *Schwartzerat*, qui ſignifie, en allemand, *terre noire*, comme *Mélanchton* ſignifie en grec. *Mélanchton* étoit le diſciple & le coopérateur de Luther, mais auſſi doux, auſſi modéré que ſon maître étoit altier & violent ; il avoit beaucoup à ſouffrir des emportements, des fureurs & des caprices de Luther ; il tâchoit toujours vainement d'adoucir cet homme fougueux, & de concilier tous les chefs de la réforme, qu'il voyoit avec douleur, auſſi diviſés entr'eux & auſſi ennemis les uns des autres qu'ils l'étoient des Catholiques. Quand la Sor-

bonne eut condamné Luther, *Mélanchton* fit l'apologie de son ami, il fallut qu'il consentit de traiter
la censure de la Sorbonne, de *décret furieux* & les
docteurs de *théologastres*, dans le titre même de
son ouvrage, *adversùs furiosum Parisiensium theolo-
gastrorum decretum, apologia pro Luthero.* Cette apologie, composée sous les yeux de Luther & toute
animée de son esprit, ne le contenta pas encore,
parce que *Mélanchton* y avoit laissé quelques traits
de sa modération naturelle, & n'avoit pas pu se
monter par-tout au ton de Luther. Florimond de
Remond & le P. Maimbourg, catholiques, à qui le
zèle ne permet pas toujours de s'assurer des faits
qu'ils avancent, prétendent que *Mélanchton* se laissa
séduire par l'idée de la nécessité du travail manuel
que Carlostadt fondoit sur ces paroles de la Genèse :
*tu mangeras ton pain à la sueur de ton corps ;* &
qu'en conséquence il se fit garçon boulanger, tandis
que Carlostadt alla labourer la terre ; mais le fait,
du moins en ce qui concerne *Mélanchton*, est nié par
les Protestants. ( *Voyez* l'article CARLOSTAD. )

Ce fut *Mélanchton* qui fut chargé de dresser la
confession luthérienne d'Ausbourg, de concert avec
Luther : ce concert ne fut pas sans dissonances ;
Luther vouloit pousser tout à l'excès, *Mélanchton*
vouloit tout adoucir ; on faisoit, on défaisoit à tout
moment quelque article de foi. *Il falloit*, dit Mélanchton, *les accommoder à l'occasion........ Je changeois
tous les jours. & rechangeois quelque chose, & j'en
aurois changé beaucoup davantage, si nos compagnons
nous l'avoient permis.* Les lettres de *Mélanchton* ne
parlent que de ses inquiétudes pendant tout ce temps-là.
Luther le désoloit par ses hauteurs, l'effrayoit par
ses emportements ; il entroit quelquefois contre *Mélanchton* dans une si violente colère, qu'il ne vouloit
pas lire ses lettres, & renvoyoit les messagers sans réponse. *Mélanchton*, toujours docile & patient, gémissoit, cédoit & changeoit. Il parvint enfin à mettre
cette confession d'Ausbourg en état d'obtenir le
suffrage de Luther. Le grand maître prononça ces
grands mots : *elle me plaît infiniment, je n'y puis
rien changer ni corriger.* Il fait pourtant quelques petits
reproches, il insinue qu'il ne veut pas faire de corrections, parce qu'elles trancheroient trop avec la timide
circonspection qui préside à tout l'ouvrage : *je ne sçais
point*, dit-il, *procéder avec cette molle délicatesse.* En
effet, depuis ce temps, les Luthériens, déjà séparés
des Anabaptistes & des Sacramentaires, parurent
encore se subdiviser en deux espèces de sectes, de
Luthériens purs & de Luthériens *mitigés* ; & le modeste *Mélanchton*, qui n'ambitionnoit point d'autre
honneur que celui d'être le premier & le plus fidèle
des disciples de Luther, se trouva-malgré lui, érigé
en chef des Luthériens relâchés ; mais cette différence
étant plus dans les caractères que dans les faits, ne fut
apperçue que par des yeux intéressés, & ne forma
point de sectes sensiblement séparées.

La confession d'Ausbourg fut présentée à l'empereur
le 25 juin 1530. Elle fut réfutée par les Sacramentaires
d'un côté, par les Catholiques de l'autre ; cette dernière réfutation fut faite par ordre de l'empereur.
*Mélanchton* y répondit ; & sa réponse est ce qu'on
appelle l'*Apologie de la confession d'Ausbourg*, pièce
devenue inséparable de cette confession, dont elle est
comme le supplément. Il fit aussi la censure de l'*in-
térim* de Charles-Quint en 1548. Rien n'est comparable aux agitations, aux douleurs qu'éprouva *Mélanchton*, lorsqu'il vit la réforme, après avoir établi
pour principe : qu'on ne prendroit jamais les armes
pour la défense de *l'Evangile*, & qu'il falloit tout
souffrir plutôt que d'armer pour cette cause, former
des ligues & prendre les armes. Toutes ses lettres
présentent le tableau d'une ame déchirée ; il pleuroit,
il excusoit Luther, il accusoit le malheur des temps,
il paroît pour s'étourdir, il appelloit des consolations
qui le fuyoient, il versoit des larmes amères dans le
sein de ses amis. On le voit faire de vains efforts
pour se rassurer, pour excuser la guerre que son cœur
condamnoit, pour justifier Luther qu'il s'obstinoit à
aimer. Quand il ne pouvoit s'empêcher de le condamner, c'étoit toujours sans le nommer. Je ne vois,
disoit-il, *que tyrannie de la part des papistes ou des
autres.... je reconnois combien certaines gens ont tort.*
Il lui avoit donné le beau nom de Périclès ; & quand
il lui arrivoit de le condamner même nommément,
il ne le comparoit qu'à des héros : Luther avoit, disoit-
il, la colère d'Achille, les emportements d'un Hercule,
d'un Philoctète, d'un Marius ; mais il en revenoit
toujours à trouver quelque chose d'extraordinaire & de
prophétique dans cet homme, & sûr tous les excès &
les contradictions de la réforme, il en revenoit toujours à prier Dieu ; c'étoit toujours aux pieds de Dieu
que cette ame simple & droite venoit déposer ses dou-
loureuses agitations. *Mélanchton*, au milieu de tous
ces mouvements, étant allé voir sa mère, femme
simple & dévote, la trouva fort émue des disputes
de religion qui troubloient alors l'Allemagne, & fort
incertaine de ce qu'elle devoit croire, elle lui récita ses
prières pour sçavoir s'il n'y trouveroit rien de condamnable. « Votre foi & vos prières sont très-bonnes, lui
répondit *Mélanchton*, n'y changez rien, & laissez
disputer les docteurs ».

*Mélanchton*, avec beaucoup d'esprit & de lumières
pour son siècle, étoit sensible, par conséquent foible ;
cette foiblesse alloit jusqu'à croire aux prodiges, aux
prédictions, à l'astrologie, dans un siècle qui croyoit
à tout cela. On lui avoit prédit un naufrage sur la
Mer Baltique & sur la Mer du Nord ; & pour ne
pas s'embarquer sur ces deux mers, *Mélanchton* se
refusoit à des prosélytes qui l'appelloient en Danemarck
& en Angleterre ; car, en croyant que ces prédictions s'accompliroient infailliblement, on faisoit tout
pour les démentir. Il avoit tiré l'horoscope de sa fille,
& un horrible aspect de Mars le faisoit trembler pour
elle ; de tristes conjonctions des astres & la flamme d'une
comète extrêmement septentrionale, ne l'effrayoient
pas moins ; dans le temps des conférences d'Ausbourg,
il se consoloit de la lenteur avec laquelle on y procédoit, parce que *vers l'automne, les astres devoient
être plus propices aux disputes ecclésiastiques.* Tel étoit

*Mélanchton* avec toutes ses vertus & toutes ses foiblesses.

La fameuse dispense accordée au Landgrave de Hesse pour épouser une nouvelle femme, sans répudier la première, étoit signée de *Mélanchton* aussi bien que de Luther & de quelques autres; & *Mélanchton* fut un des témoins secrets de ce second mariage.

A la mort de Luther, *Mélanchton* crut perdre un ami, & il gagna un rang dans la réforme; il en fut en quelque sorte, le patriarche, comme l'avoit été Luther; il n'en fut que plus exposé à l'envie & aux persécutions dans son propre parti; car après la mort de Luther, tous ses soldats voulurent être rois; ses chefs se multiplièrent & se divisèrent. *Mélanchton* étoit trop doux pour pouvoir contenir tant d'ardents disputeurs; s'il n'avoit pas la violence de Luther, il n'en avoit pas non plus l'énergie; incapable d'être persécuteur, il fut persécuté. Illyric, son disciple, voulut être son maître; il fit condamner dans deux synodes, quelques propositions de *Mélanchton*, qui ne s'éloignoient pas assez de la foi de l'église romaine; le ménagement qu'on eut pour cet homme célèbre, fut de ne le pas condamner sous son nom, mais sous la dénomination injurieuse de quelques *papistes ou scholastiques*. Osiandre l'outrageoit du fond de la Prusse; David Chytré, plus zélé qu'eux tous, ne proposoit pas moins que de se défaire de *Mélanchton*, à cause de son dangereux amour pour la paix. *Mélanchton* réduit au silence & aux larmes, disoit: *je ne veux plus disputer contre des gens si cruels*. Il mourut (en 1560.) incertain, comme il avoit vécu; sur le lieu qu'il avoit passé sa vie entière à chercher sa religion sans avoir pu la trouver. On prétend qu'il changea quatorze fois de sentiment sur le péché original & sur la prédestination. Il se consola de mourir, parce qu'il alloit, disoit-il, être délivré de deux grands maux, du péché & de la rage théologique. Camérarius a écrit sa vie. (*Voyez* l'article CAMÉRARIUS.)

**MÉLANIE**, (*Hist. Ecclés.*) C'est le nom de deux vieilles dames romaines, ayeule & petite-fille, mises au rang des saintes; elles se consacrèrent au service des Catholiques persécutés par les Ariens, visitèrent les saints lieux & bâtirent des monastères. L'une vivoit sous la direction de Rufin, prêtre d'Aquilée, (*voyez* Rufin) l'autre ayant passé en Afrique, eut des relations avec saint Augustin. Toutes deux moururent à Jérusalem, l'ayeule en 410, la petite-fille en 434.

**MÉLANIPPIDES.** (*Hist. litt. anc.*) C'est le nom de deux poëtes grecs, ayeul & petit-fils, dont l'un vivoit plus de cinq siècles, l'autre environ quatre siècles & demi avant J. C. On a des fragments de leurs ouvrages dans le *Corpus poetarum græcorum*.

**MELCHIOR-CANUS**, (*Voyez* CANUS).

**MELCHISEDECH**, (*Hist. sacr.*) Roi de Salem & prêtre du Dieu très-haut. C'est ainsi qu'il est qualifié dans la genèse, chap. 14, & c'est à-peu-près tout ce que l'écriture nous en apprend; les savants ne s'en sont pas contentés; ils se sont partagés en différentes opinions sur ce qui concerne Melchisedech;

les uns en ont fait un payen, les autres un ange; il y a eu même des hérétiques nommés *Melchisédéciens*. Ce que les savants sçavent le moins, c'est ce que l'écriture appelle *sapere ad sobrietatem*.

**MELCHTAL** (Arnold de) *Hist. mod.*) Un des principaux auteurs de la liberté helvétique, un des coopérateurs de Guillaume Tell, *voyez* FELL

**MÉLÉAGRE** (*Hist. litt. mod.*) Poëte grec, auteur du recueil d'épigrammes grecques connu sous le nom d'*Anthologie*, & où il y a des épigrammes de quarante six poëtes différents. On en a souvent changé la disposition. C'est le moine grec Planudes, qui, en 1380, l'a mis dans l'état où nous l'avons actuellement. Méléagre étoit Syrien, & vivoit sous le règne de Séleucus VI roi de Syrie, environ un siècle avant J. C.

**MELECHER**, s. m. (*Hist. anc.*) idole que les Juifs adorerent. *Melecher* fut, selon les uns, le soleil; la lune, selon d'autres. Ce qu'il y a de certain, c'est que les femmes lui offroient un gâteau signé d'une étoile, & que les Grecs faisoient à la lune l'offrande d'un pain sur lequel la figure de cette planète étoit imprimée.

**MELIN.** (*Voyez*) S. GELAIS.

**MELIKTU-ZIZIAR**, *ou* PRINCE DES MARCHANDS, s. m. (*Hist. mod. & Comm.*) On nomme ainsi en Perse celui qui a l'inspection générale sur le commerce de tout le royaume, & particulièrement sur celui d'Ispaham. C'est une espece de prévôt des marchands, mais dont la jurisdiction est beaucoup plus étendue qu'en parmi nous.

C'est cet officier qui décide & qui juge de tous les différends qui arrivent entre marchands, il a aussi inspection de tisserands & les tailleurs de la cour sous le nazir, aussi bien que le soin de fournir toutes les choses dont on a besoin au serrail: enfin c'est à la direction de tous les courtiers & commissionnaires qui sont chargés des marchandises du roi, & qui en font négoce dans les pays étrangers. *Dictionn. de Comm.* (G).

**MELITON** (*Hist. Ecclés.*) (Saint) évêque de Sardes en Lydie, au second siècle de l'église, auteur d'une *apologie pour les Chrétiens* qu'il présenta en 171 à l'Empereur Marc-Aurèle, & dont Eusèbe & les autres écrivains ecclésiastiques font l'éloge. Tertullien & S. Jérôme parlent aussi avec éloge de St. Meliton. Il ne reste de ses œuvres que quelques fragments dans la bibliothèque des pères.

**MELITUS.** (*Hist. anc.*) Orateur & poëte grec, peu connu à ce double titre, mais diffamé à jamais pour avoir été avec Anitus un des ennemis & des accusateurs de Socrate. Les Athéniens, dans leur repentir, condamnèrent Melitus à la mort, comme leur ayant arraché un jugement inique contre le plus sage des grecs. Socrate & Mélitus vivoient environ quatre siècles avant J. C.

**MELLO**, (*Hist. de Fr.*) Ancienne famille de Picardie, descend de Dreux I du nom, seigneur de *Mello*, nommée par corruption *Merlou*, en Beauvoisis entre Creil & Beaumont fur-Oife ; Dreux étoit frère de Martin de Mello , chanoine de l'églife de Paris, qui fonda , l'an 1103 , le Chapitre de Mello.

Raoul de Mello , fils de Dreux II & petit-fils de Dreux I, l'un des plus vaillans capitaines de fon temps , fut tué à Tripoli en 1151.

Dreux IV fut Connétable de France fous Philippe-Augufte., entre Raoul comte de Clermont & Matthieu de Montmorenci. Il fuivit Philippe - Augufte à la Terre-Sainte , & y acquit beaucoup de gloire. Il mourut le 3 Mars 1218.

Guillaume I fils de Dreux IV , fut fait ptifonnier dans un combat entre Philippe-Augufte & Richard-Cœur-de-lion , l'an 1198.

Dreux de Mello fon frère accompagna St. Louis à la cinquième croifade & mourut dans l'ifle de Chypre en 1248 ainfi que Guillaume II fon neveu , fils de Guillaume I. Un autre Dreux , frère de Guillaume II , accompagna auffi St. Louis à cette même croifade

Un Dreux de Mello de la branche de St. Parife , mourut en 1396 dans l'expédition de Hongrie contre Bajazet, où fe livra la bataille de Nicopolis.

MELON, ( Jean-François ) ( Hift. litt. mod. ) auteur de l'Effai politique fur le commerce, réfuté à quelques égards par M. du Tot dans fes réflexions fur le commerce & les finances ; ce font ces deux ouvrages qui ont commencé à rendre familières au commun des lecteurs les idées de politique, de commerce & de finances , & qui nous ont guéris de la manie des myftères politiques. M. le Régent faifoit un grand cas des lumières de M. Melon. On a encore de lui l'ouvrage intitulé: Mahmoud le Gafnevide , Hiftoire allégorique de la régence de ce même prince, & des differtations pour l'académie de Bordeaux que M. Melon avoit engagé le duc de la Force à fonder ; mort à Paris en 1738.

MELOT, ( Jean-Baptifte ) ( Hift. litt. mod. ) né à Dijon en 1697, reçu à Paris dans l'Académie des infcriptions & belles-lettres en 1738 , fut nommé en 1741 Garde des manufcrits de la Bibliothèque du roi , & travailla au catalogue de ces manufcrits avec beaucoup d'ardeur. Il travailla auffi pendant quelques années à un gloffaire néceffaire pour l'intelligence de l'édition du Joinville, faite d'après un manufcrit de 1309, le plus ancien qu'on connoiffe , & auquel on a joint la vie du même St. Louis , par Guillaume de Nangis , & un livre des miracles du même St. Louis , décrits par le confeffeur de la reine Marguerite-de-Provence, fa femme. Cette édition à laquelle M. Melot avoit travaillé de concert avec M. l'abbé Sallier, a été donnée en 1761 par M. Capperonnier, fucceffeur de M. Melot dans l'emploi de garde des manufcrits de la bibliothèque du roi.

M. Melot n'étoit pas uniquement propre à donner des gloffaires & des éditions, c'étoit d'ailleurs un homme d'efprit, à en juger par la devife heureufe qu'il propofa pour la médaille dramatique promife par le roj aux auteurs qui auroient eu trois fuccès bien reconnus dans la carrière foit tragique, foit comique. La mufe

du théâtre développe un rouleau fur lequel on lit les noms de Corneille & de Racine, & celui de Molère , & le mot de la devife eft cet hémiftiche de Virgile;

& qui nafcentur ab illis.

M. Melot étoit de plus un homme intéreffant par la douceur de fes mœurs & par fes vertus.

MELVILL , ( Jacques de ) ( Hift. d'Ecoffe. ) gentilhomme écoffois , ambaffadeur de la reine Marie Stuart , auprès d'Elifabeth , reine d'Angleterre. Elifabeth , qui , jaloufe de la beauté , de l'efprit & des graces de Marie , ne fe laffoit jamais de faire des queftions fur cette princeffe , dans l'efpérance de lui découvrir des défauts, ou de fe faire accorder quelque fupériorité fur elle , demanda une fois fans détour à Melvill , laquelle étoit la plus belle de Marie ou d'elle. Melvill éluda la queftion. Marie eft , dit-il , la plus belle femme de l'Ecoffe , comme Elifabeth eft la plus belle femme de l'Angleterre. La taille étoit fur-tout ce qu'on vantoit dans Marie ; ce fut auffi ce qu'attaqua Elifabeth : du moins , dit-elle , Marie n'eft pas fi grande que moi. Ici Melvill fe crut obligé d'avouer que Marie étoit plus grande. Elle l'eft donc trop , répliqua aigrement Elifabeth. Melvill fourit, fe tut , & configna ce fait dans fes mémoires.

Melvill étoit venu notifier en Angleterre la naiffance du prince d'Ecoffe, ( Jacques VI ) fils de Marie Stuart; il rapporte lui-même dans fes mémoires ce qu'il vit dans cette occafion. Quand il arriva, Elifabeth donnoit un bal , la gaieté brilloit fur fon vifage , & animoit toute l'affemblée ; auffi-tôt qu'on eut appris le fujet de l'arrivée de Melvill , une morne triffeffe avoit tout glacé; Elifabeth, la tête appuyée fur fa main , s'écria douloureufement : la reine d'Ecoffe eft mère , & moi je ne fuis qu'un arbre ftérile. L'affemblée fe fépara ou fut congédiée ; c'étoit l'effet du premier mouvement ; le lendemain Elifabeth ayant eu le temps de fe compofer, donna audience à l'ambaffadeur , témoigna la joie la plus vive de l'heureufe nouvelle qu'il apportoit , le remercia de la diligence qu'il avoit faite pour la lui apprendre plutôt ; elle nomma des ambaffadeurs pour aller tenir en fon nom fur les fons de baptême l'enfant de fa chère fœur.

Jacques de Melvill , malgré le zèle qu'il témoigne quelquefois pour Marie Stuart , étoit penfionnaire d'Elifabeth , & partifan fecret de Murray . frère naturel de Marie , & fon ennemi & fon perfécuteur le plus ardent. Melvill doit donc être fufpect , quand il parle contre Marie & qu'il fournit des armes contre elle à fes ennemis fur certains points controverfés ; par exemple , lorfqu'il dit qu'il crut de fon devoir d'avertir que fa confiance qu'elle témoignoit à David Riccio , donnoit lieu à des bruits fâcheux; qu'il étoit effrayé de fes familiarités avec cet homme , & qu'il craignoit qu'elles ne fuffent mal interprétées par fes ennemis.

Il eft encore très-fufpect , lorfqu'il dit qu'ayant reçu des partifans fecrets que Marie avoit en Angleterre, une lettre dans laquelle ils lui repréfentoient le tort que Marie alloit fe faire par fon mariage avec un

Z z z

*Mélanchton* avec toutes ses vertus & toutes ses foiblesses.

La fameuse dispense accordée au Landgrave de Hesse pour épouser une nouvelle femme, sans répudier la première, étoit signée de *Mélanchton* aussi bien que de Luther & de quelques autres; & *Mélanchton* fut un des témoins secrets de ce second mariage.

A la mort de Luther, *Mélanchton* crut perdre un ami, & il gagna un rang dans la réforme; il en fut en quelque sorte, le patriarche, comme l'avoit été Luther; il n'en fut que plus exposé à l'envie & aux persécutions dans son propre parti; car après la mort de Luther, tous ses soldats voulurent être rois; ses chefs se multiplièrent & se divisèrent. *Mélanchton* étoit trop doux pour pouvoir contenir tant d'ardents disputeurs; s'il n'avoit pas la violence de Luther, il n'en avoit pas non plus l'énergie; incapable d'être persécuteur, il fut persécuté. Illyric, son disciple, voulut être son maître; il fit condamner dans deux synodes, quelques propositions de *Mélanchton*, qui ne s'éloignoient pas assez de la foi de l'église romaine; le ménagement qu'on eut pour cet homme célèbre, fut de ne le pas condamner sous son nom, mais sous la dénomination injurieuse de quelques *papistes* ou *scholastiques*. Osiandre l'outrageoit, du fond de la Prusse; David Chytré, plus zélé qu'eux tous, ne proposoit pas moins que de se défaire de *Mélanchton*, à cause de son dangereux amour pour la paix. *Mélanchton* réduit au silence & aux larmes, disoit: *je ne veux plus disputer contre des gens si cruels*. Il mourut (en 1560.) incertain, comme il avoit vécu; on a dit de lui qu'il avoit passé sa vie entière à chercher sa religion sans avoir pu la trouver. On prétend qu'il changea quatorze fois de sentiment sur le péché originel & sur la prédestination. Il se consola de mourir, parce qu'il alloit, disoit-il, être délivré de grands maux, du péché & de la rage théologique. Camérarius a écrit sa vie. (*Voyez* l'article CAMÉRARIUS.)

MÉLANIE, (*Hist. Ecclés.*) C'est le nom de deux vieilles dames romaines, ayeule & petite-fille, mises au rang des saintes; elles se consacrèrent au service des Catholiques persécutés par les Ariens, visitèrent les saints lieux & bâtirent des monastères. L'une vivoit sous la direction de Rufin, prêtre d'Aquilée, (*voyez* Rufin) l'autre ayant passé en Afrique, eut des relations avec saint Augustin. Toutes deux moururent à Jérusalem, l'ayeule en 410, la petite-fille en 434.

MÉLANIPPIDES. (*Hist. litt. anc.*) C'est le nom de deux poëtes grecs, ayeul & petit-fils, dont l'un vivoit plus de cinq siècles, l'autre environ quatre siècles & demi avant J. C. On a des fragments de leurs ouvrages dans le *Corpus poetarum graecorum*.

MELCHIOR-CANUS, (*Voyez* CANUS.)

MELCHISEDECH, (*Hist. sacr.*) Roi de Salem & prêtre du Dieu très-haut. C'est ainsi qu'il est qualifié dans la genèse, chap. 14, & c'est à-peu-près tout ce que l'écriture nous en apprend; les sçavants ne s'en sont pas contentés; ils se sont partagés en différentes opinions sur ce qui concerne Melchisédech;

les uns en ont fait un payen, les autres un ange; il y a eu même des hérétiques nommés *Melchisédociens*. Ce que les savants sçavent le moins, c'est ce que l'écriture appelle *sapere ad sobrietatem*.

MELCHTAL (Arnold de) *Hist. mod.*) Un des principaux auteurs de la liberté helvétique, un des coopérateurs de Guillaume Tell, *voyez* TELL.

MÉLÉAGRE (*Hist. litt. mod.*) Poëte grec, auteur du recueil d'épigrammes grecques connu sous le nom d'*Anthologie*, & où il y a des épigrammes de quarante six poëtes différents. On en a souvent changé la disposition. C'est le moine grec Planudes, qui, en 1380 l'a mis dans l'état où nous l'avons actuellement. Méléagre étoit Syrien, & vivoit sous le règne de Séleucus VI roi de Syrie, environ un siècle avant J. C.

MELECHER, s. m. (*Hist. anc.*) idole que les Juifs adorerent. *Melecher* fut, selon les uns, le soleil; la lune, selon d'autres. Ce qu'il y a de certain, c'est que les femmes lui offroient un gâteau signé d'une étoile, & que les Grecs faisoient à la lune l'offrande d'un pain sur lequel la figure de cette planète étoit imprimée.

MELIN. (*Voyez* ) S. GELAIS.

MELIKTU-ZIZIAR, ou PRINCE DES MARCHANDS, s. m. (*Hist. mod. & Comm.*) On nomme ainsi en Perse celui qui a l'inspection générale sur le commerce de tout le royaume, & particulièrement sur celui d'Ispahan. C'est une espece de prevôt des marchands, mais dont la jurisdiction est beaucoup plus étendue que parmi nous.

C'est cet officier qui décide & qui juge de tous les différends qui arrivent entre marchands, il a aussi inspection sur les tisserands & les tailleurs de la cour sous le nazir, aussi bien que le soin de fournir toutes les choses dont on a besoin au serrail: enfin il a la direction de tous les courtiers & commissionnaires qui sont chargés des marchandises du roi, qui en font négoce dans les pays étrangers. *Dictionn. de Comm.* (*G.*)

MELITON (*Hist Ecclés.*) (Saint) évêque de Sardes en Lydie, au second siècle de l'église, auteur d'une *apologie pour les Chrétiens* qu'il présenta en 171 à l'Empereur Marc-Aurèle, & dont Eusèbe & les autres écrivains ecclésiastiques font l'éloge. Tertullien & S. Jérôme parlent aussi avec éloge de St. Meliton. Il ne reste de ses œuvres que quelques fragments dans la bibliothèque des pères.

MELITUS. (*Hist. anc.*) Orateur & poëte grec peu connu à ce double titre, mais diffamé à jamais pour avoir été avec Anitus un des ennemis & des accusateurs de Socrate. Les Athéniens, dans leur repentir, condamnèrent Mélitus à la mort, comme leur ayant arraché un jugement inique contre le plus sage des grecs. Socrate & Mélitus vivoient environ quatre siècles avant J. C.

MELLO, (*Hist. de Fr.*) Ancienne famille de Picardie, descend de Dreux I du nom, seigneur de *Mello*, nommée par corruption *Merlou*, en Beauvoisis entre Creil & Beaumont fur-Oife ; Dreux étoit frère de Martin de Mello , chanoine de l'églife de Paris, qui fonda , l'an 1103 , le Chapitre de Mello.

Raoul de Mello , fils de Dreux II & petit-fils de Dreux I , l'un des plus vaillants capitaines de fon temps , fut tué à Tripoli en 1151.

Dreux IV fut Connétable de France fous Philippe-Augufte , entre Raoul comte de Clermont & Matthieu de Montmorenci. Il fuivit Philippe-Augufte à la Terre-Sainte , & y acquit beaucoup de gloire. Il mourut le 3 Mars 1218.

Guillaume I fils de Dreux IV , fut fait prifonnier dans un combat entre Philippe-Augufte & Richard-Cœur-de-lion , l'an 1198.

Dreux de Mello fon frère accompagna St. Louis à la cinquième croifade & mourut dans l'ifle de Chypre en 1248 ainfi que Guillaume II fon neveu , fils de Guillaume I. Un autre Dreux , frère de Guillaume II , accompagna auffi St. Louis à cette même croifade. Un Dreux de Mello de la branche de St. Parife , mourut en 1396 dans l'expédition de Hongrie contre Bajazet, où fe livra la bataille de Nicopolis.

MELON, ( Jean-François ) ( *Hift. litt. mod.* ) auteur de *l'Effai politique fur le commerce*, réfuté à quelques égards par M. du Tot dans fes *réflexions fur le commerce & les finances* ; ce font ces deux ouvrages qui ont commencé à rendre familières au commun des lecteurs les idées de politique , de commerce & de finances , & qui nous ont guéris de la manie des myftères politiques. M. le Régent faifoit un grand cas des lumières de M. Melon. On a encore de lui l'ouvrage intitulé: *Mahmoud le Gafnevide*, Hiftoire allégorique de la régence de ce même prince , & des differtations pour l'académie de Bordeaux que M. Melon avoit engagé le duc de la Force à fonder ; mort à Paris en 1738.

MELOT, ( Jean-Baptifte ) ( *Hift. litt. mod.* ) né à Dijon en 1697, reçu à Paris dans l'Académie des infcriptions & belles-lettres en 1738 , fut nommé en 1741 Garde des manufcrits de la Bibliothèque du roi, & travailla au catalogue de ces manufcrits avec beaucoup d'ardeur. Il travailla auffi pendant quelques années à un gloffaire néceffaire pour l'intelligence de l'édition du Joinville, faite d'après un manufcrit de 1309 , le plus ancien qu'on connoiffe , & auquel on a joint la vie du même St. Louis , par Guillaume de Nangis , & un livre des *miracles* du même St. Louis , décrits par le confeffeur de la reine Marguerite-de-Provence , fa femme. Cette édition à laquelle M. Melot avoit travaillé de concert avec M. l'abbé Sallier , a été donnée en 1761 par M. Capperonnier , fucceffeur de M. Melot dans l'emploi de garde des manufcrits de la bibliothèque du roi.

M. Melot n'étoit pas uniquement propre à donner des gloffaires & des éditions, c'étoit d'ailleurs un homme d'efprit , à en juger par la devife heureufe qu'il propofa pour la médaille dramatique promife par le roi aux auteurs qui auroient eu trois fuccès bien reconnus dans la carrière foit tragique , foit comique. La mufe

du théâtre développe un rouleau fur lequel on lit les noms de Corneille & de Racine , & celui de Molère , & le mot de la devife eft cet hémiftiche de Virgile ;

*& qui nafcentur ab illis.*

M. Melot étoit de plus un homme intéreffant par la douceur de fes mœurs & par fes vertus.

MELVILL , ( Jacques de ) ( *Hift. d'Ecoffe.* ) gentilhomme écoffois, ambaffadeur de la reine Marie Stuart , auprès d'Elifabeth , reine d'Angleterre. Elifabeth , qui , jaloufe de la beauté , de l'efprit & des graces de Marie , ne fe laffoit jamais de faire des queftions fur cette princeffe , dans l'efpérance de lui découvrir des défauts , ou de fe faire accorder quelque fupériorité fur elle , demanda une fois fans détour à *Melvill* , laquelle étoit la plus belle de Marie ou d'elle. *Melvill* éluda la queftion. Marie eft , dit-il , la plus belle femme de l'Ecoffe , comme Elifabeth eft la plus belle femme de l'Angleterre. La taille étoit fur-tout ce qu'on vantoit dans Marie ; ce fut auffi ce qu'attaqua Elifabeth : du moins , dit-elle , Marie n'eft pas fi grande que moi. Ici *Melvill* fe crut obligé d'avouer que Marie étoit plus grande. Elle l'eft donc trop , répliqua aigrement Elifabeth. *Melvill* fourit, fe tut , & configna ce fait dans fes mémoires.

*Melvill* étoit venu notifier en Angleterre la naiffance du prince d'Ecoffe , ( Jacques VI ) fils de Marie Stuart ; il rapporte lui-même dans fes mémoires ce qu'il vit dans cette occafion. Quand il arriva, Elifabeth donnoit un bal , la gaieté brilloit fur fon vifage , & animoit toute l'affemblée ; auffi-tôt qu'on eut appris le fujet de l'arrivée de *Melvill* , une morne trifteffe avoit tout glacé; Elifabeth , la tête appuyée fur fa main , s'écria douloureufement : la reine d'Ecoffe eft mère , & moi je ne fuis qu'un arbre ftérile. L'affemblée fe fépara ou fut congédiée ; c'étoit l'effet du premier mouvement ; le lendemain Elifabeth ayant eu le temps de fe compofer, donna audience à l'ambaffadeur , témoigna la joie la plus vive de l'heureufe nouvelle qu'il apportoit , le remercia de la diligence qu'il avoit faite pour le lui apprendre plutôt ; elle nomma des ambaffadeurs pour aller tenir en fon nom fur les fonts de baptême l'enfant de fa chère fœur.

Jacques de *Melvill* , malgré le zèle qu'il témoigne quelquefois pour Marie Stuart , étoit penfionnaire d'Elifabeth , & partifan fecret de Murray , frère naturel de Marie , & fon ennemi & fon perfécuteur le plus ardent. *Melvill* doit donc être fufpect , quand il parle contre Marie & qu'il fournit des armes contre elle à fes ennemis fur certains points controverfés ; par exemple , lorfqu'il dit qu'il crut de fon devoir d'avertir que fa confiance qu'elle témoignoit à David Riccio , donnoit lieu à des bruits fâcheux ; qu'il étoit effrayé de fes familiarités avec cet homme , & qu'il craignoit qu'elles ne fuffent mal interprétées par fes ennemis.

Il eft encore très-fufpect , lorfqu'il dit qu'ayant reçu des partifans fecrets que Marie avoit en Angleterre, une lettre dans laquelle ils lui repréfentoient le tort que Marie alloit fe faire par fon mariage avec un hcmme tel que le comte de Bothwel , il crut devoir communiquer cette lettre à Marie , qui n'en fit d'autre ufage que de la montrer à Bothwel , ce qui compromit *Melvill* ; ce même auteur ajoute que le lord Herries fe jetta aux genoux de la reine, pour la détourner d'une alliance fi honteufe ; or , le lord Herries avoit figné l'acte de confédération de la noblesse , qui engageoit , Marie pour le bien de l'état & pour fa fûreté particulière, à époufer le comte de Bothwel, & il figna, comme témoin , le contrat de mariage ( *Voyez* MARIE STUART à l'article STUART, l'article LESLEY &c.

Marie Stuart , qui n'étoit pas foupçonneufe , n'ôta point fa confiance à *Melvill*, & le roi Jacques fon fils , peut-être à l'inftigation des ennemis de fa mère , le mit dans fon confeil , & lui donna l'adminiftration de fes finances ; quand il alla régner en Angleterre , fous le nom de Jacques I , il voulut emmener *Melvill* avec lui ; mais celui-ci s'excufa de le fuivre & mourut retiré des affaires.

Robert *Melvill* , de la même famille , fut un des ambaffadeurs envoyés par Jacques VI, encore fimple roi d'Ecoffe, pour demander la grace de Marie Stuart, fa mère ; il la demandoit comme un roi demande juftice à un roi , en laiffant entrevoir ce que l'honneur & le devoir exigeroient de lui , fi le crime étoit confommé ; l'infolente tyrannie trouva de l'infolence dans la menace d'un fils qui paroît de venger fa mère. Robert *Melvill* agit avec zèle , & ne put rien obtenir.

Un autre *Melvill* ( André ) étoit maître d'h tel de la même reine d'Ecoffe ; lorfqu'elle alloit au fupplice, elle le trouva au bas de l'efcalier dans les convulfions du défefpoir , fe roulant par terre , fe tordant les bras , rugiffant de douleur , & pouvant à peine proférer ces paroles : quelle nouvelle je vais porter en Ecoffe, au roi mon maître ! La reine lui reprocha doucement fon peu de fermeté , & comme elle avoit de la peine à monter fur l'échafaud , à caufe d'un mal de jambe, elle lui dit d'un air ferain & d'un ton encourageant : *allons, mon cher André, encore ce petit fervice, aidezmoi à monter*. Elle la chargea de recommander fes domeftiques au roi fon fils , & de lui défendre en fon nom , de chercher à la venger.

MELUN , ( *Hift. anc. & mod.* ) Céfar parle de Melun ( *Melodunum* ) dans fes commentaires , comme d'une ville dès-lors ancienne & alors confidérable. Les Normands la ruinèrent en 845. Le roi Hugues Capet la donna à Bouchard , fon favori. Sous le règne de Robert , Eudes , comte de Champagne , s'en rendit maître à prix d'argent ; Robert la reprit l'an 999, & fit pendre le châtelain & fa femme , qui l'avoient livrée au comte de Champagne ; les Anglois la prirent par famine en 1420. Elle eut part auffi aux malheurs de la France dans les guerres civiles du feizième fiècle.

La Maifon de Melun paroît avoir tiré fon nom de cette ville ; nous la voyons figurer parmi les maifons les plus confidérables du Royaume , à la cour des rois Hugues Capet & Robert. Nous diftinguerons dans cette maifon les perfonnages fuivans :

1°. Guillaume I. du nom , vicomte de Melun , furnommé *le Charpentier*, parce qu'il n'y avoit point d'ar-

mure qui pût réfifter à la pefanteur ou de fes armes ou de fes coups ; il vivoit vers la fin du onzième fiècle, fous le règne de Philippe I.

2°. Adam II. du nom , fe fignala fous Philippe-Auguftle en 1207. Il commandoit en Poitou contre les Anglois ; il les défit, & fit prifonnier Aimeri VII, vicomte de Thouars, leur chef. Il étoit à la bataille de Bovines en 1214 ; & c'eft de lui qu'il eft parlé dans *Zaïre* :

Quand Philippe à Bovine enchaînoit la victoire ,
Je combattois , feigneur , avec Montmorenci ,
*Melun* , d'Eftaing , de Nefle & ce fameux Couci.

Il accompagna le prince Louis , fils de Philippe-Augufte , à la guerre contre les Albigeois en 1215 ; il le fuivit encore dans fon expédition d'Angleterre. Il mourut le 22 Septembre 1217.

3°. Dans la branche de la Loupe & Marcheville , Simon de Melun, maréchal de France , fous Philippe-le-Bel, tué à la bataille de Courtrai en 1302 , le 11 juillet.

4°. Jean I. fon neveu, vicomte de Melun , fucceffeur d'Enguerrand de Marigny , dans l'office de grand chambellan , eft fameux par fes fervices fous Philippe-le-Long, Charles-le-Bel & Philippe-de-Valois.

5°. Jean fecond , vicomte de Melun , comte de Tancarville, fils de Jean I , fut auffi grand-chambellan après fon père , & de plus , grand-maître de France , après le feigneur de Châtillon. Le roi Jean érigea en fa faveur la terre de Tancarville en comté , le 4 février 1351. Il fut fait prifonnier à la bataille de Poitiers , avec Guillaume , archevêque de Sens , fon frère. Il eut part à toutes les grandes affaires de fon temps ; il mourut en 1382.

6°. Guillaume IV fon fils , comte de Tancarville, grand - chambellan , & de plus , grand-bouteiller de France & premier préfident laïc de la chambre des comptes , charge annexée alors à celle de grand-bouteiller, alla en 1396, prendre poffeffion de l'Etat de Gênes qui s'étoit donné au roi Charles VI. Tancarville fut tué en 1415 , à la bataille d'Azincourt.

7°. Dans la branche d'Efpinoi , Henri de Melun étoit à la bataille de Nicopolis en 1396, & s'y diftingua. Les aînés de cette branche d'Efpinoi étoient connétables héréditaires de Flandre.

8°. Robert de Melun , marquis de Roubaix , chevalier de la toifon d'or , tué au fiége d'Anvers en 1585.

9°. Henri , marquis de Richebourg , filleul du roi Henri IV, qui lui donna fon nom , tué en duel.

10°. Matthias , dont nous obferverons feulement qu'il mourut en bas âge de piquûres que lui firent des mouches à miel. Il étoit frère de Henri.

11°. Ainfi que Henri-Anne , marquis de Richebourg , qui étoit au fervice de l'empereur Ferdinand II , & qui fe diftingua à la bataille de Prague, du 8. novembre 1620.

12°. Ambroife de Melun , neveu des précédens , mort d'une bleffure reçue au fiége d'Aire le 5 Août 1641.

13°. Henri , marquis de Richebourg , frère d'Ambroife , mort en Portugal , au fervice du roi d'Efpagne en 1664.

14°. Louis de Melun , prince d'Epinoi ; c'eft celui

fut tué à la chasse à Chantilly, par un cerf, le 31 juillet 1724.

15° Dans la branche de la Borde-Normanville, Charles de Melun, bailli de Melun, gouverneur de Paris & de l'Isle de France & grand-maître de Pibrac, long-temps favori de Louis XI, tombé ensuite dans sa disgrace par les intrigues du cardinal Balue qui lui devoit sa fortune, eut la tête tranchée dans le marché d'Andely le 20 août 1768.

Cette maison de Melun a donné à l'église une multitude de prélats distingués.

MÊMES ou MESMES ( de ) ( *Hist. de Fr.* ) ancienne & noble famille, originaire de la province de Béarn. Amanieu de Mêmes, le premier de ce nom dont on ait connoissance, vivoit au commencement du treizième siècle, & on prétend qu'une branche cadette de cette famille, étoit établie vers celui du douzième en Angleterre, où elle a subsisté long-temps. On lit ces mots dans un ancien manuscrit en vers enrichi de mignatures : *Ce livre fut au roi St. Louis, qui en la fin de ses jours le donna à messire Guillaume de Mêmes, son premier Chapelain.* C'étoit un pseautier qui passa depuis dans la bibliothèque des rois d'Angleterre, d'où il est revenu dans celle de Messieurs de Mêmes, où est sa véritable place, & où il est conservé comme une des antiquités de leur famille.

Le premier de cette famille qui vint s'établir à Paris, est Jean-Jacques de Mêmes, premier du nom, le 11 mai 1490. En s'attachant aux rois de France, il ne diminua rien de son zèle pour la maison royale de Navarre, c'est-à-dire, pour les maisons de Foix & d'Albret, il partagea ses services entre son maître naturel & son maître adoptif, dont heureusement les intérêts étoient les mêmes. François lui offrit la place de l'avocat du roi Jean Ruzé, dont apparemment il étoit mécontent. De Mêmes la refusa, en disant que jamais un homme de bien ne prenoit la place d'un homme de bien, vivant ; il fut lieutenant-civil, maître requêtes, nommé à la place de premier président du parlement de Rouen, mais il resta dans le conseil. Il alla en qualité d'ambassadeur en Allemagne, en Suisse, en Espagne, toujours pour les intérêts réunis des rois de France & de Navarre. Il négocia le mariage de Jeanne d'Albret avec Antoine de Bourbon. Il mourut le 23 octobre 1569.

Henri de Mêmes, premier du nom, son fils, amateur des lettres, ainsi que Jean-Jacques, ami & compagnon d'étude des Pibrac, des Turnèbe, des Lambin. Il fut à la fois & magistrat & homme de guerre ; la république de Sienne s'étant mise sous la protection de la France, il y fut envoyé en 1556, en qualité de podestat ou chef des armes & de la justice. En France, ayant rassemblé différentes garnisons pour en faire une petite armée, il reprit plusieurs villes & châteaux que les Espagnols s'étoient emparés. Après avoir été chargé de différentes négociations en Italie, & avoir fait preuve de capacité dans tous les emplois de robe & d'épée dont il s'étoit acquitté, il fut fait conseiller

d'état, chancelier de Navarre, sur-intendant de la maison de la reine Louise de Lorraine, femme de Henri III. Ce fut lui qui en 1570, avec le maréchal de Biron, suspendit la guerre civile contre les Huguenots, par cette paix conclue à St. Germain, qui fut nommée *boiteuse & mal assise*, parce qu'elle avoit été négociée de la part du roi par Biron qui étoit boiteux, & par de Mêmes qui étoit seigneur de Malassise. Cette plaisanterie annonçoit des défiances qui furent cruellement justifiées deux ans après ; mais les négociateurs avoient été de bonne foi. Henri de Mêmes mourut le premier août 1596. Dans son épitaphe qu'on voit aux Grands-Augustins, il est dit que Henri a été beaucoup loué, & qu'il ne l'a pas encore été assez ; *doctissimorum hominum scriptis celeberrimum, à nemine tamen satis pro dignitate laudatum.* Messieurs de Sainte Marthe ont fait l'éloge historique de Jean Jacques & de Henri de Mêmes. Le fils unique de Henri, se nommoit Jean-Jacques comme son ayeul. Le célèbre Jean Passerat fut son précepteur. Jean Jacques mourut doyen du Conseil le 31 Octobre 1642 ; c'est pour lui que la terre & seigneurie d'Avaux a été érigée en Comté par Louis XIII, en 1638, en considération, portent les lettres d'érection, *des grands & recommandables services rendus à ses couronnes de France & de Navarre, par les défunts seigneurs de Mêmes, tant dedans que dehors le royaume, notamment au feu Roi, par le feu seigneur de Roissy,* (Henri) Chancelier de Navarre & premier Conseiller d'Etat de France. Henri II, fils de Jean Jacques II, fut Lieutenant - Civil en 1613, Prévôt des marchands en 1618 ; il mourut Président à Mortier en 1650.

Claude, second fils de Jean-Jacques II, est ce fameux comte d'Avaux, l'un des négociateurs & des hommes d'Etat, l'auteur du traité de Westphalie ; il mourut le 19 Novembre 1650, il avoit été Surintendant des Finances.

Jean Antoine, troisième fils de Jean Jacques II, mourut Président à Mortier le 23 Février 1673.

Jean-Jacques de Mêmes, troisième du nom, fils de Jean Antoine, fut aussi Président à Mortier ; il étoit de l'Académie Françoise : mort le 9 Janvier 1688.

Jean Antoine, fils de Jean-Jacques III, est le premier Président de Mêmes, mort le 23 Août 1723 ; il étoit aussi de l'Académie Françoise.

MEMMIUS, ( *Hist. Rom.* ) C'est le nom :

1°. Du tribun du peuple Caïus Memmius, orateur célèbre. *Eâ tempestate romæ Memmii facundia clara pollensque fuit* ; il engagea par son éloquence le peuple Romain, à informer des crimes de Jugurtha & des complices qu'il avoit à Rome, sur-tout parmi les Grands & la Noblesse, dont Memmius étoit l'ennemi déclaré. Salluste prétend qu'il ne fait, pour ainsi dire, que transcrire le discours prononcé en cette occasion par Memmius, ( l'an de Rome 641 ) *unam ex tam multis orationem ejus perscribere* : il paroît cependant que si Memmius a fourni le fond des idées, Salluste y a mis la forme ; on peut même l'inférer du mot *dicam* qu'il employe. L'effet de ce difcours fut que Lucius Caffius fut député vers Jugurtha pour l'engager à venir à Rome rendre compte de fa conduite & de celle des Romains fes amis, qu'il y vînt &, qu'il fut interrogé juridiquement devant le peuple par *Memmius*, l'an de Rome 652. *Memmius* difputa le confulat contre Glaucia, créature du factieux Tribun Saturnin, l'ame du parti de Marius. *Memmius* alloit l'emporter, lorfque Saturnin le fit affaffiner fur la place en préfence de tout le peuple.

2°. De *Memmius* Pollio, conful défigné pour l'an de Rome 801, de J. C. 50. Ce fut de lui qu'Agrippine fe fervit pour engager le Sénat à propofer à l'Empereur Claude de conclure le mariage du jeune Domitius, fils d'Agrippine, & qui fut depuis l'Empereur Néron, avec Octavie, fille de Claude.

3°. De *Memmius* Regulus, conful l'an de Rome 782, de J. C. 31. Ce fut à lui que Tibère adreffa fes ordres contre Séjan, lorfqu'il voulut perdre cet ambitieux & coupable Miniftre. Fulcinius Trio fon collégue, qui étoit le premier dans l'ordre des confuls, mécontent de cette prédilection, qui lui annonçoit qu'il étoit fufpect, & voulant détruire tout foupçon, affecta un zèle exceffif, & imputa au conful *Memmius*, homme doux & modéré, de procéder trop mollement dans la recherche & la punition des complices, c'eft-à-dire, des amis de Séjan: *Memmius* repouffa le reproche & lui imputa d'avoir été lui-même des amis de Séjan; on appaifa cette querelle. Ce fut à *Memmius* Regulus que Caligula donna l'ordre de l'an 789, de J. C. 38, Lollia Paulina fa femme (voyez cet article à *Lollius*) lorfque ce même Prince, la dernière année de fa vie, c'eft-à-dire, l'an de Rome 792, de J. C. 41, voulut qu'on tranfportât à Rome, la Statue de Jupiter Olympien qu'il vouloit placer dans le capitole, & dont il fe propofoit d'ôter la tête pour mettre la fienne en la place, la fuperftition des peuples, qui révèroient cette ftatue, inventa mille prétextes pour fe difpenfer d'obéir; le vaiffeau deftiné au tranfport de la Statue avoit été foudroyé; la Statue ne fe laiffoit point approcher, & mettoit en pièces ceux qui vouloient y porter la main; le plus plaufible de ces prétextes étoit qu'on ne pouvoit tranfporter la Statue fans l'expofer à être brifée. *Memmius* Regulus, alors gouverneur de la Macédoine & de l'Achaie, chargé à ce titre de rendre compte de ces obftacles, eût payé de fa vie cette commiffion hardie & dangereufe de s'oppofer aux folies de Caligula: la mort du tyran le fauva. *Memmius* Regulus mourut fous le règne de Néron l'an de Rome 812, de J. C. 61. Il avoit une grande réputation, & cette réputation, ce qui eft fur-tout à ciaindre fous les tyrans, avoit de l'éclat, *autoritate, conftantiâ, famâ, in quantum præumbrante Imperatoris faftigio fas erat, clarus, dit TACITE.* Néron l'eftimoit, & dans une maladie où fes flateurs lui difoient que fi la république vouloit le malheur de le perdre, elle feroit perdue elle-même; il répondit qu'elle auroit une puiffante reffource dans

*Memmius Regulus. Memmius* vécut cependant après ce mot, dit Tacite, il vécut parce qu'il étoit défendu par fa douceur, par fon caractère paifible & peu entreprenant, par la nouveauté de fon illuftration & la médiocrité de fa fortune. *Vixit tamen poft hæc Regulus, quiete defenfus, & quia novâ generis claritudine, neque invidiofis opibus erat.*

MEMNON, ( *Hift. Anc.* ) Rhodien, habile guerrier, général de Darius, dernier Roi des Perfes; il avoit donné à Darius le confeil de faire le dégât dans fon pays pour affamer l'armée d'Alexandre, moyen par lequel dans la fuite le Connétable Anne de Montmorenci en 1536, fauva la Provence attaquée par Charles-Quint, & il vouloit qu'enfuite Darius portât lui-même la guerre en Macedoine. Après la bataille du Granique, il défendit la ville de Milet, s'empara des Ifles de Chio & de Lesbos, répandit la terreur dans la Grèce, & on lui fait l'honneur de croire qu'il mourut à propos pour Alexandre, dont il étoit feul capable de repouffer les efforts & d'arrêter les conquêtes. Après la bataille d'Iffus, fa femme & fon fils tombèrent entre les mains d'Alexandre, ainfi que la mère & la femme de *DARIUS.*

MÉNAGE, ( Gilles ) ( *Hift. Litt. mod.* ) homme d'une grande Littérature, d'une vafte mémoire, d'un médiocre talent. On fait & il favoit qu'il étoit le *Vadius* des *femmes favantes* & il n'en étoit pas trop fâché, c'étoit toujours jouer un rôle & avoir mérité les attaques d'un grand homme ( *Voyez* l'article COTIN.) Sans être Poëte, il fit des vers Grecs, Latins, Italiens & François. Il réuffit affez bien dans les vers Italiens & fut de l'Académie de la Crufca; il ne put être de l'Académie Françoife. Il auroit pu être refufé à caufe de la médiocrité de fes talens, il le fut, dit-on, à caufe de fa *Requête des Dictionnaires*, efpèce de fatyre contre le Dictionnaire de l'Académie Françoife. C'eft pour cela, difoit Montmaur, qu'il faut le condamner à être de l'Académie, comme on condamne un homme qui a déshonoré une fille, à l'époufer. Ménage aimoit la guerre & eut beaucoup de querelles Littéraires. Il fe piquoit de galanterie, ( *Voyez* l'article COSTAR. ) C'eft vraifemblablement par air qu'il vouloit qu'on le crût fort attaché à Madame de la Fayette & à Madame de Sévigné, fur-tout à la première; il n'avoit pas de quoi leur plaire, & à peine avoit-il le goût néceffaire pour les aimer. Il ne favoit que citer, & le *Menagiana* n'annonce qu'un favant de peu d'efprit:

Jamais Eglé, jamais Sylvie,
Jamais Life à fouper ne prie
Un pédant à citations.

Sa converfation cependant, toujours riche des dépouilles d'autrui, n'étoit pas fans fruit & fans l'efpèce d'agrément attaché à l'utilité. Un jour qu'il étoit fait écouter avec plaifir à l'hôtel de Rambouillet, la Marquife de Rambouillet lui dit: *vous venez de nous dire des chofes agréables, mais tout cela eft aux autres; ne pourriez-vous pas enfin nous dire quelque chofe qui fût de vous ?* On ne dit pas s'il satisfit à cette demande. *Son Dictionnaire Etymologique* est toujours consulté, quoiqu'il satisfasse rarement. *Ses origines de la Langue Italienne* ont étonné de la part d'un étranger. On lui doit une édition de Diogène-Laërce, avec des observations estimées ; une *histoire de Sablé*, & divers autres ouvrages. L'édition du *Menagiana* en quatre volumes est due aux soins de M. de la Monnoye. Ces sortes de recueils, bons ou mauvais, sont presque sûrs de réussir, pourvu qu'on y apprenne quelque chose, & on apprend beaucoup dans celui-ci. Né en 1613 ; mort en 1692.

MÉNAGER, ( Nicolas) ( *Hist. de Fr.*) La France, dans un moment où ses affaires paroissoient désespérées ( en 1711 ), fit partir pour Londres, Ménager, député pour la ville de Rouen au conseil du commerce, l'homme de l'Europe le mieux instruit de ce qui concernoit le commerce des Indes Occidentales ; il avoit formé le projet de laisser le commerce libre dans le nouveau monde, à toutes les nations de l'Europe, sans que l'Espagne en reçût aucun préjudice, & même de concert avec cette puissance. Il est rare que des projets utiles à l'humanité entière réussissent, l'Europe n'étoit pas encore en état de l'entendre ; mais il suivit avec Prior la négociation particulière dont il étoit chargé. Tous deux agissant de bonne foi, tous deux étant amis de la paix & se voyant élevés par leur mérite personnel à ce noble emploi de pacificateurs de l'Europe, ils eurent bientôt avancé ce difficile ouvrage. Les préliminaires furent signés à Londres au mois d'Octobre 1711, & *Ménager* fut nommé Plénipotentiaire pour la France à Utrecht, en 1613, avec le Maréchal d'Huxelles & l'Abbé de Polignac. Un député de la province d'Overyssel, que l'Empereur avoit fait comte de Rechteren, & qui s'opposoit à la paix parce qu'il avoit un petit intérêt personnel à la guerre, imagina un moyen assez puéril de rompre ou de suspendre les conférences ; il prétendit qu'un jour, lorsqu'il passoit en carrosse devant la porte de *Ménager*, les laquais de ce plénipotentiaire avoient fait des grimaces aux siens ; en conséquence il pria *Ménager* de trouver bon qu'on vînt faire des perquisitions dans sa maison, pour reconnoître ceux de ses domestiques dont on croyoit avoir à se plaindre. *Ménager* représenta que se feroit rendre les accusateurs juges des accusés, & que cet e querelle de valets ne méritoit gueres d'occuper leurs maîtres: »en ce cas, dit Rechteren, les maîtres & les » valets se feront justice eux-mêmes. » En effet, il fit faire aux domestiques de *Ménager* une insulte moins équivoque que des grimaces. Sur le compte que *Ménager* en rendit à Louis XIV, ce monarque exigea que Rechteren fut désavoué & révoqué, ce qui fut fait sans difficulté, & l'ouvrage de la paix fut consommé dans ce même congrès d'Utrecht: cette-même année 1713, Louis XIV avoit fait *Ménager* Chevalier de l'Ordre de S. Michel, & avoit érigé sa terre de S. Jean en Comté. *Ménager* mourut le 15 Juin 1714.

MENANDRE, ( *Hist. Litt. anc.* ) Poëte Comique d'Athènes, honoré du titre de *Prince de la nouvelle Comédie.* On suppose avec quelque raison, sur la foi des anciens, qu'il avoit autant de délicatesse & de finesse dans la plaisanterie, qu'Aristophane mettoit de force & quelquefois de grossièreté dans la Satire. *Menandre* est cité comme le grand modèle dans le genre comique, mais nous n'en pouvons pas juger. De cent-huit Comédies qu'on dit qu'il avoit composées, & qu'on dit que Térence avoit toutes traduites, il ne nous reste que peu de fragmens. Ils ont été recueillis & publiés en Hollande par le Clerc en 1709. La fécondité des auteurs Dramatiques Grecs, telle qu'on nous la représente, est si inconcevable qu'on seroit tenté de croire, ou que les Historiens nous en ont imposé sur ce point pour nous étonner par cette réunion de l'abondance & de l'excellence, toujours si rare dans la nature, ou qu'il n'y a que les bons ouvrages qui se soient conservés par leur bonté même, & que les autres ne faisoient que nombre ; mais cette dernière opinion ne peut être adoptée, toute l'antiquité réclame contre. Trop de pièces qui n'existent plus, sont citées avec éloge par les meilleurs critiques, & celles de *Menandre* nommément, sont dans ce cas. Ce Poëte se noya près du port Pirée, environ trois siècles avant J. C. César croit donner un assez grand éloge à Térence, en l'appellant *un demi-Menandre.*

*Tu quoque, tu in summis, ô dimidiate Menander,*
*Poneris, & merito, puri sermonis amator.*

MENARD, ( *Hist. Litt.* ) plusieurs hommes de lettres ont porté ce nom:

1°. Claude *Menard*, Lieutenant de la Prévôté d'Angers, a publié deux livres de Saint Augustin contre Julien, qu'il avoit tirés de la bibliothèque d'Angers. Il a donné l'*histoire de S. Louis*, de Joinville, avec des notes, une histoire de Bertrand du Guesclin, &c. mort en 1652, à 72 ans.

2°. Dom Nicolas-Hugues *Menard*, Bénédictin de la congrégation de Saint-Maur, a trouvé l'*épitre de St. Barnabé* dans un manuscrit de l'Abbaye de Corbie ; mais c'est Dom Luc d'Achery qui l'a publiée après la mort de Dom *Menard*, arrivée en 1644. Dom *Menard* a donné la *Concordia Regularum* de St. Benoit d'Aniane, avec la vie de ce Saint ; *Diatriba de unico Dionisio ; le sacramentaire de S. Grégoire le Grand, le Martyrologe des Saints de l'ordre de S. Benoit.*

3°. Jean *Menard* de la Noë, Prêtre du diocèse de Nantes, né en 1650, mort en 1717. fondateur de la maison du Bon Pasteur pour les brebis égarées, c'est-à-dire, pour les filles repenties, rue du Cherchemidi à Paris ; sa vie a été imprimée en 1734.

4°. Léon *Mehard*, de l'Académie des Inscriptions & Belle-Lettres, Conseiller au Présidial de Nîmes, homme doux, médiocre & taciturne ; on n'entendit jamais sa voix s'élever dans les séances de l'Académie ; il écoutoit & apparemment il profitoit ; mais il n'inftruifoit pas : il y a cependant de l'inftruction à prendre dans fes livres. Son *hiftoire Civile , Eccléfiaftique & Littéraire de la ville de Nîmes* , en 7 volumes *in-4°.* ; eft un monument d'érudition , mais de prolixité :

> Je veux mourir , fi , pour tout l'or du monde ,
> Je voudrois être auffi favant que vous.

On a encore de M. *Menard* un ouvrage intitulé , *mœurs & ufages des Grecs* , même un Roman ( les amonrs de Callifthène & d'Ariftoclie ) dont l'objet eft de peindre ces mêmes mœurs. Il a donné de plus un recueil de pièces fugitives pour fervir à l'hiftoire de France, en 3 volumes *in-4°.* ; M. *Menard* vécut & mourut pauvre. Il mourut en 1767.

MENARDAIE , ( la ) ( *Hift. Litt. mod.* ) on fe fait un nom par le fanatifme & la fuperftition , mais c'eft le nom d'Eroftrate. Ce la *Menardaie* , Prêtre & dévot imbécille , ofa , dans le milieu du dix-huitième fiècle , fans aucun intérêt , fans aucun à propos & uniquement par un délire de fuperftition , vouloir perfuader que le curé de Loudun , Urbain Grandier , étoit véritablement Magicien , & les Religieufes de Loudun véritablement poffédées.

MESNARDIERE ou MENARDIERE , ( Hippolyte-Jules Pilet de la ) ( *Hift. Litt. mod.* ) celui-ci a encore pris la défenfe de la poffeffion des Religieufes de Loudun , & ce ne fut point par fuperftition , mais par baffeffe , il vouloit faire fa cour au Cardiial de Richelieu ; un Médecin Ecoffois, nommé Duncan , avoit écrit pour prouver que cette prétendue poffeffion n'étoit qu'un dérangement de cerveau produit par la mélancolie. Cette opinion , qui mettoit dans tout fon jour l'innocence d'Urbain Grandier ( *Voyez* GRANDIER , ) la lâche iniquité de fes Juges , & la barbare vengeance du Cardinal , déplaifoit fort à celui-ci ; la *Menardière* vint à fon fecours & oppofa un Médecin ( car il l'étoit ) à un Médecin. Il fit un *traité de la mélancolie* exprès pour réfuter Duncan , le traité flatta le Cardinal , qui prit la *Menardière* pour Médecin & le fit Maitre d'Hôtel du Roi. Sa converfation avoit de l'éclat , il plut à la cour , il fit de mauvaifes Poëfies , de mauvaifes traductions , une Poëtique qu'il commença par l'ordre du Cardinal , & qu'il n'acheva pas parce que le cardinal mourut. Il fut de l'académie françoife , parce qu'il parloit bien : ( on ne devroit en être que quand on écrit bien ). Il n'en fut pas cependant du temps du Cardinal ; il ne fut reçu qu'en 1655 ; il mourut en 1663.

MENASSEH-BEN-ISRAEL , ( *Hift. Litt. mod,* ) célèbre Rabbin, né en Portugal & mort à Middelbourg vers le milieu du dix-feptième fiècle, auteur du *Conciliator* , ouvrage où il concilie les paffages de l'écriture qui femblent fe contredire ; d'un traité *de refurrectione mortuorum* , d'un autre , *de termino vitæ* ; Thomas Pocock a écrit fa vie en Anglois.

MENCKE, MENCKENIUS ( Louis-Othon ) ( *Hift. Litt. mod.* ) premier auteur du Journal de Leipfick,

avoit été cinq fois recteur de l'univerfité , & fept fois doyen de la faculté de Philofophie de cette ville. On a de lui un traité intitulé : *Micropolitia , feu refpublica in microcofmo confpicua* , & un autre intitulé : *jus Majeftatis circâ venationem* , droit dont on ne peut ufer avec trop de réferve & d'indulgence ; né à Oldembourg en 1644 , mort en 1707.

Jean Burchard , fon fils , & Fréderic Othon fon petit-fils , continuèrent l'un après l'autre le Journal de Leipfick. Jean Burchard fut de l'Académie de Berlin & de la fociété royale de Londres , hiftoriographe & confeiller Aulique de Frédéric-Augufte de Saxe , Roi de Pologne. Il mourut en 1732 , il étoit né en 1674. On a de lui : *fcriptores rerum Germanicarum , fpeciatim Saxonicarum* , 3 vol. *in-folio* ; deux difcours latins , traduits en diverfes langues, fur la charlatanerie des favans , &c.

MENDAJORS , ( pierre des Ours de ) ( *Hift. Litt. mod.* ) gentilhomme Languedocien, né en 1679 à Alais , fut reçu en 1712 à l'Académie des Infcriptions & Belles-Lettres , dans le recueil de laquelle on trouve plufieurs Mémoires de lui , qui roulent principalement fur des points de la géographie ancienne , tels que *la pofition du camp d'Annibal le long des bords du Rhône ; les limites de la Flandre , de la Gothie* , &c. On a de lui encore , hors de ce recueil , l'*hiftoire de la Gaule Narbonnoife.* Il paffa en 1715 à la vétérance dans l'Académie , & retourna dans fa patrie , où il eft toujours fi doux de retourner. Il y mourut le 15 Novembre 1747.

MENDEZ-PINTO , ( Ferdinand ) ( *Hift. mod.* ) Portugais , d'abord marchand , puis foldat , fais plufieurs fois , vendu feize fois , treize fois efclave , a donné une relation rare & curieufe de fes voyages , publiée à Lisbonne en 1614 , traduite de Portugais en Français par un gentilhomme Portugais , nommé Bernard Figuier. Cette traduction a été imprimée à Paris en 1645. La relation de *Mendez-Pinto* offre un grand nombre de particularités remarquables fur la géographie , l'hiftoire & les mœurs de la Chine , du Japon & des divers royaumes fitués entre l'Inde & la Chine , tels que Pégu , Siam , Achem , Java, &c. M. de Surgy en refferrant cette relation & n'en prenant que ce qu'il y a de plus curieux , en a formé une hiftoire intéreffante qu'il a fait imprimer dans l'ouvrage intitulé : *les viciffitudes de la fortune.*

MENDOZA , ( *Hift. d'Efp.* ) grande maifon d'Efpagne , qui a produit plufieurs hommes célèbres.

1°. Deux Cardinaux , hommes d'état & hommes de lettres ; l'un fous Ferdinand & Ifabelle , l'autre fous Charles Quint ; le premier ( Pierre Gonzales de Mendoza ) Archevêque de Séville , puis de Tolède, mort en 1495 ; le fecond ( François de Mendoza ) Evêque de Burgos , mort en 1566.

2°. Diego-Hurtado , comte de Tendilla , utile au même Charle-Quint dans les négociations & dans les armes , Ambaffadeur à Trente , y protefta de nullité contre le concile en 1548. On lui attribue la première partie des *aventures de Lazarille de*

*Tormes* ; fa bibliothèque, très-riche en manufcrits, eft fondue dans celle de l'Efcurial. Mort vers l'an 1575.

3°. Antoine Hurtado, qui vivoit fous Philippe IV, a laiffé des Comédies Efpagnoles.

4°. Ferdinand, homme très-favant dans les langues & dans le droit, a fourni aux favans un trifte exemple du danger de l'excès dans le travail. Son application à l'étude le rendit fou. Il vivoit dans le feizième fiècle. Cette maifon a produit auffi des hommes célèbres pour des fervices d'un autre genre.

5°. Pierre Gonzalès Hurtado de Mendoza, Grand Maître de la maifon du Roi d'Efpagne, Jean I. Il fut tué à la bataille d'Albujarrota le 14 Août 1385, en tirant le Roi du danger où il fuccomba.

6°. Diégue Hurtado de Mendoza, fon fils, fut Amiral de Caftille.

7°. Un autre Diégue Hurtado de Mendoza, petit-fils de celui-ci, fut créé duc de l'Infantado en 1475.

8°. & 9°. Pierre & Jean de Mendoza, frères, l'un chevalier de l'ordre de S. Jacques, l'autre de S. Jean de Jérufalem, tués dans une expédition en Angleterre.

10°. Bernardin de Mendoza, tué à la bataille de Saint-Quentin en 1557.

11°. Inigo Lopez, tué à la même bataille.

12°. Emmanuel-Gomez-Manrique de Mendoza-Sarmiento delos Cobos & Luna, tué le 21 Juillet 1668, en Sardaigne où il étoit Viceroi.

13°. Laurent de Mendoza, mort en 1578, dans une expédition en Angleterre.

14°. Jean de Mendoza, tué dans la guerre de Grenade.

15°. Rodrigo de Mendoza, tué dans une expédition en Angleterre.

MÉNÉCRATE, ( *Hift. Anc.* ) Medecin de Syracufe, fameux par la vanité ou plutôt par la folie qu'il avoit de vouloir abfolument être Jupiter, & par fa lettre à Philippe, père l'Alexandre, ainfi que par la réponfe de ce Prince : *Ménécrate Jupiter, au Roi Philippe, falut :--- Philippe à Ménécrate, fanté & bon fens.* Philippe l'ayant invité à un feftin, lui fit fervir pour tous mets la fumée de l'encens & l'odeur des parfums. *Ménécrate* avoit compofé un livre de remèdes. Il eft perdu. *Ménécrate* vivoit plus de trois fiècles avant J. C.

MENÈS, ( *Hift. Anc.* ) fondateur du royaume d'Egypte & premier Roi des Egyptiens ; on croit qu'il, bâtit Memphis ; mais tout ce qu'on dit de ce Prince & de fes premiers fucceffeurs, eft fort incertain.

MENESES, ( Alexis de ) ( *Hift. mod.* ) Portugais, Archevêque de Goa ; il vifita les chrétiens de St. Thomas dans le Malabar, & y tint le fynode, dont nous avons les actes fous le titre de *Synodus Diamperenfis.* Il fit brûler les livres de ces chrétiens, parce qu'ils n'étoient pas de fa communion, & nous a privés par-là de connoiffances qui pouvoient être curieufes. C'eft le principe d'Omar, c'eft celui de tous les barbares & de tous les ignorans : « fi

» ces livres ne font que répéter le livre de notre » loi, ils font inutiles ; s'ils difent le contraire, ou » feulement s'ils difent autre chofe, ils font dange- » reux.» *Menesès*, à fon retour en Portugal après cette expédition, fut fait Archevêque de Brague & Viceroi du Portugal par Philippe II. Il mourut à Madrid en 1617.

MENESTRIER, ( Claude-François ) ( *Hift. Litt. mod.* ) Jéfuite, connu par fa *méthode du Blafon* ; & en général par fon goût pour le Blafon, les fêtes publiques, les cérémonies, pompes funèbres, décorations en tout genre. On le confultoit & on lui demandoit de toutes parts des deffins pour des cérémonies ; ces deffeins étoient toujours chargés ou enrichis d'une quantité prodigieufe de devifes, d'infcriptions & de médailles. Il avoit & beaucoup d'imagination & beaucoup de mémoire. Quant à l'imagination, elle eft prouvée par ce goût même pour les décorations & par fes inventions dans ce genre ; pour fa mémoire, elle étonnoit tout le monde. On raconte que la Reine Chriftine paffant par Lyon, où demeuroit le père *Meneftrier*, voulut éprouver fa mémoire dont la réputation étoit venue jufqu'à elle ; elle fit pronon-cer & écrire en fa préfence trois cent mots, les plus bizarres & les plus difficiles à retenir & même à prononcer, qu'on put imaginer ; le père *Menestrier* les répéta tous de mémoire dans l'ordre où ils étoient écrits. Outre une multitude de traités fur les devifes, les médailles, les tournois, le blafon, les armoiries, &c. on a de cet auteur une *hiftoire confulaire de la ville de Lyon* fa patrie ; une *hiftoire du règne de Louis le Grand par les médailles, emblèmes, devifes, &c.* un ouvrage intitulé *la philofophie des Images* ; un traité de *l'ufage de fe faire porter la queue.* Il avoit beaucoup voyagé ; fon imagination & fa mémoire s'en étoient accrues. Il étoit né en 1653, il mourut en 1705.

Deux autres hommes du nom de *Meneftrier* ou le *Meneftrier* ( Jean Baptifte & Claude ) tous deux antiquaires, tous deux de Dijon ; l'un mort en 1634, l'autre vers 1657, environ en quelque réputation dans leur temps. Le premier a écrit fur les médailles des Empereurs & des Impératrices de Rome : on a du fecond l'ouvrage intitulé : *Symbolica Dianæ Ephefiæ ftatua .... expofita.*

MENI, ( f. m. *Hift. anc.* ) idole que les Juifs adorèrent. On prétend que c'eft le Mercure des payens. On dérive fon nom de manoh , *numerarii* , & l'on en fait le dieu des Commerçans, D'autres difent que le *Meni* des Juifs fut le Mena des Arméniens & des Egyptiens, la lune, ou le foleil. Il y a fur cela quelques autres opinions qui ne font ni mieux ni plus mal fondées. ( *A. R.* )

MENIANUM, f. m. ( *Hift. anc.* ) *Balcon.* Lorfque Caïus Menius vendit fa maifon aux cenfeurs Caton & Flaccus, il fe réferva un balcon foutenu d'une colonne, d'où lui & fes defcendans puffent voir les jeux. Le balcon étoit dans la huitième région. Il l'appella *Mænianum*, & on le défigna dans la fuite par la colonne qui le foutenoit : on dit, *columna mœnia* pour le *menianum*. Les Italiens ont fait leu met

m. g ran du mot *menianum* des anciens. ( *A. R.* )

**MENIN**, f. m. ( *Hist. mod.* ) ce terme nous est venu d'Espagne, où l'on nomme *meninos*, c'est-à-dire, *mignons* ou *favoris*, de jeunes enfans de qualité placés auprès des princes, pour être élevés avec eux, & partager leurs occupations & leurs amusemens,

**MENIPPE**, ( *Hist. Anc.* ) esclave, philosophe cynique, satyrique, usurier, finit par se pendre, tout cela n'est pas trop d'un philosophe. Il étoit de Phénicie, il vivoit à Thèbes. Il avoit composé treize livres de Satires, elles sont perdues.

Un autre philosophe Cynique du nom de Ménippe, distingué par le titre de Gadarénien, qui paroit désigner son pays, est celui qui a donné son nom à la satyre Ménippée, genre de satyre, non-seulement mêlée de plusieurs sortes de vers, mais encore entre-mêlée de prose, & où comme dans Varron, il y avoit quelquefois un mélange de diverses langues. Voilà pour la forme ; quant au fond, le principal objet de la satyre *Ménippée*, paroit être de tourner en ridicule des choses sérieuses ou réputées telles.

**MENNON-SIMONIS**, ( *Hist. Eccléf.* ) chef des Anabaptistes, appellés de son nom *Mennonites* & qui passent pour les plus sensés, ou si l'on veut, pour les moins insensés des Anabaptistes. Ce *Mennon* eut un grand nombre de disciples en Allemagne & dans les pays-bas. Ses dogmes, outre la rebaptisation des adultes, étoient encore que Jesus-Christ n'avoit point reçu son corps de la Vierge Marie, & que ce corps étoit ou de la substance du père ou de celle du saint esprit. En conséquence on mit à prix la tête de *Mennon* en 1543. C'étoit attacher bien de l'importance à de pareilles visions, & en attacher bien peu à la vie des hommes. *Mennon* du moins étoit humain, il blâma les extravagances & les cruautés des Anabaptistes guerriers, qui sous la conduite de Thomas Muncer & de Jean de Leyde ( *Voyez* l'article MUNCER ) ( Thomas ) causèrent tant de trouble en Allemagne & dans les Pays-Bas. *Mennon* échappa aux assassins, & mourut tranquille en 1565 à Oldeslo entre Lubeck & Hambourg. Le recueil de ses œuvres a été imprimé à Amsterdam.

**MENOCHIUS**, ( Jacques & Jean-Etienne ) ( *Hist. Litt. mod.* ) père & fils ; le premier, Jurisconsulte de Pavie étoit appellé le Balde & le Barthole de son siècle : on a de lui des traités ; *de recuperandâ possessione, de adipiscendâ possessione, de præsumptionibus, de arbitrariis judicum quæstionibus & causis conciliorum.* Il mourut en 1607, président du conseil de Milan.

Le second, né à Pavie en 1576, se fit Jesuite en 1593. & mourut en 1656. On a de lui des *institutions politiques & économiques*, tirées de l'écriture sainte ; un savant traité *de la république des Hébreux* ; un commentaire sur l'écriture sainte. Il a eu pour éditeur le P. de Tourpemine, son confrère.

**MENOT**, ( Michel ) ( *Hist. Litt. mod.* ) Cordelier, prédicateur des quinzième & seizième siècles,

fameux par le ton burlesque & le ridicule grotesque de ses sermons : mort en 1518.

**MENSAIRES**, f. m. pl. ( *Hist. anc.* ) officiers qu'on créa à Rome, au nombre de cinq, l'an de cette ville 402, pour la première fois. Ils tenoient leurs séances dans les marchés. Les créanciers & les débiteurs comparoissoient là ; on examinoit leurs affaires ; on prenoit des précautions pour que le débiteur s'acquittât, & que son bien ne fût plus engagé aux particuliers, mais seulement au public qui avoit pourvu à la sûreté de la créance. Il ne faut donc pas confondre les *mensarii* avec les *argentarii* & les *nummularii* : ces derniers étoient des espèces d'usuriers qui faisoient commerce d'argent. Les *mensarii* au contraire, étoient des hommes publics qui devenoient ou quinquiviri ou triumvirs ; mais se faisoit *argentarius* & *nummularius* qui vouloit. L'an de Rome 356, on créa à la requête du tribun du peuple M. Minucius, des triumvirs & des *mensaires*. Cette création fut occasionnée par le défaut d'argent. En 538 y on confia à de pareils officiers les fonds des mineurs & des veuves ; & en 542, ce fut chez des hommes qui avoient la fonction des *mensaires*, que chacun alloit déposer sa vaisselle d'or & d'argent & son argent monnoyé. Il ne fut permis à un sénateur de se réserver que l'anneau, une once d'or, une livre d'argent ; les bijoux des femmes, les parures des enfans & cinq mille *asses* ; le tout passoit chez les triumvirs & les *mensaires*. Ce prêt, qui se fit par esprit de patriotisme, fut remboursé scrupuleusement dans sa suite. Il y avoit des *mensaires* dans quelques villes d'Asie ; les revenus publics y étoient perçus & administrés par ces hommes prêteurs, troisquesteurs & quatre *mensaires* ou *trapezetes* ; car on leur donnoit encore ce dernier nom. ( *A. R.* )

**MENTEL**, ( Jean ) ( *Hist. Litt. mod.* ) on a voulu lui attribuer l'invention de l'Imprimerie, & Jacques *Mentel*, Medecin de la faculté de Paris vers le milieu du 17e. siècle, se disant un de ses descendans, fit deux dissertations latines pour prouver qu'en effet on étoit redevable de cet art ● Jean *Mentel*. Cette opinion n'a pas été adoptée, & il n'est resté à Jean *Mentel* que l'honneur d'avoir été le premier qui se soit distingué dans cet art à Strasbourg. Il y publia en 1466, une bible en 2 volumes in-folio ; & de 1473 à 1476, le miroir historial de Vincent de Beauvais en dix volumes aussi in-folio. L'Empereur Frédéric III. lui accorda des armoiries en 1466, Jacques *Mentel* prétend qu'il étoit déjà noble : qu'importe ?

**MENUS PLAISIRS**, ou simplement MENUS, ( *Hist. mod.* ) c'est chez le roi le fonds destiné à l'entretien de la musique tant de la chapelle que du concert de la reine, aux frais des spectacles, bals, & autres fêtes de la cour.

Il y a un intendant, un trésorier, un contrôleur, & un caissier des *menus*, dont chacun en droit soi est chargé de l'ordonnance des fêtes, d'en arrêter, viser & payer les dépenses ( *A. R.* )

**MENZIKOW**, ( Alexandre ) ( *Hist. de Russie* ) devenu par son mérite & par la faveur du Czar Pierre I. Feld-maréchal & prince, étoit, selon l'opinion générale,

générale, fils d'un païfan , il avoit été garçon-pâtiſ-
ſier à Moſcou ; on ſe ſouvenoit de l'y avoir vu
porter des petits pâtés dans les rues en-chantant.
quelques-uns diſent cependant que ſon père avoit ſervi
comme officier dans les armées du Czar, Alexis
Michaëlowitz. M. de Voltaire & M. le comte de
Manſtein s'en tiennent à l'opinion commune; Menzikow
n'en fut pas moins un grand général & un grand
miniſtre. La première bataille rangée que les Ruſſes
gagnèrent contre les Suédois, fut gagnée par Menzikow,
auprès de Kaliſh en Pologne , le 19 octobre 1706,
& la première fois que le Czar en perſonne battit
les Suédois, il étoit ſecondé par Menzikow , c'étoit
à la bataille de Leſnau entre le Boryſthène- & la
Soſſa ou Sockza , le 7 octobre 1708. A la bataille
de Pultava, du 8. juillet, 1709 , Menzikow eut trois
chevaux tués ſous lui & contribua beaucoup à la
victoire, Ce fut à un ſouper chez le prince Menzikow ,
que le Czar vit la célèbre Impératrice Catherine & en
devint amoureux , il l'épouſa en 1707. Menzikow
contribua beaucoup à la placer ſur le trône , à la
mort de Pierre I.

A Catherine ſuccéda Pierre II. fils de ce Pétrowitz,
que ſon père avoit fait périr , & de la princeſſe de
Wolfembutel , Pierre deux étoit né en 1715 , &
n'avoit qu'onze ans & demi. Ce fut d'abord le prince
Menzikow, qui s'empara de toute la puiſſance ; il en
abuſa : on voulut ſe venger , & ſon crédit fut attaqué
ſourdement , celui des princes Dolgorouky s'élevoit
peu à peu ſur ſes ruines : un étoux parvint à être
favori du jeune Empereur. Cependant Menzikow ne
ceſſoit d'élever ſa fortune, il avoit fiancé à l'empereur
une de ſes filles ; il vouloit marier ſon fils à la
grande Ducheſſe Natalie , ſœur de l'Empereur ; ce
fut ſa grandeur même qu'on employa pour le perdre.
On fit remarquer au jeune prince le deſpotiſme de
Menzikow ; on lui fit entendre que ce miniſtre
ne s'approchoit ainſi du trône que pour y monter par
dégrés. L'ame du jeune Empereur s'ouvrit à ces inſi-
nuations , & Menzikow donna priſe ſur lui par des
imprudences.

Un corps d'artiſans ayant fait, ſelon un uſage du
pays , un préſent de neuf mille ducats à l'Empereur,
ce prince voulut en gratifier ſa ſœur, & lui envoya
cette ſomme par un de ſes gentilshommes. Celui-ci
rencontra Menzikow, qui ayant ſu de lui où il portoit cet argent , lui dit : « l'Empereur eſt encore trop
» jeune pour ſavoir l'uſage qu'il faut faire de l'argent :
» portez celui-ci chez moi , je me charge du tout. Le
gentilhomme , n'oſant répliquer, obéit. Le lendemain
la princeſſe étant venue voir l'Empereur , ſon frère,
ce prince étonné du ſilence qu'elle gardoit ſur le
préſent qu'il lui avoit fait ; lui demanda s'il ne valoit
pas bien un remerciment. Elle répondit qu'elle n'avoit
rien reçu, le gentilhomme ayant été appellé raconta
ce qui s'étoit paſſé: Menzikow fut mandé ; l'Empereur
qu'il n'avoit jamais vu que docile & ſoumis , lui
demanda du ton d'un maître , ce qui le rendoit aſſez
hardi pour s'oppoſer à l'exécution des ordres de ſon
Empereur. Menzikow allégua les beſoins de l'état,

*Hiſtoire, Tome III.*

& s'excuſa au moins par la néceſſité de s'informer
avant tout ſi c'étoit réellement par l'ordre de l'Empereur qu'on portoit cet argent, chez ſa ſœur.
L'Empereur frappa du pied , & dit en colère : je
t'apprendrai que je ſuis Empereur , & que je veux
être obéi. Menzikow le ſuivit , & parvint à l'appaiſer
pour le moment.

Menzikow fut malade : on peut croire que ce temps
fut employé contre lui. Revenu en ſanté , au lieu de
retourner promptement à la cour , il alla faire bénir
une chapelle dans une de ſes maiſons : l'Empereur
étoit invité à la cérémonie, il n'y vint pas. Menzikow
eut l'imprudence de s'aſſeoir pendant cette cérémonie
ſur une eſpèce de trône , qui avoit été deſtiné pour
l'Empereur ; cette petite circonſtance , empoiſonnée
par ſes ennemis, décida ſa perte.

Il ſe rendit enfin à Pétershof, où devoit être la cour;
l'Empereur étoit à la chaſſe & ne revint pas de deux
jours. Menzikow ſe rendit à Petersbourg, où il attendit l'Empereur , qui juſqu'alors avoit logé dans la
maiſon de Menzikow. Mais le général Soltikoff vint
apporter l'ordre d'enlever de cette maiſon, les meubles
de l'Empereur, & de les tranſporter dans le palais
d'été ; en même temps on renvoya au prince Menzikow
les meubles de ſon fils , qui , en qualité de grand-
chambellan , devoit loger auprès de l'Empereur.

Il fit la faute alors de renvoyer dans les quartiers le
régiment d'Ingermanland , qu'il avoit fait camper
pour ſa ſûreté autour de ſon palais. Ce régiment qu'il
avoit levé, lui étoit ſincèrement dévoué , & avoit
long-temps contenu ſes ennemis.

Le lendemain, le géné al Soltikoff vint arrêter le prince,
ſa femme & ſes enfans coururent au palais d'été pour
ſe jetter aux pieds de l'Empereur ; l'entrée de ce
palais leur fut interdite.

Cependant on dit à Menzikow qu'il ne perdroit que
ſes charges , qu'on lui laiſſeroit ſes biens , & qu'on lui
permettroit de paſſer le reſte de ſes jours à Oranien-
bourg, jolie ville qu'il avoit fait bâtir ſur les frontières de l'Ukraine. Il partit accompagné de toute ſa famille & avec une ſuite nombreuſe de domeſtiques;mais
ſur la route de Péterbourg à Moſcou , on reçut
l'ordre de doubler ſa garde, de l'obſerver de plus près,
de mettre le ſcellé ſur ſes effets, de ne lui laiſſer que
le néceſſaire. En même temps on lui fait ſon procès,
il eſt condamné à paſſer ſes jours à Béforowa au
bout de la Sibérie. Sa femme devenue aveugle à
force de pleurer, mourut en chemin : le reſte de ſa
famille le ſuivit dans ſon exil. Menzikow ſoutint ſes
malheurs avec fermeté : il eut plus de ſanté pendant
ſes deux ans à Sibérie , qu'il n'en avoit eu dans le temps
de ſa puiſſance. On lui avoit aſſigné dix roubles par
jour ; il trouva le moyen de ménager ce cette ſomme de
quoi faire bâtir une petite égliſe , à la conſtruction de
laquelle il travailla en perſonne comme Charpentier.
Il mourut au mois de novembre 1729 d'une réplétion de ſang , dit
M. le comte de Manſtein , parce que, dit-on , il
ne ſe trouva perſonne à Beforowa , qui pût le ſaigner.
Il avoit un fils & deux filles. Celle qui avoit été

fiancée avec l'Empereur, mourut dans l'exil avant son père, l'autre a été mariée du temps de l'Impératrice Anne, avec le général Guftave Biron, frère du duc de Curlande. Elle eft morte au commencement de l'année 1737, le fils étoit major aux Gardes dans le temps où M. le comte de Manftein écrivoit.

» Tant que fon père fut dans le bonheur, dit naïvement M. de Manftein, tout le monde lui trouvoit » de l'efprit, quoiqu'il ne fût alors qu'un enfant; » depuis la difgrace & la mort de fon père, il fe » trouve peu de perfonnes dans tout l'empire de » Ruffie qui en ayent moins que lui. »

M. de Manftein juge que ce prince de Menzikow qui paffa par tant de fortunes diverfes, fut lui-même l'artifan de fa difgrace, par l'ambition qu'il eut de placer fa famille fur le trône de Ruffie. Les favoris qui l'ont fuivi, font venus fe. brifer contre le même écueil.

M. de la Harpe a mis à la tête de fa tragédie, intitulée : Menzicoff ou les exilés, un précis hiftorique excellent fur le Prince Menzicoff ou Menzicow.

MENZINI, ( Benoît ) ( *Hiſt. Litt. mod.* ) poète italien, de l'académie des Arcades, compté parmi les bons poëtes italiens du dix-feptième fiècle. Il fut protégé par la reine Chriftine. Ses œuvres ont été réeueillies à Florence en 1731, en deux volumes *in* 4°.

MEQUE, Pélerinage de la ( *Hiſt. des Turcs* ) c'eft un voyage à la *Meque* prefcrit par l'alcoran. » Que tous ceux qui peuvent le faire, n'y manquent » pas, dit l'auteur de ce livre ». Cependant le *pélerinage* de la *Meque* eft non-feulement difficile par la longueur du chemin, mais encore par rapport aux dangers que l'on court en Barbarie, où les vols font fréquens, les eaux rares & les chaleurs exceffives. Auffi par toutes ces raifons, les docteurs de la loi ont décidé qu'on pouvoit fe difpenfer de cette courfe, pourvu qu'on fubftituât quelqu'un à fa place.

Les quatre rendez-vous des péferins font Damas, le Caire, Babylone & Zébir. Ils fe préparent à ce pénible voyage par un jeûne qui fuit celui du ramazan, & s'affemblent par troupes dans des lieux convénus. Les fujets du grand feigneur qui font en Europe, fe rendent ordinairement à Alexandrie fur des batimens de Provence, dont les patrons s'obligent à voiturer les pélerins. Aux approches du moindre vaiffeau, ces bons mufulmans, qui n'appréhendent rien tant que de tomber entre les mains des armateurs de Malte, baifent la bannière de France, s'enveloppent dedans, & la regardent comme leur afyle.

D'Alexandrie ils paffent au Caire, pour joindre la caravane des Africains. Les Turcs d'Afie s'affemblent ordinairement à Damas ; les Perfans & les Indiens à Babylone ; les Arabes & ceux des îles des environs, à Zébir. Les pachas qui s'acquittent de ce devoir, s'embarquent à Suez, port de la mer Rouge, à trois lieues & demi du Caire. Toutes ces caravanes prennent fi bien leurs mefures, qu'elles arrivent la veille du petit bairam fur la colline d'Arafgd, à une journée de la *Meque*. C'eft fur cette fameufe colline qu'ils croient que l'ange

apparut à Mahomet pour la première fois ; & c'eft-là un de leurs principaux fanctuaires. Après y avoir égorgé des moutons pour donner aux pauvres, ils vont faire leurs prières à la *Meque*, & de là à Médine, où eft le tombeau du prophète, fur lequel on étend tous les ans un poële magnifique que le grand-feigneur y envoie par dévotion : l'ancien poële eft mis par morceaux ; car les pélerins tâchent d'en attraper quelque pièce, fi petite qu'elle foit, & la confervent comme une relique très-précieufe.

Le grand-feigneur envoie auffi par l'intendant des caravanes, cinq cent fequins, un alcoran couvert d'or, plufieurs riches tapis, & beaucoup de pièces de drap noir, pour les tentures des mofquées de la *Meque*. On choifit le chameau le m eux fait du pays, pour être porteur de l'alcoran : à fon retour ce chameau, tout chargé de guirlandes de fleurs & comblé de bénédictions, eft nourri graffement, & difpenfé de travailler le refte de fes jours. On le tue avec folemnité quand il eft bien vieux, & l'on mange fa chair comme une chair fainte ; car s'il mouroit de vieilleffe ou de maladie, cette chair feroit perdue & fujette à pourriture.

Les pélerins qui ont fait le voyage de la *Meque*, font en grande vénération le refte de leur vie ; abfous de plufieurs fortes de crimes, ils peuvent en commettre de nouveaux impunément, parce qu'on ne fauroit le faire mourir felon la loi ; ils font réputés incorruptibles, irréprochables & fanctifiés dès ce monde. On affure qu'il y a des Indiens affez fots pour fe crever les yeux, après avoir vu ce qu'ils appellent les faints lieux de la *Meque* ; prétendant que les yeux ne doivent point après cela être prophanés par la vûe des chofes mondaines.

Les enfans qui font conçus dans ce pélerinage, font regardés comme de petits faints, foit que les pélerins les aient eu de leurs femmes légitimes, ou des avanturières : ces dernières s'offrent humblement fur les grands chemins, pour travailler à une œuvre auffi pieufe. Ces enfans font tenus plus proprement que les autres, quoiqu'il foit mal-aifé d'ajouter quelque chofe à la propreté avec laquelle on prend foin des enfans partout le levant. ( *D. J.* )

MERCATOR, ( Marius ) ( *Hiſt. Eccléf.* ) auteur eccléfiaftique, ami de faint Auguftin, écrivit contre les Neftoriens & les Pélagiens. Mort vers l'an 451. Baluze a donné en 1684, une édition de fes ouvrages. Nicolas *Mercator*, mathématicien du dix-feptième fiècle, de la fociété royale de Londres, eft auteur d'une *Cofmographie* & d'autres ouvrages eftimés ; il a corrigé les défauts des premières Cartes marines & fait quelques découvertes. Il étoit du Holftein.

MERCATOR, ( Ifidore ) *Voyez* Isidore & Denys le Prêtre.

MERCI, ( *Voyez* Mercy. )

MERCIER, Mercerus (Jean) ( *Hiſt. Litt. mod.* ) fucceffeur de Vatable dans la chaire d'hébreu au Collège Royal, a écrit fur diverfes parties de l'Ecriture Sainte. Mort à Uzès fa patrie, en 1572.

Jofias *Merciet* fon fils, beau-père de Saumaife, &

/habile critique, a donné une bonne édition de Nonius-Marcellus ; des notes sur Aristénète , sur Tacite, sur Dictys de Crète, &.sur le livre d'Apulée, *de Deo socratis.* Mort en 1625.

Un autre *Mercier* , (Nicolas) professeur d'humanités au Collége de Navarre, mort en 1647. est auteur du *Manuel des Grammairiens* , dont on se sert ou dont on s'est servi dans plusieurs colléges ; d'un traité de l'Epigramme, estimé ; il a donné aussi une édition des Colloques d'Erasme à l'usage des Collèges.

**MERCŒUR.** ( *Voyez* LORRAINE. )

MERCURIALIS , ( Jérôme ) médecin italien , très-célebre au seizième siècle ; on l'appelloit *l'Esculape de son temps* ; on assure qu'il guérissoit beaucoup, & il fit une très-grande fortune. Forli , sa patrie, lui érigea une statue : on a de lui des traités estimés *de Arte Gymnastica, de Morbis Mulierum* , des notes sur Hippocrate & sur Pline le naturaliste : ses œuvres ont été recueillies à Venise en 1644. en un volume *in-folio.* Il mourut en 1596, à Forli , où il étoit né en 1530.

MERCY , ( *Hist. mod.* ) c'est le nom de deux généraux allemands célebres , ayeul & petit-fils , tous deux morts au lit d'honneur , tous deux connus plutôt par de grands talents que par de grands succès. L'ayeul sur-tout ( François *de Mercy* ) général du duc de Bavière , fut un digne rival des Condés & des Turennes, dont on dit qu'il devinoit toujours tous les desseins & qu'il les prévenoit, toutes les fois que la chose étoit possible. Il prit Rotweil en 1643, Fribourg en 1644 ; mais la même année il perdit contre Condé & Turenne, les batailles de Fribourg , dont on pourroit dire cependant qu'elles ont plutôt été gagnées par Condé & Turenne, qu'elles n'ont été perdues par Mercy, qui s'y couvrit de gloire ; on en peut dire autant de la bataille de Nortlingue, du 3 août 1645, où il reçut des blessures dont il mourut. On l'enterra sur le champ de bataille , & on grava sur sa tombe cette imposante épitaphe : *Sta viator, heroem calcas ; arrête, voyageur, tu foules un héros.* Il avoit eu l'honneur de battre le vicomte de Turenne à Mariendal le 5 mai 1645.

Florimond , comte de *Mercy* , son petit - fils , devint welt - maréchal de l'empereur en 1704 ; en 1705 , il força les lignes de Pfuffenhoven. En 1709, il fut vaincu en Alsace par le comte du Bourg. Il acquit beaucoup de gloire dans les guerres de l'empereur Charles VI, contre les Turcs. Il fut tué à la bataille de Parme, le 29 juin 1734. Le comte d'Argentan , son cousin , alors colonel au service de l'empereur, fut son héritier ; à la charge de prendre le nom & les armes de la maison de *Mercy.*

MÉRÉ , ( George Brossin , chevalier de ) ( *Hist. Litt. mod.* ) écrivain du Poitou, qui a traité divers sujets de morale & de littérature, & dont l'abbé Nadal a publié quelques lumieres d'esprit. Il en est parlé dans le troisième volume des mélanges d'histoire & de littérature de Vigneul-Marville & dans le quatrième tome de la bibliothèque historique du Poitou , de M. Dreux du Radier. Le chevalier *de Méré* mourut vers l'an 1690 , dans une terre qu'il avoit en Poitou.

MERE-FOLLE, *ou* MERE-FOLIE ( *Histoir. mod.* ) nom d'une société facétieuse qui s'établit en Bourgogne sur la fin du xiv. siècle ou au commencement du xv. Quoiqu'on ne puisse rien dire de certain touchant la prem ère institution de cette société, on voit qu'elle étoit établie du tems du duc Philippe le Bon. Elle fut confirmée par Jean d'Amboise, évêque de Langres, gouverneur de Bourgogne , en 1454 ; *festum fatuorum* , dit M. de la Mare, est ce que nous appellons la *mère-folle.*

Telle est l'époque la plus reculée qu'on puisse découvrir de cette société, à moins qu'on ne veuille dire avec le P. Menestrier , qu'elle vient d'Engelbert de Clèves, gouverneur du duché de Bourgogne , qui introduisit à Dijon cette espèce de spectacle ; car je trouve, poursuit cet auteur , qu'Adolphe , comte de Cleves, fit dans ses états une espèce de société semblable , composée de trente six gentilshommes ou seigneurs qu'il nomma la *compagnie des fous.* Cette compagnie s'assembloit tous les ans au tems des vendanges. Les membres mangeoient tous ensemble, tenoient cour plénière , & faisoient des divertissemens de la nature de ceux de Dijon, élisant un roi & six conseillers pour présider à cette fête. On a les lettres-patentes de l'institution de la société du *fou* , établie à Clèves en 1381. Ces patentes sont scellées de 35 sceaux en cire verte , qui étoit la couleur des fous. L'original de ces lettres se conservoit avec soin dans les archives du comté de Clèves.

Il y a tant de rapport entre les articles de cette institution & ceux de la société de la *mère-folle* de Dijon , laquelle avoit , comme celle du comté de Clèves , des statuts , un sceau & des officiers , que j'embrasse volontiers le sentiment du P. Menestrier, qui croit que c'est de la maison de Clèves que la compagnie dijonnoise a tiré son origine ; ajoutez que les princes de cette maison ont eu de grandes alliances avec le duc de Bourgogne , dans la cour desquels ils vivoient le plus souvent.

La plûpart des villes - Pays bas dépendantes des ducs de Bourgogne, célébroient de semblables fêtes. Il y en avoit à Lille sous le nom de *fête de l'épinette*, à Douai sous le nom de la *fête aux ânes* , à Bouchain sous le nom de *prevôt de l'étourdi* , & à Evreux sous celui de la *fête des covards* , ou *cornards.*

Doutreman a décrit ces fêtes dans son histoire de Valenciennes ; en un mot , il y avoit alors peu de villes qui n'eussent de pareilles bouffonneries.

La *mère-folle* ou *mère-folie* , autrement dite *l'infanterie dijonnoise* , en latin de ce tems-là , *mater stultorum* , étoit une compagnie composée de plus de 500 personnes , de toutes qualités, officiers du parlement , de la chambre des comptes ; avocats , procureurs , bourgeois , marchands , &c.

Le but de cette société étoit la joie & le plaisir. La ville de Dijon , dite la P. Menestrier , qui est un pays de vendanges & de vignerons, a vu long-tems un spectacle qu'on nomme *mère-folie.* Ce spectacle se donnoit tous les ans au tems du carnaval , & les personnes de qualité déguisées en vignerons, chantoient sur des chariots des chansons & des satyres qui étoient comme la censure publique des mœurs de ce tems-là. C'est de ces

A a a a 2

chansons à chariots & à satyres que venoit l'ancien proverbe latin, des chariots d'injures, *plaustra injuriarum*.

Cette compagnie, comme nous l'avons déjà dit, subsistoit dans les états du duc Philippe le Bon avant 1444, puisqu'on en voit la confirmation accordée cette même année par ce prince. L'on voit aussi au trésor de la sainte chapelle du roi à Dijon une seconde confirmation de la *mère-folle* en 1482, par Jean d'Amboise, évêque de Langres, lieutenant en Bourgogne, & par le seigneur de Beaudricourt, gouverneur du pays; ladite confirmation est en vers françois.

Cette société de *mère-folle* étoit composée d'infanterie. Elle tenoit ordinairement assemblée dans la salle du jeu de paume de la poissonnerie, à la réquisition du procureur fiscal, dit *fiscal verd*, comme il paroit par les billets de convocation, composés en vers burlesques. Les trois derniers jours du carnaval, les membres de la société portoient des habillemens déguisés & bigarrés de couleur verte, rouge & jaune, un bonnet de même couleur à deux pointes avec des sonnettes, & chacun d'eux tenoit en main des marottes ornées d'une tête de fou. Les charges & les postes étoient distingués par la différence des habits; la compagnie avoit pour chef celui des associés qui s'étoit rendu le plus recommandable par sa bonne mine, ses belles manières & sa probité. Il étoit choisi par la société, en portoit le nom, & s'appelloit la *mère-folle*. Il avoit toute sa cour comme un souverain, sa garde suisse, ses gardes à cheval, ses officiers de justice, les officiers de sa maison; son chancelier, son grand écuyer; en un mot toutes les dignités de la royauté.

Les jugemens qu'il rendoit s'exécutoient nonobstant appel, qui se relevoit directement au parlement. On en trouve un exemple dans un arrêt de la cour du 6 Février 1579, qui confirme le jugement rendu par la *mère-folle*.

L'infanterie qui étoit de plus de 200 hommes, portoit-un guidon ou étendard, dans lequel étoient peintes des têtes de fous sans nombre avec leurs chaperons, plusieurs bandes d'or, & pour devise, *stultorum infinitus est numerus*.

Ils portoient un drapeau à deux flammes de trois couleurs, rouge, verte & jaune, de la même figure & grandeur que celui des ducs de Bourgogne. Sur ce drapeau étoit réprésentée une femme assise, vêtue pareillement de trois couleurs, rouge, verte & jaune, tenant en sa main une marotte à tête-de-fou, & un chaperon à deux cornes, avec une infinité de petits fous coiffés de même, qui sortoient par-dessous & par les fentes de sa jupe. La devise pareille à celle de l'étendard, étoit bordée tout-au-tour de franges rouges, vertes & jaunes.

Les lettres-patentes que l'on expédioit à ceux que l'on recevoit dans la société, étoient sur parchemin, écrites en lettres de trois couleurs, signées par la *mère-folle*; & par le griffon verd, en sa qualité de greffier. Sur ces lettres - patentes étoit empreinte la figure d'une femme assise, portant un chaperon en tête, une marotte en main, avec la même inscription que l'étendart.

Quand les Membres de la société s'assembloient pour manger ensemble, chacun portoit son plat. La *mère-folle* (on sait que c'est le commandant, le général, le grand-maître) avoit cinquante suisses pour sa garde. C'étoient les plus riches artisans de la ville qui se prêtoient volontiers à cette dépense. Ces suisses faisoient la garde à la porte de la salle du l'assemblée, accompagnoient la *mère-folle* à pié, à la réserve du colonel qui montoit à cheval.

Dans les occasions solemnelles, la compagnie marchoit avec de grands chariots peints, traînés chacun par six chevaux caparaçonnés avec des couvertures de trois couleurs, & conduits par leurs cochers & leurs postillons vêtus de même. Sur ces chariots étoient seulement ceux qui récitoient des vers bourguignons, habillés comme le devoient être les personnages qu'ils représentoient.

La compagnie marchoit en ordre avec ces chariots par les plus belles rues de la ville, & les plus belles poésies se chantoient d'abord devant le logis du gouverneur, ensuite devant la maison du premier président du parlement, & enfin devant celle du maire. Tous étoient masqués, habillés de trois couleurs, mais ayant des marques distinctives suivant leurs offices.

Quatre hérauts avec leurs marottes, marchoient à la tête devant le capitaine des gardes; ensuite paroissoient les chariots, puis la *mère-folle* précédée de deux hérauts, & montée sur une haquenée blanche; elle étoit suivie de ses dames d'atour, de six pages & de douze valets de pied: après eux venoit l'enseigne, puis 50 officiers, les écuyers, les fauconniers, le grand veneur & autres. A leur suite marchoit le guidon, accompagné de 50 cavaliers, & à la queue de la procession le fiscal verd & les deux conseillers, habillés comme lui; enfin les suisses fermoient la marche.

La *mère-folle* montoit quelquefois sur un chariot fait exprès, tiré par deux chevaux seulement, lorsqu'elle étoit seule; toute la compagnie le précédoit, & suivoit ce char en ordre. D'autres fois on atteloit au char de la *mère-folle* douze chevaux richement caparaçonnés; & cela se faisoit toujours lorsqu'on avoit construit sur le chariot un théâtre capable de contenir avec la *mère-folle* des acteurs habillés suivant la cérémonie: ces acteurs récitoient aux coins des rues des vers françois & bourguignons conformes au sujet. Une bande de violons & une troupe de musiciens étoient aussi sur ce théâtre.

S'il arrivoit dans la ville quelque événement singulier, comme larcin, meurtre, mariage bizarre, séduction du sexe, &c. pour lors le chariot & l'infanterie étoient sur pied; l'on habilloit des personnes de la troupe de même que ceux à qui la chose étoit arrivée, & on représentoit l'événement d'après nature. C'est ce qu'on appelle faire marcher la *mère-folle*, l'infanterie dijonnoise.

Si quelqu'un aggrégé dans la compagnie s'en absentoit, il devoit apporter une excuse légitime, sinon il étoit condamné à une amende de 20 livres. Personne n'étoit reçu dans le corps que par la *mère-folle*, & sur les conclusions du fiscal verd; on expédioit ensuite au nouveau reçu des provisions qui lui coûtoient une piftole.

Quand quelqu'un fe préfentoit pour être admis dans la compagn e, le fifcal affis faifoit des queftions en rimes, & le récipiendaire debout, en préfence de la *mère-folle* & des principaux officiers de l'infanterie, devoit auffi répondre en rimes ; fans quoi fon aggrégation n'é:o t point admife. Le récipiendaire de grande condition, ou d'un rang diftingué, avoit le privilège de répo dre affis.

D'abord après la réception, on lui donnoit les marques de confrère, en lui mettant fur la tête le chapeau de trois couleurs, & on lui affignoit des gages fur des droits imaginaires, ou qui ne produifoient rien, comme on le voit par quelques lettres de réception qui fubfiftent encore. Nous avons dit plus haut que la compagnie comptoit parmi fes membres des perfonnes du premier rang, en voici la preuve qui méritoit d'être transfer te.

*Acte de réception* de Henri de Bourbon, *prince de Condé, premier prince du fang*, en la compagnie de la *mère-folle* de Dijon *l'an* 1626.

Les fuperlatifs, mirélifiques & fcientifiques, l'opinant de l'infanterie dijonnoife, régent d'Apollon & des mufes, nous légitimes enfans figuratifs du vénérable Bontems & de la marotte, fes petits-fils, neveux & arrière-neveux, rouges, jaunes, verds, couverts, découverts, & forts-en-gueule ; à tous fous, archi-fous, lunatiques, hétéroclites, éventés, poëtes de nature bizarres, durs & mols, almanachs vieux & nouveaux, paffés, préfens & à venir, *falut*. Doubles piftoles, ducats & autres efpèces forgées à la portugaife, vin nouveau fans aucun malaife, & chelme qui ne le voudra croire, que haut & puiffant feigneur Henri de Bourbon, prince de Condé, premier prince du fang, maifon & couronne de France, chevalier, *&c.* à toute outrance auroit fon alteffe honoré de fa préfence les feftus & guoguelus mignons de la *mère-folie*, & daigné requérir en pleine affemblée d'infanterie, être immatriculé & récepruré, comme il a été reçu & couvert du chaperon fans péril, & pris en main la marotte, & juré par elle & pour elle ligue offenfive & défenfive, foutenir inviolablement, garder & maintenir folie en tous fes points, s'en aider & fervir à toute fin, requérant lettres à ce convenables ; à quoi inclinant, de l'avis de notre redoutable dame & *mère*, de notre certaine fcience, connoiffance, puiffance & autorité, fans autre information précédente ; à plein confiant de S. A. avons icelle avec allégreffe par es préfentes, *hurelu, berelu*, à bras ouverts & découverts, reçu & impatronifé, ler recevons & impatronifons en notre infanterie dijonnoife, & telle forte & manière qu'elle demeure incorporée au cabinet de l'intefte, & généralement tant que folie durera, pour par elle y être, tenir & exercer à fon choix, telle charge qu'il lui plaira aux honneurs, prérogatives, prééminences, autorité & puiffance que le ciel, fa naiffance & fon épée lui ont acquis ; prêtant S. A. main forte à ce que folie s'éternife, & ne foit empêchée, ains ait cours & décours, débit de fa marchandife, trafic & commerce en tout pays, foit libre par

tout, en tout privilégiée ; moyennant quoi, il eft permis à S. A. ajouter, fi faire le veut, folie fur folie, franc fur franc, *ante*, *fub ante*, *per ante*, fans interm.ffion, diminution ou interlocutoire, que le branle de la machoire ; & ce aux gages & prix de fa valeur, qu'avons affigné & affignons fur nos champs de Mars & dépouilles des ennemis de la France, qu'elle levera par fes mains, fans en être comptable. Donné & fouhaité à S. A.

A Dijon, où elle a été,
Et où l'on boit à fa fanté,
L'at fix cent mille avec vingt-fix,
Que tous les fous étoient affis.

Signé par ordonnance des redoutables feigneurs bravans & folatiques, & contre-figné *Defchamps*, *Mère*, & plus bas, *le Griffon verd*.

Cependant, peu d'années après cette facétieufe réception du premier prince du fang dans la fociété, parut l'édit févere de Louis XIII, donné à Lyon le 21 Juin 1630, vérifié & enregiftré à la cour le 5 juillet fuivant, qui abolit & abrogea fous de groffes peines la compagnie de la *mère-folle* de Dijon ; laquelle compagnie de *mère-folle*, dit l'édit, eft vraiment une *mère* & *pure folie*, par les défordres & débauches qu'elle a produits, & continue de produire contre les bonnes mœurs, repos & tranquillité de la ville, avec très-mauvais exemple.

Ainfi finit la fociété dijonnoife. Il eft vraifemblable que cette fociété, ainfi que les autres confreries laïques du royaume, tiroient leur origine de celle qui vers le commencement de l'année fe faifoit d puis plufieurs fiècles dans les églifes par les eccléfiaftiques, fous le nom de la *fête des fous. Voyez* FETE DES FOUS.

Quoi qu'il en foit, ces fortes de fociétés burlefques prirent grande faveur & fournirent long-tems au public un fpectacle de récréation & d'intérêt, mêlé fans-doute d'abus ; mais faciles à réprimer par de fages arrêts du parlement, fans qu'il fût befoin d'ôter au peuple un amufement qui fou'ageoit fes travaux & fes peines. ( *D. J.* )

**MERKUFATI,** f. m. ( *Hift. mod.* ) nom que les Turcs donnent à un officier qui eft fous le teftardar ou grand tréforier ; fa fonction eft de difpofer des deniers deftinés à des ufages pieux. ( — )

**MERIDIANI,** ( *Hift. anc.* ) nom que les anciens Romains donnoient à une efpèce de gladiateurs qui fe battoient fur le midi, les *beftiaires* ayant déjà combattu le matin contre les bêtes.

Les *Méridiens* prenoient leur nom du tems auquel ils donnoient leur fpectacle. Les *Méridiens* ne combattoient pas contre les bêtes, mais les uns contre les autres l'épée à la main. Delà vient que Séneque dit que les combats du matin étoient pleins d'humanité, en comparaifon de ceux qui les fuivoient.

**MERLIN,** ( Ambroife ) ( *Hift. d'Anglet.* ) c'eft le fameux enchanteur *Merlin*, dont le roman & les prophéties font fi célèbres. Cet homme, que Buchanan

chanfons à chariots & à fatyrès que venoit l'ancien proverbe latin, des chariots d'injures, *plaustra injuriarum*.

Cette compagnie, comm: nous l'avons déjà dit,
fubfiftoit dans les états.du duc Philippe le Bon avant
1444, puifqu'on en voit la confirmation accordée cette
même année par ce prince. L'en voit auffi au tréfor de
la fainte chapelle du roi à Dijon une feconde confirmation de la *mère-folle* en 1482, par Jean d'Amboife, évêque de Langres, lieutenant en Bourgogne,
& par le feigneur de Beaudricourt, gouverneur du pays;
ladite confirmation eft en vers françois.

Cette fociété de *mère-folle* étoit compofée d'infanterie.
Elle tenoit ordinairement affemblée dans la falle du jeu
de paume de la poiffonnerie, à la réquifition du procureur fifcal, dit *fifcal verd*, comme il paroît par les
billets de convocation, compofés en vers burlefques. Les
trois derniers jours du carnaval, les membres de la
fociété portoient des habillemens déguifés & bigarrés de
couleur verte, rouge & jaune, un bonnet de même
couleur à deux pointes avec des fonnettes, & chacun
d'eux tenoit en main des marottes ornées d'une tête de
fou. Les charges & les poftes étoient diftingués par la
différence des habits; la compagnie avoit pour chef celui
des affociés qui s'étoit rendu le plus recommandable par
fa bonne mine, fes belles manières & fa probité. Il
étoit choifi par la fociété, & s'ap-
pelloit la *mère-folle*. Il avoit toute fa cour comme un
fouverain, fa garde fuiffe, fes gardes à cheval, fes officiers de juftice, des officiers de fa maifon; fon chancelier, fon grand écuyer; en un mot toutes les dignités
de la royauté.

Les jugemens qu'il rendoit s'exécutoient nonobftant
appel, qui fe relevoit directement au parlement. On en
trouve un exemple dans un arrêt de la cour du 6 Février
1579, qui confirme le jugement rendu par la *mère-
folle*.

L'infanterie qui étoit de plus de 200 hommes, portoit un guidon ou étendard, dans lequel étoient peints
des têtes de fous fans nombre avec leurs chaperons,
plufieurs bandes d'or, & pour devife, *ftultorum infinitus
eft numerus*.

Ils portoient un drapeau à deux flammes de trois couleurs, rouge, verte & jaune, de la même figure &
grandeur que celui des ducs de Bourgogne. Sur ce drapeau, étoit répréfentée une femme affife, avec pareillement de trois couleurs, rouge, verte & jaune, tenant en
fa main une marotte à tête de fou, & un chaperon à
deux cornes, avec une infinité de petits fous coiffés de
même, qui fortoient par-deffous & par les fentes de fa
jupe. La devife pareille à celle de l'étendard, étoit
bordée tout-au-tour de franges rouges, vertes & jaunes.

Les lettres-patentes que l'on expédioit à ceux que
l'on recevoit dans la fociété, étoient fur parchemin,
écrites en lettres de trois couleurs, fignées par la *mère-
folle*, & par le griffon verd, en fa qualité de greffier.
Sur ces lettres - patentes étoit empreinte la figure d'une
femme affife, portant un chaperon en tête, une marotte en main, avec la même infcription que l'étendart.

Quand les Membres de la fociété s'affembloient pour
manger enfemble, chacun portoit fon plat. La *mère-
folle* (on fait que c'eft le commandant, le général, le
grand-maître) avoit cinquante fuiffes pour fa garde.
C'étoient les plus riches artifans de la ville qui fe prêtoient
volontiers à cette dépenfe. Ces fuiffes faifoient la garde à
la porte de la falle de l'aff.mblée, accompagnoient la
*mère-folle* à pié, à la referve du colonel qui montoit à
cheval.

Dans les occafions folemnelles, la compagnie marchoit avec de grands chariots peints, traînés chacun
par fix chevaux caparaçonnés avec des couvertures de
trois couleurs, & conduits par leurs cochers & leurs
poftillons vêtus de même. Sur ces chariots étoient feulement ceux qui récitoient des vers bourguignons,
habillés comme le devoient être les perfonnages qu'ils
repréfentoient.

La compagnie marchoit en ordre avec ces chariots
par les plus belles rues de la ville, & les plus belles
poéfies fe chantoient d'abord devant le logis du gouverneur, enfuite devant la maifon du premier préfident
du parlement, & enfin devant celle du maire. Tous
étoient mafqués, habillés de trois couleurs, mais ayant
des marques diftinctives fuivant leurs offices.

Quatre hérauts avec leurs marottes, marchoient à la
tête devant le capitaine des gardes; enfuite paroiffoient
les chariots, puis la *mère-folle* précédée de deux hérauts,
& montée fur une haquenée blanche; elle étoit fuivie
de fes dames d'atour, de fix pages & de douze valets de
pié; après eux venoit l'enfeigne, puis 50 officiers, les
écuyers, les fauconniers, le grand veneur & autres.
A leur fuite marchoit le guidon, accompagné de 50
cavaliers, & à la queue de la proceffion le fifcal verd &
les deux confeillers, habillés comme lui; enfin les fuiffes
fermoient la marche.

La *mère-folle* montoit quelquefois fur un chari t fait
exprès, tiré par deux chevaux feulement, lorfqu'elle
étoit feule; toute la compagnie la précédoit, & fuivoit
ce char en ordre. D'autres fois on atteloit au char de
la *mère-folle* douze chevaux richement caparaçonnés;
& cela fe faifoit toujours lorfqu'on avoit conftruit fur le
chariot un théâtre capable de contenir avec la *mère-
folle* des acteurs habillés fuivant la cérémonie: ces acteurs récitoient aux coins des rues des vers françois &
bourguignons conformes au fujet. Une bande de violons
& une troupe de muficiens étoient auffi fur ce théâtre.

S'il arrivoit dans la ville quelque événement fingulier, comme larcin, meurtre, mariage bizarre,
féduction du fexe, &c. pour lors le chariot & l'infanterie étoient fur pié, l'on habilloit des perfonnes de la
troupe de même que ceux à qui la chofe étoit arrivée,
& on repréfentoit l'événement d'après nature. C'eft ce
qu'on appelle faire marcher la *mère-folle*, l'infanterie
dijonnoife.

Si quelqu'un aggrégé dans la compagnie s'en ab-
fentoit, il devoit apporter une excufe légitime, finon
il étoit condamné à une amende de 20 livres. Perfonne
n'étoit reçu dans le corps que par la *mère-folle*, & fur
les conclufions du fifcal verd; on expédioit enfuite

au nouveau reçu des provisions qui lui coûtoient une pistole.

Quand quelqu'un se présentoit pour être admis dans la compagnie, le fiscal assis faisoit des questions en rimes, & le récipiendaire debout, en présence de la *mère-folle* & des principaux officiers de l'infanterie, devoit aussi répondre en rimes ; sans quoi son aggrégation n'étoit point admise. Le récipiendaire de grande condition, ou d'un rang distingué, avoit le privilège de répondre assis.

D'abord après la réception, on lui donnoit les marques de confrère, en lui mettant sur la tête le chapeau de trois couleurs, & on lui assignoit des gages sur des droits imaginaires, ou qui ne produisoient rien, comme on le voit par quelques lettres de réception qui subsistent encore. Nous avons dit plus haut que la compagnie comptoit parmi ses membres des personnes du premier rang, en voici la preuve qui méritoit d'être transcrite.

*Acte de réception* de Henri de Bourbon, *prince de Condé, premier prince du sang*, en la compagnie de la *mère-folle* de Dijon *l'an 1626.*

Les superlatifs, mirélifiques & scientifiques, l'opinant de l'infanterie dijonnoise, régent d'Apollon & des muses, nous légitimes enfans figuratifs du vénérable Bontems & de la marotte, ses petits-fils, neveux & arrière-neveux, rouges, jaunes, verds, couverts, découverts, & forts-en-gueule ; à tous fous, archi-fous, lunatiques, hétéroclites, éventés, poëtes de nature bizarres, durs & mols, almanachs vieux & nouveaux, passés, présens & à venir ; *salut*. Doubles pistoles, ducats & autres espèces forgées à la portugaise, vin nouveau sans aucun malaise, & chelme qui ne le voudra croire, que haut & puissant seigneur Henri de Bourbon, prince de Condé, premier prince du sang, maison & couronne de France, chevalier, &c. à toute outrance auroit son altesse honoré de sa présence les festus & guoguelus mignons de la *mère-folle*, & daigné requérir en pleine assemblée d'infanterie, être immatriculé & récepturé, comme il a été reçu & couvert du chaperon sans péril, & pris en main la marotte, & juré par elle & pour elle ligue offensive & défensive, soutenir inviolablement, garder & maintenir folie en tous ses points, s'en aider & servir à toute fin, requérant lettres à ce convenables ; à quoi inclinant, de l'avis de notre redoutable dame & *mère*, de notre certaine science, connoissance & puissance & autorité, sans autre information précédente ; à plein confiant de S. A. avons icelle avec allégresse par ces présentes, *hurelu, berelu*, à bras ouverts & découverts, reçu & impatronisé, lui recevons & impatronisons en notre infanterie dijonnoise, en telle sorte & manière qu'elle demeure incorporée au cabinet de l'intefte, & généralement tant que folie durera, pour par elle y être, tenir & exercer à son choix, telle charge qu'il lui plaira aux honneurs, prérogatives, prééminences, autorité & puissance que le ciel, sa naissance & son épée lui ont acquis ; prêtant S. A. main forte à ce que folie s'éternise, & ne soit empêchée, ainsi soit cours & décours, débit de sa marchandise, trafic & commerce en tout pays, soit libre par

tout, en tout privilégiée ; moyennant quoi, il est permis à S. A. ajouter, si faire le veut, folie sur folie, franc sur franc, *ante*, *sub ante*, *per ante*, sans intermission, diminution ou interlocutoire, que le branle de la machoire ; & ce aux gages & prix de sa valeur, qu'avons assigné & assignons sur nos champs de Mars & dépouilles des ennemis de la France, qu'elle levera par ses mains, sans en être comptable. Donné & souhaité à S. A.

> A Dijon, où elle a été,
> Et où l'on boit à sa santé,
> L'at six cent mille avec vingt-six,
> Que tous les fous étoient assis.

Signé par ordonnance des redoutables seigneurs buvans & folatiques, & contre-signé *Deschamps, Mère*, & plus bas, *le Griffon verd*.

Cependant, peu d'années après cette facétieuse réception du premier prince du sang dans la société, parut l'édit sévere de Louis XIII, donné à Lyon le 21 Juin 1630, vérifié & enregistré à la cour le 5 juillet suivant, qui abolit & abrogea sous de grosses peines la compagnie de la *mère-folle* de Dijon ; laquelle compagnie de *mère-folle*, dit l'édit, est vraiment une *mère* & *pure folie*, par les désordres & débauches qu'elle a produits, & continue de produire contre les bonnes mœurs, repos & tranquillité de la ville, avec très-mauvais exemple.

Ainsi finit la société dijonnoise. Il est vraisemblable que cette société, ainsi que les autres confreries laïques du royaume, tiroient leur origine de celle qui vers le commencement de l'année se faisoit depuis plusieurs siècles dans les églises par les ecclésiastiques, sous le nom de la *fête des fous. Voyez* FÊTE DES FOUS.

Quoi qu'il en soit, ces sortes de sociétés burlesques prirent grande faveur & fournirent long-tems au public un spectacle de récréation & d'intérêt, mêlé sans doute d'abus ; mais faciles à réprimer par de sages arrêts du parlement, sans qu'il fût besoin d'ôter au peuple un amusement qui soulageoit ses travaux & ses peines. ( *D. J.* )

MERKUFAT, s. m. ( *Hist. mod.* ) nom que les Turcs donnent à un officier qui est sous le tefterdar ou grand trésorier ; sa fonction est de disposer des deniers destinés à des usages pieux. ( -- )

*MÉRIDIANI*, ( *Hist. anc.* ) nom que les anciens Romains donnoient à une espèce de gladiateurs qui se donnoient en spectacle, & entroient dans l'arène vers le midi, les bestiaires ayant déjà combattu le matin contre les bêtes.

Les *Méridiens* prenoient leur nom du tems auquel ils donnoient leur spectacle. Les *Méridiens* ne combattoient pas contre les bêtes, mais les uns contre les autres l'épée à la main. Delà vient que Séneque dit que les combats du matin étoient pleins d'humanité, en comparaison de ceux qui les suivoient.

MERLIN ( Ambroise ) ( *Hist. d'Anglet.* ) c'est le fameux enchanteur *Merlin*, dont le *roman* & les *prophéties* sont si célèbres. Cet homme, que Buchanan repréſenté comme un impoſteur qui trompoit les peuples pour leur plaire, vivoit dans le temps de l'irruption des Saxons en Angleterre, & annonçoit peut-être aux Bretons opprimés par ces Saxons, la fin de leurs miſères pour les engager à ſe défendre. Selon d'autres auteurs, quelques connoiſſances des mathématiques, connoiſſances trop étrangères à ſon ſiécle, lui valurent cette réputation de prophète que lui donnèrent les poëtes, & celle de ſorcier que lui donnèrent les moines. Les uns & les autres aſſurent aſſez communément qu'il étoit né d'un incube. Il avoit tranſporté d'Irlande en Angleterre, les grands rochers qui s'élèvent en pyramide, près de Salisbury. Rien de ſi connu dans les vieilles fables britanniques, que les enchantemens de Merlin.

MERLIN, ( Jacques ) ( Hiſt. du Luthéran. ) docteur de la maiſon de Navarre, chanoine de Notre-Dame, grand pénitencier, & vicaire général de l'évêque de Paris, & dans la ſuite archi-prêtre & curé de la Madeleine ; on lui doit la première collection des Conciles & quelques autres ouvrages. Noël Beda ( voir ſon article ) vouloit qu'on le brûlât pour avoir eſſayé de juſtifier Origéne. Merlin oublia dans la ſuite qu'il avoit penſé être la victime du faux zèle, il devint perſécuteur à ſon tour ; il ſe plaignoit ſi amérement & ſi publiquement de ce qu'on uſoit d'indulgence envers les héréti-ques, qu'il fallut uſer de rigueur envers lui. On l'enferma au Louvre le 11 avril 1527. Il n'en ſortit qu'au bout de deux ans révolus, le 12 avril 1529, & alors il fut exilé à Nantes ; mais le roi le rendit l'année ſuivante, aux vœux du chapitre de Notre-Dame, qui ſollicitoit ſon rappel ; car les perſécuteurs trouvent toujours de l'appui, & en trouvoient ſur-tout alors. Jacques Merlin mourut en 1541.

MERLIN COCCAYE ( Voyez COCAYE ou FOLENGO.

MEROUÉE, III° roi de France, ( Hiſt. de France. ) ſucceſſeur de Clodion. L'origine de ce prince eſt incertaine : on ſait ſeulement qu'il étoit fils de la femme de Clodion : on lui donnoit pour père une divinité de la mer ; cette fable qui prouve la groſſièreté des peuples qui l'adoptèrent, rendroit ſuſpecte la vertu de la femme de Clodion, ſi l'on ne ſavoit quelle étoit la ſainteté des mariages parmi les Francs, dans les tems voiſins de leur origine : cette princeſſe ſut recourir à ce ſtratagême pour enchaîner la vengeance du roi qui devoit reſpecter dans cette adultere la maîtreſſe d'un dieu. Peut-être auſſi que la reine avoit eu Mérouée d'un autre lit : & ce conte put être imaginé pour lui faire obtenir la préférence ſur ſes frères, qui dans cette ſuppoſition avoient plus de droit à la couronne ( nous parlons ici par figure, car la couronne n'étoit point encore le ſymbole de la royauté parmi les Francs ) auprès d'un peuple qui n'admettoit pour le gouverner que les princes du ſang le plus illuſtre. Toujours eſt-il certain que Mérouée eut à ſoutenir une guerre longue & ſanglante contre un fils de Clodion que l'hiſtoire ne nomme pas, & qu'il ne parvint à l'exclure de la royauté qu'en faiſant alliance avec les Romains : on a prétendu que Childeric, ſon fils,

étoit allé à Rome cimenter les nœuds de cette alliance ; qui prouve que les Francs dès-lors offroient une puiſſance reſpectable. Cette conjecture eſt fondée ſur le rapport de Priſcus qui dit avoir vu dans cette ancienne capitale du monde un prince Franc dont les traits conviennent aſſez au fils de Mérouée. Cette guerre civile excitée par la rivalité de ces princes, accélèra la chûte de l'empire d'Occident & de celui d'Orient ; car celui-ci ne fut plus qu'un fantôme dès que l'autre fut détruit. Le fils de Clodion qui voyoit ſon ennemi ſoutenu par une puiſſance auſſi formidable que les Romains, ſe mit ſous la protection des Huns, les ſeuls peuples en état de les vaincre ; & telle fut la cauſe ou l'occaſion de la fameuſe invaſion d'Attila dans les Gaules. Mérouée voulut en vain défendre Cologne contre un auſſi terrible ennemi, il en fut chaſſé : cette ville fut brûlée, & Childeric ſon fils tomba au pouvoir du vainqueur. Des écrivains ont prétendu qu'il fut dépouillé du pays que les Francs occupoient au delà du Rhin, & que ſon rival en reſta paiſible poſſeſſeur. Cette opinion eſt en quelque ſorte juſtifiée ; les rois de Thuringe dont parlent les écrivains de la première race, pouvoient bien deſcendre de ce prince. Au reſte Mérouée fut bien dédommagé de cette perte après la défaite des Huns, à laquelle il eut beaucoup de part ; les Francs, à l'époque de ſa mort, étoient en poſſeſſion de Soiſſons, de Châlons, du Vermandois, d'Arras, de Cambrai, de Tournai, de Senlis, de Beauvais, d'Amiens, de Terouane & de Boulogne. Mérouée mourut en 457, après un règne d'environ dix ans, laiſſant ſes états à Childeric ſon fils. L'hiſtoire ne nous a pas conſervé le nom de ſa femme, elle eſt également muette ſur celui de ſes enfans. ( M-Y. )

MÉROVINGIEN ; ſubſt. & adj. maſc. ( Hiſt. de France ) nom que l'hiſtoire donne aux princes de la première race des rois de France, parce qu'ils deſcendoient de Mérovée. Cette race a régné environ 333 ans, depuis Pharamond juſqu'à Charles Martel, & a donné 36 ſouverains à ce royaume.

M. Gibert ( Mem. de l'acad. des Belles-Lettres ) tire le mot de Mirovingien, de Marobodius, roi des Germains, d'où les Francs ont tiré leur origine, & ont formé le nom de Mérovée par l'analogie de la langue germanique rendue en latin. M. Freret, au contraire, après avoir eſſayé d'établir que le nom de Mérovingien ne fut connu que ſous les commencemens de la deuxieme race ( ce que nie M. Gibert ), dans un tems où il étoit devenu néceſſaire de diſtinguer la famille régnante de celle à qui elle ſuccédoit, rend à Mérovée, l'ayeul de Clovis, l'honneur d'avoir donné ſon nom à la première race de nos rois ; & ſa raiſon, pour n'avoir commencé cette race qu'à Mérovée, eſt que, ſuivant Grégoire de Tours, quelques-uns doutoient que Mérovée fût fils de Clodion, & le croyoient ſeulement bon parent, de ſtirpe ejus, au lieu que depuis Mérovée la filiation de cette race n'eſt plus interrompue. C'eſt un procès entre ces deux ſavans, & je crois que M². Freret le gagneroit. ( D. J. )

MERRE, ( le ) ( Hiſt. Litt. mod. ) père & fils, tous deux nommés Pierre, tous deux avocats au

Parlement de Paris & profeſſeurs en droit canon au Collège Royal. On leur doit le grand recueil des actes, titres & mémoires , concernant les affaires du clergé de France. On a de plus , du premier ; un *Sommaire touchant la jurisdiction* , & un mémoire intitulé : *Juſtification des uſages de France , ſur le mariage des enfans de famille , faits ſans le conſentement de leurs parens.*

Le premier mourut en 1728 ; le ſecond en 1763.

MERSENNE , ( Marin ) ( *Hiſt. Litt. mod.* ) minime , compagnon d'études , correſpondant actif & ami fidèle de Deſcartes. Il fut lui-même grand Mathématicien & inventeur en géometrie. On a de lui un *traité de l'harmonie univerſelle* , contenant la *théorie & la pratique de la muſique* ; un traité des Sons , de *ſonorum naturâ , cauſis & effectibus* ; *Cogitata Phyſico Mathematica ; la vérité des ſciences ; les Queſtions inouies*. Le goût du père *Merſenne* pour les mathématiques ne lui faiſoit pas oublier ce qu'il devoit à ſon état. Il a peut-être même un peu trop payé le tribut à cet état , lorſque dans ſes *Quæſtiones célèbres in Geneſim* , en parlant de Vanini , il a donné naïvement la liſte des athées de ſon temps ; cette liſte a été ſupprimée , & par conſéquent elle eſt très-recherchée , mais il eſt difficile de trouver des exemplaires où elle ſoit. Tout n'appartient pas au père *Merſenne* dans ſes écrits. On lui trouvoit le talent d'employer ingénieuſement les penſées d'autrui ; & la Mothe-le-Vayer l'appelloit *le bon larron*. Le père Hilarion de Coſte , ſon confrère & ſon diſciple , a écrit ſa vie.

MERVEILLE , ( *Hiſt. mod.* ) L'aſſaſſinat de l'Ecuyer *Merveille* fut la cauſe de la ſeconde guerre entre Charles-Quint & François Ier. C'étoit un gentilhomme milanois , qui ayant fait fortune en France , par les bienfaits de Louis XII & de François Ier , eut la vanité aſſez naturelle d'étaler cette fortune aux yeux de ſes parents & de ſes concitoyens. Il fit un voyage à Milan ; le duc ( François Force ) , avoit pour chancelier , Taverne , neveu de *Merveille*. L'oncle fut accueilli dans cette cour , & plut au duc. Quelques temps après ſon retour en France , Taverne y vint , & fit entendre à François Ier. que le duc de Milan ſeroit flaté d'avoir à ſa cour un ambaſſadeur François ; que cette ambaſſade pourroit n'être pas infructueuſe au roi ; qu'elle donneroit les moyens de traiter d'affaires également avantageuſes & à la France & au duc de Milan ; mais comme le duc , placé entre l'empereur & le roi de France , étoit obligé de les ménager l'un & l'autre , Taverne ajouta qu'il falloit dérober avec ſoin à l'empereur , la connoiſſance de ces liaiſons ; qu'il ne falloit point que celui qui ſeroit envoyé , prît publiquement le caractère d'ambaſſadeur , content d'être connu du duc ſous ce titre ; que pour diſſiper les ſoupçons qui pourroient naître dans l'eſprit de l'empereur , le roi , par des lettres expreſſes , recommanderoit au duc un ambaſſadeur , comme un homme que des affaires particulières avoient conduit à Milan. Taverne déſigna *Merveille* ſon oncle , comme un homme qui ſeroit agréable au duc : le roi approuva tous ces arrangements ; *Merve lle* partit avec

des lettres de créance qui ne devoient être montrées qu'au duc , & des lettres de recommandation , qui devoient être montrées à l'empereur à tout événement.

Peut-être la même vanité qui lui faiſoit étaler ſes richeſſes dans ſa patrie , rendit-elle *Merveille* indiſcret ſur ſon caractère d'ambaſſadeur. Quoi qu'il en ſoit , l'empereur ou ſut ou ſoupçonna que cet homme avoit un titre pour réſider auprès du duc ; il fit des reproches & des menaces. Sforce lui envoya les fauſſes lettres de recommandation ; ce ſtratagème n'étoit pas aſſez fin pour tromper Charles-Quint : d'ailleurs , la même indiſcrétion qui lui avoit appris que *Merveille* étoit miniſtre de François Ier. , pouvoit lui avoir dévoilé l'artifice des lettres de recommandation , il comprit que Sforce joignoit la fourberie au myſtère , il parut doublement irrité ; Sforce trembla , & promit à l'empereur de lui donner bientôt des preuves éclatantes de ſa fidélité.

*Merveille* paſſoit un jour dans les rues de Milan , à la ſuite du duc ; un gentilhomme de la chambre du duc , de la maiſon de Caſtiglioné , les voyant paſſer , demande , d'un ton fier , à un des domeſtiques de *Merveille* , à qui il eſt ? le domeſtique répond qu'il a l'honneur de ſervir le ſeigneur *Merveille* , de France , Caſtiglioné dit un mot qui marquoit peu d'eſtime pour le ſeigneur *Merveille*. Un autre domeſtique de *Merveille* , moins endurant , ou plus zélé que le premier , demande raiſon à Caſtiglioné , des diſcours injurieux qu'il a tenus ſur ſon maître. Après des démentis donnés & reçus , Caſtiglioné , ſoit prudence , ſoit honte de ſe commettre avec un domeſtique , ſe retire , & laiſſe à ſes domeſtiques le ſoin de le venger. Deux d'entr'eux fondent ſur celui de *Merveille* ; on les ſépare. *Merveille* , inſtruit de tout par ſon domeſtique , prie un de ſes amis , parent de Caſtiglioné , de lui demander ce qu'il devoit penſer de ce rapport. Caſtiglioné proteſte qu'il n'a point tenu les diſcours qu'on lui impute. L'ambaſſadeur , content de ce déſaveu , envoie faire des excuſes à Caſtiglioné : le duc défend aux deux gentilhommes toute voie de fait. *Merveille* répond qu'il obéira d'autant plus volontiers , qu'il n'a point d'ennemi , & qu'il n'a ni fait ni reçu d'inſulte. Cependant on voyoit Caſtiglioné , paſſer & repaſſer devant l'hôtel de l'ambaſſadeur , accompagné de dix ou douze hommes armés ; un ſoir ayant rencontré cinq ou ſix domeſtiques de l'ambaſſadeur , il les attaqua & les mit en fuite. *Merveille* en porta ſes plaintes au magiſtrat , qui promit juſtice , & reſta tranquille. Caſtiglioné attaqua de nouveau les gens de *Merveille* , qui étant ſur leurs gardes & déterminés à tout , repouſſèrent vivement l'inſulte ; le combat fut ſanglant ; Caſtiglioné reſta mort ſur la place. Les ſiens , épouvantés , priſent la fuite. Le lendemain matin ( 4 juillet 1533 ) le même magiſtrat , qui n'avoit pas voulu prévenir ce malheur , ſe tranſporte chez l'ambaſſadeur , le mène en priſon , lui fait mettre ſes gens au cachot , leur fait donner la queſtion , n'épargne pas même un domeſtique de plus de quatre-vingt ans , que l'âge avoit rendu ſourd ; il ne néglige rien pour leur arracher, par la violence des tourments, une déposition contre leur maître. *Merveille* est mis au secret. Quelques-uns de ses amis, sans avoir pu le voir, présentent au magistrat, un mémoire pour sa justification ; le magistrat ne le lit point, & le déchire en leur présence. Le 6, ayant pris les ordres du duc, il se transporte pendant la nuit, à la prison ; fait trancher la tête à l'ambassadeur, & fait exposer son corps dans la place.

Un neveu de ce malheureux ministre, autre que Taverne, prend la poste, vient se jetter aux pieds du roi, & lui demander justice & vengeance.

Taverne y vint aussi ; mais bien loin d'y venir défendre la mémoire de cet oncle qu'il avoit lui-même demandé nommément pour ambassadeur, il vint justifier son maître, &, qui le croiroit ? soutenir que *Merveille* n'avoit point ce caractère d'ambassadeur. Accablé à l'instant par les preuves de son mensonge, troublé par des questions auxquelles il n'avoit rien à répondre, & par des reproches dont il sentoit la justice, pressé sur l'irrégularité de ce supplice qu'on avoit fait subir à *Merveille* dans la prison & pendant la nuit, il répondit en bégayant, que le duc en avoit usé ainsi par respect pour le roi & par égard pour le caractère d'ambassadeur dont *Merveille* étoit revêtu. « Fourbe mal-adroit, lui dit François Ier, digne mi- » nistre d'un maître assassin, te voilà convaincu par » ta propre bouche. Si le caractère d'ambassadeur » avoit été aussi avili dans la personne de *Merveillé* » qu'il l'est dans la tienne, j'approuverois presque » son supplice » : il chassa aussi-tôt de sa cour ce ministre de fraude & d'impudence, & prépara tout pour la vengeance de son ambassadeur.

**MERVEILLE DU MONDE** ( *Hist. anc.* ) On en compte ordinairement sept ; savoir, les pyramides d'Egypte, les jardins & les murs de Babylone, le tombeau qu'Arthemise reine de Carie éleva au roi Mausole son époux, à Halycarnasse ; le temple de Diane à Ephèse ; la statue de Jupiter Olympien, par Phidias ; le colosse de Rhodes ; le phare d'Alexandrie,

**MERVILLE**, ( Michel Guyot ) ( *Hist. Litt. mod.* ) C'est l'auteur de plusieurs pièces de théâtre, qui prouvent un vrai talent. Telles sont *Achylle à Scyros*, faite à la vérité, d'après Métastase, mais qui en est une imitation très-heureuse & très-originale ; & le *Consentement forcé*, très-jolie comédie qui se joue toujours avec grand succès à la Comédie Françoise. Ses œuvres de théâtre ont été imprimées en trois volumes *in-12*. Il a fait d'ailleurs des Journaux. Sa vie a été moins uniforme que celle de la plûpart des gens de lettres. Né à Versailles, fils d'un président du Grenier à sel, il se fit libraire à la Haye. Il voyagea beaucoup & à diverses reprises. Il quitta son commerce, & vint à Paris travailler pour le théâtre. Sa fortune se dérangea ; il étoit marié, il avoit une fille. La misère, partagée avec une femme & un enfant, lui parut insupportable ; il laissa sur sa table un bilan, qui prouvoit que ses effets étoient suffisants pour payer ses dettes, mais il ne voulut pas continuer de vivre à la

charge d'en faire de nouvelles, qu'il ne pourroit pas acquitter ; il chargea un magistrat de ses amis, de l'exécution de ses dernières volontés ; & se noya dans le lac de Genève en 1765. Il étoit né en 1696, & s'étoit retiré en Suisse en 1751. Tout ce qu'on sait de son caractère n'inspire que de l'estime, & des regrets.

**MERULA**, ( L. Cornelius ) ( *Hist. Rom.* ) l'an de Rome 665, au milieu de discordes fatales de Marius & de Sylla, L. Cornelius Cinna, complice de Marius, étant consul, le Sénat lui fit son procès, & le déclara déchu du consulat ; Cinna méritoit cet affront ; mais l'exemple étoit d'une dangereuse conséquence. *Hæc injuria*, dit Velleïus Paterculus, *homine quàm exemplo dignior fuit*. On mit à la place de Cinna, L. Cornelius *Merula*, prêtre de Jupiter, homme vertueux. Le parti de Marius & de Cinna ayant triomphé, & le sénat se voyant réduit à la nécessité de rendre le consulat à ce dernier, mais ne pouvant se résoudre à déposer un homme tel que *Merula*, celui-ci le tira d'embarras, en déclarant qu'il ne souffriroit jamais que ses intérêts fussent un obstacle à la paix. C'est pour travailler au salut de la patrie, dit-il, que j'ai reçu les faisceaux ; puisque le salut de la patrie demande que je les dépose, je donne avec joie à mes concitoyens, cette preuve d'amour & de zèle. Il monta ensuite à la tribune aux harangues, & fit devant le peuple une abdication solemnelle ; cette générosité de *Merula* n'empêcha pas que Marius & Cinna, introduits dans la ville, ne le missent au nombre des proscrits. Ce fut au pied de l'autel de Jupiter que *Merula* s'ouvrit les veines, son sang rejaillit jusques sur la statue du Dieu, & parut implorer la vengeance céleste contre les cruels ennemis qui le forçoient à mourir.

**MERULA**, ( *Hist. Litt. mod.* ) On connoît deux savants de ce nom :

1°. Georges, italien, natif d'Alexandrie de la Paille ; mort à Milan en 1494, auteur d'une histoire des Viscomtis de Milan, & de commentaires sur divers auteurs anciens, & de quelques autres ouvrages. Erasme & d'autres savants l'ont loué ; il avoit été disciple de Philelphe.

2°. Paul, hollandois, successeur de Juste-Lipse dans la chaire d'histoire de l'Université de Leyde, auteur d'une Cosmographie, d'un traité de Droit, de Commentaires sur les *Fragmens d'Ennius* ; éditeur d'une Vie d'Erasme. Mort à Rostock en 1607.

**MERY**. ( Jean ) ( *Hist. Litt. mod.* ) chirurgien célèbre & de l'Académie des Sciences. Il étoit né à Vatan en Berry, le 6 janvier 1645, d'un autre Jean *Mery*, aussi chirurgien. Il vint à Paris à dix-huit ans, s'instruire à l'Hôtel-Dieu. Depuis ce temps, l'anatomie l'occupa tout entier. Il fut chirurgien de la reine Marie-Thérèse ; en 1683, M. de Louvois le nomma chirurgien-major des Invalides ; en 1684, le roi de Portugal ayant demandé à Louis XIV, un chirurgien habile, pour secourir la reine sa femme, M. de Louvois fit partir en poste M. *Méry* ; mais la reine étoit morte avant son arrivée ; M. *Méry*, à son retour, entra

**MESA** .dans l'Académie des Sciences. M. Fagon le plaça auprès de M. le duc de Bourgogne, encore enfant ; mais il revint aussi-tôt qu'il le put, dit M. de Fontenelle, respirer son véritable air natal, celui des Invalides & de l'Académie.

En 1692, il fit, par ordre de la cour, un voyage en Angleterre, dont on a toujours ignoré l'objet, même dans sa famille. Il est presque étonnant, dit à ce sujet M. de Fontenelle, que M. *Méry* ait été connu ; il n'a rien mis du sien dans sa réputation, que son mérite, & communément il s'en faut beaucoup que ce ne soit assez.

En 1710, M. le premier président de Harlay le nomma premier chirurgien de l'Hôtel-Dieu. Avec la connoissance la plus parfaite de la structure des animaux, il disoit, en songeant à l'ignorance où l'on est de l'action & du jeu des liqueurs : *nous autres anato-mistes , nous sommes comme les crocheteurs de Paris , qui en connoissent toutes les rues jusqu'aux plus petites & aux plus écartées , mais qui ne savent pas ce qui se passe dans les maisons.*

C'est dans les Mémoires de l'Académie qu'on trouve ce qu'il a écrit sur divers sujets d'anatomie ; hors des Mémoires, il n'a publié qu'un seul traité sur la circulation du sang dans le fœtus, où il défend seul contre tous, une opinion qui lui étoit particulière.

Son ton étoit celui d'un homme de cabinet, à qui les ménagements de la société sont peu connus : « il » ne donnoit point à entendre qu'un fait étoit faux , » qu'un sentiment étoit absurde , il le disoit. » Ceux de ses confrères de l'Académie qui pouvoient se plain-dre de quelques-unes de ces sincérités , ne l'aban-donnèrent pas cependant lorsque ses infirmités le ré-duisirent à se renfermer absolument chez lui. Il fut touché de ces sentiments, qu'il méritoit plus, dit M. de Fontenelle , qu'il ne se les étoit attirées. Il mourut le 3 novembre 1722.

MESCIES, s. f. pl. ( *Hist. anc.* ) fêtes célébrées dans Athènes à l'honneur de Thésée, & en mémoire de ce qu'il les avoit fait demeurer dans une ville où il les avoit rassemblés tous , des douze petits lieux où ils étoient au-paravant dispersés. ( *A. R.* )

MESENGUY, ( François-Philippe ) ( *Hist. Litt. mod.* ) Il eut les amis & les ennemis que le jansénisme étoit en possession de donner ; Messieurs Rollin & Coffin furent du nombre des premiers ; M. Coffin le choisit même pour son coadjuteur dans la place de principal du Collége de Beauvais à Paris. M. *Mésenguy* avoit enseigné au Collége de la ville de Beauvais sa patrie. Il quitta en 1728 le Collége de Beauvais à Paris, ayant été rendu suspect & désagréable à la cour par son opposition à la constitution. Il avoit composé pour les pensionnaires de ce Collége , une exposition de la doctrine chrétienne. On a de lui plusieurs autres bons ouvrages, tels que l'*abrégé de l'histoire & de la morale de l'ancien Testament*, dont M. Rollin fait un grand éloge ; & un autre ouvrage qui est le développement de ce premier, & qui a pour titre : *Abrégé de l'histoire*

*Histoire.* Tome III.

de *l'ancien Testament , avec des éclaircissements & des réflexions ; des entretiens sur la Religion* , &c. Il eut part aux vies des Saints , de l'abbé Goujet. Il est aussi l'auteur de quelques écrits jansénistes, aujourd'hui ou-bliés. Né en 1677. Mort en 1763.

MESLIER, ( Jean ) ( *Hist. Litt. mod.* ) curé du village d'Etrepigny en Champagne, connu par l'écrit impie qu'il laissa en mourant , sous le titre de *Testament de Jean Meslier.* Mort en 1733.

MESMES, ( de ) *Voyez* MÊMES ( de )

MESNAGER, ( Nicolas ) ( *Voyez* MÉNAGER. )

MESNARDIERE, ( la ) ( *Voyez* MÉNARDIÈRE. )

MESNIER, prêtre, mort en 1761, auteur d'un problème historique : *Qui des Jésuites , de Luther & de Calvin , a plus fait de mal à l'Eglise ?*

MESNIL, ( Jean-Baptiste du ) ( *Hist. de Fr.* ) avocat du roi, c'est-à-dire, avocat général au parlement de Paris , mourut de douleur en 1569 , des troubles civils dont il étoit témoin. On trouve quelques écrits de lui dans les Opuscules de Loisel.

Un autre Jean-Baptiste *du Mesnil* , dit *Rosimond ,* comédien de la troupe du Marais , auteur de quelques mauvaises comédies , & d'une *Vie des Saints* , mourut en 1686 , & fut enterré sans aucune cérémonie , dans le cimetière de Saint-Sulpice , à l'endroit où l'on met les enfants morts sans baptême.

MESSAGER, s. m. chez les anciens Romains étoit un officier de justice ; ce terme ne signifioit originaire-ment qu'un *messager* public ou un *serviteur* qui alloit avertir les sénateurs & les magistrats, des assemblées qui devoient se tenir , & où leur présence étoit nécessaire.

Et comme dans les premiers tems de l'empire romain la plûpart des magistrats vivoient à la campagne , & que ces *messagers* se trouvoient continuellement en rou-te , on les appelloit *voyageurs* , de *viâ* , grand-chemin, *viatores.*

Avec le tems le nom de *viator* devint commun à tous les officiers des magistrats , comme ceux qu'on appelloit *lictores* , *accensi* , *scribæ* , *statores* , *præcones* , soit que tous ces emplois fussent réunis dans un seul , soit que le terme *viator* fût un nom général , & que les autres termes signifiassent des *officiers* qui s'acquittoient chacun en particulier de fonctions différentes , comme Aulu-Gelle semble l'insinuer , lorsqu'il dit que le mem-bre de la compagnie des *viatores* , chargé de garotter un criminel condamné au fouet, s'appelloit *licteur.* *Voyez* ACCENSI , SCRIBÆ.

Quoi qu'il en soit, les noms de *lictor* & *viator* s'em-ployoient indifféremment l'un pour l'autre , & nous lisons aussi fréquemment : *Envoyer chercher ou avertir quelqu'un par un lictor que par un viator.*

Il n'y avoit que les consuls , les préteurs , les tribuns & les édiles qui fussent en droit d'avoir des *viatores.* Il n'étoit pas nécessaire qu'ils fussent citoyens romains , & cependant il falloit qu'ils fussent de condition libre.

Du tems de l'empereur Vespasien il y eut encore une

B b b b

autre espèce de *meffagers*. C'étoient des gens prépofés pour aller & venir d'Oftie à Rome prendre les ordres du prince pour la flotte, & lui rapporter les avis des commandans. On les appelloit *meffagers des galères*, & ils faifoient leurs courfes à pied. (*A. R.*)

MESSALINE, (Valeria) (*Hift. Rom.*) fon nom eft devenu celui de l'impudicité même & de la proftitution, il eft infeparable du fouvenir de ce vers de Juvénal:

*Et laffata viris, necdum fatiata receffit :*

fille de Meffala, dit Barbatus, elle fut la première femme de l'empereur Claude, la mère du malheureux Britannicus & de la vertueufe Octavie, époufe malheureufe de Néron. Son mariage folemnellement contracté avec le jeune & beau Silius, du vivant de l'empereur Claude fon mari, & dont elle fit figner l'acte à l'empereur lui-même, eft un des faits les plus incroyables qui aient été rapportés par un hiftorien croyable. Que peut nous importer une pareille femme, après une pareille conduite, après avoir épuifé toutes les horreurs du vice & toutes les fureurs du crime? après avoir pris plaifir à livrer des femmes à la proftitution en préfence de leurs maris, & avoir menacé de la mort celles qui réfifteroient? Eh bien! le pinceau énergique de Tacite nous force encore de la plaindre. Ce n'eft plus cette impératrice toute-puiffante, térrible & criminelle, l'orage qu'elle a pris plaifir à conjurer a enfin éclaté contre elle; c'eft une infortunée, fans appui, fans défenfe, que l'inflexible & audacieux Narciffe repouffe loin du char de l'empereur, elle lui préfente en vain fes enfans, en criant: *ne condamnez point, fans l'entendre, la mère de Britannicus & d'Octavie* la voix eft étouffée par les cris barbares de Narciffe, qui commande à l'empereur. le meurtre & la vengeance: cependant Claude s'attendrit, il veut entendre fa femme, il va lui pardonner, Narciffe la fait égorger au nom de Claude même; on la trouve dans les jardins de Lucullus, renverfée par terre, abîmée dans le défefpoir & dans la terreur, mourante fur le fein de fa mère, qui, long-temps éloignée d'elle par l'éclat de fa fortune; mais ramené auprès d'elle par fon malheur, la confoloit, l'encourageoit, pleuroit avec elle; le tribun préfente le fer à *Meffaline*, elle veut fe percer, mais fon ame affoiblie par le long ufage des voluptés, eft incapable de ce dernier trait de courage; elle pleure, elle héfite, le tribun aide fa main tremblante, elle expire dans les bras de fa mère.

Une autre *Meffaline*, dont le prénom étoit Statilie, fut la troifième femme de Néron; elle lui furvécut, & Othon étoit fur le point de l'époufer, lorfqu'il fe donna la mort. Elle fe confola dans l'étude des lettres & de la philofophie, d'avoir été la femme de Néron & de n'avoir pas été celle d'Othon.

MESSENIUS (*Hift. de Suède*) Jean & Arnold, père & fils, favans fuédois, eurent une deftinée malheureufe : le père accufé en 1615, d'être partifan fecret de Sigifmond, roi de Pologne, fut condamné à une

prifon perpétuelle. Il y éleva un monument à la gloire de cette même patrie qui le flétriffoit. Son ouvrage, en 14 volumes *in-folio*, porte pour titre : *Scandia illuftrata* ; l'auteur mourut en 1636.

Son fils, hiftoriographe de Suède, fut décapité en 1648, avec un fils, âgé d'environ 17 ans, pour de prétendues fatyres contre le roi ou fes miniftres. Il eft rare que des fatyres méritent la mort, il eft rare qu'un enfant de 17 ans ait mérité la mort par des fatyres. Il y auroit beaucoup à dire à tout cela. On a d'Arnold *Meffenius*, le Théatre de la Nobleffe de Suède en latin.

MESSIER, (Robert) (*Hift. Litt. mod.*) francifcain, prédicateur du quinzième fiècle, c'eft tout dire ; fes fermons, imprimés en 1424, fervent de pendant à ceux de Menot.

MESSIS, MESSIUS *ou* MATHYS *ou* MATHYSIS, (Quintin) (*Hift. mod.*) dit *le maréchal d'Anvers*. C'eft fur lui qu'on a fait ce vers:

*Connubialis amor de Mulcibre fecit Apellem.*

parce qu'ayant exercé vingt ans la profeffion de maréchal, l'amour le fit peintre comme il avoit fait Raimond Lulle, médecin; *Meffis* devenu amoureux de la fille d'un peintre, qui ne vouloit la donner qu'à un peintre, fe fit peintre, fit pour premier tableau, le portrait de fa maitreffe, & la conquit par fes talens. Il mourut à Anvers en 1529.

MESTREZAT, (Jean & Philippe) (*Hift. Litt. mod.*) oncle & neveu, tous deux miniftres & controverfiftes dans le dix-feptième fiècle, le premier en France, le fecond à Genève. On a du premier des fermons; du fecond, des écrits polémiques.

MÉTATEURS, f. m. pl. (*Hift. anc.*) c'étoient quelques centurions commandés par un tribun; ils précédoient l'armée, & ils en marquoient le camp. On entendoit encore par ce mot des officiers fubalternes qui partoient avant l'empereur; & qui alloient marquer fon logis & celui de fa maifon. (*A. R.*)

MÉTEL, (*Voyez* BOIS-ROBERT:) Il y a eu dans le treizième fiècle, un abbé prémontré, nommé Hugues *Metel*, dont les lettres publiées par dom Hugo, autre abbé prémontré, font de quelque utilité pour l'hiftoire des XI^e & XII^e fiècles.

METELLUS, (*Hift. Rom.*) grande famille de Rome, qui a produit plufieurs hommes célèbres.

Q. Cæcilius *Metellus*, préteur l'an 604 de Rome, fit la guerre avec fuccès & avec gloire en Macédoine & en Achaïe, Quinze ou feize ans après la défaite & la mort de Perfée, dernier roi de Macédoine, un aventurier, nommé Andrifcus, fe prétendant fils naturel de Perfée, prit le nom de Philippe, &voulut fe faire roi de Macédoine, il fut battu par *Metellus*, obligé de s'enfuir chez les Thraces, qui le livrèrent au préteur; il fut envoyé à Rome.

Un autre aventurier, qui fe difoit auffi fils de Perfée

& qui fe faifoit nommer Alexandre , fut auffi battu par *Métellus* ; la Macédoine fut alors réduite en province , & *Métellus* en eut le furnom de *Macedonicus*.

Deux ans après , il remporta fur les Achéens , une victoire confidérable près de Scarphée , ville de la Locride ; il battit auffi & paffa au fil de l'épée mille Arcadiens dans la Béotie , près de Chéronée ; il foumit Thèbes , il prit Mégare , il marcha vers Corinthe , & prépara les voies au conful Mummius , auquel il étoit réfervé de foumettre cette dernière ville. *Métellus* fut honoré du triomphe , comme vainqueur de la Macédoine & de l'Achaïe. Andrifcus étoit traîné devant fon char , & ce qu'on appelloit *la troupe d'Alexandre-le-Grand* , décoroit ce triomphe. C'étoient les ftatues équeftres de vingt-cinq amis ou braves d'Alexandre , tués à la bataille du Granique , & auxquels il avoit fait ériger ce monument par Lyfippe ; elles étoient placées à Dium , ville de Macédoine ; *Métellus* les fit tranfporter à Rome.

Cenfeur l'an de Rome 622 , il prononça devant le peuple un difcours dont Aulu-Gelle nous a confervé deux morceaux , & dont l'objet étoit d'exhorter les citoyens à fe marier.

Le tribun du peuple , Caïus Atinius , qu'il avoit exclu du fénat , voulant fe venger , le fit faifir , & alloit , en vertu du droit de fa place , le faire précipiter du haut de la roche Tarpéienne , fi *Métellus* en réfiftant , en fe faifant traîner & violenter au point qu'il en eut la tête toute enfanglantée , n'eût donné le temps à fes fils de faire venir un autre tribun , qui le prit fous fa protection , & le fauva des fureurs d'Atinius. *Métellus* mourut prince du fénat. Son lit funèbre fut porté par fes quatre fils , dont l'un étoit confulaire & actuellement cenfeur , le fecond auffi confulaire , le troifième conful , le quatrième avoit été préteur , & fut élevé au confulat deux ans après. De trois gendres qu'il avoit auffi , deux furent auffi confuls. Environné d'une telle famille , chef du fénat , comblé d'ans & d'honneurs , Velleius Paterculus le cite comme un modèle de félicité. Ce n'eft pas là mourir , dit-il , c'eft fortir heureufement de la vie : *hoc eft nimirùm magis feliciter de vitâ migrare , quàm mori.* Il mourut l'an 637 de Rome. Dans l'efpace de douze ans , on trouve plus de douze confulats , ou cenfures , ou triomphes des *Métellus* ; & l'an 639 de Rome , deux *Métellus* frères , & tous deux fils de Macédonicus , triomphèrent en un même jour. Quintus Cæcilius *Métellus* , fils de Macédonicus , conful l'an de Rome 629 , triompha l'an 631 , des Baléares , & prit le furnom de *Balearicus* ; Lucius Cæcilius *Métellus* , neveu de Macedonicus , conful en 633 , triompha des Dalmates en 634 , & prit le furnom de *Dalmaticus.* Un autre Quintus Cæcilius *Métellus* prit , l'an de Rome 645 , le furnom de *Numidicus.* ( *Voyez* l'article MARIUS. ) Un autre *Métellus* eut auffi le furnom de *Creticus.* En général cette famille affecta de fe diftinguer par des furnoms glorieux , qui atteftent des victoires , & dont les Scipions avoient donné les premiers exemples. Un fils de *Métellus* Numidicus acquit le furnom de *Metellus Pius* ; par la piété filiale qu'il fit éclater dans le temps de l'injufte exil de fon père. ( *Voyez*

l'article MARIUS. ) Il alla de maifon en maifon , revêtu d'habits de deuil , follicitant la grace de fon père , ou plutôt follicitant pour lui la juftice. Les larmes qu'il verfa dans cette occafion , lui acquirent , dit Valere Maxime , un nom auffi glorieux qu'auroient pu faire des victoires. *Pertinaci ergà exulem patrem amore tàm clarum lacrymis quàm alii victoriis nomen affecutus.* Il fut dans la fuite , un des lieutenants du parti de Sylla , il le fervit en Afrique , en Italie ; il fit long-temps la guerre en Efpagne , tant à tant t avec Pompée , contre Sertorius ; celui-ci ayant défié *Métellus* à un combat fin31gulier , *Metellus* le refufa , comme Marius avoit refufé le défi du géant Teuton. ( *Voyez* l'article MARIUS. ) La bataille de Sucrone entre Sertorius & Pompée , étant reftée indécife , Sertorius fe préparoit à recommencer le combat le lendemain , lorfque *Métellus* Pius , que Pompée auroit dû attendre , & dont au contraire il avoit voulu prévenir l'arrivée , pour avoir feul l'honneur de la victoire , fit fa jonction & fortifia l'armée de Pompée ; Sertorius alors fe retira , en difant : *fi cette vieille n'étoit furvenue* , ( c'étoit *Métellus* Pius qu'il défignoit ainfi ) *j'aurois renvoyé ce petit garçon* , ( Pompée ) *à Rome , après l'avoir châtié comme il le mérite. Métellus* & Pompée donnoient l'exemple de la plus parfaite intelligence. Pompée déféroit toujours à *Métellus* , comme à fon fupérieur. *Metellus* traitoit toujours avec Pompée comme avec fon égal ; ces deux capitaines réunis battirent Sertorius dans une affaire générale. *Métellus* , malgré fon âge avancé , combattit avec toute la vigueur d'un jeune foldat ; il fut bleffé , & ce fut ce qui détermina la victoire. Ses foldats voyant couler le fang de ce général chéri , s'animèrent tellement de douleur & de colère que rien ne put leur réfifter , & que Sertorius fe vit arracher des mains la victoire. *Métellus* à cette occafion , eut la foibleffe de fe laiffer rendre les honneurs divins & de fe laiffer donner des fêtes dont la magnificence démentoit trop la fimplicité romaine & le goût antique. La févérité naturelle de Pompée , encore jeune , & la dignité de fes mœurs , condamnoient hautement le luxe faftueux de ce vieillard , qui en perdit une partie de fa réputation. Il fe fit plus de tort encore en mettant à prix la tête de Sertorius , alors le plus intéreffant des Romains. Sertorius fe foutint contre *Métellus* & Pompée , deux des plus habiles généraux que Rome eût alors , il rendit leurs avantages inutiles ; mais il périt par la trahifon de Perpenna , & *Métellus* & Pompée triomphèrent comme vainqueurs & pacificateurs de l'Efpagne.

*Métellus* Népos , tribun du peuple l'an de Rome 689 , & conful l'an 695 , d'abord ennemi de Caton & de Cicéron , & défendant avec zèle la caufe de Claudius , fon coufin , empêcha par fon autorité de tribun , que Cicéron , fortant du confulat , ne haranguât le peuple , & le força de fe renfermer dans le ferment ordinaire qu'il n'avoit rien fait contre les loix. Cicéron fans fe déconcerter , eut la préfence d'efprit de jurer que Rome & la république lui devoient leur falut ; c'étoit en effet tout ce qu'il avoit à dire , & le public applaudit. Ce *Métellus* Népos étoit effenfiellement un homme de bien & un bon citoyen ; on zèle pour Pompée & pour Céfar , alors unis dans leurs deffeins ambitieux , l'avoit égaré. Dans la fuite il ouvrit les yeux , rendit juftice à Cicéron , & fervit conftamment fa caufe.

Quintus - Cæcilius *Métellus* Celer , conful l'an de Rome 692, frère ou coufin du précédent , défendit toujours avec zèle la liberté publique. Son.confulat fert d'époque à la formation du premier triumvirat , & à l'origine de la guerre civile :

*Motum ex. Metello. confule civicum ,* &c:

Pompée voulant faire paffer une loi pour affigner des terres à. fes foldats , *Métellus* s'y oppofa conftamment ; le tribun Flavius pouffa le zèle pour Pompée jufqu'à faire emprifonner le conful: Le fénat voulut s'affembler auprès du conful dans la prifon, Pompée fe hâta de faire ceffer ce fcandale ; Flavius fe défifta , & la victoire refta définitivement à *Métellus*. Il mourut l'an de Rome 793.

Quintus - Cæcilius. *Métellus* Pius-Scipion , conful l'an de Rome 700 , avec Pompée fon gendre , dont le crédit l'avoit dérobé aux fuites fâcheufes d'une accu-fation de brigue , dans laquelle il alloit fuccomber , d'après une loi portée par Pompée lui-même. Cet homme voulut rétablir la cenfure dans tous fes droits; mais fes mœurs s'élevoient contre lui. Pendant fon confulat , il avoit été avec quelques tribuns , d'un repas que donnoit un huiffier , & dans lequel ce miférable proftitua deux femmes d'une naiffance illuftre, & un jeune homme de condition , à ces miférables magiftrats :

Voilà donc les foutiens de ma trifte patrie !
Voilà vos fucceffeurs , Horace , Décius !
Et toi , vengeur des loix , toi , mon fang , toi Brutus ,
Quels reftes , juftes dieux , de la grandeur romaine !

Ce *Métellus* Scipion fut cependant un des derniers foutiens de la république expirante ; après la défaite de Pompée à Pharfale , il fit la guerre en Afrique avec Juba , contre Céfar ; mais il ne montra dans cette guerre ni talent ni conduite ; il s'y rendit odieux par des cruautés , & méprifable par des baffeffes ; il n'eut de grandeur que dans fa mort , arrivée l'an 706 de Rome. Vaincu à la bataille de Thapfus, & prêt à tomber entre les mains de Céfar , voyant fon vaiffeau enve-loppé par une flotte ennemie , il fe perça de fon épée ; les vainqueurs entrent dans fon vaiffeau , & demandent à grands cris , *où eft le général ?* Le général , dit-il , *eft en fûreté ,* & il expire. Cette fière & fublime Cornélie :

Veuve du jeune Craffe & veuve de Pompée ,
Fille de Scipion.

méritoit un père dont toute la vie eût été plus digne de fa mort & plus digne de fon nom.

Un Lucilius *Métellus* , tribun du peuple. l'an de

Rome 703 , ofa réfifter avec quelque courage , à Céfar , lorfque celui-ci fit enfoncer les portes du tréfor public , dont les confuls avoient emporté la clef.

Il fembloit être dans la deftinée des *Métellus* , de mériter ce furnom de *Pius* , que plufieurs d'entr'eux avoient porté ; l'an 721 de Rome , Octave , vainqueur d'Antoine à la bataille d'Actium , étant dans fon confeil à décider du fort des prifonniers du. parti d'Antoine , on amène devant fon tribunal , un vieillard accablé d'années & de mifère , défiguré par une longue barbe , une chevelure en défordre, tout l'appareil de l'infor-tune & de la douleur. Un des juges du tribunal ayant levé les yeux fur ce vieil'ard , court à-lui & l'em-braffe en fondant en larmes. Céfar , s'écrie-t-il , c'eft mon père , c'eft ton ennemi , mais moi , je t'ai toujours fervi avec zèle ; tu peux le punir , mais tu dois me récompenfer : eh bien ! que ma récompenfe foit de mourir avec lui , fi tu as réfolu fa mort. On ne put réfifter à ce mouvement inattendu , toute l'affemblée attendrie entraîna Octave , attendri lui-même; il accorda au vieux *Métellus* la vie & la liberté.

METEZEAU , ( Clément ) ( *Hift. de Fr.* ) archi-tecte ; c'eft à lui qu'on doit la fameufe digue de La Rochelle , exécutée en 1628 , & qui avoit 747 toifes de longueur. Il fut fecondé par Jean Tiriot , maçon , nommé depuis *le capitaine Tiriot.* On mit au bas du portrait de *Metezeau* ces deux vers , où on égale l'artifte qui avoit fçu arrêter la mer , au philofophe qui difoit qu'il fouleveroit la terre :

*Dicitur Archimedes terram potuiffe movere ,*
*Æquora qui potuit fiftere non minor eft.*

*Metezeau* avoit un frère orat.orien & prédicateur, auteur de quelques livres de théologie.

METHER , f. m. ( *Hift.'mod.* ) c'eft ainfi que l'on nomme en Perfe un des grands-officiers de la cour du roi , dont la fonction l'oblige à être toujours auprès de fa perfonne, pour lui préfenter des mouchoirs lorfqu'il en a befoin ; ce fublime emploi eft rempli par un eunuque , qui a communément le plus grand crédit. ( *A. R.* )

METHOCHITE ou METOCHITE, ( *Hift. du Bas - Empire* ) eut des emplois confidérables fous Andronic II , dit *l'ancien* , par oppofition avec. An-dronic III , fon petit-fils , dit *le jeune. Methochite* , qu'on appelloit une *Bibliothèque vivante* , tant il éton-noit par fon grand favoir , eft auteur d'une *Hiftoire Romaine* ; d'une *Hiftoire Sacrée* ; d'une *Hiftoire de Conftantinople.* Il mourut en 1612.

METICHÉE , f. m. ( *Hift. anc.* ) tribunal d'Athènes , il falloit avoir paffé 30 ans , s'être fait confidérer , & ne rien devoir à la caiffe publique , pour être admis à l'adminiftration de la juftice. En entrant en charge , on juroit à Jupiter , à Apollon & à Cérès , de juger en tout fuivant les loix ; & dans le cas où il n'y auroit point de loi , de juger felon la confcience. Le *Metichée* fut ainfi nommé de l'architecte *Metichius.* ( *A. R.* )

METIREN , ( Emmanuel ) ( *Hift. Litt. mod.* ) anteur d'une *Histoire des Pays - Bas*, natif d'Angers, mort en 1612.

METIUS - SUFFETIUS , ( *Hist. Rom.* ) dictateur d'Albe , fournis aux Romains depuis le combat des Horaces & des Curiaces ; il trahit Tullus Hostilius dans un combat contre les Véiens & les Fidenates. Tullus , vainqueur , malgré la défection de *Metius* , & maître de la perfonne du traître , le fit tirer à quatre chevaux :

*Haud procul indè citæ Metium in diverfa quadrigæ*
*Diftulerant ( at tu dictis , Albane , maneres )*
*Raptabatque viri mendaci vifcera Tullus ,*
*Per fylvam , & fparfi rorabant fanguine vepres.*

Jacques *Metius* , natif d'Alcmaër en Hollande , inventa les lunettes d'approche , & en préfenta une aux états généraux en 1609. Des écoliers en jouant fur la glace , & en mettant des morceaux de glace aux bouts de leurs écritoires , lui donnèrent l'idée de cette invention , ouvrage du hazard , comme prefque toutes les autres. Jacques *Metius* avoit un frère , Adrien *Metius* , profeffeur de Mathématiques , & qui a écrit dans ce genre. Adrien mourut en 1635.

METOCIE , ſ m. (*Hift. anc.*) tribut que les étrangers payoient pour la liberté de demeurer à Athèqes. Il éroit de 10 ou 12 drachmes. On l'appelloit auffi *anorchion* ; mais ce dernier mot eft *l'habitatio* des Latins , défignant plutôt un loyer qu'un tribut. Le *metocie* entroit dans la caiffe publique ; l'enorchion étoit payé à un particulier propriétaire d'une maifon. ( *A. R.* )

METON ou METHON , ( *Hift. anc.* ) mathématicien d'Athènes , inventeur du cyele de 19 ans , appellé le *nombre d'or*. Il le publia l'an 432 avant J. C.

METRIE. ou METTRIE , (Julien- Offray de la ) ( *Hift. Litt. mod.* ) Né à Saint-Malo en 1709, alla étudier en médecine , en Hollande , fous Boherhave. Il fut médecin du duc de Grammont , & du régiment des Gardes-Françoifes , dont le duc étoit colonel ; il chercha dans la profeffion du matérialifme , une funefte renommée ; il fit l'*Hiftoire naturelle de l'ame* ; l'*Homme-machine* ; l'*Homme-plante* , & d'autres ouvrages d'une philofophie téméraire , qui ont été publiés à Berlin en un volume *in*-4º., & en deux volumes *in* 12. Son Machiavel en médecine , fatyre contre tous fes confrères , lui en fit autant d'ennemis ; il fut beaucoup lu & eft devenu rare. Il avoit pour fon protecteur le duc de Grammont , tué à la bataille de Fontenoy ; il fut réduit à s'expatrier ; il fe retira en Hollande , on y brûla fon *Homme-machine* , & il ne s'y crut pas en fûreté, il fe fauva & fe fixa enfin à Berlin. Il fut lecteur du roi de Pruffe, & membre de l'Académie de Berlin. Ami du paradoxe & toujours bizarre dans fes fyftêmes & fa conduite , il vouloit affujettir l'indigeftion à la faignée , & ne croyant pas le légiflateur difpenfé de fa loi , il eut une fièvre d'indigeftion , il prit des bains , fe fit faigner quatre fois , & mourut. On a parlé diverfement de fes

derniers momens. Les uns ont dit qu'il avoit témoigné du repentir de tant d'erreurs & de folies ; & que comme fa conduite n'avoit fait ni eftimer fon caractére ni excufer fes opinions , les philofophes matérialiftes difoient qu'il les avoit deshonorés & pendant fa vie & à fa mort ; d'autres difent & ont écrit qu'il étoit forti du monde à-peu-près comme un acteur quitte le théâtre , fans autre regret que celui de perdre le plaifir d'y briller. On a de lui une traduction des Aphorifmes de Boërhave fon maître , mais avec des obfervations qui ne font pas toujours auffi juftes ni auffi fages que le texte. Un grand roi l'eftimoit ou du moins l'aimoit , & a daigné l'honorer d'un éloge public , lu à l'Académie de Berlin. La *Mettrie* mourut en 1751.

MÉTROUM , ſ m. ( *Hift. anc.* ) en général un temple confacré à Cibele ; mais en particulier celui que les Athéniens élevèrent à l'occafion d'une pefte , dont ils furent affligés pour avoir jetté dans une foffe un des prêtres de la mère des dieux. ( *A. R.* )

METZ ( Claude Barbier ou Berbier du ) , ( *Hift. de France.* ) lieutenant général d'artillerie & lieutenant général des armées du roi , naquit en 1638. La campagne de 1658 eft la feule qu'il n'ait pas faite. depuis fon entrée dans le fervice jufqu'à fa mort , parce qu'un coup de canon qu'il avoit reçu en 1657 l'avoit mis cette année-là hors d'état de fervir. Il étoit , comme nous avons vu dans ces derniers temps M. de Villepatour , d'une difformité honorable , effet de fes bleffures. Les femmes veulent qu'on ferve l'état , mais elles ne difpenfent guères de plaire , & même aux yeux. Barbier du *Metz* aya t paru au dîner du roi , Madame la Dauphine ne put s'empêcher de dire : *Voilà un homme bien laid* , fans confidérer la fource de cette laideur. Louis XIV , l'homme du monde qui avoit le plus de talent pour réparer ces fortes d'étourderies , prit la parole , & dit d'une voix haute : *Et moi je le trouve bien beau ; c'eft un des plus braves hommes de mon royaume.* Un de ces mots-là rempl't d'amour & de zèle un bon citoyen , & fait qu'il va gaiment fe faire tuer à la première occafion. Barbier du *Metz* fut tué d'un coup de moufquet à la bataille de Fleurus en 1690. Cétoit , avant M. de Vauban , le plus habile ingénieur qu'eût eu la France. Cétoit d'ailleurs un homme de bien comme M. de Vauban. » *Vous perdez beaucoup* , dit Louis XIV au frère de Barb er du *Metz ; je perds encore davantage par la difficulté de remplacer un pareil homme.*

MÉVIUS ou MŒVIUS, (*Hift. anc.*) (*V. BAVIUS.*) Indépendamment du vers fatyrique de Virgile , d'après lequel tous les commentateurs affurent que *Bavius* & *Mœvius* étoient de très-mauvais poëtes , comme il Virgile n'avoit pas pu fe tromper ou être injufte , & comme fi Boileau ne l'avoit pas été envers Quinault ; nous avons une ode d'Horace contre *Mœvius* : c'eft la dixième des épodes. Il ne reproche point à Mœvius d'être un mauvais poëte , mais de fentir mauvais ; *Fetens olentem Mœvium* ; & pour ce faul tort , il lui fouhaite un naufrage & la mort ; il appelle tous les vents pour fubmerger fon vaiffeau ; il fe plaît à fe repréfenter ce malheureux au milieu de la tempête, pâle, tremblant, implorant vainement le. fecours de Jupiter, & lui demandant timidement la vie. Il prend plaifir encore à le voir étendu fur le rivage fervant de pâture aux animaux : il l'infulte dans cet état, & promet un facrifice aux tempêes pour les remercier d'avoir exaucé fes vœux.

> Opima quod fi præda curvo liitore
> Porreɛta, mergos juveris,
> Libidinofus immolabitur caper,
> Et agna tempeſtatibus.

Il y a de la poéfie dans cette ode : les imprécations prêtent toujours à la poéfie. Si ces imprécations ne font ici qu'un badinage, il eft de mauvais goût, fi elles font férieufes, c'eft une barbarie bien indécente. Il n'y a point de refpeɛt pour l'antiquité qui puiffe faire excufer un pareil oubli de la morale et des bienféances Voilà le modèle de toutes les groffièretés du quinzième & du feizième fiècles; on a dit : Nous avons l'exemple d'Horace.

MEVÉLEVITES, f. m. pl. ( Hiſt. mod. ) efpèce de dervis ou de religieux turcs, ainfi nommés de Mevéleva leur fondateur. Ils affeɛtent d'être patiens, humbles, modeftes & charitables : on en voit à Conftantinople conduire dans les rues un cheval chargé d'outres ou de vafes remplis d'eau pour la diſtribuer aux pauvres. Ils gardent un profond filence en préfence de leurs fupérieurs & des étrangers, & demeurent alors les yeux fixés en terre, la tête baiffée & le corps courbé. La plûpart s'habillent d'un gros drap de laine brune; leur bonnet, fait de gros poil de chameau, tirant fur le blanc, reffemble à un chapeau haut & large qui n'auroit point de bords. Ils ont toujours les jambes nues & la poitrine découverte, que quelques-uns fe brûlent avec des fers chauds en figne d'auftérité. Ils fe ceignent avec une ceinture de cuir, & jeûnent tous les jeudis de l'année. Guer mœurs des Turcs, tome I.

Au refte, ces mevélevites, dans les accès de leur dévotion, danfent en tournoyant au fon de la flute, font grands charlatans, & pour la plûpart très-débauchés. ( A. R. )

MEUN. ( Jean de ) ( Voyez CLOPINEL. )

MEURSIUS, ( Jean ) ( Hiſt. Litt. mod. ) favant hollandois, profeffeur d'hiftoire, d'abord à Leyde, enfuite dans l'Univerfité de Sora en Dannemarck. Ses traités fur l'état de l'ancienne Grèce; de populis Atticá; Atticarum leɛtionum libri 4; Archontes Athenienfes; Fortuna Attica; de Athenarum origine; de fefis Græcorum, inférés dans les recueils de Grœvius & de Gronovius, font d'une érudition inftruɛtive. On a de lui encore une hiftoire latine du Dannemarck & une hiftoire de l'Univerfité de Leyde fous ce titre : Athenæ Batavæ. Ses œuvres ont été recueillies en douze volumes in-folio. Né à Utrecht en 1579, il mourut en 1641.

On a de Jean MEURSIUS, fon fils, né en 1613, à

Leyde, mort en Dannemarck à la fleur de fon âge, divers ouvrages, entr'autres un traité de la confeivation des arbres. Arboretum facrum, five de arborum confervatione.

MEYNIER, ( Jean ) baron d'Oppède, ( Hiſt. de Fr. ) acquit une célébrité funefte dans la fanglante & barbare exécution de Cabrières & de Mérindol contre les Vaudois. Il étoit premier préfident du parlement d'Aix. Il fit rendre, par cette compagnie, un arrêt de profcription contre les Vaudois, & il fe chargea de l'exécuter avec l'avocat général Guérin & d'autres commiffaires ou animés de ce zèle fanatique qui, vingt-fept ans après, produifit la Saint-Barthélemy, où intéreffés à la ruine des Vaudois, dont on leur abandonnoit la dépouille; on prétend que d'Oppéde étoit fur-tout animé contre Cabrières, parce qu'un de fes fermiers qui ne l'avoit pas payé, y avoit trouvé un afyle. Le baron de la Garde étoit avec fes troupes aux ordres de d'Oppède. On parcourut tout le Comtat & une partie de la Provence en faifant main-baffe fur tout ce qui parut fufpeɛt. Tous les ennemis de d'Oppède & de Guérin étoient inconteftablement Vaudois. Quatre mille perfonnes furent maffacrées, & il en péri un bien plus grand nombre de faïm & de mifere dans les forêts, où ils fe fauvèrent & où on leur coupa les vivres. On étrangla de plus une multitude de prifonniers dans une vafte prairie. On avoit réfervé quelques femmes & quelques enfans qu'on prétendoit convertir : on les avoit enfermés pour cela dans une églife : on changea d'avis, & on trouva plus court d'aller les y égorger; car, difoit-on, l'arrêt l'ordonnoit expreffément. D'autres femmes furent enfermées dans une grange, & d'Oppède y fit mettre le feu. Si ces malheureufes paroiffoient à la fenêtre pour fe jetter en bas, on les repouffoit à coups de fourche, ou on les recevoit fur les pointes des hallebardes. Le baron de la Garde, qui avoit fait fa guerre avec le corfaire Barberouffe & avec les Turcs, admiroit la froide rage de ces Chrétiens, miniftres de paix ; il n'avoit jamais rien vu de femblable. Un de fes foldats ne put y tenir : il monta fur la côte la plus élevée; il fit du bruit, il roula au fond des vallées de groffes pierres pour avertir de l'approche de l'ennemi ceux des Vaudois qui pouvoient y être cachés; il pouffa l'imprudence de la compaffion jufqu'à leur crier de toute fa force de fe fauver au plutôt.

Il reftoit environ mille prifonniers dont on ne favoit que faire, mais qu'il n'y avoit pas moyen d'épargner, puifque l'arrêt ne le permettoit pas. On en pendit environ trois cents pour varier cette fcène d'horreurs, & on envoya les fept cens autres aux galères. Il y eut environ. vingt-quatre villages ou bourgs réduits en cendres. François I, trompé par le zèle du cardinal de Tournon, qui le trompoit lui-même:

> ( Fallit te incautum pictas tua, nec minus ille
> Exultat demens. )

approuva, par des lettres-patentes du 18 août 1₅₄₄,

la conduite du parlement d'Aix. Mais, fous Henri II, cette affaire fut foumife à l'examen du parlement de Paris, où elle tint cinquante audiences. Sans doute la caufe de l'humanité y fut foiblement défendue. Le préfident d'Oppède plaida lui-même la fienne : il parla en fanatique comme il avoit agi ; il prit un texte ; ce fut ce verfet du pfeaume par où commence la meffe : *Judica me, Deus, & difcerne caufam meam de gente non fanctâ.* Il prouva qu'il avoit fallu égorger tous les Vaudois, parce que Dieu avoit ordonné à Saül d'exterminer tous les Amalécites. Ses raifons furent apparemment jugées bonnes : il fut renvoyé abfous, & continua d'exercer fa charge. Il mourut de la pierre en 1558. Les proteftans difent que ce fut une vengeance divine ; les catholiques, que ce fut une vengeance humaine, & qu'un chirurgien proteftant lui caufa une mort douloureufe en le fondant avec une fonde empoifonnée.

Le baron de la Garde, pour la part qu'il avoit eue, peut-être malgré lui, à l'expédition de Cabrières & de Mérindol, garda la prifon pendant quelques mois. L'avocat du roi Guérin paya pour tous : il fut pendu en 1554; mais il paroît que ce fut pour des fauffetés & des concuffions étrangères à l'affaire de Mérindol, car les plus grands attentats contre la nature font quelquefois les moins punis.

MEZERAY ( François-Eudes de ) ( *Hift. litt. mod.* ), fi connu par fa grande hiftoire de France, & fur-tout par fon abregé chronologique, a paffé long-temps pour un hiftorien très-exact.

    Et que fon vers exact, ainfi que Mézeray,

dit Boileau. On fait aujourd'hui que Mézeray n'eft pas affez exact, & qu'il n'a pas pouffé affez loin fes recherches. Il eut long-temps auffi la réputation d'un écrivain hardi, parce qu'on n'avoit pas une idée jufte de la liberté de l'hiftoire. Un vieux préjugé dont on ne fe rendoit pas compte, mais qui perçoit dans toutes les idées & dans tous les difcours, perfuadoit qu'il n'étoit permis de parler de nos rois, même les plus anciens & les plus mauvais, qu'avec éloge. *La fageffe de nos rois* étoit une efpèce de phrafe proverbiale, applicable à tous ; mais fi Charles cinq étoit fage, Charles VI étoit fou ; fi Louis XII étoit le père du peuple, Louis XI en étoit le tyran : Si vous ne diftinguez rien, fi vous confondez tout dans des phrafes de routine, vous trompez les rois & les peuples au préjudice de la fociété : en épargnant au vice la flétriffure qu'il mérite, vous privez la vertu des récompenfes qui lui font dues.

    Qui ne hait point affez le vice
    N'aime point affez la vertu.

On demandoit férieufement à Mézeray, pourquoi il avoit peint Louis XI comme un tyran? Sa réponfe fut fimple: *Pourquoi l'étoit-il ?* Le Duc de Bourgogne, père de Louis XV, demandoit à l'Abbé de Choify comment il s'y prendroit pour faire entendre que

*Charles VI étoit fou. Monfeigneur, je dirai qu'il étoit fou*

Mais un reproche qu'on peut faire à Mézeray, c'eft que fa véracité a fouvent l'air & le ton de l'humeur; que c'eft fouvent fon caractère qui juge au lieu de fon efprit, & qu'il juge quelquefois l'état plus que la perfonne ; qu'il donne plus à des préventions générales qu'aux circonftances particulières des faits. Son ftyle eft bas & dur, mais d'une énergie quelquefois pittorefque, & il a un grand mérite, celui d'être à lui.

Mézeray étoit né en 1610 à Ry en Baffe-Normandie. Son père étoit Chirurgien. Son frère cadet, Charles-Eudes, étoit Chirurgien-Accoucheur, affez habile dans fa proffefion : il étoit connu fous le nom de Douay. Jean-Eudes, leur frère aîné, fut le fondateur de la Congrégation des Prêtres nommés de fon nom, *Eudiftes*. Ce Jean-Eudes étoit l'objet des plaifanteries & des perfécutions éternelles de Mézeray, qui avoit autant de malice & de caufticité, que Jean-Eudes avoit de fimplicité, & de dévotion. Mézeray entra d'abord dans le fervice, & le quitta bientôt pour fe livrer au travail avec tant d'ardeur, qu'il en eut une maladie dangereufe. Le Cardinal de Richelieu, ayant appris fon état & en ayant fu la caufe, lui envoya cinq cens écus dans une bourfe aux armes de Richelieu. Le Cardinal lui fit auffi donner une penfion confidérable. Quand les befoins de l'état & les dépenfes de la guerre amenoient des difficultés ou des délais dans le paiement, Mézeray fe préfentoit à l'audience du Cardinal, & lui demandoit la permiffion d'écrire l'hiftoire de Louis XIII, alors régnant. Le Cardinal entendoit ce que cela vouloit dire, & les ordres étoient donnés pour que Mézeray fût payé. Il fut fait Secrétaire perpétuel de l'Académie Françoife, à la mort de Conrart. Aux élections, fa méthode étoit de donner toujours une boule noire à l'Académicien élu, & auquel il avoit fouvent donné fa voix. C'étoit, difoit-il, *pour maintenir la liberté de l'Académie dans les élections*. La vérité eft que c'étoit une des nombreufes bizarreries de Mézeray, qui en avoit de toutes les efpèces & qui en avoit même beaucoup d'infignifiantes & d'infipides, comme celle de ne fe fervir jamais de la clarté du jour, de travailler à la chandelle en plein midi, & s'il lui furvenoit des vifites, de reconduire tout le monde jufqu'à la porte le flambeau à la main au plus grand jour.

Ses mœurs étoient ignobles & crapuleufes, & il en parloit d'un ton afforti à la chofe, lorfqu'il difoit qu'il étoit redevable de la goutte *à la fillette & à la feuillette.* Quand il fe mettoit au travail, il avoit toujours une bouteille fur fon bureau.

Quelques traits de fincérité ou d'humeur contre les traitants, traits auxquels on n'étoit pas accoutumé alors, lui firent retrancher fous le miniftère de Colbert, d'abord une partie de fa penfion, enfuite fa penfion toute entière. Il mit à part dans une caffette les derniers appointemens de fa place d'hiftoriographe ; & il y joignit ce billet : *Voici le dernier argent que j'ai reçu du roi : il a ceffé de me*

*payer, & moi de parler de lui tant en bien qu'en mal.*
Tout cela n'annonce pas une ame fort noble. Son
aversion pour les traitans étant encore augmentée par
le retranchement de sa pension, il disoit : » Je garde
» deux écus d'or frappés au coin de Louis XII,
» surnommé le Père du peuple : l'un pour louer une
» place à la Grève la première fois qu'on pendra un
» traitant; l'autre pour boire à la vue de son supplice ».
A l'article Comptable, dans le Dictionnaire de l'Académie, il avoit proposé sérieusement cet exemple que
son indécence fit rejetter : *tout comptable est pendable.*
Avec de telles dispositions on n'est pas fort propre à
écrire l'histoire. Mézeray étoit de bonne composition
sur les erreurs répandues dans les siennes. Le savant
père Petau lui disant qu'il y avoit trouvé mille erreurs.
*Vous n'y avez pas bien regardé*, dit-il, *pour moi, j'y en
ai trouvé dix mille.* Etoit-ce un aveu cependant, ou
une dérision ?

Mézeray mourut en 1683. Il avoit fait profession
d'un grand pyrrhonisme en matière de religion. Dans
sa dernière maladie, il rassembla ceux de ses amis
qu'il avoit pu ou scandaliser ou séduire par ses discours
irréligieux : *Souvenez-vous, leur dit-il, que Mézeray
mourant est plus croyable que Mézeray en santé.*

Un de ses travers avoit été d'aller se plaire souvent
vêtu comme un mendiant. Un jour étant en voyage
& vêtu ainsi, il fut arrêté par les archers des pauvres.
*Messieurs*, leur dit-il, charmé de cette aventure, qui
étoit fort de son goût: *j'aurois peine à vous suivre à
pied, on raccommode quelque chose à ma voiture,
aussitôt qu'elle m'aura joint, nous irons ensemble où il
vous plaira.*

C'étoit dans le peuple qu'il aimoit à former des
liaisons. Un cabaretier du village de la Chapelle, sur
la route de Saint-Denis, nommé Lefaucheur, lui plut
tellement par sa franchise & ses propos naïfs, qu'il
prit l'habitude d'aller passer chez lui les journées entières, & qu'il le fit son légataire universel.

Outre ses histoires de France, son avant Clovis, son
traité de l'origine des François, on a de lui une continuation de l'histoire des Turcs depuis 1612 jusqu'en
1649; une traduction françoise du traité latin de Jean
de Sarisbery ou de Salisbery, intitulé : *Les vanités
de la cour.* On lui attribue quelques satires contre le
gouvernement, qui parurent sous le nom de Sandri-
court; *l'Histoire de la mère & du fils*, &c.

MEZIRIAC, (Claude-Gaspard Bachet de) (*Hist.
Litt. mod.*) né à Bourg-en-Bresse, d'une famille
noble, fut d'abord Jésuite, & dès l'âge de vingt ans
il professoit la rhéthorique à Milan. Ayant quitté la
Société des Jésuites, il vint à Paris, & fut de l'académie françoise dès la naissance de cette compagnie.
Il mourut en 1638, âgé d'environ 60 ans. On a
de lui une vie d'Ésope où il réfute le roman de Planudes, & soutient qu'Ésope n'étoit ni bossu ni mal-
fait, article fort étranger au mérite de ses fables; il
a traduit en vers françois du temps quelques héroïdes
d'Ovide, auxquelles il a joint un commentaire dont

on fait assez de cas, non pour le style, mais pour
l'érudition mythologique. Il étoit mathématicien aussi
bien qu'homme de lettres. On estime sa traduction
latine de Diophante, & le commentaire qui l'accompagne : elle a été réimprimée en 1670 avec des
observations du célèbre Fermat.

MEZRAIM, (*Hist. Sacr.*) fils de Cham & petit-
fils de Noé. Il en est parlé au chapitre 10 de la Genèse.

MIA, (*Hist. mod.*) c'est le nom que les Japonois
donnent aux temples dédiés aux anciens dieux du
pays : ce mot signifie *demeure des ames.* Ces temples
sont très-peu ornés ; ils sont construits de bois de
cèdre ou de sapin, ils n'ont que quinze ou seize pieds
de hauteur ; il règne communément une galerie
tout-au-tour, à laquelle on monte par des degrés.
Cette espèce de sanctuaire n'a point de portes ; il
ne vient du jour que par une ou deux fenêtres gril-
lées, devant lesquelles se prosternent les Japonois
qui viennent faire leurs dévotions. Le plafond est orné
d'un grand nombre de bandes de papier blanc,
symbole de la pureté du lieu. Au milieu du temple
est un miroir, fait pour annoncer que la divinité
conçoit toutes les souillures de l'ame. Ces temples
sont dédiés à des espèces de saints appellés *Cami*,
qui font, dit-on, quelquefois des miracles; & alors
on place dans le *mia* ses ossemens, ses habits, & ses
autres reliques, pour les exposer à la vénération du
peuple; à côté de tous les *mia*, des prêtres ont soin
de placer un tronc pour recevoir les aumônes. Ceux
qui vont offrir leurs prières au cami, frappent sur
une lame de cuivre pour avertir le dieu de leur arrivée.
A quelque distance du temple est un bassin de pierre
rempli d'eau, afin que ceux qui vont faire leurs
dévotions puissent s'y laver ; on place ordinairement
ces temples dans des solitudes agréables, dans des
bois, ou sur le penchant des collines ; on y est
conduit par des avenues de cèdres ou de cyprès.
Dans la seule ville de Méaco on compte près de
quatre mille *mia*, desservis par environ quarante
mille prêtres ; les temples des dieux étrangers se
nomment *tira.* (A. R.)

MIAGOGUE, s. m. (*Hist. anc.*) nom qu'on donnoit, par plaisanterie, aux pères qui faisant inscrire
leurs fils le troisième jour des apaturies dans une tribu, sacrifioient une chèvre ou une brebis, avec une
quantité de vin, au-dessous du poids ordonné. (*A. R.*)

MICATION, s. f. (*Hist. anc.*) jeu où l'un des
joueurs leve les mains en ouvrant un certain nombre de doigts, & l'autre devine le nombre de doigts
levés, pairs ou impairs. Les lutteurs en avoient fait
un proverbe, pour signifier, agir sans les connoissances
nécessaires à la chose qu'on se proposoit, ce qu'ils
désignoient par *micare in tenebris.* (A. R.)

MICESLAS I, (*Hist. de Pologne.*) duc de Pologne. Jusqu'au regne de ce prince, la Pologne avoit
été plongée dans les ténèbres de l'idolâtrie ; ce fut
lui qui le premier éleva la croix sur les débris des
idoles;

idoles ; & cette révolution fut l'ouvrage de l'amour.
Dambrowcka , fille de Boleslas , duc de Bohême ,
avoit allumé dans son cœur les feux les plus violens ;
mais elle étoit chrétienne , & elle avoit juré de ne
jamais unir sa main à celle d'un prince idolâtre. Miceslas se fit baptiser pour lui plaire , il lança un édit
par lequel il ordonnoit à tous ses sujets de mettre
leurs idoles en pièces ; il leur marquoit le jour où
cet ordre devoit être exécuté dans toute la Pologne :
il se fut sans résistance l'an 965. L'évangile fut adopté
dans toute sa rigueur ; on poussa même la morale
chrétienne jusqu'à un stoïcisme qui excite autant de
pitié que d'étonnement. Lorsqu'un polonois étoit
convaincu d'avoir mangé de la viande pendant le
carême , on lui arrachoit toutes les dents : par le
châtiment dont on punissoit une faute si légère , on peut
juger des supplices réservés aux grands crimes.
Miceslas fit à sa maîtresse ou à sa religion un plus
grand sacrifice , en chassant de sa cour plusieurs
concubines , dont il avoit été plus idolâtre que de
ses faux dieux. Tant de zèle pour l'évangile ne put
cependant obtenir du pape qu'il érigeât le duché de
Pologne en royaume : le christianisme ne lui sembloit
pas assez affermi dans cette contrée ; il vouloit que
les ducs , par une soumission plus aveugle aux volontés de la cour de Rome , méritassent le titre de rois.
Cependant si la couronne doit être le prix des victoires , peu de princes en ont été plus dignes que
Miceslas : il défit les Saxons près de Vidin , l'an 968 ,
porta le ravage jusqu'au centre de la Bohême , &
laissa par-tout des monumens de son courage ; il
prêta à la religion chrétienne l'appui de ses armes
contre les peuples du Nord. Ce fut sous son règne
qu'on vit s'établir cette coutume bizarre , de tirer
l'épée lorsque le prêtre lisoit l'évangile, usage si long-
tems conservée en Pologne. Miceslas avoit commencé
à régner vers 964 , & mourut l'an 999 : l'histoire
le peint comme un prince occupé sans cesse du
bonheur de ses sujets , & de la splendeur de l'état.
( M. DE SACY. )

MICESLAS II , roi de Pologne : la nation avoit
décoré du titre de roi , la tombe de Boleslas Crobri ,
son père. Le fils couronné à Gnesne en 1025 , avec
Richsa son épouse , prit le même titre ; mais il n'en
avoit ni les vertus , ni les talens : endormi dans les
bras de son épouse , invisible à son peuple , renfermé
dans son palais , à peine fut-il informé que les Russes
venoient venger les défaites qu'ils avoient essuyées
sous le règne de son père , & qu'ils emmenoient les
Polonois en esclavage pour cultiver leurs terres.
Enfin la nation fit entendre ses murmures ; Miceslas
étoit menacé de perdre la couronne, s'il ne se montroit à la tête de son armée ; il se montra , mais il ne
fit rien de plus ; aussi indolent dans son camp que
dans son palais , il observa l'ennemi & n'osa le combattre. Ulric , duc de Bohême , tributaire de la Pologne , en secoua le joug , il prit les armes pour
obtenir une indépendance que Miceslas ne lui disputoit pas , & ravagea la Pologne pour conserver la
Bohême. La Moravie suivit cet exemple , Miceslas

*Histoire.* Tome III.

parut une seconde fois à la tête de ses troupes , &
n'osa hazarder ni siéges ni batailles : il voulut négocier , mais il étoit aussi mauvais politique que mauvais général. Les gouverneurs qu'il avoit établis
dans les provinces , méprisèrent un maître indolent
qui n'avoit pas plus de courage pour contenir ses
sujets que pour vaincre ses ennemis : ils s'érigèrent
en souverains , & la Pologne devint un état anar-
chique , livré aux divisions les plus funestes : ce fut
vers l'an 1036 qu'arriva cette révolution. Trois
princes hongrois entreprirent de sauver ce royaume
prêt à s'abîmer dans ses fondemens ; ils arrachèrent
Miceslas de son palais, l'entraînèrent en Poméranie ,
& le firent vaincre malgré lui-même. Son goût pour
les plaisirs le ramena dans sa capitale , où il donna
encore pendant quelque tems le spectacle de ses débauches, & mourut l'an 1034 ( M. DE SACY. )

MICESLAS III , surnommé *le vieux* , succéda , l'an
1173, à Boleslas IV , son frère , roi de Pologne : tant
qu'il avoit été confondu dans la foule, on avoit estimé
ses vertus , ou plutôt on n'avoit pas apperçu ses
vices ; dès qu'il fut roi , toute la noirceur de son caractère se développa sans obstacles ; il accabla le
peuple d'impôts , dépouilla les riches, vexa les pauvres, écarta les gens vertueux de toutes les grandes
dignités ; & devenu tyran , ne se rendit accessible
qu'à des tyrans comme lui. Le peuple gémissoit en
silence ; la noblesse osoit à peine murmurer ; un
prêtre changea la face de l'état. Gedéon , évêque de
Cracovie , souleva la nation , & fit déposer Miceslas ;
Casimir , après quelques refus politiques ou sincères,
accepta sa couronne : Miceslas mendia des secours
chez tous ses voisins , & ne trouva pas un ami. Quelques factieux dans la grande Pologne prirent les
armes en sa faveur ; mais cet orage fut bientôt dissipé , & Miceslas s'enfuit à Ratibor , dans la haute-
Silésie ; en 1179 : il revint à la tête d'une armée ,
chassa Lezko qui avoit succédé à Casimir , & mourut
l'an 1202. ( M. DE SACY. )

MICHABOU , s. m. ( *Hist. mod. culte* ) c'est le nom
que les Algonquins, & autres sauvages de l'Amérique septentrionale donnent à l'Etre suprême ou premier Esprit , que quelques-uns appellent le *grand-
lièvre* : d'autres l'appellent *atahocan*. Rien n'est plus
ridicule que les idées que ces sauvages ont de la
divinité ; il croient que le grand-lièvre étant porté
sur les eaux avec tous les quadrupedes qui formoient
sa cour , forma la terre d'un grain de sable , tiré du
fond de l'Océan , & des hommes des corps morts
des animaux ; mais le grand-tigre , dieu des eaux ,
s'opposa aux desseins du grand-lièvre , ou du moins
refusa de s'y prêter. Voilà , suivant les sauvages ,
les deux principes qui se combattent perpétuellement.

Les Hurons désignent l'Etre suprême sous le nom
d'*Areskoui* , que les Iroquois nomment *Agréskoué*. Ils
le regardent comme le dieu de la guerre. Ils croient
qu'il y eut d'abord six hommes dans le monde ; l'un
d'eux monta au ciel pour y chercher une femme ,

avec qui il eut commerce ; le très-haut s'en étant apperçu, précipita la femme, nommée *Atahentsik* fur la terre, où elle eut deux fils, dont l'un tua l'autre. Suivant les Iroquois, la race humaine fut détruite par un déluge universel, & pour repeupler la terre, les animaux furent changés en hommes. Les sauvages admettent des génies subalternes bons & mauvais, à qui ils rendent un culte ; *Atahentsik* qu'ils confondent avec la lune, est à la tête des mauvais, & *Joükeska*, qui est le soleil, est le chef des bons. Ces génies s'appellent *Okkisik* dans la langue des Hurons, & *Manitous* chez les Algonquins. (*A. R.*)

MICHÉE. (*Hist. Sac.*) Il y a dans l'ancien testament deux prophètes de ce nom : l'un, dit *Michée* l'ancien, fils de Jemla. Sa prophétie est rapportée au vingt-deuxième & dernier chapitre du troisième livre des rois. L'autre est le sixième des douze petits prophètes. Sa prophétie contient sept chapitres.

MICHEL WIESNOWSKI, (*Hist. de Pologne.*) roi de Pologne. Après l'abdication de Jean Casimir, le prince de Condé, le duc de Neubourg, le prince Charles de Lorraine & le grand duc de Moscovie, au nom de son fils, briguèrent les suffrages de la diète, assemblée pour l'élection d'un roi, l'an 1669. Aucun de ces concurrens ne fut élu, & après des délibérations tumultueuses, l'assemblée jetta ses yeux sur *Michel Koribut Wiesnowski*. Ce prince n'avoit point acheté les suffrages, il languissoit dans l'indigence, & c'étoit pour la défense de l'état qu'il s'étoit ruiné. Il étoit de la race des Jagellons, & avoit fait la guerre aux Cosaques ; ce peuple reprit les armes, les Turcs le secondèrent, Kaminiec fut emporté d'assaut, la Podolie fut conquise : c'en étoit fait de la Pologne, si elle n'eût trouvé dans son sein un Jean Sobieski (*Voyez* ce mot) qui vengea ses outrages, répara ses pertes, & terrassa les forces de l'empire Ottoman. *Michel Wiesnowski*, simple spectateur de ces expéditions, s'endormoit sur son trône. Il mourut l'an 1673, le 10 novembre, jour où Jean Sobieski écrasa les Turcs sous le murs de Chocaim. (*M. DE SACY.*)

MICHEL I, (*Histoire du Bas-Empire.*) qui eut le surnom de *Rambage*, est plus connu sous celui de *Curopalate*. Il monta sur le trône de Constantinople après la mort de Nicéphore, dont il avoit épousé la fille ou la sœur. Il avoit toutes les vertus d'un homme privé, & n'avoit pas tous les talens qui font les grands princes. Occupé du bonheur de ses peuples, il ne put les protéger contre les invasions fréquentes des barbares qui désoloient les provinces. Pauvre, mais sans besoins, il adoucit le poids des impôts. Les sénateurs dépouillés de leurs biens sous le règne précédent, rentrèrent dans la jouissance de leurs biens & de leurs dignités. Les veuves & les orphelins retrouvèrent un époux & un père dans son maître compatissant. Tandis qu'il s'occupoit du bonheur de ses sujets, les Sarrasins enlevoient les plus belles provinces. *Michel*, sans talent pour la guerre, leur opposa ses lieutenans. Léon l'Arménien remporta sur eux plusieurs victoires. Les Bulgares, plus heureux que les Sarrasins, s'emparèrent de Mesembrie sur le Pont Euxin. Cette conquête leur donnoit une libre entrée sur le territoire de Constantinople. Le peuple alarmé d'avoir de si dangereux voisins, reconnut qu'il lui falloit un empereur belliqueux pour le protéger. *Michel* plus propre à édifier sa cour par ses mœurs qu'à briller à la tête d'une armée, tomba dans le mépris. Léon l'Arménien fut proclamé empereur par l'armée dont il avoit le commandement. *Michel*, à la première nouvelle de cette élection, descendit sans regret du trône qu'il n'avoit occupé que pendant deux ans. Il se réfugia dans une église avec sa femme & ses enfans, il n'en sortit que pour prendre l'habit monastique, qui lui convenoit mieux que la pourpre. (*T.-N.*)

MICHEL II, surnommé *le Begue*, étoit né dans la Phrygie, de parens obscurs & indigens, qui ne lui laissèrent d'autres ressources que les armes. Ses talens militaires l'élevèrent au rang de Patricien ; Léon l'Arménien l'admit dans sa familiarité, & lui confia l'exécution des entreprises les plus difficiles. Sa faveur arma l'envie ; il fut accusé d'avoir conspiré contre son maître qui l'avoit comblé d'honneurs & de bienfaits. Ses juges le condamnèrent à être brûlé vif la veille de Noël. L'impératrice Théodosie remontra qu'une exécution aussi sanglante profaneroit la sainteté de cette fête. L'exécution du supplice fut différée. Les partisans de *Michel* moins religieux, ne firent point un scrupule d'assassiner Léon le jour même de Noël. Ils tirèrent *Michel* de prison, le proclamèrent empereur. Dès qu'il fut sur le trône, il se montra indigne de l'occuper : tyran des consciences, il voulut assujettir les Chrétiens à l'observation du sabbat & à plusieurs autres cérémonies judaïques. Quoiqu'il ne sût ni lire ni écrire, il eut la manie de s'ériger en théologien, & de prononcer sur tous les points de doctrine. Eupheme, qui avoit enlevé une religieuse, fut condamné à la mort ; il fut informé de son arrêt avant d'être arrêté. Il avoit alors le gouvernement de la Sicile, où il étoit aussi chéri que *Michel* y étoit détesté. Il déploya l'étendard de la révolte, & appella dans cette île les Sarrasins toujours prêts à soutenir la cause des rebelles. Eupheme ayant été sur le chemin de Syracuse dont il alloit prendre possession, les Barbares s'approprièrent la Sicile qu'ils avoient affranchie du joug de *Michel*. Leurs flottes dominatrices de la mer, s'emparent de la Crête, de la Pouille & de la Calabre. Tandis qu'ils élévoient leur puissance sur les débris de l'empire, *Michel*, tranquille dans son palais, se consoloit de ses pertes avec ses concubines. Son intempérance épuisa son tempérament robuste : une rétention d'urine termina sa vie, dans la neuvième année de son regne. Un ancien oracle avoit prédit le démembrement de l'empire lorsqu'un prince avare & begue occuperoit le trône. Les Grecs devenus Chrétiens, conservèrent pendant plusieurs années un reste d'attachement pour les superstitions du paganisme. (*T.-N.*)

MICHEL III, fils de Théophile, étoit encore enfant lorfqu'il fut élevé à l'empire. Théodora, fa mère, fut chargée de l'adminiftration pendant fa minorité. Cette princeffe zélée pour le culte des images, perfécuta les Iconoclaftes qui, pendant leur faveur, avoient perfécuté les Catholiques. Dès que fon fils fut en âge de régner, elle lui remit les rênes du gouvernement ; mais il fe laffa bientôt des embarras des affaires pour fe livrer à fes penchans voluptueux. Les excès de la table occupèrent tous fes momens. Son intempérance, qui égaroit fouvent fa raifon, lui fit donner le furnom d'Ivrogne. Sa mère affligée de fes défordres, fit d'inutiles efforts pour le rappeller à fes devoirs. Fatigué de fes leçons, il l'obligea de fe faire couper les cheveux & de s'enfermer dans un monaftère, avec les princeffes fes filles. Les Barbares le voyant abruti dans la débauche, défolèrent impunément les provinces de l'empire. Michel, qui, de guerrier intrépide & actif, étoit devenu un prince efféminé, n'aimoit plus qu'à fignaler fon adreffe dans les jeux du cirque. Il affiftoit à la courfe des chevaux, lorfqu'on vint lui annoncer que les Sarrafins s'avançoient vers Conftantinople ; c'eft bien le tems, répondit-il, de me parler de guerre quand je fuis occupé de mes plaifirs. Son oncle Bardas qui régnoit fous fon nom, entretenoit fes goûts par l'art d'inventer chaque jour de nouveaux plaifirs. Ce lâche corrupteur, accufé d'afpirer à l'empire, fut condamné à la mort. Michel, incapable de gouverner, fe donna pour collégue Bafile, qui jufqu'alors n'avoit été connu que par fon adreffe à careffer les foibleffes de fon maître. Dès que ce nouveau Céfar fut revêtu de la pourpre, il adopta d'autres maximes & d'autres mœurs: il avoit été le complice des débauches de fon maître, il devint fon cenfeur auffi-tôt qu'il fut fon collégue. Michel, indigné de ce qu'il ofoit lui donner des leçons, réfolut de l'empoifonner. Bafile inftruit qu'il méditoit fa perte, le fit affaffiner en 867. Il avoit occupé le trône pendant treize ans : ce fut fous fon règne que le fchifme, qui fépare l'Eglife grecque d'avec la latine, prit naiffance. (A. R.)

MICHEL IV fut furnommé le Paphlagonien, parce qu'il étoit né en Paphlagonie. Il ne dut fon élévation qu'à fes crimes & à fa beauté ; il avoit entretenu un commerce adultère avec l'impératrice Zoé, femme de Romain Argire, qu'il fit étouffer dans le bain. Zoé délivrée d'un mari qui la dédaignoit, revêtit fon amant des ornemens impériaux. Le patriarche Alexis féduit par fes préfens & par les offrandes dont elle enrichit fon églife, leur donna la bénédiction nuptiale. Michel avoit une taille avantageufe, & une figure gracieufe & intéreffante ; mais il étoit fujet à de fréquentes attaques d'épilepfie ; qui du plus bel homme de fon fiècle en faifoient le plus dégoûtant; Zoé qui, fur la foi de fes promeffes, s'étoit flatée de jouir de toute l'autorité, s'apperçut bientôt qu'elle s'étoit donné un maître. Michel, fans talent pour la guerre & fans capacité pour les affaires, confia le foin du gouvernement à l'eunuque Jean, fon frère, qui, dans un

corps inutile, renfermoit tous les refforts de la politique. Les grands murmurèrent contre Zoé, qui leur avoit donné un maître fans mérite & fans naiffance. Les murmurateurs, trop foibles pour ofer être rebelles, furent punis, les uns par la prifon & les autres par l'exil. Leurs biens furent confifqués pour les priver de la puiffance de nuire. Les Barbares, pleins de mépris pour un prince qui ne favoit ni combattre, ni gouverner, portèrent la défolation dans toutes les provinces de l'empire. Michel, pour détruire l'idée qu'on avoit de fon incapacité pour la guerre, fe mit à la tête de fes armées ; où, fecondé de généraux plus habiles que lui, il eut quelques fuccès mêlés de revers ; il porta enfuite la guerre dans l'Egypte dont il força le roi de lever le fiege d'Edeffe. Ce prince déchiré de remords d'avoir fait périr fon roi, fe perfuada que fon épilepfie étoit le châtiment de fon crime. Il crut l'expier par fes aumônes & par fes prières des moines & des prêtres qu'il enrichit de fes dons, pour acheter le ciel ; fes remords le rendirent infenfible aux attraits des grandeurs. Pour furcroît de malheur, il apprit que fon médecin avoit été corrompu pour l'empoifonner. Alors il fe dégoûta du pouvoir fouverain qui l'expofoit à vivre au milieu de fes ennemis. Il prit l'habit monaftique, & mourut après avoir créé céfar un de fes neveux. (T.—N.)

MICHEL V fut furnommé Calaphate ; parce que Etienne, fon père, avoit été calfateur de navires. Son oncle, avant de mourir, l'avoit créé céfar pour lui affurer l'empire. Zoé, par complaifance pour fon mari, l'avoit adopté pour fon fils. Son caractère fouple & délié ployat fous les volontés de l'impératrice, qui fut charmée d'avoir un collégue qui fe bornant à la fimple décoration, lui abandonnoit toute l'autorité. Cette princeffe, malgré fa politique clairvoyante, s'en laiffa impofer par cet extérieur foumis. Dès qu'elle eut affermi le pouvoir de Michel, elle éprouva fon ingratitude. Auffi ambitieux qu'elle, mais plus habile à voiler fes deffeins, il fui fuppofa des crimes, & fur le prétexte fpécieux qu'elle avoit voulu l'empoifonner, elle fut exilée & contrainte d'embraffer la vie monaftique. Le patriarche de Conftantinople, qui n'avoit d'autre crime que fon attachement pour elle, fut chaffé de fon fiége & condamné à l'exil avec toute fa famille. Le peuple indigné de cette ingratitude, fe fouleva. Michel publia un manifefte, où il expofoit les motifs de fa conduite. Cette apologie ne fut point écoutée : pendant que le préfet du prétoire en faifoit la lecture, il s'éleva plufieurs voix qui crièrent : « Nous ne voulons point de Michel pour empereur ; nous fommes difpofés » à n'obéir qu'à Zoé, mère de la patrie : c'eft à elle » feule que le trône appartient ». Théodora fœur de Zoé & compagne de fon exil, fut proclamée impératrice avec elle, mais elle n'eut que le fecond rang. Michel marcha contre les rebelles, dont trois mille furent paffés au fil de l'épée : ce carnage ne fervit qu'à allumer la fureur du peuple, qui l'obligea de chercher un afyle dans le monaftère de Stude. Les deux nouvelles fouveraines rentrèrent dans

Conftantinople, aux acclamations d'un peuple nombreux. Zoé, naturellement éloquente, fe rendit dans la place publique où elle harangua le peuple pour le remercier de ce qu'il avoit fait pour elle. Elle ajouta que ne voulant rien faire que de concert avec fes fujets, elle les laiffoit les arbitres de la deftinée de *Michel*. Auffi-tôt on entend par-tout crier: qu'on lui creve les yeux, qu'on le pende, qu'il expire fur la croix. Les plus furieux vont l'arracher de fon monaftere, il eft traîné dans la place publique, & après qu'on lui a crevé les yeux, il eft condamné à l'exil. ( *T.-N.* )

MICHEL VI, proclamé empereur de Conftantinople en 1056., fut dépofé l'année fuivante. Sans talent pour gouverner, ce fut fon incapacité qui prépara fon élévation. Les miniftres ambitieux de perpétuer leur pouvoir, le propoférent à Théodora, en lui faifant croire que *Michel* étant né pour la guerre, feroit plus jaloux de paroître à la tête d'une armée que de fe charger du fardeau d'une adminiftration. A peine fut-il placé fur le trône, que Théodofe, coufin-germain de Conftantin Monomaque, forma une conjuration pour l'en faire defcendre. Ses complots furent découverts, il fut arrêté & relégué à Pergame. *Michel*, gouverné par d'avares miniftres, fupprima les gratifications que les empereurs avoient coutume de faire aux troupes le jour de Pâque. Catacalon, Ifaac Comnene & Brienne, qui étoient les principaux de l'empire, lui firent des remontrances amères fur ce retranchement, ils en reçurent une réponfe toute pleine de fierté. Ces généraux qui avoient une injure commune à venger, convoquent leurs amis dans la grande églife. Les généraux offrent l'empire à Catacalon, qui refufant de l'accepter à caufe de fon grand âge, leur confeilla d'élire Ifaac Comnene, à qui tous les conjurés, donnèrent leur fuffrage. Ifaac fut proclamé, où l'armée qu'ils avoient fous leurs ordres, proclama Ifaac empereur dans la ville de Nicomédie. *Michel* inftruit de cette révolte, leur envoya des députés qui propoférent d'affocier Ifaac à l'empire. Cette offre fut acceptée par les rebelles qui, par cette feinte modération, voilèrent mieux leur véritable deffein. Ifaac marche à Conftantinople pour s'y faire reconnoître: les patrices & les fénateurs confirment fon élection dans l'églife de fainte Sophie; dès qu'il eut connu la difpofition favorable des efprits, il fit dire à *Michel*, par l'organe du patriarche, qu'il n'étoit plus que fon fujet, & qu'en cette qualité il devoit fe dépouiller de la pourpre, & fortir du palais. *Michel* plus jaloux de fon repos que des grandeurs, defcendit du trône avec plus de joie qu'il n'y étoit monté. Il fe retira dans fa maifon pour y goûter les douceurs de la vie privée; il y mourut peu de tems après. Il fut furnommé *Stratiotique*, parce qu'élevé fous la tente, il n'eut de paffion que pour les armes. Il s'étoit acquis, pendant fa jeuneffe, la réputation d'un grand homme de guerre. Mais ce n'eft point avec l'épée qu'on gouverne un empire. (*T.-N.*)

MICHEL VII, furnommé *Parapinace*, étoit de

---

l'illuftre maifon des Ducas. Il fut le fecond de fa famille qui monta fur le trône de Conftantinople pour fuccéder à Conftantin fon parent. Eudocie fa mère, en qualité de tutrice de fes trois fils défignés empereurs, gouverna fous leur nom pendant leur minorité. Son mari par fon teftament l'avoit défignée pour régner conjointement avec eux, à condition qu'elle ne contracteroit point un fecond mariage. Cette princeffe trop ambitieufe pour partager le pouvoir, fut bientôt infidelle à fon engagement. Ses fils furent exclus du gouvernement, & elle époufa Romain Diogene qu'elle fit proclamer empereur. Le peuple fut indigné d'avoir un pareil maître. Les trois princes intéreffèrent tous les cœurs. La fédition avoit déja étendu fes ravages, lorfqu'elle fut arrêtée par les fils d'Eudocie, qui facrifièrent leurs intérêts à la tranquillité publique. Mais quelque tems après ils adoptèrent un autre fyftême. *Michel* profitant d'un revers effuyé par Romain Diogene, fit reconnoître empereur, & condamna fa mère à l'exil. L'ufurpateur, après avoir fait une guerre incertaine pendant un an, fut vaincu & fait prifonnier. On lui creva les yeux, & il fut confiné dans un monaftere. *Michel* éloigna fes frères du gouvernement où ils avoient été appellés comme lui par le teftament de leur père. Ce prince fans talens & fans courage, vit d'un œil indifférent les Turcs ravager les provinces d'Afie. Un Normand nommé *Ourfel*, de la maifon de Bailleul, qui a-donné des rois à l'Écoffe, & dont quelques rejettons fubfiftent encore en Normandie, fe mit à la tête d'une troupe mercenaire d'Italiens, & fortifié de l'alliance des Turcs, il fe rendit maître de la Bithinie & de la Lycaonie. Jean Ducas, oncle de *Michel*, entreprit de l'en chaffer, mais il fut vaincu & fait prifonnier. Ce héros aventurier auroit étendu plus loin fes conquêtes, fi les Turcs jaloux de fes profpérités ne l'euffent livré à fes ennemis. Il fut conduit chargé de chaînes à Conftantinople. On lui déchira le corps à coups de nerfs de bœuf, & il fut enfuite jetté dans la plus affreufe prifon. *Michel*, délivré d'un ennemi fi redoutable, s'abandonna aux confeils de fes avares miniftres, qui le firent détefter par fes exactions. Un cri général s'éleva contre la dureté de fon gouvernement. Il crut en impofer aux mécontens, en fe donnant un collègue. Son choix tomba fur Nicephore de Brune, qui étoit véritablement digne de commander. Les ennemis de fa gloire le repréfentèrent comme un ambitieux qui, mécontent de n'occuper que le fecond rang, fe rendroit bientôt criminel pour monter au premier. *Michel*, naturellement timide & foupçonneux, l'éloigna de la cour, fous prétexte qu'il étoit le feul capable de s'oppofer aux incurfions des Bulgares. Nicephore eut de fi brillans fuccès, que tous les yeux de la nation fe fixèrent fur lui. Importuné de fa propre gloire, il vit les dangers où elle l'expofoit. Il fut bientôt inftruit qu'il n'y avoit plus de fûreté pour lui à la cour. Il aima mieux fe rendre coupable que d'expirer victime de la calomnie. Il déploya l'étendard de la rébellion, & fe fit proclamer empereur dans Conftantinople. Le Normand Ourfel fut tiré de fa prifon, comme le feul capitaine qui pût arrêter les progrès de la rébellion, il attaqua & vainquit Nicephore; mais il ne put profiter de fa victoire par le refus que firent les foldats de pourfuivre les vaincus. Nicephore profita de cette mutinerie pour réparer fa défaite. Il fe rendit maître de Nicée, & il fut reconnu empereur par toutes les provinces de l'Orient. Ses partifans, dont le nombre dominoit dans la capitale, s'affemblèrent dans fainte Sophie, où le peuple fut convoqué. Michel qui étoit encore affez puiffant pour diffiper & punir cette troupe féditieufe, aima mieux abdiquer en faveur de fon frère qui refufa avec fageffe un préfent auffi dangereux. Les conjurés l'enlevèrent du palais de Blaquerne, & le transférèrent avec fon fils dans le monaftère de Stude où il embraffa l'état monaftique. Il en fut tiré dans la fuite pour être évêque d'Ephefe. Sa femme fe fit religieufe. Ce prince, plus foible que vicieux, étoit enfant jufques dans fes amufemens, Il avoit plus de foi que de lumières, plus de mœurs que de talens. Il eût pu fe faire eftimer dans la vie privée; mais incapable de gouverner, il ne fut qu'un prince vil & méprifable. Son regne qui ne fut que de fix ans, ne fervit qu'à faire connoître fa petiteffe. ( T.—N.)

MICHEL VIII, de la famille des Paléologues, monta fur le trône de Conftantinople en 1259. L'empereur Théodofe, féduit par l'extérieur de fes vertus, l'avoit chargé en mourant de la tutelle de fon fils, Jean Lafearis. Michel reconnut mal cette confiance. Il fit mourir fon pupille âgé de quinze ans, après lui avoir fait crever les yeux. Cette atrocité qui le rendoit indigne du trône, lui fervit de dégré pour y monter. Ses talens politiques & guerriers adoucirent l'horreur qu'infpiroit fon crime. Il reprit Conftantinople qui depuis cinquante-huit ans, étoit fous la domination des François. Il regarda le trône comme un héritage qu'il devoit tranfmettre à fa poftérité, c'eft ce qui le rendit plus jaloux d'en étendre les limites, & de lui rendre fa première fplendeur. Il tourna d'abord fes armes contre Guillaume, prince d'Achaïe, qu'il dépouilla de fes états. Son alliance avec les Génois lui fournit les moyens de réfifter aux Vénitiens, dont la puiffance étoit alors redoutable aux empereurs d'Orient. La paix qu'il fit avec eux lui procura un loifir dont il fit ufage pour régler la police de l'empire. Ses premiers foins furent d'applanir les obftacles qui feparoient l'églife Grecque d'avec la Latine. Il fe rendit à Lyon où le concile étoit affemblé pour cette réunion. Il remit fa profeffion de foi au pape Grégoire à qui il prêta ferment d'obéiffance. Cette foumiffion le rendit odieux aux Grecs qui refufèrent de foufcrire à fon formulaire. Il fe repentit trop tard de fa complaifance pour les Latins, & ce qu'il fit pour la réparer lui attira les anathèmes du pape Nicolas, fans lui rendre le cœur de fes fujets dont il fut fi fort abhorré qu'ils lui refufèrent les honneurs de la fépulture. Ils ne purent jamais lui pardonner d'avoir voulu les fou-

mettre aux Latins. Cette haîne ne s'étendit point fur fa famille, qui, après lui, occupa le trône de Conftantinople pendant 193 ans, jufqu'à la deftruction de l'empire d'Orient par Mahomet II, en 1453. ( T.-N.)

MICHEL, le faint Michel, la fête de faint Michel, qui arrive le 29 de Septembre. ( A. R. )

MICHEL ANGE, cachet de, ( Pierres gravées ) fameufe cornaline du cabinet du roi de France, ainfi nommée, parce qu'on croit qu'elle fervoit de cachet à Michel-Ange. Quoi qu'il en foit, cette cornaline eft tranfparente, gravée en creux, & contient dans un efpace de cinq à fix lignes, treize ou quatorze figures humaines, fans compter celles des arbres, de quelques animaux, & un exergue où l'on voit feulement un pêcheur. Les antiquaires françois n'ont pas encore eu le plaifir de deviner le fujet de cette pierre gravée. M. Moreau de Mautour y découvre un facrifice en l'honneur de Bacchus, & en mémoire de fa naiffance; & M. Baudelot y reconnoît la fête que les Athéniens nommoient Puaneptfies. Quand vous aurez vu dans l'hiftoire de l'académie des Belles-Lettres, la figure de ce prétendu cachet de Michel-Ange, vous abandonnerez l'énigme, ou vous en chercherez quelque nouvelle explication, comme a fait M. Elie Rofmann, dans fes remarques fur ce cachet, imprimées à la Haye en 1752 in-8°. ( D. J.)

MICHELI, ( Pierre-Antoine ) ( Hift. Litt. mod. ) né de parens pauvres, apprit le latin fans maître, & la botanique dans les champs. Le Grand-Duc de Tofcane, dont il étoit fujet, lui fit fournir des livres & le fit fon botanifte. On a de lui : Nova plantarum genera, ouvrage dont Boërhave faifoit grand cas; Hiftoria plantarum horti Farnefiani, &c. Mort en 1737.

MICHOL, ( Hift. Sac. ) fille de Saül, femme de David. Son hiftoire mêlée avec celle de David, fe trouve au premier livre des rois, chapitres 18 & 19, & livre 2, chap. 6.

MICIPSA, roi des Numides, en Afrique, fils de Maffiniffa, oncle de Jugurtha, père d'Adherbal & d'Hiempfal que Jugurtha fait mourir. C'eft lui qui, dans Salhafte, fait en mourant à fes fils & à Jugurtha ce beau difcours que tout le monde connoît : Parvum ego es, Jugurtha, &c. où fe trouve cette belle maxime qu'on devroit prendre pour bafe de toute bonne politique : Regnum vobis trado, fi boni eritis, firmum, imbecillum, nam concordia res parva crefcunt, difcordia maxima dilabuntur. Il finit par cette exhortation adreffée à fes fils en les mettant en parallèle avec Jugurtha qu'il avoit adopté : Enitimini ne ego meliores liberos fumpfiffe videar quam genuiffe. Voyez l'article ADHERBAL.

MICO, ( Hift. mod. ) c'eft le titre que les fauvages de la Géorgie, dans l'Amérique feptentrionale, donnent à un roi ou à chacun des lieux nations. En 1734. Tomokichi, mico des Yamacraws, fut amené en Angleterre, où il fut très-bien reçu du roi à qui il préfenta des plumes d'aigleo, qui font le préfent le plus refpectueux des ces fauvages. Parmi les curiofités que l'on fit voir à Londres à ce prince barbare, rien ne le frappa autant que les couvertures de laine, qui, felon lui, *imitoient affez bien les peaux des bêtes*; tout le refte n'avoit rien qui frappât fon imagination au même point. ( *A. R.* )

MIDDELBOURG, ( Paul-Germain de ) ( *Hift. Litt. mod.* ) ainfi nommé parce qu'il étoit de Middelbourg en Zélande, étoit évêque de Foffombrone. On a de lui un traité affez rare : *De rectâ Pafchæ celebratione & de die Paffionis J. C.* & un autre affez rare auffi & affez fingulier, à en juger même par le titre : *De numero dtomorum totius univerfi.* Mort en 1534 à 89 ans.

MIDDENDORP, ( Jacques ) ( *Hift. Litt. mod.* ) chanoine & recteur de l'univerfité de Cologne, auteur d'un traité : *De Academiis orbis univerfi*, & d'autres ouvrages. Mort en 1611.

MIDLETON, ( Richard ) ( *Hift. Litt. mod.* ) *Ricardus de mediâ villâ*, cordelier, un des héros de la fcholaftique en Angleterre, & honoré d'un de ces titres pédantefques familiers à la fcholaftique. Le fien étoit celui de *docteur folide & abondant, docteur trèsfondé & autorifé.* On a de lui un de ces innombrables commentaires que tout le monde faifoit alors fur le maître des fentences. Mort en 1304.

MIDLETON eft auffi le nom d'un poëte dramatique anglois, & celui de l'auteur de la vie de Cicéron.

MIDORGE. *Voyez* MYDORGE.

MIGNOT, ( Etienne ) ( *Hift. Litt. mod.* ) de l'académie des Infcriptions & Belles-Lettres, où il fut reçu à près de foixante-trois ans, & dont il a rempli le recueil de mémoires plus favans que précis. Il a d'ailleurs beaucoup écrit en théologie & en canonifte fur plufieurs livres de l'écriture fainte, & pour le développement & la défenfe des vérités de la religion. On a encore de lui une hiftoire des démêlés de Henri II, roi d'Angleterre, avec S. Thomas de Cantorbéry; un mémoire fur les libertés de l'Eglife Gallicane; un ouvrage intitulé : les droits de l'état & du prince fur les biens du clergé; un traité qui a pour titre : la réception du concile de Trente dans les états catholiques; un traité des droits de commerce. L'abbé Mignot étoit docteur de Sorbonne, & jamais la Sorbonne n'en avoit eu de plus doux ni de plus tolérant. C'étoit un vieillard intéreffant & refpectable par fes mœurs. Il étoit né à Paris en 1698; il y mourut en 1771.

MIKADO, ( *Hift. mod.* ) c'eft ainfi que l'on nomme au Japon l'empereur eccléfiaftique, ou le chef de la religion de cet empire; il s'appelle auffi *dairo* ou *dairi.* ( *A. R.* )

MILES, f. m. ( *Hift. mod.* ) terme latin qui fignifie à la lettre un *fantaffin*; mais dans les loix & les coutumes d'Angleterre, il fignifie auffi un chevalier, qu'on appelloit autrement *eques.* ( *A. R.* )

MILIARISIUM, f. m. ( *Hift. anc.* ) monnoie d'ar-

gent de cours à Conftantinople; on n'eft pas d'accord fur fa valeur. Il y en a qui prétendent que fix *miliarifium* valoient un *folidum*, & que le *folidum* étoit la fixieme partie de l'once d'or. ( *A. R.* )

MILICH, ( Jacques ) ( *Hift. Litt. mod.* ) médecin allemand, né en 1501, mort en 1559 d'un excès de travail, auteur de traités : *de Arte medicâ & de confiderandâ fympathiâ & antipathiâ in rerum naturâ.* On a de lui auffi des commentaires latins fur Pline le naturalifte, & des difcours latins fur Hippocrate, Galien & Avicenne. Il étoit de Fribourg en Brifgaw, & profeffoit la médecine à Vittemberg.

MILIEU ( Antoine ) ( *Hift. Litt. mod.* ) Jéfuite & profeffeur dans fon ordre, né à Lyon en 1573, avoit fait plus de vingt mille vers latins qu'il brûla dans une maladie dont il croyoit ne pas revenir : le premier livre d'un poëme intitulé : *Moyfes viator*, échappa feul aux flammes. Le cardinal Alphonfe de Richelieu, archevêque de Lyon, frère du miniftre, engagea l'auteur à finir cet ouvrage, qui eut beaucoup de fuccès, & que perfonne ne connoît aujourd'hui. Antoine Milieu mourut à Rome en 1646.

MILL, ( Jean ) ( *Hift. Litt. mod.* ) théologien anglois, chapela.n de Charles II, auteur d'une trèsbonne édition du nouveau teftament grec, dans laquelle il a recueilli toutes les variantes que les manufcrits ont pu lui fournir; elle a fuffi pour lui faire un nom dans la littérature facrée. Mort en 1707.

MILLETIERRE, ( Théophile Brachet, fieur de la ) ( *Hift. Eccl.* ) homme qui varia beaucoup fur la religion; mais qui, dans les différens partis qu'il embraffa, porta toujours le même efprit de contention & de guerre, & tous les excès d'un zèle effrené. On difoit de lui, pour exprimer fon caractère, que *c'étoit un homme à fe faire brûler tout vif dans un concile.* D'abord proteftant furieux, il anima les Rochelois à la révolte par fes écrits. Il fut arrêté en 1628 à Touloufe, & retenu en prifon pendant quatre ans. Devenu libre, il voulut réunir les Calviniftes avec les Catholiques. Ces projets de réunion réuffiffent rarement, & La *Milletière* n'étoit pas propre à les faire réuffir. Il déplut aux Calviniftes fans plaire aux Catholiques. Le mécontentement des premiers, le détacha entièrement de leur parti. Il fit abjuration publique du calvinifme en 1645. Il ne ceffa depuis d'écrire contre les Proteftans avec le même zèle qu'il avoit d'abord fignalé contre les Catholiques; & allant toujours beaucoup plus loin que les Catholiques les plus ardens. Il mourut en 1665, haï des Proteftans & méprifé des Catholiques.

MILLIAIRE, f. m. ( *Hift. anc.* ) efpace de mille pas géométriques, diftance par laquelle les Romains marquoient la longueur des chemins, comme nous la marquons par lieues. On compte encore par milles en Italie. Il y avoit à Rome au milieu de la ville une colonne appellée *milliaire*, qui étoit comme le centre commun de toutes les voies ou grands chemins fur lefquels étoient plantés, de mille pas en mille pas ; d'autres colonnes , ou pierres numerotées , suivant la diſtance où elles étoient de la capitale ; de là ces expreſſions fréquentes dans les auteurs , *tertio ab urbe lapide , quarto ab urbe lapide* , pour exprimer une diſtance de trois ou quatre mille pas de Rome. A l'exemple de cette ville les autres principales de l'Empire firent poſer dans leurs places! publiques des colonnes *milliaires* deſtinées au même uſage.

MILLIAIRES , *milliaria* , ( *Hiſt. anc.* ) grands vaſes , ou reſervoirs dans les thermes des Romains , ainſi nommés de la grande quantité d'eau qu'ils contenoient , & qui par des tuyaux ſe diſtribuoit , à l'aide d'un robinet , dans les différentes piſcines , ou cuves où l'on prenoit le bain. ( *A. R.* )

MILON le Crotoniate , ( *Hiſt. Anc.* ) ainſi nommé parce qu'il étoit de Crotone , athlète connu par ſa force ſingulière. Il fut vainqueur , dans ſon enfance , aux jeux pythiens, & il le fut ſix fois depuis ; il le fut ſix fois auſſi aux jeux olympiques , & la ſeptième fois il ne put trouver de concurrens. Il ſerroit dans ſes doigts une grenade ſans l'écraſer , & perſonne ne pouvoit la lui arracher. Il ſe tenoit ſi ferme ſur un diſque ou palet de forme plate & ronde , ( qu'on avoit huilé pour le rendre plus gliſſant , ( qu'il étoit impoſſible de l'ébranler. Il ceignoit ſa tête d'une corde & retenoit ſon haleine, les veines s'enfloient & rompoient la corde. Le coude appuyé ſur le côté , il préſentoit la main droite ouverte, les doigts ſerrés l'un contre l'autre, & aucune force humaine ne pouvoit lui écarter le petit doigt des trois autres, le pouce reſtant élevé. Un jour qu'il aſſiſtoit aux leçons de Pythagore , lorſqu'un des diſciples les plus aſſidus, la colonne qui ſoutenoit le plafond de la ſalle fut ébranlée par un accident, il la ſoutint ſeul, donna le temps aux auditeurs de ſe retirer, & ſe ſauva lui-même après eux. Ce trait , joint à la foibleſſe morale de ce fort *Milon*, qu'une courtiſane gouvernoit, pourroit faire naître l'idée que l'hiſtoire de *Milon* ne ſeroit que celle de Samſon altérée & corrompue. La voracité de *Milon* égaloit ſa vigueur. Il mangeoit , dit-on , vingt livres de pain & vingt livres de viande par jour , & buvoit quinze pintes de vin. Athénée rapporte que *Milon* parcourut un jour toute la longueur du ſtade portant ſur ſes épaules un taureau de quatre ans, qu'il aſſomma enſuite d'un coup de poing & qu'il mangea tout entier dans la journée. Ce fut cet Hercule de Crotone , qui , armé d'une maſſue comme Hercule , & couvert comme lui d'une peau de lion , détruiſit à la tête de cent mille Crotoniates , trois cent mille Sibarites, dont la ville demeura déſerte.

Milon , dans ſa vieilleſſe , regardoit triſtement ſes bras , autrefois ſi robuſtes , alors affoiblis par l'âge : Ah ? diſoit-il en pleurant, ils ſont morts à préſent, ces bras dont tant d'athlètes ont éprouvé la vigueur.

Il voulut cependant faire un eſſai ; & cet eſſai lui coûta la vie : il trouva un vieux chêne entr'ouvert par quelques coins qu'on y avoit enfoncés à force; il voulut achever de le fendre avec ſes mains ; mais

c'étoit une entrepriſe digne de ſa jeuneſſe : les coins étant dégagés , ſes mains ſe trouvèrent priſes ; les deux parties de l'arbre ſe rejoignirent, il ne put ſe débarraſſer & reſtant ainſi privé de ſes mains captives , il fut dévoré par les loups. Il vivoit environ cinq ſiècles avant J. C.

MILON, ( *Hiſt. Rom.* ) ( *Titus Annius* ) briguoit le conſulat. Il avoit pour irréconciliable ennemi , l'ennemi de tous les gens de bien, le factieux Clodius , tribun du peuple. ( *Voyez ſon article* ) Ils ſe rencontrèrent ſur la voie Appienne , à peu de diſtance de Rome ; tous deux étoient bien accompagnés : ils en vinrent aux mains : le choc fut violent : on ignore quel fut l'agreſſeur ; mais Clodius y périt avec un grand nombre des gens de ſa ſuite. Sextus Clodius, parent du mort, fit porter ſon corps ſur la tribune aux harangues , & les tribuns ſes confrères demandèrent vengeance de ſa mort. Ciceron, ennemi de Clodius, défendit Milon. Nous avons ſa harangue ; c'eſt une des plus éloquentes de cet éloquent Orateur ; mais elle ne fut pas prononcée telle que nous l'avons. Le tribunal entouré de ſoldats, les murmures , les cris des partiſans de Clodius troublèrent & intimidèrent l'orateur. Son diſcours produiſit peu d'effet, il ne produiſit pas du moins celui de perſuader les juges de l'innocence de *Milon*. Celui-ci fut exilé à Marſeille, où Ciceron lui envoya ſon diſcours tel qu'il l'avoit compoſé. Milon l'ayant lu, s'écria : O! *Ciceron , ſi tu avois parlé ainſi* , Milon ne ſeroit pas à Marſeille!

MILON eſt auſſi le nom d'un Bénédictin , mort en 872 , & eſt inſtituteur d'un fils de Charles le Chauve. Il a écrit en vers une vie de S. Amand, qui ſe trouve dans Surius & dans Bollandus. Une autre pièce de lui , qui a pour titre : *Le combat du printemps & de l'hiver*, eſt inſérée dans l'ouvrage de Caſimir Oudin ſur les auteurs eccléſiaſtiques.

MILTIADE , ( *Hiſt. Grecq.* ) C'eſt à ce grand capitaine que commencent & la gloire de l'ancienne Grèce , & ſon ingratitude envers les grands hommes. Il étoit Athenien , fils de Cimon. Son oncle, nommé auſſi Miltiade , avoit établi une colonie dans la Cherſonèſe de Thrace , dont il fut le prince ou , comme on le diſoit alors, le tyran. *Miltiade*, ſon neveu, qui eſt le ſujet de cet article , fut auſſi tyran de la Cherſonèſe. Il l'étoit dans le temps de l'expédition de Darius contre les Scythes. Il ſuivit ce monarque dans cette expédition; mais dès-lors plus favorable à la liberté publique que jaloux de ſa propre domination, *amicior omnium libertati quàm ſuæ dominationi* , dit Cornélius Nepos , il propoſa aux Grecs d'Ionie , qui ſervoient comme lui dans l'armée de Darius , de ſe rendre libres , & d'enfermer ce prince dans les déſerts de la Scythie en coupant le pont qu'il avoit conſtruit ſur le Danube pour aſſurer ſa retraite. C'étoit fait du grand roi ſi ce conſeil avoit été ſuivi. Darius ayant envahi la Grèce, *Miltiade* gagna contre ſes généraux cette célèbre bataille de Marathon que Platon regarde comme la ſource & la première cauſe de toutes ces importantes victoires qui aſſurèrent la gloire & la liberté des Grecs , & qui furent toujours comme celle-ci, le triomphe du petit nombre, fut la multitude, & de la valeur sur la force. L'armée des Perses étoit de cent dix mille hommes, celle des Athéniens de dix mille en tout, & la victoire de ceux-ci fut complette. La récompense de *Miltiade* fut d'être représenté à la tête des chefs dans le tableau où étoit peinte cette glorieuse victoire de Marathon. Ce tableau étoit de Polygnote, & il fut mis à Athènes dans la galerie connue sous le nom de *Pécile*, c'est à-dire *variée*, où étoient rassemblés les tableaux des plus grands maitres. Après la bataille de Marathon, *Miltiade* fut chargé de soumettre les isles de la mer Egée, qui avoient pris le parti des Perses. Il en subjugua plusieurs, mais ayant échoué devant Paros, où il avoit été dangereusement blessé, il fut accusé de s'être laissé corrompre par l'argent des Perses, tant on étoit persuadé que le vainqueur de Marathon ne pouvoit essuyer d'échec qui ne fût volontaire. Mais il étoit encore plus impossible au libérateur de la Grèce de devenir un traitre & de vouloir détruire son ouvrage. Cependant le peuple encore récemment délivré de la tyrannie des Pisistratides, craignit que celui qui avoit été tyran de la Chersonèse ne voulut l'être à Athènes; il craignit la gloire & le mérite même de *Miltiade*. Il aima mieux punir un innocent que d'avoir à redouter un coupable. *Maluit eum innoxium plecti quàm se diutiùs esse in timore*. *Maluit eum innoxium plecti* à perdre la vie & à être jetté dans *le barathre*, lieu où l'on précipitoit les coupables convaincus des plus grands crimes. Sur l'opposition des magistrats, révoltés de ce jugement inique, on commua la peine en le condamna en une amende de cinquante talens. Étant hors d'état de la payer, il fut retenu en prison & il y mourut de la blessure qu'il avoit reçue devant Paros, & qui attestoit l'ingratitude des Grecs. Cimon son fils paya les cinquante talens pour pouvoir lui rendre les honneurs de la sépulture. ( *Voyez l'article* CIMON. )

MILTON (Jean) ( *Hist. d'Anglet.* ) C'est le poëte épique de l'Angleterre. On a de lui deux poëmes en ce genre; *le Paradis perdu*, qui est sa gloire & celle de sa patrie, & *le Paradis reconquis*, qu'on juge en général moins digne de lui, & auquel cependant il donnoit, dit-on, la préférence. Le Paradis perdu a été traduit en prose françoise par M. Dupré de Saint-Maur, & par M. Racine le fils. La première traduction est noble, énergique, passionnée, animée de tout le feu de la poësie angloise. On sent que c'est un poëte qu'on lit, & un poëte anglois, & on ne sent jamais que c'est une traduction. Celle de M. Racine est, dit-on, plus littérale; mais, malheur aux traductions littérales, & celle de M. Racine n'a pas été heureuse. La traduction littérale ne sera jamais une traduction fidelle, qu'autant qu'elle rendra les mouvemens, les images, les formes du style; en un mot, ce qui constitue la poësie. M. de Beaulaton a fait une traduction en vers de ce même poëme, & Madame du Boccage une imitation aussi en vers. M. de Voltaire en a imité librement & noblement quelques morceaux: il a jugé *Milton* dans son essai sur la poësie épique, & dans ses stances sur les poëtes

épiques. En comparant *Milton* avec ses rivaux de toutes les nations, il a dit :

  *Milton*, plus sublime qu'eux tous,
  A des beautés moins agréables :
  Il semble écrire pour les foux,
  Pour les Anges & pour les Diables.

C'est principalement Addisson ( *Voyez cet article* ) qui a fait connoitre à sa nation tout le prix du *Paradis perdu*, & les foux pour lesquels ce poëme sembloit écrit eurent besoin d'être avertis par un sage. Le libraire Tompson consentit avec bien de la peine à donner trente pistoles à *Milton* de cet ouvrage, qui valut plus de cent mille écus aux héritiers du libraire. Au reste, dans ce poëme étincelant de beautés bizarres, on trouve aussi des beautés d'un genre très-agréable, telles que la description du paradis terrestre, & la peinture des amours d'Adam & d'Eve dans le jardin d'Eden. Sur l'idée générale de ce poëme, *voyez les articles* ANDREINI & MASENIUS. *Milton* eut le malheur comme Homère, de devenir aveugle; car suivant l'observation de Velléius Paterculus, il faut être aveugle pour croire qu'Homère ait été aveugle né. *Quem si quis cæcum genitum putat, omnibus sensibus orbus est*. En effet, comment un si grand peintre de la nature auroit-il pu ne l'avoir jamais vue? *Milton* privé de ce magnifique spectacle déplora son malheur dans son poëme, ce qui lui fournit un exorde touchant l'un de ses chants. On dit que d'autres malheurs personnels & domestiques lui ont fourni encore d'autres beautés remarquables. Sa première femme l'ayant quitté, en alléguant qu'ils étoient de partis différens dans les guerres civiles, sa famille ayant toujours été royaliste & *Milton* étant hautement déclaré pour le parti républicain, celui-ci fit à ce sujet son traité du divorce, où il disoit que la seule contrariété d'humeurs étoit une cause suffisante de divorce; que c'est peu d'être libre en public, si on est esclave dans sa maison; qu'il faut veiller à la liberté particulière autant qu'à la liberté générale & que la première réforme devoit tomber sur les troubles domestiques: mais sa femme s'étant présentée inopinément devant lui chez un ami commun, & s'étant jettée aux bras en fondant en larmes, il n'eut pas la dureté de la repousser; il s'attendrit, pleura avec elle, & la reprit. Ce coup de théâtre qui l'avoit frappé, lui inspira le beau morceau de la réconciliation d'Adam & Eve après le péché.

Le Paradis reconquis a été traduit en françois par le P. de Mareuil, Jésuite. *Milton* fut en effet un des plus zélés défenseurs de la cause républicaine. Il écrivit pour justifier le supplice de Charles I<sup>er</sup>. Saumaise prit la défense de ce monarque infortuné; mais il resta trop au dessous d'une cause si intéressante. L'ouvrage de *Milton*, intitulé : *Défense du peuple Anglois*, scandalisa beaucoup les monarchies, & fut brûlé à Paris par la main du bourreau, tandis que l'auteur étoit comblé à Londres par un présent de mille livres sterling. Il écrivit aussi contre le livre de Pierre Dumoulin le fils, qu'il attribuoit à Morus, ( Alexandre, ) & qui a pour titre : *Clamor regii sanguinis adversùs parricidas anglos*. Il

· étoit Sécretaire de Cromwel : Il le fut auſſi de Richard
Cromwel & du parlement qui dura juſqu'au temps
de la reſtauration. Après le rétabliſſement de Charles II
on le laiſſa tranquille dans ſa maiſon, dont il eut ſoin
cependant de ne pas ſortir que l'amniſtie ne fût publiée.
On lui offrit même de lui rendre ſa place de Sécretaire
auprès de Charles II, & ſa femme le ſollicitoit vivement d'accepter. *Vous autres femmes*, lui dit-il avec
colère, *il n'y a rien que vous ne ſoyez prêtes à faire
pour aller en carroſſe. Quant à moi, je veux vivre libre
& mourir en homme ;* & il refuſa. Il étoit auſſi zélé
pour la tolérance en matière d religion, que pour la
liberté ; mais il excluoit de cette tolérance la religion
Catholique, qu'il regardoit comme eſſentiellement intolérante. Il a beaucoup écrit ſur toutes ces matières.
Il y a auſſi de lui une hiſtoire d'Angleterre. Toutes ſes
œuvres, tant poëtiques qu'hiſtoriques & polémiques,
ont été recueillies en 1699 à Londres, en trois volumes
in-folio. A la tête de cette édition, ſe trouve la vie
de *Milton* par Roland. Il étoit né en 1608 d'une famille
noble. Il mourut à Brunhill en 1674.

On avoit remarqué que notre roi Henri III, prince
d'un caractère naturellement doux, devenoit preſque
furieux dans les temps de gelée. On a fait une remarque de phyſique à peu près ſemblable ſur *Milton* :
c'eſt que ſon génie étoit dans ſa plus grande force,
depuis l'équinoxe d'automne, juſqu'à l'équinoxe du
printemps. Il avoit beaucoup voyagé, & les voyages,
indépendamment des idées & des tableaux qu'ils lui
fourniſſoient, renouvelloient & ranimoient ſon imagination par le ſeul mouvement. Il avoit autant de
goût pour la muſique que pour la poëſie : ſa voix
étoit belle, & il chantoit bien. Il jouoit de divers
inſtrumens.

Ses filles, qui étoient au nombre de trois, l'aidoient
dans ſes travaux, & c'étoit ſans y rien connoître ; il
les avoit inſtruites à lire & à prononcer diſtinctement
huit langues différentes ſans les entendre ; & pour
raiſon de ne pas pouſſer plus loin leur inſtruction à
cet égard, il alléguoit ce mauvais quolibet : *Qu'une
langue ſuffit de reſte à une femme*. Elles ne lui étoient
pas moins utiles dans le malheureux état de cécité
où il étoit réduit. Elles lui liſoient en hébreu Iſaïe, en
grec Homère, en latin Virgile & Ovide. Madame
Clarke, une de ſes filles, avoit retenu quantité de vers
de ces différens poëtes, & les récitoit par cœur imperturbablement ſans ſavoir ce qu'elle diſoit. Addiſſon
étant parvenu au miniſtère, voulut la connoître pour
lui faire du bien : il lui fit dire de la venir voir &
d'apporter les titres qui prouvoient qu'elle étoit fille
de *Milton*. Elle reſſembloit ſi fort à ſon père, qu'auſſi-
tôt qu'Addiſſon la vit il s'écria : Ah ! Madame, il
n'eſt plus beſoin de papiers ; oui, vous êtes la fille de
l'illuſtre Milton ; voilà des traits qui l'atteſtent bien
mieux que ne pourroient faire tous les titres du monde.

MIMAR AGA ; ſ. m. ( *Hiſt. mod.* ) officier de police chez les Turcs. C'eſt l'inſpecteur des bâtimens
publics, ou, ce que nous appellerions en France,
*grand voyer.*

Son principal emploi conſiſte à avoir l'œil ſur tous
les bâtimens nouveaux qu'on élève à Conſtantinople
& dans les fauxbourgs, & à empêcher qu'on ne les
porte à une hauteur contraire aux réglemens ; car la
maiſon d'un chrétien n'y peut avoir plus de treize
verges d'élévation, ni celle d'un turc plus de quinze ;
mais les malverſations du *mimar aga* ſur cet article,
auſſi bien que ſur la conſtruction des égliſes des chrétiens, ſont d'autant plus fréquentes, qu'elles lui pro-
duiſent un gros revenu. Il a auſſi une eſpèce de juriſdiction ſur les maçons du commun, appellés *cal-
fas* ou *chaliſes.* Il a droit de les punir ou de les mettre à l'amende, ſi en bâtiſſant ils anticipent ſur la rue,
s'ils ſont un angle de travers, ou s'ils ne donnent
pas aſſez de corps & de profondeur à leurs murailles, quand même le propriétaire ne s'en plaindroit
pas. Cette place eſt à la diſpoſition & nomination du
grand-vifir. Guer. *Mœurs des Turcs, tom. II.* ( *A. R.* )

MIMNERME, ( *Hiſt. Litt. mod.* ) Poëte & Muſi-
cien Grec, qui vivoit du temps de Solon ; il n'en
reſte que des fragmens dont un des plus conſidérables ſe trouve dans Stobée. Ses élégies amoureuſes
ſont fort vantées dans toute l'antiquité. Properce
a dit :

*Plus in amore valet Mimnermi verſus Homero.*

Horace le cité comme le chantre & le panégyriſte le
plus célèbre de l'amour & des jeux :

*Si Mimnermus uti cenſet, ſine amore jociſque
Nil eſt jucundum, vivas in amore jociſque.*

Il paroît le préférer à Callimaque, lorſqu'il dit :

*Diſcedo Alcæus puncto illius, ille meo quis ?
Quis niſi Callimachus ? Si plus adpoſcere viſus,
Fit Mimnermus, & optivo cognomine creſcit.*

Quelques-uns croyent *Mimnerme* l'inventeur de l'élégie,
mais il n'y a rien de conſtant ſur ce point.

*Quis tamen exiguos elegos emiſerit auctor
Grammatici certant, & adhuc ſub judice lis eſt.*

MIMOS, ſ. m. ( *Hiſt. mod.* ) Lorſque le roi de
Loango en Afrique eſt aſſis ſur ſon trône, il eſt entouré d'un grand nombre de nains, remarquables par
leur difformité, qui ſont aſſez communs dans ſes
états. Ils n'ont que la moitié de la taille d'un homme
ordinaire, leur tête eſt fort large, & ils ne ſont
vêtus que de peaux d'animaux. On les nomme *mimos*
ou *bakke-bakke* ; leur fonction ordinaire eſt d'aller tuer
des éléphans qui ſont fort communs dans leur pays,
on dit qu'ils ſont fort adroits dans cet exercice. Lorſqu'ils ſont auprès de la perſonne du roi, on les en-
tremêle avec des nègres blancs pour faire un contraſte, ce qui fait un ſpectacle très-bizarre, & dont
la ſingularité eſt augmentée par les contorſions &
la figure des nains. ( *A. R.* )

**MINARET**, f. m. ( *Hiſt. mod.* ) tour ou clocher des moſquées chez les Mahométans. Ces tours ont 3 ou 4 toiſes de diametre dans leur baſe ; elles font à pluſieurs étages avec des balcons en faillie, & couvertes de plomb avec une aiguille furmontée d'un croiſſant. Avant l'heure de la priere, les muez-nis ou crieurs des moſquées montent dans ces *mina-rets*, & de deſſus les balcons appellent le peuple à la priere en fe tournant vers les quatre parties du mon-de, & finiſſant leur invitation par ces paroles: *Ve-nez, peuplés, à la place de tranquillité & d'intégrité ; venez, à l'aſyle du ſalut.* Ce ſignal qu'ils nomment *ezan*, ſe répete cinq fois le jour pour les prieres qui demandent la préſence du peuple dans les moſquées, & les vendredis on ajoute un ſixieme ezan. Il y a pluſieurs *minarets*, bâtis & ornés avec la derniere magnificence. Guer. *Mœurs des Turcs, tome I.* (*A.R.*)

**MINERVIUM**, f. m. ( *Hiſt. anc.* ) en général édifice conſacré à Minerve, mais en particulier ce petit temple conſacré à *Minerva capitata*, dans la onzieme région de la ville de Rome, au pied du mont Cœlius. (*A.R.*)

**MINIANA**, ( *Hiſt. Litt. mod.* ) continuateur de Mariana, mort en 1630; étoit Religieux de la rédemp-tion en Eſpagne.

**MINISTERE**, f. m. ( *Hiſt. mod.* ) profeſſion, charge ou emploi où l'on rend ſervice à Dieu, au public, ou à quelque particulier.

On dit dans le premier ſens, que le *miniſtère* des pré-lats eſt un *miniſtère* redoutable, & qu'ils en rendront à Dieu un compte rigoureux. Dans le ſecond, qu'un avocat eſt obligé de prêter ſon *miniſtère* aux opprimés, pour les défendre. Et dans le troiſieme, qu'un domef-tique s'acquitte fort bien de ſon *miniſtère*.

*Miniſtère* ſe dit auſſi du gouvernement d'un état fous l'autorité ſouveraine. On dit en ce ſens que le *miniſtère* du cardinal de Richelieu a été glorieux, & que les lettres n'ont pas moins fleuri en France fous le *miniſtère* de M. Colbert qu'elles avoient fait à Rome fous celui de Mé-cénas.

*Miniſtère* eſt auſſi quelquefois un nom collectif, dont on ſe ſert pour ſignifier les miniſtres d'état. Ainſi nous diſons, le *miniſtère* qui étoit Wigh, devint Tory, dans les dernieres années de la reine Anne, pour dire que les miniſtres attachés à la premiere de ces factions furent remplacés par d'autres du parti contraire.

**MINISTRE**, ( *Hiſt. mod.* ) celui qui ſert Dieu, le public ou un particulier.

C'eſt en particulier le nom que les Prétendus Réfor-més donnent à ceux qui tiennent parmi eux la place de prêtres.

Les Catholiques même appellent auſſi quelquefois les évêques ou les prêtres, les *miniſtres* de Dieu, les *miniſtres* de la parole ou de l'Evangile. On les appelle auſſi *paſteurs*.

*Miniſtres de l'autel*, ſont les eccléſiaſtiques qui ſervent le célébrant à la meſſe ; tels ſont ſingulierement le diacre

& le ſous-diacre, comme le porte leur nom ; car le mot grec Διάκονος ſignifie à la lettre, *miniſtre*.

**MINISTRES DU ROI** ſont des perſonnes envoyées de ſa part dans les cours étrangeres pour quelques négocia-tions : tels font les ambaſſadeurs ordinaires & extraordi-naires, les envoyés ordinaires & extraordinaires, les *miniſtres* plénipotentiaires ; ceux qui ont ſimplement le titre de *miniſtres du roi* dans quelque cour ou à quelque diete, les réſidens & ceux qui font chargés des affaires du roi auprès de quelque république; quoique ces *minif-tres* ne ſoient pas tous de même ordre, on les comprend cependant tous ſous la dénomination générale de *minif-tres du roi*.

Les cours étrangeres ont auſſi des *miniſtres* réſidens près la perſonne du roi, & ce nombre eſt le nonce du pape ; les autres font, comme les *miniſtres du roi*, des ambaſſadeurs ordinaires & extraordinaires, des envoyés ordinaires & extraordinaires, des *miniſtres* plénipo-tentiaires, des perſonnes chargées des affaires de quel-que prince ou république ; il y a auſſi un agent pour les villes anſéatiques.

Le nombre des *miniſtres du roi* dans les cours étran-geres, & celui des *miniſtres* des cours étrangeres réſidens près le roi, n'eſt pas fixe ; les princes envoient ou rap-pellent leurs ambaſſadeurs & autres *miniſtres*, ſelon les diverſes conjonctures.

Les *miniſtres* des princes dans les cours étrangeres ſignent, au nom de leur prince, les traités de paix & de guerre, d'alliance, de commerce, & d'autres négocia-tions qui ſe font entre les cours.

Lorſqu'on fait venir quelque expédition d'un juge-ment ou autre acte public, paſſé en pays étranger, pour s'en ſervir dans un autre état, on la fait légaliſer par le *miniſtre* que le prince de cet état a dans le pays étran-ger d'où l'acte eſt émané, afin que foi ſoit ajoutée aux ſignatures de ceux qui ont expédié ces actes ; le *minif-tre* ſigne cette légaliſation, & la fait contreſigner par ſon ſecrétaire, & ſceller de ſon ſceau (*A*).

**MINORITÉ DES ROIS**, ( *Hiſt. mod.* ) âge pendant lequel un monarque n'a pas encore l'adminiſtration de l'état. La minorité *des rois* de Suede, de Danemarck & des provinces de l'Empire, finit à 18 ans ; celle des rois de France ſe termine à 14 ans, par une ordonnance de Charles V. du mois d'Août 1374. Ce prince voulut que le recteur de l'univerſité, le prévôt des marchands & les échevins de la ville de Paris, aſſiſtaſſent à l'enregiſtre-ment. Le chancelier de l'Hôpital expliqua depuis cette ordonnance, ſous le regne de Charles IX ; & il fut alors décidé que l'eſprit de la loi étoit que les rois fuſſent majeurs à 14 ans commencés, & non pas accomplis, ſuivant la regle que, dans les cauſes favorables, *annus inceptus pro perfecto habetur*. Il eſt bien difficile de peſer le pour & le contre qui ſe trouve à abréger le tems de la *minorité des rois* ; ce qu'il y a de certain, c'eſt que ſi dans la *minorité* on porte aux piés du trône les gémiſſe-mens du peuple, la prince laiſſe répondre pour lui, les auteurs même des maux dont on ſe plaint ; & ceux-ci ne manquent jamais d'ordonner la ſuppreſſion de pareilles remontrances. Mais des *miniſtres* n'abuſeront-ils pas également de l'esprit d'un prince qui commence fa 14°. année ? ( *D. J.* )

MINUTIUS-FELIX , ( *Hift. Anc.* ) orateur Romain qui vivoit au commencement du troisième siècle , & dont nous avons un dialogue intitulé : *Octavius* , où un chrétien & un payen disputent ensemble. L'objet & le résultat de cet ouvrage est de jetter du ridicule sur les fables du paganisme. D'Ablancourt , parmi nous , a traduit ce Dialogue.

MIPHIBOSETH , ( *Hift. Sacr.* ) il y en a deux : l'un fils de Saül & de Respha , dont il est parlé au second livre des Rois , *chapitre* 21 , *verf.* 9.

L'autre , fils de Jonathas , dont on trouve l'histoire au second livre des Rois , *chapitres* 4 , 9 , 16 & 19.

MIQUELETS , f. m. pl. ( *Hift. mod.* ) espèce de fantassins ou de brigands qui habitent les Pyrénées. Ils sont armés de pistolets de ceinture , d'une carabine à rouet , & d'une dague au côté. Les *miquelets* sont fort à craindre pour les voyageurs.

Les Espagnols s'en servent comme d'une très-bonne milice pour la guerre de montagnes , parce qu'ils sont accoutumés dès l'enfance à grimper sur les rochers. Mais hors de là , ce sont de très-mauvaises troupes. ( *A. R.* )

MIRABAUD , ( Jean Baptiste de ) ( *Hift. Litt. mod.* ) Provençal , secrétaire perpétuel de l'Académie Françoise , traducteur de la *Jerusalem délivrée* , du Tasse , & du *Roland Furieux* de l'Arioste. De meilleures traductions de ces deux ouvrages , faites depuis , n'ont cependant pas fait oublier celles de M. *Mirabaud.* Il eut pour successeurs , dans le secrétariat de l'Académie , M. Duclos & dans la place d'Académicien , M. de Buffon qui a fait de lui un fort bel éloge , où se trouve cette maxime générale très-importante & très-vraie : « *plus un homme est honnête & plus ses écrits lui ressemblent* , » mais à l'application , on ne voit pas trop comment M. de *Mirabaud* pouvoit se peindre dans la traduction du Tasse & de l'Arioste ; c'étoit le Tasse & l'Arioste qu'il devoit peindre & qu'il n'a peut-être pas assez bien peints. M. de *Mirabaud* mourut le 24 juin 1760 , âgé de quatre-vingt-six ans. On a fort mal-à-propos mis sous son nom , dix ans après sa mort , *le système de la nature* , ouvrage qu'il ne faut attribuer à personne.

MIRAMION , ( *Hift. mod.* ) ( Marie Bonneau dame de ) née à Paris en 1629 , mariée en 1645 , à Jean Jacques de Beauharnois , seigneur de *Miramion* , femme pieuse & charitable , connue par plusieurs fondations utiles ou nécessaires , entr'autres , par celle de Sainte Pelagie , & sur-tout par celle des dames qui de ce nom s'appellent Miramiones ; elle mourut en 1696. Le comte de Bussy-Rabutin avoit été violemment amoureux d'elle dans sa jeunesse , & l'avoit enlevée. L'Abbé de Choisy a écrit sa vie.

MIRANDE ou MIRANDOLE , (*Voyez* Pic de la)

MIRAUMONT , ( Pierre de ) ( *Hift. Litt. mod,* ) natif d'Amiens , Lieutenant de la prévôté de l'hôtel , auteur de *Mémoires* sur la prévôté de l'hôtel , d'un *traité des chancelleries* , & du livre intitulé : *origine des cours souveraines.* Mort en 1611.

MIRE , ( Aubert le ) ( *Hift. Litt. mod.* ) né à Bruxelles en 1573 , doyen de l'église d'Anvers , dont Jean le *Mire* son oncle étoit évêque , & premier aumônier & bibliothécaire de l'archiduc Albert d'Autriche , a beaucoup travaillé sur les origines monastiques , particulièrement sur celles des Bénédictins & des Chartreux ; on a recueilli en quatre volumes *in-folio* tous ses ouvrages sur l'histoire ecclésiastique. Il a travaillé aussi sur des sujets profanes. On a de lui un recueil de Chartres & de Diplomes concernant les Pays-Bas , sous le titre d'*Opera Historica & Diplomatica* , avec des notes , corrections & augmentations de Foppens , & des éloges des écrivains célèbres des Pays-Bas , éloges toujours trop forts , selon l'usage. Aubert le *Mire* a encore écrit la vie de Juste-Lipse , & on a de lui quelques ouvrages historiques utiles , tels que ceux-ci : *Rerum Belgicarum Chronicon ; De rebus Bohemicis.* Toutes les œuvres de le *Mire* sont en latin.

MIREPOIX , (*Voyez* Levis. )

MIRIWEYSS , (*Hift. mod. de Perfe*) rebelle fameux , par ses succès & par ses cruautés , fils d'un autre rebelle , qui avoit enlevé à l'Empereur de Perse la province de Candahar. *Miriweyss* prenoit en conséquence le titre de *prince de Candahar.* Ayant rassemblé une armée d'environ douze mille hommes , il remporta , le 8 mars 1722 , une grande victoire & s'empara d'Ispahan. Il abusa de la victoire & de la vengeance , il viola tous les traités de commerce que la Perse entretenoit avec les différentes puissances de l'europe ; il se rendit odieux , mais redoutable : Les ennemis de la Perse se joignirent à lui. En 1724 , le Mogol & le Turc lui fournirent des secours ; mais en 1725 les choses changèrent , ses vastes desseins alarmèrent ses voisins , & la Turquie ; loin de le seconder , se tourna contre lui ; il sut résister même avec avantage à la Turquie , mais c'étoit de ses propres vices qu'il avoit le plus à craindre ; il avoit enlevé une femme à son mari légitime ; le fils de cette femme , pour venger ou son père ou sa mère , ou tous les deux ensemble , tua le tyran au mois d'octobre 1725.

MIRMILLON , f. m. ( *Hift. anc.* ) espèce de gladiateurs qui étoient armés d'un bouclier & d'une faulx. On les distinguoit encore à la figure de poisson qu'ils portoient à leurs casques. ( *A. R.* )

MIROIR DES ANCIENS , ( *Hift. des Invent.* ) voici sur ce sujet des recherches qu'on a insérées dans l'histoire de l'Académie des Inscriptions , & qui méritent de trouver ici leur place.

La nature a fourni aux hommes , les premiers *miroirs.* Le cristal des eaux servit leur amour propre , & c'est sur cette idée qu'ils ont cherché les moyens de multiplier leur image.

Les premiers *miroirs* artificiels furent de métal. Cicéron en attribue l'invention au premier Esculape. Une preuve plus incontestable de leur antiquité , si notre traduction est bonne , seroit l'endroit de l'exode , *chap.* xxxviij. v. 8. où il est dit qu'on fondit les *miroirs* des femmes qui servoient à l'entrée du tabernacle, & qu'on en fit un bassin d'airain avec sa base.

Outre l'airain, on employa l'étain & le fer bruni ; on en fit depuis qui étoient mêlés d'airain & d'étain. Ceux qui se faisoient à Brindes passerent long-tems pour les meilleurs de cette derniere espèce ; mais on donna ensuite la préférence à ceux qui étoient faits d'argent ; & ce fut Praxitèle, différent du célèbre sculpteur de ce nom, qui les inventa. Il étoit contemporain de Pompée le grand.

Le badinage des poëtes & la gravité des jurisconsultes se réunissent pour donner aux *miroirs* une place importante dans la toilette des dames. Il falloit pourtant qu'ils n'en fussent pas encore, du moins en Grece, une pièce aussi considérable du tems d'Homère, puisque ce poëte n'en parle pas dans l'admirable description qu'il fait de la toilette de Junon, où il a pris plaisir à rassembler tout ce qui contribuoit à la parure la plus recherchée.

Le luxe ne négligea pas d'embellir les *miroirs*. Il y prodigua l'or, l'argent, les pierreries, & en fit des bijoux d'un grand prix. Sénèque dit qu'on en voyoit dont la valeur surpassoit la dot que le sénat avoit assignée des deniers publics à la fille de Cn. Scipion. Cette dot fut de 11000 as ; ce qui, selon l'évaluation la plus commune, revient à 550 livres de notre monnoie. On ornoit de *miroirs* les murs des appartemens ; on en incrustoit les plats ou les bassins dans lesquels on servoit les viandes sur la table, & qu'on appelloit pour cette raison *spécillatæ patinæ* ; on en revêtoit les tasses & les gobelets, qui multiplioient ainsi l'image des convives ; ce que Pline appelle *populus imaginum.*

Sans nous arrêter aux *miroirs ardens*, qui ne sont pas de notre sujet, passons à la forme des anciens *miroirs*. Il paroît qu'elle étoit ronde ou ovale. Vitruve dit que les murs des chambres étoient ornés de *miroirs* & d'abaques, qui faisoient un mélange alternatif de figures rondes & de figures quarrées. Ce qui nous reste de *miroirs anciens* prouve la même chose. En 1647 on découvrit à Nimégue un tombeau où se trouva entr'autres meubles, un *miroir* d'acier ou de fer pur, de forme orbiculaire, dont le diametre étoit de cinq pouces romains. Le revers en étoit concave, & couvert de feuilles d'argent, avec quelques ornemens.

Il ne faut cependant pas s'y laisser tromper : la fabrication des *miroirs* de métal n'est pas inconnue à nos artistes : ils en font d'un métal de composition qui approche de celui dont les anciens faisoient usage : la forme en est quarrée, & porte en cela le caractère du moderne.

Le métal fut long-tems la seule matière employée pour les *miroirs*. Il est pourtant incontestable que le verre a été connu dans les tems les plus reculés. Le hazard fit découvrir cette admirable matière environ mille ans avant l'époque chrétienne. Pline dit que des marchands de nitre qui traversoient la Phénicie, s'étant arrêtés sur le bord du fleuve Bélus, & ayant voulu faire cuire leurs viandes, mirent, au défaut de pierres, des morceaux de nitre pour soutenir leur vase ; & que ce nitre mêlé avec le sable, ayant été embrasé par le feu se fondit, & forma

une liqueur claire & transparente qui se figea, & donna la premiere idée de la façon du verre.

Il est d'autant plus étonnant que les anciens n'aient pas connu l'art de rendre le verre propre à conserver la représentation des objets, en appliquant l'étain derrière les glaces, que les progrès de la découverte du verre furent chez eux poussés fort loin. Quels beaux ouvrages ne fit-on pas avec cette matière ! quelle magnificence que celle du théâtre de M. Scaurus, dont le second étage étoit entièrement incrusté de verre ! Quoi de plus superbe, selon le récit de saint Clément d'Alexandrie, que ces colonnes de verre d'une grandeur & d'une grosseur extraordinaire, qui érnoient le temple de l'île d'Aradus !

Il n'est pas moins surprenant que les anciens, connoissant l'usage du crystal plus propre encore que le verre à être employé dans la fabrication des *miroirs*, ne s'en soient pas servis pour cet objet.

Nous ignorons le tems où les anciens commencèrent à faire des *miroirs* de verre. Nous savons seulement que ce fut des verreries de Sidon que sortirent les premiers *miroirs* de cette matière. On y travailloit très-bien le verre, & on en faisoit de très-beaux ouvrages, qu'on polissoit au tour, avec des figures & des ornemens de plat & de relief, comme on auroit pu faire sur des vases d'or & d'argent.

Les anciens avoient encore connu une sorte de *miroir* qui étoit d'un verre, que Pline appelle *vitrum Obsidianum*, du nom d'Obsidius qui l'avoit découvert en Ethiopie ; mais on ne peut lui donner qu'improprement le nom de *verre*. La matière qu'on y employoit étoit noire comme le jayet, & ne rendoit que des représentations fort imparfaites.

Il ne faut pas confondre les *miroirs* des anciens avec la pierre spéculaire. Cette pierre étoit d'une nature toute différente, & employée à un tout autre usage. On ne lui donnoit le nom de *specularis* qu'à cause de sa transparence ; c'étoit une sorte de pierre blanche & transparente qui se coupoit par feuilles, mais qui ne résistoit point au feu. Ceci doit la faire distinguer du talc, qui a bien la blancheur & la transparence, mais qui résiste à la violence des flammes.

On doit rapporter au tems de Sénèque l'origine de l'usage des pierres spéculaires ; son témoignage y est formel. Les Romains s'en servoient à garnir leurs fenêtres, comme nous nous servons du verre, sur-tout dans les sales à manger, pendant l'hiver pour se garantir des pluies & des orages de la saison. Ils s'en servoient aussi pour les litières des dames, comme nous mettons des glaces à nos carrosses ; pour les ruches, afin d'y pouvoir considérer l'ingénieux travail des abeilles. L'usage des pierres spéculaires étoit si général, qu'il y avoit des ouvriers dont la profession n'avoit d'autre objet que celui de les travailler & de les mettre en place. On les appelloit *specularii.*

Outre la pierre appellée *spéculaire*, les anciens en connoissoient une autre appellée *phengitès*, qui ne cédoit pas à la premiere en transparence. On la tiroit de la Cappadoce. Elle étoit blanche, & avoit la dureté du marbre. L'usage en commença du tems de Néron ; il s'en feroit pour conftruire le temple de la Fortune, renfermé dans l'enceinte, immenfis, de ce riche palais, qu'il appella la *maifon Dorée*. Ces pierres répandoient une lumière éclatante dans l'intérieur du temple ; il fembloit, felon l'expreffion de Pline, que le jour y étoit plutot renfermé qu'introduit, *tanquam inclusâ luce, non tranfmifsâ*.

Nous n'avons pas de preuves que la pierre fpéculaire ait été employée pour les *mirpies* ; mais l'hiftoire nous apprend que Domitien, dévoré d'inquiétudes & agité de frayeurs, avoit fait garnir de carreaux de pierre phengite, tous les murs de fes portiques, pour appercevoir, lorfqu'il s'y promenoit, tout ce qui fe faifoit derrière lui, & fe prémunir contre les dangers dont fa vie étoit menacée. ( *A. R.* )

MIRON, ( *Hift. de Fr.* ) François *Miron*, médecin de Charles IX, eut pour fils Gabriel *Miron*, qui fut Lieutenant-Civil. Celui-ci eut deux fils : François, Lieutenant-Civil & fur-tout Prévôt des marchands très-célèbre & très-célébré par Mézeray ; il fut nommé à cette dernière placée en 1604. Il mourut le 4 juin 1609, c'eft lui qui a fait faire la façade de l'hôtel de ville de Paris, qui paffoit alors pour un bel édifice : Robert, fon frère, préfident aux requêtes du palais, ambaffadeur en Suiffe ; fut auffi Prévôt des marchands, & à ce titre Préfident du tiers-état à l'affemblée des états-généraux de 1614. Il mourut en 1641.

Charles *Miron*, fils du prévôt des marchands, François, fut nommé à l'évêché d'Angers, par Henri III en 1588. Il n'avoit que dix-huit ans alors, & fur ce fondement le chapitre crut pouvoir s'oppofer à fa prife de poffeffion ; le chapitre perdit fa caufe, *Miron* prit poffeffion le 4 avril 1589 ; & fut facré à Tours par Simon de Maillé le 11 avril 1591. Attaché à Henri IV à la vie & à la mort ; il fut préfent à fon abjuration le 25 juillet 1593 ; à fon facre fait à Chartres le 27 février 1594 ; en 1610, il fit fon oraifon funèbre, il fe démit de fon évêché d'Angers en faveur de Guillaume Fouquet de la Varenne. Le cardinal de Richelieu auquel il faifoit ombrage à Paris, l'obligea de reprendre fon évêché d'Angers à la mort de Fouquet de la Varenne en 1621. Il en reprit poffeffion le 23 avril 1622, trente trois ans après la première prife de poffeffion. Il fut transféré à l'archevêché de Lyon en 1626. Mort doyen des prélats de France en 1628.

Un Robert *Miron*, maître des comptes, de la même famille, foit attaché au Roi, fut maffacré au fortir de l'hôtel de ville, dans l'émeute du 4 juillet 1652.

MIRZA ou MYRZA, ( *Hift.* ) titre de dignité qui fignifie *fils de prince* ; les Tartares ne l'accordent qu'aux perfonnes d'une race noble & très-ancienne.

Les filles du *mirza* ne peuvent époufer que des *mirzas*, mais les princes peuvent époufer des efclaves, & leurs fils on le titre de *mirza*. On dit que toutes les princeffes tartares ou *mirzas* font fujettes à la lunacie ; c'eft à ce figne qu'on juge de la légitimité de leur naiffance, leurs mères fur-tout s'en réjouiffent, parce que cela

prouve qu'elles ne font point nées d'un adultère ; les parens en font auffi très-joyeux, & ils fe complimentent fur ce qui, felon eux, eft une marque infaillible de nobleffe. Lorfque la lunacie fe manifefte, on célèbre ce phénomène par un feftin auquel les filles des autres *mirzas* font invitées, après quoi la lunatique eft obligée de danfer continuellement, pendant trois jours & trois nuits, fans boire, ni manger, ni dormir ; & cet exercice la fait tomber comme morte. Le troifième jour on lui donne un bouillon fait avec de la chair de cheval & de la viande. Après qu'elle s'eft un peu remife, on recommence la danfe, & cet exercice fe réitère jufqu'à trois fois ; alors la maladie eft guérie pour toujours. *Voyez* Cantemir, *Hift. ottomane.* ( — )

MIS, ( m. ( *Hift. du bas Empire* ) c'eft, comme on le dit dans le *Dictionnaire de Trévoux*, le nom que l'on donnoit autrefois aux commiffaires que les rois délèguoient dans les généralités ; & qui répond en partie aux intendans de nos jours. On voit, dans les vieux capitulaires, que Charles-le-Chauve nomme douze *mis* dans les douze miffis de fon royaume, on les appelloit *miffi dominici* ; fur quoi le P. d'Argone, fous le nom de Vigneul Marville, dit qu'un bibliothécaire ignorant rangea au nombre des miffels un traité *de miffis dominicis*, croyant que c'étoit un recueil des meffes du dimanche. Ces commiffaires informojent de la conduite des comtes, & jugeoient les caufes d'appel dévolues au roi, ce qui n'a eu lieu cependant que fous la deuxieme race. Sous la troifième, ce pouvoir a été transféré aux baillis & fénéchaux, qui depuis ont eu droit de juger en dernier reffort, jufqu'au tems que le parlement a été rendu fédentaire par Philippe-le-Bel. ( *D. J.* )

MISERATSIE, ( *Hift. mod.* ) c'eft le nom que les Japonois donnent à des curiofités des divers genres, dont ils ornent leurs appartemens. ( *A. R.* )

MISLA, f. m. ( *Hift. mod. Diete* ) c'eft une boiffon que font les Indiens fauvages, qui habitent la terre ferme de l'Amérique vers l'ifthme de Panama. Il y a deux fortes de *mifla* ; la première fe fait avec le fruit des plantes fraîchement cueilli, on le fait rôtir dans fa gouffe & on l'écrafe dans une gourde ; après en avoir ôté la pelure, on mêle le jus qui en fort avec une certaine quantité d'eau. La *mifla* de la féconde efpèce fe fait avec le fruit du platane féché, & dont on a formé une efpece de gâteau ; pour cet effet, on cueille le fruit dans fa maturité, & on le fait fécher à-petit-feu fur un gril de bois, & l'on en fait des gâteaux qui fervent de pain aux Indiens. ( *A. R.* )

MISSI DOMINICI, ( *Hift. de Fr.* ) c'eft ainfi que l'on nommoit fous les princes de la race carlovingienne, des officiers attachés à la cour des empereurs, que des princes e voyoient dans les provinces de leurs états, pour entendre les plaintes des peuples contre leurs magiftrats ordinaires, leur rendre juftice & redreffer leurs griefs, & pour veiller aux finances ; ils étoient auffi chargés de prendre connoiffance de la difcipline eccléfiaftique & de faire obferver les réglemens de police. Il paroît que ces *miffi dominici* faifoient les fonctions que le roi de

Francé a données depuis intendans de ses provinces.
(.—)

MISSILIA, s. m. pl. ( *Hist. anc.* ) présens en argent qu'on jettoit au peuple, On envelloppoit l'argent dans des morceaux de drap, pour qu'ils ne blessassent pas. On faisoit de ces présens aux couronnemens. Il y eut des tours bâties à cet usage. Quelquefois au lieu d'argent, on distribuoit des oiseaux, des noix, des dattes, des figues. On jetta aussi des dés, Ceux qui pouvoient s'en saisir alloient ensuite se faire délivrer le bled, les animaux, l'argent, les habits désignés par leur dé. L'empereur Léon abolit ces sortes de largesses qui entraînoient toujours beaucoup de désordre. Ceux qui les faisoient, se ruinoient ; ceux qui s'attroupoient pour y avoir part, y perdoient quelquefois la vie. Les largesses véritables, c'est le soulagement des impôts. Donner à un peuple qu'on écrase de subsides, c'est le revêtir d'une main, & lui arracher de l'autre la peau, ( *A. R.* ).

MISSON, ( Maximilien ) ( *Hist. Litt. mod.* ) zélé protestant, dont on lisoit beaucoup autrefois le voyage d'Italie, & parce qu'on n'en avoit pas encore de meilleur, & parce qu'il abonde en petites anecdotes satyriques contre l'église romaine. On a encore de *Misson* des *mémoires d'un voyageur en Angleterre*, & un petit ouvrage fanatique & polémique, intitulé le *théâtre sacré des Cevennes*, où il veut qu'on croye à toutes les prophéties & à toutes les petites mysticités frauduleuses qui accompagnoient la révolte des Cevennes au commencement de ce siècle. *Misson* mourut à Londres en 1721,

MITELLA, s. f. ( *Hist. anc.* ) espèce de bonnet qui s'attachoit sous le menton. C'étoit une coëffure des femmes que les hommes ne portoient qu'à la campagne. On appella aussi *mitella* des couronnes d'étoffe de soie, bigarées de toutes couleurs, & parfumées des odeurs les plus précieuses. Neron en exigeoit de ceux dont il étoit le convive. Il y en eut qui coûtèrent jusqu'à quatre millions de sesterces, ( *A. R.* ).

MITHRIDATE, ( *Hist. rom. en Asie* ) nom de plusieurs rois de Pont : *Mithridate VI.* surnommé Eupator, ce grand ennemi des romains, est le plus célèbre de tous. Il étoit d'un sang des plus nobles de l'Univers, Racine a dit ;

Qui voit jusqu'à Cyrus remonter ses ayeux ;

Ce qui ne seroit pas exactement vrai, si, comme le pensent plusieurs savans, il descendoit de Darius, fils d'Hystaspe par Artabazane, fils aîné de Darius & frère aîné de Xerxès ; car Xerxès descendoit de Cyrus par Atosse, sa fille, une des femmes de Darius, & ce fut la raison pour laquelle il fut préféré pour le trône à son frère aîné Artabazane, qui, né d'une autre mère, étoit étranger à Cyrus, fondateur de l'empire des Perses. Artabazane obligé de céder cet empire à Xerxès & l'ayant cédé de bonne grâce, obtint de lui un établissement sur la côte du Pont-Euxin : de là le royaume de Pont.

Le père de *Mithridate*, nommé *Mithridate Evergete*, étoit le premier de sa race qui eût fait alliance avec les romains. L'avénement de *Mithridate* Eupator ou le grand, peut se rapporter à l'an de rome 629, avant J. C. 123. Il fut élevé par des tuteurs perfides qui tenterent tous les moyens de le faire périr, mais leur mauvaise volonté tourna toujours à son avantage ; ils lui faisoient monter un cheval farouche & indompté, ils le condamnoient aux exercices les plus violens & les plus dangereux ; il arriva de là qu'il devint le meilleur cavalier, l'homme le plus robuste & le plus adroit de son royaume. Ils tenterent le poison, le jeune prince qui s'en défioit, se précautionna par l'usage des contrepoisons, & seul entre tous les hommes, dit Pline, il contracta l'habitude de prendre tous les jours du poison après s'être muni d'Antidotes. Il inventa même des contrepoisons, dont un avoit retenu son nom.

Des plus chères mains craignant les trahisons
J'ai pris soin de m'armer contre tous les poisons,
J'ai su par une longue & pénible industrie
Des plus mortels venins prévenir la furie.

La chasse & la guerre, dont il fit un usage continuel, l'accoutumèrent au sang & le rendirent féroce & cruel autant que hardi & vigoureux. Justin dit d'après Trogue Pompée, que *Mithridate* vécut sept ans entiers dans les forêts, y passant les nuits comme les jours, sans entrer non-seulement dans aucune ville, mais même dans aucune maison de paysan. Quand il eut quitté cette vie sauvage & innocente, où du moins il ne tuoit que des bêtes, il fit mourir ses tuteurs, son frère, ses fils, ses filles, ses femmes, ses maîtresses, Laodice sa sœur dont il avoit fait aussi sa femme, & qui lui ayant été infidèle pendant une de ses longues absences, avoit tenté de l'empoisonner à son retour ; cependant il est moins diffamé par ces crimes que célèbre comme un grand roi :

Qui seul a durant quarante ans
Lassé tout ce que Rome eut de chefs importans,
Et qui dans l'Orient balançant la fortune
Vengeoit de tous les rois la querelle commune,
Qui de Rome toujours balançant le destin,
Tenoit entre elle & lui l'univers incertain ;

Et qui nous plaît enfin par sa seule haine pour les Romains, peuple conquérant, peuple aussi odieux qu'admirable. *Mithridate* aussi conquérant & aussi injuste qu'eux, mais moins heureux & par-là plus intéressant, chercha d'abord à s'aggrandir du côté du nord du Pont-Euxin & vers les Palus Méotides, mais bien-tôt tournant ses vûes vers le midi, l'Asie Mineure devint l'objet de son ambition ; elle étoit alors partagée entre les romains & *Mithridate* & quelques autres rois, dont les romains se rendoient ou les protecteurs ou les oppresseurs, selon les intérêts de leur politique ; il résolut de chasser les Romains de l'Asie & de dépouiller ces autres rois. Il attaqua d'abord ceux-ci, ( il fit que les romains prendroient leur défense, non par zèle pour eux, mais pour empêcher son aggrandissement ; il parut d'abord vouloir

ménager les romains jufqu'à ce qu'il eût formé contre eux une ligne affez puiffante pour éclater. Tigrane,
fon gendre, Roi d'Arménie, lui fourniffoit des troupes, tous les rois de l'Orient étoient dans fes intérêts,
l'Egypte & la Phénicie fourniffoient fa flotte de pilotes
expérimentés; tout lui réuffit d'abord, toute l'Afie
Mineure fe foumit à lui; il fait prifonnier Oppius, un
général romain & le traîne par-tout à fa fuite; comme
les romains dans leurs triomphes traînoient les rois
vaincus à la fuite d'un char; ayant auffi vaincu &
pris Aquilius, autre général Romain, il le traita encore
avec bien plus d'outrages, il le fit charger de chaînes,
battre de verges, promener publiquement fur un
âne, attacher par une chaîne à un Baftarne d'une
hauteur démefurée, qui étoit à cheval & qu'il étoit
obligé de fuivre à pied; il finit par lui faire verfer
de l'or fondu dans la bouche, pour infulter à l'avidité
qu'il lui reprochoit & qu'on lui reprochoit.

De ces cruautés particulières, Mithridate s'éleva par
dégrés à des cruautés publiques. Il envoya un ordre
à tous les gouverneurs des provinces & des villes de
fon obéiffance dans l'Afie, de maffacrer en un feul
jour tout ce qui fe trouvoit de Romains dans l'Afie.
L'ordre fut exécuté avec autant de barbarie qu'il avoit
été donné. Il en coûta la vie à cent mille Romains,
hommes, femmes, enfans. C'eft un de ces grands
maffacres, une de ces horribles perfidies qui fouillent
les annales du monde, & cependant Mithridate n'infpire
point d'horreur, parce qu'il s'agiffoit des Romains.
Xipharès dit à Mithridate:

N'en attendez jamais qu'une paix fanguinaire,
Et telle qu'en un jour un ordre de vos mains
La donna dans l'Afie à cent mille Romains.

Xipharès veut ici complaire à Mithridate, & applaudir à fa haine pour les Romains; mais il femble
que je perfonnage intéreffant de la pièce, perfonnage réputé vertueux, ne devroit pas applaudir à ce
lâche affaffinat, où la foi publique eft fi indignement
trahie. Il avoit d'autres éloges à donner à Mithridate,
& des exploits plus glorieux à célébrer; celui-là eft
trop infâme: un fils n'en devoit point rappeller la
mémoire.

Mithridate ayant pris Stratonicée, ville de Carie,
y vit cette Monime que Racine a célébrée. Il l'aima;
mais cet amour ne l'engagea d'abord qu'à la féduire. Il
lui envoya quinze mille pièces d'or, croyant, dit Racine:

Qu'elle lui céderoit une indigne victoire.

Sa vertu & fes refus n'ayant fait qu'irriter l'amour
de Mithridate, il lui envoya le bandeau royal, &
l'époufa folemnellement. Elle n'en fut que plus malheureufe. » La pauvre dame, dit Amyot, traduction
de Plutarque, depuis que ce roi l'eut époufée, avoit
» vécu en grande déplaifance, ne faifant continuel-
» lement autre chofe que de plorer. la malheureufe
n° beauté de fon corps, laquelle, au lieu d'un mari,
» lui avoit donné un maître, & au lieu de compagnie
» conjugale, & que doit avoir une dame d'honneur;

» lui avoit baillé une garde & garnifon d'hommes
» barbares, qui là tenoit comme prifonnière loin du
» doux pays de la Grèce, en lieu où elle n'avoit qu'un
» fonge & une ombre de biens, & au contraire
» avoit réellement perdu les véritables dont elle jouiffoit
» au pays de fa naiffance. « Mithridate, vaincu par
Lucullus, craignit que fes femmes ne tombaffent au
pouvoir du vainqueur; & les fit toutes tuer. Plus il
aimoit Monime, moins fa jaloufie pouvoit l'épargner,
dans cette conjoncture » Et quand l'eunuque fut arrivé
» devers elle, pourfuit Amyot, & lui eût fait com-
» mandement de par le roi, qu'elle eût à mourir; à donc
» elle s'arracha d'alentour de la tête fon bandeau royal
» &. fe le nouant à l'entour du col, s'en pendit; mais
» le bandeau ne fut pas affez fort, & fe rompit in-
» continent; & lors elle fe prit à dire: ô maudit
» & malheureux tiffu, ne me ferviras-tu point au
» moins à ce trifte fervice? En difant ces paroles, elle
» le jetta contre terre, crachant deffus, & tendit la
» gorge à l'eunuque ».

Philopémen, père de Monime, n'avoit rien de commun avec le fameux chef de la ligue achéenne.

Quant à Mithridate, on l'a beaucoup comparé avec
Annibal, qu'il paroiffoit avoir pris pour modèle. Xipharès, qui partageoit la haine de fon père pour les
Romains, pouvoit lui dire comme la chofe du monde la
plus propre à le flatter:

Rome pourfuit en vous un ennemi fatal,
Plus conjuré contre elle & plus craint qu'Annibal.

Mais hors de cette fituation, peut-on juftement comparer à cet Annibal, qui pendant dix-fept ans ravagea
l'Italie avec une armée victorieufe, épouvanta & preffa
Rome même, l'humilia & l'affoiblit par tant de grandes
batailles, ne laiffa enfin à fes généraux, après la bataille
de Cannes, que l'honneur de n'avoir point défefpéré de
fon falut? peut-on, difons-nous, lui comparer pour les
fuccès ce Mithridate toujours fucceffivement vaincu par
Sylla, par Lucullus, par Pompée; jamais heureux que
contre les alliés des Romains, tels qu'Ariobarzane, roi
de Cappadoce, & Nicomède, roi de Bithynie, ou
contre des généraux Romains de peu de gloire, & dont
l'avantage le plus fignalé fur les Romains, fut ce lâche
& odieux maffacre qu'il en fit faire dans toute l'Afie.
Mithridate doit bien moins redoutable aux Romains par
la force de fes armes, qu'incommode & fatiguant par
le renouvellement perpétuel de fes efforts toujours opiniâtres & toujours malheureux, qui l'ont fait comparer
par Florus à un ferpent menaçant encore de la queue
lorfque fa tête eft écrafée. More anguium, dit-il, qui
obtrito capite, poftrémum caudâ minantur. S'il eft un
général auquel on puiffe le comparer, ce n'eft point
Annibal, auquel il ne reffembloit que par la haine de
Rome, c'eft Jugurtha, dont il avoit en effet les talens
& les vices, & dont il eut à peu près le fort, excepté
qu'il fut échapper à l'humiliation d'être traîné en
triomphe. S'il étoit poffible de dire qu'il eft jufte
qu'un père périffe par les complots de fes fils, on le
diroit de Mithridate: il avoit fait périr prefque tous

fes fils, il venoit d'égorger Xipharés fon fils innocent, pour punir fa mère coupable, & cette mère malheureufe vit, du rivage oppofé du Bofphore, tomber cette déplorable victime de la vengeance d'un père & de l'infidélité d'une mère. Il reftoit Pharnace, objet de la prédilection de. *Mithridate*, &, qu'il défignoit pour fon fucceffeur; mais aucun fils ne pouvoit prendre confiance en un tel père. Pharnace confpira contre *Mithridate*. Le projet fut découvert, il alloit être puni ;· l'ordre étoit donné d'arrêter. Pharnace ; l'armée fe fouleva, proclama Pharnace, affiégea *Mithridate* dans un château. Ce malheureux père fut réduit à demander la vie à fon fils, qui rejetta fa prière. *Mithridate* défefpéré, empoifonna fes femmes & fes filles, voulut s'empoifonner lui-même, & comme le dit Racine :

> D'abord il a tenté les atteintes mortelles
> Des poifons que lui-même a cru les plus fideles,
> Il les a trouvés tous fans force & fans vertu.....
> Auffitôt dans fon fein il plonge fon épée ;
> Mais la mort fuit encor fa grande ame trompée,

Il fe fit achever par quelques guerriers ; mais ce ne fut pas fans avoir prononcé contre fon fils la malédiction des pères outragés.

> *Diris agam vos, dira detestatip*
> *Nullá expiatur victimá.*

Sa mort tombe à l'année 689 de Rome, avant J. C. 63.

MITOTE, f.f. ( *Hift. mod.* ) danfe folemnelle qui fe faifoit dans les cours du temple de la ville de México, à laquelle les rois même ne dédaignoient pas de prendre part. On formoit deux cercles l'un dans l'autre ; le cercle intérieur, au milieu duquel les inftrumens étoient placés, étoit compofé des principaux de la nation ; le cercle extérieur étoit formé par les gens les plus graves d'entre le peuple, ornés de leurs plumes & de leurs bijoux les plus précieux. Cette danfe étoit accompagnée de chants, de mafcarades, de tours d'adreffe. Quelques-uns montoient fur des écaffes, d'autres voltigeoient & faifoient des fauts merveilleux ; en un mot, les Efpagnols étoient remplis d'admiration à la vûe de ces divertiffemens d'un peuple barbare. ( *A. R.* )

MITTA, f.f. ( *Hift. mod.* ) étoit anciennement une mefure de Saxe, qui tenoit 10 boiffeaux. ( *A. R.* )

MOAB, ( *Hift. Sacr.* ) né de Loth, ainfi qu'Ammon, dans le défert, après l'embrâfement de Sodome & des autres villes de la Pentapole, fut le père & le chef d'un peuple nommé de fon nom les Moabites. Ceux-ci habitoient à l'orient du Jourdain & de la mer morte, fur le fleuve Arnon, dans un pays qu'ils avoient conquis fur les géans Enacim, & que les Amorrhéens réprirent dans la fuite en partie fur les Moabites. ( *Généfe, chap. 19 & ailleurs.* )

MOATAZALITES ou MUTAZALITES, ( *Hift. Turq.* ) nom d'une fecte de la religion des Turcs, qui fignifie *feparés*, parce qu'ils firent une efpèce de fchifme avec

les autres fectes, ou parce qu'ils font divifés d'elles dans leurs opinions. Ils prennent le titre de *l'unité* & de la *juftice* de Dieu, & difent que Dieu eft éternel, fage, puiffant, mais qu'il n'eft pas éternel par fon éternité, ni fage par fa fageffe, & ainfi de fes autres attributs, entre lefquels ils ne veulent admettre aucune diftinction, de peur de multiplier l'effence divine. La fecte qui leur eft la plus oppofée, eft celle des Séphalites, qui foutiennent qu'il y a en Dieu plufieurs attributs réellement diftingués, comme la fageffe, la juftice, &c. Ricaut *de l'Emp. ottom.* (*A. R.*)

MOAVIAS, ( *Hift. des Califes.* ) général du Calife. Othman, connu par des deftructions, entr'autres par celle du coloffe de Rhodes, ouvrage mémorable de Charès. *Moavias* le fit brifer, & en fit porter les morceaux à Alexandrie fur neuf cent chameaux. Mort en 680.

MOCENIGO. ( *Hift. de Vénife.* ) C'eft le nom d'une maifon illuftre chez les Vénitiens & qu a donné à Venife plufieurs Doges célèbres, & plufieurs citoyens utiles : 1°. André *Mocenigo* qui vivoit en 1522, fut employé dans les plus grandes affaires par fa république, qui eut à fe louer de fon zèle & de fes talens. Il a laiffé deux morceaux d'hiftoire, l'un en latin : *De bello Turcarum* ; l'autre en italien : *La guerra di Cambrai.* Ce dernier ouvrage n'a pas été inutile à l'Abbé Dubos pour la compofition de fon hiftoire de la ligue de Cambrai.

2°. Louis *Mocenigo*, nommé Doge en 1570. Lorfque les Turcs eurent pris l'ifle de Chypre, ce Doge fe ligua contre eux avec le pape & le roi d'Efpagne, & ce fut alors que ces trois puiffances gagnèrent la célèbre bataille de Lépante, le 7 octobre 1571. Louis *Mocenigo* mourut en 1576. Son gouvernement avoit été agréable à fa patrie, & brillant aux yeux des étrangers.

3°. Sébaftien *Mocenigo*, un des defcendans de Louis, élu Doge le 28 août 1722, après avoir été provéditeur général de la mer, gouverneur de la Dalmatie & commiffaire de la république, pour régler avec les commiffaires Turcs les limites des deux états. Mort en 1732.

MODEL, ( *Hift. Litt. mod.* ) médecin & favant Allemand, établi en 1737 en Ruffie, où il eut la direction des apothicaireries impériales, mórt à Pétersbourg le 2 avril 1775, a publié plufieurs ouvrages qui ont été traduits en françois par M. Parmentier, fous le titre de Récréations phyfiques, économiques & chimiques.

MODENE. *Voyez* EST.

MODIMPERATOR, f. m. ( *Hift. anc.* ) celui qui défignoit dans un feftin les fantés qu'il falloit boire, qui veilloit à ce qu'on n'enivrât pas un convivé, & qui prévenoit les querelles. On tiroit cette dignité au fort. Le *modinperator* des Grecs s'appelloit *fympofiarque* ; il étoit couronné. ( *A. R.* )

MODIOLUM, f. m. ( *Hift. anc.* ) efpèce de bonnet à l'ufage des femmes grecques. Il reffembloit à un petit feau, ou à la mefure appellée *modiolus*. ( *A. R.* )

MODIOLUS

MODIOLUS, f. m. ( *Hift. anc.* ) c'étoit la quatrième partie du modius. C'étoit auffi un vaiffeau à boire,
& un feau à puifer de l'eau. C'eft la configuration qui
avoit raffemblé ces objets fous une même dénomination. ( *A. R.* )

MODIUS, f. m. ( *Hift. anc.* ) mefure antique qui
fervoit à mefurer les chofes sèches, & tous les grains chez
les Romains ; elle contenoit trénte-deux hemines ou
feize-fetiers , ou un tiers de *l'amphora* ; ce qui revient à
un picotin d'Angleterre. Il a huit litrons, mefure de
Paris. ( *A. R.* )

MOEBIUS. ( *Hift. Litt. mod.* ) C'eft le nom de
deux favans médecins allemands, père & fils, tous
deux ayant pour nom de baptême Godefroy. Le père
a beaucoup écrit fur diverfes parties de la médecine.
Il mourut en 1664.

C'eft auffi le nom d'un théologien Luthérien ,
( George ) mort en 1697, auteur d'un *Traité de
l'origine de la propagation & de la durée des oracles
des payens* , *contre Vandale*. Le père Baltus s'en eft
fervi contre M. de Fontènelle.

MOENIUS, ( Caïus ) ( *Hift. Romaine.* ) conful
romain. Il attacha autour de la tribune aux harangues
les becs ,& les éperons des navires qu'il avoir pris
à la bataille d'Antium , l'an 338 avant J. C. , & c'eft
ce qui a fait donner à la tribune aux harangues le nom
de *Roftra*.

Horace , dans la fatire quinzième du livre premier,
parle d'un *Mænius* , fameux diffipateur.

*Mænius ut rebus maternis atque paternis
Fortiter abfumptis* , *&c.*

Ayant mangé tout fon bien , il vendit aux cenfeurs une
maifon qu'il avoit dans la place publique , & he s'en
réferva qu'une colonne fur le haut de laquelle il pratiqua une loge pour voir les jeux. *Mænius columnam
cùm exciperet*, dit Lucilius.

Ce *Mænius* étoit auffi renommé & rédouté pour
fes médifances.

*Quælibet in quemvis opprobria fingere fævus* ,

dit Horace dans l'endroit cité & dans la troifième fatire
du livre premier,

*Mænius abfentem Novium cùm carperet heus ! tu
Quidam ait , ignoras te an ut ignotum dare nobis
Verba putas ? egomet mi igne/to , Mænius inquit ,
Stultus & improbus hic amor eft dignufque notari.*

MOESTLIN, ( Michel ) ( *Hift. Litt. mod.* ) mathématicien célèbre qui découvrit le premier la raifon
de cette foible lumière qui paroît fur la lune lorfqu'elle
eft renouvellée ou lorfqu'elle eft près de l'être, mort
à Heidelberg en 1650.

MOHOCKS ou MOHAWKS , ( *Hift. mod.* ) c'eft
ainfi qu'on nomme une nation de fauvages de l'Amérique feptentrionale , qui habitent la nouvelle Angleterre.
*Hiftoire. Tome III.*

Ils ne fe vétiffent que des peaux des bêtes qu'ils tuent
la chaffe , ce qui leur donne un afpect très-effrayant ; ils
ne vivent que de pillage & traitent avec la dernière
cruauté ceux qui ont le malheur de tomber entre leurs
mains, mais ils ne font , dit-on , rien moins que braves
lorfqu'on leur oppofe de la réfiftance ; on affure qu'ils
font dans l'ufage d'enterrer tout vifs leurs vieillards , lorfqu'ils ne font plus propres aux brigandages & aux expéditions. En 1712, ils s'éleva en Angleterre une troupe
de jeunes débauchés qui prenoient le nom de *mohocks* ;
ils parcouroient les rues de Londres pendant la nuit , &
faifoient éprouver toutes fortes de mauvais traitemens
à ceux qu'ils rencontroient dans leurs courfes nocturnes.
( *A. R.* )

MOINE. ( le ) ( *Hift. mod.* ) divers perfonnages
ont illuftré ce nom de *le Moine*.

1°. Le Cardinal *le Moine*, ( Jean ) évêque de Meaux,
qui a fondé à Paris, rue S. Victor, le collége de fon
nom. C'étoit un célèbre Ultramontain, digne miniftre
du pape Boniface VIII ; qui l'envoya légat en France.
l'an 1303 , dans le cours de fes démélés avec Philippe-
le-Bel. Il mourut à Avignon en 1313. On a de lui un
commentaire fur les décrétales.

2°. Etienne *le Moine*, miniftre proteftant, auteur du
*Varia facra*. On lui doit la publication du livre de *Nilus
Doxapatrius* touchant les cinq patriarchats. Mort
en 1689.

3°. Pierre *le Moine*, Jéfuite, auteur du poëme de
S. Louis , & de quelques autres ouvrages moins connus.
Defpréaux difoit de lui : *Il eft trop fou pour que j'en
dife du bien ; il eft trop pofté pour que j'en dife du
mal*. Son poëme feroit une preuve de l'un & de l'autre.
Il ne feroit que trop aifé de tirer une multitude de
mauvaifes épigrammes , de penfées puériles , de traits
forcés , de vers gothiques ; mais le P. le Moine a quelquefois tiré parti fort ingénieufement de certaines circonftances hiftoriques, relatives à fon fujet. Tout le monde
connoît ce conte vrai ou faux rapporté par tant d'hiftoriens : que le Vieux de la Montagne avoit fous fes
ordres une multitude d'affaffins qu'il envoyoit en différentes contrées égorger les rois & les princes qu'il leur
défignoit. Il en envoya, dit-on, deux en France pour
tuer St. Louis ; mais depuis , touché de la vertu de ce
grand roi , il fe hâta de le contremander, & en attendant qu'on les eût trouvés, il fit avertir le roi de
prendre garde à lui. Voici comment le P. le Moine
déguife & embellit ce fait :

Au milieu d'un tournoi que donnoit S. Louis ert
réjouiffance de la prife de Damiette, parut tout-à-coup
un chevalier inconnu qui portoit dans fes armes deux
haches en fautoir fur des têtes de rois ; il demande à
courir contre fix des plus braves de l'armée , qu'il renverfe tous. Enorgueilli par fes fuccès ; il demande à
courir contre le roi - même , qui veut bien y
confentir. L'inconnu prend fur lui pour le combat :

*Un pin noueux & vert
Armé d'un long acier fous l'écorce couvert*,

C'étoit violer les loix des tournois qui n'admettoient

E e e e

que des lances fans fer, & le roi n'avoit point d'autre arme : il évite avec art le fer du perfide étranger, & brifant fa lance contre lui, il le renverfe & lui crève un œil. Ce malheureux avoue fon projet criminel & l'ordre qu'il avoit reçu

Du vieillard affaffin des rois fi redouté.

Louis lui pardonne fon attentat, & récompenfe fa valeur par des préfens magnifiquess
Dans le 8ᵉ. livre, un ange tranfporte S. Louis au ciel dans un char de feu : J. C. lui offre trois couronnes à fon choix. S. Louis choifit la couronne d'épines, & la préfère à celles de deux empires. Triple & heureufe allufion faite d'un feul trait : 1°. au fujet du poëme, qui eft la conquête de la couronne d'épines : 2°. au refus que S. Louis fit véritablement de la couronne impériale qui lui fut offerte par le pape pour le comte d'Artois fon frère ; 3°. A la préférence que donna Salomon à la fageffe fur tous les autres biens dont Dieu lui propofoit le choix.

Le P. *le Moine*, fans le fecours de l'hiftoire, imagine quelquefois des fituations intéreffantes: l'ombre de Saladin, évoquée par l'enchanteur Mirême, déclare au fultan Mélédin qu'il ne peut conferver fa couronne, qu'en immolant fon fils ou fa fille. Mélédin choifit comme un moindre mal d'immoler Zahide fa fille, qui confent généreufement à fon trépas, ce qu'elle eût dû faire fans employer cette équivoque :

Et le fer inhumain du trifte exécuteur
M'ouvrira *l'eftomac* fans ébranler *mon cœur.*

Il n'auroit pas fallu non plus que le fer en fe levant, femblât de regret jetter un trifte éclair. Tandis que Mélédin eft prêt à frapper fa fille, amenée en pompe fur le bord du Nil pour ce facrifice, il fe fent arrêter le bras. C'étoit Muratan fon fils : ce jeune prince veut mourir pour fa fœur. Muratan n'en croit que fon cœur, il fe tue, il accomplit l'oracle. Ce trait feroit beau dans un beau poëme.

Il arrive quelquefois au P. *le Moine* d'avoir le ftyle épique, & d'être harmonieux fans être empoulé. Voici, par exemple, une image forte dans le récit des fonges qui toutes les nuits venoient effrayer Mélédin :

L'innocente fultane, à qui fur un foupçon
Il fit donner la mort par un traître échanfon,
Venoit toutes les nuits, terrible & menaçante,
Arracher de fon front fa couronne fanglante.

Il y a des vers bien tournés dans cette leçon fur la tolérance, conforme ce paffage de l'évangile :» Votre » père, qui eft dans les cieux, fait lever fon foleil » fur les bons & fur les méchans, & fait pleuvoir » fur les juftes & fur les injuftes. « Matt. chap, 6 , verf. 45.

Dieu, comme le foleil, remplit de fes bontés
Les lieux déferts non moins que les lieux habités...

Il n'eft rien que fa main n'élève & ne cultive,
Rien qui fous fes regards & dans fon fein ne vive;
Celui qui s'eft foumis au culte de la croix,
Celui qui du Talmud fuit les bizarres loix....
Sujets à fa conduite & nourris par fes foins
Le trouvent toujours prêt à remplir leurs befoins.
Aux courfes du pirate, il prête fes étoiles,
Il lui prête les vents qui rempliffent fes voiles ;
Et la mer, comme lui, fert fans diftinction, .
Le dévot de la Mecque & celui de Sion.

Le P. *le Moine* étoit né en 1602, à Chaumont en Baffigny, il mourut en 1672 à Paris.
4°. François *le Moine*, premier Peintre du roi. Ce n'eft pas à nous à apprécier fes talens ; d'ailleurs, qui ne connoit la coupole de la chapelle de la Vierge, à S. Sulpice, & fur-tout le Sallon d'Hercule à Verfailles ? Nous ne parlerons que de fon perfonnel ou plutôt nous ne parlerons que de fa mort. Il étoit naturellement mélancolique, & diverfes conjonctures pouffèrent cette difpofition jufqu'à la folie ; il fe faifoit lire l'hiftoire romaine, & toutes les fois qu'un romain fe tuoit, il étoit faifi d'admiration & s'écrioit avec enthoufiafme : *Ah ! la belle mort !* Un de fes amis qui avoit fait avec lui le voyage d'Italie, devoit le venir prendre pour le mener à la campagne, où il fe propofoit de lui faire prendre quelques remèdes dont fa tête, qui s'échauffoit, paroiffoit avoir befoin. Il arrive au jour & au moment convenus. *Le Moine* entend frapper à fa porte : fon imagination s'égare, il fe repréfente des archers qui viennent l'arrêter, il s'enferme, fe donne de neuf coups d'épée, ouvre enfuite la porte, & tombe mort aux yeux de fon ami, le 4 juin 1737, à quarante-neuf ans. Il étoit né en 1688.
5°. Abraham *le Moine*, né en France vers la fin du dernier fiècle, mourut en 1760 en Angleterre, où il étoit miniftre proteftant. Il a traduit *les témoins de la réfurrection*, &c. de l'évêque Sherlock ; *l'ufage & les fins de la prophétie*, du même ; les *Lettres Paftorales* de l'évêque de Londres.

MOINE LAY ou OBLAT, foldat eftropié que différentes abbayes royales en France étoient obligées de recevoir, elles étoient auffi obligées de lui donner une portion comme à un autre moine. L'*oblat* étoit obligé de balayer l'églife & de fonner les cloches. Louis XIV en fondant les invalides y attacha les fonds dont les abbayes royales étoient chargées à l'occafion des foldats hors de fervice. Depuis la fondation de cet hôtel, il n'y a plus de *moine lay*. (*A. R.*)

MOIVRE, ( Abraham ) ( *Hift. Litt. mod.* ) de la Société royale de Londres, & de l'Académie des Sciences de Paris. On a de lui un traité des chances en Anglois, un Traité des rentes viagères, divers Mémoires dans les tranfactions philofophiques, entr'autres, une analyfe des jeux de hazard ; dans laquelle il prit une route différente de celle de M. de Montmort. Il joignoit aux connoiffances mathématiques le goût de la littérature, & malgré le plus grand refpect pour Newton, dont il fe regardoit comme le disciple, il avouoit qu'il auroit encore mieux aimé être Molière que Newton. Né en 1667, il avoit vu jouer la troupe de Molière ; il en avoit été frappé, & soixante-dix ans encore après, & bien avant dans ce siècle, il retraçoit à la génération nouvelle, la manière dont les acteurs qui avoient vu Molière & qui avoient été formés par lui, représentoient ses pièces. Il passoit pour être d'une franchise que les nations polies se sont interdite depuis long-temps. Quelqu'un croyant lui faire un compliment en lui disant que les mathématiciens n'avoient guères de religion : *J'en ai assez*, lui dit-il, *pour vous pardonner cette sottise.* Un des plus grands seigneurs de l'Angleterre lui faisant un reproche d'amitié sur ce qu'il venoit rarement dîner chez lui : *Je ne suis pas assez riche*, dit-il, *pour avoir souvent cet honneur-là.* Chacun sait que c'étoit l'usage, en Angleterre, quand on dînoit en ville, de donner quelque argent à tous les domestiques de la maison où on dînoit. Abraham *Moivre* perdit la vue &. l'ouïe dans les dernières années de sa vie, & le besoin de sommeil, suite de l'extinction de ses sens, augmenta tellement, que sur les vingt-quatre heures du jour, il dormoit vingt heures. Il mourut à Londres en 1754. Il étoit de Vitry en Champagne.

Gilles ou Gillet *de Moivre*, avocat, a donné en 1743, une vie de Tibulle, & en 1746 une vie de Properce, avec des imitations en vers françois, des élégies de ces deux poëtes.

**MOKISSOS** ( *Hist. mod. superstition* ) Les habitans des royaumes de Loango & de Benguela en Afrique, & plusieurs autres peuples idolâtres de cette partie du monde désignent sous ce nom des génies ou démons, qui sont les seuls objets de leur adoration & de leur culte. Il y en a de bienfaisans & de malfaisans ; on croit qu'ils ont des départemens séparés dans la nature, & qu'ils sont les auteurs des biens & des maux que chaque homme éprouve. Les uns président à l'air, d'autres aux vents, aux pluies, aux orages : on les consulte sur le passé & sur l'avenir. Ces idolâtres représentent leurs *mokissos* sous la forme d'hommes ou de femmes grossièrement sculptés ; ils portent les plus petits suspendus à leur cou ; quant à ceux qui sont grands, ils les placent dans leurs maisons ; ils les ornent de plumes d'oiseaux & leur peignent le visage de différentes couleurs.

Les prêtres destinés au culte de ces divinités, ont un chef appelé *enganga-mokisso*, ou *chef des magiciens.* Avant que d'être installé prêtre, on est obligé de passer par un noviciat étrange qui dure quinze jours ; pendant ce tems, le novice est confiné dans un cabinet solitaire ; il ne lui est permis de parler à personne, & pour s'en souvenir, il se fourre une plume de perroquet dans la bouche. Il porte un bâton, au haut duquel est représenté une tête humaine qui est un *mokisso.* Au bout de ce temps le peuple s'assemble, & forme autour du récipiendaire une danse en rond, pendant laquelle il invoque son dieu, & danse lui-même autour d'un tambour qui est au milieu de l'aire où l'on danse. Cette cérémonie dure trois jours, au bout desquels l'enganga ou chef des contorsions, des folies & des cris comme un frénétique ; il se fait des plaies au visage, au front & aux tempes ;

il avale des charbons ardens, & fait une infinité de tours que le novice est obligé d'imiter. Après quoi il est aggrégé au collège des prêtres ou sorciers, nommés *fetisseros*, & il continue à contrefaire le possédé, & à prédire l'avenir pendant le reste de ses jours. Belle vocation ! ( *A. R.* )

**MOKOMACHA,** ( *Hist. mod.* ) c'est le titre que l'on donne dans l'empire du Monomotapa à un des plus grands seigneurs de l'état, qui est le général en chef de ses forces. ( *A. R.* )

**MOLAC.** ( *Voyez* SÉNÉCHAL ) ( le )

**MOLACHEN**, s. m. ( *Hist. mod.* ) monnoie d'or des Sarrasins. C'est, à ce qu'on pense, la même que le miloquin. ( *A. R.* )

**MOLANUS,** ( Jean ) ( *Hist. Litt. mod.* ) professeur de Théologie à Louvain, auteur de notes sur le Martyrologe d'Usuard ; d'une bibliothèque théologique ; d'un traité *de militia sacrâ Ducum ac Principum Brabantiæ* ; d'un traité *de Decimis dandis & decimis recipiendis*, &c. Né à Lille, mort à Louvain en 1585.

On a aussi quelques ouvrages d'un autre *Molanus*, (Gérard Welter) théologien Luthérien, mort en 1722.

**MOLAY** ou **MOLÉ**, ( Jacques de ) dernier Grand-Maître des Templiers, brûlé vif avec les principaux de son ordre, dans l'isle du palais le 11 mars 1314. Le pape Clément V & Philippe-le-Bel, persécuteurs de cet ordre célèbre & malheureux, étant morts dans la même année que Jacques *de Molay*, on a dit, & on a dû dire au quatorzième siècle, que *Molé*, mort innocent, les avoit cités au tribunal de Dieu dans cette même année. Tout ce qu'on peut dire, c'est que l'affaire des Templiers est encore un problème que le temps, suivant les apparences, ne résoudra pas. La philosophie aura peine à comprendre que des Religieux fussent à la fois athées & sorciers ; qu'ils crachassent sur le crucifix, & qu'ils adorassent une tête de bois dorée & argentée qui avoit une grande barbe. Quand de pareils aveux échappent dans les tortures, ils ne prouvent que contre l'usage de la question. On aura moins de peine à croire que quelques-uns d'entre eux pouvoient s'être rendus coupables du péché contre nature, dont ils furent tant accusés. On croira sur-tout aisément que leurs plus grands crimes furent leur richesse, leur puissance, une sorte d'indépendance de tout gouvernement, & quelques séditions qu'ils avoient excitées en France au sujet d'une altération de monnoies, où ils avoient beaucoup perdu. On les accusoit aussi, d'avoir fourni de l'argent à Boniface VIII pendant ses démêlés avec Philippe le Bel, & ce fait seul suffiroit pour expliquer l'acharnement impitoyable avec lequel ce prince les poursuivit. On sait que ce fut de la France qu'est venu le souffle qui les extermina ; & que si l'on fut injuste à leur égard dans toute l'Europe, on ne fut cruel contre eux qu'en France : ils furent dépouillés par-tout ; mais ils ne furent brûlés qu'en France. On eut au moins la justice, en France même, d'enrichir de la dépouille des Templiers les Chevaliers hospitaliers de S. Jean de Jérusalem ; ils

E e e e 2

en eurent les bénéfices, le roi en eut l'argent. Philippe le Bel se fit donner d'abord deux cents mille livres, somme alors immense. Louis le Hutin, son fils, en demanda encore soixante mille. On convint qu'il auroit les deux tiers de l'argent des Templiers, les meubles de leurs maisons, les ornemens de leurs églises, & tous leurs revenus échus depuis le 13 octobre 1307, époque de leur détention, jusqu'à l'année 1314, époque du supplice des derniers. L'ordre des Templiers avoit duré depuis 1118 jusqu'en 1312, qu'il fut aboli par le concile de Vienne.

MOLÉ, ( Hist. de Fr. ) famille originaire de Troies en Champagne, & distinguée dans la robe, descend de Guillaume Molé, qui, sous le règne de Charles VII, de concert avec l'évêque de Troyes, son beau-frère, chassa de cette ville les Anglois.

Nicolas Molé, conseiller au parlement, son petit-fils, eut, entre autres enfans, Edouard Molé, qui forma la branche des seigneurs de Champlâtreux, Edouard, reçu conseiller au parlement en 1567, fut procureur-général dans le temps de la ligue. Il contribua en 1594, à réduire Paris sous l'obéissance du roi, il fut fait président à mortier en 1612, mourut en 1614.

Son fils, Matthieu Molé, est le fameux premier président & garde des sceaux. Molé, ce magistrat vertueux & intrépide, qui avoit été vingt-sept ans procureur-général dans des temps difficiles, qui, devenu chef du parlement dans les temps les plus orageux, fut toujours le défenseur du parlement à la cour, & de la cour au parlement. C'est de lui que le cardinal de Retz dit, dans ses mémoires : » Si ce n'étoit pas une sorte de blasphême de dire qu'il y avoit alors un homme » plus intrépide que le grand Condé & que Gustave, je » nommerois le premier président Molé. «En effet, la vertu courageuse ne va pas plus loin. Jamais le danger le plus pressant ne put le déterminer à des précautions qu'il regardoit comme une foiblesse. On proposoit un jour de sortir par une porte inconnue au vulgaire, pour éviter la fureur du peuple, qui remplissoit la grande salle, prêt à se jetter sur le parlement, dont il étoit mécontent alors : Non, dit Molé, nous augmenterions l'insolence des mutins par cet air de crainte. ; & faisant ouvrir les portes de la grand'chambre, il fend les flots de la multitude, & se fait un passage à la tête de sa compagnie. Un des mutins le saisit & lui présente la pointe d'un poignard qui pouvoit être suivi à l'instant de mille autres poignards. Molé le fait trembler en le menaçant de la justice, & cet homme reste accablé sous le poids de la dignité & de l'autorité. Tel étoit Molé en toute occasion : il donna en France l'idée de ce qu'étoit un magistrat Romain dans les beaux jours de la République. On lui donna les sceaux le 3 avril 1651 ; il les remit le 13 du même mois ; on les lui redonna le 6 septembre suivant, & il les garda jusqu'à sa mort arrivée le 3 janvier 1656. Il étoit né en 1584.

Sa postérité offre une suite de présidens à mortier, dont le dernier. ( vivant en 1788 ) a été premier président en 1757, & s'est démis en 1763.

MOLIERE, ( Jean Baptiste Poquelin de ) fils & petit-fils de valets de-chambre-tapissiers du roi, né en 1620, mort le 17 février 1673. Boileau a beaucoup loué Molière, & vivant & mort, mais dans l'Art Poëtique, où il paroît plus particulièrement le juger, il dit que Molière :-

Peut-être de son art eût remporté le prix •
Si, &c.

Un contemporain pouvoit en parler avec cette réserve, mais la postérité a prononcé. Il n'y a plus là de peut-être ni de si. Molière est l'esprit le plus original & le plus utile qui ait jamais honoré & corrigé l'espèce humaine, & Boileau même en jugeoit à-peu-près ainsi ; car Louis XIV lui ayant demandé quel étoit le génie qu'il devoit regarder comme ayant le plus illustré son règne, il nomma sans balancer Molière.

La comédie de l'Etourdi est la première des pièces imprimées & connues de Molière ; mais auparavant il avoit fait quelques farces, telles que le Docteur amoureux, les trois Docteurs rivaux, le Maître d'Ecole, dont il ne reste que le titre ; le Médecin volant & la jalousie de Barbouillé, que quelques curieux ont conservé, & dont Molière a employé quelques traits dans d'autres pièces. Le comique de caractère, cette carrière ouverte par Corneille dans le Menteur, appelloit Molière ; le comique d'intrigue s'étoit emparé de la scène, il ne falloit point l'en chasser ; conservons, multiplions les genres, n'excluons rien. Loin de vouloir établir le nouveau genre sur les ruines de l'ancien, Molière commence par les unir. L'Etourdi est une machine composée de ces deux ressorts ; Mascarille rénoue sans cesse une intrigue toujours rompue ou par l'étourderie de Lelie ou par des contre-temps que le hazard amène. Il vaudroit mieux peut-être que ces contre-temps vinssent toujours de l'étourderie de Lelie, l'action en seroit plus nette & plus morale. Mais d'ailleurs, quel essai ! que d'invention ! quelle souplesse ! & quelle vivacité dans l'intrigue ! quelle variété d'incidents ! quelle vérité dans l'expression, toujours différente, & dans la colère de Mascarille !

Dans le Dépit Amoureux, c'est encore l'intrigue qui domine, intrigue bizarre, compliquée, peu décente ; mais déjà la main d'un maître sait répandre sur ce fonds ingrat, des caractères d'un comique fort, des situations piquantes, des scènes exquises & dans des genres tout differens. Rapprochez la scène de Métaphraste avec Albert, de celle qui donne le nom à la pièce, & qui égale presque deux scènes pareilles du Dépit amoureux ; l'une dans le Bourgeois Gentilhomme, l'autre dans le Tartuffe, vous connoitrez deux traits de l'immensité du génie de Molière.

La bonne comédie naît enfin avec les Précieuses Ridicules ; ce n'étoit pas encore la perfection du genre, mais c'étoit l'ébauche du genre le plus parfait ; c'étoit à quelques égards, une farce, mais une farce morale & philosophique ; si le comique étoit un peu chargé, il étoit fort, il étoit vrai. Corneille avoit oublié de punir son Menteur, & par là il avoit privé sa fable de moralité ; Molière punit ses Précieuses par un affront fanglant qu'elles s'attirent, & par là il a mérité d'être regardé comme l'inventeur du comique de caractère moral. *Molière* n'invente rien qu'il ne perfectionne, c'est ce qui le distingue des inventeurs ordinaires, déja si rares. C'est en perfectionnant toujours qu'il s'élève par degrés jusqu'au *Misanthrope*, jusqu'aux *Femmes Savantes*, jusqu'au *Tartuffe*, jusqu'à cette pièce après laquelle il ne faut plus rien nommer & qui est non-seulement le chef-d'œuvre du théâtre comique, mais un grand bienfait envers l'humanité.

Il est assez remarquable que Pradon éclairé par le desir de contredire Boileau, ait mieux vu que cet arbitre du goût, combien les farces même de *Molière* sont estimables.

Si l'on considère *Molière* comme acteur, si l'on veut savoir quels furent ses talens pour la déclamation, l'auteur répond assez du comédien ; on sent qu'il n'a pu lui manquer que les avantages extérieurs ; on dit qu'en effet ils lui manquèrent; qu'une voix sourde, des inflexions dures, une volubilité désagréable le forcèrent d'abandonner la déclamation tragique, dont sa seule préfence, en rappellant si vivement la comédie, devoit trop affoiblir l'impression. A force de travaux & d'efforts dignes de Démosthènes, il excella dans les grands rôles comiques, il forma Baron dans le genre même qu'il abandonnoit, & il ne forma pas moins à la vertu qu'au talent ; il lui donna de grands exemples de l'une & de l'autre.

Sa vie privée fut celle d'un sage obscur comme sa vie publique est celle d'un sage illustre. Il fut le conseil, l'arbitre, quelquefois même le réformateur de ses amis comme il l'étoit du public au théâtre. Jamais la considération ne s'est une plus intimement à la gloire.

On fait que *Molière* fut frappé à mort sur le théâtre, en contrefaisant le mort dans le *Malade imaginaire*, circonstance qui a fourni les épigrammes, lorsque l'événement devoit arracher des larmes ; on fait qu'il mourut dans les bras de la piété, qu'il s'en étoit rendu digne par sa charité; il donnoit l'hospitalité à deux de ces pauvres religieuses qui viennent quêter à Paris pendant le carême ; elles lui prodiguèrent par devoir & par reconnoissance, les confolations & les foins dans ses derniers momens ; on fait jusqu'à quel point la rigueur de nos usages ( qu'il ne s'agit pas ici de juger ) fut adoucie en fa faveur à la prière de Louis XIV. Toutes nos réflexions sur cette rigueur & sur cette indulgence, ne vaudroient pas ce cri énergique de la femme de *Molière*: quoi ! l'on refuseroit un peu de terre à un homme auquel on devroit élever des autels ! juste, mais tardif témoignage que la vanité plus que la douleur de cette femme rendoit à un grand homme dont elle avoit trahi la tendresse & empoisonné la vie.

Sur quelques particularités concernant l'éducation, le caractère, les talens, &c. de *Molière*, voyez les articles BOURSAULT, CHAPELLE, COTIN, GASSENDI, MENAGE, REGNARD, &c.

**MOLIERES**, ( Joseph Privat de) de l'Académie des Sciences ; professeur de philosophie au Collége royal, grand partisan de Descartes & disciple du P. Malebranch. On a de lui des Elémens de Géométrie, des

Leçons de Mathématiques, des Leçons de Physique. Son Systême des Petits Tourbillons est connu ; on voit quelquefois qu'il cherche à rectifier les idées de Descartes par les expériences de Newton.

Il étoit si distrait que tout le monde s'en appercevoit, & qu'on pouvoit tout oser avec lui ; on dit qu'un décroteur, en nettoyant ses souliers, lui vola des boucles d'argent & en substitua de fer, sans qu'il s'en apperçût ; on dit qu'un autre voleur étant entré dans son appartement, il crut faire avec lui un excellent marché, en lui indiquant le lieu où étoit son argent & en se laissant voler, à condition seulement qu'on ne dérangeroit rien à ses papiers.

Il tenoit si fortement à ses systêmes qu'il ne souffroit sur ce point ni doute ni plaisanterie ; un jour qu'on l'avoit un peu tourmenté à l'Académie fur ses opinions, il s'étoit fâché serieusement & étoit sorti de l'Académie tout échauffé; le froid le saisit, la fièvre le prit, il mourut au bout de cinq jours le 12 mai 1742. Il étoit né à Tarascon en 1677.

**MOLINA**, ( Louis ) ( *Hist. Ecclés.* ) jésuite, dont le traité fur la Grace & le Libre-Arbitre a donné lieu aux querelles des Janséniftes & des Moliniftes, des Jacobins & des Jésuites, querelles que le pape Clément VIII voulut vainement terminer en formant la célèbre congrégation *de Auxiliis*. Il éprouva ainsi que ses successeurs, que le moyen de terminer les disputes théologiques n'est pas de former des congrégations, ni d'autorifer des colloques & des conférences, mais de fermer l'oreille à tout ce vain bruit, & de détourner ses regards de tous ces vains spectacles.

*Molina* étoit né à Cuença dans la Castille neuve ; d'une famille noble ; il étoit entré chez les Jésuites en 1553. Il mourut à Madrid en 1600.

Un autre Louis *Molina*, jurisconsulte espagnol, est auteur d'un savant traité sur les substitutions des terres anciennes de la Noblesse d'Espagne, intitulé : *De Hispanorum primogeniorum origine & naturá*. Il vivoit sous Philippe II & Philippe III.

On a de Jean *Molina*, historien espagnol du seizième siécle : *Cronica antigua d'Aragon*, publiée en 1524 & *de las Cosas memorables de Efpegna*, publiée en 1539.

On a aussi d'un chartreux espagnol, nommé Antoine *Molina*, un traité de *l'instruction des Prêtres*, qui a été traduit en françois.

**MOLINIER** ( Jean - Baptiste ) ( *Hist. Litt. mod.* ) oratorien connu par ses sermons imprimés en 14 volumes & par quelques autres ouvrages de piété. Massillon l'ayant entendu, lui dit : il ne tient qu'à vous d'être à votre choix le prédicateur du peuple ou des Grands ; mais il étoit souvent l'un & l'autre dans un même sermon, tant son style étoit inegal ; né à Arles en 1675, il entra dans la congrégation de l'Oratoire en 1700, il en sortit en 1720. Il mourut en 1745.

**MOLINOS**, ( *Hist. Ecclés.* ) prêtre espagnol, apôtre du quiétisme. Il exposa ses idées ou ses chimères dans son livre intitulé : *Conduite Spirituelle*. De peur que ce livre ne fût promptement oublié, on mit l'auteur dans les prisons de l'Inquisition. On condamna, en

1687, foixante-huit propofitions extraites de ce livre; on exigea de l'auteur une abjuration; & au lieu de le laiffer tranquille à ce prix, on l'enferma dans un cachot, où il mourut en 1696, à foixante & dix ans. On dit qu'en fe féparant du moine qui le conduifoit dans le cachot où il devoit vivre & mourir, fon dernier mot fut : *Adieu, mon père, nous nous reverrons au jour du jugement, & nous faurons alors de quel côté eft la vérité.* On conclut de-là qu'il n'étoit pas bien converti. La chofe eft en effet très-vraifemblable, & ce n'eft qu'une preuve de plus de l'abus des abjurations forcées; & de la cruauté qui punît encore des erreurs abjurées.

MOLLER, (Jean) ( *Hift. Litt. mod.* ) né en 1661, dans le duché de Sleſwick. Mort en 1725. On a de lui divers ouvrages hiftoriques. *Introductio ad hiftoriam Ducatuum Sleſwicenfis & Holſatici; Cimbria litterata; Iſagoge ad hiftoriam Cherſoneſi Cimbriacæ,* &c. Ses fils ont écrit fa vie.

Il y a quelques autres favans du nom de *Moller,* mais ils font moins connus, & leurs ouvrages moins utiles.

MOLSA ou MOLZA, (François-Marie) (*Hift. Litt. mod.*) & Tarquinie fa petite-fille, fe diftinguèrent tous deux par la poëfie, & leurs œuvres font imprimées enfemble. L'ayeul mourut en 1544, d'une maladie honteufe, fruit de fes débauchés; fa petite-fille fut une autre Artemife. Elle obtint en 1600, pour elle; & pour toute fa famille, les privilèges des citoyens romains. Elle étoit de Modène, ainfi que fon ayeul. Elle fut un des principaux ornémens de la cour d'Alphonfe II, duc de Ferrare. Le Taffe, le Guarini, tous les hommes célèbres de fon temps en Italie, étoient fes amis & la confultoient fur leurs ouvrages.

MOLYNEUX, (Guillaume) ( *Hift. Litt. mod.* ) ami de Locke, né à Dublin, forma dans fa patrie une fociété de favans femblable à la Société Royale de Londres. On a de lui un traité de Dioptrique, & la defcription en latin d'un Télefcope de fon invention. Mort en 1698.

MONABAMBYLE, f. m. ( *Hift. anc* ) chandelier qu'on portoit devant le patriarche de Conftantinople le jour de fon élection. Il étoit à un cierge. Celui qu'on portoit devant l'empereur, étoit à deux cierges, & s'appelloit *dibambile.* (*A. R.*)

MONALDESCHI, (Jean de) (*Hift. de Suede*) écuyer & favori de la reine Chriftine, affaffiné par fes ordres & prefque par elle ( *voyez* l'article CHRISTINE.) Le Bel, trinitaire, qui confeffa *Monaldefchi,* a donné une relation intéreffante de fa mort.

On a d'un Louis de *Monaldefchi,* gentilhomme d'Orviéte, né en 1326, des Annales Romaines en italien, depuis 1328 jufqu'en 1340. On ignore fi l'écuyer de Chriftine étoit de la même famille.

MONARDES, (Nicolas) (*Hift. Litt. mod.*( médecin efpagnol dont on a un *traité des Drogues de l'Amérique,* & d'autres ouvrages, les uns en latin, les autres en efpagnol. Mort en 1577.

MONBRON, ( Fougeret de ) ( *Hift. Litt. mod.* )

on a de lui des Romans, l'ouvrage intitulé : le *Cofmopolite,* un autre qui a pour titre : *Préfervatif contre l'Anglomanie;* celui par lequel il eft le plus connu, eft la *Henriade traveſtie.* Ma is pourquoi des traveftiffemens ? pourquoi réduire à l'ignoble & au ridicule ce qui eft en foi-même noble ou touchant ? pourquoi dégrader ? Je fais qu'il y a quelque mérite de fagacité à faifir les rapports éloignés qui peuvent fe trouver entre des genres & des objets abfolument différens & les rapports de contrafte dont les genres oppofés font fufceptibles; mais ces rapports feront rarement faifis & goûtés par les ames nobles & fenfibles; elles craignent trop d'être troublées dans leurs plaifirs délicats; les traits qui les attendriffent ou qui leur donnent des fentimens élevés, leur font trop chers pour qu'elles cherchent à en affoiblir l'impreffion par celle du rire & par des fouvenirs plaifans. Dans la Henriade, Henri III envoie le roi de Navarre en Angleterre demander des fecours à la reine Elifabeth :

Allez en Albion, que votre renommée
Y parle en ma défenſe & m'y donne une armée;
Je veux par votre bras vaincre mes ennemis,
Mais c'eſt de vos vertus que j'attends des amis.

Dans la *Henriade traveſtie,* il lui dit :

Le coche partira demain,
Profitez-en, s'il n'eſt pas plein.

Et c'eſt là une des plaifanteries les plus piquantes de l'ouvrage. En général, la parodie n'eſt bonne qu'autant qu'elle eſt allégorique & critique, & qu'elle met dans tout-leur jour des défauts réels; alors elle a la double mérite, & de démafquer un faux fublime, & d'indiquer le genre de ridicule auquel il répond.

*Monbron* mourut en 1760.

MONCADE, (Hugues de ) ( *Hift. d'Eſp.* ) viceroi de Naples fous Charles-Quint, avoit fuccédé dans cette place à Charles de Lannoi, fon ami. Il avoit mérité cet emploi par fes fervices, quoiqu'ils n'euffent pas toujours été heureux. En 1524, lorfque le connétable de Bourbon, à la tête des Impériaux, faifoit le fiége de Marfeille, on comptoit beaucoup pour le fuccès de ce fiége fur l'armée navale, commandée par Hugues de Moncade; mais la flotte françoife, commandée par le vice-amiral La Fayette & par le célèbre André Doria, génois, alors attaché au fervice de la France, remporta une victoire complette fur *Moncade,* & lui prit plufieurs vaiffeaux. *Moncade* fut un des négociateurs nommés par l'empereur pour la délivrance du pape Clément VII, qu'il pouvoit ordonner peut-être fans qu'il fût befoin de négociateurs; & comme ce *Moncade* n'étoit ni chrétien, ni humain, il n'étoit pas fâché de nuire au pape qu'il n'aimoit pas, & dont il étoit haï; en conféquence il inclinoit affez à mettre la captivité du pape éternelle. En 1528, tandis que Lautrec affiégeoit Naples par terre, Philippin Doria, neveu d'André Doria, qui n'avoit pas encore quitté le fervice de la France, avoit le commandement des galères qui devoient bloquer le port de Naples ; le viceroi *Moncade* entreprit ou de surprendre cette flotte , ou de l'attaquer à force ouverte: instruit par ses espions que le service étoit fort négligé sur la flotte de Doria , & que souvent les soldats en descendoient pour aller se promener dans le camp de Lautrec , il croyoit aller à un succès certain ; mais , averti par Lautrec , Philippin Doria se tint sur ses gardes. Le combat fut terrible , il dura depuis deux heures après midi jusqu'à une heure après minuit. Tous les chefs de la flotte impériale furent faits prisonniers. *Moncade,* qui n'avoit jamais montré autant de valeur que dans cette journée , après avoir long-temps combattu , malgré une blessure considérable qu'il avoit reçue au bras , mourut accablé sous une grêle d'arquebusades. L'empereur perdit en lui , sinon un grand général , du moins un brave soldat, un bon sujet , quoique d'ailleurs un méchant homme. *Moncade* étoit d'une ancienne & illustre famille originaire de Catalogne , & autrefois souveraine du Béarn. Elle se prétend issue des anciens ducs de Bavière , & remonte par eux jusqu'au commencement du 8me siècle , elle porte les armes de Bavière écartelées avec celles de *Moncade.* Les premiers *Moncades* firent vigoureusement la guerre aux Maures en faveur des comtes de Barcelone.

Guillaume Raimond fut tué à la bataille de Matabous, en 993.

Gaston son fils , le vengea en 1003 , par des victoires remportées sur les Maures de Cordoue.

Guillaume Raimond 3e. du nom , se signala en 1133, à la bataille de Fraga; en 1147 , à celle d'Almeria ; en 1148 , il prit Tortose & concourut à la prise de Lérida.

Guillaume-Raimond , 5e. du nom , se distingua aussi à la bataille des Naves de Toulouse en 1212.

Oton , 5e. du nom , fut tué en 1354 à l'expédition de Juel d'Arborea en Sardaigne.

Guillaume Raimond , 8e. du nom , fut blessé en différentes occasions, dans les guerres de Naples du 15e. siècle.

Matthieu Florimond son neveu , prit , en 1463 , Saint Felix sur l'Ebre , & gagna en 1464, une bataille en un endroit , nommé *les Prés du Roi.*

Pierre Raimond , père de notre illustre ennemi, Hugues de *Moncade,* avoit aussi combattu les François, qui étoient entrés en 1496, dans le Roussillon.

Michel-François , 5me. du nom , mourut à Gironne le 8 août 1674 , des fatigues qu'il avoit essuyées dans cette campagne.

Guillaume Raimond 6me. du nom son fils , se signala dans le Milanès à la déroute du général Visconti, le 26 octobre 1703. Il fut capitaine des Gardes de Philippe V.

MONCHESNAY , ( Jacques Lôme de ) ( *Hist. Litt. mod.* ) fils d'un procureur au parlement , donna plusieurs comédies au Théâtre Italien , & fit ensuite une satyre contre la comédie. Il étoit lié avec Boileau ; mais ayant fait imprimer ses satyres, & sachant que Boileau ne les goûtoit pas , il se refroidit beaucoup pour lui ; car nous avons beau faire , nous n'aimons pas ceux qui n'aiment pas nos ouvrages. *Il me vient*

*voir rarement ,* disoit Boileau , *parce que quand il est avec moi , il est toujours embarrassé de son mérite & du mien.* C'est encore ce qui arrive souvent dans la société des gens de lettres. Leurs prétentions réciproques, la difficulté de régler les rangs entr'eux & de les faire convenir de ces rangs , met toujours de l'embarras dans leur commerce. Le *Bolœana* ou entretiens de M. de Monchesnay , est un monument de cette liaison , fâcheuse nécessairement pour l'un des deux , & peut-être pour tous deux. Né à Paris en 1666, mort à Chartres en 1740.

MONCHY D'HOCQUINCOURT, (Charles de) (*Hist. de Fr.*) d'une noble & ancienne famille de Picardie, se distingua par sa valeur à la guerre, plus que par sa capacité. En 1647 , il prit Tubinge dans le Wirtemberg. En 1650, à la bataille de Réthel, où M. de Turenne fut battu par le maréchal du Plessis-Praslin , il commandoit l'aile gauche de l'armée victorieuse. Il eut l'année suivante le bâton de maréchal de France. En 1652 , il alla prendre la cardinal Mazarin sur la frontière pour le ramener à la cour. Le 6 avril de la même année, le prince de Condé lui enleva plusieurs quartiers à Bleneau , la même année il prit sa revanche au combat d'Etampes , où joint avec M. de Turenne , il força les fauxbourgs , & battit quelques troupes du prince de Condé. En 1654 , joint avec le vicomte de Turenne & le maréchal de la Ferté , il fit lever le siége d'Arras au même prince de Condé , joint avec l'archiduc Léopold & le comte de Fuensaldagne. En 1655 , s'étant brouillé avec le cardinal Mazarin , la duchesse de Châtillon dont il étoit amoureux, profita de son mécontentement pour l'attirer au parti de M. le prince. Le maréchal d'Hocquincourt , qui étoit gouverneur de Péronne , lui écrivit vers ce temps ce billet connu : *Péronne est à la belle des belles.* Le maréchal d'Hocquincourt, voyant la ville de Hesdin soulevée par deux aventuriers François , de Fargues & la Rivière son beau-frère , gouverné par le premier , se retira dans cette place. Un mécontent de cette importance devoit naturellement être le maître dans une ville rebelle ; de Fargues lui fit rendre de grands honneurs ; mais il appliqua ses soins à le priver de toute autorité & de toute influence. Le maréchal, ennuyé du rôle subalterne qu'il jouoit dans Hesdin , se hâta d'en sortir & d'aller joindre les Espagnols ; il fut tué en allant reconnoître l'armée Françoise avant la bataille des Dunes en 1658. La conversation du P. Canaye & du Maréchal d'Hocquincourt représente ce dernier comme un franc chevalier , plein d'honneur , d'audace , de valeur , de préjugés , d'ignorance , impétueux , incapable de raison , l'antipode en tout du doucereux & insinuant jésuite avec lequel on le suppose en conversation. L'histoire amoureuse des Gaules le représente de plus , comme un brutal indiscret , fort à craindre pour les Dames qui auroient eu pour lui des bontés.

Les ancêtres du maréchal d'Hocquincourt avoient bien servi l'état, & cette maison de *Monchy* d'hocquincourt, soit avant , soit après le maréchal , a versé bien du sang dans les batailles.

1°. Jean , seigneur de Monchy , fut fait chevalier l'an 1351.

2°. Son petit-fils Edmond le fut en 1437, à la prise du Crotoy.

3°. Jean III, petit-fils d'Edmond , fut tué à la bataille de Ravenne en 1512.

4°. Trois des petits-fils de Jean III, Charles , Louis & Pierre furent tués ; les deux premiers à la bataille de Dreux ; le dernier à la bataille de Jarnac.

5°. Le maréchal d'Hocquincourt eut aussi trois fils tués ; sçavoir :

Jacques, seigneur d'Inquessen , au siége d'Angers, en 1652.

Dominique , dit le chevalier d'Hocquincourt , submergé dans son vaisseau , après s'être signalé dans un combat naval contre les Turcs , le 28 novembre 1665.

Et Gabriel, comte d'Hocquincourt , tué d'un coup de mousquet dans la tête à l'attaque de l'église de Gramshusen en Allemagne , le 25 juillet 1675.

6°. Georges de Monchy , autre fils du maréchal d'Hocquincourt, eut deux fils tués ; sçavoir :

Charles , tué en Irlande le premier juillet 1690.

Jean-George, tué près de Huy , le 27 août 1692.

7°. Dans la branche d'Inquessen , Nicolas mourut prisonnier de guerre.

8°. Dans la branche de Caveron , Pierre - Robert fut tué au siége de Lille , en 1667.

9°. Dans la branche de Senarpont ou Senerpont , Jean battit , en 1545 , deux partis anglois devant Boulogne , & contribua , en 1557 , à la prise de Calais.

10°. Jean eut deux fils tués ; sçavoir : François , en sortant de Page ; & Louis , à la prise de Meaux.

MONCK , ( Georges ) ( *Hist. d'Anglet.* ) combattit d'abord dans les armées de Charles Ier. ; & ayant été fait prisonnier par le chevalier Thomas Fairfax , il fut mis à la Tour de Londres , d'où il ne sortit que plusieurs années après. Charles Ier. étant mort & tout ayant cédé à la fortune & au génie de Cromwel , il eut pendant le règne de ce premier , le commandement des troupes d'Écosse , ensuite celui des flottes Angloises dans la guerre entre l'Angleterre & la Hollande pour le *Salut.* Il remporta , en 1653 , sur la flotte Hollandoise , une grande victoire , où le célèbre amiral hollandois Tromp fut tué. Après la mort d'Olivier Cromwel , le général *Monck* fit proclamer protecteur Richard, fils d'Olivier. Après l'abdication de Richard , la multitude des sectes & des factions , les querelles du parlement & de l'armée jettèrent l'Angleterre dans une telle anarchie , qu'il n'y avoit plus que le rétablissement de Charles II qui pût l'en tirer. Le général *Monck* , pénétré de cette vérité , entreprit de rétablir ce prince , & y parvint en ne disant son secret à personne , en craignant autant le zèle des amis que l'opposition des ennemis , en ne se confiant pas même à son propre frère , en passant , pour ainsi dire , à travers tous les partis , sans s'y mêler , en les assoupissant & les déconcertant tous par une conduite mystérieuse & impénétrable qui le menoit à son but, & paroissoit l'en

éloigner. Il vit luire enfin ce beau jour qu'il avoit préparé , ce 8 juin 1660 , où Charles II ramené dans une patrie si cruelle autrefois pour son père & pour lui-même , n'entendit que des acclamations , ne vit que des larmes de joie , & fut porté en triomphe dans sa capitale ; jour de paix & de tendresse , où cette estimable nation , éclairée par les évènements , abjura ses fureurs , & reconnut combien l'esprit de guerre & le zèle persécuteur l'avoient égarée & dégradée. Charles II fit *Monck* duc d'Albermale , général des armées, grand écuyer , conseiller d'état , trésorier , &c. Il se signala encore dans les combats de mer de 1665 & de 1666 , contre les Hollandois. Il mourut comblé d'honneurs & de biens en 1679 , & fut enterré avec pompe à Westminster. Il ne croyoit point qu'il y eût d'état où l'on pût se passer de probité , même de vertu ; il en exigeoit dans les soldats , & vouloit qu'on y tînt la main & qu'on y mit du choix : *une armée* , disoit-il , *ne doit point servir d'asyle aux voleurs & aux malfaiteurs.*

MONCLAR , ( Pierre - François de Ripert de ) ( *Hist. mod.* ) procureur-général du parlement d'Aix. Mort en 1773 , dans sa terre de Saint - Saturnin en Provence , magistrat illustre , homme éloquent , dont les réquisitoires ont fait du bruit & ont eu beaucoup de succès dans le temps ; mais , quoiqu'on en dise , il n'a pas été assez juste à l'égard des Jésuites dans le fameux *Compte* qu'il rendit de leurs Constitutions pour opérer leur dissolution ; ces Constitutions pouvoient être mauvaises , mais il ne falloit pas affecter de refuser à cette société jusqu'au mérite littéraire , qu'elle a eu certainement dans un degré distingué.

MONCONYS , ( Balthasar de ) ( *Hist. Litt. mod.* ) fils d'un lieutenant - criminel de Lyon , voyagea dans l'Orient pour y trouver des traces de la philosophie de Mercure Trismégiste & de Zoroastre. On a ses *Voyages* en trois volumes *in*-4°. & en quatre volumes *in*-12. Mort à Lyon en 1665.

MONCRIF , ( François-Augustin Paradis de ) ( *Hist. Litt. mod.* ) secrétaire des commandements de M. le comte de Clermont , lecteur de la reine , l'un des Quarante de l'Académie Françoise , & membre de celles de Nancy & de Berlin , né en 1687, reçu à l'Académie Françoise en 1733 , mort en 1770, homme aimable, ami sûr, auteur plein de grace ; on peut trouver quelquefois de la manière dans ses chansons & ses madrigaux , mais on y trouve toujours de la finesse , de la délicatesse , de la grace. Il est du petit nombre de ceux qui ont su tirer parti du style marotique , mérite beaucoup plus rare qu'on ne pense. Rousseau , qui l'a prodigué sans motif & sans goût dans ses épitres & ses allégories , n'a su l'employer heureusement que dans quelques épigrammes ; l'heureux La Fontaine ne l'a jamais employé sans en tirer quelqu'agrément ; M. de *Moncrif* a su trre non-seulement de la grace , mais encore de l'intérêt dans ses romances d'*Alix & Alexis* , & de la comtesse de Saulx , modèles de tout ce qui s'est fait de bon dans ce genre. Ses chansons ne sont pas inférieures à ses romances ; la chanson d'Aspasie :

Ell

Elle m'aima, cette belle Afpafie, &c.
eft d'une volupté, d'une molleffe anacréontique dont
le charme inexprimable eft toujours fenti. Les Confeils
sur l'Amour :

Songez bien que l'Amour fait feindre,
& qui finit ainfi :

Je fentis qu'il avoit mon cœur,
Quand je commençois à le craindre.

eft non-feulement une chanfon très-paftorale & très-
agréable, mais encore très-morale ; divers traits
répandus dans fes ouvrages, ont mérité, par un naturel plein de fineffe, par leur forme fentencieufe,
par l'avantage d'être bien placés, & de pouvoir être
appliqués à propos, ont mérité, dis-je, de devenir,
pour ainfi dire, proverbes ; tels font ceux-ci, par
exemple :

En fongeant qu'il faut qu'on l'oublie,
On s'en fouvient.

Ah ! s'il regrette ce qu'il aime,
Que je le plains.

Las ! elle fait paffer un fi beau jour !

C'étoit pour condamner l'Amour,
Mais c'étoit en parler fans ceffe.

Croiroit-on qu'on fe fait aimer,
En ne difant pas : je vous aime ?

Qui plaît eft roi, qui ne plaît plus n'eft rien.

M. de Moncrif a eu auffi des fuccès dans le grand
genre lyrique ; les Fragments, Zélindor & d'autres
opéras de lui, font fameux.

Son traité sur la nécessité & sur les moyens de plaire,
eft d'une philofophie ufuelle qui apprend à vivre dans
le monde, qui fait fentir tous les avantages de l'indulgence, qui prouve que l'abus de la liberté eft la mort
de la liberté, le commencement de la tyrannie.
On dit que M. de Moncrif témoignant devant M. le
comte d'Argenfon le defir d'être hiftoriographe de
France, quoique fes titres ne fuffent pas dans le genre
hiftorique ; M. d'Argenfon, qui avoit acquis par
beaucoup d'autres bienfaits, le droit de lui parler avec
franchife, s'écria : hiftoriographe ! à quel titre? bon
pour hiftoriogriffe, vous y auriez des droits inconteftables. Ce calembourg étoit fondé fur ce que M. de
Moncrif avoit fait une Hiftoire des Chats, badinage
que le public avoit eu la pédanterie de juger avec
autant de févérité que fi ç'avoit été un ouvrage
férieux.
Lorfqu'en 1757, éclata la fameufe difgrace de ce
miniftre chéri du public, & qui avoit fait du bien
à beaucoup de particuliers, M. de Moncrif fe diftingua
parmi ceux-ci, en demandant la permiffion de fuivre
fon bienfaiteur dans fa retraite, & de lui confacrer fa

*Hiftoire, Tome III.*

vie ; il n'obtint que celle d'aller tous les ans pendant
quelque temps, l'entretenir de fon attachement & de
fa reconnoiffance.
Nous avions rendu ce témoignage aux talents &
aux qualités de M. de Moncrif, lorfque nous avons
reçu de M. fon fils, la note fuivante, relative au nom
& à la famille de Moncrif.
M. de Moncrif ( Paradis, du nom de fon père )
lecteur de la reine, l'un des Quarante de l'Académie
Françoife, dont nous avons plufieurs ouvrages, a
obtenu la permiffion de s'appeller Moncrif, du nom
de fa mère.
Il eft le dernier de ce nom de la branche de cette
famille, établie en Champagne.
Deux autres branches, iffues d'une des plus anciennes maifons d'Ecoffe, alliées aux Conighen, aux
Stuart, &c. exiftent à Paris, dans MM. de Moncrif de
la chambre des comptes, & en Bourgogne, dans MM.
de Monerif, qui font dans le fervice.
Cette maifon tire fon nom du lieu & baronnie de
Moncrif, (Moncrieffe en écoffois ) fitué dans le comté
de Perth, à deux lieues d'Edimbourg, fur la rivière
d'Ierne, à l'embouchure de laquelle eft le château.
Plufieurs chefs de cette famille ont péri les armes
à la main aux côtés de Jacques IV, à la fanglante
bataille de Flouden.
Un rejetton de cette maifon, (le capitaine Moncrieff)
s'eft diftingué dans notre dernière guerre à Savannah,
fous le général Prevoft. Voyez les hiftoriens J. Ma-
kendry, l'Huyde, Thom. Eliot, Candene, Thevel,
Beda, Grandchamps, Belleforêt, P. Davity ; les
Etats de la France, les Nobiliaires de Bourgogne,
Champagne & Paris ; les Couriers de l'Europe &c.
Gazette de France des 21 & 22 décembre 1779, &c.
4 janvier 1780.

MONDEJEU. ( Voyez MONTDEJEU.

MONDONVILLE, ( Jeanne de ) ( Hift. Ecclef. )
inftitutrice de la congrégation des Filles de l'Enfance,
à Touloufe ; cet inftitut, approuvé par M. de Marca,
archevêque de Touloufe, confirmé par un bref du
pape Alexandre VII, en 1662, autorifé par des
lettres-patentes du roi en 1663, vanté par beaucoup
d'évêques & de docteurs, fut détruit par les Jéfuites ;
car nous avons dit que comme il faut être jufte, on
avoit eu tort de refufer à cette fociété, la gloire
d'avoir cultivé les lettres avec fuccès. ( Voyez ci-
deffus l'article MONCLAR ) mais on n'a peut-être pas
encore affez dit combien cette fociété deftructrice,
délatrice, perfécutrice, dont la fureur n'étoit jamais
affouvie que dans la ruine entière de fes ennemis, &
qui comptoit pour fes ennemis tous ceux qui ne faifoient
pas profeffion de lui être dévoués, avoit mérité d'être
ruinée elle-même, ou plutôt d'être réprimée, ce qui
vaut toujours mieux que de ruiner ; ils combattirent
Mme de Mondonville, & la congrégation de l'Enfance,
fous prétexte de janfénifme, & obtinrent en 1686,
un arrêt du confeil, qui fupprima cette congrégation ;
l'inftitutrice fut reléguée dans le couvent des Hofpitalières de Coutances, où elle mourut en 1603. Les

filles de l'Enfance furent difperfées , & les Jéfuites acquirent leur maifon, où ils mirent leur féminaire. A entendre les Jéfuites , la fondatrice & fes filles étoient coupables d'avoir donné un afyle à des hommes d'une mauvaife doctrine, c'eft-à-dire , à des janféniftes : eh ! malheureux ! vous les perfécutiez , vous les emprifonniez , il falloit bien que des perfonnes plus charitables, peut-être par efprit de parti , mais enfin plus charitables, leur donnaffent un afyle. «. Elles avoient » publié des libelles contre la conduite du roi & de » fon confeil ! » c'eft-à-dire , qu'elles avoient déploré l'abus des lettres-de-cachet, follicitées par les Jéfuites contre des gens dont le grand crime étoit d'accorder peut-être un peu plus à la grace qu'au libre-arbitre. Le parlement de Touloufe ne fut point favorable aux Jéfuites dans cette affaire. L'ex-jéfuite Reboulet ayant publié en 1732 , une hiftoire des filles de la congrégation de l'Enfance, où cet inftitut étoit très-maltraité, un parent de Mme. de Mondonville attaqua cette hiftoire comme calomnieufe , & la réfuta par un mémoire, dont la première partie eft intitulée : l'Innocence juftifiée ou l'hiftoire véritable des filles de l'Enfance ; la feconde, le Menfonge confondu ou la preuve de la fauffeté de l'Hiftoire calomnieufe de filles de l'Enfance. Le parlement de Touloufe condamna au feu l'hiftoire de Reboulet ; il répondit , le même parlement condamna au feu fa réponfe.

On fait que Mondonville eft le nom d'un muficien célèbre ( Jean-Jofeph Caffanea de Mondonville. ) ( Il appartient à l'Hiftoire des Arts. )

MONGAULT, ( Nicolas-Hubert de ) ( Hift. Litt. mod. ) de l'Académie Françoife & de l'Académie des Belles-Lettres , étoit fils naturel de M. Colbert de Saint-Pouanges , & refta quelque temps auprès de M. Colbert, archevêque de Touloufe. Il fut auffi quelque temps Oratorien. On le reçut à l'Académie des Belles-Lettres en 1708. Enfin il devint précepteur de M. le duc de Chartres , fils de M. le Régent. Ce fut là fon malheur : l'ambition s'empara de lui ; il eut toujours devant les yeux l'étonnante fortune du cardinal Dubois, & fe fentant fort fupérieur en mérite à ce burlefque miniftre, il fit ce fophiftique raifonnement , que l'amour-propre fait toujours faire : Je vaux mieux , je dois dont mieux réuffir.

Cet homme , dites-vous , étoit planteur de choux,

Et le voilà devenu pape :

Ne le valons-nous pas ?— Vous valez cent fois mieux ;

Mais que vous fert votre mérite ?

La fortune a-t-elle des yeux ?

Il ne manqua rien à l'Abbé Mongault du côté de la fortune. Il eut plufieurs bonnes abbayes : le prince fon é'ève , lui donna de plus les places de fecrétaire général de l'infanterie françoife, de fecrétaire de la province de Dauphiné , de fecrétaire des commande-

mens du cabinet ; mais toutes ces graces le laiffo'ent dans un état fubalterne , & le cardinal Dubois s'étoit élevé à la fuprême puiffance. Cette idée rendit l'Abbé Mongault malheureux , elle le jetta dans la mélancolie, & lui donna des vapeurs noires, maladie d'autant plus affreufe , difoit-il , qu'elle fait voir les chofes comme elles font. Mais les vapeurs d'ambition ne font pas voir les objets d'ambition tels qu'ils font ; on feroit trop tôt guéri. L'Abbé Mongault étoit en effet un homme d'un mérite diftingué. Sa traduction des Lettres de Cicéron à Atticus, eft d'un littérateur excellent, & fes remarques font d'un homme d'état. M. le préfident Hénaut oppofe cette traduction à la décifion groffièrement orgueilleufe de Luther : » Perfonne ne » peut entendre les épitres de Cicéron , c'eft moi » qui le dis & qui le décide , à moins qu'il n'ait eu » part au gouvernement de quelque république durant » vingt ans. «

La traduction d'Hérodien , par le même Abbé Mongault, eft encore une fidelle copie d'un très-bon original. Il y a auffi quelques differtations , mais en petit nombre , de l'Abbé Mongault, dans le recueil de l'Académie des Infcriptions & Belles-Lettres. Il avoit été reçu à l'Académie Françoife en 1718. Il mourut en 1746. Il étoit né en 1674.

MONGIN , ( Edme ) ( Hift. Litt. mod. ) évêque de Bazas en 1724, avoit été précepteur de M. le duc de Bourbon, père de M. le prince de Condé & de M. le comte de Charolois, fon oncle & fon tuteur. Il avoit été reçu à l'Académie Françoife en 1708. Ses œuvres furent imprimées en 1745 : elles contiennent des fermons & d'autres difcours chrétiens , & l'Abbé Mongin avoit eu, avant d'être évêque & académicien, quelque réputation comme préd'cateur. On cite de lui un mot en preuve de fon amour pour la paix dans les querelles de l'églife : un de fes confrères ( évêques ) vouloit publier un mandement fur des matières délicates : Monfeigneur , lui dit-il , parlons beaucoup , mais écrivons peu. Mais parler beaucoup n'eft pas déjà une chofe trop favorable à la paix : c'eft déjà violer la loi du filence, loi à la vérité plus facile à impofer qu'à faire exécuter. Ah ! la véritable loi du filence , c'eft une indifférence parfaite , non pas fur la religion, elle ne peut jamais être un objet d'indifférence ; mais fur les difputes théologiques , toujours pour le moins très-inutiles. M. Mongin mourut en 1746. Il étoit né en 1668.

MONGOMMERI. ( Voyez MONGOMMERY. )

MONIN , ( Jean-Edouard du ) ( Hift. Litt. mod. ) un des beaux efprits du feizième fiècle. On a de lui des poéfies & latines & françoifes, & quelques tragédies. Peut-être eût-il été un homme, mais il fut affaffiné à vingt-fix ans, en 1586. Voëtius a prétendu , mais fans preuve , que c'étoit le cardinal du Perron qui l'avoit fait affaffiner pour fe venger de quelques fatires que Monin avoit faites contre lui.

MONIQUE, ( Sainte ) ( Hift. Eccléf. ) mère de S. Auguftin. C'eft à fes ferventes prières qu'on attribue la converfion de fon fils. Elle avoit auffi converti fon

## MON

mari Patrice, bourgeois de Tagafte en Numidie, qui
étoit payen. Elle étoit née en 332, & mourut en 387
à Oftie.

MONIME. (*Voyez* MITHRIDATE. )

MONITEUR, f. m. ( *Hift. anc.* ) gens conftitués
pour avertir les jeunes gens des faures qu'ils commettoient dans les fonctions de l'art miiraire. On donnoit
le même nom aux inftituteurs des enfans, garçons ou
filles, & aux oififs qui connoiffoient toute la bourgeoifie
romaine, qui accompagnoient dans les rues les prétendans aux dignités, & qui leur nommoient les hommes
importans dont il falloit captiver la bienveillance par
des careffes. Le talent néceffaire à ces derniers étoit de
connoître les perfonnes par leurs noms : un bourgeois
étoit trop flatté de s'entendre défigner d'une manière particulière par un grand. Aux théâtres, le *moniteur* étoit
ce que nous appellons *foufleur*. Dans le domeftique,
c'étoit le valet chargé d'éveiller, de dire l'heure de
boire, de manger, de fortir, de fe baigner. (*A. R.*)

MONMORENCI. }
MONMOUTH. } *Voyez par* MONT. }

MONNIER. (le) ( *Hift. Litt. mod.* ) Trois hommes
de ce nom, le père nommé Pierre, & les deux fils
Pierre-Charles & Louis-Guillaume, ont été de l'académie des Sciences. Le père avoit été long-temps
profeffeur de philofophie au collége d'Harcourt. On a
de lui le *Curfus philofophicus*, long-temps célèbre
dans les écoles. Il mourut en 1757.

MONNOYE, ( Bernard de la ) ( *Hift. Litt. mod.* )
de l'académie Françoife, excellent littérateur plutôt
qu'homme d'un vrai talent. Son érudition en littérature,
l'avoit rendu l'oracle des Bibliographes. On a de lui
des poëfies françoifes, & il avoit remporté cinq fois
le prix de poëfie à l'Académie Françoife. Ses vers
n'en font pas moins très-médiocres, & il n'eft perfonne
qui ofe mettre *la Monnoye* au rang des vrais poëtes.
Ses noëls bourguignons font peut-être fon ouvrage
le plus original ; mais il faut être Bourguignon pour
en fentir tout le mérite. Au refte, s'il n'eft qu'au rang
des poëtes médiocres, il eft à la tête des littérateurs
& des bibliographes. Ses notes, fes differtations fur
le *Menagiana*, fur les *Jugemens des Savans de Baillet,*
& *L'Anti-Baillet* de Ménage ; fur la Bibliothèque choifie
de Colomiès, fur la Bibliothèque de Duverdier &
de la Croix du Maine, fur Rabelais, fur le livre
*De tribus impoftoribus*; en un mot fes ouvrages d'érudition *Philologique* font les vrais fondemens de fa
réputation. Il étoit né à Dijon en 1641. Il avoit
remporté, en 1671, le premier prix de poëfie que
l'académie air diftribué : le fujet étoit : *Le Duel aboli,*
& le Duel n'eft point aboli. Il fut reçu à l'académie
Françoife en 1713. Il mourut en 1728. Le funefte
fyftême de Law le ruina entièrement, & il ne fubfifta
depuis ce temps que des bienfaits du duc de Villeroy.
Songeons qu'il avoit quatre-vingt ans lorfqu'il perdit
ainfi tout fon bien, & repréfentons-nous le fort d'un
vieillard qui fe voit privé du néceffaire abfolu dans
un âge où les befoins qui fe multiplient, rendroient

## MON   595

le fuperflu même abfolument néceffaire, dans un âge
où tous les moyens de travail & de fubfiftance manquent à la fois.

M. de la Monnoye, Avocat célèbre au parlement
de Paris, & homme très-aimable, étoit fon petit-
fils. Il croyoit devoir au nom qu'il portoit, de paroître
occupé de littérature, dans un temps où les avocats
s'en occupoient peu ; il n'avoit guères que des préjugés littéraires ; il offroit, par exemple, de prouver
que M. de Voltaire n'avoit jamais fait quatre vers
raifonnables de fuite, & telle étoit à peu près la littérature des avocats & de beaucoup de magiftrats de
fon temps. Ils avoient vu naître Voltaire, comment
pouvoit-il être un grand homme ?

MONNOIES DES ROMAINS , ( *Hift. rom.*) La pauvreté
des premiers Romains ne leur permit pas de faire battre
de la *monoie* ; ils furent deux fiècles fans en fabriquer ;
fe fervant de cuivre en maffe où l'on donnoit au poids :
Numa, pour une plus grande commodité, fit tailler groffièrement de morceaux du cuivre du poids de douze
onces, fans aucune marque. On les nommoit , à caufe
de cette forme brute, *as rudis* : c'étoit là toute la *monnoie*
romaine. Long-tems après, Servius Tullius en changea
la forme groffière en pieces rondes du même poids &
de la même valeur, avec l'empreinte de la figure d'un
bœuf ; on nommoit ces pièces *as libralis*, & *libella*, à
caufe qu'elles pefoient femblablement une livre ; enfuite
on les fubdivifa en plufieurs petites pièces, auxquelles
on joignit des lettres, pour marquer leur poids & leur
valeur ; proportionnellement à ce que chaque pièce
pefoit. La plus forte étoit le *décuffis*, qui valoit dix
dix *as*; ce qui la fit nommer *denier* ; & pour marque de
fa valeur, il y avoit deffus un X. Le *quadruffis* valoit
quatre de ces petites pièces ; le *tricuffis* trois ; le *fefterce*
deux & demi : il valut toujours chez les Romains le
quart d'un denier, malgré les changemens qui arrivèrent dans leurs *monnoies*, & pour défigner fa valeur,
il étoit marqué de deux grands I, avec une barre au
milieu, fuivi d'un S, en cette manière H-S. Le *dupondius*
valoit deux as, ce que les deux points qui étoient deffus
fignifioient. L'as fe fubdivifoit en petites parties, dont
voici les noms ; le *duns* pefoit onze onces ; le *dextans*
dix, le *dodrans* neuf, le *bes* huit, le *feptunx* fept, le
*femiffis*, qui étoit le demi-as, en pefoit fix, le *quintunx*
cinq, le *triens* qui étoit la troifième partie de l'as, pefoit
quatre onces, le *quatrans* ou quatrième partie, trois, le
*fextans* ou fixième partie, deux ; enfin *uncia*, étoit l'once,
& pefoit une once.

Toutes ces efpèces n'étoient que de cuivre, & même
fi peu eftimées dans les commencemens de la république, que l'amende décernée pour le manque de refpect envers les magiftrats fe payoit d'abord en beftiaux.
Cette rareté d'efpèces fit que l'ufage de donner du cuivre
en maffe au poids dans les paiemens, fubfifta long-tems;
on en avoit même confervé la formule dans les actes, pour
exprimer que l'on achetoit comptant, comme on voit
dans Horace, *librâ mercatur & ære*. Tite-Live rapporte
que l'an 347 de Rome, les fénateurs s'étant impofé une
taxe pour fournir aux befoins de la république, en firent

Ffff 2

porter la valeur en lingots de cuivre dans des charios
au tréfor public, qu'on appelloit *ærarium*, du mot *as*,
genitif *æris*, qui fignifie du *cuivre*, parce qu'il n'y
avoit point à Rome d'or ni d'argent.

Ce fut l'an 485 de la fondation de cette ville
que les Romains commencèrent de fabriquer des *monnoies* d'argent, auxquelles ils imposèrent des noms
& valeurs relatives aux efpèces de cuivre : le denier
d'argent valoit dix *as*, ou dix livres de cuivre, le
demi-denier d'argent ou *quinaire* cinq, le fefterce
d'argent deux & demi, ou le quart du denier. Ces
premiers deniers d'argent furent d'abord du poids d'une
once, & leur empreinte étoit une tête de femme,
coëffée d'un cafque, auquel étoit attachée une aile
de chaque côté; cette tête repréfentoit la ville de
Rome : ou bien c'étoit une victoire menant un char
attelé de deux ou quatre chevaux de front, ce qui faifoit appeller ces pièces *bigati* ou *quadrigati*. & fur le
revers étoit la figure de Caftor & Pollux. Pour lors la
proportion de l'argent au cuivre étoit chez les Romains,
comme 1 à 960 : car le denier romain valant dix
*as*, ou dix livres de cuivre, il valoit 120 onces de
cuivre ; & le même denier valant un huitiéme d'once d'argent, felon Budée, cela faifoit la proportion
que nous venons de dire.

A peine les romains eurent affez d'argent pour en
faire de la *monnoie*, que s'alluma la première guerre
punique, qui dura 24 ans, & qui commença l'an
489 de Rome. Alors les befoins de la république fe
trouvèrent fi grands, qu'on fut obligé de réduire
l'*as libralis* pefant deux onces au poids de deux,
& toutes les autres *monnoies* à proportion, quoiqu'on
leur confervât leur même valeur. Les befoins de
l'état l'ayant doublé dans la feconde guerre punique qui commença l'an 536 de Rome, & qui dura
17 ans, l'as fut réduit à une once, & toutes les autres *monnoies* proportionnellement. La plûpart de ces as
du poids d'une once avoient pour empreinte la tête
du double Janus d'un côté, & la proue d'un vaiffeau de l'autre.

Cette réduction ou ce retranchement que demandoient les befoins de l'état, répond à ce que nous
appellons aujourd'hui *augmentation des monnoies* ; ôter
d'un écu de fix livres la moitié de l'argent pour en
faire deux, ou le faire valoir douze livres, c'eft précifément la même chofe.

Il ne nous refte point de monument de la manjère
dont les Romains firent leur opération dans la première guerre punique : mais ce qu'ils firent dans la
feconde, nous marque une fageffe admirable. La république ne fe trouvoit en état d'acquitter fes
dettes : l'as pefoit deux onces de cuivre, & le denier
valant dix as, valoit vingt onces de cuivre. La république fit des as d'une once de cuivre ; elle gagna
la moitié fur fes créanciers; elle paya un denier avec
ces dix onces d'argent. Cette opération donna une
grande fecouffe à l'état, il falloit la donner la moindre qu'il étoit poffible; elle contenoit une injuftice, il
falloit qu'elle fût la moindre qu'il étoit poffible; elle
avoit pour objet la libération de la république envers

fes citoyens, il ne falloit donc pas qu'elle eût celui de
la libération des citoyens entr'eux : cela fit faire une
feconde opération, & l'on ordonna que le denier,
qui n'avoit été jufques-là que de dix as, en contiendroit feize. Il réfulta de cette double opération que,
pendant que les créanciers de la république perdoient
la moitié, ceux des particuliers ne perdoient qu'un
cinquième : les marchandifes n'augmentoient que d'un
cinquième ; le changement réel dans la *monnoie* n'étoit
que d'un cinquième ; on voit les autres conféquences. En un mot les Romains fe conduifirent mieux
que nous, qui dans nos opérations, avons enveloppé
pé & les fortunes publiques, & les fortunes particulières.

Cependant les fuccès des Romains fur la fin de
la feconde guerre punique, les ayant laiffés maitres de
la Sicile, & leur ayant procuré la connoiffance de
l'Efpagne, la maffe de l'argent vint à augmenter à
Rome ; on fit l'opération qui réduifit le denier d'argent de vingt onces à feize, & elle eut cet effet
qu'elle remit en proportion l'argent & le cuivre, cette
proportion étoit comme 1 à 160, elle devint comme
1 eft à 128.

Dans le même tems, c'eft-à-dire, l'an de Rome
547, fous le confulat de Claudius Nero, & de Livius Salinator, on commença pour la première fois
de fabriquer des efpèces d'or, qu'on nommoit *nummus aureus*, dont la taille étoit de 40 à la livre de
douze onces, de forte qu'il pefoit près de deux dragmes & demi ; car il y avoit trois dragmes à l'once.
Le *nummus aureus*, après s'être maintenu affez long-
tems à la taille de 40 à la livre, vint à celle de 45,
de 50 & de 55.

Il arriva fous les empereurs de nouvelles opérations encore différentes fur les *monnoies*. Dans celles qu'on fit du tems de la république, on procéda
par voie de retranchement : l'état confioit au peuple fes befoins, & ne prétendoit pas le féduire. Sous
les empereurs, on procéda par voie d'alliage : les
princes réduits au défefpoir par leurs libéralités même, fe virent obligés d'altérer les *monnoies* ; voie
indirecte qui diminuoit le mal, & fembloit ne le pas
toucher : on retiroit une partie du don, & on cachoit
la main ; & fans parler du diminution de la paye ou
des largeffes, elles fe trouvoient diminuées. On remarque que fous Tibère, & même avant fon règne,
l'argent étoit auffi commun en Italie, qu'il pourroit
l'être aujourd'hui en quelque partie de l'Europe que
ce foit ; mais comme bientôt après, le luxe reporta
dans les pays étrangers l'argent qui regorge à Rome,
& fe tranfport en diminua l'abondance chez les Romains,
& fut une nouvelle caufe de l'affoibliffement des *monnoies* fur les empereurs. Didius Julien commença cet
affoibliffement. La *monnoie* de Caracalla avoit plus
de la moitié d'alliage, celle d'Alexandre Sévère les
deux tiers : l'affoibliffement continua, & fous Galien,
on ne voyoit plus que du cuivre argenté.

Le prince qui de nos jours feroit dans les *monnoies*
des opérations fi violentes, fe tromperoit lui-même,
& ne tromperoit perfonne. Le change a appris au

banquier, à comparer toutes les *monnoies* du monde, & à les mettre à leur juste valeur ; le titre des *monnoies* ne peut plus être un secret. Si un prince commence le billon, tout le monde continue, & le fait pour lui : les espèces fortes sortent d'abord ; & on les lui renvoie foibles. Si, comme les empereurs romains, il affoibliſſoit l'argent, sans affoiblir l'or, il verroit tout-à-coup disparoître l'or, & il seroit réduit à son mauvais argent. Le change, en un mot, a ôté les grands coups d'autorité, du moins les succès des grands coups d'autorité.

Je n'ai plus que quelques remarques à faire sur les *monnoies romaines* & leur évaluation.

Il ne paroît pas qu'on ait mis aucune tête de consul ou de magistrat sur les espèces d'or ou d'argent avant le déclin de la république. Alors les trois-maîtres des *monnoies*, nommés *triumvirs monétaires*, s'ingérèrent de mettre sur quelques-unes les têtes de telles personnes qu'il leur plaisoit, & qui s'étoient distinguées dans les charges de l'état, observant néanmoins que cette personne ne fût plus vivante, de peur d'exciter la jalousie des autres citoyens. Mais après que Jules-César se fut arrogé la dictature perpétuelle, le sénat lui accorda par exclusion à tout autre, de faire mettre l'empreinte de sa tête sur les *monnoies* ; exemple que les empereurs imitèrent ensuite. Il y en eut plusieurs qui firent fabriquer des espèces d'or & d'argent, portant leur nom, comme des Philippes, des Antonins, &c. Quelques-uns firent mettre pour empreinte la tête des impératrices. Constantin fit mettre sur quelques-unes la tête de sa mère : & après qu'il eut embrassé le christianisme, il ordonna qu'on marquât d'une croix les pièces de *monnoie* qu'on fabriqueroit dans l'empire.

Les Romains comptoient par deniers, sesterces, mines d'Italie, ou livres romaines, & talens. Quatre sesterces faisoient le denier, que nous évaluons, *monnoie* d'Angleterre, qui n'est point variable, à sept sols & demi. Suivant cette évaluation 96 dèniers, qui faisoient la mine d'Italie, ou la livre romaine, monteront à 3 liv. sterl. & les 7½ liv. romaines qui faisoient le talent, à 216 liv. sterling.

J'ai dit que les Romains comptoient par sesterces ; ils avoient le petit sesterce, *sestercius*, & le grand sesterce, *sestertium*. Le petit sesterce valoit à-peu-près 1¾ d. trois quarts sterling. Mille petits sesterces faisoient le *sestertium*, valant a liv. 1 shell. 5 d. 29 sterling. *Mille sesteria* faisoient *decies sestertium* (car le mot de *centies* étoit toujours sous-entendu), ce qui revient à 8972 liv. 18 sh. sterling. *Centies sestertium*, ou *cent. er* H-S répondent à 80729 liv. 3 sh. 4 d. sterl. *Millies* H-S à 807291 liv. 13 sh. 4 d. sterl. *Millies centies* H-S à 888020 liv. 16 sh. 8 d. sterl.

La proportion de l'or à l'argent étoit d'ordinaire de 10 à 1, quelquefois de 11, & quelquefois de 12 à 1. Outre les *monnoies* réelles d'or & d'argent & de cuivre, je trouve que Martial fait mention d'une menue *m nno*, e de plomb, ayant cours de son tems ; on la donnoit, dit-il, pour rétribution à ceux qui s'engageoient d'accompagner les personnes qui vo——

loient paroître dans la ville avec un cortège. Mais il est vraisemblable que cette prétendue *monnoie* de plomb, ne servoit que de marque & de mereau pour compter le nombre des gens qui étoient aux gages de tel ou tel particulier.

Pour empêcher les faux-monnoyeurs de contrefaire certaines espèces d'or ou d'argent, les Romains imaginèrent de les denteler tout-au-tour comme une scie ; & on nomma ces sortes d'espèces *nummi serrati* ; il y a des traducteurs & des commentateurs de Tacite qui se sont persuadés, que *nummus serratus* étoit une *monnoie* qui portoit l'empreinte d'une scie ; & cette erreur s'est glissée au moins dans quelques dictionnaires. ( *D. J.* )

MONNOIE OBSIDIONALE, ( *Hist. milit.* ) on appelle de ce nom une *monnoie* communément de bas-alloi, de quelque métal, ou autre matière, formée & frappée pendant un triste siège, afin de suppléer à la vraie *monnoie* qui manque, & être reçue dans le commerce par les troupes & les habitans, pour signer d'une valeur intrinsèque spécifiée.

Le grand nombre de villes assiégées où l'on a frappé pendant les xvj. & xvij. siècles de ces sortes de pièces, a porté quelques particuliers à en recherches l'origine, l'esprit, & l'utilité. Il est certain que l'usage de frapper dans ces villes assiégées des *monnoies* particulières, pour y avoir cours pendant le siège, doit être un usage fort ancien, puisque c'est la nécessité qui l'a introduit. En effet, ces pièces étant alors reçues dans le commerce pour un prix infiniment au-dessus de leur valeur intrinsèque, c'est une grande ressource pour les commandans, pour les magistrats, & même pour les habitans de la ville assiégée.

Ces sortes de *monnoies* se sentent de la calamité qui les a produites ; elles sont d'un mauvais métal, d'une fabrique grossière ; si l'on en trouve quelques-unes de bon argent, & assez bien travaillées, l'on est certain n y a eu plus de part que le besoin.

Leur forme n'est point déterminée, il y en a de rondes, d'ovales, & de quarrées ; d'autres en losange, d'autres en octogone, d'autres en triangles, &c.

Le type & les inscriptions n'ont pas de règles plus fixes. Les unes sont marquées des deux côtés, & cela est rare ; les autres n'ont qu'une seule marque. On y voit souvent les armes de la ville assiégée, quelquefois celles du souverain, & quelquefois celles du gouverneur ; mais il est plus ordinaire de n'y trouver que le nom de la ville tout au long, ou en abrégé, le millesime, & d'autres chiffres qui dénotent la valeur de la pièce.

Comme les curieux ont négligé de ramasser ces sortes de *monnoies*, il seroit difficile d'en faire une histoire suivie ; cependant la diversité des pièces obsidionales que nous connoissons, la singularité de quelques-unes, & la beauté de quelques autres elles ont rapport, pourroient former un petit ouvrage agréable, amusant & intéressant.

Les plus anciennes de ces *monnoies* obsidionales à notre connoissance, ont été frappées au XVIᵉ siècle

ment du xvj. fiècle , lorfque François I. porta la guerre en Italie ; & ce fut pendant les fiéges de Pavie & de Crémone , en 1524 & 1526. Trois ans après on en fit prefque de femblables à Vienne en Autriche , lorfque cette ville fut affiégée par Soliman II. Lukius en rapporte une fort fingulière , frappée par les Vénitiens à Nicofie , capitale de l'ile de Chypre , pendant le fiége que Selim II. mit devant cette ile en 1570.

Les premières guerres de la république d'Hollande avec les Efpagnols , fourniffent enfuite un grand nombre de ces fortes de *monnoies* ; nous en avons de frappées en 1573 , dans Middelbourg en Zélande , dans Harlem , & dans Alcmaer. La feule ville de Leyde en fit de trois différens revers pendant le glorieux fiége qu'elle foutint en 1474. On en a de Schoonhoven de l'année fuivante; mais une des plus dignes d'attention , fut celle que frappèrent les habitans de Kampen durant le fiége de 1578 ; elle eft marquée de deux côtés. On voit dans l'un & dans l'autre les armes de la ville , le nom au-deffous , le milléfime , & la note de la valeur. On lit au-deffus ces deux mots *extremum fubfidium* , dernière reffource , infcription qui revient affez au nom que l'on donne en Allemagne à ces fortes de *monnoies* ; on les appelle ordinairement *pièces de néceffité.* ; celles qui furent frappées à Maftricht , en 1579 , ne font pas moins curieufes ; mais celles qu'on a frappées depuis en pareilles conjonctures , ne contiennent rien de plus particulier , ou de plus intéreffant.

On demande fi ces fortes de *monnoies* , pour avoir un cours légitime , doivent être marquées de la tête ou des armes du prince de qui dépend la ville ; fi l'une ou l'autre de ces marques peut être remplacée par les feules armes de la ville , ou par celle du gouverneur qui la défend ; s'il eft permis à ce gouverneur ou commandant de fe faire repréfenter lui-même fur ces fortes de *monnoies*. Je réfous toutes ces queftions en remarquant que ce n'eft qu'improprement qu'on appelle les pièces obfidionales *monnoies* ; elles en tiennent lieu , à la vérité , pendant quelque tems ; mais au fond , on ne doit les regarder que comme des efpèces de méreaux , de gages publics de la foi des obligations contractées par le gouverneur , ou par les magiftrats dans des tems auffi cruels que ceux d'un fiège. Il paroit donc fort indifférent de quelle manière elles foient marquées , pourvu qu'elles procurent les avantages que l'on en efpère. Il ne s'agit que de prendre le parti le plus propre à produire cet effet , *falus urbis , fuprema lex efto.*

Au refte ; il ne faut pas confondre ce qu'on appelle *monnoies obfidionales* , avec les médailles frappées à l'occafion d'un fiège ; & de fes divers événemens , ou de la prife d'une ville ; ce font des chofes toutes différentes, (*D. J.*)

MONOCROTON, f. m. (*Hift. anc.*) vaiffeau à un banc de rames de chaque côté. On l'appelloit auffi *moneris* ; ce n'étoit donc pas , comme on le

pourroit croire , une barque qu'un feul homme pût gouverner. (*A. R.*)

MONOMACHIE, f. f. (*Hift. mod.*) en grec μονομαχια , duel ; combat fingulier d'homme à homme. Ce mot vient de μονος , feul , & de μαχη , combat.

La *monomachie* étoit autrefois permife & foufferte en juftice pour fe laver d'une accufation , & même elle avoit lieu pour des affaires purement pécuniaires ; elle eft maintenant défendue. Alciat a écrit un livre *De monomachiá*. (*A. R.*)

MONOPHILE , (*Hift. anc.*) eunuque de Mithridate. Sommé de rendre un château où il étoit renfermé avec la fille de ce prince , & défefpérant de pouvoir le défendre contre les Romains , qui venoient de vaincre Mithridate fous la conduite de Pompée , il poignarda la princeffe , & fe poignarda lui-même pour ne point furvivre à la défaite de fon maître , & pour que la fille de Mithridate ne tombât pas au pouvoir des Romains.

MONOPTERE , f. m. (*Hift. anc.*) forte de temple chez les anciens , qui étoit de figure ronde & fans murailles pleines , enforte que le dôme qui le couvroit n'étoit foutenu que par des colonnes pofées de diftance en diftance ; ce mot eft compofé de μονος , feul , & de πτερον , aile , comme qui diroit bâtiment compofé d'une feule aile. (*A. R.*)

MONPENSIER. *Voyez* MONTPENSIER.

MONRO, (Alexandre ) (*Hift. Litt. mod.*) célèbre médecin anglois , né en 1697 , mort en 1767 , un des plus grands anatomiftes de fon fiècle. Ses œuvres ont été publiées en 1781. On diftingue fur-tout fon traité de *l'anatomie des os* , qui a été imprimé huit fois du vivant de l'auteur , & traduit dans prefque toutes les langues de l'Europe.

MONSEIGNEUR, MESSEIGNEURS, *au pluriel*, (*Hift. mod.*) titre d'honneur & de refpect dont on ufe lorfqu'on écrit ou qu'on parle à des perfonnes d'un rang ou d'une qualité auxquelles l'ufage veut qu'on l'attribue. Ce mot eft compofé de *mon* & de *feigneur*. On traite les ducs & pairs , les archevêques & évêques , les préfidens au mortier de *monfeigneur*. Dans les requêtes qu'on préfente aux cours fouveraines , on fe fert du terme *monfeigneur*.

*Monfeigneur* , dit abfolument , eft la qualité qu'on donne préfentement au dauphin de France ; ufage qui ne s'eft introduit que fous le règne de Louis XIV ; auparavant on appelloit le premier fils de France *monfieur le dauphin*.

MONSIEUR, *au pluriel* MESSIEURS , (*Hift. mod.*) terme ou titre de civilité qu'on donne à celui à qui on parle , ou de qui on parle , quand il eft de condition égale ou peu inférieure. Ce mot eft compofé de *mon* & de *fieur*. Borel dérive ce mot du grec χοριος , qui fignifie *feigneur* ou *fire* comme fi on écrivoit *moncyeur*.

Pafquier tire l'étymologie des mots *fieur* ou *monfieur* , du latin *fenior* , qui fignifie *plus âgé* ; les Italiens difent *fignor* , & les Efpagnols *fenor* ; avec l'atildé, qui équivaut à, *ng* dans le même sens, & d'après la même étymologie; les adresses des lettres portent à *monsieur*, *monsieur*, *&c.* L'usage du mot *monsieur* s'étendoit autrefois plus loin qu'à présent. On le donnoit à des personnes qui avoient vécu plusieurs siècles auparavant; ainsi on disoit *monsieur S. Augustin* & *monsieur S. Ambroise*, & ainsi des autres saints, comme on le voit dans plusieurs actes imprimés & manuscrits, & dans les inscriptions du xv^e & du xvj^e siècles. Les Romains, du temps de la république, ne reconnoissoient point ce titre, qu'ils eussent regardé comme une flatterie, mais dont ils se servirent depuis, employant le nom de *dominus* d'abord pour l'empereur, ensuite pour les personnes constituées en dignités: dans la conversation ou dans un commerce de lettres, ils ne se donnoient que leur propre nom; usage qui subsista même encore après que César eut réduit la république sous son autorité. Mais la puissance des empereurs s'étant ensuite affermie dans Rome, la flatterie des courtisans qui recherchoient & la faveur & les bienfaits des empereurs, inventa ces nouvelles marques d'honneurs. Suétone rapporte qu'au théâtre un comédien ayant appellé Auguste, *seigneur* ou *dominus*, tous les spectateurs jettèrent sur cet acteur des regards d'indignation, ensorte que l'empereur défendit qu'on lui donnât davantage cette qualité. Caligula est le premier qui ait expressément commandé qu'on l'appellât *dominus.* Martial, lâche adulateur d'un tyran, qualifia Domitien *dominum deumque nostrum*; mais enfin, des empereurs ce nom passa aux particuliers. De *dominus* on fit *dom*, que les Espagnols conservé, & qu'on n'accorde en France qu'aux religieux de certains ordres.

*Monsieur*, dit absolument, est la qualité qu'on donne au second fils de France, au frère du roi. Dans une lettre de Philippe de Valois, ce prince parlant de son prédécesseur, l'appelle *monsieur* le roi. Aujourd'hui personne n'appelle le roi *monsieur*, excepté les enfans de France. ( *A. R.* )

MONSTRELET, ( Enguerrand de ) ( *Hist. Litt. mod.* ) gentilhomme flamand, mort en 1453, gouverneur de Cambrai sa patrie; plus connu par sa *Chronique* ou *Histoire curieuse & intéressante des choses mémorables arrivées de son temps*, depuis l'an 1480, jusqu'en 1467.

MONTAGNE ou MONTAIGNE, ( Michel de ) ( *Hist. Litt. mod.* ) Ses *Essais* sont un chef-d'œuvre qui ne périra jamais; c'est l'ouvrage le plus pensé qu'il y ait dans une langue qui, malheureusement, n'est plus la nôtre; c'est l'ouvrage qui fait le plus regretter l'ancien langage françois; mais qu'on y prenne garde, ce n'est pas tant l'ancien langage qu'on regrette en lisant *Montagne*, que le langage particulier qu'il avoit su se faire, ce langage énergique & pittoresque, presque tout formé d'expressions de génie qui donnent de la force, du mouvement, de la couleur aux pensées; jamais l'imagination n'a si bien servi la philosophie, & le style de *Montagne* n'étonnoit pas moins ses contem-

porains qu'il nous étonne nous-mêmes. Un charme particulier de ce livre, c'est que ce n'est point un livre, c'est une conversation continuelle de *Montagne* avec son lecteur; conversation avec tous les écarts, toutes les disparates, tous les épisodes, toutes les excursions hors du sujet, tous les retours au sujet, tout le naturel, toute la franchise, tous les avantages, & si l'on veut, tous les défauts de la conversation. Prenez une idée devenue commune, ou qui pouvoit l'être du temps même de *Montagne*, vous pourrez la rencontrer dans *Montagne*, vous ne la reconnoitrez plus, tant l'expression l'aura dénaturée, embellie, fortifiée, rendue propre à l'auteur! Le germe de presque toutes les idées utiles qui viennent d'être adoptées ou qui vont, l'être sur l'éducation, sur la législation, sur les objets les plus intéressants pour la société, se trouve dans *Montagne*; & ceux qui en tout genre, ont eu la gloire ou le bonheur de renverser la barrière ébranlée par leurs prédécesseurs, se sont sur-tout aidés de *Montagne* en le citant ou en ne le citant pas. Jamais on n'a fait un siège plus juste ni plus riche de l'histoire. Tout précepte, toute idée, toute proposition est appuyée sur des exemples; c'est vraiment la philosophie de l'histoire; c'est la morale prouvée par les faits: aussi le cardinal du Perron appelloit-il ce livre, *le breviaire des honnêtes gens.*

On a imprimé en 1772, des *Voyages de Montagne*; ce n'est qu'un Journal informe & minutieux, dicté à un domestique, & que le domestique auroit pu faire presqu'aussi bien que le maître. On y trouve cependant quelques traits, quelques descriptions, où on peut reconnoître *Montagne*:

*Invenias etiam disjecti membra poetæ.*

Mais il est triste d'avoir à tenir compte de certains petits détails de sa dépense dans ses *Voyages*, parce que, dit-on, ils peuvent servir d'objets de comparaison pour le prix des denrées & pour la proportion du numéraire actuel avec celui du temps de *Montagne*.

Michel de *Montagne* naquit en 1533, au château de Montagne en Périgord, de Pierre Eyquem, seigneur de Montagne. Son éducation offre quelques particularités. *Montagne* fut le latin à six ans, parce que ce ne fut pas pour lui une langue apprise, mais une langue naturelle. Son père avoit placé auprès de lui, un allemand qui ne lui parloit jamais qu'en latin. On avoit le singulier usage de le réveiller le matin, qu'au son des instruments, il eût mieux valu peut-être ne le point réveiller du tout, & peut-être devroit-on ne lever les enfans que lorsqu'ils s'éveillent d'eux-mêmes: pourquoi les frustrer d'une partie du repos que la nature leur avoit destiné? *Montagne* eut pour maîtres Buchanan & Muret; forti des études, il voyagea, & observa beaucoup; car c'étoit l'homme sur-tout qu'il vouloit connoître, & il y réussit:

*Montagne*, sans art, sans système,
Cherchant l'homme dans l'homme-même,
Le connoît & le peint bien mieux.

Il fut quelque temps conseiller au parlement de Bordeaux; mais cette profession n'avoit point pour lui d'attraits. Son père avoit été maire de la ville de Bordeaux; il le fut aussi en 1581; il succéda dans cette place, au maréchal de Biron, & il y eut pour successeur le maréchal de Matignon. Charles IX lui avoit donné le collier de l'ordre de Saint-Michel, celui du Saint-Esprit n'étoit pas encore institué. Il mourut en 1592, ayant vu jusqu'à six rois. C'est voir trop de rois & pour eux & pour soi-même.

MONTAIGU, ( *Hist. de Fr.* ) nom d'une illustre maison d'Auvergne, dont étoit Guerin de Montaigu, le quatorzième & l'un des plus célèbres grands-maîtres de l'ordre de Saint-Jean-de-Jérusalem, qui résidoit alors à Ptolémaïde ou Saint-Jean-d'Acre. Il fut élu l'an 1206, chassa les Turcs de l'Arménie l'an 1209; il se signala en 1219, à la prise de Damiette. Il mourut en 1230, comblé de gloire, redouté des Turcs & regretté de tous les princes chrétiens. Cette maison de Montaigu subsiste encore dans les marquis de Bouzols & vicomtes de Beaune.

Gilles ou Guillaume-Aicelin de Montaigu ( car il est appelé de ces deux différents noms de Gilles ou de Guillaume, par différents auteurs) fut cardinal-évêque de Térouane, & chancelier de France. Il suivit le roi Jean à Bordeaux & en Angleterre, après la funeste bataille de Poitiers; il tenoit les sceaux en Angleterre auprès du roi prisonnier, & on a des lettres scellées de lui, datées d'Angleterre. En 1358, il se retira en Auvergne; en 1360, le roi le rappella auprès de lui; il fut fait cardinal en 1361, & mourut à Avignon en 1378. Voici le témoignage que lui rend Froissart: *alors étoit chancelier de France un moult sage homme & vaillant, qui étoit nommé messire Guillaume de Montaigu, évêque de Térouane, par lequel conseil on besogna en France & bien le valoit en tous états; car son conseil étoit bon & loyal.*

MONTAGU ou MONTAIGU, ( Jean de.) ( *Hist. de Fr.* ) Lorsque le cruel Jean, duc de Bourgogne, après avoir assassiné son cousin le duc d'Orléans, frère de Charles VI, revint, la force à la main, avouant son crime, osant le justifier, & donnant à la France ce grand scandale d'une apologie publique de l'assassinat du frère du roi, prononcé devant toute la cour, devant tous les corps de l'état, devant le peuple même, par un prêtre & un religieux; il s'empara du gouvernement, & l'autorité resta entre les mains du crime; le duc de Bourgogne avoit déjà surpris la confiance du peuple; il se assura encore en faisant trancher la tête à Montaigu, surintendant des finances, coupable sans doute de quelques déprédations, mais puni seulement pour avoir déplu au duc de Bourgogne, selon l'usage si connu de rendre injuste par le motif & par la manière, ce qui pourroit être juste au fond. Montaigu fut jugé par des commissaires en 1409; c'est de lui, qu'un célestin de Marcoussy, dit à François Ier, qu'il n'avoit pas été condamné par juges, ains par commissaires. Montaigu fut réhabilité dans la suite par le parti orléanois, peut-être avec aussi peu de justice, & seulement en haine

du duc de Bourgogne. Ses richesses & son énorme puissance déposoient contre lui; la prospérité avoit fait sur lui son effet ordinaire. On raconte que Séjan, au moment de sa disgrace, appellé deux fois en plein sénat, par le consul Régulus, ne répondit point, parce que dans le cours de sa longue puissance, il avoit perdu l'habitude de recevoir des ordres. Ce fut par une disposition à-peu-près semblable, que quand le prévôt de Paris, des Essarts, arrêta Montaigu, celui-ci lui dit: *Ribaud, comment es-tu si hardi de moi attoucher?*

Un frère de Montaigu, nommé lui, évêque de Chartres, puis archevêque de Sens & chancelier de France, fut tué à la bataille d'Azincourt. *Coprélat,* dit un auteur du temps, *fut peu plaint, parce que ce n'étoit pas son office.*

Un autre frère de Montaigu, nommé Gérard, fut évêque de Paris, & mourut en 1420.

Tous trois étoient fils de Gérard de Montaigu, secrétaire du roi Charles V, trésorier de ses Chartes, & maître des comptes, mort le 15 juillet 1391.

Le fils de Jean de Montaigu, décapité en 1409, fut Charles de Montaigu, vidame de Laonnois, seigneur de Marcoussy, tué à la bataille d'Azincourt. C'est par Jacqueline, une de ses sœurs, que la terre de Marcoussy & d'autres biens des Montaigu, ont passé dans la maison de Graville.

Le nom de Montaigu ou Mountagu, a été porté aussi en Angleterre, par plusieurs personnages dignes de mémoire. C'étoit celui:

1°. D'un lord, frère de ce fameux comte de Warwick, tour-à-tour l'appui & la terreur des deux Roses rivales d'Angleterre. Le lord de Montaigu fut tué avec le comte de Warwick son frère, à la bataille de Barnet, qu'ils perdirent contre Edouard IV, le 3 avril 1471.

Il y a en Angleterre une ancienne maison de Montaigu, dont les deux principales branches ont été les Montaigu du comté de Northampton, & les comtes de Salisburi. Ceux de Northampton se sont distingués par leur attachement à la maison Stuart dans les temps les plus difficiles. Le lord Montaigu de Boughton, dans le comté de Northampton, souffrit pour la cause de Charles Ier, & fut emprisonné par ordre du parlement; son frère Henri, lord Montaigu de Kymbolton, dans le comté de Manchester, fut trésorier d'Angleterre & garde du sceau privé sous le même Charles Ier.

Edouard, fils de Henri, concourut au rétablissement de Charles II, & fut son chambellan.

Un autre Montaigu, le lord Montaigu de Saint-Neots, fit passer au service du même Charles II, la flotte angloise qu'il commandoit. Il fut tué le 26 mai 1672, dans un combat naval entre les flottes angloise & hollandoise.

C'étoit un Montaigu qui étoit ambassadeur d'Angleterre en France, dans le temps de la mort de Madame Henriette-Marie d'Angleterre; & nous avons de lui sur cette mort, des lettres adressées au comte d'Arlington, secrétaire d'état.

Le fameux comte de Halifax, chancelier de l'échiquier

quier fous Guillaume III , & auteur des billets
de l'échiquier , & d'autres établiſſements utiles au
commerce & aux finances d'Angleterre , diſgracié
fous la reine Anne, en 1711 , dans le temps de la
trêve , fuivie de la paix d'Utrecht , régent du royaume
après la mort de la reine Anne, juſqu'à l'arrivée du
roi Georges I<sup>er</sup>. , ayant beaucoup contribué à fixer la
fucceſſion dans la maiſon de Hanovre , rentra , fous
Georges I<sup>er</sup>. , dans tous ſes emplois , & y mourut le
30 mai 1715. Il étoit *Montaigu* de la branche de
Northampton.

Vers le même temps , un lord *Montaigu* étoit
ambaſſadeur à Conſtantinople. C'eſt à lady Wortley-
*Montaigu* ſa femme , que l'Angleterre a dû la
méthode de l'inoculation. Voici ce que M. de Voltaire
écrivoit à ce ſujet en 1727 , avant que perſonne
connût en France cette Méthode. « M<sup>me</sup> de Wortley-
» *Montaigu*, une des femmes d'Angleterre qui a le
» plus d'eſprit & le plus de force dans l'eſprit , étant
» avec ſon mari en ambaſſade à Conſtantinople ,
» s'aviſa de donner ſans ſcrupule , la petite vérole à
» un enfant dont elle étoit accouchée en ce pays ; ſon
» chapelain eut beau lui dire que cette expérience
» n'étoit point chrétienne , & ne pouvoit réuſſir que
» chez des infidèles , le fils de M<sup>me</sup> Vortley s'en
» trouva à merveille. Cette dame , de retour à Lon-
» dres , fit part de ſon expérience à la princeſſe de
» Galles , aujourd'hui reine , ( c'étoit la princeſſe
Guillelmine - Dorothée - Charlotte de Brandebourg-
Anſpach , femme de Gerges II.) Dès que cette
» reine eut entendu parler de l'inoculation ou inſertion
» de la petite vérole , elle en fit faire l'expérience ſur
» quatre criminels condamnés à mort , à qui elle ſauva
» doublement la vie..... Aſſurée de l'utilité de cette
» épreuve , elle fit inoculer ſes enfans. L'Angleterre
» ſuivit ſon exemple ; & depuis ce temps, dix mille
» enfans de famille , au moins , doivent ainſi la vie
» à la reine & à M<sup>me</sup> Wortley-*Montagu* , & autant de
» filles leur doivent leur beauté ».

On nous a fourni ſur M<sup>me</sup> de *Montaigu* & ſur ſon
fils , les anecdotes ſuivantes.

Miladi *Montagu* avoit été fort liée avec Pope ;
elle lui écrivoit de Conſtantinople , & pluſieurs de
ſes lettres ont été imprimées & traduites. Ils ſe brouillè-
rent , & l'on en ignore la cauſe.

Miladi *Montagu* , pendant l'ambaſſade de ſon mari
à la Porte , eut , dit-on , la curioſité d'entrer dans
l'intérieur du ſerrail. On prétendit que le grand-ſeigneur
l'y avoit reçue lui - même , & qu'elle avoit eu les
honneurs du mouchoir. Ce bruit fit fortune à Londres :
on accuſa Pope d'en être l'auteur , & l'imputation
n'étoit pas ſans fondement. Un ami de l'ambaſſadrice
s'en plaignit à Pope lui-même , qui répondit : *Dieu
me garde d'avoir jamais imaginé que milady* Montagu
*ait couché avec le grand-ſeigneur , tout au plus avec
quelques-uns de ſes janiſſaires*. Cette cruelle & brutale
plaiſanterie fut rapportée à milady , qui , dès ce moment, ne reſpira que la haine & la vengeance.

Elle écrivoit de Florence , à une de ſes amies : « Le
» mot de *malignité* me rappelle la malfaiſante guêpe

*Hiſtoire*. Tome III.

» de Twickenham ( 1 ). Ses menſonges ne m'affectent
» plus. On ne peut que le mépriſer comme les contes
» du ſerrail & du mouchoir ; dont je ſuis bien per-
» ſuadée qu'il eſt ſeul l'inventeur. Cet homme a un
» cœur méchant & bas ; il eſt aſſez vil pour prendre le
» maſque d'un moraliſte , afin de décrier à ſon aiſe,
» la nature humaine , & de couvrir d'un voile décent
» la haine qu'il porte aux hommes ».

Pope écrivoit dans le même temps à un de ſes
amis qui voyageoit en Italie : « Vous me parlez de.
» la réputation que mon ancienne connoiſſance lady
» Marie s'eſt faite dans toute l'Italie , mais vous ne
» vous ſouciez pas de me dire , & je ne me ſoucie
» guère d'apprendre quels ſont les titres qui lui ont
» acquis cette grande réputation. Je voudrois cepen-
» dant que vous me diſſiez ce qui , de l'avarice ou
» de la galanterie , domine le plus dans ſon caractère ».

Pope publia quelque temps après , une Imitation en
vers , de la première ſatyre du ſecond livre d'Horace.
Il y déſigne une femme , ſous le nom de *Sapho* ,
par deux vers dont voici la traduction :

De Sapho n'attends pas un traitement plus doux ,
Son amour empoiſonne , & ſa haine déchire.

Le mot anglois ( 2 ) que je traduis ici par *empoiſonne* , a dans l'original , une toute autre énergie , que
le bon goût comme la décence , ne permet pas de
rendre dans notre langue. On appliqua ces vers ſan-
glans à milady *Montagu* : Pope le défendit de l'application ; mais on ajoute peu de foi aux déſaveux des
poëtes ſatyriques. Milady elle-même ne douta point
que ce ne fût elle que Pope avoit eue en vue ; & ce
nouvel outrage , elle ne garda plus de meſure , & ſe
vengea avec les mêmes armes.

Elle fit imprimer une ſatyre en vers , contre Pope ,
la plus amère , la plus violente. & la plus cruelle
peut être qu'il y ait en aucune langue ; on a peine à
y reconnoître le ton d'une femme du monde , aimable
& polie ; mais on y trouve autant d'eſprit que de
fureur. C'eſt, ſous ce point de vue , un des monuments
les plus curieux de la littérature.

Milady *Montagu* a compoſé d'autres petites pièces
de poëſie d'un goût plus délicat & d'un ſtyle plus
convenable à ſon ſexe , à ſon rang & à ſes talens :
la plûpart roulent ſur la galanterie ; & ce qui les caractériſe en général , c'eſt l'eſprit , l'élégance & la
fineſſe ; on y trouve moins d'imagination & de ſenſibilité. Quelques-unes mériteroient qu'on les traduiſit
dans notre langue , mais en les revêtant des ornemens
de la verſification , ſans leſquels ces jeux d'eſprit perdent néceſſairement preſque tout ce qu'ils ont de piquant.

Lady Mary-Wortley *Montagu* ſurvécut de pluſieurs
années à ſon époux Edouard-Wortley *Montagu* , qui ,
dit-on , mourut ſubitement , ſans avoir eu le temps

( 1 ) Twickenham eſt un village près de Londres ;
où Pope avoit une jolie maiſon.
( 2 ) Pox'd by her love.

G g g g

de changer, comme il l'avoit projeté; les difpofitions de fon teftament, par lequel il avoit déshérité
fon fils. Voici ce qu'on rapporte de ce jeune homme.
A peine forti de l'enfance, il avoit abandonné la
maifon paternelle pour aller habiter la chaumière &
s'affervir au genre de vie & aux ordres d'un ramo-
neur. Une mauvaife nourriture & des haillons lui
parurent préférables aux commodités & aux agrémens
dont il avoit joui. Il fe tint ainfi caché dans Londres
même, pendant neuf mois, au bout defquels on parvint à le découvrir. Ramené chez fes parents, on
combattit inutilement en lui le defir de fe dégrader
volontairement; il s'échappa de nouveau, fe fit recevoir mouffe fur un vaiffeau qui partoit pour Lifbonne, & après ce voyage, traverfa toute l'Efpagne
au fervice d'un muletier; fa vie enfia ne fut qu'une
fuite d'avenures & de bizarreries. C'étoit pourtant un
homme du plus grand mérite, & il l'a prouvé par
un excellent ouvrage, intitulé: *Réflexions fur l'origine
& la décadence des Républiques*. Il étoit revenu en
Angleterre, & s'étoit raccommodé avec fon père
avant la mort de celui-ci; mais à-peu-près vers cette
époque, il offenfa grièvement fa mère, qui, n'ayant
jamais voulu lui pardonner, ne lui légua qu'un
fchelling de la riche fucceffion qu'elle auroit pu lui
laiffer. Il étoit chez l'étranger lorfqu'il reçut ce legs,
& il le donna à un de fes amis, qui dans ce moment là
fe trouvoit chez lui. Le lord Bute, qui avoit époufé
fa fœur, devint par là maitre d'une très grande fortune, à laquelle il n'avoit pas droit de prétendre;
mais cet homme généreux céda à fon beau-frère,
plus qu'on ne lui auroit probablement accordé en
juftice, fi celui-ci eût voulu attaquer les difpofitions
de fa mère. M. Montagu paffa dans le Levant les quinze
dernières années de fa vie, pendant lefquelles il étoit devenu paffionné pour le coftume & les ufages des Arabes,
qu'il adopta & fuivit conftamment jufqu'à fa mort.

Il a paffé les vingt dernières années de fa vie,
en Egypte & dans la Grèce, vivant comme les
Turcs, vêtu comme eux, ayant plufieurs femmes,
& cultivan: toujours les lettres. Il reparut en Italie, fans
quitter le doliman ni la barbe.

Il revint en Angleterre exprès pour fe marier,
mais il annonça qu'il n'épouferoit qu'une fille groffe;
elle ne fut pas difficile à trouver. Il l'époufa afin de
laiffer à l'enfant les biens dont il vouloit priver fa famille.

On a de lui quelques obfervations fur des monumens & des infcriptions antiques.

Nous ignorons fi le favant anglois Richard *de Montaigu*
ou *Montagu*, évêque de Chefter, puis de Nortwich,
étoit de cette maifon *de Montaigu*; il étoit du comté
de Buckingham; c'étoit de tous les théologiens anglois,
celui dont les opinions fe rapprochoient le plus de la
foi catholique, & on croit qu'il alloit l'embraffer ouvertement, lorfque la mort le prévint en 1641. Il a beaucoup écrit fur des fujets relatifs à l'Ecriture-Sainte & à
la théologie. Il eut quelques conteftations avec Cafaubon, au fujet d'ouvrages qu'ils avoient fait l'un
& l'autre contre Baronius; Cafaubon accufoit ou
foupçonnoit *Montaigu* de plagiat & d'abus de confiance

à fon égard, parce qu'il lui avoit anciennement
communiqué fon ouvrage; mais tout en s'en plaignant,
il loue le favoir de *Montaigu*.

On a auffi *de Montaigu*, des éditions de quelques
ouvrages de plufieurs pères de l'églife.

**MONTALEMBERT.** *Voyez* Essé.

**MONTAMY**, (Didier-François d'Arclais, feigneur de) (*Hift. Litt. mod.*) premier maître d'hôtel
de feu M. le duc d'Orléans, & chevalier de S. Lazare,
mort à Paris en 1764, a traduit de l'allemand de Pott, fa
Litogiognofie. Il eft auffi auteur d'un traité des couleurs
pour la peinture en émail & fur la porcelaine, imprimé à Paris en 1765, & dont M. Diderot a été
l'éditeur.

**MONTAN**, (*Hift. de l'Eglife.*) Héréfiarque &
illuminé du fecond fiècle de l'Eglife, chef des Monta-
niftes.

**MONTANUS**, Jean-Baptifte) (*Hift. Litt. mod.*)
de Vérone, poète, & fur-tout médecin célèbre,
paffa, en Italie, pour un fecond Galien. Il a beaucoup
écrit fur la Médecine, tant générale que particulière,
fur les vertus des médicaments, &c. On a auffi de
lui: *Lectiones in Galenum & Avicennam*. Il étoit de
prefque toutes les Académies d'Italie. Mort en 1551.

**MONTARGON**, (Robert-François de) (*Hift.
Litt. mod.*) dit le père Hyacinthe de l'Affomption,
auguftin de la Place des Victoires, aumônier du roi
de Pologne Staniflas, eft connu par fon *Dictionnaire
Apoftolique*, à l'ufage des prédicateurs fans talens, &
par quelques autres ouvrages relatifs à la chaire & à la
religion. Il périt malheureufement dans la crue d'eau
que Plombières éprouva la nuit du 24 au 25 juillet
1770.

**MONTARROYO MASCARENHAS**, (Freyre
de) (*Hift. Litt. mod.*) noble port gais, fervit quelque
temps, puis fe livra tout entier aux lettres. Ses principaux ouvrages font: les *Négociations de la Paix de
Rifwich*; les relations des batailles d'Oudenarde &
de Peterwaradin; de la mort de Louis XIV; la
*Conquête des Oniges, peuple du Bréfil*; *détail des progrès
des Ruffes contre les Turcs & les Tartares*, &c. Né en
1670. Mort en l'an 1739.

**MONTAUBAN**, (Jacques Pouffet de) avocat, mort
en 1685. Il étoit lié avec Boileau, Racine, Chapelle, & c
On a de lui quelques pièces de théâtre ignorées,
mais on dit qu'il a eu part à la comédie des *Plaideurs*.
Si c'eft lui, qui, par la connoiffance qu'il avoit du
barreau, a fourni le plaidoyer de l'Intimé & donné
ce parfait modèle de la fauffe éloquence & de la fauffe
chaleur, il fait bien faifi les ridicules du barreau. Le
portrait reffemble encore.

**MONTAULT**, (*Voyez* Navailles.)

**MONTAUSIER**, (de Sainte-Maure) (*Hift.
de Fr.*) Il y avoit une ancienne maifon de Sainte-
Maure, connue par des titres dès la fin du dixième
fiècle & le commencement du du onzième. Avoye
de Sainte-Maure, héritière de cette maifon, époufa
en 1205, Guillaume de Précigny, de la même pro-

vince , la Touraine ; il prit le nom de Sainte-Maure,
& leurs enfants réunissoient ou prenoient alternativement les noms de Précigny & de Sainte-Maure. Deux
oncles d'Avoye , du nom de Sainte-Maure , avoient
été tués dans les guerres que Henri Ier , roi d'Angleterre , faisoit en France vers les commencements du
règne de Louis-le-Gros.

Pierre de Sainte-Maure-Précigny , dans la grande
querelle d'Edouard III & de Philippe de-Valois , fut
fait trois fois prisonnier par les Anglois ; il servoit
en 1338 & 1340.

Guillaume de Sainte-Maure son frère , doyen de
Saint - Martin - de - Tours , & qui refusa l'évêché de
Noyon , fut chancelier de France sous Philippe-de-
Valois , il fut nommé le 7 septembre 1329 , & mourut
en 1334.

Gui de Sainte - Maure épousa vers l'an 1325 ,
l'héritière de Montausier , & forma la branche de
Montausier.

Arnauld de Sainte-Maure , seigneur de Montausier son
petit-fils , mourut , à ce qu'on croit , prisonnier des
Anglois ; il vivoit sous Charles VI & Charles VII.

François , baron de Montausier , fut tué en 1594 ,
au siège de Laon.

François , seigneur de Sales , son frère , fut tué en
duel le 26 janvier 1614.

Hector , baron de Montausier , leur neveu , maréchal-de-camp dans l'armée de la Valteline , y mourut
au siège de Bormio en 1635.

Il étoit le frère du fameux Charles de Sainte-Maure,
duc de Montausier , pair de France , gouverneur du
dauphin , fils de Louis XIV. Le duc de Montausier
naquit en 1610 , de Léon de Sainte-Maure , baron
de Montausier , frère des deux François nommés ci-
dessus , & de Marguerite de Château-Briant. Il fut
élevé dans la religion protestante, il l'abjura. « Abjurer
» la religion de ses pères ! s'écrie sur cela M. de La
Cretelle , quel acte pour un homme de bien ! Mais ,
ajoute - t - il , si sa conscience s'alarme , si la vérité
» l'appelle , restera-t-il dans les dangers de l'erreur ,
» pour se sauver des soupçons des hommes ! ce seroit
» une autre lâcheté ». Peut-être , continue M. de La
Cretelle , croira-t-on que l'amour eut quelque part à
» sa conversion , puisqu'elle fut suivie de son mariage
» avec la célèbre Julie d'Angennes, qu'il aimoit depuis
» long-temps sans pouvoir l'obtenir , à cause de la
» différence de religion. » M. de La Cretelle répond à
cette objection par un fait qui prouve que l'amour
même ne pouvoit détourner Montausier de son devoir.
« Il avoit aimé en Lorraine , une demoiselle d'une
» grande beauté , d'une grande maison , d'une grande
» fortune ; elle fut faite prisonnière ; on le pressa vive-
» ment de favoriser son évasion , & un heureux &
» brillant hymen devoit être le prix de ce service...
» Il fut inflexible. »

Julie d'Angennes , ce fameux hôtel de Rambouillet,
célébré par Mme. Deshoulieres , sous le nom du Palais
d'Artenice , rappellent la fameuse guirlande de Julie ,
ouvrage de tous les beaux esprits qui fréquentoient
cet hôtel , ouvrage auquel M. de Montausier a con-

tribué comme les autres , & dont on n'a retenu
que le quatrain de la violette , fait par l'abbé Regnier
Desmarais ;

Modeste en ma couleur , modeste en mon séjour,
Libre d'ambition , je me cache sous l'herbe ;
Mais si sur votre front je puis me voir un jour ,
La plus humble des fleurs sera la plus superbe.

Montausier servit d'abord avec éclat ; à vingt-huit
ans il étoit maréchal-de-camp. En 1643 , il fut pris
à la journée de Duttinguen. Sa captivité dura dix mois,
Sa rançon fut de dix mille écus , il racheta en même
temps plusieurs officiers , & s'engagea pour un grand
nombre d'autres qui lui étoient inconnus. Pendant la
guerre de la Fronde , il reprit sur les Frondeurs , Saintes
& Taillebourg ; dans un combat en Périgord , il reçut
cinq blessures considérables , on le transporta mourant
à Angoulême , où il fut long-temps à se rétablir.

Lorsqu'il prit le parti de quitter sa province & de
venir s'établir à Paris & paroître à la cour : oui , dit-il,
je vais à la cour & j'y dirai la vérité. On sait s'il fut
fidèle à ce serment; & rendons ici justice à Louis XIV ,
cette sincérité qui devoit perdre Montausier , fut la
source de sa fortune ; Mme. de Montausier fut faite gouvernante des enfans de France , & M. de Montausier
gouverneur du Dauphin en 1668. Il avoit été fait
duc & pair & chevalier des ordres en 1664. Il plaça
d'abord auprès de son élève , l'éloquent Bossuet & le
savant Huet ; celui-ci présida aux éditions ad usum
Delphini ; mais ce fut , dit-on , le duc de Montausier ,
le plus savant homme de la cour , qui en conçut
l'idée. Du moment où il fut chargé de l'éducation du
dauphin , il sembla dire à tous ceux qui approchoient
de la personne de son élève , comme Brutus à M. Sala ;

Allez donc , & jamais n'encensez s es erreurs ,
Si je hais les tyrans , je hais plus les flatteurs,

M. le dauphin tirant à un but , & en étant resté
fort éloigné , un jeune page qu'on savoit être fort
adroit , tira ensuite , & s'en éloigna encore davantage.
Petit flateur , s'écria Montausier , c'est de M. le dauphin
qu'il faut t'éloigner.

Il menoit le dauphin dans les chaumières & les
masures les plus voisines de Versailles. Eh ! qui peut ,
dit l'enfant , habiter ces tristes & dégoûtantes demeures ? Entrez & voyez , monseigneur , c'est sous ce
chaume , c'est dans cette misérable retraite que logent
le père , la mère , les enfans qui travaillent sans cesse
pour payer l'or dont vos palais sont ornés , & qui meurent
de faim pour subvenir aux frais de votre table.

On connoît son mot à son élève , au moment où
il cessoit d'être son gouverneur : Monseigneur , si vous
êtes honnête homme , vous m'aimerez ; si vous ne l'êtes
pas , vous me haïrez , & je m'en consolerai.

Et sa lettre au même prince , après la prise de
Philisbourg : Monseigneur , je ne vous fais point de
compliment sur la prise de Philisbourg ; vous aviez une
bonne armée , des bombes , du canon & Vauban. Je ne

*vous en fais point aussi sûr ce que vous êtes brave ;*
*c'est une vertu héréditaire dans votre maison. Mais je*
*me réjouis avec vous de ce que vous êtes bon , libéral ,*
*faisant valoir les services de ceux qui font bien ; c'est*
*sur quoi je vous fais mon compliment.*
S'il n'aimoit pas la flatterie adressée aux princes,
il ne la souffroit pas , adressée à lui-même :

*Cui malè , si palpere , recalcitrat undique tutus.*

Fléchier, qu'il ne connoissoit pas encore , lui tenant
un propos obligeant : *Ah !* dit-il , *voilà de mes flatteurs !*
Il lui rendit plût de justice dans la suite. Le peuple,
quand il voyoit passer la cour , demandoit : où est cet
honnête homme qui dit toujours la vérité ?
*Montausier* fut gré à Moliere de l'avoir eu en vue
dans son *Misanthrope* , homme d'humeur , mais honnête homme ; il l'en remercia. (*Voyez* l'article COTIN.)
Si *Montausier* haïssoit la flaterie , il haïssoit aussi la
satyre ; il s'étoit expliqué durement sur Boileau , &
c'étoit le propos même du duc *de Montausier* , que
Boileau avoit rendu ainsi :

Mais tout n'iroit que mieux
Quand de ces médisans l'engeance toute entière ,
Iroit , la tête en bas , rimer dans la rivière.

Dans la suite, Boileau sentit combien il étoit important pour lui d'obtenir le suffrage de *Montausier* ,
& dans l'Epitre à Racine , où il fait , comme Horace ,
l'énumération des hommes de goût & de mérite auxquels il aspire à plaire , il sollicita ce suffrage d'une
manière si noble & si obligeante , que *Montausier* y
fut sensible , & lui accorda son amitié. Après avoir
parlé des Colbert, des Pomponne , des La Rochefoucauld , des Condé , il ajouté :

Et plût au ciel encor , pour couronner l'ouvrage,
Que *Montausier* voulût lui donner son suffrage !
C'est à de tels lecteurs que j'offre mes écrits.

Le duc de *Montausier* mourut en 1690. La duchesse
de *Montausier* , sa femme , & l'objet de toutes ses
affections , étoit morte en 1671 ; dame d'honneur
de la reine. Fléchier fit l'oraison funèbre de tous deux ,
& consacra leur tendresse mutuelle. C'est dans l'oraison
funèbre de M. *de Montausier* , que se trouve ce beau
mouvement oratoire , qui a été si souvent imité depuis:
« Oserois-je dans ce discours , où la franchise &
» la candeur font le sujet de mes éloges , employer la
» fiction & le mensonge ? ce tombeau s'ouvriroit , ces
» ossements se rejoindroient , & se ranimeroient pour
» me dire : pourquoi viens-tu mentir pour moi , qui
» ne mentis pour personne ?
La branche de *Montausier* s'éteignit dans la personne
du duc : sa fille unique Marie-Julie de Sainte-Maure,
épousa le 16 mars 1664 , Emmanuel , comte de
Crussol , duc d'Uzès , premier pair de France.

MONTBRUN, ( Charles Dupuy ) ( *Hist. de Fr.* )
fut nommé *brave* dans le parti calviniste , & fit
l'effroi des catholiques dans les guerres civiles sous
Charles IX & sous Henri III. Il faisoit la guerre en
Provence & en Dauphiné , où il s'étoit emparé de

plusieurs places. Il se trouvá & se distingua aux batailles
de Jarnac & de Montcontour. En 1570 , il accompagna l'amiral de Coligny dans le Vivarais , passa le
Rhône à la nage avec sa cavalerie , qui venoit de
battre le marquis de Gordes , commandant du Dauphiné, lequel avoit été blessé dans cette affaire. Les
protestants ayant repris les armes après la Saint-
Barthelemi , *Montbrun* s'empara encore de quelques
places. Henri III, à son retour de Pologne , prenant
possession de son royaume de France, passa devant
Livron, place importante par sa situation , entre Lyon
& Marseille ; ses troupes en faisoient le siége ; il fut
insulté par les habitants , sans pouvoir en tirer vengeance ; ce qui jetta sur sa personne , ainsi que sur son
règne, un discrédit dont il ne put se relever. C'étoit
*Montbrun* qui commandoit dans cette place ; il fit
piller par ses troupes , le bagage du roi , & il répondit
à ceux qui s'étonnoient de la hardiesse qu'il avoit eue
dans cette occasion : *deux choses rendent les hommes*
*égaux , le* JEU ET LA GUERRE. Dans une autre occasion , *Montbrun* étant poursuivi par le marquis de
Gordes , & se voyant au moment d'être tué ou pris,
poussa son cheval excédé de fatigue , & voulut sauter
un canal , près de Die , il tomba , se cassa la cuisse ,
& fut pris. Il fut conduit le 29 juillet 1575 , à Grenoble , où on lui fit son procès ; il fut condamné à
mort , & exécuté le 12 août suivant. La paix se fit
en 1576, entre les catholiques & les protestants , &
*Montbrun* fut expressément réhabilité dans le traité ; le
jugement rendu contre lui fut anéanti. Son nom n'a
point été flétri par le supplice , on ne se souvient que
de sa valeur.

MONTCALM, ( Louis-Joseph de Saint Veran,
marquis de ) (*Hist. de Fr.*) naquit en 1712, à Candiac,
sa famille étoit du Rouergue ; elle avoit produit autrefois un grand-maître de l'ordre de Saint Jean de Jérusalem , nommé Gozon. Le marquis de *Montcalm* porta
les armes de bonne heure, & ce ne fut qu'après avoir
servi dix-sept ans qu'il fut fait colonel en 1743. Il
reçut trois blessures à la bataille donnée sous Plaisance ,
le 13 juin 1746. La même année il reçut encore deux
coups de feu au combat de l'Assiette, du 19 juillet 1747.
Il fut fait brigadier des armées du roi cette même
année 1747 ; maréchal de camp en 1756, & en même
temps il fut nommé commandant en chef des troupes
Françoises dans l'Amérique. Il prit alors la ferme résolution de défendre & de conserver le Canada ou de
s'enfevelir sous ses ruines. A peine arrivé en Amérique , il arrêta par ses bonnes dispositions , l'armée
du général Loudon , au lac du Saint Sacrement. Pendant quatre ans qu'il fit la guerre dans cette contrée ,
il soutint la destinée chancelante de la colonie Françoise , il battit ou repoussa des armées supérieures à la
sienne , prit des forteresses défendues par des garnisons
nombreuses. Ses troupes eurent beaucoup à souffrir du
froid & de la faim pendant l'hiver de 1757 à 1758 ;
il souffrit avec elles , & leur donna l'exemple de la
constance ; il se priva de tout pour les secourir. Le 8
juillet 1758 , il remporta une victoire complette sur
le général Abercromby , qui avoit succédé au lord

Loudon ; le modeste vainqueur disoit dans la relation, qu'il n'avoit eu pour tout mérite que le bonheur de commander des troupes valeureuses ; il avoit été fait commandeur de l'ordre de Saint Louis en 1757 ; il fut fait lieutenant - général en 1758. Au combat de Québec, livré le 14 septembre 1759., il reçu, au premier rang & au premier choc, une profonde blessure, dont il mourut le lendemain. Ses vertus égaloient sa valeur & ses talents. Un trou qu'avoit fait une bombe, fut pour lui comme une espèce de tombeau militaire. Au milieu des travaux guerriers, il avoit toujours trouvé du temps pour l'étude qu'il avoit toujours aimée, & dans les idées de retraite dont il s'occupoit quelquefois, il faisoit entrer pour beaucoup dans son bonheur l'espérance d'être un jour de l'Académie des Inscriptions & Belles-Lettres, & de se livrer presque entièrement aux travaux de cette compagnie. L'Académie n'a pu que faire son épitaphe. La voici :

*Hic jacet*
*Utroque in orbe æternùm victurus*
*Ludovicus-Josephus de Montalm Gozon ,*
*Marchio Sancti Verani , Baro Gabriaci ,*
*Ordinis Sancti Ludovici commendator ,*
*Legatus generalis exercituum Gallicorum ,*
*Egregius & civis & miles ,*
*Nullius rei appetens præterquàm veræ laudis ,*
*Ingenio felici & Litteris exculto ,*
*Omnes militiæ gradus per continua decora emensus ,*
*Omnium belli artium , temporum , discriminum gnarus*
*In Italiâ , in Bohemiâ , in Germaniâ dux industrius ,*
*Mandata sibi ità semper gerens ut majoribus par haberetur,*
*Jam clarus periculis*
*Ad tutandam Canadensem provinciam missus ,*
*Parvâ militum manu hostium numerosum non semel repulit ,*
*Propugnacula cepit viris armisque instructissima ,*
*Algoris , inediæ , vigiliarum , laboris patiens ,*
*Suis unicè prospiciens , immemor sui ,*
*Hostis acer , victor mansuetus ,*
*Fortunam virtute , virium inopiam peritiâ & celeritate compensavit ,*
*Imminens coloniæ fatum & consilio & manu per quadriennium suffinuit ,*
*Tandem ingentem exercitum duce strenuo & audaci Classemque omni bellorum mole gravem*
*Multiplici prudentiâ diù ludificatus ,*
*Vi pertractus ad dimicandum ,*
*In primâ acie , in primo conflictu vulneratus ,*
*Religioni quam semper coluerat innitens ,*
*Magno suorum desiderio nec sine hostium mærore extinctus est*
*Die 14 septemb. ann. 1759 , ætatis 48.*
*Mortales optimi ducis exuvias in excavatâ humo ,*
*Quam globus bellicus decidens dissiliensque*
*Defoderat*
*Galli lugentes deposuerunt ,*
*Et generosæ hostium fidei commendârunt.*

MONTCHAL, ( Charles de ) ( *Hist. Litt. mod.*) archevêque de Toulouse ; dont on a des Mémoires connus. Il avoit été précepteur du cardinal de la Valette, & il fut nommé à l'archevêché de Toulouse sur la

démission de ce cardinal. Il étoit fils d'un apothicaire d'Annonai en Vivarais. On lui attribue une dissertation faite pour prouver que les puissances séculières ne peuvent imposer sur les biens de l'église aucune taxe, sans le consentement du clergé. Mort en 1651.

MONTCHENU, ( *Hist. de Fr.* ) fut l'ami le plus désintéressé de François Ier. Elevé avec ce prince , il se contenta dans sa plus grande faveur , de l'office de premier maître d'hôtel; cet emploi l'attachoit à la personne du roi , qu'il aimoit ; il n'ambitionna ni fortune ni dignités plus éminentes ; ce qui a donné lieu au conte suivant , fondé sur quelque vérité. Parmi l'élite de la noblesse qui étoit élevée avec François Ier, alors comte d'Angoulême , François distinguoit dès-lors Montmorency , Brion & Montchenu. Brantôme rapporte que ces trois jeunes seigneurs s'entretenant avec lui sur leurs destinées futures , lui demandèrent ce qu'il feroit pour eux lorsqu'il seroit roi : *désirez seulement* , leur dit François , & *soyez sûrs de tout obtenir.* Montmorenci désira d'être connétable , Brion d'être amiral , *Montchenu* borna son ambition à être premier maître-d'hôtel : leurs vœux furent remplis dans la suite , & le conte fut aisé à imaginer.

Ces trois fidèles amis de François Ier. eurent le même sort que lui à Pavie , Montmorenci fut pris avant la bataille , Brion & *Montchenu* dans la mêlée.

MONTCHEVREUIL. ( *Voyez* MORNAI. )

MONTDEJEU, ( Jean de Sculemberg *ou* de Schulemberg, marquis de ) ( *Hist. de Fr.*) commandoit dans Arras en 1654 , lorsque le prince de Condé , l'archiduc Léopold & le Comte de Fuensaldagne en firent le siège , que M. de Turenne leur fit lever. *Montdejeu* fut fait maréchal de France en 1658. Mort en 1651: Il étoit d'une ancienne maison établie , dès le 12e. siècle , dans la Marche de Brandebourg.

MONT-D'ORGE, ( Antoine Gautier de ) ( *Hist. Litt. mod.*) maître de la chambre aux deniers du roi , auteur des *Talens lyriques* , & de quelques autres ouvrages. Né à Lyon en 1727. Mort à Paris en 1768.

MONTECUCULI *ou* MONTECUCULO ; ( Sebastien ) ( *Hist. mod.*) En 1536 , époque où la rivalité de Charles - Quint & de François Ier. étoit la plus animée , époque où Charles-Quint , descendu en Provence avec ses forces les plus redoutables , menaçoit de conquérir la France , le roi étant au camp de Valence , le dauphin François son fils , s'embarqua sur le Rhône , pour l'aller joindre; il fut attaqué à Tournon d'une maladie subite & violente , dont il mourut le quatrième jour. Déja échauffé par les plaisirs , il voyageoit au milieu des ardeurs d'un été si sec & si chaud , que dans les provinces moins chaudes que celles qu'il parcouroit , les rivières étoient presque entièrement taries. S'étant arrêté à Tournon , il voulut jouer à la paume , qu'il aimoit beaucoup , & s'y échauffa excessivement. Excédé de fatigue , de soif & de chaleur , il but de l'eau fraiche avec intempérance , & il est assez vraisemblable qu'il mourut d'une pleurésie. On ne voulut pas croire que les voluptés , toujours si meurtrières , que l'intempérie des saisons, source de contagions & de mortalités, que le combat de la fraîcheur & de la chaleur excessive, qu'on dit dangereux, eussent pu causer la mort d'un jeune prince; on aima mieux concevoir les plus affreux soupçons. Charles - Quint étoit en Provence, & vouloit conquérir la France, il falloit bien que ce fût lui qui eût fait périr le dauphin; le peuple voulut absolument que le dauphin eût été empoisonné. On arrêta le comte Sébastien de Monte-cuculi, italien; & comme une erreur en fortifie une autre, quelques connoissances qu'il avoit en médecine, sa patrie, tout fut érigé en présomptions contre lui. On l'accusa d'avoir versé dans le vase du prince, un poison mortel; on le mit à la question, moyen quelquefois assez efficace de faire avouer ce qui est déjà cru, ou ce qu'on veut qui le soit; il révéla d'étranges choses. Il avoit, disoit-il, été poussé à ce crime par Antoine de Lève & par Ferdinand de Gonzague, généraux de l'empereur. Ce prince, sans lui rien prescrire, l'avoit beaucoup questionné sur tout ce qui se passoit à la cuisine du roi de France; car Montecuculi avoit déjà été précédemment en France. Après cette conversation, l'empereur l'avoit envoyé à de Lève & à Gonzague, qui lui avoient confié le plan du complot, & l'avoient chargé de l'exécution; & suivant ce complot, il devoit attenter de même à la vie du roi & des deux autres princes ses fils. Ni les mœurs du temps, qui étoient celles de la chevalerie, ni le caractère de l'empereur, qui se permettoit la ruse, jamais le crime; ni l'intérêt de ce prince, qui ne pouvoit être de se rendre odieux par des crimes nécessairement inutiles, puisque le roi n'auroit jamais manqué de successeurs ni de vengeurs, ni la confiance avec laquelle Charles-Quint passa, trois ans après, par la France pour aller dans les Pays-Bas, ni la manière dont il fut alors accueilli en France, rien ne permet d'appercevoir la moindre ombre de vraisemblance dans cette accusation. Si l'on veut absolument trouver quelqu'un qui eût intérêt, non à faire périr les trois princes avec ou sans leur père, mais à empoisonner le dauphin, si la maxime que celui à qui le crime est utile, en est présumé l'auteur, doit être adoptée, c'est sur Catherine de Médicis que pourroient tomber des soupçons plus raisonnables, ce seroit elle qui auroit voulu, par la mort du dauphin son beau-frère, procurer le trône au duc d'Orléans, son mari, pour devenir reine, Cette idée, qui du moins se présente qu'un seul crime, montre en même temps un grand intérêt de le commettre. Aussi fût-ce Catherine de Médicis qu'accusa l'indignation des Impériaux, en repoussant le soupçon qui les accusoit eux-mêmes, & le caractère de Médicis n'aide pas à la justifier.

*Montecuculi* fut écartelé à Lyon, comme convaincu, selon l'arrêt (du 7 octobre 1536) d'avoir empoisonné le dauphin, & d'avoir voulu empoisonner le roi. François Ier, pour venger son fils, voulut qu'on donnât à ce jugement la plus grande solemnité; il y assista lui-même; il y fit assister les princes du sang, tous les prélats qui se trouvèrent alors à Lyon, tous les ambassadeurs, tous les seigneurs, même étrangers, qui l'avoient accom-

pagné, & parmi lesquels il y avoit beaucoup d'italiens.

Faut - il croire que pour donner une victime aux mânes du dauphin & à la douleur du roi, on se soit fait un jeu barbare de faire périr un innocent dans des tourments affreux, & qu'une politique infernale ait voulu saisir cette occasion d'exciter par la calomnie, une haine universelle contre l'empereur?

Ou bien faut - il croire que le jeune Médicis, au crime horrible d'avoir empoisonné son beau - frère, ait su joindre à dix-sept ans, le crime habile de tourner vers l'empereur les soupçons d'un peuple, qui, à la vérité, désiroit de le trouver coupable?

Ou bien enfin ce *Montecuculi* étoit-il un de ces aventuriers moitié scélérats, moitié fous, qui, sans complices, comme sans motifs, dans un accès de superstition religieuse ou politique, attentent à la vie des princes qu'ils ne connoissent pas, & troublent un état sans servir personne?

Mais presque tous les auteurs qui ont cru *Montecuculi* coupable, l'ont regardé comme un instrument employé par de Lève ou par Gonzague sous la direction de l'empereur; les autres ont accusé Catherine de Médicis, qui ne paroît pas avoir été crue coupable en France, ou ils ont jugé qu'il n'y avoit ni crime ni criminel, & que le dauphin avoit péri d'un mort naturelle : ce qui rendroit l'arrêt inexplicable & inconcevable.

Des pièces du temps témoignent que le peuple exerça sur le cadavre déchiré de *Montecuculi*, toutes ces barbaries, toutes ces horreurs qui lui sont familières.

L'arrêt fournit une circonstance qui mérite d'être relevée; c'est que *Montecuculi* s'étoit donné un complice, qu'il avoit accusé le chevalier Guillaume de Dinteville, seigneur des Chenets, d'avoir eu connoissance de son projet d'empoisonner le roi. Il prétendoit le lui avoir confié à Turin à Suze; mais cette accusation ayant été reconnue fausse, l'arrêt condamne *Montecuculi* à faire une réparation publique à Dinteville, & adjuge à celui-ci une amende considérable sur les biens confisqués de son téméraire accusateur.

L'arrêt offre encore une circonstance qui n'est pas indifférente, c'est qu'on trouva un traité de l'usage des poisons, écrit de la main de *Montecuculi*.

Au reste, l'arrêt garde le plus profond silence sur l'empereur & sur tout autre instigateur du crime; il ne punit & ne nomme qu'un coupable; il faut n'en pas chercher davantage, & reconnoître qu'il manque bien des lumières sur cette funeste aventure. *Adeò maxima quæque ambigua sunt!* dit Tacite, Annal. liv. 3, chap. 19.

**Montecuculi**, (Raimond, comte de) (*Hist. mod.*) Nous ignorons si le fameux Raimond, comte *de Montecuculi*, généralissime des armées de l'empereur, & rival de Turenne, étoit de la même famille que le malheureux Sébastien; tous deux étoient italiens, l'un de Ferrare, l'autre du Modénois. Raimond étoit né en 1608. Il porta d'abord les armes sous Ernest *de Montecuculi* son oncle, général de l'artillerie impériale, qui l'institua son héritier; il servit d'abord comme simple soldat, & passa rapidement par tous les degrés de la milice. En 1644, il commandoit & eut un avantage marqué sur les Suédois; mais le mars 1645, il fut battu & fait prisonnier à Tabor, par le général Tortenson; il resta deux ans dans la captivité. Ces deux années ne furent point perdues pour lui ; la lecture & l'étude le consolèrent, & contribuèrent à le former, dans l'art même qu'il ne pouvoit exercer. Il se vengea de cette première défaite par de nouveaux avantages , mais il fut encore battu le 17 mai 1648, à Summerhaufen, près d'Ausbourg, avec le général Melander , par le vicomte de Turenne, joint aux Suédois, commandés par le général Wrangel & le comte de Konigsmarck. Après la paix de Munster, passant en Italie , & assistant aux fêtes du mariage de François, duc de Modène, avec Victoire Farnèse, il eut le malheur de tuer dans un carroufel, d'un coup de lance poussé avec trop de force & qui perça la cuirasse, le comte Manzani son ami. Il fit la guerre ensuite avec bonheur & avec capacité, contre les Suédois, tantôt en faveur du roi de Pologne, tantôt en faveur du roi de Dannemarck ; il fit depuis contre les Turcs, non-seulement avec bonheur, mais avec éclat & avec gloire ; il remporta sur eux, en 1664 , la célèbre bataille de Saint-Gothard. En 1673 & 1675, il fut opposé à M. de Turenne ; ce fut alors qu'on vit ces deux grands généraux s'observer , se mesurer , se deviner , se rencontrer par-tout où les appelloient les principes d'une guerre savante, combinée, réfléchie. Toute l'Europe avoit les yeux sur ces deux grands généraux ; tous les militaires apprenoient d'eux les secrets de leur art , & attendoient en silence quel seroit l'événement de tant de préparatifs si sagement, si habilement concertés. Cette campagne ( de 1657 ), dit le chevalier Folard , fut le chef-d'œuvre du vicomte de Turenne & du comte de Montecuculi ; il n'y en a point de si belle dans l'antiquité , il n'y a que les experts dans le métier qui puissent en bien juger. Enfin M. de Turenne paroissoit prendre le dessus, & croyoit pouvoir se promettre la victoire, lorsque le coup de canon qui l'emporta le 27 juillet, près de Salsbac , vint sauver la gloire de Montecuculi, & valut aux François une défaite ; ils repassèrent le Rhin précipitamment, & la belle retraite du comte de Lorges, neveu de Turenne, parut une victoire dans la consternation où l'on étoit. Le marquis de Vaubrun, qui commandoit l'armée avec le comte de Lorges, fut tué au combat d'Atlenheim, où Montecuculi chargeoit les François dans leur retraite, le duc de Vendôme y fut blessé; il fallut envoyer Condé pour arrêter les succès de Montecuculi : Condé lui fit lever les sièges d'Haguenau & de Saverne, le força de repasser le Rhin , & termina par ce dernier exploit, sa carrière militaire.

La plus grande gloire de Turenne fut d'avoir été à la veille de battre Montecuculi ; la dernière gloire de Condé fut de l'avoir contenu & repoussé; & celle de Montecuculi , fut de s'être mesuré avec ces deux grands hommes, sans aucun désavantage marqué. Il ne reparut plus dans la carrière.

Montecuculi joignoit à ses grands talens, les vertus & des sentimens nobles. Il pleura sincèrement son illustre rival, qui alloit être son vainqueur. C'étoit ,

dit-il , un homme qui faisoit honneur à l'homme. De tous ceux qui ont loué Turenne , personne n'a aussi bien connu que Montecuculi , toute l'étendue de ses talens & de son mérite militaire.

Montecuculi , comme presque tous les grands généraux , étoit rigide observateur de la discipline. Il avoit une fois défendu , sous peine de mort , qu'on passât dans un sentier , à travers les bleds; il apperçut un soldat qui , malgré la défense, passoit par ce sentier ; il envoya ordre au prévôt de l'armée de le faire pendre ; le soldat, en s'avançant vers le général , lui croit qu'ayant été absent dans le temps de la défense , il l'avoit absolument ignorée ; Montecuculi croyant que c'étoit une défaite , dit froidement : que le prévôt fasse son devoir. Le soldat réduit au désespoir , & qui n'avoit pas encore été désarmé , s'écria: je n'étois pas coupable, je le suis maintenant; il tira sur le général , & le manqua. Montecuculi reconnut à ce mouvement d'énergie , l'indignation d'un innocent qui se voit opprimé ; il lui pardonna, & rien n'étoit plus juste , il l'avoit seul rendu coupable.

Montecuculi mourut à Lintz en 1680. Il aimoit les lettres, il contribua beaucoup à l'établissement de l'Académie des Curieux de la Nature. On a de lui des Mémoires sur son art, qu'il avoit composés dans ses campagnes de Hongrie contre les Turcs, & qu'il avoit présentés en 1665 , à l'empereur. Ils ont été traduits d'italien en françois, par M. Adam , de l'Académie Françoise, secrétaire des commandemens de M. le prince de Conty ; & M. le comte de Turpin a donné en 1759, des commentaires sur ces Mémoires.

MONTEGUT , Jeanne de Segla, femme de M. de) ( Hist. Litt. mod. ) Les œuvres de cette femme aimable & d'un talent distingué, ont paru en 1768, recueillies par M. de Montegut son fils, conseiller au parlement de Toulouse. Jeanne de Segla naquit à Toulouse le 25 octobre 1709 , d'une famille noble. Segla , se nommoit Jean-Joseph de Segla , mourut à vingt-trois ans ; Jeanne n'en avoit que deux alors. Elisabeth de Gras sa mère, épousa en secondes nôces , M. de Lardos , célèbre avocat au parlement de Toulouse, dont elle eut trois filles, Mesdames de Masqueville , d'Anseau de Terfac , & de Druillet. La jeune de Segla fut élevée à la campagne par une tante paternelle. Elle avoit une facilité merveilleuse à tout apprendre sans maître. Ce fut ainsi qu'elle apprit l'italien, l'espagnol, l'histoire, la géographie, le dessin ; elle excella dans les talens agréables & dans tous les ouvrages de son sexe. Elle peignoit en miniature avec beaucoup de délicatesse, & son fils a conservé d'elle des tableaux , qui , dit-il , feroient honneur aux plus grands maîtres.

L'indulgence , la bonté, la tendresse percent par-tout dans l'histoire de sa vie & dans ses ouvrages. On voit dans ses lettres à son fils , l'épanchement d'une mère qui joint aux attentions délicates d'une amie ; on la voit attirer la confiance de son fils , encourager son esprit , ses talens naissans, ménager sa sensibilité. « Eh » bien , mon fils , lui dit-elle dans une de ses lettres , » vous voilà bien rembruni pour une maladie que je

» n'ai plus.» ; & l'on voit bien qu'elle lui avoit caché & fait cacher son danger. Toute idée d'autorité disparoît dans ce commerce ; c'est l'amie qui conseille, qui exhorte , qui prie ; la mère ne fait qu'aimer. Dans les sentiments du fils , on voit un mélange de ceux qu'on doit à une mère tendre & de ceux qu'inspire une femme aimable. M<sup>me</sup>. de Montegut nous apprend qu'elle étoit tendre ; c'est le défaut ou le mérite de toute personne spirituelle & sensible , élevée à la campagne , loin de ce grand monde qui paroit toujours effrayant à ceux que l'éducation de l'enfance n'a pas familiarisés avec ses usages , ses travers & ses ridicules.

Mademoiselle de Segla fut mariée à seize ans , avec M. de Montegut , trésorier de France , de la généralité de Touloufe. De ce mariage assorti du côté des biens , de la naissance & des agréments, naquit M. de Montegut , éditeur des œuvres de sa mère. Son éducation fournit à M<sup>me</sup> de Montegut l'occasion de développer son goût & ses dispositions pour les langues. « Elle s'amusa , dit-il , à lire les livres latins » qu'elle voyoit entre mes mains ; elle assistoit aux » leçons qu'on me donnoit ; bientôt elle en fut autant » que mes maîtres , & un jour me servir de pré- » cepteur ».

Elle apprit l'anglois avec la même facilité que le latin ; elle prit même quelque connoissance du grec. La physique , les mathématiques ne lui furent point étrangères ; elle fit une étude particulière de la botanique médicinale, & composoit des remèdes pour les pauvres.

Dès l'âge de vingt ans , elle étoit sujette à des maux de tête qui l'ont tourmentée jusqu'à la fin de ses jours. Trois ans avant sa mort, elle pensa être la victime d'une méprise d'apothicaire. On lui donna dans une médecine , un poison subtil , dont on arrêta l'effet avec peine , & qui laissa des traces que rien ne put effacer.

La mort de son mari, arrivée en 1751 , acheva de ruiner son foible tempérament. Il expira dans ses bras. Dès ce moment, la santé de M<sup>me</sup>. de Montegut alla en déclinant , ses forces s'épuisèrent , son corps se dessécha , une maladie épidémique qui régnoit à Toulouse , acheva de l'éteindre le 17 juin 1752.

Elle avoit près de trente ans , lorsqu'elle fit ses premiers vers ; en 1738 , elle composa pour le prix de l'Académie des Jeux Floraux , l'églogue de Célimène & Daphnis ; qui partagea les suffrages. En 1539 , l'ode à Alexandre concourut pour le prix , & l'élégie intitulée : Ismène , le remporta.

En 1741 , le poème de la conversion de Sainte Madeleine remporta le prix du genre pastoral ; & la même année, l'ode sur le Printemps , remporta le premier prix. Alors M<sup>me</sup> de Montegut demanda, suivant le droit qu'elle en avoit, des lettres de Maîtresse des Jeux Floraux , & prit séance dans cette Académie , à côté de M<sup>lle</sup>. de Catellan.

Il y a en général une grande analogie entre le talent poétique de M<sup>me</sup>. de Montegu & celui de M<sup>me</sup>. Deshoulières. C'est presque toujours cette tristesse tendre , cette mélancolie douce & philosophique , qui attache & qui pénètre , qui , sans rejetter les images ,

se nourrit avec plus de complaisance , de réflexions & de sentimens :

J'ai déjà trente fois vu le naissant feuillage
Les prés couverts de fleurs , les fertiles moissons ;...
C'en est fait : j'ai passé mes plus belles années ,
Je ne reverrai plus ces riantes journées , .......
Déjà j'entrevois ces ténèbres
Qui pour jamais obscurciront mes yeux.

Une Ode à son fils pour le rappeller de Paris , auprès d'elle , est de la tendresse la plus aimable. Sa mélancolie philosophique paroît toute entière dans une fort belle Élégie , sur la coupe des beaux arbres de Segla :

Qu'est-ce qui m'attendrit sur vos mourans appas ?
Dois-je pleurer des maux que vous ne sentez pas ?...
Tout passe , tout périt : bientôt , ainsi que vous,
De l'implacable mort j'éprouverai les coups :
La poussière & l'oubli deviendront mon partage ;
Et s'il reste de moi quelque légère image ,
Que l'amitié sensible ait pris soin de tracer ,
Le temps qui détruit tout , saura trop l'effacer.

Elle a fort bien traduit divers morceaux d'Horace :

Age , jam meorum
Finis Amorum.
Non enim post hác aliâ calebo
Fœminâ.

Cher & dernier objet de mes tendres amours ;
Jusqu'au triste moment qui finira mes jours ,
Tu ne te verras point préférer de rivale.

Vers de Racine très-bien appliqué :

Nec cox resurunt jam tibi purpuræ ,
Nec cari lapides tempora quæ semel
Notis condita fastis
Inclusit volucris dies.

La pourpre qui te pare & le feu des rubis ;
De tes jours trop nombreux dans nos fastes écrits ,
N'ont pu ralentir la vitesse.

Voilà quatre vers rendus en trois , & rien d'essentiel n'est oublié.

MONTEJEAN , ( René de ) ( Hist. de Fr. ) fut fait prisonnier à la bataille de Pavie avec tous les plus braves chevaliers de l'armée françoise en 1525. Il acquit beaucoup de gloire en 1536 , en Piémont, sous l'amiral de Brion ; il servit la même année sous Montmorenci , à cette belle défense de la Provence , où ce grand désir de gloire , cette valeur impétueuse , cette ardeur de chevalier qui caractérisoient Montejean, plus encore que tous les autres braves , étoient précisément ce qu'il y avoit de plus funeste & ce dont le général avoit le plus à se défendre. Le plan de cette campagne étoit de faire le dégât pour affamer l'ennemi,

d'abandonner

d'abandonner & de sacrifier tout_ce qui n'étoit pas situé sur le Rhône & sur la Durance. *Montejean* fit les plus fortes instances, pour qu'on lui permit de s'enfermer dans la ville d'Aix ; il promettoit de la défendre jusqu'à l'hiver, qui obligeroit d'en lever le siège ; Montmorenci, qui ne vouloit s'en rapporter qu'à lui, alla visiter lui-même cette place, & ne jugea pas qu'elle pût être défendue. Aix fut démantelé ; mais *Montejean* ne pouvoit se contenir, il faisoit tous les jours de nouvelles instances pour qu'on lui permît d'en venir aux mains avec quelque détachement ennemi. L'importunité de *Montejean* l'emporta enfin sur la défiance de Montmorenci, qui, pour ne pas le refuser toujours, lui permit d'aller tâter l'ennemi, en lui recommandant d'observer tout avec la plus grande circonspection, de n'attaquer qu'à son avantage, & de se ténir toujours près de quelque poste sûr, où il pût se retirer en cas d'inégalité. C'étoit lui recommander de changer de caractère. Montmorenci le sentit bien ; à peine *Montejean* étoit-il parti, tout en vré du plaisir de pouvoir combattre, ayant déjà oublié les conseils de son général, & ne songeant qu'à ceux de la gloire, qu'un exprès fut envoyé pour révoquer la permission, & pour enjoindre à *Montejean* de revenir : mais cet exprès prit un autre chemin, & arriva trop tard. *Montejean* trouva quelques officiers qui continuoient le dégât ordonné, il en entraîna quelques - uns avec lui, malgré la résistance des autres. On apprit le lendemain, qu'il avoit été fait prisonnier avec ceux qui avoient consenti à le suivre. L'honneur de s'avoir pris *Montejean*, autant que l'intérêt d'avoir un prisonnier de cette importance, excita entre trois officiers impériaux, une contestation qui fut portée au Tribunal de Ferdinand de Gonzague. L'un avoit ôté à *Montejean* sa masse de fer, l'autre son gant, & le troisième l'avoit arrêté en saisissant la bride de son cheval. Gonzague prononça en faveur de ce dernier ; il se nommoit Marsilio Sola de Bresse.

L'échec de *Montejean* produisit l'effet que le roi & Montmorenci avoient craint. Gonzague par vanité, l'empereur par politique, enflèrent à l'excès cette petite victoire. L'Europe retentit d'une petite escarmouche, qui devoit à peine faire la matière d'une nouvelle dans les deux camps ; & ce bruit porta le découragement & l'effroi pour un temps, dans le camp d'Avignon, où étoit Montmorenci avec l'armée françoise.

Montmorenci, pour sa belle défense de Provence & pour les autres services, eut l'épée de connétable, & *Montejean* eut son bâton de maréchal de France le 10 février 1538. Il fut fait aussi lieutenant-général pour le roi, en Piémont. Il mourut l'année suivante.

Il avoit assisté en 1532, au nom du roi, aux états de Bretagne, convoqués à Vannes pour la réunion de la Bretagne à la couronne ; mais on ne se contentoit pas que les états y consent issent, on vouloit qu'ils la demandassent ; & c'étoit ce qui révoltoit sur-tout les opposans à la réunion. Quoi ! s'écrioient-ils, nous demanderons la servitude comme une grace ! Le député de Nantes s'opposa fortement à cette proposition ; il

déclara que ses pouvoirs ne s'étendoient pas jusques-là ; qu'il croiroit trahir la confiance dont on l'avoit honoré, & sacrifier par une lâche prévarication, les intérêts de sa patrie, s'il prêtoit les mains à une pareille démarche, sans avoir de nouveau consulté sa communauté. *Montejean*, soldat téméraire, négociateur mal-adroit, couffisan peu accoutumé à trouver de la résistance, quand il parloit au nom du roi, s'emporte, éclate, se lève de son siège pour maltraiter le député. Cette indécence révolte la fiesté bretonne, les états indignés se soulèvent, & veulent se séparer ; enfin les esprits sages calment les esprits échauffés ; ils leur font comprendre que la réunion étant un bien pour la Bretagne, la démarche que le roi demandoit aux états, devenoit pour eux un honneur & un devoir ; on se rendit à ces raisons, la réunion fut demandée & accordée, la chose en fut donnée au mois d'août 1532.

MONTEIL, (Adhémar de) (*Hist. de Fr.*) Maison très-connue & très-célèbre en Provence & en Dauphiné, les deux noms d'Adhémar & de *Monteil* se retrouvent dans le nom de Montelimart en Dauphiné, qui se nommoit autrefois Monteil ou Montilly, & dont le nom latin est *Mons* ou *Montælium Adhémari*, ou parce que c'étoit la demeure des Adhémars, ou parce que les Adhémar de Monteil en avoient été les fondateurs ou les restaurateurs. Il paroît que la maison des Adhémard de Monteil, se partagea en deux branches principales, dont l'une resta établie en Dauphiné, & l'autre, qui est celle des seigneurs de Grignan, s'établit en Provence.

De la première descendoient Balthasar & Louis de *Monteil* ; ce dernier fut tué en 1673, dans un combat de Saint-François, où il servoit la France, & commandoit un régiment françois en pays étranger. Balthasar eut sept fils, dont six furent tués au service de la France, en différentes actions. De cette branche étoit aussi Aymar ou Adhémar de Monteil ou du Monteil, évêque du Puy au onzième siècle, qui assista en 1095, au concile de Clermont, où fut résolue la première croisade, & qui fut un des principaux chefs de cette expédition. Il faisoit porter devant lui, une lance qu'on croyoit être & on n'étoit pas celle dont Notre-Seigneur avoit eu le côté percé ; les écrivains n'ont pas manqué de raconter qu'aucun des soldats qui combattoient sous les enseignes de l'évêque du Puy & sous la protection de cette lance sacrée, n'avoit reçu aucune blessure dans les combats. Si celui qui la faisoit porter devant lui ne fut pas blessé, il mourut de la peste après la prise d'Antioche en 1098. Aymar de Monteil étoit pour son temps, un prélat lettré ; on lui attribue l'antienne *Salve Regina*.

De la branche des Grignan étoient : 1°. Louis-Adhémar de Monteil, premier comte de Grignan, que nous voyons employé en Allemagne, dans des ambassades importantes sous le règne de François Ier. Il mourut en 1557, sans postérité ; mais Blanche Adhémar de Monteil sa sœur, avoit épousé Gaspard de Castellane, premier du nom de l'illustre & ancienne maison de Castellane. (*Voyez* CASTELLANE.)

H h h h

De ce mariage naquit Gafpard de Caftellane-Adhémar *de Monteil*, comte de Grignan, qui fut héritier de Louis fon oncle, & fubftitué au nom & aux armes d'Adhémar.

De lui defcendoient : 1°. Louis Adhémar *de Monteil*, comte de Grignan, chevalier des ordres du roi en 1584, fidèle fujet des rois Henri III & Henri IV, quoique zélé catholique.

2°. Plufieurs archevêques d'Arles, prélats diftingués.

3°. Roftaing, qui mourut à Touloufe en 1621, au retour du fiége de Montauban, & des fatigues de ce fiége.

4°. Philippe fon frère, tué au fiége de Mardick en 1657.

5°. François Adhémar *de Monteil*, comte de Grignan, lieutenant-général en Languedoc & en Provence, chevalier des ordres du roi, neveu des précédents & tous fes frères. Ce fut lui qui époufa en troifièmes noces, mademoifelle de Sévigné ; & tous ces Grignan, ces Adhémar, ces *Monteil*, fi diverfement célébrés dans les lettres de M^me de Sévigné, étoient Caftellane.

MONTE-MAJOR, (Georges de) (*Hift. Litt. mod.*) ainfi nommé du lieu de fa naiffance, auprès de Conimbre, fut un poëte caftillan célèbre au feizième fiècle. Ses poëfies, fous le titre de *Cancionero*, & une efpèce de roman intitulé, *La Diane*, ont été traduites. Mort vers 1560.

MONTESPAN. ( *Voyez* ROCHECHOUART. )

MONTESQUIEU, Charles de Secondat, baron de la Brède & de ) ( *Hift. Litt. mod.* ) Il fuffit pour montrer l'étendue de fon génie & la variété de fes talens, d'obferver que c'eft l'auteur des *Lettres-Perfannes* & du livre *des caufes de la grandeur & de la décadence des Romains*, *du Temple de Gnide*, & de l'*Efprit des Loix*. Ce dernier ouvrage, auquel il avoit en quelque forte prélude par quelques-unes des Lettres Perfannes, & par le livre des caufes de la grandeur, & la décadence des Romains, fut, pour ainfi dire, l'affaire de toute fa vie ; il y rapporta fes études, fes réflexions, fes voyages ; c'eft le produit de vingt ans de travail. Ce livre l'a placé parmi les écrivains politiques & les légiflateurs des nations, au rang qu'occupa long-temps Defcartes, & qu'occupe aujourd'hui Newton dans la phyfique. On peut dire de *Montefquieu* en politique, ce que Louis Racine a dit de Defcartes :

Nous courons ; mais fans lui nous ne marcherions pas.

A la naiffance de cet ouvrage, on n'en fentit pas tout le mérite ; des légiftes dirent que c'étoit de l'efprit fur les loix ; on fait aujourd'hui qu'il n'y a pas le moindre efprit dans ce mot là. Des gens du monde, qui fe croyoient en droit de lire & de juger fur l'efprit de l'auteur des Lettres Perfannes, qui les avoient amufés autrefois, furent étonnés de ne point trouver dans ce nouveau livre, le même amufement ; les penfeurs & ceux qui comptent pour quelque chofe le bonheur du genre humain, vinrent à leur tour, & dirent : voilà le code des nations, on aura peut-être à la perfectionner, & il

nous en fournira lui-même les moyens ; mais commençons par l'admirer & par le méditer profondément. *Le genre humain avoit perdu fes titres*, a dit M. de Voltaire, *Montefquieu les lui a rendus*. Quel éloge ! mais ne diffimulons pas qu'il en a fait auffi beaucoup de critiques, qui n'ont pas toutes paru juftes, mais qui ne pouvoient pas être toutes injuftes ; Milord Chertesfield rendit à *Montefquieu* ce témoignage public : « les vertus » de *Montefquieu* ont fait honneur à la nature hu- » maine ; fes écrits lui ont rendu & fait rendre juftice. » Ami de l'humanité, il en foutient avec force & » avec vérité, les droits indubitables & inaliénables.... » il connoiffoit parfaitement bien & admiroit avec » juftice l'heureux gouvernement de ce pays, dont les » loix fixes & connues, font un frein contre la mo- » narchie qui tendroit à la tyrannie, & contre la » liberté qui dégénéreroit en licence. Ses ouvrages ren- » dront fon nom célèbre, & lui furvivront auffi long- » temps que la droite raifon, les obligations morales » & le véritable efprit des loix feront entendus, ref- » pectés & confervés ».

M. de *Montefquieu* étoit né au château de la Brède, près de Bordeaux, le 18 janvier 1689, d'une famille noble de Guyenne. La terre de *Montefquieu* avoit été acquife pour trifayeul, Jean de Secondar, maître d'hôtel du roi de Navarre, Henri d'Albret, & dè Jeanne d'Albret fa fille. Cette terre fut érigée en baronnie par Henri IV, pour Jacob de Secondat, baron de Jean Jean Gafton, fils de Jacob, fut préfident à mortier au parlement de Bordeaux. Un de fes fils, qui étoit dans le fervice, fut père de M. de *Montefquieu*. Un de fes frères, oncle de M. de *Montefquieu*, & à qui avoit paffé la charge de préfident à mortier, la tranfmit à M. de *Montefquieu*, & lè fit fon héritier. M. de *Montefquieu* avoit été reçu confeiller au parlement de Bordeaux le 24 février 1714 ; il fut reçu préfident à mortier le 13 juillet 1716 ; il avoit de la même année, il avoit été reçu à l'Académie de Bordeaux, qui ne faifoit que de naître. Ce fut en 1721, que parut les Lettres Perfannes ; elles attirèrent une perfécution, lorfqu'à la mort de M. de Sacy, arrivée en 1727, il fe préfenta pour l'Académie Françoife ; le miniftère échauffé par des dé tecteurs, le menaça de l'exclufion ; on dit que pour dé tourner cet orage, il eut recours au petit ftratagème de faire imprimer & de préfenter au miniftre, un exemplaire, d'où il prit foin de faire difparoître tous les traits qui auroient pu déplaire, & fur lefquels portoit la délation ; le miniftre le lut, l'approuva, & l'élection de l'Académie ne fut point rejettée ; fi le fait eft vrai, M. de *Montefquieu* pouvoit dire, comme Mithridate :

S'il n'eft digne de moi, le piège eft digne d'eux.

Il faut le plaindre d'avoir été réduit à cet artifice, & condamner hautement ceux qui l'y réduifirent ; ce qu'il y a de certain, c'eft qu'il falloit que M. de *Montefquieu* fût de l'Académie.

M. de Voltaire paroît avoir regardé comme une

des contradictions de ce monde, que M. de *Montesquieu* ait été reçu à l'Académie pour les seules Lettres Persannes, dont une contient des plaisanteries sur l'Académie ; mais cette lettre n'est pas un libelle, & elle offre des idées de réforme que l'Académie pourroit bien adopter quelque jour ; d'ailleurs, il est dans l'esprit & dans les mœurs de l'Académie d'être plus sensible au mérite qu'irrité de la critique.

M. de *Montesquieu* y fut reçu le 24 janvier 1728. Quelque temps auparavant il avoit quitté sa charge pour se livrer tout entier aux lettres. Il voyagea pour connoître les loix & les mœurs, comme Platon, comme Anacharsis, comme Démocrite, comme Ulisse :

*Qui mores hominum multorum vidit & urbes.*

Il parcourut l'Allemagne, la Hongrie, l'Italie, la Suisse, la Hollande, l'Angleterre ; il vit par-tout ce que chaque contrée offroit de plus curieux, il étudia les hommes & les choses. Il vit à Vienne le prince Eugène, à Vénise le fameux Law & le comte de Bonneval ; il arriva trop tôt en Allemagne, Frédéric - le - Grand n'étoit pas encore sur le trône ; il arriva trop tard en Angleterre, Locke & Newton n'étoient plus. Revenu dans sa patrie, il se retira deux ans à sa terre de la Brède pour recueillir ses idées & les mûrir ; & toujours occupé de l'Esprit des Loix, il commença par mettre la dernière main à son ouvrage sur les causes de la grandeur & de la décadence des Romains, qui parut en 1734, & que M. d'Alembert appelle avec raison, une Histoire Romaine à l'usage des hommes d'état & des philosophes. Enfin, l'Esprit des Loix parut en 1748 ; puis la défense de l'Esprit des Loix ; & M. de *Montesquieu*, vainqueur de l'envie & des préjugés, commençoit à jouir pleinement de sa gloire, lorsqu'il mourut le 10 février 1755, environné de quelques jésuites, qui épioient les derniers momens d'un grand homme pour s'en emparer, & se rendre maître de ses écrits, & défendu contr'eux par une amie puissante & courageuse.

Ses vertus égaloient ses lumières ; le bonheur, qui ne lui manqua jamais, fut celui de la bienfaisance ; on sait que la comédie touchante du *Bienfait Anonyme*, est son histoire, & qu'il est le vrai héros de la pièce. Il n'a pas tenu à sa modestie que les traits mêmes de son visage ne nous fussent inconnus. Il s'étoit refusé long - temps aux pressantes sollicitations de M. de la Tour, qui ne vouloit que la satisfaction de le peindre. M. Dassier, célèbre par les médailles qu'il a frappées à l'honneur de plusieurs hommes illustres, vint de Londres à Paris, pour frapper la sienne. Il essuya d'abord des refus, mais il venoit aguerri contre les refus : « Croyez-vous, lui dit - il, qu'il y ait moins » d'orgueil à refuser ma proposition qu'à l'accepter ? M. de *Montesquieu*, frappé du fond de vérité, caché sous cette plaisanterie, laissa faire M. Dassier.

MONTESQUIOU, (*Hist. de Fr.*) Aucun de nos anciens historiens n'a su qui étoit un fameux Eudes, duc d'Aquitaine, qu'on voit jouer un grand per-

fonnage & figurer comme un souverain du temps de Charles-Martel. On ne savoit rien de sa généalogie ni avant ni après lui. Cette généalogie n'a été bien connue que dans ces derniers temps, par la charte d'Alaon, ainsi nommée d'un monastère du diocèse d'Urgel, dont elle confirme la fondation ; cette charte, donnée à Compiègne le 21 janvier 845, est de Charles-le-Chauve ; elle a paru imprimée pour la première fois en 1694, dans la collection des conciles d'Espagne ; par le cardinal d'Aguirre ; & depuis en 1730, dans l'histoire du Languedoc, de dom Vaissette. Ce savant bénédictin a discuté cette charte, il l'a éclaircie, il en a soutenu l'authenticité. Il est dit dans la charte d'Alaon, qu'après la mort du jeune Chilpéric, fils d'Aribert, lequel étoit frère de Dagobert, ce dernier prince donna l'Aquitaine à Boggis & à Bertrand, frères de Chilpéric & fils d'Aribert ; qu'Eudes, fils de Boggis, posséda l'Aquitaine à titre héréditaire, & qu'il la réunit toute entière, ayant aussi recueilli la succession de Bertrand son oncle, qui lui fut abandonnée par le fameux Saint-Hubert, évêque de Maëstricht & de Liége, fils unique de Bertrand. Eudes eut pour successeur, Hunaud son fils aîné ; celui-ci Gaiffre son fils, Gaiffre eut pour fils, Loup II, duc de Gascogne, qui vainquit, dit-on, Charlemagne à la journée de Roncevaux, & que Charlemagne fit pendre dans la suite, comme Pepin son père avoit fait pendre Rémistain, grand-oncle de ce même duc. Charlemagne, dit toujours Charles-le-Chauve dans la charte d'Alaon, laissa par pitié, *misericorditer*, à Adalaric ou Adalric, fils de Loup, une partie de la Gascogne. On voit dans la suite, ce duc Adalric se révolter contre Louis-le-Débonnaire, & périr en 812, avec Centulle, un de ses fils, dans un combat contre ce prince, alors roi d'Aquitaine, du vivant de Charlemagne son père. La Gascogne fut partagée entre Sciminus, frère de Centulle, & Loup III, neveu de Sciminus & fils de Centulle, Loup III & Garsimine, son cousin, fils de Sciminus ; ne furent pas plus fidèles que leurs pères, & perdirent la Gascogne, qui fut conquise pour eux. Garsimine & Sciminus son père furent tués dans des combats, auxquels leur révolte donna lieu. Sciminus périt comme Adalric son père, & Centulle son frère, en 812 ; Garsimine en 818 ; Loup fut chassé du duché, & exilé en 819. Donatus Lupus & Centulupus, fils de ce Loup, furent, l'un comte de Bigorre, l'autre comte de Béarn : celui-ci fut père de Sance, surnommé Mitarra, premier comte ou duc héréditaire de Gascogne, élu par les Gascons ; son petit-fils, Garcias Sance, dit le Courbé, eut deux fils, dont le second, nommé Guillaume Garcie, est la tige des comtes de Fezensac ; son second fils, Bernard de Fezensac, dit le Louche, fut la tige des comtes d'Armagnac, dont étoient ce connétable d'Armagnac, trop fameux du temps de Charles VI ; ce duc de Nemours, trop malheureux sous Louis XI ; & le duc de Nemours, son fils, tué en 1503 à la bataille de Cérignoles, & dans la personne duquel s'est éteinte cette branche.

Othon, frère aîné de Bernard de Fezensac, eut pour petit-fils, Aimeri, comte de Fezensac, dont le fils, nommé auffi Aimeri, eft la tige des barons de *Montefquiou.*

De cette branche étoient :

Arfieu II, qui. alla en. 1212, en Efpagne, combattre les Sarrafins. Ce fut lui qui, en 1226, acquit pour lui & pour fes defcendans, le titre de fils & chanoine de l'églife d'Auch.

Son petit-fils Piétavin fut évêque de Bafas en 1323, de Maguelonne en 1334, d'Albi en 1338, & créé cardinal par le pape Clément VI, le 17 décembre 1350. Mort en 1355.

Raimond Aimeri V, arrière-petit-fils d'Arfieu II, fut fait prifonnier en 1361, dans une bataille contre Gafton Phœbus, comte de Foix.

De cette branche des barons de *Montefquiou*, fe font formées diverfes autres branches. Les principales font celles de Montluc & d'Artagnan.

Celle de Montluc a produit deux maréchaux de France, diverfement célèbres, Blaife de Montluc & Montluc-Balagny. ( *Voyez* les articles BALAGNY & MONTLUC.)

Le fils aîné du maréchal Blaife de Montluc, nommé Marc-Antoine, fut bleffé à mort au port d'Oftie en 1557, en allant reconnoître un fort.

Pierre-Bertrand, frère de Marc-Antoine, fut bleffé à mort, à la prife de Madère en 1568.

Il eut un fils nommé Blaife, comme le maréchal fon ayeul, qui l'avoit inftitué fon héritier.

Ce Blaife II mourut au fiége d'Ardres en 1596.

Fabien, autre fils du maréchal Blaife de Montluc, fut bleffé en 1570, au fiége de Rabaftains, & tué en 1573, en Guienne.

Le maréchal de Montluc-Balagny étoit neveu de Blaife.

Deux de fes fils, Damian & Alphonfe-Henri, furent tués.

Jean-Alexandre, fils d'Alphonfe-Henri, eut la cuiffe emportée d'un coup de canon à la prife de Tortofe en 1648, & il en mourut fur le champ.

Dans la branche d'Artagnan, Jean fut tué au fiége de La Rochelle en 1628.

Le marquis d'Artagnan, capitaine-lieutenant de la première compagnie des Moufquetaires, tué au fiége de Maëftricht en 1673, n'étoit pas de la maifon de *Montefquiou*, il fe nommoit Charles de Batz, & étoit fils d'une *Montefquiou*-d'Artagnan, fœur de Jean, tué au fiége de La Rochelle.

De cette branche de *Montefquiou*-d'Artagnan, étoit M. d'Artagnan, officier de la plus grande diftinction, qui prit le nom de maréchal de *Montefquiou*, lorfque fes longs & utiles fervices lui eurent acquis le bâton de maréchal de France. Il fervit fous Louis XIV, dans les guerres de 1667, de 1672, de 1688, de 1701, fe trouva aux batailles de Fleurus, de Steinkerque, de Nerwinde, commandoit l'infanterie aux batailles de Ramillies & de Malplaquet, eut dans cette dernière bataille, trois chevaux tués fous lui, & y reçut deux coups dans fa cuiraffe. Il fut fait maréchal de France le 20 feptembre 1711, eut grande part en 1712, à la

victoire de Denain ; fut fait chevalier des ordres fous Louis XV, le 2 février 1724.

Dans la branche de Préchac, iffue, comme les deux précédentes, des barons de *Montefquiou*, nous devons diftinguer Daniel, qui, comme le maréchal de *Montefquiou*, fervit dans toutes les guerres de Louis XIV, fut bleffé en 1674, au fiége d'Antoing, au pied gauche, eut, en 1675, un cheval tué fous lui au combat d'Altenheim, d'un coup de canon, & y reçut lui-même un coup de moufquet au pied droit, en reçut un autre à la cuiffe en 1695, en voulant ravitailler Caftelfollit en Catalogne, & s'étoit fignalé l'année précédente, au paffage du Ter. Il mourut à quatre-vingt-un ans en 1615.

Il eft d'un bon exemple, que le *Montefquiou* qui tua le prince de Condé à Jarnac, & qui ne fera toujours que trop fameux par les beaux vers de La Henriade dont il eft l'objet, difparoiffe, pour ainfi dire, dans la généalogie de cette maifon, & qu'il y ait même quelque incertitude fur fa perfonne & quelque difficulté à le défigner, comme s'il étoit retranché de cette race illuftre, & vraifemblablement d'origine royale. *Atavis edita regibus.* On dit que quand M. d'Artagnan prit le nom de maréchal de *Montefquiou*, & que Mme. d'Artagnan, que Mme. la ducheffe de Bourbon, fille de Louis XIV, avoit toujours beaucoup aimée, fe préfenta au Palais Bourbon, fous le nom de la maréchale de *Montefquiou*, elle fut froidement accueillie par cette princeffe, qui ne lui diffimula pas que fon nouveau nom étoit mal fonnant, à l'hôtel de Condé. C'étoit pouffer bien loin le reffentiment d'un attentat qui n'eft plus connu, pour ainfi dire, que par l'hiftoire, & fur lequel les points de vue, les intérêts, les fentiments font fi changés par les révolutions du temps. Etabliffons bien qu'un nom ne peut être coupable ; que les crimes des pères, fouvent déteftés par les enfans, ne doivent point être imputés à ceux-ci ; qu'il faut juger les individus, & ne jamais condamner une race.

**MONTEZUMA**, ( *Hift. mod.* ) dernier roi du Mexique, dans le temps où Fernand Cortez, ( *voyez* CORTEZ ) fit la conquête de ce pays. *Montezuma* n'en fut pas quitte pour fe reconnoître vaffal & être tributaire de Charles-Quint, il n'en perdit pas moins fa liberté, & les Efpagnols s'en prenoient à lui de tous les efforts que faifoient fes fujets pour le lui rendre. Un officier efpagnol, de la fuite de Fernand Cortez, nommé Alvarado, ayant, fur un fimple foupçon de quelque mouvement de la part des Mexicains, maffacré inhumainement au milieu d'une fête, deux mille d'entr'eux, fe vit affiégé dans fa maifon :

> Par ce peuple en furie
> Rendu cruel enfin par notre barbarie.

*Montezuma* offrit aux Efpagnols de fe montrer à fes fujets pour les engager à fe retirer ; mais les Mexicains ne voyant plus en lui qu'un efclave des Efpagnols, n'eurent aucun égard à fes difcours, & fe révoltant contre lui-même, le chafsèrent à coups de pierres ; il

# MON

fut bleffé mortellement en cette occafion , & expîra bientôt après. C'étoit en 1520. D:ux de fes fils & trois filles embraſſèrent le chriſtianiſme ; Charles-Quint donna au fils aîné des terres , des revenus confidérables & le titre de comte de *Monteʒuma* , foibles dédommagemens d'un empire. Cette famille eft encore puiffante en Efpagne.

MONTFAUCON , (dom Bernard de ) (*Hift. Litt. mod.* , favant religieux , homme vertueux comme tous ceux qui s'occupent uniquement des lettres. Il étoit de l'ancienne famille de Roquetaillade , dans le diocèfe d'Alèth. Il naquit en 1655 , au château de Soulage en Languedoc. Il prit d'abord le parti des armes ; mais la perte de fes parens l'ayant dégoûté du monde il entra dans la congrégation de St. Maur en 1675. De ce moment, toute fon hîftoire eft dans fes ouvrages. En 1698, il fit un voyage en Italie pour confulter les Bibliothèques les plus célèbres , & y chercher d'anciens manuſcrits. Revenu à Paris en 1701 , il donna une relation curieufe de fon voyage , fous le titre de *Diarium Italicum,* qu'il publia en 1702. On y trouve une defcription de plufieurs monumens antiques & une notice de plufieurs manuſcrits , tant grecs que latins , inconnus juſqu'alors. Jamais favant n'a été plus laborieux & plus fécond que dom *Montfaucon* , nul n'a eu plus pleinement ni plus abondamment les honneurs de l'*in-folio*. Ses ouvrages de ce format montent à quarante-quatre volumes , encore eft-il defcendu quelquefois à l'*in-4°*. comme dans le *Diarium Italicum* , dans un volume d'analectes grecques , publié en 1688 , & même juſqu'à l'*in-12* , comme dans une Diſſertation fur la *vérité de l'Hiſtoire de Judith* , & dans la traduction françoife du livre de Philon , de la Vie contemplative. Dom *Montfaucon* tâche d'y prouver que les Thérapeutes dont parle Philon , étoient chrétiens ; opinion qui a été réfutée par le préfident Bouhier. Les ouvrages d'ailleurs les plus connus de dom *Montfaucon* , font fa *Palæographie grecque* , dans laquelle il entreprend de faire pour le grec , ce que Mabillon a fait pour le latin dans fa Diplomatique. Il y donne des exemples de toutes les différentes écritures grecques dans tous les fiècles ; l'*Antiquité expliquée* ; les *Monuments de la Monarchie Françoife* ; le *Bibliotheca Bibliothecarum manuſcriptorum nova.* Il a donné auffi une édition de Saint Athanafe , avec un recueil d'ouvrages d'anciens écrivains grecs , qu'on joint ordinairement à cette édition de Saint Athanafe. Il a donné auffi une édition de Saint Jean-Chryfoft me. Il eft inutile d'obferver que dom *Montfaucon* n'eft un bon écrivain ni en latin ni en françois , mais c'eft un favant utile. Il vécut toujours paifible , ftudieux & laborieux juſqu'à 87 ans ; il mourut en 1741. Il étoit honoraire de l'Académie des Infcriptions & Belles-Lettres , & y avoit été reçu en 1719 , à la place du père Le Tell.er , jéfuite.

MONTFLEURY , (Zacharie-Jacob) (*Hift. Litt. mod.* ) d'une famille noble d'Anjou , prit , pour fe déguifer , ce nom *de Montfleury* , en fe faifant comédien. Il avoit été page chez le duc de Guife. Il eft un des premiers acteurs tragiques françois qui fe foient fait un

nom , & il eft auffi un des premiers qui aient récité au théâtre des vers dignes de former un acteur. Il joua dans les premières repréfentations du *Cid* en 1637 , & il mourut au mois de décembre 1667 , pendant le cours des premières repréfentations d'*Andromaque* , où il jouoit le rôle d'Orefte ; ainfi , il avoit vu naître le génie de Corneille & celui de Racine , & il avoit contribué à leur gloire. On a dit qu'il étoit mort fur le théâtre ou en fortant du théâtre , vict me des efforts qu'il avoit faits pour bien rendre les fureurs d'Orefte ; les uns ont dit qu'il s'étoit caffé un vaiffeau dans la poitrine ; les autres , que fon ventre s'ouvrit malgré le cercle de fer qu'il étoit obligé de porter pour en foutenir le poids énorme. Mlle. Du Pleffis , fa petite-fille , a écrit que tous ces bruits étoient faux , & elle attribue fa mort , arrivée en effet peu de jours après qu'il eut joué le rôle d'Orefte , au faififfement que lui caufa la prédiction qui lui fut faite d'une mort prochaine , par un charlatan indifcret. Il eft vrai au refte , qu'il étoit d'une énorme groffeur. Cirano de Bergerac difoit de lui : *Il faut le fier , parce qu'on ne peut pas le bâtonner tout entier dans un jour.* Il eft bien étonnant qu'un homme de cette taille jouât ce qu'on appelle *les amoureux* dans la tragédie. Comment pouvoit-il faire illufion ? Il eft auteur d'une tragédie de la *Mort d'Afdrubal* qui a été attribuée à fon fils.

Mais c'eft ce fils ( Antoine-Jacob de *Montfleury* ) qui eft l'auteur *de la Femme Juge & Partie,* où , décence à part peut-être , il y a des fcènes fi plaifantes ; de la *Fille Capitaine* , & de quelques autres pièces qu'on joue de temps en temps , & qui lui forment un théâtre en quatre volumes. Il mourut en 1685.

Un autre *Montfleury* , qui n'a rien de commun avec ces deux-là , ( Jean Le Petit de *Montfleury* ) de Caën , & de l'Académie de cette ville , eft auteur de quelques Odes & de quelques Poëmes fans poéfie. Mort en 1777.

MONTFORT, ( Simon , comte de ) (*Hift. de Fr.*) C'eft ce fameux chef de la croifade contre les Albigeois , au commencement du treizième fiècle ; ce fut lui qui remporta en 1213 , une grande victoire fur Pierre, roi d'Arragon , fur Raimond , comte de Touloufe , & fur les comtes de Foix & de Cominges. C'eft à lui que le quatrième concile général de Latran & le pape Innocent III donnèrent , en 1215 , l'inveftiture du comté de Touloufe , à la charge de l'hommage au roi Philippe-Augufte. On ne l'appelloit alors que le Machabée , le défenfeur de l'églife ; aujourd'hui fes cruautés envers les Albigeois , lui font plus de tort dans l'opinion publique , que fon zèle intéreffé pour la foi catholique & toute fa gloire militaire ne le rendent recommandable. Il fut tué au fiège de Touloufe le 25 juin 1218 ; & les Albigeois ne manquèrent pas d'obferver qu'il mourut comme Ab melech , écrafé d'une pierre lancée par une femme. Son fecond fils fut célèbre en Angleterre , fous le nom de comte de *Leicefter*.

Amauri de *Montfort* , fils de Simon & frère aîné du comte de Leicefter , continua la guerre contre les Albigeois , mais avec moins de fuccès & moins de cruauté que fon père ; il fut obligé de céder au roi Louis VIII, fes droits, quels qu'ils fuffent, fur le comté de Touloufe. Il fut fait connétable fous Saint Louis en 1231. Il fit la guerre dans la Paleftine, & fut fait prifonnier dans un combat livré fous les murs de Gaza. Il recouvra fa liberté en 1241, mais il mourut la même année à Otrante.

Le comte de Leiceſter fe nommoit Simon de Monfort comme fon père ; poſſédant du chef d'une ayeule, de grands biens en Angleterre, il s'y étoit fixé; il plut au roi Henri III, prince léger & capricieux; bientôt fa faveur éclipfa toute autre faveur ; le roi lui donna en mariage Eléonore fa fœur, malgré elle & malgré toute fa cour. Quelques-uns difent que le comte de Leiceſter la féduifit, & qu'il força le roi de la lui donner; elle étoit veuve de Guillaume Maréchal, comte de Pembrock, qui avoit été régent d'Angleterre fous la minorité de Henri III. Le comte de Leiceſter fut difgracié à fon tour. Le roi lui reprocha un jour d'avoir féduit fa femme avant fon mariage, & de l'avoir eue malgré lui. Elle étoit préfente. Tous deux fe retirèrent de la cour. Le comte de Leiceſter alla gouverner & opprimer la Guienne au nom du roi ; cette province porta fes plaintes à Londres ; Leiceſter y paſſa pour la défendre ; l'éclairciſſement fut vif entre les deux beaux-frères. Leiceſter s'indigna de ce que le roi daignoit feulement écouter fes accufateurs. Henri s'indigna de l'orgueil de Leiceſter : celui-ci appella le roi ingrat ; le roi l'appella traître. Leiceſter fut l'infolence de d nner au roi un démenti. Le roi, à qui tout le monde manquoit impunément, parce qu'il avoit manqué à tout le monde, fe contenta de fe plaindre de fa brutalité. Leiceſter auſſi dévot qu'infolent, lui dit : *Il faut que vous n'alliez jamais à confeſſe. Le roi* daigna lui répondre qu'il y alloit fouvent.— *On ne le croiroit point en voyant votre conduite*, reprit Leiceſter ; *que fert la confeſſion fans le repentir ? — Je ne me fuis jamais tant-repenti de rien*, dit le roi, *que d'avoir comblé de biens un homme tel que vous*.

Le roi vouloit faire arrêter Leiceſter, mais il vit tous les barons prêts à fe déclarer en faveur de cet homme, non qu'ils approuvaſſent fon adminiſtration en Guienne ou fa manière de fe défendre à Londres, mais parce qu'ils ne cherchoient qu'un chef contre la tyrannie. Un parlement s'aſſemble à Oxford en 1258; on y forme un confeil perpétuel de vingt-quatre barons, douze nommés par le roi, douze par le parlement. Le comte de Leiceſter eſt mis à la tête des douze barons parlementaires; ils entrent un jour tout armés dans la falle de l'aſſemblée. Suis-je prifonnier, demanda le roi en tremblant? *Non*, vous êtes libre, répondit un d'entr'eux, *mais il faut que la nation le foit auſſi*. On dreſſa les fameux ſtatuts d'Oxford, qui font époque dans la conſtitution angloife, comme les deux chartes dont ils font la confirmation & l'extenfion, Richard, comte de Cornouailles, frère du roi, étant abfent, Henri, fils de Richard, proteſta contre les ſtatuts d'Oxford, déclarant que fon père ne les approuveroit jamais. *Il ne confervera donc pas un pouce de terre dans le royaume*, répondit infolemment

Leiceſter. Il dit à un autre oppofant, frère utérin du roi : *Votre tête répondra de votre obéiſſance*. Ce tyran, ennemi d'un tyran, agiſſoit & parloit en roi, fous prétexte de borner l'autorité royale.

Henri III, dépouillé de fa puiſſance, eût encore donné fa couronne pour fe venger du comte de Leiceſter, auquel feul il attribuoit toutes fes difgraces. Sa haine pour Leiceſter étoit devenue de l'horreur; il frémiſſoit à fon nom. Un jour le roi alloit par la Tamife, à la Tour de Londres ; un violent orage l'obligea de gagner promptement la terre. On le defcendit près du château de Durham ; il y trouva le comte de Leiceſter; il parut fe troubler à fa vue : *craignez-vous le tonnerre ?* lui dit le comte : *oui*, répondit le roi, *mais je crains encore plus ta préfence*.

Le roi qui avoit approuvé, malgré lui, les ſtatuts d'Oxford, les défavoua, & réclama contre : il fallut que la force en décidât; les barons élurent pour général le comte de Leiceſter. Londres fe déclara pour eux ; la reine voulant paſſer fous le pont de Londres pour fe fauver de la Tour à Windfor, fut infultée par la populace, qui crioit : *Il faut noyer cette forcière*, & qui pouſſa en effet l'infolence juſqu'à jetter de groſſes pierres dans la barque pour la faire enfoncer. La guerre eut lieu, tout fut en combuſtion dans le royaume ; le comte de Leiceſter fit prifonniers à la bataille de Lewes, le 14 mai 1264, le roi Henri, Edouard fon fils, & Richard fon frère. Mais qu'y gagnèrent les barons ? Leiceſter fut un tyran vigoureux, au lieu que Henri avoit été un tyran foible. Leiceſter fit tout plier fous un joug de fer, & préluda aux fureurs de Cromwel. Il eſt tué lui-même à la bataille d'Evesham, le 4 août 1265, bataille où il tenoit à fa fuite le roi prifonnier, qu'il forçoit de combattre pour les barons, & qui, bleſſé par ceux qui combattoient pour lui, fut obligé de fe nommer pour échapper à la mort. Ce fut le prince Edouard, fils de Henri, qui s'étant fauvé des fers de Leiceſter, lui arracha la vie avec l'autorité qu'il avoit ufurpée. Le comte de Leiceſter vit fa perte écrite dans les difpofitions de cette journée : *que Dieu aie pitié de nos ames*, s'écria-t-il en jettant fes regards fur les deux armées avant le combat, *nos corps font condamnés à périr*; fon parti le déclara martyr, & publia qu'il avoit fait des miracles ; car ce rebelle ( nous l'avons dit ) étoit très-dévot ; il avoit pour directeur Robert Groſſe-tête, évêque de Lincoln, que quelques hiſtoriens appellent *bienheureux*, & qui avoit donné au comte de Leiceſter la guerre civile en lui prédifant qu'il y gagneroit la couronne du martyre. Henri remonta fur le trône ; mais tout le reſte de fon malheureux règne fe paſſa au milieu de fes horreurs. Simon de Monfort, fils du comte de Leiceſter, voulut venger fon père comme le prince Edouard vengeoit le fien ; felon que le roi ou les barons étoient vainqueurs ou vaincus, la tyrannie royale ou la tyrannie parlementaire prenoit le deſſus.

A travers cette anarchie & pendant la prifon du roi, les repréfentans des Bourgs, nommés par les confervateurs des priviléges du peuple dans chaque comté, furent·féance· pour la première fois, au· parlement, où ils furent appellés par le comte de Leicester en 1265. Telle est, selon la plûpart des auteurs, l'origine de la chambre baſſe ou chambre des communes, époque mémorable dans la conſtitution d'Angleterre.

Cette maiſon de *Montfort* tiroit ſon nom de la ville de Montfort-l'Amauri, ou le lui avoit donné.

De cette maiſon étoient Amauri III, ſeigneur de *Montfort* au onzième ſiècle, ſurnommé le puiſſant, mort d'un coup de lance qu'il reçut dans le château d'Ivry.

Richard, ſeigneur de *Montfort*, ſon frère, mort en 1090, d'un coup de trait à l'attaque du château de Conches.

La fameuſe Bertrade de *Montfort*, enlevée par Philippe Ier, roi de France, à Foulques-le-Réchin, comte d'Anjou, ( *Voyez* BERTRADE) étoit leur ſœur.

En 1543, dans les guerres du Piémont ſous François Ier, le comte d'Enguien pour la France, & Barberouſſe pour la Turquie, ayant réſolu d'aſſiéger Nice, le commandant qu'ils ſommèrent de ſe rendre, répondit : je me nomme *Montfort*, mes armes ſont des pals, & ma deviſe : *Il me faut tenir*. Tout cela étoit fort beau à dire, mais *Montfort* ne tint point. Il rendit promptement la ville, mais il prit ſa revanche dans le château, dont il fit lever le ſiége au comte d'Enguien & à Barberouſſe.

MONTFORT DE BRETAGNE. ( *Voyez* PEN-THIÈVRE. )

MONTGAILLARD, ) Bernard de Percin de ) ( *Hiſt. de Fr.* ) On l'appelloit *le petit Feuillant & le Laquais de la ligue*, parce qu'il étoit toujours en mouvement pour la ſervir : c'étoit d'ailleurs un religieux plein de zèle & un homme de mœurs auſtères ; mais ce n'eſt ni le zèle ni l'auſtérité qui manquent à ces fanatiques qui troublent l'état ou qui perſécutent les particuliers. Après avoir refuſé des évêchés & des bénéfices de toute eſpèce, il accepta l'abbaye d'Orval, & y introduiſit une réforme aſſez ſemblable à celle de la Trappe. On l'avoit fait paſſer je ne ſais pourquoi, d'ailleurs qu'importe ? de l'ordre des Feuillans dans l'ordre des Bernardins ; il avoit beaucoup écrit contre Henri IV. Il brûla depuis lui-même tous ſes écrits ; car il étoit de ceux que l'abjuration d'Henri IV avoit ramenés ſincèrement à ce prince. Il mourut en 1628, dans ſon abbaye d'Orval. Il étoit né en 1563.

MONTGERON, ( Louis-Baſile Carré de ) ( *Hiſt. mod.* ) conſeiller au parlement de Paris, fils d'un maître des-requêtes, auteur du fameux livre intitulé : *La vérité des Miracles opérés par l'interceſſion du bienheureux Pâris*. On le mit d'abord à la Baſtille. On le relégua enſuite chez des Bénédictins dans le diocèſe d'Avignon, puis à Viviers, puis on l'enferma de nouveau ; ce fut dans la citadelle de Valence, & il y mourut en 1754. Si on lui avoit épargné ou ſi on s'étoit épargné toutes ces inutiles rigueurs, ſon livre en auroit été beaucoup plûtôt oublié.

MONTGOMMERY ou MONGOMERI, ( *Hiſt. mod.* ) eſt le nom d'une petite ville d'Angleterre dans la principauté des Galles ; c'eſt auſſi le nom d'un comté de France dans la Normandie. L'un de ces deux endroits a-t-il donné ſon nom à l'autre ? Mais les lieux ne nous intéreſſent ici qu'à cauſe des perſonnes. Il y a ou il y avoit en Angleterre, une ancienne maiſon de *Montgommery* : étoit-elle d'origine angloiſe ou bien deſcendoit-elle d'une famille Normande qui eût paſſé en Angleterre du temps de Guillaume-le-Conquérant, ou depuis la conquête ? Quoi qu'il en ſoit, de cette ancienne maiſon de *Montgommery*, deſcendoient par un puiné, les comtes d'Egland en Ecoſſe, & de ces comtes d'Egland deſcendoit Alexandre de *Montgommery*, parent par les femmes, de Jacques Ier, roi d'Ecoſſe.

Robert de *Montgommery*, petit-fils d'Alexandre, vint d'Ecoſſe au ſecours de la France, & s'attacha au ſervice de ce pays vers le commencement du règne de François Ier.

Jacques de *Montgommery* ſon fils, ſeigneur de Lorges dans l'Orléanois, fut un des plus vaillans hommes de ſon temps ; il eſt nommé François par quelques auteurs : ce fut lui qui, en 1521, au commencement de la première guerre de François Ier. contre Charles-Quint, ravitailla Mézières, & qui ſuivant l'uſage du temps, où on mêloit toujours les combats de chevalerie aux opérations militaires, propoſa aux Impériaux un combat ſingulier à pied & à la pique, combat qui fut accepté pour les impériaux, par un chevalier de la maiſon de Vaudrei ; aucun des deux tenans n'eut d'avantage marqué.

Pendant ce même ſiège, le capitaine grand-Jean Picart, qui, après avoir long-temps ſervi la France, avoit paſſé au ſervice de l'empereur, voulut ſavoir s'il étoit vrai que la place eût été auſſi abondamment ravitaillée que les aſſiégés le publioient ; il envoya un tambour demander, de ſa part, une bouteille de vin à de Lorges, ſon ancien ami. De Lorges envoya deux bouteilles, une de vin vieux, une de vin nouveau, & mena le tambour dans une cave garnie d'une multitude de tonneaux, mais dont la plûpart n'étoient remplis que d'eau. Telles étoient alors les grandes fineſſes, & de l'attaque & de la défenſe.

Le capitaine de Lorges acheta en 1543, le comté de *Montgommery* en Normandie, qu'il diſoit avoir appartenu aux auteurs de ſa race.

Nicolas Paſquier dit dans ſes lettres, que ce fut le capitaine de Lorges Montgommery qui eut le malheur de jeter le tiſon fatal de Romorentin, dont François Ier fut dangereuſement bleſſé. ( *Voyez* POL.) (le comte de Saint). S'il n'y a pas là d'erreur, cette race de *Montgommery* étoit bien fatalement deſtinée à punir nos rois de leurs imprudences chevalereſques, & à les bleſſer ou à les tuer, ſans aucune intention criminelle.

C'eſt Gabriel de *Montgommery*, fils du capitaine de Lorges, qui, plus malheureux encore que ſon père, bleſſa mortellement Henri II, au tournoy de la rue Saint-Antoine ; mais le tiſon de Romorentin fut plus coupable que la lance du Tournoy, parce qu'il ne devoit point abſolument entrer dans les armes du combat de Romorentin ; l'intention n'étoit point coupable, mais c'étoit une étourderie & une imprudence.

Gabriel de *Montgommery* n'eut rien à se reprocher ; il poussa même si loin les précautions, qu'il en résulte une sorte de confirmation du récit de Nicolas Pasquier ; car dans ces temps de chevalerie, où les rois figuroient dans les tournois comme les autres chevaliers, il n'y avoit aucune raison pour qu'un chevalier refusât d'entrer en lice avec eux, & *Montgommery*, par une espèce de pressentiment secret, s'en défendit à plusieurs reprises, comme s'il eût voulu dire : *ne choisissez point pour ce combat le fils de celui dont la main s'est égarée à Romorentin ; souvenez-vous de votre père & du mien.* Il ne se rendit enfin qu'en voyant le roi prêt à s'irriter de ses refus. Le roi ne mourut qu'onze jours après ; il fut la plus illustre victime de ces périlleux amusemens, dont un envoyé du grand-seigneur disoit : *que si c'étoit tout de bon, ce n'étoit pas assez, & que si c'étoit un jeu, c'étoit trop.* Il défendit en mourant, que *Montgommery* fût inquiété ni recherché pour ce fait, en aucune manière. *Montgommery* se retira dans ses terres, & alla ensuite voyager ; mais il revint en France dans le temps des guerres de religion, & au malheur d'avoir tué Henri II, il joignit le tort d'entrer contre Charles IX son fils, dans toutes les révoltes du parti protestant. Il se jetta dans Rouen, d'où il eut peine à se sauver en 1562. Après avoir vaillamment défendu la place jusqu'au dernier moment, il n'eut que le temps de se jetter dans un esquif, pour se retirer vers le Havre ; mais à Caudebec il trouva la rivière fermée par une chaîne, il brisa la chaîne, ce que les gens de sa secte regardèrent comme un miracle, & ce que d'autres expliquèrent par une intelligence avec l'ouvrier qui avoit fait la chaîne, & qui l'avoir apparemment construite de manière qu'elle pût être aisément rompue.

Après la victoire remportée par les protestants à la Rochelle le 15 juin 1569, la cour humiliée à cet échec, fit mettre à prix par le parlement, les têtes de Coligny & de *Montgommery*. Ce dernier recouvra tout le Béarn, que les catholiques avoient enlevé à Jeanne d'Albret, reine de Navarre, mère de Henri IV. *Montgommery* étoit à Paris dans le temps du massacre de la Saint-Barthélemi ; le fauxbourg Saint-Germain, où il demeuroit, étant alors le quartier de Paris le plus éloigné, l'exécution y fut un peu retardée, ce qui donna le temps à ceux qui furent avertis, de se sauver, *Montgommery* s'enfuit au grand galop, avec quelques amis ; on les poursuivit jusqu'à Montfort-l'Amaury, & même par delà ; *Montgommery* devint dans le parti protestant, à-peu-près ce que Coligny & Condé y avoient été ; il vint au secours de la Rochelle en 1573. L'année suivante il fit la guerre en Normandie, & eut le malheur d'être pris dans Domfront, par le maréchal de Matignon. Il s'étoit rendu sous la promesse de la vie sauve ; mais il faut expliquer ce mot, Matignon ne pouvoit sans doute lui rien garantir de la part de la cour ; il ne lui donna, selon d'Aubigné même, auteur protestant, d'autre parole, sinon que sa vie seroit respectée, & sa personne bien traitée tant qu'il seroit entre les mains de Matignon ; mais celui-ci reçut bientôt de Catherine de Médicis, l'ordre d'envoyer son prisonnier à Paris,

sous bonne & sûre garde ; elle montra la joie la plus vive d'avoir *Montgommery* en sa puissance, & courut porter cette nouvelle au roi Charles IX, qui n'y prit point d'intérêt, parce qu'il n'en pouvoit plus prendre à rien, étant accablé par le mal & touchant au terme de sa vie. « Mon fils, lui dit Catherine, » n'êtes-vous pas charmé que votre ennemi & le » meurtrier de votre père soit tombé entre nos » mains ? Madame, répondit Charles IX, je ne me » soucie ni de cela ni d'autre chose ».

On n'en fit que le procès à *Montgommery* ; mais ce procès étoit difficile, à cause des édits de pacification, & des amnisties accordées ; il falloit un prétexte qui lui fût particulier ; on prit le prétexte qu'en venant secourir la Rochelle avec des vaisseaux construits en Angleterre, il avoit arboré sur ces vaisseaux le pavillon anglois, comme si les protestants n'avoient pas toujours, tant qu'ils l'avoient pu, fait entrer les puissances protestantes dans toutes leurs guerres contre les catholiques françois. *Montgommery* mourut avec le même courage qu'il avoit montré à la tête des armées. Lorsqu'on lui lut son arrêt, qui portoit que ses enfants étoient dégradés de noblesse : *s'ils n'ont la vertu des nobles pour s'en relever*, dit-il, *je consens à la dégradation.* Ce fut le 26 juin 1574, qu'il eut la tête tranchée à la grève, après avoir été brisé par la question. C'étoit un des grands capitaines & même un des grands hommes de son siècle. Il laissa deux fils, Jacques de Lorges & Gabriel II.

Jacques ne laissa qu'une fille, nommée Marie, qui épousa Jacques de Durfort, comte de Duras ; par ce mariage, le nom de Lorges & les biens de la maison de *Montgommery* passèrent dans la maison de Durfort.

Gabriel II, oncle de Marie, racheta en 1610, de sa nièce, le comté de *Montgommery*. Il mourut en 1653, laissant des enfants qui continuèrent cette race, laquelle dans aucun temps n'a passé pour dégradée.

MONTGON, ( Charles - Alexandre de ). ( *Hist. mod.* ) naquit en 1690, à Versailles, d'une famille attachée à la cour ; il étoit fils d'une dame du palais de madame la duchesse de Bourgogne, mère du roi Louis XV.

On ne conçoit pas bien pourquoi l'abdication de Philippe V, roi d'Espagne, fut pour lui un motif si puissant d'aller s'attacher au service de ce prince ; mais puisque nous voyons qu'il fut chargé secrètement par M. le duc Bourbon, alors premier ministre, de ménager le raccommodement des cours de Versailles & de Madrid, que le renvoi de l'infante rendoit alors ennemies, ne cherchons pas d'autre motif de ce voyage ; le reste apparemment n'est que prétexte. Il revint à Paris avec le même caractère de secret confident de Philippe V, qui, depuis la mort du prince Louis son fils, en faveur duquel il avoit abdiqué, avoit remonté sur le trône d'Espagne, & qui, dans le cas où Louis XV viendroit à mourir sans enfants, prétendoit succéder à la couronne de France. La commission secrète donnée à l'abbé *de Montgon* par Philippe V,
*concernoit*

concernoit ce dernier projet. Il eut même sur ce sujet, à ce qu'il rapporte dans ses mémoires, une entrevue très-mystérieuse avec M. le duc de Bourbon, alors exilé à Chantilly, & qui se rendit secrètement à Écouen pour cette conférence, dont le résultat, selon lui, fut que M. le duc de Bourbon, contre son intérêt personnel & celui de sa branche, promit, dans le cas prévu, d'être pour la branche d'Espagne contre la branche d'Orléans. On trouve dans les mémoires de l'abbé de Montgon des idées assez raisonnables sur le ministère de M. le duc de Bourbon en France, quelques détails piquans & curieux sur la cour d'Espagne, & des jugemens fort injustes sur le ministère & sur la personne du cardinal de Fleury, qu'il paroît regarder comme son ennemi personnel, & qu'il traite bien comme tel. On entrevoit que toute cette haine ne vient que de ce que le cardinal avoit paru le dédaigner ; & delà naissent en effet, les haines les plus atroces.

MONTHOLON, ( François de ) ( Hist. de Fr. ) Dans le grand procès intenté au connétable de Bourbon par la duchesse d'Angoulême, Poyet qui fut depuis chancelier, étoit l'avocat de la duchesse. Montholon, qui fut depuis garde des sceaux, étoit l'avocat du connétable. Il y avoit entre leurs caractères, la même différence qu'entre leurs causes : l'un étoit digne de prostituer son ministère à la tyrannie & à la persécution ; l'autre, de déployer sa généreuse éloquence en faveur d'un héros opprimé : il fut cependant garde des sceaux sous François Iᵉʳ. ; mais ce ne fut qu'après la mort de la duchesse. Le roi, sans être vu, avoit entendu Montholon plaider la cause du connétable de Bourbon contre le roi lui-même & contre sa mère ; dès-lors, plein d'estime pour lui, il lui avoit destiné une charge d'avocat-général au parlement, quand il en viendroit à vaquer. Olivier Alligret étant mort le 23 septembre 1532, le roi nomma en effet le 28 , Montholon, pour le remplacer. Dans le même temps, & deux jours avant la mort d'Alligret , le connétable de Montmorenci mandoit au roi , qu'à propos de la maladie d'Alligret , il s'étoit informé des Avocats les plus propres à le remplacer , & que la voix publique lui avoit nommé Montholon. « Je ne le connois point , dit-il , » je ne l'ai jamais vu , mais si l'on vous en dit autant » de bien qu'à moi , je pense , Sire , que au lieu que » pourrez être importuné de bailler cet office à autre , » vous aurez envie de prier icelui Montholon de le » prendre ». Il fut ensuite président au parlement avant d'être garde des sceaux ; il prêta le serment en cette dernière qualité , le 22 d'Août 1542, entre les mains du cardinal de Tournon , à qui le roi donna le 9 août de la même année , une commission particulière pour le recevoir. Le 9 septembre suivant, le dauphin Henri nomma Montholon garde des sceaux de la Bretagne , province que Henri étoit censé posséder du chef de sa mère, fille aînée d'Anne de Bretagne.

: Vers la fin de l'année 1542 & le commencement de 1543 , les impôts, source très-féconde de divisions entre les rois & les peuples, avoient excité à la Rochelle , la seule révolte qui ait troublé le règne paisible de François Iᵉʳ. Ce fut pour ce prince , une

occasion d'exercer sa clémence & de se faire aimer davantage ; cette révolte ne coûta aux Rochelois qu'une somme de deux cents mille francs, qui tourna au profit de la ville par la générosité du garde des sceaux de Montholon, dont le roi avoit voulu récompenser les services par cette somme, & qui la remit aux habitans pour fonder un hôpital. Ainsi nulle ombre de peine n'obscurcit la clémence du roi , ne borna la grace accordée aux Rochelois , & Montholon fut plus que récompensé , il s'immortalisa. On le perdit le 10 juin 1543 , personnage d'une probité rare & qui a toujours été héréditaire dans sa famille ; dit Mezerai. Il fut surnommé l'Aristide François , surnom le plus glorieux qui pût être donné à un magistrat & à un citoyen.

Son fils , nommé comme lui , François de Montholon , fut digne de lui & fut aussi garde des sceaux. Antoine Seguier, le premier des avocats du Roi au parlement qui eut le titre d'avocat-général , en présentant au parlement les lettres de garde des sceaux données à François II de Montholon, l'appella aussi l'Aristide François ; il dit que ces lettres étoient une déclaration publique que le roi faisoit à tous ses sujets, de vouloir honorer les charges par les hommes , & non les hommes par les charges. On a dit encore de Montholon que le parlement où il avoit long-temps plaidé avant d'être en charge , n'avoit jamais désiré autres assurances de ses plaidoyers , que ce qu'il avoit mis en avant par sa bouche , sans recourir aux pièces. Eût-il été encore plus digne de lui , le devoir du parlement étoit sans doute de recourir aux pièces ; mais on ne peut rien imaginer de plus glorieux pour un particulier que d'être l'objet d'une pareille confiance. Il fut nommé garde des sceaux en 1588, par Henri III. Il remit les sceaux en 1590, à Henri IV, pour n'être pas obligé de sceller des édits favorables aux Protestans ; il faut croire que ce zèle catholique se renfermoit dans les bornes de la tolérance & de la charité , mais chez tout autre que François de Montholon , l'époque de la ligue rendroit ce même zèle suspect au moins d'un peu d'excès. Il mourut la même année 1590.

C'est de Jacques de Montholon son fils , avocat au parlement de Paris , qu'on a un Recueil d'Arrêts servant de règlement. Celui-ci mourut le 17 juillet 1622.

On a aussi de Jean de Montholon , frère du premier garde des sceaux , oncle du second , chanoine de Saint Victor de Paris , nommé au cardinalat , mais qui n'en reçut point les honneurs , une espèce de Dictionnaire de Droit sous ce titre : Promptuarium juris divini & utriusque humani. Mort le 10 mai 1521.

MONTIGNY , ( François de la Grange d'Arquien, dit le Maréchal de) (Hist. de Fr.) Il avoit été fait prisonnier à la bataille de Coutras en 1587 , par Henri IV, alors seulement roi de Navarre. Il fit la guerre aux ligueurs , après la mort de Henri III, en faveur de ce même Henri IV, son vainqueur. Il se distingua au combat d'Aumale en 1592, & au siège d'Amiens en 1597. Il fut fait g u e neu de Paris, en 1603. Il fut fait maréchal de France sous la régence de Marie de Médicis, & par la faveur du maréchal d'Ancre. En 1617, il fervit la cour contre les mécontens. Il mourut cette même année, le 9 feptembre. Son fils ne laiffa point de poftérité mafculine. Son neveu Henri, marquis d'Arquien, fut père de la reine de Pologne, Marie-Cafimire, femme de Sobieski. Après la mort de fa mère, elle procura le chapeau de cardinal à fon père, avec lequel elle alla s'établir à Rome. En 1714, elle revint en France, où le roi lui donna pour demeure, le château de Blois. Elle y mourut en 1716. Une autre fille du marquis de la Grange d'Arquien époufa le comte de Bethune, & fut ayeule de la maréchale de Belle-Ifle.

MONTLHERY, ( Guy de & Hugues de ) ( *Hift. de Fr.* ) comtes de Rochefort, père & fils, fous les règnes de Philipe I & de Louis-le-Gros. Tous deux eurent l'office de fénéchal de France. Le père figna en cette qualité, à une chartre du roi Philippe I, de l'an 1093, & fut de la première croifade en 1096. Philippes I voulut que Louis-le-Gros époufat la fille de Guy, la fœur de Hugues; mais ce prince au bout de trois ans, ayant fait caffer fon mariage, fous ce prétexte de parenté, qui ne manquoit jamais dans un temps où la preuve de la parenté fe faifoit par témoins, & non par actes, Guy & Hugues devinrent fes ennemis, & troublèrent l'état. Guy fut battu auprès du château de Gournay, & ce château fut pris & confifqué fur lui. Il mourut en 1108. Hugues continua la querelle; celui-ci acquit une funefte célébrité par des violences & des injuftices: un de fes parens étant tombé dans fa difgrace, il le fit enlever, l'enferma dans une tour, & on trouva ce malheureux, mort au pied de la tour; il l'avoit fait étrangler, & il l'avoit jetté par la fenêtre, pour perfuader que le prifonnier s'étoit tué en voulant fe fauver; mais les fignes certains manifeftèrent la fraude. Le foulèvement que les cruautés de Hugues excitèrent contre lui, le fit dépouiller de fa charge de fénéchal, & l'obligea de quitter le monde, il fe fit moine à Cluni vers l'an 1118, & y mourut quelques années après.

MONTLUC, ( Blaife de ) ( *Hift. de Fr.* ) un de ces hommes en qui le pur efprit de chevalerie a brillé avec tous fes avantages, & tous fes défauts. Il étoit d'une branche de cette maifon de Montefquiou Artagnan, dont la prétention, auffi bien fondée que toute prétention généalogique, eft de defcendre de la première race de nos rois, par Boggis, fils de Charibert ou Aribert, lequel étoit frère de Dagobert I. Blaife naquit en 1500, dans un petit village près de Condom. Il fut d'abord page d'Antoine, duc de Lorraine, frère de Claude, duc de Guife. A dix-fept ans il fervoit en Italie; il fervit d'abord fous les de Foix, Lautrec & Lefcun; il étoit au funefte combat de la Bicoque en 1522. Il fut fait prifonnier, ainfi que le roi François Ier. à la funefte bataille de Pavie en 1525. Il reçut deux coups d'Arquebufade au bras gauche dans l'expédition non moins funefte de Naples en 1528, où périt Lautrec. En 1536, il étoit dans Marfeille,

lorfque Charles-Quint affiégeoit cette place, dont il fut obligé de lever le fiége.

En 1554, il fervoit en Piémont fous le comte d'Enguien. Le comte affiégeoit Carignan; le marquis du Guaft, un des plus habiles généraux de Charles-Quint, s'ébranloit pour venir au fecours; le comte d'Enguien manquoit d'argent pour payer fes troupes; d'ailleurs, la France étoit dans un moment de crife, où le roi n'approuvoit pas qu'on courût les rifques d'une bataille; le duc d'Enguien dépêcha Montluc en diligence pour demander au roi de l'argent & la permiffion de combattre. Montluc s'eft plu à décrire dans fes Mémoires, les particularités de ce voyage à la cour. Le roi voulut qu'il affiftât au confeil, où la propofition d'une bataille fut affez généralement rejettée. Montluc étoit obligé de garder le filence; mais fon air, fa contenance, fes geftes parloient, tout en lui exprimoit l'impatience & le mécontentement. Le roi voyant la violence qu'il fe faifoit, lui permit de parler. Montluc peignant alors avec une gaieté audacieufe & gafconne, la valeur des troupes, les talens du général, l'ardeur des foldats, mit tant de feu dans fes difcours, dans fes mouvemens, dans fes geftes, qu'il fembloit être fur le champ de bataille, au milieu du carnage, affurant la victoire, pourfuivant les vaincus. Le roi qui, d'abord rioit de fon enthoufiafme, finit par le partager. Le comte de St. Pol le voyant ébranlé, lui dit : *Sire, changeriez-vous d'opinion, pour les vaines déclamations de ce fol enragé ? Ce fol*, répondit le roi, *dit des chofes fort fages, & fes raifons méritent d'être pefées. Comment-le, Sire*, dit l'amiral d'Annebaut, *vous combattriez à leur place, & vous voulez qu'ils combattent. J'ai commandé cette armée d'Italie, je puis vous répondre de la valeur des foldats; vous favez, d'ailleurs, de qui les fuccès dépendent.* A ces mots, le roi leva les yeux au ciel, joignit les mains, & jettant fon bonnet fur la table: *qu'ils combattent*; s'écria-t-il, *qu'ils combattent*. Le comte de St. Pol voyant cet avis prévaloir, dit à Montluc : *fol. enragé ! tu feras caufe aujourd'hui du plus grand bonheur ou du plus grand malheur !* Vous n'avez qu'un feul mot, répondit Montluc; *fi nous perdons !* Mais pourquoi ne pas dire auffi : *fi nous gagnons ?* Nous gagnerons, affurez-vous-que les premières nouvelles feront que: *nous les aurons. tous fricaffés, & en mangerons, fi nous voulons*. Après de tels difcours il falloit vaincre; on vainquit, & Montluc, qui commandoit les Arquebufiers à cette mémorable journée de Cerifoles, ne contribua pas médiocrement à la victoire.

En 1546, il fervoit en Picardie fous le maréchal du Biez: il s'agiffoit de reprendre Boulogne-fur-mer, dont les Anglois s'étoient emparés; on faifoit venir du canon pour former l'attaque d'un fort qui couvroit la place. L'artillerie mara encore entièrement triomphé alors de l'ancien efprit militaire, qui donnoit plus à l'adreffe, à la force, à la valeur de l'homme qu'aux combinaifons de l'art, qui préféroit l'audace à la prudence, un coup de main aux précautions & aux mefures, les combats de chevalier à la fcience du général. Cet efprit de chevalerie qui, à Pavie, avoit emporté valeur bouillante de François I<sup>er</sup>. au milieu des bataillons ennemis, & qui lui avoit fait masquer l'artillerie de Galiot de Genouillac, seule suffisante pour assurer la victoire, emporta ici Blaise de *Montluc*: Pourquoi du canon, dit-il ; mes compagnons & moi, nous allons seuls emporter ce fort, ils l'emportèrent en effet ; mais du canon auroit ménagé quelques-uns de ces braves aventuriers ; & cette raison qui seroit décisive aujourd'hui, offensoit alors leur valeur. En marchant à cette expédition, *Montluc* avoit dit à ses soldats : *si je vous vois reculer, je vous coupe les jarrêts ; coupez-les-moi, si vous me voyez reculer.*

En 1551, sous le règne de Henri II, le maréchal de Brissac, dans l'armée duquel il étoit employé, l'engageoit à se jetter dans la ville de Bène, assiégée alors par les Espagnols, & réduite à la famine. *Montluc* résistoit : *qu'irai-je faire*, disoit-il, *dans une ville où tout le monde sera mort de faim dans trois jours ?* Brissac redoubla ses instances ; &, comme le Préteur dont parle Horace :

*Hortari cœpit eundem*
*Verbis, quæ timido quoque possent addere mentem.*

Si je vous savois dans la place, dit-il, je la croirois sauvée. Vous obtiendriez du moins une capitulation honorable. Montluc s'irritant à ce mot de capitulation, dit qu'il aimeroit mieux être mort que de voir son nom en de pareilles écritures. C'est ainsi que Henri IV répondit au duc de Parme, qui lui demandoit ce qu'il pensoit de sa retraite de Caudebec, qu'il ne se connoissoit point en retraites. *Montluc* n'eut point d'écritures à signer ; il entra dans Bène, & en fit lever le siége ; mais il ne faut jamais dire qu'on ne fera point de capitulation ni de retraite. En 1554, *Montluc* porta du secours à la ville de Sienne, qui s'étoit mise sous la protection de la France, & qui soutint un siège de huit mois contre l'armée Impériale, commandée par le marquis de Marignan ; *Montluc* fit convertir le siége en blocus, & fit tant par son éloquence & par son exemple, qu'il engagea les Siennois à souffrir toutes les horreurs de la famine ; ce ne fut qu'à la dernière extrêmité qu'on capitula ; mais on capitula enfin, *Montluc* & toutes ses troupes sortirent avec les honneurs de la guerre.

Sous Charles IX, *Montluc* commanda en Guyenne, contre les Huguenots, & dans une foule de combats qu'il leur livra, il eut toûjours l'avantage. Brantôme lui reproche des cruautés dans ces guerres de religion, & dit qu'il sembloit en disputer avec le baron des Adrets, qui, encore huguenot alors, exerçoit sur les Catholiques les mêmes violences que *Montluc* sur les Huguenots. En 1570, *Montluc* assiégeant le château de Rabasteins, y fut blessé aux deux joues, d'une arquebusade, & fut tellement défiguré ; qu'il fut obligé de porter un masque tout le reste de sa vie. Quand on vit tout le sang qui lui sortoit par le nez & par la bouche, on voulut l'emporter, & luimême se croyoit blessé à mort : *ne songez qu'à me venger*, dit-il, & il donna l'ordre de n'épargner per

sonne ; cet ordre fut trop bien exécuté, tout fut passé au fil de l'épée.

En 1574, il fut fait maréchal de France. Il y avoit long-temps que ses services & ses succès continuels dans le commandement, (car il ne fut jamais battu ) avoient mérité cet honneur. Il mourut en 1577, dans sa terre d'Estillac en Agenois. Ce fut dans cette retraite qu'il écrivit de mémoire, à soixante & quinze ans, son histoire que nous avons sous le titre de *Commentaires de Blaise de Montluc, maréchal de France*, & qui n'a paru que long-temps après sa mort, en 1592, par les soins du zélé persécuteur catholique Florimond de Remond, conseiller au parlement de Bordeaux. Henri IV appelloit ce livre: *la Bible des Soldats*, titre qui conviendroit peut-être mieux encore à l'ancienne vie du chevalier Bayard. On a dit de *Montluc*, au sujet de ses Commentaires : *Multa fecit, plura scripsit. Il en a beaucoup fait, il en a plus raconté encore.* On trouve en effet dans cet ouvrage, un grand caractère de chevalerie ; mais on y trouve aussi la forfanterie & de la jactance. C'est le contraire de ce que Salluste dit de Jugurtha : *plurimùm facere, & minimùm de se ipse loqui.* L'auteur de l'Esprit de la Ligue compare les Commentaires de *Montluc* avec les Mémoires du sage La Noue. « La Noue, dit-il, ne » parle presque jamais de lui, & le lecteur par » son estime, lui paie sa modestie au centuple. *Montluc* » parle toujours de lui-même, & ne déplaît pas, parce » qu'on voit que dans ses actions, il n'avoit en vue » que son devoir, & que son principal motif, en » écrivant, étoit d'en inspirer l'amour aux autres ».

On ne peut rien dire de plus indulgent & à la fois & de plus juste.

*Montluc* avoit vu six rois, & avoit porté les armes sous cinq.

Il avoit un frère aussi célèbre & aussi utile dans les négociations que le maréchal l'étoit à la guerre ; c'étoit l'évêque de Valence, Jean de *Montluc*: quoique évêque, il étoit aussi favorable aux Huguenots que le maréchal leur étoit contraire ; & quoiqu'évêque, il étoit marié avec une demoiselle, nommée Anne Martin, dont il eut Jean de *Montluc*-Balagny, dont nous avons parlé à l'article BALAGNY.

Ce fut l'évêque de Valence qui, dans son ambassade de Pologne, fit élire roi de Pologne, le duc d'Anjou, depuis Henri III. Il fut employé aussi avec succès en Allemagne, en Angleterre, en Ecosse, à Constantinople. Le pape le condamna comme hérétique, sur les accusations du doyen de l'église de Valence ; mais celui-ci n'ayant pas pu prouver son accusation par des titres authentiques, fut condamné par arrêt du 14 octobre 1560, à faire réparation à son évêque. *Montluc* finit par être catholique de bonne foi ; il mourut à Toulouse en 1579, entre les bras d'un jésuite. On a de lui des sermons imprimés & quelques autres ouvrages.

MONTMAUR, (Pierre de) ( *Hist. Litt. mod.* ) professeur en langue grecque au Collége Royal. Il n'y a pas le mot pour rire dans toutes les querelles, épigrammes, chansons, satyres, calomnies, injures, &c. dont cet homme a été ou l'auteur ou l'objet. Ménage a écrit la vie fatyrique de *Montmaur*, fous le titre de *Gargilius Mamurra*. Sallengre a recueilli, fous le titre d'*Hiftoire de Montmaur*, tous les libelles faits contre cet homme. Pour lui, il n'écrivoit point, mais il paroit, & fa langue étoit encore plus venimeufe que la plume de fes adverfaires : il avoit une mémoire chargée d'anecdotes fcandaleufes, vraies ou fauffes, contre les auteurs, morts ou vivants ; & on appelloit de fon nom *Montmaurifmes*, des allufions malignes, tirées du grec ou du latin, qu'il faifoit aux noms des auteurs qui l'attaquoient. La grande réputation qui lui eft reftée, eft celle de parafite. Grace aux changemens arrivés dans nos mœurs, on ne fait plus aujourd'hui ce que c'eft qu'un parafite. Boileau a dit :

> Savant en ce métier, fi cher aux beaux-efprits,
> Dont Montmaur autrefois fit leçon dans Paris.

Les beaux-efprits, les gens de lettres dînent beaucoup en ville, plus peut-être que l'intérêt du travail ne le demanderoit ; mais aucun ne peut être défigné par le titre de parafite, même en fe reportant au temps où ce titre avoit une fignification. Tout ce qu'on voit dans cette conjuration des auteurs contre *Montmaur*, c'eft la jaloufie que leur infpiroit la facilité de parler qui le diftingoit parmi eux, & qu'il exerçoit contr'eux, tand s qu'il leur laiffoit les écrits. On peut y voir auffi combien les injures dites en grec ou en latin, faifoient d'impreffion alors, & quelle étoit la groffiereté du ton & des difcours des gens de lettres. Montmaur abufoit quelquefois de la parole & de l'érudition fugitive que permet la converfation ; il hazardoit de fauffes citations, dans l'efpérance qu'on ne les vérifieroit pas ; il en fut plufieurs fois convaincu avec honte ; mais cette honte ne fatisfit point fes ennemis ; ils eurent recours à la vengeance des lâches, à la calomnie. Un portier du Collége de Boncour, où demeuroit *Montmaur*, ayant été tué, ils publièrent que c'étoit *Montmaur* qui l'avoit affommé d'un coup de bûche ; ils donnèrent affez de vraifemblance à leur accufation, pour que *Montmaur* fût mis en prifon ; leur fuccès n'alla pas plus loin, fon innocence fut prouvée ; ils fe bornèrent alors à ces calomnies qu'on croit fans en exiger la preuve ; ils l'accusèrent de corrompre la jeuneffe. Ce qu'il y a de plus conftant fur fon compte, c'eft que c'étoit un pédant redoutable & odieux aux pédans fes confrères. Il avoit été jéfuite, avocat, poëte. Il mourut en 1648, âgé de foixante & quatorze ans.

MONTMÉNIL. *Voyez* SAGE (le).

MONTMIRAIL. (On prononce MONTMIREL.) *Voyez* TELLIER (le ).

MONTMORENCI, ( Maifon de ) ( *Hift. de Fr.* ) C'eft ici fur-tout que l'on peut dire :

> *Fortia facta patrum, feries longiffima rerum,*
> *Per tot ducta viros antiquæ ab origine gentis.*

L'origine de la maifon de *Montmorenci* fe perd dans la nuit des temps. On a toujours cru que les *Montmorenci* defcendoient du premier des Francs qui embraffa

le chriftianifme. Les auteurs fe partagent fur cette origine ; les uns, tels que Robert Cenal, évêque d'Avranches, liv. 1 de fes Remarques Gauloifes, & le préfident Fauchet, liv. 2 des Antiquités Françoifes, l'attribuent à Lifoie, général de Clovis ; d'autres, tels que Mérula, du Verdier, Anffel, à Lisbius, le plus noble & le plus puiffant des Gaulois qui habitoient la province nommée aujourd'hui l'Ifle-de-France. Lisbius fut, dit-on, converti par St. Denis, & fouffrit le martyre avec lui au troifième fiècle. Le nom de Lisbius & celui de Lifoie paroiffent être le même.

Quant au nom de *Montmorenci*, il vient, dit-on, de ce que Guy-le-Blond, l'un des chefs de cette maifon, & compagnon d'armes de Charles-Martel, tua dans une bataille, un roi More, & le voyant tomber, s'écria : voilà mon More occis ; on ajoute qu'en mémoire de ce fuccès, il bâtit un château qu'il appella *Mon-More-occis*, d'où eft venu par corruption, le nom de *Montmorenci*.

Quant aux armes de *Montmorenci*, elles n'avoient d'abord que la croix ; mais dans l'excurfion que l'empereur Othon II fit jufqu'aux portes de Paris, l'an 978, Bouchard *de Montmorenci*, dont Othon avoit brûlé le château, fut un de ceux qui fe diftinguèrent le plus contre ce formidable ennemi, lorfque Lothaire & Hugues-Capet battirent fon arrière-garde au paffage de l'Aine. On affure qu'il enleva aux Allemands, quatre étendards ou aigles impériales, & que fut en mémoire de cet exploit, qu'il orna la croix de fes armes de quatre aiglettes ou alérions. Ses defcendans n'eurent point d'autres armes jufqu'à Matthieu II *de Montmorenci* dit le Grand, connétable de France, qui à la bataille de Bovines, ayant enlevé douze aigles impériales, augmenta fon écuffon de douze alérions, par ordre de Philippe-Augufte.

Les *Montmorenci* s'intituloient : Sires de Montmorenci, par la grace de Dieu. Sous les rois Robert & Henri I, Bouchard III & Alberic *de Montmorenci* fon frère, connétable de France, fignent prefque toutes les chartres avec les grands vaffaux de la couronne, tels que les comtes de Flandres, de Champagne, les ducs de Normandie. Sous Henri I & Philippe I, le connétable Thibaud & Hervé *de Montmorenci* fon frère, bouteiller de France, fignent prefque tous les actes folemnels avant les grands officiers de la couronne ; les rois les appellent princes du royaume, nobles princes. Sous Louis-le-Jeune, Matthieu I *de Montmorenci*, connétable de France, époufe, du confentement du roi, la reine douairière, fa mère, veuve de Louis-le-Gros, & gouverne fagement le royaume avec elle & avec l'abbé Suger, pendant la funefte expédition de Louis-le-Jeune dans la Paleftine. Hervé *de Montmorenci*, fon frère, s'attache à Henri II, roi d'Angleterre, & par les exploits les plus fignalés, obtient les dignités de connétable & de fénéchal d'Irlande, avec un établiffement immenfe dans ce royaume, à la conquête duquel il avoit beaucoup contribué.

Matthieu *de Montmorenci* - Marly, fils du connétable Matthieu I, héros plein d'audace, cherchoit dans les combats, les guerriers les plus redoutés, tels que la

comte de Leiceftre , furnommé l'Achille de l'Angle-
gleterre , & Richard cœur de lion lui-même. Il fuivit
Philippe-Augufte en Syrie , & fe diftingua au fiége
d'Acre, où il perdit Jocelin *de Montmorenci* fon neveu ;
mais ce fut fur-tout dans l'expédition de Conftantinople
en 1203 & 1204 , qu'il acquit une gloire immortelle.
Il mourut dans le fein de la victoire , au moment
où il alloit partager avec les autres chefs , les débris
de l'empire conquis par leur valeur.

Le plus illuftre des *Montmorenci* du 13ᵐᵉ. fiècle , eft
le connétable Matthieu II , dit le Grand. Ce fut lui qui
éleva la dignité de connétable au-deffus de tous les
offices militaires , & qui en fit la première dignité de
l'état. Sa vie n'offre qu'une fuite continuelle de victoires
& de conquêtes. Son hiftoire , néceffairement liée
avec celle de Philippe-Augufte , qui lui dut en grande
partie l'éclat de fon règne; de Louis VIII & de St. Louis,
à qui fes fervices furent encore fi utiles, eft fuffifamment
connue par l'Hiftoire de France ; mais un trait plus
intéreffant , aux yeux de l'humanité , que des victoires ,
c'eft que *Montmorenci* , moyennant une légère redevance , affranchit tous fes vaffaux des corvées , des tailles
& des impofitions que les barons étoient alors en poffeffion d'exiger ; bienfait immenfe , car plus de fix cents
fiefs dépendoient de fa feule baronnie de *Montmorenci.*

Ce Connétable étoit grand-oncle , oncle , beau-
frère , neveu , petit-fils de deux empereurs , de fix
rois , & allié de tous les fouverains de l'Europe ; il
prenoit , comme fes ancêtres , la qualité de *Sire de
Montmorenci , par la grace de Dieu*. La plûpart des
têtes couronnées de l'Europe defcendent de ce grand
homme , par le mariage de Jeanne de Laval , une de
fes petites-filles , avec Louis de Bourbon , comte de
Vendôme , trifayeul d'Henri IV.

Un autre Matthieu *de Montmorenci*, furnommé auffi
le Grand , amiral & grand chambellan de France ,
né fe fignala pas moins par les fervices qu'il rendit aux
rois Philippe le-Hardi & Philippe-le-Bel. Ce Seigneur ,
qui aimoit beaucoup la chaffe, ayant reçu des plaintes
de fes vaffaux fur le dégât que faifoit le gibier dans
leurs hétirages, leur permit , leur ordonna même de
tuer & d'emporter tout ce qu'ils trouveroient de gibier
de toute efpèce dans l'étendue de fes domaines , ne fe
réfervant qu'une feule garenne , pour y prendre le plaifir de la chaffe , fans aucun préjudice pour fes vaffaux ;
trait qui trouvera plus d'admirateurs parmi le peuple,
que d'imitateurs parmi les grands.

Le même Matthieu affigna des fonds pour habiller
tous les pauvres de fes terres : plufieurs de fes ancêtres
lui en avoient donné l'exemple.

Sous les rois de la branche de Valois & pendant les
longues divifions de la France & de l'Angleterre , les
*Montmorenci* continuent à fe diftingu é par leur zèle
pour l'état , par leurs talens & par leurs vertus. Nulle
maifon du royaume ne donna de plus grandes marques
d'attachement à Charles VII , pendant la tyrannie des
Anglois en France. Jean II , feigneur de *Montmorenci*,
à peine forti de l'enfance , abandonna , pour le fuivre ,
des biens immenfes dans l'Ifle-de-France , en Normandie , en Brie , en Champagne , en Picardie , en

Artois , en Flandres ; les Anglois le déclarèrent criminel de lèze-majefté , ils confifquèrent fes biens ; cet
arrêt ne contient pas un mot qui ne foit l'éloge le plus
complet de fa fidélité pour fon roi. Une branche de
cette maifon , connue fous le nom de *Montmorenci-
Beaufini* , fut enfevelie dans les plaines de Verneuil
en 1424. Guy , 14ᵉ. comte de Laval , fes frères André
de Laval ; fire de Loheac , maréchal de France &
amiral , & Louis de Laval , fire de Châtillon , gouverneur du Dauphiné , Gilles de Laval , fire de
Rais , maréchal de France ; fon frère , René de
Laval , fire de la Suze ; Guy de Laval , feigneur de
Loué , firent par-tout des prodiges de valeur contre
les Anglois. A peine trouve-t-on dans ces temps
malheureux , un feul combat où il n'y ait point eu de
*Montmorenci* , tué ou bleffé , ou pris.

Le maréchal de Rais , qui vient d'être nommé ,
eut une célébrité funefte & une deftinée déplorable ;
dès l'âge de dix ans , il avoit fignalé fa valeur contre
les Anglois , à l'expulfion defquels il eut beaucoup
de part. Sa naiffance , une fortune immenfe , de grands
talens pour la guerre fembloient lui ouvrir une carrière brillante. Ses diffipations , fes débauches , fes
folies le conduifirent au bûcher. Il donna dans toutes
les fuperftitions de la magie ; il avoit fait avec le
diable , un traité , par lequel il lui abandonnoit tout ,
excepté fa vie & fon ame. Il y eut dans fa condamnation , un mélange fingulier de rigueur & d'indulgence.
Jean V , duc de Bretagne , qui , profitant du défordre
de fes affaires , avoit acheté fes terres à vil prix , fut
fon plus ardent perfécuteur. Le maréchal de Rais fut
condamé à être brûlé vif en 1470. On fit à Nantes
une proceffion générale , dont l'objet étoit de demander
pour le maréchal , le courage de foutenir cet horrible fupplice. Le duc de Bretagne fut préfent à l'exécution. Des hiftoriens difent qu'il permit qu'on l'étranglât
avant de le livrer aux flammes. On retira du feu
fon corps avant qu'il fût endommagé , & on l'enterra
dans l'églife des Carmes de Nantes , avec la plus grande
pompe. Il étoit d'une branche de *Montmorenci-Laval* ,
éteinte dans le quinzième fiècle.

Jean J , baron de *Montmorenci* , déshérita
fes deux fils aînés , Jean de Nivelle & Louis de
Foffeux , parce qu'ils avoient embraffé la querelle du
duc Bourgogne , Charles-le-Téméraire , dont ils étoient
les vaffaux ; il tranfporta leurs droits à Guillaume ,
fon troifième fils , qui vint avec lui fervir Louis XI. Ce
Guillaume , qui fe diftingua fous Louis XI , Charles VIII ,
Louis XII & François I , fut la tige d'une branche de
la maifon de *Montmorenci* , qui l'emporta encore en
éclat , fur toutes les autres ; elle a donné à la France
dans l'efpace d'environ un fiècle , depuis François I
jufqu'à Louis XIII , deux connétables , deux grands-
amiraux , deux grands-maitres , quatre maréchaux de
France , cinq ducs & pairs , huit chevaliers de Saint-
Michel , avant l'inftitution de l'ordre du Saint-Efprit ,
trois chevaliers de cet ordre , deux de la Jarretière , des colonels-généraux des Suiffes & de la Ca-
valerie-Légère. L'hiftoire du fameux connétable Anne ,
du connétable Henri I fon fils , non moins fameux ,

des frères de Henri ; François, maréchal de France ; Charles, duc d'Amville & grand-amiral ; du brave, du brillant, du généreux & infortuné Henri II, fils de Henri I, décapité à Toulouse en 1632, & en qui finit son illustre branche ; la consternation de toute la France à cet événement, la douleur profonde & inconsolable de la duchesse de Montmorenci sa femme, font des objets connus de tout le monde.

Sous Louis XIV, un autre Montmorenci joint l'intérêt du malheur à l'éclat de la gloire ; c'est le maréchal de Luxembourg, l'ami, l'élève & le rival du grand Condé :

Malheureux à la cour, invincible à la guerre, Luxembourg fait trembler l'Empire & l'Angleterre.

François-Henri de Montmorenci, comte de Bouteville, depuis maréchal - duc de Luxembourg, naquit à Paris le 8 janvier 1628, environ six mois après la mort de son père, décapité pour duel. Le jeune comte de Bouteville, présenté à la cour par la princesse de Condé, sœur de l'infortuné duc de Montmorenci, aussi décapité, s'attacha au grand Condé, fils de cette princesse ; il se distingua sous lui à la bataille de Lens en 1648, où il mérita le brevet de maréchal-de-camp à vingt ans. Les troubles de la Fronde suivirent de près, l'esprit de faction souleva contre la cour la plûpart des grands ; l'amitié seule rangea Bouteville sous les drapeaux de Condé. Après avoir essayé d'exciter un soulèvement général dans Paris en faveur des princes qu'on arrêtoit, & d'enlever les nièces du cardinal Mazarin pour leur servir d'ôtage, il alla combattre sous Turenne, qui s'avançoit pour délivrer les princes. Il fut pris à la bataille de Rhétel, & mis au donjon de Vincennes, d'où il ne sortit que quand la liberté fut rendue aux princes. Dans le cours de la guerre où le grand Condé servit l'Espagne contre sa patrie, le comte de Bouteville eut la plus grande part à toutes les actions qui immortalisèrent ce prince ; il fut pris encore à la journée des Dunes ; mais les Espagnols qu'il avoit si bien servis, se hâtèrent de l'échanger contre le maréchal d'Aumont. La paix des Pyrénées rendit l'année suivante à la France, ces héros, dont la fatalité des conjonctures avoit égaré le courage. Condé & Bouteville revinrent, & ne songèrent plus qu'à effacer par d'utiles services, la gloire coupable dont ils s'étoient couverts.

Bouteville épousa le 17 novembre 1661, Madeleine-Charlotte - Bonne - Thérèse de Clermont - Tonnerre, ( voyez l'article CLERMONT - TONNERRE. ) héritière, du côté maternel, de la maison impériale de Luxembourg. ( voyez l'article LUXEMBOURG ) Bouteville, en faveur de ce mariage, joignit au nom & aux armes de Montmorenci, le nom & les armes de Luxembourg.

Ce mariage donna naissance à deux grands procès. Le Marquis de Bécon, petit-fils par sa mère, de Jean de Luxembourg, comte de Brienne, réclama le nom de Piney - Luxembourg. Le duc & la duchesse de Luxembourg - Montmorenci furent maintenus dans la

possession de ce duché par un arrêt définitif du parlement de Rouen, rendu en 1675.

Le roi, en accordant en 1662, des Lettres-patentes à M. de Bouteville, pour prendre le nom & la qualité de duc de Piney-Luxembourg, avoit déclaré qu'il ne prétendoit pas faire une nouvelle érection ; en conséquence, le duc de Luxembourg prétendit avoir rang parmi les pairs, du jour de l'érection originaire de Piney-Luxembourg en duché-pairie. Cette contestation entre les ducs de Luxembourg & les autres pairs, ne fut entièrement terminée que par l'édit de 1711, qui décide que les ducs de Luxembourg n'auront rang parmi les pairs, que du mois de mai 1662, époque des lettres obtenues par le comte de Bouteville.

Le nouveau duc de Luxembourg suivit Louis XIV, à la conquête de la Flandre en 1667. L'année suivante il contribua beaucoup à celle de la Franche Comté. Dans la guerre contre la Hollande en 1672, il eut le commandement de l'armée des princes Allemands, ligués avec Louis XIV, contre les Hollandois. Ses plus importantes conquêtes furent celles de Voërden, Bodegrave, Swammerdam. Dans une expédition tentée contre Leyde & contre La Haye, un dégel subit le mit dans un pressant danger. La campagne de 1673, offre aussi les plus grandes preuves de talent dans le duc de Luxembourg. Il partagea en 1674, avec le grand Condé, l'honneur de la victoire de Senef. En 1675, il fut fait maréchal de France, & c'est lui seul qu'on voit dans la suite rendre à la France, Turenne & Condé, dont cette année termina la carrière militaire par la mort du premier, & par la retraite du second : après ces deux événements, après la défaite de Créquy & la prise de Trèves, Luxembourg sauva la France par une conduite à-peu-près pareille à celle que nous avons vu tenir en 1744, au maréchal de Saxe dans des conjonctures assez semblables. L'année suivante, Luxembourg sauva de la même manière, l'Alsace & la Lorraine ; des chansons, des épigrammes en furent la récompense. La bataille de Cassel & ses suites en 1677, celle de St. Denis, près Mons en 1678, imposèrent silence à la satyre, & assûrèrent à Luxembourg la gloire du plus grand général de l'Europe : la récompense de ces nouveaux exploits fut encore plus insigne. La haine de Louvois devint le partage. La calomnie ourdissoit en secret, contre lui, une trame perfide que le ministre favorisoit. De vils scélérats furent encouragés à charger de crimes odieux, le héros de la France. Il fut emprisonné, interrogé, prêt à être condamné. La bassesse & l'infamie des accusateurs, la dureté du ministre, les préventions de Louis XIV, les prévarications de quelques juges font trembler pour Luxembourg, qui, abandonné de son roi, oublié de la cour, persécuté par Louvois, chargé par les rapporteurs de son affaire, trahi par le sort, déchiré par le peuple ingrat & trompé, n'a pour lui que son innocence, ses services & la simplicité noble & ferme de ses réponses. La force de la vérité l'emporta enfin, les juges le déclarent innocent, & rendent hommage à ses vertus. Mais l'influence des calomnies & des intrigues de la cour se fait encore sentir. Luxembourg eſt exilé, il reçoit tous les déſagrements, toutes les mortifications que la haine d'un miniſtre puiſſant peut attirer. La guerre qui ſe rallume en 1688, fait ſentir le beſoin qu'on avoit de Luxembourg, il eſt remis à la tête des armées ; le reſte de ſa vie n'eſt plus qu'une ſuite de victoires & de triomphes, malgré les contradictions qu'il ne ceſſa d'éprouver de la part de M. de Louvois & de M. de Barbéſieux ſon fils. Chaque campagne eſt marquée par une de ces grandes & heureuſes batailles, qui ont fait donner à M. de Luxembourg ce titre plaiſant & flateur de *Tapiſſier de Notre-Dame :* batailles *de Fleurus* en 1690, de *Leuze* en 1691, de Steinkerque en 1692, de Nervinde en 1693 : *ſi percuſſiſſes quinquies...... percuſſiſſes ſyriam uſque ad conſumptionem*, a dit à ce ſujet le père de La Rue, par une application ingénieuſe. Le maréchal de Luxembourg mourut. comblé de gloire le 4 janvier 1695.

En réuniſſant les principaux titres d'honneur répandus ſur les diverſes branches de la maiſon de *Montmorenci*, on trouve qu'elle a produit ſix connétables, onze maréchaux de France, quatre amiraux, ſans compter une multitude preſque innombrable de grands ſénéchaux, de grands-maîtres de la maiſon du roi, de grands chambellans, de bouteillers, de chambriers, de grands-pannetiers, de chevaliers de Saint-Michel, de la toiſon d'or, de la jarretière, du Saint-Eſprit, de capitaines des Gardes, &c.

MONTMORT, ( Pierre Remond de ) ( *Hiſt. Litt. mod.* ) deſtiné par ſon père à une charge de magiſtrature, pour laquelle il ſe ſentoit de l'averſion avant même de ſe ſentir de l'attrait pour autre choſe, quitta la maiſon paternelle & alla voyager en Angleterre, dans les Pays-Bas, en Allemagne ; le livre *de la recherche de la Vérité* le rendit philoſophe & philoſophe chrétien. Revenu en France en 1699, il perdit ſon père peu de temps après, & à vingt-deux ans, il ſe trouva maître d'un aſſez grand bien ; les mathématiques, devenues ſa paſſion dominante, furent ſon préſervatif contre d'autres paſſions plus dangereuſes. Des arrangemens de famille l'obligèrent d'accepter pour un temps, un canonicat de Notre-Dame de Paris. Il fut chanoine, dit M. de Fontenelle, & le fut à toute rigueur ; les offices du jour n'avoient nulle préférence ſur ceux de la nuit, ni les aſſiduités utiles ſur celles qui n'étoient que de piété. Cette vie rigoureuſe de chanoine, à laquelle il ne ſe faiſoit aucun quartier, le gênoit trop ; il acheta vers la fin de 1704, la terre de Montmort. Là il étoit voiſin de celle de Mareuil, où demeuroit la ducheſſe d'Angoulême, cette bru de Charles IX, qui vivoit encore 39 ans après la mort de ſon beau-père ; il vit chez elle mademoiſelle de Romicourt, ſa petite-nièce & ſa filleule, il l'épouſa en 1706, au château de Mareuil. Par un bonheur aſſez ſingulier, dit Fontenelle, le mariage lui rendit ſa maiſon plus agréable, & les mathématiques en profitèrent. Il donna en 1708, ſon *eſſai d'analyſe ſur les jeux de hazard*, où il mit en grande liaiſon avec les Bernoulli, occupés auſſi de ſemblables combinaiſons ; il en donna en

1714, une nouvelle édition, enrichie de ſon commerce épiſtolaire avec Meſſieurs Bernoulli. Il avoit entrepris auſſi une Hiſtoire de la géométrie, mais elle eſt reſtée imparfaite. Il étoit l'ami de tous les grands mathématiciens de l'Europe, des Newton, des Leibnitz, des Bernoulli, des Halley, des Taylor, &c. En 1715, il alla obſerver à Londres, une éclipſe ſolaire, qui étoit totale en Angleterre ; la Société Royale l'admit dans ſon ſein ; M. de Fontenelle dit à ce ſujet, que les attractions qu'on croyoit abolies par le cartéſianiſme, ont été reſſuſcitées par les Anglois, *qui cependant ſe cachent quelquefois de l'amour qu'ils leur portent* ; c'eſt de l'amour qu'on pourroit encore porter au cartéſianiſme qu'il faudroit aujourd'hui ſe cacher avec grand ſoin.

M. de *Montmort* fut reçu aſſocié libre à l'Académie des Sciences en 1716.

La ducheſſe d'Angoulême, en 1713, l'avoit nommé ſon exécuteur teſtamentaire, honneur qui lui donna deux procès à ſoutenir ; il les gagna tous deux.

Il mourut à Paris de la petite vérole, le 7 octobre 1716. Sa mort fut une calamité pour les paroiſſiens dont il étoit ſeigneur.

Il étoit ſujet, dit M. de Fontenelle, à des colères d'un moment, & à ces colères « ſuccédoit une petite » honte & un repentir gal. Il étoit bon maître, même » à l'égard de domeſtiques qui l'avoient volé, bon » ami, bon mari, bon père, non ſeulement pour » le fond des ſentimens, mais, ce qui eſt plus » rare, dans tout le détail de la vie.

Rien ne pouvoit déranger ſon application à l'étude, M. de Fontenelle nous le repréſente, travaillant aux problèmes les plus embarraſſans, dans une chambre, où on jouoit du clavecin, & où ſon fils couroit & le lutinoit, & les problèmes ne laiſſoient pas de ſe réſoudre.

MONTMOUTH, (Jacques, duc de) ( *Hiſt. d'Ang.* ) Charles II, roi d'Angleterre, n'avoit point d'enfans de ſon mariage avec Catherine de Portugal, mais il avoit un grand nombre de bâtards, parmi leſquels on diſtinguoit ſurtout le duc de *Montmouth*, né d'une maîtreſſe, nommée Miſtriſſ Walters ou Barlow ; le duc d'Yorck, qui fut depuis Jacques II, étoit l'héritier préſomptif, mais ſon zèle pour la religion catholique & ſon goût pour le deſpotiſme le rendoient odieux à la Nation ; il fut obligé de ſortir des trois royaumes & d'aller, pour un temps, chercher un aſyle à Bruxelles ; le duc de *Montmouth*, en conſéquence de l'éloignement du duc d'Yorck, conçut des eſpérances, & forma des projets qui lui attirèrent pendant quelque temps, la diſgrace de ſon père. Il commençoit à prétendre & ſes partiſans à publier que Charles II avoit épouſé Miſtriſſ Walters, mère de *Montmouth*, & que le contrat de mariage exiſtoit ; on alloit même juſqu'à nommer celui qui en étoit dépoſitaire. Le Roi démentit publiquement en plein conſeil ces impoſtures ; le prélat la dépoſitaire déclara auſſi qu'il n'avoit jamais été chargé d'un pareil dépôt, & qu'il n'en avoit jamais entendre parler. *Montmouth* plaidant un jour dans la chambre des lords pour l'exclufion du duc d'Yorck, en préfence de Charles II, dit qu'il voyoit avec d'autant plus de zèle pour ce parti qu'il y croyoit la fûreté du roi fon père, intéreffée. Charles dit tout haut : *c'est un baifer de Judas qu'il me donne* ; mais toujours partagé entre le duc d'Yorck & le duc de *Montmouth*, & trop foible pour tenir la balance entr'eux, Charles la faifoit pencher tour-à-tour de l'un & de l'autre c té.

*Montmouth* trempa dans ce qu'on appella *le complot de la maifon de Rye*, maifon qui appartenoit à un des conjurés & où le complot fut formé, où même il devoit être exécuté ; il ne s'agiffoit pas de moins dans quelques-unes des propofitions qui furent faites, que d'affaffiner ou du moins d'arrêter le roi & le duc d'Yorck ; mais les chefs de ce complot mal concerté différoient tous de vues, de motifs & d'objet : des hommes même vertueux y entrèrent, & ceux-ci n'avoient pour but que la liberté de leur pays ; tous fe réuniffoient dans le projet d'exclure de la couronne le duc d'Yorck ; la confpiration fut découverte & punie, & le duc de *Montmouth* fut obligé de fe cacher.

Après la mort de Charles II, arrivée le 16 février 1685, Jacques II fon frère, monta fur le trône, malgré tous les bills d'exclufion : *Montmouth* eut la folie de lui difputer la couronne, & la folie encore plus grande de tenter cette entreprife fans parti, fans vaiffeaux, fans armée ; fuivi feulement de quelques aventuriers ; il fit une defcente à main armée, en Angleterre, tandis que le comte d'Argyle en faifoit une en Ecoffe ; ils furent défaits, pris & décapités ; la loi autorifoit cette rigueur : mais le duc de *Montmouth* étoit neveu de Jacques ; il avoit été l'objet de toute la tendreffe de Charles II, qui le lui avoit recommandé en mourant ; il étoit plus étourdi que méchant ; fon malheur & la clémence du vainqueur l'auroient aifément fait rentrer dans le devoir : il étoit l'idole du peuple, & la politique vouloit qu'on lui pardonnât, mais Jacques ne favoit point pardonner.

La fuite du duc de *Montmouth*, après la bataille de Sedgemoor, du 5 juillet 1685, où il avoit été défait, fut accompagnée de fatigues & de périls, qui rappellant les anciens malheurs de Charles II, pourfuivi par Cromwel, devoient difpofer à la clémence un prince qui les avoit partagés. Plus malheureux que fon père, *Montmouth* tomba entre les mains de fes ennemis ; alors fon courage l'abandonna ; il montra tant de foibleffe, & demanda la vie à genoux avec tant d'inftances, que Jacques efpéra qu'il l'engageroit aifément à livrer ceux qui l'avoient fuivi : mais il y avoit loin dans *Montmouth* de la foibleffe, à la baffeffe : il crut fon honneur intéreffé au filence, & il le garda jufqu'à la mort.

Selon une tradition rapportée par le chevalier Dalrymple, le matin du jour de l'éxécution de *Montmouth*, Jacques II envoya demander à déjeuner à la ducheffe de *Montmouth* ; elle ne douta pas que fon mari n'eût fa grace ; mais Jacques fe crut généreux, en remettant à la veuve & aux enfans ( fes petits

neveux ) les biens qui, fuivant la rigueur de la loi, étoient acquis à la couronne par la révolte de *Montmouth*, & c'étoit cette ceffion, que, par un défaut de délicateffe monftrueux, il s'étoit fait un plaifir d'aller porter lui-même à la ducheffe.

Une foule de peuple fuivit *Montmouth* à l'échafaud en verfant des larmes ; c'étoit la douleur plus que la mort que *Montmouth* avoit redoutée, il pria encore plus inftamment le bourreau de prendre fes mefures pour ne le pas manquer, qu'il n'avoit prié le roi fon oncle de lui accorder la vie ; il chargea fes domeftiques de payer après fa mort, à l'éxécuteur le prix de fon adreffe, s'il le méritoit, & ce prix étoit confidérable ; ce fut précifément ce qui rendit le bourreau plus mal - adroit. Agité par la crainte & par l'efpérance, il ne porta qu'un coup mal affûré, qui laiffa au duc la force de fe relever & de le regarder au vifage, comme pour l'avertir que le traité étoit rompu. Le duc remit enfuite tranquillement fa tête fur le billot, l'éxécuteur ayant porté deux autres coups avec auffi peu de fuccès, jetta la hache, en s'écriant qu'il lui étoit impoffible de remplir fon miniftère ; les fchérifs le forcèrent de reprendre, & ce ne fut qu'après deux autres coups que fa tête tomba.

Après l'exécution, le peuple ne voulut plus croire que cette tête qu'il avoit vue tomber, fût celle de *Montmouth* ; il aima mieux fuppofer qu'un ami de *Montmouth* qui lui reffembloit beaucoup, avoit voulu mourir pour lui, il fe flatta de revoir *Montmouth*, & cette efpérance toujours préfentée, ce nom toujours prononcé par les factieux, excitèrent ou fecondèrent plus d'un foulèvement.

C'eft fur toutes ces chimères qu'on a élevé la conjecture fabuleufe que le duc de *Montmouth* étoit l'homme *au mafque de fer*. (*Voyez* MASQUE DE FER.) car c'eft une des mille conjectures auxquelles l'aventure du mafque de fer a donné lieu.

MONTPENSIER, (*Hift. de Fr.*) nom 1°. d'une branche de la maifon de Bourbon, laquelle eft elle-même une branche de la maifon de France. (*Voyez* BOURBON) où ce qui concerne cette branche, dont étoit le fameux connétable de Bourbon, eft rapporté.

2°. D'une autre branche de la maifon de France, qui defcend de Louis de Bourbon, premier du nom, prince de la Roche-fur-Yon, fecond fils de Jean de Bourbon II°. du nom, comte de Vendôme, & d'Elizabeth de Beauvau. Cette fecondе branche de *Montpenfier*, eft celle des ducs de *Montpenfier*, & elle defcend de la première par les femmes. En effet Louis de Bourbon Ier. du nom, tige de cette feconde branche, avoit époufé, le 21 mars 1504, Louife de Bourbon, comteffe de *Montpenfier*, fille aînée de Gilbert de Bourbon, & fœur du fameux connétable de Bourbon, tué au fiége de Rome.

Louis I. eut deux fils ;

1°. Louis de Bourbon, II°. du nom, qui fut le premier duc de *Montpenfier*. Il fe diftinguoit par fon zèle perfécuteur contre les Huguenots. Quand ils tomboient

tomboient entre ses mains à la guerre, il faisoit pendre tous les hommes, il livroit toutes les femmes à la prostitution. Il fut surnommé *le Bon*. Sa formule de condamnation pour les hommes, étoit : *je vous recommande à M. Babelot* ; ce M. Babelot étoit un Cordelier qui devoit les confesser. Pour les femmes : *je vous recommande à mon guidon Montauron*. Il n'appartient qu'à Brantôme de peindre ce terrible Montoiron. ( Brant. hom. Illust. art. *Montpensier*. ) Louis II, né le 16 juin 1513, mourut le 23 septembre 1582. La fameuse duchesse de *Montpensier*, Catherine de Lorraine, sœur des Guises, tués à Blois; cette implacable ennemie de Henri III qui, ayant, dit-on, été bien avec elle, l'avoit accusée de quelque imperfection secrette, cette factieuse princesse qui portoit, disoit-elle, toujours à ses côtés une paire de ciseaux pour faire à Henri III, une couronne de Moine, & qui détermina Jacques Clément à son attentat, étoit la seconde femme du duc de *Montpensier*, qui n'en eut pas d'enfans ; mais il en avoit d'un premier lit.

2°. Charles, prince de la Roche-sur-Yon, mort le 10 octobre 1565 : l'auteur de l'histoire de la maison de Bourbon, rapporte de lui un trait curieux.

» A l'exception de la principauté dont il portoit » le nom, le prince de la Roche-sur-Yon ne » possédoit rien...... il jetta ses yeux sur l'héri- » tière de la maison de Laval, aussi riche que noble » ..... mais il échoua par le crédit prépondérant » du connétable de Montmorenci, qui obtint la » préférence en faveur de Coligny-d'Andelot, son » neveu. On prétend que d'Andelot, jeune & avan- » tageux, non content du triomphe qu'il avoit » remporté sur son rival, s'échappa contre lui en » railleries sanglantes. Le prince de la Roche-sur- » Yon....... voulut se battre contre lui. D'Andelot, » quoiqu'issu d'une maison très-puissante....... » quoiqu'il passât pour le plus fier & le plus déter- » miné de tous les hommes, & que dans ce siècle » du courage & de l'audace il fût surnommé le » *chevalier sans peur*, frémit cependant à la seule » idée de se battre contre un prince du sang, & » évita toujours l'occasion de se battre avec lui.

» Mais le hazard confondit ses précautions. Un » jour qu'il accompagnoit le roi à la chasse, il se » trouva seul à l'écart ; le prince de la Roche-sur- » Yon, qui peut-être l'épioit, arrive, & le traite » avec mépris & dureté ; bien plus, il veut se porter » contre lui aux voies de fait. Alors d'Andelot met » l'épée à la main pour repousser l'outrage, & blesse » son ennemi ; il est blessé lui-même par un gentil- » homme du prince, appellé Desroches, qui survint. » D'Andelot & Desroches continuoient de se battre » & se chargeoient avec fureur, lorsqu'ils furent sé- » parés par un corps de chasseurs. Cet événement fit » beaucoup de bruit ; les princes du sang en corps, » demandèrent au roi justice de l'audace de d'Andelot : » le connétable de Montmorenci embrassa hautement » la défense de son neveu, & il eut besoin de tout » son crédit à la cour, pour le soustraire à la rigueur » de la justice.

» D'Andelot échappé au péril qui le menaçoit, se » confirma de plus en plus dans l'idée de suir toute » rencontre avec un ennemi que la loi lui rendoit » sacré. Il revenoit un jour de Saint-Germain-en-Laye, » où habitoit la cour ; à peine entré dans un bac pour » traverser la Seine, il apperçoit le prince de la » Roche-sur-Yon, qui accouroit à toute bride, » & qui crioit qu'on l'attendît. D'Andelot s'imagine » que le prince le poursuit pour l'obliger à se battre ; » aussi-tôt il tire son épée, & coupe le cable du bac; » Le prince regarda cette sage précaution de son » rival comme un nouvel affront ; son ressentiment » augmenta contre lui ; mais il ne trouva plus occasion » de le faire éclater. »

Le prince de la Roche-sur-Yon laissa un fils, Henri de Bourbon, marquis de Beaupréau, mort d'une chûte de cheval dans un tournoi, à Orléans en 1560.

Le dernier duc *de Montpensier*, en qui finit cette branche, fut très-attaché à Henri IV. Il perdit contre le duc de Mercœur, la bataille de Craon en Anjou ; il fut blessé d'un coup d'arquebuse au siége d'Evreux en 1593. En 1596, il eut la foiblesse de se laisser séduire par plusieurs seigneurs françois mal-intentionnés, qui, voulant profiter pour eux-mêmes de la mauvaise situation des affaires du royaume à cet époque, le chargèrent de proposer au roi, comme seul moyen de résister aux ennemis, de rendre tous les gouvernemens héréditaires, se chargeroient de lui entretenir des troupes toujours près & dans tous ses besoins ; le roi le fit rougir d'une proposition si déplacée dans sa bouche, lui prince du sang, & beaucoup plus proche de la couronne que n'en avoit été autrefois Henri lui-même. Le duc *de Montpensier* reconnut sa faute, & courut la réparer, en déclarant à tous ses conjurés, qu'ils l'avoient trompé ; que leur proposition tendoit à la subversion de la monarchie ; qu'il n'en parleroit au roi que pour l'en décourner, & lui dévoiler leurs artifices. Cette entreprise n'alla pas plus loin, les événemens changèrent & les affaires se rétablirent.

Le duc *de Montpensier* mourut le 27 février 1608 ; laissant une fille, Marie de Bourbon, qui épousa le 6 août 1626, le duc d'Orléans, Gaston, frère de Louis XIII, le duc d'Orléans, Gaston, frère de Louis XIII, & qui mourut le 4 juin 1627, six jours après être accouchée de la fameuse Mademoiselle *de Montpensier*, Anne-Marie-Louise d'Orléans, dont nous avons des Mémoires, & qui épousa le duc de Lauzun. ( *Voyez* l'article LAUZUN ) après avoir manqué dix de mariages, dit M. le président Hénault, que la reine Elisabeth n'en avoit reçus. Ses Mémoires, assez mal écrits pour que l'on puisse assurer qu'ils sont d'elle, ne donnent l'idée que d'un petit esprit de cour, occupé de petites intrigues & de tracasseries ; mais elle avoit du caractère ; c'étoit elle qui fixoit les irrésolutions de son père ; ce fut elle qui, en 1652, retint Orléans dans le parti de son père & dans celui du grand Condé ; ce fut elle qui, cette même année, au combat de Saint-Antoine, en faisant tirer le canon de la Bastille sur l'armée royale & la forçant de se retirer, sauva, la vie peut-être au grand Condé, & fit ceffer cet horrible carnage qui fe faifoit de l'élite de la nobleffe françoife à la porte Saint-Antoine, laquelle ne s'ouvroit point & refufoit un afyle aux vaincus ; ce fut elle qui, à la mort de Cromwel, dont on portoit le deuil à la cour de France, ofa feule paroître en couleur, & protefta par fon exemple, contre cet indigne hommage qu'on rendoit au meurtrier du roi fon oncle. Elle avoit donné en 1681, la principauté de Dombes à M. le duc du Maine &, laiffa en mourant, ( le 5 avril 1693 ) fa maifon de Choify, au dauphin, fils de Louis XIV, & elle fit Monfieur, frère de Louis XIV & fon coufin-germain, fon légataire univerfel ; c'eft ainfi que tous fes grands biens ont paffé dans la maifon d'Orléans, qui les poffède aujourd'hui.

MONTPINSIER, petite ville de la Baffe-Auvergne entre Aigueperfe & Gannat, & où notre roi Louis VIII étoit mort le 8 novembre 1226, dans un château, ruiné fous le règne de Louis XIII, avoit eu fes feigneurs particuliers ; elle avoit paffé fucceffivement dans les maifons de Thiern, de Beaujeu, de Dreux, de Ventadour. Bernard de Ventadour & Robert fon fils, l'avoient vendue en 1384, au duc de Berry, oncle de Charles VI. Marie fa fille, la porta dans la maifon de Bourbon, par fon mariage avec Jean I, duc de Bourbon, qu'elle époufa le 24 jui 1400 ; & ce fut un de leurs fils, Louis de Bourbon, qui forma, comme n us l'avons dit, la première branche de Montpenfier. Cette ville étoit érigée en comté dès le temps de la vente faite au duc de Berry, par les Ventadour. Elle fut érigée par François I, en duché-pairie au mois de février 1538.

MONTPEZAT, ( Antoine de Lettes dit des Prez, feigneur de ) ( Hift de Fr. ) Lorfque les Anglois reftituèrent en 1518, à la France, la ville de Tournay, qu'ils avoient prife en 1513, ils fe piquèrent de procurer à François Ier, dont leur roi Henri VIII étoit alors ami, toutes les facilités poffibles pour le paiement des fommes ftipulées pour le prix de ce reftitution. François Ier n'avoit pas d'argent. Le roi d'Angleterre fe contenta de prendre huit ôtages des plus illuftres & des plus riches maifons ; du nombre de ces ôtages étoit un Montpezat d'Agenez ou d'Agenois, qui, felon Brantôme, n'a rien de commun avec le Montpezat de Quercy, depuis maréchal de France. Il paroît que Brantôme a fur cela des idées bien confufes. Antoine de Lettes, qui prit le nom de Montpezat, & qui fut maréchal de France, étoit de l'ancienne maifon de Montpezat par fa mère & les de Lettes & les Montpezat étoient également du Quercy. Lorfque François Ier fut pris à la bataille de Pavie, il s'étoit déjà fort écarté tous fes domeftiques, & aucun ne fe préfentant pour le déshabiller ; un inconnu s'offrit avec empreffement à lui rendre ce fervice. Le roi lui dit : qui êtes-vous ? vous parlez affez françois. Je le fuis, répondit l'inconnu. Je me nomme Montpezat, gentilhomme du Quercy! ( c'étoit Antoine de Lettes ) Mais que faites-vous ici ? —— J'étois un des Gendarmes de la compagnie du maréchal de Foix. Un foldat efpagnol

de votre garde m'a fait fon prifonnier, & me mène à fa fuite, de peur que je ne lui échappe. Le roi fit venir le foldat efpagnol, & lui dit : je vous réponds de la rançon de ce gentilhomme, & je vous donnerai de plus cent écus ; laiffez-le-moi feulement pour valet-de-chambre. Dès ce moment la fortune de Montpezat fut décidée ; il s'attacha au roi, il lui plut, il le fervit utilement pendant fa prifon, & fit plufieurs voyages, tantôt vers l'empereur, tantôt vers la régente, chargé de commiffions fecrettes, & qu'on n'ofoit écrire. Ses talens pour la négociation & pour les intrigues utiles, l'élevèrent aux honneurs militaires & jufqu'à la dignité de maréchal de France.

En 1542, le roi envoya le dauphin commander en Rouffillon, & faire le fiége de Perpignan, avec Montpezat, alors lieutenant-général en Languedoc ; qui avoit propofé cette expédition ; elle ne réuffit pas, le dauphin fut obligé de lever le fiége de Perpignan. Le mécontentement qu'eut le roi de cet affront que fon fils venoit de recevoir, éclata par la difgrace de Montpezat, à laquelle ne contribuèrent pas peu les plaintes du roi & de la reine de Navarre, qui ne pouvoient lui pardonner de l'avoir emporté fur eux pour l'expédition de Rouffillon ; cependant quelque défectueux que pût être le plan propofé par Montpezat, fi l'exécution en auroit pu en tirer parti, fi l'exécution eût été plus prompte & plus exacte. Mais la cour veut des fuccès, & punit le malheur ; elle exige du moins que l'auteur d'un fyftême nouveau, par conféquent combattu, prévoye des défauts dans l'exécution, & qu'il affûre le fuccès malgré ces défauts prévus. La difgrace de Montpezat ne dura pas long-temps, il fut fait maréchal de France le 13 mars 1544, & il ne jouit pas long-temps de cet honneur, car il mourut cette même année. Sa défenfe de Foffan en 1536, contre les armes d'Antoine de Lève & les facrifices du marquis de Saluces, qui trahiffoit la France, fut un exploit mémorable & romanefque. On raconte que Montpezat, par une fuite du reffentiment de l'affaire de Perpignan, tint à la reine de Navarre, fœur de François Ier., dans les états de laquelle il étoit alors, un propos peu refpectueux qu'l'irrita. Rendez grace, lui dit-elle, à l'honneur que vous avez d'appartenir au roi de France mon frère, fans cela, je vous ferois bientôt fortir de mes états. —— En effet, Madame, répondit-il, il ne faudroit pas aller bien loin pour en fortir.

Il y avoit dans le commencement du 14me fiècle, un Montpezat, de la maifon des Montpezat d'Agenois, qui avoit été caufe du renouvellement de la guerre entre la France & l'Angleterre, fous Edouard II & Charles-le-Bel. Ce Montpezat, un des plus grands feigneurs de France, avoit fait bâtir une forterefse, fur un terrein qu'il prétendoit être du domaine du roi d'Angleterre, & que les François réclamoient comme appartenant au domaine de leur couronne. Cette contefta n fut portée au parlement de Paris, qui adjugea la forterefse à la France. Montpezat, qui apparemment avoit fes raifons pour aimer mieux relever d'Edouard que de Charles-le-Bel, demanda main forte au fénéchal de Guyenne, officier du roi d'Angleterre ;

ils affiégèrent enfemble la forterefle, ils l'emportèrent d'affaut, maffacrèrent la garnifon françoife, firent pendre quelques officiers du roi de France. Cha les-le-Bel demanda une réparation ; il exigeoit qu'on lui r.mit avec la forteresse, Monp.z t, le fénéchal de Guyenne & leurs complices, pour être jugés felon les loix ; le roi d'Anglet.rre négocia, & finit par éluder la réparation. Charles-le Bel voulant châtier fon vaffal, exvoya en Guyenne le comte de Valois : c lui-ci prit & ra'a la forterefle qui avoit été la caufe de cette guerre. Monip.zat en m.urut de douleur, prefque toute la Guyenne fut foumife.

MONTPLAISIR, (René de Bruc de) (Hifl. Litt. mod.) gentilhomme breton, oncle du maréchal de Créquy ; on a de lui quelques poëfies, entr'autres, le Temple de la Gloire ; adreffé au duc d'Enguien, (le grand Condé) après la victoire de Nortlingue ; il avoit fervi avec diftinction fous ce grand prince. Il mourut vers 1673. Montplaifir étoit ami de madame de la Suze ; en conféquence, on n'a pas manqué de dire qu'il avoit eu part aux ouvrages de cette dame. Une femme bel-efprit ne peut pas avoir d'amis ni même de liaifons parmi les gens de lettres, fars qu'on leur attribue fes ouvrages, fur-tout quand ils font bons, ce n'eft pas par là que nous permettons aux femmes de plaire, nous nous fommes réfervé l'efprit comme Dieu s'eft réfervé la vengeance.

MONTRÉAL ou REGIOMONTAN, ( Hifl. Litt. mod.) dont le vrai nom étoit Jean Muller, célèbre mathématicien allemand du quinzième fiècle, né en Françonie, appellé de Vienne, où il enfeignoit, à Rome, par le cardinal Beffarion, il fut élevé par le pape Sixte IV, à l'archevêché de Ratisbonne. Il mourut à Rome en 1476 ; il étoit né en 1436. On a dit qu'il avoit été affaffiné ou empoifonné par les fils de Georges de Trébifonde, en haine de ce qu'il avoit relevé beaucoup de fautes dans les traductions de leur père ; c'eft pouffer loin le reffentiment d'une critique & le zèle pour la gloire littéraire d'un père. Paul Jove dit que Regiomontan mourut de la pefte. Il s'étoit fait un affez grand nom en publiant l'abrégé de l'almagefte de Ptolomée, que Georges Purbach, maître de Muller en aftronomie, avoit commencé. Gaffendi a eftimé affez Muller, & fes ouvrages, pour avoir écrit fa vie.

MONTREUIL ou MONTEREUL, ( Matthieu de ) ( Hifl. Litt. mod. )

On ne voit point mes vers à l'envi de Montreuil, Groffir impunément les feuillets d'un recueil.

dit Boileau. La Monnoie prétend que Montreuil ne mettoit fes vers dans aucun recueil, & que ce trait de Boileau porte à faux. Cela peut être, & cela n'eft d'aucune importance. Boileau a bien plus penfé à imiter ces vers d'Horace :

N Ila taberna meos habeat neque pila libellos
Qucis manus infudet vulgi hermogenifque Tigelli...

---

Non recito quicquam nifi amicis, idque coactus,
Non ibivis coram quibufilbet......

qu'à lancer un trait bien jufte contre Montreuil ; mais le nom de Montreuil s'eft trouvé là pour la rime. Montreuil étoit, comme dit Collé :.

De ces nigauds,
Qui font des Madrigaux.

On trouvoit les fiens fort ingénieux ; il ne paroît pas cependant qu'on en ait beaucoup retenu. Montreuil étoit fecréaire du célèbre M. de Cefnac évêque de Valence, puis archevêque d'Aix. Il mourut en 1691 à Aix, où il l'avoit fuivi.

Matthieu de Montreuil ou Montereul, avoit pour frère, Jean de Montreuil, de l'Académie Françoife, chanoine de Toul, fecrétaire d'ambaffade à Rome & en Angleterre, réfidant en Ecoffe, fecrétaire des commandements du premier prince de Conti, frère du grand Condé ; il fut employé en diverfes négociations importantes ; ce fut fur fes avis qu'on arrêta en 1639, & qu'on mit à Vincennes, l'électeur palatin, qui paffoit incognito par la France, pour all r fi rprendre Brifac, & nous enlever les troupes Veimariennes, à la mort du duc de Saxe-Veimar, dont il réclamoit la fucceffion. Il négocia auffi pour faire remettre Charles I<sup>er</sup>. entre les mains des Ecoffois, & ce malheureux prince étoit fauvé, fi les Ecoffois n'avoient pas eu depuis, la lâcheté de le vendre aux Anglois. Montreuil agit avec beaucoup de zèle en France, pour la délivrance des princes arrêtés le 18 janvier 1650. Il leur faifoit parvenir dans leur prifon, des avis utiles, au moyen d'un fecret que le roi d'Angleterre lui avoit appris. On écrivoit avec une liqueur blanche, qui ne la ffoit rien paroître ; celui qui recevoit la lettre, avoit une poudre qui, jettée fur le papier, rendoit lifible tout ce qu'on avoit écrit. Les princes avoient de cette poudre fur la cheminée de leur chambre ; leurs gardes les voyoient tous les jours s'en fervir pour deflécher leurs cheveux. On envoyoit au prince de Conti, des drogues dont il avoit ou feignoit d'avoir befoin ; elles étoient enveloppées dans du papier blanc, mais ce papier blanc étoit chargé de la liqueur blanche que la poudre en queftion faifoit paroître, & qui inftruifoit les princes de ce qu'ils avoient intérêt de favoir. De tels fervices ne feroient pas reftés fans récompenfe, mais les princes ne fortirent de leur prifon que le 13 février 1651 ; & Jean de Montreuil mourut le 27 avril fuivant, à trente-fept ans. Comme on n'a de lui aucun ouvrage, du moins imprimé, on ne voit pas trop pourquoi il étoit de l'Académie Françoife. Encore fi c'eût été fon frère ! L'épitaphe de Jean de Montreuil ou Montereul, qu'on lit dans l'églife des Urfulines du fauxbourg St. Jacques à Paris, dit qu'il ignoroit fa belle ame avec un corps accompli ; l'hiftoire de l'Académie vante auffi fa belle figure. On lit à la fin de l'épitaphe ces quatre vers latins :

Montrolii cineres ( quem Gall'a luget ademptum )
Hæc gelido claufos continet urna finu.

K k k k 2

*Si numerâris benè quæ geſſit, plus Neſtore vixit;*
*Si numeras annos, occidit antè diem.*

Il ſemble que Jean-Baptiſte Rouſſeau ait eu ces vers en vue, lorſqu'il a dit dans ſon Ode ſur la mort du prince de Conti, fils de celui à qui Jean de Montreuil avoit été attaché :

Pour qui compte les jours d'une vie inutile,
L'âge du vieux Priam paſſe celui d'Hector :
Pour qui compte les faits, les ans du jeune Achille
L'égalent à Neſtor.

Il y a une Vie de J. C. d'un père de Montreul ou Montereul, jéſuite.

MONTROSS, (Jacques Graham, comte & duc de ) ( *Hiſt. d'Ecoſſe.* ) vice-roi d'Ecoſſe, le plus brave, le plus habile & le plus fidèle défenſeur de la cauſe de Charles Iᵉʳ. & de ſes enfants ; il eut la gloire de battre pluſieurs fois Cromwel & de le bleſſer de ſa main. Après avoir combattu avec divers ſuccès en Angleterre, il paſſa en Ecoſſe, y leva une armée à ſes dépens, s'empara de Perth, d'Aberdéen, d'Edimbourg, battit le comte d'Argyle. Si le malheureux Charles Iᵉʳ. avoit pu échapper à la deſtinée de ſa déplorable maiſon, il en auroit eu l'obligation au comte de Montroſs ; mais s'étant remis entre les mains des Ecoſſois, qui eurent la lâcheté de le vendre à ſes ennemis, les Ecoſſois, tandis qu'ils le retenoient encore, exigèrent qu'il ordonnât à Montroſs de déſarmer ; celui-ci obéit à regret, par fidélité, & parce qu'il ne ſavoit pas réſiſter à ſon roi. Devenu inutile à ſon ſervice, il s'éloigna d'un pays infidèle à ſes maîtres légitimes ; il vint en France, il paſſa en Allemagne, où il fut maréchal de l'Empire, où il ajouta encore à ſa gloire. Lorſqu'après la mort de Charles Iᵉʳ., Charles II ſon fils voulut faire une tentative en Ecoſſe, il ſentit le beſoin qu'il avoit de Montroſs pour cette expédition ; & Montroſs toujours prêt à ſervir par préférence, ſes maîtres légitimes, s'empreſſa de repaſſer en Ecoſſe. Il eut d'abord des avantages, il s'empara des Iſles Orcades ; mais étant deſcendu dans le continent de l'Ecoſſe, avec une trop foible armée, il fut battu, obligé de ſe cacher comme Marius, mais pour une meilleure cauſe, dans des roſeaux, déguiſé en payſan. La faim le contraignant de ſortir de ſon aſyle, il crut pouvoir riſquer de ſe découvrir à un écoſſois, nommé Brime, qui avoit autrefois ſervi ſous lui. Mais l'eſprit de trahiſon & de lâcheté s'étoit emparé alors de cette nation ; cet homme le vendit à Leſley, général ennemi, qui le fit conduire à Edimbourg, & dans cette capitale, ſa conquête dans des temps plus heureux, il fut indignement pendu & écartelé pour prix de ſa fidélité envers ſon ſouverain ; c'eſt le cas plus que jamais, de dire :

Vous n'êtes point flétri par ce honteux trépas,
Mânes trop généreux, ni n'en rougiſſez pas...
Et qui meurt pour ſon roi, meurt toujours avec gloire.

MONUMENT, (le ) ( *Hiſt. d'Anglet.* ) il eſt ainſi nommé par les Anglois, & avec raiſon, car c'eſt le plus célèbre *monument* des modernes, & une des pièces des plus hardies qu'il y ait en architecture : ce fut en mémoire du triſte embraſement de Londres, qui arriva le 4 ſeptembre 1666, qu'on érigea cette pyramide ; au nord du pont qui eſt de ce côté-là ſur la Tamiſe, près de l'endroit où l'incendie commença ; c'eſt une colonne ronde de l'ordre toſcan, bâtie de groſſes pierres blanches de Portland. Elle a deux cens pieds d'élévation & quinze de diamètre ; elle eſt ſur un piédeſtal de quarante pieds de hauteur, & vingt-un en quarré. Au-dedans eſt un eſcalier à vis de marbre noir, dont les barreaux de fer règnent juſqu'au ſommet, où ſe trouve un balcon entouré d'une baluſtrade de fer, & qui a vue ſur toute la ville. Les côtés du nord & du ſud du piédeſtal ont chacun une inſcription latine ; une de ces inſcriptions marque la déſolation de Londres réduite en cendres, & l'autre ſon rétabliſſement qui fut auſſi prompt que merveilleux. Tout ce que le feu avoit emporté d'édifices de bois, fut en deux ou trois ans rétabli de pierres & de briques ſur de nouveaux plans plus réguliers & plus magnifiques, au grand étonnement de toute l'Europe, & au ſortir d'une cruelle peſte qui ſuivit l'année même de l'embraſement de cette capitale ; & rien ne fait tant voir la richeſſe, la force & le génie de cette nation, quand elle eſt d'accord avec elle-même, & qu'elle a de grands maux à réparer. ( *D. J.* )

MOPINOT, ( Simon ) ( *Hiſt. Litt. mod.* ) bénédictin de la congrégation de Saint-Maur, a travaillé avec dom Conſtant, à la collection des Lettres des Papes. On a de lui des Hymnes, qu'on chante encore dans pluſieurs maiſons de ſa congrégation. Né à Rheims en 1686, mort en 1724.

MOPSUESTE, ( Théodore de ) ( *Hiſt. Eccléſ.* ) ( *Voy.* THÉODORE. )

MOQUA, ſ. f. ( *Hiſt. mod.* ) cérémonie fanatique en uſage parmi les Mahométans indiens. Lorſqu'ils ſont revenus du pèlerinage de la Mecque, un d'entr'eux fait une courſe ſur ceux qui ne ſuivent pas la loi de Mahomet ; il prend pour cela en main ſon poignard, dont la moitié de la lame eſt empoiſonnée, & courant dans les rues, il tue tous ceux qu'il rencontre qui ne ſont pas Mahométans, juſqu'à ce que quelqu'un lui donne la mort à lui-même. Ces furieux croient plaire à Dieu & à leur prophète en leur immolant de pareilles victimes ; la multitude après leur mort les révère comme ſaints, & leur fait de magnifiques funérailles. Tavernier, *Voyage des Indes.* ( *A. R.* )

MOQUISIE, ſ. f. ( *Hiſt. de l'idolâtrie* ) les habitans de Lovango, & autres peuples ſuperſtitieux de la baſſe Ethiopie, invoquent des démons domeſtiques & champêtres, auxquels ils attribuent tous les effets de la nature. Ils appellent *moquiſie*, tout être en qui réſide une vertu ſecrette, pour faire du bien ou du mal, & pour découvrir les choſes paſſé es & les futures : leurs prêtres portent le nom de *ganga moquiſis*, & on les diſtingue par un ſurnom pris du lieu, de l'autel, du temple, & de l'idole qu'ils servent.

La *moquiſe* de Thirico eſt la plus vénérée ; celle de Kikokoo préſide à la mer, prévient les tempê-tes, & fait arriver les navires à bon port : c'eſt une ſtatue de bois repréſentant un homme aſſis. La *moquiſe* de Malemba eſt la déeſſe de la ſanté : ce n'eſt pourtant qu'une natte d'un pied & demi en quarré, au haut de laquelle on attache une courroye pour y pendre des bouteilles, des plumes, des écailles, de petites cloches, des crécerelles, des os, le tout peint en rouge. La *moquiſe* Mymie eſt une cabane de verdure, qui eſt ſur le chemin ombragé d'arbres. La *moquiſe* Coſſi eſt un petit ſac rempli de coquilles pour la divination. Pour la *moquiſe* de Kimaye, ce ſont des pièces de pots caſſés, des formes de chapeaux & de vieux bonnets. La *moquiſe* Injami, qui eſt à ſix lieues de Lovango ; eſt une grande image dreſſée ſur un pavillon. La *moquiſe* de Moanzi, eſt un pot mis en terre dans un creux entre des arbres ſacrés, ſes miniſtres portent des bracelets de cuivre rouge : voilà les idoles de tout le pays de Lovango, & c'en eſt aſſez pour juſtifier que c'eſt le peuple le plus ſtupide de l'univers. ( *A. R.* )

MORA, ſ. f. ( *Hiſt. anc.* ) troupe de Spartiates, compoſée de 500, ou de 700, ou de 900 hommes. Les ſentimens ſont variés ſur cette appréciation. Il y avoit ſix *mora*, chacune étoit commandée par un polémarque, quatre officiers ſous le polémarque, huit ſous ces premiers, & ſeize ſous ceux-là. Donc ſi ces dernières avoient à leurs ordres 50 hommes, la *mora* étoit de 400, ce qui réduit toute la milice de Lacédémone à 2400 : c'eſt peu de choſe, mais il s'agit des temps de Lycurgue. On ne recevoit dans cette milice que des hommes libres, entre 30 & 60 ans. ( *A. R.* )

MORABIN, ( Jacques ) ( *Hiſt. Litt. mod.* ) ſecré-taire de la police, mort le 9 ſeptembre 1762. Il aimoit les lettres, & s'occupa beaucoup de Cicéron. Il fit & ſon hiſtoire générale & l'hiſtoire particulière de ſon exil. On lui doit auſſi le *Nomenclator Ciceronianus*. Il traduiſit le Traité des Loix du même Cicéron, le Dialogue des Orateurs, attribué à Tacite ; le Traité de la Conſolation.

MORABITES, ſ. f. ( *Hiſt. mod.* ) nom que donnent les Mahométans à ceux d'entr'eux qui ſuivent la ſecte de Mohaidin, petit fils d'Aly, gendre de Mahomet. Les plus zélés de cette ſecte embraſſent la vie ſolitaire, s'adonnent dans les déſerts à l'étude de la philoſophie morale. Ils ſont oppoſés en pluſieurs points aux ſectateurs d'Omar, & menent une vie d'ailleurs aſſez licencieuſe, perſuadés que les jeûnes & les autres épreuves qu'ils ont pratiquées leur en donnent le droit. Ils ſe trouvent aux fêtes & aux nôces des grands, où ils entrent en chantant des vers en l'honneur d'Aly de ſes fils ; ils y prennent part aux feſtins & aux danſes juſqu'à tomber dans des excès, que leurs diſciples ne manquent pas de faire paſſer pour des extaſes : leur règle n'eſt fondée que ſur des traditions.

On donne auſſi en Afrique le nom de *Morabite* aux mahométans qui font profeſſion de ſcience & de ſainteté. Ils vivent à-peu-près comme les philoſophes payens ou comme nos hermites : le peuple les révère extrêmement, & on en a quelquefois tiré de leur ſolitude pour les mettre ſur le trône. Marmol, de l'*Afrique*. ( *A. R.* )

MORALES, ( Ambroiſe ) ( *Hiſt. Litt. mod.* ) prêtre de Cordoue, hiſtoriographe de Philippe II, profeſſeur dans l'Univerſité d'Alcala, contribua un peu à répandre le goût des lettres en Eſpagne. On a de lui une *Chronique de l'Eſpagne*, & les *Antiquités d'Eſpagne* ; il avoit été dominicain, mais les Dominicains l'avoient chaſſé, parce que par une piété mal entendue, il avoit imité l'action d'Origène. C'étoit une action peu ſenſée ſans doute ; mais eſt-ce là une raiſon de n'être plus dominicain ? Quelle eſt cette manie dangereuſe d'exiger la conſervation & la pleine poſſeſſion d'avantages auxquels on renonce ? C'eſt donner & retenir. Je conçois que le ſacrifice eſt plus continuel & plus méritoire, mais il eſt moins ſûr.

MORAND, ( Pierre de ) ( *Hiſt. Litt. mod.* ) auteur des Tragédies de *Teglis*, de *Childéric*, de la comédie intitulée : l'*Eſprit de Divorce*, &c. poëte très-médiocre, auquel il arriva diverſes aventures qui ne ſont pas médiocrement ridicules. Il s'étoit attiré les unes, quelques autres paroiſſent être l'effet du hazard, & lui ſont abſolument étrangères ; telle eſt, par exemple, celle-ci :

A la première repréſentation de *Childéric*, un vers fut extrêmement applaudi, le voici :

Tenter eſt des mortels, réuſſir eſt des Dieux.

Un des ſpectateurs à qui le vers étoit échappé, s'adreſſa pour l'apprendre, à un homme qui applaudiſſoit avec tranſport, & qui ſe fit un plaiſir de l'aſſocier à ſon enthouſiaſme, en lui récitant ce vers, qu'il avoit entendu de cette manière :

Enterrer des mortels, reſſuſciter des Dieux.

Alors l'homme, bien inſtruit, remerciant ſon voiſin, & convenant que le vers étoit fort beau, s'empreſſa de faire des applaudiſſemens à ceux du public ; & voilà quels ſont ſouvent les applaudiſſemens du parterre. On ſait que dans une autre pièce, ce vers :

Un héros à ſa voix enfante des ſoldats,

fut ſur-tout applaudi, parce qu'on crut entendre :

Un héros en Savoie enfante ſes ſoldats,

& parce qu'on crut que c'étoit un compliment pour le roi de Sardaigne, duc de Savoie.

Au contraire, ce vers d'une tragédie moderne fut ſifflé :

Vous ſerez dans ma tente en paix comme dans Londres,

parce qu'on crut entendre autres Londres, & qu'un plai-

fant s'écria : *oui*, *comme le poisson dans l'eau ;* &
voilà quelles sont quelquefois les critiques du parterre.

La raison qui fit tomber *Childeric*, peut être imputée en
partie à l'auteur, en partie aux circonstances du tems.
On sait qu'alors le théâtre étoit surchargé de spectateurs
aux premières représentations, & qu'il ne restoit qu'un
espace très étroit & très-incommode aux acteurs pour
tous leurs mouvemens : un de ces spectateurs voyant
qu'un acteur tenant une lettre à la main, avoit peine
à percer la foule pour se mettre en scène, cria : *place
au facteur ;* les éclats de rire furent si universels, qu'il
ne fut pas possible aux acteurs de se faire entendre.
Il est vrai que quand *Roxane* apporte à Atalide, la
lettre d'Amurat, qui proscrit Bajazet ; quand, dans la
même pièce, Fatime apporte à Roxane, la lettre de
Bajazet, qu'Atalide avoit cachée dans son sein ; quand,
dans *Zaïre*, Mélédin apporte à Orosmane, une lettre
de Néreftan, adreffée à Zaïre, la même plaisanterie
pourroit ou du moins auroit pu autrefois avoir lieu,
quoique ces trois momens soient des momens bien
tragiques ; mais il faut convenir qu'en général, ces
idées burlesques ne se présentent au spectateur que
quand il n'est point ému ou même que quand il est
ennuyé, & que dans le cas particulier de *Childeric*,
l'obscurité d'une intrigue confuse & embarrassée,
disposoit le spectateur à la critique & à la plaisanterie ;
mais souvenons-nous que le mot : *la Reine boit*, fit
tomber *Marianne*, pièce intéressante, quoiqu'on en
dise, & que le mot *Couffy*, *Couffy*, fit tomber *Adélaïde
du Guesclin*, pièce d'un grand intérêt, comme tout
le monde en convient aujourd'hui.

M. *Morand* avoit été marié ; il crut avoir à se
plaindre de sa belle-mère, il la quitta ainsi que sa femme ;
il les laissa en province, & vint faire ses vers à Paris.
Sa belle-mère lui fit des procès, il la déchira dans un
*factum*. Pour se venger, il la joua dans la comédie de
l'*Esprit du Divorce*. Le portrait de cette femme parut
outré, le poëte s'avança sur le théâtre, & se mit à
vouloir démontrer au public, par le récit de ce qu'il
avoit éprouvé, que le personnage n'étoit que trop
réel. Après la représentation de la pièce, qui ne tomba
point en totalité, on en annonça une seconde représentation, quelqu'un cria dans le parterre : *avec le
complimeat de l'auteur*. M. *Morand*, dont la harangue
n'avoit pas réussi, jette son chapeau dans le parterre,
en disant : *celui qui veut voir l'auteur*, *n'a qu'à lui
apporter son chapeau*. On le mena chez le lieutenant
de police, qui lui fit une petite correction paternelle ;
mais cette saillie, moitié de poëte, moitié de gentilhomme, remplit son objet en lui donnant de la célébrité, & en le montrant fou & brave comme M. de
l'Empirée dans *la Métromanie* : aussi fut-il si content
de sa petite aventure, qu'il se hâta d'en faire lui-même
la relation dans une lettre imprimée, pour achever
d'en instruire la portion du public qui n'en avoit pas
été témoin. On a remarqué qu'il n'avoit été heureux
ni en littérature, ni en mariage, ni au jeu, ni en
bonnes fortunes, & qu'il mourut au moment où ses
affaires étant arrangées & ses dettes payées, il alloit

commencer à jouir d'une fortune honnête & sans embarras. Ce fut le 3 août 1757.

Dans le même temps vivoit un autre homme du
même nom, plus illustre & plus utile, Sauveur-
François *Morand*, de l'Académie des Sciences, de la
Société Royale de Londres, chevalier de l'ordre de St.
Michel, un de nos plus grands chirurgiens & père
d'un Médecin qui soutient dignement la gloire de son
nom. L'histoire de Sauveur-François appartient à celle
de l'art salutaire qui lui a dû des progrès importans.
En 1729, il alla en Angleterre pour connoître à
fond par lui-même la pratique du célèbre Chefelden
dans l'opération de la taille, & en procurer les avantages à ses concitoyens. L'article du charbon de terre
dans les arts, de l'Académie, est de M. *Morand*, &
on a de lui plusieurs pièces fugitives d'un grand prix,
sur la médecine & la chirurgie, entr'autres, la
relation de la maladie de la femme Supiot, dont les
os s'étoient amollis, & divers mémoires dans le
recueil de l'Académie des Sciences, & dans celui de
l'Académie de Chirurgie. Il mourut en 1773.

MORATA ou MORETA, (Olympia Fulvia)
(*Hist. Litt. mod.*) née à Ferrare en 1526, morte à
vingt-neuf ans en 1555, avoit enseigné publiquement
en Allemagne, les lettres grecques & latines ; elle
avoit embrassé le luthéranisme, & avoit épousé un
professeur de médecine à Heidelberg. On a d'elle
des vers grecs & latins, imprimés à Bâle en 1562.
avec les œuvres de Cœlius Curion.

MORAVES ou FRERES UNIS, *Moraves, Mora-
vites* ou *Frères unis*, secte particulière & reste des
Hussites, répandus en bon nombre sur les frontières de
Pologne, de Bohême & de Moravie, d'où, selon
toute apparence, on prit le nom de *Moraves :* on
les appelle encore *Hernhutes*, du nom de leur principale résidence en Lusace, contrée d'Allemagne.

Ils subsistent de nos jours en plusieurs maisons ou
communautés, qui n'ont d'autres liaisons entr'elles,
que la conformité de vie & d'institut. Ces maisons
font proprement des aggrégations de séculiers, gens
mariés & autres, mais qui ne font tous retenus que
par le lien d'une société douce & toujours libre ;
aggrégation où tous les sujets en société de biens &
de talens, exercent différens arts & professions au
profit général de la communauté ; de façon néanmoins que chacun y trouve aussi quelque intérêt qui
lui est propre. Leurs enfans font élevés en commun
aux dépens de la maison, & on les y occupe de
bonne heure, d'une manière édifiante & fructueuse ;
ensorte que les parens n'en font point embarrassés.

Les Moraves font profession du christianisme, ils
ont même beaucoup de conformité avec les premiers
chrétiens, dont ils nous retracent le désintéressement
& les mœurs. Cependant, ils n'admettent guères que
les principes de la théologie naturelle, un grand respect pour la Divinité, une exacte justice jointe à
beaucoup d'humanité pour tous les hommes ; &
plus outrés à quelques égards que les protestans mêmes, ils ont élagué dans la religion tout ce qui leur

a paru sentir l'institution humaine. Du reste, ils font plus que personne dans le principe de la tolérance ; les gens sages & modérés, de quelque communion qu'ils soient, sont bien reçus parmi eux, & chacun trouve dans leur société toute la facilité possible pour les pratiques extérieures de sa religion. Un des principaux articles de leur morale, c'est qu'ils regardent la mort comme un bien, & qu'ils tâchent d'inculquer cette doctrine à leurs enfans, aussi ne les voit-on point s'attrister à la mort de leurs proches. Le comte de Zinzendorf patriarche ou chef des *frères unis*, étant décédé au mois de Mai 1760, fut inhumé à Erneut en Lusace, avec assez de pompe, mais sans aucun appareil lugubre ; au contraire avec des chants mélodieux & une religieuse allégresse. Le comte de Zinzendorf étoit un seigneur allemand des plus distingués, & qui ne trouvant dans le monde rien de plus grand ni de plus digne de son estime, que l'institut des *Moraves*, s'étoit fait membre & protecteur zélé de cette société, avant lui opprimée & presque éteinte, mais société qu'il a soutenue de sa fortune & de son crédit, & qui en conséquence réparoit aujourd'hui avec un nouvel éclat.

Jamais l'égalité ne fut plus entière que chez les *Moraves* ; si les biens y sont communs entre les frères, l'estime & les égards ne le sont pas moins, je veux dire que tel qui remplit une profession plus distinguée, suivant l'opinion, n'y est pas réellement plus considéré qu'un autre qui exerce un métier vulgaire. Leur vie douce & innocente leur attire des profélites, & les fait généralement estimer de tous les gens qui jugent des choses sans préoccupation. On sait que plusieurs familles *Moravites* ayant passé les mers pour habiter un canton de la Géorgie américaine sous la protection des Anglois, les sauvages en guerre contre ceux-ci, ont parfaitement distingué ces nouveaux habitans sages & pacifiques. Ces prétendus barbares, malgré leur extrême supériorité, n'ont voulu faire aucun butin sur les *frères unis*, dont ils respectent le caractère paisible & désintéressé. Les *Moraves* ont une maison à Utrecht ; ils en ont aussi en Angleterre & en Suisse.

Nous sommes si peu attentifs aux avantages des communautés, si domies d'ailleurs par l'intérêt particulier, si peu disposés à nous secourir les uns les autres, & à vivre en bonne intelligence, que nous regardons comme chimérique tout ce qu'on nous dit d'une société assez raisonnable pour mettre ses biens & ses travaux en commun. Cependant l'histoire ancienne & moderne nous fournit plusieurs faits semblables. Les Lacédémoniens, si célebres parmi les Grecs, formèrent au sens propre une république, puisque ce qu'on appelle *propriété* y étoit presque entièrement inconnu. On en peut dire autant des Esséniens chez les Juifs, des Gymnosophistes dans les Indes ; enfin, si de grandes républiques au Paraguay réalisent de nos jours tout ce qu'il y a de plus étonnant & de plus louable dans la conduite des *Moraves*. Nous avons même parmi nous quelque chose d'approchant dans l'établissement des frères cordonniers

& tailleurs, qui se mirent en communauté vers le milieu du dix-septième siècle. Leur institut consiste à vivre dans la continence, dans le travail & dans la piété, le tout sans faire aucune sorte de vœux.

Mais nous avons, sur-tout en Auvergne, d'anciennes familles de laboureurs, qui vivent de tems immémorial dans une parfaite société, & qu'on peut regarder à bon droit, comme les *Moraves* de la France ; on nous annonce encore une société semblable à quelques lieues d'Orléans, laquelle commence à s'établir depuis vingt à trente ans. A l'égard des communautés d'Auvergne, beaucoup plus anciennes & plus connues, on nomme en tête les Quitard Pinoux comme ceux du temps le plus éloigné & qui prouvent cinq cens ans d'association ; on nomme encore les Arnaud, les Pradel, les Bonnemoy, les Lournel & les Anglade, anciens & sages roturiers, dont l'origine se perd dans l'obscurité des temps, & dont les biens & les habitations sont situés dans la baronnie de Thiers en Auvergne, où ils s'occupent uniquement à cultiver leurs propres domaines.

Chacune de ces familles forme différentes branches qui habitent une maison commune, & dont les enfans se marient ensemble, de façon pourtant que chacun des conforts n'établit guère qu'un fils dans la communauté pour entretenir la branche que ce fils doit représenter un jour après la mort de son père ; branches au reste dont ils ont fixé le nombre par une loi de famille qu'ils se sont imposée, en conséquence de laquelle ils marient au-dehors les enfans surnuméraires des deux sexes. De quelque valeur que soit la portion du père dans les biens communs, ces enfans s'en croient exclus de droit, moyennant une somme fixée différemment dans chaque communauté, & qui est chez les Pinoux de 500 liv. pour les garçons, & de 200 liv. pour les filles.

Au reste, cet usage tout confacré qu'il est par son ancienneté & par l'exactitude avec laquelle il s'observe, ne paroît guère digne de ces respectables associés. Pourquoi priver des enfans de leur patrimoine, & les chasser malgré eux, du sein de leur famille ? n'ont-ils pas un droit naturel aux biens de la maison, & sur-tout à l'inestimable avantage d'y vivre dans une société douce & paisible, à l'abri des misères & des follicitudes qui empoisonnent les jours des autres hommes ? D'ailleurs l'association dont il s'agit étant essentiellement utile, ne convient-il pas pour l'honneur & pour le bien de l'humanité, de lui donner le plus d'étendue qu'il est possible ? Suppose z donc que les terres actuelles de la communauté ne suffisent pas pour occuper tous ses enfans, il seroit aisé avec le prix de leur légitime, de faire de nouvelles acquisitions ; & si la providence accroît le nombre des sujets, il n'est pas difficile à des gens unis & laborieux d'accroître un domaine & des bâtimens.

Quoi qu'il en soit, le gouvernement intérieur est à-peu-près le même dans toutes ces communautés, chacune se choisit un chef qu'on appelle *maître* ; il est chargé de l'inspection générale & du détail des affaires ; il vend ; il achete ; & la confiance qu'on a dans son intégrité lui épargne l'embarras de rendre des comptes détaillés de son administration ; mais sa femme n'a parmi les autres personnes de son sexe que le dernier emploi de la maison , tandis que l'épouse de celui des conforts qui a le dernier emploi parmi les hommes , a le premier rang parmi les femmes, avec toutes les fonctions & le titre de maitresse. C'est elle qui veille à la boulangerie , à la cuisine , &c. qui fait faire les toiles , les étoffes & les habits , &. qui les distribue à tous les conforts.

Les hommes , à l'exception du maître , qui a toujours quelque affaire en ville , s'occupent tous également aux travaux ordinaires. Il y en a cependant qui sont particulierement chargés, l'un du soin des bestiaux & du labourage ; d'autres de la culture des vignes ou des prés , & de l'entretien des futailles. Les enfans sont soigneusement élevés , une femme de la maison les conduit à l'école , au catéchisme , à la messe de paroisse , & les ramene. Du reste , chacun des conforts reçoit tous les huit jours une légère distribution d'argent dont il dispose à son gré, pour ses amusemens ou ses menus plaisirs.

Ces laboureurs fortunés sont réglés dans leurs mœurs, vivent fort à l'aise & sont sur-tout fort charitables ; ils le sont même au point qu'on leur fait un reproche de ce qu'ils logent & donnent à souper à tous les mendians qui s'écartent dans la campagne , & qui par cette facilité, s'entretiennent dans une fainéantise habituelle , & sont mêlent d'être gueux & vagabonds; ce qui est un apprentissage de vols & de mille autres désordres.

Sur le modèle de ces communautés, ne pourroit-on pas en former d'autres ; pour employer utilement tant de sujets embarrassés , qui faute de conduite & de talens , & conséquemment faute de travail & d'emploi , ne sont jamais aussi occupés ni aussi heureux qu'ils pourroient l'être , & qui par-là souvent deviennent à charge au public & à eux-mêmes ?

On n'a guère vu jusqu'ici que des célibataires, des ecclésiastiques & des religieux qui se soient procuré les avantages des associations ; il ne s'en trouve presque aucune en faveur des gens mariés. Ceux-ci néanmoins , obligés de pourvoir à l'entretien de leur famille , auroient plus besoin que les célibataires, des secours que fournissent toutes les sociétés.

Ces considérations ont fait imaginer une association de bons citoyens , lesquels unis entr'eux par les liens de l'honneur & de la religion , pussent les mettre à couvert des sollicitudes & des chagrins que le défaut de talens & d'emploi rend presque inévitables; association de gens laborieux , qui , sans renoncer au mariage , pussent remplir tous les devoirs du christianisme , & travailler de concert à diminuer leurs peines & à se procurer les douceurs de la vie , établissement, comme l'on voit, très-désirable, & qui ne paroît pas impossible ; on en jugera par le projet suivant.

1°. Les nouveaux associés ne seront jamais liés par des vœux , & ils auront toujours une entière liberté de vivre dans le mariage ou dans le célibat, sans être assujettis à aucune observance monastique;

mais sur-tout ils ne seront point retenus malgré eux ; & ils pourront toujours se retirer dès qu'ils le jugeront expédient pour le bien de leurs affaires. En un mot , cette société sera véritablement une communauté séculière & libre dont tous les membres exerceront différentes professions , arts ou métiers , sous la direction d'un chef & de son conseil ; & par conséquent ils ne différeront point des autres laïcs , si ce n'est par une conduite plus reglée & par un grand amour du bien public ; du reste , on s'en tiendra pour les pratiques de religion à ce que l'église prescrit à tous les fideles.

2°. Les nouveaux associés s'appliqueront constamment & par état, à toutes sortes d'exercices & de travaux , sur les sciences & sur les arts ; en quoi ils préféreront toujours le nécessaire & le commode à ce qui n'est que de pur agrément ou de pure curiosité. Dans les Sciences , par exemple , on cultivera toutes les parties de la Médecine & de la Physique utile ; dans les métiers , on s'attachera spécialement aux arts les plus vulgaires & même au labourage , si l'on s'établit à la campagne : d'ailleurs , on n'exigera pas un sou des postulans, dès qu'ils pourront contribuer de quelque manière au bien de la communauté. On apprendra des métiers à ceux qui n'en sauront point encore ; & en un mot , on tâchera de mettre en œuvre les sujets les plus ineptes , pourvu qu'on leur trouve un caractère sociable , & sur-tout l'esprit & le génie du travail.

3°. On arrangera les affaires d'intérêt , de manière que les associés , en travaillant pour la maison , puissent travailler aussi pour eux-mêmes ; je veux dire , que chaque associé aura , par exemple , un tiers , un quart , un cinquième ou telle autre quotité de ce que ses travaux pourront produire , toute dépense prélevée ; c'est pourquoi on évaluera tous les mois les exercices ou les ouvrages de tous les sujets , & on leur en payera sur-le-champ la quotité convenue, ce qui fera une espèce d'appointement ou de pécule que chacun pourra augmenter à proportion de son travail & de ses talens.

L'un des grands usages du pécule , c'est que chacun se fournira sur ce fonds le vin , le tabac & les autres besoins arbitraires, si ce n'est en certains jours de réjouissance qui seront plus ou moins fréquens, & dans lesquels la communauté fera tous les frais d'un repas honnête ; au surplus , comme le vin , le café , le tabac , sont plus que doubler la dépense du nécessaire , & que , dans une communauté qui aura des femmes , des sujets ineptes à soutenir , la parcimonie devient absolument indispensable ; on exhortera les membres en général & en particulier , à mépriser toutes ces vaines délicatesses qui absorbent l'aisance des familles , & pour les y engager plus puissamment , on donnera une récompense annuelle à ceux qui auront le courage de de s'en abstenir.

4°. Ceux qui voudront quitter l'association, emporteront non-seulement leur pécule , mais encore l'argent qu'ils auront mis en société , avec les inté-

rêts ufités dans le commerce. A l'égard des mourans, la maifon en héritera toujours ; de forte qu'à
la mort d'un affocié, tout ce qui fe trouvera lui appartenir da s la communauté, fans en excepter fon
pécule ; tout cela, dis-je, fera pour lors acquis à
la congré;ation, mais tout ce qu'il poffédera au.
dehors appartiendra de droit à fes héritiers.

5°. Tous les affociés, dès qu'ils auront fait leur no-
viçiat, feront regardés comme membres de la. maifon, & chacun fera toujours fûr d'y demeurer en
cette qualité, tant qu'il ne fera pas de faute confidérable & notoire contre la religion, la prcbité,
les bonnes mœurs. Mais dans ce cas, le confeil affemblé aura droit d'exclure un fujet vicieux, fuppofé qu'il ait contre lui au moins les trois quarts des
voix ; bien entendu qu'on lui rendra pour lors tout
ce qui pourra lui appartenir dans la maifon, fuivant
les difpofitions marquées ci-deffus.

6°. Les enfans des affociés feront élevés en commun, & fuivant les vues d'une éducation chrétienne;
je veux dire, qu'on les accoûtumera de bonne heure
à la frugalité, à méprifer le plaifir préfent, lorfqu'il entraîne de grands maux & de grands déplaifirs;
mais fur - tout on les élevera dans l'efprit de fraternité,
d'union, de concorde, & dans la pratique habituelle
des arts & des fciences les plus utiles, le tout avec
les précautions, l'ordre & la décence qu'il convient
d'obferver entre les enfans des deux fexes.

7°. Les garçons demeureront dans la communauté
jufqu'à l'âge de feize ans faits ; après quoi, fi fa majefté l'agrée, on enverra les plus robuftes dans les
villes frontieres, pour y faire un cours militaire de
dix ans. Là ils feront employés aux exercices de la
guerre, & du refte occupés aux divers arts & métiers qu'ils auront pratiqués dès l'enfance ; & par
conféquent ils ne feront point à charge au roi, ni au
public dans les tems de paix ; ils feront la campagne
au tems de guerre, après avoir fait quelqu'apprentiffage des armes dans les garnifons. Ce cours militaire leur acquerra tout droit de maîtrife pour les
arts & pour le commerce ; de façon qu'après leurs
dix années de fervice, ils pourront s'établir à leur
choix dans la communauté féculiere ou ailleurs, libres d'exercer par-tout les différentes profeffions des
arts & du négoce.

8°. Lorfqu'il s'agira de marier ces jeunes gens,
ce qu'on ne manquera pas de faire à un âge convenable pour les deux fexes, leur établiffement ne fera
pas difficile, & tous les fujets auront pour cela des
moyens fuffifans ; car outre leur pécule plus ou
moins confidérable, la communauté fournira une
honnête légitime à chaque enfant, laquelle confiftera
tant en argent, qu'en habillemens & en meubles ; légitime proportionnée aux facultés de la maifon, &
du refte égale à tous, avec cette différence pourtant qu'elle fera double au moins pour ceux qui
auront fait le fervice militaire. Après cette efpece
d'héritage, les enfans ne tireront plus de leurs parens
que ce que ceux-ci voudront bien leur donner de
leur propre pécule ; fi ce n'eft qu'ils euffent des biens

Hiftoire. Tome III.

hors la maifon, auquel cas les enfans en hériteront
fans difficulté.

Il ne faut aucune donation, aucun privilége, aucun legs pour commencer une telle entreprife ; il eft
vifible que tous les membres opérant en commun,
on n'aura pas befoin de ces fecours étrangers. Il ne
faut de même aucune exemption d'impôts, de corvées, de milices, &c. Il n'eft ici queftion que d'une
communauté laïque, dépendante à tous égards de
l'autorité du roi & de l'état, & par conféquent fujette aux impofitions, & aux charges ordinaires. On
peut donc efpérer que les puiffances protégeront
cette nouvelle affociation, puifqu'elle doit être plus
utile que tant de fociétés qu'on a autorifées en divers tems, & qui fe font multipliées à l'infini, bien
qu'elles foient prefque toujours onéreufes au public.

Au refte on ne donne ici que le plan général de
la congrégation propofée, fans s'arrêter à développer les avantages fenfibles que l'état & les particuliers en pourroient tirer, & fans détailler tous les
réglemens qui feroient néceffaires pour conduire ûn
tel corps. Ma s on propofe en queftion ; favoir, fi
fuivant les loix établies dans le royaume pour les
entreprifes & fociétés de commerce, les premiers
auteurs d'un pareil établiffement pourroient s'obliger
les uns envers les autres, & fe donner mutuellement leurs biens & leurs travaux, tant pour eux que
pour leurs fucceffeurs, fans y être expreffément autorifés par la cour.

Ce qui pourroit faire croire qu'il n'eft pas befoin d'une approbation formelle, c'eft que plufieurs
fociétés affez femblables, actuellement exiftantes,
n'ont point été autorifées par le gouvernement ; &
pour commencer par les freres cordonniers & les
freres failleurs, on fait qu'ils n'ont poi t eu de lettres-
patentes. De même les communautés d'Auvergne
fubfiftent depu-s des fiecles, fans qu'il y ait eu aucune intervention de la cour pour leur établiff ment.

*Objections & réponfes.* On ne manquera pas de dire
qu'une affocia ion de gens mariés eft abfolument
impoffible ; que ce fero t une occafion perpétuelle
de trouble, & qu'infailliblement les femmes mettroient
la défunion parmi les conforts ; mais ce font-là des
objections vagues, & qui n'ont aucun fondement
folide. Car pourquoi les femmes cauferoient-elles plutôt
du défordre dans une communauté conduite avec de
la fageffe, qu'elles n'en caufent tous les jours dans
la pofition actuelle, où chaque famille, plus libre
& plus ifolée, plus expofée aux mauvaifes fuites de
la mifere & du chagrin, n'.ft pas contenue, comme
elle le feroit à, par une police domeftique & bien
fuivie ? D'ailleurs, fi quelqu'un s'y trouvoit déplacé,
s'il y paroiffoit infquiet, ou qu'il y mît la divifion,
& en ce cas, s'il fe retiroit de lui-même, ou s'il
ne fe corrigeoit, on ne manqueroit pas de le congédier.

Mais on n'empêcheroit pas, dit-on, les amours
furtives, & bientôt ces amours cauferoient du trouble & du fcandale.

A cela je réponds que l'on ne prétend pas re-

fondre le genre humain ; le cas dont il s'agit arrive
déja fréquemment, & sans-doute qu'il arriveroit ici
quelquefois ; néanmoins on sent que ce désordre
seroit beaucoup plus rare. En effet, comme l'on feroit moins corrompu par le luxe, moins amolli par
les délices, & qu'on seroit plus occupé, plus en
vue, & plus veillé, on auroit moins d'occasion de
mal faire, & de se livrer à des penchans illicites.
D'ailleurs les vues d'intérêt étant alors presque nulles
dans les mariages, les seules convenances d'âge
& de goût en décideroient ; conséquemment il y au-
roi, plus d'union entre les conjoints ; & par une suite
nécessaire moins d'amours répréhensibles. J'ajoute
que le cas arrivant, malgré la police la plus atten-
tive, un enfant de plus ou de moins n'embarrasse-
roi, personne, au lieu qu'il embarrasse beaucoup
dans la position actuelle. Observons enfin que les
mariages mieux assortis dans ces maisons, une vie
plus douce & plus réglée, l'aisance constamment assurée à tous les membres, seroient le moyen le plus
efficace pour effectuer le perfectionnement physique
de notre espèce, laquelle, au contraire, ne peut
aller qu'en dépérissant dans toute autre position.

Au surplus, l'ordre & les bonnes mœurs qui règnent dans les communautés d'Auvergne, l'ancienneté de ces maisons, & l'estime générale qu'on en
fait dans le pays, prouvent également la bonté de
leur police & la possibilité de l'association proposée.
Des peuples entiers, à peine civilisés, & qui pourtant suivent le même usage, donnent à cette preuve
une nouvelle solidité. En un mot, une institution qui a subsisté jadis pendant des siècles, & qui
subsiste encore presque sous nos yeux, n'est constamment ni impossible, ni chimérique. J'ajoute que
c'est l'unique moyen d'assurer le bonheur des hommes, parce que c'est le seul moyen d'occuper utilement tous les sujets, le seul moyen de les contenir
dans les bornes d'une sage économie, & de leur
épargner une infinité de sollicitudes & de chagrins,
qu'il est moralement impossible d'éviter dans l'état
de désolation où les hommes ont vécu jusqu'à présent. *Article de M.* FAIGUET *, trésorier de France.*

MORDATE, s. m. ( *Terme de relation* ) Les Turcs
appellent *mordates* ceux qui de chrétiens se sont faits
mahométans, qui depuis ont retourné au Christianisme ; & qui enfin, par une dernière inconstance,
sont rentrés dans le Mahométisme. Les Turcs ont
pour eux un souverain mépris, & ceux-ci en revanche affectent de paroître plus encore zélés mahométans que les musulmans même. Les personnes qui
changent de religion par des vûes d'intérêt, n'ont
d'autres ressources que l'hypocrisie. ( *D. J.* )

MORDAUNT. ( *Voyez* PETERBOROUGH. )

MOREAU, ( Moreau de Maupertuis & Moreau
de Mautour, ( *Voyez* MAUPERTUIS & MAUTOUR.)
Ce nom de *Moreau* a été celui de plusieurs autres
personnes connus. Voici les principaux,

1°. René Moreau, professeur royal en médecine &
en chirurgie à Paris, mort le 17 octobre 1656. On

lui doit une édition de l'École e Salerne & un traité
du Chocolat.

2°. Dans le même genre, Jacques *Moreau*, médecin,
disciple de Guy-Patin, auteur de Consultations sur
les Rhumatismes, de traités sur l'Hydropisie & sur les
fièvres. Né en 1647. Mort en 1728.

3°. Dans le même genre encore, un homme plus
célèbre que les précédens, a été M. *Moreau*, Chirurgien
de l'Hôtel-Dieu de Paris.

4°. Jacques *Moreau* de Brasey, né à Dijon en
1663, mort à Briançon, à 90 ans. Il étoit militaire,
historien & poète. On a de lui un journal de la campagne de Piémont en 1690 & 1691 ; des *Mémoires
politiques, fetyriques & amusans* à ce que dit le titre ;
la suite du Virgile travesti, amusante encore si l'on
veut.

5°. Etienne *Moreau*, autre poète de Dijon ; dont
les poësies ont été imprimées en 1667, sous ce titre :
*nouvelles fleurs du Parnasse.* Mort en 1699.

6°. Jean Baptiste *Moreau*, musicien ; c'est lui qui
a fait pour la maison de St. Cyr, la musique des chœurs
d'Esther & d'Athalie, & d'autres pièces postérieures
composées pour la même maison. Mort en 1733.

MOREL. Il y a aussi plusieurs personnes connus
de ce nom de *Morel:*

1°. Trois Imprimeurs célèbres, père, fils & petit-
fils ; les deux premiers nommés Frederic, le troisième
Claude, dans le seizième & dix-septième siècles, tous
trois studieux & savans. Le second sur-tout, qui
n'aimoit absolument que l'étude, est célèbre par le
sang froid qu'il conservoit sur tout le reste. Il travailloit
lorsqu'on vint lui annoncer que sa femme se mouroit,
il étoit au milieu d'une phrase, il ne voulut pas la
laisser interrompre ; avant qu'elle fût achevée, sa
femme étoit morte ; il dit froidement en l'apprenant :
*j'en suis marri, c'étoit une bonne femme ;* & il se
remit à écrire.

2°. Guillaume *Morel*, professeur royal en grec, &
directeur de l'Imprimerie royale à Paris, mort en
1564. On a de lui un Dictionnaire grec-latin-
françois & d'autres ouvrages.

Son frère, nommé Jean, âgé d'environ vingt ans,
mourut en prison, où il étoit retenu pour crime
d'hérésie, qui n'est point un crime. La rage de la
persécution ne fut point éteinte par sa mort. On le
déterra pour le brûler le 27 février 1559. Quels
temps & quelles mœurs !

3°. André *Morel*, antiquaire de Berne, avoit
été employé par Louis XIV, à un travail sur les
médailles ; M. de Louvois le fit mettre à la Bastille,
parce qu'il se plaignoit de n'avoir pas été récompensé ;
& cette Tyrannie même prouve que ses plaintes
étoient justes :

> Seul recours d'une ingrat qui se voit confondu.
> Par de nouveaux affronts vous m'avez répondu.

Ce qui le prouve encore, c'est l'offre qu'on lui fit
de la place de garde du cabinet des médailles du roi,

dans le temps même qu'il étoit à la Baſtille. On mit seulement à cette offre la condition qu'il se feroit catholique, & il refuſa; quand on fut las de le retenir à la Baſtille, on lui rendit ſa liberté le 16 novembre 1691, à la ſollicitation du grand conſeil de Berne. Il mourut en Allemagne en 1703. Ses principaux ouvrages, qui roulent tous ſur les medailles, ſont : *Theſaurus Morellianus, ſive familiarum Romanarum numiſmata omnia diſpoſita ab Andreæ Marello, cùm Commentariis Havercampi; ſpecimen rei nummariæ*, &c.

4°. Dom Robert *Morel*, bénédiictin de la congrégation de Saint Maur, bibliothécaire de Saint Germaindes-Prés, auteur de beaucoup de livres de piété. Né en 1653. Mort en 1731.

MORERI, ( Louis ) ( *Hiſt. Litt. mod.* ) Il eut ou on lui donna une idée heureuſe, mais il n'eut pas le temps de l'éxecuter, & ne fit du moins qu'en ébaucher l'exécution. Son ouvrage a depuis été réformé, retravaillé, augmenté, de ſorte qu'il eſt devenu l'ouvrage d'une multitude d'auteurs; mais il s'appelle & s'appellera toujours le Diictionnaire de *Moreri* : tant il importe de commencer :

*Dimidium facti qui cepit habet, ſapere aude,*
*Incipe.*

L'abbé Goujet entr'autres continuateurs, avoit fait des ſupplémens qui avoient d'abord été imprimés à part, mais qui ont été inſérés dans le texte, dans la dernière édition, laquelle eſt de 1759.

*Moreri* étoit prêtre, docteur en théologie. Il étoit né en 1643, à Bargemont, petite ville de Provence. Il fut attaché à M. de Pompone, miniſtre & ſecrétaire d'état. Il mourut à Paris le 10 juillet 1680, ayant à peine atteint l'âge de devenir ſavant.

Comme les généalogies, ſur-tout les Françoiſes, ſont une des parties les plus conſidérables & même les plus exactes de cet ouvrage, & qu'il doit toujours y avoir de longs intervalles entre les diverſes éditions d'un livre ſi volumineux, il ſeroit à deſirer, que chaque année, ou du moins à de très-courts intervalles, on donnât un état des changemens arrivés par mariage, par naiſſance & par mort, dans chacune des familles dont la généalogie eſt inſérée dans *Moreri*; ces divers états formeroient un ſupplément naturel à la partie généalogique, ſupplément au moyen duquel on auroit toujours ſous les yeux le tableau fidèle de l'état préſent de chaque famille, & le *Moreri* conſerveroit toujours à cet égard le même dégré d'utilité qu'il avoit en 1759, c'eſt-à-dire, à l'époque de la dernière édition, au lieu qu'étant inſtruit de tout juſqu'à cette époque, on eſt condamné à ignorer tout ce qui la ſuit, & ce qui exiſte de ſon temps.

MORET, ( Antoine de Bourbon, comte de ) ( *Hiſt. de Fr.* ) fils naturel de Henri IV & de Jacqueline de Beuil, comteſſe de *Moret*, naquit en 1607, dans un temps où Henri IV cherchoit des diſtractions & des conſolations aux chagrins que lui donnoient d'un côté l'humeur acariàtre de la reine,

de l'autre le caractère altier, ambitieux & intrigant de la marquiſe de Verneuil. Sous le règne de Louis XIII, le comte de *Moret* ne ſouffrit pas plus patiemment que les autres la tyrannie du cardinal de Richelieu. Il étoit avec le duc de Montmorenci au combat de Caſtelnauda i en 1632, & il y fut tué; voilà du moins l'opinion commune, mais il y a une tradition contraire; on prétend que, déſabuſé des choſes de la terre par le malheur de cette journée, redoutant la deſtinée du duc de Montmorenci ſon ami, & étant enſuite pénétré de douleur du ſort de ce héros, il prit le parti de s'enſevelir dans une retraite; qu'il fût hermite d'abord en Portugal; qu'enſuite croyant pouvoir ſans danger revenir en France, & conſervant aſſez l'amour de la patrie, pour vouloir du moins y vivre, quoique caché & quoiqu'éloigné de la cour, il choiſit pour aſyle, un hermitage au fond de l'Anjou, mais que trahi par la reſſemblance qu'il avoit avec le roi ſon père, il attira l'attention, & que ſur les bruits qui ſe répandirent, Louis XIII chargea l'Intendant de Touraine de voir cet hermite & de tâcher de tirer de lui ſon ſecret. La réponſe de l'hermite fut propre à confirmer les ſoupçons : *qui que je ſois, dit-il, je ne demande qu'une grace, c'eſt qu'on me laiſſe tel que je ſuis.* Un curé nommé Grandet a donné ſa vie.

MORGAGNI, ( Jean-Baptiſte ) ( *Hiſt. Litt. mod.* ) ſavant anatomiſte italien, de l'Inſtitut de Bologne, & correſpondant de l'Académie des Sciences de Paris, auteur de divers ouvrages importans ſur ſon art. Né à Forli en 1682. Mort en 1771.

MORGEN, ( *Hiſt. mod.* ) c'eſt une meſure uſitée en Allemagne pour les terres labourables, les prés & les vignes; elle n'eſt point par-tout exactement la même. Le *morgen* dans le duché de Brunſwick, eſt de 120 verges, dont chacune a huit aunes ou environ 16 pieds de roi. ( *A. R.* )

MORGUE, ( *Hiſt. mod.* ) c'eſt dans les priſons, l'intervalle du ſecond guichet au troiſiéme. On donne le même nom à un endroit du châtelet, où l'on expoſe à la vue du public les corps morts dont la juſtice ſe ſaiſit : ils y reſtent pluſieurs jours afin de donner aux paſſans le tems de les reconnoître. ( *A. R.* )

MORGUES, ( *Voyez* MOURGUES. )

MORHOF, ( Daniel-Georges ) ( *Hiſt. Litt. mod.* ) ſavant littérateur allemand, auteur de quelques œuvres poëtiques & oratoires, mais ſur-tout d'un livre ſavant, intitulé : *polyhiſtor ſive notitiâ auctorum & rerum,* & du *princeps medicus,* diſſertation où il accorde également aux rois de France & d'Angleterre le don de guérir les écrouelles, & ſoutient que ce don eſt miraculeux. Né en 1639, à Wiſmar, dans le duché de Meckelbourg; mort en 1691, à Lubeck.

MORICE de Beaubois, ( Dom Pierre-Hyacinthe) ( *Hiſt. Litt. mod.* ) ſavant bénédictin de la congrégation de Saint Maur, connu par ſon travail ſur l'hiſtoire de la maiſon de Rohan; mais ce travail eſt reſté manuſcrit dans cette maiſon. Dom *Morice* étoit lui-même Breton, il étoit né en 1693, à Quimperlay dans la basse Bretagne, il mourut en 1750.

MORIN. Il y a plusieurs personnages connus de ce nom.

1°. Pierre, de qui on a un traité du bon usage des Sciences, & quelques autres ouvrages. Il avoit travaillé dans l'imprimerie de Paul Manuce à Venise, ce qui étoit alors un titre littéraire. Les papes Grégoire XIII & Sixte - Quint l'employèrent à l'édition des Septante & à celle de la Vulgate. Né à Paris en 1531. Mort en 1608.

2°. Jean-Baptiste, fameux astrologue & tireur d'horoscopes, du temps des cardinaux de Richelieu & Mazarin. Le cardinal de Richelieu le consultoit, & un autre ministre du même temps, le comte de Chavigny, ne voyoit jamais le cardinal sans avoir demandé à Morin quelles heures les astres indiquoient comme les plus propices pour voir ce ministre. Le cardinal Mazarin pour qui un astrologue étoit un homme précieux, soit qu'il crût à l'astrologie, soit qu'il n'y crût pas, lui donna une pension de deux mille livres & la chaire de mathématiques au collège royal. Si l'on s'en rapporte à ces gens qui font semblant de ne pas croire au merveilleux pour engager les autres à y croire, Morin avoit prédit à peu de jours près le jour de la mort de Gustave-Adolphe; à seize jours près celle du connétable de Lesdiguières; à six jours près celle de Louis XIII; à dix heures près le moment précis de la mort du cardinal de Richelieu. Il y a deux manières de réfuter ces faits; l'une est de les nier, l'autre est d'observer qu'en les supposant vrais, il n'y a rien à conclure de tant d'erreurs tant grandes que petites; mais le triomphe de ses horoscopes, c'est qu'en voyant ou la personne du Cinq-Mars ou son portrait, sans savoir qui c'étoit, il annonça que cet homme auroit la tête tranchée. Il est bien vraisemblable que Cinq-Mars étoit en prison & qu'on lui faisoit son procès, lorsque Morin fit cette prédiction, qui n'étoit qu'une conjecture. Morin écrivit contre Copernic & contre Gassendi; il réfuta le livre des Préadamites. On a de lui un livre intitulé : Astrologia Gallica, & d'autres qui annoncent ce qu'il étoit, c'est-à-dire, un homme bizarre jusqu'à la folie. Il étoit né en 1583, à Villefranche en Beaujolois. Il mourut en 1656.

3°. Jean, né à Blois en 1591 de parens calvinistes, abjura entre les mains du cardinal du Perron, & entra dans la congrégation de l'Oratoire nouvellement fondée par le cardinal de Bérulle; il écrivit contre le régime de cette congrégation, un ouvrage intitulé : des défauts du gouvernement de l'Oratoire. Un pareil ouvrage eût pu être très - innocent, il eût pu tendre au bien & indiquer les moyens de perfectionner l'ouvrage de M. de Bérulle; mais il fut regardé comme une satyre, & il est devenu rare, parce que le plus grand nombre des exemplaires a été brûlé. Le père Morin étoit très-savant dans les langues orientales, & très-versé dans la critique ecclésiastique. Il publia le Pentateuque Samaritain dans la bibliothèque polyglotte de Le Jay. Il eut des contestations avec Siméon de Muis, professeur

en hébreu au Collège Royal sur l'authenticité du texte hébreu. (Voyez Muis.) Les papes & les théologiens, sur - tout les théologiens ultramontains se plaignirent quelquefois de ses ouvrages, & exigèrent de lui de temps en temps, des explications ou des rétractations, mais tous les savans rendoient justice à son profond savoir. Mort en 1659.

4°. Etienne, ministre protestant, fut pourtant de l'Académie de Caën sa patrie; mais la révocation de l'édit de Nantes l'obligea de se retirer en Hollande, & il fut professeur des langues orientales à Amsterdam. Il mourut en 1700. On a de lui une vie de Samuel Bochard, & des dissertations sur des sujets d'antiquité.

5°. Henri, fils du précédent, fut aussi ministre; mais il se fit catholique, & fut de l'Académie des Belles-Lettres. On ne connoît-guère de lui que les Mémoires qu'il a donnés dans le recueil de cette Académie. Mort en 1728.

6°. Louis, de l'Académie des Sciences, premier médecin de Mademoiselle de Guise, homme simple & studieux, qui ne connoissoit dans Paris, que les livres & des savans: Né au Mans en 1635, Mort en 1715. M. de Fontenelle a fait son éloge.

7°. Jean, né à Meung, près d'Orléans en 1705, professeur de philosophie à Chartres, correspondant de l'Académie des Sciences. On a de lui le Méchanisme universel, & un traité de l'Electricité, qui fut attaqué par M. l'abbé Nollet, & défendu par son auteur. Mort à Chartres le 28 mars 1764.

8°. Simon; celui-ci étoit fou & fut traité en criminel par des fous barbares, & ces fous & ces barbares étoient du temps de Louis XIV. Ce Simon Morin étoit un homme à-peu-près tel qu'Eon de l'Etoile, il se croyoit ou se disoit le Messie. Il prêchoit & écrivoit des folies; il fut plusieurs fois enfermé; il n'y avoit peut-être-rien de grand mal à cela; mais à peine l'étoit-il, qu'on avoit grand soin de le mettre en liberté, comme si on eût voulu qu'il prêchât & qu'il écrivît de nouveau. Sa vie n'est presque qu'une alternative continuelle de captivité & de liberté. Le parlement l'avoit enfin condamné à être enfermé aux petites maisons; on pouvoit & on devoit s'en tenir là. On le relâcha encore, & il dogmatisa encore. Desmarêts de Saint Sorlin joua un indigne rôle dans cette affaire; il feignit de se mettre au rang de ses prosélytes, pour lui arracher les secrets de sa doctrine, qui n'étoient pas fort secrets : cette doctrine étoit publique & manifeste, c'étoit l'extravagance d'un visionnaire. Desmarêts qui n'étoit pas mal visionnaire lui-même, ( & c'est même la seule circonstance qui puisse l'excuser ici ) alla dénoncer Morin comme hérétique. Sur cette dénonciation on doublement infame, on court arrêter Morin; on le trouve occupé à composer un écrit qui commençoit par ces mots : le Fils de l'Homme au Roi de France. Le procès étoit tout fait; l'homme étoit fou, & il falloit ou souffrir ses folies, ou le remettre aux petites maisons, d'où on avoit eu grand tort de le tirer : on eut la cruauté de lui faire son procès-criminel dans toutes les règles de l'inquisition, & il fut condamné à être brûlé avec ses écrits; ce qui fut impitoyablement exécuté le 14 mars

1665 ; étrange époque pour un si étrange fait , & qui prouve qu'il n'eft peut-être pas encore tems de ceffer d'écrire contre l'intolérance ; car tant que la tolérance civile ne fera pas paffée en loi générale , folemnelle & promulguée , on pourra toujours craindre de voir renaitre de femblables horreurs ; & remarquez que quand on parle de tolérance , les perfécuteurs fe taifent , mais qu'ils n'acquiefcent à rien ; ils fe réfervent pour des temps *plus heureux*. Nous lifons dans un livre moderne , eft mable & utile , ( le nouveau Dictionnaire hiftorique ) le trait fuivant : « après qu'on eut fait à
» Simon *Morin*, la lecture de fon jugement , le premier
» préfident de Lamoignon lui demanda s'il étoit écrit
» quelque part que le nouveau Meffie dût fubir le
» fupplice du feu ? ce miférable eut l'impudence de
» répondre par ce verfet du Pfeaume 16 : *igne me exa-*
*minafti , & non eft inventa in me iniquitas.*

Qu'il foit permis à l'auteur de l'hiftoire du premier préfident de Lamoignon d'efpérer que ce grand magiftrat n'a point démenti fon doux & aimable caractère, au point de fe permettre, dans une fi horrible conjoncture , une dérifion fi atroce , & même il n'étoit point dans le cas , n'ayant jamais tenu au parlement que comme maître des requêtes d'abord , & enfuite comme premier préfident ; il n'a jamais été à la Tournelle , & par conféquent , il n'a pas pu être des juges de *Morin*. Il n'auroit pu en être que fi *Morin* eût été gentilhomme , & eût réclamé à ce titre , l'affemblée des chambres , c'eft-à-dire , la réunion de la Grand' chambre & de la Tournelle; mais *Morin* étoit un homme du peuple , qui gagnoit fa vie à copier. M. de Lamoignon n'a donc ni fait ni pu faire l'abom'nable queftion qu'on lui attribue. Quant à *Morin* , s'il a fait à quelque autre la réponfe qu'on lui impute , il n'étoit ni un *miférable* ni un *impudent* , mais un homme d'efprit, qui faifoit une application pleine de fens , trop ingénieufe feulement pour la circonftance , mais qui par là même annonçoit un grand fang-froid & un grand courage. S'il étoit vrai encore que *Morin* eût dit aux juges: *vous me condamnez dans ce monde , & je vous condamnerai dans l'autre* , ce n'eft point *une pauvreté* , comme on le dit dans l'ouvrage dont nous parlons , c'eft encore un propos d'un grand fens; en effet , cet arrêt les condamne dans la poftérité, & feroit très-propre à les condamner dans une autre vie. Au refte , on rend le témoignage à ce malheureux , que dans les tourments, il ne ceffoit de prononcer les noms de Jefus & de Marie , & d'implorer la miféricorde divine , puifqu'il n'étoit plus pour lui de miféricorde humaine-

MORINIENS , *morini* , ( *Hift. anc.* ) peuple de l'ancienne Gaule belgique , qui habitoit du tems des Romains, le pays de Clèves , de Juliers & de Gueldres. ( *A. R.* )

MORINIÉRE , ( Adrien-Claude Le Fort de la ) *Voyez* FORT (le.)

MORION , armure de tête qui étoit autrefois en ufage pour l'infanterie. ( *A. R.* )

MORIONS , f. m. pl. ( *Hift. anc.* ) perfonnages

boffus , boiteux , contrefaits , tête pointue à longues oreilles , & à phyfionomie ridicule , qu'on admettoit dans les feftins , pour amifer les convives. Plus un *morion* étoit hideux , plus chérement il é.oit acheté. Il y en a qui ont été payés jufqu'à 2000 feftdrces. ( *A R.*)

MORISON , ( Robert ) ( *Hift. Litt. mod.* ) botanifte écoffois célèbre. Dans les guerres civiles d'Angleterre & d'Ecoffe, fous Charles Ier. , il s'étoit montré bon royalifte , & avoit été bleffé dangereufement à la tête; dans un combat contre les Presbytériens d'Ecoffe, livré fur le pont d'Aberdeen fa patrie. Il vint en France , où le duc d'Orléans Gafton lui confia la direction du Jardin des Plantes, à Blois. Il vit & connut en France, le roi Charles II , qui , après fon rétabliffement , le fit venir à Londres , le p:it pour fon médecin , & le fit profeffeur royal de botanique. Il paffe pour l'inventeur d'une méthode nouvelle d'expliquer cette fcience. Il mourut en 1683 , il étoit né eu 1620. On a de lui *Prœludium Botanicum ; Hortus Blefenfis* ; la feconde & la troifième parties feulement de fon *Hiftoire des Plantes*. La première eft perdue , qui eft remplacée par un traité intitulé : *Plantarum umbelliferarum diftributio nova.*

MORISOT , ( Claude-Barthélemi ) ( *Hift. Litt. mod.* ) auteur d'un livre intitulé *Peruviana* , c'eft l'hiftoire des démêlés du cardinal de Richelieu avec la reine-mère & le duc d'Orléans. On a encore de lui quelques autres ouvrages , entr'autres , contre les Jéfuites. Né à Dijon en 1592. Mort auffi à Dijon en 1661.

MORNAC , ( Antoine ) ( *Hift. Litt. mod.* ) célèbre avocat au parlement de Paris. On a fes ouvrages de droit en 4 volumes *in-fol.* & fes vers en un volume *in-8°.* fous le titre de *Feriœ Forenfes* , pour bien avertir qu'il ne fe permettoit d'en faire que, dans les vacances & à fes heures perdues. Mort en 1619.

MORNAY ou MORNAI , ( *Hift. de Fr.* ) ancienne & illuftre famille déjà puiffante dans le Berry & dans la Touraine dès le douzième fiècle , & qui au commencement du quatorzième , a eu deux chanceliers de France , favoir :

1°. Pierre de *Mornay*, élu evêque d'Orléans en 1288, duc d'Auxerre en 1295. Mort en 1306.

2°. Etienne , clerc du roi , nommé chancelier au commencement de 1314, & qui le fut jufqu'en 1316. Il fut depuis préfident des comptes, & chargé d'ailleurs de diverfes négociations importantes. Il mourut le 31 août 1332.

Guillaume , frère d'Etienne, étoit valet-de-chambre de Louis Hutin , Charles-le-Bel le fit chevalier le 17 juin 1322.

Le perfonnage le plus célèbre eft ce Philippe de *Mornai* feigneur ou Pleffis-Marli , qui joue un fi beau rôle dans la Henriade , & qu'on appelloit le *pape des efuguenots*. C'étoit en effet de tous les feigneur; François attachés à ce parti , un des plus fages & des plus induftrius. Il avoit été deftiné à l'etat

ecc'éfiastique ; & un oncle , affez riche bénéficier , lui
deftinoit fes bénéfices ; il facrifia fans balancer fes efpérances à ce qui lui parut être la vérité :

Soutien trop vertueux du parti de l'erreur,

dit M. de Voltaire. Son livre contre l'Euchariftie lui
donna une grande confidération dans le parti. Il fut
le fujet de la fameufe conférence de Fontainebleau
en 1600 , entre lui & Jacques Davy du Perron ,
alors évêque d'Evreux , depuis cardinal. S'il fervit
fon parti de fa plume , il fervit fon roi de fon épée ,
de fes négociations, de fes confeils. M. de Sully ne
lui rend pas affez de juftice dans fes mémoires; on
voit qu'il y avoit entr'eux rivalité de crédit , foit
auprès du prince, foit dans le parti ; d'autres fuffrages
lui font plus favorables. Le fameux Hugues Grotius
dans fes lettres , lui attribue le traité de Monarchiâ ,
publié fous le nom de Junius Brutus ; mais M. Boffuet
dit qu'il n'en fut que l'éditeur. Lorfqu'en 1621 ,
Louis XIII ralluma contre les Huguenots ces guerres
que la modération de fon père avoit éteintes , il
crut devoir ôter à du Pleffis Mornai le gouvernement
de Saumur , que Mornai tenoit de l'amitié de Henri
IV , & qu'il poffédoit depuis 1590. Il mourut le 11
novembre 1623. Il étoit né le 5 novembre 1549.

Philippe de Mornai , fon fils , fut tué le 23 octobre
1605 , dans les Pays-Bas , à l'entreprife de Gueldres.

Dans la branche des marquis de Montchevreuil,
Charles de Mornai eut cinq fils tués au fervice ,
favoir :

Philippe , chevalier de Malte , tué au paffage du
Rhin en 1672.

Charles-François & Marc, capitaines de cavalerie,
tués en diverfes occafions.

Gafton-Jean-Baptifte , comte de Montchevreuil,
lieutenant-général des armées du roi , tué à la bataille
de Nerwinde le 29 juillet 1693.

Henri , leur frère, marquis de Montchevreuil, fut
gouverneur du château de S. Germain-en-Laye ,
ainfi que Léonor fon fils.

René , frère de Léonor , ambaffadeur en Portugal,
abbé d'Orcamp , nommé à l'archevêché de Befançon ,
paffoit par l'Efpagne en revenant du Portugal, lorfqu'il
fut aveuglé d'un coup de foleil ; il mourut aux eaux
de Bagnères en 1721.

Dans la branche des feigneurs de Mefnil-Terribus
& de Ponchon ;

Charles de Mornai eut la jambe fracaffée à la
bataille de Rocroi en 1643.

Philippe , fon frère , fut tué auffi dans un autre
combat.

François , fils de Charles , mourut au fervice de Sar-
Louis le 18 décembre 1719.

Henri , frère aîné de François , reçu au fiége de
Namur en 1692 , un coup de moufquet dans la joue
gauche , & la balle fortit derrière l'oreille droite ;
cette bleffure ne l'empêcha pas de fe trouver l'année
fuivante à la bataille de Nerwinde , où il en reçut
plufieurs autres.

Louis-François , leur frère , après avoir été trente

ans capucin , fut nommé en 1713 , coadjuteur de
Quebec.

Dans la branche de Villarceaux ;

Philippe , chevalier de Malte , fut tué en duel en
1624.

Pierre , feigneur de Villarceaux fon frère , fut
affaffiné la même année.

Charles , marquis de Villarceaux , petit-fils de
Pierre , fut tué à la bataille de Fleurus , le 19 juillet
1690.

MORON , ( Jérôme ) ( Hift. d'Ital. ) chancelier
du Milanès , fous Maximilien & François Sforce.
Lorfque François Ier. en 1515 , tenoit le premier de
ces princes affiégé dans le château de Milan , le connétable de Bourbon jugea , d'après les difpofitions particulières dont il étoit informé, que la voie de la
négociation feroit plus efficace & plus prompte que
celle des armes ; il y employa Jean de Gonzague fon
oncle , favori de Sforce, il gagna par fon moyen ,
Jérôme Moron , chancelier de Milan , l'ame du confeil
de Sforce , homme adroit & ambitieux. Quelques
hiftoriens accufent ces deux hommes d'avoir deshonoré
leur maître , en lui faifant figner une capitulation prématurée ; Moron fut confervé dans fa dignité de chancelier du Milanès , on lui promit de plus , une charge
de maître des requêtes ; on lui manqua de parole ,
& il eut d'ailleurs à fouffrir du gouvernement des de
Foix , qui exerçoient l'autorité du roi dans le Milanès ;
il fe mit donc à intriguer avec fuccès auprès du pape,
de l'empereur & de tous les fouverains d'Italie , en
faveur de François Sforce ; il fit pour lui des levées
de troupes. Le maréchal de Foix , dur & févère ,
& aliénant par-là tous les efprits , envoya au
fupplice tous ceux qu'il foupçonna de relations avec
Moron , & il ne fit que fortifier le parti de Sforce &
de Moron. Ce dernier fervit contre la France en 1521 ,
dans l'armée de Profper Colonne & de Pefcaire ; il
s'oppofa de tout fon pouvoir à la levée du fiége de
Parme ; par la connoiffance particulière qu'il avoit du
pays , il facilita aux confédérés le paffage de l'Adda ,
en leur indiquant un endroit mal gardé , où ils trouvèrent des bateaux cachés dans les rofeaux, tandis que
Lautrec , averti par François Ier de veiller fur l'Adda,
& d'en difputer le paffage aux confédérés , affuroit
qu'il étoit impoffible qu'ils tinffent feulement de le
paffer. Au commencement de 1522 , le parti François
s'étant fortifié , Moron ne perdit point courage ; il
courut à Milan pour chercher de l'argent , & pour
achever de foulever tous les efprits en faveur du maître
fous lequel il efpéroit gouverner : il gagna un moine
enthoufiafte ou fourbe ; c'étoit un auguftin , nommé
André de Ferraro , qui lui prêta le fecours de fes fureurs éloquentes En 1523 , Moron fit affaffiner à
Milan , & pour des raifons qu'on ignore , mais à ce
qu'on raconte , pour avoir entretenu quelques intelligences
avec les François , un Monfignorino Vifconti ; quelques mois après Boniface Vifconti , parent de Monfignorino , s'élança fur le duc Sforce pour l'affaffiner ;
il ne paroit pas cependant que ce fût pour venger
Monfignorino. L'infatigable Moron , plus utile au duc

de Milan que les plus habiles généraux , faifoit de plus en plus repentir les François de ne lui avoir pas tenu parole. En 1523, pendant la campagne de l'amiral de Bonnivet dans le Milanès , il empêcha Milan d'être furpris par ce général ; il encourageoit & les bourgeois & les foldats , veilloit à l'approvifionnement de la place & à l'avancement des travaux ; Milan étant bloqué , cent mille hommes manquèrent de pain pendant huit jours ; non par défaut de bled , car fes foins y avoient pourvu , mais par défaut de farine , parce que tous les moulins étoient ruinés ; il employa des moulins à bras , il rédoubla de zèle & de travaux, il infpira aux habitans fon efprit de reffource & fa conftance; enfin il fauva Milan.

Après la bataille de Pavie , Moron vit avec douleur , la dépendance dans laquelle l'empereur retenoit Sforce. On nourriffoit l'armée impériale aux dépens du duc , on l'accabloit d'exactions , on n'avoit pas honte de vouloir lui vendre douze cents mille ducats une inveftiture que tant de ducs de Milan avoient jugée inutile ; les généraux de l'empereur lui faifoient tous les jours quelque nouvel affront , fa liberté même n'étoit pas affurée. Moron partageoit fes alarmes & reffentoit fes injures; il comprit que les François trop abattus , n'étoient plus des ennemis redoutables pour Sforce , qu'ils pouvoient devenir pour lui des alliés utiles, & que c'étoit déformais à l'empereur qu'il falloit réfifter. Il forma d'après ces réfléxions , un projet digne de fon génie ; il voulut raffembler dans une ligue contre l'empereur feul , la France , l'Angleterre , le pape , les Florentins , les Vénitiens & Pefcaire lui-même , général de l'empereur , mais mécontent , qui devoit attirer au parti de la ligue tout ce qu'il pourroit entraîner de l'armée impériale , & faire égorger le refte. ( Sur le fuccès que n'eut ce projet , & fur la manière dont Pefcaire trahit Moron, voyez l'article PESCAIRE.) Moron mourut fubitement au camp devant Florence en 1529.

Il eut un fils , ( Jean Moron) cardinal , & qui eut des fuffrages pour la papauté , entr'autres , celui de Saint-Charles Borromée. Il fut envoyé légat en diverfes contrées , & il fut préfident du concile de Trente. Mort à Rome en 1525. On a de lui quelques Epitres, Conftitutions, &c. & autres ouvrages eccléfiaftiques. Sa vie , beaucoup moins active que celle de fon père , a été écrite par Jacobellus, évêque de Foligny.

MOROSINI , en latin Maurocenus ( Hift. mod.) noble & ancienne maifon qui a donné plufieurs doges à la république de Venife.

1°. Dominique , élu doge en 1148.

2°. Marin , élu en 1249. Ce fut lui qui fournit Padoue à la république.

3°. Michel, mort en 1381 , quatre mois après fon élection. Il fournit l'ifle de Ténedos.

4°. François , le plus illuftre de tous , quatre fois généraliffime des armées vénitiennes contre les Turcs, fe fignala par les plus grandes & les plus belles actions ; ce fut lui qui fit cette belle défenfe de Candie , à laquelle la France & diverfes puiffances de l'Europe contribuèrent. On compte que pendant le cours de ce

fiége , il fourint plus de cinquante affauts , livra plus de quarante combats fous terre , éventa près de cinq cents fois les mines des affiégeans. Il fut enfin forcé de capituler au bout de vingt-huit mois de fiége , en 1669. Les Vénitiens avoient perdu à ce fiége au moins trente mille hommes ; les affiégeans cent vingt mille. Le grand-vifir , qui affiégeoit Candie , avoit cherché à corrompre Morofini , en lui offrant , au nom du grand-feigneur , la principauté de la Valachie & de la Moldavie. Morofini n'avoit pas été plus acceffible à l'ambition qu'à la crainte. Quelle fut fa récompenfe ? Il fut arrêté à fon retour à Venife , par ordre du fénat. Cette injuftice fervit à manifefter non-feulement fon innocence , mais fa vertu inféxible & inaltérable. La république, pour réparation , lui donna la charge de Procurateur de Saint-Marc. En 1677 , il remporta fur les Turcs , une victoire près des Dardanelles , prit Corinthe , Athènes , prefque toute la Grèce avec les ifles voifines. Ce fut alors qu'on lui donna le titre de Peloponéfiaque , comme les anciens Romains donnoient à leurs généraux , le furnom glorieux des conquêtes qu'ils avoient faites. Ses concitoyens lui érigèrent une ftatue avec cette infcription : Francifco Maurocenó, Peloponefiaco , adhuc viventi , laquelle a fans doute fervi de modèle à l'infcription qu'on a orné la ftatue du marquis Maffei : au marquis Scipion Maffei , vivant. Cette dernière infcription mériteroit tous les éloges qu'elle a reçus, fi elle n'étoit venue après celle de Morofini. Ce grand-homme fut fait doge en 1688. Il fut généraliffime pour la quatrième fois en 1693. Il étoit alors âgé de foixante & quinze ans , étant né en 1618 ; il n'en battit pas moins les Turcs ; & à plufieurs reprifes. Enfin la fatigue & les travaux l'ayant épuifé , il tomba malade , & mourut à Napoli de Romanie en 1694. On grava fur fon tombeau la même infcription que fur fa ftatue , en retranchant les deux derniers mots, qui ne pouvoient plus avoir lieu , adhuc viventi, mais en conférvant le titre de Péloponéfiaque , qui fait fa gloire.

Deux cardinaux du nom de Morofini , Pierre & Jean-François, ont été célèbres , l'un au quinzième fiècle , l'autre au feizième. Au commencement du dix-feptième , André Morofini , revêtu des principales charges de la république, continua l'hiftoire de Venife de Paruta , qu'il pouffa jufqu'en 1615.

MORTMART. Voyez ROCHECHOUART.

MORTIMER ou MORTEMER , ( Roger de ) ( Hift. d'Anglet.) Edouard II , roi d'Angleterre , avoit époufé Ifabelle de France , fille de Philippe-le-Bel & fœur de Louis-le-Hutin , de Philippe-le-Long & de Charles - le - Bel. Edouard ne pouvoit fe paffer de mignons. (Voyez les articles GAVISTON & EDOUARD) Ifabelle fe permit des amans. On remarqua fur-tout parmi ceux-ci , Roger de Mortemer , d'une famille originaire de Normandie , le plus bel homme de l'Angleterre , le plus fpirituel. Ce n'étoit affurément ni aux Spenfers à être févères, ni à Edouard à être jaloux ; & les premiers auroient pu fe contenter de gouverner le roi , fans perfécuter la reine : ils s'empreffèrent de faire favoir au monarque l'infidélité de fa femme. Edouard renonça dès-lors à la voir , & c'étoit apparemment ce qu'ils défiroient ; mais craignant encore plus *Mortemer* qu'Ifabelle , ils le firent mettre à la Tour de Londres ; on le condamna deux fois à mort , on lui donna deux fois fa grace : on voulut le retenir toute fa vie en prifon ; il fe fauva , & vint chercher un afyle en France. Ifabelle y vint auffi , & y porta fes plaintes contre un mari injufte. & des miniftres infolens ; mais quand on eut vu en France, de quoi il s'agiffoit , & qu'une femme vouloit réduire les intérêts de deux nations aux intérêts d'un mignon & d'un amant , Charles-le-Bel , *ennemi de ces turpitudes* , dit Mézeray , n'y voulut prendre aucune part. Cependant Ifabelle & *Mortemer* rentrent en Angleterre , arment contre Edouard & les Spenfers , font périr les Spenfers, enferment Edouard , le font dépofer , s'emparent de l'autorité , malgré la précaution que le parlement avoit prife en dépofant Edouard II, de nommer douze tuteurs pour gouverner fous Edouard III , fils d'Edouard II & d'Ifabelle ; ces ufurpateurs d'un pouvoir qu'on n'avoit pas prétendu leur confier , commencent à infpirer la haine qu'ils méritoient. Les larmes hypocrites que l'impudente Ifabelle affectoit de verfer fur le fort de fon mari , comme fi ce fort n'eût pas dépendu d'elle , mais feulement de la nation , ces larmes ne pouvant en impofer , revoltèrent & firent verfer des larmes véritables en faveur d'Edouard. Ifabelle & *Mortemer* craignant les effets de cette pitié , comblèrent la mefure en faifant périr Edouard II , & même d'une mort cruelle. *Mortemer* avoit rendu à l'Angleterre l'infolence & les vices des Gaveffon & les Spenfer , fa tyrannie étoit devenue infupportable & au peuple & au roi ; le peuple frémiffoit de voir une femme meurtrière de fon mari , règner fcandaleufement avec fon complice ; le roi Edouard III s'indignoit des horreurs dont on fouilloit les prémices de fon règne. Ifabelle & *Mortemer* voyoient l'exécration publique & la bravoient ; ils s'imaginoient pouvoir tout , parce qu'ils ofoient tout ; ils croyoient couvrir des crimes atroces par des crimes adroits. Quand ils voulurent perdre le comte de Kent, qui les avoit trop bien fervis , mais qui s'en repentoit, ils lui firent donner le faux avis que le roi Edouard II, fon frère , dont il pleuroit la mort , étoit vivant ; on lui dit qu'il ne pouvoit pas le voir , mais on l'affura qu'il pouvoit lui écrire , & l'on offrit de remettre fes lettres ; le comte de Kent écrivit , il promit à fon frère de ne rien négliger pour lui rendre la liberté & la couronne. C'étoit tout ce qu'on vouloit ; la lettre portée à *Mortemer*, fut le crime pour lequel un parlement vendu, condamna au dernier fupplice le frère d'Edouard II & l'oncle d'Edouard III. Sa confifcation fut donnée à un des fils de *Mortemer* , tant l'autorité avoit dépouillé toute pudeur ! *Mortemer* fit arrêter pour la même caufe, un autre prince du fang , dont il avoit reçu , auffi bien qu'Ifabelle , les plus grands fervices , c'étoit le comte de Lancaftre. Les Parlemens n'ofoient plus réfifter à *Mortemer* : au mépris de toutes les loix , il entroit à main armée dans les affemblées , menaçant de la mort

quiconque prétendroit réfifter. Préfent à tout par les efpions dont il entouroit le roi & les grands , il rendit le roi inacceffible & les grands fufpects les uns aux autres. Quand le roi entreprit de le punir , il fallut qu'il cachât fon projet comme on cache une confpiration ; à peine put-il trouver des complices ; il convoqua un parlement à Nottingham ; il voulut fe rendre le maître du château , mais Ifabelle & *Mortemer* l'avoient prévenu ; on lui permit à peine de s'y loger avec trois ou quatre domeftiques : la reine avoit pris la précaution de faire changer les ferrures , & tous les foirs on lui apportoit les clefs du château : le roi eut connoiffance d'un paffage fouterrein , pratiqué autrefois pour donner au château une fecrette iffue , abandonné alors & bouché par des décombres. Ce paffage qu'on appelle encore *la foffe de Mortemer* , communiquoit à l'appartement de ce favori ; ce fut par là que les confidens du roi , introduits pendant la nuit , furprirent *Mortemer* tenant un confeil fecret avec fes amis particuliers. Deux de ces derniers ayant tiré l'épée pour le défendre , furent maffacrés à l'inftant : la reine réveillée par le bruit & par fon inquiétude , s'élance de fon lit , vole au fecours de fon amant : mon fils , mon fils , crioit-elle , épargnez le gentil *Mortemer* ! Elle le vit entrainer ; *Mortemer* fut pendu , Ifabelle enfermée , alors Edouard fut roi.

Obfervons feulement , en faveur de l'autorité toujours néceffaire des loix , que le parlement ayant condamné *Mortemer* fur la feule notoriété des faits, fans avoir entendu de témoins , fans avoir donné à l'accufé les moyens de fe défendre , cet arrêt fut caffé environ vingt ans après , fur les repréfentations du fils de *Mortemer* , qui allégua l'irrégularité de la procédure.

Quant à Ifabelle , quelques auteurs ont dit qu'on avoit avancé fes jours ; l'opinion conftante eft qu'elle vécut vingt-huit ans dans fa prifon. Froiffard , auteur prefque contemporain , dit qu'elle y ufa fa vie doucement ; qu'on lui donna des chambrières pour la fervir , dames pour lui tenir compagnie , chevaliers d'honneur pour la garder , belle revenue pour fe fuffifamment gouverner felon fon noble état , & que le roi fon fils la venoit voir deux ou trois fois l'an ; c'étoit tout ce qu'il lui devoit.

La maifon de *Mortemer* joua dans la fuite un rôle confidérable , & eut des droits inconteftables fur le tróne après la mort de Richard II , fils du prince Noir , & petit-fils d'Edouard III. Le fecond des fils d'Edouard III, qui fuivoit immédiatement le prince Noir , & qui précédoit les ducs de Lancaftre & d'Yorck , avoit des deux Rofes , étoit le duc de Clarence. Celui-ci étoit mort avant fon père , ne laiffant d'Elifabeth de Burgh fa femme , qu'une fille , mariée à Edmond *Mortemer* , comte de la marche , d'une autre branche que Roger ; ces *Mortemer*, trois fois de fort , ne régnerent point , mais leurs droits paffèrent par mariage , à la branche d'Yorck , qui les fit valoir.

MORTON , ( *Hift. d'Anglet. & d'Ecoffe* ) le comte de Murray frère naturel de Marie Stuart &
fon

fon plus mortel ennemi, chef du parti proteftant en Ecoffe; le comte de *Morton* de la maifon de Douglas, ami & confident de Murray, & le fecrétaire d'état Maitland de Léthington formoient ce qu'on pourroit appeller le Triumvirat d'Ecoffe, dont l'objet étoit de perdre Marie Stuart & de mature fur le trône le comte de Murray, fous lequel les deux autres efpéroient de régner. Ils avoient d'abord engagé la reine Elifabeth à faire enlever la reine d'Ecoffe à fon paffage de France en Ecoffe; c'étoient eux qui avoient fait affaffiner David Riccio; ( *voyez* RICCIO ) c'étoient eux qui entretenoient par toute forte d'artifices, la méfintelligence & la divifion entre Marie Stuart & Stuart Darnley fon mari. La politique affez conftante du Triumvirat, étoit de ne jamais s'expofer tout entier & de paroitre même fe divifer ; quand l'un des deux autres les armes, les deux autres, ou l'un d'eux feignoit de s'attacher aux intérêts de la reine, & reftoit auprès d'elle pour l'épier, la tromper & rendre compte de tout aux autres. La nuit du 9 au 10 février 1567, la maifon où étoit logé Darnley faute en l'air par le jeu d'une mine, on retrouve le corps de ce prince à quelque diftance de là, fous un arbre. Quels étoient les affaffins ? La voix publique accufa d'abord le comte de Bothwel. Le crédit de Murray & de Morton fit choifir les juges & les officiers qui devoient connoître de ce crime. Quand Bothwel parut devant fes juges, *Morton* prit fa défenfe, & voulut l'accompagner. Pendant qu'on inftruifoit ou qu'on feignoit d'inftruire le procès de Bothwel, Murray content de lui avoir fait donner des juges à fon choix, voyageoit en Angleterre & en France, paroiffant ne prendre part à rien, & fuppofant que la recherche qu'on alloit faire des affaffins du roi ne pouvoit le regarder, ou en tout cas voulant détourner de lui les foupçons. Bothwel fut abfous par la connivence de fes juges, par le crédit de fes complices, à la tête defquels étoit *Morton* ; mais ceux-ci virent bien que le peuple n'avoit pas confirmé la fentence des juges, & que Bothwel étoit condamné par l'opinion publique. Ils engagèrent la nobleffe à figner un acte de confédération, par lequel elle garantiffoit l'innocence de Bothwel, prenoit fa défenfe contre fes accufateurs, & le propofoit à Marie avec inftance comme un homme digne de recevoir la main de fa fouveraine, comme un vieux ferviteur de la reine d'Ecoffe Marie de Lorraine fa mère, comme un appui néceffaire & dont elle ne pouvoit fe paffer dans un temps de factions & de crimes, où fon précédent mari venoit de lui être enlevé par un attentat fi hardi & fi effrayant. Murray, avant fon départ, affectant un faux zèle pour les intérêts de fa fœur, lui avoit auffi tenu le même langage; cependant on fentoit que la reine feroit retenue par la confidération des foupçons dont Bothwel avoit été l'objet. C'eft fur-tout à détruire ces foupçons que l'on s'attache. Les termes dans lefquels étoit conçu l'acte foufcrit par la nobleffe, avoient fur ce point une énergie qui ne permettoit aucun doute fur l'inno- cence de Bothwel. « pour la foutenir, difoit-on, » & pour affurer le mariage de Bothwel avec la

» reine ; nous facrifierons nos fortunes & nos vies... » fi nous venions jamais à penfer ou agir autre- » ment, nous confentons à perdre pour toujours » notre réputation & à être regardés comme des » gens fans foi, comme des traitres. » Cet acte étoit figné de *Morton* & de fes amis & de tous les gentilshommes qu'ils avoient pu féduire. Marie, en époufant malgré elle, ce vieux Bothwel, crut céder aux vœux de fa nobleffe & fe facrifier au bien de l'état; d'ailleurs effrayée pour elle-même de la violence qui lui avoit enlevé fon mari, elle crut en effet avoir befoin d'un appui, & n'en pouvoir choifir un plus fûr que celui qui lui avoit été propofé par fon frère & par la nobleffe de fon royaume; elle ne pouvoit croire Bothwel coupable; accufée elle-même par des libelles, la confcience qu'elle avoit de fon innocence la difpofoit à juger innocent, fur la foi de la nobleffe du royaume, un ancien & zélé ferviteur de fa maifon. Elle fe perfuada même qu'on n'avoit accufé Bothwel qu'en haine de l'attachement qu'il lui avoit toujours montré, & de la confiance dont elle l'honorcit.

*Morton* avoit fait abfoudre le comte de Bothwel, il avoit déterminé la reine à époufer ce Bothwel; à peine le mariage eft-il célébré, tout change. *Morton* fe déclare ennemi de Bothwel & de la reine; peu s'en faut qu'il ne les furprenne & ne les enlève dans leur palais même; il foulève cette même nobleffe qu'il avoit féduite, & lui fait prendre les armes. Quel motif allègue-t-il de cette révolte contre fa fouveraine? *c'eft que par fon mariage, auffi honteux que précipité avec le comte de Bothwel, Marie fournit une preuve non équivoque qu'elle a participé à la mort du roi fon époux.*

La vérité eft que *Morton* avoit été complice de Bothwel dans l'affaffinat du roi; ainfi, bien affuré que Bothwel étoit coupable, il le défend devant les juges, il le fait abfoudre par ces juges vendus, il fait attefter fon innocence par la nobleffe, il la fait attefter devant la reine, il lui propofe cet homme pour mari; & quand elle a bien voulu l'agréer fur la foi d'une inno- cence ainfi confirmée, c'eft le moment que *Morton* attendoit pour accufer Bothwel du meurtre du roi, & la reine elle-même de complicité ! cette complicité, il la fonde fur le mariage même qu'il a eu l'info- lence & la perfidie de propofer !

*Morton* pourfuit la reine & Bothwel; l'injuftice triomphe, la reine tombe entre les mains des rebelles, elle s'en échappe, elle fe fauve en Angleterre, où, contre tout droit, elle eft retenue prifonnière. Quant à Bothwel, il eût été auffi aifé à prendre que la reine, mais Murray & Morton étoient trop habiles pour fe charger de ce dangereux prifonnier qui, n'ayant plus rien à ménager, eût tout dit & tout prouvé: on le laiffa échapper; on attendit qu'il eût gagné les Orcades, puis le Dane- marck, alors on mit fa tête à prix pour lui fermer le retour. Murray eft nommé régent d'Ecoffe. Cepen- dant Elifabeth, reine d'Angleterre, veut que fa prifon- nière fe juftifie; on nomme des commiffaires de part & d'autre; Murray, *Morton* & Léthington ont grand foin de fe faire nommer à la tête des commiffaires accusateurs de Marie ; ils veulent suivre tous les détails de cette affaire , quoiqu'ils n'aient rien à craindre , ayant pour juge Elisabeth leur alliée & l'ennemi de Marie.

Après la mort de Murray la régence d'Ecosse fut donnée au comte de Lennox, père du malheureux Darnley. Vengeur naturel de la mort de son fils , son premier soin fut d'envoyer en Danemarck , réclamer Bothwel ; cette ambassade donnoit de vives inquiétudes à Morton ; de concert avec Elisabeth, auprès de laquelle il étoit alors , il fit manquer la négociation , & Bothwel resta en Danemarck ; Morton intercepta les dépêches que le ministre écossois envoyoit au régent d'Ecosse : cependant la guerre civile continuoit en Ecosse entre le parti de la régence, qu'on appelloit le parti du jeune roi, & celui de la reine , c'est-à-dire, qu'on armoit le fils contre la mère ; Lennox étant tombé entre les mains du parti ennemi , fut massacré sans pitié , en vengeance de cruautés pareilles qu'il avoit exercées contre les gens de ce parti qui étoient tombés entre ses mains , nommément contre l'archevêque de Saint-André , Hamilton, qu'il avoit fait pendre , & qui fut le premier exemple d'un évêque mort par la main du bourreau en Ecosse.

La régence fut donnée au comte de Marr, gouverneur du jeune prince , homme digne d'un parti plus juste ; il mourut en peu de jours , d'une maladie inconnue , dont il fut saisi en sortant de dîner chez le comte de Morton , qui voulut avoir sa place & qui l'eut ( 1572. )

Morton se signala par des violences plus grandes encore que celles de son ami Murray envers les partisans de Marie ; il se rendit odieux à la nation , qui le déposa ; après avoir passé quelque temps dans une retraite que ses amis même appelloient l'Antre du Lion , il rentra dans la régence à main armée , mais ce fut pour tomber de plus haut & dans un abime plus profond.

Elisabeth avoit brouillé Marie avec le prince d'Ecosse son fils ; on parvint à brouiller à son tour Elisabeth avec le prince d'Ecosse ; ce fut l'ouvrage des Guises. Un des moyens qu'ils imaginèrent pour servir Marie Stuart , leur cousine , fut d'envoyer en Ecosse, Edme Stuart , baron d'Aubigny , neveu du feu comte de Lennox, & le plus proche parent du jeune prince , du côté paternel. Il s'associa un autre Stuart, fils du lord Ochiltrée. La faveur de Jacques fit le premier, duc de Lennox ; le second , comte d'Arran. Tous deux avoient de quoi plaire & de quoi séduire ; ils s'emparèrent de l'esprit du jeune prince , l'approchèrent de sa mère , l'éloignèrent d'Elisabeth , l'irritèrent sur-tout contre Morton , qu'ils accusèrent devant le prince d'être un des meurtriers de son père ; Morton fut arrêté , on lui fit son procès ; la reine d'Angleterre en fut vivement alarmée, elle envoya coup sur coup, pour cette affaire , plusieurs ambassadeurs extraordinaires en Ecosse. Elle fit avertir le prince de se défier du duc de Lennox & du comte d'Arran , qui , disoit-elle, le trahissoient. Un de ses ministres plaida publiquement par son ordre , la cause de Morton devant le parlement

d'Ecosse ; elle pria & menaça, elle voulut soulever en faveur de Morton , la noblesse écossoise. Morton s'étoit fait trop d'ennemis dans la noblesse même ; Elisabeth fit avancer des troupes sur la frontière ; on avoit tout prévu & pourvu à tout. Morton , convaincu & condamné , fut exécuté sans réclamation ; il fit au moment de son supplice , une déclaration qui fut rédigée & écrite sous sa dictée , par des ecclésiastiques de ses amis, qui l'assistoient à la mort , & il résulte de cette déclaration.

1°. Qu'ayant su le complot de Bothwel , il ne l'avoit ni prévenu ni révélé ; qu'après l'exécution du crime , sachant Bothwel coupable , il l'avoit fait absoudre par des juges à sa bienséance , devant lesquels il l'avoit même accompagné ; qu'il l'avoit proposé & fait proposer par la noblesse , pour mari à la reine , & qu'il s'étoit servi ensuite de ce mariage pour prouver la complicité de la reine avec Bothwel , qu'il n'avoit accusé qu'après le mariage.

2°. Que croyant ou sachant Léthington coupable , il l'avoit fait reconnoitre par la même noblesse , pour homme d'honneur & citoyen utile.

3°. Qu'enfin , ayant su, avant la mort du roi , que son cousin Archibald Douglas étoit entré dans une conjuration ; & après la mort du roi , que ce même Archibald Douglas avoit aidé Bothwel dans l'exécution du crime, il en avoit fait son agent & sa créature, l'avoit élevé de l'emploi obscur de ministre à Glaskow , à la dignité de lord de la cour de justice; qui avoit fait sa fortune, comme pour le récompenser d'avoir assassiné le roi.

MORVILLIERS , ( de ) ( Hist. de Fr. ) Il y a eu un chancelier & un garde des sceaux de ce nom ; mais ils n'étoient pas , dit-on , de la même famille :

1°. Le chancelier , nommé Pierre , étoit fils de Philippe de Morvilliers, premier président du parlement de Paris, sous les règnes de Charles VI & de Charles VII , mort en 1438. Ils étoient d'une famille noble de Picardie. Pierre fut fait chancelier en 1461 , la première année du règne de Louis XI. Ce prince l'envoya en 1464 , auprès du duc de Bourgogne , Philippe-le-Bon ; il l'avoit envoyé auparavant auprès du duc de Bretagne, & voici à quelle occasion. Le comte de Charolois , ( Charles-le-Téméraire ) à qui le duc de Bourgogne son père , avoit confié le gouvernement des Pays-Bas, faisoit son séjour à Gorkon en Hollande , d'où il entretenoit une correspondance secrette avec le duc de Bretagne , par le moyen de Romillé , vice-chancelier de ce duc. Louis XI envoya son chancelier Morvilliers, homme violent, impétueux & hardi , défendre au duc de Bretagne de prendre le titre de duc-par la grace de Dieu ; de battre monnoie & de lever des tailles dans son duché. Le duc surpris , feignit de se soumettre, gagna du tems, & se ligua secrettement avec le comte de Charolois.

Le bâtard de Rubempré , déguisé en marchand , entra dans le port de Gorkon , à dessein d'enlever Romillé , l'ame & l'instrument de cette intrigue. Peut-être la commission de Rubempré s'étendoit-elle jusqu'à enlever le comte de Charolois lui-même, si l'occasion s'en présentoit, du moins le comte affecta de le croire & de le publier ; Rubempré fut découvert & arrêté. Le roi envoya au duc de Bourgogne, qui étoit pour lors à Hesdin, une ambassade célèbre, à la tête de laquelle étoit *Morvilliers*, pour demander la liberté de Rubempré & une réparation éclatante des bruits injurieux, répandus par le comte de Charolois, au sujet de cette expédition. *Morvilliers* mit tant de hauteur dans ses plaintes & dans les reproches dont il accabla le comte de Charolois sur ses intelligences avec le Breton, qu'il aliéna les esprits plus que jamais, & fit partager au duc de Bourgogne le ressentiment de son fils contre le roi. Lorsque les ambassadeurs prirent congé du duc de Bourgogne, le comte de Charolois dit à l'archevêque de Narbonne, d'un ton ironique & fier : « recommandez-» moi très-humblement à la bonne grace du roi, & » lui dites qu'il m'a bien fait laver la tête par son » chancelier, mais qu'avant qu'il soit un an, il s'en » repentira ». Il lui tint parole, comme Louis XI le reconnut lui - même dans la suite, & l'aventure de Rubempré & les hauteurs de *Morvilliers*, furent une des principales causes de la guerre du bien public & de la bataille de Montlhéri. Le chancelier de *Morvilliers* mourut en 1476.

. 2°. Le garde des sceaux, nommé Jean, fils du procureur du roi de la ville de Blois, naquit en 1507, fut d'abord lieutenant-général de Bourges, doyen de la cathédrale de cette ville, puis conseiller au grand-conseil. Il fut envoyé en ambassade à Venise, & s'y conduisit bien ; il eut l'évêché d'Orléans en 1552, & les sceaux en 1568. Il acquit la réputation au concile de Trente. Le président Hénault, à l'année 1563, rapporte une lettre de lui du 3 mars, où la distinction des décrets concernant la doctrine, & des décrets concernant la discipline, est parfaitement établie, les premiers sont regardés *comme choses saines & bonnes ; étant déterminées en concile général & légitime* ; les autres comme dérogeant aux droits du roi & aux privilèges de l'église gallicane, ne pouvant être reçus ni exécutés. *Morvilliers* se démit de son évêché en 1563, il quitta aussi les sceaux & les reprit. Il les avoit eu la première fois, à la retraite du chancelier de l'Hôpital, auquel il étoit fâcheux de succéder. Il mourut à Tours en 1577.

MORUS, (Thomas) ( *Hist. d'Anglet.* ) chancelier d'Angleterre, savant, d'une vertu douce, d'un esprit gai, qui plaisanta jusques sur l'échafaud, où le barbare Henri VIII l'envoya, parce qu'il refusoit de reconnoître sa suprématie ; il dit à un des assistans : *aidez-moi, je vous prie, à monter, il n'y a pas d'apparence que vous m'aidiez à descendre*, il rangea sa barbe sous la hache de l'exécuteur, en disant : celle-ci *n'a point commis de trahison*. Cette homme rare donnoit toujours à la vertu un caractère d'enjouement & de gaieté. Un gentilhomme anglois, qui avoit un procès à la chancellerie, lui envoya deux flacons d'or d'un travail recherché ; & Thomas *Morus* les fit remplir d'un vin exquis, & les remit au domestique du gentilhomme : » mon ami, lui dit-il, dites à votre maître, que si

» mon vin lui paroît bon, il peut en envoyer chercher tant qu'il voudra.

Thomas *Morus* fut décapité en 1535. Sa femme le conjuroit d'obéir au roi, & de se conserver pour elle & pour ses enfans. Il avoit soixante-deux ans, étant né vers l'an 1473. *Combien d'années croyez-vous que je puisse vivre encore ? ---- Plus de vingt ans,* répondit-elle. ---- *Et c'est à vingt ans de vie sur la terre que je sacrifierois l'éternité !* Marguerite *Morus* sa fille, digne d'un tel père, lui écrivit, dit-on, pour lui persuader aussi d'obéir au roi ; mais elle avoit espéré que sa lettre seroit interceptée : elle le fut, & en conséquence, on lui accorda la permission qu'elle sollicitoit, d'aller consoler & servir son père dans la prison ; alors elle loua son zèle & sa constance, lui promit de suivre son exemple, s'il en étoit besoin, & d'être, comme lui, fidelle à la religion, au péril de sa vie ; elle racheta de l'exécuteur, la tête de son père, professa hautement l'orthodoxie en Angleterre, & chercha sa consolation dans la foi dont son père étoit mort martyr, & dans les lettres qu'il avoit cultivées avec gloire. On a de lui un dialogue, intitulé : *quod Mors pro fide fugienda non sit*. Ce principe régla sa conduite. Il écrivit contre Luther ; on a encore de lui une histoire de Richard III & d'Edouard V ; une version latine de trois dialogues de Lucien ; des lettres ; des épigrammes ; son apologie de l'*Eloge de la Folie*, par Erasme ; & enfin ; mais c'est sur-tout son *Utopie*, qui mérite d'être distinguée. Ce roman politique ; souvent comparé à la république de Platon, peut être regardé comme un ouvrage de génie, sur-tout si l'on considère le temps où il a paru ; la plûpart des idées philosophiques & politiques, auxquelles on a su donner plus d'éclat dans la suite, se trouvent dans ce livre. Les réflexions du voyageur Raphaël Hythlodée, sur l'inconvénient des soldats & des domestiques trop nombreux ; sur la peine de mort infligée aux voleurs ; sur les moyens de prévenir le vol, pour n'avoir pas à le punir ; sur les loix injustes en général, méritent l'attention des législateurs & des hommes d'état ; & quant à la politique extérieure, aux intérêts des princes, toujours si mal connus par eux, à leurs conventions superflues, s'ils étoient justes ; inutiles, s'ils sont injustes, on n'a rien dit de mieux depuis l'*Utopie*. L'auteur juge que la guerre, *bellum, rem planè belluinam*, doit être abandonnée aux bêtes carnacières, & que la gloire des conquêtes devroit tenir lieu d'infamie.

Les mêmes principes de bienfaisance & d'équité président en général aux usages & aux loix des Utopiens. Si jamais les chefs des nations s'occupoient du soin de réformer les sociétés politiques & de rapprocher le genre humain de la nature & du bonheur, ils auroient plus d'une idée utile à puiser dans ce livre, & dans les meilleurs certainement qu'ait produits le seizième siècle. Il a été traduit par Gueudeville.

MORUS, ( Alexandre ) ( *Hist. Litt. mod.* ) est le nom d'un ministre protestant, qui exerçoit son ministère à Charenton, & enseigna la théologie & l'histoire en Hollande : il écrivit contre Milton, en faveur des Rois ; son ouvrage a pour titre : *Alexandri*

*Mori fides publica.* Milton & Daillé l'ont fort maltraité dans leurs écrits. On a de lui des Sermons qui attirèrent la foule dans le temps; des traités de Controverses; des Harangues & des Poëmes latins, un entre autres, qu'il publia étant en Italie, au sujet d'un combat naval, gagné par l s. Vénitiens contre les Turcs. La république de Venise lui fit présent d'une chaîne d'or pour cet ouvrage. Alexandre *Morus* étoit françois, né à Caftres en 1616, d'un père écoffois; il mourut à Paris en 1670.

Il y a quelques autres favans, mais obfcurs, du nom de *Morus*.

MOSCHUS, (*Hift. Litt. anc.*) poëte bucolique grec, étoit contemporain de Théocrite & de Bion. Il vivoit comme eux du temps de Ptolemée-Philadelphe, environ deux fiècles ou un peu plus avant J. C.

Les poëfies de Mofchus & de Bion, qui font ordinairement imprimées enfemble, font pleines de goût & de délicateffe, & plaifent à ceux même qu'on accufe de ne pas affez fentir le mérite de la fimplicité des anciens.

MOSCHUS eft auffi le nom d'un pieux folitaire, prêtre de Jérufalem, connu par les voyages qu'il entreprit pour vifiter les monaftères d'Orient & de l'Egypte & par un ouvrage intitulé :: *Le Pré Spirituel*, qui a été traduit par M. Arnauld d'Andilly. Ce Mofchus, nommé Jean, vivoit, à ce qu'on croit, dans le 7e. fiècle de l'ère chrétienne.

MOSHEIM, (Jean Laurent) *Hift. Litt. mod.*) célèbre prédicateur allemand, de l'ancienne famille des barons de Mosheim. On le regarde comme le *Bourdaloue de l'Allemagne*. Il n'étoit pas moins habile littérateur. On a de lui une *Hiftoire Eccléfiaftique* fous ce titre: *Inftitutiones Hiftoriæ Eccléfiafticæ*, une hiftoire du malheureux Michel Servet, des differtations favantes fur divers objets littéraires. Il a traduit & commenté quelques ouvrages de Cudwoth. ( *Voyez* cet article.) Il eft mort vers le milieu du fiècle préfent, chancelier de l'univerfité de Gottingue. Il étoit né à Lubeck, en 1694.

MOSQUÉE, f. f. (*Hift. mod.*) parmi les Mahométans, c'eft un temple deftiné aux exercices de leur religion, ce mot vient du mot turc *mefchit*, qui fignifie proprement un temple fait de charpente, comme étoient ceux que conftruifirent d'abord les Mahométans; c'eft delà que les Efpagnols ont fait *mefchita*, les Italiens *mofcheta*, & les François & les Anglois *mofquée* & *mofques.* Borel le dérive du grec *μωχος, vitulus,* à caufe que dans l'alcoran il eft beaucoup parlé de vache; d'autres le tirent, avec plus de raifon, du *mafgiad*, qui, en langue arabe, fignifie *lieu d'adoration.*

Il y a des *mofquées* royales fondées par les empereurs, comme la Solimanie, la Muradie, &c. A Conftantinople il y a des *mofquées* particulières fondées par des muphtis, des vifirs, des bachas, &c.

Les *mofquées* royales ou *jamis*, bâties par les fultans, & qu'on appelle *felaryn*, d'un nom générique qui fignifie *royal*, font ordinairement accompagnées

---

d'académies ou grandes écoles bâties dans leur enceinte ou dans leur voifinage; on y enfeigne les loix & l'alcoran, & ceux qui font prépofés à ces académies fe nomment *muderis*, & n'en fortent que pour remplir des places de mollaks ou de juges dans les provinces. Elles font auffi accompagnées d'*imarets* ou hôpitaux pour recevoir les pauvres, les malades, les infenfés. Les *mofquées* royales ont de grands revenus en fonds de terre, & les autres à proportion, felon la libéralité de leurs fondateurs.

On n'apperçoit dans les *mofquées* ni figures, ni images, parce que l'alcoran les défend expreffément, mais plufieurs lampes fufpendues, & plufieurs petits dômes foutenus de marbre ou de jafpe; elles font quarrées & folidement bâties. A l'entrée eft une grande cour plantée d'arbres touffus, au milieu de laquelle & fouvent fous un veftibule eft une fontaine avec plufieurs robinets & de petits baffins de marbre pour l'*abdet* ou ablution. Cette cour eft environnée de cloîtres où aboutiffent des chambres pour les imans, & autres miniftres de la religion, & même pour les étudians & les pauvres paffans. Chaque *mofquée* a auffi fes minarets, d'où les muezins appellent le peuple à la priere. Quand les Mufulmans s'y affemblent, avant que d'y entrer ils fe lavent le vifage, les mains & les pieds. Ils quittent leur chauffure & entrent enfuite avec modeftie, faluent le mirob ou niche placé au fond de temple & tourné vers la Meque. Ils levent enfuite dévotement les yeux au ciel en fe bouchant les oreilles avec les pouces, & s'inclinent profondément par refpect pour le lieu d'oraifon. Enfin ils fe placent en filence, les hommes dans le bas de la *Mofquée*; les femmes dans les galeries d'en haut ou entre ils fe lavent les portiques extérieurs; là ils font tous à genoux fur un tapis ou fur la terre nue qu'ils baifent trois fois; de temfs-en-tems ils s'affeient fur leurs talons, & tournent la tête à droite & à gauche pour faluer le prophète, ainfi que les bons & mauvais anges. L'iman fait à haute voix la priere que le peuple répete mot pour mot. Les dômes des *mofquées* & les minarets font furmontés d'aiguilles qui portent un croiffant : les Turcs ont changé en *mofquées* plufieurs églifes. ( *A. R.* ).

MOTASSEM, ( Hift. des Califes ) Calife au neuvième fiècle de l'ère chrétienne, cinquième de l'Hégire. Son hiftoire eft d'une fingularité qui paroît fabuleufe ou du moins très-exagérée; elle eft toute comprife dans le furnom de *Huitainier*, qui lui fut donné parce que le nombre *huit* entre dans toutes les époques de fa vie. Il naquit le *huitième* mois de l'année; il fut le *huitième* Calife Abaffide & en tout le *huitième* de fa race; il monta fur le trône l'an 218 de J. C. *huit* cent quarante. Il alla *huit* fois combattre; il regna *huit* ans, *huit* mois & *huit* jours. Il mourut âgé de quarante - *huit* ans. Il eut *huit* fils & *huit* filles. Il laiffa dans l'épargne *huit* millions d'or & d'argent. On peut parier hardiment pour la fauffeté de plus de la moitié de ces rapports.

MOTAZALITES, f. m. ( *Hift. mod.* ) C'eſt le nom
des partiſans d'une ſecte de la religion mahométane,
dont la principale erreur eſt de croire que l'alcoran
a été créé, & n'eſt point co-éternel à Dieu. Cette
opinion, anathématiſée par l'alcoran même, & prof-
crite par les Sonnites, n'a pas laiſſé de trouver des
partiſans zélés, elle excita même des perſécutions
ſous quelques-uns des califes abaſſides qui décidèrent
que l'alcoran avoit été créé ; enfin Motawakel permit à tous ſes ſujets de penſer ce qu'ils voudroient
ſur la création ou l'éternité de cet ouvrage. Un docteur muſulman trouva un milieu à la diſpute, en
diſant que l'idée originaire du koran étoit réellement
en Dieu ; par conſéquent qu'elle étoit co-eſſentielle
& co - éternelle à lui, mais que les copies qui en
ont été faites, étoient l'ouvrage des hommes.

MOTTE HOUDANCOURT, ( Philippe de la )
( *Hift. de Fr.* ) maréchal de France ſous Louis XIII
& ſous Louis XIV, eſt au nombre des meilleurs
généraux du temps où il a vécu. Ce fut dans les
guerres civiles contre les Huguenots qu'il ſe ſignala
d'abord en 1622 ; puis au combat naval gagné
contre eux par le duc de Montmorenci en 1625,
à la priſe de Privas en 1629. Il fut bleſſé au
combat du pont de Carignan en 1630. Il ſe diſtingua
encore à la bataille d'Avein en 1635, au combat de
Keiſinghen, où il commandoit l'infanterie françoiſe
en 1637, à celui de Poligni en 1638, &, la même
année encore, au combat où Savelli fut défait le 7 novembre. En 1639, il prit Quiers en Piémont & ravitailla Caſal. En 1641, il fut obligé de lever le blocus de
Tarragone, parce que l'archevêque de Bordeaux Sourdis avoit laiſſé paſſer les ſecours que les Eſpagnols
portoient à cette place ; mais ce ne fut pas ſans avoir
battu ces mêmes Eſpagnols ſur les murs
de Tarragone. Il les battit encore en 1642 au combat
de Vals, le 19 janvier, à la bataille de Villefranche,
le 31 mars, & dans un troiſième combat, & prit
Monçon le 16 juin. Il étoit alors maréchal de France ;
Le roi lui en avoit donné le bâton à Narbonne le 13
avril de la même année. Il lui donna en même temps
le duché de Cardonne & la vice-royauté de Catalogne. Le maréchal de *la Mothe* gagna encore la bataille
de Lérida le 7 octobre. Juſques-là les ſuccès du maréchal de *la Mothe* excitoient l'envie ; mais en 1643
le roi d'Eſpagne reprit Monçon que *la Mothe* ne put
ſecourir &, en 1644, don Philippe de Silva battit le
maréchal de *la Mothe* qui vouloit empêcher la priſe
de Lérida. Le roi d'Eſpagne prit cette place & Balaguier, & fit lever le ſiège de Tarragone au maréchal.
Celui-ci fut rappellé à Pierre-Enciſe. Sa diſgrace venoit, dit-on, de ſes liaiſons avec le miniſtre
Deſnoyers, qui étoit alors en diſgrace lui-même,
parce qu'il n'avoit pas encore donné ſa démiſſion de
la charge de ſecrétaire d'état de la guerre dans laquelle
le Tellier étoit déſigné pour le remplacer. Le Tellier
fit entrer le cardinal Mazarin dans ſes intérêts, & on
fit le procès au maréchal de *Li Mothe*, qui traîné
de tribunaux en tribunaux, juſqu'à ce qu'enfin pleinement juſtifié par le parlement de Grenoble, il ſortit

de Pierre-Enciſe en 1648. La vice - royauté de la
Catalogne lui fut rendue en 1651. Il y força les
lignes des ennemis devant Barcelone le 23 avril 1652,
& ne rendit Barcelone, le treize octobre, qu'après 15
mois de ſiège. Il mourut le 24 mars 1657. La maréchale de *la Mothe Houdancourt*, ſa femme, fut gouvernante des enfans de France, & la ducheſſe de Ventadour,
leur fille, fut la gouvernante de Louis XV.

Il y a eu ſous le règne de ce dernier prince, un
autre maréchal de *la Mothe Houdancourt*, mort en
1755.

Le premier maréchal de *la Mothe Houdancourt*
avoit eu un frère ( Henri ) évêque de Rennes, puis
archevêque d'Auch.

Un autre, ( Jérôme ) évêque de Saint-Flour.
Un autre, abbé de l'ordre de Saint-Antoine.
Un autre, ( Jacques ), commandeur de l'ordre de
Malthe.

Le comte de *la Mothe*, leur petit-neveu, fut tué
à la défenſe d'Aire le 2 novembre 1710.

MOTHE LE VAYER, ( François de la ) *Hift.*
*Litt. mod.* ) fils d'un ſubſtitut du procureur-général
du parlement de Paris, il exerça lui-même long-temps
cette charge ; mais ſon goût l'entraînoit vers les lettres
& la philoſophie. Il fut précepteur du duc d'Orléans,
frère unique de Louis XIV, & avoit été propoſé pour
Louis XIV lui-même. Il vécut en ſage & en ſolitaire
à la cour. Il fut reçu à l'Académie Françoiſe en 1639.
On lui a beaucoup reproché ſon ſcepticiſme ; on
aſſure cependant qu'il l'étend pas aux objets de la
révélation. Ses ouvrages ont été recueillis en deux
volumes in-folio, en quatorze volumes in-8e, en 15
volumes in-12. Ils annoncent du jugement & du ſavoir.
Son Traité de la vertu des Payens a été réfuté par
M. Arnauld, dans ſon Traité de la néceſſité de la
foi. L'Hexameron ruſtique & les Dialogues faits à
l'imitation des Anciens, ſous le nom d'Oraſius
Tubero, ſont de *la Mothe le Vayer*. Ils ſont imprimés
à part & ne ſe trouvent point dans le recueil de ſes
œuvres. La traduction de Florus, qui porte le nom
de *la Mothe le Vayer*, eſt d'un fils unique de François, ami de Boileau & auquel ce poète adreſſe ſa
quatrième Satyre. C'eſt l'abbé le Vayer.

　　D'où vient, cher le Vayer, que l'homme le moins
　　　　ſage,
　　Penſe toujours avoir la ſageſſe en partage ? &c.

Ce fils mourut en 1664, du vivant du père. On
lui attribue le roman de Tarſis & Zélie, le père ne
mourut qu'en 1672. Il étoit né à Paris en 1588. On
a donné l'Eſprit de *la Mothe le Vayer*, in-12.

François de *la Mothe le Vayer* de Boutigny, maître
des requêtes, mort intendant de Soiſſons en 1685,
étoit de la même famille. On a de lui une Diſſertation
ſur l'autorité des Rois, en matière de régale ; elle avoit
d'abord été imprimée ſous le nom de M. Talon, avec
ce titre : Traité de l'autorité des Rois touchant l'adminiſtration de la juſtice, & il y a, du même M. le

*Vayer* de Boutigny, un *Traité de l'autorité des Rois*, touchant l'âge néceſſaire à la profeſſion religieuſe.

MOTHE GUYON, ( de la ) *Voyez* GUYON.

MOTHE, ( de la Mothe Fénelon ) *Voyez* FÉNELON.

MOTIN, ( Pierre ) ( *Hiſt. Litt. mod.* ) poëte françois, né à Bourges, mort en 1615.

J'aime mieux Bergerac & ſa burleſque audace
Que ces vers où Motin ſe morfond & nous glace,

Dit Boileau.

MOTTE, ( Houdart de la ) ( *Hiſt. Litt. mod* )
l'un des écrivains les plus ingénieux & les plus éclairés,
l'un des meilleurs proſateurs françois : il eut auſſi de
la réputation en plus d'un genre comme, poëte, quoiqu'il n'y ait de lui en poëſie aucun ouvrage fini, &
qu'on puiſſe regarder comme claſſique ; mais qui pourroit ne pas aimer toûjours *Inès de Caſtro* ? Qui pourroit
ne pas goûter ce tranſport paſſionné de dom Pèdre ?

Ne déſavouez point , Inès , que je vous aime.

Qui ne ſeroit attendri de ce mot pénétrant d'Inès ?

Que me promettre hélas ! de ma foible raiſon ;
Moi qui ne puis ſans trouble entendre votre nom ?

Qui ne le ſeroit du diſcours d'Inès , au moment de
l'arrivée des enfans ?

On vous amène encor de nouvelles victimes :.....
Embraſſez , mes enfans, ces genoux paternels.....
N'y voyez point mon ſang , n'y voyez que le vôtre.

Racine & Voltaire ſe ſeroient applaudis de ce trait
ſi heureux , de ce trait de génie :

Eloignez mes enfans ; ils irritent mes peines.

M. de *la Mothe* n'a excellé dans aucun genre de poëſie ;
mais il n'en eſt point où il n'offre de ces traits excellens qu'on aime à retrouver dans ſa mémoire , & qu'on
cite à tout propos , tels que ceux-ci :
Dans ſes odes Pindariques :

Et préſens à tout nous y ſommes
Contemporains de tous les hommes
Et citoyens de tous les lieux,

En parlant de l'Hiſtoire.

Les Nymphes de la double cime
Ne l'affranchirent de la rime
Qu'en faveur de la vérité.

En parlant du Télémaque.

Idolâtres tyrans des Rois.

En parlant des flatteurs ; vers dur peut-être , mais
fort de ſens,

Et le crime ſeroit paiſible ;
Sans le remords incorruptible
Qui s'élève encor contre lui.

Mot dont M. de Fontenelle a ſi bien fait ſentir tout le
mérite.

Et craignons que nôtre imprudence,
En éterniſant la vengeance ,
N'en éterniſe les remords.

Dans les odes Anacréontiques :

Un ſoupir m'échappe , il s'éveille ,
L'amour ſe réveille de rien.

Dans l'Epopée même :

Le muet parle au ſourd, étonné de l'entendre !

Sur ce qui concerne l'imitation de l'Iliade, *voyez*
l'article HOMÈRE & l'article LAMBERT ( Madame la
marquiſe de ) & oppoſez le ſuffrage de cette dame,
c'eſt-à-dire, le ſuffrage de l'amitié à la malignité de
l'épigramme de Rouſſeau.

Le traducteur qui rima l'Iliade, &c.
Rendons-les courts, en ne les liſant point.

Combattez ces deux jugemens l'un par l'autre, &
reſtez à diſtance égale de l'un & de l'autre, c'eſt là
qu'eſt l'équité.
Dans les fables, que de traits à retenir & à citer !

Ne pouvant nous régir , nous avez-vous conquis ?....
Et pourquoi donc , Seigneur , répondit la Matrone,
Leçon commence, exemple achève....
L'ennui naquit un jour de l'uniformité....
La haine veille & l'amitié s'endort....
Il vaut mieux plaire que ſervir...
Parmi tous les oiſeaux du monde
Ils ſe choiſiſſoient tous les jours....
C'eſt providence de l'amour
Que coquette trouve un volage...
Parce qu'Alexandre s'ennuye
Il va mettre le monde aux fers...
Vous n'êtes que puiſſant encore ,
Gouvernez bien, vous voilà roi....
Il perdit tout ſon temps à vaincre ,
Et n'en eut pas pour gouverner....
Foibleſſe & ruſe eſt un bon lot
Qui vaut bien puiſſance & ſottiſe.

Et une foule de traits ſemblables. C'eſt l'imitation de
La Fontaine qui a perdu tous les auteurs de fables, &
qui a égaré la Motte même. S'il eût conſenti d'être
lui , d'être *la Motte* & non pas La Fontaine, c'étoit
un fabuliſte philoſophe, plein d'eſprit & de raiſon ;
mais il a voulu, dans ſes prologues & dans ſes réflexions,
badiner comme La Fontaine, & ces petites graces
étrangères deviennent chez lui autant de grimaces,
il ne s'eſt pas aſſez ſouvenu de la fable de La Fontaine ;

Ne forçons point notre talent,
Nous ne ferions rien avec grace.

C'est dans le genre lyrique, dans l'opéra que M. de la Motte a eu le plus de succès; *Alcione*, *Issé*, *Scanderberg*, l'*Europe Galante*, le *Triomphe des Arts*, *Canente*, le *Carnaval & la Folie*, *Amadis de Grèce*, *Omphale* ont conservé de la reputation. Il nous semble cependant que sa poésie est sèche, & froide, si on la compare à celle de Quinault, au prologue des Elémens, à l'acte de Vertumne & Pomone, enfin à ce qu'il y a de mieux après Quinault dans ce genre.

On a de *la Motte* aussi des comédies, & ces comédies ont du mérite; on joue toujours le Magnifique avec succès. Il eut part, dit-on, au *Port de Mer*, très-jolie pièce qu'on attribue communément au seul Boindin, & qui en effet n'est pas dans le recueil des œuvres de *la Motte*. Il avoit d'abord débuté par ce genre, & son début ne fut point heureux. Il avoit donné en 1693, à vingt & un ans, une comédie qui avoit pour titre : *Les Originaux ou l'Italien*. La douleur qu'il eut de sa chute, l'engagea pour quelque temps à quitter le monde & ce fut à la Trappe qu'il se retira, ce qui lui a valu cette grossière injure dans ces couplets plus grossiers encore que fameux, attribués à Rousseau :

Quel Houdar, le poëte Houdar,
Ce moine vomi de la Trappe,
Qui sera brûlé tôt ou tard,
Malgré le succès qui nous frappe.

Il faut bien aimer à parler de Grève & de supplices, il faut être bien familiarisé avec ces horreurs, pour en parler. M. de *la Motte*, l'homme le plus doux, le plus sage, le plus vertueux, le plus indulgent qui fut jamais. Justice. & justesse, disoit M. de la Faye, voilà la devise de M. de *la Motte*. Il a reçu la justesse en talent, disoit encore le même M. de la Faye. Rousseau qui étoit jaloux de tous les talens, le fut des talens de M. de *la Motte*. Ils furent en concurrence pour l'Académie, *la Motte* l'emporta & devoit l'emporter auprès d'une compagnie qui exige, dans ses membres, la réunion des mœurs & des talens. M. d'Alembert trouve cependant que l'Académie fut injuste, en ne reconnoissant pas la prééminence des titres de Rousseau sur ceux de son rival. Il est vrai que Rousseau portoit dans l'ode une énergie, un éclat, un enthousiasme qui avoient été refusés à *la Motte*; mais, sans vouloir approuver ni blâmer ceux qui croiront pouvoir mettre en parallèle la philosophie de *la Motte* avec la poésie de Rousseau, la grand sens du premier, même dans l'ode, avec l'harmonie imposante, mais quelquefois un peu insignifiante du second; *la Motte* avoit pour lui ses succès en divers genres au théâtre, auxquels Rousseau n'avoit rien à opposer; *la Motte* avoit sa Prose la plus parfaite qu'on connût en françois, avant celle de M. de Fontenelle, mérite auquel Rousseau n'avoit encore rien à opposer; *la Motte* avoit cette universalité des genres que M.

de Voltaire a depuis poussée beaucoup plus loin. Rousseau étoit restreint à une sphère bien bornée, & quand *la Motte* lui en auroit abandonné l'empire & se feroit borné aux autres titres sur lesquels il n'y avoit point de concurrence entre lui & son rival, il auroit pu dire :

*illâ se jactet in aulâ*
*Œolus, & clauso ventorum carcere regnet.*

Ainsi, tout bien pesé, nous ne saurions trouver dans la préférence donnée à *la Motte* sur Rousseau, cette injustice qu'y trouvé M. d'Alembert.

M. de Fontenelle, qui disoit que sa gloire étoit de n'avoir pas été jaloux de M. de *la Motte*, parle dans l'éloge de son ami, d'églogues «qu'il renfermoit, dit-il, » peut-être par un principe d'amitié pour moi » En effet si nous n'avions pas les Eglogues de M. de Fontenelle, ce seroient celles de M. de *la Motte* qui en tiendroient la place; elles sont dans le même genre & du même ton, pleines d'esprit, de grace, de délicatesse, elles ne peignent pas plus les travaux ni les plaisirs champêtres que celles de Fontenelle, mais elles peignent aussi bien l'amour tranquille & heureux, le cœur doucement occupé d'une inclination naissante & sans trouble. L'idée en est presque toujours ingénieuse & philosophique. *Voyez* sur-tout la neuvième églogue, intitulée : *l'oiseau*. *Voyez* dans la douzième le combat de chant entre Ismène & Licidas, & toute la délicatesse de l'explication qu'ils ont ensuite.

Que d'esprit, je ne dis plus dans les grands morceaux de prose de M. de *la Motte*; je ne dis plus dans ces *réflexions sur la critique*, ouvrage excellent à tous égards & si agréable que l'auteur pourroit se passer d'avoir aussi souvent raison; mais, dans les moindres billets, dans cette correspondance de Sceaux, dans ces bagatelles, dans ces amusemens si société qui font comptés pour rien dans la gloire littéraire!

M. de *la Motte* étoit né à Paris le 17 janvier 1672. Il fut reçu à l'Académie Françoise le 8 février 1710, à la place de Thomas Corneille. Il avoit dès-lors le malheur d'être aveugle; il tira un grand parti de cette conjoncture dans son discours de réception : « Ce » que l'âge, dit-il, avoit ravi à mon prédécesseur, » je l'ai perdu dès ma jeunesse.... Il faut l'avouer » cependant, cette privation dont je me plains, ne » sera plus pour moi un prétexte d'ignorance. Vous » m'avez rendu la vue, Messieurs, vous m'avez ouvert » tous les livres, en m'associant à votre compagnie... » Et puisque je puis vous entendre; je n'envie plus » le bonheur de ceux qui peuvent lire. »

On fait que M. de *la Motte*, se trouvant dans une foule, marcha sur le pied, sans le vouloir, à un jeune homme qui se trouvoit trop près de lui : celui-ci, dans son impatience brutale, lui donna un soufflet. *Monsieur*, lui dit M. de la Motte, *vous allez être bien fâché en apprenant que je suis aveugle.* Quelle leçon en effet !

Les opinions de M. de *la Motte*, au sujet de la prééminence de la prose sur les vers, & des modernes sur les anciens, ont servi de prétexte à l'envie pour

accablé de fatyres & d'épigrammes cet homme bon
& fage qui jamais n'affligea volontairement l'amour-
propre de perfonne.

On fait qu'indépendamment des talens qu'annoncent
fes ouvrages, il en eut deux autres par lefquels il
fut même célèbre : celui de les lire de la manière la
plus féduifante, & celui de charmer par une converfation toujours attachante & toujours aimable. Ses
principaux amis furent Mde. la ducheffe du Maine,
Mde. la marquife de Lambert, M. de Fontenelle,
M. le marquis de Saint-Aulaire, M. de Sacy, M. de
la Faye, &c. Il croyoit n'avoir point d'ennemis parmi
les gens de lettres ; « ce feroit un grand préjugé contre
» vous, lui dit M. de Fontenelle, mais vous leur
» faites trop d'honneur & vous vous en faites trop
» peu.

» Il n'y a jamais eu, dit le même M. de Fonte-
» nelle, qu'une voix à l'égard de fes mœurs, de fa
» probité, de fa droiture, de fa fidélité dans le com-
» merce, de fon attachement à fes devoirs ; fur tous
» ces points la louange a été fans reftriction, peut-être
» parce que ceux qui fe piquent d'efprit, ne les ont
» pas jugés affez importans & n'y ont pas pris beau-
» coup d'intérêt. »

Privé de l'ufage des yeux, il ne fe fervoit que de
ceux d'un neveu ( M. le Fèvre ) dont les foins conf-
tans & perpétuels pendant vingt-quatre années, qu'il
a entièrement confacrées à fon oncle, méritent, dit
encore M. de Fontenelle, « l'eftime & en quelque
» forte, la reconnoiffance de tous ceux qui aiment
» les lettres, ou qui font fenfibles à l'agréable fpec-
» tacle que donnent des devoirs d'amitié bien remplis».
M. de la Motte mourut le 26 décembre 1731.
Le P. Vanier l'a loué noblement dans ces vers
latins :

*Mottæus, fatis vivens agitatus iniquis,*
*Confurgit tumulo radians & funere major.*
*Non tulerat livor laudum genus omne metentem:*
*Ultima nunc poft fata filet, palmisque poetam*
*Ufque novis decorat mors, ultima meta, triumphis.*

MOTTE, ( de la Motte d'Orléans ) Voy. ORLÉANS.

MOTTEVILLE, Françoife Bertaud, dame de )
( Hift. mod. ) elle étoit nièce du célèbre Bertaud,
évêque de Séez, dont nous avons des poefies, &
fille d'un gentilhomme ordinaire, elle étoit née en
Normandie vers l'an 1615. Elle plut à la reine Anne
d'Autriche & par conféquent elle déplut au cardinal
de Richelieu qui la fit difgracier : alors elle fe retira,
ainfi que fa mère, en Normandie, où elle époufa
Nicolas Langlois, feigneur de Motteville, premier
préfident de la chambre des comptes de Rouen ; elle
refta veuve au bout de deux ans, & la reine Anne
d'Autriche étant auffi devenue veuve & de plus régente
du royaume, fe reffouvint de Françoife Bertaud, &
la rappella auprès d'elle. On connoît les Mémoires
de Mde. de Motteville pour fervir à l'hiftoire d'Anne
d'Autriche. En général elle réuffiffoit beaucoup à la
cour, & la reine d'Angleterre, veuve de charles I,

l'avoit prife auffi en affection ; elle furvécut à ces deux
princeffes, la première ( Anne d'Autriche ) morte
en 1666 : la feconde ( la reine d'Angleterre ) morte
en 1669. Mde. de Motteville mourut à Paris en 1689.
Elle avoit toujours été auprès de la reine Anne d'Autriche, en qualité de dame employée fur l'état, de
la maifon de la reine, après la dame d'honneur &
la dame d'atours. Un Mémoire hiftorique touchant Mde.
de Motteville, inféré dans le Journal des Savans du
mois de mai 1724, pages 288 & 289, nous apprend
qu'il y avoit alors plufieurs dames qui avoient ce titre,
» ainfi qu'il eft aifé de voir par les états de la France ;
» & même il y en avoit de fort qualifiées par leur
» naiffance ou par leurs maris ; dans un état de la
» France de 1648, il y a une lifte de ces dames,
» A la tête eft Mde. la maréchale de Vitry & autres
» dames, du nombre defquelles eft Mde. la préfidente
» de Motteville. Dans un autre état de la France
» de 1663 & de 1665 il y a encore une lifte de
» ces dames employées fur l'état de la maifon de la
» reine-mère. A la tête eft Mde. de Brégy, & après
» elle Mde. la préfidente de Motteville, & enfuite
» plufieurs autres parmi lefquelles eft Mde. la com-
» teffe de la Suze. »

Madame de Motteville avoit un frère, François
Bertaud, fieur de Fréauville, confeiller-clerc au parlement de Rouen ; elle en parle dans fes Mémoires. Elle
contribua beaucoup par fes confeils auprès de la reine
d'Angleterre, à l'établiffement du monaftère de Ste
Marie de Chaillot, & elle alloit y faire de fréquentes
retraites, foit avec la reine d'Angleterre, foit feule,
depuis la mort de cette reine. M. le Vayer, fupérieure de ce couvent, a fait une efpèce d'éloge hiftorique de Mde. de Motteville, inféré dans le Journal
des Savans, à la fuite du Mémoire Hiftorique qui
vient d'être cité.

MOUCHACHE, f. f. ( Hift. des drog.) nom vulgaire d'une efpèce d'amidon que l'on fait dans les
Ifles avec du fuc de manioc bien deffeché au foleil,
où il devient blanc comme neige. Le fuc récemment
tiré du manioc, a un petit goût aigrelet, & eft un
vrai poifon, qui perd néanmoins toutes fes mauvaifes qualités, ou en vieilliffant, ou par le feu ; de
forte que les fauvages, après l'avoir gardé & deffé-
ché, en mettent fans aucun accident dans les fauffes
qu'ils font bouillir, & dans prefque tous leurs gâteaux. ( D. J. )

MOUCHI ou MONCHI, ( Antoine de ) ( Hift.
Litt. mod. ) ( Voyez DEMOCHARÈS. )

MOUFET, ( Thomas ) (Hift. Litt. mod.) médecin
anglois, mort vers l'an 1600, connu par fon Theatrum
Infectorum, eftimé des fiens, où il décrié par les
-MOULIN, ( du ) Il y a de ce nom plufieurs
perfonnages connus.

1°. Le plus célèbre eft le jurifconfulte Charles Dumoulin.
On a fes œuvres en cinq vol. in-fol. ; mais ce font fes obfervations fur l'édit du roi henri II, contre les petites
dates qui ont fait fa grande réputation. C'étoit alors une
audace d'autant plus grande d'écrire contre les prétentions
&

& les abus de la cour de Rome, que c'étoit encourir le foupçon & fouvent l'accufation d'héréfie ; le l:vre de *du Moulin* força le pape à des ménagemens pour la France, dont il s'étoit trop difpenfé depuis quelque temps : auffi le connétable Anne de Montmorenci, préfentant au roi & l'auteur & l'ouvrage, lui dit : *Sire, ce que Votre Majefté n'a pu faire avec trente mille hommes, de contraindre le pape à lui demander la paix, ce petit homme l'a fait avec un petit livre.* Mais le parti ultramontain ne le laiffa pas jouir paifiblement de fon triomphe : on le peignit comme proteftant, on fouleva contre lui les zélateurs catholiques, fa maifon futpillée, il fut obligé de fe fauver en Allemagne, il fuyoit la perfécution, il retrouva la perfécution ; n'ayant pu cacher aux luthériens que l'opinion des Calviniftes lui paroiffoit plus raifonnable que la leur, il fut puni de cette fincérité ; les Luthériens le retinrent pendant onze mois en prifon. Après avoir mené enfuite une vie affez errante, il revint à Paris en 1557, les guerres de religion l'en chafsèrent en 1562 ; il y rentra en 1564, & y retrouva encore la perfécution, qui étoit par-tout dans ce temps ; il fut mis à la conciergerie pour des confultations au fujet du concile de Trente. Il y fut vantoit comme étre mis à la conciergerie ! On affure qu'il mourut bon catholique en 1566. Il étoit l'oracle de la jurifprudence, & les jurifconfultes même l'appellent le Prince des jurifconfultes françois. On le confultoit de toutes les provinces du royaume, on s'écartoit rarement de fes réponfes dans les tribunaux tant civils qu'eccléfiaftiques : c'étoient véritablement *refponfa prudentis*. Ses décifions, dit Teiffier, avoient plus d'autorité dans le palais que les arrêts du parlement. *Du Moulin* avoit cet orgueil groffier que les favans de fon temps croyoient fuffifamment autorifé par l'exemple de quelques anciens. Il fe vantoit comme eux, il s'appelloit lui-même *le docteur de la France & de l'Allemagne*, & à la tête de fes confultations, au lieu de la formule : *le Confeil fouffigné,* &c. il mettoit cette phrafe : *Moi qui ne cède à perfonne, & à qui perfonne ne peut rien apprendre....* C'étoit bien gratuitement & bien ridiculement énoncer une chofe impoffible, car il eft bien reconnu qu'il n'y a pas d'ignorant de qui le plus favant homme du monde ne puiffe apprendre quelque chofe.

S'il mourut catholique, fa famille fut proteftante, & elle périt dans le maffacre de la Saint-Barthélemi ; elle étoit noble & ancienne. Il fe contenta toujours d'être fimple avocat, & il avoit raifon. Il avoit fait de cette profeffion le premier état du monde. On lui offrit une place de confeiller au parlement, il la refufa.

2°. Pierre du Moulin, célèbre miniftre proteftant, étoit auffi d'une noble & ancienne famille, qui avoit fourni dans le douzième fiècle un grand-maître à l'ordre de Saint-Jean de Jérufalem : Pierre fut miniftre à Charenton ; il fut le théologien de la ducheffe de Bar, fœur de Henri IV ; il le fut enfuite du duc de Bouillon, & mourut miniftre à Sedan en 1658. Il étoit né en 1568 au château de Buhny, dans le Vexin. Ses ouvrages qu'on ne lit plus, font prefque

*Hiftoire.* Tome III.

tous polémiques & fatyriques contre l'églife romaine, auffi bien que ceux de Pierre, de Louis & de Cyrus *du Moulin*, fes fils : le premier mort en 1684, chapelain du roi Charles II & chanoine de Cantorberi. Diftinguons cependant parmi les œuvres de ce Pierre II, un ouvrage qui lui fait honneur & contre lequel Milton s'eft déchaîné d'une manière qui ne lui en fait guères : c'eft une défenfe de la mémoire & des droits de Charles I, fous ce titre : *Clamor regii fanguinis*, ( *Voyez* l'article MILTON ) Milton attribuoit mal à-propos cet ouvrage à Alexandre Morus, ( *Voyez* MORUS.

MOULIN, ( Gabriel du ) ( *Hift. Litt. mod.* ) curé de Maneval, dans le diocèfe de Lifieux, au dix-feptième fiècle, auteur d'une *Hiftoire Générale de Normandie fous les ducs*, & d'une *Hiftoire des Conquêtes des Normands dans les royaumes de Naples & de Sicile*.

MOULINET, ( *Voyez* THUILERIES.)

MOULINS, ( Guyard des ) ( ( *Hift. Litt. mod.* ) doyen du chapitre d'Aire en Artois, à la fin du XIIIe fiècle, eft connu des favans & des curieux par fa traduction de l'abrégé de la Bible de Pierre Comeftor, fous le titre de *Bible Hiftoriaux*. On conferve un manufcrit de cette traduction dans la bibliothèque de forbonne ; elle a été imprimée à Paris en 1490.

Laurent *des Moulins*, prêtre & poëte françois du diocèfe de Chartres, au commencement du feizième fiècle, eft auteur d'un poëme moral, intitulé : Le *Catholicon des mal-avifés*, ou le *Cimetière des malheureux*.

MOURET, ( Jean-Jofeph ) ( *Hift. mod.* ) célèbre muficien françois, né en 1682 à Avignon, mort en 1738 à Charenton, appartient à l'hiftoire des Arts. Il mourut fou par une fuite de pertes & de malheurs qui dérangèrent fa fortune.

MOURGUES, ( Matthieu de) ( *Hift. de Fr.* ) fieur de Saint-Germain, ex-jéfuite, prédicateur de Louis XIII, aumônier de Marie de Médicis fa mère, écrivain à gages du cardinal de Richelieu, tant que celui-ci fut uni d'intérêt & d'amitié avec la reine-mère ; quand le cardinal fut brouillé avec cette princeffe, il maltraita *Mourgues*, qui fe retira auprès de la reine, & ne revint en France qu'après la mort du cardinal ; il mourut aux Incurables en 1670, à quatre-vingt-huit ans. On a de lui *la Défenfe de la Reine-Mère*, & quelques autres écrits polémiques, & des Sermons.

On a d'un autre *Mourgues*, ( Michel ) jéfuite, un *Traité de la Poëfie Françoife*, & des *Élémens de Géométrie* ; un *Plan Théologique du Pithagorifme* ; un *Parallèle de la Morale Chrétienne avec celle des anciens Philofophes*. Mort en 1713, à foixante-dix ans.

MOUSSET, ( Jean ) ( *Hift. Litt. mod.* ) Le refpect pour les anciens a quelquefois été pouffé jufqu'à l'imitation la plus ridicule & la plus exceffive ; on a penfé que les vers grecs & latins ayant été mefurés par des fpondées, des dactyles & des trochées, c'étoit honorer la poëfie françoife que de l'affervir à ces mêmes mefures ; cette folie a donné naiffance à quelques odes

N n n n

en vers faphiques & adoniques. Voici une épigramme
en vers héxamètres. & pentamètres fur la naiſſance
de l'Amour. L'idée n'en eſt pas abſolument mauvaiſe,
& méritoit d'être employée dans une meſure qui convint à la langue, ou dans un langue qui convint à la
meſure :

Venus groſſe, voyant approcher ſon terme, demanda
    Aux trois Parques de quoi elle devoit accoucher ;
D'un tygre, dit Lacheſis ; d'un roc Clothon ; Atropos,
    d'un feu.

Et pour confirmer leur dire, naquit Amour.

On a traduit auſſi des vers latins par des vers françois
de même meſure :

    *Cæſare venturo, Phoſphore, redde diem*

    Céſar va revenir, Aube, ramène le jour.

On ne convient pas de l'inventeur de cette ſortie.
Paſquier l'attribue à Jodelle. Du Verdier, dans ſa
*Bibliothèque Françoiſe*, l'attribue à Baïf ; Nicolas Rapin
s'en donne l'honneur dans une ſtrophe ſaphique, que
voici : elle eſt tirée d'une ode toute ſaphique, adreſſée
à Scévole de Sainte-Marthe :

Sainte Marthe, enfin je me ſuis avancé
Sur le train des vieux, et premier commencé
Par nouveaux ſentiers m'approchant de bien près
    Au mode des Grecs.

Mais le premier, ſi l'on en croit d'Aubigné, qui
ait fait de ces vers françois meſurés à la manière des
Grecs & des Latins, c'eſt Jean Mouſſet, qui donne
lieu à cet artícle. S'il eſt vrai qu'il ait publié, dès l'an
1550, l'Iliade & l'Odyſſée en vers françois de cette
eſpèce, il ſeroit certainement antérieur dans ce genre
d'eſcrire, à Jodelle, à Baïf & à Nicolas Rapin, dont
les deux premiers étant nés en 1532, & le dernier
étant mort en 1609, étoient trop jeunes en 1550, pour
avoir devancé Jean Mouſſet.

On dit qu'un homme bien propre à faire réuſſir
cette admiſſion des mètres grecs & latins dans la poëſie
françoiſe, ſi elle étoit ſuſceptible de ſuccès, M. Turgot,
avoit traduit en vers de ce genre, le quatrième livre de
l'Enéide, & avoit envoyé ſon eſſai à M. de Voltaire,
qui, ne l'ayant point approuvé, détermina l'auteur à
ſupprimer l'eſſai, & à abandonner l'entrepriſe.

**MOUSTACHE**, ſ. f. (*Hiſt. mod.*) partie de la
barbe qu'on laiſſe au-deſſus des lèvres ; on dit qu'entre les motifs qu'on apporta pour refuſer aux laïcs la
communion ſous les deux eſpèces, on fit valoir la
raiſon contenue dans ce paſſage : *Quia barbati & qui
prolixos habent granos, dum poculum inter epulas ju-
munt, prius liquore pilos inficiunt quam ori infundunt.*

Les orientaux portent en général de longues mouſ-
taches qui leur donnent un air martial & terrible à
leurs ennemis. Parmi les Turcs il n'y a guère que les
levantins ou ſoldats de marine qui ſe raſent les joues
& le menton, les autres laiſſent croître leur barbe

pour paroître plus reſpectables. La plus grande mé-
nace qu'on puiſſe leur faire eſt celle de la leur couper, ce qu'ils regardent comme le plus outrageant
de tous les affronts. Le roi de Sarde, Charles XII.
en ayant menacé dans une occaſion les janiſſaires qui
lui ſervoient de garde à Bender, ils s'en tinrent très-
offenſés.

Il n'y a pas plus de cent ans que tout le monde
portoit la *mouſtache* en France, même les eccléſiaſtiques, comme on le voit par les portraits des cardinaux de Richelieu & Mazarin ; on les a reléguées
parmi les troupes, où les ſoldats ſont même libres
d'en porter, & il n'y a guère parmi nous d'officiers
qui en portent que ceux des houſards : les Chinois &
les Tartares les portent longues & pendantes comme
faiſoient autrefois les Sarraſins. ( *A. R.* )

**MOUVANS**, ( Paul Richieud, dit *le brave* )
gentilhomme provençal, fameux capitaine proteſtant,
ſe ſignala dans les guerres civiles & religieuſes du
ſeizième ſiècle. Son frère, proteſtant comme lui, ayant
été tué à Draguignan dans une émeute populaire,
excitée par des prêtres, il prit les armes pour le
venger ; & étant devenu lui-même l'objet des vengeances de la cour, il prit le parti de ſe retirer à
Genève pour mettre ſa vie en ſûreté. Rentré en France
les armes à la main, en 1562, après le maſſacre de
Vaſſy, ayant rejetté toutes les offres que lui fit le duc
de Guiſe pour l'attirer au parti Catholique, il alla
s'enfermer à Siſteron, qu'il défendit contre les Catholiques : il y ſoutint un aſſaut de ſept heures, où il
repouſſa les aſſiégeans avec ſa valeur ordinaire ; mais
il vit qu'il ſeroit impoſſible d'en ſoutenir un ſecond,
& alors il forma le projet d'une des belles expéditions
que ſe ſoient faites à la guerre. Ayant remarqué un
paſſage que les ennemis avoient négligé de garder, il
réſolut de ſortir par là de la ville pendant la nuit,
& d'emmener avec lui non-ſeulement toute la garniſon,
mais encore tous les habitans, de tout ſexe & de
tout âge, qui voudroient le ſuivre, & de les aller
mettre en ſûreté dans Grenoble. Cette marche fut
également pénible & périlleuſe ; mais la bonne conduite
de *Mouvans* & ſes ſages précautions triomphèrent
de tous les obſtacles. Les vieillards, les femmes,
les enfans, tout ce qui étoit ſans défenſe, fut
placé au centre de cette petite troupe. Des Arque-
buſiers étoient à la tête, à la queue & ſur les côtés.
Il y avoit par-tout des embûches dreſſées ſur les
routes, il falloit s'en détourner à tout moment, &
traverſer les défilés les plus étroits & les plus tortueux des
montagnes, ſouvent même s'élever au ſommet de ces
montagnes, & diriger delà ſa route à travers des lieux
inhabités & preſque inacceſſibles. Ils ſe rafraîchirent
quelques jours dans les vallées d'Angrone & de Pra-
gelas, où les Vaudois les reçurent comme des amis
perſécutés auſſi bien qu'eux, & leur fournirent des
vivres dont ils avoient grand beſoin ; ils continuèrent
enſuite leur marche ; & enfin au bout de vingt-un à
vingt-deux jours, ils arrivèrent à Grenoble, excédés
de fatigue & preſque conſumés par la faim. *Mouvans*
perdit la vie en 1568, au combat de Méſignac en

Perigord. On dit que fe voyant vaincu pour la première fois, il fe brifa la tête contre un arbre, de
défefpoir. C'eft avec regret qu'on voit ce brave homme
au nombre des affaffins du brave Charri ; mais tel
étoit l'efprit du temps, on fe croit tout permis dans
les guerres de religion.

MOYSE ou MOISE, ( *Hift. Sacrée*) légiflateur
des Juifs. Son hiftoire eft rapportée par lui-même fort
en détail, dans les cinq premiers livres de la Bible,
qui forment ce qu'on appelle le *Pentateuque*.

Il y a auffi de ce nom quelques folitaires, quelques
martyrs, plufieurs rabbins, dont le plus célèbre eft
*Moyfe* Maimonide ( *Voye* MAIMONIDE ) & auffi
quelques impofteurs.

MUBAD ou MUGHBAD, ( *Hift. anc.* ) nom que
l'on donnoit autrefois chez les anciens Perfes au fouverain pontife, ou chef des mages, fectateurs de la
religion de Zerdusht ou Zoroaftre. ( *A. R.* )

MUDERIS, f. m. ( *Hift. mod.* ) nom que les Turcs
donnent aux docteurs ou profeffeurs chargés d'enfeigner à la jeuneffe les dogmes de l'alcoran & les
lo x du pays, dans les écoles ou académies jointes
aux jamis ou mofquées royales. Quelques-uns de ces
*muderis* ont de fort gros appointemens, comme de
300 afpres par jour, ce qui revient à 7 liv. 10. de
notre monnoie ; d'autres en ont de plus modiques, par
exemple de 70 afpres, ou 36 f. par jour, felon les fonds
plus ou moins confidérables que les fultans ont laiffés
pour l'entretien de ces écoles publiques. ( *A. R.* )

MUETS, ( *Hift. mod. turque* ). Les fultans ont
dans leurs palais deux fortes de gens qui fervent à
les divertir, favoir les *muets* & les nains ; c'eft, dit M.
de Tournefort, une efpèce fingulière d'animaux raifonnables que les *muets* du ferrail. Pour ne pas troubler le repos du prince, ils ont inventé entr'eux
une langue dont les caracteres ne s'expriment que
par des fignes ; & ces figures font auffi intelligibles
la nuit que le jour, par l'attouchement de certaines
parties de leur corps. Cette langue eft fi bien reçue
dans le ferrail, que ceux qui veulent faire leur cour
& qui font auprès du prince, l'apprennent avec
grand foin : car ce feroit manquer au refpect qui
lui eft dû que de fe parler à l'oreille en fa préfence.
( *D. J.* )

MUEZIN, f. m. ( *Hift. turque* ). On appelle *muezin*
en Turquie l'homme qui par fa fonction doit monter
fur le haut de la mofquée, & convoquer les Mahométans à la priere. Il crie à haute voix que Dieu
eft grand, qu'il n'y a point d'autre Dieu que lui, &
que chacun vienne fonger à fon falut. C'eft l'explication de fon difcours de cloche ; car dans les états
du grand feigneur il n'y a point d'autre cloche pour
les Mufulmans. Ainfi les Turcs, pour fe moquer du
vain babil des Grecs, leur difent quelquefois, *nous
avons même des cloches qui pourroient vous apprendre à
parler*. Le petit péuple de Sétine ( l'ancienne Athènes ) ne regle les intervalles de la journée que par
les cris que font les *muezins* fur les minarets, au point
du jour, à midi, & à fix heures du foir. ( *D. J.* )

MUET, ( Pierre le ) ( *Hift. Litt. mod.* ) architecte. C'eft lui qui a fini l'Eglife du Val-de-Grace.
L'hôtel de Luynes & l'hôtel de Beauvilliers font auffi
de lui. Il a écrit fur fon art, fur les ordres d'architecture, fur la manière de bien bâtir. Né à Dijon en
1591. Mort à Paris en 1669.

MUGNOS, (Gilles) (*Hift. Ecclef.*) chanoine de
Barcelone, favant canonifte, fut antipape fous le nom
de Clément VIII. ( *Voyez* l'article CLÉMENT VIII. ),
après la mort de l'antipape Benoit XIII, en 1424 ;
mais, par fa foumiffion volontaire au pape Martin V,
en 1429, il eut la gloire de mettre fin au grand
fchifme d'Occident, qui durçit depuis l'an 1378.

Dans le fiècle dernier, un Philadelphe *Mugnos* fit
imprimer à Palerme en italien, depuis 1647 jufqu'en
1670, un *Théâtre généalogique des familles nobles de
Sicile.*

MUHZURI, ( *Hift. Turq.* ) nom d'une foldatefque
turque, dont la fonction eft de monter la garde au palais
du grand-vifir, & d'y amener les criminels. Il y a un
corps tiré d'entr'eux qui eft affecté pour l'exécution
des malfaiteurs. On les appelle *falangaji*, du mot
*falanga*, inftrument dont ils fe fervent pour couper
la tête. Cantemir, *Hift. Ottomane*. ( *A. R.* )

MUIS, (Siméon de ) (*Hift. Litt. mod.*) profeffeur,
en hébreu au Collège Royal, grand hébraïfant, a eu
fur l'authenticité du texte hébreu, des conteftations
affez vives avec le P. Morin de l'Oratoire. ( *Voyez*
l'article MORIN. ) ( Jean ) mort en 1644, chanoine
& archidiacre des Soiffons. Il a écrit auffi fur quelques
livres de la Bible.

MULATRE, f. m. & f. ( *Terme de voyageur* ) en
latin *hybris* pour le mâle, *hybryda* pour la femelle,
terme dérivé du mot *mulat*, animal engendré de deux différentes efpèces. Les Efpagnols donnent aux Indes
le nom de *mulata* à un fils où fille nés d'un negre &
d'une indienne, ou d'un indien & d'une négreffe. A
l'égard de ceux qui font nés d'un indien & d'une efpagnole, ou au contraire, & femblablement en
Portugal, à l'égard de ceux qni font nés d'un indien
& d'une portugaife, ou au rebours, ils leur donnent ordinairement le nom de *métis*, & nomment
*jambos* ceux qui font nés d'un fauvage & d'une
métive : ils different tous en couleur & en poil. Les
Efpagnols appellent auffi *mulata*, les enfans nés d'un
maure & d'une efpagnole, ou d'un efpagnol & d'une
maureffe.

Dans les Françoifes, *mulâtre* veut dire un enfant né d'une mère noire & d'un père blanc ; ou
d'un père noir & d'une mère blanche. Ce dernier
cas eft rare, le premier très-commun par le libertinage des blancs avec les négreffes. Louis XIV,
pour arrêter ce defordre, a fait une loi qui condamne
à une amende de deux mille livres de fucre, celui
qui fera convaincu d'être le père d'un *mulâtre* ; ordonne en outre, que fi c'eft un maître qui ait dé-
bauché fon efclave, & qui en ait un enfant, la négreffe & l'enfant feront confifqués au profit de l'hôpital des freres de la Charité, fans pouvoir jamais

être rachetés , fous quelque prétexte que ce foit. Cette loi avoit bien des défauts : le principal eft , qu'en cherchant à remédier au fcandale , elle ouvroit la porte à toutes fortes de crimes , & en particulier à celui des fréquens avortemens. Le maitre, pour éviter de perdre tout à-la-fois fon enfant & fa négreffe, en donnoit lui-même le confeil ; & la mère tremblante de devenir efclave perpétuelle , l'exécutoit au péril de fa vie. ( D. J. )

Il eût fans doute été à fouhaiter pour les bonnes mœurs & pour la population des blancs dans les colonies , que les Européens n'euffent jamais fenti que de l'indifférence pour les Négreffes ; mais il étoit moralement impoffible que le contraire n'arrivât : car les yeux fe font affez promptement à une différence de couleur qui fe préfente fans ceffe , & les jeunes Négreffes font prefque toutes bien faites , faciles & peu intéreffées. On ne peut cependant s'empêcher de convenir que de ce défordre il ne foit réfulté quelques avantages réels pour nos colonies. 1°. Les affranchiffemens de mulâtres ont confidérablement augmenté le nombre des libres , & cette claffe de libres eft , fans contredit , en tout tems , le plus fûr appui des blancs contre la rébellion des efclaves : ils en font eux-mêmes ; & pour peu qu'ils foient aifés , ils affectent avec les Negres la fupériorité des blancs , à quoi il leur faudroit renoncer fi les efclaves fecouoient le joug ; & en tems de guerre , les mulâtres font une bonne milice à employer à la défenfe des côtes , parce que ce font prefque tous des hommes robuftes & plus propres que les Européens , à foutenir les fatigues du c'mat. 2°. La conformation qu'ils font des marchandifes de France , en quoi ils employent tout le profit de leur travail , eft une des principales reffources du commerce des colonies. ( A A. )

MULLER , ( Jean ) ( Voyez MONTREAL & REGIOMONTAN. )

MULLER , ( André ) ( Hift. Litt. mod. ) allemand très - verfé dans la connoiffance des langues orientales & de la littérature chinoife. Il avoit promis une clef de la langue chinoife , dont il fe promettoit des effets furprenans pour faciliter l'étude de cette langue , mais il brûla tout l'ouvrage dans un accès de folie. Appellé par Walton en Angleterre , pour travailler à la Polyglotte , il travailloit avec tant d'ardeur qu'on raconte qu'à l'entrée folemnelle de Charles II, à Londres , entrée qui non-feulement par la pompe du fpectacle , mais par l'intérêt de la révolution , attiroit tous les regards , il ne daigna pas fe lever pour aller à la fenêtre , fous laquelle paffoient le roi & fon cortège. Le trait paroît fi fort , qu'on a peine à croire qu'il n'y entrât point d'affectation. Cependant on trouve des traits d'application prefque auffi forts dans l'hiftoire de quelques favans. Voyez les articles BUDÉE & MOREL. Muller mourut en 1694. On a de lui plufieurs ouvrages d'érudition.

On a auffi de quelques autres Muller des ouvrages dans divers genres , entr'autres , de Henri Muller de Lubeck, mort en 1671, une hiftoire de Berenger en

latin ; de Jean-Sebaftien Muller , fécrétaire du duc de Saxe-Weymar , mort en 1708, les annales de la maifon de Saxe , depuis 1300 jufqu'en 1700 , en allemand.

MULLEUS , f. m. ( Hift. anc. ) chauffure que portoient les rois d'Albe. Romulus la prit ; les rois fes fucceffeurs s'en fervirent auffi. Elle fut à l'ufage des curules dans les jours folemnels. Jules - Céfar porta le mulleus. Il étoit de cuir rouge. Il couvroit le pied & la moitié de la jambe ; le bout en étoit recourbé en deffus , ce qui le fit appeller auffi calceus uncinatus. Les empereurs grecs y firent broder l'aigle en or & en perles. Les femmes prirent le mulleus , les courtifannes fe chaufferent auffi de la même manière, ( A. R. )

MULTONES AURI , ( Hift. mod. ) étoient autrefois des pièces d'or avec la figure d'un mouton ou agneau ( peut-être de l'Agnus Dei ) , dont la monnoie portoit la même nom. Multo fignifioit alors un mouton , de même que muto & multo , d'où vient l'anglois mutton. Cette monnoie étoit plus commune en France ; cependant il paroît qu'elle a auffi eu cours en Angleterre. ( A. R. )

MUMBO-JUMBO , ( Hift. mod. fuperftition ) efpèce de fantôme dont les Mandingos , peuple vagabond de l'intérieur de l'Afrique , fe fervent pour tenir leurs femmes dans la foumiffion. C'eft une idole fort grande. On leur perfuade , on elles affectent de croire qu'elle veille fans ceffe fur leurs actions. Le mari va quelquefois , pendant l'obfcurité de la nuit , faire un bruit lugubre derriere l'idole , & il perfuade à fa femme que c'eft le dieu qui s'eft fait entendre. Lorfque les femmes paroiffent bien perfuadées des vertus que leurs maris attribuent à leur mumbo-jumbo , on leur accorde plus de liberté , & l'on affure qu'elles favent mettre à profit les momens où elles demeurent fous l'infpection de l'idole. Cep. ndant on prétend qu'il fe trouve des femmes affez fim; les pour craindre réellement les regards de ce fant !me incommode ; alors elles cherchent à le gagner par les préfens , afin qu'il ne s'oppofe point à leurs plaifirs. Des voyageurs nous apprennent qu'en 1727, le roi de Jagra eut la foibleffe de révéler à une de fes femmes tout le fecret de mumbo-jumbo : celle-ci communiqua fa découverte à plufieurs de fes compagnes : elle le répandit en-peu de tems ; & bientôt jufqu'aux feigneurs du pays : ceux-ci prenant le ton d'autorité que donnent les intérêts de la religion , citèrent le foible monarque à comparoître devant le mumbo - jumbo : ce dieu lui fit une réprimande févere , & lui ordonna de faire venir toutes les femmes : on les maffacra fur le champ ; par-là l'on étouffa un fecret que les maris avoient tant d'intérêt à cacher , & qu'ils s'étoient engagés par ferment de ne jamais révéler. ( A. R. )

MUMMIUS , ( Lucius ) ( Hift. Rom. )' c'eft ce fameux conful Romain qui foumit l'Achaie , prit & brûla Corinthe , l'an 146. avant J. C. Il fit tranfporter à Rome ces magnifiques ftatues , ces beaux monumens des arts dont Corinthe étoit ornée ; & il étoit d'une ignorance si grossière dans ce genre, qu'en recommandant aux voituriers d'avoir grand soin de ces statues, il les avertit que si elles étoient brisées ou gâtées, ils seroient obligés d'en rendre d'autres, n'imaginant aucune différence entre une statue & une statue, & croyant que les chefs-d'œuvre se remplaçoient: *Mummius tam rudis fuit, ut captâ Corintho, cùm maximorum artificum perfectas manibus tabulas ac statuas in Italiam portandas locaret, juberet prædici conducentibus, si eas perdidissent, novas eos reddituros.* Velléius Paterculus regrette cette ignorance des arts & la croit bien plus favorable à l'honneur romain & aux mœurs publiques, que cette connoissance raffinée qui lui a succédé, cette recherche, cet amour des commodités, ce goût du luxe, cette mollesse que les arts amènent à leur suite. *Non tamen puto dubites quin magis pro republicâ fuerit, manere adhuc rudem Corinthiorum intellectum, quàm in tantùm ea intelligi; & quin hâc prudentiâ illa imprudentia decori publico fuerit convenientior.* Mummius mourut exilé à Délos.

MUMMOL, ( Ennius ) ( *Hist. de Fr.* ) Le patrice *Mummol* se fait remarquer parmi les barbares de la première race par des succès qui semblent supposer des talens; il paroît que ce titre de patrice désigne en lui un général d'armée; il étoit en effet général des armées de Gontran, roi d'Orléans & de Bourgogne. Les Lombards à peine établis en Italie, ayant fait une descente dans le Dauphiné, qui étoit du partage du roi Gontran, y remportèrent d'abord une victoire, bientôt expiée ( en 569 ) , par trois grandes défaites, qui leur apprirent à respecter le nom françois & à trembler au seul nom du patrice *Mummol.* Gontran ayant pris la protection du jeune Childebert, roi d'Austrasie, son neveu, fils de Sigebert & de Brunehaut, contre Chilpéric & Frédégonde, *Mummol* défait Didier, général de Chilpéric ( en 576 & 577 ) & recouvre les provinces de Touraine & de Poitou, que Chilpéric avoit distraites par violence du partage de Sigebert & de Childebert. Il paroît que *Mummol*, peut-être mécontent de son maître, entra dans l'intrigue de l'aventurier Gondebaud, ( *voyez* l'art. GONDEBAUD ) qui se disoit fils de Clotaire I & que Gontran disoit fils d'un homme qui avoit été meunier & cardeur de la ne. Quelques séditieux l'avoient élevé sur le pavois à Brive-la-Gaillarde; Frédégond & Brunehaut, désirant également de secouer le joug de Gontran qui, en qualité de beau frère, de modérateur & d'arbitre, réprimoit leurs fureurs & tenoit la balance entre elles, firent des avances à Gondebaud & conspirèrent avec lui contre Gontran; *Mummol*, que Gontran eût envoyé contre Gondebaud, ayant pris le parti de ce dernier, Gontran envoya contre lui un autre général, nommé Leudegisile avec une puissante armée; les factieux furent enfermés dans Comminges; Gondebaud fut tué ou livré par ceux mêmes qui l'avoient fait roi, *Mummol* se fit tuer les armes à la main en 585.

MUNASCHIS ou MUNASCILES, s. m. pl. ( *Hist. mod.* ) secte de Mahométans qui suivent l'opinion de Pythagore sur la métempsycose ou trans-

migration des ames d'un corps dans un autre. En prétendant néanmoins qu'elles passeront dans le corps d'animaux avec lesquels on aura eu le plus d'analogie de caractère ou d'inclinations, celle d'un guerrier par exemple, dans le corps d'un lion, & ainsi des autres; & qu'après avoir ainsi roulé de corps en corps pendant l'espace de 3365 ans, elles rentreront plus pures que jamais dans des corps humains. Cette secte a autant de partisans au Caire qu'elle en a peu à Constantinople. Son nom vient de *munschat*, qui, en arabe, signifie *métempsycose*, qu'on exprime encore dans la même langue par le mot *altenasoch*, qui a aussi fait donner le nom d'*Altenasochites* à ceux qui sont infatués de cette opinion. Ricaut de l'*Empir. ottom.* ( *A. R.* )

MUNCER, ( Thomas ) ( *Hist. Eccl.* ) disciple de Luther, mais désavoué par Luther & chef de la secte particulière des Anabaptistes, étoit un des ministres fanatiques des paysans d'Allemagne, révoltés contre leurs seigneurs en 1525. Ces paysans, s'étant armés, parcoururent la Suabe, le Virtemberg, la Franconie, l'Alsace, une partie des bords du Rhin, marquant par-tout leur route par le sang & par la flamme. La comtesse de Helfestein, fille naturelle de l'empereur Maximilien & tante de Charles Quint, se jettant à leurs pieds toute en larmes, pour obtenir la vie de son mari, tombé entre leurs mains, & leur présentant, pour les émouvoir, son fils au berceau, qu'elle portoit dans ses bras, ils firent passer son mari par les piques à sa vue.

Mais ces furieux savoient massacrer & ne savoient point combatre; la noblesse s'étant rassemblée, les assomma en cent lieux comme de vils troupeaux; quinze ou vingt mille de ces brigands voulurent se jetter sur la Lorraine & pénétrer dans la France accablée alors par la défaite de Pavie & la captivité du roi. Le duc de Lorraine & le duc de Guise, ( C'aude ) allant à leur rencontre jusqu'à Saverne, les exterminerent & sauvèrent la France.

Ceux de ces malheureux qui restoient encore en Allemagne, n'avoient plus qu'à demander grace, & ils l'auroient obtenue; le nouvel électeur de Saxe, Jean, le duc George de Saxe, son cousin, Philippe Landgrave de Hesse & Henri duc de Brunswick, les tenant enfermés dans leurs foibles retranchemens de charriots, près de Franckufen dans la Turinge, & prenant pitié de ces victimes de la séduction, leur offrirent la vie & la liberté, pourvu qu'ils livrassent leurs chefs & leurs prédicans. Cette offre commençoit à ébranler les paysans, lorsque *Muncer* frémissant de son danger, & la voulant se faire à eux avec l'air & le ton d'un prophète, & leur promet la victoire de la part du ciel. « Je ne vous demande point de combatre, » leur dit-il, Dieu combattra pour vous, son bras » est étendu sur vos tyrans; restez immobiles dans » vos retranchemens, vous verrez vos ennemis tom» ber à vos pieds, & moi seul je recevrai sans » blessure & sans péril dans mes habits, tous les boulets » qui partiront de leur camp ».

L'arc-en-ciel parut, les payſans révoltés portoient
fur leurs étendards un arc-en-ciel, ſigne de l'alliance de
Dieu avec tous les hommes également, car ce grand
principe de l'égalité des hommes étoit leur mot de
ralliement : » Dieu m'entend, s'écria Muncer, Dieu
» vous promet ſon aſſiſtance ; levez les yeux, voyez
» cet arc céleſte ; cet arc, ce même arc eſt peint
» ſur vos étendards ; point de paix avec les impies,
» Dieu nous le défend : exterminons les ennemis de
» Dieu ».

Les payſans trop aiſément perſuadés de ce qu'ils
déſirent, rejettent les propoſitions des princes ; Muncer
égorge de ſa main le député qui étoit venu offrir la
paix ; les payſans reſtent dans leurs retranchemens ;
quelques coups de canon renverſent cette foible
barriere ; ils attendent le ſecours promis, ils levent
les bras & les yeux au ciel, & ſans ſonger à ſe
défendre, ils chantent avec une pieuſe confiance,
l'hymne du Saint Eſprit ; le vent emporte leurs
cris, le canon éclaircit leurs rangs, & bien-tôt la
nobleſſe y pénétrant l'épée à la main, fait un horrible
carnage : les payſans trompés, n'ont plus même la
reſſource du déſeſpoir ; l'effroi les ſaiſit, ils fuyent
en déſordre vers Franckuſen ; les vainqueurs y entrent
avec eux ; tout ce qui n'eſt pas égorgé, eſt pris ;
Muncer & un autre illuminé, nommé Pfeiffer, n'ayant
pu mourir dans le combat, ſont livrés aux bourreaux.
Telle fut l'iſſue de cette guerre, qui dura quatre ou
cinq mois ; on compte qu'elle coûta la vie à plus de
cent trente mille de ces payſans. Quelle playe pour
l'humanité ! quel fruit de la diſpute !

MUNCKER, ( Thomas ) ( *Hiſt. Litt. mod.* )
ſavant allemand du dix - ſeptieme ſiecle ; on eſtime
ſon édition des *Mythographi Latini*, & ſes notes ſur
Hygin.

MUNICIPE, ſ. m. (*Hiſtoire Romaine.* ) en latin,
*municipium*, lieu habité ſoit par des citoyens romains, ſoit par des citoyens étrangers qui gardoient
leurs loix, leur juriſprudence, & qui pouvoient parvenir avec le peuple romain à des offices honorables,
ſans avoir aucune ſujetion aux loix romaines, à
moins que ce peuple ne ſe fût lui-même ſoumis &
donné en propriété aux Romains.

Le lieu ou la communauté, qu'on appelloit *municipium*, différoit de la colonie en ce que la colonie
étant compoſée de romains que l'on envoyoit pour
peupler une ville, ou pour récompenſer des troupes
qui avoient mérité par leurs ſervices un établiſſement tranquille, ces romains portoient avec eux
les loix romaines, & étoient gouvernés ſelon ces loix
par des magiſtrats que Rome leur envoyoit.

Le *municipe*, au contraire, étoit compoſé de citoyens étrangers au peuple romain, & qui, en vue
de quelques ſervices rendus, ou par quelque motif
de faveur, conſervoient la liberté de vivre ſelon
leurs coutumes & leurs propres loix, & de choiſir
eux-mêmes entr'eux leurs magiſtrats. Malgré cette
différence, ils ne laiſſoient pas de jouir de la qualité
de citoyens romains ; mais les prérogatives, atta-

chées à cette qualité, étoient plus reſſerrées à leur
égard qu'à l'égard des vrais citoyens romains.

Servius, cité par Feſtus, dit qu'anciennement il
y avoit des *municipes*, compoſés de gens qui étoient
citoyens romains, à condition de faire toujours
un état à part ; que tels étoient ceux de Cumes,
d'Acerra, d'Atella, qui étoient également citoyens
romains, & qui ſervoient dans une légion, mais qui
ne poſſédoient point les dignités.

Les Romains appelloient *municipalia ſacra*, le
culte religieux que chaque lieu municipal avoit eu
avant que d'avoir reçu le droit de bourgeoiſie romaine ; il le conſervoit encore comme auparavant.

A l'exemple des Romains, nous appellons en
France *droit municipal*, les coutumes particulieres
dont les provinces jouiſſent, & dont la plûpart
jouiſſoient avant que d'être réunies à ſa couronne,
comme les provinces de Normandie, de Bretagne,
d'Anjou, &c.

Paulus diſtingue trois ſortes de *municipes* : 1°. les
hommes qui venoient demeurer à Rome, & qui,
ſans être citoyens romains, pouvoient pourtant
exercer certains offices conjointement avec les citoyens romains, mais ils n'avoient ni le droit de
donner leurs ſuffrages, ni les qualités requiſes pour
être revêtus des charges de la magiſtrature. Tels
étoient d'abord les peuples de Fondi, de Formies,
de Cumes, d'Acerra, de Lanuvium, de Tuſculum
qui, quelques années après, devinrent citoyens romains.

2°. Ceux dont toute la nation avoit été unie au
peuple romain, comme les habitans d'Aricie, les
Cérites, ceux d'Agnani.

3°. Ceux qui étoient parvenus à la bourgeoiſie
romaine, à condition qu'ils conſerveroient le droit
propre & particulier de leur ville, comme étoient
les Citoyens de Tibur, de Préneſte, de Piſe, d'Arpinum, de Nole, de Bologne, de Plaiſance, de Sutrium
& de Luques.

Quoique l'expoſition de cet ancien auteur ne ſoit
pas fort claire en quelques points, nous ne laiſſons
pas d'y voir que les *municipes* ne ſe faiſoient pas par-
tout aux mêmes conditions, ni avec les mêmes circonſtances. De-là nous devons inférer que ce nom de
*municipe* a eu des ſignifications différentes ſelon les
tems & les lieux ; or, c'eſt à ce ſujet qu'Aulugelle
nous a conſervé quelques remarques qui répandent
un grand jour ſur cette matiere. Inſenſiblement tous
les *municipes* devinrent égaux pour le droit de ſuffrage. Enfin cet uſage même changea de nouveau.
Les *municipes*, amoureux de leur liberté, aimerent
mieux ſe gouverner par leurs propres loix que par
celles des Romains.

Il y avoit un grand nombre de lieux municipaux,
*municipia*, dans l'empire romain ; mais nous connoiſſons ſur-tout ceux d'Italie, parce que pluſieurs
auteurs en ont dreſſé des liſtes. Chaque *municipe*
avoit ſon nom propre & particulier. ( *D. J.* )

MUNIFICES, ſ. m. pl. (*Hiſt. rom.*) ſoldats qui
toient aſſujetis à tous les devoirs de la guerre,

comme de faire la garde, d'aller au bois, à l'eau, au fourrage ; tandis que d'autres en étoient exemptés. ( *A. R.* )

MUNICK, ( le comte de ) ( *Hist. de Russie.* ) favori de la czarine Anne, & général de ses armées, remporta de grands avantages sur les Tartares de la Crimée, battit les Turcs en 1739, près de Choczim, prit cette place & celle de Jassi, capitale de la Moldavie. ( voyez toute son histoire à l'article ANNE IWANOWNA, tom. 1er., pages 337 & suivantes. )

MUNSTER, (Sébastien) (*Hist. mod.*) né à Ingelheim en 1489, fut d'abord cordelier ; puis, ayant adopté la réforme de Luther, il quitta son couvent & se maria. Il enseigna les lettres & les sciences à Heidelberg & à Bâle ; il passoit pour si savant dans l'hébreu & dans la géographie, qu'on le surnomma l'Esdras & le Strabon de l'Allemagne. On a de lui un Dictionnaire & une Grammaire Hébraïques & une cosmographie, &c. Mort à Bâle en 1552.

Dans le même temps vivoit Nicolas de *Munster*, auteur d'une secte dont le titre au moins est intéressant ; c'est *la Famille ou maison d'amour* ; & de livres à-peu-près du même genre ; *l'Evangile du royaume* ; *la Terre de paix*. La secte de la *Famille d'amour* reparut en Angleterre en 1604, & présenta à son Jacques Ier., sa confession de foi.

MUNTER, ( GEORGE ), ( *Hist. de Danemarck* ) étoit né en Westphalie ; Frédéric I l'avoit attiré en Danemarck, & l'avoit élevé à la dignité de maire de Malmoë. Mais, sous le regne du fils, il oublia les bienfaits du père, & conspira contre le Danemarck avec sa régence d'amour. Il fit arrêter, l'an 1534, le gouverneur de la citadelle de Malmoë, souleva les habitans, emporta le château, le fit raser, jetta dans les fers plusieurs gentilhommes attachés à Christiern ; il combattit avec beaucoup de courage à la journée d'Elsingbourg en 1535 ; mais il fut entraîné dans la déroute de ses troupes, & se jetta dans Copenhague, où il fit une révolution momentanée : mais voyant Christiern prêt à entrer dans la place, il alla se jetter à ses pieds, & obtint pour les habitans de Malmoë & pour lui-même, une amnistie générale. Il passa le reste de sa vie dans une heureuse & sage tranquillité. ( *M. DE SACY.* )

MUPHTI ou MUFTI, s. m. ( *Hist. mod.* ) c'est le chef ou le patriarche de la religion mahométane. Il réside à Constantinople.

Le *muphti* est le souverain interprète de l'alcoran ; &, décide toutes les questions sur la loi.

Il a rang de bacha, & son autorité est quelquefois redoutable au grand-seigneur lui-même ; c'est lui qui ceint l'épée au côté du grand-seigneur, cérémonie qui répond au couronnement de nos rois.

Le peuple appelle le *muphti*, le *faiseur de loix*, *l'oracle jugement*, le *prélat de l'orthodoxie*. & c'est que mahomet s'exprime par sa bouche. Autrefois les Sultans le consultoient sur toutes les affaires ecclésiastiques ou civiles, sur-tout lorsqu'il s'agissoit de faire la guerre ou la paix ; à son abord il le levoit

par respect & avançoit quelques pas vers lui ; mais le prince & ses ministres agissent assez souvent sans sa participation, & lorsqu'il n'est pas agréable à la cour, on le dépose & on l'exile. Le grand seigneur en nomme un autre : on ne regarde pas même sa personne comme tellement sacrée, qu'on ne le mette quelquefois à mort. Ainsi en 1703, Achmet III. fit étrangler le *muphti*, Omar-Albouki & son fils, & Amurat IV fit broyer vif un autre *muphti* dans un mortier de marbre qu'on conserve encore au château des sept tours, en disant que les têtes que leur dignité exempte du tranchant de l'épée, devoient être brisées par le pilon.

Lorsque le grand sultan nomme un *muphti*, il l'installe lui-même dans sa nouvelle dignité, en le revêtant d'une pelisse de martre zibeline & lui donnant mille écus d'or, il lui assigne aussi une pension pour son entretien, que le *muphti* grossit par les sommes qu'il tire de la vente de certains offices dans les mosquées royales. Au reste, il est chef de tous les gens de loi, comme kadileskers, mollaks, imans, dervis, &c. Il rend des décrets & des ordonnances qu'on nomme *fetsa*, & qui sont extrêmement respectés.

Tous les particuliers ont droit de consulter le *muphti* & de lui demander son sentiment dans toutes les occurrences, sur-tout dans les matières criminelles. Pour cet effet, on lui remet un écrit dans lequel le cas est exposé sous des noms empruntés ; par exemple, si l'on peut convaincre N. par bons témoins, qu'il a contrevenu aux commandemens du sultan, ou qu'il n'a pas obéi avec soumission à ses ordres, doit-il être puni ou mort ? Après avoir examiné la question, le *muphti* écrit au bas du papier *olul*, c'est-à-dire, *il doit être puni*, ou bien *olneat* qui signifie, *il ne le sera pas*. Que si on laisse à sa disposition le choix du supplice, il écrit au bas de la consultation qu'il reçoive la *bastonnade* ou telle autre peine qu'il prononce.

Le *muphti* interprète quelquefois lui-même l'alcoran au peuple, & prêche en présence du grand seigneur à la fête du bairam : il n'est point distingué des autres turcs dans son extérieur, si ce n'est par la grosseur de son turban. Guer, *mœurs des Turcs*, tom. I. & II. Ricaut, *de l'empire ottom.* ( *A. R.* )

MURAILLE DES PICTES, ( *Hist. anc* ) c'étoit un ouvrage des Romains très-célèbre, commencé par l'empereur Adrien, sur les limites septentrionales d'Angleterre, pour empêcher les incursions des Pictes & des Ecossois. Voyez MURAILLE.

Ce n'étoit d'abord qu'une muraille gazonnée, fortifiée de palissades ; mais l'empereur Sévere étant venu en Angleterre, la fit bâtir de pierres solides. Elle s'étendoit huit milles en longueur, depuis la mer d'Irlande jusqu'à la mer d'Allemagne, ou depuis Carlisle jusqu'à Newcastle, avec des guérites & des corps-de-garde à la distance d'un mille l'un de l'autre.

Les Pictes la ruinerent plusieurs fois, & les Romains la réparerent ; enfin Aëtius, général romain, la fit conftruire en brique, & les Piétes l'ayant détruite l'année fuivante, on ne la regarda plus que comme une limite qui féparoit les deux nations.

Cette *muraille* étoit épaiffe de huit pieds, haute de douze à compter du fol; elle s'allongeoit fur le côté feptentrional des rivieres de Tyne & d'Irihing, paffant par-deffus les collines qui fe trouvoient fur fon chemin. On peut encore en voir aujourd'hui les veftiges en différens endroits de Cumberland & de Northumberland. ( *A. R,* )

MURALT, ( *Hift. Litt. mod,* ) né en Suiffe, voyagea en philofophe; fes *lettres fur les François & fur les Anglois* font le fruit de fes voyages. Mort vers l'an 1750.

MURAT, ( la comteffe de ) *voyez* CASTELNAU,

MURATORI, ( Louis - Antoine ) ( *Hift. Litt. mod.* ) favant italien, né à Vignola dans le Modénois, le 21 octobre 1672 ; mort le 21 janvier 1750, fut pour l'érudition & la fécondité, le Montfaucon de l'Italie. Il a tant écrit, qu'il n'eft pas étonnant qu'il n'ait pu mettre la derniere main à fes productions. La fameufe collection des écrivains de l'hiftoire d'Italie eft le plus important de fes travaux & le principal titre de fa réputation ; mais il a travaillé dans plufieurs genres. La politique, la morale & la littérature étoient de fon reffort auffi bien que l'érudition. La lifte de fes ouvrages eft étonnante; on croit voir le catalogue d'une grande bibliothèque; on trouve cette lifte à la fuite de fa vie dans la traduction françoife qui a paru en 1772, de fon traité du *Bonheur public.* On avoit déjà vu dans le fixieme tome des nouveaux Mémoires d'hiftoire, de critique & de littérature par M. l'abbé d'Artigny, une lettre adreffée à cet abbé par M. l'abbé Goujet, & qui contenoit l'*Eloge hiftorique* de M. Muratori, & un catalogue de fes ouvrages. M. Soli *Muratori*, neveu du célèbre *Muratori*, a compofé fa vie en italien ; elle a été imprimée à Venife en 1756, en un volume *in-4°.*, & cet écrit & l'extrait qu'on en trouve dans la traduction du traité du Bonheur public, font trop longs pour ce qu'ils contiennent ; mais il en réfulte au moins que M. *Muratori* étoit auffi vertueux & auffi charitable que favant. Il étoit bibliothécaire du duc de Modène.

MURE, ( Jean-Marie de la ) ( *Hift. Litt. mod.* ) chanoine de Montbrifon, dont on a l'hiftoire eccléfiaftique de Lyon & celle du Forez. Mort vers la fin du 17ᵉ fiècle.

MURENA, ( Lucius-Licinius ) ( *Hift. Rom.* ) on connoît l'oraifon de Cicéron pour *Muréna*, où cet orateur, en convenant avec candeur que fes vœux avoient été pour Servius Sulpitius, concurrent de *Murena* au confulat, défend cependant la légitimité de l'élection de *Murcna* qui l'a emporté. Combien ces fortes de caufes où un orateur généreux défendoit la fon contre fa propre inclination, & un ami contre un ami préféré, produifoient d'intérêt & fourniffoient à l'éloquence, & combien cette corfiance d'un client dans la vertu d'un défenfeur dont il connoît la prédilection pour fon

rival, eft noble, héroïque & romaine ! *Murena* figna fa valeur contre Mithridate.

MURET, ( Marc-Antoine ) ( *Hift. Litt. mod.* ) eft un des plus célèbres littérateurs du feizième fiècle. On a de lui des difcours, des poèmes, des odes, des hymnes, des fatyres, des épigrammes, des élegies, d'excellentes notes fur les principaux auteurs claffiques grecs & latins, même des traités de jurifprudence romaine ; il enfeigna les belles-lettres d'abord à Auch, enfuite à Paris, au collége de Sainte-Barbe ; & fes leçons eurent tant d'éclat & de fuccès, que le roi & la reine allèrent l'entendre ; mais s'il avoit des talens & les connoiffances néceffaires pour l'inftruction de la jeuneffe, il fut accufé auffi d'avoir les vices qui pouvoient être les plus à craindre pour elle ; il en fut accufé fucceffivement à Paris, à Touloufe, à Venife, & il fut obligé de fortir de ces différentes villes pour échapper au danger dont il étoit menacé. On prétend que ce danger fut fur-tout très-grand pour lui à Touloufe. Jofeph Scaliger a confacré ce fait infamant dans une épigramme qu'il fit pour fe venger de ce que *Muret*, par un jeu très-ufité dans ces temps favans, lui avoit fait accroire qu'une épigramme de fa compofition, étoit l'ouvrage d'un poète de l'antiquité ; les favans aimoient alors à s'attrapper ainfi les uns les autres ; ils y réuffiffoient fouvent, & ceux qui avoient été attrappés ne le pardonnoient jamais. Voici l'épigramme de Scaliger;

*Qui rigidæ flammas vitaverat antè Tolofæ,*
*Muretus, fumos vendidit ille mihi.*

malgré ces foupcons juftes ou injuftes, *Muret* fut très - bien reçu & très - bien traité à Rome, il y profeffa la philofophie & la théologie, & y fut pourvu de bons bénéfices, Au refte, les vers de *Muret* étoient tellement dans le goût des anciens, qu'un homme auffi verfé dans l'antiquité que Scaliger, pouvoit aifément s'y méprendre ; tels font ceux-ci :

*Here, fi querelis, ejulatu, fletibus,*
*Medicina fieret miferis mortalium,*
*Auro parandæ lacrumæ contrà forent,*
*Nunc hæc ad minuenda mala non magis valent ;*
*Quàm nænia Præficæ ad excitandos mortuos,*
*Res turbida confilium, non fletum expetunt.*

On a encore un autre grand reproche à lui faire ; c'eft d'avoir ofé fe déclarer publiquement l'apologifte de la Saint Barthélemi, il n'en faut pas tant aujourd'hui pour être défhonoré ; *Muret* ne le fut pas; on ne le connoît plus que par fa réputation littéraire, tout le refte eft oublié.

On raconte qu'en paffant de France en Italie, il tomba malade fur la route. Il fe crut en effet, & on le crut très-malade; les médecins voulurent faire fur lui l'effai d'un remède qu'ils avoient à éprouver ; & comme ils le prenoient pour un homme du peuple & fans éducation, ils crurent avoir tenu leur deffein bien fecret, en fe difant en latin : *faciamus experimentum in corpore vili.* *Muret* en coutant cette

cette histoire, difoit que le lendemain il s'étoit trouvé guéri par la feule frayeur qu'il avoit eue de cette expérience. Il étoit né en 1526 au bourg de Muret près de Limoges, & en avoit pris le nom. Il mourut en 1586. On a fort bien remarqué qu'il faifoit des vers latins en humanifte, mais non pas en poëte.

MURRAI, ( Jacques, comte de ) ( Hift. d'Ecoffe. ) ( Voyez l'article MORTON. ) Murrai étoit fils naturel de Jacques V, roi d'Ecoffe, & frère de Marie Stuart. La mère de Murrai, quoique notoirement elle n'eût été que la maitreffe de Jacques V, prétendoit avoir été fa femme légitime ; en conféquence, elle foutenoit que le trône appartenoit à fon fils. Delà tous les attentats de ce fils contre Marie Stuart fa fœur. Murrai, nourri dans ces idées ambitieufes, regrettoit le trône comme un bien qui lui avoit échappé ; il n'y avoit rien qu'il ne fût capable de tenter pour y parvenir ou pour s'en rapprocher.

Pendant la régence de Marie de Lorraine & la vie de François II, ces fentiments avoient affez éclaté, pour que les fidèles fujets de Marie Stuart fe cruffent obligés de l'en avertir ; Murrai étoit dès lors à la tête du parti réformé, Murrai afpiroit au trône.

La mort de la reine régente d'Ecoffe & celle de François II, furent des événements favorables pour Murrai ; il n'avoit plus à combattre ou à tromper que la jeune reine fa fœur. Son coup d'effai fut de lui extorquer un pouvoir, en vertu duquel il acheva d'abolir en Ecoffe, la religion catholique que profeffoit cette princeffe ; de forte qu'en arrivant dans fes états, elle trouva les fujets difpofés à la révolté contre elle fur l'article le plus important, la religion. A peine put-elle obtenir quelque tolérance pour la fienne. Tandis que Murrai abufoit ainfi de la confiance de fa fœur, il fongeoit à l'empêcher de paffer en Ecoffe.

Quand elle y fut arrivée, à la faveur du brouillard qui déroba fa marche aux Anglois, Murrai régna en quelque forte, avec elle, par la confiance qu'elle lui témoignoit ; il étoit comblé de biens & d'honneurs. Son ambition étoit en partie fatisfaite ; auffi ces premières années de Marie font-elles les moins troublées, excepté fur l'article de la religion qui pouvoit mettre des bornes à cette confiance de Marie.

Mais c'eft à l'occafion du mariage de la reine avec le Lord Darnley, que les grands orages éclatèrent ; la raifon en eft fenfible. Marie donnoit un maitre à Murrai, de nouvelles barrières s'élevoient entre le trône & lui ; Murrai devient le chef du parti de l'oppofition, il prend les armes pour empêcher ce mariage. Delà la guerre civile, la paix perfide qui la fuit, la divifion femée entre Darnley & fa femme, l'affaffinat de Riccio, la mort violente de Darnley, & ce dernier crime imputé à fa femme par les feuls coupables, après qu'ils l'ont fait déterminer par les inftances les plus preffantes de la nobleffe, à époufer Bothwel, un de leurs complices.

Murrai, au milieu de tous ces troubles qui étoient fon ouvrage, voyage pour perfuader qu'il n'y a aucune part ; il revient quand Bothwel eft en fuite,

*Hiftoire. Tome III.*

quand Marie eft prifonnière, quand il eft nommé régent. Son premier foin eft d'aller voir Marie dans fa prifon, il lui fait les reproches les plus outrageans fur l'affaffinat de fon mari, dont il la fuppofe convaincue ; il la laiffe fondre en larmes, & il l'outrage encore. Ce procédé atroce n'étoit pas moins adroit: Murrai vouloit s'affurer fi Bothwel avoit caché fon fecret à fa femme ; voilà pourquoi il s'attache à irriter Marie, à la pouffer au dernier degré de l'impatience. Un innocent qui s'entend accufer par celui qu'il fait être coupable, a de la peine à fe contenir. Murrai obferve avec foin fi l'indignation n'arrache à fa fœur aucun trait qui annonce que Bothwel ait parlé.

Il produit contre fa fœur, deux fortes de preuves: 1°. Il fabrique avec Morton & Léthington, habile fauffaire, une fuite de lettres de Marie au comte de Bothwel, lettres qu'on fuppofe écrites du vivant de Darnley & qui auroient fuppofé dès lors une intelligence coupable entre la jeune & belle Marie, & le vieux & difforme Bothwel. Ils inventèrent un roman pour expliquer comment ces lettres avoient pu tomber entre leurs mains.

2°. Ils produifirent contre Marie, les dépofitions des domeftiques de Bothwel, exécutés pour le meurtre du roi ; ces dépofitions, étoient toutes à la décharge de la reine ; mais elles chargeoient Bothwel, qui Murrai & fes amis en concluoient que la reine étoit complice, à caufe de fa liaifon avec Bothwel, conjecture qu'ils transformoient en certitude au moyen des lettres, où ils avoient eu foin d'établir la connivence, même fur le fait de la mort de Darnley.

La reine d'Ecoffe ne put jamais obtenir la communication de ces lettres, qu'elle ne ceffa de demander ; & la reine d'Angleterre, qui n'avoit pu s'empêcher de dire que cette communication demandée étoit de droit, refufa toujours de l'accorder, & remit elle-même à Murrai l'original de ces lettres, après s'en être fervie pour diffamer Marie Stuart dans toutes les cours,

Ce fut une trahifon de Murrai qui fit périr fur un échafaud le duc de Nortfolck, qui, convaincu de l'innocence de Marie Stuart par les pièces du procès qu'il avoit fous les yeux, & touché de fes malheurs, avoit réfolu de l'époufer ( Voyez NORTFOLCK, & obfervez que cet article devoit être écrit ainfi: Norfolck, parce qu'il eft placé entre Nores & Noriciens. )

Murrai périt enfin, ( en janvier 1570 ) victime de fes violences. Il avoit confifqué les biens des partifans de Marie, nommément ceux des Hamilton. Les terres d'une riche héritière, femme de Jacques Hamilton de Bothwellaugh, avoient été données à un frère de Murrai, qui exerça ce droit odieux avec la plus affreufe inhumanité, en chaffant cette femme de fon château, & la dépouilla de fes habits, & la laiffa expofée toute nue en pleine campagne, feule & fans afyle, pendant une nuit très-froide; elle en perdit la raifon : le mari, outré de douleur, attendit Murrai en plein jour, dans une rue de la petite ville de Linlitgow, lui tira un coup d'arquebufe, & eut le temps de fe fauver en France. Le régent mourut le même jour,

( en janvier 1570 ) emportant avec lui tous ses affreux secrets.

Comme *Murrai*, qu'Hamilton avoit tué, étoit protestant, on crut apparemment en France qu'Hamilton faisoit profession de tuer tous les protestans ; on lui proposa, dit-on, d'assassiner Coligny. Hamilton répondit : » vous pouvez compter sur moi, quand l'amiral de France m'aura aussi cruellement outragé que l'avoit fait le régent d'Ecosse.

MURRINE, s. m. ( *Hist. anc.* ) boisson faite de vin & d'ingrédiens qui échauffoient. La courtisane Glycere la recommandoit à ses amans. ( *A. R.* )

MURSA, ( *Hist. des Tart.* ) ou *murse* ou *mirsa* ; nom du chef de chaque tribu des peuples tartares : ce chef est pris de la tribu même. C'est proprement une espèce de majorat qui doit tomber regulierement d'aîné en aîné dans la postérité du premier fondateur d'une telle tribu, à moins que quelque cause violente & étrangère ne trouble cet ordre de succession. Le *murse* a chaque année la dîme de tous les bestiaux de ceux de la tribu, & la dîme du butin que sa tribu peut faire à la guerre. Toutes les familles tartares qui composent une tribu, campent ordinairement ensemble, & ne s'éloignent point du gros de la horde sans le communiquer à leur *murse*, afin qu'il puisse savoir où les prendre lorsqu'il veut les rappeller. Ces *murses* ne sont considérables au plus au gou-verne, qu'à proportion que leurs hordes ou tribus sont nombreuses ; & les kans ne sont redoutables à leurs voisins, qu'autant qu'ils ont sous leur obéissance beaucoup de tribus, & de tribus composées d'un grand nombre de familles : c'est en quoi consiste toute la puissance, la grandeur & la richesse du kan des tartares. ( *D. J.* )

MURTOLA. ( *Voyez* MARINI )

MUSA, ( Antonius ) ( *Hist. Rom.* ) affranchi & médecin d'Auguste, grec de naissance, frère d'Eupherbe médecin de Juba, roi de Mauritanie, il avoit guéri Auguste d'une grande maladie. Horace parle de *Musa* & des bains d'eau froide que ce médecin lui faisoit prendre au milieu de l'hyver.

*Nam mihi Baïas*
*Musa supervacuas Antonius, & tamen illis*
*Me facit invisum, gelidâ cùm perluor undâ*
*Per medium frigus.*

On attribue à *Musa* deux petits traités de *herbâ Betonicâ & de tuendâ valetudine*. Le sénat Romain lui fit dresser une statue d'airain qui fut placée à côté de celle d'Esculape. Auguste lui permit de porter un anneau d'or, & l'exempta de tout impôt ; & ce privilége fut étendu à tous ceux de sa profession.

MUSCHENBROECK ou MUSSCHENBROECK ( Pierre de ) ( *Hist. Litt. mod.* ) célèbre Physicien Hollandois, de l'académie des sciences de Paris, & de la société royale de Londres. Ses *essais de physique* si ont été traduits en François par M. Sigaud de la société. On a encore de lui : *tentamina experimentorum* ;

*institutiones physicæ* ; *compendium Physicæ experimentalis* : les rois d'Angleterre, de Prusse, de Danemarck voulurent en vain l'attirer dans leurs états ; il réserva ses talens pour son pays, & se contenta d'enseigner la physique & les mathématiques, d'abord à Utrecht, puis à Leyde, où il étoit né en 1692, & où il mourut en 1761.

MUSCULUS, ( *Hist. anc.* ) machine dont les anciens se servoient dans l'attaque des places pour faciliter les approches, & mettre à couvert les soldats. C'étoit un mantelet ou gabion portatif fait en demi-cercle, derrière lequel se tenoit le soldat, ou travailleur, & qu'il faisoit avancer devant lui par le moyen des roulettes sur lesquelles cette machine étoit soutenue. M. le chevalier de Folard, qui dans son *Commentaire sur Polybe*, a décrit ainsi cette machine, s'y moque agréablement du docte Stwechius, qui prenant à la lettre le mot *musculus*, en a fait une boëte quarrée soutenue sur quatre pieds, & renfermant un ressort qu'on faisoit jouer au moyen d'une manivelle, pour dégrader & miner les murs de la ville affiégée.

MUSÉE, ( *Hist. Litt. mod.* ) poëte grec, que l'on croit avoir été antérieur à Homère & auquel on attribue le *poëme de Léandre & Héro* qu'on trouve dans le *corpus Poëtarum Græcorum*. Virgile lui donne un rang distingué parmi les ombres heureuses qu'Enée rencontre dans l'Elysée.

*Musæum antè omnes, medium nam plurima turba*
*Hunc habet, atque humeris exstantem suspicit altis,*
*Dicite, quibus? animæ, tuque optime vates*
*Qua regio Anchisen, quis habet locus ?*

Mais, comme le nom de *Musée* a été commun à plusieurs grands hommes de la Grèce, poëtes, historiens, philosophes ; que l'auteur du poëme de Léandre & Héro est appellé, dans les manuscrits, Musée le Grammairien ; qu'il paroît avoir été, ainsi que son ouvrage, inconnu aux anciens Scholiastes, aux anciens commentateurs, que plusieurs de ses vers paroissent empruntés des Dionysiaques de Nonnus, de Panopolis, qui vivoit vers le quatrième siècle de l'ère chrétienne ; c'est aussi le tems où le chevalier Marsham, Casaubon & la plupart des savans placent, contre l'avis de Jules Scaliger, le *Musée*, auteur du poëme de Léandre & Héro, & ils ne croient pas, comme Scaliger, que ce soit le même *Musée* dont Virgile parle dans les vers qui viennent d'être cités.

MUSONIUS RUFUS ( Caïus. ) ( *Hist. Rom.* ) Dans le recueil de l'Académie des Belles-Lettres, tome 31, page 131, hist., on trouve l'extrait d'un Mémoire de M. de Burigny sur ce personnage. Caïus *Musonius Rufus* étoit toscan, né dans une ville appellée aujourd'hui Bolsena : c'étoit un philosophe de la secte des Stoïciens ; il fut l'ami de Thrasea Pœtus & de Barea Soranus. Néron, en haine de sa vertu, l'exila dans l'isle de Gyare, où des princes plus justes n'exiloient que des malfaiteurs.

*Aude aliquid brevibus Gyaris & carcere dignum ;*
*Si vis esse aliquis.*

Cette isle n'avoit point d'eau, *Musonius* en examina le terrein & y découvrit une fontaine. Néron lui avoit obligation, car *Musonius* avoit détourné Rubellius Plautus d'aspirer à l'empire ; il revint à Rome & fut d'une députation que Vitellius envoyoit à Antonius Primus, général de l'armée de Vespasien, pour demander la paix ; il fit, pour en relever les avantages, de beaux discours, dont le vainqueur se moqua ; car tout vainqueur sait trop bien qu'il ne sera jamais vaincu, & a bien du mépris pour un philosophe qui prévoit la possibilité des revers.

*Carmina tantùm*
*Nostra valent, Lycida, tela inter Martia, quantùm*
*Chaonias dicunt, aquilâ veniente, columbas.*

Publius Egnatius, natif de Tarse en Cilicie, faux philosophe, infame délateur, qui ne professoit le stoïcisme que pour le deshonorer, avoit porté sous la tyrannie de Néron un faux témoignage contre Soranus, & avoit été la cause de la mort de cet homme juste. Musonius, pour venger son ami, accusa Egnatius & le fit condamner. C'est de cet Egnatius que Juvénal a dit :

*Stoïcus occidit Baream, delator amicum ;*
*Discipulumque senex ripâ nutritus in illâ ;*
*Ad quam Gorgonei delapsa, est penna caballi.*

Ce fut sous l'empire de Vespasien qu'il fut condamné. ( *Voyez* l'art. E G N A T I U S. ) Musonius eut la permission de rester à Rome, lorsque Vespasien se laissa engager par Mucien à chasser les philosophes ; il étoit réservé aux tyrans le persécuter, il fut de nouveau exilé par Domitien ; l'empereur Julien s'exprime ainsi à son sujet dans une lettre à Themistius : *Musonius devint célèbre par la patience héroïque avec laquelle il endura les cruautés des tyrans, & vécut peut-être aussi heureux au milieu de ses disgraces, que ceux qui gouvernent les plus grands états.* On ignore les autres évènemens de la vie de Musonius. Pline le jeune étoit son admirateur & s'applaudit d'avoir été aussi lié avec lui, que la différence des âges avoit pu le permettre. Pollion avoit composé des Mémoires sur Musonius. Stobée nous a conservé quelques-unes de ses maximes.

Il disoit que la véritable admiration se manifestoit plutôt par un grand silence que par les louanges. Quand il vous en coûtera quelque peine pour faire le bien, songez, disoit-il, que la peine passera & que le mérite de l'action restera ; si, au contraire, le plaisir vous fait faire quelque chose de mal, le plaisir passera & la honte restera.

Il professoit un grand mépris pour l'argent ; il donna un jour une somme considérable à un faux philosophe qui alléguoit ... besoins ; on l'avertit que c'étoit un

fourbe & un mal-honnête homme. Il n'en est que plus digne, dit-il, de recevoir de l'argent.

Un prince syrien, attiré par sa réputation, vint lui rendre visite, &, charmé de ses entretiens philosophiques, le pria de lui dire quel seroit le présent qui lui seroit le plus agréable de sa part :

*Quæ tibi, quæ tali reddam pro munere dona ?*

Il n'en est qu'un, répondit *Musonius* ; si mes entretiens vous ont plu, profitez-en : c'est la seule récompense qui puisse me flatter.

Il y avoit de son temps un autre Musonius, philosophe de la secte des Cyniques, que Néron fit mettre en prison où il pensa périr de misère. Philostrate l'exalte beaucoup : il étoit ami d'Apollonius de Tyane. Il fut condamné à travailler avec ceux que Néron voulut employer à couper l'isthme de Corynthe. Le philosophe Démétrius l'y vit travaillant, enchaîné & la bêche à la main, & ne put retenir quelques imprécations contre la tyrannie. Un philosophe m'entendra, lui dit tranquillement *Musonius*, quand je lui dirai que le tyran est beaucoup plus à plaindre que ses victimes. C'est cet évènement de la vie de Musonius le Cynique, qui est le sujet d'un dialogue de Lucien, entre Ménécrate & *Musonius*.

MUSORITES, s. m. ( *Hist. anc.* ) juifs qui avoient de la vénération pour les rats & les souris, sont ainsi appellés d'un mot composé de *mus*, rat, & de *sorex*, souris. Cette superstition vint de ce que les Philistins ayant enlevé l'arche d'alliance, Dieu fit naître parmi eux un grand nombre de rats & de souris qui dévoroient tout, ce qui les obligea de rendre l'arche pour se délivrer de ce fléau ; mais avant que de la rapporter, leurs sacrificateurs leur ordonnèrent d'y mettre cinq souris d'or, comme une offrande au Dieu d'Israël, pour être délivrés de ces sortes d'animaux. *Ancien Testament, I. liv. des Rois, ch. vj.* ( *A. R.* )

MUSSATI, ( Albertin ) ( *Hist. Litt. Mod.* ) historien & poëte padouan, mort en 1329. On a de lui une histoire en latin de l'empereur Henri VII, dont il étoit ministre. Ses œuvres ont été recueillies & commentées à Venise en 1636, *in-folio.*

MUSTAPHA, ( *Hist. des Turcs* ) Il y a eu trois empereurs turcs de ce nom : les deux premiers furent déposés ; le premier le fut deux fois & n'en fut pas quitte la seconde fois pour une simple déposition ; il fut promené dans les rues de Constantinople, ignominieusement monté sur un âne, exposé aux outrages de la populace, puis conduit au château des sept tours, où il fut étranglé en 1623. Il avoit succédé en 1617, à son frère Achmet.

*Mustapha II* succéda en 1695 à son oncle Achmet *II.* Il défit les impériaux devant Temesfwar en 1696 & eut d'autres avantages contre les Vénitiens, les Polonois, les Moscovites ; mais, s'étant livré à la mollesse à Andrinople, il fut contraint, par le soulèvement de tout l'empire, de céder, en 1703, le trône à son frère Achmet III, dont *Mustapha III* étoit le fils. Celui-ci parvint au trône le 29 novembre 1757, vécut dans

la mollesse & dans l'avarice, amassa de l'argent &
mourut en 1774, laissant soixante millions dans ses
coffres.

*Mustapha* est encore le nom du fils aîné de Soliman II, qui s'étoit acquis un grand nom par sa valeur
& qui s'étoit fait aimer & respecter dans plusieurs
provinces dont son père lui avoit confié le gouvernement. Roxelane, femme de Soliman, pour faire
régner ses fils au préjudice de *Mustapha*, accusa celui-ci
de trahison : Soliman, trompé par ses calomnies, fit
étrangler son fils ( en 1553. )

MUSULMAN, f. m. ( *Hist. mod.* ) titre par lequel
les Mahométans se distinguent des autres hommes :
il signifie en langage turc *orthodoxe* ou *vrai croyant*.
En arabe ce mot s'écrit *moslem*, ou *mosleman*, ou
*mosoliman*.

Les Sarrazins sont les premiers qu'on ait appellés
*Musulmans*, selon l'observation de Leunclavius. Il
y a deux sortes de *Musulmans*, fort opposés les uns
aux autres : les uns sont appellés *sonnites*, & les autres *shiites* ; les sonnites suivent l'explication de l'alcoran donnée par Omar, les shiites suivent celle
d'Hali. Les sujets du roi de Perse sont shiites, &
ceux du grand-seigneur sonnites.

Selon quelques auteurs le mot de *musulman* signifie *sauvé*, c'est-à-dire *prédestiné* ; & c'est en effet le
nom que les Mahométans se donnent eux-mêmes,
se croyant tous prédestinés au salut. Martinius dit,
sur l'origine de ce nom, des choses plus particulieres ; il le fait venir du mot arabe *musolum*, *sauvé*,
*échappé du danger*. Les Mahométans, dit cet auteur,
ayant établi leur religion par le fer & le feu, massa-
crant ceux qui ne vouloient pas l'embrasser, & accordant la vie à tous ceux qui l'embrassoient, les
appelloient *mysulmans*, c'est-à-dire *empti à periculo* :
de là il est arrivé par la suite des tems que ce mot
est devenu le titre & la marque distinctive de cette
secte, & a été attaché par eux à ce qu'ils appellent
*vrais croyans*. ( G )

MUSURUS, ( Marc ) ( *Hist. Litt. Mod.* ) né dans
l'isle de Candie, professeur en grec à Venise, archevêque de Malvasie dans la Morée, mort en 1517 à
trente-cinq ans. On a de lui des épigrammes & d'autres
piéces en grec. On lui doit les premieres éditions
d'Aristophane & d'Athénée, & un *Etymologicum magnum Græcorum*.

MUTAFERACAS, ( *Hist. mod.* ) officiers
du grand-seigneur, dont ils sont comme les gentilshommes ordinaires, destinés à l'accompagner lors
qu'il sort du serrail, soit pour aller à l'armée, soit
dans ses simples promenades. Ce sont ordinairement d'entre les spahis & ils sont au nombre de six
cents. Leurs habits sont de brocard d'or, fourrés de
martre, & ils portent une masse d'armes. Il y a des
commandéries ou timars plus considérables, que celles
des spahis affectées à cet office ; & les *mutaferacas*
y parviennent par droit d'ancienneté ; on leur donne

de tems en tems des commissions lucratives ; pour
suppléer à la modicité de leur paie ordinaire, qui
les oblige à s'attacher au service de quelque visir ou
bacha. Ils sont même cortège au grand-visir lorsqu'il
se rend au divan ; mais quand le grand-seigneur marche, ils sont obligés de l'accompagner. On fait venir
leur nom de *farak*, qui signifie *distingué*, pour marquer que les *mutaferacas* sont des spahis ou cavaliers
distingués. Ricaut, *de l'empire ottoman*. ( G )

MUTITATION, ( *Hist. anc.* ) coutume établie chez les Romains, qui consistoit à inviter pour
le lendemain chez soi ceux qu'on avoit eu pour convives chez un autre. ( *A. R.* )

MUTIUS ou MUCIUS, ( *Hist. Rom.* ) Rome eut
plusieurs personnages célèbres de ce nom.

1°. Caïus *Mutius* Scévola, jeune romain d'une naissance illustre, qui, ayant pénétré jusques dans la tente
de Porsenna, roi d'Etrurie, dans le temps que ce prince
assiégeoit Rome, tua, au lieu de Porsenna, un secrétaire qu'il jugea être le roi ; &, comme pour punir
sa main de cette erreur, la plongea dans un brasier
ardent auprès duquel il se trouvoit, montrant par là
au roi combien il étoit au-dessus des menaces. Il en
eut le surnom de *Scévola*, *Gaucher*, parce qu'ayant
perdu par là l'usage de la main droite, il apprit à
se servir de la gauche. Tout le monde sait les belles
paroles que Tite-Live lui met dans la bouche.

*Romanus sum, inquit, civis ; C. Mucium vocant ;
hostis hostem occidere volui : nec ad mortem minùs animi
est, quàm fuit ad cædem. Et facere & pati fortia. Ro-
manum est.* ◆ Je suis romain, mon nom est *Mucius*,
» j'ai voulu tuer un ennemi, & je n'ai pas moins de
» courage pour souffrir la mort que pour la donner.
» Il est d'un romain de faire de grandes actions
» & de braver de grandes douleurs ».

Porsenna, saisi d'admiration, le fit retirer des
flammes, & le renvoya libre. *Mutius*, comme pour
lui témoigner sa reconnoissance, lui déclara qu'ils
étoient trois cents jeunes romains qui avoient conspiré
sa mort ; qu'il étoit le premier sur qui le sort étoit
tombé ; que les autres viendroient à leur tour ; qu'ils
avoient tous la même audace & la même fermeté, que
Porsenna n'avoit d'autre moyen d'échapper à son sort
que de lever la siége de Rome ; cette aventure, celle
d'Horatius Coclès & celle de Clélie furent en effet
les motifs qui le déterminèrent à conclure la paix,
telle qu'il plut aux Romains de la lui accorder. Tout
ce qu'il y a de merveilleux dans cette aventure, est
la main brûlée, &. il est à remarquer que Denys
d'Halicarnasse n'en dit pas un mot ; on peut remarquer
encore, mais comme une moindre objection, que
Virgile, en parlant du siége de Rome par Porsenna,
& du Pont défendu par Coclès, & du Tibre passé à
la nage par Clélie, ne dit rien de l'aventure de *Mucius*,
qui pouvoit lui fournir un bien beau tableau à graver
sur le bouclier d'Enée.

*Nec non Tarquinium ejectum Porsenna jubebat
Accipere, ingentique urbem obsidione premebat ;*

*Æneadæ in ferrum pro libertate ruebant ;*
*Illum indignanti fimilem , fimilemque. minanti*
*Afpiceres , pontem auderet quod vellere Cocles ,*
*Et fluvium vinclis innaret Clælia ruptis.*

Mais Martial a fait de l'aventure de *Mutius* , le fujet
d'une de fes plus belles épigrammes :

*Cùm peteret Regem decepta fatellitæ dextra ;*
*Injecit facris fe peritura focis ,*
*Sed tam fæva pius miracula non tulit hoftis ;*
*Et raptum flammis juffit abire virum,*
*Urere quam potuit contempto Mucius igne ,*
*Hanc fpectare manum Porfena non potuit ;*
*Major deceptæ fama eft & gloria dextræ ,*
*Si non erraffet , fecerat ille minus.*

Cette épigramme n'eft que le récit du fait avec des
réfléxions fur la gloire que *Mutius* fut tirer de fon
erreur.

2°. Publius *Mutius* Scévola , conful l'an de Rome
619 , avant J. C. 133. Ce fut fous fon confulat , que
Tibérius Gracchus fut tué. Tibérius lui avoit communiqué fon projet de faire revivre la loi Licinia fur le
partage des terres. Cet homme modéré n'approuva
ni les idées de Tibérius Gracchus , ni la violence dont
on ufa envers lui ; car lorfque Scipion Nafica , prêt
à frapper Tibérius , fomma le conful de fecourir la
patrie, & de faire périr le tyran : *n* jamais, dit Scévola,
je ne donnerai l'exemple d'employer la force ni de faire
périr un citoyen , fans que fon procès lui ait été fait
dans les formes ; mais fi le peuple , à l'inftigation
de Tibérius , prenoit quelque délibération contraire
aux loix , Scévola promettoit de n'y avoir aucun
égard. « Sur cette réponfe , que Nafica regarda comme
un refus de rendre juftice au fénat & au parti de
la nobleffe , Nafica marcha vers le Capitole , où il fit
affommer Tibérius.

3°. Quintus *Mutius* Scévola le Pontife, fi fouvent
célébré par Cicéron : fur fa conduite en Afie , où il
étoit proconful , l'an de Rome 654 , & fur le courage
vertueux avec lequel il réprima les vexations des
chevaliers romains, voyez l'article RUTILIUS. Scévola
fut fait conful l'an de Rome 657 , avec fon ami le
fameux orateur Craffus , tous deux orateurs, tous deux
jurifconfultes ; mais Scévola , excellant principalement
dans la fcience du droit , & Craffus dans l'éloquence.
Scévola fut un des citoyens les plus vertueux de Rome
dans des temps corrompus. C'eft lui que le coupable &
audacieux Fimbria bleffa d'un coup de poignard , aux
funérailles de Marius le père , l'an 666 ; c'eft lui que
Marius le jeune , pendant fon confulat ( l'an 670 ) n'eut
pas honte de faire affaffiner par le préteur Brutus
Damafippus , barbare vendu à toutes les fureurs , &
qui égorgeoit les fénateurs , au milieu même de l'affemblée du fénat.

4°. Quintus *Mutius* Scévola l'Augure , non moins
célébré que le premier par Cicéron , fut collégue de
Métellus dans le confulat , l'an de Rome 635. Il fut le
feul qui , lorfque l'an 664 de Rome, Sylla , vainqueur

& maître ; fit déclarer ennemis publics les deux
Marius , Sulpicius & les fénateurs de leur parti , ofa
lui réfifter en face , refufa d'abord d'opiner , parce
qu'il n'y avoit point de liberté , & forcé enfin de
parler , dit à Sylla : je parlerai , pour vous dire que
ni ces foldats dont vous avez environné le fénat , ni
vos menaces ne peuvent m'effrayer. Ne penfez pas
que pour conferver quelques foibles reftes d'une vie
languiffante & quelques gouttes d'un fang glacé dans
mes veines , je puiffe me réfoudre à déclarer ennemi
de Rome ce même Marius , par qui je me fouviens
d'avoir vu la ville de Rome & toute l'Italie préfervées
du joug des Cimbres.

L'exemple de Scévola eut beaucoup d'admirateurs
fecrets , mais pas un imitateur. Il étoit beau-père du
jeune Marius & gendre de Lælius ; c'eft lui qui eft
illum in omni fermone appellare fapientem. Ego autem
à patre ità eram deductus ad Scævolam fumptâ virili
togâ , ut quoad poffem & liceret à fenis latere numquam
difcederem. Itaque multa ab eo prudenter difputata ,
multa etiam breviter & commodè dicta , memoria man-
dabam , fierique ftudebam ejus prudentiâ doctior.

**MUZARABES , MOZARABES ou MISTARA-**
**BES ,** ( *Hiftoire mod.* ) chrétiens d'Efpagne qui furent ainfi appellés , parce qu'ils vivoient fous la domination des Arabes , qui ont été long-tems maîtres de cette partie de l'Europe. Quelques-uns prétendent que ce nom eft formé de *mufa* , qui en arabe
fignifie *chrétien* , & d'*arabe* pour fignifier un chrétien fujet des Arabes ; d'autres prononçant *miftara-*
*bes* , le dérivent du latin *mixtus* , mêlé , c'eft-à-dire ,
chrétien mêlé aux Arabes. D'autres enfin , mais avec
moins de fondement , prétendent que ce nom vient
de *Muça* , capitaine arabe qui conquit l'Efpagne fur
Roderic , dernier roi des Goths. Almanfor , roi de Maroc , emmena d'Efpagne dans fon royaume 500 cavaliers *Muzarabes* , & leur permit le libre exercice de
leur religion. Vers l'an 1170 , ces chrétiens d'Efpagne avoient une meffe & un rit à eux propres , qu'on
nomme encore *meffe mozarabique & rit mozarabique.*
Il y a encore dans Tolède fept églifes principales où
ce rit eft obfervé. ( G )

**MUZERINS ou MUSERVINS** ( *Hiftoire med.* )
nom que fe donnent en Turquie les athées. Ce mot
fignifie *ceux qui gardent le fecret* , de l'arabe
*aferra* , céler , cacher. Leur fecret confifte à nier l'e-
xiftence de la divinité : on compte parmi eux plufieurs cadis ou gens de loi très-favans , & quelques
renégats qui s'efforcent d'étouffer en eux tout fentiment de religion. Ils prétendent que la nature ou le
principe intérieur de chaque individu , dirige le cours

ordinaire de tout ce que nous voyons. Ils ont fait des profelytes jufques dans les appartemens des fultanes, parmi les bachas & autres officiers du ferrail ; cependant ils n'ofent lever le mafque, & ne s'entretiennent à cœur ouvert que lorfqu'ils fe rencontrent feuls, parce que la religion dominante, qui admet l'unité d'un Dieu, ne les toléreroit pas.

On prétend que ces muçérins s'entr'aiment & fe protegent les uns les autres. S'ils logent un étranger de leur opinion, ils lui procurent toutes fortes de plaifirs ; & fur-tout ceux dont les Turcs font plus avides. Leurs principaux adverfaires font les kadefadelites, qui répètent fouvent ces paroles : *Je confeffe qu'il y a un Dieu.* Guet. *mœurs des Turcs*, tom. *I.* Ricaut, *de l'empire ottoman*. ( *G* )

MUZIMOS, ( *Hift. mod. fuperftit.* ) Les habitans du Monomotapa font perfuadés que leurs empereurs, en mourant, paffent de la terre au ciel, & deviennent pour eux des objets de culte qu'ils appellent *muzimos* ; ils leurs adreffent leurs vœux. Il y a dans ce pays une fête folemnelle appellée *chuavo* : tous les feigneurs fe rendent au pa ais de l'empereur, & forment en fa préfence des l combats fimulés. Le fouverain eft enfuite huit jours fans fe faire voir, & au bout de ce tems, il fait donner la mort aux grands qui lui déplaifent, fous prétexte de les factifier aux *muzimos* fes ancêtres. ( *A. R.* )

MUZUKO, ( *Hift. mod.* ) c'eft ainfi que les habitans du Monomatapa appellent un être malfaifant, & qu'ils croyent l'auteur des maux qui arrivent au genre humain. ( *A. R.* )

MYDORGE, (Claude) ( *Hift. Litt. mod.* ) favant mathématicien, fils de Jean *Mydorge*, confeiller au parlement, & de Madeleine de Lamoignon. On a de lui quatre livres de *Sections coniques*. Il étoit ami de Defcartes, & le défendit hautement contre fes détracteurs, ce qui demandoit alors du courage. Il dépenfa des fommes confidérables en expériences de phyfique, en fabrique de verres de lunettes & de miroirs ardents. Il avoit beaucoup de zèle &, de connoiffances. Il étoit né à Paris en 1585. Il mourut en 1647.

MYER, (Paul) ( *Hift. Litt. mod.* ) écrivain du dernier fiècle, dont nous avons des *Mémoires touchant l'établiffement d'une Miffion Chrétienne dans le troifième Monde*, appellé *Terres Auftrales*.

MYINDA, ( *Hift. anc.* ) jeu d'enfans, qui revient à notre colin-maillard. On bandoit les yeux à l'enfant ; il couroit après fes camarades, en difant χαλκην μυιον διώκειν, *je courrai après une mouche d'airain* ; les autres lui répondoient ; διώκσεις, ἀλλ'οὑ λυψῆς ; *tu courras après, mais tu ne l'attraperas pas.* ( *A. R.* )

MYLORD, ( *Hift. mod.* ) titre que l'on donne en Angleterre, en Ecoffe, & en Irlande à la haute nobleffe, & fur-tout aux pairs de l'un de ces trois royaumes, qui ont féance dans la chambre haute du parlement, aux évêques, & aux préfidens des tribunaux. Ce titre fignifie *monfeigneur*, & quoique com-

pofé de deux mots anglois, il s'emploie même en françois lorfqu'on parle d'un feigneur anglois ; c'eft ainfi qu'on dit *mylord Albemarle*, *mylord Cobham*, &c. Quelques françois, faute de favoir la vraie fignification de ce mot, difent dans leur langue, *un mylord*, manière de parler très-incorreste ; il faut dire *un lord*, de même qu'on dit en françois *un feigneur*, & non pas *un monfeigneur*. Le roi d'Angleterre donne lui-même le titre de *mylord* à un feigneur de la Grande Bretagne lorfqu'il lui parle ; quand dans le parlement il s'adreffe à la chambre-haute, il dit *mylords*, *meffeigneurs*. ( *A. R.* )

MYRIADE, ( *Hift. anc.* ) nombre de dix mille ; de-là eft venu *myriarcha*, capitaine ou commandant de dix mille hommes. ( *A. R.* )

MYRIONIME, ou qui a mille noms ( *Hift. anc.* ) titre qu'on donnoit à Ifis & à Ofiris, parce qu'ils renfermoient, difoit-on, fous différens noms, tous les dieux du paganifme ; car Ifis adorée fous ce nom en Egypte étoit ailleurs Cybele, Junon, Minerve, Vénus, Diane, &c. & l'Ofiris des Egyptiens étoit ailleurs connu fous les noms de Bacchus, Jupiter, Pluton, Adonis, &c. ( *G* )

MYRMILLONS, ( *Hift. anc.* ) forte de gladiateurs de l'ancienne Rome, appellés auffi *Murmulliones*. Turnebe fait venir ce mot de *Myrmidons* ; d'autres croyent que ce nom vient du grec μυρμηξος, qui fignifie un *poiffon de mer*, tacheté de plufieurs couleurs, dont Ovide fait mention dans fes *Halieutiques*, & que ces gladiateurs furent ainfi nommés, parce qu'ils portoient la figure de ce poiffon fur leur cafque ; ils étoient outre cela armés d'un bouclier & d'une épée. Les *Myrmillons* combattoient ordinairement contre une autre efpèce de gladiateurs appéllés *Retiaires*, du mot *rete*, filet de pêcheur, dans lequel ils tâchoient d'embarraffer la tête de leurs adverfaires. On appelloit encore les Myrmillons *Gaulois*, foit que les premiers fuffent venus de Gaules, foit qu'ils fuffent armés à la gauloife. Auffi les Retiaires, en combattant contr'eux, avoient-ils coutume de chanter : *quid me fugis, galle, non te peto ; pifcem peto* ; « pourquoi me fuis-tu, gaulois, ce n'eft » point à toi, c'eft à ton poiffon que j'en veux » : ce qui confirme la feconde étymologie que nous avons rapportée, Selon Suétone, Domitien fupprima cette efpèce de gladiateurs. ( *G* )

MYRON, ( *Hift. anc.* ) célèbre fculpteur grec ; vivoit environ quatre fiècles avant J. C. Sa vache de cuivre eft célébrée dans plufieurs épigrammes de l'Anthologie, & citée comme un modèle de perfection. ( *A. R.* )

MYRSILE, ( *Hift. anc.* ) ancien hiftorien grec, que l'on croit contemporain de Solon. Il ne refte de lui que des fragments, recueillis avec ceux de Bérofe & de Manethon. Le Livre de *l'origine de l'Italie*, que nous avons fous fon nom, eft une des impoftures d'Annius de Viterbe.

MYRTIS, ( *Hift. anc.* ) femme grecque célèbre, qui enfeigna les règles de la verfification à Corinne

# MYS

& même, dit-on, à Pindare. On a des fragments des poëſies de *Myrtis.*

MYSCELLUS, ( *Hiſt. anc.* ) c'eſt le nom du fondateur de Crotone, & il fonda cette ville un peu plus de ſept ſiècles avant J. C. C'eſt tout ce qu'on en ſait ; car dès qu'on veut en ſavoir davantage, on rentre dans les hiſtoires d'oracles, c'eſt-à-dire, dans les fables.

MYSTERES DE LA PASSION, ( *Théât. françois* ) terme conſacré aux farces pieuſes, jouées autrefois ſur nos théâtres.

Il eſt certain que les pélerinages introduiſirent ces ſpectacles de dévotion. Ceux qui revenoient de la Terre-Sainte, de Sainte-Reine, du mont ſaint-Michel, de Notre-Dame du Puy, & d'autres lieux ſemblables, compoſoient des cantiques ſur leurs voyages, auxquels ils mêloient le récit de la vie & de la mort de Jeſus-Chriſt, d'une manière véritablement très-groſſière, mais que la ſimplicité de ces tems-là ſembloit rendre pathétique. Ils chantoient les miracles des ſaints, leur martyre, & certaines fables à qui la créance des peuples donnoit le nom de *viſions.* Ces pélerins allant par troupes, & s'arrêtant dans les places publiques, où ils chantoient le bourdon à la main, le chapeau & le mantelet chargés de coquilles & d'images peintes de différentes couleurs, faiſoient une eſpèce de ſpectacle qui plut, & qui excita quelques bourgeois de Paris à former des fonds pour élever dans un lieu propre, un théâtre où l'on repréſenteroit ces moralités les jours de fête, autant pour l'inſtruction du peuple, que pour ſon divertiſſement. L'Italie avoit déjà montré l'exemple, on s'empreſſa de l'imiter.

Ces ſortes de ſpectacles parurent ſi beaux dans ces ſiècles ignorans, que l'on en fit les principaux ornemens des réceptions des princes quand ils entroient

# MYT

dans les villes ; & comme on chantoit noël, noël, au lieu des cris *vive le roi,* on repréſentoit dans les rues la ſamaritaine, le mauvais riche, la conception de la ſainte Vierge, la paſſion de Jeſus-Chriſt, & pluſieurs autres *myſtères,* pour les entrées d'en rois. On alloit en proceſſion au-devant d'eux avec les bannières des égliſes : on chantoit à leur louange des cantiques compoſés de paſſages de l'écriture ſainte, couſus enſemble, pour faire alluſion aux actions principales de leurs regnes.

Telle eſt l'origine de notre théâtre, où les acteurs, qu'on nommoit *confreres de la paſſion,* commencèrent à jouer leurs pièces dévotes en 1402 : cependant comme elles devinrent ennuyeuſes à la longue, les confreres intéreſſés à réveiller la curioſité du peuple, entreprirent, pour y parvenir, d'égayer les *myſtères* ſacrés. Il auroit fallu un ſiècle plus éclairé pour leur conſerver leur dignité ; & dans un ſiècle éclairé, on ne les auroit pas choiſis. On mêloit aux ſujets les plus reſpectables, les plaiſanteries les plus baſſes, & que l'intention ſeule empêchoit d'être impies ; car ni les auteurs ni les ſpectateurs ne faiſoient une attention bien diſtincte à ce mélange extravagant, perſuadés que la ſainteté du ſujet couvroit la groſſièreté des détails. Enfin le magiſtrat ouvrit les yeux, & ſe crut obligé en 1545 de proſcrire ſévèrement cet alliage honteux de religion & de bouffonnerie. Alors naquit la comédie profane, qui livrée à elle-même & au goût peu délicat de la nation, tomba, ſous Henri III, dans une licence effrénée, & ne prit la maſque honnête, qu'au commencement du ſiècle de Louis XIV. ( *D. J.* )

MYTHÉCUS, ( *Hiſt. anc.* ) de Syracuſe, premier bon cuiſinier qui ait oſé paroitre à Sparte : auſſi les mag ſtrats le chaſſèrent-ils comme un empoiſonneur public.

## Fin du Troiſième Volume.

---

# AVERTISSSEMENT DE L'IMPRIMEUR.

LE Lecteur voudra bien ſe rappeller que les Articles qui ſont du Rédacteur de la partie de l'Hiſtoire, & qui ſont les plus nombreux, ne portent abſolument d'autre marque diſtinctive que de n'en avoir d'aucune eſpèce. Les articles marqués de la Lettre G., & qui pourroient faire équivoque, ne ſont pas de lui. Cette Lettre, ainſi que toutes les autres, & que tous les autres ſignes, déſigne un autre Auteur.

Les autres Auteurs, ou ſont nommés en toutes lettres, ou ſont déſignés par les lettres initiales & finales de leurs noms, ou ſimplement par une lettre initiale, ou enfin par un ſigne quelconque, comme une Croix, une Barre, &c. Quelques articles ſont marqués par ces deux lettres A. F., ce qui ſignifie Article fourni ; quelques autres, & en grand nombre, le ſont ainſi : A. R., ce qui ſignifie : Article reſté de la première Edition.